Marktwertermittlung nach ImmoWertV

Praxisnahe Erläuterungen zur Verkehrswertermittlung von Grundstücken

herausgegeben von

Wolfgang Kleiber
Dipl.-Ing., Ministerialrat a.D. im Bundesministerium für Verkehr, Bau und Stadtentwicklung, Professor an der Hochschule Anhalt (Hochschule für angewandte Wissenschaften), Fellow of the Royal Institution of Chartered Surveyors (FRICS)

mitbegründet von
Prof. Jürgen Simon, Dipl.-Ing., Architekt, ö.b.u.v. Sachverständiger für Grundstückswertermittlungen

7., vollständig neu bearbeitete Auflage 2012

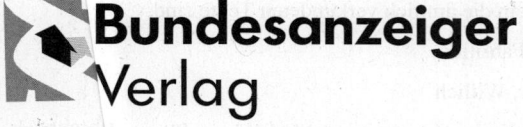

Bibliografische Information der Deutschen Nationalbibliothek
Die Deutsche Nationalbibliothek verzeichnet diese Publikation in der Deutschen Nationalbibliografie; detaillierte bibliografische Daten sind im Internet über http://dnb.d-nb.de abrufbar.

Bundesanzeiger Verlag GmbH
Amsterdamer Straße 192
50735 Köln
Tel.: +49 221 97668-200
Fax: +49 221 97668-278
E-Mail: vertrieb@bundesanzeiger.de
Internet: www.bundesanzeiger-verlag.de

Weitere Informationen finden Sie auch in unserem Themenportal unter vw.biv-portal.de

Kostenlose Bestellhotline:
Tel.: +49 800-12 34 33 9

ISBN: 978-3-89817-690-3

© 2013 Bundesanzeiger Verlag GmbH, Köln

Alle Rechte vorbehalten. Das Werk einschließlich seiner Teile ist urberrechtlich geschützt. Jede Verwertung außerhalb der Grenzen des Urheberrechtsgesetzes darf der vorherigen Zustimmung des Verlags. Dies gilt auch für die fotomechanische Vervielfältigung (Fotokopie/Mikrokopie) und die Einspeicherung und Verarbeitung in elektronen Systemen. Hinsichtlich der in diesem Werk ggf. enthaltenen Texte von Normen weisen darauf hin, dass rechtsverbindlich allein die amtlich verkündeten Texte sind.

Herstellung: Günter Fabritius

Satz: starke + partner, Willich

Druck und buchbinderische Verarbeitung: Medienhaus Plump, einbreitbach

Printed in Germany

Schnellübersicht

Inhaltsverzeichnis	6
Abkürzungen	37
Schrifttumshinweise	44

Teil I   Texte

1. Verordnung über die Grundsätze für die Ermittlung der Verkehrswerte von Grundstücken
 (Immobilienwertermittlungsverordnung – ImmoWertV) 47
    - Anlage 1: Barwertfaktoren für die Kapitalisierung (Vervielfältigertabelle) 61
    - Anlage 2: Barwertfaktoren für die Abzinsung 65

2. Verordnung über die Ermittlung der Beleihungswerte von Grundstücken gemäß § 16 Abs. 1 und 2 des Pfandbriefgesetzes **(Beleihungswertermittlungsverordnung – BelWertV)** 69
    - Anlage 1: Bandbreite der Einzelkostenansätze für die Ermittlung der Bewirtschaftungskosten 83
    - Anlage 2: Erfahrungssätze für die Nutzungsdauer baulicher Anlagen ... 84
    - Anlage 3: Bandbreiten für Kapitalisierungszinssätze 84
    - Anlage 4: Vervielfältigertabelle (nicht abgedruckt, da identisch mit der Vervielfältigertabelle der ImmoWertV) 84

Teil II   Erläuterungen zur Immobilienwertermittlungsverordnung – ImmoWertV

Vorbemerkungen
- Verkehrswert (Marktwert) 87
- Ergänzende Wertermittlungsrichtlinien 134

Begriffe
- Wertermittlungsstichtag und Qualitätsstichtag 176
- Entwicklungszustand 191
- Bodenrichtwert 716, 1180
- Indexreihe 753
- Umrechnungskoeffizient 771
- Vergleichsfaktoren bebauter Grundstücke (Ertrags- und Gebäudefaktor) 775
- Liegenschaftszinssatz 842, 1313
- Sachwertfaktor 808, 1596

Wertermittlungsverfahren
- Vergleichswertverfahren 911
- Bodenrichtwertverfahren 1180
- Ertragswertverfahren 1229
- Sachwertverfahren 1483

Sachverzeichnis 1685

Vorwort

Vorwort zur siebten Auflage

Mit der am 1. Juli 2010 in Kraft getretenen Immobilienwertermittlungsverordnung – ImmoWertV – ist die bis dahin geltende Wertermittlungsverordnung – WertV – abgelöst worden. Die ImmoWertV ist wie die WertV bildlich das Grundgesetz der Marktwertermittlung von Grundstücken. Sie regelt die allgemein gültigen Grundsätze für die Ermittlung der Marktwerte (Verkehrswerte) von Grundstücken.

Die ImmoWertV hat die sich in über 20 Jahren bewährten Grundsätze der WertV mit im Wesentlichen redaktionellen Änderungen aufgenommen und darüber hinaus eine Reihe von Vorschriften ersatzlos gestrichen und neu in die Verordnung eingeführt. Von wesentlicher Bedeutung sind die mit der neu gegliederten Verordnung einhergehenden systematischen Umstellungen, die sich zwar nicht auf das Ergebnis der Marktwertermittlung, jedoch nicht unerheblich auf die Gestaltung der Wertermittlungsverfahren auswirken. Verkehrswertgutachten haben damit ein neues Gesicht bekommen.

Neu aufgenommen in die ImmoWertV wurden aufgrund der geänderten Ermächtigungsgrundlage des § 199 des Baugesetzbuchs (BauGB) Vorschriften über die Ableitung von Bodenrichtwerten im Sinne des § 196 BauGB, die insbesondere im Bereich der steuerlichen Bewertung von maßgeblicher Bedeutung sind. Neu aufgenommen wurden lediglich zwei weitere Varianten des Ertragswertverfahrens, die mathematisch exakt der bisher geregelten Standardvariante entsprechen und dem Benutzer dieses Werks seit jeher bekannt sind. Diese Varianten haben schon seit Langem nicht zuletzt aufgrund dieses Werks Eingang in die allgemeine Wertermittlungspraxis gefunden. Es handelt sich um das sog. vereinfachte Ertragswertverfahren ohne Aufteilung in den Boden- und Gebäudewertanteil sowie um die partielle Ertragswertermittlung nach der allgemeinen Barwertformel, der „Urmutter" aller Ertragswertverfahren. Diese Varianten führen zu exakt demselben Ergebnis wie die bisher geregelte Standardvariante. Ersatzlos fortgefallen sind die Regelungen zur Bemessung der Enteignungsentschädigung (bisher § 29 WertV) und die Wertermittlungsvorschriften für Sanierungsgebiete und Entwicklungsbereiche (bisher §§ 26 bis 28 WertV).

Die vorbeschriebenen Änderungen haben eine vollständige Neufassung der 6. Auflage von 2004 erforderlich gemacht und stehen im Mittelpunkt dieser Neuauflage. Dabei wurde das bisherige Prinzip, komplizierte Sachverhalte möglichst anschaulich darzustellen, dahingehend fortentwickelt, dass die Kommentierung der Vorschriften zu den im 3. Abschnitt der ImmoWertV geregelten Wertermittlungsverfahren (Vergleichs-, Ertrags- und Sachwertverfahren) zum besseren Verständnis jeweils in einer den einschlägigen Vorschriften vorangestellten Systematischen Darstellung zusammengefasst wurde.

Im Unterschied zur 6. Auflage bleiben bei der vorliegenden 7. Auflage die Regelungen der zurzeit der Drucklegung (noch) nicht aufgehobenen Wertermittlungsrichtlinien 2006 (vgl. WERTR 2006, ImmoWertV, 10. Aufl. 2010, Bundesanzeiger Verlag Köln) unberücksichtigt, da sie ohnehin nur noch entsprechend Anwendung finden können und (sukzessiv) durch neuere Regelungen ersetzt werden sollen. Dementsprechend haben in die Auflage Eingang gefunden:

1. Richtlinie zur Ermittlung von Bodenrichtwerten (Bodenrichtwertrichtlinie – BRW-RL) vom 11.01.2011 (BAnz Nr. 24 vom 11.02.2011 S. 597 ff. = GuG 2011, 165) und

2. Richtlinie zur Ermittlung des Sachwerts (Sachwertrichtlinie – SW-RL) vom 5. September 2012 (BAnz AT 18.10.2012 B1).

Das Sachwertverfahren wird unter Berücksichtigung der Sachwertrichtlinien und der damit neu eingeführten **Normalherstellungskosten 2010 (NHK 10)** erläutert, auch wenn diese erst anwendbar sind, wenn die Gutachterausschüsse für Grundstückswerte die neue Generation von Sachwertfaktoren auf der Grundlage der NHK 2010 zur Verfügung gestellt haben. Die bislang geltenden Normalherstellungskosten 2000 werden deshalb zumindest übergangsweise

Vorwort

noch weiter Bedeutung haben. Bezüglich ihrer Anwendung wird auf die einschlägigen Hinweise in der Vorauflage verwiesen.

Für den frei schaffenden Sachverständigen haben die Empfehlungen der Sachwertrichtlinien aufgrund des die ImmoWertV beherrschenden **Grundsatzes der Modellkonformität** erheblich an Bedeutung verloren. Nach diesem Grundsatz hängt der Sachverständige an der „Nabelschnur" der Gutachterausschüsse für Grundstückswerte nach den §§ 192 ff. BauGB, denn er muss sich der Wertermittlungsmethoden bedienen, die den von den Gutachterausschüssen abgeleiteten erforderlichen Daten der Wertermittlung zugrunde liegen. Erst die Modellkonformität gewährleistet eine marktkonforme Verkehrswertermittlung. Der Sachverständige ermittelt den Marktwert quasi als verlängerte Werkbank der Gutachterausschüsse für Grundstückswerte.

Bei modellkonformer Sachwertermittlung unter Anwendung der Sachwertfaktoren der Gutachterausschüsse muss dementsprechend das vom Gutachterausschuss zum Beispiel angewandte Sachwertmodell maßgebende Leitschnur sein. Die Richtlinien sind dann nur noch insoweit von Bedeutung für den Sachverständigen, wie sie vom Gutachterausschuss für Grundstückswerte zur Anwendung gekommen sind. Der eigentliche und direkte Adressat der Richtlinien sind damit die selbständigen und unabhängigen Gutachterausschüsse für Grundstückswerte, und diese stehen unter der Rechts- und Fachaufsicht der Länder.

Das vorliegende Werk will für freischaffende Sachverständige ebenso wie für Gutachterausschüsse für Grundstückswerte, für Kreditinstitute, für Wirtschaftsprüfer, für Steuerberater, für die in Versicherungsunternehmen tätigen Sachverständigen, für die Verwaltung und für das Rechtswesen und nicht zuletzt auch für Studierende Ratgeber sein. Es stellt den aktuellen Stand der Wertermittlungslehre und Wertermittlungspraxis in Verbindung mit den Rechtsgrundlagen dar und steht in enger Verzahnung mit

- den geltenden Rechtsgrundlagen, die in der Sammlung amtlicher Vorschriften der Wertermittlung – WERTR 06 – zusammengestellt sind (erschienen beim Bundesanzeiger Verlag in der 10. Auflage),

- der Rechtsprechung zur Verkehrswertermittlung, die in der im Luchterhand Verlag erschienenen Entscheidungssammlung zum Grundstücksmarkt und Grundstückswert – EzGuG – zusammengestellt und dort laufend fortgeführt wird, sowie

- der aktuellen Marktentwicklung, die einschließlich der Behandlung aktueller Fragen der Verkehrswertermittlung ebenfalls der im Luchterhand Verlag periodisch erscheinenden Zeitschrift „Grundstücksmarkt und Grundstückswert" – GuG – entnommen werden kann.

Im Übrigen wird darauf hingewiesen, dass eine auf aktuellen Daten basierende Marktwertermittlung stets die Heranziehung aktueller Marktdaten erfordert. Soweit im vorliegenden Werk solche Daten dargestellt sind, beziehen sie sich auf die örtlichen Marktverhältnisse zum angegebenen Stichtag und können auch ansonsten durch neue Entwicklungen überholt sein. In der praktischen Marktwertermittlung müssen deshalb die jeweils aktuellen Daten „vor Ort" ermittelt werden.

Wolfgang Kleiber

Berlin

im September 2012

Hinweis:

Soweit Angaben in Deutsche Mark (DM) unvermeidlich waren, ergibt sich aus der Verordnung Nr. 2866/98 des Rates der Europäischen Gemeinschaften vom 31.12.1998 (ABl. L 359) ein Wechselkurs von *1 Euro (€)* = 1,95583 DM.

Inhaltsverzeichnis

Schnellübersicht 3
Vorwort zur siebten Auflage 4
Abkürzungsverzeichnis 37
Schrifttumshinweise 44

Teil I
Rechtsgrundlagen

1. **Verordnung über die Grundsätze für die Ermittlung der Verkehrswerte von Grundstücken (Immobilienwertermittlungsverordnung – ImmoWertV)** 47
   - Anlage 1 (zu § 20) Barwertfaktoren für die Kapitalisierung 61
   - Anlage 2 (zu § 20) Barwertfaktoren für die Abzinsung 65

2. **Verordnung über die Ermittlung der Beleihungswerte von Grundstücken gemäß § 16 Abs. 1 und 2 des Pfandbriefgesetzes (Beleihungswertermittlungsverordnung – BelWertV)** 69

Teil II
Erläuterungen zur Marktwertermittlung von Grundstücken nach den Vorschriften der Immobilienwertermittlungsverordnung – ImmoWertV

1 Vorbemerkungen zur Immobilienwertermittlungsverordnung (ImmoWertV)
  1.1 Marktwert (Verkehrswert)
    1.1.1 Marktwert und andere Wertbegriffe 87
    1.1.2 Normative Vorgaben für die Marktwertermittlung (Verkehrswertermittlung)
      1.1.2.1 Allgemeines 90
      1.1.2.2 Gewöhnlicher Geschäftsverkehr 92
      1.1.2.3 Allgemeine Wertverhältnisse des Wertermittlungsstichtags 95
      1.1.2.4 Grundstücksmerkmale des Qualitätsstichtags 96
      1.1.2.5 Berücksichtigung von Zukunftserwartungen 96
      1.1.2.6 Missverstandenes Stichtagsprinzip 99
      1.1.2.7 Grundstückstransaktionskosten 102
      1.1.2.8 Ungewöhnliche oder persönliche Verhältnisse 104
      1.1.2.9 Teilmarkttheorie 106
  1.2 Marktwertermittlung (Verkehrswertermittlung)
    1.2.1 Marktwertspanne 110
    1.2.2 Genauigkeit und Leistungsfähigkeit der Marktwertermittlung 113
    1.2.3 Auf- oder Abrundung 119
    1.2.4 Konsistenz der Marktwertermittlung 120
  1.3 Immobilienwertermittlungsverordnung (ImmoWertV)
    1.3.1 Rechtsgrundlagen 120

Inhaltsverzeichnis

	1.3.2	Entstehungsgeschichte		
		1.3.2.1	Allgemeines	122
		1.3.2.2	Vorbereitung	122
		1.3.2.3	Erster Regierungsentwurf	123
		1.3.2.4	Zweiter Regierungsentwurf	123
	1.3.3	Allgemeine Zielsetzungen		124
	1.3.4	Aufbau der ImmoWertV		125
	1.3.5	Grundsatz der Modellkonformität		131
	1.3.6	Sonstige Wertermittlungsverfahren		132
1.4	Ergänzende Wertermittlungsrichtlinien			
	1.4.1	Allgemeines		134
	1.4.2	Wertermittlungsrichtlinien (WERTR)		135
	1.4.3	Weitere die WERTR ablösende Richtlinien		
		1.4.3.1	Bodenrichtwertrichtlinie (BRW-RL)	137
		1.4.3.2	Sachwertrichtlinie (SW-RL) und alii	137
	1.4.4	WaldR 2000, LandR 78, ZierH 2000 und JagdH 01		138
	1.4.5	Bedeutung der ergänzenden Richtlinien		139
1.5	Beleihungswertermittlungsverordnung (BelWertV)			140

2 Erläuterungen zu den einzelnen Vorschriften der ImmoWertV

Abschnitt 1 ImmoWertV:
Anwendungsbereich, Begriffsbestimmungen und
allgemeine Verfahrensgrundsätze

§ 1 ImmoWertV Anwendungsbereich

1 Anwendungsbereich

1.1	ImmoWertV		142
1.2	BelWertV		144

2 Anwendung der Verordnung auf Grundstücke, Grundstücksbestandteile und Zubehör (§ 1 Abs. 1 ImmoWertV)

2.1	Grundstück und Grundstücksteil		
	2.1.1	Übersicht	144
	2.1.2	Grundstück	146
	2.1.3	Grundstücksteil	146
	2.1.4	Bruchteils-, Gesamthands- und Miteigentum	147
	2.1.5	Gegenstand der Wertermittlung nach BelWertV	148
2.2	Wirtschaftliche Einheit		148
2.3	Bestandteile des Grundstücks		
	2.3.1	Übersicht	150
	2.3.2	Bauliche und sonstige Anlagen	
		2.3.2.1 Allgemeines	151
		2.3.2.2 Bauliche Anlagen	151
		2.3.2.3 Sonstige Anlagen (Aufwuchs)	154
	2.3.3	Besondere Betriebseinrichtungen	157
	2.3.4	Zubehör	158
	2.3.5	Kunstgegenstände	158

Inhaltsverzeichnis

3 Anwendung der Verordnung auf Grundstücksrechte (§ 1 Abs. 2 ImmoWertV)
- 3.1 Allgemeine Hinweise
  - 3.1.1 Übersicht 158
  - 3.1.2 Wertminderung eines dienenden Grundstücks 159
  - 3.1.3 Werterhöhung eines herrschenden Grundstücks 160
- 3.2 Beschränkt dingliche Rechte 160
- 3.3 Nutzungsrechte 160
- 3.4 Sicherungs- und Verwertungsrechte
  - 3.4.1 Übersicht 162
  - 3.4.2 Grundpfandrecht 162
- 3.5 Erwerbsrechte 163

4 Anwendung der Verordnung auf nicht marktgängige Wertermittlungsobjekte (§ 1 Abs. 2 ImmoWertV) 163

§ 2 ImmoWertV   Grundlagen der Wertermittlung

1 Zustand und allgemeine Wertverhältnisse
- 1.1 Allgemeine Grundsätze (§ 2 Satz 1 ImmoWertV) 165
- 1.2 Qualifizierte Erwartungen künftiger Entwicklungen (§ 2 Satz 2 ImmoWertV) 166

2 Wartezeit (§ 2 Satz 3 ImmoWertV) 168

§ 3 ImmoWertV   Wertermittlungsstichtag und allgemeine Wertverhältnisse

1 Wertermittlungsstichtag (§ 3 Abs. 1 ImmoWertV)
- 1.1 Allgemeines 171
- 1.2 Retrograder Wertermittlungsstichtag 172

2 Allgemeine Wertverhältnisse auf dem Grundstücksmarkt (§ 3 Abs. 2 ImmoWertV) 172

§ 4 ImmoWertV   Qualitätsstichtag und Grundstückszustand

1 Übersicht 176

2 Qualitätsstichtag (§ 4 Abs. 1 ImmoWertV)
- 2.1 Allgemeines 176
- 2.2 Identität von Wertermittlungsstichtag und Qualitätsstichtag 178
- 2.3 Unterschiedlicher Wertermittlungs- und Qualitätsstichtag
  - 2.3.1 Übersicht 180
  - 2.3.2 Rückwärtiger Zeitpunkt der Zustandsqualifizierung (Qualitätsstichtag) 181
  - 2.3.3 Zukünftiger Zeitpunkt der Zustandsqualifizierung (Qualitätsstichtag) 182

3 Zustand (§ 4 Abs. 2 ImmoWertV) 183

4 Besonderheiten der Zustandsqualifizierung (§ 4 Abs. 3 ImmoWertV)
- 4.1 Allgemeines 184
- 4.2 Absehbare anderweitige Nutzungen (§ 4 Abs. 3 Nr. 1 ImmoWertV) 184
- 4.3 Überdurchschnittlicher Aufwand (§ 4 Abs. 3 Nr. 2 ImmoWertV) 185
- 4.4 Städtebauliche Missstände und Funktionsverluste (§ 4 Abs. 3 Nr. 3 ImmoWertV)
  - 4.4.1 Städtebauliche Missstände 185
  - 4.4.2 Funktionsverluste 187
  - 4.4.3 Baurechtswidriger Zustand 187

Inhaltsverzeichnis

	4.5	Dauerhafte öffentliche Zweckbindung/Gemeinbedarfsflächen (§ 4 Abs. 3 Nr. 4 ImmoWertV)	188
	4.6	Erneuerbare Energien (§ 4 Abs. 3 Nr. 5 ImmoWertV)	188
	4.7	Naturschutzrechtliche Ausgleichsflächen (§ 4 Abs. 3 Nr. 6 ImmoWertV)	188

§ 5 ImmoWertV Entwicklungszustand

1 Allgemeines
- 1.1 Regelungsübersicht und allgemeine Zielsetzung ... 191
- 1.2 Sonstige Entwicklungszustandsstufen ... 193
- 1.3 Systematik der Regelung ... 194

2 Flächen der Land- oder Forstwirtschaft (§ 5 Abs. 1 ImmoWertV)
- 2.1 Vorbemerkungen ... 198
- 2.2 Reine Flächen der Land- und Forstwirtschaft
  - 2.2.1 Allgemeines ... 201
  - 2.2.2 Flächenerwerbsverordnung ... 202
  - 2.2.3 Acker- und Grünland
    - 2.2.3.1 Allgemeines ... 202
    - 2.2.3.2 Wertbestimmende Grundstücksmerkmale ... 204
  - 2.2.4 Grundstücksgröße und Grundstücksgestalt (-zuschnitt) ... 204
  - 2.2.5 Bonität
    - 2.2.5.1 Allgemeines ... 208
    - 2.2.5.2 Schätzungsrahmen ... 210
    - 2.2.5.3 Ertragsmesszahl ... 215
  - 2.2.6 Ertragswertermittlung ... 220
  - 2.2.7 Waldfläche
    - 2.2.7.1 Allgemeines ... 221
    - 2.2.7.2 Waldboden ... 223
    - 2.2.7.3 Grundstücksgröße ... 225
    - 2.2.7.4 Besonderheiten für Erholungswälder ... 226
    - 2.2.7.5 Waldbestand ... 227
  - 2.2.8 Gestaute Wasserflächen, Fischteiche ... 232
- 2.3 Besondere Flächen der Land- oder Forstwirtschaft
  - 2.3.1 Allgemeines ... 232
  - 2.3.2 Sanierungsgebiete und Entwicklungsbereiche ... 233
  - 2.3.3 Qualifikationsmerkmale ... 235
- 2.4 Hofstelle, Hofanschlussflächen, hofnahe und -ferne Flächen
  - 2.4.1 Allgemeines ... 237
  - 2.4.2 Hofstelle ... 239
  - 2.4.3 Hofanschlussfläche, hofnahe- und hofferne Fläche ... 242
- 2.5 Steuerliche Bewertung des land- und forstwirtschaftlichen Vermögens ... 244

3 Bauerwartungsland (§ 5 Abs. 2 ImmoWertV)
- 3.1 Materielle Definition ... 245
- 3.2 Stand der Bauleitplanung ... 249
- 3.3 Städtebauliche Entwicklungen ... 250
- 3.4 Einer Bauerwartung entgegenstehende Gegebenheiten ... 251
- 3.5 Bauerwartung in der steuerlichen Bewertung ... 251

Inhaltsverzeichnis

4 Rohbauland (§ 5 Abs. 3 ImmoWertV)
4.1 Materielle Definition 251
4.2 Brutto- und Nettorohbauland 252
4.3 Bauliche Nutzung 253
4.4 Besonderheiten für Umlegungsgebiete 254

5 Baureifes Land (§ 5 Abs. 4 ImmoWertV)
5.1 Materielle Definition
    5.1.1 Allgemeines 255
    5.1.2 Bebaute Grundstücke 257
    5.1.3 Baulücke 258
    5.1.4 Faktisches Bauland im Außenbereich (§ 35 Abs. 2 BauGB) 258
    5.1.5 Steuerliche Bewertung 259
    5.1.6 Beleihungswertermittlung 260
5.2 Baureife begründende rechtliche Gegebenheiten
    5.2.1 Bauplanungsrecht 260
    5.2.2 Zulässigkeit von Vorhaben im Geltungsbereich eines Bebauungsplans nach § 30 BauGB 262
    5.2.3 Zulässigkeit von Vorhaben bei Planreife nach § 33 BauGB 264
    5.2.4 Zulässigkeit von Vorhaben im unbeplanten Innenbereich nach § 34 BauGB 264
    5.2.5 Abgrenzungsfragen 267
5.3 Der Baureife entgegenstehende rechtliche Gegebenheiten
    5.3.1 Öffentlich-rechtliche Nutzungsbeschränkungen 267
    5.3.2 Sonstige rechtliche Gegebenheiten 268
5.4 Außenbereich
    5.4.1 Allgemeines 271
    5.4.2 Zulässige Vorhaben
        5.4.2.1 Privilegierte Vorhaben 273
        5.4.2.2 Sonstige Vorhaben 274
        5.4.2.3 Begünstigte Vorhaben 275
    5.4.3 Bodenwertermittlung 275
    5.4.4 Bodenwert von im Außenbereich baurechtswidrig bebauten Grundstücken 276

6 Sondernutzungen
6.1 Öd-, Un- und Geringstland 277
6.2 Erbschaftsteuer-Richtlinien 279

7 Schutzgebiete
7.1 Allgemeines 279
7.2 Naturschutzrechtliche Ausgleichsflächen und -maßnahmen
    7.2.1 Allgemeines 280
    7.2.2 Grundstücksintegrierte Ausgleichsflächen und -maßnahmen 282
    7.2.3 Zugeordnete Ausgleichsflächen und -maßnahmen 282
    7.2.4 Ausgleichsflächen in Sanierungsgebieten und Entwicklungsbereichen ... 284
7.3 Landschafts- oder Naturschutzgebiete (Flora-Fauna-Habitat)
    7.3.1 Allgemeines 284
    7.3.2 Flora-Fauna-Habitat(FFH)-Richtlinie 287
7.4 Wasserschutz-, Überschwemmungs- und Heilquellengebiet
    7.4.1 Übersicht 288
    7.4.2 Wasserschutzgebiet 288

Inhaltsverzeichnis

	7.4.3	Überschwemmungsgebiet (Hochwassergebiet)	291
	7.4.4	Vorranggebiet, Vorbehaltsgebiet, Eignungsgebiet	293
	7.4.5	Wertminderung infolge Natur- und Wasserschutzauflagen	294
7.5	Lärmschutzgebiet		294

8 Kleingartenland
- 8.1 Allgemeines ... 294
- 8.2 Pacht
  - 8.2.1 Allgemeines ... 295
  - 8.2.2 Ermittlung der ortsüblichen Pacht ... 298
- 8.3 Kleingärten in den neuen Bundesländern ... 300
- 8.4 Sonstiges Gartenland ... 304

9 Abbauland
- 9.1 Allgemeines ... 312
- 9.2 Grundeigene und bergfreie Bodenschätze
  - 9.2.1 Allgemeines ... 315
  - 9.2.2 Besonderheiten in den neuen Bundesländern
    - 9.2.2.1 Rechtsentwicklung ... 316
    - 9.2.2.2 Bergrechtsvereinheitlichung ... 320
    - 9.2.2.3 Bergfreie Bodenschätze ... 320
- 9.3 Verkehrswertermittlung
  - 9.3.1 Allgemeines ... 323
  - 9.3.2 Vergleichswertverfahren ... 324
  - 9.3.3 Ertragswertverfahren ... 329
  - 9.3.4 Beleihungsbeschränkung für Sparkassen ... 336
- 9.4 Bergschaden
  - 9.4.1 Allgemeines ... 340
  - 9.4.2 Bergschaden an Gebäuden und Außenanlagen
    - 9.4.2.1 Allgemeines ... 343
    - 9.4.2.2 Bergschadensersatzanspruch ... 343
  - 9.4.3 Nicht behebbare Bergschäden (Minderwert)
    - 9.4.3.1 Allgemeines ... 344
    - 9.4.3.2 Ermittlung des Minderwerts (Minderwertregelung) ... 345
    - 9.4.3.3 Steuerliche Bewertungspraxis ... 347
  - 9.4.4 Anpassungs- und Bergschadenssicherungsmaßnahmen ... 347
  - 9.4.5 Behebbare Bergschäden ... 348
  - 9.4.6 Bodenwertermittlung in Bergschadensgebieten ... 348
  - 9.4.7 Merkantiler Mehr- und Minderwert ... 348
  - 9.4.8 Bergschadensgefahr und Bergschadensverzicht ... 351

10 Wasserfläche
- 10.1 Allgemeines ... 353
- 10.2 Hafen ... 358

§ 6 ImmoWertV   Weitere Grundstücksmerkmale

1 Allgemeines ... 364

2 Art und Maß der baulichen und sonstigen Nutzung (§ 6 Abs. 1 ImmoWertV)
- 2.1 Allgemeines (§ 6 Abs. 1 Satz 1 ImmoWertV) ... 365
- 2.2 Rechtliche Gegebenheiten
  - 2.2.1 Übersicht ... 366

Inhaltsverzeichnis

	2.2.2	Flächennutzungsplan	367
	2.2.3	Bebauungsplan	
		2.2.3.1 Allgemeines	368
		2.2.3.2 Art der baulichen Nutzung	371
		2.2.3.3 Maß der baulichen Nutzung	378
		2.2.3.4 Bauweise	388
		2.2.3.5 Überbaubare Grundstücksfläche	389
		2.2.3.6 Besonderheiten für Berlin	390
	2.2.4	Im Zusammenhang bebaute Ortsteile nach § 34 BauGB	393
	2.2.5	Außenbereich nach § 35 BauGB	395
	2.2.6	Sanierungsgebiete und städtebauliche Entwicklungsbereiche	396
	2.2.7	Sonstige öffentlich-rechtliche und privatrechtliche Vorschriften	396
2.3	Tatsächliche Gegebenheiten		
	2.3.1	Übersicht	397
	2.3.2	Lagetypische Nutzung (§ 6 Abs. 1 ImmoWertV)	397
	2.3.3	Bestandsschutz	400
2.4	Erhebliches Abweichen der tatsächlichen Nutzung von der zulässigen bzw. lagetypischen Nutzung		400
2.5	Flächen, auf denen nach den Festsetzungen des Bebauungsplans nur bestimmte Wohngebäude errichtet werden dürfen		
	2.5.1	Übersicht	400
	2.5.2	Soziale Wohnraumförderung (Sozialer Wohnungsbau)	400
	2.5.3	Personengruppen mit besonderem Wohnbedarf	401
	2.5.4	Baurecht auf Zeit	402

3 Wertbeeinflussende Rechte und Belastungen (§ 6 Abs. 2 ImmoWertV)
- 3.1 Allgemeines ... 402
- 3.2 Pfandrechte ... 403

4 Abgabenrechtlicher Zustand (§ 6 Abs. 3 ImmoWertV) ... 404

5 Lage (§ 6 Abs. 4 ImmoWertV)
- 5.1 Allgemeines ... 406
- 5.2 Lagetypen ... 407
- 5.3 Beeinträchtigungen der Lageverhältnisse
  - 5.3.1 Allgemeines ... 408
  - 5.3.2 Baumaßnahmen ... 408
  - 5.3.3 Standfestigkeit ... 408
  - 5.3.4 Zugänglichkeit des Grundstücks ... 409
  - 5.3.5 Verkehrslage ... 409
  - 5.3.6 Immissionslage ... 411

6 Lärm
- 6.1 Allgemeines ... 412
- 6.2 Verkehrslärm (Straßen und Schienen)
  - 6.2.1 Immissionsrichtwerte ... 412
  - 6.2.2 Verkehrswertermittlung ... 415
  - 6.2.3 Wertminderung ... 416
  - 6.2.4 Lärmvorsorge ... 420
  - 6.2.5 Entschädigung für verbleibende Beeinträchtigungen
    - 6.2.5.1 Entschädigung bei Neubau und Änderung von Verkehrswegen ... 427

Inhaltsverzeichnis

	6.2.5.2 Entschädigung bei Teilinanspruchnahme	433
	6.2.5.3 Entschädigung für Altanlagen	435
6.3	Gewerbelärm	437
6.4	Fluglärm	
	6.4.1 Allgemeines und Entschädigungsgrundsätze	439
	6.4.2 Wertminderung wegen Fluglärm	442
	6.4.3 Steuerliche Bewertung	443
6.5	Spiel- und Sportlärm	445
6.6	Manöver- und Schießlärm	449
6.7	Baulärm	449

7 Geruchsimmission 450

8 Staubimmission 452

9 Erschütterung 452

10 Elektrosmog
- 10.1 Grenzwerte 453
- 10.2 Mindestfläche 456
- 10.3 Nutzungsentgelte 456
- 10.4 Minderung der Nutzungsentgelte 457
- 10.5 Rechtsprechung zum Mobilfunk 457

11 Beschaffenheit und tatsächliche Eigenschaften (§ 6 Abs. 5 ImmoWertV)
- 11.1 Allgemeines 458
- 11.2 Altlasten
  - 11.2.1 Allgemeines 460
  - 11.2.2 Belastete Flächen in der Bauleitplanung
    - 11.2.2.1 Abwägungsgebot 462
    - 11.2.2.2 Kennzeichnungspflicht 462
    - 11.2.2.3 Schadensersatz bei Abwägungsmängeln in der Bauleitplanung 464
  - 11.2.3 Verkehrswertermittlung 465
  - 11.2.4 Verifizierung von Ablagerungen 469
  - 11.2.5 Sanierungsmaßnahmen 476
  - 11.2.6 Sanierungslast 476
  - 11.2.7 Berücksichtigung von Altlasten bei Grundstücksveräußerungen des Bundes 480
  - 11.2.8 Altlasten im Bewertungsrecht 481
- 11.3 Beschaffenheit der baulichen Anlage
  - 11.3.1 Allgemeines 484
  - 11.3.2 Bauordnungsrechtliche Anforderungen 485

12 Gesamt- und Restnutzungsdauer (§ 6 Abs. 6 ImmoWertV)
- 12.1 Begriffe
  - 12.1.1 Gesamt- und Restnutzungsdauer, Nutzungsdauer 486
  - 12.1.2 Gesamt- und Restlebensdauer 488
- 12.2 Übliche Gesamtnutzungsdauer (Nutzungsdauer)
  - 12.2.1 Verkehrswertermittlung 489
  - 12.2.2 Beleihungswertermittlung 493
  - 12.2.3 Steuerliche Bewertung 493

Inhaltsverzeichnis

12.3 Übliche Restnutzungsdauer	
12.3.1 Allgemeines	493
12.3.2 Vorläufige Restnutzungsdauer	494
12.4 Abweichungen von der üblichen Restnutzungsdauer	
12.4.1 Allgemeines	495
12.4.2 Unterlassene Instandhaltungen	495
12.4.3 Durchgeführte Instandsetzungen	495
12.4.4 Modernisierung	496
12.4.5 Andere Gegebenheiten	496
12.4.6 Gesamtbetrachtung	497
12.5 Verlängerung der Restnutzungsdauer durch Modernisierungen	
12.5.1 Verkehrswertermittlung	
12.5.1.1 Modernisierung	497
12.5.1.2 Abschätzung der verlängerten Restnutzungsdauer nach „Modernisierungsgraden"	497
12.5.1.3 Ermittlung des fiktiven Baujahrs (Alters) und der verlängerten Restnutzungsdauer nach Modernisierungsanteilen	505
12.5.1.4 Abschätzung der Restnutzungsdauer bei „verbrauchter" Modernisierung	508
12.5.1.5 Steuerliche Bewertung	509
12.6 Abschätzung der Restnutzungsdauer bei Gebäudemix	
12.6.1 Verkehrswertermittlung	512
12.6.2 Steuerliche Bewertung	516

§ 7 ImmoWertV Ungewöhnliche oder persönliche Verhältnisse

1 Übersicht	519
2 Allgemeiner Grundsatz (§ 7 Satz 1 ImmoWertV)	521
3 Identifizierung ungewöhnlicher oder persönlicher Verhältnisse (§ 7 Satz 2 ImmoWertV)	
3.1 Allgemeines	522
3.2 Ausschluss „erheblich" abweichender Kaufpreise	523
3.3 Besonderheiten der steuerlichen Bewertung	525
4 Rechtsprechungsübersicht	525
5 Ungewöhnliche Aufwendungen bei der Bemessung von Kaufpreisen	528
6 Verrentung von Kaufpreisen; Leib- und Zeitrente	
6.1 Allgemeines	529
6.2 Zeitrente	
6.2.1 Allgemeines	530
6.2.2 End- und Barwert von Zeitrenten	
6.2.2.1 Ermittlung des Endwerts von Zeitrenten	530
6.2.2.2 Ermittlung des Barwerts von Zeitrenten	531
6.3 Leibrente	
6.3.1 Allgemeines	532
6.3.2 Berechnung des Barwerts	
6.3.2.1 Allgemeines	534
6.3.2.2 Barwert einer jährlich vorschüssig zahlbaren Leibrente	536
6.3.2.3 Barwert einer monatlich vorschüssig zahlbaren Leibrente	536

Inhaltsverzeichnis

		6.3.2.4	Barwert einer aufgeschobenen Leibrente	537
		6.3.2.5	Temporäre Leibrente	537
		6.3.2.6	Verbundene Leibrenten	537
6.4	Zinssatz			538

§ 8 ImmoWertV   Ermittlung des Verkehrswerts

1 Übersicht

1.1	Regelungsgehalt des § 8 ImmoWertV			
	1.1.1	Zentrale Bedeutung des § 8 ImmoWertV		542
	1.1.2	Entstehungsgeschichte		544
	1.1.3	Wertermittlungsverfahren der ImmoWertV		545
	1.1.4	Derivate der klassischen Wertermittlungsverfahren		546
1.2	Verfahren zur Preisermittlung für Investitionsentscheidungen			549
1.3	Internationale „Bewertungsverfahren" und Bewertungsstandards			550

2 Vergleichs-, Ertrags- und Sachwertverfahren

2.1	Übersicht			553
2.2	Verfahrenswahl			
	2.2.1	Allgemeine Grundsätze für die Ermittlung von Verkehrswerten (Marktwerte)		
		2.2.1.1	Allgemeines	556
		2.2.1.2	Gepflogenheiten des gewöhnlichen Geschäftsverkehrs	561
		2.2.1.3	Sonstige Umstände des Einzelfalls	561
	2.2.2	Verfahrensvorgaben bei der Beleihungswertermittlung		562
	2.2.3	Verfahrensvorgaben für die steuerliche Bewertung		564
2.3	Vergleichswertverfahren			
	2.3.1	Allgemeines		566
	2.3.2	Anwendungsbereich		566
	2.3.3	Bodenwertermittlung		
		2.3.3.1	Allgemeines	567
		2.3.3.2	Unmittelbarer und mittelbarer Preisvergleich	567
		2.3.3.3	Bodenrichtwertverfahren	567
		2.3.3.4	Deduktive Verfahren	568
2.4	Ertragswertverfahren			
	2.4.1	Allgemeines		569
	2.4.2	Anwendungsbereich		569
	2.4.3	Pachtwertverfahren		571
	2.4.4	Prognoseverfahren *(Discounted Cashflow Verfahren)*		571
	2.4.5	Ellwood-Verfahren		571
2.5	Sachwertverfahren			
	2.5.1	Allgemeines		571
	2.5.2	Anwendungsbereich		572
	2.5.3	Missverstandenes Eigennutzprinzip		573
2.6	Liquidationswertverfahren			
	2.6.1	Allgemeines		574
	2.6.2	Zerschlagungs- bzw. Zerlegungstaxe sowie Vereinigungswert		575
2.7	Kombinationsverfahren			
	2.7.1	Allgemeines		576
	2.7.2	Extraktionsverfahren (Residualwertverfahren)		577
2.8	Monte-Carlo-Verfahren			578

Inhaltsverzeichnis

    2.9 Massenbewertungsverfahren (Portfolio-Bewertungen)
        2.9.1 Allgemeines 580
        2.9.2 Methoden 582
        2.9.3 Paketabschlag und -zuschlag 583

3 Problemfälle bei der Wahl des Wertermittlungsverfahrens
    3.1 Gewerbe- und Industriegrundstücke 585
    3.2 Unternehmensbewertung 585
    3.3 Eigentumswohnung 587
    3.4 Gemeinbedarfsfläche 588
    3.5 Teilfläche (Vorgärten)
        3.5.1 Allgemeines 589
        3.5.2 Differenzwertverfahren 589
        3.5.3 Pauschalierte Bruchteilsbewertung 590
        3.5.4 Proportionalverfahren 590
    3.6 Warteständiges Bauland 590
    3.7 Grundstücke im Zustand der Bebauung
        3.7.1 Allgemeines 590
        3.7.2 Verkehrswertermittlung (ImmoWertV) 591
        3.7.3 Beleihungswertermittlung (BelWertV) 591
        3.7.4 Steuerliche Bewertung 591

4 Verkehrswertableitung aus den Ergebnissen der Wertermittlungsverfahren (§ 8 Abs. 1 Satz 3 ImmoWertV)
    4.1 Übersicht 592
    4.2 Aussagefähigkeit der herangezogenen Verfahren 592
    4.3 Berücksichtigung mehrerer Verfahrensergebnisse 592
    4.4 Mittelwertmethode (Berliner Verfahren) 594

5 Marktanpassung (§ 8 Abs. 2 Nr. 1 ImmoWertV)
    5.1 Allgemeines 595
    5.2 Vergleichswertverfahren 596
    5.3 Ertragswertverfahren 597
    5.4 Sachwertverfahren 597

6 Berücksichtigung besonderer objektspezifischer Grundstücksmerkmale (§ 8 Abs. 3 ImmoWertV)
    6.1 Allgemeines
        6.1.1 Verkehrswertermittlung (ImmoWertV) 598
        6.1.2 Beleihungswertermittlung (BelWertV) 601
    6.2 Baumängel und Bauschäden (Instandhaltungsrückstau)
        6.2.1 Begriffe
            6.2.1.1 Baumängel und Bauschäden 602
            6.2.1.2 Unterlassene Instandhaltung (Instandhaltungsrückstau) ... 604
            6.2.1.3 Instandsetzung 604
        6.2.2 Wertminderung wegen Baumängeln und Bauschäden (Instandhaltungsrückstau)
            6.2.2.1 Allgemeines 605
            6.2.2.2 Deduktive Ermittlung der Wertminderung 610
        6.2.3 Instandsetzungskosten 616
        6.2.4 Ermittlung der „vollen" Schadensbeseitigungskosten ... 617

Inhaltsverzeichnis

	6.2.5	Baumängel und Bauschäden (Instandhaltungsrückstau) in der Beleihungswertermittlung	625
6.3	Wirtschaftliche Überalterung		
	6.3.1	Allgemeines	625
	6.3.2	Grundriss	628
	6.3.3	Geschosshöhe	629
	6.3.4	Struktur und Raumaufteilung	630
6.4	Überdurchschnittlicher Erhaltungszustand		633
6.5	Architektonische Gestaltung		634
6.6	Von marktüblich erzielbaren Erträgen erheblich abweichende Erträge		
	6.6.1	Allgemeines	
		6.6.1.1 Verkehrswertermittlung (ImmoWertV)	634
		6.6.1.2 Beleihungswertermittlung (BelWertV)	637
		6.6.1.3 Steuerliche Bewertung	637
	6.6.2	Mehr- oder Mindererträge *(over- und underrented)*	
		6.6.2.1 Allgemeine Grundsätze der ImmoWertV	637
		6.6.2.2 Allgemeine Grundsätze der BelWertV	639
		6.6.2.3 Allgemeine Grundsätze der erbschaftsteuerlichen Bewertung	640
		6.6.2.4 Auf- und Abschichtungsverfahren *(Top and Bottom Slicing)*	641
		6.6.2.5 Vervielfältigerdifferenzenverfahren *(Term and Reversion)*	644
		6.6.2.6 Berücksichtigung der Bewirtschaftungskosten	649
		6.6.2.7 Liegenschaftszinssatz	652
	6.6.3	Temporäre Abweichungen der Bewirtschaftungskosten von den marktüblichen Bewirtschaftungskosten	655
	6.6.4	Leerstand	
		6.6.4.1 Allgemeines	658
		6.6.4.2 Berücksichtigung bei der Verkehrswertermittlung	661
	6.6.5	Abweichungen aufgrund atypischer Nutzungen (Fehlnutzung)	670
	6.6.6	Temporäre Einnahmen z. B. durch Zwischennutzungen, Werbeflächen, Antennenanlagen und dgl.	673
6.7	Sonstige besondere objektspezifische Grundstücksmerkmale		
	6.7.1	Übersicht	675
	6.7.2	Optionen	675
	6.7.3	Besondere bodenbezogene Grundstücksmerkmale	
		6.7.3.1 Allgemeines	677
		6.7.3.2 Bodensondierung	677
		6.7.3.3 Bodenwertbezogene Rechte am Grundstück	678
		6.7.3.4 Aufwendungen für einen bevorstehenden Abbruch	680
		6.7.3.5 Altlasten	680
	6.7.4	Besondere bauwertbezogene Grundstücksmerkmale	
		6.7.4.1 Allgemeines	681
		6.7.4.2 Besondere Bauteile, Einrichtungen und besondere Vorrichtungen (besondere Betriebseinrichtungen) sowie besondere Flächen (c-Flächen)	682
		6.7.4.3 Energetische Eigenschaften	683
		6.7.4.4 Dachgeschoss	689
	6.7.5	Aufwuchs und sonstige Außenanlagen	691
	6.7.6	Rechte am Grundstück	692

Inhaltsverzeichnis

	6.7.7	Vermietung sonst bezugsfreier Objekte	692
	6.7.8	Merkantiler Mehr- oder Minderwert	692
7	**Anlagen**		
7.1		Kostengliederung nach Bauelementen	698
7.2		Instandsetzungs- und Modernisierungskosten (einschließlich MwSt.)	699
7.3		Pauschalsätze für Modernisierungskosten des IVD Berlin-Brandenburg e.V. (2009/2010)	705

Abschnitt 2 ImmoWertV:
Bodenrichtwerte und sonstige erforderliche Daten

§ 9 ImmoWertV   Grundlage der Ermittlung

1	**Rechtsgrundlagen**	707
2	**Ableitungspflicht der Gutachterausschüsse**	709
3	**Allgemeine Grundsätze der Ableitung**	711
4	**Fortschreibung**	712
5	**Veröffentlichung**	712

§ 10 ImmoWertV   Bodenrichtwerte

1	**Allgemeines**			
	1.1		Rechtsgrundlagen	716
	1.2		Bodenrichtwerte	716
	1.3		Entstehungsgeschichte der Vorschrift	717
	1.4		Ziel und Zweck von Bodenrichtwerten	
		1.4.1	Transparenz des Grundstücksmarktes	719
		1.4.2	Wertermittlungsgrundlage	720
	1.5		Typologie der Bodenrichtwerte	
		1.5.1	Übersicht	722
		1.5.2	Allgemeine Bodenrichtwerte	722
		1.5.3	Besondere Bodenrichtwerte	722
		1.5.4	Bodenrichtwerte für steuerliche Bewertungen	724
		1.5.5	Generalisierte Boden(richt)werte	728
2	**Ableitung von Bodenrichtwerten (§ 10 Abs. 1 ImmoWertV)**			
	2.1		Allgemeines	728
	2.2		Bodenrichtwertableitung für Gebiete mit Grundstücksverkehr	729
	2.3		Bodenrichtwertableitung für Gebiete ohne Grundstücksverkehr	
		2.3.1	Allgemeines	729
		2.3.2	Bodenrichtwerte für bebaute Gebiete	731
3	**Darstellung von Bodenrichtwerten bei ihrer Veröffentlichung (§ 10 Abs. 2 ImmoWertV)**			
	3.1		Allgemeines	731
	3.2		Darstellung in Bodenrichtwertkarten und Bodenrichtwertlisten	732
	3.3		Bodenrichtwertzonen	733
	3.4		Attributierung des Bodenrichtwertgrundstücks	
		3.4.1	Allgemeines	736
		3.4.2	Art und Maß der baulichen Nutzung	737
	3.5		Bodenrichtwertübersichten	740

Inhaltsverzeichnis

4	Automatisierte Form (§ 10 Abs. 3 ImmoWertV)	742
5	Bodenrichtwerte im Internet	742
6	Bodenrichtwertrichtlinie	743

§ 11 ImmoWertV Indexreihen

1	Übersicht	753
2	Anwendung von Indexreihen (§ 11 Abs. 1 ImmoWertV)	755
3	Indexreihe (§ 11 Abs. 2 und 3 ImmoWertV)	
	3.1 Definition (§ 11 Abs. 2 ImmoWertV)	756
	3.2 Basiszeitraum und Basiszeitpunkt	756
	3.3 Ableitung (§ 11 Abs. 3 ImmoWertV)	757
4	Indexreihen (§ 11 Abs. 4 ImmoWertV)	
	4.1 Bodenpreisindexreihen	
	4.1.1 Teilmärkte	757
	4.1.2 Ableitung aus Kaufpreisen	761
	4.1.3 Ableitung aus Bodenrichtwerten	763
	4.2 Indexreihen für die Preise von Eigentumswohnungen	764
	4.3 Indexreihen für die Preise von Einfamilienhäusern	767
5	Kaufwertestatistiken	768
6	Immobilienindizes	769

§ 12 ImmoWertV Umrechnungskoeffizienten

1	Übersicht	771
2	Anwendung von Umrechnungskoeffizienten	772
3	Ableitung von Umrechnungskoeffizienten	773
4	Fortschreibung von Umrechnungskoeffizienten	774

§ 13 ImmoWertV Vergleichsfaktoren für bebaute Grundstücke

1	Übersicht	775
2	Anwendung von Vergleichsfaktoren (§ 13 Satz 1 ImmoWertV)	777
3	Ableitung von Vergleichsfaktoren (§ 13 Satz 2 ImmoWertV)	778
4	Ertragsfaktor	
	4.1 Ableitung von Ertragsfaktoren	781
	4.2 Beispiele	782
	4.3 Ertragsfaktoren im Verhältnis zum finanzmathematischen Vervielfältiger (Barwertfaktor)	782
	4.4 Ertragsfaktoren im Verhältnis zu sonstigen immobilienwirtschaftlichen Multiplikatoren	783
	4.5 Anwendung von Ertragsfaktoren	784
5	Gebäudefaktor	
	5.1 Ableitung von Gebäudefaktoren	785
	5.2 Beispiele	786
	5.3 Verhältnis von Gebäudefaktoren zu Normalherstellungskosten	788

Inhaltsverzeichnis

	5.4	Anwendung von Gebäudefaktoren	
		5.4.1 Anwendung in der Verkehrswertermittlung	789
		5.4.2 Anwendung in der steuerlichen Bewertung	789

6 Anlagen 790

Anlage 1 Vergleichsfaktoren für bebaute Ein- und Zweifamilienhausgrundstücke zur Verwendung gemäß § 183 Abs. 2 BewG in Berlin 790

Anlage 2 Vergleichsfaktoren des Gutachterausschusses für Grundstückswerte in Wiesbaden (2010) nach § 183 BewG 796

Anlage 3 Vergleichsfaktoren in Hessen 802

§ 14 ImmoWertV Marktanpassungsfaktoren, Liegenschaftszinssätze

1 Übersicht 805

2 Funktion der Marktanpassungsfaktoren und Liegenschaftszinssätze (§ 14 Abs. 1 ImmoWertV) 805

3 Marktanpassungsfaktoren (§ 14 Abs. 2 ImmoWertV) 807

4 Sachwertfaktoren (§ 14 Abs. 2 Nr. 1 ImmoWertV)

4.1 Allgemeines
  4.1.1 ImmoWertV 808
  4.1.2 Beleihungswertermittlung 808
  4.1.3 Steuerliche Bewertung 809

4.2 Sachwertfaktoren
  4.2.1 Sachwertfaktoren nach ImmoWertV
    4.2.1.1 Definition 809
    4.2.1.2 Marktanpassungszu- und -abschläge 810
    4.2.1.3 Gebäudebezogene Sachwertfaktoren 811
  4.2.2 Ableitung von Sachwertfaktoren 812

4.3 Sachwertfaktorenbestimmende Einflüsse
  4.3.1 Allgemeines 814
  4.3.2 Methodik der Sachwertermittlung
    4.3.2.1 Übersicht 815
    4.3.2.2 Bodenwert 816
    4.3.2.3 Normalherstellungskosten 817
    4.3.2.4 Alter und Alterswertminderung 818
    4.3.2.5 Gesamt- und Restnutzungsdauer (Baujahr) 822
  4.3.3 Allgemeine Wertverhältnisse auf dem Grundstücksmarkt
    4.3.3.1 Übersicht 823
    4.3.3.2 Allgemeine Wirtschaftslage 823
    4.3.3.3 Lage auf dem örtlichen Grundstücksmarkt 824
    4.3.3.4 Grundstücksart 825
    4.3.3.5 Größe und Beschaffenheit der baulichen Anlage ... 827
    4.3.3.6 Lage auf dem Baumarkt 827

4.4 Darstellung und Veröffentlichung von Sachwertfaktoren
  4.4.1 Darstellung 828
  4.4.2 Veröffentlichung 829
  4.4.3 Modellkonforme Anwendung von Sachwertfaktoren 829
  4.4.4 Sachwertfaktoren für besondere Teilmärkte
    4.4.4.1 Gewerbe- und Industrieobjekt 830

	4.4.4.2	Eigentumswohnungen	831
	4.4.4.3	Resthofstellen	831

5 Erbbaurechts- und Erbbaugrundstücksfaktoren (§ 14 Abs. 2 Nr. 2 ImmoWertV)

5.1 Allgemeines ... 832
5.2 Erbbaurechtsfaktoren ... 833
5.3 Erbbaugrundstücksfaktoren ... 839

6 Liegenschaftszinssätze (§ 14 Abs. 3 ImmoWertV)

6.1 Überblick
    6.1.1 Liegenschaftszinssatz nach ImmoWertV ... 842
    6.1.2 Kapitalisierungszinssatz nach BelWertV ... 845
    6.1.3 Kapitalisierungszinssatz in der steuerlichen Bewertung ... 846
6.2 Anwendungsbereich ... 847
6.3 Anwendung des maßgeblichen Liegenschaftszinssatzes ... 848
6.4 Liegenschafts- und Kapitalmarktzinssatz ... 858
6.5 Zukunftserwartung ... 861
6.6 Ableitung von Liegenschaftszinssätzen
    6.6.1 Allgemeines ... 865
    6.6.2 Finanzmathematische Grundlagen ... 868
    6.6.3 Ableitung bei langer Restnutzungsdauer ... 869
    6.6.4 Ableitung bei kurzer Restnutzungsdauer ... 871
6.7 Ableitung bei gedämpften Bodenwerten ... 877
6.8 Veröffentlichung von Liegenschaftszinssätzen ... 878

7 Anlagen ... 880

Anlage 1 Sachwertfaktoren (Marktanpassungsfaktoren) ... 880

Anlage 2 Liegenschaftszinssätze für Mietwohnhäuser und Mietwohngeschäftshäuser in Berlin mit einem gewerblichen Mietanteil bis 70 % ... 898

Anlage 3 Spanne der Liegenschaftszinssätze, Gesamtnutzungsdauer und Bewirtschaftungskosten ... 910

Abschnitt 3 ImmoWertV:
Wertermittlungsverfahren

Unterabschnitt 1:
Vergleichswertverfahren
(§§ 15 und 16 ImmoWertV)

Systematische Darstellung des Vergleichswertverfahrens

1 Anwendungsbereich

1.1 Verkehrswertermittlung nach ImmoWertV
    1.1.1 Besondere Stellung des Vergleichswertverfahrens ... 914
    1.1.2 Anwendungsvoraussetzung ... 915
1.2 Steuerliche Bewertung ... 917
1.3 Besonderheiten der BelWertV ... 918

2 Grundzüge des Vergleichswertverfahrens

2.1 Allgemeines
    2.1.1 Mittelbarer und unmittelbarer Preisvergleich ... 918
    2.1.2 Verfahrensübersicht ... 919

Inhaltsverzeichnis

- 2.2 Heranziehung von Vergleichspreisen, Bodenrichtwerten, Vergleichsfaktoren bebauter Grundstücke
  - 2.2.1 Auswahlkriterien
    - 2.2.1.1 Allgemeines (§ 15 Abs. 1 Satz 2, Abs. 2 Satz 3 und § 16 Abs. 1 Satz 4 ImmoWertV) 924
    - 2.2.1.2 Hinreichend übereinstimmende Grundstücksmerkmale 924
    - 2.2.1.3 Wertermittlungsstichtagsnahe Vergleichspreise 926
    - 2.2.1.4 Ausreichende Zahl von Vergleichspreisen 927
  - 2.2.2 Vergleichspreise aus Vergleichsgebieten (§ 15 Abs. 1 Satz 3 ImmoWertV) 929
  - 2.2.3 Vergleichspreise bei retrograder Verkehrswertermittlung 931
- 2.3 Ersatzlösungen bei fehlenden Vergleichspreisen
  - 2.3.1 Allgemeines 932
  - 2.3.2 Preisforderungen 932
  - 2.3.3 Ausschreibungsergebnisse (Bieterverfahren) 933
  - 2.3.4 Vorhandene Gutachten 938
  - 2.3.5 Zwangsversteigerungen 938
  - 2.3.6 Freie Schätzung 939
- 2.4 Intertemporärer und qualitativer Abgleich (Berücksichtigung von Abweichungen)
  - 2.4.1 Allgemeines 939
  - 2.4.2 Qualitativer Abgleich 940
  - 2.4.3 Intertemporärer Abgleich 940
- 2.5 Aggregation der Vergleichspreise zum Vergleichswert
  - 2.5.1 Vorbemerkung 941
  - 2.5.2 Aggregation der Vergleichspreise 942
  - 2.5.3 Genauigkeitsmaße des Vergleichswerts
    - 2.5.3.1 Mittlerer Fehler 944
    - 2.5.3.2 Vertrauensgrenzen 946
    - 2.5.3.3 Standardabweichung 947
- 2.6 Identifizierung und Eliminierung von Ausreißern
  - 2.6.1 Zwei-Sigma-Regel 947
  - 2.6.2 Varianz 947
  - 2.6.3 Variationskoeffizient 947
  - 2.6.4 Vertrauensbereich 948
- 2.7 Ableitung des Verkehrswerts aus dem Vergleichswert
  - 2.7.1 Allgemeines 949
  - 2.7.2 Subsidiäre Berücksichtigung der Lage auf dem Grundstücksmarkt und besonderer objektspezifischer Grundstücksmerkmale 950
  - 2.7.3 Ergänzende Berücksichtigung der Ergebnisse anderer Wertermittlungsverfahren 950
- 2.8 Auf- oder Abrundung 950

3 Vergleichswertverfahren für bebaute Grundstücke
- 3.1 Überblick 951
- 3.2 Direkter Preisvergleich 952
- 3.3 Mittelbarer Preisvergleich mittels Vergleichsfaktoren bebauter Grundstücke
  - 3.3.1 Allgemeines 954
  - 3.3.2 Beispiel 955
- 3.4 Umrechnungskoeffizienten für bebaute Grundstücke
  - 3.4.1 Allgemeines 961

Inhaltsverzeichnis

	3.4.2	Abhängigkeit des Verkehrswerts von Lage und Baujahr	962
	3.4.3	Abhängigkeit des Verkehrswerts von der Wohnfläche	964
	3.4.4	Abhängigkeit des Verkehrswerts von der Grundstücksgröße	965

4 Bodenwertermittlung im Wege des Vergleichswertverfahrens
- 4.1 Bodenwert 967
- 4.2 Bodenwertermittlung mittels Vergleichspreisen (Beispiel) 968
- 4.3 Bodenrichtwertverfahren nach § 16 Abs. 1 Satz 4 ImmoWertV
    - 4.3.1 Bodenrichtwert 970
    - 4.3.2 Zulässigkeit und Bedeutung des Bodenrichtwertverfahrens
        - 4.3.2.1 Allgemeines 970
        - 4.3.2.2 Geeignete Bodenrichtwerte nach ImmoWertV 972
        - 4.3.2.3 Berücksichtigung von Bodenrichtwerten vergleichbarer Gebiete und von Abweichungen nach § 16 Abs. 1 Satz 4 ImmoWertV 973
- 4.4 Bodenrichtwerte in der steuerlichen Bewertung 974
- 4.5 Beleihungswertermittlung 976
- 4.6 KostO 977

5 Berücksichtigung von abweichenden Grundstücksmerkmalen
- 5.1 Allgemeines 977
- 5.2 Hedonische Modelle/Regressionsanalysen 981
- 5.3 Abweichende Grundstücksmerkmale
    - 5.3.1 Entwicklungszustand
        - 5.3.1.1 Allgemeines 987
        - 5.3.1.2 Wartezeit bis zu einer baulichen oder sonstigen Nutzung .. 987
        - 5.3.1.3 Entschädigungs- und Übernahmeanspruch 988
    - 5.3.2 Art der baulichen Nutzung 989
    - 5.3.3 Maß der baulichen Nutzung
        - 5.3.3.1 Geschossflächenzahl (GFZ) 991
        - 5.3.3.2 Baumassenzahl (BMZ) 1007
        - 5.3.3.3 Grundflächenzahl (GRZ) 1007
        - 5.3.3.4 Zahl der Vollgeschosse (Z) 1009
    - 5.3.4 Bauweise 1010
    - 5.3.5 Grundstücksgröße, -tiefe und -zuschnitt
        - 5.3.5.1 Allgemeines 1010
        - 5.3.5.2 Mosaikverfahren (Vorder- und Hinterland) 1015
        - 5.3.5.3 Grundstücksgröße 1021
        - 5.3.5.4 Grundstückstiefe 1033
        - 5.3.5.5 Grundstückszuschnitt 1038
        - 5.3.5.6 Frontbreite 1040
        - 5.3.5.7 Arrondierungsflächen 1041
    - 5.3.6 Bodenbeschaffenheit (Baugrund) 1046
    - 5.3.7 Abgabenrechtlicher Zustand
        - 5.3.7.1 Allgemeines 1048
        - 5.3.7.2 Erschließungsbeitrag nach den §§ 123 ff. BauGB .. 1049
        - 5.3.7.3 Abgaben nach dem Kommunalabgabenrecht (KAG) .. 1054
        - 5.3.7.4 Sielbaubeitrag 1054
        - 5.3.7.5 Umlegungsausgleichsleistungen 1055
        - 5.3.7.6 Ausgleichsbetrag nach den §§ 154 f. BauGB 1055
        - 5.3.7.7 Bodenschutzrechtlicher Ausgleichsbetrag 1056

Inhaltsverzeichnis

		5.3.7.8	Ablösungsbeträge für Stellplatzverpflichtungen	1056
		5.3.7.9	Naturschutzrechtliche Ausgleichszahlung	1057
		5.3.7.10	Kostenerstattungsbetrag nach § 135a BauGB	1057
		5.3.7.11	Ausgleichsabgaben nach Baumschutzverordnung	1058
		5.3.7.12	Walderhaltungsabgabe nach Landeswaldgesetz	1060
	5.3.8	Lagefaktoren		
		5.3.8.1	Allgemeines	1061
		5.3.8.2	Berücksichtigung mithilfe von Bodenrichtwerten	1063
		5.3.8.3	Wohnlage (Makrolage)	1064
		5.3.8.4	Nachbarschaftslage	1066
		5.3.8.5	Aussichts- und Besonnungslage	1067
		5.3.8.6	Wasser- bzw. Ufergrundstück	1068
		5.3.8.7	Kleinräumige Lagemerkmale	1069

6 Deduktive Bodenwertermittlung

6.1	Allgemeines			1076
6.2	Bodenwertermittlung bei warteständigem Bauland auf der Grundlage der Wartezeit			
	6.2.1	Allgemeines		1078
	6.2.2	Einfache Bruchteilsmethode		1078
	6.2.3	Einfache Diskontierungsmethode		1081
6.3	Extraktionsverfahren (Residualwertverfahren) bei warteständigem Bauland			
	6.3.1	Allgemeines		1083
	6.3.2	Verfahrensgang		
		6.3.2.1	Allgemeines	1087
		6.3.2.2	Verfahrensüberblick	1088
	6.3.3	Ausgangswert		
		6.3.3.1	Maßgeblicher Grundstückszustand	1093
		6.3.3.2	Ermittlung des Verkehrswerts	1093
		6.3.3.3	Baulandproduktionskosten (Überblick)	1093
	6.3.4	Erschließung		1094
	6.3.5	Planungs-, Bodenordnungs- und Infrastrukturkosten		
		6.3.5.1	Allgemeines	1097
		6.3.5.2	Städtebauliche Verträge	1098
		6.3.5.3	Umlegungsgebiete	1101
	6.3.6	Wartezeit (Vorhaltekosten)		
		6.3.6.1	Allgemeines	1101
		6.3.6.2	Voraussichtliche Dauer der Entwicklung	1102
		6.3.6.3	Abzinsungszinssatz	1103
	6.3.7	Unentgeltliche Flächenbereitstellung		
		6.3.7.1	Allgemeines	1107
		6.3.7.2	Rechenschritte	1107
	6.3.8	Nebenkosten (Grundstückstransaktionskosten, Unternehmergewinn und -wagnis)		
		6.3.8.1	Grundstückstransaktionskosten	1108
		6.3.8.2	Unternehmergewinn	1108
		6.3.8.3	Unternehmerwagnis (Wagnisabschlag)	1109
6.4	Extraktionsverfahren (Residualwertverfahren) bei fertigem Bauland (baureifes Land)			
	6.4.1	Allgemeines		1111
	6.4.2	Kalkulatorische Bodenwertermittlung		1111

Inhaltsverzeichnis

   6.4.3 Extraktionsverfahren (Residualwertverfahren) bei baureifem Land
     6.4.3.1 Allgemeines 1116
     6.4.3.2 Verfahrensgang 1118
     6.4.3.3 Verfeinerter Verfahrensgang bei langfristiger Entwicklung 1121
     6.4.3.4 Schwachstellen des Extraktionsverfahrens
         (Residualwertverfahrens) 1124
  6.5 Bodenwertermittlung auf der Grundlage der Ertragsfähigkeit
    6.5.1 Abhängigkeit von Erdgeschossmieten 1133
    6.5.2 Abhängigkeit vom Jahresrohertrag 1135
  6.6 Zielbaumverfahren 1135

§ 15 ImmoWertV Ermittlung des Vergleichswerts

1 Überblick 1139

2 Ermittlungsgrundlagen
  2.1 Übersicht 1142
  2.2 Ausreichende Zahl von Vergleichspreisen
    (§ 15 Abs. 1 Satz 1 und 3 ImmoWertV) 1143
  2.3 Hinreichend übereinstimmende Vergleichspreise
    (§ 15 Abs. 1 Satz 2 ImmoWertV) 1144
  2.4 Identifizierung und Eliminierung ungeeigneter Kaufpreise (Ausreißer) 1144

3 Berücksichtigung von Abweichungen (intertemporärer und qualitativer Abgleich)
  3.1 Übersicht 1145
  3.2 Intertemporärer Abgleich 1146
  3.3 Qualitativer Abgleich 1146

4 Ableitung des Verkehrswerts
  4.1 Aggregation der gleichnamig gemachten Vergleichspreise 1146
  4.2 Ableitung des Verkehrswerts aus dem Vergleichswert (§ 8 ImmoWertV) ... 1147

§ 16 ImmoWertV Ermittlung des Bodenwerts

1 Allgemeines
  1.1 Grundsatzregelung der Bodenwertermittlung bebauter Grundstücke
  1.2 Bodenwert
    1.2.1 ImmoWertV 1153
    1.2.2 Steuerliche Bewertung 1155
    1.2.3 Bilanzbewertung 1156
    1.2.4 Rentierlicher Bodenwert 1156

2 Bodenwertermittlung bebauter Grundstücke
  2.1 Grundsatzregelung zur Bodenwertermittlung bebauter Grundstücke
    (§ 16 Abs. 1 Satz 1 ImmoWertV) 1157
  2.2 Verhältnis der Grundsatzregelung zu anderen Rechtsvorschriften 1158
  2.3 Zur Theorie der Dämpfung des Bodenwerts bebauter Grundstücke
    2.3.1 Allgemeines 1159
    2.3.2 Dämpfung von Bodenwerten 1162
    2.3.3 Ertrags- und Sachwertverfahren unter Heranziehung
        gedämpfter Bodenwerte
        2.3.3.1 Allgemeines 1166

Inhaltsverzeichnis

		2.3.3.2	Dämpfung bei Anwendung des Ertragswertverfahrens	1166
		2.3.3.3	Dämpfung bei Anwendung des Sachwertverfahrens	1169
	2.4	Rechtsprechung		1171
	2.5	Steuerliche Bewertung		
		2.5.1	Allgemeines	1171
		2.5.2	Restwertmethode	1172
		2.5.3	Verkehrswertmethode	1173
	2.6	Bilanzbewertung		1175
	2.7	Schlussfolgerung		1175
	2.8	Bodenwertanteil am Gesamtwert bebauter Grundstücke		
		2.8.1	Allgemeines	1176
		2.8.2	Bodenwertanteil von Geschäftsgrundstücken in Innenstadtbereichen	1178
		2.8.3	Bodenwertanteil von Einfamilienhäusern	1178
3	**Bodenrichtwertverfahren (§ 16 Abs. 1 Satz 2 und 3)**			**1180**
4	**Im Außenbereich gelegene bebaute Grundstücke (§ 16 Abs. 2 ImmoWertV)**			**1181**
5	**Bodenwert von Grundstücken mit abbruchträchtiger Bausubstanz (§ 16 Abs. 3 ImmoWertV)**			
	5.1	Vorbemerkungen		
		5.1.1	Allgemeiner Regelungsgehalt	1181
		5.1.2	Rechtsänderungen	1182
		5.1.3	Verfahrensübergreifende Bedeutung der Vorschrift	1182
		5.1.4	Steuerrechtliche Bewertung	1183
	5.2	Anwendungsvoraussetzung der Vorschrift		
		5.2.1	Allgemeine Anwendungsvoraussetzung	1183
		5.2.2	Liquidationsfalle	1184
		5.2.3	Indizierte Freilegung (§ 16 Abs. 3 Satz 2 ImmoWertV)	
			5.2.3.1 Allgemeines	1186
			5.2.3.2 Nicht nutzbare bauliche Anlage (§ 16 Abs. 3 Satz 2 Nr. 1 ImmoWertV)	1186
			5.2.3.3 Unwirtschaftlich nutzbare bauliche Anlage (§ 16 Abs. 3 Satz 2 Nr. 2 ImmoWertV)	1186
			5.2.3.4 Wirtschaftlich (noch) nutzbare bauliche Anlage	1188
			5.2.3.5 Wirtschaftlich indiziert, aber unzulässige Freilegung (Denkmalschutz)	1188
		5.2.4	Alsbaldige Freilegung (Abriss/Rückbau)	
			5.2.4.1 Allgemeines	1188
			5.2.4.2 Aufgeschobene Freilegung	1189
		5.2.5	Freilegungskosten	
			5.2.5.1 Übliche Freilegungskosten	1190
			5.2.5.2 Im „gewöhnlichen Geschäftsverkehr berücksichtigte" Freilegungskosten	1193
		5.2.6	Bodenwertermittlung bei aufgeschobener (gestreckter) Freilegung	
			5.2.6.1 Allgemeines	1194
			5.2.6.2 Aufgrund vertraglicher Bindungen aufgeschobene Freilegung	1194
			5.2.6.3 Bodensondierung bei übergroßen Grundstücken	1197
			5.2.6.4 Vorzeitige Beendigung vertraglicher Bindungen	1198
		5.2.7	Disponierbare Freilegungskosten	1201

Inhaltsverzeichnis

	5.2.8	Beleihungswertermittlung		
		5.2.8.1	Überblick	1207
		5.2.8.2	Beleihungswertermittlung bei sofortiger Freilegung (§ 13 Abs. 1 BelWertV)	1208
		5.2.8.3	Ertragswertermittlung für Grundstücke, deren Bebauung eine Restnutzungsdauer von weniger als 30 Jahren aufweist (§ 13 Abs. 2 BelWertV)	1209
		5.2.8.4	Ertragswertermittlung bei einem Bodenwertanteil von mehr als 50 % des Ertragswerts (§ 13 Abs. 3 BelWertV) .	1211
		5.2.8.5	Zusammenfassung	1211
	5.2.9	Steuerliche Bewertung		1212

6 Abweichungen der realisierten Nutzung von der zulässigen bzw. lagetypischen Nutzung (§ 16 Abs. 4 ImmoWertV)

6.1	Allgemeines		1212
6.2	Anwendungsbereich		
	6.2.1	Abweichende Nutzungen	1214
	6.2.2	„Erheblich" abweichende Nutzungen	1215
6.3	Ermittlung der Bodenwertminderung bzw. Bodenwerterhöhung		
	6.3.1	Allgemeines	1216
	6.3.2	Maß der baulichen Nutzung	1217
	6.3.3	Art der baulichen Nutzung	1220
6.4	Steuerliche Bewertung		1221
6.5	Ergänzende Regelung für Sanierungsgebiete und Entwicklungsbereiche (§ 16 Abs. 5 ImmoWertV)		1222

Unterabschnitt 2:
Ertragswertverfahren
(§§ 17 bis 20 ImmoWertV)

Systematische Darstellung des Ertragswertverfahrens

1 Anwendungsbereich

1.1	Allgemeines			1231
1.2	Ertragswert als Zukunftserfolgswert			1232
1.3	Allgemeine Ertragswertformel			
	1.3.1	Allgemeines		1233
	1.3.2	Grundproblem der Ertragswertermittlung		1234
	1.3.3	Lösungsalternativen		
		1.3.3.1	Übersicht	1236
		1.3.3.2	Berücksichtigung künftiger Erträge mittels prognostizierter Ertragsentwicklungen	1238
		1.3.3.3	Berücksichtigung künftiger Erträge mittels Kapitalisierungszinssatz	1239
1.4	Verfahrensübersicht			
	1.4.1	Allgemeines		1242
	1.4.2	Ein- und zweigleisiges Ertragswertverfahren (Standardverfahren)		
		1.4.2.1	Eingleisiges Ertragswertverfahren (§ 17 Abs. 2 Nr. 2 ImmoWertV)	1242
		1.4.2.2	Zweigleisiges Ertragswertverfahren (§ 17 Abs. 2 Nr. 1 ImmoWertV)	1243

Inhaltsverzeichnis

		1.4.2.3 Mehrperiodisches Ertragswertverfahren (§ 17 Abs. 1 Satz 2 i. V. m. Abs. 3 ImmoWertV)	1245
	1.4.3	Besonderheiten bei Anwendung der Ertragswertverfahren	
		1.4.3.1 Überblick	1252
		1.4.3.2 Bodensondierung bei übergroßen Grundstücken	1252
		1.4.3.3 Freilegungskostenverminderter Bodenwert	1254
		1.4.3.4 Temporäre Mehr- oder Mindererträge und sonstige grundstücksspezifische Besonderheiten	1254
	1.4.4	Vereinfachtes Ertragswertverfahren	1256
	1.4.5	Vervielfältigerverfahren (Maklermethode)	1260
	1.4.6	Instandhaltungs- und Modernisierungsmodell	1263

2 Grundzüge der Ertragswertverfahren

2.1 Übersicht
    2.1.1 Ertragswertverfahren nach ImmoWertV 1264
    2.1.2 BelWertV 1270
    2.1.3 Steuerliche Bewertung 1271
2.2 Grundzüge des allgemeinen Ertragswertverfahrens nach § 17 Abs. 2 Nr. 1 ImmoWertV (Standardverfahren) 1273
2.3 Ermittlung des vorläufigen Ertragswerts
    2.3.1 Bodenwert
        2.3.1.1 Rechtsgrundlagen 1277
        2.3.1.2 Bodensondierung 1277
        2.3.1.3 Abweichungen der realisierten von der zulässigen bzw. lagetypischen Nutzung 1283
        2.3.1.4 Berücksichtigung von Freilegungskosten 1283
        2.3.1.5 Abgabenpflicht 1285
        2.3.1.6 Gespaltene Bodenwerte 1288
        2.3.1.7 Aufwuchs 1292
    2.3.2 Reinertrag
        2.3.2.1 Allgemeines 1292
        2.3.2.2 Marktüblich erzielbarer Rein- bzw. Rohertrag nach ImmoWertV 1294
        2.3.2.3 BelWertV 1295
        2.3.2.4 Steuerliche Bewertung 1296
    2.3.3 Bewirtschaftungskosten
        2.3.3.1 Verkehrswertermittlung nach ImmoWertV 1296
        2.3.3.2 Beleihungswertermittlung nach BelWertV 1300
        2.3.3.3 Steuerliche Bewertung 1301
        2.3.3.4 Betriebskosten 1302
        2.3.3.5 Verwaltungskosten 1305
        2.3.3.6 Mietausfallwagnis 1307
        2.3.3.7 Instandhaltungskosten 1307
        2.3.3.8 Modernisierungsrisiko 1308
    2.3.4 Ertragswert der baulichen Anlage (Gebäudeertragswert)
        2.3.4.1 Allgemeines 1308
        2.3.4.2 Gebäudeertragswert bei Anwendung des zweigleisigen Ertragswertverfahrens 1309
        2.3.4.3 Bodenwertverzinsungsbetrag 1311
    2.3.5 Vervielfältiger (Barwertfaktor)
        2.3.5.1 Allgemeines 1312

Inhaltsverzeichnis

		2.3.5.2	Vervielfältiger nach ImmoWertV, BelWertV und BewG ..	1313
		2.3.5.3	Abweichende Vervielfältiger	1313
	2.3.6	Liegenschaftszinssatz		
		2.3.6.1	Verkehrswertermittlung nach ImmoWertV	1313
		2.3.6.2	Beleihungswertermittlung	1318
		2.3.6.3	Steuerliche Bewertung	1318
	2.3.7	Gesamt- und Restnutzungsdauer		
		2.3.7.1	ImmoWertV	1319
		2.3.7.2	BelWertV	1320
		2.3.7.3	Steuerliche Bewertung	1320
	2.3.8	Betrachtungszeitraum und Restwert nach § 17 Abs. 3 ImmoWertV .		
		2.3.8.1	Allgemeines	1320
		2.3.8.2	Betrachtungszeitraum	1321
		2.3.8.3	Restwert des Grundstücks	1321
	2.3.9	Vorläufiger Ertragswert		1321
2.4	Ertragswert und Verkehrswert			
	2.4.1	Subsidiäre Berücksichtigung besonderer objektspezifischer Grundstückmerkmale		1322
	2.4.2	Verkehrswert (Marktwert)		1323
2.5	Beispiel zum Ertragswertverfahren			1324
2.6	Allgemeine Fehlerbetrachtung			1326
2.7	Ermittlung der Soll- bzw. Kostenmiete (Reinertrag) – *Frontdoor-Approach*			
	2.7.1	Allgemeines		1329
	2.7.2	Soll- bzw. Kostenmiete (Reinertrag) auf ertragswirtschaftlicher Grundlage		1329
	2.7.3	Soll- bzw. Kostenmiete (Reinertrag) auf investiven Grundlagen		1332

§ 17 ImmoWertV Ermittlung des Ertragswerts

1 Grundlagen des Ertragswertverfahrens (§ 17 Abs. 1 ImmoWertV)

1.1	Übersicht			
	1.1.1	Systematik der Regelung		1336
	1.1.2	Entstehungsgeschichte		1339
1.2	Ertrag			
	1.2.1	Allgemeines		1340
	1.2.2	Marktüblich erzielbarer Ertrag der Standardverfahren		1341
	1.2.3	Berücksichtigung besonderer Ertragsentwicklungen		
		1.2.3.1	Allgemeines	1343
		1.2.3.2	Temporäre Abweichungen vom marktüblich erzielbaren Ertrag	1345
		1.2.3.3	Absehbare wesentliche Veränderungen	1346

2 Allgemeines Ertragswertverfahren (Standardverfahren nach § 17 Abs. 2 ImmoWertV)

2.1	Übersicht	1347
2.2	Allgemeines (zweigleisiges) Ertragswertverfahren nach § 17 Abs. 2 Nr. 1 ImmoWertV	1347
2.3	Vereinfachbares (eingleisiges) Ertragswertverfahren nach § 17 Abs. 2 Nr. 2 ImmoWertV	1349

3 Mehrperiodisches Ertragswertverfahren

3.1	Allgemeines	1349

Inhaltsverzeichnis

	3.2	Mehrperiodisches Ertragswertverfahren nach § 17 Abs. 3 ImmoWertV	
		3.2.1 Allgemeines	1351
		3.2.2 Reinerträge	1352
		3.2.3 Betrachtungszeitraum	1352
		3.2.4 Restwert des Grundstücks	1352
		3.2.5 Rechentechnische Hinweise	1353
4	Ertragswertermittlung nach Runge		1355

§ 18 ImmoWertV Reinertrag, Rohertrag

1	**Reinertrag und Rohertrag**		
	1.1	Reinertrag (§ 18 Abs. 1 ImmoWertV)	1358
	1.2	Rohertrag (§ 18 Abs. 2 ImmoWertV)	
		1.2.1 Allgemeines	1360
		1.2.2 Umlageverminderter Rohertrag	1360
2	**Marktüblich erzielbarer Reinertrag**		
	2.1	Allgemeines	1362
	2.2	Allgemeines zur Wohn- und Gewerberaummiete	
		2.2.1 Abgrenzung	1366
		2.2.2 Miete und Pacht	1367
		2.2.3 Schriftform	1368
	2.3	Wohnraummiete	
		2.3.1 Allgemeines	1369
		2.3.2 Mietpreisgestaltung	1369
		2.3.3 Mieterhöhungsverlangen	
		2.3.3.1 Allgemeines	1372
		2.3.3.2 Anpassung an die örtliche Vergleichsmiete	1372
		2.3.3.3 Mieterhöhung nach Durchführung von Modernisierungsmaßnahmen	1376
		2.3.3.4 Mieterhöhung wegen Änderung der Darlehenszinsen	1377
		2.3.3.5 Mietanpassung bei Index- oder Staffelmietverträgen	1377
		2.3.4 Allgemeine Schranken der Mieterhöhung	
		2.3.4.1 Wesentlichkeitsgrenze	1378
		2.3.4.2 Wuchergrenze	1379
		2.3.4.3 Kappungsgrenze	1380
	2.4	Gewerberaummiete	
		2.4.1 Allgemeines	1381
		2.4.2 Mietpreisgestaltung	1383
		2.4.3 Konkurrenz- und Sortimentsschutzklausel	1385
	2.5	Mietpreisbestimmende Merkmale	
		2.5.1 Wohnraum	
		2.5.1.1 Allgemeines	1385
		2.5.1.2 Art (der Wohnung)	1388
		2.5.1.3 Beschaffenheit (der Wohnung)	1388
		2.5.1.4 Wohnung, Wohnraum, Wohnfläche	1389
		2.5.1.5 Ausstattung (der Wohnung)	1394
		2.5.1.6 Lage	1395
		2.5.2 Gewerberaum	
		2.5.2.1 Allgemeines	1397

Inhaltsverzeichnis

		2.5.2.2	Mietfläche von Gewerberäumen	1397
		2.5.2.3	Lage und Beschaffenheit gewerblicher Immobilien	1397
	2.5.3	Gemeinbedarfsnutzung		1398
	2.5.4	Landwirtschaftliche Gebäude		1400
2.6	Mieterhöhungsverlangen			
	2.6.1	Allgemeines		1400
	2.6.2	Mietspiegel		
		2.6.2.1	Allgemeines	1400
		2.6.2.2	Beispiel eines Mietspiegels	1405
	2.6.3	Sachverständigengutachten		1409
	2.6.4	Vergleichsobjekte		
		2.6.4.1	Allgemeines	1411
		2.6.4.2	Mischungsverhältnis	1412
		2.6.4.3	Offenbarungspflicht von Vergleichsobjekten	1412
	2.6.5	Mietdatenbank		1413
2.7	Mietminderung			
	2.7.1	Allgemeines		1413
	2.7.2	Ermittlung der Mietminderung		1414
2.8	Mietwertgutachten (Beispiel)			1420

§ 19 ImmoWertV Bewirtschaftungskosten

1 Allgemeines
- 1.1 Zusammensetzung der Bewirtschaftungskosten ... 1428
- 1.2 Entstehungsgeschichte ... 1430

2 Marktübliche Bewirtschaftungskosten (§ 19 Abs. 1 ImmoWertV)
- 2.1 Marktüblichkeit ... 1431
- 2.2 Bezugsstichtag ... 1432
- 2.3 Abweichungen der tatsächlichen von den marktüblichen Bewirtschaftungskosten ... 1434

3 Gesamtpauschale der Bewirtschaftungskosten
- 3.1 Allgemeines ... 1435
- 3.2 Wohnraum ... 1435
- 3.3 Gewerberaum ... 1436

4 Einzelpauschalen der Bewirtschaftungskosten
- 4.1. Allgemeines ... 1437
- 4.2 Abschreibung – AfA –
  - 4.2.1 Begriff ... 1437
  - 4.2.2 Berücksichtigung der Abschreibung ... 1440
  - 4.2.3 Besonderheiten (Anomalien) ... 1441
- 4.3 Verwaltungskosten (§ 19 Abs. 2 Nr. 1 ImmoWertV)
  - 4.3.1 Begriff ... 1442
  - 4.3.2 Wohnraum ... 1443
  - 4.3.3 Gewerberaum ... 1444
  - 4.3.4 Landwirtschaftliche Wirtschaftsgebäude ... 1444
  - 4.3.5 Besonderheiten (Anomalien) ... 1445
- 4.4 Betriebskosten (§ 19 Abs. 2 Nr. 4 ImmoWertV)
  - 4.4.1 Begriff ... 1445
  - 4.4.2 Wohnraum ... 1447

Inhaltsverzeichnis

		4.4.3	Gewerberaum	1449
		4.4.4	Land- und Forstwirtschaft	1450
		4.4.5	Besonderheiten (Anomalien)	1450
	4.5	Instandhaltungs- und Modernisierungskosten (§ 19 Abs. 2 Nr. 2 ImmoWertV)		
		4.5.1	Begriff	1451
		4.5.2	Instandhaltungskosten	
			4.5.2.1 Instandhaltungskosten nach II. BV	1454
			4.5.2.2 Instandhaltungskosten nach § 19 Abs. 2 Nr. 2 ImmoWertV	1455
		4.5.3	Höhe der Instandhaltungskosten	1456
		4.5.4	Kostenentwicklung	1457
		4.5.5	Wohnraum	1459
		4.5.6	Gewerberaum	1461
		4.5.7	Landwirtschaftliche Wirtschaftsgebäude	1462
		4.5.8	Besonderheiten (Anomalien)	1462
	4.6	Modernisierungs- und Revitalisierungsrisiko		
		4.6.1	Allgemeines	1463
		4.6.2	Höhe des Modernisierungs- und Revitalisierungsrisikos	1463
	4.7	Mietausfallwagnis (§ 19 Abs. 2 Nr. 3 ImmoWertV)		
		4.7.1	Begriff	
			4.7.1.1 Mietausfallwagnis nach II. BV	1464
			4.7.1.2 Mietausfallwagnis nach ImmoWertV	1464
		4.7.2	Wohnraum	1467
		4.7.3	Gewerberaum	1468
		4.7.4	Landwirtschaftliche Wirtschaftsgebäude	1472
5	Bonität der Mietverhältnisse *(Scoring)*			1472

§ 20 ImmoWertV Kapitalisierung und Abzinsung

1	Kapitalisierung und Abzinsung		1475
2	Vervielfältiger (Barwertfaktor)		
	2.1	Allgemeines	1475
	2.2	Nach- und vorschüssiger Vervielfältiger	
		2.2.1 Nachschüssiger Barwertfaktor	1477
		2.2.2 Vorschüssiger Barwertfaktor	1477
		2.2.3 Ermittlung vorschüssiger Barwertfaktoren	1478
	2.3	Unterjähriger Vervielfältiger	1479
3	Barwertfaktor für die Abzinsung (Diskontierungsfaktor)		1481
4	Aufzinsung (Aufzinsungsfaktor)		1481

Unterabschnitt 3:
Sachwertverfahren
(§§ 21 bis 23 ImmoWertV)

Systematische Darstellung des Sachwertverfahrens

1	Anwendungsbereich		
	1.1	Allgemeines	1485
	1.2	Ersatzbeschaffungs- und Reproduktionskosten	1487
	1.3	Kosten und Wert	1488

Inhaltsverzeichnis

1.4 Marktwertkonformes Sachwertverfahren
    1.4.1 Allgemeines 1488
    1.4.2 Marktkonformer Sachwert 1489
    1.4.3 Modellkonforme Sachwertermittlung 1491

2 Verfahrensübersicht
2.1 Sachwertverfahren nach ImmoWertV
    2.1.1 Allgemeines 1494
    2.1.2 Sachwertmodell der SachwertR 1501
2.2 Sachwertverfahren nach BelWertV 1505
2.3 Sachwertverfahren in der steuerlichen Bewertung 1508

3 Grundzüge des Sachwertverfahrens
3.1 Übersicht 1511
3.2 Bodenwert
    3.2.1 Allgemeines
        3.2.1.1 Bodenwertermittlung nach ImmoWertV 1512
        3.2.1.2 Bodenwertermittlung nach BelWertV 1513
        3.2.1.3 Bodenwertermittlung in der steuerlichen Bewertung 1513
    3.2.2 Vorläufiger Bodenwert 1513
3.3 Vorläufiger Sachwert der baulichen Anlage (Gebäudesachwert)
    3.3.1 Übersicht 1514
    3.3.2 Grundlagen
        3.3.2.1 Normalherstellungskosten (NHK 2010) 1517
        3.3.2.2 Baunebenkosten (§ 22 Abs. 2 Satz 3 ImmoWertV) 1524
        3.3.2.3 Ermittlung der Brutto-Grundfläche (BGF) 1528
    3.3.3 Ermittlung objektspezifischer Normalherstellungskosten
        3.3.3.1 Übersicht 1531
        3.3.3.2 Gebäudeart 1533
        3.3.3.3 Gebäudestandard 1533
        3.3.3.4 Baualtersstufen (Gebäudebaujahrsklassen) 1538
    3.3.4 Korrekturfaktoren zu den Kostenkennwerten der NHK 2010
        3.3.4.1 Allgemeines 1540
        3.3.4.2 Korrekturfaktor für freistehende Zweifamilienhäuser 1542
        3.3.4.3 Gebäude mit ausgebautem Dachgeschoss ohne Drempel .. 1542
        3.3.4.4 Gebäude mit nicht ausgebautem Dachgeschoss und Drempel 1543
        3.3.4.5 Eingeschränkt nutzbare Dachgeschosse 1544
        3.3.4.6 Spitzboden bei Wohngebäuden 1545
        3.3.4.7 Landwirtschaftliche Gebäudearten 1548
        3.3.4.8 Korrekturfaktoren für Mehrfamilienhäuser und Wohnhäuser mit Mischnutzung 1548
        3.3.4.9 Regionalisierung der Normalherstellungskosten 1549
    3.3.5 Einzelne Bauteile, Einrichtungen und Vorrichtungen (§ 22 Abs. 2 Satz 2 ImmoWertV) sowie c-Flächen
        3.3.5.1 Allgemeines 1553
        3.3.5.2 Direkte Berücksichtigung des Wertanteils von noch nicht berücksichtigten besonderen Bauteilen und c-Flächen 1554
    3.3.6 Umrechnung der Normalherstellungskosten auf die Baupreisverhältnisse am Wertermittlungsstichtag (§ 22 Abs. 3 ImmoWertV)
        3.3.6.1 Allgemeines 1557
        3.3.6.2 Baupreisindexreihe 1558

Inhaltsverzeichnis

	3.3.7	Gewöhnliche Herstellungskosten eines Neubaus der zu bewertenden baulichen Anlage	1559
	3.3.8	Alterswertminderung (§ 23 ImmoWertV)	
		3.3.8.1 Übersicht	1562
		3.3.8.2 Gesamt- und Restnutzungsdauer	1565
		3.3.8.3 Alterswertminderung bei ordnungsgemäßer Instandhaltung	1566
		3.3.8.4 Alterswertminderung bei verkürzter oder verlängerter Restnutzungsdauer	1570
		3.3.8.5 Alterswertminderung in der steuerlichen Bewertung	1576
	3.3.9	Vorläufiger Gebäudesachwert	1577
	3.3.10	Gebäudesachwert in der steuerlichen Bewertung	1578
3.4	Berücksichtigung der baulichen Außenanlagen und sonstigen Anlagen (Aufwuchs)		
	3.4.1	Allgemeines	1579
	3.4.2	Berücksichtigung des Wertanteils bei der Bodenwertermittlung	1580
	3.4.3	Berücksichtigung des Wertanteils mit dem Sachwertfaktor	1581
	3.4.4	Wertanteil von Außenanlagen	
		3.4.4.1 Pauschale Ermittlung des Wertanteils von Außenanlagen nach Erfahrungssätzen	1582
		3.4.4.2 Ermittlung nach gewöhnlichen Herstellungskosten	1584
	3.4.5	Beleihungswertermittlung	1593
	3.4.6	Steuerliche Bewertung	1593
3.5	Vorläufiger Sachwert		1595
3.6	Marktangepasster vorläufiger Sachwert		
	3.6.1	Marktanpassung bei der Verkehrswertermittlung unter Anwendung des Sachwertverfahrens (ImmoWertV)	1596
	3.6.2	Beleihungswertermittlung	1597
	3.6.3	Steuerliche Bewertung	1597
3.7	Subsidiäre Berücksichtigung besonderer objektspezifischer Grundstücksmerkmale		1598
3.8	Sach- und Verkehrswert		
	3.8.1	Allgemeines	1599
	3.8.2	Auf- und Abrundung	1599

4 Beispiel

4.1	Allgemeines		1599
4.2	Sachverhalt		
	4.2.1	Gegenstand der Marktwertermittlung	1600
	4.2.2	Grundlagen der Ermittlung des Sachwerts	1602
	4.2.3	Sachwertfaktor	1604
	4.2.4	Ermittlung des zum Sachwertfaktor kompatiblen Bodenwerts	1606
	4.2.5	Modellkonforme Ermittlung des Marktwerts unter Anwendung des Sachwertverfahrens	1607

5 Sonderfälle

5.1	Gebäudesachwert bei Gebäudemix (Teilunterkellerungen und Anbauten)		
	5.1.1	Gebäudemix	1609
	5.1.2	Teilunterkellerung	1610
	5.1.3	Gebäudeanbau	1613
5.2	Kosten des Ausbaus von Dachgeschossen		1615

Inhaltsverzeichnis

6 Anhang
- 6.1 Anlage 1
  Normalherstellungskosten 2010 NHK 2010
  Kostenkennwerte für die Kostengruppen 300 und 400 in Euro/m²
  Brutto-Grundfläche einschließlich Baunebenkosten und Umsatzsteuer
  Kostenstand 2010 1618
- 6.2 Anlage 2
  Beschreibung der Gebäudestandards 1627

§ 21 ImmoWertV Ermittlung des Sachwerts

1 Übersicht (§ 21 Abs. 1 ImmoWertV)
- 1.1 Zusammensetzung des Sachwerts 1647
- 1.2 Sachwertbezogene Begriffe
  - 1.2.1 Allgemeines 1650
  - 1.2.2 Bauliche Anlage 1650
  - 1.2.3 Bauliche Außenanlagen 1651
  - 1.2.4 Sonstige Anlagen 1651

2 Ermittlung des Bodenwerts 1651

3 Ermittlung des Sachwerts baulicher Anlagen (Gebäudesachwert nach § 21 Abs. 2 ImmoWertV) 1652

4 Ermittlung des Sachwerts baulicher Außenanlagen und sonstiger Anlagen (§ 21 Abs. 3 ImmoWertV) 1652

5 Ermittlung des Wertanteils besonderer objektspezifischer Grundstücksmerkmale (§ 8 Abs. 3 ImmoWertV) 1653

§ 22 ImmoWertV Herstellungskosten

1 Herstellungskosten (§ 22 ImmoWertV)
- 1.1 Übersicht 1656
- 1.2 Ermittlung der Herstellungskosten 1659
- 1.3 Umsatz-, Mehrwertsteuer (MwSt.) 1659

2 Normalherstellungskosten (§ 22 Abs. 2 ImmoWertV)
- 2.1 Allgemeines 1660
- 2.2 Baunebenkosten (§ 22 Abs. 2 Satz 3 ImmoWertV) 1661
- 2.3 Bezugseinheit
  - 2.3.1 Allgemeines 1662
  - 2.3.2 Raummeterpreise 1663
  - 2.3.3 Flächenpreise 1664

3 Ermittlung der Herstellungskosten baulicher Anlagen
- 3.1 Allgemeines 1665
- 3.2 Ermittlung der Herstellungskosten auf der Grundlage von Normalherstellungkosten 1666
- 3.3 Ermittlung der Herstellungskosten baulicher Anlagen nach Einzelkosten (§ 22 Abs. 2 Satz 4 ImmoWertV)
  - 3.3.1 Verkehrswertermittlung 1668
  - 3.3.2 Steuerliche Bewertung 1669

Inhaltsverzeichnis

4 Umrechnung von Normalherstellungskosten auf die Preisverhältnisse am Wertermittlungsstichtag (§ 22 Abs. 3 ImmoWertV) 1669

§ 23 ImmoWertV Alterswertminderung

1 Allgemeines 1671

2 Alterswertminderung nach ImmoWertV
    2.1 Relative Alterswertminderung 1673
    2.2 Lineare Alterswertminderung 1674
    2.3 Maßgebliche Gesamtnutzungsdauer zur Ermittlung der Alterswertminderung nach § 23 Satz 3 ImmoWertV 1675
    2.4 Modellkonforme Alterswertminderung 1675

3 Alterswertminderung nach BelWertV 1676

4 Alterswertminderung in der steuerlichen Bewertung 1677

5 Anlagen
    5.1 Alterswertminderung bei linearer Abschreibung in v. H. der Herstellungskosten 1678
    5.2 Alterswertminderung (Einheitsbewertung) 1680

Abschnitt 4 ImmoWertV:
Schlussvorschrift

§ 24 ImmoWertV Inkrafttreten und Außerkrafttreten 1683

Sachverzeichnis 1685

Abkürzungen

Abkürzungsverzeichnis

A	Acker		und Siedlungswesen zuständigen Minister (Senatoren) der Länder
a	Jahr		
a. A., ‚A. A.	anderer Ansicht/Anderer Ansicht		
a. a. O.	am angegebenen Ort	ArGeVGA	Arbeitsgemeinschaft der Vorsitzenden der Gutachterausschüsse (Nordrhein-Westfalen)
AB	Abbauland		
AbfG	Gesetz über die Vermeidung und Entsorgung von Abfällen (Abfallgesetz)		
		Art.	Artikel
		ASB	Außenbereich
ABl.	Amtsblatt	Aufl.	Auflage
AblEG	Amtsblatt der Europäischen Gemeinschaften; vor 1958: Amtsblatt der EGKS	AVN	Allgemeine Vermessungs Nachrichten
Abs.	Absatz/Absätze	B	Baureifes Land
Abschn.	Abschnitt(e)	bad.-württ	baden-württembergisch(e)
abw	abweichend		
AF	Abschreibungsfaktor	BAFin	Bundesanstalt für Finanzdienstleistungen
a. F.	alte(r) Fassung		
AfA	Abschreibung für Abnutzungen	BAG	Bundesarbeitsgericht
		BAK	Bundesarchitektenkammer
AFB	Allgemeine Bedingungen für die Feuerversicherung	BAKred	Bundesaufsichtsamt für das Kreditwesen
AG	Amtsgericht		
AgrarR	Agrarrecht	BAnz	Bundesanzeiger
AGVGA	Arbeitsgemeinschaft der Vorsitzenden der Gutachterausschüsse für Grundstückswerte in Nordrhein-Westfalen	BAG	Bundesarbeitsgericht
		BauGB	Baugesetzbuch
		BauNVO	Baunutzungsverordnung
		BauR	Baurecht
		Bay., bay	Bayerisch, bayerisch(e, er)
AIZ	Allgemeine Immobilienzeitung	BayBgm	Bayerischer Bürgermeister
AJ	The Appraisal Journal	BayBO	Bayerische Bauordnung
AllMinBl	Allgemeines Ministerialblatt	BayObLG	Bayerisches Oberstes Landesgericht
ALR	Allgemeines Landrecht für die Preußischen Staaten	BayObLGZ	Entscheidungen des Bayerischen Obersten Landesgerichts in Zivilsachen
Alt	Alternative		
a. M.	anderer Meinung		
Amtl	Amtlich(e)	BayRS	Bayerische Rechtssammlung
ÄndG	Änderungsgesetz		
ÄndVO	Änderungsverordnung	BayVerfGH	Bayerischer Verfassungsgerichtshof
Anh	Anhang		
Anl.	Anlage	BayVGH	Bayerischer Verwaltungsgerichtshof
Anm.	Anmerkung(en)		
ArbPl	Arbeitsplatz	BayVBl	Bayerisches Verwaltungsblatt
Argebau	Arbeitsgemeinschaft der für das Bau-, Wohnungs-	BB	Der Betriebs Berater

Abkürzungen

Bbg, bbg	Brandenburg, brandenburgisch(e)
BBauBl	Bundesbaublatt
BBergG	Bundesberggesetz
BBodSchG	Bundes-Bodenschutzgesetz
BBodSchV	Bundes-Bodenschutz- und Altlastenverordnung
BBR	Bundesamt für Bauwesen und Raumordnung
BBauG	Bundesbaugesetz
BDSG	Bundesdatenschutzgesetz
BDVI-Forum	Zeitschrift des Bundes der öffentlich-bestellten Vermessungsingenieure
Beil.	Beilage
Bek.	Bekanntmachung
BelWertV	Beleihungswertverordnung
Bem	Bemerkung
ber.	berichtigt
BerlKom	Berliner Kommentar zum Baugesetzbuch
Beschl	Beschluss
BetrKV	Betriebskostenverordnung
BewG	Bewertungsgesetz
BewR Gr	Bewertungsrichtlinien (Grundvermögen)
BFH	Bundesfinanzhof
BFHE	Entscheidungen des Bundesfinanzhofs
BfLR	Bundesforschungsanstalt für Landeskunde und Raumordnung (nunmehr BBR)
BGB	Bürgerliches Gesetzbuch
BGBl.	Bundesgesetzblatt
BGF	Brutto-Grundfläche
BGH	Bundesgerichtshof
BGHZ	Entscheidungen des Bundesgerichtshofs in Zivilsachen (Band, Seite)
BHO	Bundeshaushaltsordnung
BIIS	Bundesverband der Immobilien-Investment-Sachverständigen e.V.
BImSchG	Bundes-Immissionsschutzgesetz
BImSchV	Bundes-Immissionsschutzverordnung
BJagdG	Bundesjagdrecht
BlGBW	Blätter für Grundstücks-, Bau- und Wohnungswesen
BMBau	Bundesministerium für Raumordnung, Bauwesen und Städtebau
BMF	Bundesministerium der Finanzen
BMVBS	Bundesministerium für Verkehr, Bau- und Stadtentwicklung
BMWi	Bundesministerium für Wirtschaft
BNatschG	Bundesnaturschutzgesetz
BodSchätzG	Bodenschätzungsgesetz
BR-Drucks.	Drucksache(n) des Bundesrates (Nummer, Jahrgang)
BReg	Bundesregierung
Brem, brem	Bremen, bremisch
BRI	Brutto Rauminhalt
BRS	Thiel-Gelzer Baurechtssammlung
BRW-RL	Richtlinien zur Ermittlung von Bodenrichtwerten (Bodenrichtwertrichtlinie)
BSG	Bundessozialgericht
BSGE	Entscheidungen des Bundessozialgerichts
BSHG	Bundessozialhilfegesetz
BStBl	Bundessteuerblatt
BT-Ausschuss	Bundestagsausschuss
BT-Drucks	Drucksache(n) des Deutschen Bundestags
Buchst.	Buchstabe(n)
BV	Verordnung über wohnungswirtschaftliche Berechnungen (Zweite Berechnungsverordnung – II. BV)
BVerfG	Bundesverfassungsgericht
BVerfGE	Entscheidungen des Bundesverfassungsgerichts, Entscheidungssammlung (Band, Seite)
BVerwG	Bundesverwaltungsgericht

Abkürzungen

BVerwGE	Entscheidungen des Bundesverwaltungsgerichts, Entscheidungssammlung (Band, Seite)	ebpf	erschließungsbeitragspflichtig
BVI	Bundesverband Investment und Asset Management e.V.	EFG	Entscheidungen der Finanzgerichte
		EFH	Einfamilienhaus
		EG	Erdgeschoss
BVS	Bund der öffentlich bestellten und vereidigten sowie qualifizierten Sachverständigen	EGAO	Einführungsgesetz zur Abgabenordnung
		Einf.	Einführung
		Einl.	Einleitung
		EMZ	Ertragsmesszahl
BVVG	Bodenverwertungs- und Verwaltungsgesellschaft	EN	Europäische Norm
		Entsch.	Entscheidung
BW	Bodenwert	ErbbauRG	Erbbaurechtsgesetz
bzw.	beziehungsweise	ErbbauVO	Erbbaurechtsverordnung
		ErbStG	Erbschaft- und Schenkungsteuergesetz
		ErbStR	Erbschaft- und Schenkungsteuer Richtlinien
D	Dorfgebiet		
DB	Der Betrieb	ErbStRG	Erbschaftsteuerreformgesetz
dB	Dezibel		
dgl	dergleichen	Erl	Erlass
ders	derselbe	EStDV	Einkommensteuer Durchführungsverordnung
DG	Dachgeschoss		
d. h.	das heißt		
DIHT	Deutscher Industrie- und Handelstag	EStG	Einkommensteuergesetz
		EStR	Einkommensteuer Richtlinien
DIHK	Deutsche Industrie- und Handelskammer	EU	Europäische Union
DIN	Deutsche Industrie Norm	EuGH	Europäischer Gerichtshof
DIFU	Deutsches Institut für Urbanistik	EW	Ertragswert
		EzGuG	Entscheidungssammlung zum Grundstücksmarkt und Grundstückswert; Verlag Wolters & Kluwer
DNotZ	Deutsche Notar Zeitung		
DÖV	Die öffentliche Verwaltung		
DS	Der Sachverständige (Zeitschrift)		
DSchG	Denkmalschutzgesetz	f. ff.	folgende(r), folgende
DSG	Datenschutzgesetz	FF	Funktionsfläche
DST	Deutscher Städtetag	FG	Finanzgericht
DVBl	Deutsches Verwaltungsblatt	FH	Firsthöhe
		FischG	Fischereigesetz
DVO	Durchführungsverordnung	FLK	Freilegungskosten
		FlLG	Fluchtliniengesetz
DWW	Deutsche Wohnungswirtschaft	FluglärmSchG	Gesetz zum Schutz gegen Fluglärm
		FlurbG	Flurbereinigungsgesetz
		FM	Finanzminister
E	Bauerwartungsland	FN	Forstwirtschaftliche Nutzfläche
ebd	ebenda		
ebf	erschließungsbeitragsfrei	Fn	Fußnote

Abkürzungen

FRICS	Fellow of the Royal Institution of Chartered Surveyors			stellen und Sachverständigen e.V.
FStrG	Bundesfernstraßengesetz		HLBG	Hessisches Landesamt für Bodenmanagement und Geoinformationen
FWW	Freie Wohnungswirtschaft		HNF	Hauptnutzfläche
			HOAI	Honorarordnung für Architekten und Ingenieure
g	geschlossene Bauweise			
G	Gebäudewert		Hrsg	Herausgeber(in)
GA	Gutachterausschuss			
GABl.	Gemeinsames Amtsblatt			
GAVO	Gutachterausschussverordnung		I	Indexzahl
GBl	Gesetzblatt		l	laufende Jahreszahl
GBO	Grundbuchordnung		IAS	International Accounting Standards
GE	Gewerbegebiet			
gem	gemäß		IASB	International Accounting Standards Board
GemMBl	Gemeinsames Ministerialblatt			
			i. D.	im Durchschnitt
GesBl	Gesetzblatt		i. d. F.	in der Fassung
GewA	Gewerbearchiv		i. d. R.	in der Regel
GewO	Gewerbeordnung		IDW	Institut der Wirtschaftsprüfer
GF	Geschossfläche			
GFZ	Geschossflächenzahl		IfS	Institut für Sachverständigenwesen e.V.
GG	Grundgesetz			
ggf	gegebenenfalls		IGW	Immissionsgrenzwert
GI	Industriegebiet		IHK	Industrie- und Handelskammer
gif	Gesellschaft für Immobilienwirtschaftliche Forschung			
			i. V. m.	in Verbindung mit
			IVSC	International Valuation Standards Committee
GIRL	Geruchsschutz Immissions Richtlinie			
GMBl	Gemeinsames Ministerialblatt			
			JStG	Jahressteuergesetz (97)
GND	Gesamtnutzungsdauer		JVEG	Justizvergütungs- und Entschädigungsgesetz
GR	Grünland			
GRZ	Grundflächenzahl			
GutachterausschussVO	Gutachterausschussverordnung		KAG	Kommunalabgabengesetz
GVBl., GVOBl.	Gesetz- und Verordnungsblatt			
			KF	Kapitalisierungsfaktor
			KG	Kammergericht
			KG	Kommanditgesellschaft
			KleingG	Kleingartengesetz
ha	Hektar (=10 000 m²)		Komm.	Kommentar
Hamb, hamb	Hamburgisch, hamburgisch		KP	Kaufpreis
			KStZ	Kommunale Steuer-Zeitschrift
Hess, hess	Hessen, hessisch			
HLBS	Hauptverband der landwirtschaftlichen Buch-			

Abkürzungen

LAGA	Landesarbeitsgemeinschaft Wasser	NJW-RR	NJW-Rechtsprechungsreport
LandR	Entschädigungsrichtlinien Landwirtschaft	NNF	Nebennutzfläche
		nordrh.-westf.	nordrhein-westfälisch
LB	Liegenschaftsbuch	NÖV	Nachrichten aus dem öffentlichen Vermessungsdienst Nordrhein-Westfalen
LF	Landwirtschaftliche Fläche		
Lfg	Lieferung		
lfdm	laufender Meter	NRW	Nordrhein-Westfalen
LG	Landgericht	Nr., Nrn.	Nummer(n)
lit	Buchstabe	NVwZ	Neue Zeitschrift für Verwaltungsrecht
LSA	Land Sachsen-Anhalt		
lt.	laut		
LT-Drucks	Landtags-Drucksache	NVwZ-RR	NVwZ-Rechtsprechungsreport
LW	Liquidationswert		
LZ	Leipziger Zeitung	NW	Nordrhein-Westfalen
		NWB	Neue Wirtschafts Briefe
		NZM	Neue Zeitschrift für Miet- und Wohnungsrecht
MABl./MBl./MinBl.	Ministerialamtsblatt		
MinBl	Ministerialblatt	NZV	Neue Zeitschrift für Verkehrsrecht
MinBlFin	Ministerialamtsblatt des Bundesministeriums der Finanzen		
MD	Dorfgebiet	o	offene Bauweise
MDR	Monatsschrift Deutsches Recht	OFD	Oberfinanzdirektion
		öff.	öffentlich
Meck.-Pom	Mecklenburg-Vorpommern	OH	Offene Handelsgesellschaft
MF	Marktanpassungsfaktor	OHG	Offene Handelsgesellschaft
MI	Mischgebiet		
MinBlFin	Ministerialblatt des Bundesministeriums der Finanzen	OLG	Oberlandesgericht
		OLGR	Rechtsprechung des Oberlandesgerichts (mit Zusatz des Gerichts)
Mio.	Million		
MK	Kerngebiet	OLGZ	Entscheidungssammlung der Oberlandesgerichte in Zivilsachen
Mrd.	Milliarde		
m. w. H.	mit weiteren Hinweisen		
m. w. N.	mit weiteren Nachweisen	OVGE	Entscheidungen des Oberverwaltungsgerichts des Landes Nordrhein-Westfalen
MwSt	Mehrwertsteuer		
n	Restnutzungsdauer		
nds.	niedersächsisch(e)		
n. F.	neue Fassung		
NF	Nutzfläche	p	Liegenschaftszinssatz
NFF	Nutzflächenfaktor	p. a.	per annum
NGF	Netto-Grundflächen	PlanzV	Planzeichenverordnung
NHK	Normalherstellungskosten	PrVBl	Preußisches Verwaltungsblatt
NJW	Neue Juristische Wochenschrift		

Abkürzungen

q	Zinsfaktor = 1 + Liegenschaftszinssatz/100	SachwertR	Richtlinie zur Ermittlung des Sachwerts (Sachwertrichtlinie – SW-RL)
		SB	Selbstbedienung
R	Rohbauland	SF	Sonstige Fläche
RBBau	Richtlinien für die Durchführung von Bauaufgaben des Bundes im Zuständigkeitsbereich der Finanzverwaltung	SO	Sondergebiet
		StAnz	Staatsanzeiger
		StBauFG	Städtebauförderungsgesetz
		StGB	Strafgesetzbuch
RBewDV	Reichsbewertungs-Durchführungsverordnung	StPO	Strafprozessordnung
		SV	Sachverständige(r)
		SVO	(Muster)Sachverständigenordnung des Industrie- und Handelstags
RBewG	Reichsbewertungsgesetz		
rd.	rund		
RdErl	Runderlass	SW	Sachwert
RdSchr	Rundschreiben	SW-RL	Richtlinie zur Ermittlung des Sachwerts (Sachwertrichtlinie – SW-RL)
RDV	Recht der Datenverarbeitung		
RE	Reinertrag		
RE	Rechtsentscheid		
RegE	Regierungsentwurf	TEGoVA	The European Group of Valuers of Fixet Assets
RFH	Reichsfinanzhof		
RFHE	Entscheidungen des Reichsfinanzhofs	TH	Traufhöhe
		TH	Thüringen
		THG	Treuhandanstalt
RG	Reichsgericht	Thür	Thüringen
RGBl.	Reichsgesetzblatt		
RGZ	Entscheidungen des Reichsgerichts in Zivilsachen (Band und Seite)	TIAVSC	The International Assets Valuation Standards Committee
		TLG	Treuhandliegenschaftsgesellschaft
RHK	Regelherstellungskosten		
Rh.-pf.	Rheinland-pfälzisch	Tz	Teilziffer
RhPfBO	Rheinland-Pfälzische Bauordnung		
RMBl	Reichsministerialblatt		
		u. a.	unter anderem
Rn	Randnummer	u. ä.	und ähnliche
RND	Restnutzungsdauer	UG	Untergeschoss
RoE	Rohertrag	UM	Unternehmensbewertung & Management
Rpfleger	Der Deutsche Rechtspfleger		
		UR	Umbauter Raum
Rspr	Rechtsprechung	Urt.	Urteil
RStBl	Reichssteuerblatt	US-GAAP	United States – Generally Accepted Accounting Principles
		UWG	Gesetz gegen den unlauteren Wettbewerb
S.	Satz, Seite/Sätze, Seiten		
saarl., Saarl.	saarländisch, Saarländisch		
SaarlBO, SLBO	Saarländische Bauordnung		
		V	Vervielfältiger
sächs, Sächs.	sächsisch, Sächsisch	VersR	Versicherungsrecht

Abkürzungen

VG	Verwaltungsgericht	WRP	Wettbewerb in Recht und Praxis
VGH	Verwaltungsgerichtshof		
VGH Bad.-Württ.	Verwaltungsgerichtshof Baden-Württemberg	WS	Kleinsiedlungsgebiet
		WuM	Wohnungswirtschaft und Mietrecht
VGHE	Amtliche Sammlung des Bayerischen Verfassungsgerichtshofs, des Bayerischen Verwaltungsgerichtshofs, des Bayerischen DStH und des Bayerischen Kompetenz-Konfliktgerichtshofs	WuR	Wirtschaft und Recht
		WW	Warmwasser
		Z	Zahl der Vollgeschosse
		z. B.	zum Beispiel
vgl.	vergleiche	ZBR	Zeitschrift für Beamtenrecht
v. H.	vom Hundert		
VHB	Allgemeine Bedingungen für die Neuwertversicherung des Hausrats	ZfBR	Zeitschrift für deutsches und internationales Baurecht
VO	Verordnung	ZfhF	Zeitschrift für handelswissenschaftliche Forschung
VOBl	Verordnungsblatt		
Vorbem	Vorbemerkung(en)		
VP	Verkaufspreis	ZfIR	Zeitschrift für Immobilienrecht
VP	Versicherungspraxis		
VRS	Verkehrsrecht-Sammlung	ZfV	Zeitschrift für Vermessungswesen
VRSpr	Verwaltungsrechtsprechung in Deutschland (Band, Nummer)		
		ZfW	Zeitschrift für Wasserrecht
		ZGB	Zivilgesetzbuch
		ZGGH	Zentrale Geschäftsstelle der Gutachterausschüsse für Immobilienwerte des Landes Hessen
WA	Allgemeines Wohngebiet		
WaldR	Waldwertermittlungsrichtlinien		
WB	Besonderes Wohngebiet	ZH	Zentralheizung
WE	Wohneinheit	ZierH	Ziergehölzhinweise
WEG	Wohnungseigentumsgesetz	Ziff.	Ziffer
		ZSEG	Gesetz über die Entschädigung von Zeugen und Sachverständigen
WErtR	Wertermittlungsrichtlinien		
WertV	Wertermittlungsverordnung	ZSW	Zeitschrift für Sachverständigenwesen
WF	Wohnfläche	z. T.	zum Teil
WGFZ	Wertrelevante Geschossflächenzahl	zutr.	zutreffend
		ZVG	Gesetz über die Zwangsversteigerung und Zwangsverwaltung
WM	Wertpapier-Mitteilungen		
WoFlV	Wohnflächenverordnung		
WP	Wahlperiode	ZW	Zeitwert
WR	Reines Wohngebiet	z. Z., zZt.	zurzeit

→ Zu den Abkürzungen des Liegenschaftskatasters vgl. Kleiber/Simon/Weyers, Verkehrswertermittlung von Grundstücken, 3. Auf. 1997 S. 55.

Schrifttumshinweise

Schrifttumshinweise

Kleiber, Verkehrswertermittlung von Grundstücken, 6. Aufl. 2010, Bundesanzeiger Verlag Köln; auch online www.kleiber-digital.de,

Kleiber, WERTR 2006, ImmoWertV, 11. Aufl. 2012, Bundesanzeiger Verlag Köln,

Kleiber/Tillmann, Trainingshandbuch Bundesanzeiger 2007,

Kleiber/Tillmann, Tabellenhandbuch Bundesanzeiger 2007,

Kröll/Hausmann, Rechte und Belastungen bei der Verkehrswertermittlung von Grundstücken, Werner Verlag, 4. Aufl. 2011,

Vogels, Grundstücksbewertung marktgerecht, 5. Aufl. 1996, Bauverlag Wiesbaden,

Dieterich/Kleiber, Ermittlung von Grundstückswerten, 2. Aufl. 2002, Volksheimstättenverlag Bonn,

Pohner/Ehrenberg, u. a. Kreditwirtschaftliche Wertermittlung, 7. Aufl. 2010, Luchterhandverlag Neuwied,

Aust/Jacobs, Die Enteignungsentschädigung, 3. Aufl. 1997 Berlin,

Kleiber, Entscheidungssammlung zum Grundstücksmarkt und Grundstückswert – EzGuG –, Losebl. Luchterhandverlag Neuwied,

Ernst/Zinkahn/Bielenberg/Krautzberger, BauGB Kommentar Losebl. Beck Verlag München,

Krautzberger, Städtebauförderungsrecht, Losebl. Vahlen Verlag München,

Kleiber/Söfker, Vermögensrecht, Losebl. Jehle Rehm Verlag München/Berlin,

Dröge, Handbuch der Mietpreisbewertung für Wohn- und Gewerberaum, 2. Aufl. 1999, Luchterhandverlag Neuwied,

Schwirley, Mietwertermittlung, 2. Aufl. 2002, Bundesanzeiger Verlag Köln,

Periodika: Grundstücksmarkt und Grundstückswert – GuG –, Luchterhandverlag Neuwied,

Teil I

Rechtsgrundlagen

Teil I

Rechtsgrundlagen

1.
Verordnung über die Grundsätze für die Ermittlung der Verkehrswerte von Grundstücken (Immobilienwertermittlungsverordnung – ImmoWertV)

Vom 19. Mai 2010 (BGBl. I 2010, 639)

Aufgrund des § 199 Absatz 1 des Baugesetzbuchs, der zuletzt durch Artikel 4 Nummer 4 Buchstabe a des Gesetzes vom 24. Dezember 2008 (BGBl. I S. 3018) geändert worden ist, verordnet die Bundesregierung:

Inhaltsübersicht

Abschnitt 1: Anwendungsbereich, Begriffsbestimmungen und allgemeine Verfahrensgrundsätze
§ 1 Anwendungsbereich
§ 2 Grundlagen der Wertermittlung
§ 3 Wertermittlungsstichtag und allgemeine Wertverhältnisse
§ 4 Qualitätsstichtag und Grundstückszustand
§ 5 Entwicklungszustand
§ 6 Weitere Grundstücksmerkmale
§ 7 Ungewöhnliche oder persönliche Verhältnisse
§ 8 Ermittlung des Verkehrswerts

Abschnitt 2: Bodenrichtwerte und sonstige erforderliche Daten
§ 9 Grundlagen der Ermittlung
§ 10 Bodenrichtwerte
§ 11 Indexreihen
§ 12 Umrechnungskoeffizienten
§ 13 Vergleichsfaktoren für bebaute Grundstücke
§ 14 Marktanpassungsfaktoren, Liegenschaftszinssätze

Abschnitt 3: Wertermittlungsverfahren

Unterabschnitt 1: Vergleichswertverfahren, Bodenwertermittlung
§ 15 Ermittlung des Vergleichswerts
§ 16 Ermittlung des Bodenwerts

Unterabschnitt 2: Ertragswertverfahren
§ 17 Ermittlung des Ertragswerts
§ 18 Reinertrag, Rohertrag
§ 19 Bewirtschaftungskosten
§ 20 Kapitalisierung und Abzinsung

Unterabschnitt 3: Sachwertverfahren
§ 21 Ermittlung des Sachwerts
§ 22 Herstellungskosten
§ 23 Alterswertminderung

Abschnitt 4: Schlussvorschrift
§ 24 Inkrafttreten und Außerkrafttreten
Anlage 1 (zu § 20): Barwertfaktoren für die Kapitalisierung
Anlage 2 (zu § 20): Barwertfaktoren für die Abzinsung

ImmoWertV §§ 1 bis 4

Abschnitt 1
Anwendungsbereich, Begriffsbestimmungen und allgemeine Verfahrensgrundsätze

§ 1
Anwendungsbereich

(1) Bei der Ermittlung der Verkehrswerte (Marktwerte)[1] von Grundstücken, ihrer Bestandteile sowie ihres Zubehörs und bei der Ableitung der für die Wertermittlung erforderlichen Daten einschließlich der Bodenrichtwerte ist diese Verordnung anzuwenden.

(2) Die nachfolgende Vorschriften sind auf grundstücksgleiche Rechte, Rechte an diesen und Rechte an Grundstücken sowie auf solche Wertermittlungsobjekte, für die kein Markt besteht, entsprechend anzuwenden. In diesen Fällen kann der Wert auf der Grundlage marktkonformer Modelle unter besonderer Berücksichtigung der wirtschaftlichen Vor- und Nachteile ermittelt werden.

§ 2
Grundlagen der Wertermittlung

Der Wertermittlung sind die allgemeinen Wertverhältnisse auf dem Grundstücksmarkt am Wertermittlungsstichtag (§ 3) und der Grundstückszustand am Qualitätsstichtag (§ 4) zugrunde zu legen. Künftige Entwicklungen wie beispielsweise absehbare anderweitige Nutzungen (§ 4 Absatz 3 Nummer 1) sind zu berücksichtigen, wenn sie mit hinreichender Sicherheit aufgrund konkreter Tatsachen zu erwarten sind. In diesen Fällen ist auch die voraussichtliche Dauer bis zum Eintritt der rechtlichen und tatsächlichen Voraussetzungen für die Realisierbarkeit einer baulichen oder sonstigen Nutzung eines Grundstücks (Wartezeit) zu berücksichtigen.

§ 3
Wertermittlungsstichtag und allgemeine Wertverhältnisse

(1) Der Wertermittlungsstichtag ist der Zeitpunkt, auf den sich die Wertermittlung bezieht.

(2) Die allgemeinen Wertverhältnisse auf dem Grundstücksmarkt bestimmen sich nach der Gesamtheit der am Wertermittlungsstichtag für die Preisbildung von Grundstücken im gewöhnlichen Geschäftsverkehr (marktüblich) maßgebenden Umstände wie nach der allgemeinen Wirtschaftslage, den Verhältnissen am Kapitalmarkt sowie den wirtschaftlichen und demographischen Entwicklungen des Gebiets.

§ 4
Qualitätsstichtag und Grundstückszustand

(1) Der Qualitätsstichtag ist der Zeitpunkt, auf den sich der für die Wertermittlung maßgebliche Grundstückszustand bezieht. Er entspricht dem Wertermittlungsstichtag, es sei denn, dass aus rechtlichen oder sonstigen Gründen der Zustand des Grundstücks zu einem anderen Zeitpunkt maßgebend ist.

(2) Der Zustand eines Grundstücks bestimmt sich nach der Gesamtheit der verkehrswertbeeinflussenden rechtlichen Gegebenheiten und tatsächlichen Eigenschaften, der sonstigen Beschaffenheit und der Lage des Grundstücks (Grundstücksmerkmale). Zu den Grundstücksmerkmalen gehören insbesondere der Entwicklungszustand (§ 5), die Art und das Maß der baulichen oder sonstigen Nutzung (§ 6 Absatz 1), die wertbeeinflussenden Rechte und Belastungen (§ 6 Absatz 2), der abgabenrechtliche Zustand (§ 6 Absatz 3), die Lagemerkmale (§ 6 Absatz 4) und die weiteren Merkmale (§ 6 Absatz 5 und 6).

---

[1] **§ 194 BauBG** (Verkehrswert): Der Verkehrswert (Marktwert) wird durch den Preis bestimmt, der in dem Zeitpunkt, auf den sich die Ermittlung bezieht, im gewöhnlichen Geschäftsverkehr nach den rechtlichen Gegebenheiten und den tatsächlichen Eigenschaften, der sonstigen Beschaffenheit und der Lage des Grundstücks oder des sonstigen Gegenstands der Wertermittlung ohne Rücksicht auf ungewöhnliche oder persönliche Verhältnisse zu erzielen wäre.

(3) Neben dem Entwicklungszustand (§ 5) ist bei der Wertermittlung insbesondere zu berücksichtigen, ob am Qualitätsstichtag

1. eine anderweitige Nutzung von Flächen absehbar ist,
2. Flächen aufgrund ihrer Vornutzung nur mit erheblich über dem Üblichen liegenden Aufwand einer baulichen oder sonstigen Nutzung zugeführt werden können,
3. Flächen von städtebaulichen Missständen oder erheblichen städtebaulichen Funktionsverlusten betroffen sind,
4. Flächen einer dauerhaften öffentlichen Zweckbestimmung unterliegen,
5. Flächen für bauliche Anlagen zur Erforschung, Entwicklung oder Nutzung von Erneuerbaren Energien bestimmt sind,
6. Flächen zum Ausgleich für Eingriffe in Natur und Landschaft genutzt werden oder ob sich auf Flächen gesetzlich geschützte Biotope befinden.

§ 5
Entwicklungszustand

(1) Flächen der Land- oder Forstwirtschaft sind Flächen, die, ohne Bauerwartungsland, Rohbauland oder baureifes Land zu sein, land- oder forstwirtschaftlich nutzbar sind.

(2) Bauerwartungsland sind Flächen, die nach ihren weiteren Grundstücksmerkmalen (§ 6), insbesondere dem Stand der Bauleitplanung und der sonstigen städtebaulichen Entwicklung des Gebiets, eine bauliche Nutzung aufgrund konkreter Tatsachen mit hinreichender Sicherheit erwarten lassen.

(3) Rohbauland sind Flächen, die nach den §§ 30, 33 und 34 des Baugesetzbuchs[2] für eine bauliche Nutzung bestimmt sind, deren Erschließung aber noch nicht gesichert ist oder die nach Lage, Form oder Größe für eine bauliche Nutzung unzureichend gestaltet sind.

(4) Baureifes Land sind Flächen, die nach öffentlich-rechtlichen Vorschriften und den tatsächlichen Gegebenheiten baulich nutzbar sind.

---

2 **§ 30 BauGB** (Zulässigkeit von Vorhaben im Geltungsbereich eines Bebauungsplans): (1) Im Geltungsbereich eines Bebauungsplans, der allein oder gemeinsam mit sonstigen baurechtlichen Vorschriften mindestens Festsetzungen über die Art und das Maß der baulichen Nutzung, die überbaubaren Grundstücksflächen und die örtlichen Verkehrsflächen enthält, ist ein Vorhaben zulässig, wenn es diesen Festsetzungen nicht widerspricht und die Erschließung gesichert ist.
(2) Im Geltungsbereich eines vorhabenbezogenen Bebauungsplans nach § 12 ist ein Vorhaben zulässig, wenn es dem Bebauungsplan nicht widerspricht und die Erschließung gesichert ist.
(3) Im Geltungsbereich eines Bebauungsplans, der die Voraussetzungen des Absatzes 1 nicht erfüllt (einfacher Bebauungsplan), richtet sich die Zulässigkeit von Vorhaben im Übrigen nach § 34 oder § 35.
§ 33 BauBG (Zulässigkeit von Vorhaben während der Planaufstellung): (1) In Gebieten, für die ein Beschluss über die Aufstellung eines Bebauungsplans gefasst ist, ist ein Vorhaben zulässig, wenn
1. die Öffentlichkeits- und Behördenbeteiligung nach § 3 Abs. 2, § 4 Abs. 2 und § 4a Abs. 2 bis 5 durchgeführt worden ist,
2. anzunehmen ist, dass das Vorhaben den künftigen Festsetzungen des Bebauungsplans nicht entgegensteht,
3. der Antragsteller diese Festsetzungen für sich und seine Rechtsnachfolger schriftlich anerkennt und
4. die Erschließung gesichert ist.
(2) In Fällen des § 4a Abs. 3 Satz 1 kann vor der erneuten Öffentlichkeits- und Behördenbeteiligung ein Vorhaben zugelassen werden, wenn sich die vorgenommene Änderung oder Ergänzung des Bebauungsplanentwurfs nicht auf das Vorhaben auswirkt und die in Absatz 1 Nr. 2 bis 4 bezeichneten Voraussetzungen erfüllt sind.
(3) Wird ein Verfahren nach § 13 oder § 13a durchgeführt, kann ein Vorhaben vor Durchführung der Öffentlichkeits- und Behördenbeteiligung zugelassen werden, wenn die in Absatz 1 Nr. 2 bis 4 bezeichneten Voraussetzungen erfüllt sind. Der betroffenen Öffentlichkeit und den berührten Behörden und sonstigen Trägern öffentlicher Belange ist vor Erteilung der Genehmigung Gelegenheit zur Stellungnahme innerhalb angemessener Frist zu geben, soweit sie dazu nicht bereits zuvor Gelegenheit hatten.
§ 34 BauGB (Zulässigkeit von Vorhaben innerhalb der im Zusammenhang bebauten Ortsteile): (1) Innerhalb der im Zusammenhang bebauten Ortsteile ist ein Vorhaben zulässig, wenn es sich nach Art und Maß der baulichen Nutzung, der Bauweise und der Grundstücksfläche, die überbaut werden soll, in die Eigenart der näheren Umgebung einfügt und die Erschließung gesichert ist. Die Anforderungen an gesunde Wohn- und Arbeitsverhältnisse müssen gewahrt bleiben; das Ortsbild darf nicht beeinträchtigt werden.
(2) Entspricht die Eigenart der näheren Umgebung einem der Baugebiete, die in der aufgrund des § 9a erlassenen Verordnung bezeichnet sind, beurteilt sich die Zulässigkeit des Vorhabens nach seiner Art allein danach, ob es nach der Verordnung in dem Baugebiet allgemein zulässig wäre; auf die nach der Verordnung ausnahmsweise zulässigen Vorhaben ist § 31 Abs. 1, im Übrigen ist § 31 Abs. 2 entsprechend anzuwenden.

§ 6
Weitere Grundstücksmerkmale

(1) Art und Maß der baulichen oder sonstigen Nutzung ergeben sich in der Regel aus den für die planungsrechtliche Zulässigkeit von Vorhaben maßgeblichen §§ 30, 33 und 34 des Baugesetzbuchs[3] und den sonstigen Vorschriften, die die Nutzbarkeit betreffen. Wird vom Maß der zulässigen Nutzung in der Umgebung regelmäßig abgewichen, ist die Nutzung maßgebend, die im gewöhnlichen Geschäftsverkehr zugrunde gelegt wird.

(2) Als wertbeeinflussende Rechte und Belastungen kommen insbesondere Dienstbarkeiten, Nutzungsrechte, Baulasten sowie wohnungs- und mietrechtliche Bindungen in Betracht.

(3) Für den abgabenrechtlichen Zustand des Grundstücks ist die Pflicht zur Entrichtung von nichtsteuerlichen Abgaben maßgebend.

(4) Lagemerkmale von Grundstücken sind insbesondere die Verkehrsanbindung, die Nachbarschaft, die Wohn- und Geschäftslage sowie die Umwelteinflüsse.

(5) Weitere Merkmale sind insbesondere die tatsächliche Nutzung, die Erträge, die Grundstücksgröße, der Grundstückszuschnitt und die Bodenbeschaffenheit wie beispielsweise Bodengüte, Eignung als Baugrund oder schädliche Bodenveränderungen. Bei bebauten Grundstücken sind dies zusätzlich insbesondere die Gebäudeart, die Bauweise und Baugestaltung, die Größe, Ausstattung und Qualität, der bauliche Zustand, die energetischen Eigenschaften, das Baujahr und die Restnutzungsdauer.

(6) Die Restnutzungsdauer ist die Zahl der Jahre, in denen die baulichen Anlagen bei ordnungsgemäßer Bewirtschaftung voraussichtlich noch wirtschaftlich genutzt werden können; durchgeführte Instandsetzungen oder Modernisierungen oder unterlassene Instandhaltungen oder andere Gegebenheiten können die Restnutzungsdauer verlängern oder verkürzen.

Fortsetzung Fn. 2
(3) Von Vorhaben nach Absatz 1 oder 2 dürfen keine schädlichen Auswirkungen auf zentrale Versorgungsbereiche in der Gemeinde oder in anderen Gemeinden zu erwarten sein.
(3a) Vom Erfordernis des Einfügens in die Eigenart der näheren Umgebung nach Absatz 1 Satz 1 kann im Einzelfall abgewichen werden, wenn die Abweichung
1. der Erweiterung, Änderung, Nutzungsänderung oder Erneuerung eines zulässigerweise errichteten Gewerbe- oder Handwerksbetriebs oder der Erweiterung, Änderung oder Erneuerung einer zulässigerweise errichteten baulichen Anlage zu Wohnzwecken dient,
2. städtebaulich vertretbar ist und
3. auch unter Würdigung nachbarlicher Interessen mit den öffentlichen Belangen vereinbar ist.

Satz 1 findet keine Anwendung auf Einzelhandelsbetriebe, die die verbrauchernahe Versorgung der Bevölkerung beeinträchtigen oder schädliche Auswirkungen auf zentrale Versorgungsbereiche in der Gemeinde oder in anderen Gemeinden haben können.
(4) Die Gemeinde kann durch Satzung
1. die Grenzen für im Zusammenhang bebaute Ortsteile festlegen,
2. bebaute Bereiche im Außenbereich als im Zusammenhang bebaute Ortsteile festlegen, wenn die Flächen im Flächennutzungsplan als Baufläche dargestellt sind,
3. einzelne Außenbereichsflächen in die im Zusammenhang bebauten Ortsteile einbeziehen, wenn die einbezogenen Flächen durch die bauliche Nutzung des angrenzenden Bereichs entsprechend geprägt sind.

Die Satzungen können miteinander verbunden werden.
(5) Voraussetzung für die Aufstellung von Satzungen nach Absatz 4 Satz 1 Nr. 2 und 3 ist, dass
1. sie mit einer geordneten städtebaulichen Entwicklung vereinbar sind,
2. die Zulässigkeit von Vorhaben, die einer Pflicht zur Durchführung einer Umweltverträglichkeitsprüfung nach Anlage 1 zum Gesetz über die Umweltverträglichkeitsprüfung oder nach Landesrecht unterliegen, nicht begründet wird und
3. keine Anhaltspunkte für eine Beeinträchtigung der in § 1 Abs. 6 Nr. 7 Buchstabe b genannten Schutzgüter bestehen.

In den Satzungen nach Absatz 4 Satz 1 Nr. 2 und 3 können einzelne Festsetzungen nach § 9 Abs. 1 und 3 Satz 1 sowie Abs. 4 getroffen werden. § 9 Abs. 6 ist entsprechend anzuwenden. Auf die Satzung nach Absatz 4 Satz 1 Nr. 3 sind ergänzend § 1a Abs. 2 und 3 und § 9 Abs. 1a entsprechend anzuwenden; ihr ist eine Begründung mit den Angaben entsprechend § 2a Satz 2 Nr. 1 beizufügen.
(6) Bei der Aufstellung der Satzungen nach Absatz 4 Satz 1 Nr. 2 und 3 sind die Vorschriften über die Öffentlichkeits- und Behördenbeteiligung nach § 13 Abs. 2 Satz 1 Nr. 2 und 3 sowie Satz 2 entsprechend anzuwenden. Auf die Satzungen nach Absatz 4 Satz 1 Nr. 1 bis 3 ist § 10 Abs. 3 entsprechend anzuwenden.

---

3 Vgl. Fn. 2.

Modernisierungen[4] sind beispielsweise Maßnahmen, die eine wesentliche Verbesserung der Wohn- oder sonstigen Nutzungsverhältnisse oder wesentliche Einsparungen von Energie oder Wasser bewirken.

§ 7
Ungewöhnliche oder persönliche Verhältnisse

Zur Wertermittlung und zur Ableitung erforderlicher Daten für die Wertermittlung sind Kaufpreise und andere Daten wie Mieten und Bewirtschaftungskosten heranzuziehen, bei denen angenommen werden kann, dass sie nicht durch ungewöhnliche oder persönliche Verhältnisse beeinflusst worden sind. Eine Beeinflussung durch ungewöhnliche oder persönliche Verhältnisse kann angenommen werden, wenn Kaufpreise und andere Daten erheblich von den Kaufpreisen und anderen Daten in vergleichbaren Fällen abweichen.

§ 8
Ermittlung des Verkehrswerts

(1) Zur Wertermittlung sind das Vergleichswertverfahren (§ 15) einschließlich des Verfahrens zur Bodenwertermittlung (§ 16), das Ertragswertverfahren (§§ 17 bis 20), das Sachwertverfahren (§§ 21 bis 23) oder mehrere dieser Verfahren heranzuziehen. Die Verfahren sind nach der Art des Wertermittlungsobjekts unter Berücksichtigung der im gewöhnlichen Geschäftsverkehr bestehenden Gepflogenheiten und der sonstigen Umstände des Einzelfalls, insbesondere der zur Verfügung stehenden Daten, zu wählen; die Wahl ist zu begründen. Der Verkehrswert ist aus dem Ergebnis des oder der herangezogenen Verfahren unter Würdigung seiner oder ihrer Aussagefähigkeit zu ermitteln.

(2) In den Wertermittlungsverfahren nach Absatz 1 sind regelmäßig in folgender Reihenfolge zu berücksichtigen:

1. die allgemeinen Wertverhältnisse auf dem Grundstücksmarkt (Marktanpassung),
2. die besonderen objektspezifischen Grundstücksmerkmale des zu bewertenden Grundstücks.

(3) Besondere objektspezifische Grundstücksmerkmale wie beispielsweise eine wirtschaftliche Überalterung, ein überdurchschnittlicher Erhaltungszustand, Baumängel oder Bauschäden sowie von den marktüblich erzielbaren Erträgen erheblich abweichende Erträge können, soweit dies dem gewöhnlichen Geschäftsverkehr entspricht, durch marktgerechte Zu- oder Abschläge oder in anderer geeigneter Weise berücksichtigt werden.

---

4 § 11 Abs. 6 II BV: (6) Modernisierung sind bauliche Maßnahmen, die den Gebrauchswert des Wohnraums nachhaltig erhöhen, die allgemeinen Wohnverhältnisse auf die Dauer verbessern oder nachhaltig Einsparungen von Energie oder Wasser bewirken.

ImmoWertV §§ 9 und 10

Abschnitt 2
Bodenrichtwerte und sonstige erforderliche Daten

§ 9
Grundlagen der Ermittlung

(1) Bodenrichtwerte (§ 10) und sonstige für die Wertermittlung erforderliche Daten sind insbesondere aus der Kaufpreissammlung (§ 193 Absatz 5 Satz 1 des Baugesetzbuchs)[5] auf der Grundlage einer ausreichenden Zahl geeigneter Kaufpreise unter Berücksichtigung der allgemeinen Wertverhältnisse zu ermitteln. Zu den sonstigen erforderlichen Daten gehören insbesondere Indexreihen (§ 11), Umrechnungskoeffizienten (§ 12), Vergleichsfaktoren für bebaute Grundstücke (§ 13) sowie Marktanpassungsfaktoren und Liegenschaftszinssätze (§ 14).

(2) Kaufpreise solcher Grundstücke, die in ihren Grundstücksmerkmalen voneinander abweichen, sind im Sinne des Absatzes 1 Satz 1 nur geeignet, wenn die Abweichungen

1. in ihren Auswirkungen auf die Preise sich ausgleichen,
2. durch Zu- oder Abschläge oder
3. durch andere geeignete Verfahren berücksichtigt werden können.

§ 10
Bodenrichtwerte

(1) Bodenrichtwerte (§ 196 des Baugesetzbuchs[6]) sind vorrangig im Vergleichswertverfahren (§ 15) zu ermitteln. Findet sich keine ausreichende Zahl von Vergleichspreisen, kann der Bodenrichtwert auch mithilfe deduktiver Verfahren oder in anderer geeigneter und nachvollziehbarer Weise ermittelt werden. Die Bodenrichtwerte sind als ein Betrag in Euro pro Quadratmeter Grundstücksfläche darzustellen.

(2) Von den wertbeeinflussenden Merkmalen des Bodenrichtwertgrundstücks sollen der Entwicklungszustand und die Art der Nutzung dargestellt werden. Zusätzlich sollen dargestellt werden:

1. bei landwirtschaftlich genutzten Flächen gegebenenfalls die Bodengüte als Acker- oder Grünlandzahl,

---

[5] **§ 193 BauGB** (Aufgaben des Gutachterausschusses): (5) Der Gutachterausschuss führt eine Kaufpreissammlung, wertet sie aus und ermittelt Bodenrichtwerte und sonstige zur Wertermittlung erforderliche Daten. Zu den sonstigen für die Wertermittlung wesentlichen Daten gehören insbesondere
  1. Kapitalisierungszinssätze, mit denen die Verkehrswerte von Grundstücken im Durchschnitt marktüblich verzinst werden (Liegenschaftszinssätze), für die verschiedenen Grundstücksarten, insbesondere Mietwohngrundstücke, Geschäftsgrundstücke und gemischt genutzte Grundstücke,
  2. Faktoren zur Anpassung der Sachwerte an die jeweilige Lage auf dem Grundstücksmarkt (Sachwertfaktoren), insbesondere für die Grundstücksarten Ein- und Zweifamilienhäuser,
  3. Umrechnungskoeffizienten für das Wertverhältnis von sonst gleichartigen Grundstücken, z. B. bei unterschiedlichem Maß der baulichen Nutzung und
  4. Vergleichsfaktoren für bebaute Grundstücke, insbesondere bezogen auf eine Raum- oder Flächeneinheit der baulichen Anlage (Gebäudefaktor) oder auf den nachhaltig erzielbaren jährlichen Ertrag (Ertragsfaktor).

[6] **§ 196 BauGB** (Bodenrichtwerte): (1) Aufgrund der Kaufpreissammlung sind flächendeckend durchschnittliche Lagewerte für den Boden unter Berücksichtigung des unterschiedlichen Entwicklungszustands zu ermitteln (Bodenrichtwerte). In bebauten Gebieten sind Bodenrichtwerte mit dem Wert zu ermitteln, der sich ergeben würde, wenn der Boden unbebaut wäre. Es sind Richtwertzonen zu bilden, die jeweils Gebiete umfassen, die nach Art und Maß der Nutzung weitgehend übereinstimmen. Die wertbeeinflussenden Merkmale des Bodenrichtwertgrundstücks sind darzustellen. Die Bodenrichtwerte sind jeweils zum Ende jedes zweiten Kalenderjahres zu ermitteln, wenn nicht eine häufigere Ermittlung bestimmt ist. Für Zwecke der steuerlichen Bewertung des Grundbesitzes sind Bodenrichtwerte nach ergänzenden Vorgaben der Finanzverwaltung zum jeweiligen Hauptfeststellungszeitpunkt oder sonstigen Feststellungszeitpunkt zu ermitteln. Auf Antrag der für den Vollzug dieses Gesetzbuchs zuständigen Behörden sind Bodenrichtwerte für einzelne Gebiete bezogen auf einen abweichenden Zeitpunkt zu ermitteln.
(2) Hat sich in einem Gebiet die Qualität des Bodens durch einen Bebauungsplan oder andere Maßnahmen geändert, sind bei der nächsten Fortschreibung der Bodenrichtwerte auf der Grundlage der geänderten Qualität Bodenrichtwerte bezogen auf die Wertverhältnisse zum Zeitpunkt der letzten Hauptfeststellung oder dem letzten sonstigen Feststellungszeitpunkt für steuerliche Zwecke zu ermitteln. Die Ermittlung kann unterbleiben, wenn das zuständige Finanzamt darauf verzichtet.
(3) Die Bodenrichtwerte sind zu veröffentlichen und dem zuständigen Finanzamt mitzuteilen. Jedermann kann von der Geschäftsstelle Auskunft über die Bodenrichtwerte verlangen.

2. bei baureifem Land der erschließungsbeitragsrechtliche Zustand sowie je nach Wertrelevanz das Maß der baulichen Nutzung, die Grundstücksgröße, -tiefe oder -breite und
3. bei förmlich festgelegten Sanierungsgebieten (§ 142 des Baugesetzbuchs[7]) und förmlich festgelegten Entwicklungsbereichen (§ 165 des Baugesetzbuchs[8]) der Grundstückszu-

---

[7] **§ 142 BauGB** (Sanierungssatzung): (1) Die Gemeinde kann ein Gebiet, in dem eine städtebauliche Sanierungsmaßnahme durchgeführt werden soll, durch Beschluss förmlich als Sanierungsgebiet festlegen (förmlich festgelegtes Sanierungsgebiet). Das Sanierungsgebiet ist so zu begrenzen, dass sich die Sanierung zweckmäßig durchführen lässt. Einzelne Grundstücke, die von der Sanierung nicht betroffen werden, können aus dem Gebiet ganz oder teilweise ausgenommen werden.
(2) Ergibt sich aus den Zielen und Zwecken der Sanierung, dass Flächen außerhalb des förmlich festgelegten Sanierungsgebiets
  1. für Ersatzbauten oder Ersatzanlagen zur räumlich zusammenhängenden Unterbringung von Bewohnern oder Betrieben aus dem förmlich festgelegten Sanierungsgebiet oder
  2. für die durch die Sanierung bedingten Gemeinbedarfs- oder Folgeeinrichtungen
in Anspruch genommen werden müssen (Ersatz- und Ergänzungsgebiete), kann die Gemeinde geeignete Gebiete für diesen Zweck förmlich festlegen. Für die förmliche Festlegung und die sich aus ihr ergebenden Wirkungen sind die für förmlich festgelegte Sanierungsgebiete geltenden Vorschriften anzuwenden.
(3) Die Gemeinde beschließt die förmliche Festlegung des Sanierungsgebiets als Satzung (Sanierungssatzung). In der Sanierungssatzung ist das Sanierungsgebiet zu bezeichnen. Bei dem Beschluss über die Sanierungssatzung ist zugleich durch Beschluss die Frist festzulegen, in der die Satzung durchgeführt werden soll; die Frist soll 15 Jahre nicht überschreiten. Kann die Sanierung nicht innerhalb der Frist durchgeführt werden, kann die Frist durch Beschluss verlängert werden.
(4) In der Sanierungssatzung ist die Anwendung der Vorschriften des Dritten Abschnitts auszuschließen, wenn sie für die Durchführung der Sanierung nicht erforderlich ist und die Durchführung hierdurch voraussichtlich nicht erschwert wird (vereinfachtes Sanierungsverfahren); in diesem Fall kann in der Sanierungssatzung auch die Genehmigungspflicht nach § 144 insgesamt, nach § 144 Abs. 1 oder § 144 Abs. 2 ausgeschlossen werden.

[8] **§ 165 BauGB** (Städtebauliche Entwicklungsmaßnahmen): (1) Städtebauliche Entwicklungsmaßnahmen in Stadt und Land, deren einheitliche Vorbereitung und zügige Durchführung im öffentlichen Interesse liegen, werden nach den Vorschriften dieses Teils vorbereitet und durchgeführt.
(2) Mit städtebaulichen Entwicklungsmaßnahmen nach Absatz 1 sollen Ortsteile und andere Teile des Gemeindegebiets entsprechend ihrer besonderen Bedeutung für die städtebauliche Entwicklung und Ordnung der Gemeinde oder entsprechend der angestrebten Entwicklung des Landesgebiets oder der Region erstmalig entwickelt oder im Rahmen einer städtebaulichen Neuordnung einer neuen Entwicklung zugeführt werden.
(3) Die Gemeinde kann einen Bereich, in dem eine städtebauliche Entwicklungsmaßnahme durchgeführt werden soll, durch Beschluss förmlich als städtebaulichen Entwicklungsbereich festlegen, wenn
  1. die Maßnahme den Zielen und Zwecken nach Absatz 2 entspricht,
  2. das Wohl der Allgemeinheit die Durchführung der städtebaulichen Entwicklungsmaßnahme erfordert, insbesondere zur Deckung eines erhöhten Bedarfs an Wohn- und Arbeitsstätten, zur Errichtung von Gemeinbedarfs- und Folgeeinrichtungen oder zur Wiedernutzung brachliegender Flächen,
  3. die mit der städtebaulichen Entwicklungsmaßnahme angestrebten Ziele und Zwecke durch städtebauliche Verträge nicht erreicht werden können oder Eigentümer der von der Maßnahme betroffenen Grundstücke unter Berücksichtigung des § 166 Abs. 3 nicht bereit sind, ihre Grundstücke an die Gemeinde oder den von ihr beauftragten Entwicklungsträger zu dem Wert zu veräußern, der sich in Anwendung des § 169 Abs. 1 Nr. 6 und Abs. 4 ergibt,
  4. die zügige Durchführung der Maßnahme innerhalb eines absehbaren Zeitraums gewährleistet ist.
Die öffentlichen und privaten Belange sind gegeneinander und untereinander gerecht abzuwägen.
(4) Die Gemeinde hat vor der förmlichen Festlegung des städtebaulichen Entwicklungsbereichs die vorbereitenden Untersuchungen durchzuführen oder zu veranlassen, die erforderlich sind, um Beurteilungsunterlagen über die Festlegungsvoraussetzungen nach Absatz 3 zu gewinnen. Die §§ 137 bis 141 sind entsprechend anzuwenden.
(5) Der städtebauliche Entwicklungsbereich ist so zu begrenzen, dass sich die Entwicklung zweckmäßig durchführen lässt. Einzelne Grundstücke, die von der Entwicklung nicht betroffen werden, können aus dem Bereich ganz oder teilweise ausgenommen werden. Grundstücke, die den in § 26 Nr. 2 und § 35 Abs. 1 Nr. 7 bezeichneten Zwecken dienen, die in § 26 Nr. 3 bezeichneten Grundstücke sowie Grundstücke, für die nach § 1 Abs. 2 des Landbeschaffungsgesetzes ein Anhörungsverfahren eingeleitet worden ist, und bundeseigene Grundstücke, bei denen die Absicht, sie für Zwecke der Landesverteidigung zu verwenden, der Gemeinde bekannt ist, dürfen nur mit Zustimmung des Bedarfsträgers in den städtebaulichen Entwicklungsbereich einbezogen werden. Der Bedarfsträger soll seine Zustimmung erteilen, wenn auch bei Berücksichtigung seiner Aufgaben ein überwiegendes öffentliches Interesse an der Durchführung der städtebaulichen Entwicklungsmaßnahme besteht.
(6) Die Gemeinde beschließt die förmliche Festlegung des städtebaulichen Entwicklungsbereichs als Satzung (Entwicklungssatzung). In der Entwicklungssatzung ist der städtebauliche Entwicklungsbereich zu bezeichnen.
(7) Der Entwicklungssatzung ist eine Begründung beizufügen. In der Begründung sind die Gründe darzulegen, die die förmliche Festlegung des entwicklungsbedürftigen Bereichs rechtfertigen.
(8) Der Beschluss der Entwicklungssatzung ist ortsüblich bekannt zu machen. § 10 Abs. 3 Satz 2 bis 5 ist entsprechend anzuwenden. In der Bekanntmachung nach Satz 1 ist auf die Genehmigungspflicht nach den §§ 144, 145 und 153 Abs. 2 hinzuweisen. Mit der Bekanntmachung wird die Entwicklungssatzung rechtsverbindlich.
(9) Die Gemeinde teilt dem Grundbuchamt die rechtsverbindliche Entwicklungssatzung mit. Sie hat hierbei die von der Entwicklungssatzung betroffenen Grundstücke einzeln aufzuführen. Das Grundbuchamt hat in die Grundbücher dieser Grundstücke einzutragen, dass eine städtebauliche Entwicklungsmaßnahme durchgeführt wird (Entwicklungsvermerk). § 54 Abs. 2 Satz 1 und Abs. 3 ist entsprechend anzuwenden.

stand, auf den sich der Bodenrichtwert bezieht; dabei ist entweder der Grundstückszustand vor Beginn der Maßnahme oder nach Abschluss der Maßnahme darzustellen.

Deckt der Bodenrichtwert verschiedene Nutzungsarten oder verschiedene Nutzungsmaße ab, sollen diese ebenfalls dargestellt werden.

(3) Die Bodenrichtwerte sind in automatisierter Form auf der Grundlage der amtlichen Geobasisdaten zu führen.

§ 11
Indexreihen

(1) Änderungen der allgemeinen Wertverhältnisse auf dem Grundstücksmarkt sollen mit Indexreihen erfasst werden.

(2) Indexreihen bestehen aus Indexzahlen, die sich aus dem durchschnittlichen Verhältnis der Preise eines Erhebungszeitraums zu den Preisen eines Basiszeitraums mit der Indexzahl 100 ergeben. Die Indexzahlen können auch auf bestimmte Zeitpunkte des Erhebungs- und Basiszeitraums bezogen werden.

(3) Die Indexzahlen werden für Grundstücke mit vergleichbaren Lage- und Nutzungsverhältnissen abgeleitet. Das Ergebnis eines Erhebungszeitraums kann in geeigneten Fällen durch Vergleich mit den Indexreihen anderer Bereiche und vorausgegangener Erhebungszeiträume geändert werden.

(4) Indexreihen können insbesondere abgeleitet werden für

1. Bodenpreise,
2. Preise für Eigentumswohnungen und
3. Preise für Einfamilienhäuser.

§ 12
Umrechnungskoeffizienten

Wertunterschiede von Grundstücken, die sich aus Abweichungen bestimmter Grundstücksmerkmale sonst gleichartiger Grundstücke ergeben, insbesondere aus dem unterschiedlichen Maß der baulichen Nutzung oder der Grundstücksgröße und -tiefe, sollen mithilfe von Umrechnungskoeffizienten (§ 193 Absatz 5 Satz 2 Nummer 3 des Baugesetzbuchs[9]) erfasst werden.

§ 13
Vergleichsfaktoren für bebaute Grundstücke

Vergleichsfaktoren (§ 193 Absatz 5 Satz 2 Nummer 4 des Baugesetzbuchs[10]) sollen der Ermittlung von Vergleichswerten für bebaute Grundstücke dienen. Sie sind auf den marktüblich erzielbaren jährlichen Ertrag (Ertragsfaktor) oder auf eine sonst geeignete Bezugseinheit, insbesondere auf eine Flächen- oder Raumeinheit der baulichen Anlage (Gebäudefaktor), zu beziehen.

§ 14
Marktanpassungsfaktoren, Liegenschaftszinssätze

(1) Mit Marktanpassungsfaktoren und Liegenschaftszinssätzen sollen die allgemeinen Wertverhältnisse auf dem Grundstücksmarkt erfasst werden, soweit diese nicht auf andere Weise zu berücksichtigen sind.

---

9   Vgl. Fn. 5, **§ 193 BauGB** (Aufgaben des Gutachterausschusses), Abs. 5, Punkt 3.
10 Vgl. Fn. 5, **§ 193 BauGB** (Aufgaben des Gutachterausschusses), Abs. 5, Punkt 4.

(2) Marktanpassungsfaktoren sind insbesondere

1. Faktoren zur Anpassung des Sachwerts, die aus dem Verhältnis geeigneter Kaufpreise zu entsprechenden Sachwerten abgeleitet werden (Sachwertfaktoren, § 193 Absatz 5 Satz 2 Nummer 2 des Baugesetzbuchs[11]),

2. Faktoren zur Anpassung finanzmathematisch errechneter Werte von Erbbaurechten oder Erbbaugrundstücken, die aus dem Verhältnis geeigneter Kaufpreise zu den finanzmathematisch errechneten Werten von entsprechenden Erbbaurechten oder Erbbaugrundstücken abgeleitet werden (Erbbaurechts- oder Erbbaugrundstücksfaktoren).

(3) Die Liegenschaftszinssätze (Kapitalisierungszinssätze, § 193 Absatz 5 Satz 2 Nummer 1 des Baugesetzbuchs[12]) sind die Zinssätze, mit denen Verkehrswerte von Grundstücken je nach Grundstücksart im Durchschnitt marktüblich verzinst werden. Sie sind auf der Grundlage geeigneter Kaufpreise und der ihnen entsprechenden Reinerträge für gleichartig bebaute und genutzte Grundstücke unter Berücksichtigung der Restnutzungsdauer der Gebäude nach den Grundsätzen des Ertragswertverfahrens (§§ 17 bis 20) abzuleiten.

Abschnitt 3
Wertermittlungsverfahren

Unterabschnitt 1
Vergleichswertverfahren, Bodenwertermittlung

§ 15
Ermittlung des Vergleichswerts

(1) Im Vergleichswertverfahren wird der Vergleichswert aus einer ausreichenden Zahl von Vergleichspreisen ermittelt. Für die Ableitung der Vergleichspreise sind die Kaufpreise solcher Grundstücke heranzuziehen, die mit dem zu bewertenden Grundstück hinreichend übereinstimmende Grundstücksmerkmale aufweisen. Finden sich in dem Gebiet, in dem das Grundstück gelegen ist, nicht genügend Vergleichspreise, können auch Vergleichspreise aus anderen vergleichbaren Gebieten herangezogen werden. Änderungen der allgemeinen Wertverhältnisse auf dem Grundstücksmarkt oder Abweichungen einzelner Grundstücksmerkmale sind in der Regel auf der Grundlage von Indexreihen oder Umrechnungskoeffizienten zu berücksichtigen.

(2) Bei bebauten Grundstücken können neben oder anstelle von Vergleichspreisen zur Ermittlung des Vergleichswerts geeignete Vergleichsfaktoren herangezogen werden. Der Vergleichswert ergibt sich dann durch Vervielfachung des jährlichen Ertrags oder der sonstigen Bezugseinheit des zu bewertenden Grundstücks mit dem Vergleichsfaktor. Vergleichsfaktoren sind geeignet, wenn die Grundstücksmerkmale der ihnen zugrunde gelegten Grundstücke hinreichend mit denen des zu bewertenden Grundstücks übereinstimmen.

---

11 Vgl. Fn. 5, **§ 193 BauGB** (Aufgaben des Gutachterausschusses), Abs. 5, Punkt 2.
12 Vgl. Fn. 5, **§ 193 BauGB** (Aufgaben des Gutachterausschusses), Abs. 5, Punkt 1.

ImmoWertV § 16

§ 16
Ermittlung des Bodenwerts

(1) Der Wert des Bodens ist vorbehaltlich der Absätze 2 bis 4 ohne Berücksichtigung der vorhandenen baulichen Anlagen auf dem Grundstück vorrangig im Vergleichswertverfahren (§ 15) zu ermitteln. Dabei kann der Bodenwert auch auf der Grundlage geeigneter Bodenrichtwerte ermittelt werden. Bodenrichtwerte sind geeignet, wenn die Merkmale des zugrunde gelegten Richtwertgrundstücks hinreichend mit den Grundstücksmerkmalen des zu bewertenden Grundstücks übereinstimmen. § 15 Absatz 1 Satz 3 und 4 ist entsprechend anzuwenden.

(2) Vorhandene bauliche Anlagen auf einem Grundstück im Außenbereich (§ 35 des Baugesetzbuchs[13]) sind bei der Ermittlung des Bodenwerts zu berücksichtigen, wenn sie rechtlich und wirtschaftlich weiterhin nutzbar sind.

---

[13] **§ 35 BauGB** (Bauen im Außenbereich): (1) Im Außenbereich ist ein Vorhaben nur zulässig, wenn öffentliche Belange nicht entgegenstehen, die ausreichende Erschließung gesichert ist und wenn es
1. einem land- oder forstwirtschaftlichen Betrieb dient und nur einen untergeordneten Teil der Betriebsfläche einnimmt,
2. einem Betrieb der gartenbaulichen Erzeugung dient,
3. der öffentlichen Versorgung mit Elektrizität, Gas, Telekommunikationsdienstleistungen, Wärme und Wasser, der Abwasserwirtschaft oder einem ortsgebundenen gewerblichen Betrieb dient,
4. wegen seiner besonderen Anforderungen an die Umgebung, wegen seiner nachteiligen Wirkung auf die Umgebung oder wegen seiner besonderen Zweckbestimmung nur im Außenbereich ausgeführt werden soll,
5. der Erforschung, Entwicklung oder Nutzung der Wind- oder Wasserenergie dient,
6. der energetischen Nutzung von Biomasse im Rahmen eines Betriebs nach Nummer 1 oder 2 oder eines Betriebs nach Nummer 4 der Tierhaltung betreibt, sowie dem Anschluss solcher Anlagen an das öffentliche Versorgungsnetz dient, unter folgenden Voraussetzungen:
   a) das Vorhaben steht in einem räumlich-funktionalen Zusammenhang mit dem Betrieb,
   b) die Biomasse stammt überwiegend aus dem Betrieb oder überwiegend aus diesem und aus nahe gelegenen Betrieben nach den Nummern 1, 2 oder 4, soweit letzterer Tierhaltung betreibt,
   c) es wird je Hofstelle oder Betriebsstandort nur eine Anlage betrieben und
   d) die installierte elektrische Leistung der Anlage überschreitet nicht 2,0 Megawatt und die Kapazität einer Anlage zur Erzeugung von Biogas überschreitet nicht 2,3 Millionen Normkubikmeter Biogas pro Jahr.
7. der Erforschung, Entwicklung oder Nutzung der Kernenergie zu friedlichen Zwecken oder der Entsorgung radioaktiver Abfälle dient, mit Ausnahme der Neuerrichtung von Anlagen zur Spaltung von Kernbrennstoffen zur gewerblichen Erzeugung von Elektrizität, oder
8. der Nutzung solarer Strahlungsenergie in, an und auf Dach- und Außenwandflächen von zulässigerweise genutzten Gebäuden dient, wenn die Anlage dem Gebäude baulich untergeordnet ist.

(2) Sonstige Vorhaben können im Einzelfall zugelassen werden, wenn ihre Ausführung oder Benutzung öffentliche Belange nicht beeinträchtigt und die Erschließung gesichert ist.

(3) Eine Beeinträchtigung öffentlicher Belange liegt insbesondere vor, wenn das Vorhaben
1. den Darstellungen des Flächennutzungsplans widerspricht,
2. den Darstellungen eines Landschaftsplans oder sonstigen Plans, insbesondere des Wasser-, Abfall- oder Immissionsschutzrechts, widerspricht,
3. schädliche Umwelteinwirkungen hervorrufen kann oder ihnen ausgesetzt wird,
4. unwirtschaftliche Aufwendungen für Straßen oder andere Verkehrseinrichtungen, für Anlagen der Versorgung oder Entsorgung, für die Sicherheit oder Gesundheit oder für sonstige Aufgaben erfordert,
5. Belange des Naturschutzes und der Landschaftspflege, des Bodenschutzes, des Denkmalschutzes oder die natürliche Eigenart der Landschaft und ihren Erholungswert beeinträchtigt oder das Orts- und Landschaftsbild verunstaltet,
6. Maßnahmen zur Verbesserung der Agrarstruktur beeinträchtigt, die Wasserwirtschaft oder den Hochwasserschutz gefährdet,
7. die Entstehung, Verfestigung oder Erweiterung einer Splittersiedlung befürchten lässt oder
8. die Funktionsfähigkeit von Funkstellen und Radaranlagen stört.

Raumbedeutsame Vorhaben dürfen den Zielen der Raumordnung nicht widersprechen; öffentliche Belange stehen raumbedeutsamen Vorhaben nach Absatz 1 nicht entgegen, soweit die Belange bei der Darstellung dieser Vorhaben als Ziele der Raumordnung abgewogen worden sind. Öffentliche Belange stehen einem Vorhaben nach Absatz 1 Nr. 2 bis 6 in der Regel auch dann entgegen, soweit hierfür durch Darstellungen im Flächennutzungsplan oder als Ziele der Raumordnung eine Ausweisung an anderer Stelle erfolgt ist.

§ 16   ImmoWertV

Fortsetzung Fn. 13
(4) Den nachfolgend bezeichneten sonstigen Vorhaben im Sinne des Absatzes 2 kann nicht entgegengehalten werden, dass sie Darstellungen des Flächennutzungsplans oder eines Landschaftsplans widersprechen, die natürliche Eigenart der Landschaft beeinträchtigen oder die Entstehung, Verfestigung oder Erweiterung einer Splittersiedlung befürchten lassen, soweit sie im Übrigen außenbereichsverträglich im Sinne des Absatzes 3 sind:
1. die Änderung der bisherigen Nutzung eines Gebäudes im Sinne des Absatzes 1 Nr. 1 unter folgenden Voraussetzungen:
    a) das Vorhaben dient einer zweckmäßigen Verwendung erhaltenswerter Bausubstanz,
    b) die äußere Gestalt des Gebäudes bleibt im Wesentlichen gewahrt,
    c) die Aufgabe der bisherigen Nutzung liegt nicht länger als sieben Jahre zurück,
    d) das Gebäude ist vor mehr als sieben Jahren zulässigerweise errichtet worden,
    e) das Gebäude steht im räumlich-funktionalen Zusammenhang mit der Hofstelle des land- oder forstwirtschaftlichen Betriebes,
    f) im Falle der Änderung zu Wohnzwecken entstehen neben den bisher nach Absatz 1 Nr. 1 zulässigen Wohnungen höchstens drei Wohnungen je Hofstelle und
    g) es wird eine Verpflichtung übernommen, keine Neubebauung als Ersatz für die aufgegebene Nutzung vorzunehmen, es sei denn, die Neubebauung wird im Interesse der Entwicklung des Betriebes im Sinne des Absatzes 1 Nr. 1 erforderlich,
2. die Neuerrichtung eines gleichartigen Wohngebäudes an gleicher Stelle unter folgenden Voraussetzungen:
    a) das vorhandene Gebäude ist zulässigerweise errichtet worden,
    b) das vorhandene Gebäude weist Missstände oder Mängel auf,
    c) das vorhandene Gebäude wird seit längerer Zeit vom Eigentümer selbst genutzt und
    d) Tatsachen rechtfertigen die Annahme, dass das neu errichtete Gebäude für den Eigenbedarf des bisherigen Eigentümers oder seiner Familie genutzt wird; hat der Eigentümer das vorhandene Gebäude im Wege der Erbfolge von einem Voreigentümer erworben, der es seit längerer Zeit selbst genutzt hat, reicht es aus, wenn Tatsachen die Annahme rechtfertigen, dass das neu errichtete Gebäude für den Eigenbedarf des Eigentümers oder seiner Familie genutzt wird,
3. die alsbaldige Neuerrichtung eines zulässigerweise errichteten, durch Brand, Naturereignisse oder andere außergewöhnliche Ereignisse zerstörten, gleichartigen Gebäudes an gleicher Stelle,
4. die Änderung oder Nutzungsänderung von erhaltenswerten, das Bild der Kulturlandschaft prägenden Gebäuden, auch wenn sie aufgegeben sind, wenn das Vorhaben einer zweckmäßigen Verwendung der Gebäude und der Erhaltung des Gestaltwerts dient,
5. die Erweiterung eines Wohngebäudes auf bis zu höchstens zwei Wohnungen unter folgenden Voraussetzungen:
    a) das Gebäude ist zulässigerweise errichtet worden,
    b) die Erweiterung ist im Verhältnis zum vorhandenen Gebäude und unter Berücksichtigung der Wohnbedürfnisse angemessen und
    c) bei der Errichtung einer weiteren Wohnung rechtfertigen Tatsachen die Annahme, dass das Gebäude vom bisherigen Eigentümer oder seiner Familie selbst genutzt wird,
6. die bauliche Erweiterung eines zulässigerweise errichteten gewerblichen Betriebs, wenn die Erweiterung im Verhältnis zum vorhandenen Gebäude und Betrieb angemessen ist.

In den Fällen des Satzes 1 Nr. 2 und 3 sind geringfügige Erweiterungen des neuen Gebäudes gegenüber dem beseitigten oder zerstörten Gebäude sowie geringfügige Abweichungen vom bisherigen Standort des Gebäudes zulässig.
(5) Die nach den Absätzen 1 bis 4 zulässigen Vorhaben sind in einer flächensparenden, die Bodenversiegelung auf das notwendige Maß begrenzenden und den Außenbereich schonenden Weise auszuführen. Für Vorhaben nach Absatz 1 Nr. 2 bis 6 ist als weitere Zulässigkeitsvoraussetzung eine Verpflichtungserklärung abzugeben, das Vorhaben nach dauerhafter Aufgabe der zulässigen Nutzung zurückzubauen und Bodenversiegelungen zu beseitigen; bei einer nach Absatz 1 Nr. 1 bis 6 zulässigen Nutzungsänderung ist die Rückbauverpflichtung zu übernehmen, bei einer nach Absatz 1 Nr. 1 oder Absatz 2 zulässigen Nutzungsänderung entfällt sie. Die Baugenehmigungsbehörde soll durch nach Landesrecht vorgesehene Baulast oder in anderer Weise die Einhaltung der Verpflichtung nach Satz 2 sowie nach Absatz 4 Satz 1 Nr. 1 Buchstabe g sicherstellen. Im Übrigen soll sie in den Fällen des Absatzes 4 Satz 1 sicherstellen, dass die bauliche oder sonstige Anlage nach Durchführung des Vorhabens nur in der vorgesehenen Art genutzt wird.
(6) Die Gemeinde kann für bebaute Bereiche im Außenbereich, die nicht überwiegend landwirtschaftlich geprägt sind und in denen eine Wohnbebauung von einigem Gewicht vorhanden ist, durch Satzung bestimmen, dass Wohnzwecken dienenden Vorhaben im Sinne des Absatzes 2 nicht entgegengehalten werden kann, dass sie einer Darstellung im Flächennutzungsplan über Flächen für die Landwirtschaft oder Wald widersprechen oder die Entstehung oder Verfestigung einer Splittersiedlung befürchten lassen. Die Satzung kann auch auf Vorhaben erstreckt werden, die kleineren Handwerks- und Gewerbebetrieben dienen. In der Satzung können nähere Bestimmungen über die Zulässigkeit getroffen werden. Voraussetzung für die Aufstellung der Satzung ist, dass
1. sie mit einer geordneten städtebaulichen Entwicklung vereinbar ist,
2. die Zulässigkeit von Vorhaben, die einer Pflicht zur Durchführung einer Umweltverträglichkeitsprüfung nach Anlage 1 zum Gesetz über die Umweltverträglichkeitsprüfung oder nach Landesrecht unterliegen, nicht begründet wird und
3. keine Anhaltspunkte für eine Beeinträchtigung der in § 1 Abs. 6 Nr. 7 Buchstabe b genannten Schutzgüter bestehen.

Bei Aufstellung der Satzung sind die Vorschriften über die Öffentlichkeits- und Behördenbeteiligung nach § 13 Abs. 2 Satz 1 Nr. 2 und 3 sowie Satz 2 entsprechend anzuwenden. § 10 Abs. 3 ist entsprechend anzuwenden. Von der Satzung bleibt die Anwendung des Absatzes 4 unberührt.

ImmoWertV § 17

(3) Ist alsbald mit einem Abriss von baulichen Anlagen zu rechnen, ist der Bodenwert um die üblichen Freilegungskosten zu mindern, soweit sie im gewöhnlichen Geschäftsverkehr berücksichtigt werden. Von einer alsbaldigen Freilegung kann ausgegangen werden, wenn

1. die baulichen Anlagen nicht mehr nutzbar sind oder
2. der nicht abgezinste Bodenwert ohne Berücksichtigung der Freilegungskosten den im Ertragswertverfahren (§§ 17 bis 20) ermittelten Ertragswert erreicht oder übersteigt.

(4) Ein erhebliches Abweichen der tatsächlichen von der nach § 6 Absatz 1 maßgeblichen Nutzung, wie insbesondere eine erhebliche Beeinträchtigung der Nutzbarkeit durch vorhandene bauliche Anlagen auf einem Grundstück, ist bei der Ermittlung des Bodenwerts zu berücksichtigen, soweit dies dem gewöhnlichen Geschäftsverkehr entspricht.

(5) Bei der Ermittlung der sanierungs- oder entwicklungsbedingten Bodenwerterhöhung zur Bemessung von Ausgleichsbeträgen nach § 154 Absatz 1[14] oder § 166 Absatz 3 Satz 4 des Baugesetzbuchs[15] sind die Anfangs- und Endwerte auf denselben Zeitpunkt zu ermitteln.

Unterabschnitt 2
Ertragswertverfahren

§ 17
Ermittlung des Ertragswerts

(1) Im Ertragswertverfahren wird der Ertragswert auf der Grundlage marktüblich erzielbarer Erträge ermittelt. Soweit die Ertragsverhältnisse absehbar wesentlichen Veränderungen unterliegen oder wesentlich von den marktüblich erzielbaren Erträgen abweichen, kann der Ertragswert auch auf der Grundlage periodisch unterschiedlicher Erträge ermittelt werden.

(2) Im Ertragswertverfahren auf der Grundlage marktüblich erzielbarer Erträge wird der Ertragswert ermittelt

1. aus dem nach § 16 ermittelten Bodenwert und dem um den Betrag der angemessenen Verzinsung des Bodenwerts verminderten und sodann kapitalisierten Reinertrag (§ 18 Absatz 1); der Ermittlung des Bodenwertverzinsungsbetrags ist der für die Kapitalisierung nach § 20 maßgebliche Liegenschaftszinssatz zugrunde zu legen; bei der Ermittlung des Bodenwertverzinsungsbetrags sind selbständig nutzbare Teilflächen nicht zu berücksichtigen (allgemeines Ertragswertverfahren), oder

---

[14] **§ 154 BauGB** (Ausgleichsbetrag des Eigentümers): (1) Der Eigentümer eines im förmlich festgelegten Sanierungsgebiet gelegenen Grundstücks hat zur Finanzierung der Sanierung an die Gemeinde einen Ausgleichsbetrag in Geld zu entrichten, der der durch die Sanierung bedingten Erhöhung des Bodenwerts seines Grundstücks entspricht. Miteigentümer haften als Gesamtschuldner; bei Wohnungs- und Teileigentum sind die einzelnen Wohnungs- und Teileigentümer nur entsprechend ihrem Miteigentumsanteil heranzuziehen. Werden im förmlich festgelegten Sanierungsgebiet Erschließungsanlagen im Sinne des § 127 Abs. 2 hergestellt, erweitert oder verbessert, sind Vorschriften über die Erhebung von Beiträgen für diese Maßnahmen auf Grundstücke im förmlich festgelegten Sanierungsgebiet nicht anzuwenden. Satz 3 gilt entsprechend für die Anwendung der Vorschrift über die Erhebung von Kostenerstattungsbeträgen im Sinne des § 135a Abs. 3.

[15] **§ 166 BauGB** (Zuständigkeit und Aufgaben): (3) Die Gemeinde soll die Grundstücke im städtebaulichen Entwicklungsbereich erwerben. Dabei soll sie feststellen, ob und in welcher Rechtsform die bisherigen Eigentümer einen späteren Erwerb von Grundstücken oder Rechten im Rahmen des § 169 Abs. 6 anstreben. Die Gemeinde soll von dem Erwerb eines Grundstücks absehen, wenn
1. bei einem baulich genutzten Grundstück die Art und das Maß der baulichen Nutzung bei der Durchführung der Entwicklungsmaßnahme nicht geändert werden sollen oder
2. der Eigentümer eines Grundstücks, dessen Verwendung nach den Zielen und Zwecken der städtebaulichen Entwicklungsmaßnahme bestimmt oder mit ausreichender Sicherheit bestimmbar ist, in der Lage ist, das Grundstück binnen angemessener Frist dementsprechend zu nutzen, und er sich hierzu verpflichtet.

Erwirbt die Gemeinde ein Grundstück nicht, ist der Eigentümer verpflichtet, einen Ausgleichsbetrag an die Gemeinde zu entrichten, der der durch die Entwicklungsmaßnahme bedingten Erhöhung des Bodenwerts seines Grundstücks entspricht.

2. aus dem nach § 20 kapitalisierten Reinertrag (§ 18 Absatz 1) und dem nach § 16 ermittelten Bodenwert, der mit Ausnahme des Werts von selbständig nutzbaren Teilflächen auf den Wertermittlungsstichtag nach § 20 abzuzinsen ist (vereinfachtes Ertragswertverfahren).

Eine selbständig nutzbare Teilfläche ist der Teil eines Grundstücks, der für die angemessene Nutzung der baulichen Anlagen nicht benötigt wird und selbständig genutzt oder verwertet werden kann.

(3) Im Ertragswertverfahren auf der Grundlage periodisch unterschiedlicher Erträge wird der Ertragswert aus den durch gesicherte Daten abgeleiteten periodisch erzielbaren Reinerträgen (§ 18 Absatz 1) innerhalb eines Betrachtungszeitraums und dem Restwert des Grundstücks am Ende des Betrachtungszeitraums ermittelt. Die periodischen Reinerträge sowie der Restwert des Grundstücks sind jeweils auf den Wertermittlungsstichtag nach § 20 abzuzinsen.

§ 18
Reinertrag, Rohertrag

(1) Der Reinertrag ergibt sich aus dem jährlichen Rohertrag abzüglich der Bewirtschaftungskosten (§ 19).

(2) Der Rohertrag ergibt sich aus den bei ordnungsgemäßer Bewirtschaftung und zulässiger Nutzung marktüblich erzielbaren Erträgen. Bei Anwendung des Ertragswertverfahrens auf der Grundlage periodisch unterschiedlicher Erträge ergibt sich der Rohertrag insbesondere aus den vertraglichen Vereinbarungen.

§ 19
Bewirtschaftungskosten

(1) Als Bewirtschaftungskosten sind die für eine ordnungsgemäße Bewirtschaftung und zulässige Nutzung marktüblich entstehenden jährlichen Aufwendungen zu berücksichtigen, die nicht durch Umlagen oder sonstige Kostenübernahmen gedeckt sind.

(2) Nach Absatz 1 berücksichtigungsfähige Bewirtschaftungskosten sind

1. die Verwaltungskosten; sie umfassen die Kosten der zur Verwaltung des Grundstücks erforderlichen Arbeitskräfte und Einrichtungen, die Kosten der Aufsicht, den Wert der vom Eigentümer persönlich geleisteten Verwaltungsarbeit sowie die Kosten der Geschäftsführung;

2. die Instandhaltungskosten; sie umfassen die Kosten, die infolge von Abnutzung oder Alterung zur Erhaltung des der Wertermittlung zugrunde gelegten Ertragsniveaus der baulichen Anlage während ihrer Restnutzungsdauer aufgewendet werden müssen;

3. das Mietausfallwagnis; es umfasst das Risiko von Ertragsminderungen, die durch uneinbringliche Rückstände von Mieten, Pachten und sonstigen Einnahmen oder durch vorübergehenden Leerstand von Raum entstehen, der zur Vermietung, Verpachtung oder sonstigen Nutzung bestimmt ist; es umfasst auch das Risiko von uneinbringlichen Kosten einer Rechtsverfolgung auf Zahlung, Aufhebung eines Mietverhältnisses oder Räumung;

4. die Betriebskosten.

Soweit sich die Bewirtschaftungskosten nicht ermitteln lassen, ist von Erfahrungssätzen auszugehen.

§ 20
Kapitalisierung und Abzinsung

Der Kapitalisierung und Abzinsung sind Barwertfaktoren zugrunde zu legen. Der jeweilige Barwertfaktor ist unter Berücksichtigung der Restnutzungsdauer (§ 6 Absatz 6 Satz 1) und des jeweiligen Liegenschaftszinssatzes (§ 14 Absatz 3) der Anlage 1 oder der Anlage 2 zu entnehmen oder nach der dort angegebenen Berechnungsvorschrift zu bestimmen.

ImmoWertV §§ 21 bis 24

Unterabschnitt 3
Sachwertverfahren

§ 21
Ermittlung des Sachwerts

(1) Im Sachwertverfahren wird der Sachwert des Grundstücks aus dem Sachwert der nutzbaren baulichen und sonstigen Anlagen sowie dem Bodenwert (§ 16) ermittelt; die allgemeinen Wertverhältnisse auf dem Grundstücksmarkt sind insbesondere durch die Anwendung von Sachwertfaktoren (§ 14 Absatz 2 Nummer 1) zu berücksichtigen.

(2) Der Sachwert der baulichen Anlagen (ohne Außenanlagen) ist ausgehend von den Herstellungskosten (§ 22) unter Berücksichtigung der Alterswertminderung (§ 23) zu ermitteln.

(3) Der Sachwert der baulichen Außenanlagen und der sonstigen Anlagen wird, soweit sie nicht vom Bodenwert miterfasst werden, nach Erfahrungssätzen oder nach den gewöhnlichen Herstellungskosten ermittelt. Die §§ 22 und 23 sind entsprechend anzuwenden.

§ 22
Herstellungskosten

(1) Zur Ermittlung der Herstellungskosten sind die gewöhnlichen Herstellungskosten je Flächen-, Raum- oder sonstiger Bezugseinheit (Normalherstellungskosten) mit der Anzahl der entsprechenden Bezugseinheiten der baulichen Anlagen zu vervielfachen.

(2) Normalherstellungskosten sind die Kosten, die marktüblich für die Neuerrichtung einer entsprechenden baulichen Anlage aufzuwenden wären. Mit diesen Kosten nicht erfasste einzelne Bauteile, Einrichtungen oder sonstige Vorrichtungen sind durch Zu- oder Abschläge zu berücksichtigen, soweit dies dem gewöhnlichen Geschäftsverkehr entspricht. Zu den Normalherstellungskosten gehören auch die üblicherweise entstehenden Baunebenkosten, insbesondere Kosten für Planung, Baudurchführung, behördliche Prüfungen und Genehmigungen. Ausnahmsweise können die Herstellungskosten der baulichen Anlagen nach den gewöhnlichen Herstellungskosten einzelner Bauleistungen (Einzelkosten) ermittelt werden.

(3) Normalherstellungskosten sind in der Regel mithilfe geeigneter Baupreisindexreihen an die Preisverhältnisse am Wertermittlungsstichtag anzupassen.

§ 23
Alterswertminderung

Die Alterswertminderung ist unter Berücksichtigung des Verhältnisses der Restnutzungsdauer (§ 6 Absatz 6 Satz 1) zur Gesamtnutzungsdauer der baulichen Anlagen zu ermitteln. Dabei ist in der Regel eine gleichmäßige Wertminderung zugrunde zu legen. Gesamtnutzungsdauer ist die bei ordnungsgemäßer Bewirtschaftung übliche wirtschaftliche Nutzungsdauer der baulichen Anlagen.

Abschnitt 4
Schlussvorschrift

§ 24
Inkrafttreten und Außerkrafttreten

Diese Verordnung tritt am 1. Juli 2010 in Kraft. Gleichzeitig tritt die Wertermittlungsverordnung vom 6. Dezember 1988 (BGBl. I S. 2209), die durch Artikel 3 des Gesetzes vom 18. August 1997 (BGBl. I S. 2081) geändert worden ist, außer Kraft.

Der Bundesrat hat zugestimmt.

Anlage 1: Vervielfältigertabelle — ImmoWertV

Barwertfaktoren (Vervielfältigertabelle)

Anlage 1 (zu § 20) Barwertfaktoren für die Kapitalisierung

Restnutzungsdauer von ....Jahren	Zinssatz								
	1,0 %	1,5 %	2,0 %	2,5 %	3,0 %	3,5 %	4,0 %	4,5 %	5,0 %
1	0,99	0,99	0,98	0,98	0,97	0,97	0,96	0,96	0,95
2	1,97	1,96	1,94	1,93	1,91	1,90	1,89	1,87	1,86
3	2,94	2,91	2,88	2,86	2,83	2,80	2,78	2,75	2,72
4	3,90	3,85	3,81	3,76	3,72	3,67	3,63	3,59	3,55
5	4,85	4,78	4,71	4,65	4,58	4,52	4,45	4,39	4,33
6	5,80	5,70	5,60	5,51	5,42	5,33	5,24	5,16	5,08
7	6,73	6,60	6,47	6,35	6,23	6,11	6,00	5,89	5,79
8	7,65	7,49	7,33	7,17	7,02	6,87	6,73	6,60	6,46
9	8,57	8,36	8,16	7,97	7,79	7,61	7,44	7,27	7,11
10	9,47	9,22	8,98	8,75	8,53	8,32	8,11	7,91	7,72
11	10,37	10,07	9,79	9,51	9,25	9,00	8,76	8,53	8,31
12	11,26	10,91	10,58	10,26	9,95	9,66	9,39	9,12	8,86
13	12,13	11,73	11,35	10,98	10,63	10,30	9,99	9,68	9,39
14	13,00	12,54	12,11	11,69	11,30	10,92	10,56	10,22	9,90
15	13,87	13,34	12,85	12,38	11,94	11,52	11,12	10,74	10,38
16	14,72	14,13	13,58	13,06	12,56	12,09	11,65	11,23	10,84
17	15,56	14,91	14,29	13,71	13,17	12,65	12,17	11,71	11,27
18	16,40	15,67	14,99	14,35	13,75	13,19	12,66	12,16	11,69
19	17,23	16,43	15,68	14,98	14,32	13,71	13,13	12,59	12,09
20	18,05	17,17	16,35	15,59	14,88	14,21	13,59	13,01	12,46
21	18,86	17,90	17,01	16,18	15,42	14,70	14,03	13,40	12,82
22	19,66	18,62	17,66	16,77	15,94	15,17	14,45	13,78	13,16
23	20,46	19,33	18,29	17,33	16,44	15,62	14,86	14,15	13,49
24	21,24	20,03	18,91	17,88	16,94	16,06	15,25	14,50	13,80
25	22,02	20,72	19,52	18,42	17,41	16,48	15,62	14,83	14,09
26	22,80	21,40	20,12	18,95	17,88	16,89	15,98	15,15	14,38
27	23,56	22,07	20,71	19,46	18,33	17,29	16,33	15,45	14,64
28	24,32	22,73	21,28	19,96	18,76	17,67	16,66	15,74	14,90
29	25,07	23,38	21,84	20,45	19,19	18,04	16,98	16,02	15,14
30	25,81	24,02	22,40	20,93	19,60	18,39	17,29	16,29	15,37
31	26,54	24,65	22,94	21,40	20,00	18,74	17,59	16,54	15,59
32	27,27	25,27	23,47	21,85	20,39	19,07	17,87	16,79	15,80
33	27,99	25,88	23,99	22,29	20,77	19,39	18,15	17,02	16,00
34	28,70	26,48	24,50	22,72	21,13	19,70	18,41	17,25	16,19
35	29,41	27,08	25,00	23,15	21,49	20,00	18,66	17,46	16,37
36	30,11	27,66	25,49	23,56	21,83	20,29	18,91	17,67	16,55
37	30,80	28,24	25,97	23,96	22,17	20,57	19,14	17,86	16,71
38	31,48	28,81	26,44	24,35	22,49	20,84	19,37	18,05	16,87
39	32,16	29,36	26,90	24,73	22,81	21,10	19,58	18,23	17,02
40	32,83	29,92	27,36	25,10	23,11	21,36	19,79	18,40	17,16
41	33,50	30,46	27,80	25,47	23,41	21,60	19,99	18,57	17,29
42	34,16	30,99	28,23	25,82	23,70	21,83	20,19	18,72	17,42
43	34,81	31,52	28,66	26,17	23,98	22,06	20,37	18,87	17,55
44	35,46	32,04	29,08	26,50	24,25	22,28	20,55	19,02	17,66
45	36,09	32,55	29,49	26,83	24,52	22,50	20,72	19,16	17,77
46	36,73	33,06	29,89	27,15	24,78	22,70	20,88	19,29	17,88
47	37,35	33,55	30,29	27,47	25,02	22,90	21,04	19,41	17,98
48	37,97	34,04	30,67	27,77	25,27	23,09	21,20	19,54	18,08
49	38,59	34,52	31,05	28,07	25,50	23,28	21,34	19,65	18,17
50	39,20	35,00	31,42	28,36	25,73	23,46	21,48	19,76	18,26

ImmoWertV   Anlage 1: Vervielfältigertabelle

Restnutzungs-dauer von ....Jahren	\multicolumn{9}{c}{Zinssatz}

Restnutzungsdauer von ...Jahren	1,0 %	1,5 %	2,0 %	2,5 %	3,0 %	3,5 %	4,0 %	4,5 %	5,0 %
51	39,80	35,47	31,79	28,65	25,95	23,63	21,62	19,87	18,34
52	40,39	35,93	32,14	28,92	26,17	23,80	21,75	19,97	18,42
53	40,98	36,38	32,50	29,19	26,37	23,96	21,87	20,07	18,49
54	41,57	36,83	32,84	29,46	26,58	24,11	21,99	20,16	18,57
55	42,15	37,27	33,17	29,71	26,77	24,26	22,11	20,25	18,63
56	42,72	37,71	33,50	29,96	26,97	24,41	22,22	20,33	18,70
57	43,29	38,13	33,83	30,21	27,15	24,55	22,33	20,41	18,76
58	43,85	38,56	34,15	30,45	27,33	24,69	22,43	20,49	18,82
59	44,40	38,97	34,46	30,68	27,51	24,82	22,53	20,57	18,88
60	44,96	39,38	34,76	30,91	27,68	24,94	22,62	20,64	18,93
61	45,50	39,78	35,06	31,13	27,84	25,07	22,71	20,71	18,98
62	46,04	40,18	35,35	31,35	28,00	25,19	22,80	20,77	19,03
63	46,57	40,57	35,64	31,56	28,16	25,30	22,89	20,83	19,08
64	47,10	40,96	35,92	31,76	28,31	25,41	22,97	20,89	19,12
65	47,63	41,34	36,20	31,96	28,45	25,52	23,05	20,95	19,16
66	48,15	41,71	36,47	32,16	28,60	25,62	23,12	21,01	19,20
67	48,66	42,08	36,73	32,35	28,73	25,72	23,19	21,06	19,24
68	49,17	42,44	36,99	32,54	28,87	25,82	23,26	21,11	19,28
69	49,67	42,80	37,25	32,72	29,00	25,91	23,33	21,16	19,31
70	50,17	43,15	37,50	32,90	29,12	26,00	23,39	21,20	19,34
71	50,66	43,50	37,74	33,07	29,25	26,09	23,46	21,25	19,37
72	51,15	43,84	37,98	33,24	29,37	26,17	23,52	21,29	19,40
73	51,63	44,18	38,22	33,40	29,48	26,25	23,57	21,33	19,43
74	52,11	44,51	38,45	33,57	29,59	26,33	23,63	21,37	19,46
75	52,59	44,84	38,68	33,72	29,70	26,41	23,68	21,40	19,48
76	53,06	45,16	38,90	33,88	29,81	26,48	23,73	21,44	19,51
77	53,52	45,48	39,12	34,03	29,91	26,55	23,78	21,47	19,53
78	53,98	45,79	39,33	34,17	30,01	26,62	23,83	21,50	19,56
79	54,44	46,10	39,54	34,31	30,11	26,68	23,87	21,54	19,58
80	54,89	46,41	39,74	34,45	30,20	26,75	23,92	21,57	19,60
81	55,33	46,71	39,95	34,59	30,29	26,81	23,96	21,59	19,62
82	55,78	47,00	40,14	34,72	30,38	26,87	24,00	21,62	19,63
83	56,21	47,29	40,34	34,85	30,47	26,93	24,04	21,65	19,65
84	56,65	47,58	40,53	34,97	30,55	26,98	24,07	21,67	19,67
85	57,08	47,86	40,71	35,10	30,63	27,04	24,11	21,70	19,68
86	57,50	48,14	40,89	35,22	30,71	27,09	24,14	21,72	19,70
87	57,92	48,41	41,07	35,33	30,79	27,14	24,18	21,74	19,71
88	58,34	48,68	41,25	35,45	30,86	27,19	24,21	21,76	19,73
89	58,75	48,95	41,42	35,56	30,93	27,23	24,24	21,78	19,74
90	59,16	49,21	41,59	35,67	31,00	27,28	24,27	21,80	19,75
91	59,57	49,47	41,75	35,77	31,07	27,32	24,30	21,82	19,76
92	59,97	49,72	41,91	35,87	31,14	27,37	24,32	21,83	19,78
93	60,36	49,97	42,07	35,98	31,20	27,41	24,35	21,85	19,79
94	60,75	50,22	42,23	36,07	31,26	27,45	24,37	21,87	19,80
95	61,14	50,46	42,38	36,17	31,32	27,48	24,40	21,88	19,81
96	61,53	50,70	42,53	36,26	31,38	27,52	24,42	21,90	19,82
97	61,91	50,94	42,68	36,35	31,44	27,56	24,44	21,91	19,82
98	62,29	51,17	42,82	36,44	31,49	27,59	24,46	21,92	19,83
99	62,66	51,40	42,96	36,53	31,55	27,62	24,49	21,94	19,84
100	63,03	51,62	43,10	36,61	31,60	27,66	24,50	21,95	19,85

Anlage 1: Vervielfältigertabelle — ImmoWertV

Restnutzungs-dauer von ....Jahren	Zinssatz									
	5,5 %	6,0 %	6,5 %	7,0 %	7,5 %	8,0 %	8,5 %	9,0 %	9,5 %	10,0 %
1	0,95	0,94	0,94	0,93	0,93	0,93	0,92	0,92	0,91	0,91
2	1,85	1,83	1,82	1,81	1,80	1,78	1,77	1,76	1,75	1,74
3	2,70	2,67	2,65	2,62	2,60	2,58	2,55	2,53	2,51	2,49
4	3,51	3,47	3,43	3,39	3,35	3,31	3,28	3,24	3,20	3,17
5	4,27	4,21	4,16	4,10	4,05	3,99	3,94	3,89	3,84	3,79
6	5,00	4,92	4,84	4,77	4,69	4,62	4,55	4,49	4,42	4,36
7	5,68	5,58	5,48	5,39	5,30	5,21	5,12	5,03	4,95	4,87
8	6,33	6,21	6,09	5,97	5,86	5,75	5,64	5,53	5,43	5,33
9	6,95	6,80	6,66	6,52	6,38	6,25	6,12	6,00	5,88	5,76
10	7,54	7,36	7,19	7,02	6,86	6,71	6,56	6,42	6,28	6,14
11	8,09	7,89	7,69	7,50	7,32	7,14	6,97	6,81	6,65	6,50
12	8,62	8,38	8,16	7,94	7,74	7,54	7,34	7,16	6,98	6,81
13	9,12	8,85	8,60	8,36	8,13	7,90	7,69	7,49	7,29	7,10
14	9,59	9,29	9,01	8,75	8,49	8,24	8,01	7,79	7,57	7,37
15	10,04	9,71	9,40	9,11	8,83	8,56	8,30	8,06	7,83	7,61
16	10,46	10,11	9,77	9,45	9,14	8,85	8,58	8,31	8,06	7,82
17	10,86	10,48	10,11	9,76	9,43	9,12	8,83	8,54	8,28	8,02
18	11,25	10,83	10,43	10,06	9,71	9,37	9,06	8,76	8,47	8,20
19	11,61	11,16	10,73	10,34	9,96	9,60	9,27	8,95	8,65	8,36
20	11,95	11,47	11,02	10,59	10,19	9,82	9,46	9,13	8,81	8,51
21	12,28	11,76	11,28	10,84	10,41	10,02	9,64	9,29	8,96	8,65
22	12,58	12,04	11,54	11,06	10,62	10,20	9,81	9,44	9,10	8,77
23	12,88	12,30	11,77	11,27	10,81	10,37	9,96	9,58	9,22	8,88
24	13,15	12,55	11,99	11,47	10,98	10,53	10,10	9,71	9,33	8,98
25	13,41	12,78	12,20	11,65	11,15	10,67	10,23	9,82	9,44	9,08
26	13,66	13,00	12,39	11,83	11,30	10,81	10,35	9,93	9,53	9,16
27	13,90	13,21	12,57	11,99	11,44	10,94	10,46	10,03	9,62	9,24
28	14,12	13,41	12,75	12,14	11,57	11,05	10,57	10,12	9,70	9,31
29	14,33	13,59	12,91	12,28	11,70	11,16	10,66	10,20	9,77	9,37
30	14,53	13,76	13,06	12,41	11,81	11,26	10,75	10,27	9,83	9,43
31	14,72	13,93	13,20	12,53	11,92	11,35	10,83	10,34	9,89	9,48
32	14,90	14,08	13,33	12,65	12,02	11,43	10,90	10,41	9,95	9,53
33	15,08	14,23	13,46	12,75	12,11	11,51	10,97	10,46	10,00	9,57
34	15,24	14,37	13,58	12,85	12,19	11,59	11,03	10,52	10,05	9,61
35	15,39	14,50	13,69	12,95	12,27	11,65	11,09	10,57	10,09	9,64
36	15,54	14,62	13,79	13,04	12,35	11,72	11,14	10,61	10,13	9,68
37	15,67	14,74	13,89	13,12	12,42	11,78	11,19	10,65	10,16	9,71
38	15,80	14,85	13,98	13,19	12,48	11,83	11,23	10,69	10,19	9,73
39	15,93	14,95	14,06	13,26	12,54	11,88	11,28	10,73	10,22	9,76
40	16,05	15,05	14,15	13,33	12,59	11,92	11,31	10,76	10,25	9,78
41	16,16	15,14	14,22	13,39	12,65	11,97	11,35	10,79	10,27	9,80
42	16,26	15,22	14,29	13,45	12,69	12,01	11,38	10,81	10,29	9,82
43	16,36	15,31	14,36	13,51	12,74	12,04	11,41	10,84	10,31	9,83
44	16,46	15,38	14,42	13,56	12,78	12,08	11,44	10,86	10,33	9,85
45	16,55	15,46	14,48	13,61	12,82	12,11	11,47	10,88	10,35	9,86
46	16,63	15,52	14,54	13,65	12,85	12,14	11,49	10,90	10,36	9,88
47	16,71	15,59	14,59	13,69	12,89	12,16	11,51	10,92	10,38	9,89
48	16,79	15,65	14,64	13,73	12,92	12,19	11,53	10,93	10,39	9,90
49	16,86	15,71	14,68	13,77	12,95	12,21	11,55	10,95	10,40	9,91
50	16,93	15,76	14,72	13,80	12,97	12,23	11,57	10,96	10,41	9,91

ImmoWertV — Anlage 1: Vervielfältigertabelle

Restnutzungs-dauer von ....Jahren	\multicolumn{10}{c	}{Zinssatz}
	5,5 %	6,0 %	6,5 %	7,0 %	7,5 %	8,0 %	8,5 %	9,0 %	9,5 %	10,0 %
51	17,00	15,81	14,76	13,83	13,00	12,25	11,58	10,97	10,42	9,92
52	17,06	15,86	14,80	13,86	13,02	12,27	11,60	10,99	10,43	9,93
53	17,12	15,91	14,84	13,89	13,04	12,29	11,61	11,00	10,44	9,94
54	17,17	15,95	14,87	13,92	13,06	12,30	11,62	11,01	10,45	9,94
55	17,23	15,99	14,90	13,94	13,08	12,32	11,63	11,01	10,45	9,95
56	17,28	16,03	14,93	13,96	13,10	12,33	11,64	11,02	10,46	9,95
57	17,32	16,06	14,96	13,98	13,12	12,34	11,65	11,03	10,47	9,96
58	17,37	16,10	14,99	14,00	13,13	12,36	11,66	11,04	10,47	9,96
59	17,41	16,13	15,01	14,02	13,15	12,37	11,67	11,04	10,48	9,96
60	17,45	16,16	15,03	14,04	13,16	12,38	11,68	11,05	10,48	9,97
61	17,49	16,19	15,05	14,06	13,17	12,39	11,68	11,05	10,48	9,97
62	17,52	16,22	15,07	14,07	13,18	12,39	11,69	11,06	10,49	9,97
63	17,56	16,24	15,09	14,08	13,19	12,40	11,70	11,06	10,49	9,98
64	17,59	16,27	15,11	14,10	13,20	12,41	11,70	11,07	10,49	9,98
65	17,62	16,29	15,13	14,11	13,21	12,42	11,71	11,07	10,50	9,98
66	17,65	16,31	15,14	14,12	13,22	12,42	11,71	11,07	10,50	9,98
67	17,68	16,33	15,16	14,13	13,23	12,43	11,71	11,08	10,50	9,98
68	17,70	16,35	15,17	14,14	13,24	12,43	11,72	11,08	10,50	9,98
69	17,73	16,37	15,19	14,15	13,24	12,44	11,72	11,08	10,51	9,99
70	17,75	16,38	15,20	14,16	13,25	12,44	11,73	11,08	10,51	9,99
71	17,78	16,40	15,21	14,17	13,25	12,45	11,73	11,09	10,51	9,99
72	17,80	16,42	15,22	14,18	13,26	12,45	11,73	11,09	10,51	9,99
73	17,82	16,43	15,23	14,18	13,27	12,45	11,73	11,09	10,51	9,99
74	17,84	16,44	15,24	14,19	13,27	12,46	11,74	11,09	10,51	9,99
75	17,85	16,46	15,25	14,20	13,27	12,46	11,74	11,09	10,51	9,99
76	17,87	16,47	15,26	14,20	13,28	12,46	11,74	11,10	10,52	9,99
77	17,89	16,48	15,26	14,21	13,28	12,47	11,74	11,10	10,52	9,99
78	17,90	16,49	15,27	14,21	13,29	12,47	11,74	11,10	10,52	9,99
79	17,92	16,50	15,28	14,22	13,29	12,47	11,75	11,10	10,52	9,99
80	17,93	16,51	15,28	14,22	13,29	12,47	11,75	11,10	10,52	10,00
81	17,94	16,52	15,29	14,23	13,30	12,48	11,75	11,10	10,52	10,00
82	17,96	16,53	15,30	14,23	13,30	12,48	11,75	11,10	10,52	10,00
83	17,97	16,53	15,30	14,23	13,30	12,48	11,75	11,10	10,52	10,00
84	17,98	16,54	15,31	14,24	13,30	12,48	11,75	11,10	10,52	10,00
85	17,99	16,55	15,31	14,24	13,30	12,48	11,75	11,10	10,52	10,00
86	18,00	16,56	15,32	14,24	13,31	12,48	11,75	11,10	10,52	10,00
87	18,01	16,56	15,32	14,25	13,31	12,48	11,75	11,10	10,52	10,00
88	18,02	16,57	15,32	14,25	13,31	12,49	11,76	11,11	10,52	10,00
89	18,03	16,57	15,33	14,25	13,31	12,49	11,76	11,11	10,52	10,00
90	18,03	16,58	15,33	14,25	13,31	12,49	11,76	11,11	10,52	10,00
91	18,04	16,58	15,33	14,26	13,31	12,49	11,76	11,11	10,52	10,00
92	18,05	16,59	15,34	14,26	13,32	12,49	11,76	11,11	10,52	10,00
93	18,06	16,59	15,34	14,26	13,32	12,49	11,76	11,11	10,52	10,00
94	18,06	16,60	15,34	14,26	13,32	12,49	11,76	11,11	10,52	10,00
95	18,07	16,60	15,35	14,26	13,32	12,49	11,76	11,11	10,52	10,00
96	18,08	16,60	15,35	14,26	13,32	12,49	11,76	11,11	10,52	10,00
97	18,08	16,61	15,35	14,27	13,32	12,49	11,76	11,11	10,52	10,00
98	18,09	16,61	15,35	14,27	13,32	12,49	11,76	11,11	10,52	10,00
99	18,09	16,61	15,35	14,27	13,32	12,49	11,76	11,11	10,52	10,00
100	18,10	16,62	15,36	14,27	13,32	12,49	11,76	11,11	10,53	10,00

Berechnungsvorschrift für die der Tabelle nicht zu entnehmenden Barwertfaktoren für die Kapitalisierung

$$\text{Kapitalisierungsfaktor} = \frac{q^n - 1}{q^n \times (q - 1)} \qquad q = 1 + \frac{p}{100} \qquad \begin{array}{l} p = \text{Liegenschaftszinssatz} \\ n = \text{Restnutzungsdauer} \end{array}$$

Anlage 2: Abzinsungstabelle — ImmoWertV

Anlage 2 (zu § 20) Barwertfaktoren für die Abzinsung

Restnutzungsdauer von ....Jahren	\multicolumn{9}{c}{Zinssatz}

Restnutzungsdauer von ....Jahren	1,0 %	1,5 %	2,0 %	2,5 %	3,0 %	3,5 %	4,0 %	4,5 %	5,0 %
1	0,9901	0,9852	0,9804	0,9756	0,9709	0,9662	0,9615	0,9569	0,9524
2	0,9803	0,9707	0,9612	0,9518	0,9426	0,9335	0,9246	0,9157	0,9070
3	0,9706	0,9563	0,9423	0,9286	0,9151	0,9019	0,8890	0,8763	0,8638
4	0,9610	0,9422	0,9238	0,9060	0,8885	0,8714	0,8548	0,8386	0,8227
5	0,9515	0,9283	0,9057	0,8839	0,8626	0,8420	0,8219	0,8025	0,7835
6	0,9420	0,9145	0,8880	0,8623	0,8375	0,8135	0,7903	0,7679	0,7462
7	0,9327	0,9010	0,8706	0,8413	0,8131	0,7860	0,7599	0,7348	0,7107
8	0,9235	0,8877	0,8535	0,8207	0,7894	0,7594	0,7307	0,7032	0,6768
9	0,9143	0,8746	0,8368	0,8007	0,7664	0,7337	0,7026	0,6729	0,6446
10	0,9053	0,8617	0,8203	0,7812	0,7441	0,7089	0,6756	0,6439	0,6139
11	0,8963	0,8489	0,8043	0,7621	0,7224	0,6849	0,6496	0,6162	0,5847
12	0,8874	0,8364	0,7885	0,7436	0,7014	0,6618	0,6246	0,5897	0,5568
13	0,8787	0,8240	0,7730	0,7254	0,6810	0,6394	0,6006	0,5643	0,5303
14	0,8700	0,8118	0,7579	0,7077	0,6611	0,6178	0,5775	0,5400	0,5051
15	0,8613	0,7999	0,7430	0,6905	0,6419	0,5969	0,5553	0,5167	0,4810
16	0,8528	0,7880	0,7284	0,6736	0,6232	0,5767	0,5339	0,4945	0,4581
17	0,8444	0,7764	0,7142	0,6572	0,6050	0,5572	0,5134	0,4732	0,4363
18	0,8360	0,7649	0,7002	0,6412	0,5874	0,5384	0,4936	0,4528	0,4155
19	0,8277	0,7536	0,6864	0,6255	0,5703	0,5202	0,4746	0,4333	0,3957
20	0,8195	0,7425	0,6730	0,6103	0,5537	0,5026	0,4564	0,4146	0,3769
21	0,8114	0,7315	0,6598	0,5954	0,5375	0,4856	0,4388	0,3968	0,3589
22	0,8034	0,7207	0,6468	0,5809	0,5219	0,4692	0,4220	0,3797	0,3418
23	0,7954	0,7100	0,6342	0,5667	0,5067	0,4533	0,4057	0,3634	0,3256
24	0,7876	0,6995	0,6217	0,5529	0,4919	0,4380	0,3901	0,3477	0,3101
25	0,7798	0,6892	0,6095	0,5394	0,4776	0,4231	0,3751	0,3327	0,2953
26	0,7720	0,6790	0,5976	0,5262	0,4637	0,4088	0,3607	0,3184	0,2812
27	0,7644	0,6690	0,5859	0,5134	0,4502	0,3950	0,3468	0,3047	0,2678
28	0,7568	0,6591	0,5744	0,5009	0,4371	0,3817	0,3335	0,2916	0,2551
29	0,7493	0,6494	0,5631	0,4887	0,4243	0,3687	0,3207	0,2790	0,2429
30	0,7419	0,6398	0,5521	0,4767	0,4120	0,3563	0,3083	0,2670	0,2314
31	0,7346	0,6303	0,5412	0,4651	0,4000	0,3442	0,2965	0,2555	0,2204
32	0,7273	0,6210	0,5306	0,4538	0,3883	0,3326	0,2851	0,2445	0,2099
33	0,7201	0,6118	0,5202	0,4427	0,3770	0,3213	0,2741	0,2340	0,1999
34	0,7130	0,6028	0,5100	0,4319	0,3660	0,3105	0,2636	0,2239	0,1904
35	0,7059	0,5939	0,5000	0,4214	0,3554	0,3000	0,2534	0,2143	0,1813
36	0,6989	0,5851	0,4902	0,4111	0,3450	0,2898	0,2437	0,2050	0,1727
37	0,6920	0,5764	0,4806	0,4011	0,3350	0,2800	0,2343	0,1962	0,1644
38	0,6852	0,5679	0,4712	0,3913	0,3252	0,2706	0,2253	0,1878	0,1566
39	0,6784	0,5595	0,4619	0,3817	0,3158	0,2614	0,2166	0,1797	0,1491
40	0,6717	0,5513	0,4529	0,3724	0,3066	0,2526	0,2083	0,1719	0,1420
41	0,6650	0,5431	0,4440	0,3633	0,2976	0,2440	0,2003	0,1645	0,1353
42	0,6584	0,5351	0,4353	0,3545	0,2890	0,2358	0,1926	0,1574	0,1288
43	0,6519	0,5272	0,4268	0,3458	0,2805	0,2278	0,1852	0,1507	0,1227
44	0,6454	0,5194	0,4184	0,3374	0,2724	0,2201	0,1780	0,1442	0,1169
45	0,6391	0,5117	0,4102	0,3292	0,2644	0,2127	0,1712	0,1380	0,1113
46	0,6327	0,5042	0,4022	0,3211	0,2567	0,2055	0,1646	0,1320	0,1060
47	0,6265	0,4967	0,3943	0,3133	0,2493	0,1985	0,1583	0,1263	0,1009
48	0,6203	0,4894	0,3865	0,3057	0,2420	0,1918	0,1522	0,1209	0,0961
49	0,6141	0,4821	0,3790	0,2982	0,2350	0,1853	0,1463	0,1157	0,0916
50	0,6080	0,4750	0,3715	0,2909	0,2281	0,1791	0,1407	0,1107	0,0872

ImmoWertV

Anlage 2: Abzinsungstabelle

Rest-nutzungs-dauer von ....Jahren	Zinssatz								
	1,0 %	1,5 %	2,0 %	2,5 %	3,0 %	3,5 %	4,0 %	4,5 %	5,0 %
51	0,6020	0,4680	0,3642	0,2838	0,2215	0,1730	0,1353	0,1059	0,0831
52	0,5961	0,4611	0,3571	0,2769	0,2150	0,1671	0,1301	0,1014	0,0791
53	0,5902	0,4543	0,3501	0,2702	0,2088	0,1615	0,1251	0,0970	0,0753
54	0,5843	0,4475	0,3432	0,2636	0,2027	0,1560	0,1203	0,0928	0,0717
55	0,5785	0,4409	0,3365	0,2572	0,1968	0,1508	0,1157	0,0888	0,0683
56	0,5728	0,4344	0,3299	0,2509	0,1910	0,1457	0,1112	0,0850	0,0651
57	0,5671	0,4280	0,3234	0,2448	0,1855	0,1407	0,1069	0,0814	0,0620
58	0,5615	0,4217	0,3171	0,2388	0,1801	0,1360	0,1028	0,0778	0,0590
59	0,5560	0,4154	0,3109	0,2330	0,1748	0,1314	0,0989	0,0745	0,0562
60	0,5504	0,4093	0,3048	0,2273	0,1697	0,1269	0,0951	0,0713	0,0535
61	0,5450	0,4032	0,2988	0,2217	0,1648	0,1226	0,0914	0,0682	0,0510
62	0,5396	0,3973	0,2929	0,2163	0,1600	0,1185	0,0879	0,0653	0,0486
63	0,5343	0,3914	0,2872	0,2111	0,1553	0,1145	0,0845	0,0625	0,0462
64	0,5290	0,3856	0,2816	0,2059	0,1508	0,1106	0,0813	0,0598	0,0440
65	0,5237	0,3799	0,2761	0,2009	0,1464	0,1069	0,0781	0,0572	0,0419
66	0,5185	0,3743	0,2706	0,1960	0,1421	0,1033	0,0751	0,0547	0,0399
67	0,5134	0,3688	0,2653	0,1912	0,1380	0,0998	0,0722	0,0524	0,0380
68	0,5083	0,3633	0,2601	0,1865	0,1340	0,0964	0,0695	0,0501	0,0362
69	0,5033	0,3580	0,2550	0,1820	0,1301	0,0931	0,0668	0,0480	0,0345
70	0,4983	0,3527	0,2500	0,1776	0,1263	0,0900	0,0642	0,0459	0,0329
71	0,4934	0,3475	0,2451	0,1732	0,1226	0,0869	0,0617	0,0439	0,0313
72	0,4885	0,3423	0,2403	0,1690	0,1190	0,0840	0,0594	0,0420	0,0298
73	0,4837	0,3373	0,2356	0,1649	0,1156	0,0812	0,0571	0,0402	0,0284
74	0,4789	0,3323	0,2310	0,1609	0,1122	0,0784	0,0549	0,0385	0,0270
75	0,4741	0,3274	0,2265	0,1569	0,1089	0,0758	0,0528	0,0368	0,0258
76	0,4694	0,3225	0,2220	0,1531	0,1058	0,0732	0,0508	0,0353	0,0245
77	0,4648	0,3178	0,2177	0,1494	0,1027	0,0707	0,0488	0,0337	0,0234
78	0,4602	0,3131	0,2134	0,1457	0,0997	0,0683	0,0469	0,0323	0,0222
79	0,4556	0,3084	0,2092	0,1422	0,0968	0,0660	0,0451	0,0309	0,0212
80	0,4511	0,3039	0,2051	0,1387	0,0940	0,0638	0,0434	0,0296	0,0202
81	0,4467	0,2994	0,2011	0,1353	0,0912	0,0616	0,0417	0,0283	0,0192
82	0,4422	0,2950	0,1971	0,1320	0,0886	0,0596	0,0401	0,0271	0,0183
83	0,4379	0,2906	0,1933	0,1288	0,0860	0,0575	0,0386	0,0259	0,0174
84	0,4335	0,2863	0,1895	0,1257	0,0835	0,0556	0,0371	0,0248	0,0166
85	0,4292	0,2821	0,1858	0,1226	0,0811	0,0537	0,0357	0,0237	0,0158
86	0,4250	0,2779	0,1821	0,1196	0,0787	0,0519	0,0343	0,0227	0,0151
87	0,4208	0,2738	0,1786	0,1167	0,0764	0,0501	0,0330	0,0217	0,0143
88	0,4166	0,2698	0,1751	0,1138	0,0742	0,0484	0,0317	0,0208	0,0137
89	0,4125	0,2658	0,1716	0,1111	0,0720	0,0468	0,0305	0,0199	0,0130
90	0,4084	0,2619	0,1683	0,1084	0,0699	0,0452	0,0293	0,0190	0,0124
91	0,4043	0,2580	0,1650	0,1057	0,0679	0,0437	0,0282	0,0182	0,0118
92	0,4003	0,2542	0,1617	0,1031	0,0659	0,0422	0,0271	0,0174	0,0112
93	0,3964	0,2504	0,1586	0,1006	0,0640	0,0408	0,0261	0,0167	0,0107
94	0,3925	0,2467	0,1554	0,0982	0,0621	0,0394	0,0251	0,0160	0,0102
95	0,3886	0,2431	0,1524	0,0958	0,0603	0,0381	0,0241	0,0153	0,0097
96	0,3847	0,2395	0,1494	0,0934	0,0586	0,0368	0,0232	0,0146	0,0092
97	0,3809	0,2359	0,1465	0,0912	0,0569	0,0355	0,0223	0,0140	0,0088
98	0,3771	0,2324	0,1436	0,0889	0,0552	0,0343	0,0214	0,0134	0,0084
99	0,3734	0,2290	0,1408	0,0868	0,0536	0,0332	0,0206	0,0128	0,0080
100	0,3697	0,2256	0,1380	0,0846	0,0520	0,0321	0,0198	0,0123	0,0076

Anlage 2: Abzinsungstabelle   ImmoWertV

Restnutzungsdauer von ....Jahren	\multicolumn{10}{c	}{Zinssatz}
	5,5 %	6,0 %	6,5 %	7,0 %	7,5 %	8,0 %	8,5 %	9,0 %	9,5 %	10 %
1	0,9479	0,9434	0,9390	0,9346	0,9302	0,9259	0,9217	0,9174	0,9132	0,9091
2	0,8985	0,8900	0,8817	0,8734	0,8653	0,8573	0,8495	0,8417	0,8340	0,8264
3	0,8516	0,8396	0,8278	0,8163	0,8050	0,7938	0,7829	0,7722	0,7617	0,7513
4	0,8072	0,7921	0,7773	0,7629	0,7488	0,7350	0,7216	0,7084	0,6956	0,6830
5	0,7651	0,7473	0,7299	0,7130	0,6966	0,6806	0,6650	0,6499	0,6352	0,6209
6	0,7252	0,7050	0,6853	0,6663	0,6480	0,6302	0,6129	0,5963	0,5801	0,5645
7	0,6874	0,6651	0,6435	0,6227	0,6028	0,5835	0,5649	0,5470	0,5298	0,5132
8	0,6516	0,6274	0,6042	0,5820	0,5607	0,5403	0,5207	0,5019	0,4838	0,4665
9	0,6176	0,5919	0,5674	0,5439	0,5216	0,5002	0,4799	0,4604	0,4418	0,4241
10	0,5854	0,5584	0,5327	0,5083	0,4852	0,4632	0,4423	0,4224	0,4035	0,3855
11	0,5549	0,5268	0,5002	0,4751	0,4513	0,4289	0,4076	0,3875	0,3685	0,3505
12	0,5260	0,4970	0,4697	0,4440	0,4199	0,3971	0,3757	0,3555	0,3365	0,3186
13	0,4986	0,4688	0,4410	0,4150	0,3906	0,3677	0,3463	0,3262	0,3073	0,2897
14	0,4726	0,4423	0,4141	0,3878	0,3633	0,3405	0,3191	0,2992	0,2807	0,2633
15	0,4479	0,4173	0,3888	0,3624	0,3380	0,3152	0,2941	0,2745	0,2563	0,2394
16	0,4246	0,3936	0,3651	0,3387	0,3144	0,2919	0,2711	0,2519	0,2341	0,2176
17	0,4024	0,3714	0,3428	0,3166	0,2925	0,2703	0,2499	0,2311	0,2138	0,1978
18	0,3815	0,3503	0,3219	0,2959	0,2720	0,2502	0,2303	0,2120	0,1952	0,1799
19	0,3616	0,3305	0,3022	0,2765	0,2531	0,2317	0,2122	0,1945	0,1783	0,1635
20	0,3427	0,3118	0,2838	0,2584	0,2354	0,2145	0,1956	0,1784	0,1628	0,1486
21	0,3249	0,2942	0,2665	0,2415	0,2190	0,1987	0,1803	0,1637	0,1487	0,1351
22	0,3079	0,2775	0,2502	0,2257	0,2037	0,1839	0,1662	0,1502	0,1358	0,1228
23	0,2919	0,2618	0,2349	0,2109	0,1895	0,1703	0,1531	0,1378	0,1240	0,1117
24	0,2767	0,2470	0,2206	0,1971	0,1763	0,1577	0,1412	0,1264	0,1133	0,1015
25	0,2622	0,2330	0,2071	0,1842	0,1640	0,1460	0,1301	0,1160	0,1034	0,0923
26	0,2486	0,2198	0,1945	0,1722	0,1525	0,1352	0,1199	0,1064	0,0945	0,0839
27	0,2356	0,2074	0,1826	0,1609	0,1419	0,1252	0,1105	0,0976	0,0863	0,0763
28	0,2233	0,1956	0,1715	0,1504	0,1320	0,1159	0,1019	0,0895	0,0788	0,0693
29	0,2117	0,1846	0,1610	0,1406	0,1228	0,1073	0,0939	0,0822	0,0719	0,0630
30	0,2006	0,1741	0,1512	0,1314	0,1142	0,0994	0,0865	0,0754	0,0657	0,0573
31	0,1902	0,1643	0,1420	0,1228	0,1063	0,0920	0,0797	0,0691	0,0600	0,0521
32	0,1803	0,1550	0,1333	0,1147	0,0988	0,0852	0,0735	0,0634	0,0548	0,0474
33	0,1709	0,1462	0,1252	0,1072	0,0919	0,0789	0,0677	0,0582	0,0500	0,0431
34	0,1620	0,1379	0,1175	0,1002	0,0855	0,0730	0,0624	0,0534	0,0457	0,0391
35	0,1535	0,1301	0,1103	0,0937	0,0796	0,0676	0,0575	0,0490	0,0417	0,0356
36	0,1455	0,1227	0,1036	0,0875	0,0740	0,0626	0,0530	0,0449	0,0381	0,0323
37	0,1379	0,1158	0,0973	0,0818	0,0688	0,0580	0,0489	0,0412	0,0348	0,0294
38	0,1307	0,1092	0,0914	0,0765	0,0640	0,0537	0,0450	0,0378	0,0318	0,0267
39	0,1239	0,1031	0,0858	0,0715	0,0596	0,0497	0,0415	0,0347	0,0290	0,0243
40	0,1175	0,0972	0,0805	0,0668	0,0554	0,0460	0,0383	0,0318	0,0265	0,0221
41	0,1113	0,0917	0,0756	0,0624	0,0516	0,0426	0,0353	0,0292	0,0242	0,0201
42	0,1055	0,0865	0,0710	0,0583	0,0480	0,0395	0,0325	0,0268	0,0221	0,0183
43	0,1000	0,0816	0,0667	0,0545	0,0446	0,0365	0,0300	0,0246	0,0202	0,0166
44	0,0948	0,0770	0,0626	0,0509	0,0415	0,0338	0,0276	0,0226	0,0184	0,0151
45	0,0899	0,0727	0,0588	0,0476	0,0386	0,0313	0,0254	0,0207	0,0168	0,0137
46	0,0852	0,0685	0,0552	0,0445	0,0359	0,0290	0,0235	0,0190	0,0154	0,0125
47	0,0807	0,0647	0,0518	0,0416	0,0334	0,0269	0,0216	0,0174	0,0140	0,0113
48	0,0765	0,0610	0,0487	0,0389	0,0311	0,0249	0,0199	0,0160	0,0128	0,0103
49	0,0725	0,0575	0,0457	0,0363	0,0289	0,0230	0,0184	0,0147	0,0117	0,0094
50	0,0688	0,0543	0,0429	0,0339	0,0269	0,0213	0,0169	0,0134	0,0107	0,0085

ImmoWertV

Anlage 2: Abzinsungstabelle

Rest-nutzungs-dauer von ....Jahren	Zinssatz									
	5,5 %	6,0 %	6,5 %	7,0 %	7,5 %	8,0 %	8,5 %	9,0 %	9,5 %	10 %
51	0,0652	0,0512	0,0403	0,0317	0,0250	0,0197	0,0156	0,0123	0,0098	0,0077
52	0,0618	0,0483	0,0378	0,0297	0,0233	0,0183	0,0144	0,0113	0,0089	0,0070
53	0,0586	0,0456	0,0355	0,0277	0,0216	0,0169	0,0133	0,0104	0,0081	0,0064
54	0,0555	0,0430	0,0334	0,0259	0,0201	0,0157	0,0122	0,0095	0,0074	0,0058
55	0,0526	0,0406	0,0313	0,0242	0,0187	0,0145	0,0113	0,0087	0,0068	0,0053
56	0,0499	0,0383	0,0294	0,0226	0,0174	0,0134	0,0104	0,0080	0,0062	0,0048
57	0,0473	0,0361	0,0276	0,0211	0,0162	0,0124	0,0096	0,0074	0,0057	0,0044
58	0,0448	0,0341	0,0259	0,0198	0,0151	0,0115	0,0088	0,0067	0,0052	0,0040
59	0,0425	0,0321	0,0243	0,0185	0,0140	0,0107	0,0081	0,0062	0,0047	0,0036
60	0,0403	0,0303	0,0229	0,0173	0,0130	0,0099	0,0075	0,0057	0,0043	0,0033
61	0,0382	0,0286	0,0215	0,0161	0,0121	0,0091	0,0069	0,0052	0,0039	0,0030
62	0,0362	0,0270	0,0202	0,0151	0,0113	0,0085	0,0064	0,0048	0,0036	0,0027
63	0,0343	0,0255	0,0189	0,0141	0,0105	0,0078	0,0059	0,0044	0,0033	0,0025
64	0,0325	0,0240	0,0178	0,0132	0,0098	0,0073	0,0054	0,0040	0,0030	0,0022
65	0,0308	0,0227	0,0167	0,0123	0,0091	0,0067	0,0050	0,0037	0,0027	0,0020
66	0,0292	0,0214	0,0157	0,0115	0,0085	0,0062	0,0046	0,0034	0,0025	0,0019
67	0,0277	0,0202	0,0147	0,0107	0,0079	0,0058	0,0042	0,0031	0,0023	0,0017
68	0,0262	0,0190	0,0138	0,0100	0,0073	0,0053	0,0039	0,0029	0,0021	0,0015
69	0,0249	0,0179	0,0130	0,0094	0,0068	0,0049	0,0036	0,0026	0,0019	0,0014
70	0,0236	0,0169	0,0122	0,0088	0,0063	0,0046	0,0033	0,0024	0,0017	0,0013
71	0,0223	0,0160	0,0114	0,0082	0,0059	0,0042	0,0031	0,0022	0,0016	0,0012
72	0,0212	0,0151	0,0107	0,0077	0,0055	0,0039	0,0028	0,0020	0,0015	0,0010
73	0,0201	0,0142	0,0101	0,0072	0,0051	0,0036	0,0026	0,0019	0,0013	0,0010
74	0,0190	0,0134	0,0095	0,0067	0,0047	0,0034	0,0024	0,0017	0,0012	0,0009
75	0,0180	0,0126	0,0089	0,0063	0,0044	0,0031	0,0022	0,0016	0,0011	0,0008
76	0,0171	0,0119	0,0083	0,0058	0,0041	0,0029	0,0020	0,0014	0,0010	0,0007
77	0,0162	0,0113	0,0078	0,0055	0,0038	0,0027	0,0019	0,0013	0,0009	0,0006
78	0,0154	0,0106	0,0074	0,0051	0,0035	0,0025	0,0017	0,0012	0,0008	0,0006
79	0,0146	0,0100	0,0069	0,0048	0,0033	0,0023	0,0016	0,0011	0,0008	0,0005
80	0,0138	0,0095	0,0065	0,0045	0,0031	0,0021	0,0015	0,0010	0,0007	0,0005
81	0,0131	0,0089	0,0061	0,0042	0,0029	0,0020	0,0013	0,0009	0,0006	0,0004
82	0,0124	0,0084	0,0057	0,0039	0,0027	0,0018	0,0012	0,0009	0,0006	0,0004
83	0,0118	0,0079	0,0054	0,0036	0,0025	0,0017	0,0011	0,0008	0,0005	0,0004
84	0,0111	0,0075	0,0050	0,0034	0,0023	0,0016	0,0011	0,0007	0,0005	0,0003
85	0,0106	0,0071	0,0047	0,0032	0,0021	0,0014	0,0010	0,0007	0,0004	0,0003
86	0,0100	0,0067	0,0044	0,0030	0,0020	0,0013	0,0009	0,0006	0,0004	0,0003
87	0,0095	0,0063	0,0042	0,0028	0,0019	0,0012	0,0008	0,0006	0,0004	0,0003
88	0,0090	0,0059	0,0039	0,0026	0,0017	0,0011	0,0008	0,0005	0,0003	0,0002
89	0,0085	0,0056	0,0037	0,0024	0,0016	0,0011	0,0007	0,0005	0,0003	0,0002
90	0,0081	0,0053	0,0035	0,0023	0,0015	0,0010	0,0006	0,0004	0,0003	0,0002
91	0,0077	0,0050	0,0032	0,0021	0,0014	0,0009	0,0006	0,0004	0,0003	0,0002
92	0,0073	0,0047	0,0030	0,0020	0,0013	0,0008	0,0006	0,0004	0,0002	0,0002
93	0,0069	0,0044	0,0029	0,0019	0,0012	0,0008	0,0005	0,0003	0,0002	0,0001
94	0,0065	0,0042	0,0027	0,0017	0,0011	0,0007	0,0005	0,0003	0,0002	0,0001
95	0,0062	0,0039	0,0025	0,0016	0,0010	0,0007	0,0004	0,0003	0,0002	0,0001
96	0,0059	0,0037	0,0024	0,0015	0,0010	0,0006	0,0004	0,0003	0,0002	0,0001
97	0,0056	0,0035	0,0022	0,0014	0,0009	0,0006	0,0004	0,0002	0,0002	0,0001
98	0,0053	0,0033	0,0021	0,0013	0,0008	0,0005	0,0003	0,0002	0,0001	0,0001
99	0,0050	0,0031	0,0020	0,0012	0,0008	0,0005	0,0003	0,0002	0,0001	0,0001
100	0,0047	0,0029	0,0018	0,0012	0,0007	0,0005	0,0003	0,0002	0,0001	0,0001

Berechnungsvorschrift für die der Tabelle nicht zu entnehmenden Barwertfaktoren für die Abzinsung

$$\text{Abzinsungsfaktor} = q^{-n} = \frac{1}{q^n} \qquad q = 1 + \frac{p}{100} \qquad \begin{array}{l} p = \text{Liegenschaftszinssatz} \\ n = \text{Restnutzungsdauer} \end{array}$$

2. Verordnung über die Ermittlung der Beleihungswerte von Grundstücken gemäß § 16 Abs. 1 und 2 des Pfandbriefgesetzes (Beleihungswertermittlungsverordnung – BelWertV)

vom 12. Mai 2006 (BGBl. I 2006, 1175),
zuletzt geändert durch die Erste Verordnung zur Änderung der
Beleihungswertermittlungsverordnung vom 16. September 2009 (BGBl. I 2009, 3041).

Inhaltsverzeichnis (nicht Bestandteil der Verordnung)

Teil 1: Allgemeine Bestimmungen und Verfahrensgrundsätze
§ 1   Anwendungsbereich
§ 2   Gegenstand der Wertermittlung
§ 3   Grundsätze der Beleihungswertermittlung
§ 4   Verfahren zur Ermittlung des Beleihungswerts

Teil 2: Gutachten und Gutachter
§ 5   Gutachten
§ 6   Gutachter
§ 7   Unabhängigkeit des Gutachters

Teil 3: Wertermittlungsverfahren

Abschnitt 1: Ertragswertverfahren
§ 8   Ermittlungsgrundlagen
§ 9   Ermittlung des Ertragswerts der baulichen Anlagen
§ 10   Rohertrag
§ 11   Bewirtschaftungskosten
§ 12   Kapitalisierung der Reinerträge
§ 13   Ermittlung des Ertragswerts in besonderen Fällen

Abschnitt 2: Sachwertverfahren
§ 14   Grundlagen der Sachwertermittlung
§ 15   Bodenwert
§ 16   Wert der baulichen Anlage
§ 17   Wertminderung wegen Alters
§ 18   Berücksichtigung sonstiger wertbeeinflussender Umstände

Abschnitt 3: Vergleichswertverfahren
§ 19   Ermittlung des Vergleichswerts

Abschnitt 4: Besonderheiten bei einzelnen Objekten
§ 20   Bauland
§ 21   Erbbaurechte und andere grundstücksgleiche Rechte
§ 22   Landwirtschaftlich genutzte Grundstücke
§ 23   Maschinen und Betriebseinrichtungen
§ 24   Wohnungswirtschaftlich genutzte Objekte bei der Vergabe von Kleindarlehen

Abschnitt 5: Im Ausland belegene Objekte
§ 25   Beleihung im Ausland

BelWertV

Abschnitt 6: **Überprüfung der Beleihungswertermittlung**
§ 26   Überprüfung der Grundlagen der Beleihungswertermittlung

Teil 4: **Schlussvorschriften**
§ 27   Bezugsquelle der DIN-Normen
§ 28   Inkrafttreten

Anlage 1   Bandbreite der Einzelkostenansätze für die Ermittlung der Bewirtschaftungskosten
Anlage 2   Erfahrungssätze für die Nutzungsdauer baulicher Anlagen
Anlage 3   Bandbreiten für Kapitalisierungszinssätze
Anlage 4   Vervielfältigertabelle zu § 12 Abs. 1 BelWertV

Auf Grund des § 16 Abs. 4 Satz 1 bis 3 des Pfandbriefgesetzes[1] vom 22. Mai 2005 (BGBl. I S. 1373) in Verbindung mit § 1 Nr. 4 der Verordnung zur Übertragung von Befugnissen zum Erlass von Rechtsverordnungen auf die Bundesanstalt für Finanzdienstleistungsaufsicht vom 13. Dezember 2002 (BGBl. 2003 I S. 3), § 1 Nr. 4 zuletzt geändert durch Artikel 7 Nr. 1 des Gesetzes vom 22. Juni 2005 (BGBl. I S. 1373)[2], verordnet die Bundesanstalt für Finanzdienstleistungsaufsicht im Einvernehmen mit dem Bundesministerium der Justiz nach Anhörung der Spitzenverbände der Kreditwirtschaft:

Teil 1
Allgemeine Bestimmungen und Verfahrensgrundsätze

§ 1
Anwendungsbereich

Bei der Ermittlung der Beleihungswerte nach § 16 Abs. 1 und 2 des Pfandbriefgesetzes und bei der Erhebung der für die Wertermittlung erforderlichen Daten sind die Vorschriften dieser Verordnung anzuwenden.

§ 2
Gegenstand der Wertermittlung

Gegenstand der Beleihungswertermittlung ist das Grundstück, grundstücksgleiche Recht oder Recht einer ausländischen Rechtsordnung, das mit dem Grundpfandrecht belastet ist oder belastet werden soll.

§ 3
Grundsatz der Beleihungswertermittlung

(1) Der Wert, der der Beleihung zugrunde gelegt wird (Beleihungswert), ist der Wert der Immobilie, der erfahrungsgemäß unabhängig von vorübergehenden, etwa konjunkturell bedingten Wertschwankungen am maßgeblichen Grundstücksmarkt und unter Ausschaltung von spekulativen Elementen während der gesamten Dauer der Beleihung bei einer Veräußerung voraussichtlich erzielt werden kann.

(2) Zur Ermittlung des Beleihungswerts ist die zukünftige Verkäuflichkeit einer Immobilie unter Berücksichtigung der langfristigen, nachhaltigen Merkmale des Objekts, der normalen regionalen Marktgegebenheiten sowie der derzeitigen und möglichen anderweitigen Nutzungen im Rahmen einer vorsichtigen Bewertung zugrunde zu legen.

§ 4
Verfahren zur Ermittlung des Beleihungswerts

(1) Zur Ermittlung des Beleihungswerts sind der Ertragswert (§§ 8 bis 13) und der Sachwert (§§ 14 bis 19) des Beleihungsobjekts getrennt zu ermitteln. Der Beleihungswert ist unter

---

1 **§ 16 Abs. 1 und 2 PfandbG:** (1) Die als Grundlage für die Beleihungswertfestsetzung dienende Wertermittlung ist von einem von der Kreditentscheidung unabhängigen Gutachter vorzunehmen, der über die hierzu notwendige Berufserfahrung sowie über die notwendigen Fachkenntnisse für Beleihungswertermittlungen verfügen muss.
(2) Der Beleihungswert darf den Wert nicht überschreiten, der sich im Rahmen einer vorsichtigen Bewertung der zukünftigen Verkäuflichkeit einer Immobilie und unter Berücksichtigung der langfristigen, nachhaltigen Merkmale des Objektes, der normalen regionalen Marktgegebenheiten sowie der derzeitigen und möglichen anderweitigen Nutzungen ergibt. Spekulative Elemente dürfen dabei nicht berücksichtigt werden. Der Beleihungswert darf einen auf transparente Weise und nach einem anerkannten Bewertungsverfahren ermittelten Marktwert nicht übersteigen. Der Marktwert ist der geschätzte Betrag, für welchen ein Beleihungsobjekt am Bewertungsstichtag zwischen einem verkaufsbereiten Verkäufer und einem kaufbereiten Erwerber, nach angemessenem Vermarktungszeitraum, in einer Transaktion im gewöhnlichen Geschäftsverkehr verkauft werden könnte, wobei jede Partei mit Sachkenntnis, Umsicht und ohne Zwang handelt.

2 **§ 1 BAFInBefugV:**
Die Bundesanstalt für Finanzdienstleistungsaufsicht wird ermächtigt,
1. ...
4. Rechtsverordnungen nach Maßgabe des § 4 Abs. 6 Satz 1 und 3, des § 5 Abs. 3 Satz 1 bis 3, dieser auch in Verbindung mit Abs. 2 Satz 3, des § 16 Abs. 4 Satz 1 bis 3, des § 24 Abs. 5 Satz 1 und 2 sowie des § 26d Abs. 3 Satz 1 und 2 des Pfandbriefgesetzes im Einvernehmen mit dem Bundesministerium der Justiz,
5. ...

Berücksichtigung dieser Werte nach Maßgabe der Absätze 2 bis 6 abzuleiten. Das zu bewertende Objekt ist im Rahmen der Wertermittlung zu besichtigen.

(2) Bei Wohnungs- und Teileigentum ist ergänzend das Vergleichswertverfahren nach § 19 durchzuführen und der Vergleichswert als Kontrollwert bei der Ermittlung des Beleihungswerts zu berücksichtigen. Bei Eigentumswohnungen und einzelnen, in sich selbständigen gewerblich genutzten Einheiten kann in diesen Fällen eine Ermittlung des Sachwerts entfallen.

(3) Maßgeblich für die Ermittlung des Beleihungswerts ist regelmäßig der Ertragswert, der nicht überschritten werden darf. Bleibt in diesen Fällen der Sachwert oder der Vergleichswert des Beleihungsobjekts um mehr als 20 Prozent hinter dem Ertragswert zurück, bedarf es einer besonderen Überprüfung der Nachhaltigkeit der zugrunde gelegten Erträge und ihrer Kapitalisierung. Bestätigt sich hierbei der anfangs ermittelte Ertragswert, bedarf das Ergebnis der Überprüfung einer nachvollziehbaren Begründung, andernfalls ist der Ertragswert entsprechend zu mindern.

(4) Bei Ein- und Zweifamilienhäusern sowie Eigentumswohnungen kann der Beleihungswert am Sachwert orientiert werden und eine Ertragswertermittlung entfallen, wenn das zu bewertende Objekt nach Zuschnitt, Ausstattungsqualität und Lage zweifelsfrei zur Eigennutzung geeignet ist und bei gewöhnlicher Marktentwicklung nach den Umständen des Einzelfalls vorausgesetzt werden kann, dass das Objekt von potenziellen Erwerbern für die eigene Nutzung dauerhaft nachgefragt wird. Der Beleihungswert kann in diesen Fällen auch an einem nach § 19 ermittelten Vergleichswert orientiert werden; neben der Ertragswertermittlung kann hierbei auch die Sachwertermittlung entfallen. Bei Ein- und Zweifamilienhäusern darf eine Orientierung am Vergleichswert jedoch nur dann erfolgen, wenn der Ermittlung aktuelle Vergleichspreise von mindestens fünf Objekten zugrunde liegen, die auch hinsichtlich der Größe der Wohnfläche mit dem zu bewertenden Objekt hinreichend übereinstimmen.

(5) Ein zum Zeitpunkt der Bewertung erkennbarer Instandhaltungsrückstau oder sonstiger baulicher Aufwand sowie Baumängel und Bauschäden sind auf der Grundlage der für ihre Beseitigung am Wertermittlungsstichtag erforderlichen Aufwendungen oder nach Erfahrungssätzen als gesonderter Wertabschlag zu berücksichtigen. Der Beleihungswert ist entsprechend anzupassen.

(6) Bei im Bau befindlichen Objekten ist der Beleihungswert der Zustandswert. Dieser ist die Summe aus dem Bodenwert (§ 15) und dem anteiligen Wert der baulichen Anlage. Der anteilige Wert der baulichen Anlage errechnet sich aus dem Wert der baulichen Anlage des fertig gestellten Objekts (§ 16) und dem erreichten Bautenstand. Der in Ansatz gebrachte Bautenstand ist von einer von der Pfandbriefbank auszuwählenden, fachkundigen, von Bauplanung und -ausführung unabhängigen Person festzustellen; § 7 Abs. 1 Satz 1 gilt entsprechend. In den Fällen, in denen der Ertragswert des planmäßig fertig gestellten Objekts unter dessen Sachwert liegt, darf der Zustandswert den anteiligen Ertragswert, der prozentual dem jeweiligen Bautenstand entspricht, nicht überschreiten.

Teil 2
Gutachten und Gutachter

§ 5
Gutachten

(1) Der Beleihungswert ist mittels eines Gutachtens zu ermitteln.

(2) Das Gutachten muss durch einen oder mehrere Gutachter erstellt werden, die von der Pfandbriefbank allgemein oder von Fall zu Fall bestimmt werden. In besonderen Fällen, etwa im Rahmen von Kooperationen oder bei Portfoliokäufen, können für andere Kreditinstitute oder Versicherungsunternehmen erstellte Gutachten zugrunde gelegt werden, wenn

1. diese Gutachten den Bestimmungen dieser Verordnung entsprechen,
2. ein nicht mit der Kreditentscheidung befasster, fachkundiger Mitarbeiter der Pfandbriefbank eine Plausibilitätsprüfung, auch im Hinblick auf die einzelnen angesetzten Bewertungsparameter, durchführt und
3. das Ergebnis der Plausibilitätsprüfung dokumentiert wird.

Gutachten, die vom Darlehensnehmer vorgelegt oder in Auftrag gegeben worden sind, dürfen nicht zugrunde gelegt werden.

(3) Das Gutachten muss zur Objekt- und Standortqualität, zum regionalen Immobilienmarkt, zu den rechtlichen und tatsächlichen Objekteigenschaften und zur Beleihungsfähigkeit des Objektes, seiner Verwertbarkeit und Vermietbarkeit Stellung nehmen. Das Gutachten hat sich auch damit auseinanderzusetzen, ob für die begutachtete Immobilie ein genügend großer potenzieller Käufer- und Nutzerkreis besteht und somit die nachhaltige Ertragsfähigkeit der Immobilie anhand ihrer vielseitigen Verwendbarkeit und ihrer ausreichenden Nutzbarkeit durch Dritte gewährleistet ist; ein im Zeitablauf zu erwartender Wertverlust ist darzustellen und insbesondere bei der Bemessung des Modernisierungsrisikos (§ 11 Abs. 7) und der Restnutzungsdauer (§ 12 Abs. 2) zu berücksichtigen. Die wesentlichen Bewertungsparameter und getroffenen Annahmen sind nachvollziehbar darzulegen und zu begründen.

(4) Alle den Sachwert oder den Ertragswert beeinflussenden Umstände, insbesondere auch etwaige Nutzungsbeschränkungen, Dienstbarkeiten, Duldungspflichten, Vorkaufsrechte, Baulasten und alle sonstigen Beschränkungen und Lasten sind zu nennen, zu beachten und gegebenenfalls wertmindernd zu berücksichtigen.

§ 6
Gutachter

Der Gutachter muss nach seiner Ausbildung und beruflichen Tätigkeit über besondere Kenntnisse und Erfahrungen auf dem Gebiet der Bewertung von Immobilien verfügen; eine entsprechende Qualifikation wird bei Personen, die von einer staatlichen, staatlich anerkannten oder nach DIN EN ISO/IEC 17024 akkreditierten Stelle als Sachverständige oder Gutachter für die Wertermittlung von Immobilien bestellt oder zertifiziert worden sind, vermutet. Bei der Auswahl des Gutachters hat sich die Pfandbriefbank davon zu überzeugen, dass der Gutachter neben langjähriger Berufserfahrung in der Wertermittlung von Immobilien speziell über die zur Erstellung von Beleihungswertgutachten notwendigen Kenntnisse, insbesondere bezüglich des jeweiligen Immobilienmarktes und der Objektart, verfügt.

§ 7
Unabhängigkeit des Gutachters

(1) Der Gutachter muss sowohl vom Kreditakquisitions- und Kreditentscheidungsprozess als auch von Objektvermittlung, -verkauf und -vermietung unabhängig sein. Er darf nicht in einem verwandtschaftlichen, einem sonstigen rechtlichen oder wirtschaftlichen Verhältnis zum Darlehensnehmer stehen und darf kein eigenes Interesse am Ergebnis des Gutachtens haben. Der Gutachter darf auch nicht den Beleihungswert festsetzen oder den Kredit bearbeiten.

(2) Gutachten von bei der Pfandbriefbank angestellten Gutachtern dürfen nur dann der Beleihungswertermittlung zugrunde gelegt werden, wenn im Rahmen der Aufbauorganisation der Pfandbriefbank die betreffenden Gutachter nur der Geschäftsleitung verantwortlich sind oder ausschließlich Teil einer Gutachtereinheit sind, die unmittelbar der Geschäftsleitung unterstellt ist, oder Teil einer alle betreffenden Gutachter zusammenfassenden Einheit und auch im Übrigen bis einschließlich der Ebene der Geschäftsleitung nicht einem Bereich der Pfandbriefbank zugeordnet sind, in denen Immobilienkreditgeschäfte entweder angebahnt oder zum Gegenstand des einzigen Votums gemacht werden.

Teil 3
Wertermittlungsverfahren

Abschnitt 1
Ertragswertverfahren

§ 8
Grundlagen der Ertragswertermittlung

(1) Für das Ertragswertverfahren ist der Ertragswert der baulichen Anlage, getrennt von dem Bodenwert, nach den §§ 9 bis 12 zu ermitteln.

(2) Der Bodenwert ist nach § 15 zu ermitteln.

(3) Bodenwert und Ertragswert der baulichen Anlage ergeben vorbehaltlich § 13 den Ertragswert des Beleihungsobjekts.

§ 9
Ermittlung des Ertragswerts der baulichen Anlage

(1) Bei der Ermittlung des Ertragswerts der baulichen Anlage ist vom nachhaltig erzielbaren jährlichen Reinertrag auszugehen. Der Reinertrag ergibt sich aus dem Rohertrag (§ 10) abzüglich der Bewirtschaftungskosten (§ 11).

(2) Der Reinertrag ist um den Betrag zu vermindern, der sich durch angemessene Verzinsung des Bodenwerts ergibt. Der Verzinsung ist der für die Kapitalisierung nach § 12 maßgebende Kapitalisierungszinssatz zugrunde zu legen. Ist das Grundstück wesentlich größer, als es einer den baulichen Anlage angemessenen Nutzung entspricht, und ist eine zusätzliche Nutzung oder Verwertung einer Teilfläche zulässig und möglich, ist bei der Berechnung des Verzinsungsbetrags der Bodenwert dieser Teilfläche nicht anzusetzen. In der Wertermittlung ist die zusätzliche Nutzung und Verwertung dieser Teilfläche auch in baurechtlicher Hinsicht nachvollziehbar darzulegen.

(3) Der nach Absatz 2 verminderte Reinertrag ist nach § 12 zu kapitalisieren.

§ 10
Rohertrag

(1) Bei der Ermittlung des Rohertrags darf nur der Ertrag berücksichtigt werden, den das Objekt bei ordnungsgemäßer Bewirtschaftung und zulässiger Nutzung jedem Eigentümer nachhaltig gewähren kann. Liegt die nachhaltige Miete über der vertraglich vereinbarten Miete, ist im Regelfall die vertraglich vereinbarte Miete anzusetzen. Die Mietfläche entspricht der vermietbaren Wohnfläche bei wohnwirtschaftlicher Nutzung und der dauerhaft vermietbaren Nutzfläche bei gewerblicher Nutzung. Bei verschiedenen Nutzungsarten sind die anteiligen Erträge getrennt darzustellen. Umlagen, die vom Mieter oder Pächter zur Deckung von Betriebskosten zu zahlen sind, sind nicht zu berücksichtigen.

(2) Im Falle von Hotel-, Klinik-, Pflegeheim- oder einer vergleichbaren Nutzung sind die daraus resultierenden Roherträge nach Absatz 1 auf der Basis vorsichtig angenommener, durchschnittlich erzielbarer Umsätze pro Zimmer oder Bett herzuleiten.

(3) Bestehen strukturelle oder lang andauernde Leerstände, ist besonders zu prüfen, ob aufgrund der jeweiligen Marktlage eine Vermietung überhaupt oder zu den angesetzten Mietpreisen in absehbarer Zeit noch zu erwarten ist.

§ 11
Bewirtschaftungskosten

(1) Der nach § 10 ermittelte Rohertrag ist um die üblicherweise beim Vermieter verbleibenden Bewirtschaftungskosten zu kürzen. Dafür sind ertragsmindernde, aus langfristiger Markterfahrung gewonnene Einzelkostenansätze für Verwaltungskosten, Instandhaltungskosten, das

Mietausfallwagnis und gegebenenfalls weitere nicht durch Umlagen gedeckte Betriebskosten anzusetzen sowie objektartenspezifisch ein Modernisierungsrisiko nach Absatz 7 zu berücksichtigen.

(2) Die Einzelkostenansätze haben sich innerhalb der nach Absatz 1 zulässigen Bandbreiten zu bewegen, sofern nicht die besonderen Umstände des Einzelfalls einen höheren Ansatz erfordern. Ein erkennbares, akutes Mietausfallwagnis, welches über dem angesetzten Erfahrungssatz liegt, ist als gesonderter Wertabschlag in Höhe des erwarteten Ausfalls anzusetzen. Die Mindesthöhe für den Bewirtschaftungskostenabzug insgesamt beträgt 15 Prozent des Rohertrags. Im Ergebnis dürfen aber die tatsächlichen oder kalkulierten Bewirtschaftungskosten eines Objekts nicht unterschritten werden.

(3) Verwaltungskosten im Sinne des Absatzes 1 Satz 2 sind

1. die Kosten der zur Verwaltung des Grundstücks erforderlichen Arbeitskräfte und Einrichtungen sowie der Aufsicht,

2. die Kosten für Buchhaltung, Rechnungsprüfung, Zahlungsverkehr und Jahresabschluss sowie

3. die Kosten für Abschluss und Änderung von Mietverträgen und die Bearbeitung von Versicherungsfällen.

(4) Instandhaltungskosten im Sinne des Absatzes 1 Satz 2 sind Kosten, die infolge Abnutzung, Alterung und Witterung zur Erhaltung des bestimmungsgemäßen Gebrauchs der baulichen Anlage während ihrer Nutzungsdauer aufgewendet werden müssen. Sie umfassen die laufende Instandhaltung und regelmäßige Instandsetzung der baulichen Anlage, nicht jedoch deren Modernisierung.

(5) Mietausfallwagnis im Sinne des Absatzes 1 Satz 2 ist das Wagnis einer Ertragsminderung, die durch uneinbringliche Mietrückstände oder Leerstehen von Raum, der zur Vermietung bestimmt ist, entsteht. Es dient auch zur Deckung der Kosten einer Rechtsverfolgung auf Zahlung oder Aufhebung eines Mietverhältnisses oder Räumung.

(6) Betriebskosten im Sinne des Absatzes 1 Satz 2 sind die Kosten, die durch das Eigentum am Grundstück oder durch den bestimmungsgemäßen Gebrauch des Grundstücks sowie seiner baulichen und sonstigen Anlagen laufend entstehen.

(7) Die Kosten für notwendige Anpassungsmaßnahmen, die zusätzlich zu den Instandhaltungskosten zur Aufrechterhaltung der Marktgängigkeit und der dauerhaften Sicherung des Mietausgangsniveaus notwendig sind, bilden das Modernisierungsrisiko nach Absatz 1 Satz 2. Sie werden als prozentualer Anteil an den Neubaukosten dargestellt.

§ 12
Kapitalisierung der Reinerträge

(1) Der um den Verzinsungsbetrag des Bodenwerts nach § 9 Abs. 2 verminderte Reinertrag ist in Abhängigkeit von der Restnutzungsdauer der baulichen Anlage und dem Kapitalisierungszinssatz mit dem sich daraus ergebenden, finanzmathematisch dem Rentenbarwertfaktor entsprechenden Vervielfältiger nach Anlage 4 zu kapitalisieren.

(2) Bei der Bemessung der Restnutzungsdauer ist im Gegensatz zur technischen Lebensdauer ausschließlich auf den Zeitraum abzustellen, in dem die bauliche Anlage bei ordnungsgemäßer Unterhaltung und Bewirtschaftung noch wirtschaftlich betrieben werden kann. Die wirtschaftliche Restnutzungsdauer ist unter Berücksichtigung der sich in zunehmend kürzer werdenden zeitlichen Abständen wandelnden Nutzeranforderungen objektspezifisch anhand der Fragestellung, wie lange die Vermietbarkeit des Objekts zu den angenommenen Erträgen gesichert erscheint, einzuschätzen. Die in Anlage 2 genannten Erfahrungssätze für die Nutzungsdauer baulicher Anlagen sind zu berücksichtigen.

(3) Der Kapitalisierungszinssatz entspricht dem angenommenen Zinssatz, mit dem die künftig erzielbaren nachhaltigen Reinerträge eines Grundstücks auf den Zeitraum ihrer angenommenen Zahlung nach vorsichtiger Schätzung erfahrungsgemäß diskontiert werden. Er muss

BelWertV § 13

aus der regional maßgeblichen langfristigen Marktentwicklung abgeleitet werden. Je höher das Ertrags- und Verkaufsrisiko der Immobilie einzustufen ist, umso höher muss auch der Kapitalisierungszinssatz gewählt werden. Verschiedene Nutzungsarten sind jeweils gesondert zu betrachten.

(4) Bei wohnwirtschaftlicher Nutzung darf der Kapitalisierungszinssatz nicht unter 5 Prozent, bei gewerblicher Nutzung unbeschadet des Satzes 3 nicht unter 6 Prozent in Ansatz gebracht werden (Mindestsätze). Die in Anlage 3 genannten Bandbreiten für einzelne Nutzungsarten sind zugrunde zu legen. Die untere Grenze der jeweiligen Bandbreite darf bei gewerblich genutzten Objekten um höchstens 0,5 Prozentpunkte unterschritten werden, wenn es sich um erstklassige Immobilien handelt. Dies ist dann der Fall, wenn mindestens folgende Kriterien erfüllt sind:

1. eine sehr gute Lage im Verdichtungsraum,
2. ein entsprechend der jeweiligen Objektart bevorzugter Standort,
3. eine gute Infrastruktur,
4. eine gute Konzeption,
5. eine hochwertige Ausstattung,
6. eine hochwertige Bauweise,
7. eine besonders hohe Marktgängigkeit,
8. die Beschränkung auf die Nutzungsarten Handel, Büro und Geschäfte,
9. ein sehr guter Objektzustand und
10. die gegebene Möglichkeit anderweitiger Nutzungen.

Ein Unterschreiten nach Satz 3 bedarf im Gutachten der besonderen, nachvollziehbaren Begründung.

§ 13
Ermittlung des Ertragswerts in besonderen Fällen

(1) Verbleibt bei der Minderung des Reinertrags um den Verzinsungsbetrag des Bodenwerts nach § 9 Abs. 2 kein Anteil für die Ermittlung des Ertragswerts der baulichen Anlagen, so ist als Ertragswert des Beleihungsobjekts abweichend von § 8 Abs. 3 nur der Bodenwert anzusetzen. Der Bodenwert ist in diesem Fall um die gewöhnlichen Kosten zu mindern, die aufzuwenden wären, um das Grundstück vergleichbaren unbebauten Grundstücken anzugleichen. Gewöhnliche Kosten im Sinne des Satzes 2 sind insbesondere die Abbruchkosten für die baulichen Anlagen.

(2) Bei einer Restnutzungsdauer der baulichen Anlage von weniger als 30 Jahren ist auch der Anteil des Bodenwerts am Ertragswert auf die Restnutzungsdauer der baulichen Anlagen zu kapitalisieren oder es müssen die Abbruchkosten der baulichen Anlagen ermittelt, ausgewiesen und vom Ertragswert abgezogen werden.

(3) In Fällen, in denen der Bodenwert mehr als die Hälfte des Ertragswerts ausmacht, sind im Gutachten die bei der Ermittlung des Bodenwerts zugrunde gelegten Annahmen zu begründen und die Voraussetzungen für eine Ersatzbebauung und die dafür gegebenenfalls notwendigen Aufwendungen besonders darzulegen.

Abschnitt 2
Sachwertverfahren

§ 14
Grundlagen der Sachwertermittlung

Der Sachwert des Beleihungsobjekts setzt sich aus dem Bodenwert und dem nach § 16 zu ermittelnden Wert der baulichen Anlage zusammen. Zu der baulichen Anlage gehören auch die Außenanlagen.

§ 15
Bodenwert

(1) Zur Ermittlung des Bodenwerts sind Erhebungen anzustellen über

1. die örtliche Lage, die Größe und den Zuschnitt des Grundstücks,
2. die Art und das Maß der baurechtlich festgesetzten Nutzungsmöglichkeiten und die tatsächliche Nutzung,
3. die Art und Beschaffenheit der Zuwegungen,
4. die wichtigsten wirtschaftlichen und verkehrstechnischen Verbindungen,
5. die Anschlussmöglichkeiten an Versorgungsleitungen und Kanalisation,
6. die noch anfallenden Erschließungsbeiträge und
7. vorhandene Richtwerte und Vergleichspreise.

(2) Der Bodenwert ist nach Quadratmetern der Grundstücksfläche anzusetzen. Bei der Ermittlung des Bodenwerts darf keine höherwertige Nutzung als zulässig zugrunde gelegt werden.

§ 16
Wert der baulichen Anlage

(1) Zur Ermittlung des Werts der baulichen Anlage sind die aus Erfahrungssätzen abzuleitenden Herstellungskosten je Raum- oder Flächeneinheit mit der Anzahl der entsprechenden Bezugseinheit des zu bewertenden Gebäudes zu vervielfachen (Herstellungswert). Die angesetzten Herstellungskosten müssen regional und objektspezifisch angemessen sein. Wertmäßig zu berücksichtigen sind dabei insbesondere

1. die beabsichtigte und mögliche Verwendung,
2. der Umfang und die Raumaufteilung,
3. die Bauweise und die für den Rohbau verwendeten Materialien,
4. die Ausstattung und die wertbeeinflussenden Nebenanlagen,
5. das Alter und der Erhaltungszustand nach Maßgabe des § 17,
6. sonstige wertbeeinflussende Umstände nach Maßgabe des § 18.

Die Kosten für Außenanlagen dürfen im Regelfall mit nicht mehr als 5 Prozent des Herstellungswerts angesetzt werden.

(2) Um eventuellen Baupreissenkungen und damit der nachhaltigen Gültigkeit der Ansätze Rechnung zu tragen, ist der nach Absatz 1 ermittelte Herstellungswert um einen Sicherheitsabschlag von mindestens 10 Prozent zu kürzen. Aus allen Bewertungen müssen der Ausgangswert je Raum- oder Flächeneinheit, der Sicherheitsabschlag sowie gegebenenfalls die Wertminderung wegen Alters ersichtlich sein.

(3) Baunebenkosten, insbesondere Kosten für Planung, Baudurchführung, behördliche Prüfungen und Genehmigungen, können nur in üblicher Höhe und soweit Berücksichtigung finden, wie ihnen eine dauernde Werterhöhung entspricht. Der Ansatz von Baunebenkosten ist auf bis zu 20 Prozent des nach Absatzes 2 verminderten Herstellungswerts beschränkt.

§ 17
Wertminderung wegen Alters

(1) Die Wertminderung wegen Alters bestimmt sich nach dem Verhältnis der Restnutzungsdauer zur Nutzungsdauer der baulichen Anlage; sie ist in einem Prozentsatz des Herstellungswerts auszudrücken. Bei der Bestimmung der Wertminderung kann je nach Art und Nutzung der baulichen Anlage von einer gleichmäßigen oder von einer mit zunehmendem Alter sich verändernden Wertminderung ausgegangen werden.

(2) Ist die bei ordnungsgemäßem Gebrauch übliche Nutzungsdauer der baulichen Anlage durch Instandsetzungen oder Modernisierungen verlängert worden oder haben unterlassene Instandhaltung oder andere Gegebenheiten zu einer Verkürzung der Restnutzungsdauer geführt, soll der Bestimmung der Wertminderung wegen Alters die geänderte Restnutzungsdauer und die für die baulichen Anlage übliche Nutzungsdauer zugrunde gelegt werden.

§ 18
Berücksichtigung sonstiger wertbeeinflussender Umstände

Sonstige nach den §§ 16 und 17 bisher noch nicht erfasste, den Wert beeinflussende Umstände, insbesondere eine wirtschaftliche Überalterung, ein über- oder unterdurchschnittlicher Erhaltungszustand und ein erhebliches Abweichen der tatsächlichen von der vorgesehenen Nutzung sind durch Zu- oder Abschläge oder in anderer geeigneter Weise zu berücksichtigen.

Abschnitt 3
Vergleichswertverfahren

§ 19
Ermittlung des Vergleichswerts

(1) Zur Ermittlung des Vergleichswerts sind nachhaltig erzielbare Vergleichspreise von Objekten heranzuziehen, die hinsichtlich der maßgeblich ihren Wert beeinflussenden Merkmale, insbesondere Lage, Ausstattung und Nutzungsmöglichkeiten, mit dem zu bewertenden Objekt hinreichend übereinstimmen; die Vergleichspreise können aus Kaufpreis- oder anderen Marktdatensammlungen entnommen werden. Von dem so ermittelten Ausgangswert ist ein Sicherheitsabschlag in Höhe von mindestens 10 Prozent in Abzug zu bringen.

(2) Bei Wohnungs- oder Teileigentum ergibt sich der Anfangswert des zu bewertenden Objekts aus der Vervielfachung des Vergleichspreises je Quadratmeter Wohn- beziehungsweise Nutzfläche mit der gesamten Fläche des zu bewertenden Wohnungs- oder Teileigentums, im Falle von Stellplätzen aus der Vervielfachung des Vergleichspreises für einen Stellplatz mit der Anzahl der zu bewertenden Stellplätze; Absatz 1 Satz 2 gilt entsprechend.

Abschnitt 4
Besonderheiten bei einzelnen Objekten

§ 20
Bauland

Bei der Wertermittlung von Bauland ist sowohl dessen Entwicklungszustand als auch der künftige Bedarf an Baugrundstücken zu prüfen. Zu Bebauungsrecht, Erschließungszustand und eventuellen Altlasten ist im Gutachten Stellung zu nehmen. Nur gesichertes Bebauungsrecht darf berücksichtigt werden. Der Wertansatz ist unter Berücksichtigung der vorgefundenen Grundstücksmerkmale aus geeigneten Vergleichswerten abzuleiten. § 15 Abs. 2 ist entsprechend anzuwenden.

§ 21
Erbbaurechte und andere grundstücksgleiche Rechte

Bei der Beleihung von Erbbaurechten ist die Restlaufzeit des Erbbaurechts zu berücksichtigen. Sich aus dem Erbbaurecht ergebenden Einschränkungen ist durch angemessene Wertabschläge ausreichend Rechnung zu tragen. Im Gutachten ist darzulegen, ob und wie lange das Erbbaurecht im Hinblick auf seine Laufzeit und die bei seiner Beendigung für das Bauwerk vereinbarte Entschädigungsregelung angemessen verwertbar erscheint. Die Regelung gilt für andere grundstücksgleiche Rechte und solche Rechte einer ausländischen Rechtsordnung, die den grundstücksgleichen Rechten deutschen Rechts vergleichbar sind, entsprechend.

§ 22
Landwirtschaftlich genutzte Objekte

(1) Landwirtschaftlich genutzte Objekte sind solche, deren überwiegender Teil des Rohertrags durch land- oder forstwirtschaftliche Nutzung erzielt wird.

(2) Im Falle unbebauter Grundstücke (Acker, Grünland, Obst- und Weinbauflächen, Wald) ist der Wert der Grundstücke unter Berücksichtigung der vorgefundenen Grundstücksmerkmale aus geeigneten Vergleichspreisen abzuleiten; § 15 ist entsprechend anzuwenden. Dabei sind Art, Struktur und Größe des Grundstücks im Hinblick auf regionale Gegebenheiten unter besonderer Berücksichtigung der Bodenqualität und der klimatischen Bedingungen im Gutachten besonders zu würdigen und bei der Ableitung des Bodenwerts zu berücksichtigen.

(3) Sofern bebaute Grundstücke bei der Bewertung einbezogen werden sollen, sind für diese jeweils der Ertragswert und der Sachwert zu ermitteln. Den Gebäuden kann ein eigenständiger Wert, der bei der Beleihungswertermittlung berücksichtigt werden kann, nur dann beigemessen werden, wenn sie selbständig und auch außerhalb des jeweiligen landwirtschaftlichen Betriebs genutzt werden können. § 4 Abs. 4 ist entsprechend anzuwenden.

§ 23
Maschinen und Betriebseinrichtungen

Maschinen und Betriebseinrichtungen sind bei der Ermittlung des Sachwerts grundsätzlich unberücksichtigt zu lassen, sofern sie nicht wesentliche Bestandteile des Gegenstands der Beleihungswertermittlung im Sinne des § 2 sind. Der Wert solcher wesentlicher Bestandteile ist, wenn sich das Grundpfandrecht darauf erstreckt, unter Berücksichtigung einer normalen Abschreibung und ausreichender Abschläge für Abnutzung und technische Entwertung gesondert zu schätzen. Sofern bei Maschinen infolge der technischen Entwicklung mit einer schnellen Überalterung zu rechnen ist, können diese wertmäßig nicht angesetzt werden.

§ 24
Wohnungswirtschaftlich genutzte Objekte bei Vergabe von Kleindarlehen

(1) Bei der Beleihung eines im Inland gelegenen wohnwirtschaftlich genutzten Objekts kann auf die Erstellung eines Gutachtens nach § 5 verzichtet werden, wenn der auf dem Objekt abzusichernde Darlehensbetrag unter Einbeziehung aller Vorlasten den Betrag von 400 000 Euro nicht übersteigt. Bei einer teilweisen gewerblichen Nutzung des Objekts darf jedoch der darauf entfallende Ertragsanteil ein Drittel des Rohertrags nicht überschreiten. An Stelle des Gutachtens ist eine vereinfachte Wertermittlung zu erstellen oder erstellen zu lassen, die den übrigen Anforderungen dieser Verordnung genügen muss.

(2) Die Person, die im Falle des Absatzes 1 die Wertermittlung durchführt und erstellt, muss für die Beleihungswertermittlung der dort genannten Objekte ausreichend geschult und qualifiziert sein. Sie darf nicht identisch sein mit der Person, die die abschließende Kreditentscheidung trifft oder den Beleihungswert festsetzt; § 7 Abs. 1 Satz 2 gilt entsprechend. Die Pfandbriefbank hat die Ordnungsmäßigkeit der Wertermittlungen mittels einer in regelmäßigen Abständen durch Gutachter vorzunehmenden Überprüfung einer hinreichend großen Zahl repräsentativer Stichproben sicherzustellen; die §§ 6 und 7 sind entsprechend anzuwenden.

(3) Abweichend von § 4 Abs. 1 Satz 3 kann in Fällen des Absatzes 1 eine Besichtigung des Objekts dann unterbleiben, wenn

1. das Objekt der Pfandbriefbank oder dem mit der Pfandbriefbank kooperierenden Kreditinstitut oder Versicherungsunternehmen bereits bekannt ist, wobei Bekanntheit nur dann angenommen werden kann, wenn das Objekt in den letzten beiden Jahren von einem Mitarbeiter der Pfandbriefbank oder des kooperierenden Kreditinstituts oder Versicherungsunternehmens oder im Auftrag der Pfandbriefbank oder des kooperierenden Kreditinstituts oder Versicherungsunternehmens besichtigt worden ist,
2. es sich um die Beleihung einer Eigentumswohnung handelt, die in einem Gebäude belegen ist, in dem die Pfandbriefbank bereits zumindest eine gleichartige Wohnung innerhalb der letzten zwei Jahre besichtigt hat,
3. bei Beleihung eines in einer Siedlung von gleichartigen Einfamilienhäusern belegenen Einfamilienhauses die Pfandbriefbank zumindest ein gleichartiges Objekt in dieser Siedlung innerhalb der letzten zwei Jahre besichtigt hat oder
4. bei Beleihung eines neu errichteten Fertighauses der Pfandbriefbank oder dem kooperierenden Kreditinstitut oder Versicherungsunternehmen der Bauplatz bekannt ist und das Fertighaus nach Art und Typus anhand des Kataloges des Herstellers eindeutig bestimmt werden kann.

Die Gründe für das Unterbleiben der Besichtigung sind in nachvollziehbarer Weise zu dokumentieren.

(3a) Abweichend von § 4 Absatz 1 Satz 3 kann in den Fällen des Absatzes 1 auf eine Innenbesichtigung des zu bewertenden Objekts verzichtet werden, wenn der Person, die die Wertermittlung durchführt, die wesentlichen Bewertungsparameter hinreichend bekannt sind und

1. die Immobilie innerhalb der letzten zehn Jahre fertiggestellt worden ist, wobei die Gründe für den Verzicht auf die Innenbesichtigung in nachvollziehbarerer Weise zu dokumentieren sind, oder
2. ein Abschlag in Höhe von mindestens 10 Prozent auf das Ergebnis der Beleihungswertermittlung vorgenommen wird.

(4) Bei Erwerb einer Vielzahl von Darlehensforderungen im Sinne des Absatzes 1 von anderen Kreditinstituten oder Versicherungsunternehmen können von diesen oder für diese erstellte vereinfachte Wertermittlungen zugrunde gelegt werden, wenn

1. diese Wertermittlungen den Bestimmungen des Absatzes 1 Satz 3 und des Absatzes 2 Satz 1 und 2 entsprechen,
2. ein nicht mit der Kreditentscheidung befasster, fachkundiger Mitarbeiter der Pfandbriefbank eine Plausibilitätsprüfung, auch im Hinblick auf die einzelnen angesetzten Bewertungsparameter, durchführt und
3. das Ergebnis dieser Plausibilitätsprüfung dokumentiert wird.

Die nach Satz 1 Nr. 2 erforderliche Plausibilitätsprüfung kann auf eine repräsentative, das erworbene Portfolio regional und objektmäßig abbildende Anzahl von Bewertungen beschränkt werden. Ergibt sich hierbei, dass die seinerzeit ermittelten Werte der Beleihungsobjekte nicht nur in Einzelfällen zu hoch angesetzt worden sind, oder ergeben sich sonstige Zweifel bezüglich der Angemessenheit der ermittelten Werte, so ist in Abhängigkeit vom Ergebnis der Überprüfung die Stichprobe angemessen auszuweiten oder eine Einzelprüfung aller Bewertungen für bestimmte Regionen oder Objekttypen oder eine vollständige Neubewertung bestimmter oder aller Beleihungsobjekte gemäß Absatz 1 Satz 3 in Verbindung mit Absatz 2 Satz 1 und 2 durchzuführen. Die Wertermittlungen nach Satz 1 sind in die nach Absatz 2 Satz 3 vorzunehmende Überprüfung ebenfalls einzubeziehen.

Abschnitt 5
Im Ausland belegene Objekte

§ 25
Beleihungen im Ausland

(1) Die Ermittlung des Beleihungswerts von außerhalb der Bundesrepublik Deutschland belegenen Objekten ist nach den §§ 1 bis 23 und 26 durchzuführen, soweit in den Absätzen 2 bis 5 nichts Abweichendes bestimmt ist.

(2) Bei der Ermittlung des Beleihungswerts können wesentliche Informationen, Daten und Einschätzungen aus einem in Bezug auf das zu bewertende Objekt erstellten landesspezifischen Gutachten herangezogen werden, sofern dieses Gutachten auf transparenten und von Fachkreisen anerkannten Bewertungsmethoden beruht und die wesentlichen Informationen zur Ermittlung des Beleihungswerts enthält. Das landesspezifische Gutachten darf zum Zeitpunkt der Beleihungswertermittlung nicht älter als zwei Jahre sein und muss den Vorgaben des § 4 Abs. 1 Satz 3, des § 5 Abs. 2 Satz 1 und 3 und Abs. 3 sowie der §§ 6 und 7 entsprechend erstellt worden sein. Die aus dem landesspezifischen Gutachten entnommenen Daten und Parameter sind in dem nach § 5 Abs. 1 zu erstellenden Beleihungswertgutachten kenntlich zu machen. Auf eine erneute Besichtigung des Objektes im Rahmen der Beleihungswertermittlung kann verzichtet werden, wenn das landesspezifische Gutachten die im Rahmen der seinerzeitigen Besichtigung gewonnenen Erkenntnisse ausreichend beschreibt sowie alle notwendigen Informationen zu Lage, Ausstattung und Zustand des Objektes enthält.

(3) Bei der Ableitung des anzusetzenden Kapitalisierungszinssatzes nach § 12 Abs. 3 sind die in dem jeweiligen Markt nicht nur kurzfristig erreichten Spitzenwerte angemessen zu gewichten.

(4) Sofern eine Berücksichtigung der wirtschaftlichen Restnutzungsdauer im Sinne des § 12 Abs. 2 in landesspezifischen Wertermittlungen unüblich oder nicht ausgewiesen ist, kann zur Ermittlung des Vervielfältigers nach § 12 Abs. 1 eine Restnutzungsdauer von 100 Jahren zugrunde gelegt werden, sofern die geringere tatsächliche Restnutzungsdauer durch zusätzliche Gebäudeabschreibungen im Rahmen der Abzüge für Bewirtschaftungskosten kompensiert wird.

(5) Sieht die jeweilige landesspezifische Bewertungsmethodik üblicherweise einen Abzug von Bewirtschaftungskosten nicht oder nur in stark verminderter Form vor, kann der in § 11 Abs. 2 Satz 3 vorgeschriebene Mindestabzug auch in Form eines ergebnisgleichen Äquivalents durch Ansatz eines erhöhten Kapitalisierungszinssatzes erfolgen.

Abschnitt 6
Überprüfung der Beleihungswertermittlung

§ 26
Überprüfung der Grundlagen der Beleihungswertermittlung

(1) Bestehen Anhaltspunkte, dass sich die Grundlagen der Beleihungswertermittlung nicht nur unerheblich verschlechtert haben, sind diese zu überprüfen. Dies gilt insbesondere dann, wenn das allgemeine Preisniveau auf dem jeweiligen regionalen Immobilienmarkt in einem die Sicherheit der Beleihung gefährdenden Umfang gesunken ist. Sofern es sich nicht um eigengenutzte Wohnimmobilien handelt, ist eine Überprüfung auch dann vorzunehmen, wenn die auf dem Beleihungsobjekt abgesicherte Forderung einen wesentlichen Leistungsrückstand von mindestens 90 Tagen aufweist. Der Beleihungswert ist bei Bedarf zu mindern.

(2) Soweit nach anderen Vorschriften eine weitergehende Verpflichtung zur Überprüfung des Beleihungswerts besteht, bleibt diese unberührt.

BelWertV §§ 27 und 28

Teil 4
Schlussvorschriften

§ 27
Bezugsquelle der DIN-Norm

Die in § 6 Satz 1 genannte DIN-Norm ist im Beuth Verlag GmbH, Berlin erschienen und im Deutschen Patent- und Markenamt in München archivmäßig sichergelegt.

§ 28
Inkrafttreten

Diese Verordnung tritt am 1. August 2006 in Kraft.

Anlagen BelWertV

Anlage 1
zu § 11 Abs. 2 der Beleihungswertermittlungsverordnung – BelWertV

Bandbreite der Einzelkostenansätze für die Ermittlung der Bewirtschaftungskosten

Verwaltungskosten

a) Wohnungsbau

Bandbreiten der Kosten, kalkuliert auf Basis der Einheiten:
- Wohnungen: 200,00 bis 275,00 Euro
- Garagen: 25,00 bis 50,00 Euro

b) Gewerbliche Objekte

Bandbreite: 1 % bis 3 % des Jahresrohertrags

In jedem Einzelfall ist darauf zu achten, dass der ausgewiesene absolute Betrag unzweifelhaft für eine ordnungsgemäße Verwaltung angemessen ist.

Instandhaltungskosten

Kalkulationsbasis: Herstellungskosten pro m² Wohn- oder Nutzfläche (ohne Baunebenkosten und Außenanlagen). Die untere Grenze der Bandbreite ist in der Regel für neue, die obere Grenze für ältere Objekte angemessen. Objektzustand, Ausstattungsgrad und Alter sind bei der Bemessung der Instandhaltungskosten zu berücksichtigen.

a) z. B. Lager- und Produktionshallen mit Herstellungskosten von 250,00 bis 500,00 €/m²:
   0,8 % bis 1,2 %, absolute Untergrenze: 2,50 €/m²

b) z. B. gewerbliche Objekte einfachen Standards und SB-Verbrauchermärkte mit Herstellungskosten von mehr als 500,00 €/m²:
   0,8 % bis 1,2 %, absolute Untergrenze: 5,00 €/m²

c) z. B. Wohngebäude und gewerbliche Gebäude mit mittlerem Standard und Herstellungskosten von mehr als 1 000,00 €/m²:
   0,5 % bis 1 %, absolute Untergrenze: 7,50 €/m²

d) z. B. hochwertige Büro- und Handels- und andere gewerbliche Objekte mit Herstellungskosten von mehr als 2 000,00 €/m²:
   0,4 % bis 1 %, absolute Untergrenze: 9,00 €/m²

e) Garagen und Tiefgaragenstellplätze: 30,00 bis 80,00 € je Stellplatz

Mietausfallwagnis

a) Wohnungsbau: 2 % oder mehr
b) Gewerbliche Objekte: 4 % oder mehr

Modernisierungsrisiko

Berechnungsbasis sind die Herstellungskosten (ohne Baunebenkosten und Außenanlagen)

a) *Kein Modernisierungsrisiko*
   (z. B. normale Wohnhäuser, kleinere Wohn- und Geschäftshäuser, kleine und mittlere Bürogebäude, Lager- und Produktionshallen): 0 % bis 0,3 %

b) *geringes Modernisierungsrisiko*
   (z. B. größere Bürogebäude, Wohn-, Büro- und Geschäftshäuser mit besonderen Ausstattungsmerkmalen, Einzelhandel mit einfachem Standard): 0,2 % bis 1,2 %

c) *höheres Modernisierungsrisiko*
   (z. B. innerstädtische Hotels, Einzelhandel mit höherem Standard, Freizeitimmobilien mit einfachem Standard): 0,5 % bis 2 %

BelWertV

Anlage 2 und 3

d) *sehr hohes Modernisierungsrisiko*
(z. B. Sanatorien, Kliniken, Freizeitimmobilien mit höherem Standard, Hotels und Einzelhandelsobjekte mit besonders hohem Standard): 0,75 % bis 3 %

Anlage 2
zu § 12 Abs. 2 der Beleihungswertermittlungsverordnung – BelWertV

Erfahrungssätze für die Nutzungsdauer baulicher Anlagen

A) Wohnwirtschaftliche Nutzung (in Deutschland belegene Objekte):
Wohnhäuser: 25 bis 80 Jahre

B) Gewerbliche Nutzung (in Deutschland belegene Objekte):
- a) Geschäfts- und Bürohäuser: 30 bis 60 Jahre
- b) Warenhäuser, Einkaufszentren: 15 bis 50 Jahre
- c) Hotels und Gaststätten: 15 bis 40 Jahre
- d) Landwirtschaftlich genutzte Objekte: 15 bis 40 Jahre
- e) Kliniken, Reha-Einrichtungen, Alten- und Pflegeheime: 15 bis 40 Jahre
- f) Lagerhallen, Produktionsgebäude: 15 bis 40 Jahre
- g) Freizeitimmobilien (z. B. Sportanlagen): 15 bis 30 Jahre
- h) Parkhäuser: 15 bis 40 Jahre
- i) SB- und Fachmärkte, Verbrauchermärkte: 10 bis 30 Jahre
- j) Tankstellen: 10 bis 30 Jahre

Anlage 3
zu § 12 Abs. 4 der Beleihungswertermittlungsverordnung – BelWertV

Bandbreiten für Kapitalisierungszinssätze

A) wohnwirtschaftliche Nutzung (in Deutschland belegene Objekte):
Wohnhäuser: 5,0 % bis 8,0 %

B) gewerbliche Nutzung (in Deutschland belegene Objekte):
- a) Geschäftshäuser: 6,0 % bis 7,5 %
- b) Bürohäuser: 6,0 % bis 7,5 %
- c) Warenhäuser: 6,5 % bis 8,0 %
- d) SB- und Fachmärkte: 6,5 % bis 8,5 %
- e) Hotels und Gaststätten: 6,5 % bis 8,5 %
- f) Kliniken, Reha-Einrichtungen: 6,5 % bis 8,5 %
- g) Alten- und Pflegeheime: 6,5 % bis 8,5 %
- h) Landwirtschaftlich genutzte Objekte: 6,5 % bis 8,5 %
- i) Verbrauchermärkte, Einkaufszentren: 6,5 % bis 9,0 %
- j) Freizeitimmobilien (z. B. Sportanlagen): 6,5 % bis 9,0 %
- k) Parkhäuser, Tankstellen: 6,5 % bis 9,0 %
- l) Lagerhallen: 6,5 % bis 9,0 %
- m) Produktionsgebäude: 7,0 % bis 9,0 %

Anlage 4

Vervielfältigertabelle zu § 12 Abs. 1 BelWertV

Hier nicht abgedruckt. Sie ist identisch mit der zur ImmoWertV abgedruckten Vervielfältigertabelle.

Teil II

Erläuterungen zur Marktwertermittlung
von Grundstücken nach den Vorschriften der
Immobilienwertermittlungsverordnung – ImmoWertV

Gliederungsübersicht Rn.

1 Vorbemerkungen zur Immobilienwertermittlungsverordnung (ImmoWertV)
  1.1 Marktwert (Verkehrswert)
    1.1.1 Marktwert und andere Wertbegriffe 1
    1.1.2 Normative Vorgaben für die Marktwertermittlung (Verkehrswertermittlung)
      1.1.2.1 Allgemeines... 2
      1.1.2.2 Gewöhnlicher Geschäftsverkehr.................................... 3
      1.1.2.3 Allgemeine Wertverhältnisse des Wertermittlungsstichtags 4
      1.1.2.4 Grundstücksmerkmale des Qualitätsstichtags................ 5
      1.1.2.5 Berücksichtigung von Zukunftserwartungen 6
      1.1.2.6 Missverstandenes Stichtagsprinzip 9
      1.1.2.7 Grundstückstransaktionskosten...................................... 10
      1.1.2.8 Ungewöhnliche oder persönliche Verhältnisse 11
      1.1.2.9 Teilmarkttheorie 12
  1.2 Marktwertermittlung (Verkehrswertermittlung)
    1.2.1 Marktwertspanne... 12
    1.2.2 Genauigkeit und Leistungsfähigkeit der Marktwertermittlung........... 13
    1.2.3 Auf- oder Abrundung... 14
    1.2.4 Konsistenz der Marktwertermittlung 15
  1.3 Immobilienwertermittlungsverordnung (ImmoWertV)
    1.3.1 Rechtsgrundlagen 16
    1.3.2 Entstehungsgeschichte
      1.3.2.1 Allgemeines... 17
      1.3.2.2 Vorbereitung.. 18
      1.3.2.3 Erster Regierungsentwurf.. 19
      1.3.2.4 Zweiter Regierungsentwurf... 20
    1.3.3 Allgemeine Zielsetzungen 21
    1.3.4 Aufbau der ImmoWertV... 22
    1.3.5 Grundsatz der Modellkonformität.. 34
    1.3.6 Sonstige Wertermittlungsverfahren 37
  1.4 Ergänzende Wertermittlungsrichtlinien
    1.4.1 Allgemeines 40
    1.4.2 Wertermittlungsrichtlinien (WERTR).. 41
    1.4.3 Weitere die WERTR ablösende Richtlinien
      1.4.3.1 Bodenrichtwertrichtlinie (BRW-RL)............................. 47
      1.4.3.2 Sachwertrichtlinie (SW-RL) und alii............................. 48
    1.4.4 WaldR 2000, LandR 78, ZierH 2000 und JagdH 01.......................... 50
    1.4.5 Bedeutung der ergänzenden Richtlinien 53
  1.5 Beleihungswertermittlungsverordnung (BelWertV) 54

1 Vorbemerkungen zur Immobilienwertermittlungsverordnung (ImmoWertV)

1.1 Marktwert (Verkehrswert)

1.1.1 Marktwert und andere Wertbegriffe

Schrifttum: *Fischer/Lorenz/Biederbeck/Astl,* Verkehrswertermittlung von bebauten und unbebauten Grundstücken, *Kleiber,* Verkehrswertermittlung von Grundstücken, 6. Aufl. 2010 Köln; *Kleiber,* Immobilienbewertung in der Bundesrepublik Deutschland, Buchbeitrag für Francke, H.-H./Rehkugler, H., Immobilienmärkte und Immobilienbewertung, Vahlen Verlag 2. Aufl. 2011; *Kleiber,* Komm. zur Immo-WertV in Ernst/Zinkahn/Bielenberg/Krautzberger, BauGB, Beck Verlag; *Kröll/Hausmann,* Rechte und Belastungen bei der Verkehrswertermittlung von Grundstücken, 4. Aufl.; *Pohnert/Ehrenberg/Haase/Joeris,* Kreditwirtschaftliche Wertermittlungen, 7. Aufl. 2011; *Sommer/Kröll,* Lehrbuch der Immobilienbewertung 3. Aufl. 2011; *Zimmermann, P.,* ImmoWertV, Beck Verlag 2011.

Vorbemerkungen zur ImmoWertV   Marktwert

1 Der **Verkehrswert** wird nach § 194 des Baugesetzbuchs (BauGB)

„durch den Preis bestimmt, der in dem Zeitpunkt, auf den sich die Ermittlung bezieht, im gewöhnlichen Geschäftsverkehr nach den rechtlichen Gegebenheiten und tatsächlichen Eigenschaften, der sonstigen Beschaffenheit und der Lage des Grundstücks oder des sonstigen Gegenstands der Wertermittlung ohne Rücksicht auf ungewöhnliche oder persönliche Verhältnisse zu erzielen wäre".

Der so definierte Verkehrswert nimmt im Wirtschafts- und Rechtsleben eine allgemein gültige Bedeutung ein. Er ist mit dem „wahren", „inneren", „wirklichen" oder schlicht mit dem „Wert" des Grundstücks gleichzusetzen[1].

Mit dem Europarechtsanpassungsgesetz vom 24.06.2004 (BGBl. I 2004, 1359) hat der Gesetzgeber klargestellt, dass der **„Verkehrswert" materiell identisch mit dem „Marktwert"** ist, wie dies schon mit den Wertermittlungsrichtlinien 2002 (WERTR 02) herausgestellt wurde. Die Begriffe werden synonym gebraucht. Ein Unterschied zwischen dem Verkehrswert nach § 194 BauGB und dem Marktwert i. S. europäischer Vorgaben besteht nicht[2].

Materiell identisch mit dem in § 194 definierten Markt- bzw. Verkehrswert ist auch der in § 16 Abs. 2 Satz 4 des Pfandbriefgesetzes – **PfandBG** – beschriebene Marktwert, als

„der geschätzte Betrag, für welchen ein Beleihungsobjekt am Bewertungsstichtag zwischen einem verkaufsbereiten Verkäufer und einem kaufbereiten Erwerber, nach angemessenem Vermarktungszeitraum, in einer Transaktion im gewöhnlichen Geschäftsverkehr verkauft werden könnte, wobei jede Partei mit Sachkenntnis, Umsicht und ohne Zwang handelt".

Der Beleihungswert selbst wird in der Beleihungswertermittlungsverordnung (BelWertV) definiert. § 3 Abs. 1 BelWertV definiert den der Beleihung zugrunde zu legenden **Beleihungswert** als

„den Wert der Immobilie, der erfahrungsgemäß unabhängig von vorübergehenden, etwa konjunkturell bedingten Wertschwankungen am maßgeblichen Grundstücksmarkt und unter Ausschaltung von spekulativen Elementen während der gesamten Dauer der Beleihung bei einer Veräußerung voraussichtlich erzielt werden kann".

Wie sich der Beleihungswert ermittelt, ist in der in Teil I Nr. 2 abgedruckten Verordnung über die Ermittlung der Beleihungswerte von Grundstücken gemäß § 16 Abs. 1 und 2 des PfandBG (Beleihungswertermittlungsverordnung – BelWertV) vom 12.05.2006 (BGBl. I 2006, 1175) geregelt.

Der Markt- bzw. Verkehrswert entspricht materiell auch der Direktive des Europäischen Rates von 1991 (Art. 49 Abs. 2 – 91/647/EEC) und **international gebräuchlichen Marktwertdefinitionen**[3]. Die deutsche Definition des Verkehrswerts (Marktwert) hat sich als modern und international vorbildlich erwiesen.

Die Definition des Markt- bzw. Verkehrswerts in § 194 BauGB entspricht trotz abweichendem Wortlauts im Übrigen auch der **Definition des „gemeinen Werts" des Steuerrechts** (§ 9 Abs. 2 des Bewertungsgesetzes – BewG –)[4] und dem „vollen Wert" des Haushaltsrechts.

Auch das Bilanzrecht orientiert sich in zunehmendem Maße – alternativ zum Buchwert und den Anschaffungs- und Herstellungskosten – am Marktwert. Soweit dort (nur) vom Marktwert die Rede ist, handelt es sich um den Verkehrswert. In den aktuellen Verordnungen der Europäischen Kommission zur „Übernahme bestimmter Rechnungslegungsstandards, die auf den „*International Financial Reporting Standards*" (IFRS) und die „*International Accounting Standards*" (IAS)" ist allerdings vom „Marktwert" (*market value*) nur noch peripher die Rede. Die Bilanzierung von Sachanlagen wird dort zum sog. „beizulegenden Zeitwert" zugelassen.

---

1 Kleiber Verkehrswertermittlung von Grundstücken, 6. Aufl. 2010, § 194 BauGB Rn. 53 und 57.
2 BGH, Beschl. vom 28.04.2011 – V ZR 192/10 –, GuG 2011, 319; EuGH, Urt. vom 16.12.2010 – Rs C 239/09 –, NL – BzAR 2011, 33; KG, Urt. vom 26.08.2010 – 22 U 202/09 –; KG, Urt. vom 26.08.2010 – 22 U 179/09 –.
3 Kleiber, Verkehrswertermittlung von Grundstücken, 6. Aufl. 2010, § 194 BauGB Rn. 102 ff.
4 BFH, Urt. vom 02.02.1990 – III R 173/86 –, BFHE 159, 505 = BStBl. II 1990, 497 = GuG 1992, 217 = EzGuG 20.131.

Marktwert — Vorbemerkungen zur ImmoWertV

Der **„beizulegende Zeitwert"** (*fair value*) definiert sich nach IAS 16 § 6, IAS 32 § 11 und IAS 38 § 8, IAS 40 § 5 als

> *„der Betrag, zu dem ein Vermögenswert zwischen sachverständigen, vertragswilligen und voneinander unabhängigen Geschäftspartnern getauscht werden könnte"*[5].

Der **beizulegende Zeitwert definiert sich damit materiell identisch mit dem Verkehrs- bzw. Marktwert** (§ 194 BauGB) und auch die in den IAS vorgegebenen Ermittlungsgrundsätzen entsprechen den materiellen Grundsätzen der für die Verkehrs- bzw. Marktwertermittlung maßgeblichen Grundsätze der ImmoWertV.

- IAS 16 § 31 bestimmt für die **Bilanzierung von Sachanlagen**, dass der beizulegende Zeitwert von Grundstücken und Gebäuden i. d. R. nach den auf dem Markt basierenden Daten ermittelt wird, wobei man sich normalerweise der Berechnungen hauptamtlicher Gutachter bedient. Der beizulegende Zeitwert für technische Anlagen und Betriebs- und Geschäftsausstattungen ist in der Regel der durch Schätzungen ermittelte Marktwert. Gibt es auf Grund der speziellen Art der Sachanlage und ihrer seltenen Veräußerung, ausgenommen als Teil eines fortbestehenden Geschäftsbereiches, keine marktbasierten Nachweise für den beizulegenden Zeitwert, muss ein Unternehmen den beizulegenden Zeitwert „eventuell" unter Anwendung eines Ertragswertverfahrens oder der abgeschriebenen Wiederbeschaffungswertmethode schätzen (IAS 16 § 33).

- Der **beizulegende Zeitwert von als Finanzinvestition gehaltenen Immobilien** entspricht nach IAS 40 § 36 wiederum dem Preis, zu dem die Immobilien zwischen sachverständigen, vertragswilligen und voneinander unabhängigen Geschäftspartnern getauscht werden könnten und „spiegelt (nach IAS 40 § 38) die Marktbedingungen am Bilanzstichtag" nicht dagegen zukünftige Ausgaben zur Verbesserung oder Wertsteigerung noch den damit einhergehenden künftigen Nutzen wider" (IAS 40 § 51). Eine Transaktion zwischen unabhängigen Geschäftspartnern ist nach IAS 40 § 40 ein Geschäftsabschluss zwischen Parteien, die keine besondere oder spezielle Beziehung zueinander haben, die marktuntypische Transaktionspreise begründet. Der beizulegende Zeitwert der als Finanzinvestition gehaltenen Immobilien berücksichtigt neben anderen Dingen die Mieterträge aus den gegenwärtigen Mietverhältnissen sowie angemessene und vertretbare Annahmen, die dem entsprechen, was sachverständige und vertragswillige Geschäftspartner für Mieterträge aus zukünftigen Mietverhältnissen nach den aktuellen Marktbedingungen annehmen würden (IAS 40 § 40). Er wird ohne Abzug der dem Unternehmen gegebenenfalls beim Verkauf oder bei einem anders gearteten Abgang entstehenden Transaktionskosten bestimmt (IAS 40 § 37).

Der beizulegende Zeitwert ist vornehmlich nach dem Vergleichswertverfahren zu ermitteln. In IAS 40 § 45 heißt es hierzu: „Den bestmöglichen substanziellen Hinweis für den beizulegenden Zeitwert erhält man durch auf einem aktiven Markt notierte aktuelle Preise ähnlicher Immobilien, die sich am gleichen Ort und im gleichen Zustand befinden und Gegenstand vergleichbarer Mietverhältnisse und anderer, mit den Immobilien zusammenhängender Verträge sind. Ein Unternehmen hat dafür Sorge zu tragen, jegliche Unterschiede hinsichtlich Art,

---

[5] Verordnung (EG) Nr. 211/2005 der Kommission vom 04.02.2005 zur Änderung der Verordnung (EG) Nr. 1725/2003 betr. die Übernahme bestimmter internationaler Rechnungslegungsstandards in Übereinstimmung mit der Verordnung (EG) Nr. 1606/2002 des Europäischen Parlaments und des Rates im Hinblick auf den „International Financial Reporting Standards (IFRS) Nr. 1 und 2 und die „International Accounting Standards" (IAS Nr. 12, 16, 19, 32, 33, 38 und 39 (ABl. EU L 41/1 vom 11.02.2005).
Verordnung (EG) Nr. 2238/2004 der Kommission vom 29.12.2004 zur Änderung der Verordnung (EG) Nr. 1725/2003 betr. die Übernahme bestimmter internationaler Rechnungslegungsstandards in Übereinstimmung mit der Verordnung (EG) Nr. 1606/2002 des Europäischen Parlaments und des Rates betr. IFRS 1 und IAS Nrn. 1 bis 10, 12 bis 17, 19 bis 24, 27 bis 38, 40 und 41 und SIC Nrn. 1 bis 7, 11 bis 14, 18 bis 27 und 30 bis 33 (ABl. EU Nr. L 394/1 vom 31.12.2004).
Verordnung (EG) Nr. 2236/2004 der Kommission vom 29.12.2004 zur Änderung der Verordnung (EG) Nr. 1725/2003 betr. die Übernahme bestimmter internationaler Rechnungslegungsstandards in Übereinstimmung mit der Verordnung (EG) Nr. 1606/2002 des Europäischen Parlaments und des Rates betr. „International Financial Reporting Standards" (IFRS) Nr. 1 , 3 bis 5, „International Accounting Standards" (IAS) Nr. 1, 10, 12, 14, 16 bis 19, 22, 27, 28, 31 bis 41 und die Interpretation des „Standard Interpretation Committee" (SIC) Nr. 9, 22, 28 und 32 (ABl. EU Nr. L 392/1 vom 31.12.2004).

Vorbemerkungen zur ImmoWertV — Marktwert

Lage oder Zustand der Immobilien in den Vertragsbedingungen der Mietverhältnisse und in anderen, mit den Immobilien zusammenhängenden Verträgen festzustellen."

1.1.2 Normative Vorgaben für die Marktwertermittlung (Verkehrswertermittlung)

1.1.2.1 Allgemeines

2 Der Marktwert eines Grundstücks wird in § 194 BauGB als der nach normierten Grundsätzen erzielbare Preis (pretium) des Grundstücks definiert. Der Marktwert (Verkehrswert) bemisst sich dabei nach folgenden **normativen Vorgaben:**

a) Der Marktwert bestimmt sich nach dem Preis, der im *„gewöhnlichen Geschäftsverkehrs ... ohne Rücksicht auf ungewöhnliche oder persönliche Verhältnisse"* zu erzielen wäre (vgl. Rn. 11); von ungewöhnlichen oder persönlichen Verhältnissen beeinflusste Vergleichspreise, Ertragsverhältnisse und Herstellungskosten müssen dabei grundsätzlich ebenso außer Betracht bleiben wie die in Abteilung 3 des Grundbuchs eingetragenen Grundpfandrechte (§ 7 ImmoWertV);

b) der Marktwert bestimmt sich nach den *allgemeinen Wertverhältnissen* (Lage auf dem Grundstücksmarkt i. S. des § 3 Abs. 2 ImmoWertV) des Zeitpunkts, auf den sich die Marktwertermittlung bezieht (= Wertermittlungsstichtag i. S. des § 3 Abs. 1 ImmoWertV);

c) der Marktwert bestimmt sich auf der Grundlage aller am Qualitätsstichtag gegebenen wertbeeinflussenden tatsächlichen und rechtlichen *Grundstücksmerkmale* eines Grundstücks.

Der **Verkehrswert (Marktwert) eines Grundstücks ist mithin eine zeitabhängige Größe**, und zwar in doppelter Hinsicht:

1. Einerseits ist der Zustand eines Grundstücks in seinen Eigenschaften regelmäßig Änderungen ausgesetzt, so z. B. durch bauliche und sonstige Maßnahmen auf dem Grundstück, aber auch durch entsprechende Maßnahmen in der Umgebung des Grundstücks (externe Effekte), die zu Änderungen der Lagemerkmale des Grundstücks führen. Solche Einflüsse bestehen mehr oder minder ständig und können „über Nacht" oder auch erst allmählich die verkehrswertbeeinflussenden Eigenschaften und Merkmale eines Grundstücks und damit auch seinen Verkehrswert (Marktwert) „nach oben oder nach unten" verändern.

2. Andererseits ändert sich der Verkehrswert selbst bei gleich bleibenden Eigenschaften des Grundstücks (Zustand) und seiner Umgebung regelmäßig allein schon aufgrund der durch die allgemeine Wirtschaftslage, der allgemeinen rechtlichen (einschließlich steuerrechtlichen) Rahmenbedingungen, der allgemeinen (auch städtebaulichen) Verhältnisse in der Gemeinde und der sonstigen die allgemeine Lage auf dem Grundstücksmarkt bestimmenden Rahmenbedingungen.

Zur richtigen Einschätzung eines Verkehrswerts gehört deshalb begriffsnotwendigerweise **die Angabe des Wertermittlungsstichtags und des maßgeblichen Grundstückszustands** mit seinen wertbeeinflussenden Merkmalen.

Da es sich bei den (auch im gewöhnlichen Geschäftsverkehr) auf dem Grundstücksmarkt erzielten Entgelten um intersubjektive Preise[6] handelt, sind die kodifizierten Vorgaben einer verobjektivierenden Wertlehre folgend darauf gerichtet, als **Marktwert** (Verkehrswert) **einen**

---

[6] BGH, Urt. vom 25.10.1967 – VIII ZR 215/66 –, EzGuG 19.11; zur geschichtlichen Entwicklung des Verkehrswertbegriffs vgl. § 138 Abs. 1 RAO vom 13.12.1919; zuvor RG, Urt. vom 19.11.1879 (Gruchot Beitr. Bd. 24, 409); Bonczek, Stadt und Boden, 1978; Freudling in BayVBl. 1982, 108 sowie die Zusammenstellung der reichsgerichtlichen Rechtsprechung, aus der die heutige Definition hervorgegangen ist, in AVN 1920, 326 ff.; die Subjektivität der Werteinschätzung illustriert Antoine de Saint-Exupery in „Das Wunder des heimatlichen Hauses" mit den Worten: „Das Wunder des heimatlichen Hauses besteht nicht darin, dass es uns schützt und wärmt, es besteht auch nicht im Stolz des Besitzes – seinen Wert erhält es dadurch, dass es in langer Zeit einen Vorrat von Beglückung aufspeichert, dass es tief im Herzen die dunkle Masse sammelt, aus der wie Quellen die Träume entspringen!"

Marktwert   **Vorbemerkungen zur ImmoWertV**

frei von subjektiver Betrachtungsweise allein an den objektiven Merkmalen eines Grundstücks orientierten Wert zu ermitteln (verum rei pretium).

Der nach vorstehenden Normierungen abgeleitete Marktwert (Verkehrswert) stellt einen verobjektivierten Tauschwert dar, wie er sich im freien Spiel zwischen Angebot und Nachfrage bildet. Der Marktwert (Verkehrswert) lässt sich allerdings auch nicht als der von jedermann zu erzielende Preis definieren (**sog. Jedermanns-Preis**)[7]. Der Grundstücksmarkt zerfällt nämlich in eine Vielzahl sektoraler und regionaler Teilmärkte mit jeweils spezifischen Käuferpotenzialen und nicht jeder ist daran interessiert, jedes Grundstück zu erwerben. Deshalb bestimmt sich der Marktwert (Verkehrswert) nach den Usancen des Teilmarktes, wobei auch ein eingeschränkter Käuferkreis den Markt bilden kann (**Teilmarkttheorie**, vgl. unten Rn. 12)[8]. T*he Appraisal of Real Estate, Chicago*[9] stellt neben dem allgemeinen Grundstücksmarkt im vorstehenden Sinne als weitere Teilmärkte heraus:

a) *Limited-market property: A property that has relatively few potential buyers at a particular time.*

b) *Special-purpose property: A limited-market property with a unique physical design, special construction materials or a layout that restricts its utility to the use for which it was built; also called special-design property.*

Der aus Vergleichspreisen, vergleichbaren Ertrags- und Kostenverhältnissen abgeleitete Marktwert (**Verkehrswert) ist aus ermittlungstechnischer Sicht auch als ein statistischer Wert bezeichnet worden,** d. h. als Wert, der sich auf der Grundlage des ausgewogenen Mittels der zum Vergleich herangezogenen Daten ergibt. Im A-Bericht zum BauGB wurde in diesem Zusammenhang darauf hingewiesen, dass der Ausschuss unter dem Verkehrswert begrifflich den Wert versteht, der im allgemeinen Grundstücksverkehr am **wahrscheinlichsten** zu erzielen ist[10].

Auf die irgendwie definierte „**Angemessenheit**" dieses Tauschwerts kommt es nicht an[11]. „Ob die Preise dem Gemeinwohl, dem Wohlergehen der Gesamtheit entsprechen oder nicht, darüber zu befinden ist nicht Sache der Tatsachengerechtigkeit", hat *Nell-Breuning* schon 1928 festgestellt. Bodenpolitisch kann es auch nicht darauf ankommen, Grund und Boden möglichst zu verbilligen, wie von demselben festgestellt worden ist; es komme vielmehr auf den „richtigen" Bodenwert an[12]. Wenn bei ansteigenden Bodenwerten die Funktionsfähigkeit des Bodenmarktes bemängelt wird, so wird mit dieser Kritik übersehen, dass gerade damit die Funktionsfähigkeit unter Beweis gestellt wird. Denn steigende Preise stellen einen marktkonformen Ausgleich zwischen einem sich verkleinernden Angebot einerseits und einer sich verstärkenden Nachfrage andererseits her[13].

Das BauGB enthält nur eine materielle Definition des Markt- bzw. Verkehrswerts. Die Ermittlung des Markt- bzw. Verkehrswerts ist in der „Verordnung über Grundsätze für die Ermittlung der Verkehrswerte von Grundstücken (Immobilienwertermittlungsverordnung – ImmoWertV)" geregelt (abgedruckt in Teil I Nr. 1). Die Verordnung enthält nur allgemeine Grundsätze zur Ermittlung des Verkehrswerts, die keinen Anspruch auf Vollständigkeit erhe-

---

[7] PrOVG, Urt. vom 18.01.1902, EzGuG 20.6a; RG, Urt. vom 19.11.1879 in EzGuG 19.2 = AVN 1920, 327; BGH, Urt. vom 30.11.1959 – III ZR 130/59 –, EzGuG 19.5; BGH, Urt. vom 25.06.1964 – III ZR 111/61 –, EzGuG 20.37 = EzGuG 4.22; BGH, Urt. vom 19.09.1966 – III ZR 216/63 –, EzGuG 6.92; BGH, Urt. vom 24.03.1977 – III ZR 32/75 –, WM 1977, 676 = EzGuG 6.190; BGH, Urt. vom 22.04.1982 – III ZR 131/80 –, EzGuG 17.44.

[8] BGH, Urt. vom 23.05.1995 – III ZR 10/84 –, EzGuG 6.228; BGH, Urt. vom 18.04.1991 – III ZR 79/90 –, EzGuG 18.114; BFH, Urt. vom 29.04.1987 – X R 2/80 –, EzGuG 19.39b; BFH, Urt. vom 23.2.1979 – III R 44/77 –, EzGuG 19.35; RFH, Urt. vom 08.10.1926 – II A 429/26 – II A 429/26 –, EzGuG 14.1a; PrOVG, Urt. vom 14.01.1916 – VII C 291/14 –, PrVBl. 37, 569. Abzulehnen ist die Entscheidung des OLG Brandenburg, Urt. vom 29.12.2001 – 2 U 126/97 –, GuG 2002, 117. Das Gericht hat in dem zu entscheidenden Fall einen Teilmarkt u. a. damit verneint, dass die Gutachterausschüsse dafür keine Bodenwerte ausgewiesen hätten (sic!).

[9] The Appraisal of Real Estate 12. Aufl. Chicago 2001: USPAP – Uniform Standards of Professional Practice; Appraisal Institute, S. 25.

[10] BT-Drucks 10/6166, S. 137 f.

[11] Volkstümlich heißt es: „Verkehrswert ist das, was der dümmste Anleger zahlt"; im Rheinland: „Verkehrswert is dat, wat der Jeck zahlt".

[12] Nell-Breuning: Grundzüge der Börsenmoral, Freiburg 1928.

[13] Nell-Breuning in BBauBl. 1952, 181; zur Diskussion über den sittlich „gerechten" und wirtschaftlich „richtigen" Grundstückspreis Lütge, „Wohnungswirtschaft", Stuttgart 1949, S. 101, 163 ff. m. w. N.

Vorbemerkungen zur ImmoWertV   Marktwert

ben und auch nach allgemein anerkannten Grundsätzen modifizierbar sind. Darüber enthält das BauGB in seinem Ersten Teil des Dritten Kapitels Regelungen zur Einrichtung der Gutachterausschüsse für Grundstückswerte und zu ihren Aufgaben[14].

1.1.2.2 Gewöhnlicher Geschäftsverkehr

3 Der Marktwert (Verkehrswert) bestimmt sich nach dem Vorhergesagten als der im gewöhnlichen Geschäftsverkehr erzielbare Preis. Der „gewöhnliche Geschäftsverkehr"[15] (*arms length transaction*) kann als das wichtigste Kriterium des Marktwerts gelten. Die Gepflogenheiten des gewöhnlichen Geschäftsverkehrs sind mithin auch für die **Wahl des anzuwendenden Wertermittlungsverfahrens** maßgebend (vgl. § 8 ImmoWertV Rn. 41 ff.).

Gewöhnlicher Geschäftsverkehr[16] gleichbedeutend mit den vom BGH oft auch gebrauchten Begriffen des „gesunden"[17] und des „allgemeinen" Geschäftsverkehrs[18] ist der Handel

– auf einem freien Markt, wobei weder Käufer noch Verkäufer unter Zeitdruck, Zwang oder Not stehen und allein objektive Maßstäbe preisbestimmend sind,

– zwischen vertragswilligen und voneinander unabhängigen Geschäftspartnern, die hinreichend und ggf. sachverständig aufgeklärt sind und

– die Marktteilnehmer in einer Situation der Markt- und Wettbewerbsauthentizität mit anderen Marktteilnehmern interagieren[19].

Im gewöhnlichen Geschäftsverkehr werden Grundstücke offen am Markt angeboten. Für die Aushandlung des Verkaufs soll ein der Art des Grundstücks angemessener Zeitraum zur Verfügung stehen; die Verkaufsmodalitäten müssen eine ordnungsgemäße Veräußerung ermöglichen. Die in den IFRS 40[20] gegebenen Erläuterungen zur Bestimmung des beizulegenden Zeitwerts (*fair value*) sind mit den für die Ermittlung des Verkehrswerts (Marktwert) maßgeblichen Kriterien des gewöhnlichen Geschäftsverkehrs deckungsgleich. Danach ist

– ein Käufer „vertragswillig", wenn er zum Kauf motiviert, aber nicht gezwungen ist; ein solcher Käufer ist weder übereifrig noch entschlossen, um jeden Preis zu kaufen; der angenommene Käufer würde keinen höheren Preis als den bezahlen, der von einem Markt, bestehend aus sachverständigen und vertragswilligen Käufern und Verkäufern, gefordert würde;

– ein Verkäufer „vertragswillig", wenn er zum Verkauf motiviert, aber weder übereifrig noch zum Verkauf gezwungen ist; er ist weder bereit, zu jedem Preis zu verkaufen, noch wird er einen unter den aktuellen Marktbedingungen als unvernünftig angesehenen Preis verlangen; der vertragswillige Verkäufer ist daran interessiert, ein Grundstück zu dem nach den Marktgegebenheiten bestmöglichen erzielbaren Preis zu verkaufen.

---

14 Umfassend zur Verkehrswertermittlung von Grundstücken Kleiber, Verkehrswertermittlung von Grundstücken, 6. Aufl., Bundesanzeiger Verlag Köln 2010; Entscheidungssammlung zum Grundstücksmarkt und Grundstückswert, – EzGuG – Luchterhand Verlag Neuwied, Losebl.

15 „Arm`s-length transaction": A transaction between unrelated parties under no duress; The Appraisal of Real Estate, Chicago 2001 12. Aufl. S. 150.

16 BGH, Urt. vom 01.03.1984 – III ZR 197/82 –, EzGuG 6.224; BGH, Urt. vom 20.03.1975 – III ZR 153/72 –, EzGuG 18.64; BGH, Urt. vom 29.01.1970 – III ZR 30/69 –, EzGuG 18.48; BGH, Urt. vom 25.06.1964 – III ZR 111/61 –, EzGuG 4.22; BGH, Urt. vom 08.06.1959 – III ZR 66/58 –, EzGuG 6.41.

17 BGH, Urt. vom 14.06.1984 – III ZR 41/83 –, EzGuG 8.61; BGH, Urt. vom 01.07.1982 – III ZR 10/81 –, EzGuG 4.86; BGH, Urt. vom 03.06.1982 – III ZR 98/79 –, EzGuG 4.8; BGH, Urt. vom 13.07.1978 – III ZR 166/76 –, EzGuG 18.84; BGH, Urt. vom 22.6.1978 – III ZR 92/75 –, EzGuG 17.35; BGH, Urt. vom 10.01.1972 – III ZR 61/68 –, EzGuG 16.18; BGH, Urt. vom 08.05.1967 – III ZR 148/65 –, EzGuG 14.82; BGH, Urt. vom 20.12.1963 – III ZR 60/63 –, EzGuG 14.17; BGH, Urt. vom 08.11.1962 – III ZR 86/61 –, EzGuG 8.5.

18 BGH, Urt. vom 22.2.1971 – III ZR 131/70 –, EzGuG 8.34 a; BGH, Urt. vom 08.02.1971 – III ZR 200/69 –, EzGuG 6.134; BGH, Urt. vom 13.12.1962 – III ZR 164/61 –, EzGuG 6.67.

19 Entsprechend dem EG-beihilferechtlichen Paradigma des „market economy vendor"; vgl. EuGH Rs. C 305/89 Alfa Romeo, Slg. 1991, I-1603 Rn. 19 ff.; RS C 303/89 –, ENI-Lanerossi Slg. 1991 – I 1433 Rn. 20 ff.

20 Vgl. Kleiber, Verkehrswertermittlung von Grundstücken, 6. Aufl. 2010, § 194 BauGB, Rn. 211 ff.

Marktwert   **Vorbemerkungen zur ImmoWertV**

Die Parteien handeln

- *„unabhängig"* voneinander, wenn sie keine besonderen oder speziellen Beziehungen zueinander haben, die marktuntypische Transaktionspreise begründet. Es ist zu unterstellen, dass die Transaktion zwischen einander nicht nahe stehenden, voneinander unabhängig handelnden Parteien stattfindet,
- *„sachverständig"*, wenn sowohl der vertragswillige Käufer als auch der vertragswillige Verkäufer ausreichend über die Art und die Merkmale des Grundstücks, seine gegenwärtige und mögliche Nutzung und über die Marktbedingungen zum Zeitpunkt des Verkaufs informiert ist.

Der gewöhnliche Geschäftsverkehr wird des Weiteren dadurch bestimmt, dass **ungewöhnliche oder persönliche Verhältnisse** keinen Einfluss auf die Preisgestaltung haben (vgl. Rn. 11 ff.). Auf subjektive Verwertungsabsichten und Einschätzungen künftiger Entwicklungen soll es dabei nicht ankommen[21].

Was in der Definition des § 194 BauGB mit dem abstrakten Begriff des „gewöhnlichen Geschäftsverkehrs" umfassend umschrieben ist, entspricht dem *marché normale* der französischen Gesetzgebung und dem *Market Value* des *Royal Institution of Chartered Surveyors*.

Die Definition des Verkehrswerts und seine Ableitung aus dem Geschehen auf dem Grundstücksmarkt setzt grundsätzlich einen **Grundstücksmarkt mit freier Preisbildung** voraus, wobei für die Verkehrswertermittlung allein die Preisbildung im „gewöhnlichen Geschäftsverkehr" maßgeblich ist. Im gewöhnlichen Geschäftsverkehr werden Grundstücke – unabhängig von der Form ihrer Vermarktung – in aller Regel zu dem Höchstpreis veräußert, der entsprechend der Art des Grundstücks nach angemessenem Vermarktungszeitraum und angemessenen Verkaufsmodalitäten erzielt werden kann. Dementsprechend handelt es sich auch bei den in der Kaufpreissammlung der Gutachterausschüsse für Grundstückswerte nach § 195 BauGB registrierten Kaufpreisen i.d.R. um die im gewöhnlichen Geschäftsverkehr erzielten Höchstpreise. Auch der Verkauf eines Grundstücks zu dem aus einer Ausschreibung bzw. Versteigerung resultierenden Höchstgebot stellt insofern keine Besonderheit dar; der entsprechende Kaufpreis ist deshalb auch in die Kaufpreissammlung einzupflegen. Ist indessen ein Grundstück zu einem Kaufpreis veräußert worden, der erheblich von dem in vergleichbaren Fällen üblicherweise erzielten und erzielbaren Höchstpreis abweicht, muss von einem Vertragsabschluss ausgegangen werden, der durch ungewöhnliche oder persönliche Verhältnisse i. S. des § 7 ImmoWertV beeinflusst ist.

Bei den im gewöhnlichen Geschäftsverkehr erzielbaren Höchstpreisen handelt es sich in aller Regel zudem um Höchstpreise, die nach dem Prinzip des sog. *„highest and best use"* unter Berücksichtigung der Nutzung und Nutzbarkeit eines Grundstücks sowie absehbarer anderweitiger Nutzungen erzielbar sind, wenn diese Nutzungen mit hinreichender Sicherheit aufgrund konkreter Tatsachen zu erwarten sind (vgl. unten Rn. 7).

Auch wenn Grundstücke in aller Regel zu dem nach vorstehenden Grundsätzen erzielbaren Höchstpreis veräußert werden, bildet dieser im Einzelfall erzielte Höchstpreis nicht direkt den Marktwert ab, denn auf dem allgemeinen Grundstücksmarkt streuen die unabhängig voneinander abgegebenen Höchstgebote in einer dem gewöhnlichen Geschäftsverkehr zurechenbaren Bandbreite (Toleranzbereich). Dem wird in der allgemein anerkannten Praxis der Marktwertermittlung dadurch Rechnung getragen, dass der Marktwert aus einer hinreichenden Anzahl von Vergleichspreisen abgeleitet wird, die regelmäßig aus Vermarktungen von vergleichbaren Grundstücken zum jeweiligen Höchstgebot stammen. **Marktwert ist mithin der ggf. gewogene Durchschnitt aller zur Marktwertermittlung herangezogenen Höchstpreise.** Als Marktwert (Verkehrswert) wird deshalb nicht der höchste im gewöhnlichen Geschäftsverkehr erzielbare Preis, sondern – wie vorstehend bereits erläutert – der ggf. gewogene Durchschnitt aller zur Marktwertermittlung heranziehbaren Höchstpreise vergleichbarer Grundstücke bezeichnet. In diesem Sinne ist der Marktwert zugleich auch der am wahrscheinlichsten erzielbare Wert (vgl. oben Rn. 2).

---

21   BFH, Urt. vom 23.02.1979 – III R 44/74 –, EzGuG 19.35; BFH, Urt. vom 14.02.1969 – III 88/65 –, EzGuG 19.16.

Vorbemerkungen zur ImmoWertV   Marktwert

Erfahrungsgemäß geht der wirtschaftlich kalkulierende Grundstückskäufer bei der Bemessung seines Kaufpreises vom Nutzen aus (Reinertrag, Wertzuwachs, steuerliche Entlastung), den er von dem Objekt erwartet. Durch Kapitalisierung des Reinertrags findet er im Allgemeinen seine Wertvorstellung. Je größer nun von ihm der Reinertrag veranschlagt wird und je geringer der Zinssatz ist, mit dem er sich zufrieden geben möchte, umso höher ist der Preis, den er dem Verkäufer bieten kann. Nicht jede Wertvorstellung (Kaufpreiserwartung) führt jedoch zu einem entsprechenden Preis (Kaufabschluss) und nicht jeder Preis entspricht dem Wert des Objektes. Der Kaufpreis ist der durch die individuellen Wertvorstellungen sowohl auf der Seite des jeweiligen Käufers als auch auf der Seite des Verkäufers sich ergebende Tauschpreis. Demgegenüber ergibt sich der Verkehrswert aus der allgemeinen Angebots- und Nachfragesituation auf dem Grundstücksmarkt. **Kaufpreise und Verkehrswert** (Marktwert) **sind deshalb nur selten identisch.**

Der unter bestimmten normativen Vorgaben als Preis definierte **Verkehrswert (Marktwert)** ist aus den vorstehenden Gründen **nicht mit dem** im Einzelfall auf dem Grundstücksmarkt ausgehandelten **Kaufpreis gleichzusetzen,** denn dieser muss nicht dem Verkehrswert entsprechen. Der im Einzelfall ausgehandelte Preis ist lediglich ein intersubjektives Maß für den Verkehrswert, wobei sowohl auf der Seite des Verkäufers als auch des Käufers Zufälligkeiten nie ganz ausgeschlossen werden können[22]. Der BGH[23] hat hierzu treffend ausgeführt:

„Der Preis einer Sache muss nicht ihrem Wert entsprechen. Er richtet sich gerade bei Grundstücken und vor allem, wie hier, bei luxuriösen Villen-Grundstücken nach Angebot und Nachfrage und wird jeweils zwischen Käufer und Verkäufer ausgehandelt. „Marktpreis" und objektiver Verkehrswert spielen keine entscheidende Rolle, vielmehr sind oft spekulative Momente (Kaufkraft, Geldwert usw.) von erheblicher Bedeutung, häufig auch die persönlichen Vorstellungen und Wünsche des Kaufinteressenten. Der Verkäufer versucht den höchstmöglichen Preis zu erzielen, mag dieser auch unvernünftig sein. Der Käufer ist bestrebt, möglichst wenig zu zahlen, mag dabei das Grundstück auch „verschenkt" sein. Wer bei diesem Ringen um den Preis dem Gegner in seine Karten blicken lässt, hat bald verspielt."[24]

Lässt sich ein ermittelter Verkehrswert trotz geschäftsüblicher Veräußerungsanstrengungen am Markt nicht „realisieren", so kann dies als deutlicher Hinweis auf eine nicht marktgerechte Verkehrswertermittlung oder auf signifikante Änderungen der Marktverhältnisse gegenüber den zum Zeitpunkt der Wertermittlung vorherrschenden Marktverhältnissen verstanden werden. Bei Maklern gilt der Satz, dass jedes Objekt zu verkaufen ist, wenn der Preis stimmt. Umgekehrt kann eine sehr schnelle Veräußerung eines Grundstücks zum ermittelten Verkehrswert auch auf eine sehr „moderate" (fehlerhafte) Verkehrswertermittlung deuten. Es gehört zum Marktgeschehen, dass Grundstücke erst in „zähen" Verhandlungen zwischen Verkäufer und potenziellen Erwerbern zum Verkauf gelangen[25]. Angebote werden vom Verkäufer regelmäßig als zu niedrig beurteilt, während die Kaufpreisforderungen von potenziellen Käufern als zu hoch beklagt werden. Der Ausgleich unterschiedlicher Interessenlagen erfolgt schließlich über den Preis. Damit stellt die Preisbildung zugleich auch einen Ausgleich zwischen Angebot und der Nachfrage her **(Marktausgleichsfunktion)**. Des Weiteren stellt der **Markt** im Rahmen der landesplanerischen und städtebaulichen Rechtsordnung (Allokation) den **Verteilungsmechanismus** (Distribution) dar, d. h., über den Preis gelangt der Grund und Boden – wenn er zum Verkauf ansteht – regelmäßig dorthin, wo er am effektivsten genutzt

---

22 BGH, Urt. vom 13.03.1991 – IV ZR 52/90 –, EzGuG 20.143b; BGH, Urt. vom 25.03.1954 – IV ZR 146/53 –, EzGuG 20.17; BGH, Urt. vom 04.06.1954 – V ZR 10/54 –, EzGuG 6.7d; BGH, Urt. vom 30.09.1954 – IV ZR43/54 –, BGHZ 14, 368 = WM 1955, 342 = BB 1954, 1009.
23 BGH, Urt. vom 25.10.1967 – VIII ZR 215/66 –, BGHZ 48, 344 = EzGuG 19.11; LG Darmstadt, Beschl. vom 16.10.1958 – 5 T 18/58 –, EzGuG 19.4.
24 Anders bezüglich des Geschäftswerts BayObLG, Urt. vom 05.01.1995 – 3 Z BR 291/94 –, EzGuG 19.44.
25 Eine „zügige" Veräußerung fordert das OVG Bremen im Urt. vom 10.12.2001 – 1 D 203/01 –, EzGuG 15.102 im Rahmen von städtebauliche Entwicklungsmaßnahmen.

wird, soweit nicht in diesen Prozess, z. B. über sog. „**Einheimischenmodelle**"[26], durch direkte oder indirekte Förderungen (Gewerbeansiedlungspolitik) oder durch planerische Nutzungsbindungen eingegriffen wird. Neben der Anreiz-, Koordinations- und Marktausgleichsfunktion gehen von den Preisen auch wichtige Signal- und Informationsfunktionen aus (Abb. 1).

Abb. 1: Marktausgleichsfunktion des Grundstücksmarktes (Schema)

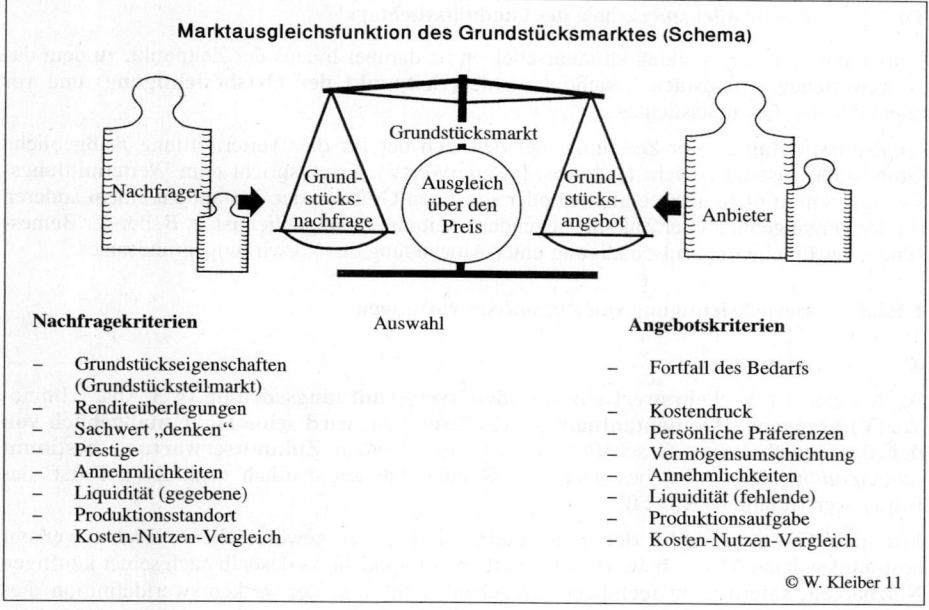

1.1.2.3 Allgemeine Wertverhältnisse des Wertermittlungsstichtags

Der **Markt- bzw. Verkehrswert ist eine vom Geschehen auf dem Grundstücksmarkt bestimmte und von der am Wertermittlungsstichtag** (§ 3 Abs. 1 ImmoWertV) **gegebenen** Lage auf dem Grundstücksmarkt abhängige Größe. Wertermittlungsstichtag ist der Zeitpunkt, auf den sich die Wertermittlung in Bezug auf die der Wertermittlung zugrunde liegenden allgemeinen Wertverhältnisse auf dem Grundstücksmarkt (§ 3 Abs. 2 ImmoWertV) bezieht und nicht mit dem Zeitpunkt der Ermittlung des Markt- bzw. Verkehrswerts, d. h. dem Zeitpunkt der Erstellung eines entsprechenden Gutachtens gleichzusetzen (Ausfertigungsdatum eines Gutachtens). Nach § 194 BauGB bestimmt sich der Verkehrswert (Marktwert) durch einen nach normativen Vorgaben auf einen Zeitpunkt ermittelten Preis. § 3 Abs. 1 Satz 1 ImmoWertV präzisiert diesen **Zeitpunkt** als den Wertermittlungsstich*tag*, obwohl kein Sachver-

---

26 Baulandbericht 1986: Bundesministerium für Raumordnung, Bauwesen und Städtebau. Schriftenreihe 03.116, Bonn 1986, S. 131; ders.: Baulandbericht 1993, Bonn 1993; Glück, Wege zum Bauland, München 1994; Kleiber in Bauen in Städten und Gemeinden. KAS Kommunal-Verlag in Düsseldorf 1991; Beck, M., Die Einheimischenmodelle Bayern, Diss. 1993 Regensburg; BGH, Urt. vom 29.11.2002 – V ZR 105/02 –, EzGuG 3.127a = EzGuG 14.137; BGH, Urt. vom 02.10.1998 – V ZR 45/98 – V ZR 45/98 –, GuG-aktuell 1999, 31; BayVGH, Urt. vom 22.12.1998 – 1 B 94.3288 –, GuG-aktuell 1999, 46; BayVGH, Urt. vom 11.04.1990 – 1 B 85 A. 14/80 –, EzGuG 12.69a; BVerwG, Urt. vom 11.02.1993 – 4 C 18/91 –, GuG 1993, 250 = EzGuG 12.116; OLG Hamm, Urt. vom 11.01.1996 – 22 U 67/95 –, BayVBl. 1997, 536; VG München, Urt. vom 27.02.1996 – M 1 K 95.175 –, BayVBl. 1997, 533; OLG München, Urt. vom 20.01.1998 – 25 U 4623/97 –, GuG 1999, 64, 125 = EzGuG 14.131; LG Karlsruhe, Urt. vom 13.02.1997 – 80516/96 –, DNotZ 1998, 483 = EzGuG 12.121; OLG München, Urt. vom 27.06.1994 – 30 U 974/93 –, BayVBl. 1995, 282 = EzGuG 14.122a; OLG Koblenz, Urt. vom 05.11.1997 – 7 U 370/97 –, DNot-report 1998, 25 = EzGuG 12.122; LG Traunstein, Urt. vom 29.10.1998 – 7 o 3458/98 –, GuG-aktuell 1999, 47; Burgi, M., Die Legitimität von Einheimischenprivilegierungen im globalen Dorf, JZ 1999, 873.

Vorbemerkungen zur ImmoWertV — Wertermittlungsstichtag

ständiger angesichts der allgemeinen Schätzungsgenauigkeit in der Lage wäre, einen Verkehrswert – quasi seismographisch – mit der Genauigkeit eines Tages zu ermitteln. Selbst die auf einen bestimmten Wertermittlungsmonat bezogene Marktwertermittlung dürfte in aller Regel problematisch sein. **Der als Bezugszeitpunkt der ImmoWertV vorgegebene Wertermittlungs***stichtag* **täuscht** insoweit **eine nicht vorhandene und auch nicht leistbare Genauigkeit der Verkehrswertermittlung vor.** Zur Leistungsfähigkeit der Marktwertermittlung vgl. unten Rn. 8.

1.1.2.4 Grundstücksmerkmale des Qualitätsstichtags

5   Vom Wertermittlungsstichtag zu unterscheiden ist darüber hinaus der Zeitpunkt, zu dem das zu bewertende Grundstück besichtigt wurde (**Zeitpunkt der Ortsbesichtigung**) und vor allem der sog. Qualitätsstichtag.

Qualitätsstichtag ist der Zeitpunkt, auf den sich der für die Wertermittlung maßgebliche Grundstückszustand bezieht (§ 4 Abs. 1 ImmoWertV). Er entspricht dem Wertermittlungsstichtag, sofern nicht aus rechtlichen oder sonstigen Gründen der Zustand zu einem anderen (in der Vergangenheit oder Zukunft liegenden) Zeitpunkt maßgeblich ist, z. B. bei der Bemessung einer Enteignungsentschädigung unter Anwendung des Vorwirkungsgrundsatzes.

1.1.2.5 Berücksichtigung von Zukunftserwartungen

a)   Allgemeines

6   Auch wenn der **Verkehrswert eine auf den Wertermittlungsstichtag** (§ 3 Abs. 1 ImmoWertV) **bezogene „Momentaufnahme" (Zeitwert) ist, wird seine Höhe maßgeblich von der** den gewöhnlichen Geschäftsverkehr beherrschenden **Zukunftserwartung bestimmt** (*anticipation*). Dies wird besonders bei Renditeobjekten deutlich (vgl. Syst. Darst. des Ertragswertverfahrens Rn. 2 ff.).

Für das Gewesene gibt der Kaufmann nichts! Im gewöhnlichen Geschäftsverkehr bestimmt sich der Markt- bzw. Verkehrswert eines Grundstücks deshalb nach seiner künftigen Nutzbarkeit, sofern nicht rechtliche „Gegebenheiten" i. S. der Verkehrswertdefinition dies ausschließen. Solche rechtlichen Gegebenheiten sind insbesondere die nach dem Städtebaurecht ausgeschlossenen Werterhöhungen, z. B. der Ausschluss sanierungs- oder entwicklungsbedingter Werterhöhungen nach § 153 Abs. 1 BauGB bzw. der Ausschluss von Werterhöhungen nach § 95 Abs. 2 BauGB bei enteignungsbefangenen Grundstücken. Künftige Entwicklungen, wie beispielsweise absehbare anderweitige Nutzungen, sind deshalb nach Maßgabe des § 4 Abs. 3 Nr. 1 ImmoWertV zu berücksichtigen, wenn sie mit hinreichender Sicherheit aufgrund konkreter Tatsachen zu erwarten sind (§ 2 Satz 2 ImmoWertV). Auf die bisherige Nutzung kommt es nur insoweit an, wie dadurch die künftige Nutzung beeinflusst wird.

Der **Marktwert (Verkehrswert) stellt trotz seiner Bezugnahme auf den Zeitpunkt**, auf den sich die Ermittlung bezieht (Wertermittlungsstichtag), gewissermaßen **das Kondensat der Zukunft** dar (Zukunftserfolgswert, vgl. § 8 ImmoWertV Rn. 37 ff.)[27]. Der Wert eines Grundstücks wird nämlich durch Zukunftserwartungen bestimmt (*value is created by the anticipation of future benifits*). Dies wird besonders deutlich bei Anwendung des Ertragswertverfahrens. Der Ertragswert wird dabei letztlich als Barwert aller künftigen Erträge ermittelt.

a) Bei **Anwendung des Vergleichswertverfahrens** wird der Marktwert zwar (in Bezug auf den Wertermittlungsstichtag) aus möglichst gegenwartsnah zustande gekommenen Vergleichspreisen abgeleitet. Gleichwohl ist auch dieser Wert ein zukunftsorientierter Wert, denn die Vergleichspreise werden maßgeblich durch die Zukunftserwartungen der Käufer geprägt.

---

[27] „Value is created by the anticipation of future benefits", The Appraisal of Real Estate, 12. Aufl. Chicago S. 35.

b) Bei **Anwendung des Ertragswertverfahrens** wird allein schon dadurch der Blick in die Zukunft in den Vordergrund gerückt, weil das **Verfahren a priori darauf angelegt** ist, **den Marktwert aus der künftigen Nutzung (bzw. Nutzungsfähigkeit) abzuleiten**. Damit sind bei einem bebauten Grundstück die Erträge angesprochen, die über die gesamte Zeitschiene der wirtschaftlichen Nutzbarkeit vor allem des Gebäudes erwartet werden können. Dies kann ein sehr langer, kaum übersehbarer Zeitraum sein, jedoch ist der Anwender damit gehalten, das in die Wertermittlung einzustellen, was er bei wirtschaftlich vernünftiger Betrachtung am Wertermittlungsstichtag hätte erkennen können. Grundsätzlich kann der Sachverständige darauf vertrauen, dass er mit den am Wertermittlungsstichtag marktüblich erzielbaren Ertragsverhältnissen die nachhaltige Ertragssituation „einfängt", wenn er zur Kapitalisierung dieser Erträge den (dynamischen) Liegenschaftszinssatz heranzieht, der auf dem Grundstücksmarkt im Hinblick auf die nachhaltige Entwicklung ermittelt wurde. Der zur Ermittlung des Ertragswerts heranzuziehende Liegenschaftszinssatz ist darauf angelegt, die künftige Entwicklung in die Verkehrswertermittlung einzustellen (vgl. Erläuterungen zu § 14 Abs. 3 ImmoWertV).

c) Der Sachwert baulicher Anlagen wird zwar i. d. R. mithilfe von Normalherstellungskosten der Vergangenheit abgeleitet, die zunächst auf den Wertermittlungsstichtag mithilfe von Baupreisindexreihen umgerechnet wurden. Diese Kosten haben im Rahmen der Marktwertermittlung nur insoweit Bedeutung, wie sie das abbilden, was **der Grundstückseigentümer heute (am Wertermittlungsstichtag) mit Blick auf die zukünftige Nutzung an eigenen Aufwendungen erspart.** Bei alledem geht es nicht um die „historischen Rekonstruktionskosten" nach den Verhältnissen zum Zeitpunkt der Errichtung des Gebäudes, sondern um die **Ersatzbeschaffungskosten** *(replacement costs)* nach den Verhältnissen am Wertermittlungsstichtag. Insoweit ist auch bei Anwendung des Sachwertverfahrens die Vergangenheit nur von begrenzter Bedeutung.

Im Kern geht es deshalb bei Anwendung des Sach-, Vergleichs- und Ertragswertverfahrens darum, möglichst wertermittlungsstichtagsnahe Erfahrungssätze und Marktindikatoren über die auf dem Grundstücksmarkt vorherrschende Wertschätzung des Objekts (Vergleichspreise), die Herstellungskosten (Normalherstellungskosten) und Erträge unter Berücksichtigung der künftigen Nutzung in das Verfahren einzuführen.

b) *Highest and best use value*

Aus der Erkenntnis, dass der Marktwert (Verkehrswert) als Zukunftserfolgswert verstanden werden muss, folgt, dass bei der Marktwertermittlung von **Grundstücken, bei denen mit der tatsächlichen Nutzung ein am Wertermittlungsstichtag vorhandenes** (schlummerndes) **Entwicklungspotenzial nicht ausgeschöpft wird,** die (künftige) Nutzung in die Wertermittlung eingehen muss, die sich einem verständigen Eigentümer unter Berücksichtigung der rechtlichen Möglichkeiten und der Präferenzen des Grundstücksmarktes aufdrängt (Grundsatz des *highest and best use)*: „*Highest and best use is the reasonably probable and legal use of vacant or an improved property that is physically possible, legally permissible, appropriately supported, financially feasible, and that results in the highest value*[28]. Die vorhandene Nutzung kann sich dabei als hinderlich erweisen; auch dies muss ggf. berücksichtigt werden. Es handelt sich in solchen Fällen um Immobilien mit Entwicklungspotenzial *(property in transition),* wobei sich vielfach verschiedene Alternativnutzungen anbieten. In solchen Fällen kann regelmäßig die Nutzung der Marktwertermittlung zugrunde gelegt werden, die bei geringstem Risiko die höchste Ertragsfähigkeit *(maximally productive)* verspricht. Der Marktwertermittlung muss in solchen Fällen eine Kosten-Nutzen-Analyse vorausgehen. Bei alledem kann es nicht auf bloße Wunschvorstellungen des Eigentümers ankommen; vielmehr sind die vorhandenen und absehbaren **rechtlichen und wirtschaftlichen Möglichkeiten realitätsbezogen ohne spekulative Momente anzuhalten** *(physically possible, legally permissible und financially feasible).*

---

[28] The Appraisal of Real Estate, The American Institute, 12. Auf., S 306.

Vorbemerkungen zur ImmoWertV   Wertermittlungsstichtag

Dass Entwicklungspotenziale bei der Marktwertermittlung berücksichtigt werden müssen, folgt aus der Definition des Marktwerts als dem im gewöhnlichen Geschäftsverkehr erzielbaren Preis. Im gewöhnlichen Geschäftsverkehr wird nämlich neben der tatsächlichen Nutzung auch die Nutzungsfähigkeit eines Grundstücks berücksichtigt. **Zu den „tatsächlichen Eigenschaften"** i. S. des § 194 BauGB **gehört mithin nicht nur das tatsächlich „Vorhandene", sondern auch das bei nüchterner Betrachtung unter Berücksichtigung der rechtlichen und wirtschaftlichen Gegebenheiten „Mögliche",** selbst dann, wenn sich dies noch nicht rechtlich verfestigt hat. Maßgeblich ist dabei die gesunde Verkehrsauffassung. Der BGH[29] hat in seiner Rechtsprechung auch deutlich gemacht, dass sich der Marktwert nicht allein nach der ausgeübten Nutzung, sondern auch unter Einbeziehung der Nutzungsfähigkeit bemisst:

„Die Entschädigung für das Grundstück ist vielmehr nach der durch seine Beschaffenheit und Lage bedingten Nutzungsfähigkeit – nicht allein nach der ausgeübten Nutzung – des Grundstücks am Tage der Inanspruchnahme zu bemessen (vgl. BGH, Urt. vom 08.11.1962 – III ZR 86/61 –, *EzGuG 8.5*)."

In dieser Rechtsprechung ging es zwar um die Verkehrswertermittlung landwirtschaftlicher Grundstücke, jedoch kann dies gleichermaßen für die **Nutzungsfähigkeit bebauter Grundstücke** gelten, zumindest dann, wenn nicht ein entschädigungslos hinzunehmender Planungsschaden für eine nicht ausgeübte Nutzung i. S. des § 42 BauGB droht.

Diese Auslegung führt im Übrigen zum Ergebnis, dass insoweit keine Disparität zur Beleihungswertermittlung besteht, bei der die sog. **Drittverwendungsmöglichkeit** seit jeher Berücksichtigung findet[30].

Diese Vorgehensweise ist z. B. bei Immobilien angezeigt, die sich in einem (potenziellen) Umbruch befinden (*property in transition*). So wie der Eigentümer in solchen Fällen verschiedene Optionen der Grundstücksnutzung hat und sich aus einem gesunden Interesse an einer Gewinnmaximierung überlegen kann, welche Nutzung zu bevorzugen ist, muss dies auch bei der Wertermittlung berücksichtigt werden.

Dabei müssen aber gewissenhaft einige Regeln beachtet werden, wenn solche Überlegungen zum Marktwert (Verkehrswert) führen sollen:

a) Bei der Berücksichtigung zukünftiger Nutzungsmöglichkeiten kann nur das zugrunde gelegt werden, was nach den **rechtlichen und tatsächlichen Gegebenheiten ohne spekulative Elemente erwartet werden kann,** wobei Erwartungen nicht unumstößlich abgesichert sein müssen.

b) Es dürfen nur solche Nutzungsmöglichkeiten berücksichtigt werden, die im Immobilienverkehr nach den Verwertungsmöglichkeiten des Objektes „gewöhnlich" und damit markt- und wertbestimmend sind; auf **persönliche Nutzungsabsichten eines Erwerbers kommt es** also **nicht an.**

c) **Alle in die Wertermittlung eingehenden Daten müssen,** auch soweit es dabei um eine fiktive Verkehrswertermittlung für den Umnutzungsfall geht, **dem gewöhnlichen Geschäftsverkehr entsprechen** und von ungewöhnlichen oder persönlichen Verhältnissen unbeeinflusst sein.

Die „höchste und beste Nutzung" der Marktwertermittlung zugrunde zu legen, kann also als ein der Marktwertdefinition innewohnender Grundsatz angesehen werden. Dies ist keinesfalls eine der angelsächsischen Bewertungslehre ureigene Auffassung, sondern lag stets auch dem deutschen Verständnis vom Marktwert zugrunde[31].

---

29 BGH, Urt. vom 06.12.1962 – III ZR 113/61 –, EzGuG 6.65; LG Bremen, Urt. vom 05.11.1954 – 1 O 749/54 (B) –, EzGuG 6.10; BGH, Urt. vom 17.12.1964 – III ZR 96/63 –, EzGuG 11.47; BGH, Urt. vom 08.11.1962 – III ZR 86/61 –, EzGuG 8.5.

30 So auch ausdrücklich die Interpretation des marché normal in Art. 2 des Règlement no 99 – 10 du Comité de la réglementation bancaire et financière sur les sociétés de credit foncière (Journal officiel de la République Française 1999 vom 27.07.1999); auch die englische Interpretation des Verkehrswerts im *Red Book* (2002), nach der der Verkehrswert „the prospect of development where there is no current permission for that development" einschließt.

31 So schon bei Kleiber/Simon, WertV 98 5. Aufl., Köln 1999; so aber auch Tegova, Anerkannte Europäische Standards für die Immobilienbewertung, London 1997, S. 20.

Wertermittlungsstichtag   **Vorbemerkungen zur ImmoWertV**

Die höchste Nutzung wird nicht ganz befriedigend vom *International Valuation Standards Committee* **(IVSC)** wie folgt definiert:

„Die wahrscheinlichste Nutzung einer Immobilie, die physisch möglich, angemessen gerechtfertigt, rechtlich zulässig und finanziell durchführbar ist und die der bewerteten Immobilie den höchsten Wert verleiht."

Das Verständnis von einem Marktwert (Verkehrswert), der sich nach dem *„best use"* eines wirtschaftlich vernünftig Handelnden bemisst, hat seit jeher die Wertermittlungspraxis bestimmt[32]. Bestimmte **Spielarten der klassischen Wertermittlungsverfahren** sind gezielt darauf gerichtet, den für eine vorgefundene immobilienwirtschaftliche Situation erzielbaren *„best use value"* zu ermitteln, so z. B.

– das Liquidationswertverfahren (vgl. § 8 ImmoWertV Rn. 89 ff.),

– die sog. „Zerlegungs- oder Zerschlagungstaxe" oder

– die Berücksichtigung von „Verschmelzungswertrelationen".

Das Verständnis des Marktwerts vom *„highest and best use value"* darf bei alledem jedoch nicht schematisch überstrapaziert werden. Er muss mit **großer Sensibilität zur Anwendung** kommen.

c)   *Wurzeltheorie*

Die vornehmlich im Rahmen der Unternehmensbewertung entwickelte **Wurzeltheorie** gilt auch für die Marktwertermittlung. Der BFH hat zutreffend festgestellt, dass sich auf den Marktwert nur solche Verhältnisse und Gegebenheiten auswirken können, die zum Wertermittlungsstichtag hinreichend konkretisiert sind und zumindest mit ihrer Tatsache gerechnet werden konnte (Wurzeltheorie)[33]. Sie liegt im Wesen des Marktwerts (Verkehrswerts), der maßgeblich durch die künftige am Wertermittlungsstichtag mit hinreichender Sicherheit erkennbare Nutzbarkeit bestimmt ist (Zukunftserfolgswert)[34]. **Spätere Entwicklungen,** deren Wurzeln in der Zeit nach dem Wertermittlungsstichtag liegen, **müssen** dagegen **außer Betracht bleiben**[35]. Außer Betracht müssen – auch bei retrograder Marktwertermittlung (ex post) dagegen Erkenntnisse über Tatsachen bleiben, die zwar am Wertermittlungsstichtag gegeben waren, jedoch nicht erkannt werden konnten. Deshalb ist bei retrograder Marktwertermittlung ein **später aufkommender Altlastenverdacht** selbst dann nicht berücksichtigt worden, wenn er sich später verifiziert hat (vgl. § 3 ImmoWertV Rn. 4, Syst. Darst. des Vergleichswertverfahrens Rn. 67).

8

1.1.2.6   Missverstandenes Stichtagsprinzip

Dass sich der Marktwert (Verkehrswert), wie auch andere Werte, (nach dem Wortlaut des § 194 BauGB i. V. m. § 3 Abs. 1 ImmoWertV) auf die allgemeinen Wertverhältnisse eines bestimmten Wertermittlungsstich*tags* bezieht, führt im Übrigen bei Laien immer wieder zu einer Reihe von Trugschlüssen, die hier als missverstandenes Stichtagsprinzip bezeichnet sind.

9

– Mit der Bezugnahme auf einen Wertermittlungsstichtag sind einerseits – wie vorstehend ausgeführt – **Zukunftserwartungen (positiver und negativer Art)** von ihrer Einbezie-

---

[32] Auch und vor allem in der Unternehmensbewertung: BGH, Urt. vom 30.03.1967 – II ZR 141/64 –, NJW 1967 = MDR 1967, 566; OLG Düsseldorf, Beschl. vom 17.02.1984 – 19 W 1/81 –, EzGuG 20.104b.

[33] BFH, Urt. vom 01.04.1998 – X R 150/95 –, Gruchot 41, 1002; BGH, Beschl. vom 27.02.1992 – IV R 71/90 –, BFHE 167, 140 = BStBl. II 1992, 554 = BB 1992, 1178; BGH, Urt. vom 17.01.1973 – IV ZR 142/70 –, NJW 1973, 509 = EzGuG 20.53b; BayObLG, Urt. vom 11.07.2001 – 3 Z BR 153/00 –, DB 2001, 1928; BGH, Urt. vom 04.03.1998 – II B 5/97 –, ZIP 1998, 690 = NZG 1998, 379 auch Emmerich/Habersack, § 305 AktG Rn. 58.

[34] Bereits: RG, Urt. vom 03.04.1897 – V 341/96 –, Gruchot 41, 1002; BGH, Beschl. vom 08.05.1998 – Blw. 18/97 –, EzGuG 20.163; BGH, Beschl. vom 16.02.1973 – II ZR 74/71 –, DB 1973, 565; OLG Düsseldorf, Urt. vom 17.02.1984 – 19 W 1/81 –, EzGuG 20.104b; OLG Düsseldorf, Urt. vom 29.10.1976 – 19 W 6/73 –, WM 1977,797 = DB 1977, 296; OLG Celle, Urt. vom 04.04.1979 – 9 Wx 2/77 –, EzGuG 20.80a; LG Frankfurt am Main, Urt. vom 08.12.1982 – 3/3 AktE 104/79 –, BB 1983, 1244.

[35] BGH, Urt. vom 17.01.1973 – IV ZR 142/70 –, EzGuG 20.53a.

hung in die Marktwertermittlung nicht ausgenommen. Es ist daher abwegig, unter Hinweis auf den Wertermittlungsstichtag die Berücksichtigung von Zukunftserwartungen auszuschließen. Der stichtagsbezogene Marktwert ist nach seinem materiellen Gehalt eine Größe, in der sich Zukunftserwartungen „kondensieren", wobei hierbei vor allem das sog. Nachhaltigkeitsprinzip zu beachten ist (vgl. § 2 ImmoWertV Rn. 4 ff.).

- Des Weiteren darf die vorgegebene Bezugnahme auf die allgemeinen Wertverhältnisse eines bestimmten Wertermittlungsstich*tags* nicht dahingehend missverstanden werden, dass es „messerscharf" allein auf die Wertverhältnisse dieses Tages ankommt. Die Marktwertermittlung könnte das nicht leisten und schon gar keine „seismologische" Fortschreibung des Marktwerts eines Grundstücks zum „Tageskurs". Dies wäre im Übrigen auch mit der Definition des Marktwerts unvereinbar.

Denn im gewöhnlichen Geschäftsverkehr wird der Grundstückskauf bei kurzfristigen (möglicherweise spekulativ überhitzten) Preisausschlägen „nach oben" ebenso zurückgestellt, wie der Verkauf bei kurzfristigen Preisausschlägen „nach unten", d. h., der Grundstücksverkehr ist in diesen Phasen „gestört". Verkäufer und Käufer werden nicht zu „jedem Preis" handelseinig. Schon der RFH[36] hat im Zusammenhang mit der Ermittlung des gemeinen Werts (Marktwert) von Anlagegegenständen entschieden, „dass geringfügige Schwankungen und vorübergehende Erscheinungen regelmäßig noch nicht genügen, um den gemeinen Wert jener Gegenstände zu steigern und zu senken". Der BGH hat zu alledem zutreffender Weise in seiner Chruschtschow-Entscheidung[37] erkannt, dass kurzfristige Preissenkungen auf dem Grundstücksmarkt außer Betracht bleiben müssen, wenn der spätere Wegfall der Preissenkung bei vernünftiger wirtschaftlicher Betrachtungsweise für einen durchschnittlich besonnenen, nüchternen Betrachter erkennbar war. Gleiches muss entsprechend für kurzfristige Spitzenausschläge gelten. Soweit die einem „durchschnittlich besonnenen, nüchternen Betrachter" am Wertermittlungsstichtag erkennbare Entwicklung außer Betracht bliebe, müsste von einem **missverstandenen Stichtagsprinzip** gesprochen werden. Der in § 3 Abs. 1 ImmoWertV verwandte Begriff des Wertermittlungsstichtags mag hierzu beigetragen haben (vgl. hierzu Syst. Darst. des Ertragswertverfahrens Rn. 2).

Im gewöhnlichen Geschäftsverkehr nehmen sich sowohl Käufer als auch Verkäufer bei dem Erwerb bzw. der Veräußerung einer Immobilie Zeit. Nach Untersuchungen amerikanischer Makler gelangen z. B. Einfamilienhäuser erst nach durchschnittlich drei Monaten zum Verkauf, d. h., das Geschehen auf dem Grundstücksmarkt ist im gewöhnlichen Geschäftsverkehr durch einen relativ langen Verhandlungszeitraum und dem Objekt angemessene Vermarktungsmodalitäten gekennzeichnet. Größere Immobilien gelangen sogar erst nach weitaus längeren Zeiträumen zum Verkauf.

Dass der gewöhnliche Geschäftsverkehr i. S. des § 194 BauGB durch einen **objektadäquaten Vermarktungszeitraum** geprägt ist, wird in den außergesetzlichen englischen und französischen Normen wortreich umschrieben. Die französischen Erläuterungen fordern, *„que le bien ait été proposé à la vente dans les conditions du marché, sans réserves, avec une publicité adéquate"*. Die Definition des *Market Value* fordert ein *„proper marketing"* und versteht u. a. darunter ein dem Objekt angemessenen Vermarktungszeitraum[38].

Aus Kaufpreis- und Umsatzuntersuchungen der Gutachterausschüsse ist darüber hinaus bekannt, dass in Zeiten der Preisberuhigung und des Preisrückgangs auf dem Grundstücksmarkt (sog. **Flaute auf dem Immobilienmarkt**) die Umsätze zurückgehen, während sie bei Preissteigerungen wieder anziehen. Auch hieraus folgt, dass seitens der Verkäufer Preiseinbrüche durch Zurückhaltung überbrückt werden. Im gewöhnlichen Geschäftsverkehr handeln weder Käufer noch Verkäufer unter zeitlichem Druck, d. h., bei vorübergehenden Preisausschlägen wird entweder vom Käufer oder vom Verkäufer zugewartet. Aus diesem Grunde dürfen kurzfristige und vorübergehende Preiseinbrüche im Hinblick auf das **(missverstan-**

---

[36] RFH, Urt. vom 24.01.1935 – III A 406 –.
[37] BGH, Urt. vom 31.05.1965 – III ZR 214/63 –, EzGuG 19.8; BGH, Urt. vom 22.10.1986 – IVa ZR 143/85 –, EzGuG 20.117.
[38] Red Book Teil II, Ziff. 3.2.7.

dene) **Stichtagsprinzip**[39] nicht zur Grundlage der Marktwertermittlung gemacht werden. Das Gleiche gilt im Hinblick auf das Käuferverhalten für kurzfristige und vorübergehende Preisausschläge „nach oben".

Im Rahmen der Rechtsprechung des BGH zur **Ermittlung des Zugewinnausgleichs und von Pflichtteilsansprüchen** wird deshalb auf das Verhalten eines „nüchternen Käufers bzw. Verkäufers" abgestellt, der außergewöhnliche allgemeine Wertverhältnisse auf dem Grundstücksmarkt (z. B. die Flaute auf dem Grundstücksmarkt) ausschaltet. Der BGH spricht in diesem Zusammenhang vom „wahren" und „inneren" Wert[40]. Es handelt sich dabei nach Einschätzung des BGH um eine „Denkfigur, mit deren Hilfe bei außergewöhnlichen allgemeinen Wertverhältnissen auf dem Grundstücksmarkt" i. S. des § 3 Abs. 2 ImmoWertV, d. h. bei **„Preisverhältnissen unter Ausnahmebedingungen** (Stopppreise; Chruschtschow-Ultimatum und Berliner Grundstückspreise)" unangemessenen Ergebnissen der Verkehrswertermittlung, z. B. im Interesse der Pflichtteilsberechtigten, entgegenzuwirken versucht wird.

Der BGH[41] hatte zu alledem im Urteil vom 23.10.1985 u. a. dargelegt, dass der für die Berechnung des Zugewinns maßgebende wirkliche Wert eines Grundstücks nicht stets mit dem hypothetischen Verkaufswert am Stichtag übereinstimmen muss, sondern dass der wirkliche Wert höher sein kann als der aktuelle Veräußerungswert. Insbesondere ist bei der Wertermittlung ein **vorübergehender Preisrückgang** nicht zu berücksichtigen, wenn er bei nüchterner Beurteilung schon am Stichtag als vorübergehend erkennbar war. Eine strengere Orientierung an dem tatsächlich erzielbaren Verkaufserlös ist nur dann geboten, wenn das Grundstück zur Veräußerung bestimmt ist oder als Folge des Zugewinnausgleichs veräußert werden muss[42]. In einer neueren Entscheidung hat der BGH[43] bekräftigt, dass nur dann, wenn im Rahmen des Zugewinnausgleichs der Ausgleichspflichtige gezwungen ist, Gegenstände seines Endvermögens unwirtschaftlich zu liquidieren, dieser Umstand im Rahmen einer **sachverhaltsspezifischen Wertermittlung** zu berücksichtigen ist; dabei ist vorab zu prüfen, ob eine unwirtschaftliche Liquidierung durch eine Stundung gemäß § 1382 BGB vermieden werden kann.

In einer weiteren **Entscheidung des BGH**[44] wird zu alledem ausgeführt:

„Der Zugewinnausgleich soll beide Ehegatten gleichermaßen an den während der Ehe geschaffenen Werten beteiligen. Würde insbesondere ein Familienheim, bei dem es sich vielfach um das Hauptvermögensstück handelt, nur mit einem Wert angesetzt, der durch eine **vorübergehende ungünstige Marktlage** beeinflusst ist, erlangte der ausgleichsberechtigte Ehegatte keinen angemessenen Anteil an dessen wirklichem, bleibendem Wert, während der andere Ehegatte, der im Besitz des Objekts bleiben will und kann, aus eher zufälligen Umständen Nutzen zöge. Entgegen der Auffassung des BG kommt es deswegen auch nicht darauf an, ob eine ungünstige Marktlage auf örtlich begrenzte Umstände zurückzuführen ist oder auf eine gesamtwirtschaftliche Entwicklung. Entscheidend ist, ob sie aus der Sicht eines nüchternen Betrachters am Bewertungsstichtag als temporär einzuschätzen war und deswegen einen wirtschaftlich Denkenden veranlasst hätte, eine Veräußerung zurückzustellen, soweit nicht besondere Umstände dazu zwängen."

---

[39] BGH, Urt. vom 31.05.1965 – III ZR 214/63 –, EzGuG 19.8; BGH, Urt. vom 01.04.1992 – XII ZR 142/91 –, EzGuG 20.139a, hierzu Kleiber in GuG-aktuell 1995, 1998, 9.
[40] BGH, Urt. vom 01.04.1992 – XII ZR 142/91 –, EzGuG 20.139a; BGH, Urt. vom 23.10.1985 – IVb ZR 62/84 –, EzGuG 20.110b; BGH, Urt. vom 31.05.1965 – III ZR 214/63 –, EzGuG 19.8; BGH, Urt. vom 14.02.1975 – IV ZR 28/73 –; BGH, Urt. vom 17.03.1982 – IVa ZR 27/81 –, EzGuG 20.94a; BGH, Urt. vom 01.10.1992 – IV ZR 211/91 –, EzGuG 20.142; BGH, Urt. vom 13.03.1991 – IV ZR 52/90 –, EzGuG 20.134b; BGH, Urt. vom 25.03.1954 – IV ZR 146/53 –, EzGuG 20.17; BGH, Urt. vom 04.06.1954 – V ZR 10/54 –, EzGuG 6.7d; BGH, Urt. vom 30.09.1954 – IV ZR 43/54 –, BGHZ 14, 368 = WM 1955, 342 = BB 1954, 1009; Kleiber in GuG-aktuell 1995, 1.
[41] BGH, Urt. vom 23.10.1985 – IVb ZR 62/84 –, EzGuG 20.110b.
[42] Schwab, Hdb des ScheidungsR 2. Aufl. Teil VII Rn. 72.
[43] BGH, Urt. vom 15.01.1992 – XII ZR 247/90 –, BGHZ 117, 70 = NJW 1992, 1103 = FamRZ 1992, 411.
[44] BGH, Urt. vom 01.04.1992 – XII ZR 146/91 –, EzGuG 20.139a.

Vorbemerkungen zur ImmoWertV Transaktionskosten

1.1.2.7 Grundstückstransaktionskosten

▶ *Syst. Darst. des Vergleichswertverfahrens Rn. 537; Syst. Darst. des Ertragswertverfahrens Rn. 424*

10 Der **Marktwert (Verkehrswert)** einer Immobilie wird durch die üblicherweise anfallenden **Grundstückstransaktionskosten** (Grunderwerbsnebenkosten bzw. Grundstücksnebenkosten) i. d. R. **beeinflusst.** Angesichts der nicht unerheblichen Höhe der Transaktionskosten muss nämlich davon ausgegangen werden, dass im Rahmen der Preisbildung auf dem Grundstücksmarkt diese Kosten vom Erwerber in seine Gesamtkalkulation eingestellt worden sind. Der im Kaufvertrag schließlich vereinbarte und ausgewiesene Kaufpreis stellt gewissermaßen das Ergebnis dieser Gesamtkalkulation dar. Diese Kaufpreise gehen nun als Vergleichspreise in die Kaufpreissammlung ein und bilden die Grundlage der Marktwertermittlung. Damit wird deutlich, dass die Transaktionskosten durchaus den Marktwert beeinflussen, und zwar in der üblicherweise und objektspezifischen Höhe[45]. Um den allgemeinen Einfluss der üblicherweise anfallenden Transaktionskosten auf den Marktwert an einem drastischen Beispiel zu verdeutlichen, sei auf den Fall hingewiesen, dass die Grunderwerbsteuer auf 50 v. H. (!) heraufgesetzt würde, was zu deutlich niedrigeren Kaufabschlüssen führen würde.

Grunderwerbsnebenkosten bzw. Grundstücksnebenkosten sind die im Zusammenhang mit der Veräußerung von Grundstücken auftretenden Grundstückstransaktionskosten. Die **DIN 276/ 1993** führt unter Ziff. 4.3 hierzu auf:

– Vermessungsgebühren,

– Gerichtsgebühren,

– Notariatsgebühren (*legal and registration fees*),

– Maklerprovision (*agents fees*),

– Grunderwerbsteuer (*transfer tax; stamp duty*),

– Wertermittlungen/Untersuchungen (z. B. bez. Altlasten),

– Genehmigungsgebühren,

– Bodenordnung/Grenzregulierung,

– Sonstige Grundstücksnebenkosten (Kosten für die Bestellung von Grundschulden und Hypotheken zur Kaufpreisfinanzierung; Kosten der Löschung von Belastungen im Grundbuch, die der Käufer nicht trägt; § 449 BGB).

Die **Grundstückstransaktionskosten** werden **durchschnittlich mit ca. 12 Prozent des Kaufpreises** eingeschätzt (1,5 % Notar, Grundbuch, ca. 4,0 % Grunderwerbsteuer; 6 % Maklerprovision; 1 % Bank- und Bearbeitungsgebühren) sowie ggf. zusätzliche Kosten für die Risikoabdeckung durch Lebensversicherung und Arbeitslosigkeit[46].

Grundstückstransaktionskosten werden in marktkonformer Höhe zumeist bereits indirekt mit den herangezogen Vergleichsdaten „im" Wertermittlungsverfahren berücksichtigt[47]. Eine zusätzliche Berücksichtigung der Grundstücksnebenkosten, die überdies je nach persönlichen Umständen unterschiedlich ausfallen können, ist von daher abzulehnen. Vielmehr sind diese den ungewöhnlichen oder persönlichen Verhältnissen zuzuordnen, wenn sie von den üblichen Kosten abweichen (§ 7 Satz 2 ImmoWertV). Kein Grundstückseigentümer wäre zum Verkauf „unter" Verkehrswert nur deshalb bereit, weil ein bestimmter Erwerber aus seiner persönlichen Situation heraus besonders hohe Nebenkosten hat.

---

45 Diesen Gedankengängen folgend stellte § 6 Abs. 3 WertV 88/98 richtigerweise heraus, dass nur die aus Anlass des Erwerbs und der Veräußerung entstehenden Aufwendungen, die nicht üblicherweise entstehen, bezüglich ihres Einflusses auf den (Vergleichs- bzw.) Kaufpreis unberücksichtigt bleiben müssen.
46 BT-Drucks. 15/3928 S. 2.
47 Vgl. Kleiber in GuG 2000, 321 ff.

Transaktionskosten **Vorbemerkungen zur ImmoWertV**

Bei der Marktwertermittlung von Grundstücken nach den klassischen Wertermittlungsverfahren ist regelmäßig davon auszugehen, dass die Grundstückstransaktionskosten „automatisch" Eingang in die Wertermittlung finden, weil

- bei **Anwendung des Vergleichswertverfahrens** bereits von Vergleichspreisen ausgegangen wird, die i. d. R. unter dem Einfluss der üblicherweise vom Erwerber aufzubringenden Grunderwerbskosten bereits gemindert sind,

- bei **Anwendung des Ertragswertverfahrens** auf der Grundlage marktkonformer Liegenschaftszinssätze von Zinssätzen ausgegangen wird, die aus Kaufpreisen bebauter Grundstücke abgeleitet worden sind, für die der Erwerber die Grunderwerbskosten aufzubringen hat und die, wie im vorstehenden Fall bereits mit dem Kaufpreis berücksichtigt werden,

- bei **Anwendung des Sachwertverfahrens** insbesondere im Hinblick auf die aus Vergleichspreisen abgeleiteten Bodenwerte sowie im Hinblick auf die zur Anwendung kommenden Marktanpassungsfaktoren, die wiederum aus Vergleichspreisen bebauter Grundstücke abgeleitet worden sind, bei denen der Erwerber die Grunderwerbskosten berücksichtigt hat.

Anders stellt sich die Situation bei Anwendung des **Prognoseverfahrens (*Discounted Cashflow* Verfahrens)** auf der Grundlage von Diskontierungszinssätzen dar, die sich am Zins für langfristige Kapitalanlagen (z. B. Bundesobligationen) orientieren (vgl. Syst. Darst. des Ertragswertverfahrens Rn. 348 ff.). Diese Zinssätze werden für Geldanlagen gewährt die im Vergleich zu Immobilienanlagen verhältnismäßig geringe Transaktionskosten aufweisen, so dass der Ertrag um die Transaktionskosten vermindert werden muss, wenn man diese Zinssätze hilfsweise auf die Verkehrswertermittlung von Grundstücken überträgt. Wendet man das Prognoseverfahren (*Discounted Cashflow* Verfahren) in der Weise an, dass man nur den Investitionszeitraum der ersten (zehn) Jahre (Betrachtungszeitraum, *holding period*) auf der Grundlage der bankenüblichen Zinssätze kapitalisiert und den Restwert auf der Grundlage des Liegenschaftszinssatzes kapitalisiert, so hat man bezüglich dieses Wertanteils aber – wie bei Anwendung des klassischen Ertragswertverfahrens – die Transaktionskosten mit dem Liegenschaftszinssatz berücksichtigt.

Eine Besonderheit liegt auch bei Anwendung des **Extraktionsverfahrens (Residualwertverfahrens)** vor (vgl. Syst. Darst. des Vergleichswertverfahrens Rn. 447 ff.). Bei Anwendung dieses Verfahrens will man den Verkehrswert – aus den Kosten der Grundstücksentwicklung – ableiten und wenn in diesem Rahmen ein (zusätzlicher) Grunderwerb erforderlich ist, so ist darin eine gesonderte Berücksichtigung der Grunderwerbskosten – quasi als unvermeidliche Entwicklungskosten im erweiterten Sinne – begründet. Im Zuge der Grundstücksentwicklung wird dann nämlich ein zusätzlicher Zwischenerwerb erforderlich. Die Grunderwerbskosten werden deshalb auch nur einmal und nicht im Hinblick auf den Verkauf der Immobilie an den „Enderwerber" ein zweites Mal berücksichtigt. Der „Endverkauf" z. B. eines neu errichteten Wohnhauses zum Marktwert unter Abzug der Grunderwerbsnebenkosten wäre nicht dem gewöhnlichen Geschäftsverkehr zuzurechnen[48].

Die Grunderwerbskosten haben darüber hinaus im Rahmen der Investitionsberechnung Bedeutung für die sog. Nettoanfangsrendite. Die **Nettoanfangsrendite** (*initial rent*) ergibt sich – bezogen auf den Zeitpunkt des Grundstückserwerbs – aus:

$$\text{Nettoanfangsrendite} = \frac{\text{Reinertrag (RE) gemäß Vertragsmiete}}{\text{Gesamtinvestitionskosten (einschließlich Grundstückstransaktionskosten)}}$$

Zusammenfassend ist festzustellen, dass Grundstückstransaktionskosten generell den Marktwert beeinflussen. Einer besonderen Berücksichtigung dieses Einflusses bedarf es bei Anwendung der gängigen Wertermittlungsverfahren jedoch nicht, da der Einfluss bereits implizit mit den Wertermittlungsparametern berücksichtigt wird. Wenn jedoch in Einzelfällen bei Anwen-

---

48 Hierzu die Glosse in GuG-aktuell 2000, 9.

Vorbemerkungen zur ImmoWertV — Marktwert

dung besonderer Wertermittlungsverfahren die Grunderwerbskosten nicht indirekt Eingang in die Marktwertermittlung finden, so kann ein gesonderter Abzug in Betracht kommen.

Abzulehnen ist die mit dem Hinweis auf „**internationale Bewertungsstandards**" erhobene pauschale Forderung, die Grunderwerbskosten bei der Ermittlung des Verkehrswerts stets zum Abzug zu bringen. Dabei wird unzulässigerweise der Begriff der „internationalen Bewertungs*standards*" als internationale Bewertungs*verfahren* verstanden. Als „internationalen Bewertungs*standards*" können nun allenfalls die Regelungen der internationalen Rechnungslegung und Bilanzierung verstanden werden. In die internationale und in die deutschen Rechnungslegung und Bilanzierung wird nun zunehmend das Verkehrswertprinzip (Marktwertprinzip) eingeführt und auch dann sind Grunderwerbskosten nicht gesondert zum Ansatz zu bringen. Nur in besonderen Ausnahmefällen der internationalen und deutschen Bilanzierung sind jedoch die Grunderwerbskosten gesondert abzusetzen, z. B. wenn eine anstehende Grundstückstransaktion zu einer Vermögensminderung führt. So soll nach Abschn. 7 Art. 49 Abs. 5 der EG-Richtlinie von 1991 (91/647/EEC) im Rahmen der Rechnungslegung und Bilanzierung von Unternehmenswerten der Marktwert ... um die tatsächlichen oder geschätzten Verkaufskosten reduziert werden ..., wo der Wert an dem Tag festgesetzt wurde, an dem die Bilanzen aufgestellt werden, an dem Land und Gebäude verkauft wurden oder binnen kurzer Zeit verkauft werden.

1.1.2.8 Ungewöhnliche oder persönliche Verhältnisse

a)   Allgemeines

11 Neben dem **gewöhnlichen Geschäftsverkehr** fordert die Marktwertdefinition des § 194 BauGB, dass bei der Marktwertermittlung „ungewöhnliche oder persönliche Verhältnisse" unberücksichtigt bleiben müssen. § 7 Satz 1 ImmoWertV[49] gibt ergänzend vor, dass zur Wertermittlung nur Kaufpreise (Vergleichspreise) und andere Daten wie Mieten und Bewirtschaftungskosten heranzuziehen sind, bei denen angenommen werden kann, dass sie nicht durch ungewöhnliche oder persönliche Verhältnisse beeinflusst worden sind. Bei alledem ist im „gewöhnlichen Geschäftsverkehr" unter Ausschluss „ungewöhnlicher oder persönlicher Verhältnisse eine Tautologie erblickt worden"[50].

In der Rechtsprechung werden die **„ungewöhnlichen"** und die **„persönlichen" Verhältnisse** in aller Regel als **einheitliches Begriffspaar** verwandt. Eine Unterscheidung zwischen beiden Begriffen kann aber durchaus sinnvoll sein.

b)   Ungewöhnliche Verhältnisse

Grundsätzlich bestimmen die im Einzelfall objektiv gegebenen Merkmale eines Grundstücks seinen Marktwert, auch wenn sie als „ungewöhnlich" zu bezeichnen sein mögen. Ungewöhnliche Verhältnisse in den Eigenschaften des Grundstücks müssen deshalb entgegen dem Wortlaut des § 194 BauGB berücksichtigt werden, denn es wäre mit dem gewöhnlichen Geschäftsverkehr unvereinbar, wenn z. B. ein ungewöhnlicher Grundstückszuschnitt, ein besonders problembehafteter Baugrund oder eine besondere rechtliche Belastung eines Grundstücks[51] als tatsächliche Eigenschaft des Grundstücks bei der Marktwertermittlung unberücksichtigt blieben. Mit der ImmoWertV hat der Verordnungsgeber klargestellt, dass *Rechte am Grundstück* zu berücksichtigen sind und nicht als ungewöhnliche Verhältnisse außer Betracht bleiben (§ 6 Abs. 2 ImmoWertV). Gleiches muss für sonstige ungewöhnliche

---

49 Die Vorgängerregelung (§ 4 Abs. 3 WertV 72) hat in Anlehnung an § 194 BauGB darüber hinaus auch noch ausdrücklich die Verwendung von Kaufpreisen ausgeschlossen, die „nicht im gewöhnlichen Geschäftsverkehr" zustande gekommen sind. Der Verordnungsgeber hatte dies seinerzeit damit begründet, dass „beide Voraussetzungen ... vorliegen müssen".
50 So ausdrücklich BR-Drucks. 265/72, S. 9 ff.; zur Frage einer Tautologie Dieterich in Ernst/Zinkahn/Bielenberg/Krautzberger, BauGB, Komm. zu § 194 Rn. 39.
51 OLG Bremen, Urt. vom 11.01.1970 – UB 13/68a –, EzGuG 18.47; OLG Nürnberg, Urt. vom 24.09.1969 – 4 U 40/69 –, EzGuG 14.38, vgl. auch FWW 1970, 425; anders noch der BFH, Urt. vom 14.8.1953 – III 33/53 U –, EzGuG 20.16a, der ein vom Üblichen abweichendes Mietverhältnis als „ungewöhnliche Verhältnisse" im Rahmen der Einheitsbewertung ansah.

Eigenschaften eines Grundstücks gelten (vgl. § 6 ImmoWertV Rn. 99). Auch besondere rechtliche Gegebenheiten stellen keine ungewöhnlichen Verhältnisse dar[52].

c) *Persönliche Verhältnisse*

Als persönliche Verhältnisse können persönliche Beziehungen zu einer Immobilie verstanden werden. Sie können aus tatsächlichen Gegebenheiten aber vor allem aus rechtlichen Beziehungen resultieren. Insbesondere bei der **Marktwertermittlung von Rechten an Grundstücken** und grundstücksgleichen Rechten, die ihrer Natur nach darauf angelegt sind, die Beziehung zwischen zwei Rechtsinhabern zu regeln und oftmals besondere persönliche Vorteile zum Gegenstand haben.

- Die persönliche von der durchschnittlichen Lebenserwartung abweichende Lebenserwartung eines Wohn- oder Nießbrauchsberechtigten kann im gewöhnlichen Geschäftsverkehr preis- und damit wertbeeinflussend sein.
- Besteht z. B. ein **Vorkaufsrecht** an einem Grundstück, das zusammen mit dem Grundeigentum des Vorkaufsberechtigten dessen Wert erheblich erhöht (Arrondierungsvorteil; Vereinigungsvorteil), so ist es gerade eben diese persönliche Beziehung, die den Wert eines stets zu einer bestimmten Person prägenden Vorkaufsrechts bestimmt[53]. Der Vorkaufsberechtigte mag deshalb sogar einen hohen Preis für die Einräumung dieses Vorkaufsrechts entrichtet haben.
- Problematischer ist die **Marktwertermittlung von erbbaurechtsbelasteten Grundstücken**. Hier kann beobachtet werden, dass im gewöhnlichen Geschäftsverkehr höhere Preise regelmäßig dann erzielt werden, wenn das erbbaurechtsbelastete Grundstück an den Erbbauberechtigten veräußert wird. Im Falle des mit einem Erbbaurecht belasteten Grundstücks ist ein Eigentümer in aller Regel an dem Verkauf seines Grundstücks nämlich gar nicht interessiert. Wer ein Erbbaurecht an seinem Grundstück einräumt, will ja sein Eigentum längerfristig gerade nicht aufgeben und stattdessen sich des Erbbauzinses erfreuen, auch wenn dieser nicht dem „vollen" Grundstückswert entsprechen mag. Wenn er also schon mit der Bestellung des Erbbaurechts auf die Realisierung des vollen Marktwerts mit der Absicht verzichtet, dass ihm wieder das „Volleigentum" nach Ablauf des Erbbaurechts zufällt, so erscheint es durchaus verständlich, dass er im Falle des Verkaufs des erbbaurechtbelasteten Grundstücks den höheren (i. d. R. nur vom Erbbauberechtigten erzielbaren) Verkaufserlös erwartet. Von daher kann durchaus von einem gewöhnlichen Geschäftsverkehr gesprochen werden, wenn der Marktwert aus den ohnehin nur zur Verfügung stehenden deutlich höheren Preisen ermittelt wird, die allein die Erbbauberechtigten (und nicht Dritte) in aller Regel zu zahlen bereit sind. Ungewöhnlich ist in solchen Fällen dagegen der Verkauf des Erbbaurechts an Dritte. Dieser Grundstücksteilmarkt ist sogar dominierend im Grundstücksverkehr mit erbbaurechtsbelasteten Grundstücken.

In derartigen Fällen ist die Berücksichtigung der hieraus resultierenden persönlichen Beziehungen rational verständlich und geradezu **charakteristisch für den gewöhnlichen Geschäftsverkehr.** Der gewöhnliche Geschäftsverkehr, so er überhaupt bei dieser Konstellation besteht, „schrumpft" in solchen Fällen auf einen bipolaren Teilmarkt zusammen.

d) *Zusammenfassung*

Nach den vorstehenden Ausführungen sind als *„ungewöhnliche oder persönliche* Verhältnisse", die nicht dem gewöhnlichen Geschäftsverkehr zuzurechnen sind, vornehmlich besondere Kaufpreisvereinbarung zu verstehen, die von den üblichen Kaufpreisvereinbarungen

---

[52] Nach § 142 Abs. 1 BBauG 76, aus dem § 194 BauGB hervorgegangen ist, waren bei der Verkehrswertermittlung „besondere Vorschriften über die Berücksichtigung und Nichtberücksichtigung bestimmter Umstände" zu beachten (Reduktionsklausel). Diese seinerzeit mit dem BBauG 76 eingeführte Bestimmung sollte insbesondere den Gutachter an Regelungen i. S. der §§ 57 f., 93 ff. und der §§ 153 ff. BauGB erinnern. In der Beschlussempfehlung des federführenden BT-Ausschusses wurde hierzu ausgeführt, dass der Hinweis nur deklaratorische Bedeutung habe, denn bei der Wertermittlung seien immer alle wertbeeinflussenden Umstände und damit auch die in § 194 BauGB ausdrücklich angesprochenen „rechtlichen Gegebenheiten" zu berücksichtigen (vgl. BT-Drucks 7/4793, S. 53). Mit der Aufhebung dieser Bestimmungen gehen deshalb keine materiellen Änderungen einher.
[53] BGH, Urt. vom 23.03.1976 – 5 StR 82/70 –, EzGuG 14.54a.

Vorbemerkungen zur ImmoWertV — Marktwert

abweichen. Diese können aus sittenwidrigen Rechtsgeschäften (§ 138 BGB) resultieren, nämlich der „Ausbeutung einer Zwangslage, Unerfahrenheit, Mangel an Urteilsvermögen, erheblichen Willensschwäche" oder schlichtweg aus einer Situation, bei der die **Vertragsparteien oder eine der Vertragsparteien unter Zwang, aus Not oder unter besonderer Rücksichtnahme gehandelt haben**. Derartige Umstände müssen also bei der Marktwertermittlung unberücksichtigt bleiben (vgl. § 7 ImmoWertV Rn. 1 ff.).

1.1.2.9 Teilmarkttheorie

a) Allgemeines

12 Wie vorstehend bereits angesprochen, kann sich auch aus der örtlichen Situation ein besonderes Interesse an dem Erwerb eines bestimmten Grundstücks, Grundstücksteils oder eines Rechts an einem Grundstück ergeben. Die besondere Interessenlage kann einen erheblich höheren Kaufpreis rechtfertigen, als er von Dritten erzielt werden könnte. Aus der Sicht dieses Erwerbers liegen jedenfalls keinesfalls spekulative Gründe für die Preiszugeständnisse vor; für ihn stellen die höheren Preise den gewöhnlichen Geschäftsverkehr dar.

In dem nachfolgenden *Beispiel* der Abb. 2 soll für den Eigentümer des Grundstücks A die Möglichkeit bestehen, sein Grundstück, das mangels Erschließung als Rohbauland einzustufen wäre, durch Zukauf des Flurstücks 14/2 vom Eigentümer B baureif zu machen. Durch den Zukauf erhöhe sich der Marktwert seines Grundstücks in den derzeitigen Grenzen (Rohbauland) um 200 €/m², d. h. um 200 000 €. In solchen Fällen müsse man schon vom **ungewöhnlichen Geschäftsverkehr** sprechen, wenn der Eigentümer B beim Verkauf des Flurstücks 14/2 an diesem Wertsprung nicht partizipieren wollte.

Abb. 2: Lageplan

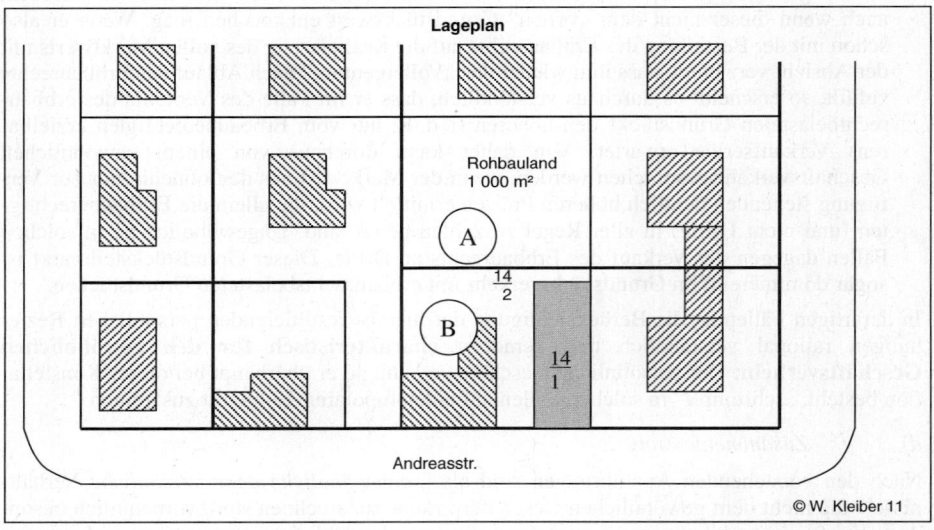

Im Rahmen einer objektiven Wertlehre lässt sich die Wertermittlung nicht von den jeweiligen Entscheidungsträgern abstrahieren. Diese müssen vielmehr explizit Berücksichtigung finden, wobei **subjektiv rationales Verhalten** unterstellt wird (sog. gerundive Wertermittlung)[54]. In

---

[54] Wöhe, Einführung in die allgemeine Betriebswirtschaftslehre, München; Engels, W., Betriebswirtschaftliche Bewertungslehre im Lichte der Entscheidungstheorie, Beiträge zur betriebswirtschaftlichen Forschung; Hrsg. Gutenberg u. a., Köln und Opladen 1962; Spiller, K., Der betriebswirtschaftliche Wert, Diss. Hamburg 1962; Metz, Entscheidungsorientierte Wertermittlung von Grundstücken, Diss. Berlin 1979.

diesem Sinne müssen nach § 2 Abs. 3 des österreichischen Bundesgesetzes über die gerichtliche Bewertung von Liegenschaften bei der Marktwertermittlung zwar „die besondere Vorliebe und andere ideelle Wertzumessungen einzelner Personen" (**Affektionswerte**) außer Betracht bleiben. Nach der Begründung zu dieser Vorschrift gilt dies jedoch nur für „besondere insbesondere ideelle Wertzumessungen", während subjektive Wertzumessungen einzelner Personen dann jedoch in die Verkehrswertermittlung eingehen, wenn sie für wirtschaftliche Gegebenheiten berücksichtigt werden sollen[55]. Als Beispiel für solche wirtschaftlichen Gegebenheiten wird der Fall genannt, dass die Sache für einen bestimmten Interessenten deshalb von besonderem vermögensrechtlichen Interesse ist, weil er sie zu seinem wirtschaftlichen Vorteil besonders günstig in sein sonstiges Vermögen einfügen könnte[56]. Dies wiederum sind die vorstehend diskutierten Fallgestaltungen. Im Übrigen wird mit Recht in der Begründung darauf hingewiesen, dass eine allgemeine, im affektiven (ideellen) Bereich begründete Bereitschaft zur Leistung eines höheren Preises bei der Ermittlung des Marktwerts „in Anschlag zu bringen" ist.

Dass sich der gewöhnliche Geschäftsverkehr auf einen kleinen Kreis von Interessenten (**eingeschränkter Interessentenkreis**) verengen kann, ist in der Rechtsprechung seit jeher anerkannt (vgl. § 7 ImmoWertV Rn. 21 Nr. 10 sowie die Rechtsprechung zum Kostenrecht). So hat das LG Potsdam erkannt, dass eine **Verengung des Grundstücksmarktes auf wenige Interessenten durchaus dem gewöhnlichen Geschäftsverkehr zuzurechnen** sei, wenn kein Abschlusszwang bestehe[57]. Es gibt auch nach der Rechtsprechung des BGH keinen Erfahrungssatz des Inhalts, dass selbst die unter dem Druck einer Enteignung ausgehandelten Preise „unangemessen" seien[58]. Dass selbst bei bestehenden Enteignungsmöglichkeiten das Marktgeschehen durch überhöhte Preise gekennzeichnet ist, mag auf ein unzweckmäßig geregeltes Enteignungsverfahren zurückzuführen sein. Gleichwohl kann es in Zeiten steigender Baukosten sinnvoll sein, solche Preise zur Vermeidung von Verzögerungen hinzunehmen[59]. Bei alledem kann in der Praxis zunehmend eine Hinwendung zu der Teilmarkttheorie festgestellt werden.

Der eingeschränkte Interessentenkreis kann sich sogar auf ein **bilaterales Beziehungsgeflecht („Zweierbeziehung") verengen,** bei dem der Teilmarkt – wie der „Grundstücksmarkt" von Gemeinbedarfsflächen – praktisch nur auf einen einzigen Interessenten zusammenschrumpft und anders als z. B. bei Erbbaurechten keinerlei rechtliche Beziehungen dieses Interessenten zum verkaufswilligen Eigentümer bestehen. Der Marktwertbegriff wird bei enger Auslegung einem sich bis auf ein bilaterales Beziehungsgeflecht verengenden Teilmarkt nicht gerecht. So wird derzeit auch der sog. **Vereinigungswert** im Allgemeinen nicht als Marktwert angesehen.

b)   *Vereinigungswert*

Von einem Vereinigungswert *(assemblage: marriage value)* wird gesprochen, wenn im „gewöhnlichen Geschäftsverkehr" höhere Preiszugeständnisse im Hinblick auf den Wertzuwachs erwartet werden, den ein „Stammgrundstück" durch den Zuerwerb eines Grundstücks, Grundstücksteils oder Rechts an einem Grundstück erfährt (vgl. Beispiel Abb. 3). In den Erläuterungen des *Red Book* zum *Market Value* wird darauf hingewiesen, dass der Marktwert

---

[55] Beilage zu den StenProt des Nationalrats XVIII GP 333, abgedruckt am 7.1.1992, Erläuterungen zu § 2.
[56] Spielbüchler in Rummel ABGB Rn. 2 ff. zu § 305.
[57] LG Potsdam, Urt. vom 21.08.1997 – 7 S 276/96 –, GuG-aktuell 1997, 38 = EzGuG 19.45.
[58] BGH, Urt. vom 28.04.1966 – III ZR 24/65 –, EzGuG 19.9; BGH, Urt. vom 12.10.1970 – III ZR 117/67 –, EzGuG 2.10; BGH, Urt. vom 01.07.1982 – III ZR 10/81 –, EzGuG 4.86; BGH, Urt. vom 23.05.1985 – III ZR 10/84 –, EzGuG 6.228; BGH, Urt. vom 20.04.1989 – II ZR 237/87 –, EzGuG 18.110a; anders LG Koblenz, Urt. vom 01.10.1979 – 4 O 11/79 –, EzGuG 19.35b; vgl. auch BR-Drucks. 205/72 zu § 4 Abs. 3c.
[59] Salzwedel in Erichsen (Hrsg.), Allgemeines Verwaltungsrecht, 10. Aufl. 1995, § 49 Rn. 31; OLG Frankfurt am Main, Urt. vom 20.03.1980 – 1 U 198/77 –, EzGuG 19.35a.

Vorbemerkungen zur ImmoWertV — Marktwert

Elemente einschließe, wie „*the realisation of ‚marriage value' arising from merger with another property or interests within the same property*"[60].

Abb. 3: Lageplan

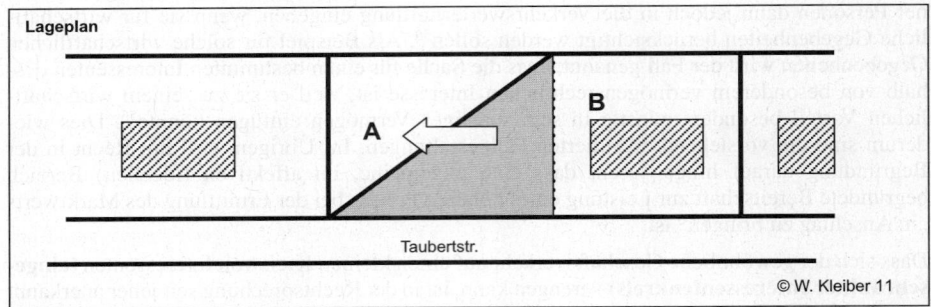

Die in dem *Beispiel* hervorgehobene Teilfläche des Grundstücks B weist eine besondere Lagegunst in Bezug auf den Eigentümer A auf, dessen Grundstück mit dem Erwerb des Grundstücks baureif wird. Der **Vereinigungswert** des Grundstücks würde mit dem Zukauf der Teilfläche erheblich über das ansteigen, was sich auf der Grundlage eines Erwerbspreises der Teilfläche zu dem üblichen Bodenwert für die unbebaubare Teilfläche ergäbe. Mit der Vereinigung werden nämlich die Fläche A und B zugleich von einer Rohbaulandqualität in die Qualität des baureifen Landes hineinwachsen. In der Praxis ist es deshalb durchaus üblich, den Wertzuwachs als Verhandlungsbasis für eine Aufteilung des Zugewinns seitens des Verkäufers ins Feld zu führen. Die ansonsten – zumindest baulich – nicht selbständig nutzbare Fläche des Grundstücks B hat insoweit für den Eigentümer des Grundstücks keinen gegenüber seiner Hauptfläche geminderten Wert, sondern sogar einen höheren Wert. Dass für solche Teilflächen üblicherweise auch höhere Preise erzielt werden, zeigt die Praxis. Würde diese Fläche „nur" zu dem Preis an den Eigentümer des Grundstücks A zum Verkauf gelangen, der dem blichen Preis für unbebaubare Teilflächen entspricht, müsste auch ein erhebliches Abweichen von den üblichen Kaufpreisen i. S. des § 7 Satz 2 ImmoWertV konstatiert werden, denn in derartigen Fällen kommt es regelmäßig nur zum Verkauf an die jeweiligen Nachbarn, und die sind im Hinblick auf den Wertzuwachs des Gesamtgrundstücks regelmäßig zu höheren Preiszugeständnissen bereit. Umgekehrt müsste man es auch als ungewöhnlichen Geschäftsverkehr bezeichnen, wenn sich der Eigentümer A diesem Begehren verweigert und auf eine Realisierung des Vereinigungswerts verzichtete.

Dem kann auch nicht entgegengehalten werden, dass am Wertermittlungsstichtag der Eigentümer des Grundstücks A erklärtermaßen gar nicht zum Kauf bereit wäre und der Eigentümer des Grundstücks B auf das angewiesen wäre, was ein Dritter ohne den besonderen Vorteil für das Grundstück A zu bezahlen bereit wäre. Zum einen ist der gewöhnliche Geschäftsverkehr für solche Teilflächen durch einen langen Atem des Grundstückseigentümers A gekennzeichnet, denn er wird bereit sein, auf seine Chance zu warten, zumal ein Dritter in einem solchen Fall allenfalls nur einen besonders niedrigen Preis zu zahlen bereit wäre, wenn eine Weiterveräußerung an A gänzlich ausgeschlossen wäre. Zum anderen ist es aber auch nicht ausgeschlossen, dass ein Dritter eine solche Teilfläche ankauft, um dann zu gegebener Zeit einen Teil des Vereinigungswerts gegenüber dem Eigentümer A zu „realisieren".

---

60 Red Book Teil I Ziff. 3.3; in der Enteignungsrechtsprechung englischer Gerichte ist die Partizpation bestätigt worden: 1961 Stokes v Cambridge Corporation, 30 %–33 %; 1988 Ozanne v Hertfordshire County Council (Lands Tribunal Decision – 1st Court level) 50 % for ransom, the whole of the ransom was apportioned amongst the multiple owners; 1989 Batchelor v Kent County Council (Lands Tribunal Decision) 15 % was the ransom amount appropriate to the owner, as there was a possible alternative access; 1991 Ozanne v Hertfordshire County Council (Lands Tribunal Decision November 1991 House of Lords); 1991 Batchelor v Kent County Council (Lands Tribunal Remission October 1991 – Court of Appeal 1990 & 1992); 1997 Crown House Developments v Chester City Council (Lands Tribunal Decision 1996) 30 % ransom following from Stokes; 2004 Snook v Somerset Council (Lands Tribunal Decision 2004) 50 % for ransom.

Marktwert   **Vorbemerkungen zur ImmoWertV**

Wie und nach welchen Grundsätzen der aus dem Vereinigungswert resultierende Wertzuwachs in den Teilflächenwert einfließt, ist häufig das Ergebnis des **Verhandlungsgeschicks der Beteiligten** und stellt ein dunkles Kapitel der Wertermittlungslehre dar. In der Vergangenheit sind solche Fälle vornehmlich aber möglicherweise allzu unbedacht a priori als „ungewöhnliche oder persönliche Verhältnisse" abgehandelt worden; ihre Berücksichtigung wurde mit diesem Argument verworfen. Gleichwohl muss man aber in Anbetracht des Geschehens auf dem Grundstücksmarkt hier fragen, ob sich die Verkehrswertlehre für das tatsächliche Geschehen auf dem Grundstücksmarkt nicht als zu starr erwiesen hat.

Von einem Vereinigungswert kann auch gesprochen werden, wenn bei dem Erwerb von Erbbaugrundstücken durch den Erbbauberechtigten höhere Preiszugeständnisse als von Dritten gemacht werden[61]. Der Eigentümer eines mit einem Erbbaurecht belasteten Grundstücks kann praktisch nur an den Erbbauberechtigten veräußern, denn für jeden Dritten wäre es wegen der mangelnden Renditefähigkeit uninteressant. Damit wird aber der Tatbestand der „ungewöhnlichen oder persönlichen Verhältnisse" zum „gewöhnlichen Geschäftsverkehr". Es besteht nur ein so genannter „bipolarer Grundstücksteilmarkt" zwischen Erbbaurechtsgeber und Erbbauberechtigtem. Der äußerst seltene Verkaufsfall an einen fremden Dritten wird dagegen zum ungewöhnlichen Fall. Nach einer Untersuchung des Gutachterausschusses *Bergisch Gladbach* ergaben sich bei **Kauf der belasteten Grundstücke durch den Erbbauberechtigten folgende Preisspannen bezogen auf den „vollen" Bodenwert.**

Abb. 4:   Kaufpreise für Erbbaurechtsgrundstücke, die vom Erbbauberechtigten erworben wurden

Bebauung	Kauffälle	Spanne (Bodenwert = 100 %)	Mittelwert (Bodenwert = 100 %)
Eigenheime	66	50 % – 84 %	71 %
Geschäftshäuser, Gewerbe	9	93 % – 120 %	102 %
Die Untersuchung stützt sich auf 75 Kauffälle, in denen der Erbbauberechtigte 10 bis 40 Jahre nach der Bestellung des Erbbaurechts den Grund und Boden erworben hat (Laufzeit der Erbbaurechts 99 Jahre).			

Quelle: Grundstücksmarktbericht 2011

Aus dieser Aufstellung wird ersichtlich, dass bei den Eigenheimen immerhin zwischen 50 % und 84 % im Mittel 71 % des Bodenwerts von dem Erbbauberechtigten gezahlt werden. Bei Geschäftshäusern und im gewerblichen Bereich wird annähernd z. T. sogar ein höherer Bodenwert akzeptiert. Das mag daran liegen, dass bei den Wohn- und Geschäftshäusern im Gegensatz zum Eigenheim eine höhere Rendite erwirtschaftet wird. Im Übrigen decken sich diese Abschläge mit Erfahrungen von Kommunalen Einrichtungen, Stiftungen und Genossenschaften, die Erbbaurechtsgrundstücke vermarkten[62], wobei die Abschläge z. T. von verschiedenen Parametern abhängig sind.

c)   *Bodenschätze*

Von einem Vereinigungswert kann auch im Falle des **Grunderwerbs von Grundstücken mit bergfreien Bodenschätzen** in den neuen Bundesländern (§ 5 ImmoWertV Rn. 342 ff.) gesprochen werden. Die Grundstücke wurden von den Bergwerkseigentümern zu deutlich höheren Preisen erworben, als sie sonst für land- oder forstwirtschaftliche Flächen erzielt werden konnten. Der Rechtsprechung der Theorie von einem spezifischen Teilmarkt (**Teilmarkttheorie**) ist mit der Begründung widersprochen worden, dass hier aus ökonomischen Zwängen kein freier Markt entstehe und die überhöhten Preise nur zur Vermeidung zeitauf-

---

61 Kleiber, Verkehrswertermittlung von Grundstücken, 6. Aufl. 2010, Teil IX Rn. 111, S. 2759.
62 Stadt Wolfsburg bis zu 30 %, Land Baden-Württemberg seit 2005 pauschal 20 %, (Drucksache 14/420 vom 11.10.2006), Land Berlin rd. 10 % bei sehr wenigen Verkäufen, so dass davon ausgegangen werden muss, dass bei 10 % Abschlag der Anreiz zu erwerben zu gering ist (Pressemitteilung Dez. 2003 Liegenschaftsfonds Berlin).

Vorbemerkungen zur ImmoWertV — Marktwert

wendiger Erwerbsverhandlungen hingenommen würden[63]. Dem kann nicht gefolgt werden, zumal auch der BGH dem in Bezug auf den Teilmarkt für Flächen über bergfreien Bodenschätzen ohne nähere Auseinandersetzung entgegengetreten ist[64].

d)   Schikanierzwickel

Auch bei dem Erwerb sog. „Schikanierzwickel" werden dem „schikanierenden" Grundstückseigentümer in aller Regel deutlich höhere Kaufpreiszugeständnisse gemacht, jedoch wäre es abwegig, diesbezüglich vom gewöhnlichen Geschäftsverkehr zu sprechen. Die „harmlosere" Form des Schikanierzwickels sind **Arrondierungsflächen,** unter denen gemeinhin selbständig nicht bebaubare Teilflächen verstanden werden, die zusammen mit einem angrenzenden Grundstück dessen bauliche Ausnutzbarkeit erhöhen oder einen ungünstigen Grenzverlauf verbessern. Hier besteht bei der Interpretation des gewöhnlichen Geschäftsverkehrs eine Grauzone (vgl. Syst. Darst. des Vergleichswertverfahrens Rn. 304, 312 ff.).

1.2   Marktwertermittlung (Verkehrswertermittlung)

1.2.1   Marktwertspanne

12 Aufgrund der Vielzahl unbestimmter Rechtsbegriffe, die die Definition des Marktwerts kennzeichnen, kann es nicht wundernehmen, dass der **Marktwert** trotz der detaillierten Verfahrensvorschriften der ImmoWertV **keine mathematisch exakt ermittelbare Größe**)[65] ist und verschiedene Gutachter selbst bei Anwendung gleicher Grundsätze für ein und dasselbe Wertermittlungsobjekt regelmäßig zu voneinander divergierenden Marktwerten gelangen[66] (sog. „Unmöglichkeit exakter Wertermittlungen"). Diese Situation kommt auch in nachstehender sicherlich nicht ganz ernst gemeinten Definition des Marktwerts zum Ausdruck: „Da es den Wert des Objektes nicht gibt, bedarf es einer ganzen Reihe von Denkmanipulationen, um einen theoretischen Wert zu ermitteln, den wir dann vor Freude, ihn gefunden zu haben, Verkehrswert nennen"[67]: „Wertermittlung eine rechnerische Verschleierung der Unsicherheit" (Engels 1962)? Eine ebenfalls nicht ernst gemeinte Auffassung definiert als Verkehrswert den Preis, den ein hoch interessierter Käufer nach langem Zaudern „mit schmerzverzerrtem Gesicht" noch akzeptiert.

Keine Marktwertermittlung kann für sich in Anspruch nehmen, dass sie mit absoluter Gewissheit zum „richtigen" Marktwert (Verkehrswert) führt. Es kann stets nur darum gehen, den Marktwert so genau wie möglich unter Ausschöpfung aller zugänglicher Marktindikatoren zu ermitteln[68]. Um subjektive Einschätzungen eines einzelnen Gutachters möglichst auszuschalten, wurden die **Gutachterausschüsse für Grundstückswerte mit** dem BauGB **als Kollegialorgane** ausgestaltet; der **selbstständig tätige Sachverständige ist dagegen** i. d. R. **„Einzelkämpfer".**

---

63 LG Neuruppin, Urt. vom 09.04.1997 – 1a O 658/96 –, EzGuG 4.167 (nicht rechtskräftig); hierzu Gutbrod/Töpfer, Praxis des Bergrechts, RWS Köln 1996, S. 512; Aust/Jacobs/Pasternak, Die Enteignungsentschädigung 5. Aufl. 2002 Rn. 497 ff. und 705 f.
64 BGH, Beschl. vom 19.12.2002 – III ZR 41/02 –, EzGuG 4.186.
65 Erichsen in VerwArch. III 23, S. 337; Vogel in DStZ A 1979, 28.
66 BGH, Urt. vom 22.01.1959 – III ZR 186/57 –, WM 1959, 408 = EzGuG 6.38; BGH, Urt. vom 09.11.1959 – III ZR 148/58 –, BGHZ 32, 1 = EzGuG 14.12; BGH, Urt. vom 13.12.1962 – III ZR 97/61 –, MDR 1963, 569 = EzGuG 14.15; BGH, Urt. vom 23.11.1962 – V ZR 259/60 –, EzGuG 20.32; BGH, Urt. vom 20.12.1963 – III ZR 112/62 –, EzGuG 14.18; BGH, Urt. vom 20.12.1963 – III ZR 60/63 –, EzGuG 14.17; BGH, Urt. vom 31.03.1977 – III ZR 10/75 –, EzGuG 14.56; BGH, Urt. vom 25.06.1964 – III ZR 111/64 –, EzGuG 20.37; BGH, Urt. vom 02.07.1968 – V BLw 10/68 –, EzGuG 19.14; BGH, Urt. vom 04.03.1982 – III ZR 156/80 –, EzGuG 11.127; BGH, Urt. vom 18.10.1984 – III ZR 116/82 –, EzGuG 15.34; BGH, Urt. vom 01.02.1982 – III ZR 93/80 –, EzGuG 14.69; BGH, Urt. vom 01.02.1982 – III ZR 100/80 –, EzGuG 14.70; BGH, Urt. vom 08.02.1965 – III ZR 174/63 –, WM 1965, 460 = EzGuG 14.22; BVerwG, Urt. vom 24.11.1978 – 4 C 56/78 –, BVerwGE 57, 88 = EzGuG 15.9.
67 OLG Saarbrücken, Urt. vom 13.07.1971 – 2 U 127/70 –, EzGuG 11.80 unter Berufung auf BGH.
68 LG Berlin, Urt. vom 13.01.2004 – 9 O 42/02 –, GuG 2004, 185.

Dass die **Ermittlung von Marktwerten** (Verkehrswerten) **letztlich stets eine Schätzung**[69] bleibt, hat der Gesetzgeber gesehen und gewissermaßen billigend in Kauf genommen, sei es, dass es um die Ermittlung von Enteignungsentschädigungen oder von Ausgleichsbeträgen oder um die Begutachtung von Grundstücken im privaten Bereich geht[70]. Auch wenn der Marktwert keine mathematisch exakt ermittelbare Größe sein kann, ist es im Wirtschafts- und Rechtsleben unumgänglich, **Entscheidungen auf der Grundlage eines „spitz" ermittelten Marktwerts** (Verkehrswerts) zu treffen. Irgendwie geartete Marktwert*spannen* wären für den Grundstücksverkehr gemeinhin völlig unbrauchbar. Auch bei der Bemessung von Enteignungsentschädigungen kann man sich im Übrigen letztlich nur auf einen bestimmten Wert und nicht auf Wertspannen einigen. § 194 BauGB definiert deshalb den Marktwert (Verkehrswert) als einen bestimmten Preis und nicht als Preisspanne.

In jedem Fall muss es bei der **Ermittlung des Marktwerts** (Verkehrswerts) **um die Ableitung eines „spitz" – wenngleich abgerundeten abgeleiteten Werts** („Punktwert") **– und nicht etwa um die Ermittlung einer Marktwert*spanne* gehen**, die im Übrigen ebenfalls mit Unsicherheiten behaftet wäre. Hieran muss schon aus rechtspolitischen Gründen festgehalten werden, auch wenn mehrere Gutachter bei der Ermittlung des Marktwerts (Verkehrswerts) für ein und dasselbe Grundstück zu unterschiedlichen Ergebnissen kommen und Abweichungen in der Rechtsprechung in Kauf genommen werden. Im Streitfalle muss nolens volens das als Verkehrswert angesehen werden, was letztinstanzlich Bestand hat und die größte Gewähr für Richtigkeit bietet. Der nach den Grundsätzen der ImmoWertV bei angemessener Berücksichtigung aller wertbeeinflussender Umstände „geschätzte" Marktwert findet in der Wirtschaft und im Rechtsleben breite Anerkennung. Er ist insbesondere nach § 95 Abs. 1 BauGB Grundlage für die Bemessung der Enteignungsentschädigung. Wie dort muss sich auch die Ermittlung des Ausgleichsbetrags auf den nach den anerkannten Grundsätzen der ImmoWertV ermittelten Marktwert stützen.

Probleme können bei alledem auftreten, wenn es im Grundstücksverkehr **preisprüfungsrechtliche Vorschriften** wie z. B. § 153 Abs. 2 BauGB zu beachten gilt. Nach dieser Vorschrift ist in Sanierungsgebieten und städtebaulichen Entwicklungsbereichen die Genehmigung der Veräußerung eines Grundstücks nach den §§ 144 f. BauGB zu versagen, wenn der vereinbarte Kaufpreis den sanierungs- bzw. entwicklungsunbeeinflussten Grundstückswert übersteigt. Die Besonderheit, die es bei der Preisprüfung zu berücksichtigen gilt, besteht darin, dass es im Geschäftsverkehr weder dem Erwerber noch dem Veräußerer angesichts der bestehenden Unsicherheiten bei der Verkehrswertermittlung zugemutet werden kann, sich an den „spitz" ermittelten Marktwert heranzutasten oder von vornherein **„Sicherheitsabschläge"** in Kauf zu nehmen, damit der Kaufpreis genehmigungsfähig ist.

Das BVerwG[71] hat in Bezug auf den **sanierungsunbeeinflussten Grundstückswert** i. S. des § 153 Abs. 1 BauGB ausgeführt, dass der Wert – mehr oder weniger – ungewiss sei und sich nicht einfach „ausrechnen" oder seiner Höhe nach einer Tabelle entnehmen lasse, sondern aus einem Ermittlungsverfahren hervorgehe, das zumindest praktisch vielfältige Gelegenheit bietet, so oder anders vorzugehen.

Im Anschluss an die Rechtsprechung des BVerwG hat das OVG Lüneburg[72] festgestellt, dass es der Gemeinde bei der Ermittlung des Ausgleichsbetrags nicht verwehrt sein könne, „die **mit der Ermittlung des Verkehrswerts notwendig verbundenen Ungewissheiten** durch eine vorsichtige, an die untere Grenze des Vertretbaren heranreichende Veranschlagung aufzufangen". Rechtlich und rechtspolitisch bedenklich wäre aber, wenn hieraus ein Rechtsanspruch des Ausgleichsbetragspflichtigen abgeleitet wird. Im Urt. des VG Münster vom

---

69 Haas, Rechtsfragen der Bodenwertermittlung und Entschädigung, ISW München; Städtebauliche Beiträge 1967, Heft 1, S. 224; zu dieser Problematik auch Schmidt-Eichstaedt in DÖV 1978, 130; Gaentzsch, Die Bodenwertabschöpfung im StBauFG, Siegburg 1975, S. 152; Engelken in NJW 1977, 413; Niehans, J., Die Preisbildung bei unsicheren Erwartungen, SZVS 1948, 433; Wittmann, Der Wertbegriff in der Betriebswirtschaftslehre, Köln 1956, S. 84.
70 BVerwG, Urt. vom 24.11.1978 – 4 C 56/76 –, EzGuG 15.9; vgl. auch zur Kostenermittlung im Erschließungsbeitragsrecht BVerwG, Urt. vom 16.08.1985 – 8 C 120-122/83 –, EzGuG 9.59.
71 Kremers in BlGBW 1969, 129, und Hintzsche in BlGBW 1969, 233.
72 OVG Lüneburg, Urt. vom 30.10.1986 – 6 A 32/85 –, EzGuG 15.50.

Vorbemerkungen zur ImmoWertV Marktwert

18.02.1988[73] wird unter Bezugnahme auf die o.a. Rechtsprechung des BVerwG ausgeführt: „Die Entscheidung des Gesetzgebers für die sog. ‚Wertlösung' ist angesichts der dargestellten Bewertungsunsicherheiten nur hinnehmbar, wenn die – mathematischen nun einmal nicht ‚auszurechnenden' – Bewertungsgesichtspunkte so angesetzt werden, dass Unsicherheiten nicht zu Lasten der Abgabepflichtigen ausschlagen. Die im vorliegenden Fall nach den vorstehenden Erörterungen sowohl hinsichtlich des Endwerts als auch mit Bezug auf den Anfangswert bestehenden Unsicherheiten bewertet die Kammer in Anwendung der ihr zustehenden Schätzungsbefugnis gemäß § 287 ZPO auf 20 v. H. der sich nach den zonalen Grundwerten ergebenden Differenz. Damit ist den im Einzelnen dargelegten Unsicherheiten der Verkehrswertermittlung in erforderlichem – aber auch ausreichendem – Maße Rechnung getragen"[74].

Dieser Auffassung kann nicht beigetreten werden; auch die Bemessung der Enteignungsentschädigung nach dem Verkehrswert gemäß § 95 Abs. 1 BauGB stellt im gleichartigen Sinne eine Wertlösung dar. Die vorstehenden Überlegungen müssten mit dieser Begründung dazu führen, dass auch bei der Bemessung der Enteignungsentschädigung Bewertungsunsicherheiten nicht zu Lasten des Enteigneten ausschlagen, d. h. bestehende Unsicherheiten müssten bei der Bemessung der Enteignungsentschädigung durch entsprechende Zuschläge berücksichtigt werden. Im Ergebnis würde das zu einer Aufweichung des auf das Marktwertprinzip aufbauenden boden-, enteignungs- und ausgleichsrechtlichen Systems des Städtebaurechts führen. Wertermittlungstechnisch wäre die Frage aufgeworfen, welche Unsicherheitsmarge mit welcher statistischen Genauigkeit (Konvergenzintervall) z. B. bei der Enteignungsentschädigung zusätzlich zu berücksichtigen ist. In der höchstrichterlichen Rechtsprechung zur Enteignungsentschädigung ist dies bislang nicht gefordert worden. Als **Marktwert** (Verkehrswert) **ist hier der „volle Wert"**[75] oder der „wahre" bzw. „innere" Wert (vgl. Rspr. des BGH im Zusammenhang mit Auseinandersetzungen zum Zugewinnausgleich) maßgebend; an diesem muss sich auch das „angemessene Angebot" nach § 87 Abs. 2 Satz 1 BauGB orientieren[76].

Was bei der Enteignung als Bemessungsgrundlage der **Entschädigung für das „Genommene"** verfassungsrechtliche Anerkennung gefunden hat, muss verfassungsrechtlich auch als Bemessungsgrundlage zum Ausgleich für die durch gemeindliche Sanierungsmaßnahmen dem Eigentümer „gegebene" Werterhöhung Bestand haben; für eine unterschiedliche Betrachtungsweise bestehen keine rechtfertigenden Gründe.

Tatsächlich werden in der vorstehenden Entscheidung des VG Münster zwei klar zu unterscheidende Probleme unzulässigerweise aufeinander bezogen, nämlich die Ermittlung der sanierungsbedingten Bodenwerterhöhungen einerseits und die vom BVerwG entwickelten Prinzipien zur Preisprüfung nach § 153 Abs. 2 BauGB (= § 15 Abs. 3 Satz 2 StBauFG) andererseits. Die oben genannte Rechtsprechung des BVerwG zur Preisprüfung rechtfertigt nämlich keineswegs, vom strikten Verkehrswertprinzip bei der Ausgleichsbetragserhebung abzuweichen: Bei dem zu entscheidenden Fall ging es um die Genehmigung eines Rechtsgeschäfts, wobei der Versagungsgrund (§ 153 Abs. 2 BauGB) nach Auffassung des Gerichts nur scheinbar an die Genehmigungsbehörde adressiert ist, in seinem Kern jedoch ein an den Rechtsverkehr gerichtetes Verbot sei, bei der rechtsgeschäftlichen Veräußerung des Grundstücks mit dem vereinbarten Gegenwert den sanierungsunbeeinflussten Grundstückswert zu überschreiten. Da dieser Marktwert im mathematischen Sinne keine exakt errechenbare Größe darstelle, nötige die Versagung der Genehmigung bei unwesentlicher Überschreitung des sanierungsunbeeinflussten Grundstückswerts den Veräußerer in verfassungswidriger Weise, bei der Preisvereinbarung „sicherheitshalber" auch unter dem sanierungsunbeeinflussten Grundstückswert zu bleiben, wenn er der Genehmigung sicher sein wolle. In der „Nötigung" zur Inkaufnahme einer „freiwilligen Vermögenseinbuße" sah das Gericht eine Verletzung des Eigentums nach Art. 14 GG.

---

73 VG Münster, Urt. vom 18.02.1988 – 3 K 2268/85 –, EzGuG 15.60.
74 Kritisch hierzu Mampel in DÖV 1992, 562.
75 BGH, Urt. vom 09.11.1959 – III ZR 149/58 –, EzGuG 14.11.
76 BGH, Urt. vom 16.12.1982 – III ZR 123/81 –, EzGuG 6.128.

Marktwert **Vorbemerkungen zur ImmoWertV**

Anders stellt sich jedoch die Situation bei **Grundstücksverhandlungen zur Vermeidung einer Enteignung, bei Wertermittlungen** im Rahmen von **Umlegungsverfahren und** auch bei der **Ausgleichsbetragserhebung** dar. Durch Unsicherheiten bei der Verkehrswertermittlung wird der Betroffene hier nicht zur „Inkaufnahme" einer „freiwilligen" Vermögenseinbuße genötigt. Der Vollzug der einschlägigen Bestimmungen stellt ihn hier auch nicht vor das Problem, sich an einen mit einer Unsicherheitsmarge behafteten Wert herantasten zu müssen. Sofern der Betroffene in den genannten Verfahren den zugrunde gelegten Wert nicht akzeptieren will, steht ihm der Rechtsweg offen. Dies gilt auch für die Ausgleichsbetragserhebung, ohne dass damit die freie Verfügbarkeit des Eigentums eingeschränkt wird. Von daher besteht keine Rechtfertigung, das im Städtebaurecht geltende Verkehrswertprinzip für die Ausgleichsbetragserhebung zu modifizieren.

Fraglich bleibt, bis zu welcher Grenze eine Überschreitung des sanierungsunbeeinflussten Grundstückswerts als „unwesentlich" bezeichnet werden kann. Das BVerwG (a. a. O.) hat hierzu lediglich ausgeführt, dass der **vereinbarte Gegenwert** i. S. des § 153 Abs. 2 BauGB so lange nicht über dem gemäß § 153 Abs. 1 BauGB ermittelten sanierungsunbeeinflussten Grundstückswert liegt, wie nicht Werte vereinbart wurden, die **in einer für den Rechtsverkehr erkennbaren Weise deutlich das verfehlten, was auch sonst, nämlich im gewöhnlichen Geschäftsverkehr, ohne Rücksicht auf ungewöhnliche oder persönliche Verhältnisse zu erzielen wäre**. Feste Margen können nicht vorgegeben werden, da es wesentlich auf das allgemeine (absolute) Bodenwertniveau sowie auf die Homogenität des örtlichen Grundstücksmarktes ankommt[77]. In der Rechtsprechung sind **Überschreitungen** von 7,6 % als unschädlich erachtet worden[78]; die Grenze wird man eher bei 20 % ziehen müssen.

1.2.2 Genauigkeit und Leistungsfähigkeit der Marktwertermittlung

▶ *Zur Leistungsfähigkeit vgl. auch § 10 ImmoWertV Rn. 9 ff.*

Schrifttum: *Brückner/Neumann*, MDR 2003, 906; *Jester, S./Roesch,G.,* Der Verkehrswert als Näherungswert, GuG 2006, 157; *Haack, B.,* Sensitivitätsanalyse zur Verkehrswertermittlung von Grundstücken, Diss. Bonn 2006; *Soergel/Spickhoff* BGB 13. Aufl. § 839a Rn. 30; *Zimmerling,* BGB 2. Aufl. 2004 § 839a Rn. 13.

Die Leistungsfähigkeit der Marktwertermittlung wird im Hinblick auf Genauigkeitsanforderungen immer wieder infrage gestellt. Wiederholt wird von fachlich unkundiger Seite auf Beispielfälle verwiesen, in denen **Gutachter für ein und dasselbe Grundstück** auch schon mitunter **zu** um ein Mehrfaches **unterschiedlichen Ergebnissen gelangten** (vgl. oben Rn. 12). Solche Fälle mögen in Einzelfällen tatsächlich auch auftreten, wobei dies vielfach nicht in der doch weit entwickelten Wertermittlungslehre, sondern in der unsachgerechten Anwendung der Wertermittlungslehre durch den eingeschalteten Gutachter begründet ist. In solchen Fällen wird auch schon einmal von „Schlechtachtern" gesprochen.

Häufiger gibt es aber für deutlich voneinander abweichende Ergebnisse der eingeschalteten Sachverständigen auch andere plausible Gründe, die unberechtigterweise dem Sachverständigenwesen angelastet werden. Dies betrifft insbesondere die Verkehrswertermittlung solcher **Immobilien, die zur Umnutzung anstehen**, wenn letztlich von keiner Seite verlässliche Erkenntnisse darüber vorliegen, welche Nutzung künftig zu erwarten ist (unten Rn. 63 ff.). Hier liegt es zum einen sogar in der Hand des Auftraggebers, direkt auf das Ergebnis der Verkehrswertermittlung dadurch Einfluss zu nehmen, dass er dem Sachverständigen bestimmte Vorgaben macht, während ein anderer Auftraggeber einem anderen Sachverständigen andere Vorstellungen aufgibt, die der Sachverständige dann zur Grundlage seiner Verkehrswertermittlung macht (**Verkehrswertermittlung nach sog. Maßgaben**). In solchen Fällen müssen

---

[77] Ähnlich stellt sich diese Frage bei Anwendung der sog. Bagatellklausel des § 155 Abs. 3 BauGB: hierzu Kleiber in Ernst/Zinkahn/Bielenberg/Krautzberger, BauGB, § 155, Rn. 92 ff.

[78] VG Neustadt, Urt. vom 17.10.1975 – 8 K 192/74 –; VG Bremen, Urt. vom 27.10.1982 – 1 A 503/82 –, EzGuG 15.23; nicht genehmigungsfähig bei Überschreitung von 7 % (absolut: 10 000 DM); BayVGH, Urt. vom 16.11.1989 – 2 B 89.1217 –, GuG 1991, 102 = EzGuG 15.65: 5 %; LG Darmstadt, Urt. vom 28.04.1993 – 9 O 17/92 –, GuG 1994, 62 = EzGuG 15.86.

Vorbemerkungen zur ImmoWertV — Marktwert

die Sachverständigen zu unterschiedlichen Ergebnissen gelangen, was für Außenstehende oftmals unverständlich ist, denn sie verbinden mit dem Begriff des „Verkehrswerts" die Vorstellung, dass es für ein Grundstück nur einen Verkehrswert geben könne. Man muss einräumen, dass Sachverständige häufig selbst zu diesem Missverständnis dadurch beigetragen haben, dass sie das Ergebnis ihrer Marktwertermittlung nicht deutlich genug mit dem Hinweis versehen, auf welchen Maßgaben ihre Marktwertermittlung beruht.

Allzu häufig sehen sich die Auftraggeber aber auch nicht in der Lage, die künftige Nutzung vorzugeben, und überlassen dies dem Sachverständigen. Sicherlich kann von einem Sachverständigen grundsätzlich auch erwartet werden, dass er die **künftige Nutzung auf Grund bestehender oder sich mit Sicherheit bzw. zumindest mit hinreichender Wahrscheinlichkeit abzeichnender Nutzungsmöglichkeiten** fachkundig einschätzen kann. Immer wieder wird der Sachverständige aber mit der Erstellung von Marktwertgutachten bereits zu einem Zeitpunkt „gefordert", wo keinerlei oder allenfalls nur grobe Vorstellungen über die künftige Nutzbarkeit vorliegen und man erwartet vom Grundstückssachverständigen im Kern das, was der Planer, der Investor bzw. die planende Gemeinde selbst noch nicht leisten konnte. Hier soll der Sachverständige in die „Bresche" springen und ist überfordert. Wenn gleichwohl ihm ein Gutachten abverlangt wird, so kann von solchen Gutachten keine „Treffsicherheit" erwartet werden. Schaltet man dann auch noch mehrere Gutachter mit unterschiedlichen Nutzungsvorstellungen ein, so müssen die jeweils für sich schon zwangsläufig unsicheren Gutachten voneinander abweichen.

Im Ergebnis muss in solchen Fällen bedacht werden, dass der **Marktwert** (Verkehrswert) als stichtagsbezogener aber dennoch zukunftsorientierter Wert **mit einer umso höheren Sicherheit und Genauigkeit ermittelt werden kann, je konkreter sich die Zukunft abzeichnet und bei der Wertermittlung berücksichtigt werden kann.** In den angesprochenen Fällen empfiehlt es sich daher, die Verkehrswertermittlung nicht allzu früh „in Auftrag" zu geben und dem Gutachter die künftige Nutzung möglichst auf der Grundlage qualifizierter Nutzungsvorstellungen an die Hand zu geben – im Idealfalle wäre dies der rechtsverbindliche Bebauungsplan.

Die Marktwertermittlung von Grundstücken, die sich noch im Vorfeld der Konkretisierung ihrer künftigen Nutzbarkeit befinden, kann sich (und muss sich) im Übrigen auf das stützen, was ohne spekulative Erwartungen im gewöhnlichen Geschäftsverkehr unter Berücksichtigung der rechtlichen und tatsächlichen Gegebenheiten (Situationsgebundenheit) erwartet werden kann[79]. Des Weiteren muss dabei der **Zeitraum** berücksichtigt werden, **in dem die Umsetzung einer beabsichtigten Folgenutzung erwartet werden kann.** Zwangsläufig wird die Marktwertermittlung umso „schwammiger", je unsicherer die künftige Nutzung ist. Wenn bei alledem in der Praxis sog. Risikoabschläge berücksichtigt werden, so trägt dies dem Wagnis Rechnung, das ein Investor als Erwerber auf sich nimmt; dieses Wagnis kann bereits mit einer entsprechenden Wartezeit i. d. R. berücksichtigt werden[80].

Sieht man einmal von den vorstehend behandelten Fallgestaltungen ab, so wird **in der Rechtsprechung für die Marktwertermittlung von Grundstücken** unter „Normalverhältnissen" und ohne Unsicherheiten bezüglich der Nutzbarkeit **von einer Genauigkeit** *(range of valuation)* **von „bis zu + 20 bis + 30 %"** ausgegangen[81]; dies sind jedoch keine starren, sondern vom Einzelfall abhängige Toleranzgrenzen. Die Erheblichkeit oder Unerheblichkeit einer

---

[79] BGH, Urt. vom 08.11 1962 – III ZR 86/81 –, EzGuG 8.5; BGH, Urt. vom 25.03.1975 – V ZR 92/74 –; BGH, Urt. vom 28.10.1971 – III ZR 84/70 –, EzGuG 8.37; BGH, Urt. vom 20.12.1963 – III ZR 60/63 –, EzGuG 14.17; BGH, Urt. vom 30.09.1963 – III ZR 59/61 –, EzGuG 8.9; BVerwG, Urt. vom 27.01.1967 – 4 C 33/65 –, EzGuG 8.20; BVerwG, Urt. vom 09.06.1959 – 1 CB 27/58 –, EzGuG 17.13.

[80] Haas, Rechtsfragen der Bodenwertermittlung und Entschädigung. ISW München. Städtebauliche Beträge 1967, Heft 1, S. 224; zu dieser Problematik auch Schmidt-Eichstaedt in DÖV 1978, 130; Gaentzsch. Die Bodenwertabschöpfung im StBauFG, Siegburg 1975, S. 152; Engelken in NJW 1977, 413; Niehans, J., Die Preisbildung bei unsicheren Erwartungen, SZVS 1948, 433; Wittmann, Der Wertbegriff in der Betriebswirtschaftslehre, Köln 1956, S. 84.

[81] Vgl. Studer, Th., Stand und Entwicklungsmöglichkeiten der Immobilienbewertung – Schwerwiegende konzeptionelle Mängel des Realwerts, http://www1.treuhaender.ch/artikel/6dstudeq/htm Stand 27.08.2001; Laule, G., Zur Bestimmung der Summe durch mehrere Dritte nach billigem Ermessen, DB 1966, 769.

Marktwert   **Vorbemerkungen zur ImmoWertV**

Schätzungsabweichung darf nicht schematisch nach einem festen Prozentsatz beurteilt werden[82]:

a) BGH, Urt. vom 26.04.1991 – V ZR 61/90 –, GuG 1992, 165 = EzGuG 7.114:

„Zwischen dem vom Schiedsgutachter ermittelten jährlichen Erbbauzins von 12 320 € und der im Berufungsurteil festgestellten Höhe von 10 250 € besteht eine Differenz von 2 070 E, also von 16,79 %. Dazu verweist die Revision auf eine im Schrifttum vertretene Auffassung, wonach Abweichungen bis zu 25 % im Allgemeinen hinzunehmen seien (so z. B. Laule, DB 1966, 769, 770; von Hoyningen-Huene, Die Billigkeit im Arbeitsrecht 1978, S. 38; Soergel-Wolf, BGB 12. Aufl., § 319 Rn. 8; ähnlich OLG München, Urt. vom 15.05.1959 – 8 U 1490/56 –, EzGuG 11.18a; **20 – 25 %**). Der erkennende Senat hat in dem Urt. vom 26.04.1961 – V ZR 183/59 – jedenfalls eine Abweichung von ca. **18 %** nicht als offenbar unbillig angesehen."

b) BGH, Urt. vom 01.04.1987 – IVa ZR 139/68 –, EzGuG 11.163c:

„Daher ist erst dann von der Unverbindlichkeit einer Sachverständigenfeststellung auszugehen, wenn die Feststellung erheblich außerhalb des an sich üblichen Toleranzbereichs entsprechender Schätzungen liegt. Das wird bei Abweichungen in einer Größenordnung von **unter 15 %** (Berechnungsmethode: geforderter höherer Betrag mit 100 % gleichgesetzt) regelmäßig zu verneinen sein."

c) BGH, Urt. vom 28.06.1966 – IV ZR 287/64 –, EzGuG 11.51:

Eine Abweichung von 78 % ist nach Ansicht des Gerichts „grob falsch". Das Gericht führt aus: „Der Revision kann nicht zugegeben werden, dass sich der Unterschied im Rahmen des Vertretbaren halte. Der Sachverständige hat ausgeführt, bei Schätzungen von Altbau-Grundstücken, deren Gebäude kriegsbeschädigt und wie hier teilweise mit alten Baustoffen wiederhergestellt sind, könne nur ein Genauigkeitsgrad von ± **20 Prozent bis 30 Prozent** erwartet werden. Die Grenze ist weit überschritten."

d) BGH, Urt. vom 30.05.1963 – III ZR 230/61 –, EzGuG 8.8:

„Hier ist die Entschädigungsfestsetzung der Verwaltungsbehörde um etwas über 100 % von dem wirklichen durch das Berufungsgericht festgestellten Wert der Grundstücke abgewichen. Es trifft zwar zu, dass der erkennende Senat die Verschiebung des Berechnungszeitpunkts schon in Fällen für erforderlich gehalten hat, in denen die Differenz zwischen der administrativen Festsetzung und dem objektiv richtigen Wert des Grundstücks **unter 10 %** lag. ... Zu beachten ist hierbei jedoch, dass es auf die Prozentzahl allein nicht entscheidend ankommen kann, sondern dass auch die konkreten Werte, die der Prozentzahl zugrunde liegen, mit in die Betrachtung hineinzuziehen sind."

Das Gericht ließ in diesem Fall bei einem Grundstückswert von 2 040 € eine Abweichung von **12 %** gelten.

e) BGH, Urt. vom 26.04.1961 – V ZR 183/59 –, MDR 1961, 670:

Der BGH hat eine Abweichung von ca. 18 % von der untersten Grenze eines zweiten, als richtig befundenen Wertgutachtens nicht beanstandet:

„... unter Zugrundelegung der Schätzung des Gemeinderats insgesamt 38 400 DM für die zu übernehmende Liegenschaft zu zahlen, während er nach der Ersatzbestimmung durch das Berufungsgericht insgesamt 47 000 DM zu leisten hätte. Auch wenn man in Betracht zieht, dass der Gemeinderat nach der Schätzverfügung den Verkehrswert zu bestimmen hat, und der Tatrichter bei der Ersatzbestimmung seinerseits einen „vorsichtigen Maßstab" angewendet hat, also an der unteren Grenze des Werts geblieben ist, kann bei einer Abweichung in Höhe von nur 8 600 DM nicht festgestellt werden, dass sich der vom Gemeinderat geschätzte Teil des Übernahmepreises in dem dargelegten Maße als verfehlt offenbart und die Schätzung des vom Gemeinderat hier zu beachtenden Grundsatzes von Treu und Glauben in grobe Weise verletzt."

f) OLG Köln, Urt. vom 25.08.2009 – 14 U 11/05 –:

In Verbindung mit einem Wertgutachten kann dem Gutachter ein erheblicher Beurteilungsspielraum zustehen, der jedoch bei einem angesetzten Verkehrswert, der um 37,5 % über dem vom gerichtlichen Sachverständigen ermittelten Wert liegt, eindeutig überschritten ist.

g) OLG Brandenburg, Urt. vom 10.06.2008 – 11 U 170/05 –, NJOZ 2008, 3324:

Ein Verkehrswertgutachten ist falsch, wenn es um ca. 50 % von dem wirklichen Verkehrswert abweicht.

---

82 BGH, Urt. vom 01.04.1987 – IV a ZR 139/85 –, EzGuG 11.163k.

Vorbemerkungen zur ImmoWertV — Marktwert

h) OLG Nürnberg, Urt. vom 14.04.1987:

„Bei einer Abweichung der Schätzung um nur **2,4 %** liegt sie damit in einem Ungenauigkeitsbereich, der gering und angesichts der Gesamthöhe wirtschaftlich unerheblich ist. Die Abweichung im Gutachten des Beklagten kann unter diesen Umständen nicht als vertragswidrige Schadenszuführung eingestuft werden."

i) OLG Berlin, Urt. vom 17.10.1978 – 7 O 131/78 –, EzGuG 11.114b:

„Die Kammer hält danach eine erhebliche Abweichung frühestens dann für gegeben, wenn die Abweichungen auf Grund nachgewiesener offensichtlicher Fehler der Sachverständigen insgesamt – d. h. unter Zusammenrechnung aller Einzelpunkte und Berücksichtigung eventueller Ausgleichspositionen – **mindestens 10 %** der festgestellten Schadenssumme ausmachen."

j) OLG Frankfurt am Main, Urt. vom 19.09.1974 – 6 U 5/75 –, EzGuG 11.94a:

Das Gutachten eines „grob nachlässig handelnden" öffentlich bestellten und vereidigten Sachverständigen hat nach Feststellung des Gerichts zu einer Überbewertung des Verkehrswerts um 200 bis 300 % geführt.

k) LG Braunschweig, Urt. vom 17.04.1975 – 1 U 34/73 –, EzGuG 19.26a:

Im **Versicherungswesen** wird von einer allgemeinen Schätzungsunschärfe von **20 bis 25 %** ausgegangen und erst bei einer größeren Abweichung zwischen Versicherungssumme und Versicherungswert eine Berufung des Versicherers auf Unterversicherung anerkannt (so auch OLG München, Urt. vom 15.5.1959 – 8 U 1490/56 –, EzGuG 11.18a und OLG Schleswig, Urt. vom 26.10.1953 – 4 U 82/53 –, VersR 1954, 506 sowie BGH, Urt. vom 01.04.1953 – II ZR 88/52 –; BGH, Urt. vom 01.04.1953 – II ZR 88/52–, BGHZ 9, 195).

l) LG Hamburg, Urt. vom 31.10.1960 – 10 O 30/60 –, EzGuG 18.15:

„Erfahrene Sachverständige haben dem Gericht immer wieder bestätigt, dass Abweichungen in der Bewertungshöhe **um 10 % nach oben und nach unten** auch bei sorgfältigen Feststellungen und Bemühungen gar nicht zu vermeiden wären. Häufig ist der Ungenauigkeitsbereich noch größer."

m) LG Berlin, Urt. vom 22.11.1955 – 4 O 338/54 –:

Nach dieser Entscheidung können die Abweichungen **bis ± 15 %** ausmachen.

n) VGH München, Urt. vom 13.06.1990 – M 9 K 89.2465 –, GuG 1992, 29 = EzGuG 11.178:

„Schätzgutachten von Grundstücken und Bauten können niemals – etwa rein rechnerisch – den exakten Wert einer Immobilie bestimmen. Wenn der von der Klägerin beauftragte B. also zu anderen Werten gekommen ist als der Gutachterausschuss in dem streitgegenständlichen Gutachten, so besagt dies nichts darüber aus, dass das Gutachten des Gutachterausschusses völlig daneben liegt. Bei Gutachten über den Wert von Immobilien haben die Gerichte nach den allgemein gemachten Erfahrungen von Abweichungen im Bereich **bis zu 20 %** auszugehen. Die von B. beanstandeten Werte in den streitgegenständlichen Gutachten bewegen sich nicht in einem solchen Bereich, dass die Kammer davon ausgehen könnte, eines der beiden Gutachten sei völlig falsch. Bei zwei verschiedenen Gutachten muss immer gedacht werden, dass das eine Gutachten die Spanne der möglichen Abweichungen voll nach oben und das andere voll nach unten in Anspruch nimmt ... ."

o) VG Münster, Urt. vom 18.02.1988 – 3 K 226/85 –, EzGuG 15.60:

„Berücksichtigt man ferner, dass die gerichtlichen Sachverständigen mit jeweils vertretbarer Begründung zu abweichenden Ergebnissen gelangt sind und nicht selten die Auffassung der jeweils anderen Sachverständigen als durchaus auch vertretbar gekennzeichnet haben, so hält es die Kammer für geboten, den unter Berücksichtigung der zonalen Grundwerte sich ergebenden Differenzbetrag mit einem allgemeinen Wertabschlag zu berücksichtigen. Die Entscheidung des Gesetzgebers für die sog. „Wertlösung" ist angesichts der dargestellten Bewertungsunsicherheit nur hinnehmbar, wenn die – mathematisch nun einmal nicht „auszurechnenden" – Bewertungsgesichtspunkte so angesetzt werden, dass Unsicherheiten nicht zu Lasten des Abgabepflichtigen ausschlagen. Die im vorliegenden Fall nach den vorstehenden Erörterungen sowohl hinsichtlich des Endwerts als auch mit Bezug auf den Anfangswert bestehenden Unsicherheiten bewertet die Kammer in Anwendung der ihr zustehenden Schätzungsbefugnis gemäß § 287 ZPO auf **20 v. H.** der sich nach den zonalen Grundwerten ergebenden Differenzen ... ."

p) Auch im **Erschließungsbeitragsrecht** wird den Gemeinden im Übrigen bei der Kostenermittlung eine „Schätzbefugnis" eingeräumt, die ihnen einen „gewissen Spielraum" und aus Gründen der Verwaltungspraktikabilität dem Grundsatz der „pfenniggenauen" Kostenermittlung eine Grenze setzt[83].

Die Praxis muss sich hierauf einstellen, ohne dass damit die Definition des Verkehrswerts (Marktwerts) als ein „spitz" im gewöhnlichen Geschäftsverkehr erzielbarer Preis (Punktwert) infrage gestellt werden kann. Rechts- und Wirtschaftsleben kommen grundsätzlich nicht an der Notwendigkeit eines Verkehrswerts vorbei, denn eine sich an der Genauigkeit der Verkehrswertermittlung orientierende **Wertermittlungsspanne (Rahmenwert)** kann den zu zahlenden Kaufpreis, auf den sich Käufer und Verkäufer einigen wollen, oder die im Einzelfall am Verkehrswert orientierte Enteignungsentschädigung nicht ersetzen[84]. Es kommt vor allem hinzu, dass es eine klar definierte **Wertspanne (Rahmenwert)** gar nicht geben kann, denn auch im Falle einer Ermittlung der „Wertspanne" müssen wiederum Unsicherheiten auftreten.

Bei Anwendung statistischer Methoden wäre die Ermittlung einer Wertspanne **(Konvergenzintervall) eine Funktion der geforderten statistischen Sicherheit,** jedoch sind die statistischen Methoden i. d. R. ohnehin nur bedingt und eher nur i. S. einer Operationalisierung des Verfahrens anwendbar, denn die strengen statistischen Anforderungen an die Normalverteilung des Vergleichsmaterials sind allenfalls in Ausnahmefällen voll erfüllt.

Die in der Rechtsprechung für die Marktwertermittlung von Grundstücken unter „Normalverhältnissen" und ohne Unsicherheiten bezüglich der Nutzbarkeit **herausgestellte Genauigkeit** *(range of valuation)* **von „bis zu ± 20 bis ± 30 %"** ist nicht in der Ungenauigkeit der Wertermittlungsmethodik, sondern in dem zu ermittelnden Marktwert selbst begründet. Der Marktwert ist ein Abbild des künftigen Nutzens einer Immobilie (Zukunftserfolgswert) und die Zukunftserwartungen sind nun einmal auf dem allgemeinen Grundstücksmarkt unterschiedlich ausgeprägt. Davon zeugen die **Streuung der Vergleichspreise** und die sog. 2-Sigma-Regel zum Ausschluss von Kaufpreisen, die nicht (mehr) dem gewöhnlichen Geschäftsverkehr zuzurechnen sind. Des Weiteren ist die Ungenauigkeit der in die Marktwertermittlung eingehenden Parameter begründet. Diese wiederum ist das Resultat der allgemeinen im gewöhnlichen Geschäftsverkehr hinzunehmenden aleatorischen „Preismechanismen".

– Bei **Anwendung des Vergleichswertverfahrens** stellt man sehr schnell fest, dass die Vergleichspreise auch unter Ausschaltung ungewöhnlicher und persönlicher Verhältnisse und unter Berücksichtigung von Abweichungen in den Zustandsmerkmalen „streuen". Diese „Streuung" ist einerseits auf die Intransparenz des Grundstücksmarktes und andererseits auf unterschiedliche Anschauungen zurückzuführen. So ist ein unmittelbar in der Nachbarschaft eines Wohnhauses gelegener Kinderspielplatz für den einen Käufer ein werterhöhender Umstand und für den anderen Käufer ein wertmindernder Umstand. **Aus der Streuung der Vergleichspreise resultiert zwangsläufig eine Unsicherheitsmarge der Marktwertermittlung aus Vergleichspreisen.** Käufer und Verkäufer tasten den Grundstücksmarkt mit unterschiedlichen Erfahrungen ab, taktieren bei Preisverhandlungen mit unterschiedlichem Verhalten nach divergierenden Mustern, agieren nach unterschiedlichen rationalen, aber auch emotionalen Maßstäben. Dies alles ist geradezu kennzeichnend für den gewöhnlichen Geschäftsverkehr und daraus resultiert die Streuung der Vergleichspreise für ein und dieselbe Immobilie, sodass die darauf aufbauende Marktwertermittlung mit einer nicht unerheblichen in der „Unschärfe des Marktes" begründeten Unsicherheitsmarge verbunden ist.

– Bei **Anwendung des Ertragswertverfahrens** ist aus den gleichen Gründen auch der anzusetzende Reinertrag aufgrund der *Streuung der Vergleichsmieten* mit einer Unsicher-

---

[83] BVerwG, Urt. vom 16.08.1985 – 8 C 120-122/83 –, EzGuG 9.59; weitere Rspr.: BGH, Urt. vom 10.06.1976 – VII ZR 129/74 –, EzGuG 11.103; LG Braunschweig, Urt. vom 09.03.1966 – 2 O 116/65 –, EzGuG 11.50a; OLG Düsseldorf, Urt. vom 11.03.1988 – 7 U 4/84 –, EzGuG 20.124; LG Arnsberg, Urt. vom 28.05.1985 – 5 T 150/85 –, EzGuG 5.19; BGH, Urt. vom 28.06.1966 – VI ZR 287/64 –, EzGuG 11.51; BGH, Urt. vom 02.11.1983 – IVa ZR 20/82 –, EzGuG 20.103.

[84] Im Ergebnis so auch Mampel in DÖV 1992, 556; vgl. auch Reisnecker im Kohlhammer-Komm., BauGB § 95 Rn. 16; a.A. Gronemeyer in BauR 1979; 112 sowie in NVwZ 1986, 92; Krit. Leisner im AgrarR 1977, 356 und BB 1975, 1.

Vorbemerkungen zur ImmoWertV — Marktwert

heit behaftet[85]. Des Weiteren weisen auch *Flächenermittlungen* eine Unsicherheit auf. Dies ist in der Auslegung der maßgeblichen Flächenberechnungsnorm begründet. Zwar lassen sich Länge und Breite fehlerfrei multiplizieren, jedoch führen allein die Zuordnung und Berücksichtigung einzelner Teilflächen nach Maßgabe der zur Anwendung kommenden Flächenberechnungsnorm zwangsläufig zu unterschiedlichen Ergebnissen. Diesbezüglich kann man eine Ungenauigkeit von mindestens +/- 10 % unterstellen, wobei diese oftmals sogar deutlich höher ausfällt. Diese Unsicherheitsmargen wirken sich gleich doppelt auf die Ertragswertermittlung aus. Zum einen finden sie direkt mit dem im Einzelfall angesetzten Reinertrag und der angesetzten Nutzfläche Eingang in die Ertragswertermittlung. Zum anderen kommen diese Unsicherheiten auch bei der Ableitung des Liegenschaftszinssatzes zum Tragen. Es ist mithin kaum möglich, den *Liegenschaftszinssatz* auf 0,5 Prozentpunkte mathematisch exakt zu bestimmen. Allein eine Unsicherheit von 0,5 Prozentpunkten im Liegenschaftszinssatz führt zwangsläufig zu einer Unsicherheit von rd. 10 % des Ergebnisses. Aus alledem ergibt sich, dass der Ertragswert – selbst wenn das Wertermittlungsverfahren exakt zur Anwendung gekommen ist – mit einer Unsicherheitsmarge von +/- 30 % behaftet ist. Im Übrigen gilt dies für alle zur Anwendung kommenden Ertragswertverfahren und insbesondere für die sich auf prognostizierte Ertragsentwicklung stützende Ertragswertvermittlung (*Discounted Cashflow Verfahren*).

– Entsprechendes gilt auch bei **Anwendung des Sachwertverfahrens**.

– Ein weiterer oftmals unterschätzter Unsicherheitsfaktor stellt ggf. die bei dem jeweiligen Verfahren angesetzte Wertminderung wegen Baumängeln und Bauschäden bzw. eines Instandhaltungsrückstaus. Diese lehnt sich in der gutachterlichen Praxis an „Kostenschätzungen" an, wobei auch dabei erhebliche Unsicherheiten hinzunehmen sind, denn für eine fundierte **Kostenschätzung** bedarf es ggf. eines Sondergutachtens (z. B. auf der Grundlage der Bauteilmethode). Kostenschätzungen sind auf Grund vielfältiger Unwägbarkeiten nur mit relativ hoher Ungenauigkeit von +/- 25 % möglich[86].

Am letztlich doch **bewährten Marktwertprinzip führt** deshalb grundsätzlich **kein vernünftiger Weg vorbei.** Die realistische Einschätzung über die Genauigkeit der Marktwertermittlung, die in der Rechtsprechung möglicherweise noch nicht einmal voll durchgeschlagen hat – die allgemeine Spanne dürfte sich nämlich eher an der oberen Grenze der genannten Zahlen, und zwar nach oben *und* unten (±) bewegen und im Einzelfall auch darüber liegen –, muss aber umso mehr den Sachverständigen zu höchster Sorgfalt und Gewissenhaftigkeit zwingen. Wenn schon die Verkehrswertermittlung in weiten Bereichen auf Schätzelementen beruht und die Erfahrung von ausschlaggebender Bedeutung ist, dann müssen auch alle Werteinflüsse erfasst und in begründeter Weise in die Verkehrswertermittlung eingebracht werden. Als **Marktwert ist** dann im Streitfalle **der Wert** anzusetzen, **der die größte Gewähr der Richtigkeit bietet.**

Im Übrigen hat die Rechtsprechung Wege aufgezeigt, wie dem **Problem der Unsicherheiten bei der Verkehrswertermittlung ohne Aufgabe des Verkehrswertprinzips** im Interesse des Rechtsfriedens und der Praxis **Rechnung getragen werden** kann (vgl. oben Rn.122 ff.):

a) Bei der sich am sanierungsunbeeinflussten (Verkehrs-)Wert orientierenden Preisprüfung nach § 142 BauGB i. V. m. § 153 Abs. 2 BauGB dürfen unwesentliche Überschreitungen des „spitz" ermittelten Verkehrswerts nicht zur Versagung der sanierungsrechtlichen Grundstücksverkehrsgenehmigung führen[87].

b) Bei der Ermittlung von Ausgleichsbeträgen in Sanierungsgebieten soll es nach Auffassung des OVG Lüneburg den Gemeinden nicht verwehrt sein, „die mit der Ermittlung des Verkehrswerts notwendig verbundenen Ungewissheiten ... durch eine vorsichtige, an die untere Grenze des Vertretbaren heranreichende Veranschlagung aufzufangen"[88].

---

85 Engels in GuG 2008, 271.
86 Schmitz/Krings/Dahlhaus/Meisel, Baukosten 2011, Verlag Wingen 21. Aufl., S. 10.
87 BVerwG, Urt. vom 24.11.1978 – 4 C 56/76 –, EzGuG 15.9.
88 OVG Lüneburg, Urt. vom 30.10.1986 – 6 A 32/85 –, EzGuG 15.50.

Marktwert   **Vorbemerkungen zur ImmoWertV**

Die in der zuletzt genannten Entscheidung vertretene Auffassung[89] ist allerdings abzulehnen, denn sie würde konsequenterweise dazu führen, dass man im Enteignungsfall die Höhe der Entschädigung ebenfalls durch eine vorsichtige, an die obere Grenze des Vertretbaren heranreichende Veranschlagung umgekehrt auffangen müsste, und dies ist in der höchstrichterlichen Rechtsprechung bislang jedenfalls nicht gefordert worden.

Im Bereich der **Einheitsbewertung** ist hervorgehoben worden, dass Unsicherheiten der Schätzung hinzunehmen sind, wenn zuvor der Sachverhalt vollständig aufgeklärt und die Schätzung in sich schlüssig ist. Der BFH[90] hat hierzu ausgeführt:

„Die Schätzung ist ein Verfahren, Besteuerungsgrundlagen mithilfe von Wahrscheinlichkeitsüberlegungen zu ermitteln, wenn eine sichere Feststellung trotz des Bemühens um Aufklärung nicht möglich ist. Dabei sind alle Umstände zu berücksichtigen, die für ein solches Verfahren von Bedeutung sein können. Auszugehen ist von dem aufgeklärten Sachverhalt. Es bedarf weiterhin der Feststellung, dass eine weitere Sachaufklärung nicht möglich oder zumutbar ist. Erst in diesem Stadium setzten die Schätzungsüberlegungen ein, die aus dem festgestellten Sachverhalt folgern, dass die Besteuerungsgrundlagen in einer wahrscheinlichen Höhe verwirklicht worden sind (BFH, Urt. vom 02.02.1982 – VII R 65/80 –, *EzGuG 20.93b*)[91].

Die durch Schätzung ermittelte Besteuerungsgrundlage enthält einen **Unsicherheitsbereich**, der vom Wahrscheinlichkeitsgrad der Schätzung abhängig ist. Die Wahrscheinlichkeit, dass eine Schätzung zutreffend ist, wird umso größer sein, je umfangreicher der zugrunde gelegte gewisse Sachverhalt und je zuverlässiger die angewandte Schätzungsmethode ist. Eine genaue Bestimmung der Besteuerungsgrundlage kann im Schätzwege trotz Bemühens um Zuverlässigkeit allenfalls zufällig erreicht werden.

Diese **Unschärfe, die jeder Schätzung anhaftet,** kann im Allgemeinen vernachlässigt werden. Soweit sie sich zugunsten des Steuerpflichtigen auswirkt, muss er sie hinnehmen, zumal wenn er den Anlass für die Schätzung gegeben hat (BFH, Urt. vom 26.04.1983 – VIII R 38/82 –, *EzGuG 11.137 f.*).

Welche Schätzungsmethode dem Ziel, die Besteuerungsgrundlagen durch Wahrscheinlichkeitsüberlegungen so zu bestimmen, dass sie der Wirklichkeit möglichst nahe kommen, am besten gerecht wird, ist grundsätzlich eine Frage der Tatsachengerechtigkeit ...

Schätzungen müssen insgesamt in sich schlüssig sein; ihre Ergebnisse müssen darüber hinaus wirtschaftlich vernünftig und möglich sein ..."

Eine **Schätzung**[92] erweist sich **erst dann** als **rechtswidrig, wenn sie den durch die Umstände des Falles gezogenen Schätzungsrahmen verlässt** (vgl. unten Rn. 118 ff.)[93].

1.2.3 Auf- oder Abrundung

Die Forderung nach der Ableitung eines „spitz" ermittelten Marktwerts findet ihre Begründung in der Marktwertdefinition des § 194 BauGB und bedeutet allerdings nicht, dass **Marktwerte mit einer „Pfenniggenauigkeit"** ermittelt werden können. Wie im Grundstücksverkehr sind auch bei der Marktwertermittlung die „rechnerischen" Ergebnisse der Wertermittlung entsprechend abzurunden. Folgende **Auf- und Abrundungen** *(rounding)* sind gebräuchlich (Abb. 5).

14

---

89 So zuvor schon VG Münster, Urt. vom 18.02.1988 – 3 K 2268/85 – mit einem Abschlag von 20 % des ermittelten Ausgleichsbetrags.
90 BFH, Urt. vom 18.12.1984 – VIII R 195/82 –, EzGuG 20.108a.
91 Tipke, K., Über Schätzung im Verwaltungsverfahren und im Verwaltungsprozess, VerwArch 1969, 136.
92 Zur Leistungsfähigkeit der Wertermittlung im Rahmen der Einheitsbewertung hat der BFH, Urt. vom 18.12.1984 – VIII R 195/82 –, EzGuG 20.108a; BFH Urt. vom 02.02.1982 – VI 65/80 –, EzGuG 20.93a; BFH, Urt. vom 26.04.1983 – VIII R 38/82 –, EzGuG 11.137b; vgl. auch BGH, Urt. vom 22.01.1959 – III ZR 148/57 –, EzGuG 6.37.
93 BFH, Urt. vom 01.10.1992 – IV R 34/90 –, BFHE 169, 503 = BB 1993, 719.

Abb. 5: Auf- oder Abrundung bei der Marktwertermittlung

Auf- oder Abrundung der Marktwertermittlung	
Höhe des Verkehrswerts	Auf- oder Abrundung auf
bis 10 000 €	volle Hunderter
10 000 bis 500 000 €	volle Tausender
500 000 bis 1 000 000 €	volle Zehntausender
über 1 000 000 €	volle Hunderttausender

© W. Kleiber 2011

1.2.4 Konsistenz der Marktwertermittlung

15 Mit dem vorstehend angesprochenen sprachlichen Problem steht auch die Frage nach der zeitlichen Konsistenz einer Marktwertermittlung im Zusammenhang. Dies ist z. B. in den Fällen von Bedeutung, in denen sich Kaufverhandlungen auf der Grundlage eines vorher erstellten Marktwertgutachtens über eine längere Zeit hinziehen. Nr. 3.1 der TLG-Verkaufsrichtlinie[94] misst **Marktwertgutachten als Entscheidungsgrundlage für den Grundstücksverkauf** grundsätzlich **eine sich auf 8 Monate erstreckende Gültigkeit** bei, wobei dieser Zeitraum für *Berlin* allerdings auf vier Monate beschränkt wird[95]. Der Zeitraum soll sich nach dem Wertermittlungsstichtag und dem Beurkundungstag bemessen und ist durchaus realistisch, wenn man einmal von dem Sonderfall sich kurzfristig und zugleich nachhaltig verändernder allgemeiner Wertverhältnisse auf dem Grundstücksmarkt absieht.

1.3 Immobilienwertermittlungsverordnung (ImmoWertV)

1.3.1 Rechtsgrundlagen

Schrifttum: *Ernst/Zinkahn/Bielenberg/Krautzberger*, BauGB, Komm. zur ImmoWertV; *Zimmermann, P.*, ImmoWertV, München 2010.

16 Das BauGB enthält nur die materielle Definition des Marktwerts (Verkehrswerts), ohne seine Ermittlung verfahrensmäßig zu regeln. Das **BauGB ermächtigt** jedoch **mit seinem § 199 Abs. 1** die **Bundesregierung** mit Zustimmung des Bundesrates **durch Rechtsverordnung**

– **die Ermittlung des Verkehrswerts (Marktwert) und**

– **die Ableitung der für die Wertermittlung „erforderlichen" Daten einschließlich der Bodenrichtwerte**

zu regeln. Es bleibt fraglich, ob es einer besonderen Ermächtigung zum Erlass von Vorschriften über die Ableitung der für die Wertermittlung erforderlichen Daten überhaupt bedarf, da diese zum Zwecke der Verkehrswertermittlung abgeleitet werden und insoweit unter die dafür einschlägige Ermächtigung fallen. Dass gleiche Grundsätze auch hierfür gelten müssen, wenn Wertermittlungen und ihre Ergebnisse im Interesse einheitlicher Lebens- und Wirtschaftsverhältnisse bundesweit vergleichbar sein sollen, ist selbstverständlich. Die ausdrückliche Erwähnung der „Ableitung erforderlicher Daten" kann deshalb nur als Klarstellung angesehen werden (Abb. 6).

---

[94] TLG-Verkaufsrichtlinie (Stand 10.02.1996), abgedruckt bei Bielenberg/Kleiber/Söfker, Vermögensrecht, Jehle Rehm, II 4.2.13.
[95] Für Gutachten eines Mieterhöhungsverlangens wurde vom LG Berlin, im Urt. vom 03.02.1998 – 63 S 364/97 –, EzGuG 11.262 von einer zweijährigen Aktualität des Gutachtens ausgegangen.

Vorbemerkungen zur ImmoWertV

Abb. 6: Rechtsgrundlagen der Verkehrswertermittlung

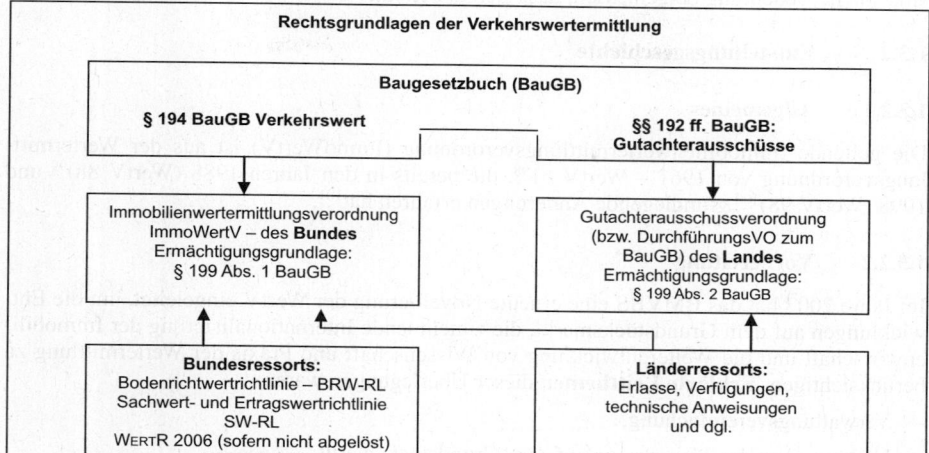

Das BauGB enthält daneben im Ersten Teil („Wertermittlung") des Dritten Kapitels (§§ 192 bis 199 BauGB) Vorschriften über die Einrichtung von Gutachterausschüssen für Grundstückswerte und ihre Tätigkeit. Das Nähere haben die Landesregierungen auf der Grundlage der Ermächtigung des § 199 Abs. 2 BauGB durch Rechtsverordnung geregelt (Gutachterausschussverordnungen).

Die Bundesregierung hat die Ermittlung des Verkehrswerts (Marktwert) und die Ableitung der für die Wertermittlung „erforderlichen" Daten einschließlich der Bodenrichtwerte in der **am 01.07.2010 in Kraft getretenen Immobilienwertermittlungsverordnung (Immo-WertV)** geregelt. Die Verordnung regelt

a) Grundsätze für die Ermittlung des – *materiell* – in § 194 BauGB definierten Verkehrswerts von Grundstücken (auch von Teilen von Grundstücken) sowie von Rechten an Grundstücken – ausdrücklich auch von grundstücksgleichen Rechten und Rechten an diesen (vgl. § 1 Abs. 2 ImmoWertV sowie § 200 Abs. 2 BauGB, der allerdings nur die grundstücksgleichen Rechte anspricht) – in *verfahrensrechtlicher* Hinsicht;

b) die nach § 193 Abs. 3 BauGB den Gutachterausschüssen obliegende Ermittlung[96] „sonstiger erforderlicher Daten" der Wertermittlung einschließlich der Bodenrichtwerte (vgl. § 9 ImmoWertV Rn. 1 ff.);

c) Begriffsbestimmungen, die für die vorstehenden Wertermittlungen im Interesse einer einheitlichen Handhabung erforderlich sind.

Der Immobilienwertermittlungsverordnung (ImmoWertV) des Bundes kommt im Rechts- und Wirtschaftsleben eine breite Allgemeingültigkeit zu. Sie enthält Verfahrensvorschriften, die auf jahrzehntelangen Erfahrungen beruhen und sich in der Praxis bewährt haben. Auch wenn in der Rechtsprechung betont wird, dass die Verordnung nicht für Gerichte verbindlich sei, so wurden deren Verfahrensvorschriften als im gerichtlichen Verfahren grundsätzlich verwertbar

---

[96] Gesetz- und Verordnungsgeber benutzen die Begriffe „Ermittlung" und „Ableitung" der erforderlichen Daten im Übrigen mit identischem Inhalt (vgl. einerseits § 193 Abs. 3 BauGB und andererseits § 199 Abs. 1 BauGB); unterschiedlich auch die WertV (einerseits Vorblatt der amtl. Begründung zur WertV, § 6 Abs. 1 Satz 1, § 8 Abs. 1 Satz 1 und § 9 Abs. 4 WertV und andererseits: § 11 Abs. 2 WertV).

bezeichnet und den in der ImmoWertV normierten Grundsätzen der Verkehrswertermittlung eine solche Bedeutung beigemessen, dass sich der Richter damit auseinanderzusetzen hätte[97].

1.3.2 Entstehungsgeschichte

1.3.2.1 Allgemeines

17   Die geltende Immobilienwertermittlungsverordnung (ImmoWertV) ist aus der Wertermittlungsverordnung von 1961 – WertV 61[98], die bereits in den Jahren 1988 (WertV 88)[99] und 1998 (WertV 98)[100] grundlegende Änderungen erfahren hat[101].

1.3.2.2 Vorbereitung

18   Im Jahre 2007 hat das BMVBS eine erneute Novellierung der WertV eingeleitet, um die Entwicklungen auf dem Grundstücksmarkt, die zunehmende Internationalisierung der Immobilienwirtschaft und die Weiterentwicklung von Wissenschaft und Praxis der Wertermittlung zu berücksichtigen. **Erklärte Leitthemen** dieser Überlegungen waren:

– Verwaltungsvereinfachung,
– Verbesserung der Transparenz auf dem Grundstücksmarkt,
– bessere Vergleichbarkeit der Wertermittlungsergebnisse,
– Berücksichtigung weiterer Verfahrensvarianten im Ertragswertverfahren,
– Deregulierung[102].

Im hierzu vorgelegten „Bericht des Sachverständigengremiums zur Überprüfung des Wertermittlungsrechts"[103] wurden eine Reihe von Vorschlägen unterbreitet, die in die Praxis bereits Einzug gehalten haben und in den Vorauflagen dieses Werks bereits entsprechend so dargestellt wurden. Zusammenfassend wurde vom Gremium festgestellt, dass sich die WertV 88 bewährt habe und die deutsche Wertermittlung im internationalen Vergleich eine führende Rolle einnimmt.

Die weitergehenden Überlegungen für die Novellierung der WertV haben gezeigt, dass die von der Arbeitsgruppe gemachten Vorschläge in weiten Bereichen fachlich nicht tragfähig sind[104].

---

97   BGH, Urt. vom 24.01.1966 – III ZR 15/66 –, EzGuG 6.85; BGH, Urt. vom 27.04.1964 – III ZR 136/64 –, EzGuG 6.75; BGH, Urt. vom 26.10.1972 – III ZR 78/71 –, EzGuG 18.57; BGH, Urt. vom 20.03.1975 – III ZR 153/72 –, EzGuG 18.64; BGH, Beschl. vom 11.03.1993 – III ZR 24/92 –, EzGuG 20.144a.
98   Verordnung über die Grundsätze für die Ermittlung der Verkehrswerte von Grundstücken – WertV 61 – vom 07.08.1961 (BGBl. I 1961, 1183).
99   Verordnung über die Grundsätze für die Ermittlung der Verkehrswerte von Grundstücken – WertV 88 – vom 06.12.1988 (BGBl. I 1988, 2209).
100 Verordnung über die Grundsätze für die Ermittlung der Verkehrswerte von Grundstücken – WertV 98 – vom 06.12.1988 (BGBl. I 1988, 2209), zuletzt geändert durch Art. 3 des Gesetzes vom 18.08.1997 (BGBl. I 1997, 2081).
101 Zur Entstehungsgeschichte vgl. Kleiber, Verkehrswertermittlung von Grundstücken, 6. Aufl. 2010, S. 558 ff.
102 Vgl. GuG-aktuell 2008, 18.
103 Simon in GuG 2008, 132, 210.
104 Fischer, Ist eine Neufassung der WertV erforderlich? GuG 2009, 106; Kleiber, Novellierung der WertV: Neuer Wein in alten Schläuchen?, AIZ Das Immobilienmagazin 2009, 27 und 52; Bundesvereinigung Spitzenverbände der Immobilienwirtschaft (BSI) und der GdW (GuG 2008, 299); Esser, Anforderungen der Wohnungswirtschaft an eine Novellierung der WertV, GuG 2008, 263, Kleiber, Novellierung der Wertermittlungsverordnung (WertV), vhw-Veranstaltung am 08.11.2008; ders. Immobilien- und Schadensbewertung II, expert-Verlag Forum Eipos Bd. 18; Dieterich, in GuG 2010, 86.

Entstehungsgeschichte   **Vorbemerkungen zur ImmoWertV**

1.3.2.3 Erster Regierungsentwurf

Die Bundesregierung ist zunächst mit dem am 1. April 2009 beschlossenen **1. Regierungsentwurf**[105] erheblich von den Vorschlägen der eingesetzten Arbeitsgruppe abgewichen. Es wurden insbesondere die Vorschläge zum Bodenrichtwertverfahren, Kapitalisierungszinssatz, Nachhaltigkeitspostulat usw. nicht aufgegriffen.

Im Rahmen des außergewöhnlich langwierigen Verordnungsgebungsverfahrens ist die BReg mit ihrem 1. RegE gescheitert. Der Bundesrat hat am 15.05.2009 in seiner 858. Sitzung dem 1. RegE vom 01. April 2009[106] nur mit einer Reihe materiell bedeutsamer Maßgaben zustimmen können[107]:

1. Der Bundesrat hat die Zusammenfassung der bisherigen Regelungen der §§ 19, 24 und 25 WertV 88 über die subsidiäre Berücksichtigung besonderer objektspezifischer Grundstücksmerkmale in § 8 Abs. 3 ImmoWertV begrüßt, jedoch die vorgeschlagene Herausnahme dieses für nahezu jede Marktwertermittlung wichtigen Verfahrensschrittes aus den jeweiligen Wertermittlungsverfahren abgelehnt. Nach dem Beschluss des Bundesrates sind entsprechend der bisherigen Systematik der WertV die besonderen objektspezifischen Grundstücksmerkmale „in" den jeweiligen Wertermittlungsverfahren zu berücksichtigen.

   Der Beschluss des Bundesrates trägt der berechtigten Kritik am 1. RegE Rechnung, denn die darin vorgesehene Herausnahme der Berücksichtigung besonderer objektspezifischer Grundstücksmerkmale aus den Wertermittlungsverfahren hätte bedeutet, dass sich bei Anwendung des Vergleichs-, Ertrags- und Sachwertverfahrens ein anderer Vergleichs-, Ertrags- und Sachwert als nach bisherigem Recht ergibt. Nach dem 1. RegE hätte sich beispielsweise als „Sachwert" des Grundstücks lediglich ein sachwertorientierter Wert ergeben, mit dem wesentliche wertbestimmende Grundstücksmerkmale nicht berücksichtigt werden.

2. Vom Bundesrat wurde jedoch neben einer fakultativen Attributierung der Bodenrichtwerte (§ 10 Abs. 2 ImmoWertV) empfohlen, die in § 10 Abs. 3 des 1. RegE vorgesehene Regelung zur Abgrenzung von Bodenrichtwertzonen dahingehend abzuändern, dass eine Abweichung der Bodenwerte der einzelnen Grundstücke einer Zone bis zu 30 % ober- oder unterhalb des Bodenrichtwerts (anstelle 20 %) zulässig sein soll (vgl. § 10 ImmoWertV Rn. 2, 63 ff.).

3. Die weitergehenden **Empfehlungen der Ausschüsse**[108] wurden nicht vom Bundesrat übernommen.

1.3.2.4 Zweiter Regierungsentwurf

Das Bundeskabinett hat am 24.03.2010 einen 2. RegE beschlossen und dem Bundesrat erneut zugeleitet[109]. Die BReg hat mit dem 2. RegE der vom Bundesrat vorgeschlagenen Heraufsetzung der Abweichungsquote (einzelnen Grundstücken vom Bodenrichtwert) unverständlicherweise nicht zustimmen wollen. Im 2. RegE wurde § 10 Abs. 3 i. d. F. des 1. RegE ersatzlos fallen gelassen (vgl. § 10 ImmoWertV Rn. 2, 63 f.).

Der Bundesrat hat dem 2. RegE in seiner 869. Sitzung am 07.05.2010 ohne Maßgaben zugestimmt[110]. Zuvor hatten der Ausschuss für Agrarpolitik und Verbraucherschutz, der Finanzausschuss und der Ausschuss für Städtebau, Wohnungswesen und Raumordnung am 22.04.2010 dem 2. RegE einstimmig zugestimmt; lediglich im Finanzausschuss gab es eine Enthaltung.

---

105 BR-Drucks. 296/09 vom 03.04.2009, BR-Drucks. 296/09 (Beschluss) vom 15.05.2009, BR-Drucks. 171/10.
106 BR-Drucks. 296/09 vom 03.04.2009, BR-Drucks. 171/10 vom 26.03.2010.
107 BR-Drucks. 296/09 (Beschluss) vom 15.05.2009.
108 BR-Drucks. 296/1/09 vom 04.05.2009, BR-Drucks. 171/10 vom 26.03.2010.
109 BR-Drucks. 171/10 vom 26.03.2010.
110 BR-Drucks. 171/10 (Beschluss) vom 07.05.2010.

Vorbemerkungen zur ImmoWertV   Entstehungsgeschichte

Die **ImmoWertV** vom 27.05.2010 **ist** im BGBl. I Nr. 25 vom 27.05.2010 auf S. 639 verkündet worden und **am 01.07.2010 in Kraft getreten.**

1.3.3 Allgemeine Zielsetzungen

21 Bezüglich der allgemeinen mit der ImmoWertV verfolgten Zielsetzungen erscheint es angezeigt, zunächst auf die in der Begründung zur Ursprungsfassung (WertV 1961) herausgestellten Ziele hinzuweisen. Mit der WertV sollten (erstmals) **einheitliche Methoden der Verkehrswertermittlung** geschaffen werden, da die Ergebnisse der Verkehrswertermittlung allein schon aufgrund unterschiedlicher Ermittlungsmethoden nicht unerheblich voneinander abwichen. Dem sollte durch einheitliche Rechtsgrundlagen entgegengewirkt werden[111]. Neben einheitlichen Ermittlungsmethoden war es auch Ziel der WertV 1961, im Interesse einer gleichmäßigen Handhabung und einer besseren Vergleichbarkeit der Ergebnisse die erforderlichen Begriffsbestimmungen zu geben, da gerade die Verwendung gleicher Begriffe, wenn sie verschieden verstanden werden, häufig Ursache von unterschiedlichen Ermittlungsergebnissen ist.

Diese Zielsetzung ist bereits in dem von der Bundesregierung beschlossenen Entwurf eines Bundesbaugesetzes[112], der noch keine Ermächtigungsvorschrift enthielt, erkennbar. § 168 Abs. 3 des Entwurfs regelt im Einzelnen, auf welchem Weg die Schätzstelle zu dem Verkehrswert zu gelangen hat. Der Gesetzesentwurf lehnt im Wesentlichen an den von der Hauptkommission für die Baugesetzgebung beim Bundesminister für Wohnungsbau vorgelegten Entwurf eines Baugesetzes vom 2. März 1956[113] an. Bereits in der Begründung des Gesetzentwurfs wird festgestellt, dass die allgemeinen Grundsätze des § 168 naturgemäß nicht ausreichen, „um zu gewährleisten, dass die Schätzstelle auch tatsächlich nach den gleichen Methoden und nach den gleichen Gesichtspunkten schätzen" und es allgemeiner Verwaltungsvorschriften bedarf, „die sich bis in die technischen Einzelheiten erstrecken müssen". Es war vorgesehen, über Art. 84 Abs. 2 GG zu gegebener Zeit entsprechende Vorschriften zu erlassen. Anstelle der im RegE vorgeschlagenen Festlegung der anzuwendenden Ermittlungsmethoden hat der Gesetzgeber die Bundesregierung schließlich ermächtigt, durch Rechtsverordnung mit Zustimmung des Bundesrates Vorschriften zu erlassen, um die Anwendung gleicher Grundsätze bei der Ermittlung der Verkehrswerte zu sichern. Eine einheitliche Regelung konnte bis dahin nur durch Verwaltungsvorschriften erreicht werden. Für den Bereich der Bundesvermögens- und Bauverwaltung waren deshalb vom BMF die Richtlinien für die Wertermittlung von Grundstücken vom 16.04.1955[114] erlassen worden, aus der die WertV 1961 hervorgegangen ist.

Als **Eckpunkte der Neuregelungen** wurden herausgestellt:

1. Einbeziehung künftiger Entwicklungen

Klarstellung, dass die Verkehrswertermittlung nicht nur auf Ereignisse in der Vergangenheit reagiert, sondern immer die künftige Entwicklung, wenn sie sich anhand konkreter Anknüpfungstatsachen hinreichend sicher feststellen lässt, einbezogen werden muss[115].

2. Berücksichtigung besonderer Flächen

Da mit den in der WertV 88 geregelten Entwicklungsstufen keine (unmittelbare) Aussage zur Wertigkeit der Flächen verbunden ist, soll klargestellt werden, dass die konkrete städtebauliche Situation beispielsweise von Brachflächen, Konversionsflächen, Stadtumbaugebieten, Flächen für die Nutzung von Erneuerbaren Energien (z. B. Windparks zur Gewinnung von Windenergie) oder von Ausgleichsflächen für Eingriffe in Natur und Landschaft zu berücksichtigen sind (vgl. hierzu bereits § 5 ImmoWertV Rn. 14 f.).

---

111 Begründung zur WertV 61, BAnz. Nr. 154 vom 12.08.1961, S. 3. Der Bundesrat hat dem Verordnungsentwurf der Bundesregierung (BT-Drucks 261/61) ohne Änderungen in seiner 236. Sitzung am 14.07.1961 (S. 205) gem. Art. 80 Abs. 2 GG mehrheitlich zugestimmt, nachdem der BR-Ausschuss für Wiederaufbau und Wohnungswesen in seiner 108. Sitzung am 06.07.1961 keine Änderungsanträge beschlossen und dem Bundesrat die Zustimmung empfohlen hatte (vgl. auch Sitzung des Unterausschusses vom 28.06.1961).
112 BR-Drucks. 352/56 vom 28.09.1956.
113 Schriftenreihe des BMWo Bd. 7 Köln.
114 BAnz Nr. 91 vom 12.05.1955.
115 Vgl. Kleiber, Verkehrswertermittlung von Grundstücken, 6. Aufl. 2010, § 194 BauGB Rn. 63.

Entstehungsgeschichte Vorbemerkungen zur ImmoWertV

3. Marktanpassung in der Verkehrswertermittlung

Zur Marktanpassung sind – entgegen den Regelungen der WertV 88 – zunächst die Lage auf dem Grundstücksmarkt und anschließend ggf. besondere objektspezifische Grundstücksmerkmale (z. B. Baumängel, Bauschäden) zu berücksichtigen.

4. Praxisgerechtere Ausgestaltung der Vorschriften zu den erforderliche Daten

In den Vorschriften über die erforderlichen Daten sollen Regelungen zu Bodenrichtwerten (§ 196 BauGB) und Marktanpassungsfaktoren aufgenommen werden, weil diese bislang trotz ihrer überragenden praktischen Bedeutung nicht als erforderliche Daten in den §§ 8 ff. WertV 88 geregelt sind.

5. Eigenständige Regelung der Ermittlung des Bodenwerts

Die in der WertV 88 verstreuten Vorschriften zur Bodenwertermittlung sollen in einer einzigen Vorschrift zusammengefasst und gestrafft werden. In der neuen Vorschrift soll als Grundsatz vorgegeben werden, dass der Bodenwert ohne Berücksichtigung der Bebauung (keine generelle „Bodenwertdämpfung") zu ermitteln ist.

6. Einbeziehung weiterer Varianten des Ertragswertverfahrens

Das in diesem Werk seit der 1. Auflage behandelte „vereinfachte Ertragswertverfahren", das bislang „amtlich" nur durch die WERTR 2006 eingeführt ist, soll in die ImmoWertV aufgenommen werden. Es kommt im Gegensatz zu dem bislang in der WertV geregelten umfassenden Ertragswertverfahren ohne Bodenwertverzinsungsbetrag aus. Entsprechendes gilt auch für das mehrperiodische Ertragswertverfahren. Es handelt sich hierbei stets um ein und dasselbe Verfahren und die „mathematischen" Varianten müssen deshalb zu ein und demselben Ergebnis führen[116].

7. Bessere Verständlichkeit/Straffung der Vorschriften zum Sachwertverfahren

Die Regelung zur Berücksichtigung von Baumängeln und Bauschäden soll nicht mehr im Abschnitt zum Sachwertverfahren, sondern bei der Vorschrift über die Verkehrswertermittlung (§ 8 ImmoWertV) im Anschluss an die Regelung zur Marktanpassung erfolgen. Dies entspräche der für das Sachwertverfahren gängigen und bewährten Praxis, Baumängel und Bauschäden erst nach der Marktanpassung anzusetzen, und stellt sicher, dass diese auch in anderen Wertermittlungsverfahren sachgerecht in Ansatz gebracht werden.

8. Deregulierung

Durch einen insgesamt klareren systematischen Aufbau sowie Straffung und Zusammenfassung von Einzelregelungen soll eine Verringerung der Anzahl der Vorschriften in der ImmoWertV erreicht werden.

1.3.4 Aufbau der ImmoWertV

Die **ImmoWertV entspricht materiell der WertV 88/98** und sieht im Wesentlichen einen veränderten systematischen Aufbau und eine Verschlankung bestehender Regelung sowie die weitgehende Aufhebung der Regelungen zur Wertermittlung in Sanierungsgebieten und Entwicklungsbereichen sowie zur Enteignungsentschädigung vor.

Wie schon die WertV von 1961 hält auch die geltende ImmoWertV im Kern an der Unterteilung zwischen Vergleichs-, Ertrags- und Sachwertverfahren fest. Die Verfahren sind in ihren Grundzügen im **Abschnitt 3** geregelt, der als einziger Teil in Unterabschnitte untergliedert ist. Ihnen sind im **Abschnitt 1** allgemeine Grundsätze (Anwendungsbereich, Begriffsbestimmungen und allgemeine Verfahrensgrundsätze) sowie im **Abschnitt 2** die Grundsätze für die Ableitung der „Bodenrichtwerte und sonstiger erforderlicher Daten" vorangestellt. **Abschnitt 4** enthält „Schlussvorschriften" (Abb. 7):

---
116 GuG 2008, 223.

Vorbemerkungen zur ImmoWertV — Aufbau

Abb. 7: Aufbau der ImmoWertV

Aufbau der ImmoWertV

ABSCHNITT 1
Anwendungsbereich, Begriffsbestimmungen und allgemeine Verfahrensgrundsätze und (§§ 1 bis 8 ImmoWertV)

ABSCHNITT 2
Bodenrichtwerte und sonstige erforderliche Daten (§§ 9 bis 14 ImmoWertV)

ABSCHNITT 3
Wertermittlungsverfahren (§§ 15 bis 23 ImmoWertV)

Unterabschnitt 1:	Vergleichswertverfahren	(§§ 15, 16 ImmoWertV)
Unterabschnitt 2:	Ertragswertverfahren	(§§ 17 bis 20 ImmoWertV)
Unterabschnitt 3:	Sachwertverfahren	(§§ 21 bis 23 ImmoWertV)

ABSCHNITT 4
Schlussvorschrift (§ 24 ImmoWertV)

ANLAGEN: Barwertfaktoren für die Kapitalisierung und Abzinsung

© W. Kleiber 11

---

23 **Abschnitt 1 der ImmoWertV** regelt den Anwendungsbereich, Begriffsbestimmungen und allgemeine Verfahrensgrundsätze. Dabei wurde der Tatsache Rechnung getragen, dass bei jeder Verkehrswertermittlung grundsätzlich zwischen dem für

- die Qualifizierung des tatsächlichen und rechtlichen Zustands des zu bewertenden Grundstücks maßgeblichen Zeitpunkts (Qualitätsstichtag) und
- dem Zeitpunkt, auf den sich die Wertermittlung beziehen soll (Wertermittlungsstichtag),

unterschieden werden muss (§ 3 ImmoWertV). Während bei Wertermittlungen zu privaten Zwecken (z. B. bei Verkaufsabsichten) beide Stichtage i. d. R. zusammenfallen, muss im öffentlich-rechtlichen Bereich, wie bei Wertermittlungen im Zuge von Umlegungs-, Enteignungs- und Sanierungsverfahren nach den §§ 45 ff., 93 ff. und 136 ff. BauGB, im Regelfall zwischen beiden Stichtagen unterschieden werden, allerdings zumeist nur in Bezug auf den Entwicklungszustand des Grund und Bodens.

Da bei allen zur Anwendung kommenden Wertermittlungsverfahren gleichermaßen **von** jeweils **marktorientierten Daten auszugehen** ist, sind mit den §§ 4 bis 6 ImmoWertV – quasi vor die Klammer gezogen – die Vorschriften zusammengefasst worden, die die für die Vergleichbarkeit von Grundstücken wesentlichen Zustandsmerkmale tatsächlicher und rechtlicher Art namentlich aufführen.

Von besonderer Bedeutung ist dabei § 5 ImmoWertV, mit dem unter der Überschrift „Entwicklungszustand" bundeseinheitlich für Zwecke der Verkehrswertermittlung **Begriffsbestimmungen für Flächen der Land- oder Forstwirtschaft, Rohbauland, Bauerwartungsland und für baureifes Land** vorgegeben werden.

Die **Wahl der zur Anwendung kommenden Wertermittlungsverfahren**[117] oder eines einzelnen Wertermittlungsverfahrens ist in § 8 Abs. 1 ImmoWertV geregelt. Sie stellt eine entscheidende Weichenstellung für die Verkehrswertermittlung dar. Die ImmoWertV nennt hier das Vergleichs-, Ertrags- und das Sachwertverfahren. Die Verfahren selbst sind im Abschnitt 3 der ImmoWertV geregelt. Nach den in § 8 Abs. 1 ImmoWertV genannten Grundsätzen bestimmt sich das Wertermittlungsverfahren nach:

---

[117] Wertermittlungsverfahren stellen Hilfswege für die Ableitung des normativ an dem Geschehen auf dem Grundstücksmarkt orientierten Marktwerts dar, vgl. Begründung zur WertV 61, BAnz. Nr. 154 vom 12.08.1961; Begründung zur WertV 72, BR-Drucks. 265/72, S. 3.

Vorbemerkungen zur ImmoWertV

a) den im gewöhnlichen Geschäftsverkehr bestehenden Gepflogenheiten, d. h. nach den Überlegungen, die im Grundstücksverkehr nach Art des Grundstücks für die Preisbemessung maßgebend sind, sowie

b) den sonstigen Umständen des Einzelfalls, worunter in erster Linie die dem Sachverständigen für die Wertermittlung zur Verfügung stehenden Vergleichsdaten zu verstehen sind.

Nach der Art des Gegenstands der Wertermittlung kann es beispielsweise angezeigt sein, das Vergleichswertverfahren anzuwenden. Stehen dem Sachverständigen aber keine geeigneten Vergleichspreise in ausreichender Zahl zur Verfügung, so sind dies Umstände, die ein **Ausweichen auf weniger geeignete Verfahren** rechtfertigen.

Abschnitt 2 der ImmoWertV regelt zur Verbesserung der Wertermittlungsgrundlagen die Ableitung der „Bodenrichtwerte und sonstiger erforderlicher Daten der Wertermittlung". Es handelt sich dabei in erster Linie um (Bodenpreis-)Indexreihen, Umrechnungskoeffizienten, Liegenschaftszinssätze und Vergleichsfaktoren für bebaute Grundstücke. Nach § 9 ImmoWertV „sind" diese Daten (vom Gutachterausschuss) abzuleiten und sollen vor allem beim Vergleichswertverfahren zur Berücksichtigung von Abweichungen der wertbeeinflussenden Merkmale der Vergleichsgrundstücke von dem zu bewertenden Grundstück herangezogen werden (vgl. §§ 11, 12 und 14 ImmoWertV).

24

Abschnitt 3 der ImmoWertV regelt in drei Unterabschnitten allgemeine Grundsätze des

25

– Vergleichswertverfahrens (*Comparison Approach*),

– Ertragswertverfahrens (*Rental Method*) und

– Sachwertverfahrens (*Cost Approach*).

Die verfahrensrechtlichen Regelungen stehen in einem engen Zusammenhang mit § 8 des Abschnitts 1, der die Wahl des Wertermittlungsverfahrens und die Ableitung des Verkehrswerts aus dem Ergebnis des angewandten Verfahrens regelt (vgl. unten Rn. 28 ff.).

26

a) Das **in den §§ 15 und 16 ImmoWertV geregelte Vergleichswertverfahren** wurde gegenüber dem bisherigen Recht unwesentlich modifiziert und durch eine eigenständige Vorschrift über die Bodenwertermittlung ergänzt.

b) Das **in den §§ 17 bis 20 ImmoWertV geregelte Ertragswertverfahren** entspricht in seinen Grundzügen dem bisherigen Recht der WertV 88/98. Das bisherige Ertragswertverfahren wird jedoch **in drei** materiell identischen Varianten geregelt, die schon seit jeher Gegenstand dieses Werks waren[118]:

- das sog. „*zweigleisige*" Ertragswertverfahren unter Aufspaltung in einen Boden- und Gebäudewertanteil (*Allgemeines [umfassendes] Standardverfahren*),

- das sog. „*eingleisige*" Ertragswertverfahren ohne Aufspaltung in einen Boden- und Gebäudewertanteil (fälschlicherweise als „*vereinfachtes Ertragswertverfahren*" bezeichnet) und

- das sog. *mehrperiodische* Ertragswertverfahren – auch Phasenmodell genannt – nach der allgemeinen Barwertformel.

Die in § 17 ImmoWertV geregelten **drei Varianten des Ertragswertverfahrens stellen lediglich mathematisch unterschiedliche Ausformungen ein und desselben Verfahrens dar und führen** „auf den Cent genau" **zu exakt identischen Ergebnissen.** Das bisher in § 20 WertV 88/98 geregelte Liquidationswertverfahren ist in § 16 Abs. 3 ImmoWertV aufgegangen. Bei Anwendung des Ertragswertverfahrens ist in diesen Fällen von dem sich nach dieser Vorschrift ergebenden Bodenwert auszugehen.

Bei allen Verfahren soll – ausgehend von **marktüblich erzielbaren Erträgen** – die allgemein erwartete Ertragsentwicklung – anders als bei dem auf prognostische Ansätze basierenden *Discounted Cashflow* Verfahren – nach dem diesbezüglich eindeutigen Wortlaut

---

118 GuG 2007, 223.

Vorbemerkungen zur ImmoWertV — Aufbau

der Verordnung mithilfe des **Liegenschaftszinssatzes** berücksichtigt werden. Von daher sind die zahlreichen Hinweise in der Begründung auf das *Discounted Cashflow* Verfahren fachlich irreführend[119] und sind von der Fachwelt mit großer Verwunderung aufgenommen worden („Türkennovelle"[120]).

c) Das **in den §§ 21 bis 23 ImmoWertV geregelte Sachwertverfahren** wurde gegenüber dem bisherigen Recht in einer Reihe von Punkten geändert. Der Sachwert setzt sich wie bisher aus dem Wert der baulichen Anlagen, dem Wert der sonstigen Anlagen und dem Bodenwert zusammen. Der unter Berücksichtigung der (künftig linearen) Alterswertminderung ermittelte (vorläufige) Sachwert ist sodann mithilfe der von den Gutachterausschüssen abgeleiteten Sachwertfaktoren an die Lage auf dem Grundstücksmarkt anzupassen (§ 8 Abs. 2 Nr. 1 ImmoWertV). Besondere objektspezifische Grundstücksmerkmale sind, soweit sie noch nicht berücksichtigt worden sind, sodann in einem zweiten Schritt zu berücksichtigen (§ 8 Abs. 2 Nr. 2 ImmoWertV) und in den Sachwert einzubeziehen. Diese Reihenfolge entspricht der Praxis und ist geboten, denn die Sachwertfaktoren werden regelmäßig aus Vergleichsdaten ohne besondere objektspezifische Grundstücksmerkmale abgeleitet.

27 Die in Abschnitt 3 geregelten Wertermittlungsverfahren sind nach Maßgabe der **zentralen Regelung des § 8 ImmoWertV** anzuwenden. Die in § 8 Abs. 2 und 3 ImmoWertV vorgeschriebene Marktanpassung sowie die Berücksichtigung „besonderer objektspezifischer Grundstücksmerkmale" sind integraler Bestandteil der Wertermittlungsverfahren. Daraus folgt, dass jeweils ergänzend zu den Regelungen des Vergleichswertverfahrens (§§ 15 und 16 ImmoWertV), des Ertragswertverfahrens (§§ 17 bis 20 ImmoWertV) und des Sachwertverfahrens (§§ 21 bis 23 ImmoWertV) insbesondere die „besonderer objektspezifischer Grundstücksmerkmale" berücksichtigt werden müssen, um zum Vergleichs-, Ertrags- oder Sachwert zu gelangen.

28 Dementsprechend ergibt sich unter Anwendung der Regelungen des Dritten Abschnitts lediglich der **„vorläufige" Vergleichs-, Ertrags- oder Sachwert**. Diese sind möglichst unter Berücksichtigung der jeweiligen Lage auf dem Grundstücksmarkt zu ermitteln, jedoch wird mit § 8 Abs. 2 ImmoWertV die ergänzende Berücksichtigung der Lage auf dem Grundstücksmarkt ausdrücklich für den Fall vorgeschrieben, dass die Lage auf dem Grundstücksmarkt noch nicht hinreichend „im" Wertermittlungsverfahren berücksichtigt worden ist.

- Bei Anwendung des *Vergleichswertverfahrens* geht die Lage auf den Grundstücksmarkt grundsätzlich bereits mit den Vergleichspreisen bzw. mit den Vergleichsfaktoren bebauter Grundstücke „in" das Wertermittlungsverfahren ein, jedoch kann auch hier eine Anpassung erforderlich werden, wenn zwischenzeitliche Änderungen der allgemeinen Wertverhältnisse auf dem Grundstücksmarkt zu berücksichtigen sind.

- Bei Anwendung des *Ertragswertverfahrens* geht die Lage auf dem Grundstücksmarkt grundsätzlich bereits mit marktgerechten Ertragsverhältnissen (Nutzungsentgelte und Bewirtschaftungskosten) und vor allem mit dem herangezogenen Liegenschaftszinssatz „in" das Wertermittlungsverfahren ein, jedoch können auch diesbezüglich Änderungen der allgemeinen Wertverhältnisse auf dem Grundstücksmarkt noch zu berücksichtigen sein, soweit sie nicht in den Liegenschaftszinssatz eingegangen sind bzw. eingestellt worden sind.

- Bei Anwendung des *Sachwertverfahrens* ist die Lage auf dem Grundstücksmarkt unter Heranziehung von Sachwertfaktoren i. S. des § 14 Abs. 2 Nr. 1 ImmoWertV zu berücksichtigen. Dies ist darin begründet, dass schon per definitionem die nach § 22 ImmoWertV anzusetzenden gewöhnlichen Herstellungskosten nicht zwangsläufig dem entsprechen, was im gewöhnlichen Geschäftsverkehr wertmäßig für das damit hergestellte Werk erzielt

---

119 Vgl. auch Stellungnahme des GdW in GuG 2008, 299 und Esser in GuG 2008, 263.
120 Vgl. Glosse in GuG-aktuell 2009, 9; Moll-Amrein, M., Der Liegenschaftszinssatz in der Immobilienbewertung, Diss. 2009, Wiesbaden.

werden kann, und auch die Alterswertminderung gewährleistet noch keine Anpassung an den Marktwert.

– Auch bei Anwendung des *Extraktionsverfahrens* (Residualwertverfahren) kann das ermittelte Residuum im Übrigen keinesfalls „automatisch" dem Verkehrswert gleichgesetzt werden. Auch hier müssen ggf. das Ergebnis anderer angewandter Verfahren sowie die Lage auf dem Grundstücksmarkt berücksichtigt werden, um daraus den Verkehrswert abzuleiten.

Unter Berücksichtigung der Lage auf dem Grundstücksmarkt ergibt sich der **marktangepasste vorläufige Vergleichs-, Ertrags- und Sachwert**.

Im Anschluss an die subsidiäre Berücksichtigung der Lage auf dem Grundstücksmarkt sind nach § 8 Abs. 2 ImmoWertV ergänzend die **besonderen objektspezifischen Grundstücksmerkmale** zu berücksichtigen, soweit sie nicht wiederum bereits „im" Wertermittlungsverfahren berücksichtigt worden sind. Besondere objektspezifische Grundstücksmerkmale sind insbesondere die bislang in den §§ 19, 24 und 25 WertV 88/98 angesprochenen Baumängel und Bauschäden, sonstige wertbeeinflussende Grundstücksmerkmale (insbesondere eine wirtschaftliche Überalterung, ein überdurchschnittlicher Erhaltungszustand, von den marktüblich erzielbaren Erträge abweichende Erträge) sowie solche Grundstücksmerkmale, die bei konsequenter Beachtung des Grundsatzes der Modellkonformität zunächst unberücksichtigt geblieben sind und nachträglich berücksichtigt werden (vgl. § 8 ImmoWertV Rn. 179 ff.). Soweit sich daraus eine Werterhöhung oder eine Wertminderung ergibt, sind sie in einer den Marktwert beeinflussenden Höhe zu ermitteln; die Schadensbeseitigungskosten können dafür nur einen Anhalt bieten.

Der sich unter Berücksichtigung der „Lage auf dem Grundstücksmarkt" sowie der besonderen objektspezifischen Grundstücksmerkmale ergebende Vergleichs-, Ertrags- und Sachwert ist zugleich der Marktwert (Verkehrswert), wenn die Lage auf dem Grundstücksmarkt und die Grundstücksmerkmale in marktkonformer Weise berücksichtigt worden sind. Von allgemeinen Rechnungsgenauigkeiten abgesehen müssen Vergleichs-, Ertrags- und Sachwert sogar identisch sein[121], denn es gibt nun einmal nur einen Marktwert (Verkehrswert). Der Verordnungsgeber hat aber seine Augen nicht davor verschließen können, dass die vorstehende Zielsetzung in der Praxis nicht immer erreichbar sein wird. **§ 8 Abs. 1 Satz 3 ImmoWertV** enthält diesbezüglich eine **Angstklausel.** Danach ist der Verkehrswert aus dem Ergebnis des oder der herangezogenen Verfahren unter Würdigung seiner oder ihrer Aussagefähigkeit zu ermitteln (vgl. Abb. 8).

---

121 BR-Drucks. 352/88, S. 43 f.

Abb. 8: Ableitung des Verkehrswerts aus dem Vergleichs-, Ertrags- und/oder Sachwertverfahren nach § 8 ImmoWertV

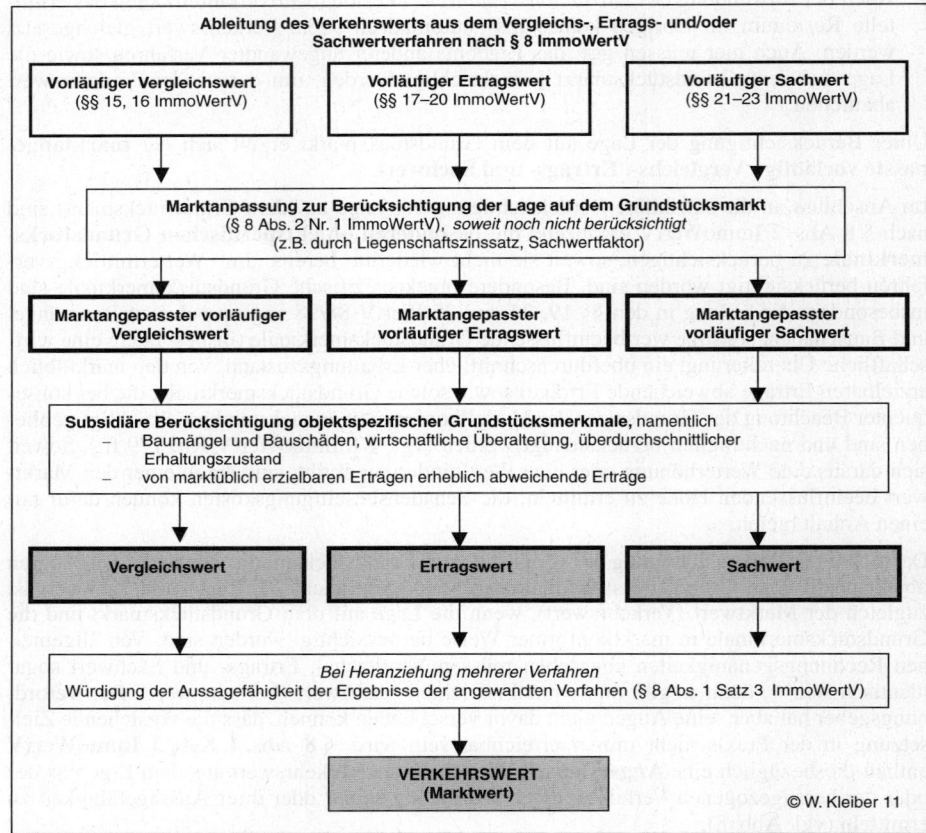

32 **Abschnitt 4 der ImmoWertV** (Schlussvorschrift) regelt nur noch das Inkrafttreten der ImmoWertV und das Außerkrafttreten der WertV.

33 Die ImmoWertV hat eine Reihe von Vorschriften der WertV 88/89 nicht übernommen (fortgefallene Regelungen):

- Die bisher in den §§ 26 bis 28 WertV 88/98 geregelte Ermittlung des sanierungs- bzw. entwicklungsunbeeinflussten Grundstückswerts, des Neuordnungswerts i. S. des § 153 Abs. 1 und Abs. 4 BauGB sowie die Ermittlung von Ausgleichsbeträgen nach den §§ 154 f. BauGB sind nicht in die ImmoWertV übernommen worden, da sie dem materiellen Recht des BauGB entsprechen.

- Auch die Vorschrift des § 29 WertV 88/89 über das Verbot von Doppelentschädigungen bei der **Ermittlung von Vermögensnachteilen** nach § 96 BauGB unter Berücksichtigung von Vermögensvorteilen ist ersatzlos fortgefallen. Die Regelung entsprach dem im BauGB geregelten Entschädigungsrecht.

Modellkonformität   **Vorbemerkungen zur ImmoWertV**

1.3.5 Grundsatz der Modellkonformität

▶ *Vgl. § 8 ImmoWertV Rn. 73; 180, 38; § 9 ImmoWertV Rn. 4, 16, 25; § 13 ImmoWertV Rn. 17; § 14 ImmoWertV Rn. 2, 12 ff., 25, 94 ff.; § 22 ImmoWertV Rn. 18 ff., 27, 35, 49; § 24 ImmoWertV Rn. 13; Syst. Darst. des Vergleichswertverfahrens Rn. 176; Syst. Darst. des Sachwertverfahrens Rn. 235*

Die in der ImmoWertV geregelten Vergleichs-, Ertrags- und Sachwertverfahren sind unter stringenter Beachtung des **Grundsatzes der Modellkonformität** anzuwenden[122]. Nach diesem Grundsatz muss das herangezogene Wertermittlungsverfahren exakt in der Weise zur Anwendung kommen, wie es vom Gutachterausschuss für Grundstückswerte bei der Ableitung der erforderlichen Daten der Wertermittlung i. S. des Zweiten Abschnitts (insbesondere der Liegenschaftszinssätze, Sachwertfaktoren, Vergleichsfaktoren bebauter Grundstücke sowie Umrechnungskoeffizienten) nach einem 34

– *methodisch eindeutig definierten Bewertungsmodell*

   unter Berücksichtigung

– *der (durchschnittlichen) Grundstücksmerkmale der Referenzgrundstücke*

praktiziert worden ist.

Die Verordnung befiehlt nämlich an zahlreichen Stellen die Heranziehung der von den Gutachterausschüssen abgeleiteten erforderlichen Daten der Wertermittlung (vgl. § 9 ImmoWertV Rn. 9; § 11 Abs. 1 ImmoWertV; § 12, § 13 ImmoWertV Rn. 5; § 14 Abs. 1 ImmoWertV Rn. 4, 137; § 20 Satz 2 i. V. m. § 14 Abs. 3 ImmoWertV). Diese Daten werden aus den Vergleichspreisen der Kaufpreissammlung (§ 195 BauGB) abgeleitet und bieten Gewähr, dass die tatsächliche Lage auf dem Grundstücksmarkt bei Anwendung dieser Daten in die Marktwertermittlung eingehen. Insbesondere die Liegenschaftszinssätze und die Sachwertfaktoren, mit denen die Ertrags- und Sachwertermittlung am Marktwert „justiert" wird, werden direkt auf der Grundlage eines vom Gutachterausschuss definierten Ertrags- und Sachwertverfahrens abgeleitet (vgl. § 14 ImmoWertV Rn. 207 ff. und 21 ff.) und können mithin auch nur für ein entsprechend angewandtes Ertrags- und Sachwertverfahren Gültigkeit haben.

Voraussetzung für eine am Grundstücksmarkt orientierte Marktwertermittlung ist deshalb zwangsläufig, dass die jeweiligen Wertermittlungsverfahren exakt in der Weise zur Anwendung kommen, wie dies der Gutachterausschuss praktiziert hat. Beispielsweise müssen bei Heranziehung des Sachwertfaktors dieselben Normalherstellungskosten und Flächenberechnungsnormen zur Anwendung kommen, die vom Gutachterausschuss für Grundstückswerte bei der Ableitung des Sachwertfaktors herangezogen wurden. Überspitzt formuliert müssen die Normalherstellungskosten noch nicht einmal „richtig" sein. Die angewandte Methode der Sachwertermittlung kann falsch oder richtig sein. Eine **methodische falsche Sachwertermittlung kann gleichwohl zum „richtigen" Verkehrswert führen, wenn der Sachwertfaktor das „falsche" (vorläufige) Sachwertergebnis „richtet"**, d. h. an den Verkehrswert (Marktwert) justiert. Die Frage, was methodisch der „richtige" oder „falsche" Sachwert ist, kann bei alledem unbeantwortet bleiben, wenn man nur in demselben System bleibt (Grundsatz der Modell- bzw. Systemkonformität). 35

Vornehmste Pflicht der Gutachterausschüsse ist es daher, bei der **Veröffentlichung der für die Wertermittlung erforderlichen Daten** (Liegenschaftszinssätze, Sachwertfaktoren usw.) sämtliche Bezüge und Verfahrensgrundsätze umfassend offen zu legen, denn nur so ist eine sachgerechte Anwendung dieser Daten gewährleistet.

Die **strikte Beachtung des Grundsatzes der Modellkonformität hat zur Folge, dass** die nach Abschnitt 3 ermittelten „vorläufigen marktangepassten Sachwerte" den Wertanteil des Grund und Bodens sowie der baulichen und sonstigen Anlagen nur noch in dem Umfang berücksichtigen, wie dies den durchschnittlichen Grundstücksmerkmalen der Grundstücke (bzw. des Referenz- oder Normgrundstücks) entspricht, die z. B. der Ableitung des einschlä- 36

---

[122] So nunmehr auch ausdrücklich Nr. 1 Abs. 2 der SachwertR.

Vorbemerkungen zur ImmoWertV — Richtlinien

gigen Sachwertfaktors zugrunde liegen. Besondere objektspezifische Merkmale des Grund und Bodens sowie der baulichen und sonstigen Anlagen müssen dann ergänzend nach § 8 Abs. 3 ImmoWertV berücksichtigt werden. Damit wird insbesondere **die Ermittlung des anteiligen Boden- und Gebäudewerts auseinandergerissen** und die Lesbarkeit und das Verständnis einer Wertermittlung erheblich beeinträchtigt (vgl. die näheren Erläuterungen zu § 8 Abs. 3 ImmoWertV).

1.3.6 Sonstige Wertermittlungsverfahren

37 Die **Wertermittlungsverfahren** werden in Abschnitt 3 der ImmoWertV lediglich **in ihren Grundzügen ohne Anspruch auf Vollständigkeit** geregelt. Damit ist die Anwendung anderer in der ImmoWertV nicht ausdrücklich geregelter Methoden nicht ausgeschlossen. Dies bedeutet aber andererseits auch nicht, dass damit jedes andere Verfahren zur Anwendung kommen kann; vielmehr muss es sich um geeignete Verfahren handeln, die zu einem sachgerechten Ergebnis i. S. der Verkehrswertdefinition führen.

38 Aufbauend auf den anerkannten Grundsätzen der in der ImmoWertV geregelten Vergleichs-, Ertrags- und Sachwertverfahren haben sich die Wertermittlungsverfahren in der Praxis fortentwickelt. Das BVerwG hat in seinem Beschl. vom 16.01.1996[123] hierzu festgestellt, dass zumindest in den Fällen, in denen eine der in der WertV vorgesehenen Methoden nicht angewendet werden kann, **auch andere geeignete Methoden** zur Anwendung kommen und entwickelt werden können. Auch lassen sich die geregelten Verfahren modifizieren. Zu fordern ist jedoch, dass das angewandte Verfahren in sich „schlüssig" ist[124] und nicht das Wertbild verzerrt (vgl. § 8 ImmoWertV Rn. 32).[125]

a) In der Wertermittlungspraxis werden bei Anwendung des in den §§ 17 bis 20 ImmoWertV geregelten Ertragswertverfahrens die Möglichkeiten der Vereinfachungen, die dieses Verfahren insbesondere bei Objekten, deren Bebauung eine lange Restnutzungsdauer aufweist, bietet, oftmals nicht erkannt. Hierauf wird in der Syst. Darst. des Ertragswertverfahrens hingewiesen. Im Hinblick auf die bestehenden Möglichkeiten, bei Anwendung des Ertragswertverfahrens auf die Ermittlung des Bodenwerts zu verzichten, spricht man auch vom **Vereinfachten Ertragswertverfahren,** das in der Syst. Darst. des Ertragswertverfahrens unter den Rn. 24 und 35 behandelt wird.

b) Des Weiteren kommt z. B. im Rahmen von Investitionsüberlegungen hilfsweise auch das **Extraktionsverfahren (Residualwertverfahren)** insbesondere dann zur Anwendung, wenn es um die Marktwertermittlung umnutzungsbefangener Immobilien mit Entwicklungspotenzial geht. Bei Anwendung dieses Verfahrens wird – vereinfacht ausgedrückt – der Verkehrswert eines Grundstücks aus dem z. B. im Wege des Vergleichs- oder Ertragswertverfahrens ermittelten Verkehrswert, der sich fiktiv nach Durchführung einer beabsichtigten Entwicklung ergibt, unter Berücksichtigung der Entwicklungs- und ggf. Herstellungskosten abgeleitet. Auch der Marktwert von warteständigem Bauland wird ähnlich abgeleitet, wenn dafür keine geeigneten Vergleichspreise zur Verfügung stehen. Dabei wird vom Verkehrswert für baureifes Land ausgegangen, der um die Kosten der Baulandentwicklung vermindert wird. Der Differenzbetrag stellt in solchen Fällen das Residuum dar, das dann Grundlage der Wertermittlung sein soll. Die Extraktion (Residualwertverfahren) ist allerdings nur dann geeignet, wenn sich die miteinander in Beziehung gesetzten Größen am Verkehrswert orientieren (vgl. Syst. Darst. des Vergleichswertverfahrens Rn. 447 ff.).

39 Die ImmoWertV enthält **keinerlei Regelungen über ein auf Prognosen gestütztes Ertragswertverfahren (*Discounted Cashflow* Verfahren)**. Diesbezüglich hat es in der Fachwelt

---

[123] BVerwG, Urt. vom 16.01.1996 – 4 B 69/95 –, GuG 1996, 111 = EzGuG 15.83.
[124] BFH, Urt. vom 18.12.1984 – VIII R 195/82 –, EzGuG 20.108a.
[125] BGH, Urt. vom 29.05.1967 – III ZR 126/66 –, EzGuG 18.35; BGH, Urt. vom 02.02.1971 – III ZR 165/69 –, EzGuG 20.51; BGH, Urt. vom 26.10.1972 – III ZR 78/71 –, EzGuG 18.57; BGH, Urt. vom 20.03.1975 – III ZR 153/72 –, EzGuG 18.64; BGH, Urt. vom 14.12.1978 – III ZR 6/77 –, EzGuG 4.63; BGH, Urt. vom 23.06.1983 – III ZR 39/62 –, EzGuG 20.102; vgl. auch Maunz/Dürig/Herzog/Scholz, GG, Art. 14, S. 66.

erhebliche Irritationen gegeben, weil im Bericht der Arbeitsgruppe der Eindruck erweckt wurde, dass ein auf prognostische Ertragsentwicklung basierendes *Discounted Cashflow* Verfahren in die Verordnung aufgenommen werden solle. Tatsächlich hat das Gremium dies aber gerade nicht vorgeschlagen; vielmehr hält es an dem international gebräuchlichen Ertragswertverfahren auf der Grundlage des Liegenschaftszinssatzes (*all over capitalization rate*) und der am Wertermittlungsstichtag „marktüblich" erzielbaren Erträge unmissverständlich fest. Die Irritationen sind durch fachlich unzutreffende Begründungen im Bericht der Arbeitsgruppe entstanden und haben in einer für ein Bundesministerium auffälligen Weise Eingang in die amtliche Begründung des RegE gefunden.

a) Im Schrifttum und in der Praxis wird unter einem *Discounted Cashflow* Verfahren eine besondere Variante des Ertragswertverfahrens verstanden, bei dem nicht von den am Wertermittlungsstichtag marktüblich erzielbaren Erträgen, sondern von progostizierten Erträgen ausgegangen wird. Diese Erträge werden konsequenterweise nicht unter Heranziehung des Liegenschaftszinssatzes (*all over capitalization rate*), sondern mit einem besonderen kapitalmarktorientierten Diskontierungs- bzw. Kapitalisierungszinssatz kapitalisiert. Es handelt sich um ein anerkanntes Verfahren der Unternehmensbewertung und der Ermittlung von Investitionswerten.

b) Da es derzeit kein für die Verkehrswertermittlung (Marktwertermittlung) geeignetes *Discounted Cashflow* Verfahren gibt, ist die Aufnahme des Verfahrens in die ImmoWertV von dem im Vorfeld der Novellierung einberufenen Gremium abgelehnt worden.

c) Das in der ImmoWertV geregelten Ertragswertverfahren lässt grundsätzlich nur eine sich auf marktüblich erzielbare Erträge stützende Ertragswertermittlung zu und schreibt für deren Kapitalisierung ausdrücklich die Heranziehung von Liegenschaftszinssätzen vor.

d) Demzufolge wird mit der ImmoWertV – entgegen zahlreichen fachlich unzutreffenden Ausführungen ihrer Begründung[126] – kein *Discounted Cashflow* Verfahren eingeführt. Die Begründung stützt sich dabei auf fachlich unzutreffende Ausführungen in dem vom BMVBS veröffentlichten Bericht des Sachverständigengremiums zur Überprüfung des Wertermittlungsrechts, mit dem schon zuvor der unzutreffenden Eindruck erweckt wurde, die ImmoWertV führe das *Discounted Cashflow* Verfahren ein. *Geppert/Werling*[127] bemerken hierzu, dass man dann auch eine „Packung Fischstäbchen als normierten Kabeljau" bezeichnen könnte.

e) Wegen der dadurch eingetretenen Irritationen („Mogelpackung") ist vom Bund der öffentlich bestellten Sachverständigen (BVS)[128] eine Berichtigung der amtlichen Begründung gefordert worden, dem das Ministerium unverständlicherweise nicht nachgekommen ist.

f) Gleichwohl schließt die ImmoWertV ein auf Prognosen gestütztes *Discounted Cashflow* Verfahren auch nicht aus. Die vorstehend genannte Entscheidung des BVerwG[129], nach der weitere in der Wertermittlungspraxis unter anderer Bezeichnung angewandte Verfahren grundsätzlich anwendbar sind, gilt auch bezüglich des *Discounted Cashflow* Verfahrens. Allerdings haben sich in der Wertermittlungspraxis noch keine allgemein anerkannten Verfahrensgrundsätze eines *Discounted Cashflow* Verfahrens herausgebildet und auch die von der gif und dem BIIS entwickelten Verfahren haben keine allgemeine Anerkennung finden können. Abzulehnen sind insbesondere kommerziell angebotene „*Black Box*"-Verfahren, die vor deutschen Gerichten schon deshalb kaum Bestand haben können, weil dem Anwender und „Verbraucher" dieser Rechenverfahren die gemachten Ansätze undurchsichtig und unbegründet sind.

---

126 Vgl. BT-Drucks. 296/09 sowie BT-Drucks. 171/10, Begründung Ziff. III zum allgemeinen Teil und Begründungen zu den §§ 16 und 17.
127 Geppert/Werlin, Praxishandbuch, Wertermittlung von Immobilieninvestments 2009, S. 48; Bobka, Der schwierige Weg zur neuen Verordnung, Immobilienwirtschaft 2009, 57.
128 Schreiben des BVS vom 26.03.2009 an das BMVBS, vgl. GuG 2010, 231; auch Immobilien Zeitung vom 28.05.2009.
129 BVerwG, Beschl. vom 16.01.1996 – 4 B 69/95 –, GuG 1996, 111 = EzGuG 15.83.

Vorbemerkungen zur ImmoWertV Richtlinien

1.4 Ergänzende Wertermittlungsrichtlinien

1.4.1 Allgemeines

Schrifttum: *Bundesverband Deutscher Grundstückssachverständiger (BDGS)*, Vorschläge zur Überarbeitung des Teils II WERTR 96, GuG 1999, 1; *Bertz, U.*, Neubekanntmachung der WERTR 02, GuG 2003, 22; *Schmalgemeier, H.*, Neue Wertermittlungsrichtlinien – Anforderungen der Praxis, GuG 1991, 41; *Simon, J.*, Anmerkungen zu den Wertermittlungs-Richtlinien, GuG 1992, 68; *Simon, J.*, Bewertung von Erbbaurechten nach WERTR 06, GuG 2006, 129; *Simon, J.*, Verkehrswert von Wohnungsrecht und Nießbrauch nach WERTR 06, GuG 2006, 211; *Stemmler, J./ Menning, U.*, Zur Novellierung der Wertermittlungsrichtlinien, GuG 2006, 61.

40 Noch vor dem erstmaligen Erlass der Wertermittlungsverordnung (WertV) im Jahre 1961 hat das Bundesministerium der Finanzen (BMF) für den Bereich der Bundesvermögens- und Bauverwaltung bereits im Jahre 1955 Wertermittlungsrichtlinien[130] – WERTR – herausgegeben. Bei diesen Richtlinien handelte es sich mithin um eine verbindliche Verwaltungsanweisung des Bundes, die sich allerdings nur an die Bundesverwaltung richtete. Adressat der WERTR war in erster Linie die das Fiskalvermögen des Bundes verwaltende Bundesvermögensverwaltung, insbesondere die Oberfinanzdirektionen (OFD). Ihnen wurden mit den Richtlinien Grundsätze der Verkehrs- bzw. Marktwertermittlung einschließlich eines von ihnen anzuwendenden Wertermittlungsformulars vorgegeben. Die Aufgaben und das Personal der ehemaligen Bundesvermögensverwaltung (früher ein Teil der Bundesfinanzverwaltung), für die die WertR erlassen wurden, sind zwischenzeitlich auf die Bundesanstalt für Immobilienaufgaben (BImA) übertragen worden. Die BImA agiert seit dem 01. Januar 2005 weitgehend selbstständig „am Markt". Die WertR haben von daher ihre genuine Bedeutung verloren.

Eine unmittelbare **Geltung der Wertermittlungsrichtlinien für Landesbehörden** besteht nur im Rahmen der Erledigung von Bauaufgaben des Bundes im Bereich der Finanzbauverwaltung im Wege der Organleihe. Das Institut der Organleihe ist dadurch gekennzeichnet, dass das Organ eines Rechtsträgers ermächtigt und beauftragt wird, einen Aufgabenbereich eines anderen Rechtsträgers wahrzunehmen. Das entliehene Organ wird als Organ des Entleihers tätig, dessen Weisungen es unterworfen ist und dem die von diesem Organ getroffenen Maßnahmen und Entscheidungen zugerechnet werden[131]. Die im Wege der Organleihe in Anspruch genommenen Landesbehörden handeln in Bezug auf die konkrete Aufgabe nicht als Behörde des Landes, sondern als Bundesbehörde.

Erlass und Änderungen der Wertermittlungsrichtlinien bedürften im Übrigen **nicht der Zustimmung des Bundesrates.** Dabei kann dahinstehen, ob es sich bei den Wertermittlungsrichtlinien um eine allgemeine Verwaltungsvorschrift im Rechtssinne handelt[132]. Für den Erlass der Wertermittlungsrichtlinien ist mithin Art. 86 Satz 1 GG und nicht Art. 84 Abs. 2 bzw. Art. 85 Abs. 2 Satz 1 GG einschlägig. Demzufolge ergeben sich auch aus der Entscheidung des BVerfG vom 02.03.1999 – 2 BvF 1/94 – keine Konsequenzen für die Wertermittlungsrichtlinien.

Die zum Zeitpunkt des Erlasses der ImmoWertV geltende WERTR 06 ist mit dem Erlass der Verordnung nicht aufgehoben und auch nicht geändert worden und ist mithin entsprechend anzuwenden. Demzufolge wurden mit der später erlassenen Sachwertrichtlinien nur einzelne Abschnitte der WERTR 06 ersetzt (Nr. 1.5.5 Abs. 4, 3.1.3, 3.6 – 3.6.2 sowie die Anl. 4, 6, 7 und 8 WERTR).

---

130 Richtlinien zur Wertermittlung von Grundstücken herausgegeben – WERTR vom 16.04.1955 – BAnz Nr. 91 vom 12.05.1955.
131 BVerfG, Urt. vom 12.01.1983 – 2 BvL 23/81 –, BVerfGE 63,1.
132 Hierzu Definition bei Maunz/Dürig-Lerche, GG Art. 84 Rn. 96.

1.4.2 Wertermittlungsrichtlinien (WERTR)

a) Vorläufer

Für den Bereich der Bundesvermögens- und Bauverwaltung hat das Bundesministerium der Finanzen (BMF) erstmals im Jahre 1955 Wertermittlungsrichtlinien (WERTR) erlassen (vgl. oben Rn. 40). Diese Richtlinien wurden der später erlassenen WertV insbesondere mit der fortgeschriebenen Fassung der WERTR vom 31.05.1976 (WERTR 76)[133] angepasst.

41

b) WERTR 91

Die Richtlinie wurde vom Bundesministerium für Raumordnung, Bauwesen und Städtebau im Jahre 1991 erneut überarbeitet und neu bekannt gemacht. Mit den **Wertermittlungsrichtlinien vom 11.06.1991 – WERTR 91)**[134] wurde allerdings nur der Erste Teil der WERTR 76 novelliert.

42

Die WERTR i. d. F. von 1991 fand – wie die WertV – grundsätzlich in den alten und den jungen Bundesländern Anwendung. Da jedoch der Grundstücksmarkt in den jungen Bundesländern eine Reihe von Besonderheiten aufwies, die insbesondere darin begründet waren, dass sich ein Grundstücksmarkt dort erst noch voll entwickeln musste und die dort im Altbestand zulässigen Mieten für Wohngebäude (noch) nicht den nachhaltigen Ertrag darstellten, weil durch § 11 des Miethöhengesetzes – MHG – vorgegeben war, dass sie erst allmählich durch Mieterhöhungen – abhängig von der Einkommensentwicklung – in das Vergleichssystem überführt werden, hatte das Bundesministerium für Raumordnung, Bauwesen und Städtebau **Ergänzende Hinweise zu den Wertermittlungs-Richtlinien 1991 für das Gebiet der neuen Länder** vom 17.03.1992[135] erlassen. Diese Hinweise hatten nur ergänzenden und vorübergehenden Charakter, soweit die seinerzeitige WERTR 91 für die besonderen Verhältnisse auf den Grundstücksmärkten der jungen Länder nicht ausreichten; sie wurden mit BMBau-Erl vom 01.08.1996 wieder aufgehoben[136].

Mit den WERTR 91 wurden die Regelungen des Zweiten Teils der Richtlinien zur **Marktwertermittlung von Erbbaurechten** und mit Erbbaurecht belasteten Grundstücken sowie zur Marktwertermittlung eines Nießbrauchs oder Wohnrechts nicht geändert, obwohl wiederholt Kritik an den einschlägigen Regelungen der WERTR 76 geübt worden ist. Die Zurückstellung ist damit begründet worden, dass von der Fachwelt hierzu keine breite Anerkennung findenden Änderungsvorschläge vorgelegt werden konnten[137]. Der **Arbeitskreis Wertermittlung des Deutschen Städtetags** hatte sich bereits im Vorfeld der Novellierung der WERTR 76 auch recht vorsichtig zur Novellierung des Zweiten Teils der WERTR (wie folgt) geäußert: „Im Rahmen der Besonderen Vorschriften *(der WERTR)* hatten in der Vergangenheit die Verfahren zur Ermittlung von Erbbaurechten großen Anklang gefunden. Es ist zu prüfen, ob diese Verfahren – auch aufgrund der Erkenntnisse der Umfrage des Deutschen Städtetags – noch praxisgerechter gestaltet werden können"[138].

Auf nochmalige Anfrage beim Deutschen Städtetag wurde von diesem am 05.08.1998 dem Bundesministerium für Raumordnung, Bauwesen und Städtebau (unter dem Aktenzeichen 61.05.70) mitgeteilt, dass **nach überwiegender Auffassung seiner Mitgliedsstädte die Anwendung des Teils II der WERTR „der Praxis im Grundsatz keine Probleme" bereite,** wenngleich dieser Teil veraltet erscheine. Der Arbeitskreis „Wertermittlung" des Deutschen Städtetags ist dann in seiner Sitzung am 15. und 16.3.1999 in Hamburg zum Ergebnis gekommen, dass eine „Überarbeitung der Aussagen *(der WERTR)* zum Erbbaurecht derzeit nicht erforderlich" sei. Ebenso wurde vom Bundesverband der öffentlich bestellten und vereidigten Sachverständigen durch den Fachbereichsleiter Wertermittlung BVS dem Bundesministerium für Raumordnung, Bauwesen und Städtebau (mit Schreiben vom 21.08.1998) mitgeteilt, dass „keine Empfehlungen zur WERTR gegeben werden sollten".

---

133 WERTR 76 vom 31.05.1976; BAnz Nr. 146 vom 06.08.1976 (Beil. 21/76).
134 WERTR 91 vom 11.06.1991 (BAnz Nr. 182a vom 27.09.1991).
135 Ergänzende Hinweise zu den WERTR 91 für das Gebiet der neuen Länder vom 17.05.1992 (BAnz. Nr. 86 vom 08.05.1992); abgedruckt bei Kleiber, Sammlung amtlicher Texte zur Wertermittlung ... , 4. Aufl. 1992; Näheres hierzu Kleiber/Simon/Weyers, WertV 88, 3. Aufl. 1993 Rn. 38 ff.
136 GuG 1996, 298.
137 Schmalgemeier in GuG 1992, 132; Vogels in GuG 1990, 128; Simon in GuG 1992, 68 sowie 1999, 1.
138 Vorbericht zur Sitzung des AK Wertermittlung am 23. und 24.04.1990.

Vorbemerkungen zur ImmoWertV WERTR

43 Der **Erste Teil der WERTR** und ihre Anlagen wurden in der Folgezeit nicht mehr durch Neubekanntmachungen, sondern **durch eine Reihe von Einzelerlassen des Bundesministeriums für Raumordnung, Bauwesen und Städtebau fortgeschrieben**:

- Bekanntmachung des BMBau vom 28.07.1993 (BAnz Nr. 146, 7347 = GuG 1993, 356),
- Erlass des BMBau vom 02.08.1993 (GuG 1993, 356), Bekanntmachung des BMBau vom 07.08.1993 (BAnz Nr. 169, 9890),
- Erlass des BMBau vom 12.10.1993 (BAnz Nr. 199 vom 21.10.1993, 9630 = GuG 1994, 42), – Erl des BMBau vom 07.03.1994 (BAnz Nr. 58 vom 24.03.1994 = GuG 1994, 168),
- Erlass des BMBau vom 01.08.1996 (BAnz Nr. 150 vom 13.8.1996 = GuG 1996, 289),
- Erlass des BMBau vom 01.08.1997 (RS I 3 – 630504-4), zur Einführung der NHK 95 (vgl. VV 5334 des BMF vom 17.07.1998), – Erlass des BMBau vom 02.09.1998 (BAnz Nr. 170 vom 11.09.1998, ber. BAnz Nr. 179 vom 24.09.1998 = GuG 1998, 301, und GuG 1998, 352),
- Erlass des BMVBW vom 03.05.2001 (BAnz Nr. 109 vom 16.06.2001 = GuG 2001, 240).

c) WERTR 02

44 Im Jahre 2002 wurden die Wertermittlungsrichtlinien redaktionell überarbeitet und aktualisiert. Die **Neubekanntmachung der Wertermittlungsrichtlinien vom 19.07.2002 ist im BAnz Nr. 238a vom 20.12.2002** unter der Bezeichnung **WERTR 02** veröffentlicht worden. Die wohl weitreichendste Ergänzung der Neubekanntmachung ist nach erfolgreicher Erprobung die Integration der Normalherstellungskosten 2000 (NHK 2000). Diese wurden zuvor allerdings bereits mit Erlass des BMBau vom 01.08.1997 (RS I 3 – 630504-4) in die WERTR integriert[139]. In Ergänzung zu Nr. 3.6.1.1 der WERTR werden dem Sachverständigen aktualisierte Normalherstellungskosten nach dem Preisstand 2000 – NHK 2000 – vorgegeben. Sie ersetzen die lange Zeit verbreiteten Normalherstellungskosten von 1913.

d) WERTR 06

45 **Im Jahre 2006 wurde die WERTR erneut novelliert und zum 01.03.2006 bekannt gegeben**[140]. Im Mittelpunkt dieser Novellierung steht der Zweite Teil (Rechte und Belastungen). Inhaltlich gehen die Änderungen auf Stellungnahmen der Bundesressorts und Verbände sowie auf Beratungen in einer beim Arbeitskreis „Wertermittlung" der Fachkommission „Kommunales Vermessungs- und Liegenschaftswesen" des Deutschen Städtetags gebildeten Arbeitsgruppe zurück. Mit der neuen Fassung der Wertermittlungsrichtlinien (WERTR 06) ist

1. der *Erste Teil* der Wertermittlungsrichtlinien über die Verkehrswertermittlung von Grundstücken redaktionell unter Beibehaltung vorstehender Grundsätze überarbeitet worden,

2. der *Zweite Teil* der Wertermittlungsrichtlinien über die Verkehrswertermittlung von Rechten und Belastungen an Grundstücken neu gefasst worden. **Die Hinweise zur Bodenwertermittlung in besonderen Fällen (Nr. 5 des Zweiten Teils) sind dabei weitgehend unverändert geblieben.**

46 Im Zweiten Teil wird insbesondere die **Verkehrswertermittlung von Erbbaurechten und Erbbaugrundstücken,** Wohnungsrechten, Grunddienstbarkeiten und beschränkten persönlichen Dienstbarkeiten, Wegen und Leitungsrechten sowie des Überbaus und des Nießbrauchs geregelt.

- Wie nach den bisher geltenden Richtlinien ist bei der Wertermittlung von **Rechten oder Belastungen** der jährliche Vor- bzw. Nachteil über die Restlaufzeit zu kapitalisieren, wobei danach unterschieden werden muss, ob sie auf einen festen Zeitraum bezogen sind oder mit dem Ableben des Berechtigten erlöschen.

---

[139] Die seinerzeit aktualisierte Fassung der WERTR (WERTR 76/96) wurde zusammen mit dem BMBau-Erlass vom 01.08.1997 über die aktualisierten Normalherstellungskosten (NHK 95) in der 7. Aufl. der beim Bundesanzeiger Verlag erschienenen Schrift „WERTR 76/96" veröffentlicht (BAnz Nr. 150 vom 13.08.1996, S. 9133 = GuG 1996, 298).
[140] BAnz Nr. 108a vom 10.06.2006.

- Sind Rechte oder Belastungen auf feste Zeiträume bezogen, soll nach der Neufassung zur Kapitalisierung der Vor- und Nachteile der Zeitrentenbarwertfaktor herangezogen werden.
- Die Hinweise zur **Verkehrswertermittlung von Erbbaurechten und Erbbaugrundstücken** wurden durch Grundsätze des Vergleichswertverfahrens ergänzt, für dessen Anwendung es allerdings entsprechender Marktfaktoren bedarf. Die Anwendung der finanzmathematischen Methoden wurde dahingehend umgestellt, dass sich der Ertragswert nach dem abgezinsten Bodenwert zuzüglich der kapitalisierten Erbbauzinsen bemisst; dabei soll künftig „in der Regel" der jeweils angemessene, nutzungstypische Liegenschaftszinssatz (i. S. des § 14 Abs. 3 ImmoWertV) herangezogen werden, der originär für die Marktwertermittlung bebauter Grundstücke im Wege des Ertragswertverfahrens abgeleitet wird.

1.4.3 Weitere die WERTR ablösende Richtlinien

1.4.3.1 Bodenrichtwertrichtlinie (BRW-RL)

In Ergänzung zu § 10 ImmoWertV hat das Bundesministerium für Verkehr, Bau- und Stadtentwicklung die Richtlinie zur Ermittlung von Bodenrichtwerten – Bodenrichtwertrichtlinie BRW-RL[141] – erlassen. Diese Richtlinie löst die Musterrichtlinien über Bodenrichtwerte der ARGEBAU[142] aus dem Jahre 2001 ab, nachdem die Zuständigkeit für den Erlass von Vorschriften über die Ableitung von Bodenrichtwerten von den Landesregierungen auf die Bundesregierung übertragen wurde. Mit dieser Richtlinie soll die Ermittlung und Darstellung von Bodenrichtwerten vereinheitlicht werden; die Richtlinie ist bei § 10 ImmoWertV abgedruckt.

47

1.4.3.2 Sachwertrichtlinie (SW-RL) und alii

Die zur WertV 98 erlassene WERTR 06 ist mit Inkrafttreten der ImmoWertV weder aufgehoben, noch den neuen Rechtsgrundlagen angepasst worden. Die WERTR 06 können mithin solange entsprechend Anwendung finden, wie sie nicht formell aufgehoben oder durch neue Richtlinien ersetzt werden. Für einen Ersatz besteht auch kein unmittelbares Bedürfnis mehr, nachdem der Bundesanstalt für Immobilien (BImA) die Aufgaben der Bundesvermögensverwaltung übertragen wurden. Die Bundesanstalt verwaltet nunmehr eigenverantwortlich die Liegenschaften, die von Dienststellen der Bundesverwaltung zur Erfüllung ihrer Aufgaben genutzt werden (Dienstliegenschaften). Die WertR haben von daher ihre genuine Bedeutung verloren (Rn. 40).

48

Es kommt hinzu, dass nach der Systematik der ImmoWertV die Wertermittlungsverfahren nach den Grundsätzen zur Anwendung kommen müssen, wie sie von örtlichen Gutachterausschüssen für Grundstückswerte bei der Ableitung insbesondere der Liegenschaftszinssätze und der Sachwertfaktoren praktiziert worden sind (vgl. zum **Grundsatz der Modellkonformität** der Anwendung Rn. 34).

Gleichwohl sollen sukzessiv die einschlägigen Hinweise der WERTR 06 durch Richtlinien zum Vergleichs-, Ertrags- und Sachwertverfahren ersetzt werden. Im ersten Schritt wurde im Jahre 2012 vom BMVBW die Richtlinie zur Ermittlung des Sachwerts – Sachwertrichtlinie (SachwertR) – vom 05.09.2012 (BAnz AT 18.10.2012 B1) veröffentlicht. Eigentlicher Adressat der SachwertR sind nach den vorstehenden Ausführungen die nach den §§ 192 ff. BauGB eingerichteten Gutachterausschüsse für Grundstückswerte. Diese geben unter dem Grundsatz der Modellkonformität den Takt für alle vor, die die Sachwertfaktoren des Gutachterausschusses heranziehen (müssen). Der frei praktizierende Sachverständige hängt an der Nabelschnur des Gutachterausschusses. Das von ihm praktizierte Sachwertmodell ist die eigentliche Richtschnur des Sachverständigen.

---

141 Richtlinien zur Ermittlung von Bodenrichtwerten – Bodenrichtwertrichtlinie BRW-RL vom 11.1.2011 (BAnz Nr. 25 vom 11.02.2011, S. 597 = GuG 2011, 165).
142 Musterrichtlinien über Bodenrichtwerte GuG 2001, 44

Vorbemerkungen zur ImmoWertV SachwertR

Die mit den Wertermittlungsrichtlinien bzw. mit den sie ersetzenden Richtlinien, wie z.B. die Sachwertrichtlinie (SachwertR) und die geplante Vergleichs- und Ertragswertrichtlinie (ErtragswertR), verfolgte Zielsetzung muss sich deshalb neu definieren; sie lässt sich auch neu definieren. Im Vordergrund der Nachfolgeempfehlungen steht, was vielfach verkannt wird, nicht mehr die Empfehlung an den frei praktizierenden Sachverständigen für Grundstückswerte, sondern der Vollzug staatlicher Aufgaben durch die Gutachterausschüsse für Grundstückswerte und zwar speziell die Ableitung von Sachwertfaktoren i. S. des § 14 Abs. 2 Nr. 1 ImmoWertV. Eigentlicher Adressat der Richtlinien sind damit die selbstständigen und unabhängigen Gutachterausschüsse für Grundstückswerte (§ 192 Abs. 1 BauGB) und diese stehen unter der Rechts- und Fachaufsicht der Länder und sind nicht an die Richtlinien gebunden. Für den freien Sachverständigen sind die Hinweise nur mittelbar von Bedeutung, nämlich insoweit wie sie von den Gutachterausschüssen für Grundstückswerte bei der Ableitung von Sachwertfaktoren zur Anwendung kommen, denn die dabei zur Anwendung kommenden Grundsätze müssen bei Heranziehung der Sachwertfaktoren spiegelbildlich auch vom Sachverständigen zur Anwendung gebracht werden.

49 Mit der **Richtlinie zur Ermittlung des Sachwerts (Sachwertrichtlinie – SW-RL)**[143] vom 05.09.2012 werden in erster Linie die Normalherstellungskosten 2000 (NHK 2000) durch die **Normalherstellungskosten 2010 (NHK 2010)** abgelöst. Darüber hinaus werden nur allgemeine Hinweise zur Anwendung des Sachwertverfahrens gegeben. Konkret werden mit den SachwertR die Nrn. 1.5.5 Abs. 4, Nrn. 3.1.3 und 3.6 bis 3.6.2 der WERTR 06 ersetzt.

Neu eingefügt werden

Anlage 1 Normalherstellungskosten 2010

Anlage 2 Beschreibung der Gebäudestandards

Anlage 3 Orientierungswerte für die übliche Gesamtnutzungsdauer bei ordnungsgemäßer Instandhaltung

Anlage 4 Modell zur Ableitung der wirtschaftlichen Restnutzungsdauer für Wohngebäude unter Berücksichtigung von Modernisierungen

Anlage 5 Modellparameter für die Ermittlung des Sachwertfaktors

Den in Anlage 5 aufgeführten **Modellparametern für die Ermittlung des Sachwerts** lassen sich eine Reihe von Grundsätzen entnehmen, die im Rahmen der Ableitung von Sachwertfaktoren bei der Ermittlung des vorläufigen Sachwerts standardmäßig zur Anwendung kommen können (vgl. § 14 ImmoWertV Rn. 38 f.).

1.4.4 WaldR 2000, LandR 78, ZierH 2000 und JagdH 01

50 Ergänzend zu den Wertermittlungsrichtlinien (WERTR) wurden vom Bundesministerium der Finanzen im Einvernehmen mit dem Bundesministerium für Verkehr, Bau- und Wohnungswesen die **Hinweise zur Wertermittlung von Ziergehölzen als Bestandteil von Grundstücken** (Schutz- und Gestaltungsgrün) vom 20. März 2000 – **Ziergehölzhinweise 2000** – erlassen[144].

51 Darüber hinaus hat das Bundesministerium der Finanzen die **Waldwertermittlungsrichtlinien**[145] – **WaldR** – sowie – im Einvernehmen mit den genannten Ressorts, dem Bundesministerium für Ernährung, Landwirtschaft und Forsten sowie dem Bundesministerium für Raumordnung, Bauwesen und Städtebau – die **Entschädigungsrichtlinien Landwirt-**

---

143 Kleiber, W., Aktuelle Normalherstellungskosten (NHK 2010) – eine neue Chance für das Sachwertverfahren?, GuG 2012, 193; Kleiber, W., Sachwertrichtlinien – ein altes Verfahren soll neu laufen lernen, AiZ Immobilienmagazin 2012/9.
144 BAnz Nr. 94 vom 18.05.2000 = GuG 2000, 155; vormals Kleiber, WERTR 76/96, 6. Aufl. 1997, Köln, S. 438; BAnz Nr. 94 vom 18.05.2000 = GuG 2000, 155; Wilbat/Bracke in GuG 2001, 74.
145 Waldwertermittlungsrichtlinien 2000 – WaldR 2000 – i. d. F. vom 12.07.2000 (BAnz. Nr. 168 = GuG 2000, 301), Vorgängerin: Waldwertermittlungsrichtlinien i. d. F. vom 25.02.1991 (WaldR 91; BAnz. Nr. 100a vom 05.06.1991).

schaft[146] – **LandR 78** – bekannt gegeben. Schließlich hat das Bundesministerium der Finanzen im Einvernehmen mit dem Bundesministerium für Verkehr, Bau- und Wohnungswesen **Hinweise zur Ermittlung von Entschädigungen für die Beeinträchtigungen von gemeinschaftlichen Jagdbezirken (JagdH 01)**[147] bekannt gemacht.

Für die Praxis sind auch diese Richtlinien von großer Bedeutung, da sie die Grundsätze über die Ermittlung des Verkehrswerts von Grundstücken, Rechten an Grundstücken sowie die Ermittlung der Entschädigung für andere Vermögensnachteile für besondere Fälle konkretisieren. Die zuletzt genannten Richtlinien bedürfen noch der Anpassung an die ImmoWertV.

1.4.5 Bedeutung der ergänzenden Richtlinien

Die bundesministeriellen Richtlinien bilden zusammen **ein Regelwerk, an das die Gerichte** – wie schon in Bezug auf die Immobilienwertermittlungsverordnung – **in keiner Weise gebunden sind, auf die bislang aber in der Rechtsprechung zurückgegriffen wurde**[148]; ihr Inhalt wurde bislang als geltender „Bewertungsgrundsatz" betrachtet[149]. Wegen ihrer übergreifenden Bedeutung haben sich bislang auch frei praktizierende Sachverständige für Grundstückswerte und auch die Gutachterausschüsse für Grundstückswerte ihrer bedient. Die Voraussetzungen für ihre Anwendbarkeit in möglichst allen Bereichen wurden dadurch geschaffen, dass die Wertermittlungsrichtlinien in Zusammenarbeit mit Vertretern der zuständigen Bundes- und Landesressorts, den Vertretern der kommunalen Spitzenverbände sowie der Fachkommission „Städtebau" in der Arbeitsgemeinschaft der für das Bau-, Wohnungs- und Siedlungswesen zuständigen Ministern der Länder (Argebau) entstanden sind[150]. Schon bald nach ihrem erstmaligen Erscheinen sind die Richtlinien den Gutachterausschüssen für Grundstückswerte vom Deutschen Städtetag zur Anwendung empfohlen worden[151].

Die **Bedeutung der zur ImmoWertV erlassenen Richtlinien** (einschließlich der entsprechend anzuwendenden WertR) **hat sich** allerdings **erheblich gewandelt**:

1. Mit dem Gesetz zur Gründung einer Bundesanstalt für Immobilienaufgaben (BImA-Errichtungsgesetz) der „Bundesanstalt für Immobilienaufgaben" (BImA) hat der Bund seine liegenschaftsbezogenen Aufgaben auf diese Anstalt übertragen. Die Bundesanstalt verwaltet nunmehr eigenverantwortlich die Liegenschaften, die von Dienststellen der Bundesverwaltung zur Erfüllung ihrer Aufgaben genutzt werden (Dienstliegenschaften). Die Bundesanstalt hat das Ziel, eine einheitliche Verwaltung des Liegenschaftsvermögens des Bundes nach kaufmännischen Grundsätzen vorzunehmen und nicht betriebsnotwendiges Vermögen wirtschaftlich zu veräußern. Die WertR, die sich in erster Linie an die dem Bund nachgeordneten Dienststellen richtete, damit diese Verkehrswerte nach einheitlichen Grundsätzen ermitteln, haben von daher ihre genuine Bedeutung verloren (vgl. oben Rn. 40).

2. Da die in der ImmoWertV geregelten Vergleichs-, Ertrags- und Sachwertverfahren unter stringenter Beachtung des **Grundsatzes der Modellkonformität** (vgl. oben Rn. 34) anzuwenden sind, müssen die Wertermittlungsverfahren nach dem Bewertungsmodell zur Anwendung kommen, wie sie vom Gutachterausschuss für Grundstückswerte bei der Ableitung der erforderlichen Daten der Wertermittlung i. S. des Zweiten Abschnitts (insbesondere Liegenschaftszinssätze, Sachwertfaktoren, Vergleichsfaktoren bebauter Grund-

---

146 Entschädigungsrichtlinien Landwirtschaft vom 28.07.1978 (LandR 78) i. d. F. der Bek. vom 28.07.1978 (BAnz Nr. 181 vom 26.09.1978), zuletzt geändert durch Bek. des BMF vom 04.02.1997 (GuG 1997, 183); zur Novellierung Köhne in GuG 1997, 133.
147 Hinweise zur Ermittlung von Entschädigungen für die Beeinträchtigungen von gemeinschaftlichen Jagdbezirken – JagdH 01 – i. d. F. vom 07.06.2001 (BAnz Nr. 146a vom 08.08.2001 = GuG 2003, 104.
148 BGH, Urt. vom 28.09.1972 – III ZR 44/70 –, EzGuG 14.47; BGH, Beschl. vom 11.03.1993 – III ZR 24/92 –, EzGuG 20.144a.
149 OVG Lüneburg, Urt. vom 15.12.1977 – 1 A 311/74 –, EzGuG 15.7; Revision: BVerwG, Urt. vom 24.11.1978 – 4 C 56/76 –, EzGuG 15.9.
150 Kleiber im BBauBl. 1976, 299; vgl. auch zur Bewertung von abgehenden Konversionsflächen (Gemeinbedarf) RdSchr des Deutschen Städtetags (Umdruck Nr. H 4814) – Az 61.05.70/62.63.30 vom 17.01.1994.
151 MittDST Nr. 564/76; vgl. Richtlinien zur Ermittlung von Grundstückswerten nach dem BauGB; VV des Ministeriums des Innern und für Sport in Rh.-Pf. vom 01.06.1988, geändert durch RdSchr vom 10.09.1989 und vom 10.04.1991.

Vorbemerkungen zur ImmoWertV   BelWertV

stücke, Umrechnungskoeffizienten) zur Anwendung gekommen sind. Daraus folgt, dass der Gutachterausschuss für Grundstückswerte künftig die maßgeblichen Grundsätze vorgibt und die zur ImmoWertV erlassenen Richtlinien für den Sachverständigen nur noch insoweit von Bedeutung sind, wie sich der einschlägige Gutachterausschuss daran hält. Eigentlicher Adressat der Richtlinie sind daher die örtlichen Gutachterausschüsse für Grundstückswerte, die allerdings der Fachaufsicht der Länder und nicht des Bundes unterworfen sind.

1.5 Beleihungswertermittlungsverordnung (BelWertV)

54 Ermächtigungsgrundlage für die „Verordnung über die Ermittlung der Beleihungswerte von Grundstücken" gemäß § 16 Abs. 1 und 2 des Pfandbriefgesetzes (**Beleihungswertermittlungsverordnung – BelWertV**) ist § 16 Abs. 4 des Pfandbriefgesetzes (PfandBG):

„(4) Das Bundesministerium der Finanzen wird ermächtigt, im Einvernehmen mit dem Bundesministerium der Justiz durch Rechtsverordnung, die nicht der Zustimmung des Bundesrates bedarf, Einzelheiten der Methodik und Form der Beleihungswertermittlung sowie die Mindestanforderungen an die Qualifikation des Gutachters zu bestimmen. Die Rechtsverordnung kann für die Bewertung von überwiegend zu Wohnzwecken genutzten Beleihungsobjekten Erleichterungen vorsehen. Vor Erlass der Rechtsverordnung sind die Spitzenverbände der Kreditwirtschaft anzuhören. **Das Bundesministerium der Finanzen kann diese Ermächtigung durch Rechtsverordnung auf die Bundesanstalt für Finanzdienstleistungsaufsicht übertragen.** Mit Inkrafttreten der Rechtsverordnung nach Satz 1 werden die nach § 13 des Hypothekenbankgesetzes genehmigten Wertermittlungsanweisungen unwirksam."

55 Mit § 1 Nr. 4 der Verordnung zur Übertragung von Befugnissen zum Erlass von Rechtsverordnungen auf die Bundesanstalt für Finanzdienstleistungsaufsicht vom 13.12.2002 (BGBl. I 2002, 3) ist die Ermächtigung auf die Bundesanstalt für Finanzdienstleistungsaufsicht – BaFin – übertragen worden. Die Übertragung der Zuständigkeit auf die BaFin war keine gute Entscheidung, denn

1. die BaFin verfügt nicht über Fachleute der Verkehrs- und Beleihungswertermittlung,

2. die BaFin hat entsprechend den Ermächtigungsgrundlagen im Gesetzgebungsverfahren allein die Spitzenverbände der Kreditwirtschaft beteiligt.

Gegenstand der BelWertV sind jedoch wertermittlungstechnische Fragen und die damit befassten Fachverbände wurden förmlich „geschnitten"; darauf können die Unzulänglichkeiten der BelWertV zurückgeführt werden[152].

---

[152] Vgl. GuG 2006, 69.

2 Erläuterungen zu den einzelnen Vorschriften der ImmoWertV

Abschnitt 1 ImmoWertV: Anwendungsbereich, Begriffsbestimmungen und allgemeine Verfahrensgrundsätze

§ 1 ImmoWertV
Anwendungsbereich

(1) Bei der Ermittlung der Verkehrswerte (Marktwerte) von Grundstücken, ihrer Bestandteile sowie ihres Zubehörs und bei der Ableitung der für die Wertermittlung erforderlichen Daten einschließlich der Bodenrichtwerte ist diese Verordnung anzuwenden.

(2) Die nachfolgenden Vorschriften sind auf grundstücksgleiche Rechte, Rechte an diesen und Rechte an Grundstücken sowie auf solche Wertermittlungsobjekte, für die kein Markt besteht, entsprechend anzuwenden. In diesen Fällen kann der Wert auf der Grundlage marktkonformer Modelle unter besonderer Berücksichtigung der wirtschaftlichen Vor- und Nachteile ermittelt werden.

Gliederungsübersicht   Rn.

1 Anwendungsbereich
   1.1 ImmoWertV 1
   1.2 BelWertV 11
2 Anwendung der Verordnung auf Grundstücke, Grundstücksbestandteile und Zubehör (§ 1 Abs. 1 ImmoWertV)
   2.1 Grundstück und Grundstücksteil
      2.1.1 Übersicht 12
      2.1.2 Grundstück 18
      2.1.3 Grundstücksteil 19
      2.1.4 Bruchteils-, Gesamthands- und Miteigentum 20
      2.1.5 Gegenstand der Wertermittlung nach BelWertV 21
   2.2 Wirtschaftliche Einheit 22
   2.3 Bestandteile des Grundstücks
      2.3.1 Übersicht 29
      2.3.2 Bauliche und sonstige Anlagen
         2.3.2.1 Allgemeines 37
         2.3.2.2 Bauliche Anlagen 38
         2.3.2.3 Sonstige Anlagen (Aufwuchs) 47
      2.3.3 Besondere Betriebseinrichtungen 57
      2.3.4 Zubehör 61
      2.3.5 Kunstgegenstände 62
3 Anwendung der Verordnung auf Grundstücksrechte (§ 1 Abs. 2 ImmoWertV) ...
   3.1 Allgemeine Hinweise
      3.1.1 Übersicht 63
      3.1.2 Wertminderung eines dienenden Grundstücks 68
      3.1.3 Werterhöhung eines herrschenden Grundstücks 70
   3.2 Beschränkt dingliche Rechte 72
   3.3 Nutzungsrechte 73
   3.4 Sicherungs- und Verwertungsrechte
      3.4.1 Übersicht 80
      3.4.2 Grundpfandrecht 81
   3.5 Erwerbsrechte 83
4 Anwendung der Verordnung auf nicht marktgängige Wertermittlungsobjekte
   (§ 1 Abs. 2 ImmoWertV) 84

§ 1 ImmoWertV — Anwendungsbereich

1 Anwendungsbereich

1.1 ImmoWertV

▶ *Zur Anwendung der zur ImmoWertV erlassenen Richtlinien vgl. Vorbem. zur ImmoWertV Rn. 50 ff.*

1 Nach § 1 ImmoWertV ist die **ImmoWertV** anzuwenden bei
- der Ermittlung des materiell in § 194 BauGB definierten Marktwerts (Verkehrswerts) von Grundstücken (Abs. 1; zum Begriff des Grundstücks vgl. unten Rn. 19) und auch Teilen von Grundstücken (vgl. unten Rn. 20 ff.),
- der eigenständigen Ermittlung des Marktwerts von Grundstücksbestandteilen und von Zubehör (Abs. 1),
- der den Gutachterausschüssen für Grundstückswerte nach § 193 Abs. 3 BauGB obliegenden Ableitung erforderlicher Daten der Wertermittlung i. S. des Zweiten Abschnitts der Verordnung (Abs. 1),
- der Ermittlung des Marktwerts (Verkehrswerts) von „Wertermittlungsobjekten, für die kein Markt besteht" (Abs. 2) sowie
- der Ermittlung des Marktwerts (Verkehrswerts) von Rechten an Grundstücken, ausdrücklich auch von grundstücksgleichen Rechten und Rechten an diesen (Abs. 2).

2 Für die **Marktwertermittlung von Rechten an Grundstücken** enthält die ImmoWertV keine unmittelbar geltenden Vorschriften. Die für Grundstücke geltenden Grundsätze finden vielmehr nur entsprechend Anwendung. Teil II der WERTR 06 schließt diese Lücke. Für die Verkehrswertermittlung grundstücksgleicher Rechte (Erbbaurecht) sowie für eine Reihe ausgewählter Rechte an Grundstücken sind dort weiterführende Grundsätze zu finden (vgl. unten Rn. 68 ff).

3 Die Anwendung der Verordnung ist insbesondere **den** nach den §§ 192 ff. BauGB eingerichteten **Gutachterausschüssen für Grundstückswerte vorgeschrieben**. Auch wenn in der Rechtsprechung betont wurde, dass die **Verordnung „nur für die Gutachterausschüsse"** nach den §§ 192 ff. BauGB **und nicht für Gerichte verbindlich sei**[1], so hat die Rechtsprechung die Verfahrensvorschriften der ImmoWertV dennoch als im gerichtlichen Verfahren „grundsätzlich verwertbar" bezeichnet und den in der ImmoWertV normierten Grundsätzen der Verkehrswertermittlung eine solche Bedeutung beigemessen, dass ihre Anwendbarkeit im Streitfall nicht auf die Gutachterausschüsse beschränkt sei und sich der Richter damit auseinander zu setzen hätte[2], denn sie enthalte „allgemein anerkannte Regeln der Wertermittlungslehre"[3]. Die breite Anerkennung der ImmoWertV ist darin begründet, dass deren Verfahrensvorschriften auf jahrzehntelangen Erfahrungen beruhen und sich in der Praxis bewährt haben.

4 Der BGH hat deshalb erkannt, dass die ImmoWertV allgemein anerkannte Grundsätze der Marktwertermittlung enthalte, deren Anwendbarkeit sich nicht auf die Gutachterausschüsse für Grundstückswerte beschränke[4]:
- **Privat tätige Sachverständige** sind zumindest de facto an die Vorschriften der ImmoWertV gebunden, insbesondere, wenn sie nach der für sie einschlägigen Sachverständigenordnung zur Anwendung der ImmoWertV ausdrücklich verpflichtet sind[5].

---

1 BGH, Urt. vom 04.03.1982 – III ZR 156/80 –, EzGuG 11.127; BGH, Urt. vom 26.10.1972 – III ZR 78/71 –, EzGuG 18.57; BGH, Urt. vom 20.03.1975 – III ZR 153/72 –, EzGuG 18.64; BGH, Urt. vom 09.12.1968 – III ZR 114/66 –, EzGuG 4.28; BGH, Urt. vom 24.01.1966 – III ZR 15/66 –, EzGuG 6.85: Reisnecker im Kohlhammer-Kommentar BauGB § 95 Rn. 19; Runkel in Ernst/Zinkahn/Bielenberg/Krautzberger BauGB § 95 Rn. 6.
2 BGH, Urt. vom 27.04.1964 – III ZR 136/63 –, EzGuG 6.75.
3 BGH, Urt. vom 04.03.1982 – III ZR 156/80 –, EzGuG 11.127.
4 BGH, Urt. vom 12.01.2001 – V ZR 420/99 –, GuG 2001, 181 = EzGuG 20.176.
5 Hamb. Sachverständigenordnung (Hamb. Amtl. Anz. vom 07.07.1989, S. 1345, Nr. 11 j).

Anwendungsbereich § 1 ImmoWertV

– Die Anwendung der **ImmoWertV** wird in einer Reihe **von Verwaltungsanweisungen anderen Stellen vorgeschrieben**[6].

Die Bedeutung der ImmoWertV ist auch nicht auf Wertermittlungen nach dem Städtebaurecht beschränkt. Da der in § 194 BauGB definierte Marktwert (Verkehrswert) identisch mit einer Vielzahl anderer Wertbegriffe ist, kommt den Vorschriften der ImmoWertV auch von daher eine **breite Allgemeingültigkeit im Rechts- und Wirtschaftsleben** zu. Allgemein kann festgestellt werden, dass die ImmoWertV für nahezu alle Bereiche **anerkannte Grundsätze für die Ermittlung des Verkehrswerts** (= Marktwert = voller Wert = Verkaufswert = angemessener Wert = Wert) enthält, gleichgültig von wem oder welcher Stelle der Verkehrswert (Marktwert) ermittelt wird; insoweit entfaltet die ImmoWertV eine mittelbare Bindungswirkung. 5

Anders als noch mit § 1 WertV 72 wird der Anwendungsbereich im geltenden Recht der ImmoWertV nicht mehr damit umschrieben, dass die Verordnung bei **Wertermittlungen nach dem Städtebaurecht** anzuwenden ist. Die Begründung zur WertV 88 führt hierzu aus, dass die Beibehaltung der bisherigen Formulierung missverständlich wäre, da die Verordnung nicht nur bei Wertermittlungen in Durchführung des BauGB angewendet werden soll, sondern bei allen nach den §§ 192, 193 und 199 BauGB vom Gutachterausschuss vorzunehmenden Wertermittlungen. Hierzu gehören neben Wertermittlungen auf Antrag von Gerichten und Behörden, insbesondere solche nach Maßgabe der §§ 18 und 21 Abs. 2 und 3, § 28 Abs. 3, 4 und 6, §§ 39 und 40 Abs. 3, § 41 Abs. 2, §§ 42 bis 44, § 57 bis 61, §§ 93 bis 103, § 128 Abs. 1, § 145 Abs. 5, §§ 149, 153 bis 155, § 160 Abs. 5 und 7, § 164 Abs. 4 und 5, § 165 Abs. 3 Nr. 3, § 166 Abs. 3 und 4, § 168 Abs. 2, §§ 169 und 173 Abs. 2, § 176 Abs. 4, § 179 Abs. 3 und § 185 Abs. 1 BauGB, u. a. auch Wertermittlungen auf Antrag des Grundstückseigentümers. Denn auch in diesem Fall kann die Gutachtenerstattung als „Wertermittlung nach dem Städtebaurecht" angesehen werden, da sich das Antragsrecht und die Erstattungspflicht aus dem Städtebaurecht ergibt (§ 193 Abs. 1 Nr. 3 BauGB). Das geltende Recht stellt deshalb eine Klarstellung gegenüber § 1 WertV 72 und keine materielle Änderung dar. 6

Im Mittelpunkt der Regelungen der ImmoWertV steht die Ermittlung des Marktwerts (Verkehrswerts) von Grundstücken, die im Eigentum einer natürlichen oder juristischen Person stehen. Die ImmoWertV enthält nur allgemeine Grundsätze der Marktwertermittlung. Die verfahrensrechtlichen Regelungen sind nicht abschließend[7]. Kann z. B. ein in der ImmoWertV vorgesehenes Wertermittlungsverfahren nicht angewandt werden, hindert dies nicht, **andere geeignete Methoden** zu entwickeln und anzuwenden. 7

Die Verordnung findet insbesondere auch in folgenden Rechtsbereichen Anwendung: 8

a) Nach § 85 Abs. 3 **BBergG**[8] ist die ImmoWertV bei der Bemessung von Entschädigungen nach diesem Gesetz entsprechende anzuwenden.

b) Des Weiteren ist der Gutachterausschuss für Grundstückswerte nach § 7 **NutzEV** verpflichtet, Gutachten über ortsübliche Nutzungsentgelte zu erstatten[9]; darüber hinaus sind Gutachten nach § 92 Abs. 2 **SachenRBerG** unter Anwendung der ImmoWertV zu erstatten.

c) Die Vorschriften der ImmoWertV sind im Zusammenhang mit der Prüfung eines Anspruchs nach **§ 16 Abs. 1 Satz 1 des Investitionsvoranggesetzes (InVorG)** anzuwenden[10].

Schließlich sind die Vorschriften der ImmoWertV mittelbar auch in sonstigen Rechtsbereichen zu beachten, wenn der Gutachterausschuss wertermittlerisch tätig wird. So ist der Gut- 9

---

6 Vgl. Rn. 1; *Baden-Württemberg:* Schreiben des FM vom 22.04.1992 (GeschZ VV 2030-19) – abgedruckt in GuG 1992, 278 sowie GuG 1993, 42 (in der Darstellung etwas unentschlossen); *Niedersachsen*: RdErl des nds. MF vom 23.12.1991 – Gütl. 151/666 –, abgedruckt in GuG 1992, 209; *Schleswig-Holstein:* Schreiben des FM vom 19.08.1991 (GeschZ 596-3540), abgedruckt in GuG 1992, 277; *Thüringen:* Schreiben des FM vom 12.08.1991 (GeschZ 42.01), abgedruckt in GuG 1992, 277; *Rheinland-Pfalz:* Schreiben des Ministeriums des Innern und für Sport vom 12.07.1991 (GeschZ 366/648-15/0), abgedruckt in GuG 1992, 278; *Hessen:* Erl des IM vom 22.01.1991 (GeschZ 4161a 24-1/91), abgedruckt in GuG 1991, 166; *Sachsen-Anhalt:* Erl des MF vom 06.07.1992 (MBl.LSA 1992, 1100 = GuG 1993, 42).
7 BVerwG, Beschl. vom 16.01.1996 – 4 B 96/95 –, GuG 1996, 111 = EzGuG 15.83.
8 Boldt/Weller, BBergG, Berlin – New York, Ergänzungsbd. 1992, § 85 Rn. 1 ff.
9 Kleiber, Verkehrswertermittlung von Grundstücken, 6. Aufl. 2010, § 193 BauGB Rn. 29.
10 BGH, Urt. vom 12.01.2001 – V ZR 420/99 –, GuG 2001, 181 = NJW-RR 2001, 732 = EzGuG 20.176.

§ 1 ImmoWertV   Anwendungsbereich

achterausschuss nach § 5 Abs. 2 **KleingG**[11] verpflichtet, Gutachten über den ortsüblichen **Pachtzins** im erwerbsmäßigen Obst- und Gemüsebau zu erstatten.

10 In der **steuerlichen Bewertung** wird der ImmoWertV die Bedeutung einer anerkannten Schätzungsmethode beigemessen[12]. Im Rahmen der steuerlichen Bewertung (Einheits- und Grundbesitzbewertung) ist Bewertungsobjekt das Grundstück als **wirtschaftliche Einheit** (§ 2 BewG, vgl. unten Rn. 21, 27 ff.). Was als wirtschaftliche Einheit zu gelten hat, ist dabei **nach den Anschauungen des Verkehrs (Verkehrsauffassung)** zu entscheiden.

1.2   BelWertV

11 Die Vorschriften der BelWertV sind nach § 1 BelWertV „bei der **Ermittlung der Beleihungswerte** nach § 16 Abs. 1 und 2 des Pfandbriefgesetzes und bei der Erhebung der für die Wertermittlung erforderlichen Daten ... anzuwenden"[13].

2   Anwendung der Verordnung auf Grundstücke, Grundstücksbestandteile und Zubehör (§ 1 Abs. 1 ImmoWertV)

2.1   Grundstück und Grundstücksteil

2.1.1   Übersicht

12 Am Anfang einer jeden Wertermittlung muss zunächst festgestellt werden, was „Gegenstand der Wertermittlung" ist, d. h., der Gutachter muss sich Klarheit über das Wertermittlungsobjekt verschaffen. Dabei geht es in der Praxis nicht nur um die Ermittlung des Marktwerts von Grundstücken oder von den bereits mit § 1 Abs. 2 ImmoWertV angesprochenen grundstücksgleichen Rechten bzw. Rechten an Grundstücken. Häufig geht es auch um die Marktwertermittlung von Grundstücksteilen oder um Bestandteile eines Grundstücks. **Gegenstand der Wertermittlung** kann sein:

a) das Grundstück einschließlich seiner Bestandteile sowie des Zubehörs,

b) ein Grundstücksteil einschließlich seiner Bestandteile sowie des Zubehörs,

c) einzelne Bestandteile oder sogar ein einzelnes Zubehör.

13 Die **Marktwertermittlung von Bestandteilen** eines Grundstücks ist bei alledem nur möglich, wenn es sich um Bestandteile handelt, die eigenständig handelbar sind, denn nur dafür kann sich ein Marktwert tatsächlich bilden. Wesentliche Bestandteile i. S. des § 93 BGB, die nicht voneinander getrennt werden können, ohne dass der eine oder andere Teil zerstört oder in seinem Wesen verändert wird, können begrifflich keinen eigenen Marktwert (Verkehrswert) haben; sie haben allenfalls einen Anteil am Marktwert (Marktwertanteil). Dies betrifft insbesondere den auf einem Grundstück vorhandenen Aufwuchs sowie bauliche Außenanlagen.

---

11 BR-Drucks. 616/1/93; BT-Drucks 12/6154.
12 BFH, Urt. vom 15.01.1985 – IX R 81/83 –, EzGuG 20.109; BFH, Urt. vom 28.03.1984 – IV R 324/81 –, EzGuG 20.106; BFH, Urt. vom 17.08.1999 – IV B 116/98 –, GuG 2000, 236 = EzGuG 20.173; BFH, Urt. vom 22.04.1998 – IV B 42/97 –, BFH/NV 1998, 1214; BFH, Urt. vom 28.03.1984 – IV R 224/81 –, EzGuG 20.106; FG Nürnberg, Urt. vom 29.03.2001 – IV 419/99 –, EzGuG 4.181.
13 Kleiber, Verkehrswertermittlung von Grundstücken, 6. Aufl. 2010, Teil IX.

Anwendungsbereich § 1 ImmoWertV

Gegenstand der Wertermittlung kann aber auch eine in der Vorschrift unerwähnt gebliebene **wirtschaftliche Einheit** im steuerlichen Sinne, aber auch im allgemein verstandenen Sinne sein (vgl. unten Rn. 27 ff.). 14

Der Gegenstand der Wertermittlung bestimmt sich maßgeblich nach dem **Wertermittlungsantrag** bzw. **Wertermittlungsauftrag** (vgl. § 4 ImmoWertV Rn. 3 ff.). Dieser soll 15

a) das *Wertermittlungsobjekt* eindeutig bezeichnen; dabei ist besonders anzugeben, wenn sich die Wertermittlung auf

- den Grund und Boden eines Grundstücks (ohne bauliche oder sonstige Anlagen),
- Teile des Grundstücks mit oder ohne bauliche und sonstige Anlagen,
- einzelne bauliche oder sonstige Anlagen oder
- auf das Zubehör

beschränken soll;

b) den *Wertermittlungsstichtag* (§ 3 ImmoWertV) enthalten; erscheint der Wertermittlungsantrag nicht sachgerecht, so sollte sich der Gutachter mit dem Antragsteller ins Benehmen setzen und ihn veranlassen, den Wertermittlungsantrag entsprechend zu ändern[14] und

c) den *Qualitätsstichtag* nennen, d. h. den Zeitpunkt, auf den sich der für die Wertermittlung maßgebliche Grundstückszustand beziehen soll (§ 4 Abs. 1 Satz 1 ImmoWertV).

§ 665 BGB schreibt für die Beauftragung vor: 16

„**§ 665 BGB** (Abweichung von Weisungen) Der Beauftragte ist berechtigt, von den Weisungen des Auftraggebers abzuweichen, wenn er den Umständen nach annehmen darf, dass der Auftraggeber bei Kenntnis der Sachlage die Abweichung billigen würde. Der Beauftragte hat vor der Abweichung dem Auftraggeber Anzeige zu machen und dessen Entschließung abzuwarten, wenn nicht mit dem Aufschube Gefahr verbunden ist."

In verbleibenden Zweifelsfällen wird es unvermeidbar sein, **von plausiblen Annahmen** auszugehen und **im Gutachten zu erläutern,** ob und inwieweit bei der Wertermittlung eines Grundstücks dessen Bestandteile und das Zubehör erfasst worden sind und welcher Wertermittlungsstichtag zugrunde gelegt wurde[15]. 17

§ 1 Abs. 1 ImmoWertV ist im Übrigen aus den Regelungen des § 1 Abs. 1 und § 2 WertV 88/98 ohne bedeutsame materielle Änderungen hervorgegangen.

---

14 BR-Drucks. 352/88, S. 32 f.
15 Kleiber, Verkehrswertermittlung von Grundstücken, 6. Aufl. 2010, Teil III Rn. 355.

§ 1 ImmoWertV Anwendungsbereich

ImmoWertV 10	WertV 88/98
§ 1 **Anwendungsbereich** (1) Bei der Ermittlung der Verkehrswerte (Marktwerte) von Grundstücken, ihrer Bestandteile sowie ihres Zubehörs und bei der Ableitung der für die Wertermittlung erforderlichen Daten einschließlich der Bodenrichtwerte ist diese Verordnung anzuwenden. (2) Die nachfolgende Vorschriften sind auf grundstücksgleiche Rechte, Rechte an diesen und Rechten an Grundstücken sowie auf solche Wertermittlungsobjekte, für die kein Markt besteht, entsprechend anzuwenden. In diesen Fällen kann der Wert auf der Grundlage marktkonformer Modelle unter besonderer Berücksichtigung der wirtschaftlichen Vor- und Nachteile ermittelt werden.	**§ 1** **Anwendungsbereich** (1) Bei der Ermittlung der Verkehrswerte von Grundstücken und bei der Ableitung der für die Wertermittlung erforderlichen Daten sind die Vorschriften dieser Verordnung anzuwenden. **§ 2** **Gegenstand der Wertermittlung** Gegenstand der Wertermittlung kann das Grundstück oder ein Grundstücksteil einschließlich seiner Bestandteile, wie Gebäude, Außenanlagen und sonstigen Anlagen sowie des Zubehörs, sein. Die Wertermittlung kann sich auch auf einzelne der in Satz 1 bezeichneten Gegenstände beziehen.

2.1.2 Grundstück

18 In den meisten Fällen wird es sich bei dem Wertermittlungsobjekt um ein Grundstück im grundbuchrechtlichen Sinne handeln, das im Gutachten durch

- seine Lagebezeichnung (Ort, Straße, Hausnummer),
- seine Grundbuchbezeichnungen (Grundbuch, Grundbuchblatt, Nr. eines gemeinschaftlichen Grundbuchblatts) und
- seine Katasterbezeichnung (Gemarkung, Flur, Flurstück[e])

bestimmt wird. Die Anwendung der ImmoWertV auf die Marktwertermittlung von Grundstücken im Rechtssinne zu beschränken, wäre nicht sachgerecht[16]. Der in der ImmoWertV verwendete **Grundstücksbegriff ist deshalb untechnisch auszulegen.** Wertermittlungsobjekt kann z. B. im Zuge bodenordnerischer Maßnahmen eine fiktive und eine sachgerechte Auslegung des hier verwandten Grundstücksbegriffs Rechnung tragendes Grundstück sein. Auch bei derartigen Grundstücken ist allerdings eine eindeutige Beschreibung des Grundstücks nach Lage und Größe im Gutachten erforderlich[17].

2.1.3 Grundstücksteil

19 Neben den Bestandteilen eines Grundstücks kann ausdrücklich auch ein Grundstücksteil Gegenstand der Wertermittlung sein. Damit sind im Wesentlichen Grundstücksteilflächen angesprochen, die z. B. bei Abtretung von Straßenverbreiterungsflächen zu entschädigen sind. Die **Grundstücksteilfläche muss im Marktwertgutachten beschrieben werden,**

---

16 So auch in der steuerlichen Bewertung (vgl. § 70 BewG; hierzu BewR Gr. vom 19.09.1966 [BAnz Nr. 183 Beil. = BStBl I 1966, 890]); ErbStR zu § 145 BewG.
17 Das US-amerikanische Rechtssystem unterscheidet interessanterweise zwischen:
  - real estate = Physical land and appurtenances attached to the land, e.g. structures;
  - real property = All interests, benefits, and rights inherent in the ownership of physical real estate; the bundle of rights with which the ownership of the real estate is endowed.
  American Institute of Real Appraisers, The Appraisal of Real Estate, 12. Aufl. Chicago 2001: USPAP – Uniform Standards of Professional Practice (Appraisal Institute Chicago).

Anwendungsbereich § 1 ImmoWertV

wobei es sich nicht um eine bereits vermessene Teilfläche handeln muss. Mitunter mag sogar eine Flächenangabe genügen, wenn die genaue Festlegung der Teilflächenbegrenzung für das Ergebnis der Wertermittlung unerheblich ist.

2.1.4 Bruchteils-, Gesamthands- und Miteigentum

Steht das Eigentum am Grundstück mehreren Personen zu, so besteht unter ihnen eine Gemeinschaft, und zwar   20

a) nach Bruchteilen (Bruchteilseigentum §§ 1008 bis 1011 BGB – Miteigentum nach Bruchteilen –; die Vorschriften über die Bruchteilsgemeinschaft ergeben sich aus den §§ 741 ff. BGB) oder

b) (ausnahmsweise, weil nur in bestimmten, durch Gesetz zugelassenen Fällen) zur gesamten Hand (Gesamthandseigentum).

Das **Bruchteilseigentum oder Miteigentum nach Bruchteilen** ist eine besondere Form des Eigentums, bei der die Sache mehreren Personen gehört, wobei die Eigentumsanteile sich nach Bruchteilen bestimmen. Jeder kann dabei über seinen Anteil selbst verfügen. Jeder Anteil ist ideell und die Eigentümer bilden eine Bruchteilsgemeinschaft.

Bei **Gesamthandeigentum** steht den Gesamthändern dagegen kein ideeller Eigentumsanteil am Grundstück zu. Ihnen gehört das Eigentum zur gesamten Hand. Jeder ist Eigentümer und über das Eigentum kann nur gemeinschaftlich verfügt werden kann, weil Bruchteile nicht existieren (Miteigentümergemeinschaft). Das Rechtsverhältnis zwischen den Gesamthändern ist in den §§ 2058 ff. BGB abschließend geregelt. Gesamthandseigentum besteht bei der BGB-Gesellschaft (§§ 705 ff. BGB), bei der ehelichen Gütergemeinschaft (§§ 1415 ff. BGB), der Erbengemeinschaft (§§ 2032 ff. BGB, gesamtschuldnerische Haftung nach § 2058 BGB) und bei der OHG (§§ 105 ff. HGB). Wie beim Bruchteilseigentum ergibt sich das Gesamthandseigentum aus der Eintragung im Grundbuch.

Eine besondere Form des Miteigentums nach Bruchteilen an einem Grundstück ist das **Wohnungseigentum** nach § 1 Abs.2 WEG[18]. Das Wohnungseigentum ist das Sondereigentum an einer Wohnung i. V. m. dem Miteigentum (nach Bruchteilen und nicht als Gesamthandseigentum) am gemeinschaftlichen Grundstück (§ 1 Abs. 2 WEG)[19]. Es ist belastbar, kann vermietet und verpachtet werden (§ 13 Abs. 1 WEG), Gegenstand der Zwangsversteigerung sein und ist vererbbar. Das Wohnungseigentum **setzt sich zusammen** aus

– dem *Sondereigentum an einer Wohnung* (einschließlich der dazugehörigen Nebenräume wie Kellerräume, Bodenräume und Garagen, sofern sie nicht selbständiges Teileigentum sind) in Verbindung mit

– dem *Miteigentum* (nach Bruchteilen und nicht als Gesamthandseigentum) am gemeinschaftlichen Grundstück.

Der **Verkehrswert eines Miteigentumsanteils** ist im Allgemeinen geringer als der entsprechende Bruchteil des Verkehrswerts (Marktwerts) des Grundstücks, weil der Miteigentümer in seiner Verfügungsmacht über das Grundstück erheblich eingeschränkt ist und der Kreis möglicher Käufer für solche Miteigentumsanteile sehr begrenzt ist[20]. In der Rechtsprechung blieb es bei alledem unbeanstandet, wenn aufgrund fehlender Vergleichspreise der Abschlag für derartige Miteigentumsanteile nur aus allgemeinen Erfahrungssätzen abgeleitet wird[21].

---

18 Zur Verkehrswertermittlung vgl. Kleiber, Verkehrswertermittlung von Grundstücken, 6. Aufl. 2010, Teil VI Rn. 39 ff.
19 Fritz, Gewerberaummietrecht, Beck-Verlag München, 2. Aufl. 1995, Rn. 460 ff.
20 BGH, Urt. vom 12.01.2001 – V ZR 420/99 –, GuG 2001, 181 = EzGuG 20.176; BayVGH, Urt. vom 13.06.1990 – M 9 K 89.2465 –, GuG 1992, 29, 32 = EzGuG 11.178 (dort mit 25 % geschätzt).
21 BayVGH, Urt. vom 13.06.1990 – M 9 K 89.2465 –, GuG 1992, 29, 32 = EzGuG 11.178.

§ 1 ImmoWertV — Anwendungsbereich

2.1.5 Gegenstand der Wertermittlung nach BelWertV

21 Gegenstand der Beleihungswertermittlung ist nach **§ 2 BelWertV** „das Grundstück, grundstücksgleiche Recht oder vergleichbare Recht einer ausländischen Rechtsordnung, das mit dem Grundpfandrecht belastet ist oder belastet werden soll."

2.2 Wirtschaftliche Einheit

22 In der steuerlichen Bewertung ist Gegenstand der Bewertung i. d. R. die wirtschaftliche Einheit (vgl. oben Rn. 17, 21). **Was als wirtschaftliche Einheit zu gelten hat, ist** nach § 2 Abs. 1 Satz 2 BewG **nach den Anschauungen des Verkehrs unter Berücksichtigung der örtlichen Gewohnheit, der tatsächlichen Übung, der Zweckbestimmung und der wirtschaftlichen Zusammengehörigkeit der einzelnen Wirtschaftsgüter zu entscheiden** (§ 2 Abs. 1 Satz 3 und 4 BewG). Die örtliche Gewohnheit, die tatsächliche Übung, die Zweckbestimmung und die wirtschaftliche Zusammengehörigkeit der einzelnen Wirtschaftsgüter sind dabei zu berücksichtigen[22]. Bezüglich der Zweckbestimmung kommt es darauf an, dass der subjektive Wille des Eigentümers mit der Anschauung des Verkehrs im Einklang steht[23].

23 Zu einer wirtschaftlichen Einheit können jedoch nach § 2 Abs. 2 BewG nur der Grundbesitz (bzw. die Wirtschaftsgüter) zusammengefasst werden, der demselben Eigentümer gehört[24].

„(1) Grundbesitz kann nur zu einer **wirtschaftlichen Einheit zusammengefasst** werden, wenn er zu derselben Vermögensart (entweder ausschließlich Betriebsgrundstück i. S. des § 99 Abs. 2 BewG oder ausschließlich Grundvermögen) gehört. Grenzt eine unbebaute Fläche an eine Grundstücksfläche, die zum Beispiel mit einem Einfamilienhaus bebaut ist, können beide Flächen auch bei so genannter offener Bauweise selbstständige wirtschaftliche Einheiten bilden. Wird von einem größeren Grundstück eine Teilfläche verpachtet und errichtet der Pächter auf dieser Fläche ein Gebäude, ist die Teilfläche als besondere wirtschaftliche Einheit zu bewerten.

Der Anteil des Eigentümers an gemeinschaftlichen Hofflächen oder Garagen ist nach § 138 Abs. 3 Satz 2 BewG in das Grundstück einzubeziehen, wenn der Anteil zusammen mit diesem genutzt wird. Dabei ist es unerheblich, ob zum Beispiel einzelne Garagen unabhängig von einem Hauptgebäude genutzt werden.

(2) Zur wirtschaftlichen Einheit eines bebauten Grundstücks gehören der Grund und **Boden, die Gebäude, die Außenanlagen, sonstige wesentliche Bestandteile** und das Zubehör. Nicht einzubeziehen sind Maschinen und Betriebsvorrichtungen, auch wenn sie wesentliche Bestandteile sind. Verstärkungen von Decken und sonstige ausschließlich zu einer Betriebsanlage gehörende Stützen und sonstige Bauteile wie Mauervorlagen und Verstrebungen gehören zum Grundstück (vgl. § 68 Abs. 2 BewG)."

Zum **Wohnungs- und Teileigentum** heißt es hierzu in den ErbStR 2011:

„(1) Jedes Wohnungseigentum und jedes Teileigentum gilt als ein Grundstück im Sinne des Bewertungsgesetzes (§ 176 Absatz 1 Nummer 3 BewG). Wohnungseigentum und Teileigentum werden nach § 2 WEG entweder durch vertragliche Einräumung von Sondereigentum (§ 3 WEG) oder durch Teilung (§ 8 WEG) begründet. Nach § 3 WEG kann Sondereigentum auch an Räumen in einem erst zu errichtenden Gebäude eingeräumt werden. Ebenso ist die Teilung durch den Eigentümer auch bei einem erst noch zu errichtenden Gebäude möglich (§ 8 Absatz 1 WEG). Die rechtliche Zusammenführung von Sondereigentum und Miteigentumsanteil bildet von Beginn an Wohnungseigentum oder Teileigentum im Sinne des § 1 Absatz 2 und 3 WEG.

(2) Das Wohnungs-/Teileigentum entsteht zivilrechtlich mit der Anlegung des Wohnungs- oder Teileigentumsgrundbuchs. Schenkungssteuerrechtlich gilt das Wohnungs-/Teileigentum bereits dann als entstanden, wenn die Teilungserklärung beurkundet ist und die Anlegung des Grundbuchs beantragt werden

---

22 RFH, Urt. vom 22.11.1934 – III A 176 und 247/34 –, RStBl. 1935, 109; BFH, Urt. vom 20.01.1955 – V 120/54 U –, BStBl III 1955, 93; BFH, Urt. vom 03.03.1955 – VZ 119/54 U –, BStBl III 1955, 179; BFH, Urt. vom 03.02.1956 – III 206/55 U –, EzGuG 20.18; BFH, Urt. vom 19.05.1967 – III 50/61 –, BStBl III 1967, 510; BFH, Urt. vom 13.06.1969 – III 17/65 –, BStBl II 1969, 517; BFH, Urt. vom 13.06.1969 – III R 17/65 –, BStBl II 1969, 517; BFH, Urt. vom 13.06.1969 – III R 132/67 –, BStBl II 1969, 612; BFH, Urt. vom 07.12.1973 – III R 158/72 –, BFHE 111, 264 = BStBl II 1974, 195; BFH, Urt. vom 02.07.1976 – III R 54/75 –, BStBl II 1976, 640 = BFHE 119, 294.

23 RFH, Urt. vom 26.03.1931 – III A 567/30 –, RStBl. 1931, 802; RFH, Urt. vom 10.04.1930 – III A 294/30 –, RStBl. 1930, 298; BFH, Urt. vom 15.10.1954 – III 148/54 U –, BStBl III 1955, 2; RFH, Urt. vom 20.10.1938 – III 148/38 –, RStBl. 1938, 1155; BFH, Urt. vom 04.10.1974 – III R 127/73 –, BStBl II 1975, 302; BFH, Urt. vom 23.02.1979 – III R 73/77 –, EzGuG 19.35.

24 ErbStR 2011 R B 181.1; RB 180 Abs. 3; R B 176 Abs. 2; R B 168 Abs. 2; ErbStR a. F. Nr. 152 Abs. 2 und 3, Nr. 164 Abs. 2.

Anwendungsbereich § 1 ImmoWertV

kann (> R E 9.1 Absatz 1). Dies gilt sowohl für am Bewertungsstichtag noch nicht bezugsfertige Gebäude als auch für bereits bestehende Gebäude.

(3) Die **wirtschaftliche Einheit des Wohnungs-/Teileigentums** setzt sich aus dem Sondereigentum und dem Miteigentumsanteil an dem gemeinschaftlichen Eigentum zusammen, zu dem es gehört. Sind bei einem Wohnungseigentum mehrere Wohnungen mit nur einem Miteigentumsanteil verbunden, sind sie grundsätzlich zu einer wirtschaftlichen Einheit zusammengefasst. Eine Ausnahme besteht jedoch dann, wenn die tatsächlichen Gegebenheiten der Verkehrsanschauung entgegenstehen. Liegen die Wohnungen in demselben Haus unmittelbar übereinander oder nebeneinander und sind sie so miteinander verbunden, dass sie sich als ein Raumkörper darstellen, bilden sie eine wirtschaftliche Einheit. Besteht keine derartige Verbindung, weil sich die Wohnungen getrennt von anderen im Sondereigentum stehenden Wohnungen im Gebäude befinden, sind nach der Verkehrsanschauung mehrere wirtschaftliche Einheiten anzunehmen.

(4) Handelt es sich dagegen um **mehrere Wohnungen, die jeweils mit einem Miteigentumsanteil am Grundstück verbunden sind** und liegen mithin zivilrechtlich mehrere selbstständige Wohnungseigentumsrechte vor, ist trotz des tatsächlichen Aneinandergrenzens und der Eintragung auf ein gemeinsames Wohnungsgrundbuchblatt eine Zusammenfassung zu einer einheitlichen wirtschaftlichen Einheit nicht möglich. Werden mehrere Wohnungen durch größere bauliche Maßnahmen zu einer einzigen Wohnung umgestaltet und sind sie danach nicht mehr ohne größere bauliche Veränderungen getrennt veräußerbar, bilden sie nur eine wirtschaftliche Einheit. Dies gilt entsprechend für die bauliche Zusammenfassung von Wohnung und Gewerberaum.

(5) **Zubehörräume,** insbesondere Kellerräume und sonstige Abstellräume, die der Grundstückseigentümer gemeinsam mit seinem Miteigentumsanteil nutzt, sind ohne Rücksicht auf die zivilrechtliche Gestaltung in die wirtschaftliche Einheit einzubeziehen. Gehören zu der Wohnung auch Garagen, sind sie in die wirtschaftliche Einheit des Wohnungseigentums einzubeziehen (§ 138 Abs. 3 Satz 2 in Verbindung mit § 70 Abs. 1 und 2 BewG). Hierbei ist es unerheblich, wie das Eigentum des Wohnungseigentümers an den Garagen gestaltet ist. Es kommt auch nicht darauf an, ob sich die Garagen auf dem Grundstück der Eigentumswohnungsanlage oder auf einem Grundstück in der näheren Umgebung befinden. An Abstellplätzen außerhalb von Sammelgaragen kann kein Sondereigentum begründet werden. Derartige Abstellplätze sind Gemeinschaftseigentum, die jedoch mittels einer Nutzungsvereinbarung einem bestimmten Wohnungseigentums- oder Teileigentumsrecht zugeordnet werden können[25]."

Die **wirtschaftliche Einheit eines Gewerbegrundstücks** oder eines sonstigen Grundstücks umfasst regelmäßig den Grund und Boden, die Gebäude, die Außenanlagen, insbesondere Wege- und Platzbefestigungen sowie Einfriedungen, die sonstigen wesentlichen Bestandteile und das Zubehör. Der Umstand, dass die Gebäude zu unterschiedlichen Zwecken genutzt werden, steht der Annahme einer wirtschaftlichen Einheit nicht entgegen. **24**

Nicht in die wirtschaftliche Einheit einzubeziehen sind **Maschinen und sonstige Vorrichtungen** aller Art, die zu einer Betriebsanlage gehören.

Zum **Grund und Boden** gehören die im räumlichen Zusammenhang stehenden bebauten und unbebauten Flächen. Demnach sind auch die unbebauten Flächen zwischen Fabrikgebäuden sowie Lagerflächen, die innerhalb des Fabrikgeländes liegen, der wirtschaftlichen Einheit des zu bewertenden Grundstücks zuzurechnen. **25**

Die **räumliche Trennung von Flächen** steht der Annahme einer wirtschaftlichen Einheit grundsätzlich entgegen. Grundstücke, die räumlich getrennt liegen, können nicht deshalb zu einer wirtschaftlichen Einheit zusammengefasst werden, weil sie zu demselben Gewerbebetrieb gehören. Sind die Flächen eines Gewerbebetriebs durch eine öffentliche Straße voneinander getrennt, können sie regelmäßig nicht als eine wirtschaftliche Einheit angesehen werden. Hiervon kann jedoch in den Fällen abgewichen werden, in denen nach der Verkehrsauffassung (§ 2 BewG) wegen der örtlichen Gewohnheit und der tatsächlichen Nutzung eine wirtschaftliche Zusammengehörigkeit derart besteht, dass sich die Zusammenfassung zu einer wirtschaftlichen Einheit für einen Außenstehenden aufdrängt (z. B. bei Verbindung von räumlich getrennt liegenden Produktionsstätten durch einen Tunnel oder eine Brücke). **26**

---

25 ErbStR 2011 R B 181.2.

27 Ob mehrere Grundstücke zusammen oder Teile eines Grundstücks jeweils für sich eine wirtschaftliche Einheit bilden, hängt nicht von der tatsächlichen Nutzung ab und damit auch nicht von der sich aus ihr abgeleiteten und deshalb nur **auf dem Willen des Eigentümers beruhenden Zusammengehörigkeit oder Selbstständigkeit.** Dies ist vielmehr ausschließlich nach bauplanungsrechtlichen Gegebenheiten zu beurteilen. Ein ausreichender Grund für die Annahme einer wirtschaftlichen Einheit ist gegeben, wenn wegen verbindlicher planerischer Vorstellungen oder tatsächlicher Geländeverhältnisse ein Teil eines Grundstücks nur selbständig baulich genutzt werden kann und deshalb sinnvollerweise einen eigenen Anschluss an eine öffentliche Einrichtung zur Wasserversorgung erhalten muss oder wenn mehrere Grundstücke desselben Eigentümers nicht jeweils für sich, sondern nur zusammen baulich genutzt werden können und deshalb nur einen Anschluss benötigen[26].

28 **Stückländereien** sind einzelne land- und forstwirtschaftlich genutzte Flächen, bei denen die Wirtschaftsgebäude oder die Betriebsmittel oder beide Arten von Wirtschaftsgütern nicht dem Eigentümer des Grund und Bodens gehören. Stückländereien bilden steuerlich eine gesonderte selbstständig zu bewertende wirtschaftliche Einheit dar[27].

2.3 Bestandteile des Grundstücks

2.3.1 Übersicht

29 Als **Bestandteil** ist allgemein jeder Teil einer einheitlichen oder zusammengesetzten Sache anzusehen. Das Bürgerliche Gesetzbuch unterscheidet in den §§ 93 bis 95 zwischen den wesentlichen und den unwesentlichen Bestandteilen. Die **Bestandteile** eines Grundstücks lassen sich **untergliedern in**

- wesentliche Bestandteile,
- unwesentliche Bestandteile und
- Scheinbestandteile.

30 **Wesentliche Bestandteile** einer Sache sind solche, die voneinander nicht getrennt werden können, ohne dass der eine oder andere Teil zerstört oder in seinem Wesen verändert wird (§ 93 BGB). Zu den wesentlichen Bestandteilen eines Grundstücks gehören die mit dem Grund und Boden fest verbundenen Sachen, insbesondere Gebäude, sowie die Erzeugnisse des Grundstücks, solange sie mit dem Boden zusammenhängen. Samen wird mit dem Aussäen, eine Pflanze wird mit dem Einpflanzen wesentlicher Bestandteil des Grundstücks (§ 94 Abs. 1 BGB). Demzufolge gehören auch Bäume zu den wesentlichen Bestandteilen[28]. Ein auf einem Erbbaurecht errichtetes Gebäude ist allerdings nur Scheinbestandteil des mit dem Erbbaurecht belasteten Grundstücks.

31 **Zu den wesentlichen Bestandteilen eines Gebäudes gehören** nach § 94 Abs. 2 BGB die zur Herstellung des Gebäudes eingefügten Sachen, insbesondere Werkstoffe, aus denen Mauern, Fußböden, Decken, Verputz, Treppen, Fenster, Türen usw. hergestellt sind.

32 Zu den **unwesentlichen Bestandteilen** eines Grundstücks gehören umgekehrt solche, die voneinander getrennt werden können, ohne dass sie den anderen Teil zerstören oder sein Wesen verändern.

---

26 BayVGH, Urt. vom 11.01.1985 – 23 B 83 A. 1017 –, EzGuG 9.54.
27 Vgl. § 160 Abs. 7 BewG i. V. m. ErbStR 2011 R B 160.1 Abs. 6 (vorher GuG 2010, 99) sowie § 34 Abs. 7 BewG.
28 BGH, Urt. vom 13.05.1975 – VI ZR 85/74 –, EzGuG 2.14; OVG Koblenz, Urt. vom 25.04.1963 – 3 C 97/61 –, EzGuG 2.6; LG Tübingen, Urt. vom 14.02.1986 – 2 O 1/86 –, EzGuG 2.42.

Anwendungsbereich § 1 ImmoWertV

Nach § 96 BGB gelten als Bestandteil des Grundstücks auch **Rechte, die mit dem Eigentum an einem Grundstück verbunden sind:** z. B. Grunddienstbarkeiten[29], dingliche Vorkaufsrechte, Reallasten, Jagdrechte sowie der in das Grundbuch eingetragene Erbbauzinsanspruch[30].   33

Nicht zu den Bestandteilen eines Grundstücks gehören nach § 95 BGB **solche Sachen, die nur zu einem vorübergehenden Zwecke mit dem Grund und Boden verbunden sind.** Das Gleiche gilt für ein Gebäude oder anderes Werk, das in Ausübung eines Rechts an einem fremden Grundstück von dem Berechtigten mit dem Grundstück verbunden worden ist **(Scheinbestandteile).** Entsprechendes gilt also für Gebäude, die in Ausübung eines Rechts an einem fremden Grundstück (Erbbaurecht[31], Nießbrauch, Dienstbarkeit, Überbaurecht und dgl.) vom Berechtigten mit dem Grund und Boden verbunden worden sind.   34

Dass ein **Recht an einem Grundstück eigenständiger Gegenstand der Wertermittlung** sein kann, bedeutet nicht, dass dabei eine vorhandene Beziehung zu einem „dienenden" oder „herrschenden" Grundstück außer Betracht bleibt (vgl. unten Rn. 67, § 6 ImmoWertV Rn. 94 ff.).   35

Nach § 5 Art. 231 des Einführungsgesetzes zum BGB gehören in den der **Bundesrepublik Deutschland beigetretenen Gebieten** nicht zu den Bestandteilen eines Grundstücks Gebäude, Baulichkeiten, Anlagen, Anpflanzungen oder Einrichtungen, die gemäß dem am Tag vor dem Wirksamwerden des Beitritts (02.10.1990) geltenden Recht vom Grundstückseigentum unabhängiges Eigentum sind. Das Gleiche gilt, wenn solche Gegenstände am Tag des Wirksamwerdens des Beitritts (03.10.1990) oder danach errichtet oder angebracht werden, soweit dies aufgrund eines vor dem Wirksamwerden des Beitritts begründeten Nutzungsrechts an dem Grundstück oder Nutzungsrecht nach den §§ 312 bis 315 des Zivilgesetzbuchs der DDR zulässig ist. Das Nutzungsrecht an dem Grundstück und die erwähnten Anlagen, Anpflanzungen oder Einrichtungen gelten als wesentliche Bestandteile des Gebäudes[32].   36

2.3.2 Bauliche und sonstige Anlagen

2.3.2.1 Allgemeines

Die ImmoWertV unterscheidet grundsätzlich nach *baulichen* und *sonstigen* Anlagen (§ 21 Abs. 1 Satz 1 ImmoWertV). Die Unterscheidung ist insbesondere **bei Anwendung des Sachwertverfahrens** von Bedeutung.   37

2.3.2.2 Bauliche Anlagen

▶ *Vgl. hierzu § 21 ImmoWertV Rn. 2 ff.*

Was unter **baulichen Anlagen** und unter den unter diesen Begriff fallenden „Gebäuden" zu verstehen ist, ergibt sich aus dem Bundesrecht[33] i. V. m. den Bestimmungen der Landesbauordnungen[34]. § 2 Abs. 1 und 2 der Bauordnung Brandenburg vom 16.07.2003 bestimmt z. B.:   38

„(1) *Bauliche Anlagen* sind mit dem Erdboden verbundene, aus Bauprodukten hergestellte Anlagen. Eine Verbindung mit dem Boden besteht auch dann, wenn die Anlage durch eigene Schwere auf dem Erdbo-

---

29 KG Berlin, Urt. vom 10.07.1967 – U 485/67 –, EzGuG 14.39; Pr. OVG, Urt. vom 10.06.1932 – VII C 183/31 –, EzGuG 14.2.
30 §§ 96, 94 BGB, § 9 Abs. 1 Satz 1, Abs. 2 Satz 1 ErbbauG, § 1105 BGB; vgl. BFH, Beschl. vom 28.11.1986 – II R 32/83 –, BFHE 148, 80 = BStBl II 1987, 101 = BB 1987, 886 = EzGuG 7.101.
31 BGH, Urt. vom 28.05.1971 – V ZR 121/68 –, EzGuG 19.25; BGH, Urt. vom 12.04.1961 – VIII ZR 152/60 –, EzGuG 3.16; BGH, Urt. vom 09.03.1960 – V ZR 189/58 –, EzGuG 3.14a; BGH, Urt. vom 27.05.1959 – V ZR 173/57 –, NJW 1959, 1487; BGH, Urt. vom 31.10.1952 – V ZR 36/51 –, EzGuG 3.2.
32 BGBl. II 1990, 942.
33 BVerwG, Urt. vom 17.12.1976 – 4 C 6/75 –, NJW 1977, 2090 = BauR 1977, 109; BVerwG, Urt. vom 31.08.1973 – 4 C 33/71 –, BVerwGE 44, 59 = BayVBl. 1974, 108 = BauR 1973, 366 = DVBl. 1974, 236 = DÖV 1974, 200; BVerwG, Urt. vom 10.12.1971 – 4 C 33-35/69 –, BVerwGE 39, 154 = MDR 1972, 444 = BBauBl. 1972, 426 = BauR 1972, 100 = DVBl. 1972, 211 = DÖV 1972, 496.
34 GVBl. 1984, 419.

den ruht oder auf ortsfesten Bahnen begrenzt beweglich ist, oder wenn die Anlage nach ihrem Verwendungszweck dazu bestimmt ist, überwiegend ortsfest benutzt zu werden. Zu den baulichen Anlagen zählen auch

1. Aufschüttungen und Abgrabungen,
2. Lager-, Abstellplätze und Ausstellungsplätze,
3. Campingplätze, Wochenendhausplätze, Spielplätze und Sportplätze,
4. Stellplätze für Kraftfahrzeuge und Abstellplätze für Fahrräder,
5. Gerüste,
6. Hilfseinrichtungen zur statischen Sicherung von Bauzuständen,
7. künstliche Hohlräume unter der Geländeoberfläche,
8. Seilbahnen.

(2) *Gebäude* sind selbstständig benutzbare, überdeckte bauliche Anlagen, die von Menschen betreten werden können und geeignet oder bestimmt sind, dem Schutz von Menschen, Tieren oder Sachen zu dienen."

39 Das **Gebäude** ist auch in den Richtlinien zum Bewertungsrecht definiert[35]:

„(1) Nach den in der höchstrichterlichen Rechtsprechung aufgestellten Grundsätzen ist ein Bauwerk als Gebäude anzusehen, wenn es Menschen oder Sachen durch räumliche Umschließung Schutz gegen Witterungseinflüsse gewährt, den Aufenthalt von Menschen gestattet, fest mit dem Grund und Boden verbunden, von einiger Beständigkeit und ausreichend standfest ist[36]. Bestehen Zweifel, ob ein bestimmtes Merkmal des Gebäudebegriffs vorliegt, so ist nach der Verkehrsauffassung zu entscheiden. Zum Begriff der Verkehrsauffassung vgl. BFH, Urt. vom 03.02.1956 – III 206/55 U –, BStBl III 1956, 78 = StZBl. Bln. 1956, 1093 = EzGuG 20.18.

(2) Der Begriff des Gebäudes setzt nicht voraus, dass das Bauwerk über die Erdoberfläche hinausragt. Auch unter der Erdoberfläche befindliche Bauwerke, z. B. Tiefgaragen, unterirdische Betriebsräume, Lagerkeller, Gärkeller, können Gebäude im Sinne des Bewertungsgesetzes sein. Das Gleiche gilt für Bauwerke, die ganz oder zum Teil in Berghänge eingebaut sind. Ohne Einfluss auf den Gebäudebegriff ist auch, ob das Bauwerk auf eigenem oder fremdem Grund und Boden steht."

40 Die Definition ist im Übrigen auch für das **Einkommensteuer- und Körperschaftsteuerrecht** maßgeblich[37].

41 Neben dem Gebäude gehören zu den baulichen Anlagen auch die baulichen **Außenanlagen.** Die Außenanlagen werden in verschiedenen Regelwerken definiert (z. B. in der Zweiten Berechnungsverordnung [II. BV, vgl. Anl. 1 Nr. 2 und 4 zu § 5 Abs. 5 II. BV]; dem entspricht Nr. 5 der DIN 276, Teil 2 [April 1981]). Die dem ebenfalls entsprechende Anl. 2 und § 15 Abs. 3 WertV 72 gehen noch auf die DIN 276 i. d. F. vom März 1954 zurück; diese Anl. ist schon bereits nicht in die WertV 88 übernommen worden.

42 Die **Außenanlagen waren in der DIN 276/1954/81** (vgl. Anl. 2 zur WertV 72) **wie folgt definiert:**

„2.2 Kosten der Außenanlagen

Das sind die Kosten sämtlicher Bauleistungen, die für die Herstellung der Außenanlagen erforderlich sind, gegliedert nach den Technischen Vorschriften für Bauleistungen (VOB Teil C, neueste Ausgabe):

Hierzu gehören die:

2.2.1 Kosten der Entwässerungs- und Versorgungsanlagen vom Hausanschluss ab bis an das öffentliche Netz oder an nicht öffentliche Anlagen, die Daueranlagen sind, außerdem alle anderen Entwässerungs- und Versorgungsanlagen außerhalb der Gebäude, Kleinkläranlagen, Sammelgruben, Brunnen, Zapfstellen usw.

---

[35] RdErl vom 31.03.1967 – S 3190-1-V1 –, BStBl II 1967, 127; BFH, Urt. vom 30.01.1991 – II R 48/88 –, GuG 1991, 341; vgl. BewR Gr vom 19.09.1966 (BAnz Nr. 183 Beil. = BStBl I 1966, 890).
[36] BFH, Urt. vom 24.05.1963 – III 140/60 U –, EzGuG 3.34.
[37] Vgl. im Übrigen zum Begriff: BFH, Beschl. vom 26.11.1973 – GrS 5/71 –, EzGuG 20.56.

Anwendungsbereich § 1 ImmoWertV

2.2.2 Kosten für das Anlegen von Höfen, Wegen und Einfriedungen, nicht öffentlichen Spielplätzen usw.

2.2.3 Kosten der Gartenanlagen und Pflanzungen, die nicht zu den besonderen Betriebseinrichtungen gehören (vgl. Abschn. 2.4), der nicht mit einem Gebäude verbundenen Freitreppen, Stützmauern, fest eingebauten Flaggenmasten, Teppichklopfstangen, Wäschepfähle usw.

2.2.4 Kosten sonstiger Außenanlagen, z. B. Luftschutzaußenanlagen, Kosten für Teilabbrüche außerhalb der Gebäude, soweit diese nicht in den Abschn. 1.3.2 gehören.

Bei den Kosten der Außenanlagen sind zu berücksichtigen:

- die Kosten aller eingebauten oder mit den Außenanlagen fest verbundenen Sachen (Bestandteile);
- die Kosten aller vom Bauherrn erstmalig zu beschaffenden, nicht eingebauten oder nicht fest verbundenen Sachen an und in den Außenanlagen (Zubehör), z. B. Aufsteckschlüssel für äußere Leitungshähne und -ventile, Feuerlöschanlagen (Schläuche, Stand- und Stahlrohre für äußere Feuerlöschanlagen)."

In der **DIN 276 Teil 2 Nr. 5 vom April 1991** werden die Außenanlagen wird wie folgt definiert: **43**

„Hierzu gehören die Kosten für die Herstellung aller Anlagen außerhalb des Bauwerks, einschließlich der Verbindung mit den öffentlichen oder nichtöffentlichen Erschließungsanlagen, ferner die Kosten, die durch die Erschließung (siehe Abschnitt 2.2. Absatz 3) und die Oberflächengestaltung des Baugrundstücks entstehen.

Es sind dies in der Regel Kosten für: Einfriedungen, Geländebearbeitung, Versorgungs- und Abwasseranlagen, Wirtschaftsvorrichtungen, Straßen, Wege, Plätze, Treppen, Grünflächen, ferner Außenanlagen für besondere Zweckbestimmungen.

Bei größeren baulichen Anlagen können die jeweiligen Kosten der Außenanlagen auch einzelnen Bauwerken bzw. Baukörpern zugeordnet werden.

Beim Umbau von Außenanlagen gehören hierzu auch die Kosten von Teilabbruch-, Sicherungs- und Demontagearbeiten.

Der Wert wiederverwendeter Bauteile ist gesondert auszuweisen. Werden Eigenleistungen erbracht, so sind dafür die Kosten einzusetzen, die für die entsprechenden Auftragnehmerleistungen entstehen würden."

Die **DIN 276 nach dem Stand Juni 1993** hat diese Definition erheblich erweitert und zählt unter Ziff. 4.3 Tabelle 1. Kostengruppe 500 auf: **44**

„Kosten der Bauleistungen und Lieferungen für die Herstellung aller Gelände- und Verkehrsflächen, Baukonstruktionen und technischen Anlagen außerhalb des Bauwerks, soweit nicht in Kostengruppe 200 erfasst. In den einzelnen Kostengruppen sind die zugehörigen Leistungen, wie z. B. Erdarbeiten, Unterbau und Gründungen, enthalten."

Die **Kostengruppe 500** gliedert die Außenanlagen auf nach den Positionen **45**

510 Geländeflächen

520 Befestigte Flächen

530 Baukonstruktionen in Außenanlagen

540 Technische Anlagen in Außenanlagen

550 Einbauten in Außenanlagen sowie

590 Sonstige Maßnahmen für Außenanlagen.

Die DIN 276 (Stand Juni 1993) ist für die Belange der Verkehrswertermittlung in ihrer Detailliertheit unpraktikabel, wenngleich sie in Zweifelsfällen herangezogen werden kann. Praktikabler ist hier schon die **Anl. 1** zu § 5 Abs. 5 **II. BV.** Dort sind als Kosten der Außenanlage sämtliche Bauleistungen definiert, die für die Herstellung der Außenanlagen erforderlich sind: **46**

§ 1 ImmoWertV   Anwendungsbereich

„Hierzu gehören

a) die Kosten der Entwässerungs- und Versorgungsanlagen vom Hausanschluss ab bis an das öffentliche Netz oder an nichtöffentliche Anlagen, die Daueranlagen sind (13d), außerdem alle anderen Entwässerungs- und Versorgungsanlagen außerhalb der Gebäude, Kleinkläranlagen, Sammelgruben, Brunnen, Zapfstellen usw.,
b) die Kosten für das Anlegen von Höfen, Wegen und Einfriedungen, nicht öffentlichen Spielplätzen usw.,
c) die Kosten der Gartenanlagen und Pflanzungen, die nicht zu den besonderen Betriebseinrichtungen gehören, der nicht mit einem Gebäude verbundenen Freitreppen, Stützmauern, fest eingebauten Flaggenmasten, Teppichklopfstangen, Wäschepfähle usw.,
d) die Kosten sonstiger Außenanlagen, z. B. Luftschutzaußenanlagen, Kosten für Teilabbrüche außerhalb der Gebäude, soweit sie nicht zu den Kosten für das Herrichten des Baugrundstücks gehören.

Zu den Kosten der Außenanlagen gehören auch

a) die Kosten aller eingebauten oder mit den Außenanlagen fest verbundenen Sachen,
b) die Kosten aller vom Bauherrn erstmalig zu beschaffenden, nicht eingebauten oder nicht fest verbundenen Sachen an und in den Außenanlagen, z. B. Aufsteckschlüssel für äußere Leitungshähne und -ventile, Feuerlöschanlagen (Schläuche, Stand- und Strahlrohre für äußere Feuerlöschanlagen)."

2.3.2.3 Sonstige Anlagen (Aufwuchs)

Schrifttum: *Aust,* Zur Bewertung von Ziergehölzen, GuG 1991, 90; *Aust/Jacobs,* Die Enteignungsentschädigung, 4. Aufl., S. 221; *Büchs,* Grunderwerb und Entschädigung beim Straßenbau, 2. Aufl. Rn. 155; *Berndt, M.,* Ertragswert einer Gärtnerei, SVK-Verlag 1988; *Berndt, M.,* HLBS-Report, Heft 1998/1, Verlag Pflug und Feder, St. Augustin 1998; *Breloer, H.,* Was ist mein Baum wert?, Thalacker Medien, 3. Aufl. 1995; *Breloer, H.,* Wertermittlung von Bäumen und Sträuchern, SVK Verlag 1988; *Breloer,H./ Koch,* Baumwert und Baumschutzsatzungen, SVK-Verlag 1986; *Buchwald,* Wertermittlung von Ziergehölzen, St. Augustin 1987; *Dieterich, H.,* in Ernst/Zinkahn/Bielenberg, Komm. zum BauGB § 194 Rn. 120 ff.; *Dieterich, H.,* in BuG 1971, 21; *Dieterich, H.,* „Baulandumlegung" 3. Aufl. München 1996, Rn. 314; *Fleckenstein, K.,* in VersR 1987, 236; *Fleckenstein, K.,* Sachgerechte Ermittlung von Gehölzwerten, Verlag Pflug und Feder 1987; *Fleckenstein, K.,* Ermittlung von Schadensursachen und Gehölzwerten, Verlag Pflug und Feder 1992; *Franzki* in DRiZ 1976, 113; *Friedrich, H.,* in VR 1981, 426, 438; *Hötzel, H.-J.,* Der Zinssatz bei der Gehölzwertermittlung nach der Methode Koch, HLBS-report 2001, 136 = DS 2001, 314; *Hötzel, H.-J.,* in AgrarR 1997, 369; *Kamphausen* in GuG 1993, 31; *Kappus,* VersR 1984, 1021; *Koch W./Breloer,H.,* Aktualisierte Gehölzwerttabellen 3. Aufl. 1997 m.w. N.; *Köhne, M.,* Landwirtschaftliche Taxationslehre, 3. Aufl. Berlin 2000, S. 413; *Kleiber, W.,* Das Gartenamt 1981, 525; *Köhne, M.,* in AgrarR 1978, 127, 244, 272, 274 und AgrarR 1979, 36; *Palandt,* BGB, 49. Aufl. § 249 Anm. 5b; *Rauw* in WF 1984, 171 und WF 1985, 77; *Schmid,* MDR 1980, 191; *Schulz, H.-J.,* Die Ziergehölzhinweise (ZierH 2000) im Vergleich zur Methode Koch, GuG 2002, 212; *Schulz-Kleeßen* in DS 1989, 15; *Staudinger-Medicus,* Komm. zum BGB 12. Aufl. § 251 Rn. 78; *Wedemeyer* in HLBS-report 1998, 15; *Wedemeyer* in Einzelbaumbewertung in Theorie und Praxis, Verlag Pflug und Feder, St. Augustin 1999; *Wilbat, D./Bracke, J.,* Die neuen Ziergehölzhinweise des Bundesministeriums der Finanzen, GuG 2002, 74; dagegen Amtliche Verlautbarungen zur Ermittlung von Aufwuchswerten: Schreiben des BMBau vom 23.5.1980, abgedruckt in ZSW 1981, 25 = BWGZ 1980, 637 = MittDSt vom 10. 7. 1980 Nr. 819/80; Verfügung des BMF vom 12.12.1980 – VIB 2 – VV 3610 – 23/80 –; Baumwertrichtlinien des Deutschen Städtetags in MittDSt vom 20.12.1983 Nr. 1028/84; MittDSt vom 11. 2. 1987 Nr. 155/87; Bearbeitungshinweise des BMV, BMF und BMVg i. d. F. der Bekanntmachung vom 5.2.1985, BAnz. Nr. 41a vom 28.2.1985, abgedruckt bei Kleiber, WERTR 76/96, Bundesanzeiger Verlag, 6. Aufl. 1997 – nunmehr ZierH 2000, WERTR 06, 10. Aufl. Bundesanzeiger Verlag 2010; Berechnungsgrundlagen für die Ermittlung von Schäden an landwirtschaftlichen Kulturen und Grundstücken, Verb. der Landwirtschaftskammern, Bonn 1986; abgedruckt im Anh. 14.1 der 3. Aufl.

47 § 21 Abs. 1 ImmoWertV unterscheidet zwischen *baulichen* und *sonstigen* Anlagen. Die **Außenanlagen werden** wiederum in § 21 Abs. 3 ImmoWertV **nach den** *baulichen* **und** *sonstigen* **Außenanlagen untergliedert**. Hieraus folgt, dass die „*sonstigen* Anlagen" i. S. dieser Vorschrift insbesondere der auf einem Grundstück vorhandene Aufwuchs angesprochen ist. Dem entspricht auch die Begründung zu § 21 WertV 88[38], die als „sonstige Anlagen"

---
38 BR-Drucks. 352/88.

Anwendungsbereich § 1 ImmoWertV

ausdrücklich „Gartenanlagen, Anpflanzungen und Parks" herausstellt. Hieran ist Kritik mit der Begründung geübt worden, dass auch im Garten- und Landschaftsbau *„gebaut"* werde[39].

Tatsächlich schließt der Garten- und Landschafts*bau* auch **Pflanzarbeiten** ein; auf der anderen Seite definieren die Landesbauordnungen – wie ausgeführt – als *bauliche* Anlagen[40] lediglich die mit dem Erdboden verbundenen, „aus Baustoffen und Bauteilen hergestellten Anlagen" und der Verordnungsgeber hat ersichtlich hierauf abgestellt: Im Umkehrschluss hierzu hat er in naturverbundener Weise den nicht aus Bauteilen und Baustoffen hergestellten Aufwuchs (in der Begründung zu § 21) nicht als *bauliche* Außenanlage herabsetzen wollen. Im Übrigen wäre ein solcher Streit um begriffliche Zuordnungen überflüssig, wo es dem Verordnungsgeber um eine sinnvolle Aufteilung ging. 48

Im Unterschied zur ImmoWertV gehören nach den **Grundsätzen der BelWertV** die Außenanlagen zu den baulichen Anlagen, ohne dass zwischen baulichen und „sonstigen" Anlagen" unterschieden wird (§ 14 BelWertV). Zu den baulichen Anlagen gehören nach den Grundsätzen der BelWertV indessen nicht „**Maschinen und besondere Betriebseinrichtungen**", die nach § 23 BelWertV bei der Ermittlung des Sachwerts grundsätzlich unberücksichtigt bleiben. 49

Aufwuchs sind nach der **steuerlichen,** aber auch hier sachgerechten **Definition** lebende, im Boden verwurzelte Pflanzen, insbesondere das stehende Holz und Dauerkulturen[41]. 50

Mit § 21 Abs. 3 ImmoWertV hat der Verordnungsgeber bestimmt, dass eine besondere **Erfassung des Wertanteils von baulichen Außenanlagen und sonstigen Anlagen entfällt, soweit dieser bereits mit dem Bodenwert erfasst** wird. Nach der amtlichen Begründung zu der entsprechenden Regelung der WertV 88 betrifft dies insbesondere die „üblichen Zier- und Nutzgärten", die im gewöhnlichen Geschäftsverkehr bereits vom Bodenwert miterfasst werden. Lediglich bei außergewöhnlichen Anlagen und besonders wertvollen Anpflanzungen soll sich – so die Begründung – ihr Herstellungswert nach Erfahrungssätzen oder *„notfalls* aus den gewöhnlichen Herstellungskosten" ergeben[42]. Des Weiteren wird in der Begründung darauf hingewiesen, dass die „sonstigen Anlagen" (Aufwuchs) für das Ertragswertverfahren „in der Regel ... nicht von Bedeutung sind, und gegebenenfalls über § 8 Abs. 3 ImmoWertV (§ 19 WertV 88) erfasst werden können"[43]. 51

Die genannte Vorschrift zielt im Kern darauf ab, eine **doppelte Berücksichtigung des Wertanteils von Außenanlagen und sonstigen Anlagen** bei der Verkehrswertermittlung des Grundstücks zu vermeiden, und zwar in den Fällen, in denen sich der zum Vergleich herangezogene Bodenwert auf ein Grundstück bezieht, das z. B. eine mit dem zu bewertenden Grundstück vergleichbare Bepflanzung aufweist. Dies kann insbesondere bei geringfügig und in ortsüblicher Weise bepflanzten Grundstücken sein[44]. 52

---

[39] DIN 18915 Vegetationstechnik im Landschaftsbau, Bodenarbeiten
DIN 18916 Vegetationstechnik im Landschaftsbau; Pflanzen und Pflanzarbeiten
DIN 18917 Vegetationstechnik im Landschaftsbau; Rasen und Saatarbeiten
DIN 18918 Vegetationstechnik im Landschaftsbau; Ingenieurbiologische Sicherungsbauweisen, Sicherungen durch Aussaaten, Bepflanzungen, Bauweisen mit lebenden und nicht lebenden Stoffen und Bauteilen, kombinierte Bauweisen
DIN 18919 Vegetationstechnik-Landschaftsbau; Entwicklungs- und Unterhaltungspflege von Grünflächen
DIN 18920 Vegetationstechnik im Landschaftsbau, Schutz von Bäumen, Pflanzenbeständen und Vegetationsflächen bei Baumaßnahmen
BMV STLK Standardleistungskatalog für den Straßen- und Brückenbau, (Leistungsbereich 1017, Juni 1986), Leistungsbereich 107, Juni 1986) Musterleistungsverzeichnis Freizeitanlagen – MLV – Ausgabe 1990 der Forschungsgesellschaft Landschaftsentwicklung – Landschaftsbau e.V. Bonn 1990.
[40] BVerwG, Urt. vom 17.12.1976 – 4 C 6/75 –, BauR 1977, 109; BVerwG, Urt. vom 01.11.1974 – 4 C 13/73 –, BauR 1975, 108; BVerwG, Urt. vom 31.08.1973 – 4 C 33/71 –, BVerwGE 44, 49; BVerwG, Urt. vom 26.06.1970 – 4 C 116/68 –, BRS Bd 23 Nr. 129.
[41] BFH, Urt. vom 07.05.1987 – IV R 150/84 –, BFHE 150, 130 = BStBl II 1987, 130 = DStR 1987, 656 = HFR 1987, 566.
[42] BR-Drucks. 352/88, S. 56.
[43] BR-Drucks. 352/88, S. 61; vom wertmindernden Einfluss spricht Dresen in Nachr. der rh.-pf. Kat.- und VermVw. 1988, 184; vgl. auch Parl.Anfrage in BT-Drucks 27/1298, GuG-aktuell 2010, 18 sowie GuG-aktuell 2010, 17 und 21.
[44] Kleiber in Ernst/Zinkahn/Bielenberg, BauGB § 21 WertV Rn. 21 ff.

§ 1 ImmoWertV Anwendungsbereich

53 Fragen der **Wertermittlung von Aufwuchs** und des **Schadenersatzes** für Aufwuchs werden im Schrifttum im Übrigen äußerst kontrovers und nicht immer mit der gebotenen Sachlichkeit und Nüchternheit behandelt. Im Vordergrund steht dabei das von den Anhängern der Methode Koch geradezu mit einem Alleinvertretungsanspruch vertretene spezielle Sachwertverfahren, das im Schrifttum auf Kritik gestoßen ist.

54 Im Zuge der manchmal sogar emotional überladen geführten Diskussion zur Wertermittlung von Aufwuchs blieb manche beachtenswerte – selbst höchstrichterliche – **Rechtsprechung** unbeachtet oder wurde nicht immer hinreichend genau zitiert. Damit sich der Anwender hierüber ein objektives Bild verschaffen kann, soll hierauf nur unter Angabe der Fundstellen verwiesen werden[45].

▶ *Zur Verkehrswertermittlung von* **Waldgrundstücken** *vgl. § 5 ImmoWertV Rn. 85 ff.*

55 Zu alledem wird im *Palandt*[46] ausgeführt: „Bei der Schadensbemessung folgt die Rechtsprechung z. T. den Veröffentlichungen von **Koch**[47]. Dessen Methode führt aber zu übersetzten

---

[45] BGH, Urt. vom 09.04.1956 – III ZR 135/55 –, EzGuG 2.1; BGH, Urt. vom 15.03.1962 – III ZR 211/60 –, EzGuG 2.2; BGH, Urt. vom 07.05.1962 – III ZR 35/61 –, EzGuG 2.3; OLG Stuttgart, Urt. vom 07.03.1962 – 1 U 1/62 –, EzGuG 2.5; OVG Koblenz, Urt. vom 25.04.1963 – 3 C 97/61, 46/62 –, EzGuG 2.6; BGH, Urt. vom 19.03.1964 – III ZR 141/43 –, EzGuG 2.7; BGH, Urt. vom 12.07.1965 – III ZR 214/64 –, EzGuG 2.8; BGH, Urt. vom 15.10.1965 – VI 181/65 U –, EzGuG 20.41; BFH, Urt. vom 30.06.1966 – VI 292/65 –, EzGuG 2.8a; OLG Hamburg, Urt. vom 10.10.1969 – 1 U 61/68 –, EzGuG 2.9; BGH, Urt. vom 12.10.1970 – III ZR 117/67 –, EzGuG 2.10; OLG Köln, Urt. vom 10.3.1972 – 4 U 183/71 –, EzGuG 2.11; BGH, Urt. vom 05.04.1973 – III ZR 74/72 –, EzGuG 2.12; KG Berlin, Urt. vom 21.02.1974 – 12 U 1762/73 –, EzGuG 2.13; BGH, Urt. vom 13.05.1975 – VI ZR 85/74 –, EzGuG 2.14; OLG Düsseldorf, Urt. vom 26.10.1976 – 4 U 41/76 –, EzGuG 2.15a; KG Berlin, Urt. vom 21.06.1977 – 9 U 253/77 –, EzGuG 2.16; KG Berlin, Urt. vom 17.11.1977 – 12 U 1543/77 –, EzGuG 2.17; LG Berlin, Urt. vom 20.01.1978 – 2 S 152/77 –, EzGuG 2.18; KG Berlin, Urt. vom 02.10.1978 – 22 U 1867/78 –, EzGuG 2.19; KG Berlin, Urt. vom 20.11.1968 – 12 U 1974/78 –, EzGuG 2.20; OLG Hamburg, Urt. vom 06.12.1978 – 5 U 237/77 –, EzGuG 2.22; LG Heilbronn, Urt. vom 06.02.1979 – 4 O 1843/77 –, EzGuG 2.23; LG Hannover, Urt. vom 07.03.1979 – 16 S 297/78 –, EzGuG 2.24; OLG Köln, Urt. vom 22.12.1980 – 7 U 209/79 –, EzGuG 2.25; LG Detmold, Urt. vom 04.06.1981 – 1 O 181/81 –, EzGuG 2.26; LG Kassel, Urt. vom 12.01.1982 – 6 O 98/81 –, EzGuG 2.27; OLG Koblenz, Urt. vom 13.01.1982 – 1 U 6/80 –, EzGuG 2.28; LG Baden-Baden, Urt. vom 22.01.1982 – 1 O 257/81 –, EzGuG 2.29; OLG Celle, Urt. vom 09.12.1982 – 5 U 69/82 –, EzGuG 2.30; LG Mannheim, Urt. vom 15.12.1982 – 4 O 30/82 –, VersR 1982, 93; OLG Frankfurt am Main, Urt. vom 14.03.1983 – 1 U 6/81 –, EzGuG 2.31; BGH, Urt. vom 09.06.1983 – IX ZR 41/82 –, EzGuG 11.138a; AG Wiesbaden, Urt. vom 21.06.1983 – 97 C395/83 –, EzGuG 2.32; LG Itzehoe, Urt. vom 22.6.1983 – 2 O 104/81 –, EzGuG 2.33; BGH, Beschl. vom 29.09.1983 – III ZR 66/83 –, EzGuG 2.34; OLG Lüneburg, Urt. vom 26.10.1983 – 9 U 11/83 –, EzGuG 2.35; OLG Lüneburg, Urt. vom 06.12.1983 – 6 O 124/82 –, EzGuG 2.36; OLG Zweibrücken, Urt. vom 14.12.1983 – 2 U77/83 –, EzGuG 2.37; LG Freiburg, Urt. vom 06.03.1984 – 10 80/82 –, EzGuG 2.38; BGH, Beschl. vom 29.11.1984 – III ZR 181/83 –, NJW 1990, 576; OLG Osnabrück, Urt. vom 24.01.1985 – 9 O 231/83 –, EzGuG 2.39; OLG Celle, Urt. vom 19.03.1985 – 16 U 228/84 –, EzGuG 2.40 = GuG 1990,49; OLG Oldenburg, Urt. vom 07.06.1985 – 6 U 246/84 –, EzGuG 2.40a; OLG Nürnberg, Urt. vom 25.07.1985 – 2 U 1585/83 –, EzGuG 2.40b; OLG Celle, Urt. vom 27.01.1986 – 19 U 5/85 –, EzGuG 2.41; LG Tübingen, Urt. vom 14.02.1986 – 2 O 1/86 –, EzGuG 2.42; OLG Karlsruhe, Urt. vom 11.07.1986 – 10 U 28/86 –, VersR 1990, 576; OLG Düsseldorf, Urt. vom 24.10.1986 – 22 U 104/86 –, VersR 1987, 1139; LG Karlsruhe, Urt. vom 13.02.1987 – 35/85 –, EzGuG 2.43; OVG Bremen, Beschl. vom 04.12.1987 – 1 B 84/87 –, NVwZ 1988, 742 = EzGuG 15.58; OLG Karlsruhe, Urt. vom 20.04.1988 – 13 U 61/85 –, EzGuG 2.44; OLG München, Urt. vom 18.11.1988 – 21 U 5260/87 –, EzGuG 2.45; BGH, Beschl. vom 07.03.1989 – VI ZR147/88 –, EzGuG 2.46; LG Mainz, Urt. vom 06.06.1989 – 2 O 45/89 –, EzGuG 2.47; LG Oldenburg, Urt. vom 24.07.1989 – 7 O 1037/79 –, EzGuG 2.48; LG Stuttgart, Urt. vom 20.11.1989 – 15 O 188/89 –, EzGuG 2.49; OLG Celle, Urt. vom 17.07.1990 – 4 U 27/90 –, GuG 1991, 41 = NJW 1992, 2880 = EzGuG 2.50 – Rev: BGH, Urt. vom 02.07.1992 – III ZR 162/90 –, EzGuG 2.54; BGH, Urt. vom 27.09.1990 – III ZR 97/89 –, EzGuG 2.51 = GuG 1991, 38; LG Bielefeld, Urt. vom 14.05.1991 – 23 O 186/96 –, NJW-RR 1992, 26 = EzGuG 2.51; OLG Düsseldorf, Urt. vom 27.05.1991 – 1U 36/90 –, EzGuG 2.51a; BayVGH, Urt. vom 01.08.1991 – 13 A 89.2413 –, EzGuG 2.52; OLG Düsseldorf, Urt. vom 18.10.1991 – 22 U 220/90 –, EzGuG 2.53 = GuG 1993, 61; BGH, Urt. vom 02.07.1992 – III ZR 162/90 –, EzGuG 2.54 = GuG 1993, 524; BVerwG, Beschl. vom 03.09.1992 – 11 B 2/92 –, EzGuG 2.55; OLG Karlsruhe, Urt. vom 19.10.1993 – 17 U 29/91 –, EzGuG 2.56; LG Arnsberg, Urt. vom 12.11.1993 – 5 S 96/92 –, VersR 1995, 844 = EzGuG 2.57; LG Berlin, Urt. vom 11.01.1994 – 31 O 266/93 –, VersR 1995, 107 = EzGuG 2.58; OLG München, Urt. vom 28.04.1994 – 1 U 6995/93 –, EzGuG 2.58a; BVerwG, Urt. vom 16.06.1994 – 4 C 2/94 –, EzGuG 2.59; OLG Düsseldorf, Urt. vom 12.12.1996 – 18 U 1181/95 –, AgrarR 1997, 188 = NJW-RR 1997, 856 = VersR 1997, 501; OLG Koblenz, Urt. vom 13.06.1997 – 8 U 1009/96 –, EzGuG 2.60; OLG Oldenburg, Urt. vom 04.09.1998 – LA 12/98 –; OLG Köln, Urt. vom 13.11.1998 – 20 U 66/98 –, NZM 2000, 108; OLG Köln, Urt. vom 13.11.1998 – 20 U 66/98 –; KG; Urt. vom 22.02.1999 – 25 U 6860/98 –, NJW-RR 2000, 160 = NZM 2000, 109; LG Traunstein, Urt. vom 27.05.1999 – 2 O 1849/98 –, MDR 1999, 1446 = EzGuG 2.61; OLG Hamm 24.09.2001 – 5 U 298/00 –; LG Hamm, Urt. vom 18.02.2002 – 5 U 129/01 –; OLG Düsseldorf, Urt. vom 28.07.2003 – 7 U 12/03 –, DS 2004, 64; OLG Zweibrücken, Urt. vom 25.01.2005 – 8 U 105/04 –, DS 2005, 146 = NZM 2005, 438 = EzGuG 2.64a;.BGH, Urt. vom 27.01.2006 – V ZR 46/05 –, EzGuG 2.65; BGH, Beschl. vom 30.11.2006 – V ZB 44/06 –, GuG 2008, 122 = EzGuG 2.66,

[46] BGB, 67. Aufl., § 251 Rn. 11; vgl. GuG-aktuell 2008, 18.

[47] Zuletzt VersR 1985, 213.

Anwendungsbereich § 1 ImmoWertV

Entschädigungsbeträgen, die mit den Mehrpreisen, die bei Grundstücksverkäufen für Baumbestand zusätzlich bezahlt werden, offensichtlich unvereinbar sind." Der Kommentar nimmt Bezug auf entsprechende Ausführungen in *StaudMedicus*[48]. Dieser führt hierzu aus, dass sich die Methode *Koch* von § 251 Abs. 2 BGB weit entferne und daher bedenklich sei. Wörtlich heißt es u. a. dort: „Denn wenn man zunächst die Kosten einer Teilherstellung zuspricht und dann auch noch die verbleibende Wertminderung nach den Kosten einer (freilich modifizierten) Herstellung berechnet, wird der als Schadensersatz geschuldete Betrag doch *erheblich durch die Kosten der unverhältnismäßig teuren Herstellung* bestimmt. Zu rechtfertigen wäre, dass allenfalls mit der *ökologischen Bedeutung* von Bäumen ...". Das OLG Zweibrücken hat im Urt. vom 25.01.2005 (a. a. O.) hierzu festgestellt, dass bei der Bewertung von Bäumen nach der Methode Koch eine Reduktion auf null sachgerecht sein kann.

▶ *Weitere Hinweise zur Wertermittlung von Aufwuchs vgl. § 8 ImmoWertV Rn. 403; Syst. Darst. des Vergleichswertverfahrens Rn. 113 ff., Syst. Darst. des Ertragswertverfahrens Rn. 32, 84; Syst. Darst. des Sachwertverfahrens Rn. 199 ff.; § 21 ImmoWertV Rn. 11 ff., 16 und bei Kleingärten vgl. Kleiber/Simon/Weyers, Verkehrswertermittlung von Grundstücken, 3. Aufl. S. 2247 ff.*

Für die Marktwertermittlung von Ziergehölzen als Bestandteile von Grundstücken (Schutz- und Gestaltungsgrün) sind vom BMF die **Ziergehölzhinweise 2000 – ZierH 2000 –** erlassen worden[49].   **56**

2.3.3 Besondere Betriebseinrichtungen

Der **Begriff der besonderen Betriebseinrichtungen** (*special equipment and mechanical systems*) ist der DIN 276 (vom März 1954) entliehen. In Anlehnung hieran rechneten nach **Anl. 2 zur WertV 72**[50] hierzu: **57**

a) bei Wohngebäuden: Personen- und Lastenaufzüge, Müllbeseitigungsanlagen, Hausfernsprecher, Uhrenanlagen, gemeinschaftliche Wasch- und Badeeinrichtungen usw.;

b) bei öffentlichen Bauten, Anstalten und Gebäuden für Sonderzwecke: Anlagen und Einrichtungen, die für die Zweckbestimmung des Gebäudes notwendig sind, z. B. Einrichtungen für Lehr- und Hörsäle, Meldeanlagen, Einrichtungen für Archive und Büchereien, Einrichtungen für Kassen- und Tresoreinrichtungen, Tankanlagen;

c) bei gewerblich genutzten Gebäuden usw.: Anlagen und Einrichtungen, die für die Zweckbestimmung des Gebäudes notwendig sind, z. B. Schankanlagen, Back-, Koch-, Kühlanlagen, Hebevorrichtungen, Gleisanlagen, Förderanlagen.

Zur Abgrenzung von Gebäuden und besonderen **Betriebseinrichtungen** in der Wohnungswirtschaft vgl. im Übrigen RdErl der Länder vom 31.3.1967 (BStBl II 1967, 127).

Im Unterschied zu § 21 Abs. 1 WertV 88/98 werden in § 21 ImmoWertV die „besonderen Betriebseinrichtungen" nicht mehr als Gegenstand der Marktwertermittlung genannt. Daraus kann jedoch nicht geschlossen werden, dass die besonderen Betriebseinrichtungen nicht mehr zu berücksichtigen sind. Ihre besondere Hervorhebung konnte entfallen, da sie bereits in der **DIN 276** (vom **Juni 1993**) als Bestandteile der „Kosten des Bauwerks" (Kostengruppe 400 ff.) aufgegangen sind.   **58**

Hinweise zur **technischen Lebensdauer der besonderen Betriebseinrichtungen** enthielt Anl. 8 zur WertR 96, die später ersatzlos fortgefallen ist.   **59**

Im Rahmen der **Beleihungswertermittlung** sind Maschinen und Betriebseinrichtungen nach § 24 BelWertV bei der Ermittlung des Sachwerts grundsätzlich unberücksichtigt zu lassen, sofern sie nicht wesentliche Bestandteile des Gegenstandes der Beleihungswertermittlung   **60**

---

[48] Staud/Schiemann, Komm. zum BGB § 251 Rn. 91.
[49] Ziergehölzhinweise vom 20.03.2000, BAnz Nr. 94 vom 18.05.2000; abgedruckt in GuG 2000, 155, und Kleiber, WERTR 06, 10. Aufl. Bundesanzeiger Verlag 2010; hierzu Wilbat/Bracke in GuG 2001, 74.
[50] BT-Drucks 352/88, S. 61.

§ 1 ImmoWertV Anwendungsbereich

i. S. des § 2 BelWertV sind. Der Wert solcher wesentlicher Bestandteile ist, wenn sich das Grundpfandrecht darauf erstreckt, unter Berücksichtigung einer normalen Abschreibung und ausreichender Abschläge für Abnutzung und technische Entwertung gesondert zu schätzen. Sofern bei Maschinen infolge der technischen Entwicklung mit einer schnellen Überalterung zu rechnen ist, können diese wertmäßig nicht angesetzt werden.

2.3.4 Zubehör

61 **Zubehör sind** nach § 97 BGB bewegliche **Sachen, die, ohne Bestandteil der Hauptsache zu sein, dem wirtschaftlichen Zwecke der Hauptsache zu dienen bestimmt sind und zu ihr in einem dieser Bestimmung entsprechenden räumlichen Verhältnis stehen.** Zubehör sind danach dem Eigentümer gehörende Beleuchtungskörper, Mülltonnen, Treppenläufer und dgl. Eine Sache ist allerdings nicht Zubehör, wenn sie im Verkehr nicht als Zubehör angesehen wird[51]. Ergänzend zu § 97 BGB schreibt § **98 BGB** vor:

„Dem wirtschaftlichen Zweck der Hauptsache sind zu dienen bestimmt:

1. bei einem Gebäude, das für einen gewerblichen Betrieb dauernd eingerichtet ist, insbesondere bei einer Mühle, einer Schmiede, einem Brauhaus, einer Fabrik, die zu dem Betriebe bestimmten Maschinen und sonstigen Gerätschaften;
2. bei einem Landgute, das zum Wirtschaftsbetriebe bestimmte Gerät und Vieh, die landwirtschaftlichen Erzeugnisse, soweit sie zur Fortführung der Wirtschaft bis zu der Zeit erforderlich sind, zu welcher gleiche oder ähnliche Erzeugnisse voraussichtlich gewonnen werden, sowie der vorhandene, auf dem Gute gewonnene Dünger."

2.3.5 Kunstgegenstände

Schrifttum: *Heuer, C-H.,* Der gemeine Wert von Kunstgegenständen, DStR 2002, 845; *Heuer, C-H.,* in DStR 1995, 438 und 1999, 1389; *Wolff-Diepenbrock,* DStR 1987, Beilage zu Heft 12.

62 Die Verkehrswertermittlung von Kunstgegenständen gehört in aller Regel nicht zum Aufgabenbereich des Sachverständigen für Grundstückswerte. In Einzelfällen kann jedoch die Frage nach dem Wert von Kunstgegenständen aufgeworfen sein, so z. B. bei einer in die bauliche Anlage oder in einen Garten integrierten künstlerisch wertvollen Skulptur. Wie im Steuerrecht[52] ist dann gegebenenfalls der **Verkehrswert** (gemeiner Wert) des Kunstgegenstands maßgebend. Der BFH misst dabei dem Vergleichswertverfahren eine herausgehobene Stellung bei.

3 Anwendung der Verordnung auf Grundstücksrechte (§ 1 Abs. 2 ImmoWertV)

3.1 Allgemeine Hinweise

3.1.1 Übersicht

▶ *Zum Miteigentumsanteil vgl. oben Rn. 20*

63 § 1 Abs. 2 ImmoWertV bestimmt i. S. einer Klarstellung, dass die Regelungen der ImmoWertV **entsprechend Anwendung** finden auf die Wertermittlung von

– Rechten an Grundstücken,
– grundstücksgleichen Rechten,

---
51 BewR Gr vom 19.09.1966 zu § 68 BewG, BAnz Nr. 193 Beil. = BStBl I 1966, 890.
52 BFH, Urt. vom 06.06.2001 – II R 7/98 –, ZEV 2002, 331; BFH, Urt. vom 14.11.1980 – III R 9/79 –, BStBl II 1981, 251; RFH, Urt. vom 24.06.1929, RStBl. 1929, 497; FG München, Urt. vom 10.12.1998 – 4 V 1954/98 –, DStR 1999, 1389.

Anwendungsbereich § 1 ImmoWertV

- Rechten an grundstücksgleichen Rechten und
- auf Objekte, für die kein Markt besteht.

Rechte und Belastungen sind, soweit sie nicht Gegenstand einer eigenständigen Wertermittlung sind, als Zustandsmerkmal des davon betroffenen Grundstücks zu berücksichtigen. Dies folgt aus § 6 Abs. 2 ImmoWertV (vgl. § 6 ImmoWertV Rn. 94 ff.).

Unter **grundstücksgleichen Rechten** sind solche zu verstehen, die 64

- ihrer Ausgestaltung nach dem Eigentum am Grundstück nahe kommen, also dinglichen Charakter haben,
- eine möglichst unbeschränkte Herrschaftsbefugnis verleihen und
- in das Grundbuch oder ein entsprechendes öffentliches Buch eingetragen werden.

Zu den grundstücksgleichen Rechten, die rechtlich wie Grundstücke behandelt werden, zählen das **Erbbaurecht**[53] mit den Unterabteilungen Wohnungs- und Teilerbbaurecht, das **Jagd- und Fischereirecht und das Bergrecht**. Schiffseigentums-, Jagd- und Fischereirechte gehören nach dem EGBG nur noch teilweise und nach Bundesländern unterschiedlich zu den grundstücksgleichen Rechten. 65

Baulasten sind freiwillig übernommene öffentlich-rechtliche Verpflichtungen, die den Grundstückseigentümer zu einem sein Grundstück betreffendes Tun, Dulden oder Überlassen verpflichten[54]. 66

Für die **Verkehrswertermittlung von Rechten an Grundstücken** enthält die ImmoWertV keine unmittelbar geltenden Vorschriften; die für Grundstücke geltenden Grundsätze finden vielmehr nur entsprechend Anwendung. Bei der Verkehrswertermittlung von Grundstücken, die 67

- mit einem Recht zugunsten eines anderen Grundstücks bzw. zugunsten eines Dritten belastet bzw.
- aufgrund eines Rechts an einem anderen Grundstück einen besonderen Vorteil haben,

muss **zwischen dem Vorteil für das herrschende Grundstück und dem Nachteil für das dienende Grundstück unterschieden werden**[55]. Die Werterhöhung aufgrund eines Vorteils und die Wertminderung aufgrund einer dienenden Funktion können um ein Vielfaches auseinandergehen[56].

3.1.2 Wertminderung eines dienenden Grundstücks

Die Belastung eines Grundstücks z. B. mit einer Grunddienstbarkeit mindert im Allgemeinen dessen Verkehrswert. Eine Ermäßigung des Grundstückswerts kommt allerdings nur dann in Betracht, wenn die Belastung des Grundstücks mit der Grunddienstbarkeit seine Nutzung wesentlich beschränkt. Das Ausmaß der Ermäßigung bestimmt sich nach den Umständen des Einzelfalls. Es richtet sich danach, welche Bedeutung der Belastung bei einer Veräußerung des dienenden Grundstücks beigemessen werden würde. 68

In der **steuerlichen Bewertung**[57] von unbebauten Grundstücken ist die Belastung mit einer Grunddienstbarkeit bei der Ermittlung des Bodenwerts zu berücksichtigen[58]. In den Fällen der Bewertung der bebauten Grundstücke im Ertragswertverfahren kommt ein Abschlag nach § 82 Abs. 1 BewG nur insoweit in Betracht, als die Wertminderung infolge der Belastung nicht bereits in der Höhe der Jahresrohmiete berücksichtigt ist. Die Ermäßigung des Grund- 69

---

53 Kleiber, Verkehrswertermittlung von Grundstücken, 6. Aufl. 2010, Teil IX Rn. 49 ff.
54 Kleiber, Verkehrswertermittlung von Grundstücken, 6. Aufl. 2010, zur Verkehrswertermittlung von Baulasten vgl. Teil IX Rn. 28 ff. und von Wohnungseigentum vgl. Teil VI Rn. 39 ff.
55 KG Berlin, Urt. vom 10.07.1967 – U 485/67 –, EzGuG 14.39.
56 Kleiber, Verkehrswertermittlung von Grundstücken, 6. Aufl. 2010, Teil IX Rn. 1 ff.
57 Erl des MfFuW des Landes Rheinland-Pfalz vom 11.08.1970 (S. 3101 A – IV/2).
58 Abschn. 10 Abs. 4 Satz 1 BewG Gr.

§ 1 ImmoWertV   Anwendungsbereich

stückswerts unterliegt hier keiner Begrenzung (§ 82 Abs. 3 BewG). In den Fällen der Bewertung der bebauten Grundstücke im Sachwertverfahren wirkt sich eine Wertminderung im Allgemeinen im Bodenwert aus[59].

3.1.3 Werterhöhung eines herrschenden Grundstücks

70 Die Belastung eines Grundstücks z. B. mit einer Grunddienstbarkeit führt für das herrschende Grundstück nur dann zu einer Werterhöhung, wenn die Belastung „für die Benutzung des Grundstücks des Berechtigten Vorteil bietet" (§ 1019 BGB), der den Verkehrswert des herrschenden Grundstücks beeinflusst (vgl. § 9 Abs. 2 BewG). Das Ausmaß der Werterhöhung richtet sich nach den Umständen des Einzelfalles. Im Allgemeinen ist der Wert des dienenden Grundstücks um den Betrag zu erhöhen, um den der Wert des dienenden Grundstücks gemindert ist[60].

71 In den Fällen der **steuerlichen Bewertung** von unbebauten Grundstücken wirkt sich eine Werterhöhung für das herrschende Grundstück im Bodenwert aus. In den Fällen der Bewertung der bebauten Grundstücke im Ertragswertverfahren wirkt sich eine Werterhöhung bereits in der Höhe der Jahresrohmiete aus. Eine Erhöhung des Grundstückswerts nach § 82 Abs. 2 BewG ist dagegen ausgeschlossen. Bei der Bewertung eines bebauten Grundstücks im Sachwertverfahren wirkt sich eine Werterhöhung im Allgemeinen im Bodenwert aus.

3.2 Beschränkt dingliche Rechte

72 Bei den beschränkt dinglichen Rechten ist zu unterscheiden zwischen

a) Nutzungsrechten (unten Rn. 73),

b) Sicherungs- und Verwertungsrechten (unten Rn. 80 ff.) sowie

c) Erwerbsrechten (unten Rn. 84 ff.).

Abb. 1: Übersicht über die beschränkt dinglichen Rechte

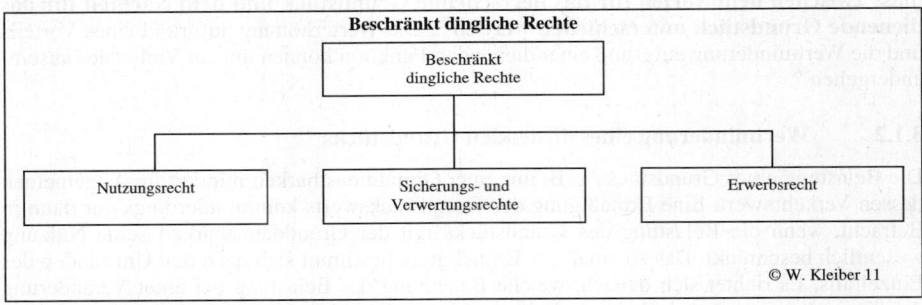

© W. Kleiber 11

3.3 Nutzungsrechte

73 Zu den Nutzungsrechten gehören insbesondere das Altenteil (Auszug, Leibgeding, Leibzucht), das **Dauerwohnrecht** (§§ 31 ff. WEG), das **Wohnungsrecht** (§ 1039 BGB), das **Aussichtsrecht,** das **Leitungsrecht,** der **Nießbrauch** (§§ 1030 ff. BGB).

74 Auf dem Gebiet der **neuen Bundesländer und im Ostteil Berlins gehören** nach Art. 231 § 5 des Einführungsgesetzes zum Bürgerlichen Gesetzbuch – EGBGB[61] – **nicht zu den Bestand-**

---

[59] Abschn. 35 Abs. 2 BewR Gr.
[60] Vgl. Abschn. 10 Abs. 4 Satz 3 BewR Gr.
[61] Anl. I Kapitel III Sachgebiet B Abschnitt II Nr. 1 des Einigungsvertrags vom 31.08.1990, BGBl. I 1990, 885, 941.

Anwendungsbereich § 1 ImmoWertV

teilen eines Grundstücks Gebäude, Baulichkeiten, Anlagen, Anpflanzungen und Einrichtungen, die am Tag vor dem Wirksamwerden des Beitritts (02.10.1990) errichtet waren oder danach errichtet oder angebracht werden, soweit dies auf Grund eines vor dem Wirksamwerden des Beitritts begründeten Nutzungsrechts an dem Grundstück oder eines Nutzungsrechts nach §§ 312 bis 315 des Zivilgesetzbuchs der Deutschen Demokratischen Republik zulässig war. Das Nutzungsrecht an dem Grundstück und die erwähnten Anlagen, Anpflanzungen oder Einrichtungen gelten nach Art. 231 § 5 Abs. 2 EGBGB als wesentliche Bestandteile des Gebäudes[62].

Solche Rechte können dingliche Nutzungsrechte sein auf der Grundlage 75

– des Gesetzes über die Verleihung von Nutzungsrechten an volkseigenen Grundstücken[63];
– des Zivilgesetzbuchs vom 19.06.1975[64];
– der Verordnung über die Bereitstellung von genossenschaftlich genutzten Bodenflächen für die Einrichtung von Eigenheimen auf dem Lande vom 09.09.1976[65].

Rechte der genannten Art wurden insbesondere verliehen für den **Bau von Eigenheimen auf** 76
volkseigenem Grund und Boden – in seltenen Fällen auch für andere persönlichen Zwecken dienende Gebäude – sowie für Mietwohngebäude und Nebengebäude (Garagen, Gemeinschaftswaschküchen) der Arbeiterwohnungsbaugenossenschaften (AWG) auf volkseigenem Grund und Boden.

Nutzungsrechte nach dem ZGB wurden auch verliehen, wenn auf Grund eines früheren Erb- 77
baurechts, Erbpachtvertrags oder Pachtvertrags ein Eigenheim auf einem **Grundstück** errichtet wurde, **das später Volkseigentum** wurde. Die landwirtschaftlichen Produktionsgenossenschaften konnten dingliche Nutzungsrechte aus einer genossenschaftlich genutzten Fläche (unabhängig vom Eigentum daran) zur Errichtung von Eigenheimen vergeben.

Obligatorische (schuldrechtliche) Nutzungsrechte wurden bis zum Inkrafttreten des Zivil- 78
gesetzbuchs (ZGB) am 01.01.1976 auf der Grundlage des Bürgerlichen Gesetzbuchs (BGB) begründet. Ab 01.01.1976 konnte vertraglich ein obligatorisches Nutzungsverhältnis nach den §§ 312 bis 315 des ZGB für Zwecke der kleingärtnerischen Nutzung, der Erholung und Freizeitgestaltung (Wochenendgrundstück, Bootshäuser, Garagen und dgl.) für Bürger abgeschlossen werden. In den Bereichen der Wirtschaft konnten zwischen den Wirtschaftseinrichtungen, Institutionen, Staatsorganen und Organisationen Nutzungsverträge auf der Grundlage der §§ 71 ff. des Gesetzes über das Vertragssystem in der sozialistischen Wirtschaft – Vertragsgesetz – vom 25.03.1982[66] zur Nutzung von Grund und Boden bzw. Gebäuden abgeschlossen werden. Für die Nutzung volkseigener Gebäude und baulicher Anlagen durch Genossenschaften (PGH, LPG, GPG) auf vertraglicher Grundlage galt außerdem die Anordnung für die Übertragung volkseigener unbeweglicher Grundmittel an sozialistische Genossenschaften vom 11.10.1974[67].

Zusätzlich zu der im Teil II der WERTR 06 behandelten Verkehrswertermittlung von Rechten 79
an Grundstücken enthielten die hierzu erlassenen **Ergänzenden Hinweise für das Gebiet der neuen Länder** Grundsätze für die Ermittlung von Nutzungsrechten und für Grundstücke, die mit einem Nutzungsrecht belastet sind. Es handelte sich hier um eine aus der Rechtsentwicklung der DDR hervorgegangene Besonderheit auf dem Gebiet der ehemaligen DDR; sie ist mit BMBau-Erl. vom 01.08.1996[68] aufgehoben worden.

---

62 Kleiber/Söfker, Vermögensrecht, Eigentum an Grund und Boden, Jehle/Rehm Verlag 2006.
63 Gesetz über die Verleihung von Nutzungsrechten an volkseigenen Grundstücken vom 14.12.1970 (GBl. I 1970, 372) i. d. F. des Gesetzes über den Verkauf volkseigener Eigenheime, Miteigentumsanteile und Gebäude für Erholungszwecke vom 19.12.1973 (GBl. I 1973, 578).
64 GBl. I 1975, 465.
65 GBl. I 1976, 426, 500.
66 GBl. I 1982, 293.
67 GBl. I 1974, 489, GBl. I 1975, 344.
68 GuG 1996, 298.

§ 1 ImmoWertV — Anwendungsbereich

▶ *Weitere Hinweise hierzu in GuG 1992, 256; Empfehlungen des BML (GemMBl. 1992, 1095 = GuG 1993, 163 = Kleiber/Söfker, Vermögensrecht, Eigentum an Grund und Boden II 4.6)*

3.4 Sicherungs- und Verwertungsrechte

3.4.1 Übersicht

80 Die unterschiedlichen Sicherungs- und Verwertungsrechte sind aus Abb. 2 ersichtlich (vgl. § 6 ImmoWertV Rn. 99 und Kleiber, Verkehrswertermittlung von Grundstücken, 6. Aufl. 2010, Teil IX Rn. 534 ff.).

Abb. 2: Sicherungs- und Verwertungsrechte

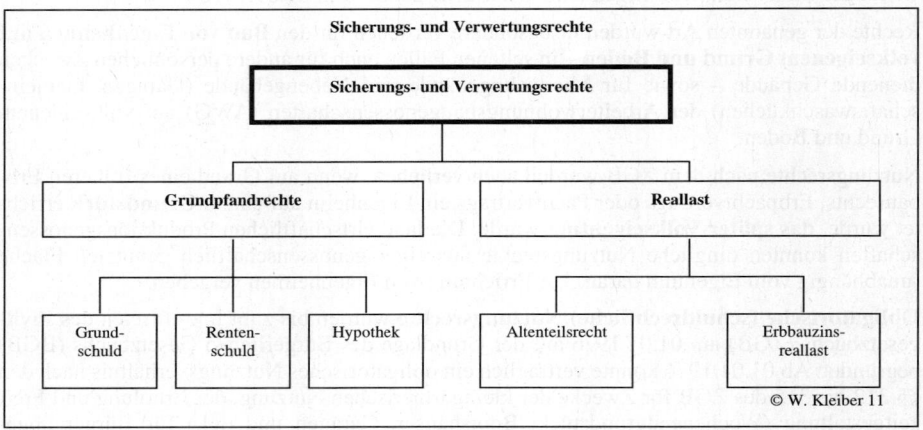

3.4.2 Grundpfandrecht

81 **Grundpfandrechte dienen der Darlehenssicherung.** Das BGB kennt den Begriff „Grundpfandrechte" nicht. Er hat sich aber im allgemeinen Sprachgebrauch eingebürgert und bezeichnet zusammenfassend die so genannten **Verwertungsrechte wie Hypotheken** (§§ 1133 bis 1190 BGB), **Grundschulden** (§§ 1191 bis 1198 BGB) und **Rentenschulden** (§§ 1199 bis 1203 BGB). Sie geben dem Berechtigten ein dingliches Verwertungsrecht am belasteten Grundstück und sind zur Sicherung von Krediten in Abteilung III des Grundbuchs eingetragen. Sie beeinflussen im Allgemeinen nur den Barpreis, nicht jedoch den Verkehrswert des Grundstücks[69].

82 Nach § 1113 Abs. 1 BGB kann zu diesem Zweck ein Grundstück in der Weise belastet werden, dass an denjenigen, zu dessen Gunsten die Belastung erfolgt, eine bestimmte Geldsumme zur Befriedigung einer ihm zustehenden Forderung aus dem Grundstück zu zahlen ist. **Im Gegensatz zur Grundschuld ist die Hypothek abhängig von dem tatsächlichen Bestand der Forderung.** Der Zusammenhang von Forderung und Grundschuld wird durch den Sicherungsvertrag (Darlehensvertrag) hergestellt, wobei ein Wechsel der Forderung jedes Mal durch Grundbucheintragung hergestellt werden muss.

---

[69] Kleiber, Verkehrswertermittlung von Grundstücken, 6. Aufl. 2010, Teil X Rn. 535 ff.

Anwendungsbereich § 1 ImmoWertV

3.5 Erwerbsrechte

Unter die Erwerbsrechte fallen insbesondere die gesetzlich oder vertraglich eingeräumten **Vorkaufsrechte,** die Anwartschaftsrechte (**Wiederkaufsrechte, Ankaufsrechte,** Vorhand), die Vormerkung und die Aneignungsrechte (z. B. **Jagdrechte**)[70].

83

4 Anwendung der Verordnung auf nicht marktgängige Wertermittlungsobjekte (§ 1 Abs. 2 ImmoWertV)

§ 1 Abs. 2 ImmoWertV erklärt deklaratorisch die entsprechende Anwendbarkeit der Regelungen der ImmoWertV auf Wertermittlungsobjekte, für die kein Markt besteht[71]. Nach der Begründung zu dieser Vorschrift sollen damit insbesondere Rechte wie das **Wohnungsrecht** (§ 1093 BGB) als beschränkte persönliche Dienstbarkeit und der **Nießbrauch** (§§ 1030 ff. BGB) angesprochen werden, die nur, wenn sie juristischen Person zustehen, unter bestimmten Voraussetzungen übertragbar sind (§§ 1059 Satz 2, 1059a, 1092 Abs. 2 BGB)[72]. Dafür hätte es dieser mit der ImmoWertV erstmals eingeführten Ergänzung nicht bedurft, denn die ImmoWertV ist – wie schon die WertV 88/98 – ohnehin auf die Verkehrswertermittlung von Rechten an Grundstücken „entsprechend" anzuwenden[73].

84

Das Spektrum nicht marktgängiger bzw. -fähiger Wertermittlungsobjekte geht allerdings weit über die genannten Rechte hinaus (z. B. sog. bleibende Gemeinbedarfsflächen usw.) und wird den Sachverständigen auch weiterhin vor Probleme stellen. Denn allein mit dem Hinweis darauf, dass der Marktwert in diesen Fällen „auf der Grundlage marktkonformer Modelle ... unter **Berücksichtigung wirtschaftlicher Vor- und Nachteile**" und unter Zugrundelegung des **„wahrscheinlichsten Marktverhaltens der Beteiligten"** ermittelt werden kann, werden ihm keine neuen Erkenntnisse gegeben.

85

---

70 Kleiber, Verkehrswertermittlung von Grundstücken, 6. Aufl. 2010, Teil IX Rn. 533 ff.
71 Dazu gehören auch „Ladenhüter".
72 BR-Drucks. 171/10; BR-Drucks. 296/09.
73 Von einer irreführenden und blamablen Doppelregelung spricht auch Zimmermann in HLBS 2011, 170.

§ 2 ImmoWertV
Grundlagen der Wertermittlung

Der Wertermittlung sind die allgemeinen Wertverhältnisse auf dem Grundstücksmarkt am Wertermittlungsstichtag (§ 3) und der Grundstückszustand am Qualitätsstichtag (§ 4) zugrunde zu legen. Künftige Entwicklungen wie beispielsweise absehbare anderweitige Nutzungen (§ 4 Absatz 3 Nummer 1) sind zu berücksichtigen, wenn sie mit hinreichender Sicherheit aufgrund konkreter Tatsachen zu erwarten sind. In diesen Fällen ist auch die voraussichtliche Dauer bis zum Eintritt der rechtlichen und tatsächlichen Voraussetzungen für die Realisierbarkeit einer baulichen oder sonstigen Nutzung eines Grundstücks (Wartezeit) zu berücksichtigen.

Gliederungsübersicht   Rn.
1 Zustand und allgemeine Wertverhältnisse
   1.1 Allgemeine Grundsätze (§ 2 Satz 1 ImmoWertV) 1
   1.2 Qualifizierte Erwartungen künftiger Entwicklungen (§ 2 Satz 2 ImmoWertV) 4
2 Wartezeit (§ 2 Satz 3 ImmoWertV) 10

1 Zustand und allgemeine Wertverhältnisse

1.1 Allgemeine Grundsätze (§ 2 Satz 1 ImmoWertV)

Der **Verkehrswert** (Marktwert) **ist ein stichtagsbezogener Wert**. Er bestimmt sich nach § 194 BauGB einerseits nach den „rechtlichen Gegebenheiten und tatsächlichen Eigenschaften, der sonstigen Beschaffenheit und der Lage des Grundstücks", d. h. der Gesamtheit der Grundstücksmerkmale (dem Zustand des Grundstücks) und andererseits nach den zum vorgegebenen Wertermittlungsstichtag vorherrschenden allgemeinen Wertverhältnissen auf dem Grundstücksmarkt (vgl. Vorbem. zur ImmoWertV Rn. 2)[1]. 1

Ausgangspunkt einer jeden Verkehrswertermittlung ist deshalb zunächst 2

a) **die Qualifizierung des Zustands des zu bewertenden Grundstücks** zum *Qualitätsstichtag* sowie

b) die Feststellung des **Zeitpunkts, auf den sich die Wertermittlung beziehen soll** (*Wertermittlungsstichtag*).

Nicht immer sind der Wertermittlung die Grundstücksmerkmale (Zustandsmerkmale) zugrunde zu legen, die am Wertermittlungsstichtag tatsächlich gegeben sind (vgl. § 4 ImmoWertV Rn. 1 ff.); d. h., nicht immer ist der Wertermittlungsstichtag zugleich Qualitätsstichtag. Hieraus folgt, dass grundsätzlich zwischen zwei Zeitpunkten unterschieden werden muss, nämlich

– dem Zeitpunkt, der für die Qualifizierung des Zustands des Grundstücks – sog. *Qualitätsstichtag* (auch Qualitätsfestschreibungszeitpunkt genannt) – und

– dem Zeitpunkt, der für die der Wertermittlung zugrunde zu legenden allgemeinen Wertverhältnisse auf dem Grundstücksmarkt *(Wertermittlungsstichtag)* maßgebend ist[2].

Wie sich der Grundstückszustand und die der Wertermittlung zugrunde zu legenden „allgemeinen Wertverhältnisse auf dem Grundstücksmarkt" bestimmen, ergibt sich nach § 3 Abs. 2 und § 4 Abs. 2 ImmoWertV.

---
1 Vgl. Kleiber, Verkehrswertermittlung von Grundstücken, 6. Aufl. 2010, § 194 BauGB Rn. 52 ff.
2 BGH, Urt. vom 22.04.1982 – III ZR 131/80 –, EzGuG 17.44; BGH, Urt. vom 13.07.1978 – III ZR 112/75 –, EzGuG 6.200 = EzGuG 19.34; BGH, Urt. vom 25.09.1958 – III ZR 82/57 –, EzGuG 6.35; BayObLG, Urt. vom 27.01.1987 – RReg 1 Z 167/86 –, EzGuG 6.233.

§ 2 ImmoWertV Grundstückszustand

3 Der der Wertermittlung zugrunde zu legende Grundstückszustand wird vielfach ohne Angabe eines Bezugsstichtages (Qualitätsstichtag) deskriptiv bzw. normativ vorgegeben (vgl. § 154 Abs. 2 BauGB). Grundsätzlich reicht dies für eine fundierte Verkehrswertermittlung auch aus. § 2 Satz 1 ImmoWertV bestimmt auch für diesen Fall, dass sich der der Wertermittlung zugrunde zu legende Grundstückszustand generell nach den tatsächlichen oder fiktiven Verhältnissen eines im Gutachten anzugebenden Qualitätsstichtags bestimmt. Vielfach ist es aber zweckmäßig oder aus rechtlichen Gründen geboten, den der Wertermittlung zugrunde zu legenden Grundstückszustand nach einem bestimmten Qualitätsstichtag zu bestimmen, so z. B. im Rahmen der Bemessung von Enteignungsentschädigungen nach dem Vorwirkungsstichtag (Zeitpunkt des Ausschlusses von der sog. konjunkturellen [besser: qualitativen] Weiterentwicklung).

Die Vorschrift ist im Übrigen aus § 5 Abs. 4 WertV 88/98 hervorgegangen[3]:

ImmoWertV 10	WertV 88/98
§ 2 **Grundlagen der Wertermittlung** Der Wertermittlung sind die allgemeinen Wertverhältnisse auf dem Grundstücksmarkt am Wertermittlungsstichtag (§ 3) und der Grundstückszustand *am Qualitätsstichtag (§ 4)* zugrunde zu legen. *Künftige Entwicklungen wie beispielsweise absehbare anderweitige Nutzungen (§ 4 Absatz 3 Nummer 1) sind zu berücksichtigen, wenn sie mit hinreichender Sicherheit aufgrund konkreter Tatsachen zu erwarten sind.*	**§ 3** **Zustand des Grundstücks und allgemeine Wertverhältnisse** (1) Zur Ermittlung des Verkehrswerts eines Grundstücks sind die allgemeinen Wertverhältnisse auf dem Grundstücksmarkt in dem Zeitpunkt zugrunde zu legen, auf den sich die Wertermittlung bezieht (Wertermittlungsstichtag). Dies gilt auch für den Zustand des Grundstücks, es sei denn, dass aus rechtlichen oder sonstigen Gründen ein anderer Zustand des Grundstücks maßgebend ist.
	§ 5 **Weitere Zustandsmerkmale**
In diesen Fällen ist auch die voraussichtliche Dauer bis zum Eintritt der rechtlichen und tatsächlichen Voraussetzungen für die Realisierbarkeit einer baulichen oder sonstigen Nutzung eines Grundstücks (Wartezeit) zu berücksichtigen.	(4) Die Wartezeit bis zu einer baulichen oder sonstigen Nutzung eines Grundstücks richtet sich nach der voraussichtlichen Dauer bis zum Eintritt der rechtlichen und tatsächlichen Voraussetzungen, die für die Zulässigkeit der baulichen Nutzung erforderlich sind.

1.2 Qualifizierte Erwartungen künftiger Entwicklungen (§ 2 Satz 2 ImmoWertV)

▶ *Vgl. § 4 ImmoWertV Rn. 23, Vorbem. zur ImmoWertV Rn. 2 ff.*

4 Auch wenn sich der **Verkehrswert (Marktwert)** nach § 194 BauGB „durch den Preis bestimmt, der in dem Zeitpunkt, auf den sich die Ermittlung bezieht, im gewöhnlichen Geschäftsverkehr nach den rechtlichen Gegebenheiten und tatsächlichen Eigenschaften, der sonstigen Beschaffenheit und der Lage des Grundstücks" bestimmt, **wird er maßgeblich von der Zukunftserwartung** *(anticipation)* der Erwerber **bestimmt**[4]. Der Verkehrswert definiert sich damit als Zukunfserfolgswert. Im amerikanischen Schrifttum[5] heißt es dazu: *„Anticipation is the perception that value is created by the expectation of benefits to be derived in the future. In the real estate market, the current value of a property is not based on its historical prices or the costs of its creation; rather, value is based on market participants, perception of the future benefits of acquisition ... The value of owner-occupied property is primarily based on the expected future advantages, amenities and pleasures of ownership and occupancy."* Dies ist insbesondere dann von Bedeutung, wenn

---

3 Vgl. BR-Drucks. 352/88, S. 32.
4 Vgl. Kleiber, Verkehrswertermittlung von Grundstücken, 6. Aufl. 2010, § 194 BauGB Rn. 75 ff.
5 The Appraisal of Real Estate, American Institute of Real Estate Appraisers, 9. Aufl. Chicago 1987, S. 32.

Grundstückszustand § 2 ImmoWertV

- am Wertermittlungsstichtag bereits vorhandene Nutzungspotenziale nicht „ausgeschöpft" werden (Fehlnutzungen) bzw. die ausgeübte Nutzung auf Dauer nicht gewährleistet ist, oder
- am Wertermittlungsstichtag bereits erkennbar ist, dass sich die Nutzbarkeit z. B. aufgrund anstehender Planungsentscheidungen oder sonstiger Gegebenheiten verbessern wird oder – umgekehrt – beeinträchtigt werden kann (z. B. durch Herabzonung).

Im Kern geht es darum, ein in der Immobilie „schlummerndes" **Entwicklungspotenzial als Bestandteil der nachhaltigen Ertragsfähigkeit** ebenso zu erkennen, wie eine zu erwartende Beeinträchtigung der am Wertermittlungsstichtag zulässigen und ausgeübten Nutzung. Dementsprechend ist in der Enteignungsrechtsprechung des BGH darauf hingewiesen worden, dass „die Entschädigung für das Grundstück ... nach der durch seine Beschaffenheit und Lage bedingten Nutzungsfähigkeit – nicht allein nach der ausgeübten Nutzung – des Grundstücks am Tage der Inanspruchnahme zu bemessen" ist[6]. 5

Nach § 2 Satz 2 ImmoWertV sind deshalb künftige Entwicklungen wie beispielsweise absehbare anderweitige Nutzungen zu berücksichtigen; es muss sich dabei um **qualifizierte Erwartungen** handeln, d. h. um solche, die „mit hinreichender Sicherheit aufgrund konkreter Tatsachen" zu erwarten sind. Eine entsprechende Regelung enthält im Übrigen auch § 4 Abs. 3 Nr. 1 ImmoWertV; insofern liegt eine Doppelregelung vor. 6

Dies ist z. B. bei Immobilien angezeigt, die ein Entwicklungspotenzial aufweisen und sich in einem (potenziellen) Umbruch befinden *(property in transition)*. So wie der Eigentümer in solchen Fällen verschiedene Optionen der Grundstücksnutzung hat und sich aus einem gesunden Interesse an einer Gewinnmaximierung überlegen kann, welche Nutzung zu bevorzugen ist, muss dies bei der Wertermittlung berücksichtigt werden. 7

Dabei müssen aber gewissenhaft einige Regeln beachtet werden, wenn solche Überlegungen zum Verkehrswert führen sollen: 8

a) Bei der Berücksichtigung zukünftiger Nutzungsmöglichkeiten kann nur das zugrunde gelegt werden, was nach den **rechtlichen und tatsächlichen Gegebenheiten ohne spekulative Elemente erwartet werden** kann. Die Erwartungen müssen dabei nicht unumstößlich abgesichert sein, jedoch fordert § 2 Satz 2 ImmoWertV im vorstehenden Sinne eine qualifizierte sich auf „konkrete Tatsachen" stützende Erwartung.

b) Es dürfen nur solche Nutzungsmöglichkeiten berücksichtigt werden, die im Immobilienverkehr nach den Verwertungsmöglichkeiten des Objekts „gewöhnlich" und damit markt- und wertbestimmend sind; auf **persönliche Nutzungsabsichten eines Erwerbers** kommt es nicht an.

c) Alle **in die Wertermittlung eingehenden Daten müssen**, auch soweit es dabei um fiktive Verkehrswertermittlungen für den Umnutzungsfall geht, **dem gewöhnlichen Geschäftsverkehr entsprechen** und von ungewöhnlichen oder persönlichen Verhältnissen unbeeinflusst sein.

Als ein typischer Anwendungsfall kann z. B. ein heruntergekommenes Miet- bzw. Geschäftshaus gelten, bei dem sich für jeden Eigentümer die Frage stellt, ob das Objekt instandsetzungs- und modernisierungsfähig ist oder ein Abriss vorzuziehen ist **(modernisieren oder abreißen?)**. In solchen Fällen kann es angezeigt sein, gleich mehrere (fiktive) Ertragswerte auf der Grundlage verschiedener rechtlich zulässiger und tatsächlich realisierbarer Nutzungskonzepte und den jeweils dafür aufzubringenden Entwicklungskosten neben dem Liquidationswert zu ermitteln, um sich aus einer sorgfältigen Analyse der Ergebnisse für das letztlich tragende Verfahren entscheiden zu können (vgl. Abb. 1). Dies stellt den Sachverständigen häufig vor schwierige Probleme, da hier – sowohl was die künftigen Nutzungskonzepte als auch die zu deren Umsetzung erforderlichen Kosten anbelangt – besonders besonnen und mit 9

---

6 Vgl. BGH, Urt. vom 08.11.1962 – III ZR 86/61 –, EzGuG 8.5.

§ 2 ImmoWertV — Grundstückszustand

viel Realitätssinn vorgegangen werden muss. Die Anwendung des Ertragswertverfahrens schlägt dabei häufig in eine äußerst fehleranfällige Extraktion (Residualwertmethode) um.

Abb. 1: Verkehrswert von Immobilien mit Entwicklungspotenzial

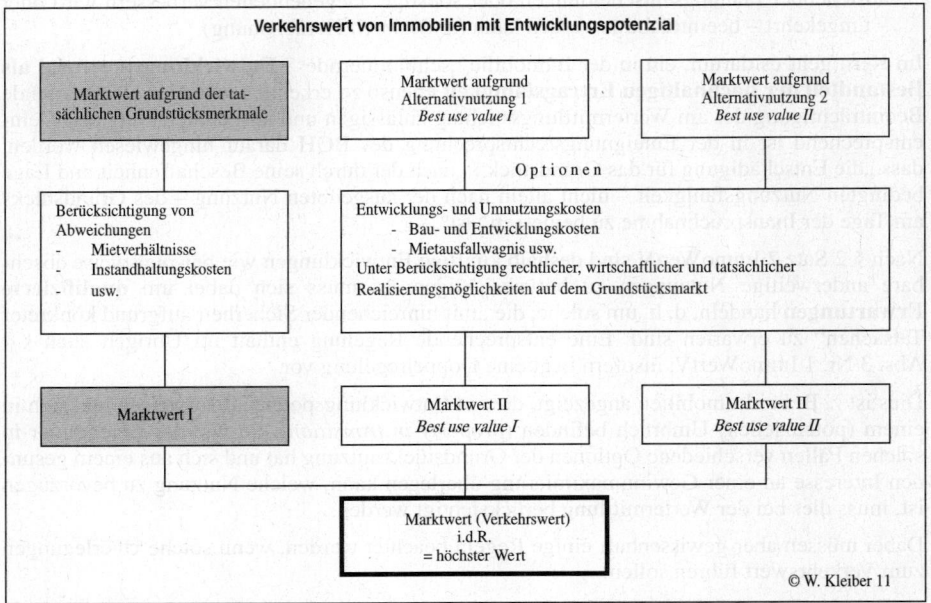

2 Wartezeit (§ 2 Satz 3 ImmoWertV)

▶ *Hierzu allgemeine Ausführungen bei § 5 ImmoWertV Rn. 15 ff., 144, 159, 286 ff.; Syst. Darst. des Vergleichswertverfahrens Rn. 184 ff., 204 ff.*

10 Unter § 5 ImmoWertV Rn. 16 wurde darauf hingewiesen, dass vor allem bei der Klassifizierung des werdenden Baulands neben dem Entwicklungszustand eines Grundstücks die Wartezeit bis zu einer baulichen oder sonstigen Nutzung mitberücksichtigt werden muss. Konkret geht es nach § 2 Satz 3 ImmoWertV um die voraussichtliche Dauer bis zum Eintritt der rechtlichen und tatsächlichen Voraussetzungen für die Realisierbarkeit einer baulichen oder sonstigen Nutzung eines Grundstücks. Es kann aber auch umgekehrt um die voraussichtliche Dauer bis zum Fortfall der rechtlichen und tatsächlichen Voraussetzungen für die Fortführung einer ausgeübten Nutzung gehen.

11 Die **Abschätzung der Wartezeit** erfordert vom Sachverständigen viel Einfühlungsvermögen in den „Baulandproduktionsprozess" und eingehende Kenntnisse der bodenrechtlichen Zusammenhänge, wobei er sich vor allem frei von spekulativen Erwägungen machen muss. So sich das alltägliche Morgengebet eines schwäbischen Landwirts („Lieber Gott, schenk uns Regen und einen reichen Planungssegen", die sog. vierte Fruchtfolge) erfüllt, ist der „Baulandproduktionsprozess" von den ersten Überlegungen, eine „grüne Wiese" für eine bauliche oder sonstige Nutzung aufzubereiten, bis hin zum Verkauf des fertigen Bauplatzes i. d. R. gleichwohl langwierig und scheitert auch schon einmal.

12 Verfahrensmäßig können die zu erwartenden „**künftigen Entwicklungen**" nach unterschiedlichen Methoden berücksichtigt werden:

Grundstückszustand § 2 ImmoWertV

- Bei Anwendung des *Vergleichswertverfahrens* nach § 15 ImmoWertV sind möglichst Vergleichsgrundstücke heranzuziehen, die dieselbe Wartezeit i. S. des § 2 Satz 3 ImmoWertV aufweisen, wie das zu bewertende Grundstück. Stehen entsprechend geeignete Vergleichspreise zur Verfügung, wird die Wartezeit bereits mit den herangezogenen Vergleichspreisen hinreichend berücksichtigt. Weisen indessen die zum Preisvergleich herangezogenen Vergleichsgrundstücke eine kürzere oder längere Wartezeit auf, so ist der sich daraus ergebende Wertunterschied in einem angemessenen Verhältnis auf die Wartezeit des zu bewertenden Grundstücks umzurechnen.

- *Finanzmathematisch* können die nach § 2 Satz 2 ImmoWertV in die Verkehrswertermittlung gegebenenfalls gesondert einzustellenden „künftigen Entwicklungen" berücksichtigt werden, indem der Unterschied zwischen dem Wert des Grundstücks auf der Grundlage des am Qualitätsstichtag tatsächlich gegeben Grundstücksmerkmale (ohne Berücksichtigung der künftigen Entwicklungen) und dem Wert, der sich für das Grundstück unter Berücksichtigung der künftiger Entwicklungen ergibt, über die voraussichtliche Wartezeit nach Satz 3 nach den Rechenregeln der Zinseszinsrechnung abgezinst wird.

Danach lässt sich der Barwert eines Kapitals, das bei einem gegebenen Zinssatz erst nach n Jahren zufließt, nach folgender Formel berechnen: **13**

$$K_0 = \frac{1}{q^n} \times K_n \qquad \text{wobei} \qquad q = 1 + \frac{p}{100}$$

K_0 Anfangskapital
K_n Endkapital
n Laufzeit = Anzahl der Jahre
p Zinssatz

Der **Abzinsungsfaktor** $1/q^n$ ist mit Tischrechnern leicht zu ermitteln und kann auch Anh. 2 zur ImmoWertV entnommen werden.

Beispiel: **14**

Ein Grundstück wird unter Berücksichtigung seiner zu erwartenden Wertverbesserung nach den konjunkturellen Verhältnissen am Wertermittlungsstichtag zu einem Preis von 500 000 € verkauft, unter Berücksichtigung einer Wartezeit von 2 Jahren ergibt sich bei einer 6%igen Verzinsung

$$K_0 = \frac{1}{(1+\frac{6}{100})^2} \times 500\,000\,€ = 445\,000\,€$$

In der Wertermittlungspraxis wird neben der Wartezeit bis zu einer baulichen oder sonstigen Nutzung auch das damit verbundene Wagnis berücksichtigt, dass die bauliche oder sonstige Nutzung auch tatsächlich eintritt. I.d.R. ist dabei die Wartezeit umso risikobehafteter, je länger die Wartezeit ist. Insbesondere im gewerblichen Bereich sind Investoren nicht zuletzt aufgrund der „Demokratisierung der Planung" auf Planungssicherheit bedacht und an einer „gebrauchsfertigen" Immobilie interessiert[7]. Dieses Wagnis wird in der Wertermittlungspraxis mit sog. Risikoabschlägen zusätzlich berücksichtigt. **15**

Besondere Bedeutung haben vorstehende Ausführungen vor allem bei Wertermittlungen in Sanierungsgebieten und in Entwicklungsbereichen im Zusammenhang mit der Ermittlung des Neuordnungswerts vor Abschluss der Sanierung. Im nds. RdErl vom 02.05.1988[8] ist deshalb **16**

---

7 Vgl. Güttler/Kleiber, BBauBl 1989, 236.
8 GeschZ: 301, 21013; nds. MBl. 1988, 547, Tz. 228, 3.4.

§ 2 ImmoWertV Grundstückszustand

ausdrücklich vorgeschrieben, dass in diesen Fällen neben der Wartezeit bis zum Abschluss der von der Gemeinde geplanten Ordnungs- und Baumaßnahmen auch das für die Durchführung dieser Einzelmaßnahmen bestehende Wagnis in Abschlag zu bringen ist. Satz 3 schreibt eine zusätzliche Berücksichtigung des Wagnisses nicht ausdrücklich vor, schließt dies aber auch nicht ausdrücklich aus. Die Vorschrift lässt es vor allem auch zu, einen dem gewöhnlichen Geschäftsverkehr entsprechenden Wagnisabschlag schon bei der Abschätzung der Wartezeit mit zu berücksichtigen. Lange Wartezeiten werden deshalb im Hinblick auf das erhöhte Risiko „großzügig" anzusetzen sein[9].

---

9 Vgl. Kleiber, Verkehrswertermittlung von Grundstücken, 6. Aufl. 2010, Teil VIII Rn. 234, 243 ff.

§ 3 ImmoWertV
Wertermittlungsstichtag und allgemeine Wertverhältnisse

(1) Der Wertermittlungsstichtag ist der Zeitpunkt, auf den sich die Wertermittlung bezieht.

(2) Die allgemeinen Wertverhältnisse auf dem Grundstücksmarkt bestimmen sich nach der Gesamtheit der am Wertermittlungsstichtag für die Preisbildung von Grundstücken im gewöhnlichen Geschäftsverkehr (marktüblich) maßgebenden Umstände wie nach der allgemeinen Wirtschaftslage, den Verhältnissen am Kapitalmarkt sowie den wirtschaftlichen und demographischen Entwicklungen des Gebiets.

Gliederungsübersicht Rn.

1 Wertermittlungsstichtag (§ 3 Abs. 1 ImmoWertV)
   1.1 Allgemeines 1
   1.2 Retrograder Wertermittlungsstichtag 4
2 Allgemeine Wertverhältnisse auf dem Grundstücksmarkt (§ 3 Abs. 2 ImmoWertV) 5

1 Wertermittlungsstichtag (§ 3 Abs. 1 ImmoWertV)

1.1 Allgemeines

Wertermittlungsstichtag ist nach § 3 Abs. 1 ImmoWertV **der Zeitpunkt, auf den sich die Wertermittlung beziehen soll,** d. h., die zu diesem Zeitpunkt auf dem Grundstücksmarkt vorherrschenden allgemeinen Wertverhältnisse sollen maßgebend sein. Dies kann ein gegenwärtiger, aber auch – im Falle einer sog. retrograden Verkehrswertermittlung – ein zurückliegender Zeitpunkt, jedoch kein in der Zukunft liegender Zeitpunkt sein. Denn der Gutachter kann nicht „vorhersehend" mit der gebotenen Sicherheit die künftige Entwicklung auf dem Grundstücksmarkt prognostizieren. Indessen kann der Wertermittlung aber durchaus ein Zustand des Grundstücks zugrunde gelegt werden, wie er sich nach konkreten Anhaltspunkten voraussichtlich in der Zukunft darstellt. Dies kann zum Beispiel auf der Grundlage eines zur Realisierung anstehenden Bebauungsplans erfolgen[1]. 1

Der **Wertermittlungsstichtag muss von dem Zeitpunkt der Wertermittlung** (bzw. Zeitpunkt der Bewertung), d. h. dem Zeitpunkt der An- und Ausfertigung z. B. eines Gutachtens sowie dem Zeitpunkt der Ortsbesichtigung **unterschieden werden**. 2

Der vom Verordnungsgeber eingeführte Begriff des Wertermittlungsstichtags ist irreführend, wenngleich unvermeidlich. Auf der einen Seite kommt man im allgemeinen Rechtsverkehr und insbesondere auch bei der Durchführung städtebaulicher Maßnahmen nicht umhin, die Verkehrswertermittlung auf einen bestimmten Zeitpunkt zu beziehen (z. B. im Rahmen der Enteignungsentschädigung, der Verkehrswertermittlung in Umlegungs- und Sanierungsgebieten sowie Entwicklungsbereichen). Auf der anderen Seite muss man mit Blick auf die Leistungsfähigkeit der Wertermittlung aber auch klar sehen, dass es **in Zeiten sich verändernder allgemeiner Wertverhältnisse auf dem Grundstücksmarkt keinem Sachverständigen gelingen kann, den „Tages-Verkehrswert" zu ermitteln** und vielleicht sogar noch täglich fortzuschreiben. Insoweit gaukelt der Begriff „Wertermittlungs*stichtag*" eine nicht leistbare Genauigkeit vor und selbst die Bezugnahme auf einen Bezugs*monat* wäre ein kaum stets erfüllbares Versprechen. 3

---

[1] Vgl. Kleiber, Verkehrswertermittlung von Grundstücken, 6. Aufl. 2010 § 194 BauGB Rn. 31 ff.

§ 3 ImmoWertV — Wertermittlungsstichtag

1.2 Retrograder Wertermittlungsstichtag

▶ *Vgl. Syst. Darst. des Vergleichswertverfahrens Rn. 67, § 15 ImmoWertV Rn. 6, 10*

4 Bei der **retrograden (retrospektiven) Ermittlung von Verkehrswerten** (Marktwerten), d. h. bei einer auf einen zurückliegenden Stichtag bezogenen Wertermittlung (ex post), sind die damaligen allgemeinen Wertverhältnisse auf dem Grundstücksmarkt (Lage auf dem Grundstücksmarkt) sowie die damals erkennbaren Zustandsmerkmale des Grundstücks (Grundstücksmerkmale) Grundlagen der Wertermittlung; d. h., bei einer auf einen zurückliegenden Zeitpunkt bezogenen Marktwertermittlung sind stets die Verhältnisse maßgebend, die zu diesem Zeitpunkt den gewöhnlichen Geschäftsverkehr bestimmt haben.

Der Sachverständige hat sich in solchen Fällen in den Erkenntnisstand zu versetzen, den er am Wertermittlungsstichtag haben konnte, d. h., er darf in solchen Fällen seine Erkenntnisse über die Folgezeit nicht zur Grundlage der Verkehrswertermittlung auf einen zurückliegenden Zeitpunkt machen.

– Die sich in „jüngeren" Preisvereinbarungen manifestierenden Preisentwicklungen, die für einen „durchschnittlich besonnenen, nüchternen Betrachter" am Wertermittlungsstichtag nicht erkennbar waren bzw. sein konnten, müssen außer Betracht bleiben.

– Entsprechendes gilt auch für die der Wertermittlung zugrunde zu legenden Grundstücksmerkmale (Zustand des Grundstücks). **Nachträglich bekannt gewordene Grundstücksmerkmale** (z. B. über Altlasten) machen ein Verkehrswertgutachten nicht fehlerhaft, zumindest dann, wenn die nachträglich bekannt gewordenen Tatsachen am Wertermittlungsstichtag nicht erkennbar waren[2].

– Auch **neuere Erkenntnisse über die Lebenserwartung von Nutzungsberechtigten sind bei der retrograden Verkehrswertermittlung** (ex post) **nicht zu berücksichtigen,** wenn es z. B. um die Verkehrswertermittlung eines Wohnrechts oder eines Nießbrauchs geht. In diesem Fall sind mithin die jeweiligen Sterbetafeln heranzuziehen, die zum Wertermittlungsstichtag dem Sachverständigen zugänglich waren (vgl. § 15 ImmoWertV Rn. 10 ff.).

2 Allgemeine Wertverhältnisse auf dem Grundstücksmarkt (§ 3 Abs. 2 ImmoWertV)

5 Die allgemeinen Wertverhältnisse auf dem Grundstücksmarkt werden mit § 3 Abs. 2 ImmoWertV als die **Gesamtheit der am Wertermittlungsstichtag für die Preisbildung von Grundstücken im gewöhnlichen Geschäftsverkehr (marktüblich) maßgebenden Umstände** definiert, wie die allgemeine Wirtschaftslage, den Verhältnissen am Kapitalmarkt sowie den wirtschaftlichen und demographischen Entwicklungen. Die „allgemeinen Wertverhältnisse auf dem Grundstücksmarkt" werden häufig auch als „allgemeine Preis- und Währungsverhältnisse" oder als „Lage auf dem Grundstücksmarkt" bezeichnet.

Der Begriff der „allgemeinen Wertverhältnisse auf dem Grundstücksmarkt" wurde vom Gesetzgeber erstmals in § 23 Abs. 2 Satz 2 StBauFG[3] verwandt. In der Rechtsprechung fand der Begriff schon früher Verwendung. Unter „allgemeine Wertverhältnisse" wurden dort „alle Umstände tatsächlicher und rechtlicher Art (wie die Lage des Grundstücks), aber auch die Baulust, Knappheit von Baugelände, Abnahme der Kaufkraft usw." verstanden[4].

---

[2] Zu einem späteren Altlastenverdacht: BFH, Urt. vom 01.04.1998 – X R 150/95 –, GuG 1998, 373 = BStBl. II 1998, 519 = EzGuG 19.45; LG Frankfurt am Main, Urt. vom 8.12.1982 – 3/3 AktE 104/79 –, BB 1983, 1244, 1432 = EzGuG 20.101b; BGH, Urt. vom 17.01.1973 – IV ZR 142/70 –, WM 1973, 306 = EzGuG 20.53a.
[3] Vgl. § 153 Abs. 1 Satz 2 BauGB; vgl. zu BT-Drucks VI/2204, S.12.
[4] BGH, Urt. vom 30.11.1959 – III ZR 122/59 –, EzGuG 6.45; BGH, Urt. vom 30.11.1959 – III ZR 130/59 –, EzGuG 19.5.

Wertermittlungsstichtag § 3 ImmoWertV

Die **„allgemeinen Wertverhältnisse auf dem Grundstücksmarkt"** bzw. die **„Lage auf dem Grundstücksmarkt"** soll bei der Marktwertermittlung (Verkehrswertermittlung) nach § 14 Abs. 1 ImmoWertV **mit** den von den Gutachterausschüssen für Grundstückswerte abgeleiteten **Marktanpassungsfaktoren (z. B. Sachwertfaktoren) und Liegenschaftszinssätzen erfasst werden**, soweit diese nicht in anderer Weise zu berücksichtigen sind. Die Vorschrift steht des Weiteren in einem engen Zusammenhang mit § 11 ImmoWertV, nach dem bei Anwendung des Vergleichswertverfahrens, Änderungen der allgemeinen Wertverhältnisse auf dem Grundstücksmarkt mit Indexreihen erfasst werden „sollen".

Die Vorschrift ist aus § 3 Abs. 3 WertV 88/98 hervorgegangen; die mit der ImmoWertV vorgenommenen Änderungen sind materiell unbedeutend:

ImmoWertV 10	WertV 88/98
§ 3 Abs. 2	§ 3 Abs. 3
(2) Die allgemeinen Wertverhältnisse auf dem Grundstücksmarkt bestimmen sich nach der Gesamtheit der am Wertermittlungsstichtag für die Preisbildung von Grundstücken im gewöhnlichen Geschäftsverkehr (marktüblich) maßgebenden Umstände wie nach der allgemeinen Wirtschaftslage, den Verhältnissen am Kapitalmarkt sowie den wirtschaftlichen *und demographischen Entwicklungen des Gebiets*.	(3) Die allgemeinen Wertverhältnisse auf dem Grundstücksmarkt bestimmen sich nach der Gesamtheit der am Wertermittlungsstichtag für die Preisbildung von Grundstücken im gewöhnlichen Geschäftsverkehr *für Angebot und Nachfrage* maßgebenden Umstände, wie die allgemeine Wirtschafts*situation*, den Kapitalmarkt und die Entwicklungen am Ort. Dabei bleiben ungewöhnliche oder persönliche Verhältnisse (§ 6 *WertV 88/98*) außer Betracht.

In der Definition der „allgemeinen Wertverhältnisse auf dem Grundstücksmarkt (Lage auf dem Grundstücksmarkt) wurde die „Entwicklung am Ort" durch die nunmehr ausdrücklich genannte „demographische Entwicklung" ersetzt. Dies stellt lediglich eine Klarstellung dar, die sich insbesondere an die Gutachterausschüsse für Grundstückswerte richtet. Sie müssen nämlich die Lage auf dem Grundstücksmarkt (Allgemeine Wertverhältnisse auf dem Grundstücksmarkt) insbesondere bei der Ableitung der Bodenrichtwerte und der sonstigen für die Wertermittlung erforderlichen Daten i. S. des Zweiten Abschnitts der ImmoWertV angemessen berücksichtigen, damit diese mit den genannten Daten in die Marktwertermittlung Eingang finden können. Ansonsten sind im Rahmen der Gutachtenerstattung bei der Darstellung der Makro- und Mikrolage ergänzende Hinweise zur demographischen Entwicklung insoweit darzulegen, wie daraus für die Marktwertermittlung konkrete Schlussfolgerungen gezogen werden müssen; auf überflüssige und letztlich belanglose Darstellungen sollte dagegen verzichtet werden[5].

Die demographische Entwicklung kann abgerufen werden unter www.wegweiser-kommune.de.

Der klarstellende Hinweis auf die Berücksichtigung demographischer Verhältnisse geht auf eine allgemeine Kritik an die Gutachterausschüsse für Grundstückswerte zurück, die angeblich überhöhte Bodenrichtwerte für leerstandsbetroffene Gebiete abgeleitet hätten und den Funktionsverlust aufgrund zurückgehender Bevölkerungszahlen unzureichend berücksichtigt hätten[6]. Dies habe, so die damalige Kritik, den **Stadtumbau** insbesondere im Hinblick auf Entschädigungsansprüche erschwert.

Mit den in § 3 Abs. 2 ImmoWertV angesprochenen wirtschaftlichen und demographischen **Entwicklungen** „des Gebiets" ist auch die allgemeine Entwicklung des Ortes angesprochen, die sich durch die Bevölkerungsentwicklung, Wirtschaftskraft und sonstigen Standortbedingungen (Olympiastadt-, Hauptstadt- oder Zentralfunktionen) ergibt. Daneben sind aber auch allgemeine immobilienwirtschaftlich bedeutsame vorteilhafte oder nachteilige überregionale Entwicklungen angesprochen; nicht dagegen eine kleinräumige städtebauliche Entwicklung (z. B. in einem Sanierungsgebiet).

6

---

5   Vgl. Glosse in GuG-aktuell 2011, Heft 2.
6   Vgl. Kleiber, Zur Bodenwertentwicklung beim Stadtumbau, in Nachhaltige Stadt- und Raumentwicklung, Beck Verlag München 2008, S. 285.

7 Die „allgemeinen Wertverhältnisse auf dem Grundstücksmarkt" müssen gerade im Hinblick auf städtebauliche Veränderungen gegenüber Zustandsänderungen abgegrenzt werden.

8 **Einzelne, die allgemeinen Wertverhältnisse auf dem Grundstücksmarkt beeinflussende Umstände**, wie namentlich das Wirtschaftswachstum, die Bevölkerungsentwicklung, Änderungen im (konsumptiven) Verhalten der Marktteilnehmer und der Einkommensverhältnisse, die Entwicklung der Geldzinspolitik und der Kaufkraft, das Aufkommen einer Sachwertpsychose[7] sowie die Entwicklung der allgemeinen städtebaulichen und stadtwirtschaftlichen Verhältnisse können dagegen i. d. R. für sich allein nicht als repräsentativ für die Entwicklung der allgemeinen Wertverhältnisse auf dem Grundstücksmarkt gelten. Infolge der Komplexität des Geschehens auf dem Bodenmarkt wird dieser vielmehr durch die Gesamtheit der für die Preisbildung maßgeblichen Umstände bestimmt, die mit fortschreitender Zeit bei gleich bleibendem Zustand des Grund und Bodens dessen Wert im gewöhnlichen Geschäftsverkehr mehr oder weniger beeinflussen.

---

7   Niehans in SZVS 1966, 195; Sieber, ebenda, S. 1; ders., Bodenpolitik und Bodenrecht, Bern 1970, S. 51 ff., S. 73 ff.

§ 4 ImmoWertV
Qualitätsstichtag und Grundstückszustand

(1) Der Qualitätsstichtag ist der Zeitpunkt, auf den sich der für die Wertermittlung maßgebliche Grundstückszustand bezieht. Er entspricht dem Wertermittlungsstichtag, es sei denn, dass aus rechtlichen oder sonstigen Gründen der Zustand des Grundstücks zu einem anderen Zeitpunkt maßgebend ist.

(2) Der Zustand eines Grundstücks bestimmt sich nach der Gesamtheit der verkehrswertbeeinflussenden rechtlichen Gegebenheiten und tatsächlichen Eigenschaften, der sonstigen Beschaffenheit und der Lage des Grundstücks (Grundstücksmerkmale). Zu den Grundstücksmerkmalen gehören insbesondere der Entwicklungszustand (§ 5), die Art und das Maß der baulichen oder sonstigen Nutzung (§ 6 Absatz 1), die wertbeeinflussenden Rechte und Belastungen (§ 6 Absatz 2), der abgabenrechtliche Zustand (§ 6 Absatz 3), die Lagemerkmale (§ 6 Absatz 4) und die weiteren Merkmale (§ 6 Absatz 5 und 6).

(3) Neben dem Entwicklungszustand (§ 5) ist bei der Wertermittlung insbesondere zu berücksichtigen, ob am Qualitätsstichtag

1. eine anderweitige Nutzung von Flächen absehbar ist,
2. Flächen auf Grund ihrer Vornutzung nur mit erheblich über dem Üblichen liegenden Aufwand einer baulichen oder sonstigen Nutzung zugeführt werden können,
3. Flächen von städtebaulichen Missständen oder erheblichen städtebaulichen Funktionsverlusten betroffen sind,
4. Flächen einer dauerhaften öffentlichen Zweckbestimmung unterliegen,
5. Flächen für bauliche Anlagen zur Erforschung, Entwicklung oder Nutzung von Erneuerbaren Energien bestimmt sind,
6. Flächen zum Ausgleich für Eingriffe in Natur und Landschaft genutzt werden oder ob sich auf Flächen gesetzlich geschützte Biotope befinden.

Gliederungsübersicht Rn.

			Rn.
1	Übersicht		1
2	Qualitätsstichtag (§ 4 Abs. 1 ImmoWertV)		
	2.1	Allgemeines	2
	2.2	Identität von Wertermittlungsstichtag und Qualitätsstichtag	5
	2.3	Unterschiedlicher Wertermittlungs- und Qualitätsstichtag	
		2.3.1 Übersicht	8
		2.3.2 Rückwärtiger Zeitpunkt der Zustandsqualifizierung (Qualitätsstichtag)	11
		2.3.3 Zukünftiger Zeitpunkt der Zustandsqualifizierung (Qualitätsstichtag)	13
3	Zustand (§ 4 Abs. 2 ImmoWertV)		16
4	Besonderheiten der Zustandsqualifizierung (§ 4 Abs. 3 ImmoWertV)		
	4.1	Allgemeines	21
	4.2	Absehbare anderweitige Nutzungen (§ 4 Abs. 3 Nr. 1 ImmoWertV)	23
	4.3	Überdurchschnittlicher Aufwand (§ 4 Abs. 3 Nr. 2 ImmoWertV)	24
	4.4	Städtebauliche Missstände und Funktionsverluste (§ 4 Abs. 3 Nr. 3 ImmoWertV)	
		4.4.1 Städtebauliche Missstände	25
		4.4.2 Funktionsverluste	34
		4.4.3 Baurechtswidriger Zustand	35
	4.5	Dauerhafte öffentliche Zweckbindung/Gemeinbedarfsflächen (§ 4 Abs. 3 Nr. 4 ImmoWertV)	36
	4.6	Erneuerbare Energien (§ 4 Abs. 3 Nr. 5 ImmoWertV)	38
	4.7	Naturschutzrechtliche Ausgleichsflächen (§ 4 Abs. 3 Nr. 6 ImmoWertV)	39

§ 4 ImmoWertV Qualitätsstichtag und Grundstückszustand

1 Übersicht

1 § 4 definiert den Qualitätsstichtag (§ 4 Abs. 1 ImmoWertV) und den Grundstückszustand (§ 4 Abs. 2 ImmoWertV); darüber hinaus werden eine Reihe von Hinweisen zur **Berücksichtigung weiterer** in § 4 Abs. 2 ImmoWertV nicht ausdrücklich genannter **Grundstücksmerkmale** gegeben (§ 4 Abs. 3 ImmoWertV).

Die Vorschrift ist aus § 3 WertV 88/98 ohne materiell bedeutsame Änderungen hervorgegangen; lediglich § 4 Abs. 3 ImmoWertV wurde mit der Begründung[1] angefügt, dass damit zum Entwicklungszustand hinzutretende Besonderheiten angesprochen werden, die wie eingangs des Abs. 3 zur Klarstellung bestimmt werden, am Qualitätsstichtag vorliegen müssen.

ImmoWertV 10	WertV 88/98
§ 4 **Qualitätsstichtag und Grundstückszustand**	**§ 3** **Zustand des Grundstücks und allgemeine Wertverhältnisse**
(1) Der Qualitätsstichtag ist der Zeitpunkt, auf den sich der für die Wertermittlung maßgebliche Grundstückszustand bezieht. Er entspricht dem Wertermittlungsstichtag, es sei denn, dass aus rechtlichen oder sonstigen Gründen der Zustand des Grundstücks zu einem anderen Zeitpunkt maßgebend ist.	(1) Zur Ermittlung des Verkehrswerts eines Grundstücks sind die allgemeinen Wertverhältnisse auf dem Grundstücksmarkt in dem Zeitpunkt zugrunde zu legen, auf den sich die Wertermittlung bezieht (Wertermittlungsstichtag). Dies gilt auch für den Zustand des Grundstücks, es sei denn, dass aus rechtlichen oder sonstigen Gründen ein anderer Zustand des Grundstücks maßgebend ist.
(2) Der Zustand eines Grundstücks bestimmt sich nach der Gesamtheit der verkehrswertbeeinflussenden rechtlichen Gegebenheiten und tatsächlichen Eigenschaften, der sonstigen Beschaffenheit und der Lage des Grundstücks (Grundstücksmerkmale). Zu den Grundstücksmerkmalen gehören insbesondere der Entwicklungszustand (§ 5), die Art und das Maß der baulichen oder sonstigen Nutzung (§ 6 Absatz 1), die wertbeeinflussenden Rechte und Belastungen (§ 6 Absatz 2), der abgabenrechtliche Zustand (§ 6 Absatz 3), die Lagemerkmale (§ 6 Absatz 4) und die weiteren Merkmale (§ 6 Absatz 5 und 6).	(2) Der Zustand eines Grundstücks bestimmt sich nach der Gesamtheit der verkehrswertbeeinflussenden rechtlichen Gegebenheiten und tatsächlichen Eigenschaften, der sonstigen Beschaffenheit und der Lage des Grundstücks. Hierzu gehören insbesondere der Entwicklungszustand (§ 4), die Art und das Maß der baulichen Nutzung (§ 5 Abs. 1), die wertbeeinflussenden Rechte und Belastungen (§ 5 Abs. 2), der beitrags- und abgabenrechtliche Zustand (§ 5 Abs. 3), die Wartezeit bis zu einer baulichen oder sonstigen Nutzung (§ 5 Abs. 4), die Beschaffenheit und Eigenschaft des Grundstücks (§ 5 Abs. 5) und die Lagemerkmale (§ 5 Abs. 6).

2 Qualitätsstichtag (§ 4 Abs. 1 ImmoWertV)

▶ *Vgl. § 2 ImmoWertV Rn. 2 ff.*

2.1 Allgemeines

2 **Qualitätsstichtag ist** nach § 4 Abs. 1 Satz 1 ImmoWertV **der Zeitpunkt, auf den sich der für die Wertermittlung „maßgebliche" Grundstückszustand i. S. des Abs. 2 bezieht.** Der Begriff des Qualitätsstichtags, auch Qualitätsfestschreibungszeitpunkt genannt, ist in der Ent-

---

1 Vgl. BR-Drucks. 171/10.

Qualitätsstichtag und Grundstückszustand § 4 ImmoWertV

schädigungsrechtsprechung[2] und im Schrifttum entwickelt worden und hat allgemein Anerkennung gefunden. Mit dem Begriff soll in prägnanter Weise der Zeitpunkt fixiert werden, nach dem sich die für die Wertermittlung maßgeblichen Grundstücksmerkmale bestimmen[3], die von den am Wertermittlungsstichtag tatsächlich gegebenen Zustandsmerkmalen abweichen können, insbesondere wenn die der Wertermittlung zugrunde zu legenden Grundstücksmerkmale von den am Wertermittlungsstichtag (§ 3 Abs. 1 ImmoWertV) tatsächlich gegebenen Grundstücksmerkmalen

– aufgrund besonderer Vorgaben des Auftraggebers,
– aufgrund rechtlicher Bestimmungen oder
– sonstiger Gründe

abweichen. Unter „sonstigen Gründen" i. S. des Abs. 1 Satz 2, die zu einem Auseinanderfallen des Wertermittlungs- und Qualitätsstichtags führen können, nennt die Begründung zu § 3 Abs. 1 WertV 88/98 ein ausdrücklich von dem Antragsberechtigten geäußertes Begehren, z. B. bei Vermögensauseinandersetzungen[4].

Die Definition des Qualitätsstichtags als den „Zeitpunkt, auf den sich der für die Wertermittlung maßgebliche Grundstückszustand bezieht", hat in der Praxis zu einer Reihe von Missverständnissen führen müssen, weil nach dem Wortlaut der gegebenen Definition grundsätzlich die Gesamtheit aller am Qualitätsstichtag tatsächlich gegebenen Grundstücksmerkmale der Wertermittlung zugrunde zu legen ist. In den Fällen, in denen der Qualitätsstichtag praktische Bedeutung hat, ist dies aber keineswegs der Fall. Auch in der Entschädigungsrechtsprechung ist der **Begriff in erster Linie nur für die Qualifizierung des Entwicklungszustands i. S. des § 5 ImmoWertV** eines zu entschädigenden Grundstücks geprägt worden. Für die auf dem Grundstück vorhandene bauliche Anlage kann indessen ein anderer (zumeist mit dem Wertermittlungsstichtag identischer) Qualitätsstichtag maßgeblich sein. In diesem Fall gibt es also zwei Zeitpunkte, „auf den sich der für die Wertermittlung maßgebliche Grundstückszustand" i. S. des § 4 Abs. 1 Satz 1 ImmoWertV bezieht (gemischte Qualitätsstichtage), d. h., in diesem Fall muss zwischen dem Boden und den darauf befindlichen baulichen Anlagen und sonstigen Einrichtungen differenziert werden. Mit dem Qualitätsstichtag wird vor allem nicht zwangsläufig die zu diesem Zeitpunkt gegebene Restnutzungsdauer der baulichen Anlage „eingefroren" (Abb. 1).[5]

3

---

[2] Der BGH spricht im Rahmen der Enteignungsentschädigung vom „Zeitpunkt des Eingriffs" (BGH, Urt. vom 08.05.1967 – III ZR 148/65 –, BRS Bd. 19 Nr. 73 = EzGuG 14.28; BGH, Urt. vom 25.09.1958 – III ZR 82/57 –; BGH, Urt. vom 29.11.1965 – III ZR 34/64 –; BGH, Urt. vom 24.03.1977 – III ZR 32/75 –; BGH, Urt. vom 13.07.1978 – III ZR 112/75 –; BGH, Urt. vom 22.04.1982 – III ZR 131/80 –; BGH, Urt. vom 19.06.1986 – III ZR 22/85 –; BGH, Urt. vom 11.02.1988 – III ZR 64/87 –; BGH, Urt. vom 17.11.1988 – III ZR 210/87 –; BGH, Beschl. vom 25.01.1991 – III ZR 65/91 –; BayObLG, Urt. vom 27.01.1987 – RReg 1 Z 167/86 –.
[3] BGH, Urt. vom 19.06.1986 – III ZR 22/85 –, EzGuG 6.229; BGH, Urt. vom 24.03.1977 – III ZR 32/75 –, EzGuG 6.190; BGH, Urt. vom 29.11.1965 – III ZR 34/64 –, EzGuG 6.82; BayObLG, Urt. vom 27.01.1987 – RReg 1 Z167/86 –, EzGuG 6.233; Schmidt-Aßmann in Ernst/Zinkahn/Bielenberg/Krautzberger, BauGB Komm § 93 BauGB Rn. 69 ff.
[4] BR-Drucks. 352/88, S. 32 f.
[5] In der Rechtsprechung des BGH zur Vorwirkung wird mit dem Ausschluss von Änderungen im Zustand des Grundstücks bzw. seiner „Qualität" in erster Linie der Entwicklungszustand des Grund und Bodens angesprochen (so z.B. BGH, Urt. vom 22.05.1967 – III ZR 121/66 –, NJW 1967, 2306 = EzGuG 6.98). Lediglich in den Fällen, in denen die Enteignung unmittelbar eingeleitet wurde, werden altersbedingte Wertminderungen des Gebäudes ebenso wie werterhöhende Maßnahmen des Eigentümers ausgeschlossen, z. B. im Falle eines von einem Bauverbot betroffenen Grundstücks, eines bevorstehenden Abrisses der Gebäude, einer vorzeitigen Besitzeinweisung (BGH, Urt. vom 04.06.1962 – III ZR 207/60 –, NJW 1962, 1441; BGH Urt. vom 25.09.1958 – III ZR 82/57 –, NJW 1959, 148 = EzGuG 6.35).

§ 4 ImmoWertV — Qualitätsstichtag und Grundstückszustand

Abb. 1: Gemischte Qualitätsstichtage

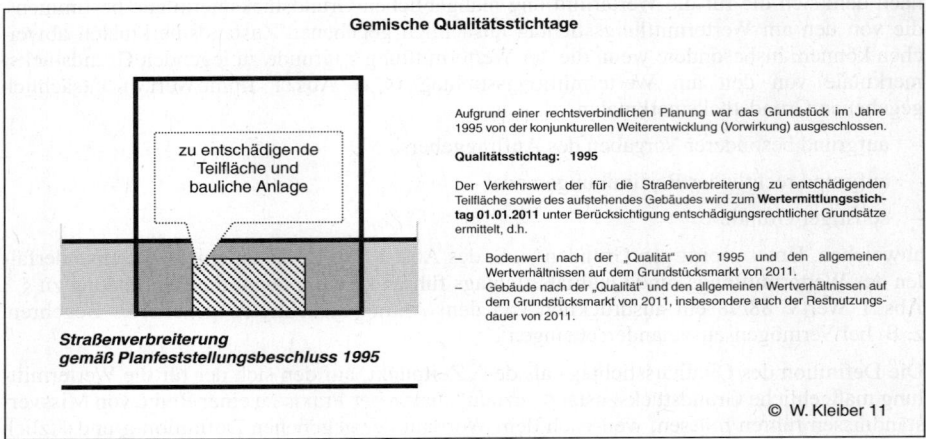

4 Der Qualitätsstichtag kann grundsätzlich mit dem Wertermittlungsstichtag identisch sein, er kann in der Vergangenheit, aber auch in der Zukunft liegen. Es ist **nicht** stets **erforderlich, den Qualitätsstichtag mit einem Kalenderdatum vorzugeben**; dies wird, insbesondere bei Qualitätsstichtagen, die in der Zukunft liegen, auch gar nicht möglich sein. Es kann ausreichen, den Qualitätsstichtag z. B. abstrakt mit dem „Ereignis" vorzugeben, zu dem der maßgebliche Grundstückszustand gegeben ist. Qualitätsstichtag kann z. B. der Tag sein, an dem eine bestimmte Modernisierung, Instandsetzung und derartige Maßnahmen oder eine städtebauliche Maßnahme abgeschlossen worden sind.

Ein vom Wertermittlungsstichtag abweichender Qualitätsstichtag kann sich insbesondere aus den Zielen und Zwecken der Marktwertermittlung ergeben und der Sachverständige ist gut beraten, sich mit dem Auftraggeber ins Benehmen zu setzen, wenn dessen Vorgaben nicht dem der Gutachtenerstattung entsprechen (vgl. unten Rn. 8, § 1 ImmoWertV Rn. 22).

Beispiel:
Qualitätsstichtag für die Ermittlung des Neuordnungswerts im Rahmen von Sanierungs- bzw. Entwicklungsmaßnahmen: Zeitpunkt nach Abschluss der Sanierungs- bzw. Entwicklungsmaßnahme (Aufhebung der förmlichen Festlegung).

2.2 Identität von Wertermittlungsstichtag und Qualitätsstichtag

5 Im Allgemeinen ist bei der Marktwertermittlung der Grundstückszustand „maßgeblich", der den tatsächlichen Verhältnissen am Wertermittlungsstichtag (§ 3 Abs. 1 ImmoWertV) entspricht, wobei künftige Entwicklungen nach allgemeinen Grundsätzen der Verkehrswertermittlung als Zustandsmerkmale zu berücksichtigen sind (vgl. § 2 Satz 2 ImmoWertV, dort Rn. 19). **Wertermittlungsstichtag und Qualitätsstichtag sind dann identisch**. In der Regel wird bei der Beauftragung eines Sachverständigen noch nicht einmal der Qualitätsstichtag vorgegeben, selbst dann nicht, wenn nach Sinn und Zweck des Auftrags ein vom Wertermittlungsstichtag abweichender Qualitätsstichtag maßgebend ist.

6 Von dem am Wertermittlungsstichtag gegebenen Grundstückszustand ist deshalb grundsätzlich auszugehen, soweit nicht

– der Auftraggeber dem Sachverständigen andere „maßgebliche" Vorgaben macht oder

– nach den im Einzelfall gegebenen Verhältnissen, insbesondere rechtlichen Gegebenheiten wie die Lage des Grundstücks in einem Sanierungsgebiet, in einem städtebaulichen Entwicklungsbereich, in einem Umlegungsgebiet der Grundstückszustand eines vom Werter-

Qualitätsstichtag und Grundstückszustand § 4 ImmoWertV

mittlungsstichtag abweichenden Zeitpunkts für die Qualifizierung des Grundstückszustands maßgeblich ist[6] (vgl. unten Rn. 11 ff.).

Es kann sich dabei um Zustandsmerkmale der Vergangenheit, aber auch der Zukunft handeln. Im **Überblick** ist zwischen den **folgenden Fallgestaltungen** zu unterscheiden:

a) Vorverlegung des Zeitpunkts der Zustandsqualifizierung gegenüber dem Wertermittlungsstichtag;

b) Berücksichtigung eines künftigen Grundstückszustands gegenüber dem Wertermittlungsstichtag.

Sind **Wertermittlungsstichtag und Qualitätsstichtag** identisch, ist die Feststellung des maßgeblichen Grundstückszustands einfach, weil der Gutachter „vor Ort" die tatsächlichen Zustandsmerkmale feststellen und sich hierüber einen persönlichen Eindruck verschaffen kann (vgl. Abb. 2).

Abb. 2: Identität von Wertermittlungs- und Qualitätsstichtag

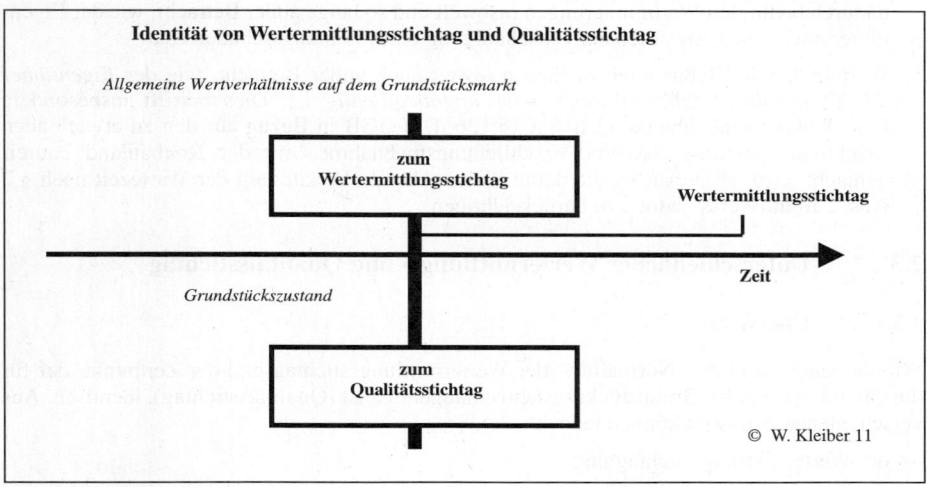

Die Verkehrswertermittlung auf der Grundlage des am Wertermittlungsstichtag vorhandenen Grundstückszustands darf nicht dahingehend missverstanden werden, dass im Falle von absehbaren Nutzungsänderungen diese grundsätzlich außer Betracht bleiben. Obwohl der Verkehrswert (in § 194 BauGB) als ein stichtagsbezogener Wert definiert ist, müssen grundsätzlich die **in absehbarer Zeit**[7] **zu erwartenden Änderungen** insoweit berücksichtigt werden, wie dies dem gewöhnlichen Geschäftsverkehr entspricht. Spekulative Erwartungen müssen dagegen außer Betracht bleiben. Die Berücksichtigung von absehbaren Entwicklungen gilt insbesondere für baurechtlich bedeutsame Nutzungsänderungen. Im Hinblick auf eine Änderung der baulichen Nutzbarkeit ist dies darin begründet, dass das deutsche Städtebaurecht eine allgemeine maßnahmenbedingte „Wertabschöpfung", insbesondere einen Planungswertausgleich, nicht kennt. Deshalb müssen in absehbarer Zeit zu erwartende Nutzungsänderungen grundsätzlich berücksichtigt werden, und zwar nach möglichst konkreten Anhaltspunkten wie z. B. der Entwurf eines Flächennutzungs- oder Bebauungsplans, „qualifizierte" Rahmenpläne, d. h. solche, die von der Gemeinde beschlossen oder zustimmend zur Kenntnis genommen worden sind, oder ein sonstiges konkludentes Handeln der Gemeinde[8].

---

6 Vgl. Kleiber, Verkehrswertermittlung von Grundstücken, 6. Aufl. 2010, Erläuterungen zu Teil VII und VIII.
7 Zum Begriff der „absehbaren Zeit" vgl. § 5 ImmoWertV Rn. 28 ff., 159 ff.
8 Vgl. Kleiber, Verkehrswertermittlung von Grundstücken, 6. Aufl. 2010, § 194 BauGB Rn. 75 ff.

§ 4 ImmoWertV   Qualitätsstichtag und Grundstückszustand

7   Anstehende **Nutzungsänderungen bleiben** indessen immer insoweit **außer Betracht, wie der Gesetzgeber ihre Nichtberücksichtigung vorgeschrieben hat oder hierfür besondere Ausgleichsleistungen zu erbringen sind**:

1. Bei der *Bemessung der Enteignungsentschädigung* bemisst sich die Entschädigung für den Rechtsverlust nach dem Verkehrswert des Grundstücks unter Ausschluss von Wertänderungen infolge der bevorstehenden Enteignung (nach dem Grundsatz der enteignungsrechtlichen Vorwirkung) auf der Grundlage des Zustands, der zu dem Zeitpunkt bestand, als die Enteignung mit Sicherheit und hinreichender Bestimmtheit feststand.
2. In Gebieten, die unter *Anwendung der besonderen sanierungsrechtlichen Vorschriften* der §§ 152 ff. BauGB saniert werden, sowie in Entwicklungsbereichen sind grundsätzlich die Verkehrswerte unter Ausschluss der sanierungs- oder entwicklungsbedingten Werterhöhung maßgebend.
3. In *Umlegungsgebieten* nach den §§ 45 ff. BauGB sind die Einwurfswerte unter Ausschluss der umlegungsbedingten Werterhöhung zu ermitteln.
4. Umgekehrt bleiben im Falle einer *Herabzonung des Grundstücks* (§§ 39 ff. BauGB) die dadurch bedingten Wertminderungen insoweit und so lange außer Betracht, wie der Eigentümer noch einen Anspruch auf Entschädigung eines Planungsschadens hat.
5. Werterhöhende Maßnahmen bleiben insoweit auch außer Betracht, wie der *Eigentümer des Grundstücks dafür beitrags- oder abgabepflichtig* ist. Dies betrifft insbesondere Erschließungsmaßnahmen nach den §§ 126 ff. BauGB in Bezug auf den zu erwartenden Erschließungsbeitrag. Ist eine Erschließungsmaßnahme, mit der Rohbauland baureif gemacht wird, absehbar, ist die damit einhergehende Verkürzung der Wartezeit nach § 2 Abs. 2 ImmoWertV jedoch zu berücksichtigen.

2.3   Unterschiedlicher Wertermittlungs- und Qualitätsstichtag

2.3.1   Übersicht

8   Wie dargelegt, sind im „Normalfall" der Wertermittlungsstichtag und der Zeitpunkt, der für die Qualifizierung des Grundstückszustands maßgeblich ist (Qualitätsstichtag), identisch. Aus verschiedenen Anlässen können jedoch

– der Wertermittlungsstichtag und

– der für die Qualifizierung des Grundstückszustands maßgebliche Zeitpunkt (Qualitätsstichtag)

auseinanderfallen. Deshalb bestimmt § 4 Abs. 1 Satz 2 ImmoWertV, dass der Wertermittlung **ein vom Wertermittlungsstichtag abweichender Grundstückszustand zugrunde zu legen ist, wenn dies aus rechtlichen oder sonstigen Gründen geboten** ist. Grundsätzlich kann es sich dabei um jeden fiktiven – vernünftigen Gesichtspunkten Rechnung tragenden – Grundstückszustand handeln, der dann in dem Gutachten hinreichend genau qualifizierend beschrieben werden muss. In den einschlägigen Fällen wird der Gutachter aber schon aus praktischen und rechtlichen Erwägungen danach trachten, den maßgeblichen Grundstückszustand nach den Verhältnissen eines bestimmten in der Vergangenheit oder in der Zukunft liegenden Zeitpunkts zu qualifizieren[9]:

9   *Beispiel:*

Ein Erblasser hinterlässt zwei Erben ein Wohngebäude, in dem einer der Erben wohnt. Im Zuge der Erbauseinandersetzung soll der andere Erbe auf der Grundlage des aktualisierten Wertanteils ausgezahlt werden. Zwischenzeitlich wurden aber von dem im Gebäude wohnenden Erben erhebliche bauliche

---

9   Grundsätzlich muss zur Qualifizierung des maßgeblichen Grundstückszustands nicht unbedingt ein bestimmter Stichtag vorgegeben werden; es reicht aus, die wertbestimmenden Merkmale eines der Wertermittlung zugrunde zu legenden Grundstückszustands „qualitativ" vorzugeben (vgl. Kleiber in Ernst/Zinkahn/Bielenberg/Krautzberger, BauGB, § 153 Rn. 38 ff. zur Wertermittlungspraxis in Sanierungsgebieten).

Qualitätsstichtag und Grundstückszustand § 4 ImmoWertV

Änderungen vorgenommen. Die damit bewirkten Wertverbesserungen sollen ihm aber in voller Höhe erhalten bleiben. Zur Ermittlung des Erbanteils ist deshalb der heutige Verkehrswert des Grundstücks nach dessen Zustand zum Zeitpunkt des Erbgangs zu ermitteln.

Vor allem **im öffentlich-rechtlichen Bereich fallen** – wie unter Rn. 26 ff. erläutert – **der Wertermittlungsstichtag und der für die Qualifizierung des Grundstückszustands maßgebliche Zeitpunkt auseinander.** 10

2.3.2 Rückwärtiger Zeitpunkt der Zustandsqualifizierung (Qualitätsstichtag)

Bei der Bemessung von Enteignungsentschädigungen sowie im Zuge städtebaulicher Veranstaltungen, wie 11

– Sanierungsverfahren unter Anwendung der besonderen sanierungsrechtlichen Vorschriften der §§ 152 ff. BauGB (klassisches bzw. umfassendes Sanierungsverfahren),

– Entwicklungsmaßnahmen nach den §§ 165 ff. BauGB sowie

– Umlegungsverfahren nach den §§ 45 ff. BauGB

stellt sich die Aufgabe, den Verkehrswert des Grundstücks oder den jeweiligen Bodenwert (des bebauten Grundstücks) auf der Grundlage der Zustandsmerkmale des Grundstücks zu einem (gegenüber dem Wertermittlungsstichtag) zurückliegenden Zeitpunkt zu ermitteln. Man spricht in diesem Fall – etwas vereinfacht – vom Verkehrswert des Grundstücks „nach den **Zustandsmerkmalen von gestern und den allgemeinen Wertverhältnissen von heute**". In diesen Fällen müssen die Zustandsmerkmale des Grundstücks zu einem „historischen", d. h. zu einem zurückliegenden Zeitpunkt festgestellt werden. Der Verkehrswert wird dann unter Zugrundelegung dieses Zustands und der aktuellen allgemeinen Wertverhältnisse auf dem Grundstücksmarkt ermittelt (Abb. 3).

Abb. 3: Verkehrswertermittlung auf der Grundlage eines „historischen" Grundstückszustands

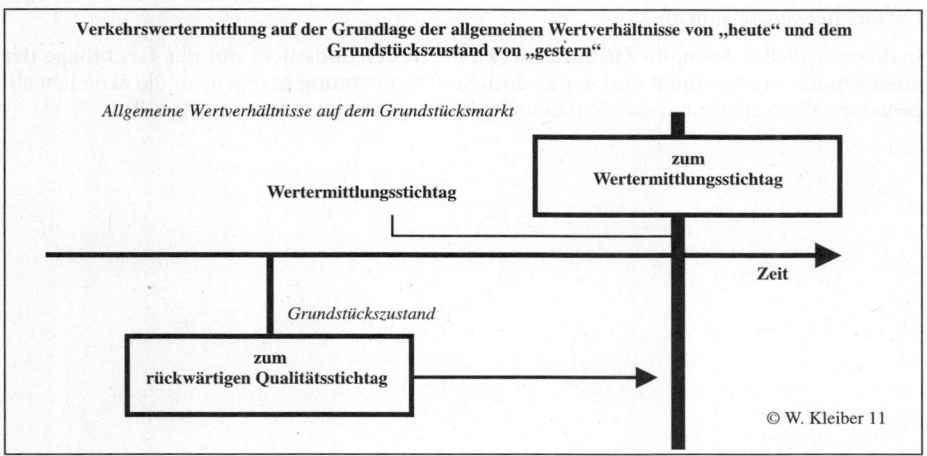

Beispiele:

Bei der **Bemessung von Enteignungsentschädigungen** bestimmen sich nach § 93 Abs. 4 und § 95 Abs. 1 BauGB zwar sowohl der maßgebliche Grundstückszustand als auch die der Wertermittlung zugrunde zu legenden allgemeinen Wertverhältnisse übereinstimmend nach dem Zeitpunkt, in dem die Enteignungsbehörde über den Enteignungsantrag entscheidet[10], jedoch führt insbesondere bei der Enteignung künftiger Gemeinbedarfsflächen das Institut der enteignungsrechtlichen Vorwirkung zu einer Zurückverlegung des Stichtags, nach dem sich 12

§ 4 ImmoWertV — Qualitätsstichtag und Grundstückszustand

der Zustand des zu enteignenden Grundstücks bestimmt. Danach ist also die Grundstücksqualität (Zustand des Grundstücks) maßgebend, die für das **Grundstück in dem Zeitpunkt** bestand, **in dem eine Enteignung mit Sicherheit und hinreichender Bestimmtheit zu erwarten war** (Zeitpunkt des enteignenden Eingriffs, § 6 ImmoWertV Rn. 8 ff.).

a) Auch bei der Bemessung der **Enteignungsentschädigung nach dem Landbeschaffungsgesetz – LBG –** bestimmt sich gemäß § 17 Abs. 3 LBG der Grundstückszustand nach den Verhältnissen zum Zeitpunkt des Enteignungsbeschlusses. Bei vorzeitiger Besitzeinweisung ist gemäß § 39 Abs. 1 Nr. 5 LBG der Zeitpunkt maßgebend, in dem diese wirksam wird.

b) Im Falle einer **Umlegungsmaßnahme** nach den §§ 45 ff. BauGB ist der Grundstückszustand nach Maßgabe des § 57 BauGB zum Zeitpunkt des Umlegungsbeschlusses unter Ausschluss der umlegungsbedingten Werterhöhung (Rohbauland) maßgebend.

c) Im Falle einer „**klassischen**" Sanierungsmaßnahme oder einer **Entwicklungsmaßnahme** nach Maßgabe des § 153 Abs. 1 bzw. § 169 Abs. 1 Nr. 7 oder Abs. 4 BauGB ist der Grundstückszustand zum Zeitpunkt des beginnenden Sanierungs- oder Entwicklungseinflusses maßgebend.

2.3.3 Zukünftiger Zeitpunkt der Zustandsqualifizierung (Qualitätsstichtag)

13 Eine marktkonforme Verkehrswertermittlung erlaubt es nicht, in der Zukunft sich erst (noch) bildende Verkehrswerte praeskriptiv zu ermitteln. Dies könnte nur auf der Grundlage spekulativer Annahmen geschehen, denn die Entwicklung der allgemeinen Wertverhältnisse auf dem Grundstücksmarkt lässt sich im Allgemeinen nicht voraussehen (*prospective value opinion*). Davon zu unterscheiden ist aber die auf einen aktuellen Wertermittlungsstichtag bezogene **Verkehrswertermittlung unter Zugrundelegung eines bestimmten vorhersehbaren Grundstückszustands**. Diese Aufgabe stellt sich im Zuge der Durchführung städtebaulicher Veranstaltungen und ist insoweit lösbar, wie der künftige Zustand z. B. auf Grund einer Bauleitplanung und der beabsichtigten städtebaulichen Maßnahme absehbar ist. Derartige Aufgaben stellen sich insbesondere im Zuge der Durchführung von Umlegungs-, Sanierungs- und Entwicklungsmaßnahmen.

14 In diesen Fällen müssen die **Zustandsmerkmale des Grundstücks auf der Grundlage der anstehenden Maßnahmen und der rechtlichen Neuordnung** bezogen auf die aktuellen allgemeinen Wertverhältnisse auf dem Grundstücksmarkt ermittelt werden (Abb. 4).

---

10 Zeitpunkt der letzten Tatsachenverhandlung; vgl. BGH, Urt. vom 29.04.1968 – III ZR 177/65 –, EzGuG 16.8; BGH, Urt. vom 27.06.1963 – III ZR 165/61 –, EzGuG 6.69; BGH, Urt. vom 27.06.1963 – III ZR 166/61 –, EzGuG 6.70; BGH, Urt. vom 28.06.1954 – III ZR 49/53 –, BGHZ 14, 106 = NJW 1954, 1485 = DÖV 1954, 635 (LS); BGH, Urt. vom 23.09.1957 – III ZR 224/56 –, EzGuG 6.23; BGH, Urt. vom 24.02.1958 – III ZR 181/56 –, EzGuG 6.29; BGH, Urt. vom 22.01.1959 – III ZR 186/57 –, EzGuG 6.38.

Abb. 4: Berücksichtigung des künftigen Grundstückszustands bei der Verkehrswertermittlung

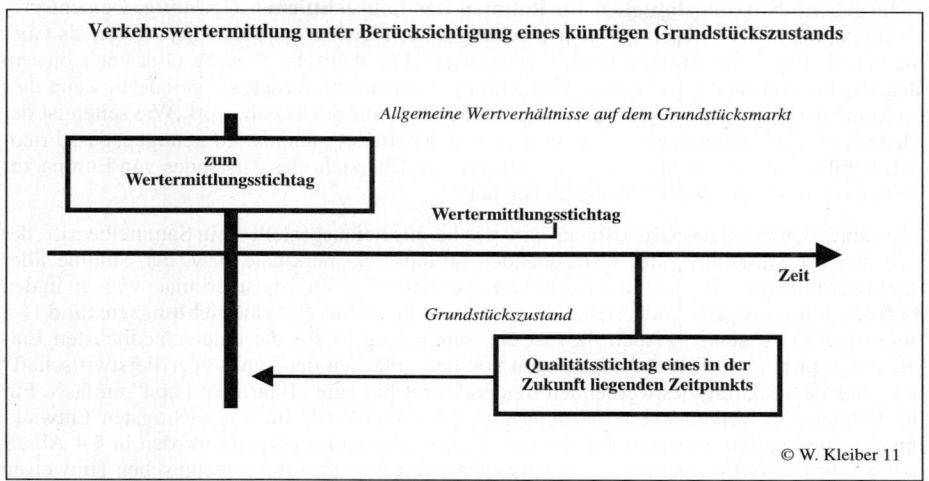

Bei alledem ist es **nicht erforderlich, den Zeitpunkt genau bestimmen zu können, zudem der nach der Planung und den beabsichtigten Maßnahmen zugrunde zu legende Zustand tatsächlich verwirklicht worden ist**. Es reicht aus, wenn sich der künftige Zustand insbesondere auf der Grundlage einer Bauleitplanung und den anstehenden Maßnahmen qualifizieren lässt. Im Falle der Durchführung von Sanierungs- und Entwicklungsmaßnahmen ist dies der Verkehrswert unter Berücksichtigung der rechtlichen und tatsächlichen Neuordnung nach Maßgabe des § 153 Abs. 4 und des § 169 Abs. 8 BauGB. Im Falle der Durchführung einer Umlegungsmaßnahme nach den §§ 45 ff. BauGB ist dies der auf den Umlegungsbeschluss bezogene Verkehrswert (Zuteilungswert) unter Berücksichtigung der umlegungsbedingten Werterhöhung. Soll zudem die Wartezeit bis zum Eintritt des zugrunde gelegten Grundstückszustands berücksichtigt werden, muss allerdings diese vom Gutachter geschätzt werden (vgl. § 2 Satz 3 ImmoWertV)[11].

3 Zustand (§ 4 Abs. 2 ImmoWertV)

Was in der Verkehrswertdefinition des § 194 BauGB mit den sich überschneidenden und nicht sauber voneinander abgrenzbaren Begriffen der „rechtlichen Gegebenheiten", „tatsächlichen Eigenschaften", „sonstige Beschaffenheit" und „Lage" umschrieben ist, wird in der Sprache der ImmoWertV mit dem **Sammelbegriff „Zustand"** des Grundstücks zusammengefasst. Der Zustand bestimmt sich nicht nach den sichtbaren Eigenschaften, sondern auch den rechtlichen Gegebenheiten und Nutzungspotenzialen, deren Realisierung in absehbarer Zeit „mit hinreichender Sicherheit aufgrund konkreter Tatsachen" (§ 2 Satz 2 ImmoWertV, § 4 Abs. 3 Nr. 1 ImmoWertV) zu erwarten ist.

Als Zustand des Grundstücks bezeichnet § 4 Abs. 2 ImmoWertV die **Gesamtheit der den Verkehrswert beeinflussenden rechtlichen Gegebenheiten und tatsächlichen Eigenschaften, der sonstigen Beschaffenheit und der Lage des Grundstücks.** Mit diesem Tripel knüpft die Verordnung ersichtlich an die Definition des Verkehrswerts in § 194 BauGB an.

---

11 Vgl. Kleiber, Verkehrswertermittlung von Grundstücken, 6. Aufl. 2010, Teil VIII (Sanierungs- und Entwicklungsmaßnahmen).

18 Der Begriff des Zustands stellt nicht allein auf die äußere Beschaffenheit, d. h. auf physische und körperliche Merkmale (wie Grenzen, natürliche Bebaubarkeit, Alter und Mängel eines Gebäudes) ab, sondern auch auf die **durch** die **Beschaffenheit und Lage** des Grundstücks **vorgegebene Nutzungsfähigkeit im Rahmen der baurechtlichen Ordnung**. Dementsprechend hat der BGH[12] in seiner Rechtsprechung unter Hinweis auf keine Geringeren als Goethe und Schiller zum Zustandsbegriff ausgeführt: „Die deutsche Sprache lässt unter diesem Begriff eine vollständige, allseitige Betrachtung durchaus zu, fordert sie geradezu, wenn dies im Sinne der Betrachtung liegt; hier mag der Hinweis auf das Goethewort ‚Wie selten ist der Mensch mit dem Zustand zufrieden, in dem er sich befindet', und darauf genügen, dass Friedrich Schiller eine seiner historischen Schriften mit ‚Übersicht des Zustandes von Europa zur Zeit des ersten Kreuzzuges' überschrieben hat"[13].

19 „Zustand" (Qualität) des Grundstücks ist – wie bereits herausgestellt – ein Sammelbegriff, der sich aus der Gesamtheit der wertbildenden Grundstücksmerkmale bzw. der Summe aller marktwertbildenden Rechts- und Realfaktoren ergibt[14]. Die Zustandsmerkmale werden in den §§ 5 und 6 ImmoWertV konkretisiert. An erster Stelle ist hier der **Entwicklungszustand** (§ 5 ImmoWertV) zu nennen. Auch dies ist ein Sammelbegriff für die unterschiedlichsten Entwicklungszustandsstufen, der angefangen von den „Flächen der Land- oder Forstwirtschaft" das gesamte Spektrum des werdenden Baulandes bis hin zum „Baureifen Land" umfasst. Für die Belange der Verkehrswertermittlung gibt § 5 ImmoWertV für die wichtigsten Entwicklungszustandsstufen normierte Inhalte vor. Weitere Zustandsmerkmale werden in § 4 Abs. 3 und § 6 ImmoWertV zusammen mit entsprechenden wertermittlungstechnischen Hinweisen erläutert.

20 Zur Erfassung des Zustands ist unbedingt eine **Ortsbesichtigung** erforderlich. Der Gutachter läuft sonst Gefahr, sein Gutachten sittenwidrig, leichtfertig und fahrlässig erstattet zu haben, und setzt sich Haftungsansprüchen aus[15]. Des Weiteren müssen alle rechtlichen Qualifikationsmerkmale bei den zuständigen Ämtern eingeholt werden.

4 Besonderheiten der Zustandsqualifizierung (§ 4 Abs. 3 ImmoWertV)

4.1 Allgemeines

21 § 4 Abs. 3 ImmoWertV enthält eine ergänzende Regelung zu § 5 ImmoWertV. Danach sind neben dem Entwicklungszustand u. a. die dort aufgeführten **Grundstücksmerkmale zu berücksichtigen, soweit sie am Qualitätsstichtag** (§ 4 Abs. 1 ImmoWertV) **vorhanden sind**. Die ergänzenden Hinweise des § 4 Abs. 3 ImmoWertV sind mit der Novellierung der WertV im Jahre 2010 erstmals in die Verordnung aufgenommen worden. Es handelt sich um eine missglückte Vorschrift, deren Inhalt anderen Vorschriften zuzuordnen ist.

22 Mit der Regelung des § 4 Abs. 3 ImmoWertV will der Verordnungsgeber auf eine Reihe von **Besonderheiten** hinweisen, ohne dass er konkrete Hinweise geben konnte, wie diese Besonderheiten zu berücksichtigen sind.

4.2 Absehbare anderweitige Nutzungen (§ 4 Abs. 3 Nr. 1 ImmoWertV)

23 Dass nach § 4 Abs. 3 Nr. 1 ImmoWertV bei der Wertermittlung die Absehbarkeit einer „anderweitigen" Nutzung zu berücksichtigen ist ergibt sich bereits aus § 2 Satz 2 Immo-

---
12 BGH, Urt. vom 09.01.1969 – III ZR 51/68 –, EzGuG 6.120; BGH, Urt. vom 08.11.1962 – III ZR 86/61 –, EzGuG 8.5.
13 BGH, Urt. vom 30.06.1966 – III ZR 3/64 –, EzGuG 19.10, auch unter Hinweis auf das deutsche Wörterbuch der Gebrüder Grimm Bd. 16 (1954).
14 BGH, Urt. vom 30.06.1966 (a. a. O.); BGH, Urt. vom 03.03.1977 – III ZR 36/75 –, BRS Bd 34 Nr 84.
15 Vgl. Kleiber, Verkehrswertermittlung von Grundstücken, 6. Aufl. 2010, Teil III Rn. 8, 180, 203, 220, 379, 431.

Qualitätsstichtag und Grundstückszustand § 4 ImmoWertV

WertV. Es handelt sich von daher um eine überflüssige Doppelregelung, wobei auch nach § 4 Abs. 1 Nr. 1 ImmoWertV „anderweitige" Entwicklungen nur zu berücksichtigen sind, wenn sie aufgrund qualifizierter Entwicklungserwartungen i. S. des § 2 Satz 2 ImmoWertV „absehbar" sind (vgl. § 2 ImmoWertV Rn. 4)[16].

4.3 Überdurchschnittlicher Aufwand (§ 4 Abs. 3 Nr. 2 ImmoWertV)

Nach § 4 Abs. 3 Nr. 2 ImmoWertV soll ein **erheblich über dem Üblichen liegender Aufwand** berücksichtigt werden, wenn dieser erforderlich ist, um eine Fläche aufgrund ihrer Vornutzung einer baulichen oder sonstigen Nutzung zuzuführen. Dies ergibt sich wiederum aus § 6 Abs. 5 ImmoWertV unabhängig davon, ob der Aufwand aufgrund der Vornutzung erforderlich ist und ist auch nicht davon abhängig, dass der Aufwand „erheblich über dem Üblichen" liegt. 24

4.4 Städtebauliche Missstände und Funktionsverluste (§ 4 Abs. 3 Nr. 3 ImmoWertV)

4.4.1 Städtebauliche Missstände

Schrifttum: *Berkemann* DVBl 1999, 1285; *Söfker* in DVBl. 179, 107; *Uechtritz* in BauR 1983, 523; *Wend*t in DVBl. 1978, 356.

▶ *Vgl. § 15 ImmoWertV Rn. 7, § 6 ImmoWertV Rn. 379*

Nach § 4 Abs. 3 Nr. 3 ImmoWertV ist bei der Marktwertermittlung der Tatsache Rechnung zu tragen, dass ein Grundstück 25

– von einem städtebaulichen Missstand oder

– von erheblichen Funktionsverlusten

betroffen ist[17].

Was als **städtebaulicher Missstand** anzusehen ist, wird in § 136 Abs. 2 und 3 BauGB definiert. Danach ist bei den städtebaulichen Missständen zwischen Substanz- und Funktionsschwächen zu unterscheiden; in der Praxis treten regelmäßig Mischformen auf. 26

Eine **Substanzschwäche** liegt nach § 136 Abs. 2 Nr. 1 i. V. m. Abs. 3 BauGB vor, wenn das Gebiet nach seiner vorhandenen Bebauung oder nach seiner sonstigen Beschaffenheit den allgemeinen Anforderungen an gesunde Wohn- und Arbeitsverhältnisse oder an die Sicherheit der in ihm wohnenden oder arbeitenden Menschen nicht entspricht, insbesondere in Bezug auf 27

a) die Belichtung, Besonnung und Belüftung der Wohnungen und Arbeitsstätten,

b) die bauliche Beschaffenheit von Gebäuden, Wohnungen und Arbeitsstätten,

c) die Zugänglichkeit der Grundstücke,

d) die Auswirkungen einer vorhandenen Mischung von Wohn- und Arbeitsstätten,

e) die Nutzung von bebauten und unbebauten Flächen nach Art, Maß und Zustand,

f) die Einwirkungen, die von Grundstücken, Betrieben, Einrichtungen und Verkehrsanlagen ausgehen, insbesondere durch Lärm, Verunreinigungen und Erschütterungen, sowie

g) die vorhandene Erschließung.

Eine **Funktionsschwäche** liegt nach § 136 Abs. 2 Nr. 2 i. V. m. Abs. 3 BauGB vor, wenn das Gebiet in der Erfüllung der Aufgaben erheblich beeinträchtigt ist, die ihm nach seiner Lage und Funktion obliegen, insbesondere in Bezug auf 28

---

16 Vgl. Kleiber, Verkehrswertermittlung von Grundstücken, 6. Aufl. 2010, § 194 BauGB Rn. 75.
17 Vgl. Kleiber, Verkehrswertermittlung von Grundstücken, 6. Aufl. 2010, Teil VIII.

§ 4 ImmoWertV Qualitätsstichtag und Grundstückszustand

a) den fließenden und ruhenden Verkehr,

b) die wirtschaftliche Situation und Entwicklungsfähigkeit des Gebiets unter Berücksichtigung seiner Versorgungsfunktion im Verflechtungsbereich und

die infrastrukturelle Erschließung des Gebiets, seine Ausstattung mit Grünflächen, Spiel- und Sportplätzen und mit Anlagen des Gemeinbedarfs, insbesondere unter Berücksichtigung der sozialen und kulturellen Aufgaben dieses Gebiets im Verflechtungsbereich.

29 Liegen städtebauliche Missstände vor, so sind die Voraussetzungen für eine **städtebauliche Sanierungsmaßnahme** nach den §§ 136 ff. BauGB gegeben; dies muss im konkreten Einzelfall verifiziert werden[18]. Ist eine städtebauliche Sanierungsmaßnahme beschlossen worden, finden die zu beachtenden Vorschriften der §§ 136 ff. BauGB Anwendung.

30 Darüber hinaus sind städtebauliche Missstände auch planungsschadensrechtlich von Bedeutung. Nach § 43 Abs. 4 BauGB sind Bodenwerte nicht zu entschädigen, soweit sie darauf beruhen, dass in dem Gebiet städtebauliche Missstände i. S. des § 136 Abs. 2 und 3 BauGB und die Nutzung des Grundstücks zu diesen Missständen wesentlich beiträgt.

§ 43 Abs. 4 BauGB; die Vorschrift hat folgenden Wortlaut:

„(4) Bodenwerte sind nicht zu entschädigen, soweit sie darauf beruhen, dass

1. die zulässige Nutzung auf dem Grundstück den allgemeinen Anforderungen an gesunde Wohn- und Arbeitsverhältnisse oder an die Sicherheit der auf dem Grundstück oder im umliegenden Gebiet wohnenden oder arbeitenden Menschen nicht entspricht oder

2. in einem Gebiet städtebauliche Missstände im Sinne des § 136 Abs. 2 und 3 bestehen und die Nutzung des Grundstücks zu diesen Missständen wesentlich beiträgt."

31 Der **Verzahnung der Verkehrswertermittlung mit den planungsschadensrechtlichen Regelungen des § 43 Abs. 4 Nr. 1 und 2 BauGB,** nach denen die genannten Umstände bereits bei der Ermittlung des Bodenwerts in der Weise zu berücksichtigen sind, dass Nutzungen bei der Bodenwertermittlung unberücksichtigt bleiben, soweit sie darauf beruhen, dass sie den allgemeinen Anforderungen an gesunde Wohn- und Arbeitsverhältnisse oder an die Sicherheit der auf dem Grundstück oder im umliegenden Gebiet wohnenden oder arbeitenden Menschen nicht entsprechen, ist bei der Bodenwertermittlung Rechnung zu tragen.

32 *Beispiel:*

In einem Gebiet sind durch (unzulässige) Maßnahmen der Verdichtung Wertminderungen i. S. des § 43 Abs. 4 BauGB eingetreten, die durch eine Blockentkernung behoben werden sollen. Das tatsächlich realisierte Nutzungsmaß ist auch ohne herabzonenden Bebauungsplan nicht zu berücksichtigen (Abb. 5):

---

[18] Vgl. Kleiber, Verkehrswertermittlung von Grundstücken, 6. Aufl. 2010, Teil VIII.

Qualitätsstichtag und Grundstückszustand § 4 ImmoWertV

Abb. 5: Nichtberücksichtigung der realisierten Nutzung

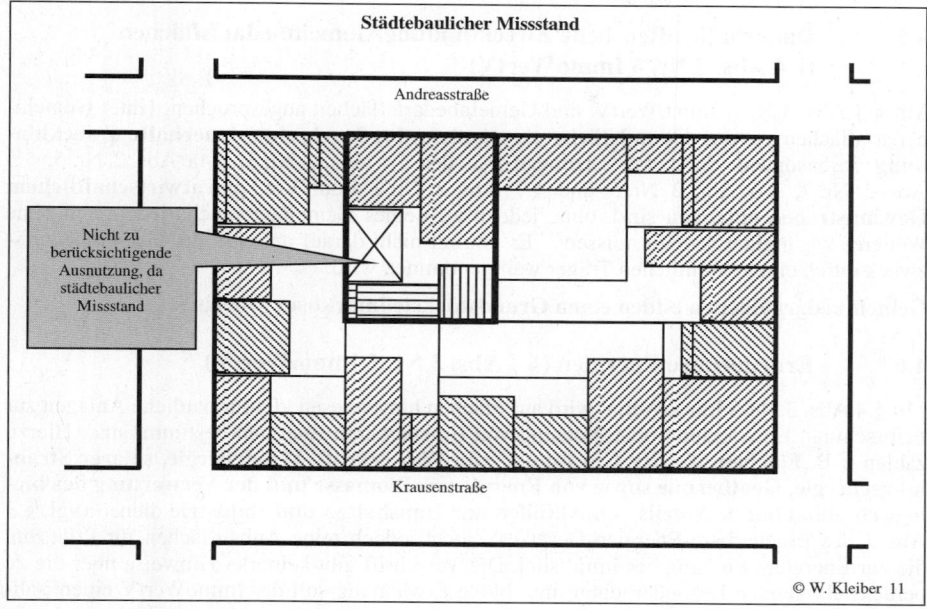

Die realisierte Bebauung bleibt bei der Bodenwertermittlung insoweit unberücksichtigt, wie sie zum **städtebaulichen Missstand i. S. des § 136 Abs. 2 und 3 BauGB** wesentlich beiträgt oder nicht den allgemeinen Anforderungen an gesunde Wohn- und Arbeitsverhältnisse oder an die Sicherheit der auf dem Grundstück oder im umliegenden Gebiet wohnenden und arbeitenden Menschen entspricht.

33

4.4.2 Funktionsverluste

Ist das zu bewertende Grundstück in einem Gebiet gelegen, das von „erheblichen Funktionsverlusten" betroffen ist, soll nach § 4 Abs. 3 Nr. 3 ImmoWertV auch dies bei der Marktwertermittlung berücksichtigt werden. **Erhebliche städtebauliche Funktionsverluste** liegen nach § 171a Abs. 2 Satz 2 BauGB „insbesondere vor, wenn ein dauerhaftes Überangebot an baulichen Anlagen für bestimmte Nutzungen, namentlich für Wohnzwecke besteht oder zu erwarten ist". Im Kern geht es dabei um die Leerstandsproblematik.

34

Der **Funktionsverlust** eines Gebiets wirkt sich auf die allgemeinen Marktverhältnisse aus und ist deshalb schon **nach allgemeinen Grundsätzen zu berücksichtigen**. Soweit das Belegenheitsgebiet in eine Stadtumbaumaßnahme nach den §§ 171a bis d BauGB einbezogen worden ist, sind die dann zur Anwendung kommenden Rechtsvorschriften zu beachten[19].

4.4.3 Baurechtswidriger Zustand

▶ *Zum Bestandsschutz vgl. § 5 ImmoWertV Rn. 191, 243, 334; § 6 ImmoWertV Rn. 686*

Ein baurechtswidriger Zustand bleibt, soweit er nicht unter Bestandsschutz fällt, bei der Verkehrswertermittlung grundsätzlich unberücksichtigt. Dies betrifft auch die Regelung des Bauordnungsrechts, wie z. B. die Bebauung eines Grundstücks, die die bauordnungsrechtlichen

35

---

19 Vgl. Kleiber, Verkehrswertermittlung von Grundstücken, 6. Aufl. 2010, Teil VIII Rn. 650.

Vorgaben der **öffentlichen Sicherheit oder Ordnung** nicht berücksichtigt (vgl. § 6 Immo-WertV Rn. 369)[20].

4.5 Dauerhafte öffentliche Zweckbindung/Gemeinbedarfsflächen (§ 4 Abs. 3 Nr. 4 ImmoWertV)

36 Mit § 4 Abs. 3 Nr. 4 ImmoWertV sind Gemeinbedarfsflächen angesprochen. Unter Gemeinbedarfsflächen werden **Grundstücke verstanden, die durch eine dauerhafte Zweckbindung**, insbesondere durch Festsetzungen i. S. des § 4 Abs. 2 Nr. 3, § 4a Abs. 2 Nr. 5, § 5 Abs. 2 Nr. 7, § 6 Abs. 2 Nr. 5 und § 7 Abs. 2 Nr. 4 BauNVO, **privatwirtschaftlichem Gewinnstreben entzogen sind**, ohne jedoch i. S. eines Gemeingebrauchs jedermann ohne Weiteres zugänglich sein zu müssen[21]. Es kommt nicht darauf an, dass der Gemeinbedarfszweck durch einen öffentlichen Träger wahrgenommen wird.

37 Gemeinbedarfsflächen bilden einen Grundstücksteilmarkt sui generis[22].

4.6 Erneuerbare Energien (§ 4 Abs. 3 Nr. 5 ImmoWertV)

38 Mit § 4 Abs. 3 Nr. 5 ImmoWertV wird auf Flächen hingewiesen, die für bauliche Anlagen zur Erforschung, Entwicklung oder Nutzung von Erneuerbaren Energien bestimmt sind. Hierzu zählen z. B. **Flächen, die der Gewinnung von Wasserkraft, Windenergie, solarer Strahlungsenergie, Geothermie sowie von Energie aus Biomasse und der Verwertung des biologisch abbaubaren Anteils von Abfällen aus Haushalten und Industrie** dienen (vgl. § 3 Abs. 1 des Erneuerbare-Energien-Gesetzes); nicht jedoch reine Anbauflächen für Pflanzen, die zur Energiegewinnung bestimmt sind. Die Vorschrift gibt keinerlei Hinweise über die zu berücksichtigenden Besonderheiten; ihre bloße Erwähnung soll der ImmoWertV einen politisch erwünschten Anstrich verleihen.

4.7 Naturschutzrechtliche Ausgleichsflächen (§ 4 Abs. 3 Nr. 6 ImmoWertV)

39 Schließlich wird in § 4 Abs. 3 Nr. 6 ImmoWertV auf Flächen hingewiesen, die zum Ausgleich für Eingriffe in Natur und Landschaft genutzt werden oder auf denen sich gesetzlich geschützte **Biotope** befinden (Näheres hierzu bei § 5 ImmoWertV Rn. 254 ff.).

---

20 Vgl. Kleiber, Verkehrswertermittlung von Grundstücken, 6. Aufl. 2010, Teil VI Rn. 680; Teil VIII Rn. 559.
21 Zum Begriff: BVerwG, Beschl. vom 18.05.1994 – 4 NB 15/94 –, DVBl 1994, 1139 = GuG 1995, 53; Kleiber, Verkehrswertermittlung von Grundstücken, 6. Aufl. 2010, Teil VI Rn. 595 ff.
22 Die Grundsätze ihrer Bewertung werden bei Kleiber, Verkehrswertermittlung von Grundstücken, 6. Aufl. 2010, im Teil VI unter Rn. 595 ff. erläutert.

§ 5 ImmoWertV
Entwicklungszustand

(1) Flächen der Land- und Forstwirtschaft sind Flächen, die, ohne Bauerwartungsland, Rohbauland oder baureifes Land zu sein, land- oder forstwirtschaftlich nutzbar sind.

(2) Bauerwartungsland sind Flächen, die nach ihren weiteren Grundstücksmerkmalen (§ 6), insbesondere dem Stand der Bauleitplanung und der sonstigen Entwicklung des Gebiets, eine bauliche Nutzung auf Grund konkreter Tatsachen mit hinreichender Sicherheit erwarten lassen.

(3) Rohbauland sind Flächen, die nach den §§ 30, 33 und 34 des Baugesetzbuchs für eine bauliche Nutzung bestimmt sind, deren Erschließung aber noch nicht gesichert ist oder die nach Lage, Form oder Größe für eine bauliche Nutzung unzureichend gestaltet sind.

(4) Baureifes Land sind Flächen, die nach öffentlich-rechtlichen Vorschriften und den tatsächlichen Gegebenheiten baulich nutzbar sind.

Gliederungsübersicht   Rn.

1 Allgemeines
   1.1 Regelungsübersicht und allgemeine Zielsetzung 1
   1.2 Sonstige Entwicklungszustandsstufen 5
   1.3 Systematik der Regelung 9
2 Flächen der Land- oder Forstwirtschaft (§ 5 Abs. 1 ImmoWertV)
   2.1 Vorbemerkungen 20
   2.2 Reine Flächen der Land- und Forstwirtschaft
      2.2.1 Allgemeines 26
      2.2.2 Flächenerwerbsverordnung 29
      2.2.3 Acker- und Grünland
         2.2.3.1 Allgemeines 30
         2.2.3.2 Wertbestimmende Grundstücksmerkmale 37
      2.2.4 Grundstücksgröße und Grundstücksgestalt (-zuschnitt) 38
      2.2.5 Bonität
         2.2.5.1 Allgemeines 41
         2.2.5.2 Schätzungsrahmen 51
         2.2.5.3 Ertragsmesszahl 67
      2.2.6 Ertragswertermittlung 77
      2.2.7 Waldfläche
         2.2.7.1 Allgemeines 80
         2.2.7.2 Waldboden 82
         2.2.7.3 Grundstücksgröße 88
         2.2.7.4 Besonderheiten für Erholungswälder 89
         2.2.7.5 Waldbestand 92
      2.2.8 Gestaute Wasserflächen, Fischteiche 116
   2.3 Besondere Flächen der Land- oder Forstwirtschaft
      2.3.1 Allgemeines 117
      2.3.2 Sanierungsgebiete und Entwicklungsbereiche 121
      2.3.3 Qualifikationsmerkmale 128
   2.4 Hofstelle, Hofanschlussflächen, hofnahe und -ferne Flächen
      2.4.1 Allgemeines 133
      2.4.2 Hofstelle 135
      2.4.3 Hofanschlussfläche, hofnahe- und hofferne Fläche 136
   2.5 Steuerliche Bewertung des land- und forstwirtschaftlichen Vermögens 137
3 Bauerwartungsland (§ 5 Abs. 2 ImmoWertV)
   3.1 Materielle Definition 138
   3.2 Stand der Bauleitplanung 157
   3.3 Städtebauliche Entwicklungen 162

§ 5 ImmoWertV   Entwicklungszustand

	3.4	Einer Bauerwartung entgegenstehende Gegebenheiten	164
	3.5	Bauerwartung in der steuerlichen Bewertung	165
4	Rohbauland (§ 5 Abs. 3 ImmoWertV)		
	4.1	Materielle Definition	166
	4.2	Brutto- und Nettorohbauland	173
	4.3	Bauliche Nutzung	174
	4.4	Besonderheiten für Umlegungsgebiete	181
5	Baureifes Land (§ 5 Abs. 4 ImmoWertV)		
	5.1	Materielle Definition	
		5.1.1 Allgemeines	183
		5.1.2 Bebaute Grundstücke	191
		5.1.3 Baulücke	194
		5.1.4 Faktisches Bauland im Außenbereich (§ 35 Abs. 2 BauGB)	195
		5.1.5 Steuerliche Bewertung	196
		5.1.6 Beleihungswertermittlung	197
	5.2	Baureife begründende rechtliche Gegebenheiten	
		5.2.1 Bauplanungsrecht	198
		5.2.2 Zulässigkeit von Vorhaben im Geltungsbereich eines Bebauungsplans nach § 30 BauGB	203
		5.2.3 Zulässigkeit von Vorhaben bei Planreife nach § 33 BauGB	205
		5.2.4 Zulässigkeit von Vorhaben im unbeplanten Innenbereich nach § 34 BauGB	208
		5.2.5 Abgrenzungsfragen	210
	5.3	Der Baureife entgegenstehende rechtliche Gegebenheiten	
		5.3.1 Öffentlich-rechtliche Nutzungsbeschränkungen	215
		5.3.2 Sonstige rechtliche Gegebenheiten	216
	5.4	Außenbereich	
		5.4.1 Allgemeines	229
		5.4.2 Zulässige Vorhaben	
		5.4.2.1 Privilegierte Vorhaben	237
		5.4.2.2 Sonstige Vorhaben	240
		5.4.2.3 Begünstigte Vorhaben	242
		5.4.3 Bodenwertermittlung	245
		5.4.4 Bodenwert von im Außenbereich baurechtswidrig bebauten Grundstücken	246
6	Sondernutzungen		
	6.1	Öd-, Un- und Geringstland	249
	6.2	Erbschaftsteuer- Richtlinien	252
7	Schutzgebiete		
	7.1	Allgemeines	253
	7.2	Naturschutzrechtliche Ausgleichsflächen und -maßnahmen	
		7.2.1 Allgemeines	254
		7.2.2 Grundstücksintegrierte Ausgleichsflächen und -maßnahmen	260
		7.2.3 Zugeordnete Ausgleichsflächen und -maßnahmen	261
		7.2.4 Ausgleichsflächen in Sanierungsgebieten und Entwicklungsbereichen	266
	7.3	Landschafts- oder Naturschutzgebiete (Flora-Fauna-Habitat)	
		7.3.1 Allgemeines	267
		7.3.2 Flora-Fauna-Habitat (FFH) – Richtlinien	269
	7.4	Wasserschutz-, Überschwemmungs- und Heilquellengebiet	
		7.4.1 Übersicht	272
		7.4.2 Wasserschutzgebiet	273
		7.4.3 Überschwemmungsgebiet (Hochwassergebiet)	276
		7.4.4 Vorranggebiet, Vorbehaltsgebiet, Eignungsgebiet	277
		7.4.5 Wertminderung infolge Natur- und Wasserschutzauflagen	278
	7.5	Lärmschutzgebiet	279
8	Kleingartenland		
	8.1	Allgemeines	280
	8.2	Pacht	
		8.2.1 Allgemeines	282
		8.2.2 Ermittlung der ortsüblichen Pacht	286

	8.3	Kleingärten in den neuen Bundesländern	295
	8.4	Sonstiges Gartenland	304
9	Abbauland		
	9.1	Allgemeines	306
	9.2	Grundeigene und bergfreie Bodenschätze	
		9.2.1 Allgemeines	317
		9.2.2 Besonderheiten in den neuen Bundesländern	
		9.2.2.1 Rechtsentwicklung	321
		9.2.2.2 Bergrechtsvereinheitlichung	333
		9.2.2.3 Bergfreie Bodenschätze	336
	9.3	Verkehrswertermittlung	
		9.3.1 Allgemeines	340
		9.3.2 Vergleichswertverfahren	347
		9.3.3 Ertragswertverfahren	359
		9.3.4 Beleihungsbeschränkung für Sparkassen	364
	9.4	Bergschaden	
		9.4.1 Allgemeines	381
		9.4.2 Bergschaden an Gebäuden und Außenanlagen	
		9.4.2.1 Allgemeines	395
		9.4.2.2 Bergschadensersatzanspruch	397
		9.4.3 Nicht behebbare Bergschäden (Minderwert)	
		9.4.3.1 Allgemeines	404
		9.4.3.2 Ermittlung des Minderwerts (Minderwertregelung)	408
		9.4.3.3 Steuerliche Bewertungspraxis	411
		9.4.4 Anpassungs- und Bergschadenssicherungsmaßnahmen	412
		9.4.5 Behebbare Bergschäden	413
		9.4.6 Bodenwertermittlung in Bergschadensgebieten	414
		9.4.7 Merkantiler Mehr- und Minderwert	417
		9.4.8 Bergschadensgefahr und Bergschadensverzicht	423
10	Wasserfläche		
	10.1	Allgemeines	434
	10.2	Hafen	448

1 Allgemeines

1.1 Regelungsübersicht und allgemeine Zielsetzung

Mit § 5 ImmoWertV werden für die Belange der Wertermittlung von Grundstücken bundeseinheitliche Begriffsbestimmungen für die unterschiedlichen Entwicklungszustandsstufen des Grund und Bodens, angefangen von den Flächen der Land- oder Forstwirtschaft über das „werdende Bauland" (Bauerwartungsland und Rohbauland) bis hin zum baureifen Land gegeben. Dies dient der **Qualifizierung des Grundstücks, das zur Wertermittlung ansteht, und der Auswahl geeigneter Vergleichsgrundstücke** z. B. bei Anwendung des Vergleichswertverfahrens.

Der Verordnungsgeber will damit „Missverständnissen" und Trugschlüssen in der Rechtsprechung und im Schrifttum entgegenwirken, die sich aus unterschiedlichen Auffassungen zu diesen Begriffen gebildet hätten[1]. Ansonsten sind **mit der Klassifizierung des Entwicklungszustands nach § 5 ImmoWertV keine Rechtsfolgen** im Hinblick auf bestehende oder nicht bestehende Baurechte oder Entschädigungsansprüche **verbunden.**

---

[1] Dies gilt im Bereich der Beleihungswertermittlung nach den Studienbriefen der HypZert leider noch immer. So entsprechen die Hinweise von Rüchardt (Studienbriefe HypZert 2001 S. 47) weder den gesetzlichen Definitionen noch der allgemein anerkannten Auffassung.

3 **Einheitliche Begriffsbestimmungen** für den Entwicklungszustand von Grundstücken dienen insbesondere

- bei der *Verkehrswertermittlung* der Qualifizierung des Wertermittlungsobjekts und der Auswahl der zum Preisvergleich heranzuziehenden Grundstücke,
- bei der *Bodenrichtwertermittlung* nach § 196 BauGB der Qualifizierung des Bodenrichtwertgrundstücks (vgl. Syst. Darst. des Vergleichswertverfahrens Rn. 183 ff.)[2],
- bei der *Ableitung erforderlicher Daten der Wertermittlung* nach Abschnitt 2 der ImmoWertV der Auswahl geeigneter (gleichartiger) Grundstücke.

4 Das Fehlen derartiger Begriffsbestimmungen hat in der Tat in Rechtsprechung und Schrifttum zu Irritationen geführt. Der BGH[3] hat hierzu ausgeführt: „Unjuristische, vom Gesetz nicht umrissene, örtlich vielfach unterschiedlich angewandte Ausdrücke – wie ‚Bauerwartungsland' oder ‚werdendes oder **merkantiles Bauland**' oder ‚Baurohland' (RG, Urt. vom 30.05.1911 – VII 568/10 –, Gruchot, Bd. 55, 1176 = *EzGuG 20.10*) –, die lediglich eine höhere Qualifikation als Ackerland besagen wollen, haben für sich keine selbstständige Bedeutung, sie enthalten eine typische Wertung; es fehlt ihnen das für eine Tatsache wesentliche Element der Bestimmtheit." Dem Mangel hatten die Länder für Zwecke der Bodenrichtwertermittlung in ihren aufgrund der Ermächtigung des BBauG 76 erlassenen Gutachterausschussverordnungen abhelfen wollen[4]. Die Verordnungen sind durch die zum BauGB erlassenen Nachfolgeverordnungen abgelöst.

Die Vorschrift ist im Übrigen aus § 4 WertV 88/98 ohne wesentliche materielle Änderungen hervorgegangen; Nach der Begründung zu § 4 WertV 88 soll sich der Entwicklungszustand vornehmlich nach rechtlichen Vorgaben richten[5], wobei die Definition des Rohbaulands an die bauplanungsrechtlichen Zulässigkeitsvorschriften der §§ 30, 33 und 34 BauGB anknüpft.

ImmoWertV 10	WertV 88/98
§ 5 Entwicklungszustand	§ 4 Zustand und Entwicklung von Grund und Boden
(1) Flächen der Land- oder Forstwirtschaft sind Flächen, die, ohne Bauerwartungsland, Rohbauland oder baureifes Land zu sein, land- oder forstwirtschaftlich nutzbar sind.	(1) Flächen der Land- und Forstwirtschaft sind entsprechend genutzte oder nutzbare Flächen, 1. von denen anzunehmen ist, dass sie nach ihren Eigenschaften, der sonstigen Beschaffenheit und Lage, nach ihren Verwertungsmöglichkeiten oder den sonstigen Umständen in absehbarer Zeit nur land- und forstwirtschaftlichen Zwecken dienen werden, 2. die sich, insbesondere durch ihre landschaftliche oder verkehrliche Lage, durch ihre Funktion oder durch ihre Nähe zu Siedlungsgebieten geprägt, auch für außerlandwirtschaftliche oder außerforstwirtschaftliche Nutzungen eignen, sofern im gewöhnlichen Geschäftsverkehr eine dahin gehende Nachfrage besteht und auf absehbare Zeit keine Entwicklung zu einer Bauerwartung bevorsteht.

---

2 Vgl. Kleiber, Verkehrswertermittlung von Grundstücken, 6. Aufl. 2010, § 196 BauGB Rn. 5 ff.
3 BGH, Urt. vom 28.04.1966 – III ZR 24/65 –, EzGuG 19.9; BGH, Urt. vom 20.12.1963 – III ZR 60/63 –, EzGuG 14.17; BGH, Urt. vom 08.11.1962 – III ZR 86/61 –, EzGuG 8.5.
4 § 13 Abs. 3 bay. GutachterausschussVO vom 05.03.1980 (GVBl. 1980, 153); geändert durch VO vom 15.06.1982 (GVBl. 1982, 335); § 13 Abs. 2 bis 4 rh.-pf. GutachterausschussVO vom 05.06.1978 (GVBl. 1978, 331); § 12 Abs. 2 saarl. GutachterausschussVO vom 15.12.1982 (ABl. 1982, 1002); alle Verordnungen wurden durch die Nachfolgeverordnungen zum BauGB abgelöst.
5 BR-Drucks. 352/88, S. 34.

(2) Bauerwartungsland sind Flächen, die nach ihren weiteren Grundstücksmerkmalen (§ 6), insbesondere dem Stand der Bauleitplanung und der sonstigen städtebaulichen Entwicklung des Gebiets, eine bauliche Nutzung auf Grund konkreter Tatsachen mit hinreichender Sicherheit erwarten lassen.	(2) Bauerwartungsland sind Flächen, die nach ihrer *Eigenschaft, ihrer sonstigen Beschaffenheit und ihrer Lage* eine bauliche Nutzung in absehbarer Zeit *tatsächlich* erwarten lassen. *Diese Erwartung kann sich insbesondere auf eine entsprechende Darstellung dieser Flächen im Flächennutzungsplan, auf ein entsprechendes Verhalten der Gemeinde oder auf die allgemeine städtebauliche Entwicklung des Gemeindegebiets gründen.*
(3) Rohbauland sind Flächen, die nach den §§ 30, 33 und 34 des Baugesetzbuchs für eine bauliche Nutzung bestimmt sind, deren Erschließung aber noch nicht gesichert ist oder die nach Lage, Form oder Größe für eine bauliche Nutzung unzureichend gestaltet sind.	(3) Rohbauland sind Flächen, die nach den §§ 30, 33 und 34 des Baugesetzbuchs für eine bauliche Nutzung bestimmt sind, deren Erschließung aber noch nicht gesichert ist oder die nach Lage, Form oder Größe für eine bauliche Nutzung unzureichend gestaltet sind.
(4) Baureifes Land sind Flächen, die nach öffentlich-rechtlichen Vorschriften *und den tatsächlichen Gegebenheiten* baulich nutzbar sind.	(4) Baureifes Land sind Flächen, die nach öffentlich-rechtlichen Vorschriften baulich nutzbar sind.

1.2 Sonstige Entwicklungszustandsstufen

Der **Katalog der in § 5 ImmoWertV definierten Entwicklungszustandsstufen**[6] **ist unvollständig.** Die Vorschrift beschränkt sich auf Definitionen zu den Flächen der Land- oder Forstwirtschaft sowie zum werdenden Bauland bis hin zum baureifen Land. Andere Flächen werden nicht definiert. Deshalb wäre es verfänglich, wollte man z. B. das **Öd- oder Unland** (vgl. §§ 44 f. BewG; vgl. unten Rn. 249), Geringstland oder auch **Wasserflächen** (vgl. unten Rn. 435) in eine der Definitionen „hineinpressen". Im Einzelfall kann dies Probleme aufwerfen. 5

a) *Flächen, die einer öffentlichen Nutzung vorbehalten sind* (Gemeinbedarfsflächen)[7], fallen grundsätzlich nicht unter die Definitionen des § 5 ImmoWertV (vgl. § 4 Abs. 3 Nr. 4 ImmoWertV). Bei erstmaligem Erwerb dieser Flächen durch die öffentliche Hand oder bei der Verkehrswertermittlung der aus der öffentlichen Zweckbindung „entlassenen" Flächen wird aber hilfsweise auf die Definitionen des § 5 ImmoWertV zurückgegriffen werden können (vgl. § 8 ImmoWertV Rn. 130 ff.)[8].

b) Die nach den tatsächlichen Zustandsmerkmalen land- oder forstwirtschaftlich nutzbaren, aber rechtlich einer derartigen Nutzung entzogenen Flächen (z. B. **Biotope** vgl. § 4 Abs. 3 Nr. 5 ImmoWertV) sind, soweit sie nicht unter die Definitionen des § 5 Abs. 2 bis 4 ImmoWertV fallen, nicht als „Flächen der Land- oder Forstwirtschaft" einzustufen, denn für diese liegen die mit § 5 Abs. 1 ImmoWertV ausdrücklich geforderten Voraussetzungen nicht vor. Sie sind von einer land- oder forstwirtschaftlichen Nutzung ausgeschlossen. Ist also aus ökologischen Gründen ein derartiger „Dienst" i. S. des § 5 Abs. 1 ImmoWertV nicht zulässig, kann die betroffene Fläche auch nicht als derartige Fläche eingestuft werden[9].

c) Ob eine *Fläche mit abbauwürdigen Bodenschätzen* (**Abbauland**, vgl. § 43 BewG), für die eine Bauerwartung nicht besteht, als „Fläche der Land- oder Forstwirtschaft" oder als

---

6 Unter den Begriff „Entwicklungszustand" fallen nach Auffassung des Bundesrates nur das Bauerwartungsland, Rohbauland und das baureife Land, während die Flächen der Land- oder Forstwirtschaft keine Entwicklungsstufe bilden. Anders als nach dem RegE zur WertV (BR-Drucks. 352/88, S. 4), nach dem die Überschrift zu § 4 noch „Entwicklungszustand" lautete, wurde dies auf Empfehlung des Bundesrates in „Zustand und Entwicklung des Grund und Bodens" abgeändert, denn es dürfe nicht der Eindruck entstehen, „alles Agrarland" befände sich in einer Vorstufe zum Bauland (vgl. BR-Drucks. 352/1/88, S. 1).
7 Hierunter werden solche verstanden, die einer dauerhaften öffentlichen Zweckbindung, insbesondere auf Grund eines Bebauungsplans, unterworfen (vor allem bei Festsetzungen nach § 4 Abs. 2 Nr. 3, § 4a Abs. 2 Nr. 5 und Nr. 8, § 6 Abs. 2 Nr. 5 und § 7 Abs. 2 Nr. 4 BauNVO) und damit jedwedem privaten Gewinnstreben entzogen sind.
8 Vgl. Kleiber, Verkehrswertermittlung von Grundstücken, 6. Aufl. 2010, Teil VI Rn. 596 ff.
9 So auch Zimmermann in WertV 88, S. 83.

§ 5 ImmoWertV Entwicklungszustand

„ausgebeutetes Grundstück" einzustufen ist, beantwortet sich nach der Rechtsprechung des BGH[10] danach, „ob und gegebenenfalls in welchem Umfang der Grundstücksverkehr als den Verkehrswert mindernd berücksichtigt, dass das Grundstück während der Dauer des Kiesabbaues und der Rekultivierung forstwirtschaftlich nicht genutzt werden kann"; eine daraus resultierende Werterhöhung sollte allerdings auch nicht außer Betracht bleiben (vgl. unten Rn. 311 ff.)[11].

▶ *Weitere Ausführungen hierzu vgl. unten Rn. 311 ff.*

d) Sonstige Sondernutzungen, wie **Deponien**[12], Müllverbrennungsanlagen, Kernkraftwerke, Anlagen der Ver- und Entsorgung, Golf- und Bolzplätze, Wochenend- und Ferienhausgebiete sowie Kleingärten, werfen besondere Fragen auf.

▶ *Weitere Ausführungen hierzu vgl. unten Rn. 253 ff., 435*

6 Neben den „Flächen der Land- oder Forstwirtschaft" werden nur solche Entwicklungszustandsstufen definiert, die ausdrücklich nur auf eine **bauliche Nutzung** ausgerichtet sind. Baurechtlich sind damit nur solche Nutzungen angesprochen, die auf die Errichtung oder Änderung baulicher Anlagen ausgerichtet sind, wobei grundsätzlich nicht allein der bauordnungsrechtliche Begriff maßgebend ist[13]. Vielmehr ist auf die bauliche Nutzbarkeit nach allen öffentlich-rechtlichen Vorschriften zumindest bei der Einstufung des „baureifen Landes" abzustellen.

7 Nicht zu den land- oder forstwirtschaftlich genutzten oder nutzbaren Flächen gehören solche, die eine bauliche Nutzung aufweisen oder in absehbarer Zeit aufgrund konkreter Tatsachen mit hinreichender Sicherheit erwarten lassen. Dies sind Flächen, auf denen bauliche Anlagen zulässigerweise vorhanden sind oder errichtet werden dürfen. Als bauliche Anlage gelten dabei nicht nur Gebäude, sondern bauliche Anlagen i. S. des Bauordnungsrechts. **Flächen für Aufschüttungen und Abgrabungen, Lager-, Abstell- und Ausstellungsplätze, Camping- und Wochenendplätze, Sport- und Spielplätze, Stellplätze für Kraftfahrzeuge sowie Kleingärten** (vgl. § 9 Abs. 1 Nr. 15 und § 5 Abs. 1 Nr. 5 BauGB) **fallen mithin nicht unter die land- oder forstwirtschaftlich nutzbaren Flächen.**

8 Zur Bestimmung des maßgeblichen **Entwicklungszustands** und zur **Ermittlung des Werts von Gemeinbedarfsflächen** – auch soweit sie als Sondergebiet (§ 6 ImmoWertV Rn. 30 ff.) festgesetzt sind – wird auf die Ausführungen bei unten Rn. 187, 195; § 8 ImmoWertV Rn. 131 ff. verwiesen[14].

1.3 Systematik der Regelung

9 Ausgehend von den „Flächen der Land- oder Forstwirtschaft" folgt § 5 ImmoWertV in seinem Aufbau der Baulandentwicklung. Nach der **Systematik der Vorschrift** bestimmt sich der Entwicklungszustand entsprechend den vorliegenden objektiven Zustandsmerkmalen nach der „ranghöchsten" Stufe (vgl. Abb. 1).

---

10 BGH, Urt. vom 14.12.1978 – III ZR 6/77 –, EzGuG 4.63.
11 Vgl. Kleiber, Verkehrswertermittlung von Grundstücken, 6. Aufl. 2010, Teil VI Rn. 225 ff.
12 Vgl. Kleiber, Verkehrswertermittlung von Grundstücken, 6. Aufl. 2010, Teil VI Rn. 230.
13 Hiervon zu unterscheiden ist der vom Landesrecht unabhängige Begriff der baulichen Anlage in § 29 BauGB (vgl. BVerwG, Urt. vom 31.08.1973 – 4 C 33/81 –, BVerwGE 44, 59 = BayVBl. 1974, 108 = BauR 1973, 366 = DVBl 1974, 236 = DÖV 1974, 200 = BRS Bd. 27 Nr. 122; BVerwG, Urt. vom 01.11.1974 – 4 C 13/73 –, BauR 1975, 108 = DVBl 1975, 497; zu den Unterschieden: Ernst/Zinkahn/Bielenberg/Krautzberger, BauGB § 29 Rn. 2 ff.).
14 Vgl. Kleiber, Verkehrswertermittlung von Grundstücken, 6. Aufl. 2010, Teil VI Rn. 596 ff.

Entwicklungszustand § 5 ImmoWertV

Abb. 1: Übersicht über die in § 5 ImmoWertV definierten Entwicklungszustandsstufen

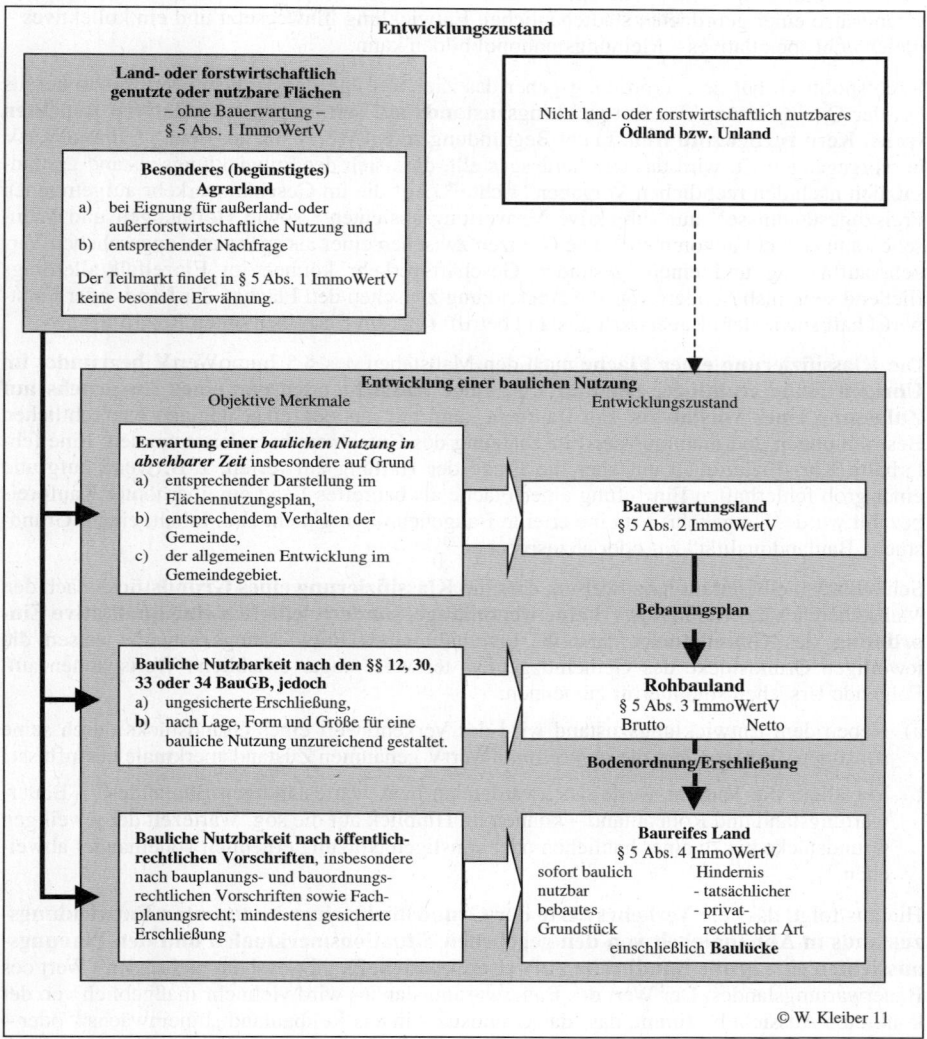

Bei der Qualifizierung des Entwicklungszustands eines Grundstücks ist seit jeher der sog. **Verkehrsauffassung** und den sich darauf gründenden Kaufpreisen für ein Grundstück[15] eine maßgebliche Bedeutung beigemessen worden. In unzulässiger Vereinfachung wurde z. B. eine Fläche pauschal als Bauerwartungsland eingestuft, von der man glaubte, dass sie der Grundstücksverkehr unabhängig von den qualitativen Eigenschaften als solche betrachtet habe. Dies hat nicht selten zu Fehleinschätzungen geführt. Spekulativ überhöhte und nicht auf Einzelfälle beschränkte Preise haben dazu verleitet, von einer höherwertigen Grundstücksqualität auszugehen, auch wenn alle sonstigen für einen gesunden Geschäftsverkehr ausschlaggebenden Anhaltspunkte dagegen sprachen.

---

15 BVerwG, Urt. vom 06.12.1956 – 1 C 75/55 –, EzGuG 8.3; BGH, Urt. vom 28.10.1971 – III ZR 84/70 –, EzGuG 8.37.

§ 5 ImmoWertV — Entwicklungszustand

11 Die **Qualifizierung einer Fläche** nach Maßgabe des § 5 ImmoWertV **soll** deshalb **ausschließlich nach objektiven Gegebenheiten erfolgen,** wobei vor allem die „ungesunde" Verkehrsauffassung keine Rolle spielen darf, die sich mitunter schon auch einmal über die Grundsätze einer geordneten städtebaulichen Entwicklung hinwegsetzt und ein kollektives – gleichwohl spekulatives – Meinungsmonopol bilden kann.

12 Rechtspolitisch hat der Verordnungsgeber das Ziel verfolgt, das Verkehrswertprinzip bereits bei der Qualifizierung des **Entwicklungszustands auf seinen von spekulativen Aspekten freien Kern zurückzuführen.** In der Begründung zu § 4 WertV 88, aus dem § 5 ImmoWertV hervorgegangen ist, wird deshalb herausgestellt, dass sich der Entwicklungszustand „grundsätzlich nach den rechtlichen Vorgaben" richte[16]. Auf die im Geschäftsverkehr aufgetretenen Preiszugeständnisse[17] auf subjektive Verwertungsabsichten[18] sowie Hoffnungen und Wünsche kann es nicht ankommen[19]. Die Grenzen zwischen einer als spekulativ angesehenen Verkehrsauffassung und einem gesunden Geschäftsverkehr können im Einzelfall allerdings fließend sein, insbesondere was die Abgrenzung zwischen den Flächen der Land- oder Forstwirtschaft sowie dem Bauerwartungsland betrifft (vgl. im Einzelnen unten Rn. 15 ff.).

13 Die **Klassifizierung einer Fläche** nach den Maßstäben des § 5 ImmoWertV **begründet im Übrigen keine rechtliche Qualität i. S. einer Aussicht oder gar eines Anspruchs auf Zulassung eines Vorhabens.** Ein Baurecht kann nur aus den einschlägigen baurechtlichen Bestimmungen und nicht aus der Einschätzung des Gutachters hergeleitet werden. Eine fehlerhafte Klassifizierung kann aber die Frage der Haftung aufwerfen, z. B. wenn aufgrund einer grob fehlerhaften Einstufung einer Fläche als baureifes Land ein überhöhter Kaufpreis bezahlt wurde. Umgekehrt hat eine erteilte Baugenehmigung nicht zum Inhalt, einem Grundstück „Baulandqualität" zu- oder abzusprechen[20].

14 Schließlich bleibt darauf hinzuweisen, dass die **Klassifizierung eines Grundstücks** nach den Maßstäben des § 5 ImmoWertV **keine wertmäßige, sondern lediglich eine qualitative Einordnung des Grundstücks** darstellt. Innerhalb eines Entwicklungszustands weisen die jeweiligen Grundstücke des Gemeindegebiets teilweise sogar erhebliche Wertspannen auf. Folgende Ursachen sind hierfür zu nennen:

a) Neben dem Entwicklungszustand wird der Verkehrswert eines Grundstücks durch seine sonstigen, insbesondere die in § 6 ImmoWertV genannten Zustandsmerkmale beeinflusst.

b) Vor allem die Verkehrswerte des „werdenden bzw. warteständigen Baulandes" – Bauerwartungsland und Rohbauland – können im Hinblick auf die sog. Wartezeit der jeweiligen Grundstücke bis zu einer baulichen oder sonstigen Nutzung erheblich voneinander abweichen.

15 Hieraus folgt, dass die **Verkehrswerte der Grundstücke eines bestimmten Entwicklungszustands in Abhängigkeit von den gegebenen Situationsmerkmalen und den Planungsaussichten eine große Bandbreite aufweisen können.** Es gibt deshalb nicht „den" Wert des Bauerwartungslandes. Der Wert des Bauerwartungslandes wird vielmehr maßgeblich von der konkreten Aussicht bestimmt, dass das Grundstück in das Rohbauland „hineinwächst" oder – umgekehrt – seine Eigenschaft als Bauerwartungsland verliert. In diesem Zusammenhang wird auch von der „Reife" des Grundstücks gesprochen. Um dem Rechnung zu tragen, hat der Verordnungsgeber in § 2 Satz 2 und 3 ImmoWertV sowie § 4 Abs. 3 Nr. 1 ImmoWertV bestimmt, dass neben dem Entwicklungszustand u. a. „die Wartezeiten bis zu einer baulichen *und sonstigen* Nutzung" als weiteres Zustandsmerkmal zu berücksichtigen sind.

16 Nach § 2 Satz 3 ImmoWertV bestimmt sich die **Wartezeit bis zu einer baulichen Nutzung** eines Grundstücks nach der voraussichtlichen Dauer bis zum Eintritt der rechtlichen und tatsächlichen Voraussetzungen für die Realisierbarkeit einer baulichen oder sonstigen Nutzung.

---

16 BR-Drucks. 352/88, S. 34.
17 So allerdings noch BVerwG, Urt. vom 21.06.1955 – 1 C 173/54 –, EzGuG 17.2.
18 BGH, Urt. vom 30.05.1963 – III ZR 230/61 –, EzGuG 8.8.
19 OLG München, Urt. vom 29.11.1979 – U 3/79 –, EzGuG 8.55.
20 BVerwG, Beschl. vom 12.04.1976 – 4 B 123/75 –, EzGuG 8.48.

Entwicklungszustand § 5 ImmoWertV

Im Unterschied zur bisherigen Praxis[21], in der neben der Wartezeit als eine besondere Komponente auch das **für den Vollzug der erforderlichen Maßnahmen bestehende Wagnis** berücksichtigt wurde (Risikoabschläge), wird mit der in § 2 Satz 3 ImmoWertV gegebenen Definition unter der Wartezeit auch das Wagnis subsumiert (vgl. hierzu die näheren Erläuterungen unten bei Rn. 144, 159 ff.; § 6 ImmoWertV Rn. 108 ff.; Syst. Darst. des Vergleichswertverfahrens Rn. 441 ff., 513)[22].

Die wohl erstmals von *Bonczek*[23] vorgestellte bildliche Darstellung der Baulandentwicklung – die sog. **Bonczek'sche Treppenkurve** (in der nachfolgenden Abb. 2 mit der durchbrochenen Linie angedeutet) – vermittelt schon nach dem Vorhergesagten ein völlig falsches Bild von der tatsächlichen Bodenwertentwicklung. Obwohl diese „Treppenkurve" schon seinerzeit nur – grob vereinfachend – zur Veranschaulichung des Baulandentwicklungsprozesses und seines Einflusses auf die Bodenwertentwicklung vorgestellt wurde, erfährt sie immer wieder unkritisch im Schrifttum eine persönliche Neuauflage des jeweiligen Verfassers. Tatsächlich verläuft die Wertentwicklung in den meisten Fällen nämlich weitaus kontinuierlicher, wobei bestimmte rechtliche und tatsächliche Maßnahmen durchaus auch schon einmal einen Wertschub bewirken können, der sich zumeist nur in „abgefederter Weise" niederschlägt, denn z. B. ein Bebauungsplan wird nicht „über Nacht" aufgestellt.   17

Entsprechend den vorstehenden Ausführungen wird in der Abb. 2 die **Entwicklung eines Grundstücks von der land- oder forstwirtschaftlichen Nutzung bis hin zur Baureife** dargestellt: 18

Abb. 2: Wertentwicklung einer land- oder forstwirtschaftlichen Fläche im Verlauf ihres Überganges zum baureifen Land

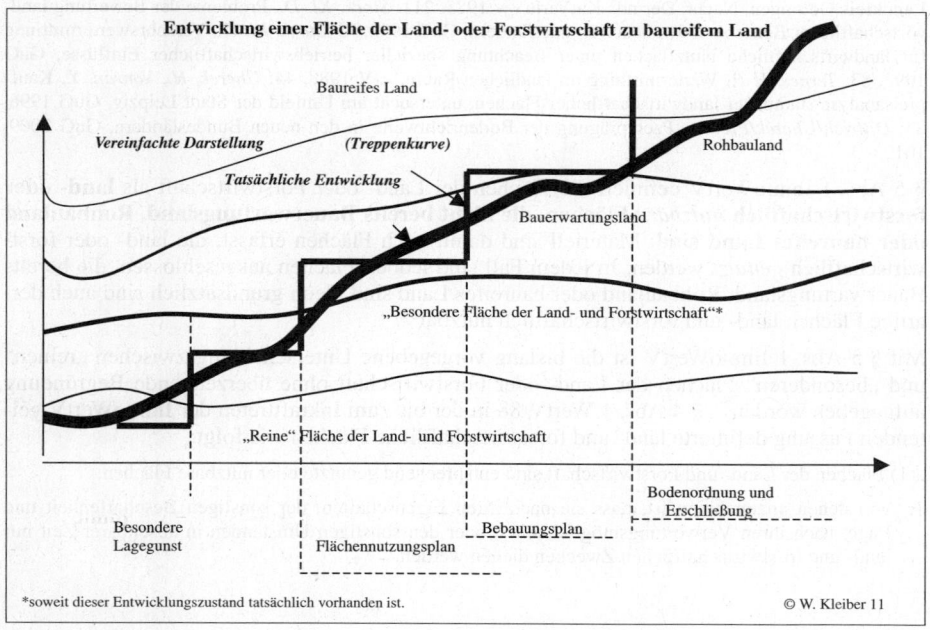

*soweit dieser Entwicklungszustand tatsächlich vorhanden ist. © W. Kleiber 11

---

21 Nds. RdErl vom 02.05.1988 – 301-21013 –, Nds. MBl. 1988, 547, Nr. 228.3.4.
22 Vgl. Kleiber, Verkehrswertermittlung von Grundstücken, 6. Aufl. 2010, Teil VIII Rn. 243 ff.
23 Erstmalig wohl bei Bonczek,W./Halstenberg, F., Bau-Boden, Hamburg 1963.

§ 5 ImmoWertV   Entwicklungszustand

19   Auf das mit der Bonczek'schen Treppenkurve vermittelte unzutreffende Bild der tatsächlichen Bodenwertentwicklung mag auch die bequeme, aber abzulehnende Praxis der Wertermittlung zurückzuführen sein, den Verkehrswert z. B. von Bauerwartungsland mit einem der Literatur entnommenen **Vom-Hundert-Satz des Bodenwerts für baureifes Land** schematisch abzuleiten. Dies stellt eine äußerst fragwürdige Methode (vgl. Syst. Darst. des Vergleichswertverfahrens Rn. 429 ff.) dar, die oft genug mit dem Scheinargument begründet wird, dass keine Vergleichspreise für Bauerwartungsland vorlägen. Vielfach konnten in derartigen Fällen aber lediglich Bequemlichkeiten des Sachverständigen ausgemacht werden.

2   Flächen der Land- oder Forstwirtschaft (§ 5 Abs. 1 ImmoWertV)

2.1   Vorbemerkungen

Schrifttum: *Bewer, C.,* Der Verkehrswert landwirtschaftlicher Grundstücke, AgrarR 1975, 85; *Feuerstein, H.,* Bodenpreis und Bodenmarkt; Strothe Hannover 1971; *Feuerstein, H.,* Bestimmungsgründe der Preise und des Transfers land- und forstwirtschaftlich genutzten Bodens, Agrarwirtschaft 1970, 22; *Fischer, R./ Lorenz, H.-J./Biederbeck, M., Astl, B.,* Verkehrswertermittlung bebauter und unbebauter Grundstücke, Bundesanzeiger 2005; *Kindler, R.,* Zur Ermittlung von Bodenrichtwerten für landwirtschaftliche Flächen, GuG 2002, 264; *Klages, B.,* Kaufwertpauschalierung für landwirtschaftliche Nutzflächen im Rahmen des Flächenerwerbsprogramms, GuG 1996, 65; *Köhne, M.,* Novellierung der Entschädigungsrichtlinien Landwirtschaft von 1978, GuG 1997, 133; *Mantau, R.,* Bestimmung der Bodenpreise für landwirtschaftlich genutzte Flächen, AgrarR 1980, 67; *Semmelroggen, K.,* Bodenrichtwerte landwirtschaftlich genutzter Flächen im Landkreis Göttingen, Nachr. Der nds KatVermVw 1985, 211; *Stock, Kl.-D.,* Probleme der Bewertung landwirtschaftlicher Betriebe in den neuen Bundesländern, GuG 1992, 73; *Stock, Kl.-D.,* Verkehrswertermittlung für landwirtschaftliche Nutzflächen unter Beachtung spezieller betriebswirtschaftlicher Einflüsse, GuG 1993, 83; *Ternes, H-P.,* Wertermittlung im ländlichen Raum, ZfV 1988, 44; *Uherek, H., Vonran, Y.,* Kaufpreisanalyse stadtnaher landwirtschaftlicher Flächen, untersucht am Umfeld der Stadt Leipzig, GuG 1996, 83; *Dittrich/Uherek/Plewka,* Pachtprägung der Bodenrichtwerte in den neuen Bundesländern, GuG 2009, 101.

20   § 5 Abs. 1 ImmoWertV definiert die Flächen der Land- oder Forstwirtschaft als **land- oder forstwirtschaftlich *nutzbare* Flächen, die nicht bereits Bauerwartungsland, Rohbauland oder baureifes Land sind**. Materiell sind damit auch Flächen erfasst, die land- oder forstwirtschaftlich *genutzt* werden. In jedem Fall sind jedoch Flächen ausgeschlossen, die bereits Bauerwartungsland, Rohbauland oder baureifes Land sind, denn grundsätzlich sind auch derartige Flächen land- und forstwirtschaftlich nutzbar[24].

Mit § 5 Abs. 1 ImmoWertV ist die bislang vorgegebene Unterscheidung zwischen „reinen" und „besonderen" Flächen der Land- oder Forstwirtschaft ohne überzeugende Begründung aufgegeben worden[25]. § 4 Abs. 1 WertV 88 in der bis zum Inkrafttreten der ImmoWertV geltenden Fassung definierte land- und forstwirtschaftliche Flächen wie folgt:

„(1) Flächen der Land- und Forstwirtschaft sind entsprechend genutzte oder nutzbare Flächen,

1. von denen anzunehmen ist, dass sie nach ihren Eigenschaften, der sonstigen Beschaffenheit und Lage, nach ihren Verwertungsmöglichkeiten oder den sonstigen Umständen in absehbarer Zeit nur land- und forstwirtschaftlichen Zwecken dienen werden,

---

24   Der mit der WertV 88 neu eingeführte Begriff lehnt sich an § 1 Abs. 5 Nr. 8, § 5 Abs. 1 Nr. 9a, § 9 Abs. 1 Nr. 18a und § 35 Abs. 1 Nr. 1 BauGB sowie an § 69 BewG an; **§ 69 Abs. 1 BewG** lautet: „(1) Land- und forstwirtschaftlich genutzte Flächen sind dem Grundvermögen zuzurechnen. Wenn nach ihrer Lage, den im Feststellungszeitpunkt bestehenden Verwertungsmöglichkeiten oder sonstigen Umständen anzunehmen ist, dass sie in absehbarer Zeit anderen als land- und forstwirtschaftlichen Zwecken, insbesondere als Bauland, Industrieland oder Land für Verkehrszwecke, dienen werden."
25   BVerwG, Urt. vom 22.02.1995 – 11 C 20/90 –, GuG 1995, 372 = EzGuG 4.160; BFH, Urt. vom 26.01.1973 – III R 122/ 71 –, BStBl. II 1973, 282; BFH, Urt. vom 15.11.1978 – IV R 191/74 –, BFHE 126, 220; BFH, Urt. vom 05.12.1980 – III R 56/77 –, BStBl. II 1981, 498; vgl. auch § 1 Abs. 2 GrdstVG.

Entwicklungszustand § 5 ImmoWertV

2. die sich, insbesondere durch ihre landschaftliche oder verkehrliche Lage, durch ihre Funktion oder durch ihre Nähe zu Siedlungsgebieten geprägt, auch für außerlandwirtschaftliche oder außerforstwirtschaftliche Nutzungen eignen, sofern im gewöhnlichen Geschäftsverkehr eine dahin gehende Nachfrage besteht und auf absehbare Zeit keine Entwicklung zu einer Bauerwartung bevorsteht."

Die Nachfolgeregelung unterscheidet im Unterschied zu § 4 Abs. 1 der bisherigen Fassung der WertV nicht mehr zwischen

a) den **reinen Flächen der Land- oder Forstwirtschaft** (§ 4 Abs. 1 Nr. 1 WertV 88) ohne anderweitige Eignungen (sie entsprechen dem sog. innerlandwirtschaftlichen Verkehrswert) und

b) den **besonderen Flächen der Land- oder Forstwirtschaft** (§ 4 Abs. 1 Nr. 2 WertV 88[26]), mit einer Eignung für außerland- und außerforstwirtschaftlichen Zwecken ohne Bauerwartung (sie entsprechen dem außerlandwirtschaftlichen Verkehrswert).

In der Begründung[27] wird hierzu ausgeführt, dass die „besonderen" Flächen der Land- oder Forstwirtschaft (begünstigtes Agrarland) in seiner Bedeutung häufig missverstanden und einseitig als Beschreibung eines „begünstigten", d. h. höherwertigen Agrarlands, interpretiert werde. Dabei werde vielfach übersehen, dass diese Flächen „durch ihre besondere Situation auch nachteilig betroffen sein können[28]". Überdies bestünden auch inhaltliche Abgrenzungsschwierigkeiten zwischen § 4 Abs. 1 Nr. 2 und Abs. 2 WertV 88, die damit im Zusammenhang stehen, dass das sog. „begünstigte" Agrarland zutreffenderweise keine besondere Entwicklungsstufe werdenden Baulands darstellt. Der Verordnungsgeber hat es nicht vermocht, die angesprochenen Abgrenzungsschwierigkeiten zu lösen. In der Begründung wird gleichwohl die Existenz eines dualen Marktes für land- und forstwirtschaftliche Flächen mit dem Hinweis eingeräumt, dass „eine differenzierte Behandlung des Agrarlands entsprechend seiner jeweiligen Wertigkeit wie nach geltendem Recht im Übrigen zulässig" bleibe[29]; dies werde auch durch den neuen § 4 Abs. 3 ImmoWertV verdeutlicht. Tatsächlich haben die Gutachterausschüsse für Grundstückswerte auch die Existenz eines dualen Marktes für land- und forstwirtschaftliche Flächen empirisch belegen können und in ihren Marktberichten dargestellt.

Die Aufgabe der Unterscheidung ist fachlich auf Kritik gestoßen, denn tatsächlich haben die Gutachterausschüsse für Grundstückswerte die **Existenz eines dualen Marktes für land- und forstwirtschaftliche Flächen** empirisch belegen können und in ihren Marktberichten dargestellt[30]. Zudem hat der Entwicklungszustand der besonderen Flächen der Land- und Forstwirtschaft" zwischenzeitlich Eingang in die allgemeine Wertermittlungspraxis gefunden

---

26 Die Vorschrift war aus § 22 Abs. 5 WertV 72 hervorgegangen. Danach bestimmt sich der „innerlandwirtschaftliche Verkehrswert" in Anlehnung an § 9 Abs. 1 Nr. 3 GrdstVG; vgl. auch Begründung zu dieser Vorschrift in BR-Drucks. 265/72, S. 30) durch den Preis, „der im gewöhnlichen Geschäftsverkehr zwischen Landwirten nach den Eigenschaften, der sonstigen Beschaffenheit und der Lage des Grundstücks ohne Rücksicht auf ungewöhnliche oder persönliche Verhältnisse im Hinblick auf eine dauernde landwirtschaftliche Nutzung zu erzielen wäre". Da die den Grund und Boden handelnden Vertragsparteien allenfalls nur ein Indiz für einen bestimmten Entwicklungszustand sein können, wird mit der Nachfolgeregelung an diesem Tatbestand nicht mehr festgehalten. Ausschlaggebend soll vielmehr sein, dass die Flächen nach allen objektiven Gegebenheiten nur land- oder forstwirtschaftlichen Zwecken dienen werden. In der Nachfolgeregelung wurde nicht mehr ausdrücklich bestimmt, dass ungewöhnliche oder persönliche Verhältnisse bei der Qualifizierung des Grundstücks unberücksichtigt bleiben müssen. Mit der damaligen Regelung hat der Verordnungsgeber ausschließen wollen, dass hohe Preiszugeständnisse, die Landwirte als Käufer deshalb gemacht haben, weil sie ihrerseits zu noch höheren Preisen ihre Grundstücke als Bauerwartungsland oder zu ähnlichen Zwecken veräußert haben und nun den Gewinn zu einem Teil in den Erwerb von nahe liegendem Ersatzland anlegen, bei der Ermittlung des innerlandwirtschaftlichen Verkehrswerts berücksichtigt werden. Diese Regelung konnte entfallen, weil ungewöhnliche oder persönliche Verhältnisse ohnehin schon nach § 194 BauGB und § 7 ImmoWertV bei der Verkehrswertermittlung unberücksichtigt bleiben müssen und Besonderheiten bei der Preisgestaltung für die Qualifizierung eines Entwicklungszustands bedeutungslos sind (vgl. BR-Drucks. 265/72, S. 30).
27 BR-Drucks. 171/10.
28 Vgl. Nr. 2.2.1.1 WERTR 06 i. d. F. vom 01.03.2006, BAnz Nr. 108a ber. BAnz. Nr. 121.
29 Vgl. BR-Drucks. 171/10.
30 Fischer, Ist die Neufassung der Wertermittlungsverordnung erforderlich?, GuG 2009, 106.

§ 5 ImmoWertV   Entwicklungszustand

(z. B. bei Golfplätzen)[31]. Aus diesem Grunde ist nach wie vor von entsprechenden Teilmärkten auszugehen, auch wenn der Verordnungsgeber daran gescheitert ist, die bisherige Definition der besonderen land- und forstwirtschaftlichen Flächen zu verbessern.

21 Zu den landwirtschaftlichen Flächen gehören auch die bewirtschafteten und nicht bewirtschafteten Gewässerflächen sowie im erweiterten Sinne auch die land- und forstwirtschaftliche Wegeflächen und der Hofraum. Auch die brach gefallenen land- und forstwirtschaftliche Flächen im Außenbereich sind land- oder forstwirtschaftliche Flächen.

22 Mit der Definition der Flächen der Land- oder Forstwirtschaft als die Flächen, die land- und forstwirtschaftlich *„nutzbar"* sind, werden auch entsprechend land- und forstwirtschaftlich *„genutzte"* Flächen erfasst. Mithin kommt es auf eine **tatsächlich ausgeübte land- oder forstwirtschaftliche Nutzung nicht** an; wohl muss aber eine land- oder forstwirtschaftliche Nutzung zulässig sein. Auf der anderen Seite darf für diese Flächen eine Entwicklung zu einer Bauerwartung nicht bevorstehen.

23 Die Unterscheidung zwischen „reinen" und „besonderen" Flächen der Land- und Forstwirtschaft ist auch bei Wertermittlungen nach dem Flurbereinigungsrecht geboten[32]. Im Übrigen ist bei **Wertermittlungen in Flurbereinigungsverfahren** § 28 Abs. 1 FlurbG zu beachten:

§ 28 Abs. 1 FlurbG: (1) Für landwirtschaftlich genutzte Grundstücke ist das Wertverhältnis in der Regel nach dem Nutzen zu ermitteln, den sie bei gemeinüblicher ordnungsgemäßer Bewirtschaftung jedem Besitzer ohne Rücksicht auf ihre Entfernung vom Wirtschaftshofe oder von der Ortslage nachhaltig gewähren können. Hierbei sind die Ergebnisse einer Bodenschätzung nach dem Bodenschätzungsgesetz vom 20. Dezember 2007 (BGBl. I S. 3150, 3176) in der jeweils geltenden Fassung zugrunde zu legen; Abweichungen sind zulässig.

24 **Landwirtschaft** i. S. des BauGB sind insbesondere der Ackerbau, die Wiesen- und Weidewirtschaft einschließlich Tierhaltung, soweit das Tierfutter auf den zum landwirtschaftlichen Betrieb gehörenden Flächen erzeugt werden kann, die gartenbauliche Erzeugung, der Erwerbsobstbau, der Weinbau, die berufsmäßige Imkerei und die berufsmäßige Binnenfischerei (§ 201 BauGB)[33].

Nach **§ 22 Abs. 1 BelWertV** sind landwirtschaftlich genutzte Objekte „solche, deren überwiegender Teil des Rohertrags durch land- oder forstwirtschaftliche Nutzung erzielt wird". Der Wert von Acker, Grünland, Obst- und Weinbauflächen sowie Wald ist nach § 22 Abs. 2 BelWertV unter Berücksichtigung der vorgefundenen Grundstücksmerkmale aus geeigneten Vergleichspreisen abzuleiten; § 15 BelWertV ist entsprechend anzuwenden. Dabei sind Art, Struktur und Größe des Grundstücks im Hinblick auf regionale Gegebenheiten unter besonderer Berücksichtigung der Bodenqualität und der klimatischen Bedingungen im Gutachten besonders zu würdigen und bei der Ableitung des Bodenwerts zu berücksichtigen.

25 **Forstwirtschaft** kann allgemein als planmäßige Waldbewirtschaftung durch Anbau, Pflege und Abschlag verstanden werden. In § 22 Abs. 6 Satz 2 WertV 72 war sie als die Erzeugung und Gewinnung von Rohholz definiert. Diese Definition erwies sich als zu eng, denn zunehmend steht bei Wäldern die Erholungs- und Schutzfunktion im Vordergrund. Diese Wälder sind zumindest forstwirtschaftlich nutzbar. Von daher fallen die entsprechenden Flächen unter die Definition des § 5 Abs. 1 ImmoWertV, auch wenn die ImmoWertV – anders als das

---

31 BVerwG, Urt. vom 22.02.1995 – 2 C 20/94 –, EzGuG 4.160; BVerwG, Beschl. vom 04.02.1991 – 5 B 91/90 -; BVerwG, Beschl. vom 29.05.1991 – 5 B 27/91 –, GuG 1992, 224 = EzGuG 17.67; BVerwG, Urt. vom 16.12.1992 – 11 C 3/92 –, GuG 1994, 184 = EzGuG 17.70; VGH Mannheim, Urt. vom 11.05.1995 – 7 S 2194/94 –, GuG 1996, 181 = EzGuG 4.162.
32 BVerwG, Urt. vom 22.02.1995 – 2 C 20/94 –, EzGuG 4.160; BFH, Urt. vom 26.01.1973 – III R 122/71 –, BStBl. II 1973, 282; BFH, Urt. vom 15.11.1978 – IV R 191/74 –, BFHE 126, 230; BFH, Urt. vom 05.12.1980 – III R 56/77 –, BStBl. II 1981, 498; vgl. auch § 1 Abs. 2 GrstVH.
33 Köhne/Moser/Kleiber, Entwicklungslinien der landwirtschaftlichen Sachverständigenpraxis, HLBS 2005 Heft 171 S. 90.

Entwicklungszustand § 5 ImmoWertV

BauGB[34] – den Wald nicht ausdrücklich nennt. In der Begründung zur WertV 88 wird aber ausdrücklich darauf hingewiesen, dass der Wert eines Erholungswalds unter den Wert einer „rein" forstwirtschaftlichen Fläche absinken kann[35].

▶ *Zum „reinen" Agrarland vgl. anschließend Rn. 26 ff.; zu den besonderen land- oder forstwirtschaftlichen Flächen vgl. unten Rn. 117 ff.; zum Wald unten Rn. 80 ff.*

Im Übrigen kann allgemein festgestellt werden, dass auch die Preisbildung auf dem landwirtschaftlichen Grundstücksmarkt zwar mit der **Ertragsfähigkeit** korreliert, gleichwohl davon abgekoppelt ist (vgl. unten Rn. 131).

2.2 Reine Flächen der Land- und Forstwirtschaft

2.2.1 Allgemeines

Schrifttum: *Gekle, L.,* Leitfaden zur Lösung landwirtschaftlicher Bewertungsprobleme, HLBS Verlag 1. Aufl. 2002; *Köhne, M.,* Landwirtschaftliche Taxationslehre, Parey Buchverlag 3. Aufl. 2000; *Stock, K.-D.,* Wertveränderungen an einem Anwesen sowie Feststellung des Verkehrswerts von Grundstücksflächen, HLBS Verlag 1. Aufl. 1995.

§ 5 Abs. 1 ImmoWertV definiert Flächen der Land- und Forstwirtschaft als land- oder forstwirtschaftlich nutzbare Flächen. Im Umkehrschluss zur Definition des Bauerwartungslands kann eine bauliche Nutzung nicht erwartet werden. Dies kann allerdings oftmals nur über einen „absehbaren" Zeitraum ausgeschlossen werden. Insoweit ist die bisherige Definition nach wie vor sachgerecht, dass es sich dabei um solche Flächen handelt, die nach ihren Eigenschaften, der sonstigen Beschaffenheit und ihrer Lage, ihren Verwertungsmöglichkeiten oder den sonstigen Umständen *in absehbarer Zeit* **nur land- oder forstwirtschaftlich nutzbar sind** (so auch § 69 BewG). **26**

Auch **Flächen, die nur in eingeschränktem Maße einer land- oder forstwirtschaftlichen Nutzung zu dienen bestimmt sind,** fallen unter die Definition des § 5 Abs. 1 ImmoWertV. Dies kann sich z. B. aus Düngebeschränkungen in Wasserschutzgebieten oder aus einer eingeschränkten forstwirtschaftlichen Nutzbarkeit z. B. als Schutz- oder Bannwald ergeben. Entsprechendes gilt auch für Brachflächen, die durch Maßnahmen zur Reduzierung der landwirtschaftlichen Überschussproduktion betroffen sind[36]. **27**

Was als **absehbare Zeit** anzusehen ist, lässt sich nicht vorgeben[37]. Es handelt sich hierbei um einen unbestimmten Rechtsbegriff, der nach den Gegebenheiten des Einzelfalls auszulegen ist[38]. In strukturschwachen landwirtschaftlich orientierten Gebieten sind die Zeiträume, in denen eine andere als land- oder forstwirtschaftliche Nutzung erwartet werden könnte, generell langfristiger anzusetzen als in den unter Siedlungsdruck stehenden Räumen. Aus der Situationsgebundenheit dieser Flächen heraus müssen in den strukturschwachen Gebieten schon sehr konkrete Anhaltspunkte für eine anderweitige Nutzung gefordert werden, wenn der Fläche eine Bauerwartung beigemessen werden soll. Der BGH hat nicht ausschließen wollen, dass landwirtschaftlich genutzte Gebiete ihrer Qualität nach in die Zwischenstufe gehören, also im weitesten Sinne als Bauland anzusehen sind, „wenn innerhalb von etwa sechs Jahren eine Bebauung nicht zu erwarten ist"[39]. Auf der anderen Seite wurde in der Rechtsprechung[40] **28**

---

34 § 1 Abs. 5 Satz 3, § 5 Abs. 2 Nr. 9b, § 9 Abs. 1 Nr. 18b BauGB; vgl. hierzu BVerwG, Beschl. vom 19.02.1996 – 4 B 20/96 –, DÖV 1996, 608; OVG Münster, Urt. vom 22.01.1988 – 10 A 1299/87 –, EzGuG 8.64; mit der Übernahme des Begriffs „Wald" in das BauGB hat der Gesetzgeber den Begriffsbestimmungen der Waldgesetze des Bundes und der Länder entsprechen wollen und eine klare Flächenzuordnung dort ermöglichen wollen, wo die Erholungs- und Schutzfunktion im Vordergrund steht (BT-Drucks 10/4630, S. 62 und 68); zum Begriff vgl. landesrechtliche Vorschriften, z. B. § 2 bbg Landeswaldgesetz (GVBl. 1991, 213).
35 BR-Drucks. 352/88, S. 37.
36 BR-Drucks. 352/88 S. 35 f.
37 BGH, Urt. vom 08.11.1962 – III ZR 86/61 –, EzGuG 8.5.
38 Zur „Absehbarkeit" im Erschließungsbeitragsrecht vgl. BVerwG, Urt. vom 22.02.1985 – 8 C 114/83 –, EzGuG 9.55.
39 BGH, Urt. vom 08.11.1962 – III ZR 86/61 –, EzGuG 8.5; wird dort näher ausgeführt.
40 BGH, Urt. vom 18.09.1986 – III ZR 83/85 –, EzGuG 4.111; BGH, Urt. vom 01.02.1982 – III ZR 93/80 –, EzGuG 14.69.

eine Nutzungsmöglichkeit, die erst in 30 Jahren realisiert werden soll, nicht als absehbar bezeichnet (vgl. unten Rn. 138, 150, 159)[41].

In der **Rechtsprechung der Finanzgerichte** ist die absehbare Zeit ein Zeitraum, für den die Entwicklung mit einiger Wahrscheinlichkeit übersehen werden kann, besonders in der Richtung, dass sich der Übergang von der landwirtschaftlichen zu einer anderen Nutzung vollziehen werde[42]. In § 69 Abs. 1 BewG wird in Übereinstimmung mit dieser Rechtsprechung ein Zeitraum von 6 Jahren als absehbar angesehen.

Zur Wertermittlung können hilfsweise die **regionalen Wertansätze** i. S. von § 5 Abs. 1 Satz 2 der **Flächenerwerbsverordnung** herangezogen werden[43]. Diese werden im Wesentlichen aus den Bodenrichtwerten nach § 196 BauGB hergeleitet und weisen daher eine geringe Aktualität auf. Dies ist einerseits darauf zurückzuführen, dass in die Bodenrichtwertableitung die Ergebnisse abgeschlossener und dem Gutachterausschuss übermittelter und von diesem ausgewerteter Kaufverträge eingehen und die Bodenrichtwerte im 1- bis 2-Jahres-Rhythmus aktualisiert veröffentlicht werden. Grundlage der Bodenrichtwerte ist mithin das Marktgeschehen, das i. d. R. zwei Jahre oder mehr zurückliegt. Schon aus diesem Grund bilden sie das aktuelle Marktgeschehen nur unzureichend ab. Für die Ermittlung der EALG-Kaufpreise spielen die regionalen Wertansätze deshalb inzwischen nur noch eine untergeordnete Rolle.

2.2.2 Flächenerwerbsverordnung

29 Die auf das Entschädigungs- und Ausgleichsleistungsgesetz (EALG) gestützte **Flächenerwerbsverordnung** sieht in § 5 Abs. 1 folgende Regelung für die Ermittlung des Verkehrswerts vor, von dem der EALG-Kaufpreis durch Abzug von 35 % hergeleitet wird[44]:

„Kaufpreis für landwirtschaftliche Flächen
Der Verkehrswert für landwirtschaftliche Flächen ... wird ermittelt nach den Vorgaben der Wertermittlungsverordnung .... Soweit für Acker- und Grünland Regionale Wertansätze vorliegen, soll der Wert hiernach bestimmt werden. Die Regionalen Wertansätze werden vom Bundesminister der Finanzen im Bundesanzeiger veröffentlicht. Der Kaufbewerber oder die Privatisierungsstelle kann eine davon abweichende Bestimmung des Verkehrswertes durch ein Verkehrswertgutachten des nach § 192 des Baugesetzbuches eingerichteten und örtlich zuständigen Gutachterausschusses verlangen, wenn tatsächliche Anhaltspunkte dafür vorliegen, dass die Regionalen Wertansätze als Ermittlungsgrundlage ungeeignet sind."

▶ *Zum Bieterverfahren vgl. Syst. Darst. des Vergleichswertverfahrens Rn. 73*

2.2.3 Acker- und Grünland

2.2.3.1 Allgemeines

30 Zur Verkehrswertermittlung landwirtschaftlicher Nutzflächen kann hier nur ein allgemeiner Überblick gegeben und auf die weiterführende Literatur verwiesen werden[45]. Als amtliche Hinweise können die **Entschädigungsrichtlinien Landwirtschaft vom 28.07.1978 – LandR 78** – herangezogen werden.

---

41 So aber die Praxis in dem dem Urt. des LG Koblenz vom 06.03.1989 – 4 O 18/88 –, EzGuG 8.66 zugrunde liegenden Fall.
42 RFH, Urt. vom 30.04.1931 – III A 1283/30 –, EzGuG 4.2e; RFH, Urt. vom 21.07.1932 – III A 679/31 –, EzGuG 4.2g; RFH, Entsch. vom 27.07.1938 – III 322/37 –, EzGuG 8.1c; BFH, Urt. vom 04.08.1972 – III R 47/72 –, BStBl II 1972, 849 = EzGuG 4.36a; BewR Gr vom 19.09.1966 (BAnz Nr. 183 Beil. = BStBl I 1966, 890) zu Nr. 3 Abs. 7; schon der Reichskommissar für die Preisbildung verstand darunter eine Frist von 6 Jahren (Erl Nr. 66/42 vom 1.6.1942 (MittBl. I 1942, 466).
43 Bekanntmachung der Regionalen Wertansätze 2006 für Ackerland und Grünland nach der Flächenerwerbsverordnung vom 24.05.2004 (BAnz Nr. 145a vom 04.08.2006).
44 Das EALG wurde im Jahre 2000 bei der Kommission der Europäischen Gemeinschaften notifiziert und von dieser genehmigt. Die EALG-Verkäufe an Pächter sind bis zum 31.12.2009 abzuschließen.
45 Köhne, M., Landwirtschaftliche Taxationslehre, 3. Aufl. Hamburg/Berlin 2000 m. w. N.

Entwicklungszustand § 5 ImmoWertV

Generell wird bei der Verkehrswertermittlung land- oder forstwirtschaftlicher Nutzflächen (NF) nach folgenden **Nutzungsarten** unterschieden: 31

- landwirtschaftliche Nutzflächen (LN oder LF),
- forstwirtschaftliche Nutzflächen (FN),
- bewirtschaftete und nicht bewirtschaftete Gewässerflächen,
- Ödlandflächen,
- Unlandflächen und
- sonstige Flächen, wie Wege, Hofraum, Gebäude, Gräben, Hecken und dgl. einschließlich Abbauland.

Als **Kulturflächen** bezeichnet man davon diejenigen Flächen, die bewirtschaftet werden (land- oder forstwirtschaftliche Flächen einschließlich bewirtschafteter Gewässer). 32

Zu den **landwirtschaftlichen Nutzflächen** gehören:

- das Ackerland,
- das Dauergrünland, Hutungen (= Grünlandflächen mit geringer natürlicher Ertragsfähigkeit),
- das Wechselland, auf dem ein Wechsel von ackerbaulicher und Grünlandnutzung in einem geringen Wechsel stattfindet,
- das Gartenland (Haus- und Erwerbsgärten),
- die Obstanlagen,
- das Rebland,
- die Hopfengärten,
- die Baumschulen und
- die Korbweidenanlagen.

Die **Verkehrswertermittlung land- oder forstwirtschaftlicher Nutzflächen** muss deutlich abgegrenzt werden von der 33

- steuerlichen Ermittlung des gemeinen Werts (Einheits- bzw. Grundbesitzbewertung) dieser Grundstücke und
- der Ertragswertermittlung im Rahmen des Erbrechts bzw. für die Ermittlung des Zugewinnausgleichs nach bürgerlichem Recht.

Die **steuerliche Bewertung land- oder forstwirtschaftlicher Betriebe** erfasst gemäß § 36 BewG grundsätzlich den Ertragswert. I.d.R. wird der Ertrag durch ein Vergleichswertverfahren ermittelt, das in knappen Grundsätzen in den §§ 38 bis 40 BewG normiert ist, seine eigentliche Erkenntnisquelle jedoch erst in der allgemeinen Verwaltungsvorschrift über Richtlinien zur Bewertung des land- und forstwirtschaftlichen Vermögens findet[46]. Land- und forstwirtschaftliche Grundstücke werden danach nicht als solche bewertet, sondern gehen indirekt über die Unternehmensbewertung des land- und forstwirtschaftlichen Vermögens in den insgesamt nach Gesichtspunkten des Ertragswerts ermittelten Einheitswert ein. Die in § 40 Abs. 2 BewG festgelegten Einheitswerte stützen sich auf einen abgesenkten Reinertrag[47]. 34

Im Rahmen des **Erbrechts und der Bemessung des Zugewinnausgleichs sowie des ehelichen Güterrechts** bemisst sich der Wert eines Landguts nach den § 1376 Abs. 4, § 2049 Abs. 2 und § 2312 Abs. 1 BGB zum Zwecke des Erhalts landwirtschaftlicher Betriebe grundsätzlich nach dem im Vergleich zum Verkehrswert niedrigeren Ertragswert[48]. 35

---
[46] Teil 1 bis 4 und 8, BStBl. I 1967, 397; Teile 5 bis 7 BStBl. I 1968, 223.
[47] Schriftlicher Bericht des Finanzausschusses des Bundestags, zu BT-Drucks IV/3508, S. 3 f.; Gürsching/Stenger, BewG, VermG 9. Aufl. 1992 § 40 Rn. 4 ff.; BVerfG, Beschl. vom 22.06.1995 – 2 BvL 37/91 –, GuG 1995, 309 = EzGuG 1.61.
[48] Vgl. Kleiber, Verkehrswertermittlung von Grundstücken, 6. Aufl. 2010, Teil VII Rn. 127 ff., Rn. 157 ff.

§ 5 ImmoWertV   Entwicklungszustand

36 Generell ist aber auch bei der Ermittlung des Verkehrswerts landwirtschaftlicher Betriebe zu beachten, dass der **Wertanteil des Grund und Bodens** am Verkehrswert des Betriebs nicht losgelöst vom landwirtschaftlichen Betrieb abgeleitet wird; vielmehr steht auch hier eine betriebsbezogene Verkehrswertermittlung im Vordergrund.

2.2.3.2 Wertbestimmende Grundstücksmerkmale

37 Die **allgemeinen wertbestimmenden Merkmale** sind

- die allgemeine Lage des Grundstücks, insbesondere auch zum Ort,
- die planerischen Ausweisungen in der Regional- und Landesplanung, der Bauleitplanung (Flächennutzungs- und Bebauungsplan) und dgl.,
- Nutzungseinschränkungen (Wasserschutz-, Naturschutzgebiete),
- langfristige Pachtverträge,
- Nutzungsart (wobei im Wesentlichen zwischen Acker- und Grünland sowie Sonderkulturen unterschieden wird),
- Größe und Form des Grundstücks (Einsetzbarkeit von Maschinen),
- Erschließung des Grundstücks (Zuwege),
- Oberflächengestalt (z. B. Hängigkeit),
- Bodenwert und Bodenqualität (Bonität),
- Bodenverbesserungsmaßnahmen (z. B. Drainage),
- Klima,
- Waldnähe und sonstige Beeinträchtigungen und Hindernisse,
- besondere Nutzungsmöglichkeiten für Intensivkulturen,
- die allgemeine Nachfrage im sog. „innerland- oder forstwirtschaftlichen Grundstücksverkehr" sowie für außerland- oder forstwirtschaftliche Nutzungen (Zahl der Vollerwerbsbetriebe, vergleichbares Pachtpreisniveau),
- Verbund mit Produktionsquoten (z. B. für Milch und Zuckerrüben),
- Aussicht auf eine Flurneuordnung (Flurbereinigungsverfahren),
- Schadstoffbelastungen.

2.2.4 Grundstücksgröße und Grundstücksgestalt (-zuschnitt)

Schrifttum: *Kindler, R.,* Zum Vergleichspreissystem der BVVG, GuG 2009, 280; *Koepke,* Kaufpreise für Ackerland in Ausschreibung der BVVG, GuG 2010, 257; *Müller, W.,* Niveau und Entwicklung von Kaufpreisen, Neue Landwirtschaft: Bodenmarkt 2009, 8; *Reinhard, W.,* Die Fläche als wertrelevante Größe für individuelles Wohnbauland in ländlichen Bereichen, GuG 2008, 321.

▶ *Zur Abhängigkeit bei forstwirtschaftlich genutzten Grundstücken vgl. unten Rn. 88, vgl. Syst. Darst. des Vergleichswertverfahrens Rn. 247, 275, 306 ff.*

38 Bei der **Berücksichtigung von Lagemerkmalen** landwirtschaftlicher Grundstücke gelten folgende **Grundsätze:**

Entwicklungszustand § 5 ImmoWertV

a) *Grundstücksgröße:* **Allgemein gilt im landwirtschaftlichen Bereich schon im Hinblick auf die Mechanisierung, dass größere Grundstücke zumeist auch zu deutlich höheren Preisen gehandelt werden.** Die Untersuchungen von *Stock*[49] zeigen folgende Abhängigkeit (Abb. 3)[50]:

Abb. 3:   Kaufpreise landwirtschaftlicher Flächen nach Grundstücksgrößen

€/m²		bis 1 ha	bis 3 ha	über 3 ha	insgesamt
bis 3,00	Anzahl	4	–	–	5
	%	28,57	11,11	–	18,52
bis 3,00	Anzahl	7	3	–	8
	%	50,00	11,11	–	29,63
bis 4,00	Anzahl	1	4	1	5
	%	7,14	33,33	25,00	18,52
bis 4,00	Anzahl	2	4	3	9
	%	14,29	44,44	75,00	33,33
insgesamt	Anzahl	14	9	4	27
	%	**100,00**	**100,00**	**100,00**	**100,00**

Quelle: Stock in GuG 1993, 87

Für das Land *Brandenburg* hat *Kindler*[51] festgestellt, dass umgekehrt nur für Flächen unter 1 ha Größe höhere Kaufpreise erzielt werden, während darüber hinaus der Einfluss der Flächengröße unwesentlich sei[52]. Bei Flächen unter 1 ha ist der Mittelwert der Flächen bei Ackerland um 75 % und bei Grünland um 29 % höher als für Flächen ab 1 ha Größe. Aus Verkäufen der Jahre 2008 bis 2010 hat der Obere Gutachterausschuss für Grundstückswerte in Brandenburg die sich aus Abb. 4 ergebende Abhängigkeit des Kaufpreises von der Flächengröße festgestellt.

---

49 Entsprechende Werte sind veröffentlicht in GuG 1993, 355; Meinhardt in GuG 1993, 329; Kindler in Neue Landwirtschaft 1992, 15; Klare/Koch in DLG Mitteilungen 1993, 44; Weber in AgE 1993/14; Uherek in GuG 1993, 277.
50 Meinhardt in GuG 1993, 333.
51 Kindler, R., Zur Ermittlung von Bodenrichtwerten für landwirtschaftliche Flächen, GuG 2002, 263.
52 Der Obere Gutachterausschuss für Grundstückswerte stellt in seinem Marktbericht 2007 (S. 48) fest, dass keine signifikante Abhängigkeit des Bodenpreises von der Flächengröße festgestellt werden konnte.

§ 5 ImmoWertV — Entwicklungszustand

Abb. 4: Abhängigkeit des Kaufpreises von der Flächengröße bei Ackerlandverkäufen 2008-2010 im Land Brandenburg

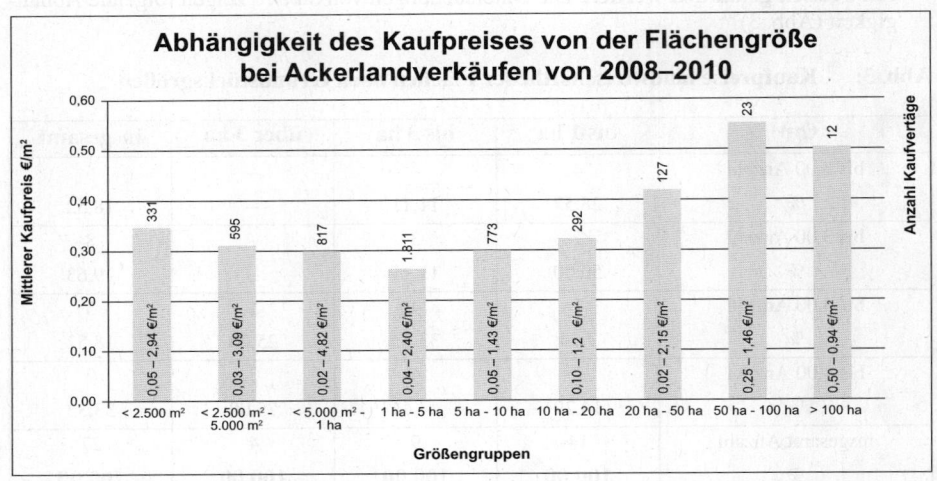

Quelle: Grundstücksmarktbericht 2011 des Oberen Gutachterausschusses in Brandenburg

Für die neuen Bundesländer wurde von Koepke (GuG 2010, 257) eine sehr deutliche Abhängigkeit des Marktwertes landwirtschaftlicher Grundstücke bei Verkäufen von Flächenlosen über 10 ha (bis 450 ha) festgestellt.

39 Der Gutachterausschuss in *Bergisch Gladbach* hat die aus Abb. 5 ersichtliche Abhängigkeit empirisch abgeleitet.

Abb. 5: Abhängigkeit des Quadratmeterwerts landwirtschaftlich genutzter Grundstücke von der Grundstücksgröße

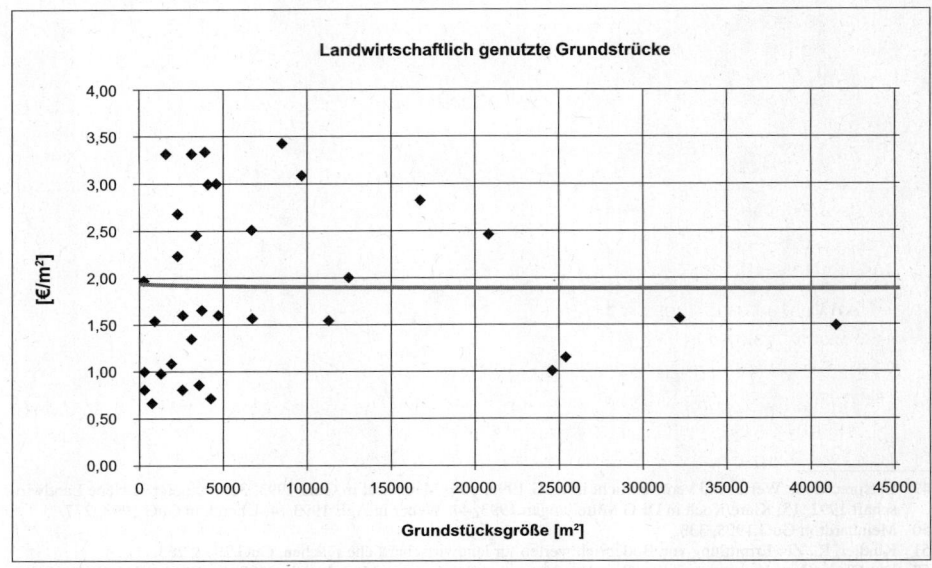

Quelle: Grundstücksmarktbericht 2012 Bergisch Gladbach

Entwicklungszustand § 5 ImmoWertV

Abb. 6: Umrechnungskoeffizienten für die Abhängigkeit des Bodenwerts von der Grundstücksgröße von Ackergrundstücken

Umrechnungskoeffizienten für die Abhängigkeit des Bodenwerts von der Grundstücksgröße im landwirtschaftlichen Bereich							
Fläche		Region Hannover	LK Holzminden (2004)	LK Osterode Harz (2012)	LK Northeim (2012)	LK Göttingen (2012)	LK Hameln-Pyrmont (2006)
in ha	in m²						
0,20	2 000	–	–	0,85	0,84	0,87	–
0,25	2 500	0,89	0,88	–	–	0,94	–
0,40	4 000	–	–	0,91	0,89	0,91	–
0,50	5 000	0,94	0,96	–	–	–	0,89
0,60	6 000	–	–	0,93	0,92	0,94	–
0,75	7 500	0,97	–	–	–	–	–
0,80	8 000	–	–	0,95	0,94	0,95	–
1,00	**10 000**	**1,00**	**1,00**	0,97	0,95	0,97	0,95
1,25	12 500	1,02	–	–	–	–	–
1,50	15 000	1,04	–	0,99	0,98	0,98	–
1,75	17 500	1,05	1,04	–	–	–	–
2,00	**20 000**	1,06	1,06	**1,00**	**1,00**	**1,00**	**1,00**
2,25	22 500	1,07	–	–	–	–	–
2,50	25 000	1,08	–	1,01	1,01	1,01	–
2,75	27 500	1,09	–	–	–	–	–
3,00	30 000	1,10	–	1,01	1,02	1,04	1,03
3,25	32 500	1,11	–	–	–	–	–
3,50	35 000	1,11	–	–	1,03	1,02	–
3,75	37 500	1,12	–	–	–	–	–
4,00	40 000	1,13	1,09	–	1,04	1,03	1,05
4,25	42 500	1,13	–	–	–	–	–
4,50	45 000	1,14	–	–	1,05	–	–
4,75	47 500	1,15	–	–	–	–	–
5,00	50 000	1,15	–	–	–	–	1,06
6,00	60 000	–	1,11	–	–	–	1,07
7,00	70 000	–	–	–	–	–	1,08
8,00	80 000	–	1,12	–	–	–	–

Quelle: Landesgrundstücksmarktberichte der angegebenen Jahre

b) *Grundstücksgestalt (Zuschnitt):* Ein rechteckiges Grundstück mit geraden Grenzverläufen bietet die besten Bewirtschaftungsvoraussetzungen. Nachteile bieten dreieckige Grundstücke und Grenzversprünge (vgl. Syst. Darst. des Vergleichswertverfahrens Rn. 247 ff.). 40

Wertminderungen, die sich aus einer **ungünstigen Grundstücksform** ergeben, lassen sich aus den zusätzlichen Bewirtschaftungskosten, z. B.

- Arbeitszeitverlusten,
- Maschinenkosten,
- Saatverlusten, Düngeverlusten und dgl. im Randstreifen,

ermitteln. Die kapitalisierten zusätzlichen Bewirtschaftungskosten können Minderwerte von 0,50 bis 1,50 €/m² ausmachen und bei kleinen Flächen sogar den Restwert übersteigen. Die Wertminderung beläuft sich auf -5 bis -15 %.

c) *Geländeneigung*

Der Wert der Fläche mindert sich mit der Geländeneigung

Geländeneigung	Prozentuale Auswirkung
5 %	-4 %
10 %	-7 %

▶ *Zur Arrondierung land- und forstwirtschaftlicher Flächen vgl. Syst. Darst. des Vergleichswertverfahrens Rn. 312.; zu Leitungsdurchschneidungen[53]*

2.2.5 Bonität

2.2.5.1 Allgemeines

41 Für Zwecke der Besteuerung sowie nichtsteuerliche Zwecke, insbesondere der Agrarordnung, dem Bodenschutz und Bodeninformationssystemen wurden in Fortführung der Reichsbodenschätzung (1934) nach Maßgabe des Bodenschätzungsgesetzes (BodSchätzG) einheitliche Bewertungsgrundlagen für landwirtschaftlich nutzbare Flächen des Bundesgebiets geschaffen[54]. Zur Sicherung der Gleichmäßigkeit der Bodenschätzung wurden ausgewählte Bodenflächen als Musterstücke geschätzt, die einen Querschnitt über die im Bundesgebiet hauptsächlich vorhandenen Böden hinsichtlich ihrer natürlichen Ertragsfähigkeit abbilden sollen. Darüber hinaus sind nach § 7 BodSchätzG in jeder Gemarkung für die wichtigsten und besonders typischen Böden Vergleichsstücke auszuwählen, zu beschreiben und in Anlehnung an die Musterstücke zu bewerten. Die Systematik der Bodenschätzung ist darauf angelegt, alle Grundstücke ins Verhältnis zu einem Musterstück bzw. Vergleichsstück zu setzen und zu bewerten. Das Mustergrundstück mit den besten natürlichen Standortbedingungen und Ertragsverhältnissen erhielt dazu die Vergleichszahl 100[55]. Die gesetzlichen Grundlagen der Reichsbodenschätzung sind im **Bodenschätzungsgesetz**[56] aufgegangen.

42 Nach § 2 BodSchätzG ist **zwischen folgenden** landwirtschaftlichen **Kulturarten (Nutzungsarten) zu unterscheiden:**

Ackerland   A
Grünland   Gr

43 Das **Ackerland (A)** umfasst die Bodenflächen zum feldmäßigen Anbau von Getreide, Hülsen- und Ölfrüchten, Hackfrüchten, Futterpflanzen, Obst- und Sonderkulturen sowie von Gartengewächsen. Außerdem gehören zum Ackerland auch das Acker-Grünland, das durch einen Wechsel in der Nutzung von Ackerland und Grünland gekennzeichnet ist.

44 Das **Grünland (Gr)** umfasst die Dauergrasflächen, die i. d. R. gemäht und geweidet werden, sowie den **Grünland-Acker**, der durch einen Wechsel in der Nutzung von Grünland und Ackerland gekennzeichnet ist. Von dem Grünland sind besonders zu bezeichnen:

– als *Grünland-Wiese* (GrW) diejenigen Dauergrasflächen, die infolge ihrer feuchten Lage nur gemäht werden können (absolutes Dauergrünland),

– als *Grünland-Streuwiese* (GrStr) diejenigen stark vernässten Dauergrünlandflächen, die ausschließlich oder in der Hauptsache durch Entnahme von Streu genutzt werden können,

– als *Grünland-Hutung* (GrHu) diejenigen Flächen geringer Ertragsfähigkeit, die nicht bestellt werden können und im Allgemeinen nur eine Weidenutzung zulassen.

---

53 Vgl. Kleiber, Verkehrswertermittlung von Grundstücken, 6. Aufl. 2010, Teil IX Rn. 401 ff.
54 Vgl. Kleiber, Verkehrswertermittlung von Grundstücken, 6. Aufl. 2010, Teil III Rn. 486
55 Umfassend Rösch, A./Kurandt, F., Bodenschätzung und Liegenschaftskataster, 3. Aufl. Nachdruck 1968 Carl Heymanns Verlag Berlin 1950.
56 Gesetz zur Schätzung des landwirtschaftlichen Kulturbodens (Bodenschätzungsgesetz – BodSchätzG –) i. d. F. vom 20.12.2007 (BGBl. I 2007, 3150).

Entwicklungszustand § 5 ImmoWertV

Für Acker- und Grünland sind einheitliche **Schätzungsrahmen** aufgestellt worden, die die *Wertzahlen* ausweisen. 45

Abb. 7: Auszug aus der Liegenschaftskarte mit Angaben zur Bonität

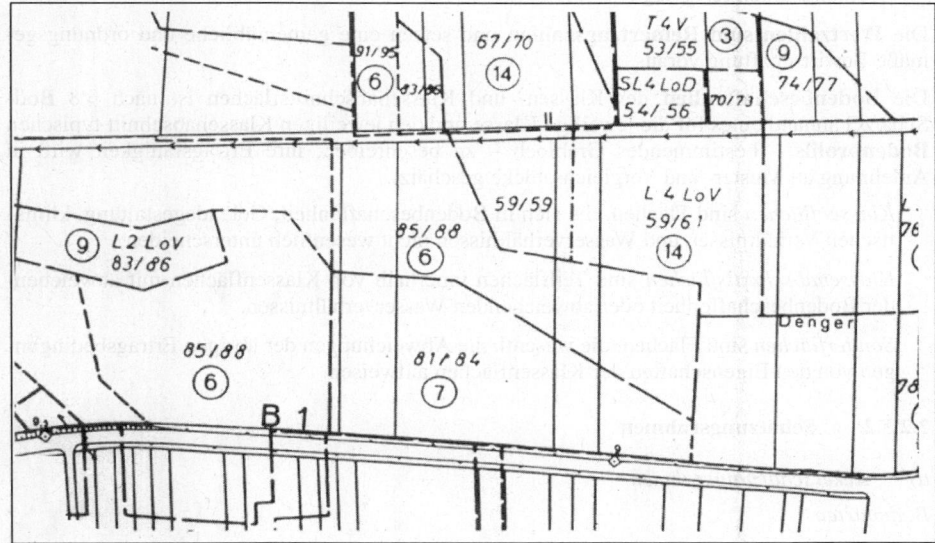

Die **Wertzahl** ist in § 3 Satz 2 BodSchätzG als Verhältniszahl definiert, die Unterschiede im Reinertrag bei gemeinüblicher und ordnungsgemäßer Bewirtschaftung zum Ausdruck bringen. Bei der Ermittlung der Wertzahlen sind alle die natürliche Ertragsfähigkeit beeinflussenden Umstände zu berücksichtigen, insbesondere 46

– beim Ackerland Bodenart, Zustandsstufe und Entstehung,

– beim Grünland Bodenart, Bodenstufe, Klima- und Wasserverhältnisse.

a) Für das **Ackerland** können dem Liegenschaftskataster zwei Wertzahlen entnommen werden: 47

- Die **Bodenzahl** bringt die durch die Verschiedenheit der Bodenbeschaffung im Zusammenhang mit den Grundwasserverhältnissen bedingten Ertragsunterschiede zum Ausdruck.

- Die **Ackerzahl** berücksichtigt außerdem noch die Ertragsunterschiede, die auf das Klima, die Geländegestaltung und andere natürliche Ertragsbedingungen zurückführbar sind. Boden- und Ackerzahl gelten nicht stets für das gesamte Flurstück, sondern gelten häufig nur jeweils für Teilflächen.

- Boden- und Ackerzahl gelten nicht stets für das gesamte Flurstück, sondern gelten häufig nur jeweils für Teilflächen.

b) Für das **Grünland** können dem Liegenschaftskataster ebenfalls zwei Wertzahlen entnommen werden: 48

- Die **Grünlandgrundzahl** bringt die aufgrund der Beurteilung von Bodenbeschaffenheit, Klima und Wasserverhältnissen sich ergebenden Ertragsunterschiede zum Ausdruck.

§ 5 ImmoWertV — Entwicklungszustand

- Die **Grünlandzahl** berücksichtigt außerdem die Ertragsunterschiede, die auf Geländegestaltung und andere natürliche Ertragsbedingungen zurückzuführen sind[57], durch prozentuale Abrechnungen an der Grünlandgrundzahl.

Bei der Schätzung von Grünland-Hutungen und Grünland-Streuwiesen werden nur die Grünlandzahlen festgelegt.

49 Die **Wertzahlen sind Reinertragszahlen** und setzen eine gemeinübliche und ordnungsgemäße Bewirtschaftung voraus.

50 Die **Bodenbeschaffenheit** der Klassen- und Klassenabschnittsflächen ist nach § 8 BodSchätzG anhand eines für die jeweilige Klasse und den jeweiligen Klassenabschnitt typischen **Bodenprofils** – bestimmendes Grabloch – zu beschreiben; ihre Ertragsfähigkeit wird in Anlehnung an Muster- und Vergleichsstücke geschätzt.

Klassenflächen sind Flächen, die sich in Bodenbeschaffenheit, Geländegestaltung, klimatischen Verhältnissen und Wasserverhältnissen nicht wesentlich unterscheiden;

Klassenabschnittsflächen sind Teilflächen innerhalb von Klassenflächen mit abweichender Bodenbeschaffenheit oder abweichenden Wasserverhältnissen.

Sonderflächen sind Flächen, die wesentliche Abweichungen der übrigen Ertragsbedingungen von den Eigenschaften der Klassenflächen aufweisen.

2.2.5.2 Schätzungsrahmen

a) Ackerschätzungsrahmen

Bodenarten

51 Der Ackerschätzungsrahmen (Abb. 8), untergliedert sich in der Hauptsache nach **Bodenarten,** wobei der bodenartige Gesamtcharakter einschließlich Steingehalt und Grobkörnigkeit ausschlaggebend ist:

S	Sand	
Sl	anlehmiger Sand	
lS	lehmiger Sand	
SL	stark lehmiger Sand	
sL	sandiger Lehm	mineralische Bodenarten
L	Lehm	
LT	schwerer Lehm	
T	Ton	
Mo	Moor	

---

[57] Nr. 12 Abs. 2 BodSchätzTechnAnw.

Abb. 8: Ackerschätzungsrahmen[58]

Bodenart	Entste-hung	Ackerschätzungsrahmen (Boden-)Zustandsstufe						
		1	2	3	4	5	6	7
S	D		41–34	33–27	26–21	20–16	15–12	11–7
	Al		44–37	36–30	29–24	23–19	18–14	13–9
	V		41–34	33–27	26–21	20–16	15–12	11–7
Sl (S/lS)	D		51–43	42–35	34–28	27–22	21–17	16–11
	Al		53–46	45–38	37–31	30–24	23–19	18–13
	V		49–43	42–36	35–29	28–23	22–18	17–12
lS	D	68–60	59–51	50–44	43–37	36–30	29–23	22–16
	Lö	71–63	62–54	53–46	45–39	38–32	31–25	24–18
	Al	71–63	62–54	53–46	45–39	38–32	31–25	24–18
	V		57–51	50–44	43–37	36–30	29–24	23–17
	Vg		47–41	40–34	33–27	26–20	19–12	
SL (lS/sL)	D	75–68	67–60	59–52	51–45	44–38	37–31	30–23
	Lö	81–73	72–64	63–55	54–47	46–40	39–33	32–25
	Al	80–72	71–63	62–55	54–47	46–40	39–33	32–25
	V	75–68	67–60	59–52	51–44	43–37	36–30	29–22
	Vg		55–48	47–40	39–32	31–24	23–16	
sL	D	84–76	75–68	67–60	59–53	52–46	45–39	38–30
	Lö	92–83	82–74	73–65	64–56	55–48	47–41	40–32
	Al	90–81	80–72	71–64	63–56	55–48	47–41	40–32
	V	85–77	76–68	67–59	58–51	50–44	43–36	35–27
	Vg		64–55	54–45	44–36	35–27	26–18	
L	D	90–82	81–74	73–66	65–58	57–50	49–43	42–34
	Lö	100–92	91–83	82–74	73–65	64–56	55–46	45–36
	Al	100–90	89–80	79–71	70–62	61–54	53–45	44–35
	V	91–83	82–74	73–65	64–56	55–47	46–39	38–30
	Vg		70–61	60–51	50–41	40–30	29–19	
LT	D	87–79	78–70	69–62	61–54	53–46	45–38	37–28
	Al	91–83	82–74	73–65	64–57	56–49	48–40	39–29
	V	87–79	78–70	69–61	60–52	51–43	42–34	33–24
	Vg		67–58	57–48	47–38	37–28	27–17	
T	D		71–64	63–56	55–48	47–40	39–30	29–18
	Al		74–66	65–58	57–50	49–41	40–31	30–18
	V		71–63	62–54	53–45	44–36	35–26	25–14
	Vg			59–51	50–42	41–33	32–24	23–14
Mo	–		54–46	45–37	36–29	28–22	21–16	15–10

Übergänge und Schichtwechsel zwischen Mineral- und Moorböden werden durch Kombinationen bezeichnet, z. B. SMo, LMo, TMo oder MoS, MoL und MoT. 52

Die **Hauptuntergliederung nach Bodenarten** unterscheidet zusätzlich noch nach 53

– Entstehungsarten und

– (Boden-)Zustandsstufen.

Entstehungsarten

Mit der Entstehungsart werden die für die Entstehung des Bodens maßgeblichen Kräfte 54
beschrieben. Es sind dies:

---

58 Richtlinien zur Bewertung land- und forstwirtschaftlicher Grundstücke (BAnz Nr. 224 vom 30.11.1967 BStBl. I 1967, 3973).

§ 5 ImmoWertV — Entwicklungszustand

D = Diluvium (Lockersediment und -gestein eiszeitlich und tertiären Ausgangsmaterials)
Al = Alluvium (nacheiszeitliches Lockersediment aus Abschwemmmassen und Ablagerungen von Fließgewässern)
Lö = Löß (Lockersediment aus Windablagerung)
V = Verwitterungsboden (Bodenentwicklung aus anstehendem Festgestein)
Vg = stark steinige Verwitterungs- und Gesteinsböden
G = Zusatz bei hohem Gribbodenanteil von D- und Al-Böden (führt zur Wertminderung).

55 **Moorböden** nehmen dabei eine Sonderstellung ein; sie zählen nicht zu den mineralischen Bodenarten. Ihre Bonität wird maßgeblich durch den Grad der Zersetzung bestimmt.

Bodenzustandsstufen

56 Mit der Einteilung in (Boden-)Zustandsstufen werden die **Bodeneigenschaften** beschrieben, die durch lang dauernde Einwirkungen von Klima, früherem Pflanzenbestand, Geländegestaltung, Grundwasser, Art der Nutzung und Gestein bedingt sind.

57 Es wird zwischen **sieben Zustandsstufen** unterschieden, von denen die Stufe 1 den günstigsten und die Stufe 7 den ungünstigsten Zustand beschreibt.

Beispiel:

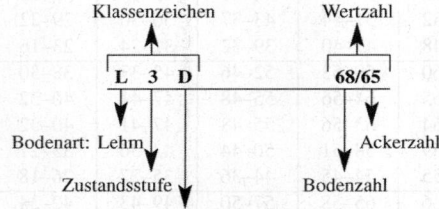

b) Der Grünlandschätzungsrahmen

58 Der Grünlandschätzungsrahmen (Abb. 9) untergliedert sich in der Hauptsache wiederum nach den Bodenarten, die auch für den Ackerschätzungsrahmen maßgeblich sind; er beschränkt sich allerdings auf nur **fünf Bodenarten**:

S   Sand
LS lehmiger Sand
L   Lehm
T   Ton
Mo Moor

Entwicklungszustand § 5 ImmoWertV

Abb. 9: Grünlandschätzungsrahmen[59]

Grünlandschätzungsrahmen							
	Boden	**Klima**	**Wasserverhältnisse**				
Art	**Stufe**		**1**	**2**	**3**	**4**	**5**
S	I (45–40)	a	60–51	50–43	42–35	34–28	27–20
		b	52–44	43–36	35–29	28–23	22–16
		c	45–38	37–30	29–24	23–19	18–13
	II (30–25)	a	50–43	42–36	35–29	28–23	22–16
		b	43–37	36–30	29–24	23–19	18–13
		c	37–32	31–26	25–21	20–16	15–10
	III (20–15)	a	41–34	33–28	27–23	22–18	17–12
		b	36–30	29–24	23–19	18–15	14–10
		c	31–26	25–21	20–16	15–12	11–7
lS	I (60–55)	a	73–64	63–54	53–45	44–37	36–28
		b	65–56	55–47	46–39	38–31	30–23
		c	57–49	48–41	40–34	33–27	26–19
	II (45–40)	a	62–54	53–45	44–37	36–30	29–22
		b	55–47	46–39	38–32	31–26	25–19
		c	48–41	40–34	33–28	27–23	22–16
	III (30–25)	a	52–45	44–37	36–30	29–24	23–17
		b	46–39	38–32	31–26	25–21	20–14
		c	40–34	33–28	27–23	22–18	17–11
L	I (75–70)	a	88–77	76–66	65–55	54–44	43–33
		b	80–70	69–59	58–49	48–40	39–30
		c	70–61	60–52	51–43	42–35	34–26
	II (60–55)	a	75–65	64–55	54–46	45–38	37–28
		b	68–59	58–50	49–41	40–33	32–24
		c	60–52	51–44	43–36	35–29	28–20
	III (45–40)	a	64–55	54–46	45–38	37–30	29–22
		b	58–50	49–42	41–34	33–27	26–18
		c	51–44	43–37	36–30	29–23	22–14
T	I (70–65)	a	88–77	76–66	65–55	54–44	43–33
		b	80–70	69–59	58–48	47–39	38–28
		c	70–61	60–52	51–43	42–34	33–23
	II (55–50)	a	74–64	63–54	53–45	44–36	35–26
		b	66–57	56–48	47–39	38–30	29–21
		c	57–49	48–41	40–33	32–25	24–17
	III (40–35)	a	61–52	51–43	42–35	34–28	27–20
		b	54–46	45–38	37–31	30–24	23–16
		c	46–39	38–32	31–25	24–19	18–12
Mo	I (45–40)	a	60–51	50–42	41–34	33–27	26–19
		b	57–49	48–40	39–32	31–25	24–17
		c	54–46	45–38	37–30	29–23	22–15
	II (30–25)	a	53–45	44–37	36–30	29–23	22–16
		b	50–43	42–35	34–28	27–21	20–14
		c	47–40	39–33	32–26	25–19	18–12
	III (20–15)	a	45–38	37–31	30–25	24–19	18–13
		b	41–35	34–28	27–22	21–16	15–10
		c	37–31	30–25	24–19	18–13	12–7

---

[59] Richtlinien zur Bewertung land- und forstwirtschaftlicher Grundstücke (BAnz Nr. 224 vom 30.11.1967 BStBl. I 1967, 3973).

§ 5 ImmoWertV — Entwicklungszustand

Boden	Klima	Grünlandschätzungsrahmen					
Art	Stufe	Wasserverhältnisse				
		1	2	3	4	5
	Klima:	a = 8,0 °C Jahreswärme und darüber;				
		b = 7,9 bis 7,0 °C Jahreswärme;				
		c = 6,9 bis 5,7 °C Jahreswärme				
Bei besonders ungünstigen klimatischen Verhältnissen in Gebirgslagen mit einer Jahresdurchschnittstemperatur unter 5,7 °C kann eine weitere Klimastufe d gebildet werden, die eine entsprechend geringere Bewertung zulässt.						

59 Die **Hauptuntergliederung** nach Bodenarten unterscheidet zusätzlich noch nach
- Bodenzustandsstufen,
- Klimastufen und
- Wasserverhältnissen.

60 Eine weitere Untergliederung des Grünlandschätzungsrahmens nach **Entstehungsarten des Bodens** ist für die Bonitierung bedeutungslos; der Grünlandschätzungsrahmen verzichtet deshalb hierauf.

Bodenzustandsstufen

61 Der Grünlandschätzungsrahmen sieht lediglich **drei Bodenzustandsstufen** vor, wobei gegenüber dem Ackerschätzungsrahmen mehrere Zustandsstufen zusammengefasst werden konnten:

Zustandsstufe I = Zustandsstufe 2 und 3 des Ackerschätzungsrahmens
günstiger Zustand (günstige Basenverhältnisse, durchlässig)

Zustandsstufe II = Zustandsstufe 4 und 5 des Ackerschätzungsrahmens

Zustandsstufe III = Zustandsstufe 6 und 7 des Ackerschätzungsrahmens
ungünstiger Zustand (sauer, dicht)

62 Lediglich für **Moorböden** besteht Identität der Zustandsstufen; Stufe 1 kann im Übrigen bei der Einteilung des Grünlandes entfallen.

Wasserverhältnisse

63 Der **Feuchtigkeitsgrad** des Grünlandes wird im Wesentlichen durch das Grundwasser, den Niederschlag und die Bodenverhältnisse bestimmt. Der Grünlandschätzungsrahmen sieht insgesamt fünf Wasserzustandsstufen vor, die wie folgt charakterisiert sind:

Wasserstufe 1: Frische, gesunde Lagen mit gutem Süßgräserbestand (besonders günstig)

Wasserstufe 2: Zwischenlage

Wasserstufe 3: Feuchte Lagen, aber noch keine stauende Nässe; weniger gute Gräser mit nur geringem Anteil an Sauergräsern. Trockene Lagen mit noch verhältnismäßig guten, aber harten Gräsern

Wasserstufe 4: Zwischenlage (bei besonders trockenen Lagen ergänzend mit einem Minuszeichen gekennzeichnet)

Wasserstufe 5: Ausgesprochen nasse bis sumpfige Lagen mit stauender Nässe; schlechte Gräser mit starkem Hervortreten der Sauergräser. Sehr trockene, dürre Lagen (häufig scharfe, leicht ausbrennende Südhänge) mit weniger guten und harten Gräsern (besonders ungünstig). Besonders trockene Lagen werden wiederum mit einem Minuszeichen gekennzeichnet.

Entwicklungszustand § 5 ImmoWertV

Klimaverhältnisse

Für die Bonitierung sind die Klimaverhältnisse von Bedeutung. Im Vordergrund steht dabei die **Jahreswärme** und nicht die bereits durch die Unterteilung nach Wasserverhältnissen berücksichtigten Niederschlagsverhältnisse. Der Grünlandschätzungsrahmen sieht **drei Klimastufen** vor: 64

Klimastufe a:	Durchschnittliche Jahreswärme $\geq 7{,}9$ °C
Klimastufe b:	Durchschnittliche Jahreswärme $7{,}9$ ° bis $7{,}0$ °C
Klimastufe c:	Durchschnittliche Jahreswärme $6{,}9$ ° bis $5{,}7$ °C

Klimatische Sonderverhältnisse müssen allerdings berücksichtigt werden: 65

Klimastufe d:	Ungünstige Klimaverhältnisse in hohen Gebirgslagen mit einer durchschnittlichen Jahreswärme $\leq 5{,}6$ °C.

Gemäß § 11 des Bodenschätzungsgesetzes sind die rechtskräftig festgestellten Schätzungsergebnisse in das Liegenschaftskataster zu übernehmen. Sie wurden in **Schätzungskarten** übernommen[60]. 66

Beispiel:

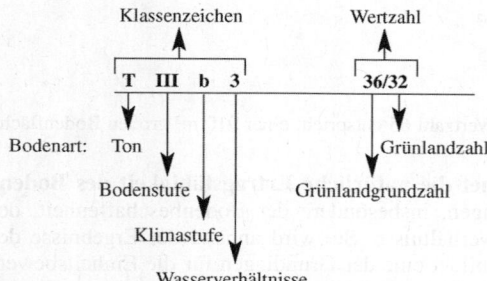

2.2.5.3 Ertragsmesszahl

Die **Ertragsmesszahl definiert sich als Produkt der Fläche in Ar und der Acker- und Grünlandzahl** (§ 9 Abs. 1 Satz 2 BodSchätzG) und beschreibt die natürliche Ertragsfähigkeit dieser Fläche in Abhängigkeit von der zu wertenden Fläche. Bestehen innerhalb einer Fläche mehrere Teilflächen unterschiedlicher Acker- oder Grünlandzahlen (Wertzahlen), so bildet die Summe der Produkte der einzelnen Flächen in Ar und der jeweiligen Wertzahl die Ertragsmesszahl der Gesamtfläche (**Bonität**). 67

$$\boxed{\text{EMZ [m}^2\text{]} = \text{Fläche} \times \text{Acker- oder Grünlandzahl}/100} \quad (1)$$

Die **Ackerzahl** (1 bis 120) ergibt sich unter Berücksichtigung der Bodenart, der Entstehung und der Zustandsstufe aus der dem Ackerschätzungsrahmen entnommenen Bodenzahl (von 7 bis 100) zuzüglich bzw. abzüglich eines Zu- oder Abschlags zur Berücksichtigung des Klimas, der Geländegestaltung (u. a.) von maximal +/- 20.

Die **Grünlandzahl** (1 bis 100) ergibt sich unter Berücksichtigung der Bodenart, der Bodenstufe, der Klima- und Wasserverhältnisse aus der dem Grünlandschätzungsrahmen entnom-

---

60 RdErl des RMI vom 08.06.1937 – VI A 5223/6833 –, zuletzt ergänzt durch Erl vom 28.03.1939, RMBl. 1939, 971.

§ 5 ImmoWertV   Entwicklungszustand

menen Grünlandgrundzahl (von 7 bis 88) zuzüglich bzw. abzüglich eines Zu- oder Abschlags zur Berücksichtigung der Geländegestaltung (u. a.) von maximal +/- 12.

Die Ertragsmesszahl ist im Liegenschaftsbuch angegeben.

Beispiel:

Gemeindebezirk ....   **Grundbuch** ....   **Erbbaugrundbuch** ....
                                           Bd. ...... Bl. ......   Bd. .... Bl. ....

Jahrgang der Entstehung	Nummer		Lage	Nutzungsart (Nr. des Gebäudebuchs)	Fläche			Ertragsmesszahl	Fortführung			Bestand	
	der Flur	des Flurstücks			Gesamtfläche des Flurstücks				Jahr	von Nummer	an Nummer	Hinweis auf die Fortführungsunterlagen	Bemerkungen
					ha	a	qm						
1	2		3	4	5			6	7				8
	4	57	In der Sonne	A	12	47	83	**50713**					

68   Die EMZ definiert sich damit als die in **Quadratmetern angegebene Größe einer Bodenfläche höchster Ertragsfähigkeit** (mit der Wertzahl 100), die in Bezug auf den Reinertrag der Fläche gleichwertig mit der jeweiligen Fläche ist:

Beispiel:

Größe der Fläche   1 400 m²

Ackerzahl der Fläche   65

EMZ = 1 400 m² × 65/100 = 910 m²

d. h., die 1 400 m² große Bodenfläche mit der Wertzahl 65 entspricht einer 910 m² großen Bodenfläche mit der Wertzahl 100.

69   Die **Ertragsmesszahl (EMZ) kennzeichnet die natürliche Ertragsfähigkeit des Bodens** aufgrund der natürlichen Ertragsbedingungen, insbesondere der Bodenbeschaffenheit, der Geländegestaltung und der klimatischen Verhältnisse. Sie wird anhand der Ergebnisse der amtlichen Bodenschätzung berechnet und bildet eine der Grundlagen für die Einheitsbewertung und damit für die Besteuerung des land- und forstwirtschaftlichen Vermögens. In den neuen Bundesländern erfolgt die Einheitsbewertung durch die Finanzverwaltungen aufgrund ungeklärter Eigentumsverhältnisse und aus Vereinfachungsgründen gegenwärtig noch überwiegend anhand gemeindedurchschnittlicher Ertragsmesszahlen.

70   Besteht ein Flurstück bzw. **Grundstück aus mehreren Nutzungsarten** mit verschiedenen Teilen von Klassenflächen, so sind die Flächen und Ertragsmesszahlen (EMZ) der einzelnen Nutzungsarten für jedes Teilstück summarisch auszuweisen[61]. Die Summe aller Ertragsmesszahlen eines Grundstücks dividiert durch seine Fläche in Ar ergibt die **durchschnittliche Ertragsmesszahl,** aus der die Bonität erkennbar wird.

71   Die große Bedeutung, die der Ertragsmesszahl für die Wertfindung beigemessen wird, trifft nach *Köhne*[62] nur für Standorte mit bindigen Böden und nicht für Standorte mit hoher Viehdichte, leichteren Böden mit Beregnung sowie für Grünland zu.

72   Der **Verkehrswert landwirtschaftlicher Flächen kann nach Vergleichspreisen oder aufgrund von Bodenrichtwerten abgeleitet** werden, die sich im Allgemeinen auf ein landwirtschaftlich genutztes Grundstück von ca. 2 ha Größe, in regelmäßiger Grundstücksform und in einem normalen Kulturzustand beziehen:

---

61 Nr. 52 f. des Bodenschätzungsübernahmeerlasses – BodSchätzÜbernErl des RdI vom 23.09.1936, zuletzt ergänzt durch RdErl vom 22.02.1938 – VI a 4074/38-6833.
62 Köhne, Landwirtschaftliche Taxationslehre, 3. Aufl. 2000, S. 59.

Entwicklungszustand § 5 ImmoWertV

Beispiel für Bodenrichtwerte gemäß BRW-RL:
Erläuterung:

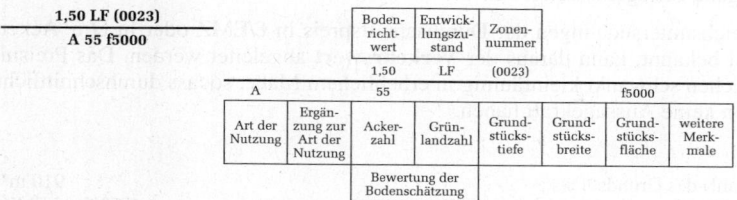

Bodenrichtwert	
...	Bodenrichtwert in Euro je Quadratmeter
Entwicklungszustand	
LF	Flächen der Land- oder Forstwirtschaft
Art der Nutzung	
LW	landwirtschaftliche Fläche
A	Acker
GR	Grünland
EGA	Erwerbsgartenanbaufläche
SK	Anbaufläche für Sonderkulturen
WG	Weingarten
KUP	Kurzumtriebsplantagen/Agroforst
UN	Unland, Geringstland, Bergweide, Moor
F	forstwirtschaftliche Fläche

Ergänzung zur Art der Nutzung	
OG	Obstanbaufläche
GEM	Gemüseanbaufläche
BLU	Blumen- und Zierpflanzenanbaufläche
BMS	Baumschulfläche
SPA	Spargelanbaufläche
HPF	Hopfenanbaufläche
TAB	Tabakanbaufläche
FL	Weingarten in Flachlage
HL	Weingarten in Hanglage
STL	Weingarten in Steillage
Bewertung der Bodenschätzung	
...	Ackerzahl
...	Grünlandzahl
Angaben zum Grundstück	
t...	Grundstückstiefe in Metern
b...	Grundstücksbreite in Metern
f...	Grundstücksfläche in Quadratmetern

Für die **Verkehrswertermittlung landwirtschaftlicher Flächen im Wege des Vergleichswertverfahrens** bietet es sich an, Vergleichspreise, bezogen auf die Ertragsmesszahl, zu ermitteln, denn die landwirtschaftlichen Verkehrswerte sind vielfach eine Funktion der Ertragsfähigkeit des Bodens, wobei eine regional unterschiedliche Abhängigkeit festgestellt worden ist. Untersuchungen für den Landkreis *Müritz* haben z. B. ergeben, dass die Bodenpreise ausgehend von einem Grundwert eine Bonitätsabhängigkeit aufweisen. Folgende Empfehlung wurde im Grundstücksmarktbericht 2003 gegeben:

$$\text{Ackerland (€/ha)} = 1000\ € + 72\ €/\text{ha} \times \text{Ackerzahl}$$

Allein mit der einfachen Bildung eines Quotienten aus Kaufpreis und Bonität ist noch keine funktionale Abhängigkeit des Bodenwerts von der Bonität nachgewiesen. Von vielen Gutachterausschüssen für Grundstückswerte werden Untersuchungen über die Abhängigkeit des Bodenwerts von der Ertragsfähigkeit mit unterschiedlichen Ergebnissen veröffentlicht. Soweit eine Abhängigkeit nachgewiesen werden konnte, kann eine Anpassung der Bodenwerte in **Abhängigkeit von der Acker- und Grünlandzahl** mit folgender Gleichung vorgenommen werden.

Aus (1): $\quad \text{EMZ} = \text{Flächen m}^2 \times \text{Acker- oder Grünlandzahl}/100$

folgt (2): $\quad \boxed{\text{EMZ}_{1\text{m}^2} = 1\ \text{m}^2 \times \text{Acker- oder Grünlandzahl}/100}$

Beispiel:

Grundstücksgröße	1 m²	(fiktiv)
Ackerzahl	65	

Ertragsmesszahl $(\text{EMZ})_{1\ \text{m}^2} = 65/100 \times 1\ \text{m}^2 = 0{,}65\ \text{m}^2$

73

§ 5 ImmoWertV   Entwicklungszustand

Da die **Ertragsmesszahl eines Grundstücks von** dessen individueller **Flächengröße abhängt**, bietet die direkte Bezugnahme der Vergleichspreise auf die Acker- bzw. Grünlandzahl eine größere Operationalität. Sie stellt gewissermaßen die auf 1 Quadratmeter Grundstücksfläche bezogene Ertragsmesszahl dar.

74 Ist nun aus Vergleichsuntersuchungen der Durchschnittspreis in €/EMZ oder in €/m² Acker- oder Grünlandzahl bekannt, kann daraus der **Verkehrswert** abgeleitet werden. Das Preisniveau von Ackerflächen schwankt kleinräumig in erheblichem Maße, sodass durchschnittliche Preise einer Region keine Aussagekraft haben.

75 *Beispiel A:*

EMZ (Ertragsmesszahl) des Grundstücks	910 m²
Durchschnittspreis je EMZ (von 1 m²)	0,75 €/m² EMZ
Grundstücksgröße	1 400 m²

Vergleichswert: 910 m² × 0,75 €/m² = 682,50 €
Umgerechnet auf den Quadratmeter Grundstücksfläche:
Vergleichswert: 682,50 €/1 400 m² = 0,49 €/m² **0,50 €/m²**

76 *Beispiel B:*

Ackerzahl (AZ) der Fläche	65
Durchschnittspreis je AZ	0,0076 €/m²
Grundstücksgröße	1 400 m²

Vergleichswert: 0,0076 €/m² × 65 **0,50 €/m² AZ**
                    1 400 m² × 0,50 €/m² AZ = 700 €

Im *Beispiel A* erhält man direkt den Gesamtwert des Grundstücks; im *Beispiel B* zunächst den auf den Quadratmeter Grundstücksfläche bezogenen Bodenwert, der zunächst vielleicht anschaulicher ist.

Der Gutachterausschuss von *Paderborn* hat 1995 folgende **Umrechnungskoeffizienten für Ackerlandwerte** beschlossen, mit denen Wertunterschiede, die dadurch bedingt sind, dass das Bewertungsobjekt vom Vergleichsobjekt bzw. Bodenrichtwertgrundstück hinsichtlich der Ackerzahl oder der Grundstücksgröße abweicht, berücksichtigt werden können (Abb. 10).

Abb. 10:   Umrechnungskoeffizienten für Ackerlandwerte in Paderborn

Umrechnungskoeffizienten für Ackerlandwerte (§ 12 ImmoWertV)			
Ackerzahl	**Faktor**	**Grundstücksfläche ab … m²**	**Faktor**
30	0,88	2 500	0,94
35	0,92	5 000	0,97
40	0,96	7 500	0,99
45	**1,00**	**10 000**	**1,00**
50	1,04	15 000	1,02
55	1,08	20 000	1,03
60	1,12	30 000	1,04

Entwicklungszustand § 5 ImmoWertV

Abb. 11: Umrechnungskoeffizienten zum Einfluss der Ackerzahl auf den Bodenwert

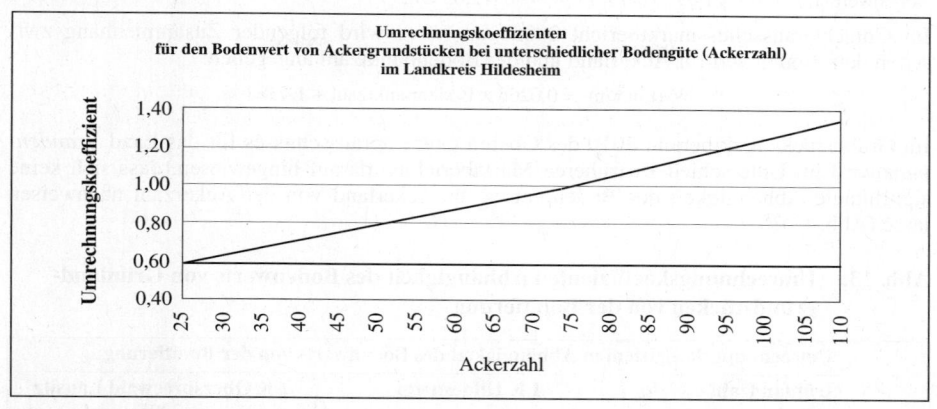

Quelle: Landesgrundstücksmarktbericht 2005

Abb. 12: Umrechnungskoeffizienten Abhängigkeit des Bodenwerts von der Ackerzahl

Acker-zahl	Regionalbe-reich Anhalt 2011	LK Hildes-heim 2005	LK Holz-minden 2004	LK Ober-spreewald Lausitz 2005	LK Osterode Harz 2012	LK Nort-heim 2012	Köln 2011	LK Göt-tingen 2012
10	–	–	–	0,635	–	–	–	–
15	–	–	–	0,726	–	–	–	–
20	0,574	–	–	0,818	–	–	–	–
25	0,638	0,60	–	0,909	–	–	–	–
30	0,681	0,64	–	**1,000**	–	–	–	–
35	0,745	0,86	0,65	1,091	0,80	–	–	–
40	0,809	0,72	0,72	1,182	0,85	0,79	0,75	0,78
45	0,894	0,76	0,78	1,274	0,90	0,84	0,80	0,83
50	0,936	0,80	0,85	1,365	0,95	0,89	0,85	0,89
55	**1,000**	0,84	9,92	1,456	**1,00**	0,94	0,90	0,94
60	1,085	0,88	**1,00**	1,547	1,05	**1,00**	0,95	**1,00**
65	1,170	0,92	1,08	–	1,11	1,05	–	1,06
70	1,234	0,96	1,15	–	1,16	1,11	**1,00**	1,13
75	1,319	**1,00**	1,24	–	1,23	1,17	–	1,20
80	1,404	1,05	1,44	–	1,29	1,24	1,05	1,27
85	1,468	1,10	–	–	1,35	1,30	–	1,35
90	1,574	1,15	–	–	–	1,37	–	1,43
95	1,660	1,20	–	–	–	–	1,10	–
100	1,745	1,25	–	–	–	–	–	–
105	–	1,30	–	–	–	–	–	–
110	–	1,35	–	–	–	–	–	–

Quelle: Landesgrundstücksmarktberichte der angegebenen Jahre

Beispiel:

Zu bewertendes Grundstück: 20 000 m²   – Ackerzahl 55
Bodenrichtwertgrundstück: 10 000 m²   – Ackerzahl 40
Bodenrichtwert: 1,75 €/m²

§ 5 ImmoWertV   Entwicklungszustand

Wertermittlung
Bodenwert: 1,75 €/m² × 1,03 / 1,00 × 1,08 / 0,96 ≈ 2,03 €/m²

Im Gutachterausschussmarktbericht 2005 von *Kleve* wird folgender Zusammenhang zwischen dem Bodenwert für Ackerland und der Bodenpunktzahl angegeben:

Wert in €/m² = 0,0266 × Bodenpunktzahl + 1,4385

Im Grundstücksmarktbericht 2010 des Oberen Gutachterausschusses für das Land *Brandenburg* wird im Unterschied zu früheren Marktberichten darauf hingewiesen, dass sich keine signifikante Abhängigkeit des Bodenpreises für Ackerland von der Ackerzahl nachweisen lasse (Abb. 13)[63].

Abb. 13: Umrechnungskoeffizienten Abhängigkeit des Bodenwerts von Grünlandgrundstücken von der Bonitierung

Umrechnungskoeffizienten Abhängigkeit des Bodenwerts von der Bonitierung		
Grünlandzahl	LK Hildesheim	LK Oberspreewald Lausitz 2005
10	–	0,471
15	–	0,603
20	–	0,735
25	0,79	0,868
30	0,82	1,000
35	0,85	1,132
40	0,88	1,265
45	0,91	1,397
50	0,94	1,529
55	0,97	1,661
60	**1,00**	1,794
65	1,04	–
70	1,08	–
75	1,12	–
80	1,16	–
85	1,20	–

Quelle: Landesgrundstücksmarktbericht 2005

2.2.6 Ertragswertermittlung

77 Nach allgemeinen Grundsätzen errechnet sich der Ertragswert durch Kapitalisierung der Reinerträge. Diese ergeben sich aus den (Roh-)Erträgen abzüglich des gewöhnlichen Aufwands während eines Wirtschaftsjahres. Bei **betriebswirtschaftlicher Betrachtungsweise** (Unternehmensbewertung) werden Zins- und Pachtaufwendungen berücksichtigt. Des Weiteren wird zur Ermittlung des Reinertrags auch der Lohnansatz für den Betriebsleiter und seine mitarbeitenden nicht entlohnten Betriebsangehörigen in Abzug gebracht. Der sich daraus ergebende Reinertrag wird als Erfolgsanteil des im Betrieb eingesetzten Kapitals einschließlich des Grund und Bodens, der Gebäude, des Viehs, der Vorräte und aller Betriebseinrichtungen (Geräte und Maschinen) angesehen.

Die Höhe der **Pacht** orientiert sich an dem erzielbaren Einkommen, insbesondere nach den

– grundstücksindividuellen Besonderheiten, wie Nutzungsart (Acker bzw. Grünland) der natürlichen Ertragskraft des Bodens und den Lieferrechten,

---

[63] Grundstücksmarktbericht 2010, S. 56; vgl. Grundstücksmarktbericht 2007 in Kleiber, Verkehrswertermttlung von Grundstücken, 6. Aufl. S. 646.

Entwicklungszustand § 5 ImmoWertV

- betriebsindividuellen Besonderheiten, wie die Qualifikation des Betriebsleiters, der Auslastung vorhandener Gebäude und Maschinen sowie deren technischer Stand und den Flächenbedarf für die Dungverwertung bei Veredelungsbetrieben,

- lokalen und regionalen Gegebenheiten, wie die naturräumlichen und klimatischen Verhältnisse, den regionalen Auflagen und regionalen Ausgleichszahlungen,

- fiskalischen Faktoren, wie z. B. der EU-Agrarreform, Investitionsförderung, struktur-, sozial-, steuer- und umweltpolitischen Maßnahmen (Ausgleichszahlungen),

- gesamtwirtschaftlichen Verhältnissen (z. B. Arbeitslosigkeit, Investitionsneigung usw.).

Der Reinertrag ist unter Berücksichtigung gesetzlicher Vorgaben zu kapitalisieren; der kapitalisierte Reinertrag ist der Ertragswert. Der **Reziprokwert des Verzinsungssatzes stellt den Kapitalisierungsfaktor dar**: 78

$$\text{Kapitalisierungsfaktor} = \frac{100}{\text{Verzinsungssatz}}$$

Für *Nordrhein-Westfalen* beträgt die Verzinsung 4 %;

$$\text{Kapitalisierungsfaktor } \textit{Nordrhein-Westfalen} = \frac{100}{4} = 25$$

Für *Bayern* beträgt die Verzinsung 5,5 %; hieraus ergibt sich ein Kapitalisierungsfaktor von 18.

Dieser auf die Einheitsbewertung zurückführbare Zinssatz wird dort auf einen stark reduzierten Hektar Reinertragssatz angewandt, so dass sich tatsächlich eine wesentlich niedrigere Verzinsung von etwa 2,75 % ergibt.

Bei **Erbauseinandersetzungen** gehen die Gerichte zur Ermittlung des Ertragswerts in *Bayern* vom 18-fachen, in den meisten anderen Bundesländern vom 25-fachen Jahresreinertrag aus[64]. 79

2.2.7 Waldfläche

2.2.7.1 Allgemeines

Schrifttum: *Bewer, S.,* Minderung des Werts von Jagdbezirken durch Straßen- oder Bahntrassen, Wertermittlungsforum SVK Verlag 1988, Heft 4, S. 180; *Bewer, S.* Jagdwertminderung, Wertermittlungsforum SVK Verlag 1994, Heft 1, S. 13; *Bormann, G.,* Analyse des forstwirtschaftlichen Bodenverkehrs in Sachsen-Anhalt, Universität Göttingen; *Harbort, H.-K.,* Bewertung von Waldgrundstücken, Nachr. der nds. Kat.-und VermVw 1988, 318; *König, K.-H.,* Die Wertermittlung von Waldboden und Holzbeständen bei Berücksichtigung der Richtlinien zur Waldbewertung in Nordrhein-Westfalen, GuG 1991, 83; *Mantel, W.,* Waldbewertung – Einführung und Anleitung, BLV Verlagsgesellschaft, 6. Aufl. 1982; *Möhring/Leefken,* Bewertung von forstlichem Vermögen für Zwecke der Erbschaft- und Schenkungsteuer, HLBS-report 2009, 119; *Moog, M.,* Überlegungen zum Verkehrswert von Waldflächen und zur Anwendung des Vergleichswertverfahrens in der Waldbewertung; Forstarchiv S. 272 ff.; *Sagl, W.,* Bewertung in Forstbetrieben, Blackwell Wissenschaftsverlag 1995; *Sagl, W.,* Entschädigung für Grundbeanspruchung, Universität für Bodenkultur, Bd. 15, Wien 1992; Bewertung in Forstbetrieben, Wien 1995; *Thies, H.J.,* Rechtliche und ökonomische Probleme bei der Beurteilung von Jagdwertminderungen, AgrarR 1991, 85; Wolf, Th, Bewertung von Jagdschäden beim Grunderwerb für den Neubau von Bundesfernstraßen, AFZ 1969, Heft 44, S. 866-869; aktualisiert in: Meyer-Ravenstein, Köhne, Wolf, Wenzl, Wolfram, Jagdwertminderung Heft 121 der HLBS-Schriftenreihe, 1987; *Ohrmann, S.,* Analyse wertbestimmender Faktoren von Waldgrundstücken, Universität Göttingen; *Wagner,* Bestimmungsgründe von Waldgrundstückspreisen in Hessen, J.D. Sauerländer's Verlag Frankfurt am Main Bd. 37.

---

64 Sichtermann, Das Grundstücksverkehrsgesetz, 3. Aufl. Stuttgart 1980, S. 19.

▶ *Zum Begriff der Forstwirtschaft vgl. oben Rn. 25*

80 Wald i. S. von § 2 BWaldG ist jede mit Forstpflanzen bestockte Grundfläche. Als Wald gelten auch kahlgeschlagene oder verlichtete Grundflächen, Waldwege, Waldeinteilungs- und Sicherungsstreifen, Waldblößen und Lichtungen, Waldwiesen, Wildäsungsplätze, Holzlagerplätze sowie weitere mit dem Wald verbundene und ihm dienende Flächen. In der Flur oder im bebauten Gebiet gelegene kleinere Flächen, die mit einzelnen Baumgruppen, Baumreihen oder mit Hecken bestockt sind oder als Baumschulen verwendet werden, sind nicht Wald i. S. des BWaldG.

Unter den **Begriff Wald** fallen nach Maßgabe landesrechtlicher Vorschriften die beholzten und nichtbeholzten Waldflächen; § 2 LWaldG M-V definiert den Wald z. B. wie folgt:

§ 2 LWaldG MV[65]:

„(1) Wald im Sinne dieses Gesetzes ist jede mit Waldgehölzen bestockte Grundfläche. Waldgehölze sind alle Waldbaum- und Waldstraucharten. Bestockung ist der flächenhafte Bewuchs mit Waldgehölzen, unabhängig von Regelmäßigkeit und Art der Entstehung.

(2) Als Wald gelten auch kahl geschlagene oder verlichtete Grundflächen, Waldwege, Waldeinteilungs- und Sicherungsstreifen, Waldwiesen, Waldblößen, Lichtungen, Waldpark- und Walderholungsplätze. Als Wald gelten ferner im Wald liegende oder mit ihm verbundene und ihm dienende Flächen wie insbesondere:

– Wildäsungsflächen und Holzlagerplätze,

– Pflanzgärten und Leitungsschneisen,

– Weihnachtsbaum- und Schmuckreisigkulturen,

– Teiche, Weiher, Gräben und andere Gewässer von untergeordneter Bedeutung sowie deren Uferbereiche, unbeschadet der wasser-, fischerei-, landeskultur- und naturschutzrechtlichen Vorschriften,

– Moore, Heiden und sonstige ungenutzte Ländereien (Ödflächen).

(3) Nicht als Wald gelten:

in der Feldflur oder im bebauten Gebiet gelegene kleinere Flächen, die mit einzelnen Baumgruppen, Baumreihen oder Hecken bestockt sind,

– in der Feldflur gelegene Weihnachtsbaum- und Schmuckreisigkulturen, Baumschulen und zum Wohnbereich gehörende Parkanlagen sowie

– mit Waldgehölzen bestockte Friedhöfe.

(4) Bestehen im Rahmen der Gesetzesanwendung Zweifel über die Zuordnung einer Grundfläche zu Wald, so ist für die Entscheidung die oberste Forstbehörde zuständig."

Für die **Qualifizierung einer Fläche als Wald** kommt es nach der Rechtsprechung allein auf die tatsächlichen Verhältnisse an; dabei sei es unerheblich, wie die Bestockung der Fläche mit Forstpflanzen entstanden ist. Eine unbebaute Fläche, auf der sich im Wege ungestörter natürlicher Sukzession Forstpflanzen ansiedeln, kann auch dann zu einem Wald im Rechtssinne heranwachsen, wenn sie in einem Bebauungsplan als Wohngebiet ausgewiesen ist[66].

Grundsätze und Hinweise für die **Ermittlung des Verkehrswerts von Waldflächen** enthalten die Waldwertermittlungsrichtlinien 2000 – WaldR 2000 – (vgl. Vorbem. zur ImmoWertV Rn. 181). Es handelt sich dabei um „Formelverfahren", die vornehmlich für die Enteignungsentschädigung entwickelt worden sind. Nach den WaldR setzt sich der Waldwert aus

---

65 Landeswaldgesetz LWaldG – MV vom 08.02.1993 (GVOBl. M-V 1993, 90, zuletzt geändert durch Gesetz vom 02.03.1993 (GVOBl. MV 1993, 178).
66 BVerwG, Beschl. vom 14.05.1985 – 4 B 76/85 –, NVwZ 1986, 206; OVG Münster, Urt. vom 06.07.2000 – 7a D 101/97 –, BRS Bd. 63 Nr. 16; OVG Münster, Urt. vom 22.01.1988 – 10 A 1299/87 –, NVwZ 1988, 1048 = EzGuG 8.64; OVG Münster, Urt. vom 21.11.1991 – 20 A 2063/90 -; OVG Münster, Urt. vom 11.06.1985 – 20 A 460/84 –.

Entwicklungszustand § 5 ImmoWertV

- dem Wertanteil für den Boden und
- dem Holzbestand

zusammen[67]. Der Wert bestimmt sich maßgeblich durch den Bestand, insbesondere Alter, Oberhöhe, den Brusthöhendurchmesser (BhD) und Bestockungsgrad (B).

Von besonderer Bedeutung ist die vorherige Genehmigung der Forstbehörden im Falle einer **Umwandlung des Waldes** (Rodung und Überführung in eine andere Nutzungsart). Soweit nachteilige Wirkungen einer ständigen oder befristeten Umwandlung nicht ausgeglichen werden können, muss bei der Wertermittlung geprüft werden, ob und in welcher Höhe eine **Walderhaltungsabgabe** zu entrichten ist, die neben Ersatzmaßnahmen verlangt werden kann (vgl. Syst. Darst. des Vergleichswertverfahrens Rn. 374). 81

2.2.7.2 Waldboden

Der „Wert des Waldbodens" bestimmt sich nach Nr. 5 WaldR in Anlehnung an § 104 BauGB durch den Preis, der am Wertermittlungsstichtag im gewöhnlichen Geschäftsverkehr ohne Rücksicht auf ungewöhnliche oder persönliche Verhältnisse für Waldboden zu erzielen wäre. Der **Waldbodenverkehrswert (Bodenwertanteil)** ist grundsätzlich aus Vergleichspreisen von Verkäufen vergleichbarer Waldflächen abzuleiten, wobei Vergleichbarkeit insbesondere hinsichtlich 82

- Lage (Nr. 2.3.1 WaldR 2000), insbesondere Nähe zum Ballungsraum mit einem i. d. R. höheren Waldbodenwert, Absatzmarkt und Erholungsraum,
- Funktion,
- Größe,
- Flächengestalt (Arrondierungsgrad),
- Erschließungszustand,
- Bodenbeschaffenheit,
- Ertragsfähigkeit sowie
- Art und Maß der tatsächlichen und rechtlichen Nutzung

gegeben sein soll (Nr. 5.1 WaldR 2000).

I.d.R. liegen keine Vergleichspreise über „waldleere" Vergleichsgrundstücke vor, da Waldgrundstücke überwiegend als Einheit von Boden und Waldbestand verkauft werden. Deshalb können **hilfsweise landwirtschaftliche Vergleichspreise** herangezogen werden[68]. Auf der Grundlage des Verhältnisses des mittleren landwirtschaftlichen Bodenverkehrswerts zum mittleren Waldbodenpreis wird dabei der örtlich einschlägige landwirtschaftliche Bodenverkehrswert durch Multiplikation mit diesem Prozentsatz abgeleitet. Die in den WaldR angegebene Verhältniszahl von 45 % stellt lediglich einen Beispielsfall dar und darf nicht als Normalwert missverstanden werden (Abb. 14).

---

67 Vgl. auch Waldbewertungsrichtlinien (WBR) des LM Niedersachsen vom 01.09.1986; NdsMinBl. 1986, 936; WBR NRW 2005, Hrsg. Landesamt für Ökologie, Bodenordnung und Forsten Nordrhein-Westfalen, 2005.
68 OLG Zweibrücken, Urt. vom 14.12.1983 – 2 U 77/83 –, EzGuG 2.37; zum Wertverhältnis zwischen land- oder forstwirtschaftlichen Flächen vgl. BGH, Urt. vom 05.04.1973 – III ZR 74/72 –, EzGuG 2.12; ferner Leisner in AgrarR 1977, 356.

Abb. 14: Land- und forstwirtschaftlich genutzte Grundstücke im Ennepe-Ruhr-Kreis

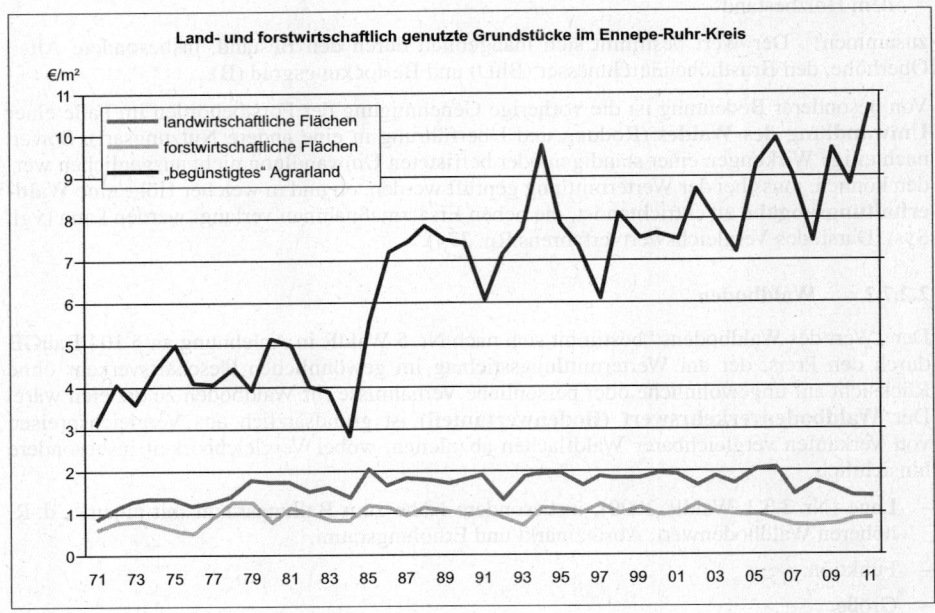

Quelle: Grundstücksmarktbericht Ennepe-Ruhr-Kreis 2012

83 Sofern die herangezogenen Kaufpreissammlungen oder auf sonstige Weise ermittelten Vergleichspreise auch bei Einholung ergänzender Informationen keine hinreichenden Aufschlüsse über die im gewöhnlichen Geschäftsverkehr für Waldflächen gezahlten Preise versprechen, kommt eine Wertermittlung

– nach den Waldbewertungsrichtlinien des Bundes (WaldR) oder

– nach Bewertungsrichtlinien des Landes (z. B. WB 95 von Sachsen-Anhalt)

in Betracht[69].

84 Als vergleichbar können **Vergleichspreise** aus Gebieten herangezogen werden, **die hinsichtlich**

– Gemeindegröße i. V. m. der Bevölkerungsdichte und

– **Ertragsfähigkeit ihrer landwirtschaftlichen Flächen** (gemessen an der Ertragsmesszahl)

vergleichbar sind.

85 *Beispiel:*

– Örtlich maßgebender landwirtschaftlicher Bodenwert: 9 000 €/ha

– Verhältnis der Waldbodenpreise zu den landwirtschaftlichen Bodenpreisen in vergleichbaren Gebieten

$$45 : 100$$

Der **Waldbodenwert** beträgt mithin: 9 000 €/ha × 45/100 = **4 050 €/ha**

---

[69] BGH, Urt. vom 05.07.2002 – V ZR 97/01 –, EzGuG 12.126; BGH, Urt. vom 02.07.1992 – III ZR 162/90 –, GuG 1993, 52.

Entwicklungszustand §5 ImmoWertV

Als Vergleichspreise besonders geeignet sind solche, die sich auf Böden mit gleichwertigem Waldbestand beziehen. Dementsprechend definiert Nr. 2.1 WaldR den **Waldwert** als den Wert, der die Wertanteile für den Boden und für den Waldbestand umfasst. Die häufig gewählte Methode, den Waldbodenwert schematisch mit dem Wert des Waldes aufzuaddieren, darf nicht ungeprüft zur Anwendung kommen, weil beide Wertanteile nicht dem Gesamtwert entsprechen müssen. Bevor man zu dieser Methode greift, sollte sie deshalb auf Plausibilität geprüft werden. 86

Der Waldwert wird insbesondere beeinflusst von 87

- der Lage (Nähe zu Siedlungsgebieten, Ballungsräumen, Erholungszentren usw.),
- der Erschließung, der Größe und dem Arrondierungsgrad der Waldflächen,
- dem tatsächlichen Zustand des Waldbestands und seinem Betriebsziel,
- den gegendüblichen Preis- und Lohnverhältnissen,
- den besonderen Umständen, die den Waldwert beeinflussen können, wie z. B. Dienstbarkeiten, rechtliche Gegebenheiten, Erholungsfunktion des Waldes.

2.2.7.3 Grundstücksgröße

▶ *Vgl. Syst. Darst. des Vergleichswertverfahrens, Rn. 247, 275, 306 ff.*

Schrifttum: *Wagner,* Bestimmungsgründe von Waldgrundstückspreisen in Hessen, J.D. Sauerländer's Verlag Frankfurt am Main Bd. 37.

Der auf den Quadratmeter bezogene **Grundstückswert steigt** im Hinblick auf die forstwirtschaftliche Nutzung – wie im Grundstücksverkehr mit rein landwirtschaftlichen Flächen – nach allgemeiner Auffassung auch bei forstwirtschaftlichen Flächen **mit der Grundstücksgröße** an. Aus Abb. 15 sind allerdings andere Ergebnisse einer hierzu durchgeführten empirischen Untersuchung des Gutachterausschusses für den Bereich von *Bergisch Gladbach* ersichtlich. 88

Abb. 15: Abhängigkeit des Quadratmeterwerts forstwirtschaftlich genutzter Grundstücke (Waldflächen) von der Grundstücksgröße

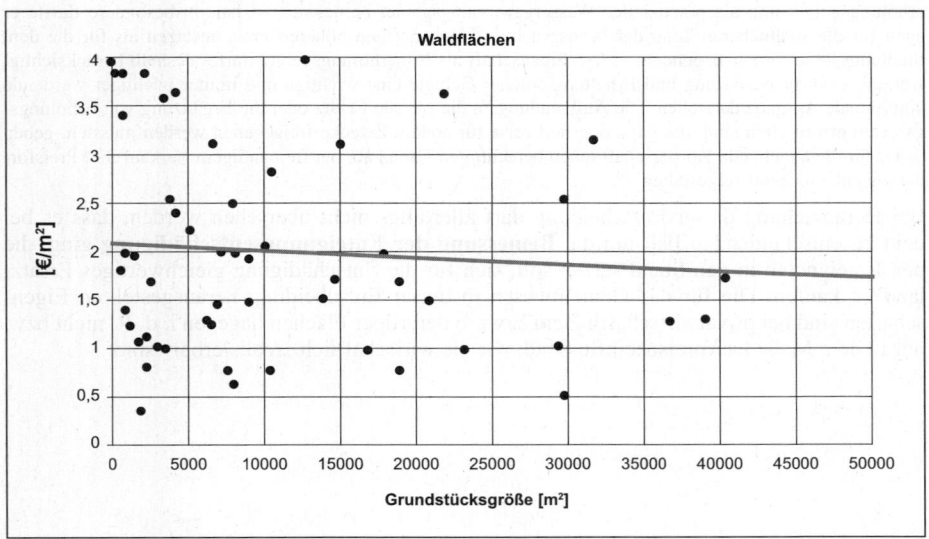

Quelle: Grundstücksmarktbericht Bergisch Gladbach 2012

Abb. 16: Abhängigkeit des Bodenwerts von der Grundstücksgröße (ortsnahe Waldflächen)

Abhängigkeit des Bodenwerts von der Grundstücksgröße (ortsnahe Waldflächen)			
Größe (m²)	LK Oberspreewald Lausitz 2005	Größe (m²)	LK Oberspreewald Lausitz 2005
500	1,528	4 500	0,780
1 000	1,236	5 000	0,755
1 500	1,092	6 000	0,714
2 000	1,000	7 000	0,682
2 500	0,934	8 000	0,654
3 000	0,883	9 000	0,631
3 500	0,843	10 000	0,611
4 000	0,809		

Nach Untersuchungen des Oberen Gutachterausschusses für Grundstückswerte im Land *Brandenburg* besteht folgende Abhängigkeit des Bodenpreises (y) von der Flächengröße (x) bei Flächen bis 25 Hektar:

– Laubholz- und Mischwaldbestand: $y = 8E - 0{,}5x + 0{,}2087$

– Nadelholzbestand: $y = -0{,}004x + 0{,}204$

2.2.7.4 Besonderheiten für Erholungswälder

89 Wald kann nach Maßgabe landesrechtlicher Vorschriften auf Antrag oder von Amts wegen **zu Erholungswald erklärt werden**, wenn es das Wohl der Allgemeinheit erfordert, entsprechende Waldflächen für Zwecke der Erholung zu schützen, zu pflegen oder zu gestalten. Privatwald darf nur dann zu Erholungswald erklärt werden, wenn Staatswald und Körperschaftswald zur Sicherung des Erholungsbedürfnisses nicht ausreichen oder wegen ihrer Lage und Beschaffenheit nicht oder nur geringfügig für die Erholung in Anspruch genommen werden können (vgl. § 22 LWaldG M–V).

Zur Frage der **Berücksichtigung von Naherholungsfunktionen eines Waldgebiets** hat der BGH ausgeführt:

„Es ist nicht zu beanstanden, dass der Sachverständige die Bedeutung des Waldes als Landreserve, als Naherholungsgebiet und als potenzielles Wassergewinnungsgebiet berücksichtigt hat. Insbesondere durfte er auch für die stadtnäheren Teile der beanspruchten Flächen einen höheren Preis ansetzen als für die dem Siedlungsgebiet ferner liegenden. ... Die Eigenschaft als Naherholungsgebiet durfte deshalb berücksichtigt werden, weil die Schaffung und Erhaltung solcher Gebiete eine wichtige und immer wichtiger werdende kommunale Aufgabe darstellen. Die Aufwendungen, die für den Ersatz oder die Ergänzung von Erholungsgebieten erforderlich sind, die ganz oder teilweise für andere Zwecke freigegeben werden mussten, geben daher für die abgebende Körperschaft einen berechtigten Grund ab, bei freihändigem Verkauf ihre Preisforderung entsprechend zu gestalten"[70].

90 Bei Heranziehung dieser Entscheidung darf allerdings nicht übersehen werden, dass es bei dem zu entscheidenden Fall um die **Bemessung der Enteignungsentschädigung** ging, die den Enteigneten in den Stand setzen soll, sich für die Entschädigung gleichwertiges Ersatzland zu kaufen. Die für das Gemeinwesen in dieser Entscheidung herausgestellten Eigenschaften sind bei privatwirtschaftlichem Erwerb derartiger Flächen dagegen i. d. R. nicht bzw. nur in dem Maße kaufpreisbeeinflussend, wie sie wirtschaftlich „realisierbar" sind.

---

[70] BGH, Urt. vom 12.10.1970 – III ZR 117/67 –, EzGuG 2.10; BGH, Urt. vom 05.04.1973 – III ZR 74/72 –, EzGuG 2.12; BGH, Urt. vom 24.01.1972 – III ZR 166/69 –, BGHZ 58, 96 = NJW 1972, 577.

Entwicklungszustand § 5 ImmoWertV

Zu der **Naherholungsfunktion des Waldes** gehört auch seine Nutzbarkeit im privaten Bereich. So hat der BGH[71] in einer Entscheidung darauf hingewiesen, dass die Lage eines Waldgrundstücks in der Nähe einer guten Straße, das zum Abstellen von Wohnwagen (an Wochenenden) dient, ihren Wert so erhöhen kann, dass es dem Wert von landwirtschaftlich genutzten Grundstücken selbst dann gleichkommt, wenn es in einem Landschaftsschutzgebiet liegt. 91

2.2.7.5 Waldbestand

Schrifttum: *Baader,* Untersuchungen über Randschäden, Schriftenreihe der forstlichen Universität Göttingen 1952, Bd. 3 Frankfurt am Main; *Haub/Weimann,* Neue Alterswertfaktoren der Bewertungsrichtlinien; *Köhne,* Landwirtschaftliche Taxationslehre, Hamburg; *Sagl,* Bewertung in Forstbetrieben, Berlin, Blackwell Wissenschafts-Verlag; *Speidel,* Forstwirtschaftliche Betriebswirtschaftslehre, Parey Berlin.

Bezüglich der **Berücksichtigung des Holzbestands** (vgl. unten Rn. 101 ff.) ist der maßgebliche Entwicklungszustand der Waldfläche von Bedeutung. Grundsätzlich ist der Ertragswert des Aufwuchses im Falle einer Enteignung des Grundstücks nicht gesondert zu entschädigen, wenn das Grundstück z. B. als baureifes Land eingestuft wurde, weil der Verkehrswert derartiger Grundstücke in ausschlaggebender Weise durch die bauliche und nicht durch die forstwirtschaftliche Nutzbarkeit bestimmt wird[72]. Kann jedoch der Bewuchs vor der baulichen Nutzung zusätzlich wirtschaftlich verwertet werden, so schließt dies infolgedessen nicht aus, „dass der Grundeigentümer aus forstlichem Gelände den Nutzen zieht, auf den es nach seiner bisherigen und gegenwärtigen ... Bewirtschaftungsform angelegt ist. Die Erwartung einer baulichen Nutzung und der Hiebreife können nämlich nebeneinander bestehen"[73]. Die zur Erzielung des Nutzens erforderlichen Aufwendungen müssen dabei allerdings berücksichtigt werden. 92

Im Bereich der **Beleihungswertermittlung** bleiben im Übrigen Holzbestände unberücksichtigt[74].

Bei der **Verkehrswertermittlung der Waldbestände** (Bestandswald) wird unterschieden zwischen 93

– dem Altersklassenwald (Rn. 94 ff.),

– dem Plenterwald (Rn. 113),

– dem Mittelwald (Rn. 113),

– dem Niederwald (Rn. 114) und

– dem Bauernwald (Rn. 115).

a) Altersklassenwald

Für **Waldbestände eines Altersklassenwaldes, der die Umtriebszeit (U) erreicht oder überschritten hat, ist nach den Vorgaben der WaldR als Bestandswert der Abtriebswert zu ermitteln.** Für jüngere Waldbestände des Altersklassenwaldes ist der Bestandswert nach dem Alterswertfaktorverfahren (vgl. Nr. 6.6 WaldR) zu ermitteln. Ist jedoch der Abtriebswert größer als der nach dem Alterswertfaktorverfahren ermittelte Wert, so ist als Bestandswert der Abtriebswert anzusetzen. In den Fällen, in denen das Alterswertfaktorverfahren nicht durchgeführt werden kann, ist der Bestandswert nach einem anderen anerkannten Verfahren zu ermitteln. Dabei ist zu beachten, dass der Bestandswert i. d. R. nicht niedriger liegt als die Kosten, die für die Wiederbegrünung eines Bestands gleicher Holzart, Wuchsleistung und Qualität bei ordnungsgemäßer Bewirtschaftung gegendüblich aufgewendet werden würden. 94

---

71 BGH, Urt. vom 14.03.1968 – III ZR 200/65 –, EzGuG 4.27a.
72 OLG Hamburg, Urt. vom 10.10.1969 – 1 U 81/68 –, EzGuG 6.186a unter Bezugnahme auf BGH, Urt. vom 12.07.1965 – III ZR 214/64 –, EzGuG 2.8; vgl. auch OLG Stuttgart, Urt. vom 07.03.1962 – 1 U 1/62 –, EzGuG 2.5.
73 BGH, Urt. vom 28.04.1969 – III ZR 189/66 –, EzGuG 6.121a; BGH, Urt. vom 07.10.1976 – III ZR 60/73 –, EzGuG 6.188.
74 Rüchardt, Studienbriefe HypZert 2001, S. 46.

§ 5 ImmoWertV   Entwicklungszustand

95 Der **Abtriebswert eines Waldbestands** entspricht dem Marktpreis, der beim Verkauf des gefällten und aufgearbeiteten Holzes nach Abzug der Holzerntekosten erzielbar wäre.

Bei der **Ermittlung des Abtriebswerts** ist im Einzelnen wie folgt zu verfahren:

96 Der **Holzvorrat** ist nach Handelsklassen zu sortieren. Weicht die Aushaltungsgrenze von der nach Nr. 4.3 Abs. 3 WaldR 2000 zugrunde gelegten Grenze ab, ist der Vorrat im Bereich der betroffenen Sortimente entsprechend zu korrigieren.

97 Die **Waldbestände sind** entsprechend ihrem tatsächlichen Zustand **nach der gegendüblichen Sortierung** oder im Anhalt an Sortenertragstafeln **einzuschätzen.** Besondere Gütemerkmale sind zu berücksichtigen.

98 Die **Sortenanteile** sind mit den in der jeweiligen Gegend nachhaltig erzielbaren Bruttoholzpreisen (Nettoholzpreis + Umsatzsteuer) anzusetzen. Der Forstabsatzfondsbeitrag wird nicht abgezogen. Bei der Ermittlung der nachhaltigen Holzpreise ist von den in größeren Forstverwaltungen im Durchschnitt mehrerer, dem Wertermittlungsstichtag vorangegangener Forstwirtschaftsjahre erzielten Holzpreisen auszugehen. Die allgemeine Entwicklungstendenz der Holzpreise und die besonderen, gegendüblichen Verhältnisse sind angemessen zu berücksichtigen.

99 Auf der Grundlage des ermittelten Holzvorrats, seiner Sortierung und der nachhaltigen Holzpreise ist der **Bruttoverkaufserlös des Waldbestands** zu ermitteln.

100 Als Holzerntekosten sind die zum Wertermittlungsstichtag in der jeweiligen Gegend üblichen **Holzerntekosten** anzusetzen. Hierzu gehören **die Kosten des Holzeinschlags** unter Berücksichtigung der besonderen Hiebs- und Arbeitsbedingungen, **der Holzvermessung, der Holzbringung und** die **anteiligen Lohnnebenkosten.** Soweit in der jeweiligen Gegend bei der Holzernte Unternehmereinsatz üblich ist, ist auch die dabei anfallende Umsatzsteuer zu den Holzerntekosten zu rechnen.

101 Der **Bestandswert nach dem Alterswertfaktorverfahren** ist nach der sog. Blume´schen Formel

$$H_a = [(A_u - c) \times f + c] \times B$$

H_a = Bestandswert für 1 ha im Alter a
A_u = Abtriebswert je ha eines Waldbestandes im Alter der Umtriebszeit U
c = Kulturkosten je ha
f = Alterswertfaktor für das Alter a
B = Bestockungsfaktor (Wertrelation zu einem vollbestockten Bestand) im Alter a (siehe auch Nr. 6.6.1 WaldR 2000)
A = Alter a (ggf. wirtschaftliches Alter der Pflanzen)

zu ermitteln.

102 **Abtriebswert im Alter U (A_u)** ist die Differenz zwischen dem Bruttoverkaufserlös für das im Alter U gefällte und aufgearbeitete Holz eines Waldbestands (Nr. 6.5.1 WaldR 2000) und den dabei anfallenden Holzerntekosten (Nr. 6.5.2 WaldR 2000).

103 Die **Umtriebszeit U** ist grundsätzlich nach dem Betriebswerk bzw. Betriebsgutachten oder nach der gegendüblichen Umtriebszeit anzusetzen. Soweit für Einzelbestände ein wesentlich abweichendes Endnutzungsalter zu erwarten ist, gilt dieses für diese Bestände als Umtriebsalter.

104 Der **Bestockungsfaktor** soll im Gegensatz zu dem bei der Waldaufnahme festgestellten Bestockungsgrad in der Formel so angesetzt werden, dass Regenerationsfähigkeit und Lichtungszuwachs sowie eine von der angewendeten Ertragstafel abweichende waldbauliche Zielbestockung des Bestandes angemessen berücksichtigt werden.

Entwicklungszustand § 5 ImmoWertV

Kulturkosten sind die gegendüblichen Kosten der Wiederbegründung eines Waldbestandes. Dazu sind zu rechnen: die Kosten für Schlagräumung und etwaige Bodenbearbeitung, für Pflanzenbeschaffung und Pflanzung, für etwa erforderlichen Schutz der Kultur (Einzelschutz oder Flächenschutz), zur Abwendung sonstiger Risiken und für Kulturpflege (Freischneiden, chemische Unkrautbekämpfung) bis zur Sicherung der Kultur. Zu den Kulturkosten rechnen auch die anteiligen Lohnnebenkosten und die anteilige Umsatzsteuer. Für Unternehmereinsatz gilt Nr. 6.5.2 WaldR letzter Satz entsprechend. **105**

Kosten, die erst nach der Sicherung der Kultur auftreten, wie z. B. Pflege-, Säuberungs- und Läuterungskosten, rechnen nicht zu den Kulturkosten i. S. der WaldR 2000. **106**

Der **Alterswertfaktor für das Alter a** ist in den Tabellen der Anl. 1 WaldR 2000[75] = Abb. 17 für die betreffende Umtriebszeit zu entnehmen. **107**

Abb. 17: Alterswertfaktoren zu den Waldwertermittlungsrichtlinien 2000 (Anl. 1)

Alterswertfaktoren zu den Waldwertermittlungsrichtlinien 2000											
Alter	Eiche	Buche	Fichte	Kiefer	Alter	Eiche	Buche	Fichte	Kiefer	Alter	Eiche	Buche
1	0,005	0,007	0,007	0,007	61	0,367	0,480	0,603	0,528	121	0,761	0,932
2	0,011	0,013	0,013	0,014	62	0,374	0,488	0,616	0,538	122	0,767	0,938
3	0,016	0,020	0,020	0,020	63	0,381	0,497	0,628	0,548	123	0,773	0,943
4	0,021	0,027	0,027	0,027	64	0,387	0,506	0,640	0,558	124	0,779	0,948
5	0,027	0,033	0,034	0,034	65	0,394	0,515	0,652	0,568	125	0,784	0,952
6	0,032	0,040	0,041	0,041	66	0,401	0,523	0,664	0,578	126	0,790	0,957
7	0,037	0,047	0,048	0,048	67	0,408	0,532	0,676	0,588	127	0,796	0,961
8	0,043	0,054	0,055	0,055	68	0,415	0,541	0,688	0,598	128	0,801	0,966
9	0,048	0,060	0,062	0,062	69	0,422	0,549	0,700	0,608	129	0,807	0,970
10	0,053	0,067	0,070	0,069	70	0,429	0,558	0,712	0,617	130	0,812	0,974
11	0,059	0,074	0,078	0,076	71	0,436	0,567	0,724	0,627	131	0,818	0,977
12	0,064	0,081	0,085	0,084	72	0,442	0,575	0,736	0,637	132	0,823	0,981
13	0,070	0,088	0,093	0,091	73	0,449	0,584	0,748	0,647	133	0,829	0,984
14	0,075	0,095	0,102	0,099	74	0,456	0,592	0,760	0,656	134	0,834	0,987
15	0,080	0,102	0,110	0,106	75	0,463	0,601	0,771	0,666	135	0,839	0,990
16	0,086	0,109	0,118	0,114	76	0,470	0,609	0,783	0,676	136	0,845	0,993
17	0,091	0,116	0,127	0,122	77	0,477	0,617	0,794	0,685	137	0,850	0,995
18	0,097	0,123	0,135	0,129	78	0,484	0,626	0,806	0,695	138	0,855	0,997
19	0,103	0,131	0,144	0,137	79	0,491	0,634	0,817	0,704	139	0,860	0,999
20	0,108	0,138	0,153	0,145	80	0,497	0,642	0,828	0,714	140	0,865	1,000
21	0,114	0,146	0,162	0,153	81	0,504	0,651	0,839	0,723	141	0,870	
22	0,120	0,153	0,171	0,162	82	0,511	0,659	0,850	0,733	142	0,875	
23	0,125	0,161	0,180	0,170	83	0,518	0,667	0,860	0,742	143	0,880	
24	0,131	0,168	0,190	0,178	84	0,525	0,675	0,871	0,751	144	0,885	
25	0,137	0,176	0,199	0,187	85	0,531	0,683	0,881	0,761	145	0,890	
26	0,143	0,183	0,209	0,195	86	0,538	0,691	0,891	0,770	146	0,894	
27	0,148	0,191	0,219	0,204	87	0,545	0,699	0,901	0,779	147	0,899	
28	0,154	0,199	0,229	0,212	88	0,552	0,707	0,911	0,788	148	0,904	
29	0,160	0,207	0,239	0,221	89	0,558	0,715	0,920	0,797	149	0,908	
30	0,166	0,215	0,249	0,230	90	0,565	0,723	0,929	0,805	150	0,913	
31	0,172	0,223	0,259	0,239	91	0,572	0,731	0,938	0,814	151	0,917	
32	0,178	0,231	0,269	0,248	92	0,578	0,739	0,946	0,823	152	0,921	
33	0,184	0,239	0,280	0,257	93	0,585	0,746	0,954	0,831	153	0,926	
34	0,190	0,247	0,290	0,266	94	0,592	0,754	0,962	0,840	154	0,930	

---

[75] Kleiber, WERTR 2006, Sammlung amtlicher Vorschriften, 10. Aufl. Köln 2010 Bundesanzeiger Verlag; Königs in GuG 1991, 83; Mantel/Weinmann, Waldbewertung, 6. Aufl. München 1982.

§ 5 ImmoWertV — Entwicklungszustand

Alterswertfaktoren zu den Waldwertermittlungsrichtlinien 2000

Alter	Eiche	Buche	Fichte	Kiefer	Alter	Eiche	Buche	Fichte	Kiefer	Alter	Eiche	Buche
35	0,197	0,255	0,301	0,275	95	0,598	0,761	0,970	0,848	155	0,934	
36	0,203	0,264	0,312	0,284	96	0,605	0,769	0,977	0,856	156	0,938	
37	0,209	0,272	0,323	0,294	97	0,612	0,776	0,983	0,865	157	0,942	
38	0,215	0,280	0,334	0,303	98	0,618	0,784	0,989	0,873	158	0,946	
39	0,222	0,289	0,345	0,312	99	0,625	0,791	0,995	0,880	159	0,949	
40	0,228	0,297	0,356	0,322	100	0,631	0,798	1,000	0,888	160	0,953	
41	0,234	0,306	0,367	0,331	101	0,638	0,806		0,896	161	0,957	
42	0,241	0,314	0,378	0,341	102	0,644	0,813		0,903	162	0,960	
43	0,247	0,323	0,390	0,351	103	0,650	0,820		0,911	163	0,963	
44	0,254	0,331	0,401	0,360	104	0,657	0,827		0,918	164	0,967	
45	0,260	0,340	0,413	0,370	105	0,663	0,834		0,925	165	0,970	
46	0,267	0,348	0,424	0,380	106	0,670	0,841		0,931	166	0,973	
47	0,273	0,357	0,436	0,389	107	0,676	0,847		0,938	167	0,976	
48	0,280	0,366	0,448	0,399	108	0,682	0,854		0,944	168	0,979	
49	0,286	0,375	0,459	0,409	109	0,688	0,861		0,950	169	0,981	
50	0,293	0,383	0,471	0,419	110	0,695	0,867		0,956	170	0,984	
51	0,299	0,392	0,483	0,429	111	0,701	0,874		0,962	171	0,986	
52	0,306	0,401	0,495	0,439	112	0,707	0,880		0,968	172	0,988	
53	0,313	0,409	0,507	0,449	113	0,713	0,886		0,973	173	0,990	
54	0,320	0,418	0,519	0,459	114	0,719	0,892		0,978	174	0,992	
55	0,326	0,427	0,531	0,469	115	0,725	0,898		0,982	175	0,994	
56	0,333	0,436	0,543	0,478	116	0,731	0,904		0,986	176	0,996	
57	0,340	0,445	0,555	0,488	117	0,737	0,910		0,990	177	0,997	
58	0,347	0,453	0,567	0,498	118	0,743	0,916		0,994	178	0,998	
59	0,353	0,462	0,579	0,508	119	0,749	0,922		0,997	179	0,999	
60	0,360	0,471	0,591	0,518	120	0,755	0,927		1,000	180	1,000	

108 Das **Alter a ist das Kulturalter des Bestands.** Ist das Kulturalter eines Bestands nicht zu ermitteln, können vom festgestellten Pflanzenalter zur hilfsweisen Ermittlung des Kulturalters bei den einzelnen Baumartengruppen die nachstehend aufgeführten Jahre vom Pflanzenalter abgesetzt werden:

Eiche	3
Buche	3
Fichte	4
Kiefer	2

Bei deutlich abweichendem Wuchsverlauf ist das wirtschaftliche Alter anzusetzen.

109 Die **Zuordnung zu den Baumartengruppen** erfolgt im Regelfall wie folgt:

Eiche	alle Eichenarten
Buche	alles Laubholz, außer Eichenarten
Fichte	alle Nadelbaumarten, außer den bei der Baumartengruppe Kiefer aufgeführten
Kiefer	alle Kiefern- und Lärchenarten

110 Folgende **Umtriebszeiten** liegen den Alterswertfaktoren zugrunde:

Eiche	180 Jahre
Buche	140 Jahre
Fichte	100 Jahre
Kiefer	120 Jahre

111 Bei **Abweichungen** von den vorstehenden Umtriebszeiten (höher und niedriger) ist zunächst ein Korrekturfaktor (k) aus der Umtriebszeit der Standardtabelle (U_S) dividiert durch die

Entwicklungszustand § 5 ImmoWertV

wirkliche Umtriebszeit (U_W) zu bilden. Durch Multiplikation des Alters (a) mit k ergibt sich ein verändertes Eingangsalter, mit dem der Alterswertfaktor (f) in der entsprechenden Baumartengruppe abgelesen wird.

Beispiel: 112

Für die Berechnung eines Bestandswerts nach dem Alterswertfaktorverfahren bei abweichender Umtriebszeit:
Wertermittlungsgrundlagen:
Esche 1,0 ha, Alter 80 Jahre, Bestockungsfaktor 0,9, Umtriebszeit 120 Jahre.

A_{120} = 11 000 €/ha   c = 3 000 €/ha

K = Us / Uw = 140 / 120 = 1,16

Alter = 80 Jahre × 1,167 = 93,4 Jahre

Durch Verwendung der Standardtabelle für die Baumartengruppe Buche und Interpolation zwischen f_{93} = 0,746 und f_{94} = 0,754 ergibt sich f = 0,749

Rechengang:
H_{80} = [(11 000 −3 000) × 0,749 + 3 000] × 0,9
H_{80} = [8 000 × 0,749 + 3 000] × 0,9
H_{80} = [5 992 + 3 000] × 0,9
H_{80} = 8 992 × 0,9
H_{80} = 8 093 €

Der nach dem Alterswertfaktorverfahren hergeleitete Bestandswert für eine noch nicht gesicherte Kultur ist um den Teilbetrag der nach Nr. 6.6.2 WaldR (vgl. Rn. 110) zugrunde gelegten Kulturkosten zu kürzen, der bis zum Wertermittlungsstichtag noch nicht aufgewendet sein kann.

b) *Plenterwald und Mittelwald*

Für Waldbestände des Plenterwaldes und des Mittelwaldes ist zunächst der Abtriebswert (Rn. 100) des haubaren und annähernd haubaren Holzvorrats zu ermitteln. Sodann ist nach dem Alterswertfaktorverfahren (Rn. 106) der Wert des nicht hiebsreifen Unter- und Zwischenstands auf der ihm zuzurechnenden Anteilfläche (ideelle Teilfläche) zu ermitteln. Die **Summe aus dem Abtriebswert und dem Wert des nicht hiebsreifen Unter- und Zwischenstands ergibt den Bestandswert des Plenterwaldes bzw. Mittelwaldes.** 113

c) *Niederwald*

Für Waldbestände des Niederwaldes ist als **Bestandswert der Abtriebswert** (Rn. 100) zu ermitteln. An Stelle des Abtriebswerts können gegendübliche Erfahrungswerte angesetzt werden. 114

d) *Bauernwald*[76]

„Bauernwald" ist ein „bäuerlicher Waldbesitz" bis 200 ha Größe, der mit einem landwirtschaftlichen Betriebsteil zusammen als ein Betrieb durch die Person des Betriebsinhabers und seiner Familienangehörigen **bewirtschaftet wird.** In der historischen Entwicklung wurde dem bäuerlichen Waldbesitz eine Ausgleichsfunktion für ungünstige landwirtschaftliche Standort- und damit Produktionsbedingungen zugewiesen. Waldbesitz sollte über seine verschiedenen Nutzungsmöglichkeiten – neben der Holznutzung auch als Waldweide, Streulieferant und als zeitweiliges Ackerland im Wald-Feldbaubetrieb – das Überleben von landwirtschaftlichen Betrieben in den zahlreichen Mittelgebirgslagen des Landes sichern. 115

---

[76] OLG Düsseldorf, Urt. vom 26.10.1976 – 4 U 41/76 –, EzGuG 2.15a.

§ 5 ImmoWertV   Entwicklungszustand

Es handelt sich um wildwachsende Waldflächen mit Stockausschlag. Als **Stockausschlag** wird die natürliche Verjüngung eines Waldbestandes durch die Fähigkeit mancher Laubbaumarten (z. B. Eiche, Buche, Hainbuche, Linde, Birke, die verschiedenen Erlenarten, Weide) sowie weniger Nadelbaumarten (z. B. Eibe) zur vegetativen Vermehrung bezeichnet, insbesondere durch Ausschlagung der sogenannten schlafenden Augen des Stockes. Diese Erscheinung tritt besonders nach einer Winterfällung auf. Diese Art der Verjüngung wurde im heute forstwirtschaftlich nicht mehr aktuellen Niederwald ausgenutzt und als „auf den Stock setzen" bezeichnet. Da Bäume aus Stockausschlag aber meist nur minderwertige Stammqualität aufweisen, wird der Stockausschlag in der modernen Forstwirtschaft kaum noch genutzt. Die Rekultivierung der Flächen als landwirtschaftliche Flächen ist zumeist unrentierlich, so dass sie i. d. R. als landwirtschaftliche Flächen bewertet werden.

▶ *Zur Verkehrswertermittlung von Waldgebieten mit Naherholungsfunktion vgl. oben Rn. 94 ff.*

2.2.8   Gestaute Wasserflächen, Fischteiche

▶ *Zur Verkehrswertermittlung von Wasserflächen vgl. Rn. 5, 272, 435 ff.; Syst. Darst. des Vergleichswertverfahrens Rn. 401; § 6 ImmoWertV Rn. 117 ff.*[77]

116 Den land- und forstwirtschaftlichen Grundstücken sind auch entsprechend genutzte Wasserflächen zuzurechnen.

2.3   Besondere Flächen der Land- oder Forstwirtschaft

2.3.1   Allgemeines

Schrifttum: *Dieterich, H.,* Gibt es kein begünstigtes Agrarland mehr? GuG 2010, 86; *Fischer, R.,* in GuG 2009, 106.

▶ *Hierzu bereits allgemeine Hinweise oben bei Rn. 20 ff.*[78]

117 § 4 Abs. 1 Nr. 2 WertV 88/98 definierte die besonderen Flächen der Land- oder Forstwirtschaft als entsprechend genutzte oder nutzbare Flächen, die sich aufgrund

a) **besonderer Eigenschaften auch für außerland- und forstwirtschaftliche Nutzungen eignen und**

b) **für die** im gewöhnlichen Geschäftsverkehr **eine** dahingehende **Nachfrage besteht.**

118 Der **Wert dieser Flächen** wird im Unterschied zum innerlandwirtschaftlichen Verkehrswert **auch als außerlandwirtschaftlicher Verkehrswert bezeichnet.** Auch wurde in der Vergangenheit vom begünstigten Agrarland gesprochen; dieser von *Seele*[79] vorgeschlagene unscharfe Begriff hat sich aber nicht durchsetzen können.

Die ImmoWertV hat die Regelung ersatzlos gestrichen, obwohl die Existenz dieses Grundstücksteilmarktes und ihre Bedeutung alljährlich in den Grundstücksmarktberichten der Gutachterausschüsse für Grundstückswerte dokumentiert worden ist und auch noch nach Inkrafttreten der ImmoWertV dokumentiert wird; so wird z. B. im bln. Grundstücksmarktbericht 2010/2011 darauf hingewiesen, dass die in Berlin auf den Markt kommenden land- und forstwirtschaftlichen Flächen i. d. R. als „begünstigtes Agrarland" gehandelt werden. Die Definition hat zu Missverständnissen Anlass gegeben, denn die in der Definition hervorgeho-

---
77 Vgl. Kleiber, Verkehrswertermittlung von Grundstücken, 6. Aufl. 2010, Teil IX Rn. 329.
78 Vgl. Kleiber, Verkehrswertermittlung von Grundstücken, 6. Aufl. 2010, Teil VIII Rn. 185 ff.
79 BT-Drucks. 7/4739, § 135b, § 143b Abs. 3, S. 46, 53: Seele in VR 1974, 161; allein schon die begriffliche Beschränkung auf Agrarland stellt eine unzutreffende Einengung dar; in der Rechtsprechung ist auch von „höherwertigem Agrarland", „Bauhoffnungsland", „spekulativem Ackerland" und „stadtnahem Ackerland" gesprochen worden; vgl. BGH, Urt. vom 28.01.1974 – III ZR 11/72 –, EzGuG 8.42; BGH, Urt. vom 12.06.1975 – III ZR 25/73 –, EzGuG 4.44; OLG Koblenz, Urt. vom 28.08.1985 – 1 U 95/84 –, EzGuG 8.62; BayObLG, Urt. vom 18.05.1977 – 2 Z 108/76 –, EzGuG 8.51; OLG Köln, Urt. vom 21.11.1972 – 4 U 199/71 –, EzGuG 8.39; auch Gelzer in NJW Schriftenreihe Heft 2 Rn. 13.

Entwicklungszustand § 5 ImmoWertV

bene „Eignung für außerland- und außerforstwirtschaftliche Nutzungen" öffnete allzu breite Interpretationsspielräume und wurde mit einer Bauerwartung gleichgesetzt, obwohl die Definition klarstellend darauf hinwies, dass eine **„Entwicklung zu einer Bauerwartung" nicht gegeben sein darf** (vgl. oben Rn. 20).

Dass die ImmoWertV die besonderen land- und forstwirtschaftlichen Flächen nicht mehr definiert, bedeutet nicht, dass dieser Grundstücksteilmarkt nicht existiert. Die Nachfolgeregelung schließt die besonderen Flächen der Land- oder Forstwirtschaft ein, ohne sie ausdrücklich hervorzuheben. Von daher ist in den einschlägigen Fällen die ersatzlos gestrichene Definition der WertV 88/98 weiterhin von Bedeutung. Als **besondere Flächen der Land- oder Forstwirtschaft kommen** – wie für die „reinen" land- und forstwirtschaftliche Flächen – nur solche land- und forstwirtschaftlich nutzbaren **Flächen in Betracht, die** nach dem Stand der Bauleitplanung und der sonstigen Entwicklung des Gebiets **auf absehbare Zeit eine bauliche Nutzung nicht erwarten lassen.** 119

Bei der im alten Recht genannten Eignung für **„außerland- und außerforstwirtschaftliche Nutzungen"** muss es sich also um Nutzungen handeln, die nicht unter die Bestimmungen der §§ 30, 33 und 34 BauGB fallen (vgl. hierzu unten Rn. 129 ff.).

Die „Eignung für eine „außerland- und außerforstwirtschaftliche Nutzung" allein reicht nicht aus, um ein Grundstück als besondere land- und forstwirtschaftlichen Fläche zu qualifizieren. Es muss auch eine dem gewöhnlichen Geschäftsverkehr zurechenbare Nachfrage nach diesen Flächen im Belegenheitsgebiet bestehen. **Beide Voraussetzungen müssen kumulativ erfüllt sein** (vgl. oben Rn. 20 ff.). 120

Abb. 18: Fläche der Land- oder Forstwirtschaft

```
Flächen der Land- oder Forstwirtschaft (ohne Bauerwartung)
  Land- oder forstwirtschaftlich nutzbare Flächen
    Reine Fläche der Land- und Forstwirtschaft,
    die land- oder forstwirtschaftlich nutzbar ist.
    innerlandwirtschaftlicher Verkehrswert

    Besondere Fläche der Land- oder Forstwirtschaft,
    außerlandwirtschaftlicher Verkehrswert
    (begünstigtes Agrarland)

  Eignung auch für außerland- oder forstwirtschaftliche Nutzung
  +
  Entsprechende Nachfrage im gewöhnlichen Geschäftsverkehr
```
© W. Kleiber 11

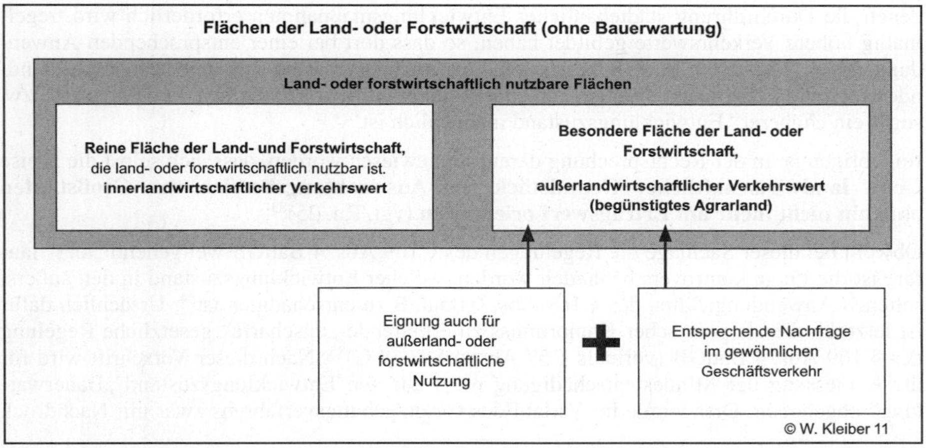

2.3.2 Sanierungsgebiete und Entwicklungsbereiche

Rechtshistorisch ist die **Definition der besonderen Flächen der Land- oder Forstwirtschaft aus dem städtebaulichen Entwicklungsmaßnahmenrecht** der §§ 165 ff. BauGB (vormals §§ 53 ff. StBauFG) **hervorgegangen**[80]. Nach § 169 Abs. 4 BauGB (vormals § 57 Abs. 4 StBauFG) ist nämlich die entschädigungsrechtliche Reduktionsklausel des § 153 Abs. 1 BauGB (vormals § 23 StBauFG) in städtebaulichen Entwicklungsbereichen mit besonderer Maßgabe anzuwenden: 121

---

80 Vgl. Kleiber, Verkehrswertermittlung von Grundstücken, 6. Aufl. 2010, Teil VIII Rn. 185 ff.

§ 5 ImmoWertV   Entwicklungszustand

122 a) Grundsätzlich bemessen sich auch in den städtebaulichen Entwicklungsbereichen die Ausgleichs- und Entschädigungsleistungen in entsprechender Anwendung des § 153 Abs. 1 BauGB; dies folgt aus § 169 Abs. 1 Nr. 6 BauGB[81].

§ 153 Abs. 1 BauGB hat folgenden Wortlaut:

„(1) Sind auf Grund von Maßnahmen, die der Vorbereitung oder Durchführung der Sanierung im förmlich festgelegten Sanierungsgebiet dienen, nach den Vorschriften dieses Gesetzbuchs Ausgleichs- und Entschädigungsleistungen zu gewähren, werden bei deren Bemessung Werterhöhungen, die lediglich durch die Aussicht auf die Sanierung, durch ihre Vorbereitung oder ihre Durchführung eingetreten sind, nur insoweit berücksichtigt, als der Betroffene diese Werterhöhung durch eigene Aufwendungen zulässigerweise bewirkt hat. Änderungen in den allgemeinen Wertverhältnissen auf dem Grundstücksmarkt sind zu berücksichtigen."

123 b) Ergänzend hierzu bestimmt § 169 Abs. 4 BauGB für städtebauliche Entwicklungsbereiche:

„(4) Auf land- oder forstwirtschaftlich genutzte Grundstücke ist § 153 Abs. 1 mit der Maßgabe entsprechend anzuwenden, dass in den Gebieten, in denen sich kein von dem innerlandwirtschaftlichen Verkehrswert abweichender Verkehrswert gebildet hat, der Wert maßgebend ist, der in vergleichbaren Fällen im gewöhnlichen Geschäftsverkehr auf dem allgemeinen Grundstücksmarkt dort zu erzielen wäre, wo keine Entwicklungsmaßnahmen vorgesehen sind."

124 c) Hieraus folgt, dass **§ 169 Abs. 4 BauGB nur zur Anwendung kommt, wenn sich im städtebaulichen Entwicklungsbereich kein vom „innerlandwirtschaftlichen Verkehrswert abweichender Wert" gebildet hat.** Des Weiteren findet das Bewertungsprivileg nach dem ausdrücklichen Wortlaut des § 169 Abs. 4 BauGB **nur auf land- oder forstwirtschaftlich „genutzte" Grundstücke** Anwendung.

125 Ein derartiger Fall ist allenfalls die **Ausnahme,** weil sich erfahrungsgemäß in den Städten, in denen die Durchführung städtebaulicher Entwicklungsmaßnahmen erforderlich wird, regelmäßig höhere Verkehrswerte gebildet haben, so dass dort bei einer entsprechenden Anwendung des § 153 Abs. 1 BauGB bereits ein Entwicklungszustand i. S. der besonderen land- oder forstwirtschaftlichen Flächen mit einem außerlandwirtschaftlichen Verkehrswert bzw. sogar ein „höherer" Entwicklungszustand maßgeblich ist[82].

126 Im Übrigen ist in der Rechtsprechung darauf hingewiesen worden, dass sich selbst die Preise **„rein" landwirtschaftlicher Grundstücke im Ausstrahlungsbereich von Großstädten ohnehin nicht mehr am Ertragswert orientieren** (vgl. Rn. 25)[83].

127 Obwohl bei dieser Sachlage die Regelungen des § 169 Abs. 4 BauGB weitgehend „leer" laufen, ist die Frage kontrovers behandelt worden, welcher Entwicklungszustand in den äußerst seltenen Anwendungsfällen des § 169 Abs. 4 BauGB zu entschädigen ist[84]. Ursächlich dafür ist letztlich die als politischer Kompromiss zu erklärende „unscharfe" gesetzliche Regelung des § 169 Abs. 4 BauGB (vormals § 57 Abs. 4 StBauFG)[85]. Nach dieser Vorschrift wird für die Bemessung der Mindestentschädigung nicht auf den Entwicklungszustand „Bauerwartung" abgehoben. Dies wurde im Verlauf des Gesetzgebungsverfahrens zwar mit Nachdruck

---

81 Vgl. Parlamentarische Anfrage vom 14.03.2006 (BT-Drucks 16/1043 = GuG 2007, 49).
82 OVG Lüneburg, Urt. vom 15.12.1977 – 1 A 311/74 –, EzGuG 15.7.
83 BGH, Urt. vom 01.02.1982 – III ZR 100/80 –, EzGuG 14.70; BGH, Urt. vom 30.09.1976 – III ZR 149/75 –, EzGuG 20.64; BGH, Urt. vom 08.11.1962 – III ZR 86/61 –, EzGuG 8.5; BGH, Urt. vom 09.11.1959 – III ZR 149/58 –, EzGuG 14.12; BGH, Urt. vom 17.12.1964 – III ZR 96/63 –, EzGuG 11.47; BGH, Urt. vom 20.12.1963 – III ZR 60/63 –, EzGuG 14.17; BGH, Urt. vom 08.05.1967 – III ZR 148/65 -; EzGuG 14.28; BayObLG, Beschl. vom 23.11.1967 – X X V 2/66 –, EzGuG 8.23.
84 Giehl in BayVBl. 1973, 311; Heinemann in AgrarR 1973, 172; Seele in VR 1974, 161, und VR 1975, 53; Gaentzsch, Die Bodenwertabschöpfung im StBauFG, Siegburg 1975, S. 112; Janning, Bodenwert und Städtebaurecht, Berlin 1976, S. 276; Reisnecker in BayVBl. 1977, 655; Stich in DVBl. 1976, 139; Schlichter in BerlKomm. zum BauGB, § 169 Rn. 25 ff.
85 Rechtlich geht es dabei um die Frage, ob für eine bestimmte Gruppe von Enteignungsbetroffenen eine höhere Enteignungsentschädigung vorgesehen werden kann, als sonsthin gewährt wird (vgl. im Einzelnen Kleiber in Ernst/Zinkahn/ Bielenberg/Krautzberger, BauGB, Komm. zu 5 ImmoWertV Rn. 23 ff.); vgl. BT-Drucks VI/510, S. 66, 76; BT-Drucks. VI/2204, S. 23; Prot. der 127. BT-Sitzung am 16.06.1971, S. 7328, 7339; BT-Ausschuss für Städtebau und Wohnungswesen, Sitzung am 26.04.1970, S. 148, am 23.04.1970, S. 106 und 116, am 29.04.1971, S. 22; BT-Rechtsausschuss, Sitzung am 29.04.1971, S. 104.

Entwicklungszustand § 5 ImmoWertV

gefordert, jedoch hat der Gesetzgeber diesen ansonsten gängigen Begriff vermieden und stattdessen auf den Wert abgehoben, der „auf dem allgemeinen Grundstücksmarkt dort zu erzielen wäre, wo keine Entwicklungsmaßnahme vorgesehen ist". Zur Klarstellung ist aber noch einmal darauf hinzuweisen, dass dieses **Bewertungsprivileg** nur in den seltenen Fällen „greift", wo sich tatsächlich nur der innerlandwirtschaftliche Verkehrswert gebildet hat.

2.3.3 Qualifikationsmerkmale

Als besondere Flächen der Land- oder Forstwirtschaft sind zunächst nur solche Flächen einzustufen, die aufgrund objektiver Kriterien besondere Eigenschaften aufweisen. Die Vorschrift nennt **128**

– die landschaftliche oder verkehrliche Lage,

– die Funktion der Flächen und

– ihre Nähe zu Siedlungsgebieten,

die eine **Eignung für außerlandwirtschaftliche oder außerforstwirtschaftliche Nutzungen** begründen. Der Verordnungsgeber hat es nicht vermocht, diese Nutzungen positiv zu definieren. Dies ergibt sich aus der Begründung[86]: In Betracht kommen vor allem Nutzungen für Freizeit- und Erholungszwecke, als Ausflugsziel für Ausflügler[87], die Hobbypferdehaltung insbesondere aufgrund

– der Beschaffenheit des Grundstücks, wie dessen Geländeform und Besonnung,

– der besonderen Anziehungskraft der Umgebung, insbesondere einer landschaftlich schönen Gegend,

– der Erreichbarkeit z. B. durch Erholungsuchende (auch aufgrund der Verkehrsverhältnisse) und der Nähe zu Ballungsgebieten.

Neben den genannten Nutzungen kommt auch die **Eignung für eine zulässige und befristete Nutzung** solcher Flächen **aus bestimmten Anlässen,** wie z. B. als Versammlungsfläche, für Jahrmärkte und Schützenfeste, Dorf- und Bürgerfeste, aber auch als befristete Park- und Abstellplätze in Betracht. Ausgeschlossen bleibt die Eignung der Fläche für eine unzulässige Nutzung. **129**

Liegen diese Voraussetzungen vor, so bildet sich in weiten Bereichen des Ausstrahlungsbereichs großer Ballungszentren für derartige Flächen regelmäßig ein höheres Bodenwertniveau selbst dort, wo eine Bauerwartung nicht besteht[88]. **130**

Allein die Eignung einer land- oder forstwirtschaftlichen Fläche auch für **außerlandwirtschaftliche oder außerforstwirtschaftliche Nutzungen** führt nicht automatisch zu deren Einstufung als besondere Fläche der Land- oder Forstwirtschaft. Es muss eine dahingehende **Nachfrage** hinzutreten, und zwar **im gewöhnlichen Geschäftsverkehr.** Einzelne Ankäufe zu diesen Zwecken reichen also nicht aus, wenn ansonsten der Grundstücksverkehr durch „rein" land- oder forstwirtschaftliche Nutzungsabsichten beherrscht wird. Dass der Verordnungsgeber allein bei der Definition der besonderen Flächen der Land- oder Forstwirtschaft neben objektiven Zustandsmerkmalen auch das Geschehen auf dem Grundstücksmarkt hier eingebunden hat, ist darin begründet, dass ansonsten jede landschaftlich schöne und verkehrsgünstig gelegene land- oder forstwirtschaftliche Fläche in diese Qualität einzuordnen wäre, auch wenn diese Vorteile nicht „marktgängig" sind. **131**

Die für die Qualifizierung einer Fläche als „besondere Fläche der Land- und Forstwirtschaft" **geforderte Nachfrage setzt nicht voraus, dass das Grundstück oder die in der Umgebung gelegenen Grundstücke auch tatsächlich Gegenstand des Grundstücksverkehrs waren.** Der Entwicklungszustand kann auch gegeben sein, wenn die übrigen Voraussetzungen vorlie- **132**

---

[86] BR-Drucks. 352/88, S. 37.
[87] BR-Drucks. 352/88, S. 36 f.
[88] BGH, Urt. vom 28.4.1969 – III ZR 189/66 –, EzGuG 6.121a; vgl. auch 48. Sitzung des BT-Ausschusses für Raumordnung, Bauwesen und Städtebau vom 21.4.1975, S. 21 ff.

gen und in der weiteren Umgebung vergleichbare Grundstücke entsprechend gehandelt werden. Es genügt also die bloße Nachfrage in vergleichbaren Gebieten. Indessen können insbesondere naturbedingte oder sonstige Hindernisse, wie z. B. eine Autobahntrasse, Verhältnisse schaffen, die ansonsten vergleichbare land- oder forstwirtschaftliche Grundstücke von der Nachfrage abschneiden. Das Gleiche gilt für Grundstücke, die durch planerische Festsetzungen z. B. als Naturschutzgebiet von der Nachfrage abgeschnitten sind (vgl. Abb. 19).

Abb. 19:   Besondere land- oder forstwirtschaftliche Flächen

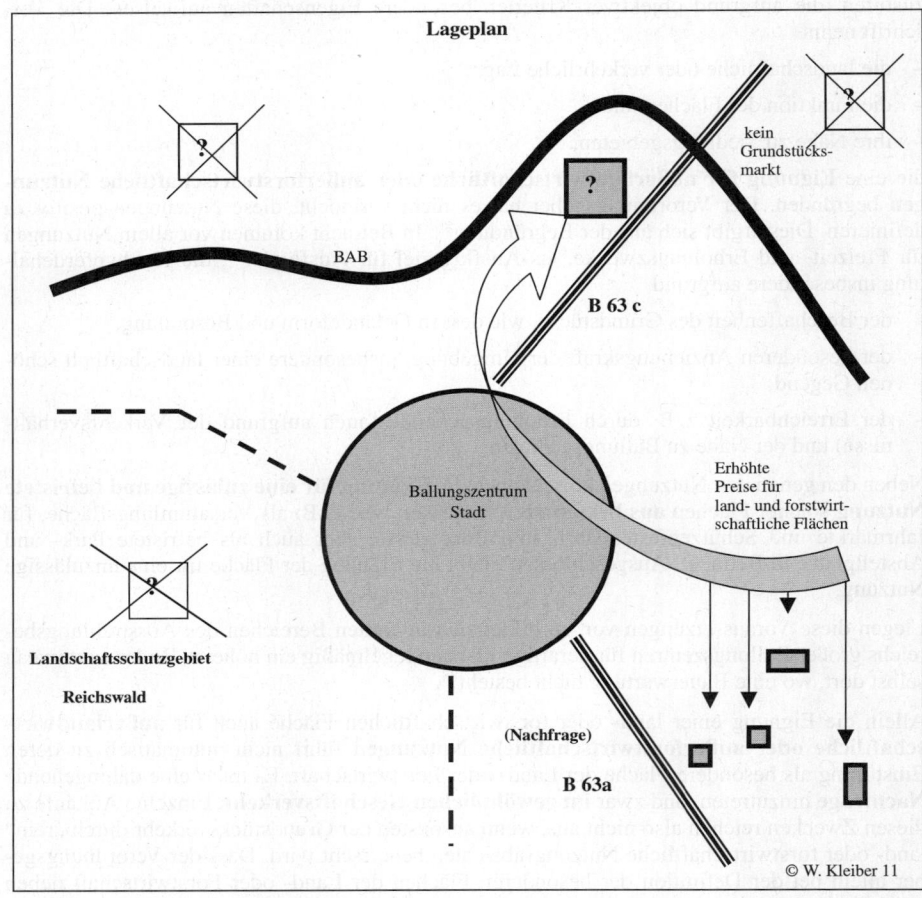

Grundstücke, die als **Landschafts- oder Naturschutzgebiet** festgesetzt sind, sind indessen nicht davon ausgenommen, dass für diese erhöhte Grundstückspreise im Hinblick auf eine außerland- oder außerforstwirtschaftliche Nutzung entrichtet werden[89].

Auf der anderen Seite kann aber nicht davon ausgegangen werden, dass im **Umland großer Ballungszentren** für außerland- und außerforstwirtschaftlich nutzbare Grundstücke auch eine entsprechende Nachfrage besteht und die Flächen stets und ausschließlich als besondere Flächen der Land- und Forstwirtschaft zu qualifizieren sind. Vielmehr können im Umland der Ballungszentren sowohl reine als auch besondere Flächen der Land- und Forstwirtschaft gele-

---

[89] BGH, Urt. vom 20.10.1967 – V ZR 78/65 –, EzGuG 4.27a.

Entwicklungszustand § 5 ImmoWertV

gen sein. Diesbezüglich können topografische und naturbedingte Hindernisse die Grenze ziehen (z. B. eine Autobahn- und Eisenbahntrasse)[90].

Der **Verkehrswert der besonderen land- oder forstwirtschaftlichen Flächen** (Wert des „begünstigten Agrarlands") weist nach den Erfahrungen der Gutachterausschüsse etwa den **zwei- bis dreifachen, mitunter auch vierfachen Betrag des Werts der reinen land- oder forstwirtschaftlichen Flächen** (innerlandwirtschaftlicher Verkehrswert) **auf.**

Im Unterschied zu den reinen land- oder forstwirtschaftlichen Flächen, deren Quadratmeterwert im Hinblick auf die land- oder forstwirtschaftliche Nutzung mit der Größe des Grundstücks leicht ansteigt, vermindert sich nach empirischen Untersuchungen der **auf den Quadratmeter bezogene Wert der besonderen land- oder forstwirtschaftlichen Flächen,** je größer das Grundstück ist (vgl. Syst. Darst. des Vergleichswertverfahrens Rn. 306 ff., Abb. 20):

Abb. 20: Abhängigkeit des Quadratmeterwerts der besonderen Flächen der Land- oder Forstwirtschaft von der Grundstücksgröße

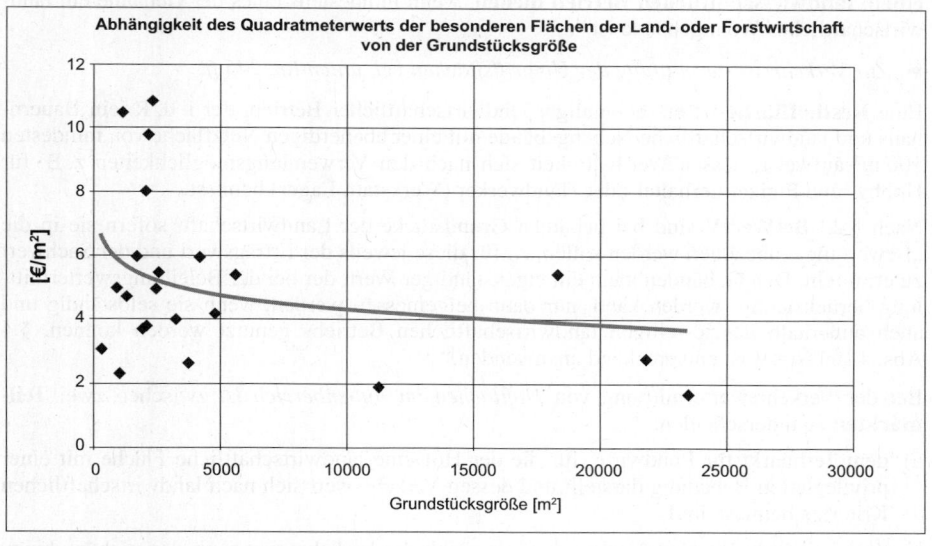

Quelle: Grundstücksmarktbericht Bergisch Gladbach 2012

2.4 Hofstelle, Hofanschlussflächen, hofnahe und -ferne Flächen

2.4.1 Allgemeines

▶ *Vgl. Rn. 210, 229, 245, § 6 ImmoWertV Rn. 68, § 16 ImmoWertV Rn. 120*[91]

Unter einer Hofstelle wird eine Einheit eines Grundstücks verstanden, das mindestens mit einem Wohnhaus und einem oder mehreren im ursprünglichen landwirtschaftlichen Betrieb genutzten Wirtschaftsgebäuden bebaut ist. Sie können innerhalb der Ortslage, am Ortsrand oder in freier Feldflur liegen. Der wohl häufigste Fall ist die im Außenbereich gelegene **Hofstelle.** Es handelt sich hierbei lediglich um eine katasterrechtlich festgestellte Nutzungsart, die keinerlei Bedeutung für die baurechtliche Einordnung der Hofstelle hat[92]. Flächenmäßig

133

---
[90] LG Hannover, Urt. vom 05.08.1998 – 43 O 7/97 –, GuG 2000, 379; LG, Hannover, Urt. vom 14.10.1998 – 43 O 8-10/97 –.
[91] Vgl. zur Ermittlung von Resthofschäden bei Enteignungen Kleiber, Verkehrswertermittlung von Grundstücken, 6. Aufl. 2010, Teil VII Rn. 152 ff.
[92] Vgl. zur Bedeutung Kleiber, Verkehrswertermittlung von Grundstücken, 6. Aufl. 2010, Teil III Rn. 489.

§ 5 ImmoWertV Entwicklungszustand

werden der Hofstelle die Gesamtheit der Gebäude- und Freiflächen (insbesondere der Wohn- und Wirtschaftsgebäude) zugeordnet, die einem land- oder forstwirtschaftlichen Betrieb zugeordnet sind und miteinander in einem engen funktionalen Zusammenhang stehen. Es empfiehlt sich vor allem im Falle einer auseinandergerissenen Bebauung die Grenzen der Umgriffsfläche eng zu ziehen, ohne dass sich die Umgriffsfläche entsprechend dem verwirklichten Maß der Bebauung auf die entsprechende baurechtlich erforderliche Mindestfläche beschränken muss. Damit lassen sich entsprechende Abschläge vermeiden, die sonst bei der Bodenwertermittlung übergroßer Umgriffsflächen auf der Grundlage von Vergleichspreisen normal geschnittener Grundstücke entstehen.

Hofstelle[93] ist diejenige Stelle, von der aus land- und forstwirtschaftliche Flächen ordnungsgemäß nachhaltig bewirtschaftet werden. Umfang und Ausstattung der Hofstelle richten sich grundsätzlich nach den Erfordernissen und der Größe der von dieser Stelle aus bewirtschafteten Fläche. Eine Hofstelle umfasst die Wirtschaftsgebäude und die dazugehörigen Nebenflächen (ErbStR 130 Abs. 4 und 5). Hecken, Gräben, Grenzraine und dergleichen gehören nur dann zur Hofstelle, wenn sie in räumlicher Verbindung mit den Wirtschaftsgebäuden stehen.

Als **Hofstelle** i. S. des § 35 Abs. 4 Satz 1 Nr. 1e BauGB gelten **nur solche Gebäude, die einem landwirtschaftlichen Betrieb dienen**, wenn mindestens eines der Gebäude ein landwirtschaftliches Wohngebäude ist[94].

▶ *Zur Verkehrswertermittlung der Umgriffsflächen vgl. unten Rn. 245 ff.*

Eine **Resthoffläche** ist ein ehemaliger landwirtschaftlicher Betrieb, der i. d. R. ein Bauernhaus und landwirtschaftliche Nebengebäude mit einer ebenerdigen Nutzfläche von mindesten 100 m² aufweist, dessen Werthaltigkeit sich nach den Verwendungsmöglichkeiten z. B. für Hobby- und Freizeittierhalter oder Handwerker (Werkstatt, Lager) bemisst.

Nach **§ 23 BelWertV** sind bei bebauten Grundstücke der Landwirtschaft, sofern sie in die „Bewertung einbezogen werden sollen, ... für diese jeweils der Ertragswert und der Sachwert zu ermitteln. Den Gebäuden kann ein eigenständiger Wert, der bei der Beleihungswertermittlung berücksichtigt werden kann, nur dann beigemessen werden, wenn sie selbständig und auch außerhalb des jeweiligen landwirtschaftlichen Betriebs genutzt werden können. § 4 Abs. 4 BelWertV ist entsprechend anzuwenden."

134 Bei der Verkehrswertermittlung von *Hofflächen im Außenbereich* ist zwischen zwei **Teilmärkten** zu unterscheiden:

a) dem Teilmarkt für Landwirte, für die der Hof eine landwirtschaftliche Fläche mit einer privilegierten Bebauung darstellt und dessen Verkehrswert sich nach landwirtschaftlichen Kriterien bemisst, und

b) dem Teilmarkt für Nichtlandwirte, für die sich der Verkehrswert nach den nichtlandwirtschaftlichen Nutzungsmöglichkeiten (Wohnen und Gewerbe) der Hofflächen bemisst.

Planungsrechtlich empfiehlt sich, neben dem Flächennutzungs- und Bebauungsplan auch in den Gebietsentwicklungsplan einzusehen, der die großräumige Entwicklung des Gebiets darstellt. Darüber hinaus ist zu prüfen, ob über die Privilegierung des § 35 BauGB hinaus andere Nutzungsmöglichkeiten im Rahmen des § 35 Abs. 4 und 6 BauGB möglich sind (§ 6 ImmoWertV Rn. 68); dabei ist insbesondere nach einer

– Nutzbarkeit für Wohnzwecke und

– gewerblichen Zwecken zu unterscheiden.

Bei **Hofflächen im Innenbereich ist** die Möglichkeit einer Teilung des Grundstücks und die dabei anfallenden Teilungskosten (ggf. auch Erschließungskosten) zu berücksichtigen.

---

93 § 157 Abs. 2 ErbStR.
94 BVerwG, Beschl. vom 14.03.2006 – 4 B 10/06 –, GuG-aktuell 2006, 31.

2.4.2 Hofstelle

Schrifttum: *Fischer, R.,* Bewertung von landwirtschaftlichen Liegenschaften und Betrieben in Bienert, Bewertung von Spezialimmobilien; *Köhne M.,* landwirtschaftliche Taxationslehre, 3. Aufl. Berlin; *Krietsch,* Ableitung von Marktanpassungsfaktoren für Resthofstellen in Sachsen-Anhalt, GuG 2010, 203.

▶ *Vgl. unten Rn. 244 ff. sowie Syst. Darst. des Vergleichswertverfahrens Rn. 306*

Nach § 35 Abs. 1 BauGB privilegiert bebaute Flächen im Außenbereich sind de facto nach Maßgabe des § 16 Abs. 1 Satz 1 i. V. m. § 16 Abs. 2 ImmoWertV als baureifes Land i. S. des § 5 Abs. 4 ImmoWertV zu bewerten. Dazu gehören insbesondere die Hofstellen (**landwirtschaftliche Hof- und Gebäudeflächen**). **135**

Der **Bodenwert landwirtschaftlicher Hofstellen** wird in der Praxis in Anlehnung an den Bodenwert bebauter Grundstücke im Außenbereich ermittelt (vgl. unten Rn. 229 ff.). Daneben wird der Bodenwert häufig auch mit dem zwei- bis vierfachen Bodenwert landwirtschaftlicher Flächen angesetzt. Je höher der landwirtschaftliche Bodenwert ist, desto kleiner ist dabei der Vervielfacher. Auch die Kombination beider Verfahren ist gebräuchlich.

Der **Bodenwert landwirtschaftlicher Hofstellen** (i. d. R. > 3 000 m²) im Außenbereich bestimmt sich in Abhängigkeit von

– der Größe des Grundstücks
– der Lage im Innen- oder Außenbereich, wobei wiederum zwischen Ortsrandlage und freier Feldflur zu unterscheiden ist,
– der Entfernung zur nächsten Ortslage bzw. Stadt
– der verkehrsmäßigen Anbindung und der vorhandenen Infrastruktur,
– der Beschaffenheit, u. a. dem Erschließungszustand (Wasser-, Elektro- und Kommunikationsanschlüsse),
– den (außerlandwirtschaftlichen) Nutzungsmöglichkeiten (Flächennutzungs- und Bebauungsplan, § 35 BauGB) und
– der Höhe des Bodenrichtwerts

nach einem Vomhundertsatz des nächstliegenden Bodenrichtwerts (ebf, jedoch ohne Berücksichtigung von Kanalbaubeiträgen) vergleichbarer Lage.

Als **Richtgrößen** können gelten:

30 % – 40 % des Bodenrichtwerts des Dorfgebiets bei Lage im Außenbereich,

60 % – 70 % des Bodenrichtwerts des Dorfgebiets bei Lage im Innenbereich.

Der Vomhundertsatz steigt allerdings deutlich mit geringer werdenden Bodenrichtwerten an.

Im Hinblick auf vielfach vorgefundene Hofstellenflächen von 3 000 bis 5 000 m² sind Abschläge bis zu 50 % wegen Übergröße anzubringen. Darüber hinaus ist ein umso höherer Abschlag anzusetzen, je weiter das Grundstück von der Ortsbebauung entfernt liegt.

Vereinzelt werden von den Gutachterausschüssen für Grundstückswerte für den Teilmarkt „Hofstellen landwirtschaftlicher Betriebe" aus den Kaufpreissammlungen **durchschnittliche Bodenwerte** entsprechender Flächen abgeleitet und im Grundstücksmarktbericht jährlich veröffentlicht. So werden vom Gutachterausschuss des Landkreises *Wesel* folgende Bodenwerte in Abhängigkeit von der zugehörigen Grundstücksfläche angegeben:

§ 5 ImmoWertV   Entwicklungszustand

Bodenwerte für landwirtschaftliche Hof und Gebäudeflächen im Außenbereich (Landkreis Wesel 2011)	
Bodenwert in €/m²	Zugehörige Grundstücksfläche in m²
8	3 500
10	2 750
12	2 000

Quelle. Grundstücksmarktbericht 2011

Der Gutachterausschuss von *Moers* gibt für 2 000 bis 3 500 m² große landwirtschaftlich genutzte Hof- und Gebäudeflächen in seinem Grundstücksmarktbericht 2011 einen Bodenwert von 10 bis 20 €/m² an.

Für die Stadt und den *Landkreis Osnabrück* wurde ermittelt:

Durchschnittliche Bodenwerte von Hofstellen landwirtschaftlicher Betriebe im Außenbereich der Stadt und des Landkreises Osnabrück (2007)			
Nordkreis und Bramsche	8 €/m²	bis	13 €/m²
Altkreis Wittlage und Meile	15 €/m²	bis	25 €/m²
Südkreis	15 €/m²	bis	23 €/m²
Stadtrandgemeinden	20 €/m²	bis	30 €/m²

Folgende Vergleichsfaktoren sind für die *LK Aurich, Leer* und *Wittmund* sowie für die Stadt *Emden* abgeleitet worden (Abb. 21):

Abb. 21: Umrechnungskoeffizienten zur Ermittlung des Bodenwerts bebauter Wohngrundstücke sowie von landwirtschaftlichen Hofstellen im Außenbereich

Bodenrichtwert bebauter bzw. bebaubarer Grundstücke der benachbarten Ortslage – erschließungsbeitragsfrei – [€/m²]	Vergleichsfaktor	
	bebaute Wohngrundstücke	landwirtschaftliche Hofstelle
15,00	0,73	0,31
20,00	0,71	0,29
25,00	0,70	0,27
30,00	0,65	0,25
35,00	0,63	0,22
40,00	0,60	0,20
45,00	0,57	0,19
50,00	0,55	0,18
55,00	0,52	–
60,00	0,49	–
65,00	0,47	–

Quelle: Grundstücksmarktbericht Niedersachsen 2006 (LK Aurich, Leer und Wittmund, Stadt Emden), ohne Berücksichtigung der Kanalbaubeiträge

Im Landesgrundstücksmarktbericht 2007 werden für niedersächsische Gemeinden folgende **Richtzahlen** veröffentlicht:

Abb. 22: Richtzahlen für landwirtschaftliche Hofstellen im Außenbereich

Landkreis, kreisfreie Stadt, Region	Richtzahlen	
	Wohnnutzung	Landwirtschaftliche Hofstelle
Gutachterausschuss für Grundstückswerte Aurich		
Landkreis Aurich	47–73 % des Bodenrichtwerts der benachbarten Bodenrichtwertzone	18–31 % des Bodenrichtwerts der benachbarten Bodenrichtwertzone
Landkreis Wittmund	47–73 % des Bodenrichtwerts der benachbarten Bodenrichtwertzone	18–31 % des Bodenrichtwerts der benachbarten Bodenrichtwertzone
Stadt Emden	47–73 % des Bodenrichtwerts der benachbarten Bodenrichtwertzone	18–31 % des Bodenrichtwerts der benachbarten Bodenrichtwertzone
Gutachterausschuss für Grundstückswerte Cloppenburg		
Landkreis Cloppenburg, auch in Splittersiedlungen	10–35 €/m²	3–10 €/m² im Durchschnitt der 2,2-fache Wert der landwirtschaftlichen NF.
Landkreis Oldenburg, auch in Splittersiedlungen	24–35 €/m²	
Landkreis Vechta, auch in Splittersiedlungen	12–35 €/m²	3–10 €/m² im Durchschnitt der 2,2-fache Wert der landwirtschaftlichen NF.
Gutachterausschuss für Grundstückswerte Hameln		
Landkreis Hameln-Pyrmont	8–15 €/m²	
Landkreis Holzminden, auch in Splittersiedlungen	30–70 % des Bodenrichtwerts der benachbarten Ortslage	
Gutachterausschuss für Grundstückswerte Hannover		
Region Hannover	50–70 % des Bodenrichtwerts für erschließungsbeitragsfreie Grundstücke	
Gutachterausschuss für Grundstückswerte Meppen		
Landkreis Grafschaft Bentheim	7,0–10 €/m²	7,0–10 €/m²
Gutachterausschuss für Grundstückswerte Northeim		
Landkreis Göttingen	40–60 % des Bodenrichtwerts der benachbarten Ortslage	
Landkreis Northeim	40–60 % des Bodenrichtwerts der benachbarten Ortslage	
Landkreis Osterode/Harz	40–60 % des Bodenrichtwerts der benachbarten Ortslage	
Gutachterausschuss für Grundstückswerte Oldenburg		
Landkreis Ammerland, auch in Splittersiedlungen	20 €/m²	10 €/m²
Landkreis Friesland, auch in Splittersiedlungen in den Gemeinden Wangerland, Nordost, Küstennähe	15–18 €/m²	6–7 €/m² 8–9 €/m²
Landkreis Wesermarsch, auch in Splittersiedlungen	7,5–10 €/m²	4–6 €/m²

§ 5 ImmoWertV — Entwicklungszustand

Landkreis, kreisfreie Stadt, Region	Richtzahlen Wohnnutzung	Landwirtschaftliche Hofstelle
Stadt Oldenburg, auch in Splittersiedlungen	40 €/m²	
Stadt Wilhelmshaven, auch in Splittersiedlungen	18 €/m²	6 €/m²
Gutachterausschuss für Grundstückswerte Osnabrück		
Stadt- und Landkreis, in Splittersiedlungen	13–100 €/m² (Stadtrandgemeinden)	8–30 €/m²
Gutachterausschuss für Grundstückswerte Sulingen		
Landkreis Diepholz		
Nördlicher Landkreis		30–60 % des Bodenrichtwerts für erschließungsbeitragsfreie Grundstücke in vergleichbarer Lage
Südlicher Landkreis, in Splittersiedlungen		20–60 % des Bodenrichtwerts für erschließungsbeitragsfreie Grundstücke in vergleichbarer Lage
Nördlicher Landkreis	40–60 % des angrenzenden Bodenrichtwerts für erschließungsbeitragsfreie Grundstücke im Dorfgebiet	
Südlicher Landkreis	40–80 % des angrenzenden Bodenrichtwerts für erschließungsbeitragsfreie Grundstücke im Dorfgebiet	
Landkreis Nienburg/Weser, in Splittersiedlungen	50–80 % des angrenzenden Bodenrichtwerts für erschließungsbeitragsfreie Grundstücke im Dorfgebiet	4,5–14 €/m²

Neben den Bodenrichtwerten bzw. Vergleichspreisen für baureifes Land angrenzender Baugebiete werden auch **Vergleichspreise angrenzender landwirtschaftlicher Flächen** herangezogen, die **mit einem Zuschlag von 100 bis 300 %** versehen werden, wobei der Zuschlag um so niedriger ist, je höher das Preisniveau der herangezogenen Vergleichspreise ist.

Für die unterschiedlichen Betriebstypen, Betriebsgrößen und Betriebsleitungen können regionale **Deckungsbeiträge** aus den Sammlungen aktueller Buchführungsergebnisse entnommen werden[95]. Die sich auf der Grundlage von Deckungsbeiträgen ergebenden wirtschaftlichen Nachteile sind dann mit Ausgleichs- und Entschädigungsleistungen zu verrechnen[96].

2.4.3 Hofanschlussfläche, hofnahe- und hofferne Fläche

136 Als ein wertbeeinflussendes Merkmal mit individueller Ausprägung gilt die **Lage einer landwirtschaftlichen Nutzfläche zur Hofstelle** und auch zur Ortslage. Man unterscheidet hier zwischen

- Hofanschlussflächen,
- hofnahen und
- hoffernen Flächen.

---

95 Z.B. Buchführungsergebnisse des Bay. Staatsministeriums für Ernährung, Landwirtschaft und Forsten; Riemann, A., Rechtliche Grundlagen und Berechnungsmethoden für den Ausgleich von wirtschaftlichen Nachteilen in Wasserschutzgebieten in Nordrhein-Westfalen, WF 1991, 62.
96 Vgl. Kleiber, Verkehrswertermittlung von Grundstücken, 6. Aufl. 2010, Teil VII Rn. 163 ff.

Entwicklungszustand § 5 ImmoWertV

Hofanschlussflächen sind solche, die einen unmittelbaren Anschluss an die Hofstelle haben und ohne Benutzung öffentlicher Wege über private Wirtschaftswege erreichbar sind. Eine landwirtschaftliche Fläche weist einen Hofanschluss auf, wenn die Fläche unmittelbar mit dem Hof verbunden ist; sie kann also ohne Benutzung von Flächen und Wegen, die im Eigentum anderer stehen, erreicht werden. Die Fläche ist insoweit nicht für jedermann wertvoller, wohl aber für den Eigentümer der Hofstelle.

Im Unterschied zu einer Hofanschlussfläche weist eine **hofnahe Fläche** keinen unmittelbaren Anschluss an den Hof auf; sie ist aber vom Hof aus auf kurzem Weg erreichbar. Auch solche Flächen sind nicht für jedermann deshalb wertvoller, wohl aber wiederum für den Eigentümer des Hofes. Im Falle des Entzugs hofnaher Flächen wird nach der Rechtsprechung des BGH ein **Hofnähezuschlag** nicht anerkannt[97]. Der betroffene Eigentümer hat nämlich keinen Rechtsanspruch auf Erhalt einer günstigen Wegeverbindung. Im Übrigen ist der Verlust der Hofnähe weitgehend mit der Inkaufnahme von Mehrwegen identisch.

Beckmann[98] nennt als **Vorteile**:

- Maschinenfahrten ohne Umrüstung auf die im Straßenverkehr zulässigen Breiten und Beförderungsarten,
- Lastfuhren ohne die im Straßenverkehr erforderlichen Lastensicherungen,
- keine Rückleuchtenmontagen an Feldmaschinen, die ihrer Bauart und Verwendungsart wegen keine festen Rückleuchten tragen,
- Traktorführen ohne Führerschein,
- keine Reinigung nach Fahrten mit verschmutzten Reifen,
- keine Wartezeiten an Kreuzungen bzw. Abbiegungen,
- in den Mittagspausen und Unterbrechungen verbleiben die Maschinen auf dem Feld,
- die Mitnahme von Abdeckplanen für das erdroschene Erntegut bei unbestimmter Witterung ist nicht erforderlich,
- gute Beobachtungsmöglichkeiten von der Hofstelle, wenn Kornwagen gefüllt und leere Wagen zum Feld gebracht werden müssen,
- Wegstreckenvorteile gegenüber entlegenen Parzellen,
- problemloser Eintrieb von Milchkühen und anderem Vieh,
- kurze Entfernung für die Verlegung von Versorgungsleitungen (Weidenzaunstrom, Tränkwasser, Beregnungswasser).

Der **Wegekostenvorteil der Hofanschlussflächen** kann analog zum Wegekostennachteil für hoffernere Flächen ermittelt werden, er kann bis zu 1,50 €/m² betragen und bemisst sich nach Nr. 3.1 ff. LandR 78 nach:

- Wegestrecke,
- der Größe der Fläche, die über diesen Weg zu erreichen ist,
- der Intensität und Art der Bewirtschaftung der Fläche und der sich hieraus ergebenden Arbeitskraft- und Maschinenkosten sowie aus
- evtl. Wartezeiten beim Überqueren und Einbiegen stark befahrener öffentlicher Straßen,
- im Weg vorhandenen Steigungen[99].

Der Wegekostenvorteil steigt mit größer werdender Fläche degressiv, weil umgekehrt der Wegekostennachteil für hofferne Flächen mit der Größe dieser Flächen abnimmt. Im Gutach-

---

[97] BGH, Urt. vom 06.03.1986 – III ZR 146/84 –, EzGuG 13.76; Köhne, Landwirtschaftliche Taxationslehre, 3. Aufl. 2000, S. 172 f.
[98] AgrarR 1979, 73.
[99] Vgl. Kleiber, Verkehrswertermittlung von Grundstücken, 6. Aufl. 2010, Teil VII Rn. 347 ff.

ten wird der Wegekostenvorteil gesondert als **Sonderwert für Hofanschlussflächen** ausgewiesen.

Folgende **Fallgestaltungen** haben eine rechtliche Klärung bei der Bemessung der Enteigungsentschädigung von Höfen erfahren:

a) Der **Gemeingebrauch eines öffentlichen Wegs, der eine günstige Verbindung zwischen zwei zu demselben landwirtschaftlichen Betrieb gehörenden Grundstücken gewährleistet,** begründet kein verfassungsrechtlich geschütztes Vertrauen darauf, dass seine solche dem Betrieb nützliche Linienführung erhalten bleibt. Geschützt ist dagegen die Zugänglichkeit eines Betriebs nach außen[100].

b) **Zusätzliche Straßenüberquerungen** eines Altwagenverschrottungsbetriebs infolge Zerschneidung des Grundstücks durch eine Straße[101].

2.5 Steuerliche Bewertung des land- und forstwirtschaftlichen Vermögens

Schrifttum: Gleich lautender Erl zur Reform des Erbschaftsteuer- und Bewertungsrechts vom 01.04.2009 (GuG 2010, 99 = BStBl I 2009, 552); *Wiegand, S.,* Die Bewertung des land- und forstwirtschaftlichen Vermögens für Zwecke der Erbschaft- und Schenkungsteuer, GuG 2011, 268; *Wiegand, St.,* Praxisrelevante Einzelfragen zur Bewertung land- und forstwirtschaftlichen Vermögens HLBS Report 2010, 80.

▶ *Zur Wirtschaftlichen Einheit sowie zu Stückländereien § 1 Rn. 28 ff.*

137 Ein **Betrieb der Land- und Forstwirtschaft** umfasst nach § 160 Abs. 1 BewG

1. den Wirtschaftsteil,
2. die Betriebswohnungen und
3. den Wohnteil.

Der **Wirtschaftsteil eines Betriebs der Land- und Forstwirtschaft** umfasst nach § 160 Abs. 2 BewG

1. die land- und forstwirtschaftlichen Nutzungen:
   a) die landwirtschaftliche Nutzung,
   b) die forstwirtschaftliche Nutzung,
   c) die weinbauliche Nutzung,
   d) die gärtnerische Nutzung,
   e) die übrigen land- und forstwirtschaftlichen Nutzungen,
2. die Nebenbetriebe,
3. die folgenden, nicht zu einer Nutzung nach den Nummern 1 und 2 gehörenden Wirtschaftsgüter:
   a) Abbauland (vgl. unten Rn. 306),
   b) Geringstland (vgl. unten Rn. 249),
   c) Unland (vgl. unten Rn. 249).

Der Wirtschaftsteil des Betriebs ist nach § 162 Abs. 2 mit dem unter Anwendung des sog. Reingewinnverfahrens nach § 163 Abs. 1 bis 14 BewG ermittelten gemeinen Wert des Betriebs unter dem Gesichtspunkt der Betriebsfortführung zu bewerten (Fortführungswert i. S. von A § 28 Abs. 1 Satz 1 des Erl vom 01.04.2009 a. a. O.). Nach dem Nachbewertungsvorbehalt des § 162 Abs. 3 BewG ist hiervon abweichend im Falle der Veräußerung des gesamten Betriebs der Liquidationswert nach § 166 BewG anzusetzen.

---

100 BGH, Urt. vom 13.03.1975 – III ZR 152/72 –, EzGuG 4.43; BGH, Urt. vom 29.05.1967 – III ZR 126/66 –, EzGuG 18.35; BGH, Urt. vom 08.02.1971 – III ZR 33/68 –, EzGuG 18.54.
101 BGH, Urt. vom 09.11.1978 – III ZR 91/77 –, EzGuG 20.78.

3 Bauerwartungsland (§ 5 Abs. 2 ImmoWertV)

3.1 Materielle Definition

Schrifttum: *Burkhard,* Die Baulandqualität von Grundstücken und ihre Behandlung nach dem BauGB, BlGBW 1987, 87; *Hintzsche, M.,* Bauerwartungsland und Rohbauland als Wertbegriffe, NJW 1968, 1269; *Jonas, C.,* Der Ärger mit dem Bauerwartungsland, Der Städtetag 1988, 458, hierzu *Hintzsche, M.,* ebenda; *Koenig* in AVN 1966, 2 = Staats- und Kommunalverwaltung 1965, 141; *Kröner,* Die Eigentumsgarantie in der Rechtsprechung des BGH, 2. Aufl., Berlin 1969; *Krüger* in BuG 1971, 19; *Jung* in BB 1964, 112; *Wilsing, H.,* Das Bauerwartungsland, das Bundesbaugesetz und das Grundstücksverkehrsgesetz, AVN 1964, 131.

Bauerwartungsland sind nach § 5 Abs. 2 ImmoWertV **Flächen, die** nach ihren Grundstücksmerkmalen (§ 6 ImmoWertV), insbesondere dem Stand der Bauleitplanung und der sonstigen städtebaulichen Entwicklung des Gebiets, **eine bauliche Nutzung** (vgl. § 1 ImmoWertV Rn. 40 ff.) **aufgrund konkreter Tatsachen mit hinreichender Sicherheit erwarten lassen.** Die Vorschrift fordert für die Qualifizierung eines Grundstücks als Bauerwartungsland objektive und nachprüfbare Kriterien; auf eine „spekulative" Verkehrsauffassung soll es nicht ankommen (vgl. Rn. 10 ff.). **138**

Im Bereich der **Beleihungswertermittlung** gibt es den Entwicklungszustand „Bauerwartungsland" nicht, da nach § 21 Satz 2 BelWertV nur ein „gesichertes Bebauungsrecht" bei der Beleihungswertermittlung berücksichtigt werden darf.

§ 5 Abs. 2 ImmoWertV definiert das **Bauerwartungsland als Vorstufe zum Rohbauland,** das gemäß § 5 Abs. 3 ImmoWertV „nach den §§ 30, 33 und 34 des Baugesetzbuchs für eine bauliche Nutzung" bestimmt ist. Demzufolge handelt es sich um Flächen, die außerhalb

– eines Bebauungsplans nach § 30 BauGB,
– eines im Zusammenhang bebauten Ortsteils nach § 34 BauGB,
– eines Vorhaben- und Erschließungsplans und
– eines Gebiets liegen, für das ein Beschluss über die Aufstellung eines Bebauungsplans gefasst wurde (§ 33 BauGB).

Hieraus folgt, dass mit der Bezugnahme auf den Stand der Bauleitplanung in erster Linie die Flächennutzungsplanung angesprochen ist, d. h. auf eine Darstellung der Fläche im Flächennutzungsplan als Bauland. Eine derartige Darstellung führt jedoch nur dann zu einer Bauerwartung, wenn **„eine bauliche Nutzung mit hinreichender Sicherheit" erwartet werden kann.** Nicht jede Darstellung einer baulichen Nutzung im Flächennutzungsplan bietet indessen die Gewähr einer baulichen Nutzung und vor allem nicht in absehbarer Zeit. Eine Darstellung, deren Realisierung nicht absehbar ist oder deren Realisierung nach der städtebaulichen Situation sogar eher unwahrscheinlich ist, lässt eine Bauerwartung nicht aufkommen. Dementsprechend ist in entsprechender Anwendung des in § 2 Satz 2 ImmoWertV und § 4 Abs. 3 Nr. 1 BauGB normierten Grundsatzes, nach dem in Bezug auf künftige Entwicklungen die Wartezeit zu berücksichtigen ist, der Zeitfaktor zu berücksichtigen. Die mit § 5 Abs. 2 ImmoWertV geforderte „hinreichende Sicherheit" der Realisierbarkeit einer baulichen Nutzung ist bei einer **in absehbarer Zeit** nicht zu erwartenden baulichen Nutzung nicht gegeben. Insoweit war die Vorgängerregelung (§ 4 Abs. 2 WertV 88), die ausdrücklich die Erwartung einer baulichen Nutzung in „absehbarer Zeit" forderte, klarer (vgl. oben Rn. 26 ff.).

Neben einer entsprechenden Darstellung im Flächennutzungsplan kann sich eine Bauerwartung auch aus der **„sonstigen städtebaulichen Entwicklung des Gebiets"** ergeben; auf eine entsprechende Darstellung im Flächennutzungsplan kommt es mithin nicht ausschließlich an. Eine Bauerwartung kann sich jedoch auch in diesem Falle nur dann ergeben, wenn die „sonstigen städtebaulichen Entwicklungen des Gebiets" eine bauliche Nutzung aufgrund konkreter Tatsachen mit hinreichender Sicherheit in absehbarer Zeit erwarten lassen. **139**

§ 5 ImmoWertV   Bauerwartungsland

140 Die Vorschrift fordert „**konkrete Tatsachen**", aus denen sich mit hinreichender Sicherheit die Erwartung einer baulichen Nutzung ergibt; auf bloße Einschätzungen soll es nicht ankommen. Dies entspricht einer Forderung, die bereits zu der Vorgängerregelung (§ 4 Abs. 2 WertV 88) erhoben wurde[102].

141 Wie das Rohbauland i. S. des § 5 Abs. 3 ImmoWertV weist auch das **Bauerwartungsland** innerhalb des Gemeindegebiets i. d. R. kein einheitliches Wertniveau auf; seine Wertigkeit bestimmt sich vielmehr entsprechend den jeweiligen Gegebenheiten rechtlicher und tatsächlicher Natur nach der zu erwartenden Wartezeit bis zur tatsächlichen baulichen Nutzbarkeit und den damit verbundenen Realisierungsrisiken (Wagnis, vgl. Rn. 16, 150 ff.; § 6 ImmoWertV Rn. 108; Syst. Darst. des Vergleichswertverfahrens Rn. 425 ff.).

142 Allgemein gilt, dass die preisdämpfende Wirkung des Risikos, das mit der Erwartung einer baulichen Nutzung in absehbarer Zeit verbunden ist, i. d. R. mit der Verkürzung der Wartezeit (einschließlich des damit verbundenen Wagnisses) möglicherweise bis auf ein „Restrisiko" schwindet. Die Wartezeit ist damit ein entscheidender Faktor für die Wertigkeit des Bauerwartungslandes, wobei unter „absehbarer Zeit" Zeiträume bis acht Jahre und auch mehr verstanden werden (vgl. Rn. 28, 158 ff.; Syst. Darst. des Vergleichswertverfahrens Rn. 425 ff.). Das **Bauerwartungsland weist** demzufolge **eine breite Spanne der Wertigkeit auf.**

143 Bei einer entsprechenden **Darstellung im Flächennutzungsplan** (§ 5 Abs. 2 Nr. 1 BauGB) besteht lediglich eine „Chance" (Rn. 153 ff.), dass die Fläche in „absehbarer Zeit" tatsächlich einer baulichen Nutzung zugeführt werden kann. Diese Chance kann sich mitunter „über Nacht" zerschlagen, ohne dass Entschädigungsansprüche für derartige „Herabzonungen" geltend gemacht werden können.

144 **Die Möglichkeit einer entschädigungslosen Änderung entsprechender Darstellungen in Flächennutzungsplänen wirkt sich im Geschäftsverkehr preisdämpfend aus.** Es kommt hinzu, dass bei der Preisbildung für Bauerwartungsland berücksichtigt wird, dass für naturschutzrechtliche Ausgleichsmaßnahmen, Erschließungsmaßnahmen und sonstige Gemeinbedarfszwecke in erheblichem Umfang Flächen bereitgestellt werden müssen. Im Hinblick auf den gewachsenen Gemeinbedarf und – darüber hinaus – auf die naturschutzrechtliche Eingriffsregelung wird dabei die für Erschließungsumlegungen nach den §§ 45 ff. BauGB geltende Flächenbeitragsbegrenzung von 30 % als oft nicht mehr als ausreichend anzusehen sein. Neben der Wartezeit und dem Verwirklichungsrisiko wirkt sich auch dies preisdämpfend auf die Verkehrswertbildung für Bauerwartungsland aus.

145 Umgekehrt kann sich der **Wert des Bauerwartungslands kurzfristig nicht unerheblich erhöhen,** wenn aufgrund unerwarteter Entwicklungen eine langfristig erwartete bauliche Nutzung in greifbare Nähe rückt, z. B. wenn aufgrund der Initiative eines Investors („*developer*") in Kooperation mit dem Planungsträger die bauliche Nutzbarkeit herbeigeführt wird. Dies gilt grundsätzlich auch dann, wenn der Investor (bzw. „*developer*") im Rahmen städtebaulicher Verträge die damit verbundenen Kosten, die sonst der Gemeinde entstehen, in einem angemessenen und durch die Entwicklung bedingten Umfang übernimmt. Es entspricht den Usancen des Grundstücksmarktes, dass in derartig gelagerten Fällen die vom Investor („*developer*") initiierte Bodenwertsteigerung insoweit beim Grunderwerb – quasi kompensatorisch – unberücksichtigt bleibt.

146 Im Kern kommt eine fundierte Wertermittlung von Bauerwartungsland nicht umhin, **Chancen, Risiken, die voraussichtliche Entwicklungszeit (Wartezeit) und die zu erwartenden Kosten** individuell **abzuschätzen,** um sich die notwendige Klarheit zu verschaffen, ob die vom Verordnungsgeber geforderte „hinreichende Sicherheit" einer zu erwartenden baulichen Nutzung tatsächlich gegeben ist.

147 Für den Regelfall kann davon ausgegangen werden, dass der Grundstücksverkehr der in absehbarer Zeit erwarteten Ausweisung einer Fläche als Bauland einen steigenden Einfluss

---

102 BR-Drucks. 352/1/88, S. 2.

Bauerwartungsland § 5 ImmoWertV

auf Preisforderung und Preisbewilligung einräumt[103]. Voraussetzung ist allerdings, dass die Ausweisung „so sicher unmittelbar" bevorsteht, dass sie sich bereits als wertbildender Faktor auswirkt, der allgemeine Grundstücksverkehr ihnen also schon Rechnung trägt."[104] **Auf bloße Hoffnungen und Wünsche soll es für die Einstufung einer Fläche als Bauerwartungsland** schon nach dem Wortlaut der Vorschrift **nicht ankommen.**

Demgegenüber war in der Rechtsprechung anerkannt, dass bei der Wertermittlung (noch) landwirtschaftlich genutzter Grundstücke eine Bauerwartung zu berücksichtigen sei, „wenn die Verwirklichung der Bauabsicht in absehbarer Zeit, wenn auch nicht innerhalb eines genauen Zeitraums zu erhoffen ist, wobei das Vorwirkungsrisiko in Kauf genommen wird"[105]. Zumindest bei der Bemessung einer Enteignungsentschädigung stehen der Berücksichtigung von „Bauhoffnungen" nach Auffassung des OLG München[106] die zwischenzeitlich mit dem BBauG 76 geänderten Entschädigungsvorschriften entgegen. Die Auffassung wird mit dem Hinweis auf **§ 94 Abs. 2 Nr. 1 BBauG** (= BauGB) begründet, der folgenden Wortlaut hat: 148

„(2) Bei der Festsetzung der Entschädigung bleiben unberücksichtigt

1. Wertsteigerungen eines Grundstücks, die in der Aussicht auf eine Änderung der zulässigen Nutzung eingetreten sind, wenn die Änderung nicht in absehbarer Zeit zu erwarten ist."

Wenn also durch konkrete Anhaltspunkte begründbare **Bauhoffnungen** schon nicht zu entschädigen sind, müssen sie auch bei der Klassifizierung einer Fläche nach den Maßstäben des § 5 Abs. 2 ImmoWertV außer Betracht bleiben. Bei alledem gilt es in Abwandlung eines Schillerwortes für jeden Investor hier zu bedenken, nach dem mit des Marktes Mächten nicht immer ein edler Bund zu flechten ist. 149

Bauerwartungsland i. S. des § 5 Abs. 2 ImmoWertV stellt bei alledem eine **Zwischenstufe zwischen den sog. Flächen der Land- oder Forstwirtschaft** nach § 5 Abs. 1 ImmoWertV **und dem Rohbauland** nach § 5 Abs. 3 ImmoWertV dar. Es handelt sich um einen äußerst **„labilen" und risikobehafteten Übergangsbereich,** im untersten Bereich des „werdenden Baulands". 150

Wegen der Vielfalt der häufig nicht abschätzbaren Einflüsse und der unterschiedlichsten Situationsverhältnisse kann selbst im Wege einer individuellen Wertermittlung der Verkehrswert von **Bauerwartungsland nicht exakt „berechnet"** werden und die ermittelten Verkehrswerte können sich schon im Hinblick auf die mit der Bauleitplanung und anderen Planungsgrundlagen verbundenen Unsicherheiten bereits nach kurzer Zeit „verflüchtigen" bzw. stark ansteigen. Bauerwartungsland stellt insofern trotz der vom Verordnungsgeber geforderten „hinreichenden Sicherheit" der Erwartung einer baulichen Nutzung einen „flüchtigen" Entwicklungszustand dar. Bei der Verkehrswertermittlung von Bauerwartungsland geht es deshalb in erster Linie darum, eine Vielzahl einzelner „Indizien", die für oder gegen die Erwartung einer baulichen Nutzung sprechen, zu aggregieren, um daraus den **Grad der Bauerwartung** und damit die Wertigkeit des Bauerwartungslands möglichst objektiv abzuleiten. 151

Zusammenfassend bleibt festzustellen, dass eine Bauerwartung gegeben ist, sobald eine **bauliche Nutzung** nach allen Umständen tatsächlicher und rechtlicher Art aufgrund konkreter Tatsachen mit hinreichender Sicherheit zu erwarten und **„greifbar"**[107] ist. 152

Nutzungsmöglichkeiten, deren Verwirklichung nicht in „greifbarer" Nähe liegen, beeinflussen nämlich nicht die Höhe des Verkehrswerts[108]. Der BGH hat den **Begriff der „greifbaren Nähe" im gleichen Sinne wie** den **Begriff der „absehbaren Zeit"** benutzt (so auch Begrün- 153

---

103 RG, Urt. vom 30.05.1911 – VII 368/10 –, EzGuG 20.10; BGH, Urt. vom 07.10.1976 – III ZR 60/73 –, EzGuG 6.188.
104 BGH, Urt. vom 09.01.1969 – III ZR 51/68 –, EzGuG 6.120.
105 BGH, Urt. vom 08.02.1971 – III ZR 200/69 –, EzGuG 6.130; BGH, Urt. vom 08.02.1971 – III ZR 65/70 –, EzGuG 6.133; OLG Celle, Urt. vom 28.02.2002 – 4 U 125/01 –, EzGuG 6.291a.
106 OLG München, Urt. vom 29.11.1979 – U 3/79 –, EzGuG 8.55.
107 So ausdrücklich die Begründung zu § 4 Abs. 2; BR-Drucks. 352/88, S. 37 in Anlehnung an BGH, Urt. vom 10.04.1997 – III ZR 111/96 –, EzGuG 6.284; BGH, Urt. vom 25.09.1958 – III ZR 82/57 –, EzGuG 6.35; BGH, Urt. vom 08.11.1962 – III ZR 86/61 –, EzGuG 8.5; BayObLG, Urt. vom 27.11.1969 – 1a Z 13/68 –, EzGuG 19.20; OLG Hamm, Urt. vom 25.03.1971 – 10 U 62/70 –, EzGuG 8.35; OLG Celle, Urt. vom 01.02.1963 – 4 U 211/60 –, EzGuG 8.6.
108 BGH, Urt. vom 06.12.1962 – III ZR 113/61 –, EzGuG 6.65; BGH, Urt. vom 28.10.1971 – III ZR 84/70 –, EzGuG 8.37.

dung zu § 4 Abs. 2 WertV 88, a. a. O.), wobei in der Rechtsprechung nicht gefordert wird, dass die bauliche Nutzung „mit Sicherheit" erwartet werden kann. Der BGH[109] hat hierzu ausgeführt: „Es *(das RG im Urt. vom 30.05.1911 – VII568/10 – in Gruchot 55/1176 = EzGuG 20.10)*, hat ausdrücklich hervorgehoben, dass die künftige Bebauung innerhalb einer absehbaren Zeit ‚nicht unumstößlich sicher feststehen müsse', es genüge vielmehr, dass ‚sie mit mehr oder weniger großer Wahrscheinlichkeit zu erwarten oder (sogar nur) zu erhoffen sei'. Es hat also die Übernahme eines gewissen Risikos, ob in Zukunft in der Tat eine Bebauung eintreten wird, bei Erwerb solchen Geländes zu höheren als Ackerlandpreisen als einem ‚gesunden Grundstücksverkehr' entsprechend angesehen; so bezeichnet es[110] solches werdendes Bauland sogar als ‚Spekulationsland', billigt ihm aber trotzdem eine höhere Qualität als reinem Ackerland zu. Auf die Sicherheit der künftigen Bebauung ist demnach nicht abzustellen. Eine Unsicherheit hinsichtlich der künftigen Bebauung braucht der Einbeziehung eines Grundstücks in die hier zur Erörterung stehende qualitätsmäßige Zwischenstufe nicht entgegenzustehen." Was als „absehbare Zeit" zu gelten hat, entzieht sich dabei einer Verallgemeinerung[111]. Im Unterschied zu dieser Rechtsprechung soll künftig eine bauliche Nutzung mit „hinreichender Sicherheit" zu erwarten sein, um ein Grundstück als „Bauerwartungsland" zu qualifizieren.

154 Die **absehbare Zeit** i. S. der Rechtsprechung entspricht im Regelfall der Wartezeit i. S. des § 2 Satz 2 ImmoWertV[112], die von wesentlicher Bedeutung für den Wert des Bauerwartungslandes ist (vgl. Rn. 28, 187). Bei der Ermittlung des Verkehrswerts von Bauerwartungsland aus Vergleichspreisen für baureifes Land unter Abzug anfallender Kosten und unter Berücksichtigung der Wartezeit (Investitionsrechnung) wird in der Praxis mitunter noch ein **Wagnisabschlag** (von ca. 10 %) angebracht. Diesbezüglich muss vor einer schematischen Vorgehensweise gewarnt werden (vgl. Rn. 16, 144; Syst. Darst. des Vergleichswertverfahrens Rn. 291 ff.; § 6 ImmoWertV Rn. 108).

155 Es kommt hinzu, dass die angesetzte **Wartezeit und** ein zusätzlich angesetzter **Risikoabschlag in Wechselbeziehung** zueinander stehen können. Die Wartezeit wird regelmäßig im Wege der Schätzung angesetzt und kann zu recht langen Zeithorizonten von 10 Jahren und sogar mehr führen. Grundsätzlich kann ein verbleibendes Wagnis z. B. derart, dass sich eine erwartete bauliche Nutzung aufgrund unvorhersehbarer Ereignisse verzögert – zumindest vom Ergebnis her –, bereits durch eine entsprechend „großzügig" bemessene Wartezeit berücksichtigt werden. Dies bedeutet, dass in solchen Fällen die Wartezeit umso enger zu bemessen ist, je höher der angesetzte Risikoabschlag eingeführt wird. Verfahrenstechnisch dürfte es jedoch praktikabler sein, mit einer entsprechend großzügig kalkulierten Wartezeit das Risiko uno actu zu subsumieren. Im Rahmen von Investitionsberechnungen wird damit zugleich der Gefahr begegnet, dass sich mit dem Ansatz einer Vielzahl von jeweils für sich kleinen Einzelpositionen diese zusammen zu einem Betrag aufsummieren, der dann zu unrealistischen Ergebnissen führt.

▶ *Zur Verkehrswertermittlung warteständigen Baulandes mithilfe deduktiver Verfahren vgl. Syst. Darst. des Vergleichswertverfahrens Rn. 184 ff.*

156 Der **Entwicklungszustand Bauerwartungsland stellt für den Eigentümer des Grundstücks keine geschützte Rechtsposition** in dem Sinne **dar,** dass für die sich nicht erfüllenden Erwartungen eine Entschädigung beansprucht werden kann. Für wegfallende „Chancen" kann der Eigentümer nämlich nur dann einen Wertausgleich beanspruchen, wenn sein Grundstück

---

[109] BVerwG, Urt. vom 16.09.1975 – 5 C 32/75 –, EzGuG 17.32d; BVerwG, Urt. vom 27.01.1967 – 4 C 33/65 –, EzGuG 8.20; BGH, Urt. vom 08.11.1962 – III ZR 86/61 –, EzGuG 8.5; BGH, Urt. vom 08.06.1959 – III ZR 66/58 –; EzGuG 6.41; BVerwG, Urt. vom 09.06.1959 – 1 CB 27/58 –, EzGuG 17.13; BVerwG, Urt. vom 21.06.1955 – 1 C 173/54 –, EzGuG 17.2 auch RG, Urt. vom 01.07.1931 – V 95/31 –, EzGuG 4.2 f.
[110] Z.B. im Urt. vom 07.05.1909 – VII 358/08 –, PrVBl. 1910, 262.
[111] BVerwG, Beschl. vom 23.07.1993 – 4 NB 26/93 –, EzGuG 17.76b; FG München, Urt. vom 20.11.2000 – I 3 K 2630/95 –, GuG-aktuell 2001, 31: 145 Jahre sind absehbar; FG Düsseldorf, Urt. vom 07.10.2004 – 11 K 757/02 –, EzGuG 4.189.
[112] FG Düsseldorf, Urt. vom 07.10.2004 – 11 K 757/02 –, EzGuG 4.190.

Bauerwartungsland § 5 ImmoWertV

unmittelbar dem enteignenden Zugriff ausgesetzt und damit der privaten Nutzung entzogen wird[113]. Art. 14 GG schützt nur konkrete Rechtspositionen und nicht bereits „Chancen". Dies gilt selbst in den Fällen, in denen „bloße" Erwartungen auf Grund von Maßnahmen der hohen Hand wegfallen[114].

3.2 Stand der Bauleitplanung

Ein Grundstück ist nach § 5 Abs. 2 ImmoWertV als Bauerwartungsland zu qualifizieren, wenn es „insbesondere nach dem **Stand der Bauleitplanung**" eine bauliche Nutzung „auf Grund konkreter Tatsachen mit hinreichender Sicherheit" erwarten lässt. Nach dem Wortlaut der Vorschrift stehen der „Stand der Bauleitplanung" und die Sicherheit verleihenden „konkreten Tatsachen" nebeneinander, d. h., der Stand der Bauleitplanung allein kann noch keine Bauerwartung begründen. Es müssen kumulativ weitere „konkrete" Anhaltspunkte hinzukommen, die die sichere Erwartung einer baulichen Nutzung rechtfertigen. 157

Mit der Bezugnahme auf den „Stand der Bauleitplanung" kann nur die Darstellung der Fläche im Flächennutzungsplan als Bauland[115] angesprochen sein, denn ein Planungsstand nach den §§ 30, 33 oder 34 BauGB führt nach § 5 Abs. 3 und 4 ImmoWertV zu einem höherwertigeren Entwicklungszustand. 158

Allgemein wird angenommen, dass die **Darstellung einer Baufläche oder eines Baugebiets in einem Flächennutzungsplan** nach § 5 BauGB Bauerwartungslandqualität begründet. Tatsächlich kann dies aber keinesfalls als unumstößliche Regel gelten, und zwar sowohl was den Ausschluss einer Fläche von einer baulichen Nutzung als auch die Darstellung einer Fläche als Baugebiet oder Baufläche im Flächennutzungsplan anbelangt: 159

a) Eine die Bebauung ausschließende vorläufige oder endgültige Planung steht *nicht unbedingt* einer zu erwartenden Bebauung entgegen, weil Planungen auch geändert werden können[116].

b) Die Planung ist zwar erforderlich, um „ein gesundes, sicheres, ungestörtes Zusammenleben mit Rücksicht auf die Knappheit des Grund und Bodens zu ermöglichen"[117], und es liegt auch in der Natur der Sache, dass „planerische Festsetzungen auf Markt- und Erwerbschancen Einfluss nehmen"[118], jedoch wurde in der Rechtsprechung auch darauf hingewiesen, dass die Ausweisung eines Grundstücks als Bauland allein nicht genüge, um die Eigenschaft als Bauland zu bejahen. Es muss hinzukommen, dass aufgrund der tatsächlichen Entwicklung mit der Bebauung in absehbarer Zeit gerechnet werden kann[119].

c) Auch das Fehlen einer Bebauungsplanung sowie die Lage eines Grundstücks außerhalb eines im Zusammenhang bebauten Ortsteils nach § 34 BauGB schließen nicht aus, dass für ein Grundstück eine bauliche Nutzung in absehbarer Zeit erwartet werden kann[120].

---

113 BGH, Urt. vom 07.01.1982 – III ZR 114/80 –, EzGuG 6.213a; BGH, Urt. vom 10.03.1977 – III ZR 195/74 –, EzGuG 18.72; BGH, Urt. vom 29.03.1976 – III ZR 98/73 –, EzGuG 8.47; BGH, Urt. vom 12.06.1975 – III ZR 25/73 –, EzGuG 4.44; BGH, Urt. vom 25.11.1974 – III ZR 42/73 –, EzGuG 6.174; BGH, Urt. vom 28.01.1974 – III ZR 11/76 –, EzGuG 8.42; BGH, Urt. vom 14.12.1970 – III ZR 102/67 –, EzGuG 6.131; BGH, Urt. vom 04.05.1972 – III ZR 111/70 –, WM 1972, 890.
114 BGH, Urt. vom 29.03.1976 – III ZR 98/73 –, EzGuG 8.47; BGH, Urt. vom 28.01.1974 – III ZR 11/76 –, EzGuG 8.42; BGH, Urt. vom 12.06.1975 – III ZR 25/73 –, EzGuG 4.44; BGH, Urt. vom 07.10.1976 – III ZR 60/73 –, EzGuG 6.188.
115 BFH, Urt. vom 27.01.1978 – III R 101/75 –, EzGuG 4.54a.
116 BGH, Urt. vom 20.12.1963 – III ZR 60/63 –, EzGuG 14.17; OLG Bremen, Urt. vom 05.04.1967 – UB (c) 10/65 –, EzGuG 9.21a.
117 BGH, Urt. vom 28.04.1966 – III ZR 24/65 –, EzGuG 19.9; BGH, Urt. vom 25.06.1959 – III ZR 220/57 –, EzGuG 6.43.
118 BVerwG, Beschl. vom 09.11.1979 – 4 N 1/78, 4 N 2 – 4 –, BVerwGE 59, 87 = NJW 1980, 1061 = BauR 1980, 36 = DVBl 1980, 233.
119 BGH, Urt. vom 08.11.1962 – III ZR 86/81 –, EzGuG 8.5; BGH, Urt. vom 25.03.1977 – V ZR 92/74 –, MDR 1977, 827 = EzGuG 4.50; BGH, Urt. vom 28.10.1971 – III ZR 84/70 –, EzGuG 8.37; BGH, Urt. vom 20.12.1963 – III ZR 60/63 –, EzGuG 14.13; BGH, Urt. vom 30.09.1963 – III ZR 59/61 –, EzGuG 8.9; BVerwG, Urt. vom 27.01.1967 – 4 C 33/65 –, EzGuG 8.20; OVG Lüneburg, Urt. vom 11.01.1962, AVN 1963, 274 = EzGuG 8.4.
120 BVerwG, Urt. vom 09.06.1959 – 1 C 27/58 –, EzGuG 17.13; BayObLG, Urt. vom 27.11.1969 – I a Z 13/68 –, EzGuG 19.20; OVG Greifswald, Urt. vom 04.07.1996 – 9 K 5/94 –, GuG 1997, 190 = EzGuG 4.166.

§ 5 ImmoWertV **Bauerwartungsland**

160 Ausschlaggebend sollen demnach die sich aus der **Situationsgebundenheit des Grundstücks** ergebenden tatsächlichen Eigenschaften sein, die nach der in der Rechtsprechung zum Ausdruck kommenden Auffassung zumindest in Ausnahmefällen einer Planung zuwiderlaufen können. Damit darf aber der kommunalen Bauleitplanung nicht die Steuerungsfunktion abgesprochen werden, die aus guten Gründen auch gegen den „Trend" gerichtet sein kann. Eine geordnete städtebauliche Entwicklung ist nämlich nicht denkbar, wenn mit ihr sich vermeintlich aufdrängende Entwicklungen nicht verhindern ließen. Immerhin ist auch vom Grundsatz anerkannt, dass die Darstellungen in Flächennutzungsplänen unter bestimmten Voraussetzungen zum Ausschluss von der konjunkturellen Weiterentwicklung führen können. Dennoch bleibt aber festzuhalten, dass allein die Darstellung einer baulichen Nutzung im Flächennutzungsplan i. d. R. nicht eine unumstößliche Sicherheit verleiht, dass die bauliche Nutzung auch „tatsächlich" zu erwarten ist[121].

161 Spätestens mit dem **Beschluss der Gemeinde, einen Bebauungsplan aufzustellen**, werden Umstände geschaffen, die mit mehr oder minder großer Wahrscheinlichkeit es erwarten oder erhoffen lassen, dass ein Grundstück einer Bebauung zugänglich gemacht wird, und es ist von daher gerechtfertigt, von Bauerwartungsland zu sprechen[122].

3.3 Städtebauliche Entwicklungen

162 Nach § 5 Abs. 2 ImmoWertV kann sich eine Bauerwartung auf „**sonstige städtebauliche Entwicklungen**" gründen. Diese kann sich z. B. in sog. informellen Planungen, z. B. Struktur- und Rahmenpläne, aber auch in einer Investitionsplanung konkretisieren. Schon im Hinblick auf die ausstehende formelle Bauleitplanung, verbunden mit einer Öffentlichkeits- und Behördenbeteiligung nach den §§ 34, 13 Abs. 2 und 3 sowie § 4a BauGB, wird sich eine Bauerwartung nicht auf einzelne Planungsvorstellungen gründen können. Zumindest ist zu fordern, dass eine informelle Planung vom Gemeinderat zustimmend zur Kenntnis genommen wurde und auch die tatsächlichen Verhältnisse eine Bauerwartung rechtfertigen.

163 Darüber hinaus soll sich eine Bauerwartung[123] auch auf „weitere Grundstücksmerkmale" i. S. des § 6 ImmoWertV gründen. Hieraus folgt, dass es bei der Klassifizierung einer Fläche als Bauerwartungsland maßgeblich auf die mit dem gegebenen Hinweis auf die „weiteren Grundstücksmerkmale" nach § 6 ImmoWertV angesprochenen tatsächlichen Zustandsmerkmale und nicht entscheidend auf formale Gesichtspunkte (Ortsplanung, Festsetzung von Fluchtlinien) ankommt. Von maßgeblicher Bedeutung sind die aus der Natur der Sache gegebenen Möglichkeiten der Benutzung und der wirtschaftlichen Ausnutzung, wie sie sich aus der örtlichen Lage des Grundstücks bei wirtschaftlicher Betrachtungsweise objektiv anbieten. Nach ständiger Rechtsprechung ist also die sog. **Situationsgebundenheit des Grundstücks** ausschlaggebend[124].

Von Bedeutung ist in diesem Zusammenhang vor allem ein in einer Gemeinde bestehender **Siedlungsdruck** aufgrund von Wanderungen oder der Zunahme der Bevölkerung oder im gewerblich-industriellen Bereich und den sich daraus ergebenden Baulandbedarf. Hinzu kommt die Nähe der Gemeindebesiedlungsgrenze[125] oder eine **günstige Lage innerhalb des Siedlungsgebiets** z. B. auf Grund vorhandener Infrastruktureinrichtungen einschließlich günstiger Verkehrsverhältnisse durch Straßen-, Eisenbahn-, Omnibus- oder Straßenbahnlinien. Umgekehrt stehen naturbedingte Hindernisse, ein Bevölkerungsrückgang sowie der Abzug von Industrie und Gewerbe einer Bauerwartung entgegen. Ökologische, einer Bebau-

---

121 BGH, Urt. vom 25.11.1974 – III ZR 42/73 –, EzGuG 6.174.
122 OLG Frankfurt am Main, Urt. vom 30.04.1998 – 15 U 65/97 –, EzGuG 4.171.
123 BGH, Urt. vom 14.06.1984 – III ZR 41/83 –, EzGuG 8.61; BGH, Urt. vom 25.03.1977 – V ZR 92/74 –, EzGuG 4.50; BGH, Urt. vom 22.02.1965 – III ZR 126/63 –, EzGuG 8.14; BayObLG, Urt. vom 27.11.1969 – 1a Z – 13/68 –, EzGuG 19.20; BGH, Urt. vom 17.12.1964 – III ZR 96/63 –, EzGuG 11.47.
124 BGH, Urt. vom 14.06.1984 – III ZR 41/83 –, EzGuG 8.61; BGH, Urt. vom 22.04.1982 – III ZR 131/80 –, EzGuG 17.44; BGH, Urt. vom 15.11.1979 – III ZR 78/78 –, EzGuG 17.36; BGH, Urt. vom 12.02.1976 – III ZR 184/73 –, EzGuG 19.28; BGH, Urt. vom 25.11.1974 – III ZR 42/73 –, EzGuG 6.174; BGH, Urt. vom 28.04.1966 – III ZR 24/65 –, EzGuG 19.9; BGH, Urt. vom 30.09.1963 – III ZR 59/61 –, EzGuG 8.9.
125 LG Koblenz, Urt. vom 06.03.1989 – 4. O. 18/88 –, EzGuG 8.66.

Bauerwartungsland § 5 ImmoWertV

ung entgegenstehende Belange haben manche Bauflächenausweisungen in Flächennutzungsplänen obsolet werden lassen. Es verbietet sich bei alledem, allein aus der **Großstadtnähe** „quasi naturgesetzlich" auf eine Bauerwartung zu schließen[126].

3.4 Einer Bauerwartung entgegenstehende Gegebenheiten

Die Ausweisung einer Fläche als Landschafts- oder Naturschutzgebiet sowie ihre Einbeziehung in den Geltungsbereich einer **Flora-Fauna-Habitat-Richtlinie**[127] **(Natura 2000)** bzw. der **Vogelschutzrichtlinie**[128] steht einer Bauerwartung grundsätzlich entgegen (vgl. unten Rn. 258 ff.). 164

3.5 Bauerwartung in der steuerlichen Bewertung

Schrifttum: *Gürschin/Stenger,* BewG und VermStG.

Nach § 69 Abs. 1 BewG sind land- und forstwirtschaftlich genutzte Flächen dem Grundvermögen zuzurechnen, wenn nach ihrer Lage, den im Feststellungszeitpunkt bestehenden Verwertungsmöglichkeiten oder den sonstigen Umständen anzunehmen ist, dass sie **in absehbarer Zeit** (vgl. oben Rn. 159) **anderen als land- und forstwirtschaftlichen Zwecken, insbesondere als Bauland dienen werden**. Ob ein Grundstück dauernd einem Betrieb der Land- und Forstwirtschaft zu dienen bestimmt ist, ist nach objektiven Gesichtspunkten, insbesondere nach der Zweckbestimmung durch den Eigentümer zu entscheiden. Die Zweckbestimmung durch den Eigentümer muss nach außen erkennbar in Erscheinung getreten sein[129]. 165

4 Rohbauland (§ 5 Abs. 3 ImmoWertV)

4.1 Materielle Definition

§ 5 Abs. 3 ImmoWertV definiert das Rohbauland als **Flächen, die nach** den **bauplanungsrechtlichen Bestimmungen** der §§ 30, 33 oder 34 BauGB **für eine bauliche Nutzung bestimmt sind,** 166

a) deren Erschließung aber noch nicht gesichert ist *oder*

b) die nach Lage, Form oder Größe für eine bauliche Nutzung (noch) unzureichend gestaltet sind.

Im Unterschied zur Definition des „baureifen Landes" (§ 5 Abs. 4 ImmoWertV) soll es auf die **(sofortige) Zulässigkeit einer baulichen Nutzung** nach sonstigen öffentlich-rechtlichen Vorschriften (vgl. unten Rn. 188 ff.) nicht ankommen. Auch sind privatrechtliche Hinderungsgründe, wie z. B. eine die Bebauung ausschließende Grunddienstbarkeit, oder tatsächliche Hindernisse außer Betracht zu lassen. 167

Die angeführten **§§ 30, 33 und 34 BauGB** sind im Teil I unter Fn. 2 zur ImmoWertV abgedruckt.

Im Außenbereich gelegene Grundstücke stehen nach einer geordneten städtebaulichen Entwicklung gemäß § 35 BauGB grundsätzlich nicht zur Bebauung an[130]. § 5 Abs. 3 ImmoWertV lässt die **Zulässigkeit einer baulichen Nutzung nach § 35 BauGB** unerwähnt, weil 168

---

126 OLG Frankfurt am Main, Urt. vom 08.03.1976 – 1 U 4/74 –, EzGuG 18.67a.
127 FFH-Richtlinie 92/43/EWG vom 21.05.1992.
128 Vogelschutz-Richtlinie 79/409/EWG vom 2.4.1979.
129 FG Düsseldorf, Urt. vom 07.10.2004 – 11 K 757/02 –, EzGuG 4.190.
130 BVerwG, Urt. vom 25.06.1969 – 4 C 14/68 –, EzGuG 9.7.

§ 5 ImmoWertV — Bauerwartungsland

sich die Bebaubarkeit eines im Außenbereich gelegenen Grundstücks nur unter bestimmten sich aus § 35 BauGB[131] ergebenden Voraussetzungen ergeben kann.

169 Im Außenbereich sind zunächst nur die in § 35 Abs. 1 BauGB enumerativ und abschließend aufgeführten *„privilegierten Vorhaben"* zulässig sind. *„Sonstige Vorhaben"* können nach § 35 Abs. 2 unter bestimmten Maßgaben im Einzelfall zugelassen werden (vgl. unten Rn. 195). Darüber hinaus hat der Gesetzgeber ein grundsätzliches Bauverbot mit Ausnahmevorbehalt für bestimmte Vorhaben der Nutzungsänderung, der Ersatzbauten, des Wiederaufbaus und der Erweiterung sowie Änderung oder Nutzungsänderung erhaltenswerter Gebäude ausgesprochen. Damit sind die sog. *„begünstigen Vorhaben"* nach § 35 Abs. 4 BauGB angesprochen.

170 Vorstehende die Zulässigkeit von Vorhaben regelnde Bestimmungen sind bei der Qualifizierung des Zustands eines Grundstücks nach Maßgabe des § 5 ImmoWertV zu berücksichtigen, auch wenn § 5 Abs. 3 ImmoWertV hierauf nicht express verbis verweist; dabei ist die **zeitliche Befristung** angemessen zu berücksichtigen.

171 Entsprechend dem Regelungsgehalt dieser Vorschrift kann auch nach § 5 Abs. 4 ImmoWertV im **Außenbereich** nur von baureifem Land gesprochen werden, wenn für ein privilegiertes Vorhaben die Zulassung eines Vorhabens unmittelbar ansteht oder **vorhandene bauliche Anlagen auf einem Grundstück rechtlich und wirtschaftlich weiterhin nutzbar sind**. Von dahingehenden theoretischen Erwägungen zur Erlangung einer höheren Entschädigung auszugehen, wäre abwegig. Im Übrigen besagt die im Einzelfall gegebene Einstufung einer Außenbereichsfläche als „baureif" für ein privilegiertes, sonstiges oder begünstigtes Vorhaben noch nichts über die Höhe des Verkehrswerts. Im Hinblick auf die eingeschränkte Nutzbarkeit derartiger Flächen für privilegierte oder begünstigte Vorhaben orientiert sich der Wert ohnehin nicht etwa an dem im Innenbereich gelegenen baureifen Land.

172 ▶ *Weitere Hinweise unten Rn. 177, 195, 210 ff., 229, 246 ff.; zur Bodenwertermittlung Rn. 245 ff.; § 6 ImmoWertV Rn. 68 ff., § 16 ImmoWertV Rn. 120*

4.2 Brutto- und Nettorohbauland

173 Rohbauland stellt eine Zwischenstufe vom Bauerwartungsland zum baureifen Land dar. Dementsprechend lässt sich das **Rohbauland begrifflich zwischen dem Brutto- und Nettorohbauland unterscheiden**[132]. Das Bruttorohbauland umfasst (noch) die für öffentliche Zwecke, insbesondere die Erschließung benötigten Flächen des Plangebiets, während sich das Nettorohbauland auf die verbleibenden Baugrundstücke bezieht (Abb. 23):

Abb. 23: Aufteilung des Rohbaulands in Brutto- und Nettorohbauland

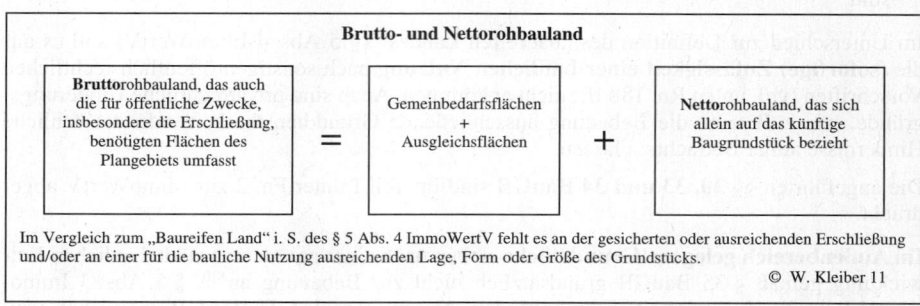

---

131 Zum Rechtsanspruch auf Zulassung eines Vorhabens vgl. BGH, Urt. vom 26.10.1970 – III ZR 132/67 –, EzGuG 8.32; zur Bebaubarkeit nach § 35 Abs. 2 BauGB; BGH, Urt. vom 01.12.1977 – III ZR 130/75 –, EzGuG 18.78.
132 Zur Beziehung vgl. Hoenig, Der Städtebau 1920, 177.

Bauerwartungsland § 5 ImmoWertV

4.3 Bauliche Nutzung

Voraussetzung für die Einstufung einer Fläche als Rohbauland ist nach dem vorher Gesagten, dass einerseits eine **bauliche Nutzung der Fläche** nach: 174

– den Festsetzungen eines Bebauungsplans i. S. des § 30 BauGB oder

– den Festsetzungen eines Vorhaben- und Erschließungsplans i. S. des § 12 BauGB oder

– ihrer Lage innerhalb eines im Zusammenhang bebauten Ortsteils gemäß § 34 BauGB oder

– ihrer Lage innerhalb eines Gebiets, für das die Aufstellung eines Bebauungsplans beschlossen worden ist, nach Maßgabe des § 33 BauGB

zulässig ist, andererseits **jedoch** die **Erschließung nicht gesichert oder** das **Grundstück nach Lage, Form oder Größe** (noch) **unzureichend gestaltet ist.**

Bebauungspläne, die wegen Funktionslosigkeit außer Kraft getreten sind, müssen bei der Klassifizierung einer Fläche nach § 5 ImmoWertV außer Betracht bleiben[133]. Hierzu gehören nicht die Bebauungspläne, mit denen die Gemeinde das Ziel verfolgt, preisgünstiges Bauland für Einheimische bereitzustellen und zur Dämpfung der Bodenpreise beizutragen[134]. 175

Zum **Begriff der baulichen Nutzung** vgl. § 1 ImmoWertV Rn. 40 ff.; § 5 ImmoWertV Rn. 28, 179. 176

Eine **gesicherte Erschließung** gehört nach § 30 Abs. 1 letzter Satz, § 33 Abs. 1 Nr. 4 und § 34 Abs.1 Satz 1 BauGB zu den bauplanungsrechtlichen Voraussetzungen für die Zulässigkeit einer baulichen Nutzung[135]. Unter der Erschließung ist eine ordnungsgemäß benutzbare verkehrsmäßige Anbindung eines Baugrundstücks durch Straßen, Wege oder Plätze sowie durch ordnungsgemäß benutzbare Ver- und Entsorgungsleitungen für Elektrizität, Wasser und Abwasser zu verstehen. „Erschlossen" ist ein Grundstück nach § 131 Abs. 1 BauGB, wenn der Eigentümer die Möglichkeit hat, von einer Erschließungsanlage in eine Zufahrt bzw. einen Zugang zu einem Grundstück zu nehmen. Nach den bauordnungsrechtlichen Vorschriften der Länder ist die Erschließung „gesichert" , wenn bis zum Beginn der Benutzung eines zur Errichtung anstehenden Gebäudes Zufahrtswege, Wasserversorgungs- und Abwasserbeseitigungsanlagen in dem erforderlichen Umfang benutzbar sind[136]. 177

Liegen diese Voraussetzungen nicht vor, so ist die Fläche insoweit als Rohbauland einzustufen, selbst wenn das Grundstück im Übrigen nach Lage, Form und Größe „zureichend" gestaltet ist. Von daher kann es **im Einzelfall erforderlich** werden, **ein Grundstück entsprechend seiner nicht erschlossenen Teile einerseits und der erschlossenen bzw. erschließungsmäßig „gesicherten" Teile andererseits** für eine sachgerechte Wertermittlung 178

---

133 BVerwG, Urt. vom 03.08.1990 – 7 C 41 – 43/89 –, GuG 1991, 105 = BVerwGE 85, 273; BVerwG, Urt. vom 31.08.1989 – 4 B 161/88 –, UPR 1990, 27 = BayVBl 1990, 90; BVerwG, Urt. vom 21.11.1986 – 4 C 22/83 –, BBauBl 1987, 245 = DVBl 1987, 481; BVerwG, Urt. vom 21.11.1986 – 4 C 60/84 –, BayVBl 1987, 312; BVerwG, Beschl. vom 12.08.1985 – 4 B 115/85 –, AgrarR 1986, 90; BVerwG, Beschl. vom 05.08.1983 – 4 C 96/79 –, BVerwGE 67, 334 = NJW 1984, 138 = MDR 1984, 428 = BRS Bd. 40 Nr. 6 = ZfBR 1983, 243 = JuS 1984, 488 = DVBl 1984,143 = DÖV 1984, 295; BVerwG, Urt. vom 29.04.1977 – 4 C 39/75 –, BVerwGE 54, 5 = NJW 1977, 2325 = MDR 1977, 957 = BauR 1977, 248 = JuS 1978, 207 = BayVBl 1977, 23 = DVBl 1977, 768 = DÖV 1978, 142; BVerwG, Urt. vom 22.02.1974 – 4 C 6/73 –, BRS Bd. 28 Nr. 3 = BauR 1974, 181; BVerwG, Urt. vom 10.03.1967 – 4 C 87/65 –; BVerwG, Urt. vom 26.02.1986 – 282 = MDR 1967, 695; BGH, Urt. vom 28.06.1984 – III ZR 35/83 –, BRS Bd. 42 Nr. 5; BGH, Urt. vom 25.11.1982 – III ZR 55/81 –, BRS Bd. 39 Nr. 169 = BauR 1983, 231 = ZfBR 1983, 143 = UPR 1983, 195 = DWW 1983, 46; OVG Berlin, Urt. vom 20.02.1987 – 2 A 4/83 –, BauR 1987, 419; BayVGH, Urt. vom 30.10.1986 – 2 B 86.011790 –, UPR 1987, 232; OVG Greifswald, Urt. vom 04.07.1996 – 9 K 5/94 –, GuG 1997, 190 = EzGuG 10.12.
134 OVG Lüneburg, Urt. vom 20.5.1987 – 1 C 23/86 –, MittDST vom 5.2.1988.
135 Für privilegierte Vorhaben nach § 35 BauGB ist hingegen eine „ausreichende" Erschließung erforderlich (hierzu: OVG Lüneburg, Urt. vom 29.08.1988 – I A 5/87 –, BRS Bd. 48 Nr. 79).
136 BVerwG, Urt. vom 08.05.2002 – 9 C 5/01 –, KStZ 2002, 232 = EzGuG 8.72; BVerwG, Urt. vom 17.06.1994 – 8 C 24/92 –, EzGuG 9.86a; BVerwG, Urt. vom 04.06.1993 – 8 C 33/91 –, EzGuG 9.86; BVerwG, Urt. vom 03.05.1988 – 4 C 54/85 –, BRS Bd. 48 Nr. 92 = EzGuG 9.65a; BVerwG, Urt. vom 25.01.1984 – 4 B 77/82 –, EzGuG 9.50; BVerwG, Beschl. vom 24.03.1982 – 8 B 94/81 –, EzGuG 8.58; BVerwG, Urt. vom 14.03.1975 – 4 C 44/72 –, EzGuG 9.23; BVerwG, Urt. vom 27.01.1967 – 4 C 33/65 –, EzGuG 8.68; OVG Münster, Urt. vom 31.01.1989 – 3 A 922/87 –, EzGuG 8.20; Art. 4 Abs. 1 Nr. 3 BayBauO.

aufzuteilen. Zur Trennlinie zwischen den jeweiligen Teilflächen vgl. Syst. Darst. des Vergleichswertverfahrens Rn. 265 und § 8 ImmoWertV Rn. 149 ff.

179 Bei der Wertermittlung von Rohbauland muss grundsätzlich auch der Fall berücksichtigt werden, dass sich im konkreten Einzelfall die allgemeine Erschließungspflicht der Gemeinde zu einem **Rechtsanspruch auf Erschließung** verdichtet hat, insbesondere wenn auf den Erschließungsbeitrag Vorleistungen erhoben worden sind[137].

180 Umgekehrt ist bei einer zumindest gesicherten Erschließung eine nach den §§ 30, 33 oder 34 BauGB für eine bauliche Nutzung bestimmte Fläche als „Rohbauland" einzustufen, wenn sie dafür nach ihrer **Lage, Form und Größe unzureichend gestaltet ist** (vgl. Rn. 192, 203). In diesem Fall bedarf es noch einer Bodenordnung. Die Definition des Rohbaulandes knüpft damit an bauordnungsrechtliche Bestimmungen an, nach denen Gebäude u. a. nur errichtet werden dürfen, wenn das „nach Lage, Form, Größe und Beschaffenheit für die beabsichtigte Bebauung geeignet ist"[138]. Auch diesbezüglich kann es erforderlich werden, die Gesamtfläche eines Grundstücks nach solchen Teilflächen aufzugliedern, die z. B. als baureif i. S. des § 5 Abs. 4 ImmoWertV und als Rohbauland einzustufen sind, soweit die Teilfläche noch einer Bodenordnung bedarf.

4.4 Besonderheiten für Umlegungsgebiete

▶ *Weitere Ausführungen bei Rn. 8, 195; § 8 ImmoWertV Rn. 131 ff.*

181 Für die in ein Umlegungsverfahren bzw. in ein Grenzregelungsverfahren nach den §§ 45 ff. und den §§ 80 ff. BauGB einbezogenen Grundstücke gelten eine Reihe von **Besonderheiten**[139]. Grundsätzlich ist hier zwischen

– dem Einwurfswert und
– dem Zuteilungswert

zu unterscheiden. Eine weitere Besonderheit besteht für Umlegungsverfahren in förmlich festgelegten Sanierungsgebieten, wo sich Einwurfs- und Zuteilungswerte nach Maßgabe des § 153 Abs. 5 BauGB bemessen.

182 **Gemeinbedarfsflächen,** die im Falle ihres Erwerbs unter Anwendung des Vorwirkungsgrundsatzes zu erwerben wären, werden im Rahmen von Umlegungsverfahren regelmäßig als Rohbauland qualifiziert.

---

137 BVerwG, Urt. vom 28.10.1981 – 8 C 4/81 –, EzGuG 9.42; BVerwG, Urt. vom 26.11.1976 – 4 C 79/74 –, EzGuG 9.30; BVerwG, Urt. vom 02.02.1978 – 4 B 122/77 –, EzGuG 9.33; BVerwG, Urt. vom 10.09.1976 – 4 C5/76 –, EzGuG 9.2; BVerwG, Urt. vom 04.10.1974 – 4 C 59/72 –, EzGuG 9.23; in der Umlegung nach den §§ 45 ff. BauGB: BVerwG, Urt. vom 04.02.1981 – 8 C 13/81 –, EzGuG 17.39; OVG Münster, Urt. vom 16.06.1988 – 7 A 675/87 –, BRS Bd. 48 Nr. 93 = EzGuG 9.65b.
138 Art. 4 Abs. 1 BayBauO; zum Begriff vgl. auch § 45 Abs. 1 BauGB.
139 Kleiber, Verkehrswertermittlung von Grundstücken, 6. Aufl., Teil VI Rn. 595 ff., Teil VIII Rn. 537.

5 Baureifes Land (§ 5 Abs. 4 ImmoWertV)

5.1 Materielle Definition

5.1.1 Allgemeines

▶ *Zur Verkehrswertermittlung im Einzelnen vgl. Syst. Darst. des Vergleichswertverfahrens Rn. 11 ff.; § 6 ImmoWertV Rn. 7 ff.*

Als baureifes Land werden mit § 5 Abs. 4 ImmoWertV Flächen definiert, für die **nach der Gesamtheit der öffentlich-rechtlichen Vorschriften und den tatsächlichen Gegebenheiten ein Anspruch auf Zulassung einer baulichen Anlage** besteht (§ 29 BauGB)[140]. 183

Zu den **ausdrücklich genannten tatsächlichen Gegebenheiten** gehören z. B. naturbedingte Hindernisse, die einer Baureife entgegenstehen. Dies entspricht dem Bauordnungsrecht, denn für die Zulassung eines Vorhabens wird auch bauordnungsrechtlich gefordert, dass ein Grundstück nicht nur nach „Lage, Form und Größe", sondern auch nach seiner „Beschaffenheit" für eine beabsichtigte Bebauung geeignet ist[141]. Tatsächliche Gegebenheiten können vielfach technisch oder sonstwie überwunden werden. Soweit tatsächliche Gegebenheiten technisch und wirtschaftlich überwindbar sind, stehen sie der Einordnung der Fläche als baureifes Land nicht entgegen; sie sind dann lediglich wertmindernd zu berücksichtigen. Der Baureife stehen nur die technisch und wirtschaftlich nicht überwindbaren tatsächlichen Gegebenheiten entgegen.

Bezüglich der „rechtlichen Gegebenheiten", die nach der Definition des § 194 BauGB von den „tatsächlichen Eigenschaften" zu unterscheiden sind, spricht die Vorschrift ausdrücklich nur „*öffentlich-rechtliche Vorschriften*" und nicht auch *privatrechtliche* Rechtsverhältnisse an. Wird die bauliche Nutzung eines Grundstücks z. B. durch ein Wege- oder Aussichtsrecht eingeschränkt, ist deshalb „formal" von baureifem Land auszugehen, dessen Marktwert sich indessen aufgrund dieser Einschränkung entsprechend vermindert.

Grundsätzlich wird die Zulässigkeit einer baulichen Anlage in einem **Baugenehmigungsverfahren** geprüft. In diesem Verfahren wird geprüft, ob das Bauvorhaben oder eine planungsrechtlich relevante Nutzungsänderung 184

– planungsrechtlichen und
– bauordnungsrechtlichen

Vorschriften entspricht. Das Baugenehmigungsverfahren ist antragsgebunden.

Zum **Begriff der baulichen Nutzung** vgl. § 1 ImmoWertV Rn. 40 ff.; § 5 ImmoWertV Rn. 28 ff., 179 ff.; § 5 ImmoWertV Rn. 3 ff. 185

Für Vorhaben, welche die **Errichtung, Änderung oder Nutzungsänderung** baulicher Anlagen zum Inhalt haben, gelten nach § 29 Abs. 1 BauGB die planungsrechtlichen Zulässigkeitsvorschriften der §§ 30 bis 37 BauGB[142]. Auf der Grundlage der mit dem BauROG geänderten Fassung des § 29 Abs. 1 BauGB steht es den Ländern frei, ob und in welchem Umfang sie die genannten Maßnahmen von einem präventiven Zulassungsverfahren abhängig machen. Grundsätzlich sind auch nach den Bauordnungen der Länder die Errichtung, Änderung oder Nutzungsänderung baulicher Anlagen genehmigungsbedürftig, jedoch ist für Vorhaben mit nicht wesentlicher städtebaulicher Bedeutung ein Anzeigeverfahren vorgesehen bzw. die Maßnahmen sind gänzlich von der Genehmigung freigestellt (Freistellungsregelung). Soweit 186

---

[140] BVerwG, Urt. vom 14.01.1983 – 8 C 81/81 –, EzGuG 9.48; BVerwG, Urt. vom 27.01.1967 – 4 C 33/65 –, EzGuG 8.20; BVerwG, Urt. vom 12.12.1957 – 1 C 87/57 –, BVerwGE 6, 56 = DÖV 1958, 398; BVerwG, Urt. vom 27.06.1957 – 1 C 3/56 –, EzGuG 16.3; a.A. OLG Köln, Beschl. vom 25.06.1964 – 9 WI 1/64 –, AVN 1966, 101 = EzGuG 8.12; unter Hinweis auf RG, Urt. vom 28.02.1930 – III 87/29 –, RGZ 128, 18.
[141] Vgl. OLG Köln, Beschl. vom 25.06.1964 – 9 W 11/64 –, AVN 1966, 101 = EzGuG 8.12 unter Hinweis auf BGH, Urt. vom 14.12.1960 – V ZR 40/60 –, BGHZ 34, 32 = MDR 1961, 215 = EzGuG 12.4.
[142] Die Zulässigkeit eines Vorhabens i. S. des § 29 BauGB ergibt sich nach den im Teil I unter Fn. 2 zur ImmoWertV abgedruckten genannten Vorschriften (Abb. 19 bei Rn. 207).

§ 5 ImmoWertV Bauerwartungsland

weitere Genehmigungen und Zulassungen erforderlich sind, so bestimmt sich das Verhältnis der Baugenehmigung zu diesen fachgesetzlichen Genehmigungen und Zulassungen nach den jeweiligen Gesetzen, wobei die Baugenehmigung von diesen Genehmigungen grundsätzlich abhängig sein soll (Schlusspunkttheorie Abb. 24).:

Abb. 24: Genehmigungs-, Zustimmungs- und Anzeigeverfahren

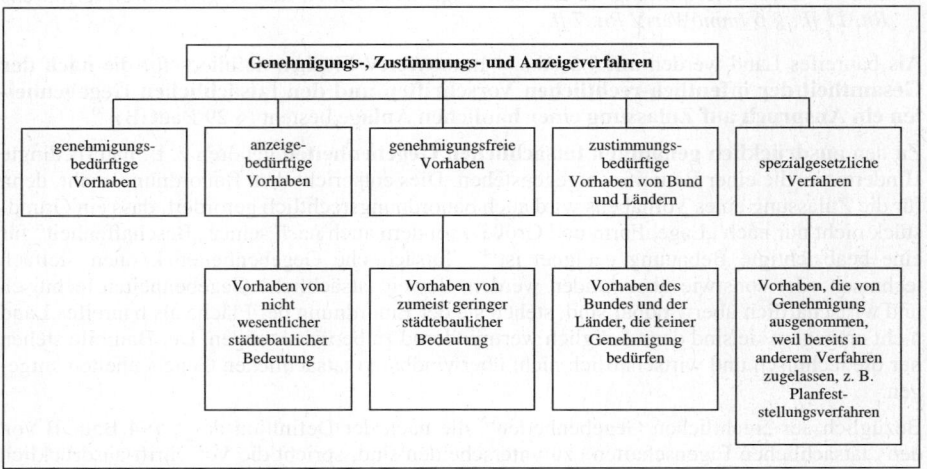

187 Nach bauordnungsrechtlichen Vorschriften ist Voraussetzung für die Zulassung eines Vorhabens jedoch, dass das **Grundstück „nach Lage, Form, Größe und Beschaffenheit für die beabsichtigte Bebauung geeignet** ist" (vgl. unten Rn. 192, 203). Insoweit kann es erforderlich werden, eine übergroße Grundstücksfläche in Teilflächen unterschiedlichen Entwicklungszustands für eine sachgerechte Wertermittlung (gedanklich) aufzuteilen (vgl. § 8 ImmoWertV Rn. 149 ff.).

188 Mit der Qualifizierung einer Fläche als „baureifes Land" wird lediglich der Entwicklungszustand bestimmt. Der Zustand muss für die Belange der Wertermittlung konkretisiert werden, insbesondere im Hinblick auf **Art und Maß der baulichen Nutzung** (vgl. hierzu § 6 ImmoWertV Rn. 3 ff.).

189 Zwischen „baureifem Land" und dem im Baurecht mitunter noch genutzten **Begriff des Baulandes** besteht Begriffsidentität. Der Begriff schließt auch bebaute Grundstücke ein. Zum Bauland gehören die Flächen, die nach ihrer Zweckbestimmung für eine Bebauung mit baulichen Anlagen im planungsrechtlichen Sinne vorgesehen sind. Dies sind in erster Linie die im Bebauungsplan als Baugebiet festgesetzten Flächen und entsprechende Flächen nach Maßgabe des § 34 BauGB. Nicht zum Bauland gehören hingegen die nicht für eine Bebauung vorgesehenen Flächen, wie private Grünflächen[143] und die der straßenmäßigen Erschließung (auch von Hinterliegergrundstücken) dienenden Flächen. Die dem Bauland zurechenbare Fläche wird zur Straße hin entweder von der festgesetzten Straßenbegrenzungslinie oder der tatsächlichen Straßengrenze begrenzt (§ 19 Abs. 3 BauNVO).

Wenn auch nicht mit gänzlich identischem Inhalt, lehnt sich der für die Belange der Wertermittlung definierte Begriff des „baureifen Landes" an den im Erschließungsbeitragsrecht gebrauchten Baulandbegriff an[144].

---

143 BVerwG, Beschl. vom 24.04.1991 – 4 NB 24/90 –, NVwZ 1991, 877 = BauR 1991, 426 = BRS Bd. 52 Nr. 19 = ZfBR 1991, 177.

144 In der Rspr. ist der Baulandbegriff unterschiedlich zumeist sogar im erweiterten Sinne unter Einbeziehung des werdenden Baulandes gebraucht worden; BVerwG, Urt. vom 27.06.1957 – 1 C 3/56 –, EzGuG 16.3; BVerwG, Urt. vom 27.01.1967 – 4 C 33/65 –, EzGuG 8.20; OLG Köln, Beschl. vom 25.06.1964 – 9 W I 1/64 –, EzGuG 8.12; vgl. Burkhardt in BlGBW 1967, 87; zum Baulandbegriff vgl. auch VGH Mannheim, Beschl. vom 04.07.2003 – 8 S 1251/03 –.

Bauerwartungsland § 5 ImmoWertV

- Wie im Erschließungsbeitragsrecht[145] steht auch hier z. B eine privatrechtliche, durch beschränkt persönliche Dienstbarkeit gesicherte Verpflichtung, ein Grundstück nicht zu bebauen, der Baureife nicht entgegen[146].
- Im Unterschied zum Erschließungsbeitragsrecht soll nach der Begründung zu § 4 Abs. 4 WertV 88 auch ein bebautes Grundstück, das am Wertermittlungsstichtag nicht mehr bebaut werden dürfte, für die Belange der Wertermittlung als baureif gelten[147].
- Ansonsten wird auch im Erschließungsbeitragsrecht auf das Merkmal der „Baureife" abgestellt.

Der **Begriff des „Baulands"** (vgl. § 19 Abs. 3 BauNVO, hierzu § 5 ImmoWertV Rn. 189) geht zurück auf § 9 Abs. 1 Nr. 1 BBauG in der bis zur BBauG-Novelle 1976 geltenden Fassung und wird in der Nachfolgeregelung nicht mehr gebraucht. Neben dem § 19 Abs. 3 Satz 1 BauNVO wird er noch in § 133 Abs. 1 Satz 2 BauGB gebraucht. Zum Bauland gehören auch die nicht überbaubaren Grundstücksflächen nach § 9 Abs. 1 Nr. 2 BauGB i. V. m. § 23 BauNVO, denn mit der überbaubaren Grundstücksfläche wird nur der Standort von baulichen Anlagen und nicht die dem Bauland zurechenbare Fläche begrenzt[148]. Dies gilt selbst dann, wenn der Bebauungsplan für diese Flächen zusätzliche Festsetzungen wie Pflanzgebote oder Pflanzbindungen nach § 9 Abs. 1 Nr. 25 BauGB trifft. Das Gleiche gilt für bauliche Anlagen, soweit sie nach Landesrecht in den Abstandsflächen zulässig sind oder zugelassen werden können[149].

Gemeinbedarfsflächen (vgl. § 8 ImmoWertV Rn. 131 ff.; Rn. 187 ff., Rn. 475 ff.)[150] werden üblicherweise nicht dem baureifen Land zugerechnet (vgl. Rn. 8 sowie § 73 Abs. 2 Satz 2 BewG). **190**

5.1.2 Bebaute Grundstücke

Bebaute Grundstücke werden in § 5 ImmoWertV nicht als eigenständiger Entwicklungszustand definiert. Sie **sind grundsätzlich dem Entwicklungszustand „baureifes Land" zuzuordnen**. Bei übergroßen Grundstücken gilt dies allerdings zunächst nur für die der Bebauung zuzurechnende Grundstücksteilfläche. Der Entwicklungszustand der darüber hinausgehenden Teilfläche bestimmt sich dagegen nach allgemeinen Grundsätzen. **191**

Im Einzelfall ist auch zu prüfen, ob nach den zum Wertermittlungsstichtag maßgebenden Umständen die bauliche Nutzung auf Dauer oder nur vorübergehend aufgrund des **Bestandsschutzes einer baulichen Anlage**[151] gewährleistet ist[152]. Dieser Bestandsschutz besteht allerdings nur für zulässigerweise errichtete Anlagen. Für die in einem Gebäude ausgeübte Nutzung endet der Bestandsschutz mit dem tatsächlichen Beginn einer andersartigen Nutzung, sofern diese nicht nur vorübergehend ausgeübt werden soll[153].

▶ *Zum Bestandsschutz vgl. unten Rn. 246 ff. sowie § 6 ImmoWertV Rn. 86 ff.*

---

145 BVerwG, Urt. vom 27.01.1967 – 4 C 33/65 –, EzGuG 8.20; BVerwG, Urt. vom 27.06.1957 – 1 C 3/56 –, EzGuG 16.3; BVerwG, Urt. vom 12.12.1957 – 1 C 87/57 –, BVerwGE 6, 56.
146 BVerwG, Beschl. vom 24.03.1982 – 8 B 94/81 –, EzGuG 8.58; OVG Berlin, Urt. vom 05.02.1971 – 2 B 37/69 –, EzGuG 8.34.
147 BGH, Urt. vom 02.02.1978 – III ZR 90/76 –, EzGuG 18.81; BGH, Urt. vom 08.12.1977 – III ZR 163/75 –, EzGuG 18.82; BVerwG, Urt. vom 20.09.1974 – 4 C 70/72 –, EzGuG 9.20; abweichend: BVerwG, Urt. vom 12.11.1971 – 4 C 11/70 –, BRS Bd. 37 Nr. 316 = ZMR 1972, 156 = DÖV 1972, 503.
148 Stock, BauNVO § 19 BauNVO Rn. 13a und § 23 BauNVO Rn. 10 ff.; OVG Bautzen, Beschl. vom 17.11.1998 – 1 S 669/98 –, BRS Bd. 60 Nr. 167 = SächsVBl 1999, 146.
149 VGH Mannheim, Beschl. vom 4.7.2003 – 8 S 1251/03 –, GuG 2004, 248 = EzGuG 4.187.
150 Kleiber, Verkehrswertermittlung von Grundstücken, 6. Aufl. 2010, Teil VI Rn. 596.
151 BVerwG, Urt. vom 24.05.1988 – 4 CB 12/88 –, BRS Bd. 48 Nr. 137; BVerwG, Urt. vom 17.01.1986 – 4 C 80/82 –, EzGuG 3.70; BVerwG, Urt. vom 24.10.1980 – 4 C 81/77 –, BRS Bd. 36 Nr. 99 = BauR 1981, 180; BVerwG, Urt. vom 23.01.1981 – 4 C 83/77 –, BRS Bd. 38 Nr. 89 = BauR 1981, 246; BVerwG, Beschl. vom 20.03.1981 – 4 B 195/80 –, BRS Bd. 38 Nr. 102; BVerwG, Urt. vom 18.10.1974 – 4 C 75/71 –, EzGuG 3.49; BVerwG, Urt. vom 22.09.1967 – 4 C 109/65 –, EzGuG 3.30; BVerwG, Urt. vom 19.10.1966 – 4 C 16/66 –, EzGuG 3.29; BGH, Urt. vom 28.06.1984 – III ZR 68/83 –, BRS Bd. 42 Nr. 5 = BauR 1985, 480.
152 BT-Drucks 352/88, S. 35; vgl. zur Fortentwicklung Sarnighausen in DÖV 1993, 758.
153 BVerwG, Urt. vom 25.03.1988 – 4 C 21/85 –, EzGuG 3.27.

§ 5 ImmoWertV   **Bauerwartungsland**

192   Ist danach die Fortführung der bisherigen baulichen Nutzung „auf Dauer" gewährleistet, kommt ein Risikoabschlag im Hinblick auf einen unvorhersehbaren Unglücksfall entsprechend den Gepflogenheiten des gewöhnlichen Geschäftsverkehrs in Betracht. Im Übrigen ist – vom Planungsschadensersatz abgesehen – der **Fortfall von Baurechten** aufgrund des Bestandsschutzes gänzlich oder teilweise dadurch berücksichtigungsfähig, dass der Unterschied zwischen dem Bodenwert aufgrund der derzeitigen und der künftigen (d. h. der sich nach Abgang der baulichen Anlage ergebenden) Nutzbarkeit über die Restnutzungsdauer diskontiert wird (vgl. hierzu die Wertermittlungshinweise bei § 15 ImmoWertV Rn. 223 ff.).

193   Im Unterschied zur ImmoWertV wurde in einigen zwischenzeitlich außer Kraft getretenen Gutachterausschussverordnungen der Länder zwischen dem baureifen Land und dem **bebauten Land** unterschieden, wobei dieses jedoch materiell nicht definiert wurde[154]. Eine Definition enthält § 74 BewG, nach der bebaute Grundstücke solche sind, auf denen sich benutzbare Gebäude befinden, sofern deren Zweckbestimmung und Wert gegenüber der Zweckbestimmung und dem Wert des Grund und Bodens nicht von untergeordneter Bedeutung sind (§ 72 Abs. 2 BewG) oder in dem Gebäude sich aufgrund des Verfalls des Gebäudes keine sich auf Dauer benutzbaren Räume befinden (§ 72 Abs. 3 BewG).

5.1.3 Baulücke

194   **Baulücken** sind ebenfalls dem baureifen Land zuzurechnen. Unter Baulücken im engeren Sinne werden nämlich „unbebaute Grundstücke" verstanden[155]. Ausschlaggebend ist, inwieweit die aufeinanderfolgende Bebauung trotz vorhandener Baulücken den **Eindruck der Geschlossenheit (Zusammengehörigkeit)** vermittelt, wofür letztlich die „Verkehrsauffassung" maßgebend ist[156]. Im Verhältnis zu dem weiträumig unbebauten baureifen Land weisen Baulücken i. d. R. jedoch eine höhere Wertigkeit auf, wenn durch die Nachbarschaftsbebauung eine geordnete städtebauliche Einbindung mit allen ihren Lagevorteilen einhergegangen ist.

5.1.4 Faktisches Bauland im Außenbereich (§ 35 Abs. 2 BauGB)

▶ *Vgl. unten Rn. 168, 172, zur Bodenwertermittlung Rn. 245 sowie § 16 ImmoWertV Rn. 120*

195   Bebaute im Außenbereich (§ 35 BauGB) gelegene Grundstücke sind nach § 16 Abs. 2 ImmoWertV sog. faktisches Bauland bzw. sog. „De-facto-Bauland"; der BGH spricht in diesem Zusammenhang auch vom „speziellen Verkehrswert als Bauland für landwirtschaftliche Nutzung[157]". Diese Eigenschaft resultiert aus der vorhandenen Bebauung, wenn diese **zulässigerweise errichtet wurde** und nach den Regelungen des § 35 BauGB über privilegierte bzw. begünstigte Vorhaben **wirtschaftlich genutzt werden kann** (Bestandsschutz). Entsprechend bebaute Flächen sind dem „baureifen Land" nach § 5 Abs. 4 ImmoWertV zuzurechnen; denn es handelt sich um „nach öffentlich-rechtlichen Vorschriften und den tatsächlichen Gegebenheiten baulich nutzbare" Flächen. Soweit mit dem Fortfall der baulichen Nutzung zu rechnen ist, muss dies allerdings nach Maßgabe des § 2 Satz 2 ImmoWertV berücksichtigt werden.

Dem faktischen Bauland sind insbesondere die nach **§ 35 Abs. 2 BauGB bebauten Grundstücke** zuzurechnen. Danach können „neben den privilegierten Vorhaben im Einzelfall auch ‚sonstige Vorhaben' zugelassen werden, wenn ihre Ausführung oder Benutzung öffentliche Belange nicht beeinträchtigt und die Erschließung gesichert ist." Nach der Rechtsprechung des BGH und des BVerwG gewährt die Vorschrift BauGB trotz ihres Wortlauts („können")

---

[154] § 13 Abs. 1 rh.-pf. GutachterausschussVO; § 14 saarl. GutVO.
[155] BVerwG, Urt. vom 06.11.1968 – 4 C 2/66 –, EzGuG 8.27; BVerwG. Urt. vom 02.07.1963 – 1 C 110/62 –, DVBl 1964, 184 = BRS Bd. 14, S. 51 = BBauBl 1963, 605; OVG Lüneburg, Urt. vom 13.12.1963 – 1 A 150/62 –, DÖV 1964, 392 = BBauBl 1964, 351; VGH Mannheim, Urt. vom 09.03.1950 – III 280/49 –, DÖV 1950, 505.
[156] BVerwG, Urt. vom 06.12.1967 – 4 C 94/66 –, BVerwGE 28, 268 = DVBl. 1968, 521; BVerwG, Beschl. vom 12.02.1968 – 4 B 47/67 –; BVerwG, Urt. vom 14.04.1967 – 4 C 134/65 –, BRS Bd. 18 Nr. 23; BVerwG, Beschl. vom 25.05.1967 – 4 B 184/66 -; BVerwG, Urt. vom 10.03.1967- 4 C 32/66 –, Buchholz 406.11 § 35 BauGB Nr. 30.
[157] BGH, Urt. vom 25.10.1999 – LwZR 9/99 –, EzGuG 19.47b.

Bauerwartungsland § 5 ImmoWertV

einen Rechtsanspruch auf Zulassung eines Vorhabens, wenn öffentliche Belange nicht beeinträchtigt werden[158].

Von den Gutachterausschüssen für Grundstückswerte werden vielfach die Ergebnisse entsprechender Marktanalysen angegeben.

- Nach Untersuchungen des Gutachterausschusses von *Bergisch Gladbach* (2012) weist z. B. das **"faktische Bauland"** (§ 35 Abs. 2 BauGB) ein Wertniveau von rd. 85 €/m² bis 220 €/m² (im Mittel 160 €/m²) bei einer angesetzten Baugrundstücksgröße von 800 m² auf (Hausnahes Gartenland: 5 €/m² für die überschießenden Flächenanteile).
- Der Gutachterausschuss von *Bielefeld* hat einen entsprechenden Prozentsatz von 65 % des nächstgelegenen Bodenrichtwerts für baureifes Land ermittelt[159].
- Die Gutachterausschüsse von *Köln* und der linksrheinischen Gemeinden und Kreise gehen hingegen von einem Bodenwert aus, der nur 25 % des ansonsten vergleichbaren Baulands ausmacht.
- Vom Gutachterausschuss in *Moers* wurden 2011 erstmals 17 Bodenrichtwertzonen für „Wohnen im Außenbereich" mit einer Preisspanne von 60 – 190 €/m² festgestellt.
- Vom Gutachterausschuss des Landkreises *Wesel*[160] werden die Prozentsätze in Abhängigkeit vom Rand des nächstgelegenen bebauten Ortsteils der Gemeinde und des dafür maßgebenden Bodenrichtwerts (erschließungsbeitrags- und kostenerstattungsbetragsfreier Grundstücke) wie folgt angegeben:

Bodenwert von im Außenbereich gelegenen Wohnbaugrundstücken (§ 35 Abs. 2 BauGB)			
Entfernung zum nächstgelegenen bebauten Ortsteil in m	**Bodenwert** in % des Bodenrichtwerts für den nächstgelegenen Ortsteil	**Bodenwert** in €/m²	**Fläche,** auf die sich der abgeleitete Bodenwert bezieht
bis 100	90	–	500
100 bis 500	75	–	550
500 bis 1 000	65	–	600
1 000 bis 2 000	50	–	700
2 000 bis 3 000	–	45	1 100
mehr als 3 000	–	30	1 400
Bei darüber hinausgehenden Grundstücksflächen, die als unbebaute Flächen tatsächlich ebenfalls der Wohnnutzung dienen, sind diese überschüssigen Flächen mit 25 % des zuvor ermittelten Bodenwerts des Wohngrundstücks in Ansatz zu bringen.			

Quelle: Grundstücksmarktbericht 2011 des Gutachterausschusses des Landkreises Wesel

5.1.5 Steuerliche Bewertung

Für den Bereich der steuerlichen Bewertung definiert § 73 Abs. 2 BewG als „baureifes Grundstück" solche unbebauten Grundstücke, die in einem Bebauungsplan als Bauland festgesetzt sind, deren sofortige Bebauung möglich ist und die Bebauung innerhalb des Plangebiets in benachbarten Bereichen begonnen hat oder schon durchgeführt ist. Diese Definition ist aus steuerlichen Gründen zu einengend, da sie auf die „bauliche Akzeptanz" abstellt, die nicht für den maßgeblichen Entwicklungszustand, sondern allenfalls für die Wertigkeit steht.

---

158 BGH, Urt. vom 05.02.1981 – III ZR 119/79 –, EzGuG 8.57; BGH, Urt. vom 12.02.1976 – III ZR 184/73 –, EzGuG 19.28; BVerwG, Urt. vom 29.04.1964 – 1 C 30/62 –, EzGuG 8.11; a.A. Gaentzsch im Berliner Komm. § 42 Rn. 9. Nach Driehaus (Erschließungs- und Straßenausbaubeitragsrecht in Aufsätzen, vhw-Verlag 2004, S. 145) handelt es sich zumindest beitragsrechtlich nicht um „Bauland", da sie nicht im Rahmen einer „geordneten baulichen Entwicklung der Gemeinde" zur Bebauung anstehen (§ 133 Abs. 1 Satz 2 BauGB).
159 Grundstücksmarktbericht 2007.
160 Grundstücksmarktbericht 2011.

§ 5 ImmoWertV   Bauerwartungsland

Inhaltlich ist das in § 5 Abs. 4 ImmoWertV definierte „baureife Land" nicht identisch mit dem im Steuerrecht maßgeblichen Begriff des „baureifen Grundstücks" nach § 73 BewG, weil mit dieser Vorschrift allein die in Bebauungsplänen als Bauland festgesetzten Flächen und nicht auch das in „§-34er-Gebieten" gelegene „baureife Land" erfasst wird.

Das steuerliche Bewertungsrecht unterscheidet in § 75 BewG nach **folgenden Grundstücksarten** (vgl. § 6 ImmoWertV Rn. 113 ff.):

1. Mietwohngrundstücke,
2. Geschäftsgrundstücke,
3. gemischt genutzte Grundstücke,
4. Einfamilienhäuser,
5. Zweifamilienhäuser,
6. sonstige bebaute Grundstücke.

Mitwohngrundstücke sind Grundstücke, die zu mehr als achtzig vom Hundert, berechnet nach der Jahresrohmiete (§ 79 BewG), Wohnzwecken dienen mit Ausnahme der Einfamilienhäuser und Zweifamilienhäuser;

Geschäftsgrundstücke sind Grundstücke, die zu mehr als achtzig vom Hundert, berechnet nach der Jahresrohmiete (§ 79 BewG), eigenen oder fremden gewerblichen oder öffentlichen Zwecken dienen;

Gemischt genutzte Grundstücke sind Grundstücke, die teils Wohnzwecken, teils eigenen oder fremden gewerblichen oder öffentlichen Zwecken dienen und nicht Mietwohngrundstücke, Geschäftsgrundstücke, Einfamilienhäuser oder Zweifamilienhäuser sind;

Einfamilienhäuser sind Wohngrundstücke, die nur eine Wohnung enthalten. Wohnungen des Hauspersonals (Pförtner, Heizer, Gärtner, Kraftwagenführer, Wächter usw.) sind nicht mitzurechnen. Eine zweite Wohnung steht, abgesehen von Satz 2, dem Begriff „Einfamilienhaus" entgegen, auch wenn sie von untergeordneter Bedeutung ist. Ein Grundstück gilt auch dann als Einfamilienhaus, wenn es zu gewerblichen oder öffentlichen Zwecken mitbenutzt wird und dadurch die Eigenart als Einfamilienhaus nicht wesentlich beeinträchtigt wird;

Zweifamilienhäuser sind Wohngrundstücke, die nur zwei Wohnungen enthalten;

Sonstige bebaute Grundstücke sind solche Grundstücke, die nicht unter die vorstehenden Definitionen fallen.

5.1.6   Beleihungswertermittlung

197 § 21 BelWertV, nach dem bei der Wertermittlung von Bauland „sowohl dessen Entwicklungszustand als auch der künftige Bedarf an Bauland" zu prüfen ist, lässt nicht erkennen, ob unter den Begriff „Bauland" nur das Bauland im engeren Sinne (baureifes Land) oder im erweiterten Sinne unter Einschluss des Bauerwartungslands und des Rohbaulands angesprochen ist. Nach Satz 2 dieser Vorschrift ist nur ein „**gesichertes Bebauungsrecht**" bei der Beleihungswertermittlung zu berücksichtigen; darüber hinaus darf bei der Bodenwertermittlung nach § 15 Abs. 2 Satz 2 BelWertV „keine höherwertige Nutzung als zulässig zugrunde gelegt werden."

5.2   Baureife begründende rechtliche Gegebenheiten

5.2.1   Bauplanungsrecht

198 Wesentliche **Merkmale der Baureife** aufgrund öffentlich-rechtlicher Vorschriften sind

a) der **nach den §§ 30, 33, 34 und 35 BauGB bestehende Anspruch auf Genehmigung eines baulichen Vorhabens** (§ 29 BauGB; zu § 35 BauGB vgl. Rn. 234 f.), das die Errichtung, Änderung oder Nutzungsänderung einer baulichen Anlage zum Inhalt hat. In

Bauerwartungsland § 5 ImmoWertV

diesem Rahmen kann sich der Anspruch auf Genehmigung eines Vorhabens nach § 30 Abs. 2 BauGB auch aus einem **vorhabenbezogenen Bebauungsplan** bestimmen, der auf der Grundlage eines Vorhaben- und Erschließungsplans und eines Durchführungsvertrags erlassen wurde. Grundsätzlich gehören hierzu auch die nach § 37 BauGB zulässigen baulichen Maßnahmen des Bundes und der Länder sowie solche baulichen Maßnahmen, deren Zulässigkeit nach § 38 BauGB von den §§ 29 ff. BauGB unberührt sind. Die Begründung zu § 4 Abs. 4 WertV 88 (entspricht § 5 Abs. 4 ImmoWertV) weist ausdrücklich darauf hin, dass als baureifes Land auch solche Flächen einzustufen sind, auf denen nur bestimmte Nutzungen, wie Sonderbauflächen (§§ 10 f. BauNVO), zulässig sind[161].

b) Im Allgemeinen liegt das baureife Land an endgültig oder vorläufig ausgebauten bzw. zum Ausbau vorgesehenen Straßen. Es genügt aber nach den §§ 30, 33, 34 und 35 BauGB, dass die **Erschließung „gesichert" bzw. „ausreichend"** ist (vgl. Rn. 182 ff., 209). Ob ein Erschließungsbeitrag bereits entstanden, durch Bescheid fällig gestellt oder bereits entrichtet wurde, ist für die Einstufung einer Fläche als baureifes Land grundsätzlich unerheblich. Nichtdestoweniger ist der beitrags- und abgabenrechtliche Zustand des Grundstücks (§ 6 Abs. 3 ImmoWertV) bei der Verkehrswertermittlung zu berücksichtigen. Dies gilt im Übrigen auch für Umlegungsleistungen nach § 64 BauGB, Ausgleichsbeträge nach den §§ 154 f. BauGB sowie für KAG-Beiträge (vgl. Syst. Darst. des Vergleichswertverfahrens Rn. 321 ff.).

c) Der Zulassung einer baulichen Nutzung steht entgegen, wenn ein Grundstück oder ein Grundstücksteil nach **Lage, Form, Größe und Beschaffenheit** „unzureichend" gestaltet ist (vgl. oben Rn. 185, 192); diesbezüglich können die Vorschriften der BauO des Landes einer Bebauung entgegenstehen.

Bauplanungsrechtlich kommt es für die Einordnung einer Fläche als baureifes Land nicht darauf an, dass die **Fläche zum Zwecke der Bebauung katasteramtlich vermessen und im Grundbuch eingetragen** ist[162]. **199**

Nach § 29 Abs. 1 BauGB bestimmt sich die **Zulässigkeit von Vorhaben,** welche die Errichtung, Änderung oder Nutzungsänderung zum Inhalt haben, nach den §§ 30 bis 37 BauGB. Das BauGB unterscheidet dabei nach Vorhaben **200**

– im Geltungsbereich eines qualifizierten Bebauungsplans nach § 30 Abs. 1 BauGB,

– im unbeplanten Innenbereich nach § 34 BauGB und

– im Außenbereich nach § 35 BauGB.

Qualifiziert ist ein Bebauungsplan, der allein oder gemeinsam mit sonstigen baurechtlichen Vorschriften mindestens Festsetzungen über **201**

a) die Art und das Maß der baulichen Nutzung,

b) die überbaubaren Grundstücksflächen und

c) die örtlichen Verkehrsflächen

enthält.

Die Zulässigkeit kann sich auch aus einem **Bebauungsplan der Innenentwicklung nach § 13a BauGB** bestimmen, der in einem beschleunigten Verfahren aufgestellt wurde.

Im **unbeplanten Innenbereich** ist ein Vorhaben nach § 34 Abs. 1 BauGB zulässig, wenn es sich **202**

– nach Art und Maß der baulichen Nutzung,

– der Bauweise und

– der Grundstücksfläche, die überbaut werden soll,

---
161 BR-Drucks. 352/88, S. 38.
162 BVerwG, Beschl. vom 28.09.1988 – 4 B 175/88 –, EzGuG 8.65; BVerwG, Urt. vom 12.06.1970 – 4 C 77/68 –, EzGuG 16.12; BVerwG, Urt. vom 03.03.1972 – 4 C 4/69 –, EzGuG 8.38; BVerwG, Urt. vom 22.02.1963 – 4 C 249/61 –, EzGuG 8.7; vgl. auch BewR Gr vom 19.09.1966 (BAnz Nr. 183 Beil. = BStBl I 1966, 890, zu § 69 zu Nr. 2).

§ 5 ImmoWertV — Bauerwartungsland

in die Eigenart der näheren Umgebung einfügt und die Erschließung gesichert ist. Für Vorhaben im Geltungsbereich eines einfachen Bebauungsplans ist § 34 BauGB ergänzend heranzuziehen (Abb. 25):

Abb. 25: Zulässigkeit von Vorhaben

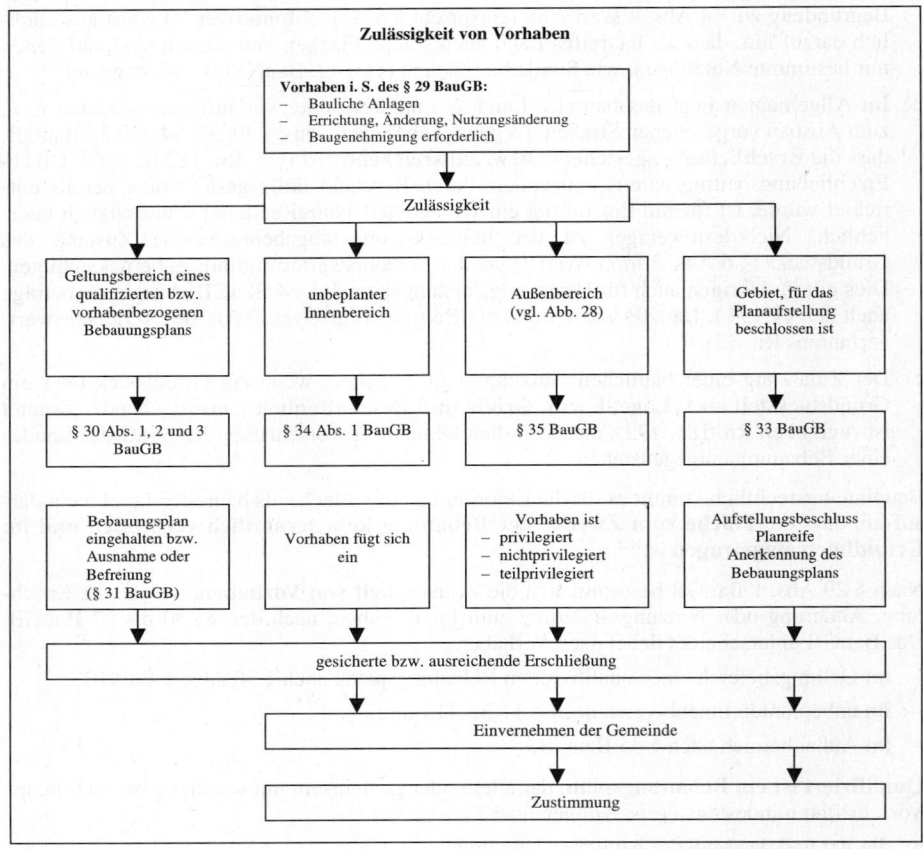

5.2.2 Zulässigkeit von Vorhaben im Geltungsbereich eines Bebauungsplans nach § 30 BauGB

▶ *Hierzu auch § 6 ImmoWertV Rn. 10 ff.*

203 Ein **Vorhaben** ist **nach § 30 Abs. 1 BauGB bauplanungsrechtlich zulässig, wenn es sämtlichen Festsetzungen eines qualifizierten Bebauungsplans entspricht und die Erschließung gesichert ist.** Nach § 31 BauGB können Ausnahmen und Befreiungen im Einvernehmen mit der Gemeinde gewährt werden (§ 36 BauGB).

204 Des Weiteren ist **nach § 30 Abs. 2 BauGB ein Vorhaben** bauplanungsrechtlich **zulässig, wenn es im Geltungsbereich eines vorhabenbezogenen Bebauungsplans liegt, ihm nicht widerspricht und die Erschließung gesichert ist.** Weitere Voraussetzungen sind

– ein Vorhaben- und Erschließungsplan des Investors,
– ein Durchführungsvertrag zwischen Investor und Gemeinde sowie
– eine Satzung über den vorhabenbezogenen Bebauungsplan (Abb. 26):

Bauerwartungsland § 5 ImmoWertV

Abb. 26: Verfahrensablauf eines Vorhaben- und Erschließungsplans

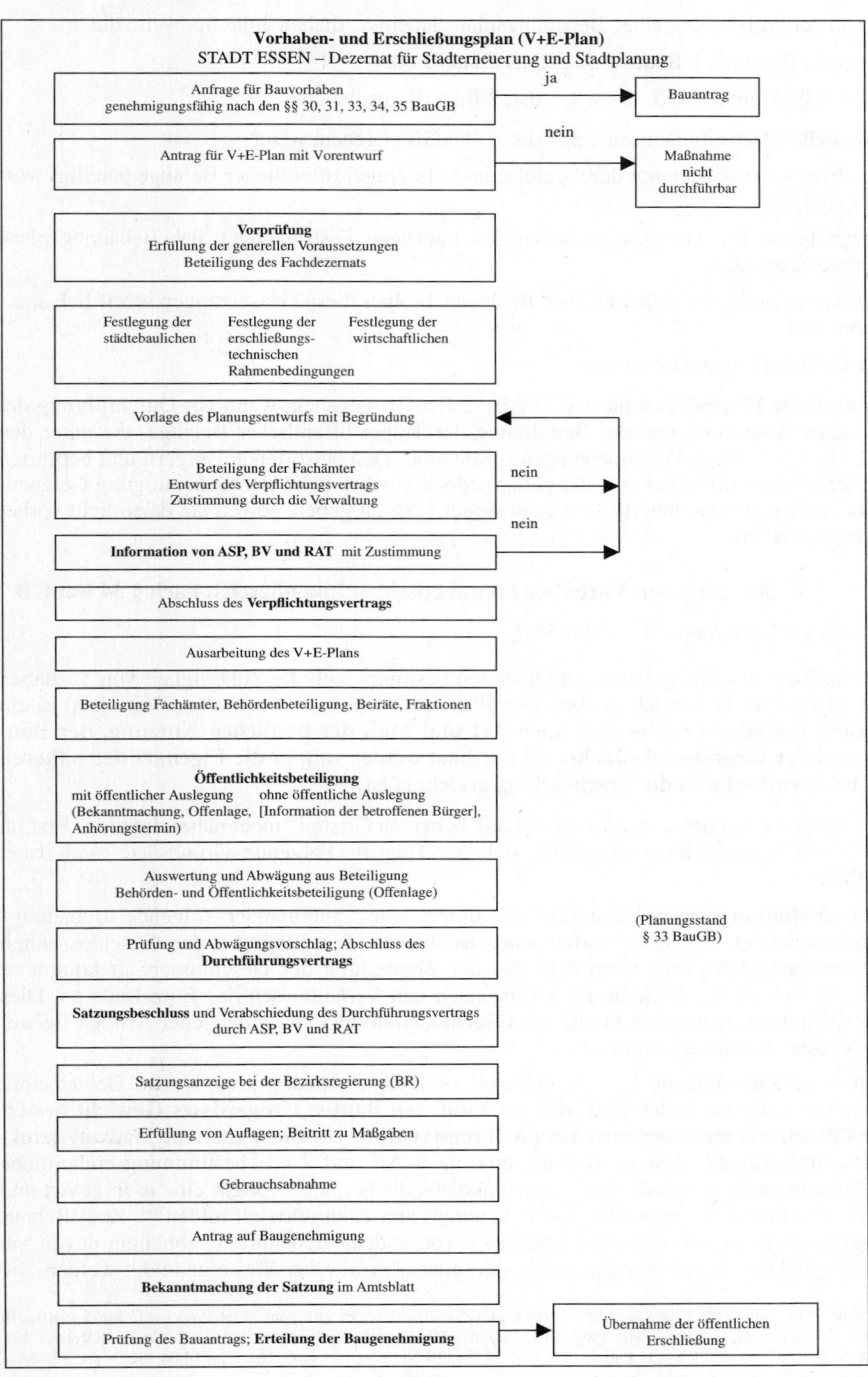

5.2.3 Zulässigkeit von Vorhaben bei Planreife nach § 33 BauGB

205 Während der Aufstellung eines Bebauungsplans ist ein Vorhaben zulässig, wenn die
- formelle Planreife i. S. des § 33 Abs. 1 BauGB oder
- materielle Planreife i. S. des § 33 Abs. 2 BauGB gegeben ist.

206 Die **formelle Planreife** ist nach § 33 Abs. 1 BauGB gegeben, wenn
1. die öffentliche Auslegung durchgeführt und die Träger öffentlicher Belange beteiligt worden sind,
2. anzunehmen ist, dass das Vorhaben den künftigen Festsetzungen des Bebauungsplans nicht entgegensteht,
3. der Antragsteller für sich und seine Rechtsnachfolger diese Festsetzungen schriftlich anerkennt und
4. die Erschließung gesichert ist.

207 Die **materielle Planreife** ist nach § 33 Abs. 2 BauGB gegeben, wenn vor Durchführung der öffentlichen Auslegung und der Beteiligung der Träger öffentlicher Belange, die unter den Nrn. 2 bis 4 genannten Voraussetzungen erfüllt sind. Den betroffenen Bürgern und berührten Behörden (Träger öffentlicher Belange) ist jedoch vor Erteilung der Genehmigung Gelegenheit zur Stellungnahme innerhalb angemessener Frist zu geben, soweit sie dazu nicht vorher Gelegenheit hatten.

5.2.4 Zulässigkeit von Vorhaben im unbeplanten Innenbereich nach § 34 BauGB

▶ *Hierzu auch § 6 ImmoWertV Rn. 58 ff.*

208 In den im Zusammenhang bebauten Ortsteilen bestimmt sich die Zulässigkeit von Vorhaben nach § 34 BauGB. Es handelt sich um eine Planersatzvorschrift. Nach dieser Vorschrift ist ein **Vorhaben zulässig, wenn es sich nach Art und Maß der baulichen Nutzung, der Bauweise und der Grundstücksfläche,** die überbaut werden soll, **in die Eigenart der näheren Umgebung einfügt und die Erschließung gesichert ist.**

209 Der Gesetzgeber hat den „im Zusammenhang bebauten Ortsteil" nicht näher definiert. Erst im Lichte der Rechtsprechung erschließt sich der Begriff. Folgende Grundsätze sind dabei beachtlich:

a) Ein **„Bebauungszusammenhang"** ist durch eine „aufeinander folgende Bebauung" gekennzeichnet, die trotz vorhandener Baulücken den Eindruck der Geschlossenheit (Zusammengehörigkeit) vermittelt. Bei der Beurteilung der Geschlossenheit kommt es maßgebend auf die Verkehrsauffassung nach den Verhältnissen des Einzelfalls an. Dies gilt auch dann, wenn eine Straße oder Geländehindernisse irgendwelcher Art den Bebauungszusammenhang unterbrechen[163].

b) Ein im Zusammenhang bebauter Ortsteil ist jeder Bebauungskomplex im Gebiet einer Gemeinde, der **nach der Zahl der vorhandenen Bauten ein gewisses Gewicht besitzt und Ausdruck einer organischen Siedlungsstruktur** ist. Die organische Siedlungsstruktur erfordert nicht, dass es sich um eine nach Art und Zweckbestimmung einheitliche Bebauung handeln müsse. Auch eine unterschiedliche, ja u.U. sogar eine in ihrer Art und Zweckbestimmung gegensätzliche Bebauung kann einen Ortsteil bilden[164]. Zum Bebauungszusammenhang gehört die tatsächlich vorhandene Bebauung unabhängig davon, ob die Baulichkeiten genehmigt worden sind oder aber in einer Weise geduldet werden, die

---

[163] BVerwG, Urt. vom 06.11.1968 – 4 C 2/66 –; BVerwGE 31, 20; BVerwG, Urt. vom 22.04.1966 – 4 C 34/65 –; BBauBl 1967, 117; BVerwG, Urt. vom 25.05.1967 – 4 C 184/66 –; BVerwG, Urt. vom 12.2.1967 – 4 C 47/67 –; BVerwG, Urt. vom 10.03.1967 – 4 C 32/66 –, Buchholz 406, 11 § 35 BauGB Nr. 38 –; BVerwG, Urt. vom 14.04.1967 – 4 C 134/65 –, BRS Bd. 18 Nr. 23 –; BVerwG, Urt. vom 06.12.1967 – 4 C 94/66 –; BVerwGE 28, 268.
[164] BVerwG, Urt. vom 06.11.1968 – 4 C 31/66 –; BVerwGE 31, 22 –; BVerwG, Urt. vom 17.02.1984 – 4 C 56/79 –, NVwZ 1984, 434.

keinen Zweifel daran lässt, dass sich die zuständigen Behörden mit ihrem Vorhandensein abgefunden haben.

c) Ein Grundstück liegt nicht schon deshalb innerhalb eines Bebauungszusammenhangs, weil es von Bebauung umgeben ist. Erforderlich ist vielmehr weiter, dass das **Grundstück selbst einen Bestandteil des Zusammenhangs** bildet. **Eine nach § 34 BauGB bebaubare Baulücke** ist nicht gegeben, wenn die Fläche so groß ist, dass sie in den Möglichkeiten ihrer Bebauung von der bereits vorhandenen Bebauung nicht mehr geprägt wird[165].

d) **Ob eine bauliche Anlage einem im Zusammenhang bebauten Ortsteil zuzurechnen ist, hängt nicht davon ab, ob sie Bestandsschutz** genießt[166].

e) Ob ein Grundstück dem Innen- oder dem Außenbereich zugehört, kann nicht von der Art der auf ihm **beabsichtigten Nutzung** abhängig sein[167].

f) Ob ein Bebauungskomplex nach seinem Gewicht ein Ortskern oder eine (unerwünschte) Splittersiedlung ist, beurteilt sich nach der **Siedlungsstruktur in der jeweiligen Gemeinde.** Für die Beurteilung, ob eine zusammenhängende Bebauung einen Ortsteil i. S. des § 34 Abs. 1 BauGB ist, ist nur auf die Bebauung im jeweiligen Gemeindegebiet abzustellen. Nur ein Bebauungszusammenhang, der auch Ortsteil ist, vermittelt ein Baurecht nach § 34 BauGB. Bei der Beurteilung der Bebauung kommt es auf die äußerlichen (mit dem Auge) wahrnehmbaren Gegebenheiten der vorhandenen Bebauung und der übrigen Geländeverhältnisse an[168].

g) Die Frage der überwiegenden Prägung durch gewerbliche Nutzungen i. S. des § 6 Abs. 2 Nr. 8 BauNVO ist nicht stets dann zu verneinen, wenn der prozentuale Anteil der jeweils grundstücksbezogen ermittelten gewerblich genutzten Geschossflächen gegenüber dem Anteil der der Wohnnutzung dienenden Geschossflächen rechnerisch kein Übergewicht hat. Die Beurteilung einer prägenden Wirkung erfordert eine Gesamtbetrachtung und dabei die Einbeziehung auch weiterer – gebietsprägender – Faktoren; dabei kann auch von Bedeutung sein, in welchem Maße die **Erdgeschossebene** gewerblich genutzt ist und inwieweit die gewerbliche Nutzung bis in die Obergeschosse reicht[169].

h) Ein im Zusammenhang bebauter Ortsteil i. S. des § 34 Abs. 1 BauGB kann sich auch über **Gemeindegrenzen** hinaus erstrecken[170].

i) Ein an einem im Zusammenhang bebauten Ortsteil angrenzendes Grundstück gehört nicht schon deshalb zu diesem Bebauungszusammenhang, weil es mit seiner anderen Seite an eine Gemeindegrenze reicht[171].

j) Bei der Entscheidung, ob i. S. des § 34 BauGB ein Bebauungszusammenhang gegeben ist, sind unbebaute Grundstücke nicht deshalb wie bebaute zu behandeln, weil ihre **Bebauung beabsichtigt und** auch schon **genehmig**t ist[172].

k) Dem Eindruck eines geschlossenen Bebauungszusammenhangs steht auch nicht entgegen, wenn die **Nutzungen sehr unterschiedlich** sind. Entsprechendes gilt z. B. auch, wenn ein Baukörper zwar als Fremdkörper anzusehen ist, jedoch die übrige Bebauung den im Zusammenhang bebauten Ortsteil prägt.

---

165 BVerwG, Urt. vom 01.12.1972 – 4 C 6/71 –, BVerwGE 41, 227 –; BVerwG, Beschl. vom 30.03.1972 – 4 C 4/69 –, DVBl 1972, 684 –; BVerwG, Beschl. vom 08.11.1967 – 4 C 19/66 –, BRS Bd. 20 Nr. 67 –; BVerwG, Beschl. vom 16.02.1988 – 4 B 19/88 –, BauR 1988, 315 –; BVerwG, Beschl. vom 10.03.1994 – 4 B 50/94 –, Buchholz 406, 11 § 34 BauGB Nr. 165 –; BVerwG, Beschl. vom 04.01.1995 – 4 B 273/94 –, BRS Bd. 57 Nr. 93 –; BVerwG, Beschl. vom 01.04.1997 – 4 B 11/97 –, NVwZ 1997, 899.
166 BVerwG, Urt. vom 14.09.1992 – 4 C 15/90 –, NVwZ 1993, 985; BVerwG, Urt. vom 06.11.1968 – 4 C 31/66 –, EzGuG 8.27.
167 BVerwG, Urt. vom 12.12.1990 – 4 C 40/87 –, EzGuG 13.115.
168 BVerwG, Beschl. vom 03.12.1998 – 4 C 7/98 –, NVwZ 1999, 527; BVerwG, Urt. vom 14.09.1992 – 4 C 15/90 –, NVwZ 1993, 985.
169 BVerwG, Urt. vom 07.02.1994 – 4 B 179/93 –, DVBl 1994, 711.
170 BayVGH, Urt. vom 18.12.1997 – 1 B 95.2014 –, DVBl 1998, 601.
171 BVerwG, Beschl. vom 15.05.1997 – 4 B 74/97 –, BauR 1997, 805.
172 BVerwG, Urt. vom 26.11.1976 – 4 C 69/74 –, NJW 1977, 1978; BVerwG, Urt. vom 31.10.1975 – 4 C 16/73 –, BRS Bd. 29 Nr. 33; BVerwG, Urt. vom 29.11.1974 – 4 C 10/73 –, BRS Bd. 28 Nr. 28; BVerwG, Urt. vom 12.06.1970 – 4 C 77/68 –, BVerwGE 35, 256.

Ein zum Zwecke der Wiederbebauung eines Innenbereichsgrundstücks beseitigter Altbestand verliert nicht dadurch seine die Innenbereichsqualität des Grundstücks wahrende und die „Eigenart der näheren Umgebung" mitprägende Wirkung, dass über die Art und Weise der Bebauung mit der Gemeinde und der Bauaufsichtsbehörde jahrelang erfolglos verhandelt wurde[173].

l) Bei der Ermittlung der Eigenart der näheren Umgebung i. S. von § 34 Abs. 1 und Abs. 2 BauGB sind **singuläre Anlagen,** die in einem auffälligen Kontrast zu der sie umgebenden im Wesentlichen homogenen Bebauung stehen, regelmäßig **als Fremdkörper unbeachtlich,** soweit sie nicht ausnahmsweise ihre Umgebung beherrschen oder mit ihr eine Einheit bilden (Unbeachtlichkeit singulärer Anlagen)[174].

m) Bei der Beurteilung eines geschlossenen Bebauungszusammenhangs wirkt auch eine bereits abgerissene und den im Zusammenhang bebauten Ortsteil bislang prägende Bebauung fort, wenn **Rückbau (Abriss) und Ersatzbau in einem engen zeitlichen Zusammenhang** stehen und nach der Verkehrsauffassung mit einer Wiederbebauung zu rechnen war, d. h., die Prägung durch eine aufgegebene Nutzung ist zu berücksichtigen. Indessen verliert eine tatsächlich und endgültig beendete bauliche Nutzung ihre die übrige Bebauung mitprägende Kraft. Die Beseitigung des letzten zum Bebauungszusammenhang gehörenden Gebäudes zum Zwecke der alsbaldigen Errichtung eines Ersatzbauwerks bewirkt nicht, dass das Grundstück seine Innenbereichsqualität einbüßt und zu einem Außenbereichsgrundstück wird[175].

n) Auch **unbebaute Flächen, die zwischen bebauten Grundstücken liegen,** können am Bebauungszusammenhang teilhaben, sofern durch sie der Eindruck der Zusammengehörigkeit und Geschlossenheit nicht verloren geht[176].

o) Selbst ein nicht als Bahnanlage zu qualifizierender **Schrottplatz auf ehemaligem Bahngelände,** der jahrzehntelang entsprechend einer (sogar) der Rechtslage widersprechenden Praxis sowohl von der Bahn als auch von der zuständigen Bauaufsichtsbehörde als legal angesehen wurde, prägt als vorhandene Bebauung auch nach der Entwidmung die Eigenart der näheren Umgebung i. S. von § 34 BauGB[177].

p) Ein Grundstück wird nur dann zum Bebauungszusammenhang, wenn es selbst einen Bestandteil des Zusammenhangs bildet und am **Eindruck der Geschlossenheit** teilnimmt; andererseits handelt es sich um ein Außenbereichsgrundstück[178].

q) Ob eine Überschreitung des Maßes der in der näheren Umgebung vorhandenen Bebauung den für die Frage des Einfügens (§ 34 Abs. 1 BauGB) erheblichen Rahmen sprengt, kann nicht allgemein an Hand eines **prozentualen Maßstabs** bestimmt werden[179].

r) Die **Ansammlung von nur vier Wohngebäuden** besitzt regelmäßig nicht das für einen im Zusammenhang bebauten Ortsteil i. S. des § 34 BauGB erforderliche Gewicht[180].

s) Eine Gesamtheit von **Bauten, die kleingärtnerischen Zwecken dienen,** bildet keinen im Zusammenhang bebauten Ortsteil[181].

t) Das **Erfordernis des Einfügens** schließt nicht aus, dass auch etwas verwirklicht werden kann, was in der Umgebung bisher nicht vorhanden ist, d. h., es **zwingt** also **nicht zur Uniformität**[182].

---

173 BVerwG, Urt. vom 19.09.1986 – 4 C 15/94 –, BVerwGE 75, 34 = NJW 1987, 1656.
174 BVerwG, Urt. vom 15.02.1990 – 4 C 23/86 –, BVerwGE 84, 322.
175 BVerwG, Urt. vom 12.09.1980 – 4 C 75/77 –, BRS Bd. 36 Nr. 55; BVerwG, Urt. vom 15.01.1982 – 4 C 58/79 –, NVwZ 1982, 312; BVerwG, Urt. vom 03.02.1984 – 4 C 25/82 –, BVerwGE 68, 360; BVerwG, Urt. vom 19.09.1986 – 4 C 15/84 –, BVerwGE 75, 34.
176 OVG Berlin, Beschl. vom 08.04.1994 – 2 S 29/93 –, NuR 1995, 41.
177 OVG Münster, Urt. vom 27.04.1998 – 7 A 3814/96 –, BRS Bd. 60 Nr. 165.
178 BVerwG, Urt. vom 01.12.1972 – 4 C 6/71 –, BVerwGE 41, 227 = NJW 1973, 1014.
179 BVerwG, Beschl. vom 29.04.1997 – 4 B 67/97 –, NVwZ-RR 1998, 94.
180 BVerwG, Beschl. vom 19 04.1994 – 4 B 77/94 –, BVerwGE 95, 167.
181 OVG Greifswald, Urt. vom 16.12.1997 – 3 K 17/97 –, LKV 1999, 68.
182 BVerwG, Urt. vom 26.05.1978 – 4 C 9/77 –, BVerwGE 55, 369.

Bauerwartungsland § 5 ImmoWertV

u) Eine Bebauung oder **bauliche Nutzung, die in früherer Zeit zwar genehmigt worden ist,** die in den tatsächlichen Gegebenheiten aber deshalb keinen Niederschlag mehr findet, weil sie später wieder beseitigt oder eingestellt worden ist, hat bei der Qualifizierung der „Eigenart der näheren Umgebung" grundsätzlich außer Betracht zu bleiben[183].

5.2.5 Abgrenzungsfragen

Da die **Abgrenzung des Innenbereichs vom Außenbereich** in der Praxis zu erheblichen Schwierigkeiten führen kann, hat der Gesetzgeber die Gemeinden mit § 34 Abs. 4 BauGB ermächtigt, verschiedene Innenbereichssatzungen zu erlassen. § 34 Abs. 4 unterscheidet zwischen 210

a) *Klarstellungssatzungen* (Nr. 1), mit denen die Gemeinde – deklaratorisch – die Grenzen für die im Zusammenhang bebauten Ortsteile oder Teile davon festlegen kann; 211

b) *Entwicklungssatzungen* (Nr. 2), mit denen bebaute Bereiche im Außenbereich festgelegt werden, wenn die Flächen im Flächennutzungsplan als Bauflächen dargestellt sind; mit der Satzung werden diese Flächen konstitutiv zum Innenbereich erklärt; 212

c) *Ergänzungssatzungen* (Nr. 3), mit denen einzelne Außenbereichsflächen in den im Zusammenhang bebauten Ortsteil einbezogen werden, wobei einzelne Festsetzungen nach § 9 Abs. 1, 2 und 4 BauGB getroffen werden können (Abb. 27): 213

Abb. 27: Innenbereichssatzungen

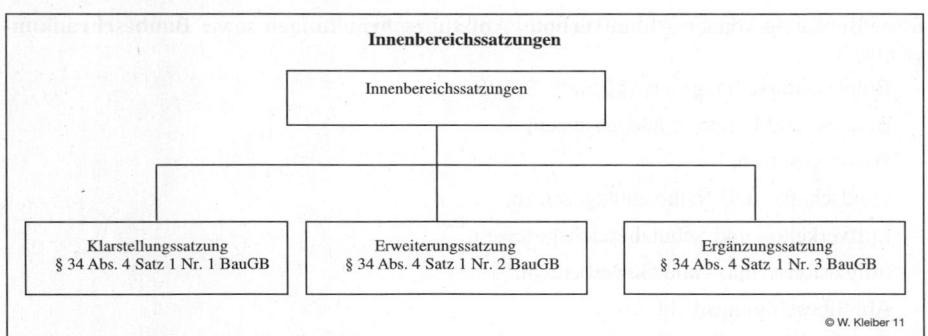

Ansonsten darf bei einer unregelmäßigen Bebauung des Ortsrandes die **Grenze zwischen Außen- und Innenbereich** keinesfalls entlang der am weitesten in den Außenbereich hineinragenden Gebäude gezogen werden. Vielmehr ist die Grenze entlang der einzelnen Gebäude gezogen, auch wenn sich dadurch ein unregelmäßiger Grenzverlauf ergibt. Im Übrigen lässt sich die Abgrenzung zwischen Innenbereich (§ 34 BauGB) und Außenbereich (§ 35 BauGB) nicht unter Anwendung geographisch-mathematischer Maßstäbe allgemein bestimmen. Zu einer sachgerechten Entscheidung führt nur eine die gesamten örtlichen Verhältnisse würdigende Betrachtung[184]. 214

5.3 Der Baureife entgegenstehende rechtliche Gegebenheiten

5.3.1 Öffentlich-rechtliche Nutzungsbeschränkungen

An öffentlich-rechtlichen Nutzungsbeschränkungen sind insbesondere zu nennen 215

a) Festsetzungen von **Wasserschutz- und Überschwemmungsgebieten** nach den §§ 19 und 32 WHG i. V. m. dem Landesrecht (vgl. unten Rn. 277 ff.),

---

[183] BVerwG, Urt. vom 27.8.1998 – 4 C 5/98 –, NVwZ 1999, 523; BVerwG, Urt. vom 06.11.1968 – 4 C 2/66 –, BVerwGE 31, 20; BVerwG, Urt. vom 14.01.1993 – 4 C 19/90 –, NVwZ 1993, 1184.
[184] BVerwG, Urt. vom 01.04.1997 – 4 B 11/97 –, NVwZ 1997, 899.

§ 5 ImmoWertV — Bauerwartungsland

b) Festsetzungen von **Naturschutzgebieten, Landschaftsschutzgebieten, Nationalparks, Naturparks, Flora-Fauna-Habitat-Gebiet und geschützten Landschaftsbestandteilen** nach den §§ 12 ff. BNatschG i. V. m. dem Landesrecht (vgl. unten Rn. 274)

5.3.2 Sonstige rechtliche Gegebenheiten

216 Die **Erteilung einer Teilungsgenehmigung (Wohnsiedlungsgenehmigung)** wirkt nach Auffassung des BGH nicht „dinglich" in dem Sinne, dass sie einem Grundstück eine Qualität geben könnte, die es nicht hatte; die Rechtsprechung verwendet in diesem Zusammenhang den Begriff einer „*relativen Baulandqualität*" und verweist auf den Rechtsanspruch, dass die Bebauungsgenehmigung erteilt wird, sofern nicht besondere Gründe entgegenstehen[185]. Andernfalls war in Anwendung des mit dem BauROG aufgehobenen § 21 BauGB eine Entschädigung zu gewähren[186].

217 Zur **Ermittlung des Verkehrswerts eines unbeplanten Grundstücks, für das die Gemeinde die Haftung für dessen Bebaubarkeit privatrechtlich übernommen hat,** kann es zweckmäßig sein, von Vergleichspreisen für baureifes Land auszugehen und die Wartezeit durch Abschläge zu berücksichtigen. Dabei muss allerdings auch berücksichtigt werden, unter welchen Voraussetzungen die Gemeinde z. B. durch Zeitablauf und durch Veränderung der Planungskonzeption von der Haftung befreit werden kann. Nach den allgemeinen Auslegungskriterien von Treu und Glauben mit Rücksicht auf die Verkehrssitte hat der BGH[187] eine zeitlich unbeschränkte Haftung ohne Rücksicht auf die spätere Entwicklung der Marktverhältnisse ausgeschlossen.

218 Einer Bebauung können **Anbauverbote, Anbaubeschränkungen** sowie **Baubeschränkungen** nach

– Bundesnaturschutzgesetz (§§ 8a ff. BNatSchG),

– Bundes- und Landesstraßengesetzen,

– Wassergesetzen,

– Landschafts- und Naturschutzgesetzen,

– Luftverkehrs- und Schutzbereichsgesetzen,

– Immissionsschutz- und Gewerberecht,

– Abfallbeseitigungsrecht,

– Zivilschutz- und Atomrecht,

– Denkmalschutzrecht

entgegenstehen[188].

219 ▶ *Weitere Ausführungen zu Bodenvorkommen (Abbauland) vgl. unten Rn. 311 ff.*[189]

---

185 BGH, Urt. vom 27.06.1968 – III ZR 93/65 –, EzGuG 8.7; BVerwG, Urt. vom 12.08.1977 – 4 C 48 u. 49/75 –, NJW 1978, 340 = BauR 1977, 405; BGH, Urt. vom 20.12.1973 – III ZR 85/70 –, NJW 1974, 638 = WM 1974, 566 = DVBl 1974, 432; auch: BVerwG. Urt. vom 14.07.1972 – 4 C 68/70 –, MDR 1978, 164.
186 BGH, Urt. vom 12.01.1978 – III ZR 98/76 –, WM 1978, 990 = MDR 1978, 821.
187 BGH, Urt. vom 11.05.1989 – III ZR 88/87 –, EzGuG 8.67; BGH, Urt. vom 09.12.1982 – III ZR 41/81 –, WM 1983, 622; BGH, Urt. vom 20.12.1973 – III ZR 85/70 –, NJW 1974, 638.
188 Zur Frage der Vorwirkung und entschädigungsrechtlichen Ansprüchen vgl. u. a.: BVerwG, Urt. vom 27.06.1957 – 1 C 3/56 –, EzGuG 16.3; BVerwG, Beschl. vom 25.06.1968 – 4 B 181/67 –, EzGuG 16.9; BGH, Urt. vom 29.04.1968 – III ZR 177/65 –, EzGuG 16.8; BGH, Urt. vom 25.01.1973 – III ZR 113/70 –, EzGuG 4.39; BGH, Urt. vom 20.09.1971 – III ZR 18/70 –, BGHZ 57, 278 = BRS Bd. 26 Nr. 13 = AgrarR 1972, 816 = EzGuG 16.15; BGH, Urt. vom 20.12.1971 – III ZR 83/69 –, EzGuG 16.17; BGH, Urt. vom 29.04.1968 – III ZR 141/65 –, EzGuG 16.7; BGH, Urt. vom 10.01.1972 – III ZR 61/68 –, EzGuG 16.18; BGH, Urt. vom 18.06.1973 – III ZR 122/72 –, EzGuG 16.20; BGH, Urt. vom 01.12.1977 – III ZR 130/75 –, EzGuG 18.78; BGH, Urt. vom 08.11.1962 – III ZR 86/61 –, EzGuG 8.5; BGH, Urt. vom 13.07.1978 – III ZR 28/76 –, EzGuG 4.59; BGH, Urt. vom 26.11.1981 – III ZR 49/80 –, EzGuG 14.16; OLG Köln, Urt. vom 21.11.1972 – 4 U 199/71 –, EzGuG 8.39; BVerwG, Beschl. vom 14.11.1975 – 4 C 2/74 –, EzGuG 16.21; BVerwG, Urt. vom 24.02.1978 – 4 C 12/76 –, EzGuG 16.32; BGH, Urt. vom 02.02.1978 – III ZR 15/76 –, EzGuG 16.22; BGH, Urt. vom 25.01.1973 – III ZR 118/70 –, EzGuG 16.19.
189 Kleiber, Verkehrswertermittlung von Grundstücken, 6. Aufl. 2010, Teil VI Rn. 596, Teil VI Rn. 225 ff.

Bauerwartungsland § 5 ImmoWertV

a) Anbauverbote nach Straßenrecht

Als Beispiel sei hier auf das **Anbauverbot**[190] **nach § 9 FStrG** verwiesen. Abs. 1 und 2 der Vorschrift hat folgenden Wortlaut: **220**

„(1) Längs der Bundesfernstraßen dürfen nicht errichtet werden

1. Hochbauten jeder Art in einer Entfernung bis zu 40 m bei Bundesautobahnen und bis zu 20 m bei Bundesstraßen außerhalb der zur Erschließung der anliegenden Grundstücke bestimmten Teile der Ortsdurchfahrten, jeweils gemessen vom äußeren Rand der befestigten Fahrbahn,
2. bauliche Anlagen, die außerhalb der zur Erschließung der anliegenden Grundstücke bestimmten Teile der Ortsdurchfahrten über Zufahrten oder Zugänge an Bundesstraßen unmittelbar oder mittelbar angeschlossen werden sollen.

Satz 1 Nr. 1 gilt entsprechend für Aufschüttungen oder Abgrabungen größeren Umfangs. Weitergehende bundes- oder landesrechtliche Vorschriften bleiben unberührt.

(2) Im Übrigen bedürfen Baugenehmigungen oder nach anderen Vorschriften notwendige Genehmigungen der Zustimmung der obersten Landesstraßenbaubehörde, wenn

1. bauliche Anlagen längs der Bundesautobahnen in einer Entfernung bis zu 100 m und längs der Bundesstraßen außerhalb der zur Erschließung der anliegenden Grundstücke bestimmten Teile der Ortsdurchfahrten bis zu 40 m, gemessen vom äußeren Rand der befestigten Fahrbahn, errichtet, erheblich geändert oder anders genutzt werden sollen,
2. bauliche Anlagen auf Grundstücken, die außerhalb der zur Erschließung der anliegenden Grundstücke bestimmten Teile der Ortsdurchfahrten über Zufahrten oder Zugänge an Bundesstraßen unmittelbar oder mittelbar angeschlossen sind, erheblich geändert oder anders genutzt werden sollen.

Die Zustimmungsbedürftigkeit nach Satz 1 gilt entsprechend für bauliche Anlagen, die nach Landesrecht anzeigepflichtig sind. Weitergehende bundes- oder landesrechtliche Vorschriften bleiben unberührt."

b) Veränderungssperre

Vorübergehenden und entschädigungslos hinzunehmenden Baubeschränkungen wird man nicht die rechtliche Qualität beimessen können, die Veranlassung geben könnte, eine ansonsten baureife Fläche einem anderen Entwicklungszustand zuzuordnen. Zu erwähnen sind hier **221**

– die Zurückstellung eines Baugesuchs nach § 15 BauGB,
– die Veränderungssperre nach den §§ 16 ff., 51 oder 144 BauGB; vgl. auch § 86 WHG[191] (vgl. Rn. 274) sowie **§ 9a Abs. 2 FStrG,** der folgende Fassung hat:

„(2) Dauert die Veränderungssperre länger als vier Jahre, so können die Eigentümer für die dadurch entstandenen Vermögensnachteile vom Träger der Straßenbaulast eine angemessene Entschädigung in Geld verlangen. Sie können ferner die Übernahme der vom Plan betroffenen Flächen verlangen, wenn es ihnen mit Rücksicht auf die Veränderungssperre wirtschaftlich nicht zuzumuten ist, die Grundstücke in der bisherigen oder einer anderen zulässigen Art zu benutzen. Kommt keine Einigung über die Übernahme zustande, so können die Eigentümer die Entziehung des Eigentums an den Flächen verlangen. Im Übrigen gilt § 19 (Enteignung)."

c) Genehmigungspflicht in Erhaltungsgebieten nach § 172 BauGB (vgl. § 172 Abs. 1 Satz 2 BauGB).

Durch derartige **Bausperren betroffene Flächen** sind (zunächst nur vorübergehend) von einer Bebauung ausgeschlossen[192]. Die genannten Bestimmungen stehen nach dem Wortlaut des Abs. 4 zwar einer baulichen Nutzung entgegen, jedoch wird man zumindest so lange weiterhin von baureifem Land sprechen können, wie nicht als Vorwirkung der späteren Enteig- **222**

---

190 Zur Frage der Entschädigung bei einem Wiederaufbauverbot BGH, Urt. vom 13.07.1967 – III ZR 11/65 –, EzGuG 18.39.
191 BVerwG, Beschl. vom 28.03.1989 – 4 NB 39/88 –, EzGuG 6.244; im immissionsschutzrechtlichen Genehmigungsverfahren VGH Mannheim, Urt. vom 06.07.1989 – 10 S 2687/88 –, EzGuG 6.246.
192 BVerwG, Urt. vom 12.12.1969 – 4 C 100/68 –, NJW 1970, 417 = ZMR 1970, 141 = BauR 1970, 43 = DVBl 1970, 417 = ID 1970, 109 = DÖV 1970, 425 = GemTg 1970, 75.

§ 5 ImmoWertV **Bauerwartungsland**

nung ein Entschädigungsanspruch auf der Grundlage des Ausschlusses von der konjunkturellen Weiterentwicklung ausgelöst wird[193].

223 Nach § 17 BauGB tritt eine **Veränderungssperre** grundsätzlich nach Ablauf von zwei Jahren außer Kraft. Die Frist kann von der Gemeinde um ein Jahr verlängert werden. Wenn besondere Umstände es erfordern, kann die Gemeinde mit Zustimmung der nach Landesrecht zuständigen Behörde die Frist nochmals bis zu einem weiteren Jahr verlängern. Dauert die Veränderungssperre länger als vier Jahre über den Zeitpunkt ihres Beginns oder der ersten Zurückstellung eines Baugesuchs nach § 15 Abs. 1 BauGB hinaus, ist den Betroffenen nach § 18 BauGB für dadurch entstandene Vermögensnachteile eine angemessene Entschädigung nach Maßgabe der entschädigungsrechtlichen Bestimmungen des BauGB zu gewähren.

224 Dies schließt nicht aus, dass schon vorher von einer **Bausperre** betroffene Flächen im gewöhnlichen Geschäftsverkehr zu entsprechend verminderten Preisen gehandelt werden.

225 Dabei wird u. a. darauf abzuheben sein, welches Gewicht der **gesunde Grundstücksverkehr** im Rahmen einer sinnvollen Nutzung des Grundstücks den bestehenden Planungsvorstellungen der Gemeinde beimisst[194]. Nicht auszuschließen ist im Übrigen auch, dass eine höherwertige Nutzbarkeit erwartet wird, die sich ebenfalls auf die Preisgestaltung auswirken kann.

226 Fazit: **Entschädigungslos hinzunehmende Bausperren**[195] stehen zwar formell einer baulichen Nutzung entgegen; im Rahmen der Wertermittlung wird man davon betroffene Flächen dennoch als „baureifes Land" einstufen und ausgehend von entsprechenden Vergleichspreisen die (vorübergehenden) Einschränkungen wertmindernd im angemessenen Umfang berücksichtigen. Sofern sich in Erwartung einer höherwertigen Nutzbarkeit auch Werterhöhungen ergeben, sind sie mit den vorübergehenden Einschränkungen einer baulichen Nutzbarkeit zu „verrechnen". Erst bei länger als vier Jahre dauernden Veränderungssperren i. S. der §§ 16 ff. BauGB entsteht ein Entschädigungsanspruch für die dem Betroffenen entstandenen Vermögensnachteile (§ 96 BauGB). Dies setzt voraus, dass materiell dem Betroffenen ein ansonsten jederzeit durchsetzbarer Rechtsanspruch auf Bebauung gegeben war[196]. Im Übrigen bemisst sich die Entschädigung für eine Änderung oder Aufhebung einer zulässigen Nutzung nach den §§ 39 ff. BauGB.

d)   Baulasten

▶ *Vgl. § 1 ImmoWertV Rn. 23*

Schrifttum: *Dageförde, H.-J.,* Die öffentlich-rechtliche Baulast und ihre Möglichkeiten, Bln GE 2004, 524; *Döring, Ch.,* Die öffentlich-rechtliche Baulast und das nachbarrechtliche Grundverhältnis, Werner Verlag 1. Aufl. 1994; *Meendermann, D.,* Die öffentlich-rechtliche Baulast, Waxmann Verlag 2003; *Sandner/Weber* (Hrsg), Lexikon der Immobilienwertermittlung, 2. Aufl. Bundesanzeiger 2005., S. 92; *Serong,* Anspruch auf Bewilligung einer Baulast, BauR 2004, 433; *Schwarz, B.,* Baulasten im öffentlichen Recht und im Privatrecht, Bauverlag Berlin 1995; *Weismann,* Anspruch des Grundeigentümers auf Löschung der Baulast, NJW 1997, 2857; *Wenzel, G.,* Baulasten in der Praxis, 2. Aufl. Bundesanzeiger Verlag 2006.

227 Die Baulast ist eine freiwillig übernommene **öffentlich-rechtliche Verpflichtung, die den Grundstückseigentümer zu einem sein Grundstück betreffendes Tun, Dulden oder**

---

193 BGH, Urt. vom 20.03.1975 – III ZR 16/72 –, EzGuG 6.178; Kleiber, Verkehrswertermittlung von Grundstücken, 6. Aufl. 2010, Teil VII Rn. 288 ff.; Teil IX Rn. 27 ff.
194 BGH, Urt. vom 29.05.1972 – III ZR 188/70 –, EzGuG 6.152; BGH, Urt. vom 13.07.1978 – III ZR 166/76 –, EzGuG 18.84; BGH, Urt. vom 12.07.1973 – III ZR 111/71 –, EzGuG 6.160.
195 Zur Entschädigung bei **rechtswidrigen faktischen Bausperren** vgl. BGH, Urt. vom 15.12.1988 – III ZR 110/87 –, EzGuG 6.243; BGH, Urt. vom 01.12.1983 – III ZR 38/82 –, EzGuG 8.60.
196 BGH, Urt. vom 18.11.1982 – III ZR 24/82 –, EzGuG 6.217; BGH, Urt. vom 25.09.1980 – III ZR 18/79 –, EzGuG 6.208; BGH, Urt. vom 08.11.1979 – III ZR 51/78 –, EzGuG 6.203; BGH, Urt. vom 14.12.1978 – III ZR 77/76 –, EzGuG 6.202; BGH, Urt. vom 12.02.1976 – III ZR 184/73 –, EzGuG 19.28; BGH, Urt. vom 10.07.1975 – III ZR 161/72 –, EzGuG 6.180; BGH, Urt. vom 03.07.1972 – III ZR 134/71 –, EzGuG 6.152; BGH, Urt. vom 26.06.1972 – III ZR 203/68 –, EzGuG 6.155; BGH, Urt. vom 19.06.1972 – III ZR 106/70 –, EzGuG 6.154; BGH, Urt. vom 10.02.1972 – III ZR 188/69 –, EzGuG 6.149; BGH, Urt. vom 10.02.1972 – III ZR 139/70 –, EzGuG 6.148; BGH, Urt. vom 20.09.1971 – III ZR 18/70 –, EzGuG 16.15; BGH, Urt. vom 04.06.1962 – III ZR 163/61 –, EzGuG 6.57; auch BGH, Urt. vom 17.11.1988 – III ZR 210/87 –, EzGuG 18.109.

Überlassen verpflichtet, das sich nicht bereits aus dem öffentlichen Baurecht ergibt. Rechtsgrundlage ist das Bauordnungsrecht der Länder. Mit Ausnahme von Bayern und Brandenburg sind die Baulasten in den Landesbauordnungen (LBO) geregelt[197].

Baulasten können öffentlich-rechtliche Baubeschränkungen zum Inhalt haben.

Die **Minderung des Verkehrswerts** aufgrund einer Eintragung einer Baulast[198] lässt sich auf der Grundlage 228

– der i. d. R. damit einhergehenden Einschränkungen der Nutzbarkeit nach Art und Umfang sowie

– der voraussichtlichen Dauer der Einschränkungen

ermitteln.

e) Wasserschutzgebiete

Eine Reihe von Besonderheiten gilt für ausgewiesene **Wasser- und Heilquellenschutzgebiete.** Die für diese Gebiete geltenden (Wasser-)Schutzauflagen beschränken die Grundstücksnutzung (vgl. unten Rn. 274). 229

5.4 Außenbereich

5.4.1 Allgemeines

▶ *Näheres hierzu bei Rn. 135, 168, 172, 177, 195, 210 ff., 246 ff.; § 6 ImmoWertV Rn. 68 ff., § 16 ImmoWertV Rn. 120*

Als **Außenbereich** definieren sich diejenigen **Gebiete, die weder innerhalb des räumlichen Geltungsbereichs eines (qualifizierten) Bebauungsplans** i. S. des § 30 Abs. 1 BauGB, **noch innerhalb eines im Zusammenhang bebauten Ortsteils** i. S. des § 34 BauGB **gelegen sind**[199]. Problematisch kann die Grenzziehung zwischen Außen- und Innenbereich in den Fällen sein, in denen es sich um Außenbereichsflächen innerhalb eines unbeplanten Innenbereichs i. S. des § 34 BauGB handelt. 230

Die im Außenbereich gelegenen Grundstücke sollen nach dem BauGB **grundsätzlich von einer Bebauung freigehalten** werden; insofern können dort gelegene Grundstücke nicht dem baureifen Land zugerechnet werden. § 35 BauGB[200] enthält gleichwohl eine Reihe von Vorschriften, 231

– die den Erhalt bestehender Gebäude,

– die Änderung und Nutzungsänderung bestehender Gebäude,

– die Neuerrichtung und Erweiterung bestehender Gebäude und

– die Neuerrichtung bestimmter baulicher Anlagen im Einzelfall zulassen.

---

197 Baden-Württemberg: § 71 LBauO; Berlin § 82 Bln BauO; Bremen: § 85 Brem. LBauO; Hamburg § 79 LBauO; Hessen: § 75 HBO; Mecklenburg-Vorpommern; § 83 LBauO M.-V.; Niedersachsen: §§ 92 f. NBauO; Nordrhein-Westfalen LBauO NRW; Rheinland-Pfalz: § 86 LBauO; Saarland: § 83 LBauO; Sachsen: § 83 SächsBauO; Sachsen-Anhalt: § 87 LBauOLSA; Schleswig-Holstein: § 89 LBauO; Thüringen: § 80 ThürBauO; vgl. auch § 79 MBO.
198 Meterkamp in Nachr. der nds. Kat.- und VermVw 1986, 36; Bodenstein in Nachr. der nds. Kat.- und VermVw.1987, 152.
199 BVerwG, Urt. vom 01.12.1972 – 4 C 6/71 –, BVerwGE 41, 227.
200 Zum Wortlaut des § 35 BauGB siehe Fn. 13 zu § 16 ImmoWertV, S. 56.

232 Die **Einordnung der Fläche als Außenbereichsfläche schließt nicht aus, dass es sich dennoch um warteständiges Bauland handeln kann**, insbesondere, wenn eine bauliche Nutzung aufgrund konkreter Tatsachen mit hinreichender Sicherheit erwartet werden kann. Dies kann z. B. durch eine entsprechende Darstellung im Flächennutzungsplan begründet sein. Daneben können es auch tatsächliche und sonstige Gegebenheiten sein, die eine Bauerwartung begründen. Auch § 5 Abs. 2 ImmoWertV fordert dafür nicht zwingend die entsprechende Darstellung in einem Flächennutzungsplan. Hier muss die Rechtsprechung des BGH zur allgemeinen Bauerwartung aufgrund eines Siedlungsdrucks, der Lage des Grundstücks innerhalb des Siedlungsgebiets, die vorhandene Infrastruktur einschließlich günstiger Verkehrsverhältnisse beachtet werden. Danach steht selbst eine die Bebauung (noch) ausschließende Planung einer Bauerwartung nicht entgegen, weil Planungen auch geändert[201] werden können (vgl. oben Rn. 141 ff.).

233 **Zum Außenbereich gehören auch abgrenzbare Militärflächen innerhalb im Zusammenhang bebauter Ortsteile,** die von ihrer Größenordnung eine zwanglose Fortsetzung der vorhandenen Bebauung nicht aufdrängen[202]. Sie stellen einen „Außenbereich im Innenbereich" dar, wobei solche Militärflächen auch am Ortsrand gelegen sein können. Sie haben grundsätzlich keinen Bestandschutz, jedoch können an den Grenzrändern die vorerwähnten Probleme auftreten.

234 Im Außenbereich gelegene **Militärflächen,** die nicht das gemäß § 34 Abs. 1 BauGB erforderliche Bebauungsgewicht aufweisen (z. B. Flugplätze, Depots, Bunkeranlagen, Kasernenanlagen mit Übungsplätzen), bleiben demzufolge nach Aufgabe der militärischen Nutzung Außenbereich, wenn nicht ein Bebauungsplan mit ziviler Anschlussnutzung aufgestellt werden soll oder bereits aufgestellt ist. Ausnahmen stellen die bereits angesprochenen im Außenbereich gelegenen reinen Wohnanlagen dar, die für zivile Wohnzwecke eine Anschlussnutzung finden.

235 **Im Außenbereich kann eine Bebaubarkeit gegeben sein** für

a) die *privilegierten* Vorhaben nach § 35 Abs. 1 BauGB,

b) die „sonstigen" *nichtprivilegierten Vorhaben* nach § 35 Abs. 2 BauGB, die nach § 35 Abs. 3 BauGB regelmäßig unzulässig sind, und

c) die teilprivilegierten *begünstigten* Vorhaben nach § 35 Abs. 4 BauGB, bei denen entgegenstehende Belange überwunden werden können[203].

236 Darüber hinaus kann sich die Bebaubarkeit nach § 35 Abs. 6 BauGB aus der **Lage des Grundstücks im Geltungsbereich einer Außenbereichssatzung ergeben,** ohne dass damit die Fläche zum Innenbereich wird (Abb. 28):

---

201 BGH, Urt. vom 20.12.1963 – III ZR 60/63 –, EzGuG 14.17.
202 BVerwG, Urt. vom 06.11.1968 – 4 C 2/66 –, EzGuG 8.27.
203 Krautzberger in Battis/Krautzberger/Löhr § 35 Rn. 1 ff.; Brügelmann § 35 Rn. 1 ff.; Cholewa/David/Dyong/von der Heide § 35 Rn. 1 ff.; Dyong in Ernst/Zinkahn/Bielenberg/Krautzberger § 35 BauGB Rn. 1 ff.; Gaentzsch § 35 Rn. 1 ff.; Schlichter/Stich BK § 35 Rn. 1 ff.; Schrödter § 35 Rn. 1 ff.; Schütz/Frohberg § 35 Rn. 1 ff.

Bauerwartungsland § 5 ImmoWertV

Abb. 28: Außenbereich

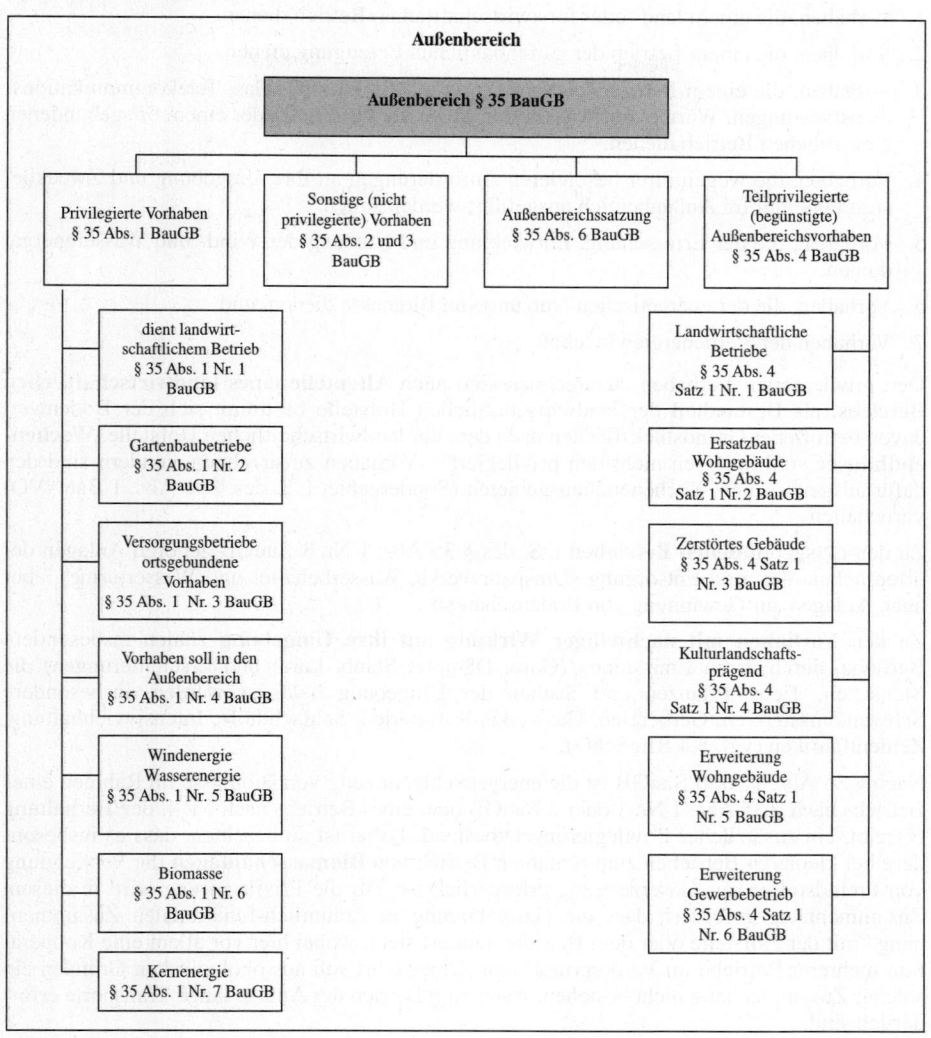

5.4.2 Zulässige Vorhaben

5.4.2.1 Privilegierte Vorhaben

▶ *Zum Begriff der Land- und Forstwirtschaft vgl. oben Rn. 24 f.*

Für privilegierte Vorhaben besteht ein Rechtsanspruch auf Zulassung des Vorhabens, 237
sofern die in § 35 BauGB hervorgehobenen Voraussetzungen erfüllt sind. Insbesondere dürfen öffentliche Belange dem Vorhaben nicht entgegenstehen und es muss eine ausreichende Erschließung gesichert sein (vgl. oben Rn. 203).

§ 5 ImmoWertV — Bauerwartungsland

238 Als **privilegierte Vorhaben** führt § 35 Abs. 1 BauGB auf:

1. Vorhaben, die einem land- oder forstwirtschaftlichen Betrieb dienen,
2. Vorhaben, die einem Betrieb der gartenbaulichen Erzeugung dienen,
3. Vorhaben, die einem Betrieb der Versorgung mit Elektrizität, Gas, Telekommunikationsdienstleistungen, Wärme und Wasser, der Abwasserwirtschaft oder einem ortsgebundenen gewerblichen Betrieb dienen,
4. Vorhaben, die wegen ihrer besonderen Anforderungen an ihre Umgebung und Zweckbestimmung nur im Außenbereich ausgeführt werden sollen,
5. Vorhaben, die der Erforschung, Entwicklung und Nutzung der Wind- und Wasserenergie dienen,
6. Vorhaben, die der energetischen Nutzung von Biomasse dienen, und
7. Vorhaben der Kernenergiewirtschaft.

239 Den privilegierten Vorhaben zuzurechnen sind auch **Altenteile eines landwirtschaftlichen Betriebs**; als Bestandteil der landwirtschaftlichen Hofstelle bestimmt sich der Bodenwert davon betroffener Grundstücksflächen nach dem der landwirtschaftlichen Hofstelle. **Wochenendhäuser** sind indessen nicht den privilegierten Vorhaben zuzurechnen, sondern sind den dafür ausgewiesenen Wochenendhausgebieten (Sondergebiet i. S. des § 10 Abs. 1 BauNVO) vorbehalten.

Zu den **ortsgebundenen Betrieben** i. S. des § 35 Abs. 1 Nr. 3 BauGB gehören Anlagen der öffentlichen Ver- und Entsorgung (Umspannwerke, Wasserbehälter und Wassertürme), aber auch Anlagen zur Gewinnung von Bodenschätzen.

Zu den **Vorhaben mit nachteiliger Wirkung auf ihre Umgebung** zählen insbesondere Betriebe, durch deren Emissionen (Gase, Dämpfe, Staub, Lärm und Erschütterungen) die Menschen, Tiere, Pflanzen und Sachen der Umgebung belästigt werden, insbesondere Schweinemästereien, Gerbereien, Gaswerke, Raffinerien, Schlachthöfe, Intensivviehhaltung, Zementfabriken (vgl. § 4 BImSchG).

Nach § 35 Abs. 1 Nr. 6 BauGB ist die energetische Nutzung von Biomasse im Rahmen eines Betriebs nach § 35 Abs. 1 Nr. 1 oder 2 BauGB oder eines Betriebs nach Nr. 4, der Tierhaltung betreibt, ein zusätzlicher Privilegierungstatbestand. Dabei ist zu beachten, dass es insbesondere bei kleineren Betrieben zum rentablen Betrieb von **Biomasseanlagen** die Verwendung von Fremdstoffen zur Gaserzeugung erforderlich ist. Für die Privilegierung wird in diesem Zusammenhang gefordert, dass die Gaserzeugung im „räumlich-funktionalen Zusammenhang" mit der Hofstelle oder dem Betriebsstandort steht, wobei hier vor allem eine Kooperation mehrerer Betriebe im Vordergrund steht. Umgekehrt soll aus ökologischen Gründen ein solcher Zusammenhang nicht bestehen, wenn zum Betrieb der Anlage lange Transporte erforderlich sind.

5.4.2.2 Sonstige Vorhaben

▶ *Vgl. oben Rn. 195.*

240 Neben den privilegierten Vorhaben nach § 35 Abs. 1 BauGB sind auch „sonstige Vorhaben" nach Maßgabe des § 35 Abs. 2 BauGB zulässig.

§ 35 Abs. 2 BauGB: „Sonstige Vorhaben können im Einzelfall zugelassen werden, wenn ihre Ausführung oder Benutzung öffentliche Belange nicht beeinträchtigt und die Erschließung gesichert ist."

Sonstige Vorhaben sind mithin bereits unzulässig, wenn sie öffentliche Belange beeinträchtigen, was regelmäßig der Fall ist, insbesondere **wenn sie den Darstellungen des Flächennutzungsplans widersprechen** (§ 6 ImmoWertV Rn. 7 ff., 68).

241 Bei den „sonstigen Vorhaben" handelt es sich zumeist um verhältnismäßig große, mit Eigenheimen bebaute Grundstücke, die bei Übergröße wertmäßig sondiert werden müssen.

Bauerwartungsland § 5 ImmoWertV

5.4.2.3 Begünstigte Vorhaben

Begünstigte Vorhaben sind nach § 35 Abs. 4 BauGB: 242

1. Vorhaben zur *Änderung eines bisher einem land- oder forstwirtschaftlichen Betrieb dienenden Grundstücks*, wenn es öffentliche Belange i. S. des § 35 Abs. 3 nicht beeinträchtigt, die Erschließung gesichert ist und es die Voraussetzungen des § 35 Abs. 4 Nr. 1 BauGB erfüllt (**Entprivilegierung landwirtschaftlicher Gebäude**),

2. *Neuerrichtung eines gleichartigen Gebäudes* an gleicher Stelle (**Neuerrichtung von Wohngebäuden** Satz 1 Nr. 2), wenn es die genannten öffentlichen Belange nicht beeinträchtigt, die Erschließung gesichert ist und die Voraussetzung des § 35 Abs. 4 Nr. 2 BauGB erfüllt,

3. die alsbaldige Neuerrichtung eines zulässigerweise errichteten, durch Brand, Naturereignisse oder andere außergewöhnliche Ereignisse zerstörten gleichartigen Gebäudes an gleicher Stelle (**Wiederaufbau zerstörter Gebäude** Satz 1 Nr. 3),

4. die *Änderung und Nutzungsänderung von erhaltenswerten Gebäuden* (Satz 1 Nr. 4),

5. *die Erweiterung eines Wohngebäudes* (Satz 1 Nr. 5) bis auf höchstens zwei Wohnungen unter den Voraussetzungen des § 35 Abs. 4 Nr. 5 BauGB,

6. *die Erweiterung gewerblicher Betriebe* (Satz 1 Nr. 6).

Es handelt sich vornehmlich um Vorhaben, die aus dem **Bestandsschutz der zulässigerweise** 243
errichteten baulichen Anlage resultieren. Ihnen kann nicht der Flächennutzungs- oder Landschaftsplan, die natürliche Eigenart der Landschaft oder die Entstehung einer Splittersiedlung entgegengehalten werden. Es kommt entscheidend auf die materielle Legalität der baulichen Anlage an, die auch dann gegeben sein kann, wenn die Errichtung des Gebäudes nach Landesrecht genehmigungs- und anzeigenfrei war[204]. Weitere Voraussetzung ist, dass die zulässige Errichtung vor dem 27.08.1996 erfolgte.

Die Gemeinde kann nach § 35 Abs. 6 BauGB für bebaute Bereiche im Außenbereich, die 244
nicht überwiegend landwirtschaftlich geprägt sind und eine Wohnbebauung von einigem Gewicht aufweisen, durch eine **Außenbereichssatzung** die Errichtung von **Wohnhäusern, kleinen Handwerks- und Gewerbebetrieben** ermöglichen.

5.4.3 Bodenwertermittlung

Schrifttum: *Bolin/Müller,* Bewertung des Grund und Bodens landwirtschaftlicher Hofstellen, HLBS-report 2002, 144; *Reinhardt, W.,* Die Fläche als wertrelevante Größe für individuelles Wohnbauland in ländlichen Bereichen, GuG 2008, 321.

▶ *Vgl. oben Rn. 195, zu den Hofstellen vgl. Rn. 133 ff.; 170 ff., 210, 229 sowie § 6 Immo-WertV Rn. 68; § 16 ImmoWertV Rn. 120, Syst. Darst. des Vergleichswertverfahrens Rn. 149 ff.*

Der **Bodenwert bebauter Außenbereichsgrundstücke** kann nach allgemeinen Grundsätzen 245
im Wege des Vergleichswertverfahrens ermittelt werden, wobei hierbei stets die Eigentümlichkeiten des jeweiligen speziellen Teilmarktes berücksichtigt werden müssen.

Für die den **im Außenbereich zulässigerweise errichteten Gebäuden zurechenbaren Umgriffsflächen** kann von einer „Quasi-Baulandqualität" (faktisches Bauland) ausgegangen werden, wenn die baulichen Anlage zulässigerweise errichtet wurde und sie rechtlich und wirtschaftlich weiterhin nutzbar ist (§ 16 Abs. 2 ImmoWertV). Allerdings können die Flächen damit in ihrer Wertigkeit nicht unmittelbar dem Grundstücksmarkt für bebaute Grundstücke bzw. für baureife Grundstücke im Innenbereich gleichgesetzt werden. Allgemein kann hierzu gesagt werden, dass sich die Bodenwerte für bebaute Außenbereichsgrundstücke nach

---

[204] BVerwG, Beschl. vom 27.07.1994 – 4 B 48/94 –, BRS Bd. 56 Nr. 85 = NVwZ-RR 1995, 68; BVerwG, Urt. vom 12.03.1998 – 4 C 10/97 –, NJW 1998, 3136 = BRS Bd. 60 Nr. 98.

- der Lage des Grundstücks zum nächsten Ort (Baugebiet),
- der äußeren und inneren Erschließung und
- der Verwendungsfähigkeit des Grundstücks im Rahmen der Zulässigkeitsregelung des § 35 BauGB und der Marktgängigkeit

bestimmt.

Im Schrifttum werden **Bodenpreise** angegeben, die sich zwischen dem 2- (bei hohen Preisen landwirtschaftlicher Grundstücke) bis 3-fachen Ackerlandwert und bis zu 60 % des Bodenwerts für vergleichbare Grundstücke in Ortslage liegen, wobei dann schon die Bodenpreise des nächsten Ortsrandes heranzuziehen sind[205]. Dabei ist jeweils von Vergleichspreisen solcher Grundstücke auszugehen, die nach Art und Maß der künftigen Nutzung des Außenbereichsgrundstücks entsprechen. Ist z. B. im Rahmen des § 35 BauGB die Umnutzung eines bislang als Wirtschaftsgebäude genutzten Gebäudes zulässig und kann auch davon ausgegangen werden, dass von dieser Möglichkeit üblicherweise Gebrauch gemacht wird, so ist die künftige Nutzung maßgebend. Damit verbundene Kosten der baulichen Umnutzung müssen dann zusätzlich – zweckmäßigerweise bei der Gebäudewertermittlung – berücksichtigt werden.

Bei entsprechenden Vorhaben im Außenbereich kann diese Qualität im Hinblick auf den Ausnahmecharakter der Zulässigkeit allerdings nur den Flächen zugeordnet werden, für die mindestens ein **Bauvorbescheid** vorliegt. Andernfalls wäre der gesamte Außenbereich potenziell Bauland. Darüber hinaus wird vielfach eine Zerlegung der Hofstelle in Zonen unterschiedlicher Wertigkeiten sinnvoll sein.

5.4.4 Bodenwert von im Außenbereich baurechtswidrig bebauten Grundstücken

▶ Vgl. § 16 ImmoWertV Rn. 120; zum Bestandsschutz vgl. § 5 ImmoWertV Rn. 191, 243, 334; § 6 ImmoWertV Rn. 686 ff.

246 Nach § 16 Abs. 2 ImmoWertV sind bei der Bodenwertermittlung eines im Außenbereich gelegenen bebauten Grundstücks die vorhandenen baulichen Anlagen grundsätzlich zu berücksichtigen. Voraussetzung ist jedoch, dass die **baulichen Anlagen rechtlich und wirtschaftlich weiterhin nutzbar** sind[206].

Im Außenbereich baurechtswidrig errichtete Gebäude können mithin nicht eine Baulandqualität der betroffenen Fläche begründen. Eine **Abrissanordnung** für ein baurechtswidriges Gebäude wäre selbst dann generell nicht unzulässig, wenn das Gebäude lange Zeit geduldet worden ist oder weil der Eigentümer einen Antrag auf Genehmigung einer privilegierten Nutzung gestellt hat, über den noch nicht rechtskräftig entschieden worden ist[207].

247 Es handelt sich hierbei um Umstände, die im Rahmen der Ermessensausübung der Bauaufsichtsbehörde im Einzelfall eine Rolle spielen können. Diesbezüglich verlangt der Gleichheitssatz des Art. 3 Abs. 1 GG eine willkürfreie Ermessensausübung. Das BVerwG hat sich damit mehrfach befasst und folgende Grundsätze zum **Bestandsschutz** aufgestellt:

248 1. Eine **Beseitigungsanordnung** verstößt nur dann gegen den Gleichheitsgrundsatz, wenn sie angesichts vergleichbarer baurechtswidriger Bauten in dem betreffenden Gebiet willkürlich und systemlos ergangen ist. Das ist dann nicht der Fall, wenn die Verwaltungspraxis darin besteht, vor einem bestimmten Zeitpunkt errichtete Bauten zu dulden, soweit an ihnen keine Baumaßnahmen vorgenommen werden[208].

2. Gegen den Gleichheitssatz des Art. 3 Abs. 1 GG verstößt eine Beseitigungsanordnung nur dann, wenn sie angesichts vergleichbarer baurechtswidriger Bauten in dem betreffenden Gebiet willkürlich und systemlos ergangen ist. Im Hinblick auf die grundsätzliche bauord-

---
205 Gütter in HLBS-report 1998, 13.
206 Kleiber, Verkehrswertermittlung von Grundstücken, 6. Aufl. 2010, Teil VI Rn. 680; Teil VIII Rn. 559.
207 BVerwG, Beschl. vom 15.05.1990 – 4 B 77/90 –, unveröffentlicht.
208 BVerwG, Beschl. vom 13.02.1989 – 4 B 16/89 –, EzGuG 6.234a.

nungsrechtliche Befugnis der Behörden, gegen ungenehmigte Vorhaben mit dem Mittel der Beseitigungsanordnung vorzugehen, besteht ein Verstoß gegen Art. 3 Abs. 1 GG nur dann, wenn die Behörde – schreitet sie bei einem verbreiteten ordnungswidrigen Zustand nur gegen einen der Störer ein – nicht zu rechtfertigen vermag, weshalb sie gerade gegen diesen eingeschritten ist[209].

3. Verlangt die Behörde die Beseitigung eines ungesetzlichen Bauwerks, so liegt es i. d. R. nicht im Rahmen der Erforschungspflicht des Gerichts, die Möglichkeiten einer Abänderung des Bauwerks zur Behebung eines etwaigen Übermaßes von Amts wegen zu prüfen. Dem liegt die Erwägung zugrunde, dass das öffentliche Baurecht rechtswidriges Bauen grundsätzlich missbilligt[210].

4. Ein Bestandsschutz, soweit damit eine eigenständige Anspruchsgrundlage gemeint sein soll, besteht nicht, wenn eine gesetzliche Regelung i. S. des Art. 14 Abs. 1 Satz 2 GG vorhanden ist[211].

5. Dem allgemeinen Willkürverbot lässt sich nicht in konkretisierender Weise entnehmen, in welcher Art und Weise eine Behörde gegen **Schwarzbauten** vorgehen darf[212].

6. Der Pflicht, die Ermessensausübung bei Erlass einer Beseitigungsanordnung i. S. fehlender Willkür zu rechtfertigen, genügt es, wenn die Behörde im Laufe eines etwaigen Verwaltungsstreitverfahrens darlegt, weshalb sie gerade gegen die Kläger vorgeht[213].

7. Der Gleichheitssatz gebietet nicht, dass von der Bauaufsichtsbehörde mit Beseitigungsverfügungen gegen unterschiedlich gelagerte Fälle in gleicher Weise vorgegangen werden muss, geschweige denn im gleichen Zeitpunkt. Geboten ist lediglich ein systemgerechtes Vorgehen. Dieses kann selbst dann bejaht werden, wenn eine Behörde gegen „Schwarzbauten" gleichsam Schritt für Schritt vorgeht[214].

8. Eine Baumaßnahme an einem Wohnhaus im Außenbereich, die mit wesentlichen Änderungen und einer nicht unerheblichen Erweiterung verbunden ist, kann nicht unter dem Gesichtspunkt des Bestandsschutzes genehmigt werden[215].

9. Der Bestandsschutz, den ein ursprünglich in Einklang mit dem materiellen Baurecht errichtetes Gebäude aufgrund des Art. 14 Abs. 1 GG genießt, berechtigt nicht nur dazu, die Anlage in ihrem Bestand zu erhalten und sie wie bisher zu nutzen, sondern auch dazu, die zur Erhaltung und zeitgemäßen Nutzung notwendigen Maßnahmen durchzuführen. Er deckt eine Erweiterung des Bestehenden, wenn hierdurch öffentlich-rechtliche Vorschriften nicht über das hinaus verletzt würden, was die Erhaltung des Bestands und seine weitere Nutzung bereits mit sich bringen[216].

6 Sondernutzungen

6.1 Öd-, Un- und Geringstland

Der Entwicklungszustand von Ödland, Unland sowie Geringstland lässt sich auf der Grundlage des § 5 ImmoWertV nur qualifizieren, wenn eine bauliche Nutzung nach Maßgabe des § 5 Abs. 2 bis 4 ImmoWertV erwartet werden kann bzw. nach den §§ 30, 33 oder 34 BauGB zulässig ist. Die Flächen können indessen nicht als Fläche der Land- oder Forstwirtschaft ein-

---

209 BVerwG, Beschl. vom 22.12.1989 – 4 B 226/89 –, unveröffentlicht; BVerwG, Beschl. vom 19.07.1976 – 4 B 22/76 –, Buchholz 406.17 Bauordnungsrecht Nr. 5.
210 BVerwG, Urt. vom 08.02.1994 – 4 B 21/94 –, BVerwGE 95, 167; BVerwG, Beschl. vom 29.09.1965 – 4 B 214/65 –, DÖV 1966, 249.
211 BVerwGE, Urt. vom 16.05.1991 – 4 C 17/90 –, BVerwGE 88, 191.
212 BVerwG, Urt. vom 11.01.1994 – 4 B 231/93 –, Buchholz 407.4 § 19 FStrG Nr. 6.
213 BVerwG, Urt. vom 18.12.1991 – 4 B 208/91 –, unveröffentlicht –; BVerwG, Beschl. vom 19.07.1976 – 4 B 22/76 –, Buchholz 406.17 Bauordnungsrecht Nr. 5.
214 BVerwG, Beschl. vom 21.12.1990 – 4 B 184/90 –, unveröffentlicht.
215 OVG Lüneburg, Urt. vom 10.01.1986 – 1 A 165/84 –, BRS Bd. 46 Nr. 71 und 150.
216 BVerwG, Urt. vom 12.03.1998 – 4 C 10/97 –, BVerwGE 106, 228 = BRS Bd. 60 Nr. 98.

§ 5 ImmoWertV Bauerwartungsland

gestuft werden, da z. B. vom Ödland (Unland) ex definitionem nicht angenommen werden kann, dass es nach seinen Eigenschaften, der sonstigen Beschaffenheit und Lage, nach seinen Verwertungsmöglichkeiten oder den sonstigen Umständen i. S. des § 5 Abs. 1 ImmoWertV land- oder forstwirtschaftlich nutzbar ist.

250 Als **Unland** werden in § 45 BewG[217] Betriebsflächen definiert, die auch bei geordneter Wirtschaftsweise keinen Ertrag abwerfen können. In der steuerlichen Einheitsbewertung wird es deshalb nicht bewertet (vgl. auch § 1 Abs. 2 Satz 1 FlErwV)[218]. Es unterscheidet sich damit vom sog. **Geringstland,** das in § 44 BewG als Betriebsfläche „geringster Ertragsfähigkeit" definiert ist, für die nach dem Bodenschätzungsgesetz keine Wertzahlen festzustellen sind. Geringstland wird in der steuerlichen Bewertung mit einem Hektarwert von 25 € bewertet[219].

251 Zum **Unland** gehören ertragslose Böschungen, ausgebeutete und **stillgelegte Kiesgruben und dgl. sowie Steinbrüche,** soweit diese nicht kulturfähig sind.

Im Landesgrundstücksmarktbericht 2011 von *Niedersachsen* werden für Öd- und Unland einschließlich **Heide und Moor** folgende Durchschnittspreise ausgewiesen:

Abb. 29: Heide, Moor, Ödland, Unland in Niedersachsen (2011)

Durchschnittspreise für Öd- und Unland einschließlich Heide und Moor in Niedersachsen (2011)		
Landkreis, kreisfreie Stadt, Region	**Nutzung**	**Preise**
Gutachterausschuss für Grundstückswerte Braunschweig		
Landkreis Goslar	Ödland und Unland	0,30 – 1,50 €/m² (∅ 0,65 €/m²)
Stadt Braunschweig	Ödland und Unland	0,50 – 1,10 €/m² (∅ 0,85 €/m²)
Landkreis Peine	Ödland und Unland	durchschnittlich 0,60 €/m²
Landkreis Wolfenbüttel	Ödland und Unland	0,11 – 1,23 €/m² (∅ 0,50 €/m²)
Gutachterausschuss für Grundstückswerte Cloppenburg		
Landkreis Cloppenburg	Öd- und Unland, Heide, Moor	0,05 – 1,15 €/m² (∅ 0,65 €/m²)
Landkreis Oldenburg	Öd- und Unland, Heide, Moor	0,10 – 1,55 €/m² (∅ 0,65 €/m²)
Landkreis Vechta	Öd- und Unland, Heide, Moor	0,25 – 0,70 €/m² (∅ 0,45 €/m²)
Gutachterausschuss für Grundstückswerte Northeim		
Landkreise Göttingen, Northeim und Osterode am Harz	Unland, Geringstland	durchschnittlich 0,30 €/m²
Gutachterausschuss für Grundstückswerte Ottendorf		
Landkreis Cuxhaven	Heide, Ödland und Unland	0,05 – 0,57 €/m² (∅ 0,25 €/m²)
Landkreis Osterholz	Heide, Ödland und Unland	0,05 – 1,00 €/m² (∅ 0,47 €/m²)
Landkreis Stade	Heide, Ödland und Unland	0,07 – 0,80 €/m² (∅ 0,40 €/m²)
Gutachterausschuss für Grundstückswerte Sulingen		
Landkreis Diepholz	Moor und Ödland	0,01 – 0,50 €/m² (∅ 0,25 €/m²)
Landkreis Nienburg/Weser	Moor und Ödland	0,03 – 0,50 €/m² (∅ 0,20 €/m²)
Gutachterausschuss für Grundstückswerte Verden		
Landkreis Rotenburg (Wümme)	Öd- und Unland, Heide, Moor	0,03 – 0,91 €/m² (∅ 0,31 €/m²)
Landkreis Soltau-Fallingbostel	Öd- und Unland, Heide, Moor	0,10 – 1,50 €/m² (∅ 0,37 €/m²)
Landkreis Verden	Öd- und Unland, Heide, Moor	0,06 – 0,99 €/m² (∅ 0,41 €/m²)

Quelle: Grundstücksmarktbericht Niedersachsen 2011

Der Gutachterausschuss des Landkreises *Wesel* gibt in seinem Grundstücksmarktbericht 2011 einen Bodenpreis von durchschnittlich 0,5 €/m² an.

---
217 § 13 Abs. 2 Ziff. 1 RBewG 1935 sowie § 15 Abs. 2 RBewG.
218 RdErl des nordrh.-westf. IM vom 14.02.1979 (SMBl. NW 71342; § 17 BodSchätzÜbernErl).
219 BGBl. I 1994, 1089 = GuG 1994, 171; vgl. Rösch/Kurandt, Bodenschätzung und Liegenschaftskataster, Heymann's Verlag, Köln, Nachdruck 1968; vgl. auch Ergänzende Vorschriften II vom 28.03.1939 zum RdErl des RdI zur Übernahme der Bodenschätzungsergebnisse in das Liegenschaftskataster (BodSchätzÜbernErl; RdErl des RdI vom 27.01.1937 (Ziff. 3 Abschn. D BodSchätzTechnAnw. 11).

6.2 Erbschaftsteuer-Richtlinien

In den Erbschaftsteuer-Richtlinien[220] (ErbStR 2011) heißt es zum **Geringstland:** 252

„Betriebsflächen geringster Ertragsfähigkeit (Geringstland) sind unkultivierte, jedoch kulturfähige Flächen, deren Ertragsfähigkeit so gering ist, dass sie in ihrem derzeitigen Zustand nicht regelmäßig land- und forstwirtschaftlich genutzt werden können; dazu gehören insbesondere unkultivierte Moor- und Heideflächen sowie die ehemals bodengeschätzten Flächen und die ehemaligen Weinbauflächen, deren Nutzungsart sich durch Verlust des Kulturzustands verändert hat. Der Verlust des Kulturzustands ist dann als gegeben anzusehen, wenn der kalkulierte Aufwand zur Wiederherstellung des Kulturzustands in einem Missverhältnis zu der Ertragsfähigkeit steht, die nach der Rekultivierung zu erwarten ist. Das ist regelmäßig dann der Fall, wenn der Aufwand den einer Neukultivierung übersteigen würde. Bei bodengeschätzten Flächen kann der nachhaltige Verlust des Kulturzustands insbesondere erst nach folgenden Ereignissen eintreten:

1. Ansiedlung von Gehölzen infolge Nichtnutzung bei Hutungen und Hackrainen,
2. Versteinung und Vernässung infolge Nichtnutzung, z. B. bei Hochalmen,
3. Ansiedlung von Gehölzen und Verschlechterung der Wasserverhältnisse infolge Nichtnutzung, z. B. bei Streuwiesen,
4. nachhaltige Verschlechterung des Pflanzenbestandes und der Wasserverhältnisse infolge zunehmender Überflutungsdauer und steigender Wasserverschmutzung bei Überschwemmungsgrünland oder Staunässe in Bodensenkungsgebieten,
5. Vergiftung und Vernichtung des Pflanzenbestandes infolge schädlicher Industrieemissionen.

Bei Weinbauflächen, insbesondere in Steilhanglagen, kann der Verlust des Kulturzustands durch Ansiedlung von Gehölzen, Bodenabtrag sowie Einsturz von Mauern und Treppen infolge Nichtnutzung eintreten."

7 Schutzgebiete

7.1 Allgemeines

▶ *Vgl. oben Rn. 215*

In besonderen Schutzgebieten ist eine bauliche, aber auch land- und forstwirtschaftliche Nutzung besonderen Einschränkungen unterworfen, insbesondere aufgrund von 253

a) Festsetzungen naturschutzrechtlicher Ausgleichsflächen und -maßnahmen (vgl. Rn. 254),

b) Festsetzungen von **Naturschutzgebieten, Landschaftsschutzgebieten, Nationalparks, Naturparks, Flora-Fauna-Habitat-Gebiet und geschützten Landschaftsbestandteilen** (vgl. Rn. 269 ff.).

c) Festsetzungen von **Wasserschutz- und Überschwemmungsgebieten** (vgl. Rn. 273 ff.),

d) Festsetzungen von **Lärmschutzbereichen** nach dem Gesetz gegen Fluglärm (Fluglärmgesetz) für Flugplätze[221].

Für den land- und forstwirtschaftlichen Bereich können sich insbesondere folgende **Beschränkungen** ergeben:

– Einschränkungen bezüglich des Pflanzenschutzes,

– Einschränkungen bezüglich Düngung,

– Gebot bestimmter Nutzungen,

– Verbot bestimmter Nutzungen,

– Verbot jeder Nutzung und dgl.

---

[220] Erbschaftsteuer-Richtlinien – ErbStR 2011 – vom 17.03.2003 R N 160.20; vgl. GuG 2012.
[221] Kleiber, Verkehrswertermittlung von Grundstücken, 6. Aufl. 2010, Teil VI Rn. 700.

Im Einzelnen ergeben sich die Beschränkungen aus den jeweiligen Gesetzen und Verordnungen.

Konkrete Nutzungsbeschränkungen, die über das allgemein übliche Maß hinausgehen, lösen i. d. R. eine Ausgleichs- und Entschädigungspflicht aus, mit der eine Minderung des Verkehrswerts aufgefangen wird, wenn damit auf Dauer zu rechnen ist. Ausgleich und Entschädigung sind landesrechtlich unterschiedlich geregelt. Eine Minderung des Verkehrswerts kann aber bereits durch ein **Verbot der Nutzungsänderung** eintreten, wenn dadurch eine Intensivierung der vorhandenen Nutzung bzw. eine Anpassung an ertragsreichere Nutzung verhindert wird. Diese Wertminderung lässt sich im Wege des Vergleichswertverfahrens ermitteln.

Ansonsten lässt sich die Wertminderung mithilfe des Deckungsbeitrags ermitteln. Der **Deckungsbeitrag** (vgl. oben Rn 38) bestimmt sich aus der Differenz zwischen

– dem Erlös aus den auf der Fläche gewonnenen Erzeugnissen und
– den dafür aufgebrachten Produktionskosten (spezialkostenfreier Rohertrag).

Einer Bebauung können **Anbauverbote, Anbaubeschränkungen** sowie **Baubeschränkungen** nach

– Bundesnaturschutzgesetz (§§ 8a ff. BNatSchG),
– Bundes- und Landesstraßengesetzen,
– Wassergesetzen,
– Landschafts- und Naturschutzgesetzen,
– Luftverkehrs- und Schutzbereichsgesetzen,
– Immissionsschutz- und Gewerberecht,
– Abfallbeseitigungsrecht,
– Zivilschutz- und Atomrecht,
– Denkmalschutzrecht

entgegenstehen[222].

7.2 Naturschutzrechtliche Ausgleichsflächen und -maßnahmen

7.2.1 Allgemeines

Schrifttum: *Jahn, F.,* Kaufpreisanalyse zu Ausgleichsflächen in Niedersachsen, Nachr der nds KatVermVw 2001/4, S. 4.

▶ *Zum Kostenerstattungsbetrag vgl. Syst. Darst. des Vergleichswertverfahrens Rn. 359 ff.*

254 Naturschutzrechtliche Ausgleichs*flächen* sind Flächen, die zum Ausgleich für „Eingriffe in Natur und Landschaft" etwa in Gestalt von Grünflächen, Biotopen und extensiv genutzten (Streuobst-)Wiesen vorgehalten werden. Naturschutzrechtliche Ausgleichs*maßnahmen* sind entsprechende Bepflanzungen von Grundstücken. **Rechtsgrundlage für naturschutzrechtliche Ausgleichsflächen und -maßnahmen** sind u. a. § 1a BauGB und die §§ 135a ff.

---

[222] Zur Frage der Vorwirkung und entschädigungsrechtlichen Ansprüchen vgl. u. a.: BVerwG, Urt. vom 27.06.1957 – 1 C 3/56 –, EzGuG 16.3; BVerwG, Beschl. vom 25.06.1968 – 4 B 181/67 –, EzGuG 16.9; BGH, Urt. vom 29.04.1968 – III ZR 177/65 –, EzGuG 16.8; BGH, Urt. vom 25.01.1973 – III ZR 113/70 –, EzGuG 4.39; BGH, Urt. vom 20.09.1971 – III ZR 18/70 –; BGH, Urt. vom 20.12.1971 – III ZR 83/69 –, EzGuG 16.17; BGH, Urt. vom 29.04.1968 – III ZR 141/65 –, EzGuG 16.7; BGH, Urt. vom 10.01.1972 – III ZR 61/68 –,EzGuG 16.18; BGH, Urt. vom 18.06.1973 – III ZR 122/72 –, EzGuG 16.20; BGH, Urt. vom 01.12.1977 – III ZR 130/75 –, EzGuG 18.78; BGH, Urt. vom 08.11.1962 – III ZR 86/61 –, EzGuG 8.5; BGH, Urt. vom 13.07.1978 – III ZR 28/76 –, EzGuG 4.59; BGH, Urt. vom 26.11.1981 – III ZR 49/80 –, EzGuG 14.16; OLG Köln, Urt. vom 21.11.1972 – 4 U 199/71 –, EzGuG 8.39; BVerwG, Beschl. vom 14.11.1975 – 4 C 2/74 –, EzGuG 16.21; BVerwG, Urt. vom 24.02.1978 – 4 C 12/76 –, EzGuG 16.32; BGH, Urt. vom 02.02.1978 – III ZR 15/76 –, EzGuG 16.22; BGH, Urt. vom 25.01.1973 – III ZR 118/70 –, EzGuG 16.19.

Bauerwartungsland § 5 ImmoWertV

BauGB[223]. Den Gemeinden ist danach vorgegeben, im Rahmen der Abwägung nach § 1 Abs. 6 BauGB im Bauleitplanverfahren dem damit verbundenen **Eingriff in Natur und Landschaft** durch entsprechende Festsetzungen von

- Ausgleichsflächen und
- Ausgleichsmaßnahmen

Rechnung zu tragen.

In den Bebauungsplänen kommen folgende **Festsetzungen nach § 9 Abs. 1 BauGB** in Betracht:

Nr. 15	die öffentlichen und privaten Grünflächen, wie Parkanlagen, Dauerkleingärten, Sport-, Spiel-, Zelt- und Badeplätze, Friedhöfe;
Nr. 16	die Wasserflächen sowie die Flächen für die Wasserwirtschaft, für Hochwasserschutzanlagen und für die Regelung des Wasserabflusses;
Nr. 18	a) die Flächen für die Landwirtschaft und b) Wald;
Nr. 20	die Flächen oder Maßnahmen zum Schutz, zur Pflege und zur Entwicklung von Boden, Natur und Landschaft;
Nr. 22	die Flächen für Gemeinschaftsanlagen für bestimmte räumliche Bereiche wie Kinderspielplätze, Freizeiteinrichtungen, Stellplätze und Garagen;
Nr. 24	die von der Bebauung freizuhaltenden Schutzflächen und ihre Nutzung, die Flächen für besondere Anlagen und Vorkehrungen zum Schutz vor schädlichen Umwelteinwirkungen und sonstigen Gefahren im Sinne des Bundes-Immissionsschutzgesetzes sowie die zum Schutz vor solchen Einwirkungen oder zur Vermeidung oder Minderung solcher Einwirkungen zu treffenden baulichen und sonstigen technischen Vorkehrungen;
Nr. 25	für einzelne Flächen oder für ein Bebauungsplangebiet oder Teile davon sowie für Teile baulicher Anlagen mit Ausnahme der für landwirtschaftliche Nutzungen oder Wald festgesetzten Flächen a) das Anpflanzen von Bäumen, Sträuchern und sonstigen Bepflanzungen, b) Bindungen für Bepflanzungen und für die Erhaltung von Bäumen, Sträuchern und sonstigen Bepflanzungen sowie von Gewässern.

Die **Festsetzung von Grünflächen** in einem Bebauungsplan muss ihre – ggf. durch Auslegung zu ermittelnde – Qualifizierung als öffentlich oder privat enthalten. Die Abgrenzung von öffentlichen und privaten Grünflächen erfordert die Verwendung geeigneter Planzeichen[224].

Diese **Festsetzungen können** 255

a) auf den Eingriffsgrundstücken selbst oder auf den ihnen zugeordneten Flächen,

b) als *Einzelzuordnung* oder als *Sammelzuordnung*,

c) als *private oder öffentliche* Fläche den Eingriffsgrundstücken zugeordnet werden.

Die **Durchführung von Ausgleichsmaßnahmen und die Bereitstellung von Ausgleichsflä-** 256 **chen obliegen grundsätzlich dem Vorhabenträger** (Eigentümer). Soweit Augleichsmaßnahmen und -flächen an anderer Stelle den (Eingriffs-)Grundstücken nach § 9 Abs. 1a BauGB zugeordnet sind, soll jedoch die Gemeinde diese an Stelle und auf Kosten der Eigentümer der Grundstücke, denen die Ausgleichsmaßnahmen und -flächen zugeordnet sind, durchführen. In diesen Fällen sind die Kosten auf die zugeordneten Grundstücke unter Berücksichtigung der überbaubaren Grundstücksfläche, der zulässigen Grundfläche, der zu erwartenden Versiegelung oder der Schwere der zu erwartenden Beeinträchtigungen nach Maßgabe einer gemeindlichen Satzung zu verteilen (§ 135a Abs. 2 BauGB). Die Kosten werden mit einem Kostenerstattungsbetragsbescheid geltend gemacht.

Der **Verkehrswert eines kostenerstattungsbetragspflichtigen Eingriffsgrundstücks** ver- 257 mindert sich in analoger Anwendung der Grundsätze, die in der Wertermittlungspraxis zur Umrechnung erschließungsbeitragsfreier in erschließungsbeitragspflichtige Grundstücke zur

---

223 Kleiber, Verkehrswertermittlung von Grundstücken, 6. Aufl. 2010, Teil VI Rn. 680; Teil VII Rn. 34.
224 OVG Münster, Urt. vom 15.01.1991 – 11a NE 26/88 –, BRS Bd. 53 Nr. 22.

Anwendung kommen, um den zu erwartenden Kostenerstattungsbetrag, wenn von Vergleichspreisen für kostenerstattungsbetragsfreie Grundstücke ausgegangen wird (vgl. § 6 Abs. 3 ImmoWertV). Bei der Verkehrswertermittlung von kostenerstattungsbetragspflichtigen Grundstücken muss die „Belastung" dann außer Betracht bleiben, wenn Kaufpreise vergleichbarer Grundstücke herangezogen werden, die – unmittelbar vergleichbar – gleichermaßen „belastet" sind. Entsprechendes gilt für die Heranziehung von Bodenrichtwerten. Werden indessen Vergleichspreise oder Bodenrichtwerte „unbelasteter" Grundstücke herangezogen, muss die „Belastung" des zu wertenden Grundstücks in Anlehnung an den monetären Wert dieser „Belastung" zusätzlich berücksichtigt werden.

258 Festsetzungen zum Ausgleich für Eingriffe in Natur und Landschaft können nach dem vorher Gesagten zum Inhalt haben, dass der Eigentümer eines Grundstücks (Vorhabenträger als Verursacher) entweder

a) mit seinem Baugrundstück die festgesetzten **Ausgleichsflächen** aufbringt und sich somit im Ergebnis die Grundstücksfläche entsprechend vergrößert oder

b) auf seinem Baugrundstück die festgesetzten **Ausgleichsmaßnahmen** (Bepflanzungen) durchführt oder

c) die dem Baugrundstück (ggf. als Sammelzuordnung) zugeordneten *privaten* Ausgleichsflächen aufbringt bzw. für die öffentlichen Ausgleichsflächen „über den Kostenerstattungsbetrag" aufkommt oder

d) die dem Baugrundstück zugeordneten privaten Ausgleichsflächen e*inschließlich* der dafür festgesetzten Ausgleichsmaßnahmen (z. B. Bepflanzungen) aufbringt bzw. für die *öffentlichen* Ausgleichsflächen einschließlich der dafür festgesetzten Ausgleichsmaßnahmen aufkommt.

259 Daraus folgt, dass zwischen **Ausgleichsflächen und -maßnahmen** zu unterscheiden ist,

1. **die am Eingriffsort** (bzw. im Eingriffsbereich) aufzubringen bzw. durchzuführen sind, und

2. solchen Ausgleichsflächen und -maßnahmen, die aufgrund entsprechender Zuordnungsfestsetzungen an anderer Stelle durchzuführen sind.

7.2.2 Grundstücksintegrierte Ausgleichsflächen und -maßnahmen

260 In den erstgenannten Fällen (**Fall a und b**) ist die Frage nach dem Verkehrswert noch verhältnismäßig leicht zu beantworten. Werden zur Wertermittlung Vergleichspreise von Grundstücken herangezogen, die hinsichtlich der naturschutzrechtlichen Ausgleichs- und Ersatzregelung „unbelastet" sind, kann davon ausgegangen werden, dass die demgegenüber für das Wertermittlungsobjekt bereitgestellte Ausgleichsfläche zu einer Vergrößerung der Grundstücksfläche führt. Dies wiederum führt im Ergebnis zu einer entsprechenden **Absenkung des Quadratmeterwerts**, denn es entspricht einem alten Erfahrungssatz, dass der Quadratmeterwert eines Grundstücks desto höher ausfällt, je kleiner die Grundstücksfläche ist und umgekehrt. Ausgleichsmaßnahmen (Bepflanzungen) werden hingegen den Grundstückswert gegenüber kostenerstattungsbetragsfreien Vergleichspreisen nur dann „absenken", wenn sie ungewöhnlich hoch sind und das Maß dessen überschreiten, was der Grundeigentümer auch sonst an Anpflanzungen vornehmen würde. Soweit hier also eine Bodenwertminderung überhaupt erwartet werden kann, wäre sie an den zusätzlichen Kosten zu orientieren.

7.2.3 Zugeordnete Ausgleichsflächen und -maßnahmen

261 Problematisch sind die Fälle, in denen die Ausgleichsflächen und -maßnahmen einem Baugrundstück an anderer Stelle zugeordnet sind (**Fall c und d**) und sich nicht im Eigentum dessen befinden, der auf dem Eingriffsgrundstück ausgleichspflichtig wird. Hier stellt sich die Aufgabe, den **Verkehrswert eigenständiger Ausgleichsflächen** zu ermitteln.

Bauerwartungsland § 5 ImmoWertV

Handelt es sich dabei um eine *öffentliche Ausgleichsfläche*, so bemisst sich der **Verkehrswert dieser Ausgleichsfläche** in Anwendung der entschädigungsrechtlichen Grundsätze der §§ 93 ff. BauGB, d. h. **nach dem Vorwirkungsgrundsatz**. 262

Handelt es sich dabei um eine *öffentliche Ausgleichsfläche*, so bemisst sich der **Verkehrswert dieser Ausgleichsfläche** in Anwendung der entschädigungsrechtlichen Grundsätze der §§ 93 ff. BauGB, d. h. **nach dem Vorwirkungsgrundsatz**. Wird im Bebauungsplan ein Grundstück als Ausgleichsfläche festgesetzt, das nach den Festsetzungen eines Bebauungsplans oder nach § 34 BauGB bebaubar war, müssen bei der Verkehrswertermittlung die planungsschadensrechtlichen Regelungen bezüglich fremdnütziger Nutzungen und eines Übernahmeanspruchs beachtet werden (§§ 39 ff. BauGB, insbesondere § 40 BauGB; BGH, Urt. vom 09.10.1997 – III ZR 148/96 –). Im Außenbereich gelegene private Ausgleichsflächen, die Eingriffsgrundstücken an anderer Stelle zugeordnet sind, wurden i. d. R. mit dem Wert des begünstigten Agrarlands (Besondere Flächen der Land- oder Forstwirtschaft) „eingestuft", zumindest dann, wenn die Flächen nicht zuvor eine allgemeine Bauerwartung aufwiesen. Nach *Stich*[225] ist eine Enteignung von Grundflächen, auf denen nach den Festsetzungen eines Bebauungsplans oder nach den Bestimmungen einer Satzung mit Vorhaben- und Erschließungsplan im „sonstigen Geltungsbereich" der Planung Ausgleichsmaßnahmen durchgeführt werden sollen, zulässig, wenn das Wohl der Allgemeinheit es erfordert. Die Bauleitplanung und damit die Schaffung von Bauland für Wohn-, Gewerbe-, Industrie- und sonstige Zwecke gehören nämlich zu den wichtigsten Aufgaben, die die Gemeinden im Interesse der Allgemeinheit zu erfüllen haben. Sie haben die Bauleitpläne und anderen städtebaulichen Planungen nach § 1 Abs. 3 BauGB aufzustellen, zu ändern, zu ergänzen und aufzuheben, sobald und soweit es für die städtebauliche Entwicklung und Ordnung erforderlich ist. Sind rechtsverbindliche städtebauliche Planungen aufgestellt, ist es im Interesse der Allgemeinheit grundsätzlich geboten, dass ihre Festsetzungen und Bestimmungen verwirklicht werden (vgl. auch die städtebaulichen Gebote in den §§ 175 ff. BauGB). Die Enteignungsmöglichkeit sei – nach *Stich* – dabei zumindest für die Flächen zu bejahen, auf denen Anlagen hergestellt oder Maßnahmen durchgeführt werden sollen, von denen die geordnete städtebauliche Entwicklung im Baugebiet und in der Gemeinde abhängt. Im Ergebnis stellt auch die Ausweisung einer privat nutzbaren Fläche im Bebauungsplan als eine andere (Eingriffs-)Grundstücken zugeordnete Ausgleichsfläche eine fremdnützige Festsetzung i. S. des § 40 Abs. 1 BauGB dar. Der Verkehrswert von Ausgleichsflächen, für die diese Voraussetzungen vorliegen, bemisst sich dann konsequenterweise wiederum nach den entschädigungsrechtlichen Vorschriften, die auch im Falle eines Übernahmeanspruchs zur Anwendung kommen. 263

Die wohl größte Unsicherheit besteht bei der Verkehrswertermittlung von *privaten* **Ausgleichsflächen**, die Eingriffsgrundstücken an anderer Stelle zugeordnet sind, insbesondere für die **im Außenbereich** gelegenen Flächen, wenn sie in einem Gebiet liegen, für das nach allgemeinen Grundsätzen möglicherweise sogar auf Grund ihrer Lage (in der Nähe zum Siedlungsgebiet) eine allgemeine Bauerwartung bestand. Die Höhe des Verkehrswerts solcher Flächen wird letztlich vom Grundstücksmarkt bestimmt, an dem sich die Verkehrswertermittlung orientieren muss.

Der BGH[226] hat in einer **fremdnützigen Ausweisung einer Fläche** (in einem Bebauungsplan) **als Grünfläche** i. S. einer naturschutzrechtlichen Ausgleichsfläche als eine fühlbare und nicht unerhebliche „mithin bei vernünftiger wirtschaftlicher Betrachtung die enteignungsrechtliche Opferschwelle überschreitende" Festsetzung erblickt, wobei dabei auf die dadurch eintretenden Vermögensnachteile verwiesen wird. Der BGH hat aber auch herausgestellt, dass in dem zu entscheidenden Fall der Verkehrswert der davon betroffenen Fläche, die vorher eine Bauerwartungslandqualität aufwies, durch die „planerische Herabzonung ganz 264

---
[225] Stich GuG 1997, 301; ders. Ber. Komm. zum BauGB, § 8 a BNatSchG, Rn. 67; auch Dieterich, Baulandumlegung, München, 5. Aufl. 2005, S. 128; Porger in UPR-Special Bd. 8, München 1995, S. 81 ff.
[226] BGH, Urt. vom 09.10.1997 – III ZR 148/96 –, GuG 1998, 175 = EzGuG 4.170 unter Hinweis auf BGH, Urt. vom 29.04.1968 – III ZR 80/67 –, EzGuG 6.114; BGH, Urt. vom 25.11.1974 – III ZR 42/73 –, EzGuG 6.174; BGH, Urt. vom 08.11.1990 – III ZR 364/89 –, EzGuG 6.257; BGH, Urt. vom 13.12.1984 – III ZR 175/83 –, EzGuG 6.227; BGH, Urt. vom 19.09.1985 – III ZR 162/84 –, BGHZ 97, 1; BGH, Urt. vom 13.12.1984 – III ZR 175/83 –, EzGuG 6.227.

§ 5 ImmoWertV   Bauerwartungsland

erheblich gesunken" sei; die bisher ausgeübte landwirtschaftliche Nutzung entfalle nämlich mit der Durchführung des Bebauungsplans, dem die Ausgleichsfläche zugeordnet war.

Darüber hinaus hat der BGH die Anrechnung eines Vorteilsausgleichs bejaht, wenn ein funktioneller Zusammenhang zwischen dem Enteigungsunternehmen (der Bereitstellung einer naturschutzrechtlichen Ausgleichsfläche) und der Ausweisung der dahinterliegenden Fläche als Bauland zu sehen ist, und zwar zumindest dann, wenn ein überschaubarer Kreis von Eigentümern mit den Planungsvorteilen zugleich Sondervorteile erfährt.

265 Die Gutachterausschüsse werten den **Teilmarkt der „Ausgleichsflächen"** zunehmend aus und veröffentlichen das festgestellte Bodenwertniveau. So hat z. B. der Gutachterausschuss von *Moers* in seinem Grundstücksmarktbericht einen durchschnittlichen Bodenwert von 4,00 bis 16,40 €/m² (Mittel 7,70 €/m²) für ökologische Ausgleichsflächen festgestellt. Das von der Gemeinde eingerichtete „Öko-Konto" kann dagegen mit 5,00 bis 7,70 €/m² in Anspruch genommen werden.

7.2.4 Ausgleichsflächen in Sanierungsgebieten und Entwicklungsbereichen

266 Unproblematisch im Hinblick auf den bodenordnerischen Vollzug und auch auf die Verkehrswertermittlung sind schließlich die Fälle, in denen Ausgleichsflächen in einem städtebaulichen Sanierungsgebiet oder Entwicklungsbereich gelegen sind. Hier bemisst sich der Verkehrswert, unabhängig davon, ob es sich um private oder öffentliche Ausgleichsflächen handelt, nach dem Verkehrswert, der sich in Anwendung des § 153 Abs. 1 BauGB ergibt; das ist der **sanierungs- bzw. entwicklungsunbeeinflusste Grundstückswert**[227].

7.3 Landschafts- oder Naturschutzgebiete (Flora-Fauna-Habitat)

7.3.1 Allgemeines

267 Nach § 22 BNatSchG können die Länder bestimmen, dass Teile von Natur und Landschaft zum

1. Naturschutzgebiet, Nationalpark, Biosphärenreservat, Landschaftsschutzgebiet, Naturpark oder
2. Naturdenkmal oder geschützten Landschaftsbestandteil

erklärt werden können.

„§ 23 BNatSchG Naturschutzgebiete
(1) Naturschutzgebiete sind rechtsverbindlich festgesetzte Gebiete, in denen ein besonderer Schutz von Natur und Landschaft in ihrer Ganzheit oder in einzelnen Teilen erforderlich ist
1. zur Erhaltung, Entwicklung oder Wiederherstellung von Biotopen oder Lebensgemeinschaften bestimmter wild lebender Tier- und Pflanzenarten,
2. aus wissenschaftlichen, naturgeschichtlichen oder landeskundlichen Gründen oder
3. wegen ihrer Seltenheit, besonderen Eigenart oder hervorragenden Schönheit.
(2) Alle Handlungen, die zu einer Zerstörung, Beschädigung oder Veränderung des Naturschutzgebiets oder seiner Bestandteile oder zu einer nachhaltigen Störung führen können, sind nach Maßgabe näherer Bestimmungen verboten. Soweit es der Schutzzweck erlaubt, können Naturschutzgebiete der Allgemeinheit zugänglich gemacht werden.

§ 24 BNatSchG Nationalparke, Nationale Naturmonumente
(1) Nationalparke sind rechtsverbindlich festgesetzte einheitlich zu schützende Gebiete, die
1. großräumig, weitgehend unzerschnitten und von besonderer Eigenart sind,
2. in einem überwiegenden Teil ihres Gebiets die Voraussetzungen eines Naturschutzgebiets erfüllen und

---

227 *Nähere Ausführungen* Kleiber, Verkehrswertermittlung von Grundstücken, 6. Aufl. 2010, Teil VIII Rn. 238 ff. sowie Rn. 386 ff.

Bauerwartungsland § 5 ImmoWertV

3. sich in einem überwiegenden Teil ihres Gebiets in einem vom Menschen nicht oder wenig beeinflussten Zustand befinden oder geeignet sind, sich in einen Zustand zu entwickeln oder in einen Zustand entwickelt zu werden, der einen möglichst ungestörten Ablauf der Naturvorgänge in ihrer natürlichen Dynamik gewährleistet.

(2) Nationalparke haben zum Ziel, im überwiegenden Teil ihres Gebiets den möglichst ungestörten Ablauf der Naturvorgänge in ihrer natürlichen Dynamik zu gewährleisten. Soweit es der Schutzzweck erlaubt, sollen Nationalparke auch der wissenschaftlichen Umweltbeobachtung, der naturkundlichen Bildung und dem Naturerlebnis der Bevölkerung dienen.

(3) Nationalparke sind unter Berücksichtigung ihres besonderen Schutzzwecks sowie der durch die Großräumigkeit und Besiedlung gebotenen Ausnahmen wie Naturschutzgebiete zu schützen.

(4) Nationale Naturmonumente sind rechtsverbindlich festgesetzte Gebiete, die
1. aus wissenschaftlichen, naturgeschichtlichen, kulturhistorischen oder landeskundlichen Gründen und
2. wegen ihrer Seltenheit, Eigenart oder Schönheit

von herausragender Bedeutung sind. Nationale Naturmonumente sind wie Naturschutzgebiete zu schützen.

§ 25 BNatSchG Biosphärenreservate

(1) Biosphärenreservate sind einheitlich zu schützende und zu entwickelnde Gebiete, die
1. großräumig und für bestimmte Landschaftstypen charakteristisch sind,
2. in wesentlichen Teilen ihres Gebiets die Voraussetzungen eines Naturschutzgebiets, im Übrigen überwiegend eines Landschaftsschutzgebiets erfüllen,
3. vornehmlich der Erhaltung, Entwicklung oder Wiederherstellung einer durch hergebrachte vielfältige Nutzung geprägten Landschaft und der darin historisch gewachsenen Arten- und Biotopvielfalt, einschließlich Wild- und früherer Kulturformen wirtschaftlich genutzter oder nutzbarer Tier- und Pflanzenarten, dienen und
4. beispielhaft der Entwicklung und Erprobung von die Naturgüter besonders schonenden Wirtschaftsweisen dienen.

(2) Biosphärenreservate dienen, soweit es der Schutzzweck erlaubt, auch der Forschung und der Beobachtung von Natur und Landschaft sowie der Bildung für nachhaltige Entwicklung.

(3) Biosphärenreservate sind unter Berücksichtigung der durch die Großräumigkeit und Besiedlung gebotenen Ausnahmen über Kernzonen, Pflegezonen und Entwicklungszonen zu entwickeln und wie Naturschutzgebiete oder Landschaftsschutzgebiete zu schützen.

(4) Biosphärenreservate können auch als Biosphärengebiete oder Biosphärenregionen bezeichnet werden.

§ 26 BNatSchG Landschaftsschutzgebiete

(1) Landschaftsschutzgebiete sind rechtsverbindlich festgesetzte Gebiete, in denen ein besonderer Schutz von Natur und Landschaft erforderlich ist
1. zur Erhaltung, Entwicklung oder Wiederherstellung der Leistungs- und Funktionsfähigkeit des Naturhaushalts oder der Regenerationsfähigkeit und nachhaltigen Nutzungsfähigkeit der Naturgüter, einschließlich des Schutzes von Lebensstätten und Lebensräumen bestimmter wild lebender Tier- und Pflanzenarten,
2. wegen der Vielfalt, Eigenart und Schönheit oder der besonderen kulturhistorischen Bedeutung der Landschaft oder
3. wegen ihrer besonderen Bedeutung für die Erholung.

(2) In einem Landschaftsschutzgebiet sind unter besonderer Beachtung des § 5 Abs. 1 und nach Maßgabe näherer Bestimmungen alle Handlungen verboten, die den Charakter des Gebiets verändern oder dem besonderen Schutzzweck zuwiderlaufen.

§ 27 BNatSchG Naturparke

(1) Naturparke sind einheitlich zu entwickelnde und zu pflegende Gebiete, die
1. großräumig sind,
2. überwiegend Landschaftsschutzgebiete oder Naturschutzgebiete sind,
3. sich wegen ihrer landschaftlichen Voraussetzungen für die Erholung besonders eignen und in denen ein nachhaltiger Tourismus angestrebt wird,
4. nach den Erfordernissen der Raumordnung für die Erholung vorgesehen sind,
5. der Erhaltung, Entwicklung oder Wiederherstellung einer durch vielfältige Nutzung geprägten Landschaft und ihrer Arten- und Biotopvielfalt dienen und in denen zu diesem Zweck eine dauerhaft umweltgerechte Landnutzung angestrebt wird und
6. besonders dazu geeignet sind, eine nachhaltige Regionalentwicklung zu fördern.

§ 5 ImmoWertV — Bauerwartungsland

(2) Naturparke sollen entsprechend ihren in Absatz 1 beschriebenen Zwecken unter Beachtung der Ziele des Naturschutzes und der Landschaftspflege geplant, gegliedert, erschlossen und weiterentwickelt werden.

§ 28 BNatSchG Naturdenkmäler

(1) Naturdenkmäler sind rechtsverbindlich festgesetzte Einzelschöpfungen der Natur oder entsprechende Flächen bis fünf Hektar, deren besonderer Schutz erforderlich ist
1. aus wissenschaftlichen, naturgeschichtlichen oder landeskundlichen Gründen oder
2. wegen ihrer Seltenheit, Eigenart oder Schönheit.

(2) Die Beseitigung des Naturdenkmals sowie alle Handlungen, die zu einer Zerstörung, Beschädigung oder Veränderung des Naturdenkmals führen können, sind nach Maßgabe näherer Bestimmungen verboten.

§ 29 BNatSchG Geschützte Landschaftsbestandteile

(1) Geschützte Landschaftsbestandteile sind rechtsverbindlich festgesetzte Teile von Natur und Landschaft, deren besonderer Schutz erforderlich ist
1. zur Erhaltung, Entwicklung oder Wiederherstellung der Leistungs- und Funktionsfähigkeit des Naturhaushalts,
2. zur Belebung, Gliederung oder Pflege des Orts- oder Landschaftsbildes,
3. zur Abwehr schädlicher Einwirkungen oder
4. wegen ihrer Bedeutung als Lebensstätten bestimmter wild lebender Tier- und Pflanzenarten.

Der Schutz kann sich für den Bereich eines Landes oder für Teile des Landes auf den gesamten Bestand an Alleen, einseitigen Baumreihen, Bäumen, Hecken oder anderen Landschaftsbestandteilen erstrecken.

(2) Die Beseitigung des geschützten Landschaftsbestandteils sowie alle Handlungen, die zu einer Zerstörung, Beschädigung oder Veränderung des geschützten Landschaftsbestandteils führen können, sind nach Maßgabe näherer Bestimmungen verboten. Für den Fall der Bestandsminderung kann die Verpflichtung zu einer angemessenen und zumutbaren Ersatzpflanzung oder zur Leistung von Ersatz in Geld vorgesehen werden.

(3) Vorschriften des Landesrechts über den gesetzlichen Schutz von Alleen bleiben unberührt.

268 Die Ausweisung einer Fläche als **Naturschutzgebiet, Nationalpark, Biosphärenreservat, Landschaftsschutzgebiet, Naturpark, Naturdenkmal oder geschützter Landschaftsbestandteil** nach den §§ 12 ff. BNatschG i. V. m. dem Landesrecht, **Naturpark** sowie ihre Einbeziehung in den Geltungsbereich einer **Flora-Fauna-Habitat-Richtlinie**[228] **(Natura 2000)** bzw. der **Vogelschutzrichtlinie**[229] ist mit erheblichen Nutzungsbeschränkungen und ggf. Ausgleichs- bzw. Entschädigungsansprüchen[230] verbunden und steht einer Bauerwartung grundsätzlich entgegen. Soweit mit der Ausweisung in unzumutbarer Weise in bestehende

---

228 FFH-Richtlinie 92/43/EWG vom 21.05.1992 (ABl. EG Nr. L 206/7).
229 Vogelschutz-Richtlinie 79/409/EWG vom 02.04.1979 (ABl. EG Nr. L 103 vom 25.04.1979).
230 § 39 HessNatSchG: Sonstige entschädigungspflichtige Maßnahmen
  (1) Eine angemessene Entschädigung in Geld ist unter den Voraussetzungen des Art. 14 des Grundgesetzes zu leisten, wenn auf Grund des Gesetzes oder auf Grund einer auf diesem Gesetz beruhenden Rechtsverordnung der Eigentümer dadurch schwer und unzumutbar betroffen wird, weil
  1. eine rechtmäßig ausgeübte Nutzung nicht mehr fortgesetzt werden darf oder eingeschränkt wird und hierdurch die wirtschaftliche Nutzbarkeit eines Grundstückes erheblich beschränkt wird oder schutzwürdige Aufwendungen an Wert verlieren;
  2. eine beabsichtigte Nutzung unmöglich gemacht wird, die sich nach Lage und Beschaffenheit des Grundstückes unmittelbar anbietet und die der Eigentümer sonst unbeschränkt ausgeübt hätte.
  Die Entschädigung wird auf schriftlichen Antrag des Eigentümers gezahlt. Der Antrag muss erkennen lassen, welche Grundstücke betroffen sind, welche Beschränkungen als entschädigungspflichtig angesehen werden und welcher Betrag für angemessen gehalten wird. Der Entschädigungsbetrag ist ab dem Zeitpunkt der Antragstellung mit zwei vom Hundert über dem Basiszinssatz nach § 1 des Diskontsatz-Überleitungsgesetzes vom 09. Juni 1998 (BGBl. I S. 1242), geändert durch Gesetz vom 27. Juni 2000 (BGBl. I S. 897) zu verzinsen. Die Entschädigung wird vom Land Hessen geschuldet. Zugunsten des Landes ist eine Nutzungseinschränkung nach Satz 1 durch die Eintragung einer beschränkten persönlichen Dienstbarkeit zu sichern.
  (2) Der Grundstückseigentümer kann anstelle einer Entschädigung die Übernahme des Grundstückes verlangen, soweit eine wirtschaftliche Nutzung des Grundstückes nicht mehr zumutbar ist.
  (3) Das Land kann nach Maßgabe des Haushaltsgesetzes natürlichen Personen, die nicht Eigentümer sind, insbesondere den Pächtern land- und forstwirtschaftlich genutzter Grundstücke auf Antrag einen Härteausgleich für erhebliche und nicht nur vorübergehende wirtschaftliche Nachteile gewähren. Bei der Gewährung eines Härteausgleichs ist insbesondere zu berücksichtigen, ob in den Fällen, in denen der Eigentümer eine Entschädigung nach Abs. 1 erhalten hat, eine angemessene Pachtzinsanpassung stattgefunden hat.

Bauerwartungsland § 5 ImmoWertV

Baurechte eingegriffen wird, können im Rahmen des Art. 14 GG zur Kompensation Ausgleichsleistungen beansprucht werden[231].

Die **Belegenheit eines Grundstücks in einem Naturschutz- bzw. Landschaftsschutzgebiet steht einer Einstufung der Fläche als besondere land- oder forstwirtschaftliche Fläche nicht entgegen** (vgl. Rn. 132).

Eine aus Gründen des Landschaftsschutzes ausgesprochene Versagung der Genehmigung zur Ausbeutung eines sand- und kieshaltigen Grundstücks kann der Situationsgebundenheit und damit der Sozialbindung des Eigentums entsprechen. Sie kann jedoch einen **entschädigungspflichtigen Eingriff** darstellen, wenn die eigentumskräftig verfestigte Anspruchsposition des Grundeigentümers angetastet wird[232].

7.3.2 Flora-Fauna-Habitat(FFH)-Richtlinie

Schrifttum: *Stüer,* Handbuch des Bau- und Fachplanungsrechts, 2. Aufl. München, S, 858.

Die Einbeziehung eines Grundstücks in die Schutzgebietskulisse eines **Flora-Fauna-Habitats (FFH)** oder eines Vogelschutzgebiets (vgl. oben Rn. 168) durch Aufnahme in eine gemeinschaftliche Liste der EU schließt nicht die Einstufung einer Fläche als land- oder forstwirtschaftliche Fläche a priori aus. Die Mitgliedstaaten sind in diesem Fall verpflichtet, diese Gebiete als besondere Schutzgebiete „so schnell wie möglich" auszuweisen. Mit der Unterschutzstellung besteht die Verpflichtung zu Maßnahmen, die einen günstigen Erhaltungszustand der natürlichen Lebensräume und der Populationen gewähren bzw. den natürlichen Lebensraum wiederherstellen werden. Zur Abschätzung der Folgen für die betroffenen Flächen kann z. B. der „Managementplan" der Landesregierung herangezogen werden[233]. **269**

Generell gilt für solche Gebiete:

a) ein **Verschlechterungsverbot**[234] d. h., es sind in solchen Gebieten Veränderungen und Störungen verboten, mit denen die für die Erhaltungsziele maßgeblichen Bestandteile erheblich oder nachhaltig beeinträchtigt werden können. Nicht darunter fallen umgekehrt Maßnahmen der „ordnungsgemäßen land-, forst- und fischereiwirtschaftlichen Nutzung, soweit die Erhaltungsziele für das Gebiet berücksichtigt werden". Die bay. Bekanntmachung vom 04.08.2000[235] nennt hierzu beispielsweise privilegierte Vorhaben, den Wegebau, die Schnitthäufigkeit und den Schnittzeitpunkt von Grünland, Verjüngungsverfahren in der Waldbewirtschaftung sowie die Wiederaufnahme und Intensivierung der Düngung und des Pflanzenschutzes,

b) eine **Verträglichkeitsprüfung** für Pläne und Projekte, die zu einer Beeinträchtigung der gemeinschaftlichen Gebiete führen können.

Weitere Einschränkungen ergeben sich aus anderen EU-Rechtsnormen, die auf die FFH- und Vogelschutzgebiete Bezug nehmen (z. B. EU-Wasserrahmenrichtlinie).

Für die Land- und Forstwirtschaft folgt aus der Unterschutzstellung, dass entsprechend Art. 3 der EU-Verordnung Nr. 1782/2003 der Bezug betrieblicher Prämien von der Einhaltung der FFH- bzw. Vogelschutzrichtlinie abhängig ist und ein Verstoß zur Prämienkürzung führt („*Cross Compliance*" – **Überkreuzverpflichtung**). Soweit die genannten Richtlinien nicht in bestehende Baurechte eingreifen und lediglich Bauerwartungen genommen werden, ist dies im Rahmen der Sozialpflichtigkeit des Grund und Bodens entschädigungslos hinzunehmen. Art. 2 Abs. 4 der FFH-Richtlinie stellt hierzu lapidar fest, dass die aufgrund dieser Richtlinie **270**

---

231 BVerfG, Beschl. vom 15.07.1981 – 1 BvL 77/78 –, BVerfGE 58, 137; BVerwG, Urt. vom 15.02.1990 – 4 C 47/90 –, BVerwGE 84, 361 = DVBl 1990, 585; BVerwG, Urt. vom 24.06.1993 – 7 C 26/92 –, BVerwGE 94, 1 = NJW 1993, 2949.
232 BVerfG, Beschl. vom 15.07.1981 – 1 BvL 77/78 –, EzGuG 4.78; BGH, Urt. vom 22.05.1980 – III ZR 175/78 –, EzGuG 4.74.
233 Z.B. Bayern: Gem. Bekanntmachung Nr. 6.1 des Bay. Umweltministeriums vom 04.08.2000: http://www.umweltministerium.bayern.de.
234 Vgl. Art. 13c BayNatSchG.
235 Z.B. Bayern: Gem. Bekanntmachung Nr. 10 des Bay. Umweltministeriums vom 04.08.2000: http://www.umweltministerium.bayern.de.

§ 5 ImmoWertV — Bauerwartungsland

„getroffenen Maßnahmen ... den Anforderungen von Wirtschaft, Gesellschaft und Kultur sowie den regionalen und örtlichen Besonderheiten Rechnung" trage. Die damit einhergehenden Beeinträchtigungen sowie sonstige Bewirtschaftungsauflagen führen gegenüber den nicht betroffenen Flächen zu einer Wertminderung.

271 Das **Verhältnis des Habitatschutzes zum Baurecht** ist in § 19d BNatSchR geregelt.

7.4 Wasserschutz-, Überschwemmungs- und Heilquellengebiet

7.4.1 Übersicht

Schrifttum: *Knopp, G.M./Schröder, F.*, Wasserrecht, Bay. Verwaltungsschule (Hrg.), Bd. 30, München 2004; *Meinhardt, P.*, Auswirkungen von Gewässerschutzauflagen auf die Ertrags- und Vermögenslage landwirtschaftlicher Betriebe, Schriftenreihe des HLBS St. Augustin 1991, *Stüer, B.*, Handbuch des Bau- und Fachplanungsrechts, 2. Aufl. München, S. 749; TU München, Wertänderung von Grundstücken in Wasserschutzgebieten, Überschwemmungsgebieten sowie Vorrang- und Vorbehaltsgebieten für die öffentliche Wasserversorgung und den Hochwasserabfluss und -rückhalt, Endbericht 2006, Lehrstuhl für Wirtschaftslehre des Landbaus.

▶ *Zu Wasserflächen vgl. unten Rn. 228, 435, Syst. Darst. des Vergleichswertverfahrens Rn. 401 ff., § 6 ImmoWertV Rn. 117 ff.*

272 Die Festsetzung einer Fläche als **Wasserschutz- und Überschwemmungsgebiete** (§ 51 WHG) **sowie Heilquellenschutzgebiet** (§ 53 WHG) ist mit erheblichen Nutzungsbeschränkungen verbunden und steht einer Bauerwartung grundsätzlich entgegen. Die für diese Gebiete geltenden (Wasser-)Schutzauflagen beschränken die Grundstücksnutzung[236].

Die Einbeziehung eines Grundstücks in ein Wasserschutz-, Risiko- und festgesetztes Überschwemmungsgebiet ergibt sich aus dem Wasserbuch.

„**§ 87 WHG** Wasserbuch
(1) Über die Gewässer sind Wasserbücher zu führen.
(2) In das Wasserbuch sind insbesondere einzutragen:
1. nach diesem Gesetz erteilte Erlaubnisse, die nicht nur vorübergehenden Zwecken dienen, und Bewilligungen sowie alte Rechte und alte Befugnisse, Planfeststellungsbeschlüsse und Plangenehmigungen nach § 68,
2. Wasserschutzgebiete,
3. Risikogebiete und festgesetzte Überschwemmungsgebiete.
Von der Eintragung von Zulassungen nach Satz 1 Nummer 1 kann in Fällen von untergeordneter wasserwirtschaftlicher Bedeutung abgesehen werden.
(3) Unrichtige Eintragungen sind zu berichtigen. Unzulässige Eintragungen und Eintragungen zu nicht mehr bestehenden Rechtsverhältnissen sind zu löschen.
(4) Eintragungen im Wasserbuch haben keine rechtsbegründende oder rechtsändernde Wirkung."

7.4.2 Wasserschutzgebiet

Schrifttum: *Huber, M.*, Wertveränderung landwirtschaftlich genutzter Grundstücke durch Wasserschutzgebietsausweisung, TU München, 2007.

273 Soweit es das Wohl der Allgemeinheit erfordert,

1. Gewässer im Interesse der derzeit bestehenden oder künftigen öffentlichen Wasserversorgung vor nachteiligen Einwirkungen zu schützen,
2. das Grundwasser anzureichern oder
3. das schädliche Abfließen von Niederschlagswasser sowie das Abschwemmen und den Eintrag von Bodenbestandteilen, Dünge- oder Pflanzenschutzmitteln in Gewässern zu vermeiden,

---
[236] Zu *Brunnenrechten* vgl. Kleiber, Verkehrswertermittlung von Grundstücken, 6. Aufl. 2010, Teil IX Rn. 329.

Bauerwartungsland § 5 ImmoWertV

kann die Landesregierung nach § 51 Abs. 1 WHG durch Rechtsverordnung Wasserschutzgebiete[237] festsetzen. Die Ausweisung zielt darauf ab, das Einsickern von wassergefährdenden Stoffen in den Untergrund und damit in das Grundwasser zu verhindern.

Trinkwasserschutzgebiete sollen nach Maßgabe der allgemein anerkannten Regeln der Technik in Zonen mit unterschiedlichen Schutzbestimmungen unterteilt werden (§ 53 Abs. 2 WHG). Die Wasserschutzgebiete gliedern sich in drei Bereiche:

- *Wasserschutzzone I* (rot), in der sich der Förderbrunnen befindet und die als besonders geschützter und eingezäunter Bereich nur von berechtigten Personen zur Wartung der Anlagen betreten werden darf.
- *Wasserschutzzone II* (grün), die von der Grenze der Wasserschutzzone I bis zu einer Linie reicht, von der das Grundwasser etwa 50 Tage braucht, bis es die Brunnen erreicht hat (hier steht der Schutz des Grundwassers vor gesundheitsgefährdenden Keimen im Vordergrund. Es darf beispielsweise keine Gülle ausgebracht werden), und
- *Wasserschutzzone IIIa* (gelb)/ *IIIb* (braun), in der das Grundwasser vor weit reichenden Beeinträchtigungen geschützt werden soll (hierzu gehören insbesondere nicht oder nur schwer abbaubaren chemische oder radioaktive Verunreinigungen und demzufolge gelten spezielle Regelungen für die Ansiedlung von Industrieunternehmen und die Lagerung wassergefährdender Stoffe).

Wasserschutzgebiete werden i. d. R. von der Unteren Wasserbehörde kontrolliert.

Die in dem **Wasserschutzgebiet** herrschenden Duldungs- und Handlungspflichten ergeben sich nach Maßgabe des § 52 WHG aus der Rechtsverordnung nach § 51 Abs. 1 WHG oder durch behördliche Entscheidung:

„**§ 52 WHG** Besondere Anforderungen in Wasserschutzgebieten

(1) In der Rechtsverordnung nach § 51 Absatz 1 oder durch behördliche Entscheidung können in Wasserschutzgebieten, soweit der Schutzzweck dies erfordert,
1. bestimmte Handlungen verboten oder für nur eingeschränkt zulässig erklärt werden,
2. die Eigentümer und Nutzungsberechtigten von Grundstücken verpflichtet werden,
    a) bestimmte auf das Grundstück bezogene Handlungen vorzunehmen, insbesondere die Grundstücke nur in bestimmter Weise zu nutzen,
    b) Aufzeichnungen über die Bewirtschaftung der Grundstücke anzufertigen, aufzubewahren und der zuständigen Behörde auf Verlangen vorzulegen,
    c) bestimmte Maßnahmen zu dulden, insbesondere die Beobachtung des Gewässers und des Bodens, die Überwachung von Schutzbestimmungen, die Errichtung von Zäunen sowie Kennzeichnungen, Bepflanzungen und Aufforstungen,
3. Begünstigte verpflichtet werden, die nach Nummer 2 Buchstabe c zu duldenden Maßnahmen vorzunehmen.

Die zuständige Behörde kann von Verboten, Beschränkungen sowie Duldungs- und Handlungspflichten nach Satz 1 eine Befreiung erteilen, wenn der Schutzzweck nicht gefährdet wird oder überwiegende Gründe des Wohls der Allgemeinheit dies erfordern. Sie hat eine Befreiung zu erteilen, soweit dies zur Vermeidung unzumutbarer Beschränkungen des Eigentums erforderlich ist und hierdurch der Schutzzweck nicht gefährdet wird.

(2) In einem als Wasserschutzgebiet vorgesehenen Gebiet können vorläufige Anordnungen nach Absatz 1 getroffen werden, wenn andernfalls der mit der Festsetzung des Wasserschutzgebiets verfolgte Zweck gefährdet wäre. Die vorläufige Anordnung tritt mit dem Inkrafttreten der Rechtsverordnung nach § 51 Absatz 1 außer Kraft, spätestens nach Ablauf von drei Jahren. Wenn besondere Umstände es erfordern, kann die Frist um höchstens ein weiteres Jahr verlängert werden. Die vorläufige Anordnung ist vor Ablauf der Frist nach Satz 2 oder Satz 3 außer Kraft zu setzen, sobald und soweit die Voraussetzungen für ihren Erlass weggefallen sind.

(3) Behördliche Entscheidungen nach Absatz 1 können auch außerhalb eines Wasserschutzgebiets getroffen werden, wenn andernfalls der mit der Festsetzung des Wasserschutzgebiets verfolgte Zweck gefährdet wäre.

---

237 Zur Frage der Ausweisung von Wasserschutzgebieten durch die Gemeinde: BVerwG, Beschl. vom 02.02.2005 – 7 BN 4/04 -; BVerwG, Urt. vom 09.02.2005 – 9 A 62/03 –, NVwZ 2005, 813; BVerwG, Urt. vom 15.12.2006 – 7 C 1/06 –, BVerwGE 127, 259; BVerwG, Urt. vom 15.05.2003 – 6 CN 9/01 –, BVerwGE 118, 181.

§ 5 ImmoWertV — Bauerwartungsland

(4) Soweit eine Anordnung nach Absatz 1 Satz 1 Nummer 1 oder Nummer 2, auch in Verbindung mit Absatz 2 oder Absatz 3, das Eigentum unzumutbar beschränkt und diese Beschränkung nicht durch eine Befreiung nach Absatz 1 Satz 3 oder andere Maßnahmen vermieden oder ausgeglichen werden kann, ist eine Entschädigung zu leisten.

(5) Setzt eine Anordnung nach Absatz 1 Satz 1 Nummer 1 oder Nummer 2, auch in Verbindung mit Absatz 2 oder Absatz 3, erhöhte Anforderungen fest, die die ordnungsgemäße land- oder forstwirtschaftliche Nutzung eines Grundstücks einschränken, so ist für die dadurch verursachten wirtschaftlichen Nachteile ein angemessener Ausgleich zu leisten, soweit nicht eine Entschädigungspflicht nach Absatz 4 besteht."

274 Zur Sicherung einer Planung für die räumliche und sachliche Ausweisung eines Wasserschutzgebiets ohne Veränderung einer Wassergewinnungsanlage kann auch eine **Veränderungssperre** nach § 86 WHG festgelegt werden[238].

„**§ 86 WHG** Veränderungssperre zur Sicherung von Planungen

(1) Zur Sicherung von Planungen für
1. dem Wohl der Allgemeinheit dienende Vorhaben der Wassergewinnung oder Wasserspeicherung, der Abwasserbeseitigung, der Wasseranreicherung, der Wasserkraftnutzung, der Bewässerung, des Hochwasserschutzes oder des Gewässerausbaus,
2. Vorhaben nach dem Maßnahmenprogramm nach § 82

kann die Landesregierung durch Rechtsverordnung Planungsgebiete festlegen, auf deren Flächen wesentlich wertsteigernde oder die Durchführung des geplanten Vorhabens erheblich erschwerende Veränderungen nicht vorgenommen werden dürfen (Veränderungssperre). Sie kann die Ermächtigung nach Satz 1 durch Rechtsverordnung auf andere Landesbehörden übertragen.

(2) Veränderungen, die in rechtlich zulässiger Weise vorher begonnen worden sind, Unterhaltungsarbeiten und die Fortführung einer bisher ausgeübten Nutzung werden von der Veränderungssperre nicht berührt.

(3) Die Veränderungssperre tritt drei Jahre nach ihrem Inkrafttreten außer Kraft, sofern die Rechtsverordnung nach Absatz 1 Satz 1 keinen früheren Zeitpunkt bestimmt. Die Frist von drei Jahren kann, wenn besondere Umstände es erfordern, durch Rechtsverordnung um höchstens ein Jahr verlängert werden. Die Veränderungssperre ist vor Ablauf der Frist nach Satz 1 oder Satz 2 außer Kraft zu setzen, sobald und soweit die Voraussetzungen für ihren Erlass weggefallen sind.

(4) Von der Veränderungssperre können Ausnahmen zugelassen werden, wenn dem keine überwiegenden öffentlichen Belange entgegenstehen."

275 **Wasserschutzgebiete** werden in verschiedene Zonen mit unterschiedlichen Schutzauflagen untergliedert (vgl. Abb. 30):

Abb. 30: Wasserschutzzonen

Zone I	Zone II	Zone III A	Zone III B
Unmittelbare Brunnenanlage	Einzugsbereich des Wassers mit 50-tägiger Fließzeit zum Brunnen (durchschnittlich 250 000 m³)	Bereich bis 2 km Radius um Brunnen	Bei größeren Wasserschutzgebieten: Bereich über 2 km Radius
Grundsätzlich eingezäunt			
Jedwede Benutzung ausgeschlossen			
Eigentum Wasserversorgungsunternehmen			

---

[238] BVerwG, Beschl. vom 26.08.1993 – 7 NB 1/93 –, EzGuG 4.153; BVerwG, Beschl. vom 28.03.1989 – 4 NB 39/98 –, EzGuG 6.244; BVerwG, Urt. vom 10.02.1978 – 4 C 71/75 –, EzGuG 4.55; OVG Lüneburg, Beschl. vom 08.11.1990 – 3 K 2/89 –, EzGuG 16.33; OLG Düsseldorf, Beschl. vom 25.08.1986 – 5 Ss 291/86 –, EzGuG 16.31; VGH Mannheim, Beschl. vom 24.03.1986 – 5 S 2831/84 –, EzGuG 16.29; OVG Koblenz, Urt. vom 02.12.1985 – 10 c 26/85 –, EzGuG 16.28; OLG Düsseldorf, Urt. vom 18.10.1979 – 18 U 78/79 –, EzGuG 16.24; BGH, Urt. vom 25.01.1973 – III ZR 118/70 –, EzGuG 16.19; BGH, Urt. vom 25.01.1973 – III ZR 113/70 –, EzGuG 4.39; OLG Köln, Urt. vom 16.08.1973 – 7 U 18/73 –, EzGuG 19.25a; LG Kiel, Urt. vom 03.11.1989 – 19 O 3/83 –, EzGuG 15.64.

Bauerwartungsland § 5 ImmoWertV

An **bodenbezogenen Wasserschutzauflagen** sind hier zu nennen:
- Gebot ganzjähriger Bodenbedeckung, soweit fruchtfolge- und witterungsbedingt möglich,
- Verbot landwirtschaftlicher Nutzung ab Gewässerrändern und um Brunnenanlage,
- Anbaubeschränkung für Ackerland,
- Verbot intensiver Grünlandnutzung,
- Verbot des Abbaus von Bodenschätzen (Kies, Sand, Torf u. a.),
- Umwandlungs- und Umbruchsverbot,
- Rückumwandlungsgebot für Ackerland,
- Erosionsschutzmaßnahmengebot,
- Ernterückständebeseitigungsgebot,
- Bodenuntersuchungsgebot bzw. Duldungspflicht,
- Abbauverbot für Bodenschätze (Kies, Torf usw.),
- Errichtungs- und Erweiterungsverbot für bauliche Anlagen,
- Verbot bzw. Beschränkung des Einsatzes von Produktionsmitteln (Gülle, Jauche, Pflanzenschutzmittel, Dünger, Klärschlamm, Biokompost, Grünabfall, Beregnung, Abwasserverregnung).

An **baulichen Schutzauflagen** sind hier zu nennen:
- Güllebehälter, Festmistlagerstätten, Gärfuttersilos,
- Lagerstätten für flüssige Brennstoffe, Dünge- und Pflanzenschutzmittel,
- Maschinenwaschplätze,
- Verbot von Feldmieten oder Zwischenlagerung von Festmist auf dem Feld,
- Erweiterung oder Erneuerung von Drainagen und Vorflutgräben,
- Viehställe, Viehpferche,
- Verbote oder besondere Vorschriften bei der Errichtung und Erweiterung baulicher Anlagen zur Pelztierhaltung, Viehtränken an oberirdischen Gewässern, Intensivnutzung von Tieren.

Die mit der Ausweisung von Wasserschutzgebieten verbundenen **Verbote sind entschädigungslos hinzunehmen, soweit sie sich im Rahmen der Sozialpflichtigkeit halten**. Soweit eine Anordnung nach § 51 Abs. 1 Satz 1 Nr. 1 oder Nr. 2 WHG, auch i. V. m. § 51 Abs. 2 oder Abs. 3 WHG, § 51 Abs. 1 Satz 3 WHG oder andere Maßnahmen vermieden oder ausgeglichen werden kann, ist eine Entschädigung zu leisten[239].

Eine nach dem WHG zu leistende Entschädigung hat den eintretenden Vermögensschaden angemessen auszugleichen. Art und Umfang von Entschädigungspflichten bemessen sich nach den §§ 97 ff. WHG. Für den Ausgleich von Nutzungsbeschränkungen sind Kooperationsmodelle oder der Abschluss freiwilliger Vereinbarungen anzustreben; soweit diese nicht zustande kommen, ist ein einzelbetrieblicher Ausgleich zu leisten[240].

7.4.3 Überschwemmungsgebiet (Hochwassergebiet)

§ 76 WHG definiert das Überschwemmungsgebiet als ein **Gebiet zwischen oberirdischen Gewässern und Deichen oder Hochufern** sowie ein sonstiges Gebiet, das bei Hochwasser überschwemmt oder durchflossen oder das für Hochwasserentlastung oder Rückhaltung beansprucht wird (vgl. Art. 61 BayWG). § 76 WHG hat folgende Fassung:

„**§ 76 WHG** Überschwemmungsgebiete

(1) Überschwemmungsgebiete sind Gebiete zwischen oberirdischen Gewässern und Deichen oder Hochufern sowie sonstige Gebiete, die bei Hochwasser überschwemmt oder durchflossen oder die für Hoch-

---
239 BVerwG, Urt. vom 27.01.1967 – 4 C 228/65 –, BVerwGE 25, 131 = DVBl 1967, 777; BVerwG, Urt. vom 15.02.1990 – 4 C 47/89 –, BVerwGE 84, 361 = DVBl 1990, 586; BVerwG, Beschl. vom 30.09.1996 – 4 NB 45/92 –, NuR 1997, 240 = RdL 1997, 105.
240 Bayerische Staatsministerien für Landesentwicklung und Umweltfragen und für Ernährung, Landwirtschaft und Forsten: „Ausgleich für Landwirte und Waldbesitzer in Wasser- und Heilquellenschutzgebieten", Allg.ABl. 1997 Nr. 15; Knopp/Schröder, Wasserrecht, Bayerische Verwaltungsschule (Hrsg), Bd. 30, München 2004, 102 ff.

wasserentlastung oder Rückhaltung beansprucht werden. Dies gilt nicht für Gebiete, die überwiegend von den Gezeiten beeinflusst sind, soweit durch Landesrecht nichts anderes bestimmt ist.
(2) Die Landesregierung setzt durch Rechtsverordnung
1. innerhalb der Risikogebiete oder der nach § 73 Absatz 5 Satz 2 Nummer 1 zugeordneten Gebiete mindestens die Gebiete, in denen ein Hochwasserereignis statistisch einmal in 100 Jahren zu erwarten ist, und
2. die zur Hochwasserentlastung und Rückhaltung beanspruchten Gebiete
als Überschwemmungsgebiet fest. Gebiete nach Satz 1 Nummer 1 sind bis zum 22. Dezember 2013 festzusetzen. Die Festsetzungen sind an neue Erkenntnisse anzupassen. Die Landesregierung kann die Ermächtigung nach Satz 1 durch Rechtsverordnung auf andere Landesbehörden übertragen.
(3) Noch nicht nach Absatz 2 festgesetzte Überschwemmungsgebiete sind zu ermitteln, in Kartenform darzustellen und vorläufig zu sichern.
(4) Die Öffentlichkeit ist über die vorgesehene Festsetzung von Überschwemmungsgebieten zu informieren; ihr ist Gelegenheit zur Stellungnahme zu geben. Sie ist über die festgesetzten und vorläufig gesicherten Gebiete einschließlich der in ihnen geltenden Schutzbestimmungen sowie über die Maßnahmen zur Vermeidung von nachteiligen Hochwasserfolgen zu informieren."

Mit dem novellierten Wasserhaushaltsgesetz wurden neue städtebaurechtlich bedeutsame **Gebietstypen** geschaffen, die zu einer weiteren Ergänzung des BauGB geführt haben[241]:

a) *festgesetzte Überschwemmungsgebiete* nach § 76 Abs. 2 WHG,

b) *noch nicht festgesetzte Überschwemmungsgebiete* i. S. des § 76 Abs. 3 WHG und

c) *Risikogebiete* i. S. des § 73 Abs. 1 Satz 1 WHG.

Nach § 73 Abs. 1 Satz 1 i. V. m. § 74 Abs. 1 WHG bewerten die zuständigen Behörden das Hochwasserrisiko, bestimmen danach die Gebiete mit signifikantem Hochwasserrisiko (**Risikogebiete**) und erstellen für die Risikogebiete in den nach § 73 Abs. 3 WHG maßgebenden Bewirtschaftungseinheiten **Gefahrenkarten** und Risikokarten in dem Maßstab, der hierfür am besten geeignet ist. Die Gefahrenkarten erfassen nach § 74 Abs. 2 WHG die Gebiete, die bei folgenden Hochwasserereignissen überflutet werden:

1. Hochwasser mit niedriger Wahrscheinlichkeit oder bei Extremereignissen,
2. Hochwasser mit mittlerer Wahrscheinlichkeit (voraussichtliches Wiederkehrintervall mindestens 100 Jahre),
3. soweit erforderlich, Hochwasser mit hoher Wahrscheinlichkeit.

Nach § 78 WHG dürfen grundsätzlich keine neuen Baugebiete für **förmlich festgesetzte Überschwemmungsgebiete** ausgewiesen werden. Ausnahmen sind unter bestimmten Voraussetzungen zulässig (§ 78 Abs. 2 WHG).

Bei bereits bestehenden *Baurechten nach den §§ 33 bis 35 BauGB* bedarf die **Errichtung und die Erweiterung einer baulichen Anlage in jedem Fall einer Genehmigung**. Die Genehmigung darf nach § 78 Abs. 3 WHG nur erteilt werden, wenn im Einzelfall das Vorhaben

1. die Hochwasserrückhaltung nicht oder nur unwesentlich beeinträchtigt und der Verlust von verloren gehendem Rückhalteraum zeitgleich ausgeglichen wird,
2. den Wasserstand und den Abfluss bei Hochwasser nicht nachteilig verändert,
3. den bestehenden Hochwasserschutz nicht beeinträchtigt und
4. hochwasserangepasst ausgeführt wird

oder wenn die nachteiligen Auswirkungen durch Nebenbestimmungen ausgeglichen werden können.

Festgesetzte Überschwemmungsgebiete i. S. des § 76 Abs. 2 WHG sollen nach § 5 Abs. 4a und § 9 Abs. 6a BauGB nachrichtlich in den Flächennutzungs- bzw. Bebauungsplan übernommen werden. Noch nicht festgesetzte Überschwemmungsgebiete i. S. des § 76 Abs. 3

---

[241] Zur Frage der Festsetzung von Überschwemmungsgebieten für im Zusammenhang bebaute Ortsteile nach § 34 BauGB: BVerwG, Urt. vom 22.07.2004 – 7 CN 1/04 -, BVerwGE 121, 283 = EzGuG 4.188.

Bauerwartungsland § 5 ImmoWertV

WHG sowie als **Risikogebiete** i. S. des § 73 Abs. 1 Satz 1 WHG bestimmte Gebiete sollen im Flächennutzungs- bzw. Bebauungsplan vermerkt werden.

Der Lage eines Grundstücks im Überschwemmungsgebiet bzw. im Risikogebiet kann durch Heranziehungen von Vergleichspreisen aus gleichartigen Gebieten Rechnung getragen werden. Wird von Vergleichspreisen aus anderen Gebieten ausgegangen, kann der Überschwemmungsgefährdung durch einen **Wertabschlag** (wegen Hochwasser) Rechnung getragen werden, der sich an den zu erwartenden Kosten insbesondere hinsichtlich der Beseitigung von Hochwasserschäden, den Kosten für Sicherungsmaßnahmen, der Enträumung, Lagerung und Wiedereinrichtung des Hausrats sowie dem Mietausfallwagnis orientiert. Die im Einzelfall zu erwartenden Kosten fallen jährlich aber nur insoweit an, wie nach den im Einzelfall bestehenden Erfahrungen Hochwasser zu erwarten sind. Bei fünfmaligem Hochwasser in 20 Jahren sind dies z. B. 25 % (= 5 × 100/20 Jahre); d. h., jährlich fallen nur 25 % der im Überschwemmungsfall anfallenden Kosten an. Diese Kosten ergeben kapitalisiert über eine unendliche Restnutzungsdauer den Wertabschlag.

7.4.4 Vorranggebiet, Vorbehaltsgebiet, Eignungsgebiet

Nach § 7 Abs. 2 und 3 ROG sollen **Raumordnungspläne** Festlegungen zur Raumstruktur enthalten. Hierzu gehören auch Festlegungen über Freiräume zur Gewährleistung des vorbeugenden Hochwasserschutzes. Neben den Darstellungen in Fachplänen des Verkehrsrechts sowie des Wasser- und Immissionsschutzrechts gehören hierzu insbesondere die raumbedeutsamen Erfordernisse und Maßnahmen des vorbeugenden Hochwasserschutzes nach den Vorschriften des WHG.

Nach § 7 Abs. 4 ROG können die Festlegungen nach den Absätzen 2 und 3 auch Gebiete bezeichnen,

1. die für bestimmte, raumbedeutsame Funktionen oder Nutzungen vorgesehen sind und andere raumbedeutsame Nutzungen in diesem Gebiet ausschließen, soweit diese mit den vorrangigen Funktionen, Nutzungen oder Zielen der Raumordnung nicht vereinbar sind (**Vorranggebiete**),

2. in denen bestimmten, raumbedeutsamen Funktionen oder Nutzungen bei der Abwägung mit konkurrierenden raumbedeutsamen Nutzungen besonderes Gewicht beigemessen werden soll (**Vorbehaltsgebiete**),

3. die für bestimmte, raumbedeutsame Maßnahmen geeignet sind, die städtebaulich nach § 35 BauGB zu beurteilen sind und an anderer Stelle im Planungsraum ausgeschlossen werden (**Eignungsgebiete**).

Es kann vorgesehen werden, dass Vorranggebiete für raumbedeutsame Nutzungen zugleich die Wirkung von Eignungsgebieten für raumbedeutsame Maßnahmen nach § 7 Abs. 4 Satz 1 Nr. 3 ROG haben können.

Die Festlegung von Vorranggebieten erfolgt im Rahmen der Regionalplanung zur Erhaltung bzw. Sicherung von Funktionen und Nutzungen. Sie wird u. a. zur Sicherung von Landschaftsräumen sowie des Abbaus oberflächennaher Bodenschätze, zur überörtlichen Steuerung von Siedlungsentwicklungen, zur Sicherung von Wasservorkommen und auch zur Sicherung von Gebieten für den vorbeugenden Hochwasserschutz eingesetzt. Auf dieser Rechtsgrundlage werden außerhalb der bestehenden Wasserschutzgebiete zur Sicherung bestehender Wassergewinnungsanlagen und künftig nutzbarer Grundwassergewinnungsgebiete Vorrang- und Vorbehaltsgebiete für die öffentliche Wasserversorgung (**Vorranggebiet Wasserversorgung**) und **Vorranggebiete für den Hochwasserabfluss und -rückhalt** ausgewiesen.

7.4.5 Wertminderung infolge Natur- und Wasserschutzauflagen

a) Wasserschutzgebiet

278 Generell kann davon ausgegangen werden, dass sich Natur- und Wasserschutzauflagen wertmindernd auswirken, wenngleich empirische Untersuchungen dafür nur bedingt den Nachweis erbringen konnten. Nach *Köhne*[242] haben Natur- und Wasserschutzauflagen keinen „sehr großen Einfluss auf die Bodenpreise." Nach einer Befragung von *Meinhardt*[243] halten die befragten Landwirte „Vermögensverluste infolge von Verkehrswertminderungen der in Wasserschutzgebieten gelegenen Flächen und Betriebe für möglich". Nach einer Untersuchung der *TU München*[244] aus dem Jahre 2005 wird lediglich für Ackerflächen in Wasserschutzgebieten im Schnitt 24 % weniger bezahlt als für Vergleichsflächen, und zwar in Abhängigkeit von der Ertragsminderung bzw. Aufwandserhöhung, während für Grünlandflächen die Wertminderung deutlich geringer ausfällt und teilweise auch höhere Preise erzielt wurden; Ausgleichszahlungen haben indessen keinen oder nur einen geringen wertstabilisierenden Einfluss. Eine Wertminderung geht allein schon durch die Ausweisung der Flächen selbst dann einher, wenn derzeit damit keine direkten Nachteile verbunden sind. Die rein planerische Kennzeichnung eines Überschwemmungsgebiets löst nach dieser Untersuchung, soweit diese nicht mit Nutzungsauflagen oder sonstigen Einschränkungen verbunden ist, allenfalls nur eine sehr geringe Wertminderung aus.

Des Weiteren kommt die vorstehende Untersuchung zum Ergebnis, dass sich die Pachtpreise landwirtschaftlicher Flächen in Wasserschutzgebieten nicht ändern, wenn Ausgleichszahlungen gewährt werden.

b) Überschwemmungsgebiet

Die formale Ausweisung eines Überschwemmungsgebiets lässt eine Wertminderung und auch eine Pachtpreisminderung erwarten, die bislang allerdings empirisch nicht bestätigt werden konnte.

7.5 Lärmschutzgebiet

279 ▶ *Näheres § 6 ImmoWertV Rn. 293*[245]

8 Kleingartenland

8.1 Allgemeines

280 § 1 des BKleingG definiert als Kleingarten einen **Garten, der dem Nutzer (Kleingärtner) zur nicht erwerbsmäßigen gärtnerischen Nutzung,** insbesondere zur Gewinnung von Gartenbauerzeugnissen für den Eigenbedarf und zur Erholung dient sowie in einer Anlage liegt[246].

Ein **weiteres Wesensmerkmal des Kleingartens** ist die Nutzung fremden Landes, d. h., Kleingärten i. S. des BKleingG können nur Pachtgärten sein. Ein Kleingarten soll 400 m² Grundstücksfläche nicht überschreiten und darf mit einer Laube bis zu 24 m² bebaute Fläche (einschließlich überdachtem Freisitz; Terrasse) bebaut werden. Diese Laube darf weder von

---

242 Köhne, M., Landwirtschaftliche Taxationslehre, 3. Aufl. Berlin 2000, S. 59.
243 Meinhardt, P., Auswirkungen von Gewässerschutzauflagen auf die Ertrags- und Vermögenslage landwirtschaftlicher Betriebe, Schriftenreihe des HLBS Heft 1333, St. Augustin 1991.
244 TU München, Wertänderungen von Grundstücken in Wasserschutzgebieten, Überschwemmungsgebieten sowie Vorrang- und Vorbehaltsgebieten, 2005 (Lehrstuhl für Wirtschaftslehre des Landbaus).
245 Vgl. Kleiber, Verkehrswertermittlung von Grundstücken, 6. Aufl. 2010, Teil VI Rn. 700 ff.
246 BGH, Urt. vom 17.06.2004 – III ZR 281/03 –, Bln GE 2004, 960 = EzGuG 3.135.

Bauerwartungsland § 5 ImmoWertV

der Ausstattung noch von der Einrichtung her zum dauernden Wohnen geeignet sein (§ 3 Abs. 2 BKleingG).

Bei Kleingärten ist grundsätzlich zwischen

a) Dauerkleingartenland und

b) Kleingartenland

zu unterscheiden. **Dauerkleingärten** sind für eine dauernde kleingärtnerische Nutzung bestimmt und werden als Grünflächen im Flächennutzungsplan gemäß § 5 Abs. 2 Nr. 5 BauGB dargestellt bzw. im Bebauungsplan gemäß § 9 Abs. 1 Nr. 15 BauGB festgesetzt. **Kleingärten** sind dagegen in § 1 BKleingG als Gärten definiert, die

– dem Nutzer (Kleingärtner) zur nichterwerbsmäßigen gärtnerischen Nutzung, insbesondere zur Gewinnung von Gartenerzeugnissen für den Eigenbedarf und zur Erholung dienen (kleingärtnerische Nutzung), und

– in einer Anlage liegen, in der mehrere Einzelgärten mit gemeinschaftlichen Einrichtungen, zum Beispiel Wegen, Spielflächen und Vereinshäusern, zusammengefasst sind (Kleingartenanlage).

Vom Dauerkleingarten unterscheidet sich der **Kleingarten** dadurch, dass der Bebauungsplan für die Belegenheitsfläche nicht die Festsetzung „Dauerkleingarten" getroffen hat.

Des Weiteren sind Kleingärten von den sog. **Datschen** zu unterscheiden. Dies sind Nutzungsrechte an Grundstücken und Baulichkeiten für Erholungszwecke nach den §§ 312 bis 315 ZGB.

Abgesehen von der einvernehmlichen **Aufhebung des Pachtvertrags** kann ein Kleingartenpachtvertrag nur aus den im BKleingG ausdrücklich genannten Gründen durch die Verpächter gekündigt werden (§§ 8 bis 10 BKleingG). Kleingartenflächen, die nicht als solche in Bebauungsplänen festgesetzt sind, müssen stets dem Außenbereich zugerechnet werden. Sie stellen zumindest kein Baugebiet i. S. des § 1 Abs. 2 BauNVO dar[247]. Dabei ist grundsätzlich vom Bestandsschutz der errichteten Baulichkeiten auszugehen, wobei sich dieser an den Grundsätzen des Außenbereichs und nicht des Innenbereichs orientieren muss.

Preise von Dauerkleingärten

Frankfurt an der Oder (2011)	0,90 bis 1,50 €/m²
Potsdam (2010), gesamtes Stadtgebiet.	1,50 bis 18,00 €/m²
Landkreis Wesel (2011)	10 bis 20 €/m² Einzelparzellen

Vom Wert der Einzelparzelle ist der **Wert einer Kleingartenanlage** zu unterscheiden. Diese umfasst üblicherweise auch die Flächen der Gemeinschaftsanlagen, insbesondere die inneren Erschließungswege, Stellplätze, Vereinsanlagen und sonstige Einrichtungen in einem Umfang von rd. 10 %.

8.2 Pacht

8.2.1 Allgemeines

Für die Ermittlung des **Verkehrswerts von Kleingärten** sind die **Pachtbeschränkungen zu beachten,** die mit § 5 BKleingG vorgegeben sind[248]. Die Vorschrift ist nachfolgend abgedruckt:

---

247 Vgl. Dienstbl. des Senats von Berlin, Teil I – Inneres, Finanzen, Justiz und Wirtschaft, Nr. 7 vom 20.10.1995.
248 Mit dieser am 01.05.1994 in Kraft getretenen Neufassung hat der Gesetzgeber auf die Entscheidung des BVerfG vom 23.09.1992 (BVerfG, Beschl. vom 23.09.1995 – 1 BvL 15/85 –, GuG 1993, 120 = EzGuG 3.109) reagiert, in der die frühere Höchstpachtzinsregelung, nach der der doppelte Betrag des ortsüblichen Pachtpreises im erwerbsmäßigen Obst- und Gemüseanbau verlangt werden durfte, als unvereinbar mit Art. 14 Abs. 1 GG erkannt wurde.

„**§ 5 BKleingG** Pacht

(1) Als Pacht darf höchstens der vierfache Betrag der ortsüblichen Pacht im erwerbsmäßigen Obst- und Gemüseanbau, bezogen auf die Gesamtfläche der Kleingartenanlage, verlangt werden. Die auf die gemeinschaftlichen Einrichtungen entfallenden Flächen werden bei der Ermittlung der Pacht für den einzelnen Kleingarten anteilig berücksichtigt. Liegen ortsübliche Pachtbeträge im erwerbsmäßigen Obst- und Gemüseanbau nicht vor, so ist die entsprechende Pacht in einer vergleichbaren Gemeinde als Bemessungsgrundlage zugrunde zu legen. Ortsüblich im erwerbsmäßigen Obst- und Gemüseanbau ist die in der Gemeinde durchschnittlich gezahlte Pacht.

(2) Auf Antrag einer Vertragspartei hat der nach § 192 des Baugesetzbuchs eingerichtete Gutachterausschuss ein Gutachten über die ortsübliche Pacht im erwerbsmäßigen Obst- und Gemüseanbau zu erstatten. Die für die Anzeige von Landpachtverträgen zuständigen Behörden haben auf Verlangen des Gutachterausschusses Auskünfte über die ortsübliche Pacht im erwerbsmäßigen Obst- und Gemüseanbau zu erteilen. Liegen anonymisierbare Daten im Sinne des Bundesdatenschutzgesetzes nicht vor, ist ergänzend die Pacht im erwerbsmäßigen Obst- und Gemüseanbau in einer vergleichbaren Gemeinde als Bemessungsgrundlage heranzuziehen.

(3) Ist die vereinbarte Pacht niedriger oder höher als die sich nach den Absätzen 1 und 2 ergebende Höchstpacht, kann die jeweilige Vertragspartei der anderen Vertragspartei in Textform erklären, dass die Pacht bis zur Höhe der Höchstpacht herauf- oder herabgesetzt wird. Auf Grund der Erklärung ist vom ersten Tage des auf die Erklärung folgenden Zahlungszeitraums an die höhere oder niedrigere Pacht zu zahlen. Die Vertragsparteien können die Anpassung frühestens nach Ablauf von drei Jahren seit Vertragsschluss oder der vorhergehenden Anpassung verlangen. Im Falle einer Erklärung des Verpächters über eine Pachterhöhung ist der Pächter berechtigt, das Pachtverhältnis spätestens am 15. Werktag des Zahlungszeitraums, vom dem an die Pacht erhöht werden soll, für den Ablauf des nächsten Kalendermonats zu kündigen. Kündigt der Pächter, so tritt eine Erhöhung der Pacht nicht ein.

(4) Der Verpächter kann für von ihm geleistete Aufwendungen für die Kleingartenanlage, insbesondere für Bodenverbesserungen, Wege, Einfriedungen und Parkplätze, vom Pächter Erstattung verlangen, soweit die Aufwendungen nicht durch Leistungen der Kleingärtner oder ihrer Organisationen oder durch Zuschüsse aus öffentlichen Haushalten gedeckt worden sind und soweit sie im Rahmen der kleingärtnerischen Nutzung üblich sind. Die Erstattungspflicht eines Kleingärtners ist auf den Teil der ersatzfähigen Aufwendungen beschränkt, der dem Flächenverhältnis zwischen seinem Kleingarten und der Kleingartenanlage entspricht; die auf die gemeinschaftlichen Einrichtungen entfallenden Flächen werden der Kleingartenfläche anteilig zugerechnet. Der Pächter ist berechtigt, den Erstattungsbetrag in Teilleistungen in Höhe der Pacht zugleich mit der Pacht zu entrichten.

(5) Der Verpächter kann vom Pächter Erstattung der öffentlich-rechtlichen Lasten verlangen, die auf dem Kleingartengrundstück ruhen. Absatz 4 Satz 2 ist entsprechend anzuwenden. Der Pächter ist berechtigt, den Erstattungsbetrag einer einmalig erhobenen Abgabe in Teilleistungen, höchstens in fünf Jahresleistungen, zu entrichten."

Die **Pacht** i. S. des § 5 Abs. 1 BKleingG **ist das Entgelt für die Überlassung (Bereitstellung) von Grund und Boden zur kleingärtnerischen Nutzung** (§ 546 BGB). Die Pacht umfasst nicht die sog. Nebenleistungen, zu denen der Pächter unter bestimmten Voraussetzungen neben der Pacht verpflichtet sein kann. Hierzu gehören insbesondere die Erstattung von bestimmten Aufwendungen des Verpächters, ferner die Verpflichtung – soweit sie der Pächter übernommen hat –, Lasten zu tragen, die auf dem Kleingartengrundstück ruhen, und schließlich die Entrichtung von Beiträgen zur Finanzierung des Verwaltungsaufwands des Zwischenpächters[249].

Nach § 5 Abs. 5 BKleingG besteht die Möglichkeit der Überwälzung öffentlich-rechtlicher Lasten, die auf dem Kleingartengrundstück ruhen, vom Verpächter auf den Pächter[250].

Der **Pachtpreis** beinhaltet dagegen die Pacht zuzüglich der i. d. R. vernachlässigbaren Objektkosten, zu denen die Grundsteuer, die Umlagen zur Landwirtschaftskammer sowie die Beiträge zu den Berufsgenossenschaften zählen. Die am Markt gezahlten Pachtpreise müssen ggf. daraufhin untersucht werden, welche Positionen vom Pächter bzw. Verpächter getragen werden[251].

---

249 Maincyk, KleingG. Komm. 7. Aufl., 1997, § 5 Rn. 26 f., 36 ff; ders. GuG 1994, 193.
250 § 135 Abs. 4 Satz 3 BauGB; vgl. BR-Drucks. 616/93.
251 Faßbender/Hötzel/Lukanow, Landpachtrecht, 2. Aufl. 1993 Aschendorff, S. 32.

Bauerwartungsland § 5 ImmoWertV

Als Pacht darf nach § 5 Abs. 1 Satz 1 BKleingG[252] – wie bereits erläutert – höchstens der vierfache Betrag der sog. „**ortsüblichen Pacht** im erwerbsmäßigen Obst- und Gemüseanbau bezogen auf die Gesamtfläche der Kleingartenanlage" verlangt werden. Nach der Vorschrift wird von einer ortsüblichen Pacht für die Gemeinde insgesamt ausgegangen; eine Differenzierung der ortsüblichen Pacht innerhalb der Gemeinde nach räumlicher Lage soll nicht in Betracht kommen[253]. Kann *die* ortsübliche Pacht nicht unter Heranziehung von Vergleichspachten, die in der Belegenheitsgemeinde vereinbart worden sind, abgeleitet werden, so ist nach § 5 Abs. 1 Satz 3 BKleingG auf *die* ortsübliche Pacht einer vergleichbaren Gemeinde zurückzugreifen **(Pachtadaptionsregelung).** Nach der Begründung zu dieser Adaptionsregelung kommen Gemeinden gleicher Größenordnung in vergleichbar strukturierter Region unter Berücksichtigung raumordnerischer und landesplanerischer Gesichtspunkte, wie Wirtschaftsleistung, Einkommensverhältnisse, Branchenstruktur und Beschäftigungsverhältnisse in Betracht.

Die **Pachtadaptionsregelung** des § 5 Abs. 1 Satz 3 BKleingG **soll** nach Abs. 2 Satz 3 **auch gelten, wenn aus der Belegenheitsgemeinde** z. B. nur in einziger oder **nur sehr wenige** (drei) **Vergleichspachten zur Ermittlung** der **ortsüblichen Pacht zur Verfügung stehen** und deshalb zu besorgen ist, dass sie mit der Ableitung datenschutzrechtliche Belange berührt sind, weil das Ergebnis der Ableitung *der* ortsüblichen Pacht damit einem oder wenigen Grundstücken konkret zugeordnet werden könnte. Deswegen bestimmt § 6 Abs. 2 Satz 3 BKleingG, dass auch in solchen Fällen zum Zwecke der Anonymisierung „ergänzend" Pachten aus vergleichbaren Gemeinden als Bemessungsgrundlage mit heranzuziehen sind. Dies ist letztlich vor allem auch wertermittlungstechnisch geboten und hätte eigentlich nicht der Klarstellung bedurft.

283

Unter der „**ortsüblichen**" **Pacht** ist

– ein repräsentativer Querschnitt der Pachtbeträge zu verstehen,
– die in der Gemeinde für Flächen mit vergleichbaren wertbestimmenden Merkmalen
– unter gewöhnlichen Umständen tatsächlich und üblicherweise

gezahlt werden; auf regionale oder bundesdurchschnittliche Pachten kommt es somit nicht an. Als vergleichbare wertbestimmende Merkmale können folgende Kriterien gelten: Wege- und Erschließungsbedingungen, Entfernungen zu den Absatzmärkten, werbe- und verkaufswirksame Lage, Entfernung zum Betrieb, Bewässerungsmöglichkeiten, Einfriedung, Bodenqualität, Klima, Pachtlandbedarf, Möglichkeiten der Unterglaskultur, Entfernung zu Ballungsräumen, Lage, Bodenbeschaffenheit, Größe und Grundstücksgestalt[254].

In einem Gutachten des Gutachterausschusses *Hamburg* wird hierzu zutreffenderweise ausgeführt:

284

„Hierzu ist zu bemerken, dass der Standort und die Bodenqualität die Pacht beeinflussen. Die Pacht in einem Obst- oder Gemüseanbaugebiet wird sehr wesentlich von dem Angebot und der Nachfrage nach Pachtflächen bestimmt. Mit entscheidend ist ferner die wirtschaftliche Situation der Betriebe. Darüber hinaus wird die Pacht zu einem wesentlichen Teil von den erzielbaren Erträgen und den sich daraus ergebenden Familieneinkommen bestimmt. Die ortsübliche Pacht ist daher auch von den lokal vorherrschenden Merkmalen der Pachtgrundstücke und den landwirtschaftlichen Ertragsbedingungen abhängig. Eine getrennte Ermittlung einer ortsüblichen Pacht im erwerbsmäßigen Obstanbau und einer ortsüblichen Pacht im erwerbsmäßigen Gemüseanbau und anschließende arithmetische Mittelung ist nur gerechtfertigt, wenn sich die Verpachtungen für den Obst- und Gemüseanbau die Waage halten. Überwiegt z. B. – wie in Hamburg – der Obstanbau, so ist dieser auch entsprechend stärker zu berücksichtigen."

Diese **Auslegung des Begriffes Ortsüblichkeit** ermöglicht eine sinnvolle Anwendung des BKleingG auch insofern, als dann auch für Gebiete, in denen zwar Kleingärten verpachtet werden, jedoch kein Obst- und Gemüseanbau auf Pachtland betrieben wird, dennoch eine ortsübliche Pacht ermittelt werden kann. Im Übrigen ist der Pachtbegriff i. S. des bürgerlichen

285

---

252 BGH, Urt. vom 12.11.1998 – III ZR 87/98 –, GuG-aktuell 1999, 46 (LS).
253 BT-Drucks 12/6154; BT-Drucks 12/6782.
254 Vgl. Anl. 6.1 zur rh.-pf. RiWert vom 01.06.1988, a. a. O.

§ 5 ImmoWertV — Bauerwartungsland

Rechts zu verstehen, d. h. als Summe der Gegenleistungen, die der Pächter schuldet, auch wenn darin Nebenleistungen wie Abgaben usw. enthalten sind.

8.2.2 Ermittlung der ortsüblichen Pacht

286 **Die ortsübliche Pacht ist** nach § 5 Abs. 2 Satz 1 BKleingG **auf Antrag** einer Vertragspartei **vom Gutachterausschuss für Grundstückswerte gutachterlich zu ermitteln.** Es handelt sich hierbei um eine Pflichtaufgabe, die den Aufgabenkatalog des § 193 BauGB ergänzt.

287 Nach § 5 Abs. 2 Satz 2 BKleingG sind die für die Anzeige von Landpachtverträgen[255] zuständigen Behörden[256] (**Grundstücksverkehrsausschüsse**) im Wege der Amtshilfe **verpflichtet**, auf Verlangen des Gutachterausschusses für Grundstückswerte diesem **Auskünfte über die ortsüblichen Pachten im erwerbsmäßigen Obst- und Gemüseanbau zu erteilen.**

288 Für die Ermittlung der ortsüblichen Pacht kommen als **Datengrundlage** insbesondere in Betracht:
- Angaben der Unteren Landwirtschaftsbehörde, denen nach § 2 des Landpachtverkehrsgesetzes i. V. m. dem Landesgesetz über die Anzeigenpflicht der Abschluss von Pachtverträgen anzuzeigen ist,
- Angaben der Bundesvermögens- und Liegenschaftsämter,
- Angaben des Bauernverbandes,
- Angaben freiberuflich tätiger Sachverständiger für Obst- und Gemüseanbau,
- Umfrageergebnisse bei Obst- und Gemüseanbaubetrieben sowie
- Angaben der Kirchen.

289 Es empfiehlt sich, die herangezogenen **Pachtpreise über die Fläche zu mitteln**:

$$\text{Ortsübliche Pacht pro m}^2 = \frac{\text{Summe der Pachten}}{\text{Summe der Pachtflächen}}$$

290 Sofern eine **Beziehung zwischen üblichen Ackerpreisen und den Pachtverhältnissen im erwerbsmäßigen Obst- und Gemüseanbau** als realistisch angesehen werden kann, soll auch diese Möglichkeit zur Bestimmung des Pachtpreises ausgeschöpft werden.

291 **Pachtbeträge,** bei denen anzunehmen ist, dass sie **nicht im gewöhnlichen Geschäftsverkehr zustande gekommen** oder durch ungewöhnliche oder persönliche Verhältnisse beeinflusst worden sind, dürfen zum Vergleich nur herangezogen werden, wenn diese Besonderheiten in ihrer Auswirkung auf die Pachthöhe erfasst werden können und beim Pachtvergleich unberücksichtigt bleiben.

292 **Besonderheiten** können insbesondere vorliegen, wenn
- die vereinbarte Pacht erheblich von den Pachtbeträgen vergleichbarer Fälle abweicht,
- ein außergewöhnliches Interesse des Pächters an der Anpachtung des Grundstücks bestand,
- dringende Gründe für einen alsbaldigen Vertragsabschluss vorgelegen haben,
- besondere Bedingungen verwandtschaftlicher, wirtschaftlicher oder sonstiger Art zwischen den Vertragsparteien bestanden haben.

293 Zur Frage der Ermittelbarkeit von Pacht hat der Deutsche Städtetag 1986 umfassend Stellung genommen, die wegen ihrer grundsätzlichen Bedeutung auszugsweise wiedergegeben werden

---

255 Gesetz über die Anzeige und Beanstandung von Landpachtverträgen (Landpachtverkehrsgesetz – LPachtVG) vom 08.11.1985 (BGBl. I 1985, 2075), zuletzt geändert durch Gesetz vom 29.07.1994 (BGBl. I 1994, 1890, 1942).
256 Diese ergeben sich aus den landesrechtlichen Durchführungsverordnungen zum Landpachtverkehrsgesetz (vgl. z. B. Nds. GVBl. 1987, 157).

Bauerwartungsland § 5 ImmoWertV

soll[257]. Danach komme als **Bemessungstatbestand für die Pacht nicht der Betrag in Betracht, der für Grundstücke** zu entrichten wäre (Wochenendhausgrundstücke), **die einem mit Kleingärten vergleichbaren Erholungszweck dienen**. Denn Wochenendhausgrundstücke weisen ganz andere Strukturen und Möglichkeiten als Kleingartenflächen auf (vgl. § 10 BauNVO). Grundsätzlich wird eine Bemessung der Pacht anhand von Verkehrswerten für möglich gehalten.

Kaufpreise für mit Kleingärten vergleichbare „Freizeitgärten" i. S. des § 1 Abs. 2 Nr. 1 BKleingG variieren in Abhängigkeit von ihren Standorten zwischen 6 bis 15 €/m² (*Bochum, Hannover*) und ca. 20 bis 40 €/m² (Berlin); für *Hagen* wird im Grundstücksmarktbericht 2004 ein Wert von 10 bis 15 €/m² (im Durchschnitt 10 €/m²) ausgewiesen. Zumeist werden jedoch Preise zwischen 15 und 25 €/m² verlangt. Legt man den Kaufpreis von 15 €/m² zugrunde, sind für den Erwerb eines Freizeitgartens 4 500 € aufzuwenden; bei 25 €/m² müssten 7 500 € gezahlt werden. Bei einer angemessenen Verzinsung dieses Grundstückswerts in Höhe von 6 % bedeutete dies für einen 300 m² großen Kleingarten eine Jahrespacht von 270 € bzw. 450 € im Jahr. Dagegen hätte der Kleingartenpächter, der die höchste bei unserer Umfrage ermittelte Nettojahrespacht von 0,21 €/m² im Jahr für einen 300 m² großen Kleingarten nur 63 € zu zahlen (Abb. 31).

Abb. 31: Typische Pachten für Kleingärten[258]

Stadt	Ortsübliche Pacht in €/m² im Jahr
Aachen	0,10 €/m²
Berlin/West	0,35 €/m²
Bochum	0,24 €/m²
Bremen	0,18 €/m²
Chemnitz	0,035 €/m²
Dortmund	0,15 €/m²
Düsseldorf	0,24 €/m²
Duisburg	0,22 €/m²
Dresden	0,16 €/m²
Essen	0,23 €/m²
Frankfurt am Main	0,50 €/m²
Hagen	0,20 €/m²
Halle	0,07 €/m²
Hamburg	0,10 €/m²
Köln	0,26 €/m²
Leipzig[258]	0,12 €/m²
Mainz[259]	0,03 €/m²
München	0,40 €/m²
Nürnberg	0,36 €/m²
Schwerin	0,06 €/m²

Quellen: auch Pachtzins-Spiegel des Bundesverbandes Deutscher Gartenfreunde e.V.; Der Fachberater 1992, 20 f.; Aktuelle Grundstücksmarktberichte (z. B. Hagen)

Nach Angaben des Materialienbands zum Agrarbericht 1996 der BReg[259] lagen die Pachtpreise in den alten **Ländern** im Durchschnitt bei 0,045 €/m².

---

257 Deutscher Städtetag, Stellungnahme vom 24.09.1986 – 6/45-01-Z 5299 –: zur Verfassungsmäßigkeit: BVerfG, Beschl. vom 23.09.1992 – 1 BvL 15/85 –, GuG 1993, 121 = EzGuG 3.109.
258 Vgl. GuG 2000, 110.
259 BT-Drucks 13/3681, S. 260, 256, 178.

294 Zur **steuerlichen Zurechnung von Gartenlauben**[260] hat das FG Münster im rechtskräftigen Urt. vom 25.11.1982 – III 845/79 EW – entschieden, dass das Gartenhaus mit einem Einheitswert von 1 250 €, das der Kleingärtner auf der ihm vom als gemeinnützig anerkannten Kleingärtnerverein zugewiesenen Kleingartenparzelle errichtete, dem Grundvermögen – Gebäude auf fremdem Grund und Boden – zuzuordnen ist. Entgegen der bisherigen Zurechnung derartiger Gartenlauben auf den Kleingärtner durch die Finanzämter hat das Finanzgericht jedoch entschieden, dass das wirtschaftliche Eigentum an der Gartenlaube aufgrund der in der Gartenordnung des Kleingärtnervereins enthaltenen Beschränkungen hinsichtlich der Vornahme von baulichen Veränderungen und des Abrisses der Gartenlaube sowie der Beschränkung in den Fällen der Mitgliedschaft nicht dem Kleingärtner zustehe.

Der Bundesfinanzhof[261] hat, obwohl die Zurechnung der Gartenlaube nicht unmittelbar Gegenstand des Verfahrens gewesen ist, in einem Urteil entschieden, dass der Kleingärtner als wirtschaftlicher Eigentümer der Gartenlaube angesehen werden muss und ihm dieses Gebäude daher zu Recht als selbstständige wirtschaftliche Einheit zugerechnet worden ist. Obwohl das Finanzgericht Münster vom beklagten Finanzamt auf dieses Urt. aufmerksam gemacht worden ist, ist das Finanzamt in seiner Urteilsbegründung auf dieses BFH-Urt. nicht eingegangen.

Nach *Tipke/Kruse*, Tz. 32 zu § 39 AO, ist ein Gebäude auf fremdem Grund und Boden im Regelfall stets dem Erbauer zuzurechnen; auch *Rössler/Troll/Langner* kommen in den Textziffern 51 bis 55 zu § 70 BewG für die Frage der **Zurechnung eines Gebäudes auf fremdem Grund und Boden** zu dem Ergebnis, dass neben der Verfügungsbefugnis von der wirtschaftlichen Interessenlage der Beteiligten auszugehen ist. Es würde der bewertungs- und vermögensteuerrechtlichen Systematik widersprechen, wenn die Aufwendungen des Kleingärtners für die Errichtung einer Gartenlaube einerseits sein Vermögen schmälern, das mit diesen Aufwendungen geschaffene sogenannte Einheitswert-Vermögen aber einem Anderen zugerechnet werden sollte.

Die Entscheidung des Finanzgerichts Münster ist hinsichtlich der Zurechnung als Einzelfallentscheidung zu behandeln und kann deshalb nicht allgemein angewendet werden. Anträge auf Zurechnungsfortschreibung oder Aufhebung der Einheitswerte sind mit rechtsbehelfsmäßigen Bescheiden abzulehnen und gegebenenfalls die Frage der Zurechnung in einem Musterprozess durch den Bundesfinanzhof entscheiden zu lassen.

Zur **Verkehrswertermittlung von Aufwuchs und Baulichkeiten** vgl. die Richtlinien des Landesverbandes Rheinland der Kleingärtner e.V.[262].

8.3 Kleingärten in den neuen Bundesländern

295 In den **neuen Bundesländern sowie im Ostteil Berlins**[263] beantwortet sich die Frage, ob und wie ein Kleingartennutzungsverhältnis Bestand hat, nach dem in das BKleingG eingefügten **§ 20a BKleingG.** Die Vorschrift hat folgende Fassung:

„**§ 20a BKleingG** Überleitungsregelungen aus Anlass der Herstellung der Einheit Deutschlands

In dem in Artikel 3 des Einigungsvertrages genannten Gebiet ist dieses Gesetz mit folgenden Maßgaben anzuwenden:

1. Kleingartennutzungsverhältnisse, die vor dem Wirksamwerden des Beitritts begründet worden und nicht beendet sind, richten sich von diesem Zeitpunkt an nach diesem Gesetz.

2. Vor dem Wirksamwerden des Beitritts geschlossene Nutzungsverträge über Kleingärten sind wie Kleingartenpachtverträge über Dauerkleingärten zu behandeln, wenn die Gemeinde bei Wirksamwerden des Beitritts Eigentümerin der Grundstücke ist oder nach diesem Zeitpunkt das Eigentum an diesen Grundstücken erwirbt.

---
260 Erl des FM von Nordrhein-Westfalen vom 23.07.1984 – S 3199 – 1 – V A 4 –.
261 BFH, Urt. vom 19.01.1979 – III R 42/77 –, BStBl. II 1979, 398.
262 Abgedruckt in Kleiber/Simon/Weyers, Verkehrswertermittlung von Grundstücken, 3. Aufl., S. 2247.
263 Das BKleingG in den neuen Bundesländern, Schriftenreihe Bundesverband Deutscher Gartenfreunde, Heft 71, 1991.

3. Bei Nutzungsverträgen über Kleingärten, die nicht im Eigentum der Gemeinde stehen, verbleibt es bei der vereinbarten Nutzungsdauer. Sind die Kleingärten im Bebauungsplan als Flächen für Dauerkleingärten festgesetzt worden, gilt der Vertrag als auf unbestimmte Zeit verlängert. Hat die Gemeinde vor Ablauf der vereinbarten Nutzungsdauer beschlossen, einen Bebauungsplan aufzustellen mit dem Ziel, die Fläche für Dauerkleingärten festzusetzen, und den Beschluss nach § 2 Abs. 1 Satz 2 des Baugesetzbuchs bekannt gemacht, verlängert sich der Vertrag vom Zeitpunkt der Bekanntmachung an um sechs Jahre. Vom Zeitpunkt der Rechtsverbindlichkeit des Bebauungsplans an sind die Vorschriften über Dauerkleingärten anzuwenden. Unter den in § 8 Abs. 4 Satz 1 des Baugesetzbuchs genannten Voraussetzungen kann ein vorzeitiger Bebauungsplan aufgestellt werden.

4. Die vor dem Wirksamwerden des Beitritts Kleingärtnerorganisationen verliehene Befugnis, Grundstücke zum Zwecke der Vergabe an Kleingärtner anzupachten, kann unter den für die Aberkennung der kleingärtnerischen Gemeinnützigkeit geltenden Voraussetzungen entzogen werden. Das Verfahren der Anerkennung und des Entzugs der kleingärtnerischen Gemeinnützigkeit regeln die Länder.

5. Anerkennungen der kleingärtnerischen Gemeinnützigkeit, die vor dem Wirksamwerden des Beitritts ausgesprochen worden sind, bleiben unberührt.

6. Die bei Inkrafttreten des Gesetzes zur Änderung des Bundeskleingartengesetzes zu leistende Pacht kann bis zur Höhe des nach § 5 Abs. 1 zulässigen Höchstpachtzinses in folgenden Schritten erhöht werden:

   1. ab 1. Mai 1994 auf das Doppelte,
   2. ab 1. Januar 1996 auf das Dreifache,
   3. ab 1. Januar 1998 auf das Vierfache

   der ortsüblichen Pacht im erwerbsmäßigen Obst- und Gemüseanbau. Liegt eine ortsübliche Pacht im erwerbsmäßigen Obst- und Gemüseanbau nicht vor, ist die entsprechende Pacht in einer vergleichbaren Gemeinde als Bemessungsgrundlage zugrunde zu legen. Bis zum 1. Januar 1998 geltend gemachte Erstattungsbeträge gemäß § 5 Abs. 5 Satz 3 können vom Pächter in Teilleistungen, höchstens in acht Jahresleistungen, entrichtet werden.

   Vor dem Wirksamwerden des Beitritts rechtmäßig errichtete Gartenlauben, die die in § 3 Abs. 2 vorgesehene Größe überschreiten, oder andere der kleingärtnerischen Nutzung dienende bauliche Anlagen können unverändert genutzt werden. Die Kleintierhaltung in Kleingartenanlagen bleibt unberührt, soweit sie die Kleingärtnergemeinschaft nicht wesentlich stört und der kleingärtnerischen Nutzung nicht widerspricht.

7. Eine vor dem Wirksamwerden des Beitritts bestehende Befugnis des Kleingärtners, seine Laube dauernd zu Wohnzwecken zu nutzen, bleibt unberührt, soweit andere Vorschriften der Wohnnutzung nicht entgegenstehen. Für die dauernde Nutzung der Laube kann der Verpächter zusätzlich ein angemessenes Entgelt verlangen."

Zur rechtlichen **Einordnung von Nutzungsverträgen über die Nutzung land- oder forstwirtschaftlich nicht genutzten Bodens zu Erholungszwecken** nach den §§ 312 ff. i. V. m. § 296 ZGB muss zunächst geprüft werden, ob es sich bei den gepachteten Flächen im Einzelfall um einen Kleingarten oder um sog. Erholungsflächen (Freizeitgestaltung) handelt. Zur Beurteilung, ob es sich bei einem Pachtvertrag um einen Kleingartenpachtvertrag (Kleingartennutzungsvertrag) handelt, der durch den Einigungsvertrag als Kleingartenpachtvertrag i. S. des BKleingG übergeleitet wurde, oder um einen Nutzungsvertrag mit der Zweckbestimmung, die überlassene Fläche z. B. mit einem Wochenend- oder Ferienhaus bebauen zu dürfen, kommt es auf den Wortlaut des Pachtvertrags an. Hat ein Überlassungsvertrag eine Nutzung zum Inhalt, die nach den Vorschriften des BKleingG nicht mehr als kleingärtnerisch bezeichnet werden kann, kommt dieses Gesetz nicht zur Anwendung. Als kleingärtnerische Nutzung gilt nach § 1 Abs. 1 und 2 BKleingG eine nicht erwerbsmäßige gärtnerische Nutzung, insbesondere zur Gewinnung von Gartenbauerzeugnissen für den Eigenbedarf und die Erholungsnutzung.

Kleingärtnerisch genutzte Flächen außerhalb einer Kleingartenanlage sind nach dem Gesetz keine Kleingärten. Auf Verträge über die Nutzung solcher Grundstücke finden weiterhin die Vorschriften der §§ 312 bis 315 ZGB der DDR Anwendung (Anlage I, Kap. 3, Sachgebiet B: Bürgerliches Recht, Abschnitt II Nr. 1 des Einigungsvertrags vom 31.08.1990 i. V. m. Art. 1 des Gesetzes vom 23.09.1990 [BGBl. II 1990, 885, 944]). Das Gleiche gilt auch für die der Erholung dienenden und mit dieser Zweckbestimmung bebaubaren Flächen.

Für Freizeit- und Erholungsgrundstücke regelt die Nutzungsentgeltverordnung (Nutz EV) die Höhe des Entgelts.

298 Eine Besonderheit besteht für Überlassungsverträge, die eine Nutzung zum Inhalt haben, die nach den Vorschriften des BKleingG nicht mehr als kleingärtnerisch zu bezeichnen ist, d. h. für Nutzungen durch eine nicht erwerbsmäßige gärtnerische Nutzung, insbesondere zur Gewinnung von Gartenbauerzeugnissen für den Eigenbedarf und die Erholungsnutzung (**Kleingartenanlagen** i. S. des § 315 ZGB). Im Kleingarten selbst ist eine Gartenlaube zulässig, die – vorbehaltlich § 20a Nrn. 7 und 8 BKleingG – grundsätzlich nicht zum dauernden Wohnen geeignet sein darf. Weitere Voraussetzung für die Anwendung des BKleingG ist die Zusammenfassung von Einzelgärten zu einer Kleingartenanlage mit gemeinschaftlichen Einrichtungen.

299 Soweit **Nutzungsverhältnisse in Kleingartenanlagen** bestehen, gilt nach Art. 232 § 4 Abs. 3 EGBGB künftig das genannte BKleingG[264]. Nach § 20a Nr. 1 BKleingG gilt, wie erläutert, der Pachtvertrag (Nutzungsvertrag) fort. Der Vertrag endet mit dem Ablauf der Zeit, für die er eingegangen ist. Nach Maßgabe der Vorschriften der §§ 8 ff. BKleingG kann der Pachtvertrag gekündigt werden.

300 § 5 Abs. 1 BKleinG i. V. m. § 20a Nr. 6 bestimmt die daraus abzuleitende **Höchstpacht für Kleingärten**, die den Bestimmungen des BKleingG unterliegen, in folgenden Schritten

– ab 1. Januar 1996 auf das Dreifache,

– ab 1. Januar 1998 auf das Vierfache

der ortsüblichen Pacht im erwerbsmäßigen Obst- und Gemüseanbau.

301 Aus der zentralen Datensammlung über Pachten im erwerbsmäßigen Obst- und Gemüseanbau des Landes *Brandenburg* (Grundstücksmarktbericht) kann gefolgert werden:

– Im Durchschnitt aller Nutzungen liegt die Pacht in einer Wertspanne von 0,0075 bis 0,0250 €/m² und Jahr. Sie liegt im engeren Verflechtungsraum *Brandenburg–Berlin* im oberen Wertbereich von 0,015 – 0,025 €/m² und Jahr und sind jeweils von der Nutzung und Lage in der Höhe beeinflusst.

– In den ländlichen und kleinstädtischen Bereichen im äußeren Entwicklungsraum sind größtenteils Werte zwischen 0,0075 bis 0,0125 €/m² und Jahr anzutreffen.

Eine Untersuchung verschiedener **Einflussgrößen** ergab:

– Je größer die Fläche, desto geringer die Pacht,

– Je länger die Vertragsdauer, desto höher die Pacht,

– Je später das Vertragsjahr, desto geringer die Pacht,

– Je geringer die Entfernung zur Vermarktung, desto höher die Pacht.

302 Zur **steuerlichen Bewertung** von Kleingartenland und von Kleingartenlauben in Kleingartenanlagen der neuen Bundesländer sind eine Reihe von Verwaltungsvorschriften erlassen worden[265]. Danach sind Kleingärten i. S. des BKleingG dem land- und forstwirtschaftlichen Vermögen zuzurechnen, wenn sie vorwiegend gärtnerisch genutzt werden. Dem Grundvermögen sind sie jedoch in folgenden Fällen zuzurechnen:

1. Kleingärten sind jedoch dem Grundvermögen zuzurechnen, wenn nach ihrer Lage und den sonstigen Verhältnissen, insbesondere mit Rücksicht auf die bestehenden Verwertungsmöglichkeiten, anzunehmen ist, dass sie in absehbarer Zeit anderen als land- und forstwirtschaftlichen Zwecken dienen werden, z. B. wenn sie hiernach als Bauland, Industrieland oder als Land für Verkehrszwecke anzusehen sind (§ 51 Abs. 2 BewG-DDR).

2. Kleingartenflächen, die mit Gebäuden mit einer bebauten Fläche von mehr als 24 m² (einschl. überdachtem Freisitz) bebaut sind, sind ebenfalls dem Grundvermögen zuzurechnen. Diese Gebäude bil-

---

264 Vgl. Art. 8 des Einigungsvertrags vom 31.08.1990.
265 OFD Magdeburg, Vfg. vom 04.07.1995 – S 3191 – 1 St 336 V –; Vfg. vom 04.07.1995 – S 3191 – 1 – St 336 V.

den gem. § 50 Abs. 3 BewG-DDR selbstständige wirtschaftliche Einheiten „Gebäude auf fremdem Grund und Boden" des Grundvermögens und sind der Grundstückshauptgruppe „Sonstige bebaute Grundstücke" zuzuordnen.

2.1 In Anlehnung an die Richtlinie zur Vereinfachung des Bewertungsverfahrens und zur Ermittlung der Einheitswerte des Grundvermögens vom 03.10.1975 – DDR sind in einfachster Bauausführung errichtete Gebäude (Bungalows) in Kleingartenanlagen im Sachwertverfahren mit einem Raummeterpreis von 17,00 DM/m² umbautem Raum zu bewerten.

2.2 In diesem Fall ist auch der Grund und Boden der gesamten Kleingartenanlage als eine wirtschaftliche Einheit des Eigentümers (ansonsten Zahl der Eigentümer = Zahl der wirtschaftlichen Einheiten) Grund und Boden mit aufstehenden fremden Gebäuden wie ein unbebautes Grundstück zu bewerten. Bei der Ermittlung des Bodenwerts ist von dem Wert auszugehen, der für die Fläche festzustellen gewesen wäre. Von diesem Wert ist unter Berücksichtigung der Beschränkungen, denen das Kleingartenland unterliegt, ein Abschlag in Höhe von 20 v. H. des „Ausgangswerts" vorzunehmen. Diese Regelung wurde vom Reichsfinanzhof[266] gebilligt.

Die **Bewertung von Kleingartenlauben, die vor dem 01.01.1991 errichtet wurden**, als Grundvermögen unterbleibt regelmäßig, wenn die auf volle Quadratmeter abgerundete bebaute Fläche einschließlich des überdachten Freisitzes nicht mehr als 25 m² beträgt.

Bei Überschreitung dieser Fläche ist nach Tz. III 2.1 des Erlasses zu verfahren. Gehörten zu diesen Kleingärten Nebengebäude oder Bedachungen, so sind die Werte für Garagen, Schuppen und Überdachungen gemäß Tz. 4.2.2.3 der gleich lautenden Erlasse zur Bewertung von Gewerbegrundstücken anzuwenden.

Enthalten in einer Kleingartenanlage belegene Gebäude eine Wohnung (Definition des Wohnungsbegriffs siehe Einfamilienhauserlass) und sind diese während des ganzen Jahres bewohnbar, so sind sie der Grundstückshauptgruppe Einfamilienhaus zuzurechnen und entsprechend zu bewerten. § 42 GrStG ist zu beachten. Der Umstand, dass diese in einem im Bebauungsplan ausgewiesenen Sondergebiet (Wochenendhausgebiet) liegen und somit baurechtlich nicht ständig bewohnt werden dürfen, steht der Beurteilung als Einfamilienhaus nicht entgegen.

Erwirbt der Eigentümer einer Kleingartenlaube den dazugehörigen Grund und Boden, so ist die gesamte wirtschaftliche Einheit (Grund und Boden und Gebäude) zu dem auf den Erwerb folgenden Feststellungszeitpunkt als wirtschaftliche Einheit des Grundvermögens zu erfassen. Hierbei ist es unbeachtlich, ob die bebaute Fläche des Gebäudes 25 m² übersteigt.

Für **Kleingartenlauben, die nach dem 01.01.1991 errichtet wurden,** gilt das BKleingG. **303** Danach wird eine Genehmigung für die Errichtung einer Kleingartenlaube mit einer bebauten Fläche von mehr als 24 m² erteilt.

Zu den **Normalherstellungskosten für Lauben und Wochenendhäuser** in den neuen Bundesländern vgl. *Kleiber/Simon/Weyers*, Verkehrswertermittlung von Grundstücken, 3. Aufl. S. 2092; zum Aufwuchs S. 2247 ff.

Schrifttumshinweise

Bayern: Richtlinien des Landesverbandes bayerischer Kleingärtner e.V. für die Bewertung von Anpflanzungen und Anlagen nach § 11 Abs. 1 des BKleingG, Bewertungsrichtlinien – (Oktober 2000, AllMBl. 2000, 729); vorher Bekanntm. des Staatsministeriums des Innern vom 14.02.1985 – II C 4 – 4709.9-3 – (MABl. 1985, 52), vom 28.11.1986 (MABl. 1986, 579), vom 28.01.1991 (AllMBl. 1991, 105) und vom 08.06.1993 (AllMBl. 1993, 780).

Berlin: Verwaltungsvorschrift über Kündigungsentschädigungen auf Kleingartenland vom 11.02.2003 (ABl. 2003, 814, DBl. VI Nr. 1, S 2).

Brandenburg: Richtlinien des Landesverbandes Brandenburg der Gartenfreunde e.V. für die Bewertung von Anpflanzungen Gartenlauben, Garteneinrichtungen und sonstige Anlagen in Kleingärten bei Kündigungsentschädigung nach § 11 Abs. 1 des BKleingG; Genehmigung vom 01.03.2006 (Amtl. Anz 2006, 267).

---

266 RFH, Urt. vom 23.02.1939 – III 82/38 –, RStBl. 1939, 574.

§ 5 ImmoWertV — Abbauland

Hamburg: Richtlinien für die gutachtliche Schätzung bei Räumung von Kleingärten vom 30.09.1983. Bewertungsgrundlage des Fachamtes für Stadtgrün und Erholung der Behörde für Umwelt und Gesundheit zur Entschädigung von gekündigten Kleingartenflächen vom 15.05.2002 (nicht bekannt gemacht).

Hessen: Grundsätze und Richtlinien für die Wertermittlung von Aufwuchs, Baulichkeiten und sonstigen Einrichtungen in Kleingärten (1983) vom 10.11.1983 (StAnz 1983, 2318); aktueller Stand Juni 2008, nicht bekannt gemacht). Bewertung von Anpflanzungen und Anlagen gemäß § 11 Abs. 1 BKleingG vom 12.02.1993 (StAnz 1993, 767).

Mecklenburg-Vorpommern: Bekanntmachung des Landwirtschaftsministeriums über die Genehmigung der Richtlinien des Landesverbands der Gartenfreunde Mecklenburg und Vorpommern e.V. über die Bewertung von Anpflanzungen und Anlagen (Schätzungsrichtlinie) vom 16.09.1992 (ABl. 1992, 988; zuletzt geändert am 25.08.2006 ABl. 2006, 578).

Saarland: Richtlinie über die Bewertung von Anpflanzungen und Anlagen nach § 11 Abs. 1 des BKleingG vom 01.01.1987 (GMBl. 1987, 31, zuletzt geändert am 19.02.1997 GMBl. 1997, 95).

Sachsen: Richtlinie für die Wertermittlung gemäß § 11 Abs. 1 Satz 2 BKleingG; Bekanntmachung der Genehmigung des Sächsischen Staatsministeriums für Umwelt und Landwirtschaft vom 22.07.2009 (ABl. 2009, 1279).

Sachsen-Anhalt: Erl des FM vom 04.10.1991 – 45 – S 3191 – betr. Bewertung von Kleingartenland und von Kleingartenlauben in Kleingartenanlagen. Rahmenrichtlinie für die Wertermittlung in Kleingärten; Bekanntmachung der Genehmigung vom 18.03.1997 (MinBl. 1997, 918; zuletzt geändert am 25.09.2001 MinBl. 2001, 950).

Schleswig-Holstein: Richtlinie über die Bewertung und Entschädigung von Anpflanzungen und Anlagen nach § 11 Abs. 1 des BKleingG vom 13.12.1985 – VIII 360a – 4360.1 – (ABl. 1986, 13) i. d. F. vom 11.07.2008 – V 233 – 4360.12 (ABl. 2008, 691).

Thüringen: VV des FM vom 14.12.1995 – 14 S 3106b A 2 201.5 betr. Bewertung von Wochenendhäusern. Bewertungsrichtlinien nach § 11 Abs. 1 Satz 2 BKleingG; Bekanntmachung der Genehmigung des Thüringer Ministeriums für Landwirtschaft, Naturschutz und Umwelt vom 13.04.2004 (StAnz. 2004, 1342).

Bundesverband Deutscher Gartenfreunde e.V., Wertermittlung bei Pächterwechsel, GuG 2001, 42.

8.4 Sonstiges Gartenland

▶ Vgl. unten Rn. 178 sowie Syst. Darst. des Vergleichswertverfahrens Rn. 264; § 8 ImmoWertV Rn. 149 ff.

304 Für das sonstige Gartenland werden von den Gutachterausschüssen für Grundstückswerte nur vereinzelt Angaben gemacht. Allgemein ist festzustellen, dass das **Gartenland in den innerstädtischen Bereichen** deutlich höher als im städtischen Weichbild gehandelt wird.

Das Preisniveau von **Gartenland** wird von vielen Gutachterausschüssen mit einem Wert von 25 % des nächstgelegenen Rohbaulands angegeben.

Abb. 32: Gartenland

Garten- und Erholungsflächen			
	Inneres Stadtgebiet	Äußeres Stadtgebiet Stadtrandlage	Bemerkungen
Bergisch Gladbach	5 €/m²		
Bremen 2000	11,00 bis 13,50 €/m²		
Landkreis Dahme-Spreewald	0,29 bis 40 €/m² (Durchschnitt 9,35 €/m²)		
Dresden 2000	17,50 bis 22,50 €/m²	2,50 bis 12,50 €/m²	Im Umland je nach Lage

Göttingen (2012)	23,94 €/m² bei Ø 728 m²		Ca. 10–15 % des benachbarten Bodenrichtwerts
LK Göttingen	5,17 €/m² bei Ø 670 m²		
Leipzig	7,50 bis 15,00 €/m²		
LK Northeim (2012)	4,93 €/m² bei Ø 1 203 m²		Ca. 10–15 % des benachbarten Bodenrichtwerts
LK Osterode am Harz (2012)	3,15 €/m² bei Ø 1 043 m²		
Potsdam* 2003	15,00 – 46,50 €/m²	3,50 – 19,00 €/m²	
Vgl. auch die Durchschnittswerte für Gartenflächen in Brandenburg (2003) in Kleiber, Verkehrswertermittlung von Grundstücken, 6. Aufl. 2010 S. 736.			

Im Immobilienmarktbericht 2011[267] für *Südhessen* wird als Ergebnis einer Untersuchung für vornehmlich im Außenbereich gelegenes und in der Flächennutzungsplanung u. a. als „Freizeit- und Kleingärten" ausgewiesenes sog. „wohnungsfernes Gartenland" eine Abhängigkeit des Bodenwerts vom Bodenrichtwert landwirtschaftlicher Flächen festgestellt (Abb. 33):

Abb. 33: Bodenwert wohnungsfernen Gartenlands (2011)

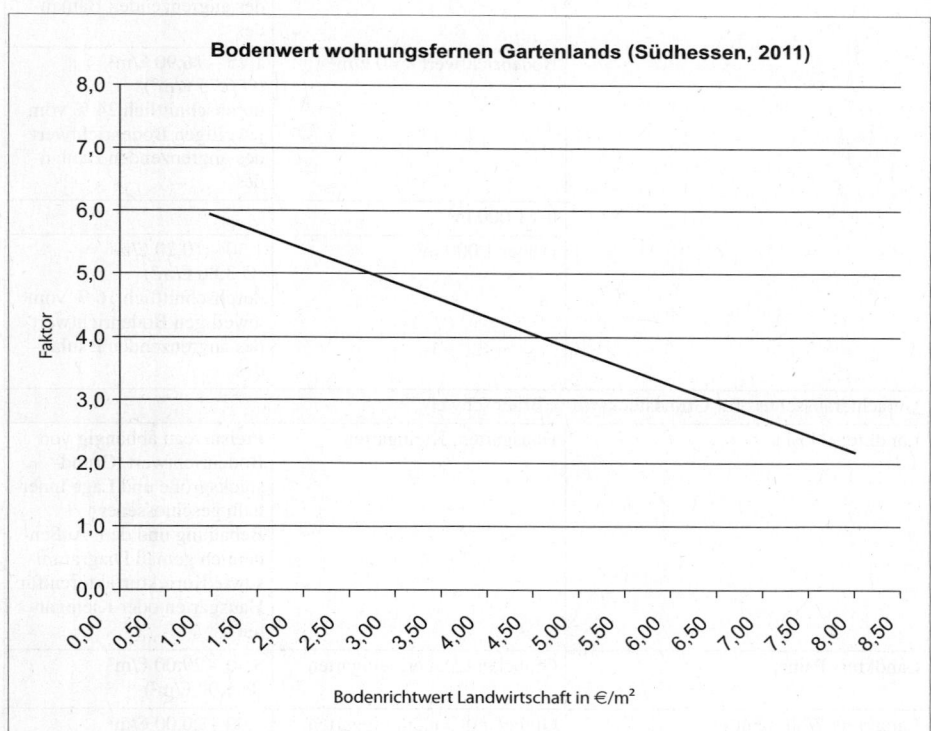

Quelle: Grundstücksmarktbericht 2011 Amt für Bodenmanagement Heppenheim

Der Landesgrundstücksmarktbericht 2011 (*Niedersachsen*) weist folgende Grundstückspreise aus (Abb. 34):

---

[267] Immobilienmarktbericht 2011 der Gutachterausschüsse für Grundstückswerte für den Bereich des Amtes für Bodenmanagement Heppenheim; vgl. GuG 2011, 296.

§ 5 ImmoWertV — Abbauland

Abb. 34: Grundstückspreise für Gartenland

Grundstückspreise für Gartenland in Niedersachsen 2011		
Landkreis, kreisfreie Stadt, Region	**Nutzung und ggf. Lage**	**Preise**
Gutachterausschuss für Grundstückswerte Aurich		
Landkreise Aurich, Leer, Wittmund und Stadt Emden	Private Grünflächen, Hausgarten Bodenrichtwert > 39 €/m²	
	bis 1 000 m²	3,50 – 39,00 €/m² (Ø 12,50 €/m²) durchschnittlich 20 % vom jeweiligen Bodenrichtwert des angrenzenden Baulandes
	größer 1 000 m²	1,30 – 9,00 €/m² (Ø 4,70 €/m²) durchschnittlich 10 % vom jeweiligen Bodenrichtwert des angrenzenden Baulandes
	Bodenrichtwert < 40 €/m²	1,25 – 16,90 €/m² (Ø 6,75 €/m²) durchschnittlich 24 % vom jeweiligen Bodenrichtwert des angrenzenden Baulandes
	bis 1 000 m²	
	größer 1 000 m²	1,50 – 10,20 €/m² (Ø 3,80 €/m²) durchschnittlich 16 % vom jeweiligen Bodenrichtwert des angrenzenden Baulandes
Gutachterausschuss für Grundstückswerte Braunschweig		
Landkreis Goslar	Hausgarten, Kleingarten	Preisniveau abhängig von Bodenrichtwert, Grundstücksgröße und Lage innerhalb geschlossener Bebauung und dem Außenbereich gemäß Diagramm sowie Korrekturfaktoren für Hausgärten oder Kleingarten
Landkreis Peine	Grabeland/Dauerkleingarten	3,40 – 29,00 €/m² (Ø 5,00 €/m²)
Landkreis Wolfenbüttel	Grabeland/Dauerkleingarten	1,00 – 20,00 €/m² (Ø 6,00 €/m²)
Stadt Braunschweig	private Grünflächen	3,00 – 20,00 €/m² (Ø 10,00 €/m²)
	private Kleingartenflächen	5,00 – 20,00 €/m² (Ø 10,00 €/m²)

Abbauland § 5 ImmoWertV

Grundstückspreise für Gartenland in Niedersachsen 2011		
Landkreis, kreisfreie Stadt, Region	**Nutzung und ggf. Lage**	**Preise**
Stadt Salzgitter	Gartenland bzw. private Grünfläche je nach Lage im dörflichen Randbereich oder innerhalb der größeren Stadtteile	1,40 – 14,00 €/m² (Ø 4,20 €/m²)
Gutachterausschuss für Grundstückswerte Cloppenburg		
Landkreis Cloppenburg	Hausgarten	durchschnittlich 22 % des Wohnbaulandwerts (ebf) in der Nachbarschaft
Landkreis Oldenburg	Hausgarten	durchschnittlich 21 % des Wohnbaulandwerts (ebf) in der Nachbarschaft
Landkreis Vechta	Hausgarten	durchschnittlich 28 % des Wohnbaulandwerts (ebf) in der Nachbarschaft
Stadt Delmenhorst	Hausgarten	durchschnittlich 23 % des Wohnbaulandwerts (ebf) in der Nachbarschaft
Gutachterausschuss für Grundstückswerte Hameln		
Landkreis Hameln-Pyrmont	Hausgarten/Grabeland oder Kleingartenanlage	
	in Hameln	2,44 – 25,80 €/m² (Ø 7,37 €/m²) durchschnittlich 12 % vom jeweiligen Bodenrichtwertniveau der angrenzenden Baulandfläche
	im übrigen Landkreis	0,54 – 20,00 €/m² (Ø 5,90 €/m²) durchschnittlich 15 % vom jeweiligen Bodenrichtwertniveau der angrenzenden Baulandfläche
Landkreis Hildesheim	Hausgarten/Grabeland oder Kleingartenanlage	
	in der Stadt Hildesheim	3,35 – 38,30 €/m² (Ø 13,15 €/m²) durchschnittlich 7 % vom jeweiligen Bodenrichtwertniveau der angrenzenden Baulandfläche
	in Kleinstädten	2,50 – 15,20 €/m² (Ø 6,35 €/m²) durchschnittlich 10 % vom jeweiligen Bodenrichtwertniveau der angrenzenden Baulandfläche

§ 5 ImmoWertV — Abbauland

Grundstückspreise für Gartenland in Niedersachsen 2011		
Landkreis, kreisfreie Stadt, Region	Nutzung und ggf. Lage	Preise
	in ländlichen Gemeinden	1,70 – 14,30 €/m² (Ø 5,90 €/m²) durchschnittlich 15 % vom jeweiligen Bodenrichtwertniveau der angrenzenden Baulandfläche
Landkreis Holzminden	Hausgarten/Grabeland oder Kleingartenanlage	
	in den Städten	2,10 – 9,80 €/m² (Ø 4,55 €/m²) durchschnittlich 9 % vom jeweiligen Bodenrichtwertniveau der angrenzenden Baulandfläche
	im übrigen Landkreis	1,20 – 3,90 €/m² (Ø 2,25 €/m²) durchschnittlich 13 % vom jeweiligen Bodenrichtwertniveau der angrenzenden Baulandfläche
Landkreis Schaumburg	Hausgarten/Grabeland oder Kleingartenanlage	
	in ländlichen Gemeinden	2,00 – 9,00 €/m² (Ø 4,65 €/m²) 10 bis 20 % vom jeweiligen Bodenrichtwertniveau der angrenzenden Baulandfläche
	in den Stadtrandlagen	2,50 – 13,00 €/m² (Ø 5,70 €/m²) 8 bis 25 % vom jeweiligen Bodenrichtwertniveau der angrenzenden Baulandfläche
	in den Innenstädten	10,00 – 20,00 €/m² (Ø 14,30 €/m²) 8 bis 25 % vom jeweiligen Bodenrichtwertniveau der angrenzenden Baulandfläche
Gutachterausschuss für Grundstückswerte Hannover		
Region Hannover	Eigentümergärten	
	– in der Stadt Hannover und direkt angrenzenden Ortsteilen	15,00 – 35,00 €/m²
	– stadtnahe Region und Zentren in der übrigen Region	10,00 – 20,00 €/m²
	– ländlich strukturierte Gebiete in der übrigen Region	7,50 – 15,00 €/m²

Grundstückspreise für Gartenland in Niedersachsen 2011		
Landkreis, kreisfreie Stadt, Region	Nutzung und ggf. Lage	Preise
	sonstiges Gartenland	
	– in der Stadt Hannover und direkt angrenzenden Ortsteilen	6,00 – 17,50 €/m²
	– stadtnahe Region und Zentren in der übrigen Region	5,00 – 13,00 €/m²
	– ländlich strukturierte Gebiete in der übrigen Region	3,50 – 8,00 €/m²
	Grabeland	
	– in der Stadt Hannover und direkt angrenzenden Ortsteilen	4,00 – 8,00 €/m²
	– stadtnahe Region und Zentren in der übrigen Region	3,00 – 6,00 €/m²
	– ländlich strukturierte Gebiete in der übrigen Region	2,00 – 4,00 €/m²
	Kleingarten	3,00 – 14,00 €/m²
Gutachterausschuss für Grundstückswerte Lüneburg		
Landkreis Harburg	Hausgarten, Grünanlagen, Eigentumsgarten	1,40 – 33,06 €/m² (Ø 8,72 €/m²) durchschnittlich ca. 7 – 9 % des Wohnbaulandwerts (ebf) in der Nachbarschaft
Landkreis Lüneburg	Hausgarten, Grünanlagen, Eigentumsgarten	2,68 – 23,00 €/m² (Ø 9,05 €/m²) durchschnittlich ca. 8 – 13 % des Wohnbaulandwerts (ebf) in der Nachbarschaft
Landkreis Uelzen	Hausgarten, Grünanlagen, Eigentumsgarten	0,50 – 15,00 €/m² (Ø 4,54 €/m²) durchschnittlich ca. 25 % des Wohnbaulandwerts (ebf) in der Nachbarschaft
Landkreis Lüchow-Danneberg	Hausgarten, Grünanlagen, Eigentumsgarten	0,50 – 10,39 €/m² (Ø 4,44 €/m²) durchschnittlich ca. 25 % des Wohnbaulandwerts (ebf) in der Nachbarschaft
Gutachterausschuss für Grundstückswerte Northeim		
Landkreis Göttingen	Gartenland	
	in der Stadt Göttingen	durchschnittlich 23,84 €/m²
	im Landkreis Göttingen	durchschnittlich 5,17 €/m² durchschnittlich 8 – 15 % des benachbarten Bodenrichtwerts für erschließungsbeitragsfreies Wohnbauland

§ 5 ImmoWertV — Abbauland

Grundstückspreise für Gartenland in Niedersachsen 2011		
Landkreis, kreisfreie Stadt, Region	Nutzung und ggf. Lage	Preise
Landkreis Northeim	Gartenland	durchschnittlich 4,93 €/m² durchschnittlich 8 – 15 % des benachbarten Bodenrichtwerts für erschließungsbeitragsfreies Wohnbauland
Landkreis Osterode am Harz	Gartenland	durchschnittlich 3,15 €/m² durchschnittlich 8 – 15 % des benachbarten Bodenrichtwerts für erschließungsbeitragsfreies Wohnbauland
Gutachterausschuss für Grundstückswerte Oldenburg		
LK Ammerland	Hausgarten oder private Grünfläche	
	in bebauten Ortslagen	Ø 25 % des angrenzenden Baulandwerts
	im Außenbereich	2,50 – 5,00 €/m²
Landkreis Wesermarsch	Hausgarten oder private Grünfläche	
	in bebauten Ortslagen	10 – 20 % des Baulandwerts
	im Außenbereich	abhängig auch von der Grundstücksgröße bis auf Niveau der landwirtschaftlichen Preise
Stadt Oldenburg	Hausgarten oder private Grünfläche	
	in bebauten Ortslagen	Ø 25 % des angrenzenden Baulandwerts
	im Außenbereich	2,50 – 5,00 €/m²
Gutachterausschuss für Grundstückswerte Osnabrück		
Landkreis Osnabrück	Gartenland als Zukauf bei landwirtschaftlichen Hofstellen im Außenbereich	2,50 – 5,50 €/m²
Stadt Osnabrück	Hausgarten/Grabeland und Dauerkleingarten	Darstellung der Kaufpreise in €/m² aus Diagramm
Gutachterausschuss für Grundstückswerte Ottendorf		
Landkreis Cuxhaven	Gartenland	0,43 – 11,84 €/m² (Ø 4,35 €/m²) durchschnittlich 14,4 % des jeweils benachbarten Baulandrichtwerts
Landkreis Osterholz	Gartenland	1,00 – 47,39 €/m² (Ø 11,93 €/m²) durchschnittlich 16,5 % des jeweils benachbarten Baulandrichtwerts
Landkreis Stade	Gartenland	1,00 – 17,20 €/m² (Ø 7,50 €/m²) durchschnittlich 13,00 % des jeweils benachbarten Baulandrichtwerts

Abbauland § 5 ImmoWertV

Grundstückspreise für Gartenland in Niedersachsen 2011		
Landkreis, kreisfreie Stadt, Region	Nutzung und ggf. Lage	Preise
Gutachterausschuss für Grundstückswerte Sulingen		
Landkreis Diepholz	Gartenland	
	im südlichen Bereich	durchschnittlich 5,60 €/m² 10 – 90 % (Ø 35 – 40 %) des Baulandrichtwerts (ebf)
	im nördlichen Bereich	durchschnittlich 14,00 €/m² 10 – 65 % (Ø 25 – 30 %) des Baulandrichtwerts (ebf)
Landkreis Nienburg/Weser	Gartenland	durchschnittlich 14,00 €/m² durchschnittlich 33 % des mittleren Baulandrichtwerts (ebf)
Gutachterausschuss für Grundstückswerte Verden		
Landkreis Rotenburg (Wümme)	Gartenland	5,00 – 30,00 €/m² (Ø 12,27 €/m²) durchschnittlich 27 % des jeweils benachbarten Baulandrichtwerts
Landkreis Soltau-Fallingbostel	Gartenland	1,50 – 25,00 €/m²
	bis 500 m²	Ø 11,46 €/m² durchschnittlich 26 % des jeweils benachbarten Baulandrichtwerts
	500 – 1 000 m²	Ø 8,36 €/m² durchschnittlich 21 % des jeweils benachbarten Baulandrichtwerts
Landkreis Verden	Gartenland	1,00 – 43,00 €/m² (Ø 12,95 €/m²) durchschnittlich 19 % des jeweils benachbarten Baulandrichtwerts
Gutachterausschuss für Grundstückswerte Verden		
Landkreis Celle	Private Grünfläche, Gartenland	1,00 – 23,00 €/m² (Ø 5,10 €/m²)
Landkreis Gifhorn	Private Grünfläche, Gartenland	2,00 – 20,00 €/m² (Ø 7,00 €/m²)
Landkreis Helmstedt	Private Grünfläche, Gartenland	1,80 – 17,65 €/m² (Ø 7,60 €/m²)
Stadt Wolfsburg	Private Grünfläche, Gartenland	4,20 – 27,50 €/m² (Ø 10,50 €/m²)

Quelle: Landesgrundstücksmarktbericht Niedersachsen 2011

Eine besondere Kategorie bildet das **Gartenbauland bzw. Gärtnereiflächen**. Verschiedene Gutachterausschüsse veröffentlichen für diese Kategorie Durchschnittswerte (Abb. 35): 305

Abb. 35: Durchschnittswerte für Gärtnereiflächen in Kleve

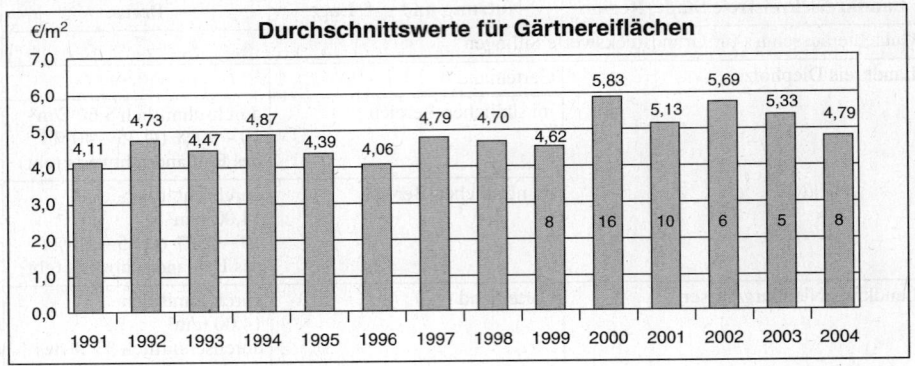

Quelle: Marktbericht des Gutachterausschusses in Kleve 2006

Des Weiteren wird als eigene Kategorie z. B. auch über Durchschnittspreise von **Obstbauland** berichtet, z. B. Grundstücksmarktbericht *Potsdam-Mittelmark* 2003: 0,45 bis 1,30 €/m² (Mittel 0,75 €/m²).

9 Abbauland

9.1 Allgemeines

Schrifttum: *Balloff, H.,* Besonderheiten der Wertermittlung für die Begründung schadensersatzrechtlicher Forderungen in Bergbaugebieten, GuG 1999, 44; *Drisch/Schürken,* Bewertung von Bergschäden und Setzungsrissen von Gebäuden, 1995 Hannover; *Finke,* Bergschäden GuG 1999, 266; *Hoffmann, D.,* Wertermittlung von Abbauland, GuG 2004, 156; *Uherek, H.-W./Kölberl, D.,* Verkehrswert von Grundstücken über Kiesvorkommen in den neuen Bundesländern, Verlag Pflug und Feder, 1. Aufl. 1993.

306 Als Abbauland[268] werden in § 43 BewG Betriebsflächen definiert, die **durch Abbau von Bodensubstanz überwiegend für den Betrieb nutzbar gemacht** werden; das Gesetz nennt Sand-, Kies-, Lehmgruben, Steinbrüche, Torfstiche und dgl.; z. B. Grauwacke, Bims, Basalt und Ton (vgl. oben Rn. 7)[269]. In der steuerlichen Bewertung wird das Abbauland gesondert mit dem Einzelertragswert bewertet. Das Abbauland ist grundsätzlich den Flächen der Land- oder Forstwirtschaft zuzurechnen, soweit es land- oder forstwirtschaftlich nutzbar ist. Größere Betriebe werden allerdings in der steuerlichen Bewertung i. d. R. nicht dem land- oder forstwirtschaftlichen Vermögen zugerechnet (Def. 17 des BodSchätzÜbernErl)[270].

307 Bei Abgrabungsgrundstücken handelt es sich regelmäßig um (ehemals) landwirtschaftliche Nutzflächen, die **in regionalen Raumordnungsplänen als „Vorrangfläche für die Rohstoffgewinnung"** bzw. in Flächennutzungsplänen der Gemeinden als Fläche für Abgrabungen oder für die Gewinnung von Bodenschätzen, z. B. Kiesabbau, **dargestellt sind.**

---

268 Vgl. Kleiber, Verkehrswertermittlung von Grundstücken, Teil VI Rn. 225 ff.; zur Teilmarktrechtsprechung § 196 BauGB Rn. 36.
269 Vgl. ErbStGR 2011 R B 160.19: „Zum **Abbauland** gehören Sandgruben, Kiesgruben, Steinbrüche und dergleichen, wenn sie durch Abbau der Bodensubstanz überwiegend für den Betrieb der Land- und Forstwirtschaft nutzbar gemacht werden. Stillgelegte Kiesgruben und Steinbrüche eines Betriebs der Land- und Forstwirtschaft, die weder kulturfähig sind noch bei geordneter Wirtschaftsweise Ertrag abwerfen können, gehören zum Unland und nicht zum Abbauland."
270 RFH, Urt. vom 12.01.1939 – III 157/38 –, RStBl 1939, 605; RFH, Urt. vom 20.03.1931 – III A 386 –, RStBl 1932, 106; vgl. Erl FM NW vom 06.01.1971 – S 3124 – 3 – VC 1.

Abbauland § 5 ImmoWertV

Bei **Abgrabungsgrundstücken** handelt es sich häufig um 100 000 bis 300 000 m² große **308** Grundstücke, die an der **Oberfläche im Tagebauverfahren** (Trockenabbau, Abbau unter der Wasseroberfläche) abgegraben oder ausgebeutet werden. Allgemein hat sich hierfür der Begriff „Abgrabungsgrundstücke" durchgesetzt. Gemeint ist nicht die Gewinnung von Bodenschätzen in größerer Tiefe (z. B. Kohle, Braunkohle im großflächigen Tagebau, Erze, Mineralien, Salze, Öl, Erdgas), insbesondere also nicht die förderbaren Vorkommen, die dem Bergrecht oder der Bergaufsicht durch das Bergamt unterliegen. Vorwiegend kommen für die Gewinnung im Tagebau folgende Bodensubstanzen/-schätze (Grundstoffe) in Betracht:

– Lehm, Ton, Sand[271], Quarzsand, Kies, Torf,

– Bims, Kalk, Gesteine, die in Brüchen abgebaut werden, Braunkohle.

Normalerweise erfolgt im Tagebau eine **Abgrabung bis zu einer Tiefe von 20 bis 40 m.** Es **309** werden hauptsächlich Schaufelbagger, Schwimmbagger, Kräne, Brech- und Bohrmaschinen eingesetzt; hinzu kommt meist ein umfangreicher Fuhrpark, insbesondere von Schwer-Lkw und Spezialfahrzeugen. Bei großen Abbautiefen (möglich sind Tiefen bis zu 200 m, beispielsweise bei Quarzsandgruben) unterliegen diese Förderstätten der Aufsicht des zuständigen Bergamts. Hierfür ist eine Zulassung (Genehmigung) dieser Stelle u. a. für die Ausführung von Rahmenbetriebsplan (langfristige Abbauplanung) und Hauptbetriebsplan (mittelfristige Abbauplanung für 5 Jahre) erforderlich.

Die *oberirdische* **Gewinnung von Bodenschätzen** (Abgrabung) ist im Bundesberggesetz **310** (BBergG) und in den Abgrabungsgesetzen der Länder geregelt (z. B. Gesetz zur Ordnung von Abgrabungen – Abgrabungsgesetz– in Nordrhein-Westfalen), soweit sie in der Verfügungsgewalt des Grundeigentümers steht. Bodenschätze sind insbesondere Kies, Sand, Ton, Lehm, Dolomit, sonstige Gesteine, Moorschlamm und Torf. Davon zu unterscheiden sind die zumeist *unterirdischen* Abgrabungen, die der Aufsicht der Bergbehörde unterliegen.

Die **oberirdische Abgrabung bedarf** (ebenfalls) **der Genehmigung,** die zu erteilen ist, **311** wenn

– ein vollständiger Abgrabungsplan vorliegt,

– die Ziele der Raumordnung und Landesplanung sowie die Belange der Bauleitplanung, des Naturhaushalts, der Landschaft und der Erholung beachtet sind und

– andere öffentliche Belange im Einzelfall nicht entgegenstehen.

Die Genehmigung berührt grundsätzlich nicht das Recht, den Eigentümer bzw., dinglich Nutzungsberechtigten der Feldgrundstücke eine dem Gewinnungsberechtigten nachteilige Benutzung der Grundstücksoberfläche (z. B. Verlegung einer Leitung) zu verbieten[272].

In einigen Ländern gelten für die **Genehmigung** spezielle Gesetze, so z. B. in **312**

– *Bayern:* Bay Abgrabungsgesetz vom 27.12.1999 (GVBl. 1999, 352), zuletzt geändert durch Gesetz vom 20.12.2007 (GVBl. 2007, 858).

– *Rheinland-Pfalz:* Landesgesetz über den Abbau und die Verwertung von Bimsvorkommen (Bimsgesetz) vom 13.04.1949 (GVBl. 1949, 143), zuletzt geändert durch Gesetz vom 06.02.2001 (GVBl. 2001, 29).

– *Niedersachsen:* Nds Naturschutzgesetz vom 11.04.1994 (GVBl. 1994, 155), zuletzt geändert durch Gesetz vom 23.06.2005 (GVBl. 2005, 210).

– *Nordrhein-Westfalen:* Gesetz zur Ordnung von Abgrabungen (Abgrabungsgesetz – AbgrG) i. d. F. der Bekanntmachung vom 23.11.1979 (GVBl. 1979, 922), zuletzt geändert durch Gesetz vom 19.06.2007 (GVBl. 2007, 226).

Nach dem Landesplanungsgesetz Nordrhein-Westfalen ist im **Braunkohlenplanverfahren** ein besonderes von dem dafür eingesetzten Braunkohlenausschuss (BKA) durchzuführen. Die von ihm aufzustellenden Braunkohlenpläne legen auf der Grundlage des Landesentwick-

---

[271] BGH, Urt. vom 25.11.1975 – III ZR 92/73 –, EzGuG 4.45.
[272] BGH, Urt. vom 23.11.2000 – III ZR 342/99 –, EzGuG 4.178.

lungsprogramms und von Landesentwicklungsplänen sowie in Abstimmung mit den Gebietsentwicklungsplänen im Braunkohlenplangebiet die Ziele der Raumordnung und Landesplanung fest. Dabei ist zwischen Braunkohlenplänen zu unterscheiden, die

- ein Abbauvorhaben und
- die eine Darstellung von Umsiedlungsorten

zum Gegenstand haben.

Nach dem BBergG hat ein Umsiedler Anspruch auf Entschädigung des Verkehrswerts und der Folgekosten, wobei Einflüsse aus dem bevorstehenden Braunkohletagebaus unberücksichtigt bleiben. In der **Entschädigungspraxis** (z. B. der RWE Power) kommt dabei eine Reihe von Besonderheiten zur Anwendung:

- Entschädigung der Differenz zwischen Verkehrswert und festgestelltem Sachwert (Marktanpassung),
- Nichtabschreibung der Baunebenkosten sowie
- Entschädigung des Aufwuchses ausgerichtet auf eine Neuanlage des alten Gartens in handelsüblicher Ausführung, ggf. unter Anrechnung der Aufwuchsentschädigung (vgl. Syst. Darst. des Sachwertverfahrens Rn. 219 ff.).

313 Die Gesetze stellen an die Betreiber von Abbauunternehmen **Rekultivierungsanforderungen**. Es wird auf die **Beseitigung der infolge der Abgrabungen verursachten Landschaftsschäden** durch eine sinnvolle Herrichtung des ausgebeuteten Geländes auf Kosten des Abbauunternehmens besonderer Wert gelegt. Hierzu werden Sicherheitsleistungen (Bargeld oder selbstschuldnerische unbefristete Bankbürgschaften) verlangt[273].

314 In den anderen Bundesländern finden sich zumeist in der **Bauordnung** besondere Vorschriften, die wie § 1 und § 2 AbgrG NW den Unternehmer und subsidiär den Eigentümer zur Herrichtung des Geländes während und nach Abschluss der Abgrabungen verpflichten. In *Baden-Württemberg* war zusätzlich in der NaturschutzVO (nunmehr Naturschutzgesetz vom 29.03.1995) vom 06.06.1963[274] und in einem Erl des Kultusministeriums über die Mitwirkung der staatlichen Forstämter bei Maßnahmen des Naturschutzes und der Landschaftspflege[275] die **Rekultivierung von ausgebeuteten Kies- und Sandgruben** besonders geregelt.

315 Zuständig für die Genehmigung der Abgrabung sind die in den Vorschriften für die einzelnen Bundesländer genannten Behörden, in *Nordrhein-Westfalen* ist dies der Regierungspräsident. Mit einer **Genehmigung von Abgrabung und Herrichtung (Rekultivierung)** kann im Allgemeinen gerechnet werden, wenn die unter Rn. 316 aufgeführten Unterlagen vorliegen.

316 Belange des Naturhaushalts und der Landschaft sind i. d. R. beachtet, wenn durch die Nutzung und Herrichtung des Abbau- und Betriebsgeländes

a) der Naturhaushalt durch Eingriffe in die Tier- und Pflanzenwelt, die Grundwasserverhältnisse, das Klima und den Boden nicht nachhaltig geschädigt wird,

b) eine Verunstaltung des Landschaftsbildes auf Dauer vermieden wird,

c) Landschaftsteile von besonderem Wert nicht zerstört werden und

d) den Entwicklungszielen und besonderen Festsetzungen eines aufgrund des Landschaftsgesetzes erlassenen rechtsverbindlichen Landschaftsplanes nicht nachhaltig und erheblich zuwidergehandelt wird.

---

273 Vgl. hierzu z. B. § 10 AbgG NW.
274 Naturschutzgesetz vom 29.03.1995 (GBl. 1995, 386), zuletzt geändert durch Gesetz vom 17.06.1997 (GBl. 1997, 278).
275 Erlass vom 15.01.1969.

9.2 Grundeigene und bergfreie Bodenschätze

9.2.1 Allgemeines

Bei der **Verkehrswertermittlung von Grundstücken mit Bodenschätzen** ist entsprechend dem BBergG zwischen 317

– bergfreien Bodenschätzen (§ 3 Abs. 3 BBergG) und
– grundeigenen Bodenschätzen (§ 3 Abs. 4 BBergG)

zu unterscheiden.

Grundeigene Bodenschätze stehen nach § 3 Abs. 2 Satz 1 BBergG im **Eigentum des Grundeigentümers.** Nach Satz 2 dieser Vorschrift erstreckt sich das Grundeigentum nicht auf die bergfreien Bodenschätze. Welche bergfreien Bodenschätze hierunter fallen, ergibt sich abschließend aus § 3 Abs. 3 BBergG. Die Aufsuchung von bergfreien Bodenschätzen setzt nach den §§ 3 ff. BBergG eine Erlaubnis voraus. Die Förderung bedarf zudem der Bewilligung oder des Bergwerkeigentums (Bergrecht). Es verleiht dem Bergbauberechtigten nicht das Eigentum am Grundstück, sondern ein eigentumsähnliches Aneignungsrecht im Umfang der Bewilligung und Verleihung unter Ausschluss des Grundeigentümers. Das Bergrecht geht also von dem Grundsatz aus, dass sich das Grundeigentum nicht auf die bergfreien Bodenschätze erstreckt und jeder, der solche Bergschätze aufsuchen will, einer Erlaubnis bedarf[276]. Bergrechtliche Duldungspflichten des Eigentümers können enteignenden Charakter haben[277]. 318

Die **Zuordnung von grundeigenen und bergfreien Bodenschätzen** ergibt sich aus § 3 **Abs. 3 und § 4 BBergG,** der folgende Fassung hat: 319

„**§ 3 BBergG Bergfreie und grundeigene Bodenschätze**

(1) Bodenschätze sind mit Ausnahme von Wasser alle mineralischen Rohstoffe in festem oder flüssigem Zustand und Gase, die in natürlichen Ablagerungen oder Ansammlungen (Lagerstätten) in oder auf der Erde, auf dem Meeresgrund, im Meeresuntergrund oder im Meerwasser vorkommen.

(2) **Grundeigene Bodenschätze** stehen im Eigentum des Grundeigentümers. Auf bergfreie Bodenschätze erstreckt sich das Eigentum an einem Grundstück nicht.

(3) **Bergfreie Bodenschätze** sind, soweit sich aus aufrecht erhaltenen alten Rechten (§§ 149 bis 159) oder aus Absatz 4 nichts anderes ergibt:

Actinium und die Actiniden, Aluminium, Antimon, Arsen, Beryllium, Blei, Bor, Caesium, Chrom, Eisen, Francium, Gallium, Germanium, Gold, Hafnium, Indium, Iridium, Kadmium, Kobalt, Kupfer, Lanthan und die Lanthaniden, Lithium, Mangan, Molybdän, Nickel, Niob, Osmium, Palladium, Phosphor, Platin, Polonium, Quecksilber, Radium, Rhenium, Rhodium, Rubidium, Ruthenium, Scandium, Schwefel, Selen, Silber, Strontium, Tantal, Tellur, Thallium, Titan, Vanadium, Wismut, Wolfram, Yttrium, Zink, Zinn, Zirkonium – gediegen und als Erze außer in Raseneisen, Alaun und Vitriolerzen –;

Kohlenwasserstoffe nebst den bei ihrer Gewinnung anfallenden Gasen;

Stein- und Braunkohle nebst den im Zusammenhang mit ihrer Gewinnung auftretenden Gasen; Graphit;

Stein-, Kali-, Magnesia- und Borsalze nebst den mit diesen Salzen in der gleichen Lagerstätte auftretenden Salzen; Sole;

Flussspat und Schwerspat.

Als **bergfreie Bodenschätze** gelten:
1. alle Bodenschätze im Bereich des Festlandsockels und,
2. soweit sich aus aufrechterhaltenen alten Rechten (§§ 149 bis 159) nichts anderes ergibt,
   a) alle Bodenschätze im Bereich der Küstengewässer sowie
   b) Erdwärme und die im Zusammenhang mit ihrer Gewinnung auftretenden anderen Energien (Erdwärme).

(4) **Grundeigene Bodenschätze** im Sinne dieses Gesetzes sind nur, soweit sich aus aufrechterhaltenen alten Rechten (§§ 149 bis 159) nichts anderes ergibt:

---
276 § 97 EGBGB.
277 BVerfG, Beschl. vom 20.10.1987 – 1 BvR 1048/87 –, NJW 1988, 1076; Hoppe-Beckmann in DÖV 1988, 893; Leisner in DVBl 1988, 555; Lange in DÖV 1988, 805.

§ 5 ImmoWertV — Abbauland

1. Basaltlava mit Ausnahme des Säulenbasaltes; Bauxit; Bentonit und andere montmorillonitreiche Tone; Dachschiefer; Feldspat; Kaolin; Pegmatitsand; Glimmer; Kieselgur; Quarz und Quarzit, soweit sie sich zur Herstellung von feuerfesten Erzeugnissen oder Ferrosilizium eignen; Speckstein, Talkum; Ton, soweit er sich zur Herstellung von feuerfesten, säurefesten oder nicht als Ziegeleierzeugnisse anzusehenden keramischen Erzeugnissen oder zur Herstellung von Aluminium eignet; Trass;
2. alle anderen nicht unter Absatz 3 oder Nummer 1 fallenden Bodenschätze; soweit sie untertägig aufgesucht oder gewonnen werden."

320 Während die grundeigenen Bodenschätze im Eigentum des Grundeigentümers stehen[278], sind die bergfreien Bodenschätze nicht Bestandteil des Eigentums. **Der Abbau grundeigener Bodenschätze bedarf der Genehmigung** (Erlaubnis, Bewilligung) nach verschiedenen bundes- und landesrechtlichen Vorschriften. Sie kann versagt werden, wenn dem das Wohl der Allgemeinheit entgegensteht.

Steuerrechtlich stellen Bodenschätze so lange ein vom Grund und Boden getrenntes Wirtschaftsgut nicht dar, wie

a) eine zum Abbau erforderliche behördliche Genehmigung nicht erteilt wird oder

b) die Ausweisungen im Flächennutzungs- bzw. Bebauungsplan einen Abbau nicht möglich machen[279].

9.2.2 Besonderheiten in den neuen Bundesländern

9.2.2.1 Rechtsentwicklung

321 In den Ländern *Brandenburg, Sachsen, Sachsen-Anhalt, Thüringen* sowie im *Ostteil Berlins* gilt mit bestimmten Maßgaben[280] das Berggesetz der DDR vom 12.05.1969[281] fort. Das Bundesberggesetz[282] ist dort gleichzeitig mit Maßgaben in Kraft getreten. Dieses bestimmt zur **Einordnung von Bodenschätzen in bergfreie und grundeigene Bodenschätze** Folgendes:

„Mineralische Rohstoffe im Sinne des § 3 des Berggesetzes der Deutschen Demokratischen Republik vom 12. Mai 1969 (GBl. I Nr. 5 S. 29) und der zu dessen Durchführung erlassenen Vorschriften sind bergfreie Bodenschätze im Sinne des § 3 Abs. 3. Geologische Formationen und Gesteine der Erdkruste, die sich zur unterirdischen behälterlosen Speicherung eignen, gelten als bergfreie Bodenschätze im Sinne des § 3 Abs. 3. Die anderen mineralischen Rohstoffe im Sinne des § 2 des Berggesetzes der Deutschen Demokratischen Republik sind grundeigene Bodenschätze im Sinne des § 3 Abs. 4."

322 Die genannten **Vorschriften des Berggesetzes der DDR** haben folgende Fassung:

„§ 2 BergG der DDR

(1) Mineralische Rohstoffe im Sinne dieses Gesetzes sind die festen, flüssigen und gasförmigen natürlichen Bestandteile der Erdkruste sowie die Bestandteile von Halden und Rückständen der Aufbereitung, soweit die Bestandteile gegenwärtig oder in Zukunft volkswirtschaftlich genutzt werden können. Ausgenommen ist der Boden als die belebte Verwitterungsrinde der Erdkruste.

(2) Lagerstätten sind räumlich begrenzte Abschnitte der Erdkruste, in denen natürliche Konzentrationen von mineralischen Rohstoffen (Lagerstättenvorräte) enthalten sind. Halden und Rückstände der Aufbereitung, die mineralische Rohstoffe enthalten, sind wie Lagerstätten zu behandeln.

---

[278] In den Ländergesetzen (vgl. das nordrh.-westf. Abgrabungsgesetz vom 21.11.1972) sind die Gewinnung der Bodenschätze, die Oberflächengestaltung und die Rekultivierung der Grundstücke geregelt; daneben sind das Wasserrecht, das Naturschutz- und Landschaftsschutzpflegegesetz sowie das Raumordnungs- und Landesplanungsrecht zu nennen (vgl. Dingethal/Jürging/Kaule/Weinzierl, Kiesgrube und Landschaft, 2. Aufl. Hamburg, Berlin 1985); zur ertragsteuerlichen Behandlung vgl. Schreiben des BMF vom 09.08.1993 – IV B 2 S 2134 – 208/93.
[279] BFH, Urt. vom 29.10.1993 – III R 36/93 –, EzGuG 4.154b.
[280] Anl. II Kap. V Sachgeb. D Abschn. III Nr. 1b) des Einigungsvertrages (BGBl. II 1990, 1202); vgl. Boldt/Weller, BBergG, de Gruyter, Berlin 1992, S. 209 ff.
[281] GBl. DDR 1969, 29.
[282] BBergG vom 23.08.1980 (BGBl. 1980, 1310), zuletzt geändert durch Gesetz vom 12.02.1990 (BGBl. I 1990, 215); vgl. Anl. I Kap. V Sachgeb. D Abschn. III Nr. I des Einigungsvertrages (BGBl. II 1990, 1003 ff.).

§ 3 BergG der DDR
Mineralische Rohstoffe, deren Nutzung von volkswirtschaftlicher Bedeutung ist, sind Bodenschätze und – unabhängig vom Grundeigentum – Volkseigentum."

Das Gesetz gibt **keine klare Aufteilung der Bodenschätze** in 323

- „volkseigene" bergfreie mineralische Rohstoffe und
- „sonstige" (grundeigene) mineralische Rohstoffe;

es fehlt eine eindeutige enumerative Aufzählung[283].

Erst mit der Anl. zur Verordnung über die Verleihung von Bergwerkseigentum vom 15.08.1990 (GBl. DDR I 1990, 1071) ist eine eindeutige **Bestimmung der bergfreien Bodenschätze** für die jungen Bundesländer vorgenommen worden, die weit über das hinausgeht, was als bergfreie Bodenschätze nach dem BBergG gilt. Danach gelten u. a. Minerale und Gesteine, aus denen chemische Erzeugnisse oder ihre Verbindungen gewonnen werden können (Erze, Salze, Spate), als bergfrei[284]. 324

Nach den genannten Vorschriften des Einigungsvertrages galten in den neuen Bundesländern sowie im Ostteil Berlins die in § 2 Abs. 1 des BergG der DDR definierten mineralischen Rohstoffe, die nach § 3 dieses Gesetzes im Volkseigentum standen, als bergfreie Bodenschätze i. S. des § 3 Abs. 3 BBergG. Das Gleiche galt für geologische Formationen und Gesteine der Erdkruste, die sich zur unterirdischen behälterlosen Speicherung eignen[285]. Die anderen mineralischen Rohstoffe i. S. des § 2 des BergG der DDR sind dagegen grundeigene Bodenschätze i. S. des § 3 Abs. 4 BBergG und standen im Eigentum des Grundeigentümers. 325

Des Weiteren blieben nach dem Einigungsvertrag **Untersuchungs-, Gewinnungs- und Speicherrechte des Staates** i. S. des § 5 Abs. 2 bis 4 des BergG der DDR, die Dritten zur Ausübung übertragen worden sind (sog. alte Rechte), bestehen. Dagegen erlosch das Untersuchungs-, Gewinnungs- und Speicherrecht des Staates i. S. des § 5 des BergG der DDR, soweit sich daraus nichts anderes ergibt. 326

Die genannte Bestimmung hat folgende Fassung: 327

„§ 5 BergG der DDR
(1) Das Recht zu Untersuchungsarbeiten (Untersuchungsrecht), zu Gewinnungsarbeiten (Gewinnungsrecht) und zur unterirdischen Speicherung (Speicherrecht) steht dem Staat zu.

(2) Das Untersuchungs-, Gewinnungs- und Speicherrecht wird grundsätzlich durch staatliche Organe oder volkseigene Betriebe ausgeübt. Untersuchungs- und Gewinnungsarbeiten sowie die unterirdische Speicherung dürfen nur im Rahmen der betrieblichen Pläne auf der Grundlage der staatlichen Plankennziffern durchgeführt werden. Vor Aufnahme der Untersuchungsarbeiten hat das staatliche Organ oder der ausübende volkseigene Betrieb die Abstimmung mit dem Rat des Bezirkes herbeizuführen.

(3) Die staatlichen Organe können das Gewinnungsrecht genossenschaftlichen oder anderen sozialistischen Einrichtungen übertragen.

(4) Das Gewinnungsrecht an mineralischen Rohstoffen, die nicht unter § 3 fallen, kann durch die staatlichen Organe auch an Betriebe mit staatlicher Beteiligung sowie an private Industrie- und Handwerksbetriebe übertragen werden."

Des Weiteren sieht der Einigungsvertrag für die neuen Bundesländer sowie den Ostteil Berlins folgende **Sonderregelungen über die Untersuchungs-, Gewinnungs- und Speicherrechte** vor: 328

„c) **Untersuchungsrechte** erlöschen zwölf Monate nach dem Tage des Wirksamwerdens des Beitritts.
    § 14 Abs. 1 ist für die Erteilung einer Erlaubnis und insoweit mit der Maßgabe entsprechend anzu-

---

[283] Auch in der hierzu erlassenen Dritten DVO zum BergG vom 12.08.1976 (GBl. DDR I 1976, 403) findet die Frage keine eindeutige Beantwortung. So wird dort im § 1 bei Mineralien und Gesteinen zwischen „hochwertigen" und sonstigen unterschieden, wobei „Hochwertigkeit" zugleich „Volkseigentum" bedeutete.
[284] Boldt/Weller a. a. O., S. 214 ff.; die gegen die Regelung des Einigungsvertrags eingebrachte Klage wurde vom BVerfG mit dem Beschl. vom 24.06.1992 – 1 BvR 1028/91 –, EzGuG 14.114, abgewiesen; es wurde auf den Instanzenweg verwiesen; des Weiteren BGH; Urt. vom 17.05.2001 – III ZR 249/00 –, GuG-aktuell 2001, 47.
[285] BezG Schwerin, Urt. vom 24.04.1991 – S 10/91 –, EzGuG 4.142.

wenden, dass an die Stelle des Inhabers einer Erlaubnis der durch ein Lagerstätteninteressengebiet Begünstigte tritt, das auf der Grundlage der Lagerstättenwirtschaftsanordnung vom 15. März 1971 (GBl. II Nr. 34 S. 279) festgelegt worden ist.

d) (1) **Gewinnungsrechte** an mineralischen Rohstoffen im Sinne des § 3 des Berggesetzes der Deutschen Demokratischen Republik kann der zur Ausübung Berechtigte innerhalb einer Frist von sechs Monaten nach dem Tage des Wirksamwerdens des Beitritts bei der für die Zulassung von Betriebsplänen zuständigen Behörde zur Bestätigung anmelden.

(2) Die **Bestätigung** ist zu erteilen, wenn

1. das Gewinnungsrecht

1.1. dem Antragsteller am 31. Dezember 1989 zur Ausübung nach § 5 des Berggesetzes der Deutschen Demokratischen Republik wirksam übertragen war oder

1.2. dem Antragsteller nach dem 31. Dezember 1989
 – aufgrund der Vierten Durchführungsbestimmung zur Verordnung über die Gründung und Tätigkeit von Unternehmen mit ausländischer Beteiligung in der Deutschen Demokratischen Republik – Berechtigung zur Gewinnung mineralischer Rohstoffe – vom 14. März 1990 (GBl. I Nr. 21 S. 189),
 – aufgrund der Verordnung über die Verleihung von Bergwerkseigentum vom 15. August 1990 (GBl. I Nr. 53 S. 1071) als Bergwerkseigentum oder
 – sonst von der zuständigen Behörde übertragen wurde und

1.3. bis zum Tage des Wirksamwerdens des Beitritts nicht aufgehoben worden ist und

2. der Antragsteller das Vorliegen der Voraussetzungen nach Nummer 1 sowie den Umfang der aufgrund der Vorratsklassifikationsanordnung vom 28. August 1979 (Sonderdruck Nr. 1019 des Gesetzblattes), bei radioaktiven Bodenschätzen aufgrund einer entsprechenden methodischen Festlegung, bestätigten und prognostizierten Vorräte sowie

2.1. in den Fällen der Nummer 1.2. erster und dritter Anstrich das Vorliegen einer Bescheinigung der Staatlichen Vorratskommission über die ordnungsgemäße Übertragung des Gewinnungsrechts,

2.2. in den Fällen der Nummer 1.2. zweiter Anstrich die Eintragung des Bergwerkseigentums in das Bergwerksregister

mit den für die Bestätigung erforderlichen Unterlagen nachweist.

(3) Das **Gewinnungsrecht** ist im beantragten Umfang, höchstens im Umfang der bestätigten und prognostizierten Vorräte sowie

1. in den Fällen des Absatzes 2 Nr. 1.1. und 1.2. erster und dritter Anstrich für eine zur Durchführung der Gewinnung der Vorräte angemessene Frist, die 30 Jahre nicht überschreiten darf,

2. in den Fällen des Absatzes Nr. 1.2. zweiter Anstrich unbefristet in einer Form zu bestätigen, die den sich aus § 8 oder § 151 in Verbindung mit § 4 Abs. 7 ergebenden Anforderungen entspricht.

(4) Ein **bestätigtes Gewinnungsrecht** gilt für die Bodenschätze, die Zeit und den Bereich, für die es bestätigt wird,

1. in den Fällen des Absatzes 2 Nr. 1.1. und 1.2. erster und dritter Anstrich als Bewilligung im Sinne des § 8,

2. im Falle des Absatzes 2 Nr. 1.2. zweiter Anstrich als Bergwerkseigentum im Sinne des § 151.

(5) Die §§ 75 und 76 gelten für bestätigte alte Rechte sinngemäß.

(6) Nicht oder nicht fristgemäß angemeldete Rechte erlöschen mit Fristablauf, Rechte, denen die Bestätigung versagt wird, erlöschen mit dem Eintritt der Unanfechtbarkeit der Versagung.

(7) **Bergrechtliche Pflichten** aus einem bis zum Tage des Wirksamwerdens des Beitritts ausgeübten Gewinnungsrecht bleiben von einer das bisherige Gewinnungsrecht nicht voll umfassenden Bestätigung unberührt. Ist die Rechtsnachfolge in bergrechtlichen Pflichten strittig, stellt die für die Bestätigung zuständige Behörde die Verantwortung fest. Die Rechtsnachfolger sind verpflichtet, die dazu erforderlichen Auskünfte zu erteilen.

e) Für **Gewinnungsrechte** an anderen mineralischen Rohstoffen gilt Buchstabe d) entsprechend mit folgenden Maßgaben:

aa) Der Antragsteller muss zusätzlich nachweisen, dass er sich mit dem Grundeigentümer über eine angemessene Entschädigung für die Gewinnung der Bodenschätze ab dem Tage des Wirksamwerdens des Beitritts geeinigt hat. Ist eine Einigung trotz ernsthafter Bemühungen nicht zustande gekommen, kann der Antragsteller bei der für die Bestätigung zuständigen Behörde eine Entscheidung über die Entschädigung beantragen. Die Behörde entscheidet nach Anhörung des Grundeigentümers in entsprechender Anwendung der §§ 84 bis 90.

bb) Die Bestätigung setzt die Einigung oder die Unanfechtbarkeit der Entscheidung über die Entschädigung voraus.

cc) Die Übertragung der Bewilligung (§ 22) bedarf der Zustimmung des Grundeigentümers. Eine Verleihung von Bergwerkseigentum ist ausgeschlossen. § 31 findet keine Anwendung.

f) Für **Speicherrechte** gilt Buchstabe d) entsprechend mit der Maßgabe, dass an die Stelle der Gewinnung das Errichten und Betreiben eines Untertagespeichers und an die Stelle der bestätigten und prognostizierten Vorräte die vom Antragsteller nachzuweisende voraussichtlich größte Ausdehnung der in Anspruch genommenen geologischen Speicherformation oder des Kavernenfeldes treten. Auf Untersuchungen des Untergrundes und auf Untergrundspeicher findet § 126 mit der Maßgabe Anwendung, dass auch die Vorschriften der §§ 107 bis 125 entsprechende Anwendung finden."

Festgesetzte Bergbauschutzgebiete i. S. des § 11 BergG der DDR, bei denen nach Feststellung der für die Zulassung von Betriebsplänen zuständigen Behörde innerhalb der nächsten 15 Jahre eine bergbauliche Inanspruchnahme von Grundstücken zu erwarten ist, gelten nach dem Einigungsvertrag für den Bereich des Feldes, für das das Gewinnungsrecht bestätigt worden ist, als Baubeschränkungsgebiete nach §§ 107 bis 109 mit der Maßgabe, dass § 107 Abs. 4 unabhängig von den Voraussetzungen für die Festsetzung der Bergbauschutzgebiete gilt, aber erstmalig ab 1. Januar 1995 anzuwenden ist, es sei denn, dass der durch die Baubeschränkung begünstigte Unternehmer eine frühere Aufhebung beantragt. Im Übrigen gelten Bergbauschutzgebiete mit dem Tage des Wirksamwerdens des Beitritts als aufgehoben. Das Register der nach Satz 1 als Baubeschränkungsgebiete geltenden Bergbauschutzgebiete gilt als archivmäßige Sicherung nach § 107 Abs. 2 BergG. 329

Der genannte **§ 11 des BergG der DDR** hat folgende Fassung: 330

„§ 11 BergG der DDR

(1) Zur Einordnung des Abbaus von mineralischen Rohstoffen in die gesellschaftliche und volkswirtschaftliche Entwicklung des Territoriums, zur langfristigen Koordinierung des Abbaus von mineralischen Rohstoffen in den betreffenden Bereichen sowie zur Abwendung gesellschaftlicher Nachteile, die sich durch gegenwärtige oder künftige bergbauliche Einwirkungen ergeben können, sind Bergbauschutzgebiete festzusetzen.

(2) Ein Bergbauschutzgebiet ist auch dann festzusetzen, wenn durch die unterirdische Speicherung keine Einwirkungen auf die Tagesoberfläche zu erwarten sind, jedoch der Schutz der speicherfähigen Gesteine vor Beeinträchtigung notwendig ist.

(3) Zur Abstimmung der für den Abbau von mineralischen Rohstoffen erforderlichen Maßnahmen mit den volkswirtschaftlichen und territorialen Erfordernissen in den Bereichen sind die Betriebe oder die ihnen übergeordneten wirtschaftsleitenden Organe verpflichtet, Bergbauschutzgebiete bei den Räten der Bezirke zu beantragen.

(4) Die Bezirkstage entscheiden über den Antrag und setzen die Bergbauschutzgebiete fest. Bergbauschutzgebiete von überbezirklicher Bedeutung werden durch den Ministerrat festgesetzt.

(5) Die Absätze 1 bis 4 gelten nicht für Lagerstätten medizinisch nutzbarer mineralischer Rohstoffe. Für diese Lagerstätten gelten die hierfür erlassenen Bestimmungen."

Die genannten **Sonderregelungen stehen unter** dem **Vorbehalt** der Ermächtigung des Bundesministeriums für Wirtschaft, durch Rechtsverordnung mit Zustimmung des Bundesrates Vorschriften zu erlassen über 331

a) eine andere Zuordnung der in Buchstabe a) erfassten mineralischen Rohstoffe, soweit dies die im Verhältnis zu § 3 Abs. 3 und 4 geltenden anderen oder unbestimmten Kriterien erfordern,

b) eine Verlängerung der in diesem Gesetz geforderten Fristen um höchstens sechs Monate, soweit das mit Rücksicht auf die erforderliche Anpassung geboten ist,

§ 5 ImmoWertV   Abbauland

332 c) nähere Einzelheiten zur Aufrechterhaltung und Bestätigung alter Rechte i. S. des Buchstaben b) sowie für die nach Buchstabe b) als Baubeschränkungsgebiete geltenden Bergbauschutzgebiete und zu deren Aufhebung.

332 Bezüglich der Verfassungsmäßigkeit der Zuordnung von Bodenvorkommen in den neuen Bundesländern stand lange Zeit eine grundsätzliche Klärung noch aus. Das **BVerfG hat in seinem Beschl. vom 24.06.1992** eine Klage gegen die Bestimmungen des Einigungsvertrags hinsichtlich der Abgrabung von Bodenvorkommen mit Hinweis auf den Instanzenweg abgewiesen[286]. Mit Besch. vom 24.09.1997 hat das BVerfG die Regelung des Einigungsvertrags, nach der Kiese und Kiessande im Beitrittsgebiet vom Grundeigentum abgespaltene bergfreie Bodenschätze sind, als verfassungskonform erkannt[287].

9.2.2.2 Bergrechtsvereinheitlichung

333 Mit dem Gesetz zur Vereinheitlichung der Rechtsverhältnisse bei Bodenschätzen, das am 23.04.1996 in Kraft getreten ist, wurde die **Fortgeltung des Berggesetzes der DDR nach den im Einigungsvertrag vorgegebenen Maßgaben aufgehoben,** jedoch bleiben bestehende Bergbauberechtigungen (Erlaubnis, Bewilligung, Bergwerkseigentum) auf Bodenschätze, die nicht in § 3 Abs. 3 BBergG (vgl. Rn. 324) aufgeführt sind, unberührt. Entsprechendes gilt für fristgemäß zur Bestätigung angemeldete Gewinnungs- und Speicherrechte, über deren Bestätigung noch nicht unanfechtbar entschieden worden ist.

334 Mit Verkündung des Gesetzes finden die Bestimmungen des § 3 BBergG über die Zuordnung von bergfreien und grundeigenen Bodenschätzen im gesamten Bundesgebiet Anwendung. Die in den neuen Bundesländern mit dem Einigungsvertrag zunächst als bergfreie Bodenschätze übergeleiteten „Steine-Erden-Rohstoffe" wurden damit dem Eigentum am Grund und Boden zugeordnet. Davon ausgenommen ist jedoch das **Eigentum an mineralischen Rohstoffen, an denen zum Zeitpunkt des Inkrafttretens des Gesetzes Bergbauberechtigungen bestanden (Bestandsschutz).** Weiterhin bergfrei bleiben nach § 2 Gesetzes vom 15.04.1996 Bodenschätze, auf die sich eine Bergbauberechtigung oder ein Gewinnungsrecht bezieht, für die Geltungsdauer einer bereits bestehenden Bergbauberechtigung. Der Eigentümer des Grund und Bodens hat insoweit weiterhin keine Rechte an diesen Bodenschätzen.

335 Der **Bestandsschutz** bezieht sich des Weiteren nach § 2 des Gesetzes vom 15.04.1996 auf

a) das von der DDR der Treuhandanstalt verliehene Bergwerkseigentum, wenn es im Rahmen der Privatisierung auf Dritte übertragen wurde, sowie

b) auf neu nach dem 03.10.1990 verliehenes Bergwerkseigentum.

9.2.2.3 Bergfreie Bodenschätze

Schrifttum: *Linke, Ch.,* Teilmarkt Flächen über Lagerstätten von Kiesen und Sanden unter Bezug auf das Land Brandenburg, GuG 1997, 278; *Schröder, U.,* Abbauland in Brandenburg, GuG 1997, 278; GuG 2000, 352; *Töpfer, F.-R., Butler, J.,* Kein Teilmarkt für Grundstücke über Bodenschätzen in den neuen Bundesländern, GuG 2003, 65; *Uherek, H.-W./Kölbel, D.,* Bewertung von Grundstücken mit Kies und Kiessanden in den neuen Bundesländern, GuG 1993, 274; *Uherek, H.-W./Dittrich, F.,* Wertermittlung von Flächen über ausgewählten bergfreien Bodenschätzen in den neuen Bundesländern, GuG 1995, 297; *Uherek, H.-W./Dittrich, F.,* Die aktuelle bergrechtliche Situation in den neuen Bundesländern aus der Sicht des Grundstückssachverständigen, GuG 1997, 214; *Wienzek, K.,* Verkehrswertermittlung von Grundstücken über Bodenschätzen in den neuen Bundesländern, GuG 1999, 76; *Wiesner, T.,* Besonderheiten der Wertermittlung für die Begründung schadensersatzrechtlicher Forderungen in Bergbaugebieten, GuG 1999, 44.

336 Für die neuen Bundesländer folgt aus den vorstehenden Überleitungsregelungen die Erhebung einer **Feldes- und Förderabgabe** i. S. der §§ 30 bis 33 BBergG, weil z. B. Kiesvorkommen in der ehemaligen DDR auch nach dem Beitritt weiterhin wie Volkseigentum zu

---

[286] BVerfG, Beschl. vom 24.06.1992 – 1 BvR 1028/91 –, EzGuG 14.114.
[287] BVerfG, Beschl. vom 24.09.1997 – 1 BvR 647/91 –, GuG 1998, 184.

behandeln sind[288]. Nach § 31 Abs. 2 BBergG beträgt die Förderabgabe 10 v. H. des Marktwerts der Bodenschätze[289].

Der Umstand, dass in den neuen Bundesländern (zunächst) fast alle nutzbaren Bodenschätze bergfrei waren, hat nach Beobachtungen des Bodenmarktes nicht dazu geführt, dass die Flächen im Grundstücksverkehr wertmäßig wie Flächen ohne Bergschätze gehandelt werden; d. h., die **Existenz von Bodenschätzen wirkt sich nicht wertneutral aus.** Es handelt sich hier um einen besonderen Teilmarkt, der dem gewöhnlichen Geschäftsverkehr zuzurechnen ist[290].   337

Uherek/Hennig/Kölbel[291] haben verwertbare Kaufpreise von landwirtschaftlichen Nutzflächen über Kiesen und Kiessanden in den Ländern *Sachsen, Sachsen-Anhalt* und *Thüringen* im Zeitraum 2. Hj. 1990 bis 2. Hj. 1992 untersucht. Die Kauffläche hat 697,2 ha betragen; etwa 53 % dieser Fläche wurden zu Preisen von 2,00 bis 2,50 €/m² gehandelt, das Vielfache der mittleren Preise für landwirtschaftliche Nutzflächen bewegte sich im Wesentlichen zwischen dem 2- und 6-Fachen.   338

In einer Untersuchung[292] über Kies- und Kiessandvorkommen, bei der insgesamt 255 Kauffälle in 48 Gemarkungen mit einer Flächengröße von rd. 7 Mio. Quadratmetern untersucht wurden, ergaben sich Kaufpreise in einer Spanne von 0,50 bis 7,50 €/m². Der mittlere Kaufpreis betrug 2,30 €/m² bei einer Standardabweichung von 0,91 €/m². Mit zunehmender Größe der Fläche sinkt dabei der Kaufpreis, wobei Käufe von Flächen über 20 ha ein deutliches Absinken erkennen ließen (Abb. 36 f.):   339

---

288 BezG Schwerin, Urt. vom 24.04.1991 – S. 10/91 –, EzGuG 4.143.
289 Vgl. Kleiber, Verkehrswertermittlung von Grundstücken, 6. Aufl. 2010, Teil VI Rn. 225 ff.; § 196 BauGB Rn. 36 zur Teilmarktrechtsprechung.
290 Vgl. Kleiber, Verkehrswertermittlung von Grundstücken, 6. Aufl. 2010, § 194 BauGB Rn. 40. Zum Grundsätzlichen der Verkehrswertermittlung vgl. Teil II Rn. 46 ff. (Teilmarkttheorie).
291 Uherek/Hennig/Kölbel: Bewertung von Grundstücken mit Kies und Kiessanden in den neuen Bundesländern, GuG 1993, 274 ff.; GuG 1995, 257 und GuG 1997, 214; hierzu LG Neuruppin, Urt. vom 09.04.1997 – 1a O658/96 –, GuG 1997, 253; LG Neuruppin, Urt. vom 12.03.1997 – 1a O 658/96 –, EzGuG 4.166a = EzGuG 19.44b; LG Potsdam, Urt. vom 21.08.1997 – 7 S 276/96 –, EzGuG 19.45; Schrödter in GuG 1997, 20 ff., 258 ff., GuG 1998, 266 ff.; Linke in GuG 1999, 220; Wienzek in GuG 1999, 76.
292 Diplomarbeit an der Universität Leipzig, Agrarwissenschaftliche Fakultät.

§ 5 ImmoWertV   Abbauland

Abb. 36: Auszug aus einer Kaufpreisuntersuchung über Abbauland mit Tonvorkommen in Thüringen (bergfreier Bodenschatz)

Kreis	Größe in m²	Bonität AZ/GZ	Kaufdatum	Kaufpreis €/m²	Bodenschatz
Mühlhausen	12 622	37	01.02.1992	2,50	Ton
Mühlhausen	9 930	37	01.02.1992	2,50	Ton
Mühlhausen	10 088	57	01.02.1992	2,50	Ton
Mühlhausen	5 023	37	01.02.1992	2,50	Ton
Mühlhausen	5 165	36	01.02.1992	2,50	Ton
Eisenberg	38 864	0	01.11.1990	10,00	Ton
Eisenberg	128 868	0	01.11.1990	10,00	Ton
Eisenberg	38 843	0	01.11.1990	10,00	Ton
Eisenberg	20 860	0	01.11.1990	10,00	Ton
Eisenberg	13 100	45	01.12.1991	1,25	Ton
Eisenberg	56 143	45	01.12.1991	1,25	Ton
Eisenberg	31 830	45	01.12.1991	0,40	Ton
Eisenberg	88 417	45	01.12.1991	0,29	Ton
Eisenberg	13 170	45	01.12.1991	1,25	Ton
Eisenberg	55 579	45	01.12.1991	1,25	Ton
Eisenberg	46 400	45	01.12.1991	1,25	Ton
Eisenberg	49 800	0	01.12.1991	1,00	Ton
Eisenberg	5 286	0	01.12.1991	1,00	Ton
Eisenberg	6 360	0	01.12.1991	1,00	Ton
Eisenberg	4 893	0	01.12.1991	1,00	Ton
Eisenberg	2 893	0	01.12.1991	1,00	Ton
Eisenberg	5 431	0	01.12.1991	1,00	Ton

Quelle: Uherek; AZ = Ackerzahl; GZ = Grünlandzahl

Abb. 37: Auszug aus einer Kaufpreisuntersuchung von Abbauland mit Tonvorkommen im Raum Dresden (bergfreier Bodenschatz)

Kategorie	Kreis	Datum	Fläche in m²	€/m²
Abbauland über bergfreiem Bodenschatz	Meißen	1993	9 810	2,50
Abbauland über bergfreiem Bodenschatz	Meißen	1993	2 343	2,15
Abbauland über bergfreiem Bodenschatz	Meißen	1993	13 690	2,28
Abbauland über bergfreiem Bodenschatz	Meißen	1993	4 798	2,22
Abbauland über bergfreiem Bodenschatz	Meißen	1993	780	5,88
Abbauland über bergfreiem Bodenschatz	Meißen	1994	6 402	2,50
Abbauland über bergfreiem Bodenschatz	Werdau	1994	21 000	3,24
Abbauland über bergfreiem Bodenschatz	Grumbach	1995	20 000	3,50

Quelle: Uherek

Abbauland § 5 ImmoWertV

Abb. 38: Abbauflächen über Kies im Vergleich zu landwirtschaftlichen Flächen

Jahr	Landesdurchschnitt	
	Abbauflächen €/m²	Ackerpreis €/m²
1997	1,89	0,28
1998	1,94	0,22
1999	1,87	0,25
2000	1,12	0,31
2001	0,89	0,18

Quelle: Grundstücksmarktberichte Brandenburg 1997 bis 2001

In *Brandenburg* lagen die Kaufpreise bei Flächenverkäufen zur Sand- und Kiesgewinnung im Jahre 2011 im Landesdurchschnitt bei 0,82 €/m², der abhängig von den Standorten eine Preisspanne von 0,12 €/m² bis 3,95 €/m² aufwies.

9.3 Verkehrswertermittlung

9.3.1 Allgemeines

Der Wert eines Abgrabungsgrundstücks richtet sich in erster Linie nach **Art, Qualität und Volumen des Abbaustoffs.** Hiervon ausgehend sollten sowohl der Ertrags- als auch der Sach- und Verkehrswert ermittelt werden. Bei noch „unverritzten" Grundstücken ist der Verkehrswert aus Kaufpreisen geeigneter Vergleichsgrundstücke abzuleiten, wobei auf Kaufpreise von landwirtschaftlichen Nutzflächen zurückgegriffen wird. 340

Bei der Wertermittlung müssen die **Abgrabungsgenehmigung** und die in diesem Zusammenhang gemachten **Auflagen** (vgl. oben Rn. 317 ff.) ebenso beachtet werden wie auch Fragen der Verkehrsanbindung der Abgrabungsstätte, Absatzlage, Abgrabungs- und Rekultivierungskosten sowie die Preisentwicklung des Abbaustoffes. 341

Maßgeblich für die Wertermittlung ist der **Abgrabungsplan,** aus dem Art und Umfang der abzubauenden Bodenschätze sowie die zeitliche Durchführung hervorgeht. Die Rechte aus einer genehmigten Abgrabung erlöschen, wenn nicht innerhalb von zumeist drei Jahren nach Erteilung der Genehmigung begonnen wurde. 342

Abbauwürdige Bodenvorkommen gehören zur Beschaffenheit von Grundstücken; sie erhöhen den Verkehrswert des Grundstücks i. d. R. um den kapitalisierten Reinertrag. Dieser werterhöhende Faktor kann sich auch dann bilden, wenn die **Ausbeutung** zum Wertermittlungsstichtag zwar noch nicht begonnen, dies aber **in absehbarer Zeit geschehen kann**[293]. Bodenvorkommen können den Verkehrswert allerdings nur erhöhen, soweit der Abbau nach den örtlichen Verhältnissen wirtschaftlich rentabel ist, der Abbau zur geschützten Rechtsposition des Eigentümers gehört und die wasserrechtliche Genehmigung nicht versagt werden kann (vgl. oben Rn. 322 ff.). 343

Nach der Grundsatzentscheidung des BVerfG[294] steht es nämlich mit dem Grundgesetz im Einklang, das unterirdische Wasser zur Sicherung einer funktionsfähigen Wasserwirtschaft mit dem Wasserhaushaltsgesetz – WHG – einer vom Grundstückseigentum getrennten öffentlich-rechtlichen Benutzungsordnung zu unterstellen. Die **Versagung der wasserrechtlichen Genehmigung** zur Vermeidung schädlicher Auswirkungen auf das Grundwasser stellt deshalb keinen zu entschädigenden Eingriff dar, auch wenn sich infolgedessen der Verkehrswert des Grundstücks mindert (vgl. unten Rn. 395). Nur wenn dem Vorhaben wasserwirtschaftli- 344

---

293 BGH, Urt. vom 18.09.1986 – III ZR 83/85 –, EzGuG 4.111.
294 BVerfG, Beschl. vom 15.07.1981 – 1 BvL 77/78 –, EzGuG 4.78.

§ 5 ImmoWertV   Abbauland

che Gründe i. S. des § 6 WHG nicht entgegenstehen, fällt die Versagung einer wasserrechtlichen Genehmigung unter den Schutz des Art. 14 GG[295].

345 Nach *Köhne*[296] ist danach zu unterscheiden, ob mit dem **Abbau begonnen werden kann oder ob der Abbau bereits im Gange** ist.

- Im ersten Fall muss geprüft werden, ob eine entsprechende Genehmigung bereits erteilt worden ist bzw. aufgrund eines Rechtsanspruchs erteilt werden müsste. Liegt dies nicht vor, so hat die Behörde die Beweislast, dass die Genehmigung zu versagen (gewesen) wäre, wenn die Bodenschätze nicht entschädigt werden sollen[297]. Im Falle eines Entzugs solcher Flächen sind ggf. nur solche Bodenschätze zu entschädigen, denen der Rechtsverkehr am Wertermittlungsstichtag Rechnung getragen hätte; bloße Zukunftschancen ohne eine entsprechende Rechtsposition begründen hingegen keine Entschädigungspflicht.
- Im zweiten Fall muss zunächst geprüft werden, auf welche Teile des zu entziehenden Grundstücks sich eine erteilte Abbaugenehmigung bezieht. Für die nicht betroffenen Teile gelten die vorherigen Ausführungen. Für die betroffenen Teile sind der Verlust der Rechtsposition mit der Verkehrswertentschädigung sowie etwaige Folgeschäden zu entschädigen[298].

346 **Fazit:** Für die Verkehrswertermittlung von Abbauland kommen grundsätzlich das **Vergleichs- und das Ertragswertverfahren** in Betracht. Eine Berücksichtigung der Bodenschätze bei der Verkehrswertermittlung setzt – wie dargelegt – in jedem Falle voraus, dass mit der Abbaugenehmigung gerechnet werden kann, und dies wirtschaftlich sinnvoll ist. Das setzt eine entsprechende rechtliche und physische Vorklärung über Umfang und Qualität der Bodenschätze voraus. Des Weiteren ist zu klären, ob und in welchem Umfang die in Betracht kommenden Vergleichspreise sich auf Grundstücke beziehen, die gleichermaßen zulässigerweise abbaubare Bodenschätze aufweisen. In diesem Fall kann direkt von diesen Vergleichspreisen ausgegangen werden, wobei allenfalls noch Unterschiede hinsichtlich Umfang und Qualität der Bodenschätze zu berücksichtigen sind (vgl. Rn. 364).

9.3.2 Vergleichswertverfahren

347 Bei Anwendung des Vergleichswertverfahrens werden der Einfluss vorhandener Mineralien und der Zustandsmerkmale der Oberfläche auf den Wert des Grundstücks in einem Zuge gemeinsam erfasst. Bei Grundstücksflächen, die eine über die für die wirtschaftliche Nutzung der Bodenschätze hinausgehende Flächengröße aufweisen, nimmt dabei erfahrungsgemäß der **Quadratmeterwert mit der Größe des Grundstücks** ab (vgl. oben Rn. 344, 355). Die **Preise** für Kies bzw. Sand **je m³ bzw. je t ab Grube/Kieswerk** orientieren sich an Korngröße und Materialbeschaffenheit (ungewaschen/gewaschen).

348 Bei **Heranziehung von Vergleichspreisen** land- oder forstwirtschaftlicher Flächen werden im Schrifttum für Sand- und Kiesgruben folgende Preisrelationen genannt (Abb. 39):

---

295 Der „Differenzmethode" wird in der Rspr. gegenüber der „Proportionalmethode" (vgl. Köhne, Landwirtschaftliche Taxationslehre, 3. Aufl., S. 742) der Vorzug gegeben; vgl. BGH, Beschl. vom 27.09.1990 – III ZR 57/89 –, GuG 1991, 31 = EzGuG 4.134; a.A. BFH, Urt. vom 16.12.1981 – I R 131/78 –, EzGuG 4.80 m. w. N.; BGH, Urt. vom 02.02.1984 – III ZR 170/82 –, EzGuG 4.98; BGH, Urt. vom 26.01.1984 – III ZR 179/82 –, EzGuG 4.97; BGH, Urt. vom 26.01.1984 – III ZR 178/82 –, EzGuG 16.23a; BGH, Urt. vom 14.07.1983 – III ZR 215/82 –, EzGuG 4.92; BGH, Urt. vom 29.09.1983 – III ZR 170/82 –, EzGuG 18.94; BVerwG, Urt. vom 13.04.1983 – 4 C 21/79 –, EzGuG 4.91; BVerwG, Urt. vom 13.04.1983 – 4 C 76/80 –, EzGuG 8.59; BGH, Urt. vom 03.03.1983 – III ZR 93/81 –, EzGuG 4.89; BGH, Urt. vom 03.03.1983 – III ZR 94/81 –, EzGuG 4.90; BGH, Urt. vom 01.07.1982 – III ZR 10/81 –, EzGuG 4.86; BGH, Urt. vom 03.06.1982 – III ZR 28/76 –, EzGuG 4.82; BGH, Urt. vom 03.06.1982 – III ZR 98/79 –, EzGuG 4.83; BGH, Urt. vom 03.06.1982 – III ZR 197/78 –, EzGuG 4.85; BGH, Urt. vom 03.06.1982 – III ZR 170/77 –, EzGuG 4.84.

296 Köhne, Landwirtschaftliche Taxationslehre, Hamburg/Berlin, 3. Aufl. 2000, S. 324.

297 Krohn/Löwisch, Eigentumsgarantie, Enteignung, Entschädigung, 3. Aufl. Köln 1984, Rn. 270.

298 Aust/Jacobs, Die Enteignungsentschädigung, 4. Aufl. Berlin 1996, S. 185 ff.; Büchs, Grunderwerb und Entschädigung beim Straßenbau, 2. Aufl. Stuttgart 1980, Rn. 14.174 ff. Zur Berücksichtigung bei Erbauseinandersetzungen vgl. Köhne, a. a. O., S. 145.

Abbauland § 5 ImmoWertV

Abb. 39: Preisrelation land- oder forstwirtschaftlicher Flächen zu Sand- und Kiesgruben

Region	land- oder forstwirtschaftliche Flächen	Sand- und Kiesgruben
Nordrhein-Westfalen	100 %	300 %[a]
Raum Hannover	100 %	200–300 %[b]
Raum Hannover	100 %	150–500 %[c]

Quellen: (a) Vogels, a. a. O., S. 65; (b) Gerhard, a. a. O. III F3; (c) Kummer, Nachr. der nds. Kat.- und VermVw 1989, 90

Im Allgemeinen gilt, dass landwirtschaftliche Nutzflächen (LN), für die eine Abgrabungserlaubnis zu erwarten ist, zu einem **Vielfachen des Ackerlandpreises** gehandelt werden. In der Literatur wird hierfür der zwei- bis sechsfache Ackerlandpreis genannt, wobei gebietstypische Abbauverhältnisse wie Abbaubedingungen (trocken, nass), Abbaumenge, Materialqualität, Absatzwege und Konjunkturlage den Ausschlag geben.

Nach einer vom Oberen Gutachterausschuss für den **Regierungsbezirk Hannover** veröffentlichten Untersuchung sind auf der Grundlage von Kaufpreisen – bezogen auf den Jahresbeginn 1996 – die sich aus Abb. 40 ergebenden Faktoren für das Verhältnis

$$\frac{\text{Kaufpreis pro Quadratmeter}}{\text{Bodenrichtwert für landwirtschaftliche Flächen}}$$

abgeleitet worden.

Abb. 40: Faktoren für das Verhältnis Kaufpreis/Bodenrichtwert landwirtschaftlicher Flächen im Reg.-Bezirk Hannover (Jahresbeginn 1996) bei Abbauflächen

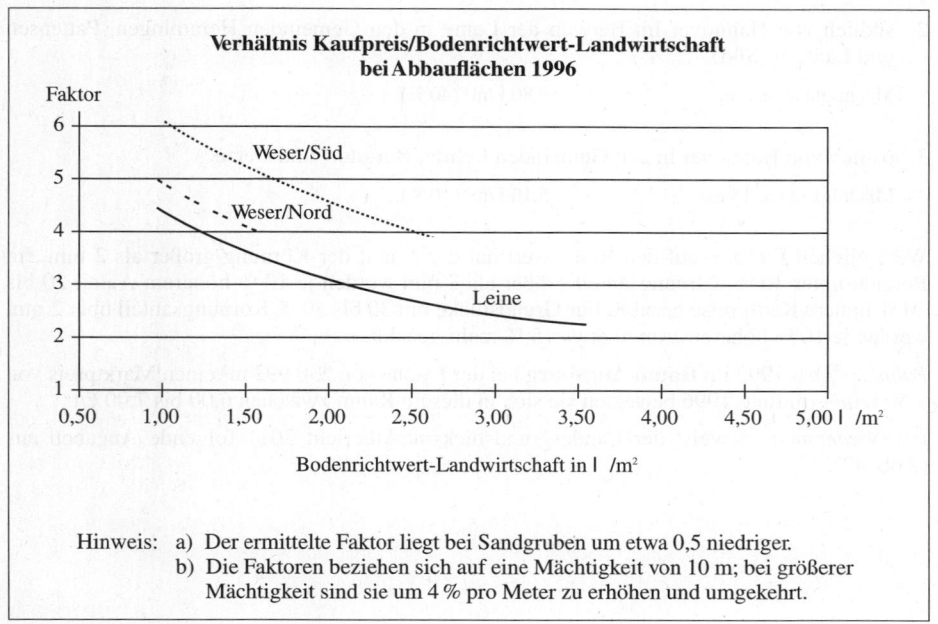

Hinweis: a) Der ermittelte Faktor liegt bei Sandgruben um etwa 0,5 niedriger.
b) Die Faktoren beziehen sich auf eine Mächtigkeit von 10 m; bei größerer Mächtigkeit sind sie um 4 % pro Meter zu erhöhen und umgekehrt.

Quelle: Bericht des Oberen Gutachterausschusses für den Reg.-Bezirk Hannover 1996 (umgerechnet).

§ 5 ImmoWertV   Abbauland

351 *Beispiel:*

Gegeben ist der Bodenrichtwert für eine landwirtschaftliche Fläche im Bereich Weser/Süd von 2,00 €/m². **Gesucht** ist der Verkehrswert pro Quadratmeter für eine Kiesgrube und eine Sandgrube.

Aus der Tabelle:	Faktor für Kiesgrube:	= 4,5
	Faktor für Sandgrube:	4,5 − 0,5 = 4,0
	Verkehrswert für Kiesgrube:	4,5 × 2,00 €/m² = 9,00 €/m²
	Verkehrswert für Sandgrube:	4,0 × 2,00 €/m² = 8,00 €/m²

Abb. 41:   Preisspannen für Abbauland nach Bodenschätzen 2007 Hannover

Boden-schatz	Anzahl	Kaufpreis		Preisanteil			
				Bodenschatz		Bodenkrume	
		Min [€/m²]	Max [€/m²]	Min [€/m²]	Max [€/m²]	Min [€/m²]	Max [€/m²]
Sand	83	2,40	7,10	1,60	6,30	0,50	2,70
Kies	95	3,50	14,20	2,60	11,70	0,50	3,60

Quelle: Grundstücksmarktbericht 2007 des Gutachterausschusses für Grundstückswerte Hannover

Als Richtwerte für Abbauland für Kies- und Sandgruben (einschließlich Bodenschatz) in der Region Hannover werden angegeben (2007):

1. nördlich und nordwestlich von Hannover in den Gemeinden Neustadt und Wedemark (Nordwest)

   Mächtigkeit ca. 17 m   4,40 €/m² (15 %)

2. südlich von Hannover im Bereich der Leine in den Gemeinden Hemmingen, Pattensen und Laatzen (Süd)

   Mächtigkeit ca. 5 m   9,80 €/m² (40 %)

3. östlich von Hannover in den Gemeinden Lehrte, Burgdorf und Uetze

   Mächtigkeit ca. 15 m   5,10 €/m² (10 %).

Wesentlichen Einfluss auf den Bodenwert hat der Anteil der Körnung größer als 2 mm. Im Bereich unter 30 % Körnungsanteil größer als 2 mm werden je 10 % höherem Anteil 20 bis 30 % höhere Kaufpreise gezahlt. Für Grundstücke mit 30 bis 50 % Körnungsanteil über 2 mm werden je 10 % höherem Anteil etwa 15 % mehr gezahlt.

352 *Pohnert*[299] hat 1992 im **Raum Augsburg** bei der Fläche von 230 992 m² einen Marktpreis von 9,50 €/m² ermittelt. 1996 bewegten sie sich in diesem Raum zwischen 6,00 bis 7,00 €/t:

Für *Niedersachsen* weist der Landesgrundstücksmarktbericht 2011 folgende Angaben aus (Abb. 42):

---

[299] Pohnert, Kreditwirtschaftliche Wertermittlungen, 5. erweiterte und aktualisierte Aufl. 1996, S. 303 f.

Abb. 42: Preise in Niedersachsen

Landkreis, kreisfreie Stadt, Region	Nutzung	Preise
Gutachterausschuss für Grundstückswerte Aurich		
Landkreis Aurich	Kies	1,90 – 4,40 €/m² (Ø 3,22 €/m² einschl. Abbaugut) durchschnittlich 398 % des landwirtschaftlichen Bodenrichtwerts
	Sand	1,83 – 5,74 €/m² (Ø 3,59 €/m² einschl. Abbaugut) durchschnittlich 370 % des landwirtschaftlichen Bodenrichtwerts
	Ton	1,02 – 2,56 €/m² (Ø 1,98 €/m² einschl. Abbaugut) durchschnittlich 207 % des landwirtschaftlichen Bodenrichtwerts
	Torf	0,69 – 1,53 €/m² (Ø 1,25 €/m² einschl. Abbaugut) durchschnittlich 164 % des landwirtschaftlichen Bodenrichtwerts
Landkreis Leer	Kies	1,90 – 5,39 €/m² (Ø 4,26 €/m² einschl. Abbaugut) durchschnittlich 344 % des landwirtschaftlichen Bodenrichtwerts
	Sand	1,46 – 5,42 €/m² (Ø 2,67 €/m² einschl. Abbaugut) durchschnittlich 326 % des landwirtschaftlichen Bodenrichtwerts
	Torf	0,50 – 1,39 €/m² (Ø 0,89 €/m² einschl. Abbaugut) durchschnittlich 165 % des landwirtschaftlichen Bodenrichtwerts
Landkreis Wittmund	Sand	1,18 – 4,19 €/m² (Ø 2,44 €/m² einschl. Abbaugut) durchschnittlich 313 % des landwirtschaftlichen Bodenrichtwerts
	Ton	1,38 – 14,18 €/m² (Ø 4,09 €/m² einschl. Abbaugut) durchschnittlich 584 % des landwirtschaftlichen Bodenrichtwerts
Gutachterausschuss für Grundstückswerte Braunschweig		
Landkreis Goslar	Kies	3,80 – 6,15 €/m²
Landkreis Peine	Kies/Sand	0,20 – 7,00 €/m² (Ø 5,10 €/m²)
Landkreis Wolfenbüttel	Kies/Sand	2,50 – 5,50 €/m² (Ø 3,25 €/m²)
Stadt Braunschweig	Kies/Sand	6,00 – 15,00 €/m² (Ø 10,00 €/m²)
Gutachterausschuss für Grundstückswerte Cloppenburg		
Landkreis Cloppenburg	Sand	0,85 – 5,30 €/m² (Ø 3,60 €/m² einschl. Abbaugut)
	Torf	0,50 – 2,35 €/m² (Ø 1,35 €/m² einschl. Abbaugut)
Landkreis Oldenburg	Sand	0,25 – 12,60 €/m² (Ø 5,30 €/m² einschl. Abbaugut)
	Torf	0,30 – 1,15 €/m² (Ø 0,75 €/m² einschl. Abbaugut)
Landkreis Vechta	Sand	4,05 – 20,45 €/m² (Ø 7,65 €/m² einschl. Abbaugut)
	Torf	0,50 – 4,00 €/m² (Ø 1,80 €/m² einschl. Abbaugut)
Gutachterausschuss für Grundstückswerte Hameln		
Landkreis Hameln-Pyrmont	Kies	5,80 – 27,70 €/m² (Ø 12,76 €/m² einschl. Abbaugut) durchschnittlich 560 % des Ackerlandrichtwerts
Landkreis Hildesheim	Kies	8,50 – 10,50 €/m² (Ø 9,20 €/m² einschl. Abbaugut) durchschnittlich 300 % des Ackerlandrichtwerts
Landkreis Schaumburg	Kies	4,50 – 8,00 €/m² (Ø 7,08 €/m² einschl. Abbaugut) durchschnittlich 280 % des Ackerlandrichtwerts
Gutachterausschuss für Grundstückswerte Hannover		

§ 5 ImmoWertV   Abbauland

Landkreis, kreisfreie Stadt, Region	Nutzung	Preise
Region Hannover	Kies	3,10 – 14,60 €/m² (einschl. Abbaugut) im Mittel werden für die Bodenkrume 80 % des landwirtschaftlichen Bodenrichtwerts für Ackerland gezahlt.
	Sand	2,40 – 7,00 €/m² (einschl. Abbaugut) im Mittel werden für die Bodenkrume 80 % des landwirtschaftlichen Bodenrichtwerts für Ackerland gezahlt.
Gutachterausschuss für Grundstückswerte Northeim		
Landkreise Göttingen, Northeim und Osterode am Harz	Mergel	0,44 – 22,61 €/m² ohne Abbau (Ø 2,80 €/m²)
Gutachterausschuss für Grundstückswerte Otterndorf		
Landkreis Cuxhaven	Sand/Kies	1,00 – 4,60 €/m² (Ø 2,73 €/m² einschließlich Abbaugut)
	Torf	0,68 – 1,01 €/m² (Ø 0,922 €/m² einschließlich Abbaugut)
Landkreis Osterholz	Sand	4,69 – 13,00 €/m² (Ø 8,19 €/m² einschließlich Abbaugut)
Landkreis Stade	Sand/Kies	3,39 – 7,95 €/m² (Ø 6,00 €/m² einschließlich Abbaugut)
Gutachterausschuss für Grundstückswerte Sulingen		
Landkreis Diepholz	Sand	3,45 – 7,90 €/m² (Ø 5,20 €/m², davon entfielen im Mittel 4,05 €/m² auf den Anteil des Abbaugutes)
	Torf	1,35 – 1,75 €/m² (Ø 1,55 €/m², davon entfielen im Mittel 1,05 €/m² auf den Anteil des Abbaugutes)
Landkreis Nienburg/Weser	Kies	6,50 – 11,00 €/m² (Ø 8,50 €/m², davon entfielen im Mittel 6,20 €/m² auf den Anteil des Abbaugutes).
	Sand	3,00 – 7,70 €/m² (Ø 4,75 €/m², davon entfielen im Mittel 3,25 €/m² auf den Anteil des Abbaugutes).
	Torf	0,50 – 1,00 €/m² (Ø 0,75 €/m², davon entfielen im Mittel 0,55 €/m² auf den Anteil des Abbaugutes).
Gutachterausschuss für Grundstückswerte Verden		
Landkreis Rotenburg (Wümme)	Sand	2,24 – 8,23 €/m² (Durchschnittswerte von 1998 bis 2010 einschl. Abbaugut)
Landkreis Soltau-Fallingbostel	Sand/Kies	0,25 – 6,51 €/m² (Ø 2,48 €/m² einschließlich Abbaugut)
Landkreis Verden	Sand	Durchschnittlich 0,67 €/m² (ohne Abbaugut)

Quelle: Landesgrundstücksmarktbericht Niedersachsen 2011

353 An der **Rheinschiene** werden für Abbauland 8,00 bis 15,00 €/m² bezahlt (2011)[300]; so z. B. *Goch/Weeze* rd. 7,90 €/m²; *Wachtendonk* rd. 12,00 €/m². Die Preise für „reines" **Ackerland** (Eigenschaften: Größe ein Hektar, Ackerzahl 60, regelmäßiger Zuschnitt) bewegen sich zwischen 3,25 und 4,50 €/m². Der Grundstücksmarktbericht 2006 von *Kleve* gibt ein durchschnittliches Preisniveau von 7,20 bis 12,50 €/m² an.

---

300 Grundstücksmarktbericht des Landkreises Wesel 2011.

Abbauland § 5 ImmoWertV

Abb. 43: Durchschnittswerte für Abgrabungsflächen (Abbauland) im Kreis Kleve 2006

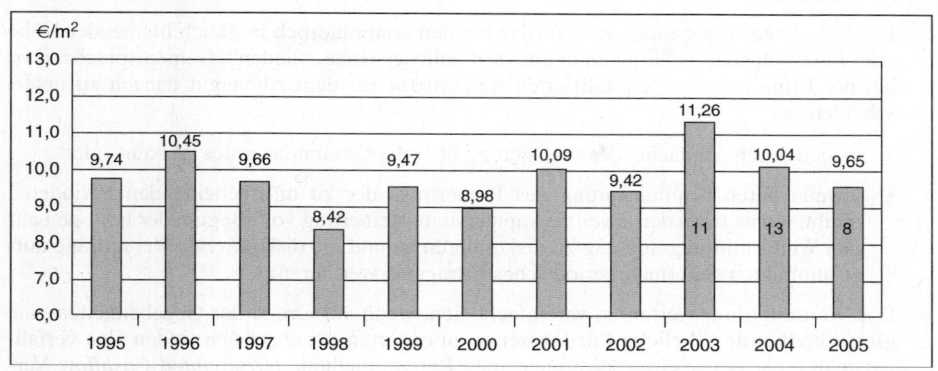

Quelle: Grundstücksmarktbericht Kleve 2006

Ausgekieste Areale im stadtnahen Bereich mit meist unterschiedlichen Anteilen an Flächen über und unter Grundwasserspiegel sowie Böschungsflächen werden mit 1,50 bis 2,50 €/m² gehandelt, wenn die Folgenutzung Naherholungszwecken dient. 354

Ist der Kies- und Sandgrubenbetreiber nicht auch Grundstückseigentümer, so erhält der Verpächter eine **Pacht**, die sich i. d. R. an der Entnahme orientiert. 355

Beispielhaft werden die **Pachtpreise von Gruben an Erft- und Rheinscholle** genannt. Die Preise verstehen sich ohne MwSt. und beziehen sich auf einen m³ Kies bzw. Sand in fester Masse. 356

- Erftscholle: 1,00 bis 1,50 €/m³
- Rheinscholle: 2,00 bis 3,00 €/m³

Bezogen auf **Gewicht in t** (bei einem spezifischen Gewicht von 1,8) sind dies: 357

- Erftscholle: 0,55 bis 0,85 €/t (gerundet)
- Rheinscholle: 1,10 bis 1,65 €/t (gerundet)

Abbauflächen über Braunkohle wurden im Land *Brandenburg* im Jahre 2007 durchschnittlich zu einem Bodenpreis von 0,84 €/m² (2006: 0,82 €/m²) bei einer Spanne von 0,25 €/m² bis 1,40 €/m² vorwiegend in den Landkreisen Spree-Neiße (ca. 149 Hektar) und Oberspree-Lausitz (ca. 35 Hektar) veräußert[301]. 358

9.3.3 Ertragswertverfahren

Neben dem Vergleichswertverfahren kommt für die Ermittlung des Verkehrswerts von Abbauland das Ertragswertverfahren[302] zur Anwendung (vgl. oben Rn. 351). Das **Verfahren ist sehr fehleranfällig**, da bereits geringfügige Differenzen in den Ansätzen zu recht erheblichen Unterschieden im Ertragswert führen; von daher ist der Anwendung des Vergleichswertverfahrens der Vorzug zu geben. 359

Das **Ertragswertverfahren** vollzieht sich wie folgt: 360

a) Es ist zunächst die **Abbaumenge** (förderbares Volumen) unter Berücksichtigung ihrer Schichtung, Bedeckung und Abbaubarkeit in technischer und zeitlicher Hinsicht festzustellen; insbesondere

- die Zulässigkeit des Abbaus,
- der Zeitpunkt des Beginns eines Abbaus,

---

301 Marktbericht 2007 des Oberen Gutachterausschusses für Grundstückswerte 2007, S. 53.
302 KG, Urt. vom 21.12.1965 – 6 U 1901/61 –, EzGuG 4.26a.

§ 5 ImmoWertV Abbauland

- die Kosten des Abbaus,
- die Einnahmen aus dem Abbau.

Die sich daraus ergebenden Reinerträge können kontinuierlich in gleich bleibender Höhe oder in verschiedenen Perioden in unterschiedlicher Höhe „fließen". Dementsprechend ist bei der Ermittlung des kapitalisierten Reinertrags aus dem Abbaugut danach zu unterscheiden, ob

- er sich durch „einfache" Kapitalisierung über die Gesamtdauer des Abbaus, oder
- jeweils durch Kapitalisierung des Reinertrags der zu unterscheidenden Perioden i ergibt, wobei dann der jeweilige kapitalisierte Reinertrag vom Beginn der Periode i auf den Wertermittlungsstichtag zu diskontieren ist und die diskontierten Reinerträge aufzusummieren sind (mehrperiodisches Ertragswertverfahren).

Das Wertermittlungsverfahren vereinfacht sich, wenn auf Grund der Gegebenheiten eine **gleich bleibende jährliche Fördermenge** zu erwarten ist; ansonsten finden also verfahrensmäßig die Grundsätze der allgemeinen Barwertmethode *(Discounted Cashflow* Verfahren) Anwendung. Hilfsweise sind hierzu

- die Fördermengen von Vergleichsbetrieben bzw.
- die Fördermenge desselben Betriebs heranzuziehen, der andernorts vergleichbar tätig ist.

b) Die **Reinerträge** lassen sich über Pachtgebühren (vgl. Rn. 361 ff.) oder aus der Bilanz ermitteln, wobei dann aber der Unternehmergewinn in Abzug zu bringen wäre. I.d.R. wird der sog. Grubenzins auf den Kubikmeter des geförderten Minerals bezogen. Soweit der bekannte Grubenzins auf eine Gewichtseinheit (z. B. t) bezogen wird, muss das Gewicht z. B. des auszubeutenden Minerals mithilfe seines *spezifischen Gewichts* auf den Kubikmeter umgerechnet werden:

$$\text{Spezifisches Gewicht} = \frac{\text{Gewicht}}{\text{Volumen}} \quad \left[\frac{t}{m^3}\right]$$

$$\text{Volumen} = \frac{\text{Gewicht}}{\text{Spezifisches Gewicht}}$$

1 t = 1000 kg

c) Der **wirtschaftliche absetzbare Jahresbedarf im Liefergebiet** ist für die Marktgängigkeit des Abbaugutes nach Angebot und Verbrauch entscheidend. Bei Sanden und Kiesen ist wegen der hohen Transportkosten von einem Liefergebiet im Radius von ca. 20 km auszugehen. Bei einem Jahresbedarf von ca. 8 t pro Einwohner (Bayern) für Sande und Kiese sowie einer bekannten Einwohnerzahl pro km² bemisst sich der **Jahresbedarf im Liefergebiet** nach:

$$\text{Jahresbedarf im Liefergebiet [t]} = r^2 \times \pi \times E \times 8 \text{ t/Jahr}$$

wobei r = Radius des Liefergebiets in km
E = Einwohner pro km²
t = Tonne

Bei bedarfsgerechter Förderung ergibt dies zugleich den **wirtschaftlichen Grenzwert des Jahresförderungsvolumens.** Ob dieses nach den vorhandenen Möglichkeiten des Grundstücks erreicht werden kann, bedarf weiterer Untersuchungen.

Abbauland § 5 ImmoWertV

d) Zur Ermittlung des **abbaufähigen Förderungsvolumens** (insgesamt) sind Gutachten von Sonderfachleuten (Bohrunternehmen) erforderlich, die aufgrund von Bohrungen und Bodenuntersuchungen klären, in welcher Tiefe, in welcher Mächtigkeit und in welcher Qualität (Körnung) abbauwürdiges Material ansteht. Regelmäßig sind dem Sachverständigengutachten folgende Unterlagen beigefügt:

- Betriebsbeschreibung des Abbaubetriebs;
- Messtischblatt im Maßstab 1:25 000;
- Kataster-Flurkarte, Auszug aus dem Liegenschaftsbuch;
- Bohrprofile, Schichtverzeichnisse, Schnitte;
- Massenberechnung;
- Abgrabungsplan (z. B. gem. § 4 Abs. 2 AbgG NW) und Rekultivierungsplan im Maßstab 1:500.

Diese Unterlagen müssen dem Antrag auf Abbaugenehmigung, beispielsweise für Kies und Sand, beigefügt werden.

Bei der **Berechnung des Förderungsvolumens (Abbaumasse)** sind die Abstandsflächen zu den unbebauten Nachbargrundstücken und das notwendige Neigungsverhältnis der Böschungen zu berücksichtigen. Das Ergebnis in m³ fester Masse wird durch Anwendung des Auflockerungsfaktors in lose Abbaumasse umgerechnet (bei Kies z. B. Faktor 1,2) und sodann das Gewicht in Tonnen (t) durch Multiplizierung mit dem spezifischen Gewicht des Abbaumaterials (bei trockenem Kies 1,6 und bei nassem Kies 2,0) ermittelt. Bei der Umrechnung von fester Masse m³ in t ist das spezifische Gewicht mit 1,8 anzusetzen (Abb. 44): **361**

$$Y_{(lose\ Masse)} = V_{(feste\ Masse)} \times \text{Auflockerungsfaktor} \times \text{spezifisches Gewicht (g)}$$

Abb. 44: Spezifische Gewichte

Spezifisches Gewicht (Wichte) $\frac{g}{cm^3} = \frac{t}{m^3}$			
Alaun	1,7	Magnesia	3,2
Anthrazit	1,6 ± 0,1	Magneteisenstein	5,0
		Manganerz	3,8 ± 0,3
Basalt	3,0 ± 0,2	Marmor	2,7 ± 0,1
Bergkristall (rein)	2,6	Mauerwerk	
Bimsstein	0,6 ± 0,2	– Bruchstein	2,4
Braunkohle	1,4 ± 0,1	– Sandstein	2,1
Braunstein	4,2 ± 0,4	– Ziegel	1,5
		Mergel	2,4 ± 0,1
Calciumkarbit	2,3	Meteorstein	3,6
Chilesalpeter	2,3		
		Pech	1,1
Dolomit	2,9	Porphyr	2,8 ± 0,1
		Pottasche	2,3
Erde	1,7 ± 0,3		
		Quarz	2,6 ± 0,1
Feldspat	2,6		
Feldsteine	2,5 ± 0,3	Salpeter	2,1 ± 0,1
Feuerstein	2,7 ± 0,1	Sand	1,7 ± 0,3
		Sandstein	2,4 ± 0,1
Gips (ungebrannt)	2,2	Schamottestein	2,0
(gebrannt)	1,8	Schiefer	2,7
Glaubersalz	1,4	Schlacke (Hochofen)	2,8
Glimmer	2,9 ± 0,3	Schwefelkies	5,0
Gneis	2,6 ± 0,1	Serpentin	2,6 ± 0,1
Graphit	2,1 ± 0,2	Siedlungsabfall	1,2
Kalk (ungebrannt)	2,6 ± 0,1	Töpferton	2,0
(gebrannt)	1,4 ± 0,1	Torf (trocken)	0,6 ± 0,3
Kalksandstein	1,9	Trass (gemahlen)	0,9
Kaolin	2,2	Tuffstein	1,3
Kies	1,9 ± 0,1		
Kreide	2,2 ± 0,4	Zement	1,4 ± 0,5
		Ziegel (gewöhnlich)	1,5 ± 0,1
Lava (basaltisch)	2,9 ± 0,1	(Klinker)	1,8 ± 0,1
(trachytisch)	2,4 ± 0,3	Zinkblende	4,0
Lehm	1,6	Zinnstein	6,7 ± 0,3

e) Das Jahresfördervolumen ergibt multipliziert mit dem Grubenzins den **Jahreswert** z. B. **eines zur Ausbeutung anstehenden Minerals:**

$$\text{Jahreswert} = \text{Grubenzins} \times \text{Jahresfördervolumen}$$

Die Kapitalisierung des Jahreswerts hat zur Folge, dass der Wertzuwachs des abbaubaren Bodenvorkommens mit zunehmender Größe des Grundstücks abnimmt (gegen null tendiert), wenn sich damit auch die Förderzeit entsprechend verlängert. Dies ist finanzmathematisch darin begründet, dass sich der Barwert der Jahreseinnahmen mit zunehmender zeitlicher Ferne dieser Einnahmen vermindert.

f) Für die Kapitalisierung haben sich **Zinssätze von mindestens 10 %** und mehr als marktgängig erwiesen (vgl. unten Rn. 368)[303].

g) Neben den Einnahmen aus dem Abbaugut sind auch **Einnahmen aus Kippgebühren** für die Verfüllung zu berücksichtigen; sie fallen regelmäßig zu einem späteren Zeitpunkt an, wenn nämlich mit der Verfüllung[304] begonnen werden kann. Je nachdem, ob diese Einnahmen kontinuierlich in gleicher Höhe oder in unterschiedlichen Perioden in unterschiedlicher Höhe zu „fließen" beginnen, sind die Einnahmen auf den Wertermittlungsstichtag wiederum zu diskontieren.

h) Schließlich ist der sich nach der Ausbeutung und Verfüllung ergebende **Restwert unter Berücksichtigung der Folgenutzung** zu ermitteln. Dieser Restwert ist wiederum von dem Zeitpunkt, zu dem das Grundstück wieder disponibel ist, auf den Wertermittlungsstichtag zu diskontieren. Entsprechendes gilt auch für die dann anfallenden Rekultivierungskosten.

i) Die **Dauer der Abgrabung** (Restnutzungsdauer) ergibt sich aus der insgesamt vorhandenen Abbaumenge und der beabsichtigten Jahresentnahme, die sich i. d. R. am Jahresbedarf orientiert. Bei der Bestimmung der **Restnutzungsdauer** ist der nachhaltig erzielbare Marktanteil zu berücksichtigen; die jährlich erzielbaren Möglichkeiten der Ausbeute sind nicht allein entscheidend. Demzufolge kann die wirtschaftliche Restnutzungsdauer wie folgt ermittelt werden:

$$\text{Restnutzungsdauer} = (V \times g)/A$$

wobei

g = Spezifisches Gewicht des Rohstoffs in t/m³
V = Abbaubares Nettovolumen in m³
A = Nachhaltiger Marktanteil unter gewöhnlichen Verhältnissen in t/Jahr.

Die **vereinfachte Ermittlung des Bodenwerts von Abbauland** (€/m²) stellt sich damit in Formeln wie folgt dar:

362

---

[303] Simon/Kleiber: Schätzung und Ermittlung von Grundstückswerten, Neuwied, 8. Aufl. 2004, S. 139 ff.; Vogels: Grundstücks- und Gebäudebewertung marktgerecht, 5. Aufl. 1996, S. 68 ff.; Stannigel/Kremer/Weyers halten bei der Beleihung von speziellen Produktionsstätten 7,5 bis 9,0 % für angebracht; Köhne hält aus der Sicht der verpachtenden Landwirte eher einen Zinssatz für geboten, der langfristigen Finanzanlagen entspricht, beispielsweise6 bis 8 % (GuG 1993, 268).
[304] KG, Urt. vom 21.12.1965 – 6 U 1901/61 –, EzGuG 4.26a.

§ 5 ImmoWertV — Abbauland

$$BW = \frac{t \times P}{a} \times V_1 + \frac{t \times KG}{b} \times V_2 \times q^{-a} - R \times q^{-(a+b)} + BW' \times q^{-(a+b)}$$

wobei

t	mittlere Abbautiefe unter Berücksichtigung der Böschungen in [m]
P	nachhaltig erzielbare Pacht in € pro m³
a	Dauer des Abbaus in Jahren
b	Dauer der Verfüllung in Jahren
V_1	Vervielfältiger für den Zeitraum des Abbaus a
V_2	Vervielfältiger für den Zeitraum der Verfüllung b
a + b	Zeitraum des Abbaus und der Verfüllung in Jahren (= n)
q	Zinsfaktor = 1 + p/100
p	Zinssatz
KG	nachhaltig erzielbare Kippgebühren in € pro m³
R	Rekultivierungskosten in €/m²
BW'	Bodenwert der rekultivierten Fläche in €/m²

Ein **Schema des Verfahrens** ist in Abb. 45 dargestellt.

Abb. 45: Schema für die Anwendung des Ertragswertverfahrens auf Abbauland

---

Ertragswert von Abbauland

Barwert der Reinerträge

a) bei gleichbleibenden jährlichen Reinerträgen
   Barwert = RE x V

b) bei zeitlich unterschiedlichen Reinerträgen:

   Barwert = $RE_1 \times \dfrac{V_1}{q^{d1}} + RE_2 \times \dfrac{V_2}{q^{d2}} + \ldots RE_n \times \dfrac{V_n}{q^{dn}}$

wobei
$RE_{1,2\ldots}$ = Barwert nachhaltig, bzw. in Periode i
$V_{1,2\ldots}$ = Vervielfältiger nachhaltig, bzw. in Periode i
q = Zinsfaktor = 1 + p
p = Kapitalisierungszinssatz/100 = q − 1
$d_{1,2\ldots}$ = Zeitspanne zwischen Wertermittlungsstichtag und Beginn des „Ertragsflusses" der Periode i

+

Barwert der Kippgebühren (Verfüllung)

a) bei gleich bleibenden jährlichen Reinerträgen
   Barwert = $1/q^m$ Kippgebühren x V

   wobei
   V = Vervielfältiger für Anzahl der Jahre der Verfüllung
   m = Zeitspanne zwischen Wertermittlungsstichtag und Beginn der Verfüllung

b) bei zeitlich unterschiedlichen Kippgebühren (KGi)
   Barwert = $KG_1 \times V_1 / q^{m1} + KG_2 \times V_2 / q^{m2} + \ldots KG_n \times V_n / q^{m2}$

+

Barwert des Restwerts
Barwert = Restwert/q^n

Restwert = Verkehrswert nach Ausbeutung unter Berücksichtigung der Folgenutzung
n = Dauer des Abbaus und der Verfüllung (= a + b)

−

Barwert der Rekultivierungskosten
Barwert = Rekultivierungskosten/q^n

n = Dauer des Abbaus und der Verfüllung
bei zeitlich unterschiedlichem Anfall: Summe aller diskontierten Kosten

=

Ertragswert

© W. Kleiber 11

Die Ermittlung des Ertragswerts nach vorgestelltem Schema ist durch eine Reihe von Unwägbarkeiten bezüglich der anzusetzenden Größen bestimmt. Die Erfahrungen haben aber gezeigt, dass zur **Kapitalisierung** der Liegenschaftszinssatz hier ungeeignet ist, da es hier um eine vornehmlich ertragswirtschaftliche Nutzung geht und daher die **banküblichen Kapitalmarktzinsen** für die Investition ausschlaggebend sind (vgl. unten Rn. 366). Bezüglich der

§ 5 ImmoWertV Abbauland

Kostenseite ist das vorgestellte Schema auch nicht vollständig, da z. B. Sicherungsmaßnahmen und dgl. ertragsmindernd in die Betrachtung einbezogen werden müssen.

9.3.4 Beleihungsbeschränkung für Sparkassen

364 In früheren Beleihungsgrundsätzen für Sparkassen (i. d. F. von 1957 und früher) bestand bezüglich der Abgrabungsgrundstücke wegen der Gefahr der Wertminderung und der Ertragslosigkeit ein striktes Beleihungsverbot. Insoweit bedeutet die seit 1970 geltende Musterfassung des § 17 BelG, die für fast alle Länder gültig ist, eine vorsichtige, aber vertretbare Erweiterung der Beleihungsmöglichkeiten. Hierbei findet die Tatsache Berücksichtigung, dass sogenannte Ausbeutegrundstücke durch die Abgrabung nicht in jedem Fall wertlos werden, sondern meistens nur in ihrer Nutzungsart einer zeitweisen – allerdings längeren – Veränderung unterliegen. Eine Beleihung wird daher für zulässig gehalten, wenn die durch **erlaubte Abgrabung** zu erwartende Wertminderung in der Höhe des Beleihungswerts und der Festlegung der Tilgungsdauer ausreichend berücksichtigt wird. Das soll durch **Wertabschläge nach § 18 Abs. 1 BelG,** durch die **Begrenzung der Darlehenshöhe nach § 19 BelG,** die **abnutzungs-**(abbau-)**konforme Tilgung** des Darlehens und durch Kreditkontrollen gewährleistet werden. Es handelt sich in solchen Fällen regelmäßig um Personalkredite.

365 Für Geschäftsbanken, **Hypothekenbanken und Versicherungen** gelten grundsätzlich ähnliche Regelungen, doch dürfen Hypotheken an Ausbeutegrundstücken nicht zur Deckung herangezogen werden[305].

366 **Bei der Ertragswertermittlung dürfen als Erlöse nur auf Dauer erzielbare durchschnittliche Produktpreise angesetzt** werden bzw. bei Verpachtung die vertraglich ausbedungenen (nachhaltig erzielbaren) Pachteinnahmen. Auch aus der Aufschüttung (Verfüllung) der Fördergrube nach Ausbeute können sich in Stadtnähe bei Freigabe des Geländes z. B. als Mülldeponie oder zur Nutzung als Freizeitgelände u.U. nicht unwesentliche Erträge ergeben, die, wenn sie längerfristig (zumindest für die Dauer der Beleihung) mit Sicherheit anfallen, in die Ertragsüberlegungen einbezogen werden können.

367 Die Kosten für Abgrabung, notwendige **Sicherungsmaßnahmen** wie Abstützungen, Umzäunungen und dergleichen, ferner für Rekultivierungsmaßnahmen sind – wie schon erwähnt wurde – bei der Wertermittlung zu berücksichtigen. Wenn mit der Rekultivierung noch nicht begonnen wurde, müssen zeit- oder wertanteilig ermittelte Beträge einer entsprechenden Rücklage oder Rückstellung zugeführt werden.

368 Der **Ertragswert** des als abbaufähig ermittelten losen Materialvorkommens ergibt sich aus folgenden Daten (Stand 1984; alte Bundesländer):

Grundlagen (Wertverhältnis 1984)	Beispieldaten
– abbaufähige Grundstücksfläche	140 000 m²
– Abbauvorkommen (z. B. Feinkies, Abgrabungstiefe etwa 20 m) 5 000 000 t (feste Masse 2 600 000 m² × 1,2 × 1,6)	
– Jahres-Abbauleistung (voraussichtlich)	500 000 t
– Dauer des Abbaus (restlich)	10 Jahre
– Betriebsgebäude: kleine massive Fuhrwerks-Waage mit Abfertigungsbüro, überdachter, betonierter Stellplatz für Kfz und Geräte	
– Lkw- und Abbaugeräte-Park	
– Ergebnisse der letzten drei Jahre	
– durchschnittlich erzielter Kies-Verkaufspreis o. MwSt. 3,25–3,75 €/t = i. M.	3,50 €/t (100 %)
– durchschnittliche Förderkosten einschließlich Rücklage für die Rekultivierung o. MwSt. 2,60–2,80 €/t = i. M.	2,70 €/t (77 %)

---
305 § 12 Abs. 3 Satz 2 HBG; § 54 Abs. 2 VAG.

Abbauland § 5 ImmoWertV

- Durchschnittsgewinn der letzten 3 Jahre 0,80 €/t (23 %)
  (lt. Buchführung und Kostenstellenrechnung nur für diese Kiesgrube und vor Steuern)
- Kapitalisierungszinssatz 8 v. H.
- Vervielfältiger (Vervielfältigertabelle zur ImmoWertV) 6,71
- Ertragswert somit = 2 684 000 €
  (500 000 t × 0,80 €/t* = 400 000 € × 6,71)
- Verkehrswert (gerundet) 2 650 000 €
- = je m² Grundstücksfläche 18,93 €

* Damit das Wertermittlungsergebnis nicht den Firmenwert der Kiesbaggerei verkörpert, ist zunächst ein Vergleich mit **gezahlten Pachtpreisen (Auskiesungszins)** der Region vorzunehmen. Diese bewegten sich 1984 zwischen 0,70 und 0,80 €/t. Mitte der 90er Jahre lagen die Auskiesungszinsen zwischen 1,25 und 1,40 €/m².

Anmerkung: Eine Abzinsung des Reinertrags ist erforderlich, weil die Nettoerlöse sukzessive im Verlaufe der nächsten zehn Jahre anfallen. Als Kapitalisierungszinssatz für diese spezielle gewerbliche Nutzung wurden 8 v. H. angenommen.

Das **Risiko der gewerblichen Beleihung ist durch einen angemessenen Abschlag** zu berücksichtigen. Auf der Grundlage der Buchführungsergebnisse des Unternehmens in den letzten Jahren wird im Hinblick auf die in den Jahren 1981 bis 1983 schwache Baukonjunktur mit 0,27 €/t ein Drittel aus dem Gewinn von 0,80 €/t als risikobedingte Minderung angenommen. Die verbleibenden 0,54 €/t multipliziert mit 500 000 t Jahresförderung und Ertragsfaktor 6,71 (vgl. oben) ergeben einen **Ertragswert von rd. 1 795 000 €**. Das entspricht einem m²-Preis für die abbaufähige Grundstücksfläche von **12,82 €**. 369

Für **Kiesböden** ähnlicher Qualität und vergleichbarer Verkehrsanbindung wurden 1982 in dieser Gegend 15 bis 17 €/m² gezahlt. Bei Zugrundelegung eines mittleren Preises von 16 €/m² (Sachwert) ergibt die Berechnung – nach Durchführung des Gewerbeabschlags um ein Drittel – einen m²-Satz von rund **10,50 €**. Da dieser Betrag niedriger ist als der aus der Ertragswertermittlung, erscheint es im Hinblick auf die gegenwärtige Konjunkturlage (1984) ratsam, den **Beleihungswert** am niedrigeren **Sachwert** zu orientieren, wie die folgende Berechnung zeigt: 370

Fortführung des Beispiels 371

– 140 000 m² Boden mit Feinkiesvorkommen bei einem Marktpreis im Durchschnitt von 16 €/m² =	2 240 000 €
– Zeitwert der Waagenstation und des Stellplatzes	+ 35 000 €
	2 275 000 €
./. Gewerbeabschlag von einem Drittel	rd. 775 000 €
Sachwert (vor Beginn der Auskiesung)	1 500 000 €
(= 10,72 €/m²)	
Beleihungswertvorschlag:	1 500 000 €

Für **massive Lastwagen- und Gerätehallen sowie Bürogebäude mit Wiegevorrichtungen** kann der Zeitwert angesetzt werden, wenn die Gebäude baurechtlich genehmigt sind und eine weitere Nutzung nach Beendigung der Abgrabung möglich ist. Das regelmäßig wertmäßig nicht unbedeutende **Zubehör** des Abgrabungsbetriebs (z. B. Kies-, Förderungs- und Aufbereitungsanlagen, Fuhrwerkswaage usw.) ist nicht in die Sachwertermittlung einzubeziehen. Vor einer gesonderten Sicherungsübereignung ist zu prüfen, ob noch Eigentumsvorbehalte bestehen oder die Gegenstände geleast sind. 372

Wenn der **Kreditnehmer Eigentümer des Abgrabungsgrundstücks** ist und es zur Ausbeute an ein bonitätsmäßig einwandfreies Unternehmen verpachtet hat, lässt sich der **Ertragswert aus der Jahrespacht** abzüglich der vom Eigentümer zu tragenden Bewirtschaftungskosten und Abgaben ermitteln. Die Höhe der Pachtzahlung (Förderzins) richtet sich i. d. R. nach der 373

§ 5 ImmoWertV — Abbauland

tatsächlichen Förderleistung. Für die Ausbeutung von Kiesgruben werden derzeit (1982/83) 0,50 € bis 0,70 € je t, bei Quarzsandgruben 0,45 €/t bis 0,60 €/t und bei Steinbrüchen 0,55 €/t bis 0,65 €/t als Förderzins gezahlt. Häufig ist eine Mindestpacht vereinbart. Mitunter sehen Pachtverträge auch eine feste Jahrespacht vor. Teilweise sind in diesen Fällen bei langfristigen Vereinbarungen auch Wertsicherungsklauseln anzutreffen. Anhand eines Pachtvertrags mit einem Steinbruchbetrieb für Straßenbaustoffe soll dies illustriert werden.

374 Der **Pachtvertrag** weise in dem Beispielfall die folgenden Kriterien auf:

- Pachtdauer restlich 15 Jahre
- Förderzins 0,60 € je t tatsächlicher Ausbeute (Preisbasis 1983)
- Mindestpacht = 150 000 € (das entspricht 250 000 t)
- Tatsächliche Ausbeute 1981: 310 000 t, daher erhaltene Jahrespacht 1981 186 000 €
- Wertsicherungsklausel: Veränderung des Förderzinses und der Mindestpachtsumme um 10 v. H., wenn Baukostenindex für Tiefbauarbeiten lt. Statistischem Bundesamt um 10 v. H. steigt oder fällt.

375 Bei Zugrundelegung nur der **Mindestpacht**, einer auf Grund von Garantien sicher zu erwartenden zehnprozentigen Anhebung nach fünf und zehn Jahren (Durchschnitt 165 000 €) sowie unter Berücksichtigung der ermittelten durchschnittlichen Ausgaben des Grundstückseigentümers pro Jahr von 22 % verbleibt ein

jährlicher Reinertrag (165 000 € abzüglich 22 %) von:	128 700 €
nach Abzug eines Risikoabschlags für die gewerbliche Nutzung in Höhe von 20 %	rd. 25 700 €
ergibt sich ein Betrag von:	103 000 €
Unter Zugrundelegung eines Zinssatzes von 7,5 % und einer Restnutzungsdauer von 15 Jahren (Faktor 8,83) beläuft sich der **Ertragswert** (103 000 € × 8,83) auf	rd. 910 000 €
Beleihungswertvorschlag:	**900 000 €**

Auch in diesem Falle sollten der Sachwert und/oder der Verkehrswert vor Festsetzung des Beleihungswerts als Vergleichswerte herangezogen und entsprechend berücksichtigt werden.

376 Die **nicht ausbeutbaren Teile eines Abgrabungsgrundstücks** sollten im Allgemeinen nicht in die Wertermittlung einbezogen werden, sofern sie im Wesentlichen aus Böschungen, Abstandsflächen und schon ausgebeutetem Grund und Boden bestehen. Denn ausgebeutete und wieder verfüllte Abgrabungsgrundstücke dürften – soweit Baurecht besteht – im Allgemeinen nicht vor Ablauf von 20 Jahren bebaut werden können. Hier gilt als Richtschnur für die Bebauung nach Abgrabung: 1 m Füllhöhe entspricht einem Jahr Wartezeit. Bei einer Auskiesung bis 20 m Tiefe besteht also eine Bebauungsmöglichkeit erst in 20 Jahren nach Abschluss der Verfüllung. Eine ausgebeutete Abgrabungsstätte hat daher zwar einen (ungewissen) Wert, aber wegen geringer Verkaufsmöglichkeiten und der unüberschaubaren Zeit bis zur neuen Verwendbarkeit zunächst selten einen Preis. Zu bedenken ist auch der Mehraufwand bei der Gründung für Gebäude gegenüber solchen auf gewachsenem Grund. Durch Altlasten (Ablagerungen) können Verfüllungsgrundstücke jedoch wertlos werden, wenn die Sanierungskosten den realen Grundstückswert übersteigen. Bei mit Hausmüll verfüllten Abgrabungsgrundstücken muss zudem mit Methanausbrüchen (ca. 30 Jahre) gerechnet werden. Je nach Menge können diese abgefackelt oder wirtschaftlich genutzt werden.

377 *Beispiel:*

Im folgenden *Beispiel* aus 1992 werden die Förderkosten einer Kiesbaggerei bei einer Jahresleistung (Verkauf) von 250 000 t und einem durchschnittlich erzielten Kiesverkaufspreis ohne MwSt. von 7,50 €/t ab Grube analysiert. Der Anteil der Korngrößen 2 bis 32 mm beträgt in diesem Fall rd. 45 %.

Abbauland § 5 ImmoWertV

Kostenstelle	Anteile in v. H. am Verkaufspreis je t	Anteil €/t
– Personalkosten, Beiträge Berufsgenossenschaft	30	2,25
– Reparaturen, lfd. Unterhaltung, Energiekosten	6	0,45
– Zinsen Fremdkapital, Kosten Geldverkehr	5	0,37
– Versicherungsprämien, Rechtsberatung, Verwaltungskosten etc.	9	0,67
– Allgemeine Geschäftskosten, Rücklage Rekultivierung	30	2,25
– Abschreibung (bleibt unberücksichtigt, da im Vervielfältiger enthalten)		
– Betriebskosten insgesamt (Förderkosten):	80	6,00
Reinerlös (vor Steuern)	20	1,50*
	100	7,50

* Für die Ermittlung des Ertragswerts der Immobilie können jedoch nur die üblichen Pachtpreise der Region herangezogen werden.

Bei der Ermittlung von **Beleihungswerten** muss die durch die Ausnutzung zu erwartende Wertminderung des Grundstücks ausreichend berücksichtigt werden. Demzufolge ist die Tilgung so festzulegen, dass sie dem voraussichtlichen Aus- oder Abnutzungsgrad des Beleihungsgegenstandes entspricht. Die Verminderung des Kredits muss also (wertmäßig gesehen) mit der Abtragung der Bodenvorkommen in Einklang stehen. Wird mehr abgegraben als nach dem der Beleihung zugrunde gelegten Plan, so muss die Tilgung entsprechend erhöht werden. **378**

Zur **Kontrolle der Kreditsicherheit** sind die Kenntnis des Abbaustandes und der aktuelle Einblick in die wirtschaftlichen Verhältnisse des Kreditnehmers analog § 18 KWG erforderlich. Unerlässlich ist auch die Kontrolle über Bildung der notwendigen Rücklagen und Rückstellungen für die Rekultivierungsverpflichtungen im Verlaufe der Abbauzeit und die Beachtung der Auflagen der Genehmigungsbehörden. Grobe Verstöße können die Einstellung der Abgrabung und erhebliche Haftungsansprüche zur Folge haben (Beispiele: vorzeitige oder unsachgemäße Ablagerung von Hausmüll, Deponierung von gefährlichem Industriemüll etc.). Eine Kopie der Genehmigung von Abgrabung und Herrichtung (Rekultivierung) gehört auf jeden Fall in die Kreditakte. **379**

Eine sichere Aussage zum Abgrabungsstand und zur Beachtung der Auflagen ermöglicht die **jährliche Inspektion der Abbaustätte** durch einen öffentlich bestellten Vermessungsingenieur. Hat ein Kreditnehmer beispielsweise das Abgrabungsgrundstück an einen Dritten verpachtet, so erhält er i. d. R. monatliche Abschlagszahlungen auf den vereinbarten Förderzins. Das Entnahmeergebnis des Vermessungsingenieurs ist dann die Grundlage für die Berechnung des Jahresförderzinses. Erfolgt der Vertrieb ausschließlich über eine Fuhrwerkswaage, so kann dieses Ergebnis für die Einschätzung der jährlichen Wertminderung mit herangezogen werden. Zur Berücksichtigung der Rekultivierungsverpflichtungen im Jahresabschluss des Abbauunternehmens kann sich der mit der Prüfung beauftragte Wirtschaftsprüfer äußern[306]. **380**

---

306 Adler/Düring/Schmaltz, Rechnungslegung und Prüfung der Aktiengesellschaft, 4. Aufl. Stuttgart 1968, § 152 AktG, Tz. 151.

9.4 Bergschaden

9.4.1 Allgemeines

Schrifttum: *Balloff, H.,* Besonderheiten der Wertermittlung für die Begründung schadensersatzrechtlicher Forderungen in Bergbaugebieten, GuG 1999, 44; *Schürken/Finke,* Bewertung von Bergschäden, 3. Aufl. Hannover 2008; *Finke,* Bergschäden GuG 1999, 266; *Hoffmann, D.,* Wertermittlung von Abbauland, GuG 2004, 156; *Schürken, J.,* Technischer und merkantiler Minderwert bei Bergschäden, GuG 2003, 154.

381 Ein **Bergschaden** liegt nach § 114 Abs. 1 BBergG u. a. vor, wenn infolge der Ausübung einer bergbaulichen Tätigkeit oder durch eine bergbauliche Betriebseinrichtung eine Sache (oder Person) beschädigt wird. Voraussetzung ist ein adäquater Ursachenzusammenhang[307]. Ein Bergschaden wirkt sich sowohl auf den Verkehrswert als auch i. d. R. auf den Einheitswert[308] des Grundstücks aus[309].

Nicht zum Bergschaden gehören nach § 114 Abs. 2 BBergG

– Nachteile als Folge von Planungsentscheidungen, die mit Rücksicht auf Lagerstätten und den Bergbaubetrieb getroffen werden, und

– unerhebliche Nachteile bzw. Aufwendungen im Zusammenhang mit Anpassungsmaßnahmen i. S. des § 110 BBergG,

– ferner Vermögensschäden.

Diesbezüglich bemisst sich der Schadensersatzanspruch nach den §§ 849 ff. BGB i. V. m. § 117 Abs. 1 Satz 1 BBergG.

382 Zur Auslegung des Begriffs „Bergschaden" sind die **allgemeinen im Schadensersatzrecht geltenden Grundsätze der §§ 249 ff. BGB** anzuwenden[310]. Der schädigende Bergbaubetrieb schuldet demzufolge nach § 249 Satz 1 BGB grundsätzlich die „Wiederherstellung in Natur" bzw. nach § 249 Satz 2 BGB den zur Herstellung erforderlichen Geldbetrag. Dieser Geldbetrag bzw. der Zahlungsanspruch des Geschädigten stellte dabei lediglich eine besondere Form des Herstellungsanspruchs dar[311].

383 „§ 114 BBergG Bergschaden

(1) Wird infolge der Ausübung einer der in § 2 Abs. 1 Nr. 1 und 2 bezeichneten Tätigkeiten oder durch eine der in § 2 Abs. 1 Nr. 3 bezeichneten Einrichtungen (Bergbaubetrieb) ein Mensch getötet oder der Körper oder die Gesundheit eines Menschen verletzt oder eine Sache beschädigt (Bergschaden), so ist für den daraus entstehenden Schaden nach den §§ 115 bis 120 Ersatz zu leisten.

(2) Bergschaden im Sinne des Absatzes 1 ist nicht
1. ein Schaden, der an im Bergbaubetrieb beschäftigten Personen oder an im Bergbaubetrieb verwendeten Sachen entsteht,
2. ein Schaden, der an einem anderen Bergbaubetrieb oder an den dem Aufsuchungs- oder Gewinnungsrecht eines anderen unterliegenden Bodenschätzen entsteht,
3. ein Schaden, der durch Einwirkungen entsteht, die nach § 906 des Bürgerlichen Gesetzbuchs nicht verboten werden können,
4. ein Nachteil, der durch Planungsentscheidungen entsteht, die mit Rücksicht auf die Lagerstätte oder den Bergbaubetrieb getroffen werden, und
5. ein unerheblicher Nachteil oder eine unerhebliche Aufwendung im Zusammenhang mit Maßnahmen der Anpassung nach § 110 BBergG."

384 Für den Bereich des untertägigen Bergbaus gilt nach § 120 BBergG die sog. **Bergschadensvermutung**.

---

307 Boldt/Weller, BBergG. 1. Aufl. 1984, Rn. 10 ff. zu § 114 BBergG.
308 OFD Düsseldorf, Erl vom 25.06.1968 – S 3204/3210 A-St 211; OFD Münster, Erl vom 09.07.1968 – S 3204 – 19-St 21 –; OFD Köln, Erl vom 09.07.1968 – S 3204-2 St 211 –, alle abgedruckt StEK BewG 1965 § 82 Nr. 15.
309 *Zum Beleihungswert* vgl. Kleiber, Verkehrswertermittlung von Grundstücken, 6. Aufl. 2010, Teil VIII Rn. 376 ff.
310 Boldt/Weller, § 114 BBergG Rn. 11; Finke in ZfB 1992, 170.
311 Piens/Schulte/Vilzhum, § 117 BBergG Rn. 6.

Für Bergschäden haftet das bergbauberechtigte Unternehmen, wobei das BBergG zur Vermeidung von Bergschäden z. B. Bauherrn zu vorbeugenden Maßnahmen verpflichtet, für deren Kosten der bergbauberechtigte Unternehmer aufkommt (§§ 110 ff. BBergG)[312]. Dabei ist die Duldungspflicht des Grundeigentümers „nur dann als sachgerecht und im Lichte des Art. 14 GG erträglich" erachtet worden, wenn die tiefgreifende Belastung des Grundeigentums zugunsten des – privaten und mit Gewinnstreben betriebenen – Bergbaus durch eine umfassende Entschädigung des Grundeigentümers ausgeglichen wird[313].

385

Die **Haftung** nach § 18 BBergG **setzt voraus, dass das in Anspruch genommene Unternehmen den Schaden durch eigene Tätigkeit herbeigeführt** oder zumindest mit verursacht hat, falls es nicht Rechtsnachfolger des ursprünglich verantwortlichen Betriebs ist. Gegenüber den gesetzlichen Vorschriften über den Ersatz von Bergschäden tritt der nachbarrechtliche Ausgleichsanspruch analog § 906 Abs. 2 Satz 2 BGB auch dann zurück, wenn der Bergwerkunternehmer im Einzelfall für den Schaden nicht verantwortlich ist[314].

„§ 115 BBergG Ersatzpflicht des Unternehmers

386

(1) Zum Ersatz eines Bergschadens ist der Unternehmer verpflichtet, der den Bergbaubetrieb zur Zeit der Verursachung des Bergschadens betrieben hat oder für eigene Rechnung hat betreiben lassen.

(2) Ist ein Bergschaden durch zwei oder mehrere Bergbaubetriebe verursacht, so haften die Unternehmer der beteiligten Bergbaubetriebe als Gesamtschuldner. Im Verhältnis der Gesamtschuldner zueinander hängt, soweit nichts anderes vereinbart ist, die Verpflichtung zum Ersatz sowie der Umfang des zu leistenden Ersatzes von den Umständen, insbesondere davon ab, inwieweit der Bergschaden vorwiegend von dem einen oder anderen Bergbaubetrieb verursacht worden ist; im Zweifel entfallen auf die beteiligten Bergbaubetriebe gleiche Anteile.

(3) Soweit in den Fällen des Absatzes 2 die Haftung des Unternehmers eines beteiligten Bergbaubetriebs gegenüber dem Geschädigten durch Rechtsgeschäft ausgeschlossen ist, sind bis zur Höhe des auf diesen Bergbaubetrieb nach Absatz 2 Satz 2 entfallenden Anteils die Unternehmer der anderen Bergbaubetriebe von der Haftung befreit.

(4) Wird ein Bergschaden durch ein und denselben Bergbaubetrieb innerhalb eines Zeitraums verursacht, in dem der Bergbaubetrieb durch zwei oder mehrere Unternehmer betrieben wurde, so gelten die Absätze 2 und 3 entsprechend.

§ 116 BBergG Ersatzpflicht des Bergbauberechtigten

(1) Neben dem nach § 115 Abs. 1 ersatzpflichtigen Unternehmer ist auch der Inhaber der dem Bergbaubetrieb zugrunde liegenden Berechtigung zur Aufsuchung oder Gewinnung (Bergbauberechtigung) zum Ersatz des Bergschadens verpflichtet; dies gilt bei betriebsplanmäßig zugelassenem Bergbaubetrieb auch, wenn die Bergbauberechtigung bei Verursachung des Bergschadens bereits erloschen war oder wenn sie mit Rückwirkung aufgehoben worden ist. Der Unternehmer und der Inhaber der Bergbauberechtigung haften als Gesamtschuldner. Soweit die Haftung eines Gesamtschuldners gegenüber dem Geschädigten durch Rechtsgeschäft ausgeschlossen ist, ist auch der andere Gesamtschuldner von der Haftung befreit."

Eine **Bergschadensgefahr** liegt vor, wenn der Bergschaden zwar noch nicht eingetreten ist, jedoch aufgrund der Art und Weise des umgegangenen Bergbaus, der durchgeführten Sicherungsmaßnahmen, der Abbauteufe (Tiefe) und dem Zeitpunkt die Gefahr eines Bergschadens besteht. Auch eine Bergschadensgefahr kann zu einer Wertminderung führen.

387

---

312 OLG Hamm, Urt. vom 14.07.1986 – 13 U 283/85 –; OVG Münster, Urt. vom 29.03.1984 – 12 A 2194/82 –, EzGuG 4.100; OVG Münster, Urt. vom 23.01.1984 – 10 A 23 66/79 –, EzGuG 4.95; BGH, Urt. vom 01.06.1978 – III ZR 158/75 –, EzGuG 20.75; BGH, Urt. vom 22.02.1973 – III ZR 28/71 –, EzGuG 20.54; BGH, Urt. vom 16.10.1972 – III ZR 176/70 –, EzGuG 4.37; BGH, Urt. vom 03.07.1972 – III ZR 192/70 –, EzGuG 4.36; BGH, Urt. vom 26.06.1972 – III ZR 114/70 –, EzGuG 4.35; VG Gelsenkirchen, Urt. vom 21.06.1978 – 5 K 2977/78 –, EzGuG 4.57 - Vorinstanz zu OVG Münster, Urt. vom 23.01.1984, a. a. O.; BGH, Urt. vom 15.06.1965 – V ZR 24/63 –, EzGuG 20.39; BGH, Urt. vom 18.03.1964 – V ZR 20/62 –; OLG Saarbrücken, Urt. vom 20.05.1960 – 3 U 45/95 –, EzGuG 4.14; OLG Hamm, Urt. vom 02.02.1960 – 7 U 244/58 –, EzGuG 4.12; weiterführendes Schrifttum: Finkel in DWW 1978; 332; Lindner in DWW 1987, 310; Schürken in DWW 1987, 324, ders. in GuG 1997, 129, und GuG 1994, 324; MittDST 1985, 1185; Balloff, H./Wiesner, Th., in GuG 1999, 44; Dittrich/Böhlitz-Ehrenberg in GuG 1995, 257, und GuG 1997, 214; Finke in GuG 1999, 266.
313 BGH, Urt. vom 16.02.1970 – III ZR 136/68 –, EzGuG 4.30; BGH, Urt. vom 16.02.1970 – III ZR 169/68 –, ZfB 1970, 446.
314 BGH, Urt. vom 17.05.2002 – III ZR 249/00 –, EzGuG 4.182, abweichend von BGH, Urt. vom 20.11.1998 – V ZR 411/97 –, WM 1999, 554.

§ 5 ImmoWertV   Abbauland

388 **Andere öffentliche Belange** stehen einer Abgrabung insbesondere entgegen, wenn

a) das Ortsbild auf Dauer verunstaltet und

b) der Nachweis ausreichender Ab- und Zufahrtswege nicht erbracht wird.

Gegenstand der Genehmigung sind die Abgrabung und die Herrichtung (Rekultivierung) auf den konkret mit Gemarkung, Flurstück- bzw. Parzellennummer zu bezeichnenden Grundstücken.

389 Im städtischen Nahbereich werden Genehmigungen zur **Abgrabung von Grundstoffvorkommen** inzwischen nur noch sehr zögernd erteilt. **Abbaugrundstoffe** in **Stadtnähe** verfügen jedoch über günstigere Absatzchancen, weil die Entfernung der Förderstätten von den Verwertungsstellen (Baustellen) kostenmäßig eine große Rolle spielt. Andererseits erweisen sich die in Stadtnähe notwendigen Umweltschutzerfordernisse kostenaufwendiger als in ländlichen Gebieten. Abgrabungsflächen in Stadtnähe werden nach Beendigung der Förderung häufig von Zweckverbänden zur Anlage von Erholungszentren übernommen.

390 Ob die Abgrabung außerdem gemäß § 7 WHG der **wasserrechtlichen Erlaubnis** der zuständigen Unteren Wasserbehörde bedarf, ist mit dieser abzustimmen. In dieser Erlaubnis können zusätzliche Bedingungen und Auflagen festgesetzt werden. So kann beispielsweise das Ausbaggern eines Grundstücks bis in den Grundwasserbereich untersagt werden (vgl. unten Rn. 349).

391 Die Behörden genehmigen die Abgrabung und die Rekultivierung im Allgemeinen für einen **Zeitraum von 10 bis 15 Jahren,** wobei für die Herrichtung meist ein Jahr angesetzt wird. I.d.R. geschieht dies unter Bedingungen (z. B. Sicherstellung der Rekultivierungsverpflichtung durch Bankbürgschaft; Absteckung und Markierung der Abgrabungsgrenzen durch einen öffentlich bestellten Vermessungsingenieur) und Auflagen (z. B. Schutzstreifen, Neigungsverhältnis der Böschungen, Vermeidung von unzumutbaren durch die Wasch-, Sieb- und Silo-Anlagen, Schutz des Abgrabungsgrundstücks gegen das Einbringen von Industriemüll und grundwassergefährdenden Stoffen). Mit der Abgrabung darf vor Erfüllung der Bedingungen nicht begonnen werden. Die Bauerlaubnis für Gebäude, beispielsweise Büro-, Sozial-, Werkstatt-, Wiege- und Trafogebäude sowie Aufbereitungsanlagen auf dem Abgrabungsgrundstück, muss gesondert eingeholt werden.

392 Die **Rechte aus der Abgrabungsgenehmigung erlöschen** schließlich, **wenn nicht innerhalb einer bestimmten Frist** (in Nordrhein-Westfalen z. B. drei Jahre) **mit der Abgrabung begonnen wird.** Die Frist kann auf Antrag des Unternehmers verlängert werden.

393 Die Betreiber von Kiesgruben sind häufig nicht auch Grundstückseigentümer. Die notwendigen **Grundstücke** sind in solchen Fällen (meist langfristig) von Gemeinden und Privatpersonen (Landwirten) **gepachtet.** Notwendige Kiesförder- und Aufbereitungsanlagen sowie Fuhrwerks-, Waagen- und Wiegehäuser sind im Eigentum der Abbauunternehmer oder geleast. Zu würdigen sind demnach Wertermittlungsansätze sowohl aus Sicht der verpachtenden Grundstückseigentümer als auch der Abbauunternehmen[315]. In diesem Zusammenhang sind noch die land- und forstwirtschaftlichen Nebenbetriebe i. S. des § 42 BewG hervorzuheben, die dem land- und forstwirtschaftlichen Hauptbetrieb zu dienen bestimmt sind und nicht einen selbstständigen Gewerbebetrieb darstellen. Bei solchen Betrieben handelt es sich aber meist um Gewerbebetriebe. Steuerlich wird im Wesentlichen zwischen zwei Arten von Nebenbetrieben unterschieden:

– den Be- oder Verarbeitungsbetrieben (z. B. Brennereien, Keltereien, Sägewerke) und

– den Substanzbetrieben (z. B. Sandgruben, Kiesgruben, Torfstiche u.Ä.).

394 Da **Mineralienvorkommen im steuerlichen Sinne** nicht zum Grundstück gehören (§ 68 Abs. 2 BewG), muss hier eine Abgrenzung vorgenommen werden, d. h., es muss ein gesonderter Wert festgestellt werden (Wert des Mineraliengewinnungsrechts i. S. von § 100 BewG). Dieses Recht unterliegt der Gewerbesteuer und nicht der Grundsteuer[316].

---
315 Köhne in GuG 1993, 268 ff.

Für die **neuen Bundesländer** hat der BGH in seiner Rechtsprechung[317] herausgestellt:

a) Die Vorschriften des BBergG über die Haftung für Bergschäden gelten für Bergschäden im Beitrittsgebiet nach Anl. 1 Kap. V Sachgeb. D Abschn. III Nr. 1 lit k Sätze 32 und 3 des Einigungsvertrags nicht, wenn auch nur eine mitwirkende Ursache vor dem 03.10.1990 gesetzt worden ist. Ursache ist dabei die bergbauliche Betriebshandlung. Als mitwirkende Bedingung in diesem Sinn sind lediglich Umstände anzusehen, die konkret die Gefahr von Bergschäden erhöht haben.

b) Das Berggesetz der ehemaligen DDR gilt auch für Bergschäden, die vor einem Inkrafttreten verursacht worden sind, sofern der Schaden erst danach entstanden ist.

9.4.2 Bergschaden an Gebäuden und Außenanlagen

Schrifttum: *Baloff/Wiesner,* Besonderheiten der Wertermittlung für die Begründung schadensrechtlicher Forderungen in Bergbaugebieten, GuG 1999, 44; *Schürken, Finke,* Bewertung von Bergschäden, Hannover 2008.

9.4.2.1 Allgemeines

Bergschäden an Gebäuden und Außenanlagen sind Bauschäden. Es muss unterschieden werden zwischen nicht behebbaren und behebbaren Bauschäden sowie dem merkantilen Minderwert. Bergschäden sind nicht behebbar, wenn sie durch Ausbesserung auf Dauer nicht beseitigt werden können. Den nicht behebbaren Bergschäden gleichgestellt sind Bergschäden, die nur mit unverhältnismäßig hohen Kosten beseitigt werden können. 395

I.d.R. lassen sich die Bergschäden nicht vollständig beheben, so dass **nicht behebbare und behebbare Bergschäden an einem Grundstück nebeneinander** vorliegen können. 396

9.4.2.2 Bergschadensersatzanspruch

Zur Vermeidung bzw. Verringerung künftiger Bergschäden können nach den §§ 110 ff. BBergG unter bestimmten Voraussetzungen vom Bauherrn **Anpassungs- und Sicherungsmaßnahmen** verlangt werden. 397

Der Bergschadensersatzanspruch kann sich in diesen Fällen vermindern bzw. sogar entfallen, wenn der Bauherr dem nicht nachkommt. Ansonsten hat die Bergwerkgesellschaft grundsätzlich die Kosten von Bergschadensvormaßnahmen zu tragen, so dass derartige zu erwartende Kosten nicht zu einer Wertminderung führen[318]. 398

Rechtsgrundlage für Bergschadensersatzansprüche ist § 114 BBergG. In der Regulierungspraxis wird unterschieden zwischen 399

a) behebbaren Schäden, wie Setzungsrisse einschließlich Folgeschäden, und

b) nicht behebbaren Dauerschäden, wie Schiefstellungen von Gebäuden, die zu Minderwerten führen.

Darüber hinaus besteht ein Anspruch der vom Bergbau betroffenen Grundeigentümer gegenüber dem Bergbauunternehmer, die **Kosten für Anpassungs- und Sicherungsmaßnahmen** zu übernehmen, ausgenommen sind lediglich unerhebliche Nachteile und Aufwendungen. Aufwendungen und Nachteile sind unerheblich, wenn sie 1,5 % der Gesamtherstellungskosten einer baulichen Anlage nicht überschreiten. Hat der Grundstückseigentümer die geforderten Maßnahmen unterlassen, verwirkt er seinen Schadenersatzanspruch (§ 112 BBergG).

Ein Bergschadensersatzanspruch steht grundsätzlich nur demjenigen zu, der zum Zeitpunkt des Eintritts eines Bergschadens Eigentümer war. Ein Bergschaden, dem noch ein 400

---

316 Simon/Cors/Troll: Handbuch der Grundstückswertermittlung, München, 3. Aufl. 1993, S. 715 ff.
317 BGH, Urt. vom 17.05.2001 – III ZR 249/00 –, EzGuG 4.182.
318 Schürken in GuG 1994, 324 ff.; Schürken in GuG 1997, 129 ff.; Baloff/Wiesner in GuG 1999, 2 ff.; Finke in GuG 1999, 266 ff.; Finke in ZfB Bd. 133, 1992, S. 170 ff. = DWW 1992, 259.

§ 5 ImmoWertV   Abbauland

entsprechender Schadensersatzanspruch gegenübersteht, verliert insoweit seine Wertneutralität für Dritte. Ein Erwerber kann nur bei neuen Schäden Ersatzansprüche gegenüber dem Bergbauunternehmer geltend machen.

401 Nach der Rechtsprechung des BGH[319] kann ein Schadensersatzanspruch im Verkaufsfalle nicht mehr auf den Käufer übertragen werden, so dass ein bereits entstandener Wiederherstellungsanspruch mit dem Verkauf des Grundstücks untergeht. Für den Sachverständigen kann sich hieraus die Aufgabe ergeben, **alte und neue Schäden voneinander abzugrenzen** (vgl. § 6 ImmoWertV Rn. 299; § 8 ImmoWertV Rn. 137 ff.)[320].

402 In der **Gesamtschau** sind bei der Verkehrswertermittlung bergschadensbehafteter und bergschadensgefährdeter Grundstücke neben den Bergschäden an baulichen Anlagen Bodenwertminderungen, Bergschadensgefahren und Bergschadensverzichte zu berücksichtigen (Abb. 46):

Abb. 46: Übersicht

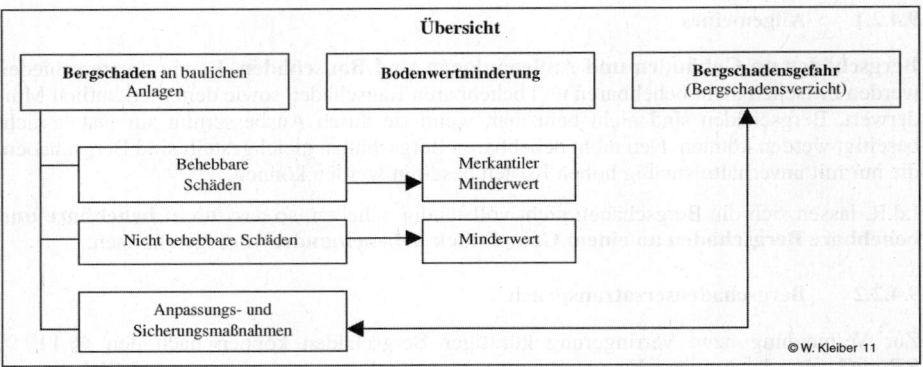

403 **Der Bergschadensersatzanspruch verjährt** im Übrigen nach § 117 Abs. 2 BBergG **nach drei Jahren,** gerechnet zum Zeitpunkt, zu dem der Ersatzberechtigte vom Schaden und der Person des Ersatzpflichtigen Kenntnis erlangt hat. Der Schadensersatzanspruch verjährt dagegen kenntnisunabhängig in dreißig Jahren nach Schadensentstehung[321].

9.4.3 Nicht behebbare Bergschäden (Minderwert)

9.4.3.1 Allgemeines

▶ *Zum merkantilen Minderwert vgl. unten Rn. 417 sowie § 8 ImmoWertV Rn. 418 ff.*

404 Ist die Behebung eines Bergschadens nicht oder nur zu einem Teil möglich (vgl. § 251 BGB), kann zur wertmäßigen Erfassung des Bergschadens nicht auf die Schadensbeseitigungskosten zurückgegriffen werden. In diesem Fall muss der **Minderwert** direkt ermittelt werden.

405 Nicht **behebbare oder nur mit unverhältnismäßig hohen Kosten zu beseitigende Bergschäden**[322] sind insbesondere:

Schieflage = eine durch ungleichmäßige Absenkung hervorgerufene Veränderung der Normallage eines Grundstücks, wobei aufstehende Gebäude diese Bewegung mitmachen;

---

[319] BGH, Urt. vom 02.10.1981 – V ZR 147/80 –, EzGuG 12.31a; BGH, Urt. vom 05.03.1993 – V ZR 87/91 –, EzGuG 12.115a.
[320] Zum Bergschaden auf einem gepachteten Grundstück: BGH, Urt. vom 21.04.1993 – XII ZR 126/91 –, EzGuG 11.205a.
[321] Finke, Die Verjährung von Bergschadensansprüchen, ZfB Bd. 137/1966, S. 197 ff.
[322] RdVfg der OFD Düsseldorf vom 25.06.1968 (S 3204/3210 A St. 211).

Abbauland § 5 ImmoWertV

Gefügelockerung = eine auch nach Ausführung von Reparaturarbeiten verbleibende Lockerung des Mauerwerkverbands;

Deformierung = Veränderung der ursprünglichen und baugerechten Lage von Bauwerkteilen (Verdrehung, Verdrillung, z. B. hervorgerufen durch unterschiedliche Absenkungen aus verschiedenen Richtungen und zu verschiedenen Zeiten);

Versumpfung = stauende Nässe, die die Nutzung des Grundstücks oder den Gebäudewert mindernd beeinträchtigt.

Zur Ermittlung des Minderwerts eines bergschadensbefangenen Grundstücks sind die **nicht behebbaren Bergschäden zu qualifizieren und ggf. messtechnisch zu erfassen.** Dies sind insbesondere

406

– eine Schieflage,
– eine Beeinträchtigung der Nutzbarkeit einhergehend mit erhöhten Bewirtschaftungskosten und verminderten Erträgen,
– eine Beeinträchtigung der Beleihbarkeit und Verkäuflichkeit,
– eine verminderte Restnutzungsdauer sowie
– verbleibende Gefügelockerung trotz vollständiger Rissbeseitigung.

Einzelschadensnachweise sind allerdings häufig nicht möglich. In der Praxis wird in den Steinkohlenrevieren auf das Gesamt-Minderwertabkommen zurückgegriffen[323].

Grundsätzlich bestehen zwei **Möglichkeiten zur Verkehrswertermittlung eines Grundstücks, dessen Bebauung nicht behebbare Bergschäden aufweist:**

407

a) Ermittlung des fiktiven Verkehrswerts auf der Grundlage eines mangelfreien Gebäudes sowie die gesonderte Ermittlung des Minderwerts:

> Verkehrswert des mangelfreien Grundstücks
> – Minderwert
> = Verkehrswert des mangelbehafteten Grundstücks

b) Direkte Ermittlung des mangelbehafteten Grundstücks. Der Minderwert ergibt sich dann aus dem Unterschied zwischen dem Verkehrswert des (fiktiv) mangelfreien sowie des mangelbehafteten Grundstücks.

9.4.3.2 Ermittlung des Minderwerts (Minderwertregelung)

In der Regulierungspraxis der großen Bergsenkungsgebiete ist nach dem Minderungsabkommen die **isolierte Ermittlung des Minderwerts vorherrschend.** Der Verkehrswert des mangelbehafteten Grundstücks ergibt sich dann durch Abzug des Minderwerts von dem Verkehrswert, der für das fiktiv mangelfreie Grundstück ermittelt worden ist. Die Verkehrswertermittlung vollzieht sich demzufolge in drei Schritten (ohne Bodenwert):

408

– Ermittlung des Gebäudesachwerts eines (fiktiv) mangelfreien Gebäudes,
– Ermittlung des Bergschadens, z. B. einer Schieflage,
– Ermittlung des Minderwerts als Vomhundertsatz des Gebäudesachwerts entsprechend dem Schadensgrad.

Beispiel:

409

a) Ermittlung der Schieflage
Das zu bewertende Gebäude weise eine Schieflage auf.

---

[323] Gesamt-Minderwertabkommen zwischen dem Verband bergbaugeschädigter Bau- und Grundeigentümer e.V. (VBHG) und der Ruhrkohle AG (RAG) vom 15./29.06.1987 i. d. F. vom 02.12.1984, ZfB 1995, 154; hierzu Finke in ZfB 1995, 154.

§ 5 ImmoWertV   Abbauland

Die Schieflage wird nach dem sog. „**Drei-Strahl-Verfahren**"[324] ermittelt.

Zur Ermittlung der Schieflage wird ausgehend von dem Höchstpunkt

- die Entfernung zu den übrigen drei Ecken in [m] und

- die Höhendifferenz der drei angemessenen Punkte in [mm] gegenüber dem Höchstpunkt gemessen (Abb. 47):

Abb. 47: Drei-Strahl-Verfahren

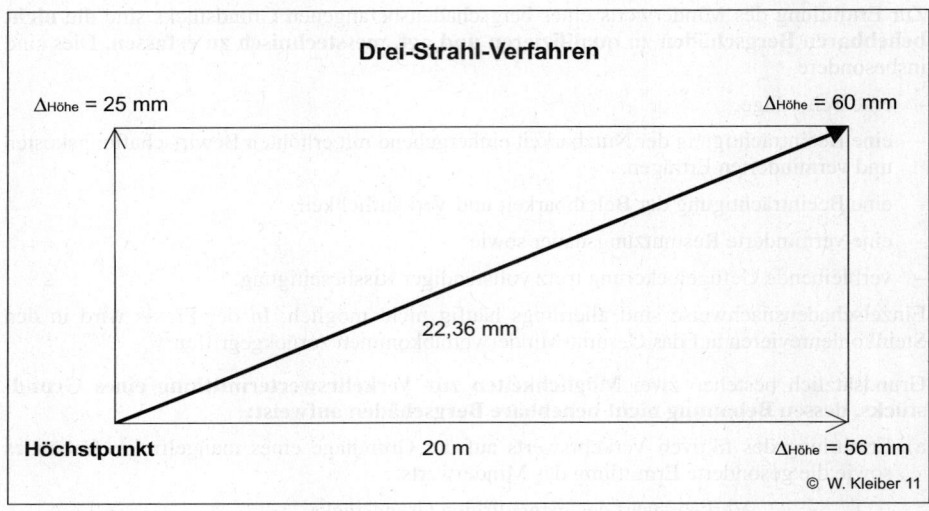

410 Die mittlere Schieflage ergibt sich dann aus dem arithmetischen Mittel der Quotienten aus der Höhendifferenz aller Strahlen zu ihrer jeweiligen Entfernung zum Höchstpunkt:

25 mm : 10,00 m =	2,50 mm/m	
60 mm : 22,36 m =	2,68 mm/m	
56 mm : 20,00 m =	2,80 mm/m	
Summe =	7,98 mm/m : 3	= 2,66 mm/m

Die Schieflage wird in mm/m gemessen, d.h. in Promille angegeben. Will man zusätzlich noch eine etwaige Krümmung erfassen, muss mindestens ein vierter Punkt angemessen werden.

b) Ermittlung des Gebäudesachwerts (mangelfrei)

Der mangelfreie Gebäudesachwert sei mit 1 Mio. € ermittelt.

c) Ermittlung des Minderwerts

Der Minderwert wird mithilfe eines Vomhundertsatzes des Gebäudesachwerts ermittelt. Üblich ist

Mittlere Schieflage	Minderwertausgleich
bis 2 mm/m	kein Minderwertausgleich
ab 2 mm/m bis 15 mm/m	je 2 mm/m 1 % des Sachwerts
ab 15 mm/m bis 25 mm/m	je 1 mm/m 1,75 % des Sachwerts
über 25 mm/m	statt Minderung: Hebung

---

[324] Eine einheitliche Vorgehensweise ist anzustreben. Das OLG Saarbrücken hat im Urt. vom 20.05.1960 – 3 U 45/95 –, EzGuG 4.14. beklagt, dass Sachverständige bei unterschiedlicher Vorgehensweise zu unterschiedlichen Schieflagewerten kommen.

9.4.3.3 Steuerliche Bewertungspraxis

In der **steuerlichen Bewertungspraxis** (vgl. a. a. O.) sind folgende Abschläge üblich: **411**

a) Ein starker, *nicht behebbarer Bergschaden* liegt vor bei einer Schieflage von 20 mm/m und mehr, bei starker Gefügelockerung, bei Deformierung von Bauwerkteilen sowie bei Versumpfung.

Die Wertminderung, die durch Annahme einer verkürzten Restnutzungsdauer und/oder durch Abschlag zu berücksichtigen ist, beträgt hier 15 bis 25 v. H., in besonders begründeten Fällen jedoch auch mehr als 25 v. H. Bei einer Schieflage von mehr als 440 mm/m kann davon ausgegangen werden, dass die Restnutzungsdauer nicht mehr als zehn Jahre betragen wird.

b) Ein mittlerer, nicht behebbarer Bergschaden liegt vor bei einer Schieflage von 8 mm/m bis unter 20 mm/m.

Die Wertminderung, die durch Annahme einer verkürzten Restnutzungsdauer und/oder durch Abschlag zu berücksichtigen ist, beträgt hier 5 bis 15 v. H.

c) Ein leichter, nicht behebbarer Bergschaden liegt bei einer Schieflage von 2 mm/m bis unter 8 mm/m vor. Die Wertminderung, die durch Annahme einer verkürzten Restnutzungsdauer und/oder durch Abschlag zu berücksichtigen ist, beträgt hier bis zu 5 v. H.

d) Starke behebbare Bergschäden liegen vor, wenn Bauwerkteile erneuert und starke Risse ausgemauert oder nachträglich Sicherungen und Verankerungen eingebaut werden müssen, wenn Schwebedecken eingebaut werden müssen, weil Deckenrisse mit herkömmlichen Mitteln nicht zu beseitigen sind. Starke behebbare Schäden liegen außerdem vor, wenn Abstützmaßnahmen erforderlich sind und wenn die Standsicherheit gefährdet erscheint; wenn infolge Gefällestörungen die Entwässerung gestört ist; ferner, wenn sich Versumpfungserscheinungen zeigen, die beispielsweise das Mauerwerk durchfeuchten.

Der Abschlag kann 15 v. H. und mehr betragen.

e) Mittlere behebbare Bergschäden liegen vor, wenn Risse in Decken, Innen- und Außenwänden auftreten, die durch Ausfüllen mit Mörtel oder mit anderem Material abgedichtet werden müssen, aber noch nicht unter a) fallen.

Der Abschlag kann 5 bis 15 v. H. betragen.

f) Von leichten behebbaren Bergschäden kann gesprochen werden, wenn Risse lediglich in Innenräumen auftreten.

Der Abschlag darf höchstens 5 v. H. betragen.

9.4.4 Anpassungs- und Bergschadenssicherungsmaßnahmen

Maßnahmen zur Bergschadenssicherung sind bei Anwendung des Ertrags- und Sachwertverfahrens unterschiedlich zu berücksichtigen: **412**

– Bei Anwendung des *Ertragswertverfahrens* können Maßnahmen zur Bergschadenssicherung außer Betracht bleiben, da für den Gebäudeertragswert allein die künftige Rendite unabhängig von den aufgebrachten Kosten ist. Allenfalls bei Maßnahmen, die auf Dauer die Bebaubarkeit des Grundstücks sichern und dem Grund und Boden zuzurechnen sind, können solche Maßnahmen eine sonst dafür anzusetzende Bodenwertminderung ausgleichen. In diesem Fall kann von dem Bodenwert eines unbelasteten Grundstücks ausgegangen werden.

– Bei Anwendung des *Sachwertverfahrens* sind außergewöhnliche Gründungen durch besonderen Zuschlag zu erfassen. Deshalb ist im Einzelfall zu prüfen, ob vorhandene Bergschadenssicherungen als außergewöhnliche Gründungen anzusehen sind (vgl. auch Abschn. 39 Abs. 1 BewRGr.). Der Zuschlag für außergewöhnliche Gründungen (Bergschadenssicherungen) darf den Abschlag vom Bodenwert wegen Bergschäden und Bergschadensgefahren nicht übersteigen. Oftmals werden sich die Bergschäden und Bergschadensgefahren schon im durchschnittlichen Bodenwert (Bodenrichtwert) mindernd ausgewirkt haben. Dann kommt bei der Verkehrswertermittlung des Einzelgrundstücks ein besonderer Abschlag vom Bodenwert wegen des Bergschadens und der Bergschadensgefahr nicht in Betracht. In solchen Fällen ist der Zuschlag für außergewöhnliche Gründungen (Bergschadenssicherungen) auf den Betrag zu begrenzen, um den der Bodenwert des Einzelgrundstücks höher liegen würde, wenn Bergschäden und Bergschadensgefahren bei der Ermittlung durchschnittlicher Bodenwerte (Bodenrichtwerte) unberücksichtigt geblieben wären.

9.4.5 Behebbare Bergschäden

413 Behebbare Bergschäden werden zweckmäßigerweise durch einen entsprechenden **Abschlag vom Ertrags- oder Sachwert** berücksichtigt (vgl. § 82 Abs. 3 und § 87 BewG). Dies gilt bei Anwendung des Ertragswertverfahrens insbesondere dann, wenn der Bergschaden keinen Einfluss auf die Ertragsverhältnisse hat. Wertneutralität ist gegeben, wenn ein Anspruch auf Schadensbeseitigung gegenüber dem Bergwerksunternehmer besteht. Da dieser Anspruch dem Eigentümer ad personam zusteht, muss dies allerdings bei der Verkehrswertermittlung in aller Regel unbeachtlich bleiben.

9.4.6 Bodenwertermittlung in Bergschadensgebieten

414 Ein Bergschaden findet bei der Bodenwertermittlung nur dann eine besondere Berücksichtigung, wenn von **Vergleichspreisen bzw. Bodenrichtwerten ausgegangen** wurde, **die nicht durch Bergschäden beeinflusst sind.** Dies ist insbesondere bei Anwendung des Sachwertverfahrens von Bedeutung, weil bei Anwendung des Ertragswertverfahrens, wenn von der Anwendung dieses Verfahrens auf Grundstücke abgesehen wird, deren Bebauung nur noch eine kurze Restnutzungsdauer aufweist, ohnehin die Bodenwertermittlung für das Gesamtergebnis von eher untergeordneter Bedeutung ist.

415 In der **steuerlichen Bewertung** werden Abschläge bis zu 10 v. H. an den Bodenwert eines unbelasteten Grundstücks angebracht.

416 Insbesondere im Hinblick darauf, dass in Gebieten, die allgemein bergbaulichen Einflüssen unterworfen sind, die herangezogenen Vergleichspreise etwaige Bodenwertminderungen bereits im allgemeinen Sinne „innehaben", hat die Rechtsprechung einen Anspruch gegenüber dem Gutachterausschuss für Grundstückswerte abgelehnt, die **Wertminderung in einem Gutachten gesondert „auszuwerfen"** oder darüber ein eigenständiges Gutachten zu erstatten[325].

9.4.7 Merkantiler Mehr- und Minderwert

▶ *Allgemeines zum merkantilen Minderwert vgl. § 8 ImmoWertV Rn. 396*

417 Nach den §§ 249 und 251 BGB ist ein merkantiler Minderwert ersatzfähig. Ein merkantiler Minderwert ist die **Minderung des Verkehrswerts,** die im Grundstücksverkehr trotz ordnungsgemäßer Instandsetzung eines behebbaren Bergschadens schon im Hinblick auf den Verdacht verborgen gebliebener Schäden eintritt.

418 Ein ersatzfähiger merkantiler Minderwert liegt also vor, wenn der Grundstücksverkehr ein Bauwerk im Hinblick auf die Einwirkungen des Bergbaus und seiner Folgen wertmäßig geringer einschätzt als vor dem Eingriff. Gemäß den §§ 114 und 117 BBergG ist deshalb neben dem Wiederherstellungsaufwand für die Beseitigung bergbaubedingter Substanzschä-

---

[325] OVG Münster, Urt. vom 23.01.1984 – 10a 23 66/79 –, EzGuG 4.95; Vorinstanz: VG Gelsenkirchen, Urt. vom 21.06.1978 – 5 K 29 77/78 –, EzGuG 4.57.

den an dem betroffenen Gebäude der **Minderwert** zu ersetzen, **der trotz ordnungsgemäßer Beseitigung der Schäden verbleibt**[326].

Ein merkantiler Minderwert setzt dabei allerdings nach Schadensart und Schadensumfang ein **schädigendes Ereignis von Gewicht** voraus, z. B. Eingriffe in die Tragwerkskonstruktion oder eine durch Unterfangen eines Gebäudes bzw. Hebung ausgeglichene Schieflage. Eingriffe in die Tragkonstruktion oder die Hebung des Gebäudes sind allerdings nicht Voraussetzung für einen merkantilen Minderwert[327]. **419**

Bei Bergschäden wird der merkantile Minderwert i. d. R. in einem Vomhundertsatz des Gebäudesachwerts ermittelt. Diese Praxis ist insbesondere bei Gebäuden, die in besonders hochwertiger Lage errichtet worden sind, nicht unproblematisch, da Gebäude und Boden in einer Schicksalsgemeinschaft stehen. In solchen Fällen ist deshalb die besondere Lagewertigkeit des Grund und Bodens zusätzlich zu berücksichtigen. **420**

Nach der Rechtsprechung des OLG Düsseldorf[328] ist ein merkantiler Minderwert zu gewähren, der der Höhe nach durch die in einem Zeitraum von ca. 5 bis 10 Jahren zu erwartenden Schädigungen geprägt ist. **421**

Das zwischen dem Verband bergbaugeschädigter Haus- und Grundeigentümer e.V. (VBHG) und der Ruhrkohle AG (RAG) ausgehandelte **Gesamtwertminderungsabkommen**[329] sieht zur Ermittlung des merkantilen Minderwerts von Bergschäden folgendes Verfahren vor: **422**

a) Bei *Schieflagen unter 2 mm/m* wird ein Minderwertausgleich grundsätzlich nicht geleistet.

b) Bei *Schieflagen zwischen 2 mm/m und 15 mm/m* beträgt der Minderwert je 2 mm/m Schieflage 1 % des im Wege des Sachwertverfahrens ermittelten Gebäudewerts.

c) Bei *Schieflagen über 15 mm/m* wird der Minderwert im Wege einer Einzelfallregelung vereinbart. Regelmäßig soll bei Schieflagen über 15 mm/m bis 25 mm/m der Minderwert je 1 mm/m Schieflage 1,75 % des im Wege des Sachwertverfahrens ermittelten Gebäudewerts betragen. Bei Schieflagen von 25 mm/m und mehr, bei denen eine Hebung nicht möglich oder der RAG nicht zumutbar ist, soll die Zunahme des Minderwerts je 1 mm/m Schieflage 2,75 % des im Wege des Sachwertverfahrens ermittelten Gebäudewerts betragen.

Sind bereits Minderwerte abgegolten worden, sind zusätzliche Minderwertausgleiche nur bei Zunahme der Schieflage ab 2 mm/m nach den Grundsätzen der lit. b und c zu leisten; dabei werden bereits geleistete Minderwertausgleiche angerechnet.

Weiterhin gelten folgende **Anhaltswerte**, wenn eine Einigung nach vorstehenden Grundsätzen nicht erzielt werden kann:

- Bei *Schieflagen unter 5 mm/m* beträgt der Minderwert in Abhängigkeit von Gebäude- und Nutzungsart je 3 bis 4 mm/m Schieflage 1 % des im Wege des Sachwertverfahrens ermittelten Gebäudewerts.

- Bei *Schieflagen ab 5 mm/m* beträgt der Minderwert in Abhängigkeit von Gebäude- und Nutzungsart je 3 bis 4 mm/m Schieflage 1 % des im Wege des Sachwertverfahrens ermittelten Gebäudewerts.

- Sind bereits Minderwerte abgegolten worden, sind zusätzliche Minderwertausgleiche nur bei Zunahme der Schieflage ab 3 bis 4 mm/m nach den vorstehenden Grundsätzen für die volle Schieflage vorzunehmen; dabei werden bereits geleistete Minderwertausgleiche (ausgedrückt in % des im Wege des Sachwertverfahrens ermittelten Gebäudewerts) angerechnet.

---

326 Boldt/Weller, § 144 BBergG Rn. 48; Piens/Schulte/Bilzhum, § 117 BBergG Rn. 8; Schürken in DWW 1987, 134 ff., OLG Saarbrücken, Beschl. vom 16.05.1994 – 4 W 174/94 –, GuG 1995, 314 = EzGuG 4.157; BGH, Urt. vom 20.04.1981 – III ZR 186/79 –, EzGuG 4.75; BGH, Urt. vom 19.09.1985 – VII ZR 158/84 –, BB 1986, 764.
327 OLG Düsseldorf, Urt. vom 04.02.2000 – 7 U 67/98 –, EzGuG 4.176a.
328 OLG Düsseldorf, Urt. vom 04.02.2000 – 7 U 67/98 –, EzGuG 4.176a.
329 Abkommen vom 12.12.2001, GuG 2002, 176.

§ 5 ImmoWertV — Abbauland

Ein Anspruch auf Ersatz eines **bergbaubedingten merkantilen Minderwerts** kommt insbesondere in Betracht:

- nach einer Hebung des Gebäudes,
- nach einem sonstigen erheblichen Eingriff in die Tragwerkskonstruktion,
- bei anderweitigen, erheblichen Substanzschäden, die einzeln oder kumuliert objektiv geeignet erscheinen, bei Dritten ernsthafte und nachvollziehbare Befürchtungen aufkommen zu lassen.

Der merkantile Minderwert – ausgedrückt in einem Vomhundertsatz des im Wege des Sachwertverfahrens ermittelten Gebäudewerts – ergibt sich als Produkt der Faktoren A 1/A 2 (Reparaturaufwand und Verhältnis zum Gebäudewert), dem Faktor B (Art der Schadensbeseitigung) und dem Faktor C (Verkäuflichkeit des Gebäudes). Bei **Gebäuden mit einer Restnutzungsdauer von < 50 Jahren wird grundsätzlich kein merkantiler Minderwert** anerkannt (Abb. 48 f.):

Abb. 48: Faktor A 1 und A 2 zur Berechnung des merkantilen Minderwerts gem. Anlage des Gesamtminderwertabkommens VBHG/RAG

Anlage zum Gesamt-Minderwertabkommen VBHG/RAG Berechnungstabelle „merkantiler Minderwert" zu Teil 2 Ziffer II des Abkommens					
	Faktor A 1 [%] Erheblicher Substanzschaden Reparaturaufwand		Faktor A 2 [%] Erheblicher Eingriff in die Tragwerkkonstruktion Reparaturaufwand		
	> 30 und < 50 % des GW oder 75 000 €	> 50 % des Gebäudewerts	> 10 und < 30 % des GW, mindestens 20 000 €	> 30 und < 60 % des GW, mindestens 30 000 €	< 60 % des Gebäudewerts, mindestens 40 000 €
RND in Jahren	Schadensgrad in % des GW		Schadensgrad in % des GW		
50 – 69	3	4	2	3	4
70 – 79	4	5	3	4	5
80 – 89	5	6	4	5	6
90 – 99	6	7	5	6	7

Abbauland § 5 ImmoWertV

Abb. 49: Faktor B und C zur Berechnung des merkantilen Minderwerts gem. Anlage des Gesamtminderwertabkommens VBHG/RAG

Anlage zum Gesamt-Minderwertabkommen VBHG/RAG Berechnungstabelle „merkantiler Minderwert" zu Teil 2 Ziffer II des Abkommens							
	Faktor B Art der Schadensbeseitigung Reparaturverfahren				**Faktor C** Verkäuflichkeit des Grundstücks Einordnung		
Restnutzungs-dauer in Jahren	Standard	Hebung		Ausgleichs-elemente	gut	normal	schlecht
		unter Fundament	unter Decke				
	Korrekturfaktor				**Korrekturfaktor**		
50 bis 69	1	1	1,2	1,3 – 1,5	0,8	1	1,1
70 bis 79	1	1	1,2	1,3 – 1,5	0,8	1	1,1
80 bis 89	1	1	1,2	1,3 – 1,6	0,8	1	1,1
90 bis 99	1	1	1,2	1,3 – 1,6	0,8	1	1,1

9.4.8 Bergschadensgefahr und Bergschadensverzicht

Außer der Wertermäßigung wegen Bergschäden kann auch eine Wertermäßigung wegen **Bergschadensgefahr** (auch wegen der als Folge bereits eingetretener Bergschäden mit Sicherheit noch zu erwartenden weiteren Schäden) für Grundstücke in Gebieten in Betracht kommen, in denen Bergbau umgegangen war. 423

Bei der **Verkehrswertermittlung** unbebauter Grundstücke kommt eine Ermäßigung wegen Bergschadensgefahr nur dann in Betracht, wenn sich die Schadensgefahr nicht schon in den durchschnittlichen Bodenwerten (Bodenrichtwerten) mindernd ausgewirkt hat.

Für die **Bemessung der Ermäßigung** sind bedeutsam: 424

a) Art des Abbaus,

b) Ausmaß der Bergschadenssicherungen,

c) Bergschadensverzicht.

Beim oberflächennahen Abbau (bei einer Teufe bis ca. 100 m) **ist die Gefahr einer Schädigung zeitmäßig nicht zu begrenzen.** Die durch Bergbau geschaffenen Hohlräume brechen infolge des geringen Gebirgsdrucks häufig erst nach Jahrzehnten zusammen. In Einzelfällen sind Hohlräume selbst nach mehr als hundert Jahren festgestellt worden. Beim Abbau in mittlerer Teufe (von ca. 100 m bis ca. 400 m) oder in größerer Teufe (mehr als 400 m) wird wegen des zunehmenden Gebirgsdrucks der Zeitfaktor der Einwirkungen verkürzt. 425

Bei den **Bergschadenssicherungen** ist zu unterscheiden zwischen Vollsicherung und Teilsicherung. Vollsicherungen sind Maßnahmen, die grundsätzlich Schäden bergbaulicher Art verhindern sollen (Dreipunktlagerung). In Ausnahmefällen werden jedoch trotz Vollsicherung Schäden entstehen können (z. B. Versumpfung, Tagesbrüche). Bei Teilsicherungen wird die schädliche Einwirkung des Bergbaus gemindert, jedoch nicht verhindert. Teilsicherungen sind beispielsweise eine Betonplatte, Fundamentverstärkungen, Betonwannen, Ringverankerungen, Trennfugen. 426

Verschiedentlich verzichtet ein Grundstückseigentümer gegenüber dem Bergbau vertraglich auf Ersatz von Bergschaden (**Bergschadensverzicht**). Zu unterscheiden ist zwischen Vollverzicht und Teilverzicht sowie zwischen dinglich gesichertem und schuldrechtlich vereinbartem Verzicht. Die dingliche Sicherung erfolgt durch Begründung einer Grunddienstbarkeit am Grundstück zugunsten des Bergwerkseigentümers, die im Grundbuch eingetragen wird. Bei schuldrechtlich vereinbartem Verzicht gilt der Verzicht lediglich zwischen den Vertragsparteien. 427

§ 5 ImmoWertV   Abbauland

428 Im Falle des dinglich gesicherten **Vollverzichts** besteht keinerlei Anspruch auf Bergschadensersatz. Im Falle des schuldrechtlich vereinbarten Vollverzichts kann ein Einzelrechtsnachfolger des Verzichtenden u.U. vom Eigentumserwerb an neue Schadensersatzansprüche geltend machen. Das gilt aber nur dann, wenn der Einzelrechtsnachfolger nicht an die schuldrechtliche Vereinbarung gebunden ist.

429 Der **Teilverzicht** ist i. d. R. beschränkt auf Ersatz in Höhe des infolge bergbaulicher Einwirkungen geminderten Verkehrswerts des Grundstücks (Teilverzicht i. d. R. bis 10 v. H.). Ein dinglich gesicherter Bergschadensverzicht beeinträchtigt den Wert eines Grundstücks. Das gilt auch für den schuldrechtlich vereinbarten Bergschadensverzicht mit Bindungswirkung für den Einzelrechtsnachfolger. Deshalb ist in den Fällen, in denen ein Abschlag wegen Bergschadensgefahr zu gewähren ist, dieser entsprechend höher.

430 Maßstab für den Bergsschadensverzicht sind i. d. R. die Kosten der Bergschadenssicherungsmaßnahmen:

– Bei *Wohngebäuden* ist eine Beschränkung des Nichtersatzes von Bergschadenssicherungsmaßnahmen auf 3 % der Herstellungskosten üblich.

– Bei empfindlich auf Bodenbewegungen reagierenden *Gewerbe- und Industriegebäuden* ist ein Nichtersatz bis zu einer Höhe von 7,5 % der Herstellungskosten üblich[330].

431 In der **steuerlichen Bewertungspraxis**[331] werden folgende Abschläge angesetzt (Abb. 50):

Abb. 50:   Abschläge wegen Bergschadensgefahr

	bei oberflächennahem Abbau v. H.	bei Abbau in mittlerer Teufe v. H.*)	bei Abbau in größerer Teufe v. H. **)
bei bebauten Grundstücken			
bei Vollsicherung	i. d. R. 0	i. d. R. 0	i. d. R. 0
bei Teilsicherung	bis höchstens 7	bis höchstens 5	bis höchstens 3
ohne Bergschadenssicherung	bis höchstens 10	bis höchstens 7	bis höchstens 5
bei unbebauten Grundstücken	bis höchstens 10	bis höchstens 7	bis höchstens 5

*) Wenn 10 Jahre lang nach Beendigung des Abbaus keine Bergschäden eingetreten sind, kommen im Allgemeinen Abschläge wegen Bergschadensgefahr nicht in Betracht.

**) Wenn 5 Jahre lang nach Beendigung des Abbaus keine Bergschäden eingetreten sind, kommen im Allgemeinen Abschläge wegen Bergschadensgefahr nicht in Betracht.

432 Beim Vorliegen eines **Teilverzichts** kann der Abschlag bis auf 10 v. H. erhöht werden (in Ausnahmefällen auch bei Vollsicherung). Beim Vorliegen eines **Vollverzichts** beträgt der Abschlag i. d. R. 10 v. H. (in Ausnahmefällen auch bei Vollsicherung). In besonders begründeten Einzelfällen kann der Abschlag jedoch noch höher bemessen werden.

Bei unbebauten Grundstücken können in besonders begründeten Einzelfällen **die Abschläge höher als 10, 7 oder 5 v. H. sein,** wenn nachgewiesen wird, dass bei einer Bebauung Sicherungsmaßnahmen erforderlich sein werden, deren Kosten die vorbezeichneten Abschläge bei weitem übersteigen werden.

433 Der Abschlag wegen Bergschadensgefahr ist auch dann zu gewähren, wenn eine Wertermäßigung wegen Bergschäden in Betracht kommt.

---

330 Weiterführend Schürken in GuG 1997, 129; Mühlenbeck, Bewertung von Bergschadensverzichten, Das Markscheidenwesen, Verlag Glückauf Essen 1997, 2; Drisch/Schürken, Bewertung von Bergschäden und Setzungsschäden an Gebäuden, Hannover 1988.
331 Zur Verkehrswertermittlung und Einheitsbewertung vgl. Spraje in DWW 1992, 281.

10 Wasserfläche

10.1 Allgemeines

Schrifttum: *Hugel, G.*, Bewertung von Wasserkraftanlagen und Wirtschaftlichkeitsbetrachtung bei kleinen und mittleren Anlagegrößen, GuG 2007, 75; *Jens, G.*, Die Bewertung der Fischgewässer; *Pahl, G.*, Steuerliche Bewertung von Baggernseen, BKS-Informationen 2009/2; *Upmeyer, B.*, Wert einer Flutrinne (Wasserlauf), GuG 2002, 33.

▶ *Zur Verkehrswertermittlung von Ufergrundstücken vgl. Syst. Darst. des Vergleichswertverfahrens Rn. 401, § 6 ImmoWertV Rn. 117 ff., zu Wasserschutz-, Überschwemmungs- und Heilquellengebieten vgl. unten Rn. 272*[332] **434**

Wasserflächen werden unter Nr. 5.3.1 WERTR 06 als **von oberirdischen Gewässern ständig bedeckte Flächen** definiert. Hierzu gehören insbesondere Seen, Teiche, frei fließende und staugeregelte Flüsse, Kanäle, Häfen, Talsperren und Meeresteile. Die Abgrenzung der Gewässer gegen ihre Ufer richtet sich nach den wasserrechtlichen Vorschriften. Der Verkehrswertermittlung ist i. d. R. die zuletzt ermittelte Uferlinie, bei staugeregelten Flüssen und Kanälen die Wasserlinie bei Normalstau zugrunde zu legen. Auskunft über den Verlauf der Begrenzungslinien erteilen die zuständigen Stellen, z. B. die Wasserbehörden. **435**

In den **WERTR** (Nr. 5.3.3) wird im Hinblick auf die Preisbildung für **Wasserflächen** ausgeführt: **436**

„Der Verkehrswert von Wasserflächen hängt vor allem ab von der rechtlich zulässigen Nutzungsmöglichkeit; ggf. ist der Herrichtungsaufwand zu berücksichtigen. Eine über den Gemeingebrauch bzw. Eigentümer- oder Anliegergebrauch hinausgehende Nutzungsmöglichkeit entsteht in der Regel durch öffentlich–rechtliche Erlaubnisse, Bewilligungen und Genehmigungen."

Zur Ermittlung des **Verkehrswerts aus benachbarten Landflächen** heißt es des Weiteren: **437**

„Vielfach besteht eine Abhängigkeit zwischen dem Verkehrswert einer Wasserfläche und dem Verkehrswert einer mit dieser Wasserfläche in unmittelbarem wirtschaftlichen Zusammenhang stehenden Landfläche. Diese liegt in aller Regel in dem der Wasserfläche benachbarten Uferbereich. Unmittelbare Nachbarschaft braucht nicht zu bestehen.

Im Normalfall wird der Verkehrswert der Wasserfläche niedriger sein als der Verkehrswert der Bezugsfläche an Land, weil die Nutzung der Wasserfläche durch die Natur der Gewässer eingeschränkt oder erschwert ist. Der Verkehrswert der Wasserfläche ist ein mit sachverständigem Ermessen ermittelter Vomhundertsatz des Verkehrswerts der Bezugsfläche an Land. Die Höhe dieses Vomhundertsatzes bestimmt sich insbesondere nach dem Grad des wirtschaftlichen Zusammenhangs der Wasserfläche mit der Bezugsfläche. In der Regel liegt der Verkehrswert der Wasserfläche bei 50 v. H. des Verkehrswerts der Bezugsfläche."

Dabei stehen insbesondere folgende **Nutzungen** im Vordergrund: **438**

- Umschlag, Industrie (z. B. Werften), Lagerei, Restaurants,
- Liegeplätze und Landeanlagen für Personenschifffahrt, Bootsverleih, Bootshäuser, Camping (privat) und dgl.,
- Gewinnung von Bodenschätzen, Bodenentnahmen, Bodenablagerungsflächen,
- Fischerei, Schilf-, Weidenanpflanzungen,
- sonstige private Nutzungen (z. B. Triebkraft, Wasserentnahme, Gartenanlagen),
- Sport und Erholung (nicht gewerblich),
- Kreuzungen, wie Ein- und Durchleitungen (z. B. Ein- oder Auslassbauwerke) u. Ä.,
- Anlagen des öffentlichen Verkehrs sowie Hochwasserschutzanlagen.

---

[332] Zu Brunnenrechten vgl. Kleiber, Verkehrswertermittlung von Grundstücken, 6. Aufl. 2010, Teil IX Rn. 329.

§ 5 ImmoWertV — Abbauland

439 Zur **Ermittlung des Verkehrswerts** aus Vergleichspreisen bzw. dem Ertrag, sowie der baulichen Anlagen und von Rechten und Belastungen geben **Nr. 5.3.6 f. WERTR** folgende Hinweise:

„Wenn kein wirtschaftlicher Zusammenhang zwischen den Wasser- und Landflächen besteht, bilden Vergleichspreise die Grundlage für die Ermittlung des Verkehrswerts der Wasserfläche.

Bei ertragsorientierten Nutzungen, wie z. B. Häfen und Fischteichen, kann der Verkehrswert der Wasserfläche aus dem daraus erzielten Ertrag ermittelt werden.

Für die Ermittlung des Werts von Anlagen, wie z. B. Uferbefestigungen und Dalben, kommt das Sachwertverfahren in Betracht. Aufwendungen des Gewässereigentümers für Ausbau und Unterhaltung bleiben im Regelfall außer Betracht.

Zu- und Abschläge sind vorzunehmen, wenn z. B. rechtliche Belastungen oder tatsächliche Nutzungserschwernisse einen wesentlichen Einfluss auf die rechtlich zulässige Nutzungsmöglichkeit haben.

Selbständige Fischereirechte, Berechtigungen zur Gewinnung von Bodenschätzen u. ä. sind gesondert zu werten, wenn sie mit dem Verkehrswert der Wasserfläche nicht abgegolten sind."

440 Des Weiteren ist beachtlich, dass über den Gemeingebrauch hinausgehende Nutzungsmöglichkeiten i. d. R. erst durch Erteilung einer **wasser- bzw. baurechtlichen Genehmigung** entstehen.

Der unter Nr. 6.6.5 WERTR 96 für die Wasserfläche als Regelwert (noch) angegebene Verkehrswert von „etwa 25 v. H. des Werts der Landfläche (ebpf)" ist in der Praxis der Wasser- und Schifffahrtsämter schon seit langem überholt und wird in Nr. 5.3.4 WERTR 06 mit 50 v. H. der Bezugsfläche angesetzt. Der BMV hatte schon gemäß RdErl vom 04.06.1991 zur VV-WSV 2608 – Nutzungsentgelte – den Wertansatz auf „bis zu 50 v. H." erhöht. Zuvor hatte bereits der BMF mit Schreiben vom 22.02.1988 (VI C 1 P 3000 – 1/88) an die Oberfinanzdirektionen diesen Satz in den Fällen anzuhalten, in denen eine funktionelle Verknüpfung von Land- und Wasserflächen (z. B. bei Werftanlagen, gewerblich genutzten Yachtflächen) gegeben ist, wobei der Grad der funktionellen Verknüpfung als Anhaltspunkt „der Feineinordnung" dienen soll. Den seither auf dieser Grundlage allgemein vereinbarten Nutzungsentgelten entspricht seither ein Wasserflächenwert in Höhe des hälftigen Bodenwerts der zugeordneten Landfläche.

441 **Wirtschaftlich selbständige Wasserflächen** sind insbesondere Fischgewässer sowie Flächen des Wassersports und des Badebetriebs. Ihr **Wert bestimmt sich** vornehmlich **nach der erzielbaren Pacht**, die regional stark streuen kann und bei etwa einem Drittel des Jahresrohertrags liegt (vgl. oben Rn. 75)[333].

Wirtschaftlich selbständige, jedoch wirtschaftlich nicht nutzbare Wasserflächen werden im Allgemeinen mit mindestens 10 % und höchstens dem hälftigen Bodenwert der angrenzenden Landfläche bewertet.

442 **Vergleichspreise für Wasserflächen** treten sehr selten auf und streuen zumeist nicht unerheblich:

– Der Grundstücksmarktbericht 2010 des Gutachterausschusses in *Bergisch Gladbach* verzeichnet als Mittelwert für Wasserflächen im Stadtgebiet 4,50 €/m² (Streubreite 2,90 bis 5,60 €/m² aus 11 Kaufpreisen).

– Der Grundstücksmarktbericht 2008 des Gutachterausschusses im *Oberbergischen Kreis* weist für private Fischteiche einen Mittelwert von 2,60 €/m² (2 700 m²) und für gewerbliche Fischteiche einen Mittelwert von 4,15 €/m² (1 300 m²) aus, wobei die Höhe des Verkaufspreises mit der Größe des Fischteiches sinkt.

– Der Grundstücksmarktbericht 2011 des Gutachterausschusses in *Moers* verzeichnet als Mittelwert für privatwirtschaftlich genutzte Wasserflächen, deren Dauerhaftigkeit sicher ist, Werte zwischen 0,80 bis 1,50 €/m².

---

[333] Jens, Die Bewertung der Fischgewässer, Verlag Paul Parey, Hamburg/Berlin 1969; Upmeyer, Der Wert einer Flutrinne, GuG 2001, 33; Ertragsverhältnisse von Yachthäfen in GuG 2001, 52.

Abbauland § 5 ImmoWertV

- Für Einzelparzellen mit Erholungsfunktion und der Möglichkeit einer **Wassersportnutzung** werden als Anhalt für *Berlin* (1999) im Bodenrichtwertatlas 150 bis 250 €/m² genannt.
- Für im Außenbereich gelegene Wasserflächen, deren Dauerhaftigkeit sicher ist, zahlen eingetragene Angelsportvereine 0,75 bis 1,50 €/m² (1996).
- Im Kreis *Kleve*: 0,50 €/m² für Wasserflächen ohne Freizeitwert (2006), d. h. für Gräben, Sumpfflächen und rekultivierte Abgrabungsflächen, für Flächen mit Freizeitwert vorwiegend an Badeseen mit rd. 90 % Wasser- und 10 % Uferanteil 3,00 bis 14,50 €/m².
- Für Fischereigewässer in *Brandenburg* gibt der Grundstücksmarktbericht *Brandenburg* 2009 Preise zwischen 0,13 bis 0,50 €/m² (im Mittel 0,27 €/m²), für Wasserflächen für Freizeitnutzung 0,05 bis 3,65 €/m² (im Mittel 0,90 €/m²) und für private Gräben zwischen 0,01 bis 0,11 €/m² (im Mittel bei 0,06 €/m²).
- In *Frankfurt an der Oder* wurden nach dem Grundstücksmarktbericht 2011 Kaufpreise von 0,25 bis 0,33 €/m² für Wasserflächen registriert.
- Im Landkreis *Dahme-Spreewald* wurden (im Jahre 2003) Gräben innerhalb von landwirtschaftlichen Nutzflächen in einer Preisspanne von 0,05 bis 0,26 €/m² bei einem Durchschnitt von 0,09 €/m². Teiche und Seen, die zum Teil auch bewirtschaftet werden, wurden in einer Preisspanne von 0,07 bis 1,02 €/m² gehandelt; das Mittel lag bei 0,39 €/m².

Für **Vorfluter und Gräben** werden – sofern sie nicht als fischbare Gewässer verpachtet werden können – 0,10 bis 0,25 €/m² in Abhängigkeit vom ortsüblichen Ackerlandwert bzw. rd. 10 v. H. des Gartenlandpreises angenommen.

Der Landesgrundstücksmarktbericht 2011 von *Niedersachsen* macht folgende Angaben (Abb. 51):

§ 5 ImmoWertV — Abbauland

Abb. 51: Preise für Wasserflächen in Niedersachsen

Landkreis, kreisfreie Stadt, Region	Nutzung	Preise
Gutachterausschuss für Grundstückswerte Braunschweig		
Landkreis Goslar	Wasserflächen ≥ 1 000 m²	0,20 – 5,00 €/m² (Ø 1,45 €/m²)
Landkreis Peine	Wasserflächen	0,35 – 4,50 €/m² (Ø 2,20 €/m²)
Landkreis Wolfenbüttel	Wasserflächen	0,40 – 2,60 €/m² (Ø 1,40 €/m²)
Stadt Braunschweig	Wasserflächen	0,50 – 8,00 €/m² (Ø 4,60 €/m²)
Stadt Salzgitter	Wasserflächen	1,00 – 2,00 €/m²
Gutachterausschuss für Grundstückswerte Cloppenburg		
Landkreis Cloppenburg	nicht gewerbliche Teilflächen ≥ 1 000 m²	0,60 – 4,90 €/m² (Ø 2,75 €/m²)
Landkreis Oldenburg	nicht gewerbliche Teilflächen ≥ 1 000 m²	0,65 – 2,00 €/m² (Ø 1,35 €/m²)
Landkreis Vechta	nicht gewerbliche Teilflächen ≥ 1 000 m²	1,30 – 4,00 €/m² (Ø 3,20 €/m²)
Gutachterausschuss für Grundstückswerte Hameln		
Landkreis Hameln-Pyrmont	Wasserflächen für Fischerei und Freizeit	0,20 – 8,70 €/m² (Ø 2,22 €/m²)
Landkreis Hildesheim	Wasserflächen für Fischerei und Freizeit	0,20 – 4,00 €/m² (Ø 1,41 €/m²)
Landkreis Holzminden	Wasserflächen für Fischerei und Freizeit	0,50 – 9,00 €/m² (Ø 2,90 €/m²)
Landkreis Schaumburg	Wasserflächen für Fischerei und Freizeit	1,04 – 8,75 €/m² (Ø 3,68 €/m²)
Gutachterausschuss für Grundstückswerte Northeim		
Landkreis Göttingen	Teichgrundstück ≥ 1 000 m²	0,36 – 4,00 €/m² (Ø 1,79 €/m²)
Landkreis Northeim	Teichgrundstück ≥ 1 000 m²	0,16 – 15,03 €/m² (Ø 2,03 €/m²)
Landkreis Osterode am Harz	Teichgrundstück ≥ 1 000 m²	0,10 – 7,87 €/m² (Ø 1,36 €/m²)
Gutachterausschuss für Grundstückswerte Otterndorf		
Landkreis Cuxhaven	Teichflächen ohne Fischbewirtschaftung	0,30 – 5,41 €/m² (Ø 1,62 €/m²)
Landkreis Osterholz	Teichflächen ohne Fischbewirtschaftung	1,04 – 3,02 €/m² (Ø 1,95 €/m²)
Landkreis Stade	Teichflächen ohne Fischbewirtschaftung	0,64 – 1,17 €/m² (Ø 0,90 €/m²)
Gutachterausschuss für Grundstückswerte Sulingen		
Landkreis Diepholz	Teiche bis 2 500 m²	0,50 – 7,70 €/m² (Ø 3,10 €/m²)
	Teiche/Seen über 2 500 m²	0,10 – 8,80 €/m² (Ø 2,30 €/m²)
Landkreis Nienburg/Weser	Teiche/Seen über 2 500 m²	durchschnittlich 0,95 €/m² Eine Abhängigkeit zwischen der Größe der Teichflächen sowie der Art der Anlagen und des Preises wurde festgestellt.
Gutachterausschuss für Grundstückswerte Verden		
Landkreis Rotenburg (Wümme)	Teiche/Seen	0,46 – 5,58 €/m² (Ø 1,75 €/m²) Eine Abhängigkeit zwischen der Größe der Teichflächen, der Lage sowie der Art der Außenanlagen und des Preises wurde festgestellt.
Landkreis Soltau-Fallingbostel		0,49 – 10,00 €/m² (Ø 3,45 €/m²) Eine Abhängigkeit zwischen der Größe der Teichflächen der Lage sowie der Art der Außenanlagen und des Preises wurde festgestellt.
Landkreis Verden		0,60 – 3,32 €/m² (Ø 1,87 €/m²) Eine Abhängigkeit zwischen der Größe der Teichflächen, der Lage sowie der Art der Außenanlagen und des Preises wurde festgestellt.

Quelle: Landesgrundstücksmarktbericht Niedersachsen 2011

Abbauland § 5 ImmoWertV

Die Vergleichspreise sind insbesondere von 443
- der Lage,
- der Erschließung der Wasserfläche,
- dem Wasserzufluss und
- dem Verhältnis der Wasserfläche zur Umgebung

abhängig.

Die WERTR 06 führen zu alledem aus: 444

„5.3.5 Ermittlung des Verkehrswerts aus Vergleichspreisen: Wenn kein wirtschaftlicher Zusammenhang zwischen den Wasser- und Landflächen besteht, bilden Vergleichspreise die Grundlage für die Ermittlung des Verkehrswerts der Wasserfläche.

5.3.6 Ermittlung des Verkehrswerts aus dem Ertrag: Bei renditeorientierten Nutzungen wie z. B. Häfen und Fischteichen kann der Verkehrswert der Wasserfläche aus dem daraus erzielten Ertrag ermittelt werden.

5.3.7 Wert vorhandener Anlagen: Die Wertermittlung für Anlagen wie z. B. Uferbefestigungen und Dalben erfolgt nach dem Sachwertverfahren. Aufwendungen des Gewässereigentümers für Ausbau und Unterhaltung bleiben im Regelfall außer Betracht.

5.3.8 Zu- und Abschläge: Zu- und Abschläge vorzunehmen, wenn z. B. rechtliche Belastungen oder sächliche Nutzungserschwernisse einen wesentlichen Einfluss auf die rechtlich zulässige Nutzungsmöglichkeit haben.

5.3.9 Bewertung von Rechten und Belastungen: Selbständige Fischereirechte, Berechtigungen zur Gewinnung von Bodenschätzen u. Ä. sind gesondert zu bewerten, wenn sie mit dem Verkehrswert der Wasserfläche nicht abgegolten sind."

Soweit Vergleichspreise nicht zur Verfügung stehen, lässt sich der Verkehrswert selbständig 445
nutzbarer Wasserflächen auch im Wege der **Kapitalisierung nachhaltiger Pachteinnahmen und Nutzungsentgelte** ermitteln. Hilfsweise kann auch die Kapitalisierung der für Agrarland durchschnittlicher Beschaffenheit erzielbaren Pacht in Betracht kommen[334].

Zur Bemessung der Nutzungsentgelte vgl. die Verwaltungsvorschrift der Wasser- und Schifffahrtsverwaltung des Bundes (VV-WSV 2608 vom 16.01.1987; hrsg. vom Bundesministerium für Verkehr = http://www.bmvbw.bund.de).

Wasserflächen, die keinen nachhaltigen Ertrag erwirtschaften können, werden im Wege 446
des Preisvergleichs mit landwirtschaftlich unrentablem Agrarland (auch Öd- und Unland) bewertet.

Die **Aufhebung der unmittelbaren Nachbarschaft eines Wasserlaufs** führt zwar zu einem 447
Verlust des durch den Wasserlauf bedingten wirtschaftlichen Reizes und mag im Einzelfall auch die tatsächlichen Möglichkeiten des Grundstücksgebrauchs mindern, jedoch führt sie i. d. R. nicht zu Entschädigungsansprüchen, soweit – anders als bei einer Zufahrtsverschlechterung – die Benutzbarkeit des Grundstücks nicht beeinträchtigt wird. Insoweit ist der daraus resultierende Mehrwert nicht Bestandteil des Grundstücks, der zu entschädigen ist[335].

---

334 Hierzu GuG 2001, 52.
335 BGH, Urt. vom 20.10.1967 – V ZR 78/65 –, EzGuG 4.27.

§ 5 ImmoWertV — Abbauland

10.2 Hafen

448 Als **Nutzungsentgelt für Hafenflächen** sehen die Verwaltungsvorschriften des Bundes[336] 7 % des halben Bodenwerts des angrenzenden Ufergrundstücks vor.

Beispiel:

Das an eine Hafenfläche angrenzende Ufergrundstück wird als Gewerbe- und Industriefläche mit einem Verkehrswert von 15 €/m² genutzt.

Bei 7 % des hälftigen Werts als dem gedanklichen Wert der Wasserfläche ergibt sich ein jährliches Nutzungsentgelt von:

$$15 \text{ €/m}^2 / 2 \times 7 / 108 = 0{,}52 \text{ €/m}^2 \text{ p.a.}$$

449 Soweit diese Grundsätze allgemein zur Anwendung kommen und das Geschehen auf dem „Grundstücksmarkt für Wasserflächen in Häfen" bestimmen, lässt sich umgekehrt bei bekannten Nutzungsentgelten der **Wert der Wasserfläche**[337] wie folgt bestimmen:

$$\text{Wert der Wasserfläche}_{\text{Hafen}} = (\text{Jahresnutzungsentgelt} \times 100) / 7$$

450 Hinweise zur Ermittlung des Verkehrswerts von unbebauten See-Hafengrundstücken können den steuerlichen **Richtlinien** der OFD Hamburg **für die Bewertung der Hafengrundstücke in Seehäfen (BewRSh)** vom 09.02.1971[338] entnommen werden. Nach diesen Richtlinien gelten als Hafengrundstück nur Grundstücke, die dem Betrieb, der Erhaltung und der Verwaltung eines Hafens dienen und in räumlichem Zusammenhang mit den Hafenanlagen stehen; dient ein Grundstück auch anderen Zwecken und ist dieser Teil nicht räumlich abgrenzbar, so soll es auf die überwiegende Nutzung ankommen. Nach den Richtlinien ist der Bodenwert wiederum aus Bodenwerten benachbarter Industriegrundstücke abzuleiten und erst wenn geeignete Vergleichsflächen nicht zur Verfügung stehen, kann vom Verkehrswert baureifer Grundstücke anderer Nutzung ausgegangen werden, der dann durch Abschläge auf den Verkehrswert von Industrieland umzurechnen ist. Weitere Maßgaben dieser Richtlinien sind:

(a) Der Wert „der mit Wasser bedeckten Fläche des Hafens" erhöht sich in Abhängigkeit von der Ausbaggerung nach diesen Richtlinien durch folgende auf den Quadratmeter bezogene Zuschläge (Abb. 52):

Abb. 52: Zuschläge

Tiefe des Hafenbeckens bis	Zuschlag €/m² Stand 1971	Zuschlag €/m² Stand 1995
3,00 m	1,25	3,75
4,00 m	1,50	4,50
5,00 m	1,75	5,00
6,00 m	2,00	6,00
8,00 m	3,00	9,00
10,00 m	4,00	12,00
12,50 m	5,00	15,00
15,00 m	6,00	17,50
17,50 m	6,75	20,00
20,00 m und mehr	7,50	22,50

451 *(b)* Die **Zweckgebundenheit der mit Wasser bedeckten Fläche** des Hafens ist durch einen Abschlag von 40 v. H. von dem sich nach vorstehender Textziffer ergebenden Wert zu berück-

---

336 BMV: VV Nutzungsentgelte VV-WSV 2608 (1987).
337 Klocke in GuG 1994, 222.
338 S 3014 – 4/70 – St 31; abgedruckt auf S. 2168 der 3. Aufl. dieses Werks.

Abbauland § 5 ImmoWertV

sichtigen. Bei öffentlichen Häfen erhöht sich der Abschlag auf 80 v. H. Der Abschlag ist auch auf den Wert der Grundflächen der Kaimauern sowie den Wert der Böschungen und der anderen Ufereinfassungen zu erstrecken.

Beispiel: 452

Für die Berechnung des Quadratmeterpreises der mit Wasser bedeckten Fläche eines öffentlichen Hafens:
Durchschnittlicher Wert für benachbartes Industrieland 5,00 € pro m², Tiefe des Hafenbeckens 4 m.

Durchschnittlicher Wert für Industrieland pro m²	15,00 €
Abschlag wegen Größe, Zuschnitt, Gestaltung angenommen 30 v.H	- 4,50 €
	10,50 €
Zuschlag wegen Tiefe des Hafenbeckens	+ 4,50 €
	15,00 €
Abschlag wegen Zweckgebundenheit: 80 v. H.	- 12,00 €
Wert pro m² der mit Wasser bedeckten Fläche	**3,00 €**

Das Verfahren versagt, wenn ein ortsübliches Nutzungsentgelt nicht ermittelt werden kann, wie z. B. an den Bundeswasserstraßen, wo die Wasser- und Schifffahrtsverwaltung einziger Anbieter ist. In der Praxis wird hier von dem nächsten **Bodenrichtwert** für ein Grundstück vergleichbarer Nutzung ausgegangen. 453

In der **steuerlichen Bewertung** werden **Boots- und Yachthäfen** sowie Häfen der See- und Binnenschifffahrt mit 454

– 60 % des Werts der Ufergrundstücke bzw.
– 25 % des Werts des angrenzenden Baulands

bewertet[339].

---

339 Vgl. GuG 2001, 52; zu einer Steganlage vgl. BerlVerfGH, Urt. vom 23.03.2003 – VerfGH 60/01 –, GuG 2003, 250.

Weitere Grundstücksmerkmale § 6 ImmoWertV

§ 6 ImmoWertV
Weitere Grundstücksmerkmale

(1) Art und Maß der baulichen oder sonstigen Nutzung ergeben sich in der Regel aus den für die planungsrechtliche Zulässigkeit von Vorhaben maßgeblichen §§ 30, 33 und 34 des Baugesetzbuchs und den sonstigen Vorschriften, die die Nutzbarkeit betreffen. Wird vom Maß der zulässigen Nutzung in der Umgebung regelmäßig abgewichen, ist die Nutzung maßgebend, die im gewöhnlichen Geschäftsverkehr zugrunde gelegt wird.

(2) Als wertbeeinflussende Rechte und Belastungen kommen insbesondere Dienstbarkeiten, Nutzungsrechte, Baulasten sowie wohnungs- und mietrechtliche Bindungen in Betracht.

(3) Für den abgabenrechtlichen Zustand des Grundstücks ist die Pflicht zur Entrichtung von nichtsteuerlichen Abgaben maßgebend.

(4) Lagemerkmale von Grundstücken sind insbesondere die Verkehrsanbindung, die Nachbarschaft, die Wohn- und Geschäftslage sowie die Umwelteinflüsse.

(5) Weitere Merkmale sind insbesondere die tatsächliche Nutzung, die Erträge, die **Grundstücksgröße**, der **Grundstückszuschnitt** und die **Bodenbeschaffenheit** wie beispielsweise Bodengüte, Eignung als Baugrund oder schädliche Bodenveränderungen. Bei bebauten Grundstücken sind dies zusätzlich insbesondere die Gebäudeart, die Bauweise und Baugestaltung, die Größe, Ausstattung und Qualität, der bauliche Zustand, die energetischen Eigenschaften, das Baujahr und die Restnutzungsdauer.

(6) Die Restnutzungsdauer ist die Zahl der Jahre, in denen die baulichen Anlagen bei ordnungsgemäßer Bewirtschaftung voraussichtlich noch wirtschaftlich genutzt werden können; durchgeführte Instandsetzungen oder Modernisierungen oder unterlassene Instandhaltungen oder andere Gegebenheiten können die Restnutzungsdauer verlängern oder verkürzen. Modernisierungen sind beispielsweise Maßnahmen, die eine wesentliche Verbesserung der Wohn- oder sonstigen Nutzungsverhältnisse oder wesentliche Einsparungen von Energie oder Wasser bewirken.

Gliederungsübersicht Rn.

1 Allgemeines 1
2 Art und Maß der baulichen und sonstigen Nutzung (§ 6 Abs. 1 ImmoWertV)
  2.1 Allgemeines (§ 6 Abs. 1 Satz 1 ImmoWertV) 3
  2.2 Rechtliche Gegebenheiten
    2.2.1 Übersicht 7
    2.2.2 Flächennutzungsplan 9
    2.2.3 Bebauungsplan
      2.2.3.1 Allgemeines 10
      2.2.3.2 Art der baulichen Nutzung 14
      2.2.3.3 Maß der baulichen Nutzung 35
      2.2.3.4 Bauweise 55
      2.2.3.5 Überbaubare Grundstücksfläche 56
      2.2.3.6 Besonderheiten für Berlin 57
    2.2.4 Im Zusammenhang bebaute Ortsteile nach § 34 BauGB 58
    2.2.5 Außenbereich nach § 35 BauGB 68
    2.2.6 Sanierungsgebiete und städtebauliche Entwicklungsbereiche .. 70
    2.2.7 Sonstige öffentlich-rechtliche und privatrechtliche Vorschriften .. 71
  2.3 Tatsächliche Gegebenheiten
    2.3.1 Übersicht 74
    2.3.2 Lagetypische Nutzung (§ 6 Abs. 1 ImmoWertV) 75
    2.3.3 Bestandsschutz 86

§ 6 ImmoWertV — Weitere Grundstücksmerkmale

- 2.4 Erhebliches Abweichen der tatsächlichen Nutzung von der zulässigen bzw. lagetypischen Nutzung 89
- 2.5 Flächen, auf denen nach den Festsetzungen des Bebauungsplans nur bestimmte Wohngebäude errichtet werden dürfen
  - 2.5.1 Übersicht 91
  - 2.5.2 Soziale Wohnraumförderung (Sozialer Wohnungsbau) 92
  - 2.5.3 Personengruppen mit besonderem Wohnbedarf 95
  - 2.5.4 Baurecht auf Zeit 99
- 3 Wertbeeinflussende Rechte und Belastungen (§ 6 Abs. 2 ImmoWertV)
  - 3.1 Allgemeines 100
  - 3.2 Pfandrechte 106
- 4 Abgabenrechtlicher Zustand (§ 6 Abs. 3 ImmoWertV) 107
- 5 Lage (§ 6 Abs. 4 ImmoWertV)
  - 5.1 Allgemeines 118
  - 5.2 Lagetypen 123
  - 5.3 Beeinträchtigungen der Lageverhältnisse
    - 5.3.1 Allgemeines 124
    - 5.3.2 Baumaßnahmen 127
    - 5.3.3 Standfestigkeit 129
    - 5.3.4 Zugänglichkeit des Grundstücks 130
    - 5.3.5 Verkehrslage 132
    - 5.3.6 Immissionslage 137
- 6 Lärm
  - 6.1 Allgemeines 138
  - 6.2 Verkehrslärm (Straßen und Schienen)
    - 6.2.1 Immissionsrichtwerte 141
    - 6.2.2 Verkehrswertermittlung 151
    - 6.2.3 Wertminderung 155
    - 6.2.4 Lärmvorsorge 166
    - 6.2.5 Entschädigung für verbleibende Beeinträchtigungen
      - 6.2.5.1 Entschädigung bei Neubau und Änderung von Verkehrswegen 199
      - 6.2.5.2 Entschädigung bei Teilinanspruchnahme 213
      - 6.2.5.3 Entschädigung für Altanlagen 221
  - 6.3 Gewerbelärm 225
  - 6.4 Fluglärm
    - 6.4.1 Allgemeines und Entschädigungsgrundsätze 228
    - 6.4.2 Wertminderung wegen Fluglärm 238
    - 6.4.3 Steuerliche Bewertung 242
  - 6.5 Spiel- und Sportlärm 243
  - 6.6 Manöver- und Schießlärm 256
  - 6.7 Baulärm 258
- 7 Geruchsimmission 261
- 8 Staubimmission 264
- 9 Erschütterung 267
- 10 Elektrosmog 269
  - 10.1 Grenzwerte 273
  - 10.2 Mindestfläche 283
  - 10.3 Nutzungsentgelte 284
  - 10.4 Minderung der Nutzungsentgelte 287
  - 10.5 Rechtsprechung zum Mobilfunk 291
- 11 Beschaffenheit und tatsächliche Eigenschaften (§ 6 Abs. 5 ImmoWertV)
  - 11.1 Allgemeines 292
  - 11.2 Altlasten
    - 11.2.1 Allgemeines 298
    - 11.2.2 Belastete Flächen in der Bauleitplanung
      - 11.2.2.1 Abwägungsgebot 302

		11.2.2.2	Kennzeichnungspflicht	304
		11.2.2.3	Schadensersatz bei Abwägungsmängeln in der Bauleitplanung	310
	11.2.3	Verkehrswertermittlung		314
	11.2.4	Verifizierung von Ablagerungen		330
	11.2.5	Sanierungsmaßnahmen		344
	11.2.6	Sanierungslast		345
	11.2.7	Berücksichtigung von Altlasten bei Grundstücksveräußerungen des Bundes.		357
	11.2.8	Altlasten im Bewertungsrecht		363
11.3	Beschaffenheit der baulichen Anlage			
	11.3.1	Allgemeines		364
	11.3.2	Bauordnungsrechtliche Anforderungen		366
12 Gesamt- und Restnutzungsdauer (§ 6 Abs. 6 ImmoWertV)				
12.1	Begriffe			
	12.1.1	Gesamt- und Restnutzungsdauer, Nutzungsdauer		370
	12.1.2	Gesamt- und Restlebensdauer		376
12.2	Übliche Gesamtnutzungsdauer (Nutzungsdauer)			
	12.2.1	Verkehrswertermittlung		378
	12.2.2	Beleihungswertermittlung		383
	12.2.3	Steuerliche Bewertung		384
12.3	Übliche Restnutzungsdauer			
	12.3.1	Allgemeines		385
	12.3.2	Vorläufige Restnutzungsdauer		388
12.4	Abweichungen von der üblichen Restnutzungsdauer			
	12.4.1	Allgemeines		389
	12.4.2	Unterlassene Instandhaltungen		391
	12.4.3	Durchgeführte Instandsetzungen		393
	12.4.4	Modernisierung		396
	12.4.5	Andere Gegebenheiten		401
	12.4.6	Gesamtbetrachtung		403
12.5	Verlängerung der Restnutzungsdauer durch Modernisierungen			
	12.5.1	Verkehrswertermittlung		
		12.5.1.1	Modernisierung	405
		12.5.1.2	Abschätzung der verlängerten Restnutzungsdauer nach „Modernisierungsgraden"	407
		12.5.1.3	Ermittlung des fiktiven Baujahrs (Alters) und der verlängerten Restnutzungsdauer nach Modernisierungsanteilen	413
		12.5.1.4	Abschätzung der Restnutzungsdauer bei „verbrauchter" Modernisierung	427
		12.5.1.5	Steuerliche Bewertung	431
12.6	Abschätzung der Restnutzungsdauer bei Gebäudemix			
	12.6.1	Verkehrswertermittlung		436
	12.6.2	Steuerliche Bewertung		446

§ 6 ImmoWertV — Weitere Grundstücksmerkmale

1 Allgemeines

1 § 6 ImmoWertV enthält zusammen mit § 5 ImmoWertV ergänzende **Bestimmungen zu** dem mit § 4 Abs. 2 ImmoWertV vorgegebenen Katalog von **Grundstücksmerkmalen**. Im Einzelnen geht es um Regelungen

- zur Art und zu dem Maß der baulichen Nutzung (§ 6 Abs. 1 ImmoWertV Rn. 3 ff.);
- zu den wertbeeinflussenden Rechten und Belastungen (§ 6 Abs. 2 ImmoWertV; vgl. § 1 ImmoWertV Rn. 63 ff.)[1];
- zu den abgabenrechtlichen Verhältnissen, vor allem im Hinblick auf Pflichten zur Entrichtung von Erschließungsbeiträgen (§§ 127 ff. BauGB), Ausgleichsleistungen in der Umlegung (§ 64 BauGB), Ausgleichsbeträgen (§§ 154 f. BauGB sowie § 25 BodSchG), Kostenerstattungsbeträgen und KAG-Beiträgen (§ 6 Abs. 3 ImmoWertV Rn. 111 ff.);
- zur Lage des Grundstücks (§ 6 Abs. 4 ImmoWertV Rn. 119 ff.);
- zur Beschaffenheit und zu den tatsächlichen Eigenschaften des Grundstücks, wobei namentlich auch die Belastung mit Ablagerungen und die Umwelteinflüsse hervorgehoben werden (§ 6 Abs. 5 ImmoWertV Rn. 365 ff.) sowie
- zur Restnutzungsdauer einer baulichen Anlage (§ 6 Abs. 6 ImmoWertV Rn. 370).

2 Mit der Hervorhebung dieser Zustandsmerkmale enthält die Vorschrift **keine abschließende Aufzählung.** Dies macht schon die Überschrift des § 6 Abs. 1 ImmoWertV deutlich, in der von „weiteren" und nicht von „sonstigen" Zustandsmerkmalen gesprochen wird. Mit der namentlichen Hervorhebung hat der Verordnungsgeber praxisrelevante Hinweise geben wollen. Die Vorschrift ist im Übrigen ohne wesentliche Änderungen aus § 5 WertV hervorgegangen:

ImmoWertV 10	WertV 88/98
§ 6 **Weitere Grundstücksmerkmale**	**§ 5** **Weitere Zustandsmerkmale**
(1) Art und Maß der baulichen oder sonstigen Nutzung ergeben sich in der Regel aus den für die planungsrechtliche Zulässigkeit von Vorhaben maßgeblichen §§ 30, 33 und 34 des Baugesetzbuchs und den sonstigen Vorschriften, die die Nutzbarkeit betreffen. Wird vom Maß der baulichen Nutzung in der Umgebung regelmäßig abgewichen, ist die Nutzung maßgebend, die im gewöhnlichen Geschäftsverkehr zugrunde gelegt wird.	(1) Art und Maß der baulichen Nutzung ergeben sich in der Regel aus den für die städtebauliche Zulässigkeit von Vorhaben maßgeblichen §§ 30, 33 und 34 des Baugesetzbuchs unter Berücksichtigung der sonstigen öffentlich-rechtlichen und privatrechtlichen Vorschriften, die Art und Maß der baulichen Nutzung mitbestimmen. Wird vom Maß der zulässigen Nutzung am Wertermittlungsstichtag in der Umgebung regelmäßig nach oben abgewichen oder wird die zulässige Nutzung nicht voll ausgeschöpft, ist die Nutzung maßgebend, die im gewöhnlichen Geschäftsverkehr zugrunde gelegt wird.
(2) Als wertbeeinflussende Rechte und Belastungen kommen insbesondere Dienstbarkeiten, Nutzungsrechte, Baulasten sowie wohnungs- und mietrechtliche Bindungen in Betracht.	(2) Als wertbeeinflussende Rechte und Belastungen kommen solche privatrechtlicher und öffentlich-rechtlicher Art, wie Dienstbarkeiten, Nutzungsrechte, Baulasten und sonstige dingliche Rechte und Lasten in Betracht.
(3) Für den abgabenrechtlichen Zustand des Grundstücks ist die Pflicht zur Entrichtung von nicht steuerlichen Abgaben maßgebend.	(3) Für den beitrags- und abgabenrechtlichen Zustand des Grundstücks ist die Pflicht zur Entrichtung von öffentlich-rechtlichen Beiträgen und nichtsteuerlichen Abgaben maßgebend.

---

1 Vgl. Kleiber, Verkehrswertermittlung von Grundstücken, 6. Aufl. 2010, Teil IX.

Weitere Grundstücksmerkmale § 6 ImmoWertV

(4) Lagemerkmale von Grundstücken sind insbesondere die Verkehrsanbindung, die Nachbarschaft, die Wohn- und Geschäftslage sowie die Umwelteinflüsse.	(6) Lagemerkmale von Grundstücken sind insbesondere die Verkehrsanbindung, die Nachbarschaft, die Wohn- und Geschäftslage sowie die Umwelteinflüsse.
(5) Weitere Merkmale sind insbesondere die tatsächliche Nutzung, die Erträge, die Grundstücksgröße, der Grundstückszuschnitt und die Bodenbeschaffenheit wie beispielsweise Bodengüte, Eignung als Baugrund oder schädliche Bodenveränderungen. Bei bebauten Grundstücken sind dies zusätzlich insbesondere die Gebäudeart, die Bauweise und Baugestaltung, die Größe, Ausstattung und Qualität, der bauliche Zustand, die energetischen Eigenschaften und die Restnutzungsdauer.	(5) Die Beschaffenheit und die tatsächlichen Eigenschaften des Grundstücks werden insbesondere durch die Grundstücksgröße und Grundstücksgestalt, die Bodenbeschaffenheit (z. B. Bodengüte, Eignung als Baugrund, Belastung mit Ablagerungen), die Umwelteinflüsse, die tatsächliche Nutzung und Nutzbarkeit bestimmt. Bei bebauten Grundstücken wird die Beschaffenheit vor allem auch durch den Zustand der baulichen Anlagen hinsichtlich der Gebäudeart, des Baujahrs, der Bauweise und Baugestaltung, der Größe und Ausstattung, des baulichen Zustands und der Erträge bestimmt.

2 Art und Maß der baulichen und sonstigen Nutzung (§ 6 Abs. 1 ImmoWertV)

2.1 Allgemeines (§ 6 Abs. 1 Satz 1 ImmoWertV)

▶ *Zur Abweichung der tatsächlichen Nutzung von der zulässigen bzw. lagetypischen Nutzung vgl. § 8 ImmoWertV Rn. 345, 384; § 16 ImmoWertV Rn. 222 ff., 368*

Art und Maß der baulichen und sonstigen Nutzung ergeben sich nach § 6 Abs. 1 Satz 1 ImmoWertV grundsätzlich aus dem Bebauungsplan bzw. Vorhaben- und Erschließungsplan nach § 30 BauGB (bei Planreife nach § 33 BauGB) und den Vorschriften für „im Zusammenhang bebaute Ortsteile" (unbeplanter Innenbereich) des § 34 BauGB, wobei 3

a) sonstige Vorschriften,

b) einschließlich privatrechtliche Vorschriften,

die die Nutzbarkeit betreffen und Art und Maß der baulichen Nutzung mitbestimmen, zu berücksichtigen sind.

Damit stellt die Verordnung deutlich heraus, dass i. d. R. die **baurechtlichen Vorgaben für sich allein nicht maßgebend** sind. In der Praxis wird vielfach nicht hinreichend beachtet, dass auch die sonstigen öffentlich-rechtlichen Vorschriften, wie z. B. die des Denkmalschutzes, und auch privatrechtliche Vorschriften, wie z. B. eine eingeschränkte Nutzbarkeit infolge eines Wege- oder Aussichtsrechts, aber auch ein Bestandsschutz beachtlich sind. Sie können für die Verkehrswertermittlung die Zugrundelegung 4

– einer höheren Art bzw. eines höheren Maßes der baulichen Nutzung oder

– einer minderen Art bzw. eines minderen Maßes der baulichen Nutzung

erforderlich machen, als sich allein nach baurechtlichen Vorschriften ergibt. Besteht die Abweichung nur vorübergehend, z. B. im Hinblick auf den Bestandsschutz der baulichen Anlage, so kann der Wertunterschied gegenüber der (zum Zeitpunkt der Wertermittlung) dauerhaften Art oder dem Maß der baulichen Nutzung aufgrund des Baurechts durch Abzinsung des Wertunterschieds berücksichtigt werden.

Der BGH hat in seiner Rechtsprechung mit Recht wiederholt darauf hingewiesen, dass sich der **Verkehrswert maßgeblich nach der Nutzungsfähigkeit des Grund und Bodens** 5

§ 6 ImmoWertV   Weitere Grundstücksmerkmale

bemisst[2]. Der Verordnungsgeber hat deshalb mit § 6 Abs. 1 ImmoWertV die Grundsätze zur Berücksichtigung von Art und Maß der baulichen Nutzung bei der Verkehrswertermittlung an den Anfang dieser Vorschrift gestellt.

6   Art und Maß der baulichen Nutzung bestimmen sich anknüpfend an die bauplanungsrechtlichen Vorschriften des BauGB i. V. m. den Vorschriften der **Baunutzungsverordnung** – BauNVO.

▶ *Zur Berücksichtigung von Art und Maß der baulichen Nutzung bei Anwendung des Vergleichswertverfahrens vgl. Syst. Darst. des Vergleichswertverfahrens Rn. 215 ff.*

2.2 Rechtliche Gegebenheiten

2.2.1 Übersicht

7   Entwicklungszustand sowie Art und Maß der baulichen Nutzung bestimmen sich nach den rechtlichen *und* tatsächlichen Merkmalen (Situationsgebundenheit) des zu bewertenden Grundstücks. Bauplanungsrechtlich ist dabei nach der Lage eines Grundstücks zu unterscheiden, nämlich

– im Geltungsbereich eines **Flächennutzungsplans nach § 5 BauGB**, der für das ganze Gemeindegebiet die beabsichtige städtebauliche Entwicklung durch entsprechende *Darstellungen* ausweist,

– in einem **Bebauungsplangebiet nach § 30 BauGB**; der Bebauungsplan enthält entsprechende *Festsetzungen* über die Nutzbarkeit des Grundstücks, einschließlich der Voraussetzungen nach § 33 BauGB für die Zulässigkeit einer baulichen Nutzung (vgl. Rn. 10 ff. und § 5 ImmoWertV Rn. 208 ff.),

– in einem **„im Zusammenhang bebauten"** Ortsteil nach § 34 BauGB (vgl. Rn. 58 ff. und § 5 ImmoWertV Rn. 213 ff.),

– im unbeplanten **Außenbereich** nach § 35 BauGB (vgl. Rn. 68 ff. sowie § 5 ImmoWertV Rn. 215 ff. und 234).

Entsprechendes gilt für **Grundstücke im Geltungsbereich entsprechender übergeleiteter Pläne** (z. B. Baustufenplan[3], Baunutzungspläne, Generalbebauungspläne, Fluchtlinienpläne, vgl. Rn. 57).

Darüber hinaus ist insbesondere die Lage eines Grundstücks in einem **Sanierungsgebiet oder städtebaulichen Entwicklungsbereich** nach den §§ 136 und 165 BauGB, einem Umlegungsgebiet nach den §§ 45 ff. BauGB oder im Geltungsbereich einer städtebaulichen Satzung nach den §§ 172 ff. BauGB (Erhaltungsgebiete, Stadtumbaugebiete) von Bedeutung[4].

Für die Preisbildung von Grundstücken und damit auch für die Verkehrswertermittlung nicht unbedeutend sind darüber hinaus auch sog. **informelle Planungen** (Bereichsplanung, Rahmenplanung, Gebietsentwicklungsplanung usw.), insbesondere wenn sie zur Vorbereitung der Bauleitplanung einen „qualifizierten" Stand beispielsweise in der Weise erlangt haben, dass sie von der Gemeinde zustimmend zur Kenntnis genommen wurden und die Verwaltung mit ihrer Umsetzung in eine Bebauungsplanung beauftragt wurde. Sogenannte Schubladenpläne sind dagegen in aller Regel unbedeutend.

---

2 BGH, Urt. vom 06.12.1962 – III ZR 113/61 –, EzGuG 6.65; LG Bremen, Urt. vom 05.11.1954 – 1 O 749/54 (B) –, EzGuG 6.10; BGH, Urt. vom 17.12.1964 – III ZR 96/63 –, EzGuG 11.47; BGH, Urt. vom 08.11.1962 – III ZR 86/61 –, EzGuG 8.5; vgl. Dieterich in Ernst/Zinkahn/Bielenberg/Krautzberger, BauGB § 194 BauGB Rn. 65 ff.

3 Zum Beispiel Lage des Grundstücks im Bereich eines Baustufenplans nach der Baupolizeiverordnung (BPVO) der Freien und Hansestadt Hamburg vom 06.06.1938 (Slg. des bereinigten hamburgischen Landesrechts I 21 302-n), deren bauordnungsrechtliche Vorschriften zwar durch § 117 Abs. 1 Nr. 23 HBauO 1969 und § 185 BBauG 1960 aufgehoben wurde, jedoch sind die Vorschriften in Bezug auf die fortgeführten Bebauungspläne alten Rechts in Kraft geblieben.

4 Vgl. Kleiber, Verkehrswertermittlung von Grundstücken, 6. Aufl. 2010, Teil VIII.

Weitere Grundstücksmerkmale § 6 ImmoWertV

Beispiel:

In Berlin werden beispielsweise **Bereichsentwicklungspläne (BEP)** aufgestellt. Gegenstand der Bereichsentwicklungsplanung (Nutzungskonzept) ist insbesondere die Ermittlung und räumliche Zuordnung der Flächenbedarfe für Einrichtungen der sozialen Infrastruktur, für Grün- und Erholungsflächen, für gewerbliche Betriebe, für den öffentlichen Raum und die verkehrliche Infrastruktur sowie für das Wohnen, ausgerichtet auf einen mittel- bis langfristigen Planungshorizont. Für unterschiedliche Lösungen können Alternativen dargestellt werden. Nicht konsensfähige Abweichungen von beschlossenen gesamtstädtischen Planungen werden als Dissensflächen dargestellt. Der BEP ist eine textliche Erläuterung auf der Grundlage einer einheitlichen Legende im Maßstab 1:10000 zu erarbeiten.

Zuständig für die Bereichsentwicklungsplanung (BEP) sind seit Anfang der 90er Jahre die Bezirke. Die Aufgabe der Hauptverwaltung beschränkt sich auf die Regelung von Grundsatzangelegenheiten sowie auf die Einbringung gesamtstädtischer Ziele in den Planungsprozess. Die Ergebnisse der BEP sollen vom Bezirk beschlossen werden; sie sollen einer sonstigen städtebaulichen Planung (§ 1 Abs. 5 Nr. 10 BauGB) entsprechen, sind verwaltungsintern bindend und in der verbindlichen Bauleitplanung bei der Abwägung zu berücksichtigen (§ 4 Abs. 2 Satz 4 AGBauGB). Von der Planung betroffene Träger öffentlicher Belange sind zu beteiligen. Die BEPs benachbarter Bezirke sind aufeinander abzustimmen. Über die Inhalte der Bereichsentwicklungsplanung ist die Öffentlichkeit zu informieren. Vor Beschluss des Bezirksamtes ist die BEP der für die vorbereitende Planung zuständigen Hauptverwaltung zuzuleiten. Diese benennt mögliche Dissensflächen. Bezirkliche Beschlüsse zur BEP werden im Amtsblatt veröffentlicht. Die Bereichsentwicklungsplanung wird in Form eines Abschlussberichts (Text und Pläne) veröffentlicht sowie an beteiligte Verwaltungen und öffentliche Stellen verteilt.

Bei **Flächen**, die von dem Bedarfsträger auch **im Wege der Enteignung erworben werden können**, ist nach der gefestigten höchstrichterlichen Rechtsprechung zum Ausschluss von der konjunkturellen (besser: qualitativen) Weiterentwicklung (Vorwirkung) der Entwicklungszustand nach den rechtlichen Gegebenheiten zu ermitteln, wie sie rückblickend zum Qualitätsstichtag vorlagen, als mit hinreichender Sicherheit und Bestimmtheit erwartet werden konnte, dass die Flächen ggf. im Wege der Enteignung erworben werden können. Daneben gilt es für sog. **städtebauliche Veranstaltungsgebiete, insbesondere für Umlegungsgebiete** nach den §§ 45 ff. BauGB, eine Reihe von Besonderheiten zu beachten, auf die hier nicht näher eingegangen werden kann. 8

Nach § 85 Abs. 1 BauGB können Flächen enteignet werden, um

„1. entsprechend den Festsetzungen des Bebauungsplans ein Grundstück zu nutzen oder eine solche Nutzung vorzubereiten,
2. unbebaute oder geringfügig bebaute Grundstücke, die nicht im Bereich eines Bebauungsplans, aber innerhalb im Zusammenhang bebauter Ortsteile liegen, insbesondere zur Schließung von Baulücken, entsprechend den baurechtlichen Vorschriften zu nutzen oder einer baulichen Nutzung zuzuführen,
3. Grundstücke für die Entschädigung in Land zu beschaffen,
4. durch Enteignung entzogene Rechte durch neue Rechte zu ersetzen,
5. Grundstücke einer baulichen Nutzung zuzuführen, wenn ein Eigentümer die Verpflichtung nach § 176 Abs. 1 oder 2 nicht erfüllt, oder
6. im Geltungsbereich einer Erhaltungssatzung eine bauliche Anlage aus den in § 172 Abs. 3 bis 5 bezeichneten Gründen zu erhalten."

2.2.2 Flächennutzungsplan

▶ *Hierzu auch § 5 ImmoWertV Rn. 208 ff., Syst. Darst. des Vergleichswertverfahrens Rn. 198 ff.*

Im Flächennutzungsplan (*land use plan*) ist nach § 5 BauGB die sich aus der beabsichtigten städtebaulichen Entwicklung ergebende Art der Bodennutzung in ihren Grundzügen für das ganze Gemeindegebiet dargestellt (§ 5 Abs. 2 und 2a BauGB, § 1 Abs. 1 und 2 BauNVO). Die *allgemeine* Art der baulichen Nutzung wird als „**Baufläche**" ausgewiesen. Davon zu unterscheiden ist die Ausweisung der *besonderen* Art der baulichen Nutzung als „**Bau**gebiet" in Bebauungsplänen. Soweit erforderlich kann die besondere Art der baulichen Nutzung (Baugebiete) auch im Flächennutzungsplan dargestellt werden. 9

§ 6 ImmoWertV Weitere Grundstücksmerkmale

Der Flächennutzungsplan enthält keine verbindlichen „Festsetzungen", sondern nur **„Darstellungen"**. Die Darstellungen sind insoweit behördenverbindlich, als der Bebauungsplan aus den Darstellungen zu entwickeln ist („vorbereitender Bebauungsplan"). Eine mittelbare Rechtswirkung kann gleichwohl vom Flächennutzungsplan ausgehen: So kann sich z. B. für privilegierte Vorhaben im Außenbereich aus dem Flächennutzungsplan eine Beeinträchtigung „öffentlicher Belange" nach § 35 Abs. 3 BauGB ergeben, nämlich dann, wenn das Vorhaben den Darstellungen des Flächennutzungsplans widerspricht (vgl. auch § 35 Abs. 4 BauGB).

Die Darstellung eines **Landschaftsschutzgebiets im Flächennutzungsplan** begründet dabei allerdings allein noch keine Darstellung als öffentlicher Belang i. S. des § 35 Abs. 3 BauGB[5], jedoch ist ein Vorhaben, das nach landesrechtlichem Natur- und Landschaftsschutzrecht nicht genehmigungsfähig ist, bereits nach § 29 Abs. 2 BauGB i. V. m. den jeweiligen landesrechtlichen Vorschriften nicht genehmigungsfähig.

2.2.3 Bebauungsplan

2.2.3.1 Allgemeines

▶ *Hierzu auch § 5 ImmoWertV Rn. 208 ff. und Syst. Darst. des Vergleichswertverfahrens Rn. 215 ff.*

10 Im Bebauungsplan wird die **Art der baulichen und sonstigen Nutzung** nach § 1 Abs. 3 BauNVO durch Ausweisung von Baugebieten und sonstigen Bodennutzungen festgesetzt (§ 9 Abs. 1 und 1a BauGB). Die §§ 2 bis 14 BauNVO werden durch diese Festsetzung Bestandteil des Bebauungsplans, soweit nicht aufgrund § 1 Abs. 4 bis 9 BauNVO etwas anderes bestimmt wird.

Der **Bebauungsplan ist** grundsätzlich **aus dem Flächennutzungsplan zu entwickeln** (§ 8 Abs. 2 Satz 1 BauGB). Ein Flächennutzungsplan ist allerdings nicht erforderlich, wenn der Bebauungsplan ausreicht, um die städtebauliche Entwicklung zu sichern. Mit der Aufstellung, Änderung, Ergänzung oder Aufhebung eines Bebauungsplans kann im Parallelverfahren auch der Flächennutzungsplan aufgestellt, geändert oder ergänzt werden (§ 8 Abs. 3 BauGB). *Bebauungspläne der Innenentwicklung* i. S. des § 13a BauGB können im vereinfachten Verfahren nach § 13 Abs. 2 und 3 Satz 1 BauGB auch abweichend von den Darstellungen des Flächennutzungsplans aufgestellt werden, wenn die städtebauliche Entwicklung des Gemeindegebiets dadurch nicht beeinträchtigt wird (§ 13a Abs. 2 Nr. 2 BauGB).

Der Verkehrswertermittlung ist grundsätzlich die in einem Bebauungsplan *(Detailed Local Development Plan)* festgesetzte und zu erwartende Nutzung zugrunde zu legen. Soweit ein Grundstück nach den Festsetzungen des Bebauungsplans und nach sonstigen öffentlich-rechtlichen Vorschriften bebaubar ist, handelt es sich dann um **baureifes Land**, wenn die Erschließung gesichert ist, die Grundstücke nach Lage, Form und Größe bauordnungsrechtlich ausreichend zugeschnitten sind und das Grundstück nach den sonstigen tatsächlichen Gegebenheiten baulich nutzbar ist. Ist das Grundstücke nach Lage, Form und Größe jedoch unzureichend gestaltet oder ist die Erschließung (noch) nicht gesichert, muss die Fläche nach § 5 Abs. 3 ImmoWertV als **Rohbauland** eingestuft werden. Dabei ist die Wartezeit nach § 2 Satz 2 ImmoWertV bis zur Baureife des Grundstücks zu berücksichtigen.

11 Nach § 30 BauGB wird zwischen vorhabenbezogenen, qualifizierten und einfachen Bebauungsplänen unterschieden (Abb. 1).

Ein **Bebauungsplan ist qualifiziert,** wenn er mindestens Festsetzungen trifft über

– die Art der baulichen Nutzung *(Wohngebiet, Mischgebiet, Gewerbegebiet)*,
– das Maß der baulichen Nutzung *(Zahl der zulässigen Vollgeschosse, Gebäudehöhe, Grund- und Geschossflächenzahl),*

---

5 VGH Mannheim, Urt. vom 06.08.1985 – 5 S 2639/84 –, BRS Bd 44 Nr 90 = NVwZ 1986, 53 = RdL 1985, 267 = AgrarR 1086, 45.

Weitere Grundstücksmerkmale § 6 ImmoWertV

– die überbaubaren Grundstücksflächen *(Baugrenzen und Baulinien)*,
– die örtlichen Verkehrsflächen (öffentliche Straßen).

Fehlen eine oder mehrere dieser Festsetzungen, handelt es sich nicht um einen qualifizierten, sondern um einen **einfachen Bebauungsplan** (§ 30 Abs. 2 BauGB), der nur im Zusammenhang mit § 34 BauGB planungsrechtliche Grundlage für Vorhaben sein kann; Abb. 1.

Abb. 1: **Übersicht über Bebauungspläne**

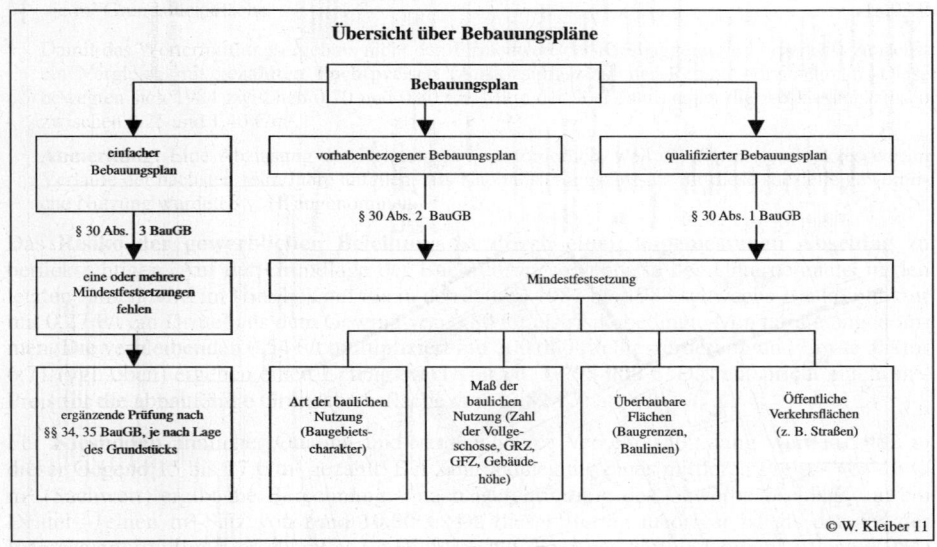

Abb. 2: Muster eines Bebauungsplans

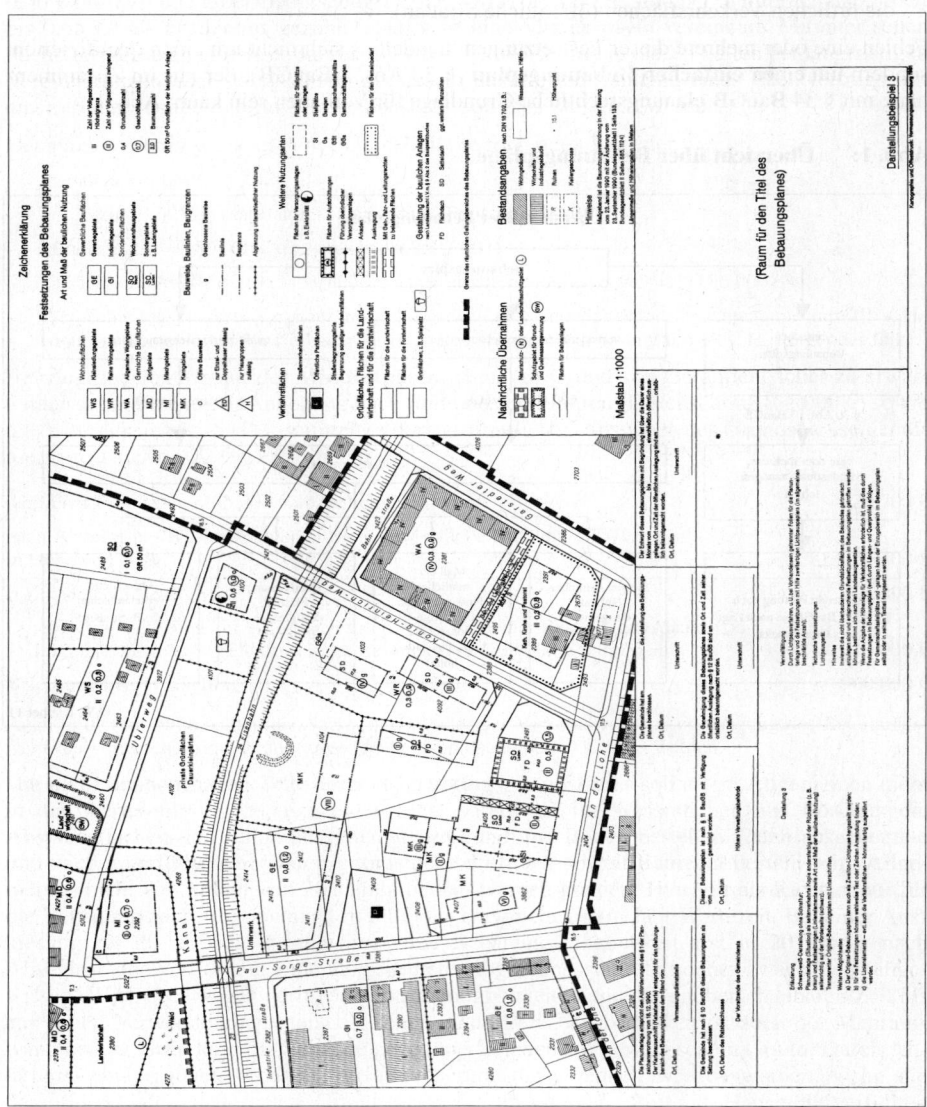

Darüber hinaus ist in § 13a BauGB der „**Bebauungsplan der Innenentwicklung**" geregelt. Darunter versteht das Gesetzbuch einen Bebauungsplan für „die Wiedernutzbarmachung von Flächen, die Nachverdichtung oder andere Maßnahmen der Innenentwicklung". Für die Aufstellung eines Bebauungsplans der Innenentwicklung gelten eine Reihe besonderer verfahrensrechtlicher Vorschriften:

– Der Bebauungsplan der Innenentwicklung kann im **beschleunigten Verfahren** aufgestellt werden, wenn in ihm die Grundfläche i. S. des § 19 Abs. 2 BauNVO (Baugrundstücksfläche im Bauland hinter der Straßenbegrenzungslinie, die von baulichen Anlagen überdeckt werden darf, vgl. unten Rn. 37) oder eine Größe der Grundfläche festgesetzt wird, die die in § 13a Abs. 1 Satz 2 und 3 BauGB vorgegebenen Schwellenwerte (z. B. 20 000 m²) ein-

Weitere Grundstücksmerkmale § 6 ImmoWertV

halten, keine gesetzliche Verpflichtung zur Durchführung einer Umweltverträglichkeitsprüfung besteht und keine Anhaltspunkte für eine Beeinträchtigung der Erhaltungsziele und Schutzzwecke der Natura-2000-Gebiete i. S. des BNatSchG bestehen.

– Der Bebauungsplan der Innenentwicklung wird in entsprechender Anwendung der Regelungen des § 13 BauGB Abs. 2 und 3 Satz 1 BauGB über das **vereinfachte Verfahren** aufgestellt.

– Der Bebauungsplan der Innenentwicklung kann abweichend von den bestehenden Darstellungen des Flächennutzungsplans aufgestellt werden, wenn die städtebauliche Entwicklung des Gemeindegebiets dadurch nicht beeinträchtigt wird (§ 13a Abs. 2 Nr. 2 BauGB).

– Bei der Aufstellung eines Bebauungsplans der Innenentwicklung soll einem Bedarf an Investitionen zur Erhaltung, Sicherung und Schaffung von Arbeitsplätzen, zur Versorgung der Bevölkerung mit Wohnraum oder zur Verwirklichung von Infrastrukturvorhaben im Rahmen der Abwägung (§ 1 Abs. 7 BauGB) in angemessener Weise Rechnung getragen werden (§ 13a Abs. 2 Nr. 3 BauGB).

– Soweit bei der Aufstellung des Bebauungsplans der Innenentwicklung Eingriffe in die Belange des Umweltschutzes, insbesondere der Bodenschutzklausel nach § 1a Abs. 2 BauGB (sparsamer und schonender Umgang mit dem Grund und Boden) zu erwarten sind, gelten diese Eingriffe (fiktiv) nach § 13a Abs. 2 Nr. 4 BauGB als Eingriffe, die i. S. des § 1a Abs. 3 Satz 5 BauGB bereits vor der planerischen Entscheidung mit der Folge erfolgt und zulässig sind, dass ein naturschutzrechtlicher Ausgleich nicht erforderlich ist.

Die Bauleitplanung kann durch ein **Einzelhandelskonzept** überlagert sein. Ein Einzelhandelskonzept ist im Bereich des Städtebaus und der Raumordnung ein Plankonzept, mit dem der Einzelhandel in einem bestimmten Raum gesteuert werden soll. Ist der Raum, auf den sich ein solches Plankonzept bezieht, eine Kommune (Gemeinde), wird von einem kommunalen Einzelhandelskonzept gesprochen. Bezieht sich das Plankonzept auf eine Region (Gebiet von mehreren Kommunen), wird der Plan als regionales Einzelhandelskonzept bezeichnet.

Allein der Umstand, dass eine Gemeinde bei der Umsetzung ihres Einzelhandelskonzepts bereits vorhandene konzeptwidrige, jedoch Bestandsschutz genießende Einzelhandelsbetriebe nicht auf den eigentumsrechtlichen (passiven) Bestandsschutz verweist, sondern diese – ohne die Möglichkeit einer Erweiterung – planungsrechtlich absichert, vermag das Gewicht ihres Konzepts in der bauplanerischen Abwägung nicht zu mindern, wenn dieses lediglich im Sinne einer Steuerung von Ansiedlungsvorhaben angewandt wird und die Gemeinde sich nicht dazu äußert, wie mit dem vorhandenen Bestand umgegangen werden soll[6].

Aus dem Bebauungsplan ergeben sich **Art und Maß der baulichen Nutzung** sowie die einer öffentlichen Zweckbindung unterworfenen Flächen, die ggf. im Wege der Enteignung erworben werden können. Zur Qualifizierung der zuletzt genannten Grundstücke müssen die vorstehend bereits angesprochenen Besonderheiten beachtet werden.   **12**

Handelt es sich bei dem zu bewertenden Grundstück um ein bebautes Grundstück, das nach **Art und/oder Maß der auf dem Grundstück realisierten Bebauung Abweichungen gegenüber der bauplanungsrechtlichen Nutzbarkeit** aufweist, müssen die bei § 8 ImmoWertV Rn. 345, 384 sowie bei § 16 ImmoWertV unter Rn. 223 ff. angesprochenen Besonderheiten beachtet werden.   **13**

2.2.3.2 Art der baulichen Nutzung

▶ *Vgl. bei § 8 ImmoWertV Rn. 345, 384, § 16 ImmoWertV Rn. 223; zu den Besonderheiten in Berlin vgl. Rn. 57 ff., Syst. Darst. des Vergleichswertverfahrens Rn. 199*

Nach der **allgemeinen Art der baulichen Nutzung** werden in § 1 Abs. 1 BauNVO folgende Bauflächen definiert und in *Flächennutzungsplänen* dargestellt: **14**

---
6 VGH Mannheim, Urt. vom 27.10.2010 – 5 S 875/09 –.

§ 6 ImmoWertV — Weitere Grundstücksmerkmale

1. Wohnbauflächen (W)
2. Gemischte Bauflächen (M)
3. Gewerbliche Bauflächen (G)
4. Sonderbauflächen (S)

15 Nach der **besonderen Art der baulichen Nutzung** werden in den §§ 2 bis 11 BauNVO folgende *Baugebiete* definiert und in *Bebauungsplänen* festgesetzt:

1. Kleinsiedlungsgebiete	(WS)	6.	Mischgebiete	(MI)
2. Reine Wohngebiete	(WR)	7.	Kerngebiete	**(MK)**
3. Allgemeine Wohngebiete	(WA)	8.	Gewerbegebiete	(GE)
4. Besondere Wohngebiete	(WB)	9.	Industriegebiete	(GI)
5. Dorfgebiete	(MD)	10.	Sondergebiete	(SO)

16 Nachfolgend sind die einschlägigen **Bestimmungen der BauNVO** über die verschiedenen **Gebietstypen** abgedruckt (vgl. hierzu auch die Ausführungen in der Syst. Darst. des Vergleichswertverfahrens Rn. 199):

„**§ 2 BauNVO** Kleinsiedlungsgebiete

(1) Kleinsiedlungsgebiete dienen vorwiegend der Unterbringung von Kleinsiedlungen einschließlich Wohngebäuden mit entsprechenden Nutzgärten und landwirtschaftlichen Nebenerwerbsstellen.

(2) Zulässig sind

1. Kleinsiedlungen einschließlich Wohngebäude mit entsprechenden Nutzgärten, landwirtschaftliche Nebenerwerbsstellen und Gartenbaubetriebe,
2. die der Versorgung des Gebiets dienenden Läden, Schank- und Speisewirtschaften sowie nicht störende Handwerksbetriebe.

(3) Ausnahmsweise können zugelassen werden

1. sonstige Wohngebäude mit nicht mehr als zwei Wohnungen,
2. Anlagen für kirchliche, kulturelle, soziale, gesundheitliche und sportliche Zwecke,
3. Tankstellen,
4. nicht störende Gewerbebetriebe.

§ 3 BauNVO n. F. Reine Wohngebiete

(1) Reine Wohngebiete dienen dem Wohnen.

(2) Zulässig sind

1. Wohngebäude,
2. Anlagen zur Kinderbetreuung, deren Anzahl an Betreuungsplätzen nicht **wesentlich** über den typischerweise zu erwartenden Bedarf dieses reinen Wohngebiets hinausgeht (**geplante Änderung**).

(3) Ausnahmsweise können zugelassen werden

1. Läden und nicht störende Handwerksbetriebe, die zur Deckung des täglichen **Bedarfs für die Bewohner** des Gebiets dienen, sowie kleine Betriebe des Beherbergungsgewerbes,
2. sonstige Anlagen für soziale Zwecke sowie den Bedürfnissen der Bewohner des Gebiets dienende Anlagen für kirchliche, kulturelle, gesundheitliche und sportliche Zwecke.

(4) Zu den nach Absatz 2 sowie den §§ 2, 4 bis 7 zulässigen Wohngebäuden **gehören auch** solche, die ganz oder teilweise der Betreuung und Pflege ihrer Bewohner dienen.

§ 4 BauNVO Allgemeine Wohngebiete

(1) Allgemeine Wohngebiete dienen vorwiegend dem Wohnen.

(2) Zulässig sind

1. Wohngebäude,
2. die der Versorgung des Gebiets dienenden Läden, Schank- und Speisewirtschaften sowie nicht störende Handwerksbetriebe,
3. Anlagen für kirchliche, kulturelle, soziale, gesundheitliche und sportliche Zwecke.

(3) Ausnahmsweise können zugelassen werden

Weitere Grundstücksmerkmale § 6 ImmoWertV

1. Betriebe des Beherbergungsgewerbes,
2. sonstige nicht störende Gewerbebetriebe,
3. Anlagen für Verwaltungen,
4. Gartenbaubetriebe,
5. Tankstellen.

§ 4a BauNVO Gebiete zur Erhaltung und Entwicklung der Wohnnutzung (besondere Wohngebiete)

(1) Besondere Wohngebiete sind überwiegend bebaute Gebiete, die aufgrund ausgeübter Wohnnutzung und vorhandener sonstiger in Absatz 2 genannter Anlagen eine besondere Eigenart aufweisen und in denen unter Berücksichtigung dieser Eigenart die Wohnnutzung erhalten und fortentwickelt werden soll. Besondere Wohngebiete dienen vorwiegend dem Wohnen; sie dienen auch der Unterbringung von Gewerbebetrieben und sonstigen Anlagen im Sinne der Absätze 2 und 3, soweit diese Betriebe und Anlagen nach der besonderen Eigenart des Gebiets mit der Wohnnutzung vereinbar sind.

(2) Zulässig sind

1. Wohngebäude,
2. Läden, Betriebe des Beherbergungsgewerbes, Schank- und Speisewirtschaften,
3. sonstige **Gewerbebetriebe**,
4. Geschäfts- und Bürogebäude,
5. Anlagen für kirchliche, kulturelle, soziale, gesundheitliche und sportliche Zwecke.

(3) Ausnahmsweise können zugelassen werden

1. Anlagen für zentrale Einrichtungen der Verwaltung,
2. Vergnügungsstätten, soweit sie nicht wegen ihrer Zweckbestimmung oder ihres Umfangs nur in Kerngebieten allgemein zulässig sind,
3. Tankstellen.

(4) Für besondere Wohngebiete oder Teile solcher Gebiete kann, wenn besondere städtebauliche Gründe dies rechtfertigen (§ 9 Abs. 3 des Baugesetzbuchs), festgesetzt werden, dass

1. oberhalb eines im Bebauungsplan bestimmten Geschosses nur Wohnungen zulässig sind oder
2. in Gebäuden ein im Bebauungsplan bestimmter Anteil der zulässigen Geschossfläche oder eine bestimmte Größe der Geschossfläche für Wohnungen zu verwenden ist.

§ 5 BauNVO Dorfgebiete

(1) Dorfgebiete dienen der Unterbringung der Wirtschaftsstellen land- und forstwirtschaftlicher Betriebe, dem Wohnen und der Unterbringung von nicht wesentlich störenden Gewerbebetrieben sowie der Versorgung der Bewohner des Gebiets dienenden Handwerksbetrieben. Auf die Belange der land- und forstwirtschaftlichen Betriebe einschließlich ihrer Entwicklungsmöglichkeiten ist vorrangig Rücksicht zu nehmen.

(2) Zulässig sind

1. Wirtschaftsstellen land- und forstwirtschaftlicher Betriebe und die dazugehörigen Wohnungen und Wohngebäude,
2. Kleinsiedlungen einschließlich Wohngebäuden mit entsprechenden Nutzgärten und landwirtschaftliche Nebenerwerbsstellen,
3. sonstige **Wohngebäude**,
4. Betriebe zur Be- und Verarbeitung und Sammlung land- und forstwirtschaftlicher Erzeugnisse,
5. Einzelhandelsbetriebe, Schank- und Speisewirtschaften sowie Betriebe des Beherbergungsgewerbes,
6. sonstige **Gewerbebetriebe**,
7. Anlagen für örtliche Verwaltungen sowie für kirchliche, kulturelle, soziale, gesundheitliche und sportliche Zwecke,
8. Gartenbaubetriebe,
9. Tankstellen.

(3) Ausnahmsweise können Vergnügungsstätten im Sinne des § 4a Abs. 3 Nr. 2 zugelassen werden.

§ 6 BauNVO Mischgebiete

(1) Mischgebiete dienen dem Wohnen und der Unterbringung von Gewerbebetrieben, die das Wohnen nicht wesentlich stören.

§ 6 ImmoWertV Weitere Grundstücksmerkmale

(2) Zulässig sind
1. Wohngebäude,
2. Geschäfts- und Bürogebäude,
3. Einzelhandelsbetriebe, Schank- und Speisewirtschaften sowie Betriebe des Beherbergungsgewerbes,
4. sonstige Gewerbebetriebe,
5. Anlagen für Verwaltungen sowie für kirchliche, kulturelle, soziale, gesundheitliche und sportliche Zwecke,
6. Gartenbaubetriebe,
7. Tankstellen,
8. Vergnügungsstätten im Sinne des § 4a Abs. 3 Nr. 2 in den Teilen des Gebiets, die überwiegend durch gewerbliche Nutzungen geprägt sind.

(3) Ausnahmsweise können Vergnügungsstätten im Sinne des § 4a Abs. 3 Nr. 2 außerhalb der in Absatz 2 Nr. 8 bezeichneten Teile des Gebiets zugelassen werden.

§ 7 BauNV Kerngebiete

(1) Kerngebiete dienen vorwiegend der Unterbringung von Handelsbetrieben sowie der zentralen Einrichtungen der Wirtschaft, der Verwaltung und der Kultur.

(2) Zulässig sind
1. Geschäfts-, Büro- und Verwaltungsgebäude,
2. Einzelhandelsbetriebe, Schank- und Speisewirtschaften, Betriebe des Beherbergungsgewerbes und Vergnügungsstätten,
3. sonstige nicht wesentlich störende Gewerbebetriebe,
4. Anlagen für kirchliche, kulturelle, soziale, gesundheitliche und sportliche Zwecke,
5. Tankstellen im Zusammenhang mit Parkhäusern und Großgaragen,
6. Wohnungen für Aufsichts- und Bereitschaftspersonen sowie für Betriebsinhaber und Betriebsleiter,
7. sonstige Wohnungen nach Maßgabe von Festsetzungen des Bebauungsplans.

(3) Ausnahmsweise können zugelassen werden
1. Tankstellen, die nicht unter Absatz 2 Nr. 5 fallen,
2. Wohnungen, die nicht unter Absatz 2 Nr. 6 und 7 fallen.

(4) Für Teile eines Kerngebiets kann, wenn besondere städtebauliche Gründe dies rechtfertigen (§ 9 Abs. 3 des Baugesetzbuchs), festgesetzt werden, dass
1. oberhalb eines im Bebauungsplan bestimmten Geschosses nur Wohnungen zulässig sind oder
2. in Gebäuden ein im Bebauungsplan bestimmter Anteil der zulässigen Geschossfläche oder eine bestimmte Größe der Geschossfläche für Wohnungen zu verwenden ist.

Dies gilt auch, wenn durch solche Festsetzungen dieser Teil des Kerngebiets nicht vorwiegend der Unterbringung von Handelsbetrieben sowie der zentralen Einrichtungen der Wirtschaft, der Verwaltung und der Kultur dient."

17 Bei der **bauplanungsrechtlichen Qualifizierung von Gewerbeflächen** gehört zu den wichtigsten Unterscheidungsmerkmalen die **Unterscheidung zwischen**

   a) **Gewerbegebieten** i. S. des § 8 BauNVO (GE) und

   b) **Industriegebieten** i. S. des § 9 BauNVO (GI),

   die teilweise sich überschneidende Nutzungsmöglichkeiten aufweisen.

18 Die planungsrechtliche **Ausweisung von Gewerbe- und Industrieflächen** nach den Grundsätzen der BauNVO lässt **aus wirtschaftlicher Sicht recht unterschiedliche Nutzungen** zu. Dies reicht oftmals vom Schrottplatz bis zu einer hochwertigen Büronutzung (Abb. 3).

Weitere Grundstücksmerkmale § 6 ImmoWertV

Abb. 3: Gewerbliche und industrielle Nutzung GE/GI nach BauNVO

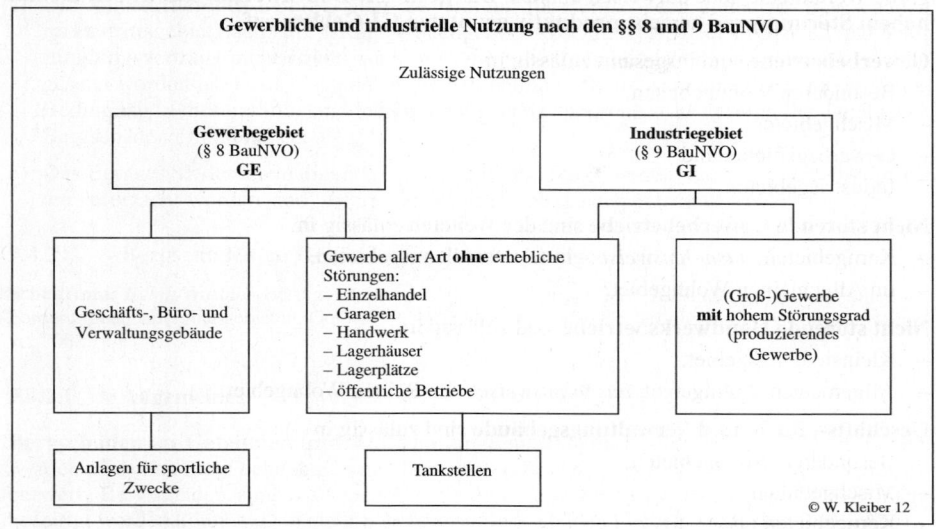

„**§ 8 BauNVO** Gewerbegebiete

(1) Gewerbegebiete dienen vorwiegend der Unterbringung von nicht erheblich belästigenden Gewerbebetrieben.

(2) Zulässig sind

1. Gewerbebetriebe aller Art, Lagerhäuser, Lagerplätze und öffentliche Betriebe,
2. Geschäfts-, Büro- und Verwaltungsgebäude,
3. Tankstellen,
4. Anlagen für sportliche Zwecke.

(3) Ausnahmsweise können zugelassen werden

1. Wohnungen für Aufsichts- und Bereitschaftspersonen sowie für Betriebsinhaber und Betriebsleiter, die dem Gewerbebetrieb zugeordnet und ihm gegenüber in Grundfläche und Baumasse untergeordnet sind,
2, Anlagen für kirchliche, kulturelle, soziale, gesundheitliche und sportliche Zwecke,
3. Vergnügungsstätten.

§ 9 BauNVO Industriegebiete

(1) Industriegebiete dienen ausschließlich der Unterbringung von Gewerbebetrieben, und zwar vorwiegend solcher Betriebe, die in anderen Baugebieten unzulässig sind.

(2) Zulässig sind

1. Gewerbebetriebe aller Art, Lagerhäuser, Lagerplätze und öffentliche Betriebe,
2. Tankstellen.

(3) Ausnahmsweise können zugelassen werden

1. Wohnungen für Aufsichts- und Bereitschaftspersonen sowie für Betriebsinhaber und Betriebsleiter, die dem Gewerbebetrieb zugeordnet und ihm gegenüber in Grundfläche und Baumasse untergeordnet sind,
2. Anlagen für kirchliche, kulturelle, soziale, gesundheitliche und sportliche Zwecke."

Die bauplanungsrechtliche **Unterscheidung zwischen GE- und GI-Gebieten** i. S. der §§ 8 und 9 BauNVO **führt häufig bereits zu Wertunterschieden von 100 %,** d. h., Industriegebiete weisen dann den hälftigen Wert von sonstigen Gewerbegebieten auf. Allein die Unterscheidung nach GE und GI beschreibt die im Einzelfall maßgeblichen Wertverhältnisse gleichwohl nur unzureichend, denn Gewerbebetriebe ohne erhebliche Störungen sind sowohl im GE- als auch im GI-Gebiet zulässig. In den GE-Gebieten sind darüber hinaus hochwertige

Büronutzungen zulässig, sodass GE-Gebiete infolgedessen ebenfalls – je nach Nutzung – große Wertunterschiede aufweisen können. Das **geringste Bodenwertniveau weisen die mit hohem Störungsgrad** zumeist **produktiv genutzten GI-Gebiete** auf.

22 **Gewerbebetriebe** sind insgesamt zulässig in
– Besonderen Wohngebieten,
– Mischgebieten,
– Gewerbegebieten und
– Industriegebieten.

23 **Nicht störende Gewerbebetriebe** sind des Weiteren zulässig in
– Kerngebieten, *ausnahmsweise* – in Kleinsiedlungsgebieten,
– im Allgemeinen Wohngebiet.

24 **Nicht störende Handwerksbetriebe** sind zulässig im
– Kleinsiedlungsgebiet,
– Allgemeinen Wohngebiet, *ausnahmsweise* – im Reinen Wohngebiet.

25 **Geschäfts-, Büro- und Verwaltungsgebäude** sind zulässig in
– Besonderen Wohngebieten,
– Mischgebieten,
– Kerngebieten und
– Gewerbegebieten.

26 **Tankstellen**[7] sind zulässig in
– Gewerbegebieten,
– Industriegebieten,
– Dorfgebieten, *ausnahmsweise* – in Kleinsiedlungsgebieten,
  – im Allgemeinen Wohngebiet,
  – im Besonderen Wohngebiet,
  – im Kerngebiet, ansonsten im Zusammenhang mit Parkhäusern und Garagen.

27 Unter die in GE-Gebieten zulässigen „Gewerbebetriebe aller Art" fallen im Übrigen auch **Einzelhandelsbetriebe**. Dagegen sind großflächige Einzelhandelsbetriebe mit mehr als 1 500 m² Geschossfläche in einem GI-Gebiet unzulässig[8].

28 Bei Heranziehung von Bodenrichtwerten und von Vergleichspreisen müssen Unterschiede in der gewerblichen Nutzung berücksichtigt werden, weil die **Wertunterschiede zwischen den genannten Lagen recht hoch** ausfallen können. Entsprechend den jeweiligen Nutzungsanteilen sind die Abweichungen im Wege der Interpolation berücksichtigungsfähig.

29 In der Verkehrswertermittlung werden **Gewerbeflächen** unter Berücksichtigung der Situationsgebundenheit, der allgemeinen Verkehrsauffassung und der lagetypischen Nutzung **wie folgt unterschieden**:
– „*klassische*" *Gewerbeflächen* für das produzierende Gewerbe, Großhandel, Lagerplätze, Speditionen, die zumeist ebenerdig bebaut sind und größere Freiflächen aufweisen (Büroflächenanteil i. d. R. < 30 %); die Verkehrswerte weisen in diesen Gebieten zumeist eine geringe „Empfindlichkeit" gegenüber einem unterschiedlichen **Maß der baulichen Nutzbarkeit** von i. d. R. (GFZ) 0,4 bis 1,0 auf;
– „*verdichtetes klassisches Gewerbe*", in zumeist mehrgeschossig **bebauten** älteren und nicht selten mit „Wohnen" durchmischten Baugebieten;

---

[7] GuG 1995, 301 = Kleiber/Söfker, Vermögensrecht (a. a. O.), II 7.3.11.
[8] BVerwG, Urt. vom 03.02.1984 – 4 C 54/80 –, BVerwGE 68, 343 = NJW 1984, 1768 = BauR 1984, 380 = DVBl. 1984, 62 = ZfBR 1984, 135 = UPR 1984, 225 = DÖV 1984, 849 = BRS Bd 42 Nr 50 = BayVBl. 1984, 726.

Weitere Grundstücksmerkmale **§ 6 ImmoWertV**

- *"Büro- und Geschäftslage"* mit i. d. R. mehrgeschossiger Bebaubarkeit (typische GFZ von 2,0); die Verkehrswerte weisen in diesen Gebieten häufig eine lineare Empfindlichkeit gegenüber der Geschossfläche (GF) auf;

- *"Shopping-Centers"* in zumeist peripher gelegener Lage, zumeist autogerecht mit einem breiten Parkangebot und mit sehr geringer baulicher Ausnutzung (GFZ 0,2 bis 0,6) ausgelegt, insbesondere für Gartencenter, Autohändler und den sog. (*Fast*) *"Food*-Bereich";

- *"Läden"*, wobei zwischen „klassischen" Zentrumslagen und Einkaufszentren unterschieden wird (vgl. Teil VI Rn. 274 ff.).

▶ *Zur Qualifizierung von gewerblich industriellen Flächen vgl. Syst. Darst. des Vergleichswertverfahrens Rn. 198 ff;*

Flächen, die in der Bauleitplanung als **Sonderbaufläche oder Sondergebiet** ausgewiesen sind, können entsprechend der Konkretisierung ihrer Nutzung erhebliche Wertunterschiede aufweisen. Dies ist darin begründet, dass das Spektrum der unter den Begriff des Sondergebiets fallenden Nutzungen durch die §§ 10 und 11 BauNVO sehr breit angelegt ist, angefangen bei den der Erholung dienenden Sondergebieten des § 10 BauNVO (Wochenendhausgebiete, Ferienhausgebiete und Campingplatzgebiete) über Fremdenverkehrsgebiete bis hin zu hochwertigen Ladengebieten und Einkaufszentren (sonstige Sondergebiete). Bei der **Qualifizierung von Sonderbauflächen**, sei es im Rahmen der Auswahl von Vergleichspreisen oder sei es bei der Qualifizierung des zu wertenden Grundstücks, muss zunächst unbedingt beachtet werden, dass es sich bei den Sondergebieten um privatwirtschaftlich nutzbare Flächen oder aufgrund eines entsprechenden Zusatzes um Gemeinbedarfsflächen handeln kann, die jedwedem privaten Gewinnstreben entzogen sind, ohne dass es dabei erforderlich ist, dass das SO-Gebiet einer „öffentlichen" Zweckbindung etwa i. S. des § 37 Abs. 1 BauGB dient. **30**

„**§ 10 BauNVO** Sondergebiete, die der Erholung dienen **31**
(1) Als Sondergebiete, die der Erholung dienen, kommen insbesondere in Betracht
- Wochenendhausgebiete,
- Ferienhausgebiete,
- Campingplatzgebiete.

(2) Für Sondergebiete, die der Erholung dienen, sind die Zweckbestimmung und die Art der Nutzung darzustellen und festzusetzen. Im Bebauungsplan kann festgesetzt werden, dass bestimmte, der Eigenart des Gebiets entsprechende Anlagen und Einrichtungen zur Versorgung des Gebiets und für sportliche Zwecke allgemein zulässig sind oder ausnahmsweise zugelassen werden können.

(3) In Wochenendhausgebieten sind Wochenendhäuser als Einzelhäuser zulässig. Im Bebauungsplan kann festgesetzt werden, dass Wochenendhäuser nur als Hausgruppen zulässig sind oder ausnahmsweise als Hausgruppen zugelassen werden können. Die zulässige Grundfläche der Wochenendhäuser ist im Bebauungsplan, begrenzt nach der besonderen Eigenart des Gebiets, unter Berücksichtigung der landschaftlichen Gegebenheiten festzusetzen.

(4) In Ferienhausgebieten sind Ferienhäuser zulässig, die aufgrund ihrer Lage, Größe, Ausstattung, Erschließung und Versorgung für den Erholungsaufenthalt geeignet und dazu bestimmt sind, überwiegend und auf Dauer einem wechselnden Personenkreis zur Erholung zu dienen. Im Bebauungsplan kann die Grundfläche der Ferienhäuser, begrenzt nach der besonderen Eigenart des Gebiets, unter Berücksichtigung der landschaftlichen Gegebenheiten festgesetzt werden.

(5) In Campingplatzgebieten sind Campingplätze und Zeltplätze zulässig.

§ 11 BauNVO Sonstige Sondergebiete **32**
(1) Als sonstige Sondergebiete sind solche Gebiete darzustellen und festzusetzen, die sich von den Baugebieten nach den §§ 2 bis 10 wesentlich unterscheiden.
(2) Für sonstige Sondergebiete sind die Zweckbestimmung und die Art der Nutzung darzustellen und festzusetzen. Als sonstige Sondergebiete kommen insbesondere in Betracht
- Gebiete für den Fremdenverkehr, wie Kurgebiete und Gebiete für die Fremdenbeherbergung, Ladengebiete,
- Gebiete für Einkaufszentren und großflächige Handelsbetriebe,
- Gebiete für Messen, Ausstellungen und Kongresse,

- Hochschulgebiete,
- Klinikgebiete,
- Hafengebiete,
- Gebiete für Anlagen, die der Erforschung, Entwicklung oder Nutzung erneuerbarer Energien, wie Wind- und Sonnenenergie, dienen.

(3) 1. Einkaufszentren,
2. großflächige Einzelhandelsbetriebe, die sich nach Art, Lage oder Umfang auf die Verwirklichung der Ziele der Raumordnung und Landesplanung oder **auf die städtebauliche Entwicklung und Ordnung nicht nur unwesentlich auswirken können,**
3. sonstige großflächige Handelsbetriebe, die im Hinblick **auf den Verkauf an letzte Verbraucher** und auf die Auswirkungen den in Nummer 2 bezeichneten Einzelhandelsbetrieben vergleichbar sind,

sind außer in Kerngebieten nur in für sie festgesetzten Sondergebieten zulässig. Auswirkungen im Sinne des Satzes 1 Nr. 2 und 3 sind insbesondere schädliche Umwelteinwirkungen im Sinne des § 3 des Bundes-Immissionsschutzgesetzes sowie Auswirkungen auf die infrastrukturelle Ausstattung, auf den Verkehr, auf die Versorgung der Bevölkerung im Einzugsbereich der in Satz 1 bezeichneten Betriebe, auf die Entwicklung zentraler Versorgungsbereiche in der Gemeinde oder in anderen Gemeinden, auf das Orts- und Landschaftsbild und auf den Naturhaushalt. Auswirkungen im Sinne des Satzes 2 sind bei Betrieben nach Satz 1 Nr. 2 und 3 in der Regel anzunehmen, wenn die Geschossfläche 1 200 m² überschreitet. Die Regel des Satzes 3 gilt nicht, wenn Anhaltspunkte dafür bestehen, dass Auswirkungen bereits bei weniger als 1 200 m² Geschossfläche vorliegen oder bei mehr als 1 200 m² Geschossfläche nicht vorliegen; dabei sind in Bezug auf die in Satz 2 bezeichneten Auswirkungen insbesondere die Gliederung und Größe der Gemeinde und ihrer Ortsteile, die Sicherung der verbrauchernahen Versorgung der Bevölkerung und das Warenangebot des Betriebs zu berücksichtigen."

33 Die Frage, ob **ein Sondergebiet als Gemeinbedarfsfläche** einzustufen ist, beantwortet sich in erster Linie nach den Festsetzungen des Bebauungsplans. § 11 BauNVO stellt hierfür lediglich die Rahmenvorschrift dar und ermächtigt den Planungsträger, „die Zweckbindung und die Art der Nutzung" darzustellen und festzusetzen (vgl. § 10 Abs. 2 Satz 1 BauNVO, der insoweit wörtlich mit § 11 Abs. 2 Satz 1 BauNVO übereinstimmt). Auf dieser Grundlage kann die Festsetzung mit der gleichzeitigen Festsetzung von **Flächen für den Gemeinbedarf** verbunden werden[9]. Für den Fall einer Festsetzung des **Sondergebiets für Gemeinbedarfszwecke** (z. B. **Kaserne**) wird auf das weiterführende Schrifttum verwiesen[10]. Auf die tatsächliche Nutzung kommt es in diesem Fall nur noch in Bezug auf den Bestandsschutz und etwaige Planungsschadensansprüche an.

34 ▶ *Zur Qualifizierung der Art der baulichen Nutzung bei der Wertermittlung nach Maßgabe des § 6 Abs. 1 ImmoWertV vgl. Rn. 75 ff.*

2.2.3.3 Maß der baulichen Nutzung

Schrifttum: *Bister, H.-B.,* Modifizierte Geschossflächenzahl, VR 1978, 124; *Blum, A.,* Wirtschaftlichkeit von Wohngebäuden mit unterschiedlichen Geschosszahlen, BBauBl 1977, 260; *Böser, W./Schwaninger, B.,* Zur Ermittlung und Anwendung von Geschossflächenzahlen (GFZ) – Umrechnungskoeffizienten in der Grundstücksbewertung, AVN 1984, 412; *Hildebrandt, H.,* Geschossflächenzahl und Grundstücksmarkt, ZfV 1995, 620; *Junge, V.,* Die Geschossflächenzahl (GFZ) als wertbeeinflussendes Merkmal, GuG 1996, 27; *Kellermann, F.;* Bodenwert und Baunutzbarkeit, ZfV 1962, 343; *Schulz, W.-E.,* Zur Abhängigkeit des Bodenpreises von der beim Kauf erhofften Ausnutzbarkeit, VR 1977, 78; *Nuber, G.,* Geschossflächenzahl (GFZ) – Ermittlung in Berlin, GuG 2004, 75; *Tiemann, M.,* Zur Beziehung von Baunutzbarkeit und Bodenwert, Ermittlung von Umrechnungskoeffizienten, VR 1976, 365.

▶ *Vgl. § 10 ImmoWertV Rn. 74, zur Berücksichtigung des Maßes der baulichen Nutzung bei der Verkehrswertermittlung vgl. Syst. Darst. des Vergleichswertverfahrens Rn. 218 ff.*

35 Im **Flächennutzungsplan** werden nach § 5 Abs. 1 BauGB die Art der Bodennutzung und insbesondere die allgemeine Art der baulichen Nutzung (*Bauflächen*) dargestellt (vgl. oben

---

9 Zur erforderlichen Bestimmtheit vgl. Fickert/Fieseler, BauNVO, 6. Aufl. Köln § 11 Rn. 8.
10 Vgl. Kleiber, Verkehrswertermittlung von Grundstücken, 6. Aufl. 2010, Teil VI Rn. 130, 605 ff.

Weitere Grundstücksmerkmale § 6 ImmoWertV

Rn. 9). Soweit die *besondere* Art der baulichen Nutzung (*Baugebiete*) **dargestellt wird,** genügt es, nach § 16 Abs. 1 BauNVO **das allgemeine Maß** der baulichen Nutzung darzustellen durch Angabe

- der Geschossflächenzahl (vgl. unten Rn. 39),
- der Baumassenzahl (vgl. unten Rn. 47) oder
- der Höhe der baulichen Anlagen (vgl. unten Rn. 50).

Im Bebauungsplan kann das Maß der baulichen Nutzung bestimmt werden durch Festsetzung der   36

a) **Grundflächenzahl** (GRZ) *oder* der Größe der Grundflächen der baulichen Anlagen (GR); vgl. unten Rn. 37;

b) **Geschossflächenzahl** (GFZ) *oder* der Größe der Geschossflächen (GF) der baulichen Anlagen, vgl. unten Rn. 39;

c) **Baumassenzahl** (BMZ) *oder* die Baumasse (BM), vgl. unten Rn. 47;

d) **Zahl der Vollgeschosse** (Z); vgl. unten Rn. 48;

e) **Höhe der baulichen Anlagen**, vgl. unten Rn. 50.

Bei **Festsetzungen des Maßes der baulichen Nutzung im Bebauungsplan** ist gemäß § 16 Abs. 3 BauNVO festzusetzen:

1. stets die Grundflächenzahl oder die Größe der Grundflächen der baulichen Anlagen,

2. die Zahl der Vollgeschosse oder die Höhe baulicher Anlagen, wenn ohne ihre Festsetzung öffentliche Belange, insbesondere das Orts- und Landschaftsbild, beeinträchtigt werden können.

a)   Grundflächenzahl (GRZ)

Die Grundflächenzahl (GRZ) gibt an, wie viel Quadratmeter „Grundfläche" der baulichen   37
Anlagen je Quadratmeter „Grundstücksfläche" zulässig sind. Auch die **Größe der Grundflächen der baulichen Anlagen** (GR) kann festgesetzt werden. § 19 BauNVO definiert die Grundflächenzahl und die Grundfläche wie folgt:

„**§ 19 BauNVO** Grundflächenzahl, zulässige Grundfläche

(1) Die Grundflächenzahl gibt an, wie viel Quadratmeter Grundfläche je Quadratmeter Grundstücksfläche im Sinne des Absatzes 3 zulässig sind.

(2) Zulässige Grundfläche ist der nach Absatz 1 errechnete Anteil des Baugrundstücks, der von baulichen Anlagen überdeckt werden darf.

(3) Für die Ermittlung der zulässigen Grundfläche ist die Fläche des Baugrundstücks maßgebend, die im Bauland und hinter der im Bebauungsplan festgesetzten Straßenbegrenzungslinie liegt. Ist eine Straßenbegrenzungslinie nicht festgesetzt, ist die Fläche des Baugrundstücks maßgebend, die hinter der tatsächlichen Straßengrenze liegt oder die im Bebauungsplan als maßgebend für die Ermittlung der zulässigen Grundfläche festgesetzt ist."

Die zulässige **Grundfläche i. S. des § 19 Abs. 2 BauNVO** ist mithin die Baugrundstücksfläche im Bauland hinter der Straßenbegrenzungslinie, die von baulichen Anlagen überdeckt werden darf.

Die Grundflächenzahl bezieht sich nach § 19 Abs. 1 BauNVO auf das „**Baugrundstück**". Das Baugrundstück ist von dem grundbuchrechtlichen Grundstücksbegriff und ggf. auch von dem fiktiven Grundstück zu unterscheiden, das Gegenstand der Wertermittlung ist. Hieraus folgt, dass der Sachverständige ggf. in seinem Gutachten das Grundstück im baurechtlichen Sinne nach Bauland und Nichtbauland sondieren muss.

▶ *Zu dem in § 19 Abs. 3 BauNVO gebrauchten* **Begriff des Baulandes** *vgl. § 5 ImmoWertV Rn. 189*

§ 6 ImmoWertV — Weitere Grundstücksmerkmale

Die sich **aus der festgesetzten GRZ ergebende bauplanungsrechtlich zulässige Nutzbarkeit bezieht sich auf sämtliche bauliche Anlagen** und nicht nur auf Gebäude. Daraus folgt, dass zunächst auch die Grundflächen von

- Garagen und Stellplätzen mit ihren Zufahrten,
- Nebenanlagen i. S. des § 14 BauNVO und
- bauliche Anlagen unterhalb der Geländeoberfläche

mitzurechnen sind (§ 19 Abs. 4 Satz 1 BauNVO). Die zulässige GRZ kann diesbezüglich jedoch nach Maßgabe des § 19 Abs. 4 Satz 2 bis 4 BauNVO überschritten werden:

„**§ 19 Abs. 4 BauNVO** Grundflächenzahl, zulässige Grundfläche

(4) Bei der Ermittlung der Grundfläche sind die Grundflächen von

1. Garagen und Stellplätzen mit ihren Zufahrten,
2. Nebenanlagen im Sinne des § 14,
3. baulichen Anlagen unterhalb der Geländeoberfläche, durch die das Baugrundstück lediglich unterbaut wird,

mitzurechnen. Die zulässige Grundfläche darf durch die Grundflächen der in Satz 1 bezeichneten Anlagen bis zu 50 vom Hundert überschritten werden, höchstens jedoch bis zu einer Grundflächenzahl von 0,8; weitere Überschreitungen in geringfügigem Ausmaß können zugelassen werden. Im Bebauungsplan können von Satz 2 abweichende Bestimmungen getroffen werden. Soweit der Bebauungsplan nichts anderes festsetzt, kann im Einzelfall von der Einhaltung der sich aus Satz 2 ergebenden Grenzen abgesehen werden

1. bei Überschreitungen mit geringfügigen Auswirkungen auf die natürlichen Funktionen des Bodens oder
2. wenn die Einhaltung der Grenzen zu einer wesentlichen Erschwerung der zweckentsprechenden Grundstücksnutzung führen würde."

Abb. 4: Anrechenbare Baugrundstücksfläche (GRZ)

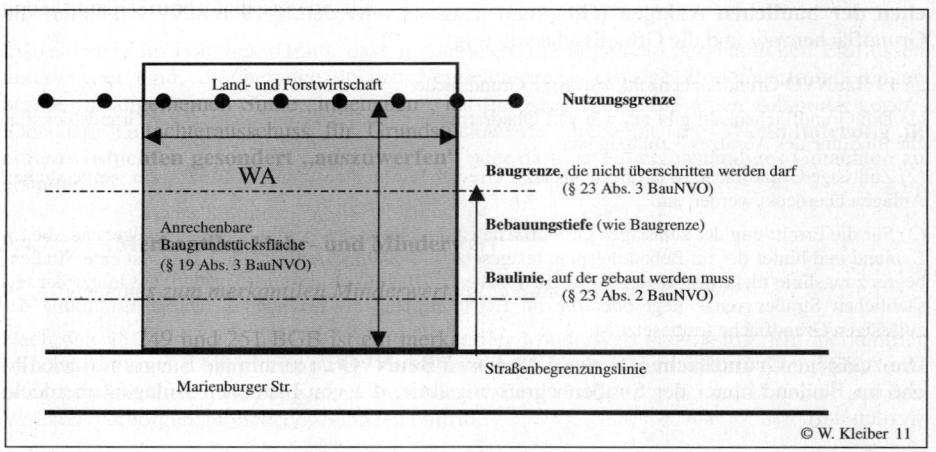

Die GRZ ist für die **Preisbildung von Grundstücken in den Innenstädten** von vielfach unterschätzter Bedeutung. Die hohen Mieterträge, die ebenerdig in einer Einzelhandelslage erzielt werden, machen nämlich ein Vielfaches von dem aus, was im Verhältnis zur GFZ in den oberen Stockwerken erzielbar ist[11].

---

11 Eine geringe GRZ für Wohngegenden führt nach Untersuchungen der kanadischen University of British Columbia zur Fettleibigkeit der Bevölkerung.

Weitere Grundstücksmerkmale § 6 ImmoWertV

Nebenanlagen i. S. des § 14 BauNVO n. F. sind hierbei: 38

„**§ 14 BauNVO** Nebenanlagen, Anlagen zur Nutzung solarer Strahlungsenergie (Entwurfsfassung)
(1) Außer den in den §§ 2 bis 13 genannten Anlagen sind auch untergeordnete Nebenanlagen und Einrichtungen zulässig, die dem Nutzungszweck der in dem Baugebiet gelegenen Grundstücke oder des Baugebiets selbst dienen und die seiner Eigenart nicht widersprechen. Soweit nicht bereits in den Baugebieten nach dieser Verordnung Einrichtungen und Anlagen für die Tierhaltung, einschließlich der Kleintierhaltungszucht, zulässig sind, gehören zu den untergeordneten Nebenanlagen und Einrichtungen im Sinne des Satzes 1 auch solche für die Kleintierhaltung. Im Bebauungsplan kann die Zulässigkeit der Nebenanlagen und Einrichtungen eingeschränkt oder ausgeschlossen werden.

(2) Die der Versorgung der Baugebiete mit Elektrizität, Gas, Wärme und Wasser sowie zur Ableitung von Abwasser dienenden Nebenanlagen können in den Baugebieten als Ausnahme zugelassen werden, auch soweit für sie im Bebauungsplan keine besonderen Flächen festgesetzt sind. Dies gilt auch für fernmeldetechnische Nebenanlagen sowie für Anlagen für erneuerbare Energien, soweit nicht Absatz 1 Satz 1 Anwendung findet.

(3) Soweit baulich untergeordnete Anlagen zur Nutzung solarer Strahlungsenergie in, an oder auf Dach- und Außenwandflächen nicht bereits nach den §§ 2 bis 13 zulässig sind, gelten sie auch dann als Anlagen im Sinne des Absatzes 1 Satz 1, wenn die erzeugte Energie vollständig oder überwiegend in das öffentliche Netz eingespeist wird."

b) Geschossflächenzahl (GFZ)

▶ § 8 ImmoWertV Rn. 345, 368, *Syst. Darst. des Vergleichswertverfahrens Rn. 215 ff.*, § 16 *ImmoWertV Rn. 223*

Die **Geschossflächenzahl** (GFZ) ist in § 20 Abs. 2 BauNVO definiert und **gibt an, wieviel** 39
Quadratmeter Geschossfläche (GF) **je Quadratmeter „Grundstücksfläche"** (i. S. des § 19 BauNVO) **zulässig sind**[12]. Neben der vorstehend definierten bauplanungsrechtlichen Geschossflächenzahl (GFZ) sind in der Verkehrswertermittlung noch von Bedeutung

a) die *tatsächlich realisierte Geschossflächenzahl* (GFZ_{real}) i. S. des § 16 Abs. 4 ImmoWertV; vgl. § 16 ImmoWertV Rn. 222;

b) die *lagetypische Geschossflächenzahl* (GFZ_{lag}) i. S. des § 6 Abs. 1 Satz 2 ImmoWertV; vgl. unten Rn. 75, sowie

c) die *wertrelevante Geschossflächenzahl* (WGFZ) i. S. der BRW-RL; vgl. § 10 ImmoWertV Rn. 74.

Die **Geschossfläche (GF)** einer baulichen Anlagen ergibt sich aus der Summe der Flächen in allen Vollgeschossen eines Gebäudes und ist nach den Außenmaßen des Gebäudes zu ermitteln (§ 20 Abs. 3 BauNVO). Des Weiteren kann nach § 20 Abs. 3 Satz 2 BauNVO im Bebauungsplan festgesetzt werden, „dass die Flächen von Aufenthaltsräumen in anderen Geschossen einschließlich der zu ihnen gehörenden Treppenräume und einschließlich ihrer Umfassungswände ganz oder teilweise mitzurechnen oder ausnahmsweise nicht mitzurechnen sind."

Als Maß der baulichen Nutzung kann auch die **Größe der Geschossflächen (GF)** der baulichen Anlagen vorgegeben werden.

Eine GFZ von 2,0 besagt also, dass auf der betreffenden Grundstücksfläche – verteilt auf alle Vollgeschosse – doppelt soviel Fläche realisiert werden darf, wie das gesamte Baugrundstück groß ist (Abb. 5).

---

12 Vgl. Kleiber, Verkehrswertermittlung von Grundstücken, 6. Aufl. 2010, Teil III Rn. 502

Abb. 5: Berechnungsbeispiel für die Grundflächenzahl (GRZ) und die Geschossflächenzahl (GFZ)

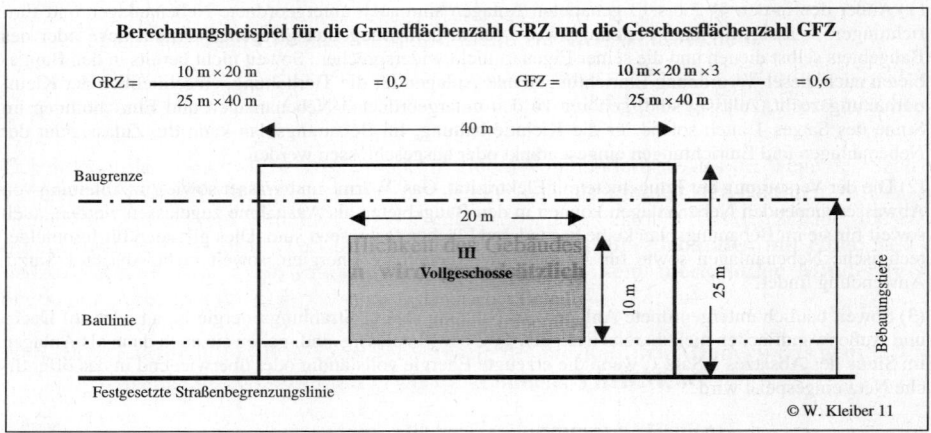

Für die Ermittlung der zulässigen Geschossfläche ist nach § 19 Abs. 3 Satz 1 BauNVO i. V. m. § 20 Abs. 2 BauNVO die Fläche des Baugrundstücks maßgebend, „die im Bauland und hinter der im Bebauungsplan festgesetzten Straßenbegrenzungslinie" liegt (vgl. oben Rn. 37).

40 Der GFZ entspricht im angelsächsischen Sprachraum die sog. *„plotratio"*, die das Verhältnis zwischen der *Gross External Area* (GEA), die sich aus den Flächen aller Grundrissebenen gemessen nach Außenmaßen ergibt, und der Grundstücksgröße (*sitearea*) definiert.

41 Als **Vollgeschosse** gelten nach § 20 Abs. 1 BauNVO in der zur Novellierung anstehenden Fassung Geschosse, deren Deckenoberkante mehr als 1,4 **Meter** über die Geländeoberfläche hinausragt und die über zwei Drittel ihrer Grundfläche eine lichte Höhe von mindestens 2,3 Metern haben (vgl. unten Rn. 48)[13].

– § 20 Abs. 1 BauNVO 90 in der bis zur Novellierung geltenden Fassung definiert **Vollgeschosse** dagegen als solche Geschosse, die nach landesrechtlichen Vorschriften Vollgeschosse sind oder auf ihre Zahl angerechnet werden.

– Die **BauNVO von 1977**[14] definiert die Geschossfläche nach den Außenmaßen der Gebäude in allen Vollgeschossen *zuzüglich der Flächen von Aufenthaltsräumen anderer Geschosse einschließlich der zu ihnen gehörenden Treppenräume und einschließlich ihrer Umfassungswände.* Nach der BauNVO 90 sind diese Flächen grundsätzlich nicht anzurechnen, jedoch kann im Bebauungsplan festgesetzt werden, dass diese Flächen

- ganz oder teilweise mitzurechnen sind oder
- ausnahmsweise nicht mitzurechnen sind[15].

---

13 Vgl. Kleiber, Verkehrswertermittlung von Grundstücken, 6. Aufl. 2010, Teil III Rn. 500.
14 BauNV0 i. d. F. der Bek. vom 15.09.1977 (BGBl. I 1977, 1763), geändert durch VO vom 19.12.1986 (BGBl. I 1986, 2665).
15 Das Benutzerhandbuch der AKS schreibt zur Ermittlung der Geschossfläche ohne Rücksicht auf diese Ausnahmeregelung vor, dass die Geschossfläche nach den Ausmaßen der Gebäude in allen Vollgeschossen zu ermitteln ist.

Weitere Grundstücksmerkmale § 6 ImmoWertV

Vollgeschosse waren nach landesrechtlichen Vorschriften beispielsweise wie folgt definiert.

§ 2 Abs. 4 BO Bayern	§ 2 Abs. 4 BO Brandenburg	§ 2 Abs. 4 BO Berlin
Als Vollgeschosse gelten Geschosse, die vollständig über der natürlichen oder festgelegten Geländeoberfläche liegen und über mindestens zwei Drittel ihrer Grundfläche eine Höhe von mindestens 2,3 m haben; als Vollgeschosse gelten im Übrigen auch Kellergeschosse, deren Deckenunterkante im Mittel mindestens 1,2 m höher liegt als die natürliche oder festgelegte Geländeoberfläche.	(4) Vollgeschosse sind alle oberirdischen Geschosse, deren Deckenoberkante im Mittel mehr als 1,40 m über die Geländeoberkante hinausragt. Geschosse, die ausschließlich der Unterbringung technischer Gebäudeausrüstungen dienen (Installationsgeschosse) sowie Hohlräume zwischen der obersten Decke und der Bedachung, in denen Aufenthaltsräume nicht möglich sind, gelten nicht als Vollgeschosse.	(4) Vollgeschosse sind Geschosse, deren Deckenoberkante im Mittel mehr als 1,40 m über die festgelegte Geländeoberfläche hinausragt und die über mindestens zwei Drittel ihrer Grundfläche eine lichte Höhe von mindestens 2,30 m haben. Ein gegenüber den Außenwänden des Gebäudes zurückgesetztes oberstes Geschoss (Staffelgeschoss) und Geschosse im Dachraum sind nur dann Vollgeschosse, wenn sie die lichte Höhe gemäß Satz 1 über mindestens zwei Drittel der Grundfläche des darunter liegenden Geschosses haben.

Der **Unterschied beider Berechnungsverfahren** wird in der folgenden Abb. 6 erläutert: 42

Abb. 6: Unterschiedliche Geschossflächenzahlen (GFZ) nach BauNVO 90 und BauNVO 77/86

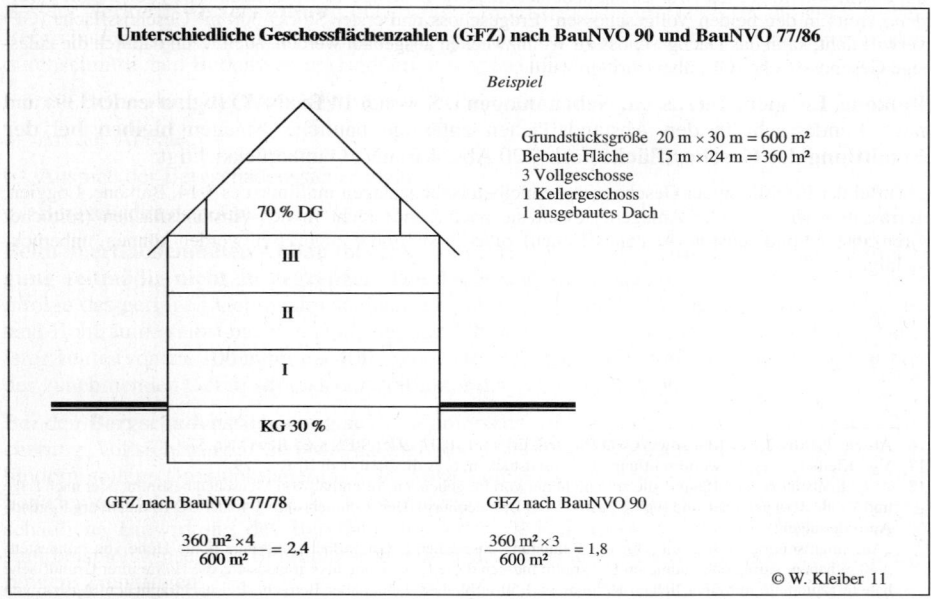

Für **vorhandene Geschosse, insbesondere wenn sie ausgebaute Dachräume** aufweisen, 43 ergibt sich nach der BauNVO 90 eine rechnerisch geringere Geschossflächenzahl gegenüber einer nach der BauNVO 77/86 berechneten Geschossflächenzahl. Umgekehrt ergibt sich bei identischer Geschossflächenzahl nach der BauNVO 90 eine höhere bauliche Ausnutzbarkeit, da das Kellergeschoss und der Dachraum nicht in die Berechnung eingehen. Die höhere Ausnutzbarkeit ist aber bei der Verkehrswertermittlung zu berücksichtigen. Dies ist insbesondere dann von Bedeutung, wenn zur Umrechnung von Vergleichspreisen Umrechnungskoeffizien-

§ 6 ImmoWertV — Weitere Grundstücksmerkmale

ten herangezogen werden, die auf der Grundlage der Definition der BauNVO 1977/86 abgeleitet wurden.

Sog. **Luftgeschosse** (z. B. ein allseits offenes Erdgeschoss zum Abstellen von Kraftfahrzeugen) gelten als Vollgeschosse[16].

44 Als **Aufenthaltsräume** gelten Räume, die zum nicht nur vorübergehenden Aufenthalt von Menschen bestimmt oder geeignet sind und nach Lage, Größe und Beschaffenheit für diesen Zweck benutzt werden können. Zu den Aufenthaltsräumen gehören insbesondere Wohn- und Schlafräume, Büro-, Praxis-, Geschäfts-, Verkaufs- und Arbeitsräume, Gast-, Beherbergungs- und Versammlungsräume sowie Wohnküchen. Nicht zu den Aufenthaltsräumen gehören die üblichen Nebenräume wie Flure, Gänge, Treppenräume, Küchen, Bäder, Toiletten, Abstell-, Heiz- und Lagerräume sowie Hausarbeits- und **Hobbyräume**[17].

Aufenthaltsräume[18] in anderen als den sog. Vollgeschossen (**Dachgeschosse**) werden nach § 20 Abs. 3 BauNVO 90 – wie erläutert – auf die zulässige Geschossfläche grundsätzlich nicht angerechnet[19]. Wenn aber bei der Anwendung dieser Vorschrift städtebaulich nachteilige Auswirkungen, etwa wegen Überlastung von Infrastruktureinrichtungen, zu erwarten sind, hat die Gemeinde die Möglichkeit, die Anrechnung von Aufenthaltsräumen in Dach- und Untergeschossen durch Festsetzung im Bebauungsplan im erforderlichen Umfang vorzusehen.

Auch für bereits bestehende Bebauungsplangebiete kann die Genehmigungsbehörde von der Ausnahmeregelung Gebrauch machen.

Beispiel:

Der Bebauungsplan setzt in zweigeschossiger Bauweise eine Geschossflächenzahl (GFZ) von 0,8 fest; auf einem 400 m² großen Grundstück bedeutet dies eine zulässige Geschossfläche (GF) von 320 m². Werden bereits in den beiden Vollgeschossen (Erdgeschoss und erster Stock) 300 m² Geschossfläche (GF) verwirklicht, kann das Dachgeschoss zu Wohnzwecken ausgebaut werden, auch wenn dadurch die zulässige Geschossfläche (GF) überschritten würde.

45 **Balkone, Loggien, Terrassen, Nebenanlagen** i. S. von § 14 BauNVO (vgl. oben Rn. 39) und nach Landesrecht in den Abstandsflächen zulässige bauliche Anlagen **bleiben bei der Ermittlung der Geschossfläche** nach § 20 Abs. 4 BauNVO unberücksichtigt:

„(4) Bei der Ermittlung der Geschossfläche bleiben Nebenanlagen im Sinne des § 14, Balkone, Loggien, Terrassen sowie bauliche Anlagen, soweit sie nach Landesrecht in den Abstandsflächen (seitlicher Grenzabstand und sonstige Abstandsflächen) zulässig sind oder zugelassen werden können, unberücksichtigt."

---

16 Absch. 39 Abs. 1 BewRGr sowie OFD Bremen, Erl vom 10.07.1975, StEK § 85 BewG Nr. 57.
17 Vgl. Kleiber, Verkehrswertermittlung von Grundstücken, 6. Aufl. 2010, Teil III Rn. 529.
18 Aufenthaltsräume sind Räume, die zum nicht nur vorübergehenden Aufenthalt von Menschen bestimmt oder nach Lage und Größe dazu geeignet sind (vgl. § 2 Abs. 5 BO Brandenburg). Des Weiteren stellt § 40 der BO Brandenburg folgende Anforderungen:
„Aufenthaltsräume müssen eine für die Benutzung ausreichende Grundfläche und eine lichte Höhe von mindestens 2,40 m haben. Aufenthaltsräume im Dachraum müssen diese lichte Höhe über mindestens die Hälfte ihrer Grundfläche haben; Raumteile mit einer lichten Höhe unter 1,50 m bleiben dabei außer Betracht. Bei nachträglichem Ausbau von Dachräumen genügt eine lichte Höhe von 2,30 m.
Aufenthaltsräume müssen ausreichend mit Tageslicht beleuchtet und belüftet werden können. Das Rohbaumaß der Belichtungsöffnungen muss mindestens ein Achtel der Grundfläche des Raumes einschließlich der Grundfläche verglaster Vorbauten oder Loggien betragen; die Grundfläche von Vorbauten, die die Beleuchtung des Raumes mit Tageslicht beeinträchtigen, ist mit einzubeziehen.
Aufenthaltsräume, deren Nutzung eine Beleuchtung mit Tageslicht verbietet, sind ohne Belichtungsöffnungen zulässig. Aufenthaltsräume ohne Belichtungsöffnungen müssen durch technische Einrichtungen ausreichend beleuchtet und belüftet werden können."
Zum **Aufenthaltsraum im Keller** vgl. OVG Berlin, Beschl. vom 14.11.2003 – 2 B 6/02 –, BlnGE 2004, 356.
19 Vgl. Kleiber, Verkehrswertermittlung von Grundstücken, 6. Aufl. 2010, Teil III Rn. 505.

Weitere Grundstücksmerkmale § 6 ImmoWertV

Nicht zu den Nebenanlagen gehören **Garagen und Stellplätze**. In Bezug auf Garagen ist zu unterscheiden zwischen 46

– (Einzel-)Garagen und

– Garagengeschossen (i. S. des § 12 Abs. 4 Satz 1 BauNVO).

Nach § 21a Abs. 4 BauNVO bleiben bei der Ermittlung der Geschossfläche oder der Baumasse unberücksichtigt die Flächen oder Baumassen von

1. Garagengeschossen, die nach den Festsetzungen des Bebauungsplans nicht auf die Zahl der zulässigen Vollgeschosse anzurechnen oder als Ausnahme vorgesehen sind,

2. Stellplätzen und Garagen,

- deren Grundfläche die zulässige Grundfläche überschreiten, wenn die Regelungen des § 19 Abs. 4 BauNVO über die einzuhaltende GRZ dem nicht entgegenstehen oder eine weiter, wenn gehende Überschreitung ausnahmsweise zugelassen worden ist,

- in Vollgeschossen, wenn der Bebauungsplan dies festsetzt oder als Ausnahme vorsieht.

Nach § 21a Abs. 5 BauNVO ist die zulässige Geschossfläche oder die zulässige Baumasse um die Flächen oder Baumassen notwendiger **Garagen, die unter der Geländeoberfläche** hergestellt werden, insoweit zu erhöhen, als der Bebauungsplan dies festsetzt oder als Ausnahme vorsieht.

Bei **Verwendung von Umrechnungskoeffizienten GFZ : GFZ** (vgl. Syst. Darst. des Vergleichswertverfahrens Rn. 218 ff.), **die noch auf der Grundlage der BauNVO 77/86 abgeleitet wurden,** kann diesem Umstand dadurch Rechnung getragen werden, dass die GFZ, die sich für einen im Zusammenhang bebauten Ortsteil oder aus einem unter der Herrschaft der BauNVO 90 aufgestellten Bebauungsplan ergibt, nach den Berechnungsregeln der BauNVO 77/86 ermittelt wird, sofern nicht der Bebauungsplan ohnehin die Anrechnung von Aufenthaltsräumen in „anderen Geschossen" (Dachgeschoss) vorschreibt.

c) Baumassenzahl

Die Baumassenzahl (BMZ) *oder* die Baumasse (BM) gibt an, wieviel Kubikmeter Baumasse je Quadratmeter Grundstücksfläche i. S. des § 19 Abs. 3 BauNVO zulässig sind[20]. **§ 21 BauNVO** hat folgende Fassung: 47

„**§ 21 BauNVO** Baumassenzahl, Baumasse

(1) Die Baumassenzahl gibt an, wie viel Kubikmeter Baumasse je Quadratmeter Grundstücksfläche im Sinne des § 19 Abs. 3 zulässig sind.

(2) Die Baumasse ist nach den Ausmaßen der Gebäude vom Fußboden des untersten Vollgeschosses bis zur Decke des obersten Vollgeschosses zu ermitteln. Die Baumassen von Aufenthaltsräumen in anderen Geschossen einschließlich der zu ihnen gehörenden Treppenräume und einschließlich ihrer Umfassungswände und Decken sind mitzurechnen. Bei baulichen Anlagen, bei denen eine Berechnung der Baumasse nach Satz 1 nicht möglich ist, ist die tatsächliche Baumasse zu ermitteln.

(3) Bauliche Anlagen und Gebäudeteile im Sinne des § 20 Abs. 4 bleiben bei der Ermittlung der Baumasse unberücksichtigt.

(4) Ist im Bebauungsplan die Höhe baulicher Anlagen oder die Baumassenzahl nicht festgesetzt, darf bei Gebäuden, die Geschosse von mehr als 3,50 m Höhe haben, eine Baumassenzahl, die das Dreieinhalbfache der zulässigen Geschossflächenzahl beträgt, nicht überschritten werden."

---

20 Vgl. Kleiber, Verkehrswertermittlung von Grundstücken, 6. Aufl. 2010, Teil III Rn. 567.

§ 6 ImmoWertV — Weitere Grundstücksmerkmale

Abb. 7: Baumassenzahl und Geschossfläche

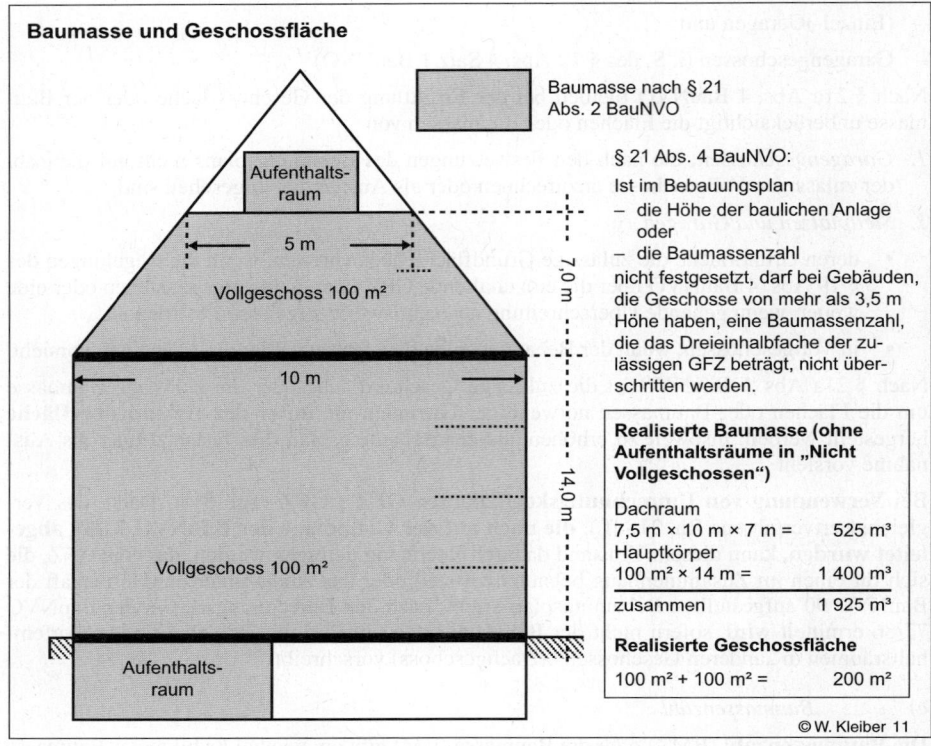

Es gibt **kein allgemein gültiges Umrechnungsverhältnis zwischen der GFZ und der BMZ**, insbesondere nicht für bereits errichtete Gebäude. Im Rahmen einer baurechtlich zulässigen BMZ können nämlich die unterschiedlichsten Geschosshöhen realisiert werden. Von daher verbietet es sich, eine planungsrechtlich ausgewiesene BMZ unter Hinweis auf die Regelung des § 21 Abs. 4 BauNVO auf eine GFZ in der Weise umzurechnen, dass die ausgewiesene BMZ durch den Faktor 3,5 geteilt wird.

Es handelt sich bei der Regelung des **§ 21 Abs. 4 BauNVO** um eine gesetzliche **„Kappungsgrenze"** für den Fall, dass eine Baumassenzahl nicht festgesetzt wurde und ein Vorhaben das städtebauliche Erscheinungsbild „sprengen" würde, wenn eine bauplanungsrechtlich zulässige GFZ i. V. m. Geschosshöhen von über 3,5 m realisiert werden soll. § 21 Abs. 4 BauNVO begrenzt im Ergebnis die für ein Vollgeschoss anzurechnende maßgebliche Höhe mittelbar auf 3,5 m. Wird indessen mit dem Bebauungsplan eine Baumasse festgesetzt, so können in diesem Rahmen – in Abhängigkeit von der Geschosshöhe – unterschiedliche Geschossflächen realisiert werden. Ein 14 m hoher Baukörper kann bei einer Geschosshöhe von 2,80 beispielsweise fünf Geschosse haben. Derselbe Baukörper kann aber auch nur ein Geschoss mit einer Geschosshöhe von 14 m haben. Daraus folgt, dass es keinen Umrechnungsfaktor von 3,5 zur Umrechnung der BMZ in eine GFZ gibt. Der Faktor lässt sich vor allem nicht auf bestehende Gebäude anwenden und insbesondere dann nicht, wenn Geschosshöhen von 3,50 m nicht realisiert worden sind.

Weitere Grundstücksmerkmale § 6 ImmoWertV

d)   *Zahl der Vollgeschosse (Z)*

Nach § 20 Abs. 1 BauNVO in der zur Novellierung anstehenden Fassung gelten als Vollgeschosse solche Geschosse, deren Deckenoberkante mehr als 1,4 Meter über die Geländeoberfläche hinausragt und die über zwei Drittel ihrer Grundfläche eine lichte Höhe von mindestens 2,3 Metern haben (vgl. oben Rn. 40)[21].   **48**

Die **Zahl der Vollgeschosse kann** nach § 16 Abs. 4 Satz 2 BauNVO auch als **zwingend festgesetzt werden.**   **49**

Nach § 21a Abs. 1 BauNVO sind **Garagengeschosse** oder ihre Baumasse in sonst anders genutzten Gebäuden auf die Zahl der zulässigen Vollgeschosse oder auf die zulässige Baumasse nicht anzurechnen, wenn der Bebauungsplan dies festsetzt oder als Ausnahme vorsieht.

e)   *Höhe der baulichen Anlagen*

Für die Höhe der baulichen Anlagen sind § 18 Abs. 1 BauNVO die erforderlichen Bezugspunkte zu bestimmen. Die Höhe der baulichen Anlage kann nach § 16 Abs. 4 Satz 2 BauNVO auch als zwingendes Maß festgesetzt werden und bezieht sich auf NN oder einen anderen im Bebauungsplan festgesetzten Punkt der Geländeoberfläche. Oberster Bezugspunkt ist bei Gebäuden mit Satteldächern die Trauf- oder Firstlinie; bei Gebäuden mit Flachdach die Wandoberkante.   **50**

f)   *Obergrenzen*

Für die Bestimmung des Maßes der baulichen Nutzung gelten nach § 17 BauNVO die in Abb. 8 aufgeführten **Obergrenzen.** Die Obergrenzen sind auch einzuhalten, wenn eine Geschossflächenzahl oder eine Baumassenzahl nicht dargestellt oder festgesetzt wird.   **51**

Die in Abb. 8 aufgeführten **Obergrenzen** sollen nach § 17 Abs. 2 BauNVO **überschritten** werden können, wenn die Überschreitung durch Umstände ausgeglichen ist oder durch Maßnahmen ausgeglichen wird, durch die sichergestellt ist, dass die allgemeinen Anforderungen an gesunde Wohn- und Arbeitsverhältnisse nicht beeinträchtigt werden und keine nachteiligen Auswirkungen auf die Umwelt entstehen.   **52**

Dies gilt nicht für Wochenendhausgebiete und Ferienhausgebiete.   **53**

Abb. 8:   Obergrenzen für die Bestimmung des Maßes der baulichen Nutzung*

Art der baulichen Nutzung				Maß der baulichen Nutzung		
				Obergrenzen		
Bauflächen	Baugebiete		Charakteristik	GRZ*	GFZ*	BMZ*
Wohnbauflächen W	Kleinsiedlungsgebiete	WS	vorwiegend Kleinsiedlungen, landwirtschaftliche Nebenerwerbsstellen und Gartenbaubetriebe	0,2	0,4	–
	Reine Wohngebiete	WR	Wohngebäude ausnahmsweise: unter anderem Läden, nicht störende Betriebe	0,4	1,2	–
	Allgemeine Wohngebiete	WA	vorwiegend Wohngebäude: Läden, nicht störende Handwerksbetriebe	0,4	1,2	–
	Besondere Wohngebiete	WB	vorwiegend zum Wohnen: auch mit Wohnnutzung vereinbare Gewerbebetriebe	0,6	1,6	–

---

21 Vgl. Kleiber, Verkehrswertermittlung von Grundstücken, 6. Aufl. 2010, Teil III Rn. 500.

§ 6 ImmoWertV — Weitere Grundstücksmerkmale

Art der baulichen Nutzung					Maß der baulichen Nutzung		
					Obergrenzen		
Bauflächen		Baugebiete		Charakteristik	GRZ*	GFZ*	BMZ*
Gemischte Bauflächen	M	Dorfgebiete	MD	Wirtschaftsstellen der Land- und Forstwirtschaft, nicht störende Betriebe, Wohnen	0,6	1,2	–
		Mischgebiete	MI	Wohnen und gewerbliche Betriebe, die das Wohnen nicht wesentlich stören	0,6	1,2	–
		Kerngebiete	MK	vorwiegend Handelsbetriebe, zentrale Einrichtungen der Wirtschaft, der Verwaltung	1,0	3,0	–
Gewerbliche Bauflächen	G	Gewerbegebiete	GE	vorwiegend nicht erheblich belästigende Gewerbebetriebe	0,8	2,4	10,0
		Industriegebiete	GI	ausschließlich Gewerbebetriebe: vorwiegend solche, die in anderen Baugebieten unzulässig sind	0,8	2,4	10,0
Sonderbauflächen	S	Sondergebiete	SO	insbesondere – Wochenendhausgebiete	0,2	0,2	–
				– Ferienhausgebiete	0,4	1,2	–
				– Campingplatzgebiete	Camping- und Zeltplätze		
		Sonstige Sondergebiete		insbesondere Kurgebiete, Ladengebiete, Gebiete für Einkaufszentren und großflächige Handelsbetriebe, Gebiete für Messen, Ausstellungen und Kongresse, Hochschulgebiete, Klinikgebiete, Hafengebiete	0,8	2,4	10,0

© W. Kleiber

* Erläuterung: GRZ = Grundflächenzahl; GFZ = Geschossflächenzahl; BMZ = Baumassenzahl

54 In **Gebieten, die am 1. August 1962 überwiegend bebaut waren,** können die in Abb. 8 aufgeführten Obergrenzen nach Maßgabe des § 17 Abs. 3 BauNVO überschritten werden, wenn städtebauliche Gründe dies erfordern und sonstige öffentliche Belange nicht entgegenstehen. Nach § 26a BauNVO richtet sich die Regelung für die Überschreitung von Obergrenzen im Bestand in den der Bundesrepublik Deutschland beigetretenen Gebieten nach den am 1. Juli 1990 bestehenden Verhältnissen.

2.2.3.4 Bauweise

55 Die **Stellung der Baukörper auf dem Grundstück** wird durch Festsetzungen über die sog. Bauweise und die überbaubare Grundstücksfläche nach Maßgabe der §§ 22 und 23 BauNVO vorgeschrieben (vgl. Syst. Darst. des Vergleichswertverfahrens Rn. 245).

Nach § 22 BauNVO (**Bauweise**) ist nach der

a) offenen Bauweise,

b) geschlossenen Bauweise und

c) abweichenden Bauweise

zu unterscheiden. Die genannte Vorschrift hat folgenden Inhalt:

Weitere Grundstücksmerkmale § 6 ImmoWertV

„**§ 22 BauNVO** Bauweise

(1) Im Bebauungsplan kann die Bauweise als offene oder geschlossene Bauweise festgesetzt werden.

(2) In der **offenen Bauweise** werden die Gebäude mit seitlichem Grenzabstand als Einzelhäuser, Doppelhäuser oder Hausgruppen errichtet. Die Länge der in Satz 1 bezeichneten Hausformen darf höchstens 50 m betragen. Im Bebauungsplan können Flächen festgesetzt werden, auf denen nur Einzelhäuser, nur Doppelhäuser, nur Hausgruppen oder nur zwei dieser Hausformen zulässig sind.

(3) In der **geschlossenen Bauweise** werden die Gebäude ohne seitlichen Grenzabstand errichtet, es sei denn, dass die vorhandene Bebauung eine Abweichung erfordert.

(4) Im Bebauungsplan kann eine von Absatz 1 **abweichende Bauweise** festgesetzt werden. Dabei kann auch festgesetzt werden, inwieweit an die vorderen, rückwärtigen und seitlichen Grundstücksgrenzen herangebaut werden darf oder muss."

Abb. 9: Bauweise

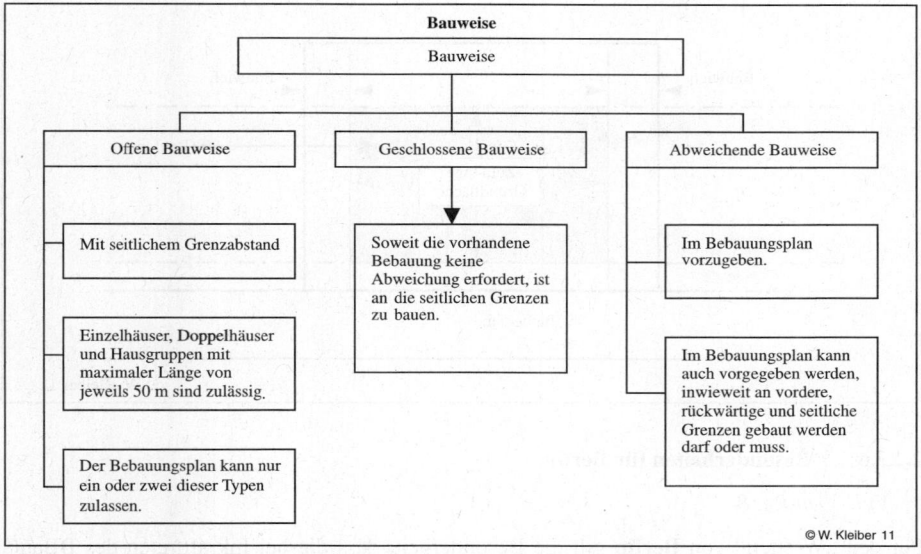

2.2.3.5 Überbaubare Grundstücksfläche

Die **überbaubare Grundstücksfläche** kann nach § 23 BauGB festgesetzt werden durch

a) Baulinien,

b) Baugrenzen,

c) Bebauungstiefen und

d) außerhalb der überbaubaren Grundstücksflächen (Nebenanlagen).

„**§ 23 BauNVO** Überbaubare Grundstücksfläche

(1) Die **überbaubaren Grundstücksflächen** können durch die Festsetzung von Baulinien, Baugrenzen oder Bebauungstiefen bestimmt werden. § 16 Abs. 5 ist entsprechend anzuwenden.

(2) Ist eine **Baulinie** festgesetzt, so muss auf dieser Linie gebaut werden. Ein Vor- oder Zurücktreten von Gebäudeteilen in geringfügigem Ausmaß kann zugelassen werden. Im Bebauungsplan können weitere nach Art und Umfang bestimmte Ausnahmen vorgesehen werden.

(3) Ist eine **Baugrenze** festgesetzt, so dürfen Gebäude und Gebäudeteile diese nicht überschreiten. Ein Vortreten von Gebäudeteilen in geringfügigem Ausmaß kann zugelassen werden. Absatz 2 Satz 3 gilt entsprechend.

§ 6 ImmoWertV — Weitere Grundstücksmerkmale

(4) Ist eine **Bebauungstiefe** festgesetzt, so gilt Absatz 3 entsprechend. Die Bebauungstiefe ist von der tatsächlichen Straßengrenze ab zu ermitteln, sofern im Bebauungsplan nichts anderes festgesetzt ist.

(5) Wenn im Bebauungsplan nichts anderes festgesetzt ist, können auf den nicht überbaubaren Grundstücksflächen **Nebenanlagen** im Sinne des § 14 zugelassen werden. Das Gleiche gilt für bauliche Anlagen, soweit sie nach Landesrecht in den Abstandsflächen zulässig sind oder zugelassen werden können."

Die „überbaubare Grundstücksfläche" gehört nach § 30 Abs. 1 BauGB zu den Mindestfestsetzungen eines qualifizierten Bebauungsplans. Sie ist zu unterscheiden von der zulässigerweise bebaubaren Grundfläche („zulässige Grundfläche" i. S. von § 19 BauNVO), die sich nach der GRZ bemisst. Mit der „überbaubaren Grundstücksfläche" wird das sog. **„Baufenster"** vorgegeben, in dem das Grundstück mit der „zulässigen Baufläche" bebaubar ist (Abb. 10).

Abb. 10: Baufenster

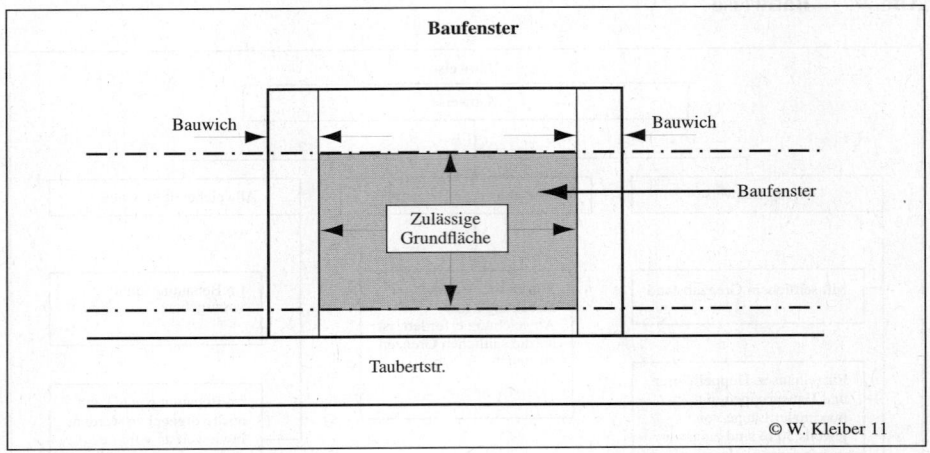

2.2.3.6 Besonderheiten für Berlin

▶ Vgl. oben Rn. 8

57   Für den „Westteil" von **Berlin** gilt die Besonderheit, dass die bei Inkrafttreten des BBauG vom 23.06.1960 bestehenden baurechtlichen Vorschriften und festgestellten städtebaulichen Pläne gemäß § 173 Abs. 3 Satz 1 BBauG 60 als Bebauungspläne fortgelten, soweit sie verbindliche Regelungen zu Art und Maß der baulichen Nutzung, Bauweise, überbaubare Grundstücksflächen (usw.) enthalten. Danach ist im Westteil auch der **Baunutzungsplan** vom 21.12.1958[22] mit heranzuziehen:

- Rechtsgrundlage des Baunutzungsplans ist § 12 des Gesetzes über die städtebauliche Planung im Land Berlin (Planungsgesetz[23]). Der Baunutzungsplan ist danach Teil des Generalbebauungsplans[24].

- Der **Generalbebauungsplan** zeigt nach § 12 Abs. 1 des Planungsgesetzes zur Vorbereitung aller Bebauungspläne und in Weiterführung des Flächennutzungsplans das Gesamtbild der Stadt, die Gliederung ihrer Masse und ihres Raumes sowie die Gliederung ihrer städtebautechnischen Einrichtungen und soll nach § 13 des Planungsgesetzes nach Bedarf u. a. Art und Maß der in Aussicht genommenen baulichen Nutzung darstellen.

---

22   Baunutzungsplan vom 21.12.1958 (ABl. 1959, 50) i. d. F. der Bekanntmachung vom 22.06.1961 (ABl. 1961, 742).
23   Planungsgesetz i. d. F. vom 22.03.1956 (GVBl.1956, 272).
24   Vgl. Bekanntmachung des Senators für Bau- und Wohnungswesen vom 21.12.1958 – BauWohn II C 7 –, ABl. 1959, 50; Bekanntmachung des Senators für Bau- und Wohnungswesen vom 22.06.1961 – BauWohn II B 1 –, ABl. 1961, 742.

Weitere Grundstücksmerkmale § 6 ImmoWertV

Die Zulässigkeit eines Vorhabens bestimmt sich nach den Festsetzungen des Baunutzungsplans i. V. m. den Vorschriften der Bauordnung von Berlin (1958), wenn nach seiner Bekanntmachung kein rechtskräftiger oder zumindest planreifer Entwurf eines Bebauungsplans aufgestellt wurde und die Festsetzungen des Baunutzungsplans den Anforderungen an einen qualifizierten Bebauungsplan gemäß § 30 Abs. 1 BauGB entsprechen. In den übrigen Fällen bestimmt sich die Zulässigkeit eines Vorhabens nach § 34 BauGB.

Art und Maß der baulichen Nutzung einer im Baunutzungsplan ausgewiesenen Nutzung konkretisieren sich nach § 7 der Bauordnung von Berlin[25] von 1958.

Einschlägig sind folgende Bestimmungen des § 7 BauO (Grundbestimmungen für die **Art der baulichen Nutzung** der Grundstücke):

- Nach Nr. 2 gelten die Regelungen des § 7 BauO i. V. m. dem Baunutzungsplan, wenn der Bebauungsplan hinsichtlich der baulichen Nutzung nicht alle zur Entscheidung über den Baugenehmigungsantrag erforderlichen Festsetzungen enthält.
- Nach Nr. 3 gelten die Regelungen des § 7 BauO i. V. m. dem Baunutzungsplan, wenn ein Bebauungsplan noch nicht vorliegt und eine Ausnahmebewilligung nach § 18 Abs. 2 des Planungsgesetzes erteilt wird.
- Nach Nr. 4 werden die **Baugebiete** unterschieden:
    a) *Dorfgebiete*;
    b) *Wohngebiete*, und zwar   *aa) reine Wohngebiete*
                                    bb) allgemeine Wohngebiete;

    a) *gemischte Gebiete;*
    b) *Arbeitsgebiete*, und zwar: *aa) beschränkte Arbeitsgebiete*
                                    bb) reine Arbeitsgebiete;

    c) *Kerngebiete.*
- Nach Nr. 5 sind in Baugebieten nur bauliche Anlagen, Betriebe und sonstige Einrichtungen zulässig, die der Bestimmung des betreffenden Baugebiets nach Art, Umfang und Zweck entsprechen und durch ihre Benutzung keine Nachteile oder Belästigungen verursachen können, die für die nähere Umgebung nicht zumutbar sind.
- Die in den Baugebieten zulässigen baulichen Anlagen, Betriebe und sonstige Einrichtungen werden in den Nrn. 6 bis 12 konkretisiert.

    Abkürzungen

    M_1 Flächen sind Bereiche mit Kerngebietscharakter und sehr hoher Ausnutzung bei nur geringer anteiliger Wohnnutzung.

    M_2 Flächen sind Bereiche mit mischgebietstypischer Nutzung mit mittlerer baulicher Ausnutzung, die sich durch ein ausgewogenes Verhältnis von Dienstleistungs- und Wohnnutzung auszeichnet.

Das Maß der Nutzung in den Baugebieten ergibt sich nach § 7 Nr. 13 ff. BO aus der im Baunutzungsplan angegebenen **Baustufe**. Innerhalb der Baustufe bestimmt sich das Maß der baulichen Nutzung nach der bebaubaren Fläche des Baugrundstücks sowie der zulässigen Zahl der Vollgeschosse. In den beschränkten und reinen Arbeitsgebieten bestimmt sich das Maß der baulichen Nutzung jedoch nach der Baumassenzahl (m^3 umbauten Raumes je m^2 des Baugrundstücks); hiervon abweichend kann eine bauliche Nutzung jedoch im Rahmen der Geschossflächenzahl (m^2 der Summe der Flächen aller Vollgeschosse geteilt durch die Fläche des Baugrundstücks) zugelassen werden.

---

25   Bauordnung von Berlin i. d. F. vom 21.11.1958 (GVBl. 1958, 1087, 1104 – BO 58 –).

§ 6 ImmoWertV Weitere Grundstücksmerkmale

Das **Maß der baulichen Nutzung** beträgt **nach** § 7 Nr. 15 Bln BO:

Abb. 11: Maß der baulichen Nutzung nach § 7 Nr. 15 Bln BO

In Baustufen	Geschosszahl	Bebaubare Fläche	Geschossflächenzahl	Baumassenzahl
II/1	2	0,1	0,2	0,8
II/2	2	0,2	0,4	1,6
II/3	2	0,3	0,6	2,4
III/3	3	0,3	0,9	3,6
IV/3	4	0,3	1,2	4,8
V/3	5	0,3	1,5	6,0
6	–	0,6	–	8,4

In der *Baustufe V/3* ist eine bauliche Nutzung im Rahmen der Geschossflächenzahl 1,8 (Baumassenzahl 7,2) zulässig, wenn nur Gebäude errichtet werden, die Wohnungen nicht enthalten; Wohnungen für Aufsichts- und Bereitschaftspersonal bleiben außer Betracht. In besonderen Fällen kann unter den gleichen Voraussetzungen eine bauliche Nutzung bis zur Geschossflächenzahl 2,0 (Baumassenzahl 8,0) zugelassen werden.

Die *Baustufe 6* bleibt für reine und beschränkte Arbeitsgebiete vorbehalten. In den beschränkten und reinen Arbeitsgebieten der übrigen Baustufen darf die bebaubare Fläche

– in den *Baustufen II/1, II/2 und II/3* höchstens 0,4
– in den *Baustufen III/3, IV/3 und V/3* höchstens 0,5

der Fläche des Baugrundstücks betragen.

Nach § 7 Nr. 16 BO gilt in den *Baustufen II/1 und II/2* die offene **Bauweise** und in den *Baustufen II/3 bis 6* die geschlossene Bauweise.

- Als **Baugrundstück** gilt nach § 7 Nr. 17 BO der hinter der Straßengrenze liegende Teil des Grundstücks. Soweit Vorgärten durch Straßenbegrenzungslinien oder Straßenfluchtlinien sowie durch zwingende Baulinien, Baugrenzen oder Baufluchtlinien festgelegt sind, werden sie bis zu einer Tiefe von 5 m – von der Straßenbegrenzungs- oder Straßenfluchtlinie an gemessen – abgezogen.

- Als **bebaute Fläche** gelten nach § 7 Nr. 18 BO die Grundstücksteile, die durch Baulichkeiten oder Bauteile jeder Art über der Erdoberfläche bebaut sind, ferner Licht- und Luftschächte bis 10 m² Größe. Dabei werden nicht berechnet: Gesimse und überhängende Dächer, die nicht über 1,15 m ausladen, Bedachungen von Aufzügen vor den Außenwänden, Grenzmauern, Grenzzäune, Notleitern nebst Podesten, unbedeckte Freitreppen und Terrassen bis 1,50 m Höhe über der Erdoberfläche, ferner bis zu 3 m² große Treppenvorbauten, Schutzdächer, Baulichkeiten zur Unterbringung von Kraftstoffen, Asche und Müll sowie Lauben und Bedürfnisanstalten.

- **Erker, Laubengänge und Balkone** werden nach § 7 Nr. 19 BO der bebauten Fläche zugerechnet, Erker jedoch nur mit dem Bruchteil aus der Anzahl der Geschosse (außer Kellergeschosse), in denen sie ausgeführt werden, und der zulässigen Anzahl der Vollgeschosse des Gebäudes selbst, Balkone nur mit der Hälfte dieses Bruchteils.

- **Baulichkeiten und Bauteile, die über die Straßengrenze vortreten**, werden nach § 7 Nr. 20 BO der bebauten Fläche zugerechnet.

- Der **Berechnung der Geschossflächenzahl** sind nach § 7 Nr. 21 BO die Flächen der Vollgeschosse in sinngemäßer Anwendung der vorstehenden Ausführungen zugrunde zu legen. Werden Aufenthaltsräume in Nebengeschossen zugelassen, so sind sie einschließlich der zu ihnen führenden Treppenhäuser und einschließlich ihrer Umfassungswände mitzurechnen. Geschosse ohne Umfassungswände – mit Ausnahme von Kolonnaden, deren Grundflächen dem öffentlichen Verkehr gewidmet sind – sind ebenfalls mitzurechnen.

Annex: **Ausbaufähige Dachgeschosse**[26] werden auf dem allgemeinen Berliner Grundstücksmarkt etwa mit 50 v. H. des Bodenwerts pro Quadratmeter Wohn- und Nutzfläche berücksichtigt: Bei einem Bodenwert von 700 000 €, einer Wohn- und Nutzfläche von rd. 1 400 m² und einem ausbaufähigen Dachgeschoss mit einer Nutzfläche von insgesamt rd. 260 m² ergibt sich beispielsweise:

700 000 € / 1 400 m² = 500 €/m²

davon 50 v. H.: 250 €/m²

Dies ergibt bei einer Wohn- und Nutzfläche von 260 m² insgesamt einen Zuschlag von:

260 m² × 250 €/m² = 65 000 €

2.2.4 Im Zusammenhang bebaute Ortsteile nach § 34 BauGB

▶ *Hierzu auch § 5 ImmoWertV Rn. 208 ff.; Syst. Darst. des Vergleichswertverfahrens Rn. 199, 219 ff.*

In den „im Zusammenhang bebauten Ortsteilen" (**unbeplanter Innenbereich**) bestimmt sich die Nutzbarkeit eines Grundstücks (nach Art und Maß der baulichen Nutzung) nach **§ 34 BauGB**. Abs. 1 dieser Vorschrift lautet:

„(1) Innerhalb der im Zusammenhang bebauten Ortsteile ist ein Vorhaben zulässig, wenn es sich nach Art und Maß der baulichen Nutzung, der Bauweise und der Grundstücksfläche, die überbaut werden soll, in die Eigenart der näheren Umgebung einfügt und die Erschließung gesichert ist. Die Anforderungen an gesunde Wohn- und Arbeitsverhältnisse müssen gewahrt bleiben; das Ortsbild darf nicht beeinträchtigt werden."

Die Vorschrift stellt gewissermaßen einen Planersatz dar.

Die **vorhandene Bebauung** ersetzt zusammen mit den „Regeln" des § 34 BauGB die Festsetzungen eines Bebauungsplans über Art und Maß der baulichen Nutzung.

Ein **„im Zusammenhang bebauter Ortsteil"** i. S. des § 34 Abs. 1 BauGB (Innenbereich) ist nach der Rechtsprechung des BVerwG jeder **Bebauungskomplex** im Gebiet einer Gemeinde, **der nach der Zahl der vorhandenen Bauten ein gewisses Gewicht besitzt und Ausdruck einer organischen Siedlungsstruktur ist** *(Projects with incontiniuously Built-Up-Areas)*. Als Bebauungszusammenhang ist eine aufeinander folgende Bebauung anzusehen, die trotz vorhandener Baulücken den Eindruck der Geschlossenheit vermittelt[27].

Nach § 34 Abs. 3 BauGB dürfen von Vorhaben nach § 34 Abs. 1 oder 2 BauGB keine schädlichen Auswirkungen auf zentrale Versorgungsbereiche in der Gemeinde oder in anderen Gemeinden zu erwarten sein. Dies betrifft insbesondere **großflächige Einzelhandelsbetriebe**. Nach § 34 Abs. 3 BauGB sind die von einem großflächigen Einzelhandelsbetrieb ausgehenden Fernwirkungen z. B. auf Nachbargemeinden vor allem im Hinblick auf zentrale Versorgungsbereiche in der Gemeinde und in anderen Gemeinden ein maßgebliches Zulässigkeitskriterium (Abb. 12).

---

26 Hierzu Bek. zum Ausbau von Dachräumen zu Wohnzwecken vom 02.11.1990 (ABl. 1990, 2220); IVD Spezialanalyse Dachgeschosswohnungen in Berlin, GuG 2007, 118
27 BVerwG, Urt. vom 06.11.1968 – 4 C 2/66 –, EzGuG 8.27; BVerwG, Urt. vom 19.09.1986 – 4 C 15/84 –, BVerwGE 75, 34 = NJW 1987, 1656.

§ 6 ImmoWertV — Weitere Grundstücksmerkmale

Beispiel:

Abb. 12: Großflächiger Einzelhandel

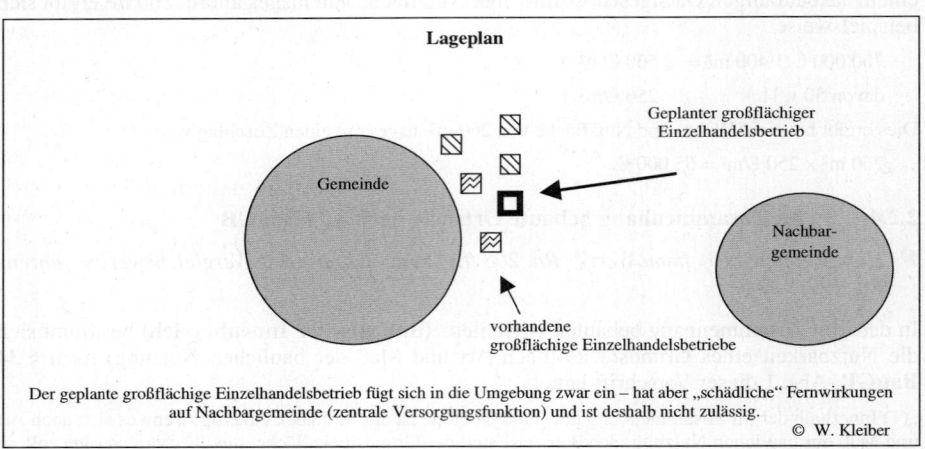

Der geplante großflächige Einzelhandelsbetrieb fügt sich in die Umgebung zwar ein – hat aber „schädliche" Fernwirkungen auf Nachbargemeinde (zentrale Versorgungsfunktion) und ist deshalb nicht zulässig.

© W. Kleiber

61 Maßgeblich für Art und Maß der baulichen Nutzung ist nach Maßgabe des § 34 BauGB die **Umgebungsbebauung.** Folgendes Schema kann allerdings nur bedingt zur Ermittlung herangezogen werden (Abb. 13)[28].

Abb. 13: Umgebungsanalyse zur Ermittlung des Einfügens nach § 34 Abs. 1 BauGB

Bauvorhaben: _____

Umgebungsbebauung/ Gebäude	Nutzungsart	Zahl der Vollgeschosse	Absolute Grundfläche	GRZ	Absolute Geschossfläche	GFZ	Gebäudehöhe		Extremwerte
							Traufhöhe	Firsthöhe	
Rahmen	von ___ bis ___	von ___ bis ___	von ___ bis ___	von ___ bis ___	von ___ bis ___	von ___ bis ___	von ___ bis ___		✕
Vorhaben									✕
Überschreitung									✕

Anmerkungen:
1. Erster Schritt der Prüfung des Einfügens eines Vorhabens ist die Festlegung des Umgebungsbereiches. Hier dürfen nicht nur Gebäude auf den angrenzenden Grundstücken einbezogen werden.
2. Extremwerte sind nicht repräsentativ und deshalb zu eliminieren.
3. Andere Beurteilungskriterien wie die Bauweise oder eine städtebaulich relevante Gliederung des Baukörpers sind bei der Gesamtwertung zu berücksichtigen.
4. Bei den in den Rahmen einzustellenden Gebäuden kommt es nicht darauf an, ob diese zulässigerweise errichtet wurden; ihre subjektive Prägung ist davon unabhängig. Andererseits dürfen genehmigte, aber noch nicht errichtete Gebäude nicht in den Rahmen eingestellt werden, da von ihnen noch keine Prägung ausgeht.

---

28 Hammer, Bauordnung im Bild, Weka Verlag.

Weitere Grundstücksmerkmale § 6 ImmoWertV

Für den Fall der **Aufgabe einer militärischen Nutzung** folgt hieraus nicht „automatisch", 62
dass an ihre Stelle ein „im Zusammenhang bebauter Ortsteil" mit Anspruch auf eine zivile
Nachfolgenutzung entsteht. Die bisherige militärische Anlage kann zwar aufgrund ihres
Quartiercharakters einen im Zusammenhang bebauten Ortsteil bilden, jedoch ist dieser dann
regelmäßig durch die militärische Nutzung „geprägt", wenn die Fläche aus Werkstätten,
Sportplätzen und dergleichen besteht[29].

Ein **ziviler Nutzungsanspruch** kann allerdings dann bestehen, wenn die baulichen Anlagen 63
der militärischen Nutzung ein Gebiet überwiegend in einer Weise geprägt haben, die zugleich
auch einer zivilen Nutzung entspricht, z. B.

– eine **reine Wohnanlage außerhalb eines eigentlichen Kasernengeländes**, die bislang
  von Soldaten genutzt wurde und allgemeinen Wohnzwecken zugeführt wird. In diesem
  Fall wird die Nutzung „Wohnen" nicht geändert; i. d. R. bedarf es dann noch nicht einmal
  einer Baugenehmigung, da die Nutzung nicht geändert wird;

– eine außerhalb eines eigentlichen Kasernengeländes gelegene Anlage der **militärischen
  Verwaltung**, die künftig ohne Baugenehmigung zivilen Verwaltungszwecken dienen
  kann. Es handelt sich auch hier um die Aufnahme einer „gleichartigen" Nutzung[30]. Selbst
  wenn dabei allein wegen der Aufgabe der militärischen Nutzung eine Baugenehmigungs-
  pflicht besteht, steht dies dem nicht entgegen, wenn hierauf ein Anspruch besteht.

Das **Erfordernis des Einfügens** schließt nicht aus, dass auch etwas verwirklicht werden 64
kann, was in der Umgebung bisher nicht vorhanden ist, d. h., es zwingt also nicht zur Uniformität[31]. Aus dem Gebot der Rücksichtnahme folgt ferner, dass nicht nur die nähere Umgebung, sondern auch das Umfeld beachtet werden muss.

Die **Art der Nutzung** bestimmt sich in Anlehnung an die im Ersten Abschnitt der BauNVO 65
geregelten Nutzungsarten, d. h., zur Typisierung können grundsätzlich die Nutzungsarten der
BauNVO herangezogen werden[32].

Bezüglich des **Maßes der baulichen Nutzung** kann ebenfalls auf die Begriffskategorien der 66
BauNVO zurückgegriffen werden (§ 16 BauNVO), jedoch kommt es bei Anwendung des § 34
Abs. 1 BauGB auf die Grundstücksgrenzen und die Grundstücksgröße nicht an[33]. Maßstab,
der zwangsläufig grob und ungenau sein muss, ist das tatsächlich Vorhandene[34].

Hieraus folgt, dass vorrangig die absoluten Größen von Grundfläche, Geschosszahl und Höhe 67
baulicher Anlagen sowie bei offener Bauweise zusätzlich auch ihr Verhältnis zur umgebenden
Freifläche zugrunde zu legen sind; Grundflächen- und Geschossflächenzahl müssen dagegen
zurücktreten[35].

2.2.5 Außenbereich nach § 35 BauGB

▶ *Weiteres zum Außenbereich vgl. § 5 ImmoWertV Rn. 168, 177, 210 ff., 229 ff., 246 ff.*

Schrifttum: *Deventer,* Probleme der Zulässigkeit des Bauens im Außenbereich nach § 35 BauGB, JA 1986, 413.

---

29 Vgl. Kleiber, Verkehrswertermittlung von Grundstücken, 6. Aufl. 2010, Teil VI Rn. 605 ff., 617.
30 BVerwG, Urt. vom 03.02.1984 – 4 C 25/82 –, BVerwGE 68, 60 = NJW 1984, 1771.
31 BVerwG, Urt. vom 25.05.1978 – 4 C 9/77 –, BVerwGE 55, 369 = DVBl 1978, 370 = BayVBl 1979, 152 = BauR 1978, 278 = ZfBR 1978, 31 = BRS Bd. 33 Nr. 37.
32 BVerwG, Urt. vom 03.02.1984 – 4 C 25/82 –, BVerwGE 68,360 = BRS Bd 42 Nr. 52 = BauR 1984, 373 = NVwZ 1984, 582 = DVBl 1984, 634 = ZfBR 1984, 139; BVerwG, Urt. vom 19.09.1986 – 4 C 15/84 –, BVerwGE 75, 34= DÖV 1987, 298 = BauR 1987, 44 = BRS Bd. 46 N.r 62 = ZfBR 1987, 44 = DVBl 1987, 478; BVerwG, Urt. vom 03.04.1987 – 4 C 41/84 –, BauR 1987, 538 = ZfBR 1987, 260 = NVwZ 1987, 884 = DÖV 1988, 353 = DVBl 1987, 903; BVerwG, Urt. vom 15.12.1994 – 4 C 13/93 –, ZfBR 1995, 100.
33 BVerwG, Urt. vom 12.6.1970 – 4 C 77/68 –, BVerwGE 35, 256 = BRS Bd 23 Nr 44 = DÖV 1970, 748; BVerwG, Beschl. vom 21.11.1980 – 4 B 142/80 –, BRS Bd 36 Nr 65 = BauR 1981, 170; BVerwG, Beschl. vom 28.09.1988 – 4 B 175/88 –, NVwZ 1989, 35 = BauR 1989, 60 = RdL 1989, 64 = UPR 1989, 78 = ZfBR 1989, 39 = DÖV 1990, 36 = NuR 1990, 403.
34 BVerwG, Urt. vom 23.03.1994 – 4 C 18/92 –, ZfBR 1994, 190.
35 BVerwG, Urt. vom 23.02.1994 – 4 C 18/92 –, ZfBR 1994, 190.

§ 6 ImmoWertV — Weitere Grundstücksmerkmale

68 Zum Außenbereich i. S. des § 35 BauGB gehören alle Grundstücke, die außerhalb des Geltungsbereichs eines *qualifizierten* Bebauungsplans und außerhalb der im Zusammenhang bebauten Ortsteile (§ 34 BauGB) liegen; *einfache* Bebauungspläne stehen einer Zurechnung eines Grundstücks zum Außenbereich nicht entgegen. Auch eine **Außenbereichssatzung** i. S. des § 35 Abs. 6 BauGB ändert an der Zuordnung eines Grundstücks zum Außenbereich nichts, wohl aber an der Zulässigkeit von Vorhaben. Für die Errichtung von Vorhaben im Außenbereich *(Projects in out lying areas)* hat der Gesetzgeber eine generelle gesetzliche enumerative und abschließend geregelte Zulässigkeitsvorschrift mit § 35 BauGB vorgegeben.

69 Sie ist darauf ausgerichtet, den Außenbereich grundsätzlich von einer Bebauung freizuhalten[36]. § 35 BauGB sieht **drei Kategorien von Vorhaben mit unterschiedlichen Zulässigkeitsvoraussetzungen** vor:

   a) *privilegierte* Vorhaben nach § 35 Abs. 1 BauGB,

   b) *begünstigte* Vorhaben nach § 35 Abs. 4 BauGB und

   c) *sonstige* Vorhaben nach § 35 Abs. 2 BauGB.

2.2.6 Sanierungsgebiete und städtebauliche Entwicklungsbereiche

70 In Sanierungsgebieten und städtebaulichen Entwicklungsbereichen wird als Verkehrswert der dort maßgebliche sanierungs- oder entwicklungsunbeeinflusste Grundstückswert ermittelt; d. h., der Entwicklungszustand bestimmt sich grundsätzlich nach dem **Zustand, den das Grundstück** (auch bei Aufgabe der militärischen Nutzung) **unter Ausschluss von Werterhöhungen aufgrund der Aussicht auf die Maßnahmen sowie der Vorbereitung und Durchführung der anstehenden Maßnahmen hätte**. Dabei können die vorstehenden Grundsätze zur Anwendung kommen, jedoch darf dabei allerdings insbesondere nicht die Werterhöhung aufgrund eines Sanierungs- oder Entwicklungsmaßnahmebebauungsplans in die Verkehrswertermittlung eingehen. Maßgebend sind also allein die rechtliche Qualität und der tatsächliche Zustand des Grundstücks (ggf. nach Aufgabe der militärischen Nutzung) zu dem Zeitpunkt, als eine Aussicht auf Vorbereitung und Durchführung der genannten städtebaulichen Veranstaltungen nicht bestehen konnte. Allgemeine Erwartungen und die allgemeinen Situationsverhältnisse, die auch ohne eine Sanierungs- bzw. Entwicklungsmaßnahme bestehen würden, sind hingegen zu berücksichtigen[37].

2.2.7 Sonstige öffentlich-rechtliche und privatrechtliche Vorschriften

71 Art und Maß der baulichen Nutzung bestimmen sich nicht nur nach den vorgestellten bauplanungsrechtlichen Vorschriften[38]. § 6 Abs. 1 ImmoWertV hebt ausdrücklich „die *sonstigen Vorschriften*" hervor und schließt damit auch privatrechtliche Vorschriften ein.

72 Dies können z. B. sein

   – die Regelungen des **Denkmalschutzes,** die einem Rückbau der baulichen Anlage entgegenstehen, unabhängig davon, ob mit dem vorhandenen Gebäude das bauplanungsrechtlich zulässige Maß der baulichen Nutzung unter- oder überschritten wird,

   – Regelungen über **Abstandsflächen** an Verkehrstrassen sowie über Schutzzonen,

   – **Zweckentfremdungsverbote** und vieles mehr.

73 Aus dem *privatrechtlichen Bereich* sind insbesondere hervorzuheben:

   – bestehende Mietverhältnisse (wohnungs- und mietrechtliche Bindungen),

   – Grunddienstbarkeiten, wie z. B. ein die Bebauung eines Grundstücks verhinderndes Aussichtsrecht, Leitungsrecht, Wegerecht und vieles mehr.

---

36 BVerwG, Urt. vom 24.10.1967 – 1 C 57/65 –, BVerwGE 28, 128.
37 Vgl. Kleiber, Verkehrswertermittlung von Grundstücken, 6. Aufl. 2010, Teil VIII Rn. 78, 215 ff.
38 Zur Berücksichtigung obsoleter Bebauungspläne vgl. § 5 ImmoWertV Rn. 180.

Weitere Grundstücksmerkmale § 6 ImmoWertV

2.3 Tatsächliche Gegebenheiten

2.3.1 Übersicht

Abweichend von den maßgeblichen **bauplanungsrechtlichen Grundlagen für Art und Maß der baulichen Nutzung,** kann es geboten sein, die besonderen Verhältnisse des Einzelfalls zu berücksichtigen. Dies ist insbesondere dann angezeigt, wenn 74

– die bauplanungsrechtliche Nutzbarkeit vom Geschehen auf dem Grundstücksmarkt gar nicht „angenommen" wird,

– naturbedingte Hindernisse einer Bebauung entgegenstehen oder

– die tatsächliche Nutzung von der bauplanungsrechtlichen Nutzbarkeit abweicht und z. B. unter Bestandsschutz fällt.

2.3.2 Lagetypische Nutzung (§ 6 Abs. 1 ImmoWertV)

Nach der Systematik des § 6 Abs. 1 ImmoWertV muss bei der Bestimmung des Maßes der baulichen Nutzung folgende **Unterscheidung** getroffen werden: 75

a) nach dem **rechtlich höchstzulässigen Maß der baulichen Nutzung**, wobei sich dieses nach den §§ 30, 33 und 34 BauGB i. V. m. den genannten Vorschriften der BauNVO sowie den

- sonstigen öffentlich-rechtlichen und
- privatrechtlichen

Bestimmungen ergibt, soweit sie das realisierbare Maß der baulichen Nutzung beeinflussen (vgl. § 6 Abs. 1 Satz 1 ImmoWertV Rn. 4);

b) nach dem **lageüblichen Maß der baulichen Nutzung**, wie es sich nach den Gepflogenheiten des gewöhnlichen Geschäftsverkehrs ergibt.

Dies ist beachtlich, und zwar

– sowohl für das Wertermittlungsobjekt

– als auch für die Grundstücke, deren Kaufpreise zur Wertermittlung herangezogen werden.

Dabei sind bezüglich des Bewertungsobjekts die Verhältnisse am Wertermittlungsstichtag und bezüglich der Vergleichsobjekte die Verhältnisse zum *Zeitpunkt des Vertragsabschlusses maßgebend.*

Der Begriff der „lageüblichen" Nutzung kann dabei missverständlich sein, wenn die in der Umgebung des betreffenden Grundstücks tatsächlich realisierte Nutzung von der abweicht, die üblicherweise (im Neubaufalle) am Wertermittlungsstichtag oder in Bezug auf die Kaufpreise **vergleichbarer Grundstücke zum Zeitpunkt des Erwerbs verwirklicht** werden würde.

§ 6 Abs. 1 Satz 2 ImmoWertV behandelt den Fall, dass in der Umgebung des zu bewertenden Grundstücks von der dort höchstzulässigen Nutzung (Art und Maß der baulichen Nutzung) regelmäßig abgewichen wird. Die dann festzustellende lagetypische Nutzung kann die zulässige Nutzung über-, aber auch unterschreiten, d. h.: 76

Lagetypische Nutzung ≥ bauplanungsrechtlich zulässige Nutzung

Lagetypische Nutzung ≤ bauplanungsrechtlich zulässige Nutzung

Beispiel 1:

Abb. 14: Einfamilienhausgebiet

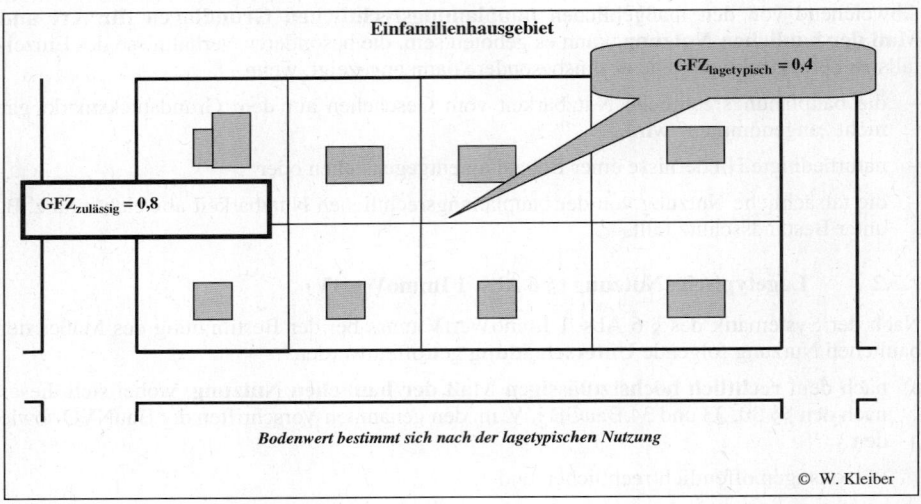

Der Bodenwert bestimmt sich im vorstehenden Fall nach der lageüblichen Nutzung (GFZ = 0,4). Es ist aber auch der umgekehrte Fall denkbar:

77 *Beispiel 2:*

In einem reinen Wohngebiet ist die nach dem Bebauungsplan zulässige Nutzung einer GFZ von 0,8 regelmäßig unterschritten worden, weil es den Erwerbern stets nur um die Errichtung von Einfamilienhäusern auf großen Grundstücken mit einem hohen Freiflächenanteil ging. Aufgrund veränderter Marktverhältnisse werden die verbliebenen Baulücken nur noch zum Zwecke der Errichtung von kleineren Mehrfamilienhäusern mit Eigentumswohnungen erworben, wobei das zulässige Maß der baulichen Nutzung „voll" ausgeschöpft wird. Diese Erwerbsfälle sind mit höheren Preiszugeständnissen verbunden und haben „Schule gemacht", sodass das Marktgeschehen nicht mehr von der das Gebiet prägenden Einfamilienhausbebauung, sondern nur noch durch Erwerbsvorgänge zum Zwecke der Realisierung der höchst zulässigen Nutzung beherrscht wird.

78 **Maßgeblich ist in diesem Fall die am Qualitätsstichtag das Marktgeschehen bestimmende höherwertige Nutzung** und nicht die Nutzung, die aufgrund des zwischenzeitlich überholten Marktgeschehens in der Vergangenheit für das Gebiet noch lagebestimmend ist. Dies bedeutet für das vorstehende Beispiel, dass für die Bestimmung des nach § 6 Abs. 1 ImmoWertV maßgeblichen Maßes der baulichen Nutzung die tatsächlich (noch) lagebestimmende Nutzung als Einfamilienhausgebiet mit einem entsprechend geringeren Maß der baulichen Nutzung überholt ist. Insoweit kann auch der Hinweis in § 6 Abs. 1 Satz 2 ImmoWertV auf die in „der Umgebung regelmäßig" verwirklichte Nutzung missverständlich sein. Es kommt entscheidend auf die Verhältnisse am Qualitätsstichtag an, auf den die Vorschrift ausdrücklich abhebt.

79 Im Übrigen müssen diese Hinweise auch bei der **Ableitung von Bodenrichtwerten** in derartigen Gebieten beachtet werden. Den aus Kaufpreisen abgeleiteten Bodenrichtwerten ist bei ihrer Darstellung in Bodenrichtwertkarten das jeweils lagetypische Maß der baulichen Nutzung zuzuordnen; die Zuordnung der bauplanungsrechtlichen Nutzung wäre missverständlich.

Weitere Grundstücksmerkmale **§ 6 ImmoWertV**

Die Berücksichtigung einer **Überschreitung des „höchstzulässigen" Maßes der baulichen Nutzung** – wenn sie tatsächlich in einem Gebiet „regelmäßig" gegeben sein soll – ist im Übrigen nur bei der Qualifizierung der zur Wertermittlung herangezogenen Kaufpreise frei von Bedenken, und zwar auch nur dann, wenn der Erwerber ohne spekulative Erwartungen damit rechnen konnte. Bei dem zu bewertenden Grundstück darf ein höheres als das nach öffentlich-rechtlichen Vorschriften zulässige Maß der baulichen Nutzung regelmäßig nur dann zugrunde gelegt werden, wenn mit hinreichender Bestimmtheit damit auch gerechnet werden kann. Auf Einzelfälle beschränkte Ausnahmen kann sich nämlich ein gewöhnlicher Geschäftsverkehr ohne konkrete Anhaltspunkte für eine abermalige Befreiung nicht gründen[39]. 80

Im Übrigen bleibt darauf hinzuweisen, dass die Regelungen des § 6 Abs. 1 ImmoWertV entsprechend ihrer Stellung im Ersten Abschnitt der ImmoWertV nicht nur für die Verkehrswertermittlung, sondern auch für die **Ableitung der Umrechnungskoeffizienten** nach § 12 ImmoWertV gelten müssen. Erst damit ist gewährleistet, dass das nach Maßgabe des § 6 Abs. 1 ImmoWertV für das zu bewertende Grundstück sowie für die zum Preisvergleich herangezogenen Grundstücke festgestellte Maß der baulichen Nutzung mittels Umrechnungskoeffizienten aufeinander umgerechnet werden können. Auch diesbezüglich gilt, dass innerhalb des Systems der ImmoWertV die maßgeblichen Grundsätze einheitlich und in sich schlüssig zur Anwendung kommen müssen. 81

Die in der Umgebung des Grundstücks regelmäßig **realisierte „lageübliche" Nutzung** kann dabei **nur solange** einen Anhalt bieten, **wie nicht zwischenzeitliche Änderungen** im **Marktverhalten eingetreten** sind. 82

Die **Vorrangigkeit des das Marktverhalten bestimmenden Maßes der baulichen Nutzung** hat ihre Begründung darin, dass für den Kaufpreis einerseits und den Verkehrswert andererseits regelmäßig die Eigenschaften des Grundstücks maßgebend sind, die der Markt „annimmt". Abweichungen zwischen den planerischen Vorstellungen, die für das im Bebauungsplan festgesetzte Maß der baulichen Nutzung ausschlaggebend waren, und dem, was der Markt annimmt, sind keinesfalls Ausnahmefälle. Vor allem in Ein- und Zweifamilienhausgebieten ist dieser Fall nicht selten gegeben, weil es den Eigentümern dort nicht um die ertragreichste Nutzung, sondern um die Annehmlichkeit des ungestörten Wohnens in begrünter Umgebung geht[40]. 83

Die Regelung des § 6 Abs. 1 Satz 2 ImmoWertV betrifft nicht nur die Fälle, in denen die zulässige Nutzung unterschritten wird. Auch wenn die zulässige Nutzung **regelmäßig überschritten wurde,** d. h. ein über das höchstzulässige Maß der baulichen Nutzung hinausgehendes Bebauungsmaß realisiert wurde, soll dieses für die Wertermittlung maßgeblich sein. Die mit der Vorschrift geforderten Voraussetzungen dürften allerdings nur in Einzelfällen gegeben sein, denn der in der Rechtsnorm unterstellte Fall würde nämlich bedeuten, dass regelmäßig entsprechende Befreiungen erteilt worden sein müssen. Nach § 31 Abs. 2 BauGB ist dies indessen nur im Einzelfall zulässig (vgl. § 17 Abs. 5 BauNVO), sodass für ein „regelmäßiges" Abweichen eine Änderung des Bebauungsplans erforderlich wird. 84

Fazit: Grundsätzlich ist bei der Wertermittlung von Grundstücken von dem nach öffentlich-rechtlichen sowie privatrechtlichen Vorschriften höchstzulässigen Maß der baulichen Nutzung auszugehen. Wird hiervon im gewöhnlichen Geschäftsverkehr regelmäßig abgewichen, so ist das Maß der baulichen Nutzung der Wertermittlung zugrunde zu legen, das den gewöhnlichen Geschäftsverkehr maßgeblich bestimmt, und zwar bei 85

— dem zu bewertenden Grundstück am Wertermittlungsstichtag,

— den zum Preisvergleich herangezogenen Grundstücken zum Zeitpunkt des Erwerbs dieser Grundstücke.

---

[39] BGH, Urt. vom 10.03.1977 – III ZR 195/74 –, EzGuG 18.72.
[40] § 6 Abs. 1 Satz 2 ImmoWertV stellt insofern keine Ausnahmeregelung dar (so aber BR-Drucks. 352/88, S. 39).

2.3.3 Bestandsschutz

86 **Schrifttum:** *Mampel, D.,* Verkehrte Eigentumsordnung – Das Unwesen des verfassungsunmittelbaren Bestandsschutzes, ZfBR 2002, 327; *Sendler* in NVwZ 1990, 231.

▶ *Näheres hierzu bei § 5 ImmoWertV Rn. 196, 246 ff.; § 15 ImmoWertV Rn. 5 ff.*

87 Im Falle einer Abweichung der tatsächlichen Nutzung von der bauplanungsrechtlichen Nutzbarkeit ist es regelmäßig geboten, den Bestandsschutz bei der Verkehrswertermittlung zu berücksichtigen.

Unter dem Bestandsschutz versteht man **Schutz einer in Übereinstimmung mit dem materiellen Recht errichteten baulichen Anlage bzw. einer baulichen Anlage, die nach ihrer Errichtung über einen wesentlichen Zeitraum dem materiellen Recht entsprochen hat** und demzufolge genehmigungsfähig war. Man unterscheidet zwischen

– dem einfachen bzw. *passiven* Bestandsschutz und
– dem erweiterten bzw. *aktiven* Bestandsschutz.

88 Der *einfache* Bestandsschutz berechtigt den Eigentümer, ein Bauwerk zu erhalten und weiterhin zu nutzen, auch wenn sich die Rechtslage zwischenzeitlich geändert hat und die Nutzung hiernach unzulässig ist. Der *erweiterte* Bestandsschutz berechtigt den Eigentümer, ein materiell in zulässigerweise errichtetes Bauwerk instand zu halten, instand zu setzen und zu erweitern, selbst wenn die Maßnahmen einer baurechtlichen Genehmigung (Zulassung) bedürfen.

2.4 Erhebliches Abweichen der tatsächlichen Nutzung von der zulässigen bzw. lagetypischen Nutzung

89 Weicht die auf einem Grundstück realisierte Nutzung nach Art oder Maß von der nach § 6 Abs. 1 ImmoWertV maßgeblichen zulässigen bzw. lagetypischen Nutzung ab, so ist dies bei der Verkehrswertermittlung zu berücksichtigen.

90 ▶ *Vgl. hierzu § 8 Abs. 3 ImmoWertV Rn. 345, 368, § 16 ImmoWertV Rn. 223 ff.*

2.5 Flächen, auf denen nach den Festsetzungen des Bebauungsplans nur bestimmte Wohngebäude errichtet werden dürfen

2.5.1 Übersicht

91 Die Regelungen des § 9 BauGB über die Möglichkeiten der Festsetzungen in den Bebauungsplänen sehen u. a. in **Abs. 1 Nr. 7 und 8** vor, dass im Bebauungsplan festgesetzt werden können:

„7. die Flächen, auf denen ganz oder teilweise nur Wohngebäude, die mit Mitteln des sozialen Wohnungsbaus *(soziale Wohnraumförderung)* gefördert werden können, errichtet werden dürfen;

8. einzelne Flächen, auf denen ganz oder teilweise nur Wohngebäude errichtet werden dürfen, die für Personengruppen mit besonderem Wohnbedarf bestimmt sind; ..."

2.5.2 Soziale Wohnraumförderung (Sozialer Wohnungsbau)

92 Die Vorschrift des § 9 Abs. 1 Nr. 7 BauGB stellt im Kern eine Vorschrift dar, die **lediglich Einschränkungen bezüglich Größe der Wohnungen, Grundrissgestaltung und Ausstattung** der Gebäude vorgibt, ohne dass damit ein Anspruch auf Gewährung öffentlicher Mittel oder eine Verpflichtung zur Inanspruchnahme solcher Mittel verbunden ist (vgl. §§ 2, 7, 9 bis 17, 39 bis 41 II. WoBauG). Aus der Festsetzung folgt weder eine Pflicht für den Eigentümer oder Bauherrn, solche Mittel in Anspruch zu nehmen, noch begründet sie den Anspruch auf

Bereitstellung von Wohnungsbauförderungsmitteln[41]. Dies alles verbleibt in der Entscheidung des Bauherrn sowie der fördernden Stelle. Im Ergebnis wird mit dieser Festsetzung zunächst lediglich die bauliche Gestaltungsfreiheit eingeschränkt, die im Hinblick auf die künftigen Bewohner des Gebiets nicht nur baulich das „Milieu" des Gebiets mitbestimmt[42].

Werden solche Mittel in Anspruch genommen, so ist damit keineswegs eine für den Bodenwert bedeutsame Ertragseinbuße verbunden, denn der damit einhergehenden Mietpreisbegrenzung stehen in aller Regel **Zinsvorteile aus verbilligten Darlehen** gegenüber, die für den Eigentümer letztlich Erträge darstellen. Sind die Darlehensvorteile größer als die Nachteile aus der Mietpreisbegrenzung, so könnte daraus gefolgert werden, dass dies dann auch auf die Bodenpreisbildung „durchschlägt". Eine von vergleichbaren Gebieten (ohne Festsetzung nach § 9 Abs. 1 Nr. 7 BauGB) abweichende Bodenpreisbildung konnte bislang allerdings nicht nachgewiesen werden. Zwar ist der in der **Rechtsprechung zur KostO** herausgestellten Feststellung zuzustimmen, dass eine **Festsetzung für den sozialen Wohnungsbau (soziale Wohnraumförderung) zu einem „eingeschränkten Interessentenkreis" führt,** jedoch folgt hieraus auch nicht zwangsläufig, dass dies zu Wertminderungen oder aber Werterhöhungen führt. Es ist ein „anderer" Teilmarkt[43]. 93

Jedes Grundstück ist entsprechend seiner Qualität einem besonderen **Teilmarkt** mit einem grundstücksspezifischen Käuferkreis zurechenbar. Es kommt bei alledem letztlich auf die mit der Festsetzung nach § 9 Abs. 1 Nr. 7 BauGB einhergehende Ertragsfähigkeit (insgesamt) an, um aus dieser Festsetzung eine wertmindernde oder werterhöhende Wirkung ableiten zu können. 94

2.5.3 Personengruppen mit besonderem Wohnbedarf

§ 9 Abs. 1 Nr. 8 BauGB zielt – vergleichbar mit der Nr. 7 – auf eine bestimmte bauliche Gestaltung der in dem Gebiet zu errichtenden Gebäude ab: 95

- Geschossigkeit,
- Wohnungsgröße,
- Raumaufteilung,
- Außenanlagen,
- artspezifische Zugänglichkeit usw. **(Personenbezogene Flächen)**

Es geht dabei i. d. R. um einen atypischen Wohnbedarf einer objektivierbaren bestimmten Personengruppe, z. B. nach Geschlecht, Alter, Einkommen sowie sozialen und soziologischen Gesichtspunkten (Behinderte, Studenten, Großfamilien)[44]. Ob sich aus einer Festsetzung nach § 9 Abs. 1 Nr. 8 BauGB ein gegenüber vergleichbaren Gebieten (ohne eine solche Festsetzung) geminderter oder erhöhter Wert ergibt, hängt von **der Konkretisierung der Festsetzung und deren Auswirkungen auf die Ertragsfähigkeit** ab. Erfahrungswerte liegen hierzu nicht vor. 96

Im Unterschied zu der Festsetzung i. S. des § 9 Abs. 1 Nr. 7 BauGB für den sozialen Wohnungsbau (soziale Wohnraumförderung) muss sich die **Festsetzung i. S. der Nr. 8 für Personengruppen mit besonderem Wohnbedarf** zur Vermeidung von Ghettobildungen auf einzelne Flächen beschränken. Dies entspricht dem Planungsgrundsatz des § 1 Abs. 5 Nr. 2 BauGB, nach dem einseitige Bevölkerungsstrukturen vermieden werden müssen. Personengruppen i. S. der Vorschrift sind insbesondere alte Menschen, Behinderte, Gastarbeiter, Studenten und Sanierungsverdrängte. Die Personengruppe muss in der Festsetzung genau bezeichnet werden. 97

---

41 BVerwG, Beschl. vom 17.12.1992 – 4 N 2/91 –, GuG 1993, 184.
42 Vgl. Kleiber, Verkehrswertermittlung von Grundstücken, 6. Aufl. 2010, Teil VI 871, Teil VIII 521.
43 LG München I, Beschl. vom 28.1.1999 – 13 T 10870/98 –, EzGuG 14.132.
44 BVerwG, Beschl. vom 17.12.1992 – 4 N 2/91 –, ZfBR 1993, 138 = GuG 1993, 184; BVerwG, Urt. vom 11.02.1993 – 4 C 18/91 –, ZfBR 1993, 299.

98 Die Festsetzung i. S. des § 9 Abs. 1 Nr. 8 BauGB kann durch **Festlegung eines bestimmten Prozentsatzes des in Betracht kommenden Personenkreises** erfolgen, der im Rahmen der Baugenehmigung durch Auflagen oder aber durch Baulasten bzw. im Wege der Begründung von Dienstbarkeiten zur Durchsetzung gelangt.

2.5.4 Baurecht auf Zeit

Schrifttum: *Krautzberger, M.,* Bodenschutz und Bodenrecht auf Zeit im Außenbereich, UPR 2010, 81.

99 Nach § 9 Abs. 2 BauGB kann in besonderen Fällen im Bebauungsplan festgesetzt werden, dass bestimmte der in ihm festgesetzten baulichen Rechte und sonstigen Nutzungen und Anlagen nur

1. für einen bestimmten Zeitraum zulässig oder
2. bis zum Eintritt bestimmter Umstände zulässig oder unzulässig sind.

Die Folgenutzung soll dabei jeweils festgesetzt werden.

Des Weiteren ist mit § 35 Abs. 5 Satz 2 BauGB für Außenbereichsvorhaben eine **Rückbauverpflichtung** bei bestimmten privilegierten Vorhaben eingeführt worden.

3 Wertbeeinflussende Rechte und Belastungen (§ 6 Abs. 2 ImmoWertV)

3.1 Allgemeines

100 ▶ Zur Berücksichtigung vgl. *§ 8 ImmoWertV Rn. 391 ff., § 1 ImmoWertV Rn. 63 ff.* sowie Fischer in Kleiber, Verkehrswertermittlung von Grundstücken, 6. Aufl. 2010, Teil IX

101 Die mit § 6 Abs. 2 ImmoWertV gegebenen Hinweise sind klarstellender Natur. Danach sind **„wertbeeinflussende" Rechte und Belastungen bei der Verkehrswertermittlung grundsätzlich zu berücksichtigen**[45].

102 § 6 Abs. 2 ImmoWertV spricht im Zusammenhang mit der Verkehrswertermittlung nur die „wertbeeinflussenden" Rechte und Belastungen an, denn solche, die den Verkehrswert nicht beeinflussen, können unbeachtlich bleiben. Der Verordnungsgeber hat es sich hier sehr leicht gemacht, denn diese Einschränkung gilt regelmäßig für die übrigen Grundstücksmerkmale gleichermaßen. Doch welche Rechte und Belastungen sind „wertbeeinflussend"?

103 Wie wertbeeinflussende Rechte und Belastungen berücksichtigt werden, wird in der ImmoWertV an verschiedenen Stellen geregelt:

– Nach § 5 Abs. 4 ImmoWertV sind bei der Klassifizierung des „baureifen Landes" nur die öffentlich-rechtlichen Vorschriften und nicht auch solche privatrechtlicher Art zu berücksichtigen. Diese Maßgabe ist aber nur für die Qualifizierung des Entwicklungszustands zu beachten und bedeutet nicht, dass privatrechtliche Rechte und Belastungen bei der Verkehrswertermittlung unberücksichtigt bleiben.

– Bei Anwendung des *Vergleichswertverfahrens* müssen nach § 15 Abs. 1 Satz 4 ImmoWertV auch Abweichungen des Wertermittlungsobjekts von den Vergleichsgrundstücken (auch vom Bodenrichtwertgrundstück) hinsichtlich wertbeeinflussender Rechte und Belastungen berücksichtigt werden (ggf. nach § 8 Abs. 3 ImmoWertV).

– Bei Anwendung des *Ertragswertverfahrens* werden wertbeeinflussende Rechte und Belastungen, soweit sie nicht bereits nach den §§ 17 bis 20 ImmoWertV erfasst wurden, nach

---

45 In § 4 Abs. 3 Nr. 6 WertV 72 waren die wertbeeinflussenden Rechte und Belastungen den ungewöhnlichen oder persönlichen Verhältnissen zugeordnet (vgl. Kleiber, Verkehrswertermittlung von Grundstücken, 6. Aufl. 2010, § 194 BauGB Rn. 23).

Weitere Grundstücksmerkmale § 6 ImmoWertV

§ 8 Abs. 3 ImmoWertV berücksichtigt; die Vorschrift nennt in diesem Zusammenhang allerdings nur wohnungs- und mietrechtliche Bindungen.

– Bei Anwendung des *Sachwertverfahrens* werden wertbeeinflussende Rechte und Belastungen, soweit sie nicht bereits nach den § 15 Abs. 1 Satz 4 ImmoWertV erfasst wurden, wiederum nach § 8 Abs. 3 ImmoWertV berücksichtigt.

Nach § 6 Abs. 2 ImmoWertV[46] kann es sich bei den wertbeeinflussenden Rechten und Belastungen um solche

104

– privatrechtlicher und
– öffentlich-rechtlicher Art

handeln. Die Vorschrift nennt beispielhaft **Dienstbarkeiten, Nutzungsrechte, Baulasten sowie wohnungs- und mietrechtliche Belastungen.** Es handelt sich dabei um keinen abschließenden Katalog. Die genannten Rechte und Belastungen sind bei § 1 ImmoWertV Rn. 63 ff. erläutert[47].

Rechte und Belastungen können nach § 1 Abs. 2 ImmoWertV eigenständiger Gegenstand einer Wertermittlung sein (vgl. § 1 ImmoWertV Rn. 53); daneben sind sie als Zustandsmerkmal (§ 4 Abs. 2 ImmoWertV) des davon betroffenen Grundstücks bzw. der davon betroffenen Grundstücke zu berücksichtigen. Dies betrifft in erster Linie Grunddienstbarkeiten, die dem jeweiligen Eigentümer eines Grundstücks das Recht zur Benutzung eines anderen Grundstücks gewähren (§§ 1018 bis 1029 BGB). Dabei **muss zwischen dem aus der Grunddienstbarkeit resultierenden Vorteil für das herrschende Grundstück und dem Nachteil für das dienende Grundstück unterschieden werden.** Vor- und Nachteile können erfahrungsgemäß um ein Vielfaches auseinandergehen[48].

105

3.2 Pfandrechte

▶ *Hierzu auch § 1 ImmoWertV Rn. 63 ff.*

Dass die **in Abteilung III eingetragenen Pfandrechte** nicht „wertbeeinflussend" sind, dürfte für den Regelfall gelten. Allerdings entstehen hier mitunter Definitionsprobleme, wenn nämlich an einem Grundstück Pfandrechte „hängen", die langfristig wirksam von jedem Erwerber des Grundstücks zu übernehmen sind und ihn besonders günstig oder ungünstig stellen. Sie stellen dann Gegebenheiten i. S. der Verkehrswertdefinition des § 194 BauGB dar, die im gewöhnlichen Geschäftsverkehr auch berücksichtigt werden; umgekehrt müssten schon ungewöhnliche Verhältnisse unterstellt werden, wenn z. B. beim Erwerb eines Grundstücks langfristig wirksame Pfandrechte mit überhöhtem Zins übernommen werden müssten und der Erwerber dies nicht wertmindernd berücksichtigen würde[49].

106

---

46 BT-Drucks 7/4793, S. 28.
47 Vgl. zu den Baulasten Kleiber, Verkehrswertermittlung von Grundstücken, 6. Aufl. 2010, Teil IX Rn. 30.
48 BGH, Beschl. vom 30.01.1957 – V ZR 263/56 –, EzGuG 14.5; KG Berlin, Urt. vom 10.07.1967 – 4 U 486/67 –, EzGuG 14.39.
49 BGH, Urt. vom 02.04.1954 – V ZR 135/52 –, EzGuG 19.3b; BGH, Beschl. vom 13.06.1958 – V ZR 268/56 –, EzGuG 14.8; OLG Köln, Beschl. vom 18.10.1958 – 9 W 20/58 –, EzGuG 20.23; OLG Köln, Urt. vom 16.09.1960 – 4 U 152/59 –, EzGuG 20.27; OLG München, Beschl. vom 13.01.1981 – 5 W 2607/80 -; EzGuG 13.35c; LG Köln, Beschl. vom 21.07.1976 – 70 O 40/76 –, EzGuG 19.30; RFH, Urt. vom 08.10.1926 – II A 429/26 –, EzGuG 14.1a; BFH, Urt. vom 14.08.1953 – III 33/53 U –, EzGuG 20.16a; a.A. LG Köln, Beschl. vom 21.07.1976 – 70 O 40/76 –, EzGuG 19.30.

4 Abgabenrechtlicher Zustand (§ 6 Abs. 3 ImmoWertV)

107 ▶ *Zur Berücksichtigung von Abgaben und Beiträgen vgl. Syst. Darst. des Vergleichswertverfahrens Rn. 318 ff.*

108 Für die Höhe des Verkehrswerts kommt es nicht allein auf die tatsächlichen Zustandsmerkmale des Grundstücks an. Daneben muss nach § 6 Abs. 3 ImmoWertV stets geprüft werden, ob und vor allem von wem grundstücksbezogene **öffentlich-rechtliche Beiträge und sonstige nichtsteuerliche Abgaben noch zu entrichten** sind.

109 Für den abgabenrechtlichen Zustand des Grundstücks ist nach § 6 Abs. 3 ImmoWertV die Pflicht zur Entrichtung von nicht steuerlichen Abgaben maßgebend. „Abgaben" ist der Oberbegriff für Steuern, Gebühren und Beiträge, jedoch sind Steuern (i. S. der Definition des § 3 Abs. 1 AO) ausdrücklich mit § 6 Abs. 3 ImmoWertV ausgenommen.

– **Beiträge** sind nichtsteuerliche Abgaben, die durch den Aufwandersatz für bestimmte Leistungen und die Vorteilsverschaffung für bestimmte Personen gekennzeichnet sind.

– **Gebühren** sind nach § 3 Abs. 1 des Verwaltungskostengesetzes (VwKostG) des Bundes gesetzliche oder aufgrund eines Gesetzes festgelegte Entgelte für die Inanspruchnahme oder Leistung der öffentlichen Verwaltung; damit unterscheiden sie sich von den Steuern, die nicht im Zusammenhang mit einer konkreten Gegenleistung stehen[50].

– **Auslagen** sind Aufwendungen, die eine Behörde im Interesse einer kostenpflichtigen Amtshandlung als Zahlung an Dritte zu leisten hat[51], wobei zur Vermeidung gesonderter Berechnungen der Auslagen die Kosten der Auslagen in die Gebühr einbezogen werden können.

Zur Feststellung des „abgabenrechtlichen Zustands" geht es in erster Linie um die Feststellung des „beitragsrechtlichen" Zustands.

110 Insbesondere folgende **nichtsteuerliche Abgaben** können für die Verkehrswertermittlung von Belang sein:

– Erschließungsbeiträge nach den §§ 123 ff. BauGB,
– Umlegungsausgleichsleistungen nach § 64 BauGB,
– Ausgleichsbeträge nach den §§ 154 f. BauGB sowie § 24 Bundes-Bodenschutzgesetz,
– Abgaben nach den Kommunalabgabengesetzen (KAG) der Länder,
– Ablösebeiträge für Stellplatzverpflichtungen,
– Naturschutzrechtliche Ausgleichsabgaben (Kostenerstattungsbetrag nach § 135a BauGB),
– Versiegelungsabgaben,
– Sielbeiträge,
– Ablösungsbeträge nach Baumschutzsatzungen,
– Beiträge aufgrund von Satzungen der Wasser- und Bodenverbände.

111 Unter die Regelung des § 6 Abs. 3 ImmoWertV fallen indessen nicht die üblicherweise **beim Erwerb eines Grundstücks anfallenden Gebühren** (für Teilungsgenehmigungen, Grundbucheintragungen) sowie Notariats- und Vermessungskosten. Bei Anwendung des Vergleichswertverfahrens gehen derartige Gebühren und Kosten bereits in die Vergleichspreise ein; soweit es sich um besondere aus Anlass des Erwerbs oder der Veräußerung entstandene Entgelte handelt, die von den üblicherweise vertraglich vereinbarten Entgelten abweichen, gilt

---

50 BVerfG, Urt. vom 16.01.2003 – 1 BvR 2222/02 –, NVwZ 2003, 858; BVerfG, Beschl. vom 11.10.1966 – 2 BvR 179, 476, 477/64 –, BVerfGE 20, 257 = BGBl. I 1966, 138.
51 § 10 VwKostG, §§ 136 ff., KostO, §§ 91 ff. GKG.

Weitere Grundstücksmerkmale § 6 ImmoWertV

dieser Umstand nach § 7 ImmoWertV als „ungewöhnliche oder persönliche Verhältnisse", die grundsätzlich unberücksichtigt bleiben müssen[52].

Ist von einem Gemeinwesen eine besondere grundstücksbezogene Leistung, z. B. die Erschließung eines Grundstücks i. S. der §§ 123 ff. BauGB oder die Sanierung eines Gebiets nach Maßgabe des besonderen Sanierungsrechts der §§ 136 bis 156 BauGB erbracht worden, so weist das Grundstück nach seinen tatsächlichen Zustandsmerkmalen eine entsprechend höherwertige Qualität auf. Eine entsprechende Werterhöhung tritt aber erst ein, wenn der dafür zu entrichtende Beitrag auch tatsächlich entrichtet worden ist. Das „erschlossene" Grundstück ist bis dahin erschließungsbeitragspflichtig (ebpf) zu bewerten. Ausgehend von dem Wert eines erschließungsbeitragsfreien (ebf) Grundstücks lässt sich der **Verkehrswert** grundsätzlich durch Abzug des vom Eigentümer oder **im Falle der Veräußerung des Grundstücks vom Erwerber (noch) aufzubringenden Beitrags** ermitteln. Jeder vernünftige Erwerber muss nämlich bei der Kaufpreisbemessung den Betrag in Rechnung stellen, den er als künftiger Eigentümer (noch) zu entrichten hat, es sei denn, dies wird vom Veräußerer vertraglich übernommen oder die Beitragspflicht verbleibt nach den gesetzlichen Bestimmungen bei dem bisherigen Eigentümer. **112**

Erst wenn der Beitragspflichtige nach Maßgabe der einschlägigen Bestimmungen feststeht, ist eine neue Situation gegeben: **113**

a) Unproblematisch sind die Fälle, in denen der Beitragspflichtige einen fällig gestellten **Beitrag entrichtet** hat. In diesen Fällen kann von einem beitrags- und abgabenrechtlich freien Grundstückszustand ausgegangen werden (z. B. erschließungsbeitrags- bzw. ausgleichsbetragsfreien Zustand). Wertermittlungstechnisch kann also direkt von Vergleichsgrundstücken ausgegangen werden, die in ihren tatsächlichen Zustandsmerkmalen dem Wertermittlungsobjekt entsprechen und die selbst auch nicht beitragspflichtig sind. **114**

b) Problematisch sind indessen die Fälle, in denen der Beitragspflichtige feststeht, dieser aber den **Beitrag noch zu entrichten** hat, sei es, dass der Beitrag noch nicht fällig gestellt wurde, oder sei es, dass er in Zahlungsverzug steht. Hier sind folgende Überlegungen anzustellen: **115**

- Befindet sich das Grundstück, für das der Beitrag noch zu entrichten ist, in der Hand des Eigentümers, so verkörpert sich für ihn in dem Grundstück ein entsprechend abgesenkter Wert. Dies muss insbesondere auch für Beleihungsinstitute gelten, denn ein noch nicht entrichteter Beitrag kann insoweit vermögensmäßig nicht dem Grundstückswert zugerechnet werden.

- Der Erwerber eines Grundstücks erwirbt indessen ein beitragsfreies Grundstück, wenn die Beitragspflicht den früheren Eigentümer trifft. Der Käufer übernimmt allerdings ein Risiko, wenn der Beitrag als öffentliche Last auf dem Grundstück ruht. Die Gemeinde kann z. B., wenn der Erschließungsbeitragspflichtige seiner Beitragspflicht möglicherweise nicht nachkommt, gegen den neuen Eigentümer zur Sicherung des Anspruchs einen entsprechenden Duldungs- oder Haftungsbescheid erlassen[53].

Damit ist die Frage aufgeworfen, ob in den Fällen, in denen der Beitragspflichtige nach Maßgabe der einschlägigen Rechtsgrundlage feststeht, als *Verkehrswert* des Grundstücks der des beitragsfreien oder der des beitragspflichtigen Grundstücks zu ermitteln ist. Zur Beantwortung dieser Frage wird in Erinnerung gerufen, dass der Verkehrswert als der Wert definiert ist, den die **Sache für jedermann und nicht nur für eine bestimmte Person** hat[54]. Deshalb ist grundsätzlich als Verkehrswert der entsprechend höhere Wert zu ermitteln, wobei sich lediglich für das Grundstück in der Hand des beitragspflichtigen Eigentümers ein niedrigerer Wert (Preis) ergibt. **116**

---

52 Vgl. Kleiber, Verkehrswertermittlung von Grundstücken, 6. Aufl. 2010, § 194 BauGB Rn. 90.
53 BVerwG, Urt. vom 20.09.1974 – 4 C 32/72 –, EzGuG 9.19.
54 Vgl. Kleiber, Verkehrswertermittlung von Grundstücken, 6. Aufl. 2010, § 194 BauGB Rn. 31.

§ 6 ImmoWertV Lagemerkmale

117 Wie sich diese Betrachtungsweise im Einzelnen bei den unterschiedlichen Beitragsarten auf die Verkehrswertermittlung auswirkt, wird in der Syst. Darst. des Vergleichswertverfahrens unter Rn. 318 ff. erläutert.

5 Lage (§ 6 Abs. 4 ImmoWertV)

5.1 Allgemeines

118 **Marktberichte:** *Allianz Dresdner Immobiliengruppe, DEGI:* Standortbezogene Marktreporte und spezielle Marktanalysen; *Müller International*: City reports; *Aengevelt*: City Report Investment; *Jones Lang Lasalle:,* Investmentmarkt Deutschland, Überblick über Einzelhandel in Deutschland, Oscar, Büronebenkostenanalyse, Gewerbegebiet Report, City Profile, European Office Index; *Engels & Völkers:,* Markt- und Frequenzberichte, *DTZ ZadelhoffTie Leung:* Konjunkturbarometer; *Mütze/Abel/Senff*, Immobilieninvestitionen, München 2009, S. 1.

▶ *Hierzu auch Syst. Darst. des Vergleichswertverfahrens Rn. 376 ff.; zur Wohnlage Syst. Darst. des Vergleichswertverfahrens Rn. 385 ff.; zur Gewerbe- und Geschäftslage vgl. § 18 Rn. 160 ff.; im industriell-produzierenden Bereich (einschließlich Lager- und Logistikimmobilien sowie Gewerbeparks) vgl. zu allem auch Kleiber, Verkehrswertermittlung von Grundstücken, 6. Aufl. 2010, Teil VI Rn. 176 ff., bei Sonderimmobilien einschließlich Freizeitimmobilien vgl. Teil VI Rn. 149 ff., 186 ff., 236 ff., 288 ff., 313 ff., 499 ff.*

119 Die **Lage ist in der Verkehrswertermittlung der umfassendste** und vielleicht **aber auch der schillerndste Begriff**. Gemeinhin wird hierzu die Auffassung vertreten, dass die Lage der eigentliche verkehrswertdominante Faktor ist. Dies kommt auch in der immer wieder angeführten lapidaren Feststellung zum Ausdruck, nach der der Verkehrswert lediglich durch drei Größen bestimmt werde: der Lage, der Lage und wiederum der Lage (*location, location, location*).

120 Eine **Vielzahl von Lagemerkmalen wird bei der Verkehrswertermittlung aber bereits dadurch berücksichtigt, dass man bei der Auswahl von Vergleichspreisen, Ertragsverhältnissen und Normalherstellungskosten** (nach Maßgabe der § 5 ImmoWertV, den übrigen Regelungen des § 6 ImmoWertV sowie der §§ 17 bis 23 ImmoWertV) grundsätzlich solche Vergleichsdaten heranzieht, die mit dem zu bewertenden Objekt lagemäßig vergleichbar sind, sodass es nur noch lagemäßige „Restunterschiede" zu berücksichtigen gilt. Dennoch kann der Beachtung der Lage nicht genug Aufmerksamkeit geschenkt werden.

121 Die individuellen Lagemerkmale eines Grundstücks werden weitgehend bereits nach den übrigen Regelungen des § 6 ImmoWertV erfasst. Abs. 4 ergänzt diese Vorschriften durch Hinweise zur **Lagebeziehung eines Grundstücks zu seiner Umgebung.** Die Vorschrift führt zur Beurteilung der Lage des Grundstücks beispielhaft eine Reihe von Lagebezeichnungen auf, ohne deren Lagemerkmale zu konkretisieren. Ausdrücklich genannt werden

1. die Verkehrslage,
2. die Nachbarschaft,
3. die Wohn- und Geschäftslage sowie
4. die Umwelteinflüsse.

Es handelt sich hierbei nicht um einen abschließenden Katalog.

122 Zur Qualifizierung der wesentlichen **Lagemerkmale des Wertermittlungsobjekts und** der **Vergleichsgrundstücke** empfiehlt es sich, auf die wesentlichen, möglichst „messbaren" preisbestimmenden Eigenschaften der jeweiligen Grundstücksart abzustellen, um die Unterschiede angemessen berücksichtigen zu können. Im Einzelnen können dies sein:

Lagemerkmale § 6 ImmoWertV

a) Unterschiedliche *Wohnlagen*, wobei neben der Verkehrsanbindung und den Umwelteinflüssen vor allem die ein ruhiges und angenehmes Wohnen bestimmenden Faktoren (Nähe zu Freizeiteinrichtungen; Begrünung usw.) von Bedeutung sind.

b) Unterschiedliche *Geschäftslagen*, die sich in unterschiedlichen Ertragsverhältnissen ausdrücken können (Passantenfrequenz[55], „Passantenqualität")[56].

c) Unterschiedliche *Verkehrslagen*, z. B. aufgrund unterschiedlicher Entfernungen zum Zentrum oder aufgrund der Verkehrsanbindung durch Straßen und öffentliche Nahverkehrsmittel.

d) Unterschiedliche *Immissionslagen*, z. B. bezüglich Schadstoffen, Lärm, Geruch und Erschütterungen (vgl. unten Rn. 132 ff.).

5.2 Lagetypen

Bezüglich der Lage eines Grundstücks wird nach einer Vielzahl von Lagetypen ohne standardisierte Begriffe unterschieden. Allgemein kann zwischen der so genannten **Makro- und Mikrolage** unterschieden werden. 123

Ohne Anspruch auf Vollständigkeit werden nachfolgend eine Reihe häufig verwandter Lagetypen aufgeführt:

1. Wohn-, Gewerbe- und Geschäftslage,
2. stadträumliche Lagen
   (Nahbereichs-, Stadtteil- und Subzentrum, Innenstadtlage, Randlage usw.),
3. Streulage,
4. Verkehrslage,
5. Emissionslage,
6. Nachbarschaftslage,
7. Süd-, West-, Nord- und Ostlage,
8. Hanglage,
9. Sonnenlage,
10. Einkaufslage, vielfach gegliedert nach

    1a – Luxus- bzw. Konsumlage, mit höchster Passantenfrequenz bzw. Passantenqualität,

    1b – Lage mit dichtem Geschäftsbesatz, durch andere Nutzung unterbrochen,

    1c – Lage mit dünnem Geschäftsbesatz und zahlreichen Unterbrechungen durch andere Nutzungen[57],

11. Passantenlage,
12. Ecklage.

---

55 GuG 1995, 361; GuG 2001, 40.
56 Vgl. Kleiber, Verkehrswertermittlung von Grundstücken, 6. Aufl. 2010, Teil VI Rn. 255 ff.
57 Vgl. Kleiber, Verkehrswertermittlung von Grundstücken, 6. Aufl. 2010, Teil VI Rn. 249 ff.

§ 6 ImmoWertV — Lagemerkmale

5.3 Beeinträchtigungen der Lageverhältnisse

5.3.1 Allgemeines

124 **Beeinträchtigungen der Lageverhältnisse**, von wem sie auch ausgehen mögen, **mindern grundsätzlich den Verkehrswert eines Grundstücks**. Bei der Verkehrswertermittlung sind die Beeinträchtigungen in dem Maße zu berücksichtigen, wie dies im gewöhnlichen Geschäftsverkehr, d. h. im freien Spiel zwischen Angebot und Nachfrage, entspricht.

125 Eine weitere in diesem Zusammenhang auftretende Frage ist, ob und in welchem Umfang eine von dritter Seite bewirkte Beeinträchtigung der Lageverhältnisse zu Entschädigungsansprüchen führt[58]. Generell lässt sich hierzu feststellen, dass Entschädigungsansprüche in der Rechtsprechung bejaht werden, wenn einerseits bestehende Lageverhältnisse zur eigentumsrechtlich gesicherten Rechtsposition des Eigentümers eines Grundstücks gehören und diese andererseits in einem die Zumutbarkeitsschwelle überschreitenden Maße beeinträchtigt werden. In diesem Fall empfiehlt es sich, bei der Verkehrswertermittlung **neben dem geminderten Verkehrswert** auch auf ggf. **bestehende Entschädigungsansprüche** hinzuweisen. Dies gilt insbesondere dann, wenn im Falle der Veräußerung des Grundstücks der Entschädigungsanspruch auf den Erwerber übergeht. Denn es muss dem gewöhnlichen Geschäftsverkehr zugerechnet werden, dass ein derartiger Entschädigungsanspruch bei der Bemessung angemessen berücksichtigt wird.

126 Nachstehend wird deshalb auf die von der Rechtsprechung entwickelten **Grundsätze zur Entschädigung für Eingriffe in die Rechtsposition des Eigentümers** eingegangen.

5.3.2 Baumaßnahmen

127 Die Beeinträchtigungen eines Grundstücks durch die auf einem Nachbargrundstück stattfindenden Baumaßnahmen sind i. d. R. nur vorübergehend und können deshalb den Verkehrswert eines Grundstücks kaum nachhaltig mindern. Besonders betroffen sind diesbezüglich allerdings gewerblich genutzte Grundstücke, insbesondere wenn es sich um längerfristig hinzunehmende Baumaßnahmen handelt. Baumaßnahmen können die Zugänglichkeit des Grundstücks beeinträchtigen und es erheblichem Baulärm, Staub und Erschütterungen aussetzen.

128 Entsprechend der jeweiligen Branche kann damit ein gewerblich genutztes Grundstück vorübergehend, aber im Einzelfall auch auf Dauer in seiner Nutzbarkeit beeinträchtigt werden. Wird dabei die **Zumutbarkeitsgrenze** überschritten, kann der Ausgleichsanspruch geltend gemacht werden. Im Streitfalle ist es Aufgabe des Tatrichters, die Zumutbarkeitsgrenze unter Abwägung aller Umstände des Einzelfalls sowie unter Einbeziehung von Billigkeitsgesichtspunkten zu bestimmen[59]. Dabei ist es die Lage des Grundstücks, die die Grenze des entschädigungslos Zumutbaren mitbestimmt[60].

▶ *Zum Baulärm vgl. unten Rn. 258*

5.3.3 Standfestigkeit

129 Wird die Nutzbarkeit eines Grundstücks durch Vertiefungen auf dem Nachbargrundstück beeinträchtigt, so führt dies i. d. R. zu einer Minderung des Marktwerts (Verkehrswerts). Die Maßnahmen können insbesondere dann einen **entschädigungspflichtigen Eingriff** darstellen, wenn dadurch die Standfestigkeit baulicher Anlagen beeinträchtigt wird (nachbarrechtli-

---

58 Zum Verhältnis des sog. bürgerlich-rechtlichen Aufopferungsanspruchs (nachbarrechtlichen Ausgleichsanspruchs) zum öffentlich-rechtlichen Entschädigungsanspruch BGH, Urt. vom 15.06.1967 – III ZR 23/65 –, EzGuG 13.14; zum Ausgleichsanspruch bei mehreren Immittenten BGH, Urt. vom 13.02.1976 – V ZR 55/ 74 –, EzGuG 13.26.
59 BGH, Urt. vom 31.05.1974 – V ZR 114/72 –, EzGuG 13.22; BGH, Urt. vom 22.11.1967 – V ZR 11/67 –, BGHZ 49, 148.
60 BGH, Urt. vom 26.09.1975 – V ZR 204/73 -; BRS Bd. 34 Nr 32; zur Ortsüblichkeit BGH, Urt. vom 30.05.1962 – V ZR 121/60 –, EzGuG 13.3; VGH Mannheim, Urt. vom 07.06.1989 – 5 S 3040/87 –, EzGuG 13.106a; OLG Düsseldorf, Urt. vom 24.02.1994 – 18 U 135/93 –, EzGuG 13.129.

Lagemerkmale § 6 ImmoWertV

cher Ausgleichsanspruch nach § 906 BGB). Sie können auch einen entschädigungspflichtigen Eingriff darstellen, wenn beim Bau einer Erschließungsanlage das Straßengelände in der Weise vertieft wird, dass auf einem benachbarten Hausgrundstück eine senkrecht abfallende ungesicherte Böschung entsteht und der Boden die erforderliche Stütze verliert[61]. Auch die Beeinträchtigung der Standfestigkeit eines Hauses infolge der von einer gemeindlichen Kanalisationsanlage ausgehenden Dränagewirkung, verbunden mit der Austrocknung des Grundstücks, kann als unmittelbar enteignender Eingriff angesehen werden[62].

5.3.4 Zugänglichkeit des Grundstücks

Zum Eigentum von Grundstücken an öffentlichen Straßen gehört die **Verbindung mit der Straße** und damit die **Benutzbarkeit des Grundstücks** derart, dass der Eigentümer über die Grenzen seines Grundstücks auf die vorbeiführende Straße gelangen kann. Wird ein Zugang durch Straßenbaumaßnahmen und damit die bisherige Benutzbarkeit des Grundstücks verändert und infolgedessen sein Verkehrswert nicht unerheblich gemindert, kann darin ein entschädigungspflichtiger Eingriff liegen[63]. Voraussetzung ist, dass als Folge der Veränderung die Verbindung zur öffentlichen Straße bei wirtschaftlicher Betrachtung so beeinträchtigt wird, dass bereits eine Wertminderung des Grundstücks und damit ein Substanzverlust des Grundstücks selbst eingetreten ist[64]. Ein entschädigungspflichtiger enteignender Eingriff in ein Anliegergrundstück liegt auch vor, wenn dessen Zugänglichkeit (Zufahrt im weiteren Sinne) durch verkehrsregelnde Maßnahmen für dauernd wesentlich beeinträchtigt (erheblich erschwert) wird[65]. 130

Ein Entschädigungsanspruch ist auch gegeben, wenn durch **Höherlegung einer Straße** die Zufahrt oder der Zugang von und zu einem anliegenden Grundstück wesentlich erschwert wird. Entscheidend für die Erheblichkeit des Eingriffs ist wiederum, dass die Benutzbarkeit des Grundstücks wesentlich beeinträchtigt und der Vermögenswert infolgedessen gemindert ist[66]. Die Entschädigung bemisst sich regelmäßig nach dem Aufwand, der erforderlich ist, um eine der bisherigen entsprechende Benutzbarkeit des Grundstücks wiederherzustellen[67]. Allein eine Minderung des Verkehrswerts dadurch, dass infolge der Höherlegung einer Straße verstärkt in ein Grundstück eingesehen werden kann und es optisch einen ungünstigeren Eindruck als vor Durchführung der Maßnahme erweckt, begründet für sich allein noch keine Enteignungsentschädigung[68]. 131

▶ *Vgl. zu alledem § 8a FStrG*

5.3.5 Verkehrslage

Was im Einzelfall als eine gute oder schlechte Verkehrslage anzusehen ist, lässt sich nicht nach allgemein gültigen Kriterien bestimmen und hängt entscheidend von der jeweils im Einzelfall gegebenen Nutzung ab. 132

---

61 BGH, Urt. vom 07.02.1980 – III ZR 153/78 –, EzGuG 4.71; BGH, Urt. vom 26.10.1978 – III ZR 26/77 –, EzGuG 4.62.
62 BGH, Urt. vom 10.11.1977 – III ZR 121/75 – EzGuG 4.54 in Ergänzung zu BGH, Urt. vom 20.12.1971 – III ZR 110/69 –, EzGuG 3.37a; weitere Rechtsprechung; BGH, Urt. vom 19.1.1979 – V ZR 105/76 –, EzGuG 7.64; BGH, Urt. vom 21.02.1980 – III ZR 185/78 –, EzGuG 4.72; BGH, Urt. vom 18.12.1987 – V ZR 223/85 –, EzGuG 4.119; zu eindringenden **Baumwurzeln**; BGH, Urt. vom 02.12.1988 – V ZR 26/88 –, EzGuG 4.123; BGH, Urt. vom 08.03.1990 – III ZR 141/88 –, NJW 1990, 3194 = MDR 1991; 228 ; BGH, Urt. vom 21.10.1994 – V ZR 12/94 –, AgrarR 1995, 341; BGH, Urt. vom 12.07.1996 – V ZR 280/94 –, BauR 1996, 877; BGH, Urt. vom 12.03.2003 – V ZR 98/03 –, BlnGE 2004, 418.
63 Vgl. § 8a FStrG.
64 BGH, Urt. vom 11.01.1979 – III ZR 120/77 –, EzGuG 18.85.
65 BayObLG, Urt. vom 21.10.1974 – 2 Z 180/73 –, EzGuG 18.61.
66 BGH, Urt. vom 02.07.1959 – III ZR 76/58 –, EzGuG 18.10; BGH, Urt. vom 02.07.1959 – III ZR 81/58 –, EzGuG 18.11.
67 BGH, Urt. vom 31.01.1963 – III ZR 88/62 –, EzGuG 18.19; BGH, Urt. vom 31.01.1963 – III ZR 94/62 –, EzGuG 18.20; LG Oldenburg, Urt. vom 18.10.1955 – 1 O 311/54 –, EzGuG 18.4; OLG Hamburg; Urt. vom 26.01.1965 – 1 U 91/63 –, EzGuG 18.26; OLG Nürnberg, Urt. vom 14.06.1967 – 4 U 34/67 –, EzGuG 18.37; LG Frankfurt am Main, Urt. vom 10.07.1969 – 2/4 O 147/68 –, EzGuG 18.44; BGH, Urt. vom 11.06.1970 – III ZR 74/67 –, EzGuG 18.52.
68 BGH, Urt. vom 11.10.1973 – III ZR 159/71 –, EzGuG 18.60.

§ 6 ImmoWertV Lagemerkmale

- Eine überregionale Anbindung an (internationale) Verkehrsflughäfen, das Intercitynetz und die Bundesautobahn ist insbesondere für eine gewerbliche Nutzung ein entscheidender Standortfaktor.
- Innerstädtisch bestimmt sich die Verkehrslage insbesondere durch das örtliche Straßenverkehrsnetz und den öffentlichen Personennahverkehr (ÖPNV).
- Im Bereich des Wohnens steht die „gute" Verkehrsanbindung sowohl im Individualverkehr als auch im öffentlichen Personennahverkehr (ÖPNV) bei gleichzeitig ruhiger Wohnlage im Vordergrund.
- Im gewerblichen Bereich und hier insbesonders im Bereich des Einzelhandels steht nach wie vor die Erreichbarkeit mit dem Pkw im Vordergrund. Trotz großer Anstrengungen zur Verbesserung des ÖPNV gilt hier die Regel *„Noparking – noshopping"* und aus dieser Regel ziehen die peripher gelegenen Einkaufszentren ihre Attraktivität (*„one-stop-parking"*).

133 Der Pkw dominiert als Verkehrsmittel des innerstädtischen Einzelhandels. Nur rd. ein Drittel der innerstädtischen Einzelhandelsbesucher greift auf öffentliche Verkehrsmittel zurück. Nur in wenigen Fällen wird bei der Einkaufsfahrt in die Innenstadt auf das „Park and ride" zurückgegriffen. Die Mitnahme der Waren in öffentlichen Verkehrsmitteln und das Umladen in den Pkw werden als lästig empfunden. Die Pkw-Benutzer sind in der Gesamtbilanz des Einzelhandels mit rd. 44 % vertreten, jedoch tätigten sie im Jahre 2000 nahezu 57 % des Umsatzes. Einkäufe ab 130 € sind bei Pkw-Benutzern nahezu doppelt so häufig wie bei allen anderen Verkehrsteilnehmern. Der Anteil der ÖPNV-Benutzer hat sich zwischen 1996 und 2000 gerade einmal um ein halbes Prozent erhöht (Abb. 15).

Abb. 15: Umsatzanteile in % aufgeteilt nach der Wahl des Verkehrsmittels:

	Anteil der Besucher in %	Anteil am Umsatz in %
Zu Fuß	16,0	11,1
Fahrrad	5,4	2,6
ÖPNV/ÖV	32,7	28,8
Pkw	44,4	56,7
Sonstige	1,5	0,8

Quelle: Bundesarbeitsgemeinschaft der Mittel- und Großbetriebe des Einzelhandels e.V. (BAG), Friedrichstr. 60 in 10177 Berlin; Ergebnisse der Untersuchung Kundenverkehr 2000

134 **Je größer die Stadt ist, desto geringer ist der Anteil der Pkw-Benutzer**. In Städten unter 50 000 E sind die Pkw-Anteile sowie der Anteile für Fußgänger und Fahrradfahrer fast doppelt so hoch wie bei Städten über 500 000 E (Abb. 16)

Lagemerkmale § 6 ImmoWertV

Abb. 16: Verkehrsmittel nach Ortsgröße

Ortsgröße	zu Fuß/Fahrrad			Pkw			ÖPNV		
	1984	1988	2000	1984	1988	2000	1984	1988	2000
	Angaben in %			Angaben in %			Angaben in %		
unter 50 000 E	20,6	17,5	rd. 19	57,7	64,4	rd. 64	13,5	11,3	rd. 10
50 000 bis 100 000 E	18,4	15,8		53,6	59,6		20,8	18,5	
100 000 bis 250 000 E	16,2	14,9		50,1	54,8		27,5	24.6	
250 000 bis 500 000 E	16,0	14,3		47,0	51,4		31,2	28,5	
500 000 E und mehr	15,6	14,1	rd. 12	37,2	40,4	rd. 31	42,6	40,7	53,5
Zentrum	8,5	7,9		38,7	41,2		48,6	46,3	
Unterzentrum	30,2	25,9		37,4	43,4		25,6	24,8	

Quelle: Bundesarbeitsgemeinschaft der Mittel- und Großbetriebe des Einzelhandels e.V. (BAG), Friedrichstr. 60 in 10177 Berlin; Ergebnisse der Untersuchung Kundenverkehr 2000.

Für das **Fortbestehen von Vorteilen, die sich aus einer bestimmten Verkehrslage ergeben,** besteht grundsätzlich keine eigentumsrechtlich gesicherte Rechtsposition[69]. Eine Ausnahme besteht nur, wenn Licht, Luft und Wasser abgeschnitten werden. Auch in Bezug auf *landwirtschaftliche Betriebe* hat der BGH entschieden, dass eine durch einen öffentlichen Weg vermittelte günstige Verbindung zwischen zwei zu demselben landwirtschaftlichen Betrieb gehörenden Grundstücken nicht dem Eigentum an diesem Betrieb zugerechnet werden kann und ein Anspruch auf Erhalt dieses Vorteils nicht besteht[70].

135

Entschädigungsansprüche können sich **für Betriebe** im Zusammenhang mit der Entschädigung **für eine die Opfergrenze überschreitende Beeinträchtigung durch Baumaßnahmen ergeben**[71]. Wird die Verkehrsführung einer Straße im zeitlichen Anschluss an Baumaßnahmen zum Nachteil des Anliegers geändert, so wirkt sich dies auf den Entschädigungsanspruch des Betriebs bereits von dem Zeitpunkt an aus, in dem die neue Verkehrsführung aufgrund der unanfechtbaren Planaufstellung eingetreten wäre[72].

136

5.3.6 Immissionslage

▶ *Vgl. § 18 ImmoWertV Rn. 223 f.*

Aufgrund des gestiegenen Umweltbewusstseins können schädliche auf ein Grundstück einwirkende Immissionen zu erheblichen Belästigungen und somit zu Wertminderungen führen. Unter **Immissionen** definiert § 3 Abs. 2 BImSchG auf Menschen, Tiere und Pflanzen, den Boden, das Wasser, die Atmosphäre sowie Kultur- und Sachgüter einwirkende Luftverunreinigungen, Geräusche, Erschütterungen, Licht, Wärme, Strahlen und ähnliche Umwelteinwirkungen. Emissionen sind dagegen die von einer Anlage ausgehenden Luftverunreinigungen, Geräusche, Erschütterungen, Licht, Wärme, Strahlen und ähnliche Erscheinungen (§ 3 Abs. 3 BImSchG).

137

---

69 BGH, Urt. vom 23.05.1985 – III ZR 39/84 –, EzGuG 18.98; BGH, Urt. vom 29.05.1967 – III ZR 143/66 –, EzGuG 18.36; OLG Nürnberg, Urt. vom 28.06.1967 – 4 U 34/67 –, EzGuG 18.38; LG Frankfurt am Main, Urt. vom 28.10.1965 – 2/4 O 93/65 –, EzGuG 18.32; LG Dortmund, Urt. vom 27.02.1964 – 2 S 274/63 –, EzGuG 3.36; BGH, Urt. vom 15.03.1962 – III ZR 211/60 –, EzGuG 2.3; BGH, Urt. vom 04.02.1957 – III ZR 181/55 –, EzGuG 18.6; BGH, Urt. vom 22.12.1952 – III ZR 139/50 –, EzGuG 18.1.
70 BGH, Urt. vom 13.05.1975 – III ZR 152/72 –, EzGuG 4.43.
71 BGH, Urt. vom 11.03.1976 – III ZR 154/73 –, EzGuG 13.28; BGH, Urt. vom 30.04.1964 – III ZR 125/63 –, EzGuG 13.6.
72 BGH, Urt. vom 28.10.1982 – III ZR 71/81 –, EzGuG 13.58; BGH, Urt. vom 07.07.1980 – III ZR 32/79 –, EzGuG 13.54; BGH, Urt. vom 11.03.1976 – III ZR 154/73 –, EzGuG 13.28; BGH, Urt. vom 20.12.1971 – III ZR 79/69 –, EzGuG 13.19.

6 Lärm

6.1 Allgemeines

138 Einwirkungen von Lärm auf ein Grundstück, häufig mit Rauch, Staub und Erschütterungen verbunden, wirken sich mehr oder mindernd auch auf den Verkehrswert des Grundstücks aus. Dies ist nicht nur eine Frage des **Ausmaßes solcher Immissionen,** sondern vielfach **auch eine Frage der** Lage und der Nutzung unter Berücksichtigung dessen, **was nach Lage und Nutzung ortsüblich ist.** Für eine Tankstelle an einer viel befahrenen Bundesstraße ist ein hoher Geräuschpegel ortsüblich und liegt geradezu in der Natur der Sache.

139 Die TA Lärm bezeichnet Lärm als **störenden Schall.** Er wird in Dezibel (dB) mit der Frequenzkurve A nach DIN 45 633 gemessen. Da das menschliche Ohr ein Geräusch ungefähr doppelt so laut empfindet, wenn sich die Schallstärke verzehnfacht, hat man den Schallpegel als das logarithmische Maß der Schallstärke definiert. Bei empfundener Verdoppelung der Lautstärke erhöht sich demnach der Schallpegel um 10 dB (A).

140 Als Schall gelten Schwingungen, die sich von einer Quelle wellenförmig ausbreiten; folgende **Definitionen** sind dabei gebräuchlich:

– *Schallemission* ist die **Schallabstrahlung** einer oder mehrerer Schallquellen.

– *Schallimmission* ist die **Schalleinwirkung** auf einen Punkt oder ein Gebiet („Immissionsort").

– Der *Schallleistungspegel* Lw kennzeichnet die Stärke der **Schallemission.** Es ist das logarithmische Maß für die abgestrahlte Schallleistung. Die A-Bewertung in dB (A) berücksichtigt die Frequenzempfindlichkeit des menschlichen Gehörs (vgl. DIN 45 633, Teil 1).

6.2 Verkehrslärm (Straßen und Schienen)

6.2.1 Immissionsrichtwerte

141 Die Berechnungs-/Beurteilungsgrundlagen für die Erfüllung der gesetzlichen Anforderungen sind in den Gesetzeswerken und den darin genannten DIN-Normen und Richtlinien geregelt. Im Überblick sind dies

– DIN 18005-1 Schallschutz im Städtebau, Berechnungsverfahren,

– Verkehrslärmschutzverordnung (16. BImSchV),

– Richtlinien für den Verkehrslärmschutz an Bundesfernstraßen in der Baulast des Bundes[73],

– Richtlinien für den Lärmschutz an Straßen[74],

– Richtlinie zur Berechnung der Schallimmissionen von Schienenwegen[75].

142 Bei der Feststellung der Belastung durch Verkehrsgeräusche wird i. d. R. von **Beurteilungspegeln** ausgegangen. Dieser ergibt sich aus dem Mittelpegel, an dem für besondere, i. d. R. durch Messung nicht erfassbare Geräuschsituationen entsprechende Zu- oder Abschläge anzubringen sind (vgl. DIN 45 641). Der Beurteilungspegel ist gemäß § 3 der 16. BImSchV i. V. m. Abschnitt 4,0 der **Richtlinien für den Lärmschutz an Straßen (RLS – 90)** zu berechnen[76]; das Berechnungsverfahren ist in der Anl. 1 zu § 3 der 16. BImSchV vorgegeben.

143 Als **Bewertungszeiträume** werden verwendet für den Tag 6 bis 22 Uhr (Tagwerte), für die Nacht 22 bis 6 Uhr (Nachtwerte).

---

[73] VLärmSchR 97; VkBl Amtlicher Teil Heft 12 1997, S. 434.
[74] RLS-90; erarbeitet von der „Forschungsgesellschaft für Straßen- und Verkehrswesen, Arbeitsausschuss „Immissionsschutz an Straßen" Köln 1990.
[75] Schall 03 vom 19.03.1990, Information Akustik 03, Bundesbahnzentralamt München.
[76] BVerwG, Beschl. vom 06.02.1992 – 4 B 147/91 –, Buchholz 406.25 zu § 43 BImSchG Nr. 1.

Lagemerkmale § 6 ImmoWertV

- Die Schallemission von Flächenschallquellen (z. B. Industriegebiete) wird durch *flächenbezogene Schallleistungspegel* (L_w) in dB (A)/m² gekennzeichnet.
- Der *Mittelungspegel* (früher: äquivalenter Dauerschallpegel) L_m kennzeichnet die Stärke der Schalleinwirkung (Immission). Er wird ermittelt durch die Schallemission einer Schallquelle abzüglich der ausbreitungsbedingten Pegelminderung L zum Immissionsort ($L_m = L_w - L$); der Mittelungspegel dient der Beurteilung der Zumutbarkeit des Schallpegels.

Der **Grenzpegel**, von dem ab das menschliche Ohr überhaupt erst von Geräuschen bewusst Notiz nimmt, liegt bei etwa 50 dB (A). **144**

Die ausbreitungsbedingte *Schallpegelminderung* L setzt sich zusammen aus

- der Differenz zwischen dem Schallleistungspegel und dem Mittelungspegel im Abstand von der Schallquelle bei ungehinderter Schallausbreitung unter Berücksichtigung der Luft- und Bodenabsorption (ΔL_s),
- der Pegelminderung durch Schallhindernisse (ΔL_z) und
- der Pegelminderung durch schallimmissionsmindernde Bepflanzung (ΔL_G).

a) Immissionsrichtwerte nach TA Lärm und VDI **145**

Für die Beurteilung von Lärmimmissionen können vor allem die in der **16. BImSchV** vom 12.06.1990 (BGBl. I 1990, 1036, zuletzt geändert durch Gesetz vom 25.09.1990 (BGBl. I 1990, 2106) angegebenen Immissionsgrenzwerte herangezogen werden (vgl. Rn. 182). Bis zum Erlass dieser Verordnung waren vor allem die Immissionsrichtwerte der TA Lärm sowie der VDI 2058 und 2719 von Bedeutung. Diese Richtwerte sind nachstehend abgedruckt:

Immissionsrichtwerte nach TA Lärm **146**

Technische Anleitung zum Schutz gegen Lärm – TA Lärm vom 16.7.1968 – Beil. zum BAnz. Nr. 137 vom 26.7.1968)

(...)

2.32 Immissionsrichtwerte

2.321

Die Immissionsrichtwerte werden festgesetzt für

a) Gebiete, in denen nur gewerbliche oder industrielle Anlagen und Wohnungen für Inhaber und Leiter der Betriebe sowie für Aufsichts- und Bereitschaftspersonen untergebracht sind, auf   70 dB (A)

b) Gebiete, in denen vorwiegend gewerbliche Anlagen untergebracht sind, auf   tags 65 dB (A)
   nachts 50 dB (A)

c) Gebiete mit gewerblichen Anlagen und Wohnungen, in denen weder vorwiegend gewerbliche Anlagen noch vorwiegend Wohnungen untergebracht sind, auf   tags 60 dB (A)
   nachts 45 dB (A)

d) Gebiete, in denen vorwiegend Wohnungen untergebracht sind, auf   tags 55 dB (A)
   nachts 40 dB (A)

e) Gebiete, in denen ausschließlich Wohnungen untergebracht sind,   auf tags 50 dB (A)
   nachts 35 dB (A)

f) Kurgebiete, Krankenhäuser und Pflegeanstalten auf   tags 45 dB (A)
   nachts 35 dB (A)

g) Wohnungen, die mit der Anlage baulich verbunden sind, auf   tags 40 dB (A)
   nachts 30 dB (A)

Die Nachtzeit beträgt acht Stunden; sie beginnt um 22 Uhr und endet um 6 Uhr.

(...)

(...)

§ 6 ImmoWertV Lagemerkmale

147 b) **Immissionsrichtwerte nach VDI 2058** (VDI 2058, Blatt 1, Stand: Juni 1973)

Beurteilung von Arbeitslärm in der Nachbarschaft

2.323 Die Immissionsrichtwerte sind für den gesamten Einwirkungsbereich des von der Anlage ausgehenden Geräusches maßgebend (...).

3.3.1 Immissionsrichtwerte „Außen"

a) Für Einwirkungsorte[77], in deren Umgebung nur gewerbliche Anlagen und ggf. ausnahmsweise Wohnungen für Inhaber und Leiter der Betriebe sowie für Aufsichts- und Bereitschaftspersonen untergebracht sind (vgl. Industriegebiete § 9 BauNVO)[78] — 70 dB (A)

b) für Einwirkungsorte, in deren Umgebung vorwiegend gewerbliche Anlagen untergebracht sind (vgl. Gewerbegebiete § 8 BauNVO) — tags 65 dB (A) / nachts 50 dB (A)

c) für Einwirkungsorte, in deren Umgebung weder vorwiegend gewerbliche Anlagen noch vorwiegend Wohnungen untergebracht sind (vgl. Kerngebiete § 7 BauNVO, Mischgebiete § 6 BauNVO, Dorfgebiete § 5 BauNVO) — tags 60 dB (A) / nachts 45 dB (A)

d) für Einwirkungsorte, in deren Umgebung vorwiegend Wohnungen untergebracht sind (vgl. allgemeine Wohngebiete § 4 BauNVO, Kleinsiedlungsgebiete § 2 BauNVO)[79] — tags 55 dB (A) / nachts 40 dB (A)

e) für Einwirkungsorte, in deren Umgebung ausschließlich Wohnungen untergebracht sind (vgl. reines Wohngebiet § 3 BauNVO) — tags 50 dB (A) / nachts 35 dB (A)

f) für Kurgebiete, Krankenhäuser, Pflegeanstalten, soweit sie als solche durch Orts- oder Straßenbeschilderung ausgewiesen sind — tags 45 dB (A) / nachts 35 dB (A)

148 c) **Anhaltswerte für Innengeräuschpegel nach VDI 2719** (VDI 2719, Stand: Oktober 1973)

Schalldämmung von Fenstern

(...)

Tafel 5: Anhaltswerte für Innengeräuschpegel

(gilt nur für von außen in Aufenthaltsräume eindringenden Schall)

1 Schlafräume nachts
1.1 in reinen und allgemeinen Wohngebieten, Krankenhaus- und Kurgebieten — 25 bis 30 dB (A)
1.2 in allen übrigen Gebieten — 30 bis 35 dB (A)
2. Wohnräume tagsüber
2.1 in reinen und allgemeinen Wohngebieten, Krankenhaus- und Kurgebieten — 30 bis 35 dB (A)
2.2 in allen übrigen Gebieten — 35 bis 40 dB (A)
3. Kommunikations- und Arbeitsräume, tagsüber
3.1 Unterrichtsräume, ruhebedürftige Einzelbüros, wissenschaftliche Arbeitsräume, Bibliotheken, Konferenz- und Vortragsräume, Arztpraxen, Operationsräume, Kirchen, Aulen — 30 bis 40 dB (A)

---

77 Während die baurechtliche Zulässigkeit baulicher und sonstiger Anlagen allein von der städtebaulichen Vereinbarkeit mit der Eigenart des umgebenden Baugebietes bestimmt wird, richtet sich die Beurteilung eines Anlagengeräusches hinsichtlich der von ihm ausgehenden Gefahren, wesentlichen Nachteile oder wesentlichen Beeinträchtigungen nach dem Einwirkungsort, der auch in einem anderen Baugebiet als die Geräuschquelle liegen kann. Die Beurteilung des einwirkenden Anlagengeräusches muss sich im konkreten Fall in erster Linie daran orientieren, wie am Einwirkungsort gewohnt wird und in überschaubarer Zeit gewohnt werden wird. Die für diese Beurteilung maßgebliche bauliche Nutzung wird aber nicht allein durch die Summe der Baukörper erfasst, sondern auch durch alles mitbestimmt, was für ihren Charakter und ihre Funktion objektiv von Bedeutung ist, etwa die Lage zu größeren Verkehrsträgern (vgl. BVerwG, Urt. vom 23.04.1969 – 4 C 15/68 –, BRS Bd. 22 Nr. 37).

78 In Klammern sind jeweils die Gebiete der BauNVO angegeben, die in der Regel den Kennzeichnungen unter a) bis f) entsprechen. Eine schematische Gleichsetzung ist jedoch nicht möglich, da die Kennzeichnung unter a) bis f) ausschließlich nach dem Gesichtspunkt der Schutzbedürftigkeit gegen Lärmeinwirkungen vorgenommen ist, die Gebietseinteilung in der BauNVO aber auch anderen planerischen Erfordernissen Rechnung trägt (vgl. MBl. NW, 1968, 1557/8 – Einführungserlass zur TA Lärm –).

79 Hierbei ist von der lautesten Nachtstunde zwischen 22 und 6 Uhr auszugehen; sie ist weitgehend von den örtlichen Gegebenheiten abhängig. Da in der lautesten Nachtstunde erfahrungsgemäß der Mittelungspegel um etwa 5 dB (A) unter dem am Tag herrschenden Wert liegt, sind die Anforderungen (Schallschutzklassen) für die Raumarten 1 und 2 gleich.

Lagemerkmale § 6 ImmoWertV

3.2 Büros für mehrere Personen	35 bis 45 dB (A)
3.3 Großraumbüros, Gaststätten, Schalterräume, Läden	40 bis 50 dB (A

Diese Richtwerte haben ihre Bedeutung aufgrund der in der BImSchV vorgegebenen Immissionsgrenzwerte verloren; auf diese Grenzwerte wird im Folgenden noch einzugehen sein. **149**

Im **Bereich der städtebaulichen Planung** (Bauleitplanung) kommt die **DIN 18005-1** (Schallschutz im Städtebau) zur Anwendung Die DIN 18005 enthält folgende schalltechnische Orientierungswerte (Abb. 17): **150**

Abb. 17: Schalltechnische Orientierungswerte nach DIN 18005 (Werte in dB (A))

Nutzungen	Tag	Nacht
Reine Wohngebiete (WR)		
Wochenendhausgebiete		
Ferienhausgebiete	50	40/35
Allgemeine Wohngebiete (WA)		
Kleinsiedlungsgebiete (WS)		
Campingplatzgebiete	55	45/40
Friedhöfe, Kleingärten- und Parkanlagen	55	55
Besondere Wohngebiete (WB)	60	45/40
Dorfgebiete (MD)		
Mischgebiete (MI)	60	50/45
Kerngebiete (MK)		
Gewerbegebiete (GE)	65	55/50
Sonstige Sondergebiete, soweit sie schutzbedürftig sind, je nach Nutzungsart	45–65	35/65

Für den **Bau oder wesentliche Änderungen von öffentlichen Straßen sowie von Schienenwegen** sind die Immissionsgrenzwerte der 16. BImSchV maßgebend (vgl. unten Rn. 244 ff.)

6.2.2 Verkehrswertermittlung

Verkehrsimmissionen, insbesondere Lärm, Abgase und Erschütterungen, wirken sich i. d. R. wertmindernd auf den Verkehrswert eines Grundstücks aus. Eine besondere Berücksichtigung bei der Verkehrswertermittlung wird allerdings erst immer dann in Betracht kommen, wenn diese Immissionen eine ungewöhnlich starke Beeinträchtigung darstellen, von der Bevölkerung nicht als „üblich" empfunden und hingenommen werden und vor allem die bestimmungsgemäße ortsübliche Nutzung des Grundstücks beeinträchtigen. Hierfür sind die **Situationsgebundenheit und die Ortsüblichkeit entscheidend:** So wird z. B. eine Wohnlage in sehr viel stärkerem Maße durch Verkehrsimmissionen beeinträchtigt als ein Gewerbegebiet; des Weiteren wird man in Großstädten Verkehrsimmissionen eher hinnehmen und als gegendüblich ansehen als in kleineren Gemeinden. **151**

Dementsprechend hat der BFH die Einwirkung des Straßenverkehrslärms auf ein in einer Großstadt gelegenes Wohngrundstück, die sich innerhalb der üblichen Schwankungsbreite des Straßenverkehrslärms in Großstädten bewegt, nicht als eine „ungewöhnlich starke" Lärmimmission (i. S. des § 82 Abs. 1 Satz 2 Nr. 1 BewG) angesehen[80]. Erst wenn die Bewohner gezwungen sind, z. B. bei einem Wohngrundstück ihre **Lebensgewohnheiten** bezüglich der Nutzung des Grundstücks in einer Weise einzuschränken, die bei einer **üblichen Benutzung** des Grundstücks in seiner konkreten Beschaffenheit **nicht mehr hingenommen würde,** liegt bewertungsrechtlich eine ungewöhnlich „erhebliche" Beeinträchtigung vor[81]. **152**

Als ein Königsweg zur Berücksichtigung von Lärmimmissionen bei der Verkehrswertermittlung gilt, wie bezüglich anderer wertbeeinflussender Umstände auch hier, möglichst **Ver- 153**

---
80 BFH, Urt. vom 23.09.1977 – III R 42/75 –, EzGuG 13.42.
81 BFH, Urt. vom 12.12.1990 – II R 97/87 –, EzGuG 4.136.

gleichspreise von Grundstücken heranzuziehen, **die eine vergleichbare Lärmbelastung aufweisen.** Die Aufgabe, den Einfluss von Lärmimmissionen auf den Verkehrswert besonders zu erfassen, stellt sich erst,

1. wenn Vergleichspreise von Grundstücken herangezogen werden, die hinsichtlich der Lärmimmissionen im Verhältnis zum Wertermittlungsobjekt unterschiedlich sind, sowie
2. im Entschädigungsfall, wenn z. B. ein Grundstück aufgrund einer neuen Verkehrsführung einer zusätzlichen Lärmbelastung ausgesetzt wird.

Nur im zweiten Fall ist es auch für die Verkehrswertermittlung – genauer gesagt für die Ermittlung der Verkehrswertminderung – zwingend erforderlich, sich ein objektives Bild über Art und Ausmaß der Lärmbelastung zu machen und sie anhand objektiver Kriterien zu werten.

154 Ein Abschlag wegen ungewöhnlich starker Verkehrslärmbeeinträchtigung scheidet bei Anwendung des Vergleichs- oder des Ertragswertverfahrens von vornherein aus, wenn der **wertmindernde Umstand bereits mit den herangezogenen Vergleichspreisen oder dem angesetzten Reinertrag berücksichtigt** wurde; bei Anwendung des Sachwertverfahrens finden Verkehrslärmbeeinträchtigungen dagegen keinen unmittelbaren Eingang in das Wertermittlungsverfahren und müssen besonders berücksichtigt werden. Ansonsten richtet sich die Höhe eines verkehrslärmbedingten Abschlags vom Grundstückswert nach der spezifischen Nutzungsart des betroffenen Grundstücks sowie nach Intensität und Dauer der ungewöhnlich starken Beeinträchtigung, wobei in jedem Fall die Umstände des Einzelfalls berücksichtigt werden müssen.

▶ *Zum Baulärm vgl. unten Rn. 258*

6.2.3 Wertminderung

Schrifttum: *Bähr,* O./*Ollefs,* F., Minderung des Verkehrswerts für ein Villengrundstück durch Autobahnlärm, GuG 1992, 9; *Borjans, R.,* Immobilienpreise als Indikatoren der Umweltbelastung durch den städtischen Kraftverkehr, Institut für Verkehrswissenschaft an der Universität Köln, Buchreihe Nr. 44, Düsseldorf 1983; *Borowski, A.,* Einfluss von Verkehrslärm auf den Bodenwert und auf den Verkehrswert von Eigentumswohnungen, DS 2003, 55; *Glathe, in* AVN 1974, 376; *Krumbholz* in Nachr. der nds. Kat. und VermVw. 1989, 164; *Lichtner* in AVN 1975, 127; ders. in dng 1975, 39; *Struck, H.,* Ermittlung der Wertminderung von Grundstücken und Gebäuden durch Immissionen, AVN 1973, 104; *Scholland, R.,* Straßenverkehrsgeräusche in Wohngebieten, Dortmunder Beiträge zur Raumplanung 1988, S. 49; *Stege, J.,* Vortragsmanuskript zum Einfluss von Lärmimmissionen auf den Verkehrswert von Grundstücken vom 7.–9. 11. 1990, Institut für Städtebau Berlin; *Täffner, B.,* Verkehrslärm und Kaufpreis von Eigentumswohnungen, DS 2003, 58.

155 Zur **bodenwertmindernden Wirkung von Straßenverkehrsgeräuschen** liegen bislang nur wenige und zugleich auch widersprüchliche Untersuchungen vor[82]. Grundsätzlich kann aber davon ausgegangen werden, dass die bodenwertmindernde Wirkung von Geräuschimmissionen nicht nur von der Lautstärke, sondern – wie ausgeführt – auch von der Art des Gebiets und seiner Vorbelastung abhängt, d. h., die Beeinträchtigungen sind bei reinen Wohngebieten (WR) größer als in allgemeinen Wohngebieten (WA), Mischgebieten (MI) oder gar in Gewerbe- und Industriegebieten (GE, GI).

156 Da eine Verzehnfachung des objektiv messbaren Schallpegels als doppelt so laut wahrgenommen wird, muss des Weiteren davon ausgegangen werden, dass die Abhängigkeit des Bodenwerts von Änderungen des Schallpegels einer Exponentialfunktion folgt. Der Schallpegel ist als das logarithmische Maß der Schallstärke definiert. Deshalb liegt eine Verdoppelung der Schallstärke vor, wenn sich der Schallpegel um 10 Dezibel (dB) mit der Frequenzkurve A nach DIN 45 633 erhöht. Es kann schließlich erwartet werden, dass mithilfe einer dem Rechnung tragenden Regressionsanalyse auf der Grundlage ortsspezifischer Daten empirisch gesicherte Umrechnungskoeffizienten für die Abhängigkeit des Bodenwerts von Änderungen des Schallpegels gewonnen werden können.

---

[82] Struck in AVN 1973, 104; Lichtner in AVN 1975, 127; ders. in dng 1975,39; Glathe in AVN 1974, 376; Krumbholz in Nachr. der nds. Kat. und VermVw. 1989, 164; Bähr in GuG 1992, 9; Ollefs in GuG 1992, 9.

Lagemerkmale § 6 ImmoWertV

Aus der **Literatur** sind **folgende Angaben** bekannt: 157

a) Für **Einfamilienhäuser** ergibt sich nach *Borjans* eine mittlere Wertminderung von 0,5 % des Bodenwerts bei Zunahme des Schallpegels um 1 dB (A)[83].

b) Für **reine Wohngebiete** (WR) ergibt sich nach *Scholland* im Bereich eines Schallpegels von 40 bis 60 dB (A) eine mittlere Wertminderung von 1,7 % des Bodenwerts bei Zunahme des Schallpegels um 1 dB (A); in allgemeinen Wohngebieten (WA) ist die Wertminderung etwa halb so groß. Entsprechend der funktionalen Abhängigkeit ist die prozentuale Bodenwertminderung im unteren Bereich kleiner als im oberen Bereich (vgl. Abb. 18).

Abb. 18: Umrechnungskoeffizienten für die prozentuale Bodenwertminderung durch Geräuschemissionen in Wohngebieten für einem Schallpegel von 40 dB (A) bis 60 dB (A) pro V1 dB (A) nach Scholland

Baugebietsart	Verdichtungsgrad		
	hochverdichtet	verdichtet	dünn besiedelt
WR	1,3	3,5	3,3
WA/WS	0,6	1,5	1,4

Quelle: Scholland in AVN 1988, 397

Beispiel: 158

– Das Wertermittlungsobjekt liegt in einem verdichteten reinen Wohngebiet und weist einen Schallpegel von 58 dB (A) auf.

– Der Kaufpreis eines Vergleichsobjekts, das ebenfalls in einem reinen Wohngebiet gelegen ist und einen Schallpegel von 50 dB (A) aufweist, beträgt 400 €/m².

Umrechnung des Vergleichspreises:

–	Schallpegel des Wertermittlungsobjekts:	58 dB (A)
./.	Schallpegel des Vergleichsobjekts:	50 dB (A)
=	Unterschiedlicher Schallpegel:	8 dB (A)
–	Prozentuale Wertminderung pro 1 dB (A) (lt. Tabelle):	3,5 v. H.
–	Prozentuale Wertminderung insgesamt 8 dB (A) × 3,5:	28,0 v. H.
–	Bodenwertminderung in € bei 400 €/m²:	112 €/m² (= 400 €/m² × 28/100)
–	Umgerechneter Vergleichspreis 400 €/m² – 112 €/m²:	**288 €/m²**

Anzumerken bleibt, dass die angegebene Tabelle stark vereinfachte Untersuchungsergebnisse wiedergibt und im Bereich eines Schallpegels von 50 dB (A) bis 60 dB (A) die zuverlässigsten Ergebnisse liefert; bei Schallpegeln über 60 dB (A) nehmen die Wertminderungen zu.

c) Eine weitere Untersuchung für **Wohngebiete** (ausgestattet mit Sammelheizung, Bad und Dusche) kommt zum Ergebnis, dass ein hoher Schallpegel an „stark frequentierten" Durchgangsstraßen zu Mietminderungen und damit zu einer Verkehrswertminderung führt, und zwar nur bis zu einem Straßenbegrenzungsabstand von 50 m; *Stege*[84] gibt dafür folgende Beziehung an: 159

---

[83] Borjans, Immobilienpreise als Indikatoren der Umweltbelastung durch den städtischen Kraftverkehr, Institut für Verkehrswissenschaft an der Universität Köln, Buchreihe Nr.44, Düsseldorf 1983, der Untersuchung liegen Kölner Verhältnisse zugrunde.

[84] Stege, J., Vortragsmanuskript zum Einfluss von Lärmimmissionen auf den Verkehrswert von Grundstücken vom 07.- 09.11.1990, Institut für Städtebau Berlin.

§ 6 ImmoWertV   Lagemerkmale

$$RoE_{Minderung} = 0{,}13\left(1 - E/50\right) \times RoE$$

wobei RoE = Rohertrag
       E   = Abstand der Gebäudevorderwand zur Straßengrenze in Metern (m)

160 *Beispiel:*

Wohnfläche 177 m², Nettokaltmiete 4,50 €/m², E = 7 m, Grundstücksgröße 968 m²,

Liegenschaftszins   3,5 %
Jahresrohertrag 4,50 €/m² × 177 m² × 12 Monate   = 9 558 €
Rohertragsminderung 0,13 (1 – 7/50) × 9 558 €   = **1 069 €**

Die Bodenwertminderung ergibt sich dann unter Anwendung der im Teil VIII bei Rn. 413 ff. vorgestellten Differenzialformel des Ertragswertverfahrens:

$$\Delta\ \text{Bodenwert} = \frac{\Delta\ \text{Jahresreinertrag}_{Boden}}{\text{Liegenschaftszinssatz}} \times 100$$

Δ Bodenwert = 1 069 € / 3,5 × 100 = 30 543 €

Bodenwertminderung pro Quadratmeter Grundstücksfläche:

Δ Bodenwert = 30 543 € / 968 m² = 31,55 €/m²

Kritisch anzumerken bleibt hier, dass die Höhe des Schallpegels nur auf das **Kriterium stark frequentierte Durchgangsstraße** eingeht, was allerdings der Realität der Wertermittlungspraxis durchaus entspricht, denn erfahrungsgemäß werden Geräuschbelastungen durch eine Vielzahl anderer wertbeeinflussender Umstände überlagert; ihr Werteinfluss „verwischt" sich erfahrungsgemäß selbst in guten Wohnlagen.

161 d) Im Rahmen der **Einheitsbewertung** von Grundstücken besteht die Regel, dass der Abschlag aufgrund von Verkehrslärm nicht über 5 v. H. des Grundstückswerts hinausgeht[85]. Der BFH hat für Beeinträchtigungen aufgrund von Verkehrslärm *in der für Großstädte typischen Schwankungsbreite* im Übrigen jedoch keine Grundlage für eine Herabsetzung des Einheitswerts gesehen[86].

162 e) Die **Beeinträchtigung durch Verkehrslärm** lässt sich auch **mithilfe von sog. Lästigkeitsfaktoren** ermitteln, d. h. durch die Differenz der Lästigkeitsfaktoren, bezogen auf die Verkehrsimmission und den Immissionsgrenzwert (IGW, vgl. Rn. 182 ff.). Grundlage hierfür sind folgende in Abb. 19 dargestellte Lästigkeitsfaktoren in Abhängigkeit vom Mittelungspegel der Verkehrsimmission.

---

[85] BFH, Urt. vom 18.12.1991 – II R 6/89 –, GuG 1991, 212 = EzGuG 18.115.
[86] BFH, Urt. vom 23.09.1977 – III R 42/75 –, EzGuG 13.42 (vgl. auch § 82e EStDVO zur steuerlichen Behandlung von Lärmschutzeinrichtungen).

Lagemerkmale § 6 ImmoWertV

Abb. 19: Tabelle der Lästigkeitsfaktoren

Tabelle der Lästigkeitsfaktoren			
Beurteilungspegel $L_{r,T}$ [dB (A)]	Lästigkeitsfaktoren LSF	Beurteilungspegel $L_{r,T}$ [dB (A)]	Lästigkeitsfaktoren LSF
10 20 30 40 50	Bis 50 dB (A) wird kein Lästigkeitsfaktor berücksichtigt, da bei einem Beurteilungspegel von 50 dB (A) im Freien bei mittlerer Sprechweise noch eine ausreichende Sprachverständlichkeit bei mehr als 1 m Abstand erreicht wird. (vgl. Interdisziplinärer Arbeitskreis für Lärmwirkungsfragen beim Umweltbundesamt in Zeitschrift für Lärmbekämpfung 1985, 95 ff.)		
50	32,0	66	97,0
51	34,3	67	104,0
52	36,8	68	111,4
53	39,4	69	119,4
54	42,2	70	128,0
55	45,3	71	137,2
56	48,5	72	147,0
57	52,0	73	157,6
58	55,7	74	168,9
59	59,7	75	181,0
60	64,0	76	194,0
61	68,6	77	207,9
62	73,5	77	207,9
63	78,8	78	222,9
64	84,4	79	238,9
65	**90,5**	80	**256,0**
Formel für den Lästigkeitsfaktor LSF des Beurteilungspegels $L_{r,T}$ $LSF = 2^{0,1 \cdot L_{r,T}}$ Formel für den Lästigkeitsfaktor LSF des anzuwendenden Immissionsgrenzwerts IGW $LSF = 2^{0,1 \cdot IGW}$			

Quelle: VLärmSchR 97, VkBl. 1997, 434

f) Borowski[87] gibt auf der Grundlage von Bodenrichtwertvergleichen in Abhängigkeit von den Lästigkeitsfaktoren folgende Bodenwertminderungen an (Abb. 20):

Abb. 20: Bodenwertminderung in %

Schallimmission an der Straßenrandbebauung dB (A)	Lästigkeitsfaktor nach VLärmSchR 97	Bodenwertminderung in %
40-50	keine Verkehrslärmbelastung	0
50-55	40	2
55-60	55	2,75
60-65	80	4
65-70	110	5,5
70-75	150	7,5
75-80	200	10

---

87 Borowski, A-K.in DS 2003, 55.

g) *Täffner* stellt im Grundstücksmarktbericht 2002 für *Mainz* fest, dass Verkehrswerte von Eigentumswohnungen in Phasen des Angebotsüberhangs deutlich gemindert sind (im Jahre 2001 um etwa 27 % gegenüber einer „leisen" Wohnung).

163 Der Beurteilungspegel der Verkehrsimmission kann durch Lärmmessung vor Ort festgestellt werden. Für Belange der Wertermittlung reicht es i. d. R. jedoch aus, den Beurteilungspegel zu berechnen. Das Berechnungsverfahren ist in der 16. DurchführungsVO zum BImschG (vgl. unten Rn. 182) dargestellt. Sie enthält **Berechnungsverfahren für den Beurteilungspegel** sowohl für Straßenverkehrslärm als auch für Schienenverkehrslärm; dabei ist jeweils zu unterscheiden nach

– Beurteilungspegel am Tag (6.00–22.00 Uhr) und

– Beurteilungspegel bei Nacht (22.00–6.00 Uhr).

164 Der **maßgebende Immissionsort** ist bei

– Balkonen und Loggien deren Außenfassade (Brüstung) in Höhe der Geschossdecke der betroffenen Wohnung,

– Terrassen und unbebauten Außenwohnbereichen jeweils deren Mittelpunkt in 2 m Höhe.

165 Zum **Außenwohnbereich** zählen

– baulich mit dem Wohngebäude verbundene Anlagen, wie z. B. Balkone, Loggien, Terrassen, sog. bebauter Außenwohnbereich,

– sonstige zum Wohnen im Freien geeignete und bestimmte Flächen des Grundstücks, sog. unbebauter Außenbereich. Hierzu zählen z. B. auch Gartenlauben, Grillplätze.

Ob **Flächen** tatsächlich **zum „Wohnen im Freien"** geeignet und bestimmt sind, ist jeweils im Einzelfall festzustellen. Nach der Rechtsprechung des BVerwG[88] sind Freiflächen gegenüber Verkehrslärm nicht allein deswegen schutzbedürftig, weil die gebietsspezifischen IGW überschritten sind. Vielmehr müssen sie darüber hinaus zum Wohnen im Freien geeignet und bestimmt sein.

Ein **Außenwohnbereich** liegt insbesondere nicht vor bei

– Vorgärten, die nicht dem regelmäßigen Aufenthalt dienen,

– Flächen, die nicht zum „Wohnen im Freien" benutzt werden dürfen,

– Balkonen, die nicht dem regelmäßigen Aufenthalt dienen. Beim Außenwohnbereich ist nur auf den IGW am Tage abzustellen.

6.2.4 Lärmvorsorge

166 Die Lärmvorsorge ist geregelt im **Bundes-Immissionsschutzgesetz** (BImSchG), in der Verkehrslärmschutzverordnung (16. BImSchV) und in der Verkehrswege-Schallschutzmaßnahmenverordnung (24. BImSchV):

– §§ 41 ff. BImSchG verpflichten den Träger der Straßenbaulast – unbeschadet des Gebots nach § 50 BImSchG – beim Bau oder der wesentlichen Änderung von Straßen den notwendigen Lärmschutz sicherzustellen.

– Die 16. BImSchV setzt die Immissionsgrenzwerte fest, nennt die Voraussetzungen der wesentlichen Änderung i. S. des § 41 BImSchG und regelt das Verfahren für die Berechnung des Beurteilungspegels.

– Die 24. BImSchV regelt Art und Umfang der notwendigen Schallschutzmaßnahmen für schutzbedürftige Räume in baulichen Anlagen.

– Aus § 42 Abs. 2 Satz 2 BImSchG i. V. m. § 74 Abs. 2 VwVfG (L) können sich weitergehende Entschädigungsansprüche lärmbetroffener Eigentümer ergeben.

---

[88] BVerwG, Urt. vom 11.11.1988 – 4 C 11/87 –, NVwZ 1989, 255.

Lagemerkmale § 6 ImmoWertV

– Richtlinien für den Verkehrslärmschutz an Bundesfernstraßen in der Baulast des Bundes vom 02.07.1997 – StB 16/14.80.13-65/11 Vy 97 (VkBl. 1997, 434).

Den Berechnungen des Beurteilungspegels liegen die RLS 90 für Straßen bzw. die Schall 03 für Schienenwege zugrunde. Nach den Richtlinien für den Verkehrslärmschutz an Bundesfernstraßen in der Baulast des Bundes (VLärmSchR 97) kommen Maßnahmen zur Lärmsanierung in Betracht, wenn die nach RLS 90 berechneten Mittelungspegel einen der folgenden Immissionsgrenzwerte übersteigen (Abb. 21).

Abb. 21: Grenzwerte für Lärmsanierung an Straßen in der Baulast des Bundes (Werte in dB (A))

Nutzungen	Tag	Nacht
Krankenhäuser, Schulen, Kur- und Altenheime, Wohn- und Kleinsiedlungsgebiete	70	60
Kern-, Dorf- und Mischgebiete	72	62
Gewerbegebiete	75	65

Verkehrslärm soll bereits bei der **Planung von Verkehrswegen** vermieden werden. An erster Stelle ist hier das Trennungsgebot des § 50 BImSchG zu nennen[89]. Daneben steht die Verpflichtung, die Beeinträchtigung durch Verkehrslärm durch 167

a) aktiven Schallschutz, d. h. Vorkehrungen an der Verkehrsanlage, und

b) passiven Schallschutz, d. h. durch Maßnahmen am Objekt (z. B. Schallschutzfenster, lärmdämmende Fassaden)

zu mindern. Aktiver Schallschutz kann z. B. durch Lärmschutzwälle geleistet werden. Die **Kosten** betrugen im Jahre 2000 etwa 30 €/m³ **Lärmschutzwall**.

Beim Neubau und bei baulichen Änderungen von Verkehrswegen (Straßen [§ 17 Abs. 1 FStrG], Bundeswasserstraßen [§ 14 Abs. 1 WaStrG], Straßenbahnen [§ 28 PBefG] und Schienenwegen [§ 18 Abs. 1 AEG]) sind im Rahmen der **Abwägung** Lärmemissionen als „erheblicher Belang" zu berücksichtigen. Dies gilt auch für Lärmbelästigungen, die keinen Ausgleichsanspruch auslösen, weil sie noch zumutbar sind[90]. 168

Dabei ist zu prüfen, ob und inwieweit ein **Ausgleichsanspruch** 169

– nach den planfeststellungsrechtlichen Schutzauflagevorschriften des § 74 Abs. 2 Satz 2 des Landesverwaltungsverfahrensgesetzes (bisher: 17 Abs. 4 FStrG a. F.) für durch Plan festzustellende Straßen und

– nach § 42 BImSchG für sonstige öffentliche Straßen

in Betracht kommt[91].

Nach den **planfeststellungsrechtlichen Schutzauflagevorschriften** haben nämlich die von der Planfeststellung Betroffenen einen Anspruch auf solche Maßnahmen, die geeignet sind, nachteilige Auswirkungen auf die Anliegergrundstücke zu vermeiden, soweit die Zumutbarkeitsschwelle überschritten wird[92]. 170

Die entsprechende Bestimmung des § **74 Abs. 2 VwVfG** des Bundes lautet: 171

„(2) Im Planfeststellungsbeschluss entscheidet die Planfeststellungsbehörde über die Einwendungen, über die bei der Erörterung vor der Anhörungsbehörde keine Einigung erzielt worden ist. Sie hat dem Träger des Vorhabens Vorkehrungen oder die Errichtung und Unterhaltung von Anlagen aufzuerlegen, die zum Wohl der Allgemeinheit oder zur Vermeidung nachteiliger Wirkungen auf Rechte anderer erfor-

---

[89] Sommer, Die höchstrichterliche Rechtsprechung zur Bedeutung des Verkehrslärmschutzes für die Bauleitplanung und die Zulässigkeit von Bauvorhaben, ZfBR 1990, 54.
[90] BVerwG, Urt. vom 07.09.1979 – 4 C 7/77 –, BVerwGE 59, 87; BVerwG, Urt. vom 22.03.1985 – 4 C 63/80 –, EzGuG 13.72; Korbmacher in DÖV 1982, 517.
[91] BVerwG, Urt. vom 18.12.1987 – 4 C 49/83 –, EzGuG 18.106, BVerwG, Urt. vom 22.05.1987 – 4 C 17-19/84 –, EzGuG 13.96, BayVGH, Urt. vom 03.10.1989 – 8 B 86.3162 u. a. –, UPR 1990, 123 = BayVBl 1990, 148 = NVwZ 1990, 378.
[92] BVerwG, Urt. vom 11.11.1988 – 4 C 11/87 –, EzGuG 13.111.

derlich sind. Sind solche Vorkehrungen oder Anlagen untunlich oder mit dem Vorhaben unvereinbar, so hat der Betroffene Anspruch auf angemessene Entschädigung in Geld."

172 Die entsprechende **Bestimmung des Landesverwaltungsverfahrensgesetzes** ersetzt die bisher geltende Schutzauflagevorschrift des § 17 Abs. 4 FStrG a. F.[93] Im Einführungserlass des Bundesministeriums für Verkehr vom 27.8.1990 heißt es hierzu:

„Als Auflagenvorschrift ist § 17 Abs. 4 FStrG (a. F.) entfallen; Rechtsgrundlage für die Anordnung von Schutzauflagen ist nunmehr § 74 Abs. 2 Satz 2 der Verwaltungsverfahrensgesetze der Länder. Die genannten Vorschriften unterscheiden sich dadurch, dass § 17 Abs. 4 FStrG a. F. für die Anordnung von Auflagen auf „erhebliche Nachteile oder erhebliche Belästigungen" abstellte, während § 74 Abs. 2 der Verwaltungsverfahrensgesetze Auflagen verlangt „zur Vermeidung nachteiliger Wirkungen auf Rechte". Mit der Anwendbarkeit dieser Vorschrift sind im Bereich der Bundesfernstraßenplanung entstandene Zweifel ausgeräumt, ob die Anordnung von Schutzauflagen bei Beeinträchtigung von Rechtspositionen vorgeschrieben ist oder ob erhebliche Nachteile für wirtschaftliche Interessen ausreichen. Anlass zu diesen Zweifeln hatte die Rechtsprechung des Bundesverwaltungsgerichts zu § 17 Abs. 4 FStrG a. F. gegeben (vgl. BVerwG, Urt. vom 18.12.1987 – 4 C 49/83 –, *EzGuG 18.106* – Verschlechterung einer öffentlichen Wegeverbindung für einen landwirtschaftlichen Betrieb). Nach § 74 Abs. 2 Satz 2 der Verwaltungsverfahrensgesetze müssen Rechte nachteilig betroffen sein."

173 **Rechtsgrundlage ist § 19a FStrG,** der folgende Fassung hat:

„**§ 19 a FStrG** Entschädigungsverfahren
Soweit der Träger der Straßenbaulast nach §§ 8a, 9 oder aufgrund eines Planfeststellungsbeschlusses (§ 17 Abs. 1) oder einer Plangenehmigung (§ 17 Abs. 1a) verpflichtet ist, eine Entschädigung in Geld zu leisten und über die Höhe der Entschädigung keine Einigung zwischen dem Betroffenen und dem Träger der Straßenbaulast zustande kommt, entscheidet auf Antrag eines der Beteiligten die nach Landesrecht zuständige Behörde; für das Verfahren und den Rechtsweg gelten die Enteignungsgesetze der Länder entsprechend."

174 § 19a FStrG schließt für die Festsetzung einer Entschädigung bei erheblichen mittelbaren Beeinträchtigungen eine Lücke. Da die Verwaltungsverfahrensgesetze der Länder für das Planfeststellungsverfahren keine Regelung über die Festsetzung einer Entschädigung der Höhe nach enthalten, musste die Lücke im Fachgesetz geschlossen werden. Miteinbezogen wurden zugleich die Entschädigungsansprüche nach § 8a Abs. 4 und 7 und § 9 Abs. 9 FStrG, da auch hier ein Verfahren für die Entschädigungsfestsetzung fehlte. Insbesondere für die Planfeststellung bedeutet die Neuregelung, dass die Planfeststellungsbehörde über eine Entschädigung in Geld dem Grunde nach zu entscheiden hat, während die **Höhe der Entschädigung erst dann in einem besonderen Verfahren festzusetzen ist, wenn der Betroffene und der Träger der Straßenbaulast keine Einigung erreichen.**

175 Die Regelung entspricht § 42 Abs. 3 BImSchG. Mit ihr wird gerade für Entschädigungen wegen Beeinträchtigungen durch Straßenverkehrslärm eine **einheitliche Zuständigkeitsregelung und Rechtswegzuweisung** bei Streitigkeiten über die Erstattung der Aufwendungen an einer baulichen Anlage (§ 42 Abs. 2 Satz 1 BImSchG) und über eine Entschädigung für den Außenwohnbereich als weitergehenden Anspruch i. S. von § 42 Abs. 2 Satz 2 BImSchG geschaffen. Dies dient der Verfahrenskonzentration. Die neue Regelung erleichtert es den Betroffenen, ihren Anspruch als einheitlichen geltend machen zu können, und zwar auch dann, wenn es sich um keine Enteignungsentschädigung handelt. Soweit nach Enteignungsgesetzen der Länder die Kammern (Senate) für Baulandsachen für die gerichtliche Nachprüfung von Entschädigungsfestsetzungen zuständig sind, kann ihnen aufgrund § 232 BauGB auch die Entscheidung über Entschädigungsansprüche übertragen werden, die nicht auf einer Enteignung beruhen[94].

176 Bei dem **Bau oder der wesentlichen Änderung öffentlicher Straßen sowie von Eisenbahnen und Straßenbahnen** ist nach § 41 BImschG sicherzustellen, dass durch diese keine schädlichen Umwelteinwirkungen durch Verkehrsgeräusche hervorgerufen werden können, die nach dem Stand der Technik vermeidbar sind. Diese rechtliche Verpflichtung gilt nach

---
93 BT-Drucks 11/4310, S. 94.
94 BT-Drucks 10/4630 sowie BT-Drucks 11/4310, S. 100 ff.

Lagemerkmale § 6 ImmoWertV

dem vorher Gesagten allerdings nicht, soweit die Kosten der Schutzmaßnahme außer Verhältnis zu dem angestrebten Schutzzweck stehen würden. Eine Änderung einer Straße oder eines Schienenweges der Eisenbahnen und Straßenbahnen ist nach § 1 Abs. 2 der 16. BImSchV „wesentlich", wenn

„1. eine Straße um einen oder mehrere durchgehende Fahrstreifen für den Kraftfahrzeugverkehr oder ein Schienenweg um ein oder mehrere durchgehende Gleise baulich erweitert wird oder
2. durch einen erheblichen baulichen Eingriff der Beurteilungspegel des von dem zu ändernden Verkehrsweg ausgehenden Verkehrslärms um mindestens 3 Dezibel (A) oder auf mindestens 70 Dezibel (A) am Tage oder mindestens 60 Dezibel (A) in der Nacht

erhöht wird.

Eine Änderung ist auch wesentlich, wenn der Beurteilungspegel des von dem zu ändernden Verkehrsweg ausgehenden Verkehrslärms von mindestens 70 Dezibel (A) am Tage oder 60 Dezibel (A) in der Nacht durch einen erheblichen baulichen Eingriff erhöht wird, wobei dies nicht in Gewerbegebieten gilt."

Bei derartigen umfänglichen Baumaßnahmen bzw. bei so starken Belastungen durch Verkehrslärm ist es nach dem Willen des Verordnungsgebers gerechtfertigt, im Zusammenhang mit einem baulichen Eingriff Lärmschutz nach gleichen Kriterien wie beim Neubau zu treffen. **Keine wesentlichen Änderungen sind** nach alledem **Erhaltungs- und Unterhaltungsmaßnahmen sowie kleinere Baumaßnahmen.** Dazu gehören z. B. an Straßen das Versetzen von Bordsteinen, das Anlegen einer Verkehrsinsel und das Anbringen von verkehrsregelnden Einrichtungen sowie an Schienenwegen das Versetzen von Signalanlagen, Auswechseln von Schwellen und der Einbau von Weichen. **177**

Werden in den genannten Fällen die in der Rechtsverordnung festgelegten Immissionsgrenzwerte – IGW – überschritten, so ist dem **Eigentümer in Anwendung des § 42 BImSchG eine Entschädigung zu gewähren**[95]. § 42 BImSchG hat folgende Fassung: **178**

„**§ 42 BImSchG** Entschädigung für Schallschutzmaßnahmen

(1) Werden im Fall des § 41 die in der Rechtsverordnung nach § 43 Abs. 1 Satz 1 Nr. 1 festgelegten Immissionsgrenzwerte überschritten, hat der Eigentümer einer betroffenen baulichen Anlage gegen den Träger der Baulast einen Anspruch auf angemessene Entschädigung in Geld, es sei denn, dass die Beeinträchtigung wegen der besonderen Benutzung der Anlage zumutbar ist. Dies gilt auch bei baulichen Anlagen, die bei Auslegung der Pläne im Planfeststellungsverfahren oder bei Auslegung des Entwurfs der Bauleitpläne mit ausgewiesener Wegeplanung bauaufsichtlich genehmigt waren.

(2) Die Entschädigung ist zu leisten für Schallschutzmaßnahmen an den baulichen Anlagen in Höhe der erbrachten notwendigen Aufwendungen, soweit sich diese im Rahmen der Rechtsverordnung nach § 43 Abs. 1 Satz 1 Nr. 3 halten. Vorschriften, die weitergehende Entschädigungen gewähren, bleiben unberührt.

(3) Kommt zwischen dem Träger der Baulast und dem Betroffenen keine Einigung über die Entschädigung zustande, setzt die nach Landesrecht zuständige Behörde auf Antrag eines der Beteiligten die Entschädigung durch schriftlichen Bescheid fest. Im Übrigen gelten für das Verfahren die Enteignungsgesetze der Länder entsprechend."

In Anwendung des § 42 BImSchG bemisst sich der **Geldausgleich nach den Kosten der Schallschutzmaßnahmen** (vgl. 24. BImSchV) und erst dann nach dem Minderwert des Grundstücks, wenn Schallschutzeinrichtungen **179**

– keine wirksame Abhilfe versprechen oder
– unverhältnismäßige Aufwendungen erfordern.

Zwar gewährt § 42 Abs. 2 Satz 1 BImSchG seinem Wortlaut nach keinen Anspruch auf Entschädigung für verbleibende Beeinträchtigungen der sog. Außenwohnbereiche (vgl. Rn. 174), jedoch sind zur Vermeidung unterschiedlicher Entschädigungsgrundsätze die planfeststellungsrechtlichen Schutzauflagevorschriften entsprechend anzuwenden.

---

95 Zum Entschädigungsberechtigten im Zwangsversteigerungsverfahren vgl. BGH, Urt. vom 10.07.2003 – III ZR 379/02 –, GuG 2004, 123 = EzGuG 11.350b.

§ 6 ImmoWertV   Lagemerkmale

180 Es bestanden lange Zeit keine normativ festgesetzten Immissionsgrenzwerte – IGW –, bei deren Überschreitung eine „schwere und unerträgliche Betroffenheit" i. S. einer enteignungsrechtlichen Zumutbarkeitsschwelle anzusetzen wäre[96]. Das BVerwG[97] hat solche normativen Festlegungen gefordert und betont, dass, solange derartige Bestimmungen fehlen, die nach § 41 BImSchG zu beachtende Grenze des Zumutbaren von den Behörden und den Gerichten stets anhand einer umfassenden Würdigung aller Umstände des Einzelfalles ... zu bestimmen" sei.

181 Auch in der Rechtsprechung des BGH[98] ist darauf hingewiesen worden, dass die Zumutbarkeitsschwelle innerhalb eines Spektrums von Möglichkeiten unter Würdigung des Einzelfalls nach der jeweiligen Gebietsart unterschiedlich festzusetzen sei. So muss im Außenbereich dem Gebietscharakter entsprechend Straßenlärm in stärkerem Maße entschädigungslos hingenommen werden als in einem Wohngebiet. Des Weiteren ist nach der Rechtsprechung nicht allein an die Gebietsfestsetzung anzuknüpfen, sondern auch eine (nichtschwere und unerträgliche) **Geräuschvorbelastung** bzw. das Fehlen einer bereits gegebenen Lärmvorbelastung[99] zu berücksichtigen. Bei alledem beantwortet sich die Frage nach der Zumutbarkeit nach den Verhältnissen zu dem Zeitpunkt, zu dem das Grundstück von dem enteignenden oder sonst belastenden Eingriff betroffen wurde.

182 Die 16. DurchführungsVO zum BImSchG (VerkehrslärmschutzV, a. a. O.) sieht nunmehr zum Schutz der Nachbarschaft vor schädlichen Umwelteinwirkungen durch Verkehrsgeräusche beim Bau oder bei wesentlichen Änderungen öffentlicher Straßen in § **2 Abs. 1** in Abb. 22 zusammengestellte **Immissionsgrenzwerte – IGW –** vor.

Abb. 22: Tabelle der Immissionsgrenzwerte (IGW) für Verkehrslärm

	Immissionsgrenzwerte (IGW) für Verkehrslärm	
	Tag (6.00–22.00 Uhr)	*Nacht (22.00–6.00 Uhr)*
1.	an Krankenhäusern, Schulen, Kurheimen und Altenheimen	
	57 Dezibel (A)	47 Dezibel (A)
2.	in reinen und allgemeinen Wohngebieten und Kleinsiedlungsgebieten	
	59 Dezibel (A)	49 Dezibel (A)
3.	in Kerngebieten, Dorfgebieten und Mischgebieten	
	64 Dezibel (A)	54 Dezibel (A)
4.	in Gewerbegebieten und Industriegebieten	
	69 Dezibel (A)	59 Dezibel (A)
		© W. Kleiber 11

183 Bei den IGW, die zum Schutz der Nachbarschaft in § 2 der 16. BImSchV festgelegt sind, handelt es sich um **Grenzwerte und nicht um Orientierungswerte;** werden sie überschritten,

---

96 Zur einheitlichen Handhabung hat der BMV aber „Richtlinien für den Verkehrslärmschutz an Bundesstraßen in der Baulast des Bundes" erlassen (Richtl. vom 2.6.1997, VkBl. 1997, 434); vgl. auch BT-Drucks 8/3730; es handelt sich hierbei um nicht bindende Orientierungshilfen; vgl. BGH, Urt. vom 23.10.1986 – III ZR 112/85 –, EzGuG 13.91; BGH, Urt. vom 29.06.1966 – V ZR 91/66 –, EzGuG 13.10.

97 BVerwG, Urt. vom 22.05.1987 – 4 C 33-35/83 –, EzGuG 13.97; BVerwG, Urt. vom 22.05.1987 – 4 C 17 – 19/84 –, EzGuG 13.96; weiterhin: Richtlinien für den Verkehrslärmschutz an Straßen des BMV – RLS-90 –, Ausg. 1990 sowie Richtlinie zur Berechnung der Schallimmissionen von Schienenwegen – Schall 03 –, Ausg.1990.

98 BGH, Urt. vom 30.10.1970 – V ZR 150/67 –, EzGuG 13.17; BGH, Urt. vom 17.04.1986 – III ZR 202/84 –, EzGuG 13.87; BGH, Urt. vom 13.01.1977 – III ZR 6/75 –, EzGuG 13.33.

99 BVerwG, Urt. vom 14.12.1979 – 4 C 10/77 –, EzGuG 13.53; BVerwG, Urt. vom 07.07.1978 – 4 C 79/76 –, EzGuG 13.51; BVerwG, Urt. vom 11.02.1977 – 4 C 9/75 –, EzGuG 13.34; BVerwG, Urt. vom 22.03.1985 – 4 C 63/80 –, EzGuG 13.72; BVerwG, Urt. vom 22.05.1987 – 4 C 33-35/83 –, EzGuG 13.97; OVG Lüneburg, Urt. vom 06.05.1986 – 6 C 15/ 83 – u. a., DÖV 1987, 1121; OVG Berlin, Beschl. vom 18.4.1986 – 2 S 41/86 –, EzGuG 13.88; BayVGH, Urt. vom 06.05.1986 – 8 A 85 T.43 –, EzGuG 13.86; OVG Hamburg, Beschl. vom 02.02.1987 – Bs. II 38/86 –, EzGuG 13.94; OVG Saarland, Urt. vom 05.12.1980 – 2 R 15/79 –, EzGuG 3.56; OVG Lüneburg, Urt. vom 25.01.1983 – 5 A 23/82 –, EzGuG 13.62; VGH Mannheim, Urt. vom 19.01.1983 – 5 S 641/82 –, EzGuG 13.60.

sind Schutzmaßnahmen zu treffen. Bei der Bestimmung des Umfangs des Lärmschutzes müssen die Grenzwerte nicht voll ausgeschöpft, d. h., sie können nach Abwägung im Einzelfall unterschritten werden, wenn dies mit vertretbarem Aufwand, z. B. durch Verwendung von Überschussmaterial, erreicht werden kann.

Grundsätzlich sind der Tagwert und der Nachtwert einzuhalten. Jeweils nach der besonderen Nutzung der betroffenen Anlage oder des betroffenen Gebiets nur am Tag oder nur in der Nacht ist bei der Entscheidung über Lärmschutz der IGW für diesen Zeitraum heranzuziehen (§ 2 Abs. 3 der 16. BImSchV); nur auf den Tagwert kommt es an bei Gebäuden oder Anlagen, die bestimmungsgemäß ausschließlich am Tag genutzt werden; z. B. Kindergärten, Schulen oder Bürogebäude. **184**

Die Gebietskategorien sind der BauNVO entnommen. Gebiete und Anlagen sowie Flächen, Gebiete und Anlagen, für die keine Festsetzungen vorgesehen sind, sollen entsprechend der Rechtsprechung des BVerwG[100] nach ihrer **Schutzbedürftigkeit** beurteilt werden. Dies sind insbesondere Krankenhäuser, Schulen, Kur- und Altenheime sowie Gebiete, die vorwiegend dem Wohnen dienen. Nicht in gleicher Weise schutzbedürftig sind dagegen Gebiete, in denen schon nach ihrer Zweckbestimmung i. d. R. eine deutlich merkbare Geräuschvorbelastung vorhanden ist. Dabei werden wiederum Kerngebiete, Dorfgebiete und Mischgebiete, in denen auch die Wohnnutzung eine nicht nur untergeordnete Rolle spielt, gegenüber Gewerbe- und Industriegebieten, in denen Wohnnutzung eine Ausnahme bildet, besser geschützt. **185**

§ 2 Abs. 2 Satz 1 der VerkehrslärmschutzV weist darauf hin, dass sich die Art der Anlagen und Gebiete aus den Festsetzungen in den Bebauungsplänen ergibt. Satz 2 bestimmt, dass die Schutzbedürftigkeit sonstiger Anlagen und Gebiete aus einem Vergleich mit den in Abs. 1 aufgezählten Anlagen und Gebieten zu ermitteln ist; entsprechend der ermittelten Schutzbedürftigkeit sind jeweils die in Abs. 1 festgelegten **Immissionsgrenzwerte** (vgl. Abb. 23) einzuhalten. **186**

Danach sind der **3. Schutzkategorie** (Kern-, Dorf- und Mischgebiet) zuzuordnen: **187**

– Wochenendhausgebiete (§ 10 BauNVO)[101],

– Ferienhausgebiete (§ 10 BauNVO),

– Dauer- und Reisecampingplatzgebiete (§ 10 BauNVO)[102],

– Kleingartengebiete i. S. des Kleingartenrechts (§ 1 Abs. 1 BKleingG, § 9 Abs. 1 Nr. 15 BauGB)[103]. Diese Gebietskategorie ist auch maßgebend, wenn bauliche Anlagen zulässigerweise nach § 20a BKleingG dauernd zu Wohnzwecken genutzt werden.

Der **4. Schutzkategorie** (Gewerbegebiet) sind zuzuordnen:

– Ladengebiete (§ 11 Abs. 2 BauNVO),

– Einkaufszentren,

– im Einzelfall schutzbedürftige Nutzungen in einem Industriegebiet (z. B. Wohnhaus mit Bestandsschutz).

Für **bauliche Anlagen im Außenbereich,** der grundsätzlich nicht für eine Bebauung bestimmt ist, gilt die besondere Regelung, dass solche nach Nr. 1, 3 und 4 der in Abb. 28 aufgestellten Tabelle entsprechend der Schutzbedürftigkeit zu beurteilen sind; im Übrigen entspricht dies der Rechtsprechung, die den Außenbereich in Bezug auf den Lärmschutz geringer einstuft als Wohngebiete, da gerade der Außenbereich dazu bestimmt ist, emissionsintensive Anlagen aufzunehmen. **188**

---

100 BVerwG, Urt. vom 21.05.1976 – 4 C 8O/74 –, EzGuG 13.30; BVerwG, Urt. vom 22.05.1987 – 4 C 33-35/83 –, EzGuG 13.97.
101 VGH Kassel, Urt. vom 08.06.1993 – 2 A 198/89 –, UPR 1994, 160, bestätigt durch BVerwG, Beschl. vom 20.10.1993 – 4 B 170/93 –, UPR 1994, 72 = DÖV 1994, 344.
102 OVG Lüneburg, Urt. vom 15.4.1993 – 7 K 3383/92 –, NdsMinBl. 1994, 115 = VkBl. 1996, 543.
103 BVerwG, Beschl. vom 17.03.1992 – 4 B 230/91 –, EzGuG 13.124.

§ 6 ImmoWertV — Lagemerkmale

189 Eine weitere Unterscheidung der in § 2 Abs. 1 der 16. BImSchV genannten Schutzkategorien nach **individuell gegebener Lärm-Vorbelastung** ist grundsätzlich nicht zulässig, jedoch ist § 42 Abs. 1 Satz 1 2. Halbs. BImSchG zu beachten.

190 Die angegebenen Immissionsschutzgrenzwerte (IGW) sind jeweils für **Tag und Nacht** unterschiedlich angesetzt. **Der Unterschied beträgt jeweils 10 dB (A).** I.d.R. ist für den Lärmschutz der Nachtwert maßgebend, weil nachts die Lärmempfindlichkeit höher ist. Bei einem Bürogebäude, das in der Nacht leer steht, kann der Nachtwert dagegen keine Rolle spielen.

191 Erst wenn Maßnahmen zur Milderung schädlicher Auswirkungen mit dem Vorhaben unvereinbar sind oder ihre Kosten außer Verhältnis zum angestrebten Schutzzweck stehen, ist ein angemessener Ausgleich in Geld zu entrichten (§ 74 Abs. 2 Satz 3 VwVfG). Dieser **Ausgleich erstreckt sich auch auf unzumutbare Beeinträchtigungen der für das Wohnen im Freien geeigneten und bestimmten Flächen (sog. Außenwohnbereiche)**[104].

192 Der **Ausgleich bemisst sich** in erster Linie **nach den Schallschutzaufwendungen** auf dem betroffenen Grundstück (passiver Schallschutz)[105]; daneben sind unter bestimmten Voraussetzungen auch die Wertminderungen des Grundstücks zu entschädigen. Im Extremfall besteht ein Übernahmeanspruch[106].

193 Rechtsgrundlage für die Entschädigung im Rahmen von Planfeststellungsverfahren ist § 74 Abs. 2 Satz 3 VwVfG. Danach besteht ein Entschädigungsanspruch, wenn dem Betroffenen ein unzumutbarer und nicht mit verhältnismäßigen Mitteln behebbarer Nachteil verbleibt. **Gegenstand der Entschädigung ist** neben den passiven Schallschutzmaßnahmen **auch die verursachte Verkehrswertminderung oberhalb der Zumutbarkeitsgrenze**[107]. Die Zumutbarkeitsgrenze ist entsprechend der 16. BImSchV zu bestimmen.

194 Neben dem Fernstraßengesetz des Bundes und den Straßengesetzen der Länder können die planerischen Grundlagen für Straßen in einem Bebauungsplan festgesetzt werden (§ 17 Abs. 3 Satz 1 FStrG). Werden die **immissionsschutzrechtlichen Belange im Rahmen der Abwägung** ungenügend berücksichtigt, ist dieser nichtig[108].

195 Lassen sich im Rahmen der Bebauungsplanung Lärmbeeinträchtigungen nicht vermeiden, steht dem Eigentümer auch hier ein **Entschädigungsanspruch** zu, der allerdings dann sich nicht auf § 74 Abs. 2 Satz 3 VwVfG gründen lässt. Der Anspruch leitet sich aus dem allgemeinen Rechtsgrundsatz her, der das Nachbarschaftsverhältnis zwischen störender und gestörter Nutzung im Falle unangemessenen hohen Aufwands für Maßnahmen der Vermeidung oder Minderung von Immissionen auf ein zumutbares Maß beherrscht. Diesem öffentlich-rechtlich in § 74 Abs. 2 VwVfG und § 41 Abs. 2 BImSchG festgeschriebenen Grundsatz entspricht § 906 Abs. 2 Satz 2 BGB:

196 „**§ 906 BGB** Zuführung unwägbarer Stoffe
(1) Der Eigentümer eines Grundstücks kann die Zuführung von Gasen, Dämpfen, Gerüchen, Rauch, Ruß, Wärme, Geräusch, Erschütterungen und ähnliche von einem anderen Grundstück ausstehende Einwirkungen insoweit nicht verbieten, als die Einwirkung die Benutzung seines Grundstücks nicht oder nur unwesentlich beeinträchtigt. (...)
(2) Das Gleiche gilt insoweit, als eine wesentliche Beeinträchtigung durch eine ortsübliche Benutzung des anderen Grundstücks herbeigeführt wird und nicht durch Maßnahmen verhindert werden kann, die Benutzern dieser Art wirtschaftlich zumutbar sind. Hat der Eigentümer hiernach eine Einwirkung zu dulden, so kann er von dem Benutzer des anderen Grundstücks einen angemessenen Ausgleich in Geld verlangen, wenn die Einwirkung eine ortsübliche Benutzung seines Grundstücks oder dessen Ertrag über das zumutbare Maß hinaus beeinträchtigt.

---

104 BVerwG, Urt. vom 16.09.1993 – 4 C 9/91 –, EzGuG 13.127; BVerwG, Urt. vom 21.05.1976 – 4 C 80/74 –, EzGuG 13.30.
105 Boujong, Entschädigung für Verkehrslärmimmissionen, UPR 1987, 206.
106 BVerwG, Urt. vom 26.08.1993 – 4 C 24/91 –, BVerwGE 94, 100; BVerwG, Urt. vom 05.12.1986 – 4 C 13/85 –, EzGuG 13.93.
107 BVerwG, Urt. vom 16.09.1993 – 4 C 9/91 –, EzGuG 13.127.
108 BVerwG, Urt. vom 09.02.1989 – 4 NB 1/89 –, NVwZ 1989, 653 = NJW 1990, 531 (LS) = DVBl 1989, 660.

Lagemerkmale § 6 ImmoWertV

(3) Die Zuführung durch eine besondere Leitung ist unzulässig."

Nach der Rechtsprechung besteht ein **Entschädigungsanspruch, wenn sich für eine vorgegebene Grundstückssituation eine nachhaltige Veränderung ergibt,** die z. B. eine Wohnlage „schwer und unerträglich" beeinträchtigt[109]. 197

Im Unterschied zur BGH-Rechtsprechung hat das BVerwG den Entschädigungsanspruch nicht auf die Verkehrswertminderung erstreckt, die sich durch **passiven Schallschutz** nicht auf ein zumutbares Maß reduzieren lässt. 198

6.2.5 Entschädigung für verbleibende Beeinträchtigungen

6.2.5.1 Entschädigung bei Neubau und Änderung von Verkehrswegen

Verbleibende Beeinträchtigungen sind Lärmeinwirkungen auf das Wohngebäude und das zuzurechnende Grundstück, für das bauliche Schutzmaßnahmen an der Straße oder an der baulichen Anlage keine oder keine ausreichende Abhilfe bringen. 199

Rechtsgrundlagen für Entschädigungen wegen verbleibender Beeinträchtigungen sind

– beim Neubau und bei der wesentlichen Änderung von Straßen (Lärmvorsorge) der Ausgleichsanspruch nach § 74 Abs. 2 Satz 3 VwVfG (L) i. V. m. § 42 Abs. 2 BImSchG,
– bei gleichzeitiger Inanspruchnahme von Teilflächen für den Straßenbau zusätzlich § 19 FStrG i. V. m. den Bestimmungen der Enteignungsgesetze der Länder über die Entschädigung der Wertminderung des Restgrundstücks (vgl. § 96 Abs. 1 Nr. 2 BauGB),
– bei bestehenden Straßen die Grundsätze der Aufopferung, soweit die Einwirkungen schwer und unerträglich, d. h. von enteignender Wirkung sind. In diesen Fällen ist die Entschädigung nach den Umständen des Einzelfalles zu ermitteln, wobei die nachfolgenden Grundsätze entsprechend angewendet werden können.

Die VLärmSchR 97 geben für die **Bemessung der Entschädigung** folgende Grundsätze vor: 200

(1) Bei der Ermittlung der Entschädigung ist vom Wohngrundstück auszugehen; dieses besteht aus dem Wohngebäude und der diesem zuzurechnenden Grundstücksfläche.

(2) Der Gesamtwert eines Wohngrundstücks setzt sich aus verschiedenen Teilwerten zusammen, insbesondere aus den Werten für Wohngebäude, Garage, Gebäudegrundflächen, Außenwohnbereich (z. B. Balkon, Terrasse, Wohngarten), Zufahrt, Vor- und Nutzgarten.

(3) Eine entschädigungspflichtige Beeinträchtigung des Wohngrundstücks liegt nur vor, wenn schädigende Einwirkungen auf die zum Wohnen bestimmten und geeigneten Teile des Wohngrundstückes verbleiben. Keine auszugleichenden Beeinträchtigungen von baulichen Anlagen liegen vor, wenn diese den Anforderungen der 24. BImSchV genügen. Kann ein Fenster wegen Lärmbeeinträchtigungen nur vorübergehend geöffnet werden, ist dies zumutbar und stellt keinen ausgleichspflichtigen Minderwert dar.

(4) Eine verbleibende Beeinträchtigung des Wohngrundstücks durch Lärm ist grundsätzlich durch eine Geldentschädigung auszugleichen, die sich aus der Summe der Wertminderungen der zum Wohnen geeigneten und bestimmten Teilwerte zusammensetzt. Das Ergebnis ist einer Gesamtbetrachtung zu unterziehen, um die besondere Funktion der betroffenen Teilwerte für das Wohngrundstück zu berücksichtigen und gegebenenfalls durch Zu- oder Abschläge anzupassen. Soweit ausnahmsweise Schutzmaßnahmen für den Außenwohnbereich auf dem Wohngrundstück mit vertretbarem Aufwand möglich sind, ist dieser zu erstatten. Dabei ist zu prüfen, ob diese Einrichtungen nicht auch den Innenwohnbereich schützen und deshalb sonst erforderliche Schutzeinrichtungen am Wohngebäude ganz oder teilweise entbehrlich werden.

Als **Flächengröße für die Ermittlung der Entschädigung** ist bei Balkonen, Loggien sowie Terrassen, die baulich mit dem Wohnhaus verbunden sind, grundsätzlich von der halben Fläche (vgl. WFlV) auszugehen.

---

[109] BGH, Urt. vom 17.04.1986 – III ZR 202/84 –, EzGuG 13.87; BGH, Urt. vom 06.02.1986 – III ZR 96/84 –, EzGuG 18.100; BGH, Urt. vom 10.11.1977 – III ZR 166/75 –, EzGuG 13.43; BGH, Urt. vom 22.12.1967 – V ZR –, EzGuG 13.15; BGH, Urt. vom 30.10.1970 – V ZR 150/67 –, EzGuG 13.17; BGH, Urt. vom 20.03.1975 – III ZR 215/71 –, EzGuG 13.25.

§ 6 ImmoWertV   Lagemerkmale

201 Die **Voraussetzungen der wesentlichen Änderung** sind in § 1 Abs. 2 der 16. BImSchV abschließend aufgeführt:

- die bauliche Erweiterung einer Straße um einen oder mehrere durchgehende Fahrstreifen für den Kraftfahrzeugverkehr (§ 1 Abs. 2 S. 1 Nr. 1 der 16. BImSchV). Diese bauliche Erweiterung muss zwischen zwei Verknüpfungen erfolgen; eine Steigerung des Verkehrslärms ist hingegen nicht erforderlich. Keine durchgehenden Fahrstreifen sind ineinander übergehende Ein- und Ausfädelungsstreifen;

- ein erheblicher baulicher Eingriff, wenn durch ihn der bisher vorhandene Beurteilungspegel am jeweiligen Immissionsort

  • um mindestens 3 dB (A) erhöht wird (§ 1 Abs. 2 S. 1 Nr. 2 Alternative 1 der 16. BImSchV);

  • auf mindestens 70 dB (A)/tags oder mindestens 60 dB (A)/nachts erhöht wird (§ 1 Abs. 2 S. 1 Nr. 2 Alternative 2 der 16. BImSchV);

  • von mindestens 70 dB (A)/tags oder mindestens 60 dB (A)/nachts weiter erhöht wird – dies gilt nicht für Gewerbegebiete – (§ 1 Abs. 2 S. 2 der 16. BImSchV).

202 Kennzeichnend für einen „**erheblichen baulichen Eingriff**" sind solche Maßnahmen, die in die bauliche Substanz und in die Funktion der Straße als Verkehrsweg eingreifen. Der Eingriff muss auf eine Steigerung der verkehrlichen Leistungsfähigkeit der Straße abzielen[110]. Eine Einbeziehung von Maßnahmen, die nicht rein baulicher Art sind, die die Substanz der Straße als solche und die vorhandene Verkehrsfunktion unberührt lassen oder der Erhaltung (Unterhaltung, Instandsetzung, Erneuerung) dienen, ist durch § 43 Abs. 1 Satz 1 i. V. m. § 41 BImSchG nicht gedeckt.

203 **Beispiele für erhebliche bauliche Eingriffe:**

- Bau von Anschlussstellen,
- Bau von Ein- und Ausfädelungsstreifen sowie von Abbiegestreifen,
- Bau von Zusatzfahrstreifen oder Mehrzweckfahrstreifen,
- Bau von Standstreifen,
- Bau von Radwegen,
- Bau von Fahrstreifen für zusätzliche Fahrbeziehungen im Bereich planfreier Knotenpunkte,
- deutliche Fahrbahnverlegung durch bauliche Maßnahmen,
- deutliche Veränderung der Höhenlage einer Straße (z. B. kreuzungsfreier Umbau).

Beispiele für nicht erhebliche bauliche Eingriffe:

- Bau von Lichtsignalanlagen, Schilderbrücken, Verkehrsbeeinflussungsanlagen etc.,
- Ummarkierungen (z. B. zur Schaffung zusätzlicher Fahrstreifen),
- Grunderneuerung sowie Erneuerung der Fahrbahnoberfläche im Straßenquerschnitt,
- Bau von Verkehrsinseln,
- Bau von Haltebuchten,
- Bau von Lärmschutzwänden und -wällen,
- beim unbebauten Außenwohnbereich von der örtlich vorhandenen Fläche; ist eine konkrete Abgrenzung nicht möglich, von einer gegenüblichen Fläche.

204 Wegen der **jahreszeitlich eingeschränkten Nutzung** und einer noch verbleibenden Nutzungsmöglichkeit des Außenwohnbereiches ist zur Ermittlung der Entschädigung grundsätz-

---

[110] BVerwG, Urt. vom 09.02.1995 – 4 C 26/93 –, BVerwGE 97, 367 = DÖV 1995, 775 = NVwZ 1995, 907.

Lagemerkmale § 6 ImmoWertV

lich die Hälfte des auf den Außenwohnbereich entfallenden Mietanteils bzw. des Verkehrswerts des Außenwohnbereichs anzusetzen.

Zur **Ermittlung der Beeinträchtigung des Außenwohnbereichs** sind in der Tabelle (Anlage V LärmSchR 97) den jeweiligen Beurteilungspegeln am Tage ($L_{r,T}$) Lästigkeitsfaktoren zugeordnet. Diese sind keine Entschädigungsprozentsätze. Die Differenz zwischen den Lästigkeitsfaktoren des Beurteilungspegels und denen des IGW stellt die Bemessungsgröße der Entschädigung dar, den so genannten Entschädigungsprozentsatz. Lästigkeitsfaktoren für Beurteilungspegel unterhalb des jeweiligen IGW sind nur bei Teilinanspruchnahme zu berücksichtigen. 205

Beispiel 1: 206

Beurteilungspegel ($L_{r,T}$)	65 dB (A) Lästigkeitsfaktor	90,5
IGW	59 dB (A) Lästigkeitsfaktor	59,7
Differenz		30,8
Entschädigungsprozentsatz		30,8 %

Die Differenz zwischen den Lästigkeitsfaktoren des Beurteilungspegels und denen des IGW führt bei hohen Beurteilungspegeln zu Zahlen über 100. Diese bleiben unberücksichtigt; der Entschädigungsprozentsatz übersteigt 100 nicht.

Beispiel 2: 207

Beurteilungspegel ($L_{r,T}$)	78 dB (A) Lästigkeitsfaktor	222,9
IGW	59 dB (A) Lästigkeitsfaktor	59,7
Differenz		163,2
Entschädigungsprozentsatz		100,0 %

Die Entschädigung für **ungeschützte Balkone, Loggien und Terrassen** wird nach dem auf diese Grundstücksteile entfallenden Mietanteil (ohne Nebenkosten) ermittelt. Bewohnt der Eigentümer das Wohnhaus selbst, sind Vergleichsmieten (Mietspiegel) heranzuziehen und auszuwerten. Bei vermieteten Häusern und Wohnungen lässt sich der Mietanteil über die tatsächlich gezahlte Miete berechnen. Diese ist mit (nur) 50 % in die Ermittlung einzubeziehen und zu kapitalisieren. Der Vervielfältiger (Barwertfaktor) ergibt sich aus der jeweiligen Restnutzungsdauer des Hauses und dem Zinssatz für den Mietwert des Hauses. Der Zinssatz beträgt bei eigen genutzten Wohngebäuden 4 %, bei vermieteten 5 %, vgl. Nr. 3.5.4 WERTR06. Der auf diese Weise errechnete Betrag ist jedoch noch nicht die Entschädigung für die Beeinträchtigung, sondern ein Zwischenwert. Die Multiplikation mit dem Entschädigungsprozentsatz (Differenz der Lästigkeitsfaktoren aus IGW und $L_{r,T}$) ergibt die Höhe der Entschädigung. Restnutzungsdauer (§ 6 Abs. 5 ImmoWertV) sowie der Vervielfältiger ergeben sich aus der Verordnung über die Grundsätze für die Ermittlung der Verkehrswerte von Grundstücken (ImmoWertV). 208

Beispiel 3 (Abb. 23): 209

Die neue Straße verläuft hinter einem Mietshaus an der Grundstücksgrenze entlang. Das Grundstück liegt im allgemeinen Wohngebiet. An der Hausseite zur neuen Straße hat jede Wohnung einen 10 m² großen Balkon.

§ 6 ImmoWertV   Lagemerkmale

Abb. 23: Beeinträchtigung eines bebauten Außenwohnbereichs

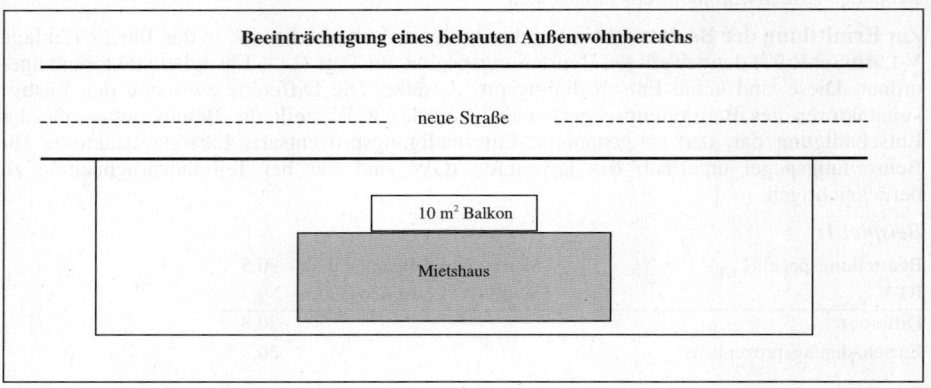

Beeinträchtigung eines Balkons	
anrechenbare Fläche des betroffenen Balkons (10 m² : 2)	5 m²
Wohnfläche	100 m²
Monatsmiete/kalt nach Mietvertrag	880 €
Mietpreis je m² (880 € : 100 m²)	8,80 €/m²
Berücksichtigungsfähiger Betrag (50 % von 8,80 €/m²)	4,40 €/m²
Jahresbetrag damit (4,40 €/m² × 5 m² × 12 Monate)	264 €
Der Vervielfältiger beträgt bei einer Verzinsung in Höhe von 5 % (5 %, da Vermietung) und Restnutzungsdauer (hier: 70 Jahre)	19,342677
Zwischenwert damit (264 € × 19,342677)	5 106,47 €
Beurteilungspegel am IO	68 dB (A)
IGW	59 dB (A)
$L_{r,T}$ zugeordneter Lästigkeitsfaktor	111,4
IGW zugeordneter Lästigkeitsfaktor	59,7 %
Differenz = Entschädigungsprozentsatz	51,7 %
Entschädigungsbetrag damit 51,7 % des Zwischenwerts: (5 106,47 € × 0,517) =	2 640,04 €

210 Maßgebend für den **Wert des unbebauten Außenwohnbereichs** ist der Bodenwert. Er wird i. d. R. durch Preisvergleich ermittelt.

Beispiel 4 (Abb. 24):

Abb. 24: Beeinträchtigung eines unbebauten Außenwohnbereichs

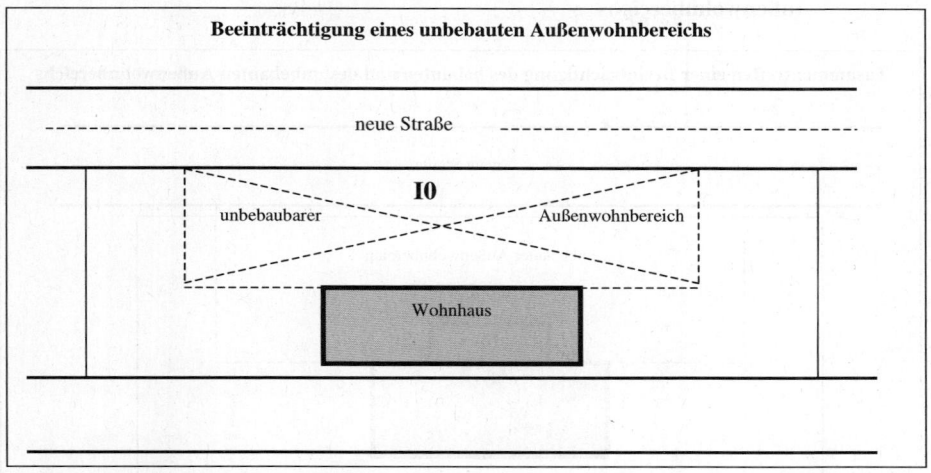

Beeinträchtigung des unbebauten Außenwohnbereichs	
Fläche des betroffenen Außenwohnbereichs	400 m²
Verkehrswert je m²	200 €/m²
Berücksichtigungsfähiger Betrag (50 % von 200 €/m²)	100 €/m²
Zwischenwert damit (100 €/m² × 400 m²)	40 000 €
Beurteilungspegel am $IOL_{r,T}$	68 dB (A)
IGW	59 dB (A)
$L_{r,T}$ zugeordneter Lästigkeitsfaktor	111,4
IGW zugeordneter Lästigkeitsfaktor	**59,7**
Differenz = Entschädigungsprozentsatz	51,7 %
Entschädigungsbetrag damit 51,7 % des Zwischenwerts (40 000 € × 0,517) =	20 680 €

§ 6 ImmoWertV Lagemerkmale

212 *Beispiel 5* (Abb. 25):

Abb. 25: Zusammentreffen einer Beeinträchtigung des bebauten und des unbebauten Außenwohnbereichs

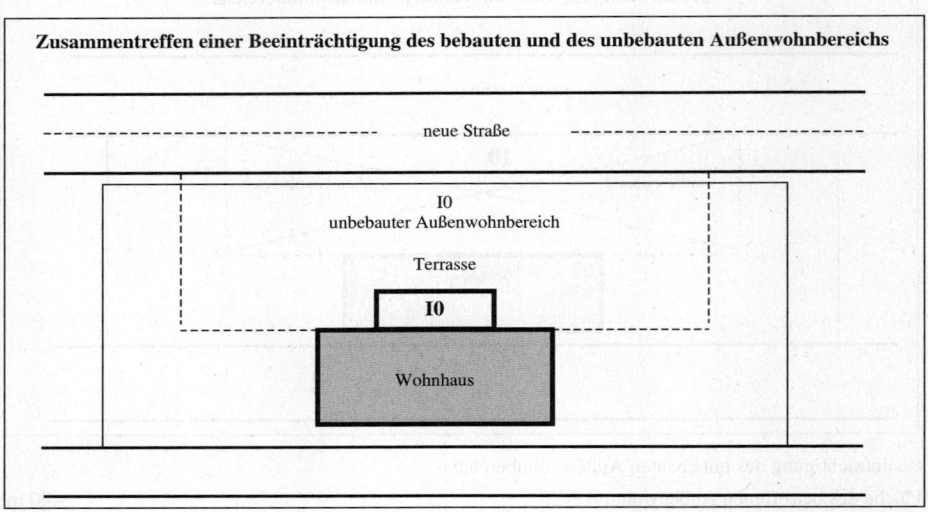

(1) Beeinträchtigung des bebauten Außenwohnbereichs

anrechenbare Fläche der betroffenen Terrasse (26 m² : 2)	13 m²
Wohnfläche	175 m²
Monatsmiete in €/m² kalt nach Vergleichsmiete (Eigennutzung)	9,14 €/m²
Berücksichtigungsfähiger Betrag (50 % von 9,14 €/m²)	4,57 €/m²
Jahresbetrag damit (4,57 €/m² × 13 m² × 12)	712,92 €
Der Vervielfältiger beträgt bei einer Verzinsung in Höhe von 4 % (4 %, da Eigennutzung) und Restnutzungsdauer (hier: 70 Jahre)	23,394515
Zwischenwert damit (712,92 € × 23,394515)	16 678,42
Beurteilungspegel am IO Terrasse	67 dB (A)
IGW	64 dB (A)
$L_{r,T}$ zugeordneter Lästigkeitsfaktor	104,0
IGW zugeordneter Lästigkeitsfaktor	**84,4**
Differenz = Entschädigungsprozentsatz	19,6 %
Entschädigungsbetrag damit 19,6 % des Zwischenwerts (16 678,42 € × 0,196) =	3 268,97 €

(2) Beeinträchtigung des unbebauten Außenwohnbereichs

Fläche des betroffenen Außenwohnbereichs (ohne Terrasse 26 m²)	374 m²
Verkehrswert je m²	200 €/m²
Berücksichtigungsfähiger Betrag (50 % von 200 €/m²)	100 €/m²
Zwischenwert damit (100 €/m² × 374 m²)	37 400 €
Beurteilungspegel am IO unbebauter Außenwohnbereich	68 dB (A)
IGW	64 dB (A)
$L_{r,T}$ zugeordneter Lästigkeitsfaktor	111,4
IGW zugeordneter Lästigkeitsfaktor	**84,4**
Differenz = Entschädigungsprozentsatz	27,0 %
Entschädigungsbetrag damit 27 % des Zwischenwerts (37 400 € × 0,27) =	10 098 €

Lagemerkmale § 6 ImmoWertV

(3) Gesamtentschädigung

Terrasse	3 268,97 €
unbebauter Außenwohnbereich	10 098,00 €
Entschädigungsbetrag insgesamt	**13 366,97 €**

6.2.5.2 Entschädigung bei Teilinanspruchnahme

Bei Teilinanspruchnahme eines Grundstückes besteht neben dem Anspruch auf Entschädigung für den Substanzverlust und einer etwaigen Wertminderung des Gebäudes auch ein Anspruch auf Entschädigung wegen Lärmbeeinträchtigung des Außenwohnbereichs, wenn als Folge der Teilinanspruchnahme der Beurteilungspegel 213

– 50 dB (A) am Tage überschreitet und

– gegenüber einer angenommenen Führung der Straße an der Grenze des zusammenhängenden Grundbesitzes[111] um mindestens 3 dB (A) erhöht wird. (Die Aufrundungsregel nach Abschnitt 4.0 der RLS-90 findet Anwendung).

Verhältnis der Entschädigung bei Teilinanspruchnahme zum Ausgleichsanspruch nach § 74 Abs. 2 VwVfG 214

Maßgebend für die Entschädigung ist der weitergehende Anspruch. Dieser gleicht die Lärmbeeinträchtigung insgesamt aus. Eine Doppelentschädigung ist unzulässig.

Die Entschädigung ist zu leisten nach den Grundsätzen der Lärmvorsorge, wenn der Beurteilungspegel nach Abzug der Schutzwirkung der abzugebenden Teilfläche den anzuwendenden IGW überschreitet (Beispiel 6).

Beispiel 6: 215

IGW	59 dB (A)
Beurteilungspegel ($L_{r,T1}$)	66 dB (A)
entfallende Schutzwirkung	3 dB (A)
Lärmbelastung ohne Teilabtretung ($L_{r,T2}$)	63 dB (A)
Entschädigt wird die Differenz 66 dB (A)	– 59 dB (A)

Die Entschädigung ist zu leisten nach den Grundsätzen der Enteignungsentschädigung, wenn der Beurteilungspegel nach Abzug der Schutzwirkung der abzugebenden Teilfläche den anzuwendenden IGW nicht überschreitet.

Beispiel 7: 216

IGW	59 dB (A)
Beurteilungspegel ($L_{r,T1}$)	66 dB (A)
entfallende Schutzwirkung	10 dB (A)
Lärmbelastung ohne Teilabtretung ($L_{r,T2}$)	56 dB (A)
Entschädigt wird die Differenz 66 dB (A)	– 56 dB (A)

Überschreitet der Beurteilungspegel den anzuwendenden IGW nicht, ist die durch den Wegfall der Schutzwirkung der abzugebenden Teilfläche höhere Lärmbeeinträchtigung bei der Festsetzung der Enteignungsentschädigung zu berücksichtigen (Beispiel 8).

Beispiel 8: 217

IGW	59 dB (A)
Beurteilungspegel ($L_{r,T1}$)	58 dB (A)
entfallende Schutzwirkung	4 dB (A)
Lärmbelastung ohne Teilabtretung ($L_{r,T2}$)	54 dB (A)
Entschädigt wird die Differenz 58 dB (A)	– 54 dB (A)

---

[111] BGH, Urt. vom 6.8.1986 – III ZR 146/84 –, NJW 1986, 2424 = EzGuG 13.76.

§ 6 ImmoWertV   Lagemerkmale

218 **Beispiele für die Berechnung der Entschädigung**

Ein Teil des hinter einem Haus befindlichen Gartens wird für den Straßenbau in Anspruch genommen (Abb. 26).

Abb. 26: Beeinträchtigung eines bebauten und eines unbebauten Außenwohnbereichs bei gleichzeitiger Teilinanspruchnahme

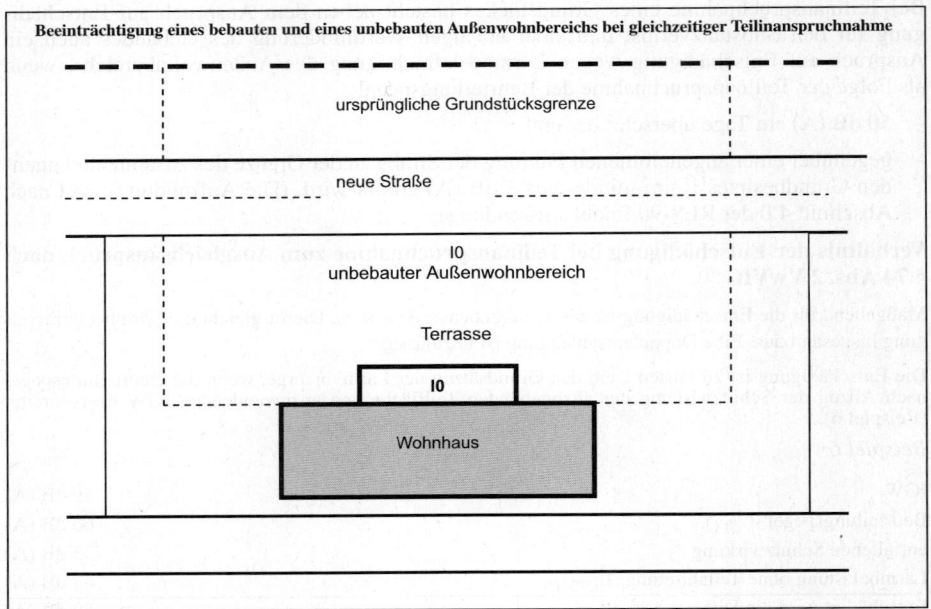

219 *Beispiel 9* (Abb. 26):

Beeinträchtigung der Terrasse	
anrechenbare Fläche der betroffenen Terrasse (26 m² : 2)	13 m²
Wohnfläche	175 m²
Vergleichsmiete	1 600 €
Mietpreis je m² (1 600 € : 175 m²)	9,14 €/m²
Berücksichtigungsfähiger Betrag (50 % von 9,14 €/m²)	4,57 €/m²
Jahresbetrag damit (4,57 €/m² × 13 m² × 12 Monate)	712,92 €
Der Vervielfältiger beträgt bei einer Verzinsung in Höhe von 4 %	
(4 %, da Eigennutzung) und Restnutzungsdauer (hier: 70 Jahre)	23,394515
Zwischenwert damit (712,92 € × 23,394515)	16 678,42 €
Beurteilungspegel am IO Terrasse beim Bau der Straße mit Teilinanspruchnahme $L_{r,T1}$ =	65 dB (A)
Beurteilungspegel am IO Terrasse beim Bau der Straße	
an der ursprünglichen Grundstücksgrenze (fiktiv) $L_{r,T2}$ =	58 dB (A)
Differenz $L_{r,T1} - L_{r,T2}$ = 65 dB (A)	– 58 dB (A)
ist größer als 3 dB (A). Damit ist eine Schutzwirkung vorhanden.	
IGW:	59 dB (A)
$L_{r,T1}$ zugeordneter Lästigkeitsfaktor	90,5 %
$L_{r,T2}$ zugeordneter Lästigkeitsfaktor	55,7 %
Differenz = Entschädigungsprozentsatz	34,8 %
Entschädigungsbetrag damit 34,8 % des Zwischenwerts (16 678,42 € × 0,348) =	**5 804,09 €**

Lagemerkmale § 6 ImmoWertV

Beispiel 10: **220**

Beeinträchtigung des unbebauten Außenwohnbereichs	
Fläche des betroffenen Außenwohnbereichs (ohne Terrasse 26 m²)	374 m²
Verkehrswert je m²	200 €/m²
Berücksichtigungsfähiger Betrag (50 % von 200 €/m²)	100 €/m²
Zwischenwert damit (100 €/m² × 374 m²)	37 400 €
Beurteilungspegel am IO unbebauter Außenwohnbereich beim Bau der Straße mit Teilinanspruchnahme	
$L_{r,T1}$	66 dB (A)
Beurteilungspegel am IO unbebauter Außenwohnbereich beim Bau der Straße an der ursprünglichen Grundstücksgrenze (fiktiv)	
$L_{r,T2}$	59 dB (A)
Differenz $L_{r,T1} - L_{r,T2} = 66$ dB (A)	– 59 dB (A)
ist größer als 3 dB (A). Damit ist eine Schutzwirkung vorhanden.	
IGW	59 dB (A)
$L_{r,T1}$ zugeordneter Lästigkeitsfaktor	97,0 %
$L_{r,T2}$ zugeordneter Lästigkeitsfaktor	59,7 %
Differenz = Entschädigungsprozentsatz	37,3 %
Entschädigungsbetrag damit 37,3 % des Zwischenwerts (37 400 € × 0,373) =	**13 950,20 €**

6.2.5.3 Entschädigung für Altanlagen

221 Die vorstehenden Entschädigungsgrundsätze finden Anwendung bei der Neuanlage oder der Änderung bestehender Verkehrswege. Für sog. Altanlagen, die vor Inkrafttreten des BImSchG angelegt wurden und erst durch die Verkehrsentwicklung nachteilig betroffen sind, kommt eine Entschädigung nur nach der Rechtsfigur des **„enteignenden Eingriffs"** in Betracht. Ein **Entschädigungsanspruch für Beeinträchtigungen eines Grundstücks durch Verkehrslärm** besteht nur, wenn

– die Zufügung der Emissionen nachbarrechtlich nicht untersagt werden kann;

– sie sich als ein unmittelbarer Eingriff in das nachbarliche Eigentum darstellt und

– die Grenze dessen überschritten wird, was der Nachbar nach § 906 BGB entschädigungslos hinnehmen muss[112].

222 Von einem unerträglichen Eigentumseingriff wird man dabei dann ausgehen können, wenn die **einfachrechtliche Zumutbarkeitsschwelle des Immissionsschutzrechtes überschritten** wird. Bei einem geräuschvorbelasteten Grundstück wird man aus Art. 14 GG Ausgleichsansprüche auch nur insoweit geltend machen können, als erst durch das Hinzutreten von Verkehrsbelastungen die Zumutbarkeitsschwelle überschritten wird. Ist das Grundstück zuvor erworben worden, so stellt der BGH für die Frage der Entschädigung und ihrer Höhe allein auf die seit dem Erwerb das Grundstücks eingetretenen Verhältnisse und den darauf beruhenden Wertminderungen ab, weil die zuvor bereits eingetretenen Wertminderungen im gewöhnlichen Geschäftsverkehr schon beim Erwerb des Grundstücks wertmindernd berücksichtigt wurden[113]. Demzufolge geht auch ein dem Voreigentümer entstandener Entschädigungsanspruch nicht ohne Weiteres auf den Erwerber über.

---

112 BGH, Urt. vom 10.11.1987 – III ZR 204/86 –, EzGuG 13.89a; OVG Bremen, Urt. vom 19.01.1993 – 1 BA 11/92 –, NVwZ–RR 1993, 468 = UPR 1993, 358 (LS) = DÖV 1993, 833 (LS) = ZUR 1993, 183 (LS).
113 BGH, Urt. vom 17.04.1986 – III ZR 202/84 –, EzGuG 13.87.

§ 6 ImmoWertV — Lagemerkmale

223 *Beispiel:*

Abb. 27: Ermittlung des Entschädigungsbetrags

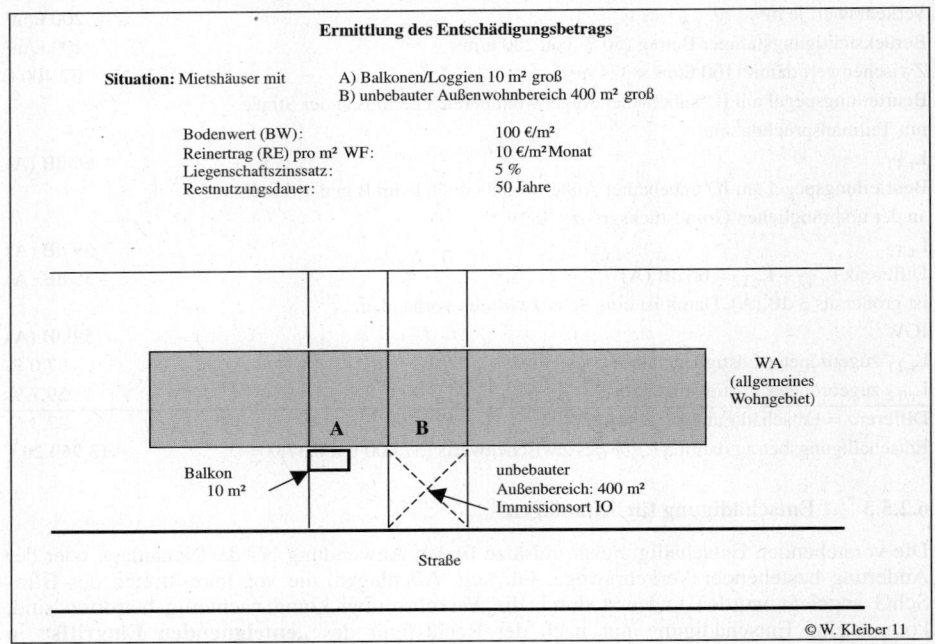

Immissionsgrenzwert (IGW)	59 dB (A) (vgl. Rn. 182)

(Für den Außenwohnbereich ist der IGW am Tage maßgebend.)
Berechneter Mittelungspegel am Immissionsort IO ($L_{m,T}$)
für Wohnhaus A (Immissionsort: Geschossdecke): 65 dB (A)
für Wohnhaus B (Immissionsort: Mittelpunkt der genutzten Fläche
in 2 m Höhe): 75 dB (A)

Ermittlung der Entschädigung:

– Zum Ausgleich der Beeinträchtigungen des Wohnhauses werden die Aufwendungen für Lärmschutz an der baulichen Anlage nach Maßgabe der VLärmSchR erstattet.

– Die Entschädigung (Ausgleich) für verbleibende Beeinträchtigungen des Außenbereichs erfolgt auf der Grundlage des hälftigen über die Restnutzungsdauer kapitalisierten Reinertrags (aufgrund der witterungsbedingten halbjährlichen Nutzung des Außenbereichs) bzw. des hälftigen Bodenwerts.

a) Ausgleich für Außenbereich (Balkon) des Wohnhauses A:

Reinertrag (RE) pro m² Wohnfläche:	120 €/m²
ergibt für 10 m² großen Balkon:	1 200 €
davon berücksichtigungsfähig 50 v. H.:	600 €
× Vervielfältiger 18.26 (p = 5 %; n = 50 Jahre):	**10 956 €**

Lästigkeitsfaktor bei $L_{m,T}$	=	65 dB (A): 90,5 %	(lt. Tab., Rn. 162)
– Lästigkeitsfaktor bei $L_{m,T}$	=	59 dB (A): 59,4 %	(lt. Tab., Rn. 162)
= Differenz = Entschädigungssatz:		31,1 %	
Entschädigungsbetrag		31,1 % des Zwischenwerts (10 956 €) = **3 170,96 €**	
		10 956 € = 31,1/100 × 3 170 €	

Lagemerkmale § 6 ImmoWertV

b) **Ausgleich für unbebauten Außenbereich des Wohnhauses B:**

Bodenwert (BW) des unbebauten Außenbereichs:	100 €/m²
ergibt für 400 m² großen Außenwohnbereich:	40 000 €
davon berücksichtigungsfähig 50 v. H.:	20 000 €

Lästigkeitsfaktor bei $L_{m,T}$ = 75 dB (A):	181,0 %	(lt. Tab., Rn. 162)
– Lästigkeitsfaktor bei $L_{m,T}$ = 59 dB (A):	– 59,4 %	(lt. Tab., Rn. 162)
= Differenz:	121,6 %	
Entschädigungssatz:	100 %	

Hinweis: Bei hohen Mittelungspegeln ergeben sich Differenzen von über 100; in diesen Fällen ist der Entschädigungssatz auf 100 v. H. begrenzt; stets gilt also: Entschädigungssatz = 100 %, wenn Differenz > 100

Entschädigungsbetrag 100 % des Zwischenwerts (20 000 €): 100/100 × 20 000 € = **20 000 €**

Zur Ermittlung von Ausgleichs- und Entschädigungslasten bei zusätzlichen **Lärmbeeinträchtigungen infolge von Teilflächen (Vorgärten)**[114]. 224

6.3 Gewerbelärm

Unter Gewerbelärm versteht man die durch gewerbliche und industrielle Lärmquellen verursachten Geräusche störenden Charakters. Gesetzliche Grundlagen insbesondere zur Vermeidung von Störungen sind 225

– §§ 3, 22, 26, 50 BImSchG,

– 4. BImSchV; die Verordnung unterscheidet nach Anlagen, die einem förmlichen Genehmigungsverfahren unterliegen, und solchen Anlagen, für die ein vereinfachtes Genehmigungsverfahren genügt,

– BauNVO,

– DIN 18005-1,

– VDI-Richtlinie 2571 (Schallabstrahlung von Industriebauten),

– TA Lärm (Abb. 28).

---

[114] Zu den **bergbaubedingten Erschütterungen** vgl. *Schürken* in VBHG informiert 2002, Kleiber, Verkehrswertermittlung von Grundstücken, 6. Aufl. 2010, Teil VI Rn. 666.

§ 6 ImmoWertV — Lagemerkmale

Abb. 28: Immissionsrichtwerte (nach 6.1 TA Lärm)

Gebiet nach der Baunutzungsverordnung	am Tage	bei Nacht von 22 bis 6 Uhr
a) Gebiete, in denen nur gewerbliche oder industrielle Anlagen und Wohnung für Inhaber und Leiter der Betriebe sowie für Aufsichts- und Bereitschaftspersonen untergebracht sind (Industriegebiet § 9 BauNVO)	70 dB (A)	70 dB (A)
b) Gebiete, in denen vorwiegend gewerbliche Anlagen untergebracht sind (Gewerbegebiet § 8 BauNVO)	65 dB (A)	50 dB (A)
c) Gebiete mit gewerblichen Anlagen und Wohnungen, in denen weder vorwiegend gewerbliche Anlagen noch vorwiegend Wohnungen untergebracht sind (Kerngebiet, Mischgebiet, Dorfgebiet § 7, § 6, § 5)	60 dB (A)	45 dB (A)
d) Gebiete, in denen vorwiegend Wohnungen untergebracht sind (Allgemeines Wohngebiet, Kleinsiedlungsgebiet § 2, § 4 BauNVO)	55 dB (A)	40 dB (A)
e) Gebiete, in denen ausschließlich Wohnungen untergebracht sind (Reines Wohngebiet § 3 BauNVO) 50 dB (A) 35 dB (A)	50 dB (A)	35 dB (A)
f) Kurgebiete, Krankenhäuser und Pflegeanstalten (Kurgebiet, Klinikgebiet § 11 BauNVO)	45 dB (A)	35 dB (A)[115]

226 Der **Betreiber einer genehmigungsbedürftigen Anlage** hat nach § 5 Abs. 1 BImSchG u. a. die Pflicht, seine Anlage so zu errichten und zu betreiben, dass keine schädlichen Umwelteinwirkungen und sonstige Gefahren, erhebliche Nachteile und erhebliche Belästigungen hervorgerufen werden können, sowie Vorsorge gegen schädliche Umweltwirkungen zu treffen, insbesondere durch die dem Stand der Technik entsprechenden Maßnahmen zur Emissionsbegrenzung. Mit § 22 BImSchG wird dem **Betreiber einer nicht genehmigungsbedürftigen Anlage** die Pflicht auferlegt, die Anlage so zu errichten und zu betreiben, dass schädliche Umwelteinwirkungen verhindert werden, die nach dem Stand der Technik vermeidbar sind. Des Weiteren sind die nach dem Stand der Technik unvermeidbaren Umwelteinwirkungen auf ein Mindestmaß zu beschränken. Gemäß § 26 BImSchG kann die zuständige Behörde anordnen, dass der Betreiber sowohl einer genehmigungsbedürftigen als auch einer nicht genehmigungsbedürftigen Anlage Art und Ausmaß der von der Anlage ausgehenden Emissionen sowie die Immissionen im Einwirkungsbereich der Anlage durch eine der vom Landesumweltamt bekannt gegebenen Stelle ermitteln lässt, wenn zu befürchten ist, dass durch die Anlage schädliche Umwelteinwirkungen hervorgerufen werden.

227 In der **steuerlichen Bewertung** kommen für den Feststellungszeitpunkt ab 01.01.1974 die nach der TA Lärm ermittelten Immissionsrichtwerte zur Anwendung[116].

6.4 Fluglärm

Schrifttum: *Bateman, I., Day, B., Lake I., Lovett, A.* The Effect of Road Traffic on Residential Property Values: A Literature Review and Hedonic Pricing Study", Studie für das Scottish Executive Development Department, Edinburgh; *Borowski, A.-K.*, Einfluss von Verkehrslärm auf den Bodenwert und den Verkehrswert von Eigentumswohnungen, DS 2003, 55; *Credit Suisse*, Financial Services, „Immobilien-Portfoliopolitik"; *DFS Deutsche Flugsicherung* GmbH, http://www.flugsicherung.de; *Dings, J.M.W., Wit,*

---

[115] BGH, Beschl. vom 25.11.1993 – III ZR 2/93 –, EzGuG 13.130; **Sägewerk:** BGH, Urt. vom 14.03.1969 – V ZR 145/65 –, MDR 1969, 648.
[116] RdVfg der OFD Düsseldorf vom 01.12.1975 – S 3204 A – St 212 – i. V. m. Abschn. 1.7. des GemRdErl Des Ministeriums für Gesundheit und Soziales NW – III B 2 – 88502 – (III – 4/75), des Ministeriums für Wirtschaft, Mittelstand und Verkehr NW – III/A 3 – 46 – 12 –, und des Innenministeriums NW – V A 4 – 270.312 vom 03.92.1975 (MBl. NW 1975, 234).

Lagemerkmale § 6 ImmoWertV

R.C.N., Leurs, B.A., Davidson, M.D., ExternalCost of Aviation, Research Report 299 96 106, UBA-FB 000411, im Auftrag des Umweltbundesamtes, Berlin; European Organisation for the Safety of Air Navigation, verfügbar: http://www.ecacnav.com /rvsm/default.htm. (Abruf 23.06.2005); *Faltermeier, K.*, Gutachten zur Ermittlung der Höhe des Abschlags der Grundstückswerte wegen Fluglärms (Flughafen München), *AG*, Fluglärmreport, Bericht über die Ergebnisse der Fluglärmüberwachung am Flughafen Frankfurt, Frankfurt; *Guski, R., Schönpflug, W.*, Soziale und ökonomische Auswirkungen, in: Fluglärm 2004, Stellungnahme des Interdisziplinären Arbeitskreises für Lärmwirkungsfragen beim Umweltbundesamt, S. 112–115; *Interdisziplinärer Arbeitskreis für Lärmwirkungsfragen beim Umweltbundesamt,* Fluglärm 2004, Stellungnahme des Interdisziplinären Arbeitskreises für Lärmwirkungsfragen beim Umweltbundesamt, Veröffentlichung des Umweltbundesamtes, Berlin; *Kampe, T.*, Auswirkungen durch die Erweiterung eines Großflughafens (Schönefeld) auf den regionalen Grundstücksmarkt (Dipl.-Arbeit an der TU Hannover 2002); *Krebs, W, Bütikofer, R., Heutschi, K., Plüss, S., Thomann, G.*, „Gutachten – Fluglärmmonitoring Flughafen Frankfurt-Main AP2: Akustik", Bericht Nr. 422'493 im Auftrag des Regionalen Dialogforums Flughafen Frankfurt, EMPA, Dübendorf; verfügbar: http://www.dialogforum-flughafen.de/htm/uploads/a325/-Be422293_ Schlussbericht.pdf. (Abruf 23.06.2005); *Müller, H.*, Die Kosten von Fluglärm, Diplomarbeit am Lehrstuhl für Finanzwirtschaft und Bankbetriebslehre, Technische Universität Chemnitz, Chemnitz; *Navrud, St*, „The State-of-the-Art on Economic Valuation of Noise", Final Report to European Commission DG Environment; *Nelson, J. P.*, Meta-Analysis of Airport Noise and Hedonic Property Values: Problems and Prospects, Journal of Transports Economics and Policy, Vol. 38, No.1, S. 1–28; *Orszag, P. R., Orszag, J. M.*, Quantifying the Benefits of more stringent Aircraft Noise Regulations, commissioned by Northwest Airlines; Pressemitteilungen des Bundesministeriums für Umwelt, Naturschutz und Reaktorsicherheit, verfügbar: http://www.bmu.de/pressemitteilungen/pressemitteilungen_ ab 01012005/pm/35538.php (Abruf 23.06.2005); *Rat von Sachverständigen für Umweltfragen*, Umwelt und Gesundheit Risiken richtig einschätzen, Sondergutachten, Drucks. 14/2300; Regionales Dialogforum (o.J.), Fluglärmkonturen Frankfurt am Main, verfügbar: http://www.noise-rus.com/dialogforum/index.php (Abruf 10.08.2005); *Rinderknecht, Th.*, Gutachten über die Wertbeeinflussung steuerlich maßgebender Vermögensteuer- und Eigenmietwerte in der Gemeinde Zumikon aufgrund des „Südanflugs", Studie im Auftrag des Gemeinderates der Gemeinde Zumikon, Zürich; *Schipper, Y.J.J.*, On the Valuation of Aircraft Noise: A Meta-Analysis, European Regional Science Association, 36th European Congress, Zürich; *Spreng, M., Költzsch P.*, Mess- und Beurteilungsverfahren, in: Fluglärm 2004, Stellungnahme des Interdisziplinären Arbeitskreises für Lärmwirkungsfragen beim Umweltbundesamt; *Thießen, Schnorr*, Immobilien und Fluglärm, Technische Universität Chemnitz, WWDP 69/2005, ISSN 1618-1352, *Uherek, H.W.*, Gutachten zu Auswirkungen der Entwicklung des Flughafens Halle/Leipzig auf die Baulandpreise in der berührten Region, Leipzig 2001; *Weigt, S.*, Der Wert von Einfamilienhäusern unter dem Einfluss von Fluglärm, GuG 2011, 74; *Schlenker, W./W. Reed Warker*, Airports, Air Pollution and Contemparanous Health NBER Working Paper Nr. 17684 (2011).

6.4.1 Allgemeines und Entschädigungsgrundsätze

Nach § 1 des Gesetzes zum Schutz gegen Fluglärm (FluglärmG) vom 31.10.2007 (BGBl. I 2007, 2550) werden zum Schutz der Allgemeinheit und der Nachbarschaft vor Gefahren, erheblichen Nachteilen und erheblichen Belästigungen durch Fluglärm für Verkehrsflughäfen, die dem Fluglinienverkehr angeschlossen sind, und für militärische Flugplätze, die dem Betrieb von Flugzeugen mit Strahltriebwerken zu dienen bestimmt sind, Lärmschutzbereiche festgesetzt. **Der Lärmschutz umfasst das Gebiet außerhalb des Flugplatzgeländes, in dem der durch Fluglärm hervorgerufene äquivalente Dauerschallpegel die nachstehenden Grenzwerte übersteigt** (§ 2 FluglärmG). Nach dem Maße der Lärmbelästigung wird der Lärmschutzbereich in zwei Schutzzonen für den Tag und eine Schutzzone für die Nacht gegliedert. Schutzzonen sind jeweils diejenigen Gebiete, in denen der fluglärmbedingte „äquivalente Dauerschallpegel L_{Aeq} sowie bei der Nacht-Schutzzone auch der Fluglärmbedingte Maximalpegel L_{Amax} die nachfolgenden Grenzwerte übersteigt, wobei die Häufigkeit aus dem Mittelwert über die sechs verkehrsreichsten Monate des Prognosejahres bestimmt wird:

228

§ 6 ImmoWertV   Lagemerkmale

1. **Werte für neue oder wesentlich baulich erweiterte zivile Flugplätze i. S. des § 4 Abs. 1 Nr. 1 und 2 FlugLärmG**

   Tag-Schutzzone 1
   $L_{Aeq\,Tag}$ = 60 dB (A)

   Tag-Schutzzone 2
   $L_{Aeq\,Tag}$ = 55 dB (A)

   Nacht-Schutzzone
   a) bis zum 31. Dezember 2010
   $L_{Aeq\,Nacht}$ = 53 dB (A)
   L_{Amax} = 6 mal 57 dB (A)

   b) ab dem 1. Januar 2011
   $L_{Aeq\,Nacht}$ = 50 dB (A)
   L_{Amax} = 6 mal 53 dB (A)

2. **Werte für bestehende zivile Flugplätze i. S. des § 4 Abs. 1 Nr. 1 und 2 FlugLärmG**

   Tag-Schutzzone 1
   $L_{Aeq\,Tag}$ = 65 dB (A)

   Tag-Schutzzone 2
   $L_{Aeq\,Tag}$ = 60 dB (A)

   Nacht-Schutzzone
   $L_{Aeq\,Nacht}$ = 55 dB (A)
   L_{Amax} = 6 mal 57 dB (A)

3. **Werte für neue oder wesentlich baulich erweiterte militärische Flugplätze i. S. des § 4 Abs. 1 Nr. 3 und 4 FlugLärmG**

   Tag-Schutzzone 1
   $L_{Aeq\,Tag}$ = 63 dB (A)

   Tag-Schutzzone 2
   $L_{Aeq\,Tag}$ = 58 dB (A)

   Nacht-Schutzzone
   a) bis zum 31. Dezember 2010
   $L_{Aeq\,Nacht}$ = 53 dB (A)
   L_{Amax} = 6 mal 57 dB (A)

   b) ab dem 1. Januar 2011
   $L_{Aeq\,Nacht}$ = 50 dB (A)
   L_{Amax} = 6 mal 53 dB (A)

4. **Werte für bestehende militärische Flugplätze i. S. des § 4 Abs. 1 Nr. 3 und 4 FlugLärmG**

   Tag-Schutzzone 1
   $L_{Aeq\,Tag}$ = 68 dB (A)

   Tag-Schutzzone 2
   $L_{Aeq\,Tag}$ = 63 dB (A)

   Nacht-Schutzzone
   $L_{Aeq\,Nacht}$ = 55 dB (A)
   L_{Amax} = 6 mal 57 dB (A)

Gemäß § 4 Abs. 2 FluglärmG wird der jeweilige Lärmschutzbereich durch Rechtsverordnung der Landesregierung festgesetzt.

229 Nach § 5 Abs. 2 FluglärmG dürfen in der stärker verlärmten **Schutzzone 1** und in der Nacht-Schutzzone Wohnungen grundsätzlich nicht errichtet werden, in der **Schutzzone 2** nur dann, wenn die Anforderungen der raumumhüllenden Bauteile (z. B. Schallschutzfenster) nach der Schallschutzverordnung vom 05.04.1974 (BGBl. I 1974, 903) eingehalten werden. Im Lärmschutzbereich dürfen Krankenhäuser, Altenheime, Erholungsheime und ähnliche in gleichem Maße schutzbedürftige Einrichtungen nicht errichtet werden. In den Tag-Schutzzonen des Lärmschutzbereiches gilt Gleiches für Schulen, Kindergärten und ähnliche in gleichem Maße schutzbedürftige Einrichtungen.

Lagemerkmale § 6 ImmoWertV

Die genannten Dauerschallpegelstellen stellen damit das Ausmaß an Einwirkungen dar, was der Eigentümer im Rahmen der Inhaltsbestimmung des Eigentums entschädigungslos hinzunehmen hat. Der äquivalente Dauerschallpegel wird nach der Anl. zu § 3 FluglärmG ermittelt. § 9 FluglärmG sieht darüber hinaus für die in der Schutzzone 1 gelegenen Grundstücke (als Ausgleichsmaßnahme) eine Erstattung von Aufwendungen für bauliche Schallschutzmaßnahmen vor. 230

Der von einem Militär- oder Zivilflughafen ausgehende **Fluglärm** kann entsprechend 231

– seiner Intensität und Häufigkeit,

– der Nutzung der davon betroffenen Grundstücke und ihrer Vorbelastung sowie

– der Schutzwürdigkeit und Schutzbedürftigkeit zu einer mehr oder minder großen Verkehrswertminderung führen[117].

Voraussetzung für eine Entschädigung ist, dass 232

a) die zugelassene Nutzung des lärmemittierenden Grundstücks die vorgegebene Grundstückssituation nachhaltig verändert und dadurch das benachbarte Wohneigentum **schwer und unerträglich** trifft[118],

b) das Grundstück aufgrund seiner Lage und der damit verbundenen **Vorbelastung** zur Wohnbebauung geeignet war,

c) mit der Lärmbelästigung die **Zumutbarkeitsschwelle** überschritten wird[119].

Es kommt entscheidend auf die Veränderung der vorhandenen Grundstückssituation an. In diesem Sinne hat der BGH entschieden, dass derjenige, der in der Nähe eines Militärflugplatzes ein Wohngebäude an einer Stelle errichtet hat, die von Anfang an stark vom Fluglärm belastet war und nach den später in Kraft getretenen Vorschriften in die Lärmschutzzone (1) des für den Flugplatz festgesetzten Lärmschutzbereichs gefallen ist, keinen Anspruch auf Entschädigung aus enteignendem Eingriff hat[120].

Eine **Entschädigung für einen Minderwert** des Grundstücks kommt **erst** in Betracht, **wenn Schutzeinrichtungen keine wirksame Abhilfe versprechen oder unverhältnismäßige Aufwendungen erfordern**[121]. 233

Erfolgte der den Entschädigungsanspruch auslösende **Eingriff** auf ein unbebautes Grundstück **noch vor dem Erwerb des Grundstücks** und macht der neue Eigentümer (nach dem **Grundstückswechsel**), in dessen Person der Eingriff spürbar wurde, den Entschädigungsanspruch geltend, muss er dartun, dass die vom Eingriff erlangte Rechtsposition auf ihn übergegangen ist. Ein solcher Rechtsübergang kann stillschweigend erfolgen und kann angenommen werden, wenn etwa der Kaufpreis dem (um den Wert des Entschädigungsanspruchs erhöhten) Wert des Grundstücks zurzeit des enteignenden Eingriffs entspricht[122]. 234

---

117 BGH, Urt. vom 25.03.1993 – III ZR 60/91 –, EzGuG 16.35; BGH, Urt. vom 16.3.1995 – III ZR 166/93 –, NJW 1995, 1823; OVG Hamburg, Beschl. vom 02.11.1998 – Bf III 43/96 –, NVwZ-RR 1999, 700; OVG Hamburg, Urt. vom 13.12.1994 – Bs III 376/93 –, DVBl 1995, 1026 (LS) = HbgJVBl 1995, 77; BVerwG, Urt. vom 07.07.1978 – 4 C 79/76 u. a. –, EzGuG 13.51, im Anschluss an BVerwG, Urt. vom 21.05.1976 – 4 C80/74 –, EzGuG 13.30; vgl. auch BVerwG, Urt. vom 05.12.1986 – 4 C 13/85 –, EzGuG 13.93; ferner: OLG Düsseldorf, Urt. vom 14.10.1974 – 9 U 47/74 –, KdL 1975, 168 = ZLW 1975, 148; OLG Düsseldorf, Urt. vom 08.05.1967 – 18 U 268/66 –, EzGuG 13.12; OLG Köln, Urt. vom 14.11.1994 – 2 U 76/93 –, EzGuG 13.133.
118 BGH, Urt. vom 25.11.1991 – III ZR 7/91 –, EzGuG 13.120 b; BGH, Urt. vom 10.02.1987 – III ZR 204/86 –, EzGuG 13.91.
119 BGH, Urt. vom 16.03.1995 – III ZR 166/93 –, EzGuG 13.134; BGH, Urt. vom 15.06.1977 – V ZR 44/74 –, EzGuG 13.40.
120 BGH, Beschl. vom 29.06.2006 – III ZR 253/05 –, EzGuG 13.1341; BGH, Urt. vom 16.3.1995 – III ZR 166/93 –, NJW 1995, 1823 = EzGuG 13.134.
121 BGH, Beschl. vom 30.1.1986 – III ZR 34/85 –, EzGuG 13.84; BGH, Urt. vom 25.11.1991 – III ZR 7/91 –, EzGuG 13.120b; BGH, Urt. vom 18.10.1979 – III ZR 177/77 –, EzGuG 13.52; BGH, Urt. vom 13.01.1977 – III ZR 6/75 –, EzGuG 13.33; BGH, Urt. vom 20.03.1975 – III ZR 215/71 –, EzGuG 13.25.
122 BGH, Urt. vom 16.03.1995 – III ZR 166/93 –, EzGuG 13.134; BGH, Urt. vom 13.07.1984 – III ZR 166/76 –, EzGuG 18.84; BGH, Urt. vom 02.02.1978 – III ZR 90/76 –, EzGuG 18.81; BGH, Urt. vom 13.12.1984 – III ZR 175/83 –, EzGuG 6.227; BGH, Urt. vom 06.02.1986 – III ZR 96/84 –, EzGuG 18.100; BGH, Urt. vom 17.04.1986 – III ZR 202/84 –, EzGuG 13.77.

§ 6 ImmoWertV — Lagemerkmale

235 Bei der **Bestimmung der Zumutbarkeitsschwelle** ist zu berücksichtigen, dass Fluglärm im Unterschied zum Straßenverkehrslärm durch kurzzeitige, verhältnismäßig hohe Schalldrücke sowie bestimmte Frequenzzusammensetzungen gekennzeichnet ist. Hieraus folgt, dass ein dem äquivalenten Dauerschallpegel entsprechender Zahlenwert nicht ohne Weiteres als Grenze für die Zumutbarkeit gelten kann[123]. Für die Beurteilung der zivilrechtlichen Ansprüche des Eigentümers nach den §§ 906 und 1004 BGB[124] sind deshalb die in § 2 FluglärmschutzG zur Abgrenzung der Schutzzonen im Lärmschutzbereich des Flughafens festgelegten äquivalenten Dauerschallpegel weder als Grenz- noch als Richtwerte geeignet. Vielmehr muss der Spitzenpegel stärker berücksichtigt werden[125].

236 Folgende **Grundsätze** hat das BVerwG[126] herausgestellt:
- Die Anwohner eines internationalen Großflughafens haben keinen Anspruch auf Festlegung eines absoluten Nachtflugverbots.
- Die Planfeststellungsbehörde kann unter Berücksichtigung der Umstände des Einzelfalls die Zumutbarkeitsgrenze in § 9 Abs. 2 LuftVG im Wege des Ausschlusses höherer fluglärmbedingter Schallpegel als 55 dB (A) im Rauminnern bei geschlossenen Fenstern rechtsfehlerfrei festlegen.
- Der in der Rechtsprechung gebilligte Dauerschallpegel (Außenpegel) zur Bestimmung der äußerstenfalls zumutbaren Geräuscheinwirkung durch Straßenverkehr lässt Rückschlüsse auf die Festlegung der Zumutbarkeitsgrenze für Fluglärm nicht zu.
- Die lärmbedingte Verkehrswertminderung ist nicht identisch mit der Höhe der Entschädigung; sie ist allenfalls ein Indiz.
- Ein Entschädigungsanspruch wegen unzumutbarer Lärmeinwirkung auf den Außenbereich ist nicht von vornherein ausgeschlossen, wenn die Lärmbelastung des Innenwohnbereichs durch Schallschutzmaßnahmen auf ein zumutbares Maß gesenkt worden ist.
- Die Frage der Schutzwürdigkeit kann für den Innen- und Außenwohnbereich nicht einheitlich beantwortet werden; vielmehr ist eine Gesamtbetrachtung anzustellen.

237 Im Übrigen bleibt darauf hinzuweisen, dass die **Festlegung eines Bauschutzbereichs** i. S. des Luftverkehrsgesetzes das Grundstück i. d. R. **von der konjunkturellen Weiterentwicklung ausschließt** und dies ggf. bei der Bemessung der Entschädigung zu berücksichtigen ist[127].

6.4.2 Wertminderung wegen Fluglärm

238 Allgemein wird angenommen, dass vom Fluglärm betroffene Grundstücke in Abhängigkeit von der Intensität gegenüber sonstigen Grundstücken in ihrem Wert gemindert sind; dies gilt insbesondere für Wohngrundstücke, während gewerbliche Grundstücke von der Flugplatznähe profitieren können. Eine Wertminderung braucht bei der Bodenwertermittlung explizit nicht berücksichtigt zu werden, wenn von gleichartig betroffenen **Vergleichsgrundstücken bzw. dem jeweiligen Bodenrichtwert** ausgegangen wird.

239 Wird bei der Bodenwertermittlung von Vergleichsgrundstücken ausgegangen, die nicht vom Fluglärm betroffen sind, kann eine Wertminderung nicht zwangsläufig unterstellt werden, da umgekehrt auch mit der Nähe des Flughafens auch Werterhöhungen einhergehen können. Grundstücke in unmittelbarer Flughafennähe bilden einen eigenen **Teilmarkt**, der insbesondere für gewerbliche Nutzungen und auch für die dort Beschäftigten Standortvorteile aufweist. Deshalb darf nicht allein mit Blick auf die Lärmbelastung eine Wertminderung

---

123 BGH, Urt. vom 15.06.1977 – V ZR 44/74 –, EzGuG 13.40.
124 Zur Anwendung BGH, Urt. vom 10.11.1972 – V ZR 54/71 –, EzGuG 13.20; BGH, Urt. vom 10.06.1977 – V ZR 242/75 –, EzGuG 13.39.
125 BT-Drucks, 8/2254, Nr. 5.3; BGH, Urt. vom 26.11.1980 – V ZR 126/78 –, EzGuG 13.55; BGH, Urt. vom 16.03.1985 – III ZR 166/93 –, EzGuG 13.132; OLG Köln, Urt. vom 14.11.1994 – 2 U 76/93 –, EzGuG 13.131.
126 BVerwG, Urt. vom 29.01.1991 – 4 C 51/89 –, EzGuG 13.117.
127 BGH, Urt. vom 29.04.1968 – III ZR 141/65 –, EzGuG 16.7; BGH, Urt. vom 29.04.1968 – III ZR 177/65 –, EzGuG 16.8.

Lagemerkmale § 6 ImmoWertV

unterstellt werden, zumal vielfach z. B. mit der Erstellung einer neuen Landebahn und der öffentlichen Auseinandersetzung zwar kurzfristig Preiseinbrüche einhergehen und sich das Wertniveau aber längerfristig „erholt". Mit dem Flughafen verbessert sich nämlich die Attraktivität eines Gebiets als Wirtschaftsstandort. Dieser sich allerdings erst mit fortschreitender Zeit einstellende Effekt blieb in empirischen und stichtagsbezogenen Untersuchungen zumeist außer Betracht.

Die Wertminderung wurde in einer Untersuchung des Arbeitskreises für Lärmwirkungsfragen beim Umweltbundesamt[128] im Jahre 2004 mithilfe des *„Noise Sensitivity Depreciation Index"* – NSDI – ermittelt und ergab einen mittleren NSDI von 0,87 pro Dezibel (dB) Lärmbelastung, d. h., bei einer Zunahme um 10 dB ergäbe sich eine Wertminderung von 8,7 %. Die Studie basiert größtenteils auf internationalen Untersuchungsergebnissen, wobei Einzelstudien auch Werterhöhungen erwiesen haben (NSDI bis 1,28; Manchester), sodass weder auf Länderebene noch global ein allgemeingültiger NSDI abgeleitet werden konnte und das Ergebnis nicht verallgemeinert werden kann. **240**

Empirische Untersuchungen zur Wertminderung infolge Fluglärms in Deutschland zeigen ein recht unterschiedliches Bild und haben auch keinen statistisch hinreichend zuverlässig ableitbaren Zusammenhang zwischen dem absoluten Grundstückswert und der prozentualen Wertminderung ergeben. Von Wertminderungen können insbesondere hochpreisige Marktsegmente betroffen sein: **241**

– Einfamilienhäuser am Flughafen *Hannover-Langenhagen* haben nach Untersuchungen im Jahre 2007 Wertminderungen in Abhängigkeit vom Immobilienwert hinnehmen müssen, nämlich um 3,5 % bei Immobilien bis zu 300 000 € und um bis zu 7,5 % bei Immobilien über 300 000 €.

– In *Düsseldorf* soll Fluglärm bei Kaufpreisen ≤ 500 000 € ohne Einfluss gewesen sein und bei hochpreisigen Immobilien zu Wertminderungen von bis zu 8 % geführt haben.[129]

– Nach einer Studie der Technischen Universität Chemnitz sei bei Wohnimmobilien *im Rhein-Main-Gebiet* bei einem NSDI von 3 % eine Wertminderung von 0,83 % je Dezibel Fluglärm oberhalb von 40 dB (A) festgestellt worden[130]. Die Ergebnisse beruhen allerdings lediglich auf einer Befragung ortsansässiger Makler, die erfahrungsgemäß nur bedingt aussagekräftig ist.

– Das Institut für Bodenmanagement will für Einfamilienhäuser am Flughafen *Dortmund* eine Wertminderung von 1,65 % je Dezibel Fluglärm oberhalb von 50 dB (A) festgestellt haben.

Bezugsstichtag für die Ermittlung der Wertminderung ist der Planfeststellungsbeschluss (Berlin-Schönefeld)[131].

6.4.3 Steuerliche Bewertung

In der steuerlichen Bewertung sind folgende Wertminderungsabschläge wegen Fluglärms üblich[132] **(Abb. 29):** **242**

---

[128] Sondergutachten des Rates von Sachverständigen für Umweltfragen (1999); Guski, R., Schönpflug, W., Soziale und ökonomische Auswirkungen, in: Fluglärm 2004, Stellungnahme des Interdisziplinären Arbeitskreises für Lärmwirkungsfragen beim Umweltbundesamt, S. 112–115.
[129] Weigt, Der Wert von Einfamilienhäusern unter dem Einfluss von Fluglärm, GuG 2011, 74.
[130] Thießen, Schnorr, Immobilien und Fluglärm, Technische Universität Chemnitz, WWDP 69/2005, ISSN 1618–1352.
[131] BVerfG, Urt. vom 23.02.2010 – 1 BvR 2736/08 –,NVwZ 2010, 512 = DÖV 2010, 486.
[132] Vgl. RdVfg der OFD Freiburg vom 23.05.1986 – S 3204 A.

§ 6 ImmoWertV   Lagemerkmale

Abb. 29: Abschläge nach § 82 Abs. 1 Nr. 1 BewG vom Grundstückswert in der Einheitsbewertung[133]

Art des Flugbetriebs	Lärmschutzzonen nach FluglG u. a.	§ 82 BewG	Höhe des Abschlags
kleiner Verkehrs-, Sport- oder Militärflugplatz		(–)	
großer Verkehrs- oder Militärflughafen ohne An- und Abflug von Düsenflugzeugen	Schutzzone I[a)]	(+)	max. 5 %
	Schutzzone II[b)]	(+)	max. 3 %
großer Verkehrs- oder Militärflughafen mit An- und Abflug von Düsenflugzeugen	Schutzzone I	(+)	max. 10 %
	Schutzzone II	(+)	max. 5 %
	Schutzzone „C"[c)]	(–)	
Tief(st)fluggebiete	75 – 150 m Flughöhe	(+)	ca. 5 %
	150 – 400 m Flughöhe	(–)	

---

[133] Rechtsprechungsübersicht zum Fluglärm: BGH, Urt. vom 20.03.1975 – III ZR 215/71 –, BGHZ 64, 220 = NJW 1975, 1406 = MDR 1975, 826 = ZMR 1977, 77 = BBauBl. 1975, 420 = JZ 1975, 488 = BB 1975, 488 = BRS Bd. 34 Nr. 165 = EzGuG 13.25; BGH, Urt. vom 10.11.1977 – III ZR 166/75 –, MDR 1978, 296 = DVBl 1978, 110 = DÖV 1978, 213 = DB 1978, 488 = ZMR 1978, 173 = BauR 1978, 391 = BRS Bd. 34 Nr. 168 = ZMR1979, 200 = DVBl. 1979, 314 = ZMR 1980, 137 = BRS Bd. 34 Nr. 52; BGH, Urt. vom 18.10.1979 – III ZR 177/77 –, WM 1980, 680 = MDR 1980, 655 = HdL 58, 157; BGH, Urt. vom 30.01.1986 – III ZR 34/85 –, NJW-RR 1986, 1141 = NVwZ 1986, 961 = NJW 1986, 2423 = DWW 1986, 174 = BRS Bd 53 Nr. 108 = VersR 1987, 379 = EzGuG 13.74; BGH, Urt. vom 30.01.1987 – III ZR 34/85 –, ZfSch 1987, 165; BGH, Urt. vom 25.11.1991 – III ZR 7/91 –, NVwZ 1992, 404 = VersR 1992, 322 = BRS Bd 53 Nr. 155 = EzGuG 13.120 b; BGH, Urt. vom 27.05.1993 – III ZR 59/92 –, NJW 1993, 2173 = MDR 1993, 737 = WiR 1993, 337 = UPR 1993,343 = ZfBR 1993, 253 = NJ 1993, 431 = VersR 1993, 1012 = NZV 1993, 430 = RdL 1995, 37 = ZfSch 1993, 366; BGH, Urt. vom 25.03.1993 – III ZR 60/91 –, BGHZ 122, 76 = WM 1993, 1481 = NJW 1993, 1700 = MDR1993, 1185 = NVwZ 1993, 811 = WiR 1993, 270 = GE 1993, 583 = UPR 1993, 297 = DVBl 1993, 1089 = RdL1995, 45 = HdL 58, 187 = NJ 1993, 431 = EzGuG 16.35; BGH, Urt. vom 27.05.1993 – III ZR 59/92 –, BGHZ 12,363 = NJW 1993, 2173 = MDR 1993, 737 = WiR 1993, 337 = UPR 1993, 343 = ZfBR 1993, 253 = NJ 1993, 431= VersR 1993, 1012 = NZV 1993, 430 = RdL 1995, 37 = ZfSch 1993, 366 = EzGuG 16.35a; BGH, Urt. vom 16.03.1995 – III ZR 166/93 –, BGHZ 129, 124 = WM 1995, 1037 = NJW 1995, 1823 = NVwZ 1995, 928 = MDR 1995, 477 = RdL 1995, 129 = ZfBR 1995, 207 = UPR 1995, 260 = DVBl 1995, 739 = BBauBl. 1995, 639 = DÖV 1995, 733 = BauR 1995, 532 = AgrarR 1995, 342 = VersR 1996, 105 = JR 1996, 327 = HdL 58, 190 = IBR 1996, 163 = ZUR 1996, 46 und 155 = ZAP EN Nr. 359/95 = EzGuG 13.134; BGH, Urt. vom 29.10.1998 – III ZR 137/98 –, NJW-RR 1999, 362; OLG Bamberg, Urt. vom 11./12.5.1982 – 3 U 11/82 –, ZLW 1984, 81; KG Berlin, Urt. vom 22.12.1967 – 6 U 761/67 -; OLG Celle, Urt. vom 09.04.1992 – 5 U 200/90 –, VersR 1992, 1480 = NdsRpflege 1992, 176; OLG Hamm, Urt. vom 31.05.1983 – 9 U 294/82 –, AgrarR 1984, 137; OLG Koblenz, Urt. vom 06.05.1998 – 1 U 1568/93 –, OLGR-Koblenz 1998, 297; BVerwG, Urt. vom 05.03.1979 – 11 A 25/95 –, BVerwGE 104,123 = NVwZ 1998, 513 = UPR 1997, 295 = DVBl 1997, 831 = NuR 1997, 435 = ZUR 1997, 328; BVerwG, Urt. vom 25.06.1982 – 8 C 15/80 –, NJW 1983, 640 = MDR 1983, 80 = DÖV 1982, 902 = ZMR 1983, 268 = VR 1983, 297 = ZMR 1983, 373 = DST 1983, 440; BVerwG, Urt. vom 29.01.1991 – 4 C 51/89 –, BVerwGE 87, 332= NVwZ-RR 1991, 601 = NVwZ 1992, 166 = DVBl 1991, 1143 = BayVBl. 1991, 666 = ZLW 1991, 429 = DVBl 1991, 885 = MDR 1991, 909 = DÖV 1991, 853 = NZV 1992, 45 = NuR 1992, 299 = DST 1991, 567 =EzGuG 13.117; BVerwG, Urt. vom 27.10.1998 – 11 A 1/97 –, BVerwGE 107, 313 = NVwZ 1999, 644 = DVBl.1999, 854 = UPR 1999, 266 = NuR 2000, 29 = ZUR 1999, 173; BVerwG, Urt. vom 29.12.1998 – 11 B 21/98 –, NVwZ-RR 1999, 365 = UPR 1999, 226; BayVGH, Urt. vom 27.07.1989 – 20 B 81 D.I –, DVBl 1990, 115 = BayVBl. 1990, 82 = UPR 1990, 39 = NuR 1991, 22; BayVGH, Urt. vom 05.05.1996 – 20 B 92.1055 –, NVwZ-RR 1997, 159 = DVBl 1996, 930 (LS) = VGHE BY 49, 77 = DÖV 1996, 1010 (LS) = ZUE 1997, 275; BayVGH, Urt. vom 4.1.1997 – 20 A 92.40134 –, BayVBl. 1998, 756 = ZLW 1999, 536 = UPR 1998, 160; OVG Hamburg, Urt. vom 13.12.1994 – Bs III 376/93 –, DVBl 1995, 1026 (LS) = HmbJVBl. 1995, 77; BFH, Urt. vom 12.12.1990 – II R 97/87 –, BFHE 163, 229 = BStBl. II 1991, 196 = BB 1991, 405 = DB 1991, 684 = DWW 1991, 86 = HFR 1991, 324 = DStR 1991, 414 = EzGuG 4.136; BFH, Urt. vom 21.01.1992 – VIII R 51/88 –, BFHE 168, 500= BStBl II 1993, 3 = DB 1992, 2327 = HFR 1993, 57 = BB 1992, 2067 = WiR 1993 B 15.

Lagemerkmale § 6 ImmoWertV

Art des Flugbetriebs	Lärmschutzzonen nach FluglG u. a.	§ 82 BewG	Höhe des Abschlags
a) In der Schutzzone 1 dürfen grundsätzlich keine Wohnungen errichtet werden (§ 5 FluglärmG).			
b) In der Schutzzone 2 nur, wenn sie über Schallschutzvorrichtungen verfügen (§ 6 FluglärmG). Schutzzone 1 und 2 sind Zonen mit extremer Fluglärmbelästigung (BFH, Urt. vom 04.08.1983 – III R 79, 141/81a –). Ansprüche auf Ersatz der Kosten der Schallschutzmaßnahmen gewährt § 9 FluglärmG für in Schutzzone 1 gelegene Grundstücke. Der Höhe nach ist der Betrag der Aufwendungserstattung auf 50,– € je Quadratmeter Wohnfläche begrenzt. Darüber hinaus muss sich die Art der Schutzvorrichtungen an die gem. § 7 FluglärmG für verbindlich zu erklärenden Anforderungen halten. Die Grundstückseigentümer in der Schutzzone 2 haben dagegen keinen Anspruch aus § 9 FluglärmG. Als weitere Anspruchsgrundlage für die Kostenerstattung kommt im Einzelfall § 906 Abs. 2 S. 2 BGB (vgl. BGH, Urt. vom 26.11.1980 – V ZR 126/78 –, EzGuG 13.55; BGH, Urt. vom 15.06.1977 – V ZR 44/74 –, EzGuG 13.40) oder das Institut des enteignenden Eingriffs (vgl. BGH, Urt. vom 30.01.1986 – III ZR 34/85 –, EzGuG 13.84) in Betracht (vgl. Lorenz in DB 1973 Beil. 6).			
c) In der sog. Lärmschutzzone C beträgt der äquivalente Dauerschallpegel zwischen 62 dB (A) und 67 dB (A). BFH, Urt. vom 04.08.1983 – III R 79, 14 l/8 1 –, EzGuG 13.63a; BFH, Urt. vom 12.12.1990 – II R 97/87 –, EzGuG 4.136; BFH, Urt. vom 21.01.1992 – VIII R 51/88 –, BFHE 168, 500 = BStBl. II 1993, 3 = DB 1992, 2327 = HFR 1993, 57 = BB 1992, 2067 = WiR 1993 B 15; BFH, Urt. vom 07.07.1993 – II R 69/90 –, EzGuG 13.128			

Quelle: Günther/Günther in KStZ 1993, 81; vgl. Schlepp in DStZ 1993, 759 und Lück in DStZ 1994, 209

6.5 Spiel- und Sportlärm

Nach gegenwärtiger Rechtslage unterfallen nahezu alle Sportanlagen als nicht genehmigungsbedürftige Anlagen der Vorschrift des **§ 22 Bundes-Immissionsschutzgesetz** (BImSchG). 243

Als Sportanlagen gelten dabei ortsfeste Einrichtungen i. S. des § 3 Abs. 5 Nr. 1 BImSchG, die der Sportausübung dienen[134]. Diese sind dort wie folgt definiert: 244

„(5) Anlagen im Sinne dieses Gesetzes sind

1. Betriebsstätten und sonstige ortsfeste Einrichtungen,

2. Maschinen, Geräte und sonstige ortsveränderliche technische Einrichtungen sowie Fahrzeuge, soweit sie nicht der Vorschrift des § 38 unterliegen, und

3. Grundstücke, auf denen Stoffe gelagert oder abgelagert oder Arbeiten durchgeführt werden, die Emissionen verursachen können, ausgenommen öffentliche Verkehrswege."

Zur Sportanlage zählen auch **Einrichtungen, die mit der Sportanlage in einem engen räumlichen und betrieblichen Zusammenhang stehen.** Zur Nutzungsdauer der Sportanlagen gehören nach § 1 Abs. 3 der 18. BImSchV auch die Zeiten des An- und Abfahrverkehrs sowie des Zu- und Abgangs. 245

Sportanlagen sind so zu errichten und zu betreiben, dass die Immissionsrichtwerte des § 2 Abs. 2 der 18. BImSchV nicht überschritten werden (Abb. 30)[135]. Einzelne kurzzeitige Geräuschspitzen dürfen diese Werte tags um nicht mehr als 30 dB und nachts um nicht mehr als 20 dB überschreiten. 246

---

134 Sportanlagenschutzverordnung – 18. BImSchV vom 18.07.1991 (BGBl. I 1991, 1588, 1790); vgl. BR-Drucks.17/91; BR-Unterausschuss Umwelt Sitzungsprot. vom 26.02.1991; zur rechtlichen Bedeutung vgl. BVerwG, Urt. vom 12.8.1999 – 4 CN 4/98 –, GuG-aktuell 2000, 6 (LS); BVerwG, Beschl. vom 08.11.1994 – 7 B 73/94 –, EzGuG 13.132; **Tennisplatz:** OLG Zweibrücken, Urt. vom 04.02.1992 – 8 U 103/91 –, EzGuG 13.121; OVG Lüneburg, Beschl. vom 19.01.1988 – 1 B 74/87 –, EzGuG 13.92; LG Siegen, Urt. vom 07.11.1986 – 2 O216/85 –, EzGuG 13.82; BVerwG, Beschl. vom 07.08.1991 – 7 B 48/91 –, EzGuG 13.120; BVerwG, Urt. vom 19.01.1989 – 7 C 77/87 –, EzGuG 13.104; BVerwG, Urt. vom 08.11.1994 – 7 B 73/94 –, EzGuG 13.132; OVG Berlin, Beschl. vom 16.09.1988 – 2 S 56/87 –, EzGuG 13.99.
135 Brandenburg: Freizeitlärm-Richtlinie vom 12.08.1996 (ABl vom 04.09.1996, 878).

§ 6 ImmoWertV   Lagemerkmale

Abb. 30: Tabelle der Immissionsgrenzwerte (IGW) für Sportanlagen

Immissionsrichtwerte (Sportanlagen) – IRW –			
	Tag		Nacht
	außerhalb der Ruhezeiten	*innerhalb der Ruhezeiten*	
1. in Gewerbegebieten	65 dB (A)	60 dB (A)	50 dB (A)
2. in Kerngebieten, Dorfgebieten und Mischgebieten	60 dB (A)	55 dB (A)	45 dB (A)
3. in allgemeinen Wohngebieten und Kleinsiedlungsgebieten	55 dB (A)	50 dB (A)	40 dB (A)
4. in reinen Wohngebieten	50 dB (A)	45 dB (A)	35 dB (A)
5. in Kurgebieten, für Krankenhäuser und Pflegeanstalten	45 dB (A)	45 dB (A)	35 dB (A)

247 Die **18. BImSchV** schreibt des Weiteren in § 2 vor:

„(3) Werden bei Geräuschübertragung innerhalb von Gebäuden in Aufenthaltsräumen von Wohnungen, die baulich, aber nicht betrieblich mit der Sportanlage verbunden sind, von der Sportanlage verursachte Geräuschimmissionen von mehr als 35 dB (A) tags oder 25 dB (A) nachts festgestellt, hat der Betreiber der Sportanlage Maßnahmen zu treffen, welche die Einhaltung der genannten Immissionsrichtwerte sicherstellen; dies gilt unabhängig von der Lage der Wohnung in einem der in Absatz 2 *(vgl. vorstehende Tabelle)* genannten Gebiete.

(4) Einzelne kurzzeitige Geräuschspitzen sollen die Immissionsrichtwerte nach Absatz 2 tags um nicht mehr als 30 dB (A) sowie nachts um nicht mehr als 20 dB (A) überschreiten; ferner sollen einzelne kurzzeitige Geräuschspitzen die Immissionsrichtwerte nach Absatz 3 um nicht mehr als 10 dB (A) überschreiten.

(5) Die Immissionsrichtwerte beziehen sich auf folgende Zeiten:

1.	tags	an Werktagen	6.00 bis 22.00 Uhr,
		an Sonn- und Feiertagen	7.00 bis 22.00 Uhr,
2.	nachts	an Werktagen	0.00 bis 6.00 Uhr
		und	22.00 bis 24.00 Uhr,
		an Sonn- und Feiertagen	0.00 bis 7.00 Uhr
		und	22.00 bis 24.00 Uhr,
3.	Ruhezeit	an Werktagen	6.00 bis 8.00 Uhr
		und	20.00 bis 22.00 Uhr,
		an Sonn- und Feiertagen	7.00 bis 9.00 Uhr,
			13.00 bis 15.00 Uhr
		und	20.00 bis 22.00 Uhr.

Die Ruhezeit von 13.00 bis 15.00 Uhr an Sonn- und Feiertagen ist nur zu berücksichtigen, wenn die Nutzungsdauer der Sportanlage oder der Sportanlagen an Sonn- und Feiertagen in der Zeit von 9.00 bis 20.00 Uhr 4 Stunden oder mehr beträgt.

(6) Die Art der in Absatz 2 bezeichneten Gebiete *(vgl. vorstehende Tabelle)* und Anlagen ergibt sich aus den Festsetzungen in den Bebauungsplänen. Sonstige in Bebauungsplänen festgesetzte Flächen für Gebiete und Anlagen sowie Gebiete und Anlagen, für die keine Festsetzungen bestehen, sind nach Absatz 2 entsprechend der Schutzbedürftigkeit zu beurteilen. Weicht die tatsächliche bauliche Nutzung im Einwirkungsbereich der Anlage erheblich von der im Bebauungsplan festgesetzten baulichen Nutzung ab, ist von der tatsächlichen baulichen Nutzung unter Berücksichtigung der vorgesehenen baulichen Entwicklung des Gebietes auszugehen.

(7) Die von der Sportanlage oder den Sportanlagen verursachten Geräuschimmissionen sind nach dem Anhang zu dieser Verordnung *(hier nicht abgedruckt)* zu ermitteln und zu beurteilen."

248 Zur Erfüllung der Pflicht eines Betreibers einer Sportanlage gehört, diese so zu errichten und zu betreiben, dass die in der vorstehenden Tabelle (Abb. 35) genannten Immissionsrichtwerte

Lagemerkmale § **6 ImmoWertV**

unter **Einrechnung der Geräuschimmissionen anderer Sportanlagen** nicht überschritten werden. Dazu hat der Betreiber nach § 3 der 18. BImSchV insbesondere

„1. an Lautsprecheranlagen und ähnlichen Einrichtungen technische Maßnahmen, wie dezentrale Aufstellung von Lautsprechern und Einbau von Schallpegelbegrenzern, zu treffen,

2. technische und bauliche Schallschutzmaßnahmen, wie die Verwendung lärmgeminderter oder lärmmindernder Ballfangzäune, Bodenbeläge, Schallschutzwände und -wälle, zu treffen,

3. Vorkehrungen zu treffen, dass Zuschauer keine übermäßig lärmerzeugenden Instrumente wie pyrotechnische Gegenstände oder druckgasbetriebene Lärmfanfaren verwenden, und

4. An- und Abfahrtswege und Parkplätze durch Maßnahmen betrieblicher und organisatorischer Art so zu gestalten, dass schädliche Umwelteinwirkungen durch Geräusche auf ein Mindestmaß beschränkt werden."

Weiterhin gelten nach § 5 der 18. BImSchV im Einzelfall **folgende Nebenbestimmungen:** 249

„(1) Die zuständige Behörde soll von Nebenbestimmungen zu erforderlichen Zulassungsentscheidungen und Anordnungen zur Durchführung dieser Verordnung absehen, wenn die von der Sportanlage ausgehenden Geräusche durch ständig vorherrschende Fremdgeräusche nach Nummer 1.4 des Anhangs überlagert werden.

(2) Die zuständige Behörde kann zur Erfüllung der Pflichten nach § 2 Abs. 1 außer der Festsetzung von Nebenbestimmungen zu erforderlichen Zulassungsentscheidungen oder der Anordnung von Maßnahmen nach § 3 für Sportanlagen Betriebszeiten (ausgenommen für Freibäder von 7.00 Uhr bis 22.00 Uhr) festsetzen; hierbei sind der Schutz der Nachbarschaft und der Allgemeinheit sowie die Gewährleistung einer sinnvollen Sportausübung auf der Anlage gegeneinander abzuwägen.

(3) Die zuständige Behörde soll von einer Festsetzung von Betriebszeiten absehen, soweit der Betrieb einer Sportanlage dem Schulsport oder der Durchführung von Sportstudiengängen an Hochschulen dient. Dient die Anlage auch der allgemeinen Sportausübung, sind bei der Ermittlung der Geräuschimmissionen die dem Schulsport oder der Durchführung von Sportstudiengängen an Hochschulen zuzurechnenden Teilzeiten nach Nummer 1.3.2.3 des Anhangs außer Betracht zu lassen; die Beurteilungszeit wird um die dem Schulsport oder der Durchführung von Sportstudiengängen an Hochschulen tatsächlich zuzurechnenden Teilzeiten verringert. Die Sätze 1 und 2 gelten entsprechend für Sportanlagen, die der Sportausbildung im Rahmen der Landesverteidigung dienen.

(4) Bei Sportanlagen, die vor Inkrafttreten dieser Verordnung baurechtlich genehmigt oder – soweit eine Baugenehmigung nicht erforderlich war – errichtet waren, soll die zuständige Behörde von einer Festsetzung von Betriebszeiten absehen, wenn die Immissionsrichtwerte an den in § 2 Abs. 2 genannten Immissionsorten jeweils um weniger als 5 dB (A) überschritten werden; dies gilt nicht an den in § 2 Abs. 2 Nr. 5 genannten Immissionsorten.

(5) Die zuständige Behörde soll von einer Festsetzung von Betriebszeiten absehen, wenn infolge des Betriebs einer oder mehrerer Sportanlagen bei seltenen Ereignissen nach Nummer 1.5 des Anhangs Überschreitungen der Immissionsrichtwerte nach § 2 Abs. 2

1. die Geräuschimmissionen außerhalb von Gebäuden die Immissionsrichtwerte nach § 2 Abs. 2 um nicht mehr als 10 dB (A), keinesfalls aber die folgenden Höchstwerte überschreiten:

tags außerhalb der Ruhezeiten   70 dB (A),

tags innerhalb der Ruhezeiten   65 dB (A),

nachts   55 dB (A),

und

2. einzelne kurzzeitige Geräuschspitzen die nach Nummer 1 für seltene Ereignisse geltenden Immissionsrichtwerte tags um nicht mehr als 20 dB (A) und nachts um nicht mehr als 10 dB (A) überschreiten.

(6) In dem in Artikel 3 des Einigungsvertrages genannten Gebiet soll die zuständige Behörde für die Durchführung angeordneter Maßnahmen nach § 3 Nr. 1 und 2 eine Frist setzen, die bis zu zehn Jahre betragen kann.

(7) Im Übrigen Geltungsbereich dieser Verordnung soll die zuständige Behörde bei Sportanlagen, die vor Inkrafttreten der Verordnung baurechtlich genehmigt oder – soweit eine Baugenehmigung nicht erforderlich war – errichtet waren, für die Durchführung angeordneter Maßnahmen nach § 3 Nr. 1 und 2 eine angemessene Frist gewähren."

§ 6 ImmoWertV — Lagemerkmale

250 Die Beurteilung der **Erheblichkeit von Belästigungen** der Nachbarschaft durch Geräusche (§ 3 Abs. 2 BImSchG) ist weitgehend eine Frage **tatrichterlicher Bewertung:**

– Nach Auffassung des BVerwG führt die Anwendung der TA Lärm bei Sportgeräuschen zu keiner zutreffenden Beurteilung des Einzelfalls. Diese Aussage gilt auch für die VDI-Richtlinie 2058.

– Das BVerwG hat auch die von der Sport- und Umweltministerkonferenz gebilligten LAI-Hinweise i. d. F. vom 8.5.1987 aus Rechtsgründen nicht berücksichtigt; es misst ihnen keine normative, für das Gericht verbindliche Wirkung bei, sondern bewertet sie lediglich als Tatsachen.

Der Entwurf der Richtlinie VDI 3770 (E1999-8 Emissionskennwerte von Schallquellen, Sport- und Freizeitanlagen) enthält für eine Reihe von Sportstätten Emissionskennwerte.

251 Das BVerwG hat mit seinem Beschl. vom 8.11.1994[136] die bislang offene Frage, ob mit der 18. BImSchV (Sportanlagenverordnung) absolute Obergrenzen gesetzt werden oder die Verordnung Freiräume für eine richterliche Bewertung im Einzelfall ließe, dahin gehend entschieden, dass im Interesse der Rechtssicherheit und Vorhersehbarkeit des Ausgangs gerichtlicher Verfahren nunmehr **normativ festgesetzte absolute Grenzen** bestehen. Die bisherige Rechtsprechung[137], die mangels gesetzlich bestimmter Mess- und Berechnungsverfahren für Lärmwerte zur Beurteilung der Erheblichkeit des von Sportanlagen ausgehenden Lärms auf die gesamten Umstände des Einzelfalls mit der Möglichkeit der Einbeziehung nicht normativer Hinweise[138] abstellte, ist damit insoweit überholt.

252 Ein **von Sportplätzen ausgehender** und mit dem Schutz der Wohnbevölkerung konfligierender **Lärm**[139] kann den Verkehrswert eines Grundstücks mindern. Dies gilt insbesondere für Wohngebiete und unabhängig davon, ob der Nachbar einen Abwehranspruch gegen den Betreiber hat[140].

253 Die für den Abwehranspruch entscheidende Frage der Überschreitung der **Zumutbarkeitsgrenze** von Geräuschen beurteilt sich im öffentlich-rechtlichen Nachbarstreit nach den Maßstäben des § 3 Abs. 1 und des § 22 Abs. 1 BImSchG[141]. § 22 Abs. 1 Nr. 2 BImSchG fordert hierbei, dass nach dem Stand der Technik unvermeidbare schädliche Umwelteinwirkungen auf ein unter dem Gesichtspunkt des nachbarlichen Interessenausgleichs zumutbares Mindestmaß beschränkt werden. Beschränkungen, die der Minderung (nur) erheblicher Belästigungen dienen, dürfen nicht unverhältnismäßig sein.

254 Das BVerwG hat in dem Urteil vom 19.01.1989 ausdrücklich darauf hingewiesen, dass die Erheblichkeitsschwelle i. S. von § 22 Abs. 1 BImSchG möglicherweise höher liegt, wenn

---

136 BVerwG, Beschl. vom 08.11.1994 – 7 B 73/94 –, EzGuG 13.130; OVG Münster, Urt. vom 28.005.1993 – 21 A 1532/90 –, NVwZ 1994, 1018 = NWVBl. 1994, 18.
137 BVerwG, Urt. vom 19.01.1989 – 7 C 77/87 –, EzGuG 13.104; BVerwG, Urt. vom 24.04.1991 – 7 C 12/90 –, GuG 1991, 284 = EzGuG 13.128.
138 LAI-Hinweise „Hinweise zur Beurteilung der durch Freizeitanlagen verursachten Geräusche" (NVwZ 1988, 135); Entwurf einer VDI-Richtlinie 3724; „Hinweise zur Beurteilung der durch Freizeitanlagen verursachten Geräusche" des nds. Umweltministeriums vom 14. 11. 1988 (Nds. MBl. 1989, 23).
139 Zur Beurteilung der VDI-Richtlinie 3724 VGH Mannheim, Urt. vom 27.04.1990 – 8 S 1820/89 –, EzGuG 13.123.
140 BVerwG, Beschl. vom 08.11.1994 – 7 B 73/94 –, EzGuG 13.130; OLG Köln, Urt. vom 11.05.1988 – 13 U 246/87 –, EzGuG 13.106; OVG Lüneburg, Beschl. vom 19.01.1988 – 1 B 74/87 –, EzGuG 13.102; VG Berlin, Beschl. vom 25.8.1987 – 13 A 157,87 –, EzGuG 13.99; BayVGH, Urt. vom 16.02.1987 – 14 B 85 A, 3090 –, EzGuG 13.95; LG Siegen, Urt. vom 07.11.1986 – 2 O 216/85 –, EzGuG 13.92.
141 BVerwG, Urt. vom 19.01.1989 – 7 C 77/87 –, EzGuG 13.114 mit Anm. von Battis in Jahrbuch des Umwelt- und Technikrechts UTR Rd. 12/1990; BVerwG, Beschl. vom 30.01.1990 – 7 B 162/89 –, EzGuG 13.121; **Grillplatz:** BGH, Urt. vom 05.02.1993 – V ZR 62/91 – EzGuG 13.124, **Volksfest:** BGH, Urt. vom 23.03.1990 – V ZR 58/59 –, EzGuG 13.122; BVerwG, Urt. vom 29.04.1988 – 7 C 33/87 –, EzGuG 13.104; BVerwG, Urt. vom 22.03.1985 – 4 C 63/80 –, EzGuG 13.72; BVerwG, Urt. vom 21.06.1974 – 4 C 14/74 –, EzGuG 13.23; **Imbissstube:** BVerwG, Urt. vom 04.10.1988 – 1 C 72/86 –, EzGuG 13.100; **Tierlärm:** OLG Düsseldorf, Urt. vom 25.5.1966 – 9 U 206/64 – EzGuG 13.9; OLG Düsseldorf, Beschl. vom 11.04.1983 – 5 Ss 105/83 –, EzGuG 13.63; **Kirchturmuhr:** BVerwG, Urt. vom 30.4.1992 – 7 C 25/91 –, BVerwGE 90, 193 = NJW 1992, 2779 = DVBl. 1992, 1234; **Tankstelle:** BVerwG, Urt. vom 24.9.1992 – 7 C 6/92 –, NJW 1993, 342 = DVBl 1993, 159; Getränkemarkt: BVerwG, Beschl. vom 20.1.1989 – 4 B 116/88 –, EzGuG 13.115; **Feuerwehrsirene:** BVerwG, Urt. vom 29.04.1988 – 7 C 33/87 – EzGuG 13.104; **Froschlärm:** BGH, Urt. vom 05.02.1993 – V ZR 92/91 –, NJW 1993, 1656; BGH, Urt. vom 20.11.1992 – V ZR 82/91 –, BGHZ 120, 239 = VPR 1993, 97; **Biergarten:** OVG Lüneburg, Beschl. vom 7.11.1996 – 1 M 5501/96 –, UPR 1997, 157; **Bolzplatz:** VGH Kassel, Beschl. vom 24.11.1988 – 6 TG 4463/88 –, EzGuG 13.102; BayVGH, Urt. vom 16.2.1987 – 14 B 85 A3090 = EzGuG 13.85; **Zeltplatz:** BGH, Urt. vom 5.2.1993 – V ZR 62/91 –, EzGuG 13.126.

Lagemerkmale § 6 ImmoWertV

Wohn- und Sportnutzung etwa gleichzeitig entstehen oder wenn gar ein **Wohngebiet an eine bereits bestehende Sportanlage heranrückt**. Dabei ist „die Lästigkeit von Geräuschen um so eher auf der Grundlage eines Mittelungspegels zu bewerten, je gleichmäßiger und gleichförmiger sie sind. Soweit aus dem allgemeinen Grundgeräusch herausragende Einzelgeräusche nivelliert werden, liege dies „in der Natur der Mitteilungsmethode" und sei „bis zu einem gewissen Grade unbedenklich".

Als Zeiten besonderer **Ruhebedürfnisse außerhalb der Nachtzeit** (von 22.00 bis 6.00 Uhr) werden im Übrigen die Sonntage und die gesetzlichen Feiertage sowie die Werktage nach 19.00 Uhr angesehen, wobei unter Bezug auf die §§ 2 und 3 der 8. BImSchV für eine Gleichstellung des Samstagnachmittags „kein rechtlicher Grund" gesehen wird. 255

6.6 Manöver- und Schießlärm

Zur **Entschädigungspflicht für Manöverlärm** stellt der BGH maßgeblich auf das ab, was über die ortsüblichen Einwirkungen hinaus zu einer schweren und unerträglichen Beeinträchtigung führt, wobei im Unterschied zu den Beeinträchtigungen eines Grundstücks aufgrund von Verkehrsgeräuschen hierbei jedoch i. d. R. keine dauernde Lärmbelästigung gegeben ist[142]. Eine Wohnbebauung, die an eine lärmemittierende Schießanlage heranrückt, kann gegen das Gebot der Rücksichtnahme verstoßen, wenn sie sich unzumutbaren Lärmimmissionen aussetzt[143]. 256

Bezüglich des in der Nähe von Truppenübungsplätzen auftretenden Manöver- und Schießlärms kann – je nach Entfernung – mit **Wertabschlägen bis zu 10 v. H. des Grundstückswerts** gerechnet werden. Entschädigungsansprüche bestehen jedoch nur insoweit, wie das Grundstück nicht vorbelastet ist. Der Eigentümer eines durch Schießlärm von einem Truppenübungsplatz vorbelasteten, aber zumindest für eine vorübergehende Wohnnutzung noch geeigneten und für diesen Zweck mit einem Landhaus bebauten Grundstücks braucht es jedoch nicht entschädigungslos hinzunehmen, dass die Lärmeinwirkung aufgrund von Änderungen des Truppenübungsplatzes oder einer Intensivierung des Übungsbetriebs auch eine vorübergehende Wohnnutzung ausschließt[144]. 257

6.7 Baulärm

▶ *Vgl. § 18 ImmoWertV Rn. 223 ff.*

Tritt durch (städtische Bauarbeiten eine zeitweilige Gebrauchsstörung eines Grundstücks ein, dann sind dadurch entstehende **Verluste an Mieteinnahmen** nach den Grundsätzen für die Entschädigung bei einem enteignungsgleichen Eingriff zu entschädigen. Bei „reinen" Miethäusern ist nach der Rechtsprechung darauf abzustellen, ob der Ertragswert gemindert ist[145]. 258

Bei vorübergehender Beeinträchtigung der gewerblichen Nutzung kann unmittelbar der Ertragsverlust zur Bemessung des Ausgleichsanspruchs herangezogen werden[146]. Einem im großstädtischen Kerngebiet gelegenen Gewerbebetrieb (Hotel) hat der BGH einen mehrjährigen Ertragsverlust auch im Hinblick auf seine Lage nicht zumuten wollen[147]. Die **Opfergrenze** liegt dabei nicht erst dort, wo die Existenz des Betriebs gefährdet ist; vielmehr ist darauf abzustellen, ob die Folgen des Eingriffs für den Anlieger nach Dauer, Intensität und Auswirkung so erheblich sind, dass eine entschädigungslose Hinnahme nicht mehr zumutbar 259

---

142 BGH, Urt. vom 24.11.1977 – III ZR 153/75 –, EzGuG 13.45; zu Kettenfahrzeugen: BVerwG, Urt. vom 11.11.1988 – 4 C 11/87 –, EzGuG 13.101; Schießlärm: BVerwG, Beschl. vom 06.08.1982 – 7 B 67/82 –, EzGuG 13.57a; Zur Erstattungsfähigkeit von Belegungsschäden durch sowjetische Streitkräfte BGH, Urt. vom 08.12.1994 – III ZR 105/93 –, AgrarR 1995, 338.
143 OVG Münster, Beschl. vom 04.09.2001 – 10 B 332/01 –, UPR 2002, 160 (LS).
144 BVerwG, Urt. vom 23.05.1991 – 7 C 19/90 –, EzGuG 13.118a; OVG Lüneburg, Urt. vom 09.12.1983 – 7 A13/82 –, EzGuG 13.65a.
145 OLG Düsseldorf, Urt. vom 24.02.1994 – 16 U 135/93 –, EzGuG 20.150b; BayOLG, Urt. vom 04.02.1987 – REMiet 2/86 –, EzGuG 12.84a.
146 BGH, Urt. vom 08.06.1988 – VZR 45/87 –, EzGuG 13.36; BGH, Urt. vom 31.05.1974 – V ZR 114/72 –, EzGuG13.22.
147 BGH, Urt. vom 03.03.1977 – III ZR 181/74 –, EzGuG 13.107

ist und der Betrieb durch die Baumaßnahme „fühlbar" so beeinträchtigt ist, dass das **Eigentumsrecht in seinem Wesensgehalt angetastet** wird[148].

260 Zur Beurteilung der Beeinträchtigung eines Gewerbebetriebs ist **von** den erlittenen **Gewinneinbußen auszugehen,** wobei zu berücksichtigen ist, dass „der Gewerbeanlieger einige Zeit Bauarbeiten und damit verbundene Umsatz-/Gewinnrückgänge hinzunehmen hat, ohne eine Entschädigung verlangen zu können; denn ein gesunder Betrieb muss solche Behinderungen vorher einkalkulieren"[149]. Des Weiteren bleibt grundsätzlich zu beachten, dass im Falle einer Entschädigung nur dasjenige entschädigt wird, was im Augenblick des Zugriffs vorhanden ist und genommen wird. Deshalb ist bei der Bemessung der Entschädigung immer nur der Substanzwert im Augenblick der Entziehung maßgebend. Die **hypothetische Weiterentwicklung darf** dagegen **nicht berücksichtigt werden.** Hierin unterscheidet sich die Enteignungsentschädigung vom Schadensersatz[150].

7 Geruchsimmission

Schrifttum: *Buchholz* in AgrarR 2000, 5; *Gierke* in NdsVBl. 2002, 225; *Perschau* in UPR 1998, 248.

261 Gerüche werden nach § 3 BImSchG bei Erfüllung bestimmter Kriterien als erhebliche Belästigungen eingestuft. Um die Erheblichkeit einer Geruchsbelästigung festzustellen und in Genehmigungs- und Überwachungsverfahren berücksichtigen zu können, müssen objektive, reproduzierbare und quantitativ beschreibbare Geruchserhebungsverfahren angewendet werden. Als Maß für die Geruchsbelästigung wird die **Geruchshäufigkeit in Prozent der Jahresstunden** mit Geruch herangezogen. Ausnahmen bilden Ekel oder Übelkeit auslösende Gerüche.

Auch für Geruchsbelästigungen gilt, dass sie je nach Häufigkeit, Intensität und der Nutzung der davon betroffenen Grundstücke zu Wertminderungen führen. Nach § 906 Abs. 1 BGB müssen Geruchsimmissionen insoweit entschädigungslos hingenommen werden, als sie die Benutzung des Grundstücks nicht oder nur unwesentlich beeinträchtigen und nicht ortsüblich sind[151]. Bei Überschreitung der Zumutbarkeitsgrenze ist sowohl bei vorübergehenden als auch bei dauernden Nutzungsbeeinträchtigungen Entschädigung nach den für enteignende Eingriffe entwickelten Grundsätzen zu gewähren[152]; dies gilt insbesondere für **geruchsempfindliche Wohngebiete.** Umgekehrt kann sich auch der Erlass eines Bebauungsplans, der eine immissionsempfindliche Wohnbebauung vorsieht, auf einen außerhalb des Plangebiets gelegenen, geruchsintensiven landwirtschaftlichen Betrieb enteignungsgleich auswirken, wenn der Betrieb schwer und unerträglich betroffen wird, weil nunmehr zu seiner Erhaltung notwendige Modernisierungsmaßnahmen unterbleiben müssen[153].

---

148 BGH, Urt. vom 11.03.1976 – III ZR 154/73 –, EzGuG 13.28; BGH, Urt. vom 30.04.1964 – III ZR 125/63 –, EzGuG 13.6; zur Frage der Ortsüblichkeit von **Baulärm**; BGH, Urt. vom 30.05.1962 – V ZR 121/60 –, EzGuG 13.3; BGH, Urt. vom 18.06.1970 – III ZR 15/67 –, EzGuG 6.128; BGH, Urt. vom 28.4.1967 – V ZR 216/64 –, EzGuG 13.11.
149 BGH, Urt. vom 07.07.1980 – III ZR 32/79 –, EzGuG 13.54; BGH, Urt. vom 20.12.1971 – III ZR 79/69 –, EzGuG 13.19; BGH, Urt. vom 30.04.1964 – III ZR 125/63 –, EzGuG 13.6.
150 Zur Enteignungsentschädigung bei **Großbaustellen** BGH, Urt. vom 10.11.1977 – III ZR 157/75 –, EzGuG 13.44; bei **Untertunnelung** BGH, Urt. vom 28.10.1982 – III ZR 71/81 –, EzGuG 13.85: BGH, Urt. vom 05.07.1965 – III ZR 173/64 –, EzGuG 13.7.
151 BGH, Urt. vom 19.02.1976 – III ZR 13/74 –, EzGuG 13.27; Schrifttum: Gablenz in GuG 1997, 149.
152 BGH, Urt. vom 29.03.1984 – III ZR 11/83 –, EzGuG 13.78; BGH, Urt. vom 29.10.1954 – V ZR 53/53 –, EzGuG 13.1; BGH, Urt. vom 16.12.1963 – III ZR 158/62 –, EzGuG 13.5; BGH, Urt. vom 20.01.1966 – III ZR 109/64 –, EzGuG 13.8.
153 BGH, Urt. vom 28.06.1984 – III ZR 35/83 –, EzGuG 13.80; BVerwG, Urt. vom 01.11.1974 – 4 C 38/71 –, EzGuG 8.44; Zur Entschädigungspflicht bei polizeibehördlicher Untersagung BGH, Urt. vom 20.01.1966 – III ZR 109/64 –, EzGuG 1.8; BVerwG, Urt. vom 25.2.1977 – 4 C 22/75 –, EzGuG 13.35; BVerwG, Urt. vom 30.9.1983 – 4 C 74/79 –, EzGuG 13.64; BVerwG, Urt. vom 17.02.1984 – 7 C 8/82 –, EzGuG 13.66.

Lagemerkmale § 6 ImmoWertV

- Wegen der Beeinträchtigungen, die von einer benachbarten Kläranlage an mehr als 50 % der Tage ausgehen, hat das OLG Celle[154] als Entschädigung für den dadurch geminderten Verkehrswert 30 % des Verkehrswerts für die Wohnfläche und 10 % für die zur Obstlagerung dienende Betriebsfläche anerkannt.

- Geruchsimmissionen eines Schweinemastbetriebs sind in Dorfgebieten dagegen in beschränktem Ausmaß als üblich und unvermeidbar entschädigungslos hinzunehmen[155]; der BFH[156] hat einen Abschlag von 30 % anerkannt.

Insbesondere bei Massentierhaltung und Massentierzucht ist es zu rechtlichen Auseinandersetzungen über Geruchsbelästigungen gekommen[157].

Den in technischen Regelwerken[158] vorgegebenen Richtwerten kommt zur **Beurteilung des Geruchsschwellenwerts und der Zumutbarkeit** nur die Bedeutung eines groben Anhalts zu[159]. Da Gerüche im Zusammenhang mit der Luft auftreten, ist auf die Regelwerke zur Reinhaltung der Luft zurückzugreifen: **262**

- im Bereich der Landwirtschaft auf die §§ 4 ff. und §§ 22 ff. BImSchG,
- die Technische Anleitung zur Reinhaltung der Luft (TA Luft)[160],
- die Richtlinien des Vereins deutscher Ingenieure (VDI-Richtlinien)[161] sowie
- Verwaltungsvorschriften[162].

Als **Geruchsschwellenwert** (erstmalige Wahrnehmung; „Geruchseinheit") wird die Geruchskonzentration bezeichnet, die bei einem repräsentativen Personenkreis eine Geruchswahrnehmung auslöst.

Die Beeinträchtigung ist abhängig von

- der Immissionsempfindlichkeit der Umgebung einer emittierenden Anlage[163],
- Art und Intensität des Geruchs,
- der tages- und jahreszeitlichen Verteilung des Geruchs,
- dem Empfinden eines „Durchschnittsmenschen",
- dem Abstand zur Geruchsquelle.

Im Übrigen wird auf die entschädigungsrechtliche **Rechtsprechung** verwiesen (zu einem Schweinemastbetrieb[164]; teerölgetränkte Holzschwellen[165]). **263**

---

154 OLG Celle, Urt. vom 08.04.1987 – 4 U 98/85 –, EzGuG 13.88.
155 BayVGH, Urt. vom 14.09.1977 – 11 XV 73 –, EzGuG 13.41; VG Hannover, Urt. vom 04.10.1976 – 4 A 4/76 –, EzGuG 13.31; BVerwG, Beschl. vom 10.05.1990 – 7 B 57/90 –, EzGuG 13.114; OLG Oldenburg, Urt. vom 20.11.1975 – 1 U 165/74 –, RdL 1976, 66 = AgrarR 1976, 75.
156 BFH, Urt. vom 30.01.1974 – IV R 105/72 –, EzGuG 3.42a.
157 OVG Münster, Urt. vom 25.9.2000 – 10a D 8/00 –, RdL 2001, 64.
158 Vgl. für Nordrhein-Westfalen: Feststellung und Beurteilung von Geruchsimmissionen (Geruchsimmissions-Richtlinie – GIRL –) i. d. F. vom 29.2.2008 und einer Ergänzung vom 10.09.2008
159 BVerwG, Beschl. vom 08.07.1998 – 4 B 38/98 -; BVerwG, Beschl. vom 27.1.1994 – 4 B 16/94 –, NVwZ – RR 1995, 6 zur Rinderhaltung; BVerwG, Beschl. vom 15.2.1988 – 7 B 219/87 –, DVBl 1988, 539; OVG Bautzen, Beschl. vom 15.7.1998 – 1 S 257/98 –, SächsVBl. 1998, 292; OVG Bautzen, Beschl. vom 13.06.2001 – 1 B 163/01 –, NVwZ-RR 2002, 20.
160 BVerwG, Urt. vom 21.06.2001 – 7 C 21/00 –, NVwZ-RR 2002, 118.
161 BVerwG, Urt. vom 28.02.2002 – 4 CN 5/01 –, UPR 2002, 313; VGH Kassel, Urt. vom 13.03.2002 – 4 N 2171/96 –, NVwZ-RR 2002, 830.
162 Verwaltungsvorschrift zur Feststellung und Beurteilung von Geruchsimmissionen (GIRL-Geruchsimmissionsrichtlinie) i. d. F. des LAI vom 14.11.2000 (NdsMBl 2001, 224).
163 OVG Lüneburg, Urt. vom 03.07.2000 – 1 K 1014/00 –, NVwZ-RR 2001, 218.
164 VGH Mannheim, Urt. vom 12.10.1994 – 5 S 2609/94 –, RdL 1995, 55,
165 OLG Hamburg, Urt. vom 02.08.1994 – 7 U 40/93 –, NJW-RR 1995, 536.

8 Staubimmission

264 Ein Grundstück, das aufgrund seiner Nachbarschaftslage z. B. zu einem staubemittierenden Gewerbebetrieb Staubeinwirkungen ausgesetzt ist, wird entsprechend dem Umfang, der Dauer und der Beschaffenheit des Staubs zu einem geminderten Wert gehandelt.

265 Zur Frage eines Ausgleichs- und Entschädigungsanspruchs gegenüber dem Emittenten kommt es zunächst wiederum auf die **Ortsüblichkeit** und die Art des Gebiets an, in dem das Grundstück liegt. Zu den Voraussetzungen eines nachbarrechtlichen Ausgleichsanspruchs i. S. des § 906 Abs. 2 Satz 2 BGB hat der BGH mehrfach Stellung genommen; hierauf wird verwiesen[166].

266 Maßstab für die Beurteilung der Beeinträchtigung **ist die TA Luft**[167].

9 Erschütterung

267 Als Erschütterungen werden mechanische Schwingungen fester Körper bezeichnet (DIN 4150). Art und Umfang der davon ausgehenden Beeinträchtigungen hängen insbesondere ab von

– der Schwingungsstärke (KB-Wert),
– der Einwirkungsdauer,
– der Häufigkeit des Auftretens,
– der Art der Erschütterungsquelle (Sichtkontakt, Hörkontakt),
– dem Wohlbefinden der Personen und
– dem Grad der Gewöhnung.

268 Bei dem KB-Wert handelt es sich um eine der menschlichen Wahrnehmung angepasste Größe für die Erschütterung.

10 Elektrosmog

Schrifttum: *Blenk, J.,* Zur staatlichen Ausgleichspflicht einer Wertminderung durch Mobilfunkmasten, GuG 2011, 325; *Bobka, G.,* Mobilfunk, Wertminderung für Immobilien durch Sendemasten? Informationsdienst für Sachverständige 2003, 5/11; *Deutscher Städtetag,* Umdruck 670 vom 05.05.1999 = GuG 2001, 104; *Dippold, R.,* Wertermittlung einer Eigentumswohnung mit einer Mobilfunkanlage, GuG 2008, 282; *Flintrop, H.,* Der Einfluss von Mobilfunkantennen auf den Verkehrswert von bebauten und unbebauten Grundstücken, GuG 2001, 321; *Jennissen,P./Wolbring,N.,* Hochspannungsmast-Entschädigung, HLBS Verlag Heftz 113 2010; *Nakovics, W.,* Gutachten über die Beeinflussung von Verkehrswerten durch in der Nähe befindliche Mobilfunksendeanlagen, GuG 2007, 40.

269 Die deutsche Strahlenkommission (SSK) wie auch die Weltgesundheitsorganisation (WHO) gehen davon aus, dass bei Einhaltung der geltenden Mobilfunkgrenzwerte keine gesundheitlichen Schäden durch den Mobilfunk bestehen. Danach darf die **Spezifische Absorptionsrate (SAR-Wert)** zwei Watt pro Kilogramm Körpergewebe nicht übersteigen. Die Grenzwerte ergeben sich aus der 26. BImSchV.

---

166 BGH, Urt. vom 01.03.1974 – V ZR 82/72 –, EzGuG 13.21; BGH, Urt. vom 15.06.1967 – III ZR 23/65 –, EzGuG 13.14; BGH, Urt. vom 15.01.1971 – V ZR 110/68 –, EzGuG 13.18.
167 BGH, Urt. vom 16.12.1977 – V ZR 91/75 –, EzGuG 13.47; BVerwG, Urt. vom 17.02.1978 – 1 C 102/76 –, EzGuG 13.48.

Lagemerkmale § 6 ImmoWertV

Über die Aufstellung von Mobilfunksendeanlagen entscheidet die Bundesnetzagentur für 270
Elektrizität, Gas, Telekommunikation, Post und Eisenbahnen (Bundesnetzagentur; Regulierungsbehörde für Telekommunikation und Post). Für die Aufstellung von Mobilfunkanlagen bedarf es einer **Standortbescheinigung über die Einhaltung der Sicherheitsabstände und Grenzwertanforderungen**. Sie wird erteilt, wenn die Grenzwerte im öffentlich zugänglichen Bereich um die Antenne herum unterschritten werden. Ob für die Errichtung einer Mobilfunkanlage darüber hinaus eine **Baugenehmigung** erforderlich ist, bestimmt sich nach dem Bauordnungsrecht der Länder. In den meisten Ländern ist die Errichtung oder Änderung von Antennenanlagen bis zu einer Höhe von 10 m genehmigungsfrei; höhere Anlagen sind ausnahmslos genehmigungspflichtig.

Bauplanungsrechtlich ist eine Mobilfunkanlage zulässig 271

- im Außenbereich eines privilegierten Vorhabens nach § 35 Abs. 1 BauGB[168],
- in reinen Wohngebieten weder allgemein noch ausnahmsweise,
- in allgemeinen Wohngebieten ausnahmsweise.

Die Aufstellung einer Mobilfunkanlage bedarf nicht der Zustimmung der Mieter, selbst dann 272
nicht, wenn der Mieter einen Herzschrittmacher hat[169]. Nach der Rechtsprechung des BVerfG besteht auch kein **emissionsschutzrechtlich begründeter Abwehranspruch,** wenn die Grenzwerte der 26. BImSchV eingehalten werden[170]. Darüber hinaus werden mit der Aufstellung von Mobilfunkanlagen auch keine Eigentumsrechte im Hinblick auf eine Minderung des Verkehrswerts benachbarter Grundstücke verletzt, denn hoheitlich bewirkte Minderungen des Marktwerts eines Vermögensgegenstands berühren i. d. R. nicht den Schutzbereich des Eigentumsrechts[171].

10.1 Grenzwerte

Bislang ist **wissenschaftlich ungeklärt geblieben, ob von elektrischen und magnetischen** 273
Feldern im Bereich von Hochspannungsleitungen und Trafostationen gesundheitliche Auswirkungen ausgehen. Nach vorliegenden epidemiologischen Untersuchungen können allerdings im Einzelfall Feldstärken auftreten, die Herzschrittmacher stören. Allgemein wird gleichwohl empfohlen, im Rahmen der Abwägung bei der Planaufstellung präventiv eine Wohnbebauung sowie Kinderspielplätze nicht unmittelbar unter Hochspannungsleitungen zu planen.

Mit der **26. Verordnung zum Bundes-Immissionsschutzgesetz (26. BImSchV)** sind die 274
derzeit gültigen Grenzwerte für hochfrequente elektromagnetische Felder festgelegt worden[172]. Die maximale Sendeleistung der GSM-Basisstationen für das D-Netz ist auf 50 Watt (W), für das E-Netz auf 20 Watt (W) festgesetzt worden. Die Grenzwerte bemessen sich nach der speziellen Absorptionsrate (SAR), gemessen in Watt pro Kilogramm (W/kg) Körpergewicht. Für Handys, die ausschließlich den Kopf bestrahlen, gilt ein Teilkörpergrenzwert von 0,08 W/kg.

---

168 VGH Mannheim, Urt. vom 25.08.1997 – 8 S 1861/97 –, NVwZ-RR 1988, 715 = BRS Bd 59 Nr 88.
169 BGH, Urt. vom 15.03.2006 – VIII ZR 74/05 –, GuG-aktuell 2006, 31 = WuM 2006, 304.
170 BVerfG, Beschl. vom 24.01.2007 – 1 BvR 382/05 –, GE 2007, 774; vgl. auch BVerfG, Urt. vom 28.02.2002 – 1 BvR 1676/01 –; NJW 2002, 1638.
171 BVerfG, Urt. vom 05.02.2002 – 2 BvR 348/93 –,BVerfGE 105, 17 = EzGuG 3.126b; BVerwG, Urt. vom 16.03.2006 – 4 A 1001/04 –; BVerwG, Urt. vom 29.01.1991 – 4 C 51/89 –, BVerwGE 87, 331 = GuG 1991, 274 = EzGuG 13.117.
172 BR-Drucks. 12/4453; Parl. Anfrage vom 3.3.1993; vgl. Gesetz über die elektromagnetische Verträglichkeit von Geräten (EMVG) i. d. F. der Bekanntmachung vom 30.8.1995 (BGBl. I 1995, 1118); vgl. auch Verordnung über elektromagnetische Felder – 26. BImSchV – vom 16.12.1996 (BGBl. I 1996, 1966); zuletzt geändert durch Art. 1 Nr. 13 des Gesetzes vom 9.10.1996 (BGBl. I 1996, 1498); BT-Drucks 14/5848; BVerfG, Urt. vom 17.02.1996 – 1 BvR 1658/96 –, NJW 1997, 2509 = UPR 1997, 186; Empfehlungen der Internationalen Strahlenschutzvereinigung (IRPA) und der Deutschen Strahlenschutzkommission (SSK). Verordnung über Beiträge nach dem Gesetz über die elektromagnetische Verträglichkeit von Geräten (EMVBeitrV) vom 12.08.2002 (BGBl. I 2002, 3359); Verordnung über das Nachweisverfahren zur Begrenzung elektromagnetischer Felder (BEMFV) vom 20.08.2002 (BGBl. I 2002, 3366).

§ 6 ImmoWertV Lagemerkmale

275 Bis zum Inkrafttreten dieser Verordnung wurden u. a. die **Empfehlungen der SSK „Elektrische und magnetische Felder im Alltag"** vom 18./19.4.1991 herangezogen. Dies entspricht auch der Anregung des Bundesamtes für Strahlenschutz. Diese Grenzwerte sind niedriger als die der DIN VDE 8048 Teil 4, Okt. 1989. Der BayVGH[173] hat in einer Entscheidung zu den 110-kV-Bahnstromleitungen auf diese Empfehlungen der Deutschen Strahlenschutzkommission zurückgegriffen.

276 Es besteht ein internationaler Konsens, dass bei den **IRPA-Grenzwerten zum Schutz der Bevölkerung** – elektrische Feldstärke 5 kV/m und magnetische Flussdichte 100 µT – Gesundheitsbeeinträchtigungen nicht zu besorgen sind.

277 Dennoch empfiehlt es sich bei Neuplanungen, die Immissionen durch elektromagnetische Felder, denen die Bevölkerung ausgesetzt ist, grundsätzlich möglichst gering zu halten und auch die **IRPA-Grenzwerte nicht voll auszuschöpfen,** da wegen fehlender Kenntnisse die Möglichkeit nachteiliger Folgen für die Gesundheit auch unterhalb dieser international anerkannten Grenzwerte nicht ausgeschlossen werden kann (Belästigung besonders empfindlicher Personen durch das elektromagnetische Feld und indirekte Feldwirkungen, kein sicherer Schutz der Implantatträger, keine Berücksichtigung möglicher krebserzeugender, krebsfördernder bzw. synergistischer Wirkungen).

278 Zum Schutz von Implantatträgern vor Energiefeldern sollten im **Aufenthaltsbereich das elektromagnetische Feld 2,5 kV/m und die magnetische Flussdichte 10 µT nicht überschreiten.** Um den Ergebnissen der derzeit kontrovers diskutierten epidemiologischen Studien zum Krebsrisiko Rechnung zu tragen, wären zur Minimierung der Exposition Werte von nicht mehr als 0,5 kV/m und einigen µT anzustreben.

279 Für bestimmte Anlagen bestehen folgende **Grenzwerte:**

   a) Hochfrequenzsender:
   - 26. Verordnung zum Bundes-Immissionsschutzgesetz (26. BImSchV),
   - Grenzwerte der DIN/VDE Normenentwurf 0848 Teil 2 (Stand 10/1991)[174].

   b) Hochspannungsleitungen:
   - Grenzwerte der DIN/VDE 0848 Teil 4 (Stand 10/1989) für Hochspannungsleitungen bis zu 400 kV;
   - Grenzwerte der IRPA nach Empfehlung der Strahlenschutzkommission „Elektrische und magnetische Felder im Alltag", verabschiedet in der 103. Sitzung am 18./19.4.1991.

280 Die empfohlenen **Grenzwerte** sind nachfolgend abgedruckt (Abb. 31):

Abb. 31:   Grenzwerte

Nationale und internationale Grenzwerte für 0 Hz bis 30 kHz					
Land	Frequenz f (Hz)	Expositionsgrenzwerte			Bemerkungen
		V/m	A/m	mT	
IRPA (199/Ø)	50–60	10 000	400	0,5	Arbeitszeit bis 24 Stunden pro Tag
Beruflich beschäftigte Bevölkerung	50–60	5 000	80	0,1	

---

173 VGH München, Urt. vom 27.01.1993 – 20 A 92 40093 –, NVwZ 1993, 1121; Eisenschmidt in WuR 1997, 21; VGH Mannheim, Urt. vom 14.05.1996 – 105 1/96 –, GuG-aktuell 1997, 22 = NJW 1997, 676 (LS); VGH Kassel, Urt. vom 22.03.1993 – 2 A 3300/89 –, NVwZ 1993, 291; VGH München, Urt. vom 27.01.1993 – 20 A 92 40093 –, NVwZ 1993, 1121; VGH Mannheim, Urt. vom 14.05.1996 – 10 S 1/96 –, NVwZ 1997, 90 = DÖV 1996, 1005.
174 BMFT, Vfg. 95/1992 (ABl. des BMFT Nr. 12 vom 01.07.1992, S. 275); ABl. – Vfg. 95/1992.

Lagemerkmale § 6 ImmoWertV

Nationale und internationale Grenzwerte für die Hochfrequenz					
Land	Frequenz f (MHz)	Expositionsgrenzwerte			Bemerkungen
		V/m	A/m	W/m²	
International IRPA/INIRC 1988	0,1–1	614	1,6/f	–	Dauerexposition während der Arbeitszeit
	1–10	614/f	1,6/f	–	
	10–400	61	0,16	1	
Beruflich Beschäftigte	400–2 000	$3f^{1/2}$	$0,008f^{1/2}$	f/40	
	2 000–300 000	137	0,36	50	Dauerexposition
Bevölkerung	0,1–1	87	$0,23/f^{1/2}$	–	
	1–10	$87/f^{1/2}$	$0,23/f^{1/2}$	–	
	10–400	27,5	0,073	2	
	400–2 000	$1,375/f^{1/2}$	$0,004f^{1/2}$	f/200	
	2 000–300 000	61	0,16	10	

Zur Umrechnung häufig verwendeter Größen sind folgende Angaben oft hilfreich:

1 T (Tesla) = 10 000 G (Gauss);

1 G = 100 µT

1 TV 0,796 = 10^6 A/m; 1 A/m V 1,27 µT

1 mW/cm² = 10 W/m²

1 mW/cm² = 0 dBm1 µV/m = 0 dBµV/m

1 W/m² = 19,42 V/m = 0,052 A/m (unter Fernfeldbedingungen)

Größenordnungen:

Frequenz:1 kHz = 10^3 Hz

1 MHz = 10^3 kHz = 10^6 Hz

1 GHz = 10^3 MHz = 10^6 kHz = 10^9 Hz

elektrisches Feld:

1 kV/m = 10^3 V/m

magnetisches Feld:

1 nT = 10^{-3} µT = 10^{-6} mT = 10^{-3} T

1 µT = 10^{-3} mT = 10^{-6} T

1 mT = 10^{-3} T

Bei der **Verkehrswertermittlung von Grundstücken im Bereich einer Mobilfunksendeantenne**[175] ist zunächst zu unterscheiden zwischen   281

a) Grundstücken, die mit einer Mobilfunksendeantenne „bestückt" sind, und

b) Grundstücken in der Umgebung von Mobilfunksendeantennen.

Dabei ist nicht allein auf die tatsächliche Möglichkeit einer Gesundheitsbeeinträchtigung   282
abzustellen, da auch ästhetische und allgemeine auf dem Grundstücksmarkt vorherrschende irrationale Gesichtspunkte zu einer Wertminderung führen können. Bei **Grundstücken, die mit einer Mobilfunksendeantenne „bestückt" sind,** ist neben einer sich im Einzelfall ergebenden Minderung der Mieteinnahmen der Barwert des Nutzungsentgelts werterhöhend zu berücksichtigen.

---

175 Kleiber, Verkehrswertermittlung von Grundstücken, 6. Aufl. 2010, Teil VI, Rn. 693.

§ 6 ImmoWertV — Lagemerkmale

10.2 Mindestfläche

283 Die erforderliche Mindestfläche für Grundstücke mit Antennenträgern wird durch bauordnungs- und immissionsschutzrechtliche Anforderungen, aber auch durch andere gesetzliche Bestimmungen (z. B. FStrG) in Abhängigkeit von der Höhe (H) und dem Gebietscharakter vorgegeben. Es ergeben sich – je nach Bundesland – kreisförmige Flächen mit einem Radius von 0,4 H bis 1,0 H (Hamburg). Im Hinblick auf die im Erdreich verlegten Erdungsmaßnahmen ergibt sich jedoch bereits eine Mindestkreisfläche mit dem Radius der Masthöhe[176].

10.3 Nutzungsentgelte

▶ *Vgl. § 8 ImmoWertV Rn. 283*

284 Durchschnittliche Nutzungsentgelte für Telekommunikationseinrichtungen nach Angaben der Vodafone D2 GmbH

1.	Betreiber errichtet eigenen Mast	1 500 bis 3 999 € p. a.
2.	Mitbenutzung Fremdmast bei eigener Stellfläche	1 000 bis 2 000 € p. a.
3.	Mitbenutzung Fremdmast ohne eigene Stellfläche	0 bis 1 000 €/m² p. a.
4.	Gebäudestandorte durchschnittlich	3 000 bis 4 500 € p. a.
5.	über 5 000 € p. a. nur bei großen Sammlerstandorten oder städtischen Standorten mit besonders hohem Nutzungsvolumen	

285 Von anderen Unternehmen wurden auf der Grundlage von Rahmenverträgen für Maststandorte mit einer durchschnittlich betriebsnotwendigen Fläche von insgesamt 325 m² (250 m² zuzüglich eines 30 %igen Reserveaufschlags) im Außenbereich Entgelte von bis zu rd. 4 000 € (p. a.), d. h. bis zu 16 €/m², vereinbart. Bei Nutzung des Standorts durch mehrere Betreiber werden zusätzlich 1 500 € p. a. pro Untervermietung entrichtet. Das Entgelt nimmt mit der Grundstücksgröße degressiv ab (Abb. 32):

Abb. 32: Jährliche Nutzungsentgelte für Antennengrundstücke

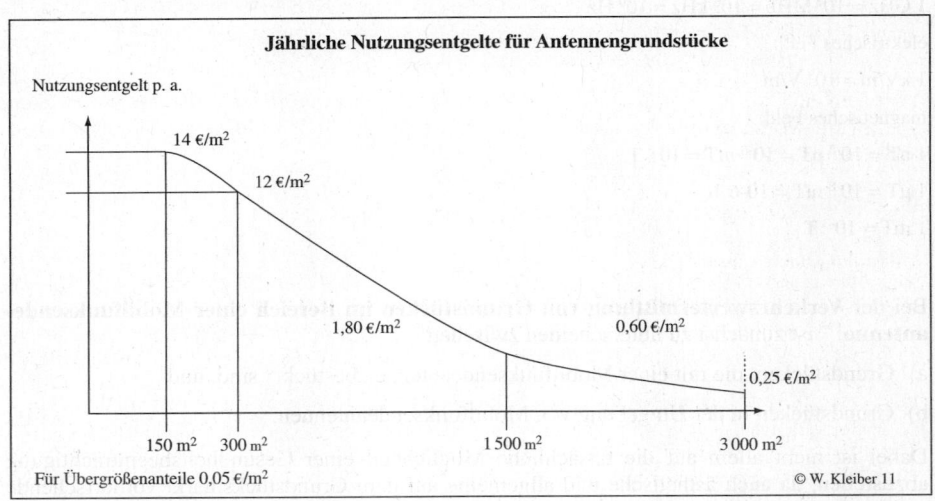

286 Die Kapitalisierung des Nutzungsentgelts (mit 5,5 bis 6 %), das i. d. R. mit keinen Bewirtschaftungskosten verbunden ist, ist auf den voraussichtlichen Zeitraum des Bestands der Einrichtungen zu beschränken. Dabei ist die technische Entwicklung bezüglich des Umfangs und

---

[176] Kleiber, Verkehrswertermittlung von Grundstücken, 6. Aufl. 2010, Teil VI, Rn. 693.

Lagemerkmale § 6 ImmoWertV

eines schädlichen Einflusses der emittierenden Anlage zu berücksichtigen, die möglicherweise sogar diese Einrichtungen eines Tages entbehrlich macht.

10.4   Minderung der Nutzungsentgelte

Mobilfunkanlagen sind nach der Rechtsprechung kein Grund für Mietminderungen[177]. Eine im Einzelfall gegebene Minderung des Mietertrags infolge tatsächlichen bzw. vermuteten Elektrosmogs gegenüber „unbelasteten" Grundstücken kann indessen im Falle einer Neuvermietung durchaus hinzunehmen sein. Diese kann wertmäßig durch **Kapitalisierung des Minderertrags** berücksichtigt werden. Dies ist insbesondere dann in Betracht zu ziehen, wenn die Schwellenwerte der 26. BImSchV überschritten werden, jedoch ist die Kapitalisierung auf den Zeitraum zu beschränken, der durch eine Änderung der emittierenden Anlage vorgegeben ist. Die Besorgnis einzelner Personen, dass trotz Einhaltung der Grenzwerte für Mobilfunksendestationen Gesundheitsgefährdungen bestehen, stellt für sich allein noch keine Beeinträchtigung dar[178], jedoch kann ein Abschlag in Betracht kommen, wenn nach allgemeinem Marktverhalten mit einem Minderertrag auch weiterhin gerechnet werden muss[179]. Ist vom Mobilfunkbetreiber eine **einmalige Ablösesumme** zum Ausgleich der Mietminderung bereits entrichtet worden, so sind die künftigen Mindereinnahmen gleichwohl in die Wertermittlung einzustellen, da diese Ausgleichszahlung im Falle der Veräußerung des Grundstücks dem Veräußerer verbleibt.

287

Bei **Grundstücken im Umfeld von Mobilfunksendeantennen** können sich im Einzelfall vor allem in Abhängigkeit von ihrer Nähe (bis zu 150 m) lediglich Minderungen der Mieteinnahmen ergeben, ohne dass ihnen zusätzliche Einnahmen gegenüberstehen.

288

Daneben kommt auch eine **pauschale Berücksichtigung der Nähe einer Mobilfunksendeanlage** (im Umkreis von 150 m) in Betracht. Hierzu liegen unterschiedliche Angaben vor. Sie reichen in Abhängigkeit von der Auffälligkeit komplexer Antennenkonstruktionen von einer Wertminderung gegenüber „unbelasteten" Grundstücken in Höhe von bis zu 50 % (in extremer Nähe zur Mobilfunksendeantenne) bis hin zu wenigen Prozentpunkten und nicht signifikantem Einfluss. Ein solcher Abschlag ist indessen nicht anzusetzen, wenn von Vergleichspreisen bzw. Bodenrichtwerten ausgegangen wird, die sich für Grundstücke ergeben haben, die ebenfalls im unmittelbaren Umkreis von Sendeanlagen liegen. Bei pauschaler Berücksichtigung sind die Mindereinnahmen i. d. R. nicht zusätzlich zum Abzug zu bringen, wenn dies zu einer Doppelberücksichtigung führt.

289

In jedem Fall ist **im Gutachten auf eine Mobilfunksendeantenne und die Nähe einer Mobilfunksendeantenne hinzuweisen** (vgl. Datenbank der Regulierungsbehörde für Telekommunikation und Post (Reg TP)[180].

290

10.5   Rechtsprechung zum Mobilfunk

Gesundheitliche Aspekte: BVerfG, Urt. vom 28.02.2002 – 1 BvR 1676/01 –, NJW 2002, 1638 = NVwZ 2002, 572, 1104; BGH, Urt. vom 13.02.2004 – V ZR 217/12 –, EzGuG 13.148; BVerfG, Urt. vom 28.02.2002 – 1 BvR 1676/01 –, BVerfG, Beschl. vom 17.02.1997 – 1 BvR 1658/96 –, UPR 1997, 186; BVerwG, Beschl. vom 02.08.1994 – 1 VR 3/94 –, NVwZ 1994, 100: OVG Koblenz, Beschl. vom 20.8.2001 – 1 A 10382/01 –; BayVGH, Beschl. vom 31.01.2001 -14 ZS 00.3419 –; VGH Kassel, Beschl. vom 29.07.1999 – 4 TG 2118/99 –, BauR 2000, 1162; BayVGH, Urt. vom 20.5.1998 – 14 B 92.2959 –; OVG Lüneburg, Urt. vom 26.03.1998 – 1 L 1796/97 -; OVG Lüneburg, Beschl. vom 19.1.2001 – 1 O 2761/00 –; OVG Bautzen, Beschl. vom 17.12.1997 – 1 S 746/96 –; BayVGH, Urt. vom 08.07.1997 – 14 B 93.3102 –, NVwZ 1998, 419; VGH Mannheim, Beschl. vom 02.01.1997 – 8 S 3396/96 –, NVwZ 1997, 704; Bay VGH, Beschl. vom 25.10.1994 – 20 CS 93.3622 -, NVwZ 1995, 919; AG Köln, Urt. vom 22.09.1993 –– 213 C 77/93 –, ZMR 1994, 369; AG München, Beschl. vom 30.03.1998 – 432 C 7381/

291

---
177 LG Kempten, Urt. vom 14.01.2004 – 5 S 2572/02 -.
178 LG Saarbrücken, Urt. vom 15.02.2002 – 1 O 146/00 –, EzGuG 13.144.
179 So die Einschätzung von Medinger Immobilienbetreuungs GmbH, München, aufgrund einer Befragung bei RdM-Maklern in Bayern und Baden-Württemberg (März 2002).
180 Mobilfunkstrahlung abrufbar unter www.izmf.de.

95 –; LG Freiburg, Urt. vom 21.07.1996 – 3 S 294/95 –; AG Traunstein, Urt. vom 03.03.1999 – 310 C 2158/98 –; VG Schleswig, Urt. vom 22.08.1997 – 12 A 77/93 –, NVwZ 1998, 434; VG Hamburg, Beschl. vom 27.04.1997 – 13 VG 127/97.

Baurechtliche Aspekte: BVerwG, Beschl. vom 01.11.1999 – 4 B 3/99 –, BauR 2000, 703; BVerwG, Urt. vom 03.12.1992 – 4 C 27/91 –, BauR 1993, 315; VGH Kassel, Beschl. vom 19.12.2000 – 4 TG 3639/00 –, VGH Kassel, Beschl. vom 29.07.1999, 4 TG 21118/99 –, NVwZ 2000, 694; Bay VGH, Beschl. vom 21.06.1999 – 20 CE 98.3374 –; VGH Mannheim, Urt. vom 26.10.1998 , 8 S 1848/98 –, BauR 2000, 712; OVG Bautzen, Beschl. vom 17.12.1997 – 1 S 746/96 –, BauR 1998, 1226; VGH Mannheim, Urt. vom 25.08.1997 – 8 S 1861/97 –, BauR 1998, 313; BayVGH, Beschl. vom 08.07.1997 – 14 B 93.3102; VGH Kassel, Beschl. vom 17.08.1995 – 3 TH 2275/94 –, NVwZ 1995, 1010; OVG Lüneburg, Urt. vom 13.07.1994 -1 L 250/91 –, NVwZ 1995, 917; BayVGH, Beschl. vom 10.05.1993 – 25 Cs 92.1538 –; VGH Mannheim, Urt. vom 27.06.1990 – 3 S 2655/89 –, BauR 1990, 703; VG Düsseldorf, Beschl. vom 28.08.2001 – 9 L 1021/01 –; VG Gießen, Beschl. vom 28.03.2001 – 1 G 562/01 –; OVG Münster, Beschl. vom 25.02.2003 – 10 B 2417/02 –, NVwZ-RR 2003, 37; OLG Frankfurt am Main, Beschl. vom 18.06.2003 – 23 U 137/02 –, MMR 2003, 671; LG Berlin, Urt. vom 23.07.2002 – 63 S 366/01 –, GuG-aktuell 2003, 15.

11 Beschaffenheit und tatsächliche Eigenschaften (§ 6 Abs. 5 ImmoWertV)

11.1 Allgemeines

292 Die Beschaffenheit und die tatsächlichen Eigenschaften eines Grundstücks lassen sich nach solchen untergliedern, die

– einerseits den *Grund und* Boden (§ 6 Abs. 5 Satz 1 ImmoWertV) und

– andererseits die *baulichen und sonstigen Anlagen*, insbesondere ein vorhandenes Gebäude, betreffen (§ 6 Abs. 5 Satz 2 ImmoWertV).

Mit § 6 Abs. 5 Satz 1 ImmoWertV werden ergänzend zu den in § 6 Abs. 1 bis 4 ImmoWertV behandelten rechtlichen Eigenschaften eines Grundstücks **die tatsächlichen Eigenschaften des Grund und Bodens angesprochen.** Die Vorschrift nennt die tatsächliche Nutzung, die Erträge, die Grundstücksgröße, den Grundstückszuschnitt und die Bodenbeschaffenheit wie beispielsweise die Bodengüte und die Eignung als Baugrund (Tragfähigkeit) sowie schädliche Bodenveränderungen. Darüber hinaus ist insbesondere auch auf abbauwürdige Bodenvorkommen (**Abbauland**) hinzuweisen. Für bebaute Grundstücke führt die Vorschrift ergänzend noch die Gebäudeart, die Bauweise und Baugestaltung, die Größe, Ausstattung und Qualität, den baulichen Zustand, die energetischen Eigenschaften, das Baujahr und die Restnutzungsdauer auf. Gegenstand der Regelung des Abs. 5 sind vornehmlich nutzungsbestimmende Realfaktoren. Während die rechtliche Nutzbarkeit eines Grundstucks bereits mit Abs. 1 erfasst werden soll, stellt Abs. 5 auf die „tatsächliche Nutzung" ab. Insoweit wird mit Abs. 5 der Regelungsgehalt des Abs. 1 ergänzt.

a) *Tatsächliche Nutzung*

293 § 6 Abs. 4 Satz 1 ImmoWertV nennt als verkehrswertbeeinflussenden Realfaktor eines Grundstücks an erster Stelle die tatsächliche Nutzung. Diese kann sich nämlich von der nach § 6 Abs. 1 ImmoWertV maßgeblichen Nutzung, nämlich der rechtlich zulässigen bzw. lagetypischen Nutzung (marktüblich realisierte Nutzung), und der in diesem Rahmen wirtschaftlich vernünftigen Nutzung unterscheiden.

– Bei der Verkehrswertermittlung grundsätzlich nicht zu berücksichtigen sind Abweichungen von der rechtlich zulässigen Nutzung, soweit die davon abweichende **tatsächliche Nutzung am Qualitätsstichtag unzulässig ist, nicht genehmigungsfähig ist und auch nicht unter Bestandsschutz fällt.** Von besonderer Problematik sind dabei solche unzuläs-

Weitere Beschaffenheit § 6 ImmoWertV

sigen und nicht genehmigungsfähigen Nutzungen, die bislang geduldet worden sind und nach Anschauung des gewöhnlichen Geschäftsverkehrs (aufgrund konkreter Tatsachen) weiterhin geduldet werden.

– Soweit die tatsächliche Nutzung zulässigerweise von der nach § 6 Abs. 1 ImmoWertV maßgeblichen Nutzung oder von einer sonsthin zulässigen und wirtschaftlich vernünftigen Nutzung abweicht, kann dies bei der Verkehrswertermittlung außer Betracht bleiben, wenn die Nutzbarkeit des Grundstücks durch die tatsächliche Nutzung nicht beeinträchtigt wird. Eine Beeinträchtigung liegt z. B. nicht vor, wenn das nach § 6 Abs. 1 ImmoWertV maßgebliche zulässige bzw. lagetypische Maß der baulichen Nutzung am Qualitätsstichtag nicht „ausgeschöpft" worden ist, jedoch jederzeit ohne weitere Nachteile durch An- und Aufbauten „ausgeschöpft" werden kann.

– Abweichungen der tatsächlichen Nutzung von der nach § 6 Abs. 1 ImmoWertV maßgeblichen Nutzung oder von einer sonsthin zulässigen und wirtschaftlich vernünftigen Nutzung sind indessen zu berücksichtigen, wenn diese Abweichung „erheblich" ist und zu einer irreparablen Beeinträchtigung der Grundstücksnutzung führt oder – umgekehrt – die Grundstücksnutzung nachhaltig verbessern. Eine irreparable Beeinträchtigung liegt dabei vor, wenn es bei wirtschaftlicher Betrachtungsweise oder aus sonstigen Gründen geboten erscheint, das Grundstück in der bisherigen Weise zu nutzen. Für entsprechende bauliche Beeinträchtigungen wird deshalb mit § 16 Abs. 4 ImmoWertV vorgegeben, dass „ein erhebliches Abweichen" der tatsächlichen von der nach § 6 Abs. 1 maßgeblichen Nutzung, wie insbesondere eine erhebliche Beeinträchtigung der Nutzbarkeit durch vorhandene bauliche Anlagen auf einem Grundstück, bei der Ermittlung des Bodenwerts zu berücksichtigen ist, soweit dies dem gewöhnlichen Geschäftsverkehr entspricht (vgl. § 16 Abs. 4 ImmoWertV Rn. 222 ff.).

b)   Erträge

Neben der „tatsächlichen Nutzung" nennt § 6 Abs. 4 Satz 1 ImmoWertV als verkehrswertbeeinflussenden Realfaktor eines Grundstücks die Erträge, ohne diese allerdings zu konkretisieren. Zu berücksichtigen sind sowohl **294**

– die in § 17 Abs. 1 Satz 1 und Abs. 2 Satz 1 sowie § 8 Abs. 3 ImmoWertV angesprochenen „marktüblich erzielbaren Erträge",

– die tatsächlich erzielten Erträge und

– die aufgrund wohnungs- und mietrechtlicher bzw. vertragsrechtlicher Bindungen erzielbaren Erträge.

Die *„marktüblich erzielbaren Erträge"* sind nämlich nicht nur im Rahmen des Ertragswertverfahrens nach den §§ 17 ff. von Bedeutung; sie beeinflussen auch den Bodenwert und sind deshalb auch ein nicht zu unterschätzender Parameter der **Bodenwertermittlung**, insbesondere bei Anwendung deduktiver Verfahren (vgl. § 16 ImmoWertV Rn. 24 ff.; Syst. Darst. des Vergleichswertverfahrens Rn. 5, 631; Syst. Darst. des Ertragswertverfahrens Rn. 128). Die *tatsächlich erzielten Erträge* können außer Betracht bleiben, wenn sie am Qualitätsstichtag den marktüblich erzielbaren Erträgen angepasst werden können. Weichen hingegen die aufgrund wohnungs- und mietrechtlicher bzw. vertragsrechtlicher Bindungen tatsächlich erzielbaren Erträge von den marktüblich erzielbaren Erträgen erheblich ab, so muss dies nach Maßgabe des § 8 Abs. 3 ImmoWertV ergänzend berücksichtigt werden; sofern dem nicht bei Anwendung des Ertragswertverfahrens nach Maßgabe des § 17 Abs. 1 Satz 2 ImmoWertV Rechnung getragen wurde.

c)   Grundstücksgröße und Grundstückszuschnitt

Die **Abhängigkeit des Bodenwerts baulich nutzbarer Grundstücke (Bauland) von der Grundstücksgröße und dem Grundstückszuschnitt** wird im Zusammenhang mit der Bodenwertermittlung nach dem Vergleichswertverfahren in der Syst. Darst. des Vergleichswertverfahrens bei Rn. 247 ff. behandelt. **295**

Die **Abhängigkeit des Bodenwerts land- und forstwirtschaftlich nutzbarer Grundstücke von der Grundstücksgröße, dem Grundstückszuschnitt und der Bodengüte** wird in § 5 ImmoWertV unter Rn. 88 ff. behandelt.

d)   Bodenbeschaffenheit

296   Die Bodenbeschaffenheit bestimmt sich in erster Linie nach der Bodengüte, einschließlich vorhandener abbauwürdiger Bodenschätze, der **Eignung als Baugrund**, aber auch der Belastung mit Ablagerungen. Bei Flächen der Land- und Forstwirtschaft stehen dabei insbesondere die Ertragsfähigkeit des Grund und Bodens und die Oberflächenbeschaffenheit im Vordergrund (vgl. LandR 78 sowie WaldR 77[181]). Die Oberflächenbeschaffenheit ist auch für Bauland von Bedeutung, so z. B. eine wertmindernde Hang- oder Sumpflage sowie ein felsiger Untergrund. Darüber hinaus können in Gebieten, in denen der Bergbau umhergeht, auch Bergschäden und Berggefahren gerade bei Baugrundstücken zu Wertminderungen führen.

Die Bodenbeschaffenheit kann sich aber auch auf die **Ertragssituation** auswirken (vgl. § 18 ImmoWertV Rn. 223)

297   Die **Verkehrswertermittlung von Grundstücken mit Bodenschätzen (Abbauland)** wird in § 5 ImmoWertV unter Rn. 306 ff. behandelt[182].

Nachfolgend wird insbesondere die Berücksichtigung schädlicher Bodenveränderungen (Altlasten) behandelt.

11.2   Altlasten

11.2.1   Allgemeines

Schrifttum: *Grunewald, V.,* Die umweltfachliche Wertermittlung als Instrument einer marktorientierten Bewertung kontaminierter Grundstücke, GuG 2002, 44; *Grunewald, V.,* Altlasten und Verkehrswertermittlung, GuG 1995, 224; *Nolte, A.,* Der Einfluss von Altlasten auf die Wertermittlung, DS 2002, 135; *Kanngießer, E./Schuhr, W.,* Analyse der Altlastenproblematik in der Grundstückswertermittlung, GuG 1998, 332; *Möller, K.-W.,* Wertbeeinflussung eines Grundstücks durch Grundwasserverunreinigung, GuG 2008, 208; *Morgenstein, M./Messer, N.,* Zur Berücksichtigung von Altlasten im Zwangsversteigerungsverfahren, GuG 2007, 98; *Roller, G.,* Marktorientierte Bewertung kontaminierter Grundstücke „Umweltfachliche Wertermittlung" als Lösung?, GuG 2002; *Roller, G.,* Grundstückswertminderungen als Schaden i. S. des § 2 Abs. 3 BBodSchG, GuG 2002, 156; *Simon, S.,* Berücksichtigung von Umweltschadstoffen bei der Wertermittlung, GuG 2002, 257.

▶ *Vgl. § 8 ImmoWertV Rn. 402; Kleiber, Verkehrswertermittlung von Grundstücken, 6. Aufl. 2010, Teil VI Rn. 229; zu den Besonderheiten bei der Beleihungswertermittlung vgl. Teil X Rn. 227*

298   Die landläufig vertretene These von der Unzerstörbarkeit des Grund und Bodens ist falsch. Der Boden ist vielmehr ein ökologisch höchst anfälliges Gut, in dem sich Schadstoffeintragungen im Vergleich zu Luft und Wasser stärker ansammeln, da sich Schadstoffe hier weniger verteilen können. Bei einer beträchtlichen Belastung des Grund und Bodens spricht man von Altlasten. **§ 2 Abs. 3 BBodSchG definiert Altlasten wie folgt:**

„(3) Schädliche Bodenveränderungen im Sinne dieses Gesetzes sind Beeinträchtigungen der Bodenfunktionen, die geeignet sind, Gefahren, erhebliche Nachteile oder erhebliche Belästigungen für den Einzelnen oder die Allgemeinheit herbeizuführen."

„(5) Altlasten im Sinne dieses Gesetzes sind

1. stillgelegte Abfallentsorgungsanlagen sowie sonstige Grundstücke, auf denen Abfälle behandelt, gelagert oder abgelagert worden sind (Altablagerungen), und

---
181 Kleiber, WERTR 06 Sammlung amtlicher Texte zur Wertermittlung von Grundstücken, 10. Aufl. Köln 2010 Bundesanzeiger Verlag.
182 Kleiber, Verkehrswertermittlung von Grundstücken, 6. Aufl. 2010, Teil VI, Rn. 225, Bewertung einer Kiesgrube.

Weitere Beschaffenheit § 6 ImmoWertV

2. Grundstücke stillgelegter Anlagen und sonstige Grundstücke, auf denen mit umweltgefährdenden Stoffen umgegangen worden ist, ausgenommen Anlagen, deren Stilllegung einer Genehmigung nach dem Atomgesetz bedarf,

durch die schädliche Bodenveränderungen oder sonstige Gefahren für den Einzelnen oder die Allgemeinheit hervorgerufen werden."

Altlasten führen schon aufgrund der Haftung des jeweiligen Eigentümers als Zustandsstörer zu einer Wertminderung des Grund und Bodens gegenüber vergleichbaren unbelasteten Flächen, insbesondere, wenn die Kontaminierung erheblich ist[183]. In der Vergangenheit ist diesem Umstand allerdings nicht immer in angemessener Weise Rechnung getragen worden, weil selbst die öffentliche Hand beim Erwerb von kontaminierten Flächen nicht selten Preise bezahlt hat, die erheblich über dem Verkehrswert lagen[184]. Zurückzuführen ist dies auf die schwierigen rechtlichen und wertermittlungstechnischen Fragen und auf das Bestreben, zeitraubenden Verhandlungen aus dem Wege zu gehen. Nur so kann auch erklärt werden, dass nach den **Bewertungsvorgaben des Grundstücksfonds Ruhr** die Belastung eines kontaminierten Grundstücks wertmäßig nur mit „mindestens" den hälftigen Kosten der Aufbereitung, Sanierung und Baureifmachung der Gelände zu berücksichtigen ist. 299

Zur **Bewertung heißt es** dort[185]: 300

„Die Grundlage für die Bewertung eines Grundstücks ist zunächst die rechtlich mögliche Nutzung aufgrund der bauplanungsrechtlichen Situation. Bei großflächigen Brachen ist diese regelmäßig nach §§ 34 oder 35 Baugesetzbuch definiert, da Bebauungspläne für die Brachflächen meistens nicht bestehen. Aufgrund der so gegebenen baurechtlichen Situation wird zunächst ein ‚Bruttowert' auf der Grundlage von Richtwertkarten und Befragungen der Gutachterausschüsse ermittelt. Diesem Bruttowert werden die Kosten für Aufbereitung, Sanierung und Baureifmachung der Gelände gegenübergestellt. Diese Kosten werden mindestens in Höhe von 50 % vom Bruttowert abgezogen. Für sonstige wertmindernde Faktoren wie z. B. mangelnde Erschließung, Grün- und Abstandsflächen, freizuhaltende Leitungstrassen usw. werden weitere Abschläge vorgenommen. So ermittelt sich der ‚Nettowert' als Maßstab für den vertretbaren Kaufpreis.

Auch die Bewertung von Gebäuden und Anlagen kann nicht nach den allgemein üblichen Normen vorgenommen werden. Es ist davon auszugehen, dass ein Gebäude, dessen ursprüngliche spezifische Funktion aufgegeben wurde, entweder keinen oder nur einen erheblich vom technischen Bauwert abweichenden Wert besitzt. Eine Bewertung erfolgt deswegen nur dann, wenn Gebäude und Anlagen

– aufgrund ihrer Bauweise und Ausstattung ohne wesentliche Investitionen für eine andere Nutzung geeignet sind,

– entsprechend den Planungsabsichten der Städte und Gemeinden weiterhin voll oder teilweise genutzt werden sollen oder

– wenn eine Nutzungsmöglichkeit durch vorhandene langfristige Mietverträge bestätigt ist.

Liegt eine dieser oder liegen mehrere Voraussetzungen vor, werden bei der Wertermittlung folgende wirtschaftliche Faktoren als Abschläge berücksichtigt:

– Investitionsaufwand zur Herrichtung für eine andere Nutzung,

– Ertragswertminderung durch geringere Einnahmen aufgrund anderer Nutzungen oder

– Abschlag für Verwertungsrisiken infolge ungünstiger konjunktureller Rahmenbedingungen."

Der Vorgehensweise kann nur im Grundsatz zugestimmt werden, denn der danach vorgesehene **hälftige Ansatz der Wiederinwertsetzungskosten hat mit einer Verkehrswertermittlung wenig zu tun,** denn ein vernünftiger Käufer (homo oeconomicus) wird die von ihm aufzubringenden Kosten in voller Höhe in seine Kalkulation einbringen.

Auch **Neulasten** sind bei der Verkehrswertermittlung zu berücksichtigen. Es handelt sich dabei um die *nach* Inkrafttreten des AbfG (1.6.1972) abgelagerten Abfälle; sie stehen unter den Regelungen des LAbfG, soweit es sich um Abfälle i. S. dieses Rechts handelt[186]. 301

---
183 Kleiber in ZfBR 1988, 168; ders. in WiVerw 1990, 198.
184 Dieterich/Schlag in AVN 1985, 402.
185 MSWV, Rechenschaftsbericht zum Grundstücksfonds Ruhr vom 31.12.1988, S. 19 f.
186 Schink in DVBl. 1986, 181; Kothe in ZRP 1987, 399.

11.2.2 Belastete Flächen in der Bauleitplanung

11.2.2.1 Abwägungsgebot

302 In der Bauleitplanung sind nach dem Abwägungsgebot des § 1 Abs. 6 BauGB **Verunreinigungen des Grund und Bodens noch unterhalb der polizeirechtlichen Gefahrenschwelle beachtlich:**

- Eine dem Wohle der Allgemeinheit entsprechende sozialgerechte Bodennutzung,
- die Sicherung einer menschenwürdigen Umwelt,
- der Schutz der natürlichen Lebensgrundlagen,
- die allgemeinen Anforderungen an gesunde Wohn- und Arbeitsverhältnisse und die Sicherheit der Wohn- und Arbeitsbevölkerung,
- die Belange des Umweltschutzes, des Naturschutzes und der Landschaftspflege, insbesondere des Naturhaushalts, des Wassers, der Luft und des Bodens sowie des Klimas (§ 1 Abs. 5 Satz 1 und 2 Nr. 1 und 7 BauGB)

fordern, dass die Bauleitplanung die Bevölkerung vor unzumutbaren Nachteilen und Belästigungen auch noch unterhalb der polizeirechtlichen Gefahrenschwelle für öffentliche Sicherheit oder Ordnung schützt. Hieran muss sich die Abwägung orientieren.

303 Ein Verstoß gegen das Abwägungsgebot kann zur **Nichtigkeit eines Bebauungsplans** führen, wenn nämlich die Gefahr für Gesundheit und Sicherheit mehr als nur geringfügig ist und zum Zeitpunkt der Beschlussfassung die Möglichkeit einer Beeinträchtigung aufgrund von Verunreinigungen für die Gemeinde erkennbar war. Bekanntlich sind es aber gerade die Festsetzungen eines Bebauungsplans, die für die Höhe des Verkehrswerts eines Grundstücks von ausschlaggebender Bedeutung sind. Am Bauplanungsrecht lässt sich deshalb besonders eindrucksvoll nachweisen, dass auch Verunreinigungen des Grund und Bodens unterhalb der polizeirechtlichen Gefahrenschwelle von erheblicher Bedeutung für die Höhe des Verkehrswerts sein können[187].

11.2.2.2 Kennzeichnungspflicht

304 Nach § 5 Abs. 3 Nr. 3 und § 9 Abs. 5 Nr. 3 BauGB sind **Flächen, deren Böden „erheblich mit umweltgefährdenden Stoffen belastet sind", im Flächennutzungs- und Bebauungsplan zu kennzeichnen,** wobei sich diese Pflicht bei Flächennutzungsplänen auf die für eine bauliche Nutzung vorgesehenen Flächen beschränkt.

305 Die vorstehende Kennzeichnungspflicht besteht allerdings nur für die unter der Herrschaft des BauGB aufgestellten Bauleitpläne, d. h. für die nach dem 01.07.1987 aufgestellten Bauleitpläne sowie für die nach Maßgabe des Gesetzbuchs geänderten Teile dieser Bauleitpläne. Überdies besteht die Kennzeichnungspflicht nur für Flächen, die (mit an Sicherheit grenzender Wahrscheinlichkeit) auch tatsächlich in „erheblichem Maße" mit umweltgefährdenden Stoffen belastet sind. Für bloße Verdachtsflächen werden die Gemeinden umgekehrt durch die genannten Vorschriften noch nicht einmal zu entsprechenden Nachforschungen verpflichtet[188], jedoch **müssen sie im Rahmen des Abwägungsgebots dem Verdacht einer Bodenbelastung nachgehen, wenn und soweit eine Beeinträchtigung der geplanten Nutzung zu erwarten ist.** Aus alledem folgt, dass für eine Fläche, die nicht im Bauleitplan gekennzeichnet ist, keine absolute Gewähr besteht, dass sie frei von erheblichen Belastungen mit umweltgefährdenden Stoffen ist.

---

[187] Zur polizeilichen Anordnung zum Austausch kontaminierten Bodens: VGH Mannheim, Beschl. vom 14.12.1989 – 1 S 2719/89 –, EzGuG 4.129.
[188] RdErl Min. f. SWV-Nordrh.-Westf. vom 06.07.1987, MinBl. 1987, 1276.

Weitere Beschaffenheit § 6 ImmoWertV

Ist eine Fläche im Flächennutzungsplan nach Maßgabe des § 5 Abs. 3 Nr. 3 oder des § 9 Abs. 5 Nr. 3 BauGB im Bebauungsplan gekennzeichnet, so kann i. d. R. hieraus geschlossen werden, dass eine erkannte Belastung des Grund und Bodens zwar „erheblich", aber grundsätzlich mit der im Bauleitplan ausgewiesenen Nutzung vereinbar ist. Denn die **Kennzeichnungspflicht lässt das Abwägungsgebot nach § 1 Abs. 6 BauGB unberührt.** In die Abwägung sind nämlich alle Belange einzubringen, die nach Lage der Dinge in die Abwägung eingestellt werden müssen[189]. Das sind alle Belange, für die bei der Entscheidung über den Plan mit hinreichender Wahrscheinlichkeit absehbar ist, dass die schutzwürdigen Interessen bestimmter Personen von dem Plan in mehr als geringfügiger Weise betroffen werden[190]. Denn grundsätzlich darf die Planung nicht Gefahrentatbestände i. S. des allgemeinen Polizeirechts schaffen und muss die **Bevölkerung** in den einzelnen Gebieten auch unterhalb dieser Schwelle **vor unzumutbaren Nachteilen und Belästigungen schützen**[191]. Danach sind im Hinblick auf die in § 1 Abs. 5 und 6 BauGB genannten Belange auch Gefahrentatbestände unterhalb der polizeirechtlichen Gefahrenschwelle in die Abwägung einzubeziehen. Neben der Gefahrenabwehr ist es präventiv Aufgabe der Bauleitplanung, Gefahren vorzubeugen **(Gefahrenvorbeugung)**, die Umwelt lebenswert zu gestalten und darüber hinaus vorhandene und zu erwartende Konflikte auszuräumen, zu vermeiden oder zumindest auf ein vertretbares Maß zu minimieren. 306

Liegen hinreichend **Anhaltspunkte für eine abwägungsrelevante Verunreinigung des Grund und Bodens** vor (**Verdachtsflächen**), so muss die Gemeinde aus der Verpflichtung, das gesamte in die Abwägung einzubeziehende Material zu beschaffen, auf eigene Kosten die erforderlichen Ermittlungen über mögliche Verunreinigungen anstellen. Dies kann zu einer Verpflichtung der Gemeinde führen, ein Sachverständigengutachten einzuholen, wenn ohne eine sachverständige Stellungnahme keine hinreichende Grundlage für eine vom Rat zu treffende Entscheidung gegeben ist[192]. 307

Nach dem Beschluss des BVerwG[193] umfasst die **Nachforschungspflicht** im Rahmen der Abwägung allerdings nicht das, „was die planende Stelle nicht sieht und was sie nach den gegebenen Umständen auch nicht zu sehen braucht". 308

Aus alledem folgt, dass die Festsetzungen eines Bebauungsplans aufgrund der Planungsgrundsätze und des Abwägungsgebots mit erkannten und im Bauleitplan gekennzeichneten Verunreinigungen des Grund und Bodens grundsätzlich vereinbar sein müssen. Darüber hinaus muss im Falle einer Kennzeichnung einer „erheblich mit umweltgefährdenden Stoffen belasteten Fläche" diesen Verunreinigungen im Rahmen der zulässigen Nutzung Rechnung getragen werden (können), insbesondere im Rahmen des Baugenehmigungsverfahrens[194]. Die **Kennzeichnung im Bauleitplan** darf deshalb keineswegs dazu verleiten, bei der Verkehrswertermittlung von einem nicht bebauungsplanmäßig nutzbaren Grundstück auszugehen. Anzumerken ist hier, dass das BauGB einerseits nicht die Möglichkeit eröffnet, die Sanierung einer Fläche festzuschreiben und andererseits – zumindest nicht expressis verbis – auch nicht die Zulässigkeit einer festgesetzten Nutzung in Abhängigkeit von einer Bodensanierung zu stellen. 309

Die **Ausweisung von Baurechten auf kontaminierten Flächen** enthebt den Eigentümer nicht von der Gefahrenbeseitigungspflicht[195].

---

[189] BVerwG, Urt. vom 10.12.1969 – 4 C 105/65 –, DVBl 1970, 414 = BVerwGE 34, 301 = MDR 1970, 702 =BayVBl 1970, 180 = BauR 1970, 31 = BRS Bd. 22 Nr 4 = DÖV 1970, 277.
[190] BVerwG. Beschl. vom 09.11.1979 – 4 N 1/87, 4 N 2 – 4/79 –, BVerwGE 59, 87 = NJW 1980, 1061 = BauR 1980,36 = MDR 1980, 256 = DVBl 1980, 233 = DÖV 1980, 217 = BRS Bd 35 Nr 24 = JZ 1980, 95 = BBauBl. 1980,251 = BayVBl 1980, 88 = ZfBR 1979, 255.
[191] LG Bielefeld, Urt. vom 17.09.1985 – 4 O 114/85 –, EzGuG 4.104 nicht rechtskräftig –.
[192] OVG Lüneburg, Urt. vom 30.04.1986 – 1 C 4/86 –, BRS Bd. 46 Nr 26 = BauR 1987, 176; OVG Lüneburg, Urt. vom 26.02.1981 – 4 C 4/80 –, BRS Bd. 38 Nr. 38 = BauR 1981, 454; zu den Untersuchungskosten bei **Verunreinigungen des Grundwassers**: VGH Mannheim, Urt. vom 08.09.1989 – 5 S 3099/88 –, EzGuG 4.127.
[193] BVerwG, Urt. vom 09.11.1979 – 4 N 1/78, 4 N 2-4/79 –, BVerwGE 59, 87 = BRS Bd 35 Nr 24 = JZ 1980, 95.
[194] Altlasten im Städtebau, Kohlhammer-Verlag, Köln 1989, S. 2 ff.
[195] OVG Lüneburg, Urt. vom 15.12.2004 – 7 LB 2481/02 –, EzGuG 4.192.

11.2.2.3 Schadensersatz bei Abwägungsmängeln in der Bauleitplanung

310 Nach der Grundsatzentscheidung des BGH[196] haben die **Amtsträger der Gemeinde die Pflicht, bei der Aufstellung von Bebauungsplänen Gesundheitsgefährdungen zu verhindern,** die den zukünftigen Bewohnern des Plangebiets aus dessen Bodenbeschaffenheit drohen. Den davon betroffenen Bewohnern wurde ein geldwerter Vermögensausgleich für Nachteile zugesprochen, die ihnen durch die Bebauung entstanden sind. Die **Amtspflicht besteht auch gegenüber demjenigen als „Dritten", der ein nach der planerischen Ausweisung ein dem Wohnen dienendes Grundstück für ein noch zu errichtendes Wohnhaus erwirbt.** Die Haftung wegen einer Verletzung dieser Amtspflicht umfasst auch Vermögensschäden, die die Erwerber dadurch erleiden, dass sie im Vertrauen auf eine ordnungsgemäße Planung Wohnungen errichten oder kaufen, die nicht bewohnbar sind.

311 Schon in der Vorinstanz ist erkannt worden, dass ein Verstoß gegen das Abwägungsgebot (§ 1 Abs. 6 BauGB) zur **Nichtigkeit des Bebauungsplans** führen kann, wenn nämlich die Gefahr für die Gesundheit und Sicherheit mehr als nur geringfügig ist und zum Zeitpunkt der Beschlussfassung die Möglichkeit einer Beeinträchtigung aufgrund von Verunreinigungen des Grund und Bodens für die Gemeinde erkennbar war[197]. Wird dennoch eine rechtswidrige Baugenehmigung erteilt, so wird darin eine schuldhafte Amtspflichtverletzung i. S. des § 839 BGB i. V. m. Art. 34 GG gesehen[198]. Dies kann zu Schadensersatzansprüchen aus Amtshaftung (Bebauungsplan) und z. B. aus § 39 OBG Nordrh.-Westf. (Erteilung der Baugenehmigung), insbesondere für die im Vertrauen auf die Baugenehmigung getätigten Investitionen, führen[199].

312 Voraussetzung ist ein schuldhaftes Handeln des Amtswalters, wobei die Rechtsprechung hohe Anforderungen an die Sorgfaltspflicht auf die Entscheidungen der Vergangenheit projiziert hat. Der **Schadensersatz** ergibt sich ggf. nach den §§ 249 ff. BGB. Aufstellung und Vollzug eines unwirksamen Bebauungsplans stellen zudem einen rechtswidrigen Eingriff dar, der einen Entschädigungsanspruch nach den für den enteignungspflichtigen Eingriff entwickelten Grundsätzen auslösen kann[200].

313 Ersatz ist insbesondere zu gewähren für

– die im Vertrauen auf die planungsrechtlich zulässige Nutzung getätigten Aufwendungen (z. B. Kaufpreis und die Investitionen zur Vorbereitung einer Nutzung des Grundstücks, Errichtung eines nicht oder nur eingeschränkt nutzbaren Gebäudes);

– eine ursächlich auf die Bodenverunreinigung zurückzuführende Wertminderung des Grundstücks, wenn das Eigentum am Grundstück nicht aufgegeben wird; bei Aufgabe des Grundstücks der Verkehrswertanteil, der sich für ein im Vertrauen auf die zulässige Nutzbarkeit errichtetes Gebäude ergeben würde, wenn das Grundstück nicht verunreinigt wäre;

– Nutzungseinschränkungen (Mietausfälle) sowie Ausgleichsmaßnahmen;

– sonstige Folgekosten (entspricht § 95 BauGB).

---

[196] BGH, Urt. vom 26.01.1989 – III ZR 194/87 –, EzGuG 4.124; BGH, Urt. vom 06.07.1989 – III ZR 251/87 –, EzGuG 4.125; BGH, Urt. vom 21.12.1989 – III ZR 49/88 –, EzGuG 4.132; BGH; Urt. vom 21.12.1989 – III ZR 118/88 –, EzGuG 4.133; VGH Mannheim, Urt. vom 07.05.1999 – 3 S 1265/98 -.
[197] LG Bielefeld, Urt. vom 17.09.1985 – 4 O 114/85 –, EzGuG 4.104; LG Bielefeld, Urt. vom 28.04.1987 – 4 O 652/85 –; LG Bielefeld, Urt. vom 04.08.1987 – 4 O 178/87 – ; LG Dortmund, Urt. vom 19.12.1986 – 2 O 199/86 -; EzGuG 4.113; LG Dortmund, Urt. vom 19.12.1986 – 2 O 217/86 –; LG Dortmund, Urt. vom 19.12.1986 – 2 O 450/85 –, EzGuG 4.114.
[198] BGH, Urt. vom 10.04.1986 – II ZR 209/84 –, EzGuG 11.152; OLG Hamm, Urt. vom 26.06.1987 – 11 U 346/85 –, EzGuG 4.116.
[199] OLG Hamm, Urt. vom 26.06.1987 – 11 U 346/85 –, EzGuG 4.116; einschränkend zur Frage der drittschützenden Wirkung noch OLG Oldenburg, Urt. vom 30.10.1987 – 6 U 18/87 –, EzGuG 4.117; LG Osnabrück, Urt. vom 27.10.1986 – 10 O 229/86 -; jedoch BGH, Urt. vom 06.07.1989 – III ZR 251/87 –, EzGuG 4.125.
[200] BGH, Urt. vom 28.06.1984 – III ZR 68/83 –, BRS Bd 42 Nr 5 = BauR 1985, 480.

11.2.3 Verkehrswertermittlung

Schrifttum: *Roller* in GuG 2001, 162 und GuG 2000, 336.

Bei der Ermittlung des Marktwerts (Verkehrswerts) kontaminierter Flächen gilt es zunächst, sich zu vergegenwärtigen, dass sich der **Verkehrswert** 314

– einerseits nach den rechtlichen Gegebenheiten und
– andererseits nach den tatsächlichen Eigenschaften

des **Grundstücks bemisst** (§ 194 BauGB). Zu den tatsächlichen Eigenschaften des Grundstücks gehört auch die Beschaffenheit des Grund und Bodens und mithin auch ggf. dessen Verunreinigung. § 6 Abs. 5 Satz 1 ImmoWertV stellt dies klar.

Der **Feststellung der rechtlichen Gegebenheiten** kommt bei der Ermittlung des Verkehrswerts kontaminierter Flächen insoweit eine maßgebliche Bedeutung zu, als sich danach die Frage beantwortet, wer für die Sanierung einer kontaminierten Fläche aufzukommen hat. Trifft die Sanierungslast nicht den Eigentümer des Grundstücks, sondern einen Dritten, z. B. die öffentliche Hand, so ergibt sich für das Grundstück eine Wertminderung gegenüber einem unbelasteten Grundstück nur insoweit, wie der Eigentümer bis zum Abschluss der Sanierungsmaßnahmen eine entschädigungslos hinzunehmende Nutzungseinschränkung zu tragen hat. Deshalb muss zuallererst geprüft werden, von wem die Kosten einer Sanierung der kontaminierten Fläche getragen werden müssen. Es kommt also entscheidend darauf an, ob die Sanierungskosten vom 315

– gegenwärtigen die Sachherrschaft über das Grundstück ausübenden Eigentümer (vgl. unten Rn. 349) oder
– einem Erwerber oder
– einem Dritten, insbesondere dem Verursacher (vgl. unten Rn. 350), dem Voreigentümer oder nach dem Gemeinlastprinzip von der Allgemeinheit,

aufzubringen sind. Dabei müssen vertragliche Vereinbarungen beachtet werden, die z. B. beim Erwerb solcher Flächen im Hinblick auf die „Wiederinwertsetzung" getroffen wurden.

Sind nach alledem die Sanierungskosten vom Eigentümer oder dem Erwerber des Grundstücks nicht zu tragen, so werden **Wertminderungen** des Grundstücks aufgrund von Verunreinigungen weitgehend **durch die von einem (dritten) Sanierungspflichtigen zu tragenden Kosten aufgefangen;** eine Wertminderung kann sich in diesem Fall allerdings noch insoweit ergeben, wie das Grundstück vorübergehend einer Nutzung entzogen ist und dafür kein Entschädigungsanspruch besteht.

In den unterschiedlichen **Kostenanlastungsprinzipien** liegt also das eigentliche, oft schwer durchschaubare Problem bei der Verkehrswertermittlung kontaminierter Flächen. Von besonderer Bedeutung sind hier bei Gefahr für die öffentliche Sicherheit und Ordnung das Polizeirecht, das das Verhältnis zwischen Ordnungsbehörde und dem Herangezogenen regelt[201], sowie das Zivilrecht, das vor allem bei zwischenzeitlichen Grundstücksübertragungen in Bezug auf Gewährleistungsansprüche, ihre Verjährung, Haftungsausschlüsse schlechthin für vertragliche Ansprüche bedeutsam ist. 316

Die **Feststellung des Sanierungspflichtigen** wirft eine Reihe komplizierter juristischer Fragen auf, die von dem Sachverständigen für Grundstückswertermittlungen i. d. R. nicht geklärt werden können (vgl. Rn. 248 ff.). Sofern ihm die Frage des Sanierungspflichtigen nicht vorgegeben wird, sollte in Abstimmung mit dem Auftraggeber 317

– von bestimmten vorgegebenen Annahmen oder
– den Feststellungen eines hinzuzuziehenden Gutachters

ausgegangen werden. Im Gutachten ist dies deutlich zu machen.

---

201 BGH, Urt. vom 11.06.1981 – III ZR 39/80 –, EzGuG 4.76.

318 Das zum 01.03.1999 in Kraft getretene BBodSchG regelt die Problematik der Finanzierung der **Sanierung bei nicht mehr greifbaren Verursachern**. Das Gesetz enthält in seinem § 25 Abs. 1 eine Regelung über den Wertausgleich beim Einsatz öffentlicher Mittel. Danach hat der zu Maßnahmen i. S. des § 4 BBodSchG verpflichtete Eigentümer im Falle der durch den Einsatz öffentlicher Mittel bedingten Verkehrswerterhöhung seines Grundstücks einen Wertausgleich an den öffentlichen Kostenträger zu leisten, wenn er die Kosten der Maßnahmen, in erster Linie Sanierungskosten, nicht oder nicht vollständig getragen hat. Der Ausgleichsbetrag ruht als öffentliche Last auf dem Grundstück[202].

▶ *Näheres Rn. 162 ff. und Syst. Darst. des Vergleichswertverfahrens Rn. 354 ff.*

319 Die Kontamination eines Grundstücks ist bei der Verkehrswertermittlung grundsätzlich zu berücksichtigen, wenn die **Sanierungslast vom jeweiligen Eigentümer des Grundstücks getragen** werden muss und dafür kein Dritter einsteht. Dies wirft schwierige wertermittlungstechnische Fragen auf. Die Schwierigkeiten bestehen insbesondere darin, dass kaum jemals Vergleichspreise für gleichartig kontaminierte Flächen zur Verfügung stehen. Vergleichspreise liegen dagegen schon eher für vergleichbare nicht kontaminierte Flächen vor. Deshalb wird in der Praxis regelmäßig vom Verkehrswert eines nicht kontaminiert gedachten Grundstücks ausgegangen, der sich mit den Erfahrungen der gängigen Wertermittlungspraxis ermitteln lässt. Für den Regelfall, dass kein Grundstücksmarkt und somit keine Vergleichspreise für ein kontaminiertes Grundstück vorliegen und diesem Mangel auch nicht mit der Fiktion eines gewöhnlichen Geschäftsverkehrs für solche Grundstücke abgeholfen werden kann, wird bei dieser Konstellation von dem Modell ausgegangen, dass sich der Verkehrswert eines Grundstücks im kontaminierten und nicht kontaminierten Zustand grundsätzlich um die Kosten unterscheidet, die für die Beseitigung der Kontamination üblicherweise aufzubringen wären. Im Prinzip wird von diesem Modell in der Wertermittlungspraxis auch bei der Umrechnung des Verkehrswerts eines erschließungsbeitragspflichtigen und -freien Grundstücks ausgegangen (vgl. Abb. 33).

---

[202] Vgl. § 25 Abs. 6 BBodSchG i. V. m. der Verordnung über die Eintragung des Bodenschutzlastvermerks, BGBl. I 1999, 497.

Abb. 33: Bodenwert eines kontaminierten Grundstücks

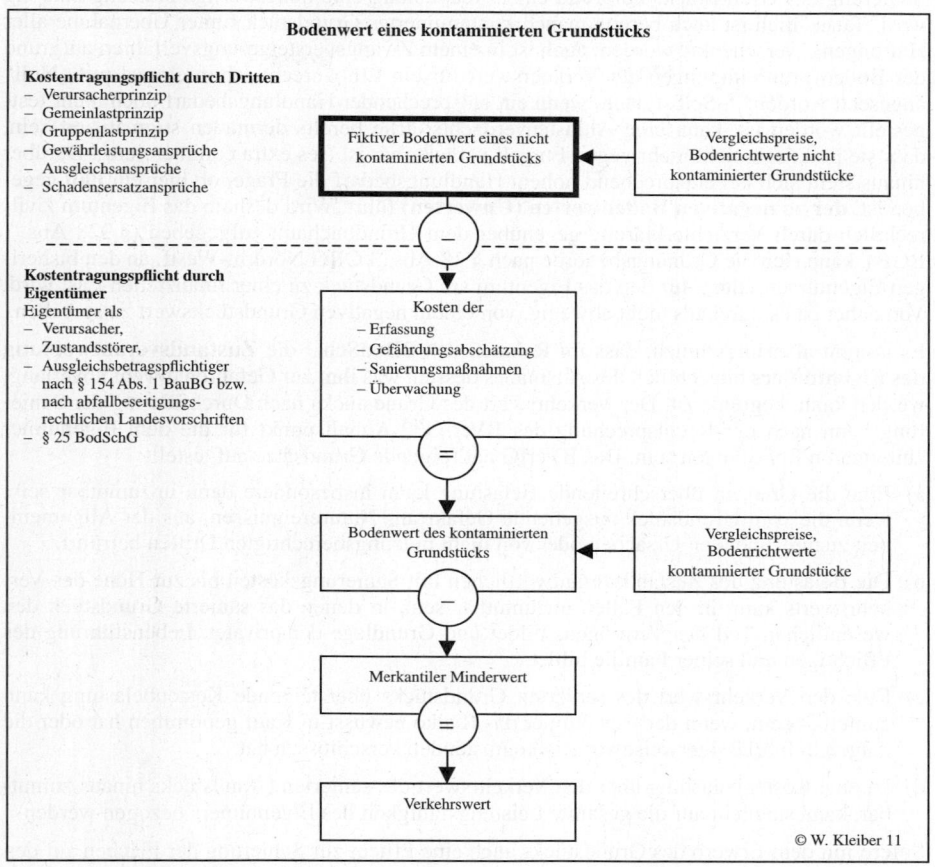

Auch im Rahmen der **Enteignungsentschädigung** ist entsprechend den vorstehenden Grundsätzen der Verkehrswert um die Höhe der Sanierungskosten (einschließlich Untersuchungs- und Sicherungskosten) zu reduzieren, wenn ein begründeter Verdacht besteht, dass – enteignungsrechtlich zu entschädigende – Baulichkeiten und Anlagen von Altlasten befallen sind[203]. 320

▶ *Zur Ermittlung der Kosten der Erfassung, Gefährdungsabschätzung, Sanierungsmaßnahmen und Überwachung vgl. Rn. 337 ff.; zum merkantilen Minderwert, vgl. § 8 ImmoWertV Rn. 419, Kleiber, Verkehrswertermittlung von Grundstücken, 6. Aufl. 2010, Teil VI, Rn. 230 f.*

Die Ermittlung des Verkehrswerts einer kontaminierten Fläche steht mitunter im Zusammenhang mit einer Änderung der rechtlichen Festsetzungen. Beispielsweise soll eine bisher gewerblich oder industriell genutzte Fläche künftig als höherwertiges Wohnbauland genutzt werden. In diesem Fall muss geprüft werden, ob bei der Ermittlung des fiktiven Bodenwerts des Grundstücks im dekontaminierten Zustand auch die **Werterhöhung aufgrund einer Planungsänderung** oder der Aussicht auf die Planungsänderung zu berücksichtigen ist. 321

Angesichts der erfahrungsgemäß hohen Sanierungskosten muss das beschriebene Verfahren dazu führen, dass der Verkehrswert des Grundstücks selbst bei hohen Ausgangswerten häufig 322

---

203 BGH, Urt. vom 04.11.2004 – III ZR 372/03 –, EzGuG 4.191.

auf einen Anerkennungsbetrag „zusammenschrumpft". Dies selbst dann, wenn nach der Sanierung des Grundstücks aufgrund einer Neuplanung eine höherwertige Nutzung zulässig wird. Tatsächlich ist auch bereits manch kontaminiertes Grundstück (unter Übernahme aller Haftungen) „verschenkt" worden; auch ist in einem Zwangsversteigerungsverfahren aufgrund der Bodenverunreinigung der Verkehrswert für ein Erbbaurecht schon einmal mit „Null" angesetzt worden[204]. Selbst dann, wenn ein entsprechender Handlungsbedarf noch nicht festgestellt worden ist, kann eine Altlastenverdachtsfläche bereits dermaßen stigmatisiert sein, dass sie praktisch nicht mehr gegen Entgelt veräußerbar ist (res extra commercium). Darüber hinaus stellt sich bei entsprechend hohem Handlungsbedarf die Frage, ob hier ein **Fall** gegeben ist, **der zu negativen Bodenwerten (Unwerten)** führt. Wird deshalb das Eigentum zivilrechtlich durch Verzichterklärung gegenüber dem Grundbuchamt aufgegeben (§ 928 Abs. 1 BGB), kann sich die Ordnungsbehörde nach § 18 Abs. 3 OBG Nordrh.-Westf. an den bisherigen Eigentümer halten, für den das Eigentum am Grundstück zu einer finanziellen Last wird. Von daher ist es durchaus nicht abwegig, von einem negativen Grundstückswert zu sprechen.

323 Es kommt allerdings hinzu, dass im Rahmen des BBodSchG die **Zustandsverantwortung des Eigentümers** hinsichtlich des Ausmaßes dessen, was ihm zur Gefahrenabwehr abverlangt werden kann, begrenzt ist. Der Verkehrswert des Grundstücks nach Durchführung der Sanierung kann nach der Rechtsprechung des BVerfG[205] Anhaltspunkt für die dem Eigentümer zumutbaren Belastungen sein. Das BVerfG hat folgende Grundsätze aufgestellt:

a) Eine die Grenzen überschreitende Belastung kann insbesondere dann unzumutbar sein, wenn die vom Grundstück ausgehende Gefahr aus Naturereignissen, aus der Allgemeinheit zuzurechnenden Ursachen oder von nicht nutzungsberechtigten Dritten herrührt.

b) Die Belastung des Zustandsverantwortlichen mit Sanierungskosten bis zur Höhe des Verkehrswerts kann in den Fällen unzumutbar sein, in denen das sanierte Grundstück den wesentlichen Teil des Vermögens bildet und Grundlage der privaten Lebensführung des Pflichtigen und seiner Familie bildet.

c) Eine den Verkehrswert des sanierten Grundstücks übersteigende Kostenbelastung kann zumutbar sein, wenn der Eigentümer das Risiko bewusst in Kauf genommen hat oder die Augen in fahrlässigerweise vor Risikoumständen verschlossen hat.

d) Ist eine Kostenbelastung über den Verkehrswert des sanierten Grundstücks hinaus zumutbar, kann sie nicht auf die gesamte Leistungsfähigkeit des Eigentümers bezogen werden.

324 Sofern mit dem Erwerb des Grundstücks auch eine Pflicht zur Sanierung der Flächen auf den Erwerber übergeht und die Kosten der Sanierung mit dem Verkehrswert des sanierten Grundstücks nicht gedeckt werden können, wird im gewöhnlichen Geschäftsverkehr die Bereitschaft zum Erwerb des kontaminierten Grundstücks nur gegeben sein, wenn der zur Sanierung verpflichtete bisherige Eigentümer bei der Veräußerung des Grundstücks den Differenzbetrag an den Erwerber entrichtet. Denn mit dem Eigentumsübergang würden auf den Erwerber lediglich finanzielle Verpflichtungen und keine Vermögensvorteile übergehen. Wirtschaftlich gesehen, zeigt auch dies, dass in der Tat dann der Fall eines negativen Bodenwerts gegeben ist, wenn **mit dem Eigentum am Grundstück finanzielle Verpflichtungen verbunden** sind, denen auf Dauer keine gleichwertigen Vermögensvorteile gegenüberstehen; auch von daher wurden kontaminierte Grundstücke tatsächlich schon zum „Nullwert" mit der Forderung nach Übernahme aller Haftungen angeboten. Dass bei derartigen Konstellationen der Wert einer Immobilie in einen Unwert umschlagen kann, ist im Übrigen auch aus anderen Bereichen bekannt. Dies kann sich z. B. auch für Eigentumswohnungen in stark heruntergekommenen Großwohnanlagen mit extremen Leerständen ergeben, wenn der Eigentümer aufgrund des Gemeinschaftsverhältnisses außerordentlich hohen Belastungen ausgesetzt ist, denen keine angemessenen Einnahmen gegenüberstehen. In einer täglich Schlagzeilen ausgesetzten Großsiedlung sind deshalb auch schon Erwerber gesucht worden, denen eine Eigentumswohnung „geschenkt" werden sollte.

---

204 AG Hannover, Beschl. vom 21.03.1986 – 731 K 114/85 -.
205 BVerfG, Urt. vom 16.02.2000 – 1 BvR 242, 315/99 –, GuG 2000, 311 = EzGuG 4.177.

Weitere Beschaffenheit § **6 ImmoWertV**

Sofern **Planungsgewinne** den Kosten der Dekontaminierung „gegengerechnet" werden können, muss zusätzlich geklärt werden, ob dieser Wertzuwachs dem Eigentümer kompensationslos zufällt oder von demjenigen beansprucht werden kann, der die Kosten der Dekontamination trägt. Angesichts der regelmäßig hohen Sanierungskosten ist eine Abschöpfung des planungsbedingten Mehrwerts bei Sanierungsmaßnahmen durch die öffentliche Hand von besonderer Bedeutung. 325

Die **Inanspruchnahme planungsbedingter und sonstiger Mehrwerte zur Finanzierung der Sanierungskosten** kann häufig nicht verhindern, dass die Sanierungskosten den künftigen Bodenwert auch unter Berücksichtigung einer künftigen höherwertigen Nutzung überschreiten. Verbleibt jedoch auch nach Abzug der Sanierungskosten ein Wert, so ist wiederum zu prüfen, ob und in welchem Maße dieser Wert noch für die vorübergehende Nutzungsbeschränkung bis zum Zeitpunkt der wieder herbeigeführten Nutzbarkeit des Grundstücks zu vermindern ist. Auszuschließen wäre dies, wenn hierfür eine Entschädigung durch Dritte gewährt wird oder aber dem Eigentümer ein angemessenes Entgelt für die kontaminierende Nutzung des Grundstücks zufließt (z. B. Pachtzins eines entsprechenden Gewerbebetriebs). Bei entschädigungslos hinzunehmenden vorübergehenden Nutzungseinschränkungen lässt sich der Bodenwert durch Abzinsung des Unterschiedsbetrags zwischen dem Bodenwert im kontaminierten und dekontaminierten Zustand über die Dauer der Nutzungsbeschränkung (Abzinsungsfaktor $1/q^n$, tabelliert in Anl. 2 zur ImmoWertV) ermitteln. 326

Wertermittlungstechnisch wird man entsprechend verfahren können, wenn die Untersuchungs-, Sicherungs- und Sanierungskosten vom Eigentümer selbst zu tragen sind, die in diesem Fall zusätzlich zu berücksichtigen sind. Zur Anwendung können die in § 16 Abs. 3 ImmoWertV normierten Grundsätze kommen; es handelt sich hierbei um das **Liquidationswertverfahren**. 327

Der Grund und Boden eines Grundstücks steht mit seinen Aufbauten bekanntlich in einer Schicksalsgemeinschaft. Soweit durch Bodenverunreinigungen die Nutzbarkeit eines Grundstücks beeinträchtigt ist, gilt dies i. d. R. auch für **vorhandene Aufbauten.** Entsprechend reduziert sich der Verkehrswertanteil eines vorhandenen Gebäudes. Selbst der Verkehrswertanteil eines Neubaus kann sich im Falle seiner Unbewohnbarkeit und Unbenutzbarkeit zu Null reduzieren und sogar zu einer zusätzlichen Wertminderung führen, wenn für die Dekontaminierung des Grundstücks ein Gebäudeabtrag erforderlich wird und die Verwertung der Aufbauten (z. B. Schrottwert von Stahl- und Eisenkonstruktionen) nicht die Freilegungskosten auffängt. Umgekehrt führt die Dekontaminierung eines bebauten Grundstücks zu entsprechenden Gebäudewerterhöhungen, wenn damit das Gebäude wieder nutzbar wird; der Gebäudewert wird in diesem Fall „reaktiviert". Möglicherweise werden die Sanierungskosten erst damit wieder „aufgefangen". 328

In Anbetracht der dargestellten Problematik bei der Verkehrswertermittlung kontaminierter Grundstücke haben sich in der Praxis **drei unterschiedliche Verfahren** entwickelt: 329

a) Verkehrswertermittlung unter „Ausklammerung" einer vermuteten oder auch verifizierten Altlast mit Verweis auf eine vertragliche Regelung im Falle der Veräußerung des Grundstücks bzw. mit dem Hinweis auf die Notwendigkeit eines Sondergutachtens,

b) Berücksichtigung der Wertminderung infolge von Altlasten bemessen nach Sanierungskosten und

c) Berücksichtigung der Wertminderung infolge von Altlasten durch pauschale Wertabschläge.

11.2.4 Verifizierung von Ablagerungen

Ablagerungen gehören nach § 5 Abs. 5 ImmoWertV zu den Eigenschaften und zur sonstigen Beschaffenheit eines Grundstücks und müssen bei der Ermittlung des Verkehrswerts grundsätzlich berücksichtigt werden. Ein Gutachten ist fehlerhaft, wenn diese nicht berücksichtigt werden. Der Gutachter ist deshalb gut beraten, wenn er diesbezüglich seinen Sorgfaltspflich- 330

§ 6 ImmoWertV　　　　　　　　　　　　　　　　　　Weitere Beschaffenheit

ten besonders gewissenhaft nachkommt. Nach der Rechtsprechung müssen dabei auch der Sachverstand anderer Stellen und selbst populärwissenschaftliche Veröffentlichungen beachtet werden. Insbesondere bei vorsätzlichem und (grob) fahrlässigem Handeln ist damit die **Haftung des Gutachters für Nachteile** angesprochen, **die aufgrund eines fehlerhaften Gutachtens entstehen.** Hieraus folgt, dass der Gutachter alle Erkenntnisquellen über etwaige Verunreinigungen nutzen und Verdachtsmomenten nachgehen muss. Es empfiehlt sich, nach den Umständen des Einzelfalls im Gutachten deutlich zu machen,

– ob etwaige Altablagerungen außer Betracht gelassen wurden,
– ob diesbezüglich Feststellungen vorgenommen wurden,
– ob ein Verdacht besteht und wie dem nachgegangen wurde,
– aufgrund welcher Anhaltspunkte ggf. von welchen Verunreinigungen bei der Verkehrswertermittlung ausgegangen wurde.

331 Bei bestimmten ehemaligen Nutzungen ist einem Grundstück der Altlastenverdacht gewissermaßen auf die „Stirn geschrieben". Dies sind: Gaswerke, Kokereien, Steinkohlenbergbau, NE-Metallerzbergbau, Eisen- und Stahlherstellung, Mineralölerzeugung und -lagerung, NE-Metallumschmelzwerke, Metallgießereien, Oberflächenveredelung/Härtung von Metallen, Batterien- und Akkumulatorenherstellung, Herstellung von anorganischen Grundstoffen, Chemikalien, Farben, Lacken, Kunststoffe, Pharmazeutika, Handelsdünger, Schädlingsbekämpfungsmittel, Munition, Explosivstoffe, Glas, Papier, Textilien, Schrottplätze, Bahnbetriebswerke, Flugplätze, chemische Reinigungen, Betriebskläranlagen, Kfz-Reparaturwerkstätten sowie Verarbeitungsstätten von Holz, Gummi und Leder[206]. Hinweise auf derartige Nutzungen können sich bereits aus den Ortsbezeichnungen ergeben, z. B. Zechenweg, Industriestraße, An der Gerberau u.s.w.

332 Auch im **Zwangsversteigerungsverfahren** ist das Vollstreckungsgericht verpflichtet, alle den Grundstückswert beeinflussenden Umstände tatsächlicher und rechtlicher Art sorgfältig zu ermitteln und zu berücksichtigen[207]. Kosten für ein Bodengutachten sind jedenfalls dann aufzuwenden, wenn sie in einem angemessenen Verhältnis zu den Auswirkungen stehen, die das Gutachten auch angesichts der Aussagekraft vorhandener Unterlagen auf den Verkehrswert haben kann.

333 Der **Sachverständige für Grundstückswerte ist von seiner Ausbildung her** i. d. R. **überfordert,**

– die Ablagerungen im Grund und Boden (Altlasten/Neulasten) sowie
– das Gefährdungspotenzial vorhandener Ablagerungen nach Art und räumlicher Verteilung

selbst festzustellen. Zwar sind mancherlei Verunreinigungen des Grund und Bodens selbst für den Laien schon an der Beschaffenheit der Oberfläche erkennbar, jedoch verbergen sich Verunreinigungen vielfach unter der Oberfläche; es sind unsichtbare (Alt-) Lasten. Selbst wenn der Sachverständige für Grundstückswerte das Vorhandensein verunreinigender Ablagerungen erkannt hat, reicht dies für eine sachgerechte Berücksichtigung bei der Verkehrswertermittlung nicht aus, denn ihm fehlt i. d. R. die Vorbildung für eine sachgerechte Einschätzung des davon ausgehenden Gefährdungspotenzials.

334 **Fazit:** Der Sachverständige für Grundstückswerte wird bei der Ermittlung des Marktwerts (Verkehrswerts) verunreinigter Flächen sein Gutachten auf „Hilfsquellen" stützen müssen, die er selbst kaum nachzuprüfen vermag, oder er wird einen weiteren Sachverständigen (Toxikologen) hinzuziehen müssen. In jedem Fall ist dies im Gutachten darzulegen und sollte mit dem Auftraggeber abgeklärt sein.

335 Zur **Feststellung über das Vorhandensein von Verunreinigungen** durch einen Sachverständigen für Grundstücke ist von folgenden **allgemeinen Erkenntnisquellen** auszugehen:

---

206 Vgl. hierzu den RdErl des nordrh.-westf. MSV in MinBl. NW 1992, 876, abgedruckt in der 2. Aufl. S. 1389.
207 BGH, Urt. vom 18.05.2006 – V ZB 142/05 –, GuG 2006, 318 = EzGuG 4.196; Stöber, ZVG, 18. Aufl. § 74a Rn. 7.5, § 66 Rn. 6.2c

Weitere Beschaffenheit § 6 ImmoWertV

a) Nach den Erfahrungen der Praxis kann i. d. R. schon allein aus der *bisherigen Nutzung* auf Verunreinigungen geschlossen werden; zu nennen sind hier Mülldeponien, Gaswerke, Tankstellen, Kokereien, Zechengelände, Teerverarbeitungsbetriebe (vgl. oben Rn. 330)[208]. Um nach dem vorher Gesagten Verunreinigungen des Grund und Bodens bei der Verkehrswertermittlung angemessen berücksichtigen zu können, müssen diese nach Art und Umfang verifiziert werden. Dies ist Voraussetzung, um einerseits die davon ausgehende Gefährdung und andererseits den Handlungsbedarf abschätzen zu können.

b) Erkenntnisquellen sind im Veräußerungsfall die *Angaben des Verkäufers*. Dieser muss seine Kenntnisse über Verunreinigungen des Grund und Bodens einem Erwerbswilligen offenbaren (§§ 459 ff. BGB), wenn er nicht Gefahr laufen will, sich eines Betrugs nach § 263 StGB strafbar zu machen.

c) Zunehmend von Bedeutung sind die kommunalen *Altlastenkataster*. Auch bei Heranziehung solcher Erkenntnisquellen muss beachtet werden, was nach Art und Ausmaß des Gefährdungspotenzials Gegenstand dieser Kataster ist, d. h., Verunreinigungen unterhalb einer bestimmten dem Kataster zugrunde liegenden Gefahrenschwelle können demzufolge diesem Kataster nicht entnommen werden.

d) Weitere Erkenntnisquellen sind insbesondere

- Hinweise aus Bevölkerung und Verwaltung,
- Luftbilder,
- Akten und Aufzeichnungen,
- Sicherungsergebnisse.

e) Für *Hamburg* besteht die Besonderheit, dass der Senat nach § 81 Abs. 8 HBauO durch Rechtsverordnung Gebiete festlegen kann, in denen nach bisher vorliegenden Erkenntnissen mit Bodenverunreinigungen zu rechnen ist, die – wiederum „nur" polizeirechtlich – eine Gefahr für die öffentliche Sicherheit und Ordnung darstellen können.

Zur **Abschätzung des Gefährdungspotenzials (toxikologische Bewertung)** sollte sich, wie bereits erläutert, der Sachverständige für Grundstückswerte möglichst auf die Sachkunde der Spezialdisziplinen stützen. Entscheidende Bedeutung für die Beurteilung des Gefährdungspotenzials haben dabei die sog. Gefährdungspfade, d. h. die Kausalkette, auf denen Schadstoffe den menschlichen Organismus erreichen. Daneben sind aber auch Gefährdungen der Flora und Fauna und sonstiger Sachen hervorzuheben, wobei diesbezüglich noch differenziert werden kann. Gefährdungspfade sind das Grundwasser, das Oberflächenwasser, der Boden, die Luft (Bodengase) und der direkte Kontakt. Für eine Gefährdungsabschätzung bedarf es letztlich der (politischen) Vorgabe, welches Gut bis zu welchem Maße als schutzwürdig definiert wird; die Naturwissenschaften können hier nur Hilfestellungen geben. Dies alles ist damit also nicht nur eine naturwissenschaftlich unzureichend aufgearbeitete Materie, sondern eine letztlich auch politisch zu entscheidende Frage. Aus ihr ergibt sich der Handlungsbedarf und somit der Kostenbetrag der „Wiederinwertsetzung". **336**

Die toxikologische Bewertung des Gefährdungspotenzials bereitet nach dem vorher Gesagten heute noch erhebliche Schwierigkeiten. Deshalb ist auch die Minderung des Verkehrswerts seines unbelasteten Grundstücks in Abhängigkeit von der toxikologischen Belastung kaum in den Griff zu bekommen. Auch deshalb kommt man nicht umhin, die Wertminderung aufgrund der Belastungen des Grund und Bodens nach den Kosten der Untersuchung, Sicherung und Sanierung der belasteten Fläche (Wiederinwertsetzungskosten) zu bemessen. Bei Anwendung des vorgestellten Modells (vgl. Rn. oben 321 f.) verlagert sich also das Problem der Verkehrswertermittlung kontaminierter Flächen in die Ermittlung der **Kosten der Wiederinwertsetzung,** denn mit der Sanierung des Grundstücks wird dessen Minderwert (Mangelschaden) beseitigt. **Sie setzen sich zusammen aus den Kosten** der **337**

---

[208] Altlasten im Städtebau, a. a. O., S. 16; Roller in GuG 2001, 240; Grunewald in GuG 1997, 291; Großmann/Grunewald/Weyers in GuG 1996, 154; Grunewald/Duken in GuG 1995, 224.

- Maßnahmen zur Verhütung und Beseitigung von Beeinträchtigungen durch die Verunreinigungen bis hin zur Wiedereingliederung der betroffenen Flächen in Natur und Landschaft oder eine städtebauliche Nutzung,
- Maßnahmen zur Untersuchung von Art, Umfang und Ausmaß der Verunreinigungen, insbesondere den Kosten der Entnahme und Untersuchung von Luft-, Wasser- und Bodenproben einschließlich der Errichtung und des Betriebs von Kontrollstellen,
- erforderlichen Sicherungsmaßnahmen und
- der Überwachung.

338 Die **Wiederinwertsetzungskosten** sind angesichts der unterschiedlichsten Arten und des unterschiedlichsten Maßes von Verunreinigungen sowie der sich noch in der Entwicklung befindlichen unterschiedlichen Sanierungstechniken schwer abschätzbar, jedoch liegen hierfür zunehmend **Erfahrungswerte** vor.

339 Auf der Grundlage von Kostenangaben verschiedener Quellen hat der Sachverständigenrat „Altlasten" die Größenordnung des Kostenrahmens (niedrigste und höchste Kosten) zusammengestellt (vgl. **Kostentabelle** in der 3. Aufl. zu diesem Werk); die Tabelle gibt allerdings nur allgemeine Hinweise, weil die Größenordnungen außerordentlich schwanken[209]. Im Einzelfall können zur Abschätzung der Sanierungskosten fallspezifisch Kostenvoranschläge eingeholt werden[210].

340 Wie bereits erläutert, sind neben den Sanierungskosten auch die **Untersuchungskosten** zu berücksichtigen; die Untersuchungen müssen auf Verdichtung oder Ausräumung eines bestehenden Verdachts der Bodenbelastungen ausgerichtet sein, wobei sie sich üblicherweise an der zu erwartenden Art der Belastungen orientieren müssen[211].

341 Es wird davon ausgegangen, dass die Behörde im Verdachtsfalle zunächst selbst festzustellen hat, ob überhaupt eine zu beseitigende Störung vorliegt; die Kosten sind i. d. R. von der Behörde zu tragen[212]. Etwas anderes kann nach Bauordnungsrecht gelten, wenn der Eigentümer z. B. eine Baugenehmigung begehrt. Die Untersuchung dem Eigentümer anzuordnen, wäre auch im Hinblick auf Gefahren für die öffentliche Sicherheit und Ordnung ordnungsrechtlich nicht gedeckt[213]. Steht dies fest oder besteht zumindest ein objektiv begründeter Verdacht, so kann allerdings der verantwortliche Eigentümer – als Bestandteil umfasser **Maßnahmen zur Gefahrenabwehr** – verpflichtet werden, Untersuchungen über

- die Bestimmung des Gefahrenherds und
- die Sicherungs- und Sanierungsmaßnahmen

anzustellen[214], auch dies sind deshalb wertmindernde rechtliche Gegebenheiten.

342 Rechtsgrundlage ist das Bundes-Bodenschutzgesetz i. V. m. der **Bundes-Bodenschutz- und Altlastenverordnung** (BBodSchV, vgl. Rn. 319 und Syst. Darst. des Vergleichswertverfahrens Rn. 354). Die Verordnung regelt

- die Anforderungen an die Untersuchung und Bewertung von Verdachtsflächen und altlastenverdächtigen Flächen (§§ 3 f. BBodSchV);

---

[209] Vgl. auch Bracke, Leistungsbuch Altlastensanierung und Flächenentwicklung 1997/98; Arbeitshilfe; i.A. Landesumweltamt Nordrhein-Westfalen, Essen 1998.
[210] Wegweiser für Altlasten- und Bodensanierung, Bundesumweltamt, Berlin 1988, mit Informationen (Adressen über Planer, Firmen und Gutachter).
[211] BVerwG, Urt. vom 17.02.2005 – 7 C 14/04 –, EzGuG 4.191.
[212] OVG Saarland, Beschl. vom 21.09.1983 – 2 W 1635/83 –, EzGuG 4.94; wonach aber der Ordnungspflichtige in Anspruch genommen werden kann. Bei sofortigen Abwehrmaßnahmen können die Aufwendungen nach dem Polizeirecht einiger Länder dem Verursacher aufgetragen werden (vgl. § 8 PolG Bad.-Württ.; § 9 Bay. PAG; § 6 PVG Rh.-Pf.).
[213] § 14 Ordnungsbehördengesetz – OBG – Nordrh.-Westf.
[214] VGH Mannheim, Urt. vom 13.02.1985 – 5 S 1380/83 –, EzGuG 4.103; OVG Hamburg, Beschl. vom 20.06.1986 – Bs II 22/86 -; OVG, Münster, Beschl. vom 10.01.1985 – 4 B 1434/85 –, EzGuG 4.102; OVG Münster, Beschl. vom 10.01.1985 – 4 B 1390/84 -; OVG Münster, Beschl. vom 27.09.1985 – 4 B 1621/85 -; vgl. auch im Hinblick auf eine bauordnungsrechtliche Baugenehmigung z. B. § 63 Abs. 3 Satz 1 BauO Nordrh.-Westf.

Weitere Beschaffenheit § 6 ImmoWertV

- die Anforderungen an die Sanierung von schädlichen Bodenveränderungen und Altlasten (§ 5 BBodSchV),
- Maßnahmen für die Gefahrenabwehr von schädlichen Bodenveränderungen aufgrund von Bodenerosion durch Wasser (§ 8 BBodSchV) und
- Maßnahmen gegen das Entstehen schädlicher Bodenveränderungen (§§ 9 ff. BBodSchV).

Des Weiteren enthält die Verordnung im Anhang **Regelungen** 343

- über die Anforderungen an die Probeentnahme, Analytik und Qualitätssicherung bei der Untersuchung,
- über Maßnahme-, Prüf- und Vorsorgewerte,
- über Anforderungen an Sanierungsuntersuchungen und den Sanierungsplan sowie
- über Anforderungen an die Untersuchung und Bewertung von Flächen, bei denen der Verdacht einer schädlichen Bodenveränderung aufgrund von Bodenerosion durch Wasser vorliegt (Abb. 34).

Abb. 34: Prüfwerte nach Anh. 2 BBodSchV für die direkte Aufnahme von Schadstoffen [mg/kg]

Stoff	**Kinderspielflächen**	**Wohngebiete**	**Park- und Freizeitanlagen**	**Industrie- und Gewerbegrundstücke**
Arsen	25	50	1,25	140
Blei	200	400	1 0000	2 000
Cadmium	10*	20*	50	60
Cyanide	50	50	50	100
Chrom	200	400	1 000	1 000
Nickel	70	140	350	900
Quecksilber	10	20	50	80
Adrin	2	4	10	–
Benzu(a)pyren	2	4	10	12
DDT	40	80	200	–
Hexachlorbenzol	4	8	20	200

* In Haus- und Kleingärten, die sowohl als Aufenthaltsbereiche für Kinder als auch für den Anbau von Nahrungspflanzen genutzt werden, ist für Cadmium von 2,0 mg/kg als Prüfwert anzuwenden.

§ 6 ImmoWertV — Weitere Beschaffenheit

Abb. 35: Prüfwerte für nichtflüchtige Stoffe nach einem Vorschlag des Ständigen Ausschusses Altlasten der Bund-/Länder-Arbeitsgemeinschaft (LABO) vom 09.02.2004

	Prüfwerte für nichtflüchtige Stoffe					
	Stoff Stoffgruppe	Chemical-Abstracts-Services-Nr.	Prüfwert-Vorschlag [mg/kg TM]			
			Kinderspielflächen	Wohngebiete	Park- und Freizeitanlagen	Industrie- und Gewerbegrundstücke
1	Antimon und Verbindungen	7440-36-0 (Sb)	50	100	250	250
2	Beryllium und Verbindungen	7440-41-7 (Be)	250	500	500	500
3	Chrom (VI)	18540-29-9	130	250	250	250
4	Kobalt und Verbindungen	7440-48-4 (Co)	300	600	600	300
5	Thalium und Verbindungen	7440-28-0 (Ti)	5	10	25	keine Daten
6	Vanadium und Verbindungen	7440-62-2	280	560	1 400	unpraktikabel hoch
7	PAK, gesamt	–	in Bearbeitung			
8	Dinitrotoluol 2,4- R	121-14-2	3	6	15	50
9	Dinitrotoluol 2,6- R	606-20-2	0,2	0,4	1	5
10	Diphenylamin	122-39-4	unpraktikabel hoch			
11	Hexogen	121-82-4	100	200	500	500
12	Hexantrodphenylamin (Hsxyl) R	131-73-7	150	300	750	1 500
13	Nitropenta (PETN)	75-11-5	500	1 000	2 500	5 000
14	Oktogen (HMX)	2691-41-0	unpraktikabel hoch			
15	Trinitrobenzol 1,3,5-	99-35-4	unpraktikabel hoch			
16	Trinitrotoluuot, 2,4,6- R	116-96-7	20	40	100	200

Weitere Beschaffenheit § 6 ImmoWertV

Abb. 36: Prüfwerte für nichtflüchtige Stoffe nach einem Vorschlag des Ständigen Ausschusses Altlasten der Bund-/Länder-Arbeitsgemeinschaft (LABO) vom 09.02.2004

	Prüfwerte für nichtflüchtige Stoffe			
	Stoff Stoffgruppe	Chemical-Abstracts-Services-Nr.	Orientierende Hinweise auf Prüfwert [mg/kg TM]	
			Wohngebiete	Industrie- und Gewerbegrundstücke
17	Benzin	8006-61-9	–	–
18	Benzol	71-43-2	0,1	0,4
19	Ethylbenzol	100-41-4	3	30
20	Chlorbenzol	108-90-7	15	170
21	Chloroform	67-66-3	0,1	0,5
22	Dichlorbenzol:m-	541-73-1	50	unpraktikabel hoch
23	Dichlorbenzol:o-	95-50-1	50	unpraktikabel hoch
24	Dichlorbenzol: p-	106-46-7	50	unpraktikabel hoch
25	Dichlormenthan	75-00-2	0,1	2
26	Dichlorpropam: 1,2	78-87-5	1	5
27	Nitrobenzol	98-95-3	1	15
28	Phenol	79-34-5	50	unpraktikabel hoch
29	Tetrachlorethan: 1,1,2,2-	127-18-4	0,03	0,3
30	Tetrachlorethen (PER)	108-88-3	1,5	25
31	Toluol	120-82-1	10	120
32	Trichlorbenzol: 1,2,4-	71-55-6	25	300
33	Trichlorethen: 1,1,1-	79-01-6	15	180
34	Trichlorethen	108-67-8	0,3	5
35	Trimethylbenzol: 1,3,5- und andere TMB-Isomere	1 330-20-7	200	2 000
36	Xylole		10	100

§ 6 ImmoWertV   Weitere Beschaffenheit

Abb. 37: Behelfsmäßige Bodenorientierungswerte für Einzelfallprüfungen bei Rüstungsaltlasten nach einem Vorschlag des Ständigen Ausschusses Altlasten der Bund-/Länder- Arbeitsgemeinschaft (LABO) vom 09.02.2004

Behelfsmäßige Bodenorientierungswerte für Einzelfallprüfungen bei Rüstungsaltlasten						
	Stoff Stoffgruppe	Chemical-Abstracts-Nr.	Behelfsmäßige Bodenorientierungswerte [mg/kh TM]			
			Kinderspielflächen	Wohngebiete	Park- und Freizeitanlagen	Industrie- und Gewerbegebiete
37	4-Amino.2,5-dinitrotoluoul	19406-51-D	20	40	100	200
38	2-Amino.2,5-dinitrotoluoul	35572-78-2	20	40	100	200
39	Dinitrodiphenylamin:2,4-	961-68-2	keine Daten			
40	Dinitrobenzol: 1,3-	99-65-0	15	30	75	150
41	Nitrodiphenylamin: 2-	110-75-5	keine Daten			
42	Nitrodiphenylamin: 4-	836-30-6	unpraktikabel hoch			
43	Nitrotoluol: 2-	66-72-2	0,2	0,4	1	5
44	Nitrotoluol: 3-	99-08-1	–	1 000	unpraktikabel hoch	
45	Nitrotoluol: 4-	99-99-0	–	250	–	3 000
46	N-Methyl-N,2,4,6-tetranitroanilin (Tetryl)	479-45-8	200	400	1 000	2 000
47	Trintrophenol: 2,4,5- (Pikrinsäure)	86-89-1	8	15	40	80

▶ Zu den **Kosten der Altlastensanierung** (Kostengruppe 213 DIN 276) vgl. 3. Aufl. 1998, S. 2 137 ff.

11.2.5 Sanierungsmaßnahmen

344 Als Sanierungsmaßnahmen kommen in Betracht

– der Bodenaustausch (Auskofferung), oft bis zu mehreren Metern,

– die Abkapselung (Abdeckung), d. h. die Versiegelung von oben und seitlich einschließlich einer auf Jahrzehnte angelegten Kontrolle auf Austritt von schädlichen Stoffen und Gasen,

– die Sanierung „vor Ort" durch „Bodenwäsche", d. h. durch chemische, physikalische, biologische, mechanische oder thermische Reinigung,

– besondere Gründungen,

– Dränagen,

– Gasringleitungen.

11.2.6 Sanierungslast

345 Nach dem vorher Gesagten gehören Verunreinigungen des Grund und Bodens zu den tatsächlichen Eigenschaften eines Grundstücks, die entsprechend Art und Ausmaß der Verunreinigung grundsätzlich bei der Verkehrswertermittlung zu berücksichtigen sind, soweit nicht die öffentliche Hand (nach dem Gemeinlastprinzip) oder ein Dritter (z. B. als Verursacher) für die Kosten der Wiederinwertsetzung aufkommt. Selbst wenn der **Eigentümer** die Verunreinigungen nicht verursacht hat, konnte er schon vor Erlass des BBodSchG nach dem Ordnungsrecht **als Zustandsstörer** bei Gefahr für die öffentliche Sicherheit und Ordnung herangezogen wer-

Weitere Beschaffenheit § 6 ImmoWertV

den[215]. Nach § 18 Abs. 1 und 2 Satz 1 OBG Nordrh.-Westf. sind ordnungsrechtliche Maßnahmen deshalb gegen den Eigentümer zu richten. Darüber hinaus kann die Ordnungsbehörde ihre Maßnahmen auch gegen den „Inhaber[216] der tatsächlichen Gewalt" richten. Gerechtfertigt wird dies aus der Verfügungsgewalt des Eigentümers über den „Herd" der Gefahrenquelle, z. B. durch Vermietung zum Zwecke gefährlicher Ablagerungen[217]. Gerechtfertigt ist dies vor allem auch dann, wenn der Eigentümer wirtschaftlich den Nutzen aus der Überlassung des Eigentums an den Betreiber, z. B. in Form eines Pachtzinses, gezogen hat (vgl. § 10 Abs. 2 AbfG). In diesem Fall können die Grundsätze des unter Rn. 141 vorgestellten Modells zur Anwendung kommen, d. h., die vom Eigentümer zu tragenden Untersuchungs-, Sicherungs- und Sanierungskosten sind wertmindernd auf den fiktiven Bodenwert eines nicht kontaminiert gedachten Grundstücks anzurechnen.

Anders stellt sich die Situation allerdings dar, wenn **346**

– ein Anspruch gegenüber dem **Verhaltensstörer** nach § 683 BGB (Geschäftsführung ohne Auftrag) besteht und noch nicht verjährt ist[218];

– schwer nachweisbare Gewährleistungsansprüche nach § 477 Abs. 1 BGB innerhalb eines Jahres geltend gemacht werden können, die allerdings schon im Hinblick auf die kurze Verjährungsfrist des § 477 BGB regelmäßig verjährt sind, oder Ansprüche eines Erwerbers aus positiver Vertragsverletzung bestehen[219],

– Haftungsausschlüsse im Grundstückskaufvertrag vereinbart wurden und wirksam werden[220].

Bezüglich der Sanierungspflicht wird im Umweltschutzrecht zwar grundsätzlich von der zentralen Maxime des **Verursacherprinzips** ausgegangen[221]. Danach hat derjenige als „Handlungsstörer" (vgl. § 17 OBG Nordrh.-Westf.) für die Kosten der Gefahrenbeseitigung aufzukommen, der die Umweltgefahr „gesetzt" hat[222]. Als Handlungsstörer steht er in Verantwortung. In Betracht kommen hierbei z. B. **347**

– der Abfallproduzent oder dessen Rechtsnachfolger, soweit er unmittelbar konkret zur Gefahr für die öffentliche Sicherheit und Ordnung beigetragen hat und allein schon die Herstellung eine über das Normalmaß hinausgehende Gefahrentendenz aufweist,

– der Abfallanlieferer,

– vor allem aber der Inhaber sowie ehemalige Inhaber oder dessen Rechtsnachfolger einer kontaminierenden Anlage, der für den ordnungsgemäßen Betrieb und die Sicherung der Anlage verantwortlich ist oder war[223], auch wenn ihm gewerbepolizeilich die störende Handlung explizit oder konkludent genehmigt worden ist[224],

– bei Abfallbeseitigungsanlagen, die zum Zeitpunkt des Inkrafttretens des Abfallbeseitigungsgesetzes (AbfG) in Betrieb waren, der Deponiebetreiber (§ 10 Abs. 2 AbfG); bei

---

215 A.A. Bauer in JZ 1964, 354, VGH Mannheim, Urt. vom 15.12.1987 – 10 S 240/86 –, DÖV 1988, 609; vgl. Schmidt in BB 1991, 1273.
216 Bay. VGH, Beschl. vom 13.05.1986 – 20 CS 86.00338 –, EzGuG 4.109; hierzu Rank, BayVBl 1988, 390, einschränkend; VGH Mannheim, Urt. vom 11.10.1985 – 5 S 1738/85 –, EzGuG 4.105.
217 Vgl. jedoch BGH, Urt. vom 18.09.1986 – III ZR 227/84 –, EzGuG 4.112 unter Hinweis, auf die in dem zu entscheidenden Fall nach § 22 Abs. 2 WHG maßgebende kurze Verjährungsfrist des § 55 BGB; hierzu Diederichsen in BB 1988, 917.
218 Zu dieser Problematik Reuter in BB 1988, 497.
219 BGH, Urt. vom 14.10.1966 – V ZR 188/63 –, WM 1966, 1183 = NJW 1967, 32; BGH, Urt. vom 05.04.1979 – VII ZR 308/77 –, EzGuG 12.24; BGH, Urt. vom 04.05.1964 – III ZR 159/63 –, EzGuG 12.8a.
220 Deutscher Städtetag Reihe E Heft 19 Altlasten im Grundstücksverkehr.
221 Der Veräußerer eines Grundstücks ist Verursacher der Verunreinigung („Verhaltensstörer"), so VGH Kassel, Beschl. vom 20.03.1986 – 7 TH 455/86 –, EzGuG 4.107a.
222 Koch, Bodensanierung nach dem Verursacherprinzip, Heidelberg 1985; Kloepfer, NuR 1987, 7.
223 BVerwG, Beschl. vom 14.04.1986 – 7 B 18/86 –, EzGuG 4.108.
224 VGH, Kassel, Beschl. vom 05.10.1989 – 3 TH 1174/89 –, EzGuG 4.128; OVG Münster, Beschl. vom 29.03.1984 – 12 A 2194.82 –, EzGuG 4.100; OVG Münster, Beschl. vom 10.01.1985 – 4 B 1390/85 –, NVwZ 1985, 355 = UPR 1985, 250 = JuS 1986, 359 = DST 1985, 601; a.A. Papier in DVBl. 1985, 873; ders. in NVwZ 1986, 256. Folgte man dessen nicht abwegiger These, so kann diesem Verursacher die Verantwortung und damit die Kostentragung nicht zugeordnet werden; a.A. Kloepfer in NuR 1987, 13; Schink in DVBl 1986, 167.

Anlagen, die zum Zeitpunkt des Inkrafttretens des Gesetzes (11.06.1972) bereits stillgelegt waren, kann der frühere Deponiebetreiber allerdings nur nach Maßgabe des Polizeirechts herangezogen werden, d. h., wenn Gefahren für die öffentliche Sicherheit oder Ordnung bestehen (vgl. z. B. § 14 OBG Nordrh.-Westf.). Nach der Neufassung des AbfG vom 27.08.1986 kann die zuständige Behörde aus Gründen des Wohles der Allgemeinheit die Überwachung auch auf stillgelegte Abfallentsorgungsanlagen und aufgrundstücke erstrecken, auf denen vor dem 11.06.1972 Abfälle angefallen, behandelt, gelagert oder abgelagert worden sind. Das Abfallgesetz ist jedoch nur auf den bundesrechtlich normierten Abfallbegriff i. S. des § 1 Abs. 1 AbfG anzuwenden und nicht auf sonstige Altablagerungen und Altstandorte.

- Für ehemalige Zechengelände, Produktionsstätten von Kokereien, Teerverarbeitungsbetriebe sind dagegen § 53 Abs. 1 Satz 1 und § 55 Abs. 2 Satz 1 Nr. 1, 2 und 6, § 69 Abs. 1 und 2 BBergG einschlägig.

- Des Weiteren sind die §§ 3 und 5 Abs. 1 Nr. 3 BImSchG zu nennen.

- Soweit ein durch Ablagerungen oder sonstige Stoffe verunreinigter Grund und Boden eine Gefahr für Gewässer darstellt, finden die Vorschriften des Gesetzes zur Ordnung des Wasserhaushaltes (WHG) sowohl auf Verdachtsflächen als auch auf festgestellte Verunreinigungen Anwendung[225]. Vor Inkrafttreten des WHG (01.03.1980) erfolgte Ablagerungen fallen allerdings nicht hierunter[226].

348 Sieht man von den in den verschiedenen Rechtsmaterien aufgesplitterten spezialgesetzlichen Regelungen ab, so ist das **Verursacherprinzip** aber **nur in wenigen Einzelfällen in der Praxis durchsetzbar.** Vielfach ist der Verursacher überhaupt nicht bekannt oder nicht mehr „greifbar"; z. B., wenn er sich durch Aufgabe des Eigentums, z. B. durch Konkurs oder Firmenumgründung, seiner Verpflichtung entzieht. Das OVG München[227] hat die Rechtsnachfolge allerdings auch im Falle einer gesellschaftsrechtlichen Umwandlung bejaht. Auch ist die Heranziehung des Handlungsstörers nicht unumstritten, wenn

- sein Handeln genehmigt worden ist[228] oder

- der Grundeigentümer eine bestehende Verunreinigung beim Grundstückserwerb weder kannte noch kennen musste.

349 Darüber hinaus besteht die Ansicht, dass allein schon ein **jahrzehntelanges Dulden** eines ordnungswidrigen Zustands eine schutzwürdige Position entstehen lassen kann.

350 Unter den gesetzlichen Voraussetzungen der §§ 136 ff. BauGB können Verunreinigungen des Grund und Bodens – eingebunden in ein städtebauliches Konzept – auch im Rahmen von **städtebaulichen Sanierungsmaßnahmen** unter Einsatz öffentlicher Förderungsmittel behoben werden[229]. Die Maßnahmen sind als Ordnungsmaßnahmen einzuordnen[230]. Nach dem dabei zur Anwendung kommenden Subsidiaritätsprinzip werden Förderungsmittel aber nur eingesetzt, soweit der Eigentümer, der Verursacher oder ein Dritter nicht herangezogen werden kann; im Übrigen folgt das Förderungsrecht dabei grundsätzlich dem Entschädigungsrecht[231]. Eine Privatisierung der durch Einsatz öffentlicher Mittel durchgeführten Dekontaminierung des Grund und Bodens und der dadurch bewirkten Werterhöhung kann dadurch vermieden werden, dass die Dekontaminierung im Rahmen einer Sanierungsmaßnahme unter Anwendung der besonderen sanierungsrechtlichen Vorschriften der §§ 152 bis 156 BauGB durchgeführt wird und die Werterhöhungen durch Erhebung von Ausgleichsbeträgen nach

---

225 Schink in DVBl. 1986, 161.
226 Näheres Scheier in ZfU 1984, 333; Reuter in BB 1988, 497; OVG Münster, Urt. vom 29.03.1984 – 12 A 2194/82 –, EzGuG 4.100.
227 BVerwG, Urt. vom 02.12.1977 – 4 C 75/75 –, EzGuG 13.46; dagegen OVG Münster, Beschl. vom 29.03.1984 – 12 A 2194/82 –, EzGuG 4.100; OVG Münster, Beschl. vom 10.01.1985 – 4 B 1434/84 –, EzGuG 4.102.
228 BVerwG, Urt. vom 10.02.1978 – 4 C 71/75 –, EzGuG 4.55.
229 § 136 Abs. 4 Nr. 3 BauGB; BT-Drucks 10/2039, S. 12.
230 § 147 Abs. 1 BauGB; BT-Drucks 10/4630, zu § 144.
231 Nach den Bay. Städtebauförderungsrichtlinien vom 08.12.2006 – IIC5 – 4607-003/04) sind die Kosten für die Beseitigung von Bodenkotaminationen oder von Grundwasserverunreinigungen nicht förderfähig (vgl. Nr. 5.3.6).

den §§ 154 f. BauGB „abgeschöpft" werden. Das Sanierungsrecht eröffnet hier den Gemeinden die Chance, in Anwendung des Gemeinlastprinzips Verunreinigungen des Grund und Bodens zu beseitigen und durch Erhebung von Ausgleichsbeträgen nach den §§ 154 f. BauGB die Eigentümer zumindest teilweise an den „Wiederinwertsetzungskosten" des Grund und Bodens zu beteiligen.

Entsprechendes gilt z. B. auch für **vor Inkrafttreten der abfallgesetzlichen Regelungen stillgelegte Abfallentsorgungsanlagen,** wenn nach dem Abfallgesetz der betroffene Grundstückseigentümer zum Wertausgleich für die durch Sanierungsmaßnahmen bewirkten Werterhöhungen des Grundstücks verpflichtet ist[232]. 351

In förmlich festgelegten Sanierungsgebieten und Entwicklungsbereichen finden nach § 25 Abs. 1 Satz 4 BBodSchG die Regelungen über einen Wertausgleich nach diesem Gesetz keine Anwendung. Der bodenschutzrechtliche Ausgleichsbetrag wird durch den sanierungsrechtlichen Ausgleichsbetrag ersetzt. 352

Kann neben dem Eigentümer als Zustandsstörer ein Verhaltensstörer oder der „Inhaber der tatsächlichen Gewalt" herangezogen werden, so steht es im pflichtgemäßen Ermessen der zuständigen Behörde, zwischen beiden zu wählen oder sie nebeneinander heranzuziehen, um die Wiederinwertsetzungskosten anteilsmäßig geltend zu machen[233]. In diesem Fall kann der Gutachter bei der Verkehrswertermittlung nur nach Vorgabe oder nach vorgegebenen Voraussetzungen vorgehen. 353

Für die **Wahl des „Adressaten" der Gefahrenabwehrmaßnahmen** sind maßgeblich 354

– die sachliche und persönliche Nähe zum Gefahrenherd,

– die Verantwortungs- und Verhaltensbeziehung zur Gefahrenquelle[234],

– die finanzielle Leistungsfähigkeit des Störers,

– die gerechte Lastenverteilung,

– das Übermaßverbot,

– der Gleichbehandlungsgrundsatz und

– die wirksame und schnelle Abhilfe.

In der Rechtslehre herrscht diesbezüglich noch Unsicherheit[235], für den Fall einer **gemeinsamen Heranziehung von Zustands- und Verhaltensstörer als Gesamtschuldner** wird unter Hinweis auf das Urt. des BGH vom 18.09.1986[236] die Anwendung des § 426 BGB als aussichtslos angesehen, da der zivilrechtliche Ausgleichsgedanke im Polizeirecht keinen Niederschlag gefunden habe; nach diesem Urteil kann der Erwerber vom Veräußerer Ersatz der von ihm verauslagten Sanierungskosten verlangen[237]. 355

Soweit sich ein Grundstückseigentümer als Zustandsstörer einer Sanierungspflicht nicht entziehen kann, verbleibt zu prüfen, inwieweit ein interner Ausgleich zwischen Zustands- und 356

---

[232] Z.B. § 15 Abs. 2 AbfG Nordrh.-Westf.; § 13 Abs. 4 brem. Ausführungsgesetz zum AbfallbeseitigungsG; in Anlehnung an diese Regelung und unter Erweiterung auf alle altlastenverdächtigen Flächen sieht § 21 der Kabinettsvorlage des hess. Umweltministers zur (5.) Änderung des AbfG die Erhebung eines sich nach der Verkehrswerterhöhung bemessenden Ausgleichsbetrags vor.
[233] BGH, Urt. vom 11.06.1981 – III ZR 39/80 –, EzGuG 4.76; BGH, Urt. vom 18.09.1986 – III ZR 227/84 –, EzGuG 4.112; des Weiteren OVG Saarland, Beschl. vom 21.09.1983 – 2 W 1635/83 –, EzGuG 4.94; den Eigentümer „bevorzugend": BayVGH, Beschl. vom 13.05.1986 – 20 CS 86.00338 –, EzGuG 4.109; OVG Lüneburg, Beschl. vom 27.01.1986 – 3 B 163/85 –, EzGuG 6.288c; dagegen OVG Münster, Beschl. vom 10.01.1985 – 4 B 1390/85 –, EzGuG 4.102; VGH Kassel, Beschl. vom 05.10.1989 – 3 TH 1774/89 –, EzGuG 4.128; OVG Hamburg, Urt. vom 19.02.1989 – Bf. VI 48/86 –, EzGuG 4.130.
[234] BGH, Urt. vom 15.12.1954 – II ZR 277/53 –, EzGuG 3.4; OVG Saarland, Beschl. vom 21.09.1983 – 2 W 1635/83 –, EzGuG 4.94.
[235] Koch, Bodensanierung nach dem Verursacherprinzip, Heidelberg 1985; Papier in NVwZ 1986, 256; Drews/Wacke/Vogel/Martens 1986, § 313; Brandt/Lange 1987, S. 14; Stampe in DVBl. 1988, 606.
[236] BGH, Urt. vom 18.09.1986 – III ZR 227/84 –, EzGuG 4.112.
[237] Reuter in BB 1988, 497; Rank in BayVBl. 1988, 390.

Handlungsstörer z. B. nach zivilrechtlichen Vorschriften (§ 426 BGB; vgl. oben) durchsetzbar ist (**Rückgriff**). Des Weiteren sind als Beispiel

- unverjährte Gewährleistungsansprüche wegen Sachmängeln[238],
- die deliktische Haftung[239],
- Ansprüche aus Schadensersatz gemäß § 22 Abs. 1 und 2 WHG[240] und
- Bereicherungsansprüche

zu nennen. Wegen dieser i. d. R. unklaren Rechtsverhältnisse und bestehender Unklarheiten über das „Vorhandensein" wird bei der Grundstücksveräußerung dazu übergegangen, Gewährleistungspflichten vertraglich auszuschließen. Auch werden im Hinblick auf verbleibende Risiken entsprechende Wertabschläge im Geschäftsverkehr angebracht. Dies gilt insbesondere bei der Beleihung des Grundstücks (Sicherheitsabschläge)[241].

11.2.7 Berücksichtigung von Altlasten bei Grundstücksveräußerungen des Bundes

357 Die **Erfassung, Bewertung und Sanierung von Altlasten ist nach der verfassungsrechtlichen Kompetenzverteilung des Grundgesetzes** (Art. 30, 83 GG Kriegsfolgelasten sowie AKG) **grundsätzlich Sache der Länder**[242]. Eine generelle Dekontaminierung altlastenbehafteter Böden auf ehemaligen militärischen Liegenschaften durch den Bund kommt deshalb nicht in Betracht, zumal sie seine Finanzkraft übersteigen würde. Gemäß Art. 120 GG trägt die Bundesrepublik Deutschland Aufwendungen für **Kriegsfolgelasten** nur nach näherer Bestimmung von Bundesgesetzen. Ein entsprechendes Gesetz zur Kostentragung für Rüstungsaltlasten besteht nicht. Insbesondere wurde ein vom Bundesrat beim Deutschen Bundestag eingebrachter Entwurf eines allgemeinen Gesetzes über die Finanzierung von Maßnahmen zur Sanierung von Rüstungsaltlasten vom Bundestag nicht als Gesetz verabschiedet[243]. Das Allgemeine Kriegsfolgengesetz[244] handelt von Ansprüchen gegen das ehemalige Deutsche Reich, erfasst aber nicht Schäden aus Rüstungsaltlasten. Nach ständiger Praxis trägt die Bundesrepublik nur die Kosten für die Beseitigung von Kampfmitteln auf bundeseigenen Grundstücken (Haftung als Zustandsstörer) und, soweit es sich um andere Grundstücke handelt, nur die Kosten für die Beseitigung ehemals reichseigener Kampfmittel (Haftung des Rechtsnachfolgers des Handlungsstörers). Im vorliegenden Fall handelt es sich vorwiegend um Chemikalien zur Herstellung von Kampfmitteln durch private Rüstungsfirmen, die noch nicht in den Besitz des Reiches übergegangen waren und die zudem auch nicht aufgrundstücken der Bundesrepublik Deutschland lagern.

358 Der **Bund führt auf bundeseigenen Liegenschaften Altlastensanierungen dann durch**, wenn er zur Beseitigung **akuter Gefahrenstellen** aufgrund bestehender Rechtsvorschriften, wie z. B.

- der Abfallgesetze,
- des Wasserhaushaltsgesetzes oder

---

[238] Auch BGB, Münchener Kommentar, Mertens 2. Aufl. 1986, § 1986, § 823 Rn. 78, nach der Rechtsprechung des BGH geht mit dem Verkauf eines mängelbehafteten Grundstücks keine Eigentumsverletzung einher (vgl. BGH, Urt. vom 18.9.1986 – III ZR 227/84 –, EzGuG 4.112, sodass Ansprüche aus § 1 004 BGB bzw. auch aus § 823 BGB ausscheiden dürften; zur Haftung bei rechtswidriger und schuldhafter Handlung vgl. Diederichs, in BB 1973, 485; BB 1986, 1723 und BB 1988, 917; Merkisch in BB 1990, 223; vgl. die gesetzliche Gewährleistungspflicht von nur einem Jahr nach § 477 Abs. 1 BGB.
[239] Sofern die tatbestandsmäßigen Voraussetzungen überhaupt vorliegen (§ 823 Abs. 1 BGB); vgl. Schmidt-Jortzig in DÖV 1991, 753.
[240] Zur Verjährung: § 852 BGB.
[241] Schröter in Kleiber, Verkehrswertermittlung von Grundstücken, 6. Aufl. 2010, Teil X.
[242] BayVGH, Urt. vom 26.04.1995 – M 7 K 94.1795 –, GuG 1995, 381 = EzGuG 4.161, BayVGH, Urt. vom 14.05.1997 – 4 B 95.2874 –, GuG 1998, 126 = EzGuG 4.169.
[243] BT-Drucks 12/3257.
[244] Allgemeines Kriegsfolgengesetz vom 05.11.1957 (BGBl. I 1957, 1747) mit weiteren Änderungen.

– des allgemeinen Polizei- und Ordnungsrechtes,

öffentlich-rechtlich verpflichtet ist.

Auch **Gefahrenerforschungsmaßnahmen** führt der Bund auf seine Kosten durch, wenn er für bereits **erkannte oder dem Anschein nach angenommene Gefahren polizeirechtlich verantwortlich ist** und weitere Untersuchungen erforderlich sind, um die richtigen Maßnahmen anzuordnen oder treffen zu können. 359

Außerhalb öffentlich-rechtlicher Verpflichtungen des Bundes werden Altlastenuntersuchungen und -sanierungen in **begründeten Einzelfällen** zur Herstellung der Verwertbarkeit von Liegenschaften bzw. aus besonderen liegenschaftsspezifischen Interessenlagen vorgenommen, wenn dies wirtschaftlich geboten und vertretbar ist. 360

Bei **Grundstücksveräußerungen** werden **Kontaminationen geringerer Art und Schwere** zugunsten des Erwerbers bereits im Rahmen der **Verkehrswertermittlung** angemessen berücksichtigt. 361

Bei **stärkeren Verunreinigungen** oder erheblicher Unsicherheit hierüber wird ggf. 362

– im **Kaufvertrag eine Beteiligung des Bundes an den Kosten einer Sanierung bis max. zur Höhe des gezahlten Kaufpreises,**

– bei einer **Eigenbeteiligung des Käufers in Höhe von 10 % an den Sanierungskosten**

für den Fall vereinbart, dass das Kaufgrundstück **binnen 3 Jahren seit Kaufvertragsabschluss** für den vertraglich vorausgesetzten Gebrauch hergerichtet oder eine nachträglich festgestellte polizeirechtlich relevante Gefahr beseitigt werden muss[245].

11.2.8 Altlasten im Bewertungsrecht[246]

Zur Berücksichtigung von Bodenverunreinigungen in der steuerlichen Bewertung wird nachfolgender Steuererlass des Bad-Württ. FinMin abgedruckt[247]. 363

1 Einheitsbewertung des Grundvermögens und der Betriebsgrundstücke

1.1 Berücksichtigung von Bodenverunreinigungen

Der Wert eines Grundstücks kann wegen Verunreinigungen mit toxischen Stoffen, insbesondere durch frühere oder fortdauernde industrielle oder gewerbliche Nutzung des belasteten oder eines anderen Grundstücks gemindert sein. Eine dem Rechnung tragende Ermäßigung des Grundstückswerts setzt voraus, dass Emissionen in einer Menschen, Tiere, Pflanzen oder Sachen schädigenden Weise in das Grundstück eindringen oder eingedrungen sind und – als Immissionen – die bestimmungsgemäße ortsübliche Nutzung des Grundstücks in erheblichem Maße beeinträchtigen[248].

Eine Ermäßigung ist deshalb grundsätzlich erst dann vorzunehmen, wenn die zuständigen Ordnungsbehörden eine Sanierung des Grundstücks, eine Stilllegung des Betriebs oder vergleichbare Maßnahmen angeordnet oder mit dem Grundstückseigentümer oder einem Dritten die Sanierung des Grundstücks vertraglich vereinbart haben. Erst zu diesem Zeitpunkt liegt eine bewertungsrechtlich zu berücksichtigende Änderung der tatsächlichen Verhältnisse vor; eine Berücksichtigung der Bodenverunreinigung auf bereits zurückliegende Feststellungszeitpunkte ist zulässig, wenn feststeht, dass die später festgestellten Bodenverunreinigungen, auf die die Maßnahmen zurückgehen, in gleichem Maß bestanden haben.

Haben die zuständigen Ordnungsbehörden eine Maßnahme zur Gefahrenabwehr (noch) nicht ergriffen, kommt eine Ermäßigung des Grundstückswerts nur in Betracht, wenn der Stpfl. die Bodenverunreinigungen und die damit verbundenen erheblichen Beeinträchtigungen durch ein Sachverständigengutachten nachweist und sich im Einzelfall mit einer Prüfung dieses Gutachtens durch die zuständige Ordnungsbehörde einverstanden erklärt.

---

245 Zur Gestaltung von Grundstückskaufverträgen bei Altlasten vgl. Leinemann in GuG1991, 61, Schlemminger in BB 1991, 1433 sowie Leinemann, Altlasten im Grundstücksverkehr (Deutscher Städtetag Reihe DST-Beiträge E-19, 2. Aufl. Köln 1990), Reuter in BB 1989, 497.
246 Zum Erlassentwurf der Bundesfinanzverwaltung vgl. die 2. Aufl. dieses Werks S. 420 sowie Stöckel in DStZ 1991, 109.
247 Erl des FM Bad.-Württ. vom 09.02.1998 – 3 S 3201(1) –, GuG 1998, 233.
248 BFH, Urt. vom 12.12.1990 – II R 97/87 –, GuG 1991, 212.

§ 6 ImmoWertV Weitere Beschaffenheit

1.2 Bewertung unbebauter und im Sachwertverfahren zu bewertender bebauter Grundstücke

1.2.1 Bei unbebauten und im Sachwertverfahren bewerteten bebauten Grundstücken ist die Wertminderung durch die Bodenverunreinigung durch einen Abschlag vom Bodenwert des Grundstücks entsprechend dem Verhältnis der Sanierungskosten zu dem geschätzten Verkehrswert des unbelasteten Grund und Bodens im Feststellungszeitpunkt zu berücksichtigen. Dies gilt unabhängig davon, ob der gesamte Grund und Boden oder nur eine Teilfläche verunreinigt ist.

Beispiel 1:

Grundstücksgröße 1 000 m², davon 600 m² verunreinigt

Sanierungskosten	165 000 €
Bodenwert 01.01.1964 (unbelasteter Zustand)	60 000 €
Geschätzter Bodenwert (unbelasteter Zustand) im Feststellungszeitpunkt	300 000 €

Abschlag vom Bodenwert =

$$\frac{\text{Sanierungskosten} \times 100}{\text{Geschätzter Bodenwert}_{\text{unbelasteter Zustand}} \text{ im Feststellungszeitpunkt}} = \frac{165\,000\,€ \times 100}{300\,000\,€} = 5{,}5 \text{ v.H.}$$

Der Bodenwert 01.01.1964 des teilverunreinigten Grundstücks beträgt somit 45 v. H. von 60 000 € = 27 000 €, dementsprechend beträgt der Bodenpreis 27 € je m².

1.2.2 Entsprechen die Sanierungskosten dem Wert des unbelasteten Grund und Bodens im Feststellungszeitpunkt oder liegen sie höher als dieser Wert, so ist der Bodenwert 01.01.1964 des belasteten Grund und Bodens mit null € anzusetzen.

1.2.3 Wird durch eine Bodenverunreinigung auch die Nutzung aufstehender Gebäude und/oder von Außenanlagen in erheblichem Maße beeinträchtigt, so kann im Einzelfall auch eine Ermäßigung gem. § 88 BewG des Gebäudesachwerts und des Werts der Außenanlagen in Betracht kommen.

1.2.4 Nach durchgeführter Sanierung kommt ein Abschlag für einen evtl. verbleibenden Minderwert des Grundstücks nur in Betracht, wenn das Grundstück nicht dieselbe Nutzungs- und Bebauungsqualität wiedererlangt hat. Ergeben sich nach der Sanierung z. B. teurere Gründungsvoraussetzungen, so kann der Bodenwert im Einzelfall mit einem geringeren Wert anzusetzen sein.

1.3 Bewertung im Ertragswertverfahren zu bewertender Grundstücke

Bei im Ertragswertverfahren bewerteten Grundstücken gilt in den Fällen, in denen sich eine Bodenverunreinigung nicht auf die Jahresrohmiete ausgewirkt hat, Abschn. 1.2 sinngemäß, soweit sich aus den nachfolgenden Ausführungen keine Besonderheiten ergeben.

Hierbei ist der Bodenwertanteil um einen Abschlag entsprechend dem Verhältnis der Sanierungskosten zu dem geschätzten Verkehrswert des unbelasteten Grund und Bodens im Feststellungszeitpunkt zu mindern.

Da der Abschlag vom Bodenwertanteil verfahrensmäßig nur durch eine Ermäßigung des gesamten Grundstückswerts berücksichtigt werden kann, ist der vom Bodenwertanteil vorzunehmende Abschlag wie folgt in eine Ermäßigung des gesamten Grundstückswerts umzurechnen.

$$\frac{\text{Abschlag vom Bodenwertanteil in v.H.} \times \text{Multiplikator für Bodenwertanteil}}{\text{Vervielfältiger}}$$

Bruchteilige Abschlagsbeträge sind zugunsten des Steuerpflichtigen nach der Umrechnung des Abschlags vom Bodenwertanteil in die Ermäßigung des Grundstückswerts zu runden. Die Ermäßigung des Grundstückswerts wegen Bodenverunreinigungen unterliegt nicht der Begrenzung des § 82 Abs. 3 BewG.

Beispiel 2:

Geschäftsgrundstück, Neubau (1930) in Massivbauweise mit Mauerwerk aus Ziegelsteinen, Gemeindegrößenklasse über 50 000 bis 100 000 Einwohner, Jahresrohmiete = 10 000 €, Vervielfältiger = 8, Multiplikator für Bodenwertanteil = 2,86,

Weitere Beschaffenheit § 6 ImmoWertV

Wertminderung des Grund und Bodens = 55 v. H. (berechnet wie in Beispiel 1):
Ermäßigung des Grundstückswerts

$$\frac{\text{Abschlag vom Bodenwertanteil in v.H.} \times \text{Multiplikator für Bodenwertanteil}}{\text{Vervielfältiger}}$$

= (55 × 2,86) / 8 = 19,6625 v.H, gerundet 20 v. H.

1.4 Mindestwert

Ist bei der Bewertung bebauter Grundstücke ein Abschlag wegen Bodenverunreinigungen vom Wert des Grund und Bodens vorzunehmen, muss die Ermäßigung auch bei der Mindestbewertung (§ 77 BewG) und bei der Ermittlung des Zuschlags wegen übergroßer nicht bebauter Fläche im Ertragswertverfahren (§ 82 Abs. 2 Nr. 1 BewG) beachtet werden.

1.5 Nachweis

Der Nachweis der Höhe der Sanierungskosten obliegt dem Steuerpflichtigen.

2 Verfahrensfragen

2.1 Die Bewertungsstelle des Lage-FA und die Veranlagungsstelle des Betriebs-/Wohnsitz-FA haben sich wegen der Höhe der Sanierungskosten sowie der Schätzung der Verkehrswerte des sanierten Grundstücks und des zu sanierenden Grundstücks, jeweils nach den Wertverhältnissen am Bewertungsstichtag, in Verbindung zu setzen.

2.2 Hat der Steuerpflichtige oder ein Dritter gegen die Sanierungsanordnung Widerspruch eingelegt, so ist die Feststellung des Einheitswerts des Grundstücks gem. § 165 AOK vorläufig durchzuführen.

Berücksichtigung von Bodenverunreinigungen bei der Einheitsbewertung des Grundbesitzes und des Betriebsvermögens sowie der Vermögensteuer[249]

Da sich die Regelung zur Berücksichtigung von Bodenverunreinigungen im Ertragsteuerrecht weiter verzögert, ist hinsichtlich der Frage, in welcher Höhe Bodenverunreinigungen bei der Einheitsbewertung des Grundbesitzes und des Betriebsvermögens sowie bei der Vermögensteuer berücksichtigt werden können, vorläufig wie folgt zu verfahren:

2. Ermittlung des Gesamtvermögens

2.1 Bei der Ermittlung des der Vermögensteuer unterliegenden Gesamtvermögens kann der Sanierungsverpflichtete nach Ergehen einer ordnungsbehördlichen Sanierungsanordnung oder nach der mit der Ordnungsbehörde getroffenen Vereinbarung der Durchführung der Sanierungsmaßnahmen nach den Preisverhältnissen am Bewertungsstichtag eine Schuld in Höhe der noch ausstehenden tatsächlichen oder voraussichtlichen Sanierungskosten abziehen.

2.2 Trifft eine Sanierungsverpflichtung den Eigentümer des Grundstücks, ist die Schuld bei der Ermittlung des Gesamtvermögens nur insoweit abzugsfähig, als die Kosten der Sanierung nicht zugleich zu einer Wertsteigerung des zu sanierenden Grundstücks führen. Bei der Berechnung der Wertsteigerung des Grundstücks durch die Sanierung sind die Ausführungen in Nr. 1.2.4 entsprechend anzuwenden.

Beispiel 3:

Noch ausstehende Sanierungsaufwendungen nach den Verhältnissen am Bewertungsstichtag		100 000 €
Abzüglich geschätzte Wertsteigerung des Grundstücks durch die Sanierung:		
geschätzter Verkehrswert des sanierten Grundstücks	90 000 €	
./. geschätzter Verkehrswert des zu sanierenden Grundstücks am Bewertungsstichtag	– 10 000 €	– 80 000 €
Abzugsfähige Schuld		20 000 €

---

[249] VV des FM von Bad.-Württ. vom 05.04.1995 – S 3204 A 11/87 –; aufgehoben mit Erl des FM Bad.-Württ. vom 09.02.1998 – 3 S 3201(1) –, GuG 1998, 233.

§ 6 ImmoWertV   **Weitere Beschaffenheit**

2.3 Sanierungsaufwendungen sind nur dann abzuzinsen, wenn sie nicht innerhalb von 4 Jahren nach dem Bewertungsstichtag geleistet werden. Bei der Abzinsung ist aus Vereinfachungsgründen davon auszugehen, dass die in den einzelnen Jahren geleisteten Aufwendungen zu Beginn des jeweiligen Jahres fällig werden.

2.4 Ist statt des Eigentümers ein Dritter zur Sanierung verpflichtet oder ist dem Eigentümer des Grundstücks für die Sanierung ein Zuschuss zugesagt worden, so ist beim Grundstückseigentümer bei der Ermittlung des der Vermögensteuer unterliegenden Gesamtvermögens nach den Preisverhältnissen am Bewertungsstichtag ein Anspruch in Höhe der noch ausstehenden tatsächlichen oder voraussichtlichen Sanierungskosten bzw. des noch ausstehenden Zuschusses anzusetzen.

3 Einheitsbewertung des Betriebsvermögens

Bei bilanzierenden Steuerpflichtigen sind ab 1. Januar 1993 die auf der Passivseite der Steuerbilanz als Rückstellung ausgewiesenen Kosten für die Beseitigung von Bodenverunreinigungen vom Rohbetriebsvermögen abzuziehen.

Für nichtbilanzierende Gewerbetreibende und Freiberufler gelten für die Berücksichtigung einer Sanierungsverpflichtung bei der Einheitsbewertung des Betriebsvermögens die Grundsätze zu Tz. 2 entsprechend.

4 Verfahrensfragen

4.1 Die Bewertungsstelle des Lagefinanzamts und die Veranlagungsstelle des Betriebs-/Wohnsitzfinanzamts haben sich wegen der Höhe der Sanierungskosten sowie der Schätzung der Verkehrswerte des sanierten Grundstücks und des zu sanierenden Grundstücks, jeweils nach den Wertverhältnissen am Bewertungsstichtag, in Verbindung zu setzen. Betriebsvermögen bzw. die Festsetzung der Vermögensteuer sind gemäß § 165 AO vorläufig durchzuführen.

11.3 Beschaffenheit der baulichen Anlage

11.3.1 Allgemeines

364 § 6 Abs. 5 ImmoWertV enthält in erster Linie Hinweise zur Berücksichtigung der tatsächlichen Eigenschaften des Grund und Bodens (§ 6 Abs. 5 Satz 1 ImmoWertV); die Bebauung eines Grundstücks wird mit § 6 Abs. 5 Satz 2 ImmoWertV angesprochen. Bezüglich der Arten und Merkmale baulicher Anlagen kann auf die **Untergliederungen** zurückgegriffen werden, wie sie sich in der Praxis der Gutachterausschüsse, aber auch der **Finanzverwaltungen** bei der Einheitsbewertung herausgebildet haben (vgl. § 5 ImmoWertV Rn. 202).

Bezüglich des Standards von Wohngebäuden wird in der steuerlichen Förderung vor allem nach Umfang und Qualität der „zentralen Ausstattungsmerkmale", nämlich der Heizungs-, Sanitär- und Elektroinstallation sowie der Fenster, unterschieden[250]:

365 a) Ein **sehr einfacher Wohnungsstandard** liegt vor, wenn die zentralen Ausstattungsmerkmale nur im nötigen Umfang oder in einem technisch überholten Zustand vorhanden sind. Beispiele:

- Das Bad besitzt kein Handwaschbecken.
- Das Bad ist nicht beheizbar.
- Eine Entlüftung ist im Bad nicht vorhanden.
- Die Wände im Bad sind nicht überwiegend gefliest.
- Die Badewanne steht ohne Verbindung frei.
- Es ist lediglich ein Badeofen vorhanden.
- Die Fenster haben nur eine Einfachverglasung.
- Es ist eine technisch überholte Heizungsanlage vorhanden (z. B. Kohleöfen).
- Die Elektroversorgung ist unzureichend.

---

250 Schreiben des BMF vom 18.07.2003 (IV C 3 S 2211 – 94/03).

Weitere Beschaffenheit § 6 ImmoWertV

b) Ein **mittlerer Standard** liegt vor, wenn die zentralen Ausstattungsmerkmale durchschnittlich und selbst höheren Ansprüchen genügen.

c) Ein sehr **anspruchsvoller Standard** (Luxus) liegt vor, wenn bei dem Einbau der zentralen Ausstattungsmerkmale nicht nur das Zweckmäßige, sondern das Mögliche, vor allem durch den Einbau außergewöhnlich hochwertiger Materialien, verwendet wurde.

11.3.2 Bauordnungsrechtliche Anforderungen

▶ *Zum Bestandschutz vgl. § 5 ImmoWertV Rn. 191, 243, 334; § 6 ImmoWertV Rn. 686; Kleiber, Verkehrswertermittlung von Grundstücken, 6. Aufl. 2010, Teil VI Rn. 680; Teil VIII Rn. 559*

Ein baurechtswidriger Zustand bleibt, soweit er nicht unter Bestandschutz fällt, bei der Verkehrswertermittlung grundsätzlich unberücksichtigt. Dies betrifft auch die Regelung des Bauordnungsrechts, wie z. B. die Bebauung eines Grundstücks, die die bauordnungsrechtlichen Vorgaben der **öffentlichen Sicherheit oder Ordnung** nicht berücksichtigt. 366

a)   Brandschutz

Bauliche Anlagen sowie andere Anlagen und Einrichtungen sind insbesondere so anzuordnen, zu errichten, zu ändern und instand zu halten, dass die öffentliche Sicherheit oder Ordnung, insbesondere das Leben, die Gesundheit oder die natürlichen Lebensgrundlagen, nicht gefährdet werden. Von öffentlichen Verkehrsflächen ist im Rahmen des Brandschutzes insbesondere für die Feuerwehr ein geradliniger Zu- oder Durchgang zu schaffen 367

1. zur Vorderseite rückwärtiger Gebäude,
2. zur Rückseite von Gebäuden, wenn eine Rettung von Menschen außer vom Treppenraum nur von der Gebäuderückseite aus möglich ist.

Der Zu- oder Durchgang muss mindestens 1,25 m breit sein (vgl. z. B. § 5 Abs. 1 LBauO NRW). Bei Türöffnungen und anderen geringfügigen Einengungen genügt eine lichte Breite von 1 m. Die lichte Höhe des Zu- oder Durchgangs muss mindestens 2 m betragen.

Zu Gebäuden, bei denen die Oberkante der Brüstung notwendiger Fenster oder sonstiger zum Anleitern bestimmter Stellen mehr als 8 m über dem Gelände liegt, ist als **Zu- oder Durchgang für die Feuerwehr** eine mindestens 3 m breite Zu- oder Durchfahrt mit einer lichten Höhe von mindestens 3,50 m zu schaffen. Wände und Decken von Durchfahrten sind in der Feuerwiderstandsklasse F 90 und in den wesentlichen Teilen aus nichtbrennbaren Baustoffen (F 90-AB) herzustellen (vgl. z. B. § 5 Abs. 2 LBauO NRW). Die Zu- und Durchfahrten sowie die befahrbaren Flächen dürfen nicht durch Einbauten eingeengt werden und sind ständig freizuhalten sowie zu kennzeichnen. Sie müssen für Feuerwehrfahrzeuge ausreichend befestigt und tragfähig sein. Die befahrbaren Flächen zum Aufstellen von Hubrettungsfahrzeugen müssen nach oben offen sein. Kraftfahrzeuge dürfen in den Zu- und Durchfahrten sowie auf den befahrbaren Flächen nicht abgestellt werden (vgl. z. B. § 5 Abs. 6 LBauO NRW). 368

b)   Treppen

Schrifttum: Gädtke/Temme/Heintz/Czepuck, Komm. zur BauO NRW, 11. Aufl. 2008, S. 855 ff.

Jedem nicht zu ebener Erde liegenden Geschoss und dem benutzbaren Dachraum eines Gebäudes muss nach Maßgabe der Vorschriften der Landesbauordnung mindestens eine Treppe zugänglich sein (notwendige Treppe). Einschiebbare Treppen und Leitern sind bei Gebäuden geringer Höhe als Zugang zu einem Dachraum ohne Aufenthaltsräume zulässig; sie können als Zugang zu sonstigen Räumen, die keine Aufenthaltsräume sind, gestattet werden, wenn wegen des Brandschutzes Bedenken nicht bestehen. 369

§ 6 ImmoWertV — Gesamt- und Restnutzungsdauer

Maßgebliche Norm für Treppen ist die DIN 18064,5; sie sieht folgende Grenzmaße vor (Abb. 38):

Abb. 38: Grenzmaße (Fertigmaße im Endzustand)

	Grenzmaße von Treppen (Fertigmaße im Endzustand)				
Spalte	1	2	3	4	5
Zeile	Gebäudeart	Treppenart	Mindestens nutzbare Treppenlaufbreite	Maximale Treppensteigung s[2)]	Mindestens Treppenauftritt a[3)]
1	Wohngebäude mit nicht mehr als zwei Wohnungen[1)]	Treppen, die zu Aufenthaltsräumen führen	80	20	23 [4]
2		Kellertreppen, die nicht zu Aufenthaltsräumen führen	80	21	21[5]
3		Bodentreppen, die nicht zu Aufenthaltsräumen führen	50	21	21[5]
4	sonstige Gebäude	baurechtlich notwendige Treppen	100	19	26
5	alle Gebäude	baurechtlich nicht notwendige Treppen	50	21	21

1. schließt auch Maisonette-Wohnungen in Gebäuden mit mehr als 2 Wohnungen ein
2. aber nicht < 140 mm
3. aber nicht > 370 mm
4. Bei Stufen, deren Treppenauftritt a unter 260 mm liegt, muss die Unterschneidung u mindestens so groß sein, dass insgesamt 260 mm Trittfläche (a+u) erreicht werden.
5. Bei Stufen, deren Treppenauftritt a unter 240 mm liegt, muss die Unterschneidung u mindestens so groß sein, dass insgesamt 240 mm Trittfläche (a+u) erreicht werden.
Gemessen wird hierbei im Gehbereich, der bei geraden, viertel- und halbgewendelten Treppen 1/5 der Treppenlaufbreite in der Mitte des Laufes beträgt.

12 Gesamt- und Restnutzungsdauer (§ 6 Abs. 6 ImmoWertV)

12.1 Begriffe

12.1.1 Gesamt- und Restnutzungsdauer, Nutzungsdauer

Schrifttum: *Institut für Bauforschung e.V.*, Lebensdauer der Baustoffe und Bauteile zur Harmonisierung der wirtschaftlichen Nutzungsdauer im Wohnungsbau, Forschungsbericht F 815 Juni 2004 (Fraunhofer IRB Verlag; Stuttgart 2005; *Klöcker, H.,* Gesamt- und Restnutzungsdauer in der Grundstücksbewertung, GuG 1994, 217; *Lang, G.,* Neues Modell zur praktischen Ermittlung der Restnutzungsdauer von Gebäuden im Rahmen der Wertermittlungslehre, GuG 2009, 157; *Lang, G.,* Der Einfluss der Nutzungsdauer auf den Verkehrswert einer Immobilie, Dissertation, Miskolc 2007; *Möckel, R.,* Zur Berechnung der Restnutzungsdauer aus dem Kaufpreis für ein Ertragsgrundstück, VR 1976, 91; *Rath. J.,* Wirtschaftliche Nutzungsdauer von Bürogebäuden, GuG 2011, 265; *Rüffel, E.,* Verfahren zur Bestimmung der Wertminderung bei Gebäuden und die Beziehung zur Restnutzungsdauer, VR 1984, 326.

▶ Hierzu Syst. Darst. des Ertragswertverfahrens Rn. 121 ff.; Syst. Darst. des Sachwertverfahrens Rn. 75 ff.; § 19 ImmoWertV Rn. 105, 115

370 Als **Restnutzungsdauer** (*remaining economic life*) wird nach der Grundsatzregelung des ersten Halbsatzes des § 6 Abs. 6 ImmoWertV **die prognostizierte Anzahl der Jahre definiert,**

Gesamt- und Restnutzungsdauer § 6 ImmoWertV

in denen eine bauliche Anlage bei *„ordnungsgemäßer Bewirtschaftung"* gegebenen Verhältnissen voraussichtlich noch wirtschaftlich genutzt werden kann.

Die ImmoWertV kennt daneben noch 371

- die *Nutzungsdauer* einer baulichen Anlage (§ 23 Satz 3 ImmoWertV) und
- die *Gesamtnutzungsdauer* einer baulichen Anlage (§ 23 ImmoWertV).

Als „Nutzungsdauer" wird im Zusammenhang mit der Regelung der Alterswertminderung (mit § 23 Satz 3 ImmoWertV) die bei „ordnungsgemäßer Bewirtschaftung übliche (durchschnittliche) wirtschaftliche Nutzungsdauer" definiert, die auch als „übliche" bzw. „durchschnittliche" Gesamtnutzungsdauer" bezeichnet wird. In Anlehnung an § 6 Abs. 6 Satz 1 ImmoWertV ist darunter die prognostizierte Anzahl von Jahren zu verstehen, in denen eine neuerrichtete bauliche Anlage bei *ordnungsgemäßer Bewirtschaftung* insgesamt voraussichtlich wirtschaftlich genutzt werden kann. Sie ist von Bauart, Bauweise und Nutzung abhängig. In ihr sind sowohl die technischen als auch die wirtschaftlichen Aspekte der Standdauer von Gebäuden berücksichtigt. Die übliche Gesamtnutzungsdauer wird nach empirisch ermittelten Erfahrungssätzen bemessen. Dies ist auch die Gesamtnutzungsdauer i. S. des § 23 Satz 1 ImmoWertV (vgl. unten Rn. 381).

Die im konkreten Fall gegebene (tatsächliche) Gesamtnutzungsdauer einer baulichen Anlage 372
kann sich indessen aufgrund durchgeführter Instandsetzungen oder Modernisierungen oder unterlassener Instandhaltung oder anderer Gegebenheiten im Verhältnis zur üblichen (durchschnittlichen) Gesamtnutzungsdauer (Nutzungsdauer) verlängert oder vermindert haben.

Maßgeblich sind die jeweiligen Verhältnisse des Qualitätsstichtags, wobei es sich aller- 373
dings nicht um den Qualitätsstichtag handeln darf, der allein für den Entwicklungszustand des Grund und Bodens maßgebend ist. Der Prognose sind also die am Qualitätsstichtag herrschenden Erwartungen zugrunde zu legen; auf die Erwartungen, die zum Zeitpunkt der Erstellung eines Gebäudes bestanden haben, kommt es nicht an.

Im Rahmen der mit § 6 Abs. 6 Satz 1 ImmoWertV angesprochenen **„ordnungsgemäßen** 374
Bewirtschaftung" ist die bauliche Anlage instand zu halten, wobei als Instandhaltung die Maßnahmen definiert sind, die während der Nutzungsdauer zur Erhaltung des bestimmungsgemäßen Gebrauchs getätigt werden müssen, um die durch Abnutzung, Alterung und Witterungseinwirkung entstehenden baulichen und sonstigen Mängel ordnungsgemäß zu beseitigen (vgl. § 19 ImmoWertV Rn. 105). **Allein die Instandhaltung kann die wirtschaftliche Nutzbarkeit einer baulichen Anlage nicht auf Dauer erhalten**. Will man den sich ständig wandelnden Anforderungen an bauliche Anlagen, insbesondere im Hinblick auf Baukonstruktion, Grundrisse und Ausstattung, Rechnung tragen, bedarf es einer Modernisierung der baulichen Anlage (vgl. § 19 ImmoWertV Rn. 115). Mit dem ersten Halbsatz des § 6 Abs. 6 Satz 1 ImmoWertV ist die Gesamt- bzw. Restnutzungsdauer mithin als eine zeitlich begrenzte Nutzungsdauer definiert.

Auch IAS 16 § 9 definiert die (Rest-) Nutzungsdauer als eine Prognose, nämlich als eine Prog- 375
nose

(a) des Zeitraums, in dem ein Vermögenswert voraussichtlich von einem Unternehmen nutzbar ist; oder

(b) der voraussichtlich durch den Vermögenswert im Unternehmen zu erzielende Anzahl an Produktionseinheiten oder ähnlichen Maßgrößen.

Die IAS-Definition lässt dabei offen, ob im Rahmen der Prognose von einer Instandhaltung oder von weitergehenden Maßnahmen zum Erhalt der baulichen Anlage auszugehen ist. Gleichwohl besteht kein materieller Unterschied zur ImmoWertV, weil mit dem zweiten Halbsatz des § 6 Abs. 6 ImmoWertV die Restnutzungsdauer ggf. zu modifizieren ist.

§ 6 ImmoWertV — Gesamt- und Restnutzungsdauer

12.1.2 Gesamt- und Restlebensdauer

376 In der WertV 72 wurde noch zwischen der „Restnutzungsdauer" und der „Restlebensdauer"[251] unterschieden. In § 17 Abs. 2 WertV 72 war die **Restlebensdauer** als die Anzahl der Jahre definiert, die die bauliche Anlage physisch Bestand hat. Da der physischen Existenz einer baulichen Anlage bei ordnungsgemäßer Instandhaltung kaum Grenzen[252] gesetzt sind und es auch bei Sachwertobjekten allein auf die wirtschaftliche Verwendbarkeit einer baulichen Anlage ankommt, wurde bereits mit der WertV 88 die Unterscheidung zwischen Restnutzungsdauer und Restlebensdauer aufgegeben[253]. Soweit eine technisch zwar noch langfristig verwendungsfähige bauliche Anlage wirtschaftlich verbraucht ist, kann bei vernünftiger wirtschaftlicher Betrachtungsweise eine Restnutzungsdauer nicht mehr angesetzt werden[254]. Umgekehrt ist eine wirtschaftliche Nutzung nur so lange möglich, wie es die technisch bedingte Lebensdauer der baulichen Anlage zulässt. Sowohl beim Ertragswertverfahren als auch bei Anwendung des Sachwertverfahrens soll es allein auf die wirtschaftliche Restnutzungsdauer ankommen.

377 Für die Ermittlung des Verkehrswertanteils baulicher Anlagen ist nach alledem **allein die an der wirtschaftlichen Nutzungsfähigkeit orientierte „wirtschaftliche" Gesamtnutzungsdauer und nicht die *technische Lebensdauer* von Bedeutung**. Die mit der WERTR 02 ersetzte WERTR 96 enthielt noch entsprechende Tabellen[255]:

– Technische Lebensdauer[256] von baulichen Anlagen und Bauteilen (Anl. 5),

– Technische Lebensdauer von Außenanlagen (Anl. 7),

– Technische Lebensdauer von besonderen Betriebseinrichtungen und Gerät (Anl. 8).

Diese Tabellen geben deshalb allenfalls die technischen Grenzen der wirtschaftlichen Gesamtnutzungsdauer an, die in aller Regel bedeutungslos sind. Die technische Gesamtlebensdauer kann in Kleiber/Simon/Weyers, Verkehrswertermittlung von Grundstücken, 2. Aufl. auf den Seiten 1 366 ff. nachgelesen werden (vgl. Abb. 39).

---

[251] Im RdErl des BMBau vom 12.10.1993 werden hierzu die in der Syst. Darst. des Ertragswertverfahrens unter Rn. 126 abgedruckten Hinweise gegeben.

[252] Treffend hat der Eigentümer des Hauses Gerberau 20 in Freiburg im Breisgau sein Haus mit der Inschrift versehen „Wenn dieses Haus so lang besteht, bis in der Welt der Neid vergeht, dann wird es wohl so lang bestehen, bis dass die Welt wird untergehen."

[253] BR-Drucks. 352/88, S. 63.

[254] BR-Drucks. 265/72, S. 2.

[255] Abgedruckt bei Kleiber, WERTR 76/96, 7. Aufl. S. 110.

[256] Im RdErl des BMBau vom 12.10.1993 (BAnz Nr. 199 von 1993, 9630 = GuG 1994, 42) wird hierzu ausgeführt:
  a) *Für die Ermittlung des Werts baulicher Anlagen ist* **allein die an der wirtschaftlichen Nutzungsfähigkeit orientierte wirtschaftliche Gesamtnutzungsdauer und nicht die technische Lebensdauer** *von Bedeutung. Die Tabellen der Anlagen 5, 7 und 8 der WERTR 96 geben lediglich die technische Lebensdauer an, die die oberste Grenze der wirtschaftlichen Gesamtnutzungsdauer darstellt.*
  b) *Von* **denkmalgeschützten und erhaltenswerten Gebäuden** *abgesehen, hat sich die wirtschaftliche Gesamtnutzungsdauer baulicher Anlagen in den vergangenen Jahrzehnten aufgrund gewachsener Ansprüche deutlich vermindert; dies gilt auch für öffentlichen Zwecken dienende Gebäude. Im gewerblich-industriellen Bereich haben insbesondere die produktions- und betriebstechnischen Anforderungen (einschließlich der Umweltbelange) die Gesamtnutzungsdauer in nicht unerheblicher Weise verkürzt.*
  Damit hat sich die Schere zwischen technischer Lebensdauer und wirtschaftlicher Gesamtnutzungsdauer weiter geöffnet. Die in den Anl. 5, 7 und 8 der WERTR 96 angegebene technische Lebensdauer hat von daher untergeordnete Bedeutung; insbesondere verbietet sich eine schematische Heranziehung der angegebenen Werte als wirtschaftliche Gesamtnutzungsdauer."

Gesamt- und Restnutzungsdauer § 6 ImmoWertV

Abb. 39: Lebensdauer (nicht Nutzungsdauer!) von Bauteilen und Materialien

Lebensdauer von Bauteilen und Materialien		
	Ausführung	Lebensdauer in Jahren
Konstruktion	einfache Ausführung	80
	städtische Ausführung	80
	bessere Ausführung	80
	monumentale Ausführung	80
	Leichtwände	40
Dachhaut	Ziegel, Schiefer	50
	Asbestzement	40
	Zinkblech	30
	doppelte Pappe, Stahlblech	20
Dachstuhl	(Stahl und Holz)	80
Dachrinne	Kupferblech	40
	Zinkblech	30
	Stahl, verzinkt	20
Putz	Deckenputz auf Massivdecken	80
	Deckenputz auf Putzträgern	50
	Deckenputz in Nassräumen	30
	Innenwandputz	50
	Außenwandputz	30
Fußböden	Estrich, Plattenbeläge in Mörtel	30
	Hartholz	50
	Weichholz	30
	Kunststoffbeläge	30
	Linoleum	30
	Textilbeläge	10
Treppenstufen	Hartholz, Stein	50
	Weichholz	30

Quelle: Bund Deutscher Baumeister (BDB).

12.2 Übliche Gesamtnutzungsdauer (Nutzungsdauer)

12.2.1 Verkehrswertermittlung

Die auch heute noch gelegentlich vertretene **Anschauung einer im Regelfall 100-jährigen (wirtschaftlichen) Gesamtnutzungsdauer eines Gebäudes ist grundsätzlich überholt**. Die Anschauung orientiert sich in erster Linie an der technischen Lebensdauer. Wirtschaftlich ist eine bauliche Anlage aber nur so lange nutzbar, wie es den sich wandelnden Anforderungen an baulichen Anlagen, insbesondere im Hinblick auf Art, Konstruktion, Ausstattung und vielem mehr entspricht. Wird eine bauliche Anlage lediglich instand gehalten (sog. Instandhaltungsmodell; vgl. Syst. Darst. des Ertragswertverfahrens, Rn. 97 ff.) ist für ihre wirtschaftliche Gesamtnutzungsdauer mithin die Stabilität der vom Grundstücksmarkt an bauliche Anlagen gestellten Anforderungen und Erwartungen sowie technische Entwicklungen entscheidend. 378

Die wirtschaftliche **Gesamtnutzungsdauer baulicher Anlagen hat sich in den vergangenen Jahrzehnten aufgrund gewachsener Ansprüche,** neuer Technologien, der sich wandelnden Anforderungen und des Konkurrenzdrucks **gegenüber früheren Einschätzungen deutlich vermindert**. Dies gilt für nahezu alle Immobilienarten einschließlich öffentlichen Zwecken dienenden Gebäuden. Im gewerblich-industriellen Bereich haben insbesondere die produktions- und betriebstechnischen Anforderungen (einschließlich der Umweltbelange) die übliche (durchschnittliche) Gesamtnutzungsdauer (Nutzungsdauer) in nicht unerheblicher Weise verkürzt. Gewerbe- und Industriebauten, die für bestimmte Branchen und Produkte maßgeschneidert errichtet worden sind, entsprechen nicht mehr heutigen Bedürfnissen (verschachtelten Fabrikhallen mit zu geringen Höhen und engen Stützenabständen). Moderne Produktionsmethoden, etwa mithilfe von computergesteuerten Maschinen und Robotern, sind heute vornehmlich in erdgeschossigen Aufbauten üblich.

379 Entspricht eine bauliche Anlage nicht mehr den **allgemeinen Anforderungen an gesunde Wohn- und Arbeitsverhältnisse** oder den Anforderungen an die Sicherheit der auf dem betroffenen Grundstück wohnenden und arbeitenden Menschen, so mindert dies entsprechend die Restnutzungsdauer (vgl. § 16 Abs. 4 Satz 2 WertV 88, der in § 4 Abs. 3 Nr. 3 ImmoWertV aufgegangen ist). Ein derartiger Fall liegt insbesondere dann vor, wenn ein städtebaulicher Missstand gegeben ist, z. B. in Bezug auf

a) die Belichtung, Besonnung und Belüftung der Wohnungen und Arbeitsstätten,

b) die bauliche Beschaffenheit von Gebäuden, Wohnungen und Arbeitsstätten,

c) die Zugänglichkeit der Grundstücke,

d) die Auswirkungen einer vorhandenen Mischung von Wohn- und Arbeitsstätten,

e) die Nutzung von bebauten und unbebauten Flächen nach Art, Maß und Zustand,

f) die Einwirkungen, die von Grundstücken, Betrieben, Einrichtungen oder Verkehrsanlagen ausgehen, insbesondere durch Lärm, Verunreinigungen und Erschütterungen,

g) die vorhandene Erschließung.

Die allgemeinen Anforderungen an gesunde Wohn- und Arbeitsverhältnisse unterliegen einem ständigen Wandel (vgl. § 15 ImmoWertV Rn. 7; § 136 Abs. 3 Nr. 1 BauGB und § 43 Abs. 4 BauGB)[257].

380 Bei ordnungsgemäßer Bewirtschaftung der baulichen Anlage können allenfalls solide Ein- und Zweifamilienhäuser eine wirtschaftliche Gesamtnutzungsdauer von 100 Jahren erreichen. Ansonsten fällt die übliche wirtschaftliche Gesamtnutzungsdauer (Nutzungsdauer) weitaus geringer aus und beträgt mitunter – wie z. B. bei Tankstellen – wenige Dezennien. Nach Angaben der Deutschen Bundesbank belief sich 2002 die durchschnittliche Nutzungsdauer von Wohnimmobilien auf 74 Jahre und von Gewerbeimmobilien auf 52 Jahre[258]. *Isenhöfer/Väth*[259] geben für Bürogebäude einen Zeitraum von nur 30 bis 40 Jahren an und prognostizieren bereits 20 Jahre.

381 **Orientierungswerte für die übliche wirtschaftliche Gesamtnutzungsdauer von Gebäuden** enthält wie **Anl. 3 zur SachwertR**, die nachstehend zusammen mit den in der Anl. 2 zur BelWertV genannten Erfahrungssätzen mit einigen Ergänzungen abgedruckt sind (Abb. 40). Die übliche Gesamtnutzungsdauer (Nutzungsdauer) des zu bewertenden Objekts ist bei Heranziehung dieser Tabelle insbesondere unter Berücksichtigung der Lage des Objekts, seiner Eigenschaften und der wirtschaftlichen Verwertungsfähigkeit zu ermitteln[260].

---

257 BGH, Urt. vom 13.07.1967 – III ZR 1/65 –, EzGuG 6.104., Kleiber, Verkehrswertermittlung von Grundstücken, 6. Aufl. 2010, Teil VIII.
258 Deutsche Bundesbank, Bundesbankbericht Januar 2002 (Nr. 1/54), Der Wohnungsmarkt S. 30.
259 Isenhöfer/Väth, Immobilienökonomie I S. 143.
260 RdErl des BMBau vom 12.10.1993 (BAnz Nr 199, 1993 S. 9630 = GuG 1994, 42); Weyers, G. Gesamtnutzungsdauer von Hotelgebäuden GuG 1993, 41.

Gesamt- und Restnutzungsdauer § 6 ImmoWertV

Abb. 40: Übliche wirtschaftliche Gesamtnutzungsdauer (GND)

Es handelt sich hierbei also um die übliche wirtschaftliche Gesamtnutzungsdauer bei ordnungsgemäßer Instandhaltung (ohne Modernisierung) in Anlehnung an Anl. 3 SachwertR, BelWertV und BewG.

Übliche Gesamtnutzungsdauer in Jahren				
Gebäudeart	Gesamtnutzungsdauer in Jahren			
	Empfehlung	nach SachwertR	nach BelWertV	nach BewG (Anl. 22)
Freistehende Ein- und Zweifamilienhäuser, Doppel- und Reihenhäuser	50 – 100	–	–	80
Standardstufe 1	50 – 65	60	–	–
Standardstufe 2	50 – 70	65	–	–
Standardstufe 3	60 – 75	70	–	–
Standardstufe 4	60 – 80	75	–	–
Standardstufe 5	60 – 100	80	–	–
Mehrfamilienhäuser (Mietwohngebäude)				
Mehrfamilienhäuser	30 – 80	70 +/- 10	25 – 80	80
Wohnhäuser mit Mischnutzung	30 – 80	70 +/- 10	–	70
Büro- und Verwaltungsgebäude, Geschäftshäuser				
Geschäftshäuser	30 – 70	60 +/- 10	–	–
Bürogebäude	30 – 70	60 +/- 10	30 – 60	60
Banken	50 – 70	60 +/- 10	–	–
Gemeindezentren, Saalbauten/Veranstaltungsgebäude	30 – 70	40 +/- 10	–	50
Ausstellungsgebäude	30 – 60	–	–	50
Kindergärten	30 – 50	50 +/- 10	–	60
Schulen	–	50 +/- 10	–	–
Berufsschulen	40 – 70	–	–	60
Hochschulen, Universitäten	60 – 70	–	–	70
Wohnheime, Alten- und Pflegeheime	40 – 70	50 +/- 10	–	60
Krankenhäuser, Tageskliniken	–	40 +/- 10	–	–
Sanatorien, Kliniken, Alten- und Pflegeheime	40 – 50	–	15 – 40	50
Reha-Einrichtungen, Krankenhäuser	40 – 60	–	15 – 40	–
Beherbergungsstätten, Verpflegungseinrichtungen	–	40 +/- 10	–	–
Hotels	40 – 50	–	15 – 40	60
Budgethotels	35 – 45	–	–	–
Gaststätten	20 – 40	–	15 – 40	–
Sporthallen, Freizeitbäder /Hallenbäder	–	40 +/- 10	15 – 30	–
Tennishallen	30 – 50	–	–	40
Sporthallen (Turnhallen)	50 – 60	–	–	60
Funktionsgebäude für Sportanlagen	40 – 60	–	–	50
Hallenbäder, Kur- und Heilbäder	40 – 60	–	–	50
Reitsporthalle	30	–	–	40
Campingplätze (bauliche Anlagen)	30 – 40	–	–	–
Verbrauchermärkte, Kauf-, Waren- und Autohäuser	–	–	–	–
Verbrauchermärkte, Autohäuser	30 bis 40	30 +/- 10	10 – 30	40
Kauf- und Warenhäuser*	20 bis 50	50 +/- 10	15 – 50	50
Garagen/Parkhäuser/Tiefgaragen	–	–	–	–
Fertigteilreihengarage leichte Bauweise	30 – 40	–	–	–
Massivfertigteilreihengaragen	60	–	–	–
Einzelgarage	50 – 60	60 +/- 10	15 – 40	50
Parkhäuser (offene Ausführung, Parkpaletten)	40	–	15 – 40	50

§ 6 ImmoWertV — Gesamt- und Restnutzungsdauer

Gebäudeart	Übliche Gesamtnutzungsdauer in Jahren			
	Gesamtnutzungsdauer in Jahren			
	Empfehlung	nach SachwertR	nach BelWertV	nach BewG (Anl. 22)
Parkhäuser (geschlossene Ausführung)	40	–	15 – 40	50
Tief- und Hochgarage (als Einzelbauwerk)	40	40 +/- 10	–	–
Tankstelle	10 – 20	–	10 – 30	–
Kirchen, Stadt- und Dorfkirchen, Kapellen, Friedhofsgebäude	50 – 150	–	–	–
Betriebs- und Werkstätten, Produktionsgebäude	30 – 60	40 +/- 10	15 – 40	50
Gewerbe- und Industriegebäude (Werkstätten)	40 – 60	–	–	–
Lager- und Versandgebäude	–	40 +/- 10	15 – 40	–
Lager- und Logistikgebäude	30 – 50	–	–	50
Warm- und Kaltlager ggf. mit Büro- und Sozialtrakt	20 – 30	–	–	–
Tanklager	–	–	–	–
Windkraftwerke	15 – 20	–	–	–
Landwirtschaftliche Betriebsgebäude	–	30 +/- 10	15 – 40	–
Scheune ohne Stallteil	40 – 50	–	–	–
Landwirtschaftliche Mehrzweck- und Maschinenhallen	40	–	–	–
Stallgebäude (allgemein)	15 – 25	–	–	–
Pferde-, Rinder-, Schweine-, Geflügelställe	30	–	–	–
Lauben, Wochenend- und Gartenhäuser	30 – 60	–	–	–
Außenanlagen	40 – 60	–	–	–
Außenmauern	–	–	–	–
Außenwände, Stahlfachwerk mit Ziegelsteinen ausgefacht	50 – 60	–	–	–
Stahlkonstruktion mit ungeschützten Außenflächen	30 – 40	–	–	–
Außenverkleidung mit Trapezblechen auf Stahlstielen und Riegeln	30 – 40	–	–	–
Außenverkleidung mit verzinktem Wellblech auf Stahlstielen und Riegeln	25 – 30	–	–	–

* Bei bloßer Instandhaltung können sich auch kürzere Nutzungsdauern ergeben; vgl. BMF vom 16.03.1992 (BStBl I 1992, 230). Gleich lautender Erlass der neuen Bundesländer betr. Bewertung von Warenhausgrundstücken, Einkaufszentren sowie Groß-, SB- und Verbrauchermärkten und Messehallen im Beitrittsgebiet vom 25.06.1993 (BStBl I 1993, 528 = GuG 1993, 362).
** unter Berücksichtigung angemessener Modernisierungen.

Vorstehende Erfahrungssätze der üblichen Gesamtnutzungsdauer von baulichen Anlagen ergeben sich in erster Linie aus dem **Ausbau der baulichen Anlage**. Der *Rohbau der baulichen Anlage* kann dagegen eine quasi für die Belange der Verkehrswertermittlung unbegrenzte Nutzungsdauer haben, vorausgesetzt, dass er insbesondere aufgrund seiner Konstruktion, der Bauweise und des Grundrisses auf Dauer wirtschaftlich genutzt werden kann. Vielfach unterliegen auch nur Teile des Rohbaus, wie z. B. der Grundriss, einer wirtschaftlichen Abnutzung.

382 Nach Anl. 3 der SachwertR soll die übliche Gesamtnutzungsdauer von freistehenden Ein- und Zweifamilienhäusern sowie von Doppel- und Reihenhäusern eine Funktion des Gebäudestandards sein, der dann nach Anl. 2 zur SachwertR festzustellen ist. Die sich so ergebende Gesamtnutzungsdauer soll der Ableitung des Sachwertfaktors i. S. des § 14 Abs. 2 Nr. 1

ImmoWertV zugrunde gelegt werden. Konsequenterweise muss diese übliche Gesamtnutzungsdauer auch der Ableitung des Liegenschaftszinssatzes nach § 14 Abs. 3 ImmoWertV zugrunde gelegt werden. Sie ist damit **„Modellgröße" des Sachwertfaktors und des Liegenschaftszinssatzes** (vgl. Nr. 4.2.1 SachwertR).

Geht der Gutachterausschuss für Grundstückswerte bei der Ableitung von Sachwertfaktoren für eine bestimmte Grundstücksart modellhaft von einer davon abweichenden üblichen Gesamtnutzungsdauer aus (z. B. generell von 100 Jahren), so bestimmt sich nach dem Grundsatz der Modellkonformität der unter Heranziehung dieses Sachwertfaktors zu ermittelnde vorläufige Sachwert nach dieser „Modellgröße", auch wenn im Einzelfall eine davon abweichende Gesamtnutzungsdauer angezeigt ist (**modellkonforme Alterswertminderung**). Ist z. B. der Ansatz einer geringeren Gesamtnutzungsdauer sachgerecht, muss eine wirtschaftliche Überalterung nach Maßgabe des § 8 Abs. 3 ImmoWertV ergänzend berücksichtigt werden, denn eine geringere Gesamtnutzungsdauer führt bei gegebenem Baujahr zu einer entsprechend geringeren Restnutzungsdauer (vgl. § 8 ImmoWertV Rn. 246, § 23 ImmoWertV Rn. 16). In diesem Zusammenhang kann zur Unterscheidung von der tatsächlichen Restnutzungsdauer von einer vorläufigen Restnutzungsdauer gesprochen werden (vgl. unten Rn. 388).

12.2.2 Beleihungswertermittlung

Im Rahmen der Beleihungswertermittlung ist nach § 12 Abs. 2 Satz 3 BelWertV von den **in Anl. 2 zur BelWertV genannten Erfahrungssätzen für die (Gesamt-)Nutzungsdauer baulicher Anlagen** auszugehen. Die dort angegebene Gesamtnutzungsdauer ist aus vorstehender Aufstellung ersichtlich und entspricht im Wesentlichen der bei der Verkehrswertermittlung üblicherweise angesetzten Gesamtnutzungsdauer. 383

12.2.3 Steuerliche Bewertung

Im Rahmen der erbschaftsteuerlichen Bewertung bestimmt sich die **Gesamtnutzungsdauer nach § 190 Abs. 2 Nr. 1 BewG nach Anl. 22 BewG**. Die dort angegebene Gesamtnutzungsdauer ist aus vorstehender Aufstellung ersichtlich. 384

Im *steuerlichen Bereich* wird gemäß § 7 Abs. 4 EStG seit dem 01.04.1985 eine Nutzungsdauer (für die Abschreibung) von i. d. R. 25 Jahren angegeben. Auch für **Investitionsrechnungen** werden **in der Landwirtschaft** Abschreibungszeiträume von 25 Jahren angegeben, die auch *Köhne* empfiehlt[261]. Bei einem zu wertenden Wirtschaftsgebäude, das einem Neubau funktionell gleichzusetzen ist, ist nach *Köhne* die wirtschaftliche Restnutzungsdauer dicht unterhalb der wirtschaftlichen Gesamtnutzungsdauer anzusetzen. Weicht das Gebäude jedoch funktionell stärker vom modernen Stand ab oder ist die wirtschaftliche Nutzung mit größeren Unsicherheiten verbunden, so ist die wirtschaftliche Restnutzungsdauer wesentlich geringer anzusetzen.

12.3 Übliche Restnutzungsdauer

12.3.1 Allgemeines

Die **übliche Restnutzungsdauer – RND –** von ordnungsgemäß instand gehaltenen Gebäuden wird i. d. R. so ermittelt[262], indem von einer für die Objektart üblichen Gesamtnutzungsdauer – GND – das Alter in Abzug gebracht wird: 385

---

[261] Gütter, K., Bewertung landwirtschaftlicher Wirtschaftsgebäude, Schriftenreihe des HLBS, Heft 132, St. Augustin, 1991; Köhne, M., Landwirtschaftliche Taxationslehre, 2. Aufl. Hamburg und Berlin 1993, S. 196 – 220; Köhne, M. und K., Gütter, K., Modifizierung des Sachwertverfahrens für die Wertermittlung bei landwirtschaftlichen Wirtschaftsgebäuden, GuG 1996, 320 – 325, 199.
[262] BGH, Urt. vom 08.12.1975 – III ZR 93/73 –, EzGuG 20.58.

§ 6 ImmoWertV Gesamt- und Restnutzungsdauer

386

> Restnutzungsdauer RND = übliche Gesamtnutzungsdauer GND – Alter

wobei:
RND = übliche Restnutzungsdauer
GND = übliche Gesamtnutzungsdauer

387 Bei dieser Vorgehensweise ist insbesondere vor einer schematischen „Berechnung" der Restnutzungsdauer unter Verwendung älterer Tabellenwerken über die Gesamtnutzungsdauer baulicher Anlagen zu warnen, denn diese weisen noch Nutzungsdauern auf, die aus heutiger Sicht nicht mehr realistisch sind. Es müssen vor allem die örtlichen und allgemeinen Wirtschaftsverhältnisse im Hinblick auf die **Verwendbarkeit der baulichen Anlagen in die Betrachtung mit einbezogen** werden.

Vor allem bei der Verkehrswertermittlung von Objekten, deren bauliche Anlage nur noch eine kurze Restnutzungsdauer aufweisen, wirkt sich eine **fehlerhafte Ermittlung der Restnutzungsdauer** spürbar auf das Ergebnis aus, d. h., mit abnehmender Restnutzungsdauer kommt der richtigen Ermittlung der Restnutzungsdauer eine höhere Bedeutung zu. Bei langer Restnutzungsdauer wirken sich Fehler in der richtigen Einschätzung der Restnutzungsdauer nur marginal auf das Ergebnis der Verkehrswertermittlung aus. Dies zeigt sich auch an den Tafeldifferenzen der Vervielfältigertabelle (vgl. Anl. 1 zur ImmoWertV).

12.3.2 Vorläufige Restnutzungsdauer

388 Von der üblichen Restnutzungsdauer zu unterscheiden ist die *vorläufige* Restnutzungsdauer. Von einer vorläufigen Restnutzungsdauer ist insbesondere bei Anwendung des Sachwertverfahrens in den Fällen zu sprechen, in denen der vorläufige Sachwert nach den §§ 21 bis 24 ImmoWertV auf der Grundlage eines Modellansatzes (vgl. oben Rn. 381) der üblichen Gesamtnutzungsdauer ermittelt wird und die zu bewertende Liegenschaft tatsächlich eine davon abweichende Gesamtnutzungsdauer aufweist. Bei Anwendung des Sachwertverfahrens unter Heranziehung des vom Gutachterausschuss abgeleiteten Sachwertfaktors muss der vorläufige Sachwert nach dem Grundsatz der Modellkonformität zunächst auf der Grundlage der üblichen Gesamtnutzungsdauer ermittelt werden, die der Gutachterausschuss in seinem Sachwertmodell angesetzt hat. Dementsprechend ergibt sich bei einem gegebenen Baujahr der baulichen Anlage die dementsprechende (vorläufige) Restnutzungsdauer mit der Folge, dass sich die Alterswertminderung nach § 23 ImmoWertV aus dem Verhältnis der vorläufigen Restnutzungsdauer zu der als Modellansatz angesetzten Gesamtnutzungsdauer. Die vorläufige Restnutzungsdauer ergibt sich mithin aus:

> Vorläufige Restnutzungsdauer = Modellansatz der üblichen Gesamtnutzungsdauer – Alter

Beispiel:

– Baujahr der zu bewertenden Immobilie	1992
– Modellansatz der üblichen Gesamtnutzungsdauer	80 Jahre
– Wertermittlungsstichtag	2012
– Alter der baulichen Anlage mithin (2012 –1922)	20 Jahre
Hieraus folgt eine (vorläufige) Restnutzungsdauer von (80 Jahre – 20 Jahre) =	60 Jahren
eine vorläufige Alterswertminderung von (20 Jahre/80 Jahre) =	25 %
Die übliche Gesamtnutzungsdauer der zu bewertenden Liegenschaft ist aber einzuschätzen mit	60 Jahre
Die tatsächliche Restnutzungsdauer beläuft sich demzufolge auf (30 Jahre – 20 Jahre) =	40 Jahre
Hieraus folgt eine Alterswertminderung von (20 Jahre/60 Jahre) =	33 %

Gesamt- und Restnutzungsdauer § 6 ImmoWertV

12.4 Abweichungen von der üblichen Restnutzungsdauer

12.4.1 Allgemeines

Nach dem zweiten Halbsatz des § 6 Abs. 6 Satz 1 ImmoWertV „können" 389

1. unterlassene Instandhaltung oder
2. durchgeführte Instandsetzungen oder
3. Modernisierungen oder
4. andere Gegebenheiten

die Restnutzungsdauer verlängern oder verkürzen.

Die Vorschrift ergänzt die Grundsatzregelung des ersten Halbsatzes, nach der sich die Restnutzungsdauer auf der Grundlage einer ordnungsgemäßen Bewirtschaftung, d. h. auf der Grundlage eines instand gehaltenen Gebäudes zu ermitteln ist. 390

12.4.2 Unterlassene Instandhaltungen

Unterlassene Instandhaltungen der Gebäudesubstanz führen regelmäßig zu Bauschäden und damit zu einer **Verkürzung der Restnutzungsdauer**, zumindest dann, wenn das Gebäude über längere Zeit nicht mehr instand gehalten wird. Von einer Verkürzung der Restnutzungsdauer ist i. d. R. auch bei nicht behebbaren Baumängeln (z. B. Gründungsmangel) auszugehen, d. h., bei Dauerschäden. Entsprechendes gilt für Schäden, die durch höhere Gewalt entstanden und über längere Zeit nicht behoben werden. 391

Neben der Verkürzung der üblichen Restnutzungsdauer können Bauschäden auch ursächlich für eine entsprechende **Minderung des Reinertrags** sein. Grundsätzlich sind beide Komponenten bei der Verkehrswertermittlung nach Maßgabe des § 8 Abs. 3 zu berücksichtigen, denn die wirtschaftliche Nutzungsfähigkeit des Grundstücks wird in der Tat in diesem Fall in beiderlei Beziehungen beeinträchtigt.

Kann die daraus resultierende Wertminderung durch eine Instandsetzung aufgefangen werden, so wäre dies in entsprechender Anwendung des § 8 Abs. 3 ImmoWertV gegenzurechnen, denn jeder vernünftig handelnde Eigentümer würde die entsprechenden Maßnahmen durchführen. 392

Bei unterlassenen Maßnahmen kann jedoch nicht schematisch eine Verkürzung der üblichen Restnutzungsdauer angenommen werden, denn nicht in jedem Fall wird die übliche Restnutzungsdauer durch unterlassene Instandsetzungsmaßnahmen verkürzt[263].

12.4.3 Durchgeführte Instandsetzungen

Instandsetzung ist die Behebung von baulichen Mängeln, insbesondere von Mängeln, die infolge von Abnutzung, Alterung, Witterungseinflüssen oder Einwirkungen Dritter entstanden sind (vgl. § 19 ImmoWertV Rn. 110). Es handelt sich mithin um Maßnahmen, die im Rahmen einer ordnungsgemäßen Bewirtschaftung als Instandhaltungsmaßnahmen durchgeführt worden sind. Wurde eine bauliche Anlage nicht instand gehalten und hat sich nach Maßgabe vorstehender Ausführungen die Restnutzungsdauer verkürzt, so wird **mit der Instandsetzung die Restnutzungsdauer verlängert**. 393

Soweit mit der „durchgeführten" Instandsetzung der Zustand eines ordnungsgemäß instand gehaltenen Gebäudes wiederhergestellt worden ist, weist das Gebäude insoweit keine Mängel auf und es sind entgegen dem Wortlaut der Regelung **keine Gründe gegeben, die sich für ein ordnungsgemäß instand gehaltenes Gebäude ergebende Restnutzungsdauer zu verlängern**. Von daher macht der Hinweis auf die (vor dem Qualitätsstichtag) durchgeführten Instandsetzungen keinen Sinn. Sie macht auch dann keinen Sinn, wenn mit den durchgeführ- 394

---

[263] BGH, Urt. vom 08.12.1975 – III ZR 93/73 –, EzGuG 20.58.

ten Instandsetzungen die aufgrund einer unterlassenen Instandhaltung eingetretenen Mängel nur zum Teil behoben worden sind. In diesem Fall liegt nämlich insoweit eine unterlassene Instandhaltung vor, der ggf. mit einer Verkürzung der Restnutzungsdauer Rechnung getragen werden kann.

395 Eine Verlängerung der Restnutzungsdauer aufgrund von Instandsetzungen kommt bei alledem nur in Betracht, wenn im Rahmen der Instandsetzung nicht nur Mängel beseitigt wurden, die insbesondere durch Alterung, Abnutzung oder Witterungseinflüsse aufgetreten sind, sondern **weitere nutzungsverlängernde Maßnahmen** durchgeführt wurden.

12.4.4 Modernisierung

396 **Unter der Modernisierung sind Maßnahmen zu verstehen, die den Gebrauchswert des Wohnraums nachhaltig erhöhen, die allgemeinen Wohnverhältnisse auf Dauer verbessern oder nachhaltig Einsparungen von Energie und Wasser bewirken** (vgl. § 19 Immo-WertV Rn. 115). Mit Modernisierungs- und Umstrukturierungsmaßnahmen (*refurbishment*) lässt sich die wirtschaftliche Gebrauchsfähigkeit einer Immobilie den sich wandelnden Anforderungen quasi beliebig angleichen.

397 **Mit Modernisierungsmaßnahmen lässt sich mithin die Restnutzungsdauer (theoretisch) beliebig verlängern**, sodass bei entsprechendem Modernisierungsaufwand von einer quasi unendlichen Restnutzungsdauer ausgegangen werden kann. Im Ergebnis wird die bauliche Anlage „auf Dauer" mit einer sog. ewigen Restnutzungsdauer (100 Jahre) erhalten. Dem kann bei Anwendung des Ertragswertverfahrens dadurch Rechnung getragen werden, indem

– der Reinertrag unter Berücksichtigung periodisch anfallender Modernisierungskosten ermittelt wird oder

– ein entsprechender einmaliger Modernisierungsbetrag

komplementär zur Verlängerung der Restnutzungsdauer abgezogen wird.

398 **Einer Verlängerung der Restnutzungsdauer durch Modernisierungsmaßnahmen können allerdings auch Grenzen gesetzt sein, nämlich**

– wenn der Abriss und eine Neubebauung wirtschaftlich vernünftiger sind oder

– die bauliche Anlage aufgrund der Marktverhältnisse auch in einem modernisierten bzw. umstrukturierten Zustand keine wirtschaftliche Nutzung gewährleistet, insbesondere aufgrund der Marktverhältnisse, wie derzeit die Leerstandsproblematik zeigt (*oversupply in the market*).

399 Von der Möglichkeit einer Ertragswertermittlung auf der Grundlage einer durch Modernisierungs- bzw. Umstrukturierungsmaßnahmen verlängerten Restnutzungsdauer („Modernisierungsmodell") wird insbesondere bei der **Verkehrswertermittlung von Baudenkmälern** Gebrauch gemacht, weil diese Objekte „auf Dauer" zu erhalten sind.

400 Darüber hinaus wird von dieser Möglichkeit quasi als „Kunstgriff" Gebrauch gemacht, wenn keine gesicherten Erkenntnisse über die **Höhe des Bodenwerts** vorliegen, weil bei einer langen Restnutzungsdauer des Gebäudes das vereinfachte Ertragswertverfahren (ohne Bodenwert) nach § 17 Abs. 2 Nr. 2 ImmoWertV zur Anwendung kommen kann. Schließlich muss von dieser Möglichkeit aber auch Gebrauch gemacht werden, wenn nach dem Grundsatz des „*highest and best use*" die Ertragskraft einer Immobilie durch Modernisierungs- und Umstrukturierungsmaßnahmen gesteigert werden kann[264].

12.4.5 Andere Gegebenheiten

401 Die Restnutzungsdauer baulicher Anlagen wird nicht allein durch ihren Erhaltungszustand bestimmt. Sie wird darüber hinaus auch maßgeblich durch die **Lage auf dem Immobilienmarkt** bestimmt und setzt eine entsprechende Nachfrage für eine eigene Nutzung oder durch

---

264 Kleiber, Verkehrswertermittlung von Grundstücken, 6. Aufl. 2010, § 194 Rn. 85.

Gesamt- und Restnutzungsdauer § 6 ImmoWertV

Dritte voraus. Wo die wirtschaftliche Verwendbarkeit durch eine „wegbrechende Nachfrage" nachhaltig gestört ist (*obsole scence*), kann sich selbst für neuwertige bauliche Anlagen die Restnutzungsdauer sogar erheblich vermindern und im Grenzfall gegen null laufen.

Darüber hinaus kann es umgekehrt aufgrund rechtlicher Gegebenheiten (Denkmalschutz und sonstige Erhaltungspflichten einschließlich vertraglicher Bindungen) geboten sein, über die bloße Instandhaltung hinaus durch entsprechende Maßnahmen die Restnutzungsdauer zu verlängern. Auch aus wirtschaftlicher Sicht ist dies häufig aus Gründen des Werterhalts geboten. So bedürfen viele **Betreiberimmobilien** (z. B. Hotels, Logistikimmobilien) einer laufenden Modernisierung, weil sie sonst Gefahr laufen, bereits nach kurzer Zeit wirtschaftlich wegzubrechen. Die für Hotels üblicherweise angenommene Gesamtnutzungsdauer ist beispielsweise bei bloßer Instandhaltung unrealistisch. Dem wird im Rahmen des Ertragswertverfahrens – durch Ansatz eines Modernisierungsrisikos – ergänzend zu den Bewirtschaftungskosten Rechnung getragen. 402

12.4.6 Gesamtbetrachtung

Die bei (bloßer) Instandhaltung der baulichen Anlage zeitlich begrenzte Restnutzungsdauer kann üblicherweise geschätzt werden, wobei etwaige Fehler nur geringfügig auf das Ergebnis durchschlagen, sofern nicht das Gebäude eine extrem kurze Restnutzungsdauer aufweist. Dabei muss allein **der Blick in die Zukunft** maßgebend sein, denn das, was in der Vergangenheit an Instandsetzungs- und Modernisierungsmaßnahmen durchgeführt worden ist (künstliche Verjüngung), hat seinen Niederschlag in dem Bestand gefunden, der sich dem Sachverständigen am Wertermittlungsstichtag präsentiert. 403

Die Ermittlung der Restnutzungsdauer durch Abzug des Alters von der üblichen Gesamtnutzungsdauer (vgl. oben Rn. 386) wird den im Einzelfall gegebenen Verhältnissen oftmals nicht gerecht. Sachgerechter ist es daher, die **wirtschaftliche Restnutzungsdauer am Wertermittlungsstichtag unter Berücksichtigung des Bau- und Unterhaltungszustands sowie der wirtschaftlichen Verwendungsfähigkeit der baulichen Anlage zu schätzen.** 404

12.5 Verlängerung der Restnutzungsdauer durch Modernisierungen

12.5.1 Verkehrswertermittlung

12.5.1.1 Modernisierung

▶ *Allgemeines vgl. § 19 ImmoWertV Rn. 115 ff.; Syst. Darst. des Sachwertverfahrens Rn. 103*

Die übliche Restnutzungsdauer lässt sich nach den vorangegangenen Ausführungen insbesondere durch Modernisierungen verlängern. Als **Modernisierung** definiert § 6 Abs. 6 Satz 2 ImmoWertV beispielhaft „Maßnahmen, die eine wesentliche Verbesserung der Wohn- oder sonstigen Nutzungsverhältnisse oder wesentliche Einsparungen von Energie und Wasser bewirken" (vgl. zum Begriff die Erläuterungen bei § 19 ImmoWertV Rn. 115). 405

Bei instandsetzungsbedürftigen Gebäuden kommt das Ertragswertverfahren vielfach auf der Grundlage einer **(kombinierten) Instandsetzung i. V. m. einer Modernisierung** zur Anwendung. § 16 Abs. 1 WertV lässt dies ausdrücklich zu. 406

12.5.1.2 Abschätzung der verlängerten Restnutzungsdauer nach „Modernisierungsgraden"

Dem Gutachter bereitet die **Abschätzung einer verlängerten Restnutzungsdauer** aufgrund durchgeführter Modernisierungen oftmals Schwierigkeiten. Zum Zwecke der Operationalisierung dieser Abschätzung hat die Arbeitsgemeinschaft der Vorsitzenden der Gutachterausschüsse für Grundstückswerte in *Nordrhein-Westfalen* ein Verfahren entwickelt, das mit 407

§ 6 ImmoWertV — Gesamt- und Restnutzungsdauer

Nr. 4.3.2 Abs. 2 Satz 2 i. V. m. Anl. 4 der SachwertR unter der Bezeichnung „Modell zur Ableitung der wirtschaftlichen Restnutzungsdauer für Wohngebäude unter Berücksichtigung von Modernisierungen" in die Richtlinie aufgenommen worden ist und auf das zurückgegriffen werden „kann". Das Modell soll analog auch bei der Bewertung von Verwaltungs-, Büro- und Geschäftsgebäuden Anwendung finden können.

In einem ersten Schritt wird zunächst der **Modernisierungsgrad auf der Grundlage einer Punktetabelle** ermittelt. Der Modernisierungsgrad wird mit Hilfe eines Punktrasters bestimmt (Abb. 41), wobei

- sich der Modernisierungsgrad aus der Summe der Punkte für die jeweils zum Wertermittlungsstichtag oder kurz zuvor durchgeführten Maßnahmen ergibt;
- zu prüfen ist, ob nicht ein geringerer als der maximale Tabellenwert anzusetzen ist, wenn die Maßnahmen weiter zurückliegen;
- bei in einem Zuge durchgreifend modernisierten Objekten und besonderen energetischen Maßnahmen im Einzelfall nach sachverständigem Ermessen längere als die aus den Tabellen entnommenen Restnutzungsdauern angesetzt werden können und
- bei kernsanierten Objekten die Restnutzungsdauer bis zu 90 % der jeweiligen Gesamtnutzungsdauer betragen kann.

Abb. 41: Modernisierungselemente

Modernisierungselemente	max. Punkte
Dacherneuerung inklusive Verbesserung der Wärmedämmung	4
Modernisierung der Fenster und Außentüren	2
Modernisierung der Leitungssysteme (Strom, Gas, Wasser, Abwasser)	2
Modernisierung der Heizungsanlage	2
Wärmedämmung der Außenwände	4
Modernisierung von Bädern	2
Modernisierung des Innenausbaus, z. B. Decken, Fußböden, Treppen	2
Wesentliche Verbesserung der Grundrissgestaltung	2
	Summe:

Maximal können in der Summe 20 Punkte vergeben werden.

Die **Vergabe der Punkte ist** gleich aus mehreren Gründen ein äußerst **fehlerträchtiges Unterfangen:**

- Eine in der Vergangenheit (irgendwann) durchgeführte Modernisierung kann bis zum Wertermittlungsstichtag bereits schon ganz oder teilweise wirtschaftlich verbraucht sein und nicht mehr den am Wertermittlungsstichtag bestehenden Anforderungen entsprechen.
- Die aufgeführten Modernisierungsmaßnahmen können das gesamte Gebäude oder auch nur einzelne Bauteile innerhalb einer Wohnung betreffen.
- Die Modernisierung (vgl. § 19 ImmoWertV Rn. 115) setzt bauliche Maßnahmen voraus, die über die Instandhaltung hinausgehen und insbesondere den Gebrauchswert erhöhen. Beispielsweise geht es im Rahmen der „Modernisierung der Fenster" oder der Leitungssysteme nicht um einen neuen Fensteranstrich oder die Erneuerung von Muffen, sondern um bauliche Maßnahmen, die den veränderten Anforderungen entsprechen und dies kann und wird vielfach den Ersatz durch neue wärmegedämmte Fenster und leistungsgerechte Leitungssysteme bedeuten und muss dann die Vergabe der maximalen Punktzahl bedeuten. Entsprechendes gilt auch für die sonstigen in der Tabelle aufgeführten Modernisierungselemente.

Gesamt- und Restnutzungsdauer § 6 ImmoWertV

Im Ergebnis bedeutet dies, dass mit der Vergabe der Punktezahl das gesamte Spektrum denkbarer Modernisierungsmaßnahmen, angefangen vom Ersatz einer Einfachverglasung in wenigen Wohnungen bis zur Kernsanierung des gesamten Gebäudes abdecken.

Entsprechend der jeweils ermittelten Gesamtpunktzahl kann der **Modernisierungsgrad** wie folgt ermittelt werden:

Abb. 42: Modernisierungsgrad

Punkte		Bezeichnung
≤ 1	Punkt	= nicht modernisiert
4	Punkte	= kleine Modernisierungen im Rahmen der Instandhaltung
8	Punkte	= mittlerer Modernisierungsgrad
13	Punkte	= überwiegend modernisiert
≥ 18	Punkte	= umfassend modernisiert

Entsprechend der jeweils ermittelten Gesamtpunktzahl kann in Abhängigkeit von dem festgesetzten Modernisierungsgrad, dem jeweiligen Gebäudealter und der üblichen Gesamtnutzungsdauer die daraus resultierende modifizierte Restnutzungsdauer den nachfolgenden Tabellen entnommen werden (Abb. 43).

Den Tabellenwerten liegt ein theoretischer Modellansatz zugrunde. Das Modell geht davon aus, dass die Restnutzungsdauer auf maximal 70 % der jeweiligen Gesamtnutzungsdauer gestreckt und nach der Formel

$$\text{Restnutzungsdauer} = a \times \frac{100}{\text{GND}} \times \text{Alter}^2 - b \times \text{Alter} + c \times \frac{\text{GND}}{100}$$

mit den nachfolgenden Werten für a, b und c berechnet wird.

Modernisierungsgrad	a	b	c	ab einem relativen Alter [%] von[*]
≤ 1 Punkt	0.0125	2,625	152,50	60
4 Punkte	0,0073	1,577	111,33	40
8 Punkte	0,0050	1,100	100,00	20
13 Punkte	0,0033	0,735	95,28	15
≥ 18 Punkte	0,0020	0,440	94,20	10

[*] Die Spalte gibt das Alter an, von dem an die Formeln anwendbar sind. Das relative Alter berechnet sich aus: Alter/ GND × 100

§ 6 ImmoWertV — Gesamt- und Restnutzungsdauer

Abb. 43: Modifizierte Restnutzungsdauer

Modifizierte Restnutzungsdauer bei einer üblichen Gesamtnutzungsdauer von 100 Jahren

Gebäudealter	Modernisierungsgrad				
	≤ 1 Punkt	4 Punkte	8 Punkte	13 Punkte	≥ 18 Punkte
	modifizierte Restnutzungsdauer				
0	100	100	100	100	100
5	95	95	95	95	95
10	90	90	90	90	90
15	85	85	85	85	88
20	80	80	80	82	86
25	75	75	76	79	84
30	70	70	72	76	83
35	65	65	68	74	81
40	60	60	64	71	80
45	55	55	61	69	79
50	50	51	58	67	77
55	45	47	55	65	76
60	40	43	52	63	75
65	35	40	50	61	74
70	30	37	48	60	73
75	26	34	46	59	72
80	23	32	44	58	72
85	20	30	43	57	71
90	18	29	42	56	71
95	16	27	41	55	70
≥ 100	15	27	40	55	70

Modifizierte Restnutzungsdauer bei einer üblichen Gesamtnutzungsdauer von 90 Jahren

Gebäudealter	Modernisierungsgrad				
	≤ 1 Punkt	4 Punkte	8 Punkte	13 Punkte	≥ 18 Punkte
	modifizierte Restnutzungsdauer				
0	90	90	90	90	90
5	85	85	85	85	85
10	80	80	80	80	81
15	75	75	75	76	79
20	70	70	70	73	77
25	65	65	66	70	75
30	60	60	62	67	74
35	55	55	58	65	72
40	50	50	55	62	71
45	45	46	52	60	69
50	40	42	49	58	68
55	35	38	46	56	67
60	30	35	44	55	66
65	25	32	42	53	66
70	22	30	40	52	65
75	19	28	39	51	64
80	16	26	38	50	64
85	14	25	37	50	63
≥ 90	14	24	36	49	63

Gesamt- und Restnutzungsdauer § 6 ImmoWertV

Modifizierte Restnutzungsdauer bei einer üblichen Gesamtnutzungsdauer von 80 Jahren

Gebäudealter	Modernisierungsgrad				
	≤ 1 Punkt	4 Punkte	8 Punkte	13 Punkte	≥ 18 Punkte
	modifizierte Restnutzungsdauer				
0	80	80	80	80	80
5	75	75	75	75	75
10	70	70	70	70	71
15	65	65	65	66	69
20	60	60	61	63	68
25	55	55	56	60	66
30	50	50	53	58	64
35	45	45	49	56	63
40	40	41	46	53	62
45	35	37	43	52	61
50	30	33	41	50	60
55	25	30	38	48	59
60	21	27	37	47	58
65	17	25	35	46	57
70	15	23	34	45	57
75	13	22	33	44	56
≥ 80	12	21	32	44	56

Modifizierte Restnutzungsdauer bei einer üblichen Gesamtnutzungsdauer von 75 Jahren

Gebäudealter	Modernisierungsgrad				
	≤ 1 Punkt	4 Punkte	8 Punkte	13 Punkte	≥ 18 Punkte
	modifizierte Restnutzungsdauer				
0	75	75	75	75	75
5	70	70	70	70	70
10	65	65	65	65	67
15	60	60	60	61	65
20	55	55	56	59	63
25	50	50	52	56	61
30	45	45	48	53	60
35	40	40	45	51	59
40	35	36	42	49	57
45	30	32	39	47	56
50	25	29	37	46	55
55	20	26	35	44	55
60	17	24	33	43	54
65	14	22	32	42	53
70	12	21	31	42	53
≥ 75	11	20	30	41	53

§ 6 ImmoWertV — Gesamt- und Restnutzungsdauer

Modifizierte Restnutzungsdauer bei einer üblichen Gesamtnutzungsdauer von 70 Jahren

Gebäudealter	Modernisierungsgrad				
	≤ 1 Punkt	4 Punkte	8 Punkte	13 Punkte	≥ 18 Punkte
	modifizierte Restnutzungsdauer				
0	70	70	70	70	70
5	65	65	65	65	65
10	60	60	60	60	62
15	55	55	55	57	60
20	50	50	51	54	58
25	45	45	47	51	57
30	40	40	43	49	55
35	35	36	40	47	54
40	30	32	37	45	53
45	25	28	35	43	52
50	20	25	33	42	51
55	16	23	31	41	50
60	14	21	30	40	50
65	12	19	29	39	49
≥ 70	11	19	28	38	49

Modifizierte Restnutzungsdauer bei einer üblichen Gesamtnutzungsdauer von 65 Jahren

Gebäudealter	Modernisierungsgrad				
	≤ 1 Punkt	4 Punkte	8 Punkte	13 Punkte	≥ 18 Punkte
	modifizierte Restnutzungsdauer				
0	65	65	65	65	65
5	60	60	60	60	60
10	55	55	55	55	57
15	50	50	50	52	55
20	45	45	46	49	54
25	40	40	42	47	52
30	35	35	39	44	51
35	30	31	36	42	50
40	25	27	33	41	49
45	20	24	31	39	48
50	16	22	29	38	47
55	13	20	28	37	46
60	11	18	27	36	46
≥ 65	10	17	26	36	46

Gesamt- und Restnutzungsdauer § 6 ImmoWertV

Modifizierte Restnutzungsdauer bei einer üblichen Gesamtnutzungsdauer von 60 Jahren

Gebäudealter	Modernisierungsgrad				
	≤ 1 Punkt	4 Punkte	8 Punkte	13 Punkte	≥ 18 Punkte
			modifizierte Restnutzungsdauer		
0	60	60	60	60	60
5	55	55	55	55	55
10	50	50	50	50	52
15	45	45	45	47	51
20	40	40	41	45	49
25	35	35	38	42	48
30	30	30	35	40	46
35	25	27	32	38	45
40	20	23	29	37	44
45	16	20	27	35	43
50	12	18	26	34	43
55	10	17	25	33	42
≥ 60	9	16	24	33	42

Modifizierte Restnutzungsdauer bei einer üblichen Gesamtnutzungsdauer von 50 Jahren

Gebäudealter	Modernisierungsgrad				
	≤ 1 Punkt	4 Punkte	8 Punkte	13 Punkte	≥ 18 Punkte
			modifizierte Restnutzungsdauer		
0	50	50	50	50	50
5	45	45	45	45	45
10	40	40	40	41	43
15	35	35	36	38	41
20	30	30	32	36	40
25	25	25	29	33	39
30	20	21	26	32	38
35	15	18	24	30	37
40	11	16	22	29	36
45	9	14	21	28	35
≥ 50	8	13	20	27	35

Modifizierte Restnutzungsdauer bei einer üblichen Gesamtnutzungsdauer von 40 Jahren

Gebäudealter	Modernisierungsgrad				
	≤ 1 Punkt	4 Punkte	8 Punkte	13 Punkte	≥ 18 Punkte
			modifizierte Restnutzungsdauer		
0	40	40	40	40	40
5	35	35	35	35	36
10	30	30	30	32	34
15	25	25	26	29	32
20	20	20	23	27	31
25	15	17	20	25	30
30	10	14	18	23	29
35	7	12	17	22	28
≥ 40	6	11	16	22	28

§ 6 ImmoWertV — Gesamt- und Restnutzungsdauer

Modifizierte Restnutzungsdauer bei einer üblichen Gesamtnutzungsdauer von 30 Jahren

Gebäudealter	Modernisierungsgrad				
	≤ 1 Punkt	4 Punkte	8 Punkte	13 Punkte	≥ 18 Punkte
	modifizierte Restnutzungsdauer				
0	30	30	30	30	30
5	25	25	25	25	26
10	20	20	21	22	25
15	15	15	17	20	23
20	10	12	15	18	22
25	6	9	13	17	21
≥ 30	5	8	12	16	21

410 Die vorstehenden Tabellen unterscheiden sich deutlich von den seit jeher von der AGVGA Nordrhein-Westfalen zur Anwendung empfohlenen Tabellenwerken, die einer massiven Kritik ausgesetzt waren[265]. Mit den entsprechenden Tabellen der SachwertR soll dieser Kritik in erkennbarer Weise weitgehend Rechnung getragen werden. Dies soll an einem *Beispiel* erläutert werden, wobei zur Verdeutlichung eine 100jährige Gesamtnutzungsdauer unterstellt wird.

Beispiel:
- Ein Gründerzeithaus mit einer üblichen Gesamtnutzungsdauer von 100 Jahren sei „umfassend" i. S. der vorstehenden Empfehlung mit einem Modernisierungsgrad von 20 Punkten (maximale Punktzahl) modernisiert worden.
- Nach der Tabelle ergibt sich eine Restnutzungsdauer von 70 Jahren.
- Nach den bisherigen Tabellenwerken der AGVGA ergab sich im vorstehenden Fall nur eine modifizierte Restnutzungsdauer von 50 Jahren.

411 Das vorstehende *Beispiel* zeigt die Schwachpunkte der Tabellen deutlich: Die in den Tabellen zugrundeliegenden Modernisierungselemente (Abb. 41) beziehen sich im Wesentlichen auf Ausbaumaßnahmen; lediglich die zuletzt in der Tabelle der Modernisierungselemente angesprochene „Wesentliche Änderung der ... Grundrissgestaltung" hat den Rohbau zum Gegenstand. Wenn sich (im „Maximalfall") trotz vollständiger Modernisierung des Ausbaus einer baulichen Anlage nach diesem Tabellenwerk stets nur eine modifizierte Restnutzungsdauer von ca. 70 % der jeweiligen Gesamtnutzungsdauer eines Neubaus ergibt, so wird damit unterstellt, dass der nicht modernisierte **Rohbau** die sonst übliche Gesamtnutzungsdauer weiterhin absenkt, weil er **wirtschaftlich verbraucht** sei **und nicht modernisiert** wurde. Nach dem bisherigen Tabellenwerk ergab sich sogar nur eine modifizierte Restnutzungsdauer von ca. 50 % der Gesamtnutzungsdauer eines Neubaus. Das kann, muss aber nicht so sein, denn vielfach ergibt sich für den Rohbau gar kein oder nur in engen Grenzen ein Modernisierungsbedarf (z. B. überalterte Decken ohne Trittschalldämmung). Eine differenzierte Betrachtungsweise nach Art und Umfang des sich auf den Rohbau beziehenden Modernisierungsbedarfs ist deshalb angezeigt.

412 Der **Rohbauanteil eines Gebäudes ist nicht zwangsläufig in gleichem Maße wie sein Ausbauanteil** von den sich wandelnden Anforderungen an Gebäude betroffen und i. d. R. einer weitaus geringeren wirtschaftlichen Wertminderung unterworfen. Ein Rohbau kann auch nach 100 Jahren noch weitgehend den wirtschaftlichen Anforderungen entsprechen. Dann kann sich durch eine Vollmodernisierung des Ausbaus eine weitaus längere Restnutzungsdauer ergeben und dieser Fall wird mit dem in Anl. 4 zu den SachwertR gegebenen Hinweis angesprochen, dass „bei **kernsanierten Objekten** die Restnutzungsdauer bis zu 90 % der jeweiligen Gesamtnutzungsdauer" betragen kann. Allein mit diesem Hinweis wird man den grundlegenden Mangel der Tabellen nicht heilen können, denn die zeitliche Spannbreite der wirtschaftlichen Nutzungsfähigkeit des Rohbaus kann ganz oder teilweise erheblich differie-

---
265 Kleiber, Verkehrswertermittlung von Grundstücken, 6. Aufl. 2010, S. 906 ff.

ren, während dem Modell dieser Tabellen die unzulässige Annahme zugrunde liegt, dass mit dem wirtschaftlichen Verbrauch des Ausbaus der Rohbau regelmäßig zu 30 % wirtschaftlich verbraucht ist. Tatsächlich müssen im konkreten Einzelfall stets die Besonderheiten des Rohbaus in die Betrachtung einbezogen werden.

Abb. 44: Wirtschaftliche Wertminderung nach Rohbau und Ausbaugewerken

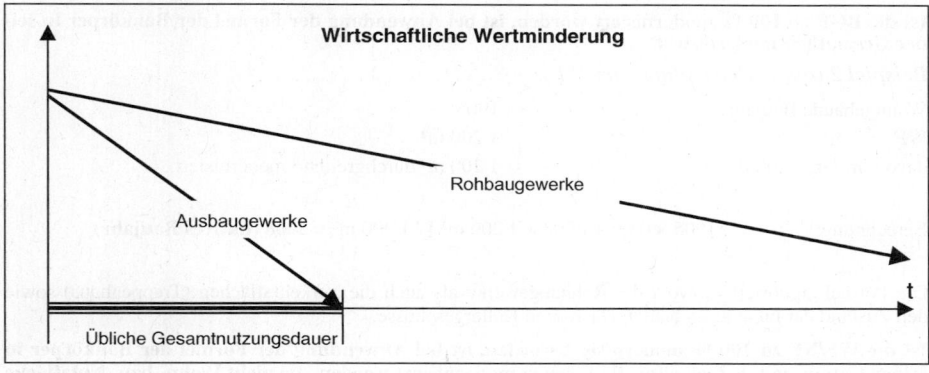

12.5.1.3 Ermittlung des fiktiven Baujahrs (Alters) und der verlängerten Restnutzungsdauer nach Modernisierungsanteilen

▶ *Vgl. auch Syst. Darst. des Sachwertverfahrens Rn. 182 ff.*

Ist das zu bewertende Objekt in der Vergangenheit modernisiert worden und soll die Restnutzungsdauer aus der Gesamtnutzungsdauer abzüglich Alter ermittelt werden, stellt sich die Frage nach dem angemessenen **fiktiven Baujahr** (*effective age*). 413

In der Praxis wird dazu auf folgende Formeln zurückgegriffen: 414

$$\text{Fiktives Baujahr} = \frac{\text{Baujahr (alt)} \times \text{BGF (alt)} + \text{Baujahr (neu)} \times \text{BGF (neu)}}{\text{BGF insgesamt}}$$

$$\text{Fiktives Baujahr} = \frac{\text{Baujahr (alt)} \times \text{WF (alt)} + \text{Baujahr (neu)} \times \text{WF (neu)}}{\text{WF insgesamt}}$$

$$\text{Fiktives Baujahr} = \frac{\text{Baujahr (alt)} \times \%\ \text{alte Bausubstanz} + \text{Baujahr (neu)} \times \%\ \text{neue Bausubstanz}}{100}$$

wobei
BGF = Brutto-Grundfläche
WF = Wohnfläche

Der prozentuale Anteil der neuen Bausubstanz wird bei vorangegangener Modernisierung zumeist auf der Grundlage der **Wertanteilstabelle** ermittelt. 415

Beispiel 1 (auf der Grundlage der BGF): 416

Wohngebäude Baujahr	1905,
BGF	1 500 m²,
davon im Jahre 1996	800 m² durchgreifend modernisiert:

Berechnung: [1905 × 700 m² + 1996 × 800 m²] / 1 500 m² = **1954 (fiktives Baujahr)**

§ 6 ImmoWertV — Gesamt- und Restnutzungsdauer

Bei vollständiger Modernisierung des Ausbaus im Jahre 2008:
[1905 × 0 m² + 2008 × 1 500 m²] / 1 500 m² = 2008 (fiktives Baujahr) richtig, wenn
Nach NRW-Tabelle   = 1958 (fiktives Baujahr)

Die Formel ist sachgerecht, wenn der Rohbau „zeitlos" ist und nur der Ausbau einschließlich Keller- und Dachgeschoss einer wirtschaftlichen Wertminderung unterworfen ist.

Ist die BGF zu 100 % modernisiert worden, ist bei Anwendung der Formel der Baukörper in seiner Gesamtheit modernisiert.

417 *Beispiel 2 (auf der Grundlage der WF):*

Wohngebäude Baujahr	1905
WF	1 200 m²
davon im Jahre 2008	1 200 m² durchgreifend modernisiert:

Berechnung: [1905 × 0 m² + 2008 × 1 200 m²] / 1 200 m² = **2008 (fiktives Baujahr)**

Die Formel „ignoriert" sowohl die Rohbaugewerke als auch die Verkehrsflächen (Treppenhaus) sowie den Zustand der nicht ausgebauten Dach- und Kellergeschosse.

Ist die WF/NF zu 100 % modernisiert worden, ist bei Anwendung der Formel der Baukörper in seiner Gesamtheit, jedoch ohne die Flächen modernisiert worden, die nicht Wohn- bzw. Nutzfläche sind, modernisiert.

418 *Beispiel 3 (auf der Grundlage der Wertanteilstabelle):*

Wohngebäude Baujahr 1905, davon im Jahre 1996 durchgreifend modernisiert:

–	Dach	7,20 %	Anteil an Neubaukosten
–	Haustechnik	19,80 %	Anteil an Neubaukosten
	gesamt	27,00 %	

Berechnung: [(1905 × [100 – 27]) + 1996 × 27] / 100 = **1929,6 (fiktives Baujahr)**

Die Formel ist nur sachgerecht, wenn der *Roh- und Ausbau* einer gleichen wirtschaftlichen Wertminderung unterworfen sind.

419 Es handelt sich dabei um eine grobe Überschlagsformel, denn die zu berücksichtigenden Verhältnisse liegen tatsächlich komplizierter. Aus den Wertanteilstabellen ergibt sich der Wertanteil einzelner Bauteile (Gewerke) am Gesamtwert des Gebäudes, der sich in der Grobgliederung aus Rohbau- und Ausbaukosten zusammensetzt. **Roh- und Ausbau unterliegen indessen einem unterschiedlichen Wertverschleiß.** Ein Rohbau kann im „günstigsten" Fall sogar so errichtet worden sein, dass er eine für die Belange der Verkehrswertermittlung quasi unbegrenzte Nutzungsdauer aufweist. Wird der gesamte Ausbau modernisiert, kann in diesem Fall aus wertermittlungstechnischer Sicht von einem Neubau ausgegangen werden. Das Gleiche gilt aber auch, wenn vom Rohbau lediglich das nicht wärmegedämmte Außenmauerwerk sowie die Grundrissgestaltung einem wirtschaftlichen Wertverfall unterlagen und im Zuge der Modernisierung der Grundriss und das Außenmauerwerk modernisiert wurden.

420 Die Roh- und Ausbaukosten stehen nach den Wertanteilstabellen indessen in einem Verhältnis von etwa 50 : 50 zueinander. Ist der gesamte Ausbau eines Gebäudes erneuert worden und hat dies quasi zu einem Neubau geführt, würde sich nach der vorstehenden Formel infolgedessen nur eine hälftige Verjüngung ergeben, was aber den mit der Modernisierung herbeigeführten Gegebenheiten nicht entspräche. Deshalb erscheint es geboten, den **Wertanteil der modernisierten Bauteile entsprechend seiner Bedeutung für die Gesamtnutzungsdauer zu gewichten.**

Gesamt- und Restnutzungsdauer § 6 ImmoWertV

Beispiel 4: 421

Roh- und Ausbau stehen in einem Verhältnis von 47,1 % : 52,9 % zueinander, der Rohbau sei so gut beschaffen, dass er praktisch keinem wirtschaftlichen Wertverzehr unterliegt.

Es wurde die gesamte Haustechnik mit einem Wertanteil von 19,8 % am Gesamtwert erneuert. Der für die Berechnung der Verjüngung des Gebäudes maßgebliche Wertanteil ergibt sich mithin zu:

$$19{,}8\ \% \times 100 / (100 - 47{,}1) = 37{,}4\ \%$$

Wohngebäude Baujahr 1912, davon im Jahre 2006 durchgreifend modernisiert:

$$[(1912 \times [100 - 37{,}4]) + 2006 \times 37{,}4] / 100 = \textbf{1947 (fiktives Baujahr)}$$

Beispiel 5: 422

Unterliegen Teile des Rohbaus (z. B. Außenmauerwerk und Grundrisse mit einem Wertanteil von 24,1 %) einem wirtschaftlichen Wertverfall, so unterliegen nur 23,0 % des Bauwerks (= 47,1 % – 24,1 %) keinem Wertverzehr. Der für die Berechnung der Verjüngung des Gebäudes maßgebliche Wertanteil ergibt sich mithin zu:

$$19{,}8\ \% \times 100 / (100 - 23{,}0) = 25{,}7\ \%$$

Wohngebäude Baujahr 1912, davon im Jahre 2006 durchgreifend modernisiert:

$$[(1912 \times [100 - 25{,}7]) + 2006 \times 25{,}7] / 100 = \textbf{1936 (fiktives Baujahr)}$$

Beispiel 6: 423

Roh- und Ausbau stehen in einem Verhältnis von 47,1 % : 52,9 % zueinander, der Rohbau sei so gut beschaffen, dass er praktisch keinem wirtschaftlichen Wertverzehr unterliegt.

Es wurde im Zuge einer durchgreifenden Gebäudesanierung der gesamte Ausbau mit einem Wertanteil von 52,9 % am Gesamtwert umfassend erneuert. Der für die Berechnung der Verjüngung des Gebäudes maßgebliche Wertanteil ergibt sich mithin zu:

$$52{,}9\ \% \times 100 / (100 - 47{,}1) = 100{,}0\ \%$$

Wohngebäude Baujahr 1905, davon im Jahre 1996 durchgreifend modernisiert:

$$[(1912 \times [100 - 100]) + 2006 \times 100] / 100 = \textbf{2006 (fiktives Baujahr)}$$

Zu einem „Neubau" käme man auch, wenn die Teile des Rohbaus, die einem Wertverzehr unterliegen, im Zuge der Maßnahmen ebenfalls erneuert bzw. ergänzt worden wären.

Wenn sich bei dieser Berechnung ein „Neubau" ergibt, so handelt es sich nicht um einen 424 „bautechnischen", sondern ist damit ein **Neubau im wertermittlungstechnischen Sinne**, d. h. um eine bauliche Anlage, die eine wirtschaftliche Nutzung über die für diese bauliche Anlage übliche Gesamtnutzungsdauer erwarten lässt.

Dies entspricht im Übrigen nicht dem „Neubau", wie er nach dem Steuerrecht im Hinblick 425 auf die **steuerliche Abschreibung** zur Förderung der Erneuerung des Gebäudebestands nach § 7 Abs. 5 EStG verlangt wird. Der nach dieser Vorschrift geforderte „**bautechnische Neubau**" setzt in Umbaufällen voraus, dass

– entweder die bisher vorhandene Gebäudesubstanz – mit Rücksicht auf die für die Nutzungsdauer bestimmenden Gebäudeteile (z. B. Fundamente, tragende Innen- und Außenmauern, Geschossdecken, Dachkonstruktion) – nicht mehr nutzbar war (sog. Vollverschleiß[266]) oder,

---

[266] BFH, Urt. vom 25.05.2004 – VIII R 6/01 –, BFHE 206, 266 = BStBl. II 2004, 783; BFH, Urt. vom 03.12.2002 – IX R 64/99 –, BFHE 201, 148 = BStBl. II 2003, 590 = EzGuG 3.127c; BFH, Urt. vom 15.10.1999 – IX D 109/99 –; BFH, Urt. vom 17.12.1997 – X R 54/96 –; BFH, Urt. vom 12.3.1996 – IX R 48/95 –, BFHE 180, 134 = BStBl. II 1996, 514; BFH, Urt. vom 18.06.1996 – IX R 40/95 –, BFHE 181, 23 = BStBl. II 1996, 645; BFH, Urt. vom 09.05.1995 – IX R 116/92 –; BFH, Urt. vom 24.10.1990 – II R 9/88 –; BFH, Urt. vom 28.11.1990 – II R 36/87 –, BFHE 162, 391 = BStBl. II 1991, 209.

§ 6 ImmoWertV Gesamt- und Restnutzungsdauer

- sofern dies nicht gegeben ist, dass die neu eingefügten Gebäudeteile dem Gesamtgebäude in bautechnischer Hinsicht das Gepräge geben (sog. grundlegender Umbau) und die tragenden Gebäudeteile in zumindest überwiegendem Umfang ersetzt werden[267].

426 Steuerlich ist mithin auch nicht die Zweckbestimmung des Gebäudes, die bewertungsrechtliche Feststellung der Grundstücksart, die Höhe des insgesamt anfallenden Sanierungsaufwands oder die „Verlängerung der Gesamtnutzungsdauer"[268] ausschlaggebend. **Wenn steuerrechtlich die „Verlängerung der Gesamtnutzungsdauer" nicht ausschlaggebend sein soll, so ist damit nicht ausgeschlossen, dass im Rahmen der Verkehrswertermittlung die Gesamtnutzungsdauer zu verlängern** ist, und zwar auch dann, wenn die tragenden Gebäudeteile des Rohbaus „in zumindest überwiegendem Umfang" nicht ersetzt werden. Bei dieser Sachlage ist die zu den steuerrechtlichen Anforderungen an die Herstellung eines bautechnischen Neubaus ergangene Rechtsprechung nicht auf die Verkehrswertermittlung übertragbar.

12.5.1.4 Abschätzung der Restnutzungsdauer bei „verbrauchter" Modernisierung

427 Nicht immer führen Modernisierungsmaßnahmen zu einer Verlängerung der Gesamt- und Restnutzungsdauer, insbesondere dann nicht, wenn **Bauteile modernisiert wurden, deren Nutzungsdauer kürzer als die Gesamtnutzungsdauer der baulichen Anlage** (insgesamt) ist. Der Gutachterausschuss von Aachen bedient sich in solchen Fällen eines Verfahrens, bei dem die Normalherstellungskosten entsprechend dem Wägungsanteil gewichtet aus verschiedenen Baujahrsgruppen zum Ansatz kommen.

428 *Beispiel:*

Gebäudetyp 1.11

Baujahr 1950, mittlere Ausstattung

Modernisierungsmaßnahmen:

- 1970 Einbau von Fenstern aus Kunststoff mit Isolierverglasung
- 1985 Erneuerung des Heizkessels; die übrige Heizungsanlage war 1950 bereits im gehobenen Ausstattungsstandard.

429 In dem *Beispiel* weist die Heizungsanlage mit einem Wägungsanteil von 8 % im Unterschied zur mittleren Ausstattung des Gesamtobjekts eine gehobene Ausstattung auf. Davon wiederum wird dem Heizungskessel ein Wägungsanteil von 3 % beigemessen. Dieser Heizungskessel wurde 1985 wiederum in gehobener Ausstattung erneuert. Zusammen mit dem gewichteten Anteil der im Jahre 1970 erneuerten Fenster ergeben sich die Normalherstellungskosten zu rd. 565 €/m² BGF (Abb. 45).

---

[267] BFH, Urt. vom 31.03.1992 – IX R 175/87 –, BFHE 168, 109 = BStBl. II 1992, 808; BFH, Urt. vom 28.06.1977 – VIII R 115/73 –; BFH, Urt. vom 25.11.1993 – IV R 68/92 –, BFH/NV 1994, 705; BFH, Urt. vom 12.03.1996 – IX R 48/95 – , BFHE 180, 134 = BStBl. II 1977, 725.
[268] BFH, Urt. vom 19.03.1991 – IX R 131/86 –, BFH/NV 1991, 670; BFH, Urt. vom 31.03.1992 – IX R 175/87 –, BFHE 168, 109 = BStBl. II 1992, 808; BFH, Urt. vom 25.11.1993 – IV R 68/92 –, BFH/NV 1994, 705.

Gesamt- und Restnutzungsdauer § 6 ImmoWertV

Abb. 45: Berechnungsschema

	Normalherstellungskosten unter Berücksichtigung der Modernisierung							
Baujahr	1950		1950		1970		1985	
	Wert 1		Wert 2		Wert 3		Wert 4	
NHK-2010-Wert in €/m²	550		655		630		795	
Wägungsanteile:	in %	€/m²	in %	€/m²	in %	€/m²	in %	€/m²
Fassade: 4,0 %	4,0							
Fenster: 7,0 %	–				7,0	44,1		
Dächer: 10,0 %	10,0							
Sanitär: 6,0 %	6,0							
Bodenbeläge: 5,0 %	5,0							
Innentüren: 5,0 %	5,0							
Heizung: 8,0 %	–		5,0	32,8			3,0	21,0
Elektroinst.: 3,0 %	3,0							
Restanteil: 52,0 %	52,0							
Spaltensumme:	85,0	467,5	5,0	32,8	7,0	44,1	3,0	21,0
Gesamtsumme:	100,0	565,4						

Allgemein lässt sich bei teilmodernisierten Gebäuden das fiktive Baujahr ermitteln, indem die modernisierten und nicht modernisierten Geschossflächen (Wohn- oder Nutzflächen) ins Verhältnis zueinander gesetzt werden.

430

$$\text{Fiktives Baujahr} = \frac{[(\text{nichtmodernisierte WF} \times \text{Baujahr}) + (\text{modernisierte WF} \times \text{Modernisierungsjahr})]}{\text{Gesamte WF}}$$

Beispiel:

a) **Sachverhalt**

   Wohngebäude
   Baujahr   1960
   Gesamte Wohnfläche   1 000 m²
   Modernisierung   1980
   modernisierte Wohnfläche   400 m²

b) **Fiktives Baujahr**

   [(600 m² 1960) + (400 m² × 1980)] / 1 000 m² = 1968

12.5.1.5 Steuerliche Bewertung

Im steuerlichen Bereich wird nach den ErbStR und ErbStH 2011 anlehnend an den nordrhein-westfälischen Empfehlungen (vgl. oben Rn. 407 ff.) vorgegangen. Eine **Verlängerung der Restnutzungsdauer** ist jedoch nur anzunehmen, wenn in den letzten zehn Jahren durchgreifende Modernisierungen vorgenommen wurden, die nach dem Punktesystem der nachfolgenden Tabelle 1 eine überwiegende oder umfassende Modernisierung ergeben. Hinsichtlich der durchgeführten Modernisierungsarbeiten ist auf die überwiegende Erneuerung bzw. Verbesserung der jeweiligen einzelnen Bauteile abzustellen. Die verlängerte Restnutzungsdauer ergibt sich aus den nachfolgenden Tabellen 2 bis 6. Eine Interpolation soll nicht in Betracht kommen.

431

§ 6 ImmoWertV — Gesamt- und Restnutzungsdauer

432 Tabelle 1

Modernisierungselemente	Punkte
Dacherneuerung inkl. Verbesserung der Wärmedämmung	3
Verbesserung der Fenster	2
Verbesserung der Leitungssysteme (Strom, Gas, Wasser, Abwasser)	2
Verbesserung der Heizungsanlage	2
Wärmedämmung der Außenwände	2
Modernisierung von Bädern	2
Einbau von Bädern	3
Modernisierung des Innenausbaus, z. B. Decken und Fußböden	3
Wesentliche Änderung und Verbesserung der Grundrissgestaltung	3

11–15 Punkte: überwiegend modernisiert
über 15 Punkte: umfassend modernisiert

433 Tabelle 2

Übliche Gesamtnutzungsdauer von 80 Jahren

	Modernisierungsgrad	
	11–15 Punkte	> 15 Punkte
Gebäudealter	neue Restnutzungsdauer	
≥ 80 Jahre	32	40
ab 70 Jahre	33	41
ab 60 Jahre	35	42
ab 50 Jahre	39	45
ab 40 Jahre	43	48
ab 30 Jahre	50	53
ab 20 Jahre	unverändert	60

Tabelle 3

Übliche Gesamtnutzungsdauer von 70 Jahren

	Modernisierungsgrad	
	11–15 Punkte	> 15 Punkte
Gebäudealter	neue Restnutzungsdauer	
≥ 70 Jahre	28	35
ab 60 Jahre	29	36
ab 50 Jahre	32	37
ab 40 Jahre	35	40
ab 30 Jahre	41	44
ab 20 Jahre	50	50

Gesamt- und Restnutzungsdauer § 6 ImmoWertV

Tabelle 4

Übliche Gesamtnutzungsdauer von 60 Jahren

Gebäudealter	Modernisierungsgrad	
	11–15 Punkte	> 15 Punkte
	neue Restnutzungsdauer	
≥ 60 Jahre	24	30
ab 50 Jahre	25	31
ab 40 Jahre	28	33
ab 30 Jahre	32	36
ab 20 Jahre	40	40

Tabelle 5

Übliche Gesamtnutzungsdauer von 50 Jahren

Gebäudealter	Modernisierungsgrad	
	11–15 Punkte	> 15 Punkte
	neue Restnutzungsdauer	
≥ 50 Jahre	20	25
ab 40 Jahre	22	26
ab 30 Jahre	25	29
ab 20 Jahre	30	33
ab 10 Jahre	unverändert	40

Tabelle 6

Übliche Gesamtnutzungsdauer von 40 Jahren

Gebäudealter	Modernisierungsgrad	
	11–15 Punkte	> 15 Punkte
	neue Restnutzungsdauer	
≥ 40 Jahre	16	20
ab 30 Jahre	18	21
ab 20 Jahre	22	24
ab 10 Jahre	30	30

Eine **Verkürzung der Restnutzungsdauer** kommt **bei der steuerlichen Bewertung** nur in besonders gelagerten Einzelfällen in Betracht, wie z. B. bei bestehender Abbruchverpflichtung für das Gebäude. Baumängel und Bauschäden oder wirtschaftliche Gegebenheiten können hingegen im typisierenden Bewertungsverfahren zu keiner Verkürzung der Restnutzungsdauer führen. **434**

Die Restnutzungsdauer eines noch nutzbaren Gebäudes beträgt nach § 185 Abs. 3 Satz 5 BewG regelmäßig noch mindestens 30 Prozent der wirtschaftlichen Gesamtnutzungsdauer. Die Regelung unterstellt einen durchschnittlichen Erhaltungszustand und macht insbesondere bei älteren Gebäuden in vielen Fällen die Prüfung entbehrlich, ob die restliche Lebensdauer infolge baulicher Maßnahmen verlängert wurde. Bei besonderen Fallgestaltungen, wie z. B. bei bestehender vertraglicher Abbruchverpflichtung für das Gebäude, kann die Mindest-Restnutzungsdauer jedoch unterschritten werden[269]. **435**

---

269 ErbStR und ErbStH 2011 zu 185.3 Abs. 5 und 6; vgl. GuG 2012/3,4.

§ 6 ImmoWertV — Gesamt- und Restnutzungsdauer

12.6 Abschätzung der Restnutzungsdauer bei Gebäudemix

12.6.1 Verkehrswertermittlung

436 Bei **Liegenschaften, die sich aus einer Vielzahl von Gebäuden mit unterschiedlicher Restnutzungsdauer** zusammensetzen, stellt sich die Frage, welche Restnutzungsdauer der Kapitalisierung des Reinertrags zugrunde zu legen ist. Viele Gutachter ermitteln in derartigen Fällen bei Anwendung des *Ertragswertverfahrens* zunächst die Summe aller Reinerträge der baulichen Anlagen und kapitalisieren diese mit einer gewogenen Restnutzungsdauer der baulichen Anlagen unter Anwendung folgender Formel:

$$RND_{Mittel} = \frac{\sum^{i}(RoE_i \times RND_i)}{\sum RoE_i}$$

wobei
RoE_i = Rohertrag des Gebäudes i (besser: Jahresnettokaltmiete/Grundmiete)
RND_{Mittel} = Gewogene (mittlere) Restnutzungsdauer
RND_i = Restnutzungsdauer des Gebäudes i

437 *Beispiel:*

1. **Sachverhalt:**
Die Liegenschaft (wirtschaftliche Einheit) setzt sich aus drei Gebäuden zusammen:
- Gebäude 1: Jahresnettokaltmiete 40 000 €: RND 40 Jahre
- Gebäude 2: Jahresnettokaltmiete 20 000 €: RND 20 Jahre
- Gebäude 3: Jahresnettokaltmiete 10 000 €: RND 10 Jahre

Ermittlung der mittleren Restnutzungsdauer:

Gebäude	RND [Jahre]	Jahresnettokaltmiete [€]	Jahresnettokaltmiete × RND_i [€ × Jahre]
1	40	40 000	1 600 000
2	20	20 000	400 000
3	10	10 000	100 000
		Σ Jahresnettokaltmiete = 70 000	2 100 000 = Σ Jahresnettokaltmiete × RND

2. **Mittlere Restnutzungsdauer**
RND_{Mittel} = 2 100 000 € / 70 000 € = **30 Jahre**

3. **Ertragswertermittlung (mit mittlerer Restnutzungsdauer)**

	Jahresnettokaltmiete	70 000 €
./.	Bewirtschaftungskosten (25 %)	– 17 500 €
=	Jahresreinertrag	52 500 €
–	Bodenwertverzinsung (500 000 € × 0,06)	– 30 000 €
	Bodenwertverzinsungsbetragsgeminderter RE	22 500 €
×	Vervielfältiger von 30 Jahren und 6 % = 13,76:	309 600 €
+	Bodenwert	+ 500 000 €
=	Ertragswert	**809 600 €**

438 **Vor einer schematischen Anwendung dieses Verfahrens muss gewarnt werden**, insbesondere, wenn die Liegenschaft eine wirtschaftliche Einheit darstellt:

Gesamt- und Restnutzungsdauer § 6 ImmoWertV

- Soweit die wirtschaftliche Nutzungsfähigkeit der Liegenschaft von der gleichzeitigen Nutzbarkeit mehrerer Gebäude abhängt, bestimmt zunächst das schwächste Glied die für diese Liegenschaft maßgebliche Restnutzungsdauer. Es muss darüber hinaus jedoch untersucht werden, ob und inwieweit sich die Restnutzungsdauer des schwächsten Gebäudes verlängern lässt; möglicherweise muss auch ein parzieller Neubau in Betracht gezogen werden. Ansonsten teilen die Gebäude mit einer längeren Restnutzungsdauer das Schicksal der Gebäude mit kürzerer Restnutzungsdauer.

- Soweit eine Aufteilung der Liegenschaft in voneinander abspaltbare Nutzungen und damit auch einer unterschiedlichen Nutzungsdauer in Betracht kommt, ist eine differenzierte Vorgehensweise angezeigt.

In jedem Fall muss der Gutachter unter wirtschaftlicher Sichtweise eine den **besonderen Verhältnissen der Liegenschaft im Einzelfall** Rechnung tragende Restnutzungsdauer ansetzen.

Beispiel:

Im nachfolgenden *Beispiel* sollen häufig gemachte Fehler und die Auswirkungen der unterschiedlichen Vorgehensweisen dargestellt werden (Abb. 46).

Gesamtgrundstücksfläche	5 000 m²
Bodenrichtwert	100 €/m²
Bodenwert 100 €/m² × 5 000 m²	500 000 €
Liegenschaftszinssatz	6 %
Bewirtschaftungskosten	25 %

a)   Die „hilflose" Methode (schematische Vorgehensweise)

1. Sachverhalt

Die Liegenschaft (wirtschaftliche Einheit) setzt sich aus drei Gebäuden zusammen:

- Gebäude 1: Jahresnettokaltmiete 40 000 €: RND 40 Jahre
- Gebäude 2: Jahresnettokaltmiete 20 000 €: RND 20 Jahre
- Gebäude 3: Jahresnettokaltmiete 10 000 €: RND 10 Jahre

Abb. 46:   Lageplan

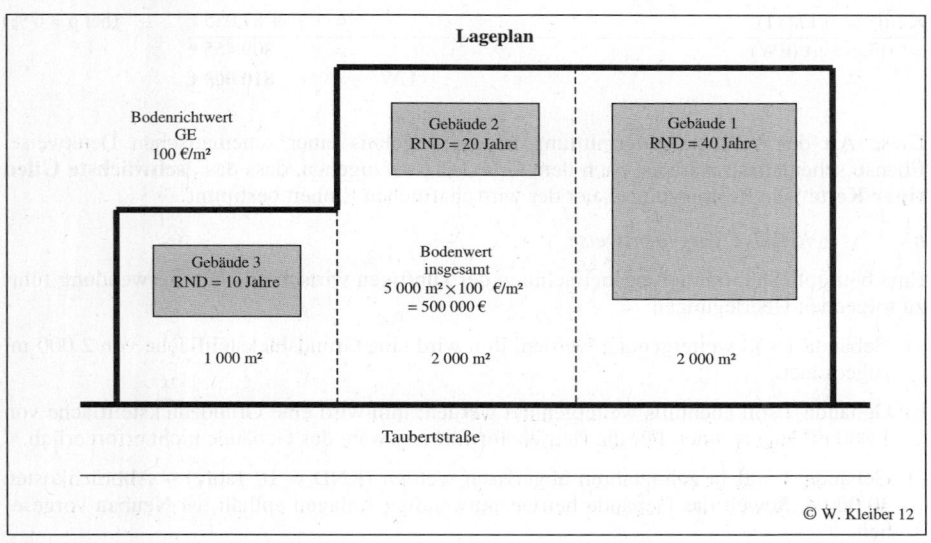

§ 6 ImmoWertV — Gesamt- und Restnutzungsdauer

Soweit aus der wirtschaftlichen Einheit die selbstständig nutzbare Teilfläche von 1 000 m² heraustrennbar ist:

Verminderte Gesamtfläche 5 000 m² – 1 000 m² = 4 000 m²
x Bodenrichtwert von 100 €/m²   = 400 000 €

a) Ertragswertermittlung (mit mittlerer Restnutzungsdauer)

Jahresnettokaltmiete	70 000 €
– Bewirtschaftungskosten (25 %)	– 17 500 €
= Jahresreinertrag	52 500 €
– Bodenwertverzinsung (400 000 € × 0,06)	– 24 000 €
Bodenwertverzinsungsbetragsgeminderter RE	28 500 €
× Vervielfältiger von 30 Jahren und 6 % = 13,76	392 160 €
+ Bodenwert	+ 500 000 €
= Ertragswert	**892 160 €**

1. Fehlerquelle:

Abzug des Bodenwertverzinsungsbetrags für die Gesamtfläche einschließlich der selbstständig nutzbaren Freiflächen, der den Reinertrag RE übermäßig „auffrisst".

2. Fehlerquelle:

Der Grundbesitz wird als wirtschaftliche Einheit angesehen. Demzufolge wird eine mittlere Restnutzungsdauer (RND) ermittelt.

441 Scheinwissenschaftlich wird die „gewogene" Restnutzungsdauer entsprechend vorstehender Vorgehensweise mit 30 Jahren ermittelt:

$$\text{Ertragswert: EW} = RE \times V + BW \times q^{-n}$$

Reinertrag (RE)	= 52 500 €		
× V (= 13,76)		= 722 400 €	(bei p = 6 %)
Bodenwert (BW)	= 500 000 €		
× $1/q^{-n}$ (= 0,17411)		= + 87 055 €	(bei p = 6 %)
= Ertragswert (EW)		= 809 455 €	
	EW =	**810 000 €**	

442 Diese Art der Verkehrswertermittlung ist das Ergebnis einer schematischen Denkweise. Ebenso schematisch wäre es, nach dem Grundsatz vorzugehen, dass das **„schwächste Glied einer Kette"** die Restnutzungsdauer der wirtschaftlichen Einheit bestimmt.

443 *b)   Richtige Vorgehensweise*

Eine betriebliche Optimierungsbetrachtung der künftigen wirtschaftlichen Verwendung führt zu folgenden Überlegungen:

a) Gebäude 1 soll weitergenutzt werden; ihm wird eine Grundstücksteilfläche von 2 000 m² zugeordnet.

b) Gebäude 2 soll ebenfalls weitergenutzt werden; ihm wird eine Grundstücksteilfläche von 1 000 m² zugerechnet. Für die Betriebsfortführung wäre das Gebäude nicht erforderlich.

c) Gebäude 3 soll in zehn Jahren abgerissen werden (RND = 10 Jahre) – Abbruchkosten 30 000 €. Soweit das Gebäude betriebsnotwendige Anlagen enthält, ist Neubau vorgesehen.

Gesamt- und Restnutzungsdauer § 6 ImmoWertV

Gebäude	RND Jahre	Nettokalt-miete €	BewK €	RE €	V_i	RE × V_i	BW €	BW × q^{-n} €
Gebäude 1	40	40 000	10 000	30 000	15,05	451 500	200 000	19 444
Gebäude 2	20	20 000	5 000	15 000	11,47	+172 050	100 000	+31 180
		60 000				Summe = 623 550		Σ = 50 624
						+ 50 624 ←		
					$EW_1 + EW_2$ =	674 174		

Gebäude 3 muss voraussichtlich bereits in zehn Jahren abgebrochen oder durch Modernisierung in seiner Restnutzungsdauer verlängert werden. Im Falle des Abbruchs fallen aufgrund der kurzen Restnutzungsdauer die Freilegungskosten ins Gewicht und sollen deshalb im Wege des Liquidationswertverfahrens berücksichtigt werden:

Jahresnettokaltmiete$_{Gebäude\ 3}$	=	10 000 €
./. Bewirtschaftungskosten	=	2 500 € (= 25 % der Jahresnettokaltmiete)
Differenz	=	7 500 € × $V_{(p\ =\ 6\ \%;\ n\ =\ 10\ Jahre)}$ = 55 200 €
Bodenwert$_{(im\ freigelegten\ Zustand)}$	=	100 000 €
./. Freilegungskosten	=	30 000 €
= BW – FLK	=	70 000 €

diskontiert über 10 Jahre mit einem Liegenschaftszinssatz von 6 %

bei einem Diskontierungsfaktor von 0,55839: 70 000 € × 0,55839 =	+ 39 088 €
= Liquidationswert von Gebäude 3 (EW$_3$)	94 288 €
+ „überschüssiger" Bodenwert (= 1 000 m² × 100 €/m²)	+ 100 000 €
+ Ertragswert von Gebäude 1 und 2	+ 674 174 €
= Ertragswert (insgesamt)	868 462 €

Das vorgestellte *Beispiel* verdeutlicht, welche schwerwiegenden Fehler bei einer schematischen Vorgehensweise ohne Berücksichtigung der wirtschaftlichen und funktionalen Zusammenhänge der wirtschaftlichen Einheit auftreten können.

Ähnlich stellt sich die Frage nach der „richtigen" Restnutzungsdauer bei Gebäuden, die sich aus Bauteilen unterschiedlicher Herstellungsjahre zusammensetzen (Abb. 47)

444

Abb. 47: Gebäude, das sich aus Bauteilen unterschiedlicher Herstellungsjahre zusammensetzt

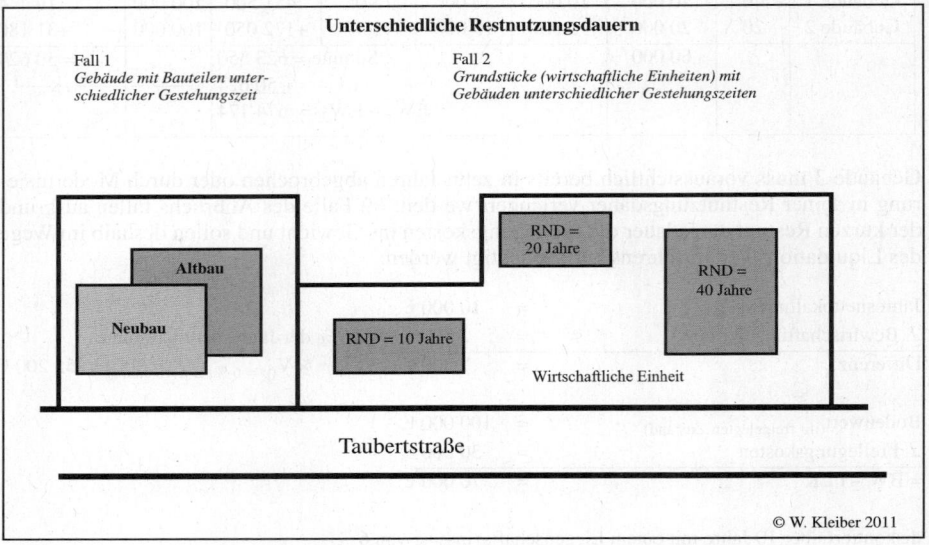

© W. Kleiber 2011

445 Abzulehnen sind folgende häufig zur Anwendung kommende Methoden:
  a) Gesonderte Ertragswertermittlung der einzelnen Gebäude bzw. Gebäudeteile und Saldierung der Ergebnisse.
  b) Einheitliche Ertragswertermittlung auf der Grundlage des Gebäudes bzw. Gebäudeteils, mit der kürzesten Restnutzungsdauer (Prinzip des „schwächsten Glieds einer Kette").
  c) Mittlere Restnutzungsdauer auf der Grundlage der Roh- bzw. Reinerträge nach der vorstehenden Formel.

12.6.2 Steuerliche Bewertung

446 Im steuerlichen Bereich wird anlehnend an die Ausführungen unter Rn. 413 wie folgt vorgegangen[270].

Formel zur Ermittlung der gewogenen Restnutzungsdauer

$$RND_{gewogen} = \frac{RoG_1 \times RND_1 + RoG_n \times RND_n}{RoG_1 + RoG_n}$$

RND = Restnutzungsdauer
RoG = Rohertrag des Gebäudes / Gebäudeteils

Formel zur Ermittlung der gewichteten Restnutzungsdauer

$$RND_{gewichtet} = \frac{WF/NF_1 \times RND_1 + WF/NF_n \times RND_n}{WF/NF_1 + WF/NF_n}$$

RND = Restnutzungsdauer
WF/NF = Wohn- bzw. Nutzfläche des Gebäudes / Gebäudeteils

---
270 ErbStR und ErbStH 2011, GuG 2012.

Gesamt- und Restnutzungsdauer § 6 ImmoWertV

Beispiel 1 (gewogene Restnutzungsdauer bei Gebäudemix): **447**

1. Ermittlung der gewogenen Restnutzungsdauer:

Verwaltungsgebäude:	wirtschaftliche Gesamtnutzungsdauer (Anlage 22 BewG)	= 60 Jahre
	abzüglich Alter am Bewertungsstichtag	− 19 Jahre
	Restnutzungsdauer	= 41 Jahre
Industriegebäude:	wirtschaftliche Gesamtnutzungsdauer (Anlage 22 BewG)	= 50 Jahre
	abzüglich Alter am Bewertungsstichtag	− 19 Jahre
	Restnutzungsdauer	= 31 Jahre

(Mindest-Restnutzungsdauer nach § 185 Abs. 3 Satz 5 BewG jeweils überschritten)

$$\text{RND}_{\text{gewogen}} = \frac{\text{RoG}_1\ (100\ 000\ \text{EUR}) \times \text{RND}_1\ (41\ \text{Jahre}) + \text{RoG}_2\ (40\ 000\ \text{EUR}) \times \text{RND}_2\ (31\ \text{Jahre})}{\text{RoG}_1\ (100\ 000\ \text{EUR}) + \text{RoG}_2\ (40\ 000\ \text{EUR})}$$

$\text{RND}_{\text{gewogen}} = 38{,}14 = \text{rd. 38 Jahre}$

Beispiel 2 (gewichtete Restnutzungsdauer): **448**

Das Geschäftsgrundstück nach Beispiel 1 wurde zu einem jährlichen Gesamtentgelt in Höhe von 140 000 EUR vermietet. Das Verwaltungsgebäude hat eine Nutzfläche von 1 000 m² und das Industriegebäude eine Nutzfläche von 800 m².

1. Ermittlung der gewichteten Restnutzungsdauer:

Verwaltungsgebäude:	wirtschaftliche Gesamtnutzungsdauer (Anlage 22 BewG)	= 60 Jahre
	abzüglich Alter am Bewertungsstichtag	− 19 Jahre
	Restnutzungsdauer	= 41 Jahre
Industriegebäude:	wirtschaftliche Gesamtnutzungsdauer (Anlage 22 BewG)	= 50 Jahre
	abzüglich Alter am Bewertungsstichtag	− 19 Jahre
	Restnutzungsdauer	= 31 Jahre

$$\text{RND}_{\text{gewichtet}} = \frac{\text{NF}_1\ (1\ 000\ \text{m}^2) \times \text{RND}_1\ (41\ \text{Jahre}) + \text{NF}_2\ (800\ \text{m}^2) \times \text{RND}_2\ (31\ \text{Jahre})}{\text{NF}_1\ (1\ 000\ \text{m}^2) + \text{NF}_2\ (800\ \text{m}^2)}$$

$\text{RND}_{\text{gewichtet}} = 36{,}56 = \text{rd. 37 Jahre}$

§ 7 ImmoWertV
Ungewöhnliche oder persönliche Verhältnisse

Zur Wertermittlung und zur Ableitung erforderlicher Daten für die Wertermittlung sind Kaufpreise und andere Daten wie Mieten und Bewirtschaftungskosten heranzuziehen, bei denen angenommen werden kann, dass sie nicht durch ungewöhnliche oder persönliche Verhältnisse beeinflusst worden sind. Eine Beeinflussung durch ungewöhnliche oder persönliche Verhältnisse kann angenommen werden, wenn Kaufpreise und andere Daten erheblich von den Kaufpreisen und anderen Daten in vergleichbaren Fällen abweichen.

Gliederungsübersicht   Rn.

1 Übersicht 1
2 Allgemeiner Grundsatz (§ 7 Satz 1 ImmoWertV) 5
3 Identifizierung ungewöhnlicher oder persönlicher Verhältnisse (§ 7 Satz 2 ImmoWertV)
   3.1 Allgemeines 7
   3.2 Ausschluss „erheblich" abweichender Kaufpreise 13
   3.3 Besonderheiten der steuerlichen Bewertung 20
4 Rechtsprechungsübersicht 21
5 Ungewöhnliche Aufwendungen bei der Bemessung von Kaufpreisen 23
6 Verrentung von Kaufpreisen; Leib- und Zeitrente
   6.1 Allgemeines 28
   6.2 Zeitrente
      6.2.1 Allgemeines 31
      6.2.2 End- und Barwert von Zeitrenten
         6.2.2.1 Ermittlung des Endwerts von Zeitrenten 34
         6.2.2.2 Ermittlung des Barwerts von Zeitrenten 35
   6.3 Leibrente
      6.3.1 Allgemeines 36
      6.3.2 Berechnung des Barwerts
         6.3.2.1 Allgemeines 40
         6.3.2.2 Barwert einer jährlich vorschüssig zahlbaren Leibrente .. 46
         6.3.2.3 Barwert einer monatlich vorschüssig zahlbaren Leibrente 49
         6.3.2.4 Barwert einer aufgeschobenen Leibrente 50
         6.3.2.5 Temporäre Leibrente 51
         6.3.2.6 Verbundene Leibrenten 52
   6.4 Zinssatz 54

1 Übersicht

Schrifttum: *Knoll* in AöR 81 (1956), S. 157 ff., 162 ff.

Die Verwendung von Kaufpreisen und anderen **Daten, die durch ungewöhnliche oder persönliche Verhältnisse beeinflusst worden sind**, führt zu einer Verfälschung des Ergebnisses einer Wertermittlung. Deshalb muss jeder Sachverständige darauf bedacht sein, nur solche Daten in die Wertermittlung eingehen zu lassen, die der Höhe nach nicht durch Besonderheiten beeinflusst worden sind, die nicht repräsentativ für den gewöhnlichen Geschäftsverkehr i. S. des § 194 BauGB sind. Nach § 194 BauGB bestimmt sich nämlich der Verkehrswert (Marktwert) eines Grundstücks nach dem Preis, der (einerseits) im „gewöhnlichen Geschäfts-

1

§ 7 ImmoWertV   Ungewöhnliche oder persönliche Verhältnisse

verkehr und (andererseits) „ohne Rücksicht auf ungewöhnliche oder persönliche Verhältnisse" zu erzielen wäre[1].

2   § 7 ImmoWertV bestimmt deshalb, dass

     a) zur Wertermittlung und zur Ableitung erforderlicher Daten für die Wertermittlung nur Kaufpreise und andere Daten (wie marktübliche Mieten und Bewirtschaftungskosten) heranzuziehen sind, bei denen angenommen werden kann, dass sie nicht durch ungewöhnliche oder persönliche Verhältnisse beeinflusst worden sind (Satz 1) und

     b) gibt als Vermutungstatbestand vor, dass Kaufpreise und andere **Daten** durch ungewöhnliche oder persönliche Verhältnisse beeinflusst sein können, wenn sie **erheblich von den Kaufpreisen und anderen Daten in vergleichbaren Fällen abweichen**.

3   Der **Identifizierung von Kaufpreisen und anderen Daten, die durch ungewöhnliche oder persönliche Verhältnisse beeinflusst sind**, kommt eine Schlüsselrolle zu. Bevor der Sachverständige in die Ermittlung des Verkehrswerts direkt einsteigt, muss er nach Maßgabe dieser Vorschrift sorgfältig prüfen, welche der ihm zur Verfügung stehenden Daten überhaupt verwendungsfähig sind. Dies kann sich sogar auf die Wahl des Wertermittlungsverfahrens auswirken, nämlich dann, wenn er feststellen muss, dass für ein bestimmtes Verfahren keine Daten zur Verfügung stehen, deren Heranziehung den Anforderungen des § 7 ImmoWertV genügen kann.

4   **Bevor die zur Wertermittlung zur Verfügung stehenden Daten Verwendung finden, ist daher eine sorgfältige Prüfung dieser Daten angezeigt.** Dies gilt grundsätzlich und generell für alle in Betracht kommenden Daten, insbesondere

– bei *Anwendung des Vergleichswertverfahrens* (einschließlich der Ermittlung von Bodenrichtwerten) für die Vergleichspreise,

– bei *Anwendung des Ertragswertverfahrens* für die anzusetzenden Mieten, Pachten und sonstige Nutzungsentgelte ebenso wie für die anzusetzenden Bewirtschaftungskosten (§ 19 ImmoWertV)[2],

– bei *Anwendung des Sachwertverfahrens* für die anzusetzenden gewöhnlichen Herstellungskosten, aber auch die Schadensbeseitigungskosten, wenn diese zur Ermittlung der Wertminderungen wegen Baumängeln und Bauschäden nach § 8 Abs. 3 ImmoWertV als Bemessungsgrundlage herangezogen werden,

– bei der Ableitung sonstiger erforderlicher Daten nach Abschnitt 2 der ImmoWertV usw.[3].

§ 7 ImmoWertV ist im Übrigen aus § 6 WertV 88/98 hervorgegangen, der in seinen Abs. 2 und 3 einen umfangreichen Katalog von Tatbeständen aufführte, die zwar als Verdachtsmomente dafür gelten konnten, dass Vergleichspreise bzw. „andere" Vergleichsdaten wie marktübliche Mieten und Bewirtschaftungskosten durch ungewöhnliche oder persönliche Verhältnisse beeinflusst worden sein können, dies jedoch stets erst noch verifiziert werden musste. In der Vorauflage wurde hierzu ausgeführt, dass allein das in § 6 Abs. 2 Nr. 1 und 4 WertV 88/98 genannte Kriterium, nämlich ein „erhebliches" Abweichen von Kaufpreisen bzw. anderer Daten (z. B. Erträge, Bewirtschaftungs- und Herstellungskosten) von denen in vergleichbaren Fällen, ein klares Indiz für ungewöhnliche oder persönliche Verhältnisse ist. Ersatzlos gestrichen wurde die Regelung des § 6 Abs. 3 WertV 88/98, nach der eine Beeinflussung des Kaufpreises durch ungewöhnliche persönliche Verhältnisse vorliegen kann, wenn Kaufpreis durch Aufwendungen mitbestimmt ist, die aus Anlass des Erwerbs oder der Veräußerung üblicherweise nicht zum Entgelt gehören.

---

[1] Nach der WertV 72 ist das Nebeneinander beider Kriterien, nämlich das des „gewöhnlichen Geschäftsverkehrs" „ohne Rücksicht auf ungewöhnliche oder persönliche Verhältnisse" damit „verwischt" worden, dass zusammenfassend von **„Besonderheiten"** gesprochen wurde. Diesen in der Praxis auch gängigen Begriff hat die geltende ImmoWertV nicht übernommen. Zur Frage der Tautologie bzw. Abgrenzung beider Kriterien vgl. Kleiber, Verkehrswertermittlung von Grundstücken § 194 BauGB Rn. 17 ff.

[2] §§ 17 und 19 ImmoWertV 88 sprechen deshalb von den marktüblichen Erträgen und der „ordnungsgemäßen Bewirtschaftung".

[3] § 22 ImmoWertV lässt nur den Ansatz „gewöhnlicher" Herstellungskosten gelten, zu denen nur die „üblicherweise entstehenden Baunebenkosten" gehören.

§ 7 ImmoWertV	§ 6 WertV 88/98
§ 7 **Ungewöhnliche oder persönliche Verhältnisse** ₁Zur Wertermittlung und zur Ableitung erforderlicher Daten für die Wertermittlung sind Kaufpreise und andere Daten wie marktübliche Mieten und Bewirtschaftungskosten heranzuziehen, bei denen angenommen werden kann, dass sie nicht durch ungewöhnliche oder persönliche Verhältnisse beeinflusst worden sind. ₂*Eine Beeinflussung durch ungewöhnliche oder persönliche Verhältnisse kann angenommen werden, wenn Kaufpreise und andere Daten erheblich von den Kaufpreisen und anderen Daten in vergleichbaren Fällen abweichen.*	**§ 6** **Ungewöhnliche oder persönliche Verhältnisse** (1) Zur Wertermittlung und zur Ableitung erforderlicher Daten für die Wertermittlung sind Kaufpreise und andere Daten wie Mieten und Bewirtschaftungskosten heranzuziehen, bei denen anzunehmen ist, dass sie nicht durch ungewöhnliche oder persönliche Verhältnisse beeinflusst worden sind. Die Kaufpreise und die anderen Daten, die durch ungewöhnliche oder persönliche Verhältnisse beeinflusst worden sind, dürfen nur herangezogen werden, wenn deren Auswirkungen auf die Kaufpreise und die anderen Daten sicher erfasst werden können. (2) Kaufpreise und andere Daten können durch ungewöhnliche oder persönliche Verhältnisse beeinflusst werden, wenn 1. sie erheblich von den Kaufpreisen in vergleichbaren Fällen abweichen, 2. ein außergewöhnliches Interesse des Veräußerers oder des Erwerbers an dem Verkauf oder dem Erwerb des Grundstücks bestanden hat, 3. besondere Bindungen verwandtschaftlicher, wirtschaftlicher oder sonstiger Art zwischen den Vertragsparteien bestanden haben oder 4. Erträge, Bewirtschaftungs- und Herstellungskosten erheblich von denen in vergleichbaren Fällen abweichen. (3) Eine Beeinflussung der Kaufpreise und der anderen Daten kann auch vorliegen, wenn diese durch Aufwendungen mitbestimmt worden sind, die aus Anlass des Erwerbs und der Veräußerung entstehen, wenn diese nicht zu den üblicherweise vertraglich vereinbarten Entgelten gehören, namentlich besondere Zahlungsbedingungen sowie die Kosten der bisherigen Vorhaltung, Abstandszahlungen, Ersatzleistungen, Zinsen, Steuern und Gebühren.

2 Allgemeiner Grundsatz (§ 7 Satz 1 ImmoWertV)

§ 7 Satz 1 ImmoWertV befielt, dass **zur Wertermittlung (im allgemein verstandenen Sinne) und zur Ableitung der zur Wertermittlung erforderlichen** (wesentlichen) **Daten (§ 193 Abs. 5 BauGB) nur Daten herangezogen werden, von denen anzunehmen ist, dass sie nicht durch ungewöhnliche oder persönliche Verhältnisse beeinflusst worden sind.** Der Grundsatz folgt der Rechtsprechung des BGH[4], nach der Kaufpreise, die durch ungewöhnliche oder persönliche Verhältnisse „wesentlich" bestimmt sind, nicht zum Preisvergleich herangezogen werden dürfen, d. h., sie müssen unberücksichtigt bleiben, denn es komme auf den Wert für „jedermann" an.

---

[4] BGH, Urt. vom 22.04.1982 – III ZR 131/80 –, EzGuG 17.44.

§ 7 ImmoWertV Ungewöhnliche oder persönliche Verhältnisse

6   Im Unterschied zum bisherigen Recht des § 6 Abs. 1 Satz 2 WertV 88 wird nicht mehr ausdrücklich zugelassen, dass von ungewöhnlichen oder persönlichen Verhältnissen beeinflusste Kaufpreise und andere Daten ausnahmsweise Verwendung finden können, wenn die Auswirkungen der Besonderheiten auf die Kaufpreise und die anderen Daten „sicher erfasst werden können". Die ersatzlose Streichung dieser Regelung ist darauf zurückzuführen, dass die „sichere" Erfassung der Auswirkung nur selten möglich ist. In den Ausnahmefällen, in denen eine „sichere" Erfassung der Auswirkungen möglich ist, bestehen keine durchgreifenden Bedenken, diese Kaufpreise bzw. andere Daten heranzuziehen[5].

3 Identifizierung ungewöhnlicher oder persönlicher Verhältnisse (§ 7 Satz 2 ImmoWertV)

3.1 Allgemeines

7   Nach vorstehenden Ausführungen müssen die Kaufpreise und andere Daten, die zur Wertermittlung herangezogen werden sollen, zunächst daraufhin überprüft werden, ob sie durch ungewöhnliche oder persönliche Verhältnisse beeinflusst worden sind.

8   Grundsätzlich gibt es keine Art „Unschuldsvermutung" für die zur Wertermittlung und zur Ableitung der zur Wertermittlung erforderlichen Daten (nach dem 2. Abschnitt) herangezogenen Kaufpreise und sonstigen Vergleichsdaten, obwohl in einer älteren Entscheidung darauf hingewiesen wurde, dass „für das Obwalten gemeingewöhnlicher Verhältnisse ... allein schon die Vermutung" spräche[6]. Weicht ein zur Wertermittlung bzw. zur Ableitung der zur Wertermittlung erforderlichen Daten herangezogener Kaufpreis oder ein anderes Vergleichsdatum nicht von denen in vergleichbaren Fällen ab, so kann im Umkehrschluss zu Satz 2 regelmäßig davon ausgegangen werden, dass der Kaufpreis nicht durch ungewöhnliche oder persönliche Verhältnisse beeinflusst ist.

9   Konkrete Anhaltspunkte dafür, dass die Höhe eines in Betracht kommenden Vergleichspreises durch ungewöhnliche oder persönliche Verhältnisse beeinflusst sein könnte, können sich im Einzelfall aus der Kaufpreissammlung des Gutachterausschusses ergeben. **In den Kaufpreissammlungen der Gutachterausschüsse** waren nämlich nach § 143a Abs. 2 BBauG 76 die **Kaufpreise zu bezeichnen, von denen anzunehmen ist, dass ungewöhnliche oder persönliche Verhältnisse ihre Höhe beeinflusst haben**. Dabei waren auch entsprechende Hinweise auf die Verdachtsmomente zu registrieren. Diese Praxis war trügerisch, denn hieraus konnte nicht gefolgert werden, dass die ungekennzeichneten Kaufpreise von ungewöhnlichen oder persönlichen Verhältnissen nicht beeinflusst worden sind. Ob und in welcher Höhe ein zum Preisvergleich geeignet erscheinender Kaufpreis durch ungewöhnliche oder persönliche Verhältnisse beeinflusst worden ist, geht nämlich aus dem einzelnen dem Gutachterausschuss zu übersandten Kaufvertrag vielfach nicht hervor und die Vertragsparteien sind auch nicht immer bereit, entsprechende Angaben zu machen.

10   Für eine Beeinflussung eines Kaufpreises oder anderer Daten können allgemeine **Indizien** vorliegen. In § 6 Abs. 2 und 3 WertV 88 werden folgende Indizien genannt:

„(2) Kaufpreise und andere Daten können durch ungewöhnliche oder persönliche Verhältnisse beeinflusst werden, wenn

1. sie erheblich von den Kaufpreisen in vergleichbaren Fällen abweichen,

2. ein außergewöhnliches Interesse des Veräußerers oder des Erwerbers an dem Verkauf oder dem Erwerb des Grundstücks bestanden hat,

---

[5] BR-Drucks. 265/72, S. 9; Danielsen/Rogge in AVN 1922, 188; vgl. auch Vfg. des Pr. FM vom 13.06.1919 (PrFMBl. 1919, 252).
[6] PrOVG, Urt. vom 22.03.1904 – II 561 –, St 5 S. 64; Pr.OVG, Urt. vom 21.09.1899 Bd. 8, 322 = AVN 1912, 323.

Ungewöhnliche oder persönliche Verhältnisse **§ 7 ImmoWertV**

3. besondere Bindungen verwandtschaftlicher, wirtschaftlicher oder sonstiger Art zwischen den Vertragsparteien bestanden haben oder
4. Erträge, Bewirtschaftungs- und Herstellungskosten erheblich von denen in vergleichbaren Fällen abweichen.

(3) Eine Beeinflussung der Kaufpreise und der anderen Daten kann auch vorliegen, wenn diese durch Aufwendungen mitbestimmt worden sind, die aus Anlass des Erwerbs und der Veräußerung entstehen, wenn diese nicht zu den üblicherweise vertraglich vereinbarten Entgelten gehören, namentlich besondere Zahlungsbedingungen sowie die Kosten der bisherigen Vorhaltung, Abstandszahlungen, Ersatzleistungen, Zinsen, Steuern und Gebühren."

In der Vorauflage wurde schon darauf hingewiesen, dass die vorstehende „Kann-Bestimmung" nicht schlüssig ist, denn während die in § 6 Abs. 2 Nr. 2 und 3 sowie in Abs. 3 WertV 88 genannten Indizien nur einen **konkreten Verdacht begründen**, dass die Kaufpreise oder andere Daten durch ungewöhnliche oder persönliche Verhältnisse beeinflusst worden, ohne damit automatisch zu einem Ausscheiden solcher Kaufpreise oder anderer Daten zu führen, sind die in § 6 Abs. 2 Nr. 1 und 4 WertV 88 genannten Kriterien zwingender Natur und lassen erkennen, dass ungewöhnliche oder persönliche Verhältnisse vorgelegen haben müssen. **11**

Das letztlich **entscheidende Kriterium für das tatsächliche Vorliegen einer Beeinflussung des Kaufpreises** oder anderer Daten **durch ungewöhnliche oder persönliche Verhältnisse** besteht also darin, dass Kaufpreise oder andere Daten, wie z. B. Erträge, Bewirtschaftungs- und Herstellungskosten, „erheblich" von denen in vergleichbaren Fällen abweichen. Gleichwohl wird aber auch in der Nachfolgeregelung (§ 7 Satz 2 ImmoWertV) als „Kann-Bestimmung" vorgegeben, dass „Kaufpreise und anderen Daten … durch ungewöhnliche oder persönliche Verhältnisse beeinflusst sein" können, „wenn sie erheblich von den Kaufpreisen und anderen Daten in vergleichbaren Fällen abweichen". Eine Beeinflussung „kann" also vorliegen, wenn **12**

– ein Kaufpreis von den übrigen Vergleichspreisen bzw.
– eine Vergleichsmiete bzw. zum Vergleich herangezogene Bewirtschaftungskosten von den marktüblichen Mieten und Bewirtschaftungskosten

erheblich abweichen.

3.2 Ausschluss „erheblich" abweichender Kaufpreise

▶ *Vgl. Syst. Darst. des Vergleichswertverfahrens Rn. 97 ff.*

Entscheidendes Kriterium dafür, dass ein Kaufpreis oder ein anderes Datum von ungewöhnlichen oder persönlichen Verhältnissen beeinflusst worden sein *„kann"*, ist eine „erhebliche" Abweichung z. B. eines Kaufpreises von den Kaufpreisen in vergleichbaren Fällen. Die Ursache der ungewöhnlichen oder persönlichen Verhältnisse muss nicht bekannt sein. Mit der „Kann-Bestimmung" des § 7 Satz 2 ImmoWertV wird die schon nach altem Recht (vgl. oben Rn. 11) bestehende Unschärfe der Regelung nicht behoben, denn ein „erhebliches" Abweichen stellt schon ein zwingendes Indiz für die Beeinflussung eines Kaufpreises oder anderer Daten durch „ungewöhnliche oder persönliche Verhältnisse" dar und muss grundsätzlich und regelmäßig dazu führen, den Kaufpreis oder das sonstige Datum unberücksichtigt zu lassen. Dies entspricht dem aus der Statistik bekannten „Ausreißerprinzip", dem zumeist im Wege des *„Cut off"*-Verfahrens Rechnung getragen wird, d. h., **beim Preisvergleich bleiben die sog. Ausreißer** als Vergleichspreise **unberücksichtigt**. Zur Lösung dieses sog. Ausreißerproblems bieten sich vor allem statistische Ausschlussverfahren an, wie sie im Schrifttum ausführlich beschrieben sind. **13**

„Erheblich" ist ein unbestimmter Rechtsbegriff, der nach den Gegebenheiten des Einzelfalls auszulegen ist. Im gewöhnlichen Geschäftsverkehr streuen die für ein und dasselbe Grundstück ausgehandelten Preise regelmäßig innerhalb einer bestimmten Bandbreite. In Gebieten mit homogenen Wertverhältnissen, in denen für Käufer und Verkäufer überschaubare Verhältnisse bestehen, ist die Bandbreite der dem gewöhnlichen Geschäftsverkehr zurechen- **14**

§ 7 ImmoWertV Ungewöhnliche oder persönliche Verhältnisse

baren Kaufpreise enger zu ziehen als in Gebieten mit unübersichtlichen Marktverhältnissen, sei es, dass die Unübersichtlichkeit auf fehlende Vergleichsfälle oder auf die Unterschiedlichkeit der gehandelten Objekte zurückzuführen ist.

15 **Wann eine Abweichung „erheblich" i. S. des § 7 Satz 2 ImmoWertV ist**, beurteilt sich vor allem aus der Anzahl und der Streuung der zur Verfügung stehenden „vergleichbaren Fälle". In der Rechtsprechung werden Abweichungen von Kaufpreisen von 10 % und mehr als üblich angesehen[7]. Des Weiteren ist in der Rechtsprechung auch anerkannt, bei der Würdigung von Grundstücksverkäufen sowohl den niedrigsten als auch den höchsten Kaufpreis außer Acht zu lassen, „da Erlöse aus Grundstücksverkäufen, deren Höhe durch besondere Umstände nach oben oder unten beeinflusst werden, außer Betracht bleiben müssen"[8]. Bezüglich Mieten sind Abweichungen von 25 % als unzulässige Überschreitung bezeichnet worden[9].

16 Die vorstehenden Vomhundertsätze können allerdings nicht unmittelbar auf die der Kaufpreissammlung entnommenen Vergleichspreise angewandt werden, denn diese beziehen sich regelmäßig auf Grundstücke mit voneinander abweichenden Grundstücksmerkmalen. Bevor man also die Vergleichspreise oder andere Daten auf „Ausreißer" untersucht, ist es erforderlich, die **Vergleichspreise** (bzw. Daten) **auf die maßgeblichen Grundstücksmerkmale des Bewertungsobjekts „umzurechnen"**, weil erst dann ein „erhebliches" Abweichen eines einzelnen Kaufpreises erkennbar wird.

17 In der Praxis hat es zur Lösung dieses sog. „Ausreißerprinzips" Bemühungen gegeben, auf der Grundlage von Kaufpreisanalysen zu Erfahrungswerten zu kommen, mit denen die von ungewöhnlichen oder persönlichen Verhältnissen beeinflussten Kaufpreise identifiziert werden können. Genannt werden **Abweichungen bis zu ± 15 % von Kaufpreisen „völlig gleichartiger Objekte"**, ohne dass ungewöhnliche oder persönliche Verhältnisse vorgelegen haben. Derartigen Werten kann nur die **Bedeutung einer „Faustformel"** beigemessen werden, da es auf feste Prozentzahlen allein nicht ankommen kann, sondern die Homogenität bzw. Heterogenität des Grundstücksmarktes sowie das tatsächliche Marktgeschehen nicht außer Betracht gelassen werden dürfen.

18 In der Praxis ist die sog. **2-Sigma-Regel** durchaus ausreichend. Danach gelten bei Heranziehung einer ausreichenden Anzahl von Vergleichspreisen alle Einzelpreise, die im Bereich der 2-fachen Standardabweichung liegen, als frei von „ungewöhnlichen oder persönlichen Verhältnissen" (vgl. Syst. Darst. des Vergleichswertverfahrens Rn. 120 ff., 151).

Beispiel:

– Als arithmetisches Mittel aller Vergleichspreise wurde ermittelt 170 €/m²
– Als Standardabweichung wurde ermittelt +/- 10 €/m²

Die Kaufpreise im Bereich von 150 €/m² bis 190 €/m² sind frei von ungewöhnlichen oder persönlichen Verhältnissen.

19 Liegt eine genügende Anzahl von Vergleichspreisen vor, ist dem statistischen Ausschlussverfahren auf der Grundlage statistischer Vertrauensgrenzen der Vorzug zu geben. Hierzu wird auf die **Standardabweichung** des sich aus den zur Verfügung stehenden Daten ergebenden Mittels zurückgegriffen. In dieser Standardabweichung kommen die jeweils vorherrschenden Marktverhältnisse (Überschaubarkeit usw.) zum Ausdruck, sodass mit diesem Verfahren den Verhältnissen des Einzelfalls Rechnung getragen werden kann. Das Verfahren wird in der Syst. Darst. des Vergleichswertverfahrens unter Rn. 120 ff., 151 erläutert.

---

[7] BGH, Urt. vom 30.05.1963 – III ZR 230/61 –, EzGuG 8.8; von „maßlos übersetzten" Preisen spricht der BGH in seinem Urt. vom 28.05.1976 – V ZR 170/74 –, EzGuG 19.26; ferner LG Hamburg, Urt. vom 31.10.1960 – 10 O30/60 –, EzGuG 18.15.
[8] BGH, Beschl. vom 02.07.1968 – V BLw 10/68 –, EzGuG 19.14, vgl. auch BVerwG, Urt. vom 09.06.1959 – 1 C 27/58 –, EzGuG 17.13; LG Koblenz, Urt. vom 20.02.1978 – 4 O 49/77 –, EzGuG 20.72, BGH, Urt. vom 28.5.1976 – V ZR 170/74 –, EzGuG 19.299.
[9] LG Mannheim, Urt. vom 05.09.1975 – 4 S 85/75 –, EzGuG 3.56a; von einem auffälligen Missverhältnis bei Überschreitung von 50 % spricht das LG Darmstadt, Urt. vom 14.01.1972 – 2 KLS 2/71 –, EzGuG 3.38a.

3.3 Besonderheiten der steuerlichen Bewertung

▶ § 22 ImmoWertV Rn. 11, § 19 ImmoWertV Rn. 11; § 18 ImmoWertV Rn. 11

Die Berechtigung zum Vorsteuerabzug zählt zu den ungewöhnlichen und persönlichen Verhältnissen i. S. des § 9 Abs. 2 Satz 3 BewG[10]. Dies ist vor allem im Rahmen des Sach- und Ertragswertverfahrens von Bedeutung.

4 Rechtsprechungsübersicht

In der Rechtsprechung wurden zur Frage des Vorliegens ungewöhnlicher oder persönlicher Verhältnisse **folgende Grundsätze** entwickelt:

1) Es gibt keinen Erfahrungssatz des Inhalts, dass die **unter dem Druck einer Enteignung ausgehandelten** Preise unangemessen sind[11].

2) **Überhöhte Angebote zum Zwecke des zügigen Erwerbs** und zur Vermeidung einer Enteignung stellen keine echten Vergleichspreise im freien Grundstücksverkehr dar[12].

3) Im Rahmen des Vergleichswertverfahrens können grundsätzlich auch Preise berücksichtigt werden, die von der öffentlichen Hand bezahlt worden sind[13]; a.A. zuvor die unteren Gerichte. So hat das OLG Frankfurt am Main noch 1980 entschieden, dass die Beteiligung der öffentlichen Hand an den zum Vergleich herangezogenen Grundstücksveräußerungsverträgen weder aus haushaltsrechtlichen noch aus sonstigen Gründen die Gewähr dafür biete, dass der Verkehrswert objektiv ermittelt und den Verträgen zugrunde gelegt worden sei[14].

4) Vorzugspreise, die eine Gemeinde Erwerbern vergleichbarer Grundstücke aus ansiedlungspolitischen Gründen einräumt, sind nur zu berücksichtigen, wenn die Gemeinde dadurch nachhaltig über eine längere Zeit und mit etwa gleich bleibenden Beträgen in das Marktgeschehen eingreift[15]; in einer anderen Entscheidung heißt es dagegen apodiktisch, dass **massive Verkäufe von gemeindeeigenen Bauplätzen zum Selbstkostenpreis** bei der Wertermittlung voll zu berücksichtigen seien[16]. Eine Berücksichtigung von Kaufpreisen verbilligt auf den Markt „geworfener" Grundstücke ist im Hinblick auf die Verkehrswertdefinition nur dann zulässig, wenn diese vom Umfang her das Marktgeschehen dämpfend beeinflussen konnten.

5) Persönliche Verhältnisse liegen vor bei Kaufpreisen, die ein und derselbe Käufer für **Grundstücke** im freien Verkehr gezahlt hat, **von deren Ankauf andere Bewerber** aus tatsächlichen Gründen **ausgeschlossen waren**[17].

6) Ungewöhnliche Verhältnisse liegen vor, wenn die öffentliche Hand im Interesse der **Realisierung einer leistungsfähigen Infrastrukturmaßnahme** ein Grundstück unter Wert veräußert[18].

---

10 BFH, Urt. vom 30.06.2010 – II R 60/08 –, BStBl II S. 897 = GuG 2010, 377 = EzGuG 1.74; BGH, Urt. vom 10.07.1991 – XII ZR 109/90 –, EzGuG 20.134d.
11 BGH, Urt. vom 28.04.1966 – III ZR 24/65 –, EzGuG 19.9; BGH, Urt. vom 12.10.1970 – III ZR 117/67 –, EzGuG 2.10; BGH, Urt. vom 01.07.1982 – III ZR 10/81 –, EzGuG 4.86; vgl. zu alledem auch BR-Drucks. 265/72, zu § 4 Abs. 3c.
12 LG Koblenz, Urt. vom 05.11.1979 – 4 O 11/79 –, EzGuG 19.35b.
13 BGH, Urt. vom 01.07.1982 – III ZR 10/81 –, EzGuG 4.86; a.A. OLG Frankfurt am Main, Urt. vom 20.3.1980 – 1 U 198/77 –, EzGuG 19.35a; vgl. Frohberger, Nachr. der rh.-pf. Kat.- und VermVw. 1983, 96 ff. und 118 ff.
14 OLG Frankfurt am Main, Urt. vom 20.03.1980 – 1 U 198/77 –, EzGuG 19.35a; differenziert: OLG München, Urt. vom 26.06.1969 – U 1/66 –, EzGuG 19.18.
15 BFH, Urt. vom 08.09.1994 – IV R 16/94 –, GuG 1995, 313 = EzGuG 19.43; BGH, Urt. vom 24.03.1977 – III ZR 32/75 –, EzGuG 6.190.
16 OVG Münster, Urt. vom 26.03.1981 – 2 A 196/81 3 K –, EzGuG 19.37; zur Rolle der öffentlichen Hand am Bodenmarkt vgl. Schäfer/Roth/Stirnemann, Nationales Forschungsprogramm der Schweiz „Boden", Liebefeld-Bern 1990.
17 KG Berlin, Urt. vom 03.04.1956 – 9 U 2425/55 –, EzGuG 20.19.
18 BGH, Urt. vom 05.04.1973 – III ZR 74/72 –, EzGuG 2.12.

§ 7 ImmoWertV   Ungewöhnliche oder persönliche Verhältnisse

7) Schon wegen der **Beteiligung der öffentlichen Hand an Grundstücksverkäufen** bestehen Bedenken, ob die ausgewiesenen Preise das Ergebnis eines freien Grundstücksmarktes sind. Grundstücksveräußerungen dieser Art richten sich nicht immer nach dem Gesetz von Angebot und Nachfrage, sondern nach den jeweils zu erfüllenden öffentlichen Aufgaben und dem Verständnis des Partners für diese Aufgabe[19].

8) Es ist nicht zu beanstanden, wenn **Vergleichspreise** mit der Begründung unberücksichtigt bleiben, dass **in nahezu sämtlichen Fällen die Stadt als Käufer** aufgetreten und ein anderer Erwerber nicht in Betracht gekommen sei[20].

9) Bei der Ermittlung von Preisen, die beim Verkauf vergleichbarer Grundstücke erzielt worden sind, dürfen nicht ausschließlich Grundstücke herangezogen werden, die der **Enteignungsbegünstigte zur Durchführung eines größeren Bauvorhabens** gekauft hat, weil insofern eine Monopolstellung des Enteignungsbegünstigten besteht[21].

10) Ungewöhnliche Verhältnisse liegen nicht vor, wenn sowohl auf Verkäuferseite als auch auf Käuferseite ein **kleiner Kreis von Interessenten** (eingeschränkter Interessentenkreis) in Betracht kommt und damit nicht für jedermann überschaubare Verhältnisse gegeben sind[22].

11) Ungewöhnliche Verhältnisse liegen vor, wenn **auf politische Ereignisse zurückzuführende vorübergehende Preisveränderungen** eingetreten sind und die Auswirkungen der die Preise beeinflussenden Umstände bei nüchterner Beurteilung der Lage auf dem Grundstücksmarkt bereits im maßgeblichen Zeitpunkt als nur vorübergehend erkennbar waren[23].

12) Der Verkehrswert kann nicht aus (zeitnahen) **Verkaufsfällen für Teilflächen** abgeleitet werden, weil es sich insoweit nicht um einen Verkauf im gewöhnlichen Geschäftsverkehr handelt, denn bei der Veräußerung von Grundstücksteilflächen kommt nur ein eng begrenzter Personenkreis als Vertragspartner in Betracht[24].

13) Bei gelegentlichen **Verkäufen** unbebauter Teilflächen **zwischen Nachbarn** liegen „bereits im Kern" ungewöhnliche Verhältnisse vor, die beim Vergleich unberücksichtigt bleiben müssen[25].

14) Ungewöhnliche Verhältnisse liegen vor, wenn ein Grundstück in einem **Zwangsversteigerungsverfahren** erworben wird[26]. Erfahrungsgemäß spielen bei einer Versteigerung ungewöhnliche Wertkriterien eine Rolle und die erzielten Preise lassen keine Schlüsse auf den Verkehrswert zu[27].

15) Der bei einer **öffentlichen Versteigerung** erzielte Preis hat nach Auffassung des PrOVG die Vermutung für sich, dass er den gemeinen Wert (Verkehrswert) des Grundstücks darstellt[28].

---

19 OLG Frankfurt am Main, Urt. vom 20.03.1980 – 1 U 198/77 –, EzGuG 19.35c.
20 BGH, Urt. vom 22.04.1982 – III ZR 131/80 –, EzGuG 17.44.
21 KG Berlin, Urt. vom 03.04.1956 – 9 U 2425/55 –, EzGuG 20.19.
22 BFH, Urt. vom 23.02.1979 – III R 44/77 –, EzGuG 19.35; RFH, Urt. vom 13.09.1929 – I Ab 734 –, StuW 1930, 134.
23 BGH, Urt. vom 31.05.1965 – III ZR 214/63 –, EzGuG 19.8; vgl. auch OLG Köln, Beschl. vom 03.05.1962 – 4 W7/62 –, EzGuG 20.30; BGH, Urt. vom 01.04.1992 – XII ZR 142/91 –, EzGuG 20.139a; BGH, Urt. vom 23.10.1985 – IV b ZR 62/84 –, EzGuG 20.110b; BFH, Urt. vom 06.05.1977 – III R 17/75 –, EzGuG 19.32; BGH, Urt. vom 14.02.1975 – IV ZR 28/73 –, NJW 1975, 1123 = MDR 1975, 562.
24 BFH, Urt. vom 26.09.1980 – III ZR 21/78 –, EzGuG 20.86 -; OLG Hamburg, Urt. vom 06.10.1965 – 1 U 197/64 –, EzGuG 18.31; OLG Hamburg, Urt. vom 24.04.1969 – 1 U 17/69 –, EzGuG 18.50.
25 BGH, Urt. vom 26.10.1972 – III ZR 78/71 –, EzGuG 18.57.
26 BGH, Urt. vom 19.03.1971 – V ZR 153/68 –, EzGuG 19.24; LG Koblenz, Urt. vom 01.10.1979 – 4 O 11/79 –, EzGuG 19.35b; hierzu Kleiber in Ernst/Zinkahn/Bielenberg/Krautzberger, BauGB, Komm. zu § 195 Rn. 22 ff.; GuG-aktuell 2010, 38, auch Wieting in Nachr. der nds. Kat.- und VermVw 1987, 195; RFH, Urt. vom 10.04.1930 – III A 567/30 –, RStBl. 1930, 298; RFH, Urt. vom 27.07.1938 – III 322/37 –, EzGuG 8.1c; BVerfG, Beschl. vom 07.12.1977 – 1 BvR 734/77 –, EzGuG 19.33.
27 LG Koblenz, Urt. vom 01.10.1979 – 4 O 11/79 –, EzGuG 19.35b.
28 KG Berlin, Beschl. vom 15.08.1995 – 88 T 77/95 –, EzGuG 19.47; Pr. OVG, Urt. vom 28.01.1887, EzGuG 20.1; ProVG, Urt. vom 08.12.1899 – II 1479 –, PrVerwBl. 21, 599; ProVG, Urt. vom 12.10.1900 – II 1334 –, PrVerwBl. 22, 265.

16) Ungewöhnliche Verhältnisse liegen bei einem Erwerb des Grundstücks in einem **Konkursverfahren** (Insolvenz) vor[29].

17) „Ohne Rechtsirrtum hat das OLG bei der Würdigung der Grundstückskäufe sowohl den **niedrigsten** wie auch den **höchsten Kaufpreis** außer Acht gelassen, da Erlöse aus Grundstücksverkäufen, deren Höhe durch besondere Umstände nach oben oder unten beeinflusst wurde, außer Betracht bleiben müssen"[30].

18) **Schwarzmarktpreise** selbst in erheblichem Umfang gelten als durch ungewöhnliche Verhältnisse beeinflusst[31].

19) **Reine Spekulationskäufe,** „Liebhabereien" und Affektionsinteressen sind bei der Ermittlung von Verkehrswerten nicht berücksichtigungswürdig[32].

20) **Erhöhte Grundstückspreise**, die ein Apotheker gezahlt hatte, **um den Zuzug eines Konkurrenten zu verhindern** oder die von einem Industriebetrieb zur besseren Sicherung seines Wassergewinnungsrechts aufgewendet worden waren, dürfen nicht ohne Weiteres als Vergleichspreise herangezogen werden[33].

21) Ungewöhnliche Verhältnisse liegen vor, wenn ein „Wassergewinnungsunternehmen" zur Vermeidung von Vorgängen, die der Wassergewinnung abträglich sein können, oder zur **Ausschaltung von Entschädigungsrisiken** überhöhte Kaufpreise entrichtet hat[34].

22) Die Bezahlung des vollen **Kaufpreises als Barzahlung** in Zeiten der Geldknappheit kann für die Ermittlung des Verkehrswerts nicht „entscheidend" sein[35].

23) **Besondere Zahlungsbedingungen** sind nicht zwangsläufig als ungewöhnliche Verhältnisse anzusehen; sie müssen bei dem Preisvergleich aber entsprechend berücksichtigt werden, z. B. durch Kapitalisierung von Ratenzahlungen[36]. Eine Kaufpreisbeeinflussung kann allerdings dann vorliegen, wenn die Zahlungsbedingungen von den üblicherweise vertraglich vereinbarten Entgelten abweichen (vgl. § 6 Abs. 3 WertV 88).

24) Ein **unter dem Zwang besonderer Umstände geschlossener langfristiger Miet- und Pachtvertrag** über ein unbebautes als Bauland bewertetes Grundstück ist bei der Ermittlung des gemeinen Werts zu berücksichtigen, wenn seine Auswirkungen der Verwertung des Grundstücks als Baugelände hinderlich sind und dessen Veräußerungswert beeinträchtigen. Es handelt sich insoweit nicht um außergewöhnliche oder persönliche Verhältnisse i. S. des § 10 Abs. 2 letzter Satz BewG[37].

25) Der BFH hält an der Auffassung des RFH im Urt. vom 25.5.1938 – III – 9/38 – fest, dass die **Verfügungsbeschränkungen des Heimstätters,** insbesondere seine preisliche Bindung bei Ausübung des Wiederkaufsrechts durch den Ausgeber der Heimstätte nach § 15 Abs. 1 RHeimstG, bei der Einheitsbewertung der Heimstätte als ungewöhnliche oder persönliche Verhältnisse i. S. des § 10 Abs. 2 Satz 3 BewG nicht zu berücksichtigen sind[38].

26) Unter **gesetzeswidriger Umgehung von Preisvorschriften** zustande gekommene Kaufpreise sind nicht dem gewöhnlichen Geschäftsverkehr zurechenbar[39].

---

29 RFH, Urt. vom 17.04.1928 – II A 96 –, StuW 1928, 639; BayObLG, Beschl. vom 08.04.1998 – 3 Z BR 324/97 –, EzGuG 19.45a.
30 BGH, Urt. vom 02.07.1968 – V BLw 10/68 –, EzGuG 19.14; BGH, Urt. vom 13.07.1978 – III ZR 112/75 –, EzGuG 19.34.
31 BFH, Urt. vom 03.04.1964 – III 293/61 –, EzGuG 19.7a.
32 BGH, Urt. vom 01.07.1982 – III ZR 10/81 –, EzGuG 4.86; BGH, Urt. vom 08.11.1962 – III ZR 86/61 –, EzGuG 8.5; BVerwG, Urt. vom 09.06.1959 – 1 CB 27/58 –, EzGuG 17.13; BFH, Urt. vom 14.12.1976 – VIII R 99/72 –, EzGuG 19.31; BGH, Urt. vom 28.05.1976 – V ZR 170/74 –, EzGuG 19.29.
33 BGH, Urt. vom 12.05.1975 – III ZR 187/72 –, EzGuG 19.27.
34 OLG Köln, Urt. vom 16.08.1973 – 7 U 18/73 –, EzGuG 119.25a.
35 RFH, Urt. vom 30.06.1932 – III A 173/32 –, StuW 1932 Teil II Nr. 939 mit Anm. von Seweloh in StuW 1932 Teil I S. 1250; RFH, Urt. vom 24.9.1930.
36 Dieterich in Ernst/Zinkahn/Bielenberg/Krautzberger, BauGB § 194 Rn. 43; a.A. Gelzer/Busse, Der Umfang der Enteignungsentschädigung, München 1980, 2. Aufl. Rn. 98.
37 BFH, Urt. vom 14.08.1953 – III 33/53 U –, EzGuG 20.16a.
38 BFH, Urt. vom 28.10.1955 – III 92 und 106/55 S –, EzGuG 14.4.
39 BFH, Urt. vom 03.04.1964 – III 293/61 –, EzGuG 19.7a.

§ 7 ImmoWertV — Ungewöhnliche oder persönliche Verhältnisse

22 Bei der Verkehrswertermittlung ist des Weiteren nicht zu berücksichtigen, dass ein Eigentümer zum **Vorsteuerabzug** berechtigt ist. Der BGH und der BFH haben diese Berechtigung den ungewöhnlichen oder persönlichen Verhältnissen zugeordnet[40]. Weitere Grundsätze zur Berücksichtigung ungewöhnlicher oder persönlicher Verhältnisse sind in der **Rechtsprechung zur Kostenordnung** entwickelt worden, die allerdings nicht ohne Weiteres auf die Verkehrswertermittlung übertragbar sind[41].

5 Ungewöhnliche Aufwendungen bei der Bemessung von Kaufpreisen

23 Nach § 6 Abs. 3 WertV 88 kann eine Beeinflussung des Kaufpreises (oder eines anderen Datums) vorgelegen haben, wenn der Kaufpreis anlässlich des Grundstückserwerbs durch „Aufwendungen mitbestimmt worden ist und ... wenn diese nicht zu den üblicherweise vertraglich vereinbarten Entgelten gehören" (vgl. oben Rn. 10). Neben den **besonderen Zahlungsbedingungen** nennt die Vorschrift die Kosten der bisherigen Vorhaltung (des Grundstücks), Abstandszahlungen, Ersatzleistungen, Zinsen sowie Steuern und Gebühren. Die Begründung[42] zu dieser Vorschrift nennt darüber hinaus den Kapitaldienst für Fremdmittel und den entgangenen Gewinn für investierte Eigenmittel.

24 Die ImmoWertV hat auch diese „Kann-Bestimmung" ersatzlos gestrichen, weil in den genannten Fällen nicht per se von einer Beeinflussung des Kaufpreises durch ungewöhnliche oder persönliche Verhältnisse ausgegangen werden kann. Es entspricht vielmehr dem gewöhnlichen Geschäftsverkehr, dass sich **besondere Zahlungsbedingungen** auf den Kaufpreis auswirken[43]. Dies gilt insbesondere für den Fall der Verrentung eines Kaufpreises (vgl. unten Rn. 28 ff.). Als Vergleichspreis kann in derartigen Fällen allerdings i. d. R. nur der Kapitalwert der Rente herangezogen werden[44].

25 Eine Beeinflussung des Kaufpreises durch „ungewöhnliche und persönliche Verhältnisse" kann bei einem Grundstückserwerb mit besonderen Vertragsbedingungen vorstehender Art gegeben sein, wenn der Kapitalwert der besonderen Vertragsbedingungen im Gesamtergebnis zu einem Kaufpreis führt, der i. S. der mit § 7 Satz 2 ImmoWertV „erheblich" von Kaufpreisen und anderen Daten in vergleichbaren Fällen abweicht. Aus diesem Grunde wird die Regelung des § 6 Abs. 3 WertV 88 von der Nachfolgeregelung erfasst.

26 Insbesondere die **Vorhaltekosten** (Kapitaldienst, ggf. auch ein entgangener Gewinn) beeinflussen im gewöhnlichen Geschäftsverkehr i. d. R. nicht die Höhe des Kaufpreises. Gelingt es im Einzelfall z. B. dem Verkäufer, diese Kosten zusätzlich auf den Erwerber zu überwälzen, so führt dies im Ergebnis dazu, dass dieser Kaufpreis insoweit von denen vergleichbarer Fälle abweicht.

27 Fazit: Die vorstehend genannten Fälle der Beeinflussung des Kaufpreises stellen nur dann „ungewöhnliche oder persönliche Verhältnisse" dar, wenn sie in einer nicht dem gewöhnlichen Geschäftsverkehr entsprechenden Höhe den Kaufpreis beeinflussen, d. h. die Kaufpreisbeeinflussung nicht marktorientiert ist.

---

40 BGH, Urt. vom 10.07.1991 – XII ZR 109/90 –, EzGuG 20.134d.
41 BayObLG, Beschl. vom 09.07.1998 – 3 Z BR 8/98 –, GuG 1999, 119 = EzGuG 19.46 zu Verfügungsbeschränkungen.
42 BR-Drucks. 352/88, S. 43.
43 BFH, Urt. vom 29.10.1970 – IV R 141/67 –, EzGuG 19.22; BFH, Urt. vom 20.11.1969 – IV R 22/68 –, EzGuG 19.19.
44 Zur Ermittlung vgl. Heubeck in DNotZ 1978, 643; vgl. auch BFH, Urt. vom 29.10.1970 – IV R 141/67 –, EzGuG 19.22; BFH, Urt. vom 24.04.1970 – III R 54/67 –, EzGuG 19.21; BFH, Urt. vom 20.11.1969 – IV R 22/68 –, EzGuG 19.19; BFH, Urt. vom 02.12.1971 – III R 14/66 –, BStBl. II 1970, 368; BFH, Urt. vom 03.10.1969 – III R 90/66 –, EzGuG 19.18a; BFH, Urt. vom 29.03.1962 – VI 105/61 U –, EzGuG 14.14a; RFH, Urt. vom 08.10.1936 – III A 131/36 –, RStBl. 1936, 1126; BGH, Urt. vom 12.01.1968 – V ZR 187/64 –, EzGuG 19.12; BGH, Urt. vom 19.06.1962 – VI ZR 100/61 –, EzGuG 19.7; BGH, Urt. vom 01.06.1990 – V ZR 84/89 –, EzGuG 19.40.

▶ Zur Berücksichtigung außergewöhnlicher Sicherungs- und Verwertungsrechte vgl. § 1 ImmoWertV Rn. 32 ff. und Schröter in Kleiber, Verkehrswertermittlung von Grundstücken, 6. Aufl. 2010, Teil IX Rn. 534 ff.

6 Verrentung von Kaufpreisen; Leib- und Zeitrente

6.1 Allgemeines

Schrifttum: *Bertz, U.,* Bewertung von beschränkt persönlichen Dienstbarkeiten und Nießbrauch – Leibrenten- oder Zeitrentenfaktoren? GuG 2003, 134, 239; *Petersen/Schnoor,* Leibrentenberechung, GuG 2012, 1; *Steinkamp, Chr.,* Modifizierte Leibrentenbarwertfaktoren für die abgekürzte Sterbetafel 1998/2000, GuG 2003, 151; *Simon, Th.,* Verwendung von Leibrenten- und Leibrentendiskontierungsfaktoren, GuG 2009, 15.

Im Falle einer **Verrentung des Kaufpreises ist zu unterscheiden zwischen Zeitrenten und Leibrenten**: 28

- Bei einer nicht personengebundenen *Zeitrente* endet die Zahlung der Rente zu einem vertraglich genau festgelegten Zeitpunkt; dies gilt auch dann, wenn die berechtigte Person innerhalb des Zeitraums stirbt; rentenberechtigt sind ggf. der Erbe oder mehrere Erben (terminierte Laufzeit).

- Bei einer personengebundenen *Leibrente* endet die Zahlungsverpflichtung durch den Tod des oder der Berechtigten; über den Zeitpunkt lassen sich auf der Grundlage von Sterbetafeln nur Vermutungen anstellen, wobei Frauen i. d. R. eine höhere Lebenserwartung als Männer haben.

Leibrenten i. S. des § 759 BGB sind regelmäßig wiederkehrende, „im Zweifel" für die Lebensdauern des Gläubigers im Voraus zu entrichtende Leistungen, z. B. für die Einräumung eines Wohnungsrechts oder eines Nießbrauchs. Der für die Rente bestimmte Betrag ist nach § 759 Abs. 2 BGB im Zweifel der Jahresbetrag der Rente. Zur Gültigkeit eines Vertrags, durch den eine Leibrente versprochen wird, ist, soweit nicht eine andere Form vorgeschrieben ist, gemäß § 761 BGB schriftliche Erteilung des Versprechens erforderlich. Die Erteilung des Leibrentenversprechens in elektronischer Form ist ausgeschlossen, soweit das Versprechen der Gewährung familienrechtlichen Unterhalts dient (vgl. unten Rn. 36). 29

Leibrenten dürfen dabei nicht als Zeitrenten verstanden werden, bei denen die mittlere **Lebenserwartung** des Berechtigten zugrunde zu legen ist. Vielmehr muss für jedes einzelne der künftigen Jahre, in denen die Leibrente anfällt, die Wahrscheinlichkeit berücksichtigt werden, mit der der Leibrentenberechtigte noch leben wird.

Bleiben solche Renten während der gesamten Laufzeit unverändert, spricht man von einer **„konstanten Rentenhöhe";** häufig sind die Renten allerdings durch Wertsicherungsklauseln dynamisiert, wobei man zwischen genehmigungsfähigen, -pflichtigen und -freien Wertsicherungsklauseln unterscheidet[45]. 30

---

[45] Schneider/Schlund/Haas, Kapitalisierungs- und Verrentungstabellen, 2. Aufl., S. 45.

6.2 Zeitrente

6.2.1 Allgemeines

31 Zeitrenten lassen sich nach unterschiedlichen **Zahlungsmodalitäten** unterscheiden (Abb. 1).

Abb. 1: Unterschiedliche Zahlungsmodalitäten bei Zeitrenten

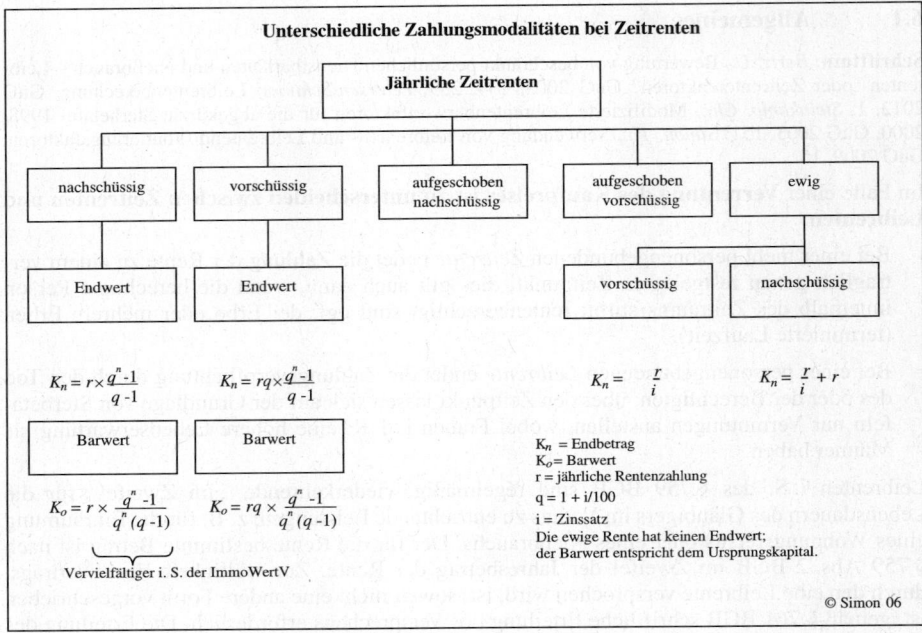

32 Bei der Rentenzahlung ist nach der **Zahlungsweise** zu unterscheiden, d. h. nach

1. Zahlungs*intervallen* (monatlich, viertel- und halbjährlich, jährlich);
2. Zahlungs*zeitpunkt* (innerhalb des Zahlungsintervalls), wobei wiederum zu unterscheiden ist zwischen der
   - *vorschüssigen* (pränumerando), am Anfang eines Zahlungsintervalls, und der
   - *nachschüssigen* (postnumerando), am Ende eines Zahlungsintervalls, fälligen Zahlungspflicht.

33 Die **monatlich vorschüssige Zahlungsweise ist vorherrschend**; hierauf bauen die meisten Tabellenwerke auf.

6.2.2 End- und Barwert von Zeitrenten

6.2.2.1 Ermittlung des Endwerts von Zeitrenten

34 a) **nachschüssig**

A zahlt am Ende eines jeden Jahres 10 Jahre lang 2 000 €, die mit 5 % verzinst werden, auf ein Konto. Wie hoch ist der gesparte Betrag?

Ungewöhnliche oder persönliche Verhältnisse § 7 ImmoWertV

n = 10
i = 5
r = 2 000

$$K_n = r \times \frac{q^n - 1}{q - 1}$$

$$K_n = 2000\ € \times \frac{1{,}05^{10} - 1}{0{,}05} = 25\,156\ €$$

b) vorschüssig

Aufgabe wie vor, jedoch wird der Betrag von 2 000 € am Anfang jeden Jahres eingezahlt.

$$K_n = rq\frac{q^n - 1}{q - 1}$$

$$K_n = 2\,000\ € \times 1{,}05 \times \frac{1{,}05^{10} - 1}{0{,}05} = 26\,414\ €$$

6.2.2.2 Ermittlung des Barwerts von Zeitrenten

a) nachschüssig

Wie hoch ist der Barwert einer nachschüssigen Rente von r = 2 000 €, die 5 Jahre lang gezahlt werden soll bei einem Zinssatz von 5 %?

$$K_0 = r\frac{q^n - 1}{q^n(q - 1)}$$

$$K_0 = 2\,000\ € \times \frac{1{,}05^5 - 1}{1{,}05^5 \times 0{,}05} = 8\,660\ €$$

b) vorschüssig

Aufgabe wie vor, jedoch vorschüssige Einzahlung

$$K_0 = rq\frac{q^n - 1}{q^n(q - 1)}$$

$$K_0 = 2\,000\ € \times 1{,}05 \times \frac{1{,}05^5 - 1}{1{,}05^5 \times 0{,}05} = 9\,093\ €$$

§ 7 ImmoWertV — Ungewöhnliche oder persönliche Verhältnisse

6.3 Leibrente

6.3.1 Allgemeines

Schrifttum: *Bertz, U.,* Bewertung von beschränkt persönlichen Dienstbarkeiten und Nießbrauch – Leibrenten- und Zeitrentenfaktor, GuG 2003; 134, 339; *Möckel, R.,* Aktuelle Probleme bei der Verwendung von Leibrentenfaktoren, GuG 2003, 343; *Möckel, R.,* Leibrentenfaktoren 2000/2002, GuG 2004, 340; *Schneider/Schlund/Haas,* Kapitalisierungs- und Verrentungstabellen, 2. Aufl. 1992; *Statistisches Bundesamt:* Kommutationszahlen und Versicherungsbarwerte für Leibrenten 2001/2003; *Steinkamp, Ch.,* Modifizierte Leibrentenbarwertfaktoren für die abgekürzte Sterbetafel 1998/2000, GuG 2003; 151.

36 Leibrenten (vgl. oben Rn. 29) sind **periodische Zahlungen** (z. B. monatlich oder jährlich), **die bis zum Lebensende des Empfängers gezahlt werden**. Bei Leibrenten ist zu unterscheiden zwischen

a) lebenslänglichen Leibrenten „auf das Leben" *einer* Person (Mann oder Frau),

b) lebenslänglichen Leibrenten „auf das Leben" *zweier* Personen (z. B. Ehepaar),

c) „aufgeschobenen" Leibrenten, d. h. lebenslänglichen Leibrenten auf das Leben einer oder mehrerer Personen, die erst zu einem späteren, vertraglich vereinbarten Zeitpunkt beginnen,

d) temporären Leibrenten, wobei eine zeitlich begrenzte (temporäre) Leibrente vereinbart wird („Höchstbetragsrente"); im Unterschied zur Zeitrente soll dabei die Zahlungsverpflichtung zusätzlich zu einem vertraglich vereinbarten Ende durch den Tod des Berechtigten innerhalb dieses Zeitraums beendet werden.

Kombinationen der verschiedenen Leibrentenformen sowie Kombinationen von Leib- und Zeitrenten sind möglich (Abb. 2):

Abb. 2: Leibrenten

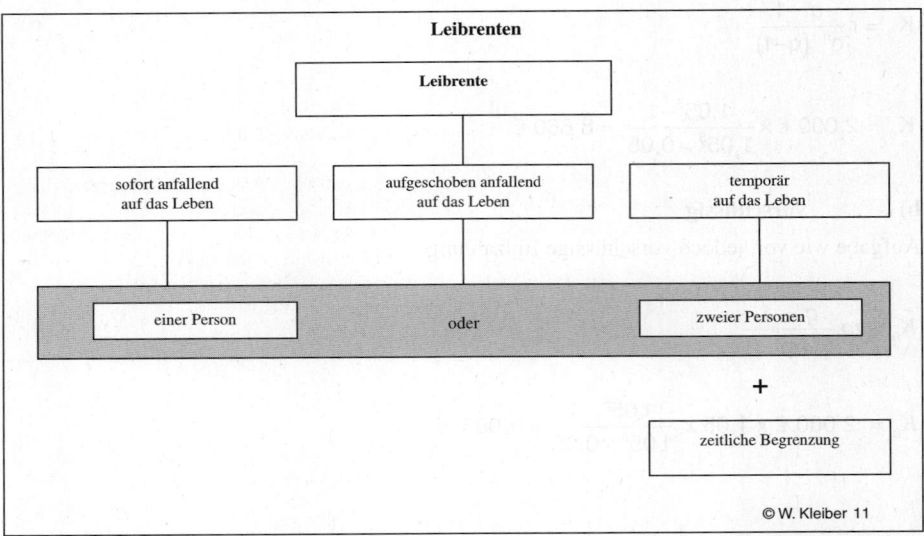

37 Als Kalkulationsgrundlage von Leibrenten dienen **Versicherungsbarwerte**, die auf der Grundlage der Sterblichkeitsverhältnisse einer Bevölkerung erstellt werden. Die Versicherungsbarwerte werden aus der Absterbeordnung einer Sterbetafel mithilfe der so genannten **Kommutationszahlen** (D_x und N_x) in Abhängigkeit von dem Zinsfuß abgeleitet:

Ungewöhnliche oder persönliche Verhältnisse § 7 ImmoWertV

Der Versicherungsbarwert $ä_x$ entspricht beispielsweise dem Wert einer sofort beginnenden und lebenslänglich, jährlich vorschüssig zahlbaren Leibrente vom Werte „1" für eine x-jährige Person. Sie können den vom Statistischen Bundesamt veröffentlichten Tabellen der Kommutationszahlen und Versicherungsbarwerten entnommen werden.

Bezieht sich die Leibrente auf zwei unabhängige Personen, z. B. Geschwister, so spricht man von **„unabhängigen Leibrenten"**. Der Barwert ermittelt sich in diesen Fällen als Summe der Barwerte der Leibrenten für die einzelnen Personen. Sind die Leibrenten auf das Leben mehrerer Personen sowohl in ihrer Höhe als auch in der Laufzeit verbunden, spricht man von „verbundenen Leibrenten" (Verbindungsrente), wobei zu unterscheiden ist nach 38

a) Leibrente auf das kürzere Leben (Leibrente bis zum Tode des zuerst Versterbenden) und

b) Leibrente auf das längere Leben (Leibrente bis zum Tode des zuletzt Versterbenden).

Bei Anwendung der Kommutationszahlen des Statistischen Bundesamtes gilt folgende Notation: 39

x	vollendetes Alter des Mannes
y	vollendetes Alter der Frau

Für die Altersbestimmung ist das versicherungsmathematische Alter maßgebend. Zur Ermittlung des versicherungsmathematischen Alters wird das auf den Berechnungsstichtag (Wertermittlungsstichtag) bis auf den Tag berechnete Lebensalter auf ganze Jahre auf- oder abgerundet, d. h., ein Lebensalter von x und weniger als sechs Monaten wird auf x Jahre abgerundet und ein Lebensalter von x und mehr als sechs Monaten auf x + 1 aufgerundet. Bei einem Lebensalter von x und sechs Monaten kann der Barwert als Mittelwert einer Berechnung von x sowie von x + 1 Jahren ermittelt werden.

l_x bzw. l_y	Lebende gemäß Sterbetafel (im Alter x)
D_x bzw. D_y	Diskontierte Zahl der Lebenden (im Alter x) = $v_x \times l_x$
v^x	Abzinsungsfaktor = $1/(1+i)^x$
i	Zinsfuß
N_x bzw. N_y	Erste Summe der diskontierten Zahl der Lebenden

$$= D_x + D_{x+1} + \ldots D_\omega = \sum_{a=x}^{\omega} D_a$$

w	höchstes in der Sterbetafel von den Überlebenden erreichbares Alter ($l_\omega \geq 0$, $l_{\omega+1} = 0$)
$ä_x$ bzw. $ä_y$	Barwert der sofort beginnenden und lebenslänglich, jährlich vorschüssig zahlbaren Leibrente „1" für einen x-jährigen Mann bzw. eine y-jährige Frau
$^{(12)}a_x$ bzw. $^{(12)}ä_y$	Barwert der sofort beginnenden und lebenslänglich, monatlich vorschüssig zahlbaren Leibrente „1" für einen x-jährigen Mann bzw. eine y-jährige Frau
$(m)_k$	Reduktionsfaktor für vorschüssige unterjährige Zahlungsweise (monatlich m = 12)

§ 7 ImmoWertV Ungewöhnliche oder persönliche Verhältnisse

Abb. 3: Reduktionsfaktor für vorschüssig monatliche Zahlweise

Zinsfuß i %	$^{(m)}k$	Zinsfuß i %	$^{(m)}k$	Zinsfuß i %	$^{(m)}k$	Zinsfuß i %	$^{(m)}k$
1,00	0,45998	3,75	0,46442	6,50	0,46874	9,25	0,47293
1,25	0,46039	4,00	0,46482	6,75	0,46913	9,50	0,47331
1.50	0,46080	4,25	0,46522	7,00	0,46951	9.75	0,47368
1,75	0,46120	4,50	0,46561	7,25	0,46990	10,00	0,47406
2,00	0,46161	4,75	0,46601	7,50	0,47028	10,25	0,47443
2,25	0,46202	5,00	0,46640	7,75	0,47066	10,50	0,47480
2,50	0,46242	5,25	0,46679	8,00	0,47104	10,75	0,47517
2,75	0,46282	5,50	0,46719	8,25	0,47142	11,00	0,47554
3,00	0,46322	5,75	0,46758	8,50	0,47180	11,25	0,47591
3,25	0,46362	6,00	0,46797	8,75	0,47218	11,50	0,47627
3,50	0,46402	6,25	0,46835	9,00	0,47256	11,75	0,47664

6.3.2 Berechnung des Barwerts

6.3.2.1 Allgemeines

40 Um den Barwert einer Leibrente zu ermitteln, ist es nicht zulässig, die durchschnittliche Lebenserwartung (nach den Angaben der Sterbetafel) in eine Zeitrentenformel einzusetzen. Vielmehr muss zunächst die Höhe der Jahresrente mit der Wahrscheinlichkeit multipliziert werden, die aus der Sicht des Berechtigten im Jahr des Rentenbeginns bezüglich des Erlebensfalls besteht. Das Produkt aus Jahresrentenbetrag und Erlebenswahrscheinlichkeit ist auf den Zeitpunkt des Rentenbeginns zu diskontieren; rechentechnisch erfolgt dies unter Anwendung der sog. **Leibrenten(barwert)faktoren**.

Mit Leibrentenbarwertfaktoren lassen sich Leistungen, die an das Leben von Personen gebunden sind, kapitalisieren.

Man unterscheidet nach:

$ä_x$ Leibrentenbarwertfaktor für die sofort beginnende, lebenslängliche *jährlich vorschüssige* Leibrente vom Wert 1,

$^{(12)}ä_x$ Leibrentenbarwertfaktor für die sofort beginnende, lebenslängliche *monatlich vorschüssige* Leibrente vom Wert 1,

a_x Leibrentenbarwertfaktor für die sofort beginnende, lebenslängliche *jährlich nachschüssige* Leibrente vom Wert $1 = ä_x - 1$.

Die Geschäftsstelle des Gutachterausschusses in der Landeshauptstadt *Kiel* hat eine Rechenanwendung entwickelt, die Leibrentenbarwertfaktoren auf Basis der jeweils aktuellen Sterbetafel anzeigt; sie können im Internet über die Adresse „Gutachterausschuss Kiel" abgerufen werden. Liegen neue Veröffentlichungen des statistischen Bundesamtes (Destatis) vor, werden diese eingepflegt.

Soweit im Rahmen der Verkehrswertermittlung „verbundene Leibrenten" zu berücksichtigen sind, ist zwischen Zahlungen

– „bis zum Tode des der letztversterbenden Person" oder

– „bis zum Tod der erstversterbenden Person" (ab Version 2003 bis 2005 vom Gutachterausschuss Kiel eingepflegt)

zu unterscheiden. Die entwickelte Applikation berücksichtigt auch diese Möglichkeit, in dem Leibrentenbarwertfaktoren für zwei Berechtigte unter Berücksichtigung des Geschlechts ermittelt werden können.

Zur **Anwendung** werden folgende Erläuterungen gegeben: Zur Ermittlung des Werts des durch ein Recht im vorstehenden Sinne belasteten Grundstücks ist der Verkehrswert (Marktwert) des fiktiv unbelasteten

Ungewöhnliche oder persönliche Verhältnisse § 7 ImmoWertV

Grundstücks mit dem aus dem Leibrentenbarwertfaktor ermittelten Abzinsungsfaktor (an das Leben gebundener Abzinsungsfaktor) zu multiplizieren. Dieser ist ab der „Rechenmaschine 2004–2006 Bestandteil der Anwendung. Die mathematische Grundlage bildet (entsprechend Ziff. 4.4.3 (Anl. 17) der WERTR 06) nachstehende Formel:

$f(x) = 1 - (ä(x) - 1) \times p$

wobei

f(x) = Abzinsungsfaktor
ä(x) = Leibrentenfaktor
p = Zinsfaktor (z. B. 0,01 bei 5 %)

Des Weiteren wird der Hinweis gegeben, dass der in dem Rechenbeispiel der Anl. 17 WERTR 06 dargestellte Leibrentenfaktor auf Grundlage einer „monatlich vorschüssigen Zahlungsweise" ermittelt wurde und im Rahmen der Ermittlung des an das „Leben gebundenen Abzinsungsfaktors" jedoch der jährlich nachschüssige Leibrentenfaktor Grundlage des Rechenbeispiels ist. Dieser wird im Rahmen der nachfolgenden Rechenmaschinen angeboten:

Rechenmaschine 2007 – 2009 (Grundlage: Absterbeordnung 2007 – 2009)

Rechenmaschine 2006 – 2008 (Grundlage: Absterbeordnung 2006 – 2008)

Rechenmaschine 2005 – 2007 (Grundlage: Absterbeordnung 2005 – 2007)

Rechenmaschine 2004 – 2006 (Grundlage: Absterbeordnung 2004 – 2006)

Rechenmaschine 2003 – 2005 (Grundlage: Absterbeordnung 2003 – 2005)

Rechenmaschine 2002 – 2004 (Grundlage: Absterbeordnung 2002 – 2004)

Rechenmaschine 2001 – 2003 (Grundlage: Absterbeordnung 2001 – 2003)

Rechenmaschine 2000 – 2002 (Grundlage: Absterbeordnung 2000 – 2002)

Die vorstehend erläuterte Vorgehensweise ist darin begründet, dass einerseits innerhalb der durchschnittlichen Lebenserwartung eine **mit zunehmendem Alter anwachsende Sterbewahrscheinlichkeit** besteht und andererseits über die durchschnittliche Lebenswahrscheinlichkeit noch eine nicht unbeträchtliche **Erlebenswahrscheinlichkeit** gegeben ist. Mit den Leibrentenfaktoren werden Sterbe- und Erlebenswahrscheinlichkeit mit berücksichtigt. Insoweit ist die Ermittlung des Barwerts von Leibrenten auf der Grundlage der Sterbetafel mithilfe der durchschnittlichen Lebenserwartung nicht sachgerecht. **41**

Der **Barwert einer lebenslänglichen Leibrente** berechnet sich als Produkt aus der Jahresrente und dem sog. Leibrentenfaktor $^{(m)}ä$, d. h. nach der Formel: **42**

> $B = R \times {}^{(m)}ä_x$ für Männer
>
> $B = R \times {}^{(m)}ä_y$ für Frauen
>
> $B = R \times {}^{(m)}ä_{xy}$ für „verbundene" Leben bis zum Tode des zuerst Versterbenden

wobei:

R = Jahresbetrag der Rente (bei Wohnrechten: Jahresmietertrag)

m = Anzahl der Zahlungen/Jahr, d. h. bei monatlicher Zahlung = 12

$^{(m)}ä_x$ = Leibrentenfaktor für Männer; vorschüssig

$^{(m)}ä_y$ = Leibrentenfaktor für Frauen; vorschüssig

$^{(m)}ä_{xy}$ = Leibrentenfaktor für „verbundene" Leben

y = Alter der Frau

x = Alter des Mannes

Bei nachschüssiger Zahlweise werden die Leibrentenfaktoren mit $^{(m)}ä_x$, $^{(m)}ä_y$, bzw. $^{(m)}ä_{xy}$ bezeichnet.

§ 7 ImmoWertV — Ungewöhnliche oder persönliche Verhältnisse

43 Die **Leibrentenfaktoren** sind einschlägigen Tabellenwerken zu entnehmen[46], die insbesondere Tabellen für Leibrentenfaktoren für eine monatlich vorschüssige Zahlungsweise enthalten, in die mit dem Jahresbetrag der Rente eingegangen wird, insbesondere

44 – Leibrentenfaktoren für *lebenslängliche* Zahlungen:
- $^{(12)}\ddot{a}_x$ für Männer
- $^{(12)}\ddot{a}_y$ für Frauen
- $^{(12)}\ddot{a}_{xy}$ für verbundene Leben

– Leibrentenfaktoren für *temporäre* Leibrenten:
- $^{(12)}\ddot{a}_{x:n}$ für Männer
- $^{(12)}\ddot{a}_{y:n}$ für Frauen

wobei n = zeitliche Begrenzung in Jahren

45 Auch **Wohn- und Nießbrauchrechte** sind im Übrigen nach den Methoden der Leibrentenberechnung und nicht nach Zeitrenten zu ermitteln.

6.3.2.2 Barwert einer jährlich vorschüssig zahlbaren Leibrente

46 Die Jahresrente ermittelt sich durch Umstellung der vorstehenden Formel für die Verrentung von Kapitalbeträgen:

$$\text{Jahresrente} = \frac{\text{Barwert}}{\ddot{a}_x \text{ bzw. } \ddot{a}_y}$$

47 *Beispiel A:*

Eine 70-jährige Frau verkauft ihr Grundstück für eine lebenslänglich, jährlich vorschüssig zu zahlende Rente. Der Wert des Grundstücks beträgt 200 000 €. Gesucht ist die Höhe der Leibrente bei einer Verzinsung des Kaufpreises von 5 %.

Bei einem Zinssatz von 5,0 % ergibt sich für 70-jährige Frauen nach dem Tabellenwerk der Kommutationszahlen 2002/2004:

$\ddot{a}_y$: 10,853

Rentenbetrag = Kaufpreis/$\ddot{a}_y$ = 200 000 €/10,853 = 18 428,08 €

48 *Beispiel B:*

Eine 70-jährige Frau möchte eine lebenslänglich, jährlich vorschüssig zu zahlende Rente in Höhe von 24 000 € erhalten. Gesucht ist die Höhe des Kaufpreises bei einem Zinssatz von 5 %.

Kaufpreis = Rentenbetrag x $\ddot{a}_y$ = 24 000 € × 10,853 = 260 472 €

6.3.2.3 Barwert einer monatlich vorschüssig zahlbaren Leibrente

49 *Beispiel:*

Eine 70-jährige Frau verkauft ihr Grundstück für eine lebenslänglich, monatlich vorschüssig zu zahlende Rente. Der Wert des Grundstücks beträgt 200 000 €. Gesucht ist die Höhe der Leibrente bei einer Verzinsung des Kaufpreises von 5 %.

Bei einem Zinssatz von 5,0 % ergibt sich für 70-jährige Frauen nach dem Tabellenwerk der Kommutationszahlen 2002/2004:

$^{(m)}\ddot{a}_y$: 10,387, wobei

$^{(m)}\ddot{a}_y = {}^{(12)}\ddot{a}_{70} = \ddot{a}_y - {}^{(m)}k = 10{,}853 - 0{,}4664$

Rentenbetrag = Kaufpreis/$^{(m)}\ddot{a}_{y\,m}$ = 200 000 €/10,853 = 18 428,08 €

---

[46] Kommutationszahlen des Statistischen Bundesamtes; Schneider/Schlund/Haas, Kapitalisierungs- und Verrentungstabellen, 2. Aufl., S. 45.

Ungewöhnliche oder persönliche Verhältnisse § 7 ImmoWertV

6.3.2.4 Barwert einer aufgeschobenen Leibrente

Eine 70-jährige Frau verkauft ihr Grundstück für eine lebenslänglich, jährlich vorschüssig zu zahlende Rente, beginnend ab dem 75. Lebensjahr. Der Wert des Grundstücks beträgt 200 000 €. Gesucht ist die Höhe der Leibrente bei einer Verzinsung des Kaufpreises von 5 %.

50

Bei einem Zinssatz von 5,0 % ergibt sich für 70-jährige Frauen nach dem Tabellenwerk der Kommutationszahlen 2002/2004:

$_n ä_y = (D_{y+n}/D_y) \times ä_{y+n} = 6{,}445$

Rentenbetrag = Kaufpreis/$^{(m)}ä_{y\,m}$ = 200 000 €/6,445 = 31 031,81 €

6.3.2.5 Temporäre Leibrente

Eine 70-jährige Frau verkauft ihr Grundstück für eine lebenslänglich, jährlich vorschüssig zu zahlende Rente, die auf eine Laufzeit von 20 Jahren begrenzt sein soll. Der Wert des Grundstücks beträgt 200 000 €. Gesucht ist die Höhe der Leibrente bei einer Verzinsung des Kaufpreises von 5 %.

51

Bei einem Zinssatz von 5,0 % ergibt sich für 70-jährige Frauen nach dem Tabellenwerk der Kommutationszahlen 2002/2004:

$ä_{70:20} = (N_y - N_{y+n})/D_y = (30\,674{,}151 - 1\,251{,}577)/\,2\,826{,}290 = 10{,}410$

Rentenbetrag = Kaufpreis/$^{(m)}ä_{y\,m}$ = 200 000 €/10,410 = 19 212,30 €

6.3.2.6 Verbundene Leibrenten

Bei der Berechnung des Barwerts verbundener Leibrenten – auch **Verbindungsrente** genannt – sind zwei Besonderheiten zu beachten:

52

a) Der Leibrentenfaktor $^{(m)}ä_{xy}$ ist vom Altersunterschied z. B. des Ehepaares abhängig; insoweit muss auf die einschlägigen Tabellenwerke zurückgegriffen werden.

b) Der Altersunterschied ist dadurch zu ermitteln, dass zunächst beide Alter (genau) bezogen auf den Wertermittlungsstichtag zu ermitteln sind und anschließend die Differenz gebildet wird.

c) Es müssen besondere Bestimmungen beachtet werden, wenn beim Tode des einen Berechtigten die Höhe der Rente nur zum Teil auf den anderen Berechtigten übergeht. Dazu werden die Faktoren F eingeführt, die jeweils den prozentualen Übergang der Leibrentenhöhe kennzeichnen. Bei vollem Übergang ist F = 1, bei 50%igem Übergang ist F = 0,5 usw.:

F_x = Übergangsfaktor an den Mann
F_y = Übergangsfaktor an die Frau
F_{xy} = $(F_x + F_y) - 1$

Geht die Leibrente beim Tode eines Berechtigten jeweils voll auf den Überlebenden über ist

$F_{xy} = 1 + 1 - 1 = 1$

Der **Barwert für eine verbundene Leibrente** (monatlich und vorschüssig) berechnet sich dann nach folgender Formel:

$$B = R \times m\,(F_x \times {}^{(m)}ä_x + F_y \times {}^{(m)}ä_y - F_{xy} \times {}^{(m)}ä_{xy})$$
wobei m = 12 bei monatlicher Zahlweise

Beispiel:

53

Ein Ehepaar will eine monatlich vorschüssig zahlbare Leibrente in Höhe von 2 000 € erhalten.
Versicherungsmathematisches Alter des Mannes   55 Jahre
Versicherungsmathematisches Alter der Frau   50 Jahre
Verstirbt der Mann zuerst, dann soll 70 % der Leibrente an die Frau weitergezahlt werden.

§ 7 ImmoWertV Ungewöhnliche oder persönliche Verhältnisse

Verstirbt die Frau zuerst, dann soll 100 % der Leibrente an den Mann weitergezahlt werden.
Gesucht ist der Barwert.

Mithin ist $F_x = 1{,}000$
$F_y = 0{,}700$
$F_{xy} = (1{,}000 + 0{,}700) - 1 = 0{,}700$

Barwert = Rentenbetrag × m × ($F_x \times {}^{(12)}ä_x + F_y \times {}^{(12)}ä_y - F_{xy} \times {}^{(12)}ä_{xy}$)
Barwert = 20 000 € × 12 (1,000 × 13,366 + 0,700 × 15,828 − 0,700 × 12,590) = 375 182,40 €

6.4 Zinssatz

54 **Für die Kapitalisierung von Leibrenten wird üblicherweise ein Zinssatz von 5,5 % (monatlich vorschüssig) angesetzt.** Dieser Zinssatz ist allerdings nur deshalb praxisüblich, weil die entsprechenden Tabellen der Finanzverwaltung hierauf aufbauen. Tatsächlich kommt es aber maßgeblich auf den Zinssatz an, den die Vertragsparteien ausgehandelt haben. Dabei ist vor allem zu beachten, ob eine Wertsicherungsklausel vereinbart worden ist, die i. d. R. zu einem effektiv höheren Zinssatz führt.

§ 8 ImmoWertV
Ermittlung des Verkehrswerts

(1) Zur Wertermittlung sind das Vergleichswertverfahren (§ 15) einschließlich des Verfahrens zur Bodenwertermittlung (§ 16), das Ertragswertverfahren (§§ 17 bis 20), das Sachwertverfahren (§§ 21 bis 23) oder mehrere dieser Verfahren heranzuziehen. Die Verfahren sind nach der Art des Wertermittlungsobjekts unter Berücksichtigung der im gewöhnlichen Geschäftsverkehr bestehenden Gepflogenheiten und der sonstigen Umstände des Einzelfalls, insbesondere der zur Verfügung stehenden Daten, zu wählen; die Wahl ist zu begründen. Der Verkehrswert ist aus dem Ergebnis des oder der herangezogenen Verfahren unter Würdigung seines oder ihrer Aussagefähigkeit zu ermitteln.

(2) In den Wertermittlungsverfahren nach Absatz 1 sind regelmäßig in folgender Reihenfolge zu berücksichtigen:

1. die allgemeinen Wertverhältnisse auf dem Grundstücksmarkt (Marktanpassung),
2. die besonderen objektspezifischen Grundstücksmerkmale des zu bewertenden Grundstücks.

(3) Besondere objektspezifische Grundstücksmerkmale wie beispielsweise eine wirtschaftliche Überalterung, ein überdurchschnittlicher Erhaltungszustand, Baumängel oder Bauschäden sowie von den marktüblich erzielbaren Erträgen erheblich abweichende Erträge können, soweit dies dem gewöhnlichen Geschäftsverkehr entspricht, durch marktgerechte Zu- oder Abschläge oder in anderer geeigneter Weise berücksichtigt werden.

Gliederungsübersicht

			Rn.
1	Übersicht		
	1.1	Regelungsgehalt des § 8 ImmoWertV	
		1.1.1 Zentrale Bedeutung des § 8 ImmoWertV	1
		1.1.2 Entstehungsgeschichte	5
		1.1.3 Wertermittlungsverfahren der ImmoWertV	6
		1.1.4 Derivate der klassischen Wertermittlungsverfahren	12
	1.2	Verfahren zur Preisermittlung für Investitionsentscheidungen	17
	1.3	Internationale „Bewertungsverfahren" und Bewertungsstandards	18
2	Vergleichs-, Ertrags- und Sachwertverfahren		
	2.1	Übersicht	19
	2.2	Verfahrenswahl	
		2.2.1 Allgemeine Grundsätze für die Ermittlung von Verkehrswerten (Marktwerte)	
		2.2.1.1 Allgemeines	25
		2.2.1.2 Gepflogenheiten des gewöhnlichen Geschäftsverkehrs	39
		2.2.1.3 Sonstige Umstände des Einzelfalls	42
		2.2.2 Verfahrensvorgaben bei der Beleihungswertermittlung	43
		2.2.3 Verfahrensvorgaben für die steuerliche Bewertung	47
	2.3	Vergleichswertverfahren	
		2.3.1 Allgemeines	48
		2.3.2 Anwendungsbereich	50
		2.3.3 Bodenwertermittlung	
		2.3.3.1 Allgemeines	53
		2.3.3.2 Unmittelbarer und mittelbarer Preisvergleich	55
		2.3.3.3 Bodenrichtwertverfahren	57
		2.3.3.4 Deduktive Verfahren	58
	2.4	Ertragswertverfahren	
		2.4.1 Allgemeines	62
		2.4.2 Anwendungsbereich	63
		2.4.3 Pachtwertverfahren	67
		2.4.4 Prognoseverfahren (*Discounted Cashflow* Verfahren)	68
		2.4.5 Ellwood-Verfahren	69
	2.5	Sachwertverfahren	

	2.5.1	Allgemeines	70
	2.5.2	Anwendungsbereich	71
	2.5.3	Missverstandenes Eigennutzprinzip	82
2.6	Liquidationswertverfahren		
	2.6.1	Allgemeines	88
	2.6.2	Zerschlagungs- bzw. Zerlegungstaxe sowie Vereinigungswert	92
2.7	Kombinationsverfahren		
	2.7.1	Allgemeines	99
	2.7.2	Extraktionsverfahren (Residualwertverfahren)	102
2.8	Monte-Carlo-Verfahren		108
2.9	Massenbewertungsverfahren (Portfolio-Bewertungen)		109
	2.9.1	Allgemeines	110
	2.9.2	Methoden	111
	2.9.3	Paketabschlag und -zuschlag	112

3 Problemfälle bei der Wahl des Wertermittlungsverfahrens
3.1	Gewerbe- und Industriegrundstücke		113
3.2	Unternehmensbewertung		117
3.3	Eigentumswohnung		125
3.4	Gemeinbedarfsfläche		130
3.5	Teilfläche (Vorgärten)		
	3.5.1	Allgemeines	136
	3.5.2	Differenzwertverfahren	139
	3.5.3	Pauschalierte Bruchteilsbewertung	143
	3.5.4	Proportionalverfahren	144
3.6	Warteständiges Bauland		146
3.7	Grundstücke im Zustand der Bebauung		
	3.7.1	Allgemeines	148
	3.7.2	Verkehrswertermittlung (ImmoWertV)	149
	3.7.3	Beleihungswertermittlung (BelWertV)	150
	3.7.4	Steuerliche Bewertung	151

4 Verkehrswertableitung aus den Ergebnissen der Wertermittlungsverfahren (§ 8 Abs. 1 Satz 3 ImmoWertV)
4.1	Übersicht		154
4.2	Aussagefähigkeit der herangezogenen Verfahren		155
4.3	Berücksichtigung mehrerer Verfahrensergebnisse		156
4.4	Mittelwertmethode (Berliner Verfahren)		158

5 Marktanpassung (§ 8 Abs. 2 Nr. 1 ImmoWertV)
5.1	Allgemeines		164
5.2	Vergleichswertverfahren		171
5.3	Ertragswertverfahren		173
5.4	Sachwertverfahren		175

6 Berücksichtigung besonderer objektspezifischer Grundstücksmerkmale (§ 8 Abs. 3 ImmoWertV)
6.1	Allgemeines			
	6.1.1	Verkehrswertermittlung (ImmoWertV)		178
	6.1.2	Beleihungswertermittlung (BelWertV)		188
6.2	Baumängel und Bauschäden (Instandhaltungsrückstau)			
	6.2.1	Begriffe		
		6.2.1.1	Baumängel und Bauschäden	189
		6.2.1.2	Unterlassene Instandhaltung (Instandhaltungsrückstau)	195
		6.2.1.3	Instandsetzung	196
	6.2.2	Wertminderung wegen Baumängeln und Bauschäden (Instandhaltungsrückstau)		
		6.2.2.1	Allgemeines	198
		6.2.2.2	Deduktive Ermittlung der Wertminderung	215
	6.2.3	Instandsetzungskosten		229
	6.2.4	Ermittlung der „vollen" Schadensbeseitigungskosten		238

Ermittlung des Verkehrswerts § 8 ImmoWertV

	6.2.5	Baumängel und Bauschäden (Instandhaltungsrückstau) in der Beleihungswertermittlung	245
6.3	Wirtschaftliche Überalterung		
	6.3.1	Allgemeines	246
	6.3.2	Grundriss	249
	6.3.3	Geschosshöhe	250
	6.3.4	Struktur und Raumaufteilung	251
6.4	Überdurchschnittlicher Erhaltungszustand		252
6.5	Architektonische Gestaltung		254
6.6	Von marktüblich erzielbaren Erträgen erheblich abweichende Erträge		
	6.6.1	Allgemeines	
		6.6.1.1 Verkehrswertermittlung (ImmoWertV)	255
		6.6.1.2 Beleihungswertermittlung (BelWertV)	261
		6.6.1.3 Steuerliche Bewertung	262
	6.6.2	Mehr- oder Mindererträge (*over-* und *underrented*)	
		6.6.2.1 Allgemeine Grundsätze der ImmoWertV	263
		6.6.2.2 Allgemeine Grundsätze der BelWertV	274
		6.6.2.3 Allgemeine Grundsätze der erbschaftsteuerlichen Bewertung	277
		6.6.2.4 Auf- und Abschichtungsverfahren (*Top and Bottom Slicing*)	279
		6.6.2.5 Vervielfältigerdifferenzenverfahren (*Term and Reversion*)	288
		6.6.2.6 Berücksichtigung der Bewirtschaftungskosten	296
		6.6.2.7 Liegenschaftszinssatz	308
	6.6.3	Temporäre Abweichungen der Bewirtschaftungskosten von den marktüblichen Bewirtschaftungskosten	314
	6.6.4	Leerstand	
		6.6.4.1 Allgemeines	319
		6.6.4.2 Berücksichtigung bei der Verkehrswertermittlung	334
	6.6.5	Abweichungen aufgrund atypischer Nutzungen (Fehlnutzung)	361
	6.6.6	Temporäre Einnahmen z. B. durch Zwischennutzungen, Werbeflächen, Antennenanlagen und dgl.	374
6.7	Sonstige besondere objektspezifische Grundstücksmerkmale		
	6.7.1	Übersicht	384
	6.7.2	Optionen	385
	6.7.3	Besondere bodenbezogene Grundstücksmerkmale	
		6.7.3.1 Allgemeines	387
		6.7.3.2 Bodensondierung	388
		6.7.3.3 Bodenwertbezogene Rechte am Grundstück	391
		6.7.3.4 Aufwendungen für einen bevorstehenden Abbruch	394
		6.7.3.5 Altlasten	395
	6.7.4	Besondere bauwertbezogene Grundstücksmerkmale	
		6.7.4.1 Allgemeines	397
		6.7.4.2 Besondere Bauteile, Einrichtungen und besondere Vorrichtungen (besondere Betriebseinrichtungen) sowie besondere Flächen (c-Flächen)	400
		6.7.4.3 Energetische Eigenschaften	402
		6.7.4.4 Dachgeschoss	411
	6.7.5	Aufwuchs und sonstige Außenanlagen	414
	6.7.6	Rechte am Grundstück	416
	6.7.7	Vermietung sonst bezugsfreier Objekte	417
	6.7.8	Merkantiler Mehr- oder Minderwert	418
7	Anlagen		
	7.1	Kostengliederung nach Bauelementen	434
	7.2	Instandsetzungs- und Modernisierungskosten (einschließlich MwSt.)	435
	7.3	Pauschalsätze für Modernisierungskosten des IVD Berlin-Brandenburg e.V. (2009/2010)	436

§ 8 ImmoWertV — Ermittlung des Verkehrswerts

1 Übersicht

1.1 Regelungsgehalt des § 8 ImmoWertV

1.1.1 Zentrale Bedeutung des § 8 ImmoWertV

1 § 8 ImmoWertV ist eine Norm, die in der Systematik der ImmoWertV eine zentrale Stellung einnimmt.

Die Vorschrift ist eigentlich dem Abschnitt 3 (Wertermittlungsverfahren) zuzuordnen, denn sie regelt verfahrensübergreifend

a) in *Abs. 1* die allgemeinen Grundsätze für die Wahl der in Abschnitt 3 geregelten Wertermittlungsverfahren (Vergleichs-, Ertrags- und Sachwertverfahren) und die Ableitung des Verkehrswerts (Marktwerts aus dem Ergebnis des herangezogenen Verfahrens,

b) in *Abs. 2* die Anpassung des nach den §§ 15 bis 23 ImmoWertV zu ermittelnden Vergleichs-, Ertrags- und Sachwerts an die allgemeinen Wertverhältnisse auf dem Grundstücksmarkt (sog. Marktanpassung) einschließlich ihrer wertermittlungstechnischen Abfolge sowie

c) in *Abs. 3 und 4* die ergänzende Berücksichtigung besonderer objektspezifischer Grundstücksmerkmale.

2 Die allgemeinen Grundsätze des § 8 Abs. 1 ImmoWertV für die „heranzuziehenden" Wertermittlungsverfahren (Vergleichs-, Ertrags- und Sachwertverfahren) gliedern sich wie folgt:

a) Nach § 8 Abs. 1 *Satz 1* ImmoWertV stehen zur Ermittlung des Verkehrswerts die **drei klassischen Wertermittlungsverfahren**, nämlich das Vergleichs-, Ertrags- und das Sachwertverfahren, zur Verfügung. Es handelt sich dabei nicht um eine abschließende Aufzählung (vgl. Vorbem. zur ImmoWertV Rn. 31 ff.).

b) § 8 Abs. 1 *Satz 2* ImmoWertV enthält Grundsätze für die **Wahl des oder der zur Anwendung kommenden Wertermittlungsverfahren** und verpflichtet zur Begründung der Verfahrenswahl.

c) § 8 Abs. 1 *Satz 3* ImmoWertV enthält ergänzende Hinweise zur **Ableitung des Verkehrswerts aus** den Ergebnissen der **angewandten Wertermittlungsverfahren** (Vergleichs-, Ertrags- oder Sachwert).

§ 8 ImmoWertV ist damit eine „Rahmenvorschrift" für die im Abschnitt 3 geregelten Wertermittlungsverfahren. § 8 Abs. 1 Satz 3 bestimmt nämlich, dass der Verkehrswert aus dem Ergebnis des jeweils herangezogenen Verfahrens (Vergleichs-, Ertrags- oder Sachwert) unter Würdigung seiner Aussagefähigkeit abzuleiten ist. Sind mehrere Verfahren herangezogen worden, gilt dies entsprechend für die ermittelten Ergebnisse.

3 Die Stellung der Vorschrift verleitet zu der Annahme, dass die in § 8 Abs. 2 und 3 ImmoWertV genannten Komplexe nicht Bestandteil des Vergleichs-, Ertrags- und Sachwertverfahrens nach den §§ 15 bis 23 ImmoWertV seien und die allgemeinen Wertverhältnisse auf dem Grundstücksmarkt (sog. Marktanpassung) sowie die besonderen objektspezifischen Grundstücksmerkmale in der wertermittlungstechnischen Abfolge erst nachträglich zu berücksichtigen sind. Tatsächlich ist die mit § 8 Abs. 2 und 3 vorgeschriebene **Berücksichtigung der allgemeinen Wertverhältnisse auf dem Grundstücksmarkt (sog. Marktanpassung) sowie der Berücksichtigung besonderer objektspezifischer Grundstücksmerkmale integraler Bestandteil des Vergleichs-, Ertrags- und Sachwertverfahrens** nach Abschnitt 3. Dies ergibt sich aus § 8 Abs. 2 ImmoWertV, nach dem „in den Wertermittlungsverfahren nach Absatz 1" (Vergleichs-, Ertrags- und Sachwertverfahren) die sog. Marktanpassung sowie die besonderen objektspezifischen Grundstücksmerkmale zu berücksichtigen sind. Soweit diese nicht bereits nach den §§ 15 bis 23 ImmoWertV ihre Berücksichtigung gefunden haben, muss

Ermittlung des Verkehrswerts § 8 ImmoWertV

a) bei Anwendung des Vergleichswertverfahrens nach den §§ 15 und 16 ImmoWertV,

b) bei Anwendung des Ertragswertverfahrens nach den §§ 17 bis 20 ImmoWertV und

c) bei Anwendung des Sachwertverfahrens nach den §§ 21 bis 23 ImmoWertV

das Ergebnis jeweils um die mit § 8 Abs. 3 ImmoWertV vorgegebene Berücksichtigung der Marktanpassung sowie der besonderen objektspezifischen Grundstücksmerkmale ergänzt werden, um zum Vergleichs-, Ertrags- und Sachwert zu gelangen.

Die **Systematik der ImmoWertV unterscheidet sich mit der integrierten Marktanpassung von der Systematik der WertV 88/89** insbesondere in Bezug auf das Sachwertverfahren. Nach den §§ 21 bis 25 WertV 88/89 wurde als „Sachwert" ein im Wesentlichen kostenorientierter Sachwert ermittelt, auf den erst nachträglich die Marktanpassung mit § 7 Abs. 1 Satz 2 WertV 88/98 aufgesattelt wurde. Der die Marktanpassung integrierende „Sachwert" der ImmoWertV ist damit begrifflich ein Aliud gegenüber dem kostenorientierten „Sachwert" der WertV 88/98.

Aus den vorstehenden Ausführungen folgt, dass die Regelungen des Abschnitts 3 über die Ermittlung des Vergleichs-, Ertrags- und Sachwerts erst i. V. m. § 8 Abs. 3 ImmoWertV zum Vergleichs-, Ertrags- und Sachwert führen. Dies ist begrifflich von nicht unerheblicher Bedeutung. Bedarf es nämlich einer ergänzenden Berücksichtigung der Marktanpassung sowie der besonderen objektspezifischen Grundstücksmerkmale, ergibt sich nach den Verfahrensregelungen der §§ 15 bis 23 ImmoWertV lediglich ein **„vorläufiger" Vergleichs-, Ertrags- und Sachwert**. Dies betrifft insbesondere das Ertrags- und Sachwertverfahren, denn i. d. R. weisen die Bewertungsobjekte besondere nach § 8 Abs. 3 ImmoWertV ergänzend zu berücksichtigende objektspezifische Grundstücksmerkmale auf, deren Berücksichtigung allein bei Anwendung des Vergleichswertverfahrens mit § 15 Abs. 1 Satz 4 sowie § 16 Abs. 1 Satz 5 ImmoWertV ausdrücklich vorgeschrieben ist. § 8 Abs. 3 ImmoWertV ersetzt damit die §§ 19, 24 und 25 WertV 88/98, mit denen die Berücksichtigung der besonderen objektspezifischen Grundstücksmerkmale „innerhalb" der Regelungen zum Ertrags- und Sachwertverfahren vorgegeben war.

Zu den nach Maßgabe des § 8 Abs. 3 ImmoWertV ergänzend zu berücksichtigenden **„besonderen objektspezifischen Grundstücksmerkmalen" können** über die in dieser Vorschrift ausdrücklich genannten Besonderheiten hinaus vor allem **auch besondere Eigenschaften des Grund und Bodens sowie der baulichen und sonstigen Anlage gehören, wie z. B. eine Grundstücksteilfläche oder besondere Ausstattungsmerkmale des Gebäudes**[1]. Nach dem Grundsatz der Modellkonformität (vgl. Vorbem zur ImmoWertV Rn. 36) muss nämlich nicht nur das herangezogene Wertermittlungsverfahren methodisch exakt in der Weise zur Anwendung kommen, wie es vom Gutachterausschuss für Grundstückswerte bei der Ableitung der erforderlichen Daten der Wertermittlung i. S. des Zweiten Abschnitts (insbesondere Liegenschaftszinssätze, Sachwertfaktoren, Vergleichsfaktoren bebauter Grundstücke, Umrechnungskoeffizienten) praktiziert wurde, auch die materiellen Grundstückseigenschaften müssen denen entsprechen, die der Ableitung z. B. des Sachwertfaktors zugrunde liegt. Ist z. B. der Sachwertfaktor aus Kaufpreisen von Grundstücken mit einer durchschnittlichen Grundstücksgröße von 500 m² auf der Grundlage des dafür veröffentlichten Bodenrichtwerts abgeleitet worden, so muss bei konsequenter Beachtung des Grundsatz der Modellkonformität der vorläufige Sachwert nach den §§ 21 bis 24 ImmoWertV zunächst auf eben dieser Grundlage abgeleitet werden, denn nur dafür ist der herangezogene Sachwertfaktor einschlägig. Davon abweichende Besonderheiten, wie z. B. eine Übergröße des Grundstücks von beispielsweise 400 m² für das hinterliegende Gartenland muss ergänzend nach § 8 Abs. 3 ImmoWertV berücksichtigt werden. Dies kann im Einzelfall die Lesbarkeit einer Wertermittlung erheblich beeinträchtigen, da im Ergebnis die **Boden- und Gebäudewertermittlung auseinandergerissen** werden.

4

---

1 So auch der versteckte Hinweis in Ziff. 3 Abs. 1 der SachwertR.

§ 8 ImmoWertV — Ermittlung des Verkehrswerts

1.1.2 Entstehungsgeschichte

5 Die **Vorschrift ist aus den §§ 7, 19, 24 und 25 WertV 88/98 hervorgegangen**:

ImmoWertV 10	WertV 88/98
§ 8 **Ermittlung des Verkehrswerts**	**§ 7** **Ermittlung des Verkehrswerts**
(1) Zur Wertermittlung sind das Vergleichswertverfahren (§ 15) einschließlich des Verfahrens zur Bodenwertermittlung (§ 16), das Ertragswertverfahren (§§ 17 bis 20), das Sachwertverfahren (§§ 21 bis 23) oder mehrere dieser Verfahren heranzuziehen.	(1) Zur Ermittlung des Verkehrswerts sind das Vergleichswertverfahren (§§ 13 und 14), das Ertragswertverfahren (§§ 15 bis 20), das Sachwertverfahren (§§ 21 bis 25) oder mehrere dieser Verfahren heranzuziehen. Der Verkehrswert ist aus dem Ergebnis des herangezogenen Verfahrens unter Berücksichtigung der Lage auf dem Grundstücksmarkt (§ 3 Abs. 3) zu bemessen. Sind mehrere Verfahren herangezogen worden, ist der Verkehrswert aus den Ergebnissen der angewandten Verfahren unter Würdigung ihrer Aussagefähigkeit zu bemessen.
Die Verfahren sind nach der Art des Wertermittlungsobjekts unter Berücksichtigung der im gewöhnlichen Geschäftsverkehr bestehenden Gepflogenheiten und der sonstigen Umstände des Einzelfalls, insbesondere der zur Verfügung stehenden Daten, zu wählen; die Wahl ist zu begründen.	(2) Die Verfahren sind nach der Art des *Gegenstands der Wertermittlung* (§ 2) unter Berücksichtigung der im gewöhnlichen Geschäftsverkehr bestehenden Gepflogenheiten und der sonstigen Umstände des Einzelfalls zu wählen; die Wahl ist zu begründen.
Der Verkehrswert ist aus dem Ergebnis des oder der herangezogenen Verfahren unter Würdigung seines oder ihrer Aussagefähigkeit zu ermitteln.	*Vgl. § 7 Abs. 1 Satz 2 WertV*
(2) In den Wertermittlungsverfahren nach Absatz 1 sind regelmäßig in folgender Reihenfolge zu berücksichtigen: 1. die allgemeinen Wertverhältnisse auf dem Grundstücksmarkt (Marktanpassung), 2. die besonderen objektspezifischen Grundstücksmerkmale des zu bewertenden Grundstücks.	*Vgl. § 7 Abs. 1 WertV*
	§ 19 **Berücksichtigung sonstiger wertbeeinflussender Umstände**
(3) Besondere objektspezifische Grundstücksmerkmale wie beispielsweise eine wirtschaftliche Überalterung, ein überdurchschnittlicher Erhaltungszustand, Baumängel oder Bauschäden sowie von den marktüblich erzielbaren Erträgen erheblich abweichende Erträge können, soweit dies dem gewöhnlichen Geschäftsverkehr entspricht, durch marktgerechte Zu- oder Abschläge oder in anderer geeigneter Weise berücksichtigt werden.	Sonstige *den Verkehrswert beeinflussende Umstände*, die bei der Ermittlung nach den §§ 16 bis 18 noch nicht erfasst sind, sind durch Zu- oder Abschläge oder in anderer geeigneter Weise zu berücksichtigen. Insbesondere sind die Nutzung des Grundstücks für Werbezwecke oder wohnungs- und mietrechtliche Bindungen sowie Abweichungen vom normalen baulichen Zustand zu beachten, soweit sie nicht bereits durch den Ansatz des Ertrags oder durch eine entsprechend geänderte Restnutzungsdauer berücksichtigt sind.

Ermittlung des Verkehrswerts § 8 ImmoWertV

§ 24
Wertminderung wegen Baumängeln und Bauschäden
Die Wertminderung wegen Baumängeln und Bauschäden ist nach Erfahrungssätzen oder *auf der Grundlage der für ihre Beseitigung am Wertermittlungsstichtag erforderlichen Kosten* zu bestimmen, soweit sie nicht nach den §§ 22 und 23 bereits berücksichtigt wurde.
§ 25
Berücksichtigung sonstiger wertbeeinflussender Umstände
Sonstige nach den §§ 22 bis 24 bisher noch nicht erfasste, den Wert beeinflussende Umstände, insbesondere eine wirtschaftliche Überalterung, ein überdurchschnittlicher Erhaltungszustand und ein erhebliches Abweichen der tatsächlichen von der nach § 5 Abs. 1 maßgeblichen Nutzung, sind durch Zu- oder Abschläge oder in anderer geeigneter Weise zu berücksichtigen.

1.1.3 Wertermittlungsverfahren der ImmoWertV

Nach § 8 Abs. 1 Satz 1 ImmoWertV „sind" zur Verkehrswertermittlung (Marktwertermittlung) **6**

a) das Vergleichswertverfahren *(comparison method oder sales comparison approach)*,

b) das Ertragswertverfahren *(income approach oder income capitalization approach)* und

c) das Sachwertverfahren *(cost approach)*

oder mehrere dieser Verfahren heranzuziehen.

Bei den genannten Verfahren handelt es sich um die **klassischen und international gebräuchlichen Wertermittlungsverfahren** *(valuation methodology)*, die weltweit das methodische Gerüst der Verkehrswertermittlung mit allerdings unterschiedlichem Gewicht und unterschiedlicher Tradition bilden. Das Vergleichs-, Ertrags- und Sachwertverfahren können als die eigentlichen internationalen Verfahren bezeichnet werden[2].

Im Kern können alle diese **Verfahren als Vergleichswertverfahren angesehen werden**. **7**
Während nämlich bei Anwendung des Vergleichswertverfahrens die Verkehrswertermittlung im Wege des direkten Preisvergleichs gesucht wird, sind das Ertrags- und Sachwertverfahren darauf ausgerichtet, deduktiv über den Vergleich der Ertragsverhältnisse bzw. der Herstellungskosten zum Verkehrswert zu gelangen. Bei allen Verfahren geht es im Kern auch darum, objektspezifisch und authentisch die Markt- und Wettbewerbssituation (des gewöhnlichen Geschäftsverkehrs) zu simulieren.

Mit der Beschränkung auf die Regelung der drei sog. klassischen Wertermittlungsverfahren **8**
ist die **Anwendung anderer sachgerechter Verfahren nicht ausgeschlossen**, denn die ImmoWertV regelt die Verkehrswertermittlung ohnehin nur in ihren Grundzügen. Andere in Betracht zu ziehende Verfahren sind ohnehin Derivate der genannten Verfahren, die auch als deduktive Methoden bezeichnet werden, so z. B. die Zielbaummethode, das Extraktionsverfahren (Residualwertverfahren), die allgemeine Barwertmethode (mehrperiodisches Ertragswertverfahren), die als „Urform" des Ertragswertverfahrens angesehen werden kann, und

---

[2] The Appraisal of Real Estate; 12.Aufl. 2001, S. 62.

§ 8 ImmoWertV Ermittlung des Verkehrswerts

viele mehr. **Andere zur Verkehrswertermittlung herangezogene Methoden** müssen aber geeignet sein und **dürfen nicht das Wertbild verzerren**[3].

Das BVerwG hat mit seiner Entscheidung vom 16.1.1996 den **klassischen Verfahren eine Priorität** eingeräumt und in diesem Zusammenhang darauf hingewiesen, dass auf andere geeignete Methoden erst ausgewichen werden kann, wenn eine in der ImmoWertV vorgesehene Methode nicht angewandt werden kann. Die ImmoWertV sei insoweit nicht abschließend[4].

9 Zur Kontrolle können auch **überschlägige Berechnungen** auf der Grundlage von Herstellungskosten, Feuerversicherungswerten, Beleihungswerten und „Maklerformeln" vorgenommen werden. Überschlagsrechnungen (Faustformeln) haben den Vorteil, dass bei sachkundiger Anwendung mit ihrer Hilfe die Größenordnung des Verkehrswerts schnell abgeschätzt werden kann. Sie haben jedoch den Nachteil, dass die Wertermittlungsgrundlagen (Preis- oder Zinsansätze) nicht nachprüfbar sind. Damit genügen sie nicht den Anforderungen, die die Rechtsprechung an Gutachten stellt[5].

10 Die **Wertermittlungsverfahren stellen Hilfswege für die Ableitung** des sich am Geschehen auf dem Grundstücksmarkt orientierenden **Verkehrswerts** dar (§ 194 BauGB). In der Begründung zur WertV 61 war dies besonders für das Ertrags- und Sachwertverfahren herausgestellt. Dort hieß es, dass diese Verfahren „immer nur ein Hilfsmittel zur Bestimmung des Verkehrswerts" darstellen[6]. Dies gilt grundsätzlich für alle zur Ermittlung des Verkehrswerts herangezogenen Verfahren und damit auch für solche, die in der ImmoWertV nicht geregelt sind.

11 Zur Verkehrswertermittlung können entgegen einer weit verbreiteten Auffassung (vgl. unten Rn. 99) Elemente des Vergleichs-, Ertrags- und Sachwertverfahrens miteinander kombiniert werden (**Kombinationswertverfahren**). Dies ist bei Anwendung des Ertrags- und Sachwertverfahrens in der ImmoWertV ausdrücklich geregelt, denn bei Anwendung dieser Verfahren ist nach § 16 Abs. 2 und § 21 Abs. 1 ImmoWertV der nach dem Vergleichswertverfahren (§ 16 ImmoWertV) abgeleitete Bodenwert einzuführen.

Als weitere Beispiele für die Kombination von Elementen verschiedener Wertermittlungsverfahren können insbesondere die sog. deduktiven Verfahren gelten, namentlich

– das **Extraktionsverfahren** (Residualwertverfahren),

– die sog. **kalkulatorische Bodenwertermittlung** über die Ertragsfähigkeit des Grund und Bodens.

Wie noch näher ausgeführt wird (vgl. unten Rn. 99 ff.), muss allerdings gefordert werden, dass die zu kombinierenden Elemente verschiedener Wertermittlungsverfahren aufeinander „abgestimmt" sind und die Kombination nicht zu einer „Verzerrung des Wertbilds" führt.

1.1.4 Derivate der klassischen Wertermittlungsverfahren

12 In der Praxis der Wertermittlung von Grundstücken haben sich eine fast unüberschaubare Zahl von Wertermittlungsverfahren herausgebildet, die allesamt letztlich auf die klassischen Grundverfahren zurückgehen. **Die über die genannten Verfahren hinaus in der Praxis der Wertermittlung entwickelten sonstigen Verfahren stellen letztlich nur Derivate der klassischen Wertermittlungsverfahren** dar. Sie haben sich aus den verschiedensten Gründen aus den klassischen Wertermittlungsverfahren herausgebildet, insbesondere im Hinblick auf

a) die mit der Wertermittlung verfolgte Zielsetzung z. B. im Steuer-, Beleihungs-, Rechnungs- und Bilanz- oder Versicherungswesen,

---

3 BGH, Urt. vom 12.02.2001 – V ZR 420/99 –, GuG 2991, 181 = NJW-RR 2001, 732 = EzGuG 20.176; OLG Brandenburg, Urt. vom 10.01.2006 – 4 U 85/05 –.
4 BVerwG, Urt. vom 16.01.1998 – 4 B 69/95 –, GuG 1996, 111 = EzGuG 15.83.
5 BGH, Urt. vom 17.12.1964 – III ZR 96/63 –, EzGuG 11.47; BGH, Urt. vom 02.02.1977 – VII ZR 155/75 –, EzGuG 11.106.
6 BAnz Nr. 154 vom 12.08.1961.

Ermittlung des Verkehrswerts § 8 ImmoWertV

b) die Lösung besonderer Problemstellungen, wie die Bemessung von Enteignungsentschädigungen, die Verkehrswertermittlung von Teilflächen und die Verkehrswertermittlung im Zusammenhang mit der Durchführung städtebaulicher Maßnahmen,

c) die im Einzelfall geforderte Genauigkeit oder

d) geeignete Rechentechniken.

Dabei werden die klassischen Verfahren in vielfältiger Weise modifiziert und auch kombiniert (Abb. 1).

Abb. 1: Übersicht über die internationalen Wertermittlungsverfahren

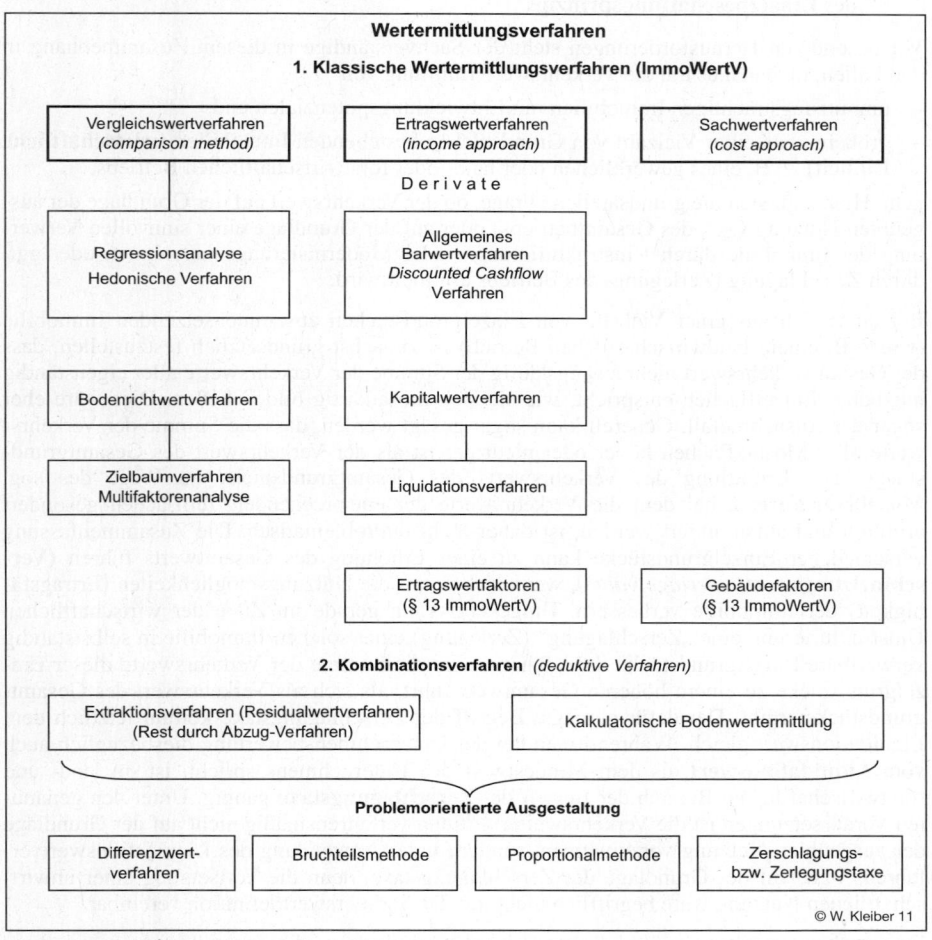

Schließlich haben sich in der Wertermittlungspraxis für besonders gelagerte Wertermittlungsaufgaben noch näher darzulegende Wertermittlungsverfahren entwickelt, für die die Praxis eigene Begriffe geprägt hat.

a) Im Rahmen der Verkehrswertermittlung von Teilflächen, die aus einem Stammgrundstück herausgetrennt werden, sind hier namentlich zu nennen:

- das **Differenzwertverfahren,** bei dessen Anwendung der Teilflächenwert aus dem Unterschied des Verkehrswerts eines Stammgrundstücks zum Restgrundstück ermittelt

§ 8 ImmoWertV — Ermittlung des Verkehrswerts

wird; ggf. unter Einbeziehung der Entschädigung für weitere Vermögensnachteile, die das Restgrundstück durch die Abtretung erfährt (vgl. unten Rn. 139)[7];

- die **pauschale Bruchteilsbewertung** (vgl. unten Rn. 143)[8].

b) Bei der Bewertung sog. „Bleibender Gemeinbedarfsflächen", die mangels Verkehrswertfähigkeit begrifflich keinen Verkehrswert haben können (vgl. unten Rn. 138), bedient man sich gewisser Kunstgriffe, um zu einem Wert (nicht Verkehrswert) zu kommen, der letztlich nur zu einem gerechten Interessenausgleich führt. Als Kunstgriff bedient man sich hier gewisser Denkmodelle, insbesondere

- des **aktualisierten Beschaffungswertprinzips**,
- des **Ersatzbeschaffungsprinzips**[9].

14 Vor besonderen Herausforderungen steht der Sachverständige in diesem Zusammenhang in den Fällen, in denen es um die Verkehrswertermittlung von

- umnutzungsträchtigen Immobilien mit Entwicklungspotenzialen und
- größeren aus einer Vielzahl von Grundstücken bestehenden Immobilien (**wirtschaftliche Einheit**), z. B. eines gewerblichen oder land- oder forstwirtschaftlichen Betriebs,

geht. Hier stellt sich die grundsätzliche Frage, ob der Verkehrswert auf der Grundlage der ausgeübten Nutzung (ggf. des Gesamtbetriebs) oder auf der Grundlage einer sinnvollen Verwertung der Immobilie durch Umstrukturierungs- oder Modernisierungsmaßnahmen oder ggf. durch Zerschlagung (Zerlegung) des Betriebs ermittelt wird.

15 Bei einer sich aus einer Vielzahl von Einzelgrundstücken zusammensetzenden Immobilie (wie z. B. einem landwirtschaftlichen Betrieb) ist zunächst grundsätzlich festzustellen, dass der Gesamtverkehrswert nicht zwangsläufig der Summe der Verkehrswerte aller eigenständig nutzbaren Einzelflächen entspricht, wie sie sich mosaikartig bilden ließen. Dies wäre eher sogar der Ausnahmefall. Generell kann sogar gesagt werden, dass die Summe der Verkehrswerte aller Mosaikflächen höher oder niedriger ist als der Verkehrswert des Gesamtgrundstücks. Die Ermittlung des Verkehrswerts des Gesamtgrundstücks im Wege des sog. **Mosaikverfahrens,** bei dem die Verkehrswerte der entsprechenden Teilflächen gesondert ermittelt und aufsummiert werden, ist daher nicht unproblematisch. Die Zusammenfassung verschiedener Einzelgrundstücke kann zu einer Erhöhung des Gesamtwerts führen (**Verschmelzungswert**/*marriage value*), wenn sich damit die Nutzungsmöglichkeiten (Ertragsfähigkeit) der Immobilie verbessern. Umgekehrt kann gerade im Zuge der wirtschaftlichen Umstrukturierung eine „Zerschlagung" (Zerlegung) einer solchen Immobilie in selbstständig verwertbare Einzelgrundstücke dazu führen, dass die Summe der Verkehrswerte dieser Einzelgrundstücke zu einem höheren Gesamtwert führt, als sich als Verkehrswert des Gesamtgrundstücks ergibt. Der dafür geprägte Begriff der Zerschlagungstaxe kommt letztlich dem Liquidationswert gleich. Während man bei der Unternehmensbewertung diesbezüglich auch vom **Liquidationswert** als dem Mindestwert des Unternehmens spricht, ist im land- und forstwirtschaftlichen Bereich der Begriff der **Zerschlagungstaxe** gängig. Unter den genannten Voraussetzungen ist die Verkehrswertermittlung verfahrensmäßig nicht auf der Grundlage der ausgeübten Nutzung vorzunehmen, sondern unter Anwendung des Liquidationswertverfahrens bzw. auf der Grundlage der Zerschlagungstaxe, denn die Fortsetzung einer unwirtschaftlichen Nutzung wäre begrifflich nicht mit der Verkehrswertdefinition vereinbar.

16 Entsprechendes gilt auch für bebaute (Einzel-)Grundstücke, die gegenüber der ausgeübten Nutzung ein **Entwicklungspotenzial** aufweisen, das eine ertragreichere Nutzung erwarten lässt. Dieses Entwicklungspotenzial kann durch eine durchgreifende Modernisierung, durch eine Umstrukturierung oder (bei Objekten mit Instandhaltungsrückstau) durch eine durchgreifende Instandhaltung aktivierbar sein. Welche der Alternativen hier als sinnvollste gelten kann, ist im Einzelfall oftmals nur feststellbar, indem die jeweiligen Verkehrswerte auf der

---

7 Vgl. Kleiber, Verkehrswertermittlung von Grundstücken, 6. Aufl. 2010 Teil VI Rn. 669 ff.
8 Vgl. Kleiber, Verkehrswertermittlung von Grundstücken, 6. Aufl. 2010 Teil VI Rn. 638, 674
9 Vgl. Kleiber, Verkehrswertermittlung von Grundstücken, 6. Aufl. 2010 Teil VI Rn. 644 ff.

Ermittlung des Verkehrswerts § 8 ImmoWertV

Grundlage der verschiedenen Alternativen mit dem jeweils dann sachgerechten Wertermittlungsverfahren ermittelt und miteinander verglichen werden. Als Verkehrswert und als das im Einzelfall angemessene Wertermittlungsverfahren kann in aller Regel das Ergebnis gelten, das zum höchsten Wert führt *(highest and best value)*.

Sowohl bei der Verkehrswertermittlung von *unbebauten* als auch *bebauten* Grundstücken müssen Entwicklungspotenziale berücksichtigt werden. So kann der Verkehrswert z. B. von (unbebautem) Bauerwartungsland durch eine nach der Lage des Grundstücks oder eine vorbereitende Planung beeinflusst sein. Bei bebauten Grundstücken sind Entwicklungspotenziale insbesondere von Bedeutung, wenn das Grundstück eine „Fehlnutzung" aufweist oder eine strukturelle Umnutzung ansteht (z. B. aufgelassenes Gewerbegebiet, Bahngebiet oder Konversionsfläche).

Die Wahl des Wertermittlungsverfahrens bestimmt sich in diesen Fällen **nach der künftigen Nutzung** (vgl. § 2 Satz 2 ImmoWertV).

1.2 Verfahren zur Preisermittlung für Investitionsentscheidungen

▶ Vgl. Syst. Darst. des Ertragswertverfahrens Rn. 350

In enger Anlehnung an die vorgestellten Verfahren zur Ermittlung des Verkehrswerts von Grundstücken hat sich auch eine Vielzahl von Verfahren entwickelt, die auf die Vorbereitung von Investitionsentscheidungen ausgerichtet sind. Sie unterscheiden sich von den Verfahren zur Verkehrswertermittlung im Wesentlichen darin, dass bei Anwendung dieser Verfahren von einzelfallspezifischen (projektbezogenen) Wertermittlungsparametern auch unter **Einbeziehung besonderer individueller Kosten (z. B. Finanzierungs-, Grundstückstransaktions- und Verwertungskosten)** ausgegangen wird. Dabei wird häufig einseitig auf die Belange eines Investors abgestellt (einschließlich seines Investitionsrisikos). Dementsprechend sind diese Verfahren im Vergleich zu den klassischen Wertermittlungsverfahren i. d. R. auch komplizierter ausgestaltet. Zu erwähnen sind in diesem Zusammenhang das vornehmlich für die Ableitung von Investitionswerten *(investment value)* zur Anwendung kommende *Discounted Cashflow* Verfahren (vgl. Syst. Darst. des Ertragswertverfahrens Rn. 350)[10] aber auch das auf die Belange des Investors ausgerichtete Extraktionsverfahren (Residualwertverfahren).

17

Insbesondere zur **Vorbereitung von Investitionsentscheidungen** sowie bei den bereits angesprochenen Immobilien mit Entwicklungspotenzialen, die einer anderen, insbesondere höherwertigen Nutzung zugeführt werden sollen (Umnutzungsfall), lässt sich deren Verkehrswert nicht immer mit den herkömmlichen Verfahren ermitteln und es wird zunehmend (hilfsweise) auf das **Extraktionsverfahren (Residualwertverfahren)** zurückgegriffen (vgl. Syst. Darst. des Vergleichswertverfahrens Rn. 447). Bei Anwendung dieses Verfahrens wird – vereinfacht ausgedrückt – der Verkehrswert des Grundstücks aus dem z. B. im Wege des Vergleichs- oder Ertragswertverfahrens ermittelten Verkehrswert, der sich fiktiv nach Durchführung einer beabsichtigten Entwicklung ergibt, unter Abzug der Entwicklungs- und ggf. Herstellungskosten abgeleitet. Der Differenzbetrag stellt das Residuum dar, aus dem der Verkehrswert erst noch abzuleiten ist.

Das Extraktionsverfahren (Residualwertverfahren) ist nur dann zur Verkehrswertermittlung geeignet, wenn sich die miteinander in Beziehung gesetzten Größen selbst am Verkehrswert orientieren, d. h. marktorientiert sind. Werden indessen in die Extraktion (das Residualwertverfahren) z. B. Kosten eingeführt, die nicht den gewöhnlichen Herstellungs- sowie sonstigen Kosten entsprechen, sondern sich an den besonderen Verhältnissen eines einzelnen Investors orientieren, so kann das Extraktionsverfahren (Residualwertverfahren) auch nur zu dem Preis führen, der den persönlichen Verhältnissen eines Investors entspricht (Investorenmethode). Im Übrigen ist das **Extraktionsverfahren (Residualwertverfahren)** trotz seiner hohen Über-

---

10 Vgl. Kleiber, Verkehrswertermittlung von Grundstücken, 6. Aufl. 2010 Teil II Rn. 2 ff.

zeugungskraft äußerst **anfällig gegenüber fehlerhaften Ansätzen** und wird deshalb in der Praxis der Verkehrswertermittlung kritisch angesehen[11].

1.3 Internationale „Bewertungsverfahren" und Bewertungsstandards

Schrifttum: *Adair, A./Downie, M.L./McGreal, St./Vos, G.*, European Valuation Practice, Theory and Techniques, 1. Aufl. UK London E&FN Spon 1996; *Eisele, D.*, Verkehrswertnachweis durch internationale Bewertungsstandards, NWB Nr. 3 vom 15.1.2007; *Tegova:* Europäische Bewertungsstandards, Zweite deutsche Ausgabe 2003; *Kleiber, W.*, Was sind eigentlich internationale Bewertungsverfahren?, GuG 2004, 193; *Kleiber, W.*, Die europäischen Bewertungsstandards des Blauen Buchs, GuG 2000, 321; *Wyatt, P.*, Property Valuation in an economic context, UK Oxford Blackwell 2007.

▶ *Vgl. Rn. 69; Syst. Darst. des Ertragswertverfahrens Rn. 19 ff, 358 ff. vgl. Kleiber, Verkehrswertermittlung von Grundstücken, 6. Aufl. 2010 § 194 BauGB Rn. 207 ff., 212*

18 In der deutschen Tagespresse wurde vielfach verallgemeinernd von internationalen Bewertungs*methoden* und internationalen Bewertungs*standards* gesprochen. Die Begriffe „internationale Bewertungsstandards" und „internationale Bewertungs*verfahren*" dürfen nicht gleichgesetzt werden.

a) Unter **internationalen „Bewertungsstandards"** können verstanden werden:
- die *International Valuation Standards* (IVS) des *International Valuation Standards Committee* (IVSC)[12] und
- die *European Valuation Standards* (EVS) der *European Group of Valuers` Association* (TEGoVA)

und speziell für das Rechnungswesen
- die *International Financial Reporting Standards* (IFRS/IAS).

Diese Standards enthalten im Wesentlichen einen Verhaltenskodex für Gutachter und die Erstattung von Gutachten. Die „internationalen Bewertungsstandards" bleiben in ihren Anforderungen zumeist hinter den deutschen Bewertungsstandards zurück.

Die *European Valuation Standards* (EVS) der TEGoVA sind im sog. **Blauen Buch (*Blue Book*)** veröffentlicht und basieren auf den Bewertungsstandards des britischen RICS[13].

Die *International Valuation Standards* (IVS) des IVSC sind im **Weißen Buch (White Book)** veröffentlicht worden. Das IVSC ist ein aus einer Initiative britischer und nordamerikanischer Bewertungsorganisationen hervorgegangener privatrechtlicher Zusammenschluss von Bewertungsverbänden[14] mit dem Ziel der Erarbeitung weltweit anerkannter Bewertungsstandards, sog. *Generally Accepted Valuation Principles* (GAVP) vornehmlich für die externe Rechnungslegung. Die bislang veröffentlichten Bewertungsstandards beschränken sich auf allgemein gehaltene Definitionen, die sich materiell von nationalen Definitionen nicht unterscheiden:

- IVS 1: Allgemeine Definition des Marktwerts (*Market Value Basis of Valuation*),
- IVS 2: Allgemeine Definitionen sog. marktferne Bewertungsmaßstäbe (*Valuation Basis Other Than Market Value*), so zum Nutzungswert (*value in use*), Investitionswert (*investment value*), Fortführungswert (*going concern value*), Versicherungswert (*insureable value*), Steuerwert (*taxable value*), Fortgeführte Ersatzbeschaffungskosten (*depreciated replacement cost*), Restwert (*salvage value*), Liquidationswert (*liquidation or forced sale value*), Sonderwert (*special value*) und Beleihungswert (*mortgage lending value*).
- IVS 3: Formale und inhaltliche Anforderungen an den Bewertungsbericht.

---
11 OVG Lüneburg, Urt. vom 25.01.2001 – 1 L 5020/96 –, GuG 2002, 182 = EzGuG 15.99d.
12 Dorchester Vella, The Appraisal Journal, January 2000 S. 81.
13 Edge, Valuation Insights & Perspectives, 2nd Quarter 2000, S.7.
14 www.ivsc.org.board.htm. Das IVSC ist u. a. Mitglied der Vereinten Nationen, der Weltbank sowie der OECD.

Diese Standards werden durch Anwendungsrichtlinien, Anwendungshilfen und Anwendungspapiere ergänzt:

- *International Valuation Applications* (IVA),
- *Guidance Notes* (GN),
- *White Paper* (WP).

Als **nationale Bewertungsstandards** können gelten

- die Sachverständigenordnung (SVO) der Industrie- und Handelskammer, die für öffentlich bestellte und vereidigte Sachverständige weitaus höhere Anforderungen als die internationalen Bewertungsstandards stellen,
- das sog. *Red Book* des *Royal Institution of Chartered Surveyors* (RICS), das sich inhaltlich der Buchführung und Berichterstattung über Wertermittlungen unter Verzicht auf Hinweise zu Wertermittlungsverfahren widmet.

Das *Red Book* kennt wie die ImmoWertV auch nur die drei international gebräuchlichen Wertermittlungsverfahren, nämlich die

- *Comparative Method* (Vergleichswertverfahren),
- *Investment Method* (Ertragswertverfahren) und
- *Depreciated Replacement Method* (Sachwertverfahren).

Die übrigen dort genannten Verfahren, das Residualwertverfahren (Extraktion), die *Profit Method* (Gewinnmethode) und das *Discounted Cashflow* Verfahren sind wiederum nur modifizierte Ausformungen der drei Grundverfahren.

- die *Uniform Standards of Professional Practice* (USPAP) des *American Institute of Appraisers* Chicago).

Der nationale Verhaltenskodex wird über die nationalen Standards maßgeblich durch die nationale Rechtsprechung der Gerichte, z. B. zur Haftung des Gutachters, bestimmt und da stellen deutsche Gerichte die wohl weltweit schärfsten Anforderungen.

b) Es mag internationale Bewertungs*standards* geben; jedoch gibt es keine **"internationalen Bewertungsverfahren"**, die sich von den auf nationalstaatlicher Ebene seit jeher zur Anwendung kommenden Wertermittlungsverfahren unterscheiden[15]. Weltweit kommen die klassischen Wertermittlungsverfahren (Vergleichs-, Ertrags- und Sachwertverfahren) mit unterschiedlicher Ausformung, Tradition und Bedeutung zur Anwendung; diese Verfahren können damit als die eigentlichen „internationalen Bewertungsverfahren" gelten. Deutschland kann dabei für sich in Anspruch nehmen, dass es im internationalen Vergleich moderne und ausgereifte Marktwertmethoden entwickelt hat[16].

Es gibt auch keine genuinen **"angelsächsischen Bewertungsverfahren"**[17], die fälschlicherweise mitunter als „internationale Bewertungsverfahren" bezeichnet werden. Wenn in diesem Zusammenhang spezielle Methoden genannt werden, handelt es sich regelmäßig um englische Bezeichnungen allgemeinüblicher Rechenverfahren.

---

15 Robinson (Drivers Jonas) plädiert in AIZ 2006, 63 für „internationale Bewertungsverfahren", ohne sie definieren zu können. Er räumt vielmehr ein, dass die weltweit und auch in Deutschland zur Anwendung kommenden Varianten des Ertragswertverfahrens allesamt Ertragswertverfahren sind.
16 Im internationalen Vergleich zeichnet sich die deutsche Wertermittlung als besonders zuverlässig insbesondere im direkten Vergleich mit der englischen Bewertungspraxis aus (vgl. RICS/IPD-report: Valuation and Sale Price 2006, GuG 2007, 173).
17 In Großbritannien sind die weltweit und auch in Deutschland zur Anwendung kommenden Verfahren gebräuchlich, die Verfahren kommen allerdings in einer „Kümmerform" (englische „Magerbewertung") zur Anwendung; Kleiber, W., Was sind eigentlich internationale Bewertungsverfahren?, GuG 2004, 193.

Beispiele[18]:

„*Top and Bottom Slicing*" Auf- und Abschichtungsmethode

„*Term and Reversion*"   Vervielfältigerdifferenzenmethode

Es handelt sich hierbei nicht um Bewertungsverfahren, sondern lediglich um Rechentechniken zur Berücksichtigung sog. Anomalien im Rahmen der klassischen Wertermittlungsverfahren, wie sie auch in Deutschland seit jeher praktiziert werden. Ansonsten werden auch in Großbritannien die klassischen Wertermittlungsverfahren praktiziert, und zwar in einer neuzeitlichen Ansprüchen nicht mehr genügenden Weise (sog. englische Mager- bzw. Kümmerbewertung).

c) Die Forderung nach einer internationalen „**Harmonisierung der Wertermittlungsverfahren**" läuft von daher bei näherer Betrachtung leer. Es bedarf nicht einer „Harmonisierung der Verfahren, sondern allenfalls einer Harmonisierung der immobilienwirtschaftlichen Rahmenbedingungen.

Der Verkehrs- bzw. Marktwert wird nämlich entscheidend durch nationale Besonderheiten, insbesondere des Bau-, Umwelt-, Wirtschafts- und Steuerrechts sowie der Normen und Standards, bestimmt. So bestehen beispielsweise selbst innerhalb der Europäischen Gemeinschaft bereits erhebliche Unterschiede in der Berechnung der immobilienwirtschaftlich bedeutsamen Flächen (BGF, Wohn- und Nutzfläche, bauplanungsrechtliche Flächen). Noch größer sind die Unterschiede im Bau-, Miet-, Umwelt- und Steuerrecht. Die Verkehrs- bzw. Marktwertermittlung ist derzeit deshalb allenfalls in beschränktem Maße allgemein gültigen internationalen Standards zugänglich. Aus eben diesem Grunde gehört die Verkehrs- bzw. Marktwertermittlung in der Europäischen Gemeinschaft auch zum sog. ungeregelten Bereich. Internationale Bewertungsstandards und Bewertungsmethoden kann es mithin allenfalls in Grundsätzen geben.

Abb. 2:   Grenzen der Harmonisierung

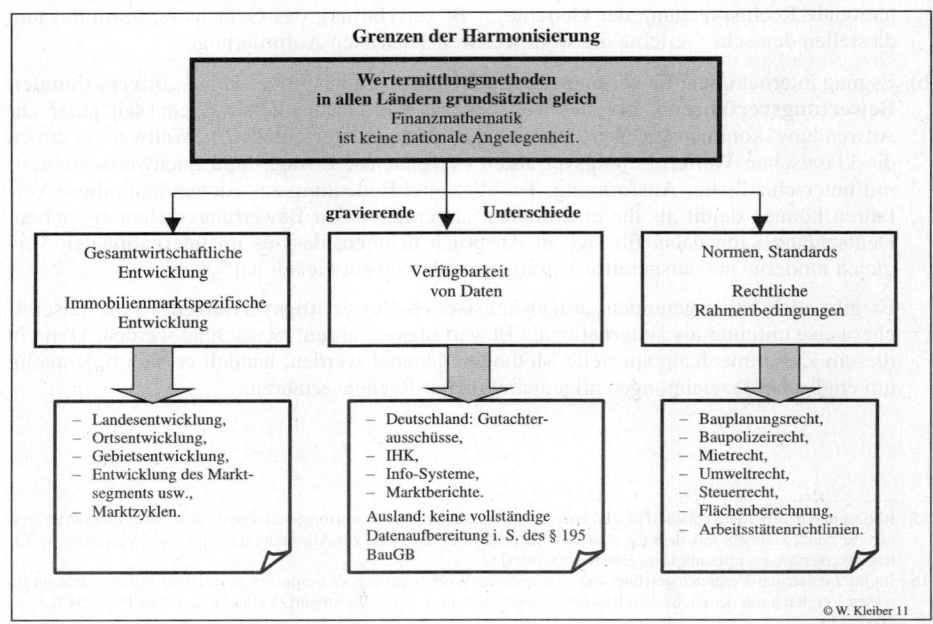

---

18 Wenn man diese Verfahren als „angelsächsische Bewertungsverfahren" bezeichnet, könnte man auch die Grundrechenarten zu angelsächsischen Verfahren erklären.

Ermittlung des Verkehrswerts § 8 ImmoWertV

Bei alledem können allenfalls die internationalen Rechnungslegungs-Standards (*International Accounting Standards – IAS–*) für sich in Anspruch nehmen, als internationale Bewertungs*standards* zu gelten, und zwar speziell für das **internationale Bilanz- und Rechnungswesen**[19]. Diese beschränken sich indessen auf wenige allgemeine Grundsätze über die in den internationalen Bilanzen auszuweisenden Werte und hier vor allem auf das Marktwertprinzip, wie es der deutschen Verkehrswertermittlungspraxis schon seit jeher innewohnt. Die internationalen Regelwerke zur Rechnungslegung enthalten dagegen keine methodischen Standards der Verkehrswert- bzw. Marktwertermittlung, die als internationale Bewertungsmethoden gelten können. Auch die von der TEGOVA unter der irreführenden Bezeichnung „Europäische Bewertungsstandards" herausgegebene zweite deutsche Auflage (2003) ist speziell auf die Rechnungslegung ausgerichtet und enthält überhaupt keine Verfahrenshinweise, die im allgemeinen Sinne als internationale Standards der Verkehrs- bzw. Marktwertermittlung gelten können.

Das mit den *International Accounting Standards – IAS –* in das internationale Rechnungswesen eingeführte Verkehrs- bzw. Marktwertprinzip führt im Übrigen methodisch zu demselben Ergebnis wie das in Deutschland schon seit jeher herrschende Marktwertprinzip bei der Verkehrswertermittlung. Die Hinwendung der *International Accounting Standards – IAS –* zum Marktwert (Verkehrswert) ist konsequenterweise mit der Anwendung marktorientierter Bewertungsmethoden verbunden, d. h., es müssen solche Verfahren zur Anwendung kommen, die den Gepflogenheiten des Geschäftsverkehrs (§ 8 Abs. 1 Satz 2 ImmoWertV) entsprechen. Deshalb wäre es mit den Zielen dieser Standards unvereinbar, wenn unter der Herrschaft des Marktwertprinzips die Anwendung des **investitionsorientierten Prognoseverfahrens (*Discounted Cashflow*)** an die Stelle des marktorientierten Ertragswertverfahrens gerückt wird. Wo es um die Ermittlung von Markt- und Verkehrswerten geht, kann das Prognoseverfahren (*Discounted Cashflow*) keineswegs für sich in Anspruch nehmen, ein allgemeingültiges „internationales Bewertungsverfahren" zu sein; international gesehen kommt im Rahmen der Marktwertermittlung eher das vereinfachte Ertragswertverfahren zur Anwendung, während sich die Bedeutung des Prognoseverfahrens (*Discounted Cashflow*) auf die Ermittlung von Investitionswerten beschränkt und allenfalls zur Verkehrswertermittlung weniger anlageorientierter Investitionsobjekte herangezogen wird.

Für den **steuerlichen Bereich** ist zutreffend festgestellt worden, dass der Verkehrswertermittlung nach den bewährten deutschen Vorschriften Vorrang einzuräumen ist, auch wenn die sog. internationalen Standards keinen grundsätzlichen Gegensatz erkennen lassen[20].

2 Vergleichs-, Ertrags- und Sachwertverfahren

2.1 Übersicht

In ihren Grundzügen werden mit den klassischen in der ImmoWertV geregelten Wertermittlungsverfahren (Vergleichs-, Ertrags- und Sachwertverfahren) simulationsartig die **Preismechanismen** nachgespielt, die nach der Art des Grundstücks auf dem jeweiligen Grundstücksteilmarkt im gewöhnlichen Geschäftsverkehr preisbestimmend sind. Dies ist auch für die Wahl des Ermittlungsverfahrens von Bedeutung. Demzufolge findet

– das *Vergleichswertverfahren* Anwendung, wenn – wie bei unbebauten Grundstücken oder Eigentumswohnungen – sich der Grundstücksmarkt an Vergleichspreisen orientiert;

– das *Ertragswertverfahren* bei der Verkehrswertermittlung solcher Immobilien Anwendung, die üblicherweise zum Zwecke der Ertragserzielung (Renditeobjekte) gehandelt werden;

---
19 Vgl. Kleiber, Verkehrswertermittlung von Grundstücken, 6. Aufl. 2010, § 194 BauGB Rn. 207 ff.
20 Eisele, D. in NWB Nr. 3 vom 15.01.2007.

§ 8 ImmoWertV — Ermittlung des Verkehrswerts

– das *Sachwertverfahren* in den wenigen Fällen Anwendung, in denen eine nicht auf Ertragserzielung gerichtete Eigennutzung (z. B. Einfamilienhaus) das Marktgeschehen bestimmt.

20 Die Anwendung der genannten Verfahren führt zum **Vergleichs-, Ertrags- und Sachwert**. Es handelt sich hierbei um **Zwischenwerte**, die nicht ohne Weiteres mit dem Verkehrswert (Marktwert) identisch sein müssen. Die Verfahrensvorschriften der ImmoWertV sind jedoch prinzipiell darauf angelegt, dass der Vergleichs-, Ertrags- und Sachwert möglichst dem mit § 194 BauGB definierten Marktwert (Verkehrswert) entspricht. Dies kann allerdings nur erreicht werden, wenn alle in das Wertermittlungsverfahren eingehenden Ausgangsdaten (Parameter) vollständig und in einer den Verhältnissen des Grundstücksmarktes angemessenen Weise angesetzt werden. Dies kann am ehesten bei Anwendung des Vergleichswertverfahrens erreicht werden, denn mit der Heranziehung geeigneter Vergleichspreise kann der gewöhnliche Geschäftsverkehr unmittelbar in das Verfahren Eingang finden. Bei Anwendung des Sachwertverfahrens stößt die Einbeziehung des Grundstücksmarktes in der Praxis regelmäßig auf Schwierigkeiten, allein schon deshalb, weil dem Gutachter i. d. R. keine dem Wertermittlungsobjekt unmittelbar entsprechenden gewöhnlichen Herstellungswerte zur Verfügung stehen und darüber hinaus das Alter der baulichen Anlage, Baumängel, Bauschäden und sonstige besondere objektspezifische Grundstücksmerkmale marktkonform berücksichtigt werden müssen. Dennoch kann auch in solchen Fällen bei Anwendung des Sachwertverfahrens zumindest theoretisch der Sachwert so ermittelt werden, dass er dem Verkehrswert entspricht.

Mit § 8 Abs. 2 ImmoWertV ist die Anpassung des der Vergleichs- Ertrags- und Sachwertermittlung an die allgemeinen Wertverhältnisse auf dem Grundstücksmarkt (Marktanpassung) in die jeweiligen Verfahren integriert worden. Bei Anwendung des Vergleichs- und Ertragswertverfahrens wurde die Lage auf dem Grundstücksmarkt schon bisher mit der Heranziehung aktueller Vergleichspreise, Vergleichsmieten und aus aktuellen Vergleichspreisen abgeleiteten Liegenschaftszinssätzen weitgehend berücksichtigt. Bei Anwendung des Sachwertverfahrens wird mit der Anwendung von Sachwertfaktoren nach § 14 Abs. 1 ImmoWertV der nach den §§ 21 bis 23 ImmoWertV ermittelte vorläufige Sachwert der Lage auf dem Grundstücksmarkt angepasst („Justierung"). **Sachwert ist mithin künftig nicht mehr ein allein sich an den Herstellungskosten orientierender Sachwert**.

Vergleichs-, Ertrags- und Sachwerte bleiben gleichwohl Zwischenwerte, da nach § 8 Abs. 1 Satz 3 ImmoWertV hieraus der Verkehrswert abzuleiten ist. Diese „Auffangregelung" läuft aber leer, wenn danach keine abweichenden Erkenntnisse in die Wertermittlung einzustellen sind. Die nach dem 3. Abschnitt ermittelten Vergleichs-, Ertrags- und Sachwerte sind dann zugleich die jeweiligen Verkehrswerte.

21 Der **Begriff des Sachwerts wird** insbesondere **im Vermögensrecht** unter direkter oder indirekter Bezugnahme auf die Vorschriften der WertV a. F. (so z. B. in den amtlichen Begründungen) i. S. eines bloßen Herstellungswerts ohne Berücksichtigung der allgemeinen Wertverhältnisse auf dem Grundstücksmarkt (der **Lage auf dem Grundstücksmarkt**) gebraucht.

22 Jedes der klassischen Wertermittlungsverfahren muss darauf gerichtet sein, zu dem Wert zu gelangen, den der Grundstücksmarkt der Immobilie mit Blick in die Zukunft beimisst. Der Rückgriff in die Vergangenheit, z. B. auf in der Vergangenheit erzielte Vergleichspreise, in der Vergangenheit aufgebrachte Herstellungskosten oder auf die in der Vergangenheit für vergleichbare Objekte erzielte Erträge, muss bei sachverständiger Anwendung der Verfahren stets daraufhin überprüft werden, ob und inwieweit er sich auf die Verhältnisse am Wertermittlungsstichtag mit dem in diesem Zeitpunkt in die Zukunft gerichteten Blick übertragen lässt. Um diesbezüglich „Übertragungsfehler" geringzuhalten, muss deshalb der Anwender der Verfahren bestrebt sein, möglichst **wertermittlungsstichtagsnahe Vergleichspreise, Erfahrungssätze über (Normal-) Herstellungskosten oder vergleichbare Erträge** heranzuziehen, um sie dann mit Blick auf die Zukunft möglicherweise noch „nachzukorrigieren". Dies gilt grundsätzlich für alle der genannten Verfahren, auch wenn dies in Bezug auf die Praxis des Sachwertverfahrens unter Heranziehung von 13er-Werten mitunter übersehen wurde. Der Rückgriff auf Vergleichsdaten der Vergangenheit, seien es Vergleichspreise, vergleichbare Herstellungskosten oder vergleichbare Einnahmen, ist also darauf gerichtet, verlässliche Grundlagen zu erlangen, die sich auf die Zukunft übertragen lassen.

Wenn also ein wesentlicher **Unterschied des Ertragswertverfahrens zum Sachwertverfahren** darin gesehen wird, dass nur bei diesem Verfahren die Zukunft Berücksichtigung findet, während sich der Sachwert aus den in der Vergangenheit aufgebrachten Herstellungskosten ableite und auf den Wertermittlungsstichtag projiziert werde, so ist dies nur bedingt richtig. Bei einer genaueren Analyse erweisen sich solche Überlegungen als irreführend. 23

a) Der Sachwert baulicher Anlagen wird zwar mithilfe von Normalherstellungskosten der Vergangenheit abgeleitet und viele Gutachter scheuen sich auch nicht, dabei bis auf das Jahr 1913 zurückzugehen, jedoch können diese Kosten im Rahmen der Verkehrswertermittlung **nur insoweit Bedeutung** haben, wie sie das abbilden, **was der Grundstückseigentümer heute (am Wertermittlungsstichtag) mit Blick auf die zukünftige Nutzung an eigenen Aufwendungen erspart**[21].

Bei alledem geht es nicht um die „historischen Rekonstruktionskosten" nach den Verhältnissen zum Zeitpunkt der Errichtung des Gebäudes, sondern um die „Ersatzbeschaffungskosten" *(replacement costs)* nach den neuzeitlichen Verhältnissen des Wertermittlungsstichtags. Insoweit ist auch bei Anwendung des Sachwertverfahrens die Vergangenheit nur von begrenzter Bedeutung (vgl. Syst. Darst. des Sachwertverfahrens Rn. 6 ff.).

b) Auch der **Vergleichswert** wird zwar aus **möglichst gegenwartsnah** (in Bezug auf den Wertermittlungsstichtag) **zustande gekommenen Vergleichspreisen** abgeleitet; gleichwohl ist auch dieser Wert ein zukunftsorientierter Wert, denn die Vergleichspreise werden maßgeblich durch die Zukunftserwartungen der Käufer geprägt.

c) Bei Anwendung des **Ertragswertverfahrens** auf der Grundlage der am Wertermittlungsstichtag ortsüblich erzielbaren Erträge wird die nachhaltige Ertragssituation „eingefangen", wenn zur Kapitalisierung dieser Erträge der Liegenschaftszinssatz herangezogen wird. Mit den Liegenschaftszinssätzen werden diese Erträge „vernachhaltigt", denn sie werden aus Kaufpreisen abgeleitet, die mit Blick auf die künftige Entwicklung des Grundstücksmarktes einschließlich der erwarteten Ertragsentwicklung entrichtet wurden (vgl. § 14 ImmoWertV Rn. 107). Soweit am Wertermittlungsstichtag die tatsächlich erzielten Erträge insbesondere aufgrund vertraglicher Bindungen bzw. des geltenden Mietrechts von den marktüblich erzielbaren Erträgen der Höhe nach und über eine zeitliche Bindungsfrist abweichen, muss dem ergänzend Rechnung getragen werden (vgl. unten Rn. 264 ff. sowie Syst. Darst. des Ertragswertverfahrens Rn. 19, 103 ff.).

Alle Verfahren müssen grundsätzlich darauf gerichtet sein, dass sie möglichst direkt zum Verkehrswert führen. Aus dieser Sicht kann das Ertragswertverfahren im Verhältnis zum Sachwertverfahren in aller Regel die höhere Zuverlässigkeit und Überzeugungskraft für sich in Anspruch nehmen; darüber hinaus ist es am ehesten geeignet, zu zueinander „stimmigen" Werten zu kommen. Indessen ist die Anwendung von Verfahren, die zunächst zu Ergebnissen führen, aus denen der Verkehrswert erst über **Zu- oder Abschläge in einer zum Ergebnis erheblichen Größenordnung** abgeleitet werden muss, schon fast nur noch als Nachweis ihrer Ungeeignetheit zu werten. Dies kann allenfalls nur mitgetragen werden, wenn tatsächlich keine geeigneteren Verfahren zur Verfügung stehen. 24

---

21 Vgl. Kleiber, Verkehrswertermittlung von Grundstücken, 6. Aufl. 2010, § 194 BauGB Rn. 66.

2.2 Verfahrenswahl

2.2.1 Allgemeine Grundsätze für die Ermittlung von Verkehrswerten (Marktwerte)

2.2.1.1 Allgemeines

▶ *Vorbem. zur ImmoWertV Rn. 37*

25 In § 8 Abs. 1 Satz 1 ImmoWertV werden die drei klassischen Wertermittlungsverfahren „angeboten" (Vergleichs-, Ertrags- und Sachwertverfahren). Damit wird dem Umstand Rechnung getragen, dass es nicht möglich ist, für die Verkehrswertermittlung aller Grundstücksarten ein einheitliches Verfahren anzuwenden, denn die charakteristischen Merkmale, die den Wert eines Grundstücks bestimmen, sind bei den einzelnen Grundstücksarten verschieden[22].

26 Die drei **Wertermittlungsverfahren sind grundsätzlich gleichrangig**[23]. Nachrangig ist lediglich das Bodenrichtwertverfahren im Verhältnis zum Vergleichswertverfahren unter Heranziehung von Vergleichspreisen (§ 16 Abs. 1 Satz 1 ImmoWertV).

27 Die **Wahl der zur Anwendung kommenden Wertermittlungsverfahren** oder eines einzelnen Wertermittlungsverfahrens stellt eine entscheidende Weichenstellung für die Verkehrswertermittlung dar. Nach den in § 8 Abs. 1 Satz 2 ImmoWertV genannten Grundsätzen bestimmt sich das Wertermittlungsverfahren nach:

a) den *im gewöhnlichen Geschäftsverkehr bestehenden Gepflogenheiten*, d. h. nach den Überlegungen, die im Grundstücksverkehr nach der „**Art des Wertermittlungsobjekts**" für die Preisbemessung maßgebend sind, sowie

b) den *sonstigen Umständen des Einzelfalls*, worunter in erster Linie die dem Sachverständigen für die Wertermittlung zur Verfügung stehenden Vergleichsdaten zu verstehen sind (Abb. 3).

Dieser Grundsatz ist entsprechend auf andere in der ImmoWertV nicht geregelte Verfahren ebenfalls anzuwenden[24].

Mit der „*Art des Wertermittlungsobjekts*" ist in erster Linie die *Grundstücks- bzw. Immobilienart* (Gebäudeart) angesprochen. Allgemein kann der Grundstücksmarkt in seiner Gesamtheit in einen städtischen sowie einen land- und forstwirtschaftlichen Grundstücksteilmarkt untergliedert werden.

Der Immobilienbestand lässt sich daneben nach seiner *Nutzung* in **Wohn- und Gewerbeimmobilien einschließlich ihrer Mischformen (gemischt genutzte Immobilien)** aufgliedern (Abb. 3 und 4).

---

22 BVerfG, Beschl. vom 07.05.1968 – 1 BvR 420/54 –, EzGuG 20.43.
23 BGH, Urt. vom 15.06.1965 – V ZR 24/63 –, EzGuG 20.39; BFH, Urt. vom 02.02.1960 – III R 173/36 –, EzGuG 20.131; BGH, Urt. vom 13.07.1970 – VII ZR 189/68 –, EzGuG 20.49.
24 BVerwG, Beschl. vom 16.01.1996 – 4 B 69/95 –, GuG 1996, 111 = EzGuG 15.83.

Ermittlung des Verkehrswerts § 8 ImmoWertV

Abb. 3: **Typologie nach Immobilienarten**

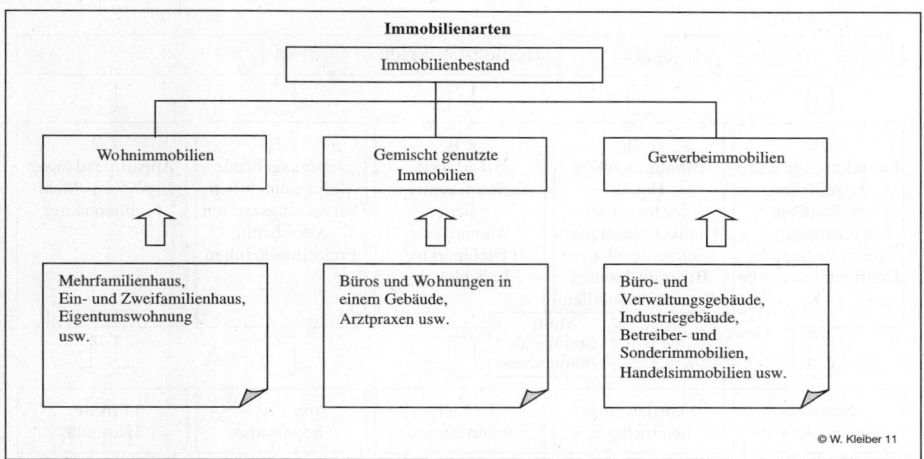

Wohnimmobilien lassen sich wiederum in folgende Segmente untergliedern:

Abb. 4: **Wohnimmobilien**

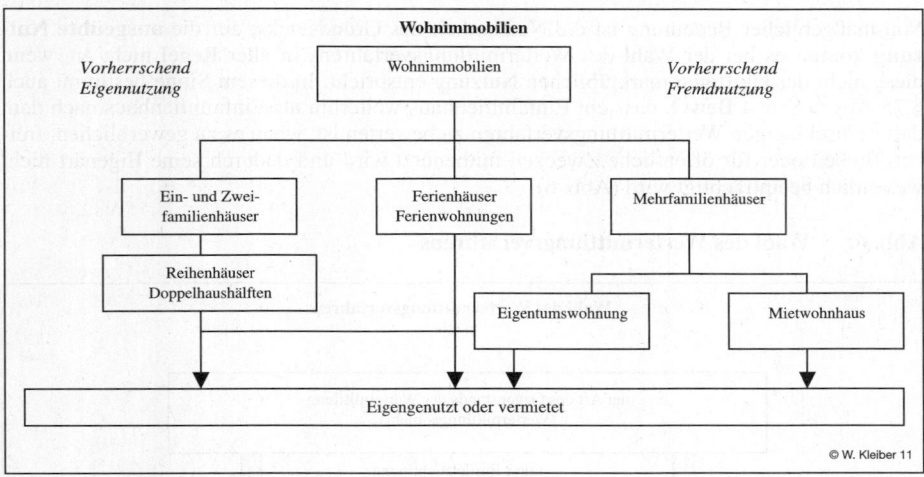

Zu den Gebäudearten der Normalherstellungskosten vgl. Syst. Darst. des Sachwertverfahrens Rn. 95; zur **steuerlichen Grundstücksarten** vgl. unten Rn. 47 ff.

Darüber hinaus wird von einem Grundstücksmarkt der **Sonder- bzw. Spezialimmobilien**, der sog. Management- und auch Frequenzimmobilien gesprochen, wobei die Übergänge fließend sind und die Märkte nicht eindeutig voneinander abgrenzbar sind. Von Sonder- und Spezialimmobilien spricht man bei einer speziellen Ausrichtung der Grundstücksnutzung einer Immobilie, die i. d. R. mit einer mehr oder minder eingeschränkten Drittverwendungsfähigkeit verbunden ist. Die Immobilien lassen sich auch nach den Akteuren und Immobiliennutzern gliedern (Abb. 5).

§ 8 ImmoWertV — Ermittlung des Verkehrswerts

Abb. 5: Typologie der Immobilienarten und -nutzer

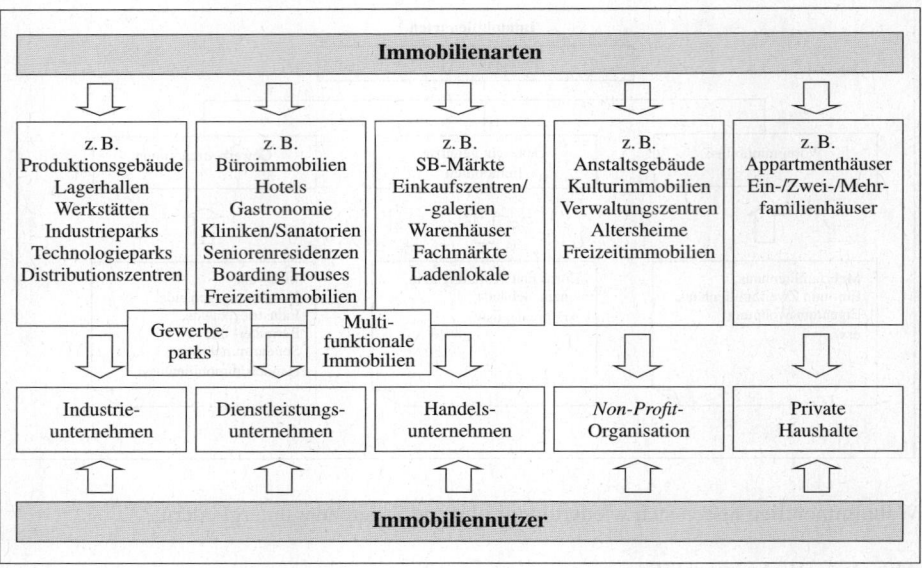

Quelle: Schmitz-Morkramer, 1990, S. 416; Falk, 1992, S. 586; Bone-Winkel, 1994, S. 33

Von maßgeblicher Bedeutung ist die Nutzbarkeit des Grundstücks; auf die **ausgeübte Nutzung** kommt es bei der Wahl des Wertermittlungsverfahrens in aller Regel nicht an, wenn diese nicht der künftigen marktüblichen Nutzung entspricht. In diesem Sinne bestimmt auch § 75 Abs. 5 Satz 4 BewG, dass ein Einfamilienhaus weiterhin als Einfamilienhaus nach dem dafür einschlägigen Wertermittlungsverfahren zu bewerten ist, wenn es zu gewerblichen, freiberuflichen oder für öffentliche Zwecken mitbenutzt wird und dadurch seine Eigenart nicht wesentlich beeinträchtigt wird (Abb. 6).

Abb. 6: Wahl des Wertermittlungsverfahrens

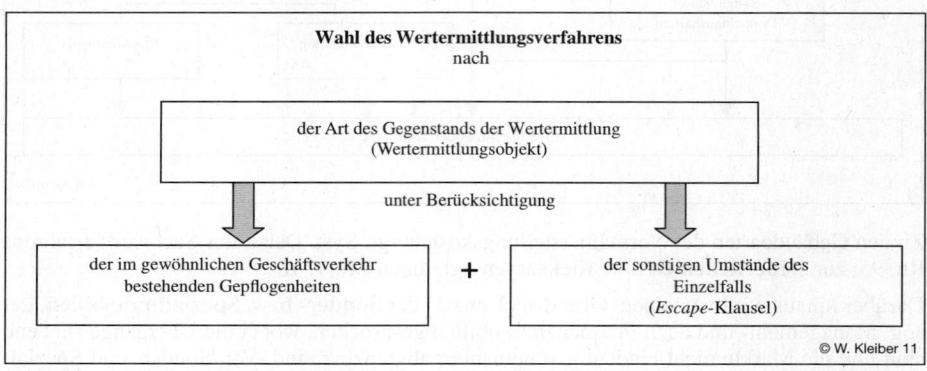

28 Nach der Art des Gegenstands der Wertermittlung kann es beispielsweise angezeigt sein, das Vergleichswertverfahren anzuwenden. Stehen dem Sachverständigen aber **keine geeigneten Vergleichspreise** in ausreichender Zahl zur Verfügung, so sind dies Umstände, die ein Ausweichen auf weniger geeignete Verfahren rechtfertigen („*Escape*-Klausel").

Ermittlung des Verkehrswerts § 8 ImmoWertV

Generell führt die Berücksichtigung der bestehenden **Gepflogenheiten des Geschäftsverkehrs** zu den sich aus Abb. 7 ergebenden Wertermittlungsverfahren: 29

Abb. 7: **Wahl des Wertermittlungsverfahrens**

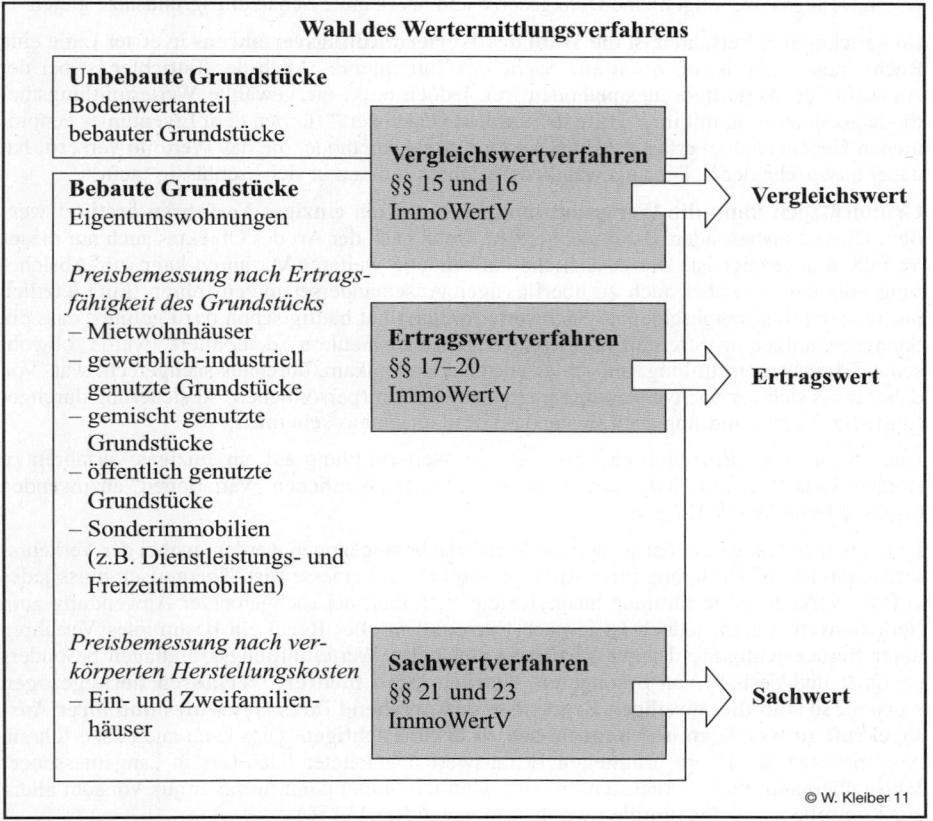

Der Grundstückssachverständige ist grundsätzlich frei in der Wahl seines Schätzverfahrens[25]. Die Auswahl des Verfahrens liegt in seinem sachverständigen Ermessen. **Bei der Wahl des Wertermittlungsverfahrens muss sich der Gutachter aber den allgemein anerkannten Regeln der Wertermittlungslehre bedienen** und zu diesem Zweck alle ihm zugänglichen Erkenntnisquellen vollständig und sachgerecht auswerten und in nachvollziehbarer Weise dartun. Solche anerkannten Schätzpraktiken sind in den Regelwerken ImmoWertV und auch WertR veröffentlicht und in der BGH-Rechtsprechung anerkannt[26]. 30

Mit den allgemeinen Grundsätzen der Verkehrswertermittlung und der unabhängigen Tätigkeit eines Sachverständigen unvereinbar ist die Vorgabe des Abgeordnetenhauses von Berlin[27], bei der Veräußerung von erbbaurechtsbelasteten Grundstücken die dort vorgegebenen (politisch ausgerichteten) „Bewertungsmodelle" anzuwenden, die nicht nur nach Auffassung des Rechnungshofes von Berlin[28] mit einer objektiven Marktwertermittlung und der BGH-Rechtsprechung unvereinbar sind[29].

---

[25] Die Gutachterausschüsse haben sich bei städtebaulichen Wertermittlungen an die Vorschriften der ImmoWertV zu halten.
[26] BGH, Urt. vom 27.04.1964 – III ZR 136/63 –, EzGuG 6.75. Die Behauptung von Robinson (Drivers Jonas) in AIZ 2006, 61, die WertV sei eine „Zwangsjacke", mit der zudem das aktuelle Zeitgeschehen ignoriert werde, ist falsch.
[27] LT-Drucks. 15/1002.
[28] Schreiben des Rechnungshofs von Berlin vom 23.08.2002 (II A3/PA just) und vom 15.10.2002 (II B/II B 1 PA Just 2) an die Senatsverwaltung für Finanzen.
[29] Vgl. Kleiber, Verkehrswertermittlung von Grundstücken, 6. Aufl. 2010, § 194 BauGB Rn. 3.

§ 8 ImmoWertV Ermittlung des Verkehrswerts

31 Welches Wertermittlungsverfahren dem Ziel der Verkehrswertermittlung möglichst wirklichkeitsnah und am besten gerecht wird, ist dabei eine Frage der Tatsachenfeststellung. Diese Feststellungen dürfen nicht auf einem Rechtsirrtum oder einem Verfahrensmangel beruhen. Den materiellen Rechtsfehlern stehen dabei Verstöße gegen die angewandte Schätzmethode, gegen Denkgesetze, allgemeine Denkgesetze und anerkannte Schätzungsgrundsätze gleich[30].

32 Im gerichtlichen Verfahren ist die **Wahl des Wertermittlungsverfahrens** in erster Linie eine Rechtsfrage[31]. Sie ist im Streitfalle Sache des Tatrichters[32]. Auch der Tatrichter ist bei der Auswahl der Wertermittlungsmethoden frei, jedoch muss die gewählte Wertermittlungsmethode geeignet sein, mit ihrer Hilfe den „vollen Gegenwert" für den dem Eigentümer genommenen Gegenstand zu erfassen. Eine Wertermittlungsmethode, die das Wertbild verzerrt, hat daher auszuscheiden[33]. Die angewandten Verfahren müssen in sich „schlüssig" sein[34].

33 **Grundsätzlich kann die Wertermittlung auch auf ein einziges Verfahren gestützt werden.** Dies ist insbesondere dann sachgerecht, wenn nach der Art des Objektes auch nur dieses Verfahren angezeigt ist. Die zusätzliche Anwendung weiterer Verfahren kann zur Absicherung nützlich sein, aber auch zu überflüssigen Auseinandersetzungen führen. Eine letztlich nur nachrichtlich mitgeschleppte Sachwertermittlung hat häufig schon dazu geführt, dass ein Sachverständiger im Streitfall an hierbei begangenen Fehlern „demontiert" wurde, obwohl seine Ertragswertermittlung, auf die es entscheidend ankam, durchaus sachgerecht war. Von daher muss sich der Sachverständige fragen, ob eine zur (persönlichen) Absicherung durchgeführte Sachwertermittlung auch Bestandteil des Gutachtens sein muss.

34 Auch wenn es im Einzelfall angezeigt ist, die Wertermittlung auf ein einziges Verfahren zu stützen, kann es erforderlich werden, dieses mit unterschiedlichen „Variationen" anzuwenden (vgl. § 2 ImmoWertV Rn. 6)[35].

35 Es können auch mehrere der genannten Verfahren herangezogen werden, wobei der Verkehrswert dann unter Würdigung ihrer Aussagefähigkeit zu bemessen ist. Theoretisch muss jedes auf die Verkehrswertermittlung ausgerichtete Verfahren bei sachgerechter Anwendung zum Verkehrswert führen, jedoch ist je nach Einzelfall in aller Regel ein bestimmtes Verfahren unter Berücksichtigung der zur Verfügung stehenden Wertermittlungsgrundlagen besonders geeignet und deshalb von besonderem Gewicht. **Sind mehrere Verfahren herangezogen worden, so sind die jeweiligen Ergebnisse entsprechend ihres Gewichtes und ihrer Aussagekraft zu würdigen und angemessen zu berücksichtigen.** Dies kann auch dazu führen, dass ein ergänzend zum ermittelten Ertragswert abgeleiteter Sachwert in „angemessener" Weise überhaupt nicht berücksichtigt wird, nämlich immer dann, wenn er aus Vorsicht allein zur Kontrolle zusätzlich ermittelt wurde (vgl. unten Rn. 154 ff.).

36 Bei der **Verkehrswertermittlung eines in Teilen unterschiedlich genutzten Grundstücks** kann es geboten sein, den Verkehrswertanteil der verschieden genutzten Grundstücksteilflächen nach unterschiedlichen Wertermittlungsverfahren zu ermitteln (Mosaikmethode). Dabei muss gefordert werden, dass dies den Gepflogenheiten des gewöhnlichen Geschäftsverkehrs entspricht (vgl. unten Rn. 92)[36].

---

30 BFH, Beschl. vom 04.07.1990 – GrS 2/88 –, BFHE 161, 290 = BStBl II 1990, 817; BFH; Urt. vom 18.12.1984 – VIII R 195/82 –, BFHE 142, 558 = EzGuG 20,108a; BFH; Urt. Vom 10.10.1986 – VI R 12/83 –, BFH/NV 1987, 698; BFH, Urt. vom 24.11.1988 – IV R 150/86 –, BFH/NV 1989, 416.
31 BGH, Urt. vom 02.12.1971 – III ZR 165/69 –, EzGuG 20.51; BGH, Urt. vom 26.10.1972 – III ZR 78/71 –, EzGuG 18.57.
32 BGH, Urt. vom 08.11.1962 – III ZR 86/61 –, EzGuG 8.5; BGH, Urt. vom 02.12.1971 – III ZR 165/69 –, EzGuG 20.51; BGH, Urt. vom 26.10.1972 – III ZR 78/71 –, EzGuG 18.57; Kleiber in Ernst/Zinkahn/Bielenberg/Krautzberger, BauGB, Komm. zu § 8 ImmoWertV Rn. 7 ff.; Kröner, Die Enteignungsentschädigung in der Rechtsprechung des Bundesgerichtshofs, 2. Aufl., S. 128; ders. in DRiZ 1961, 381; Gelzer/Busse, Der Umfang des Enteignungsentschädigungsanspruchs aus Enteignung und enteignungsgleichem Eingriff, 2. Aufl., S. 30.
33 BGH, Urt. vom 29.05.1967 – III ZR 126/66 –, EzGuG 18.35; BGH, Urt. vom 02.02.1971 – III ZR 165/69 –, EzGuG 20.51; BGH, Urt. vom 26.10.1972 – III ZR 78/71 –, EzGuG 18.57; BGH, Urt. vom 20.03.1975 – III ZR 153/72 –, EzGuG 18.64; BGH, Urt. vom 14.12.1978 – III ZR 6/77 –, EzGuG 4.63; BGH, Urt. vom 23.06.1983 – III ZR 39/62 –, EzGuG 20.102; vgl. auch Maunz/Dürig/Herzog/Scholz, GG,Art. 14, S. 66.
34 BFH, Urt. vom 18.12.1984 – VIII R 195/82 –, EzGuG 20.108a.
35 Vgl. Kleiber, Verkehrswertermittlung von Grundstücken, 6. Aufl. 2010, § 194 BauGB Rn. 63 ff.
36 KG Berlin, Urt. vom 31.03.1970 – U 2199/68 –, EzGuG 20.47.

Die **Wahl des** geeigneten **Wertermittlungsverfahrens ist** in jedem Fall **zu begründen**[37]. **37**

▶ *Zur Begründung des gewählten Wertermittlungsverfahrens vgl. Kleiber, Verkehrswertermittlung von Grundstücken, 6. Aufl. 2010 Teil III Rn. 445 f.* **38**

2.2.1.2 Gepflogenheiten des gewöhnlichen Geschäftsverkehrs

Die Verordnung gibt mit § 8 Abs. 1 Satz 2 für die Wahl des Wertermittlungsverfahrens vor, dass mit der Methode die **Maßstäbe und Mechanismen zur Anwendung kommen, die im gewöhnlichen Geschäftsverkehr zwischen Käufer und Verkäufer bei ihren Preisverhandlungen zur Geltung kommen**[38]. Wie ausgeführt ist dieses Kriterium gegenüber den weiterhin zu berücksichtigenden „sonstigen Umständen des Einzelfalls" i. d. R. vorrangig. Grundlage für die Verfahrenswahl ist nach den Gepflogenheiten des gewöhnlichen Geschäftsverkehrs die objektive Nutzbarkeit des Grundstücks; auf subjektive Nutzungsabsichten kann es nicht ankommen. Darüber hinaus hat eine Wertermittlungsmethode auszuscheiden, die das Wertbild verzerrt[39]. Die angewandte Methode muss zudem in sich „schlüssig" sein[40]. **39**

Nach der Rechtsprechung des BFH[41] ist unter dem **gewöhnlichen Geschäftsverkehr** der Handel zu verstehen, der sich nach marktwirtschaftlichen Grundsätzen von Angebot und Nachfrage vollzieht und bei dem jeder Vertragspartner ohne Zwang und nicht aus Not, sondern freiwillig in Wahrung seiner eigenen Interessen zu handeln in der Lage ist (vgl. § 194 BauGB Rn. 11 ff.). **40**

Die zur Anwendung kommende Methode muss mithin ein Abbild der Preismechanismen des gewöhnlichen Geschäftsverkehrs sein. Bei der **Verkehrswertermittlung unbebauter Grundstücke** ist nach § 16 Abs. 1 Satz 1 vorrangig das Vergleichswertverfahren anzuwenden. Bei der **Verkehrswertermittlung bebauter Grundstücke** wird dagegen vornehmlich auf das Ertrags- oder Sachwertverfahren zurückgegriffen (vgl. Syst. Darst. des Vergleichswertverfahrens, Rn. 3ff, 7ff)[42]. Diese Praxis ist darauf zurückzuführen, dass bebaute Grundstücke im Vergleich zu unbebauten Grundstücken üblicherweise eine große Individualität aufweisen und daher geeignete Vergleichspreise in ausreichender Zahl selten zur Verfügung stehen. Einhergehend mit einer Verlagerung des Grundstücksverkehrs in den Bestand und einer Verbesserung der Wertermittlungsmethodik bebauter Grundstücke (vgl. §§ 13, 15 Abs. 2 ImmoWertV) ist in der Wertermittlungspraxis unverkennbar eine stärkere Hinwendung zum Vergleichswertverfahren auch für bebaute Grundstücke festzustellen. **41**

2.2.1.3 Sonstige Umstände des Einzelfalls

Als weiteres bei der Wahl des Wertermittlungsverfahrens zu berücksichtigendes Kriterium nennt § 8 Abs. 1 Satz 2 ImmoWertV die „sonstigen Umstände des Einzelfalls". In erster Linie sind dies die für die Wertermittlung **zur Verfügung stehenden Ausgangsdaten (Parameter)**[43]. Stehen dem Gutachter im Einzelfall für die Anwendung des sich unter Berücksichtigung der Gepflogenheiten des gewöhnlichen Geschäftsverkehrs anzuwendenden Wertermittlungsverfahrens z. B. keine hinreichenden Datengrundlagen zur Verfügung, so kann nach dieser Vorschrift auch auf andere Verfahren ausgewichen werden oder sie sind unterstützend heranzuziehen. Dies betrifft nicht nur die Anwendung des Vergleichswertverfahrens, dessen Anwendung eine „ausreichende Zahl" geeigneter Vergleichspreise voraussetzt, sondern auch **42**

---

37 VG Augsburg, Urt. vom 10.02.1982 – 4 K 80 A 914 –, EzGuG 11.126.
38 OLG Köln, Urt. vom 28.08.1962 – 9 U 28/58 –, EzGuG 20.31; vgl. auch Begründung zur WertV 61 im BAnz Nr.145 vom 12.08.1961 sowie zur WertV 72; BR-Drucks. 265/72, S. 7; Pagendarm, WM 1958, 1350.
39 BGH, Urt. vom 29.05.1967 – III ZR 126/66 - , EzGuG 18.35; BGH, Urt. vom 02.02.1971 – III ZR 165/69 –, EzGuG 20.51; BGH, Urt. vom 26.10.1972 – III ZR 78/71 –, EzGuG 18.57; BGH, Urt. vom 20.03.1975 – III ZR 153/72 –, EzGuG 18.64; BGH, Urt. vom 14.12.1978 – III ZR 6/77 –, EzGuG 4.63; BGH, Urt. vom 23.06.1983 – III ZR 39/62 –, EzGuG 20.102; vgl. auch Maunz/Dürig/Herzog/Scholz, GG, Art. 14, S. 66.
40 BFH, Urt. vom 18.12.1984 – VIII R 195/82 –, EzGuG 20.108a.
41 BFH, Urt. vom 23.02.1979 – III R 44/74 –, EzGuG 19.35, auch BFH, Urt. vom 14.02.1969 – III 88/65 –, EzGuG 19.16.
42 LG Arnsberg, Beschl. vom 28.05.1985 – 5 T 180/85 –, EzGuG 5.19.
43 BFH, Urt. vom 17.08.1999 – IV B 116/98 –, GuG 2000, 236 = EzGuG 20.173.

§ 8 ImmoWertV Ermittlung des Verkehrswerts

das Ertrags- und Sachwertverfahren. Eine Sachwertermittlung kann z. B. nicht durchgeführt werden, wenn keine verlässlichen Angaben über Herstellungskosten von Objekten vergleichbarer Art vorliegen[44]. Auch der BGH hat es nicht beanstandet, dass im Einzelfall von der Anwendung des Ertragswertverfahrens in Ermangelung hinreichender tatsächlicher Anknüpfungspunkte abgesehen und auf das Sachwertverfahren ausgewichen wurde[45].

2.2.2 Verfahrensvorgaben bei der Beleihungswertermittlung

▶ Vgl. im Einzelnen Schröter in Kleiber, Verkehrswertermittlung von Grundstücken, 6. Aufl. 2010 Teil IX

43 Die in der Verkehrswertermittlung gebräuchlichen Wertermittlungsverfahren, nämlich das Vergleichs-, Ertrags- und Sachwertverfahren, kommen auch zur Ermittlung des Beleihungswerts nach den Grundsätzen der BelWertV zur Anwendung. Im Unterschied zur ImmoWertV nimmt die BelWertV dem Sachverständigen jedoch die freie sachverständige Entscheidung über die zur Ermittlung des Beleihungswerts anzuwendenden Verfahren weitgehend ab und verpflichtet ihn, mit dem apodiktischen Befehl des § 4 Abs. 1 Satz 1 BelWertV **kumulativ den Ertragswert** (§§ 8 bis 13 BelWertV) und den Sachwert (§§ 14 bis 19 BelWertV) „getrennt" zu ermitteln.

Die besondere Hervorhebung der „getrennten" Ermittlung von Sach- und Ertragswert ist bedeutungslos, denn Sach- und Ertragswert werden durch unterschiedliche Parameter bestimmt, so dass sie in der Wertermittlungspraxis eigentlich stets voneinander getrennt ermittelt werden. Im Unterschied zur Verkehrswertermittlung nach der ImmoWertV muss nach der BelWertV das Sachwertverfahren stets und selbst bei „reinrassigen" Ertragsobjekten zur Anwendung kommen, auch wenn es für den Beleihungswert bedeutungslos ist.

„(1) Zur Ermittlung des *Beleihungswerts* sind der Ertragswert (§§ 8 bis 13) und der Sachwert (§§ 14 bis 18) des Beleihungsobjekts getrennt zu ermitteln. Der *Beleihungs*wert ist unter Berücksichtigung beider Werte nach Maßgabe der Absätze 2 bis 6 abzuleiten. ..."

44 Nach § 4 Abs. 1 Satz 2 BelWertV ist der Beleihungswert unter „Berücksichtigung beider Werte" abzuleiten. Dieser Grundsatz entspricht weitgehend § 8 Abs. 1 Satz 3 ImmoWertV, jedoch wird die „Abstützung" einer Wertermittlung durch mehrere zur Anwendung kommende Wertermittlungsverfahren mit § 4 Abs. 3 Satz 1 BelWertV im Ergebnis mit der **apodiktischen Vorgabe ausgehöhlt, dass regelmäßig der Ertragswert maßgeblich** sein soll und dieser „nicht überschritten werden darf". Im krassen Widerspruch zu § 4 Abs. 1 Satz 2 BelWertV wird also gleich mit dem darauf folgenden Gesetzesbefehl die mit § 4 Abs. 1 Satz 2 BelWertV (nach Maßgabe des § 4 Abs. 2 bis 6 BelWertV) vorgegebene „Berücksichtigung" des Sachwerts inhaltlich auf ein bloßes „Mitschleppen" des Sachwerts allein zu Kontrollzwecken ausgehöhlt, d. h., die Bedeutung des Sachwerts reduziert sich – vorbehaltlich der Sonderregelung des § 4 Abs. 2 und 4 BelWertV für Ein- und Zweifamilienhäuser sowie für Eigentumswohnungen – auf die Funktion eines „Kontrollwerts"[46], ohne dass die BelWertV den Sachwert expressis verbis als solchen ausweist.

---

44 BR-Drucks. 352/88, S. 52.
45 BGH, Urt. vom 15.06.1965 – V ZR 24/63 –, EzGuG 20.39.
46 Für den Beleihungswert ist nach dem unmissverständlichen Befehl des § 4 Abs. 2 Satz 1 BelWertV nämlich regelmäßig der Ertragswert „maßgeblich". Widersprüchlich und ein sprachlicher „Eiertanz" ist der Hinweis des § 4 Abs. 1 Satz 2 BelWertV, nach dem der Beleihungswert „unter Berücksichtigung" des Ertrags- und Sachwerts abzuleiten ist, wenn dies nach Maßgabe der Absätze 2 und 3 zu erfolgen hat und die Vorschrift den Ertragswert verbindlich vorgibt.

Ermittlung des Verkehrswerts § 8 ImmoWertV

Die verbindlich vorgeschriebene Ableitung des **Sachwerts als „Kontrollwert"**[47] hat nur eine Warnfunktion, denn nach § 4 Abs. 2 Satz 2 BelWertV bedarf es einer besonderen Überprüfung der Nachhaltigkeit der im Ertragswertverfahren zugrunde gelegten Erträge und ihrer Kapitalisierung, wenn der Ertragswert den Sachwert um mehr als 20 Prozent überschreitet. Dies ist in der Praxis allenfalls bei einfachen Einfamilienhäusern (Reihenhäusern) der Fall, für die die Sonderregelung des § 4 Abs. 2 Satz 3 BelWertV gilt. I.d.R. überschreitet ansonsten umgekehrt der Sachwert den Ertragswert. Fällt der Ertragswert also im konkreten Ausnahmefall deutlich höher als der Sachwert aus, so soll es grundsätzlich bei der Ableitung des Beleihungswerts aus dem Ertragswert bleiben, jedoch „bedarf das Ergebnis der Überprüfung einer nachvollziehbaren Begründung, andernfalls ist der Ertragswert entsprechend zu mindern".

45

Bei Ein- und Zweifamilienhäusern sowie Eigentumswohnungen kann – abweichend von der Vorrangigkeit des Ertragswertverfahrens – der Beleihungswert nach § 4 Abs. 4 BelWertV **am Sachwert orientiert werden und eine Ertragswertermittlung entfallen**, wenn das zu bewertende Objekt nach Zuschnitt, Ausstattungsqualität und Lage zweifelsfrei zur Eigennutzung geeignet und bestimmt ist und bei gewöhnlicher Marktentwicklung nach den Umständen des Einzelfalls vorausgesetzt werden kann, dass das Objekt von potenziellen Erwerbern für die eigene Nutzung dauerhaft nachgefragt wird.

46

Das Kriterium der „*Eigennutzung*" ist allerdings für die Umstellung der Beleihungswertermittlung vom Ertragswertverfahren zum Sachwertverfahren ein völlig überholtes Kriterium, denn viele auf Ertragserzielung ausgerichtete (gewerbliche) Objekte sind eigengenutzt (Missverstandenes Eigennutzprinzip", vgl. Rn. 82 ff.).

Die Regelungen der BelWertV führen zwar in einfach gelagerten Normalfällen zu derselben Verfahrenswahl wie bei der Ermittlung des Verkehrswerts nach den Grundsätzen der ImmoWertV; bei komplizierteren Fallgestaltungen müssen die rigiden Vorgaben aber zu erheblichen Spannungen bei der Verfahrenswahl und der Berücksichtigung der Ergebnisse unterschiedlicher Verfahren führen. Einfach gelagerte Normalfälle werden auf dem Immobilienmarkt aber immer seltener[48] und deshalb muss die Abweichung von den diesbezüglich weitaus flexibleren und bewährten Vorschriften der ImmoWertV über das oder die anzuwendenden Verfahren abgelehnt werden. Der richtigen Verfahrenswahl kommt in der Wertermittlung eine entscheidende Bedeutung zu und die Regelungen der BelWertV schränken den Sachverständigen dessen ungeachtet in abträglicher Weise in seiner sachverständigen Verfahrenswahl ein und zwingen ihn im Regelfall, den Beleihungswert allein auf den Ertragswert zu stützen. Eine gewisse eigene Entscheidung über die Wahl des geeigneten Wertermittlungsverfahrens lässt die BelWertV dem Sachverständigen nur für Ein- und Zweifamilienhäuser sowie für Wohnungs- und Teileigentum zu (Abb. 8).

---

47 Die BelWertV ist diesbezüglich inkonsequent: Bei der Bewertung von Wohnungs- und Teileigentum ist nach § 4 Abs. 2 BelWertV zusätzlich (als dritte Stufe) das Vergleichswertverfahren anzuwenden und der „Vergleichswert" wird dort mit derselben Maßgabe (Überprüfung des Ertragswerts und Begründung) als Kontrollwert ausgewiesen.
48 Z.B. bezüglich eines im Teileigentum stehenden *Shopping-Centers*; vgl. Stellungnahme des Zentralen Kreditausschusses vom 10.11.2005.

§ 8 ImmoWertV — Ermittlung des Verkehrswerts

Abb. 8: Wertermittlungsverfahren der Beleihungswertermittlung

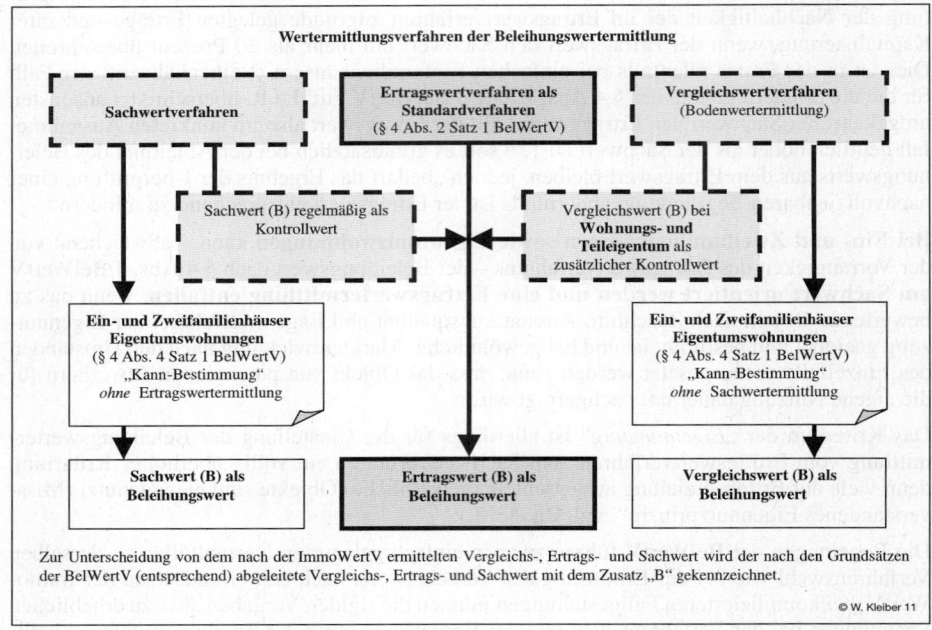

2.2.3 Verfahrensvorgaben für die steuerliche Bewertung

▶ *Hierzu Syst. Darst. des Vergleichswertverfahrens Rn. 15, 167.; Syst. Darst. des Sachwertverfahrens Rn. 42; Syst. Darst. des Ertragswertverfahrens Rn. 117*

Schrifttum: *Hecht/v. Cölln,* Bewertung bebauter Grundstücke nach dem BewG i. d. F. des Erbschaftsteuerreformgesetzes, BB 2009, 810.

47 In der steuerlichen Bewertung bestimmen sich die anzuwendenden Verfahren nach der jeweiligen Vermögensart:

– Das **land- und forstwirtschaftliche Vermögen**, zu dem nach § 33 BewG alle Wirtschaftsgüter gehören, die einem Betrieb der Land- und Forstwirtschaft dauernd zu dienen bestimmt sind, ist unbeschadet der Regelung, die in § 47 BewG für den Wohnungswert getroffen ist, nach dem Ertragswert zu bewerten. Bei der Ermittlung des Ertragswerts ist nach § 36 BewG von der Ertragsfähigkeit auszugehen; Ertragsfähigkeit ist der bei ordnungsmäßiger und schuldenfreier Bewirtschaftung mit entlohnten fremden Arbeitskräften gemeinhin und nachhaltig erzielbare Reinertrag. Ertragswert ist das Achtzehnfache dieses Reinertrags. Der Ertragswert der Nutzungen wird durch ein vergleichendes Verfahren nach den §§ 38 bis 41 BewG ermittelt. Das vergleichende Verfahren kann auch auf Nutzungsteile angewendet werden. Kann ein vergleichendes Verfahren nicht durchgeführt werden, so ist der Ertragswert nach der Ertragsfähigkeit der Nutzung unmittelbar zu ermitteln (Einzelertragswertverfahren).

– Bei der Bewertung des **Grundvermögens, zu dem der Grund und Boden, die Gebäude, die sonstigen Bestandteile und das Zubehör, das Erbbaurecht, das Wohnungseigentum, Teileigentum, Wohnungserbbaurecht und Teilerbbaurecht nach dem Wohnungseigentumsgesetz** gehören, soweit es sich nicht um land- und forstwirtschaftliches Vermögen (§ 33 BewG) oder um Betriebsgrundstücke (§ 99 BewG) handelt, ist zwischen

Ermittlung des Verkehrswerts § 8 ImmoWertV

- unbebauten Grundstücken (§§ 72 und 73 BewG) und
- bebauten Grundstücken (§§ 74 bis 77 BewG)

zu unterscheiden.

Bebaute Grundstücke sind wiederum nach § 181 BewG[49] zu unterscheiden nach

1. Mietwohngrundstücken
2. Geschäftsgrundstücken
3. gemischt genutzten Grundstücken
4. Einfamilienhäusern
5. Zweifamilienhäusern
6. sonstigen bebauten Grundstücken.

Bei der Festlegung der Grundstücksart ist stets die gesamte wirtschaftliche Einheit zu betrachten. Dies gilt auch, wenn sich auf einem Grundstück mehrere Gebäude oder Gebäudeteile unterschiedlicher Bauart oder Nutzung befinden. Die Abgrenzung der Grundstücksarten ist nach dem Verhältnis der Wohn- und Nutzfläche vorzunehmen. Dabei sind Nutzflächen, die in einem Nutzungszusammenhang mit Wohnflächen stehen (z. B. Garagen, Kellerräume), nicht einzubeziehen. Maßgeblich ist die Wohnfläche nach der WoFlV. Ist die Wohnfläche bis zum 31.12.2003 nach der II. BV berechnet worden, bleibt es bei dieser Berechnung, soweit nach dem 31.12.2003 keine baulichen Änderungen an dem Wohnraum vorgenommen worden sind, die eine Neuberechnung erforderlich machen. Abzustellen ist auf die tatsächliche Nutzung am Bewertungsstichtag.

Der Wert eines Grundstücks ist unter Berücksichtigung der Grundstücksart der wirtschaftlichen Einheit entweder nach dem Vergleichswertverfahren, dem Ertragswertverfahren oder dem Sachwertverfahren zu bemessen:

- Das *Vergleichswertverfahren* (§ 183 BewG) ist für das Wohnungseigentum, das Teileigentum und für die Ein- und Zweifamilienhäuser anzuwenden, sofern der Gutachterausschuss entsprechende Vergleichspreise oder Vergleichsfaktoren ermittelt hat; nachrangig kann auf die in der Finanzverwaltung vorliegenden Unterlagen zu Vergleichspreisen zurückgegriffen werden.

- Das *Ertragswertverfahren* (§§ 184 bis 188 BewG) ist für Geschäftsgrundstücke und gemischt genutzte Grundstücke anzuwenden, für die sich auf dem örtlichen Grundstücksmarkt eine übliche Miete ermitteln lässt. Das Verfahren ist nicht anzuwenden, wenn zwar eine tatsächliche Miete vereinbart ist, jedoch keine übliche Miete ermittelt werden kann, da in einem solchen Fall ein Vergleich nicht möglich ist. Mietwohngrundstücke sind nach § 182 Abs. 3 Nr. 1 BewG stets im Ertragswertverfahren zu bewerten. Ist in diesen Fällen weder eine tatsächliche Miete vorhanden noch eine ortsübliche Miete ermittelbar, ist die Miete marktbezogen, beispielsweise durch Abgleich mit den Mietverhältnissen in vergleichbaren überregionalen Lagen, zu schätzen (vgl. auch § 76 BewG).

- Das *Sachwertverfahren* (§§ 189 bis 191 BewG) ist für die Bewertung der sonstigen bebauten Grundstücke heranzuziehen (vgl. auch §§ 83 bis 90 BewG). Darüber hinaus ist das Sachwertverfahren das Auffangverfahren für
  - das Wohnungseigentum, das Teileigentum und für Ein- und Zweifamilienhäuser[50], wenn das Vergleichswertverfahren mangels Vergleichspreisen oder Vergleichsfaktoren nicht anwendbar ist;

---

49 Vgl. hierzu ErbStR und ErbStH 2011, zu § 181 Abs. 1.
50 Das Sachwertverfahren ist abweichend von § 76 Abs. 1 BewG auch bei Einfamilienhäusern und Zweifamilienhäusern anzuwenden, wenn sie sich durch besondere Gestaltung oder Ausstattung wesentlich von den nach § 76 Abs. 1 BewG zu bewertenden Einfamilienhäusern und Zweifamilienhäusern unterscheiden.

§ 8 ImmoWertV Ermittlung des Verkehrswerts

- Geschäftsgrundstücke und gemischt genutzte Grundstücke, für die sich auf dem örtlichen Grundstücksmarkt keine übliche Miete ermitteln lässt, insbesondere
    a. bei solchen Gruppen von Geschäftsgrundstücken und in solchen Einzelfällen bebauter Grundstücke der in § 75 Abs. 1 Nr. 1 bis 3 BewG bezeichneten Grundstücksarten, für die weder eine Jahresrohmiete ermittelt, noch die übliche Miete nach § 79 Abs. 2 BewG geschätzt werden kann;
    b bei Grundstücken mit Behelfsbauten und bei Grundstücken mit Gebäuden in einer Bauart oder Bauausführung, für die ein Vervielfältiger (§ 80 BewG) in den Anl. 3 bis 8 zum BewG nicht bestimmt ist.
- Für **Grundstücke im Zustand der Bebauung** (§ 91 BewG, § 196 BewG), **Erbbaurechte** (§ 92 BewG, § 193 BewG), **Wohnungs- und Teileigentum** (§ 93 BewG) sowie **Gebäude auf fremdem Grund und Boden** (§ 94 BewG, § 195 BewG) sieht das Bewertungsgesetz Sondervorschriften vor[51].

2.3 Vergleichswertverfahren

2.3.1 Allgemeines

▶ *Vgl. hierzu die Syst. Darst. des Vergleichswertverfahrens Rn. 1 ff., 136 ff.*

48 Das Vergleichswertverfahren *(comparision method)* basiert auf der Überlegung, den **Verkehrswert eines Wertermittlungsobjekts aus der Mittelung von zeitnahen Kaufpreisen vergleichbarer Grundstücke** festzustellen.

49 Obwohl die Verordnung das Vergleichswertverfahren gleichrangig mit den übrigen Wertermittlungsverfahren aufführt, wird dem Verfahren bei Vorhandensein geeigneter Vergleichspreise besondere Überzeugungskraft beigemessen, denn Vergleichspreise für im Wesentlichen gleichartige Grundstücke bieten den sichersten Anhalt für die Verkehrswertermittlung (vgl. Syst. Darst. des Vergleichswertverfahrens Rn. 3 ff.).

Das Verfahren führt im Allgemeinen direkt zum Verkehrswert und ist deshalb den übrigen Wertermittlungsverfahren, insbesondere dem Sachwertverfahren, überlegen, bei dem der (vorläufige) Grundstückssachwert noch durch schwer nachweisbare Sachwertfaktoren zu korrigieren ist. Dieser Vorgang entfällt i. d. R. beim Vergleichswertverfahren, da sich die jeweilige Marktsituation bereits in den Kaufpreisen der Vergleichsobjekte widerspiegelt.

2.3.2 Anwendungsbereich

50 Das Vergleichswertverfahren kann grundsätzlich sowohl bei der Verkehrswertermittlung bebauter als auch unbebauter Grundstücke zur Anwendung kommen. Die **Verkehrswertermittlung bebauter Grundstücke im Wege des Vergleichswertverfahrens** ist im Hinblick auf die große Marktnähe dieses Verfahrens vielfach jedoch eine Wunschvorstellung, die zumeist an der hinreichenden Vergleichbarkeit der zur Verfügung stehenden Kaufpreise bzw. der Grundstücke scheitert, auf die sie sich beziehen. In der Praxis steht hier deshalb die Anwendung des Ertrags- und Sachwertverfahrens im Vordergrund (vgl. Syst. Darst. des Vergleichswertverfahrens Rn. 5 ff. und Rn. 136).

51 Für die **Anwendung des Vergleichswertverfahrens auf bebaute Grundstücke** muss nämlich ebenfalls eine ausreichende Anzahl von Kaufpreisen vergleichbarer Objekte vorliegen und die Grundstücke sollten mit dem Wertermittlungsobjekt möglichst direkt vergleichbar sein. Zudem müssen die Verkäufe zeitnah zum Wertermittlungsstichtag angefallen sein. Durch diese Vorgaben wird die Zahl der infrage kommenden Vergleichsgrundstücke zwangsläufig stark reduziert, sodass das Verfahren allenfalls bei marktgängigen Immobilien wie **Eigentumswohnungen** oder **Einfamilienhausgrundstücken** angewendet werden kann.

---

51 Vgl. ErbStR und ErbStH, zu § 193 BewG R B 193, zu § 195 BewG R B 195. 1, 2 sowie zu § 196 BewG R B 196. 2 (vgl. GuG 2012 Heft 3 und 4).

Die freien Sachverständigen waren bislang wegen Datenmangels nur in Ausnahmefällen in der Lage, Verkehrswerte bebauter Grundstücke im Vergleichswertverfahren zu ermitteln. Werden die im Abschnitt 2 der ImmoWertV genannten Vergleichsfaktoren für bebaute Grundstücke von den Gutachterausschüssen abgeleitet und veröffentlicht, wird sich das Anwendungsspektrum des Vergleichswertverfahrens deutlich erhöhen. So werden auch die freien Sachverständigen Wertermittlungen über **Ertrags- oder Gebäudefaktoren** (vgl. § 13 ImmoWertV) durchführen können. Eine sichere Wertbeurteilung wird jedoch dadurch erschwert, dass den Sachverständigen zwar die Vergleichsfaktoren mitgeteilt werden, nicht aber die Grundstücke, aus denen sie abgeleitet werden.

2.3.3 Bodenwertermittlung

2.3.3.1 Allgemeines

▶ *Vgl. § 16 ImmoWertV, Syst. Darst. des Vergleichswertverfahrens Rn. 149 ff.*

Nach 16 Abs. 1 ImmoWertV ist der Bodenwert vorrangig durch Preisvergleich[52] zu ermitteln. Dazu bieten sich zwei Verfahren an:
- der **unmittelbare Preisvergleich** mit Kaufpreisen von Vergleichsgrundstücken und
- der **mittelbare Preisvergleich** mit geeigneten Bodenrichtwerten.

Das **Vergleichswertverfahren** ist nach dem Vorhergesagten **das Vorrangverfahren für die Ermittlung des Bodenwerts**. Dies gilt gleichermaßen für die Bodenwertermittlung unbebauter als auch bebauter Grundstücke (vgl. der Verweis auf § 16 in § 17 Abs. 2 und § 21 Abs. 2 ImmoWertV). Dazu können nach § 15 Abs. 1 Satz 1 ImmoWertV und § 16 Abs. 1 Satz 2 ImmoWertV Kaufpreise von **Vergleichsgrundstücken oder geeignete Bodenrichtwerte** herangezogen werden.

2.3.3.2 Unmittelbarer und mittelbarer Preisvergleich

▶ *Weitere Ausführungen hierzu in den Syst. Darst. des Vergleichswertverfahrens Rn. 19 ff.*

Beim *unmittelbaren* Preisvergleich ist der Bodenwert aus Preisen vergleichbarer Grundstücke abzuleiten. Der unmittelbare Preisvergleich ohne zusätzlich erforderliche Berücksichtigung von Besonderheiten ist eine theoretische Wunschvorstellung des Sachverständigen, denn in der Praxis stehen ihm kaum jemals genügend Vergleichspreise zur Verfügung, die unmittelbar herangezogen werden können (omne simile claudicat)[53]. Um zu einer sicheren Aussage zu kommen, bedarf es darüber hinaus einer ausreichenden Anzahl von Kaufpreisen unmittelbar vergleichbarer Grundstücke. Die Preise, die von ungewöhnlichen oder persönlichen Verhältnissen beeinflusst worden sind (vgl. § 7 ImmoWertV), dürfen nur dann mit einbezogen werden, wenn deren Auswirkungen auf diese sicher erfasst werden können.

Der *mittelbare* **Preisvergleich** erfolgt auf der Grundlage von Bodenrichtwerten, die jeweils in einem Turnus von einem oder zwei Jahren von den Gutachterausschüssen veröffentlicht werden.

2.3.3.3 Bodenrichtwertverfahren

▶ *Weitere Ausführungen hierzu in den Syst. Darst. des Vergleichswertverfahrens Rn. 152 ff.*

Nach § 16 Abs. 1 Satz 2 ImmoWertV können zur Ermittlung des Bodenwerts „auch" **geeignete Bodenrichtwerte** i. S. des § 196 BauGB herangezogen werden. Die Heranziehung von Bodenrichtwerten wird auch als mittelbarer Preisvergleich genannt. Nach § 16 Abs. 1 Satz 1 ImmoWertV ist das Bodenrichtwertverfahren im Verhältnis zum Vergleichswertverfahren auf der Grundlage von Vergleichspreisen ein nachrangiges Verfahren.

---

52 BGH, Urt. vom 23.06.1983 – III ZR 39/82 –, EzGuG 20.102; BFH, Urt. vom 26.09.1980 – III R 21/79 –, EzGuG 20.86.
53 Hierzu kritisch Kleiber in Ernst/Zinkahn/Bielenberg/Krautzberger, BauGB § 8 ImmoWertV Rn. 44.

2.3.3.4 Deduktive Verfahren

a) Bodenwertermittlung aus dem zu erwartenden Ertrag

58 Steht im Einzelfall kein Bodenrichtwert zur Verfügung und können auch keine Kaufpreise von Vergleichsgrundstücken herangezogen werden, muss auf andere, weniger gesicherte Verfahren zurückgegriffen werden. Das bekannteste Verfahren ist die **Bodenwertermittlung aus dem zu erwartenden Ertrag** (vgl. Syst. Darst. des Vergleichswertverfahrens Rn. 316 ff.)[54]. Das Verfahren eignet sich bei der Bodenwertermittlung von ertragsorientierten Geschäftsgrundstücken. Es setzt voraus, dass der künftige Grundstücksrohertrag, die Bewirtschaftungskosten und die Gebäudeherstellungskosten unschwer ermittelt werden können. Das Verfahren ist deshalb sehr unsicher, gleichwohl hält es der BGH für zulässig[55].

59 Daneben werden in der Literatur für verschiedene spezielle Fälle Ermittlungsverfahren angeboten, deren Qualität schwer nachprüfbar ist (z. B. Bodenwertermittlung über die zu erwartende **Erdgeschossrohmiete**, vgl. Syst. Darst. des Vergleichswertverfahrens Rn. 360 ff.)[56].

b) Zielbaumverfahren

Schrifttum: *Aurnhammer, H.,* Verfahren zur Bestimmung von Wertminderungen bei Baumängeln und Bauschäden, BauR 1978, 351;*Seitz, W.,* Zielbaumverfahren – Wertermittlung oder Willkür?, GuG 2011, 216.

▶ *Näheres hierzu Syst. Darst. des Vergleichswertverfahrens Rn. 638, Kleiber, Verkehrswertermittlung von Grundstücken, 6. Aufl. 2010 Teil VIII Rn. 455 ff.*

60 Das Zielbaumverfahren (**Multifaktorenanalyse**) ist seiner Natur nach ein Vergleichswertverfahren, wobei Vergleichspreise aus benachbarten Gemeinden oder sogar aus „vergleichbaren" Gemeinden anderer Bundesländer herangezogen werden. Der überregionale Preisvergleich macht dabei die Berücksichtigung struktureller Lageunterschiede mit Zu- und Abschlägen in einer Größenordnung erforderlich, die sonsthin mit einer fundierten Verkehrswertermittlung als unvereinbar angesehen werden. Bei Anwendung des Zielbaumverfahrens ist man deshalb bestrebt, die Ermittlung der **Zu- und Abschläge methodisch zu operationalisieren**, was erfahrungsgemäß in der Praxis zu unbefriedigenden Ergebnissen führt, wenn allzu große Unterschiede überbrückt werden sollen[57].

c) Extraktions- bzw. Residualwertverfahren

▶ *Näheres hierzu Syst. Darst. des Vergleichswertverfahrens Rn. 418 ff., 451 ff.*

61 In der heutigen Wertermittlungsliteratur wird die **Anwendung des Extraktionsverfahrens (Residualwertverfahrens) in erster Linie als geeignetes Verfahren der Ermittlung eines Investitionswerts anerkannt und nur als Hilfsmethode der Verkehrswertermittlung (Marktwertermittlung) toleriert.** Die Rechtsprechung zur Verkehrswertermittlung hat es dementsprechend geduldet, wenn keine geeigneteren Verfahren zur Verfügung stehen (Residualwertverfahren „als letzter Ausweg")[58].

---

54 Simon/Kleiber, Schätzung und Ermittlung von Grundstückswerten, 8. Aufl. Luchterhand Verlag Neuwied 2005.
55 BGH, Urt. vom 10.02.1958 – III ZR 168/56 –, EzGuG 4.8; kritisch: FG Berlin, Urt. vom 06.07.1998 – 8 K 8533/96 –, EFG 1998, 1624; OVG Lüneburg, Urt. vom 25.01.2001 – 1 L 5010/96 –, GuG 20012, 182; LG Hamburg, Urt. vom 05.08.1960 – 10 O 36/59 –, ZMR 1961, 335 = EzGuG 4.15.
56 Paul in VR 1983, 141.
57 Kritisch hierzu Simon/Kleiber, Schätzung und Ermittlung von Grundstückswerten, 8. Aufl. 2004 S. 101f.
58 Vogels, H., Grundstücks- und Gebäudebewertung marktgerecht, 5. Aufl. Wiesbaden 1996, S. 28 f.; Pohnert, Kreditwirtschaftliche Wertermittlung, 5. Aufl. S. 113; Zimmermann, WertV 88, München 1998, S. 204; Kleiber/Simon, WertV 98, 5. Aufl. S. 245; Simon in GuG 1995, 229; Sotelo in GuG 1995, 91; Simon/Kleiber, Schätzung und Ermittlung von Grundstückswerten, 7. Aufl. Neuwied 1996, S. 138; Kleiber in GuG 1996, 16; Möckel in GuG 1996, 274; Thomas/Leopoldsberger/Waldbröhl in Schulte, Immobilienökonomie Bd. I München/Wien 1998, S. 444; zustimmend: Thomas in GuG 1995, 25, 82; Kremer in GuG 1995, 264; Kritisch und mit Einschränkungen: Reck in GuG 1995, 234; Vogel in GuG 1994, 347.

2.4 Ertragswertverfahren

2.4.1 Allgemeines

▶ *Vgl. Syst. Darst. des Ertragswertverfahrens Rn. 1 ff.*

Das Ertragswertverfahren *(income approach)* eignet sich für die Verkehrswertermittlung von Grundstücken, die üblicherweise dem Nutzer zur Ertragserzielung dienen[59]. Der Sachwert wird bei Renditeobjekten erst in zweiter Linie interessieren, etwa wegen der Qualität der verwendeten Baustoffe und der daraus abzuleitenden Dauer der Erträge[60]. Auch das Ertragswertverfahren auf der Grundlage prognostizierter Erträge *(Discounted Cashflow)* ist seiner Natur nach ein Ertragswertverfahren. Zu der Familie der Ertragswertverfahren gehören auch sonstige Arten von Kapitalwertmethoden[61] einschließlich des Pachtwertverfahrens.

2.4.2 Anwendungsbereich

▶ *Zur Anwendung des Ertragswertverfahrens auf die Verkehrswertermittlung von Ein- und Zweifamilienhäusern vgl. Syst. Darst. des Ertragswertverfahrens Rn. 3; Syst. Darst. des Sachwertverfahrens Rn. 5; zu öffentlichen Zwecken vorbehaltenen Grundstücken vgl. Syst. Darst. des Sachwertverfahrens Rn. 3*

Vornehmlich auf den Ertragswert abzustellen ist sinnvoll und damit sachgerecht, wenn das zu bewertende Grundstück dazu bestimmt ist, nachhaltig Erträge zu erzielen, wie z. B. bei **Mietwohnhäusern, Geschäfts- und Gewerbegrundstücken** einschließlich Handelsunternehmen. Erfahrungsgemäß richtet sich der Käufer bei seinen Preisvorstellungen wesentlich an dem zu erwartenden Nutzen aus. Dem Käufer eines derartigen Grundstücks kommt es in erster Linie darauf an, welche Verzinsung ihm das investierte Kapital in Gestalt der durch die Vermietung oder Verpachtung erzielten Erträge erwirtschaftet[62].

In der **Rechtsprechung des BGH**[63] ist dem Ertragswertverfahren eine maßgebliche Aussagekraft für die Ermittlung des Verkehrswerts beigemessen worden. Mehrfach hat das Gericht entschieden, dass für die Bemessung des Verkehrswerts eines bebauten Grundstücks i. d. R. und im Wesentlichen dessen Ertragsfähigkeit maßgebend ist.

Nach der **Rechtsprechung** kann das Ertragswertverfahren für folgende Grundstücke als sachgerechte Methode zur Ermittlung des Verkehrswerts angesehen werden:

– Mietwohngrundstücke[64],

---

59 BGH, Urt. vom 13.07.1970 – VII ZR 189/68 –, EzGuG 20.49; BGH, Urt. vom 16.06.1977 – VII ZR 2/76 –, EzGuG 20.67a; BFH, Urt. vom 02.02.1990 – III R 173/86 –, EzGuG 20.131.
60 So bereits Smith, A., Der Wohlstand der Nationen 1789/1993 u. a. Nationalökonomen; vgl. auch Ricardo, D., Über die Grundsätze der politischen Ökonomie in der Besteuerung 1821/1994, S. 170 ff.
61 Kleiber, Verkehrswertermittlung von Grundstücken, 5. Aufl. 2010 S.1627.
62 BGH, Urt. vom 13.07.1970 – VII ZR 189/68 –, EzGuG 20.49; BGH, Urt. vom 16.06.1977 – VII ZR 2/76 –, EzGuG 20.67a; BGH, Urt. vom 27.04.1964 – III ZR 16 3/63 –, EzGuG 6.75; OLG Hamburg, Urt. vom 24.04.1970 – 1 U 17/68 –, EzGuG 18.50; OLG Düsseldorf, Urt. vom 27.01.1984 – 3 UF 50/83 –, EzGuG 11.142g.
63 BGH, Urt. vom 13.05.1955 – V ZR 36/54 –, EzGuG 3.5; BGH, Urt. vom 24.10.1955 – III ZR 121/54 –, EzGuG 6.16; BGH, Urt. vom 28.01.1957 – III ZR 141/55 –, BGHZ 23, 157; BGH, Urt. vom 18.09.1961 – VII ZR 118/60 –, EzGuG 3.17; BGH, Urt. vom 14.11.1962 – V ZR 183/60 –, EzGuG 3.21; OLG Köln, Urt. vom 02.03.1962 – 9 U 33/61 –, EzGuG 20.29.
64 BR-Drucks. 352/88, S. 56; BGH, Beschl. vom 18.10.1984 – III ZR 134/83 –, EzGuG 20.108; BGH, Urt. vom 13.07.1970 – III ZR 189/69 –, EzGuG 20.49; BFH, Urt. vom 11.02.2003 – IX R 13/00 –, GuG 2003, 316 = EzGuG 4.186a, BFH, Urt. vom 25.05.2005 – IX R 45/04 –, BFH/NV 2006, 261 = HFR 2006, 316; BFH, Urt. vom 10.10.2000 – IX R 86/97 – , BFHE 193, 326: BFH, Urt. vom 17.08.1999 – IV B 116/98 –, GuG 2000, 236 = EzGuG 20.173; BFH, Urt. vom 24.02.1999 – IV B 73/98 –, BFH/NV 1999, 1201 = EzGuG 20.170; FG Rheinland-Pfalz, Beschl. vom 04.08.1981 – 2 K 207/80 –, EzGuG 20.90; OLG Hamm, Urt. vom 08.02.2007 – 16 U 19/05 –, EzGuG 6.296; OLG Köln, Urt. vom 28.8.1962 – 9 U 28/58 –, EzGuG 20.31; LG Arnsberg, Beschl. vom 28.05.1985 – 5 T 120/85 –, EzGuG 5.19; BayObLG, Urt. vom 08.03.1979 – 3 Z 109/76 –, EzGuG 20.80; OLG Düsseldorf, Urt. vom 11.03.1988 – 7 U 4/86 –, EzGuG 20.124; OLG Koblenz, Urt. vom 13.01.1982 – 1 U 6/80 –, EzGuG 2.28.

§ 8 ImmoWertV — Ermittlung des Verkehrswerts

- Hotelgrundstücke[65],
- Campinggrundstücke[66],
- gewerblich genutzte Grundstücke (vgl. Syst. Darst. des Vergleichswertverfahrens Rn. 3),
- Geschäftsgrundstücke (vgl. Syst. Darst. des Vergleichswertverfahrens Rn. 3)[67],
- gemischt genutzte Grundstücke,
- Fabrikgrundstücke[68],
- Kirchengebäude[69] und
- Garagengrundstücke.

Bei Mietwohngrundstücken im Privatvermögen wird in der steuerrechtlichen **Rechtsprechung des BFH** im Hinblick auf einen langfristigen steuerfreien Wertzuwachs unverständlicherweise vornehmlich dem Sachwertverfahren Vorrang eingeräumt[70].

65 **Des Weiteren** sind dem Ertragswertverfahren heute folgende Grundstücksarten zuzurechnen:

- Büro- und Verwaltungsgebäude,
- Schulen[71],
- Krankenhäuser,
- Lichtspielhäuser,
- Schlachthäuser[72],
- Mühlengrundstücke,
- Werkstätten,
- Lagerhausgrundstücke[73] und
- Eigentumswohnungen[74] (vorbehaltlich der Anwendung des Vergleichswertverfahrens)[75].

Das Ertragswertverfahren wird heute auch bei Grundstücken angewandt, die in der Praxis bisher „traditionell" als Sachwertobjekte galten. Es stellte sich heraus, dass die **Ertragswerte oft einen besseren Anhaltspunkt für die Beurteilung des Verkehrswerts bieten** als die entsprechenden Sachwerte. In diesen Fällen hat sich die Wertermittlungspraxis an die sich im Laufe der Zeit ändernden Marktgepflogenheiten angepasst. Beispielsweise wird ein Lagerhausgrundstück heute als reines Renditeobjekt angesehen. Das Gleiche gilt für sonstige Gewerbegrundstücke (Fabrikationen), die unter Berücksichtigung der Ertragsmöglichkeiten im freihändigen Verkauf nur mit Abschlägen (Nachlässen) zu veräußern sind, die bisweilen zwischen 30 v. H. und 50 v. H. des Sachwerts betragen. Solche Abschläge dokumentieren die

---

65 BGH, Beschl. vom 11.03.1993 – III ZR 24/92 –, EzGuG 20.144b; BGH, Beschl. vom 18.10.1984 – III ZR 134/83 –, EzGuG 20.108; LG Kempen, Urt. vom 28.04.1998 – 4 T 2605/97 –, EzGuG 20.162b; abwegig LG Mönchengladbach, Urt. vom 20.03.2003 – 5 T 364/02 –, Rpfleger 2003, 379 unter Hinweis auf BayObLG, Urt. vom 08.03.1979 – 3 Z 109/76 –, Rpfleger 1979, 395.
66 FG Saarland, Urt. vom 31.05.1968 – 14/68 –, EzGuG 18.42a; Köhne, Landwirtschaftliche Taxationslehre, 3. Aufl. S. 332.; Pohnert/Ehrenberg/Haase/Joeris, Kreditwirtschaftliche Wertermittlung, 7. Aufl. 2010 S. 570.
67 BGH, Urt. vom 15.10.1992 – III ZR 147/91 –, GuG 1993, 178 = EzGuG 14.115; BFH, Urt. vom 02.02.1990 – III R 173/86 –, EzGuG 20.131.
68 Simon/Cors/Troll, a. a. O., Rn. 11.
69 BVerwG, Urt. vom 30.06.1965 – 5 C 151/63 –, EzGuG 20.40; für Angelegenheiten der KostO: BayObLG, Urt. vom 23.09.1985 – BReg 3 Z 36/84 –, EzGuG 18.99b; VG Berlin, Urt. vom 25.10.1995 – 1 W 5012/12/94 –, EzGuG 18.116a.
70 BFH, Urt. vom 29.05.2008 – IX R 36/06 –, GuG 2009, 55 = EzGuG 20.205 ; BFH, Urt. vom 23.06.2005 – IX R 46/04 –, BFH/NV 2006, 261 = HFR 2006, 316.
71 Erl des BMBau vom 12.10.1993, BAnz Nr. 199 S. 9360.
72 BGH, Urt. vom 06.12.1965 – III ZR 172/64 –, EzGuG 6.83.
73 BGH, Urt. vom 16.06.1977 – VII ZR 2/76 –, EzGuG 20.67a.
74 Simon/Cors/Troll, a. a. O., Rn. 37; BGH, Urt. vom 27.04.1964 – III ZR 136/63 –, EzGuG 6.75; BayObLG, Urt. vom 08.03.1979 – 3 Z 109/76 –, EzGuG 20.80; LG Kempten, Urt. vom 28.04.1998 – 4 T 2605/97 –, Rpfleger 1998, 359 = KTS 1999, 84 = EzGuG 20.162b.
75 BFH, Urt. vom 24.02.1999 – IV B 73/89 –, GuG 2000, 186 = EzGuG 20.170; LG Göttingen, Urt. vom 08.09.1998 – 10 T 43/98 –, EzGuG 20.165 (im Zwangsversteigerungsverfahren).

Ermittlung des Verkehrswerts § 8 ImmoWertV

Unwirtschaftlichkeit insbesondere alter Fabrikgebäude im Hinblick auf Gebäudeabmessung (Grundriss), Gebäudehöhen (Mehrgeschossigkeit) und Bauausführungen. Einen Käufer interessiert vorrangig, welche Miete er nachhaltig erzielen kann. Für ihn ist der Kaufpreis an dem gegenwärtigen Wert der künftigen Erträge zu messen, die sich aus dem Grundstück ergeben werden.

Bei Anwendung des Ertragswertverfahrens zur Ermittlung des Verkehrswerts von Grundstücken, z. B. von Mietshäusern, braucht der auf dem Grundstück vorhandene **Aufwuchs** i. d. R. nicht zusätzlich bewertet zu werden, da er zur Ausstattung des Grundstücks gehört, die sich ggf. im Mietertrag niederschlägt (vgl. unten Rn. 403; § 19 ImmoWertV Rn. 4, 51, § 21 ImmoWertV Rn. 8, 23, Syst. Darst. des Ertragswertverfahrens Rn. 32, 84, Syst. Darst. des Sachwertverfahrens Rn. 199 ff., 403). 66

2.4.3 Pachtwertverfahren

Das Pachtwertverfahren ist dem **Ertragswertverfahren** zuzurechnen. Bei Anwendung dieses Verfahrens wird der Reinertrag aus der ortsüblichen Pacht ggf. unter Heranziehung von Umsatzkennziffern oder der tatsächlichen Umsätze abgeleitet[76]. 67

2.4.4 Prognoseverfahren (*Discounted Cashflow* Verfahren)

▶ *Näheres hierzu Rn. 16 sowie Kleiber, Verkehrswertermittlung von Grundstücken, 6. Aufl. 2010, S. 1632*

Bei dem *Discounted Cashflow* Verfahren handelt es sich um eine besondere Ausformung des Ertragswertverfahrens auf der Grundlage von prognostizierten Annahmen zur Ermittlung von Investitionswerten. 68

2.4.5 Ellwood-Verfahren

Schrifttum: *Simon* Internationale Bewertungsstandards, GuG 2006, 270.

Das Ellwood Verfahren ist eine spezifische Variante der Kapitalwertmethode, mit dem sich der Kaufpreis (Investitionswert) aus den implizit gewogenen Kapitalkosten und deren Komponenten sowie der Ertragsveränderung ermitteln lässt. Es ist mithin kein Verfahren der Verkehrswertermittlung, sondern ein Verfahren, mit dem ein Kreditinstitut die Finanzierungsfähigkeit eines Immobilienerwerbs prüfen kann. 69

2.5 Sachwertverfahren

2.5.1 Allgemeines

▶ *Hierzu Syst. Darst. des Sachwertverfahrens Rn. 1 ff.*

Bei Anwendung des Sachwertverfahrens *(cost approach)* wird der Verkehrswert auf der Grundlage der gewöhnlichen Herstellungskosten aller auf dem Grundstück vorhandenen Anlagen unter Berücksichtigung ihrer Alterswertminderung, Baumängel und Bauschäden, der sonstigen besonderen objektspezifischen Grundstücksmerkmale und dem Bodenwert ermittelt. Da die bloßen **Kosten einer Sache nicht mit ihrem Wert identisch** sind und vielfach sogar nicht unerheblich davon abweichen, führt der „bloße" Sachwert insbesondere bei Renditeobjekten zu einem Wert, den die Sache gerade nicht wert ist. Dies lässt sich nur vermeiden, wenn in marktorientierter Weise wirtschaftliche Gesichtspunkte in das Sachwertverfahren integriert werden. Aus diesem Grunde ist die Berücksichtigung der allgemeinen Wertverhältnisse auf dem Grundstücksmarkt (Lage auf dem Grundstücksmarkt) mit § 8 Abs. 2 ImmoWertV integraler Bestandteil der Sachwertermittlung. 70

---

[76] Kleiber, Verkehrswertermittlung von Grundstücken, 5. Aufl. 2010 S. 1619 sowie Teil VI Rn. 393 ff.

2.5.2 Anwendungsbereich

71 Das Sachwertverfahren eignet sich für die Verkehrswertermittlung von **Grundstücken**, die vornehmlich nach der Art ihrer Bebauung **nicht auf eine möglichst hohe Rendite im Verhältnis zu den aufgewandten Kosten ausgelegt sind.** Hier sind in erster Linie **Eigenheime** (Ein- und Zweifamilienhäuser und vor allem auch Villen) zu nennen.

72 **Einfamilienhäuser** werden i. d. R. nämlich nicht vermietet, sondern von dem Hauseigentümer ganz oder zum überwiegenden Teil bewohnt. Für diesen steht die Annehmlichkeit im Vordergrund, ungestört nach seinem Geschmack und ohne Rücksicht auf andere Hausbewohner allein im Haus wohnen zu können. Hierfür ist er bereit, Mittel aufzuwenden, die gemessen an dem im Falle einer Vermietung des Einfamilienhauses erzielbaren Nutzungsentgelt, eine deutlich **geringere Verzinsung des eingesetzten Kapitals „erarbeiten"** als z. B. **ein weniger aufwendig bebautes Mietwohngrundstück.**

73 **Der Eigentümer eines Ein- bzw. Zweifamilienhausgrundstücks rechnet nicht mit einer hohen Verzinsung des beim Kauf des Objekts investierten Kapitals, denn er betrachtet das Grundstück nicht als zinsabwerfende Kapitalanlage.** Hier stehen vielmehr persönliche Momente im Vordergrund. Er betrachtet es als ein Heim, das ihm die Annehmlichkeiten des ungestörten Wohnens verschafft. Ertragsgedanken sind deshalb beim Kauf von Einfamilienhausgrundstücken weitgehend ausgeschaltet. Diese immaterielle Wertschätzung hat *Antoine Saint-Exupéry* in „Das Wunder des heimatlichen Hauses" mit folgenden Worten trefflich illustriert: „Das Wunder des heimatlichen Hauses besteht nicht darin, dass es uns schützt und wärmt, es besteht auch nicht im Stolz des Besitzers – seinen Wert erhält es dadurch, dass es in langer Zeit einen Vorrat von Beglückung aufspeichert, dass es tief im Herzen die dunkle Masse sammelt, aus der wie Quellen die Träume entspringen."

74 Die Anwendung des Sachwertverfahrens auf Einfamilienhäuser lässt sich auch damit begründen, dass ein Erwerber vor der Wahl steht, **selber zu bauen oder zu kaufen.** Ein Erwerber „schielt" also auf die Herstellungskosten und wägt diese mit dem Kaufpreis für ein „fertiges Objekt" ab, wobei als weitere Momente die Sicherheit vor Unannehmlichkeiten, unerwartete Preissteigerungen und Kostenpositionen, unterschiedliche steuerliche Rahmenbedingungen sowie der Kauf des „fertigen" und sichtbaren Produktes anstelle der Bauzeichnung hinzukommen.

75 In der **Rechtsprechung** ist die Verkehrswertermittlung von Ein- und Zweifamilienhäusern im Wege des Sachwertverfahrens anerkannt worden[77], insbesondere bei aufwendig gebauten Villen[78]. Dagegen ist es in der Rechtsprechung nicht beanstandet worden, dass ein nicht nur eigen genutztes, sondern zum Teil auch vermietetes Einfamilienhaus nach dem Ertragswertverfahren bewertet wird (vgl. oben Rn. 71).

76 Der BGH hat es auch als sachgerecht angesehen, wenn bei einem Einfamilienhaus oder einem **für den eigenen Betrieb des Eigentümers bestimmtes Geschäftshaus** „allein" vom Sachwert ausgegangen wird[79]. In dieser apodiktischen Form ist diese Rechtsprechung korrigiert worden[80].

77 Bei einem Grundstück, dessen Verkehrswert nach seiner Nutzungsart üblicherweise nach dem Sachwertverfahren ermittelt wird, muss das Ertragswertverfahren Anwendung finden, wenn es **trotz verhältnismäßig geringwertiger Aufbauten erhebliche Nutzungserträge** abwirft[81].

---

77 OLG Hamm, Urt. vom 08.02.2007 – 16 U 19/05 –, EzGuG 6.296; OLG Celle, Urt. vom 13.09.1996 – 4 U 27/90 –, GuG 1991, 41 = EzGuG 2.50; OLG Koblenz, Urt. vom 17.09.1980 – 1 U 1092/79 –, EzGuG 20.85; BFH, Urt. vom 31.07.1981 – III R 123/79 –; BFH, Urt. vom 27.04.1978 – III R 6/77 –, EzGuG 20.73 a; FG Rheinland-Pfalz, Urt. vom 26.01.1999 – 2 K 2975/98 –, EzGuG 20.168; OLG Köln, Urt. vom 28.08.1962 – 9 U 28/58 –, EzGuG 20.31.
78 OLG Köln, Urt. vom 16.09.1960 – 4 U 152/59 –, EzGuG 20.27; BGH, Urt. vom 13.07.1970 – VII ZR 189/68 –, EzGuG 20.49; auch BFH, Urt. vom 12.02.1986 – II R 192/78 –, EzGuG 20.115; vgl. auch RFH, Urt. vom 28.08.1930 – III a 137/30 – und RFH, Urt. vom 18.01.1929 – I Ab 883/28 –, AVN 1931, 219; RFH, Urt. vom 11.03.1931 – VI A 1746/30 –, EzGuG 19.2h.
79 BGH, Urt. vom 10.03.1956 – IV ZR 99/55 –, EzGuG 20.18a.
80 BGH, Urt. vom 13.07.1970 – VII ZR 189/68 –, EzGuG 20.49.
81 BGH, Urt. vom 19.12.1963 – III ZR 162/63 –, EzGuG 20.35.

Ermittlung des Verkehrswerts § 8 ImmoWertV

Grundsätzlich können auch **Ein- und Zweifamilienhäuser im Wege des Ertragswertverfahrens bewertet werden**, wenn dafür marktorientierte Liegenschaftszinssätze zur Verfügung stehen. Da diese Objekte in der Praxis der Verkehrswertermittlung nahezu ausschließlich im Wege des Sachwertverfahrens gewertet werden, wurden Liegenschaftszinssätze bislang aber eher nur in Ausnahmefällen für Ein- und Zweifamilienhäuser abgeleitet. Entsprechend den vorherigen Ausführungen haben sich dabei für Einfamilienhäuser Liegenschaftszinssätze von 1,5 bis 3,0 % ergeben, die sich, was das gesamte Spektrum der Einfamilienhäuser anbelangt, aber nicht verallgemeinern lassen. Ein solides und kostensparend errichtetes **Reihenhaus** wirft eine höhere Verzinsung ab als eine aufwendig gebaute **Villa**, die möglicherweise sogar eine negative Verzinsung haben kann, wenn z. B. die (nicht umlegbaren) Bewirtschaftungskosten den Mieterlös nicht zu decken vermögen[82]. 78

Dass der Erwerber eines Ein- und Zweifamilienhauses, um seine persönlichen Bedürfnisse nach angenehmen Wohnen zu erfüllen, auf eine sonst übliche Verzinsung seines Kapitals verzichtet, schließt nicht aus, dass auch er „rechnet". Zwar nimmt sich die ersparte Miete in einem selbst bewohnten Einfamilienhaus gegenüber einer sonst möglichen Verzinsung seines Kapitals gering aus, jedoch spielen auch weitere Beweggründe eine Rolle: Dies sind die **Erwartung einer Wertsteigerung, das Motiv einer krisensicheren Sachanlage**, finanzielle Förderungen und steuerliche Anreize einschließlich der sog. Konsumgutlösung. Eine direkte und indirekte Förderung müsste bei Anwendung des Ertragswertverfahrens im Übrigen mit dem Liegenschaftszinssatz berücksichtigt werden, soweit sie objekttypisch ist. 79

Daneben kann der Wert von Einfamilienhäusern auch im Vergleichswertverfahren ermittelt werden. Das setzt allerdings voraus, dass auf eine **ausreichende Anzahl von Vergleichsgrundstücken** zurückgegriffen werden kann. Das Ertragswertverfahren ist in diesem Zusammenhang nur zur Feststellung der Renditefähigkeit von Bedeutung, also im Wesentlichen für Beleihungszwecke. 80

Die Auffassung des OVG Magdeburg[83], nach der das Sachwertverfahren herangezogen werden kann, wenn ein **nachhaltiger Ertrag, insbesondere mit Rücksicht auf die Bausubstanz, nicht mehr erzielt werden kann,** ist trügerisch. I.d.R. ist unter den genannten Voraussetzungen die Bausubstanz wirtschaftlich verbraucht, sodass dementsprechend auch bei Anwendung des Sachwertverfahrens infolge der Alterswertminderung aufgrund der verminderten Restnutzungsdauer der Sachwert allenfalls auf den Restwert zusammenschmilzt. 81

2.5.3 Missverstandenes Eigennutzprinzip

▶ *Vorbem. zur ImmoWertV Rn. 63; zur Bodenwertermittlung vgl. Rn. 131; zum Ansatz „gespaltener Bodenwerte" bei Anwendung des Ertragswertverfahrens vgl. Syst. Darst. des Ertragswertverfahrens Rn. 173 ff.*

Die traditionelle, aber heute weitgehend aufzugebende Auffassung, den Verkehrswert gewerblicher und öffentlicher Grundstücke im Wege des Sachwertverfahrens zu ermitteln, wurde u. a. damit begründet, dass es sich dabei zumeist um **eigen genutzte Grundstücke** handele und diese, wie Ein- und Zweifamilienhäuser, quasi naturgesetzlich im Sachwertverfahren zu bewerten seien. Das Eigennutzprinzip war unter der Herrschaft der Stopp-Preisregelung vorgegeben und wirkt bis zum heutigen Tag fort[84]. 82

Das **Kriterium der Eigennutzung** kann für sich allein nicht entscheidend für die Wahl des Sachwertverfahrens sein, da auch typische Renditeobjekte eigengenutzt werden. Es muss vor allem hinzukommen, dass es dem typischen Nutzer eines im Sachwertverfahren zu bewertenden Objekts nach der Lebenserfahrung nicht entscheidend auf die Rendite, sondern vornehmlich auf den „Besitz" mit möglicherweise nicht in Mark und Pfennig zu bemessenen Annehmlichkeiten ankommt. Im Vordergrund der Kaufüberlegungen eines solchen Erwerbers 83

---
82 BGH, Urt. vom 16.06.1977 – VII ZR 2/76 –, EzGuG 20.67a.
83 OVG Magdeburg, Urt. vom 20.01.1999 – A 2 130/97 –, GuG-aktuell 1999, 46 (LS) = EzGuG 20.167.
84 Richtlinien für die Bewertung von bebauten Grundstücken vom 06.04.1942 – IX – 16 – 2508/42 – lit. B.

stehen dabei die **Kosten, die** von ihm oder **aus gleichen Überlegungen vom Voreigentümer dafür aufgebracht wurden** oder aufgebracht werden müssten.

84 Das Kriterium der „Eigennutzung" ist in der Vergangenheit missverstanden und infolgedessen überstrapaziert worden (**missverstandenes Eigennutzprinzip**). Es ist ein verhängnisvoller und lebensfremder Irrtum, wenn man einem „eigennützigen" Erwerber a priori vernünftiges wirtschaftliches Handeln absprechen wollte und es empfiehlt sich, hier deutlich zwischen Objekten zu unterscheiden, die

a) sich ein Erwerber insoweit etwas kosten lässt, als er auf eine sonst übliche Verzinsung seiner Investition verzichtet (wie bei dem erwähnten Einfamilienhaus) oder

b) bei denen der Erwerber ein Objekt zum Zwecke der Gewinnerzielung z. B. unternehmerisch als Gewerbeobjekt „eigengenutzt" unterhält.

85 Bei **Gewerbegrundstücken** steht ein potenzieller Erwerber vor der Entscheidung, das gewünschte Objekt selbst zu errichten oder anzumieten. Von daher kann es sich empfehlen, sowohl das **Sach- als auch das Ertragswertverfahren** anzuwenden und die Ergebnisse kritisch miteinander zu vergleichen. Übersteigt z. B. im Falle einer neu errichteten Gewerbeimmobilie der Sachwert den Ertragswert, stellt sich die Frage, warum das Objekt überhaupt errichtet wurde, wenn sich das investierte Kapital nicht angemessen verzinst. Daraus können wiederum Rückschlüsse auf die ertragswirtschaftliche Nutzung des Objekts gezogen werden, die dann offensichtlich dem nicht entspricht, was in den Vorstellungen des Investors lag. Ursache für die Disparität kann in solchen Fällen eine Fehlentscheidung des Investors oder eine ungenügende Ausschöpfung der Ertragsfähigkeit des Grundstücks durch den Nutzer sein, die dann möglicherweise im Ertragswertverfahren zu korrigieren ist.

86 Bei älteren Gebäuden ist die Disparität vielfach darauf zurückzuführen, dass sich der in der Vergangenheit errichtete „Sachwert" aufgrund wirtschaftlicher und allgemeiner Umstrukturierungen nicht mehr angemessen „verzinst".

87 Was für (eigengenutzte) gewerbliche Grundstücke gilt, muss in gleicher Weise auch für **öffentlich genutzte Grundstücke** gelten. Auch hier stellt sich die Frage, warum die öffentliche Hand ein Gebäude mit hohen Herstellungskosten errichten sollte, wenn sie entsprechende Objekte anmieten könnte und der sich auf der Grundlage der ortsüblich erzielbaren Miete ergebende Ertragswert niedriger ausfällt als der Sachwert, in dem sich die Herstellungskosten widerspiegeln. Diese Erfahrung konnte auch bei der Veräußerung von Bundesliegenschaften gemacht werden, die im Zuge der Konversion für andere öffentliche Nutzungen veräußert wurden und seitens der Erwerber darauf verwiesen wurde, dass der Sachwert keine geeignete Grundlage darstellen könne, wenn vergleichbare Objekte zu einem Mietpreis angemietet werden könnten, die über die Restnutzungsdauer kapitalisiert zu niedrigeren Ertragswerten führt (vgl. Nr. 3.1.2.2 WERTR 06).

2.6 Liquidationswertverfahren

2.6.1 Allgemeines

88 ▶ *Näheres hierzu die Erläuterung zu § 16 ImmoWertV Rn. 123; zur besonderen Bedeutung der Zerlegungstaxe im land- und forstwirtschaftlichen Bereich vgl. Rn. 92 ff.*

89 Das Liquidationswertverfahren (*Break Down Method*) wird in der ImmoWertV als ein Unterfall der Bodenwertermittlung in § 16 Abs. 3 ImmoWertV behandelt, ohne dass die Vorschrift diesen Begriff benutzt. Von einer „Liquidation" spricht man in den Fällen, in denen eine bauliche Anlage ihre wirtschaftliche Bedeutung verloren hat, die (Rest-)Bausubstanz keine wirtschaftliche Verwendung finden kann und der Erhalt der baulichen Anlage auch sonsthin (z. B. als Denkmal) nicht sinnvoll ist. Um das dadurch „belastete" Grundstück wieder wirtschaftlich zu nutzen, ist die Freilegung erforderlich. Die Bausubstanz hat in diesem Fall keinen Wert mehr bzw. im Hinblick auf etwaige Verwertungserlöse allenfalls einen Restwert und stellt mithin eine „Belastung" des Bodenwerts dar. Der Freilegung des Grundstücks muss deshalb

Ermittlung des Verkehrswerts § 8 ImmoWertV

im Rahmen der Bodenwertermittlung Rechnung getragen werden, wobei regelmäßig von Vergleichspreisen zw. Bodenrichtwerten unbebauter Grundstücke ausgegangen wird.

Der sich daraus ergebende Vergleichswert ist nach Maßgabe des § 16 Abs. 3 ImmoWertV um die üblichen Freilegungskosten zu mindern, soweit sie im gewöhnlichen Geschäftsverkehr berücksichtigt werden. In diesem Zusammenhang wird von einem **Liquidationswertverfahren** bzw. von der **Zerschlagungs- bzw. Zerlegungstaxe** gesprochen. 90

Breite Anwendung findet das Verfahren deshalb auch insbesondere bei der **Unternehmensbewertung,** wenn wegen Unwirtschaftlichkeit eine Betriebsaufgabe angezeigt ist. So ist z. B. bei der Ermittlung der **Aufgabewerte nach § 16 Abs. 3 Satz 4 EStG** die Zerlegungstaxe vorgegeben, bei der dann – wie bereits dargelegt – die einzelnen Wirtschaftsgüter bzw. marktgängigen Einheiten (Grund und Boden zuzüglich Gebäude) jeweils zu ihren Verkehrswerten ermittelt und ggf. Vermarktungskosten gegengerechnet werden. 91

2.6.2 Zerschlagungs- bzw. Zerlegungstaxe sowie Vereinigungswert

Der bei der Verkehrswertermittlung gebräuchliche Grundstücksbegriff muss weder mit dem Grundstücksbegriff des bürgerlichen Rechts, noch mit dem steuerlichen Grundstücksbegriff (§ 70 Abs. 1 BewG) identisch sein. **Im Bereich der Verkehrswertermittlung wird** demgegenüber **der Grundstücksbegriff untechnisch** im allgemeinen Sinne **verwandt.** Das Grundstück, über das ein Sachverständiger entsprechend den Vorgaben seines Auftraggebers sein Gutachten erstattet, kann mithin aus einer Vielzahl von Grundstücken i. S. des bürgerlichen Rechts, aber auch aus Grundstücksteilen bestehen (vgl. § 1 ImmoWertV Rn. 23 ff.). Insbesondere im Bereich der Verkehrswertermittlung gewerblicher oder landwirtschaftlicher Betriebe kann sich die Verkehrswertermittlung auf eine Vielzahl auch unterschiedlich genutzter Flächen beziehen. Diese Flächen können (müssen aber nicht) eine wirtschaftliche Einheit i. S. des Steuerrechts bilden (vgl. § 1 ImmoWertV Rn. 27). 92

Vorbehaltlich bestimmter Vorgaben, die dem Sachverständigen mit der Erteilung des Auftrags aufgegeben werden, ist bei der **Verkehrswertermittlung von Immobilien, die sich aus mehreren Grundstücken bzw. Flurstücken zusammensetzen,** von folgenden Grundsätzen auszugehen: 93

a) Es sind solche Einheiten zu bilden, die eine möglichst vorteilhafte Verwertung des Grundstücksbestands gewährleisten *(best use value)*. Dieser Grundsatz gilt im Übrigen auch für die Unternehmensbewertung[85], soweit nicht vom *existing use value* auszugehen ist.

b) Soweit es sich im Einzelfall aber als vorteilhafter erweist, einzelne selbstständig nutzbare Grundstücke bzw. im Rahmen einer Unternehmensbewertung einzelne in sich geschlossene Betriebsteile getrennt voneinander zu verwerten, sind die jeweiligen Verkehrswerte getrennt voneinander zu ermitteln. Im Rahmen der Unternehmensbewertung muss dabei wieder gewährleistet sein, dass das Unternehmen im Ganzen in seinem wirtschaftlichen Bestand nicht beeinträchtigt wird (Abb. 9).

---

85 OLG Düsseldorf, Beschl. vom 17.02.1984 – 19 W 1/81 –, EzGuG 20.104b; BGH, Urt. vom 30.03.1967 – II ZR 141/64 –, DB 1967, 854.

§ 8 ImmoWertV — Ermittlung des Verkehrswerts

94 *Beispiel:*

Abb. 9: Verkehrswertermittlung auf der Grundlage der Zerlegung

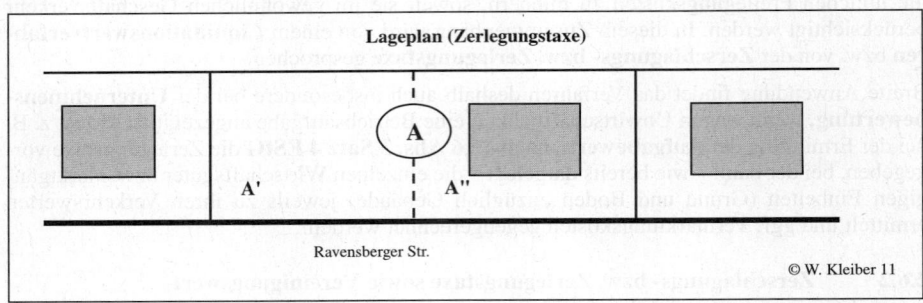

95 In dem *Beispiel* wird man den Verkehrswert des Grundstücks A in der Weise ermitteln, dass man die Gesamtfläche in die Teilflächen A`und A`` aufteilt und den Verkehrswertanteil der Teilfläche A' wie ein selbstständiges Grundstück ermittelt. Die Heranziehung von Umrechnungskoeffizienten, die zu einer Verminderung des Bodenwerts aufgrund einer Übergröße führen würde, wäre bei der Bodenwertermittlung des Grundstücks A falsch. Der Eigentümer kann nämlich die wirtschaftlich vernünftigste Verwertung des Grundstücks im Wege einer **gesonderten Veräußerung der Teilflächen** A`und A`` erzielen *(best use value)*.

96 Umgekehrt kann es geboten sein, mehrere (benachbarte) Grundstücke eines Eigentümers **zu einem Wertermittlungsgrundstück zusammenzufassen,** wenn dies zu einem höheren Verkehrswert führt, als sich als Summe aus den Verkehrswerten der Einzelgrundstücke ergibt. Man spricht hier von einem **Vereinigungs- bzw. Verschmelzungswert** *(marriage value)*[86]. So kann z. B. die Vereinigung eines „gefangenen" Grundstücks ohne Zugang zu einer öffentlichen Straße mit einem anderen die Zugänglichkeit herbeiführenden Grundstück den Verkehrswert gegenüber der Summe aus den jeweiligen Verkehrswerten der unvereinigten Grundstücke deutlich erhöhen. Der Verkehrswert z. B. eines gewerblichen Grundstücks kann sich ebenfalls durch den Zuerwerb von Flächen erhöhen, wenn sich damit z. B. Funktionsabläufe rationalisieren lassen und die Produktivität gesteigert werden kann.

97 Gewerbliche und landwirtschaftliche Betriebe können aber auch eine Grundstücksstruktur aufweisen, die in ihrer Zusammensetzung aus mehreren Grundstücken einen niedrigeren Verkehrswert aufweisen als im Falle einer **Zerlegung des Gesamtgrundstücks in Einzelgrundstücke,** verbunden mit der Aufteilung in einzelne in sich geschlossene Betriebsteile oder sogar deren Auflösung.

98 Der Gutachter ist gut beraten, auf solche Fallgestaltungen hinzuweisen, selbst wenn ihm vom **Auftraggeber Vorgaben gemacht werden,** die nicht zum *best use value* führen.

2.7 Kombinationsverfahren

2.7.1 Allgemeines

99 Die ImmoWertV, die ohnehin nur in Anspruch nimmt, die Wertermittlung in ihren Grundzügen zu regeln, ist offen für die Anwendung explizit nicht geregelter Verfahren, wie z. B. mathematisch statistischer Regressionsanalysen oder die sog. Zielbaummethode. Sie lässt auch die **Kombination verschiedener Methoden** zu, soweit dies sinnvoll ist. Im Schrifttum wurde allerdings wiederholt unter Berufung und Verkennung der Rechtsprechung des BGH die Kombination von verschiedenen Wertermittlungsverfahren für unzulässig befunden. Allzu unbedacht wird hierbei immer wieder das zumeist in den wesentlichen Aussagen unvollstän-

---

86 Vgl. Kleiber, Verkehrswertermittlung von Grundstücken, 6. Aufl. 2010, § 194 BauGB Rn. 37.

Ermittlung des Verkehrswerts **§ 8 ImmoWertV**

dig abgedruckte „Biebergassenurteil" des BGH zitiert[87], das diese verallgemeinerte Auslegung nicht zulässt. In dem zu entscheidenden Fall wurde der anhand von Vergleichspreisen abgeleitete Bodenwert eines bebauten Grundstücks mit dem Ertragswert des Grundstücks kombiniert, wobei dieser nach einer von den Grundsätzen der ImmoWertV völlig abweichenden gesamtheitlichen Methode für den Grund und Boden sowie das Gebäude ermittelt wurde.

Wörtlich heißt es in der Entscheidung: **100**

„Es kann somit keine Rede davon sein, dass der Sachverständige seiner im ersten Gutachten allein auf der *Ertragswertberechnung* aufbauenden Wertermittlung des *gesamten* Hausgrundstücks einen bestimmten Bodenpreis „zugrunde gelegt" habe, der deshalb für die Wertermittlung aufgrund der Vergleichspreise für das Trümmergrundstück „berichtigt" werden könnte. Vielmehr ist der Sachverständige in seinem ersten Gutachten bei der Wertermittlung für das gesamte Hausgrundstück allein von dem „Ertrag der nachhaltig erzielbaren Mieten" ausgegangen. Entscheidend ist vor allem, dass der Sachverständige in seinem Nachtragsgutachten vom 18. April 1955 für die *getrennte* Wertberechnung des Hausgrundstücks von einer *anderen* für das Trümmergrundstück angewandten Berechnungsmethode (auf der Grundlage von Vergleichspreisen usw.) ausgegangen ist. Hiernach hat das Berufungsgericht in rechtlich zu beanstandender Weise bei seiner Wertermittlung *zwei in ihren Grundlagen verschiedene Berechnungsmethoden* nebeneinander gebraucht, indem es Elemente der Wertberechnung aufgrund von Vergleichspreisen usw. zur „Berichtigung" des auf der Grundlage der Ertragswertberechnung ermittelten Werts des gesamten Hausgrundstücks herangezogen und zu einer Entscheidung zugrunde gelegt hat."

Bei dieser Sachlage ist der Entscheidung zuzustimmen, dass im Falle nicht aufeinander abgestimmter Berechnungsmethoden einzelne Elemente nicht ungeprüft hätten miteinander „verquickt" werden dürfen. Anders sind aber die Fälle zu beurteilen, bei denen die in einem aufeinander abgestimmten System nach unterschiedlichen Wertermittlungsmethoden ermittelten Anteile sich gegeneinander ergänzen können. Soweit es – wie in der vorstehenden Entscheidung – um die Ausgrenzung des Bodenwertanteils geht, sind bei Anwendung der Grundsätze der ImmoWertV die Voraussetzungen dafür gegeben, wenn der Bodenwertanteil in allen Verfahren nach denselben Grundsätzen ermittelt wird. **Es kommt also entscheidend darauf an, dass bei einer „Verquickung" von Elementen verschiedener Wertermittlungsverfahren diese aufeinander abgestimmt sind.** So kann es durchaus sachgerecht sein, die Verkehrswertermittlung nach dem Sachwertverfahren durch einen nach Ertragswertgrundsätzen ermittelten Wertanteil für eine Reklamefläche zu kombinieren. Im Ergebnis ist für die Zulässigkeit einer Kombination verschiedener Wertermittlungsmethoden allein entscheidend, dass die Verfahren rechtsfehlerfrei verquickt werden können. In diesem Sinne hat der BGH die Kombination von Verfahren nicht grundsätzlich, sondern nur in den Fällen abgelehnt, wo dies nicht rechtsfehlerfrei geschieht und das „Wertbild verzerrt" wird[88]. **101**

2.7.2 Extraktionsverfahren (Residualwertverfahren)

▶ *Nähere Ausführungen vgl. Syst. Darst. des Vergleichswertverfahrens Rn. 447 ff.*

Insbesondere zur **Vorbereitung von Investitionsentscheidungen** sowie bei den bereits angesprochenen Immobilien, die einer anderen, insbesondere höherwertigen Nutzung zugeführt werden sollen (Umnutzungsfall), lässt sich deren Verkehrswert nicht immer mit den herkömmlichen Verfahren ermitteln und es wird zunehmend (hilfsweise) auf das **Extraktionverfahren** (Residualwertverfahren, *extraction*) zurückgegriffen. Bei Anwendung dieses Verfahrens wird – vereinfacht ausgedrückt – der Verkehrswert des Grundstücks aus dem z. B. im Wege des Vergleichs- oder Ertragswertverfahrens ermittelten Verkehrswert, der sich fiktiv nach Durchführung einer beabsichtigten Entwicklung ergibt, unter Abzug der Entwicklungs- und ggf. Herstellungskosten abgeleitet. Der Differenzbetrag stellt das Residuum dar. **102**

---

87 BGH, Beschl. vom 11.03.1993 – III ZR 24/92 –, EzGuG 20.144 b; BGH, Urt. vom 19.06.1958 – III ZR 39/57 –, EzGuG 20.22; auch OLG Hamburg, Urt. vom 10.10.1969 – 1 U 61/68 –, EzGuG 6.126; BGH, Urt. vom 24.01.1963 – III ZR 149/61 –, EzGuG 20.34.
88 BGH, Urt. vom 20.03.1975 – III ZR 153/72 –, EzGuG 18.64; BGH, Urt. vom 23.06.1983 – III ZR 39/82 –, EzGuG 20.102; BGH, Urt. vom 26.10.1972 – III ZR 78/71 –, EzGuG 18.57; BGH, Urt. vom 29.05.1967 – III ZR 126/66 –, EzGuG 18.35; BGH, Urt. vom 02.12.1971 – III ZR 165/69 –, EzGuG 20.51; BGH, Urt. vom 17.12.1978 – III ZR 6/77 –, EzGuG 4.63; vgl. auch Maunz/Dürig/Herzog/Scholz, GG Art. 14 S. 66.

103 Das Extraktionsverfahren (Residualwertverfahren) stellt in seinen Grundzügen ein kombiniertes Verfahren dar. Es werden dabei Elemente des Vergleichs- oder Ertragswertverfahrens, mit dem zunächst das fertige Produkt wertmäßig erfasst wird, mit künftigen Herstellungs- bzw. Entwicklungskosten (differenzmäßig) kombiniert. Das Residuum ergibt sich daraus als die Größe, die im Hinblick auf die zugrunde gelegte Verwertungskonzeption und die dafür erforderlichen Aufwendungen als wirtschaftlich sinnvoller Erwerbspreis verbleibt. Das Extraktionsverfahren (Residualwertverfahren) ist von diesem Ansatz her nicht darauf angelegt, zu einem bestimmten Residuum zukommen, denn **unterschiedliche Verwertungskonzeptionen mit unterschiedlichen Gestehungskosten müssen zu unterschiedlichen Residuen führen.**

104 Als eine äußerst **problembehaftete Wertermittlungsmethode** ist das Extraktionsverfahren (Residualwertverfahren) allenfalls nur unter engen Voraussetzungen für die Verkehrswertermittlung geeignet:

a) Der *gewöhnliche Geschäftsverkehr* ist u. a. dadurch gekennzeichnet, dass weder Käufer noch Verkäufer unter Druck handeln, wobei die Käufer gegenüber dem Verkäufer miteinander in Konkurrenz stehen. I.d.R. werden Immobilien letztlich an den Meistbietenden verkauft. Dies ist geradezu charakteristisch für den gewöhnlichen Geschäftsverkehr und muss bei Anwendung des Extraktionsverfahrens (Residualwertverfahrens) beachtet werden, wenn das Verfahren zu einem sich am gewöhnlichen Geschäftsverkehr orientierenden Marktwert (Verkehrswert) führen soll (§ 194 BauGB).

105 Treten auf einem Grundstücksmarkt mehrere in Konkurrenz zueinander stehende Anbieter auf, so kommt bei dieser Sachlage regelmäßig derjenige Anbieter „zum Zuge", der i. S. einer Kosten-Nutzen-Analyse die effizienteste Nutzungskonzeption verfolgt und damit auch das höchste Residuum anzubieten vermag. Als Verfahren zur Ermittlung des Verkehrswerts wird das **Extraktionsverfahren** (Residualwertverfahren) dann **problematisch, wenn diese Konkurrenzsituation nicht gegeben** ist oder dadurch „ausgeschaltet" wird, dass eine bestimmte, das wirtschaftliche Potenzial nicht ausnutzende und dann möglicherweise **wirtschaftlich einengende Nutzungskonzeption** vorgegeben wird. In diesem Fall kann durch entsprechende Vorgaben jedes Ergebnis „vorprogrammiert" werden.

106 b) Das Extraktionsverfahren (Residualwertverfahren) ist darüber hinaus nur dann zur Verkehrswertermittlung geeignet, wenn sich die miteinander in Beziehung gesetzten Größen selbst am Verkehrswert orientieren, d. h. marktorientiert sind. Werden indessen in das Residualwertverfahren z. B. Kosten eingeführt, die nicht den gewöhnlichen Herstellungs- sowie sonstigen Kosten entsprechen, sondern sich an den besonderen Verhältnissen eines einzelnen Investors orientieren, so kann das Residualwertverfahren auch nur zu dem Preis führen, der den persönlichen Verhältnissen eines Investors entspricht (**Investorenmethode**).

107 Im Übrigen ist das **Extraktionsverfahren** (Residualwertverfahren) trotz seiner hohen Überzeugungskraft äußerst **anfällig gegenüber fehlerhaften Ansätzen** und wird deshalb in der Praxis der Verkehrswertermittlung nach vorherrschender Auffassung kritisch angesehen[89]. Die Rechtsprechung ist dem gefolgt[90].

2.8 Monte-Carlo-Verfahren

Schrifttum: *Evans, A./Werner-Ehrenfeucht, G.,* Das Monte-Carlo-Verfahren bei der Bewertung von Entwicklungsprojekten, GuG 1994, 257; *Janssen, O.;* Monte-Carlo-Simulationen verbessern die Bewertungsqualität von Immobilien, GuG 2002, 37; *Schneider, D.,* Einflusskurven im Disput zum Monte-Carlo-Verfahren bei der Ertragswertermittlung; *Schneider, D.-G.,* Vergleichswertverfahren, GuG 2002, 297; *Simon, Th.,* Verbessert die Monte-Carlo-Methode die Grundstückswertermittlung, GuG 2004, 93.

---

[89] Pohnert, Kreditwirtschaftliche Wertermittlung, 5. Aufl., S. 113; Zimmermann, WertV 88, München 1998, S. 204; Kleiber in GuG 1996, 16; Möckel in GuG 1996, 274; Sotelo in GuG 1995, 91; Reck in GuG 1925, 234; Simon in GuG 1995, 229; Vogel in GuG 1994, 347.
[90] OVG Lüneburg, Urt. vom 25.01.2001 – 1 L 5010/96 –, EzGuG 20.177.

108 Eine gewisse Aufmerksamkeit in der Sachverständigenpraxis hat das erstmals 1987[91] publizierte Monte-Carlo-Verfahren gefunden. Das Verfahren – wohl mehr dem Bereich der *curiosity driven research* entsprungen – kann allenfalls **nur bedingt der anerkannten Wertermittlungslehre zugerechnet** werden. Es kann schon eher als eine „hilflose Methode" bezeichnet werden, um bei unklaren und unübersichtlichen Verhältnissen zu einer Aussage über künftige – i. d. R. vertraglich „offene" – Entscheidungen, insbesondere im Zusammenhang mit Mietverhältnissen, zu gelangen. Es wurde z. B. in den Fällen zur Anwendung gebracht, in denen mietvertraglich Optionen vereinbart wurden, die sich je nach Gebrauch unterschiedlich auf den Ertragswert auswirken.

Unter dem Begriff Monte-Carlo-Verfahren verbirgt sich nichts anderes als die Anwendung eines elektronischen Zufallsgenerators i. V. m. statistischen Gesetzen über Zufallsereignisse, um so zu einer vermeintlich statistisch abgesicherten Entscheidung über die letztlich „offene" Frage zu gelangen, wie sich die Vertragsparteien zu dem jeweiligen Zeitpunkt (z. B. in fünf oder zehn Jahren) nach den dann obwaltenden Verhältnissen entscheiden werden. Wenngleich von dem Verfahren auf den „Verbraucher" des Gutachtens eine **scheinwissenschaftliche Wirkung** ausgeht, so muss man in solchen Fällen einer auf Erfahrung und Sachkunde beruhenden Abschätzung der künftigen Verhältnisse durch den Sachverständigen den Vorzug geben, als sie einem „Zufallsgenerator" zu überlassen. Die Methode stellt von daher mehr eine in den Bereich der Kuriositäten einzuordnende Randerscheinung der Wertermittlungslehre dar.

2.9 Massenbewertungsverfahren (Portfolio-Bewertungen)

Schrifttum: *Gabler,* Wirtschaftslexikon, Stichwort „Pakethandel"; *Katte/Bagel/Freyer/Jäger/Langguth/ Roth/Zimmer,* Bewertungssysteme für große Immobilienbestände, GuG 2001, 1; *Münchehofen, M./Springer, U.,* Bewertung von Paketverkäufen, GuG 2006, 144; *Schneider, G.,* Paketbewertungen von Liegenschaften, GuG 2002, 91; *Trappmann, H.,* Bewertungsvereinfachungen für Grundstücke zulässig? DB 1996, 391; vgl. auch GuG 2006, 177, 181, *Werling, U.,* Besonderheiten der Bewertung großer Wohnungsbestände, GuG 2010, 150.

109 Im Zuge der Bilanzierung und Veräußerung großer Immobilienbestände (Immobilienpakete) sind Massenbewertungen unvermeidbar, insbesondere wenn eine Einzelbewertung in einem verträglichen Zeitrahmen nicht möglich ist und unverhältnismäßig hohe Kosten verursacht. Es kommt hinzu, dass eine Einzelbewertung auch nicht dem mit § 8 Abs. 1 Satz 2 ImmoWertV gegebenen Grundsatz entspricht, das Wertermittlungsverfahren anzuwenden, das den „im gewöhnlichen Geschäftsverkehr bestehenden Gepflogenheiten" entspricht. Der Marktwert eines „Immobilienpakets" entspricht nämlich nicht der Summe der Einzelwerte und nach den **Gepflogenheiten des Grundstücksverkehrs werden Immobilienpakete** eher nur in Ausnahmefällen **auf der Grundlage** einzeln bewerteter Grundstücke gehandelt. Grundlage sind vielmehr die Ergebnisse **von Massenbewertungen**, z. B.

– Im Zuge der Bahnreform wurden die Liegenschaften, die zum 1.1.1994 auf die Deutsche Bahn AG (DB AG) übertragen wurden, auf der Grundlage des § 10 Abs. 43 und 4 DBGrG i. V. m. §§ 7 und 9 DMBilG und des Liegenschaftsnachweises der DB AG (System LINA) von der Wirtschaftsprüfergesellschaft KPMG bewertet (Erhebung und bilanzielle Bewertung aller Liegenschaften der DB AG –EBAL); die Bewertung wurde von der Wirtschaftsprüfergesellschaft C&L Deutsche Revision geprüft und durch ein Einzelgutachten der Wirtschaftsprüfergesellschaft Warth & Klein, Düsseldorf begleitet.

– Im Zuge der Fusion zwischen der Hoesch AG und der Friedrich Krupp AG im Jahre 1992 sowie der Zusammenführung der Hoesch/Krupp AG mit der Thyssen AG zur Thyssen Krupp AG im Jahre 1999 wurde der nicht betriebsnotwendige Grundbesitz einer Neubewertung zur Klärung der Aktionärsbeteiligungen von den Abschlussprüfern C&L Deut-

---

91 Evans, Das Monte-Carlo-Verfahren bei der Bewertung von Entwicklungspotenzialen, GuG 1994, 94; zurecht kritisch Zimmermann, WertV 88 München 1998, S. 207; Mollart, G., Monte Carlo Simulation using Lotus 1-2-3; Journal of Valuation 1987, 419 ff.; Werner-Erenfeucht in GuG 1994, 257.

sche Revision und KPMG ca. 30 000 bis 40 000 Wohneinheiten pro Gesellschaft auf der Grundlage von Bodenrichtwerten einer Bewertung unterzogen.

2.9.1 Allgemeines

110 Von einer **Massenbewertung** (*mass appraisal*) spricht man im Gegensatz zur Einzelbewertung, wenn der (Verkehrs-) Wert einer Vielzahl von Grundstücken kurzfristig und zumeist bezogen auf einen einheitlichen Stichtag ermittelt werden muss; z. B.

a) im steuerlichen Bereich bei der Einheits- bzw. Grundbesitzbewertung,

b) im Bereich der Wertermittlung großer Immobilienbestände z. B. von Unternehmen (Immobilienportfolio), z. B. bei
- dem Verkauf von Immobilienbeständen (*asset deal*, Portfoliotransaktionen) oder dem Verkauf von Anteilen eines Unternehmens mit Immobilien (*share deal*),
- der Finanzierung einer entsprechenden Grundstückstransaktion,
- einer Portfolioanalyse (zur Entwicklung einer Strategie der Verwertung von Bestandsimmobilien),
- einer Verbriefung (Beleihungswert; *sustainable net value*),

c) im Bereich der Bilanzierung einschließlich der handelsrechtlichen Eröffnungsbilanz und

d) im Rahmen städtebaulicher Maßnahmen, bei denen eine flächendeckende Verkehrswertermittlung von Grundstücken eines Veranstaltungsgebiets (Umlegungsgebiet, Sanierungsgebiet, städtebaulicher Entwicklungsbereich) erforderlich wird.

Von einem **Immobilienportfolio** und einer Portfoliobewertung wird in diesem Zusammenhang ab etwa 20 bis 30 Immobilien gesprochen; unterhalb dieser Grenze ist eine Einzelbewertung die Regel.

Unter einem **Massenbewertungsverfahren** versteht man umgangssprachlich

a) ein methodisch strukturiertes (vielfach auch vereinfachtes) Bewertungsverfahren (Ertrags-, Sach- oder Vergleichswertverfahren), das zumeist in Verbindung mit

b) pauschalisierenden Ansätzen (z. B. Umrechnungskoeffizienten, Rendite, Verzinsung usw.)

anstelle eines umfassenden alle wertbeeeinflussenden Merkmale berücksichtigenden Ertrags-, Sach- oder Vergleichswertverfahrens (z. B. im Sinne der ImmoWertV) zur Anwendung kommt.

Allgemein gilt, dass bei Anwendung von Massenbewertungsverfahren in Abhängigkeit vom Zeck der Begutachtung, dem zur Verfügung stehenden Zeitrahmen, dem Kostenbudget und der Risikobereitschaft des Auftraggebers Abstriche von der umfassenden Vorgehensweise der Einzelbewertungen gemacht werden.

Beispiele:

- Im **steuerlichen Bereich** werden mit dem Bewertungsgesetz für bestimmte Grundstücksarten allgemein verbindliche Vorgaben z. B. bezüglich des anzusetzen Bodenwerts (Bodenrichtwert nach § 196 BauGB) oder des bei Anwendung des Ertragswertverfahrens maßgeblichen Vervielfältigers vorgegeben.

- Im Bereich der **Portfoliobewertung** werden die Bestände vornehmlich in der Weise bewertet, dass der Immobilienbestand auf der Grundlage einer Portfolioanalyse in homogene Untergruppen (Subportfolios, *Cluster,* Pakete) aufgeteilt und ausgehend von Einzelbewertungen (nach Ortsbesichtigung) repräsentativer Grundstücke auf den Gesamtwert geschlossen wird (vgl. Abb. 8). In ihrer einfachsten Form vollzieht sich die Massenbewertung ohne Ortsbesichtigung allein aufgrund des vorhandenen Datenbestands (sog. *Desktop*-Bewertung) und der elektronischen Datenverarbeitung (*automated valuation models* AVMs). Sie haben sich allerdings als unzuverlässig erwiesen[92].

---

92 The Appraisal of Real Estate, 12.Aufl. Chicago S. 648.

Ermittlung des Verkehrswerts § 8 ImmoWertV

- Für das **Handelsrecht** besteht der Grundsatz der Einzelbewertung (vgl. im Handelsrecht § 252 Abs. 1 Nr. 1 HGB; im Einkommensteuerrecht § 6 Abs. 1 EStG[93]). Gleichwohl sind Massenbewertungen selbst dort unvermeidlich, wo gesetzlich Einzelbewertungen gefordert sind. § 240 Abs. 4 HGB lässt eine Gruppenbewertung für „gleichartige Vermögensgegenstände des Vorratsvermögens" sowie andere gleichartige oder annähernd gleichwertige bewegliche Vermögensgegenstände zu und nimmt „unbewegliche Vermögensgegenstände des Vorratsvermögens" nicht ausdrücklich von dieser Regelung aus[94]. Im Falle einer Gruppenbewertung sind einzelne besonders wertvolle Objekte regelmäßig auch weiterhin einzeln zu bewerten[95].

Massenbewertungsverfahren werden mitunter als *quick and dirty* bezeichnet, insbesondere wenn sie methodisch auf eine überschlägige Wertermittlung angelegt sind (einfache Massenbewertungsverfahren). Ein **qualifiziertes Massenbewertungsverfahren** ist indessen methodisch auf eine Verkehrswertermittlung angelegt, die im Gesamtergebnis durchaus den Anforderungen einer Einzelbewertung entspricht. Die Anwendung eines vereinfachten Bewertungsverfahrens i. V. m. pauschalisierenden Ansätzen und Gruppenbildungen steht dem nicht entgegen. Massenbewertungsverfahren kommen nämlich i. d. R. zur Anwendung, wenn es um die Bewertung großer Immobilienbestände (Immobilienportfolios) geht und damit ist zunächst die Frage nach dem speziell dafür „geeigneten" Verfahren der Verkehrswertermittlung aufgeworfen.

Nach dem allgemeinen Grundsatz des § 8 Abs. 1 Satz 2 ImmoWertV sind „die Verfahren ... nach der Art des Gegenstands der Wertermittlung unter Berücksichtigung der *im gewöhnlichen Geschäftsverkehr bestehenden Gepflogenheiten* und den sonstigen Umständen des Einzelfalls zu wählen". Die für die **Verkehrswertermittlung größerer Immobilienbestände (Immobilienportfolios) maßgeblichen „Gepflogenheiten" des gewöhnlichen Geschäftsverkehrs unterscheiden sich in vielerlei Hinsicht von den „Gepflogenheiten", die bei dem Erwerb eines einzelnen Grundstücks zu beobachten sind.** So finden beim Erwerb eines einzelnen Grundstücks dessen wertbestimmende Merkmale in weitaus umfassender Weise Beachtung als im Handel mit Immobilienportfolios. Dem muss das zur Anwendung kommende Wertermittlungsverfahren Rechnung tragen. Werden z. B. bei der Verkehrswertermittlung eines einzelnen Verwaltungsgebäudes ein vom übrigen Objekt abweichender Instandhaltungszustand, ein bestehendes Wegerecht oder andere Besonderheiten konkret berücksichtigt, finden solche Besonderheiten bei dem Erwerb der Immobilie als Bestandteil eines Immobilienportfolios im „gewöhnlichen Geschäftsverkehr" gar keine Beachtung und weichen einer generalisierenden Betrachtungsweise. Dies gilt sowohl für werterhöhende als auch wertmindernde Besonderheiten des Immobilienbestands. Was also bei der Verkehrswertermittlung eines einzelnen Objekts im Grundstücksverkehr Beachtung findet, stellt sich bei der Verkehrswertermittlung eines Portfolios als ein unbeachtlich bleibendes Detail dar.

Wenn bei Anwendung von Massenbewertungsverfahren im Unterschied zu Einzelbewertungen derartigen Besonderheiten nicht Rechnung getragen wird, so gehen damit keine den Verkehrswert verfälschenden Vereinfachungen einher, vielmehr ist diese Vorgehensweise sogar im Sinne der Verkehrswertermittlung eines Immobilienportfolios sachgerecht und sogar geboten. Der gewöhnliche Geschäftsverkehr ist von einer generalisierenden Betrachtungsweise geprägt und von daher sind die „Vereinfachungen" und „Pauschalierungen" eines Massenbewertungsverfahrens „verkehrswertimmanent", wenn es um den Verkehrswert des Gesamtpakets geht und sich die „Vereinfachungen" in dem Rahmen bewegen, der der generalisierenden Betrachtungsweise des „gewöhnlichen Geschäftsverkehrs" im Handel mit großen Immobilienbeständen entspricht. Der gewöhnliche Geschäftsverkehr mag sich hier auch von dem Gedanken leiten lassen, dass sich solche Besonderheiten in der Summe ausgleichen und ein qualifiziertes Massenbewertungsverfahren findet darin auch seine Begründung.

---

93 Wöhe, G., Bilanzierung und Bilanzpolitik, 8. Aufl. München 1992, S. 350; vgl. Teil II Rn. 29 und § 194 BauGB Rn. 46.
94 Nach Küting/Weber, Handbuch der Rechnungslegung, Kommentar zur Bilanzierung und Prüfung, zu § 240 Rn. 71 ist jedoch das Verfahren der Gruppenbewertung „auf bewegliche Vermögensgegenstände beschränkt."
95 Vgl. Abschn. 36 Abs. 3 EStR 1984.

§ 8 ImmoWertV   Ermittlung des Verkehrswerts

„Qualifizierte Massenbewertungsverfahren" kommen zumeist als „kontrollierte" Massenbewertungsverfahren zur Anwendung. Dabei werden die im Einzelfall vorgenommenen Pauschalierungen prozessbegleitend durch Stichproben kontrolliert, um sie ggf. graduell den im Einzelfall gestellten Anforderungen an die Genauigkeit und Zuverlässigkeit des Ergebnisses anzupassen. Damit lässt sich eine marktkonforme Pauschalierung gewährleisten.

2.9.2 Methoden

111 Am Anfang stehen:

- Analyse des Liegenschaftsvermögens nach verschiedenen Selektionskriterien (Nutzungsart, Makro- und Mikrolage, Eigentumsverhältnisse, Baualtersklasse, Gebäudegröße usw.),
- Festlegung einer Wesentlichkeitsgrenze für „Großobjekte" im Einvernehmen mit dem Auftraggeber (z. B. auf Grundlage von Grundfläche, Grundstücksfläche usw.) zum Zwecke von Einzelbewertungen,
- Identifizierung der Großobjekte für Einzelbewertungen („Werttreiber"),
- Segmentierung des Liegenschaftsbestandes nach Gruppen (*Cluster*) entsprechend der Eignung (Gruppierungsfähigkeit); Bildung von Sub-Portfolios durch Bildung von Gruppen gleichartiger Grundstücke (*Cluster*) und ggf. entsprechende Untergruppen),
- Festlegung geeigneter Selektionskriterien zur Stichprobenziehung,
- Ziehung einer (vorläufigen) Stichprobe für einen noch festzulegenden Anteil an Innenbesichtigungen (in Ermangelung aktueller Daten zum Ausbaustandard kann ein erhöhter Anteil an Innenbesichtigungen erforderlich werden),
- Ziehung einer (vorläufigen) Stichprobe für einen festzulegenden Anteil an Außenbesichtigungen.

Im Rahmen einer sog. „*Desktop*-Bewertung" wird auf eine **Ortsbesichtigung** gänzlich verzichtet; bei einer sog „*Drive-by*-Bewertung" reduziert sich die Ortsbesichtigung auf eine äußerliche Inaugenscheinnahme.

Häufig beschränkt sich dem sog. „Pareto-Prinzip" folgend die Stichprobe auf 20 % des Gesamtbestands, denn das Prinzip geht davon aus, dass 20 % der Immobilien eines Portfolios 80 % seines Werts abbilden; dies kann aber keinesfalls als gesichert gelten, denn das Prinzip geht auf eine Untersuchung der Verteilung des Volksvermögens in Italien zurück und führte zum Ergebnis, dass in Italien ca. 20 % der Familien ca. 80 % des Vermögens besitzen. Dies wiederum lässt sich nicht ohne Weiteres auf Immobilienportfolios übertragen.

Die Massenbewertung vollzieht sich sodann nach der in Abb. 10 dargestellten Vorgehensweise.

Ermittlung des Verkehrswerts § 8 ImmoWertV

Abb. 10: Methodik der Massenbewertungen

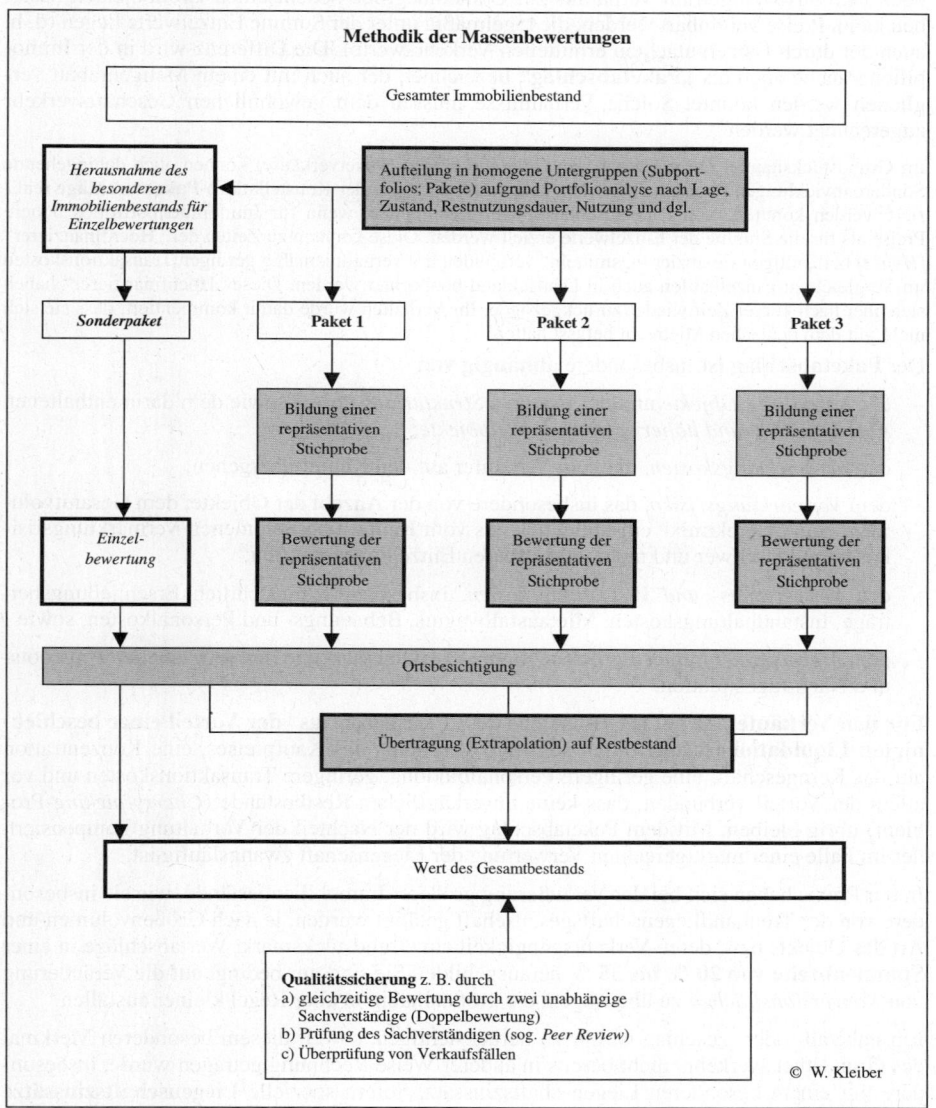

2.9.3 Paketabschlag und -zuschlag

Größere Immobilienbestände (Immobilienpakete) wurden vielfach mit dem Ziel erworben, den Bestand innerhalb enger zeitlicher Grenzen einzeln weiter zu veräußern (z. B. zum Zwecke der Privatisierung eines kommunalen Wohnungsbestands). Das aus einer dahingehenden Verwertung resultierende Überangebot von Grundstücken auf einem regional und sektoral begrenzten Markt muss zu einem allgemeinen Preisverfall auf dem jeweiligen Grundstücksmarkt (konjunkturbedingter Wertverfall) führen, zumal sich eine zügige Verwertung des Immobilienbestandes nur mit „preisgünstigen" Immobilienangeboten realisieren lässt. Nicht zuletzt aus diesem Grunde entspricht es dem *gewöhnlichen Geschäftsverkehr,* wenn bei der

112

§ 8 ImmoWertV — Ermittlung des Verkehrswerts

Veräußerung eines größeren Immobilienbestandes, der aus einer Vielzahl von Einzelobjekten oder auch aus wenigen im Verhältnis zur Gemeindegröße bedeutsamen Großobjekten bestehen kann, Preise vereinbart werden, die regelmäßig unter der Summe Einzelwerte liegen (d. h. auch der durch Einzelgutachten ermittelten Verkehrswerte). Die Differenz wird in der Immobilienbranche auch als **„Paketabschlag"** bezeichnet, der auch mit einem Mengenrabatt verglichen werden könnte. Solche Verhältnisse müssen dem gewöhnlichen Geschäftsverkehr zugerechnet werden[96].

Im Grundstückshandel mit größeren Immobilienbeständen (Paketverkäufe) können auch dahingehende Sonderentwicklungen beobachtet werden, dass (trotz vorstehender Konstellation) **Paketzuschläge** realisiert werden konnten. Von Paketzuschlägen wird gesprochen, wenn für Immobilienportfolios höhere Preise als für die Summe der Einzelwerte erzielt werden. Diese konnten zu Zeiten der „Hochfinanzierer" (*Hypes*) bei „billigen Finanzierungsmitteln" verbunden mit verhältnismäßig geringen Transaktionskosten im Vergleich zu Einzelkäufen auch in Deutschland beobachtet werden. Diese „Hochfinanzierer" haben sich aber nach kurzer Zeit wieder zurückgezogen. Ihr Verhalten wurde damit kommentiert, dass sie sich nicht mit dem deutschen Mietrecht befasst hätten.

Der **Paketabschlag ist** insbesondere **abhängig von**

- der *Anzahl der Objekte* und der (Mono-) *Struktur des Pakets* sowie dem darin enthaltenen *Anteil minder- und höherwertiger Einzelobjekte;*
- den *Vermarktungskosten,* die vom Verkäufer auf den Käufer übergehen;
- dem *Vermarktungsrisiko,* das insbesondere von der Anzahl der Objekte, dem Gesamtvolumen, dem „Objektmix" einschließlich des vom Käufer übernommenen Vermarktungsrisikos bei u.U. schwer und nicht verwertbaren Einzelliegenschaften;
- den *Verwertungs- und Verwaltungskosten,* insbesondere hinsichtlich Erschließungsbeiträge, Instandhaltungskosten, Mietausfallwagnis, Bebauungs- und Personalkosten, sowie
- dem *Marktsegment* unter Berücksichtigung der Objektart und der vorhandenen Angebots- und Nachfragesituation.

Für den Verkäufer ist mit der Hinnahme des „Paketabschlags" **der Vorteil einer beschleunigten Liquidationszufuhr** durch sofortige Vergütung des Kaufpreises, eine Konzentration auf das Kerngeschäft, eine geringere Personalbindung, geringere Transaktionskosten und vor allem der Vorteil verbunden, dass keine unverkäuflichen Restbestände (*Cherry-picking*-Problem) übrig bleiben. Mit dem Paketabschlag wird der Nachteil der Vorhaltung kompensiert, der im Falle einer marktgerechten Verwertung der Liegenschaft zwangsläufig ist.

In der Praxis haben sich bei der Veräußerung größerer Immobilienbestände, wie sie insbesondere von der Treuhandliegenschaftsgesellschaft getätigt wurden, je nach Größenvolumen und Art des Objekts bzw. deren Verkehrsgängigkeit am Grundstücksmarkt Wertabschläge in einer **Spannenbreite von 20 % bis 35 %** herausgebildet. Sie sind nur bedingt auf die Veräußerung von *Konversionsflächen* zu übertragen, die größenmäßig in aller Regel kleiner ausfallen.

Ein Paketab- oder -zuschlag ist nur zu berücksichtigen, soweit diesem besonderen Merkmal des Grundstücksverkehrs nicht bereits in anderer Weise Rechnung getragen wurde, insbesondere mit einem besonderen Liegenschaftszinssatz. Sofern spezielle **Liegenschaftszinssätze für den Paketverkauf** von Immobilien abgeleitet worden sind, bedarf es keiner Paketab- oder -zuschläge. Nach Feststellung des Gutachterausschusses von *Wuppertal* lag der Liegenschaftszinssatz im Jahre 2009 im „Pakethandel" von Mehrfamilienhäusern bei 5,2 bis 6,8 % (bei sonst 5,0 bis 6,4 %) und bei gemischt genutzten Gebäuden bei 6,2 bis 8,4 % (bei sonst 5,3 bis 7,7 %). Der Gutachterausschuss von Wuppertal hat auch besondere **Ertragsfaktoren für Paketverkäufe** abgeleitet. Diese beliefen sich im Jahre 2009 bei Mehrfamilienhäusern auf 9,1 bis 11,3 (bei sonst 9,8 bis 11,8) und bei gemischt genutzten Grundstücken auf 8,5 bis 10,5 (bei sonst 8,6 bis 12,2).

---

[96] Gabler, Wirtschaftslexikon, Stichwort „Pakethandel"; BFH, Urt. vom 23.02.1979 – III R 44/74 –, EzGuG 19.35; Katte, u. a. in GuG 2001, 1.

3 Problemfälle bei der Wahl des Wertermittlungsverfahrens

3.1 Gewerbe- und Industriegrundstücke

Schrifttum: *Streich, J.,* Wertermittlung von Gewerbe- und Industriegrundstücken, RDM Informationsdienst für Sachverständige 1985, 11; *Simon, J./Cors/Halaczinsky,* Bewertung von Fabrikgrundstücken, München 2003.

▶ *Hierzu auch Syst. Darst. des Sachwertverfahrens Rn. 3 ff.*

Gewerbe- und Industriegrundstücke gelten nach heutiger Auffassung als „Ertragsobjekte", da sie nach den im gewöhnlichen Geschäftsverkehr bestehenden Gepflogenheiten i. S. des § 8 Abs. 1 Satz 2 ImmoWertV auf der Grundlage ihrer Ertragskraft gehandelt werden. **113**

Das **Vergleichswertverfahren** kann bei der Wertermittlung von Gewerbe- und Industriegrundstücken selten angewendet werden. Bebauung, betriebliche Gestaltung und Ausstattung eventuell vorhandener Vergleichsgrundstücke unterscheiden sich so stark voneinander, dass sie nicht durch Korrekturfaktoren ausgeglichen werden können[97]. **114**

Vor Jahrzehnten kam bei Gewerbeobjekten und insbesondere bei Fabrikgrundstücken traditionell das **Sachwertverfahren** zur Anwendung. Die Anwendung des Sachwertverfahrens ist jedoch allenfalls zu rechtfertigen, wenn **marktgerechte Ertragsverhältnisse über das zu bewertende Objekt nicht bekannt sind.** Dies ist nicht selten der Fall, weil die tatsächlichen Ertragsverhältnisse solcher Objekte – wenn sie überhaupt offenbart werden – häufig schon aufgrund der Unternehmensstruktur und aus steuerlichen Gründen vom Gutachter nicht überblickt werden können. **115**

Gleichwohl ist die Anwendung des Sachwertverfahrens für Grundstücke mit Industrie- oder Gewerbegebäuden aus grundsätzlichen Erwägungen nicht frei von Bedenken[98], denn gerade bei Grundstücken, die nur durch einen unternehmerisch tätigen Eigentümer nutzbar sind, muss der auf diesem Grundstück erzielbare Ertrag im gewöhnlichen Geschäftsverkehr von großer Bedeutung, wenn nicht gar dominant sein. Deshalb muss dem Ertragswertverfahren der Vorzug gegeben werden. Dabei ist vorab zu klären, ob der Verkehrswert unter Berücksichtigung der **Fortführung des Unternehmens** *(going concern)* ermittelt werden soll oder ob der Verkehrswert losgelöst von der bestehenden Nutzung hinsichtlich der generellen Nutzbarkeit unter Einbeziehung des Planungsrechts *(best use value)* ermittelt werden soll. **116**

3.2 Unternehmensbewertung

Schrifttum: *Copeland/Koller/Murrin,* Unternehmenswert, 3. Aufl. 2002; *Peemöller* (Hsg) Praxishandbuch der Unternehmensbewertung, 2. Aufl. 2002.

▶ *Vgl. unter Rn. 90 und oben Rn. 191; Syst. Darst. des Ertragswertverfahrens Rn. 351, Kleiber, Verkehrswertermittlung von Grundstücken, Teil III Rn. 399*

Bei der **Wertermittlung von Unternehmen** stehen primär folgende Fragestellungen im Vordergrund: **117**

– nachhaltige Ertragskraft,

– Bonität des Unternehmens

– und Unternehmenszweck sowie Zukunftsaussichten.

Bei der Verkehrswertermittlung der zu einem Unternehmen gehörenden Liegenschaften ist deshalb zu unterscheiden zwischen

---

[97] Streich: Wertermittlung von Gewerbe und Industriegrundstücken, RDM Informationsdienst für Sachverständige 1985, 11.
[98] BGH, Urt. vom 13.05.1955 – V ZR 36/54 –, EzGuG 3.5; sowie BGH, Urt. vom 19.12.1963 – III ZR 162/63 –, EzGuG 20.35; OLG Karlsruhe, Urt. vom 13.06.1958 – 7 U 1/58 –, EzGuG 20.20.

§ 8 ImmoWertV   Ermittlung des Verkehrswerts

- **Unternehmensbewertung,** wenn Grundstücke zur Fortführung des Unternehmens in der gegebenen Zielsetzung genutzt werden sollen, und
- **Verkehrswertermittlung,** wenn Grundstücke und vorhandene bauliche Anlagen hinsichtlich ihrer generellen Nutzbarkeit unter Einbeziehung des Planungsrechts künftig verwertet werden sollen.

118   Beide Vorgaben führen im Allgemeinen zu unterschiedlichen Wertansätzen und Wertermittlungsergebnissen. Ein Grundstückssachverständiger muss deshalb vor Erstellung des Gutachtens klar Stellung dazu beziehen, unter welcher Prämisse er den Wert ermittelt.

119   Der Verkehrswert nach § 194 BauGB (Marktwert) wird entscheidend von der künftigen Nutzung der Immobilie geprägt. Deshalb müssen die Planungsabsichten des Auftraggebers (Investors) sowie die planungsrechtlichen Rahmenbedingungen vor der Wertermittlung bekannt sein. Ist die **künftige Nutzung des Unternehmens** innerhalb des planungsrechtlich zulässigen Rahmens **auf nur eine Branche begrenzt** und ist zudem der Wert der Liegenschaft unter Berücksichtigung der Betriebsfortführung zu ermitteln, kommen nur wenige potenzielle Erwerber in Betracht. Es handelt sich bei einer derartigen Wertermittlung im Kern um eine Unternehmensbewertung und nicht um eine Verkehrswertermittlung (vgl. oben Rn. 37).

120   Der **Marktwert (Verkehrswert)** eines Grundstücks, welches in ein Unternehmen eingebunden ist, **wird üblicherweise bei freier Disponierbarkeit des Objekts am Grundstücksmarkt ermittelt.** Dabei wird in der Praxis zunächst als üblicher Kaufpreis der *best use value* (vgl. Rn. 37)[99] ermittelt, also ein Wert, der sich nach ertragswirtschaftlichen Grundsätzen rechnerisch bei optimaler Nutzung des Objekts ergeben würde. Freilegungs- und Umnutzungskosten werden dabei berücksichtigt, wenn es wirtschaftlich geboten erscheint, die bisherige Nutzung einzustellen. Damit ergibt sich – unabhängig vom wirtschaftlichen Schicksal des Unternehmens im Liquidationsfall – ein realisierbarer Veräußerungspreis. Beim Verkauf des Unternehmens unter Vorgabe der Unternehmensfortführung der bestehenden (zumeist minderwertigen) Nutzung ergibt sich ein entsprechend abgesenkter Wert *(existing use value)*. Es ist leicht erkennbar, dass beide Wertermittlungsergebnisse z. T. erheblich voneinander abweichen können.

121   Liegt eine rechtlich gesicherte Einschränkung (z. B. Erhaltung von Arbeitsplätzen) der ansonsten möglichen höherwertigen Nutzung vor, sinkt die Verkäuflichkeit der Immobilie. Soll der **Wert unter Berücksichtigung der Unternehmensfortführung** ermittelt werden, liegt keine Verkehrswertermittlung nach § 194 BauGB vor, da es hier an einer freien Verwertbarkeit des Grundstücks am Markt fehlt (z. B. überaltertes Fabrikgrundstück, dessen Betrieb weitergeführt werden soll). In diesem Fall muss die Wertermittlung von einem branchenkundigen Sachverständigen nach den Grundsätzen der Unternehmensbewertung erfolgen (Abb. 11):

Abb. 11:   Verkehrswert (Marktwert) und Unternehmenswert

Verkehrswert und Unternehmenswert	
Ertragswertverfahren nach ImmoWertV	Unternehmensbewertung
Wert wird bei freier Disponierbarkeit des Objekts am Grundstücksmarkt von der Verzinsung des investierten Kapitals bestimmt.	Wert wird bei Fortführung der bestehenden Nutzung von den voraussichtlichen Gewinnen bestimmt.
Kapitalisierung des Grundstücksreinertrags unter Berücksichtigung des Liegenschaftszinssatzes und der voraussichtlichen Restnutzungsdauer des Objekts (Zeitrentenvervielfältiger)	Kapitalisierung der Einnahmenüberschüsse unter Berücksichtigung des aktuellen Kapitalmarktzinssatzes zuzüglich eines Risikozuschlags (Kapitalisierungsfaktor für 100 Jahre Laufzeit)
Normiertes Verfahren nach den §§ 17 bis 20 ImmoWertV	Keine Normung des Verfahrens

---

[99] Vgl. Kleiber, Verkehrswertermittlung von Grundstücken, 6. Aufl. 2010, § 194 BauGB Rn. 75.

Gerade bei der **Wertermittlung von Industrieobjekten** sind vor Anwendung eines Wertermittlungsverfahrens eine Reihe von Vorüberlegungen anzustellen, von deren Ergebnis letztlich die richtige Wahl des Verfahrens abhängt. 122

Bei den meisten Gewerbeobjekten und einem Großteil der **Industriegrundstücke** wird der **Ertragswert heute eine geeignete Grundlage für die Verkehrswertermittlung** bieten. Dies zeigt sich insbesondere in den neuen Bundesländern, wo die auf der Grundlage des Sachwertverfahrens ermittelten Verkehrswerte oft völlig am Marktgeschehen vorbeigehen. Diese Erkenntnis steht nicht im Einklang mit der zum Teil durch Änderung der wirtschaftlichen Verhältnisse überalterten BGH-Rechtsprechung über Anwendung der verschiedenen Wertermittlungsverfahren bei unterschiedlichen Nutzungsarten[100]. 123

Ein besonderes Kapitel bildet auch die **Bewertung von Praxen**, z. B. Arztpraxen[101]. 124

3.3 Eigentumswohnung

▶ *Näheres hierzu in Kleiber, Verkehrswertermittlung von Grundstücken, 6. Aufl. 2010, Teil VI Rn. 39 ff.*

Eigentumswohnungen gelten als langfristige zweckgebundene Kapitalanlage. Sie werden entweder zur **Eigennutzung oder** zur **Vermietung** erworben. Dabei sind in beiden Fällen wegen des zu erwartenden hohen Wiederverkaufswerts Objekte in guter Lage mit guter Sozialstruktur besonders gefragt. Problematisch können dagegen die in großen Wohnanlagen – früher im Bauherrenmodell – zum Zwecke der Vermietung von Kapitalanlegern als Ertragsobjekte errichteten Eigentumswohnungen sein. 125

---

100 BGH, Urt. vom 13.07.1970 – VII ZR 189/68 –, EzGuG 20.49; BGH, Urt. vom 16.06.1977 – VII ZR 2/76 –, EzGuG 20.67a.
101 *Boos,* Bewertung von Arztpraxen im Rahmen des Zugewinnausgleichs, MedR 2005, 203; *Behringer, S.,* Unternehmensbewertung der Mittel- und Kleinbetriebe, Erich Schmidt Verlag 1999; *Bicanski, V. (Hrsg.):* Das Wirtschaftshandbuch des Arztes, Münster, Verlag IWP 1991; Deutsche Apotheker- und Ärztebank, Redaktion Hoffmann, R. *Caeser, G./Hessbrügge, R./Michels, W./Isringhaus, A. Schwarte,* Allein oder gemeinsam? 8. überarbeitete Aufl. 2000; *Englert, J.,* Die Bewertung von Wirtschaftsprüfer- und Steuerberaterpraxen, IDW – Verlag Düsseldorf 1996; *Gatzen, M.* Bewertung von Arztpraxen, Bergisch Gladbach; Köln, Verlag Josef Eul 1992; zugleich Köln, Univ. Diss. 1991; *Helbling, C.* Unternehmensbewertung und Steuern, 7.Aufl. 1993, IDW – Verlag Düsseldorf; IDW (Hrsg.), Steuerliche Probleme bei Praxisübertragungen von Angehörigen der wirschaftsprüfenden und steuerberatenden Berufe, IDW – Verlag Düsseldorf 1995; *Lamers, W.M./Isringhaus, W.:* Kostenmanagement Kompakt für Ärzte, MD-Verlags-GmbH, München; *Lang, H.U.,* Was ist meine Praxis wert?. Mainz; *Merk, W.,* Wettbewerbsorientiertes Management von Arztpraxen, Gabler, 1999; zugl. München, Univ. Diss.1998; *Merk, W.,* Bewertung von Arzt- und Zahnarztpraxen, DATEV e.G. Nürnberg; *Piltz, D.,* Die Unternehmensbewertung in der Rechtsprechung, IDW – Verlag Düsseldorf 1994; *Schlauß, H.-J. (Hrsg.),* Betriebswirtschaftliche Praxisführung, Schriftenreihe des Hartmannbundes, 1997; *Sieben, G./Schildbach, T.,* Betriebswirtschaftliche Entscheidungstheorie, 3. Aufl., Düsseldorf, Werner-Verlag 1990; *Wöhe, G.,* Einführung in die allgemeine Betriebswirtschaftslehre, 20. Aufl., München, Verlag Franz Vahlen 2000; *Wollny, P.,* Unternehmens- und Praxisübertragungen, 5. Aufl., Herne/Berlin, Verlag Neue Wirtschafts-Briefe 2001; Wirtschaftsprüfer – Handbuch, 12. Aufl. Bd. II, 2002, Düsseldorf, IDW – Verlag; **Artikel und Aufsätze;** Deutsche Apotheker- und Ärztebank: Informationsreihe zu unternehmerischen Fragestellungen des Arzt- und Zahnarztberufes; *Erdlenbruch, K.:* Die Bewertung von Arztpraxen in gerichtlichen Verfahren, Arztrecht 10/1986; **IDZ**: Investitionen bei der Zahnärztlichen Existenzgründung 2002, Nr. 2/03, ISSN 0931 – 9816 (erscheint jährlich neu, etwa im Juni); *König/Zeidler:* Die Behandlung von Steuern bei der Unternehmensbewertung, StR 28/96, S. 1098 ff.; *Kupsch, P.,* Gutachten zur Bewertung von Zahnarztpraxen, erstellt für die Zahnärztekammer Bayern, 1995; *Sieben/Kirchner,* Renaissance des Substanzwertes? DBW 1988, 54 ff; **Zum Problem der latenten persönlichen Steuerlast auf den fiktiven Veräußerungsgewinn**: FamRZ 89, 1181,1184; Statistische Daten; **KZBV – Jahrbuch 2003** – Statistische Basisdaten zur Vertragszahnärztlichen Versorgung, Kassenzahnärztliche Bundesvereinigung Köln, Dezember 2003; **Zahlenbericht 2002/2003 des Verbandes der Privaten Krankenversicherung e.V.,** Köln, ISSN 0503 – 8839; **Deutsche Bundesbank**: Monatsberichte, ISSN 0012 – 0006 (auch im Internet abrufbar); **Statistisches Bundesamt**: Unternehmen und Arbeitsstätten, Fachserie 2, Reihe 1.6.1. – Kostenstruktur bei Arzt-, Zahnarzt- und Tierarztpraxen 1995, Wiesbaden, Juli 1998, Verlag Metzler – Poeschel, Stuttgart (die Statistiken werden derzeit umgestellt und können beim Statistischen Bundesamt direkt abgerufen werden); Daten des Gesundheitswesens, Ausg. 2003, Schriftenreihe des Bundesministeriums für Gesundheit, Nomos Verlagsgesellschaft Baden-Baden; Richtlinien: **Deutsches Ärzteblatt – Ärztliche Mitteilungen**: Richtlinie zur Bewertung von Arztpraxen, 84. Jahrgang, Heft 14 S. 926-9, Düsseldorf, IDW-Verlag 1990; **DW: Stellungnahme des Hauptfachausschusses 2/1995**: Zur Unternehmensbewertung im Familien- und Erbrecht, IDW–Verlag 1995; **IDW: Entwurf IDW – Standard IDW S 1**: Grundsätze zur Durchführung von Unternehmensbewertungen, Wpg Heft 9/2000; **Kassenzahnärztliche Vereinigung Nordrhein**: Praxisweitergabe in zulassungsbeschränkten Planungsbereichen, Rheinisches Zahnärzteblatt 1998, 30 ff.; **Zahnärztekammer Nordrhein**: Neue Bedarfsplanungsrichtlilien, Rheinisches Zahnärzteblatt 19 ff.

126 Der Markt für Eigentumswohnungen lässt sich aufgliedern in solche,

    a) die üblicherweise „bezugsfrei" gehandelt werden und somit dem Erwerber sofort zum Zwecke der Eigennutzung zur Verfügung stehen, und solche,

    b) die vermietet sind und im vermieteten Zustand veräußert werden.

127 Dies hat eine **Spaltung des Marktes** zur Folge[102].

128 Darüber hinaus ist mitunter auch der **Bodenmarkt** insoweit diffus, als für einzelne Grundstücke, auf denen Eigentumswohnungen errichtet werden, höhere Preise zu beobachten sind als für Grundstücke des Mietwohnungsbaus.

129 Die **Wertermittlung von Eigentumswohnungen kann grundsätzlich nach dem Vergleichs-, Sach- oder Ertragswertverfahren erfolgen.** Allerdings müssen die vorstehenden Besonderheiten beachtet werden.

3.4 Gemeinbedarfsfläche

Schrifttum: *Dresen,* Nachr. der rh.-pf. Kat.- und VermVw. 1988, 180; *Kuscha,* Nachr. der nds. Kat.- und VermVw 1974, 124 ff. und 133; *Müller* in NJW 1965, 1518; *Uebelhoer,* Nachr. der nds. Kat.- und VermVw. 1974, 131; *Pagendarm* in WM 1972, 12; *Reisnecker* im Kohlhammer Kommentar BauGB § 95 Rn. 91 ff.

130 ▶ *Näheres hierzu Kleiber, Verkehrswertermittlung von Grundstücken, 6. Aufl. 2010, Teil VI Rn. 94 und 100 ff., 596f.; Teil VII Rn. 111 ff.; Syst. Darst. des Ertragswertverfahrens Rn. 173*

131 **Gemeinbedarfsflächen (im engeren Sinne)** sind Flächen, die jedweder privatwirtschaftlichen Nutzung und privatwirtschaftlichem Gewinnstreben entzogen und einer öffentlichen Nutzung vorbehalten sind bzw. einer öffentlichen Nutzung zugeführt werden sollen. Gemeinbedarfsflächen im erweiterten Sinne sind im Zuge der Privatisierung öffentlicher Aufgaben nicht mehr nur einem einzigen Erwerber zugänglich und auch nicht mehr jedwedem Gewinnstreben entzogen.

132 Die am Wertermittlungsstichtag auf einer als Gemeinbedarfsfläche tatsächlich ausgeübte Nutzung kann sich dabei von der rechtlichen Zweckbindung unterscheiden. Beispielsweise kann eine privatwirtschaftlich (z. B. landwirtschaftlich) genutzte Fläche in einem Bebauungsplan als öffentliches Straßenland festgesetzt sein oder eine noch im Bebauungsplan als Straßenland festgesetzte und so auch genutzte Fläche steht zur Umnutzung (Rückbau) an. Solche Umnutzungsprozesse sind häufig auch Anlass einer Verkehrswertermittlung.

133 Vor diesem Hintergrund wird **bei der Bewertung von Gemeinbedarfsflächen grundsätzlich zwischen drei Fallgestaltungen unterschieden** (vgl. Nr. 5.1 WERTR 06):

    a) *künftigen Gemeinbedarf*: Gemeinbedarfsflächen, die sich in dieser Eigenschaft (noch) nicht im Eigentum der öffentlichen Hand befinden und ggf. im Wege einer Enteignung erworben werden können;

    b) *bleibenden Gemeinbedarf*: Gemeinbedarfsflächen im Eigentum der öffentlichen Hand, die auf absehbare Zeit einer öffentlichen Zweckbindung vorbehalten bleiben;

    c) *abgehenden Gemeinbedarf*: Gemeinbedarfsflächen im Eigentum der öffentlichen Hand, deren öffentliche Zweckbindung aufgegeben wird.

134 Dieser Unterscheidung kommt auch für die Wahl des sachgerechten Wertermittlungsverfahrens eine entscheidende Bedeutung zu.

---

102 Vgl. Kleiber, Verkehrswertermittlung von Grundstücken, 6. Aufl. 2010, Teil VI Rn. 51.

Zur **Ermittlung des Bodenwerts von Gemeinbedarfsflächen** wird auf die weiterführenden 135
Ausführungen im Schrifttum verwiesen[103]. Da Gemeinbedarfsflächen extra commercium stehen, handelt es sich bei den dort beschriebenen Verfahren um besondere Verfahren, denen eine gedankliche Hilfskonstruktion zugrunde liegt. Soweit es um einen aufstehenden Gebäudewertanteil bzw. um bebaute Gemeinbedarfsflächen geht, sind die nachfolgenden Grundsätze mit heranzuziehen.

3.5 Teilfläche (Vorgärten)

3.5.1 Allgemeines

Schrifttum: *Fuhlendorf, H.*, Die Bewertung von Straßenverbreiterungsflächen bei der Feststellung der Enteignungsentschädigung, NJW 1966, 581; *Sasse, R.*, Bewertung von abzutretenden Vorlandflächen im Enteignungsverfahren bei Ertragsgrundstücken, HbgGE 1974, 326 sowie HbgGE 1973, 298.

▶ *Zum Mosaikverfahren vgl. Syst. Darst. des Vergleichswertverfahrens Rn. 256 ff.; zur Ermittlung des Entschädigungswerts von Teilflächen vgl. Kleiber, Verkehrswertermittlung von Grundstücken, 6. Aufl. 2010, Teil VI Rn. 666 ff.; im Übrigen § 6 ImmoWertV Rn. 285 ff.*

Zur Ermittlung des Verkehrswerts von Grundstücksteilflächen bedient man sich grundsätzlich 136
der bereits vorgestellten Wertermittlungsverfahren. Da es sich hierbei häufig um nicht vermarktungsfähige Grundstücksflächen handelt, die allenfalls einen **eingeschränkten Käuferkreis** (vielfach sogar nur einen einzigen Käufer) haben (extra commercium), stellt sich hier die Frage, ob für solche Flächen überhaupt ein gewöhnlicher Geschäftsverkehr besteht bzw. was als gewöhnlicher Geschäftsverkehr dafür (ersatzweise) gelten kann.

Die Praxis ist hier unterschiedliche Wege gegangen. Insbesondere im Zuge von **Straßenver-** 137
breiterungsmaßnahmen ist vielerorts ein besonderer Grundstücksmarkt dadurch entstanden, dass z. B. für Vorgartengelände stets und ständig ein bestimmter Vomhundertsatz des jeweiligen Baugrundstücks das Marktgeschehen bestimmt. Diese Praxis läuft im Ergebnis auf die Anwendung des Vergleichswertverfahrens hinaus.

Darüber hinaus sind insbesondere 138

– das Differenzwertverfahren und

– die Proportionalmethode

hervorzuheben.

3.5.2 Differenzwertverfahren

Schrifttum: *Büchs*, Handbuch des Eigentums- und Entschädigungsrechts, 3. Aufl. 1966 S. 1110 ff.; *Vahle*, MDR 1981, 625 ff.; *Kreft*, WM 1982 Sonderbeil. Nr. 7 S. 19; *Gelzer/Busse/Fischer*, Entschädigungsanspruch, Rn. 280; *Aust/Jacobs/Pasternak*, Enteignungsentschädigung, 6. Aufl. 2007; Rn. 933.

▶ *Nähere Ausführungen in den Syst. Darst. des Vergleichswertverfahrens Rn. 306 sowie Kleiber, Verkehrswertermittlung von Grundstücken, 6. Aufl. 2010, Teil VI Rn. 669, Teil VII Rn. 167, 183 ff., Teil VIII Rn. 413*

Bei Anwendung des Differenzwertverfahrens bemisst sich der Verkehrswert einer Teilfläche 139
nach der **Differenz** des

– Verkehrswerts **vor** der Teilflächenabtretung **und** dem

– Verkehrswert **nach der Teilflächenabtretung.**

Das Differenzwertverfahren kommt insbesondere bei der Verkehrswertermittlung von **Vor-** 140
gartenflächen zur Anwendung, die im Zuge von Straßenverbreiterungsmaßnahmen abgetre-

---

103 Vgl. Kleiber, Verkehrswertermittlung von Grundstücken, 6. Aufl. 2010, Teil VI Rn. 94 und 100 ff., 595 ff., 666 ff.; Teil VII Rn. 111 ff.

§ 8 ImmoWertV   Ermittlung des Verkehrswerts

ten werden. Der Vorteil des Verfahrens besteht insbesondere darin, dass mit dem Wertunterschied zugleich Vermögensvor- und -nachteile des Restgrundstücks berücksichtigt werden.

141 Die Anwendung des Differenzwertverfahrens auf **bebaute Grundstücke** ist i. d. R. nur auf der Grundlage der Differenz von Verkehrswerten möglich, die im Wege des Vergleichs- oder Sachwertverfahrens ermittelt wurden. Das Differenzwertverfahren auf der Grundlage zweier Ertragswerte ist dagegen ungeeignet zur Ermittlung des Werts von Teilflächen.

142 Das Differenzwertverfahren ist im Übrigen auch ein anerkanntes Verfahren zur Ermittlung der Entschädigungen für **Durchschneidungsschäden.**

3.5.3 Pauschalierte Bruchteilsbewertung

143 Zur Ermittlung des Werts von Vorgartenflächen, die z. B. zum Zwecke einer **Straßenverbreiterung** in Anspruch genommen werden sollen, bedient sich die Praxis der Bewertung nach einem Vomhundertsatz des Verkehrswerts der davon betroffenen Baulandflächen[104].

3.5.4 Proportionalverfahren

144 Unter dem Proportionalverfahren im weitesten Sinne versteht man die **Wertermittlung eines Grundstücksteils** (z. B. bei Teilabtretungen), eines Rechts an einem Grundstück, einer Wertminderung eines Grundstücks und dgl. **auf der Grundlage eines (proportionalen) Verhältnisses dieses „Teils" zum Gesamtwert.** Dieses Verfahren ist nur in sehr seltenen Fällen geeignet, und zwar nur dann, wenn tatsächlich ein proportionales Wertverhältnis besteht[105].

145 Die Proportionalmethode findet im Übrigen auch Anwendung, wenn der **Abbau von Bodenschätzen durch einen Verkehrsweg abgeblockt** wird.

3.6 Warteständiges Bauland

▶ *Zur Verkehrswertermittlung vgl. Syst. Darst. des Vergleichswertverfahrens Rn. 425 ff.*

146 Der Verkehrswert warteständigen Baulands, worunter sowohl das sog. werdende Bauland (Bauerwartungsland und Rohbauland) als auch brach gefallenes baureifes Land verstanden wird, das ggf. einer rechtlichen und tatsächlichen Neuordnung bedarf (z. B. Gewerbebrache), wird **grundsätzlich** mithilfe des **Vergleichswertverfahrens** ermittelt.

147 In der Praxis stehen dafür jedoch häufig keine geeigneten oder eine ungenügende Anzahl geeigneter Vergleichspreise zur Verfügung. Hilfsweise weicht die Praxis in solchen Fällen auf

a) die sog. Zielbaummethode bzw.

b) das deduktive Verfahren (Extraktionsverfahren/Residualwertverfahren) aus.

3.7 Grundstücke im Zustand der Bebauung

3.7.1 Allgemeines

148 Als „Grundstücke im Zustand der Bebauung" lassen sich in Anlehnung an § 145 Abs. 1 Satz 4 BewG i. V. m. ErbStR 2011 (R B 196.1) Grundstücke definieren, bei denen mit den Abgrabearbeiten oder mit der Einbringung von Baustoffen zur planmäßigen Errichtung eines Gebäudes oder Gebäudeteils begonnen worden ist. Der vorherige Abbruch eines Gebäudes oder Gebäudeteils ist noch nicht als Beginn der Baumaßnahme anzusehen. Des Weiteren fallen darunter Gebäude, wenn durch An-, Aus- oder Umbauten an einem bereits vorhandenen Gebäude neuer Wohn- oder Gewerberaum geschaffen wird. Der Zustand endet mit der Bezugsfertigkeit des

---
[104] Vgl. Kleiber, Verkehrswertermittlung von Grundstücken, 6. Aufl. 2010, Teil VI Rn. 638, 674 ff.
[105] Zur Methode: BGH, Nichtannahmebeschl. vom 27.09.1990 – III ZR 57/89 –, EzGuG 4.134; OLG Hamm, Urt. vom 12.07.1963 – 9 U 138/57 –, EzGuG 14.15c.

Ermittlung des Verkehrswerts § 8 ImmoWertV

ganzen Gebäudes, sofern es nicht in Bauabschnitten errichtet wird (ErbStR R B 178 Abs. 3). Modernisierungsmaßnahmen erfüllen diese Voraussetzung regelmäßig nicht.

3.7.2 Verkehrswertermittlung (ImmoWertV)

Die ImmoWertV enthält keine Regelungen zur Verkehrswertermittlung von Grundstücken im Zustand der Bebauung. Es sind die allgemeinen Grundsätze anzuwenden. 149

3.7.3 Beleihungswertermittlung (BelWertV)

In § 4 Abs. 4 BelWertV ist der Beleihungswert eines „Grundstücks im Zustand der Bebauung" wie folgt geregelt[106]: 150

(4) Bei im Bau befindlichen Objekten ist der Beleihungswert der Zustandswert. Dieser ist die Summe aus dem Bodenwert (§ 15) und dem anteiligen Wert der baulichen Anlage. Der anteilige Wert der baulichen Anlagen errechnet sich aus dem Wert der baulichen Anlagen des fertiggestellten Objekts (§ 16) und dem erreichten Bautenstand. Der in Ansatz gebrachte Bautenstand ist von einer von der Pfandbriefbank ausgewählten fachkundigen, von Bauplanung und -ausführung unabhängigen Person festzustellen; § 7 Abs. 1 Satz 1 gilt entsprechend. In den Fällen, in denen der Ertragswert des planmäßig fertiggestellten Objekts unter dessen Sachwert liegt, darf der Zustandswert den anteiligen Ertragswert, der prozentual dem jeweiligen Bautenstand entspricht, nicht überschreiten.

3.7.4 Steuerliche Bewertung

Schrifttum: *Halaczinsky/Teß,* Grundbesitzbewertung für Erbfall und Schenkung, 2. Aufl. S.72; *Horschitz/Groß/Schnur,* Bewertungsrecht, Grundsteuer, Erbschaft- und Schenkungssteuer, 15. Aufl. Schäffer/Pöschel 2001, S. S. 489; *Viskorf/Glier/Hübner/Knobel/Schuck,* Erbschaftsteuer- und Schenkungssteuer, Bewertungsgesetz, NWQ-Briefe, Herne Berlin 2001, S.1555.

Grundstücke im Zustand der Bebauung können sowohl unbebaute als auch bebaute Grundstücke sein. Ein bebautes Grundstück liegt nur dann vor, wenn im Besteuerungszeitpunkt ein weiteres Gebäude (insgesamt) bezugsfertig war. 151

„**§ 149 BewG** Grundstücke im Zustand der Bebauung 152

(1) Sind die Gebäude auf einem Grundstück noch nicht bezugsfertig, ist der Wert entsprechend § 146 unter Zugrundelegung der üblichen Miete zu ermitteln, die nach Bezugsfertigkeit des Gebäudes zu erzielen wäre. Von diesem Wert sind 80 vom Hundert als Gebäudewert anzusetzen. Dem Grundstückswert ohne Berücksichtigung der nicht bezugsfertigen Gebäude oder Gebäudeteile, ermittelt bei unbebauten Grundstücken nach § 145 Abs. 3 und bei bereits bebauten Grundstücken nach § 146, sind die nicht bezugsfertigen Gebäude oder Gebäudeteile mit dem Betrag als Gebäudewert hinzuzurechnen, der dem Verhältnis der bis zum Besteuerungszeitpunkt entstandenen Herstellungskosten zu den gesamten Herstellungskosten entspricht. Dieser Wert darf den Wert des Grundstücks, der nach Bezugsfertigkeit des Gebäudes anzusetzen wäre, nicht übersteigen.

(2) Ist die übliche Miete nicht zu ermitteln, ist der Wert entsprechend § 147 zu ermitteln."

Nach gleich lautenden Erlassen der obersten Finanzbehörden der Länder[107] ist folgendermaßen vorzugehen: 153

„Bei Grundstücken mit Gebäuden im Zustand der Bebauung, die nach § 147 BewG zu bewerten sind, sind dem Wert vor Beginn der Baumaßnahme, ermittelt auf den Besteuerungszeitpunkt, die bis zum Besteuerungszeitpunkt für die im Bau befindlichen Gebäude oder Gebäudeteile nach ertragsteuerlichen Bewertungsvorschriften anzusetzenden **Herstellungskosten** hinzuzurechnen. Dabei bleiben Abbruchkosten außer Betracht, weil sie sich bereits im Wert des Grund und Bodens vor Beginn der Baumaßnahme ausgewirkt haben (> R 189 Abs. 1)."

---

106 Vgl. Schröter in Kleiber, Verkehrswertermittlung von Grundstücken, 6. Aufl. 2010, Teil X Rn. 184.
107 Gleich lautende Erlasse der obersten Finanzbehörden der Länder zur Umsetzung des Jahressteuergesetzes 2007 vom 02.04.2007 (BStBl I 2007, 314) sowie vom 05.05.2009 (GuG 2009, 225 ff.).

4 Verkehrswertableitung aus den Ergebnissen der Wertermittlungsverfahren (§ 8 Abs. 1 Satz 3 ImmoWertV)

4.1 Übersicht

▶ *Vgl. oben Rn. 35*

154 Nach § 8 Abs. 1 Satz 3 ImmoWertV ist **der Verkehrswert (Marktwert)**

a) **aus dem Ergebnis ... des oder der herangezogenen Verfahren**

b) unter Würdigung seiner oder ihrer Aussagefähigkeit

„**zu ermitteln**" (*final reconciliation*). „Ergebnis" des herangezogenen Verfahrens ist der Vergleichs-, Ertrags- oder Sachwert des Grundstücks, der nach den Vorschriften des Abschnitts 3 unter ergänzender Berücksichtigung der allgemeinen Wertverhältnisse auf dem Grundstücksmarkt sowie der besonderen objektspezifischen Grundstücksmerkmale nach Maßgabe des § 8 Abs. 2 und 3 ImmoWertV ermittelt wurde. Es geht bei Anwendung dieser Vorschrift im Wesentlichen nur um die Würdigung des nach dem 2. Abschnitt ermittelten Verkehrswerts und nicht um die Ermittlung selbst.

Im Rahmen der mit § 8 Abs. 1 Satz 3 ImmoWertV angesprochenen „Würdigung" des Ergebnisses ist insbesondere eine Plausibilisierung der Verkehrswertermittlung angezeigt. So werden Verkehrswertermittlungen bebauter Grundstücke auf der Grundlage des Vergleichs-, Ertrags- oder Sachwertverfahrens vor allem unter Heranziehung geeigneter Vergleichsfaktoren bebauter Grundstücke (§ 13) plausibilisiert, soweit diese nicht nach § 15 Abs. 2 Satz 1 anstelle von Vergleichspreisen zur Anwendung gekommen sind. Darüber hinaus kann es bei unzureichenden Vergleichsdaten und unklaren Marktverhältnissen (sog. „Zeiten schwankender Preisverhältnisse") geboten sein, auf die daraus resultierende Unsicherheitsmarge der Verkehrswertermittlung hinzuweisen.

4.2 Aussagefähigkeit der herangezogenen Verfahren

155 Der vorgeschriebenen Würdigung der „Aussagefähigkeit" der herangezogenen Verfahren liegen i. d. R. die Kriterien zugrunde, die auch im Rahmen der „Wahl des Wertermittlungsverfahrens" nach § 8 Abs. 2 Satz 2 ImmoWertV zur Begründung der **Eignung des jeweiligen Verfahrens** maßgeblich sind. Dabei sind auch die „sonstigen Umstände des Einzelfalls", d. h. insbesondere die zur Verfügung stehenden Vergleichsdaten, zu berücksichtigen. Das Ergebnis der Wertermittlung ist deshalb insbesondere im Hinblick auf die Zuverlässigkeit der herangezogenen Vergleichsdaten zu würdigen.

4.3 Berücksichtigung mehrerer Verfahrensergebnisse

156 In den überwiegenden Fällen ist nach der Art des Wertermittlungsobjekts und den für die Wahl des Wertermittlungsverfahrens maßgeblichen Grundsätzen die Anwendung eines bestimmten Wertermittlungsverfahrens a priori angezeigt. Kommt es zur Anwendung dieses Verfahrens, ist der Verkehrswert aus dem Ergebnis allein unter Würdigung der Aussagefähigkeit des herangezogenen Verfahrens zu ermitteln. Gleichwohl werden vielfach die Ergebnisse anderer Verfahren „nachrichtlich" ermittelt und bleiben unberücksichtigt. Beispielsweise wird bei „reinrassigen" Ertragswertobjekten vielfach auch der Sachwert ermittelt, um diesen im Anschluss zu „verwerfen". Dies erscheint unlogisch, kann aber gleichwohl sinnvoll sein, denn aus den unterschiedlichen Verfahrensergebnissen und aus einzelnen Elementen des unterstützend herangezogenen Wertermittlungsverfahrens können sich mitunter Erkenntnisse für das allein anzuwendende Verfahren ergeben. Daher ist es seit jeher Praxis, die nach den verschiedenen Wertermittlungsmethoden gewonnenen Ergebnisse miteinander zu vergleichen und

Ermittlung des Verkehrswerts § 8 ImmoWertV

daraus Anhaltspunkte für die endgültige Abschätzung der Grundstückswerte zu gewinnen[108]. Der Hinzuziehung von Ergebnissen anderer Wertermittlungsverfahren kommt daher auch eine **Kontroll- sowie Ergänzungs- bzw. Unterstützungsfunktion** zu.

Bei bestimmten Grundstücksarten können weder der Ertrags- noch der Sachwert als allein maßgeblicher Ausgangswert für den Verkehrswert angesehen werden[109], und schon von daher kommen Ertrags- und Sachwertverfahren zur Anwendung. Bei Anwendung mehrerer Verfahren sind mehr oder minder unterschiedliche Ergebnisse unvermeidbar[110]. Ergibt sich im konkreten Einzelfall, dass ein zu bewertendes **Objekt** seiner Natur nach **zum Teil als Sachwertobjekt und zum anderen Teil als Ertragswertobjekt** anzusehen ist, können Sach- und Ertragswerte entsprechend ihrer Gewichte oder auch in Addition eines angemessenen Vomhundertsatzes aggregiert werden, z. B. 70 v. H. des Ertragswerts zuzüglich 30 v. H. des Sachwerts[111].

157

Bei Anwendung mehrerer Wertermittlungsverfahren mit unterschiedlichen Ergebnissen ist im Rahmen der „Würdigung" der Aussagefähigkeit der Ergebnisse darzulegen,

– auf welches Wertermittlungsverfahren sich die Verkehrswertermittlung stützen soll bzw.
– wie die Ergebnisse unter „Würdigung ihrer Aussagefähigkeit" zu einem Gesamtergebnis zu kombinieren sind.

Dementsprechend sind in der Vergangenheit bei Anwendung mehrerer Verfahren mit mehr oder minder unterschiedlichen Ergebnissen die nach den verschiedenen Wertermittlungsmethoden gewonnenen Ergebnisse miteinander verglichen worden, um daraus Anhaltspunkte für die endgültige Abschätzung der Grundstückswerte zu gewinnen. Der Hinzuziehung von Ergebnissen anderer Wertermittlungsverfahren kam von daher eine **Kontroll-, Ergänzungs- und Unterstützungsfunktion** zu, insbesondere auch, um die Lage auf dem Grundstücksmarkt zu erfassen.

Nach der Systematik der ImmoWertV müssen sich – anders noch als nach der WertV 88/98 – auch bei **Ermittlung des Verkehrswerts unter Anwendung mehrerer Wertermittlungsverfahren nach Maßgabe der Verordnung grundsätzlich dieselben Ergebnisse** ergeben, wenn alle Wertermittlungsparameter in marktkonformer Weise zum Ansatz kommen. Es gibt nämlich nur einen Verkehrswert und deshalb müssen alle in der ImmoWertV geregelten Wertermittlungsverfahren mit der in § 8 Abs. 2 ImmoWertV vorgeschriebenen Berücksichtigung der „allgemeinen Wertverhältnisse auf dem Grundstücksmarkt", wenn sie in marktkonformer Weise auch berücksichtigt werden, zu ein- und demselben Verkehrswert führen; von daher können sich allenfalls nur noch aus Rechenungenauigkeiten resultierende Unterschiede ergeben.

Um die Aussagefähigkeit der Ergebnisse würdigen zu können, müssen die zur Anwendung gekommenen Wertermittlungsverfahren insgesamt betrachtet werden. Hat man beispielsweise den Verkehrswert unter Anwendung des Sach- und Ertragswertverfahrens ermittelt, so können sich aus der **Größenordnung des herangezogenen Sachwertfaktors** (§ 14 Abs. 2 ImmoWertV) **Hinweise zur Eignung des Verfahrens und zur Aussagefähigkeit des Ergebnisses** ergeben. Ein Sachwertfaktor, der den vorläufigen Sachwert z. B. um 40 % und mehr korrigiert, spricht grundsätzlich gegen die Eignung des Verfahrens.

---

108 RG, Urt. vom 20.06.1916 – 84/16 –, Recht 1916, 515 und Pr. VBl. Bd. 29 S. 71.
109 BVerfG, Beschl. vom 16.10.1984 – 1 BvL 17/80 –, EzGuG 20.107b.
110 BVerwG, Urt. vom 17.07.1958 – 1 C 209/57 –, EzGuG 4.10.
111 BGH, Beschl. vom 11.03.1993 – III ZR 24/93 –, EzGuG 20.144b.

4.4 Mittelwertmethode (Berliner Verfahren)

158 In der Vergangenheit war die sog. Berliner Methode verbreitet. Nach dieser Methode wird der Verkehrswert des Grundstücks aus dem **arithmetischen Mittel aus Ertrags- und Sachwert** ermittelt. Das Verfahren fand in der Rechtsprechung zunächst Anerkennung[112].

159 Die **Mittelwertmethode** hat ihre Herkunft vor allem **in der Unternehmensbewertung**[113]**,** wo einerseits der längerfristige Substanzwert und andererseits konjunkturell schwankende Ertragsverhältnisse mit möglicherweise unsicheren Auswirkungen auf den Ertragswert zum Ausgleich gebracht werden sollen. Auch ist **bei neu errichteten Gewerbeobjekten davon auszugehen, dass der mit der Errichtung verkörperte Substanzwert bei sorgfältiger unternehmerischer Entscheidung im Einklang mit den künftigen Erträgen** und damit also mit dem Ertragswert **steht.** In der Verkehrswertermittlung wird, wie im Übrigen aber auch bei der Unternehmensbewertung, der Mittelwert spätestens seit dem letzten Weltkrieg abgelehnt.

160 Die **Mittelwertmethode** ist i. d. R. auch sachlich nicht begründbar und mit § 8 Abs. 1 Satz 3 ImmoWertV unvereinbar, denn nach dieser Vorschrift soll es auf die Aussagefähigkeit der verschiedenen Ergebnisse ankommen[114]. Dass das Ertrags- und Sachwertverfahren gleichrangige Wertermittlungsmethoden sind, bedeutet nicht, dass auch die Ergebnisse aus dem Ertrags- und Sachwertverfahren für die Verkehrswertermittlung eines einzelnen Objektes gleichgewichtig sind, um daraus das Mittel bilden zu können. Angesichts der Verschiedenartigkeit der Grundstücke wäre dies die Ausnahme, sodass **nur in dem** seltenen **Ausnahmefall, in dem** die Ergebnisse aus dem **Ertrags- und Sachwertverfahren** nach ihrer Aussagefähigkeit für die Verkehrswertermittlung **gleichrangig** sind, die Mittelwertmethode Anwendung finden kann. Dies hat seinen Niederschlag in der Rechtsprechung des BGH gefunden. Der BGH hat im Hinblick auf die zumeist einem bestimmten Wertermittlungsverfahren vorbehaltene Nutzung einer Immobilie ausgeführt: „In solchen Fällen lässt sich der Verkehrswert nur entweder nach dem Ertragswert oder nach dem Sachwert bestimmen, zumindest muss eine der Größen den Vorrang haben, während die anderen nur zur Wertkorrektur in beschränktem Rahmen herangezogen werden dürfen".[115]

161 Auch in der **steuerlichen Bewertung** wird es nicht als sachgerecht angesehen, den Verkehrswert schematisch durch Mittelung von Ertragswert und Sachwert zu bestimmen[116].

162 Wenn das BVerwG in einer Entscheidung zum **Vermögensrecht**[117] und in diesem Zusammenhang zur Frage der Überschuldung eines Grundstücks die Mittelwertmethode hat gelten lassen, so lag hier ein Sonderfall vor, weil das Gericht in diesem Fall die in der DDR maßgeblichen Bewertungsrichtlinien vom 04.05.1960[118] weiterhin zur Anwendung kommen lassen wollte. Diese Richtlinien sind nicht auf die Ermittlung von Verkehrswerten i. S. des § 194 BauGB ausgelegt.

---

112 BGH, Urt. vom 10.07.1953 – V ZR 22/52 –, EzGuG 20.16; BGH, Urt. vom 13.05.1955 – V ZR 36/54 –, EzGuG 3.5; BGH, Urt. vom 18.09.1961 – VII ZR 118/60 –, EzGuG 3.17; BGH, Urt. vom 19.09.1962 – V ZR 138/61 –, EzGuG 3.19; BGH, Urt. vom 23.11.1962 – V ZR 148/60 –, EzGuG 20.32; BGH, Urt. vom 17.01.1973 – IV ZR 142/70 –, MDR 1973, 391 = NJW 1973, 509 = EzGuG 20.53a; BGH, Urt. vom 30.09.1981 –IVa ZR 127/80 –, NJW 1982, 575 = EzGuG 20.90b; OLG Köln, Beschl. vom 18.10.1958 – 9 W 20/58 –, EzGuG 20.23; OLG Köln, Urt. vom 16.09.1960 – 4 U 152/59 –, EzGuG 20.27; BFH, Urt. vom 28.03.1984 – IV R 224/81 –, EzGuG 20.106; ablehnend jedoch bereits PrOVG, Urt. vom 10.06.1920 – VII C 183/31 –, EzGuG 19.1; PrOVG, Urt. vom 11.03.1897 – VIII a 66 –, EzGuG 19.2c; OLG Düsseldorf, Urt. vom 11.03.1988 – 7 U 4/86 –, EzGuG 20.12.
113 BGH, Urt. vom 01.07.1982 – IX ZR 344/81 –, NJW 1982, 2441 = EzGuG 20.99a; BGH, Urt. vom 30.09.1981 – IVa ZR 127/80 –, EzGuG 20.90a; BGH, Urt. vom 17.01.1973 – IV ZR 142/70 –, EzGuG 20.53a; OLG Düsseldorf, Urt. vom 27.01.1984 – 3 UF 50/83 –, EzGuG 11.142g.
114 BR-Drucks. 265/72, S. 13.
115 BGH, Beschl. vom 11.03.1993 – III ZR 24/92 –, EzGuG 20.144a = GuG 1994, 116; BGH, Urt. vom 13.07.1970 – VII ZR 189/68 –, EzGuG 20.49; BFH, Urt. vom 28.03.1984 – IV R 224/81 –, EzGuG 20.106; OLG Stuttgart, Urt. vom 18.01.1967 – 13/6 U 194/63 –, EzGuG 8.19; OLG Düsseldorf, Urt. vom 14.07.1988 – 6 (9) UF 151/86 –, EzGuG 20.125.
116 BFH, Urt. vom 03.12.2008 – II R 19/08 –, GuG 2009, 248 = EzGuG 20.207.
117 BVerwG, Urt. vom 16.03.1995 – 7 C 39/93 –, GuG 1995, 246 = EzGuG 10.9; BVerwG, Urt. vom 07.06.1999 – 8 B 99/99 –, GuG 2000, 58.
118 GuG 1996, 228.

Ermittlung des Verkehrswerts § 8 ImmoWertV

Bei alledem ist nur bei besonderen Fallgestaltungen, wie z. B. bei Schadensersatzermittlungen wegen Baukostenüberschreitung, vom Mittelwert auszugehen[119]. 163

5 Marktanpassung (§ 8 Abs. 2 Nr. 1 ImmoWertV)

5.1 Allgemeines

§ 8 Abs. 2 ImmoWertV schreibt **für alle zur Anwendung kommenden Wertermittlungsverfahren** vor, dass „*in* den Wertermittlungsverfahren" nach dem 3. Abschnitt (Vergleichs-, Ertrags- und Sachwertverfahren) noch vor der Berücksichtigung der besonderen objektspezifischen Grundstücksmerkmale die „allgemeinen Wertverhältnisse auf dem Grundstücksmarkt" zu berücksichtigen sind (Marktanpassung). 164

Zur Berücksichtigung der allgemeinen Wertverhältnisse auf dem Grundstücksmarkt (Marktanpassung) „sollen" nach § 14 Abs. 1 ImmoWertV 165

– bei *Anwendung des Sachwertverfahrens* die „Sachwertfaktoren" nach § 14 Abs. 2 ImmoWertV und
– bei *Anwendung des Ertragswertverfahrens* „Liegenschaftszinssätze" nach § 14 Abs. 3 ImmoWertV (vgl. auch § 17 Abs. 2 und 3 i. V. m. § 20 ImmoWertV)

herangezogen werden, d. h. die Verordnung verpflichtet den Anwender zur Heranziehung der von den Gutachterausschüssen für Grundstückswerte abgeleiteten und veröffentlichten Liegenschaftszinssätze und Sachwertfaktoren; die Heranziehung anderer Marktanpassungsfaktoren ist mithin grundsätzlich unzulässig.

Sowohl die Marktanpassung als auch die Berücksichtigung der besonderen objektspezifischen Grundstücksmerkmale sind integraler Bestandteil der im 3. Abschnitt geregelten Wertermittlungsverfahren. Dabei wird mit § 8 Abs. 2 ImmoWertV ausdrücklich vorgeschrieben, dass die **Marktanpassung** noch **vor der Berücksichtigung besonderer objektspezifischer Grundstücksmerkmale** vorzunehmen ist. Die vorgegebene Reihenfolge entspricht der in der Vorauflage[120] dargelegten Vorgehensweise und ist darin begründet, dass Marktanpassungsfaktoren i. d. R. aus Vergleichspreisen von Grundstücken abgeleitet werden, die keine besonderen Grundstücksmerkmale aufweisen und ordnungsgemäß bewirtschaftet worden sind („Normalfälle"). Sie beziehen sich mithin auf Objekte ohne Baumängel oder Bauschäden bzw. instandsetzungsrückstaufreie Objekte. Dies gilt für die nach § 14 Abs. 2 Nr. 1 ImmoWertV von den Gutachterausschüssen für Grundstückswerte abgeleiteten Sachwertfaktoren zur Anpassung des Sachwerts an den Verkehrswert gleichermaßen wie für andere Erfahrungssätze. 166

Entsprechend dem Grundsatz der Modellkonformität ist es geboten, die in einem Vomhundertsatz angegebenen Marktanpassungsfaktoren im ersten Schritt auf den Wert anzuwenden, der sich für das Objekt ohne **Berücksichtigung besonderer objektspezifischer Grundstücksmerkmale** ergibt. Diese werden dann erst im zweiten Schritt berücksichtigt. Im nachfolgenden *Beispiel* wird dies am Fall eines Grundstücks erläutert, dessen Bebauung einen nicht unbedeutsamen **Instandsetzungsrückstau** aufweist. 167

Beispiel: 168
Der Sachwert eines instandsetzungsfrei bebauten Grundstücks wurde ermittelt zu 1 000 000 €
Die Kosten der Beseitigung eines Instandsetzungsrückstaus belaufen sich auf den Betrag von 400 000 €
Der Marktanpassungsabschlag belaufe sich aufgrund von Erfahrungssätzen für den instandsetzungsfrei ermittelten Sachwert auf – 30 %; Sachwertfaktor ist mithin 0,7.

---
119 OLG Hamm, Urt. vom 22.04.1993 – 21 U 39/92 –, EzGuG 20.114.
120 Kleiber/Simon, Verkehrswertermittlung von Grundstücken, 5. Aufl. Syst. Darst. des Sachwertverfahrens, Rn. 314.

§ 8 ImmoWertV — Ermittlung des Verkehrswerts

Verkehrswertermittlung:

Falsch:		*Richtig:*	
Sachwert	1 000 000 €	Sachwert	1 000 000 €
– Instandsetzung	– 400 000 €	Marktanpassung	
= Sachwert (vermindert)	600 000 €	30 v.H. von 1 000 000 €	– 300 000 €
Marktanpassung 30 v. H. von 600 000 €	– 180 000 €	– Instandsetzung	– 400 000 €
Verkehrswert	= **420 000 €**	Verkehrswert	= **300 000 €**

Δ 120 000 €

Fehler:
420 000 € – 300 000 € = 120 000 €

169 Das *Beispiel* macht deutlich, dass die Marktwertermittlung grob fehlerhaft wird, wenn die Sachwertfaktoren in falscher Reihenfolge erst auf den um die Instandsetzungskosten verminderten Sachwert zur Anwendung kommen.

170 **Die vorgeschriebene** Marktanpassung sowie die vorgegebene **Reihenfolge** der Berücksichtigung einer Marktanpassung und besonderer objektspezifischer Grundstücksmerkmale **sind auch zu beachten, wenn die besonderen objektspezifischen Grundstücksmerkmale direkt in die Vergleichs-, Ertrags- und Sachwertermittlung Eingang gefunden haben** (vgl. Rn. 3, 178). Auch in diesem Falle müsste im vorstehenden Beispiel die Anwendung des Sachwertfaktors auf einen „direkt" ermittelten Sachwert von 600 000 € zu einem fehlerhaften Ergebnis führen.

Aus alledem folgt, dass der **Wertanteil der besonderen objektspezifischen Grundstücksmerkmale im Falle seiner „direkten" Berücksichtigung „in" dem zur Anwendung kommenden Wertermittlungsverfahren** wieder **„herausgerechnet" werden muss**, um die Marktanpassung in der durch § 8 Abs. 2 ImmoWertV vorgegebenen Reihenfolge berücksichtigen zu können. Eine „internalisierende" Berücksichtigung der besonderen objektspezifischen Grundstücksmerkmale in dem Verfahren selbst (vgl. unten Rn. 181) bietet von daher keine wertermittlungstechnischen Vorteile.

Der vorstehenden Auslegung entspricht auch der Wortlaut des § 8 Abs. 2 ImmoWertV. Die darin vorgegebene Reihenfolge ist unabhängig davon zu beachten, dass die besonderen objektspezifischen Grundstücksmerkmale bereits „in" dem herangezogenen Verfahren berücksichtigt worden sind oder erst nachträglich berücksichtigt werden. Nach dem RegE in seiner 1. Fassung (vgl. Vorbem. zur ImmoWertV Rn. 14) sollte dagegen die Reihenfolge eingeschränkt nur zu beachten sein, „soweit die besonderen objektspezifischen Grundstücksmerkmale bei der Anwendung der jeweils herangezogenen Verfahren ... noch nicht berücksichtigt sind"[121]. Dies ist aus den vorstehend dargelegten Gründen fachlich nicht vertretbar und ist aus gutem Grunde vom Bundesrat nicht mitgetragen worden[122]. Die in die Verordnung aufgenommene Regelung folgt einer entsprechenden Empfehlung des Bundesrates.

5.2 Vergleichswertverfahren

171 Ausgangspunkt des Vergleichswertverfahrens sind im gewöhnlichen Geschäftsverkehr frei ausgehandelte Kaufpreise hinreichend vergleichbarer Grundstücke. Der Vorteil dieses Verfahrens gegenüber dem Sachwert- oder Ertragswertverfahren besteht darin, dass es im **Allgemeinen direkt zum Verkehrswert (Marktwert)** führt.

172 Bei Anwendung des **Vergleichswertverfahrens** findet die jeweilige Marktsituation bereits mit den auf den Wertermittlungsstichtag „umgerechneten" Kaufpreisen der Vergleichsgrundstücke Eingang in die Verkehrswertermittlung und eine Anpassung an die Marktlage kann i. d. R. entfallen. Allerdings muss hierbei gewährleistet sein, dass die Markt- und Wertverhältnisse, unter denen die Vergleichskaufpreise zustande gekommen sind, noch mit den **am Wertermittlungs-**

---
[121] BR-Drucks. 296/09 vom 03.04.2009, S. 7.
[122] BR-Drucks. 296/09 vom 15.05.2009, S. 1.

Ermittlung des Verkehrswerts § 8 ImmoWertV

stichtag herrschenden allgemeinen Wertverhältnissen auf dem Grundstücksmarkt übereinstimmen. Andernfalls muss auch beim Vergleichswertverfahren eine Marktanpassung vorgenommen werden.

5.3 Ertragswertverfahren

Bei Anwendung des Ertragswertverfahrens finden – wie bei Anwendung des Vergleichswertverfahrens – die **allgemeinen Wertverhältnisse auf dem Grundstücksmarkt direkt Eingang in die Wertermittlung**, nämlich 173

– einerseits durch den Ansatz marktüblich erzielbarer Erträge und

– andererseits deren Kapitalisierung mit dem Liegenschaftszinssatz, der wiederum aus Kaufpreisen abgeleitet wird, die die Lage auf dem Grundstücksmarkt repräsentieren.

Eine **Marktanpassung kann bei Anwendung des Ertragswertverfahrens geboten sein, wenn sich die Lage auf dem Grundstücksmarkt gegenüber den Verhältnissen verändert hat,** die den Vergleichspreisen zugrunde lagen, die zur Ableitung des Liegenschaftszinssatzes herangezogen wurden. In diesem Fall erscheint es aber zweckmäßiger, den Liegenschaftszinssatz entsprechend zu modifizieren. 174

5.4 Sachwertverfahren

▶ *Näheres in der Syst. Darst. des Sachwertverfahrens Rn. 235 ff. sowie § 14 ImmoWertV Rn. 1 ff., Anh. zu § 14 ImmoWertV*

Die in § 8 Abs. 2 ImmoWertV angesprochene Marktanpassung sowie die vorgegebene Reihenfolge der Berücksichtigung einer Marktanpassung ist in erster Linie bei Anwendung des Sachwertverfahrens von Bedeutung. Während nämlich bei Anwendung des Vergleichs- und Ertragswertverfahrens die Lage auf dem Grundstücksmarkt mit den herangezogenen Vergleichspreisen bzw. mit dem aus Marktpreisen abgeleiteten Liegenschaftszinssatzes direkt in die Wertermittlung eingeht, wird bei Anwendung des Sachwertverfahrens der sich nach Maßgabe der §§ 21 bis 23 ImmoWertV vornehmlich an Herstellungskosten orientierende (vorläufige) Sachwert erst mit dem Sachwertfaktor an die Lage auf dem Grundstücksmarkt „justiert". 175

So können z. B. bei der Verkehrswertermittlung **aufwendig gebauter Einfamilienhäuser (Villen)** im weiteren Umkreis der Stadtzentren, bei deren Verkauf die im Gebäude und den Außenanlagen verkörperten Herstellungskosten regelmäßig nicht realisiert werden können, erhebliche Marktabschläge erforderlich werden. Allgemein und insbesondere für Ein- und Zweifamilienhäuser, auf die sich die Bedeutung des Sachwertverfahrens im Wesentlichen beschränkt, gilt, dass der „bloße" (vorläufige) Sachwert (nach den §§ 21 bis 23 ImmoWertV) 176

– einerseits um so mehr hinter den Verkehrswert zurückfällt, je aufwendiger das Objekt bebaut ist und

– andererseits wiederum um so mehr hinter den Verkehrswert zurückfällt, je größer das Missverhältnis zwischen der baulichen Qualität und der Lage ist; bei hochwertigen Ein- und Zweifamilienhäusern in schlechter einschließlich einer ungünstigen Entfernungslage öffnet sich die Schere zwischen einem kostenorientierten Sachwert und dem Verkehrswert.

Demgegenüber liegt bei besonders **kleinen Objekten** der Verkehrswert häufig über dem Sachwert.

Sachwertfaktoren (bzw. Marktanpassungszu- oder -abschläge) müssen deshalb gerade bei Anwendung des Sachwertverfahrens **begründet werden.** Sie sind begründet, wenn sie aus Vergleichspreisen empirisch abgeleitet worden sind (vgl. § 14 ImmoWertV). 177

6 Berücksichtigung besonderer objektspezifischer Grundstücksmerkmale (§ 8 Abs. 3 ImmoWertV)

6.1 Allgemeines

6.1.1 Verkehrswertermittlung (ImmoWertV)

178 § 8 Abs. 3 ImmoWertV ist eine Vorschrift von zentraler Bedeutung. Die Regelung führt ohne Anspruch auf Vollständigkeit eine Reihe „besonderer objektspezifischer Grundstücksmerkmale" auf, die im Anschluss an die Ermittlung des (vorläufigen) Vergleichs-, Ertrags- und Sachwerts nach dem 3. Abschnitt der ImmoWertV zu berücksichtigen sind. Wie die „besonderen objektspezifischen Grundstücksmerkmale" nachträglich zu berücksichtigen sind, stellt die Verordnung mit der „Kann-Vorschrift" des § 8 Abs. 3 ImmoWertV in das Ermessen des Anwenders. Sie können durch Zu- oder Abschläge oder in anderer geeigneter Weise berücksichtigt werden.

Die **Berücksichtigung der „besonderen objektspezifischen Grundstücksmerkmale"** (Anomalien) **ist gleichwohl integraler Bestandteil der Vergleichs-, Ertrags- und Sachwertermittlung** nach dem 3. Abschnitt. Dies ergibt sich aus § 8 Abs. 2 ImmoWertV, nach dem diese „in" dem Wertermittlungsverfahren zu berücksichtigen sind.

179 Besondere objektspezifische Grundstücksmerkmale sind Grundstücksmerkmale, die den Marktwert eines Grundstücks (Verkehrswert) beeinflussen und bei der Ermittlung des vorläufigen Vergleichs-, Ertrags- und Sachwerts nach dem dritten Abschnitt der ImmoWertV noch keine Berücksichtigung „in" dem Wertermittlungsverfahren gefunden haben (Rn. 3). Als „besondere objektspezifische Grundstücksmerkmale" führt § 8 Abs. 3 ImmoWertV in Anlehnung an die WertV 88/98 auf:

– eine wirtschaftliche Überalterung (früher § 25 WertV 88),
– einen überdurchschnittlichen Erhaltungszustand (früher § 25 WertV 88),
– Baumängel und Bauschäden (früher § 24 WertV 88) sowie
– von den marktüblich erzielbaren Erträgen erheblich abweichende Erträge (*over- und underrented*) aufgrund wohnungs-, miet- und sonstiger vertragsrechtlicher Bindungen (vgl. § 5 Abs. 2 ImmoWertV; früher § 19 WertV 88).

Die genannten objektspezifische Grundstücksmerkmale waren in der WertV 88 jeweils unter der Überschrift „sonstige wertbeeinflussende Umstände" einerseits nur im Rahmen der Regelungen zum Ertragswertverfahren (§ 19 WertV 88) und andererseits nur im Rahmen des Sachwertverfahrens (§ 25 WertV) ausdrücklich hervorgehoben, obwohl derartige Grundstücksmerkmale sowohl bei Ertrags- als auch Sachwertobjekten und im Übrigen auch bei Vergleichswertobjekten vorliegen können. Baumängel und Bauschäden waren in der WertV 88/98 im Rahmen des Sachwertverfahrens (§ 24 WertV 88) genannt, während in den Regelungen zum Ertragswertverfahren von „Abweichungen vom normalen baulichen Zustand" (§ 19 WertV 88) die Rede war.

180 Die Aufzählung ist unvollständig und lässt den wesentlichen Aspekt der nachträglichen Berücksichtigung objektspezifischer Grundstücksmerkmale außer Betracht. § 8 Abs. 2 und 3 ImmoWertV zielt nämlich darauf ab, dass insbesondere bei der vorgeschriebenen Heranziehung von Marktanpassungsfaktoren (Sachwertfaktoren), Liegenschaftszinssätzen (Ertragswertverfahren) oder Vergleichsfaktoren bebauter Grundstücke (Vergleichswertverfahren) der **Grundsatz der Modellkonformität** (vgl. Vorbem. zur ImmoWertV Rn. 36) zur Anwendung kommt, denn diese werden nämlich in aller Regel aus Kaufpreisen von Grundstücken abgeleitet, die keine ungewöhnlichen Besonderheiten aufweisen und sich auf die durchschnittlichen Eigenschaften der ausgewerteten Kaufpreise der herangezogenen Grundstücke beziehen (Grundstücksmerkmale des „Referenz- bzw. Normgrundstücks"). Demzufolge wird bei konsequenter Beachtung des Grundsatzes der Modellkonformität der vorläufige Vergleichs-, Ertrags- und Sachwert nach dem 3. Abschnitt grundsätzlich zunächst auf der Grundlage der Grundstücksmerkmale abgeleitet, die den Sachwertfaktoren, Liegenschaftszinssätzen bzw. Vergleichsfaktoren bebauter Grundstücke zugrunde liegen; die besonderen objektspezifischen

Grundstücksmerkmale werden nach Maßgabe des § 8 Abs. 2 und 3 ImmoWertV erst nachträglich berücksichtigt. Weichen also die Merkmale des zu bewertenden Grundstücks erheblich von den Grundstücksmerkmalen ab, die der Ableitung der herangezogenen Sachwertfaktoren, Liegenschaftszinssätzen oder Vergleichsfaktoren bebauter Grundstücke zugrunde lagen, fallen alle Abweichungen des zu bewertenden Grundstücks als „besondere objektspezifische Grundstücksmerkmale" (einschließlich der Berücksichtigung von Rechten und Belastungen) unter den Regelungsgehalt des § 8 Abs. 2 und 3 ImmoWertV. Etwas anderes gilt, soweit die Sachwertfaktoren, Liegenschaftszinssätze bzw. Vergleichsfaktoren bebauter Grundstücke im Rahmen ihrer Anwendung entsprechend modifiziert werden; insoweit werden dann besondere objektspezifische Grundstücksmerkmale „im" Wertermittlungsverfahren berücksichtigt und dürfen nicht mehr nachträglich berücksichtigt werden.

„Besondere objektspezifische Grundstücksmerkmale" sind bei konsequenter Beachtung des Grundsatzes der Modellkonformität **mithin solche Grundstücksmerkmale, die**

a) **von den Grundstücksmerkmalen der Referenzgrundstücke abweichen, die den herangezogenen Liegenschaftszinssätzen (§ 14 Abs. 3 ImmoWertV), Marktanpassungsfaktoren und insbesondere Sachwertfaktoren (§ 14 Abs. 2 ImmoWertV) oder Vergleichsfaktoren bebauter Grundstücke (§ 13 ImmoWertV) zugrunde liegen und**

b) **auch nicht direkt mit den genannten erforderlichen Daten der Wertermittlung berücksichtigt werden.**

Zu den nach Maßgabe des § 8 Abs. 3 ImmoWertV ergänzend zu berücksichtigenden **„besonderen objektspezifischen Grundstücksmerkmalen"** können über die in dieser Vorschrift ausdrücklich genannten Besonderheiten vor allem **auch bodenbezogene Besonderheiten sowie besondere Eigenschaften der baulichen und sonstigen Anlage gehören.** Soweit also bei konsequenter Beachtung des Grundsatzes der Modellkonformität z. B. der vorläufige Sachwert auf der Grundlage der Grundstücksmerkmale abgeleitet worden ist, die dem herangezogenen Sachwertfaktor zugrunde liegen, müssen davon abweichende Besonderheiten des Grund und Bodens sowie der baulichen und sonstigen Anlagen nach § 8 Abs. 3 ImmoWertV ergänzend berücksichtigt werden. Boden- und Gebäudewertermittlung werden damit auseinandergerissen (vgl. oben Rn. 3 sowie unten Rn. 389 ff.; Syst. Darst. des Sachwertverfahrens Rn. 235; Syst. Darst. des Vergleichswertverfahrens Rn. 176; § 9 ImmoWertV Rn. 16; § 14 ImmoWertV Rn. 94). Schließlich ist auch die ergänzende Berücksichtigung eines merkantilen Minderwerts hervorzuheben (vgl. unten Rn. 418).

Die **Systematik der ImmoWertV ist in sich** diesbezüglich **nicht widerspruchsfrei**. So wird im Rahmen des Vergleichswertverfahrens die direkte Berücksichtigung von abweichenden Grundstücksmerkmalen mit § 15 Abs. 1 Satz 4 sowie § 16 Abs. 1 Satz 4 ImmoWertV „im" Vergleichswertverfahren vorgegeben und der nach § 16 ImmoWertV unter Berücksichtigung besonderer objektspezifischer Merkmale des Grund und Bodens ermittelte Bodenwert soll bei der Ertrags- und Sachwertermittlung expressis verbis angesetzt werden (vgl. § 17 Abs. 2 und § 21 Abs. 1 ImmoWertV), jedoch kann es insbesondere bei Anwendung des Sachwertverfahrens geboten sein, den Bodenwert mit den Merkmalen anzusetzen, die dem Sachwertfaktor zugrunde liegen, und die abweichenden Merkmale des Grund und Bodens nachträglich zu berücksichtigen. Der Hinweis in § 21 Abs. 1 Satz 1 ImmoWertV auf den nach § 16 ImmoWertV ermittelten Bodenwert ist in diesem Fall falsch.

Die Vorschrift lässt darüber hinaus auch die nicht unbedeutenden „**Rechte und Belastungen**" **181** unerwähnt. Rechte und Belastungen finden dagegen in § 6 ImmoWertV Erwähnung, und zwar als „weitere Grundstücksmerkmale". Die Vorschrift führt im Wesentlichen die Grundstücksmerkmale auf, die in die Bodenwertermittlung Eingang finden sollen. Dies ergibt sich aus der Systematik der Vorschrift. Mit dem Einleitungssatz zu § 6 Abs. 5 Satz 2 ImmoWertV („Bei bebauten Grundstücken ..."), wird nämlich der Regelungsgehalt dieser Vorschrift (zusammen mit den Bestimmungen des § 6 Abs. 6 ImmoWertV über die Restnutzungsdauer baulicher Anlagen) von den übrigen Regelungen des § 6 ImmoWertV abgegrenzt. Aus der Systematik der ImmoWertV könnte deshalb geschlossen werden, dass z. B. die Wertminderung aufgrund eines Wege- oder Aussichtsrecht in die Bodenwertermittlung eingeht und im Rahmen der Ertrags- und Sachwertermittlung bereits mit dem Bodenwert berücksichtigt wird. Dies ist allerdings schon aus Gründen der Modellkonformität grundsätzlich abzulehnen.

§ 8 ImmoWertV   Ermittlung des Verkehrswerts

Die Systematik der ImmoWertV ist allerdings dadurch „verschmutzt", dass in § 6 Abs. 2 ImmoWertV ergänzend „wohnungs- und mietrechtliche Bindungen" genannt werden, die i. d. R. keine Berücksichtigung bei der Bodenwertermittlung finden und als „besondere objektspezifische Grundstücksmerkmale" i. S. des § 8 Abs. 3 ImmoWertV gelten müssen; dementsprechend werden in § 8 Abs. 3 ImmoWertV auch die Folgen wohnungs- und mietrechtlicher Bindungen angesprochen.

182 Die **besonderen objektspezifischen Grundstücksmerkmale sind** jedoch **nur insoweit** (im Anschluss an die Marktanpassung) **zu berücksichtigen, wie sie nicht bereits mit dem jeweils zur Anwendung gekommenen Verfahren** (nach den §§ 15 bis 23 ImmoWertV) **berücksichtigt worden sind**. Dabei ist zu beachten, dass sich für die einzelnen Wertermittlungsverfahren (Vergleichs-, Ertrags- und Sachwertverfahren) unterschiedliche Wege eröffnen, den besonderen objektspezifischen Grundstücksmerkmalen bereits direkt, d. h. „innerhalb" des zur Anwendung kommenden Wertermittlungsverfahrens, Rechnung zu tragen und sie damit zu internalisieren, von denen aber nicht Gebrauch gemacht werden muss (vgl. oben Rn. 170, **internalisierende Berücksichtigung besonderer objektspezifischer Grundstücksmerkmale**):

– Bei *Anwendung des Vergleichswertverfahrens* können sich die herangezogenen **Vergleichspreise** auf Grundstücke beziehen, **die die gleichen besonderen objektspezifischen Grundstücksmerkmale, wie das Wertermittlungsobjekt aufweisen.** In diesem Fall dürfen diese Grundstücksmerkmale nicht noch zusätzlich nach § 8 Abs. 3 ImmoWertV berücksichtigt werden. Davon kann aber regelmäßig nicht ausgegangen werden, denn die Vorschrift spricht ausdrücklich „besondere" und damit außergewöhnliche objektspezifische Grundstücksmerkmale an.

– Bei *Anwendung des Ertragswertverfahrens* können die objektspezifischen Grundstücksmerkmale bereits mit den angesetzten Erträgen, Bewirtschaftungskosten, einer entsprechend verlängerten oder verkürzten Restnutzungsdauer der baulichen Anlage oder auch mit dem Liegenschaftszinssatz berücksichtigt worden sein. Erheblich von den marktüblich erzielbaren Erträgen abweichende Erträge (*over- und underrented*) aufgrund wohnungs- und mietrechtlicher Bindungen können beispielsweise bei Anwendung des mehrperiodischen Ertragswertverfahrens nach § 17 Abs. 3 ImmoWertV direkt berücksichtigt werden. Grundsätzlich kann auch einem Instandsetzungsstau (Baumängel und Bauschäden) durch entsprechend geminderte Erträge direkt Rechnung getragen werden.

– Bei *Anwendung des Sachwertverfahrens* können Baumängel und Bauschäden (Instandsetzungsrückstau), eine wirtschaftliche Überalterung sowie ein überdurchschnittlicher Unterhaltungszustand im Wesentlichen nur mit der Alterswertminderung auf der Grundlage einer entsprechend verlängerten oder verkürzten Restnutzungsdauer der baulichen Anlage „direkt" berücksichtigt werden.

183 Wird von den Möglichkeiten einer „internalisierenden" Berücksichtigung besonderer objektspezifischer Grundstücksmerkmale kein Gebrauch gemacht oder können diese nicht „innerhalb" des zur Anwendung kommenden Wertermittlungsverfahrens berücksichtigt werden, so müssen sie gemäß § 8 Abs. 2 und 3 ImmoWertV zusätzlich berücksichtigt werden (**externalisierende Berücksichtigung besonderer objektspezifischer Grundstücksmerkmale**). In jedem Fall muss dies zur Vermeidung von Doppelberücksichtigungen im Einzelnen geprüft werden.

184 Darüber hinaus sind die **besonderen objektspezifischen Grundstücksmerkmale von der Marktanpassung abzugrenzen**, denn es kann nicht ausgeschlossen werden, dass auch mit der Marktanpassung (Sachwertfaktor und Liegenschaftszinssatz) objektspezifische Grundstücksmerkmale (teilweise) berücksichtigt werden, die dann nicht als „besondere objektspezifische Grundstücksmerkmale" gelten können. Werden beispielsweise Liegenschaftszinssätze und Sachwertfaktoren aus Vergleichspreisen von Grundstücken abgeleitet, die ortstypische Baumängel bzw. Bauschäden aufweisen (z. B. nicht isolierte Keller), so wird diesem Grundstücksmerkmal mit der Marktanpassung auf der Grundlage des herangezogenen Liegenschaftszinssatzes bzw. Sachwertfaktors Rechnung getragen. Die Abgrenzung ist einfach zu lösen: Alles, was nicht mit den vom Gutachterausschuss veröffentlichten Marktanpassungsfaktoren und im Übrigen nicht „innerhalb" des zur Anwendung gekommenen Wertermittlungsverfahrens berücksichtigt wurde, ist nach der Auffangvorschrift des § 8 Abs. 3 ImmoWertV zu berücksichtigen.

Ermittlung des Verkehrswerts § 8 ImmoWertV

Was aus heutiger Sicht als Baumangel oder Bauschaden angesehen wird, muss im Übrigen zum Zeitpunkt der Errichtung des Bauwerks nicht als ein Baumangel angesehen worden sein. Demzufolge können Zustandsmerkmale, die aus heutiger Sicht Baumängel oder Bauschäden darstellen (insbesondere bei älteren Gebäuden), durchaus einen „normalen baulichen Zustand" darstellen. Sind Liegenschaftszinssätze und Sachwertfaktoren aus den dafür vereinbarten Kaufpreisen abgeleitet worden, werden diese „Baumängel und Bauschäden" bereits mit deren Anwendung berücksichtigt. **185**

Bei ergänzender Berücksichtigung besonderer objektspezifischer Grundstücksmerkmale (externalisierende Berücksichtigung besonderer objektspezifischer Grundstücksmerkmale) sind die sich daraus ergebenden **Werterhöhungen und Wertminderung bei allen zur Anwendung kommenden Wertermittlungsverfahren** grundsätzlich **gleich**. **186**

Im Übrigen wird in § 8 Abs. 3 ImmoWertV zur Berücksichtigung einer **Wertminderung aufgrund von Baumängeln und Bauschäden bzw. eines Instandsetzungsrückstaus** im Unterschied zu dem bisherigen Recht (§ 24 WertV 88/98) nicht mehr ausdrücklich auf die „für die Beseitigung am Ermittlungsstichtag erforderlichen Kosten" (Schadensbeseitigungskosten) hingewiesen. Diese waren schon nach bisherigem Recht lediglich eine „Hilfsgröße", die nur als „Grundlage" heranzuziehen war. Es kommt vielmehr entscheidend darauf an, in welcher Höhe diese im Grundstücksverkehr tatsächlich berücksichtigt werden. Nach der generellen Regelung des § 8 Abs. 3 ImmoWertV ist eine Wertminderung nur insoweit anzusetzen, wie „dies dem gewöhnlichen Geschäftsverkehr entspricht".

Dieser Gedanke lag bereits der WertV 88/89 zugrunde. Wörtlich heißt es in der Begründung zur WertV 88/89: „Auch bei Anwendung des Sachwertverfahrens sind insbesondere die Herstellungskosten (§ 22 WertV 88), die Wertminderung wegen Alters (§ 23 WertV 88) sowie Baumängel und Bauschäden (§ 24 WertV 88) unter Berücksichtigung der Lage auf dem Grundstücksmarkt zu ermitteln. Nur so wird vermieden, dass bei Anwendung des Sachwertverfahrens Werte ermittelt werden, die nicht im Entferntesten der Lage auf dem Grundstücksmarkt entsprechen."[123]

Nach der Grundsatzregelung des § 8 Abs. 3 ImmoWertV **sind sämtliche besonderen objektspezifischen Grundstücksmerkmale insoweit zu berücksichtigen, wie „dies dem gewöhnlichen Geschäftsverkehr entspricht"**. Die damit vorgegebene marktkonforme Berücksichtigung besonderer objektspezifischer Grundstücksmerkmale bereitet der Praxis erhebliche Schwierigkeiten, da dafür keine oder allenfalls wenige Vergleichsdaten vorliegen und auf allgemeine **Erfahrungssätze** zurückgegriffen werden muss. Anhaltspunkte dafür können bieten – unabhängig von dem zur Anwendung kommenden Wertermittlungsverfahren – **187**

a) die Kosten z. B. zur Beseitigung von Baumängeln und Bauschäden bzw. eines Instandsetzungsrückstaus oder einer nicht zeitgemäßen Beschaffenheit (wirtschaftliche Überalterung) der baulichen Anlage (*sachwertbezogene Vorgehensweise*),

b) die ertragswirtschaftlichen Auswirkungen der Behebung einer vom Üblichen abweichenden Beeinträchtigung bzw. eines überdurchschnittlichen Grundstückszustands (*ertragswertbezogene Vorgehensweise*).

Generell ist dabei der ertragswertbezogenen Vorgehensweise der Vorzug zu geben, insbesondere, wenn die Kosten den Nutzen überschreiten, denn ein Eigentümer würde dann entsprechende Maßnahmen nicht ergreifen. Etwas anderes muss allerdings für unabweisbare (nicht disponible) Schadensbeseitigungskosten gelten, die aufgebracht werden müssen, um den Wert der Immobilie zu erhalten.

6.1.2 Beleihungswertermittlung (BelWertV)

§ 4 Abs. 5 BelWertV i. V. m. § 16 Abs. 1 BelWertV enthält eine von der Sachwertermittlung nach der ImmoWertV abweichende Regelung, beschränkt allerdings auf Baumängel und Bauschäden (bzw. Instandhaltungsrückstau) oder einen „sonstigen Aufwand". **Baumängel und Bauschäden (Instandhaltungsrückstau) werden in § 16 Abs. 1 BelWertV nicht als** **188**

---

[123] BR-Drucks. 352/88, S. 44.

§ 8 ImmoWertV — Ermittlung des Verkehrswerts

ein im Rahmen der Sachwertermittlung zu berücksichtigender „wertbeeinflussender Umstand" genannt. Sie sind nach § 4 Abs. 5 BelWertV als „gesonderter Wertabschlag" zu berücksichtigen und der Beleihungswert ist „entsprechend anzupassen".

§ 4 Abs. 5 BelWertV hat folgende Fassung:

„(5) Ein zum Zeitpunkt der Bewertung erkennbarer Instandhaltungsrückstau oder sonstiger baulicher Aufwand sowie Baumängel und Bauschäden sind als gesonderter Wertabschlag in Höhe der zu erwartenden Aufwendungen oder nach Erfahrungssätzen als gesonderter Wertabschlag zu berücksichtigen. Der Beleihungswert ist entsprechend anzupassen."

Die BelWertV lässt zur **Ermittlung dieses „gesonderten Wertabschlags"** damit grundsätzlich Abschläge nach Erfahrungssätzen sowie entsprechende Abschläge auf der Grundlage der Schadensbeseitigungskosten zu und schließt im Umkehrschluss unverständlicherweise eine Berücksichtigung durch eine entsprechend verminderte Restnutzungsdauer aus.

Nach § 18 BelWertV sind dagegen (in Anlehnung an § 25 WertV 88/98) „sonstige nach den §§ 16 und 17 (BelWertV) bisher noch nicht erfasste, den Wert beeinflussende Umstände, insbesondere eine **wirtschaftliche Überalterung, ein über- oder unterdurchschnittlicher Erhaltungszustand und ein erhebliches Abweichen der tatsächlichen von der vorgesehenen Nutzung** ... durch Zu- oder Abschläge oder in anderer geeigneter Weise zu berücksichtigen".

6.2 Baumängel und Bauschäden (Instandhaltungsrückstau)

Schrifttum: *Auernhammer, H. E.,* Verfahren zur Bestimmung von Wertminderungen bei Baumängeln und Bauschäden, BauR 1978, 356; *Bachmann, S.,* Wertminderung einer mit Fogging belasteten Liegenschaft, GuG 2008, 346; *Oswald, R.,* Ausmaß und Schwerpunkte der Bauschäden an den Fertigteilwohnungsbauten der neuen Bundesländer, DAB 1993, 1511.

6.2.1 Begriffe

6.2.1.1 Baumängel und Bauschäden

189 Über die Begriffsdefinitionen „Bauschaden" und „Baumangel" bestehen unterschiedliche Auslegungen. Das hat zur Folge, dass beide Begriffe miteinander verwechselt werden. Das Baurecht kennt nur den Begriff **Baumangel**.

190 Unter einem **Baumangel** kann in Anlehnung an § 633 Abs. 1 und § 434 BGB[124] (vgl. auch § 13 Abs. 1 VOB/B) ein Fehler angesehen werden, der bei der Herstellung eines Bauwerks

---

[124] **BGB § 434 Sachmangel:** (1) Die Sache ist frei von Sachmängeln, wenn sie bei Gefahrübergang die vereinbarte Beschaffenheit hat. Soweit die Beschaffenheit nicht vereinbart ist, ist die Sache frei von Sachmängeln,
1. wenn sie sich für die nach dem Vertrag vorausgesetzte Verwendung eignet, sonst
2. wenn sie sich für die gewöhnliche Verwendung eignet und eine Beschaffenheit aufweist, die bei Sachen der gleichen Art üblich ist und die der Käufer nach der Art der Sache erwarten kann.

Zu der Beschaffenheit nach Satz 2 Nr. 2 gehören auch Eigenschaften, die der Käufer nach den öffentlichen Äußerungen des Verkäufers, des Herstellers (§ 4 Abs. 1 und 2 des Produkthaftungsgesetzes) oder seines Gehilfen insbesondere in der Werbung oder bei der Kennzeichnung über bestimmte Eigenschaften der Sache erwarten kann, es sei denn, dass der Verkäufer die Äußerung nicht kannte und auch nicht kennen musste, dass sie im Zeitpunkt des Vertragsschlusses in gleichwertiger Weise berichtigt war oder dass sie die Kaufentscheidung nicht beeinflussen konnte.
(2) Ein Sachmangel ist auch dann gegeben, wenn die vereinbarte Montage durch den Verkäufer oder dessen Erfüllungsgehilfen unsachgemäß durchgeführt worden ist. Ein Sachmangel liegt bei einer zur Montage bestimmten Sache ferner vor, wenn die Montageanleitung mangelhaft ist, es sei denn, die Sache ist fehlerfrei montiert worden.
(3) Einem Sachmangel steht es gleich, wenn der Verkäufer eine andere Sache oder eine zu geringe Menge liefert.
BGB § 633 Sach- und Rechtsmangel: (1) Der Unternehmer hat dem Besteller das Werk frei von Sach- und Rechtsmängeln zu verschaffen.
(2) Das Werk ist frei von Sachmängeln, wenn es die vereinbarte Beschaffenheit hat. Soweit die Beschaffenheit nicht vereinbart ist, ist das Werk frei von Sachmängeln,
1. wenn es sich für die nach dem Vertrag vorausgesetzte, sonst
2. für die gewöhnliche Verwendung eignet und eine Beschaffenheit aufweist, die bei Werken der gleichen Art üblich ist und die der Besteller nach der Art des Werks erwarten kann.

Einem Sachmangel steht es gleich, wenn der Unternehmer ein anderes als das bestellte Werk oder das Werk in zu geringer Menge herstellt.
(3) Das Werk ist frei von Rechtsmängeln, wenn Dritte in Bezug auf das Werk keine oder nur die im Vertrag übernommenen Rechte gegen den Besteller geltend machen können.

Ermittlung des Verkehrswerts § 8 ImmoWertV

infolge **fehlerhafter Planung oder Bauausführung einschließlich der Verwendung mangelhafter Baustoffe** (z. B. Einbau ungenügender Wärmedämmung auf einer Stahlbetondachdecke) den Wert oder die Tauglichkeit zu dem gewöhnlichen (oder dem nach dem Vertrag vorausgesetzenden) Gebrauch einer baulichen Anlage aufhebt oder mindert[125]. Hierzu gehören insbesondere Mängel der Isolierung gegen Schall, Wärme und Feuchtigkeit, Mängel der Belichtung, Belüftung und der Statik (Belastbarkeit) sowie eine mangelhafte Bauausführung. Maßstab hierfür können die allgemein anerkannten Regeln der Technik, aber auch vertraglich zugesicherte Eigenschaften sein.

Als **Bauschäden** werden dagegen Beeinträchtigungen eines Bauwerks als Folge **191**

– eines Baumangels (Mangelfolgeschäden) oder

– äußerer (gewaltsamer) Einwirkungen (wie z. B. durch Sturm, Regen oder Feuer) oder

– unterlassener oder nicht ordnungsgemäß ausgeführter Instandhaltung

definiert.

Hierzu gehören insbesondere **Gründungsschäden** (Setzrisse) sowie Schäden infolge **mangelhafter** (Dach-)**Isolierung, Schubrisse, Schwammbefall**[126]**, Putzschäden, Schäden an Dachrinnen, Formveränderungen von Bauteilen,** Schäden infolge von Holzerkrankungen (Mängel der Imprägnierung), Rauch-, Wasser-, Erschütterungs-, Bergbau-, Sturm- und Kriegsschäden (Abb. 12).

Abb. 12: Erläuterung der Begriffe Baumangel und Bauschaden

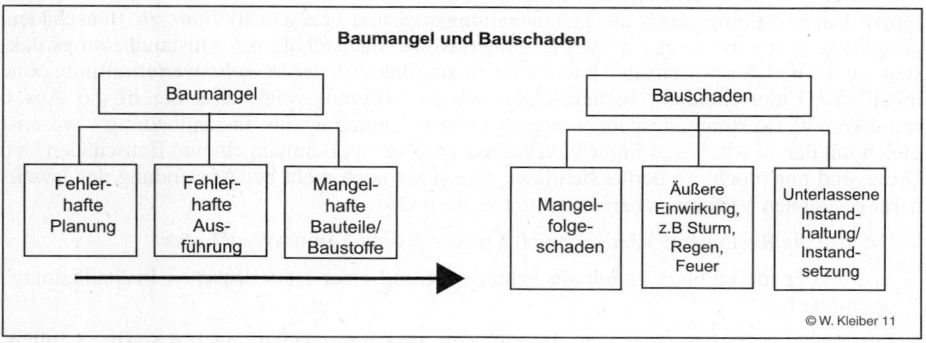

Die kumulative Aufzählung der Baumängel *und* Bauschäden in § 8 Abs. 3 ImmoWertV ist im Übrigen bedeutungslos; auch bedarf es in der Praxis nicht der Abgrenzung der Baumängel von den Bauschäden. Der Verordnungsgeber benutzt beide Begriffe als Sammelbegriff, um sicherzustellen, dass Beeinträchtigungen des Bauwerks unabhängig davon berücksichtigt werden, ob sie bereits mit der Herstellung des Bauwerks entstanden (Baumängel) oder erst später (Bauschaden) hinzugekommen sind. **192**

Die Auswirkung des **Baumangels wird als Mangelfolgeschaden** bezeichnet (z. B. Rissbildung im Bereich des Auflagers einer ungenügd wärmegedämmten Stahlbetondachdecke durch Wärmedehnungsspannungen). Eine Minderung des Verkehrswerts (**Wertminderung**) aufgrund von Mängeln tritt ein, wenn im gewöhnlichen Geschäftsverkehr die Erwartungen der Erwerber an die Gebrauchstauglichkeit unterschritten werden. **193**

Sogenannte **Allmählichkeitsschäden** sind Schäden, die auf schadenauslösende Ereignisse zurückzuführen sind, die über einen längeren Zeitraum eingewirkt haben, und die demzufolge auch plötzlich auftreten können. Ein Allmählichkeitsschaden liegt z. B. vor, wenn ein zu dicht verlegtes Ofenrohr über mehrere Wochen einen tragenden Holzbalken verkohlt und im

---

125 Daub/Eberstein, Komm zur VOL/B, 5. Aufl. 2003, S. 231.
126 BGH, Urt. vom 28.06.1961 – V ZR 201/60 –, EzGuG 19.6.

§ 8 ImmoWertV   Ermittlung des Verkehrswerts

schlimmsten Fall zum Einsturz des Hauses mit hohen Personen- und Sachschäden führt. Sachschäden solcher Art sind grundsätzlich nicht versichert. Im Rahmen einer Haftpflichtversicherung kann ein Versicherungsschutz vereinbart werden.

194 Während der Bauschaden meistens durch Reparatur oder Ersatz des schadhaften Bauteils behoben werden kann, ist eine dauerhafte **Abhilfe von Mangelfolgeschäden erst nach Beseitigung des Baumangels** möglich (z. B. zunächst Verstärkung der Wärmedämmung der Stahlbetondecke als Mängelbeseitigung und anschließend Verschließen der Risse im Bereich der Auflager als Mangelfolgeschadenbeseitigung). Das wirkt sich auf die Höhe der Schadenbeseitigungskosten aus.

Ist ein Baumangel am Qualitätsstichtag in technisch einwandfreier Weise behoben, kann es erforderlich sein, einen daraus resultierenden **merkantilen Minderwert** zu berücksichtigen. Hierunter wird die Wertminderung des Grundstücks verstanden, die ihm im gewöhnlichen Geschäftsverkehr aufgrund eines aufgetretenen, aber inzwischen in technisch einwandfreier Weise vollständig behobenen Mangels (z. B. auch Bauschaden) in der allgemein verbliebenen Befürchtung beigemessen wird, dass sich ein Folgeschaden irgendwie auch künftig auswirken könnte, auch wenn diese Befürchtung tatsächlich unbegründet ist (vgl. unten Rn. 418)[127].

6.2.1.2   Unterlassene Instandhaltung (Instandhaltungsrückstau)

▶ *Vgl. § 19 ImmoWertV Rn. 105 ff.*

195 Zu einer ordnungsgemäßen Bewirtschaftung einer Immobilie gehört u. a. die Instandhaltung der Immobilie. Die „unterlassene Instandhaltung" bzw. eine nicht ordnungsgemäß ausgeführte Instandhaltung, auch als Instandhaltungsrückstau bezeichnet, führt zu Bauschäden. „Baumängel und Bauschäden" sowie „unterlassene Instandhaltung" (Instandhaltungsrückstau) sind von daher wesensgleich und können zumindest in der Verkehrswertermittlung ohne inhaltliche Unterscheidung berücksichtigt werden. Hieraus folgt, dass die in § 6 Abs. 6 ImmoWertV (Restnutzungsdauer) angesprochene „unterlassene Instandhaltung" wesensgleich mit den in § 8 Abs. 3 ImmoWertV angesprochenen „Baumängeln und Bauschäden" ist. Diese sind nur (noch) zu berücksichtigen, soweit sie noch nicht bei Anwendung des jeweils herangezogenen Verfahrens berücksichtigt worden sind.

– Ist also die Restnutzungsdauer gemäß § 6 Abs. 6 Satz 1 ImmoWertV oder

– wurde der marktüblich erzielbare Ertrag aufgrund einer „unterlassenen Instandhaltung" gemindert,

ist für eine Berücksichtigung von „Baumängeln und Bauschäden" nach § 8 Abs. 3 ImmoWertV kein Raum mehr.

6.2.1.3   Instandsetzung

▶ *Vgl. unten Rn. 229 ff. sowie § 19 ImmoWertV Rn. 122 ff.*

196 **Instandsetzung ist die Beseitigung vorhandener Baumängel, Bauschäden** und eines daraus resultierenden Instandhaltungsrückstaus. Die Instandsetzung kann zwingend geboten sein, aber auch im freien Ermessen des Eigentümers stehen. Deshalb ist es sachdienlich, zwischen

a) der unabweisbaren und sofort erforderlichen Instandsetzung (vgl. unten Rn. 236) sowie

b) der disponiblen Instandsetzung (vgl. unten Rn. 237)

zu unterscheiden. Dementsprechend ist zwischen unabweisbaren und disponiblen **Instandsetzungskosten** (Schadensbeseitigungskosten) zu unterscheiden.

197 Eine entsprechende Unterscheidung kann man auch bezüglich der Modernisierungs- und Umnutzungskosten machen.

---

[127] Vgl. BGH, Urt. vom 09.07.1962 – III ZR 98/61 –, NJW 1962, 1764 = BGHZ 37, 341 = EzGuG 11.25a; Kleiber, Verkehrswertermittlung von Grundstücken, 6. Aufl. 2010, § 194 BauGB Rn. 143.

6.2.2 Wertminderung wegen Baumängeln und Bauschäden (Instandhaltungsrückstau)

6.2.2.1 Allgemeines

Besteht ein **Anspruch des Eigentümers gegenüber Dritten auf Behebung von** Baumängeln oder Bauschäden kann grundsätzlich davon abgesehen werden, eine Wertminderung zu berücksichtigen. Eine Wertminderung kann sich bei dieser Situation allenfalls im Veräußerungsfalle ergeben, wenn der Anspruch nicht auf den Erwerber übergeht, ein merkantiler Minderwert zu erwarten ist oder andere Ausfallrisiken zu befürchten sind. **198**

Die Ermittlung der **Wertminderung wegen Baumängeln oder Bauschäden nach den dafür aufzubringenden Kosten** ist eine von der Rechtsprechung grundsätzlich anerkannte Methode[128]. Die Wertminderung wegen Baumängeln und Bauschäden darf gleichwohl nicht mit den Kosten für ihre Beseitigung (Schadensbeseitigungskosten) gleichgesetzt werden. Die Kosten können allenfalls einen Anhaltspunkt für die Wertminderung geben. Es kommt entscheidend darauf an, wie der allgemeine Grundstücksmarkt Baumängel und Bauschäden wertmindernd berücksichtigt. Dementsprechend finden die „Kosten der Beseitigung" – im Unterschied zu § 24 WertV 88/98 – in § 8 Abs. 3 ImmoWertV keine Erwähnung. Baumängel und Bauschäden sind nach dieser Vorschrift nur zu berücksichtigen, „soweit dies dem gewöhnlichen Geschäftsverkehr entspricht". **199**

Grundsätzlich muss bei der Verkehrswertermittlung zwischen Kosten und Wert unterschieden werden. Bei Anwendung des Sachwertverfahrens wird dies deutlich, wenn ein erheblicher Marktanpassungsabschlag angebracht werden muss, um über den nach den §§ 21 bis 23 ermittelten (vorläufigen) Sachwert zum Verkehrswert zu gelangen (vgl. Syst. Darst. des Sachwertverfahrens Rn. 7 ff.). Entsprechendes gilt mithin auch für die Bemessung der Wertminderung wegen Baumängeln und Bauschäden nach Instandsetzungs- bzw. Umnutzungskosten. Der BGH hat mehrfach in seiner Rechtsprechung auf die Problematik der damit einhergehenden Verknüpfung von Ertrags- und Sachwertermittlung hingewiesen. Ausgehend von der Erkenntnis, dass das Sachwertverfahren i. d. R. sehr hohe Marktanpassungsabschläge erfordert, um über den Sachwert zum Verkehrswert zu gelangen, hat der BGH[129] ausgeführt: **200**

„Sind bereits die Herstellungskosten einer Sache nicht entscheidend für deren gemeinen Wert (Verkehrswert), ... So gilt das umso mehr für die Instandsetzungskosten. ... Der Verkehrswert einer beschädigten Sache, z. B. eines Hauses, wird daher – oder kann mindestens – in vielen Fällen höher sein als der Verkehrswert des Hauses in unbeschädigtem Zustand abzüglich der Instandsetzungskosten."

Der Abzug der vollen Instandsetzungskosten würde im Ergebnis dazu führen, dass auch unrentierliche Instandsetzungs- bzw. Umnutzungskosten zum Abzug gelangen können, was sich insbesondere bei solchen Objekten verhängnisvoll auswirken kann, bei denen Sach- und Ertragswert auseinanderklaffen und bei denen man im Falle der Anwendung des Sachwertverfahrens hohe Marktanpassungsabschläge anbringen würde. Dies betrifft insbesondere Wohnobjekte, die zu Kostenmieten von 20 €/m² WF und mehr errichtet werden und tatsächlich aber nur unter der hälftigen Kostenmiete vermietbar sind. Diese Kosten-Nutzen-Spreizung verschärft sich bei hohem Instandhaltungsstau, weil die gewöhnlichen Instandsetzungskosten bzw. Modernisierungskosten wegen der Erschwernisse der baulichen Arbeiten an einem bereits „stehenden" Gebäude i. V. m. dem Ausbau erneuerungsbedürftiger Bauteile i. d. R. weitaus höher ausfallen als die gewöhnlichen Herstellungskosten eines Neubaus. In welcher Höhe die Instandsetzungskosten den Vergleichs-, Ertrags- und Sachwert mindern, lässt sich allerdings nicht durch empirische Untersuchungen beantworten. **201**

Nicht jeder Baumangel und Bauschaden (Instandhaltungsrückstau) ist so erheblich, dass daraus eine Wertminderung resultiert. Erfahrungsgemäß werden im allgemeinen Grundstücks- **202**

---
128 BGH, Urt. vom 28.06.1961 – V ZR 201/60 –, EzGuG 19.6.
129 BGH, Urt. vom 24.01.1963 – III ZR 149/61 –, BGHZ 39, 40 = EzGuG 20.34; des Weiteren BGH, Urt. vom 10.07.1953 – V ZR 22/52 –, BGHZ 10, 171 = NJW 1953, 1466 = EzGuG 20.16; BGH, Urt. vom 13.05.1955 – V ZR 36/54 –, BGHZ 17, 236 = EzGuG 3.5; BGH, Urt. vom 11.07.1958 – V ZR 96/57 –, OLG Köln, Urt. vom 02.03.1962 – 9 U 33/61 –, EzGuG 20.29.

§ 8 ImmoWertV Ermittlung des Verkehrswerts

verkehr bei älteren Gebäuden Baumängel und Bauschäden schon eher hingenommen als bei jüngeren Gebäuden, insbesondere wenn es sich um solche handelt, die erst aus heutiger Sicht einen Baumangel darstellen und die im Hinblick auf die verbleibende Restnutzungsdauer bei wirtschaftlicher Betrachtungsweise nicht behoben werden müssen.

203 Baumängel und Bauschäden (Instandhaltungsrückstau) dürfen nur berücksichtigt werden, soweit sie noch nicht bei Anwendung des jeweils herangezogenen Verfahrens berücksichtigt worden sind. Dementsprechend kann zwischen zwei Verfahrenswegen zur **Berücksichtigung der Wertminderung wegen Baumängeln und Bauschäden** unterschieden werden:

a) Bei der *internalisierenden Vorgehensweise* werden Baumängel und Bauschäden „direkt" bei dem im Einzelfall herangezogenen Verfahren berücksichtigt.

b) Bei der *externalisierenden Vorgehensweise* wird im ersten Schritt der Vergleichs-, Ertrags- oder Sachwert für ein (fiktiv) ordnungsgemäß instand gehaltenes und mangelfreies Gebäudes ermittelt und die Wertminderung wegen Baumängeln und Bauschäden im zweiten Schritt nachträglich in Abzug gebracht.

Bei der zuletzt genannten Vorgehensweise muss die Wertminderung bei allen der genannten Verfahren gleich sein. Dies gilt auch für das Sachwertverfahren, wobei dieser zuvor gemäß § 8 Abs. 2 ImmoWertV mittels Sachwertfaktoren an die allgemeinen Wertverhältnisse auf dem Grundstücksmarkt angeglichen wurde.

a) *Interne Berücksichtigung der Wertminderung*

204 Baumängel und Bauschäden können bei dem im Einzelfall herangezogenen Verfahren in unterschiedlicher Weise „direkt" berücksichtigt werden (internalisierende Vorgehensweise; vgl. Rn. 3, Rn. 169f., Rn. 178):

a) Bei *Anwendung des Vergleichswertverfahrens* auf bebaute Grundstücke können vergleichbare Baumängel oder Bauschäden bei den zum Preisvergleich herangezogenen Grundstücken vorliegen, sodass eine entsprechende Wertminderung direkt in den Vergleichswert eingeht und nicht noch zusätzlich berücksichtigt werden darf.

b) Bei *Anwendung des Ertragswertverfahrens* besteht die Möglichkeit, Baumängeln und Bauschäden (unterlassene Instandhaltung) bereits dadurch Rechnung zu tragen, dass

- entsprechend geminderte Erträge ggf. in Verbindung mit
- entsprechend höheren Bewirtschaftungskosten,
- eine entsprechend geminderte Restnutzungsdauer (§ 6 Abs. 6 Satz 1 ImmoWertV) und
- ein erhöhter Liegenschaftszinssatz

berücksichtigt werden. Grundsätzlich können alle der genannten Parameter betroffen sein, ohne dass damit gegen das Verbot der Doppelberücksichtigung verstoßen wird, jedoch muss dies sorgsam zur Vermeidung von Doppelberücksichtigungen geprüft werden.

Darüber hinaus kann ein Baumangel bzw. Bauschaden bereits mit dem „üblichen" Liegenschaftszinssatz erfasst sein, nämlich dann, wenn dieser aus Kaufpreisen von Grundstücken abgeleitet worden ist, die ortsübliche Baumängel oder Bauschäden aufweisen (z. B. nicht isolierte Kriechkeller).

c) Bei *Anwendung des Sachwertverfahrens* besteht die Möglichkeit, Baumängeln und Bauschäden (unterlassene Instandhaltung) mit einer entsprechend geminderten Restnutzungsdauer (§ 6 Abs. 6 Satz 1 ImmoWertV) Rechnung zu tragen. Die theoretisch bestehende Möglichkeit, von entsprechend geminderten Herstellungskosten auszugehen, lässt § 22 Abs. 1 ImmoWertV nicht zu.

Darüber hinaus kann ein Baumangel bzw. Bauschaden wiederum bereits mit dem „üblichen" Sachwertfaktor erfasst sein, nämlich dann, wenn dieser – wie bei der Ableitung von Liegenschaftszinssätzen – aus Kaufpreisen von Grundstücken abgeleitet worden ist, die ortsübliche Baumängel oder Bauschäden aufweisen.

Ermittlung des Verkehrswerts § 8 ImmoWertV

Die **direkte Berücksichtigung** von Baumängeln und Bauschäden (Instandhaltungsrückstau) mit dem jeweils herangezogenen Verfahren (internalisierende Vorgehensweise) ist **vielfach nicht möglich und problematisch**. Bei Anwendung des Vergleichswertverfahrens stehen dafür zumeist keine ausreichende Zahl von Vergleichspreisen mit vergleichbaren Baumängeln und Bauschäden zur Verfügung. Bei Anwendung des Ertragswertverfahrens müssen entsprechende marktüblich erzielbare Mieten und Bewirtschaftungskosten von Objekten zur Verfügung stehen, die wiederum vergleichbare Baumängel und Bauschäden aufweisen; darüber hinaus ist auch schwer abschätzbar, in welchem Maße der sonst übliche Liegenschaftszinssatz davon beeinflusst wird. Darüber hinaus ist auch die daraus resultierende „Verkürzung" der Restnutzungsdauer (§ 6 Abs. 6 Satz 1 ImmoWertV) vielfach nur grob zu schätzen. 205

b) Externe Berücksichtigung der Wertminderung

In der gängigen Wertermittlungspraxis werden Baumängel und Bauschäden sowie sonstige Abweichungen vom normalen baulichen Zustand dadurch berücksichtigt, dass zunächst der (vorläufige) Vergleichs-, Ertrags- oder Sachwert unter Ausblendung der Baumängel und Bauschäden für ein (fiktiv) ordnungsgemäß instand gehaltenes und mangelfreies Gebäudes ermittelt wird und dieser „vorläufige" Vergleichs-, Ertrags- oder Sachwert um die **aus dem Baumangel bzw. Bauschaden resultierende Wertminderung** abgesenkt wird (externalisierende Vorgehensweise). Dieser Verfahrensweg hat zunächst den großen Vorteil, dass 206

– der (vorläufige) Ertragswert auf der Grundlage von Vergleichsdaten über die marktüblich erzielbaren Erträge, den üblichen bei ordnungsgemäßer Bewirtschaftung anfallenden Bewirtschaftungskosten, aus dem Grundstücksmarktgeschehen abgeleiteten Liegenschaftszinssätzen und der üblichen Restnutzungsdauer mit vergleichsweise hoher Sicherheit abgeleitet werden kann,

– bei Anwendung des Sachwertverfahrens die Sachwertfaktoren direkt herangezogen werden können, denn in aller Regel beziehen sich die Sachwertfaktoren auf „Normalverhältnisse".

Problematisch ist bei dieser Vorgehensweise die **marktkonforme Ermittlung der Wertminderung**, denn dafür stehen in aller Regel keine Vergleichsdaten zur Verfügung, auf die sich der Sachverständige stützen kann. In der Praxis wird ersatzweise zurückgegriffen 207

a) auf allgemeine Erfahrungssätze und

b) auf deduktive analytische Verfahren; diese können sich orientieren an

- den Kosten der Beseitigung der Baumängel und Bauschäden i. V. m.
- der Rentierlichkeit der aufzubringenden Kosten.

c) Verfahrenswahl

Grundsätzlich steht es im Ermessen des Sachverständigen, den geeigneten Verfahrensweg zur Berücksichtigung der Wertminderung wegen Baumängeln und Bauschäden zu wählen, jedoch muss die Methode sachgerecht sein. Die Verfahrenswahl ist insbesondere auch von den zur Verfügung stehenden Vergleichsdaten abhängig. 208

Die **direkte Berücksichtigung von Baumängeln und Bauschäden durch Ansatz einer verkürzten Restnutzungsdauer** erscheint auf den ersten Blick besonders praktikabel und sachgerecht zu sein.

– Bei **unbehebbaren Baumängeln oder Bauschäden** muss von der geminderten Restnutzungsdauer ausgegangen werden. Soweit damit den Beeinträchtigungen nicht hinreichend Rechnung getragen werden kann, müssen zusätzlich Abschläge nach Erfahrungssätzen angebracht werden.

– Der Ansatz einer verkürzten Restnutzungsdauer ist insbesondere bei älteren **Gebäuden mit einem unrentierlichen Instandsetzungsbedarf** angezeigt. Denn für ein Grundstück mit einer ohnehin in absehbarer Zeit abgängigen baulichen Anlage ist es zumeist kaum sinnvoll, zunächst den Ertragswert unter der Annahme eines fiktiven (instand gesetzten) Zustands zu ermitteln, um diesen Zwischenwert dann um Instandsetzungskosten zu vermindern, die der Eigentümer gar nicht aufzubringen gedenkt.

- Eine **schematische Verkürzung der Restnutzungsdauer** kann das Ergebnis im Einzelfall allerdings verfälschen, insbesondere wenn ein Baumangel oder Bauschaden die Restnutzungsdauer drastisch verkürzt, seine Behebung indessen nur geringe Kosten verursachen würde. Umgekehrt finden damit leichtere Schäden (Reparaturstau), die nicht zu einer Verkürzung der Restnutzungsdauer führen, keine Berücksichtigung.

- Bei Anwendung des Ertragswertverfahrens muss darüber hinaus geprüft werden, ob zusätzlich die Ertragsverhältnisse und der Liegenschaftszinssatz modifiziert werden müssen; dabei müssen Doppelberücksichtigungen vermieden werden.

- Bei **unbehebbaren Baumängeln oder Bauschäden** muss von der geminderten Restnutzungsdauer ausgegangen werden. Soweit damit den Beeinträchtigungen nicht hinreichend Rechnung getragen werden kann, müssen zusätzlich Abschläge nach Erfahrungssätzen angebracht werden.

- Bei Baumängeln und Bauschäden, deren Behebung aus rechtlichen oder sonstigen Gründen unabweisbar ist (**nicht disponible Schadensbeseitigungskosten**), insbesondere wenn der Restwert des Gebäudes zu „verfallen" droht, wird man sich an den „vollen" Schadensbeseitigungskosten orientieren müssen. Fallen die Schadensbeseitigungskosten indessen höher als der Gebäudewert des instand gesetzten Gebäudes aus, ist im Ergebnis der Liquidationsfall gegeben, d. h., die Freilegung ist dann wirtschaftlicher als die Schadensbeseitigung. Insbesondere bei älteren Gebäuden mit einem entsprechend geringen Gebäudewert können die **Schadensbeseitigungskosten den (fiktiven) Gebäudewert deutlich überschreiten**. Dies führt häufig sogar dazu, dass der Bodenwert „angefressen" wird und mitunter würde der Abzug der Kosten sogar zu einem negativen (Un-)Wert führen. Diesem Ergebnis steht entgegen, dass die Wertminderung wegen Baumängeln oder Bauschäden grundsätzlich nicht höher sein kann als der Wertanteil des beschädigten Bauteils am Gebäudesachwert insgesamt.

  Die sofortige Liquidation muss allerdings in diesem Fall nicht angezeigt sein. Es müssen auch „Zwischenlösungen" in Betracht gezogen werden, bei denen nur die unabweislichen Baumängel und Bauschäden behoben werden und die Behebung „disponibler" Schäden zurückgestellt wird, wenn damit die Rentierlichkeit des Gebäudes gewahrt bleibt. Die aus den verbleibenden Baumängeln und Bauschäden resultierende Wertminderung beläuft sich in derartigen Fällen nur auf einen fiktiven Bruchteil der dafür aufzubringenden Schadensbeseitigungskosten.

- Bei **disponiblen Baumängeln und Bauschäden** (vgl. unten Rn. 237) ist zunächst zu prüfen, ob es wirtschaftlich sinnvoll und geboten ist, die Instandsetzung tatsächlich vorzunehmen und ob diese ggf. mit einer Modernisierung und Umstrukturierung der baulichen Anlage zu verbinden ist, wenn sich damit die Rentierlichkeit der baulichen Anlage verbessern lässt. Darüber hinaus muss die Rentierlichkeit der Schadensbeseitigung geprüft werden, denn bei wirtschaftlicher Betrachtungsweise wird man den Baumangel und Bauschaden nur insoweit beheben, wie sich dies „rechnet". Umgekehrt kann sich eine Wertminderung aufgrund von bestehenden Baumängeln und Bauschäden nur in Höhe der daraus resultierenden kapitalisierten Mindereinnahmen ergeben.

209 Eine Rentierlichkeit der vollen Schadensbeseitigungskosten ist gegeben, wenn sich der Verkehrswert um die aufgebrachten bzw. aufzubringenden Schadensbeseitigungskosten erhöht. Dies ist aber insbesondere bei älteren Gebäuden mit kurzer Restnutzungsdauer selten gegeben, wenn die Instandsetzungsmaßnahmen die Restnutzungsdauer nicht in einem Maße verlängern, dass sie sich rentieren. Die im Zuge der Behebung von Baumängeln oder Bauschäden erneuerten Bauteile treten nämlich in eine **Schicksalsgemeinschaft mit dem Gebäude,** und ein wirtschaftlich handelnder Eigentümer wird sich scheuen, die Fassade seines Hauses zu erneuern, wenn das Gebäude aufgrund seiner sonstigen Beschaffenheit nur noch eine kurze

Ermittlung des Verkehrswerts § 8 ImmoWertV

Restnutzungsdauer aufweist. Er wird allenfalls solche Bauteile erneuern, die sich über die verbleibende Restnutzungsdauer wirtschaftlich „auszahlen" oder nach Ablauf der Restnutzungsdauer Weiterverwendung finden können. Dies betrifft Bauteile, deren technische Lebensdauer kürzer als die Restnutzungsdauer des Gebäudes nach Beseitigung der Beeinträchtigungen ist.

In der Zusammenfassung ergeben sich folgende Verfahrenswege (Abb. 13): **210**

Abb. 13: Berücksichtigung eines erheblichen Instandhaltungsstaus (Verfahrensweisen)

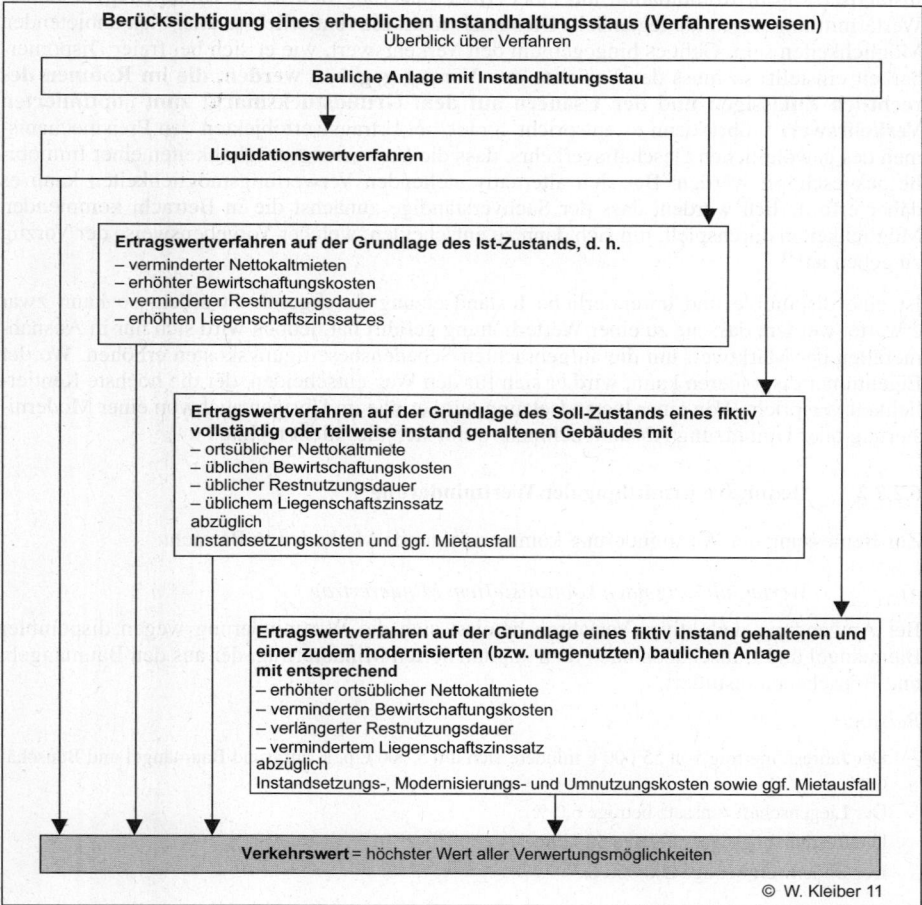

© W. Kleiber 11

Welcher Verfahrensweg zur Berücksichtigung von Baumängeln oder Bauschäden sachgerecht **211** ist, muss bei alledem unter Berücksichtigung des Einzelfalls und eines wirtschaftlich **vernünftig handelnden Eigentümers** beurteilt werden. Grundsätzlich ist nach dem Prinzip des „*highest and best use*" das Verfahren maßgebend, das zu dem höchsten Wert führt. Deshalb kann es geboten sein, die in Betracht kommenden Varianten allesamt darauf hin zu prüfen. Ein wirtschaftlich handelnder Eigentümer wird den für ihn vermögensmäßig günstigeren Weg beschreiten[130]. Für die im Einzelfall zur Anwendung kommenden Verfahrenswege sollte das maßgebend sein, was ein vernünftig handelnder Eigentümer machen würde.

---

130 BGH, Urt. vom 24.01.1963 – III ZR 149/61 –, EzGuG 20.34.

§ 8 ImmoWertV — Ermittlung des Verkehrswerts

212 Dies gilt vor allem auch in den Fällen, in denen darüber hinaus **Modernisierungs- und Umstrukturierungsmaßnahmen** in Betracht zu ziehen sind. In der Praxis werden in derartigen Fällen vielfach konkrete Vorstellungen eines potenziellen Erwerbers in die Verhandlungen eingebracht. Im Rahmen der Verkehrswertermittlung von Grundstücken dürfen solche Vorstellungen nicht als Diktat betrachtet werden, wenn dabei die Grundsätze einer Kosten-Nutzen-Optimierung verletzt werden, da damit vielfach die Absicht einer Unterwälzung unrentierlicher Kosten in den Kaufpreis verbunden ist.

213 Im Rahmen einer Investitionsberechnung wird den Sachverständigen mitunter vorgegeben, welche Variante im Rahmen der sich anbietenden Möglichkeiten (Instandsetzung oder Instandsetzung in Kombination mit einer Modernisierung bzw. einer Umnutzung) er seiner Wertermittlung zugrunde legen soll. Dies muss nicht die rentierlichste aller sich anbietenden Möglichkeiten sein. Geht es hingegen um den Verkehrswert, wie er sich bei freier Disponierbarkeit einstellt, so muss der **Variante der Vorzug gegeben werden, die im Rahmen des rechtlich Zulässigen und der Usancen auf dem Grundstücksmarkt zum „optimierten Verkehrswert"** führt, denn es entspricht gerade bei Ertragswertobjekten den Preismechanismen des gewöhnlichen Geschäftsverkehrs, dass die Verwertungsmöglichkeiten einer Immobilie ausgeschöpft werden. Bei sich alternativ stellenden Verwertungsmöglichkeiten kann es daher erforderlich werden, dass der Sachverständige zunächst die in Betracht kommenden Möglichkeiten durchspielt, um sich dann zu entscheiden, welcher Vorgehensweise der Vorzug zu geben ist[131].

214 Ist eine disponible und unrentierliche Instandsetzung durchgeführt worden, so kann zwar erwartet werden, dass sie zu einer Werterhöhung geführt hat, jedoch wird sich nur in Ausnahmefällen der Marktwert um die aufgebrachten Schadensbeseitigungskosten erhöhen. Wo der Eigentümer disponieren kann, wird er sich für den Weg entscheiden, der die höchste Rentierlichkeit verspricht. Von einer Instandsetzung wird er wie im Übrigen auch von einer Modernisierung oder Umnutzung Abstand nehmen, wenn sich dies nicht rechnet.

6.2.2.2 Deduktive Ermittlung der Wertminderung

215 Zur Bemessung der Wertminderung kommen folgende Methoden in Betracht:

a)   Wertminderung nach kapitalisiertem Minderertrag

Bei Anwendung deduktiver Verfahren bemisst sich die Wertminderung wegen disponibler Baumängel und Bauschäden nach dem kapitalisierten Minderertrag, der aus den Baumängeln und Bauschäden resultiert.

Beispiel:

- Der Jahresreinertrag von 55 000 € mindere sich um 5 000 € p. a. aufgrund Baumängel und Bauschäden.
- Der Liegenschaftszinssatz betrage 6,0 %.
- Die Restnutzungsdauer betrage 50 Jahre.
- Der Bodenwert betrage 200 000 €.

Ertragswert *mit* Baumängeln und Bauschäden			Ertragswert *ohne* Baumängel und Bauschäden		
RE	=	50 000 €	RE	=	55 000 €
– (BW × p)	=	– 12 000 €	– (BW × p)	=	– 12 000 €
= RE – (BW × p)	=	38 000 €	= RE – (BW × p)	=	43 000 €
× V (V = 15,76)	=	598 880 €	× V (V = 15,76)	=	677 680 €
+ BW	=	+ 200 000 €	+ BW	=	+ 200 000 €
= EW	=	798 880 €	= EW	=	877 680 €

Der kapitalisierte Minderertrag beträgt 877 680 € – 798 880 € = **78 800 € = Wertminderung**

---

[131] Kleiber, Verkehrswertermittlung von Grundstücken, 6. Aufl. 2010, § 194 BauGB Rn. 75 ff.

Ermittlung des Verkehrswerts § 8 ImmoWertV

Differenzielle Berechnung
Δ Jahresreinertrag = 55 000 € – 50 000 € = 5 000 € p. a.
Vervielfältiger bei 50 Jahre Restnutzungsdauer und 6 % = 15,76
Minderwert = 5 000 € × 15,76 = 78 800 €

Die Wertminderung kann sich erheblich erhöhen, wenn sich infolge des Baumangels bzw. Bauschadens noch die Restnutzungsdauer vermindert und der Liegenschaftszinssatz erhöht.

Beispiel:
– Der Jahresreinertrag von 55 000 € mindert sich um 5 000 € p. a. aufgrund Baumängel und Bauschäden.
– Der Liegenschaftszinssatz erhöht sich von 6,0 % auf 6,5 % aufgrund Baumängel und Bauschäden.
– Die Restnutzungsdauer verkürzt sich von 50 auf 45 Jahre aufgrund Baumängel und Bauschäden.
– Der Bodenwert betrage 200 000 €.

Ertragswert *mit* Baumängeln und Bauschäden			Ertragswert *ohne* Baumängel bzw. Bauschäden		
RE	=	50 000 €	RE	=	55 000 €
– (BW × p)	=	– 13 000 €	– (BW × p)	=	– 12 000 €
= RE – (BW × p)	=	37 000 €	= RE – (BW × p)	=	43 000 €
× V (V = 14,48)	=	535 760 €	× V (V = 15,76)	=	677 680 €
bei p = 6,5 %			bei p = 6,0 %		
n = 45 Jahre			n = 50 Jahre		
+ BW	=	+ 200 000 €	+ BW	=	+ 200 000 €
= EW	=	735 760 €	= EW	=	877 680 €

Der kapitalisierte Minderertrag beträgt 877 680 € – 735 760 € = **141 920 € = Wertminderung**

Bei dieser Vorgehensweise braucht man die Schadensbeseitigungskosten nur grob zu kennen, denn sie übersteigen in aller Regel den Minderertrag.

Vorstehende Methode ist grundsätzlich auch auf Grundstücke anwendbar, deren Verkehrswert üblicherweise auch unter Anwendung des Sachwertverfahrens ermittelt wird (Sachwertobjekte).

b) *Wertminderung nach alterswertgeminderten Schadensbeseitigungskosten*

Insbesondere bei Sachwertobjekten wird die Wertminderung wegen disponibler Baumängel und Bauschäden mit den alterswertgeminderten Schadensbeseitigungskosten angesetzt. Diese Methode lehnt sich an die Grundsätze des Sachwertverfahrens an, bei dem auch die aktuellen Herstellungskosten einer Alterswertminderung unterworfen werden und wird damit begründet, dass die instand gesetzten Bauteile das Schicksal des Gebäudes teilen. Die **Schadensbeseitigungskosten** sind deshalb regelmäßig derselben **Alterswertminderung** *(depriaciation)* i. S. des § 23 ImmoWertV **zu unterwerfen, die für die Ermittlung des Gebäudesachwerts maßgeblich ist**[132]. Dies entspricht auch der Methode, wie sie vom *American Institute* vertreten wird[133].

Beispiel:

– Die vollen Schadensbeseitigungskosten belaufen sich auf 100 000 €.
– Mit der Behebung der Baumängel, Bauschäden und des damit einhergegangenen Instandhaltungsrückstaus verlängert sich die Restnutzungsdauer von 45 Jahren auf 50 Jahre.

---
[132] Nr. 3.6.1.1.9 WERTR 02 und 06.
[133] The Appraisal of Real Estate, 12. Aufl. Chicago 363; Akerson, The Appraiser`s Workbook, 2d ed. Chicago: Appraisal Institute 1996; Coggin, D., Let`s Not Abandon The Cost Approach, The Appraisal Institute Journal, January 1994; Marchitelli, R., Rethinking the Cost Approach, The Appraisal Journal January 193; Ramsett, D., The Cost Approach: An Alternative View, The Appraisal Journal, April 1998; Oetzel, T., Some Thoughts on The Cost Approach, The Appraisal Journal, January 1993.

§ 8 ImmoWertV — Ermittlung des Verkehrswerts

Bei einer Gesamtnutzungsdauer von 80 Jahren und einer linearen Abschreibung beträgt die Alterswertminderung 38 %. Damit ergeben sich (ohne Marktanpassung) alterswertgeminderte Schadensbeseitigungskosten von 62 000 €.

219 Wertermittlungstechnisch kommen hierfür bei Anwendung des Sachwertverfahrens zwei Verfahrenswege in Betracht.

Beispiel:

Herstellungswert am Wertermittlungsstichtag	300 000 €
Schadensbeseitigungskosten zu diesem Zeitpunkt	75 000 €
Gesamtnutzungsdauer	100 Jahre
Restnutzungsdauer	75 Jahre
Alterswertminderung (§ 23 ImmoWertV)	19,5 v. H.

Alternative 1:

Herstellungswert	300 000 €	
– Alterswertminderung	– 58 500 €	(= 19,5 v.H.)
Zwischenwert	= 241 500 €	
Schadensbeseitigungskosten	75 000 €	
– Alterswertminderung (= 19,5 v. H.)	= – 14 625 €	
	= – 60 375 €	
Gebäudesachwert	= 181 125 €	

Alternative 2:

Herstellungswert	300 000 €
Schadensbeseitigungskosten	– 75 000 €
= Zwischenwert	= 225 000 €
– Alterswertminderung (= 19,5 v. H.)	= – 43 875 €
Gebäudesachwert	= 181 125 €

220 Zur Begründung wird darauf verwiesen, dass der **Wertminderungsbetrag im Allgemeinen nicht höher sein kann als der Wertanteil des betreffenden Bauteils am Gesamtwert des Baukörpers.** Der Abzug der Schadensbeseitigungskosten in voller Höhe kann nämlich bei einem älteren Gebäude dazu führen, dass die Schadensbeseitigungskosten den Gebäudewert übersteigen, obwohl das Objekt am Grundstücksmarkt durchaus noch über dem Wert des Grund und Bodens gehandelt wird. Gleichwohl handelt es sich hierbei um einen theoretisch begründeten Hilfsweg, der mit dem Mangel behaftet ist, dass damit eine „dem gewöhnlichen Geschäftsverkehr" (§ 8 Abs. 3 ImmoWertV) entsprechende Bemessung der Wertminderung nicht sichergestellt ist, denn dazu müsste konsequenterweise auch eine Marktanpassung vorgenommen werden. Was nämlich für den Sachwert insgesamt gilt, **muss auch für Teilsachwerte** gelten, um die es sich hier letztlich handelt.

221 Anders stellt sich die Situation dar bei der **Erneuerung bzw. Modernisierung kurzlebiger Gewerke**, die über die verbleibende und ggf. verlängerte Restnutzungsdauer wirtschaftlich genutzt werden oder nach Ablauf der Restnutzungsdauer Weiterverwendung finden können.

222 Eine grundsätzlich andere Auffassung lässt sich dagegen rechtfertigen, wenn von einer **unbegrenzten Gesamtnutzungsdauer** ausgegangen wird, weil – zumindest theoretisch – jedes Gebäude auf Dauer erhalten werden kann[134]. Dann sind die Schadensbeseitigungskosten in voller Höhe wirtschaftlich „nutzbar" und können sich amortisieren. Diese Auffassung geht allerdings von einem anderen Wertermittlungsmodell aus, als es der ImmoWertV zugrunde liegt. Es kann gleichwohl in Betracht kommen.

223 Sicherlich spricht für diese Anschauung die nicht zu bestreitende Tatsache, dass eine Vielzahl von Immobilien – ohne dass es sich hierbei um Denkmäler handeln muss – auf Dauer erhalten werden. Man denke hier nur an Gründerzeithäuser. Jedoch müsste dann das Wertermittlungs-

---

134 Vogels in GuG 1991, 132 ff.

Ermittlung des Verkehrswerts § 8 ImmoWertV

verfahren in seiner Gesamtheit, insbesondere was die ordnungsgemäße Instandhaltung anbelangt, dementsprechend ausgerichtet sein. Indessen darf bei der Ausrichtung des in der ImmoWertV geregelten Sachwertverfahrens auf eine endliche Restnutzungsdauer nicht unberücksichtigt bleiben, dass sich die „vollen" Schadensbeseitigungskosten nicht amortisieren, wenn die Restnutzungsdauer des Gebäudes „beschnitten" wird. Dieser Fall kann insbesondere bei älteren Gebäuden auftreten, deren Restnutzungsdauer durch die Maßnahmen der Schadensbeseitigung nicht oder allenfalls nur zum Teil verlängert wird. Ist dies der Fall, so müsste nach dem von *Vogels* vorgeschlagenen **Modell**, nach dem die „vollen" Schadensbeseitigungskosten anzusetzen sind, weil von **einer unbegrenzten Gesamtnutzungsdauer** ausgegangen wird, auch eine höhere Instandhaltung sowie ggf. eine zusätzliche Modernisierung zum Ansatz gebracht werden.

c) Sachwertorientiertes Restwertverfahren

Die Methode, Ertragswertobjekte mit sehr hohem Instandsetzungsbedarf auf der Grundlage eines ordnungsgemäß instand gehaltenen Objektzustands zu ermitteln und das Ergebnis dann um die aufzubringenden Schadensbeseitigungskosten zu vermindern, schlägt bei sehr hohem Instandsetzungsbedarf in ihrem Kern in ein (verkapptes) Sachwertverfahren um (vgl. Syst. Darst. des Sachwertverfahrens Rn. 12 ff.). Von daher ist dann auch zu prüfen, ob nicht der konsequentere Weg darin zu suchen ist, den Verkehrswert unter Anwendung einer **sachwertorientierten Restwertmethode** zu ermitteln. Dies soll am nachstehenden Beispiel erläutert werden:

224

Beispiel (vereinfacht):

225

a) Sachverhalt

Es ist der Verkehrswert eines Bürogebäudes mit 2 000 m² Nutzfläche (NF) in „hochkarätiger" Innenstadtlage zu ermitteln.

– Grundstücksgröße = 1 000 m² bei einem Bodenwert von 6 000 €/m²; hieraus ergibt sich ein Bodenwert von insgesamt 6 Mio. €.
– Das Gebäude wurde 1928 in repräsentativer, gleichwohl „pflegeleichter" Bauweise, Ausstattung und moderner sowie funktionsgerechter Raumaufteilung errichtet. Es ist verhältnismäßig gut erhalten und steht unter Denkmalschutz.
– Die Instandsetzungs- und Modernisierungskosten belaufen sich gleichwohl auf ca. 1 800 €/m² NF, wobei eine repräsentative und nicht eine technische Luxusmodernisierung (mit Klimatisierung und dgl.) im Vordergrund steht.
– Nach Instandsetzung und Modernisierung kann mit einer Nettokaltmiete von 20 €/m² NF und nicht umlagefähigen Bewirtschaftungskosten von 20 % gerechnet werden; trotz der erstklassigen Lage ist eine höhere Miete kaum erzielbar.
– Im Hinblick auf Größe und Ausstattung des Objekts muss mit einem eingeschränkten Käuferkreis gerechnet werden.

b) Verkehrswertermittlung (fiktiver Ertragswert abzüglich Instandsetzung)

	Ermittlung des Reinertrags:		
	2 000 m² NF × 20 €/m² NF × 12 Monate =		480 000 € p. a.
./.	Bewirtschaftungskosten (20 %) p. a. =	–	96 000 €
=	Reinertrag =		384 000 €
./.	Bodenwertverzinsungsbetrag (bei p = 6 %: 6 Mio. € × 0,06) =	–	360 000 €
=	bodenwertverzinsungsbetragsgeminderter RE =		24 000 €
×	Vervielfältiger (16,62 bei RND = 100 Jahre und p = 6 %) =		398 880 €
–	Instandsetzungs- und Modernisierungskosten: (2 000 m² NF × 1 800 €/m² NF)	–	3 600 000 €
=	Gebäudeertragswert (Gebäudeanteil) =	–	3 201 120 €
+	Bodenwert =	+	6 000 000 €
=	Ertragswert (Boden und Gebäude) =	=	2 798 880 €

Tatsächlich stellt die vorgestellte Methode vornehmlich ein Sachwertverfahren dar, denn bei genauerer Betrachtung sind es die Modernisierungs- und Instandsetzungskosten in Höhe von

§ 8 ImmoWertV — Ermittlung des Verkehrswerts

3,6 Mio. €, die entscheidend auf das Ergebnis „durchschlagen". Es handelt sich zudem um ein **Liquidationsobjekt,** denn bei Ansatz eines Reinertrags, der dem tatsächlich gegebenen instandsetzungs- und modernisierungsbedürftigen Zustand entspricht, ergäbe sich nach Abzug des Bodenwertverzinsungsbetrags ein „negativer" Reinertrag.

In der Wertermittlungspraxis werden solche **Liquidationsobjekte vielfach gar nicht erkannt, wenn schematisch vom fiktiven Ertragswert** unter Berücksichtigung der Instandhaltung ausgegangen wird. Geht man dagegen von einer hälftigen Miete von 10 €/m² NF für das instandsetzungsbedürftige Gebäude aus, so wird dies deutlich:

	2 000 m² NF × 10 €/m² NF × 12 Monate	=	240 000 € p. a.
−	Bewirtschaftungskosten (20 % von 480 000 €)	=	96 000 €
=	Reinertrag RE	=	144 000 €
−	Bodenwertverzinsungsbetrag	=	− 360 000 €
=	RE (bodenwertverzinsungsbetragsgemindert)	=	− 216 000 €

Als **Liquidationswert** ergäbe sich bei einem Bauvolumen von 7 000 m³ und Freilegungskosten von 40 €/m³:

	Bodenwert	=	6 000 000 €
−	Freilegungskosten (7 000 m² × 40 €/m²)	=	280 000 €
=	Liquidationswert	=	**5 720 000 €**

Da es sich um ein denkmalgeschütztes Gebäude handelt, könnte nach vorstehender Berechnung ein Übernahmeanspruch in Betracht kommen. Dies bleibt aber problematisch, wie nachfolgende Betrachtung zeigt. Zunächst muss man erkennen, dass die unter b) vorgestellte **Ertragswertermittlung auf der Grundlage der Erträge nach Instandsetzung und Modernisierung und nachträglichem Abzug der Instandsetzungs- und Modernisierungskosten im Prinzip eine Form des Extraktionsverfahrens (Residualwertverfahrens)** mit der damit verbundenen Problematik darstellt. Die dabei angesetzten Kosten müssen sich dabei nicht in einer entsprechenden Ertragswerterhöhung niederschlagen.

Darüber hinaus ist aber zu bedenken, dass der Erwerb eines **Objekts**, der **mit dem Einsatz erheblicher Instandsetzungs-, Modernisierungs- oder Umnutzungskosten verbunden** ist, dem Erwerb eines unbebauten Grundstücks gleichkommt, auf dem der Erwerber die Errichtung eines Quasi-Neubaus beabsichtigt. Unter dieser Prämisse muss auch folgende Betrachtung angestellt werden (vereinfachte Betrachtungsweise):

c) **Verkehrswertermittlung (fiktiver Sachwert abzüglich Ersparnisse)**

Herstellungskosten für den Neubau eines Gebäudes in der Art des vorhanden Gebäudes im instandgesetzten und modernisierten Zustand: 2 000 m² NF × 3 000 €/m² = 6 000 000 €

Ersparte Herstellungskosten: Von den Herstellungskosten verbleiben nur die Instandsetzungs- und Modernisierungskosten:

3 000 €/m² NF − 1 800 €/m² = 1 200 €/m² NF

insgesamt: 2 000 m² NF × 1 200 €/m² NF		= 1 200 000 €
+ Bodenwert		= 6 000 000 €
= Sachwert (ohne Marktanpassung)		= 7 200 000 €

Man wird sich für dieses Verfahren zumindest in den Fällen entscheiden können, wo es sich um ein Objekt handelt, bei dem sich dem Käufer **nur die Option „bauen oder kaufen"**, also die Option einer Anmietung, nicht stellt. Wo ersatzweise die Möglichkeit besteht, sich „einzumieten", kann dagegen erwartet werden, dass er sich am Ertragswert orientiert. Die Alternativberechnung kann im Gegensatz zu dem unter b) vorgestellten Verfahren als eine Sachwertermittlung qualifiziert werden, bei der der vorhandene instandsetzungs- und modernisierungsbedürftige Gebäudezustand gleichsam als ersparte Herstellungskosten behandelt wird.

Ermittlung des Verkehrswerts § 8 ImmoWertV

Insoweit stellt die unter Buchstabe c) vorgestellte Berechnungsweise im Übrigen den konsequenteren Schritt zum Sachwertverfahren dar, wobei das Ergebnis in Anbetracht der Höhe des Sachwerts einer Marktanpassung bedarf. Das Ergebnis macht zudem deutlich, dass die Anwendung des Liquidationswertverfahrens hier nicht zu sachgerechten Ergebnissen führt.

d) *Nutzwertanalytischer Lösungsansatz*

In der Praxis wird hilfsweise auch auf die nutzwertanalytische Zielbaummethode zurückgegriffen, indem dem Verkehrswert des mangelfreien Objekts in Prozent (100 %iger Verkehrswert) der Verkehrswert (Marktwert) des mangelbehafteten Objekts (x %) gegenübergestellt wird. Dazu müssen je nach Art des Objekts **226**

a) der Gesamtwert in entsprechende prozentuale Wertanteile aufgespalten werden und

b) die Beeinträchtigungen der betroffenen Wertanteile schulnotenmäßig beurteilt werden.

Für die schulnotenmäßige Beurteilung bedarf es einer Notenskala (Wertminderungsfaktoren), die z. B. folgendes Bild haben kann:

Wertminderungsfaktor	Beeinträchtigung
0,00	Keine Beeinträchtigung im Sinne der Zielkriterien
0,25	Leichte Beeinträchtigung im Sinne der Zielkriterien
0,50	Mittlere Beeinträchtigung im Sinne der Zielkriterien
0,75	Schwere Beeinträchtigung im Sinne der Zielkriterien
1,00	Unbrauchbarkeit

Nutzwertanalytischer Ansatz (Zielbaum)

1	% 2	3	% 4	5	% 6	Wertminderungsfaktor 7	Teilwert 8 = 6 × 7
Gebrauchswert	80	Nutzfunktion	40	Nutzziel 1	10		
					10		
					10		
					10		
		Schutzfunktion	40	Sicherheit	10		
				Brandschutz	10		
				Wärmeschutz	10		
				Schallschutz	10		
Geltungswert	20	außen	10	Fassade	5		
				Architektur	5		
		innen	10	Grundriss	5		
				Ausstattung	5		
Summe	100		100		100	Wertminderung:	%

e) *Erfahrungssätze*

Nach § 4 Abs. 5 BelWertV kann eine aus Baumängeln, Bauschäden bzw. einem Instandhaltungsrückstau resultierende Wertminderung alternativ nach „**Erfahrungssätzen**" bemessen werden. Mit dieser Alternative sind „Erfahrungssätze" angesprochen, die darauf hinauslaufen, die Schadensbeseitigungskosten mit einem angemessenen Vomhundertsatz der „vollen" Schadensbeseitigungskosten anzusetzen. **227**

§ 8 ImmoWertV   Ermittlung des Verkehrswerts

228 Für **landwirtschaftliche Wirtschaftsgebäude** liegen folgende Erfahrungswerte vor (Abb. 14):

Abb. 14: **Wertminderung für landwirtschaftliche Wirtschaftsgebäude bei Baumängeln und Bauschäden**

Wertminderung für landwirtschaftliche Wirtschaftsgebäude bei Baumängeln und Bauschäden			
	Erhaltungszustand	Reparaturaufwand Charakteristik	Wirtschaftliche Wertminderung des alterswertgeminderten Gebäudesachwerts
1	sehr gut	Keine Reparatur erforderlich	0 %
2	gut	Geringe Reparatur erforderlich	1 bis 5 %
3	befriedigend	Geringe bis mittlere Reparatur erforderlich	5 bis 15 %
4	ausreichend	Mittlere bis größere Reparatur erforderlich	15 bis 25 %
5	mangelhaft	Erhebliche Reparatur und Instandsetzung erforderlich	25 bis 50 %
6	ungenügend	Gravierende Reparatur und Instandsetzung erforderlich	50 bis 75 %

Quelle: Becker/Olejnizat/Schneider/Tepper, Ableitung von Marktanpassungsfaktoren für aufgegebene landwirtschaftliche Hofstellen, Nachr. der rh.-pf. Kat- und VermVw 1999, 32

6.2.3 Instandsetzungskosten

a)   Allgemeines

229 Wie vorstehend erläutert, können zur Bemessung der Wertminderung wegen Baumängeln und Bauschäden (Instandhaltungsrückstau) die Kosten ihrer Beseitigung (**Schadensbeseitigungskosten**) **als Anhaltspunkt** dienen.

230 Kostenschätzungen bei Instandsetzungen gelten wie im Übrigen Kostenschätzungen für Modernisierungen auch bei den „Spezialisten" im Vergleich zu der Ermittlung von Neubaukosten als besonders schwierig und unzuverlässig[135]. Akzeptable Ergebnisse können zumeist erst in der Phase der Detaillierung auf der Grundlage von Ausschreibungsergebnissen erwartet werden. Für eine fundierte Kostenschätzung bedarf es ggf. eines Sondergutachtens (z. B. auf der Grundlage der Bauteilmethode). **Im Rahmen der Gutachtenerstattung sollte deshalb in aller Regel stets nur von „Kostenschätzungen" und nicht etwa von einer Ermittlung der Kosten gesprochen werden.**

231 Bei „Kostenschätzungen" müssen erhebliche Unsicherheiten hingenommen werden. Aufgrund vielfältiger Unwägbarkeiten sind **Kostenschätzungen nur mit einer relativ hohen Ungenauigkeit von +/- 25 % möglich**[136].

232 **Die DIN 276** unterscheidet in den Abschnitten 2.3.1 bis 2.3.4 nach folgenden **Arten der Kostenermittlung**:

– *Kostenschätzung*, definiert als eine überschlägige Ermittlung der Kosten (Abschnitt 2.3.1),
– *Kostenberechnung*, definiert als eine angenäherte Ermittlung der Kosten (Abschnitt 2.3.2),
– *Kostenanschlag*, definiert als eine möglichst genaue Ermittlung der Kosten (Abschnitt 2.3.3),
– *Kostenfeststellung*, definiert als die Ermittlung der tatsächlich entstandenen Kosten (Abschnitt 2.3.4).

Im Rahmen der Verkehrswertermittlung von Grundstücken gehören zu den Schadensbeseitigungskosten auch die damit verbundenen Baunebenkosten einschließlich **Mietausfall** und die temporäre Erhöhung des Verwaltungsaufwands usw.

---

[135] Schmitz/Krings/Dahlhaus/Meisel, Baukosten 2010/11, Verlag Wingen 20. Aufl., S. 11.
[136] Schmitz/Krings/Dahlhaus/Meisel, Baukosten 2010/11, Verlag Wingen 20. Aufl., S. 10.

Ermittlung des Verkehrswerts § 8 ImmoWertV

Für die Kostenschätzung bieten sich zwei Verfahrenswege an: 233

a) Ermittlung auf der Grundlage der Normalherstellungskosten entsprechend dem Wertanteil der instandsetzungsbedürftigen Gewerke am Gesamtwert.

b) Ermittlung nach den Kosten nach Vergleichswerten der Einzelgewerke (absolute Kostenkennwerte)[137].

Ein **Kostenkennwert** ist nach Abschnitt 2.6 der DIN 276 ein Wert, der das Verhältnis von Kosten zu einer Bezugseinheit (z. B. Grundflächen oder Rauminhalte nach DIN 277 Teil 1 und Teil 2) darstellt. 234

Im Rahmen der Wertermittlung von Grundstücken ist bei der Bemessung der Wertminderung wegen Baumängeln und Bauschäden (Instandhaltungsrückstau) eine **Unterscheidung nach disponiblen und nicht disponiblen Instandsetzungskosten zweckmäßig** (vgl. oben Rn. 208). 235

b)   Nicht disponible Instandsetzungskosten

Unabweisliche (nicht disponible) Instandsetzungskosten sind die Kosten solcher **Maßnahmen, die aus rechtlichen oder wirtschaftlichen Gründen zwingend erforderlich** sind. Rechtlich ist dies beispielsweise bei denkmalgeschützten Anlagen geboten. Wirtschaftlich ist dies dagegen z. B. angezeigt, wenn ein Orkan das Dach eines Hauses abgetragen hat und das Dach zwecks Werterhalts erneuert werden muss. 236

Beispiel:

Für ein zweigeschossiges Einfamilienhaus mit einer Restnutzungsdauer von 30 Jahren ergibt sich ohne Berücksichtigung von Baumängeln oder Bauschäden ein Gebäudesachwert von 200 000 €. Dachstuhl und Dachhaut weisen aber einen erheblichen Bauschaden auf, dessen Beseitigung 50 000 € kostet. Würde man diesen Schaden nicht beheben, wäre das Gebäude in wenigen Jahren unbenutzbar und abbruchreif. Ein wirtschaftlich vernünftiger Eigentümer muss im Interesse des Werterhalts des Gebäudes die Schadensbeseitigungskosten aufbringen; er hat keine andere Wahl.

c)   Disponible Instandsetzungskosten

Disponible Instandsetzungskosten sind die Kosten solcher Maßnahmen, deren Durchführung auch unter dem Gebot der ordnungsmäßigen Bewirtschaftung nicht zwingend erforderlich ist, wie z. B. eine fehlende oder mangelhafte Kellerisolierung mit entsprechenden Mangelfolgeschäden für nicht benutzte Kellerräume. Dies gilt aber auch für andere Baumängel und Bauschäden, von denen keine spürbare Nutzungsbeeinträchtigung ausgeht. Wenn sich eine kostenintensive Kellerisolierung schon im Hinblick auf die begrenzte Restnutzungsdauer des Gebäudes nicht „rechnet" und diesem Mangel im gewöhnlichen Geschäftsverkehr gegenüber einem vergleichbaren isolierten Objekt mit einem Abschlag Rechnung getragen wird, der geringer als die Isolierungskosten ausfällt, verbietet es sich, die „vollen" Schadensbeseitigungskosten als „Abweichung vom normalen baulichen Zustand" gegenzurechnen. 237

6.2.4   Ermittlung der „vollen" Schadensbeseitigungskosten

a)   Allgemeines

Die Wertminderung wegen Baumängeln und Bauschäden kann nach marktkonformen Erfahrungssätzen bestimmt werden, wobei man diese wiederum an der Höhe der Schadensbeseitigungskosten orientiert. Auch wenn § 8 Abs. 3 ImmoWertV im Unterschied zur Vorgängerregelung (§ 24 WertV 88/98) die Kosten der Schadensbeseitigung nicht mehr direkt anspricht, sind sie als Bezugsgrundlage von Bedeutung. Zu ihrer Ermittlung kann 238

– auf absolute Kostenkennwerte oder

– auf prozentuale Wertanteile der Gesamtherstellungskosten

---

137 Schmitz/Krings/Dahlhaus/Meisel, Baukosten 2010/11, Verlag Wingen 20. Aufl., S.10, 43.

§ 8 ImmoWertV   Ermittlung des Verkehrswerts

zurückgegriffen werden. Aus Praktikabilitätsgründen, aber auch aus Gründen der Systemkonformität mit den angesetzten Normalherstellungskosten ist der Heranziehung von **Prozentsätzen der Gebäudeherstellungskosten** (prozentuale Wertanteile) der Vorzug zu geben. Dabei muss insbesondere auch beachtet werden, dass es sich bei den Normalherstellungskosten um die Ersatzbeschaffungskosten eines Neubaus handelt und der Neubau allemal preisgünstiger als die Instandsetzung ist.

239 Die **Instandsetzungskosten sind im Vergleich zu Neubaukosten deutlich höher**, da die Instandsetzung in aller Regel mit den Kosten eines vorherigen Ausbaus der instandsetzungsbedürftigen Gewerke verbunden ist. Bei Instandsetzungen sind deshalb die Normalherstellungskosten um die Mehrkosten der Instandsetzung, d. h. um einen Reparaturzuschlag, zu erhöhen.

240 *Schmitz/Krings/Dahlhaus/Meisel*[138] geben folgende **Vergleichswerte** an:

18 %	der Baukosten bei größeren Projekten (≥ 1 Mio. €) und ohne besondere Erschwernisse aufgrund der vorhandenen Bausubstanz (keine Sonderuntersuchungen) und ohne die Notwendigkeit von Mieterumsetzungen, Ausgleichswohnungen usw.
20 bis 22 %	der Baukosten bei kleineren Projekten (≤ 1 Mio. €) und besonderer Erschwernisse aufgrund der vorhandenen Bausubstanz bzw. aufgrund mieterbedingter Nebenkosten,
22 bis 25 %	der Baukosten bei kleinen Projekten (≥ 500 000 €) und die Notwendigkeit von Sonderuntersuchungen, z. B. Sachverständigengutachten und mieterbedingte Nebenkosten.

241 Bei Heranziehung von Vergleichswerten für Kostenschätzungen ist auch zu beachten, dass entsprechende Veröffentlichungen zumeist nicht die Baunebenkosten einschließen. Bei der Instandsetzung und Modernisierung von Altbauten entstehende höhere Baunebenkosten sind im Wesentlichen darauf zurückzuführen, dass

– Architekten- und Ingenieurhonorare aufgrund der Umbauzuschläge sowie aufgrund besonderer Leistungen (Bestandsaufnahme usw.) höher ausfallen,

– bei Umbaumaßnahmen Baunebenkosten auftreten, die bei Neubauten nicht entstehen (Mieterentschädigung, Umzugskosten usw.).

242 Wenn vorhandene Mieter während der Instandsetzung und Modernisierung „umgesetzt" werden müssen, sind Kosten von 750 bis 1 000 € (ohne die Kosten für Entschädigungszahlungen für mietereigene Einbauten oder für die Zwischenlagerung von Möbeln usw.) ohne Weiteres üblich.

b)   Schadensbeseitigungskosten nach Wertanteilstabellen

243 Die „vollen" Schadensbeseitigungskosten werden bei Heranziehung von Wertanteilstabellen ermittelt in Abhängigkeit von

a) den ermittelten Normalherstellungskosten (NHK),

b) dem Beschädigungs- bzw. Instandsetzungsgrad (in v. H.),

c) dem Wertanteil des instandsetzungsbedürftigen Bauteils am Gesamtwert des Bauwerks (in v. H.) gemäß Wertanteilstabelle und

d) dem Reparaturzuschlagsfaktor (Mehrkostenfaktor bei Instandsetzung im Verhältnis zum Neubau).

$$\text{Schadensbeseitigungskosten} = \text{NHK} \times \text{Beschädigungsgrad}_{[\%]} \times \text{Wertanteil}_{[\%]} \times \text{Reparaturzuschlag}$$

---

[138] Schmitz/Krings/Dahlhaus/Meisel, Baukosten 2010/11, Verlag Wingen 20. Aufl. S.10, 18, 43.

Ermittlung des Verkehrswerts § 8 ImmoWertV

Beispiel:

Stahlbetonskelettgebäude in einfacher Ausstattung (ohne Wärmedämmung)
– Der Gebäudesachwert wurde auf der Grundlage der NHK zum Wertermittlungsstichtag
 ermittelt mit 500 000 €

Durch äußere Einwirkungen sind zerstört worden
– Dacheindeckung Beschädigungsgrad 40 v. H.
– Fassade Beschädigungsgrad 20 v. H.

Wertanteil der
– Dachdeckung 16 v. H.
– Fassade 13 v. H.

Reparaturzuschlag
– Dachdeckung 25 % Reparaturzuschlagsfaktor 1,25
– Fassade 20 % Reparaturzuschlagsfaktor 1,20

Berechnung:
Schadensbeseitigungskosten
Anteil Dachdeckung 16 v. H. × 0,40 × 1,25 = 8,00 v. H.
Anteil Fassade 13 v. H. × 0,20 × 1,20 = 3,12 v. H.
Anteil der schadhaften Bauteile am Gesamtgebäude 11,12 v. H. × 500 000 € = 55 600 €

Der **Beschädigungsgrad** wird als Vomhundertsatz auf der Grundlage einer Bestandsaufnahme ermittelt.

Der **Wertanteil des beschädigten Bauteils** kann unter Berücksichtigung

– der Art der baulichen Anlage,

– des Baujahrs (ggf. fiktiven Baujahres) und

– der regionalen Lage der baulichen Anlage

einer geeigneten Wertanteilstabelle entnommen werden. Dabei kann wiederum zurückgegriffen werden auf

a) die Kostengruppen der DIN 276 oder

b) auf Richtwerte, insbesondere

   1. Richtzahlen für die Wertanteile in v. H. der Bauteile bei Geschossbauten gemäß Erl des nordrh.-westf. Ministers für Wiederaufbau vom 24.06.1948 – IA/225, MinBl. 1948 Nr. 12 (abgedruckt in Kleiber/Simon/Weyers, Verkehrswertermittlung von Grundstücken, 4. Aufl. Anl. 2 zu § 24 WertV[139]),

   2. Richtzahlen der Bundesfinanzverwaltung gemäß Verfügung der OFD Kiel (BStBl. I 1991, 969); abgedruckt in Anl. 1,

   3. Richtzahlen für die Wertanteile in v. H. der Bauteile bei Geschossbauten gemäß VO des Magistrats der Stadt Berlin (abgedruckt in Kleiber/Simon/Weyers, Verkehrswertermittlung von Grundstücken, 4. Aufl. Anl. 3 zu § 24 WertV),

   4. Wertanteil-Tabelle zur Feststellung des Zerstörungsgrades an Gebäuden gemäß bay. Staatsministerium der Finanzen, ABl. 1950 Nr. 2 (abgedruckt in Kleiber/Simon, Verkehrswertermittlung von Grundstücken, 5. Aufl. S. 2018),

   5. Tabelle zur Ermittlung des Beschädigungsgrades von Wohngebäuden des Bauausschusses des Deutschen Städtetages in der ehem. brit. Zone (abgedruckt in Kleiber/Simon/Weyers, Verkehrswertermittlung von Grundstücken, 4. Aufl. Anl. 6 zu § 24 WertV),

   6. Baukostenanteile bei Wohngebäuden und Kosteneinsparungen durch Eigenleistung nach Baier (abgedruckt in Kleiber/Simon/Weyers, Verkehrswertermittlung von Grundstücken, 4. Aufl. Anl. 4 zu § 24 WertV).

---

[139] Die Aufstellung ist auch Bestandteil des Erl der FM der neuen Bundesländer betr. Bewertung von Einfamilienhäusern im Beitrittsgebiet (BStBl. I 1991, 968 = GuG 1992, 78).

§ 8 ImmoWertV   Ermittlung des Verkehrswerts

c) Richtwerte zum Beschädigungsgrad bei Wohngebäuden
  - Richtlinien des Bauausschusses des Deutschen Städtetags in der ehemaligen britischen Zone (abgedruckt in Kleiber/Simon, Verkehrswertermittlung von Grundstücken, 5. Aufl. S. 2017)

d) weitere Hinweise:

Erlasse der obersten Finanzbehörden der neuen Länder
  - vom 21.07.1994 (BStBl. I 1994, 480 = Kleiber/Söfker Vermögensrecht Nr. 7.3.16)
  - vom 21.05.1993 (BStBl. I 1993, 467 = GuG 1994, 226),
  - vom 19.01.1993 (BStBl. I 1993, 173 = Kleiber/Söfker, Vermögensrecht Nr. 7.3.8 = Anh. 11.3 in der 2. Aufl. Kleiber/Simon/Weyers, Verkehrswertermittlung von Grundstücken).

Abb. 15: Gewichte ausgewählter Bauarbeiten an einem Neubau in konventioneller Bauweise

Wägungsanteile ausgewählter Bauarbeiten an einem Neubau in konventioneller Bauweise			
	Basis 2000 = 100	Basis 2005 = 100	Stand 2011
	Anteil in %	Anteil in %	Anteil in %
	Wohngebäude		
Bauleistungen am Bauwerk	1 00	1 00	1 00
Rohbauarbeiten	47,966	45,168	46,168
Erdarbeiten	3,512	3,666	3,666
Verbauarbeiten	–	–	0,041
Entwässerungskanalarbeiten	1,190	0,879	0.879
Mauerarbeiten	15,000	11,735	11,735
Betonarbeiten	15,785	14,030	14,030
Zimmer- und Holzbauarbeiten	4,373	6,389	6,389
Stahlbauarbeiten			0,411
Abdichtungsarbeiten	1.172	1,012	1.012
Dachdeckungs- und Dachabdichtungsarbeiten	3,928	5,710	5,710
Klempnerarbeiten	1,783	1,309	1,309
Gerüstarbeiten	–	–	0,986
Ausbauarbeiten	53,832	53,832	53,832
Naturwerksteinarbeiten	1,223	1,073	1,073
Betonwerksteinarbeiten	–	–	0,052
Putz- und Stuckarbeiten	6,899	4,521	4,521
Wärmedämm-Verbundsysteme	–	2,575	2,575
Trockenbauarbeiten	3,791	3,115	3,115
Vorgehängte hinterbelüftete Fassade	–	–	0,058
Fliesen- und Plattenarbeiten	3,220	3,263	3,263
Estricharbeiten	2,215	1,999	1,999
Tischlerarbeiten	7,917	9,919	9,919
Parkettarbeiten	1,122	1,727	1,727
Rollladenarbeiten	0,938	1,447	1,447
Metallbauarbeiten	3,704	3,714	3,714
Verglasungsarbeiten	0,056	0,056	0,056

Ermittlung des Verkehrswerts   § 8 ImmoWertV

Wägungsanteile ausgewählter Bauarbeiten an einem Neubau in konventioneller Bauweise			
	Basis 2000 = 100	Basis 2005 = 100	Stand 2011
	Anteil in %	Anteil in %	Anteil in %
Wohngebäude			
Maler- und Lackierarbeiten Beschichtungen	2,164	1,612	1,612
Bodenbelagsarbeiten	1,328	0,888	0,888
Tapezierarbeiten	0,644	1,262	1,626
Raumlufttechnische Anlagen	–	–	0,238
Heizanlagen und zentrale Wassererwärmungsanlagen	6,088	7,001	7,001
Gas-, Wasser- und Entwässerungsanlagen innerhalb von Gebäuden	4,621	4,805	4,804
Nieder- und Mittelspannungsanlagen	3,596	3,620	3,620
Gebäudeautomation	–	–	0,130
Blitzschutzanlagen	–	–	0,158
Dämmarbeiten an technischen Anlagen	–	–	0,281
Förder-, Aufzugsanlagen, Fahrtreppen und -steige	–	–	0,319
Quelle: Statistisches Bundesamt Fachserie 17 Reihe 4 2/2011; Wirtschaft und Statistik 2008, 811 Zu den Wägungsanteilen im Jahre 1995 (Bezugsdatum der NHK 1995/2000) vgl. Kleiber, Verkehrswertermittlung von Grundstücken, 6. Aufl. 2010, S. 1067 ff.; vgl. auch Rn. 418 zu den Wägungsanteilen im Wohnungsbau			

Der **Reparaturzuschlag** bemisst sich nach den Mehrkosten einer Instandsetzung gegenüber den Neubaukosten und ist insbesondere von der Zugänglichkeit des Bauteils und den Mehrkosten abhängig, die sich aus dem Umfang der „Handarbeiten" ergeben (Abb. 16).

Abb. 16:   Reparaturzuschlag

Reparaturzuschlagsfaktoren			
Bauteil	Reparaturzuschlag in v. H.	Wertanteil** in %	Reparaturzuschlagsfaktor*
Rohbau, Konstruktion und Treppe	0 %	49,68 %	1,0
Fenster	15 %	4,69 %	1,15
Türen	15 %	3,22 %	1,15
Elektroinstallation	20 %	2,85 %	1,2
Dachdecker, Zimmermann, Klempner	20 %	10,49 %	1,2
Putz, Trockenbau	30 %	7,36 %	1,3
Maler	30 %	3,22 %	1,3
Estrich, Bodenbelag	30 %	4,70 %	1,3
Heizung	30 %	6,53 %	1,3
Sanitär, Installation, Fliesen	100 %	7,27 %	2,0
Summe		100 %	

*   nach Schmitz, Gerlach, Krings
** nach Vogels

§ 8 ImmoWertV   Ermittlung des Verkehrswerts

c)   Schadensbeseitigungskosten nach Kostenkennwerten der Einzelgewerke

244 Die absoluten Baukosten werden i. d. R. nach den auf den Wertermittlungsstichtag kalkulierten Schadensbeseitigungskosten ermitteln. *Schmitz/Krings/Dahlhaus/Meisel* geben Vergleichswerte für einzelne Gewerke an, wobei auch diese Methode a priori ungenau bleiben muss, da die Gewerkebereiche regional, bürospezifisch und zeitlich unterschiedlich definiert werden (Abb. 17).

Abb. 17: Baukosten einzelner Gewerke in €/m² WF (Kostengruppe 200 bis 500) ohne Grundstücks- und Gebäuderestwert und ohne Baunebenkosten einschließlich 19 % Mehrwertsteuer für Fachwerkhäuser

Baukosten einzelner Gewerke in €/m² WF (Kostengruppe 200 bis 500 DIN 276-1 Ausg. 12/2008) ohne Grundstücks- und Gebäuderestwerte ohne Baunebenkosten einschließlich 19 % Mehrwertsteuer Preisstand: 2010/II									
	Fachwerkhäuser in den Zuständen								
Gewerke	schlecht			mittel			gut		
	von	mittel	bis	von	mittel	bis	von	mittel	bis
Abbruch-, Rohbauarbeiten	920	**1 075**	1 240	360	**440**	500	230	**260**	290
Zimmerarbeiten	420	**550**	640	265	**295**	320	175	**195**	215
Dachdeckerarbeiten	95	**110**	125	90	**100**	110	85	**90**	100
Putzarbeiten/Trockenbau	210	**270**	310	170	**210**	235	140	**150**	160
Fliesenarbeiten	35	**40**	50	32	**40**	48	35	**40**	50
Estricharbeiten	22	**30**	35	20	**25**	32	20	**25**	30
Schreinerarbeiten	130	**155**	175	95	**110**	125	58	**65**	70
Schlosserarbeiten	18	**25**	35	12	**15**	20	10	**15**	20
Fenster	110	**130**	155	105	**120**	135	100	**110**	120
Malerarbeiten	80	**95**	110	75	**80**	90	75	**80**	90
Bodenbelagsarbeiten	28	**35**	40	28	**35**	40	28	**35**	40
Heizungsinstallation	65	**70**	80	65	**70**	80	65	**70**	80
Sanitärinstallation	65	**80**	90	65	**80**	90	65	**80**	90
Elektroinstallation	38	**45**	55	38	**45**	55	38	**45**	55
Außenanlagen	10	**45**	60	10	**35**	60	10	**35**	60
Baukosten gesamt	2 750			1 700			1 300		

Quelle: Schmitz/Krings/Dahlhaus/Meisel, Baukosten 2010/11, Verlag Wingen 20. Aufl.

Ermittlung des Verkehrswerts § 8 ImmoWertV

Abb. 18: Baukosten einzelner Gewerke in €/m² WF (Kostengruppe 200 bis 500) ohne Grundstücks- und Gebäuderestwert und ohne Baunebenkosten einschließlich 19 % Mehrwertsteuer für Wohngebäude unterschiedlicher Baualtersstufen

Baukosten einzelner Gewerke in €/m² WF (Kostengruppe 200 bis 500 276, Ausg. 12/2008) ohne Grundstücks- und Gebäuderestwert ohne Baunebenkosten einschließlich 19 % Mehrwertsteuer Preisstand: 2010/II									
Gewerk	Baualtersstufen								
	Gründerzeithäuser Städtische Gebäude			Bauten 1920 bis 1939			Bauten 1950 bis 1959		
	von	mittel	bis	von	mittel	bis	von	mittel	bis
Abbruch-, Rohbauarbeiten	65	80	90	65	75	90	48	60	65
Zimmer- und Holzarbeiten	15	30	40	15	30	40	15	30	38
Dachdeckerarbeiten	65	75	90	60	70	80	60	65	70
Putzarbeiten/Trockenbau	120	150	175	120	150	170	130	155	175
Fliesenarbeiten	25	35	45	35	40	50	28	35	40
Estricharbeiten	20	30	38	20	30	38	15	25	30
Schreinerarbeiten	45	80	85	45	60	75	45	55	62
Schlosserarbeiten	15	20	25	22	30	32	22	30	35
Fenster	90	110	125	60	75	90	70	80	85
Malerarbeiten	90	110	125	65	75	80	75	80	85
Bodenbelagsarbeiten	20	30	45	22	30	38	26	30	40
Heizungsinstallation	60	70	85	54	65	75	45	55	65
Sanitärinstallation	75	85	95	76	85	95	75	80	85
Elektroinstallation	70	80	100	70	80	100	70	80	100
Außenanlagen	15	35	45	30	55	75	30	40	50
Baukosten gesamt	1 000			950			900		

Quelle: Schmitz/Krings/Dahlhaus/Meisel, Baukosten 2010/11, Verlag Wingen 20. Aufl.

§ 8 ImmoWertV Ermittlung des Verkehrswerts

Bauteiltabelle zur Berücksichtigung von Baumängeln und Bauschäden nach einem Vorentwurf zu den SachwertR.

Abb. 19: Durchschnittliche Kostenanteile der erneuerbaren Bauteile an den NHK in %

	Durchschnittliche Kostenanteile der erneuerbaren Bauteile an den NHK in %			
		Ausstattungsstandards		
DIN	Kostengruppenbezeichnung	Ø einfach	Ø mittel	Ø hoch
325	Bodenbeläge	1,9	2,2	2,5
326	Bauwerksabdichtungen	0,4	0,6	0,8
327	Drainagen	0,5	0,6	0,4
329	Gründung, Sonstiges	0,1	0,2	0,0
332	Nichttragende Außenwände	0,3	0,5	0,5
334	Außentüren und -fenster	6,9	7,6	7,4
335	Außenwandbekleidung außen	6,5	6,7	6,3
336	Außenwandbekleidungen innen	1,7	2,1	2,9
337	Elementierte Außenwände	3,2	3,1	2,0
338	Sonnenschutz	2,0	1,7	2,8
339	Außenwände, Sonstiges	1,3	1,2	2,0
341	Tragende Innenwände	3,8	3,6	2,8
342	Nichttragende Innenwände	3,6	2,7	1,5
344	Innentüren und -fenster	3,0	2,8	2,1
345	Innenwandbekleidungen	4,5	3,9	4,7
346	Elementierte Innenwände	0,6	0,2	0,0
349	Innenwände, Sonstiges	0,4	0,7	0,6
352	Deckenbeläge	5,3	5,4	6,2
353	Deckenbekleidungen	1,5	1,2	1,5
359	Decken, Sonstiges	1,3	1,6	0,8
362	Dachfenster, Dachöffnungen	1,1	1,1	2,2
363	Dachbeläge	4,8	5,4	5,0
364	Dachbekleidungen	2,5	2,0	1,8
369	Dächer, Sonstiges	0,3	0,5	0,3
371	Allgemeine Einbauten	0,8	1,2	1,0
372	Besondere Einbauten	0,0	0,0	1,2
379	Baukonstruktive Einbauten, Sonstiges	0,0	0,0	0,4
412	Wasseranlagen	4,3	4,2	5,0
413	Gasanlagen	0,0	0,1	0,1
421	Wärmeerzeugungsanlagen	2,5	2,5	3,4
423	Raumheizflächen	2,2	2,4	1,0
431	Lüftungsanlagen	0,4	0,6	1,0
443	Niederspannungsschaltanlagen	0,5	0,3	0,0
444	Niederspannungsinstallationsanlagen	2,8	2,7	2,5
445	Beleuchtungsanlagen	0,3	0,3	1,0
446	Blitzschutz- und Erdungsanlagen	0,1	0,1	0,3
449	Starkstromanlagen	0,2	0,0	0,0
451	Telekommunikationsanlagen	0,1	0,1	0,1
452	Such- und Signalanlagen	0,3	0,3	0,2
454	Elektroakustische Anlagen	0,1	0,1	0,1
455	Fernseh- und Antennenanlagen	0,2	0,3	0,2
456	Gefahrenmelde- und Alarmanlagen	0,1	0,6	2,9

Ermittlung des Verkehrswerts § 8 ImmoWertV

DIN	Kostengruppenbezeichnung	Durchschnittliche Kostenanteile der erneuerbaren Bauteile an den NHK in %		
		Ausstattungsstandards		
		Ø einfach	Ø mittel	Ø hoch
457	Übertragungsnetze	0,0	0,1	0,2
459	Fernmelde- und informationstechnische Anlagen	0,0	0,0	0,0
461	Aufzugsanlagen	0,0	2,5	0,0
471	Küchentechnische Anlagen	0,0	0,1	0,0
475	Feuerlöschanlagen	0,0	0,0	0,0
476	Badetechnische Anlagen	0,0	0,0	1,0
478	Entsorgungsanlagen	0,0	0,0	0,0

Um einen groben Anhalt über die Schadensbeseitigungskosten zu gewinnen, reicht zumeist eine Kostenschätzung nach der Bauteilmethode aus, die auf das Gliederungssystem der DIN 276 „Kosten im Hochbau" gestützt wird:

Kostengruppe		Betrag in €
Alle Beträge einschließlich Mehrwertsteuer		
100	Grundstück	
200	Herrichten und Erschließen	
300	Bauwerk – Baukonstruktion	
400	Bauwerk – Technische Anlagen	
500	Außenanlagen	
600	Ausstattung und Kunstwerke	
700	Baunebenkosten	
	Zur Abrundung	
	Gesamtkosten	

6.2.5 Baumängel und Bauschäden (Instandhaltungsrückstau) in der Beleihungswertermittlung

▶ *Vgl. oben Rn. 188*

Im Rahmen der Beleihungswertermittlung sind gemäß § 4 Abs. 5 BelWertV „ein zum Zeit- 245 punkt der Bewertung erkennbarer Instandhaltungsrückstau oder sonstiger baulicher Aufwand sowie Baumängel und Bauschäden … als **gesonderter Wertabschlag in Höhe der zu erwartenden Aufwendungen oder nach Erfahrungssätzen** zu berücksichtigen". Die BelWertV lässt damit grundsätzlich Abschläge nach Erfahrungssätzen sowie entsprechende Abschläge auf der Grundlage der Schadensbeseitigungskosten zu und schließt im Umkehrschluss unverständlicherweise eine Berücksichtigung durch eine entsprechend verminderte Restnutzungsdauer aus.

6.3 Wirtschaftliche Überalterung

6.3.1 Allgemeines

Der in § 8 Abs. 3 ImmoWertV angeführte Begriff der „**wirtschaftlichen Überalterung**" ist 246 **ein Sammelbegriff**. Eine wirtschaftliche Überalterung liegt insbesondere vor, wenn ein Gebäude den am Wertermittlungsstichtag marktgängigen Anforderungen und insbesondere den **Anforderungen an gesunde Wohn- und Arbeitsverhältnisse** nicht mehr genügt[140]. Dies ist u. a. gegeben bei

---
140 BR-Drucks. 265/72, S. 21f.

§ 8 ImmoWertV   Ermittlung des Verkehrswerts

a) einen zeitgemäßen Bedürfnissen nicht mehr entsprechenden und damit i. d. R. auch unwirtschaftlichen *Aufbau (Grundriss, Geschosshöhe, Raumtiefe, Konstruktion)*,

b) eine gewandelten Anforderungen nicht mehr entsprechende *Baugestaltung und Funktionserfüllung (Struktur und Raumaufteilung)* sowie

c) einem *Zurückbleiben hinter dem technischen Fortschritt*[141].

Die vorgegebene Berücksichtigung einer „wirtschaftlichen Überalterung" stellt bei Anwendung des Sachwertverfahrens eine **die allgemeine Alterswertminderung** (§ 23 ImmoWertV) **ergänzende Sonderabschreibung** dar, die der international gebräuchlichen (wertermittlungstechnischen) Sonderabschreibung aufgrund

– technischer und funktionaler Überalterung *(functional obsolescence)*,

– äußerer Einflüsse *(external obsolescence)* und

– Substanz- und Materialverschlechterung *(physical deterioration)*

entspricht.

Eine wirtschaftliche Überalterung tritt im **gewerblichen Bereich** vor allem dann ein, wenn Bauweise und Ausstattung einem schnellen Wandel unterworfen sind, Produktionsabläufe beeinträchtigt werden und die bauliche Anlage den geänderten Anforderungen nicht angepasst werden kann. Bei gewerblichen Geschossbauten sind hier unzureichende Ver- und Entsorgungsanlagen, mangelhafte Anfahrmöglichkeiten, überalterte Heizungs- und Lüftungsanlagen, eine unzureichende Belastungsfähigkeit der Decken, fehlende Möglichkeiten bei der Ausstattung mit telekommunikativen Einrichtungen sowie fehlende Fahrstuhlanlagen zu nennen. Auch landwirtschaftliche Betriebsgebäude sind wie andere Gebäude dem Strukturwandel ausgesetzt.

Die wirtschaftliche Überalterung kann erheblich sein und sogar auf die sofortige **Liquidation** hinauslaufen.

247 Für die **Bemessung der Wertminderung wegen wirtschaftlicher Überalterung** können die Grundsätze Anwendung finden, die für die Bemessung der Wertminderung wegen Baumängeln und Bauschäden dargelegt sind. Anhaltspunkte sind danach wiederum die kapitalisierten Mindererträge und die Kosten, die zur Behebung dieser Mängel aufgebracht werden müssten, wobei die Wertminderung im Ergebnis aber nur in der Höhe angesetzt werden darf, die dem gewöhnlichen Geschäftsverkehr entspricht.

248 Auch bei der Berücksichtigung der Wertminderung wegen wirtschaftlicher Überalterung geht es nur um solche **Gebäudemerkmale, die nicht** nach Maßgabe des Einleitungssatzes von § 8 Abs. 2 ImmoWertV bereits **direkt mit dem herangezogenen Wertermittlungsverfahren berücksichtigt worden sind**:

– Bei *Anwendung des Vergleichswertverfahrens* können die herangezogenen Vergleichsgrundstücke eine vergleichbare wirtschaftliche Überalterung aufweisen; für eine weitere Berücksichtigung ist dann kein Raum mehr.

– Bei *Anwendung des Ertragswertverfahrens* können sich die marktüblich erzielbaren Erträge (unter Berücksichtigung des Baujahrs) ebenfalls auf Objekte beziehen, die wiederum eine vergleichbare wirtschaftliche Überalterung aufweisen; für eine weitere Berücksichtigung ist auch dann kein Raum mehr. Des Weiteren kann eine wirtschaftliche Überalterung auch zu einer Erhöhung der sonst marktüblichen Bewirtschaftungskosten führen, die ebenfalls über § 18 ImmoWertV Eingang in die Verkehrswertermittlung findet. Schließlich kann einer wirtschaftlichen Überalterung auch mit einem „Risikozuschlag" zum sonst üblichen Liegenschaftszinssatz Rechnung getragen worden sein.

– Bei *Anwendung des Sachwertverfahrens* auf der Grundlage baujahrsspezifischer Normalherstellungskosten ist ebenfalls zu prüfen, ob nicht bereits mit den Normalherstellungskosten eine wirtschaftliche Überalterung erfasst ist.

---

141 BFH, Urt. vom 27.03.2001 – R 42/99 –, BFHE 195, 234 = EzGuG 20.178c.

Ermittlung des Verkehrswerts § 8 ImmoWertV

Abschläge wegen einer wirtschaftlichen Überalterung können – unabhängig von dem zur Anwendung kommenden Wertermittlungsverfahren – nach kapitalisierten Mindereinnahmen und Umbaukosten bemessen werden.

Bei Anwendung des Sachwertverfahrens kann die Höhe des Abschlags auch aus dem Unterschied ermittelt werden, der sich für die Abschreibung der Herstellungskosten ergibt, je nachdem, ob man die übliche oder die verkürzte Gesamtnutzungsdauer zugrunde legt. Dabei kann prinzipiell nach derselben Systematik verfahren werden wie bei der Verkürzung oder Verlängerung der Restnutzungsdauer.

Diese Ermittlungsmethode ist insbesondere in den Fällen angezeigt, in denen der Sachwert zunächst auf der Grundlage des Modellansatzes einer üblichen Gesamtnutzungsdauer ermittelt wurde, die den tatsächlichen Eigenschaften der baulichen Anlage ungenügend Rechnung trägt. Hat z. B. der Gutachterausschuss der Ableitung des Sachwertfaktors i. S. des § 14 Abs. 2 ImmoWertV eine 100-jährige (übliche) **Gesamtnutzungsdauer** (Nutzungsdauer) **als Modellgröße** i. S. der Nr. 4.3.1 der SachwertR (vgl. § 6 ImmoWertV Rn. 381) zugrunde gelegt und entspricht diese nicht den Eigenschaften des Bewertungsobjekts, so ist es aus Gründen der Modellkonformität geboten, den Sachwert gleichwohl zunächst auf der Grundlage einer 100-jährigen Nutzungsdauer i. V. m. einer vorläufigen Restnutzungsdauer (vgl. § 8 ImmoWertV Rn. 388) zu ermitteln und die verkürzte Nutzungsdauer aufgrund der wirtschaftlichen Überalterung ergänzend zu berücksichtigen:

Beispiel:

Sachverhalt: Es soll der Verkehrswert (Marktwert) eines Einfamilienhauses unter Anwendung des Sachwertverfahrens ermittelt werden. Die vom örtlichen Gutachterausschuss für Grundstückswerte abgeleiteten Sachwertfaktoren i. S. des § 14 Abs. 2 ImmoWertV wurden auf der Grundlage des Modellansatzes einer üblichen Gesamtnutzungsdauer (Nutzungsdauer) von 100 Jahren abgeleitet.

Lösung: Es wurde zunächst der vorläufige Sachwert auf der Grundlage des Modellansatzes einer (üblichen) Gesamtnutzungsdauer von 100 Jahren ohne Berücksichtigung der Marktanpassung und der besonderen objektspezifischen Grundstücksmerkmale ermittelt.

Normalherstellungskosten am Wertermittlungsstichtag		400 000 €
Modellansatz einer üblichen Gesamtnutzungsdauer (Nutzungsdauer) bei der Ableitung der Sachwertfaktoren	100 Jahre	
Restnutzungsdauer am Wertermittlungsstichtag	50 Jahre	
Alterswertminderungsfaktor: 50/100	0,5	
Alterswertgeminderte Normalherstellungskosten: 400 000 € × 0,5 =		*200 000 €*
+ Bodenwert		100 000 €
Vorläufiger nicht marktangepasster Sachwert		300 000 €
Sachwertfaktor des Gutachterausschusses bei einem vorläufigen Sachwert von 300 000 €:	0,7	
Marktangepasster vorläufiger Sachwert (ohne besondere objektspezifische Grundstücksmerkmale)		**210 000 €**

Zu berücksichtigen ist eine wirtschaftliche Überalterung, denn das Objekt weist eine unwirtschaftliche Bauweise, eine unwirtschaftliche Grundrissgestaltung mit gefangenen Zimmern, erhebliche Niveauunterschiede, überalterte sanitären Einrichtungen und unzureichende Treppen auf. Die wirtschaftliche Überalterung führt zu einer reduzierten Gesamtnutzungsdauer von 80 Jahren und einer entsprechend reduzierten Restnutzungsdauer von 30 Jahren.

Normalherstellungskosten am Wertermittlungsstichtag	400 000 €	
Übliche Gesamtnutzungsdauer (Nutzungsdauer) bei	80 Jahre	
Restnutzungsdauer am Wertermittlungsstichtag	30 Jahre	
Alterswertminderungsfaktor: 30/80	0,375	
Alterswertgeminderte Normalherstellungskosten: 400 000 € × 0,375		= *150 000 €*
Alterswertgeminderte Normalherstellungskosten bei GND von 100 Jahren (vgl. oben)		= *200 000 €*

Wertminderung wegen wirtschaftlicher Überalterung		– 50 000 €
Diese ist nach § 8 Abs. 3 ImmoWertV nur insoweit zu berücksichtigen, wie dies dem gewöhnlichen Geschäftsverkehr entspricht. Bei voller Berücksichtigung:	=	– 50 000 €
Sachwert (Marktwert) = 210 000 € – 50 000 €		**160 000 €**

Als Formel:

$$\text{Wirtschaftliche Überalterung} = \left(\frac{\text{RND}_{\text{tatsächliche}}}{\text{GND}_{\text{übliche}}} - \frac{\text{RND}_{\text{vorläufige}}}{\text{GND}_{\text{Modellansatz}}}\right) \times \text{Herstellungskosten}$$

Im Beispiel:

$$\text{Wirtschaftliche Überalterung} = \left(\frac{30}{80} - \frac{50}{100}\right) \times \text{Herstellungskosten} =$$

$- 0{,}125 \times 400\,000\,€ = -\,50\,000\,€$

Die Formel kann bei Abweichungen zwischen der vom Gutachterausschuss bei der Ableitung des Sachwertfaktors als Modellansatz gewählten „üblichen Gesamtnutzungsdauer" und der tatsächlichen Gesamtnutzungsdauer der im Einzelfall zu bewertenden Liegenschaft zur Anwendung kommen. Problematisch bleibt die Höhe des so berechneten Abschlags wegen wirtschaftlicher Überalterung, denn er ist nach § 8 Abs. 3 ImmoWertV nur insoweit zu berücksichtigen, wie dies dem gewöhnlichen Geschäftsverkehr entspricht, d. h. er ist ggf. einer Marktanpassung zu unterwerfen, wobei diese nicht der des Sachwertfaktors entsprechen muss.

Unproblematisch sind indessen die Fälle, in denen der Gutachterausschuss für Grundstückswerte den Sachwertfaktor auf der Grundlage einer **üblichen Gesamtnutzungsdauer nach Anl. 5 der SachwertR** ermittelt hat, denn die Anl. 5 sieht nach Gebäudestandards gestaffelte Gesamtnutzungsdauern vor. Der „Modellansatz" der üblichen Gesamtnutzungsdauer muss in diesem Fall der üblichen Gesamtnutzungsdauer entsprechen, die nach Maßgabe der Anl. 5 der SachwertR der im Einzelfall zu bewertenden Liegenschaft zugeordnet wird, d.h. Abweichungen zwischen der vom Gutachterausschuss der Ableitung von Sachwertfaktoren zugrunde gelegten und der vom Anwender dieser Sachwertfaktoren zugrunde gelegten üblichen Gesamtnutzungsdauer können gar nicht auftreten.

6.3.2 Grundriss

249 Die **Raumaufteilung (Grundrisslösung)** beurteilt sich nach der wirtschaftlichen Gestaltung des Grundrisses, wobei i. d. R. eine verschachtelte und verwinkelte Raumaufteilung zu Wertminderungen führt. Bei gewerblichen Objekten ist die Raumaufteilung u. a. nach ihrer Eignung für die Betriebsführung bzw. den Produktionsprozess zu beurteilen. Dies können z. B. gefangene Zimmer, d. h. Räume, die nicht über den Wohnungsflur, sondern lediglich durch ein anderes Zimmer zu erreichen sind, lange und dunkle Flure, und dgl. sein. Die Wertminderung lässt sich wiederum über die kapitalisierte Ertragsdifferenz ermitteln.

Beispiel:

Sachverhalt: Es soll der Verkehrswert (Marktwert) eines Einfamilienhauses in Freiburg unter Anwendung des Sachwertverfahrens ermittelt werden. Die vom örtlichen Gutachterausschuss für Grundstückswerte abgeleiteten Sachwertfaktoren i. S. des § 14 Abs. 2 ImmoWertV wurden auf der Grundlage üblicher normal geschnittener Grundrisse abgeleitet.

Lösung: Es wurde zunächst der vorläufige Sachwert auf der Grundlage der üblichen Grundrisslösungen ohne Berücksichtigung der Marktanpassung und der besonderen objektspezifischen Grundstücksmerkmale ermittelt mit 300 000 €. Hieraus wurde mithilfe des Sachwertfaktors des Gutachterausschusses (0,7) als marktangepasster vorläufiger Sachwert (ohne besondere objektspezifische Grundstücksmerkmale) ermittelt: **210 000 €.**

Als besonderes objektspezifisches Grundstücksmerkmal ist ergänzend zu berücksichtigen, dass drei Zimmer mit insgesamt 62 m² des Objekts gefangene Zimmer sind. Der Mietspiegel von Freiburg weist für

Ermittlung des Verkehrswerts § 8 ImmoWertV

gefangene Zimmer einen Abschlag von 7 % der sonst marktüblich erzielbaren Nettokaltmiete (ortsübliche Vergleichsmiete) auf:

– marktüblich erzielbare Nettokaltmiete	8,00 €/m²
– geminderte Miete: 8,00 €/m² – 8,00 €/m² × 0,07 =	7,44 €/m²
– Differenz pro Quadratmeter Wohnfläche	0,56 €/m²
– Liegenschaftszinssatz	3 %
– Restnutzungsdauer	30 Jahre

Aus der kapitalisierten Ertragsdifferenz ergibt sich eine Wertminderung von:

0,56 €/m² × 60 m² × 12 Monate × 19,60 = rd. 8 000 €
Sachwert (Marktwert) **rd. 200 000 €**

6.3.3 Geschosshöhe

Schrifttum: *Gripp. P.*, Anpassungsfaktoren für NHK-Gebäudetypen mit Kostenangaben pro m³ Brutto-Rauminhalt, GuG 2007, 48.

▶ *Vgl. unten Rn. 411 sowie § 22 ImmoWertV Rn. 53; Syst. Darst. des Sachwertverfahrens Rn. 111*

Überhohe Geschosshöhen können sich auf den Verkehrswert werterhöhend und wertmindernd auswirken. In einem **Gewerbebetrieb,** der in baulichen Anlagen **mit überhohen Geschosshöhen** eingerichtet ist, wirken sich diese i. d. R. wertmindernd aus, wenn sie wirtschaftlich nicht genutzt werden können und sich die Betriebskosten (z. B. durch erhöhte Heizkosten) erhöhen. Das Gleiche kann zwar grundsätzlich auch für **Wohngebäude** gelten, jedoch können hier überhohe Geschosshöhen auch den Wohnwert erhöhen. Dies gilt z. B. für alte Gründerzeithäuser mit hohem Ambiente. **250**

Bei Anwendung des Sachwertverfahrens ist die Berücksichtigung überhoher Geschosshöhen wertermittlungstechnisch von der Bezugsgrundlage der Normalherstellungskosten abhängig:

- Bei **Heranziehung von flächenbezogenen Normalherstellungskosten** gehen überhohe Geschosshöhen nicht in die Gebäudesachwertermittlung ein und brauchen nicht wertmindernd berücksichtigt zu werden. Stellen überhohe Geschosshöhen wie in dem vorstehend genannten Fall einen werterhöhenden Umstand dar, müssen sie jedoch zusätzlich berücksichtigt werden.

- Im Falle der **Heranziehung von volumenbezogenen Normalherstellungskosten,** die jedoch unüblich sind, würden überhohe Geschosshöhen indessen „über den Raum" in die Gebäudesachwertermittlung eingehen. Wären in diesem Fall überhohe Geschosshöhen als wertmindernder Umstand anzusehen, so müsste diesem Umstand nach § 8 Abs. 3 ImmoWertV Rechnung getragen werden, wenn dies nicht bereits nach § 22 ImmoWertV berücksichtigt wurde, z. B. indem der Rauminhalt **fiktiv so ermittelt** wurde, **wie er sich bei normalen Geschosshöhen ergeben würde.**

Zur **Ermittlung der Wertminderung bzw. Werterhöhung einer erheblich von der üblichen Geschosshöhe abweichenden Geschosshöhe** des zu bewertenden Grundstücks kann es sich empfehlen, die mittlere Geschosshöhe des zu bewertenden Gebäudes zu ermitteln und in Relation zu der mittleren Geschosshöhe zu setzen, die den herangezogenen Normalherstellungskosten i. V. m. dem Sachwertfaktor zugrunde liegt. Im Unterschied zu den NHK 2000 werden in den NHK 2010 allerdings keine den angegebenen Kostenkennwerten zurechenbaren mittleren Geschosshöhen mehr angegeben. Hinweise darauf können allenfalls den Vorentwürfen zu den NHK 2010 (vgl. GuG 2012, 20) entnommen werden.

Ob die Abweichung der mittleren Geschosshöhe des zu bewertenden Gebäudes von der mittleren Geschosshöhe der zugrunde gelegten Normalherstellungskosten i. V. m. dem Sachwertfaktor zu einer Werterhöhung bzw. Wertminderung führt, hängt nach den vorstehenden Ausführungen von den Gegebenheiten des Einzelfalls ab. Lediglich in Bezug auf das **Dachgeschoss (mit Satteldach)** führen überdurchschnittlich hohe Geschosshöhen in aller Regel zu Werterhöhungen, da sich damit die Nutzbarkeit erhöht bzw. erhöhen lässt.

§ 8 ImmoWertV — Ermittlung des Verkehrswerts

6.3.4 Struktur und Raumaufteilung

Schrifttum: *Hartermann/Finke,* Vergleich von Immobilien mithilfe von Gebäude-Kennzahlen, ZfV 2001, 322.

▶ *Zum Nutzflächenfaktor vgl. Syst. Darst. des Sachwertverfahrens Rn. 198 ff., Kleiber, Verkehrswertermittlung von Grundstücken, 6. Aufl. 2010, Teil III Rn. 554; zum Ausbauverhältnis Teil III Rn. 584*

251 Als Kriterium der Wirtschaftlichkeit, der Struktur und Raumaufteilung können insbesondere gelten

– das **Ausbauverhältnis**; es definiert sich als

$$\text{Ausbauverhältnis}[m] = \frac{\text{Brutto-Rauminhalt } [m^3] \text{ bzw. Umbauter Raum}}{\text{Wohn- bzw. Nutzfläche } [m^2]}$$

Bei voll unterkellerten Mehrfamilienhäusern hat sich das Ausbauverhältnis von rd. 6,0 im Jahre 1900 (ungünstig) auf etwa 4,2 im Jahre 1995 (günstig) reduziert.

– der **Nutzflächenfaktor**; er definiert sich als

$$\text{Nutzflächenfaktor (NFF)}_{[\%]} = \frac{\text{Brutto-Grundfläche (BGF)}}{\text{Wohn- bzw. Nutzfläche (WF bzw. NF)}}$$

Je kleiner der Nutzflächenfaktor ausfällt, desto wirtschaftlicher ist die räumliche Baugestaltung, jedoch kann die Akzeptanz umso eher kippen.

Der Nutzflächenfaktor hat sich mit der Zeit sowohl für Wohngebäude als auch für gewerblich geschäftliche Gebäude von etwa 1,40 (um die Jahrhundertwende) bis auf etwa 1,25 im Jahre 1990 vermindert und hat sich seither wieder leicht erhöht. Mitunter wird als Nutzflächenfaktor auch der Reziprokwert der vorstehenden Verhältniszahl definiert, d. h. als Verhältnis der Wohnfläche zur Brutto-Grundfläche, und es ergeben sich NFF < 1,0 (Abb. 20).

Abb. 20: Nutzflächenfaktoren

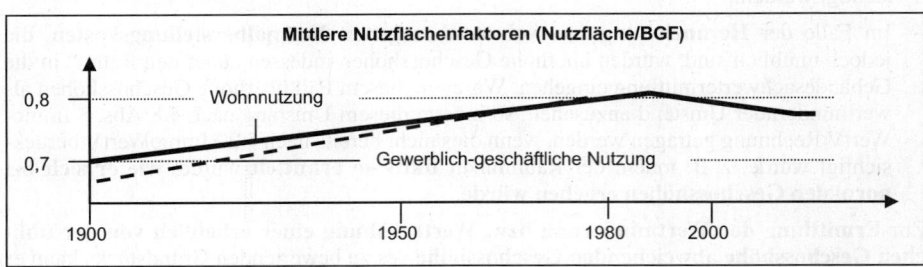

In den Tabellenwerken **der Normalherstellungskosten 2010 (NHK 2010) werden zu den ausgewiesenen Kostenkennwerten keine durchschnittlichen Nutzflächenfaktoren angegeben.** Die in dem Vorentwurf zu den NHK 2010 (vgl. GuG 2012, 20) angegebenen Nutzflächenfaktoren haben sich wie die dort zunächst angegebenen mittleren Geschosshöhen als unzuverlässig erwiesen und ließen allenfalls Unstimmigkeiten des Tafelwerks erkennen; sie werden deshalb in der aktuellen Fassung des Tafelwerks nicht angegeben.

Ermittlung des Verkehrswerts § 8 ImmoWertV

- das Verhältnis der Hauptnutzfläche (HNF) zur
  - Brutto-Grundfläche (BGF) bzw.
  - Nebennutzfläche (NNF)

▶ *Zu den Begriffen vgl. Syst. Darst. des Sachwertverfahrens Rn. 70; Kleiber, Verkehrswertermittlung von Grundstücken, 6. Aufl. 2010, Teil III Rn. 502 ff., 554 und 589 ff.*

Je größer das Verhältnis (in %) ausfällt, desto wirtschaftlicher ist die räumliche Baugestaltung.

- der **Mietflächenfaktor**; er ergibt sich aus dem Verhältnis der Netto-Grundfläche zur Brutto-Grundfläche

$$\text{Mietflächenfaktor} = \frac{\Sigma \text{Netto Grundfläche (NGF)}}{\Sigma \text{Brutto Grundfläche (BGF)}} \times 100$$

Je niedriger der Prozentsatz ausfällt, umso höher ist der Anteil nicht vermietbarer Flächen.

- das **Achsmaß**.

Für die Flächeneffizienz ist das **Achsmaß** (**Achsenabstandmaß**: im Bürobereich i. d. R. zwischen 1,25 bis 1,50 m) von Bedeutung. Ein Achsmaß von 1,315 m bietet bei einer Raumtiefe von 5,20 bis 5,70 m individuelle Gestaltungsmöglichkeiten. Bei einer Flurbreite von 1,50 m und den angegebenen Raumtiefen wird eine Gebäudetiefe von mehr als 13 m problematisch. Im Hinblick auf andere Büroformen (Kombibüros, *Business*-Büros) bieten größere Raumtiefen allerdings eine größere Gestaltungsmöglichkeit (Abb. 21).

Abb. 21: Effiziente Achsmaße

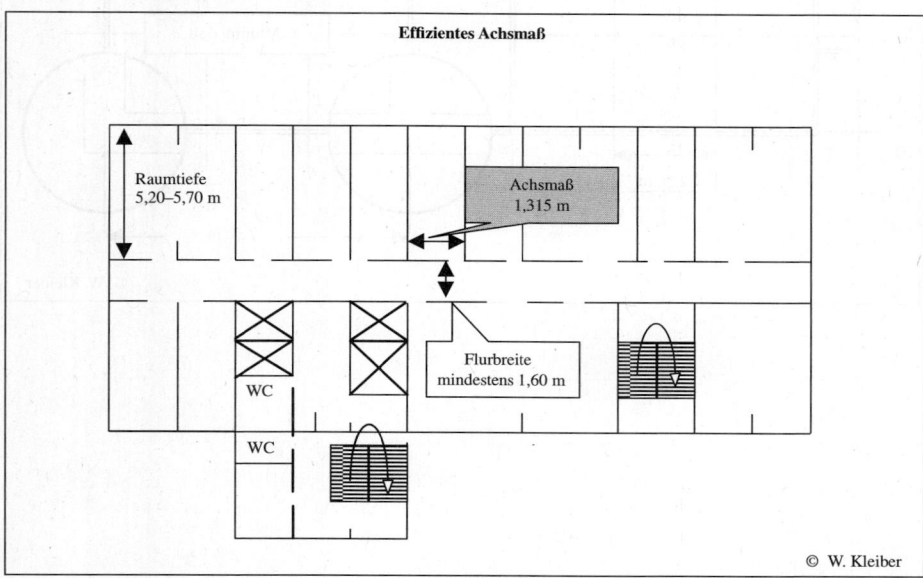

Unter dem **Abstandsmaß** (vulgo: **Achsmaß**) wird das Maß verstanden, mit dem der Grundriss eines Bauwerks in einem aus rechtwinklig zueinander angeordneten Ebenen bestehenden Koordinatensystem nach rechtwinkligen Achsabständen unterteilt wird (Rastermaß)[142]. Messlinie für diese Achsen ist die statische Systemachse der Konstruktion[143]. Die Achsabstände

---
142 Vgl. DIN 18000 Modulordnung im Bauwesen.
143 Neufert, Bauentwurfslehre, 37. Aufl.

§ 8 ImmoWertV — Ermittlung des Verkehrswerts

sind Teilmaße des Grundrisses, die Stützen, Träger, Wandmitten usw. bestimmen. Bei Industriebauten gilt für die Achsabstände z. B. ein Grundmaß von 2,5 m (Abb. 22).

$$\text{Achsmaß} = \frac{\text{Gebäudebreite bzw. -tiefe in m}}{\text{Anzahl der (Ausbau-)Achsen an der Gebäudebreite bzw. -tiefe}}$$

Abb. 22: Achsabstandsmaß

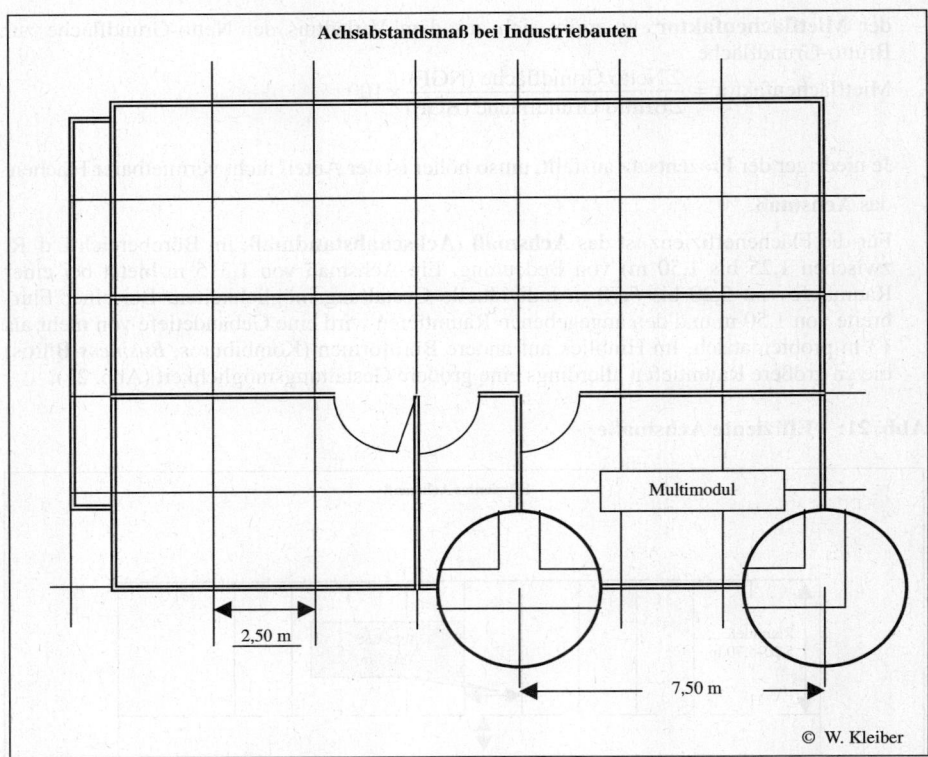

Ermittlung des Verkehrswerts   § 8 ImmoWertV

Abb. 23:   Raumgrößen und Achsmaß

Raumgrößen und Achsmaß								
			Raumtiefe					
		Ohne Heizung	5,4	–	5,6	–	5,8	–
		Mit Heizung	–	4,9	–	5,1	–	5,3
Achsab-stand	2-Achser inklusive Trennwand	exklusive Trenn-wand	Resultierende nutzbare Raumgrößen in m²					
1,20	2,4	–	13,0	11,8	13,4	12,2	13,9	12,7
		2,3	12,4	11,3	12,9	11,7	13,3	12,2
1,25	2,5	–	13,51	12.3	14,0	12,8	14,5	13,3
		2,4	3,0	11,8	13,4	12,2	13,9	12,7
1,30	2,6	–	14,01	12,7	14,6	13,3	15,1	13,8
		2,5	3,5	12,3	14,0	12,8	14,5	13,3
1,35	2,7	–	14,6	13,2	15,1	13,8	15,7	14,3
		2,6	14,0	12,7	14,6	13,3	15,1	13,8
1,40	2,8	–	15,1	13,7	15,7	14,3	16,2	14,8
		2,7	14,6	13,2	15,1	13,8	15,7	14,3
1,45	2,9	–	15,7	14,2	16,2	14,8	16,8	15,4
		2,8	15,1	13,7	15,7	14,3	16,2	14,8
1,50	3,0	–	16,2	14,7	16,8	15,3	17,4	15,9
		2,9	15,7	14,2	16,2	14,8	·16,8	15,4

Quelle: Müller Consulting GmbH

6.4   Überdurchschnittlicher Erhaltungszustand

Der Wertminderung wegen wirtschaftlicher Überalterung steht die Werterhöhung wegen eines **252** **überdurchschnittlichen Erhaltungszustands** gegenüber. Diese ist nach der Systematik der ImmoWertV **von der Modernisierung** (§ 5 Abs. 6 Satz 2 ImmoWertV) **abzugrenzen**, die nach § 6 Abs. 6 Satz 1 ImmoWertV unmittelbar durch eine entsprechende Verlängerung der Restnutzungsdauer Eingang in die Marktwertermittlung findet.

Ein überdurchschnittlicher Erhaltungszustand liegt bei besonders „gepflegten" Objekten vor, ohne dass sich dadurch die Restnutzungsdauer verlängern muss, insbesondere dann nicht, wenn sich die durchgeführten Arbeiten nicht auch auf wesentliche Bauteile erstrecken. Ein überdurchschnittlicher Erhaltungszustand kann nur angenommen werden, wenn das **Gebäude über den üblichen Instandhaltungszustand hinaus besonders umfassend und sorgfältig instand gehalten** wurde. ohne dass durch wertverbessernde Maßnahmen (Modernisierungen) die Restnutzungsdauer des Gebäudes beeinflusst wird. Dieser Fall wird selten vorliegen, da es jeder wirtschaftlich denkende Eigentümer bei notwendigen Reparaturen oder erforderlichem Ersatz eines durch Verschleiß gealterten Bauteils vorzieht, es durch ein höherwertiges Bauteil zu ersetzen, anstatt das alte Bauteil zu oft nicht geringeren Kosten reparieren zu lassen. Durch die im Zeitablauf entstehende Summierung neuer (modernerer) Bauteile ergibt sich i. d. R. das Erscheinungsbild eines Gebäudes, welches sich jünger darstellt, als es seinem tatsächlichen Alter entspricht.

Eine Werterhöhung aufgrund eines überdurchschnittlichen Erhaltungszustands kommt wie- **253** derum nur in Betracht, wenn dieser nicht bereits entsprechend den Ausführungen unter Rn. 248 direkt mit dem herangezogenen Wertermittlungsverfahren Berücksichtigung gefunden hat.

Auch wenn sich ein überdurchschnittlicher Erhaltungszustand nicht direkt auf die Ertragsverhältnisse auswirkt, kann gleichwohl beobachtet werden, dass im gewöhnlichen Geschäftsverkehr Preiszugeständnisse gemacht werden, die sich allerdings nicht an den aufgebrachten Kosten orientieren.

6.5 Architektonische Gestaltung

254 Als werterhöhender bzw. wertmindernder Umstand kommt auch eine besondere architektonische Gestaltung der baulichen Anlage in Betracht, die sich nicht bereits im Reinertrag niederschlagen muss. Entsprechende Zu- und Abschläge dürfen jedoch nur insoweit angebracht werden, wie im gewöhnlichen Geschäftsverkehr derartige Umstände werterhöhend bzw. wertmindernd „angenommen" werden. Nicht jede als besonders künstlerisch geltende architektonische Gestaltung findet im gewöhnlichen Geschäftsverkehr entsprechende Resonanz und kann dort sogar auf Ablehnung stoßen. Soweit die architektonische Gestaltung nicht werterhöhend ist, könnte allenfalls ein nach § 194 BauGB nicht zu berücksichtigender Affektionswert angenommen werden.

6.6 Von marktüblich erzielbaren Erträgen erheblich abweichende Erträge

6.6.1 Allgemeines

6.6.1.1 Verkehrswertermittlung (ImmoWertV)

▶ *Vgl. auch § 17 ImmoWertV Rn. 19 ff.; vgl. auch Syst. Darst. des Ertragswertverfahrens Rn. 58, 64, 105 ff.*

255 Bei allen zur Anwendung kommenden Wertermittlungsverfahren ist ertragswirtschaftlichen Besonderheiten (Anomalien) Rechnung zu tragen, soweit sie (noch) nicht direkt mit dem zur Anwendung gekommenen Wertermittlungsverfahren berücksichtigt worden sind. **Dies gilt auch für das Vergleichs- und Sachwertverfahren.** Als Besonderheiten (Anomalien) stellt § 8 Abs. 3 ImmoWertV „von den marktüblich erzielbaren Erträgen **erheblich abweichende Erträge**" heraus.

Von den marktüblich erzielbaren Erträgen erheblich abweichenden Erträgen muss bei Anwendung des **Ertragswertverfahrens** nach Maßgabe des § 8 Abs. 3 ImmoWertV nur Rechnung getragen werden, wenn das Ertragswertverfahren auf der Grundlage marktüblich erzielbarer Erträge gemäß § 17 Abs. 2 ImmoWertV (Standardverfahren) zur Anwendung kommt. Kommt hingegen das mehrperiodische Ertragswertverfahren nach § 17 Abs. 1 Satz 2 i. V. m. Abs. 3 ImmoWertV zur Anwendung, gehen die Abweichungen direkt in die Ertragswertermittlung ein und müssen nicht zusätzlich berücksichtigt werden.

256 **Von den marktüblich erzielbaren Erträgen erheblich abweichende Erträge sind i. d. R. zeitlich befristet.** Demzufolge geht es um die **Berücksichtigung** *temporärer Mehr- oder Mindereinnahmen (over- und underrented).*

257 Eine „**erhebliche**" Abweichung von den marktüblich erzielbaren Erträgen liegt vor, wenn die Kapitalisierung dieser Abweichung zu einem Betrag führt, der sich auf das Ergebnis der Marktwertermittlung mehr als geringfügig auswirkt und im Rahmen der Auf- oder Abrundung des Ergebnisses der Wertermittlung zu einem anderen Ergebnis führt.

- Ob die tatsächlich erzielten Erträge von den marktüblichen Erträgen „erheblich" abweichen, ist nicht nur von dem Unterschied zwischen der tatsächlich erzielten und der marktüblich erzielbaren Miete abhängig, sondern auch von der **Dauer solcher Abweichungen**. Abweichungen von geringerer Höhe können, wenn sie längerfristig hinzunehmen sind, den Ertragswert genauso beeinflussen wie Abweichungen von beträchtlicher Größenordnung, die nur von kurzer Dauer und von vorübergehender Natur sind.

- Darüber hinaus muss von derartigen Abweichungen auch nicht die gesamte Nutzfläche des Grundstücks betroffen sein, sodass auch eine **Abhängigkeit von der betroffenen Nutzfläche** besteht.

In der **Zusammenfassung** ist die Höhe der temporären Mehr- oder Mindereinnahmen abhängig von

Ermittlung des Verkehrswerts § 8 ImmoWertV

- dem Unterschied der aufgrund wohnungs- und mietrechtlicher Bindungen am Wertermittlungsstichtag tatsächlich erzielten Mieten und den am Wertermittlungsstichtag marktüblich erzielbaren Mieten, die unter Anwendung des Liegenschaftszinssatzes langfristig erzielt werden können;
- dem Zeitraum, über den die vertrags-, wohnungs- und mietrechtlichen Bindungen bestehen, sowie
- der davon betroffenen Nutzfläche.

Zur Feststellung dieser Abweichungen muss die mietrechtliche Situation unter Heranziehung der Mietverträge analysiert werden. Die Höhe der temporären Mehr- oder Mindereinnahmen kann dann ermittelt werden, indem die jährliche **Ertragsdifferenz der** davon **betroffenen Mietfläche** mithilfe des Vervielfältigers **über die zeitliche Bindungsfrist kapitalisiert** wird.

Beispiel: 258

– Monatlicher Mehrertrag pro Quadratmeter Wohn- bzw. Nutzfläche	1 €/m²
– Jährlicher Mehrertrag pro Quadratmeter Wohn- bzw. Nutzfläche	12 €/m²
– Betroffene Wohn- bzw. Nutzfläche	1 000 m²
– Jährlicher Mehrertrag insgesamt gegenüber der ortsüblich erzielbaren Miete	12 000 €
– Zeitliche Bindung	5 Jahre

Bei einem Liegenschaftszinssatz von 4,75 % ergibt sich ein Barwert der Mehreinnahmen aus „overrented":

Barwert = 12 000 € × V = 12 000 € × 4,36 = **rd. 52 000 €**

Ergebnis: Ob die Mehrerträge „erheblich" von dem marktüblich erzielbaren Ertrag abweichen, beurteilt sich nach dem Gesamtergebnis der Ertragswertermittlung. Der Mehr- oder Minderertrag ist „erheblich", wenn er zu einem Barwert führt, der im Rahmen der Auf- oder Abrundung zu einem anderen Ergebnis der Verkehrswertermittlung führt (vgl. oben Rn. 257).

Abb. 24: Erhebliche Abweichung vom marktüblich erzielbaren Ertrag

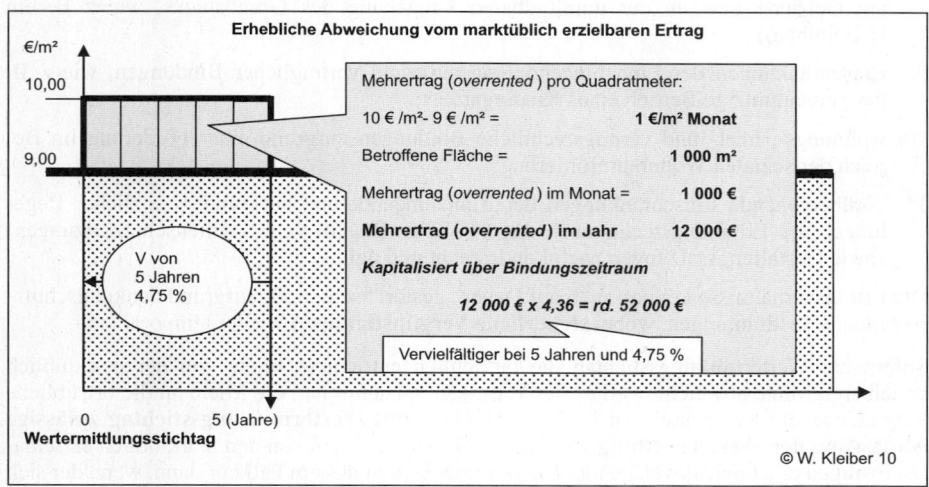

Von den **marktüblich erzielbaren Erträgen erheblich abweichende Erträge** können verschiedene **Ursachen** haben: 259

1. Von Bedeutung sind in erster Linie die von marktüblich erzielbaren Erträgen aufgrund wohnungs-, miet- und vertragsrechtlicher Bindungen (§ 6 Abs. 2 ImmoWertV) nach „oben" oder „unten" abweichenden Erträge (sog. *over- und underrented*); dazu rechnen

auch Abweichungen, die aufgrund einer versäumten Anpassung der Miete nach den Vorschriften des bürgerlichen Rechts hingenommen werden müssen;

2. Entsprechendes gilt auch, wenn aufgrund wohnungs-, miet- oder vertragsrechtlicher Bindungen die Umlage der Bewirtschaftungskosten nicht marktüblich gestaltet ist (z. B. wenn der Mieter die Bewirtschaftungskosten oder der Vermieter die Betriebskosten ganz oder teilweise trägt);
3. Staffelmietvereinbarungen;
4. die Gewährung vorübergehender Mietfreiheit;
5. ein vorübergehender Leerstand, der mit dem langfristig angesetzten Mietausfallwagnis nicht erfasst wird;
6. Abweichungen der tatsächlich ausgeübten Nutzung von einer wirtschaftlich vernünftigen und üblicherweise auch ausgeübten Nutzung, insbesondere

    - *atypische Fehlnutzungen*, z. B. durch Vermietung des Erdgeschosses als Wohnung in einer Einzelhandelslage mit entsprechender Nachfrage nach Läden, oder
    - aufgrund sich aufdrängender, aber unterlassener rentierlicher *Umnutzungs- bzw. Modernisierungsmaßnahmen*;

7. Baumängel und Bauschäden, eine unterlassene Instandhaltung, eine wirtschaftliche Überalterung, eine besonders gute oder eingeschränkte *Drittverwendungsmöglichkeit*, eine besonders ansprechende oder abweisende *architektonische Gestaltung* der baulichen Anlage, *Denkmalschutz* sowie besonders aufwendige Außenanlagen (einschließlich Aufwuchs), immissionsschutzrechtliche Einschränkungen und Altlasten, soweit dem nicht mit den angesetzten Erträgen und dem Liegenschaftszinssatz hinreichend Rechnung getragen wurde;
8. vorübergehende Mehrerträge z. B. aufgrund einer zusätzlichen Nutzung des Grundstücks, z. B. für Werbezwecke, Antennenanlagen oder Zwischennutzungen oder vorübergehende Mindererträge aufgrund temporärer Beeinträchtigungen (z. B. temporäre Baumaßnahmen am Gebäude bzw. in der unmittelbaren Umgebung des Grundstücks, wie z. B. ein U-Bahnbau);
9. Einschränkungen der Einnahmeerzielung aufgrund vertraglicher Bindungen, wie z. B. der gemeinnützige Betrieb eines Kindergartens;
10. wohnungs-, miet- und vertragsrechtliche Bindungen aufgrund einer Förderung im Bereich der sozialen Wohnraumförderung;
11. vorübergehende Einschränkungen der Einnahmeerzielung aufgrund gesetzlicher Regelungen des Erhaltungsrechts nach den §§ 172 ff. BauGB (z. B. Milieuschutzsatzungen) sowie Gestaltungssatzungen nach Landesrecht und dgl.

Die Ertragsverhältnisse können auch auf Dauer „gestört" sein, z. B. aufgrund denkmalschutzrechtlicher Bestimmungen, wobei **steuerliche Vergünstigungen** wieder temporär sind.

260 Sofern am Wertermittlungsstichtag die tatsächlich entrichtete Miete von der marktüblich erzielbaren Miete abweicht, weil es der Vermieter versäumt hat, die Miete an die ortsübliche Vergleichsmiete anzupassen, ist im Übrigen eine **zum Wertermittlungsstichtag zulässige Anpassung der Wertermittlung** zugrunde zu legen, d. h., ein von den marktüblich erzielbaren Erträgen erheblich abweichender Ertrag ergibt sich in diesem Fall nur dann, wenn der sich unter Berücksichtigung der zulässigen Mietanpassung ergebende Ertrag weiterhin von dem am Wertermittlungsstichtag marktüblich erzielbaren Ertrag erheblich abweicht.

▶ *Zu Gartenanlagen, Anpflanzungen und Parks* vgl. oben Rn. 67 und unten Rn. 324, 385, § 1 ImmoWertV Rn. 28 ff., 48 ff., § 19 ImmoWertV Rn. 4, 51, § 21 ImmoWertV Rn. 8, 23, Syst. Darst. des Vergleichswertverfahrens Rn. 113 ff., Syst. Darst. des Ertragswertverfahrens Rn. 32, 84, Syst. Darst. des Sachwertverfahrens Rn. 199

6.6.1.2 Beleihungswertermittlung (BelWertV)

Bezüglich der Berücksichtigung von Abweichungen vorstehender Art weicht die **BelWertV** von der ImmoWertV ab:

- Nach § 10 Abs. 1 BelWertV ist die vertraglich vereinbarte Miete anzusetzen, wenn sie unter der nachhaltigen Miete liegt.
- Nach § 10 Abs. 3 BelWertV ist bei einem strukturellen oder lang anhaltenden Leerstand zu prüfen, ob aufgrund der jeweiligen Marktlage eine Vermietung überhaupt oder zu den angesetzten Mietpreisen in absehbarer Zeit noch zu erwarten ist.

6.6.1.3 Steuerliche Bewertung

In der erbschaftsteuerlichen Bewertung bestimmen sich die Erträge nach den geltenden vertraglichen Vereinbarungen. Nach § 186 Abs. 1 BewG ist der Rohertrag mit dem Entgelt anzusetzen, das für die Benutzung des bebauten Grundstücks **nach den am Bewertungsstichtag geltenden vertraglichen Vereinbarungen für den Zeitraum von zwölf Monaten** zu zahlen ist; Umlagen, die zur Deckung der Betriebskosten gezahlt werden, sind nicht anzusetzen. Nach § 186 Abs. 2 BewG ist für Grundstücke oder Grundstücksteile,

1. die eigengenutzt, ungenutzt, zu vorübergehendem Gebrauch oder unentgeltlich überlassen sind,
2. die der Eigentümer dem Mieter zu einer um mehr als 20 Prozent von der üblichen Miete abweichenden tatsächlichen Miete überlassen hat,

die *übliche Miete* anzusetzen. Die übliche Miete ist in Anlehnung an die Miete zu schätzen, die für Räume gleicher oder ähnlicher Art, Lage und Ausstattung regelmäßig gezahlt wird. Betriebskosten sind nicht einzubeziehen.

Abweichungen der Erträge brauchen bei dieser Rechtslage nicht gesondert berücksichtigt zu werden.

6.6.2 Mehr- oder Mindererträge (*over- und underrented*)

6.6.2.1 Allgemeine Grundsätze der ImmoWertV

Schrifttum: *Evans, A./Seifert, U.,* Staffelmietverträge und Verkehrswerte, GuG 1994, 147; *Güttler, H.,* Ertragswert bei Staffelmieten, Grundstücksmarkt und Grundstückswert 1991, 96; *Simon, J.,* Wertermittlung eines Mietwohngrundstücks mit Staffelmieten, GuG 1990, 31; *Simon, J.,* Ertragswert bei Staffelmieten, GuG 1991, 94.

Von den marktüblich erzielbaren Erträgen aufgrund wohnungs-, miet- und vertragsrechtlicher Bindungen erheblich abweichende Erträge[144] beeinflussen den Marktwert (Verkehrswert) eines Grundstücks und sind grundsätzlich bei allen zur Anwendung kommenden Wertermittlungsverfahren zu berücksichtigen.

Ein **zulässigerweise vertraglich vereinbartes Mietverhältnis** kann – auch wenn es ungewöhnlich sein mag – als eine rechtliche Gegebenheit (i. S. der Verkehrswertdefinition des § 194 BauGB) bzw. Eigenschaft des Grundstücks von erheblicher Bedeutung für seinen Wert sein[145]. Zwar mögen sich solche Verhältnisse mitunter aufgrund persönlicher Beziehungen herausgebildet haben; die Mietverhältnisse müssen damit gleichwohl als eine objektive mit dem Grundstück verbundene Gegebenheit betrachtet werden, denn **„Kauf bricht nicht Miete"**. Dies gilt unabhängig davon, ob derartige Vertragsverhältnisse im Verhältnis zu dem marktüblich erzielbaren Reinertrag zu einem besonders hohen oder niedrigen Reinertrag führen. Wird bei der Verkehrswertermittlung ein sich nachhaltig auswirkendes Mietverhältnis nicht beachtet, so kann dem Gutachter der Vorwurf der Fahrlässigkeit gemacht werden[146].

---

144 BerlVerfGH, Beschl. vom 23.03.2003 – VerfGH 60/01 –, GuG 2003, 250.
145 BGH, Urt. vom 23.03.1990 – V ZR 16/89 –, EzGuG 12.56b; BGH, Urt. vom 09.07.1976 – V ZR 256/76 –, BGHZ 67, 134; BFH, Urt. vom 14.08.1953 – III 33/53 U –, EzGuG 20.16a.
146 BGH, Urt. vom 02.11.1983 – IV ZR 20/82 –, EzGuG 20.103; Schopp in ZMR 1990, 361, BR-Drucks. 352/88, S. 56.

§ 8 ImmoWertV   Ermittlung des Verkehrswerts

265   Abweichungen der tatsächlich erzielten Erträge von dem bei ordnungsgemäßer Bewirtschaftung am Wertermittlungsstichtag marktüblich erzielbaren Ertrag können resultieren aus (vgl. oben Rn. 259)

– mietvertraglichen Vereinbarungen,

– dem Mietrecht, das z. B. die sofortige Anpassung einer „Mindermiete" an die ortsübliche Vergleichsmiete im Hinblick auf die zu beachtenden Kappungsgrenzen nicht zulässt, oder

– einer nicht „artgerechten" Vermietung (atypische Wohnung im Ladengeschoss).

266   Der tatsächlich erzielte Ertrag kann den marktüblich erzielbaren Ertrag über- oder unterschreiten. Dies führt zu „Mehr- bzw. Mindererträgen" und man spricht von einem

– sog. *overrented Objekt* (bei einem die ortsüblichen Miete überschreitenden Ertrag) oder einem

– sog. *underrented Objekt* (bei einem die ortsübliche Miete unterschreitenden Ertrag).

Die daraus resultierende Werterhöhung bzw. Wertminderung muss gesondert ermittelt und berücksichtigt werden, soweit sie nicht bereits zuvor direkt mit dem herangezogenen Wertermittlungsverfahren Berücksichtigung gefunden hat[147].

267   Außer Betracht bleiben vertragliche Mieten, die rechtlich unzulässig sind (**Wuchermieten**).

268   Eine **direkte Berücksichtigung der von den marktüblich erzielbaren Erträgen abweichenden Erträge** ist in aller Regel nur **bei Anwendung des** Ertragswertverfahrens möglich, nämlich bei Anwendung des in § 17 Abs. 1 Satz 2 i. V. m. Abs. 3 ImmoWertV geregelten **mehrperiodischen Ertragswertverfahrens**. Bei Anwendung des allgemeinen Ertragswertverfahrens (Standardverfahren) nach § 17 Abs. 1 Satz 1 i. V. m. Abs. 2 ImmoWertV auf der Grundlage der am Wertermittlungsstichtag marktüblich erzielbaren Erträge ergibt sich indessen nur ein „vorläufiger Ertragswert", auf den dann die aus abweichenden Erträgen (*over-* und *underrented*) resultierenden Werterhöhungen bzw. Wertminderungen „aufgesattelt" werden müssen (Abb. 25).

Abb. 25:   Temporärer Mehrertrag

269   *Beispiel (im Falle eines Minderertrags):*

Für eine Gewerbeimmobilie wird über einen Gesamtzeitraum von zehn Jahren ein Ertrag erzielt, der jährlich die für vergleichbare Objekte marktüblich erzielbaren Erträge um 20 000 € unterschreitet (*underrented*); nach Ablauf des Mietvertrags kann wieder mit der marktüblich erzielbaren Miete gerechnet werden. Der vorläufige Ertragswert des Grundstücks wurde auf der Grundlage der marktüblichen erzielbaren

---

[147] OLG Karlsruhe, RE vom 13.11.1989 – 9 REMiet 1/89 –, EzGuG 3.78; LG Düsseldorf, Urt. vom 02.05.1990 – 24 S – 452/89 –, EzGuG 3.82; OLG Hamm, Beschl. vom 29.01.1993 – REMiet 2/92 –, EzGuG 3.111.

Ermittlung des Verkehrswerts § 8 ImmoWertV

Miete ohne Berücksichtigung der vertraglichen Mietbindung mit 800 000 € ermittelt. Die Minderung beträgt bei
- einem jährlichen Minderertrag (*underrented*) 20 000 €,
- einer Mietbindungsdauer von 10 Jahren und
- einem Liegenschaftszinssatz von 6 %:

$$\text{Ertragswertminderung} = 20\,000\,€ \times \text{Vervielfältiger}$$

Als Vervielfältiger ergibt sich gemäß Anlage zur ImmoWertV bei einem Liegenschaftszinssatz von 6 % und einer Mietbindungsdauer von 10 Jahren: 7,36.

$$\text{Ertragswertminderung} = 20\,000\,€ \times 7{,}36 = 147\,200\,€$$

Der Ertragswert unter Berücksichtigung der Mietbindung ergibt sich dann wie folgt:

Vorläufiger Ertragswert ohne Berücksichtigung der Mietbindung:	800 000 €
Ertragswertminderung aufgrund Mietbindung	– 147 200 €
= Ertragswert unter Berücksichtigung der Mietbindung:	**652 800 €**

Zur **Ermittlung des Barwerts der jährlichen Ertragseinbußen** (im *Beispiel* 20 000 € p. a.) wurde der Vervielfältiger der Anl. zur ImmoWertV herangezogen. Entsprechend dem vorstehenden Beispiel ist auch vorzugehen bei sog. *overrented* Objekten, d. h. bei Objekten, für die aufgrund von Vertragsgestaltungen ein höherer als der ortsüblich erzielbare Ertrag erzielt wird. **270**

Änderungen der Ertragsverhältnisse, die vom Grundstücksmarkt im Hinblick auf allgemeine immobilienwirtschaftlich bedeutsame Marktveränderungen erwartet werden (allgemeine Ertragsentwicklung) müssen dabei außer Betracht bleiben, denn diese werden bereits mit dem Liegenschaftszinssatz (*all over capitalization rate*) nach § 20 ImmoWertV berücksichtigt. Mit dem Liegenschaftszinssatz werden dabei die am Wertermittlungsstichtag „marktüblich erzielbaren Erträge gewissermaßen „vernachhaltigt". Dies ist das Grundprinzip der so genannten *„all over capitalization method"*, wie sie international Anwendung findet. Von diesem internationalen Standardmodell geht im Übrigen auch das in den §§ 8 ff. BelWertV vorgegebene Ertragswertverfahren aus. **271**

Abweichungen der tatsächlich erzielten Erträge von der bei ordnungsgemäßer Bewirtschaftung am Wertermittlungsstichtag marktüblich erzielbaren Erträgen treten insbesondere im wohnungswirtschaftlichen Bereich auf, wenn von den Möglichkeiten einer Mietanpassung nicht Gebrauch gemacht wurde und die tatsächlichen Erträge so deutlich hinter der ortsüblichen Vergleichsmiete zurückbleiben, dass sie am Wertermittlungsstichtag auch nicht im Wege eines Mieterhöhungsverlangens in voller Höhe an die marktüblich erzielbare Miete angepasst werden können. § 558 Abs. 3 BGB lässt nämlich innerhalb von drei Jahren nur eine Mietanpassung von nicht mehr als 20 vom Hundert zu (vgl. § 18 ImmoWertV Rn. 84; **Kappungsgrenze**). Sofern in den vergangenen drei Jahren davon kein Gebrauch gemacht wurde, können im Hinblick auf diese Möglichkeit die tatsächlich erzielten Erträge (bereits zum Wertermittlungsstichtag) um 20 vom Hundert erhöht werden. **272**

Abweichungen der tatsächlich erzielten Erträge von dem bei ordnungsgemäßer Bewirtschaftung am Wertermittlungsstichtag marktüblich erzielbaren Ertrag treten des Weiteren im Rahmen der **sozialen Wohnraumförderung** aufgrund der dafür bestehenden wohnungs- und mietrechtliche Bindungen, aufgrund von Staffel- und Indexmietverträgen (§ 18 ImmoWertV Rn. 75 ff.) und dgl. sowie im Geltungsbereich von Milieuschutzsatzungen auf. **273**

6.6.2.2 Allgemeine Grundsätze der BelWertV

Im Rahmen der Beleihungswertermittlung sind Abweichungen in den Ertragsverhältnisse aufgrund wohnungs- und mietrechtlicher Bindungen anders als bei der Verkehrswertermittlung zu behandeln. **274**

a) Liegt die „vertraglich vereinbarte Miete" über der „nachhaltigen Miete" (Fall des „*overrented*"), bleibt bei der Ermittlung von Beleihungswerten dieser Umstand unberücksich-

§ 8 ImmoWertV   Ermittlung des Verkehrswerts

tigt. Die BelWertV sieht dafür zwar keine klarstellende Regelung[148] vor, jedoch spricht für diese Auslegung vor allem, dass die BelWertV keine zu § 8 Abs. 3 ImmoWertV spiegelbildliche Regelung enthält. Die Regelungslücke ist aber dahingehend auszulegen, dass im Falle des „*overrented*" die Mehreinnahmen nur vorübergehend erzielt werden und zudem noch risikobehaftet sind, denn ein Mietvertrag schützt nicht vor der Insolvenz des Mieters. Ihre Berücksichtigung wäre mit dem Vorsichtsprinzip unvereinbar.

b) Liegt die „vertraglich vereinbarte Miete" unter der marktüblich erzielbaren Miete (nachhaltige Miete – Fall des „*underrented*"), ist nach § 10 Abs. 1 Satz 2 BelWertV „im Regelfall die vertraglich vereinbarte Miete anzusetzen."

275 Nach dem Wortlaut des § 10 Abs. 1 Satz 2 BelWertV ist in diesem Fall **regelmäßig die niedrigere Vertragsmiete als „nachhaltige" Miete auf Dauer anzusetzen**. Als „Regelfall" dürfte nur ein entsprechendes langfristiges Mietverhältnis gelten; läuft dagegen ein solches Mietverhältnis bereits in Kürze aus und ist mit einer Anhebung der Miete auf das „nachhaltige" Mietniveau sicher zu rechnen, so besteht kein Erfordernis, die niedrigere Vertragsmiete auf Dauer in die Ertragswertermittlung einzuführen. Entsprechendes gilt auch, wenn z. B. die Kappungsgrenzen des BGB auslaufen (Abb. 26).

Abb. 26:   Ertragswert nach Maßgabe eines temporären „*underrented*" Ertrags

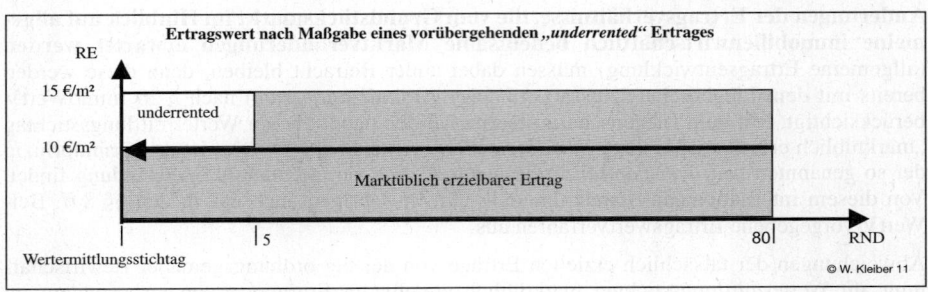

276 *Beispiel:*

Gesamte Mietfläche	=	1 000 m²	
Nachhaltiger Reinertrag	=	15 €/m² im Monat	= 180 000 € p. a.
Vertraglicher Reinertrag	=	10 €/m² im Monat	= 120 000 € p. a.

Bei einer Restnutzungsdauer von 80 Jahren und
- einem Liegenschaftszinssatz i. S. der ImmoWertV von   6,0 %   und   (V = 16,51)
- einem Kapitalisierungszinssatz i. S. der BelWertV von   6,5 %   (V = 15,28)

ergibt sich ein

a)	**Beleihungswert:**	Ertragswert B:	120 000 €	x 15,28	=	**1 833 600 €**
b)	**Verkehrswert:**	Ertragswert:	180 000 €	x 16,51	=	2 971 800 €
	abzüglich 1 000 m² × 5 €/m² × 12 Monate =		60 000 €	x 4,21	=	– 252 600 €
					=	**2 719 200 €**

6.6.2.3   Allgemeine Grundsätze der erbschaftsteuerlichen Bewertung

277 Im Rahmen der steuerlichen Bewertung bestimmt sich der Ertrag gemäß § 186 Abs. 1 BewG nach dem Entgelt, „das für die Benutzung des bebauten Grundstücks nach den am Bewer-

---

[148] Wenn im Umkehrschluss zu § 10 Abs. 1 Satz 2 BelWertV, was bei konsequenter Auslegung der Regelung naheliegt, im Falle des „*overrented*" die Mehreinnahmen berücksichtigungsfähig sein sollten, liefe dies auf eine Perversion des Vorsichtsprinzips hinaus. Im Falle des „*overrented*" kann nämlich nicht erwartet werden, dass nach Auslaufen des Mietvertrags die höhere Miete weiter erzielt werden könnte, während im Falle des „*underrented*" durchaus erwartet werden kann, dass die tatsächlich erzielte Miete auf das Niveau der nachhaltigen Miete angehoben werden kann.

Ermittlung des Verkehrswerts § 8 ImmoWertV

tungsstichtag **geltenden vertraglichen Vereinbarungen** für den Zeitraum von zwölf Monaten zu zahlen ist. Umlagen, die zur Deckung der Betriebskosten gezahlt werden, sind nicht anzusetzen. Für Grundstücke oder Grundstücksteile,

1. die eigengenutzt, ungenutzt, zu vorübergehendem Gebrauch oder unentgeltlich überlassen sind,
2. die der Eigentümer dem **Mieter zu einer um mehr als 20 Prozent von der üblichen Miete abweichenden tatsächlichen Miete überlassen hat**,

ist nach § 186 Abs. 2 BewG die übliche Miete anzusetzen. Die übliche Miete ist in Anlehnung an die Miete zu schätzen, die für Räume gleicher oder ähnlicher Art, Lage und Ausstattung regelmäßig gezahlt wird. Betriebskosten sind nicht einzubeziehen.

Aus Vereinfachungsgründen werden die Bewirtschaftungskosten nach Erfahrungssätzen der Gutachterausschüsse angesetzt. Soweit örtliche Erfahrungssätze nicht zur Verfügung stehen, sind die pauschalierten Bewirtschaftungskosten nach der Anl. zum BewG zu übernehmen (vgl. Syst. Darst. des Ertragswertverfahrens Rn. 206). 278

6.6.2.4 Auf- und Abschichtungsverfahren (*Top and Bottom Slicing*)

Die **Wertminderung bzw. Werterhöhung** aufgrund von Abweichungen der (aufgrund wohnungs-, miet- und vertragsrechtlicher Bindungen) tatsächlich erzielten Erträge von den bei ordnungsgemäßer Bewirtschaftung am Wertermittlungsstichtag marktüblich erzielbaren Erträgen bemisst sich **nach dem kapitalisierten (auf den Wertermittlungsstichtag bezogenen) Minder- bzw. Mehrertrag**. 279

Der Minder- oder Mehrertrag wird mit dem **Auf- und Abschichtungsverfahren** (*Top and Bottom Slicing Approach*) ermittelt; das Verfahren wird auch Zu- und Abschlagsverfahren genannt. Es handelt sich hierbei nicht um Wertermittlungsverfahren und schon gar nicht um ein angelsächsisches Wertermittlungsverfahren, sondern lediglich um ein einfaches Rechenverfahren zur Berücksichtigung von temporären Abweichungen der Mieten (und Pachten) von den marktüblich erzielbaren Mieten und Pachten. 280

a) *Ermittlung der Wertminderung aufgrund eines temporären Minderertrags (Abschichtung)*

Beispiel 1 (Abb. 27): 281

Büroobjekt

Das Objekt ist auf fünf Jahre mit einem Minderertrag vermietet *(underrented)*. Der Mieter wurde im Zuge der Neuerschließung eines Gebiets mit einer Lockmiete gewonnen.

- Marktüblich erzielbares monatliches Nutzungsentgelt am Wertermittlungsstichtag 15 €/m² NF
- Tatsächlich erzieltes monatliches Nutzungsentgelt aufgrund des Mietvertrags 10 €/m² NF
- Ablauf des Mietvertrags in 5 Jahren
- Nutzfläche 3 000 m²
- Restnutzungsdauer 30 Jahre
- Bodenwert 500 000 €
- Marktüblich erzielbarer Jahresreinertrag 540 000 €
- Liegenschaftszinssatz 6 %

§ 8 ImmoWertV Ermittlung des Verkehrswerts

Abb. 27: Temporäre Mindererträge (*underrented* Objekt)

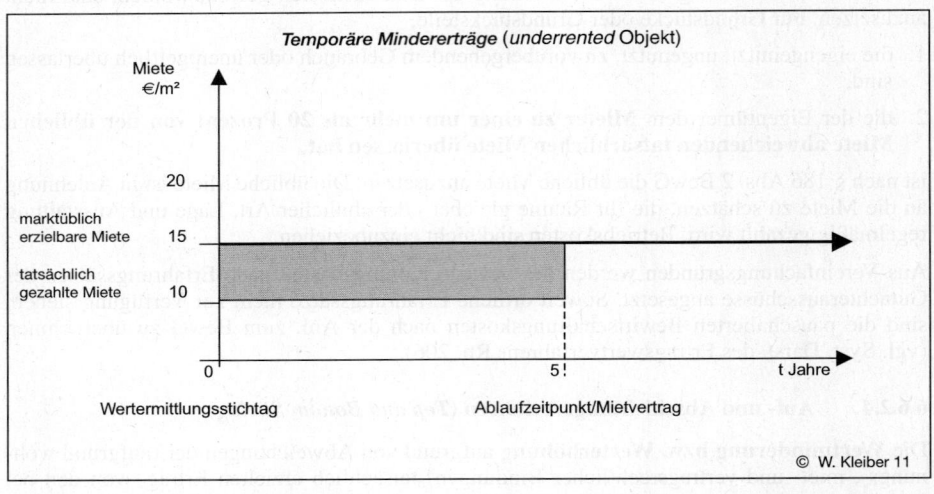

Berechnung

1. Monatlicher Minderertrag pro Quadratmeter Nutzfläche:
   Marktüblich erzielbarer Reinertrag   15 €/m² NF
   Tatsächlich erzielter monatlicher Reinertrag aufgrund Mietvertrag   – 10 €/m² NF
   Monatlicher Minderertrag pro Quadratmeter Nutzfläche   5 €/m² NF
   Jährlicher Minderertrag pro Quadratmeter Nutzfläche (x 12 Monate)   60 €/m² NF

2. *Jährlicher Minderertrag bei 3 000 m² Nutzfläche (NF)*   180 000 €

3. Kapitalisiert über 5 Jahre und einem Liegenschaftszinssatz von 6 %
   Vervielfältiger von 6 % und 5 Jahre: × 4,21
   Barwert (= Wertminderung aufgrund Mindererträge):   **757 800 €**

    b)   *Ermittlung der Werterhöhung aufgrund eines temporären Mehrertrags (Aufschichtung)*

282 Im Falle einer Übervermietung (*overrented*) vollzieht sich die Berechnung entsprechend und man gelangt zu der Werterhöhung aufgrund eines temporären Mehrertrags.

    c)   *Ermittlung der Werterhöhung bzw. Wertminderung aufgrund eines zeitlich versetzten Mehr- bzw. Mindererfrags durch Auf- und Abschichtung*

283 Bei **zeitlich versetzt anfallenden Mehr- oder Mindererträgen** muss beachtet werden, dass die Anwendung des Vervielfältigers zu einem Barwert führt, der sich auf den Beginn der Über- bzw. Untervermietung bezieht. Aus diesem Grund muss in diesen Fällen der Barwert auf den Wertermittlungsstichtag diskontiert werden.

284 *Beispiel 2* (Abb. 28):

Büroobjekt wie im vorgehenden Beispiel 1. Das Objekt ist jedoch am Wertermittlungsstichtag zum marktüblich erzielbaren Nutzungsentgelt vermietet. Aufgrund des Mietvertrags kann in fünf Jahren für weitere fünf Jahre mit einem überhöhten Nutzungsentgelt gerechnet werden. Die temporären Mehrerträge treten damit – vom Wertermittlungsstichtag aus betrachtet – zeitlich versetzt ein.

– Marktüblich erzielbares monatliches Nutzungsentgelt am Wertermittlungsstichtag   15 €/m² NF

– Tatsächlich erzieltes monatliches Nutzungsentgelt ab dem 5. bis zum 11. Jahr
   aufgrund Mietvertrag   20 €/m² NF

– Weitere Angaben wie im Beispiel 1

Ermittlung des Verkehrswerts § 8 ImmoWertV

Abb. 28: Zeitlich versetzter Mehrertrag

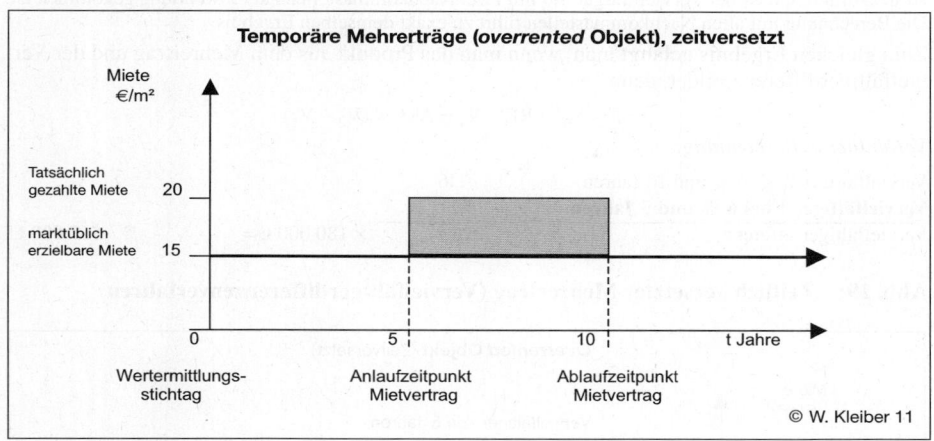

Berechnung:

1. Monatlicher Mehrerertrag pro Quadratmeter Nutzfläche:

Tatsächlich erzielter monatlicher Reinertrag aufgrund Mietvertrag	20 €/m² NF
Marktüblich erzielbarer Reinertrag	− 15 €/m² NF
Monatlicher Mehrertrag pro Quadratmeter Nutzfläche	5 €/m² NF
Jährlicher Mehrertrag pro Quadratmeter Nutzfläche (x 12 Monate)	60 €/m² NF

2. *Jährlicher Mehrertrag bei 3 000 m² Nutzfläche (NF)*   180 000 €

3. Kapitalisiert über 5 Jahre und einem Liegenschaftszinssatz von 6 %
   Vervielfältiger von 6 % und 5 Jahre   × 4,21
   Barwert (= Werterhöhung aufgrund Mehrerträgen) im Jahre 5:   **757 800 €**

4. Diskontiert über 5 Jahre mit 6 %
   Abzinsungsfaktor bei 6 % und 5 Jahren   × 0,7473
   Barwert (= Werterhöhung aufgrund Mehrerträge am Wertermittlungsstichtag):   **566 304 €**

d) *Ermittlung der Werterhöhung bzw. Wertminderung aufgrund eines zeitlich versetzten Mehr- bzw. Minderertrags unter Anwendung des Vervielfältigerdifferenzenverfahrens*

Der auf den Wertermittlungsstichtags diskontierte jährliche Mehrertrag lässt sich eleganter mithilfe des **Vervielfältigerdifferenzenverfahrens** (*Term and Reversion*) ermitteln. Es handelt sich auch hierbei lediglich um eine Rechentechnik zur Ermittlung des auf den Wertermittlungsstichtag abgezinsten Barwerts von Mehr- oder Mindererträgen.

Bei Anwendung des Vervielfältigerdifferenzenverfahrens wird der vom 6. bis zum 10. Jahr, d. h. über fünf Jahre, erzielte jährliche Mehrertrag von insgesamt 180 000 € nicht über fünf Jahre, sondern über den gesamten Zeitraum von 10 Jahren kapitalisiert und um den über fünf Jahre kapitalisierten Betrag vermindert:

Berechnung:

180 000 € × 7,36 (Vervielfältiger 2 bei 6 % und 10 Jahren)	1 324 800 €
180 000 € × 4,21 (Vervielfältiger 1 bei 6 % und 5 Jahren)	− 757 800 €
auf den Wertermittlungsstichtag bezogener Barwert des Mehrertrags aufgrund Übervermietung	**567 000 €**

§ 8 ImmoWertV Ermittlung des Verkehrswerts

Anmerkung: Das Ergebnis entspricht dem vorstehenden Ergebnis (566 304 €). Die Differenz ist darauf zurückzuführen, dass der Vervielfältiger nur mit zwei Nachkommastellen zur Anwendung gekommen ist. Die Berechnung mit allen Nachkommastellen führt zu exakt demselben Ergebnis.

287 Zum gleichen Ergebnis gelangt man, wenn man das Produkt aus dem Mehrertrag und der Vervielfältigerdifferenz bildet, denn

$$\Delta RE \times V_2 - RE \times V_1 = \Delta RE \times (V_2 - V_1)$$

Vereinfachte Berechnung:

Vervielfältiger 2 bei 6 % und 10 Jahren	7,36		
Vervielfältiger 1 bei 6 % und 5 Jahren	4,21		
Vervielfältigerdifferenz	3,15	× 180 000 € =	**567 000 €**

Abb. 29: Zeitlich versetzter Mehrertrag (Vervielfältigerdifferenzenverfahren)

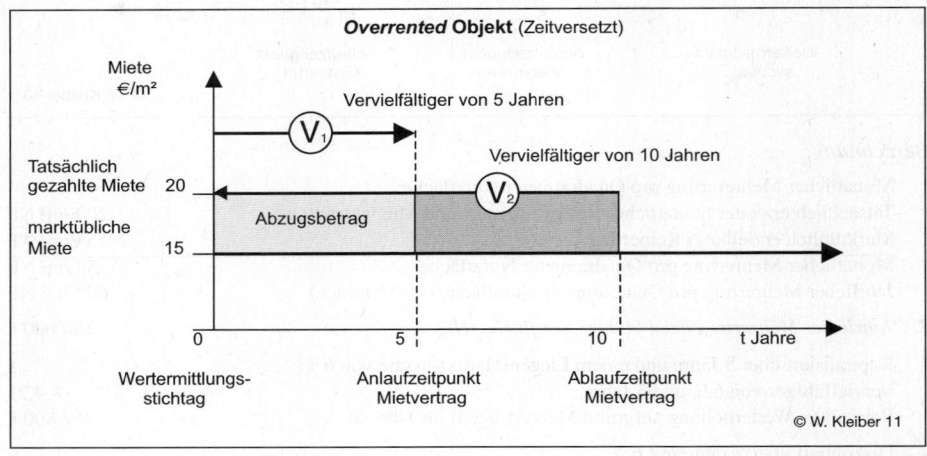

6.6.2.5 Vervielfältigerdifferenzenverfahren (*Term and Reversion*)

288 Das oben unter Rn. 285 ff. bereits erläuterte Vervielfältigerdifferenzenverfahren (*Term and Reversion*) ist besonders geeignet, um temporär abweichende Erträge zeitlich hintereinander zu erfassen. Die Rechentechnik des Vervielfältigerdifferenzenverfahrens kommt deshalb vor allem auch bei Anwendung des mehrperiodischen Ertragswertverfahrens nach § 17 Abs. 1 i. V. m. Abs. 3 ImmoWertV zur Anwendung.

Die Methodik soll am Beispiel einer Ertragswertermittlung für ein Objekt dargestellt werden, bei dem **Staffelmietverträge** (vgl. § 18 ImmoWertV Rn. 82; § 17 ImmoWertV Rn. 67) zu berücksichtigen sind, erläutert werden.

Ermittlung des Verkehrswerts § 8 ImmoWertV

Beispiel 3a:

Abb. 30: Ertragswertermittlung bei vereinbarten Staffelmieten (Vervielfältigerdifferenzenverfahren)

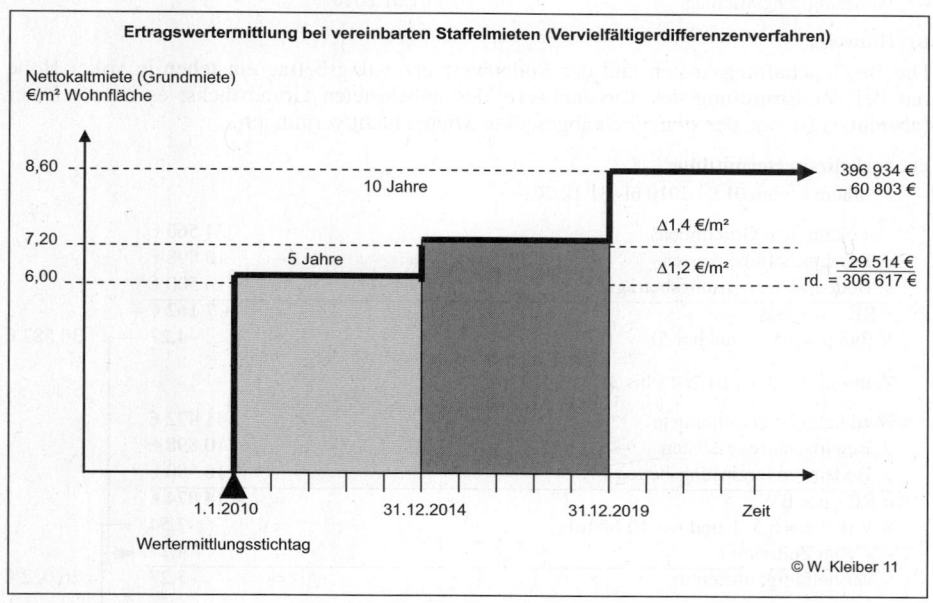

a) **Sachverhalt: Mietwohngrundstück mit Staffelmieten**
- Wohnfläche WF   480 m²
- Bodenwert BW   300 000 €
- Restnutzungsdauer   80 Jahre
- Liegenschaftszinssatz p   5,5 %
- Bodenwertverzinsungsbetrag   16 500 €   (= 300 000 € × 5,5/100)
- Jahresbewirtschaftungskosten über gesamte Nutzungsdauer
  (außer umgelegte Betriebskosten):
  22 % der Nettokaltmiete/Grundmiete   10 898 €   (= 49 536 € × 22/100)

§ 8 ImmoWertV   Ermittlung des Verkehrswerts

– Staffelmiete (Nettokaltmiete/Grundmiete):
   01.01.2010 bis 31.12.2014:   6,00 €/m² Wohnfläche × 480 m² = 34 560 €
   01.01.2015 bis 31.12.2019:   7,20 €/m² Wohnfläche × 480 m² = 41 472 €
   ab 01.01.2020 marktüblich erzielbarer Ertrag: 8,60 €/m² Wohnfläche × 480 m² = 49 536 €
– Wertermittlungsstichtag   01.01.2010

b) Hinweis:
Die Bewirtschaftungskosten und der Bodenwertverzinsungsbetrag entstehen in voller Höhe nur bei der Ermittlung des Verkehrswerts des unbelasteten Grundstücks; es ist ein fester (absoluter) Betrag, der sich durch abgesenkte Mieten nicht vermindert.

c) Verkehrswertermittlung
– Zeitraum I: vom 01.01.2010 bis 31.12.2014

Nettokaltmiete/Grundmiete		34 560 €
./. Bewirtschaftungskosten	–	10 898 €
./. Bodenwertverzinsungsbetrags	–	16 500 €
= RE – p × BW	=	**+ 7 162 €**
V (bei p = 5,5 % und n = 5)	=	4,27 30 582 €

– Zeitraum II: ab 01.01.2015 bis 31.12.2019

Nettokaltmiete/Grundmiete		41 472 €
./. Bewirtschaftungskosten	–	10 898 €
./. Bodenwertverzinsungsbetrag	–	16 500 €
= RE - p × BW	=	**+ 14 074 €**
× V (bei p = 5,5 % und n = 10 Jahre)	=	7,54
– V vom Zeitraum I	=	– 4,27
= Vervielfältigerdifferenz	=	3,27 = 46 022 €

– Zeitraum III: ab 01.01.2020

Nettokaltmiete/Grundmiete		49 536 €
./. Bewirtschaftungskosten	–	10 898 €
./. Bodenwertverzinsungsbetrag	–	16 500 €
= RE – p × BW	=	**+ 22 138 €**
× V (bei p = 5,5 % und n = 80 Jahre)	=	17,93
– V vom Zeitraum	=	– 7,54
= Vervielfältigerdifferenz		10,39 230 014 €
Summe der Gebäudeertragswertanteile (der Zeiträume I bis III)	=	306 618 €
+ Bodenwert		300 000 €
= Summe	=	606 618 €
= Ertragswert	=	**rd. 610 000 €**

290   Zu demselben Ergebnis kommt man auch bei Anwendung des unter Rn. 279 ff. erläuterten **Auf- und Abschichtungsverfahrens.** Dabei wird – wie erläutert – zunächst der vorläufige Ertragswert (des „unbelasteten Grundstücks") nach Maßgabe des ein- oder zweigleisigen Ertragswertverfahrens (§ 17 Abs. 2 ImmoWertV) ermittelt. Die aus dem Staffelmietvertrag resultierenden **Mindereinnahmen werden sodann** hiervon „scheibchenweise" abgezogen. Dies vollzieht sich durch eine „horizontale" Aufspaltung der Ertragsströme (Auf- und Abschichtungsverfahren oder *Top and Bottom Slicing Approach*).

Ermittlung des Verkehrswerts § 8 ImmoWertV

Beispiel 3b:
1. **Anwendung des allgemeinen (zweigleisigen) Ertragswertverfahrens auf ein Objekt mit Staffelmietvertrag**

Abb. 31: Ertragswertermittlung bei vereinbarten Staffelmieten
(Auf- und Abschichtung)

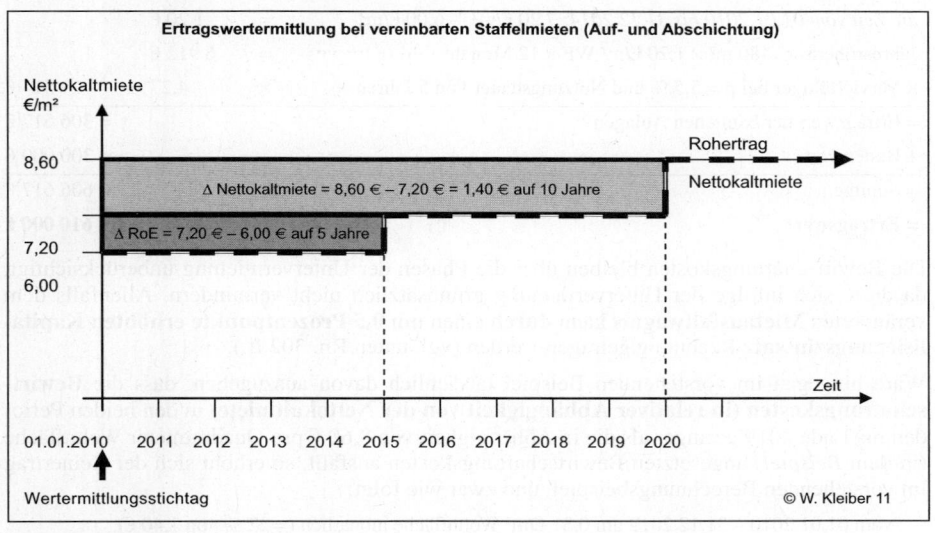

a) **Sachverhalt** wie vorher

b) **Lösungsweg**

Verkehrswert (Marktwert) des unbelasteten Grundstücks
./. Minderung durch Belastung für 01.01.2010 bis 31.12.2019
./. Zusätzliche Minderung durch Belastung für 01.01.2010 bis 31.12.2014
= Verkehrswert (Marktwert) des belasteten Grundstücks

c) **Marktwertermittlung**

Ermittlung des Verkehrswerts (Marktwerts) des unbelasteten Grundstücks:

8,60 €/m² Jahresnettokaltmiete/Grundmiete × 480 m² × 12 Monate	= 49 536 €
./. Bewirtschaftungskosten 22 % der marktüblich erzielbaren Nettokaltmiete	= 10 898 €
= Jahresreinertrag des Grundstücks	= 38 638 €
./. Bodenwertverzinsungsbetrag 5,5 % × 300 000 €	= 16 500 €
= Jahresreinertrag der baulichen Anlage	= 22 138 €
× Vervielfältiger bei p = 5,5 % und Restnutzungsdauer 80 Jahre:	× 17,93
= **vorläufiger Ertragswert**	= **396 934 €**

§ 8 ImmoWertV Ermittlung des Verkehrswerts

Ermittlung der *Minderung* durch Belastung für

die Zeit vom 01.01.2010 bis 31.12.2019: 8,60 €/m² − 7,20 €/m²	= 1,40 €/m²	
Jahresrohertrag 480 m² × 1,40 €/m² × 12 Monate	= 8 064 €	
× Vervielfältiger bei p = 5,5 % und Nutzungsdauer von 10 Jahren:	= 7,54	= − 60 803 €

Ermittlung der *Minderung* durch Belastung für

die Zeit vom 01.01.2010 bis 31.12.2014: 7,20 €/m² − 6,00 €/m²	= 1,20 €	
Jahresrohertrag: 480 m² × 1,20 €/m² WF × 12 Monate	= 6 912 €	
× Vervielfältiger bei p = 5,5 % und Nutzungsdauer von 5 Jahren:	× 4,27	− 29 514 €
= Ertragswert der baulichen Anlagen		= 306 617 €
+ Bodenwert		= 300 000 €
= Summe		= 606 617 €
= Ertragswert		**= rd. 610 000 €**

292 Die Bewirtschaftungskosten bleiben über die Phasen der Untervermietung unberücksichtigt, da diese sich infolge der Untervermietung grundsätzlich nicht vermindern. Allenfalls dem veränderten **Mietausfallwagnis** kann **durch** einen **um 0,5 Prozentpunkte erhöhten Kapitalisierungszinssatz** Rechnung getragen werden (vgl. unten Rn. 302 ff.).

293 Wäre hingegen im vorstehenden Beispiel tatsächlich davon auszugehen, dass die **Bewirtschaftungskosten (in relativer Abhängigkeit von der Nettokaltmiete)** in den beiden Perioden bis Ende 2019 geringer als die in Abhängigkeit von 8,60 € pro Quadratmeter Wohnfläche (in dem *Beispiel*) angesetzten Bewirtschaftungskosten ausfällt, so erhöht sich der Reinertrag im vorstehenden Berechnungsbeispiel, und zwar wie folgt:

– vom 01.01.2010 – 31.12.2019 um 0,31 €/m² Wohnfläche monatlich (= 22 % von 1,40 €),
– vom 01.01.2010 – 31.12.2014 um weitere 0,26 €/m² Wohnfläche monatlich (= 22 % von 1,20 €).

Kapitalisiert ergibt dies eine Erhöhung des Verkehrswertes um:

0,31 €/m² × 480 m² × 12 Monate × 7,54	= + 13 463 € (bei V = 7,54)
+ 0,26 €/m² × 480 m² × 12 Monate × 4,27	= + 6 395 € (bei V = 4,27)
Insgesamt	= + 19 858 €

294 Das Ergebnis zeigt, dass die angemessene **Berücksichtigung der Bewirtschaftungskosten** eine überaus wichtige und deshalb **mit großer Sorgfalt zu klärende Tatfrage** ist. Bei entsprechend verminderten Bewirtschaftungskosten erhöht sich der Verkehrswert (Marktwert) – wie das *Beispiel* zeigt – um rd. 20 000 €. Dies entspricht rd. 6,5 % des Werts der baulichen Anlage!

Ermittlung des Verkehrswerts § 8 ImmoWertV

2. Anwendung des eingleisigen Ertragswertverfahrens auf ein Objekt mit Staffelmietvertrag

Beispiel 3c: 295

a) **Sachverhalt** wie vorher

b) **Marktwertermittlung**

Berechnung der kapitalisierten Nettokaltmiete

8,60 × 480 m² × 12 Monate = 49 536 € × 17,93*	= 888 181 €	
– 1,40 × 480 m² × 12 Monate = 8 064 € × 7,54**	– 60 803 €	
– 1,20 × 480 m² × 12 Monate = 6 912 € × 4,27***	– 29 514 €	
= Summe = kapitalisierte Roherträge	= 797 864 €	= 797 864 €

* = Vervielfältiger für p = 5,5 % und RND = 80 Jahre
** = Vervielfältiger für p = 5,5 % und RND = 10 Jahre
*** = Vervielfältiger für p = 5,5 % und RND = 5 Jahre

Berechnung der kapitalisierten Bewirtschaftungskosten

– 10 898 € p.a. × 17,93   = 195 401 €   = – 195 401 €

Berechnung des diskontierten Bodenwerts
+ 300 000 € × $1/1{,}055^{80}$ = 4 139 €   = 4 139 €

= **Ertragswert** = Summe   rd. **610 000 €**

Das Ergebnis entspricht – von Rechenunschärfen abgesehen – den Ergebnissen der vorstehenden Berechnungen.

6.6.2.6 Berücksichtigung der Bewirtschaftungskosten

a)   *Bewirtschaftungskosten nach Vomhundertsätzen des Ertrags*

Bewirtschaftungskosten sind nach § 19 Abs. 1 ImmoWertV grundsätzlich in der bei ordnungsgemäßer Bewirtschaftung üblichen Höhe anzusetzen. Die **Höhe der Bewirtschaftungskosten ist in aller Regel unabhängig davon, ob Mehr- oder Mindereinnahmen erzielt werden.** Liegen aufgrund wohnungs-, miet- oder vertragsrechtlicher Bindungen (erhebliche) Abweichungen von den marktüblich erzielbaren Mieten vor, so muss beachtet werden, dass die Höhe der Bewirtschaftungskosten dadurch grundsätzlich unberührt bleibt. 296

Werden die **Bewirtschaftungskosten mit Absolutbeträgen** in die Ertragswertermittlung eingeführt, so sind sie auch im Falle eines *over-* oder *underrented* in der auch sonst üblichen Höhe anzusetzen. 297

Werden die **Bewirtschaftungskosten** indessen **als Vomhundertsatz des Ertrags** angesetzt, so muss beachtet werden, dass sich dieser Vomhundertsatz auf die marktüblich erzielbaren Erträge und nicht auf die Mehr- oder Mindererträge bezieht. Dementsprechend würde es das Ergebnis der Ertragswertermittlung verfälschen, wenn die Bewirtschaftungskosten in den unterschiedlichen Mietphasen durch Anwendung prozentualer Erfahrungssätze auf entsprechend geminderte oder erhöhte Mieterträge berücksichtigt würden. Dies ist vor allem bei **Anwendung des mehrperiodischen Ertragswertverfahrens** (auch unter Anwendung des Vervielfältigerdifferenzenverfahrens) beachtlich (*Term and Reversion*), da Mehr- oder Mindererträge direkt berücksichtigt werden. 298

Bei **Anwendung des ein- und zweigleisigen Ertragswertverfahrens** und nachträglicher Berücksichtigung der Mehr- oder Mindererträge nach § 8 Abs. 3 ImmoWertV bereitet die Heranziehung von Bewirtschaftungskosten in prozentualer Größenordnung des Ertrags keine 299

§ 8 ImmoWertV — Ermittlung des Verkehrswerts

besonderen Schwierigkeiten, da sie nur bei der Ermittlung des vorläufigen Ertragswerts auf der Grundlage des marktüblich erzielbaren Ertrags zur Anwendung kommen. Bei der **Ermittlung des Barwerts der Mehr- und Mindererlöse** nach den vorstehend erläuterten **Grundsätzen im Wege der Auf- und Abschichtung können die Bewirtschaftungskosten i. d. R. unberücksichtigt bleiben**.

300 *Beispiel 4 (Abb. 32):*

a) Sachverhalt

In einem neuerschlossenen „Büropark" ist der Verkehrswert (Marktwert) eines vermieteten Bürogebäudes mit einer Nutzfläche von 1 000 m² zu ermitteln.

- Die am Wertermittlungsstichtag marktübliche erzielbare Nettokaltmiete betrage 30 €/m² Nutzfläche bei 18 % nicht umlagefähigen Bewirtschaftungskosten.
- Es besteht ein langfristiger Mietvertrag:
  - Der in der Erschließungsphase geschlossene Mietvertrag räumt dem Mieter noch auf 8 Jahre eine „Lockmiete" von 15 €/m² NF ein.
  - Um seinen Standort langfristig zu sichern, hat der Mieter bei Nachverhandlungen erst kürzlich eine Fortsetzung des Mietverhältnisses auf weitere 10 Jahre ausgehandelt und dabei einer Nettokaltmiete von 40 €/m² NF zugestimmt.
- Die Restnutzungsdauer betrage 60 Jahre.
- Bodenwert: 1 Mio. €.

Abb. 32: Mietentwicklung aufgrund Mietvertrag

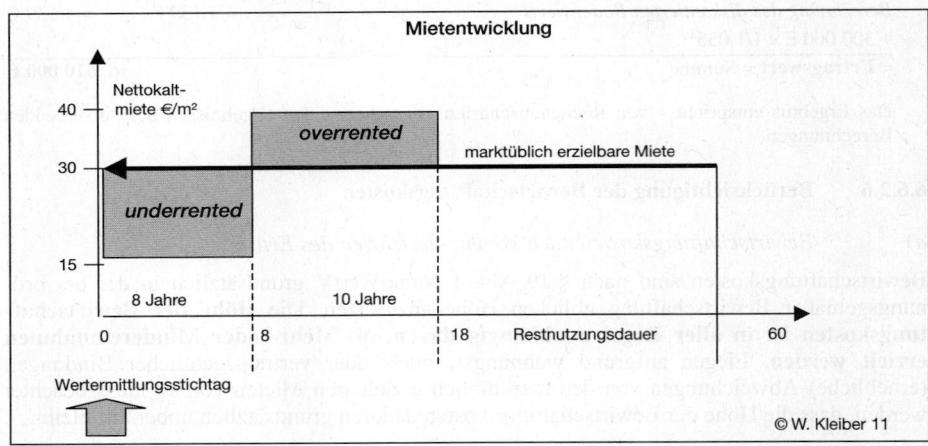

© W. Kleiber 11

b) Wertermittlung

1. Verkehrswert ohne Berücksichtigung des Mietvertrags

$$EW = (RE - p \times BW) \times V + BW = RE \times V + BW \times q^{-n}$$

EW = Ertragswert

RE = Jahresreinertrag
BW = Bodenwert
V = Vervielfältiger
n = Restnutzungsbeitrag
p = Liegenschaftszinssatz
q = Zinsfaktor = 1 + p

Ermittlung des Verkehrswerts § 8 ImmoWertV

Bei einem Liegenschaftszinssatz von	p = 6 %	
nicht umlegbaren Bewirtschaftungskosten von	18 %	
einer Nettokaltmiete von	30 €/m²	
einer Restnutzungsdauer von	60 Jahren	
ergibt sich		
RE = 30 €/m² NF × 1 000 m² NF × 12 Monate	=	360 000 € p.a.
– Bewirtschaftungskosten (18 %)	=	– 64 800 € p.a.
= 360 000 € × 0,82	=	295 200 €
× Vervielfältiger von 16,16 bei p = 6 % und n = 60 Jahre	=	4 770 432 €
+ abgezinster Bodenwert 1 000 000 € × $1{,}06^{-60}$	=	+ 30 314 €
= Ertragswert (vorläufig)	=	4 800 746 €

2. Berücksichtigung der Mindererträge (underrented)
   Minderertrag: 30 €/m² – 15 €/m² = 15 €/m² €
   Minderertrag im Jahr: 15 €/m² × 1 000 m² NF × 12 Monate = 180 000
   kapitalisiert über 8 Jahre bei einem Vervielfältiger
   von 8 Jahren und p = 6,0 % (vgl. auch Rn. 313): 6,21 = – 1 117 800 €

3. Berücksichtigung der Mehrerträge (overrented)
   Mietdifferenz: 40 €/m² – 30 €/m² = 10 €/m²
   Mehrertrag im Jahr: 10 €/m² × 1 000 m² NF × 12 Monate = 120 000 €
   kapitalisiert über 10 Jahre bei einem Vervielfältiger
   von 10 Jahren und p = 6,0 % (vgl. auch Rn. 313): 7,36 = 883 200 €
   diskontiert über 8 Jahre: 883 200 € × $1{,}06^8$ 0.6274 = + 554 120 €

4. **Verkehrswert/Marktwert (a – b + c)** = **4 237 066 €**

Zu dem im vorstehenden *Beispiel* vorgestellten Fall der Berücksichtigung eines gegenüber **301**
dem Wertermittlungsstichtag zeitversetzten Mehrertrags (*overrented*) wird noch darauf hingewiesen, dass der mithilfe des Vervielfältigers ermittelte Barwert (kapitalisiert über 10 Jahre) zunächst nur zu dem in 8 Jahren zur Verfügung stehenden Barwert führt und deshalb in einem gesonderten Rechenschritt (kursiv dargestellt) noch auf den Wertermittlungsstichtag diskontiert werden musste (vgl. oben Rn. 283).

b)   *Mietausfallwagnis*

Nach den vorstehenden Ausführungen sind im Falle von Mehr- oder Mindererträgen aufgrund **302**
von wohnungs-, miet- oder vertragsrechtlichen Bindungen auch nur die üblicherweise anfallenden Bewirtschaftungskosten zu berücksichtigen, und zwar bezogen auf den marktüblich erzielbaren Ertrag.

Dies gilt für das **Mietausfallwagnis** jedoch nur im eingeschränkten Sinne. **303**

– In der Phase eines Minderertrags besteht nämlich nur ein geringes oder überhaupt kein Mietausfallwagnis.
– In der Phase eines Mehrertrags besteht dagegen ein erhöhtes Mietausfallwagnis, denn allein der Mietvertrag kann den Eigentümer nicht vor einem abrupten Ende des Mietverhältnisses schützen. Für diesen Fall kann nur damit gerechnet werden, dass eine Neuvermietung zu dem ortsüblich nachhaltigen Ertrag möglich ist.

Hieraus folgt, dass während der Phase einer Mehr- oder Mindermiete dem geänderten Miet- **304**
ausfallwagnis Rechnung zu tragen ist. In welcher Höhe dem unterschiedlichen Mietausfallwagnis Rechnung zu tragen ist, hängt entscheidend von der **Bonität des Mieters** ab.

305 Rechentechnisch ist dem unterschiedlichen Mietausfallwagnis am einfachsten dadurch Rechnung zu tragen, dass der zur Kapitalisierung des Mehr- oder Minderertrags herangezogene **Vervielfältiger** gegenüber dem zur Ermittlung des Ertragswerts auf der Grundlage des marktüblich erzielbaren Reinertrags herangezogenen Vervielfältiger **um bis zu 0,5 % erhöht wird.** Der Vervielfältiger ist dabei – auch wenn dies auf dem ersten Blick paradox erscheint – sowohl im Falle eines Mehrertrags als auch im Falle eines Minderertrags zu erhöhen.

306 Bezüglich des bei der **Kapitalisierung eines Minder- oder Mehrertrags anzusetzenden Zinssatzes** bestehen unterschiedliche Auffassungen, die zum Teil theoretisch allerdings allzu übersetzt dargestellt werden:

a) Einerseits besteht die Auffassung, dass auch hierfür der Liegenschaftszinssatz maßgeblich sein soll, weil solche Mehr- oder Mindererlöse mit der Liegenschaft eng verbunden sind und ihr Schicksal teilen. Darüber hinaus lässt sich diese Auffassung auch damit begründen, dass Investitionen in Liegenschaften mit der Inkaufnahme einer – gegenüber bankenüblichen Zinssätzen – niedrigeren Verzinsung verbunden sind; von daher sei die Anwendung des Liegenschaftszinssatzes auch für die Kapitalisierung eines individuell vereinbarten Mehr- oder Mindererlöses geboten.

Dieser Auffassung folgend, ist es durchaus sachgerecht,

- zur **Kapitalisierung eines Mindererlöses** einen um ca. 0,5 Prozentpunkte gegenüber dem sonst angemessenen Liegenschaftszinssatz *erhöhten* Zinssatz heranzuziehen und gleichzeitig
- bei der **Kapitalisierung eines Mehrerlöses** den Liegenschaftszinssatz ebenfalls um 0,5 Prozentpunkte zu *erhöhen*. Damit wird dem erhöhten Risiko Rechnung getragen, denn auch ein langfristiges Mietverhältnis schützt den Vermieter nicht vor der Insolvenz des Mieters, die sonst im Übrigen durch Erhöhung des **Mietausfallwagnisses** berücksichtigt werden kann.

Diese auf den ersten Blick unlogische Verfahrensweise ist darin begründet, dass der kapitalisierte Mindererlös ein Abzugsbetrag ist. Da das Risiko des Käufers gering ist, nach Ablauf des Mietvertrags die ortsübliche Miete zu erzielen, muss folglich bei der Kapitalisierung des Minderertrags ein höherer Zinssatz als der sonst angemessene Liegenschaftszinssatz zugrunde gelegt werden. Der Minderertrag vermindert sich nämlich aufgrund des geringeren Mietausfallwagnisses, sodass der Abzugsbetrag kleiner ausfallen muss.

307 b) Daneben besteht die Auffassung, Mehr- oder Mindererlöse durch **Ansatz bankenüblicher Zinsen** rein finanzmathematisch zu behandeln, weil entsprechende Mietverträge eine individuelle und investitionsorientierte Besonderheit darstellen. Dies mag sich mitunter so verhalten, jedoch wird auch die sicherlich nicht freiwillige Inkaufnahme einer Untervermietung ebenso wie die Durchsetzbarkeit einer Übervermietung maßgeblich durch die Verhältnisse auf dem Grundstücksmarkt bestimmt. Es kommt hinzu, dass diese Vorgehensweise angesichts der erheblichen Schwankungen der bankenüblichen Zinsen fehleranfällig ist und überdies konsequenterweise auch mit der Berücksichtigung anderer bei finanzmathematischer Betrachtungsweise bedeutsamer Faktoren wie Inflation und Wertentwicklung verbunden wäre. Diese Vorgehensweise kann auf den ersten Blick zu theoretisch fundierteren und im Ergebnis mit der unter a) vorgestellten Methode sogar übereinstimmenden Resultaten führen, die schon mit geringen unkontrollierbaren Änderungen des Zinsansatzes äußerst fehlerträchtig und manipulierbar sind. Große Rechenwerke führen eben nicht zwangsläufig zu einer Verbesserung des Ergebnisses, sondern auch schon zur Verschlechterung.

6.6.2.7 Liegenschaftszinssatz

308 Weicht aufgrund von wohnungs-, miet- oder vertragsrechtlichen Gründen der erzielte Ertrag von dem marktüblich erzielbaren Ertrag ab, ist möglicherweise auch der Liegenschaftszinssatz berührt. Grundsätzlich wird mit den aus getätigten Verkäufen abgeleiteten Liegenschaftszinssätzen auch die jeweilige Markterwartung über künftige Marktentwicklungen der entsprechenden Nutzungsgruppe berücksichtigt. Im Allgemeinen rechnet ein Käufer mit Mietpreissteigerungen, die mindestens mittelfristig über der Inflationsrate liegen. Diese Erwartung geht über den Kaufpreis in den Liegenschaftszinssatz ein. Das bedeutet allerdings, dass die veröffentlichten Liegenschaftszinssätze nur dann ohne Korrekturen angewendet werden dürfen, wenn auch marktüblich erzielbare Ertragsverhältnisse vorliegen. Bei einem **Grundstück, bei dem die Erträge deutlich über den marktüblich erzielbaren Erträgen liegen**, kann der Käufer aber nicht mit der sonst üblichen Mietsteigerungsrate rechnen. Insofern stellt sich die Frage, ob der die üblichen Erträge übersteigende bzw. unterschreitende Mietertragsanteil mit demselben Zinssatz zu kapitalisieren ist, der für die marktüblich erzielbare Miete angemessen ist.

Beispiel 5: 309

Normalverfahren bei Objekten mit marktüblich erzielbaren Erträgen

Die marktüblich erzielbare Nettokaltmiete betrage für ein Geschäftsgrundstück am Wertermittlungsstichtag 120 000 €/Jahr. Die Miete ist über 8 Jahre vereinbart und über den Verbraucherpreisindex wertgesichert.

Bewirtschaftungskosten		12 v. H.
Liegenschaftszinssatz		7 v. H.
Restnutzungsdauer des Gebäudes		35 Jahre
Bodenwert		400 000 €
Ertragswertermittlung		
Jahresnettokaltmiete		120 000 €
– Bewirtschaftungskosten	–	14 400 €
Jahresreinertrag		105 600 €
– Bodenwertverzinsungsbetrag 7 % von 400 000 €	–	28 000 €
Gebäudereinertrag		77 600 €
Vervielfältiger bei 35 Jahren und 7 % = 12,95		
Gebäudeertragswert 77 600 € × 12,95		1 004 920 €
+ Bodenwert	+	400 000 €
Grundstücksertragswert	=	1 404 920 €
	rd.	**1 400 000 €**

Im vorliegenden *Beispiel* wurde entsprechend der Risikoabschätzung des Objekts der marktübliche Liegenschaftszinssatz von 7 % zugrunde gelegt, da die erzielte Nettokaltmiete der marktüblich erzielbaren Miete entspricht. Weichen die tatsächlich erzielten Erträge von den marktüblich erzielbaren Erträgen ab, ist der die marktüblich erzielbaren Erträge übersteigende Mietertrag über die Laufzeit des Mietvertrags zu kapitalisieren. Da für den Käufer das **Risiko** größer ist, dass die vertraglich vereinbarten (überhöhten) Mieten auch über die Laufzeit des Mietvertrags tatsächlich gezahlt werden, könnte bei der **Kapitalisierung des Mehrertrags demnach ein höherer Zinssatz angenommen werden,** denn wenn der Mieter insolvent werden würde, könnte der Vermieter bei der Folgevermietung allenfalls noch mit der marktüblich erzielbaren Miete rechnen. 310

Beispiel 6: 311

Sachverhalt wie vor, jedoch beträgt die vereinbarte Nettokaltmiete 160 000 € lt. Mietvertrag über 8 Jahre. Würde der Gesamtertrag von 160 000 € über die Restnutzungsdauer des Objekts auf der Grundlage des Liegenschaftszinssatzes kapitalisiert werden, wäre die Berechnung angreifbar, da nach Ablauf des 8-jährigen Mietvertrags damit gerechnet werden muss, dass lediglich die marktüblich erzielbare Miete erzielt werden kann. Sie beträgt – diskontiert auf den Wertermittlungsstichtag – eben nur 120 000 €. Wenn sich innerhalb der nächsten 8 Jahre kein überproportionaler Realmietzuwachs ergeben würde, ergäbe sich somit eine Überbewertung des Objekts. Diese Überbewertung wirkt sich noch gravierender aus, wenn sich anstatt der am Markt erwarteten Realmietsteigerungen stagnierende oder sogar sinkende Mieten einstellen.

§ 8 ImmoWertV — Ermittlung des Verkehrswerts

Vorläufiger Grundstücksertragswert	1 404 920 €
Der Zuschlag würde also betragen:	
Mehrertrag	40 000 €
abzüglich Mietausfallwagnis von 4 %	− 1 600 €
	38 400 €
Vervielfältiger bei 10 % Zins* und 8 Jahren = 5,33	
Zuschlag: 38 400 € × 5,33	+ 204 672 €
	1 609 592 €
Grundstücksertragswert rd.	**1 610 000 €**
Das entspricht einem um rd. 14,6 % höheren Wert.	

* Kapitalmarktzins + Risikozuschlag

312 Diese Berechnung ist plausibel und wird am Immobilienmarkt zumindest von den institutionellen Anlegern nachvollzogen. Eine Gefahr besteht allerdings in der Pseudo-Verwissenschaftlichung derartiger Betrachtungen. Durch Einbringen von zu vielen möglicherweise wertrelevanten Parametern und einer Reihe mathematischer Operationen entsteht häufig der falsche Eindruck, der Verkehrswert sei auf den „Cent" berechenbar. Tatsächlich ist und bleibt der Verkehrswert ein Schätzwert und ist damit auch direkt abhängig von der Erfahrung des Sachverständigen, der ihn schätzt. Deshalb ist die einfachere, nachfolgend beschriebene Variante zur Lösung des vorstehenden Problems angemessen. Bei dieser Methode wird bei der Berechnung des Zuschlags vom (dynamischen) Liegenschaftszinssatz ausgegangen. Das höhere **Risiko wird durch einen individuell begründeten Abschlag berücksichtigt**.

313 *Beispiel 7 wie vor:*

Jahresnettokaltmiete/Grundmiete	120 000 €
– Bewirtschaftungskosten	− 14 400 €
Jahresreinertrag	105 600 €
– Bodenwertverzinsungsbetrag 7 % von 400 000 €	− 28 000 €
Gebäudereinertrag	77 600 €
Vervielfältiger bei 35 Jahren und 7 % = 12,95	
Gebäudeertragswert 77 600 € × 12,95	1 004 920 €
+ Bodenwert	+ 400 000 €
Grundstücksertragswert	1 404 920 €
Mehrertrag über 8 Jahre p. a.	40 000 €
abzüglich Mietausfallwagnis von 4 %	
Kapitalisierungsfaktor bei 7 % und 8 Jahren = 5,97	
Zuschlag 38 400 € × 5,97	+ 229 248 €
Grundstücksertragswert	**1 634 168 €**

Es ergeben sich zwei Eckwerte. Beim unteren Eckwert von 1 400 000 € wird der – zumindest am Wertermittlungsstichtag – fließende höhere Ertrag überhaupt nicht berücksichtigt. Es wird also der ungünstigste Fall unterstellt, dass der Mieter direkt nach dem Wertermittlungsstichtag insolvent und die höhere Miete ab sofort nicht mehr realisierbar sein wird. Beim oberen Eckwert von 1 630 000 € wird dagegen davon ausgegangen, dass der Mehrertrag gegebenenfalls unter Einbeziehung einer weiteren Mieterhöhung bis Mietvertragsende erzielt wird. Welcher Kaufpreis letztlich ausgehandelt werden wird, hängt von der Risikobereitschaft des Käufers ab. Sie lässt sich nicht exakt objektiv begründen. Hier hat der Sachverständige den Verkehrswert (Marktwert) unter Berücksichtigung der beiden Eckwerte begründet abzuleiten, wobei die **Bonität des Mieters** sowie die absolute Miethöhe eine gewichtige Rolle spielen. Im Kern hat diese Ableitung den Charakter einer reinen Schätzung.

6.6.3 Temporäre Abweichungen der Bewirtschaftungskosten von den marktüblichen Bewirtschaftungskosten

Von den marktüblichen Bewirtschaftungskosten i. S. des § 19 ImmoWertV abweichende Bewirtschaftungskosten können den Verkehrswert (Marktwert) eines Grundstücks erhöhen oder vermindern. Sie können von den marktüblichen Bewirtschaftungskosten abweichen 314

– einerseits aufgrund der technischen Beschaffenheit der baulichen Anlage und

– andererseits aufgrund einer nicht üblichen (vertraglichen) Verteilung der Bewirtschaftungskosten auf Mieter und Vermieter.

Von den marktüblichen Bewirtschaftungskosten i. S. des § 19 ImmoWertV abweichende Bewirtschaftungskosten sind wiederum nur gesondert zu berücksichtigen, wenn sie nicht direkt Eingang in das herangezogene Wertermittlungsverfahren gefunden haben und die **Abweichung „erheblich" i. S. des § 8 Abs. 3 ImmoWertV** ist, insbesondere wenn sie sich „erheblich" auf die Ertragsverhältnisse auswirken. Sie sind nur in dem Maße werterhöhend oder wertmindern zu berücksichtigen, wie dies dem gewöhnlichen Geschäftsverkehr entspricht. 315

Die Bewirtschaftungskosten können im Einzelfall aufgrund der **Beschaffenheit der technischen baulichen Anlage** über- oder unterdurchschnittlich sein. Dies betrifft insbesondere die Betriebskosten in Bezug auf die energetische Ausstattung (Wärmedämmung, Energie), den Wasserverbrauch usw. Soweit die sich auf die Bewirtschaftungskosten auswirkenden Merkmale der technischen Beschaffenheit nicht direkt mit dem herangezogenen Wertermittlungsverfahren berücksichtigt worden sind (bei Anwendung des Sachwertverfahrens z. B. durch den Ansatz verminderter oder erhöhter Herstellungskosten), können die ertragswirtschaftlichen Folgen dieser Beschaffenheitsmerkmale Bemessungsgrundlage der Wertminderung bzw. Werterhöhung sein. 316

Von den marktüblichen Bewirtschaftungskosten i. S. des § 19 ImmoWertV abweichende Bewirtschaftungskosten können sich insbesondere darüber hinaus ergeben, wenn **eine von der üblichen Vermietungspraxis abweichende Verteilung der Bewirtschaftungskosten vereinbart** wurde, z. B.: 317

a) **Betriebskosten**, die üblicherweise auf den Mieter umgelegt werden, werden vertraglich vom Eigentümer getragen,

b) Es wurden vom Üblichen abweichende mietvertragliche Regelungen bezüglich der **Verwaltungskosten** vereinbart.

c) Vom Eigentümer üblicherweise zu tragende **Instandhaltungskosten** wurden auf den Mieter „überwälzt".

d) Es besteht ein außergewöhnliches **Mietausfallwagnis**, weil das Mietobjekt mit besonders „problematischen" Mietern belegt ist oder langfristige Mietverhältnisse mit besonders solventen Mietern vereinbart wurden.

Die daraus resultierende Wertminderung bzw. Werterhöhung kann auf der Grundlage der Mehr- oder Mindereinnahmen nach den Grundsätzen ermittelt werden, die für Abweichungen von den marktüblich erzielbaren Erträgen vorgestellt worden sind. Im wirtschaftlichen Ergebnis sind auch dies Fälle des „*over-* bzw. *underrented*". Bei Anwendung des mehrperiodischen Ertragswertverfahrens nach § 17 Abs. 1 Satz 2 i. V. m. § 17 Abs. 3 ImmoWertV werden temporär von den üblichen Bewirtschaftungskosten abweichende Bewirtschaftungskosten mit den sich daraus ergebenden Reinerträgen berücksichtigt.

Beispiel: 318

Es ist der Verkehrswert (Marktwert) eines Bürogebäudes mit einer in Bezug auf die Bewirtschaftungskosten ungewöhnlichen Mietvertragsgestaltung zu ermitteln.

§ 8 ImmoWertV Ermittlung des Verkehrswerts

a) Sachverhalt

Objektbeschreibung
- Bürogebäude innerhalb eines periphär gelegenen Gewerbeparks
- Stadt mit 253 495 Einwohnern in den neuen Bundesländern
- Anbindung an Autobahn und IC-Netz; das Stadtzentrum ist mit Bussen zu erreichen
- keine Immissionsbeeinträchtigung
- Leerstandsrate in der Region: ca. 15 %

Boden
- Grundstücksgröße 6 102 m²
- Bodenrichtwert zum 1.3.2009 für ortsüblich erschlossenes Bauland bezogen auf Gewerbenutzung (G) 60 €/m²
- Bodenwert 6 102 m² × 60 €/m² 366 120 €
- nahezu rechteckige Grundstücksgestalt
- voll erschlossenes Grundstück (ebf)
- Auf dem Gelände befinden sich 66 Kfz-Außenstellplätze.
- rechtskräftiger Flächennutzungsplan vom 24.10.2007: gewerbliche Baufläche. Bebauungsplan liegt nicht vor.

Bebauung
- Baujahr 2005
- zweigeschossiger, ringförmiger Baukörper, der einen ebenfalls zweigeschossigen V-förmigen Baukörper umschließt
- Das Gebäude ist nicht unterkellert.

Bauweise	Stahlbeton
Gesamtnutzungsdauer	40 Jahre
geschätzte RND	36 Jahre
Fassade	Metall-Glas-Fassade
Außenwände	Stahlbeton
Dach	Flachdach
Decken	Stahlbetondecken
Treppen	Stahltreppen mit Gitterrost (außenliegend)

- In dem Objekt befinden sich klein- und großteilige Büroräume, ein Casino, ein Salon, Küche und auf jeder Etage ausreichende Sanitäreinrichtungen.
- Grundrisse/Rastermaße/Raumtiefen
 Der Achsenabstand (Achsmaß) in der Ebene beläuft sich nach den Entwurfsplanungen auf rd. 1,20 m (Mittelwert) bei einer Raumtiefe von ca. 4,80 m an der Außenwand. Dies ermöglicht eine flexible Raumgestaltung. Darüber hinaus sind Statik und Raumgestaltung (insbesondere die Schulungs- und Tagungsräume) darauf ausgerichtet, die Räume durch flexible Raumteiler (verschiebbare Wände) bedarfsgerecht umzufunktionieren.
- Das Objekt weist keinen Instandhaltungsrückstau auf.
- Außenanlagen gärtnerisch angelegt; Hoffläche ist gepflastert.

Flächen
- Brutto-Grundfläche (BGF) 1 783 m²
- Geschossfläche (GF) 1 783 m²
- Brutto-Rauminhalt (BRI) 7 050 m³
- Grundfläche 960 m²
- vermietete Nutzflächen (NF) gemäß Mietvertrag 1 743 m²
- Das Grundstück weist bei einer Geschossfläche von 1 783 m² und einer Grundstücksgröße von 6 102 m² eine rechnerische Geschossflächenzahl (GFZ) von 0,3 auf.
- Das Grundstück weist bei einer bebauten Grundfläche von 960 m² und einer Grundstücksgröße von 6 102 m² eine rechnerische Grundflächenzahl (GRZ) von 0,16 auf.
- Das Grundstück weist im Verhältnis zur realisierten Bebauung eine Übergröße auf. Diese ergibt sich insbesondere aus der flächenintensiven Zufahrt zum Grundstück. Diese Fläche kann allerdings nicht als „selbstständig nutzbare Teilfläche" angesehen werden, da sie zur Erschließung des Grundstücks zwingend notwendig ist.

Ermittlung des Verkehrswerts　　　　　　　　　　§ 8 ImmoWertV

Die Ausnutzung entspricht der gegendüblichen Nutzung und braucht nicht besonders berücksichtigt zu werden.

Ertragsverhältnisse

- Liegenschaftszinssatz　　　　　　　　　　　　　　　　　　　　　　　　　　　　　　7,0 %
- marktüblich erzielbare Miete nach Grundstücksmarktbericht 2008:　　　　　　　5,46 €/m²
- (Mittelwert) bei einer Spanne von 2,45 bis 9,71 €/m²:　angemessen pro Monat:　8,00 €/m²
- Vertragsmiete　　　　　　　　　　　　　　　　　　16,31 €/m² pro Monat
　　　　　　　　　　　　　　　　　　　　　　　　15,00 € pro Stellplatz im Monat
- Mietvertrag mit einer Laufzeit von 10 Jahren und einem Optionsrecht des Mieters von 3 × 5 Jahren. Das Mietverhältnis endet, wenn das Mietverhältnis nicht verlängert wird, am 31.3.2016, d.h. nach rd. 7 Jahren.
- Die Erhöhung des Mietzinses wurde in Form einer Wertsicherungsklausel (Verbraucherpreisindex Basis 1995 = 100,00 Erhöhung um mind. 10 Punkte) vereinbart.
- Nach dem vorliegenden Mietvertrag sind die Verwaltungskosten (4,5 % des Reinertrags) für die Zeit des Mietverhältnisses vom Mieter zu tragen.
- Nach dem vorliegenden Mietvertrag obliegen die Instandhaltungskosten für die Dauer des Mietverhältnisses dem Mieter; ausgenommen davon sind Instandsetzungen an Dach, Fassade, Fenster und Betonsanierungen.
- Nach dem vorliegenden Mietvertrag trägt der Mieter die Betriebskosten mit Ausnahme der Gebäudeversicherung in Höhe von 5 568 € p. a. Gleichwohl verbleiben immer gewisse Betriebskostenbelastungen beim Vermieter; diese werden mit 0,5 % der marktüblich erzielbaren Nettokaltmiete angesetzt.
- Mietausfallwagnis 6 % der marktüblich erzielbaren Nettokaltmiete

Üblicherweise kann nicht ohne Weiteres davon ausgegangen werden, dass bei einem erheblich über der marktüblich erzielbaren Miete entrichteten Nutzungsentgelt der Mieter sein Optionsrecht ausübt. Es kommt hinzu, dass der Mieter auch die Bewirtschaftungskosten weitgehend trägt und damit das vertragliche Mietentgelt besonders deutlich von der marktüblich erzielbaren Miete abweicht.

Bei dieser Sachlage wird unterstellt, dass keine Option ausgeübt wird und das Mietverhältnis am 31.03.2016 endet, sodass die tatsächliche Miete von 16,31 €/m², die 8,31 €/m² über der marktüblich erzielbaren Miete liegt, für einen Zeitraum von insgesamt 7 Jahren erzielt wird.

Wertermittlungsstichtag 01.01.2009.

b) Ermittlung des Ertragswerts

Jahresnettokaltmiete			
1 743 m² × 8,00 €/m² (einschließlich Stellplätze):	13 944 € × 12 Monate		= 167 328 €
nicht umgelegte marktübliche Bewirtschaftungskosten			
– Instandhaltungskosten: 1 743 m² × 8 €/m²	=	13 944 €	
zuzüglich 66 Stellplätze × 30 €	=	1 980 €	
– Verwaltungskosten: 4,5 % von 167 328 €	=	7 530 €	
– Mietausfallwagnis 6 % von 167 328 €	=	10 040 €	
– nicht umlegbare Betriebskosten: 0,5 % von 167 328 €	=	837 €	
zusammen	=	34 331 €	– 34 331 €
= Jahresreinertrag			132 997 €
./. Bodenwertverzinsungsbetrag: 7,0 % von 366 120 €			– 25 628 €
Gebäudeertragsanteil			107 369 €
× Vervielfältiger bei 7,0 % Liegenschaftszins			
und einer Restnutzungsdauer von 36 Jahren = 13,04			
Gebäudeertragswert			1 400 092 €
zuzüglich Bodenwert			+ 366 120 €
vorläufiger Ertragswert			1 766 212 €

Mehrertrag für insgesamt 7 Jahre

Für einen Zeitraum von 7 Jahren ergeben sich folgende Mehreinnahmen:

Büro- und Schulungsräume 1 743 m² × 8,31 €/m² × 12 Monate	=	173 808 €
Stellplätze: 66 Stück × 15,34 €/Stck. × 12 Monate	=	15 496 €
zusammen:		185 952 €

zuzüglich vom Mieter getragene Instandhaltung:
1 743 m² × 8 €/m²	=	+ 13 944 €
66 Stellplätze × 30 € p. a.		+ 1 980 €

zuzüglich vom Mieter getragene Verwaltungskosten: 4,5 % der Vertragsmiete:
Vertragsmiete:

16,31 €/m² × 1 743 m² × 12 Monate	=	341 140 €
+ Stellplätze	=	1 980 €
= Vertragsmiete	=	343 120 €
davon 4,5 %	=	+ 15 441 €
abzüglich vom Vermieter getragene Versicherungskosten (umlagefähig):		– 5 568 €
Gesamt:		211 749 €
Kapitalisiert bei einem Vervielfältiger von V = 5,39 (bei 7 % und 7 Jahren)		+ 1 141 327 €
Ertragswert		**2 907 754 €**

6.6.4 Leerstand

6.6.4.1 Allgemeines

▶ Vgl. *§ 18 ImmoWertV Rn. 19 ff., 211 ff.; zu den Betriebskosten vgl. § 19 ImmoWertV Rn. 112, 167, Kleiber, Verkehrswertermittlung von Grundstücken, 6. Aufl., Teil X Rn. 288, Syst. Darst. des Ertragswertverfahrens Rn. 200, 216*

a) Leerstand

Schrifttum: *Dieterich, H./Koch, J.,* Stadtumbau – Wertermittlungsfragen, Ausgleichsbeträge, GuG 2002, 344; *Kleiber, W.,* Wertermittlung und Stadtumbau, vhw FW 2003, 304; *Simon, J.,* Berücksichtigung von Leerständen und sonstigen Umständen im Normalfall, GuG 2003, 273; BT-Drucks 15/3613, *IDW RS WFA 1:* Berücksichtigung von strukturellem Leerstand bei zu Vermietung vorgesehenen Wohngebäuden (IDW Stellungnahme zur Rechnungslegung) GuG 2005, 101; *Scheffler, R.,* Marktanalysen zum Büroflächenleerstand und ihre Bedeutung für Wertermittlungen, GuG 2004, 1; *Schneider, D.,* Leerstand führt zu schwierigen Entscheidungen, GuG 2004, 349; *Simon, J.,* Berücksichtigung von Leerständen und sonstigen Umständen im Normalfall, GuG 2003, 273; *Stanglmayr, M.,* Normative Lücke, Erfahrungen mit der BelWertV, GuG 2008, 334

319 In der Gebäudewirtschaft versteht man unter dem Leerstand – im Gegensatz zu Fehlbeständen – die nutzbaren Flächen in baulichen Anlagen, die nicht selbst vom Eigentümer genutzt werden oder einem Mieter oder Pächter gegen Entgelt überlassen wurden. Die unentgeltliche Nutzung einer Fläche durch Mieter und Pächter (längerfristige Mietfreiheit) kommt zumindest wirtschaftlich dem Leerstand gleich. Demgemäß ist auch eine Vermietung unter **Gewährung einer längerfristigen Mietfreiheit,** wie dies bei konjunktureller Rezession z. B. bei Gewerbeobjekten eingeräumt wird, dem Leerstand zuzurechnen.

320 In der *Wohnungswirtschaft* spricht man erst von einem Leerstand von Wohnungen, wenn diese auf dem Wohnungsmarkt angeboten werden und nach **mindestens drei Monaten noch kein (neuer) Mieter** gefunden worden ist. Damit relativiert sich der Leerstandsbegriff im Hinblick auf die übliche Fluktuation, d. h. den Wechsel eines Mieters von einem zu einem anderen Mietobjekt. Zum Abbruch bestimmte und vom Umbau betroffene Wohnungen werden dabei nicht mitgerechnet.

321 Der Leerstand lässt sich durch die sog. **Leerstandsrate** beschreiben, die jeweils für bestimmte Grundstücksarten ermittelbar ist. Die Leerstandsrate definiert sich als

$$\text{Leerstandsrate} = \frac{\text{Leerstand in m}^2 \text{ oder Mieteinheiten}}{\text{Gesamtbestand in m}^2 \text{ oder Mieteinheiten}}$$

Ermittlung des Verkehrswerts § 8 ImmoWertV

Die **Leerstandsrate** ist ein wichtiger Marktindikator, der die Marktverhältnisse widerspiegelt und ist damit Entscheidungshilfe für den Abschluss von Mietverträgen, Bauinvestitionen und städtebaulichen Maßnahmen. Der Wohnungsmarkt gilt als „angespannt", wenn die Leerstandsrate über 3 % liegt. 322

Leerstandsraten lassen sich u. a. mit sog. **Verfügbarkeitsfaktoren** beurteilen. Diese ergeben sich als Quotient des vorhandenen Leerstands und der jährlichen Vermietungsleistung: 323

$$\text{Verfügbarkeitsfaktor} = \frac{\text{Leerstand} + \text{im Bau befindlicher Bestand} - \text{bereits vergebener Bestand}}{\text{Jährliche Vermietungsleistung}}$$

Beispiel: 324

- Leerstand (Wohn- oder Nutzfläche)   820 000 m²
- Im Bau befindliche Wohn- oder Nutzfläche   1 560 000 m²
- Bereits vergebene Wohn- oder Nutzfläche   370 000 m²
- Jährliche Vermietungsleistung   300 000 m²

Verfügbarkeitsfaktor = 6,7

Beispiel: 325

Durch Vergleich des Flächenbedarfs auf der Grundlage der Zahl der Bürobeschäftigten und der Fläche je Beschäftigten mit dem Flächenbedarf ergibt sich am Beispiel von *Frankfurt am Main* folgende Leerstandsquote in % (Abb. 33):

Abb. 33: Leerstandsquote im Bürosektor

Leerstandsquote im Bürosektor						
Jahr	Zahl der Bürobeschäftigten	Fläche je Beschäftigten in m²	Bedarf m²	Flächenbestand m²	Flächenleerstand m²	Leerstandsquote %
1997	232 714	35,3	8 215 000	9 014 000	799 000	8,9
1998	236 935	35,8	8 490 000	9 120 000	630 000	6,9
1999	245 547	35,8	8 780 000	9 220 000	440 000	4,8
2000	257 428	36,6	9 417 000	9 720 000	303 000	3,1
2001	262 617	37,8	9 928 000	10 220 000	292 000	2,9
2002	261 411	37,3	9 750 000	10 700 000	950 000	8,9
2003	259 906	37,8	9 820 000	11 370 000	1 550 000	13,6
2004	261 655	38,1	9 966 000	11 694 000	1 728 888	14,8
2005	266 564	38,1	10 164 000	11 844 000	1 680 000	14,2
2006	271 895	38,2	10 378 000	11 958 000	1 580 000	13,2

Quelle: DB Research 2004; zur Entwicklung vgl. GuG-aktuell 2007, 4

Leerstand wird **in der Wohnungswirtschaft** nach § 29 II. BV **dem Mietausfallwagnis** (begrifflich) **zugerechnet.** Nach Satz 1 dieser Vorschrift ist das Mietausfallwagnis dort als das Wagnis einer Ertragsminderung definiert, das u. a. durch Leerstehen von Raum entsteht, der zur Vermietung bestimmt ist. Dabei wird kein Unterschied gemacht zwischen 326

a) dem üblichen (fluktuationsbedingten und funktionalen) Leerstand und

b) einem zeitlich befristeten „vorübergehenden" Leerstand.

§ 8 ImmoWertV   Ermittlung des Verkehrswerts

327 Darüber hinaus wird in der Wohnungswirtschaft unterschieden zwischen einem

- *fluktuationsbedingten Leerstand*, wenn eine Nutzfläche aufgrund eines Mieterwechsels kurzzeitig (weniger als drei Monate) leer steht *(frictional vacancy due to change of major tenants)*[149],
- *funktionalen Leerstand* (auch „durchführungsbedingter" Leerstand genannt), wenn eine Vermietung von leer stehenden Nutzflächen im Hinblick auf eine anstehende Renovierung, Modernisierung oder Umstrukturierung nicht vorgesehen ist *(vacancy due to functional change or obsole scense)*; hierzu gehört auch der Leerstand bei Erstvermietung *(initial vacancy)*,
- *strukturellen Leerstand*, wenn Nutzflächen innerhalb von drei Monaten nicht vermietet werden können *(vacancy due to structural change)* und
- *konjunkturellen Leerstand (vacancy due to cyclical change)*.

328 Von einem **strukturellen Leerstand** ist insbesondere auszugehen, wenn ein „dauerhaftes Überangebot an baulichen Anlagen für bestimmte Nutzungen, namentlich für Wohnzwecke (aber auch für andere Nutzungen; Büroflächen) i. S. des § 171a BauGB besteht oder zu erwarten ist und dies zu „erheblichen städtebaulichen Funktionsverlusten" führen kann. Strukturelle Leerstände treten insbesondere auf längerfristig „übersättigten" Büro- und Wohnungsmärkten auf, wie sie in den neuen Bundesländern vielerorts zu beobachten sind (auch in Stadtumbaugebiete nach § 171a BauGB).

329 Im Rahmen der Verkehrswertermittlung muss, wie schon in der Vorauflage herausgestellt wurde, **zwischen einem dauerhaften und vorübergehenden Leerstand unterschieden werden**. Während nämlich ein „vorübergehender" Leerstand nur temporär zu berücksichtigen ist, geht ein nicht vorübergehender Leerstand in den auf Dauer erzielbaren Reinertrag über ein erhöhtes Mietausfallwagnis „direkt" ein. Dem folgend wird in der ImmoWertV – im Unterschied zur WertV 88/98 und der Wohnungswirtschaft – das Mietausfallwagnis in § 19 Abs. 2 Nr. 3 ImmoWertV als das „Risiko von Ertragsminderungen definiert, die durch uneinbringliche Rückstände von Mieten, Pachten und sonstigen Einnahmen „oder *vorübergehenden* Leerstand von Raum" entstehen. Hieraus folgt, dass im Rahmen des § 8 Abs. 3 ImmoWertV grundsätzlich nur ein vorübergehender Leerstand Berücksichtigung findet.

330 Auf die Höhe des Leerstands kommt es bei dieser Unterscheidung nicht an. Ist davon auszugehen, dass eine hohe Leerstandsquote auf Dauer hoch bleiben wird, muss ein entsprechend hohes Mietausfallwagnis zum Ansatz kommen und das Objekt kann zu einem **Liquidationsobjekt** umschlagen. Bevor man jedoch das Liquidationswertverfahren anwendet, bedarf es zunächst einer sorgfältigen **Analyse der Möglichkeiten, eine Rentierlichkeit der Immobilie wieder herbeizuführen** (vgl. auch § 10 Abs. 3 BelWertV).

331 Ein **dauerhafter Leerstand** ist bei semantischer Auslegung und im Umkehrschluss zu § 19 Abs. 2 Nr. 3 ImmoWertV ein „nicht vorübergehender" dem Mietausfallwagnis zuzurechnender Leerstand, der mithin im Rahmen der anzusetzenden Bewirtschaftungskosten zu berücksichtigen ist.

332 Ein **struktureller Leerstand** darf nicht mit einem dauerhaften Leerstand im vorstehenden Sinne gleichgesetzt werden. Auch bei einem strukturellen Leerstand kommt es im Rahmen der Verkehrswertermittlung entscheidend darauf an, ob es sich

- um einem *strukturell dauerhaften, aber gleichwohl vorübergehenden Leerstand handelt*, der sich durch geeignete Maßnahmen abbauen lässt oder auch ohne solche Maßnahmen allein aufgrund erkennbarer (städtebaulicher, demoskopischer und sonstiger) Entwicklungen „von selbst" abbaut, oder

---

[149] Ein Leerstand bis 3 % des Bestands gilt für einen funktionierenden Wohnungsmarkt als normal und ist als Fluktuationsreserve erforderlich.

– um einem *strukturell dauerhaften und in absehbarer Zeit nicht behebbaren Leerstand handelt,* von dem nicht zu erwarten ist, dass er sich aufgrund der Marktentwicklung abbaut und auch in absehbarer Zeit sich nicht durch geeignete Maßnahmen abbauen lässt.

Der **Beleihungswertermittlung** ist die mit der ImmoWertV vorgegebene klare Unterscheidung nach vorübergehendem und dauerhaftem (nicht vorübergehendem) Leerstand fremd. § 10 Abs. 3 BelWertV unterscheidet zwischen „strukturellen *oder* lang andauernden Leerständen" und schreibt vor, dass bei strukturellen oder lang andauernden Leerständen besonders zu prüfen ist, ob aufgrund der jeweiligen Marktlage eine Vermietung überhaupt oder zu den angesetzten Mietpreisen in absehbarer Zeit noch zu erwarten ist. Die Unterscheidung nach „strukturellen *oder* lang andauernden Leerständen" ist unschlüssig, denn ein lang andauernder Leerstand kann strukturelle Gründe haben. Darüber hinaus lässt die Vorschrift offen, wie dem jeweiligen Ergebnis der „Prüfung" Rechnung zu tragen ist.

6.6.4.2 Berücksichtigung bei der Verkehrswertermittlung

Dem allgemeinen (fluktuationsbedingten und funktionalen) Leerstand wird im Normalfall mit dem entsprechenden **Mietausfallwagnis** Rechnung getragen. Darüber findet der Leerstand auch mit dem **Liegenschaftszinssatz** in dem Maße Eingang in die Ertragswertermittlung, wie auch die Objekte, aus denen der Liegenschaftszinssatz abgeleitet wurde, von Leerstand betroffen sind. Einem erhöhten Leerstand in der Weise Rechnung zu tragen, dass der übliche Liegenschaftszinssatz um einen Risikozuschlag erhöht wird, ist grundsätzlich abzulehnen, da ein nicht nur vorübergehender Leerstand dem Mietausfallwagnis zuzurechnen ist und dementsprechend mit dem angesetzten Mietausfallwagnis zu berücksichtigen ist. Eine doppelte Berücksichtigung (Mietausfall und Liegenschaftszinssatz) ist nicht zulässig.

Dem Leerstand kann – wie sich aus der in Abb. 34 ergebenden Übersicht ergibt – in unterschiedlicher Weise Rechnung getragen werden.

Abb. 34: Leerstand

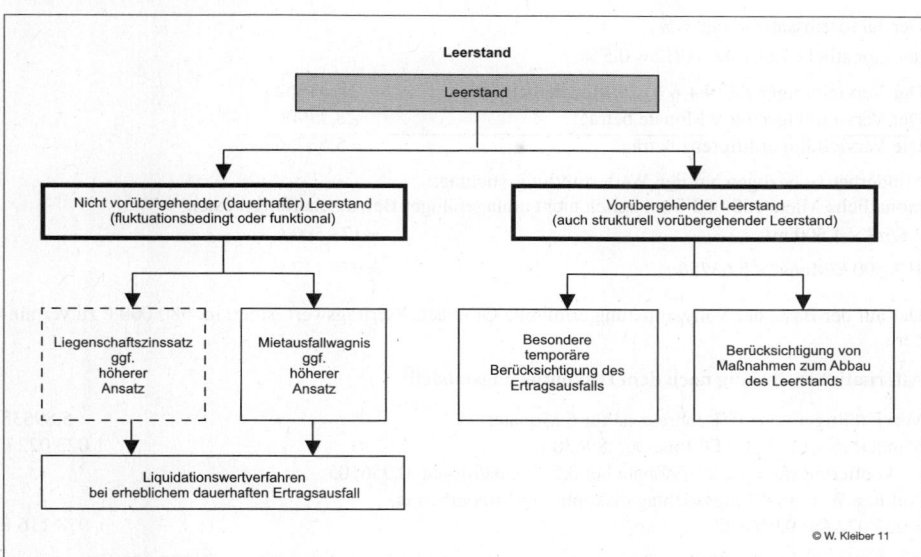

a) Funktionaler Leerstand

Der unter Rn. 327 angesprochene **funktionale Leerstand ist i. d. R. ein vorübergehender Leerstand** *und entsprechend bei der Verkehrswertermittlung zu berücksichtigen.*

§ 8 ImmoWertV — Ermittlung des Verkehrswerts

337 *Beispiel: 1:*

Der Ertragswert eines Büroobjekts ist zum Stichtag 01.06.2009 zu ermitteln. Das Objekt ist zu marktüblich erzielbaren Mieten vermietet. Am Wertermittlungsstichtag ist sicher, dass Mieter A, der 40 % der Gesamtnutzfläche des Gebäudes (4 500 m²; monatliche Nettokaltmiete 160 000 €) angemietet hat, sein Mietverhältnis zum 1.3.2010 kündigt. Der Grundstückseigentümer steht bereits mit einem Nachmieter in Verhandlung, der die gesamte Nutzfläche von 4 500 m² ab 01.09.2010 zur Marktmiete anmieten wird.

In welcher Höhe ist der auf der Basis der Vollvermietung ermittelte Grundstücksertragswert zu mindern, wenn der Mietausfall vom 01.03. bis 01.09.2010 (6 Monate) als sicher anzunehmen ist?

Liegenschaftszinssatz 6,0 %

Nicht umlagefähige Bewirtschaftungskosten für den Leerstand zu Lasten des Vermieters 3 €/m² im Monat. Der vorliegende Sachverhalt wird durch das nachstehende Schaubild verdeutlicht (Abb. 35):

Abb. 35: Vervielfältigerdifferenzverfahren

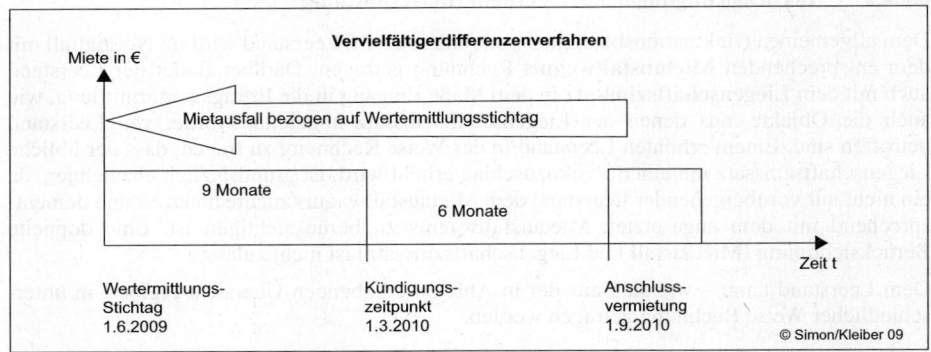

Der Jahreszinssatz beträgt 6 %,
der monatliche Zinssatz 6,0/12 = 0,5 %.

Der Vervielfältiger für (9 + 6 =) 15 Monate beträgt	14,41662
Der Vervielfältiger für 9 Monate beträgt	− 8,77906
Die Vervielfältigerdifferenz beträgt	= 5,63756

Minderbetrag bezogen auf den Wertermittlungsstichtag:
monatliche Miete 160 000 € zuzüglich nicht umlagefähiger Bewirtschaftungskosten
3 €/m² × 4 500 m²   = 173 500 €
173 500 €/Monat × 5,63756   = 978 117 €

Der auf der Basis der Vollvermietung ermittelte Grundstücksertragswert ist um rd. 980 000 € zu mindern.

Alternativberechnung nach dem Diskontierungsmodell

Vervielfältiger bei 6,0 % Jahreszins für 6 Monate: 5,89638
Minderbetrag 173 500 €/Monat × 5,89638   1 023 022 €
Diskontierungsfaktor für 9 Monate bei 0,5 % Zins/Monat: 0,956105
Auf den Wertermittlungsstichtag diskontierter Minderbetrag
1 023 022 € × 0,956105   978 116 €

Der auf der Basis der Vollvermietung ermittelte Grundstücksertragswert ist um rd. 980 000 € zu mindern.

Ermittlung des Verkehrswerts § 8 ImmoWertV

b)   Strukturell vorübergehender Leerstand

▶ *Vgl. Syst. Darst. des Ertragswertverfahrens Rn. 200 sowie § 19 ImmoWertV Rn. 166*

Bei einem **strukturell vorübergehenden (temporären) Leerstand**, dem mit dem üblicherweise und ggf. erhöht angesetzten Mietausfallwagnis (und Liegenschaftszinssatz) nicht hinreichend Rechnung getragen werden kann, vollzieht sich die Ertragswertermittlung unter Anwendung des *Standardverfahrens nach § 17 Abs. 2 ImmoWertV* in zwei Schritten: **338**

– Zunächst werden der Ertragswertermittlung gemäß § 17 Abs. 1 Satz 1 ImmoWertV die bei einer Vermietung und Verpachtung „marktüblich erzielbaren Erträge" zugrunde gelegt.

– Im zweiten Schritt wird der vorläufige Ertragswert gemäß § 8 Abs. 3 ImmoWertV um die mit dem Leerstand einhergehenden Mindereinnahmen vermindert; diese berechnen sich nach den Rechenverfahren, die auch sonst bei geminderten Mieteinnahmen (*underrented*) nach den oben stehenden Ausführungen zur Anwendung kommen (vgl. oben Rn. 256 ff.).

Bei einem Leerstand muss – im Unterschied zu den üblichen Fällen der Berücksichtigung von Mindereinnahmen (*underrented*) – allerdings zusätzlich beachtet werden, dass während der gesondert berücksichtigten Leerstandszeiten

a) vom Eigentümer auch die sonst auf den Mieter umgelegten Betriebskosten zu tragen sind, und zwar insoweit, wie diese Betriebskosten unvermeidlich sind (ggf. unter Berücksichtigung eines Grundsteuererlasses), sowie

b) das bei der Ermittlung des vorläufigen Ertragswerts berücksichtigte allgemeine Mietausfallwagnis für die Leerstandsflächen nicht anfällt und dementsprechend „gegen" zurechnen ist.

Bei Anwendung des *mehrperiodischen Ertragswertverfahrens* nach § 17 Abs. 1 Satz 2 i. V. m. Abs. 3 ImmoWertV werden die leerstandsbedingten Ertragsausfälle, die vom Vermieter zu tragenden (unvermeidlichen) Betriebskosten und das besondere Mietausfallwagnis mit den sich daraus ergebenden jährlichen (geminderten) Reinerträgen erfasst.

Sind **Mietgarantien** gegeben worden, entstehen als weitere Verluste anstelle der entgangenen Miete die Auszahlungen in Höhe der Mindestgarantie.

Die üblicherweise auf den Mieter umgelegten und im Falle des Leerstandes vom Eigentümer zu tragenden Betriebskosten sind zu einem nicht unerheblichen Teil unvermeidlich. Während des Leerstands fallen nämlich die Betriebskosten des Gesamtobjekts mit einem erheblichen Anteil weiter an. Außerdem entstehen dem Vermieter zudem laufende Kontrollkosten (Türen, Fenster, Rohrleitungen), insbesondere auch zur Vermeidung von Vandalismus. Die Einnahmeausfälle erhöhen sich deshalb um die **unvermeidlichen Betriebskosten**. Diesbezüglich muss unterschieden werden zwischen **339**

– dem Leerstand, der begrifflich auch dann besteht, wenn die Immobile mietfrei überlassen wurde, und

– dem Leerstand im eigentlichen Sinne.

Im Falle einer **mietfreien Überlassung** wird nämlich vielfach vereinbart, dass vom Nutzer die Betriebskosten getragen werden, sodass in diesen Fällen nur die Nettokaltmiete ausfällt. Deshalb bedarf es der Klärung, ob zumindest die Betriebskosten vom Mieter getragen werden. Werden sie vom Mieter während der Phase der Mietfreiheit nicht getragen, so erhöhen sich die vom Vermieter zu tragenden Bewirtschaftungskosten wiederum um die üblicherweise auf den Mieter umgelegten Betriebskosten.

Nach § 556 Abs. 1 BGB sind im Bereich der Wohnraumbewirtschaftung die Betriebskosten umlagefähig und werden regelmäßig vom Mieter getragen. Deshalb können bei Anwendung des Ertragswertverfahrens auf voll vermietete Wohngebäude die Betriebskosten unbeachtlich bleiben, wenn der Reinertrag aus der Nettokaltmiete abgeleitet wird. Nach der Rechtsprechung des BGH sind leerstandsbedingte verbrauchsunabhängige Betriebskosten nach der gesamten Wohnfläche vom Vermieter zu tragen. Diese bestehen nämlich zu einem Großteil **340**

663

aus verbrauchsunabhängigen Fixkosten. Zur Einsparung kommen jedoch insbesondere die Kosten des reduzierten Wasser- und Energieverbrauchs[150]. Die für eine leer stehende Wohnung aufgewendeten Kosten können jedoch vom Vermieter steuerwirksam bei den Einkünften aus Vermietung abgesetzt werden, wenn er sich ernsthaft bemüht, die Räume wieder zu vermieten[151]. **Leerstandsbedingte Betriebskosten** können auf die übrigen Mieter nur auf der Grundlage einer entsprechenden Vereinbarung mit *allen* Mietern[152] abgewälzt werden.

341 Nach dem BVerwG[153] ist ein **Grundsteuererlass** bei Ertragsminderungen aufgrund eines strukturellen Leerstands zulässig. Als Anhaltspunkt für die Ermittlung der steuerlich relevanten Ertragsminderung hatte zuvor der BFH[154] vorgegeben, dass bei Objekten, die zu Beginn eines Kalenderjahres vermietet waren, die Rohertragsminderung auf der Basis der zu diesem Zeitpunkt vereinbarten Miete zu ermitteln ist, sofern diese nicht um mehr als 20 % von der üblichen Miete abweicht, und bei anderen Objekten auf der Grundlage der üblichen Miete. Bei „eigengewerblich" genutzten Grundstücken ist weitere Voraussetzung, dass die Grundsteuererhebung nach den wirtschaftlichen Verhältnissen des Betriebs unbillig wäre. Dies ist nach Auffassung des BVerwG gegeben, wenn das steuerlich maßgebliche Betriebsergebnis negativ ist und die Grundsteuer einen nicht unwesentlichen Anteil (mehr als 1 %) an den gesamten Betriebsausgaben ausmacht.

342 *Beispiel 2: Zweijährige Mietfreiheit (einschließlich Betriebskosten)*

Nach der Lage auf dem Grundstücksmarkt muss für ein leer stehendes Bürogebäude erwartet werden, dass eine Vermietung nur unter Einräumung einer zweijährigen Mietfreiheit möglich ist bzw. es wird ein gleich langer Leerstand hingenommen, um dann aber ein langfristiges Mietverhältnis einzugehen, das einen Ertrag erwarten lässt, der über der derzeitigen „Flaute auf dem Immobilienmarkt" liegt.

Neben dem Ausfall der Nettokaltmiete hat der Grundstückseigentümer während dieser Zeit auch die umlagefähigen Bewirtschaftungskosten (Betriebskosten) während des Mietausfalls zu tragen. Der Renditeausfall setzt sich mithin zusammen aus

– dem Reinertrag zuzüglich der gesamten Bewirtschaftungskosten oder
– der Nettokaltmiete/Grundmiete zuzüglich der umlagefähigen Betriebskosten.

Die Nutzfläche betrage	1 000 m²
Die Nettokaltmiete betrage	20 €/m²
Die Betriebskosten betragen	1,50 €/m²
Der Liegenschaftszinssatz betrage	7 %.

Bei einem zweijährigen Nutzungsausfall ergibt sich als Abzugsbetrag:

1 000 m² × (20 €/m² + 1,50 €/m²) × 12 Monate × 1,81 = **466 980 €**

V von p: 7 % und n = 2 Jahre = 1,81

343 *Beispiel 3: Mehrjährige Mietfreiheit mit Ausnahme der Betriebskosten*

Ein mit einem Bürogebäude (1 200 m² Nutzfläche) bebautes Grundstück ist zu bewerten. Die am Wertermittlungsstichtag marktüblich erzielbare Nettokaltmiete beträgt 25 €/m² NF. Vermieter und Mieter schließen folgenden Mietvertrag:

Laufzeit des Mietvertrags 10 Jahre. Das erste Jahr ist mietfrei mit Ausnahme umlagefähiger Bewirtschaftungskosten. Vom 2. bis einschließlich des 5. Jahres beträgt die Miete 20 €/m² NF. Ab dem 6. bis einschließlich des 10. Jahres werden 30 €/m² vereinbart.

---

150 Zur Zulässigkeit der Änderung des Abrechnungsmaßstabs für Heizkosten bei Leerstand von Mietwohnungen in einem Mehrfamilienhaus BGH, Urt. vom 21.01.2004 – VIII ZR 137/03 –, BlnGE 2004, 351; AG Zwickau, Urt. vom 20.10.2000 – 2 C 264/00 –, EzGuG 20.175a; AG Leipzig, Urt. vom 14.08.2003 – 11 C 4919/03 –, EzGuG 20.191.
151 FG München, Urt. vom 10.05.2004 – 9 V 1082/04 –.
152 BGH, Urt. vom 31.05.2006 – VIII ZR 159/05 –, GuG-aktuell 2006, 38 = EzGuG 3.141a. Der BGH hat mit Urt. vom 21.01.2004 – VIII ZR 137/03 –, NJW-RR 2004, 659 = EzGuG 3.133 entschieden, dass bei Leerstand der Vermieter die verbrauchsunabhängigen Betriebskosten anteilig (nach der gesamten Wohnfläche) übernehmen muss.
153 BVerwG vom 24.04.2007 -GmS OGB 1/07 –.
154 BFH, Beschl. vom 13.09.2006 – II R 5/05 –, BStBl II 2006, 921; BFH, Beschl. vom 26.02.2007 – II R 5/05 –, BFH/NV 2007, 1044; OFD Berlin, Vfg. vom 10.04.2003 – St 163 G 1163a 1/97 –.

Ermittlung des Verkehrswerts § 8 ImmoWertV

Es ist der Grundstücksertragswert des Objekts unter Vernachlässigung des Bodenwerts zu ermitteln. Die Restnutzungsdauer des Gebäudes beträgt 60 Jahre, der Liegenschaftszinssatz 6 %, die Bewirtschaftungskosten betragen 15 % der Nettokaltmiete/Grundmiete (Abb. 36).

Abb. 36: Mietentwicklung

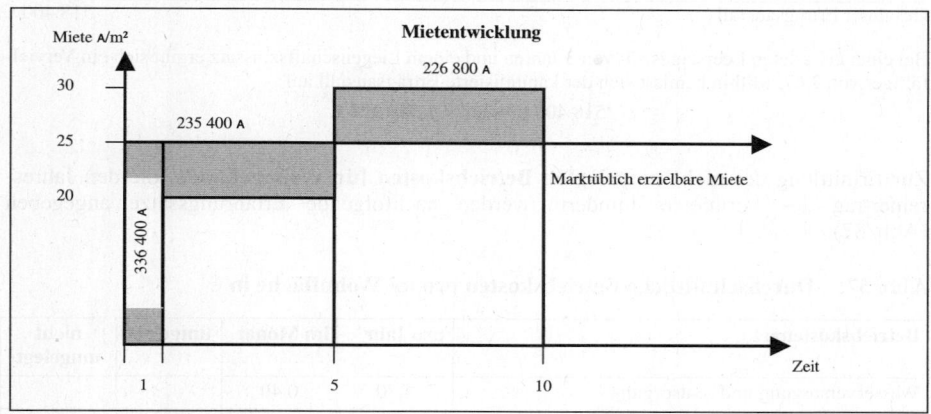

1. Jahresrohertrag

1 200 m² × 25 €/m² × 12 Monate	360 000 €	
./. Bewirtschaftungskosten 15 %	− 54 000 €	
Grundstücksreinertrag	306 000 €	
Vervielfältiger bei 60 Jahren und 6 %	16,16	
Grundstücksertragswert	4 944 960 €	4 944 960 €

2. Berücksichtigung der mietfreien Zeit

Vervielfältiger bei 1 Jahr und 6 %	0,94	
360 000 € × 0,94		− 338 400 €

3. Berücksichtigung des Minderertrags

5 €/m² × 1 200 m² × 12 Monate		72 000 €	
Vervielfältiger bei 6 % und 5 Jahren	4,21		
./. Vervielfältiger für 1 Jahr	− 0,94		
Vervielfältigerdifferenz	3,27		
Minderwert 72 000 € × 3,27			− 235 440 €

4. Berücksichtigung des Mehrertrags

5 €/m² × 1 200 m² × 12 Monate		72 000 €	
Vervielfältiger bei 6 % und 10 Jahren	7,36		
./. Vervielfältiger für 5 Jahre	− 4,21		
Vervielfältigerdifferenz	3,15		
Mehrwert: 72 000 € × 3,15			+ 226 800 €
Summe			4 597 920 €
Grundstücksertragswert			rd. 4 600 000 €

Die Betriebskosten sind bei Leerstand etwa mit 60 bis 80 % der sonst anfallenden Betriebskosten anzusetzen und erhöhen insoweit den Ertragsausfall.

§ 8 ImmoWertV Ermittlung des Verkehrswerts

Beispiel:

Jährlicher Mietausfall infolge Leerstand 2 000 m² × 20 €/m² × 12 Monate		= 480 000 €
zuzüglich üblicherweise umlagefähige Betriebskosten		
2 000 m² × 2 €/m² × 12 Monate	= 48 000 €	
davon 80/100: 48 000 € × 80/100	= 38 400 € +	38 400 €
Gesamter Ertragsausfall		518 400 €

Bei einer erwarteten Leerstandszeit von 3 Jahren und einem Liegenschaftszinssatz ergibt sich ein Vervielfältiger von 2,67. Mithin bemisst sich der kapitalisierte Ertragsausfall auf

$$518\,400\ € × 2{,}67 = \mathbf{1\,384\,128\ €.}$$

345 Zur Ermittlung der **nicht umgelegten Betriebskosten für Wohngebäude**, die den Jahresreinertrag des Vermieters mindern, werden nachfolgende Erfahrungssätze angegeben (Abb. 37):

Abb. 37: Durchschnittliche Betriebskosten pro m² Wohnfläche in €

Betriebskostenart	pro Jahr	im Monat	umgelegt	nicht umgelegt
Wasserversorgung und -entsorgung	4,70	0,40		
Zentrale Warmwasserversorgung	1,50	0,12		
Verbundene Heizungs- und Warmwasserversorgungsanlagen	1,30	0,11		
Maschinell betriebener Personen- und Lastenaufzug	1,00	0,08		
Straßenreinigung und Müllbeseitigung (Schneebeseitigung)	4,00	0,33		
Gebäudereinigung und Ungezieferbekämpfung	1,10	0,09		
Gartenpflege	1,30	0,11		
Beleuchtung	0,40	0,03		
Schornsteinfegerreinigung	0,60	0,05		
Sach- und Haftpflichtversicherung	1,50	0,12		
Hauswart	1,70	0,14		
Gemeinschaftsantennenanlage	0,50	0,04		
Breitbandkabelnetzverteileranlage	1,00	0,08		
Wäschepflegeanlage	0,50	0,04		
Sonstiges (Dachrinnenreinigung)				
Grundsteuer	2,80	0,23		
		Verbleibt beim Vermieter:		

346 Zu den genannten Betriebskosten können insbesondere bei **Gewerbeimmobilien weitere Leerstandskosten** treten:

– anteilige Kosten der Instandhaltung,

– laufende Kontrollkosten,

– Kosten für Mietgarantien,

– Ggf. Umbaukosten und Kosten von Revitalisierungsmaßnahmen,

– Kosten des Imageverlustes,

– Kosten des Leerstandsmanagements,

– Opportunitätskosten (Vermietung zu einem niedrigeren Mietpreis).

Ermittlung des Verkehrswerts § 8 ImmoWertV

Im Falle eines nur **zeitweise und in ungewöhnlicher Höhe auftretenden Leerstands**, z. B. in der Anlaufphase eines neu errichteten Bürokomplexes (Akquisitionszeitraum), belaufen sich die nicht umgelegten Betriebskosten auf etwa 2 €/m² NF. **347**

Bei Anwendung des ein- bzw. zweigleisigen Ertragswertverfahrens (Standardverfahren nach § 17 Abs. 2 ImmoWertV) auf der Grundlage der um die üblicherweise anfallenden Bewirtschaftungskosten verminderten marktüblich erzielbaren Erträge ist das im Rahmen der Ermittlung des vorläufigen Ertragswerts angesetzte **Mietausfallwagnis** insoweit nicht berücksichtigungsfähig, wie die Einnahmeausfälle der vom Leerstand betroffenen Flächen ergänzend (als *underrented*) berücksichtigt wurden. Die Ertragsausfälle leerstandsbetroffener Flächen haben kein Mietausfallwagnis. Deswegen muss das im Rahmen der Ermittlung des vorläufigen Sachwerts für die leerstandsbetroffenen Flächen angesetzte Mietausfallwagnis wieder „neutralisiert" werden, indem man es als „Einnahme" ergänzend berücksichtigt.

Beispiel 4:

Auf der Grundlage
- einer Jahresnettokaltmiete von 130 000 €
- einem Jahresreinertrag von 100 000 €

wurde als vorläufiger Ertragswert ermittelt		= 1 500 000 €
Das (langfristige) Mietausfallwagnis wurde dabei berücksichtigt mit	8 %	

Es ist ein vorübergehender (struktureller) Leerstand von 3 Jahren zu berücksichtigen.

– Leerstandsbedingter Reinertragsausfall p.a	25 000 €
– Betriebskosten des Vermieters p. a.	+ 5 000 €
– Mietausfallwagnis: 25 000 € × 0,08	– 2 000 €
Zwischenwert	28 000 €
– Kapitalisiert über 3 Jahre bei 6 %: 28 000 € × 2,67	– rd. 75 000 €
Ertragswert	= 1 425 000 €

c) Strukturell dauerhafter (nicht vorübergehender) Leerstand

Schrifttum: IDW RS WFA 1: Berücksichtigung von strukturellem Leerstand bei zur Vermietung vorgesehenen Wohngebäuden (IDW Stellungnahme zur Rechnungslegung GuG 2005, 101; *Kleiber, W.,* Wertermittlung und Stadtumbau, vhw FW 2003, 304.

Gebäude mit strukturellem hohem Leerstand sind grundsätzlich liquidationsverdächtig. Sie schlagen in Liquidationsobjekte umso eher um, **348**

- je höher der *Bodenwert* ist,
- je höher die *Leerstandquote* (d. h., je kleiner die vermietete Wohn- bzw. Nutzfläche) ist und
- je größer die dem Eigentümer verbleibenden (nicht umlegbaren) *Betriebskosten* sind.

Mit steigendem Leerstand erhöhen sich die zusätzlich zu tragenden Betriebskosten, während die Einnahmen sinken. Übersteigen die Betriebskosten die Jahresnettokaltmiete der vermieteten Wohn- und Nutzfläche – vermindert um die Verwaltungs- und Instandhaltungskosten, das Restmietausfallwagnis und den Bodenwertverzinsungsbetrag –, so schlägt das Objekt in ein **Liquidationsobjekt** um, weil der Fortbestand des Objekts zu Einbußen führt (Abb. 38). **349**

Abb. 38: Entwicklung der Ertragsverhältnisse mit zunehmendem Leerstand

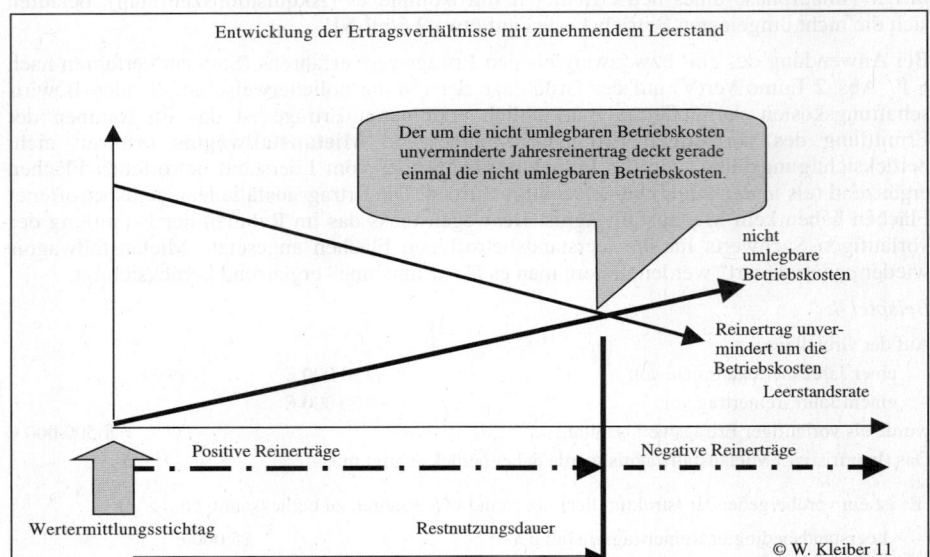

350 Maßgebliche Größe für das Umschlagen in den Liquidationsfall ist die dauerhafte **Leerstandsquote**. Untersuchungen in den neuen Bundesländern haben überschlägig ergeben, dass bei geringen Nettokaltmieten ein Leerstand ab einer Quote von 20 % kritisch wird! Diese Grenzrate der Leerstandsquote ist abhängig von dem allgemeinen Mietniveau und liegt etwa bei 30 % und in strukturschwachen Räumen sogar schon bei etwa 20 %.

351 Übersteigen zum Wertermittlungsstichtag die unvermeidlichen Betriebskosten die verbleibende Jahresnettokaltmiete der vermieteten Wohn- und Nutzfläche – vermindert um die Verwaltungs- und Instandhaltungskosten, das Restmietausfallwagnis und den Bodenwertverzinsungsbetrag – und kann ein Abbau des Leerstands in absehbarer Zeit nicht erwartet werden, so bestimmt sich der Verkehrswert nach dem **Liquidationswert** i. S. des § 16 Abs. 3 ImmoWertV (sofortige Liquidation):

Liquidationswert = Bodenwert (unbebaut) – Freilegungskosten

Als ein besonderes vornehmlich in den neuen Bundesländern auftretendes Problem kommt hinzu, dass in Gebieten mit niedrigem Bodenwert die **Freilegungskosten** häufig **den Bodenwert übersteigen**. In diesem Fall ist das Grundstück praktisch unverkäuflich.

352 Nach der bisherigen Rechtsprechung ist eine **Verwertungskündigung zum Zwecke des Abrisses** (Rückbau) nur zulässig, um das Grundstück neu zu bebauen oder es im beräumten Zustand zu verkaufen. Der ersatzlose Rückbau eines Gebäudes ist keine wirtschaftliche Verwertung i. S. des § 573 Abs. 2 Nr. 3 BGB: Eine zu diesem Zweck ausgesprochene Kündigung des Mietverhältnisses ist in den neuen Bundesländern nicht durch Art. 232 § 2 Abs. 2 EGBGB ausgeschlossen[155]. Rechtlich unklar ist, ob der Tatbestand einer Verwertungskündigung dann vorliegt, wenn mit dem Rückbau lediglich finanzielle Verluste beseitigt werden sollen, ohne dass anschließend das Grundstück neu bebaut oder anderweitig genutzt wird.

353 Verbleibt indessen zum Wertermittlungsstichtag noch eine positive Jahresnettokaltmiete und muss jedoch mit einem weiteren Anstieg der Leerstandquote gerechnet werden, so bestimmt sich die wirtschaftliche **Restnutzungsdauer** nach dem Zeitraum, in dem diese bei ordnungsgemäßer Unterhaltung und Bewirtschaftung voraussichtlich noch wirtschaftlich genutzt wer-

---

155 BGH, Urt. vom 24.03.2004 – VIII ZR 188/03 –, GuG 2004, 317 = BlnGE 2004, 611.

Ermittlung des Verkehrswerts § 8 ImmoWertV

den kann. Eine wirtschaftliche Nutzung ist spätestens von dem Zeitpunkt ab nicht mehr gegeben, zu dem die bauliche Anlage nach den vorstehenden Betrachtungen nur noch Verluste erwirtschaftet, d. h., mit der Zunahme der Leerstandsquote vermindert sich die Restnutzungsdauer; davon können selbst aufwendig modernisierte Gebäude betroffen sein, wenn schon aufgrund der demoskopischen Entwicklung mit einer wachsenden Leerstandsquote zu rechnen ist. Die verbleibende wirtschaftliche Restnutzungsdauer bestimmt sich in diesem Fall nach der verbleibenden Zeit, in der die Betriebskosten den um die Betriebskosten unverminderten Jahresreinertrag (noch) nicht „auffressen". Bei Anwendung des Ertragswertverfahrens ist jeweils der um die Freilegungskosten verminderte Bodenwert anzusetzen (alsbaldige Liquidation).

d) Grenzfälle

Insbesondere in den neuen Bundesländern[156] ist es häufig schwer abschätzbar, ob der strukturelle Leerstand, von dem insbesondere der Wohnungsbestand betroffen ist, durch bauliche und städtebauliche Maßnahmen in absehbarer Zeit abgebaut werden kann oder dauerhafter Natur ist. Ertragswirtschaftlich befinden sich diese von einem erheblichen Leerstand betroffenen Wohngebäude in einer „Grauzone" zwischen einem dauerhaften und vorübergehenden strukturellen Leerstand. Hier bedarf es zunächst einer sorgfältigen **Analyse aller Möglichkeiten, eine Rentierlichkeit der Immobilie wieder herbeizuführen.** Dazu gehört insbesondere die Prüfung der bautechnischen Anlagen, des Gebäudemanagements, der steuerlichen Rahmenbedingungen, der Altlastenproblematik, des Wohnungsmarktes und baulicher Maßnahmen zur Attraktivitätsverbesserung unter Berücksichtigung des Sanierungsaufwands sowie der städtebaulichen und demoskopischen Entwicklung. **354**

Bei alledem ergeben sich für leerstandsbetroffene Gebäude „Überlebenschancen" auch durch den Rückbau anderer leerstandsbetroffener Gebäude, da damit die „Restmieter" wieder auf den Mietermarkt kommen. Aus dieser Situation ergibt sich die Chance, ein Gebäude, das infolge eines erheblichen Leerstands schon als Liquidationsobjekt eingestuft werden kann (z. B. weil vom Eigentümer zu tragende Betriebskosten den Reinertrag der „Restmieter" übersteigen), dadurch wieder einer eingeschränkten Rentierlichkeit zuzuführen, dass durch eine attraktive Absenkung der Mieten (ggf. in Verbindung mit Modernisierungsmaßnahmen) der Leerstand abgebaut wird. Bevor man leerstandsbetroffenen Gebäuden vorschnell einen Liquidationswert (Bodenwert abzüglich Freilegungskosten) zuordnet, muss geprüft werden, mit welchen Mietabsenkungen sich der Leerstand abbauen lässt. Liquidationsverdächtige Objekte können durchaus werthaltig sein, wenn auch **Mietsenkungen bei der Verkehrswertermittlung in Betracht** gezogen werden. **355**

Kommt man zum Ergebnis, dass der im Einzelfall vorliegende Leerstand vorübergehender Natur ist, bedarf es einer prognostizierenden **Abschätzung der Intensität und der Dauer des Leerstands.** Den damit verbundenen Unsicherheiten der Verkehrswertermittlung kann der Sachverständige häufig nur dadurch gerecht werden, dass er die bei nüchterner Betrachtungsweise in Betracht kommenden Szenarien in seinem Gutachten darlegt und seine Verkehrswertermittlung unter dem Vorbehalt der Richtigkeit seiner Prognose stellt, denn seine Prognosen kann er nicht gewährleisten. **356**

Mitunter wird versucht, die Unrentierlichkeit einer Immobilie durch Hinausschieben der **Instandhaltung** zu vermeiden. Eine reduzierte bzw. unterlassene Instandhaltung entspricht jedoch nicht einer ordnungsgemäßen Bewirtschaftung und führt zwangsläufig zu einer Verkürzung der wirtschaftlichen Restnutzungsdauer verbunden mit hohen Risiken. Unterlassene Instandhaltungen, auch wenn sie nicht in jedem Fall zu einer Verkürzung der üblichen Restnutzungsdauer führen, mögen zwar die Problematik eines hohen Leerstands zeitweise abfedern, der Sachverständige darf sich dadurch aber in der Beurteilung der Immobilie nicht täuschen lassen. **357**

---

156 Fürl, L./ Schwarz, M., Grundstücksmarkt und Wohnungsmarktsegmente unter Schrumpfungsbedingungen, GuG 2003, 313.

Es ist die Gesamtsituation in der Gemeinde unter Berücksichtigung der Gegebenheiten des Wertermittlungsobjekts zu analysieren.

358 Prüfraster

a) Lässt die Gesamtsituation in der Gemeinde aufgrund der gemeindlichen Leerstandquote unter Einbeziehung des Umlands den Abgang (Rückbau) von Wohnraum erwarten?

b) Ist das Wertermittlungsobjekt aufgrund seiner gebietlichen Lage und der Merkmale des Wertermittlungsobjekts davon betroffen (Prioritätenabschätzung)?

c) Ergeben sich Chancen für eine Revitalisierung des Objekts aufgrund von

- baulichen Maßnahmen zur Verbesserung und

- des Abgangs von Wohnraum an anderer Stelle mit einer erhöhten Nachfrage durch die dann umzusetzenden „Restmieter"? (Wer zuerst abreißt, hat schon verloren.)

d) Welche Gebiete und Gebäude sind nach den Vorstellungen der Gemeinde zum Rückbau bestimmt?

e) Welche Zeitschiene kann für den Rückbau erwartet werden?

f) Welches zusätzliche Mieterpotenzial ergibt sich infolge des Rückbaus leerstandsbetroffener Gebäude?

359 Bei alledem ergeben sich für leerstandsbetroffene Gebäude „Überlebenschancen" durch den Rückbau anderer leerstandsbetroffener Gebäude, da damit die „Restmieter" wieder auf den Mietermarkt kommen.

Als Ergebnis der Analyse ergibt sich ein Szenario zur Dauer und Intensität des vorübergehenden Leerstands sowie ggf. zu den baulichen Verbesserungsmaßnahmen, mit denen die Attraktivität der leerstandsbetroffenen Gebäude verbessert werden kann. Dementsprechend werden diese Erkenntnisse in die Wertermittlung eingestellt. Das Ergebnis der Wertermittlung steht dann unter dem Vorbehalt der richtigen Prognose.

360 Schema der Ertragswertermittlung:

Ertragswert bei nachhaltiger Vollvermietung
abzüglich kapitalisierten Einnahmeausfalls infolge Leerstands
abzüglich kapitalisierter nicht umlagefähiger Betriebskosten
abzüglich Barwert der Kosten einer Modernisierung bzw. Umstrukturierung
= Ertragswert eines Gebäudes entsprechend dem prognostizierten Leerstand

6.6.5 Abweichungen aufgrund atypischer Nutzungen (Fehlnutzung)

361 Von einer atypischen Nutzung (Fehlnutzung) kann gesprochen werden, wenn ein Grundstück zwar zu den marktüblich erzielbaren Erträgen vermietet bzw. verpachtet ist, jedoch die ausgeübte Nutzung auf Dauer nicht der Lage des Objekts und seiner Nutzbarkeit entsprechen. Es handelt sich um den Fall einer nicht objektadäquaten Nutzung des Grundstücks.

362 Ein derartiger Fall ist beispielsweise gegeben, wenn das Erdgeschoss eines in einer Geschäftszeile gelegenen Wohngrundstücks am Wertermittlungsstichtag zum Wohnzwecke vermietet ist, obwohl eine höherwertige Nutzung für Büro- und Einzelhandelsnutzung nicht nur zulässig, sondern auch üblich ist. Auch wenn der Mieter die für eine Wohnnutzung marktüblich erzielbare Miete entrichtet, ist der Fall eines Abweichens von den marktüblich erzielbaren Erträgen gegeben, denn ein wirtschaftlich handelnder Eigentümer wird danach trachten, die Wohnung objektadäquat zu nutzen. Hieran kann er vorübergehend aufgrund vertraglicher Bindungen gehindert sein (Abb. 39).

Ermittlung des Verkehrswerts § 8 ImmoWertV

Abb. 39: Vorübergehendes Nutzungsdefizit

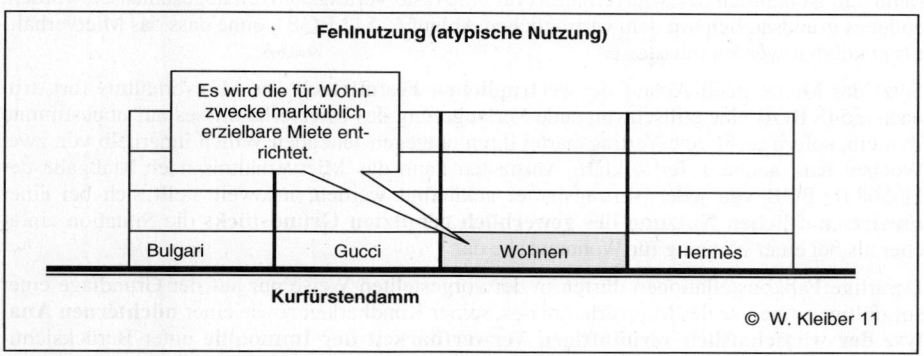

363 Bei dieser Konstellation ist im wirtschaftlichen Ergebnis der Fall einer Unternutzung (*underrented*) gegeben. Die daraus resultierende Wertminderung bemisst sich wiederum nach der davon betroffenen Fläche und dem Zeitraum, über den der Eigentümer aufgrund wohnungs- und mietrechtlicher Bindungen gehindert ist, die höherwertige Nutzung zu realisieren. Dabei muss auch die Möglichkeit in Betracht gezogen werden, das Mietverhältnis durch **Abstandszahlungen** vorzeitig zu beenden. Des Weiteren sind die **Kosten einer Umnutzung** zu berücksichtigen.

Beispiel: **364**

Ein in der Innenstadt (MK-Gebiet) gelegenes Wohn-/Geschäftshaus ist im Erdgeschoss für Wohnzwecke vermietet. Die erzielte Miete entspricht der marktüblichen für Wohnräume erzielbaren Miete. Der Mieter ist bereit, gegen eine Abstandszahlung von 20 000 € sein Mietverhältnis vorzeitig aufzulösen, um damit dem Eigentümer die Möglichkeit zu eröffnen, den Wohnraum für eine gebietsübliche Einzelhandelsnutzung herzurichten; rechtliche Gründe stehen dem auch nicht entgegen (Zweckentfremdungsverbot, Erhaltungssatzung i. S. des § 172 BauGB). Ein Nutzungsinteressent ist bereit, bei einem zehnjährigen Mietvertrag unter üblichen Konditionen den Umbau auf eigene Kosten vorzunehmen.

Lösung:

a) Im ersten Schritt ist die Angemessenheit der geforderten Abstandszahlung zu überprüfen. Die geforderte Abstandszahlung ist angemessen, wenn sie den Usancen der Immobilienwirtschaft entspricht und unter dem Barwert der erzielbaren Mehrbeträge für die derzeit für Wohnzwecke genutzten Räume liegt:

- Das Mietverhältnis lässt erwarten, dass die 100 m² große Wohnung in ca. 10 Jahren frei wird bzw. frei gemacht werden kann.
- Im Falle einer Einzelhandelsvermietung könnte die Miete von derzeit 6 €/m² WF auf 20 €/m² NF heraufgesetzt werden.

Potenzieller Mehrertrag:

(20 €/m² – 6 €/m²) × 100 m² × 12 Monate = 16 800 € p. a.

Barwert für 10 Jahre bei einem Zins von 5,5 % (V = 7,54)

16 800 € × 7,54 = 126 672 €

Die geforderte Abstandszahlung von 20 000 € unterschreitet den Barwert des potenziellen Mehrertrags deutlich.

b) Der Ertragswert wird auf der Grundlage einer Umnutzung des Erdgeschosses ermittelt und um die dabei üblicherweise anfallenden Umnutzungskosten einschließlich Abstandszahlung vermindert.

365 Erst wenn mit Abstandszahlungen oder in einer anderen geeigneten Weise das Mietverhältnis nicht aufgelöst werden kann, muss solchen Fällen unter Berücksichtigung der mietrechtlichen Bindungen dadurch Rechnung getragen werden, dass **für den Zeitraum des Kündigungsschutzes wertermittlungstechnisch von einer Untervermietung ausgegangen wird**.

366 Bei **gewerblichen Mietverhältnissen** stellt sich die Situation i. d. R. einfacher als für Wohnraum dar. Ist nämlich das Mietverhältnis für eine feste Vertragslaufzeit abgeschlossen worden, endet es grundsätzlich mit dem vertraglichen Ablauf (§ 542 BGB), ohne dass das Mietverhältnis gekündigt werden müsste.

367 Setzt der Mieter nach Ablauf der **vertraglichen Festmietzeit** das Mietverhältnis fort, tritt nach § 545 BGB eine stillschweigende Verlängerung des Mietverhältnisses auf unbestimmte Zeit ein, sofern nicht eine Vertragspartei ihren entgegenstehenden Willen innerhalb von zwei Wochen dem anderen Teil erklärt. Ansonsten kann das Mietverhältnis nach Maßgabe der §§ 568 ff. BGB von jeder Vertragspartei gekündigt werden; insoweit stellt sich bei einer **unwirtschaftlichen Nutzung des gewerblich genutzten Grundstücks** die Situation einfacher als bei einer Nutzung für Wohnzwecke dar.

368 Derartige Fallkonstellationen dürfen in der vorgestellten Weise nur auf der Grundlage einer sorgfältigen Analyse des Mietverhältnisses, seiner Kündbarkeit sowie einer **nüchternen Analyse der wirtschaftlich vernünftigen Verwertbarkeit der Immobilie** unter Berücksichtigung ihrer Nachbarschaft behandelt werden. Spekulative und einer ordnungsgemäßen Grundstücksbewirtschaftung nicht entsprechende Nutzungsmöglichkeiten müssen außer Betracht bleiben. Bei dieser Vorgehensweise geht es im Wesentlichen darum, ein Missverhältnis zwischen der tatsächlichen und der objektadäquaten Nutzung angemessen zu berücksichtigen.

369 Der vorgestellte Fall legt auch die **Grenzen der Verkehrswertermittlung** offen. Lässt man nämlich einmal die in dem Beispielsfall vorgegebene Abstandssumme von 20 000 € außer Betracht, weil der Mieter diesbezüglich erst noch in Verhandlung treten will, so wird deutlich, dass der Verkehrswert im Rahmen der Spanne des potenziellen Mehrerlöses schwankt. Welcher Anteil des potenziellen Mehrerlöses dem Verkehrswert zuzurechnen ist, wäre dann vom Ergebnis der Ablöseverhandlungen abhängig. Mit dem potenziellen Mehrerlös wird lediglich der Verhandlungsspielraum des Eigentümers vorgegeben. In seinen Verhandlungen kann er – wirtschaftlich vernünftig handelnd – bis zu diesem Betrag gehen. Dies kann im Einzelfall, wie im Übrigen auch der Fall „Weinhaus Huth" in Berlin gezeigt hat, zu beträchtlichen Unterschieden führen.

370 Der vorgestellte Fall kann sich in einer noch „verschärfenden" Form für **Liquidationsobjekte** stellen, wenn die Ertragsverhältnisse in einem deutlichen Missverhältnis zum Bodenwert stehen, das Objekt aufgrund mietrechtlicher Bindungen nicht freigelegt werden kann und eine Auflösung des Mietverhältnisses (z. B. nach § 573 BGB oder nach den Vorschriften der §§ 182 ff. BauGB) nicht möglich ist.

371 Als ein weiteres *Beispiel* kann der Fall eines Objekts mit ungünstiger, aber leicht veränderbarer Raumaufteilung angeführt werden. So wird im Einzelhandel danach getrachtet, die *Verkaufsfläche* möglichst groß und die *Lagerfläche* möglichst klein zu halten. Ein **Verhältnis von 80 % zu 20 % deutet auf ungünstige und verbesserungsfähige Aufteilung** hin, insbesondere wenn sich dieses Verhältnis auf derselben Ebene ergibt.

372 Mitunter kann es angezeigt sein, die **Grundrissgestaltung** eines Ladens kritisch nach Optimierungsmöglichkeiten zu prüfen. So weisen Läden in den neuen Bundesländern oftmals ein ungünstiges Verhältnis zwischen Verkaufs- und Lagerflächen auf, das nicht unmittelbar der Verkehrswertermittlung zugrunde gelegt werden kann. Übergroße Lagerflächen werden bei moderner Anlieferungstechnik („*just in time*") mit einer Verlagerung der Lagerfläche auf die Straße nicht mehr benötigt. Kann z. B. durch Umbauten (z. B. den Versatz einer Trennwand) die Verkaufsfläche deutlich (zu Lasten der Lagerfläche) erhöht werden, so können damit zumindest die Voraussetzungen für eine Verbesserung der Ertragssituation geschaffen werden (Abb. 40).

Ermittlung des Verkehrswerts § 8 ImmoWertV

Abb. 40: Supermarkt mit übergroßer Lagerfläche

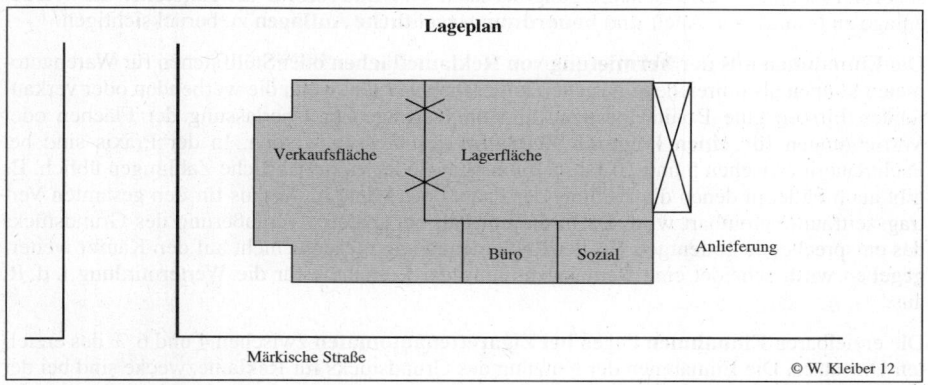

Beispiele:

Nebenfläche eines	Verbrauchergroßmarktes	25 – 30 %
	Schuhfachgeschäft	bis 40 %
	Damenoberbekleidung	10 – 15 %

6.6.6 Temporäre Einnahmen z. B. durch Zwischennutzungen, Werbeflächen, Antennenanlagen und dgl.

Temporäre Mehrerträge z. B. aus einer **Zwischennutzung des Grundstücks**, der **vorübergehenden Vermietung von Werbeflächen und Lichtwerbeanlagen, der Aufstellung von Warenautomaten, Antennenanlagen und dgl.** sind spiegelbildlich zu Mindereinnahmen aus vorübergehendem Leerstand und dgl. wertmindernd zu berücksichtigen. Dies gilt grundsätzlich für alle zur Anwendung kommenden Wertermittlungsverfahren, soweit dem nicht direkt mit dem herangezogenen Verfahren Rechnung getragen worden ist. Bei Anwendung des Ertragswertverfahrens nach Maßgabe des § 17 Abs. 1 Satz 1 i. V. m. Abs. 2 ImmoWertV bleiben diese Erträge deshalb zunächst außer Betracht, wenn mit diesen Erträgen nicht über die gesamte Restnutzungsdauer der baulichen Anlage zu rechnen ist. Die zusätzlich aber nicht auf Dauer erzielbaren Erträge werden – kapitalisiert über die voraussichtliche Dauer – nach Maßgabe des § 8 Abs. 3 ImmoWertV berücksichtigt. Bei Anwendung des mehrperiodischen Ertragswertverfahrens nach Maßgabe des § 17 Abs. 1 Satz 2 i. V. m. Abs. 3 ImmoWertV können die vorübergehenden Mehrerträge in den jeweiligen Phasen mitberücksichtigt werden. Dabei sind die aus vorstehenden Nutzungen resultierenden besonderen Bewirtschaftungskosten sowie besondere Zahlweisen (z. B. vierteljährliche Zahlungen) und dgl. zu berücksichtigen.

Beispiel:

Auf einem Grundstück befindet sich ein Gebäude mit freistehender Giebelwand, die als Werbefläche genutzt wird. Die Restnutzungsdauer des Gebäudes betrage 70 Jahre. Es muss erwartet werden, dass die Giebelwand nur noch 20 Jahre für Werbezwecke genutzt werden kann. Der daraus resultierende Reinertrag betrage 5 000 € pro Jahr. Bei einem Liegenschaftszinssatz von p = 5 % ergibt sich bei der Restnutzungsdauer von 20 Jahren ein Vervielfältiger von V = 12,46.

Der Ertragswert des Grundstücks erhöht sich damit um: 5 000 € × 12,46 = **62 300 €**.

Bei der Ertragswertermittlung dürfen **nur** solche **Einnahmen aus Werbeflächen berücksichtigt werden, die zulässigerweise erzielt werden**, d. h., die Werbefläche muss zumindest bauaufsichtlich genehmigungsfähig sein[157]. So bedarf es z. B. in *Nordrhein-Westfalen* einer

---

[157] BVerwG, Urt. vom 28.04.1972 – 4 C 11/68 –, EzGuG 3.41; BVerwG, Urt. vom 28.06.1955 – 1 C 146/53 –, EzGuG 3.6; BGH, Urt. vom 03.02.1978 – V ZR 79/75 –, EzGuG 3.60.

Genehmigung, wenn der Werbeträger an einem Gebäude die Werbefläche von 0,80 m² überschreiten möchte[158]. Die Genehmigung hat nach § 11 BauVorlVO der Hersteller der Werbeanlage zu beantragen. Auch sind **bauordnungsrechtliche Auflagen** zu berücksichtigen.

377 Die **Einnahmen aus der Vermietung von Reklameflächen** oder Stellflächen für Warenautomaten können als hinreichend gesichert angesehen werden, wenn die werbenden oder verkaufenden Firmen gute Bonität besitzen und die Verträge zur Überlassung der Flächen oder Vorrichtungen **für einen längeren Zeitraum** geschlossen werden. In der Praxis sind bei Pachtdauern zwischen 5 und 10 Jahren monatliche oder vierteljährliche Zahlungen üblich. Es gibt auch Fälle, in denen die Zahlung der Pacht oder Miete im Voraus für den gesamten Vertragszeitraum vereinbart wird. Da in diesem Fall bei späterer Veräußerung des Grundstücks das entsprechende Teilentgelt aus der Reklamenutzung meistens nicht auf den Käufer weitergegeben wird, scheidet eine Berücksichtigung der Einnahme für die Wertermittlung i. d. R. aus.

378 Die erzielbaren **Einnahmen** liegen **bei Zigarettenautomaten** zwischen 4 und 6 % des erzielten Umsatzes. Die Einnahmen der Nutzung des Grundstücks für Reklamezwecke sind bei der Wertermittlung wie folgt zu berücksichtigen: Der Jahresreinertrag aus der Verpachtung oder Vermietung der Flächen wird über die Restlaufzeit des bestehenden Vertrags mit einem entsprechenden marktüblichen Habenzinssatz kapitalisiert und dem Ertragswert der baulichen Anlagen zugeschlagen.

379 Wegen der kaum voraussehbaren und oft schnellen Wandelbarkeit der angebotenen Produkte und Leistungen ist zu empfehlen, den **Kapitalisierungszeitraum** bei vertraglich nicht genau festgelegter Laufzeit der Verträge **auf maximal 10 Jahre zu begrenzen**.

380 Soweit den Einnahmen aus Werbeflächen **Bewirtschaftungskosten** gegenüberstehen, sind sie bei der Ermittlung des Reinertrags aus Werbeflächen zu berücksichtigen. Die häufig beachtlichen **Herstellungs-, Montage-, Energie- und Unterhaltungskosten** werden im Allgemeinen vom Pächter der Werbeflächen oder vom Automatenaufsteller getragen. Nach Ablauf der Pachtdauer ist der Pächter grundsätzlich auch zur Wiederherstellung des ursprünglichen Zustands verpflichtet.

381 *Beispiel:*
Eine giebelseitige Werbefläche ist für den Betrag von 10 000 € p. a. auf fünf Jahre vermietet. Nach Ablauf dieser Zeit ist die Bebauung des Nachbargrundstücks beabsichtigt. Bei einem Zinssatz von 6 % ergibt sich ein Vervielfältiger von 4,21.
Der Ertragswert erhöht sich damit um 10 000 € × 4,21 = 42 000 €.

382 Einen Sonderfall bietet die Werbeflächennutzung in Zusammenhang mit der dinglichen **Bierbezugsverpflichtung von Brauereien**[159]. Neben dem Recht des ausschließlichen Vertriebs ihrer Erzeugnisse auf dem Grundstück sichern sich Brauereien oft auch das Recht, Werbeanlagen anzubringen und Getränkeautomaten zu unterhalten. Da sie sich i. d. R. finanziell an den Kosten der Einrichtung und des Inventars beteiligen, werden besondere Vergütungen für das Recht, Werbeanlagen und Getränkeautomaten anzubringen oder aufzustellen, selten gezahlt.

383 Für **Antennenanlagen des Mobilfunks** auf Hausdächern, Türmen und Masten werden – abhängig vom Umfang der Anlage – Nutzungsentgelte in Höhe von 3 000 € bis 6 000 € p. a. und in besonderen Fällen bis 7 500 € bei einer Befristung bis höchstens 30 Jahre und bei Zahlung im Voraus vereinbart. Der Kapitalisierungszinssatz liegt zwischen 4 bis 6 %[160]. Das **Nut-**

---

[158] VGH Mannheim, Beschl. vom 15.12.1989 – 8 S 300 6/89 -, EzGuG 3.81; OVG Berlin, Urt. vom 14.10.1988 – 2 B 51/87 –, BRS Bd 48 Nr 121; OVG Berlin, Urt. vom 23.9.1988 – 2 B 39/87 –, BRS Bd 48 Nr 122; OVG Koblenz, Urt. vom 22.07.1987 – 1 A 128/85 –, BRS Bd 48 Nr 120; OVG Berlin, Urt. vom 14.10.1988 – 2 B 51/87 –, BRS Bd 48 Nr. 121; OVG Berlin, Urt. vom 23.09.1988 – 2 B 39/87 –, BRS Bd 48 Nr 122; OVG München, Urt. vom 03.06.1986 – 11 A 1091/84 –, NVwZ 1987, 67 = BauR 1986, 544 = VwR 1986, 354 = Städte- und Gemeinderat 1986, 362.
[159] Kleiber, Verkehrswertermittlung von Grundstücken, 6. Aufl. 2010, Teil IX Rn. 417 ff.
[160] Vgl. DST Umdruck 670 vom 05.05.1999 = GuG 2001, 104; Flintrop, H., Der Einfluss von Mobilfunkantennen auf den Verkehrswert, GuG 2001, 321.

Ermittlung des Verkehrswerts § 8 ImmoWertV

zungsentgelt für **Mobilfunkstationen in Straßentunnels** liegt – unabhängig von der Länge und Frequentierung des Tunnels – bei 2 500 € pro Station (vgl. § 6 ImmoWertV Rn. 284 ff.).

6.7 Sonstige besondere objektspezifische Grundstücksmerkmale

6.7.1 Übersicht

§ 8 Abs. 3 ImmoWertV enthält nur eine beispielhafte Aufzählung „besonderer objektspezifischer Grundstücksmerkmale". Neben den genannten Beispielen sind zu nennen: **384**

- Optionen,
- eine eingeschränkte Drittverwendungsmöglichkeit, verbunden mit einem Modernisierungsrisiko,
- Aufwendungen für einen bevorstehenden Abbruch von Teilen der baulichen Anlagen des Grundstücks,
- besondere Außenanlagen einschließlich Aufwuchs,
- besondere boden- und bauwerksbezogene Grundstücksmerkmale, die noch nicht berücksichtigt sind,
- Denkmalschutz,
- Rechte und Belastungen,
- Vermietung sonst bezugsfreier Objekte sowie
- merkantile Mehr- und Minderwerte.

6.7.2 Optionen

Der Zeitraum, über den Abweichungen der bei ordnungsgemäßer Bewirtschaftung marktüblich erzielbaren Erträge (ortsübliche Vergleichsmiete) von den vertraglichen Erträgen zu berücksichtigen sind, bestimmt sich bei vereinbarten Optionen nach der für den Optionsberechtigten gegebenen Gesamtsituation. Allgemein gilt der **Grundsatz, dass Optionen in der Weise ausgeübt werden, wie es für den Optionsberechtigten wirtschaftlich vernünftig** ist. Bei einem Objekt, das „*overrented*" vermietet ist, kann z. B. erwartet werden, dass der optionsberechtigte Mieter sein Mietverhältnis zu den bestehenden Konditionen nur dann verlängert, wenn dafür wirtschaftliche Gründe gegeben sind. Sind dafür keine zwingenden Gründe gegeben, muss erwartet werden, dass das Mietverhältnis zu der dann ortsüblichen Vergleichsmiete fortgesetzt wird. **385**

Beispiel: **386**

Mitte des Jahres 2001 erwirbt ein Investor ein Geschäftsgrundstück mit 3 Läden im Erdgeschoss und 6 Büros in den Obergeschossen. Die Mietverträge laufen zwischen dem 30.11.2001 und 30.11.2004 aus, so dass der Käufer damit rechnen konnte, die teilweise sehr niedrigen Mieten (Büromiete Büro A, D, E, F 14 €/m², Büromiete B 16 €/m² und Ladenmieten C, G, H 40 €/m²) alsbald auf das marktübliche Niveau (Büros auf 20 €/m², Ladenflächen auf 45 €/m² NF) anzuheben (in den Mietverträgen war lediglich die Werthaltigkeit der Mieten über eine Anpassung entsprechend der Veränderung der Lebenshaltungskosten [Verbraucherpreise] gesichert). Die Möglichkeit schnell erfolgender Mieterhöhungen hatte auch die Kaufpreisbildung wesentlich beeinflusst. Nach dem Kauf stellte sich jedoch heraus, dass bei zwei Büros und einem Laden folgende Optionsrechte auf Verlängerung der Mietverträge bestanden:

Büro A: Mietfläche 175 m², Miete 14 €/m² nettokalt. Ablaufzeitpunkt des Mietvertrags 30.11.2001 (war dem Käufer bekannt), aber Option auf Verlängerung des Mietvertrags zu den gleichen bestehenden Bedingungen vom 01.12.2001 bis 30.11.2003 (war dem Käufer nicht bekannt).

Büro B: Mietfläche 170 m², Miete 16 €/m² nettokalt. Ablaufzeitpunkt des Mietvertrags 30.11.2004 (war dem Käufer bekannt), aber Option auf Verlängerung des Mietvertrags zu den gleichen bestehenden Bedingungen vom 01.12.2004 bis 30.11.2017 (war dem Käufer nicht bekannt).

§ 8 ImmoWertV Ermittlung des Verkehrswerts

Laden C: Mietfläche 35 m², Miete 40 €/m² nettokalt. Ablaufzeitpunkt des Mietvertrags 30.11.2002 (war dem Käufer bekannt), aber Option auf Verlängerung des Mietvertrags zu den gleichen bestehenden Bedingungen vom 01.12.2002 bis 30.11.2027 (war dem Käufer nicht bekannt).

Am Kaufzeitpunkt hatte noch keiner der drei Mieter das Optionsrecht ausgeübt. Trotzdem beeinflussten diese beim Kauf nicht mitgeteilten Optionsrechte die Renditekalkulation des Käufers erheblich, sodass er gegen den Veräußerer eine Klage auf Kaufpreisminderung anstrengte.

Frage 1: Wie hoch wäre der Kaufpreisminderungsbetrag rechnerisch anzusetzen, wenn davon ausgegangen wird, dass alle drei Mieter die Option ausüben werden?

Frage 2: Wie hoch ist die sich aus der rechnerischen Kaufpreisminderung ergebende tatsächliche Wertminderung anzusetzen, wenn man den Umständen Rechnung trägt, dass
— eine Option möglicherweise nicht ausgeübt wird und
— die Kalkulation einer Marktmiete von 20 €/m² bzw. 45 €/m² für Ende 2002 bzw. Ende 2004 mit Unsicherheiten behaftet ist?

Anzuwendender Zinssatz 6,0 v. H.

Lösung:

	Fläche (m² NF)	übliche Miete	tatsächlich gezahlte Miete	marktübliche Jahresmiete (€)	Tatsächliche Jahresmiete (€)	Verlust/ Jahr (€)
Büro A	175	20	14	42 000	29 400	– 12 600
Büro B	170	20	16	40 800	32 600	– 8 160
Laden C	35	45	40	16 800	16 800	– 2 100
			zusammen:	99 600	78 800	– 22 860

Berechnung der Verluste

Verlust aus Miete für Büro A	
Jahresverlust	12 600 €
Minderertrag vom 01.12.2001 bis 30.11.2003 = 2 Jahre	
Vervielfältiger: 1,83	
Verlust aus A: 1,83 × 12 600 €	23 058 €
Verlust aus Miete für Büro B	
Jahresverlust	8 160 €
Minderertrag vom 01.12.2004 bis 30.11.2017 = 13 Jahre	
Vervielfältiger bei 16 Jahren 10,11	
Vervielfältiger bei 3 Jahren – 2,67	
Vervielfältigerdifferenz 7,44	
Verlust aus B: 7,44 × 8 160 €	60 710 €
Verlust aus Miete für Laden C	
Jahresverlust 2 100 €	
Minderertrag vom 01.12.2004 bis 30.11.2027 = 25 Jahre	
Vervielfältiger bei 26 Jahren 13,00	
Vervielfältiger bei 1 Jahr – 0,94	
Vervielfältigerdifferenz 12,06	
Verlust aus C: 12,06 × 2 100 €	25 326 €
Antwort Frage 1	**109 094 €**

Ermittlung des Verkehrswerts § 8 ImmoWertV

Antwort Frage 1
Gesamtverlust (rechnerisch) rd. 110 000 €

Antwort Frage 2
Die Ertragsminderung aufgrund der dem Käufer nicht bekannten Optionsrechte beträgt rechnerisch nach finanzmathematischer Berechnung rd. 110 000 €, muss aber nicht notwendigerweise der Kaufpreisminderung in dieser Höhe entsprechen. Zum Kaufzeitpunkt hatte kein Mieter das Optionsrecht ausgeübt. Ob alle Mieter ihre Optionsrechte ausüben werden, ist nicht sicher vorhersehbar. Aus diesem Grunde und wegen der Unmöglichkeit der Renditeeinschätzung der Immobilie aus der Marktsituation 2001 für Zeitpunkte in 2002 und 2004 kann die rein rechnerisch festgestellte Minderung von 110 000 € nach Markterfahrung um rd. 20 v. H. gemindert werden. Die Wertminderung beträgt danach rd. 90 000 €.

6.7.3 Besondere bodenbezogene Grundstücksmerkmale

6.7.3.1 Allgemeines

▶ *Vgl. oben Rn. 180; § 16 ImmoWertV Rn. 128, 223; Syst. Darst. des Vergleichswertverfahrens Rn. 176; Syst. Darst. des Sachwertverfahrens Rn. 48 ff., Syst. Darst. des Ertragswertverfahrens Rn. 59; Vorbem. zur ImmoWertV Rn. 36*

387 § 8 Abs. 3 ImmoWertV führt als „besondere objektspezifische Grundstücksmerkmale" zwar lediglich Besonderheiten der Bebauung auf, jedoch fallen nach dem Grundgedanken der Vorschrift auch **bodenbezogene Besonderheiten** unter den Anwendungsbereich der Vorschrift, soweit sie nicht bereits bei der Ableitung des Bodenwerts „im" Wertermittlungsverfahren berücksichtigt worden sind. Als bodenbezogene Besonderheiten sind insbesondere Abweichungen der Eigenschaften des Grund und Bodens des zu bewertenden Grundstücks von den Grundstücksmerkmalen zu verstehen, die der Ableitung des herangezogenen Sachwertfaktors oder Liegenschaftszinssatzes zugrunde lagen und mit dem angesetzten Liegenschaftszinssatz bzw. Sachwertfaktor und auch sonsthin noch nicht berücksichtigt wurden. Dies können tatsächliche Grundstücksmerkmale (z. B. übergroße Grundstücke, abweichende Art und abweichendes Maß der baulichen Nutzung, alsbaldige Freilegungskosten) als auch rechtliche Grundstücksmerkmale einschließlich Rechte am Grundstück (z. B. Wegerechte) sein.

6.7.3.2 Bodensondierung

388 Die der Ableitung der Liegenschaftszinssätze und der Sachwertfaktoren zugrunde liegende (durchschnittliche) Grundstücksgröße muss nach dem Grundsatz der Marktkonformität auch der Ermittlung des vorläufigen Ertrags- bzw. Sachwerts zugrunde gelegt werden. Da bei Anwendung des Ertragswertverfahrens auf übergroße Grundstücke die selbstständig nutzbaren Teilflächen nach Maßgabe des § 17 Abs. 2 Satz 2 ImmoWertV zu berücksichtigen sind, ist ergänzend auf die Berücksichtigung der Übergröße eines Grundstücks bei Anwendung des Sachwertverfahrens hinzuweisen. Es kommt hinzu, dass bei Anwendung des Ertragswertverfahrens auf Objekte mit hinreichend langer Restnutzungsdauer dies im Übrigen deshalb weitgehend unbeachtlich bleiben kann, da der Bodenwert bei Anwendung des Ertragswertverfahrens nur von marginaler Bedeutung für das Ergebnis ist.

389 *Beispiel:*
Vom Gutachterausschuss für Grundstückswerte wurde für Einfamilienhäuser bestimmter Bauweise, Baujahrsgruppe und Ausstattung ein Sachwertfaktor von 0,7 ermittelt. Des Weiteren soll sich der Sachwertfaktor auf eine übliche Grundstücksgröße von 500 m² mit einem Bodenrichtwert von 300 €/m² beziehen, d. h. auf einen Bodenwertanteil von insgesamt 150 000 €.
– Das zu bewertende Grundstück weist mit einer Grundstücksfläche von 1 000 m² eine Übertiefe auf. Das Hinterland (500 m²) wird nach Angaben des Gutachterausschusses mit 75 000 € bewertet; der Bodenwert beläuft sich damit insgesamt auf 225 000 €.
– Die alterswertgeminderten Herstellungskosten des Gebäudes wurden mit 500 000 € ermittelt.

§ 8 ImmoWertV   Ermittlung des Verkehrswerts

Richtig:		*Falsch:*	
Alterswertgeminderte Herstellungskosten	= 500 000 €	Alterswertgeminderte Herstellungskosten	= 500 000 €
Bodenwert: 500 m² × 300 €/m²	+ 150 000 €	Bodenwert	+ 225 000 €
Vorläufiger nicht marktangepasster Sachwert	= 650 000 €	Vorläufiger nicht marktangepasster Sachwert	= 725 000 €
Sachwertfaktor	× 0,7	Sachwertfaktor	× 0,7
Vorläufiger marktangepasster Sachwert	= 455 000 €	Sachwert	= 507 500 €
+ Bodenwert (Hinterland)	= 75 000 €		
Sachwert	= **530 000 €**	Unterschied = rd. 22 500 €	

Wie das vorstehende *Beispiel* zeigt, ist bei Anwendung des Sachwertverfahrens der vorläufigen Sachwert zunächst auf der Grundlage eines **mit dem heranzuziehenden Sachwertfaktor kompatiblen Bodenwerts** zu ermitteln. Die bodenbezogenen Besonderheiten des zu bewertenden Grundstücks sind erst nachträglich und subsidiär als „besondere objektspezifische Grundstücksmerkmale" i. S. des § 8 Abs. 3 ImmoWertV berücksichtigt (vgl. § 16 ImmoWertV Rn. 128, 223; Syst. Darst. des Sachwertverfahrens Rn. 48 ff., Vorbem. zur ImmoWertV Rn. 36).

390   Entsprechend vorstehendem Beispiel ist auch bezüglich **abgabenrechtlicher Besonderheiten** (z. B. Erschließungsbeitrag) zu verfahren, soweit sie sich erheblich auf den Bodenwert auswirken und von den bodenbezogenen Eigenschaften der Vergleichsgrundstücke abweichen, die dem vom Gutachterausschuss für Grundstückswerte abgeleiteten Sachwertfaktoren und Liegenschaftszinssätze zugrunde liegen. Bei der Verkehrswertermittlung bebauter Grundstücke unter Heranziehung der vom Gutachterausschuss für Grundstückswerte abgeleiteten Sachwertfaktoren und Liegenschaftszinssätze muss deshalb im Einzelfall geprüft werden, wie unter Beachtung des Grundsatzes der Modellkonformität der Bodenwert in die Sach- und Ertragswertermittlung eingeführt wird.

Beispiel:
- Das zu bewertende Grundstück ist erschließungsbeitragspflichtig (ebpf).
- Der zur Ermittlung des vorläufigen Sachwerts herangezogene Sachwertfaktor bezieht sich auf erschließungsbeitragsfreie Grundstücke.
- Der ermittelte vorläufige Bodenwert bzw. der vorläufige Sachwert muss nach § 8 Abs. 3 ImmoWertV um den ausstehenden Erschließungsbeitrag gemindert werden, soweit dies dem gewöhnlichen Geschäftsverkehr entspricht.

Vorstehende Grundsätze sind grundsätzlich auch bei der Verkehrswertermittlung unter Anwendung des Ertrags- bzw. Vergleichswertverfahrens im Hinblick auf die herangezogenen Liegenschaftszinssätze bzw. Vergleichsfaktoren bebauter Grundstücke beachtlich.

6.7.3.3   Bodenwertbezogene Rechte am Grundstück

391   Bodenbezogene Rechte am Grundstücks sind nach dem Grundsatz der Marktkonformität in aller Regel ebenfalls erst nachträglich nach Maßgabe des § 8 Abs. 3 ImmoWertV zu berücksichtigen, weil die nach den Vorschriften der ImmoWertV heranzuziehenden Liegenschaftszinssätze und Sachwertfaktoren regelmäßig aus Vergleichsobjekten abgeleitet werden, die keine besonderen rechtlichen Belastungen wie z. B. ein Wegerecht aufweisen. Ist z. B. das Grundstück mit einem Wegerecht belastet, muss der vorläufige Ertrags- bzw. Sachwert zunächst auf der Grundlage des „unbelasteten Bodenwerts" abgeleitet werden (Abb. 41).

Abb. 41: Wegerecht

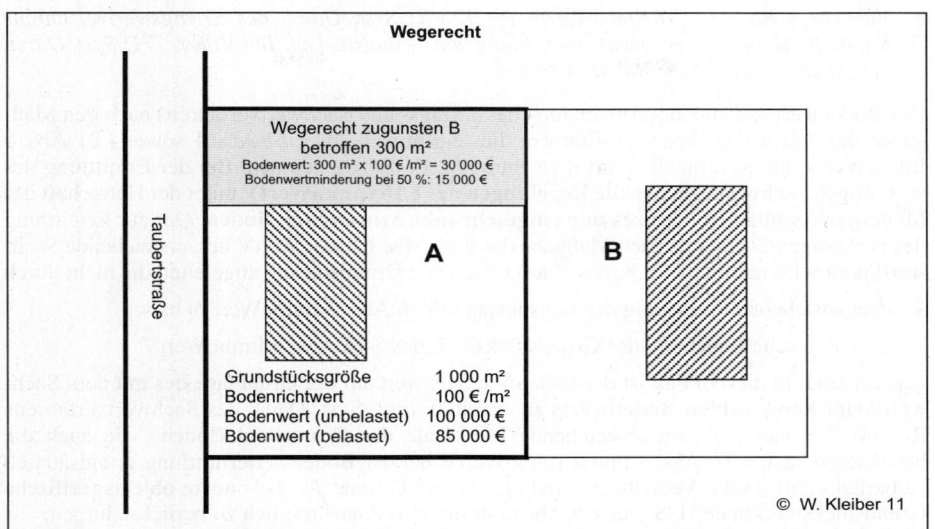

Bei Anwendung des Vergleichs-, Ertrags- und des Sachwertverfahrens unter Heranziehung von Vergleichswertfaktoren bebauter Grundstücke, Liegenschaftszinssätze sowie Sachwertfaktoren bleibt die Belastung des Grundstücks A mit einem Wegerecht zunächst unberücksichtigt, d. h., der **vorläufige Vergleichs-, Ertrags- und Sachwert wird zunächst auf der Grundlage des „vollen" Bodenwerts** ermittelt[161]. Die Wertminderung aufgrund des Wegerechts (hier 15 000 €) wird erst nachträglich nach Maßgabe des § 8 Abs. 3 ImmoWertV berücksichtigt.

Bei der Verkehrswertermittlung des Grundstücks B (herrschendes Grundstück) muss dagegen das Wegerecht berücksichtigt werden, denn sonst würde das Grundstück keine Baulandqualität aufweisen.

Beispiel (Sachwertverfahren)

Richtig:		*Falsch:*	
Alterswertgeminderte Herstellungskosten	= 500 000 €	Alterswertgeminderte Herstellungskosten	= 500 000 €
Bodenwert:	+ 100 000 €	Bodenwert (wegerechtgemindert)	+ 85 000 €
Vorläufiger nicht marktangepasster Sachwert	= 600 000 €	Vorläufiger nicht marktangepasster Sachwert	= 585 000 €
Sachwertfaktor	× 0,7	Sachwertfaktor	× 0,7
Vorläufiger marktangepasster Sachwert	= 420 000 €	Sachwert	= 409 500 €
− Bodenwertminderung (Wegerecht)	= 15 000 €		
Sachwert	= 405 000 €	Unterschied = rd. 5 000	

---

161 Der Ermittlung des Bodenwertverzinsungsbetrags wäre dementsprechend der volle Bodenwert zugrunde zu legen.

6.7.3.4 Aufwendungen für einen bevorstehenden Abbruch

▶ *Vgl. unten Rn. 89, § 16 ImmoWertV Rn. 123 ff., Syst. Darst. des Ertragswertverfahrens Rn. 61 ff., Kleiber, Verkehrswertermittlung von Grundstücken, Teil VI Rn. 771; Syst. Darst. des Sachwertverfahrens Rn. 48 ff., 192 ff.*

394 Der Bodenwert soll sich bei Anwendung des Ertrags- und Sachwertverfahrens nach den Maßgaben des § 16 ImmoWertV bestimmen; dies ergibt sich aus § 17 Abs. 1 sowie § 21 Abs. 1 ImmoWertV, die ausdrücklich auf § 16 ImmoWertV Bezug nehmen. Bei der Ermittlung des vorläufigen Sachwerts können **die Regelungen des § 16 ImmoWertV** unter der Herrschaft des Modellkonformitätsgrundsatzes **nur eingeschränkt Anwendung finden**. Der zur Ermittlung des vorläufigen Sachwerts nach Maßgabe des § 21 Abs. 1 ImmoWertV heranzuziehende Sachwertfaktor wird nämlich i. d. R. aus Kaufpreisen von Grundstücken abgeleitet, die nicht durch

– eine anstehende Freilegung der Bausubstanz (§ 16 Abs. 3 ImmoWertV) bzw.
– eine atypische Bebauung des Grundstücks i. S. des § 16 Abs. 4 ImmoWertV

geprägt sind. In diesem Fall ist der vorläufige Sachwert auf der Grundlage des mit dem Sachwertfaktor **kompatiblen Bodenwerts** zu ermitteln (vgl. Syst. Darst. des Sachwertverfahrens Rn. 48). Besondere davon abweichende Merkmale des Grund und Bodens wie auch die besonderen nach § 16 Abs. 3 und 4 ImmoWertV bei der Bodenwertermittlung grundsätzlich zu berücksichtigenden Verhältnisse sind aus diesem Grunde als „besondere objektspezifische Grundstücksmerkmale" i. S. des § 8 Abs. 3 ImmoWertV nachträglich zu berücksichtigen:

– Bei kurzer Restnutzungsdauer der baulichen Anlage ist der Bodenwert nach Maßgabe des § 16 Abs. 3 ImmoWertV um die über die Restnutzungsdauer der Gebäude diskontierten **Freilegungskosten** zu vermindern, wenn zu erwarten ist, dass das Grundstück alsbald freigelegt wird. Auch wenn § 21 Abs. 1 ImmoWertV ausdrücklich auf die bei der Bodenwertermittlung zu berücksichtigenden besonderen Maßgaben des § 16 Abs. 3 und 4 ImmoWertV hinweist, sind diese gegebenenfalls erst nachträglich nach § 8 Abs. 3 ImmoWertV zu berücksichtigen.

– Entsprechendes kann auch für ein *erhebliches Abweichen der tatsächlichen von der nach § 6 Abs. 1 ImmoWertV maßgeblichen Nutzung* gelten.

6.7.3.5 Altlasten

▶ *§ 6 ImmoWertV Rn. 298, Beispielfall in Kleiber, Verkehrswertermittlung von Grundstücken, 6. Aufl. 2010, Teil VI Rn. 229; zu den Besonderheiten bei der Beleihungswertermittlung vgl. Teil X Rn. 227*

395 Altlasten werden nach Maßgabe des § 6 Abs. 5 ImmoWertV grundsätzlich bei der Bodenwertermittlung berücksichtigt, soweit ihre Berücksichtigung nicht ausdrücklich ausgeschlossen wurde. Bei bebauten Grundstücken können sich **bodenbezogene Altlasten auch auf die baulichen Anlagen wertmindernd auswirken** und deren Nutzbarkeit bis hin zu deren Unbenutzbarkeit beeinträchtigen. Soweit dem nicht in sonstiger Weise, z. B. durch eine entsprechend verminderte Restnutzungsdauer, Rechnung getragen worden ist, muss eine Beeinträchtigung der baulichen Anlage ergänzend berücksichtigt werden.

396 Im Einzelfall muss dabei jedoch geprüft werden, ob eine sich nach den Gesamtkosten der Altlastenbeseitigung bemessene Bodenwertminderung ganz oder zumindest teilweise durch den aus der Bodensanierung folgenden

a) Wegfall einer Wertminderung der baulichen Anlage und
b) der Bodenwerterhöhung

aufgefangen wird. Da Sachwertfaktoren und Liegenschaftszinssätze in aller Regel auf der Grundlage altlastenfreier Vergleichspreise abgeleitet werden, ist eine etwaige **Beeinträchtigung des Bodenwerts aufgrund von Altlasten** nach Maßgabe des § 8 Abs. 3 ImmoWertV **nachträglich zu berücksichtigen**.

6.7.4 Besondere bauwertbezogene Grundstücksmerkmale

6.7.4.1 Allgemeines

Bei Anwendung des *Ertragswertverfahrens* wird mit dem Gebäudeertragswert in aller Regel das Gebäude in seiner Gesamtheit einschließlich der baulichen und sonstigen Außenanlagen (Aufwuchs) erfasst, denn der marktüblich erzielbare Ertrag – Ausgangsparameter der Ertragswertermittlung – bezieht sich auf das Grundstück in seiner Gesamtheit. Bei Anwendung des *Sachwertverfahrens* wird der Gebäudesachwert getrennt von dem Sachwert der baulichen und sonstigen Außenanlagen ermittelt (§ 21 Abs. 1 ImmoWertV). Der auf der Grundlage von Normalherstellungskosten ermittelte Gebäudesachwert umfasst nach § 22 Abs. 2 ImmoWertV grundsätzlich das Gebäude in seiner Gesamtheit. Soweit mit den herangezogenen Normalherstellungskosten **einzelne Bauteile** (Außentreppen, Kellerlichtschächte usw.), **Einrichtungen und besondere Vorrichtungen** (besondere Betriebseinrichtungen) einschließlich besonderer Nutzflächen (z. B. sog. **c-Flächen i. S. der DIN 277**) nicht erfasst sind, müssen sie nach § 22 Abs. 2 Satz 2 ImmoWertV ergänzend berücksichtigt werden, soweit dies dem gewöhnlichen Geschäftsverkehr entspricht. Dies gilt im Übrigen auch bei Anwendung des *Vergleichswertverfahrens*, soweit diese mit den herangezogenen Vergleichsfaktoren nicht erfasst sind.

397

Besondere mit den herangezogenen Normalherstellungskosten nicht erfasste Bauteile, Einrichtungen und besondere Vorrichtungen sowie besondere Nutzflächen (z. B. sog. c-Flächen i. S. der DIN 277) und auch bauliche und sonstige Außenanlagen können auch mit den Sachwertfaktoren (§ 14 Abs. 2 Nr. 1 ImmoWertV) direkt erfasst werden und dürfen dann nicht mehr im Rahmen des Vergleichs- und Sachwertverfahrens ergänzend berücksichtigt werden. Soweit die zur Ableitung der Sachwertfaktoren und im Übrigen auch zur Ableitung der Vergleichsfaktoren bebauter Grundstücke herangezogene Vergleichsgrundstücke entsprechende Besonderheiten aufweisen, ohne dass dies bei der Ableitung berücksichtigt worden ist, werden mit den so ermittelten Sachwertfaktoren bzw. Vergleichsfaktoren bebauter Grundstücke die üblichen besonderen Bauteile, Einrichtungen, besonderen Vorrichtungen einschließlich besonderer Nutzflächen (z. B. sog. c-Flächen i. S. der DIN 277) und auch die üblichen baulichen und sonstigen Außenanlagen indirekt berücksichtigt und dürfen zur Vermeidung einer Doppelberücksichtigung nicht nochmals berücksichtigt werden. Dies folgt aus dem **Grundsatz der modellkonformen Marktwertermittlung**.

398

Der Sachverständige muss sich zunächst Klarheit verschaffen, ob und in welchem Umfang die von ihm herangezogenen Normalherstellungskosten Kostenanteile für besondere Bauteile, Einrichtungen und besondere Vorrichtungen einschließlich besonderer Nutzflächen (z. B. sog. c-Flächen i. S. der DIN 277) enthalten.

399

a) Soweit entsprechende Kostenanteile bereits in den herangezogenen Normalherstellungskosten enthalten sind, findet die Regelung des § 22 Abs. 2 Satz 2 ImmoWertV keine Anwendung; es bedarf keiner ergänzenden Berücksichtigung.

b) Soweit entsprechende Kostenanteile in den herangezogenen Normalherstellungskosten nicht enthalten sind, muss sich der Sachverständige vor Anwendung der von den Gutachterausschüssen für Grundstückswerte abgeleiteten Sachwertfaktoren, Vergleichswertfaktoren bebauter Grundstücke und im Übrigen auch sonstiger zur Wertermittlung erforderlichen Daten Klarheit darüber zu schaffen, was im Einzelnen in diese Daten eingegangen ist.

- Hat z. B. der Gutachterausschuss für Grundstückswerte bei der Ableitung der Sachwertfaktoren die mit den Normalherstellungskosten nicht erfassten besonderen Bauteile sowie c-Flächen dadurch ergänzend berücksichtigt, dass er den jeweiligen Sachwert entsprechend erhöht hat (vgl. § 14 ImmoWertV Rn. 44 ff.), müssen diese auch bei Anwendung der Sachwertfaktoren ergänzend berücksichtigt werden.

- Hat der Gutachterausschuss die mit den Normalherstellungskosten nicht erfassten besonderen Bauteile sowie c-Flächen bei der Ableitung der Sachwertfaktoren nicht gesondert berücksichtigt, weil sie nach Art und Umfang üblich sind, dürfen die üblichen Bauteile sowie c-Flächen bei der Ableitung des Gebäudesachwerts auch nicht berücksichtigt werden, denn sie werden dann in einem **vom Gutachterausschuss für Grundstückswerte anzugebenden „üblichen Umfang"** mit dem Sachwertfaktor berücksichtigt.

6.7.4.2 Besondere Bauteile, Einrichtungen und besondere Vorrichtungen (besondere Betriebseinrichtungen) sowie besondere Flächen (c-Flächen)

▶ *Vgl. § 1 ImmoWertV Rn. 57 zu den besonderen Betriebseinrichtungen sowie zu den besonderen Flächen, Vorbem. zum Sachwertverfahren Rn. 70 ff., 115, 194 und Kleiber, Verkehrswertermittlung von Grundstücken, 6. Aufl. Teil III Rn. 504*

a)   Allgemeines

400 Besondere Bauteile (Außentreppen, Kellerlichtschächte, Gauben, usw.), Einrichtungen, besondere Vorrichtungen und dgl. werden bei *Anwendung des Ertragswertverfahrens* in aller Regel mit dem anzusetzenden marktüblich erzielbaren Ertrag berücksichtigt und sind ggf. nur in besonderen Ausnahmefällen ergänzend und auch nur insoweit zu berücksichtigen, wie dies dem gewöhnlichen Geschäftsverkehr entspricht. Nur **bei Anwendung des Sachwertverfahrens kann eine subsidiäre Berücksichtigung der besonderen Bauteile, Ein- bzw. Vorrichtungen in Betracht kommen,** und zwar nur insoweit, wie diese nicht bereits nach Maßgabe des § 22 Abs. 2 Satz 2 ImmoWertV bei der Ermittlung des vorläufigen Gebäudesachwerts oder mit dem Sachwertfaktor berücksichtigt wurden. Entsprechendes gilt auch für sog. c-Flächen. Es handelt sich dabei um nicht überdeckte Grundrissflächen i. S. der DIN 277, wie z. B. Dachterrassen und nicht überdeckte Balkone, wobei Dachüberstände nach allgemeinen Grundsätzen nicht als „Überdeckung" gelten (vgl. Syst. Darst. des Sachwertverfahrens Rn. 70 ff.). Überdeckte Balkone sollen nach Nr. 4.1.1.4 Abs. 2 Satz 2 SachwertR abweichend von den Bestimmungen der DIN 277 ebenfalls dem Bereich c zugeordnet sein.

Besondere Betriebseinrichtungen sind als Bestandteile einer baulichen Anlage (DIN 276, Kostengruppe 400 ff., vgl. § 1 ImmoWertV Rn. 57) ebenfalls zu berücksichtigen, sofern sie nicht ausdrücklich aus der Marktwertermittlung herausgenommen worden sind. Hierunter fallen insbesondere Aufzüge, Tresoranlagen, Kühlanlagen usw. Soweit es sich diesbezüglich um Einrichtungen außerhalb der baulichen Anlagen handelt (Gleisanlagen, Kräne und Förderanlagen), sind sie als bauliche oder sonstige Außenanlagen zu erfassen.

b)   Besondere Bauteile, Einrichtungen und besondere Vorrichtungen (besondere Betriebseinrichtungen)

Bei *Anwendung des Sachwertverfahrens* sind die besonderen Bauteile (Außentreppen, Kellerlichtschächte, Gauben usw.), Einrichtungen und besondere Vorrichtungen (besondere Betriebseinrichtungen) gemäß § 22 Abs. 2 Satz 2 ImmoWertV grundsätzlich durch Zu- und Abschläge bei der Ermittlung der Herstellungskosten der baulichen Anlage zu berücksichtigen, soweit diese nicht mit den angesetzten Normalherstellungskosten (bzw. dem zur Anwendung kommenden Sachwertfaktor i. S. des § 14 Abs. 2 ImmoWertV) erfasst werden.

§ 8 Abs. 3 ImmoWertV fordert, dass die Zu- und Abschläge dem gewöhnlichen Geschäftsverkehr entsprechen sollen. Bei *Anwendung des Sachwertverfahrens* können zur subsidiären Berücksichtigung der besonderen Bauteile gerade im Hinblick auf diese Forderung nach marktkonformen Ansätzen auch ertragswirtschaftliche Betrachtungsweisen maßgebend sein. So kann z. B. eine noch nicht berücksichtigte **Gaupe** mit dem kapitalisierten Mehrertrag berücksichtigt werden, der auf der durch die Gaupe gewonnenen Wohn- bzw. Nutzfläche erzielt werden kann (vgl. Syst. Darst. des Sachwertverfahrens Rn. 117 ff.).

c)   Besondere Flächen (insbesondere c-Flächen i. S. der DIN 277)

401 Bei *Anwendung des Ertragswertverfahrens* werden auch die besonderen Flächen der baulichen Anlage in aller Regel mit dem anzusetzenden marktüblich erzielbaren Ertrag berück-

Ermittlung des Verkehrswerts § 8 ImmoWertV

sichtigt. Bei *Anwendung des Sachwertverfahrens* können diese Flächen i. d. R unbeachtlich bleiben, denn bereits zu den NHK 2000 wurde seinerzeit festgestellt, dass ein auf den c-Bereich (i. S. der DIN 277) entfallender Flächenanteil von rd. 1 – 2 % üblich und damit ohnehin vernachlässigbar ist. Soweit diese Flächen im Einzelfall einen erheblich über den üblichen Umfang hinausgehenden Umfang ausweisen, z. B. große Dachterrassenflächen, der mit den herangezogenen Normalherstellungskosten oder mit den zur Anwendung kommenden Sachwertfaktoren i. S. des § 14 Abs. 2 ImmoWertV nicht indirekt berücksichtigt wird, kann eine ergänzende Berücksichtigung in Betracht kommen, soweit dies dem gewöhnlichen Geschäftsverkehr entspricht.

6.7.4.3 Energetische Eigenschaften

Schrifttum: *Töllner, M.*, Auswirkungen der Einführung des Energieausweises auf den Marktwert, GuG 2007, 67; *Scherr,* Energetische Beurteilung von Wohngebäuden im Rahmen der Wertermittlung nach § 194 BauGB, GuG 2009, 1; *Schmidt, K.,* Bewertung von Büroimmobilien unter Nachhaltigkeitsaspekten, GuG 2011, 321.

a) Allgemeines

§ 6 Abs. 5 ImmoWertV hebt als ein besonderes Grundstücksmerkmal die energetischen Eigenschaften des Bauwerks hervor, die dem Energieausweis entnommen werden können und im Gutachten darzustellen sind. **402**

Zur energetischen Bewertung wird zumeist der **Energieverbrauchswert** herangezogen, der sich als Mittelwert der Energieverbräuche der letzten drei Kalenderjahre oder Abrechnungsjahre ergibt:

$$\text{Energieverbrauchswert} = \frac{\Sigma \text{ der Jahresenergieverbräuche der letzten drei Jahre}}{3 \times \text{Nettogrundfläche}}$$

Die energetischen Eigenschaften bedürfen im Einzelfall nur dann einer besonderen Berücksichtigung, wenn sie erheblich von den Eigenschaften abweichen, die den Vergleichsobjekten zugrunde lagen, aus denen die zur Wertermittlung herangezogenen Vergleichsdaten abgeleitet wurden, insbesondere den

– Vergleichspreisen bebauter Grundstücke,

– Vergleichsfaktoren für bebaute Grundstücke (§ 13 ImmoWertV),

– marktüblich erzielbaren Erträgen,

– Liegenschaftszinssätzen (i. S. des § 14 Abs. 3 ImmoWertV),

– Marktanpassungsfaktoren, insbesondere Sachwertfaktoren i. S. des § 14 Abs. 2 ImmoWertV,

– Normalherstellungskosten.

Die energetischen Eigenschaften der Vergleichsobjekte gehen mit den genannten Daten direkt in die Verkehrswertermittlung ein und bedürfen deshalb keiner ergänzenden Berücksichtigung. Eine **ergänzende Berücksichtigung** nach § 8 Abs. 3 ImmoWertV kommt **nur dann** in Betracht, **wenn die energetischen Eigenschaften des zu bewertenden Objekts erheblich von den durchschnittlichen bauwerks- und baujahrsspezifischen energetischen Eigenschaften abweichen, die bei der Ableitung und Anwendung der genannten Vergleichsdaten bereits berücksichtigt werde**n.

Bereits die Feststellung der über- bzw. unterdurchschnittlichen energetischen Eigenschaften des zu bewertenden Bauwerks gestaltet sich äußerst schwierig, da die durchschnittlichen energetischen Eigenschaften der Vergleichsobjekte, die insbesondere zur Ableitung der Liegenschaftszinssätze, Sachwertfaktoren, Vergleichsfaktoren bebauter Grundstücke herangezogen wurden, nur in seltenen Ausnahmefällen von den Gutachterausschüssen konkret erfasst und bei der Veröffentlichung dargestellt worden sind. Lediglich zu Niedrigenergie- und Passivhäusern sind vereinzelt Angaben gemacht worden. **403**

§ 8 ImmoWertV   Ermittlung des Verkehrswerts

– Ein **Passivhaus** benötigt nur 10 Prozent der Heizwärme eines konventionellen Gebäudes, es spart damit nicht nur Heizkosten, sondern belastet auch die Umwelt kaum noch. Gleichzeitig hat es einen spürbar verbesserten Wohnkomfort mit hoher Behaglichkeit. Das wird mit drei Komponenten erreicht:

- einer extrem guten gedämmten Gebäudehülle,
- der Nutzung der Sonnenenergie durch bestmögliche Verglasungen (passive Sonnenenergie) und
- einer hochwirksamen Wärmerückgewinnung (Abluft).

– Als **Niedrigenergiehaus** (*low energy consumption house*) bezeichnet man Neubauten, aber auch Gebäude, die z. B. aufgrund einer erhöhten Wärmedämmung, Wärmeschutzverglasung sowie einer Abluft-Lüftungsanlage das jeweilige gesetzlich geforderte energietechnische Anforderungsniveau unterschreiten. Derzeit gilt in Deutschland das Anforderungsniveau der Energieeinsparverordnung (EnEV). Im Unterschied zum **Passivhaus** benötigen Niedrigenergiehäuser noch eine konventionelle Heizanlage.

404 Sind die durchschnittlichen energetischen Eigenschaften der den Liegenschaftszinssätzen, Sachwertfaktoren (usw.) zugrunde liegenden Vergleichsobjekte nicht erfasst und veröffentlicht worden, kann davon ausgegangen werden, dass sich die veröffentlichten Vergleichsdaten (z. B. Liegenschaftszinssätze, Sachwertfaktoren) auf Bauwerke mit den üblichen bauwerks- und baujahrsspezifischen Eigenschaften beziehen. Weicht das zu bewertende Objekt erheblich davon ab, sind die Abweichungen nach § 8 Abs. 3 ImmoWertV ergänzend zu berücksichtigen, d. h.,

– bei erheblich unterdurchschnittlichen energetischen Eigenschaften sind marktkonforme Wertminderungen und

– bei erheblich überdurchschnittlichen energetischen Eigenschaften sind marktkonforme Werterhöhungen

an den vorläufigen Vergleichs-, Ertrags- oder Sachwert anzubringen.

405 Abweichungen der energetischen Eigenschaften sind wie andere besondere objektspezifische Besonderheiten nur insoweit durch marktgerechte Zu- oder Abschläge oder in anderer geeigneten Weise zu berücksichtigen, wie dies dem gewöhnlichen Geschäftsverkehr entspricht. Diesbezüglich steht der Sachverständige vor besonderen Schwierigkeiten, weil die Thematik in der Fachöffentlichkeit zwar breit behandelt wird, jedoch keine repräsentativen – aus dem Geschehen des Grundstücksmarktes empirisch abgeleiteten – Erfahrungssätze über marktgerechte Zu- und Abschläge zur Verfügung stehen.

Da keine aus Grundstücksmarktanalysen abgeleiteten **Anhaltspunkte für entsprechende Wertminderungen bzw. Werterhöhungen** zur Verfügung stehen, wird hilfsweise auf die allgemeinen Grundsätze des Ertrags- und Sachwertverfahrens rekurriert, indem

a) die nachweislich auf unter- bzw. überdurchschnittliche energetische Eigenschaften entfallenden rentierlichen jährlichen Ertragsdifferentiale (i. S. des § 17 Abs. 1 Satz 1 ImmoWertV) über die Restnutzungsdauer kapitalisiert werden, bzw.

b) die auf unter- bzw. überdurchschnittliche energetische Eigenschaften entfallen Herstellungskosten differentiell erfasst werden, wobei das Verfahren nur dann zu marktgerechten Ergebnissen führen kann, wenn die Kosten mittels entsprechender Sachwertfaktoren der Lage auf dem Grundstücksmarkt angepasst werden kann.

Solange keine dem besonderen energetischen Eigenschaften Rechnung tragende Sachwertfaktoren zur Verfügung stehen, wird der ertragswirtschaftlichen Betrachtungsweise der Vorzug gegeben.

Voraussetzung dafür ist wiederum, dass gesicherte empirische Erkenntnisse über die Abhängigkeit des marktüblich erzielbaren Ertrags von den energetischen Gebäudeeigenschaften vorliegen. Diesbezüglich kann auf Mietspiegel zurückgegriffen werden, die zunehmend nach „wohnwerterhöhenden und -mindernden" Gebäudeeigenschaften differenzieren:

Ermittlung des Verkehrswerts § 8 ImmoWertV

Wohnwertmindernd	Wohnwerterhöhend
Unzureichende Wärmedämmung oder Heizanlage mit ungünstigem Wirkungsgrad (Einbau/Installation vor 1984)	Wärmedämmung zusätzlich zur vorhandenen Bausubstanz oder Einbau/Installation einer modernen Heizanlage nach dem 1.7.1994 (wenn Baujahr vor diesem Zeitpunkt)
Energieverbrauchskennwert größer als 190 kWh/(m²a)	Energieverbrauchskennwert kleiner als 120 kWh/(m²a)
Energieverbrauchskennwert größer als 230 kWh/(m²a)	Energieverbrauchskennwert kleiner als 100 kWh/(m²a)
Energieverbrauchskennwert größer als 270 kWh/(m²a)	Energieverbrauchskennwert kleiner als 80 kWh/(m²a)

- Der **Energieverbrauchskennwert** bzw. **Stromverbrauchskennwert** gibt in kWh/m² und Jahr den gemessenen Energieverbrauch in Kilowattstunden pro Jahr und Fläche (Wohnfläche oder eines Gebäudes als Ganzes) wieder.
- Die gebräuchliche **Einheit** dafür sind Kilowattstunden (kWh) pro Quadratmeter (m²) Wohnfläche (bei Nichtwohngebäuden die Nettonutzfläche) in einem Jahr (a), also kWh/m² und Jahr (a).
- Der Energieverbrauch kann sich aus unterschiedlichen Verbräuchen für Heizung, Warmwasser, Kühlung und Strom zusammensetzen; in bestimmten Fällen wird zusätzlich zum gemessenen Verbrauch der Primärenergieverbrauch bewertet.
- Im Neubaubereich oder bei einem gut saniertem Altbau sind Werte von 50 kWh/m² a oder darunter normal.

Bei **überwiegend fremd- oder eigengenutzten Ertragswertobjekten** können im Wesentlichen allerdings nur die erheblich vom Üblichen abweichenden energetischen Eigenschaften eines Gebäudes zu einer Werterhöhung oder Wertminderung führen, die auf die marktüblich erzielbare Nettokaltmiete „durchschlagen". Vermindern oder erhöhen sich lediglich die vom Nutzer getragenen Betriebskosten, ohne dass sich dies auf den marktüblich erzielbaren Ertrag auswirkt, so kommt allenfalls ein geringer Prädikatszu- oder -abschlag in Betracht, wenn dem nicht bereits durch ein vermindertes bzw. erhöhtes Mietausfallwagnis Rechnung getragen worden ist. „Schlägt" ein erheblich vom Üblichen abweichender energetischer Gebäudezustand auf den marktüblich erzielbaren Ertrag durch, kann dem Zustand

a) „im" Ertragsverfahren durch den Ansatz entsprechend modifizierter Erträge oder
b) nach Maßgabe des § 8 Abs. 3 ImmoWertV ergänzend durch Kapitalisierung des differentiellen Jahresmehr- oder -minderertrags

Rechnung getragen werden:

Beispiel:

- Aufgrund erheblich überdurchschnittlicher energetischer Gebäudeeigenschaften ergibt sich eine Erhöhung der marktüblich erzielbaren Nettokaltmiete von 0,50 €/m² Wohnfläche.
- Für ein Gebäude mit einer Wohnfläche von 1 000 m² und einer Restnutzungsdauer von 50 Jahren ergibt sich dann bei einem Liegenschaftszinssatz von 5 % eine Werterhöhung von:

$$\text{Werterhöhung} = 0{,}50 \text{ €/m}^2 \times 1\,000 \text{ m}^2 \times 12 \text{ Monate} \times 18{,}25 = \text{rd. } 110\,000 \text{ €}$$

Bei **überwiegend eigengenutzten Sachwertobjekten** kann die Werterhöhung (auch Wertminderung) entsprechend ermittelt werden, indem man die jährlich eingesparten Betriebskosten wiederum über die Restnutzungsdauer der baulichen Anlage kapitalisiert.

b) *Photovoltaikanlagen*

Schrifttum: Erl des *FM Baden Württemberg* vom 27.5.2008 – 3-S 452.1/28 – zur Grunderwerbsteuer; GuG 2010, 254; Bayerische Landesanstalt für Landwirtschaft, Institut für Agrarökonomie (2009): Was dürfen Photovoltaik-Dachanlagen 2010 kosten? (Internet, http://www.lfl.bayern.de/ilb/technik/38065/index.php), München; *Bundesamt für Energie (Schweizerische Eidgenossenschaft,* 2008): Betriebs- und Unterhaltungskosten von PV-Anlagen. Bern*; Kolb, H,* Photovoltaikanlagen in der Grundstückswertermittlung; EIPOS-Sachverständigentage 2011, 148 ff.; *Troff, H.,*Wertermittlungsaufgaben im Zusammen-

§ 8 ImmoWertV — Ermittlung des Verkehrswerts

hang mit der Errichtung von Solar-/Photovoltaik-Anlagen; in: GuG, 2005, 19 ff.; *Volksbank Glan-Münchweiler eG* (2006): Finanzierung von Photovoltaikanlagen; bedeutsame Aspekte bei der Beleihungs-/Sicherungswertermittlung von Photovoltaikanlagen.

407 Photovoltaikanlagen (PV) werden in **unterschiedlichen Technologien** mit unterschiedlichen Wirkungsgraden betrieben, wobei insbesondere unterschieden wird nach dem jeweiligen Halbleitermaterial der Zellen:

– monokristallines Silizum (Modulwirkungsgrad: 16 bis 18 %),

– polykristallines Silizium (Modulwirkungsgrad: 12 bis 16 %),

– amorphes Silizium (Modulwirkungsgrad: 5 bis 12 %).

– Kupfer-Indium-Diselenid/CIS (Modulwirkungsgrad: 10 bis 13 %),

– Cadmium-Tellurit (Modulwirkungsgrad: 9 bis 12 %).

Die Kosten einer Photovoltaikanlage (PV) betrugen 2012 etwa 2000–3300 €/kWp.

Photovoltaikanlagen (PV) sind als **bauliche Anlagen** unter Beachtung der einschlägigen bauordnungsrechtlichen Vorschriften des Landes zu errichten[162].

– Kleinere Anlagen in und an Dach- und Außenflächen mit einer Höhe von bis zu 3 m und einer Gesamtlänge bis zu 9 m sind i. d. R. verfahrensrechtlich frei gestellt.

– Größere Anlagen bedürfen dagegen i. d. R. einer Genehmigung.

Darüber hinaus kann sich ein Genehmigungserfordernis aus anderen Rechtsvorschriften ergeben, insbesondere auch aus Gründen des Denkmalschutzes sowie städtebaulichen Erhaltungssatzungen (§ 172 BauGB).

408 Photovoltaikanlagen können **Gegenstand der Wertermittlung** sein, wenn diese

a) vom Grundstückseigentümer auf seinem Grundstück (z. B. Ein- und Mehrfamilienhaus, Handels- oder Logistikimmobilie) selbst betrieben werden,

b) aufgrund eines Pacht- bzw. Gestattungsvertrags von einem Dritten auf dem Grundstück (auch auf der Grundlage einer im Grundbuch eingetragenen Dienstbarkeit) errichtet und betrieben werden (Dachflächenverpachtung).

Im Rahmen der Wertermittlung sind dementsprechend festzustellen:

1. *Baurecht*
   - Bauplanungs- und bauordnungsrechtliche Zulässigkeit (ggf. denkmalrechtliche Voraussetzung) sowie
   - Statiknachweis.

2. *Technische Nachweise*
   - Hersteller der Module und der Wechselrichter,
   - jährliche Energieeinstrahlung auf die horizontale ebene Fläche (GA_{365}) [kWh/m² p. a.],
   - Neigungsgewinne $f_{Neigung}$ (Faktor in Dt. 1,0 bis 1,18),
   - Modulwirkungsgrad (H_{solar}): Ø 5 bis 18 % (Anlagenausnutzungsgrad),
   - Performance Ratio PR (0,7 bis 0,85),
   - Nennleistung (kWp) P_{MPP},
   - Herstellergarantie,
   - Nachweis der Bewirtschaftungskosten (Wirtschaftlichkeitsprognosen, Gutachten),
   - Datum der Inbetriebnahme und Nachweis der Solarerträge und der Vergütung,

---

[162] Zu Solarzellen im Außenbereich: OVG Münster, Urt. vom 29.08.2010 – 7 B 985/10 –, DÖV 2011, 42 = BauR 2011, 240.

Ermittlung des Verkehrswerts § 8 ImmoWertV

- Nachweis der Meldung an die Bundesnetzagentur (erforderlich seit 01.01.2009),
- Versicherungsnachweise,
- ggf. Einspeisevertrag.

3. *Bei Pachtverträgen; Vertragsinhalte*
   - Nutzungsentgelt (Pachtzins, Pachtfläche, prognostizierte jährliche Vergütung),
   - Haftung für Schäden aus dem Betrieb der Anlage,
   - Rückbauverpflichtung (Wiederherstellung des ursprünglichen Zustands),
   - Verlängerungsoptionen,
   - Schneereinigungspflichten der Module (ggf. durch Grundstückseigentümer),
   - Vereinbarung bestimmter Zeitfenster für Dachreparaturen (z. B. in einstrahlungsarmen Zeiten),
   - Vereinbarungen betreffend Instandhaltungs- und Instandsetzungspflichten,
   - Betretungsrechte und Entschädigungsregelung,
   - außerordentliche Kündigungsrechte (Rücktrittsrechte),
   - Rechtsnachfolgeregelungen.

Sowohl bei Sachwert- als auch bei Ertragswertobjekten kann sich eine **Werterhöhung des Grundstücks nur dann** ergeben, **wenn Unterhaltung und Betrieb einer Photovoltaikanlagen gegenüber vergleichbaren konventionell betriebenen Gebäuden rentierlich sind,** und zwar auch unter Berücksichtigung 409

- des Rückbaus der Photovoltaikanlage,
- staatlicher oder sonstiger Förderungen des Betriebs,
- möglicher ästhetischer Beeinträchtigungen des Grundstücks.

Die **Wirtschaftlichkeit der Photovoltaikanlagen** bestimmt sich im Wesentlichen durch die *jährliche Vergütung* nach dem Erneuerbare-Energien-Gesetz (EEG), den *Zeitraum der Vergütung*, die jährlichen *Bewirtschaftungskosten* sowie die *Kosten des Rückbaus* (Abbau und Entsorgung der Module, Rückbau von Dachdurchdringungen u. m.) durch jährliche Rückstellungen. Für Prognosen des elektrischen Ertrags stehen kostenpflichtige Programme zur Verfügung[163], ggf. bedarf es hierfür eines Gutachtens eines Spezialsachverständigen:

- Für die Kapitalisierung des Reinertrags ist ein *Kapitalisierungszinssatz von 6 bis 7 %* angemessen[164].
- Die *Bewirtschaftungskosten* (insbesondere die Kosten der Wartung und des Betriebs einschließlich Versicherung) belaufen sich erfahrungsgemäß auf ca. 10–15 % des Einspeiseerlöses (bzw. 1–2 % der Herstellungskosten).
- Die *Gesamtnutzungsdauer* ist i. d. R. auf 20 Jahre zuzüglich des Jahres der Inbetriebnahme zu beschränken, auch wenn diesen Anlagen heute eine längere technische Nutzungsdauer beigemessen wird. Der Ansatz einer längeren Nutzungsdauer ist im Hinblick auf den technischen Fortschritt und die zeitliche Beschränkung der Vergütung abzulehnen.

---

163 Für einfache Überschlagschätzungen kann auf zahlreiche kostenlose Berechnungstools im Internet zurückgegriffen werden, z. B. unter:
  - http://www.solarserver.de/service_tools/online_rechner/pv_anlage_online_berechnen.html
  - http://www.solarrechner.de/
  - http://re.jrc.ec.europa.eu/pvgis/apps3/pvest.php;
  - http://www.renewable-energy-concepts.com/german/sonnenenergie/basiswissensolarenergie/pv-solar-rechner.html.

  Realdaten von Solaranlagen in Norddeutschland können eingesehen werden z. B. unter http://www.solarertrag-nord.de.

164 Dies entspricht der herrschenden Praxis. Hiervon teilweise abweichend: Fraunhofer Institut für solare Energiesysteme ISE: Ermittlung einer angemessenen zusätzlichen Absenkung der Einspeisevergütung für Solarstrom im Jahr 2010. Roland Berger, Prognose (Nov. 2010): Wegweiser Solarwirtschaft; PV-Roadmap 2020.

§ 8 ImmoWertV Ermittlung des Verkehrswerts

Der **Barwert des Einspeiseerlöses** bestimmt sich sodann durch Kapitalisierung des Reinertrags über die am Wertermittlungsstichtag verbleibende Restlaufzeit der Einspeisevergütung:

Beispiel (Neubau)

– Einspeiseerlös	2 000 €
– Wartungs- und Betriebskosten	170 €
– Versicherungskosten	30 €
– Restlaufzeit der Einspeisevergütung	10 Jahre
– Kapitalisierungszinssatz	6,5 %
– Vervielfältiger	7,19

Barwert = (2 000 € – 170 € – 30 €) × 7,19 = **rd. 13 000 €**

Der ermittelte Barwert weist eine Größenordnung auf, die regelmäßig in den Bereich der Auf- bzw. Abrundung einer Wertermittlung fällt, wobei dabei noch nicht einmal eine möglicherweise nicht unerhebliche **ästhetische Beeinträchtigung des Grundstücks** berücksichtigt wurde. Der vor allem von der Industrie angeführte „Imagegewinn als *green building*" ist vernachlässigbar. Dies mag auch der Grund sein, dass die Gutachterausschüsse für Grundstückswerte bei der Auswertung von Kaufverträgen bislang keine signifikanten Werterhöhungen für Grundstücke mit Photovoltaikanlagen (PV) feststellen konnten. Im vorliegenden *Beispiel* wird man das Ergebnis im Rahmen der Aufrundung der Marktwertermittlung berücksichtigen.

410 Im Falle einer **Dachflächenverpachtung** kann sich eine Werterhöhung des Grundstücks auch wieder nur dann ergeben, wenn der Pachtvertrag rentierlich ist. Davon kann nur ausgegangen werden, wenn die aus der Verpachtung zusätzlich erzielten Erträge die potenziellen Nachteile deutlich überschreiten. Dies muss auf der Grundlage des Pachtvertrags festgestellt werden. Als Nachteil der Verpachtung sind insbesondere das Bauschadensrisiko, Erschwernisse der Finanzierung, die eingeschränkte Verfügbarkeit und der Bewirtschaftungsaufwand sowie ggf. eine „Verschmutzung" des Grundbuchs durch Eintragung einer Photovoltaikdienstbarkeit hervorzuheben.

Die Pacht bestimmt sich nach dem Pachtvertrag und kann recht unterschiedlich ausfallen[165]. Üblich sind 2 bis 8 % des Ertrags nach dem Erneuerbare-Energien-Gesetz (EEG) bzw. 0,50 bis 4 €/m² Pachtfläche im Jahr. I.d.R. ist die Pacht jährlich und im Voraus zu bezahlen; demzufolge ist ein vorschüssiger Vervielfältiger anzusetzen (vgl. § 20 ImmoWertV Rn. 19).

Beispiel:

– Bei einer Pachtfläche von 5 000 m² ergebe sich eine jährliche prognostizierte Vergütung von	100 000 €
– Die Pacht in v. H. der Solarvergütung betrage	6,5 %
– Betreiber unterhält die Anlage und haftet im vollen Umfang und ist nach Ablauf zur Wiederherstellung des ursprünglichen Zustands verpflichtet	
– Prognostizierte Jahrespacht mithin: 100 000 € × 0,06 dies entspricht 1,30 €/m² Pachtfläche (= 6 500 €/5 000 m²)	6 500 €
– Verbleibende Bewirtschaftungskosten des Eigentümers (Verwaltungskosten, Mietausfallwagnis)	500 €
– verbleiben	6 000 €
– Kapitalisierungszinssatz	7 %
– Laufzeit	20 Jahre
– Vervielfältiger (vorschüssig; 10,34 + 1,00)	11,34
– Barwert: 6 000 € × 11,34 =	**rd. 68 000 €**

(ohne Berücksichtigung weiterer Nachteile für den Grundstückseigentümer)

Auch im Falle einer Dachflächenverpachtung kann Wertneutralität nicht ausgeschlossen werden.

---

[165] Witte, M, Was Sie über Photovoltaikanlagen wissen sollten, S. 174; BSW Solar: Merkblatt Nutzung der Photovoltaik auf gepachteten Dächern.

6.7.4.4 Dachgeschoss

▶ *Vgl. oben Rn. 250 sowie § 22 ImmoWertV Rn. 53; Syst. Darst. des Sachwertverfahrens Rn. 111; Kleiber, Verkehrswertermittlung von Grundstücken, 6. Aufl. 2010, Teil III Rn. 554*

Bei freistehenden Ein- und Zweifamilienhäusern, Doppel- und Reihenhäusern ist die **Nutzbarkeit eines Dachgeschosses in erster Linie von den dort gegebenen Höhenverhältnissen abhängig.** Die Nutzbarkeit ist in Anlehnung an die Regelungen der Wohnflächenverordnung (WoFlVO) „eingeschränkt" soweit die lichte Höhe kleiner als 2 m ist (vgl. oben Rn. 250). Bei einer lichten Höhe kleiner als 1 m soll nach der WoFIVO keine Nutzbarkeit gegeben sein, die Fläche geht in die Wohnfläche zumindest nicht ein. **411**

Bei *Anwendung des Ertragswertverfahrens* wird den Höhenverhältnissen des ausgebauten Dachgeschosses damit Rechnung getragen, dass sich die Wohnfläche, für die ein entsprechender Ertrag angesetzt wird, entsprechend den Vorgaben der WoFIVO unter Berücksichtigung der Höhenverhältnisse bestimmt und direkt in die Ertragswertermittlung eingeht; für eine ergänzende Berücksichtigung nach § 8 Abs. 3 ImmoWertV ist dann kein Raum mehr. Ist das Dachgeschoss indessen nicht ausgebaut, so kann eine ergänzende Berücksichtigung in Betracht kommen, wobei man sich dann an der potenziellen Wohnfläche des Dachgeschosses orientiert.

Auch bei *Anwendung des Sachwertverfahrens* auf der Grundlage von Normalherstellungskosten (2010) i. V. m. dem vom Gutachterausschuss für Grundstückswerte abgeleiteten Sachwertfaktor soll nach Nr. 4.1.1.5 SachwertR die von den Höhenverhältnissen des Dachgeschosses abhängige **wirtschaftliche Nutzbarkeit des Dachgeschosses** von freistehenden Ein- und Zweifamilienhäusern, Doppelhäusern und Reihenhäusern berücksichtigt werden. Diese wird bestimmt durch die Dachkonstruktion (u. a. Dachneigung, Vorhandensein von Drempeln und ggf. der Drempelhöhe), der Gebäudegeometrie und der Giebelhöhe. **412**

a) Bei **Gebäuden mit nicht ausgebautem Dachgeschoss** soll unterschieden werden zwischen

- Gebäuden mit Dachgeschossen, die mit einer lichten Höhe von 1,25 bis 2,00 m nur eine *„eingeschränkte Nutzbarkeit"* zulassen (nicht ausbaufähig) und

- Gebäuden mit Dachgeschossen, die für die Hauptnutzung „Wohnung" ausbaubar sind.

b) Bei **Gebäuden mit ausgebautem Dachgeschoss** soll sich der Grad der wirtschaftlichen Nutzbarkeit insbesondere nach der vorhandenen Wohnfläche bestimmen. Deshalb soll z. B. geprüft werden, ob im Dachgeschoss ein Drempel vorhanden ist. Ein fehlender Drempel verringert die Wohnfläche und ist deshalb i. d. R. wertmindernd zu berücksichtigen. Die Höhe des entsprechenden Abschlags bzw. Zuschlags ist zu begründen.

c) **Nicht nutzbare Dachgeschosse** sind nach Nr. 4.1.1.4 Abs. 6 SachwertR Dachgeschosse mit einer Höhe ≤ 1,25 m. Dazu gehören auch Dachgeschosse mit Flachdächern oder flach geneigten Dächern (z. B. Gebäude mit Pultdächern).

In den **Vorentwürfen zur SachwertR** wurden zur Berücksichtigung der vorstehenden Fallgestaltungen Korrekturfaktoren zur Modifizierung der jeweiligen Kostenkennwerte gegeben, die auf Vorschläge der Arbeitsgemeinschaft der Vorsitzenden der Gutachterausschüsse für Grundstückswerte in *Nordrhein-Westfalen* (AGVGA) zurückgehen; die Vorschläge sind fachlich abzulehnen und wurden nicht in die SachwertR aufgenommen (vgl. Syst. Darst. des Sachwertverfahrens Rn. 111 ff.).

Die wirtschaftliche Nutzbarkeit der Dachgeschossebene ist sowohl bei einem *nicht ausgebauten Dachgeschoss* als auch bei einem *ausgebauten Dachgeschoss* in erster Linie von dem **dachgeschossspezifischen Nutzflächenfaktor** abhängig. Der dachgeschossspezifische Nutzflächenfaktor ergibt sich aus dem tatsächlichen bzw. potenziellen Anteil der Wohn- bzw. Nutzfläche eines Dachgeschosses an seiner Brutto-Grundfläche; d.h., von dem Verhältnis der Wohn- bzw. Nutzfläche zur Brutto-Grundfläche des Dachgeschosses (vgl. Abb. 42).

§ 8 ImmoWertV — Ermittlung des Verkehrswerts

Abb. 42: Mittlerer Nutzflächenfaktor für ausgebaute Dachgeschosse

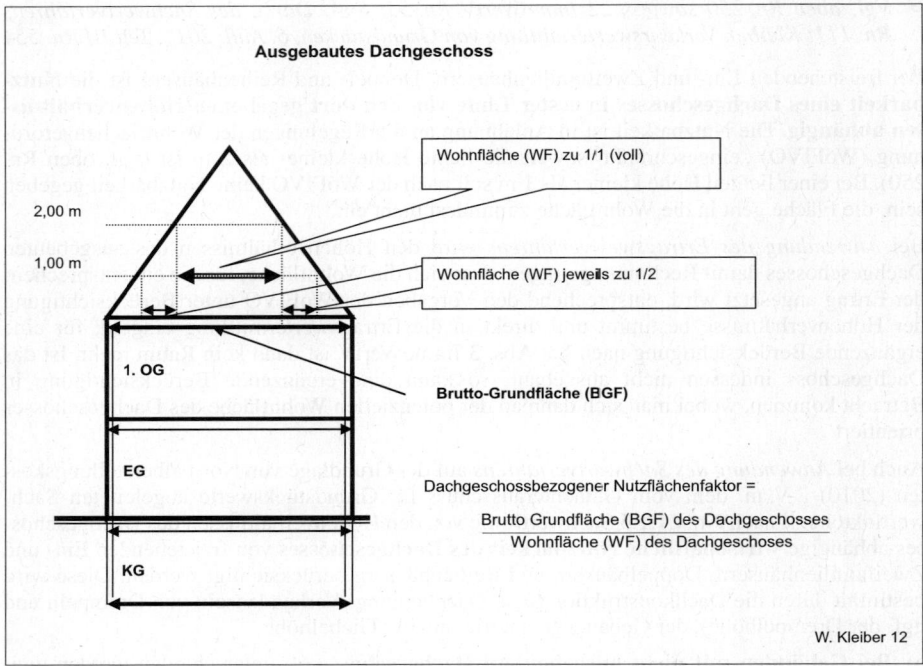

Generell ist bei dieser Sachlage zu empfehlen, dass nur bei einem besonders günstigen bzw. besonders ungünstigen dachgeschossspezifischen Nutzflächenfaktor nach Maßgabe des § 8 Abs. 3 ImmoWertV ein Zu- bzw. Abschlag an den vorläufigen (marktangepassten) Sachwert gerechtfertigt ist und zwar auch nur insoweit, wie es tatsächlich dem gewöhnlichen Geschäftsverkehr entspricht.

413 Abzulehnen sind die **Empfehlungen der Nr. 4.1.1.5 Abs. 2 und 3 der SachwertR**:

a) Nr. 4.1.1.5 Abs. 2 Satz 2 der SachwertR empfiehlt für den Fall einer „**eingeschränkten Nutzbarkeit des Dachgeschosses** (nicht ausbaufähig)" den jeweiligen Kostenkennwert für die Gebäudeart mit nicht ausgebautem Dachgeschoss mit einem zu begründenden Abschlag anzusetzen. Der danach an die jeweiligen Kostenkennwerte anzubringende Korrekturfaktor (Abschlag) wird nicht vorgegeben. Dies kann darauf zurückgeführt werden, dass sich die in den Vorentwürfen zu der SachwertR angegebenen Korrekturfaktoren der AGVGA nicht als tragfähig erwiesen haben. Sie müssen auch grundsätzlich abgelehnt werden, denn die Kostenkennwerte der NHK 2010 beziehen sich auf das Gesamtgebäude und dürfen nicht durch dachgeschossspezifische Besonderheiten verfälscht werden.

b) Bei **Gebäuden mit ausgebautem Dachgeschoss** soll nach Nr. 4.1.1.5 Abs. 3 Satz 3 der SachwertR der Grad der wirtschaftlichen Nutzbarkeit insbesondere nach der vorhandenen Wohnfläche bestimmen, wobei vorausgesetzt wird, dass sich die jeweiligen Kostenkennwerte auf Gebäude beziehen, die einen Drempel aufweisen. Ein fehlender Drempel soll nämlich „i. d. R. wertmindernd" berücksichtigt werden, weil dadurch die Wohnfläche verringert werde. Tatsächlich kann aber nach den Vorentwürfen zu den NHK 2010 nicht ausgeschlossen werden, dass die einschlägigen Kostenkennwerte der NHK 2010 sich zumindest teilweise auf Objekte ohne Drempel beziehen.

6.7.5 Aufwuchs und sonstige Außenanlagen

▶ *Vgl. unten Rn. 67, § 1 ImmoWertV Rn. 48, § 19 ImmoWertV Rn. 4, 51; § 21 ImmoWertV Rn. 11; Syst. Darst. des Ertragswertverfahrens, Rn. 32, 84 112; Syst. Darst. des Sachwertverfahrens Rn. 202 ff., 219*

In **besonderen Ausnahmefällen** kann eine ergänzende Berücksichtigung des Aufwuchses (Gartenanlagen, Anpflanzungen und Parks) und anderer Außenanlagen erforderlich werden. Eine ergänzende Berücksichtigung kommt nur in Betracht, soweit es sich um einen außergewöhnlichen Aufwuchs handelt.

– Bei **Anwendung des Sachwertverfahrens** wird der Aufwuchs, soweit er nicht vom Bodenwert miterfasst ist, ggf. nach Maßgabe des § 21 Abs. 3 ImmoWertV berücksichtigt.

– Bei der Ermittlung des vorläufigen Sachwerts muss dabei allerdings wiederum der Grundsatz der Modellkonformität beachtet werden. Die auf bauliche Außenanlagen und den Aufwuchs und sonstige Anlagen (Aufwuchs) entfallenden Kosten sind unter Beachtung dieses Grundsatzes zunächst in einem Umfang zu berücksichtigen, wie dies der Gutachterausschuss für Grundstückswerte bei der Ableitung der Sachwertfaktoren praktiziert hat (vorläufiger Sachwertanteil der Außenanlagen). Der im Einzelfall hiervon abweichende Sachwertanteil ist dann nachträglich nach Maßgabe des § 8 Abs. 3 ImmoWertV zu erfassen, soweit er tatsächlich im gewöhnlichen Geschäftsverkehr berücksichtigt wird,

– Hat der Gutachterausschuss für Grundstückswerte nach Maßgabe der Anl. 5 zur SachwertR **Sachwertfaktoren** aus Kaufpreisen von Grundstücken abgeleitet, die „übliche bauliche Außenanlagen und sonstige Anlagen" (Aufwuchs) aufweisen und hat er diesen bei der Ableitung der Sachwertfaktoren nicht gesondert angesetzt, so findet der „übliche Aufwuchs" mit dem Sachwertfaktor Eingang in die Ermittlung des vorläufigen Sachwerts. Abweichend von § 21 ImmoWertV setzt sich in diesem Fall der vorläufige Sachwert allein aus dem (vorläufigen) Gebäudesachwert und dem (vorläufigen) Bodenwert zusammen. Abweichungen der tatsächlich auf dem Grundstück vorhandenen baulichen und sonstigen Außenanlagen (Aufwuchs) gegenüber den vom Gutachterausschuss angegebenen und mit dem Sachwertfaktor erfassten „üblichen" baulichen und sonstigen Außenanlagen (Aufwuchs) sind dann nach § 8 Abs. 3 ImmoWertV nachträglich zu berücksichtigen, soweit dies tatsächlich dem gewöhnlichen Geschäftsverkehr entspricht.

– Bei **Anwendung des Ertragswertverfahrens** ist auch ein außergewöhnlicher Aufwuchs „in der Regel ... nicht von Bedeutung". Dass deren Wertanteil grundsätzlich keiner besonderen Berücksichtigung bedarf, ist darauf zurückzuführen, dass die aus der baulichen Anlage fließende Rendite zugleich ein Entgelt für die Annehmlichkeit des Grundstücks in seiner Gesamtheit darstellt und mithin z. B. die Rendite aus einer parkähnlichen Gestaltung des Grundstücks umfasst[166]. Dies entspricht dem erkennbaren Willen des Verordnungsgebers. In der Begründung zu § 15 Abs. 1 WertV 88 heißt es hierzu: „... Dies trägt einmal der Tatsache Rechnung, dass die baulichen Anlagen auf dem Grundstück insgesamt gesehen werden müssen und ihnen nur noch die sonstigen Anlagen gegenüberstehen, die i. d. R. für das Ertragswertverfahren nicht von Bedeutung sind. Entsprechendes gilt auch für bauliche Außenanlagen.

In Ausnahmefällen können die sonstigen Anlagen einschließlich besonders aufwendiger baulicher Außenanlagen erforderlichenfalls über § 8 Abs. 3 ImmoWertV erfasst werden. Ein derartiger Ausnahmefall liegt vor, wenn besonders aufwendige Anpflanzungen vorlie-

---

[166] OLG Koblenz, Urt. vom 13.01.1982 – 1 U 6/80 –, EzGuG 2.28; OLG Koblenz, Urt. vom 08.04.1981 – 1 U 10/79 –; so auch in der steuerlichen Bewertung (vgl. BewR Gr vom 19.09.1966, BAnz Nr. 183 Beil.= BStBl. I 1966, 890, zu § 79 BewG Nr. 21).

gen, die nicht bereits mit den zugrunde gelegten Ertragsverhältnissen berücksichtigt werden und ihnen im gewöhnlichen Geschäftsverkehr zusätzlich Rechnung getragen wird. Dabei darf nicht außer Acht gelassen werden, dass das Ertragswertverfahren i. d. R. nur bei Objekten zur Anwendung kommt, bei denen der erzielbare Ertrag, die Rendite, im Vordergrund steht. Die Berücksichtigung von Grundstücksmerkmalen, die keine Rendite erbringen, ist von der Natur der Sache heraus bei Ertragswertobjekten infolgedessen eher die Ausnahme.

6.7.6 Rechte am Grundstück

▶ *Vgl. oben Rn. 391; zum Denkmalschutz vgl. Kleiber, Verkehrswertermittlung von Grundstücken, 6. Aufl. 2010, Teil VI Rn. 730*

416 Als besondere objektspezifische Grundstücksmerkmale kommen auch die in § 6 Abs. 2 ImmoWertV genannten Rechte und Belastungen in Betracht, die die Nutzbarkeit des Grund und Bodens als auch der auf einem Grundstück vorhandenen baulichen Anlagen betreffen können (Aussichtsrechte, Wegerechte, Leitungsrechte, Nießbrauch, Wohnrechte usw.). Sie müssen ergänzend berücksichtigt werden auch wenn sie in § 8 Abs. 3 ImmoWertV unerwähnt bleiben.

6.7.7 Vermietung sonst bezugsfreier Objekte

▶ *Vgl. Kleiber, Verkehrswertermittlung von Grundstücken, 6. Aufl. 2010, Teil VI Rn. 51, 92*

417 Der Verkehrswert von Immobilien, die nach Art und Lage ihrer Nutzung im Hinblick auf eine Eigennutzung üblicherweise in bezugsfreiem Zustand gehandelt werden, wie z. B. Ein- und Zweifamilienhäuser und auch Eigentumswohnungen, ist in aller Regel gemindert, wenn die Immobilie am Wertermittlungsstichtag vermietet ist und das Mietverhältnis nicht zur Auflösung ansteht. Die Wertminderung ist auf den mit einer Eigenbedarfskündigung verbundenen hohen Aufwand an Zeit und Kosten zurückzuführen und ist auch dann gegeben, wenn die ortsüblich erzielbare Miete erwirtschaftet wird. So werden beispielsweise **vermietete Eigentumswohnungen** im Verhältnis zu bezugsfreien Eigentumswohnungen nach Untersuchungen des Gutachterausschusses von *Bergisch Gladbach* 2011 in Abhängigkeit von der Größe der Wohnanlage mit Abschlägen zwischen 8 bis 14 % gehandelt. Werden Liegenschaftszinssätze für Eigentumswohnungen differenziert nach vermieteten und bezugsfreien Eigentumswohnungen abgeleitet, so sind die für vermietete Eigentumswohnungen abgeleiteten Liegenschaftszinssätze um bis zu 0,5 % über denen der bezugsfreien Eigentumswohnungen. Entsprechendes kann für üblicherweise eigengenutzte, jedoch **vermietete Einfamilienhäuser** gelten.

6.7.8 Merkantiler Mehr- oder Minderwert

Schrifttum: *Adam, B.,* Merkantiler Minderwert, GuG 2012, 1; *Bartke, S./Schwarze, R.,* Marktorientierte Risikobewertung vornutzungsbelasteter Grundstücke, GuG 2009, 195; *Bindhardt,* BauR 1982, 442; *Fischer, C.,* The complex interactions of markets for endangered species products, Journal of Environmental Economics and Management 48, 926 ff.; *Kamphausen,* DS 1985, 280; *Krell/Krell,* Zeitabhängige Einflüsse bei der Ermittlung merkantiler Minderwerte, GuG 1998, 133; *Leibenstein, H.,* Theory of Consumers Demand, The Quarterly Journal of Economics Bd. 64 S. 183ff; *Roller, G.,* Wertermittlung sanierter Gebäude – technischer und merkantiler Minderwert, GuG 2002, 16; *Vogel, R.,* Merkantiler Minderwert, GuG 1997, 151.

▶ *Vgl. Kleiber, Verkehrswertermittlung von Grundstücken, 6. Aufl. 2010, § 194 BauGB Rn. 143 ff.,.bei Bergschäden: § 5 ImmoWertV Rn. 417,*

a) Allgemeines

418 Unter einem merkantilen Minderwert wird die **Wertminderung einer Sache** (z. B. eines Grundstücks) verstanden**, die ihr im gewöhnlichen Geschäftsverkehr aufgrund eines aufgetretenen, aber inzwischen in technisch einwandfreier Weise vollständig behobenen**

Mangels (z. B. auch Bauschaden) in der allgemein verbliebenen Befürchtung beigemessen wird, dass sich ein Folgeschaden irgendwie auch künftig auswirken könnte, auch wenn diese Befürchtung tatsächlich unbegründet ist[167]. Der merkantile Minderwert definiert sich damit nicht als ein „Wert" an sich, sondern als eine in den Verkehrswert eingehende, d. h. den Verkehrswert (Marktwert) mindernde Eigenschaft der Sache. Der BGH hat hierzu festgestellt, dass eine „Minderung des Verkehrswerts" auch bestehen bleiben kann, „wenn die wertmindernden Schäden in technisch einwandfreier Weise beseitigt sind[168]. Das gilt vor allem dann, wenn im Verkehr befürchtet wird, die Schäden könnten sich doch irgendwie nachteilig auswirken und deshalb Sachen, bei denen solche Schäden aufgetreten waren, niedriger bewertet werden als unbeschädigt gebliebene, selbst wenn im Einzelfall die Befürchtung eines Folgeschadens in Wahrheit unbegründet ist"[169]. Die Wertminderung wirkt sich nicht erst bei Verkauf des Gebäudes aus, sondern besteht auch dann, wenn es nicht verkauft werden soll[170].

Beispiel: 419

Bei der Ermittlung des Minderwerts eines vom Schwamm befallenen Hauses werden die Kosten der Beseitigung der Grundfeuchtigkeit des Hauses, die die Schwammbildung hervorgerufen hat, in Ansatz gebracht. Eine *Minderung des Verkehrswerts* kann selbst dann noch bestehen, wenn die wertmindernden Schäden in technisch einwandfreier Weise beseitigt sind. Das gilt es zu berücksichtigen, wenn im gewöhnlichen Geschäftsverkehr befürchtet wird, die Schäden könnten sich doch irgendwie nachteilig auswirken, und deshalb im Grundstücksverkehr Sachen, bei denen solche Schäden aufgetreten waren, wertmäßig niedriger eingeschätzt werden als unbeschädigt gebliebene Sachen. Dies gilt selbst dann, wenn im Einzelfall die Befürchtung eines Folgeschadens unbegründet ist.

Als merkantiler Minderwert wird vielfach auch die Wertminderung eines Objekts verstanden, 420
die (vorübergehend) aus besonderen in der breiten Öffentlichkeit bekannt gewordenen und die Marktgängigkeit einer Immobilie beeinträchtigenden Geschehnissen resultiert, wie z. B. das „Mörderhaus"[171]. Umgekehrt muss dann aber auch von einem **merkantilen Mehrwert** gesprochen werden, z. B. wenn eine Immobilie von einer besonders anerkannten Persönlichkeit bewohnt wurde und dem im gewöhnlichen Geschäftsverkehr werterhöhend Rechnung getragen wird.

In den folgenden Bereichen können **merkantile Minderwerte von Bedeutung** sein: 421

a) Hausschwamm und Hausbock[172],

b) Trockenfäule[173],

c) schlechte Baumaterialien[174] und Bauausführung,

d) Altlasten (vgl. § 6 ImmoWertV Rn. 190, 195)[175],

---

167 BGH, Urt. vom 08.12.1977 – VII ZR 60/76 –, BauR 1979, 158 = EzGuG 19.33a; BGH, Urt. vom 2.4.1981 – III ZR 186/79 –, EzGuG 4.75 = EzGuG 19.38.
168 BGH, Urt. vom 23.11.2004 – VI ZR 357/03 –, BGHZ 161, 151 („trotz völliger und ordnungsgemäßer Instandsetzung" (eines Unfallwagens); auch BGH, Urt. vom 20.05.2009 – VIII ZR 191/07 –, BGHZ 181, 170.
169 BGH, Urt. vom 25.02.1953 – II ZR 172/52 –, EzGuG 20.13; BGH, Urt. vom 09.07.1962 – III ZR 98/61 –, NJW 1962, 1764 = BGHZ 37, 341 = EzGuG 11.25a, BGH, Urt. vom 20.06.1968 – III ZR 32/66 –, EzGuG 19.13; BGH, Urt. vom 24.02.1969 – VII ZR 173/66 –, VersR 1969, 473 = EzGuG 19.16a; BGH, Urt. vom 13.11.1970 – V ZR 6/70 –, EzGuG 19.23; BGH, Urt. vom 26.10.1972 – VII ZR 181/71 –, NJW 1973, 183 = EzGuG 11.86c; BGH, Urt. vom 02.04.1981 – III ZR 186/79 –, NJW 1981, 1663 = BRS Bd 45 Nr 173 = EzGuG 19.38, BGH, Urt. vom 19.09.1985 – VII ZR 158/84 – NJW 1986, 428 = BB 1986, 764; LG Nürnberg-Fürth, Urt. vom 28.04.1988 – 6 O 9935/86 –, NJW-RR 1989, 1106.
170 BGH, Urt. vom 05.10.1961 – VII ZR 146/60 –, EzGuG 19.6b; vgl. Bindhardt in BauR 1982, 442.
171 Ein Hauskäufer kann deshalb einen Kaufvertrag anfechten, wenn falsche Angaben darüber gemacht wurden, dass sich der Voreigentümer im verkauften Haus erhängt hat (OLG Celle, Urt. vom 18.09.2007 – 16 U 38/07 –).
172 BGH, Urt. vom 8.12.1977 – VI ZR 60/76 –, EzGuG 19.32a; BGH, Urt. vom 13.11.1970 – V ZR 6/70 –, EzGuG 19.23; BGH, Urt. vom 20.06.1968 – III ZR 32/66 –, EzGuG 19.33; BGH, Urt. vom 10.07.1963 – VI ZR 66/62 –, WM 1963, 967 = MDR 1964, 41 = BB 1963, 1354; BGH, Urt. vom 28.06.1961 – V ZR 201/60 –, EzGuG 19.6; RG, Urt. vom 11.07.1914 – V 67/14 –, RGZ 85, 252; OLG Frankfurt am Main, Urt. vom 17.11.2004 – 1 U 142/01 – (Hausbock); Tewis in GuG 2000, 33.
173 BGH, Urt. vom 20.06.1968 – III ZR 32/66 –, EzGuG 19.13.
174 BGH, Urt. vom 15.12.1994 – VII ZR 246/93 –, BauR 1995, 388: BGH, Urt. vom 08.12.1977 – VI ZR 60/76 –, BauR 1979, 158 = EzGuG 19.33a;BGH, Urt. vom 24.2.1972 – VII ZR 177/70 –, EzGuG 3.38b; BGH, Urt. vom 14.01.1971 – VII ZR 3/69 –, EzGuG 3.34a; BGH, Urt. vom 25.02.1953 – II ZR 172/52 –, EzGuG 20.15.
175 BGH, Urt. vom 10.07.1991 – XII ZR 109/90 –, EzGuG 20.124d.

e) Bergschaden (vgl. § 5 ImmoWertV Rn. 383, 422 ff.)[176],

f) Untertunnelung[177],

g) Baugrund und Baugrube[178],

h) Begrünung und Bäume[179],

i) Rohbau[180],

j) Frostschäden[181],

k) drückendes Wasser[182],

l) Tiefgaragendecke[183],

m) Wände[184].

422 Die **Wertminderung (merkantiler Minderwert) kann** im Einzelfall auch **schon vor der technisch einwandfreien Schadensbeseitigung eintreten**. Befindet sich zum Beispiel ein altlastenbetroffenes Grundstück in der Sanierung oder steht eine einwandfreie Sanierung auf Kosten des Verursachers an, so kann der merkantile Minderwert bereits auf den Verkehrswert „durchschlagen", wenn im gewöhnlichen Geschäftsverkehr auch für das sanierte Grundstück nur ein geringerer Kaufpreis erzielt werden könnte, als sich für ein vergleichbares nicht betroffenes Grundstück ergibt.

423 **Nicht jeder** in der Vergangenheit aufgetretene und zwischenzeitlich **behobene Mangel und Schaden einer Sache führt** jedoch **zu einem merkantilen Minderwert**. Für die Berücksichtigung eines merkantilen Minderwerts ist vielmehr Voraussetzung, dass tatsächlich im gewöhnlichen Geschäftsverkehr eine den Preis beeinflussende Abneigung z. B. gegen ein ehemals kontaminiertes, aber inzwischen saniertes Grundstück besteht, und insoweit bei der Veräußerung Wertabschläge allgemein hingenommen werden müssen. Erfahrungsgemäß treten merkantile Minderwerte deshalb in aller Regel nur bei besonders gravierenden Mängeln auf, die auch nach ihrer Beseitigung der Sache als Makel anhaften oder in der allgemeinen Anschauung weiterhin die Befürchtung eines Folgeschadens aufkommen lassen[185].

424 Deshalb muss, wenn ein merkantiler Minderwert in Betracht kommt, im Einzelfall zunächst geprüft werden, ob überhaupt ein merkantiler Minderwert zu berücksichtigen ist. Der Sachverständige muss sich – um sich nicht schadensersatzpflichtig zu machen – dieser Frage mit der gleichen Sorgfalt widmen, die er zur Erstellung des Gutachtens selbst obwalten lassen muss. Entsprechend dem Vorhergesagten, dass merkantile Minderwerte nur bei wesentlichen Mängeln, von denen der Grundstücksmarkt ausgeht, auftreten können, ist ein merkantiler Minderwert dann nicht zu berücksichtigen, wenn die **Schadensbeseitigungskosten unter 10 v. H.** des mangelfreien Gebäudewerts liegen[186]. Darüber hinaus ist vom Ansatz eines mer-

---

[176] OLG Düsseldorf, Urt. vom 04.02.2000 – 7 U 67/98 –, GuG 2001, 123; OLG Saarbrücken, Urt. vom 16.05.1994 – 4 W 174/94 –, GuG 1995, 314 = EzGuG 4.157; OVG Münster, Urt. vom 23.01.1984 – 10A 2366/79 –, EzGuG 4.95: OLG Saarbrücken, Urt. vom 20.05.1980 – 3 U 45/95 –, EzGuG 4.14.

[177] BGH, Urt. vom 02.04.1981 – III ZR 186/79 –, EzGuG 19.38.

[178] OVG Lüneburg, Urt. vom 17.01.1997 – 1 L 1218/95 –, NdsRpflege 1997, 123 = BRS Bd 59 Nr 250 = EzGuG 15.87a; OLG Dresden, Urt. vom 29.01.2003 – 11 U 726/92 –, IBR 2004, 18.

[179] OLG München, Urt. vom 28.04.1994 – 1 U 6995/93 –, EzGuG 2.58a; KG, Urt. vom 17.11.1977 – 12 U 1543/77 –, (Bäume), EzGuG 2.17 = VersR 1978, 524.

[180] BGH, Urt. vom 22.11.1991 – V ZR 187/90 –, BGHZ 16, 161 = EzGuG 7.114b.

[181] BGH, Urt. vom 05.10.1961 – VII ZR 146/60 –, BB 1961, 1216 = EzGuG 19.5b.

[182] OLG Karlsruhe, Urt. vom 27.01.2004 – 17 U 154/00 –, BauR 2004, 1994.

[183] BGH, Urt. vom 09.01.2003 – VII ZR 181/00 –, DS 2004. 60.

[184] BGH, Urt. vom 11.10.1965 – II ZR 45/63 –. WM 1965, 1196.

[185] BGH, Urt. vom 09.07.1962 – III ZR 98/61 –, NJW 1962, 1764 = EzGuG 11.25a; BGH, Urt. vom 20.06.1968 – III ZR 32/66 –, WM 1968, 1220 = EzGuG 19.13 (Trockenfäule); BGH, Urt. vom 24.02.1969 – VII ZR 173/66 –, VersR 1969, 473 = EzGuG 19.16a; BGH, Urt. vom 13.11.1970 – V ZR 6/70 –, BB 1971, 54 = EzGuG 19.23; BGH, Urt. vom 08.12.1977 – VII ZR 60/76 – (Hausschwamm), BauR 1979, 158 = EzGuG 19.33a; BGH, Urt. vom 02.04.1981 – III ZR 186/79 –, BRS Bd 45 Nr 173 = EzGuG 19.38; OLG Saarbrücken, Urt. vom 16.05.1994 – 4 W 174/95 – (Bergschaden), GuG 1995, 314 = EzGuG 4.157; OLG Saarbrücken, Urt. vom 20.05.1960 – 3 U 45/95 – (Schieflage), BlGBW 1961, 174 = EzGuG 4.14; LG Nürnberg-Fürth, Urt. vom 28.04.1988 – 6 O 9935/86 –, NJW-RR 1989, 1106.

[186] KG, Urt. vom 13.01.1975 – 12 U 2107/74 –, VersR 1975, 664.

Ermittlung des Verkehrswerts § 8 ImmoWertV

kantilen Minderwerts abzusehen, wenn sich die Restnutzungsdauer des Gebäudes auf weniger als 20 v. H. der Gesamtnutzungsdauer beläuft[187].

Im Übrigen darf ein merkantiler Minderwert bei *Anwendung des Sachwertverfahrens* nur insoweit berücksichtigt werden, wie er nicht bereits mit der Berücksichtigung der Wertminderung aufgrund von Baumängeln oder Bauschäden erfasst wird, d. h. insoweit geht es darum, eine Doppelberücksichtigung zu vermeiden[188]. Es empfiehlt sich, die für Bauschäden und Baumängel anzubringenden Abschläge klar vom Abschlag wegen merkantilen Minderwerts aufgrund behobener Bauschäden zu trennen. Entsprechendes gilt auch bei *Anwendung des Ertragswertverfahrens*; ein merkantiler Minderwert kann sich nämlich auch auf die Ertragsverhältnisse auswirken und wird ggf. insoweit bereits entsprechend berücksichtigt (vgl. § 5 ImmoWertV Rn. 383)[189]. **425**

Wenn eine **Wertminderung durch einen Bauschaden und eine merkantile Wertminderung** durch einen nicht ausräumbaren Verdacht auf Schaden **nebeneinander** bestehen, bereitet die klare Trennung der Bauschadensabschläge von den Abschlägen wegen merkantilen Minderwerts Probleme, denn je nachdem, ob ein Bauschaden oder ein merkantiler Minderwert vorliegt, gelten bei der Bemessung der Abschläge unterschiedliche Grundsätze. *Kamphausen*[190] hat dazu die jeweiligen Fallarten wie folgt zusammengestellt. **426**

Zusammenstellung der Fallarten bei der Wertminderung wegen Baumängeln und Bauschäden und merkantilen Minderwerts in Anlehnung an Kamphausen **427**

Beeinträchtigung durch Baumängel und Bauschäden	Verkehrswertminderung wegen	
	baulicher Mängel oder Schäden	merkantiler Umstände
unerheblich	nein	nein
erheblich, nicht reparabel	ja (Verkürzung der Restnutzungsdauer)	nein, wenn durch Abschlag wegen baulicher Mängel oder Schäden abgedeckt
erheblich, teilweise reparabel	ja	ja, wenn Anhaltspunkte für einen darüber hinausgehenden Marktabschlag bestehen
erheblich, aber vollständig beseitigt	nein	ja, wenn Anhaltspunkte für einen Marktabschlag bestehen

Da der merkantile Minderwert dem Verkehrswert immanent ist, findet er deshalb auch Berücksichtigung **428**

- bei der **Bemessung von Enteignungsentschädigungen**[191],
- im **Schadensersatzrecht**[192] und
- bei der **Beleihungswertermittlung**[193].

---

187 LG Frankfurt am Main, Urt. vom 08.12.1982 – 3/3 AktE 104/79 –, DAR 1984, 319 = BB 1983, 1244 = EzGuG 20.101c.
188 BGH, Urt. vom 25.2.1953 – II ZR 172/52 –, BGHZ 9, 98 = EzGuG 20.15; BGH, Urt. vom 05.10.1961 – VII ZR 146/60 –, BB 1961, 1216 = EzGuG 19.6b; BGH, Urt. vom 26.10.1972 – VII ZR 181/71 –, BGHZ 59, 365 = NJW 1973, 138 = EzGuG 11.86c; BGH, Urt. vom 28.2.1980 – VII ZR 183/79 –, BGHZ 76, 179 = EzGuG 11.117; OLG Düsseldorf, Urt. vom 13.07.1972 – 5 U 100 u. 199/71 –, NJW 1973, 659 = EzGuG 6.156a.
189 BGH, Urt. vom 14.01.1971 – VII ZR 3/69 –, BGHZ 55, 198 = EzGuG 3.34a.
190 Kamphausen in DS 1985, 280.
191 BGH, Urt. vom 02.04.1981 – III ZR 186/79 –, EzGuG 4.75; BGH, Urt. vom 28.09.1972 – III ZR 44/70 –, EzGuG 14.47; BGH, Urt. vom 20.12.1971 – III ZR 79/69 –, EzGuG 13.19.
192 BGH, Urt. vom 03.10.1961 – VI ZR 238/60 –, BGHZ 35, 396 = EzGuG 19.6a; BGH, Beschl. vom 04.07.1979 – V BLw 8/79 –, WM 1979, 1243 = NJW 1980, 281; vgl. Staudinger/Medicus § 251 BGB, Rn. 34 ff., 82.
193 BGH, Urt. vom 14.01.1971 – VII ZR 3/69 –, EzGuG 3.34a.

§ 8 ImmoWertV   Ermittlung des Verkehrswerts

Für die Bemessung des merkantilen Minderwerts ist im Schadensersatzrecht der Zeitpunkt der beendeten Instandsetzung der beschädigten Sache maßgebend[194]. Bei der Bemessung von Enteignungsentschädigungen ist der merkantile Minderwert Ausdruck der erlittenen Substanzeinbuße[195].

b)   Ermittlung der merkantilen Wertminderung

429   Für die **Ermittlung des (merkantilen) Minderwerts (merkantile Wertminderung)** ist zu Recht darauf hingewiesen worden, dass sich die letztlich **auf eine Vertrauenserschütterung zurückzuführende Wertminderung** nicht nach mathematischen Formeln ermitteln und sich auch nicht nach technischen Gesichtspunkten berechnen lässt; er muss ggf. im Wege der Schätzung beurteilt werden[196]. Der merkantile Minderwert wird in der Praxis der Verkehrswertermittlung regelmäßig mit einem auf Erfahrungssätzen begründeten

a) Vomhundertsatz des Verkehrswerts berücksichtigt, der sich für dasselbe Grundstück unter der Annahme ergibt, dass der Mangel in der Vergangenheit gar nicht erst aufgetreten ist,

b) Vomhundertsatz der Schadensbeseitigungskosten berücksichtigt, die für den behobenen Schaden aufzubringen wären, oder

c) angemessener Abschläge.

430   Die Höhe des Vomhundertsatzes ist abhängig von

a) der Höhe der aufgebrachten Schadensbeseitigungskosten[197] im Verhältnis zum mangelfreien Gebäudewert,

b) dem Grad des Gefährdungspotenzials, dass der Schaden nicht (vollständig) beseitigt ist und die Kosten erneut entstehen,

c) der Zeit, die seit der Schadensbehebung verstrichen ist, und

d) der Restnutzungsdauer des Gebäudes, sofern der merkantile Minderwert aus einem Gebäudemangel resultiert.

Neben der Schadenshöhe kann des Weiteren auch eine medienwirksame Behandlung des zwischenzeitlichen behobenen Schadensfalles in der Öffentlichkeit zu einem merkantilen Minderwert führen.

431   **Zur Ermittlung des merkantilen Minderwerts können die Kosten ermittelt werden,** die für die Beseitigung des Schadens aufgebracht wurden. Die auf den Wertermittlungsstichtag aktualisierten Schadensbeseitigungskosten lassen sich sodann ins Verhältnis zum Gebäudewert setzen[198]. Als Erfahrungswerte für die Höhe des merkantilen Minderwerts können gelten bei Schadensbeseitigungskosten in Höhe von

– 1/3 des mangelfreien Gebäudewerts   5 % des Gebäudewerts,

– 2/3 des mangelfreien Gebäudewerts   6 % des Gebäudewerts,

– 3/3 des mangelfreien Gebäudewerts   7 % des Gebäudewerts,

nach Schadensbeseitigung. Die Wertminderung baut sich mit fortschreitender Zeit ab. *Volze* gibt dafür folgende Tabelle an (Abb. 43):

---

194 BGH, Urt. vom 02.12.1966 – VI ZR 72/65 –, NJW 1967, 552 = MDR 1967, 294.
195 BGH, Urt. vom 02.04.1981 – III ZR 186/79 –, EzGuG 4.75; BGH, Urt. vom 28.09.1972 – III ZR 44/70 –, EzGuG 14.47; BGH, Urt. vom 20.12.1971 – III ZR 79/69 –, EzGuG 13.19; BGH, Urt. vom 02.04.1981 – III ZR 186/79 –, EzGuG 4.75; Kleiber, Verkehrswertermittlung von Grundstücken, 6. Aufl. 2010, Teil VII Rn. 224, 241.
196 OLG Saarbrücken, Urt. vom 20.05.1960 – 3 U 45/95 –, EzGuG 4.14; OVG Münster, Urt. vom 23.01.1984 – 10 A 23 66/79 –, EzGuG 4.95.
197 BGH, Urt. vom 28.06.1961 – V ZR 201/60 –, EzGuG 19.69.
198 BGH, Urt. vom 13.11.1970 – V ZR 6/70 –, EzGuG 19.23.

Ermittlung des Verkehrswerts § 8 ImmoWertV

Abb. 43: Merkantiler Minderwert

Nutzungsdauer	Merkantiler Minderwert		
	1/3 des mangelfreien Gebäudewerts als Reparaturkosten	2/3 des mangelfreien Gebäudewerts als Reparaturkosten	3/3 des mangelfreien Gebäudewerts als Reparaturkosten
20 Jahre	5 %	6 %	7 %
40 Jahre	4 %	5 %	6 %
60 Jahre	3 %	4 %	5 %
80 Jahre	–	–	–

Quelle: Volze, Vortrag vor der Fachgruppe Bau- und Bewertung des LVS Hessen in der IHK Frankfurt am Main 14.11.2003

Diese Erfahrungssätze sind nach dem **Grad der Wahrscheinlichkeit** entsprechend der Schadensart zu modifizieren und vermindern sich (ausgehend vom Zeitpunkt der Schadensbeseitigung) mit fortschreitender Zeit. Allgemein schwindet die Wertminderung über einen Zeitraum von regelmäßig rd. 15 Jahren gegen null, d. h. nach 15 Jahren kann ein merkantiler Minderwert ausgeschlossen werden. Der Einfluss schwindet allerdings nicht linear, sondern zunächst eher geringfügig und mit fortschreitender Zeit zunehmend, d. h. parabelförmig (Abb. 44):

Abb. 44: Merkantiler Minderwert mit fortschreitender Zeit

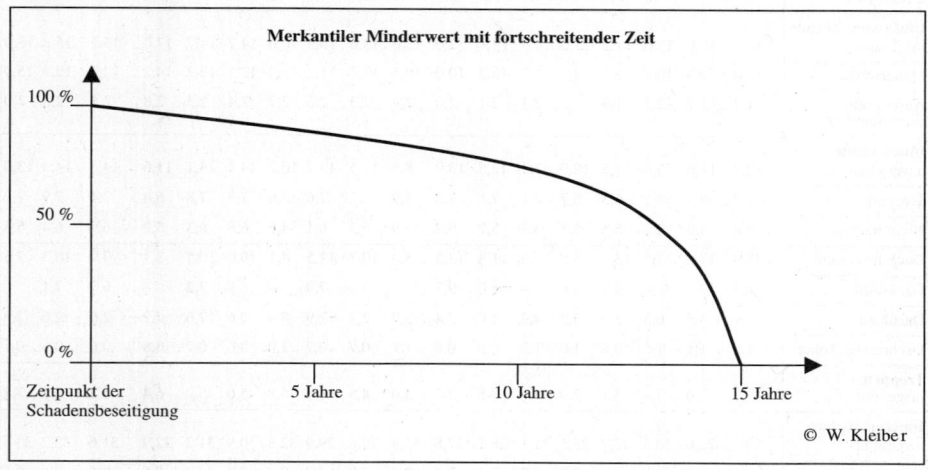

Prozentualer merkantiler Minderwert in Abhängigkeit von der Zeit:

$$\text{Merkantiler Minderwert}_\% = 100 - \left(100 \times \frac{\text{Jahre}}{\text{Gesamtdauer}}\right)^2 / 100$$

Beispiel:
- Gesamtdauer eines merkantilen Minderwerts = 15 Jahre
- Zeitspanne seit Schadensbeseitigung = 5 Jahre

Merkantiler Minderwert$_\%$ im 5. Jahr = $100 - (100 \times 5/15)^2 / 100 = 88{,}89\,\%$ des merkantilen Minderwerts im Zeitpunkt der Schadensbehebung.

Ein merkantiler Minderwert, der sich unmittelbar nach der Schadensbeseitigung in Höhe von 7 % des Gebäudewerts ergibt, beläuft sich in diesem Fall nach 5 Jahren nur noch auf 6,2 %.

§ 8 ImmoWertV — Ermittlung des Verkehrswerts

7 Anlagen

7.1 Kostengliederung nach Bauelementen

434 Wertanteile im Wohnungsbau

Gewerke	\multicolumn{3}{Anzahl der Vollgeschoss I}			II			III			IV			V			VI		
	ausgebaute Dachterrasse nein	ausgebaute Dachterrasse ja	Flachdach	ausgebaute Dachterrasse nein	ausgebaute Dachterrasse ja	Flachdach	ausgebaute Dachterrasse nein	ausgebaute Dachterrasse ja	Flachdach	ausgebaute Dachterrasse nein	ausgebaute Dachterrasse ja	Flachdach	ausgebaute Dachterrasse nein	ausgebaute Dachterrasse ja	Flachdach	ausgebaute Dachterrasse nein	ausgebaute Dachterrasse ja	Flachdach
Keller insgesamt	24,9	23,5	24,0	21,2	20,2	21,2	17,7	16,8	18,6	14,6	13,9	15,9	12,2	11,6	12,9	10,7	10,1	9,5
Mauerwerk	17,4	16,8	17,1	15,1	14,4	15,2	12,6	12,0	13,3	10,4	9,9	11,4	8,7	8,3	9,3	7,7	7,2	6,8
Erd- und Isolierarbeiten	2,5	2,5	2,6	2,2	2,2	2,2	1,9	1,8	2,0	1,6	1,5	1,7	1,3	1,2	1,4	1,1	1,1	1,0
Kellerboden	5,0	4,2	4,3	3,8	3,6	3,8	3,2	3,0	3,3	2,6	2,5	2,8	2,2	2,1	2,2	1,9	1,8	1,7
Decke insgesamt	14,0	13,1	15,8	13,6	13,1	15,9	13,4	13,2	15,8	13,3	13,1	15,7	13,1	12,9	15,5	13,0	12,7	15,3
Decke über Keller	5,3	4,5	4,6	4,1	3,8	4,2	3,4	3,2	3,6	2,8	2,6	3,0	2,3	2,2	2,4	2,1	1,9	1,8
Übrige Decken	5,4	5,4	6,9	5,9	5,8	7,3	6,2	6,2	7,6	6,5	6,5	7,9	6,7	6,6	8,1	6,8	6,7	8,4
Deckenputz	3,3	3,2	4,3	3,6	3,5	4,4	3,8	3,8	4,6	4,0	4,0	4,8	4,1	4,1	5,0	4,1	4,1	5,1
Umfassungswände insgesamt	10,3	10,0	13,0	11,2	11,0	14,0	12,4	12,0	15,0	13,6	13,5	16,0	14,7	14,7	17,0	15,2	15,2	18,0
Mauerwerk	8,6	8,3	10,8	9,3	9,2	11,7	10,3	10,0	12,5	11,3	11,2	13,3	12,3	12,2	14,2	12,7	12,7	15,0
Außenputzverkleidung	1,7	1,7	2,2	1,9	1,8	2,3	2,1	2,0	2,5	2,3	2,3	2,7	2,4	2,5	2,8	2,5	2,5	3,0
Innenwände unverputzt	10,7	11,0	6,0	11,8	12,0	7,4	12,8	13,0	8,8	13,5	13,7	10,2	14,1	14,1	11,6	14,3	14,3	13,0
Tragend	5,9	6,1	3,5	6,5	6,7	4,1	7,1	7,2	4,9	7,2	7,6	5,6	7,3	7,8	6,4	7,4	7,9	7,2
Nicht tragend	4,8	4,9	2,7	5,3	5,3	3,3	5,7	5,8	3,9	6,3	6,1	4,6	6,8	6,3	5,2	6,9	6,4	5,8
Dach insgesamt	15,3	17,8	7,5	13,5	15,5	6,2	11,8	13,5	5,0	10,7	11,5	4,1	10,0	10,5	3,7	9,9	10,3	3,5
Dachstuhl	10,4	12,2	–	9,2	10,6	–	8,0	9,3	–	7,3	7,9	–	6,8	7,2	–	6,7	7,1	–
Dachhaut	3,9	4,5	6,5	3,5	3,9	4,9	3,0	3,4	3,9	2,7	2,9	3,3	2,6	2,6	2,9	2,6	2,6	2,8
Dachrinnen/Rohre	1,0	1,1	1,5	0,8	1,0	1,3	0,8	0,8	1,1	0,7	0,7	1,0	0,6	0,7	0,8	0,6	0,6	0,7
Treppen insgesamt	2,2	2,0	3,4	3,1	2,9	4,2	3,8	3,7	5,0	4,5	4,4	5,8	5,0	5,0	6,4	5,3	5,2	7,2
Innerer Ausbau insgesamt	22,6	22,6	30,3	25,7	25,5	31,1	28,1	27,8	31,8	29,8	29,9	32,3	30,9	31,2	32,9	31,6	32,2	33,5
Wandputz	5,9	6,0	8,0	6,8	6,7	8,2	7,4	7,4	8,3	7,9	7,9	8,4	8,3	8,4	8,5	8,5	8,6	8,6
Bodenbelag	4,2	4,1	5,3	4,5	4,5	5,6	4,8	4,8	5,9	5,0	5,0	6,1	5,1	5,1	6,3	5,2	5,2	6,5
Installation	4,4	4,4	6,0	5,1	5,0	6,1	5,6	5,5	6,2	6,0	6,0	6,3	6,2	6,2	6,4	6,3	6,5	6,5
Fenster	3,7	3,7	5,0	4,2	4,2	5,1	4,7	4,6	5,2	4,9	5,0	5,2	5,2	5,2	5,3	5,3	5,4	5,4
Verglasung	1,1	1,1	1,5	1,3	1,2	1,5	1,4	1,4	1,6	1,5	1,5	1,6	1,5	1,6	1,6	1,6	1,6	1,6
Türen	3,3	3,3	4,5	3,8	3,7	4,6	4,2	4,1	4,6	4,5	4,5	4,7	4,6	4,7	4,8	4,7	4,9	4,9

Quelle: BKI Baukosteninformationszentrum

Ermittlung des Verkehrswerts § 8 ImmoWertV

7.2 Instandsetzungs- und Modernisierungskosten (einschließlich MwSt.)

Konventionelle Bauweise 435

Es handelt sich um überschlägige Kalkulationspreise einschließlich Materialkosten und aller Nebenkosten, auch soweit sie nicht detailliert beschrieben sind[199].

Preisbasis 2010

Gewerk/Bauteil	Einheit	Preisspanne je Einheit in €
I Keller		
Vertikale Dichtung		
Horizontalsperre, Aufstemmen und Dichtungsbahn vermauern	lfdm	70
Blechverfahren	lfdm	50
Bohrlochverfahren (Verpressen)	lfdm	35
Senkrechtsperre (außen) mit Freischachten, Sperrputz 2-lagig	m²	25
Dichtungsschlämme 2-lagig	m²	25
Dichtungsbahn 1-lagig	m²	25
Senkrechte Sperre (innen), Ausgleichsputz/Bitumenanstriche	m²	35
Sperrputz 2-lagig/Spritzbewurf ohne Freischachtung	m²	35
Ausgleichsputz/Dichtungsschlämme 2-lagig	m²	35
Ausgleichsputz/Dichtungsbahnen 2-lagig	m²	35
Sohle		
Betonplatte/schwimmender Estrich	m²	25
Neue Sohle/Fußbodenheizung	m²	35
Drainage, Aushub erweitern, mittelschwerer Boden	lfdm	25
Tonrohr verlegen und verfüllen, Kiessickerschicht	lfdm	60
II Heizung		
Einbau einer kompletten zentralen Heizungsanlage einschließlich Heizkörper, Leitungen, Wärmeerzeuger und Regelung	m² WF	110
Heizkörper 1 000 Watt Heizleistung (Vorlauf 70 Grad und Rücklauf 55 Grad):		
– Stahlradiator 105 × 60 × 11 cm	Stück	130
– Gussradiator 99 × 58 × 11 cm	Stück	260
– Säulenradiator 117 × 60 × 64 cm	Stück	215
– Plattenheizkörper 180 × 60 × 1,6 cm	Stück	190
– Plattenheizkörper 75 × 60 × 10 cm, Stahl mit zwei Konvektorblechen	Stück	210
– Konvektor, Schachthöhe 60 cm, Länge 150 cm	Stück	210
Ölzentralheizung	m² WF	120
– Gasetagenheizung bis 50 m² WF	m² WF	140
– Gasetagenheizung bis 80 m² WF	m² WF	120
Thermostatventil für Heizkörper an Stelle Einheitsventil	Stück	80
Fußbodenheizung, Trockensystem	Stück	95
Heizkessel 19 bis 44 kW		
– Gaskessel	Stück	4 750
– Ölkessel	Stück	5 650
– Wechselbrand mit Warmwasser	Stück	7 600
Brenner erneuern	Stück	1 400
Heizungsregelung witterungsgeführt, nachträgliche Montage mit Zentralgerät und Außenfühler	Stück	1 050

---

[199] In Anlehnung an Simon/Kleiber, Schätzung und Ermittlung von Grundstückswerten, a. a. O., 7. Aufl., S. 633; Schmitz/Böhning/Krings, Altbaumodernisierung im Detail, Konstruktionsempfehlungen (GuG 1994, 295); eigene Ermittlungen.

§ 8 ImmoWertV — Ermittlung des Verkehrswerts

Gewerk/Bauteil	Einheit	Preisspanne je Einheit in €
Heizungsleitung, Kupfer für Zentralheizung		
– auf Putz	m² WF	25
– unter Putz	m² WF	35
Luftheizung, Wärmetauscher, Wärmerückgewinnung	m² WF	200
Warmwasser		
Warmwasser, Standboiler zentral 200 l		
– Öl	Stück	1 310
– Gas	Stück	800
Wärmezähler		
– mechanisch	Stück	540
– statisch	Stück	1 000
Öltank		
Öl-Erdtank doppelwandig		
– 5 000 l	Stück	7 550
– 10 000 l	Stück	9 950
III Gas-, Wasser-, Abwasser- und Sanitärinstallation		
Einbau sanitärer Installationen für ein Bad/WC einschließlich Vorarbeiten, anteiliger Abwasser- und Wasserleitungen, Sanitärobjekten und Armaturen		
– WC und Handwaschbecken, einfache Ausführung	Anlage	1 450
– Dusche, Badewanne, WC, Waschtisch, einfache Ausführung	Anlage	2 350–2 850
Warmwasserbereiter einschließlich Vorarbeiten, Anschlüsse und Energieversorgung		
– Durchlauferhitzer 21 kW, dezentrale Bereitung	Stück	440–510
– Elektro-Kochendwassergerät 51 kW	Stück	225–260
– Elektroboiler zentral	Stück	3 550
– Gasdurchlauferhitzer	Stück	1 100
– Ölboiler, dezentrale Bereitung	Stück	4 000
Badausstattung, einfache Ausführung, weiß		
– Waschbecken	Stück	280
– Handwaschbecken	Stück	200
– Standklosett, Spülkasten aufgesetzt	Stück	320
– Wandklosett, Spülkasten aufgesetzt	Stück	380
– Bidet	Stück	520
– Duschwanne	Stück	320
– Duschabtrennung	Stück	950
– Liegewanne	Stück	410
– Anschluss Waschmaschine komplett	Stück	190
– Badmodernisierung in gehobener Ausführung	m²	475
– Kompletterneuerung der Lüftungsanlage für die Bäder	WE	1 950
– Regelungstechnik (Thermostat- und Strangventile, Heizkostenvert.)	WE	360
Kanalisation		
Kanalisation im Haus		
– Kellerablauf mit Geruchs- und Rückstauverschluss, Nennweite 100 mm	Stück	260
– Heizölsperre mit doppeltem Rückstauverschluss, Nennweite 100 mm	Stück	620
– Kanalanschluss	Stück	1 250
– Abflussleitung PVC-hart, Nennweite 100 mm	lfdm	35
IV Elektroinstallationsarbeiten		
Stromversorgung einschließlich aller Installationen und zentralen Anlagen		
– Wohnungen bis 40 m² Wohnfläche	m²	110
– Wohnungen mit 40 bis 60 m² Wohnfläche	m²	85
Elektroinstallationen		
– Türklingel und Türöffner	Stück	116–135

Ermittlung des Verkehrswerts § 8 ImmoWertV

Gewerk/Bauteil	Einheit	Preisspanne je Einheit in €
– Türsprechanlage	Stück	420
– Antennenanlage mit Antennensteckdose und Leitungen montiert	Stück	1 420
– Verteilerkasten unter Putz, 2-reihig, 24 Einheiten, 12 Automaten	Stück	200
– Zählerschrank komplett, 2 Felder für Zähler und Tarifgerät, verdrahtet	Stück	520
– Kabelkanäle für Elektroleitungen, 30 × 40 mm Montage auf Putz	lfdm	15
– Elektronetz erneuern bei WF > 100 m²	m²	60
V Treppenarbeiten		
Instandsetzen alter Holztreppen bis 1,10 m Breite als Wangentreppe einschließlich Ausbauarbeiten, Schuttabtransport, Beiputz und Oberflächenbehandlung	Stufe	95–105
– Kiefernholztreppe, gerade	Stufe	280
– Wendeltreppe, Stahlkonstruktion	Stufe	320
– Verschrauben loser Stufen/Verdübeln, Schraubenköpfe zuspachteln	Stufe	20
– Anstriche abbeizen, 2-fach abziehen, Anstrich	Stufe	30
– Neue Setzstufe	Stufe	30
– Trittstufen ausbessern, Dellen mit Zementspachtel ebnen/Teppich auf Tritt- und Setzstufe	Stufe	60
– Tritt- und Setzstufen erneuern/Oberflächenbehandlung	Stufe	280
Geländerstäbe profilieren und einsetzen	Stab	60
Geländer aus Stahl mit Holzhandlauf		
– gerade	lfdm	200
– gewendelt	lfdm	240
Spindeltreppe, 75 cm breit		
– Holzstufe auf Stahlkonstruktion	Stufe	280
– Holzstufe, Holzstufenkonstruktion	Stufe	320
Betontreppe, 110 cm breit, gerade, mit Gitterrost-Auftritt	Stufe	200
Einschubtreppen, Geschosshöhe bis 3 m mit Rahmen/Klappe		
– aus Holz	Stück	510–650
– aus Aluminium	Stück	1 150
– aus Aluminium, feuerhemmend (F 30)	Stück	1 500
Beläge		
– Terrazzo-Beläge, Tritt- und Setzstufe	Stufe	160
– Natursteinbeläge, Trittstufe/Kantenschutz	Stufe	85
VI Tischlerarbeiten		
Fenster		
Einbau von Holzfenstern mit Isolierverglasung, Ausbau alter Fenster, Schuttabtransport, Verglasung, Beschläge, Beiputz, Oberflächenbehandlung mit Fugenabdichtung		
– einflügelig bis 0,50 m²	m²	680
– einflügelig 0,50 bis 1,00 m²	m²	500
– mehrflügelig 1,00 bis 1,75 m²	m²	460
– mehrflügelig 1,75 bis 2,50 m²	m²	420
Wie zuvor, jedoch Kunststoff-Fenster		
– einflügelig 0,50 bis 1,00 m²	m²	710
– mehrflügelig 1,00 bis 1,75 m²	m²	650
Wie zuvor, jedoch Aluminium-Fenster		
– einflügelig	m²	710
Verbundfenster, Holzsprossenverbundfenster	m²	950
Türen		
Wohnungsinnentür Holz/Kunststoff, einfache Ausführung	Stück	510
Haseingangstür	Stück	510–3 950
Wohnungseingangstür	Stück	850

§ 8 ImmoWertV — Ermittlung des Verkehrswerts

Gewerk/Bauteil	Einheit	Preisspanne je Einheit in €
Kellertür Stahl, einfache Ausführung	Stück	320
Einbau einer Hauseingangstür, 2,00 bis 3,00 m² einschließlich Ausbau und Abtransport alter Tür, Beschläge, Oberflächenbehandlung, Fugenabdichtung und Beiputz		
– Holz, einfache Ausführung	Stück	1 530–1 900
– Aluminium, einfache Ausführung	Stück	1 550–2 050
Erneuern von Innentüren einschließlich Zarge	Stück	270–510
Sonstiges		
Holzvertäfelung, einfache Qualität	m²	120
VII Zimmerarbeiten		
Instandsetzen von Holzbalkendecken einschließlich Freilegung der Balken, Schuttabtransport, einem Spanplattenbelag, Beiputzen und Ergänzen der Fußleisten	m²	160–170
Anlaschen von Stahlschuhen und Balkenköpfen	Stück	420–450
Sanierung der Balkenköpfe mit Kunstharz	Stück	440–475
Holzbalkendecke feuerhemmend verkleiden (F 30)	m²	95
Bekleidung von Decke	m²	150
– Holzvertäfelung	m²	150
– Nut- und Federbretter für 20 €/m²	m²	85
– Abgehängte Decke	m²	60
VIII Estrich- und Bodenarbeiten		
Neue Massivdecke einschließlich Schalung und Einstemmen der Auflager	m²	120
Verlegen von Spanplatten auf Rohdecke oder vorhandener Unterkonstruktion einschließlich Vorarbeiten und Randabschlüsse bis 16 mm Dicke einschließlich Lagerhölzer und Dämmung	m²	35–40
Verlegen von Fußbodenbelägen auf Estrich oder vorhandener Unterkonstruktion einschließlich Vorarbeiten und Randabschlüsse		
– Parkett, einfache Ausführung	m²	35–45
– Teppichboden (Materialpreis 20 €/m²)	m²	50
– Bodenfliesen (Materialpreis 15 €/m²)	m²	70
– Fußbodenbelag	m²	70
Estrich auf Massivdecke		
– Zementestrich, schwimmend	m²	30
– Trockenestrich	m²	40
– Fließestrich	m²	35
Holzdielen reparieren	m²	35
Spanplatten auf Dämmung	m²	50
Sockelleisten, Holz, 6 cm hoch, glatt	lfdm	25
IX Maurer- und Putzarbeiten		
Mauerwerk, Bruchstein	m²	400
Mauerwerk, 11,5 cm		
– Ziegel für Putz vorbereiten	m²	60
– Ziegel Sichtmauerwerk	m²	140
– Kalksandstein	m²	60
Plattenwände massiv, innen		
– Vollgipsplatten	m²	80
– Gasbetonplatten	m²	75
– Bimsplatten	m²	60
Leichtbauwand		
– Holz, Gipskarton, 10 cm dick	m²	85
– Metall, Gipskarton, 10 cm dick	m²	100
Instandsetzung von Mauerwerkswänden; aufmauern und verfugen, Wanddicke 24,0 cm; Putzen zusätzlich 10 Prozent	m²	190–200

Ermittlung des Verkehrswerts § 8 ImmoWertV

Gewerk/Bauteil	Einheit	Preisspanne je Einheit in €
Herstellung horizontaler Abdichtung gegen aufsteigende Feuchtigkeit durch Bohrlochinjektionsverfahren oder Einschlagen von Edelstahlblechen in 36,5 cm dickes Mauerwerk	m²	155–200
Verkleidungskästen aus Gipskartonplatten, 12,5 cm mit Unterkonstruktion Brandschutz Unterkonstruktion vorhanden	m²	60
Gipskarton-Feuerschutzplatte, 15 mm dick	m²	50
Dämmung		
Mineralfaserplatte 50 mm, Gipsbauplatten 12,5 mm	m²	60
Heizkörpernische dämmen mit Verbundplatte	m²	140
Kellerdecke Unterseite, gewölbt	m²	38
Wärmedämmverbundsystem		
ohne Unterkonstruktion	m²	80
mit Unterkonstruktion	m²	120
Putzarbeiten		
Aufbringen von Glattputz auf altem Untergrund einschließlich Vorarbeiten (Kalkzementputz auf Mauerwerk)	m²	60
Herstellung einer Faserzement-Plattenverkleidung, einformatige Einfachdeckung einschließlich Unterkonstruktion, Wärmedämmung, Randabschluss und Fugenabdichtung	m²	105–120
Herstellung einer Thermohaut (Wärmedämmverbundsystem) auf 5 – 6 cm dicken Hartschaumplatten, armiert, mit Kunstharz oder Mineralputz einschließlich Randabschlussprofilen und Fugenabdichtung auf neuem Mauerwerk	m²	70–85
Reinigen alter Wandflächen, Dampf- oder Sandstrahl	m²	20–25
Kunststoffputz	m²	25
Trockenputz Gipsbauplatten, 12,5 mm in Ansetzerbinder	m²	35
Putzanstrich, einfache Qualität	m²	13
X Anstrich- und Tapezierarbeiten		
Anstrich und Beschichtung auf neuem Außenputz einschließlich Vorarbeiten, Abdeckung, Überspannung kleiner Risse	m²	13–30
Tapezieren von Wandflächen einschließlich Vorarbeiten, Abdeckung, Entfernen alter Anstriche oder Tapeten (ohne Putzausbesserung)		
– Raufasertapete mit Anstrich	m²	15–25
– Tapete (Rollenpreis 7,50 €)	m²	30–60
Beidseitiger Anstrich von Innentüren einschließlich Zarge	Stück	70–90
XI Loggia		
Erneuerung der Balkonbrüstung	Stück	1 310
Loggiakomplettsanierung einschl. Betoninstandsetzung	Stück	2 620
Herstellen eines Gefälles zur Entwässerung der Loggiadecke	Stück	300
Sanierung der Kragbalken	Stück	330
XII Fassadenarbeiten		
Gerüst	m²	7–13
Reinigen mit Gerüst		
– Abwaschen	m²	25
Putz ausbessern mit Gerüst	m²	60
Putz anbringen mit Gerüst		
– Kalkzementreibeputz	m²	60
– Edel- oder Kunststoffputz	m²	60
– Dämmputz ohne Altputz abschlagen	m²	110
Sichtmauerwerk aus Ziegel		
– neu verfugen mit Gerüst	m²	45

§ 8 ImmoWertV — Ermittlung des Verkehrswerts

Gewerk/Bauteil	Einheit	Preisspanne je Einheit in €
– Ausbessern der Ziegelflächen ohne Gerüst	m²	110
Fassadenbekleidung mit Gerüst		
– Holzschindeln/Dämmung	m²	240
– Profilbretter	m²	120
– Faserzementplatten/Dämmung	m²	140
Vormauerung aus Mauernziegel, Dämmung, Luftschicht	m²	240
Anstrich		
– mehrfarbig gegliedert mit Gerüst	m²	30
– 2- bis 3-fach einfarbig mit Gerüst	m²	30
Betoninstandsetzung mit Oberflächenschutzsystem	m²	30
XIII Dachdeckungsarbeiten (ohne Entsorgung alter Ziegel)		
Eindeckung geneigter Dächer einschließlich Vorarbeiten, Aufnehmen und Abtransport alter Pfannen und der Unterkonstruktion, neuer Lattung, Unterspannbahn und Dachziegel sowie Formteile, Betondachsteine oder Tonziegel	m²	60–95
Instandsetzen von geneigten Dachdeckungen einschließlich Vorarbeiten, Umdeckung einschließlich neuer Lassung und Unterspannbahn	m²	55–70
Ziegeldach		
– reparieren	m²	25
– umdecken	m²	40
Umdeckung neuer Lattung/Folie	m²	60
Neudeckung		
– Betondachsteine	m²	70
– Ziegelpfannen	m²	70
Wärmedämmung im Dach		
– zwischen Sparren/Gipskartonbekleidung	m²	95
– auf Sparren	m²	70
– unter Sparren/Sperrholzbekleidung	m²	105
Flachdachsanierung mit kompletter Dachhauterneuerung	m²	80
Verstärkung der Wärmedämmung oberste Geschossdecke,	m²	30
Schrägen bekleiden		
– Dämmung 12 cm Gipskarton, Feuerschutzplatten 15 mm (F 30)	m²	105
– Dämmung Feuerschutzplatten 2 × 20 mm (F 90)	m²	170
Pappdach überkleben/Kiesschicht	m²	40
Dachstuhl verstärken durch Bohlen	lfdm	170
Verstärkung der Pfetten	lfdm	240
Erneuern von Stützen und Streben	lfdm	190
Imprägnierung von Holzschutz	m²	30
Dachfenster und Dachgauben		
Dachflächenfenster Wohnräume	Stück	950
Innenjalousien für Dachflächenfenster	Stück	225
Dachfenster, 4-pannig	Stück	110
Dachgaube, einfache Höhe, bis 1,20 ohne Fenster	Stück	775
Klempnerarbeiten		
Herstellen von Dachanschlüssen an Traufen, Gesimsen und aufgehenden Wänden einschließlich Ausbau und Abtransport alter Anschlüsse (Material Zinkblech)	m²	40–55
Dachrinnen aus Zinkblech	lfdm	50
Fallrohr aus Zinkblech (Strang je Geschoss)	Stück	110
Dachrinne aus Zinkblech reparieren	lfdm	25
Dachrinnen aus Kupfer	lfdm	70

Ermittlung des Verkehrswerts § 8 ImmoWertV

Gewerk/Bauteil	Einheit	Preisspanne je Einheit in €
Schornsteinarbeiten		
Kaminkopf Höhe 0,75 m abtragen und erneuern	Zug	140
Auskleiden von Schornsteinen mit Edelstahlrohr	m²	250
Ausbessern eines zweizügigen Schornsteinkopfes	Stück	420–485

7.3 Pauschalsätze für Modernisierungskosten des IVD Berlin-Brandenburg e.V. (2009/2010)

Pauschalsätze für Modernisierungskosten des IVD Berlin-Brandenburg e.V. (2009/2010)	
Bauzustandsnoten	Durchschnittlicher Kostenaufwand in €/m² Wohnfläche
Sehr gut	Keiner
Gut	Bis ca. 125 €/m² Wohnfläche
Normal	Ca. 125 bis 500 €/m² Wohnfläche
Ausreichend	Ca. 500 bis ca. 1 000 €/m² Wohnfläche
Schlecht	Ca. 1 000 bis ca. 1 500 €/m² Wohnfläche

Sehr gut
Deutlich überdurchschnittlicher Unterhaltungszustand, neuwertig oder sehr geringe Abnutzung ohne erkennbare Schäden, kein Instandhaltungs- und Instandsetzungserfordernis. Zustand i. d. R. für Objekte nach durchgreifender Instandsetzung und Modernisierung bzw. bei Neubauobjekten.

Gut
Überdurchschnittlicher baulicher Unterhaltungszustand, relativ neuwertig oder geringe Abnutzung, geringe Schäden, unbedeutender Instandhaltungs- und Instandsetzungsaufwand, Zustand i. d. R. für Objekte nach weiter zurückliegender durchgreifender Instandsetzung und Modernisierung bzw. bei älteren Neubauobjekten.

Normal:
Im Wesentlichen durchschnittlicher baulicher Unterhaltungszustand, normale (durchschnittliche) Verschleißerscheinungen, geringer oder mittlerer Instandhaltungs- und Instandsetzungsaufwand, Zustand i. d. R. ohne durchgreifende Instandsetzung und Modernisierung bei üblicher (normaler) Instandhaltung.

Ausreichend:
Teils mangelhafter, unterdurchschnittlicher baulicher Unterhaltungszustand, stärkere Verschleißerscheinung, erheblicher bis hoher Reparaturstau, größerer Instandsetzungs- und Instandhaltungsaufwand der Bausubstanz erforderlich, Zustand i. d. R. bei vernachlässigter (deutlich unterdurchschnittlicher) Instandhaltung, weitgehend ohne bzw. nur minimale Instandsetzung und Modernisierung.

Schlecht:
Ungenügender, deutlich unterdurchschnittlicher, weitgehend desolater, baulicher Unterhaltungszustand, sehr hohe Verschleißerscheinungen, umfangreicher bis sehr hoher Reparaturstau, umfassende Instandsetzung und Herrichtung der Bausubstanz erforderlich, Zustand i. d. R. für Objekte bei stark vernachlässigter bzw. nicht vorgenommener Instandhaltung, ohne Instandsetzung und Modernisierung, Abbruch wahrscheinlich/möglich/denkbar.

Quelle: Immobilienpreisservice 2009/2010 des IVD Berlin-Brandenburg e.V.

Abschnitt 2 ImmoWertV: Bodenrichtwerte und sonstige erforderliche Daten

§ 9 ImmoWertV
Grundlage der Ermittlung

(1) Bodenrichtwerte (§ 10) und sonstige für die Wertermittlung erforderliche Daten sind insbesondere aus der Kaufpreissammlung (§ 193 Absatz 5 Satz 1 des Baugesetzbuchs) auf der Grundlage einer ausreichenden Zahl geeigneter Kaufpreise unter Berücksichtigung der allgemeinen Wertverhältnisse zu ermitteln. Zu den sonstigen erforderlichen Daten gehören insbesondere Indexreihen (§ 11), Umrechnungskoeffizienten (§ 12), Vergleichsfaktoren für bebaute Grundstücke (§ 13) sowie Marktanpassungsfaktoren und Liegenschaftszinssätze (§ 14).

(2) Kaufpreise solcher Grundstücke, die in ihren Grundstücksmerkmalen voneinander abweichen, sind im Sinne des Absatzes 1 Satz 1 nur geeignet, wenn die Abweichungen

1. in ihren Auswirkungen auf die Preise sich ausgleichen,
2. durch Zu- oder Abschläge oder
3. durch andere geeignete Verfahren berücksichtigt werden können.

Gliederungsübersicht   Rn.
1 Rechtsgrundlagen 1
2 Ableitungspflicht der Gutachterausschüsse 6
3 Allgemeine Grundsätze der Ableitung 14
4. Fortschreibung 21
5 Veröffentlichung 23

1 Rechtsgrundlagen

Schrifttum: *Mann, W.*, Zur Systematisierung bei der Ableitung erforderlicher Daten der Wertermittlung, GuG 2011, 65; *Mann, W.*, Praxisbeispiele zur Ableitung von Normierungsdatoren, NÖV NRW 2009, 1; *Mann, W.*, Die Regressionsanalyse zur Unterstützung der Anwendung des Normierungsprinzips in der Grundstücksbewertung, ZfV 2005, 283.

Nach § 193 Abs. 5 Satz 1 BauGB führt der nach den §§ 192 ff. BauGB eingerichtete **Gutachterausschuss für Grundstückswerte eine Kaufpreissammlung und ermittelt Bodenrichtwerte und „sonstige zur Wertermittlung erforderliche Daten"** durch. Zu den sonstigen für die Wertermittlung erforderlichen Daten gehören nach § 193 Abs. 5 Satz 2 BauGB insbesondere   1

1. Kapitalisierungszinssätze, mit denen die Verkehrswerte von Grundstücken im Durchschnitt marktüblich verzinst werden (*Liegenschaftszinssätze*), für die verschiedenen Grundstücksarten, insbesondere Mietwohngrundstücke, Geschäftsgrundstücke und gemischt genutzte Grundstücke,

2. Faktoren zur Anpassung der Sachwerte an die jeweilige Lage auf dem Grundstücksmarkt (*Sachwertfaktoren*), insbesondere für die Grundstücksarten Ein- und Zweifamilienhäuser,

3. *Umrechnungskoeffizienten* für das Wertverhältnis von sonst gleichartigen Grundstücken, z. B. bei unterschiedlichem Maß der baulichen Nutzung und

4. *Vergleichsfaktoren für bebaute Grundstücke*, insbesondere bezogen auf eine Raum- oder Flächeneinheit der baulichen Anlage (Gebäudefaktor) oder auf den marktüblich erzielbaren jährlichen Ertrag (Ertragsfaktor).

§ 9 ImmoWertV Grundlage der Ermittlung

2 Es handelt sich hierbei nicht um eine abschließende Aufzählung. § 143a Abs. 3 BBauG 76 hat in diesem Zusammenhang auch noch die **Bewirtschaftungsdaten** benannt; hierzu gehören insbesondere die Mietübersichten.

3 § 9 Abs. 1 ImmoWertV enthält eine im Wesentlichen mit § 193 Abs. 5 Satz 2 BauGB deckungsgleiche Aufzählung der „sonstigen für die Wertermittlung erforderlichen Daten" ergänzt um Indexreihen[1]. Im Unterschied zum BauGB findet der im Gesetz an erster Stelle synonym zum Begriff des „Liegenschaftszinssatzes" eingeführte Begriff des „Kapitalisierungszinssatzes" in § 14 Abs. 3 der Verordnung nur noch sekundäre Erwähnung.

4 Die aus fachlicher Sicht unpräzise Erwähnung eines **Kapitalisierungszinssatzes** im BauGB, an den die Vorentwürfe des BMVBS für einen ImmoWertV anknüpften, geht auf einen Vorschlag der vom BMVBS eingesetzten Arbeitsgruppe zurück. Hieran ist massiv Kritik geübt worden, denn bei Anwendung des Ertragswertverfahrens ist nicht irgendein Kapitalisierungszinssatz, sondern ein besonderer Kapitalisierungszinssatz maßgebend, nämlich der in § 14 Abs. 3 ImmoWertV definierte Liegenschaftszinssatz, der der international gebräuchlichen „*over all capitalization rate*" entspricht. Dieser Zinssatz dient im Übrigen nicht ausschließlich der Kapitalisierung, sondern auch der Diskontierung, sodass der Begriff insoweit auch falsch ist. Die ImmoWertV hält deshalb an dem bewährten Begriff des „Liegenschaftszinssatzes" fest und erwähnt den Kapitalisierungszinssatz nur noch als Klammerzusatz, um klarzustellen, dass dieser Zinssatz materiell dem im BauGB erwähnten Kapitalisierungszinssatz entspricht.

5 Die mit § 9 ImmoWertV vorgegebenen **Grundsätze** der Ableitung erforderlicher Daten der Wertermittlung **gelten für die Ableitung aller in den §§ 10 bis 14 ImmoWertV näher behandelten Daten**, namentlich für die Ermittlung von Bodenrichtwerten, Indexreihen, Umrechnungskoeffizienten, Vergleichsfaktoren bebauter Grundstücke (Ertrags- und Gebäudefaktoren), Marktanpassungsfaktoren und Liegenschaftszinssätze, sowie für die nicht näher in der ImmoWertV behandelten sonstigen erforderlichen Daten der Wertermittlung.

§ 9 ImmoWertV ist im Übrigen **ohne materielle Änderungen aus § 8 und § 9 Abs. 3 Satz 2 WertV 88/98**[2] **hervorgegangen**.

ImmoWertV 10	WertV 88/98
§ 9 **Grundlagen der Ermittlung**	**§ 8** **Erforderliche Daten**
(1) Bodenrichtwerte (§ 10) und sonstige für die Wertermittlung erforderliche Daten sind *insbesondere* aus der Kaufpreissammlung (§ 193 Absatz 5 Satz 1 des Baugesetzbuchs) auf der Grundlage einer ausreichenden Zahl geeigneter Kaufpreise unter Berücksichtigung der allgemeinen Wertverhältnisse abzuleiten. Zu den sonstigen erforderlichen Daten gehören insbesondere Indexreihen (§ 11), Umrechnungskoeffizienten (§ 12), Vergleichsfaktoren für bebaute Grundstücke (§ 13) sowie *Marktanpassungsfaktoren* und Liegenschaftszinssätze (§ 14).	Die für die Wertermittlung erforderlichen Daten sind aus der Kaufpreissammlung (§ 193 Abs. 3 des Baugesetzbuchs) unter Berücksichtigung der jeweiligen Lage auf dem Grundstücksmarkt abzuleiten. Hierzu gehören *insbesondere* Indexreihen (§ 9), Umrechnungskoeffizienten (§ 10), Liegenschaftszinssätze (§ 11) und Vergleichsfaktoren für bebaute Grundstücke (§ 12). ▶ *Vgl. auch § 193 Abs. 5 Satz 2 BauGB, § 10 Abs. 2 WertV 88/98*

---

[1] Bezüglich der Anwendung des Sachwertverfahrens führte bereits die Begründung zu § 8 Abs. 1 Satz 1 WertV 88 Baupreisindizes auf.

[2] Zur Begründung dieser Vorschrift hat der Verordnungsgeber darauf hingewiesen, dass die Ableitung „letztlich eine wesentliche verfahrenstechnische Vereinfachung und ihre Veröffentlichung einen großen Schritt zu einer vergleichbaren Wertermittlung der Gutachterausschüsse und der freien Sachverständigen" bedeute (vgl. BRDrucks. 352/88, S.29 und 45).

Grundlage der Ermittlung § 9 ImmoWertV

	§ 9 Abs. 3 Satz 2
(2) Kaufpreise solcher Grundstücke, die in ihren Grundstücksmerkmalen voneinander abweichen, sind im Sinne des Absatzes 1 Satz 1 nur geeignet, wenn die Abweichungen 1. in ihren Auswirkungen auf die Preise sich ausgleichen, 2. durch Zu- oder Abschläge oder 3. durch andere geeignete Verfahren berücksichtigt werden können.	Kaufpreise solcher Grundstücke, die in ihren *wertbeeinflussenden* Merkmalen voneinander abweichen, sind nach Satz 1 *zur Ableitung der Bodenpreisindexzahlen* nur geeignet, wenn die Abweichungen 1. in ihren Auswirkungen auf die Preise sich ausgleichen, 2. durch Zu- oder Abschläge oder 3. durch andere geeignete Verfahren berücksichtigt werden können.

2 Ableitungspflicht der Gutachterausschüsse

Die Ableitung der „zur Wertermittlung erforderlichen Daten", wie Bodenpreisindexreihen, Liegenschaftszinssätze, Umrechnungskoeffizienten, Marktanpassungsfaktoren und Vergleichsfaktoren für bebaute Grundstücke, ist gemäß § 193 Abs. 5 BauGB eine **Pflichtaufgabe der Gutachterausschüsse**. § 9 Abs. 1 Satz 1 ImmoWertV gibt zu dieser Verpflichtung die wertermittlungstechnischen Hinweise, nach denen die zur Wertermittlung erforderlichen Daten insbesondere 6

- auf der Grundlage einer ausreichenden Anzahl geeigneter Kaufpreise (aus der Kaufpreissammlung; § 193 Abs. 5 Satz 1 BauGB) und
- unter Berücksichtigung der allgemeinen Wertverhältnisse (auf dem Grundstücksmarkt; § 3 Abs. 3 ImmoWertV)

abzuleiten sind. Mit dem Hinweis, dass die zur Wertermittlung erforderlichen Daten „unter Berücksichtigung der allgemeinen Wertverhältnisse auf dem Grundstücksmarkt" abzuleiten sind, wird verdeutlicht, dass diese Daten zeitlichen Veränderungen unterworfen sind und deshalb stichtagsbezogen ermittelt werden. Gleichzeitig ergibt sich daraus die **Verpflichtung zur Fortführung** dieser Daten, d. h., sie müssen in periodischen Abständen überprüft und ggf. erneut ermittelt werden, wenn sich die Lage auf dem Grundstücksmarkt geändert hat. Da die Ableitung dieser Daten nicht Selbstzweck ist, findet die Verpflichtung begriffsnotwendigerweise mindestens dort ihre Grenzen, wo die Daten nicht „erforderlich" sind.

Die Verpflichtung geht auf § 143a Abs. 3 BBauG 76 zurück[3]. Nach dieser Vorschrift waren nach Weisung der Gutachterausschüsse für die Wertermittlung wesentliche (= erforderliche) Daten abzuleiten, wobei der Wortlaut auch die Auslegung zuließ, dass die Ableitung grundsätzlich im Ermessen des Gut- 7

---

[3] Die Ableitung sog. erforderlicher Daten der Wertermittlung, die erstmals mit dem BBauG 76 expressis verbis angesprochen wurde, stellt keineswegs einen erst durch das BBauG 1976 eingeführten Bereich der Wertermittlung dar. Marktanalysen begannen auch nicht erst im letzten Jahrzehnt. Man war auch schon früher bestrebt, die Abhängigkeit der Grundstückswerte von qualitativen Zustandsmerkmalen der Grundstücke und konjunkturellen Einflüssen zu operationalisieren, um auf rationale Weise Wertermittlungen empirisch zu begründen. Von nur historischer Bedeutung sind in diesem Zusammenhang u. a. die Veröffentlichung von Schnabel, Das Taxen des Bodenwertes bebauter städtischer Grundstücke, Hamm 1913; vgl. Strinz in ZfV 1905, 201, 225 ff.; Möring in AVN 1898, 233 ff.; Groeger in ZfV 1921, 165 ff.; Buhr in AVN l930, 151 ff.; Sarnetzky in AVN 1931, 753; Kirchesch in ZfV 1941, 330 ff.; Pinkwart in ZfV 1954, 44 ff.; Grabe in ZfV 1970, 305.

§ 9 ImmoWertV — Grundlage der Ermittlung

achterausschusses steht und die Geschäftsstelle zur Ableitung dieser Daten nur verpflichtet ist, wenn der Gutachterausschuss eine dahin gehende Weisung erteilt hat[4].

8 Die Vorschriften des 2. Abschnitts, in denen die den Gutachterausschüssen für Grundstückswerte obliegende Ableitung der zur Wertermittlung erforderlichen Daten geregelt ist, ist nicht nur für die Gutachterausschüsse von Bedeutung. Im Zusammenhang mit den Regelungen zur Ableitung dieser Daten werden auch **Hinweise zur Anwendung dieser Daten gegeben, die bei Verkehrswertermittlungen nach den Grundsätzen allgemeinverbindlich** sind.

9 Die Verpflichtung zur Ableitung der für die Wertermittlung erforderlichen Daten steht im Einklang mit der **Verpflichtung, diese Daten auch zur Wertermittlung heranzuziehen**. Die ImmoWertV enthält hierzu ein aufeinander abgestimmtes System, das die Ableitung und den Gebrauch dieser Daten befiehlt:

– Nach § 11 Abs. 1 ImmoWertV „sollen" Änderungen der allgemeinen Wertverhältnisse auf dem Grundstücksmarkt mit Indexreihen erfasst werden.

– Nach § 12 ImmoWertV „sollen" Wertunterschiede von Grundstücken, die sich aus Abweichungen bestimmter Grundstücksmerkmale sonst gleichartiger Grundstücke ergeben, mithilfe von Umrechnungskoeffizienten erfasst werden.

– Nach § 14 Abs. 1 ImmoWertV „sollen" die allgemeinen Wertverhältnisse auf dem Grundstücksmarkt mit Marktanpassungsfaktoren und Liegenschaftszinssätzen erfasst werden.

– Nach § 15 Abs. 1 Satz 4 ImmoWertV „sind" bei *Anwendung des Vergleichswertverfahrens* Änderungen der allgemeinen Wertverhältnisse auf dem Grundstücksmarkt oder Abweichungen einzelner Grundstücksmerkmale „in der Regel auf der Grundlage von Indexreihen und Umrechnungskoeffizienten" zu berücksichtigen.

– Nach § 14 Abs. 1 ImmoWertV „sollen" die allgemeinen Wertverhältnisse auf dem Grundstücksmarkt (Lage auf dem Grundstücksmarkt) *bei Anwendung des Sach- und Ertragswertverfahrens* mit Marktanpassungsfaktoren (Sachwertfaktoren) und Liegenschaftszinssätzen erfasst werden. Bei Anwendung des Sachwertverfahrens „sind" die allgemeinen Wertverhältnisse nach § 21 Abs. 1 ImmoWertV insbesondere mit den nach § 14 Abs. 2 Nr. 1 ImmoWertV abgeleiteten Sachwertfaktoren zu berücksichtigen. Bei Anwendung des Ertragswertverfahrens „sind" nach § 20 ImmoWertV die nach § 14 Abs. 3 ImmoWertV vom Gutachterausschuss abgeleiteten Liegenschaftszinssätze heranzuziehen. Dementsprechend sieht auch § 17 Abs. 2 Nr. 1 und 2 ImmoWertV i. V. m. § 20 ImmoWertV vor, dass der nach § 14 Abs. 3 ImmoWertV abgeleitete Liegenschaftszinssatz bei Anwendung des Ertragswertverfahrens für die Verzinsung und Abzinsung des Bodenwerts maßgebend „ist".

10 Lediglich die nach § 13 ImmoWertV abgeleiteten **Vergleichsfaktoren bebauter Grundstücke** können nach § 15 Abs. 2 Satz 1 ImmoWertV neben oder anstelle von Vergleichspreisen bei Anwendung des Vergleichswertverfahrens herangezogen werden („**Kann-Bestimmung**").

11 Jedermann, der den Verkehrswert nach den Grundsätzen der ImmoWertV ermitteln will, ist von daher auf die vom Gutachterausschuss abgeleiteten erforderlichen Daten der Wertermittlung angewiesen.

---

[4] D.h., der Gutachterausschuss konnte nach § 143a Abs. 3 BBauG 76 angeben, in welchem Umfang die für die Wertermittlung wesentlichen Daten für seinen Bereich abgeleitet werden (vgl. Dieterich in VR 1976, 346 ff. [347]; 192. Sitzung des BR-Ausschusses für Städtebau und Wohnungswesen vom 26. 3. 1976). Der Gutachterausschuss wird seiner Geschäftsstelle allerdings nur die Ableitung der Daten auftragen, die er für erforderlich hält. Der Umfang des Notwendigen ist von Gutachterausschuss zu Gutachterausschuss verschieden. So werden in ländlichen Bereichen mit homogenen Grundstücksverhältnissen die in Betracht kommenden Daten benötigt; z. B. kann ein aus Bodenrichtwerten abgeleiteter Bodenpreisindex mitunter genügen. Anders ist es i. d. R. in den Ballungsräumen. Wegen des Gebots, Gutachten über marktkonforme Verkehrswerte zu erstatten und zu begründen, besteht dort oftmals eine sachliche Verpflichtung des Gutachterausschusses, entsprechende Weisungen zu erteilen, wenn er seine Wertermittlung auf empirisch belegbare Daten gründen und rechtsstaatlichen Anforderungen bei der Wertermittlung im städtebaulichen Bereich genügen will. In dem Maße, in dem die einschlägigen ausgewerteten Kaufpreise sachgerecht in die Wertermittlung Eingang finden, verbessern sich die bewertungstechnischen Grundlagen.

Grundlage der Ermittlung § 9 ImmoWertV

Da die Ableitung dieser Daten nicht Selbstzweck ist, findet die Verpflichtung begriffsnotwendigerweise mindestens dort ihre Grenzen, wo die Daten nicht „erforderlich" sind. Darüber hinaus kann sich die Verpflichtung nicht auf die Ableitung von Daten erstrecken, die z. B. mit den zur Verfügung stehenden „geeigneten" und „ausgewerteten" Kaufpreisen nicht ableitbar sind. 12

Kritik an der Leistungsfähigkeit der Gutachterausschüsse für Grundstückswerte dieser Aufgabenzuweisung nachzukommen, äußert *Petersen*[5], nach dem mehr als die Hälfte der Gutachterausschüsse dieser Aufgabe nicht nachkommen können. 13

3 Allgemeine Grundsätze der Ableitung

§ 9 enthält keine Regelungen, nach welchen Verfahren die zur Wertermittlung erforderlichen Daten ermittelt werden; die Vorschrift gibt mit Abs. 1 Satz 1 lediglich den Hinweis, dass die Daten insbesondere aus der Kaufpreissammlung nach § 193 Abs. 5 Satz 1 BauGB abzuleiten sind, und zwar 14

– auf der Grundlage einer ausreichenden Anzahl „geeigneter" Kaufpreise[6] und
– unter Berücksichtigung der allgemeinen Wertverhältnisse auf dem Grundstücksmarkt (§ 3 Abs. 3 ImmoWertV).

§ 9 Abs. 2 ImmoWertV gibt ergänzende Hinweise zu den „geeigneten" Kaufpreisen.

Mit der in § 9 Abs. 1 Satz 1 ImmoWertV geforderten „**ausreichenden Anzahl geeigneter Kaufpreise**" knüpft die Verordnung wie im Übrigen auch in § 15 Abs. 1 Satz 1 ImmoWertV an allgemeine (statistische) Regeln empirischer Auswertungen von Vergleichsdaten an. 15

Geeignete Kaufpreise sind solche, die 16

– die Lage auf dem Grundstücksmarkt in Bezug auf die jeweiligen Grundstücksmerkmale, auf die sich die zur Wertermittlung erforderlichen Daten beziehen sollen, mit hinreichender Übereinstimmung (vgl. § 15 Abs. 1 Satz 2 ImmoWertV) repräsentieren und
– den allgemeinen Wertverhältnissen auf dem Grundstücksmarkt zu dem Zeitpunkt entsprechen, auf den sich die zur Wertermittlung erforderlichen Daten beziehen sollen (Bezugsstichtag).

Da jedoch nur in Ausnahmefällen eine „ausreichende Zahl" von Vergleichspreisen (Kaufpreise) mit hinreichend übereinstimmenden Grundstücksmerkmalen zur Verfügung stehen, lässt die Regelung auch die Heranziehung von Vergleichspreisen solcher Grundstücke zu, die abweichende Grundstücksmerkmale aufweisen. Soweit die Grundstücke, deren Kaufpreise zur Ableitung der zur Wertermittlung erforderlichen Daten herangezogen werden sollen, in ihren wertbeeinflussenden Grundstücksmerkmalen voneinander abweichen, sind solche **vergleichsstörende Momente bei der Zusammensetzung des Datenmaterials** sowie durch dessen Bearbeitung zu eliminieren. Nur so ist gewährleistet, dass die erforderlichen Daten der Wertermittlung aus vergleichbaren und für die Lage auf dem Bodenmarkt repräsentativen Kauffällen abgeleitet werden. 17

Nach § 9 Abs. 2 ImmoWertV sollen deshalb auch Kaufpreise von Grundstücken mit abweichenden Grundstücksmerkmalen als geeignet gelten, wenn die **vergleichsstörenden Abweichungen** 18

– sich in ihren Auswirkungen auf die Preise ausgleichen,
– durch Zu- oder Abschläge oder
– durch andere geeignete Verfahren berücksichtigt werden können[7].

---
5 Petersen, Marktorientierte Immobilienbewertung, 5. Aufl., S. 51.
6 Die Vorschrift ist § 10 Abs. 1 Satz 2 WertV 88/89 entnommen.
7 Die Vorschrift ist § 9 Abs. 3 Satz 2 WertV 88/89 entnommen.

19 Die **1. Alternative** spricht das sog. Gesetz der großen Zahl an, nach dem sich Abweichungen der Grundstücksmerkmale bei stochastischer Verteilung durch Aggregation der Kaufpreise – z. B. bei der Mittelwertbildung – wertmäßig ausgleichen, wenn nur eine hinreichende Anzahl von Kaufpreisen herangezogen worden ist. Andernfalls sind nach der **2. Alternative** Abweichungen der wertbeeinflussenden Grundstücksmerkmale durch Zu- oder Abschläge oder durch „andere geeignete Verfahren" – z. B. mathematische Methoden – zu berücksichtigen (**3. Alternative**).

20 Darüber hinaus ist zu fordern, dass die zur Ableitung der erforderlichen Daten herangezogenen Vergleichspreise (Kaufpreise) nicht nur hinsichtlich der Grundstücksmerkmale vergleichbar sind, sondern auch hinsichtlich der *„allgemeinen Wertverhältnisse auf dem Grundstücksmarkt"*, d. h., es sind möglichst zeitnah angefallene Vergleichspreise (Kaufpreise) heranzuziehen. Soweit sie von den allgemeinen Wertverhältnissen des Bezugsstichtags abweichen, sind sie in entsprechender Anwendung vorstehender Grundsätze geeignet. Vergleichspreise (Kaufpreise), die den allgemeinen Wertverhältnissen des Bezugsstichtags nicht entsprechen, sind mit geeigneten Indexreihen auf die allgemeinen Wertverhältnisse des Bezugsstichtags umzurechnen.

4 Fortschreibung

21 Nach § 9 Abs. 1 Satz 1 ImmoWertV sind die erforderlichen Daten der Wertermittlung auf der Grundlage einer ausreichenden Zahl geeigneter Kaufpreise „unter Berücksichtigung der *„allgemeinen Wertverhältnisse"* abzuleiten. Aus diesem Hinweis folgt, dass

a) die Daten marktkonform abzuleiten sind und

b) bei Änderung der Marktlage fortzuschreiben sind.

22 Eine Fortschreibung der von den Gutachterausschüssen abgeleiteten erforderlichen Daten der Wertermittlung ist in der Vorschrift nicht expressis verbis angesprochen. Die Vorschrift gibt jedoch vor, dass die erforderlichen Daten unter Berücksichtigung der allgemeinen Wertverhältnisse auf dem Grundstücksmarkt abzuleiten sind. Haben sich die allgemeinen Wertverhältnisse geändert, ergibt sich daraus die **Verpflichtung zur Fortschreibung der abgeleiteten Daten**. Dies bedeutet nicht, dass die Daten in bestimmten Zeitabständen stets neu abzuleiten sind. Eine periodische Überprüfung ist gleichwohl angezeigt, wobei eine Fortführung dann erforderlich wird, wenn sich Anhaltspunkte ergeben, dass sich die Lage auf dem Grundstücksmarkt geändert hat. Lediglich die Indexreihen sollten alljährlich ergänzt werden, selbst dann, wenn sich der Index nicht weiterentwickelt hat.

5 Veröffentlichung

23 Der mit der ImmoWertV vorgegebenen Verpflichtung zur Heranziehung der vom Gutachterausschuss für Grundstückswerte abgeleiteten erforderlichen Daten kann von den außerhalb der Gutachterausschüsse stehenden Sachverständigen nur nachgekommen werden, wenn der Gutachterausschuss die abgeleiteten Daten auch in einer Weise veröffentlicht, die eine sachgerechte Anwendung dieser Daten gewährleistet (**Grundsatz der Modellkonformität**, vgl. Vorbem. zur ImmoWertV Rn. 34).

24 Die ImmoWertV enthält keine Regelungen zur **Veröffentlichung der Bodenrichtwerte und sonstiger Daten** der Wertermittlung, weil dies nach § 199 Abs. 2 Nr. 4 BauGB unter die **Regelungskompetenz der Länder** fällt (vgl. § 199 BauGB).

Grundlage der Ermittlung § 9 ImmoWertV

An die Veröffentlichung sind hohe Ansprüche zu stellen, denn sie soll es den außerhalb der Gutachterausschüsse tätigen Sachverständigen ermöglichen, damit sachgerecht umzugehen. Dies bedeutet, dass die Veröffentlichung neben Angaben zur Methode der Ableitung, dem Bezugsstichtag und die Grundstücksmerkmale der Objekte, die der Ableitung der veröffentlichten Daten zugrunde liegen, insbesondere Angaben über 25

- die Art der Grundstücke, für die die Daten abgeleitet wurden,
- Baujahr bzw. Restnutzungsdauer der ausgewerteten Vergleichsfälle,
- Lage und Eigenschaften (Grundstücksmerkmale) der Vergleichsfälle,
- den Geltungsbereich,
- die ggf. herangezogenen Normalherstellungskosten und ihr Bezugsjahr,
- ggf. Baunebenkosten,
- die durchschnittliche Geschosshöhe,
- den durchschnittlichen Nutzflächenfaktor,
- ggf. Alterswertminderungskurve,
- die Gesamtnutzungsdauer,
- ggf. die herangezogene Baupreisindexreihe,
- ggf. Angaben zur Berücksichtigung bzw. Nichtberücksichtigung von Ortsgrößen- und Regionalfaktoren ggf. unter Angabe ihrer Höhe,
- ggf. Angaben zur Berücksichtigung bzw. Nichtberücksichtigung sog. c-Flächen, besonders zu berücksichtigender Bauteile, Einrichtungen und sonstiger Vorrichtungen und der baulichen und sonstigen Außenanlagen,
- das herangezogene Datenmaterial und
- sonstige für die Aussagefähigkeit dieser Daten wesentliche Bezüge

enthalten muss und – sofern es geboten erscheint – mithilfe geeigneter Karten erläutert werden. Ebenso wie bei der Veröffentlichung der Bodenrichtwerte wäre der Gutachterausschuss jedoch überfordert, wenn er sämtliche und jedem Einzelfall genügende Bezüge der erforderlichen Daten der Wertermittlung offenzulegen hätte.

In diesem Sinne ist die Veröffentlichung von **Liegenschaftszinssätzen** und **Marktanpassungsfaktoren (Sachwertfaktoren)** mit der genauen Angabe zu versehen, auf welche Objekte (Referenzgrundstücke einschließlich deren Restnutzungsdauer und Lage) sie sich bezieht; des Weiteren ist im Hinblick auf ihre modellkonforme Anwendung die **Methodik ihrer Ableitung** offenzulegen. 26

§ 10 ImmoWertV
Bodenrichtwerte

(1) Bodenrichtwerte (§ 196 des Baugesetzbuchs) sind vorrangig im Vergleichswertverfahren (§ 15) zu ermitteln. Findet sich keine ausreichende Zahl von Vergleichspreisen, kann der Bodenrichtwert auch mit Hilfe deduktiver Verfahren oder in anderer geeigneter und nachvollziehbarer Weise ermittelt werden. Die Bodenrichtwerte sind als ein Betrag in Euro pro Quadratmeter Grundstücksfläche darzustellen.

(2) Von den wertbeeinflussenden Merkmalen des Bodenrichtwertgrundstücks sollen der Entwicklungszustand und die Art der Nutzung dargestellt werden. Zusätzlich sollen dargestellt werden:

1. bei landwirtschaftlich genutzten Flächen gegebenenfalls die Bodengüte als Acker- oder Grünlandzahl,
2. bei baureifem Land der erschließungsbeitragsrechtliche Zustand sowie je nach Wertrelevanz das Maß der baulichen Nutzung, die Grundstücksgröße, -tiefe oder -breite und
3. bei förmlich festgelegten Sanierungsgebieten (§ 142 des Baugesetzbuchs) und förmlich festgelegten Entwicklungsbereichen (§ 165 des Baugesetzbuchs) der Grundstückszustand, auf den sich der Bodenrichtwert bezieht; dabei ist entweder der Grundstückszustand vor Beginn der Maßnahme oder nach Abschluss der Maßnahme darzustellen.

Deckt der Bodenrichtwert verschiedene Nutzungsarten oder verschiedene Nutzungsmaße ab, sollen diese ebenfalls dargestellt werden.

(3) Die Bodenrichtwerte sind in automatisierter Form auf der Grundlage der amtlichen Geobasisdaten zu führen.

Gliederungsübersicht   Rn.

			Rn.
1	Allgemeines		
	1.1	Rechtsgrundlagen	1
	1.2	Bodenrichtwerte	2
	1.3	Entstehungsgeschichte der Vorschrift	8
	1.4	Ziel und Zweck von Bodenrichtwerten	
		1.4.1 Transparenz des Grundstücksmarktes	16
		1.4.2 Wertermittlungsgrundlage	19
	1.5	Typologie der Bodenrichtwerte	
		1.5.1 Übersicht	24
		1.5.2 Allgemeine Bodenrichtwerte	26
		1.5.3 Besondere Bodenrichtwerte	28
		1.5.4 Bodenrichtwerte für steuerliche Bewertungen	33
		1.5.5 Generalisierte Boden(richt)werte	39
2	Ableitung von Bodenrichtwerten (§ 10 Abs. 1 ImmoWertV)		
	2.1	Allgemeines	40
	2.2	Bodenrichtwertableitung für Gebiete mit Grundstücksverkehr	42
	2.3	Bodenrichtwertableitung für Gebiete ohne Grundstücksverkehr	
		2.3.1 Allgemeines	43
		2.3.2 Bodenrichtwerte für bebaute Gebiete	48
3	Darstellung von Bodenrichtwerten bei ihrer Veröffentlichung (§ 10 Abs. 2 ImmoWertV)		
	3.1	Allgemeines	49
	3.2	Darstellung in Bodenrichtwertkarten und Bodenrichtwertlisten	51
	3.3	Bodenrichtwertzonen	59
	3.4	Attributierung des Bodenrichtwertgrundstücks	
		3.4.1 Allgemeines	70
		3.4.2 Art und Maß der baulichen Nutzung	74

§ 10 ImmoWertV — Bodenrichtwerte

	3.5 Bodenrichtwertübersichten	79
4	Automatisierte Form (§ 10 Abs. 3 ImmoWertV)	80
5	Bodenrichtwerte im Internet	82
6	Bodenrichtwertrichtlinie	83

1 Allgemeines

1.1 Rechtsgrundlagen

Schrifttum: *Bizer, K., Joeris, D.*, in GuG 1998, 132; *Dicke, M.*, Ermittlung von Bodenrichtwerten bei eingeschränkter Verfügbarkeit von Kaufpreisen, NÖV 1998, 57; *Knospe, F./Schaar, W.*, Zonale Bodenrichtwerte – das Essener Modell, GuG 2011, 193; *Küting/Trappmann/Kessler*, Die Eignung von Bodenrichtwerten zur Ausfüllung der bilanziellen Bewertungsmaßstäbe bei Grundstücken nach HGB und den IFRS, BB 2006, 1853; *Reinhardt, W., Bodenrichtwerte, GuG 2009, 321; Reinhardt, W.,* Ermittlung von Bodenrichtwerten, GuG 2011, 8, 92, *Thomsen/Nitsch,* Hedonische Modellierung von Bodenrichtwerten, GuG 2010, 82.

▶ *Allgemeines bei § 196 BauGB sowie bei § 16 ImmoWertV Rn. 2 ff., Syst. Darst. des Vergleichswertverfahrens Rn. 155 ff., Syst. Darst. des Ertragswertverfahrens Rn. 124 ff.*

1 § 10 ImmoWertV regelt ergänzend zu § 193 Abs. 5 Satz 1 i. V. m. § 196 BauGB[1] die den Gutachterausschüssen für Grundstückswerte als Pflichtaufgabe obliegende **Ermittlung von Bodenrichtwerten** *(land reference value).*

– Nach *Abs. 1* sind Bodenrichtwerte vorrangig im Vergleichswertverfahren (§ 15) zu ermitteln und als ein Betrag in Euro pro Quadratmeter Grundstücksfläche darzustellen; die Vorschrift ergänzt die allgemeinen mit § 9 vorgegebenen wertermittlungstechnischen Grundlagen (vgl. § 9 Rn. 10 ff.).

– *Abs. 2* regelt die Darstellung der Bodenrichtwerte.

– Nach *Abs. 3* sind die Bodenrichtwerte in automatisierter Form auf der Grundlage der amtlichen Geobasisdaten zu führen.

1.2 Bodenrichtwerte

2 Die Vorschrift enthält wie im Übrigen auch das BauGB keine **Definition des Bodenrichtwerts**. Nach herrschender Auffassung sind Bodenrichtwerte stichtagsbezogene durchschnittliche Lagewerte des Grund und Bodens pro Quadratmeter bebauter oder unbebauter Grundstücksfläche für Gebiete, die nach Art und Maß im Wesentlichen gleiche Lage- und Nutzungsverhältnisse aufweisen. Sie sind nach § 196 Abs. 1 Satz 1 BauGB unter „Berücksichtigung des unterschiedlichen Entwicklungszustands" (§ 5 ImmoWertV) flächendeckend zu ermitteln und nach § 196 Abs. 3 Satz 1 BauGB zu veröffentlichen. Jedermann kann von der Geschäftsstelle des Gutachterausschusses Auskunft über die Bodenrichtwerte verlangen (vgl. § 196 BauGB Rn. 3, 10 sowie § 193 Abs. 5 BauGB Rn. 3, 10 ff.). Darüber hinaus gehende Regelungen zur Veröffentlichung von Bodenrichtwerten können den aufgrund der Ermächtigung nach § 199 Abs. 2 Nr. 4 BauGB erlassenen Gutachterausschussverordnungen der Länder entnommen werden.

3 Nach § 196 Abs. 1 Satz 3 BauGB sind für die Ableitung von Bodenrichtwerten „Richtwertzonen zu bilden, die jeweils Gebiete umfassen, die nach Art und Maß der Nutzung weitgehend übereinstimmen". Damit wird bundesrechtlich die Ableitung sog. „zonaler Bodenrichtwerte" vorgeschrieben. Als **zonale Bodenrichtwerte** definieren sich die für eine lagemäßig parzellenscharf abgegrenzte Bodenrichtwertzone ermittelten durchschnittlichen Lagewerte des Grund und Bodens.

---

[1] Zur historischen Entwicklung vgl. Kleiber in Ernst/Zinkahn/Bielenberg/Krautzberger, BauGB § 196 BauGB Rn. 2 ff.

Bodenrichtwerte § 10 ImmoWertV

Der für die Bodenrichtwertzone dargestellte Bodenrichtwert bezieht sich auf ein Grundstück, dessen Zustandsmerkmale für die in der Bodenrichtwertzone gelegenen Grundstücke typisch sind. Demzufolge bezieht sich der Bodenrichtwert auf ein i. d. R. fiktives **Bodenrichtwertgrundstück**. § 196 Abs. 1 Satz 4 BauGB gibt diesbezüglich vor, dass die wertbeeinflussenden Merkmale des Bodenrichtwertgrundstücks (bei ihrer Veröffentlichung) darzustellen sind. Diese bestimmen sich nach den durchschnittlichen wertbeeinflussenden Merkmalen (Eigenschaften) der in der Zone gelegenen Grundstücke. 4

Die **Ermittlung der Bodenrichtwerte ist eine Pflichtaufgabe des Gutachterausschusses für Grundstückswerte**, auf die Ermittlung von Bodenrichtwerten und deren Darstellung in Bodenrichtwertkarten besteht allerdings kein einklagbarer Anspruch[2]. 5

Bodenrichtwerte sind nach Maßgabe des § 196 Abs. 1 Satz 5 BauGB **periodisch zu ermitteln und** nach § 196 Abs. 3 BauGB **zu veröffentlichen**; jedermann kann von der Geschäftsstelle des Gutachterausschusses Auskunft über die Bodenrichtwerte verlangen[3]. § 10 ImmoWertV gibt für die Darstellung von Bodenrichtwerten bei deren Veröffentlichung bundesrechtliche Mindestanforderungen. Darüber hinaus gehende Regelungen zur Veröffentlichung von Bodenrichtwerten können den aufgrund der Ermächtigung nach § 199 Abs. 2 Nr. 4 BauGB erlassenen Gutachterausschussverordnungen der Länder entnommen werden. 6

Die von den Gutachterausschüssen abgeleiteten **Bodenrichtwerte sind** wie die Gutachten der Gutachterausschüsse im Übrigen **unverbindlich**; dies gilt grundsätzlich auch für die Finanzverwaltung[4]. 7

1.3 Entstehungsgeschichte der Vorschrift

▶ Vgl. unten Rn. 63 ff.; Vorbem. zur ImmoWertV Rn. 15

§ 10 ImmoWertV geht auf die im Zuge der Erbschaftsteuerreform[5] erweiterte **Ermächtigungsgrundlage** des § 199 Abs. 1 BauGB in der ab 01.07.2009 geltenden Fassung zurück. Im Hinblick auf die gewachsene Bedeutung der Bodenrichtwerte für die steuerliche Bewertung ist die bis dahin den Landesregierungen zugesprochene Ermächtigung, Rechtsvorschriften über die Ermittlung von Bodenrichtwerten zu erlassen, auf die Bundesregierung (BReg) übertragen worden. Der Erlass von entsprechenden Rechtsvorschriften durch die BReg bedarf jedoch der Zustimmung des Bundesrates. 8

Der in der 14. Legislaturperiode von der BReg am 1. April 2009 beschlossene **1. Regierungsentwurf**[6] (RegE) sah noch stringentere Regelungen zur Ableitung und Darstellung von Bodenrichtwerten vor: 9

„**§ 10 ImmoWertV (Bodenrichtwerte) i. d. F. des 1. RegE**

(1) Bodenrichtwerte (§ 196 des Baugesetzbuchs) sind vorrangig im Vergleichswertverfahren (§ 15) zu ermitteln. Findet sich keine ausreichende Zahl von Vergleichspreisen, kann der Bodenrichtwert auch mit Hilfe deduktiver Verfahren oder in anderer geeigneter und nachvollziehbarer Weise ermittelt werden. Die Bodenrichtwerte sind als ein Betrag in Euro pro Quadratmeter Grundstücksfläche darzustellen.

(2) Von den wertbeeinflussenden Merkmalen des Bodenrichtwertgrundstücks sollen der Entwicklungszustand und die Art der Nutzung dargestellt werden. Zusätzlich sollen dargestellt werden:

1. bei landwirtschaftlich genutzten Flächen gegebenenfalls die Bodengüte als Acker- oder Grünlandzahl,
2. bei baureifem Land das Maß der baulichen Nutzung, der erschließungsbeitragsrechtliche Zustand sowie die Grundstücksgröße und

---

2 Vgl. VG Stuttgart, Urt. vom 04.11.1986 – 13 K 241/86 -, GuG 1990, 103 = EzGuG 11.160.
3 Vgl. Kleiber, Verkehrswertermittlung von Grundstücken, 6. Aufl. 2010, § 196 BauGB Rn. 9 ff., 112.
4 Vgl. Kleiber, Verkehrswertermittlung von Grundstücken, 6. Aufl. 2010, § 196 BauGB Rn. 8; ferner BTDrucks. 7/4793 zu § 143b BBauG 76.
5 Erbschaftsteuerreformgesetz – ErbStRG – vom 24.12.2008, BGBl. I 2008, 3018.
6 BR-Drucks. 298/09 vom 03.04.2009.

3. bei förmlich festgelegten Sanierungsgebieten (§ 142 des Baugesetzbuchs) und förmlich festgelegten Entwicklungsbereichen (§ 165 des Baugesetzbuchs) der Grundstückszustand, auf den sich der Bodenrichtwert bezieht; dabei ist entweder der Grundstückszustand vor Beginn der Maßnahme oder nach Abschluss der Maßnahme darzustellen.

Deckt der Bodenrichtwert verschiedene Nutzungsarten oder verschiedene Nutzungsmaße ab, sollen diese ebenfalls dargestellt werden.

(3) Die Richtwertzone soll so abgegrenzt werden, dass die auf den Quadratmeter umgerechneten Bodenwerte der einzelnen Grundstücke um nicht mehr als 20 Prozent nach oben oder unten vom Bodenrichtwert abweichen. Abweichungen, die sich aus nicht mit dem Bodenrichtwertgrundstück übereinstimmenden Grundstücksmerkmalen einzelner Grundstücke ergeben, sind nicht zu berücksichtigen."

10 Zur Begründung führt der 1. RegE vom 1. April 2009 aus:

„**Absatz 3** betrifft die Abgrenzung der Richtwertzonen (vgl. § 196 Absatz 1 Satz 5 BauGB). Die „Soll"-Vorschrift sieht für die Zwecke der Abgrenzung der Richtwertzone wie die „Musterrichtlinie" eine 20%ige Toleranz vor, innerhalb der der Wert der lagetypischen Grundstücke um den Bodenrichtwert schwanken darf. Auch das Bundesverfassungsgericht hat in seiner Entscheidung vom 7. November 2006 – I BvL 10/02 – betreffend die Grundstücksbewertung im Rahmen der Erbschaftsteuer eine 20%ige Streubreite zugrunde gelegt, innerhalb derer ein Verkehrswert als „noch vertretbar" angesehen wird. Insoweit sind indes, wie in Satz **2** klargestellt wird, Grundstücke mit vom Richtwertgrundstück abweichenden wertbeeinflussenden Merkmalen nicht zu berücksichtigen."

11 Der Bundesrat wollte dieser Fassung nur mit der Maßgabe zustimmen, dass

a) bei der Attributierung der Bodenrichtwerte „eine Wahlmöglichkeit zwischen dem Maß der baulichen Nutzung und der Grundstücksgröße" als „wertbestimmendes Merkmal" des angegebenen Bodenrichtwerts (fakultative Attributierung) besteht und

b) die in § 10 Abs. 3 RegE vorgesehene **Abweichungsquote von 20 % auf 30 % erhöht** wird.

Nach dem Vorschlag des Bundesrates sollte § 10 Abs. 3 folgende Fassung haben:

„(3) Die Bodenrichtwertzone soll so abgegrenzt werden, dass die auf den Quadratmeter umgerechneten Bodenwerte der einzelnen Grundstücke um nicht mehr als 30 Prozent nach oben oder nach unten vom Bodenrichtwert abweichen. Abweichungen, die sich aus nicht mit dem Bodenrichtwertgrundstück übereinstimmenden Grundstücksmerkmalen einzelner Grundstücke ergeben, sind nicht zu berücksichtigen."

Abweichungen, die sich aus nicht mit dem Bodenrichtwertgrundstück übereinstimmenden Grundstücksmerkmalen einzelner Grundstücke ergeben, sollten darüber hinaus nicht berücksichtigt werden.

12 Der Bundesrat weist zur Begründung seines Beschlusses darauf hin, dass „eine Abweichung der Bodenrichtwerte der einzelnen Grundstücke um maximal 20 % ober- oder unterhalb des Bodenrichtwerts in der Gesamtheit unrealistisch"[7] und die Grenze von 30 % bereits in den **Musterrichtlinien der ARGEBAU** über Bodenrichtwerte[8] enthalten sei. Er könne auch keinen „Zusammenhang zu dem in der vorstehenden Begründung genannten Erbschaftsteuerurteil und den dort gemachten Ausführungen zur Streubreite zum Verkehrswert" erkennen, da der Verkehrswert und der Bodenrichtwert keinen Zusammenhang haben und somit „eine Angleichung der Abweichungsquote willkürlich" sei. Weiterhin heißt es:

„Die Entscheidung, dass der aus der Wertermittlung für ein bestimmtes Objekt hervorgegangene Verkehrswert maximal um ± 20 Prozent vom Marktwert abweichen darf, ist nachvollziehbar. Allerdings kann diese Entscheidung nicht auf den Bodenrichtwert übertragen werden, denn hierbei handelt es sich um einen Wert, der für eine Mehrzahl von Grundstücken ermittelt wurde, die im Wesentlichen gleiche Nutzungs- und Wertverhältnisse haben."

---

7 BR-Drucks. 296/09 (Beschluss) vom 15.05.2009.
8 Musterrichtlinien über Bodenrichtwerte der ARGEBAU, GuG 2001, 44.

Die BReg hat der vom Bundesrat vorgeschlagenen Heraufsetzung der Abweichungsquote nicht zustimmen wollen. Der 1. RegE vom 1. April 2009 war damit gescheitert. Zur Begründung wurde von der BReg darauf verwiesen, dass sie anders als der Bundesrat der Auffassung sei, dass eine 30%ige Toleranz bei der Abgrenzung der Bodenrichtwertzonen[9] angesichts der Bedeutung der Bodenrichtwerte für die steuerliche Bewertung nicht generell zugelassen werden könne. Die Bodenrichtwerte i. S. des § 196 des Baugesetzbuchs (BauGB) seien nach ständiger höchstrichterlicher Rechtsprechung für die im Steuerrechtsverhältnis Beteiligten verbindlich und einer gerichtlichen Überprüfung regelmäßig nicht zugänglich. Sie sind daher von den Finanzbehörden und -gerichten grundsätzlich ungeprüft ohne eigenen Beurteilungsspielraum unmittelbar der Bewertung zugrunde zu legen[10]. Infolgedessen sind an die Qualität der Bodenrichtwerte, insbesondere unter Berücksichtigung der Grundsätze der **Entscheidung des BVerfG**[11] zur Verfassungsmäßigkeit der Erbschaftsteuer, erhöhte Anforderungen zu stellen. — **13**

Da zu dieser Frage mit den Ländern kein Einvernehmen erzielt werden konnte, wurde mit dem am 24.03.2010 beschlossenen 2. RegE auf jedwede Vorgaben für die bei der Bodenrichtwertermittlung einzuhaltenden Toleranzgrenzen verzichtet[12]. § 10 sieht keinerlei Abweichungsquoten vor, nach der Bodenrichtwertzonen so abzugrenzen sind, dass die auf den Quadratmeter umgerechneten Bodenwerte der einzelnen Grundstücke um nicht mehr als einen gesetzlich vorgegeben Prozentsatz nach oben oder nach unten vom Bodenrichtwert abweichen („Nulllösung"). Die BReg ist damit hinter den vom Bundesrat zum 1. RegE empfohlenen Vorgaben zurückgefallen. Diese waren auch mit 30 % „eng" gesteckt, wenn man bedenkt, dass auch ein „spitz" ermittelter Bodenwert recht häufig mit einer Unsicherheitsmarge von bis zu ± 20 % (und mitunter auch mehr) behaftet ist. — **14**

Der von der BReg eingegangene „Kompromiss", dem der Bundesrat nicht widersprochen hat, ist fachlich zu bedauern, denn tatsächlich ist die in der genannten Entscheidung des BVerfG angesprochene Abweichungsmarge lediglich bei der Einzelbewertung zu beachten, ohne dass daraus eine direkte Vorgabe für die Ableitung von Bodenrichtwerten folgt. Die in der steuerlichen Bewertungspraxis herangezogenen Bodenrichtwerte mögen zwar einer gerichtlichen Überprüfung regelmäßig nicht zugänglich sein, gleichwohl sind sie modifizierbar, um die in der Entscheidung des BVerfG angesprochenen Abweichungsmarge einzuhalten (vgl. Syst. Darst. des Vergleichswertverfahrens Rn. 167 ff.). Mit diesem „Kompromiss" hat man die Chance vergeben, zu einer deutlichen Verbesserung des Bodenrichtwertgefüges zu kommen, denn die konsequente Beachtung der **vom Bundesrat vorgeschlagene Toleranzmarge von mindestens 30 %** hätte vielerorts zu einer Verdichtung des Bodenrichtwertgefüges und Intensivierung der Bodenrichtwertausweisung geführt.

Im Zuge der Behandlung des 1. RegE der ImmoWertV wurde vom Agrarausschuss des Bundesrates zudem vorgeschlagen, dass für Gebiete, in denen die Grundstücke erheblich unterschiedliche Grundstücksmerkmale aufweisen und deshalb keine eigenen Bodenrichtwertzonen gebildet werden könnten (sog. Gemengelagen), auch „mehrere sich ganz oder teilweise überlagernde" Bodenrichtwertzonen mit jeweils unterschiedlichen Bodenrichtwertgrundstücken gebildet werden können[13]. Diesen Vorschlag hat sich der Bundesrat nicht zu eigen gemacht[14]. — **15**

1.4 Ziel und Zweck von Bodenrichtwerten

1.4.1 Transparenz des Grundstücksmarktes

Bodenrichtwerte und ihre Veröffentlichung sind ein Instrument zur Verbesserung der Transparenz des Grundstücksmarktes. Sie sollen ebenso wie die „sonstigen" nach § 199 Abs. 2 Nr. 4 BauGB zu veröffentlichenden Daten der Wertermittlung die Übersichtlichkeit — **16**

---

9   BR-Drucks. 296/09, Nr. 3 – Beschluss.
10 Vgl. BFH, Urt. vom 16.12.2009 – II R 15/09 –, GuG 2010, 255 = EzGuG 20.209.
11 BVerfG, Urt. vom 07.11.2006 – 1 BvL 10/02 –, BVerfGE 117, 1 = EzGuG 1.71a.
12 BR-Drucks. 171/10 vom 26.03.2010, vgl. hierzu GuG-aktuell 2009, 1.
13 BRDrucks. 296/1/96 S. 6.
14 BR-Drucks. 296/09 Beschluss vom 15.05.2009.

des Bodenmarktes insbesondere für private Belange, für die Belange der Wirtschaft, des Rechtswesens und der Besteuerung verbessern und zu einer Beruhigung der Marktverhältnisse beitragen, ohne diese jedoch unmittelbar durch staatlich lenkende Eingriffe zu beeinflussen[15]. Zu diesem Zweck sind Bodenrichtwerte nach § 196 Abs. 1 Satz 5 periodisch zu ermitteln und nach § 196 Abs. 3 Satz 2 BauGB i. V. m. der Rechtsverordnung nach § 199 Abs. 2 Nr. 4 BauGB zu veröffentlichen; darüber hinaus hat nach § 196 Abs. 3 Satz 2 BauGB jedermann ein Recht auf Auskunft über die Bodenrichtwerte. Damit stellen Bodenrichtwerte einen wichtigen Baustein der hohen Transparenz des Grundstücksmarktes in Deutschland dar, die entgegen fragwürdigen Veröffentlichungen in kaum einem anderen Land besser ist[16].

17 Die **Signalwirkung**, die von Bodenrichtwerten ausgeht, darf nicht dazu verleiten, bei der Bodenrichtwertermittlung zum Zwecke einer Dämpfung der Bodenwertentwicklung hinter den tatsächlichen allgemeinen Wertverhältnissen zurückzubleiben. Bodenrichtwerte sollen nach ihrer Definition ein der Wirklichkeit entsprechendes Abbild der Wertverhältnisse auf dem Bodenmarkt sein (Transparenz des Bodenmarktes). Mit ihnen soll nicht dirigistisch in die Preisbildung eingegriffen werden; insbesondere soll mit Bodenrichtwerten nicht vorgegeben werden, was der Grund und Boden „wert sein darf"[17]. Indem die Bodenrichtwerte die tatsächlichen Verhältnisse auf dem Bodenmarkt nachzeichnen, können sie die Bodenwertentwicklung allenfalls indirekt beeinflussen: sie können z. B. bei überhöhten Kaufpreisforderungen Signalwirkung entfalten. Umgekehrt hat es sich allerdings als nachteilig erwiesen, dass Bodenrichtwerte oftmals selbst dann als „behördlich garantierte Mindestpreise" angesehen werden, wenn die Qualität des angebotenen Grundstücks hinter den Eigenschaften des dem Bodenrichtwert zugrundeliegenden Bodenrichtwertgrundstücks zurückbleibt. Der sich hieraus ergebenden preistreibenden Wirkung kann durch ergänzende Informationen bei der Veröffentlichung der Bodenrichtwerte entgegengewirkt werden.

18 Dass der **Bedarf an Informationen** über die Wertverhältnisse auf dem Grundstücksmarkt groß ist, zeigen die zahlreichen von den Geschäftsstellen der Gutachterausschüsse erstatteten Bodenrichtwertauskünfte. Als eine besonders einfache Möglichkeit, fundierte und neutrale Auskünfte über die Wertverhältnisse des Grund und Bodens zu erlangen, sind sie ins allgemeine Bewusstsein gedrungen. Allerdings kann in diesem Zusammenhang nicht unbeachtlich bleiben, dass sich das Geschehen auf dem Grundstücksmarkt zunehmend in den Bestand verlagert, d. h., vom Handel mit unbebauten Grundstücken zum Immobilienhandel. Dies betrifft insbesondere die eigengenutzte Wohnimmobilie. Die Substitution des Marktes für unbebaute Wohngrundstücke durch den Kauf einer „Bestandsimmobilie" hängt damit zusammen, dass Stadtquartiere zuletzt aufgrund von Erneuerungsmaßnahmen wieder „im Trend" sind. Neben den Vorteilen einer zentralen Lage spielt dabei vor allem die Möglichkeit eine Rolle, das Kaufobjekt als fertiges Produkt erwerben zu können. Im Hinblick auf den Preis fällt ins Gewicht, dass die Kaufpreise für ältere Immobilien z. T. erheblich unter dem Sachwert liegen.

1.4.2 Wertermittlungsgrundlage

▶ *Vgl. Syst. Darst. des Vergleichswertverfahrens Rn. 153 ff., Syst. Darst. des Ertragswertverfahrens Rn. 124 ff.*

19 Bodenrichtwerte sind eine anerkannte Grundlage der Verkehrswertermittlung auch für steuerliche Zwecke. § 16 Abs. 1 Satz 2 ImmoWertV sieht ausdrücklich die **Heranziehung „geeigneter Bodenrichtwerte"** zur Ermittlung von Bodenwerten vor (Bodenrichtwertverfahren). Bodenrichtwerte sind nach § 16 Abs. 1 Satz 3 ImmoWertV „geeignet", wenn die Merkmale des zugrunde gelegten Bodenrichtwertgrundstücks hinreichend mit den Grundstücksmerkmalen des zu bewertenden Grundstücks übereinstimmen. Darüber hinaus müssen sie sich auf

---

15 Vgl. Schaar in GuG 1991, 256.
16 Abzulehnen der „Real Estate Transparency Index" (RETI) von Jones Lang Lasalle; Hierzu Moll-Amrein, Der Liegenschaftszinssatz in der Immobilienbewertung, Wiesbaden 2009, S. 111 ff.
17 So aber der Antrag der Fraktion Bündnis 90/Die Grünen vom 03.12.1996, BT-Drucks 13/6384, der im Deutschen Bundestag keine Mehrheit gefunden hat.

Bodenrichtwerte § 10 ImmoWertV

einen Bezugszeitpunkt beziehen, der mit dem Wertermittlungsstichtag hinreichend übereinstimmt.

Nach § 16 Abs. 1 Satz 2 ImmoWertV können Bodenwerte „auch" auf der Grundlage von geeigneten Bodenrichtwerten ermittelt werden. Der Verordnungsgeber hat damit die Zulässigkeit des Bodenrichtwertverfahrens gegenüber dem bisherigen Recht (§ 13 Abs. 2 Satz 1 WertV 88/98) unverständlicherweise herabstufen wollen (vgl. Syst. Darst. des Vergleichswertverfahrens Rn. 155 ff.). Im Schrifttum war die Verwendbarkeit von Bodenrichtwerten zwar trotz ihrer ausdrücklichen „Verankerung" als Hilfsmittel der Wertermittlung[18] lange Zeit nicht unumstritten[19]. Heute sind **Bodenrichtwerte als Grundlage der Wertermittlung jedoch anerkannt.** Das Bodenrichtwertverfahren ist eine bewährte Methode, die in der höchstrichterlichen Rechtsprechung nicht beanstandet worden ist[20].

Die **Wertermittlung durch unmittelbare Ableitung aus Kaufpreisen für vergleichbare Grundstücke hat grundsätzlich Vorrang vor der Wertermittlung auf der Grundlage von den als Durchschnittswerten definierten Bodenrichtwerten**[21]. Dies ist darin begründet, dass der **direkte Preisvergleich eine höhere Zuverlässigkeit** verspricht, als ein Zurückgreifen auf die in nicht erkennbarer Weise aus Vergleichspreisen oder sonstwie abgeleiteten Bodenrichtwerte. Deshalb gilt es, zunächst stets den direkten Preisvergleich zu suchen. Da Bodenrichtwerte i. d. R. aus Vergleichspreisen abgeleitet werden, sollten insoweit auch die Vergleichspreise zur Verfügung stehen. Der Sachverständige muss auch diesbezüglich seine Feststellungen im Gutachten darlegen. 20

Der BGH[22] hat ein zum Zwecke der Ausübung eines Ankaufsrechts erstattetes Schiedsgutachten, in dem der Verkehrswert eines unbebauten Grundstücks ohne Berücksichtigung der Vergleichspreise aus der unmittelbaren Nachbarschaft des Kaufgrundstücks ermittelt wurde, als lückenhaft und deswegen grundsätzlich unrichtig bezeichnet. 21

Die Notwendigkeit, bei Heranziehung von Bodenrichtwerten auf originäre Vergleichspreise zurückzugreifen, stellt sich vor allem dann, wenn **Zweifel an der Stimmigkeit der Bodenrichtwerte** aufkommen müssen[23]. Der sich aus § 195 Abs. 3 BauGB ergebene Rechtsanspruch auf Auskunft aus der Kaufpreissammlung besteht bei alledem generell und nicht erst bei aufkommenden Zweifeln. Etwas anderes kann allenfalls dann gelten, wenn nach den Umständen des Einzelfalls der Bodenrichtwert in erkennbarer Weise vertrauenswürdig ist und etwaige Schätzungsungenauigkeiten ohne Bedeutung sind. Dies kann bei Anwendung des Ertragswertverfahrens der Fall sein, denn bei Anwendung dieses Verfahrens schlagen Ungenauigkeiten der Bodenwertermittlung bei langer Restnutzungsdauer des Gebäudes nur marginal auf das Ergebnis durch. 22

Bei **Anwendung des Ertragswertverfahrens unter Aufteilung in einen Boden- und Gebäudewertanteil** können Bodenrichtwerte bedenkenfrei herangezogen werden, wenn die Bebauung eine lange Restnutzungsdauer aufweist. Der Bodenwert hat in diesen Fällen nur einen marginalen Einfluss auf das Gesamtergebnis, und selbst erhebliche Fehler bei der Bodenwertermittlung wirken sich nur geringfügig auf das Ergebnis aus. 23

---

18 So schon in § 5 WertV 72.
19 Brachmann in AVN 1967, 478; Meissner in AVN 1967, 535; Hintzsche in AVN 1968, 111; Glaser in AVN 1969, 456; Frisch in AVN 1970, 445.
20 BGH, Urt. vom 04.03.1982 – III ZR 156/80 –, EzGuG 11.127; BGH, Urt. vom 10.03.1977 – III ZR 195/74 –, EzGuG 18.72; BFH, Urt. vom 15.01.1985 – IX R 81/83 –, EzGuG 20.109; a.A. RFH, Urt. vom 28.04.1938 – III 345/37 –, RStBl. 1938, 716.
21 BGH, Urt. vom 17.05.1991 – V ZR 104/90 –, BGHZ 117, 338 = EzGuG 11.183; BFH, Urt. vom 26.09.1980 – III R 21/78 –, BFHE 132, 101 = EzGuG 20.86; BFH, Urt. vom 29.04.1987 – X R 2/80 –, BFHE 150, 453 = EzGuG 19.39b; BFH, Urt. vom 08.09.1994 – IV R 16/94 –, GuG 1995, 313 = EzGuG 19.43; BFH, Urt. vom 21.7.1993 – II R 13/91 –, EzGuG 20.147a; BFH, Urt. vom 21.05.1982 – III B 32/81 –, BFHE 136, 141 = EzGuG 20.99; BFH, Urt. vom 26.09.1980 – III R 67/78 –, BFHE 131, 524 = BStBl II 1981, 353.
22 BGH, Urt. vom 17.05.1991 – V ZR 104/90 –, EzGuG 11.183.
23 Zu den Zweifeln vgl. Rechtsprechung des OLG Düsseldorf in Bezug auf Kostenrecht: OLG Düsseldorf, Beschl. vom 02.06.1971 – 10 W 37/71 –, Rpfleger 1971, 372 = DNotZ 1972, 442 = JVBl. 1971, 190 = EzGuG 20.49b.

1.5 Typologie der Bodenrichtwerte

1.5.1 Übersicht

24 Bei der Bodenrichtwertermittlung ist es zweckmäßig, zu unterscheiden zwischen der Ermittlung

a) *allgemeiner* **Bodenrichtwerte** i. S. des § 196 Abs. 1 Satz 1 bis 5 BauGB (vgl. Rn. 32 ff.),

b) *besonderer* **Bodenrichtwerte** i. S. des § 196 Abs. 1 Satz 7 BauGB (vgl. Rn. 33 ff.) und

c) **für Zwecke der Einheits- bzw. Grundbesitzbewertung** nach § 196 Abs. 1 Satz 6 und Abs. 2 BauGB **erforderlicher Bodenrichtwerte** (vgl. unten Rn. 40 ff.) und

d) generalisierter **Boden(richt)werte** nach Maßgabe landesrechtlicher Vorschriften, insbesondere für Zwecke der Landesplanung und Raumordnung (vgl. unten Rn. 30).

25 Die genannten Bodenrichtwerte unterscheiden sich im Wesentlichen dadurch, dass sie bezogen auf **unterschiedliche Wertermittlungsstichtage** ermittelt werden, sodass sich für ein und dieselbe Bodenrichtwertzone grundsätzlich drei verschiedene, auf unterschiedliche Stichtage bezogene Bodenrichtwerte ergeben können.

Die von den Gutachterausschüssen abgeleiteten **Bodenrichtwerte sind** wie die Gutachten der Gutachterausschüsse im Übrigen **unverbindlich;** dies gilt grundsätzlich auch für die Finanzverwaltung (vgl. aber die Erläuterungen unten bei Rn. 42)[24].

1.5.2 Allgemeine Bodenrichtwerte

26 Die Gutachterausschüsse sind nach § 196 Abs. 1 Satz 4 BauGB in der seit dem 01.01.2009 geltenden Fassung grundsätzlich verpflichtet, „**jeweils zum Ende eines jeden** *zweiten* **Kalenderjahres**" allgemeine Bodenrichtwerte zu ermitteln und zu veröffentlichen, jedoch kann auch eine häufigere (jährliche) Ermittlung bestimmt werden. Die Länder sind auf der Grundlage des bisherigen Rechts im Hinblick auf die Verzahnung der Bodenrichtwertermittlung mit der steuerlichen Bewertung dazu übergegangen, als Bezugszeitpunkt der Bodenrichtwertermittlung den 1. Januar eines jeden Jahres vorzugeben[25].

Der **zweijährige Ermittlungsturnus** geht auf einen Vorschlag der Länder zurück[26], dem die BReg mit der Maßgabe zugestimmt hat, dass angesichts „größerer Volatilität in bestimmten Grundstücksmarktregionen" auch kürzere Intervalle möglich bleiben[27].

27 § 196 Abs. 1 Satz 5 BauGB lässt demgemäß zu, die **Ermittlung** von allgemeinen Bodenrichtwerten abweichend vom zweijährlichen Turnus auch in **„häufigeren" Intervallen** vorzunehmen. Voraussetzung dafür ist nach dem Wortlaut der Vorschrift eine entsprechende Bestimmung. Dies zu regeln, sind die Landesregierungen mit § 199 Abs. 2 Nr. 4 BauGB ermächtigt.

1.5.3 Besondere Bodenrichtwerte

28 Unter den besonderen Bodenrichtwerten sind solche zu verstehen, die nach § 196 Abs. 1 Satz 7 BauGB auf Antrag der für den Vollzug des BauGB zuständigen Behörden

– für einzelne Gebiete,

– bezogen auf einen von dem ansonsten vorgegebenen „abweichenden Zeitpunkt"

ermittelt werden. Bei dem „abweichenden" Zeitpunkt kann es sich um einen von dem ansonsten nach § 196 Abs. 1 Satz 3 BauGB maßgeblichen Zeitpunkt (Ende eines jeden Kalenderjahrs) abweichenden Zeitpunkt handeln. I.d.R. wird dieser Zeitpunkt von der beantragenden

---

[24] BT-Drucks 7/4793, zu § 143b BBauG 76.
[25] § 11 Abs. 1 bbg. GutachterausschussVO; § 21 Abs. 1 nds DVO-BauGB. § 11 Abs. 1 nordrh.-westf. GutachterausschussVO.
[26] BR-Drucks. 16/8547, S. 10.
[27] BT-Drucks 16/8547, S. 13.

Behörde vorgegeben. Solche besonderen Bodenrichtwerte kommen insbesondere bei Sanierungs- und Entwicklungsmaßnahmen sowie für Umlegungsgebiete in Betracht[28]. Mit dieser Vorschrift wurden die Regelungen der mit dem BauGB aufgehobenen AusgleichsbetragV über Grundwerte nach dem StBauFG ersetzt. Die ohnehin umstrittene Unterscheidung zwischen Grund- und Bodenrichtwerten einerseits sowie zwischen zonalen und lagetypischen Grundwerten (§§ 3 und 4 AusgleichsbetragV) andererseits wird damit aufgegeben[29].

Nach § 14 Nr. 1a der DVO-BauGB ist dem Gutachterausschuss in *Niedersachsen* als eine „weitere Aufgabe" i. S. des § 199 Abs. 2 Nr. 6 BauGB die Aufgabe übertragen worden, über Anträge „der für den Vollzug" des Baugesetzbuchs zuständigen Behörden hinaus auch auf Anträge anderer Behörden zur Erfüllung deren Aufgaben besondere Bodenrichtwerte i. S. des § 196 Abs. 1 Satz 5 BauGB zu ermitteln (z. B. Straßenbauämter). Es handelt sich hierbei um eine „Kann-Bestimmung".

Die Ableitung besonderer Bodenrichtwerte hat allgemein für die Vorbereitung und Durchführung städtebaulicher Maßnahmen, z. B. für Bodenordnungsmaßnahmen (Ermittlung von Einwurfs- und Zuteilungswerten in der Umlegung nach den §§ 57 f. BauGB) Bedeutung. Der eigentliche gesetzgeberische Anlass war aber die **Ermittlung besonderer Bodenrichtwerte als Vorstufe für die Ermittlung von Ausgleichsbeträgen** zur Abschöpfung sanierungs- bzw. entwicklungsbedingter Bodenwerterhöhungen nach den §§ 154 f. BauGB[30]. Soll der Ausgleichsbetrag auf der Grundlage von (besonderen) Bodenrichtwerten abgeleitet werden, so sind diese vom Gutachterausschuss entsprechend dem Antrag der für den Vollzug des Gesetzbuchs zuständigen Behörde

– für den Zustand des Grundstücks *ohne* Berücksichtigung von Werterhöhungen des Grundstücks infolge der Aussicht auf die Sanierung, ihre Vorbereitung und Durchführung (durchschnittlicher Lagewert des Grund und Bodens unter Berücksichtigung des Entwicklungszustands, der der Ermittlung des Anfangswerts i. S. des § 154 Abs. 2 BauGB zugrunde liegt – **Anfangs-Bodenrichtwert**) und

– für den Zustand des Grundstücks unter Berücksichtigung der rechtlichen und tatsächlichen Neuordnung des Sanierungsgebiets (durchschnittlicher Lagewert für den Grund und Boden unter Berücksichtigung des Entwicklungszustands, der der Ermittlung des Endwerts i. S. des § 154 Abs. 2 BauGB zugrunde liegt – **(End-Bodenrichtwert)**

zu ermitteln. Eine dahingehendes Erfordernis kann sich aber nur stellen, soweit nicht bereits die allgemeinen nach § 196 Abs. 1 Satz 1 bis 5 BauGB abgeleiteten Bodenrichtwerte eine ausreichende Bewertungsgrundlage bilden. Bodenrichtwerte sind nämlich nach § 196 Abs. 1 Satz 1 BauGB flächendeckend abzuleiten, mithin auch unter Einbeziehung städtebaulicher Veranstaltungsgebiete einschließlich Sanierungsgebiete und städtebaulicher Entwicklungsbereiche. § 10 Abs. 2 Nr. 3 ImmoWertV gibt ergänzende Hinweise zur Darstellung der wertbeeinflussenden Merkmale der für Sanierungsgebiete und Entwicklungsbereiche ermittelten Bodenrichtwerte.

Für Sanierungsgebiete und städtebauliche Entwicklungsbereiche können mithin für dieselbe Bodenrichtwertzone gleich zwei Bodenrichtwerte ermittelt werden, um aus den daraus abgeleiteten Anfangs- und Endwerten die von den Eigentümern zu erhebenden Ausgleichsbeträge abzuleiten. Dazu müssen Abweichungen der zu bewertenden Grundstücke von diesen Bodenrichtwerten nach Maßgabe des § 16 Abs. 1 Satz 3 i. V. m. § 15 Abs. 1 Satz 4 ImmoWertV berücksichtigt werden.

Bei genauerer Betrachtung ist der **Begriff „Anfangs- und End-Bodenrichtwert" für die bereits im Verlauf einer Sanierungs- und Entwicklungsmaßnahme ermittelten besonderen Bodenrichtwerte unzutreffend,** weil das Gesetzbuch den Begriff des „Anfangs- und Endwerts" in § 154 Abs. 2 BauGB nur für die Bodenwerte verwendet, die der Ermittlung des

---

28 MfFuE – Schl.-Hol. Erl vom 09.10.1997 – VI 310 – S 3041 – 097 –, GuG 1998, 166, 305 = DStZ 1998, 144.
29 Kleiber in ZfBR 1986, 263, sowie bei Ernst/Zinkahn/Bielenberg/Krautzberger, BauGB § 154 Rn. 124.
30 Vgl. Kleiber, Verkehrswertermittlung von Grundstücken, 6. Aufl. 2010, Teil VIII Rn. 1 ff.

Ausgleichsbetrags (bezogen auf den Abschluss der Sanierungs- bzw. Entwicklungsmaßnahme) zugrunde zu legen sind. Tatsächlich handelt es sich im Vorstadium um

- die **sanierungs- bzw. entwicklungsunbeeinflussten Bodenwerte** sowie
- die **Bodenwerte unter Berücksichtigung der tatsächlichen und rechtlichen Neuordnung,**

sodass die Bezeichnung Anfangs- und End-Bodenrichtwerte irreführend ist.

▶ *Zu den grundsätzlichen Unterschieden vgl. Kleiber, Verkehrswertermittlung von Grundstücken, 6. Aufl. 2010, Teil VIII Rn. 82 ff.*

31 Über die Regelungen des § 196 Abs. 1 Satz 5 BauGB hinaus gelten für die **besonderen Bodenrichtwerte** keine weiteren Besonderheiten; sie **sind** demzufolge gemäß § 196 Abs. 3 BauGB **zu veröffentlichen.** Im Zuge des Sanierungsverfahrens ist dies grundsätzlich auch sinnvoll, denn der Grundstücksmarkt benötigt diese Transparenz, da während des Sanierungsverfahrens alle Verkaufsfälle gemäß § 153 Abs. 2 BauGB einer **Preiskontrolle** unterworfen sind und die am Grundstücksmarkt Beteiligten sich über das informieren können, was zulässigerweise als Kaufpreis vereinbart wurde. Bei Grundstückskäufen können die Beteiligten ihr Verhalten entsprechend der Rechtsprechung des BVerwG[31] zur Preisprüfung darauf einstellen, was als Kaufpreis nach § 153 Abs. 2 BauGB genehmigt werden muss. Im Hinblick auf die Veräußerung gemeindeeigener Grundstücke zum Neuordnungswert nach § 153 Abs. 4 BauGB sowie auf die vorzeitige Ablösung des Ausgleichsbetrags nach § 154 Abs. 3 Satz 2 BauGB muss ebenfalls ein Interesse an der notwendigen Transparenz des Grundstücksmarktes im Sanierungsgebiet bestehen. Von daher kommt der Veröffentlichung von Bodenrichtwerten für Sanierungsgebiete sogar eine höhere Bedeutung als für die außerhalb dieser Veranstaltungsgebiete gelegenen Grundstücke zu.

32 Gegen die **Zugänglichkeit der besonderen Bodenrichtwerte für „jedermann"** gemäß § 196 Abs. 3 BauGB sind Bedenken erhoben worden, soweit sich daraus der vom einzelnen Eigentümer zu entrichtende Ausgleichsbetrag „ablesen" lässt, weil damit die Vermögensverhältnisse des Ausgleichsbetragspflichtigen offenbart werden, aber andererseits personenbezogene Daten verfassungsrechtlich geschützt sind. Diese Bedenken können nur dann durchgreifen, wenn die besonderen Bodenrichtwerte in einer Dichte ermittelt werden, dass es sich dabei bereits um weitgehend individuelle Grundstückswerte handelt; ansonsten besagen die für Sanierungsgebiete ermittelten Bodenrichtwerte nicht mehr als die für andere Teile des Gemeindegebiets veröffentlichten Bodenrichtwerte. Es entspricht zwar dem gesetzgeberischen Anliegen, dass die nach § 195 Abs. 1 Satz 5 BauGB abgeleiteten Bodenrichtwerte ihrem Verwendungszweck entsprechend im Vergleich zu den übrigen Bodenrichtwerten eine höhere Dichte aufweisen, jedoch ist schon begrifflich damit nicht die Ableitung individueller Grundstückswerte eingeschlossen. Bodenrichtwerte sind als *durchschnittliche* und nicht als individuelle Lagewerte des Grund und Bodens definiert. Im Übrigen gäbe die Ermittlung individueller, d. h. grundstücksbezogener Bodenrichtwerte wertermittlungstechnisch keinen Sinn, denn mit demselben Aufwand kann direkt gleich der Verkehrswert des einzelnen Grundstücks ermittelt werden. Es besteht sogar die Gefahr, dass die für die Bemessung des Ausgleichsbetrags maßgebenden Anfangs- und Endwerte ohne weitere Begründung vornehmlich auf derartige Bodenrichtwerte gestützt werden und der Begründungspflicht nicht hinreichend nachgekommen wird.

1.5.4 Bodenrichtwerte für steuerliche Bewertungen

▶ *Vgl. Ausführungen zur Verwendung von Bodenrichtwerten in der Syst. Darst. des Vergleichswertverfahrens Rn. 151 ff.[32] sowie bei Rn. 167 ff.*

---

[31] BVerwG, Urt. vom 24.11.1978 – 4 C 56/76 –, EzGuG 15.9; BVerwG, Urt. vom 21.08.1981 – 4 C 16/78 –, EzGuG 15.18.
[32] Zur Zusammenarbeit mit den Finanzämtern: Erl des thür. IM vom 17. und 19.03.1992 – 740 – 9611 –, Erl des rh.-pf. MF und MdIS vom 02.11.1987 (MinBl. 1987, 444 – 3314 A -446 –) sowie VV des rh.-pf. IM und FM vom 10.11.1995 (MinBl. 1995, 535).

Schrifttum: *Birgel, K.*, Steuerliche Bewertung unbebauter Grundstücke, UM 2003, 57; *Halaczinsky* in Rössler/Troll, BewG § 145 BewG);

Für Zwecke der steuerlichen Bewertung des Grundbesitzes sind nach § 196 Abs. 1 Satz 4 BauGB Bodenrichtwerte nach ergänzenden Vorgaben der Finanzverwaltung u. a. zum jeweiligen für die Wertverhältnisse bei der Bedarfsbewertung maßgebenden Zeitpunkt zu ermitteln. Bei den **für steuerliche Zwecke abgeleiteten Bodenrichtwerten** handelt es sich um solche, die bezogen

– auf den Hauptfeststellungszeitpunkt der Einheitsbewertung (01.01.1964) bzw.

– auf einen sonstigen steuerlichen Feststellungszeitpunkt, insbesondere auf den Zeitpunkt der Bedarfsbewertung zur Feststellung des Grundbesitzwerts (01.01.1996),

ermittelt werden.

Abb. 1: **Bodenrichtwertindex für die Grundbesitzbewertung nach BewG für Gebiete in offener Bauweise von Berlin**

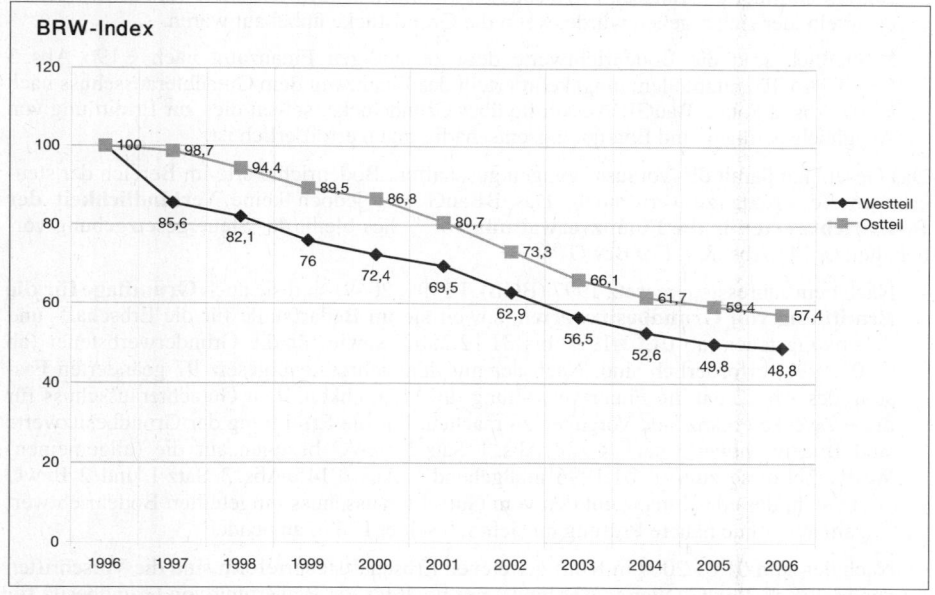

Quelle: Grundstücksmarktbericht 2005/06 (ABl. Berlin 2005, 2375); vgl. Bekanntmachung von 20.06.2006 (ABl. Berlin 2006, 2626)

Die Bodenrichtwertermittlung für steuerliche Zwecke hat insbesondere mit der Erbschaftsteuerreform 2008 erheblich an Bedeutung gewonnen. **Städtebauliche Wertermittlung und steuerliche Bewertung** sind deshalb eng verzahnt worden:

– Nach § 192 Abs. 3 Satz 2 BauGB ist für die Bodenrichtwertermittlung „ein Bediensteter der zuständigen Finanzbehörde mit Erfahrungen in der steuerlichen Bewertung von Grundstücken als Gutachter vorzusehen".

– Die Kaufpreissammlung des Gutachterausschusses darf nach § 195 Abs. 2 Satz 1 BauGB (nur) dem zuständigen Finanzamt für Zwecke der Besteuerung übermittelt werden.

– Für Zwecke der steuerlichen Bewertung des Grundbesitzes sind Bodenrichtwerte nach § 196 Abs. 1 Satz 6 BauGB auch zum jeweiligen Hauptfeststellungszeitpunkt oder sonstigen Feststellungszeitpunkt zu ermitteln. Diese mit dem BauGB hinzugekommene Pflicht-

§ 10 ImmoWertV   Bodenrichtwerte

- aufgabe des Gutachterausschusses ist vor allem für künftige Hauptfeststellungen und für Bewertungen im Rahmen der Erbschaft- und Schenkungsteuer sowie der Grunderwerbsteuer von großer Bedeutung.

- § 196 Abs. 2 Satz 1 BauGB verpflichtet den Gutachterausschuss zur Fortschreibung der auf den Hauptfeststellungszeitpunkt oder sonstigen Feststellungszeitpunkt bezogenen Bodenrichtwerte, wenn sich in dem Gebiet die Qualität durch den Bebauungsplan oder andere Maßnahmen geändert hat. Die Fortschreibung kann unterbleiben, wenn das zuständige Finanzamt darauf verzichtet (§ 196 Abs. 2 Satz 2 BauGB).

- Im Falle einer gebietlichen Änderung der Bodenqualität aufgrund eines Bebauungsplans oder anderer Maßnahmen sind die Gutachterausschüsse nach § 196 Abs. 2 Satz 2 BauGB verpflichtet, Bodenrichtwerte zum Zwecke einer Wertfortschreibung auch bezogen auf die Wertverhältnisse zum Zeitpunkt der letzten Hauptfeststellung oder dem letzten sonstigen Feststellungszeitpunkt zu ermitteln, wenn das zuständige Finanzamt hierauf nicht verzichtet hat.

- Den Belangen der steuerlichen Bewertung entspricht auch der in § 196 Abs. 1 Satz 2 BauGB normierte Grundsatz, in bebauten Gebieten Bodenrichtwerte mit dem Wert zu ermitteln, der sich ergeben würde, wenn die Grundstücke unbebaut wären.

- Schließlich sind die Bodenrichtwerte dem zuständigen Finanzamt nach § 196 Abs. 3 Satz 1 BauGB mitzuteilen; umgekehrt erteilt das Finanzamt dem Gutachterausschuss nach § 197 Abs. 2 Satz 2 BauGB Auskünfte über Grundstücke, soweit dies zur Ermittlung von Ausgleichsbeträgen und Enteignungsentschädigungen erforderlich ist.

35   Das Gesetz hat damit die Voraussetzungen geschaffen, Bodenrichtwerte im Bereich der steuerlichen Bewertung zu verwenden. Das BBauG gibt jedoch keine **Verbindlichkeit der Bodenrichtwerte für die Finanzverwaltung** vor[33], dies bleibt der Steuergesetzgebung vorbehalten (§ 145 Abs. 3, § 179 BewG)[34].

- Nach dem Jahressteuergesetz 1997 (BGBl. I 1996, 2049) sind sie auch **Grundlage für die Ermittlung von Grundbesitzwerten**, soweit sie im Bedarfsfalle für die Erbschaft- und Schenkungsteuer (ab 01.01.1996 bis 31.12.2007) sowie für die Grunderwerbsteuer (ab 01.01.1997) erforderlich sind. Nach der mit dem Jahressteuergesetz 97 geänderten Fassung des Abs. 2 hat die Finanzverwaltung die Möglichkeit, dem Gutachterausschuss für diese Zwecke ergänzende Vorgaben zu machen. Für die Ermittlung der Grundbesitzwerte sind Bodenrichtwerte nach § 138 Abs. 1 Satz 2 BewG bezogen auf die (allgemeinen) Wertverhältnisse zum 01.01.1996 maßgebend[35]. Aus § 145 Abs. 3 Satz 1 und 2 BewG ergibt sich, dass das Finanzamt den vom Gutachterausschuss mitgeteilten Bodenrichtwert (regelmäßig ohne nähere Prüfung hinsichtlich seiner Höhe) anwendet[36].

- Nach der zum 01.01.2009 in Kraft getretenen Erbschaftsteuerreform sind die Vorschriften der §§ 138 ff, BewG (Vierter Abschnitt) nur noch für die Bewertung von Grundbesitz für die Grunderwerbsteuer ab 01.01.1997 maßgebend. Für die **Bewertung von Grundbesitz für die Erbschaftsteuer** sind **ab 01.01.2009** die Vorschriften der §§ 157 ff. (Sechster Abschnitt) anzuwenden. Diese sehen u. a. in § 179 BewG vor, dass sich der Wert unbebauter Grundstücke „regelmäßig" nach den Bodenrichtwerten bestimmt und bei Wertermittlungen „stets der Bodenrichtwert anzusetzen" ist, „der vom Gutachterausschuss zuletzt ermittelt war". Auch bei Anwendung des (steuerlichen) Ertrags- und Sachwertverfahrens ist nach § 184 Abs. 2 und § 189 Abs. 2 BewG) der Bodenwertanteil entsprechend anzusetzen.

Damit haben auch die allgemeinen nach § 196 Abs. 1 Satz 5 BauGB periodisch von den Gutachterausschüssen abgeleiteten Bodenrichtwerte eine für die steuerliche Bewertung entscheidende Bedeutung erlangt.

---

33   BT-Drucks 7/4793, zu § 143b BBauG 1976.
34   Bielenberg, Gutachten zum 49. Juristentag 1972 B 112 ff.
35   Vgl. BR-Drucks. 390/96, S. 90.
36   FG Nürnberg, Urt. vom 27.01.2000 – IV 261/99 –, GuG 2000, 252 = EzGuG 4.176.

Bodenrichtwerte § 10 ImmoWertV

Die von den Gutachterausschüssen abgeleiteten **Bodenrichtwerte werden in diesem Rahmen von der Finanzverwaltung der steuerlichen Bewertung ohne eigene Überprüfung zugrunde gelegt**. Der BFH[37] hat hierzu festgestellt, dass im Rahmen der Bedarfsbewertung die von den Gutachterausschüssen auf den 01.01.1996 ermittelten und den Finanzämtern mitgeteilten Bodenrichtwerte (um 20 % vermindert) nach § 145 Abs. 3 Satz 1 BewG „verbindlich und einer gerichtlichen Überprüfung nicht zugänglich" sind.

36

Über die bloße Beachtung etwaiger vom Gutachterausschuss vorgegebener Differenzierungen hinaus dürfen die Finanzämter nach der Entscheidung des BFH keine „eigenen" Bodenrichtwerte aus den von den Gutachterausschüssen mitgeteilten Bodenrichtwerten ableiten. Bei einer solchen Ableitung würde es sich um eine Schätzung handeln, die mit der gesetzlichen Verteilung der Zuständigkeiten zwischen den Gutachterausschüssen und den Finanzämtern sowie mit der vom Gesetzgeber beabsichtigten Typisierung und Vereinfachung der Bedarfsbewertung nicht vereinbar wäre. Ein derart abgeleiteter Bodenrichtwert wäre nicht der vom Gutachterausschuss nach dem BauGB ermittelte Bodenrichtwert i. S. des § 145 Abs. 3 Satz 2 BewG, nach dem sich der Wert unbebauter Grundstücke gemäß § 145 Abs. 3 Satz 1 BewG „bestimmt".

Der Steuerpflichtige hat jedoch die Möglichkeit, den Nachweis zu erbringen, dass der gemeine Wert (Verkehrswert/Marktwert) niedriger ist als die auf Grundlage der Bodenrichtwerte vorgenommene Wertfeststellung (§ 145 Abs. 3 Satz 3 BewG; § 198 BewG).

Damit Bodenrichtwerte den Anforderungen der Finanzverwaltung entsprechen, sieht § 196 Abs. 1 Satz 6 BauGB vor, dass die Finanzverwaltung dem Gutachterausschuss **„ergänzende Vorgaben" für die Ermittlung (steuerlicher) Bodenrichtwerte** vorgeben kann. Diese Ergänzung betrifft insbesondere die auf den 01.01.1996 bezogenen Bodenrichtwerte für die Bedarfsbewertung, die im Hinblick auf ihre Anwendung auf die Grunderwerbsteuer im Bedarfsfalle benötigt werden, sowie die ab 01.01.2009 der Bewertung für die Erbschaftsteuer zugrunde zu legenden Bodenrichtwerte.

Mit dieser Vorschrift wird die Selbstständigkeit und Unabhängigkeit des Gutachterausschusses nicht eingeschränkt. Schon aus dem Wort *„ergänzende"* **Vorgaben** ergibt sich eindeutig, dass u. a. § 192 Abs. 1 BauGB (Selbstständigkeit und Unabhängigkeit der Gutachterausschüsse) unberührt bleibt. Mit dieser Vorschrift soll die Tätigkeit der Gutachterausschüsse vielmehr im Interesse der Verwaltungsökonomie auf das unabweisbar Notwendige begrenzt werden, d. h., Bodenrichtwerte sollen nur in dem Umfang und der Dichte ermittelt werden, wie es für steuerliche Zwecke erforderlich ist. Dies konnte bundeseinheitlich vom Gesetzgeber nicht vorgegeben werden. In erster Linie sind hier die nach § 192 Abs. 3 Satz 2 BauGB vorgesehenen Bediensteten der zuständigen Finanzbehörde aufgerufen, i. S. eines Antragsrechts nach den örtlichen Verhältnissen ergänzende Vorgaben über Umfang und Dichte der für steuerliche Zwecke benötigten Bodenrichtwerte zu machen.

37

So wie aus dem Antragsrecht nach § 193 Abs. 1 BauGB eine Gutachtenerstattungspflicht des Gutachterausschusses folgt, ohne dass jemals deshalb Zweifel an der Unabhängigkeit des Gutachterausschusses aufgekommen sind, wird bei richtiger Auslegung des Begriffs der „ergänzenden Vorgaben" die **Selbstständigkeit der Gutachterausschüsse nicht berührt**. Die vom Bundesrat dagegen vorgetragenen verfassungsrechtlichen Bedenken[38], denen sich der Vermittlungsausschuss nicht angeschlossen hat, gehen insoweit an der allein nur zulässigen Auslegung der Vorschrift vorbei. Im Übrigen geht die Vorschrift auf ein Begehren der Gutachterausschüsse für Grundstückswerte selbst zurück, die zur Vermeidung unnötiger Bodenrichtwertermittlungen im Vorfeld des Gesetzgebungsverfahrens eine Konkretisierung ihrer zusätzlichen Aufgaben anregten. Da die zusätzlichen Aufgaben mit dem Anspruch, nur das unabweislich Erforderliche vorzugeben, bundeseinheitlich nicht gesetzlich vorgegeben

38

---

37 BFH, Urt. vom 25.08.2010 – II R 42/09 –, GuG 2011, 185; BFH, Urt. vom 11.05.2005 – II R 21/02 –, GuG 2005, 376; BFH, Urt. vom 26.04.2006 – II R 58/04 -; BFH, Urt. vom 05.12.2007 – II R 70/05 –, BFH/NV 2008, 757; BFH, Urt. vom 16.12.2009 – II R 15/09 –, GuG 2010, 255 = EzGuG 20.209.
38 BR-Drucks. 390/1/96, S. 124.

§ 10 ImmoWertV Bodenrichtwerte

werden konnten, hat der Gesetzgeber dies auf die örtliche Ebene verlagert und der Finanzverwaltung aufgegeben.

1.5.5 Generalisierte Boden(richt)werte

39 In einigen Bundesländern werden nach Maßgabe der jeweiligen GutachterausschussVO auf der Grundlage der Bodenrichtwerte sog. „**generalisierte Boden(richt)werte**" abgeleitet, die zu Übersichten vom Oberen Gutachterausschuss bzw. der Zentralen Geschäftsstelle zusammengefasst werden können. Diese „generalisierten Boden(richt)werte sollen nach Wohnbauflächen, gemischten Bauflächen und gewerblichen Bauflächen gebietstypisch sein und, soweit erforderlich, nach Ortsteilen gegliedert werden. In größeren Gemeinden ist es zumeist erforderlich, sie für gute, mittlere und mäßige Lagen typische erschließungsbeitragsfreie Bodenwerte anzugeben (vgl. § 15 hess. DVBauGB, § 16 rh.-pf. GutachterausschussVO). Die generalisierten Bodenrichtwerte und die Übersichten werden in erster Linie für Zwecke der Landesplanung und Raumordnung sowie für statistische Zwecke abgeleitet und sind keine geeignete Grundlage für Marktwertermittlungen. Im Internet können die generalisierten Bodenwerte kreisweise abgerufen werden unter www.gutachterausschuss.hessen.de.

2 Ableitung von Bodenrichtwerten (§ 10 Abs. 1 ImmoWertV)

2.1 Allgemeines

▶ *Zu den allgemeinen Grundsätzen vgl. § 9 ImmoWertV Rn. 9*

40 Das § 196 BauGB schreibt ausdrücklich die Ermittlung von Bodenricht*werten* vor. Dementsprechend gibt § 10 Abs. 1 Satz 3 ImmoWertV vor, dass Bodenrichtwerte „als ein Betrag in Euro pro Quadratmeter Grundstücksfläche darzustellen" sind. Die **Ableitung von Bodenrichtwertspannen** (z. B. 200 bis 300 €/m²) ist danach unzulässig.

Die allgemeinen Grundsätze der Ableitung von Bodenrichtwerten sind in § 9 ImmoWertV geregelt. **Grundlage der Bodenrichtwertermittlung** ist nach § 196 Abs. 1 Satz 1 BauGB i. V. m. § 9 Abs. 1 Satz 1 ImmoWertV die Kaufpreissammlung (§ 195 BauGB). Im Grenzbereich zweier Gutachterausschüsse kommt hierbei nicht nur die eigene Kaufpreissammlung, sondern auch die der benachbarten Gutachterausschüsse in Betracht. Entsprechend der Definition des Bodenrichtwerts werden zur Bildung eines für die jeweilige Bodenrichtwertzone repräsentativen Durchschnitts nach Möglichkeit eine hinreichende Anzahl geeigneter Verkaufsfälle herangezogen. Für die Bodenrichtwertermittlung geeignet sind in erster Linie Verkaufsfälle unbebauter Grundstücke, die in der jeweiligen Bodenrichtwertzone gelegen sind und die innerhalb des Erhebungszeitraums veräußert wurden. Die Kaufpreise dürfen nicht durch ungewöhnliche oder persönliche Verhältnisse beeinflusst sein (§ 7 ImmoWertV).

Die Ermittlung von Bodenrichtwerten ist in § 10 ImmoWertV geregelt. Ergänzend zu dieser Vorschrift sind vom Bundesministerium für Verkehr, Bau- und Stadtentwicklung die Richtlinien zur Ermittlung von Bodenrichtwerten (**Bodenrichtwertrichtlinie – BRW RL**) vom 11.11.2011 erlassen worden, mit denen die Ermittlung und Darstellung der Bodenrichtwerte nach „einheitlichen und marktgerechten Grundsätzen und Verfahren sichergestellt werden soll[39]. Als weitere Grundlagen der Bodenrichtwertermittlung werden darin genannt:

– Geobasisdaten, z. B. Liegenschaftskarte und topografische Informationen,
– Bauleitpläne, Satzungen nach § 34 Absatz 4 BauGB zur Abgrenzung von Innen- und Außenbereich, Landschaftspläne,
– Schutzgebiete, z. B. nach Denkmalschutzrecht, Naturschutz und Wasserrecht,

---

[39] Richtlinien des Bundesministeriums für Verkehr, Bau- und Stadtentwicklung zur Ermittlung von Bodenrichtwerten (Bodenrichtwertrichtlinie – BRW RL) vom 11.11.2011, BAnz Nr. 24 S. 597 = GuG 2011, 165.

Bodenrichtwerte § 10 ImmoWertV

- Erhaltungssatzungen (§ 172 BauGB),
- städtebauliche Entwicklungskonzepte nach § 171b Absatz 2 BauGB,
- Daten über Bodenordnungs-, Sanierungs- und Entwicklungsmaßnahmen, Planfeststellungen,
- Daten über Art und Umfang der Erschließung,
- Daten über die Abrechnung von Erschließungsbeiträgen und von anderen in Betracht kommenden Beiträgen und sonstigen Abgaben,
- Informationen über Mieten,
- Informationen über Pachten,
- Bodengütekarten,
- Ergebnisse der Bodenschätzung.

Bei der Ableitung des Bodenrichtwerts ist der sich rechnerisch ergebende „Betrag" in sinnvoller Weise auf- bzw. abzurunden, d. h., es ist – wie bei der Ermittlung von Verkehrswerten – in Anlehnung an die Preisgestaltung des gewöhnlichen Geschäftsverkehrs ein **auf- oder abgerundeter Wert** anzugeben. 41

In der Praxis wird wie folgt auf- oder abgerundet (Abb. 2)

Abb. 2: Auf- oder Abrundungen von Bodenrichtwerten

Bodenrichtwert			Auf- oder Abrundungen	
	bis	5 Euro	auf	0,1 Euro
über 5 Euro	bis	20 Euro	auf	0,5 Euro
über 20 Euro	bis	50 Euro	auf	1,0 Euro
über 50 Euro	bis	100 Euro	auf	5,0 Euro
über 100 Euro	bis	1 000 Euro	auf	10,0 Euro
über 1 000 Euro			auf	100,0 Euro

© W. Kleiber 11

2.2 Bodenrichtwertableitung für Gebiete mit Grundstücksverkehr

§ 10 Abs. 1 Satz 1 ImmoWertV schreibt für die Bodenrichtwertermittlung einen **Anwendungsvorrang zugunsten des** in § 15 der Verordnung geregelten **Vergleichswertverfahrens** vor. Sofern eine ausreichende Anzahl von Vergleichspreisen zur Verfügung steht, kommt ein anderes Verfahren auch nicht in Betracht, denn das Vergleichswertverfahren ist der „Königsweg" der Bodenwertermittlung. 42

2.3 Bodenrichtwertableitung für Gebiete ohne Grundstücksverkehr

2.3.1 Allgemeines

Die mit § 10 Abs. 1 Satz 1 ImmoWertV vorgegebene Anwendung des Vergleichswertverfahrens scheitert in Gebieten ohne Grundstücksverkehr oftmals an der Verfügbarkeit geeigneter Vergleichspreise. Darüber hinaus scheitert eine unmittelbare Anwendung des Vergleichswertverfahrens in bebauten Gebieten allein schon daran, dass in diesen Gebieten naturgemäß kaum Vergleichspreise für unbebaute Grundstücke zur Verfügung stehen. Deshalb wird für solche Fälle mit § 10 Abs. 1 Satz 2 ImmoWertV auf die Möglichkeit hingewiesen, Bodenrichtwerte mithilfe **deduktiver Verfahren** oder in anderer geeigneter und nachvollziehbarer Weise (z. B. Lagewertverfahren, Zielbaummethode) abzuleiten. 43

§ 10 ImmoWertV — Bodenrichtwerte

Die Vorschrift zielt im Wesentlichen darauf ab, die mit § 196 BauGB in der ab 01.07.2009 geltenden Fassung vorgegebene flächendeckende Ermittlung von Bodenrichtwerten zu gewährleisten, denn einige zu § 196 BauGB a. F. erlassene Verordnungen der Länder sahen ausdrücklich vor, dass von der Ableitung von Bodenrichtwerten abgesehen werden kann, wenn für die **Ermittlung von Bodenrichtwerten zu wenige Kaufpreise** vorliegen[40]. Darüber hinaus wird behauptet, dass ein Bodenrichtwert ohne Vergleichspreise schlichtweg nicht ermittelbar sei. Dahingehende Bestimmungen sind fachlich nicht begründbar und waren auch mit den Zielen und Zwecken der Regelung des § 196 BauGB a. F. unvereinbar.

- **So wie jedes Grundstück einen Verkehrswert hat**[41], **so gibt es auch für jede Bodenrichtwertzone einen Bodenrichtwert,** der nach allgemeinen Wertermittlungsgrundsätzen ermittelbar ist, auch wenn keine unmittelbar heranziehbaren Vergleichspreise zur Verfügung stehen.

- Sachverständige stehen oft genug vor der Aufgabe, den Verkehrswert von Grundstücken in Gebieten zu ermitteln, in denen keine Vergleichspreise vorliegen, und haben die Erstattung eines Wertgutachtens mit dem Hinweis auf fehlende Vergleichspreise bei lukrativer Honorierung nicht abgelehnt. Insoweit kann die Behauptung nicht zutreffen, dass ein Bodenrichtwert ohne Vergleichspreise schlichtweg nicht ermittelbar sei[42].

44 Die **Ableitung von Bodenrichtwerten für Gebiete ohne Grundstücksverkehr** ist nach denselben Methoden möglich, wie sie auch bei der Verkehrswertermittlung anerkannt sind. Dabei ist zwischen dem Fall zu unterscheiden, dass für eine Bodenrichtwertzone bereits ein Bodenrichtwert vorliegt und es lediglich im Zuge seiner Fortschreibung an aktuellen Vergleichspreisen im vorangegangenen Zeitraum mangelt[43] oder ob sich die Aufgabe stellt, einen Bodenrichtwert für eine (künftige) Bodenrichtwertzone zu ermitteln, für die bislang noch kein Bodenrichtwert ermittelt wurde.

45 Neben den in § 10 Abs. 1 Satz 2 ImmoWertV genannten Verfahren besteht die Möglichkeit, einen vorhandenen **Bodenrichtwert des Vorjahres mittels** einer für das Gemeindegebiet fundiert abgeleiteten **Bodenpreisindexreihe fortzuschreiben,** wie man es bei der Verkehrswertermittlung praktiziert. Diese Vorgehensweise ist auch angezeigt, wenn gleich über mehrere Jahre keine neuen Verkaufsfälle angefallen sind. Die Grenze des zeitlichen Rückgriffs auf „alte" Bodenrichtwerte und ihrer Indizierung ist dort zu ziehen, wo man sie allgemein bei der Ermittlung von Verkehrswerten mittels Kaufpreisen aus zurückliegender Zeit ziehen würde.

46 Verhängnisvoll und geradezu grob fahrlässig ist die mitunter zu beobachtende Praxis, einen **Bodenrichtwert des Vorjahres unverändert in die Bodenrichtwertkarten der nachfolgenden Jahre zu übernehmen,** wenn man sich mangels neuerer Vergleichspreise für die Bodenrichtwertzone nicht im Stande sieht, diesen Bodenrichtwert fortzuschreiben – gleichzeitig aber aufgrund der allgemeinen Entwicklung im Gemeindegebiet hätte erkennen müssen, dass dieser Bodenrichtwert an der allgemeinen Marktentwicklung „teilnimmt".

47 Darüber hinaus ist auch ein **Quervergleich mit Bodenpreisen bzw. Bodenrichtwerten aus vergleichbaren Gebieten** unter Berücksichtigung etwaiger Abweichungen möglich. Dies entspricht der Regelung des § 16 Abs. 1 Satz 2 und 3 ImmoWertV i. V. m. § 15 Abs. 1 Satz 3 und 4 ImmoWertV. Diese Vorgehensweise bietet sich für Bodenrichtwertzonen an, für die bislang ein Bodenrichtwert noch nicht abgeleitet wurde und aktuelle Verkaufsfälle nicht vorliegen. Diese Methode kann zudem unterstützend herangezogen werden, wenn Bodenrichtwerte der Vergangenheit mangels aktueller Verkaufsfälle gleich über mehrere Jahre hinweg hochindiziert werden müssen.

---

40 § 12 bad-württ. GutachterausschussVO; § 12 Abs.3 bay. GutachterausschussVO; § 13 Abs. 5 hess. DV BauGB.
41 RFH, Urt. vom 08.10.1926 – II A 429/26 –, EzGuG 14.1a.
42 Kleiber in Ernst/Zinkahn/Bielenberg/Krautzberger, BauGB § 196 Rn. 44 ff. § 11 Abs. 1; der nordrh.-westf. GutachterausschussVO schreibt in diesem Sinne vor, dass in Bereichen, in denen eine ausreichende Anzahl von Kaufpreisen nicht vorliegt, Bodenrichtwerte mittels anderer geeigneter Verfahren abzuleiten oder fortzuschreiben sind.
43 Dicke, M. in NÖV 1998, 57.

2.3.2 Bodenrichtwerte für bebaute Gebiete

▶ *Vgl. § 16 ImmoWertV Rn. 113*

Von besonderer Problematik ist die Bodenrichtwertermittlung in bebauten Gebieten insbesondere in den **Innenstadtlagen**, wo ein Grundstücksverkehr mit dem „nackten Grund und Boden" allenfalls in Einzelfällen gegeben ist. Nach § 196 Abs. 1 Satz 2 BauGB sind in bebauten Gebieten Bodenrichtwerte mit dem Wert zu ermitteln, der sich ergeben würde, wenn der Boden unbebaut wäre. Unmittelbar heranziehbar sind Vergleichspreise, die für einzelne unbebaute Grundstücke auch in bebauten Gebieten vereinzelt anfallen. Darüber hinaus kann für solche Gebiete ein überraschend großer Grundstücksverkehr festgestellt werden, der letztlich auf den Bodenerwerb gerichtet ist. Es vollzieht sich nämlich in solchen Gebieten ein nicht unerheblicher Grundstücksverkehr, der auf den Abriss der vorhandenen Bebauung gerichtet ist. Wenn in solchen Fällen die vorhandene Bausubstanz keinen Restwert hat, ergibt sich der Bodenwert (des unbebaut gedachten Grundstücks) aus dem Kaufpreis zuzüglich der vom Erwerber einkalkulierten Freilegungskosten und abzüglich etwaiger Verwertungserlöse. Schließlich können auch die für sonstige bebaute Grundstücke vereinbarten Vergleichspreise herangezogen werden, wobei dann eine sinnvolle Aufteilung in einen Boden- und Gebäudewertanteil vorgenommen werden muss.

48

In bebauten Gebieten, in denen die tatsächlich realisierte Bebauung regelmäßig von der rechtlich zulässigen Bebaubarkeit abweicht und wo die **tatsächliche Bebauung als lagetypische Bebauung** anzusehen ist, müssen die dafür empirisch aus dem Geschehen des Grundstücksmarkts abgeleiteten Bodenrichtwerte ihrer Höhe nach als Bodenwerte angesehen werden, die sich für das tatsächliche lageübliche Maß der dort realisierten baulichen Nutzung ergeben, denn daran orientiert sich die Preisbildung auf diesem Grundstücksteilmarkt. Diesen empirisch ermittelten Bodenrichtwerten kann von daher nicht das höhere zulässige Maß der baulichen Nutzung zugeordnet werden. Wird einer solchen Bodenrichtwertzone ein Bodenrichtwert zugeordnet, der im Wege des Vergleichswertverfahrens aus Kaufpreisen anderer Gebiete erst noch abgeleitet werden muss, so müssen die entsprechenden Kaufpreise der Vergleichsgrundstücke auf das Maß der baulichen Nutzung ggf. mithilfe von Umrechnungskoeffizienten so umgerechnet werden, dass sie der lagetypischen und nicht der rechtlich zulässigen Nutzung der Bodenrichtwertzone entsprechen. Der Bodenrichtwert definiert sich nämlich als der durchschnittliche Lagewert, der sich mithin nach der lagetypischen Nutzung bestimmen muss (vgl. auch § 6 Abs. 1 Satz 2 ImmoWertV).

3 Darstellung von Bodenrichtwerten bei ihrer Veröffentlichung (§ 10 Abs. 2 ImmoWertV)

3.1 Allgemeines

Nach **§ 196 Abs. 3 Satz 1 BauGB** sind **Bodenrichtwerte** zu veröffentlichen. Das Nähere zu regeln, obliegt nach § 199 Abs. 2 Nr. 4 BauGB den Landesregierungen. Die Länder haben von dieser Ermächtigung mit den von ihnen erlassenen **Gutachterausschussverordnungen** sowie durch **technische Anleitungen** Gebrauch gemacht[44].

49

Im Zuge der Erbschaftsteuerreform[45] wurde die Ermächtigung dahingehend modifiziert, dass der Erlass von Vorschriften über die „Ableitung von Bodenrichtwerten" auf den Bund übergegangen ist (§ 199 Abs. 1 BauGB). Auf der Grundlage dieser Ermächtigung werden mit § 10 Abs. 2 und 3 ImmoWertV **bundesrechtliche Regelungen über die „Darstellung von Bodenrichtwerten"** bei ihrer Veröffentlichung vorgegeben.

50

---

44 z. B. RiWert Rh.-Pf. und RdErl des nordrh.-westf. MI und MJ vom 12.02.1999 (Kaufpreissammlung-Richtlinien; MinBl. NW 1999, 424 ff.).
45 Erbschaftsteuerreformgesetz – ErbStRG – vom 24.12.2008, BGBl. I 2008, 3018.

3.2 Darstellung in Bodenrichtwertkarten und Bodenrichtwertlisten

Schrifttum: *Hansche, H.,* Anmerkungen zu den Veröffentlichungen der Gutachterausschüsse in den neuen Ländern, GuG 2002, 37.

▶ *Zu den Besonderheiten der Veröffentlichung von Bodenrichtwerten für Sanierungsgebiete und Entwicklungsbereichen, vgl. Kleiber, Verkehrswertermittlung von Grundstücken, 6. Aufl. 2010, § 196 BauGB § 196 BauGB Rn. 17 ff.; Teil VIII Rn. 403 ff.*

51 Die allgemeine Form der Veröffentlichung von Bodenrichtwerten wird weder im BauGB noch in der ImmoWertV verbindlich vorgegeben. § 196 Abs. 1 Satz 3 BauGB in der ab 01.07.2009 geltenden Fassung schreibt lediglich vor, dass „**Richtwertzonen** zu bilden" sind, „die jeweils Gebiete umfassen, die nach Art und Maß der Nutzung weitgehend übereinstimmen".

Die Veröffentlichung von Bodenrichtwerten erfolgt in der Praxis durch

a) **Bodenrichtwertkarten,** in die „jedermann" Einsicht nehmen kann und die i. d. R. auch käuflich erworben werden können. Daneben werden Bodenrichtwertkarten neuerdings auch im Internet angeboten;

b) **Bodenrichtwertlisten.**

In den Bodenrichtwertkarten können die Bodenrichtwertzonen besonders anschaulich dargestellt werden; bei Veröffentlichung von Bodenrichtwerten in Bodenrichtwertlisten müssen die Richtwertzonen eindeutig beschrieben werden.

52 Die **Praxis der Veröffentlichung von Bodenrichtwerten** in Karten und Listen **ist** leider **uneinheitlich,** was Umfang, Intensität und Darstellung anbelangt. Die Gutachterausschüsse für Grundstückswerte erklären dies mit wenig Überzeugungskraft mit den örtlichen Verhältnissen, die eine einheitliche Darstellung nicht zuließen. Tatsächlich hat es aber ernsthafte Bemühungen um eine Vereinheitlichung der Darstellung nicht gegeben, sodass es letztlich auf eine mangelnde Bereitschaft zurückgeführt werden muss, dass die Darstellung von Bodenrichtwerten in Karten und Listen nicht aneinander angeglichen wurde. Dies ist gleich aus mehreren Gründen anzustreben.

a) Zum einen richtet sich die Veröffentlichung von Bodenrichtwerten an „jedermann" und damit auch an den Laien. Angesichts der Mobilität der Bürger wäre von daher anzustreben, dass die Bodenrichtwerte nach einem einheitlichen oder zumindest allerorts ähnlichen **Schema** in den Karten dargestellt werden.

b) Zum anderen sind die Bodenrichtwerte Bemessungsgrundlage für die Mindestbewertung im Rahmen der Erbschaft- und Schenkungsteuer. Sie stehen darüber hinaus als Bemessungsgrundlage für eine Bodenwertsteuer[46] oder zumindest für eine bodenwertorientierte Grundsteuer (anstelle der bisherigen Grundsteuer) in Diskussion. Schließlich knüpft auch § 19 SachenRBerG an die Bodenrichtwerte an. Im Hinblick auf die genannten bundesrechtlichen Regelungen wäre eine einheitlichere Darstellung wünschenswert.

Die vom Bund erlassene BodenrichtwertR hat diesbezüglich bislang nur eine geringe Wirkung entfaltet (vgl. unten Rn. 83).

53 Insgesamt ist die **Zersplitterung des Gutachterausschusswesens** durch unterschiedliche Vorgehensweisen auch auf diesem Gebiet dem Gutachterausschusswesen abträglich und es bleibt zu hoffen, dass sie die Chance ergreifen werden, ihr Ansehen durch mehr Gemeinsamkeiten zu verbessern.

54 Allgemein kann festgestellt werden, dass Bodenrichtwerte (für erschließungsbeitragspflichtige oder -freie Bauflächen) mit den maßgebenden Merkmalen/Eigenschaften (Art der baulichen Nutzung wie WA, WR, MI, MK; offene bzw. geschlossene Bauweise, Zahl der Vollgeschosse, GRZ, GFZ, Bodenbeschaffenheit, Grundstücksgestalt, insbesondere Grund-

---

[46] Bizer, K., Joeris, D., in GuG 1998, 132; Dicke, M., Ermittlung von Bodenrichtwerten bei eingeschränkter Verfügbarkeit von Kaufpreisen, NÖV 1998, 57.

Bodenrichtwerte § 10 ImmoWertV

stückstiefe) in Bodenrichtwertkarten nachgewiesen werden. Abweichungen des einzelnen Grundstücks in den wertbestimmenden Eigenschaften bewirken entsprechende **Abweichungen seines Bodenwerts vom Bodenrichtwert.** Soweit Bodenrichtwerte für gewerbliche Bauflächen (GE, GI) in €/m² ermittelt werden, sind diese regelmäßig ohne eventuell erforderliche außergewöhnliche Grundstückskosten zu verstehen.

Da unkundige Benutzer einer Bodenrichtwertkarte oftmals außer Acht lassen, dass Abweichungen der einzelnen Grundstücke von den durchschnittlichen Eigenschaften des Bodenrichtwertgrundstücks Wertabweichungen vom Bodenrichtwert bewirken können, sind die Gutachterausschüsse vielerorts dazu übergegangen, hierauf in der **Legende zur Bodenrichtwertkarte** besonders hinzuweisen. Nach Anl. 2 zu den Bodenrichtwertrichtlinien sind folgende Erläuterungen zum Auszug aus den Bodenrichtwertkarten vorgesehen: 55

„**Gesetzliche Bestimmungen:** Bodenrichtwerte werden gemäß § 193 Abs. 5 BauGB vom zuständigen Gutachterausschuss für Grundstückswerte nach den Bestimmungen des BauGB und der ImmoWertV ermittelt. Die aktuellen Bodenrichtwerte wurden zum Stichtag ... (ergänzen: Datum des jeweiligen Stichtags) ermittelt.

Begriffsdefinition: Der Bodenrichtwert (vgl. § 196 Abs. 1 BauGB) ist der durchschnittliche Lagewert des Bodens für eine Mehrheit von Grundstücken innerhalb eines abgegrenzten Gebiets (Bodenrichtwertzone), die nach ihren Grundstücksmerkmalen, insbesondere nach Art und Maß der Nutzbarkeit, weitgehend übereinstimmen und für die im Wesentlichen gleiche Wertverhältnisse vorliegen. Er ist bezogen auf den Quadratmeter Grundstücksfläche eines Grundstücks mit den dargestellten Grundstücksmerkmalen (Bodenrichtwertgrundstück).

Der Bodenrichtwert enthält keine Wertanteile für Aufwuchs, Gebäude, bauliche und sonstige Anlagen. Bei bebauten Grundstücken ist der Wert ermittelt worden, der sich ergeben würde, wenn der Boden unbebaut wäre (§ 196 Abs. 1 Satz 2 BauGB).

Eventuelle Abweichungen eines einzelnen Grundstücks vom Bodenrichtwertgrundstück hinsichtlich seiner Grundstücksmerkmale (zum Beispiel hinsichtlich des Erschließungszustands, des beitrags- und abgabenrechtlichen Zustands, der Art und des Maßes der baulichen Nutzung) sind bei der Ermittlung des Verkehrswerts des betreffenden Grundstücks zu berücksichtigen.

Die Abgrenzungen der Bodenrichtwertzone sowie die Festsetzung der Höhe des Bodenrichtwerts begründen keine Ansprüche zum Beispiel gegenüber den Trägern der Bauleitplanung, Baugenehmigungsbehörden oder Landwirtschaftsbehörden."

Die Hinweise sollen den Erwerber eines Grundstücks vor überhöhten Kaufpreisforderungen schützen, wenn diese Forderung mit dem Bodenrichtwert der entsprechenden Bodenrichtwertzone begründet wird und das zur Veräußerung anstehende Grundstück in seinen Grundstücksmerkmalen qualitativ gegenüber denen des Bodenrichtwertgrundstücks abfällt (vgl. Anl. zu dieser Kommentierung). 56

Neben Bodenrichtwertkarten sind auch **Bodenrichtwertlisten** zur Veröffentlichung gebräuchlich. 57

Ähnlich wie für Bauflächen werden – insbesondere in den land- oder forstwirtschaftlich genutzten Regionen – **für landwirtschaftliche Nutzflächen Bodenrichtwerte** (und Bodenpreisindexreihen) ermittelt und gegebenenfalls in Bodenrichtwertkarten mit Art der Nutzung (A, Gr) und durchschnittlicher Acker- oder Grünlandzahl jedoch ohne Angabe von Flächengrößen veröffentlicht. 58

3.3 Bodenrichtwertzonen

Nach § 196 Abs. 1 Satz 3 BauGB in der am 01.07.2009 in Kraft getretenen Fassung[47] sind **Bodenrichtwerte** für ihnen zugeordnete **Bodenrichtwertzonen als „zonale Bodenrichtwerte"** darzustellen (vgl. Abb. 3). 59

§ 196 Abs. 1 Satz 3 BauGB n. F. schreibt nunmehr ausdrücklich vor, dass Bodenrichtwertzonen zu bilden sind, „die jeweils Gebiete umfassen, die nach Art und Maß der Nutzung weitgehend übereinstimmen". Diese Vorgabe geht auf die am 01.01.2009 in Kraft getretene Erbschaftsteuerreform zurück. Im Zuge die- 60

---

[47] ErbStRG vom 24.12.2008 [BGBl. I 2008, 3018]); Art. 6 Abs. 2 ErbStRG.

ser Reform wurde die für die steuerliche Bewertung unbebauter Grundstücke maßgebliche Vorschrift des § 179 BewG dahingehend gefasst, dass sich der Wert „regelmäßig nach den Bodenrichtwerten (§ 196 des Baugesetzbuchs)" bestimmen soll und bei der Wertermittlung „stets der Bodenrichtwert anzusetzen" ist, „der vom Gutachterausschuss zuletzt zu ermitteln war." Um hierfür der Finanzverwaltung einen eindeutigen Zugriff auf den Bodenrichtwert zu ermöglichen, wurde gleichzeitig die zonale Bodenrichtwertermittlung bundesrechtlich vorgegeben (Art. 4 des ErbStRG). Hieraus folgt, dass die Gutachterausschüsse, die bislang lagetypischen Bodenrichtwerte veröffentlicht haben, ihre Veröffentlichungspraxis auf zonale Bodenrichtwerte umstellen müssen. Darüber hinaus erscheint es auch angezeigt, eine Verdichtung der Bodenrichtwertzonen anzumahnen, denn es muss davon ausgegangen werden, dass von der Finanzverwaltung die Bodenrichtwerte allein nach der Lage des zu bewertenden Grundstücks ohne Berücksichtigung des Wertgefüges innerhalb der Zone und der benachbarten Bodenrichtwertzonen herangezogen werden und dies zu Fehlbewertungen führen kann, wenn nicht die vom Gesetzgeber geforderte Homogenität einer Bodenrichtwertzone gegeben ist.

Abb. 3: **Bodenrichtwertkarte mit zonalen Bodenrichtwerten**

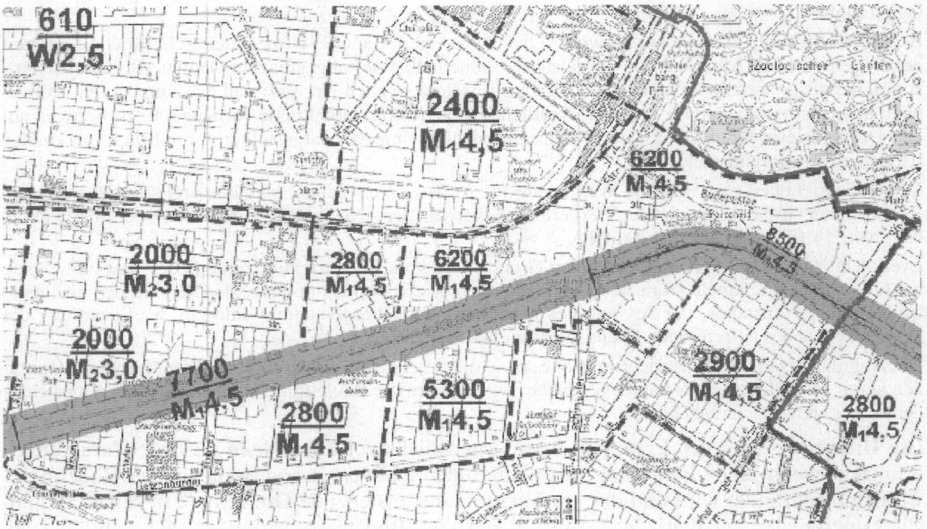

Quelle: Gutachterausschuss von Berlin 2009

61 Die bis zum 01.07.2009 weit verbreitete Praxis der Darstellung von Bodenrichtwerten als „lagetypische Bodenrichtwerte ist nicht mehr zulässig. Mit der Darstellung der Bodenrichtwerte als **zonale Bodenrichtwerte** soll ein einfacher und unmittelbarer Zugriff auf den einschlägigen Bodenrichtwert ermöglicht werden. Aus den unterschiedlichen Bodenrichtwerten benachbarter Bodenrichtwertzonen ist jedoch sehr schnell erkennbar, dass das Bodenwertniveau einer Zone keinesfalls so homogen ist, wie es die Zone mit ihren „scharfen" Grenzen suggeriert. Bei Heranziehung zonaler Bodenrichtwerte wird man bei alledem im Grenzbereich den Bodenrichtwert der benachbarten Bodenrichtwertzone berücksichtigen müssen, sofern nicht im Einzelfall tatsächlich von einem Wertsprung auszugehen ist. Solche Wertsprünge können insbesondere auftreten, wenn die Topografie, z. B. entlang einer die Stadt zerschneidenden Bahntrasse oder einer größeren Ausfallstraße, die gewachsene Bebauung auseinanderreißt. Bei Verwendung lagetypischer Bodenrichtwerte vermittelt sich dies aber bereits hinreichend aus der topografischen Darstellung der Bodenrichtwertkarte. Indessen macht das Beispiel der Abb. 4 deutlich, dass die Praxis selbst in zusammenhängenden Stadtstrukturen nicht davor zurückschreckt, die Grenzen der Bodenrichtwertzonen dort zu ziehen, wo die aus der Karte herauslesbaren Wertsprünge eigentlich nicht auftreten können.

Zur Abgrenzung der Bodenrichtwertzonen geben die Bodenrichtwertrichtlinien lediglich vor, dass die Bodenrichtwertzonen so abgegrenzt werden sollen, dass die lagebedingten Wertunterschiede zwischen der Mehrzahl der Grundstücke und dem Bodenrichtwertgrundstück nicht erheblich sind. Dies ist ein gravierender Rückschritt gegenüber den bisherigen Vorgaben der Musterrichtlinien über Bodenrichtwerte der ARGEBAU[48]. Diese sahen unter Ziff. 4.4 (4) ausdrücklich vor, dass „bei der Ermittlung der zonalen ... Bodenrichtwerte ... die dem Bodenrichtwert zugeordneten Bereiche so abgegrenzt werden" sollen, „dass die Bodenrichtwerte der einzelnen Grundstücke nicht mehr als +/- 30 % anweichen" (Toleranzgrenze). Die Bodenrichtwertrichtlinien stehen damit auch diametral der von der RegE[49] im Rahmen des 1. RegE verfolgten Zielsetzung entgegen (vgl. oben Rn. 1 ff.).

62

Der in der 14. Legislaturperiode gescheiterte 1. RegE[50] sieht dagegen eine *20%ige Toleranzgrenze* vor, innerhalb der die auf den Quadratmeter umgerechneten Bodenwerte der einzelnen in der Bodenrichtwertzone gelegenen Grundstücke nach oben oder unten vom Bodenrichtwert abweichen dürfen. Zur Begründung wurde auf die Entscheidung des BVerfG vom 07.11.2006 – I BvL 10/02 – (a. a. O.) verwiesen, nach der im Rahmen der Erbschaftsteuer eine 20%ige Streubreite der Grundstücksbewertung als „noch vertretbar" angesehen wird. Nach Auffassung des Bundesrates ist eine Abweichung der Bodenwerte der einzelnen Grundstücke um maximal 20 % ober- oder unterhalb des Bodenrichtwerts „in der Gesamtheit unrealistisch" und eine „Angleichung der Abweichungsquote (an die vorstehende Rechtsprechung des BVerfG) willkürlich", denn ein Zusammenhang zu dem in der Begründung des RegE genannten Erbschaftsteuer-Urteil und den dort gemachten Ausführungen zur Streubreite zum Verkehrswert sei nicht erkennbar[51]. Der Bundesrat hat dementsprechend eine Regelung vorgeschlagen, nach der „die Richtwertzone ... so abgegrenzt werden" sollte, dass „die auf den Quadratmeter umgerechneten Bodenwerte der einzelnen Grundstücke um nicht mehr als *30 % nach oben oder nach unten vom Bodenrichtwert* abweichen." Abweichungen, die sich nicht mit dem Bodenrichtwertgrundstück übereinstimmenden Grundstücksmerkmalen einzelner Grundstücke ergeben, sollten darüber hinaus nicht berücksichtigt werden. Die BReg hat die vom Bundesrat beschlossene *30%ige Toleranzgrenze* nicht mittragen wollen und verweist auch in der Begründung zu dem in der 15. Legislaturperiode vorgelegten 2. RegE[52] auf die vorstehende Rechtsprechung des BVerfG. „Anders als der Bundesrat ist die Bundesregierung aber der Auffassung, dass eine 30%ige Toleranz bei der Abgrenzung der Bodenrichtwertzonen (vgl. BR-Drucks. 296/09, Nr. 3 – Beschluss) angesichts der Bedeutung der Bodenrichtwerte für die steuerliche Bewertung nicht generell zugelassen werden kann. Die Bodenrichtwerte im Sinne des § 196 des Baugesetzbuchs (BauGB) sind nach ständiger höchstrichterlicher Rechtsprechung für die am Steuerrechtsverhältnis Beteiligten verbindlich und einer gerichtlichen Überprüfung regelmäßig nicht zugänglich. Sie sind daher von den Finanzbehörden und -gerichten grundsätzlich ungeprüft ohne eigenen Beurteilungsspielraum unmittelbar der Bewertung zugrunde zu legen. Infolgedessen sind an die Qualität der Bodenrichtwerte, insbesondere unter Berücksichtigung der Grundsätze der Entscheidung des Bundesverfassungsgerichts vom 7. November 2006 – 1 BvL 10/02 – zur Verfassungsmäßigkeit der Erbschaftsteuer, erhöhte Anforderungen zu stellen."

63

Trotz dieser Auffassung enthält sich der Wortlaut des von der BReg vorgelegten 2. RegE jedweder Vorgaben für die einzuhaltenden Toleranzgrenzen und bleibt damit hinter den vom Bundesrat zum 1. RegE empfohlenen Vorgaben zurück („Nulllösung"). Diese waren auch mit 30 % „eng" gesteckt, wenn man bedenkt, dass auch ein „spitz" ermittelter Bodenwert recht häufig mit einer Unsicherheitsmarge von bis zu ± 20 % (und mitunter auch mehr) behaftet ist.

64

Der von der BReg eingegangene „Kompromiss" ist fachlich zu bedauern, denn tatsächlich ist die in der genannten Entscheidung des BVerfG angesprochene Abweichungsmarge lediglich bei der Einzelbewertung zu beachten, ohne dass daraus eine direkte Vorgabe für die Ableitung von Bodenrichtwerten folgt. Die in der steuerlichen Bewertungspraxis herangezogenen Bodenrichtwerte mögen zwar einer gerichtlichen Überprüfung regelmäßig nicht zugänglich sein, gleichwohl sind sie modifizierbar, um an die in der Entscheidung des BVerfG angesprochene Abweichungsmarge einzuhalten (vgl. Syst. Darst. des Vergleichswertverfahrens Rn. 167 ff.). Mit diesem „Kompromiss" hat man die Chance vergeben, zu einer deutlichen Verbesserung des Bodenrichtwertgefüges zu kommen, denn die konsequente Beachtung der vom Bundesrat vorgeschlagenen Toleranzmarge von mindestens 30 % hätte vielerorts zu einer Verdichtung des Bodenrichtwertgefüges und Intensivierung der Bodenrichtwertausweisung geführt.

65

---

[48] GuG 2001, 44.
[49] BR-Drucks. 298/09 vom 03.04.2009.
[50] BR-Drucks. 296/09 vom 03.04.2009.
[51] BR-Drucks. 296/1/09, S. 4.
[52] BR-Drucks. 171/10.

§ 10 ImmoWertV   Bodenrichtwerte

66 Des Weiteren sehen die Richtlinien vor, dass Wertunterschiede, die sich aus nicht mit dem Bodenrichtwertgrundstück übereinstimmenden Grundstücksmerkmalen einzelner Grundstücke ergeben (z. B. Abweichungen bei der Grundstücksfläche, individuelle rechtliche oder tatsächliche Belastungen), bei der Abgrenzung nicht zu berücksichtigen sind.

67 **Bodenrichtwertzonen können nicht aus räumlich getrennt liegenden Gebieten** bestehen.

68 Grundsätzlich ist für **jede Bodenrichtwertzone nur ein Bodenrichtwert** anzugeben. Im Zuge der Behandlung des 1. RegE der ImmoWertV (vgl. Rn. 1) wurde vom Agrarausschuss des Bundesrates vorgeschlagen, dass in Gebieten, in denen Grundstücke erheblich unterschiedliche Grundstücksmerkmale aufweisen (sog. Gemengelage) und in denen aufgrund der räumlichen Verteilung dieser Grundstücke keine eigenen Bodenrichtwertzonen gebildet werden können[53], auch „mehrere sich ganz oder teilweise überlagernde" Bodenrichtwertzonen mit jeweils unterschiedlichen Bodenrichtwertgrundstücken abgedeckt werden können. Diesen Vorschlag hat sich bereits der Bundesrat nicht zu eigen gemacht. Nach Ziff. 5 Abs. 2 Satz 2 BRW-RL sollen sich Bodenrichtwertzonen in begründeten Fällen gleichwohl deckungsgleich überlagern können; Voraussetzung ist, dass eine eindeutige Zuordnung der Mehrzahl der Grundstücke zum jeweiligen Bodenrichtwertgrundstück gewährleistet bleibt. Bei Bodenrichtwerten nach § 196 Abs. 1 Satz 7 BauGB können sich die Bodenrichtwertzonen auch nicht deckungsgleich überlagern.

69 Des Weiteren bestimmen die Richtlinien unter Ziff. 5:

„(3) Soweit Gemeinbedarfsflächen nicht bereits nach Absatz 1 bei der Bildung der Bodenrichtwertzone unberücksichtigt bleiben, sind Gemeinbedarfsflächen auch in den verbleibenden Fällen zu berücksichtigen, wenn ihre Zweckbestimmung eine privatwirtschaftliche Nutzung nicht auf Dauer ausschließt.

(4) Bodenrichtwertzonen für den Entwicklungszustand Bauerwartungsland und Rohbauland sind unter besonderer Berücksichtigung der Bauleitpläne sowie der Entwicklung am Grundstücksmarkt zu bilden. Sie sind so abzugrenzen, dass in der Bodenrichtwertzone ein überwiegend einheitlicher Entwicklungsgrad der Grundstücke gegeben ist.

(5) Im Grenzbereich des baulichen Innen- und Außenbereichs sind der Abgrenzung der Bodenrichtwertzone soweit vorhanden Satzungen nach § 34 Absatz 4 BauGB zugrunde zu legen. Im Übrigen sind der Abgrenzung der Bodenrichtwertzone die tatsächlichen Grenzen des vorhandenen Bebauungszusammenhangs und ggf. Auskünfte der Planungs- oder der Baugenehmigungsbehörde zugrunde zu legen."

3.4 Attributierung des Bodenrichtwertgrundstücks

3.4.1 Allgemeines

70 Bei der „Darstellung der Bodenrichtwerte" muss man sich vergegenwärtigen, dass sich der Bodenrichtwert als durchschnittlicher Lagewert des Grund und Bodens einer Bodenrichtwertzone definiert, der nicht identisch mit dem Verkehrswert irgendeines Grundstücks in der Bodenrichtwertzone ist. Er bezieht sich mithin auf ein fiktives Bodenrichtwertgrundstück. In den Bodenrichtwertkarten wird deshalb darauf hingewiesen, dass Unterschiede in den Zustandsmerkmalen des einzelnen in der Bodenrichtwertzone gelegenen Grundstücks gegenüber denen des Bodenrichtwertgrundstücks berücksichtigt werden müssen. Dies entspricht den Vorschriften des § 15 Abs. 1 Satz 4 ImmoWertV. Um die Aussagekraft eines Bodenrichtwerts für die Werthaltigkeit eines einzelnen in der Bodenrichtwertzone gelegenen Grundstücks richtig würdigen zu können und angemessene Zu- und Abschläge bei Heranziehung dieses Bodenrichtwerts zur Ermittlung des Bodenwert dieses Grundstücks anbringen zu können, müssen die **Grundstücksmerkmale eines dem Bodenrichtwert zuzuordnenden** (fiktiven) **Bodenrichtwertgrundstücks** bekannt sein. § 196 Abs. 1 Satz 4 BauGB in der seit dem 01.07.2009 geltenden Fassung gibt aus diesem Grunde ausdrücklich vor, dass die **wertbeeinflussenden Merkmale des Bodenrichtwertgrundstücks** (bei ihrer Veröffentlichung) **darzustellen** sind.

---

53 BR-Drucks. 296/1 S. 6.

Bodenrichtwerte § 10 ImmoWertV

§ 10 Abs. 2 Satz 1 ImmoWertV behandelt den **Umfang der erforderlichen Darstellung** bezüglich der wertbeeinflussenden Merkmale des Bodenrichtwertgrundstücks (vgl. § 196 Abs. 1 Satz 4 BauGB). Hierzu wird bestimmt, dass in jedem Fall der Entwicklungszustand und die Art der Nutzung dargestellt werden sollen, d. h. müssen, es sei denn, die Darstellung ist ausnahmsweise nicht möglich. § 10 Abs. 2 Satz 2 ImmoWertV gibt hierzu folgende Ergänzungen vor: **71**

– Nach § 10 Abs. 2 Satz 2 Nr. 1 BauGB soll bei landwirtschaftlich genutzten Flächen „gegebenenfalls die Bodengüte als Acker- oder Grünlandzahl" zusätzlich dargestellt werden; bezüglich der Art der Nutzung ist nach Ackerland (A) und Grünland (Gr) zu unterscheiden. Die Vorgabe beschränkt sich auf „landwirtschaftlich genutzte Flächen" und lässt landwirtschaftlich nutzbare sowie forstwirtschaftliche Flächen unerwähnt. **72**

– Nach § 10 Abs. 2 Satz 2 Nr. 2 BauGB sollen bei baureifem Land ergänzende Angaben zum erschließungsbeitragsrechtlichen Zustand (§ 6 Abs. 3 ImmoWertV) sowie „je nach Wertrelevanz" (fakultativ)

  • zum Maß der baulichen Nutzung,

  • zur Grundstücksgröße,

  • zur Grundstücksbreite oder

  • zur Grundstückstiefe

  gemacht werden.

– Nach § 10 Abs. 2 Satz 2 Nr. 3 ImmoWertV ist in *Sanierungsgebieten und Entwicklungsbereichen* (vgl. oben Rn. 32) der Grundstückszustand darzustellen, auf den sich der Bodenrichtwert bezieht. In Betracht kommt

  • der Zustand der Grundstücke ohne Aussicht auf die Vorbereitung und Durchführung der Sanierungs- bzw. Entwicklungsmaßnahme (sanierungs- bzw. entwicklungsunbeeinflusster Zustand; vgl. § 153 Abs. 1 BauGB) oder

  • der Zustand der Grundstücke unter Berücksichtigung der rechtlichen und tatsächlichen Neuordnung des Sanierungsgebiets bzw. Entwicklungsbereichs (Neuordnungszustand, vgl. § 154 Abs. 2 BauGB).

Nach Maßgabe der Bodenrichtwertrichtlinie – BRW-RL – sind die **Bodenrichtwerte für Bauflächen** nach Anl. 2 der BodenrichtwertR darzustellen (vgl. unten Rn. 83 sowie zur Darstellung von Bodenrichtwerten für land- und forstwirtschaftliche Flächen vgl. § 5 ImmoWertV Rn. 72). **73**

3.4.2 Art und Maß der baulichen Nutzung

▶ *§ 6 ImmoWertV Rn. 3 ff., 35 ff., 74 ff., § 8 ImmoWertV Rn. 345, 368, Syst. Darst. des Vergleichswertverfahrens Rn. 215 ff., § 16 ImmoWertV Rn. 223*

Als **Maß der baulichen Nutzung** kommen die Geschossflächenzahl (GFZ), die Baumassenzahl (BMZ), die Grundflächenzahl (GRZ), die Zahl der Vollgeschosse (Z) und die Höhe der baulichen Anlage in Betracht (vgl. § 6 ImmoWertV Rn. 35). Bei der Festlegung der Art und des Maßes der baulichen Nutzung des Bodenrichtwertgrundstücks ist grundsätzlich entsprechend der Regelung des § 6 Abs. 1 ImmoWertV die zulässige Nutzung zugrunde zu legen, d. h. die Nutzung, die sich nach den für die planungsrechtliche Zulässigkeit von Vorhaben maßgeblichen §§ 30, 33 und 34 BauGB und den sonstigen Vorschriften ergibt, die die Nutzbarkeit betreffen. Wird vom Maß der zulässigen Nutzung in der Umgebung regelmäßig abgewichen, ist jedoch entsprechend § 6 Abs. 1 Satz 2 ImmoWertV das Nutzungsmaß maßgebend, das im gewöhnlichen Geschäftsverkehr zugrunde gelegt wird. **74**

Problematisch sind die Empfehlungen der Ziff. 6 Abs. 6 der BRW-RL. Nach dieser Empfehlung soll abweichend von den Regelungen des § 6 Abs. 1 ImmoWertV bei der Attribuierung **75**

§ 10 ImmoWertV   Bodenrichtwerte

von Bodenrichtwerten eine von der Definition der BauNVO abweichende Geschossflächenzahl angegeben werden, nämlich die **wertrelevante Geschossflächenzahl – WGFZ.**

Die wertrelevante Geschossflächenzahl – WGFZ – soll sich **nach dem Verhältnis der Geschossfläche aller Vollgeschosse zuzüglich der „Flächen, ... die nach den baurechtlichen Vorschriften nicht anzurechnen sind, aber der wirtschaftlichen Nutzung dienen", zur Grundstücksfläche** bestimmen. Dies wären Geschossflächen, die nach der Landesbauordnung (z. B. gemäß § 2 Abs. 5 Satz 2 BauO von Nordrhein-Westfalen) nicht als Vollgeschoss zu berücksichtigen sind:

– Geschosse mit geneigtem Dach, die weniger als drei Viertel ihrer Grundflächen die bauordnungsrechtlich geforderte Mindesthöhe haben (z. B. 2,30 m) sowie

– Staffelgeschosse, die weniger als zwei Drittel der Grundfläche des darunter liegenden Geschosses aufweisen.

Auch die Fläche von Geschossen, deren Deckenoberkante im Mittel weniger als die bauordnungsrechtlich geforderte Mindesthöhe (z. B. 1,60 m) über die Geländeoberfläche hinausragen, ist danach ggf. zu berücksichtigen.

Problematisch ist zunächst die Ermittlung der so definierten wertrelevanten Geschossflächenzahl – WGFZ –, denn sie muss nach Sinn und Zweck der Attributierung von Bodenrichtwerten repräsentativ für die Bodenrichtwertzone sein. Demzufolge ist die Empfehlung allenfalls erst zu beachten, wenn die Mehrzahl der in der Bodenrichtwertzone gelegenen Grundstücke entsprechende Flächen aufweisen. Der Gutachterausschuss wird bei inhomogenen Verhältnissen kaum in der Lage sein, den Umfang dieser Flächen nachvollziehbar zu ermitteln, und es kann nicht erwartet werden, dass sich alle Gutachterausschüsse für Grundstückswerte an diese Empfehlung halten werden. Soweit die in einer Bodenrichtwertzone gelegenen Grundstücke eine einheitliche oder weitgehend homogene Bebauung z. B. mit Staffelgeschossen oder Satteldächern aufweisen, die nicht als Vollgeschosse zu betrachten sind, besteht auch keine Notwendigkeit, der Empfehlung zu folgen, denn die erhöhte wirtschaftliche Nutzungsfähigkeit geht, soweit sie wertrelevant ist, direkt in den Bodenrichtwert ein.

Die **Anrechnung der bauordnungsrechtlich auf die GFZ nicht anrechenbaren Nutzflächen ist bei alledem nicht einheitlich**, sodass die Vorschrift nur sehr bedingt zum Verständnis des Bodenrichtwerts beitragen kann. Dafür besteht im Übrigen gar kein Bedarf, denn bereits aus den einschlägigen bauordnungsrechtlichen Vorschriften ergibt sich, dass neben den Flächen der Vollgeschosse auch weitere Flächen wirtschaftlich genutzt werden können.

Problematisch ist auch die Heranziehung entsprechend attributierter Bodenrichtwerte und die Berücksichtigung einer vom Bodenrichtwertgrundstück abweichenden GFZ des zu bewertenden Grundstücks, denn die gebräuchlichen Umrechnungskoeffizienten sind zumeist auf der Grundlage der GFZ nach § 20 BauNVO ermittelt worden.

76   **Im Übrigen führen die BRW-RL hierzu aus:**

Die Geschossfläche ist nach den Außenmaßen der Gebäude in allen Vollgeschossen zu ermitteln. Die Flächen von Aufenthaltsräumen in anderen Geschossen einschließlich der zu ihnen gehörenden Treppenräume und ihrer Umfassungswände sind mitzurechnen. Soweit keine anderweitigen Erkenntnisse vorliegen, ist

– die Geschossfläche eines ausgebauten oder ausbaufähigen Dachgeschosses pauschal mit 75 % der Geschossfläche des darunterliegenden Vollgeschosses,

– die Geschossfläche des Kellergeschosses, wenn Aufenthaltsräume vorhanden oder möglich sind, pauschal mit 30 % des darüberliegenden Vollgeschosses

zu berechnen.

Die **Einführung einer von den Vorschriften der BauNVO abweichenden wertrelevanten Geschossflächenzahl – WGFZ –** hat sich als ein bislang wirkungsloser Versuch herausgestellt, die Praxis der Gutachterausschüsse für Grundstückswerte zu vereinheitlichen, denn die Gutachterausschüsse halten nach wie vor an landes- bzw. ortsspezifischen Besonderheiten fest, die auch nicht immer im Gutachterausschussbericht des Gutachterausschusses detailliert dargestellt werden (so z. B. Grundstücksmarktbericht 2010 von München). Von den Vorschriften der BauNVO abweichend ermittelte „Geschossflächenzahlen"

Bodenrichtwerte § 10 ImmoWertV

sind **grundsätzlich abzulehnen, da sie die Transparenz und Vergleichbarkeit der Bodenrichtwerte beeinträchtigen und den Verbraucher irreführen.**

Vorstehenden Grundsätzen wurde in der Praxis der Gutachterausschüsse nicht immer hinreichend Rechnung getragen. In dem nachfolgenden Beispiel (Abb. 4) wurde in verfänglicher Weise die bauplanungsrechtlich zulässige Nutzung mit einer GFZ von 1,5 dem Bodenrichtwert zugeordnet, obwohl in dem Gebiet eine durchschnittliche GFZ von 2,4 realisiert worden ist und auch im Neubaufall mit einem entsprechenden Dispens gerechnet werden kann (lagetypische Nutzung entsprechend Ziff. 6 Abs. 5 der BRW-RL). Hieran dürften sich auch die der Bodenrichtwertableitung zugrunde gelegten Vergleichspreise orientiert haben, sodass im Falle der Heranziehung des Bodenrichtwerts für ein Grundstück mit einer GFZ von 2,4 eine Umrechnung des angegebenen Bodenrichtwerts von einer GFZ = 1,5 auf eine GFZ von 2,4 falsch wäre. Umgekehrt entspräche es auch nicht den Vorgaben des § 196 BauGB, wenn der Gutachterausschuss dem Bodenrichtwert die bauplanungsrechtliche Nutzbarkeit zuordnet, obwohl die lagetypische Nutzung weit darüber liegt.

Beispiel:

Abb. 4: Bodenrichtwertkarte

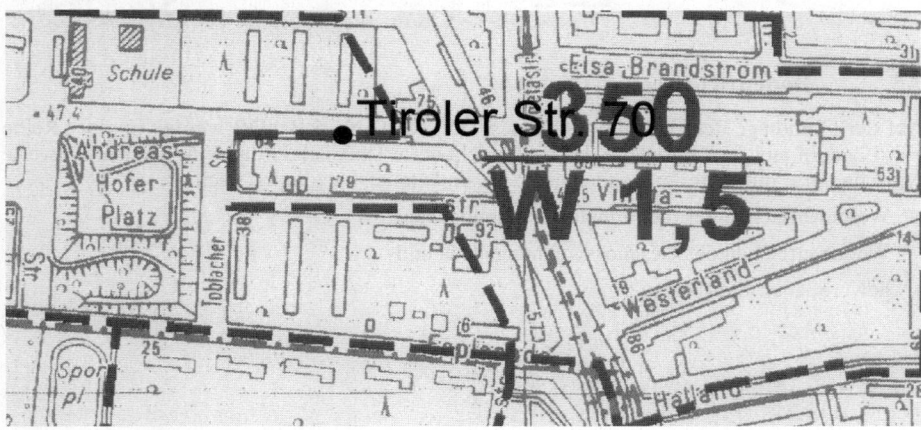

Mitunter sind die Verhältnisse noch undurchsichtiger, wenn die bauplanungsrechtlichen Festsetzungen zum Maß der baulichen Nutzung von dem dem Bodenrichtwert zugeordneten Maß der baulichen Nutzung und dem **lagetypischen Maß der baulichen Nutzung** abweicht.

Im nachfolgenden Beispiel liegt die tatsächlich in dem Gebiet realisierte lagetypische Nutzung bei einer GFZ von 3,0, die auch im Falle eines Neubaus üblicherweise genehmigt wird, obwohl der Bebauungsplan (von 1963) eine GFZ von 1,0 festsetzt. Dem Bodenrichtwert wird nun wiederum eine GFZ von 2,0 zugeordnet und man ist da wohl gut beraten, diesen beim Gutachterausschuss für Grundstückswerte kritisch zu hinterfragen.

§ 10 ImmoWertV — Bodenrichtwerte

Beispiel:

Abb. 5: Bodenrichtwertkarte

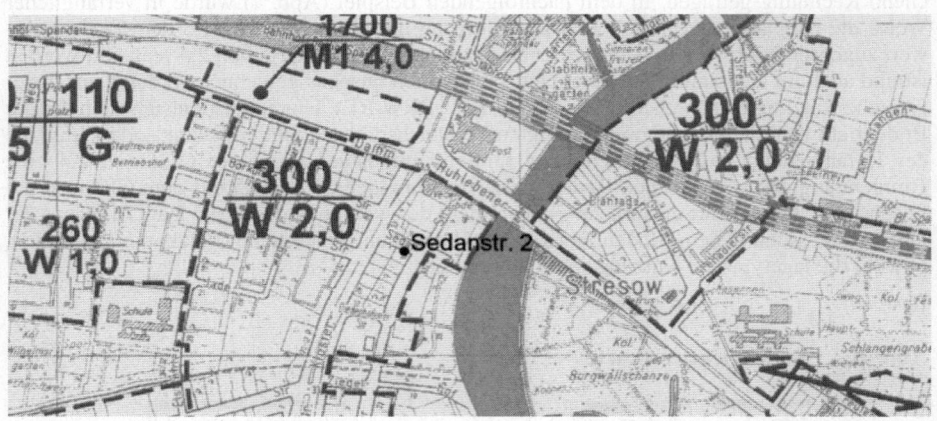

3.5 Bodenrichtwertübersichten

79 Auf der Grundlage der Ermächtigung des § 199 Abs. 2 Nr. 6 BauGB werden in einer Reihe von Ländern auf der Grundlage der Bodenrichtwerte Übersichten über die Bodenrichtwerte typischer Orte für baureifes Land erstellt; sie sind zumeist gegliedert nach

– Wohnbauflächen des individuellen Wohnungsbaus,

– Wohnbauflächen des Geschosswohnungsbaus und

– gewerblichen Bauflächen.

Abb. 6: Bodenrichtwertübersichtskarte

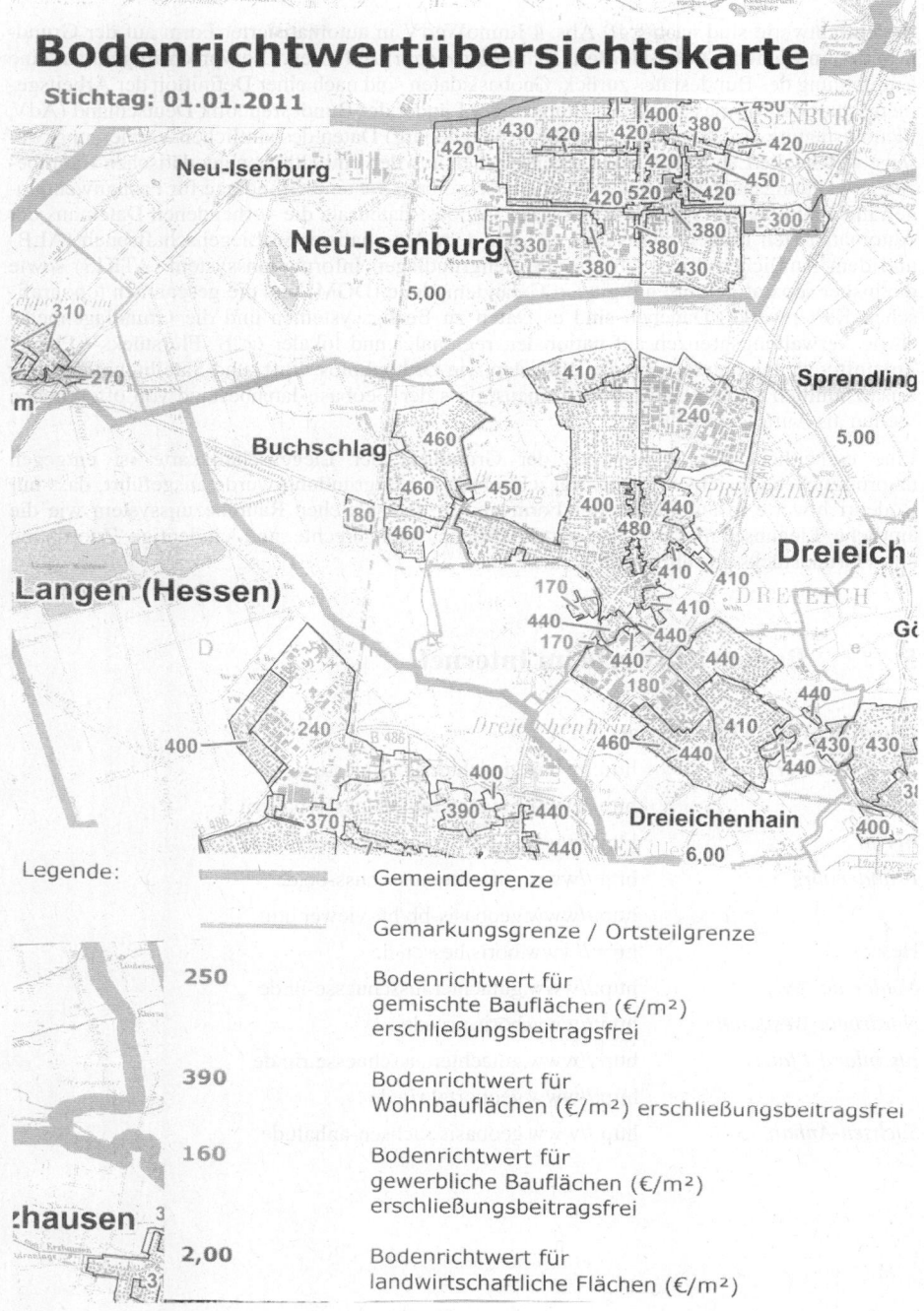

§ 10 ImmoWertV   Bodenrichtwerte

4   Automatisierte Form (§ 10 Abs. 3 ImmoWertV)

80   Bodenrichtwerte sind nach § 10 Abs. 4 ImmoWertV in automatisierter Form auf der Grundlage der **amtlichen Geobasisdaten** (*spatial base data*) zu führen. Die Vorschrift geht auf eine Empfehlung des Bundesrates zurück. Geobasisdaten sind nach einer Definition der Arbeitsgemeinschaft der Vermessungsverwaltungen der Länder der Bundesrepublik Deutschland (AdV, Plenumstagung am 28. und 29.09.2005 in Magdeburg) Daten des amtlichen Vermessungswesens, welche die Landschaft, die Liegenschaften und den einheitlichen geodätischen Raumbezug anwendungsneutral nachweisen und beschreiben. Sie sind Grundlage für Fachanwendungen mit Raumbezug. Speziell umfasst der Geobasisdatensatz die vorhandenen Daten aus der Automatisierten Liegenschaftskarte (ALK), dem Automatisierten Liegenschaftsbuch (ALB) und dem Amtlichen Topografischen Kartengrundlagen Informationssystem (ATKIS) sowie die bisher separat geführten digitalen Geländemodelle (DGM) und die gescannten topografischen Kartenwerke. Daneben sind es Daten zu Bezugssystemen und die Grundlagennetze sowie Verwaltungsgrenzen auf nationaler, regionaler und lokaler (z. B. Flurstücks-) Ebene. Zukünftig zählen hierzu auch die Bilddaten wie Orthophotos, Luft- und Satellitenbilder. Der Zusatz amtlich verdeutlicht darüber hinaus, dass der Geobasisdatenbestand von öffentlichen Stellen als Auftrag erstellt wird.

81   Eine einheitliche Darstellung auf der Grundlage der Liegenschaftskarte ist entgegen ursprünglichen Absichten nicht vorgeschrieben; zur Begründung wurde ausgeführt, dass nur Bodenrichtwerte in automatisierter Form und in dem gleichen Raumbezugssystem wie die amtliche Liegenschaftskarte die wirtschaftliche, sachgerechte und eindeutige Zuordnung eines Grundstücks gewährleisten können[54].

5   Bodenrichtwerte im Internet

82   **Bodenrichtwerte im Internet:**

Bodenrichtwerte	http://www.gutachterausschuesse.de
Bayern	http://www.gutachterausschuesse-bayern.de
Berlin	http://www.gutachterausschuss-berlin.de
Brandenburg	http://www.gutachterausschuss-bb.de
	http://www.geobasis-bb/bb-viewer.htm
Hessen	hrrp://www.boris.hessen.de
Niedersachsen:	http://www.gutachterausschuesse-ni.de
Nordrhein-Westfalen:	http://www.boris.nrw.de
Rheinland-Pfalz:	http://www.gutachterausschuesse.rip.de
	http://www.geoportal.rip.de
Sachsen-Anhalt	http://www.geobasis.sachsen-anhalt.de

---

54   BR-Drucks. 296/09 (Beschluss) S. 4.

6 Bodenrichtwertrichtlinie

Richtlinie zur Ermittlung von Bodenrichtwerten (Bodenrichtwertrichtlinie – BRW-RL) 83
vom 11. Januar 2011 (BAnz Nr. 24 vom 11.02.2011 S. 597 ff. = GuG 2011, 165)

Inhaltsverzeichnis

1	Zweck und Anwendungsbereich
2	Definition
3	Ermittlungspflicht
4	Grundlagen
5	Bildung der Bodenrichtwertzonen
6	Grundstücksmerkmale des Bodenrichtwertgrundstücks
7	Ermittlung der Bodenrichtwerte
8	Bereitstellung der Bodenrichtwerte

Anlagen:
Anlage 1   Wesentliche wertbeeinflussende Grundstücksmerkmale
Anlage 2   Erläuterungen zum Auszug aus den Bodenrichtwertkarten
Anlage 3   Schnittstellenbeschreibung für ein Bodenrichtwertinformationssystem im CSV-Format

1 Zweck und Anwendungsbereich

(1) Diese Richtlinie gibt Hinweise für die Ermittlung der Bodenrichtwerte nach §10 der Immobilienwertermittlungsverordnung (ImmoWertV) vom 19. Mai 2010 (BGBl. I S. 639). Ihre Anwendung soll die Ermittlung und Darstellung der Bodenrichtwerte nach einheitlichen und marktgerechten Grundsätzen und Verfahren sicherstellen.

(2) Die Richtlinie wurde von einer Arbeitsgruppe aus Vertretern des Bundesministeriums für Verkehr, Bau und Stadtentwicklung, des Bundesministeriums der Finanzen, der für das Gutachterausschusswesen zuständigen Ministerien der Länder sowie der Bundesvereinigung der Kommunalen Spitzenverbände erarbeitet und wird den Gutachterausschüssen zur Anwendung empfohlen.

(3) Bodenrichtwerte tragen zur Transparenz auf dem Immobilienmarkt bei. Sie dienen in besonderem Maße der Unterrichtung der Öffentlichkeit über die Situation am Immobilienmarkt, darüber hinaus sind sie eine Grundlage zur Ermittlung des Bodenwerts (§ 16 Absatz 1 Satz 2 ImmoWertV) und dienen der steuerlichen Bewertung.

2 Definition

Der Bodenrichtwert (§ 196 Absatz 1 des Baugesetzbuchs – BauGB) ist der durchschnittliche Lagewert des Bodens für eine Mehrheit von Grundstücken innerhalb eines abgegrenzten Gebiets (Bodenrichtwertzone), die nach ihren Grundstücksmerkmalen (§ 4 Absatz 2 ImmoWertV), insbesondere nach Art und Maß der Nutzbarkeit (§ 6 Absatz 1 ImmoWertV) weitgehend übereinstimmen und für die im Wesentlichen gleiche allgemeine Wertverhältnisse (§ 3 Absatz 2 ImmoWertV) vorliegen. Er ist bezogen auf den Quadratmeter Grundstücksfläche eines Grundstücks mit den dargestellten Grundstücksmerkmalen (Bodenrichtwertgrundstück).

3 Ermittlungspflicht

Bodenrichtwerte sind, soweit die Länder keine häufigere Ermittlung vorgeschrieben haben, mindestens zum 31. Dezember eines jeden zweiten Kalenderjahres flächendeckend zu ermitteln (§ 196 Absatz 1 BauGB).

4 Grundlagen

(1) Für die Bodenrichtwertermittlung sind die Daten der Kaufpreissammlung und sonstige für die Wertermittlung erforderliche Daten, vor allem Bodenpreisindexreihen und Umrechnungskoeffizienten, zugrunde zu legen.

(2) Zweckdienliche sonstige Daten und Informationen sind unterstützend heranzuziehen. Dazu können zum Beispiel gehören:
– Geobasisdaten, z. B. Liegenschaftskarte und topografische Informationen,
– Bauleitpläne, Satzungen nach § 34 Absatz 4 BauGB zur Abgrenzung von Innen- und Außenbereich, Landschaftspläne,
– Schutzgebiete, z. B. nach Denkmalschutzrecht, Naturschutzrecht und Wasserrecht,

§ 10 ImmoWertV — Bodenrichtwerte

- Erhaltungssatzungen (§ 172 BauGB),
- städtebauliche Entwicklungskonzepte nach § 171b Absatz 2 BauGB,
- Daten über Bodenordnungs-, Sanierungs- und Entwicklungsmaßnahmen, Planfeststellungen,
- Daten über Art und Umfang der Erschließung,
- Daten über die Abrechnung von Erschließungsbeiträgen und von anderen in Betracht kommenden Beiträgen und sonstigen Abgaben,
- Informationen über Mieten,
- Informationen über Pachten,
- Bodengütekarten,
- Ergebnisse der Bodenschätzung,
- Ergebnisse örtlicher Ermittlungen (z. B. Passantenfrequenzzählungen),
- Daten zur demografischen Entwicklung.

(3) Bei der Ermittlung von Bodenrichtwerten für Richtwertzonen am Rande des Zuständigkeitsbereiches des Gutachterausschusses soll eine Abstimmung mit den benachbarten Gutachterausschüssen herbeigeführt werden.

5 Bildung der Bodenrichtwertzonen

(1) Die Bodenrichtwertzonen sollen so abgegrenzt werden, dass lagebedingte Wertunterschiede zwischen der Mehrzahl der Grundstücke und dem Bodenrichtwertgrundstück nicht erheblich sind. Wertunterschiede, die sich aus nicht mit dem Bodenrichtwertgrundstück übereinstimmenden Grundstücksmerkmalen einzelner Grundstücke ergeben (z. B. Abweichungen bei der Grundstücksfläche, individuelle rechtliche oder tatsächliche Belastungen), sind bei der Abgrenzung nicht zu berücksichtigen.

(2) Je Bodenrichtwertzone ist ein Bodenrichtwert anzugeben. Bodenrichtwertzonen können nicht aus räumlich getrennt liegenden Gebieten bestehen. Bodenrichtwertzonen können sich in begründeten Fällen deckungsgleich überlagern. Voraussetzung ist, dass eine eindeutige Zuordnung der Mehrzahl der Grundstücke zum jeweiligen Bodenrichtwertgrundstück gewährleistet bleibt. Bei Bodenrichtwerten nach § 196 Absatz 1 Satz 7 BauGB können sich die Bodenrichtwertzonen auch nicht deckungsgleich überlagern.

(3) Soweit Gemeinbedarfsflächen nicht bereits nach Absatz 1 bei der Bildung der Bodenrichtwertzone unberücksichtigt bleiben, sind Gemeinbedarfsflächen auch in den verbleibenden Fällen nur zu berücksichtigen, wenn ihre Zweckbestimmung eine privatwirtschaftliche Nutzung nicht auf Dauer ausschließt.

(4) Bodenrichtwertzonen für den Entwicklungszustand Bauerwartungsland und Rohbauland sind unter besonderer Berücksichtigung der Bauleitpläne sowie der Entwicklung am Grundstücksmarkt zu bilden. Sie sind so abzugrenzen, dass in der Bodenrichtwertzone ein überwiegend einheitlicher Entwicklungsgrad der Grundstücke gegeben ist.

(5) Im Grenzbereich des baulichen Innen- und Außenbereichs sind der Abgrenzung der Bodenrichtwertzone soweit vorhanden Satzungen nach § 34 Absatz 4 BauGB zugrunde zu legen. Im Übrigen sind der Abgrenzung der Bodenrichtwertzone die tatsächlichen Grenzen des vorhandenen Bebauungszusammenhangs und ggf. Auskünfte der Planungs- oder der Baugenehmigungsbehörde zugrunde zu legen.

6 Grundstücksmerkmale des Bodenrichtwertgrundstücks

(1) Die Grundstücksmerkmale des Bodenrichtwertgrundstücks sollen mit den vorherrschenden wertbeeinflussenden Merkmalen der Mehrheit der Grundstücke in der Bodenrichtwertzone übereinstimmen.

(2) Zu den wesentlichen wertbeeinflussenden Grundstücksmerkmalen des Bodenrichtwertgrundstücks gehören stets (§ 10 Absatz 2 ImmoWertV) der Entwicklungszustand und die Art der Nutzung, sowie insbesondere

- bei b a u r e i f e m L a n d der erschließungsbeitragsrechtliche Zustand und soweit wertrelevant vor allem
  - die Bauweise oder Anbauart,
  - das Maß der baulichen Nutzung,
  - die Grundstücksgröße (Grundstücksfläche, -tiefe oder -breite),
- bei förmlich festgelegten S a n i e r u n g s g e b i e t e n (§ 142 BauGB) und förmlich festgelegten E n t w i c k l u n g s b e r e i c h e n (§ 165 BauGB) der Zustand, auf den sich der Bodenrichtwert bezieht (entweder der sanierungs- oder entwicklungsunbeeinflusste oder der sanierungs- oder entwicklungsbeeinflusste Zustand),
- bei l a n d w i r t s c h a f t l i c h genutzten Flächen soweit verfügbar die Bodengüte (Acker- oder Grünlandzahl).

Bodenrichtwerte § 10 ImmoWertV

(3) Die wesentlichen wertbeeinflussenden Grundstücksmerkmale sind nach Anlage 1 zu spezifizieren.

(4) Das Bodenrichtwertgrundstück ist frei von Merkmalen, die nur im Rahmen einer Einzelbegutachtung ermittelt werden können, insbesondere frei von

- individuellen privatrechtlichen Vereinbarungen und Belastungen (z. B. Miet- und Pachtverträge, Grunddienstbarkeiten),
- individuellen öffentlich-rechtlichen Merkmalen (z. B. Baulasten, Denkmalschutz, Bindungen des öffentlich geförderten Wohnungsbaus),
- individuellen tatsächlichen Belastungen (z. B. Altlasten).

(5) Bei der Festlegung der Art und des Maßes der baulichen Nutzung des Bodenrichtwertgrundstücks ist grundsätzlich die zulässige Nutzung zugrunde zu legen. Diese ergibt sich aus den für die planungsrechtliche Zulässigkeit von Vorhaben maßgeblichen §§ 30, 33 und 34 BauGB und den sonstigen Vorschriften, die die Nutzbarkeit betreffen. Wird vom Maß der zulässigen Nutzung in der Umgebung regelmäßig abgewichen, ist das Nutzungsmaß maßgebend, das im gewöhnlichen Geschäftsverkehr zugrunde gelegt wird (§ 6 Absatz 1 ImmoWertV).

(6) Wird als Maß der baulichen Nutzung das Verhältnis von Geschossfläche zur Grundstücksfläche angegeben, sind auch die Flächen zu berücksichtigen, die nach den baurechtlichen Vorschriften nicht anzurechnen sind, aber der wirtschaftlichen Nutzung dienen (wertrelevante Geschossflächenzahl – WGFZ). Die Geschossfläche ist nach den Außenmaßen der Gebäude in allen Vollgeschossen zu ermitteln. Die Flächen von Aufenthaltsräumen in anderen Geschossen einschließlich der zu ihnen gehörenden Treppenräume und ihrer Umfassungswände sind mitzurechnen. Soweit keine anderweitigen Erkenntnisse vorliegen, ist

- die Geschossfläche eines ausgebauten oder ausbaufähigen Dachgeschosses pauschal mit 75 % der Geschossfläche des darunterliegenden Vollgeschosses,
- die Geschossfläche des Kellergeschosses, wenn Aufenthaltsräume vorhanden oder möglich sind, pauschal mit 30 % des darüberliegenden Vollgeschosses

zu berechnen.

(7) Bodenrichtwerte für baureifes Land sind in der Regel für erschließungsbeitragsfreie und kostenerstattungsbetragsfreie Grundstücke zu ermitteln. Aufgrund örtlicher Gegebenheiten können Bodenrichtwerte mit dem folgenden abweichenden beitrags- und abgabenrechtlichen Zustand ermittelt werden:

- erschließungsbeitrags-/kostenerstattungsbetragsfrei und abgabenpflichtig nach Kommunalabgabengesetz,
- erschließungsbeitrags-/kostenerstattungsbetragspflichtig und abgabenpflichtig nach Kommunalabgabengesetz.

Der dargestellte beitrags- und abgabenrechtliche Zustand soll der Mehrheit der Grundstücke innerhalb der Bodenrichtwertzone entsprechen. Der Einfluss der Beiträge und Abgaben auf den Bodenrichtwert ist am Marktverhalten zu orientieren.

7 Ermittlung der Bodenrichtwerte

(1) Bodenrichtwerte sind vorrangig im Vergleichswertverfahren zu ermitteln. Die Kaufpreise sind mittels Umrechnungskoeffizienten oder anderer geeigneter Verfahren an die Merkmale des Bodenrichtwertgrundstücks und mittels Indexreihen an den Stichtag der Bodenrichtwertermittlung anzupassen.

(2) Für die Bodenrichtwertermittlung in Gebieten ohne oder mit geringem Grundstücksverkehr sind

- Kaufpreise und Bodenrichtwerte aus vergleichbaren Gebieten,
- Kaufpreise und Bodenrichtwerte vorangegangener Jahre, die mit Indexreihen an die allgemeine Marktentwicklung angepasst werden,

heranzuziehen. Darüber hinaus können andere marktbezogene Verfahren Anwendung finden, z. B. deduktive Verfahren, Zielbaummethode, Wohn-/Geschäftslagenklassifizierung, Miet- und Pachtentwicklung, Verhältnis der Mieten in Geschäftslagen, Mietsäulenverfahren.

(3) Bei bebauten Grundstücken ist der Wert zu ermitteln, der sich ergeben würde, wenn der Boden unbebaut wäre (§ 196 Absatz 1 Satz 2 BauGB). Dabei ist zu beachten, dass Zustand und Struktur der das Gebiet prägenden Bebauung als Lagemerkmal (§ 6 Absatz 4 ImmoWertV) den Bodenwert beeinflussen können.

(4) Bei forstwirtschaftlich genutzten Grundstücken enthält der Bodenrichtwert keinen Wertanteil für den Aufwuchs.

(5) Die Bodenrichtwerte sind als ein Betrag in Euro pro Quadratmeter Grundstücksfläche zu ermitteln. Bodenrichtwertspannen sind nicht zulässig.

§ 10 ImmoWertV — Bodenrichtwerte

(6) Das Verfahren für die Ableitung der Bodenrichtwerte ist zu dokumentieren, um es bei Bedarf nachvollziehbar darlegen zu können. Einzelne Bodenrichtwerte sind nicht zu begründen.

8 Bereitstellung der Bodenrichtwerte

(1) Bodenrichtwerte sind mit ihren wertbeeinflussenden Merkmalen nutzergerecht bereitzustellen. Zur Berücksichtigung von Wertunterschieden, die auf Abweichungen von den wesentlichen wertbeeinflussenden Merkmalen des Bodenrichtwertgrundstücks beruhen, sind Umrechnungskoeffizienten oder Zu- bzw. Abschläge anzugeben. Es ist auch anzugeben, wenn der Bodenrichtwert für verschiedene Nutzungsarten oder Nutzungsmaße Geltung hat. Bei einer Darstellung der Bodenrichtwerte in einer analogen Karte ist eine Erläuterung in der in Anlage 2 dargestellten Form beizufügen.

(2) Bodenrichtwerte sind automatisiert in einem Informationssystem zum Immobilienmarkt zu führen und für die Öffentlichkeit bereitzustellen. Dabei kann der in Anlage 3 beschriebene Datenstandard verwendet werden.

Anlage 1
Wesentliche wertbeeinflussende Grundstücksmerkmale

Für jeden Bodenrichtwert sind die wertbeeinflussenden Merkmale aus dem folgenden abschließenden Katalog anzugeben.

1 Nutzungsartenkatalog für Bodenrichtwerte

Für jeden Bodenrichtwert sind der Entwicklungszustand und die Art der Nutzung anzugeben. Zusätzlich kann eine Ergänzung zur Art der Nutzung angegeben werden (z. B. B, WR, EFH).

Nr.	Art der Nutzung bzw. Ergänzung zur Art der Nutzung	Abkürzung für Entwicklungszustand	Abkürzung für Art der Nutzung	Abkürzung für Ergänzung zur Art der Nutzung
Baureifes Land		**B**		
Rohbauland		**R**		
Bauerwartungsland		**E**		
1	Wohnbaufläche		W	
1.1	Kleinsiedlungsgebiet		WS	
1.2	reines Wohngebiet		WR	
1.3	allgemeines Wohngebiet		WA	
1.4	besonderes Wohngebiet		WB	
2	gemischte Baufläche (auch Baufläche ohne nähere Spezifizierung)		M	
2.1	Dorfgebiet		MD	
2.2	Mischgebiet		MI	
2.3	Kerngebiet		MK	
3	gewerbliche Baufläche		G	
3.1	Gewerbegebiet		GE	
3.2	Industriegebiet		GI	
4	Sonderbaufläche		S	
4.1	Sondergebiet für Erholung (§ 10 BauNVO)		SE	
4.2	sonstige Sondergebiete (§ 11 BauNVO)		SO	
4.3	Baufläche für Gemeinbedarf		GB	

Bodenrichtwerte § 10 ImmoWertV

Nr.	Art der Nutzung bzw. Ergänzung zur Art der Nutzung	Abkürzung für Entwicklungszustand	Abkürzung für Art der Nutzung	Abkürzung für Ergänzung zur Art der Nutzung
	Die Bauflächen (1 bis 4.3) können zusätzlich durch folgende Ergänzungen zur Art der Nutzung weiter spezifiziert werden in:			
	Ein- und Zweifamilienhäuser			EFH
	Mehrfamilienhäuser			MFH
	Geschäftshäuser (mehrgeschossig)			GH
	Wohn- und Geschäftshäuser			WGH
	Büro- und Geschäftshäuser			BGH
	Bürohäuser			BH
	Produktion und Logistik			PL
	Wochenendhäuser			WO
	Ferienhäuser			FEH
	Freizeit und Touristik			FZT
	Läden (eingeschossig)			LAD
	Einkaufszentren			EKZ
	Messen, Ausstellungen, Kongresse, Großveranstaltungen aller Art			MES
	Bildungseinrichtungen			BI
	Gesundheitseinrichtungen			MED
	Hafen			HAF
	Garagen, Stellplatzanlagen, Parkhäuser			GAR
	Militär			MIL
	landwirtschaftliche Produktion			LP
	Außenbereich			ASB
	Flächen der Land- oder Forstwirtschaft	**LF**		
5	landwirtschaftliche Fläche		LW	
5.1	Acker		A	
5.2	Grünland		GR	
5.3	Erwerbsgartenanbaufläche		EGA	
5.3.1	Obstbaufläche		EGA	OG
5.3.2	Gemüseanbaufläche		EGA	GEM
5.3.3	Blumen- und Zierpflanzenanbaufläche		EGA	BLU
5.3.4	Baumschulfläche		EGA	BMS
5.4	Anbaufläche für Sonderkulturen		SK	
5.4.1	Spargelanbaufläche		SK	SPA
5.4.2	Hopfenanbaufläche		SK	HPF
5.4.3	Tabakanbaufläche		SK	TAB
5.5	Weingarten		WG	
5.5.1	Weingarten in Flachlage		WG	FL
5.5.2	Weingarten in Hanglage		WG	HL
5.5.3	Weingarten in Steillage		WG	STL
5.6	Kurzumtriebsplantagen/Agroforst		KUP	
5.7	Unland, Geringstland, Bergweide, Moor		UN	
6	forstwirtschaftliche Fläche		F	

§ 10 ImmoWertV — Bodenrichtwerte

Nr.	Art der Nutzung bzw. Ergänzung zur Art der Nutzung	Abkürzung für Entwicklungszustand	Abkürzung für Art der Nutzung	Abkürzung für Ergänzung zur Art der Nutzung
Sonstige Flächen		**SF**		
7.1	private Grünfläche		PG	
7.2	Kleingartenfläche		KGA	
7.3	Freizeitgartenfläche		FGA	
7.4	Campingplatz		CA	
7.5	Sportfläche (u. a. Golfplatz)		SPO	
7.6	sonstige private Fläche		SG	
7.7	Friedhof		FH	
7.8	Wasserfläche		WF	
7.9	Flughäfen, Flugplätze usw.		FP	
7.10	private Parkplätze, Stellplatzfläche		PP	
7.11	Lagerfläche		LG	
7.12	Abbauland		AB	
7.12.1	Abbauland von Sand und Kies		AB	SND
7.12.2	Abbauland von Ton und Mergel		AB	TON
7.12.3	Abbauland von Torf		AB	TOF
7.12.4	Steinbruch		AB	STN
7.12.5	Braunkohletagebau		AB	KOH
7.13	Gemeinbedarfsfläche (kein Bauland)		GF	
7.14	Sondernutzungsfläche		SN	

2 Weitere wertbeeinflussende Grundstücksmerkmale

Bei baureifem Land ist die Beitragssituation anzugeben. Die weiteren Grundstücksmerkmale sind anzugeben, soweit sie wertbeeinflussend sind.

2.1 Beitrags- und abgabenrechtlicher Zustand
    keine Angabe   erschließungsbeitrags- und kostenerstattungsbetragsfrei
    ebf   erschließungsbeitrags-/kostenerstattungsbetragsfrei und abgabenpflichtig nach Kommunalabgabengesetz,
    ebpf   erschließungsbeitrags-/kostenerstattungsbetragspflichtig und abgabenpflichtig nach Kommunalabgabengesetz

2.2 Bauweise oder Anbauart
    o   offene Bauweise
    g   geschlossene Bauweise
    a   abweichende Bauweise
    eh   Einzelhäuser
    ed   Einzel- und Doppelhäuser
    dh   Doppelhaushälften
    rh   Reihenhäuser
    rm   Reihenmittelhäuser
    re   Reihenendhäuser

2.3 Maß der baulichen Nutzung
    II   Geschosszahl (römische Ziffer)
    WGFZ   wertrelevante Geschossflächenzahl
    GRZ   Grundflächenzahl
    BMZ   Baumassenzahl

2.4 Angaben zum Grundstück
    t   Grundstückstiefe in Metern
    b   Grundstücksbreite in Metern
    f   Grundstücksfläche in Quadratmetern

Bodenrichtwerte § 10 ImmoWertV

2.5 Sanierungs- oder Entwicklungszusatz
- SU   sanierungsunbeeinflusster Bodenrichtwert, ohne Berücksichtigung der rechtlichen und tatsächlichen Neuordnung
- SB   sanierungsbeeinflusster Bodenrichtwert, unter Berücksichtigung der rechtlichen und tatsächlichen Neuordnung
- EU   entwicklungsunbeeinflusster Bodenrichtwert, ohne Berücksichtigung der rechtlichen und tatsächlichen Neuordnung
- EB   entwicklungsbeeinflusster Bodenrichtwert, unter Berücksichtigung der rechtlichen und tatsächlichen Neuordnung

2.6 Bewertung der Bodenschätzung
Angabe entsprechend dem Bodenschätzungsgesetz
- Ackerzahl
- Grünlandzahl

Anlage 2
Erläuterungen zum Auszug aus den Bodenrichtwertkarten

Gesetzliche Bestimmungen

Bodenrichtwerte werden gemäß § 193 Absatz 5 BauGB vom zuständigen Gutachterausschuss für Grundstückswerte nach den Bestimmungen des BauGB und der ImmoWertV ermittelt. Die aktuellen Bodenrichtwerte wurden zum Stichtag ... [einsetzen: Datum des jeweiligen Stichtags] ermittelt.

Begriffsdefinition

Der Bodenrichtwert (§ 196 Absatz 1 BauGB) ist der durchschnittliche Lagewert des Bodens für eine Mehrheit von Grundstücken innerhalb eines abgegrenzten Gebiets (Bodenrichtwertzone), die nach ihren Grundstücksmerkmalen, insbesondere nach Art und Maß der Nutzbarkeit weitgehend übereinstimmen und für die im Wesentlichen gleiche allgemeine Wertverhältnisse vorliegen. Er ist bezogen auf den Quadratmeter Grundstücksfläche eines Grundstücks mit den dargestellten Grundstücksmerkmalen (Bodenrichtwertgrundstück).

Der Bodenrichtwert enthält keine Wertanteile für Aufwuchs, Gebäude, bauliche und sonstige Anlagen. Bei bebauten Grundstücken ist der Bodenrichtwert ermittelt worden, der sich ergeben würde, wenn der Boden unbebaut wäre (§ 196 Absatz 1 Satz 2 BauGB).

Eventuelle Abweichungen eines einzelnen Grundstücks vom Bodenrichtwertgrundstück hinsichtlich seiner Grundstücksmerkmale (zum Beispiel hinsichtlich des Erschließungszustands, des beitrags- und abgabenrechtlichen Zustands, der Art und des Maßes der baulichen Nutzung) sind bei der Ermittlung des Verkehrswerts des betreffenden Grundstücks zu berücksichtigen.

Die Abgrenzung der Bodenrichtwertzone sowie die Festsetzung der Höhe des Bodenrichtwerts begründet keine Ansprüche zum Beispiel gegenüber den Trägern der Bauleitplanung, Baugenehmigungsbehörden oder Landwirtschaftsbehörden.

Darstellung

Der Bodenrichtwert wird mit seiner Begrenzungslinie (Bodenrichtwertzone) sowie mit seinen wertbeeinflussenden Grundstücksmerkmalen entsprechend einer der folgenden Übersichten dargestellt. Der Bodenrichtwertzone können Zonennummern zugeordnet sein.

§ 10 ImmoWertV — Bodenrichtwerte

Bodenrichtwerte für Bauflächen

95 B ebf (1255)
WA EFH WGFZ0,3 b25 f750

Bodenrichtwert	Entwicklungszustand	Sanierungs- oder Entwicklungszusatz	Beitragssituation	Zonennummer
95	B		ebf	(1255)

Art der Nutzung	Ergänzung zur Art der Nutzung	Bauweise	Geschosszahl	wertrelevante Geschossflächenzahl	Grundflächenzahl	Baumassenzahl	Grundstückstiefe	Grundstücksbreite	Grundstücksfläche	weitere Merkmale
WA	EFH			WGFZ 0,3				b25	f750	

Maß der baulichen Nutzung

Bodenrichtwert
...   Bodenrichtwert in Euro je Quadratmeter

Entwicklungszustand
B	baureifes Land
R	Rohbauland
E	Bauerwartungsland

Art der Nutzung
W	Wohnbaufläche
WS	Kleinsiedlungsgebiet
WR	reines Wohngebiet
WA	allgemeines Wohngebiet
WB	besonderes Wohngebiet
M	gemischte Baufläche
MD	Dorfgebiet
MI	Mischgebiet
MK	Kerngebiet
G	gewerbliche Baufläche
GE	Gewerbegebiet
GI	Industriegebiet
S	Sonderbaufläche
SE	Sondergebiet für Erholung (§ 10 BauNVO)
SO	sonstige Sondergebiete (§ 11 BauNVO)
GB	Baufläche für Gemeinbedarf

Sanierungs- oder Entwicklungszusatz
SU	sanierungsunbeeinflusster Bodenrichtwert, ohne Berücksichtigung der rechtlichen und tatsächlichen Neuordnung
SB	sanierungsbeeinflusster Bodenrichtwert, unter Berücksichtigung der rechtlichen und tatsächlichen Neuordnung
EU	entwicklungsunbeeinflusster Bodenrichtwert, ohne Berücksichtigung der rechtlichen und tatsächlichen Neuordnung
EB	entwicklungsbeeinflusster Bodenrichtwert, unter Berücksichtigung der rechtlichen und tatsächlichen Neuordnung

Beitrags- und abgabenrechtlicher Zustand
keine Angabe	erschließungsbeitrags- und kostenerstattungsbetragsfrei
ebf	erschließungsbeitrags-/kostenerstattungsbetragsfrei und abgabenpflichtig nach Kommunalabgabengesetz
ebpf	erschließungsbeitrags-/kostenerstattungsbetragspflichtig und abgabenpflichtig nach Kommunalabgabengesetz

Ergänzung zur Art der Nutzung
EFH	Ein- und Zweifamilienhäuser
MFH	Mehrfamilienhäuser
GH	Geschäftshäuser (mehrgeschossig)
WGH	Wohn- und Geschäftshäuser
BGH	Büro- und Geschäftshäuser
BH	Bürohäuser
PL	Produktion und Logistik
WO	Wochenendhäuser
FEH	Ferienhäuser
FZT	Freizeit und Touristik
LAD	Läden (eingeschossig)
EKZ	Einkaufszentren
MES	Messen, Ausstellungen, Kongresse, Großveranstaltungen aller Art
BI	Bildungseinrichtungen
MED	Gesundheitseinrichtungen
HAF	Hafen
GAR	Garagen, Stellplatzanlagen, Parkhäuser
MIL	Militär
LP	landwirtschaftliche Produktion
ASB	Außenbereich

Bauweise oder Anbauart
o	offene Bauweise
g	geschlossene Bauweise
a	abweichende Bauweise
eh	Einzelhäuser
ed	Einzel- und Doppelhäuser
dh	Doppelhaushälften
rh	Reihenhäuser
rm	Reihenmittelhäuser
re	Reihenendhäuser

Maß der baulichen Nutzung
II	Geschosszahl (römische Ziffer)
WGFZ...	wertrelevante Geschossflächenzahl
GRZ...	Grundflächenzahl
BMZ...	Baumassenzahl

Angaben zum Grundstück
t...	Grundstückstiefe in Metern
b...	Grundstücksbreite in Metern
f...	Grundstücksfläche in Quadratmetern

Bodenrichtwerte § 10 ImmoWertV

Bodenrichtwerte für Flächen der Land- oder Forstwirtschaft

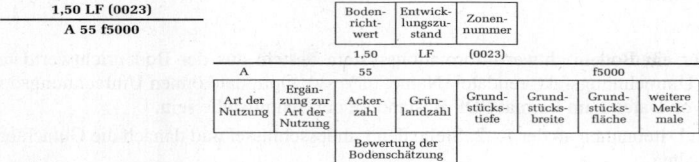

```
1,50 LF (0023)
A 55 f5000
```

	Bodenrichtwert	Entwicklungszustand	Zonennummer			
	1,50	LF	(0023)			
A		55				f5000
Art der Nutzung	Ergänzung zur Art der Nutzung	Ackerzahl	Grünlandzahl	Grundstückstiefe	Grundstücksbreite	Grundstücksfläche	weitere Merkmale
		Bewertung der Bodenschätzung				

Bodenrichtwert
...   Bodenrichtwert in Euro je Quadratmeter

Entwicklungszustand
LF   Flächen der Land- oder Forstwirtschaft

Art der Nutzung
- LW landwirtschaftliche Fläche
- A Acker
- GR Grünland
- EGA Erwerbsgartenanbaufläche
- SK Anbaufläche für Sonderkulturen
- WG Weingarten
- KUP Kurzumtriebsplantagen/Agroforst
- UN Unland, Geringstland, Bergweide, Moor
- F forstwirtschaftliche Fläche

Ergänzung zur Art der Nutzung
- OG Obstanbaufläche
- GEM Gemüseanbaufläche
- BLU Blumen- und Zierpflanzenanbaufläche
- BMS Baumschulfläche
- SPA Spargelanbaufläche
- HPF Hopfenanbaufläche
- TAB Tabakanbaufläche
- FL Weingarten in Flachlage
- HL Weingarten in Hanglage
- STL Weingarten in Steillage

Bewertung der Bodenschätzung
- ... Ackerzahl
- ... Grünlandzahl

Angaben zum Grundstück
- t... Grundstückstiefe in Metern
- b... Grundstücksbreite in Metern
- f... Grundstücksfläche in Quadratmetern

Bodenrichtwerte für sonstige Flächen

```
0,50 SF (01108)
AB SND
```

	Bodenrichtwert	Entwicklungszustand	Zonennummer			
	0,50	SF	(01108)			
AB	SND					
Art der Nutzung	Ergänzung zur Art der Nutzung	Grundstückstiefe	Grundstücksbreite	Grundstücksfläche	weitere Merkmale

Bodenrichtwert
...   Bodenrichtwert in Euro je Quadratmeter

Entwicklungszustand
SF   sonstige Flächen

Art der Nutzung
- PG private Grünfläche
- KGA Kleingartenfläche
- FGA Freizeitgartenfläche
- CA Campingplatz
- SPO Sportfläche (u. a. Golfplatz)
- SG sonstige private Fläche
- FH Friedhof
- WF Wasserfläche
- FP Flughäfen, Flugplätze usw.
- PP private Parkplätze, Stellplatzfläche
- LG Lagerfläche
- AB Abbauland
- GF Gemeinbedarfsfläche (kein Bauland)
- SN Sondernutzungsfläche

Ergänzung zur Art der Nutzung
- SND Abbauland von Sand und Kies
- TON Abbauland von Ton und Mergel
- TOF Abbauland von Torf
- STN Steinbruch
- KOH Braunkohletagebau

Angaben zum Grundstück
- t... Grundstückstiefe in Metern
- b... Grundstücksbreite in Metern
- f... Grundstücksfläche in Quadratmetern

§ 10 ImmoWertV Bodenrichtwerte

Anlage 3 zur BRW-RL
Schnittstellenbeschreibung für ein Bodenrichtwertinformationssystem im CSV-Format

1 Erläuterung

Die Datenschnittstelle für ein Bodenrichtwertinformationssystem besteht aus der Bodenrichtwertdatei (Name: br*.csv) und der Umrechnungsfaktorendatei (Name: uf*.csv). Optional können Umrechnungsdokumentationen in Form von Dateien im Format PDF Bestandteil der Schnittstelle sein.

Diese Dateien müssen im Dateinamen an der 1.- 2. Stelle den Landesschlüssel und danach die Gutachterausschusskennziffer enthalten.

Nach einem ‚-' kann der weitere Teil des Dateinamens individuell vergeben werden.

1.1 Dateiaufbau

Für die Bodenrichtwertdatei und die Umrechnungsfaktorendatei gelten folgende Grundsätze:

- Datensätze werden durch einen Zeilenumbruch getrennt, der durch die Zeichenkombination ‚CR LF' erzeugt wird.
- Der letzte Datensatz wird nicht durch einen Zeilenumbruch abgeschlossen.
- Als Trennzeichen für die Datenfelder wird das Pipezeichen ‚ | ' verwendet.
- Datenfelder, die Sonderzeichen enthalten, werden von Feldbegrenzern eingeschlossen. Als Feldbegrenzerzeichen wird das Doppelhochkomma ‚ " ' verwendet. Ist das Feldbegrenzerzeichen selbst als Sonderzeichen in den Daten enthalten, wird dieses im Datenfeld verdoppelt (Beispiel: 1;45;"Test ""2"" in Zeichenkette").
- Bei Dezimalzahlen wird der Punkt ‚ . 'als Dezimaltrenner verwendet.
- Koordinaten werden durch ein Leerzeichen getrennt.
- Der erste Datensatz einer Datei, der Kopfdatensatz, enthält in den Datenfeldern die Feldkennungen.
- Jeder Datensatz enthält alle Datenfelder. Ein leeres Datenfeld enthält kein Zeichen und wird gleichfalls durch das Trennzeichen abgeschlossen, ausgenommen am Datensatzende.
- Die mit „Historisch" gekennzeichneten Felder betreffen nur Bodenrichtwerte zurückliegender Stichtage.

1.2 Struktur besonderer Datenfelder

Struktur von Listen

Einzelne Werte in einem Datenfeld werden durch ein Semikolon ‚ ; ' getrennt. Beim Feld „Werteliste" besteht der einzelne Wert aus dem Wert für die Einflussgröße und dem jeweiligen Umrechnungswert getrennt durch ein Leerzeichen.

Struktur der Wertspannen

Soll ein Datenfeld Wertspannen enthalten, wird zuerst der minimale Wert und dann der maximale Wert getrennt durch ein ‚-' angegeben.

2 Bodenrichtwertdatei (CSV)

(vom Abdruck wird abgesehen)

§ 11 ImmoWertV
Indexreihen

(1) Änderungen der allgemeinen Wertverhältnisse auf dem Grundstücksmarkt sollen mit Indexreihen erfasst werden.

(2) Indexreihen bestehen aus Indexzahlen, die sich aus dem durchschnittlichen Verhältnis der Preise eines Erhebungszeitraums zu den Preisen eines Basiszeitraums mit der Indexzahl 100 ergeben. Die Indexzahlen können auch auf bestimmte Zeitpunkte des Erhebungs- und Basiszeitraums bezogen werden.

(3) Die Indexzahlen werden für Grundstücke mit vergleichbaren Lage- und Nutzungsverhältnissen abgeleitet. Das Ergebnis eines Erhebungszeitraums kann in geeigneten Fällen durch Vergleich mit den Indexreihen anderer Bereiche und vorausgegangener Erhebungszeiträume geändert werden.

(4) Indexreihen können insbesondere abgeleitet werden für
1. Bodenpreise,
2. Preise für Eigentumswohnungen und
3. Preise für Einfamilienhäuser.

Gliederungsübersicht   Rn.

1	Übersicht	1
2	Anwendung von Indexreihen (§ 11 Abs. 1 ImmoWertV)	2
3	Indexreihe (§ 11 Abs. 2 und 3 ImmoWertV)	
	3.1 Definition (§ 11 Abs. 2 ImmoWertV)	7
	3.2 Basiszeitraum und Basiszeitpunkt	10
	3.3 Ableitung (§ 11 Abs. 3 ImmoWertV)	12
4	Indexreihen (§ 11 Abs. 4 ImmoWertV)	
	4.1 Bodenpreisindexreihen	
	4.1.1 Teilmärkte	14
	4.1.2 Ableitung aus Kaufpreisen	21
	4.1.3 Ableitung aus Bodenrichtwerten	29
	4.2 Indexreihen für die Preise von Eigentumswohnungen	30
	4.3 Indexreihen für die Preise von Einfamilienhäusern	32
5	Kaufwertestatistiken	33
6	Immobilienindizes	34

1 Übersicht

Nach § 193 Abs. 5 BauGB führt der nach den §§ 192 ff. BauGB eingerichtete Gutachterausschuss für Grundstückswerte eine Kaufpreissammlung und ermittelt Bodenrichtwerte und sonstige für die Wertermittlung erforderliche Daten, ohne dabei – anders als § 9 Abs. 1 Satz 2 ImmoWertV – die Ableitung von Indexreihen expressis verbis aufzuführen. § 11 ImmoWertV regelt ergänzend die Ableitung von Indexreihen:

— Nach *Abs. 1* „sollen" **Änderungen der allgemeinen Wertverhältnisse auf dem Grundstücksmarkt** mit Indexreihen erfasst werden.

— *Abs. 2* definiert Indexreihen als Reihen von Indexzahlen, die sich jeweils aus dem durchschnittlichen Verhältnis der Preise eines Erhebungszeitraums zu den Preisen eines Basiszeitraums mit der Indexzahl 100 ergeben.

— *Abs. 3* gibt ergänzende Hinweise zur Ableitung von Indexreihen und deren Ermittlungsgrundlagen.

— *Abs. 4* nennt schließlich noch die vorrangig abzuleitenden Indexreihen.

§ 11 ImmoWertV — Indexreihen

Die **„allgemeinen Wertverhältnisse auf dem Grundstücksmarkt"** werden in § 3 Abs. 2 ImmoWertV als die Gesamtheit der am Wertermittlungsstichtag für die Preisbildung von Grundstücken im gewöhnlichen Geschäftsverkehr (marktüblich) maßgebenden Umstände (auch als „Lage auf dem Grundstücksmarkt" bezeichnet) definiert.

Grundsätzlich sind die am Wertermittlungsstichtag vorherrschenden allgemeinen Wertverhältnisse auf dem Grundstücksmarkt der Verkehrswertermittlung zugrunde zu legen. Sofern zur Wertermittlung Vergleichsdaten, insbesondere Vergleichspreise von Grundstücken, herangezogen werden, die in der Vergangenheit veräußert worden sind, muss bei volatilen Marktverhältnissen („Zeiten schwankender Preisverhältnisse") der Vergleichspreis auf die am Wertermittlungsstichtag vorherrschenden allgemeinen Wertverhältnisse auf dem Grundstücksmarkt umgerechnet werden. Dies gilt gleichermaßen für die Ableitung von Liegenschaftszinssätzen, Marktanpassungsfaktoren (Sachwertfaktoren), Umrechnungskoeffizienten, Vergleichsfaktoren bebauter Grundstücke und sonstige Wertermittlungen unter Heranziehung von Vergleichspreisen und anderen Vergleichsdaten der Vergangenheit. Damit zwischenzeitlich eingetretene Änderungen der allgemeinen Wertverhältnisse auf dem Grundstücksmarkt in marktkonformer Weise Berücksichtigung finden können, sollen nach § 11 i. V. m. § 9 ImmoWertV auf der Grundlage der Kaufpreissammlung Indexreihen abgeleitet werden.

§ 11 ImmoWertV ist im Übrigen aus § 9 WertV 88/98 ohne wesentliche materielle Änderungen hervorgegangen.

ImmoWertV 10	WertV 88/98
§ 11 **Indexreihen**	**§ 9** **Indexreihen**
(1) Änderungen der allgemeinen Wertverhältnisse auf dem Grundstücksmarkt sollen mit Indexreihen erfasst werden.	(1) Änderungen der allgemeinen Wertverhältnisse auf dem Grundstücksmarkt sollen mit Indexreihen erfasst werden.
(2) Indexreihen bestehen aus Indexzahlen, die sich aus dem durchschnittlichen Verhältnis der Preise eines Erhebungszeitraums zu den Preisen eines Basiszeitraums mit der Indexzahl 100 ergeben. Die Indexzahlen können auch auf bestimmte Zeitpunkte des Erhebungs- und Basiszeitraums bezogen werden.	(2) Bodenpreisindexreihen bestehen aus Indexzahlen, die sich aus dem durchschnittlichen Verhältnis der *Boden*preise eines Erhebungszeitraums zu den *Boden*preisen eines Basiszeitraums mit der Indexzahl 100 ergeben. Die *Bodenpreis*indexzahlen können auch auf bestimmte Zeitpunkte des Erhebungs- und Basiszeitraums bezogen werden.
(3) Die Indexzahlen werden für Grundstücke mit vergleichbaren Lage- und Nutzungsverhältnissen abgeleitet. Das Ergebnis eines Erhebungszeitraums kann in geeigneten Fällen durch Vergleich mit den Indexreihen anderer Bereiche und vorausgegangener Erhebungszeiträume geändert werden. ▶ Vgl. § 9 Abs. 2 ImmoWertV	(3) Die Indexzahlen *der Bodenpreisindexreihen* werden für Grundstücke mit vergleichbaren Lage- und Nutzungsverhältnissen *aus den geeigneten und ausgewerteten Kaufpreisen für unbebaute Grundstücke des Erhebungszeitraums* abgeleitet. Kaufpreise solcher Grundstücke, die in ihren wertbeeinflussenden Merkmalen voneinander abweichen, sind nach Satz 1 zur Ableitung der Bodenpreisindexzahlen nur geeignet, wenn die Abweichungen 1. in ihren Auswirkungen auf die Preise sich ausgleichen, 2. durch Zu- oder Abschläge oder 3. durch andere geeignete Verfahren berücksichtigt werden können. Das Ergebnis eines Erhebungszeitraums kann in geeigneten Fällen durch Vergleich mit den Indexreihen anderer Bereiche und vorausgegangener Erhebungszeiträume überprüft werden.

Indexreihen § 11 ImmoWertV

(4) Indexreihen können insbesondere abgeleitet werden für *1. Bodenpreise,* *2. Preise für Eigentumswohnungen und* *3. Preise für Einfamilienhäuser.*	(4) Bei der Ableitung anderer Indexreihen, wie für Preise von Eigentumswohnungen, sind die Absätze 2 und 3 entsprechend anzuwenden.

2 Anwendung von Indexreihen (§ 11 Abs. 1 ImmoWertV)

§ 11 ImmoWertV regelt nach den vorstehenden Ausführungen die Anwendung von **Indexreihen, mit denen Änderungen der allgemeinen Wertverhältnisse und des Grundstücksmarktes erfasst werden** können. Die Vorschrift betrifft – entsprechend ihrer Überschrift – damit nicht nur Bodenpreisindexreihen, sondern auch Indexreihen für bebaute Grundstücke einschließlich Eigentumswohnungen, insbesondere der in § 11 Abs. 4 ImmoWertV genannten Art. Die Ableitung von Bodenpreisindexreihen stellt jedoch den häufigsten Anwendungsfall dar.

Unter den Regelungsbereich der Vorschrift fallen auch **Baupreisindexreihen**, die ebenfalls von großer Bedeutung für die Entwicklung des Grundstücksmarktes sind.

Nach dem Gesetzesbefehl des § 11 Abs. 1 ImmoWertV „sollen" bei Marktwertermittlungen nach den Grundsätzen der ImmoWertV die vom Gutachterausschuss für Grundstückswerte abgeleiteten Indexreihen zur Berücksichtigung von Abweichungen in den allgemeinen Wertverhältnissen auf dem Grundstücksmarkt i. S. des § 3 Abs. 2 ImmoWertV herangezogen werden (vgl. § 9 ImmoWertV Rn. 4). Dementsprechend schreibt auch § 15 Abs. 1 Satz 4 ImmoWertV vor, dass Änderungen der allgemeinen Wertverhältnisse auf dem Grundstücksmarkt „in der Regel" auf der Grundlage von Indexreihen zu berücksichtigen „sind".

Von der Soll-Vorschrift darf nur in begründeten Ausnahmefällen abgewichen werden (vgl. auch § 12 ImmoWertV bezüglich der Anwendung von Umrechnungskoeffizienten und § 14 ImmoWertV bezüglich der Anwendung von Marktanpassungsfaktoren und Liegenschaftszinssätzen).

Die **allgemeinen Wertverhältnisse auf dem örtlichen Grundstücksmarkt** bestimmen sich nach der Gesamtheit der am Wertermittlungsstichtag für die Preisbildung von Grundstücken im gewöhnlichen Geschäftsverkehr für (marktüblich) maßgebenden Umstände, wie nach der allgemeinen Wirtschaftslage, den Verhältnissen am Kapitalmarkt sowie den wirtschaftlichen und demografischen Entwicklungen des Gebiets (§ 3 Abs. 2 ImmoWertV). Die nach Maßgabe dieser Vorschrift abgeleiteten Indexreihen geben (wie viele andere Indizes) nicht reale Wertänderungen wieder, sondern berücksichtigen auch inflations- und deflationsbedingte Wertänderungen.

Einzelne, die allgemeinen Wertverhältnisse auf dem Grundstücksmarkt beeinflussende Umstände, wie namentlich das Wirtschaftswachstum, die Bevölkerungsentwicklung, Änderungen im (konsumptiven) Verhalten der Marktteilnehmer und der Einkommensverhältnisse, die Entwicklung der Geldzinspolitik und der Kaufkraft, das Aufkommen und Abklingen einer Sachwertpsychose[1] sowie die Entwicklung der allgemeinen städtebaulichen und stadtwirtschaftlichen Verhältnisse, können dagegen i. d. R. für sich allein nicht als repräsentativ für die Entwicklung der allgemeinen Wertverhältnisse auf dem Grundstücksmarkt gelten. Infolge der Komplexität des Geschehens auf dem Grundstücksmarkt wird dieser vielmehr durch die Gesamtheit der für die Preisbildung maßgeblichen Umstände bestimmt, die mit fortschreiten-

---

1 Niehans, SZVS 1966, 195 sowie hierzu Sieber, ebenda S. 1; Sieber, Bodenpolitik und Bodenrecht, Bern 1970, S. 51 ff., 73 ff.

§ 11 ImmoWertV — Indexreihen

der Zeit bei gleich bleibendem Zustand des Grundstücks dessen Wert im gewöhnlichen Geschäftsverkehr mehr oder weniger beeinflussen.

6 Bodenpreisindexreihen, Indexreihen für Eigentumswohnungen und für sonstige bebaute Grundstücke werden in Zeiten schwankender Wertverhältnisse auf dem Grundstücksmarkt für den **intertemporalen Preisvergleich** benötigt, insbesondere um Vergleichspreise auf die zum Wertermittlungsstichtag (§ 15 Abs. 1 Satz 4 ImmoWertV) vorherrschenden allgemeinen Wertverhältnisse auf den Grundstücksmarkt umzurechnen.

3 Indexreihe (§ 11 Abs. 2 und 3 ImmoWertV)

3.1 Definition (§ 11 Abs. 2 ImmoWertV)

7 Mit § 11 Abs. 2 Satz 1 ImmoWertV werden Indexreihen als **Reihen von Indexzahlen** definiert, die sich jeweils aus dem durchschnittlichen Verhältnis der Preise von Grundstücken mit vergleichbaren Lage- und Nutzungsverhältnissen der jeweiligen Erhebungszeiträume zu den Preisen eines Basiszeitraums mit der Indexzahl 100 ergeben. Nach § 11 Abs. 2 Satz 2 ImmoWertV können hierbei auch bestimmte Zeitpunkte des jeweiligen Erhebungs- und Basiszeitraums zugrunde gelegt werden.

8 Zur Ableitung der Indexzahlen werden die in der Vorschrift genannten „Preise" zu einem Durchschnittspreis aggregiert. Indexzahlen werden ermittelt, indem zunächst die **Durchschnittspreise** für die jeweils in Beziehung zu setzenden Zeiträume (Zeitpunkte) aus einer ausreichenden Zahl geeigneter Kaufpreise ermittelt werden und diese **ins Verhältnis zu dem entsprechenden Durchschnittspreis des Basiszeitraums** (Basiszeitpunkts) **gesetzt werden**. Die jährlichen Indexzahlen ergeben sich damit formelmäßig wie folgt:

$$\text{Indexzahl des Jahres i} = \frac{\text{Durchschnittspreis}_i}{\text{Durchschnittspreis}_0} \times 100$$

9 Vielfach ist es üblich, das Ergebnis eines Erhebungszeitraums zu berichten, wenn dies aufgrund der **unterstützend herangezogenen Werte anderer Bereiche und vorausgegangener Erhebungszeiträume** geboten erscheint. Dabei kann, sofern eine Sonderentwicklung auszuschließen ist, eine Glättung in Betracht kommen. § 11 Abs. 3 Satz 2 ImmoWertV lässt dies wie bislang § 9 Abs. 3 Satz 3 WertV 88/98 ausdrücklich zu. Das Verfahren ist allerdings mit Vorsicht anzuwenden, denn es gilt, die Entwicklung der allgemeinen Wertverhältnisse zeitgemäß zu erfassen. Kaufpreise der Vergangenheit sind nur bedingt für aktuelle Verhältnisse aussagekräftig.

3.2 Basiszeitraum und Basiszeitpunkt

10 Der **Wahl des Basiszeitraums (Basiszeitpunkts)** kommt bei der Bildung von Indexreihen „auf fester Basis" für das Aussehen der wiedergegebenen Entwicklung der Preisverhältnisse eine besondere Bedeutung zu. Weist nämlich der Basiszeitraum ein extrem niedriges Preisniveau auf, so wird die Steigerung in der Folgezeit übertrieben wiedergegeben. Umgekehrt führt ein außergewöhnlich überhöhtes Preisniveau im Basiszeitraum in der Folgezeit zu einer verhältnismäßig moderat erscheinenden Steigerung. Meist empfiehlt sich daher, als Basiszeitraum ein „Normaljahr" zu wählen, das innerhalb eines mehrjährigen Zeitraumes stabiler Wertverhältnisse liegt.

11 Wird jeweils der Bezug auf ein **gleich bleibendes Basisjahr** hergestellt, so spricht man hierbei von Indexreihen „auf *fester* Basis". Die Bildung von Indexreihen „auf *gleitender* Basis" derart, dass der Durchschnittspreis eines Erhebungszeitraums jeweils ins Verhältnis zu dem des vorangegangenen Erhebungszeitraums gesetzt wird, ist im Bereich der Wertermittlung von Grundstücken i. d. R. ungeeignet, weil es hier häufig darum geht, den Einfluss der allge-

meinen Wertverhältnisse auf dem Grundstücksmarkt über mehrere Jahre hinweg zu berücksichtigen.

$$\text{Indexzahl des Jahres i} = \frac{P_{i-1} + 2 P_i + P_{i+1}}{4} \times \frac{100}{P_0}$$

P_i = Durchschnittspreis im Jahre i
P_0 = Durchschnittspreis im Basisjahr

3.3 Ableitung (§ 11 Abs. 3 ImmoWertV)

▶ *Zu den allgemeinen Grundsätzen vgl. § 9 ImmoWertV Rn. 9*

Die allgemeinen Grundsätze der Ableitung von Indexreihen sind in § 9 ImmoWertV geregelt. Danach sind Indexreihen auf der Grundlage einer ausreichenden Zahl **geeigneter Kaufpreise** der von den Gutachterausschüssen für Grundstückswerte geführten Kaufpreissammlung (§ 195 BauGB) abzuleiten. Soweit einzelne zur Ableitung herangezogene Kaufpreise in ihren Grundstücksmerkmalen von den für die Indexreihe maßgeblichen Grundstücksmerkmalen abweichen, ist dies nach Maßgabe des § 9 Abs. 2 ImmoWertV zu berücksichtigen. Dies ist insbesondere für die Ableitung von Indexreihen von Bedeutung, denn sie sollen sich auf Grundstücke mit vergleichbaren Lage- und Nutzungsverhältnissen beziehen und die **Wertentwicklung auf dem Grundstücksmarkt** beschreiben, die allein auf allgemeine konjunkturelle Änderungen zurückgeht. Qualitative Änderungen der Grundstücke insbesondere im Hinblick auf ihre Nutzbarkeit oder ihre Lage müssen dabei unberücksichtigt bleiben. 12

Damit die miteinander ins Verhältnis gesetzten durchschnittlichen Preise allein die Änderungen der allgemeinen Wertverhältnisse auf dem Grundstücksmarkt und nicht qualitative Wertunterschiede der zur Ableitung der Indexzahlen herangezogenen Grundstücke wiedergeben, ist es erforderlich, dass die Grundstücke einen **einheitlichen Warenkorb** abbilden. Dies bedeutet, dass qualitative Unterschiede der Grundstücke in ihrer Auswirkung auf die zugehörigen Kaufpreise zunächst eliminiert werden müssen. 13

4 Indexreihen (§ 11 Abs. 4 ImmoWertV)

4.1 Bodenpreisindexreihen

4.1.1 Teilmärkte

▶ *Zur Kaufwertestatistik der statischen Ämter vgl. unten Rn. 33, Syst. Darst. des Vergleichswertverfahrens Rn. 96, auch Kleiber Verkehrswertermittlung von Grundstücken, 6. Aufl. 2010, Teil II Rn. 69*

Der Verkehrswert unbebauter Grundstücke (Bodenwertermittlung), aber auch der Bodenwert bebauter Grundstücke ist bei Anwendung des Ertrags- und Sachwertverfahrens (§ 17 Abs. 1 und § 21 Abs. 1 ImmoWertV) vorrangig im Vergleichswertverfahren zu ermitteln (§ 16 Abs. 1 ImmoWertV). Die dazu heranzuziehenden Vergleichspreise stammen i. d. R. aus der Vergangenheit und müssen im Hinblick auf zwischenzeitliche Änderungen der allgemeinen Wertverhältnisse auf den Wertermittlungsstichtag bezogen (umgerechnet) werden. Dazu „sollen" die nach Maßgabe des § 11 ImmoWertV abgeleiteten Bodenpreisindexreihen herangezogen werden. Bodenpreisindexreihen haben deshalb in der Wertermittlungspraxis eine überragende Bedeutung. 14

Die **Bodenwertentwicklung von baureifem Land, Rohbauland sowie Bauerwartungsland ist** erfahrungsgemäß **unterschiedlich**. Deshalb müssen Bodenpreisindexreihen differen- 15 ziert nach den verschiedenen Grundstücksarten i. S. des § 5 ImmoWertV (Teilmärkte) abgeleitet werden, insbesondere für:

– Flächen der Land- oder Forstwirtschaft (vgl. § 5 ImmoWertV Rn. 83),
– Rohbauland,
– Bauerwartungsland und
– baureifes Land.

16   Bei der **Ableitung von Bodenpreisindexreihen für werdendes Bauland**, insbesondere für Bauerwartungsland, besteht ein besonderes Problem dann, wenn die von Jahr zu Jahr anfallenden Kaufpreise sich auf Grundstücke mit unterschiedlicher Aufschließungsdauer (Wartezeit) beziehen. Dies sind vergleichstörende Momente, die sich kaum eliminieren lassen. Die daraus abgeleiteten Bodenpreisindexreihen sind ggf. von konjunkturellen und im begrenzten Maße auch von qualitativen Wertänderungen bestimmt. Durch Herausnahme von Kaufpreisen für Grundstücke mit extrem kurzer oder langer Wartezeit lassen sich solche Verquickungen auf ein hinnehmbares Maß begrenzen, zumal Grundstücke mit einer Aufschließungsdauer von über fünf Jahren zunehmend weniger gehandelt werden.

17   Auch die **Bodenwertentwicklung von baureifem Land ist uneinheitlich.** Bodenpreisindexreihen werden deshalb in erster Linie differenziert nach:

– Ein- und Zweifamilienhausgrundstücken,
– Mehrfamilienhausgrundstücken,
– gemischt genutzten Grundstücken,
– Gewerbeflächen (GE) und
– Industrieflächen (GI).

18   Darüber hinaus hat es sich als erforderlich erwiesen, **Bodenpreisindexreihen nach unterschiedlichen Lagen** abzuleiten. Unterschiedliche Lagen können insbesondere nach unterschiedlichen Bodenrichtwertbereichen differenziert werden.

Indexreihen § 11 ImmoWertV

Abb. 1: Wohnbauland in Brandenburg im engeren Verflechtungsraum von Berlin sowie im weiteren Metropolenraum

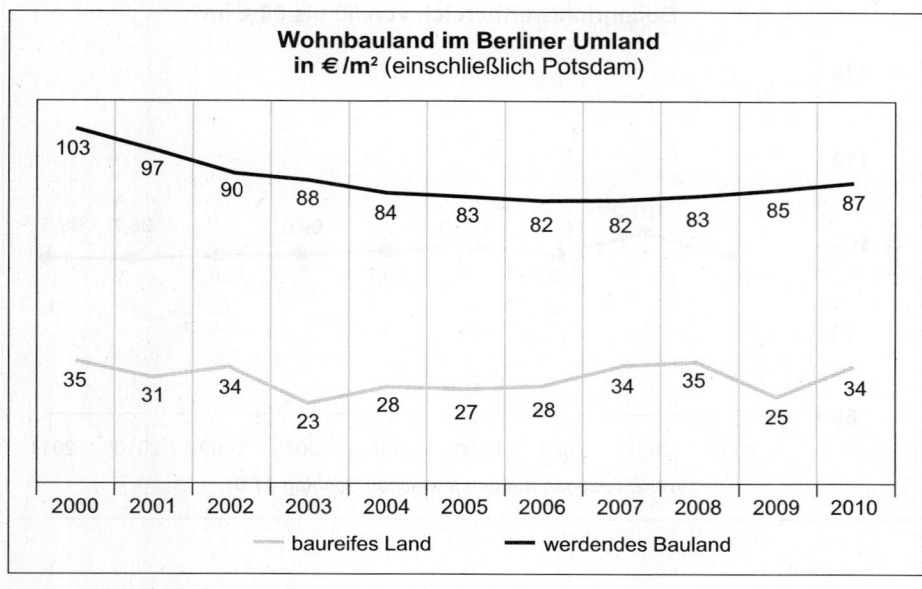

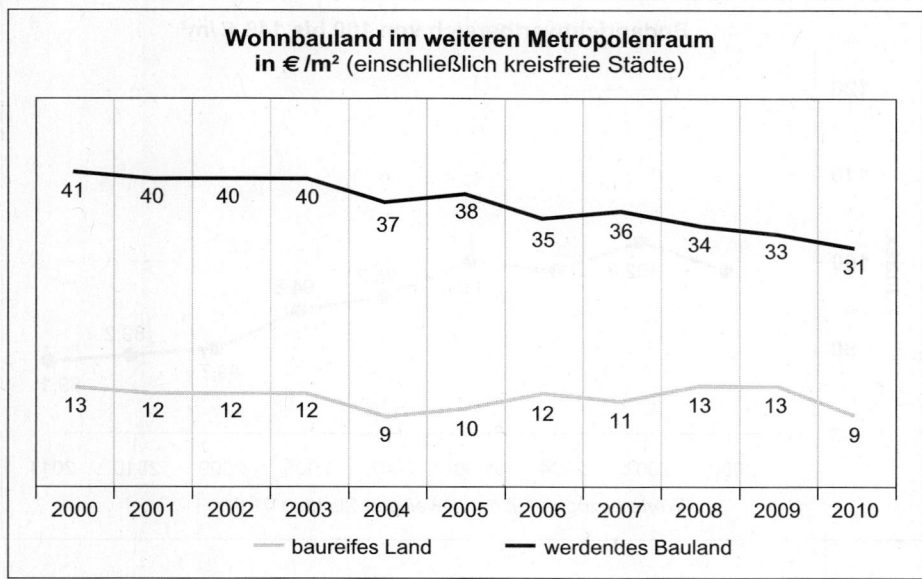

Quelle: Grundstücksmarktbericht des Landes Brandenburg 2010

Zwar können die **Märkte** als **korreliert** gelten, jedoch unterliegen sie unterschiedlichen Konjunktureinflüssen und unterschiedlichen Rahmenbedingungen. Das gilt in besonderer Weise für den **Gewerbebaulandmarkt** und seine Entwicklung. Dieser Markt ist zudem sehr häufig durch direkte und indirekte Subventionen gekennzeichnet. Mitunter wird diesem Markt auch die Eigenschaft eines „echten" Marktes abgesprochen (Abb. 2).

§ 11 ImmoWertV — Indexreihen

Abb. 2: Preisentwicklung für gewerbliche Bauflächen in Südhessen 2011

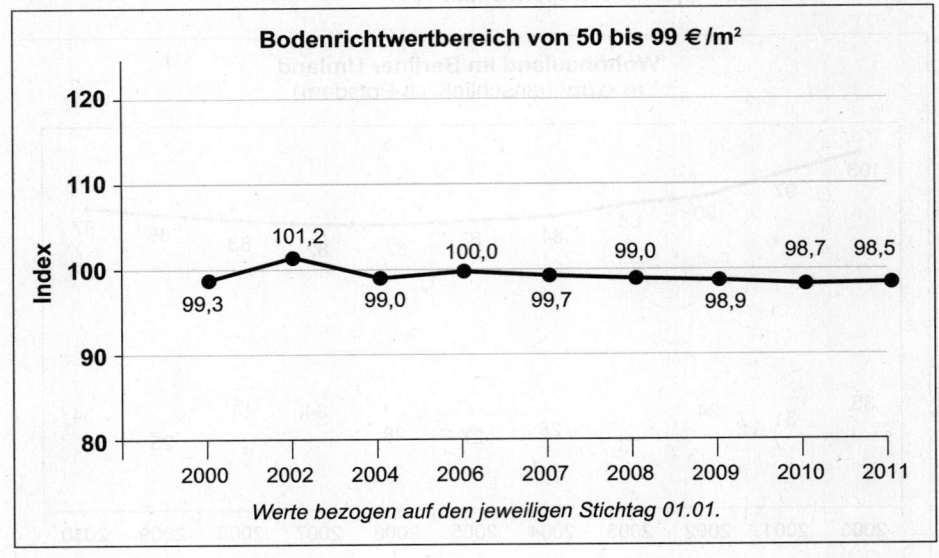

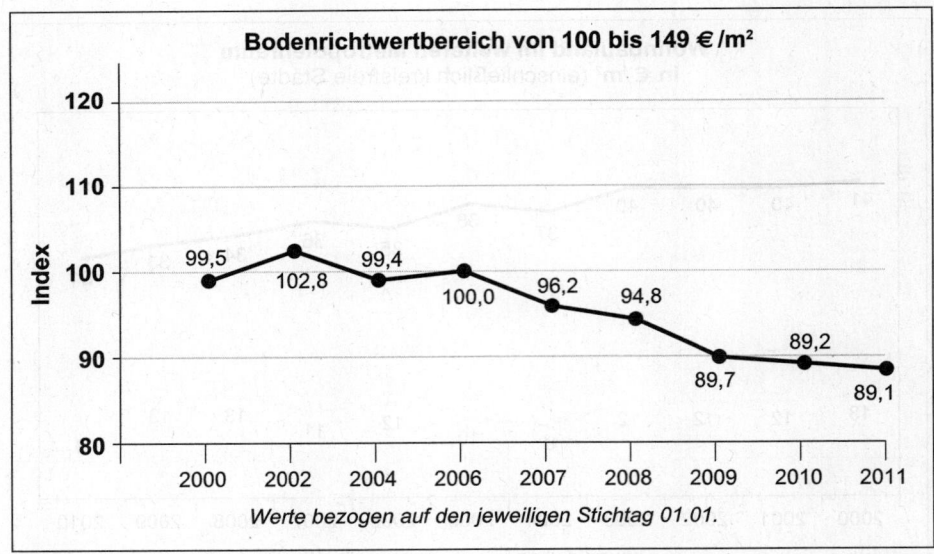

Indexreihen § 11 ImmoWertV

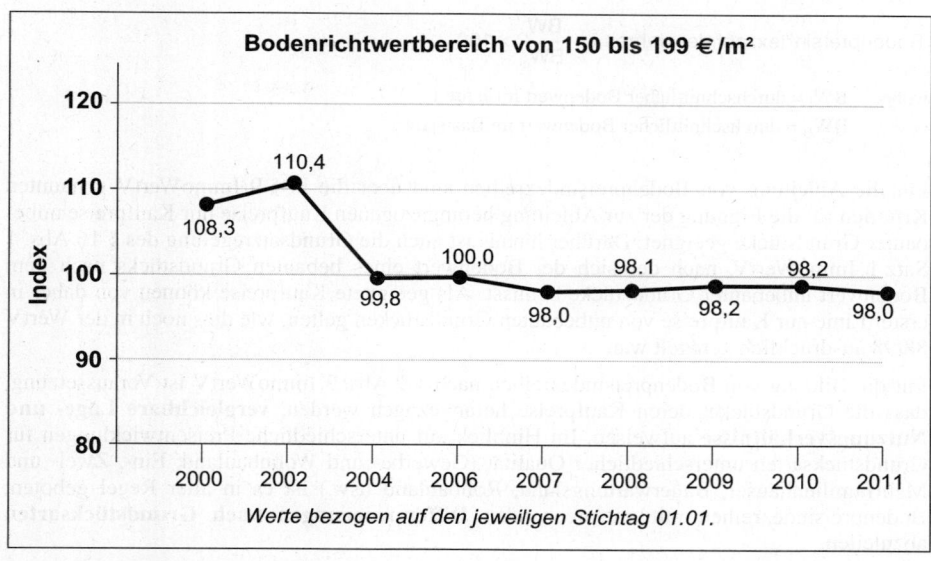

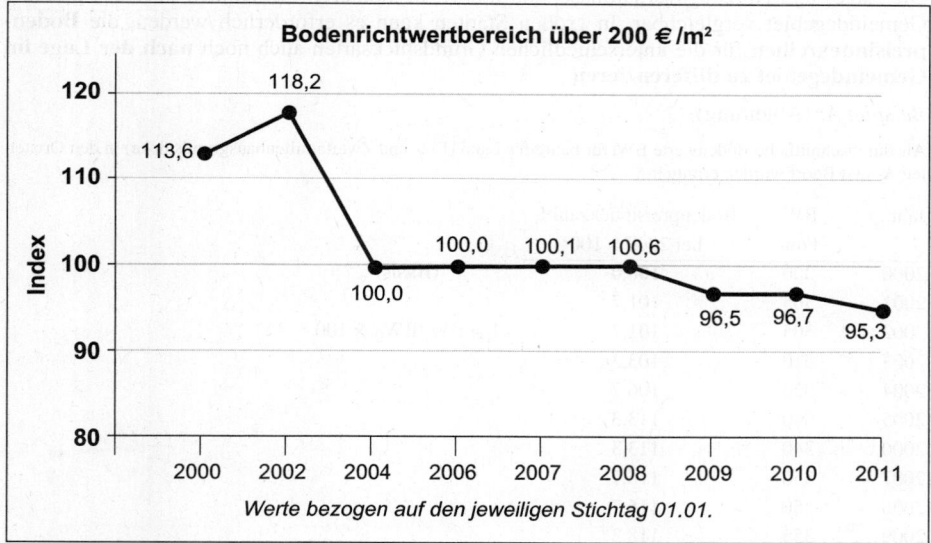

Quelle: Grundstücksmarktbericht 2011 des Amtes für Bodenmanagement Heppenheim

Schließlich weisen auch noch die **Grundstücksmärkte für bebaute Objekte** eigene Wertentwicklungen auf, und zwar auch wieder je nach Art der Bebauung. 20

4.1.2 Ableitung aus Kaufpreisen

Bei der Ableitung von **Bodenpreisindexreihen** wird entsprechend den Erläuterungen unter 21
Rn. 8 der durchschnittliche Bodenpreis pro Quadratmeter Grundstücksfläche bezogen auf das Basisjahr und die jeweiligen Indexjahre angesetzt und man erhält die jeweilige Bodenpreisindexreihe, mit der die Entwicklung der allgemeinen Wertverhältnisse auf dem Bodenmarkt in ihren prozentualen Veränderungen beschrieben wird.

§ 11 ImmoWertV — Indexreihen

$$\text{Bodenpreisindexzahl des Jahres } i = \frac{BW_i}{BW_0} \times 100$$

wobei BW_i = durchschnittlicher Bodenwert im Jahre i
 BW_0 = durchschnittlicher Bodenwert im Basisjahr

22 Für die Ableitung von Bodenpreisindexreihen sind über die in § 9 ImmoWertV genannten Kriterien für die Eignung der zur Ableitung herangezogenen Kaufpreise nur Kaufpreise unbebauter Grundstücke geeignet. Darüber hinaus ist auch die Grundsatzregelung des § 16 Abs. 1 Satz 1 ImmoWertV, nach der sich der Bodenwert eines bebauten Grundstücks nach dem Bodenwert unbebauter Grundstücke bemisst. Als geeignete Kaufpreise können von daher in erster Linie nur Kaufpreise von unbebauten Grundstücken gelten, wie dies noch in der WertV 88/98 ausdrücklich geregelt war.

23 Für die Bildung von Bodenpreisindexreihen nach § 9 Abs. 3 ImmoWertV ist Voraussetzung, dass die Grundstücke, deren Kaufpreise herangezogen werden, **vergleichbare Lage- und Nutzungsverhältnisse** aufweisen. Im Hinblick auf unterschiedliche Preisentwicklungen für Grundstücksarten unterschiedlicher Qualität (Gewerbe- und Wohnbauland, Ein-, Zwei- und Mehrfamilienhäuser, Bauerwartungsland, Rohbauland usw.) ist es in aller Regel geboten, Bodenpreisindexreihen mit entsprechenden **Differenzierungen nach Grundstücksarten** abzuleiten.

24 Die Lage- und Nutzungsverhältnisse sind i. d. R. in kleineren Gemeinden über das gesamte Gemeindegebiet vergleichbar. In großen Städten kann es erforderlich werden, die **Bodenpreisindexreihen** für die unterschiedlichen Grundstücksarten auch noch **nach der Lage im Gemeindegebiet zu differenzieren**[2].

25 *Beispiel A:* (Ableitung)

Als durchschnittliche Bodenwerte BW_i für baureifes Land (Ein- und Zweifamilienhausgrundstücke) in den Ortsteilen A- und Bdorf wurden ermittelt:

Jahr	BW_i €/m²	Bodenpreisindexzahl I_j bei 2000 = 100	
2000	300	**100,0**	(Basis)
2001	305	101,7	
2002	305	101,7	$I_j = BW_i/BW_0 \times 100$
2003	310	103,3	
2004	320	106,7	
2005	340	113,3	
2006	340	113,3	
2007	350	116,7	
2008	350	116,7	
2009	355	118,3	
2010	360	120,0	

Die um 100 verminderte Bodenpreisindexzahl I gibt die Prozentzahl an, um die sich der durchschnittliche Bodenwert BW_1 des Erhebungszeitraums i gegenüber dem durchschnittlichen Bodenwert BW_{2000} des Basiszeitraums verändert hat.

Beispiel: Der durchschnittliche Bodenwert im Jahr 2010 ist gegenüber dem durchschnittlichen Bodenwert im Basiszeitraum 2000 um 20,0 v. H. angestiegen.

---

[2] Zur Abgrenzung von Indexbereichen sowie Näheres zur Ableitung von Indexreihen bei Kleiber in Ernst/Zinkahn/Bielenberg/Krautzberger, BauGB, Komm. zu § 11 ImmoWertV Rn. 30 ff.; weiterführendes Schrifttum: Vieli, Ein Regressionsindex der Bodenpreisveränderungen, Diss. Zürich 1967; Guth in Kyklos 1962, 279; Streich in VR 1981, 381; Bauerin VR 1982, 145; Bunjes in Nachr. der nds. Kat.- und VermVw 1982, 318; Freise in VR 1981, 373; Kertscher/Volle in Nachr. der nds. Kat.- und VermVw 1982, 136; Wirtz in VR 1976, 264; Krumbholz in Nachr. der nds. Kat.- und VermVw 1986, 388; Boldt in Nachr. der nds. Kat.- und VermVw 1986, 219.

Indexreihen § 11 ImmoWertV

Um mithilfe von **Bodenpreisindexreihen** einen **zum Vergleich herangezogenen Kaufpreis auf die allgemeinen Wertverhältnisse des Wertermittlungsstichtags umzurechnen,** ist dieser Vergleichspreis mit dem Quotienten aus den jeweiligen Bodenpreisindexzahlen des Wertermittlungsstichtages und des Kaufpreisstichtages des Vergleichsgrundstücks zu multiplizieren: 26

$$BW = BW' \times \frac{I}{I'}$$

wobei
BW = Gesuchter Bodenwert zum Wertermittlungsstichtag
BW' = Bodenwert des Vergleichsgrundstücks zum Stichtag; Kaufzeitpunkt
I   = Indexzahl des Wertermittlungsstichtags
I' = Indexzahl zum Stichtag „Kauf" des Vergleichsgrundstücks

Beispiel B: (Anwendung) 27

Aus dem Jahr 2007 liegt ein Vergleichspreis in Höhe von 420 €/m² vor. Wertermittlungsstichtag sei 2010. Ausgehend von der nach vorangegangenem Beispiel abgeleiteten Bodenpreisindexreihe ergibt sich folgender Vergleichspreis:

$$BW_{2010} = BW_{2007} \times I_{2010} / I_{2007} = 420\ \text{€/m}^2 \times 120{,}0 / 116{,}7 = \text{rd. } 432\ \text{€/m}^2$$

In der Praxis kann vielfach eine Interpolation bei der Heranziehung von Bodenpreisindexzahlen geboten sein, z. B. wenn **Wertermittlungsstichtag bzw. Verkaufsdatum des herangezogenen Vergleichsgrundstücks zeitlich am Jahresende** gelegen sind. 28

4.1.3 Ableitung aus Bodenrichtwerten

Insbesondere in kleineren Gemeinden, in denen die Lage- und Nutzungsverhältnisse weitgehend übereinstimmen und zudem oftmals so geringfügigen zeitlichen Veränderungen unterliegen, dass sie vernachlässigt werden können, lässt sich die **Ableitung der Bodenpreisindexreihen mit der Ermittlung von Bodenrichtwerten verbinden.** Dies gilt vor allem dann, wenn bei der Ermittlung der Bodenrichtwerte wie auch bei der Ermittlung der Bodenpreisindexzahlen die jeweiligen wertbeeinflussenden Umstände in gleicher Weise zu berücksichtigen sind. 29

Abb. 3: Zusammenstellung von Bodenpreisindices in Frankfurt am Main sowie der Entwicklung von Bodeneckwerten

Jahr	Wohnbauflächen sachwertorientiert	Wohnbauflächen ertragswertorientiert	Handel in Wohn- und Mischgebieten	Gewerbe ohne Einzelhandels- und Büroanlagen	Entwicklung des Bodeneckwertniveaus für Bürogrundstücke			
					City-West GFZ 5,0	City Rand GFZ 3,0	Subzentren GFZ 2,0	Sonstige Lagen GFZ 1,0
1964	8,4	–	9,7	16,1	–	–	–	–
1966	10,5	–	10,9	13,3	–	–	–	–
1968	13,2	–	12,2	21,0	–	–	–	–
1970	13,9	–	13,4	27,1	–	–	–	–
1972	16,9	–	16,7	31,8	–	–	–	–
1974	20,0	–	19,9	36,4	–	–	–	–
1976	21,8	–	15,2	40,3	–	–	–	–
1978	24,7	–	15,2	39,6	–	–	–	–
1980	31,8	–	24,5	44,9	–	–	–	–
1982	36,3	–	31,3	48,4	–	–	–	–
1984	39,2	–	36,0	55,1	–	–	–	–
1986	46,3	–	37,9	58,6	–	–	–	–
1988	55,2	–	46,6	66,9	–	–	–	–

§ 11 ImmoWertV — Indexreihen

Jahr	Wohn-bau-flächen sachwert-orien-tiert	Wohn-bau-flächen ertrags-wertori-entiert	Handel in Wohn- und Misch-gebieten	Gewerbe ohne Ein-zelhan-dels- und Büroan-lagen	Entwicklung des Bodeneckwertniveaus für Bürogrundstücke			
					City-West GFZ 5,0	City Rand GFZ 3,0	Sub-zentren GFZ 2,0	Sonstige Lagen GFZ 1,0
1990	77,1	–	69,8	76,9	–	–	–	–
1992	89,4	–	109,0	80,1	–	–	–	–
1994	104,4	–	106,1	94,0	–	–	–	–
1996	**100,0**	**100,0**	**100,0**	**100,0**	**100,0**	**100,0**	**100,0**	**100,0**
1997	–	–	–	–	87,0	90,0	90,4	85,1
1998	99,7	93,9	102,4	116,5	87,0	80,0	90,4	85,1
1999	–	–	–	–	87,0	80,0	90,4	85,1
2000	98,6	90,8	91,5	121,3	87,0	80,0	90,4	85,1
2001	–	–	–	–	87,0	90,0	90,4	90,0
2002	99,8	90.8	98,1	115,0	93,5	93,0	93,1	97,8
2003	–	–	–	–	93,5	93,9	93,1	88.1
2004	98,9	82,5	93,8	100,9	80,4	78,2	83,8	78,3
2005	–	–	–	–	72,3	66,5	79,1	68,5
2006	99,0	84,3	85,7	99,6	68,0	66,5	74,5	68,5
2007	–	–	–	–	72,3	66,5	74,5	68,5
2008	99,7	103,3	85,7	96,7	72,3	66,5	60,6	62,6
2009	–	–	–	–	57,8	52,8	55,9	50,9
2010	100,1	104,1	80,4	95,7	57,8	52,8	45,6	46,9
2011	–	–	–	–	59,5	46,9	41,9	39,1
2012								
2013								

Quelle: Gutachterausschuss für den Bereich Frankfurt am Main (2011)

4.2 Indexreihen für die Preise von Eigentumswohnungen

▶ Vgl. Kleiber Verkehrswertermittlung von Grundstücken, 6. Aufl. 2010, Teil VI Rn. 39 ff., 94

30 § 11 Abs. 4 ImmoWertV hebt als weiteren Anwendungsfall **Indexreihen für die Preise von Eigentumswohnungen** hervor. Dabei muss insbesondere unterschieden werden nach

– Erst- und Wiederverkäufen,

– „neuerstelltem Wohneigentum" und „in Wohnungseigentum umgewandelte Mietobjekte",

– Lagen,

– Baujahrsgruppen und

– Wohnungsgrößen.

31 Die Preisentwicklung auf dem Grundstücksmarkt für **Eigentumswohnungen** weist ebenfalls eine eigenständige Entwicklung auf, wobei zudem noch zwischen den vorstehenden Marktsegmenten unterschieden wird.

Der Gutachterausschuss von *Köln*[3] hat hierzu beispielsweise **Indexreihen differenziert nach Baujahrsklassen** veröffentlicht (Abb. 4).

---

3 Vgl. auch Grundstücksmarktbericht von Offenbach 2006, S. 24.

Indexreihen § 11 ImmoWertV

Abb. 4: Preisindizes von Eigentumswohnungen (mittlere Kaufpreise pro m² WF) nach Baujahrsklassen in Köln

Preisindizes von Eigentumswohnungen (mittlere Kaufpreise pro m² WF) nach Baujahrsklassen									
	Baujahrsklassen (Basis 2000 = 100)								
Jahr	bis 1924	1925–1948	1949–1960	1961–1971	1972–1980	1981–1989	1990–1999	2000–2009	Insgesamt
1998	98	101	103	96	105	96	110	101	105
1999	102	94	105	97	103	99	110	104	103
2000	**100**	**100**	**100**	**100**	**100**	**100**	**100**	**100**	**100**
2001	102	102	101	92	101	98	93	97	99
2002	101	108	98	98	100	100	93	99	100
2003	99	103	100	96	98	96	88	101	99
2004	98	85	104	93	99	91	87	99	98
2005	108	95	103	96	93	95	83	100	101
2006	108	94	102	97	94	92	87	107	102
2007	108	97	106	95	70	90	87	110	100
2008	114	106	105	93	91	84	88	106	103
2009	116	101	109	99	94	92	93	104	108
2010	119	102	117	104	105	101	105	107	116
2011	131	109	119	103	109	104	104	107	121

Quelle: Grundstücksmarktbericht 2012

Der Gutachterausschuss von *Wuppertal* hat Indexreihen differenziert nach neuerrichteten Eigentumswohnungen (Neubauten), wiederverkauften Eigentumswohnungen (Wiederverkäufe) und aus umgewandelten Mietwohnungen entstandene Eigentumswohnungen veröffentlicht.

§ 11 ImmoWertV — Indexreihen

Abb. 5: Preisindizes von Eigentumswohnungen in Wuppertal

	Preisindex von Eigentumswohnungen in Wuppertal		
	Neubau	Wiederverkäufe	Umgewandelte Mietwohnungen
1980	**100**	100	–
1981	114	108	–
1982	120	106	**100**
1983	130	110	108
1984	125	106	102
1985	122	97	105
1986	115	90	99
1987	109	86	97
1988	109	85	98
1989	111	90	104
1990	120	97	124
1991	133	104	133
1992	145	115	146
1993	154	118	142
1994	158	125	156
1995	171	129	157
1996	171	122	152
1997	167	126	157
1998	167	126	162
1999	171	126	163
2000	176	126	157
2001	171	120	150
2002	163	116	147
2003	163	113	147
2004	164	108	148
2005	165	107	143
2006	173	107	148
2007	169	104	148
2008	173	100	149
2009	173	101	143
2010	175	100	144
2011	190	100	139

Quelle: Grundstücksmarktbericht Wuppertal 2012

Hilfsweise wird mitunter auch auf den **Deutschen Eigentums-Immobilien-Index für Eigentumswohnungen des ifs Institut für Städtebau, Wohnungswirtschaft und Bausparwesen e.V.** zurückgegriffen. Bei diesem wird auf der Grundlage eines Zeitreihenindexes die Wertentwicklung von Einfamilienhäusern und Eigentumswohnungen ermittelt. Die Daten beruhen dabei auf jährlichen Preiserhebungen von GEWOS und dem Institut für Stadt-, Regional- und Wohnforschung, Hamburg, das wiederum seine Informationen von rund 500 Gutachterausschüssen der Städte und Gemeinden erhält.

Indexreihen § 11 ImmoWertV

Abb. 6: Deutscher Eigentums-Immobilien-Index für Eigentumswohnungen

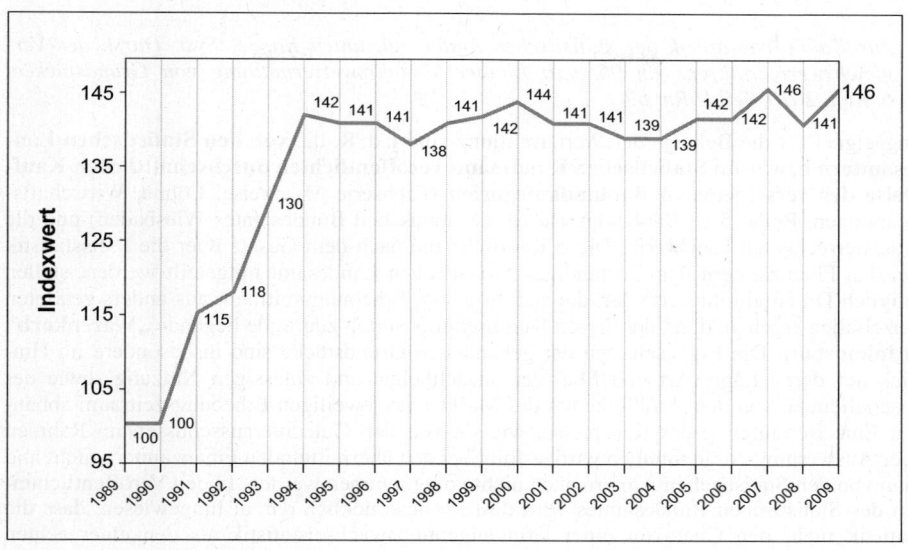

4.3 Indexreihen für die Preise von Einfamilienhäusern

§ 11 Abs. 4 ImmoWertV führt neben den Indexreihen für Bodenpreise (Bodenpreisindexreihen) und Eigentumswohnungen schließlich noch Indexreihen für Einfamilienhäuser auf. Diesbezüglich sind Indexreihen nur von wenigen Gutachterausschüssen abgeleitet worden. **32**

Abb. 7: Preisentwicklung von Reihenmittelhäusern im Ennepe-Ruhr-Kreis

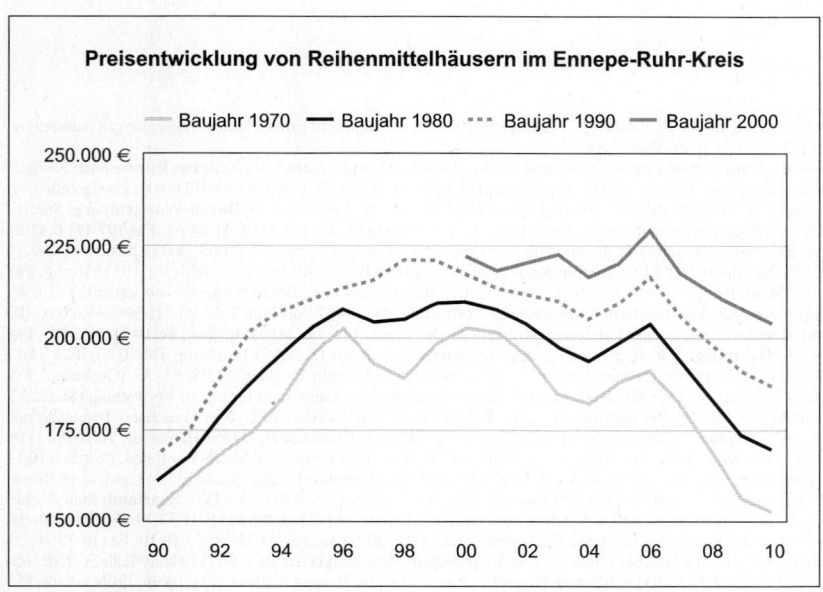

Quelle: Grundstücksmarktbericht 2011

5 Kaufwertestatistiken

▶ *Zur Kaufwertestatistik der statistischen Ämter vgl. unten Rn. 33, Syst. Darst. des Vergleichswertverfahrens Rn. 96, vgl. Kleiber Verkehrswertermittlung von Grundstücken, 6. Aufl. 2010, Teil II Rn. 69*

33 Ungeeignet für die Belange der Wertermittlung sind i. d. R. die **von den Statistischen Landesämtern bzw. vom Statistischen Bundesamt veröffentlichten durchschnittlichen Kaufpreise der verschiedenen Baulandkategorien** (Fachserie M „Preise, Löhne, Wirtschaftsrechnungen, Reihe 5 II, Baulandpreise" des Statistischen Bundesamtes Wiesbaden) und die daraus errechneten Kaufwerte. Diese Kauffälle, die nach dem Gesetz über die Preisstatistik von den Finanzämtern dem zuständigen Statistischen Landesamt mitgeteilt werden, stellen lediglich Durchschnittswerte dar, die sich in jedem Erhebungszeitraum aus anders gearteten Einzelfällen ergeben, d. h., der diesen Durchschnittswerten zugrunde liegende **„Warenkorb" ist inkonstant.** Die Eigenschaften der gehandelten Grundstücke sind insbesondere im Hinblick auf deren Lage, Art und Maß der tatsächlichen und zulässigen Nutzung sowie der Beschaffenheit von den Zufälligkeiten des Marktes im jeweiligen Erhebungszeitraum abhängig. Eine Bereinigung der Kaufpreise, wie sie von den Gutachterausschüssen im Rahmen ihrer Auswertung vorgenommen wird, erfolgt bei den übermittelnden Finanzämtern nicht und kann von den Statistischen Ämtern auch nicht vorgenommen werden. In den Veröffentlichungen des Statistischen Bundesamtes wird deshalb ausdrücklich darauf hingewiesen, dass die Statistik mehr den Charakter einer Grundeigentumswechselstatistik als den einer echten Preisstatistik habe; prozentuale Kaufpreisveränderungen werden aus gleichem Grund gar nicht erst veröffentlicht.

Dies schließt die **Anwendung dieser Indexreihen** unter bestimmten Voraussetzungen nicht aus[4].

Werden ausnahmsweise Indexreihen des Statistischen Amtes herangezogen, so ist denen der Statistischen Landesämter der Vorzug zu geben[5].

---

4 BGH, Urt. vom 23.06.1983 – III ZR 39/82 –, EzGuG 20.102; hierzu Kleiber in Ernst/Zinkahn/Bielenberg/Krautzberger, BauGB, Komm. zu § 11 ImmoWertV Rn. 25.
5 **Anschriften des Statistischen Bundesamtes und der Statistischen Landesämter: Statistisches Bundesamt**: Postfach 5528, Gustav-Stresemann-Ring 11, 65189 Wiesbaden, Tel. (0 61 21) 75 24 05, Fax (0 61 21) 72 40 00; Zweigstelle Berlin: Friedrichstr. 50, 10117 Berlin, Tel. (0 30) 1 86 44 94 27, Fax (0 30) 1 86 44 94 30; **Baden-Württemberg**: Statistisches Landesamt Baden-Württemberg, Postfach 106033, 70049 Stuttgart, Tel (07 11) 6 41 24 64, Fax (07 11) 6 41 24 40; **Bayern**: Bayerisches Landesamt für Statistik und Datenverarbeitung, Postfach 20 03 03, 80331 München, Tel. (0 89) 2 11 92 55, Fax (0 89) 2 11 94 10; **Berlin**: Statistisches Landesamt Berlin, Alt-Friedrichsfelde 60, 10315 Berlin, Tel. (0 30) 90 21 – 34 34, Fax (0 30) 90 21 – 36 55, E Mail: info@statistik-berlin.de, Internet: http://www.statistik-berlin.de; **Brandenburg**: Amt für Statistik Berlin-Brandenburg, Dortustraße 46, 14467 Potsdam, Tel: (03 31) 39 – 405, Fax: (03 31) 39 – 444; **Bremen**: Statistisches Landesamt Bremen, An der Weide 14 – 16, 28195 Bremen, Tel 0421 3612501, Fax 0421 361 4310; **Hamburg**: Statistisches Landesamt Hamburg, Steckelhörn 12, 20457 Hamburg, Tel. (0 40) 4 28 31 17 66, Fax (0 40) 4 27 96 43 30; **Hessen**: Hessisches Statistisches Landesamt:, Postfach 32 05, 65175 Wiesbaden, Tel. (0611) 38 02 – 802, Fax (0611) 3 80 28 90; **Mecklenburg-Vorpommern**: Landesamt für innere Verwaltung (Statistik), Lübecker Straße 287, 19059 Schwerin, Tel. (03 85) 4 80 1- 0 ;, Fax (03 85) 48 01 - 3090; **Niedersachsen**: Landesbetrieb für Statistik und Kommunikationstechnologie Niedersachsen, Göttinger Chaussee 76, 30453 Hannover, Tel. (05 11) 98 98 - 0, Fax (05 11) 9 89 8 41 32; **Nordrhein-Westfalen**: Information und Technik Nordrhein-Westfalen, Postfach 10 11 05, 40002 Düsseldorf, Tel. (02 11) 94 49 01, Fax (02 11) 44 20 06; **Rheinland-Pfalz**: Statistisches Landesamt Rheinland-Pfalz, Mainzer Str. 14 – 16, 56130 Bad Ems, Tel. (0 26 03) 7 10, Fax (0 26 03) 7 13 15 0; **Saarland**: Statistisches Amt Saarland, Postfach 10 30 44, 66030 Saarbrücken, Tel. (06 81) 5 01 59 11, Fax (06 81) 5 01 59 70; **Sachsen**: Statistisches Landesamt des Freistaates Sachsen, Macherstraße 63, 01917 Kamenz, Tel. (0 35 78) 33 19 10, Fax (0 35 78) 33 19 99; **Sachsen-Anhalt**: Statistisches Landesamt Sachsen-Anhalt, Merseburger Straße 2, 06112 Halle/Saale, Tel. (03 45) 23 18 – 0, Fax (03 45) 2 31 89 01; **Schleswig-Holstein**: Statistisches Landesamt Schleswig-Holstein, Fröbelstraße 15 - 17, 24113 Kiel, Tel. (04 31) 68 95 - 0, Fax (04 31) 6 89 54 98; **Thüringen**: Thüringer Landesamt für Statistik, Europaplatz 3, 99091 Erfurt, Tel. (03 61) 3 78 46 42; Fax (03 61) 37 8 46 99.

6 Immobilienindizes

Die zahlreichen von der Immobilienwirtschaft veröffentlichten Immobilienindizes sind für eine fundierte Marktwertermittlung ungeeignet und haben auch wenig gemeinsam. Die Mehrheit der veröffentlichten Indizes stellt die Wertentwicklung börsennotierter Immobiliengesellschaften dar, so 34

a) der Deutsche Immobilienaktienindex (DIMAX),

b) der Immobilienindex des Bankhauses Ellwanger & Geiger, der den Verlauf aller in Deutschland börsennotierten Unternehmen abbildet, die mindestens 75 % ihrer Erträge im Immobiliengeschäft erwirtschaften,

der EPIX bildet die Wertentwicklung der größten europäischen Immobilienaktien ab,

der ERIUX zeigt hingegen den Verlauf der größten europäischen Real Estate Investment Trusts (REITs).

c) Der *Global Property Research Index* (GPR-Index) bildet die Marktkapitalisierung börsennotierter Immobilienunternehmen ab, und zwar die 250 größten Unternehmen der Welt (GRP 250) bzw. die 15 größten europäischen Unternehmen (GPR 15).

d) Der *FTSE EPRA/NAREIT Global Real Estate Index* der FTSE Gruppe (Financial Times und London Stock Exchange) bildet die weltweite Entwicklung börsennotierter Immobilienunternehmen ab.

e) Der *Deutsche Immobilien Index – DIX –* der Deutschen Immobiliendatenbank GmbH ist für eine fundierte Marktwertermittlung ungeeignet, bildet die Mietrendite und die Wertveränderung von deutschen Handels-, Büro- und Wohnimmobilien ab und wird vornehmlich aus Bestandsobjekten ausgewählter in offene Immobilienfonds (Versicherungen, Immobilien- und Pensionsfonds) einbezogener Grundstücke ermittelt.

f) Entsprechendes gilt für den *German Property* Index von BulwienGesa, abgeleitet aus Daten in 125 deutschen Städten.

g) Der Hypoport-Hauspreisindex (HPX) der Hypoport AG Berlin, abgeleitet aus einer eigenen Internetplatform, gibt die Entwicklung durchschnittlicher Kaufpreise von verschiedenen Wohnimmobilien wieder (neue und bestehende Ein- und Zweifamilienhäuser – HPX-newhome und HPX existinghome – sowie Eigentumswohnungen – HPX-apartment –).

§ 12 ImmoWertV
Umrechnungskoeffizienten

Wertunterschiede von Grundstücken, die sich aus Abweichungen bestimmter Grundstücksmerkmale sonst gleichartiger Grundstücke ergeben, insbesondere aus dem unterschiedlichen Maß der baulichen Nutzung oder der Grundstücksgröße und -tiefe, sollen mithilfe von Umrechnungskoeffizienten (§ 193 Absatz 5 Satz 2 Nummer 3 des Baugesetzbuchs) erfasst werden.

Gliederungsübersicht   Rn.
1   Übersicht   1
2   Anwendung von Umrechnungskoeffizienten   2
3   Ableitung von Umrechnungskoeffizienten   6
4   Fortschreibung von Umrechnungskoeffizienten 10

1   Übersicht

Nach § 193 Abs. 5 Satz 2 Nr. 3 BauGB führt der nach den §§ 192 ff. BauGB eingerichtete Gutachterausschuss für Grundstückswerte eine Kaufpreissammlung und ermittelt u. a. „Umrechnungskoeffizienten für das Wertverhältnis von sonst gleichartigen Grundstücken, z. B. bei unterschiedlichem Maß der baulichen Nutzung". Umrechnungskoeffizienten gehören zu den „sonstigen zur Wertermittlung erforderlichen Daten der Wertermittlung", deren Ableitung nach § 193 Abs. 5 BauGB zu den **Pflichtaufgaben des Gutachterausschusses für Grundstückswerte** gehört.   1

§ 12 ImmoWertV entspricht weitgehend den gesetzlichen Vorgaben und erläutert lediglich den Zweck der Ermittlung von Umrechnungskoeffizienten, ohne diese zu definieren. Sie „sollen" der Erfassung von Wertunterschieden von Grundstücken dienen, „die sich aus Abweichungen bestimmter Grundstücksmerkmale sonst gleichartiger Grundstücke ergeben". In Ergänzung zu den im BauGB genannten Umrechnungskoeffizienten für die Abhängigkeit des Bodenwerts von der GFZ nennt die Vorschrift Umrechnungskoeffizienten für die Abhängigkeit des Bodenwerts von der Grundstücksgröße und -tiefe.

Die Vorschrift ist im Übrigen ohne wesentliche materielle Änderungen aus § 10 WertV 88/98 hervorgegangen:

ImmoWertV 10	WertV 88/98
§ 12 Umrechnungskoeffizienten	§ 10 Umrechnungskoeffizienten
Wertunterschiede von Grundstücken, die sich aus Abweichungen bestimmter Grundstücksmerkmale sonst gleichartiger Grundstücke ergeben, insbesondere aus dem unterschiedlichen Maß der baulichen Nutzung *oder der Grundstücksgröße und -tiefe*, sollen mithilfe von Umrechnungskoeffizienten (§ 193 Absatz 5 Satz 2 Nummer 3 des Baugesetzbuchs) erfasst werden.	(1) Wertunterschiede von Grundstücken, die sich aus Abweichungen bestimmter wertbeeinflussender Merkmale sonst gleichartiger Grundstücke ergeben, insbesondere aus dem unterschiedlichen Maß der baulichen Nutzung, sollen mithilfe von Umrechnungskoeffizienten erfasst werden.

§ 12 ImmoWertV — Umrechnungskoeffizienten

▶ Vgl. § 9 Abs. 1 und 2 ImmoWertV	(2) Umrechnungskoeffizienten werden auf der Grundlage einer ausreichenden Zahl geeigneter und ausgewerteter Kaufpreise für bestimmte Merkmale der Abweichungen abgeleitet. Kaufpreise von Grundstücken, die in mehreren wertbeeinflussenden Merkmalen voneinander abweichen oder von den allgemeinen Wertverhältnissen auf dem Grundstücksmarkt unterschiedlich beeinflusst worden sind, sind geeignet, wenn diese Einflüsse jeweils durch Zu- oder Abschläge oder durch andere geeignete Verfahren berücksichtigt werden können.

2 Anwendung von Umrechnungskoeffizienten

▶ *Vgl. Syst. Darst. des Vergleichswertverfahrens Rn. 215 ff.*

2   § 12 ImmoWertV enthält den Befehl, Wertunterschiede von Grundstücken, die sich aus Abweichungen bestimmter Grundstücksmerkmale sonst gleichartiger Grundstücke ergeben, mithilfe der von den Gutachterausschüssen gemäß § 193 Abs. 5 Satz 2 Nr. 3 BauGB abgeleiteten Umrechnungskoeffizienten zu erfassen. Es handelt sich dabei um eine **Soll-Vorschrift,** von der nur in begründeten Ausnahmefällen abgewichen werden darf. Dementsprechend schreibt auch § 15 Abs. 1 Satz 4 ImmoWertV vor, dass entsprechende Abweichungen einzelner Grundstücksmerkmale „in der Regel" auf der Grundlage von Umrechnungskoeffizienten zu berücksichtigen „sind" (vgl. auch § 11 ImmoWertV bezüglich der Anwendung von Indexreihen und § 14 ImmoWertV bezüglich der Anwendung von Marktanpassungsfaktoren und Liegenschaftszinssätzen).

Die **Vorschrift enthält keine Definition des Umrechnungskoeffizienten** und keine besonderen über die in § 9 ImmoWertV gegebenen Hinweise hinausgehenden Anweisungen zu deren Ableitung. Die Vorschrift beschreibt lediglich den beschriebenen Anwendungszweck. Umrechnungskoeffizienten sind Wertverhältniszahlen für bestimmte verkehrswertbeeinflussende Grundstücksmerkmale; demzufolge dienen sie der Erfassung der Wertunterschiede von Grundstücken, die sich aus Abweichungen bestimmter wertbeeinflussender Merkmale sonst gleichartiger Grundstücke ergeben. Bei den mit § 12 ImmoWertV angesprochenen Wertunterschieden von Grundstücken kann es sich handeln

– um Wertunterschiede des Grundstücks insgesamt (ohne Aufteilung in den Boden- und Gebäudewertanteil) auch von Rechten an Grundstücken,

– um Wertunterschiede des Bodenwerts nach Maßgabe des § 16 ImmoWertV sowie

– um Unterschiede einzelner wertbestimmender Grundstücksmerkmale, wie z. B. der marktüblich erzielbaren Miete in Abhängigkeit von der Wohnungsgröße und dgl.

3   Umrechnungskoeffizienten kommen vor allem bei Heranziehung des Vergleichswertverfahrens zur Anwendung, um Vergleichspreise von Grundstücken mit bestimmten Grundstücksmerkmalen der Höhe nach auf solche zurückzuführen, die mit dem Grundstücksmerkmal des zu bewertenden Grundstücks übereinstimmen (**interqualitativer Preisvergleich**). In diesem Sinne stellen sich Umrechnungskoeffizienten als Faktoren dar, mit denen Wertunterschiede gleichartiger Grundstücke erfasst werden, die in ihrem Zustand hinsichtlich eines bestimmten Zustandsmerkmals voneinander abweichen. Die Vorschrift hebt als besonderen Anwendungsfall die Umrechnung des Bodenpreises eines Grundstücks mit einem bestimmten **Maß der baulichen Nutzung** (z. B. GFZ = 1,2) auf den Bodenpreis eines sonst gleichartigen Grundstücks mit einem davon abweichenden Maß der baulichen Nutzung (z. B. GFZ = 1,4) hervor; ergänzend werden Umrechnungskoeffizienten zur Berücksichtigung des Werteinflusses von

Grundstücksgröße und -tiefe genannt. Daneben werden in der Praxis Umrechnungskoeffizienten insbesondere ermittelt, um den Einfluss der Art der baulichen Nutzung bei der Verkehrswertermittlung zu berücksichtigen.[1]

Nach der vorgegebenen Zweckbestimmung lassen sich Umrechnungskoeffizienten als **Verhältniszahlen** definieren, **die sich aus dem Wertverhältnis gleichartiger Grundstücke ergeben, deren Zustand nur hinsichtlich eines wertbeeinflussenden Merkmals voneinander abweicht.** Sofern sich die Abweichungen unterschiedlich ausprägen, d. h. verschiedene Ausmaße annehmen können, wie z. B. das Maß der baulichen Nutzung in Gestalt der Geschossflächenzahl (GFZ), ergeben sich Umrechnungskoeffizienten jeweils in Zuordnung zu einem bestimmten Maß des wertbeeinflussenden Merkmals.

Der mit der Soll-Vorschrift gegebenen **Verpflichtung, Wertunterschiede von Grundstücken**, die sich aus Abweichungen bestimmter Grundstücksmerkmale sonst gleichartiger Grundstücke ergeben, mithilfe von **Umrechnungskoeffizienten zu erfassen**, kann allerdings nur insoweit nachgekommen werden, wie Umrechnungskoeffizienten vom örtlichen Gutachterausschuss abgeleitet wurden und zur Verfügung stehen.

3 Ableitung von Umrechnungskoeffizienten

Die Ableitung von Umrechnungskoeffizienten ist nach § 9 ImmoWertV zwar eine **Pflichtaufgabe des Gutachterausschusses für Grundstückswerte.** Die Gutachterausschüsse kommen dieser Aufgabe allerdings zumindest nicht im vollen Umfang nach.

Nicht jeder Gutachterausschuss sieht sich in der Lage, Umrechnungskoeffizienten abzuleiten. Neben der oftmals unzureichenden Personalausstattung der Gutachterausschüsse ist dies darin begründet, dass

– als „erforderliche" Umrechnungskoeffizienten nur solche abzuleiten sind, für die im Hinblick auf die anfallenden Aufgaben auch tatsächlich ein Bedarf besteht und

– eine Reihe von wertbeeinflussenden Zustandsmerkmalen, wie z. B. Lagefaktoren, rechnerisch nur schwerlich „in den Griff zu bekommen" sind, weil ihre qualitative Einordnung besonders anfällig für das subjektive Empfinden eines Gutachters ist und deshalb Erfahrung und Sachkunde gefordert sind.

Insbesondere in kleineren Städten und auf dem Land ist die Ableitung von Umrechnungskoeffizienten für solche wertbeeinflussenden Merkmale oftmals schon aus Gründen der unzureichenden personellen und sachlichen Ausstattung nicht möglich. Ersatzweise greift man auf die Veröffentlichungen benachbarter Gutachterausschüsse oder auf das Schrifttum zurück. Dabei ist allerdings zu fordern, dass zumindest vorher Plausibilitätskontrollen durchgeführt werden.

Hat der örtliche Gutachterausschuss keine Umrechnungskoeffizienten ermittelt und kann auch nicht auf geeignete Umrechnungskoeffizienten benachbarter Gutachterausschüsse zurückgegriffen werden, können die in der **Anl. 11** zu Nr. 2.3.4.2 der WERTR für das Wertverhältnis von gleichartigen Grundstücken bei unterschiedlicher baulicher Nutzung (GFZ : GFZ) veröffentlichten Umrechnungskoeffizienten als Anhalt dienen (abgedruckt in der Syst. Darst. des Vergleichswertverfahrens unter Rn. 228 ff.).

---

[1] Zum Einfluss der **Bauart:** Frenkler in Nachr. der nds. Kat.- und VermVw 1966, Heft 2; vgl. auch Kellermann in ZfV 1962, 343; zum Einfluss der **Grundstücksgröße:** Scharnhorst in Nachr. der nds. Kat.- und VermVw 1985, 273; zum Einfluss der **GFZ:** Böser/Schwanniger in AVN 1984, 412; Freise in VR 1976, 402; Hellemann/Hesse in AVN 1977, 165; Tiemann in VR 1976, 355; Udart in VR 1976, 291; Möckel in AVN 1977, 165; Biester in VR 1978, 124; Bauer in VR 1978, 138; Rüffel in Nachr. der rh.-pf. Kat.- und VermVw 1980, 26; Neisecke in AVN 1980, 468; Böser/Brill in AVN 1981, 349; Streich in VR 1981, 381; zur **GFZ** Jäger in GuG 1995, 348; Junge in GuG 1996, 27; Debus in GuG 2000, 279.

4 Fortschreibung von Umrechnungskoeffizienten

10 **Umrechnungskoeffizienten** können sich im Laufe der Zeit unter dem Einfluss sich wandelnder Marktverhältnisse (z. B. Verknappung von Grundstücken in Ein- bzw. Zweifamilienhausgebieten) einschließlich sich wandelnder Präferenzen der Beteiligten am Grundstücksmarkt (z. B. verstärkte Nachfrage nach Zweifamilienhausgrundstücken) ändern; sie **stellen** mithin **zeitabhängige Größen** dar. Bei der Ableitung von Umrechnungskoeffizienten ist dies ebenso wie bei ihrer Anwendung zu berücksichtigen.

11 Umrechnungskoeffizienten sind nach Maßgabe des § 9 Abs. 1 ImmoWertV fortzuschreiben, wenn sie sich aufgrund geänderter Wertverhältnisse auf dem Grundstücksmarkt geändert haben.

§ 13 ImmoWertV
Vergleichsfaktoren für bebaute Grundstücke

Vergleichsfaktoren (§ 193 Absatz 5 Satz 2 Nummer 4 des Baugesetzbuchs) sollen der Ermittlung von Vergleichswerten für bebaute Grundstücke dienen. Sie sind auf den marktüblich erzielbaren jährlichen Ertrag (Ertragsfaktor) oder auf eine sonst geeignete Bezugseinheit, insbesondere auf eine Flächen- oder Raumeinheit der baulichen Anlage (Gebäudefaktor), zu beziehen.

Gliederungsübersicht   Rn.

1 Übersicht 1
2 Anwendung von Vergleichsfaktoren (§ 13 Satz 1 ImmoWertV) 2
3 Ableitung von Vergleichsfaktoren (§ 13 Satz 2 ImmoWertV) 6
4 Ertragsfaktor
   4.1 Ableitung von Ertragsfaktoren 14
   4.2 Beispiele 20
   4.3 Ertragsfaktoren im Verhältnis zum finanzmathematischen
       Vervielfältiger (Barwertfaktor) 21
   4.4 Ertragsfaktoren im Verhältnis zu sonstigen
       immobilienwirtschaftlichen Multiplikatoren 26
   4.5 Anwendung von Ertragsfaktoren 27
5 Gebäudefaktor
   5.1 Ableitung von Gebäudefaktoren 33
   5.2 Beispiele 42
   5.3 Verhältnis von Gebäudefaktoren zu Normalherstellungskosten 44
   5.4 Anwendung von Gebäudefaktoren
       5.4.1 Anwendung in der Verkehrswertermittlung 45
       5.4.2 Anwendung in der steuerlichen Bewertung 49

Anlage 1: Vergleichsfaktoren für bebaute Ein- und Zweifamilienhausgrundstücke
           zur Verwendung gemäß § 183 Abs. 2 BewG in Berlin 50
Anlage 2: Vergleichsfaktoren des Gutachterausschusses für Grundstückswerte
           in Wiesbaden (2010) nach § 183 BewG 51
Anlage 3: Vergleichsfaktoren in Hessen 52

1 Übersicht

Nach § 193 Abs. 5 Satz 2 Nr. 4 BauGB führt der nach den §§ 192 ff. BauGB eingerichtete Gutachterausschuss für Grundstückswerte eine Kaufpreissammlung und ermittelt u. a. „Vergleichsfaktoren für bebaute Grundstücke, insbesondere bezogen auf eine Raum- oder Flächeneinheit der baulichen Anlage (Gebäudefaktor) oder auf den nachhaltig erzielbaren jährlichen Ertrag (Ertragsfaktor)". Die Vergleichsfaktoren für bebaute Grundstücke gehören zu den „sonstigen zur Wertermittlung erforderlichen Daten der Wertermittlung", deren Ableitung nach § 193 Abs. 5 BauGB zu den Pflichtaufgaben des Gutachterausschusses für Grundstückswerte gehört. § 13 ImmoWertV entspricht weitgehend den gesetzlichen Vorgaben: 1

– *Satz 1* der Vorschrift gibt lediglich den Zweck der Ermittlung von Vergleichsfaktoren für bebaute Grundstücke an, ohne diese zu definieren. Sie „sollen" danach der Ermittlung von Vergleichswerten für bebaute Grundstücke dienen.

– Mit Satz 2 wird im Unterschied zu § 193 Abs. 5 Satz 1 Nr. 4 BauGB der „marktüblich" erzielbare Ertrag statt des „nachhaltig" erzielbaren Ertrags als Bezugsgrundlage der

§ 13 ImmoWertV — Vergleichsfaktoren für bebaute Grundstücke

Ertragsfaktoren vorgegeben. § 193 Abs. 5 Satz 1 Nr. 4 BauGB bedarf diesbezüglich einer redaktionellen Klarstellung.

Eine Definition der Vergleichsfaktoren bebauter Grundstücke enthält weder § 193 Abs. 5 Nr. 4 BauGB noch § 13 ImmoWertV. Entsprechend der Regelung des § 15 Abs. 2 Satz 2 ImmoWertV lassen sich Vergleichsfaktoren bebauter Grundstücke als **Multiplikatoren (Vervielfältiger)** definieren, **die angewandt auf bestimmte Parameter eines zu bewertenden Grundstücks, wie den (marktüblich erzielbaren) jährlichen Ertrag oder auf eine sonstige geeignete Bezugseinheit, insbesondere auf eine Flächen- oder Raumeinheit der baulichen Anlage, den Vergleichswert der Immobilie ergeben sollen.**

Die Vorschrift ist im Übrigen ohne wesentliche materielle Änderungen aus § 12 WertV 88/98 hervorgegangen:

ImmoWertV 10	WertV 88/98
§ 13 Vergleichsfaktoren für bebaute Grundstücke	§ 12 Vergleichsfaktoren für bebaute Grundstücke
Vergleichsfaktoren (§ 193 Absatz 5 Satz 2 Nummer 4 des Baugesetzbuchs) sollen der Ermittlung von Vergleichswerten für bebaute Grundstücke dienen.	(1) Zur Ermittlung von Vergleichsfaktoren für bebaute Grundstücke sind die Kaufpreise gleichartiger Grundstücke heranzuziehen. Gleichartige Grundstücke sind solche, die insbesondere nach Lage und Art und Maß der baulichen Nutzung sowie Größe und Alter der baulichen Anlagen vergleichbar sind.
▶ Vgl. § 9 Abs. 2 ImmoWertV	
Sie sind auf den marktüblich erzielbaren jährlichen Ertrag (Ertragsfaktor) oder auf eine sonstige geeignete Bezugseinheit, insbesondere auf eine Flächen- oder Raumeinheit der baulichen Anlage (Gebäudefaktor), zu beziehen.	(2) Die Kaufpreise nach Absatz 1 sind auf den nachhaltig erzielbaren jährlichen Ertrag (Ertragsfaktor) oder auf eine sonstige geeignete Bezugseinheit, insbesondere auf eine Raum- oder Flächeneinheit der baulichen Anlage (Gebäudefaktor), zu beziehen.
▶ Vgl. nunmehr § 15 Abs. 2 ImmoWertV	(3) Soll bei der Ermittlung des Verkehrswerts bebauter Grundstücke nach dem Vergleichswertverfahren der Wert der Gebäude getrennt von dem Bodenwert ermittelt werden, können nach Maßgabe des Absatzes 2 auch die auf das jeweilige Gebäude entfallenden Anteile der Kaufpreise gleichartig bebauter und genutzter Grundstücke auf den nachhaltig erzielbaren jährlichen Ertrag oder auf eine der sonstigen geeigneten Bezugseinheiten bezogen werden.

Die zu § 12 WertV 88/98 gegebene Begründung[1] ist noch heute von Aktualität. Es heißt dort: „An der bisherigen Fassung der Wertermittlungsverordnung wurde bemängelt, dass sie zwar das Vergleichswertverfahren für die Wertermittlung bebauter Grundstücke zulasse, jedoch so unzureichend regle, dass das Vergleichswertverfahren für die Wertermittlung bebauter Grundstücke so gut wie keine Bedeutung erlangt habe. Dies wurde darauf zurückgeführt, dass die zur Verfügung stehenden Vergleichspreise bebauter Grundstücke nur selten eine ausreichende Beurteilungsgrundlage böten, weil es in der Regel an der Vergleichbarkeit mangele. Trotzdem haben sich in der Praxis schon seit Langem Verfahren bewährt, mit denen sich die Ermittlung des Verkehrswerts bebauter Grundstücke nach den Grundsätzen des Vergleichswertverfahrens in vielen Fällen erheblich vereinfachen und überzeugend vornehmen lassen. Voraussetzung für die Anwendung dieser Verfahren sind die aus der ausgewerteten Kaufpreissammlung empirisch abgeleiteten Vergleichsfaktoren bebauter Grundstücke."

---

1 Vgl. BRDrucks. 352/88, S. 52.

2 Anwendung von Vergleichsfaktoren (§ 13 Satz 1 ImmoWertV)

§ 13 ImmoWertV regelt in zwei Sätzen den **Anwendungszweck von „Vergleichsfaktoren für bebaute Grundstücke"** und deren Bezugsgrundlage, ohne sie zu definieren:
– Nach Satz 1 „sollen" sie der Ermittlung des Vergleichswerts bebauter Grundstücke dienen.
– Nach Satz 2 sind sie auf
  • auf den marktüblich erzielbaren jährlichen Ertrag oder
  • auf eine sonstige geeignete Bezugseinheit, namentlich auf eine Flächen- oder Raumeinheit, der baulichen Anlage
  zu beziehen.

Der Anwendungszweck ergibt sich des Weiteren aus § 15 Abs. 2 ImmoWertV. Nach dieser Vorschrift *können* zur Ermittlung des Vergleichswerts bebauter Grundstücke neben oder anstelle von Vergleichspreisen „geeignete" Vergleichsfaktoren herangezogen werden. Nach § 15 Abs. 2 Satz 3 ImmoWertV sind Vergleichsfaktoren „geeignet", wenn die Grundstücksmerkmale der ihnen zugrunde liegenden Grundstücke hinreichend mit denen des zu bewertenden Grundstücks übereinstimmen.

Nach § 15 Abs. 2 ImmoWertV soll sich bei Anwendung des Vergleichswertverfahrens auf bebaute Grundstücke der Vergleichswert durch Vervielfachung des jährlichen Ertrags oder der sonstigen Bezugseinheit des zu bewertenden Grundstücks mit dem Vergleichsfaktor ergeben. **Vergleichsfaktoren für bebaute Grundstücke lassen sich mithin als Multiplikatoren (Vervielfältiger) definieren,** deren Anwendung auf eine der genannten Bezugseinheiten des Wertermittlungsobjekts den Vergleichswert ergibt.

Die Anwendung des in den §§ 15 f. ImmoWertV geregelten Vergleichswertverfahrens auf bebaute Grundstücke scheitert in der Praxis vielfach an allzu großen Disparitäten zwischen den Grundstücksmerkmalen der Vergleichsgrundstücke und denen des zu bewertenden Grundstücks, da es neben den unterschiedlichen Grundstücksmerkmalen des Grund und Bodens auch unterschiedliche Merkmale der Bebauung zu berücksichtigen gilt. Übersteigen die infolgedessen anzubringenden Zu- oder Abschläge eine Größenordnung von etwa 30 bis 40 % des Ausgangswerts, ist nach der Rechtsprechung (vgl. Syst. Darst. des Vergleichswertverfahrens Rn. 10 ff.) die Eignung des Verfahrens infrage gestellt. Um die Anwendbarkeit des Vergleichswertverfahrens auf bebaute Grundstücke zu verbessern, hat der Verordnungsgeber bereits mit der WertV 88 (§ 12 WertV 88/98) den Gutachterausschüssen für Grundstückswerte die Ableitung von Vergleichsfaktoren für bebaute Grundstücke aufgegeben.

Vergleichswertfaktoren für bebaute Grundstücke sind ein Hilfsmittel der Ermittlung des Verkehrswerts (Marktwertermittlung) bebauter Grundstücke im Wege des Vergleichswertverfahrens. Die Anwendung der Vergleichswertfaktoren führt indessen regelmäßig nicht direkt zum Verkehrswert (Marktwert), sondern lediglich zum **Vergleichswert.** Nach § 8 ImmoWertV ist der Verkehrswert aus dem Ergebnis des herangezogenen Verfahrens unter Würdigung seiner Aussagefähigkeit einschließlich der Ergebnisse der unterstützend herangezogenen Verfahren zu ermitteln. Von besonderer Bedeutung bei Heranziehung von Vergleichsfaktoren sind die Regelungen des § 8 Abs. 2 und 3 ImmoWertV. Danach bedarf es insbesondere einer Berücksichtigung der „besonderen objektspezifischen Grundstücksmerkmale", soweit sie nicht direkt mit den herangezogenen Vergleichsfaktoren Berücksichtigung gefunden haben. Um die noch zu berücksichtigenden „besonderen objektspezifischen Grundstücksmerkmale" im konkreten Anwendungsfall qualifizieren zu können, ist es deshalb unabdingbar, dass die Grundstücksmerkmale der den Vergleichsfaktoren zugrunde liegenden Grundstücken bei ihrer Veröffentlichung hinreichend dargelegt werden. Hieran mangelte es in der bisherigen Veröffentlichungspraxis.

§ 13 ImmoWertV Vergleichsfaktoren für bebaute Grundstücke

5   Im Unterschied zum § 11 ImmoWertV (Indexreihen) ist die Heranziehung von „Vergleichsfaktoren für bebaute Grundstücke" weder mit § 13 ImmoWertV noch mit § 15 Abs. 2 ImmoWertV (als „Soll-Vorschrift) verbindlich vorgegeben. Ihre **Anwendung** ist in § 15 Abs. 2 ImmoWertV lediglich **als „Kann-Bestimmung"** zugelassen.

Die von den Gutachterausschüssen abgeleiteten Vergleichswertfaktoren bebauter Grundstücke finden nach Maßgabe des § 183 Abs. 2 BewG auch in der **steuerlichen Bewertung** Anwendung.

3   Ableitung von Vergleichsfaktoren (§ 13 Satz 2 ImmoWertV)

6   Die Ableitung von „Vergleichsfaktoren für bebaute Grundstücke" ist nach § 9 ImmoWertV eine **Pflichtaufgabe des Gutachterausschusses für Grundstückswerte**.

7   „Vergleichsfaktoren für bebaute Grundstücke" ist ein Oberbegriff für die in § 13 Satz 2 ImmoWertV definierten Ertrags- und Gebäudefaktoren:
 – *Ertragsfaktoren* werden ermittelt, indem die Kaufpreise aus dem marktüblich erzielbaren jährlichen Ertrag bezogen werden, wobei die Vorschrift sowohl die jährlichen Reinerträge als auch die jährlichen Roherträge als Bezugsgrundlage zulässt.
 – *Gebäudefaktoren* werden ermittelt, indem die Kaufpreise auf eine „sonstige geeignete Bezugsgrundlage", insbesondere auf eine Raum- oder Flächeneinheit der baulichen Anlage, bezogen werden[2] (Abb. 1).

Abb. 1:   Übersicht über die Vergleichsfaktoren bebauter Grundstücke

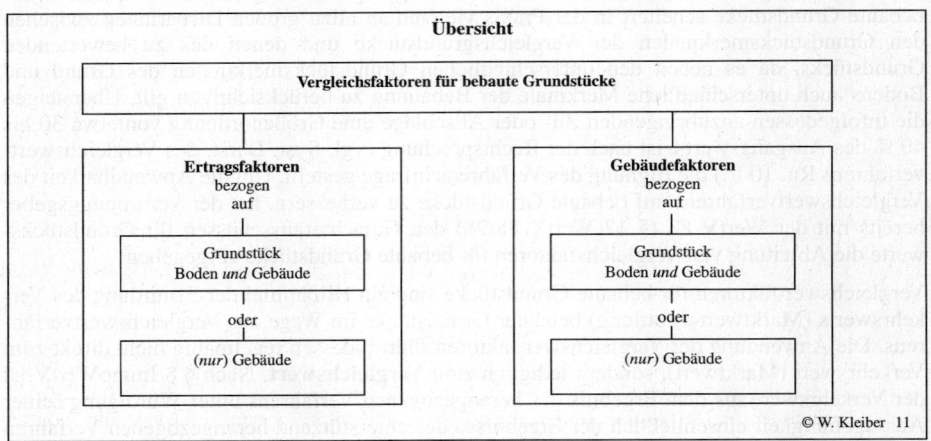

8   Während der **Ertragsfaktor** vor allem dann in Betracht kommt, wenn für die Wertbeurteilung des Grundstücks üblicherweise der erzielbare Ertrag im Vordergrund steht, kommt der **Gebäudefaktor** vor allem dann in Betracht, wenn für die Wertermittlung des Grundstücks der in der baulichen Anlage verkörperte Sachwert von maßgebender Bedeutung ist (vgl. § 8 ImmoWertV Rn. 70).

---

2   Weiterführendes Schrifttum: Udart in VR 1976, 291; Schindler/Engelbert, Mathematische Statistik bei der Ermittlung von Grundstückswerten, Hannover, S. 101 ff.; Meissner in AVN 1968, 29; Bister in VR 1978, 124; Rüffel in Nachr. der rh.-pf. Kat.- und VermVw 1980, 26; Westhoff in NÖV 1988, 153.

Vergleichsfaktoren für bebaute Grundstücke § 13 ImmoWertV

Für unterschiedliche Grundstücksarten ergeben sich naturgemäß unterschiedliche „Vergleichsfaktoren für bebaute Grundstücke" (Ertrags- und Gebäudefaktoren). Darüber ergeben sich erfahrungsgemäß auch für unterschiedliche Lagen (z. B. City- und Randlage) unterschiedliche Vergleichsfaktoren. Deshalb ist es geboten, **Vergleichsfaktoren differenziert nach Grundstücksarten und Grundstückslagen abzuleiten**. Vergleichsfaktoren müssen deshalb aus Kaufpreisen von Grundstücken abgeleitet werden, die entsprechend der Regelung des § 11 Abs. 3 Satz 1 ImmoWertV vergleichbare, d. h. hinreichend übereinstimmende Lage- und Nutzungsverhältnisse aufweisen (vgl. § 11 ImmoWertV Rn. 16). Darüber hinaus müssen auch die jeweiligen baulichen Anlagen hinreichend vergleichbar sein.

9

Bei der Veröffentlichung von Vergleichsfaktoren bebauter Grundstücke müssen die durchschnittlichen Grundstücksmerkmale der der empirischen Ableitung zugrundeliegenden Grundstücke sowie der Bezugsstichtag – vergleichbar mit den Angaben zum Bodenrichtwertgrundstück bei der Veröffentlichung von Bodenrichtwerten – detailliert dargelegt werden (**Normgrundstück der Vergleichsfaktoren bebauter Grundstücke und dessen Attributierung**). Nur so sind eine sachgerechte Anwendung dieser Faktoren und eine Berücksichtigung besonderer objektspezifischer Grundstücksmerkmale nach § 8 Abs. 2 und 3 ImmoWertV möglich.

Die **allgemeinen Grundsätze der Ableitung von Vergleichsfaktoren** sind in § 9 ImmoWertV geregelt. Danach sind Vergleichsfaktoren auf der Grundlage einer ausreichenden Zahl geeigneter Kaufpreise der von den Gutachterausschüssen für Grundstückswerte geführten Kaufpreissammlung (§ 195 BauGB) abzuleiten. Soweit einzelne zur Ableitung herangezogene Kaufpreise in ihren Grundstücksmerkmalen von den für den jeweiligen Vergleichsfaktor maßgeblichen Grundstücksmerkmalen abweichen, ist dies nach Maßgabe des § 9 Abs. 2 ImmoWertV zu berücksichtigen. Dies ist für die Ableitung von Vergleichsfaktoren nach den vorstehenden Ausführungen sowohl im Hinblick auf vergleichbare Lage- und Nutzungsverhältnisse (Art und Maß der baulichen Nutzung) als auch im Hinblick auf gleichartige bauliche Anlagen von Bedeutung.

10

Die **baulichen Anlagen** müssen vor allem hinsichtlich ihrer Art, Größe, Nutzung, Beschaffenheit, Ertragskraft und ihrer Restnutzungsdauer (bzw. ihres Alters) gleichartig sein.

11

Bei der Ableitung von Vergleichsfaktoren ist insbesondere das Alter der baulichen Anlage (Restnutzungsdauer) zu beachten. Sie sind nämlich hochgradig von der **Restnutzungsdauer** der Gebäude abhängig (vgl. unten Rn. 22 ff.). Aus diesem Grunde schrieb § 12 Abs. 1 WertV 88/98, aus der § 13 ImmoWertV hervorgegangen ist, ausdrücklich vor, dass die Vergleichsfaktoren für bebaute Grundstücke (Ertrags- und Gebäudefaktor) insbesondere unter Berücksichtigung des Alters der baulichen Anlage (Restnutzungsdauer) zu ermitteln sind. Dabei ist nicht das tatsächliche Alter der baulichen Anlage, sondern das unter Berücksichtigung einer unterlassenen Instandhaltung oder einer Modernisierung sich ergebende fiktive Alter maßgebend (vgl. § 6 Abs. 6 ImmoWertV).

Auch die **Größe des Grundstücks** kann von Bedeutung sein. § 12 Abs. 3 WertV 88/98, aus der § 13 ImmoWertV hervorgegangen ist, sah deshalb ausdrücklich vor, dass Vergleichsfaktoren auch auf der Grundlage der „auf das jeweilige Gebäude entfallenden Anteile der Kaufpreise gleichartiger bebauter und genutzter Grundstücke" ermittelt werden können (gebäudebezogene Vergleichsfaktoren). Die Nachfolgeregelung schließt dies weiterhin nicht aus. Sollen gebäudebezogene Vergleichsfaktoren abgeleitet werden, müssen die Kaufpreise um den jeweiligen Bodenwert des Grundstücks und den auf die Außenanlagen entfallenden Kaufpreisanteil vermindert werden (vgl. Abb. 2, äußere Stränge). Das Verfahren kommt vor allem dann in Betracht, wenn für die entsprechende Gruppe „gleichartiger Grundstücke"

12

– unterschiedliche Bodenwerte oder

– unterschiedliche Grundstücksgrößen

üblich sind und bei der Verkehrswertermittlung unter Heranziehung von Vergleichsfaktoren diesbezüglich Abweichungen berücksichtigt werden müssen.

§ 13 ImmoWertV — Vergleichsfaktoren für bebaute Grundstücke

Soweit **gebäudebezogene Vergleichswertfaktoren bebauter Grundstücke** abgeleitet worden sind, ist bei Heranziehung dieser Faktoren der Bodenwert gesondert zu berücksichtigen (vgl. auch § 183 Abs. 2 Satz 2 BewG).

13 Im Überblick vollzieht sich die Ableitung von Ertrags- und Gebäudefaktoren nach der in Abb. 2 dargestellten Vorgehensweise.

Abb. 2: Ableitung von Vergleichsfaktoren für bebaute Grundstücke

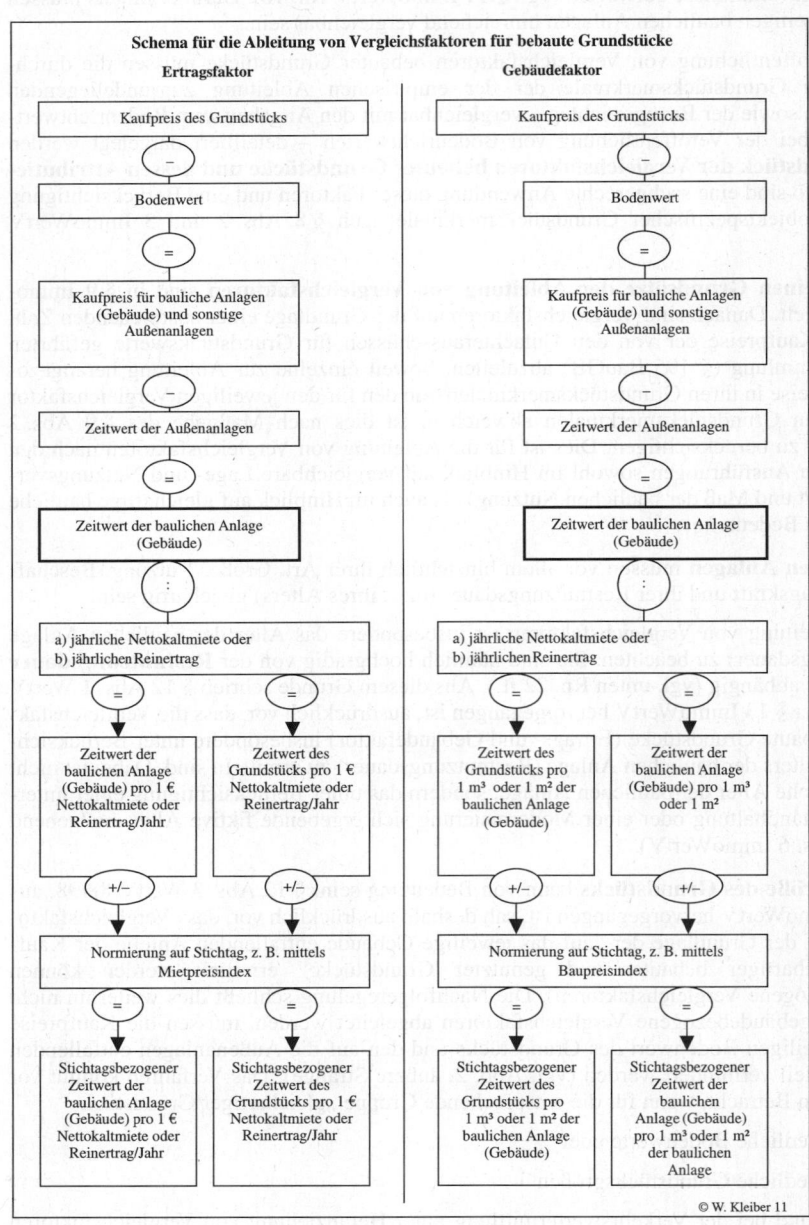

Vergleichsfaktoren für bebaute Grundstücke § 13 ImmoWertV

4 Ertragsfaktor

4.1 Ableitung von Ertragsfaktoren

▶ *Syst. Darst. des Ertragswertverfahrens Rn. 87 ff.*

Der Ertragsfaktor ergibt sich als **Quotient aus Kaufpreisen gleichartig bebauter Grundstücke, die hinreichend übereinstimmende Lage- und Nutzungsverhältnisse aufweisen, und den diesen jeweils zuzuordnenden marktüblich erzielbaren Erträgen.** Die Vorschrift lässt sowohl die Ermittlung von Ertragsfaktoren aus dem Jahresreinertrag als auch aus dem Jahresrohertrag zu (§ 18 ImmoWertV). Darüber kann je nach Zweckmäßigkeit vom Gutachterausschuss befunden werden. Dementsprechend kann unterschieden zwischen 14

– Rohertragsfaktoren und
– Reinertragsfaktoren.

Es muss sich dabei aber in jedem Fall um die jeweils **marktüblich erzielbaren Erträge** handeln. Die dem entgegenstehende Regelung des § 193 Abs. 5 Nr. 4 BauGB, nach der Ertragsfaktoren bezogen auf den „nachhaltig" erzielbaren jährlichen Ertrag zu ermitteln sind, ist überholt und bedarf der Anpassung an die ImmoWertV. 15

Der Ertragsfaktor ermittelt sich nach Maßgabe des § 13 ImmoWertV aus dem Verhältnis des Kaufpreises zu den jeweiligen marktüblich erzielbaren Rein- oder Roherträgen: 16

$$\text{Ertragsfaktor}_i = \text{Kaufpreis}_i / \text{Jahresrein- oder -rohertrag}_i$$

Das ausgewogene Mittel aus einer ausreichenden Zahl n nach vorstehenden Grundsätzen ermittelter Einzelergebnisse ergibt dann den Ertragsfaktor:

$$\boxed{\text{Ertragsfaktor} = \sum \frac{\text{Ertragsfaktor}_i}{n}}$$

wobei n = Anzahl der Einzelergebnisse

Sollen **Ertragsfaktoren** (allein) **bezogen auf den Gebäudewertanteil** ermittelt werden, muss in der vorstehenden Formel an Stelle des Kaufpreises der auf das Gebäude entfallende Kaufpreisanteil eingeführt werden, indem der Kaufpreis um den gesondert zu ermittelnden Bodenwert vermindert wird ($KP_i - BW_i$). 17

Sollen **Rohertragsfaktoren** ermittelt werden, müssen die **Kaufpreise jeweils ins Verhältnis zu den marktüblich erzielbaren Roherträgen** (Jahresnettokaltmiete) gesetzt werden. Vom Rohertrag (Nettokaltmiete) kann zur Vereinfachung ausgegangen werden, wenn die jeweilige Objektgruppe keine wesentlichen Unterschiede in den Bewirtschaftungskosten aufweist. 18

Sollen **Reinertragsfaktoren** ermittelt werden, müssen die **marktüblich erzielbaren Roherträge** (Jahresnettokaltmiete) **jeweils um die** nicht umgelegten marktüblichen Bewirtschaftungskosten (Betriebskosten) vermindert werden. Die sich so ergebenden marktüblich erzielbaren Reinerträge werden sodann wiederum ins Verhältnis zu den Kaufpreisen gesetzt. Auf diese Weise lässt sich die Genauigkeit der Verkehrswertermittlung unter Anwendung solcher Ertragsfaktoren regelmäßig steigern, denn vergleichsstörende Momente werden damit „ausgeschaltet". Der Ableitung von Reinertragsfaktoren ist daher regelmäßig Vorzug zu geben. 19

Zur Ermittlung von Ertragsfaktoren dürfen nach Maßgabe des § 9 ImmoWertV nur geeignete Kaufpreise herangezogen werden. Soweit Kaufpreise in ihren Grundstücksmerkmalen von den für die Ableitung des jeweiligen Ertragsfaktors maßgeblichen Grundstücksmerkmalen abweichen (vergleichsstörende Momente), sind sie nach § 9 Abs. 3 ImmoWertV zu „bereinigen". Darüber hinaus sind die Kaufpreise auf einen gemeinsamen Ermittlungsstichtag zu beziehen.

§ 13 ImmoWertV Vergleichsfaktoren für bebaute Grundstücke

4.2 Beispiele

20 Von den Gutachterausschüssen für Grundstückswerte werden aus dem **Verhältnis vom Kaufpreis zum Jahresrohertrag** (erzielte Mieten bzw. Pachten einschließlich Verwaltungskosten, Mietausfallwagnis und Instandhaltungskosten) Ertragsfaktoren abgeleitet.

Abb. 3: Durchschnittliche Ertragsfaktoren

Gebäudeart	Ertragsfaktoren			
	Wuppertal	Bergisch Gladbach	LK Ennepe-Ruhr	Köln
	2012	2012	2012	2012
Wohnungseigentum vermietet eigengenutzt	– 8,3 bis 22,6 7,9 bis 24,0	13,9 bis 21,8 – –	– 16,9 –	– – –
Ein- und Zweifamilienhäuser	–	17,1 bis 22,6	–	–
Einfamilienhäuser (freistehend)	–	–	23,8	–
Einfamilienhäuser /RH DH	–	–	21,2	–
Zweifamilienhäuser	–	–	19,7	–
Dreifamilienhäuser	9,9 bis 17,9	13,0 bis 17,3	13,4	13 bis 21
Mehrfamilienhäuser (gew. Anteil < 20 %)	8,0 bis 13,0*	11,5 bis 13,8	10,9	11 bis 19
Gemischt genutzte Grundstücke (gew. Anteil 20 %)	6,9 bis 11,8**	9,9 bis 14,5	10,7	10 bis 15
Büro- und Geschäftsgebäude	–	9,5 bis 14,4	–	10 bis 15
Gewerbegrundstücke in Gewerbegebieten	–	9,7 bis 11,8	9,7	8 bis 10

Erläuterungen:
* max 20 % gewerblicher Anteil, mindestens 4 Wohneinheiten, mittlere Wohnlage, kein bzw. geringer Leerstand
** 20- bis 60%iger gewerblicher Anteil bezogen auf Jahresrohertrag

Quelle: Grundstücksmarktberichte

4.3 Ertragsfaktoren im Verhältnis zum finanzmathematischen Vervielfältiger (Barwertfaktor)

21 Die in vorstehender Weise abgeleiteten **Ertragsfaktoren stellen nichts anderes als empirische Vervielfältiger** (Barwertfaktoren) i. S. der Anl. zur ImmoWertV **dar.**

22 Bei gebührender Beachtung der theoretischen Zusammenhänge können derart empirisch abgeleitete Vervielfältiger zu **zuverlässigen Ergebnissen nur** führen, wenn **bei ihrer Ableitung auch das jeweilige (fiktive) Alter der baulichen Anlage (Restnutzungsdauer) „feinmaschig" berücksichtigt wird,** für die die Ertragsfaktoren Multiplikatoren Geltung haben sollen. Ein Blick in die Vervielfältigertabelle der ImmoWertV macht deutlich, dass dies umso mehr zu beachten ist, je kürzer die Restnutzungsdauer ist (vgl. § 14 ImmoWertV Rn. 192f., 203, 207 ff.). Es reicht nicht aus, wenn bei der Ableitung von Ertragsfaktoren lediglich zwischen „alten" und „neuen" Objekten unterschieden wird.

23 **Ertragsfaktoren sind** nämlich – wie Liegenschaftszinssätze bzw. finanzmathematische Vervielfältiger (vgl. Anl. zur ImmoWertV) – hochgradig **von der Restnutzungsdauer der Gebäude abhängig,** insbesondere wenn diese eine kürzere Restnutzungsdauer als 50 Jahre aufweisen. Damit Ertragsfaktoren zur Verkehrswertermittlung herangezogen werden können, müssen sie allerdings in weitaus differenzierterer Weise als bisher geschehen fein differenziert nach der Restnutzungsdauer abgeleitet werden.

Vergleichsfaktoren für bebaute Grundstücke **§ 13 ImmoWertV**

Der nach vorstehenden Grundsätzen empirisch abgeleitete Vervielfältiger unterscheidet sich aber noch in einer weiteren Beziehung zu dem finanzmathematisch abgeleiteten Vervielfältiger gemäß Anl. zur ImmoWertV. Das in den §§ 17 bis 20 ImmoWertV geregelte Ertragswertverfahren geht nämlich von einem getrennt zu ermittelnden Bodenwert und Gebäudeertragswert (Ertragswert der baulichen Anlagen) aus, wobei im Hinblick auf die Wertbeständigkeit des Grund und Bodens der Reinertrag des Grundstücks um den Verzinsungsbetrag des Bodenwerts vermindert wird (§ 17 Abs. 2 Nr. 1 ImmoWertV). Wird der Ertragsfaktor, wie in der **angelsächsischen Wertermittlungspraxis,** ohne Unterscheidung zwischen Boden- und Gebäudewert bezogen auf das Gesamtobjekt ermittelt (vgl. Abb. 2 bei Rn. 6, innere Stränge), so ergeben sich auch materielle Unterschiede zwischen den Vervielfältigern. 24

Auf einen weiteren Zusammenhang zwischen den – empirisch – für das Gesamtobjekt (einschließlich Grund und Boden) abgeleiteten Ertragsfaktoren (Multiplikatoren/Vervielfältiger) und dem Liegenschaftszinssatz soll hier hingewiesen werden. Bei Ableitung des Liegenschaftszinssatzes nach den Grundsätzen des § 14 Abs. 3 ImmoWertV muss bei systemkonformer Anwendung der ImmoWertV der Wertbeständigkeit des Grund und Bodens Rechnung getragen werden. Dies erfolgt nach den unter § 14 ImmoWertV Rn. 192 ff. beschriebenen Verfahren. Werden Ertragsfaktoren, differenziert nach verschiedenen Objektgruppen und für bestimmte Altersklassen, ohne Abspaltung des Bodenwerts ermittelt, so ergibt der **reziproke Ertragswertfaktor empirisch abgeleitete Liegenschaftszinssätze** für die jeweiligen (Gesamt-)Objekte: 25

Beispiel:

Der Jahresreinertrag eines „neueren" Mietwohnobjekts beträgt 50 000 €. Bei einem Ertragswertfaktor von 12,0 ergibt sich zur Kontrolle als Grundstückswert:

Kontrollwert: 12,0 × 50 000 € = 600 000 €.

Das heißt, die Summe der Jahresmieten von 12 Jahren „deckt" den Kaufpreis.

Daraus ergibt sich als Liegenschaftszinssatz: 100/12 = 8 %

Der so ermittelte „Liegenschaftszinssatz" darf nicht dem bei systemkonformer Ableitung nach § 14 Abs. 3 ImmoWertV sich ergebenden Liegenschaftszinssatz gleichgesetzt werden. Nur bei einer sehr langen Restnutzungsdauer (von n > etwa 50 Jahre) besteht Identität.

4.4 Ertragsfaktoren im Verhältnis zu sonstigen immobilienwirtschaftlichen Multiplikatoren

Der nach vorstehenden Grundsätzen abgeleitete Ertragsfaktor bebauter Grundstücke i. S. des § 13 ImmoWertV steht auch in Verwandtschaft mit 26

– der sog. „Nettoanfangsrendite[3], die auf der Grundlage der Gesamtinvestitionskosten unter Berücksichtigung der Grundstückstransaktionskosten abgeleitet wird, bzw.

– den von der Immobilienwirtschaft publizierten „Mietenmultiplikatoren" (sog. „Kaufpreise von Investments", vgl. Syst. Darst. des Ertragswertverfahrens Rn. 41 ff.).

Die Ertragswertfaktoren entsprechen dem im angelsächsischen Raum gebräuchlichen *Gross Income Multiplier (GIM)* bzw. dem *Years´ Purchase (YP)* sowie der in Deutschland gebräuchlichen „Maklerformel". Die Ertragsfaktoren stellen eine empirisch verfeinerte und konsequent marktwertbezogene Form der für die Verkehrswertermittlung (Marktwertermittlung) ungeeigneten *Gross Income Multiplier* dar, denn sie werden in fundierterer Weise auf der Grundlage einer ausgewerteten Kaufpreissammlung unter Berücksichtigung der jeweiligen Grundstücksmerkmale abgeleitet, wobei im Anwendungsfall zudem die besonderen objektspezifischen Grundstücksmerkmale nach Maßgabe des § 8 Abs. 3 ImmoWertV ergänzend Berücksichtigung finden. Dies ist geboten, denn die **Unterschiedlichkeit der Verkehrswerte** ist weitaus größer, als es in den Mietenmultiplikatoren zum Ausdruck kommt.

---

3 Kleiber, Verkehrswertermittlung von Grundstücken, 6. Aufl. 2010, § 194 BauGB Rn. 92.

§ 13 ImmoWertV — Vergleichsfaktoren für bebaute Grundstücke

4.5 Anwendung von Ertragsfaktoren

27 Spiegelbildlich zu der in § 13 ImmoWertV geregelten Ableitung von Ertrags- und Gebäudefaktoren können die abgeleiteten Ertragsfaktoren zur Verkehrswertermittlung nach Maßgabe des § 15 Abs. 2 ImmoWertV herangezogen werden, wenn das zu bewertende Grundstück mit den Grundstücken vergleichbar ist, aus denen der entsprechenden Ertragsfaktor abgeleitet wurde. Das zu bewertende Objekt muss also die Eigenschaften aufweisen, die auch der Ableitung des Ertragswertfaktors zugrunde liegen.

28 Der Vergleichswert ergibt sich dann recht einfach durch Multiplikation des Jahresrein- oder -rohertrags des zu bewertenden Objekts mit dem einschlägigen Ertragswertfaktor:

$$\text{Vergleichswert} = \text{Rein- oder Rohertrag} \times \text{Ertragsfaktor}$$

oder in Formeln:

$$\text{Vergleichswert} = RE \times \text{Rohertrag} = RE \times V_{emp}$$

wobei
RE = Reinertrag
V_{emp} = empirisch abgeleiteter Vervielfältiger
(vgl. § 14 ImmoWertV Rn. 192 sowie Syst. Darst. des Ertragswertverfahrens Rn. 87 ff.), der zugleich dem Ertragsfaktor entspricht.

29 Eine fundierte Marktwertermittlung lässt sich nach den vorstehenden Ausführungen darauf nur gründen, wenn die Ertragswertfaktoren feinmaschig und differenziert nach der Restnutzungsdauer abgeleitet worden sind und sämtliche Grundstücksmerkmale der den Ertragsfaktoren zugrunde liegenden Grundstücke bekannt sind. Dies betrifft nicht nur die Grundstücksart und Grundstückslage, sondern auch die der **baulichen Anlagen**, insbesondere hinsichtlich ihrer Art, Größe, Nutzung, Beschaffenheit, Ertragskraft und ihrer Restnutzungsdauer (bzw. ihres Alters), wobei die Ertragsfaktoren bezüglich der Restnutzungsdauer hinreichend differenziert sein müssen (vgl. oben Rn. 9 und 23).

30 Abweichungen des zu bewertenden Grundstücks in seinen besonderen objektspezifischen Grundstücksmerkmalen von den dem Ertragsfaktor zugrundeliegenden Grundstücksmerkmalen durchschnittlichen Grundstücksmerkmalen müssen nach Maßgabe des § 8 Abs. 3 ImmoWertV ergänzend berücksichtigt werden, um über den Vergleichswert zum **Verkehrswert** zu gelangen.

31 Steht allein ein Ertragsfaktor (Mietenmultiplikator) von z. B. 12,0 bezogen auf den Jahresreinertrag eines „neueren" Mietwohnhauses ohne nähere Angaben zur Verfügung, so lässt sich darauf keine fundierte Wertermittlung gründen. Dies kann allenfalls einer groben **Kontrolle der Ertragswertermittlung** dienen:

32 *Beispiel:*

Der Jahresreinertrag eines „neueren" Mietwohnobjekts betrug 50 000 €. Bei einem Ertragswertfaktor von 12,0 ergibt sich zur Kontrolle als Grundstückswert:

Kontrollwert: 12,0 × 50 000 € = 600 000 €.

Das heißt, die Summe der Jahresmieten von 12 Jahren „deckt" den Kaufpreis.

Vergleichsfaktoren für bebaute Grundstücke § 13 ImmoWertV

5 Gebäudefaktor

5.1 Ableitung von Gebäudefaktoren

Der Gebäudefaktor ergibt sich als **Quotient aus Kaufpreisen von gleichartig bebauten Grundstücken, die hinreichend übereinstimmende Lage- und Nutzungsverhältnisse aufweisen, und dem Rauminhalt bzw. der Wohn- und Nutzfläche der jeweils darauf befindlichen Gebäude** (bauliche Anlagen). Gebäudefaktoren sind wie Ertragsfaktoren differenziert nach Grundstücksarten und Grundstückslagen sowie der Beschaffenheit der baulichen Anlagen vor allem hinsichtlich ihrer Art, Größe, Nutzung, Ertragskraft und ihrer Restnutzungsdauer (bzw. ihres fiktiven Alters). Der Differenzierung nach dem Alter (Restnutzungsdauer) ist besondere Beachtung zu schenken, denn die Alterswertminderung ist angesichts einer immer kürzer werdenden Gesamtnutzungsdauer baulicher Anlagen nicht unerheblich. Gebäudefaktoren sind wie Ertragsfaktoren hochgradig von der Restnutzungsdauer abhängig.

Der Gebäudefaktor ermittelt sich nach Maßgabe des § 13 ImmoWertV mithin wie folgt:

$$\text{Gebäudefaktor}_i = \frac{\text{Kaufpreis}_i}{\text{Rauminhalt}_i \text{ oder Wohn- bzw. Nutzfläche}_i}$$

Das ausgewogene Mittel aus einer ausreichenden Zahl n nach vorstehenden Grundsätzen ermittelter Einzelergebnisse ergibt dann den Gebäudefaktor:

$$\text{Gebäudefaktor} = \sum \frac{\text{Gebäudefaktor}_i}{n}$$

wobei n = Anzahl der Einzelergebnisse

Sollen **Gebäudefaktoren** (allein) **bezogen auf den Gebäudewertanteil** ermittelt werden, muss in der vorstehenden Formel anstelle des Kaufpreises der auf das Gebäude entfallende Kaufpreisanteil eingeführt werden, indem der Kaufpreis um den gesondert zu ermittelnden Bodenwert vermindert wird ($KP_i - BW_i$).

Zur Ermittlung von Ertragsfaktoren dürfen nach Maßgabe des § 9 ImmoWertV nur geeignete Kaufpreise herangezogen werden. Soweit Kaufpreise in ihren Grundstücksmerkmalen von den für die Ableitung des jeweiligen Ertragsfaktors maßgeblichen Grundstücksmerkmalen abweichen (vergleichsstörende Momente), sind sie nach § 9 Abs. 3 ImmoWertV zu „bereinigen".

Beispiel:

Für ein Einfamilienhaus mit einer Restnutzungsdauer von 40 Jahren wurde im gewöhnlichen Geschäftsverkehr ein Veräußerungspreis von 350 000 € erzielt: Die Wohnfläche WF des Einfamilienhauses betrage 140 m².

Gebäudefaktor = 350 000 € : 140 m² = 2 500 €/m² WF

Für die Ableitung von Gebäudefaktoren lässt die Verordnung jede geeignete Bezugseinheit zu. Dies können u. a. sein:

a) die Brutto-Grundfläche nach der DIN 277/1987/2005,

b) der Rauminhalt nach der DIN 277/1987/2005,

c) der umbaute Raum nach der DIN 277 vom November 1950,

d) die Wohnfläche nach WoFlV,

§ 13 ImmoWertV   Vergleichsfaktoren für bebaute Grundstücke

e) die Wohnfläche nach der DIN 283,

f) die Geschossfläche nach § 20 Abs. 3 BauNVO.

Über die Wahl der geeigneten **Bezugseinheit für die Ableitung der Gebäudefaktoren** befindet der Gutachterausschuss nach eigenem Ermessen; sie hängt u. a. von der Auswertung der Kaufpreissammlung ab.

39   Um zu fundierten Gebäudefaktoren zu kommen, ist es erforderlich, durchschnittliche Gebäudefaktoren aus einer ausreichenden Zahl geeigneter und ausgewerteter Kaufpreise gleichartig bebauter und genutzter Grundstücke abzuleiten. Dazu müssen dafür Gruppen gleichartig bebauter und genutzter Grundstücke gebildet werden, die insbesondere nach

– der Lage des Grundstücks,

– Art und Maß der baulichen Nutzung und

– dem Alter der baulichen Anlagen

vergleichbar sind. Vergleichsstörende Momente müssen nach Maßgabe des § 9 Abs. 2 ImmoWertV eliminiert werden.

40   **Gebäudefaktoren können zuverlässig nur aus Kaufpreisen von Grundstücken ermittelt werden, deren Grund und Boden bezüglich der Grundstücksfläche und des Bodenwerts (€/m²) gebäudetypisch** ist; andernfalls müssen gebäudebezoge Gebäudefaktoren abgeleitet werden.

41   Schließlich müssen die in die Ableitung eingehenden Kaufpreise auf einen gemeinsamen Stichtag bezogen sein, denn Gebäudefaktoren sind wie Ertragsfaktoren zeitabhängige Größen. Bei ihrer Veröffentlichung ist deshalb der Bezugsstichtag mit anzugeben. Dies ist der gemeinsame Zeitpunkt, auf den sich die Kaufpreise beziehen.

5.2   Beispiele

42   **Hauptanwendungsfall für die Ableitung von Gebäudefaktoren sind die** von den Gutachterausschüssen für Grundstückswerte abgeleiteten **durchschnittlichen Quadratmeterpreise für Eigentumswohnungen,** wobei in erster Linie bei deren Ableitung nach

– Erst- und Wiederverkäufen,

– der Wohnungsgröße,

– Baujahrgruppen,

– Ausstattung,

– Lage unterschieden wird[4].

43   Gebäudefaktoren werden aber auch für andere Grundstücksarten abgeleitet. Am *Beispiel* des Gutachterausschusses für Grundstücke in der Stadt *Wuppertal* (entnommen der Bodenmarktanalyse 2011) wird die **Auswertung der Kaufpreise für bebaute Grundstücke** (Mehrfamilienwohngebäude, freistehende Ein- und Zweifamilienhäuser, Reihenhäuser und Doppelhaushälften) aufgezeigt (siehe hierzu Abb. 4 ff.).

---

[4] Kleiber, Verkehrswertermittlung von Grundstücken, 6. Aufl. 2010, Teil VI Rn. 67. 87 f.

Vergleichsfaktoren für bebaute Grundstücke   § 13 ImmoWertV

Abb. 4: Vergleichsfaktoren für bebaute Grundstücke (Gebäudefaktoren)/
Mehrfamilienwohnhäuser und gemischt genutzte Gebäude

Baujahr	Ausstattung der Wohnungen	2006		2007		2008		2009		2010		2011	
		€/m²	n	€/m²	n	€/m²	n	€/m²	n	€/m²	n	€/m²	n
bis 1948	mit Heizung, Bad/WC	560	10	570	72	580	31	570	23	560	15	560	29
1949 – 1975	mit Heizung, Bad/WC	650	13	660	85	650	39	660	33	640	25	–	–
1949 – 1965	mit Heizung, Bad/WC	–	–	–	–	–	–	625	24	620	18	620	30
1966 – 1975	mit Heizung, Bad/WC	–	–	–	–	–	–	745	8	680	7	760	8

Quelle: Der Gutachterausschuss für Grundstückswerte in der Stadt Wuppertal

Abb. 5: Vergleichsfaktoren für bebaute Grundstücke (Gebäudefaktoren einschl. Bodenwert)/freistehende Ein- und Zweifamilienwohnhäuser, Reihenhäuser und Doppelhaushälften in Wuppertal

Alter	€/m² Wohnfläche (Mittelwerte)			
	2011	2011	2009	2009
	Freistehende Ein- und Zweifamilienhäuser*	Reihenhäuser Doppelhaushälfte**	Reihenmittelhaus**	Reihenendhaus**
5 bis 15 Jahre	2 220 €/m²	–	–	–
bis 10 Jahre	–	2 060 €/m²	1 910 €/m²	1 980 €/m²
16 bis 30 Jahre	1 980 €/m²	–	–	–
11 bis 20 Jahre	–	1 950 €/m²	1 790 €/m²	1 850 €/m²
21 bis 30 Jahre	–	1 840 €/m²	1 690 €/m²	1 760 €/m²
31 bis 40 Jahre	1 830 €/m²	1 680 €/m²	1 580 €/m²	1 640 €/m²
41 bis 50 Jahre	1 750 €/m²	–	–	–
41 bis 60 Jahre	–	1 590 €/m²	1 420 €/m²	1 490 €/m²
51 bis 60 Jahre	1 630 €/m²	–	–	–

Eigenschaften:
* Lagewert (Bodenrichtwert) 240 €/m²; Wohnfläche 150 m²; Grundstücksfläche 750 m²;
** Lagewert (Bodenrichtwert) 240 €/m²; Wohnfläche 120 m²; Grundstücksfläche 300 m²;
  zur Berücksichtigung von Abweichungen:
  http://www.wuppertal.de/gutacjterausschuss/ga_wuppertal_immo_preis_agent.pho

Quelle: Der Gutachterausschuss für Grundstückswerte in der Stadt Wuppertal

§ 13 ImmoWertV — Vergleichsfaktoren für bebaute Grundstücke

Für *Bergisch Gladbach* sind folgende Gebäudefaktoren ermittelt worden:

Abb. 6: Kaufpreise für wiederverkaufte Doppelhaushälften in Bergisch Gladbach in Abhängigkeit von der Grundstücksfläche, Lage, Ausstattung und Wohnfläche 2012

Ausstattung	Wohnfläche m²	Grundstücksfläche							
		180 bis 400 m²				401 bis 800 m²			
		Mittlere Wohnlage		Gute Wohnlage		Mittlere Wohnlage		Gute Wohnlage	
mittel	90–130	165 000 € bis	260 000 €	175 000 € bis	300 000 €	160 000 € bis	275 000 €	190 000 € bis	325 000 €
	131–180	180 000 € bis	310 000 €	210 000 € bis	330 000 €	235 000 € bis	310 000 €	230 000 € bis	350 000 €
gut	90–130	210 000 € bis	320 000 €	230 000 € bis	350 000 €	225 000 € bis	290 000 €	240 000 € bis	355 000 €
	131–180	220 000 € bis	350 000 €	270 000 € bis	380 000 €	270 000 € bis	375 000 €	280 000 € bis	435 000 €

Quelle: Grundstücksmarktbericht 2012

Abb. 7: Kaufpreise für wiederverkaufte freistehende Eigenheime in Bergisch Gladbach in Abhängigkeit von der Grundstücksfläche, Lage, Ausstattung und Wohnfläche 2012

Ausstattung	Wohnfläche m²	Grundstücksfläche							
		300 bis 500 m²				501 bis 700 m²			
		Mittlere Wohnlage		Gute Wohnlage		Mittlere Wohnlage		Gute Wohnlage	
mittel	90–130	170 000 € bis	270 000 €	205 000 € bis	300 000 €	160 000 € bis	280 000 €	205 000 € bis	340 000 €
	131–180	165 000 € bis	270 000 €	195 000 € bis	300 000 €	185 000 € bis	340 000 €	220 000 € bis	340 000 €
	181–250	–	–	–	–	245 000 € bis	330 000 e	300 000 € bis	380 000 €
gut	90–130	215 000 € bis	325 000 €	280 000 € bis	375 000 €	265 000 € bis	340 000 €	240 000 € bis	360 000 €
	131–180	265 000 € bis	300 000 €	285 000 € bis	435 000 €	270 000 € bis	375 000 €	300 000 € bis	535 000 €
	181–250	–	–	330 000 € bis	410 000 €	320 000 € bis	475 000 €	350 000 € bis	525 000 €
		701 bis 900 m²				Über 900 m²			
mittel	90–130	190 000 € bis	320 000 €	215 000 € bis	365 000 €	215 000 € bis	335 000 €	210 000 € bis	345 000 €
	131–180	215 000 € bis	340 000 €	225 000 € bis	400 000 €	255 000 € bis	350 000 €	230 000 € bis	465 000 €
	181–250	260 000 € bis	435 000 €	300 000 € bis	400 000 €	270 000 € bis	410 000 €	325 000 € bis	460 000 €
gut	90–130	275 000 € bis	340 000 €	275 000 € bis	390 000 €	235 000 € bis	345 000 €	320 000 € bis	400 000 €
	131–180	300 000 € bis	370 000 €	335 000 € bis	525 000 €	265 000 € bis	380 000 €	340 000 € bis	500 000 €
	181–250	380 000 € bis	465 000 €	380 000 € bis	560 000 €	410 000 € bis	485 000 €	450 000 € bis	625 000 €

Quelle: Grundstücksmarktbericht 2012

5.3 Verhältnis von Gebäudefaktoren zu Normalherstellungskosten

44 Gebäudefaktoren stellen nichts anderes als **stichtagsbezogene, alterswertgeminderte und verkehrswertorientierte Normalherstellungskosten** für bestimmte Gebäudearten mit einer bestimmten Restnutzungsdauer dar, wobei diese sogar den Bodenwertanteil mit umfassen, sofern sie nicht allein aus dem Gebäudewertanteil abgeleitet worden sind (vgl. oben Rn. 12). Es handelt sich hierbei allerdings nicht um Normalherstellungskosten i. S. gewöhnlicher Herstellungskosten, sondern um solche, die im Veräußerungsfall erzielbar sind, d. h. Marktanpassungsab- bzw. -zuschläge werden damit ebenso berücksichtigt wie die Alterswertminderung.

5.4 Anwendung von Gebäudefaktoren

5.4.1 Anwendung in der Verkehrswertermittlung

▶ *Vgl. Syst. Darst. des Vergleichswertverfahrens Rn. 136 ff.*

Spiegelbildlich zu der in § 13 ImmoWertV geregelten Ableitung von Ertrags- und Gebäudefaktoren können die abgeleiteten Gebäudefaktoren zur Verkehrswertermittlung nach Maßgabe des § 15 Abs. 2 ImmoWertV herangezogen werden, wenn das zu bewertende Grundstück mit den Grundstücken vergleichbar ist, aus denen der entsprechende Gebäudefaktor abgeleitet wurde. Das zu bewertende Objekt muss also die Eigenschaften aufweisen, die auch der Ableitung des Gebäudefaktors zugrunde liegen. 45

Der Vergleichswert ergibt sich dann recht einfach durch Multiplikation der Flächen- oder Raumeinheit der baulichen Anlage des zu bewertenden Objekts mit dem einschlägigen Gebäudefaktor nach Maßgabe des § 15 Abs. 2 ImmoWertV. Dabei **muss dieselbe Bezugsgröße gewählt werden, die der Ableitung der Gebäudefaktoren zugrunde gelegt worden ist.** Deshalb muss bei der Veröffentlichung von Gebäudefaktoren angegeben werden, auf welche Bezugseinheiten sie sich beziehen. Andererseits wäre eine sachgerechte Anwendung dieser Faktoren nicht möglich. 46

Abweichungen des zu bewertenden Grundstücks in seinen besonderen objektspezifischen Grundstücksmerkmalen von den dem Ertragsfaktor zugrunde liegenden durchschnittlichen Grundstücksmerkmalen müssen nach Maßgabe des § 8 Abs. 3 ImmoWertV ergänzend berücksichtigt werden, um über den Vergleichswert zum **Verkehrswert** zu gelangen. Dafür müssen sämtliche Grundstücksmerkmale der den Gebäudefaktoren zugrunde liegenden Grundstücke bekannt sein. Dies betrifft nicht nur die Grundstücksart und Grundstückslage, sondern auch die der **baulichen Anlagen**, insbesondere hinsichtlich ihrer Art, Größe, Nutzung, Beschaffenheit, Ertragskraft und ihrer Restnutzungsdauer (bzw. ihres Alters), wobei auch die Gebäudefaktoren bezüglich der Restnutzungsdauer hinreichend differenziert sein müssen (vgl. oben Rn. 9 und 23). 47

Im Übrigen können auch zu den Vergleichsfaktoren bebauter Grundstücke ergänzende Umrechnungskoeffizienten ermittelt werden, mit denen ihre Abhängigkeit von bestimmten wertbeeinflussenden Umständen erfasst wird[5]. 48

5.4.2 Anwendung in der steuerlichen Bewertung

In der steuerlichen Bewertung können nach § 183 Abs. 2 BewG anstelle von Preisen für Vergleichsgrundstücke auch von den Gutachterausschüssen für geeignete Bezugseinheiten, insbesondere Flächeneinheiten des Gebäudes, ermittelte und mitgeteilte Vergleichsfaktoren herangezogen werden. Bei Verwendung von Vergleichsfaktoren, die sich nur auf das Gebäude beziehen, ist der Bodenwert nach § 179 BewG gesondert zu berücksichtigen. Besonderheiten, insbesondere die den Wert beeinflussenden Belastungen privatrechtlicher und öffentlich-rechtlicher Art, werden nach § 183 Abs. 3 BewG im Vergleichswertverfahren nach den § 183 Abs. 1 und 2 BewG nicht berücksichtigt. 49

---

5   Vgl. Rn. 10 und GuG 1997, 18.

§ 13 ImmoWertV Vergleichsfaktoren für bebaute Grundstücke

6 Anlagen

Anlage 1:
Vergleichsfaktoren für bebaute Ein- und Zweifamilienhausgrundstücke zur Verwendung gemäß § 183 Abs. 2 BewG[6] in Berlin:

A Vorbemerkungen

1. Verwendungszweck

Das zugrunde liegende statistische Modell enthält vereinfachte Annahmen über die Kaufobjekte, insbesondere die Mikrolage der Grundstücke, die Ausstattung der Gebäude und ihren aktuellen baulichen Unterhaltungszustand. Nach Ansicht des Gutachterausschusses stellen die gefundenen Vergleichsfaktoren eine geeignete Grundlage für die Ermittlung des Vergleichswerts i. S. des § 183 Abs. 2 i. V. m. den §§ 157 und 182 Abs. 2 BewG dar. Die nachfolgenden Vergleichsfaktoren beinhalten sowohl den Wert für den Grund und Boden als auch für das Gebäude.

Die nachstehenden Vergleichsfaktoren sind jedoch nicht geeignet für die qualifizierte Ermittlung des Verkehrswerts i. S. des § 194 BauGB.

2. Verwendete Daten

Anhand der von der Geschäftsstelle des Gutachterausschusses für Grundstückswerte in Berlin geführten Kaufpreissammlung sind vergleichsgeeignete Kauffälle (nur reale Grundstücke, Kauffälle in der Rechtsform des Wohnungseigentums fanden keine Berücksichtigung) mit Vertragsdaten vom 1. Januar 2006 bis zum 31.12.2008 selektiert und mithilfe mathematisch-statistischer Analysen Vergleichsfaktoren für bebaute Ein- und Zweifamilienhäuser gemäß § 12 WertV *(nunmehr § 13 ImmoWertV)* ermittelt worden.

3. Gebietsweise Anwendbarkeit

Die Berechnung des statistischen Modells erfolgte für das Stadtgebiet von Berlin. In den nachfolgenden Ortsteilen (insgesamt 21) Mitte, Moabit, Hansaviertel, Tiergarten-Süd, Wedding, Gesundbrunnen, Friedrichshain, Kreuzberg, Charlottenburg, Schmargendorf, Grunewald, Charlottenburg-Nord, Halensee, Schöneberg, Friedenau, Neukölln, Plänterwald, Oberschöneweide, Wießensee in Lichtenberg, Fennpfuhl, Rummelsburg gab es keine geeigneten Kauffälle. Darüber hinaus wurden keine Kauffälle aus sehr guten Wohnlagen berücksichtigt. Konsequenterweise kann das Regressionsmodell für diese Ortsteile und für die sehr gute Wohnlage keine Aussage treffen.

4. Zeitliche Anwendbarkeit

Die Vergleichsfaktoren gelten grundsätzlich für das laufende Jahr. Nach Auffassung des Gutachterausschusses sind diese aufgrund des verwendeten Datenmaterials und ihrer erstmaligen Ermittlung auch rückwirkend für die Jahre 2007 und 2008 anwendbar.

5. Teilmarkt

Die Untersuchung erstreckte sich ausschließlich auf Einfamilienhäuser, Einfamilienhäuser mit Einliegerwohnung und Zweifamilienhäuser, die als Massivhaus bzw. Fertighaus errichtet worden sind. Kauffälle, wo die schlüsselfertige Errichtung durch den Erstverkäufer erfolgte, sind in der Analyse enthalten. Kauffälle für Villen und Landhäuser[7] (in allen stadträumlichen Wohnlagen) wurden bei dieser Analyse nicht berücksichtigt. Auch für diese Objekte kann das Regressionsmodell keine Aussagen treffen.

B Grundsätze der Kaufvertragsauswertung

Der Ableitung der Anpassungsfaktoren liegen folgende Annahmen zugrunde:

Es wurden nur „echte" Baujahre angesetzt. Es erfolgte keine Korrektur des Baujahres aufgrund von Modernisierungen. Eine Innenbesichtigung der Objekte erfolgte nicht. Es fand keine Überprüfung statt, ob Grundstucke rechtlich teilbar sind.

---

[6] Vergleichsfaktoren für bebaute Ein- und Zweifamilienhausgrundstücke zur Verwendung gemäß § 183 Abs. 2 BewG i. d. F. der Bekanntmachung vom 01.01.1991 (BGBl. I 1991, 230), das zuletzt durch Art. 2 des Gesetzes vom 24.12.2008 (BGBl. I 2008, 3018) geändert worden ist, in Berlin (ABl. Berlin 2009, 2141).

[7] Villa und Landhaus = großes i. d. R. vor 1925 in offener Bauweise errichtetes, nach heutigem Zeitgeschmack meist aufwendig und großzügig gestaltetes Einfamilien- oder Zweifamilienhaus mit entsprechender Fassade auf einem Grundstück mit Garten oder Park. Straßenseitige Fassade i. d. R. im Jugendstil bzw. Stil des Historismus ausgebildet, bei Landhäusern häufig nicht besonders betont und repräsentativ. Landhäusern fehlt oft das Souterrain, bei Villen ist es meistens als Tiefparterre angelegt.

Vergleichsfaktoren für bebaute Grundstücke § 13 ImmoWertV

1. Bodenwert

Für den Bodenwert wird der letzte vor dem jeweiligen Kaufvertragsdatum veröffentlichte Bodenrichtwert angesetzt. Eine GFZ-Anpassung findet nicht statt.

2. Die stadträumlichen Wohnlagen

Eine der Einflussgrößen, insbesondere für den Wert von Bauland, Eigenheimen und Wohnungseigentum, ist die Lage im Stadtgebiet. Als ein Merkmal der unterschiedlichen Qualität des Wohnens in der Stadt fließt bei der Analyse des Kaufpreismaterials in der Regel das Merkmal „Wohnlage" ein. Sie spiegelt die Lagequalität des Wohnumfeldes wider. Die Wohnlagenzuordnung orientiert sich am Berliner Mietspiegel. Sie ergibt sich aktuell aus dem Straßenverzeichnis zum Berliner Mietspiegel 2007 (ABl. für Berlin Nr. 30 vom 11.07.2007 [ABl. 2007, 1812]). Eine Orientierung bietet die zum Mietspiegel gehörende Wohnlagenkarte für Berlin (Druckschrift der Senatsverwaltung für Stadtentwicklung, auch bei den Bezirksämtern erhältlich).

Der Differenzierung der Wohnlagen liegen folgende Kriterien zugrunde:

- **Einfache Wohnlage**

Gebiete des inneren Stadtbereichs mit überwiegend geschlossener, stark verdichteter Bebauung mit sehr wenigen Grün- und Freiflächen, überwiegend ungepflegtem Straßenbild und/oder schlechtem Gebäudezustand (zum Beispiel Fassadenschäden, unsanierte Wohngebiete), auch bei starker Beeinträchtigung durch Geräusch-, Geruchsbelästigungen von Industrie und Gewerbe.

In Stadtrandlagen Gebiete mit überwiegend offener Bauweise, oft schlechtem Gebäudezustand (zum Beispiel Fassadenschäden, unsanierte Wohngebiete), mit ungepflegtem Straßenbild (zum Beispiel unbefestigte Straßen), ungünstigen Verkehrsverbindungen und wenigen Einkaufsmöglichkeiten, sowie Gebiete mit erheblich verdichteter Bauweise.

- **Mittlere Wohnlage**

Gebiete des inneren Stadtbereichs mit überwiegend geschlossener, stark verdichteter Bebauung mit normalem Straßenbild (nicht von Gebäudeschäden geprägt), gutem Gebäudezustand (zum Beispiel sanierte Wohngebiete, Neubaugebiete), mit wenigen Grün- und Freiflächen.

Gebiete mit überwiegend offener Bauweise, durchschnittlichen Einkaufsmöglichkeiten und normalem Verkehrsanschluss, ohne Beeinträchtigung durch Industrie und Gewerbe.

- **Gute Wohnlage**

Gebiete des inneren Stadtbereichs mit überwiegend geschlossener, stark verdichteter Bebauung, mit Frei- und Grünflächen, gepflegtem Straßenbild (guter Gebäudezustand), mit sehr gutem Verkehrsanschluss und guten bis sehr guten Einkaufsmöglichkeiten und gutem Image.

Gebiete mit überwiegend offener Bauweise, starker Durchgrünung, gepflegtem Wohnumfeld mit gutem Gebäudezustand und ruhiger Wohnsituation, mit normaler Verkehrsanbindung und normalen Einkaufsmöglichkeiten und gutem Image.

- **Sehr gute Wohnlage**

Untersuchungen belegen, dass sich das Preisbild von Immobilien verschiedener Grundstücksteilmärkte in besonders ansprechenden Ortslagen von der guten Wohnlage regelmäßig abhebt. Um hier differenziertere Aussagen über die Preissituation treffen zu können, unterteilt die Geschäftsstelle des Gutachterausschusses die gute Wohnlage des Mietspiegels und definiert zusätzlich sehr gute Wohnlagen.

Hierbei handelt es sich um Gebiete in exklusiver Lage mit sehr gepflegtem Wohnumfeld, einem hohen Anteil privater und öffentlicher Frei- und Grünflächen, sehr guter baulicher Gebietsstruktur, einem sehr guten Image sowie einem daraus resultierenden höheren Preisniveau am Grundstücksmarkt. Als sehr gute Wohnlage definiert sind

- die Gebiete in Westend zwischen Spandauer Damm, Ahornallee, Theodor-Heuss-Platz; Pommernallee, Ubierstraße, Wandalenallee und Fernbahntrasse,
- nördlich und südlich der Heerstraße im Ortsteil Charlottenburg das Gebiet zwischen S-Bahn, Heilsberger Allee, Heerstraße, Am Postfenn, nördliche Waldgrenze zum Teufelsberg und Teufelsseestraße,
- der Ortsteil Schmargendorf östlich bis zu den Straßenzügen Cunostraße, Friedrichshaller, Mecklenburgische und Zoppoter Straße,
- der Ortsteil Grunewald östlich der Fernbahntrasse und der Waldgrenze sowie
- das Gebiet Dahlem-Nord bis herunter zur Saargemünder Straße.

Im Ostteil Berlins wurden bislang noch keine sehr guten Wohnlagen ausgewiesen.

§ 13 ImmoWertV — Vergleichsfaktoren für bebaute Grundstücke

3. Baulicher Unterhaltungszustand

In dieser Veröffentlichung wird auf den baulichen Unterhaltungszustand der Immobilie Bezug genommen und wird mit gut, normal oder schlecht angegeben. Welche Kriterien sich hinter diesen Zustandsnoten verbergen, wird nachfolgend erläutert,

Gut
Guter, deutlich überdurchschnittlicher baulicher Unterhaltungszustand. Neuwertige oder sehr geringe Abnutzung, unbedeutender Instandhaltungs- und Reparaturaufwand. Zustand i. d. R. nach durchgreifender Sanierung oder Instandsetzung.

Normal
Normaler, im Wesentlichen durchschnittlicher baulicher Unterhaltungszustand. Geringe oder normale Verschleißerscheinungen, geringer oder mittlerer Instandhaltungs- und Reparaturanstau (zum Beispiel malermäßige Renovierung der Fassaden/Fenster, Klempnerarbeiten).

Schlecht
Schlechter, weitgehend desolater baulicher Unterhaltungszustand. Stärkere bis sehr hohe Verschleißerscheinungen, hoher Reparaturanstau, umfangreichere Instandsetzung der Substanz notwendig (zum Beispiel an Fassaden, Dächern, Versorgungsanlagen, Mauerwerk).

4. Brutto-Grundfläche
Die Brutto-Grundfläche (m²) ist gemäß DIN 277 i. d. F. vom Juni 1987 zu ermitteln.

C Vergleichsfaktoren

1. Faktoren
Der Wert für das durchschnittliche Objekt in der Analyse beträgt 229 015 € und entspricht einem Anpassungsfaktor von 1,00 für die steuerliche Bewertung. Dieses Objekt wird wie folgt definiert: Freistehendes Einzelhaus, in mittlerer stadträumlicher Wohnlage, Baujahr 2000, einem normalen Unterhaltungszustand, Brutto-Grundfläche: 235 m², Bodenrichtwert: 175 €/m², Grundstücksfläche: 530 m².

Tabelle 1: Vergleichsfaktoren

Anpassungsfaktoren für freistehende Ein- und Zweifamilienhäuser für die Baujahre ≥ 2000, in mittlerer stadträumlicher Wohnlage, einem normalen baulichen Unterhaltungszustand und einer durchschnittlichen Grundstücksgröße von 530 m²						
	Bodenwert (= Bodenrichtwert in €/m²)					
	100	150	200	250	300	350
Brutto-Grundfläche (m²)	[Spalte 1]*	[Spalte 2]	[Spalte 3]	[Spalte 4]	[Spalte 5]	[Spalte 6]
150 [Zeile 1]	0,70461	0,81973	0,93486	1,04998	1,16511	1,28023
200 [Zeile 2]	0,77679	0,89191	1,00704	1,12216	1,23729	1,35241
250 [Zeile 3]	0.84897	0,96409	1,07922	1,19434	1,30947	1.42459
300 [Zeile 4]	0,92115	1,03627	1,15140	1,26652	1,38165	1,49677
350 [Zeile 5]	0,99333	1,10845	1,22358	1,33870	1,45383	1,56895
400 [Zeile 6]	1,06550	1,18063	1,29575	1,41088	1,52600	1,64113
Innerhalb der Tabellenwerte kann linear interpoliert werden.						
* Zur besseren Orientierung (siehe Beispielsrechnung unter Tabelle 2)						

Vergleichsfaktoren für bebaute Grundstücke § 13 ImmoWertV

Tabelle 2: Korrekturwerte (Additionskonstanten)

Korrekturwerte (Additionskonstanten)			
		pro 10 m² größere Fläche	pro 10 m² kleinere Fläche
Baugrundstücksfläche* entspricht i. d. R. der Grundstücksfläche		0,00340	– 0,00340
Guter Bauzustand	0,12918		
Schlechter Bauzustand	– 0,21241		
Baujahr ab 1985 bis einschließlich 1999	– 0,02149		
Baujahr ab 1970 bis einschließlich 1984	– 0,16792		
Baujahr ab 1960 bis einschließlich 1969	– 0,23480		
Baujahr ab 1946 bis einschließlich 1959	– 0,23480		
Baujahr ab 1925 bis einschließlich 1945	– 0,21711		
Baujahr bis 1924	– 0,23480		
Gute Wohnlage	0,11075		
Einfache Wohnlage	– 0,02434		
Reihenmittelhaus	– 0,04635		
Doppelhaushälfte/Reihenendhaus	0,00000		

* Baugrundstücksfläche ist die Fläche, die hinter der tatsächlichen Straßenbegrenzungslinie liegt oder im Bebauungsplan als maßgebend für die Ermittlung der baulichen Nutzung ist.

Wie sind die Vergleichsfaktoren anzuwenden?
Folgendes Beispiel soll den prinzipiell einfachen Rechengang veranschaulichen.

Der Wert für das durchschnittliche Objekt beträgt 229 015 € und entspricht einem Vergleichsfaktor von 1,00000.

Das zu bewertende Beispielobjekt wird wie folgt beschrieben:

Lage in einer Bodenrichtwertzone von:	250 m²
Bruttogrundfläche:	350 m²
Baugrundstücksfläche:	670 m²
Baujahr:	1965
stadträumliche Lage:	einfach
baulicher Unterhaltungszustand:	gut

Ermittlung des Ausgangswerts (Tabelle 1, Zeile 5, Spalte 4):	1,33870
Baugrundstücksfläche:	
(670 m² – 530 m² [= Größe des Durchschnittsobjekts]) /110 × 0,00340 (Tabelle 2):	+ 0,04760
Guter Bauzustand (Tabelle 2):	+ 0,12918
Baujahr 1965 (Tabelle 2):	– 0,23480
Einfache Wohnlage (Tabelle 2)	– 0,02434
Ergebnis:	1,25634

Ausgehend vom durchschnittlichen Objektwert, errechnet sich der Wert für das zu bewertende Grundstück wie folgt:

229 015 € × 1,25634 = 287 721 €

§ 13 ImmoWertV — Vergleichsfaktoren für bebaute Grundstücke

2. Statistische Angaben zum verwendeten Datenmaterial

Tabelle 3: Mittelwerte (1. Zeile) und die 5%- bzw. 95%- Perzentile der Einzelwerte (kursiv in der 2. Zeile), das heißt 90 % aller verwendeten Daten liegen innerhalb dieses Bereiches und des Minimum- und Maximumwerts (kursiv in der 3. Zeile)

Anzahl	Kaufpreis (€)	Kaufpreis pro Brutto-Grundfläche (€/m²)	Baugrundstücksfläche (Bauland) (m²)	Brutto-Grundfläche (BGF) (m²)	Tatsächliche GFZ	Bodenrichtwert (€/m²)
4 457	204 636 *100 000 – 350 000* *60 000 – 500 000*	919 *449 – 1 151* *204 – 2 296*	533 *177 – 1 032* *122 – 1 478*	235 *130 – 390* *81 – 590*	0,33 *0,11 – 0,74* *0,08 – 1,29*	175 *93 – 340* *70 – 500*

Tabelle 4: Stadtlage (Ostteil/Westteil)

	Stadtlage (Ostteil/Westteil)				
		Häufigkeit	Prozent	Gültige Prozente	Kumulierte Prozente
Gültig	Ostteil	1 596	35,8	35,8	35,8
	Westteil	2 861	64,2	64,2	100,0
	Gesamt	4 457	100,0	100,0	

Tabelle 5: Stadträumliche Wohnlage

	Stadträumliche Wohnlage				
		Häufigkeit	Prozent	Gültige Prozente	Kumulierte Prozente
Gültig	Einfache Lage	1 392	31,2	31,2	31,2
	Mittlere Lage	2 423	54,4	54,4	85,6
	Gute Lage	642	14,4	14,4	100,0
	Gesamt	4 457	100,0	100,0	

Tabelle 6: Gebäudetyp

	Gebäudetyp				
		Häufigkeit	Prozent	Gültige Prozente	Kumulierte Prozente
Gültig	Einfamilienhaus	4 206	94,4	94,4	94,4
	Einfamilienhaus mit Einliegerwohnung	51	1,1	1,1	95,5
	Zweifamilienhaus	200	4,5	4,5	100,0
	Gesamt	4 457	100,0	100,0	

Vergleichsfaktoren für bebaute Grundstücke § 13 ImmoWertV

Tabelle 7: Gebäudestellung

		Gebäudestellung			
		Häufigkeit	Prozent	Gültige Prozente	Kumulierte Prozente
Gültig	Einzelhaus (freistehend)	2 422	54,3	54,93	54,3
	Doppelhaushälfte	918	20,6	20,6	74,9
	Reihenhaus	668	15,0	15,0	89,9
	Reihenendhaus	419	9,4	9,4	99,3
	Sonstige	30	0,7	0,7	100,0
	Gesamt	4 457	100,0	100,0	

Tabelle 8: Baujahrsgruppen

		Baujahrsgruppen			
		Häufigkeit	Prozent	Gültige Prozente	Kumulierte Prozente
Gültig	≤ 1924	208	4,7	4,7	4,7
	1925 – 1945	1 394	31,3	31,3	35,9
	1946 – 1959	246	5,5	5,5	41,5
	1960 – 1969	413	9,3	9,3	50,7
	1970 – 1984	641	14,4	14,4	65,1
	1985 – 1999	380	8,5	8,5	73,6
	≤ 2000	1 175	26,4	26,4	100,0
	Gesamt	4 457	100,0	100,0	

Tabelle 9: Baulicher Unterhaltungszustand

		Baulicher Unterhaltungszustand			
		Häufigkeit	Prozent	Gültige Prozente	Kumulierte Prozente
Gültig	Gut	1 550	34,8	34,8	34,8
	Normal	2 651	59,5	59,5	94,3
	Schlecht	256	5,7	5,7	89,9
	Gesamt	4 457	100,0	100,0	

§ 13 ImmoWertV — Vergleichsfaktoren für bebaute Grundstücke

51 Anlage 2:
Vergleichsfaktoren des Gutachterausschusses für Grundstückswerte in *Wiesbaden* (2010) nach § 183 BewG:

Beispiel:

Wohnfläche 140 m²; Baujahr 1960; Grundstücksgröße 500 m²; Lage in der Bodenrichtwertzone 350 €/m²

Vergleichsfaktor 2 445 €/m²; Anpassungsfaktor: 0,71

Wert: 2 445 €/m² × 0,71 × 140 m² = 243 000 €

Vergleichsfaktoren für Ein- und Zweifamilienhäuser

Wohn-fläche m²	Vergleichsfaktoren für Ein- und Zweifamilienhäuser							
	Vergleichsfaktoren in €/m² Wohnfläche bezogen auf 700 m² Grundstücksgröße und Baujahr 1970							
	Bodenrichtwertzone							
	200 – 299 €/m² (250 €/m²)	300 – 399 €/m² (350 €/m²)	400 – 499 €/m² (450 €/m²)	500 – 599 €/m² (550 €/m²)	600 – 699 €/m² (650 €/m²)	700 – 799 €/m² (850 €/m²)	800 – 899 €/m² (950 €/m²)	900 – 999 €/m² (250 €/m²)
100	2 499	3 163	3 826	4 490	5 154	5 817	6 481	7 144
110	2 331	2 934	3 538	4 141	4 744	5 347	5 951	6 554
120	2 191	2 744	3 297	3 850	4 403	4 956	5 509	6 062
130	2 072	2 583	3 093	3 604	4 114	4 625	5 135	5 646
140	1 971	2 445	2 919	3 393	3 867	4 341	4 815	5 289
150	1 883	2 325	2 767	3 210	3 652	4 095	4 537	4 979
160	1 806	2 220	2 635	3 050	3 465	3 879	4 294	4 709
170	1 738	2 128	2 518	2 909	3 299	3 689	4 080	4 470
180	1 677	2 046	2 414	2 783	3 152	3 520	3 889	4 258
190	1 623	1 972	2 322	2 671	3 020	3 369	3 719	4 068
200	1 574	1 906	2 238	2 570	2 902	3 233	2 565	3 897
210	1 530	1 846	2 162	2 478	2 794	3 110	3 426	3 742
220	1 490	1 792	2 094	2 395	2 697	2 998	3 300	3 602
230	1 454	1 742	2 031	2 319	2 608	2 896	3 185	3 473
240	1 420	1 697	1 973	2 250	2 526	2 803	3 079	3 356
250	1 389	1 655	1 920	2 186	2 451	2 717	2 982	3 248

Grund-stücksgröße (m²)	Anpassungsfaktoren an Baujahr und Grundstücksgröße					
	Baujahr					
	1950	1960	1970	1980	1990	2000
Bodenrichtwert 200 – 299 €/m²						
300	0,29	0,38	**0,46**	0,55	0,64	0,73
400	0,42	0,51	**0,60**	0,69	0,78	0,87
500	0,55	0,64	**0,73**	0,82	0,91	1,00
600	0,69	0,78	**0,87**	0,96	1,04	1,13
700	**0,82**	**0,91**	**1,00**	**1,09**	**1,18**	**1,27**
800	0,96	1,04	**1,13**	1,22	1,31	1,40
900	1,09	1,18	**1,27**	1,36	1,45	1,54
1 000	1,22	1,31	**1,40**	1,19	1,58	1,67
1 100	1,36	1,45	**1,54**	1,62	1,71	1,80
1 200	1,49	1,58	**1,67**	1,76	1,85	1,94
1 300	1,62	1,71	**1,80**	1,89	1,98	2,07
1 400	1,76	1,85	**1,94**	2,03	2,12	2,21
1 500	1,89	1,98	**2,07**	2,16	2,25	2,34
Bodenrichtwert 300 – 399 €/m²						
300	0,42	0,49	**0,57**	0,64	0,71	0,78
400	0,53	0,60	**0,67**	0,75	0,82	0,89
500	0,64	0,71	**0,78**	0,86	0,93	1,00

Vergleichsfaktoren für bebaute Grundstücke — § 13 ImmoWertV

Grund-stücksgröße (m²)	Anpassungsfaktoren an Baujahr und Grundstücksgröße					
	Baujahr					
	1950	1960	1970	1980	1990	2000
600	0,75	0,82	**0,89**	0,96	1,04	1,11
700	**0,85**	**0,93**	**1,00**	**1,07**	**1,14**	**1,22**
800	0,96	1,04	**1,11**	1,18	1,25	1,33
900	1,07	1,14	**1,22**	1,29	1,36	1,43
1 000	1,18	1,25	**1,33**	1,40	1,47	1,54
1 100	1,29	1,36	**1,43**	1,51	1,58	1,65
1 200	1,40	1,47	**1,54**	1,61	1,69	1,76
1 300	1,51	1,58	**1,65**	1,72	1,80	1,87
1 400	1,61	1,69	**1,76**	1,83	1,90	1,98
1 500	1,72	1,80	**1,87**	1,94	2,01	2,09
Bodenrichtwert 400 – 499 €/m²						
300	0,51	0,57	**0,64**	0,70	0,76	0,82
400	0,61	0,67	**0,73**	0,79	0,85	0,91
500	0,70	0,76	**0,82**	0,88	0,94	1,00
600	0,79	0,85	**0,91**	0,97	1,03	1,09
700	**0,88**	**0,94**	**1,00**	**1,06**	**1,12**	**1,18**
800	0,97	1,03	**1,09**	1,15	1,21	1,27
900	1,06	1,12	**1,18**	1,24	1,30	1,36
1 000	1,15	1,21	**1,27**	1,33	1,39	1,46
1 100	1,24	1,30	**1,36**	1,43	1,49	1,55
1 200	1,33	1,39	**1,46**	1,52	1,58	1,54
1 300	1,43	1,49	**1,55**	1,61	1,67	1,73
1 400	1,52	1,58	**1,64**	1,70	1,76	1,82
1 500	1,61	1,67	**1,73**	1,79	1,85	1,91
Bodenrichtwert 500 – 599 €/m²						
300	0,58	0,63	**0,69**	0,74	0,79	0,84
400	0,66	0,71	**0,79**	0,82	0,87	0,92
500	0,74	0,79	**0,84**	0,90	0,95	1,00
600	0,82	0,97	**0,92**	0,97	1,03	1,08
700	**0,90**	**0,95**	**1,00**	**1,05**	**1,10**	**1,16**
800	0,97	1,03	**1,08**	1,13	1,18	1,24
900	1,05	1,10	**1,16**	1,21	1,26	1,31
1 000	1,13	1,18	**1,24**	1,29	1,34	1,39
1 100	1,21	1,26	**1,31**	1,37	1,42	1,47
1 200	1,29	1,34	**1,39**	1,45	1,50	1,55
1 300	1,37	1,42	**1,47**	1,52	1,58	1,63
1 400	1,45	1,50	**1,55**	1,60	1,65	1,71
1 500	1,52	1,58	**1,63**	1,68	1,73	1,79
Bodenrichtwert 600 – 699 €/m²						
300	0,63	0,68	**0,72**	0,77	0,82	0,86
400	0,70	0,75	**0,79**	0,84	0,88	0,93
500	0,77	0,82	**0,86**	0,91	0,95	1,00
600	0,84	0,88	**0,93**	0,98	1,02	1,07
700	**0,91**	**0,95**	**1,00**	**1,05**	**1,09**	**1,14**
800	0,98	1,02	**1,07**	1,12	1,16	1,21
900	1,05	1,09	**1,14**	1,18	1,23	1,28
1 000	1,12	1,16	**1,21**	1,25	1,30	1,35
1 100	1,18	1,23	**1,28**	1,32	1,37	1,41
1 200	1,25	1,30	**1,35**	1,39	1,44	1,48
1 300	1,32	1,37	**1,41**	1,46	1,51	1,55
1 400	1,39	1,44	**1,48**	1,53	1,58	1,62
1 500	1,46	1,51	**1,55**	1,60	1,64	1,69
Bodenrichtwert 700 – 799 €/m²						
300	0,67	0,71	**0,75**	0,79	0,84	0,88
400	0,73	0,77	**0,82**	0,86	0,90	0,94
500	0,79	0,84	**0,88**	0,92	0,96	1,00

§ 13 ImmoWertV — Vergleichsfaktoren für bebaute Grundstücke

Anpassungsfaktoren an Baujahr und Grundstücksgröße						
Grund-stücksgröße (m²)	Baujahr					
	1950	1960	1970	1980	1990	2000
600	0,86	0,90	**0,94**	0,98	1,02	1,06
700	**0,92**	**0,96**	**1,00**	**1,04**	**1,08**	**1,12**
800	0,98	1,02	**1,06**	1,10	1,14	1,18
900	1,04	1,08	**1,12**	1,16	1,21	1,25
1 000	1,10	1,14	**1,18**	1,23	1,27	1,31
1 100	1,16	1,21	**1,25**	1,29	1,33	1,37
1 200	1,23	1,27	**1,31**	1,35	1,39	1,43
1 300	1,29	1,33	**1,37**	1,41	1,45	1,49
1 400	1,35	1,39	**1,43**	1,47	1,51	1,55
1 500	1,41	1,45	**1,49**	1,53	1,57	1,62
Bodenrichtwert 800 – 899 €/m²						
300	0,70	0,74	**0,78**	0,81	0,85	0,89
400	0,76	0,80	**0,83**	0,97	0,91	0,94
500	0,81	0,85	**0,89**	0,93	0,96	1,00
600	0,87	0,91	**0,94**	0,98	1,02	1,06
700	**0,93**	**0,96**	**1,00**	**1,04**	**1,07**	**1,11**
800	0,98	1,02	**1,06**	1,09	1,13	1,17
900	1,04	1,07	**1,11**	1,15	1,19	1,22
1 000	1,09	1,13	**1,17**	1,20	1,24	1,28
1 100	1,15	1,19	**1,22**	1,26	1,30	1,33
1 200	1,20	1,24	**1,28**	1,31	1,35	1,39
1 300	1,26	1,30	**1,33**	1,37	1,41	1,44
1 400	1,31	1,35	**1,39**	1,43	1,46	1,50
1 500	1,37	1,41	**1,44**	1,48	1,52	1,56
Bodenrichtwert 900 – 999 €/m²						
300	0,73	0,76	**0,80**	0,83	0,87	0,90
400	0,78	0,81	**0,85**	0,88	0,92	0,95
500	0,83	0,87	**0,90**	0,93	0,97	1,00
600	0,88	0,92	**0,95**	0,98	1,02	1,05
700	**0,93**	**0,97**	**1,00**	**1,03**	**1,07**	**1,10**
800	0,98	1,02	**1,05**	1,08	1,12	1,15
900	1,03	1,07	**1,10**	1,13	1,17	1,20
1 000	1,08	1,12	**1,15**	1,19	1,22	1,25
1 100	1,13	1,17	**1,20**	1,24	1,27	1,30
1 200	1,19	1,22	**1,25**	1,29	1,32	1,35
1 300	1,24	1,27	**1,30**	1,34	1,37	1,40
1 400	1,29	1,32	**1,35**	1,39	1,42	1,46
1 500	1,34	1,37	**1,40**	1,44	1,47	1,51

Vergleichsfaktoren für bebaute Grundstücke § 13 ImmoWertV

Vergleichsfaktoren für Reihenhäuser und Doppelhaushälften

Wohn-fläche m²	Vergleichsfaktoren für Reihenhäuser und Doppelhaushälften Vergleichsfaktoren in €/m² Wohnfläche bezogen auf 700 m² Grundstücksgröße und Baujahr 1970 Bodenrichtwertzone						
	300 – 399 €/m² (250 €/m²)	400 – 499 €/m² (350 €/m²)	500 – 599 €/m² (450 €/m²)	600 – 699 €/m² (550 €/m²)	700 – 799 €/m² (650 €/m²)	800 – 899 €/m² (850 €/m²)	900 – 999 €/m² (950 €/m²)
80	2 689	3 093	3 496	3 900	4 303	4 707	5 110
90	2 496	2 855	3 213	3 572	3 931	4 289	4 648
100	2 341	2 664	2 987	3 310	3 632	3 955	4 278
110	2 215	2 508	2 802	3 095	3 389	3 682	3 975
120	2 109	2 378	2 647	2 916	3 185	3 454	3 723
130	2 020	2 268	2 517	2 765	3 013	3 261	3 510
140	1 943	2 174	2 405	2 635	2 866	3 096	3 327
150	1 877	2 092	2 307	2 523	2 738	2 953	3 168
160	1 819	2 021	2 223	2 424	2 626	2 828	3 030
170	1 768	1 958	2 148	2 338	2 527	2 717	2 907
180	1 722	1 902	2 081	2 260	2 440	2 619	2 798
190	1 682	1 852	2 021	2 191	2 361	2 531	2 701
200	1 645	1 806	1 968	2 128	2 291	2 452	2 613

Grund-stücksgröße (m²)	Anpassungsfaktoren an Baujahr und Grundstücksgröße Baujahr					
	1955	1965	1975	1985	1995	2005
Bodenrichtwert 300 – 399 €/m²						
100	0,53	0,61	0,70	0,78	0,86	0,94
150	0,59	0,67	0,75	0,83	0,91	0,99
200	0,65	0,73	0,81	0,89	0,97	1,05
250	0,70	0,78	0,86	0,94	1,02	1,11
300	0,76	0,84	0,92	1,00	1,08	1,16
350	0,81	0,89	0,98	1,06	1,14	1,22
400	0,87	0,95	1,03	1,11	1,19	1,27
450	0,93	1,01	1,09	1,17	1,25	1,33
500	0,98	1,06	1,14	1,22	1,30	1,39
550	1,04	1,12	1,20	1,28	1,36	1,44
600	1,09	1,17	1,26	1,34	1,42	1,50
650	1,15	1,23	1,31	1,39	1,47	1,55
700	1,21	1,29	1,37	1,45	1,53	1,61
Bodenrichtwert 400 – 499 €/m²						
100	0,59	0,66	0,73	0,80	0,87	0,94
150	0,64	0,71	0,78	0,85	0,92	0,99
200	0,69	0,76	0,83	0,90	0,97	1,04
250	0,73	0,81	0,88	0,95	1,02	1,09
300	0,78	0,86	0,93	1,00	1,07	1,14
350	0,83	0,91	0,98	1,05	1,12	1,19
400	0,88	0,96	1,03	1,10	1,17	1,24
450	0,93	1,01	1,08	1,15	1,22	1,29
500	0,98	1,06	1,13	1,20	1,27	1,34
550	1,03	1,11	1,18	1,25	1,32	1,39
600	1,08	1,16	1,23	1,30	1,37	1,44
650	1,13	1,21	1,28	1,35	1,42	1,49
700	1,18	1,26	1,33	1,40	1,47	1,54
Bodenrichtwert 500 – 599 €/m²						
100	0,58	0,69	0,76	0,82	0,88	0,95
150	0,67	0,74	0,80	0,87	0,93	0,99
200	0,72	0,78	0,85	0,91	0,97	1,04
250	0,76	0,83	0,89	0,96	1,02	1,08
300	0,81	0,87	0,94	1,00	1,06	1,13

§ 13 ImmoWertV — Vergleichsfaktoren für bebaute Grundstücke

Grund-stücksgröße (m²)	Anpassungsfaktoren an Baujahr und Grundstücksgröße					
	Baujahr					
	1955	1965	1975	1985	1995	2005
350	0,85	0,92	0,98	**1,04**	1,11	1,17
400	0,90	0,96	1,03	**1,09**	1,15	1,22
450	0,94	1,01	1,07	**1,13**	1,20	1,26
500	0,99	1,05	1,12	**1,18**	1,24	1,31
550	1,03	1,10	1,16	**1,22**	1,29	1,35
600	1,08	1,14	1,20	**1,27**	1,33	1,40
650	1,12	1,19	1,25	**1,31**	1,38	1,44
700	1,17	1,23	1,29	**1,36**	1,42	1,49
Bodenrichtwert 600 – 699 €/m²							
100	0,66	0,72	0,78	**0,84**	0,90	0,95
150	0,70	0,76	0,82	**0,88**	0,94	0,99
200	0,74	0,80	0,86	**0,92**	0,98	1,04
250	0,78	0,84	0,90	**0,96**	1,02	1,08
300	**0,82**	**0,88**	**0,94**	**1,00**	**1,06**	**1,12**
350	0,85	0,92	0,98	**1,04**	1,10	1,16
400	0,91	0,96	1,02	**1,08**	1,14	1,20
450	0,95	1,01	1,06	**1,12**	1,18	1,24
500	0,99	1,05	1,10	**1,16**	1,22	1,28
550	1,03	1,09	1,15	**1,20**	1,26	1,32
600	1,07	1,13	1,19	**1,25**	1,30	1,36
650	1,11	1,17	1,23	**1,29**	1,35	1,40
700	1,15	1,21	1,27	**1,33**	1,39	1,44
Bodenrichtwert 700 – 799 €/m²							
100	0,69	0,74	0,75	**0,85**	0,90	0,96
150	0,73	0,78	0,83	**0,89**	0,94	1,00
200	0,76	0,82	0,87	**0,92**	0,98	1,03
250	0,80	0,85	0,91	**0,96**	1,02	1,07
300	**0,84**	**0,89**	**0,95**	**1,00**	**1,05**	**1,11**
350	0,88	0,93	0,98	**1,04**	1,09	1,15
400	0,91	0,97	1,02	**1,08**	1,13	1,18
450	0,95	1,00	1,06	**1,11**	1,17	1,22
500	0,99	1,04	1,10	**1,15**	1,20	1,26
550	1,03	1,08	1,13	**1,19**	1,24	1,30
600	1,06	1,12	1,17	**1,23**	1,28	1,33
650	1,10	1,15	1,21	**1,26**	1,32	1,37
700	1,14	1,19	1,25	**1,30**	1,35	1,41
Bodenrichtwert 800 – 899 €/m²							
100	0,71	0,76	0,81	**0,86**	0,91	0,95
150	0,75	0,80	0,85	**0,90**	0,95	1,00
200	0,78	0,83	0,86	**0,93**	0,98	1,03
250	0,82	0,87	0,92	**0,97**	1,02	1,07
300	**0,85**	**0,90**	**0,95**	**1,00**	**1,05**	**1,10**
350	0,88	0,93	0,98	**1,03**	1,08	1,13
400	0,92	0,97	1,02	**1,07**	1,12	1,17
450	0,95	1,00	1,05	**1,10**	1,15	1,20
500	0,99	1,04	1,09	**1,14**	1,19	1,24
550	1,02	1,07	1,12	**1,17**	1,22	1,27
600	1,06	1,11	1,16	**1,21**	1,26	1,31
650	1,09	1,14	1,19	**1,24**	1,29	1,34
700	1,13	1,18	1,23	**1,28**	1,33	1,38
Bodenrichtwert 900 – 999 €/m²							
100	0,73	0,78	0,82	**0,87**	0,92	0,96
150	0,76	0,81	0,86	**0,90**	0,95	1,00
200	0,80	0,84	0,89	**0,94**	0,98	1,03
250	0,83	0,88	0,92	**0,97**	1,01	1,06
300	**0,86**	**0,91**	**0,95**	**1,00**	**1,05**	**1,09**

Vergleichsfaktoren für bebaute Grundstücke § 13 ImmoWertV

Grund-stücksgröße (m²)	Anpassungsfaktoren an Baujahr und Grundstücksgröße					
	Baujahr					
	1955	1965	1975	1985	1995	2005
350	0,89	0,94	0,99	**1,03**	1,08	1,12
400	0,93	0,97	1,02	**1,06**	1,11	1,16
450	0,96	1,00	1,05	**1,10**	1,14	1,19
500	0,99	1,04	1,08	**1,13**	1,18	1,22
550	1,02	1,07	1,11	**1,16**	1,21	1,25
600	1,05	1,10	1,15	**1,19**	1,24	1,29
650	1,09	1,13	1,18	**1,23**	1,27	1,32
700	1,12	1,17	1,21	**1,26**	1,30	1,35

§ 13 ImmoWertV — Vergleichsfaktoren für bebaute Grundstücke

Anlage 3:
Vergleichsfaktoren in Hessen

Der Grundstücksmarktbericht 2010 der Zentralen Geschäftsstelle der Gutachterausschüsse für Grundstückswerte des Landes Hessen führt für den *Main-Taunus-Kreis* folgende Vergleichsfaktoren auf:

Wohn-fläche m²	Vergleichsfaktoren in €/m² Wohnfläche (EFH/ZFH) bezogen auf 700 m² Grundstücksgröße und Baujahr 1970 (Main-Taunus-Kreis)				
	Bodenrichtwertbereich				
	bis 49 €/m²	50 €/m² bis 99 €/m²	100 €/m² bis 1 499 €/m (125 €/m²)	150 €/m² bis 199 €/m² (175 €/m²)	200 €/m² bis 299 €/m² (250 €/m²)
100			1 403	1 760	2 296
110			1 340	1 665	2 152
120			1 287	1 585	2 032
130			1 243	1 517	1 930
140			1 204	1 460	1 842
150			1 171	1 409	1 767
160			1 142	1 366	1 701
170			1 117	1 327	1 642
180			1 094	1 292	1 590
190			1 074	1 262	1 544
200			1 055	1 234	1 502
210			1 039	1 209	1 464
220			1 024	1 186	1 430
230			1 010	1 165	1 398
240			997	1 146	1 369
250			986	1 120	1 343

Korrekturfaktoren (Baujahr, Grundstücksgröße EFH/ZFH im Main-Taunus-Kreis)						
Grund-stücks-größe (m²)	Baujahr					
	1946 bis 1954 (1950)	1955 bis 1964 (1960)	1965 bis 1974 (1970)	1975 bis 1984 (1990)	1985 bis 1994 (1990)	ab 1995 (2000)
300	0,61	0,68	0,75	0,82	0,89	0,96
400	0,67	0,74	0,81	0,88	0,96	1,03
500	0,73	0,81	0,88	0,95	1,02	1,09
600	0,80	0,87	0,94	1,01	1,08	1,15
700	0,86	0,93	1,00	1,07	1,14	1,21
800	0,92	0,99	1,06	1,132	1,20	1,27
900	0,98	1,05	1,12	1,19	1,27	1,34
1 000	1,04	1,12	1,19	1,26	1,33	1,40
1 100	1,11	1,18	1,25	1,32	1,39	1,46
1 200	1,17	1,24	1,31	1,38	1,45	1,52
1 300	1,23	1,30	1,37	1,44	1,51	1,58
1 400	1,29	1,36	1,43	1,50	1,58	1,65
1 500	1,35	1,43	1,50	1,57	1,64	1,71

Beispiel:

Verkehrswert (gemeiner Wert) einer 156 m² großen Wohnung gelegen in einem Bodenrichtwertbereich von 170 €/m², Baujahr 1980 auf einem rd. 600 m² großen Grundstück:

Der Verkehrswert (gemeine Wert) ergibt sich näherungsweise aus folgender Berechnung:

$$156 \text{ m}^2 \text{ Wohnfläche} \times 1\,701 \text{ €/m}^2 \times 1{,}01 = 268\,010 \text{ €} = \text{gerundet } 268\,000 \text{ €}$$

§ 14 ImmoWertV
Marktanpassungsfaktoren, Liegenschaftszinssätze

(1) Mit Marktanpassungsfaktoren und Liegenschaftszinssätzen sollen die allgemeinen Wertverhältnisse auf dem Grundstücksmarkt erfasst werden, soweit diese nicht auf andere Weise zu berücksichtigen sind.

(2) Marktanpassungsfaktoren sind insbesondere

1. Faktoren zur Anpassung des Sachwerts, die aus dem Verhältnis geeigneter Kaufpreise zu entsprechenden Sachwerten abgeleitet werden (Sachwertfaktoren, § 193 Absatz 5 Satz 2 Nummer 2 des Baugesetzbuchs),
2. Faktoren zur Anpassung finanzmathematisch errechneter Werte von Erbbaurechten oder Erbbaugrundstücken, die aus dem Verhältnis geeigneter Kaufpreise zu den finanzmathematisch errechneten Werten von entsprechenden Erbbaurechten oder Erbbaugrundstücken abgeleitet werden (Erbbaurechts- oder Erbbaugrundstücksfaktoren).

(3) Die Liegenschaftszinssätze (Kapitalisierungszinssätze, § 193 Absatz 5 Satz 2 Nummer 1 des Baugesetzbuchs) sind die Zinssätze, mit denen Verkehrswerte von Grundstücken je nach Grundstücksart im Durchschnitt marktüblich verzinst werden. Sie sind auf der Grundlage geeigneter Kaufpreise und der ihnen entsprechenden Reinerträge für gleichartig bebaute und genutzte Grundstücke unter Berücksichtigung der Restnutzungsdauer der Gebäude nach den Grundsätzen des Ertragswertverfahrens (§§ 17 bis 20) abzuleiten.

Gliederungsübersicht	Rn.
1 Übersicht	1
2 Funktion der Marktanpassungsfaktoren und Liegenschaftszinssätze (§ 14 Abs. 1 ImmoWertV)	2
3 Marktanpassungsfaktoren (§ 14 Abs. 2 ImmoWertV)	10
4 Sachwertfaktoren (§ 14 Abs. 2 Nr. 1 ImmoWertV)
4.1 Allgemeines
4.1.1 ImmoWertV	12
4.1.2 Beleihungswertermittlung	18
4.1.3 Steuerliche Bewertung	20
4.2 Sachwertfaktoren
4.2.1 Sachwertfaktoren nach ImmoWertV
4.2.1.1 Definition	21
4.2.1.2 Marktanpassungszu- und -abschläge	28
4.2.1.3 Gebäudebezogene Sachwertfaktoren	32
4.2.2 Ableitung von Sachwertfaktoren	34
4.3 Sachwertfaktorenbestimmende Einflüsse
4.3.1 Allgemeines	44
4.3.2 Methodik der Sachwertermittlung
4.3.2.1 Übersicht	46
4.3.2.2 Bodenwert	48
4.3.2.3 Normalherstellungskosten	52
4.3.2.4 Alter und Alterswertminderung	58
4.3.2.5 Gesamt- und Restnutzungsdauer (Baujahr)	69
4.3.3 Allgemeine Wertverhältnisse auf dem Grundstücksmarkt
4.3.3.1 Übersicht	72
4.3.3.2 Allgemeine Wirtschaftslage	73
4.3.3.3 Lage auf dem örtlichen Grundstücksmarkt	77
4.3.3.4 Grundstücksart	79
4.3.3.5 Größe und Beschaffenheit der baulichen Anlage	80
4.3.3.6 Lage auf dem Baumarkt	85

§ 14 ImmoWertV Übersicht

    4.4   Darstellung und Veröffentlichung von Sachwertfaktoren
- 4.4.1 Darstellung 88
- 4.4.2 Veröffentlichung 92
- 4.4.3 Modellkonforme Anwendung von Sachwertfaktoren 94
- 4.4.4 Sachwertfaktoren für besondere Teilmärkte
  - 4.4.4.1 Gewerbe- und Industrieobjekt 99
  - 4.4.4.2 Eigentumswohnungen 100
  - 4.4.4.3 Resthofstellen 101

5 Erbbaurechts- und Erbbaugrundstücksfaktoren (§ 14 Abs. 2 Nr. 2 ImmoWertV)
- 5.1 Allgemeines 102
- 5.2 Erbbaurechtsfaktoren 103
- 5.3 Erbbaugrundstücksfaktoren 104

6 Liegenschaftszinssätze (§ 14 Abs. 3 ImmoWertV)
- 6.1 Überblick
  - 6.1.1 Liegenschaftszinssatz nach ImmoWertV 105
  - 6.1.2 Kapitalisierungszinssatz nach BelWertV 117
  - 6.1.3 Kapitalisierungszinssatz in der steuerlichen Bewertung 123
- 6.2 Anwendungsbereich 124
- 6.3 Anwendung des maßgeblichen Liegenschaftszinssatzes 133
- 6.4 Liegenschafts- und Kapitalmarktzinssatz 148
- 6.5 Zukunfterwartung
- 6.6 Ableitung von Liegenschaftszinssätzen
  - 6.6.1 Allgemeines 176
  - 6.6.2 Finanzmathematische Grundlagen 190
  - 6.6.3 Ableitung bei langer Restnutzungsdauer 192
  - 6.6.4 Ableitung bei kurzer Restnutzungsdauer 207
- 6.7 Ableitung bei gedämpften Bodenwerten 216
- 6.8 Veröffentlichung von Liegenschaftszinssätzen 224

7 Anlagen

Anlage 1: Sachwertfaktoren (Marktanpassungsfaktoren)

Anlage 1.1 Wertzahlen (Sachwertfaktoren/Marktanpassungsfaktoren nach Anl. 25 zu § 191 Abs. 2 BewG) 225

Anlage 1.2 Faktoren zur Anpassung des Sachwerts von Grundstücken mit Eigenheimen an die Lage auf dem Grundstücksmarkt in Berlin 225

Anlage 1.3 Sachwertfaktoren in verschiedenen Städten nach Grundstücksarten 227

Anlage 1.4 Sachwertfaktoren in verschiedenen Regionen nach Grundstücksarten 228

Anlage 2: Liegenschaftszinssätze für Mietwohnhäuser und Mietwohngeschäftshäuser in Berlin mit einem gewerblichen Mietanteil bis 70 % 229

Anlage 3: Spanne der Liegenschaftssätze, Gesamtnutzungsdauer und Bewirtschaftungskosten – Empfehlungen des Immobilienverbands IVD Bundesverband 230

Marktanpassungsfaktoren § 14 ImmoWertV

1 Übersicht

§ 14 ImmoWertV beschreibt die **Funktion von Markanpassungsfaktoren und Liegenschaftszinssätzen** (§ 14 Abs. 1 ImmoWertV), benennt die wesentlichen Marktanpassungsfaktoren (§ 14 Abs. 2 ImmoWertV) und enthält eine materielle Definition des Liegenschaftszinssatzes (§ 14 Abs. 3 ImmoWertV).

2 Funktion der Marktanpassungsfaktoren und Liegenschaftszinssätze (§ 14 Abs. 1 ImmoWertV)

Mit Marktanpassungsfaktoren und Liegenschaftszinssätzen sollen nach § 14 Abs. 1 ImmoWertV die in § 3 Abs. 2 ImmoWertV definierten „allgemeinen Wertverhältnisse auf dem Grundstücksmarkt" erfasst werden, soweit diese nicht in anderer Weise „*zu berücksichtigen sind*". Damit angesprochen ist die **allgemeine konjunkturelle Lage auf dem Grundstücksmarkt.**

Da sich der Verkehrswert (Marktwert) einer Immobilie nach dem Preis definiert, der zum Wertermittlungsstichtag (§ 3 Abs. 1 ImmoWertV) im gewöhnlichen Geschäftsverkehr erzielt werden kann (§ 194 BauGB), sind nach den Vorschriften der ImmoWertV der Wertermittlung die „**allgemeinen Wertverhältnisse auf dem Grundstücksmarkt**" am Wertermittlungsstichtag zugrunde zu legen. Die Vorschriften der ImmoWertV sind deshalb darauf angelegt, die „allgemeinen Wertverhältnisse auf dem Grundstücksmarkt" (Lage auf dem Grundstücksmarkt) möglichst direkt im Rahmen des herangezogenen Wertermittlungsverfahrens zu berücksichtigen. Die empirisch aus Kaufpreisen und somit aus dem Marktgeschehen abgeleiteten Marktanpassungsfaktoren und Liegenschaftszinssätzen können in besonderem Maße die Berücksichtigung der „allgemeinen Wertverhältnisse auf dem Grundstücksmarkt" funktional gewährleisten. Mit ihrer Anwendung wird eine Wertermittlung am Marktgeschehen gewissermaßen „justiert". Deshalb „sollen" nach den Vorgaben des § 14 Abs. 1 ImmoWertV die „allgemeinen Wertverhältnisse auf dem Grundstücksmarkt" (Lage auf dem Grundstücksmarkt) mit den vom Gutachterausschuss für Grundstückswerte abgeleiteten Marktanpassungsfaktoren und Liegenschaftszinssätzen berücksichtigt werden. Nach allgemeinem Verwaltungsrecht folgt aus dem Wort „soll", dass zumindest die Gutachterausschüsse strikt an die Regelung gebunden sind und nur in atypischen Ausnahmefällen davon abgewichen werden kann[1]. Entsprechendes gilt auch für den die ImmoWertV anwendenden Sachverständigen.

Nach der Vorgabe des § 14 Abs. 1 ImmoWertV „soll" die Lage auf dem Grundstücksmarkt mit Marktanpassungsfaktoren und Liegenschaftszinssätzen berücksichtigt werden, „soweit diese nicht auf andere Weise zu berücksichtigen sind". Damit sind vor allem die Regelungen der ImmoWertV angesprochen, nach denen in die Wertermittlung eingehenden Parameter so zu „dimensionieren" sind, dass sie den am Wertermittlungsstichtag herrschenden Marktverhältnissen des gewöhnlichen Geschäftsverkehrs entsprechen:

– Bei Anwendung des *Vergleichswertverfahrens* gehen die dem gewöhnlichen Geschäftsverkehr entsprechenden Marktverhältnisse unmittelbar dadurch in die Wertermittlung ein, dass zum Preisvergleich möglichst wertermittlungsstichtagsnahe Kaufpreise hinreichend vergleichbarer Grundstücke herangezogen werden, die auf dem Grundstücksmarkt erzielt worden sind. Kaufpreise, die durch ungewöhnliche oder persönliche Verhältnisse beeinflusst worden sind, nach § 7 ImmoWertV außer Betracht bleiben und Kaufpreise, die nicht zum Wertermittlungsstichtag vereinbart worden sind, mithilfe marktkonformer Indexreihen auf den Wertermittlungsstichtag umgerechnet werden sollen (§ 11 ImmoWertV)

---

1 Kopp/Ramsauer, VwVfG, Komm. 9. Aufl. 2005, § 40 Rn. 44; BVerwG, Urt. vom 07.09.1989 – 7 C 44/88 –, NJW 1990, 1376; BSG, Urt. vom 06.11.1985 – 10 R Kg 3/84 –, NJW 1987, 1222.

- Bei Anwendung des *Ertragswertverfahrens* gehen die dem gewöhnlichen Geschäftsverkehr entsprechenden Marktverhältnisse insbesondere dadurch in die Wertermittlung ein, dass von am Wertermittlungsstichtag marktüblich erzielbaren Erträgen, am Wertermittlungsstichtag marktüblich anfallenden Bewirtschaftungskosten sowie einer nach allgemeinen Erfahrungssätzen sich bemessenen Restnutzungsdauer der baulichen Anlage ausgegangen wird.

- Bei Anwendung des *Sachwertverfahrens* gehen die dem gewöhnlichen Geschäftsverkehr entsprechenden Marktverhältnisse insoweit in die Wertermittlung ein, als von den *marktüblichen* Kosten für die Neuerrichtung einer entsprechenden baulichen Anlage ausgegangen wird, die marktüblichen Neuerrichtungskosten (eigentlich) in *marktüblicher Weise „abzuschreiben"* (Alterswertminderung) sind und sich die Alterswertminderung nach dem Verhältnis der Restnutzungsdauer zu der *(markt-)üblichen Gesamtnutzungsdauer* bemisst (vgl. hierzu auch die amtliche Begründung zu § 7 Abs. 2 WertV 88[2]).

Soweit bei Anwendung der genannten Verfahren besondere objektspezifische Grundstücksmerkmale ergänzend berücksichtigt werden müssen, sind sie nach § 8 Abs. 3 ImmoWertV durch marktkonforme Zu- oder Abschläge oder in anderer geeigneter Weise zu berücksichtigen, soweit dies dem gewöhnlichen Geschäftsverkehr entspricht.

5 Die allgemeinen Wertverhältnisse finden bei Anwendung des *Vergleichswertverfahrens* mit der Heranziehung von wertermittlungsstichtagsnahen bzw. auf den Wertermittlungsstichtag umgerechneten Vergleichspreisen unmittelbar Eingang in die Wertermittlung und der damit ermittelte **Vergleichswert entspricht zumindest weitgehend dem Verkehrswert (Marktwert)**. Eine Marktanpassung ist bei alledem nur in wenigen Fällen und dann auch in aller Regel nur in marginaler Höhe erforderlich.

6 Bei *Anwendung des Ertragswertverfahrens* auf der Grundlage der marktüblich erzielbaren Erträge gelangt man über den Ertragswert zum Verkehrswert (Marktwert), indem man diese Erträge mit einem Zinssatz kapitalisiert, der in marktkonformer Weise, sei es ökonomisch begründbar oder nicht, die vom Grundstücksmarkt erwartete Ertragsentwicklung und die vom Grundstücksmarkt erwartete Verzinsung des in die Immobilie investierten Kapitals reflektiert. Dies leistet der in § 14 Abs. 3 ImmoWertV definierte und aus Marktpreisen abgeleitete **Liegenschaftszinssatz**. Der Liegenschaftszinssatz ist mithin ein Zinssatz, mit dem die Ertragswertermittlung an die allgemeinen Wertverhältnisse auf dem Grundstücksmarkt „justiert" wird, und zwar im Ertragswertverfahren selbst.

7 Bei *Anwendung des Sachwertverfahrens* wird der Sachwert zwar auf der Grundlage marktüblicher Kosten einer entsprechenden neuerrichteten baulichen Anlage ermittelt. Auch marktübliche Herstellungskosten können nun aber nicht mit dem im gewöhnlichen Geschäftsverkehr erzielbaren Preis gleichgesetzt werden. Der entscheidende Mangel des Sachwertverfahrens besteht aber darin, dass es bislang nicht gelungen ist, diese Kosten mithilfe der Alterswertminderung in marktüblicher Weise den allgemeinen Wertverhältnissen auf dem Grundstücksmarkt anzugleichen. Deshalb weist der nach den §§ 21 bis 23 ImmoWertV ermittelte (vorläufige) Sachwert im Verhältnis zu den übrigen Wertermittlungsverfahren die größten **Disparitäten zum Verkehrswert (Marktwert)** auf. Sachwert ist der Wert, den die Sache nicht wert ist, heißt es gemeinhin. Es bedarf deshalb einer Anpassung des Sachwerts an die allgemeinen Wertverhältnisse auf dem Grundstücksmarkt (Marktanpassung), um über den Sachwert zum Verkehrswert zu kommen. Dies soll der aus Marktpreisen nach § 14 Abs. 2 Nr. 1 ImmoWertV abgeleitete Marktanpassungsfaktor (Sachwertfaktor) – quasi kompensatorisch zu einer nicht marktkonformen Alterswertminderung – leisten.

8 Nach der **„Soll-Vorschrift"** sind die von den Gutachterausschüssen für Grundstückswerte gemäß § 193 Abs. 5 Nr. 1 und 2 BauGB abzuleitenden Liegenschaftszinssätze und Marktanpassungsfaktoren (Sachwertfaktoren) zur Berücksichtigung der allgemeinen Wertverhältnisse auf dem Grundstücksmarkt heranzuziehen, soweit diese nicht auf andere Weise *„zu berücksichtigen sind"* (vgl. oben Rn. 2 ff. sowie § 21 Abs. 1 Satz 1, 2. Halbs. ImmoWertV). Der Ver-

---

[2] BR-Drucks. 352/88, S. 47.

ordnungsgeber lässt dabei offen, nach welchen Vorgaben sie in anderer Weise berücksichtigt werden müssen. Bei systemkonformer Auslegung der Verordnung sind damit in erster Linie die vorstehend erläuterten Regelungen der Verordnung angesprochen.

Nach allgemeinem Verwaltungsrecht folgt aus dem Wort „soll", dass zumindest die Gutachterausschüsse strikt an die Regelung gebunden sind und nur in atypischen Ausnahmefällen davon abgewichen werden kann; Entsprechendes gilt auch für den die ImmoWertV anwendenden Sachverständigen.

Marktanpassungsfaktoren und Liegenschaftszinssätze sind dem Wandel der Wertverhältnisse auf dem Grundstücksmarkt zeitlichen Veränderungen unterworfen. Als **zeitabhängige Größen** sind sie mithin von den Gutachterausschüssen fortzuschreiben, ohne dass die Verordnung dafür Vorgaben macht. Im Rahmen der Sach- und Ertragswertermittlung sind jeweils die Sachwertfaktoren bzw. Liegenschaftszinssätze heranzuziehen, die (der) Gutachterausschuss nach den Wertverhältnissen des Wertermittlungsstichtags abgeleitet hat. Bei retrograder Wertermittlung kann es deshalb erforderlich sein, auf die zum jeweiligen Wertermittlungsstichtag geltenden Sachwertfaktoren und Liegenschaftszinssätze zurückzugreifen. **9**

3 Marktanpassungsfaktoren (§ 14 Abs. 2 ImmoWertV)

Schrifttum: *Gripp. P.*, Anpassungsfaktoren für NHK-Gebäudetypen mit Kostenangaben pro m³ Brutto-Rauminhalt, GuG 2007, 48; *Krietsch*, Ableitung von Marktanpassungsfaktoren für Resthofstellen in Sachsen-Anhalt, GuG 2010, 203.

Nach **§ 193 Abs. 5 Satz 2 Nr. 2 BauGB** führt der nach den §§ 192 ff. BauGB eingerichtete Gutachterausschuss für Grundstückswerte eine Kaufpreissammlung und ermittelt u. a. „Faktoren zur Anpassung der Sachwerte an die jeweilige Lage auf dem Grundstücksmarkt (Sachwertfaktoren), insbesondere für die Grundstücksarten Ein- und Zweifamilienhäuser". Die Sachwertfaktoren gehören zu den „sonstigen zur Wertermittlung erforderlichen Daten der Wertermittlung", deren Ableitung nach § 193 Abs. 5 BauGB zu den Pflichtaufgaben des Gutachterausschusses für Grundstückswerte gehört (vgl. § 9 Rn. 10). Mit § 14 Abs. 2 Nr. 2 ImmoWertV wird der Katalog der vom Gutachterausschuss abzuleitenden Marktanpassungsfaktoren durch die dort geregelten Erbbaurechts- und Erbbaugrundstücksfaktoren erweitert. **10**

Der in § 14 gebrauchte Begriff des „Marktanpassungsfaktors" ist dem BauGB fremd. § 14 Abs. 2 ImmoWertV führt unter dem **Oberbegriff „Marktanpassungsfaktoren"** insgesamt drei besondere Marktanpassungsfaktoren auf, nämlich **11**

– den *Sachwertfaktor*, mit dem der nach den §§ 21 bis 23 ImmoWertV ermittelte (vorläufige) Sachwert an den Verkehrswert (Marktwert) angepasst werden soll,

– den *Erbbaurechtsfaktor*, mit dem der finanzmathematisch errechnete Wert von Erbbaurechten an den Verkehrswert (Marktwert) angepasst werden soll, und

– den *Erbbaugrundstücksfaktor*, mit dem der finanzmathematische Wert von Erbbaugrundstücken an den Verkehrswert (Marktwert) angepasst werden soll.

Es handelt sich um eine nicht abschließende Aufzählung. Die Vorschrift bestimmt des Weiteren, wie die Marktanpassungsfaktoren abzuleiten sind (vgl. unten Rn. 34 ff.).

4 Sachwertfaktoren (§ 14 Abs. 2 Nr. 1 ImmoWertV)

4.1 Allgemeines

4.1.1 ImmoWertV

12 **Sachwertfaktoren sind Faktoren,** mit denen der nach den Vorschriften der §§ 21 bis 23 ImmoWertV abgeleitete (vorläufige) **Sachwert** an die allgemeinen Wertverhältnisse auf dem Grundstücksmarkt und somit **an den Verkehrswert** (Marktwert) **angeglichen werden soll** (Marktanpassung).

13 Sachwertfaktoren stellen zugleich einen **Modell- bzw. Systemkorrekturfaktor** dar, wenn die angewandte Methodik der Sachwertermittlung mängelbehaftet ist (vgl. unten Rn. 94). Die Begriffe „Marktanpassungsfaktor", „Marktanpassungszu- und -abschlag" vermitteln dagegen den Eindruck, als ginge es nur darum, mithilfe dieser Größen die „Lage auf dem Grundstücksmarkt" in die Sachwertermittlung einzubringen. Da sie zugleich Korrekturfaktoren sind, mit denen auch System- oder Modellfehler der Sachwertermittlung ausgeglichen werden, ist der vom Gesetzgeber mit § 195 Abs. 5 Nr. 2 BauGB eingeführte und vom Verordnungsgeber übernommene Begriff des „Sachwertfaktors" vorzuziehen.

14 Mit Sachwertfaktoren wird auch ein Einfluss der bei Erwerb eines Grundstücks anfallenden **Grundstückstransaktionskosten** erfasst, denn diese gehen in die zur Ermittlung der Sachwertfaktoren herangezogenen Vergleichspreise ein. Dementsprechend wird mit der Anwendung der so ermittelten Sachwertfaktoren ein Einfluss der Grundstückstransaktionskosten – wie groß er auch immer sein mag – indirekt berücksichtigt, ohne dass es dafür eines besonderen Rechenschritts bedarf.

15 Zur Marktanpassung „sind" nach § 21 Abs. 1 ImmoWertV insbesondere die vom örtlichen Gutachterausschuss für Grundstückswerte aus der ausgewerteten Kaufpreissammlung abgeleiteten und (i. d. R.) **in** dessen **Grundstücksmarktbericht veröffentlichten einschlägigen Sachwertfaktoren** heranzuziehen. Ersatzweise kann auf entsprechende für vergleichbare Gemeinden abgeleitete Sachwertfaktoren insbesondere benachbarter Gutachterausschüsse zurückgegriffen werden.

16 Der unter Berücksichtigung der Marktanpassung und der besonderen objektspezifischen Grundstücksmerkmale sich ergebende Sachwert ist der im Wege des Sachwertverfahrens ermittelte Verkehrswert, sofern sich nicht nach § 8 Abs. 1 Satz 3 ImmoWertV unter **Würdigung der Aussagefähigkeit des oder der Ergebnisse anderer herangezogener Wertermittlungsverfahren** etwas anderes ergibt.

17 Stehen dem Sachverständigen keine vom Gutachterausschuss empirisch abgeleiteten Marktanpassungsfaktoren zur Verfügung, so kann er sich entsprechende **Erfahrungswerte durch vergleichbare Marktbeobachtungen** verschaffen, d. h., der Sachverständige ist gut beraten, wenn er die Angemessenheit seiner Marktanpassungsfaktoren ständig überprüft, indem er die auf der Grundlage der von ihm erstellten Gutachten getätigten Grundstückskäufe mit dem von ihm ermittelten „Sachwert" vergleicht.

4.1.2 Beleihungswertermittlung

18 Im Unterschied zur Verkehrswertermittlung nach ImmoWertV kennt die Beleihungswertermittlung keine Anpassung des Sachwerts an die Lage auf dem Grundstücksmarkt (Marktanpassung). Der Wortlaut der Verordnung sieht dies zumindest nicht vor. **Eine Anpassung des auf der Grundlage der BelWertV ermittelten Sachwerts an die Lage auf dem Grundstücksmarkt würde im Ergebnis zum Verkehrswert (Marktwert) führen** und wäre insoweit mit den Zielen und Zwecken der BelWertV, nämlich den Sachwert zur Kontrolle des nach dem Vorsichtsprinzip abgeleiteten Vergleichs- bzw. Ertragswert zu ermitteln, nicht vereinbar.

Sachwertfaktoren § 14 ImmoWertV

Das BaFin hat im Schreiben vom 30.04.2007 an den Verband deutscher Pfandbriefanstalten (VdP) **Marktanpassungen (als sonstige wertbeeinflussende Umstände i. S. des § 18 BelWertV)** zugelassen, „insbesondere wenn diese als Zuschlag dem Sachwert zugerechnet werden sollen", wobei dafür „nur ein eng begrenzter Rahmen, der einer nachvollziehbaren Begründung bedarf, zur Verfügung stehen dürfte". Dies lässt erkennen, dass die Regelungen der BelWertV in sich nicht schlüssig sind.

4.1.3 Steuerliche Bewertung

Die von den Gutachterausschüssen abgeleiteten Sachwertfaktoren sind auch in der steuerlichen Bewertung nach § 191 Abs. 1 BewG heranzuziehen. Soweit von den Gutachterausschüssen keine geeigneten Sachwertfaktoren zur Verfügung stehen, sind die in der Anl. 25 zum BewG bestimmten **Wertzahlen** zu verwenden (vgl. Anl. 1.1 zu dieser Vorschrift).

4.2 Sachwertfaktoren

Schrifttum: *Haba, A.,* Zur sachgerechten Anwendung von Sachwert-Marktanpassungsfaktoren (GuG 2006, 19); *Leutner, B./Wartenberg, J.,* Aktuelle Marktanpassungsfaktoren für das Sachwertverfahren, GuG 2009, 152; *Schmeck, J.,* Sachwertmodell zur Ableitung von Marktanpassungsfaktoren für Ein- und Zweifamilienhäuser, GuG 2005, 339.

4.2.1 Sachwertfaktoren nach ImmoWertV

4.2.1.1 Definition

§ 14 Abs. 2 Nr. 1 ImmoWertV definiert Sachwertfaktoren als **Faktoren, die sich aus dem Verhältnis geeigneter, um die besonderen objektspezifischen Grundstücksmerkmale bereinigter Kaufpreise bebauter Grundstücke zu den** dafür nach Maßgabe der §§ 21 bis 23 ImmoWertV **abgeleiteten** (vorläufigen) **Sachwerten ergeben**:

$$\text{Sachwertfaktor}_i = \frac{\text{Kaufpreis}_i}{\text{Sachwert}_i}$$

Geeignete Kaufpreise sind Kaufpreise, die im gewöhnlichen Geschäftsverkehr für gleichartig bebaute und genutzte Grundstücke entrichtet wurden, die keine besonderen objektspezifischen Grundstücksmerkmale aufweisen und nach ihrer Grundstücksart, Lage und Beschaffenheit der Grundstücksart zuzurechnen sind, für die der daraus ermittelte Sachwertfaktor gelten soll. Soweit die zur Ableitung der Sachwertfaktoren herangezogenen Kaufpreise durch besondere objektspezifische Grundstücksmerkmale beeinflusst sind, sind sie insoweit zu „bereinigen".

Beispiel:

– Im gewöhnlichen Geschäftsverkehr wurde für ein Einfamilienhaus ein Kaufpreis von 300 000 € erzielt.

– Der für das Objekt nach Maßgabe der §§ 21 bis 23 ImmoWertV ermittelte (vorläufige) Sachwert belaufe sich auf 400 000 €.

$$\text{Sachwertfaktor}_i = \frac{300\ 000\ \text{€}}{400\ 000\ \text{€}} = 0{,}75$$

Das ausgewogene Mittel aus einer ausreichenden Zahl n nach vorstehenden Grundsätzen ermittelter Einzelergebnisse ergibt dann den Sachwertfaktor:

$$\text{Sachwertfaktor} = \frac{\sum \text{Sachwertfaktor}_i}{\text{Anzahl der Einzelergebnisse i}}$$

§ 14 ImmoWertV — Sachwertfaktoren

22 – Ein **Sachwertfaktor ≥ 1** stellt sich danach ein, wenn der auf dem Grundstücksmarkt erzielbare Kaufpreis den Bodenwert und die alterswertgeminderten Herstellungskosten der baulichen und sonstigen Anlagen übersteigt und das Objekt mit Gewinn verkauft worden ist.

– Ein **Sachwertfaktor ≤ 1** stellt sich dagegen ein, wenn der auf dem Grundstücksmarkt erzielbare Kaufpreis den Bodenwert und die alterswertgeminderten Herstellungskosten unterschreitet und das Objekt mit Verlust verkauft worden ist.

– Bei einem **Sachwertfaktor von 1,0** besteht Identität zwischen (vorläufigen) Sach- und Verkehrswert.

23 Die Nachkommastellen des Sachwertfaktors geben die **prozentuale Abweichung des Verkehrswerts (Marktwerts) vom Sachwert** wieder, wobei sie bei Sachwertfaktoren ≤ 1 von der Zahl 100 abzuziehen sind.

Beispiel:
– Es wurde ein Sachwertfaktor von 0,75 ermittelt. Hieraus folgt, dass der ermittelte vorläufige Sachwert um 25 % (= 100 – 75) zu vermindern ist, um zum Verkehrswert zu kommen.
– Es wurde ein Sachwertfaktor von 1,28 ermittelt. Hieraus folgt, dass der ermittelte vorläufige Sachwert um 38 % zu erhöhen ist, um zum Verkehrswert zu kommen.

24 Die so definierten Sachwertfaktoren entsprechen mithin dem vom Nobelpreisträger *James Tobin* entwickelten Erklärungsmodell für Investitionen in Realkapital. Maßgebliche Kenngröße ist „Tobins q":

$$q = \frac{\text{Bestandspreis}}{\text{Reproduktionskosten}}$$

25 Nach diesem Erklärungsmodell lohnt sich eine Investition (z. B. die Herstellung eines Gebäudes), wenn der Bestandspreis eines Gutes (Verkehrswert/Marktwert) die Reproduktionskosten (Herstellungskosten i. S. des § 22 ImmoWertV) übersteigt. **Sachwertfaktoren sind von daher „Tobins q"**. Die Herstellung eines Gebäudes lohnt sich, wenn sich ein Sachwertfaktor von ≥ 1 ergibt.

26 Mithilfe des für ein zu bewertendes bebautes Grundstück einschlägigen Sachwertfaktors kann der nach den §§ 21 bis 23 ImmoWertV ermittelte vorläufige Sachwert gemäß § 8 Abs. 2 Nr. 1 sowie § 21 Abs. 1 (2. Halbsatz) ImmoWertV an die allgemeinen Wertverhältnisse auf dem Grundstücksmarkt (Lage auf dem Grundstücksmarkt) angepasst werden.

Marktangepasster Sachwert =
Vorläufiger Sachwert (§§ 21 bis 23 ImmoWertV) × Sachwertfaktor (1)

Beispiel:
– Für ein zu bewertendes Einfamilienhaus wurde nach den §§ 21 bis 23 ImmoWertV ein vorläufiger Sachwert von 350 000 € ermittelt.
– Der einschlägige Sachwertfaktor betrage 0,90.

Marktangepasster (vorläufiger) Sachwert = 350 000 € × 0,85 = rd. 300 000 €

27 Um zum Verkehrswert zu gelangen, müssen dann noch nach Maßgabe des § 8 Abs. 3 ImmoWertV die **besonderen objektspezifischen Grundstücksmerkmale** (Anomalien) in marktüblicher Höhe berücksichtigt werden.

4.2.1.2 Marktanpassungszu- und -abschläge

28 Mit dem durch die ImmoWertV vorgegebenen Sachwertfaktor ist eine Vereinheitlichung der Wertermittlungspraxis verbunden. In der Praxis wurde der Sachwert vielfach mithilfe von sog. „Marktanpassungszu- und -abschlägen" an den Verkehrswert angeglichen. Soweit es sich dabei um empirisch aus der Kaufpreissammlung abgeleitete Marktanpassungszu- und -abschläge handelt, entsprechen sie vollinhaltlich den vorstehend definierten Marktanpassungsfaktoren.

Sachwertfaktoren § 14 ImmoWertV

Entsprechend den vorstehenden Ausführungen lassen sich Marktanpassungszu- und -abschläge ermitteln, indem die **Differenz aus geeigneten Kaufpreisen bebauter Grundstücke und den dafür** nach Maßgabe der §§ 21 bis 23 ImmoWertV **abgeleiteten Sachwerten** gebildet wird (vgl. Abb. 1): 29

$$\text{Marktanpassungszu- oder -abschlag}_i = \text{Kaufpreis}_i - \text{Sachwert}_i \quad (2)$$

Abb. 1:   Empirische Ermittlung von Marktanpassungszu- oder -abschlägen

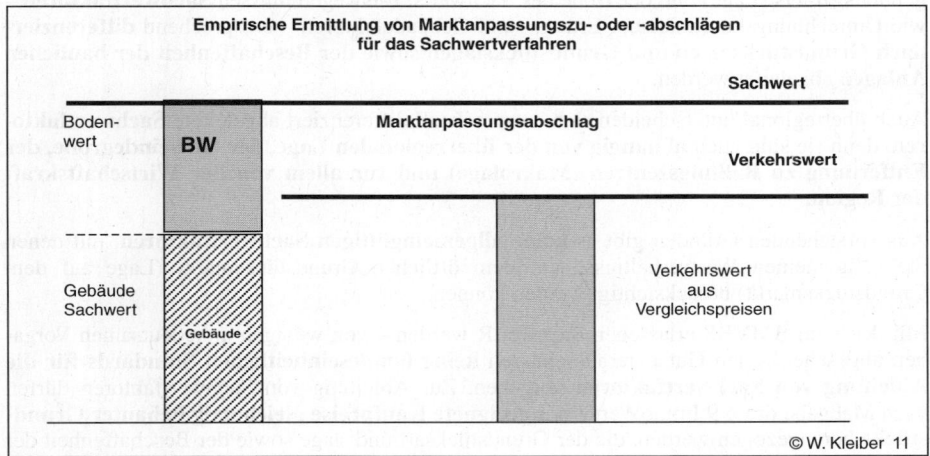

Während sich mit Sachwertfaktoren die Divergenz zwischen Verkehrs- und Sachwert in einem Vomhundertsatz bestimmt, ergibt sich mit Marktanpassungszu- und -abschlägen die Marktanpassung zunächst ein Absolutbetrag, aus dem sich dann die **Marktanpassung als Vomhundertsatz des Sachwerts** ableiten lässt, indem er ins Verhältnis zum Sachwert gesetzt wird. 30

Beispiel
- Es liegt ein Kaufpreis von 1 000 000 € vor. Der Sachwert des Grundstücks wurde mit 880 000 € ermittelt.
- Der sich daraus ergebende Marktanpassungsabschlag beträgt 120 000 € (1 000 000 € – 880 000 €).
- Marktanpassung als Vomhundertsatz des Sachwerts = 12 % (= 120 000 €/1 000 000 €)

Die Ableitung von Sachwertfaktoren stellt sich eleganter dar, weil sich damit auf direktem Wege die Marktanpassung (Berücksichtigung der allgemeinen Wertverhältnisse auf dem Grundstücksmarkt) ermitteln lässt. 31

4.2.1.3   Gebäudebezogene Sachwertfaktoren

Sachwertfaktoren können auch bezogen auf Sachwert der baulichen Anlage (Gebäudesachwert) ermittelt werden. Dazu müssen zunächst die Kaufpreise bebauter Grundstücke um den jeweiligen Bodenwert vermindert werden, wobei der Bodenwert nach Maßgabe des § 16 Abs. 1 Satz 1 ImmoWertV zu ermitteln ist. Der gebäudebezogene Sachwertfaktor ergibt sich nach vorstehenden Grundsätzen aus dem **Verhältnis der um den Bodenwert verminderten Kaufpreise zu den** dafür nach Maßgabe der §§ 21 bis 23 ImmoWertV abgeleiteten **Gebäudesachwerten**. 32

$$\text{Sachwertfaktor}_{\text{Gebäude}} = \frac{\text{Kaufpreis}_i - \text{Bodenwert}}{\text{Gebäudesachwert}} \quad (3)$$

§ 14 ImmoWertV   Sachwertfaktoren

33 Derartige Marktanpassungsfaktoren sind in der Praxis nicht gebräuchlich und auch nicht zu empfehlen, weil mit der Abspaltung des Bodenwerts Verfälschungen einhergehen können.

4.2.2 Ableitung von Sachwertfaktoren

34 Die Sachwertfaktoren fallen für unterschiedliche Grundstücksarten und unterschiedliche Grundstückslagen unterschiedlich aus. Des Weiteren sind sie erfahrungsgemäß abhängig von der Größe, Beschaffenheit, Alter bzw. Restnutzungsdauer der baulichen Anlage, dem Bodenwert des Belegenheitsgebiets (Lage) und der Höhe des Sachwerts. Deswegen müssen **Sachwertfaktoren – wie Umrechnungskoeffizienten, Ertrags- und Gebäudefaktoren – entsprechend differenziert nach Grundstücksarten und Grundstückslagen sowie der Beschaffenheit der baulichen Anlagen** abgeleitet werden.

35 Auch überregional unterscheiden sich entsprechend differenziert abgeleitete **Sachwertfaktoren**, denn sie sind auch **abhängig von der überregionalen Lage, der Gemeindegröße, der Entfernung zu Ballungszentren (Makrolage) und vor allem von der Wirtschaftskraft der Region**.

36 Aus vorstehenden Gründen gibt es **keine allgemeingültigen Sachwertfaktoren**, mit denen die „allgemeinen Wertverhältnisse auf dem örtlichen Grundstücksmarkt (Lage auf dem Grundstücksmarkt) berücksichtigt werden können.

37 Mit den vom BMVBS erlassenen SachwertR werden – von wenigen unbedeutsamen Vorgaben abgesehen – den Gutachterausschüssen **keine bundeseinheitlichen Standards für die Ableitung von Sachwertfaktoren** vorgeben. Zur Ableitung von Sachwertfaktoren dürfen nach Maßgabe des § 9 ImmoWertV nur **geeignete Kaufpreise gleichartig bebauter Grundstücke** herangezogen werden, die der Grundstücksart und -lage sowie der Beschaffenheit der baulichen Anlagen der Grundstückskategorie entsprechen, für die der Sachwertfaktor gelten soll. Soweit Kaufpreise in ihren Grundstücksmerkmalen von den für die Ableitung des jeweiligen Sachwertfaktors maßgeblichen Grundstücksmerkmalen abweichen (vergleichsstörender Momente), sind sie nach § 9 Abs. 3 ImmoWertV grundsätzlich zu „bereinigen". Auch müssen die in die Ableitung eingehenden Kaufpreise **auf einen gemeinsamen Stichtag** bezogen sein, denn Sachwertfaktoren sind wie Gebäude- und Ertragsfaktoren zeitabhängige Größen. Bei ihrer Veröffentlichung ist deshalb der Bezugsstichtag mit anzugeben.

38 Zur Ableitung von Sachwertfaktoren sind Kaufpreise von Grundstücken heranzuziehen, die möglichst keine „besonderen objektspezifischen Grundstücksmerkmale" i. S. des § 8 Abs. 3 ImmoWertV aufweisen, denn damit würde sich das Ergebnis verfälschen; die zur Ableitung von Sachwertfaktoren herangezogenen Kaufpreise müssen ggf. um den Werteinfluss der besonderen objektspezifischen Grundstücksmerkmale „bereinigt" werden. Dies ist eine wesentliche Voraussetzung dafür, dass den ermittelten Sachwertfaktoren eine breite Allgemeingültigkeit beigemessen werden kann. Im Rahmen der Marktwertermittlung unter Anwendung des Sachwertverfahrens werden auch die „besonderen objektspezifischen Grundstücksmerkmale" des zu bewertenden Grundstücks nach Maßgabe des § 8 Abs. 2 ImmoWertV erst im Anschluss an die Marktanpassung zur Berücksichtigung der allgemeinen Wertverhältnisse auf dem Grundstücksmarkt berücksichtigt. Dementsprechend müssen sich die Sachwertfaktoren auf marktübliche Grundstücksverhältnisse ohne besondere objektspezifische Grundstücksmerkmale (Sachwertbezogenes Referenz- bzw. Normgrundstück) beziehen. Deswegen werden **Sachwertfaktoren aus dem Verhältnis von Kaufpreisen und dem „vorläufigen" Sachwert der jeweiligen Grundstücke** ermittelt.

39 Den in Anlage 5 zu den SachwertR aufgeführten **Modellparametern für die Ermittlung des Sachwerts** lassen sich eine Reihe von Grundsätzen entnehmen, die im Rahmen der Ableitung von Sachwertfaktoren bei der Ermittlung des vorläufigen Sachwerts standardmäßig zur Anwendung kommen können:

Sachwertfaktoren § 14 ImmoWertV

Normalherstellungskosten	NHK 2010 (Anlage 1 der SachwertR), die keine Berücksichtigung von Gebäudebaujahrsklassen vorsehen und die Baunebenkosten einschließen.
Gebäudestandard	nach Standmerkmalen und Standardstufen (Anlage 2 der SachwertR)
Korrekturfaktor für Land und Ortsgröße (Regionalfaktor)	keine
Baupreisindex	Preisindex für die Bauwirtschaft des Statistischen Bundesamtes
Baujahr	ursprüngliches Baujahr
Gesamtnutzungsdauer	nach Anlage 3 der SachwertR
Restnutzungsdauer	Gesamtnutzungsdauer abzüglich Alter, ggf. modifizierte Restnutzungsdauer. Bei Modernisierungsmaßnahmen Verlängerung der Restnutzungsdauer nach Anlage 4 der SachwertR.
Alterswertminderung	linear
Wertansatz, für bauliche Außenanlagen, sonstige Anlagen	kein gesonderter Ansatz – Anlagen sind im üblichen Umfang im Sachwert enthalten oder Pauschaler Ansatz in Höhe von ...
Wertansatz für bei der BGF-Berechnung nicht erfasste Bauteile	kein gesonderter Ansatz – Bauteile sind im üblichen Umfang im Sachwert enthalten oder Pauschaler Ansatz in Höhe von ...
Besondere objektspezifische Grundstücksmerkmale	keine bzw. entsprechende Kaufpreisbereinigung
Bodenwert	ungedämpft, zutreffender Bodenrichtwert ggf. angepasst an die Merkmale des Einzelobjekts
Grundstücksfläche	marktüblich objektbezogene Grundstücksfläche

Demzufolge soll bei der Ableitung der Sachwertfaktoren der vorläufige Sachwert ermittelt werden

– ohne Berücksichtigung eines Orts- oder Regionalfaktors,
– ohne einen gesonderten Ansatz für die baulichen und sonstigen Außenanlagen bzw. unter Ansatz einer anzugebenden Pauschale,
– ohne einen gesonderten Ansatz für die mit der BGF nicht erfassten besonderen Bauteile, Einrichtungen und sonstige Vorrichtungen bzw. unter Ansatz einer anzugebenden Pauschale,

auf der Grundlage

– der Gesamtnutzungsdauer unter Berücksichtigung des Gebäudestandards nach Anl. 5 der SachwertR,
– der ggf. durch Modernisierungsmaßnahmen verlängerten Restnutzungsdauer und
– einer marktüblichen objektbezogenen Grundstücksgröße.

Bei alldem muss deshalb zum Sachwertfaktor angegeben werden

a) der „übliche" Umfang der baulichen und sonstigen Außenanlagen,
b) der übliche Umfang der mit der BGF nicht erfassten besonderen Bauteile, Einrichtungen und sonstige Vorrichtungen sowie
c) die marktübliche objektbezogene Grundstücksgröße,

damit die diesbezüglichen Abweichungen des zu bewertenden Grundstücks differenziell berücksichtigt werden können.

Zu den mit der BGF nicht erfassten besonderen Bauteile und Einrichtungen wird unter Nr. 4.1.1.7 der SachwertR darauf hingewiesen, dass werthaltige, bei der BGF-Berechnung nicht erfasste **besondere „Bauteile** (Dachgauben, Balkone[3] und Vordächer)" ergänzend anzusetzen

---

[3] Nach der DIN 277 ist der überdachte Balkon eine b-Fläche und der nicht überdachte Balkon eine c-Fläche.

§ 14 ImmoWertV — Sachwertfaktoren

sind und ihr Werteinfluss ggf. als besonderes objektspezifisches Grundstücksmerkmal nach der Marktanpassung zu berücksichtigen ist, wenn diese Bauteile erheblich vom Üblichen abweichen, wobei das „Übliche" nach Anlage 7 vom Gutachterausschuss anzugeben ist.

Zu den sog. **c-Flächen** (i. S. der DIN 277) wird in den SachwertR lediglich ausgeführt, dass sie bei der Ermittlung der BGF nicht berücksichtigt werden sollen und es bleibt unklar, ob und ggf. in welchem Umfang die auf die c-Flächen entfallenden Herstellungskosten in den ausgewiesenen Kostenkennwerten der NHK 2010 enthalten sind. Grundsätzlich müssen auch die mit den Kostenkennwerten der herangezogenen NHK oder sonstwie nicht erfassten Kosten der c-Flächen zumindest dann ergänzend berücksichtigt werden, wenn sie erheblich vom Üblichen abweichen, wobei auch diesbezüglich das „Übliche" vom Gutachterausschuss anzugeben ist.

40 Die Ableitung des Sachwertfaktors nach vorstehenden Grundsätzen bedeutet, dass die Regionalisierung der Normalherstellungskosten, die baulichen und sonstigen Außenanlagen, die mit der BGF nicht erfassten besonderen Bauteile und Einrichtungen sowie die c-Flächen in einem vom Gutachterausschuss für Grundstückswerte anzugebenden „üblichen Umfang" quasi automatisch in den Sachwertfaktor eingehen und bei Anwendung dieses Sachwertfaktors eine ergänzende Berücksichtigung nur noch in Betracht kommen kann, wenn die Außenanlagen, die besonderen „Bauteile, Einrichtungen und sonstige Vorrichtungen" sowie c-Flächen erheblich vom Üblichen abweichen.

41 Soweit es unvermeidlich ist, dass regional übliche „besondere objektspezifische Grundstücksmerkmale" i. S. des in § 8 Abs. 3 ImmoWertV in die Ableitung der Sachwertfaktoren eingehen, muss dies bei der **Veröffentlichung der Sachwertfaktoren** dargelegt werden.

42 Da sich die allgemeinen Wertverhältnisse auf dem Grundstücksmarkt mit fortschreitender Zeit ändern, sind auch die **Sachwertfaktoren zeitlichen Änderungen unterworfen**. Sachwertfaktoren sind mithin nicht statisch und müssen fortgeschrieben werden, wenn sich die Lage auf dem Grundstücksmarkt verändert hat.

43 Aus den vorstehenden Gründen ist bei der Veröffentlichung von Sachwertfaktoren der **Bezugszeitpunkt** anzugeben. Bei Heranziehung „älterer" Sachwertfaktoren muss zwischenzeitlich eingetretenen Änderungen der allgemeinen Wertverhältnisse auf dem Grundstücksmarkt Rechnung getragen werden.

4.3 Sachwertfaktorenbestimmende Einflüsse

4.3.1 Allgemeines

44 Die Höhe des Sachwertfaktors bestimmt sich nach **zwei Hauptgruppen von Einflussfaktoren**, nämlich

a) nach der *Methodik des angewandten Sachwertverfahrens*, die zur Ableitung der Sachwertfaktoren ermittelt wird einschließlich dabei unterlaufener Fehler (!),

b) nach den *„allgemeinen Wertverhältnissen auf dem Grundstücksmarkt"* (Lage auf dem Grundstücksmarkt), die im genuinen Sinne in die zur Ableitung der Sachwertfaktoren herangezogenen Kaufpreise eingeht,

c) den durchschnittlichen Grundstücksmerkmalen der ausgewerteten Kaufpreise und

d) den im Rahmen der Ableitung des Sachwertfaktors in die Ermittlung des (vorläufigen) Sachwerts eingeführten Parametern, wie z. B. der als Modellgröße angesetzten Gesamtnutzungsdauer und der daraus resultierenden vorläufigen Restnutzungsdauer.

Abb. 2: Einflussfaktoren

Dass sich der Sachwertfaktor nicht nur nach den „allgemeinen Wertverhältnissen auf dem Grundstücksmarkt (Lage auf dem Grundstücksmarkt), sondern vor allem nach der *Methodik des angewandten Sachwertverfahrens* begründet, das sich aus dem Verhältnis der Kaufpreise von Grundstücken zu den dafür jeweils ermittelten Sachwerten ergibt.

4.3.2 Methodik der Sachwertermittlung

4.3.2.1 Übersicht

▶ *Syst. Darst. des Sachwertverfahrens Rn. 112 ff.*

Der zur Ableitung der Sachwertfaktoren zu ermittelnde vorläufige Sachwert bestimmt sich nach den §§ 21 bis 23 ImmoWertV und den **in die Sachwertermittlung eingehenden Modellparametern.** Anlage 7 der SachwertR gibt für die Ableitung von Sachwertfaktoren die oben unter Rn. 39 genannten Modellparameter vor.

Die SachwertR gibt keine Hinweise, wie **Drempel, Gaupen, Spitzböden** und dgl. zu berücksichtigen sind. In jedem Fall müssen bei der Ableitung der Sachwertfaktoren auch diese Besonderheiten der baulichen Anlagen einschließlich der **Giebelbreiten, Trauflängen, Dachneigungen und die Nutzbarkeit von Dachgeschossen** nach Umfang und Höhe erfasst werden, wenn man tatsächlich die diesbezüglichen Empfehlungen der Nr. 4.1.1.6 der SachwertR praktizieren will. Das wird man allerdings nicht erwarten können, denn dies setzt eine intensive Ortsbesichtigung voraus und es macht keinen Sinn die Gutachterausschüsse durch unsinnige Tätigkeiten zu überlasten.

Von besonderer Bedeutung ist vor allem die **Berücksichtigung von Regional- und Ortsgrößenfaktoren** bei der der Ableitung der Sachwertfaktoren. Es empfiehlt sich, entsprechend vorstehenden Hinweisen, den Sachwertfaktor auf der Grundlage vorläufiger Sachwerte abzuleiten, die ihrerseits nicht regionalisiert worden sind. Wird dann bei der Ableitung der Sachwertfaktoren der nicht regionalisierte (vorläufige) Sachwert ins Verhältnis zu den auf dem

§ 14 ImmoWertV — Sachwertfaktoren

örtlichen Grundstücksmarkt anfallenden Kaufpreisen gesetzt, stellt sich der so abgeleitete Sachwertfaktor zugleich als Regionalisierungsfaktor dar (**regionalspezifischer Sachwertfaktor**). Mit der Heranziehung dieser Sachwertfaktoren werden die als Bundesmittelwerte ausgewiesenen Normalherstellungskosten regionalisiert und ein Regional- und Ortsgrößenfaktor wird insoweit entbehrlich (vgl. unten Rn. 85 und Syst. Darst. des Sachwertverfahrens Rn. 123). Die **ergänzende Ableitung örtlicher Regionalfaktoren** wird gleichwohl sinnvoll sein, wenn die Sachwertfaktoren nur für ausgewählte Grundstücksarten abgeleitet werden und das Sachwertverfahren dann auch für andere Grundstücksarten zur Anwendung kommen kann.

Entsprechendes gilt grundsätzlich auch für die Berücksichtigung der

- mit der reduzierten BGF (vgl. oben Rn. 39, Syst. Darst. des Sachwertverfahrens Rn. 67, 70 ff.) nicht erfassten sog. c-Flächen,

- der „**besonderen Bauteile, Einrichtungen und sonstige Vorrichtungen**" (**besondere Betriebseinrichtungen des Gebäudes**)**,** soweit diese mit den Normalherstellungskosten nicht erfasst werden (§ 22 Abs. 2 Satz 2 ImmoWertV) sowie

- der **baulichen und sonstigen Außenanlagen (Aufwuchs)**, soweit die Außenanlagen nicht angesetzt werden.

Bei Heranziehung der **NHK 2010** wird der Kostenanteil der genannten c-Flächen und Bauteile mit den in einem für die Gebäudeart „üblichen Umfang" mit dem Sachwertfaktor des Gutachterausschusses für Grundstückswerte erfasst, soweit dieser ihn bei der Ableitung der Sachwertfaktoren nicht explizit berücksichtigt hat. Entsprechendes gilt für bauliche und sonstige Außenanlagen (Aufwuchs), die bei der Ableitung der Sachwertfaktoren nicht angesetzt wurden. Insoweit gehen diese Kostenanteile bei der Ableitung der Sachwertfaktoren auf der Grundlage der NHK „automatisch" in den Sachwertfaktor ein. Bei erheblich vom üblichen Umfang abweichenden c-Flächen, Bauteilen (z. B. übergroße Balkone, Loggien, große Dachterrassen und ähnliches) und Außenanlagen können diese ergänzend bei der Sachwertermittlung nach Maßgabe des § 8 Abs. 3 ImmoWertV berücksichtigt werden (vgl. Syst. Darst. des Sachwertverfahrens Rn. 58 ff.).

Bei der **Veröffentlichung der Sachwertfaktoren** muss dargelegt werden, ob und ggf. in welchem „**üblichen" Umfang c-Flächen, besondere Bauteile und Außenanlagen mit dem Sachwertfaktor erfasst** werden (vgl. Syst. Darst. des Sachwertverfahrens Rn. 112).

47 **Unterschiedliche Ansätze** vorstehender Parameter der Sachwertermittlung **führen zu unterschiedlichen Sachwertfaktoren**. Darüber hinaus gehen methodische Fehler der Sachwertermittlung nicht nur in den Sachwert, sondern auch in die damit ermittelten Sachwertfaktoren ein.

4.3.2.2 Bodenwert

48 Der im Rahmen des Sachwertverfahrens gemäß § 21 Abs. 1 Satz 1 ImmoWertV anzusetzende Bodenwert ist nach § 16 Abs. 1 Satz 1 ImmoWertV **ohne Berücksichtigung der Bebauung** mit dem Wert eines unbebaut gedachten Grundstücks zu ermitteln; dementsprechend darf der Bodenwert auch bei der Ableitung des Sachwertfaktors nicht gedämpft werden.

49 **Dämpfung des Bodenwerts bedeutet eine Minderung des Bodenwerts** aufgrund der bloßen Tatsache, dass das Grundstück bebaut ist. Sie wird vielfach allein damit begründet, dass der Grund und Boden selbst bei baurechtkonformer Bebauung schlichtweg „verbraucht" und infolge der wegfallenden Disponierbarkeit im Wert gesunken sei.

50 Die **Bodenwertdämpfung**, soweit sie von einzelnen Gutachterausschüssen für Grundstückswerte postuliert wurde, **führt zwangsläufig zu einer „Aufblähung", aber auch „Schrump-**

fung" des Sachwertfaktors, und zwar entsprechend Art und Umfang der praktizierten Dämpfungsmethodik. Hieraus wiederum folgt, dass bei der Veröffentlichung solcher Sachwertfaktoren für außenstehende Sachverständige die vom Gutachterausschuss praktizierte Dämpfungsmethodik bei der Veröffentlichung solcher Sachwertfaktoren bekannt gegeben werden muss.

Der Bodenwert wird im Wesentlichen bestimmt durch die Lage des Grundstücks, die Nutzbarkeit, die Grundstücksgröße, den abgabenrechtlichen Zustand und vieles mehr (vgl. §§ 6, 15 und 16 ImmoWertV). Dementsprechend sind die Merkmale des Grund und Bodens ein wesentlicher Bestandteil des „Modells" der Ableitung von Sachwertfaktoren und neben der in Anl. 5 der SachwertR erwähnten Grundstücksfläche ist insbesondere die Lage zu berücksichtigen. Die Gutachterausschüsse tragen dem zumeist damit Rechnung, dass sie Sachwertfaktoren differenziert nach Lagen unterschiedlichen Bodenrichtwertgefüges ableiten. 51

4.3.2.3 Normalherstellungskosten

Nach § 22 Abs. 1 ImmoWertV sind die Herstellungskosten der baulichen Anlage unter Heranziehung gewöhnlicher Herstellungskosten (Normalherstellungskosten) zu ermitteln, wobei die Vorschrift keine speziellen Normalherstellungskosten vorgibt. 52

Unterschiedliche Normalherstellungskosten müssen mithin nicht nur zu unterschiedlichen Sachwerten, sondern auch zu unterschiedlichen Sachwertfaktoren führen. **Sachwertfaktoren dürfen** deshalb **nur komplementär zu den Normalherstellungskosten zur Anwendung kommen, die der Ableitung der Sachwertfaktoren zugrunde liegen (komplementäre Sachwertfaktoren).** 53

Die zum Zeitpunkt des Erlasses der Normalherstellungskosten 2010 (NHK 2010) gebräuchlichen Sachwertfaktoren waren vorwiegend auf der Grundlage der in den WERTR 06 veröffentlichten Normalherstellungskosten abgeleitet worden (NHK 2000 bzw. NHK 95). Die auf dieser Grundlage abgeleiteten Sachwertfaktoren können nach Einführung neuer Normalherstellungskosten demzufolge nur auf darauf sich gründende Sachwertermittlungen anwendbar sein. **Bei Heranziehung der Normalherstellungskosten 2010 (NHK 2010) müssen Sachwertfaktoren herangezogen werden, die auf der Grundlage der NHK 2010 ermittelt worden sind.** 54

Die Höhe der Sachwertfaktoren (Marktanpassungsfaktoren) ist des Weiteren davon abhängig, ob und inwieweit „**besondere Bauteile, Einrichtungen oder sonstige Vorrichtungen", bauliche und sonstige Außenanlagen (Aufwuchs) sowie sog. c-Flächen** bei deren Ableitung berücksichtigt wurden (vgl. oben Rn. 39, 46). 55

Die Höhe der Normalherstellungskosten ist schließlich auch von der Region und der Ortsgröße abhängig. Dem wurde bislang dadurch Rechnung getragen, dass die herangezogenen Normalherstellungskosten (NHK 2000 und NHK 95) mit entsprechenden Ortsgrößen- und Regionalfaktoren auf die Verhältnisse des Belegenheitsgebiets umgerechnet wurden. Die Regionalisierung kann aber auch in den Sachwertfaktor „verlagert" werden, indem die **Sachwertfaktoren auf der Grundlage nicht regionalisierter Sachwertermittlungen abgeleitet** werden. Die Regionalisierung erfolgt dann mit dem so ermittelten Sachwertfaktor (vgl. ebenfalls oben Rn. 46). 56

Vom örtlichen Gutachterausschuss ermittelte Sachwertfaktoren, mit denen der auf der Grundlage der sich auf das Bundesgebiet beziehenden NHK 2010 ermittelte (vorläufige) Gebäudesachwert regionalisiert wird, sind von daher auf Sachwertermittlungen in andern Belegenheitsbereichen allenfalls nur insoweit übertragbar, wie die Lage auf dem Baumarkt vergleichbar ist. 57

4.3.2.4 Alter und Alterswertminderung

58 Über den Verlauf der marktgerechten Alterswertminderung nach § 23 ImmoWertV gehen die Auffassungen weit auseinander. Diese reichen von der Annahme, dass der Gebäudesachwert mit der Errichtung der Bebauung – quasi wie im Falle der Weiterveräußerung eines Neuwagens – schlagartig absinke, über die lineare Wertminderung bis hin zur sog. Rosskur.

59 Die Verhältnisse verdeutlichen sich am nachfolgenden Kurvenvergleich (Abb. 3):

Abb. 3: Abschreibungskurven und ihre Unterschiede

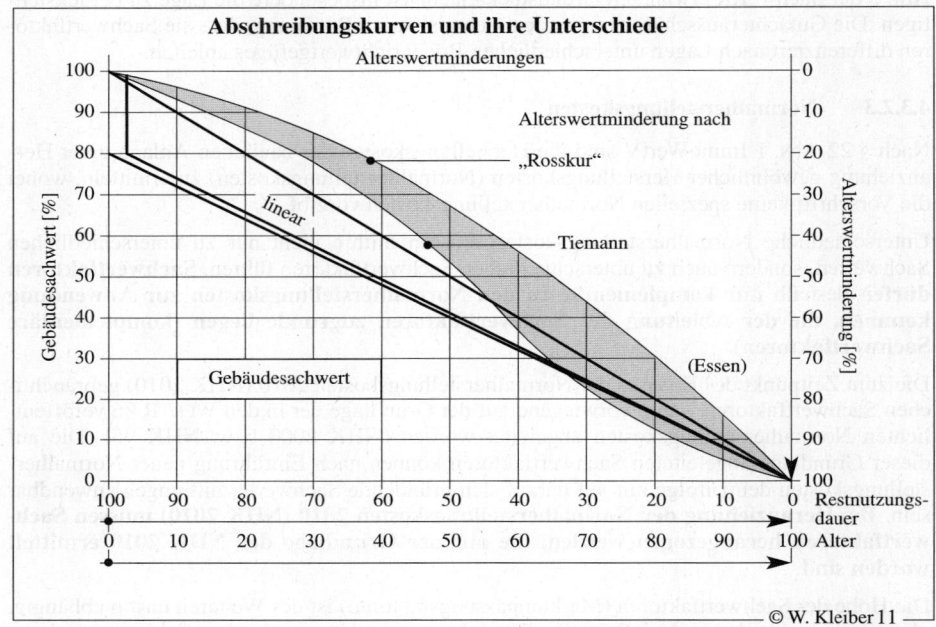

60 Die von den Gutachterausschüssen abgeleiteten Sachwertfaktoren sind aus den vorstehenden Gründen von der vom Gutachterausschuss bei seiner Sachwertermittlung angewandten Abschreibungsmethodik abhängig (Abb. 4):

Abb. 4: Sachwertfaktoren bei Anwendung unterschiedlicher Alterswertabschreibungskurven

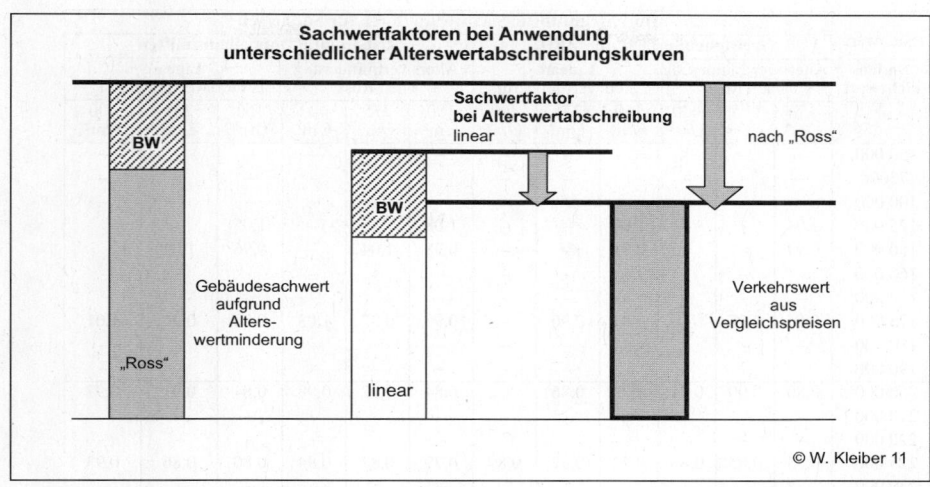

Allein aus der Wahl der Alterswertabschreibungskurve können sich Unterschiede im ermittelten Gebäudesachwert von 20 % und sogar mehr ergeben, d. h. in einer Größenordnung, die vielfach dem Sachwertfaktor entspricht.

Beispiel:

Sachwertobjekt mit einer	Gesamtnutzungsdauer von	100 Jahren
	Restnutzungsdauer von	35 Jahren
Ermittelter Herstellungswert zum Wertermittlungsstichtag		1 Mio. €

	Alterswertminderung nach				
	Ross	**linear**	**Tiemann**	**TEGOVA**	**Vogels**
Herstellungswert in T€	1 000	1 000	1 000	1 000	1 000
Alterswertminderung	540	650	664	507	611
Gebäudesachwert in T€	469	350	336	493	389

Δ = 124 000 €

Nach einer neueren Untersuchung ergeben sich z. B. für *Südhessen* folgende Unterschiede in den Sachwertfaktoren (Abb. 5):

§ 14 ImmoWertV — Sachwertfaktoren

Abb. 5: Sachwertfaktoren für freistehende Ein- und Zweifamilienhäuser sowie Reihen- und Doppelhäuser in Südhessen

Sachwert Bodenrichtwert	Durchschnittliche Sachwertfaktoren für Südhessen										
	freistehende EFH und ZFH						Reihen- und Doppelhaushälften				
	Alterswertminderung nach Ross			Lineare Alterswertminderung			Alterswertminderung nach Ross			Lineare Alterswertminderung		
	150 €/m²	275 €/m²	400 €/m²	150 €/m²	275 €/m²	400 €/m²	150 €/m²	275 €/m²	400 €/m²	150 €/m²	275 €/m²	400 €/m²
50 000	–	–	–	–	–	–	–	–	–	–	–	–
75 000	–	–	–	–	–	–	–	–	–	–	–	–
100 000	–	–	–	–	–	–	–	–	–	–	–	–
125 000	1,04	–	–	1,00	–	–	1,08	–	–	1,05	–	–
150 000	0,94	–	–	0,91	–	–	0,98	1,04	–	0,96	1,02	–
160 000	–	–	–	–	–	–	–	–	–	–	–	–
170 000	–	–	–	–	–	–	–	–	–	–	–	–
175 000	0,86	0,95	–	0,84	0,90	–	0,90	0,97	1,03	0,90	0,96	1,01
180 000	–	–	–	–	–	–	–	–	–	–	–	–
190 000	–	–	–	–	–	–	–	–	–	–	–	–
200 000	0,80	0,90	0,91	0,78	0,86	–	0,84	0,92	0,98	0,84	0,91	0,97
210 000	–	–	–	–	–	–	–	–	–	–	–	–
220 000	–	–	–	–	–	–	–	–	–	–	–	–
225 000	0,75	0,85	0,88	0,73	0,82	0,89	0,79	0,87	0,94	0,80	0,86	0,93
230 000	–	–	–	–	–	–	–	–	–	–	–	–
240 000	–	–	–	–	–	–	–	–	–	–	–	–
250 000	0,71	0,81	0,85	0,69	0,78	0,86	0,74	0,83	0,91	0,76	0,83	0,90
260 000	–	–	–	–	–	–	–	–	–	–	–	–
270 000	–	–	–	–	–	–	–	–	–	–	–	–
275 000	0,67	0,78	0,82	0,66	0,75	0,83	0,71	0,80	0,88	0,73	0,80	0,88
280 000	–	–	–	–	–	–	–	–	–	–	–	–
290 000	–	–	–	–	–	–	–	–	–	–	–	–
300 000	0,64	0,75	0,80	0,63	0,73	0,81	0,67	0,77	0,85	0,70	0,77	0,85
320 000	–	–	–	–	–	–	–	–	–	–	–	–
325 000	0,61	0,72	0,78	0,60	0,71	0,79	0,64	0,74	0,83	0,68	0,74	0,83
340 000	–	–	–	–	–	–	–	–	–	–	–	–
350 000	0,59	0,70	0,77	0,58	0,69	0,77	0,62	0,72	0,81	0,65	0,72	0,81
360 000	–	–	–	–	–	–	–	–	–	–	–	–
375 000	0,57	0,68	0,76	0,56	0,67	0,75	–	0,70	0,79	–	0,70	0,79
380 000	–	–	–	–	–	–	–	–	–	–	–	–
400 000	–	0,66	0,75	–	0,65	0,74	–	0,68	0,77	–	0,68	0,78
425 000	–	0,64	0,74	–	0,64	0,73	–	–	0,76	–	–	–
450 000	–	0,63	0,73	–	0,62	0,72	–	–	0,74	–	–	–
475 000	–	0,61	0,72	–	0,61	0,71	–	–	–	–	–	–
500 000	–	–	0,71	–	–	0,70	–	–	–	–	–	–
525 000	–	–	0,70	–	–	0,69	–	–	–	–	–	–
550 000	–	–	0,69	–	–	0,68	–	–	–	–	–	–
575 000	–	–	–	–	–	–	–	–	–	–	–	–

Quelle: Grundstücksmarktbericht 2011 AfB Heppenheim

Sachwertfaktoren § 14 ImmoWertV

Beispiel: Sachwertfaktoren in Düsseldorf: 64

Nach Untersuchungen des Gutachterausschusses für Grundstückswerte in Düsseldorf wurden auf folgender Grundlage der Sachwertermittlung
- Normalherstellungskosten auf der Basis 2000 = 100,
- Brutto-Grundfläche nach DIN 277,
- unter Berücksichtigung des Regionalisierungsfaktors für Düsseldorf (1,15),
- Baupreisindex für Deutschland (2005 = 100),
- Nutzungsdauer der Gebäude 80 – 90 Jahre, bei Geschäfts- und Siedlungshäusern 60 – 70 Jahre
- Alterswertminderung unter Berücksichtigung des Modernisierungsgrades nach Sachwertmodell NRW nach Ross und linear,
- Bodenwert aus Bodenrichtwert abgeleitet,
- gewerblicher Anteil in % des Rohertrags

folgende Sachwertfaktoren abgeleitet (Abb. 6):

Abb. 6: Sachwertfaktoren in Düsseldorf (Kaufpreisauswertung zum 01.01.2011)

Sachwertfaktoren in Düsseldorf (Kaufpreisauswertung zum 01.01.2011)				
Gebäudegruppe	Baujahr			
	1925 bis 1947 $\varnothing$ 1925	1948 bis 1974 $\varnothing$ 1958	1975 bis 2005 $\varnothing$ 1980	2006 bis 2009
Ein- und Zweifamilienhäuser				
Einfamilien-Reihenhäuser	1,25 (1,45)	1,10 (1,25)	0,95 (1,00)	0,90 (0,90)
Reihenstadthäuser	1,60 (1,80)	–	–	–
freisteh. Ein und Zweifamilienhäuser (Bauland ≤ 600 m²)	1,10 (1,20)	1,00 (1,15)	1,00 (1,05)	0,90 (0,90)
freist. Ein und Zweifamilienhäuser (Bauland ≥ 600 m²)	0,95 (1,05)	1,00 (1,05)	1,00 (1,15)	–
Dreifamilienhäuser	1,10 (1,20)	1,00 (1,10)		
Mietwohnhäuser (Gewerblicher Anteil ≤ 20 %)	0,95 (1,10)	0,90 (1,05)	0,75 (0,85)	–
gemischt genutzte Gebäude (Gewerblicher Anteil ≥ 20 %)	1,00 (1,15)	0,90 (1,05)	0,80 (0,90)	–
Ergänzende Hinweise				
– Bei nicht modernisiertem eher ursprünglichem Bauzustand kann ein Abschlag von 5 % vorgenommen werden, – Immissionen können mit einem Abschlag von bis 5 % berücksichtigt werden, – in besonders guten zentrumsnahen Wohnlagen kann ein Zuschlag von 5 % angebracht werden. – bei Reihenstadthäusern (Baujahr < 1948) sind NHK-2000-Werte in Anlehnung an Einfamilien-Wohnhäuser freistehend zu verwenden.				

Quelle: Gutachterausschuss für Grundstückswerte in Düsseldorf (Grundstücksmarktbericht 2011)

Hinweis: Zu den Sachwertfaktoren in *Frankfurt am Main* vgl. GuG 2011, 296.

Die Auswertung des Gutachterausschusses von *Düsseldorf* macht, wie im Übrigen auch die Auswertungen anderer Gutachterausschüsse, die **Abhängigkeit des Sachwertfaktors vom Baujahr des Gebäudes** (bzw. Gebäudealtersklasse) deutlich. 65

Während nach § 23 WertV 88/98 die Wahl der Abschreibungsmethodik (Alterswertminderung) noch ins Ermessen des Gutachterausschusses gestellt war, wird ihnen mit § 23 ImmoWertV aufgegeben, bei der Sachwertermittlung „in der Regel eine gleichmäßige Wertminderung", d. h. eine **lineare Alterswertminderung** zugrunde zu legen. Diese Vorgabe hat den Vorteil einer einheitlichen Handhabung und die von verschiedenen Gutachterausschüssen abgeleiteten Sachwertfaktoren werden zumindest insoweit vergleichbar. 66

§ 14 ImmoWertV — Sachwertfaktoren

67 Bisher galt es die **Alterswertminderungsmethode** anzuwenden, **die der Gutachterausschuss bei der Ableitung der Marktanpassungsfaktoren angewandt hat,** wenn man seine Marktwertermittlung auf diese stützen wollte und da galt es Acht zu geben, denn vielfach kamen auch exotische Abschreibungsmethoden zur Anwendung. Künftig wird man sich aufgrund der Vorgabe des § 23 ImmoWertV darauf verlassen können, dass den veröffentlichten Sachwertfaktoren eine Sachwertermittlung unter Heranziehung einer linearen Alterswertminderung zugrunde liegt. Die lineare Alterswertminderung ist die einfachste Form der Abschreibung und die Vorgabe, sie „in der Regel" anzuwenden ist allein schon deshalb ein Fortschritt, weil künftig alle dieselbe Methode anwenden. Damit werden nicht nur die von den Gutachterausschüssen abgeleiteten Sachwertfaktoren vergleichbarer, sondern auch die Gutachten verschiedener Sachverständiger untereinander. Damit werden unnötige Auseinandersetzungen vermieden.

68 Die mit Inkrafttreten der ImmoWertV auf der Grundlage einer anderen Alterswertminderung abgeleiteten Sachwertfaktoren können indessen (übergangsweise) nur noch zur Anwendung kommen, wenn man entgegen der Vorgabe des § 23 ImmoWertV die entsprechende Alterswertminderungsmethodik anwendet.

4.3.2.5 Gesamt- und Restnutzungsdauer (Baujahr)

▶ vgl. oben Rn. 64 sowie Syst. Darst. des Sachwertverfahrens Rn. 108

69 **Sachwertfaktoren fallen i. d. R. desto größer aus, je älter das Gebäude ist.** Dies wird deutlich aus den Untersuchungen verschiedener Landkreise in *Niedersachsen* (Abb. 7):

Abb. 7: Sachwertfaktoren in Abhängigkeit vom Baujahr (Gebäudealter)

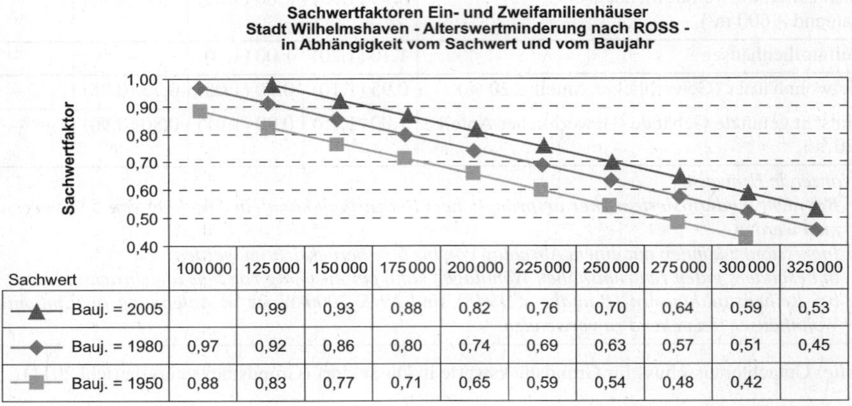

Sachwertfaktoren Ein- und Zweifamilienhäuser
Stadt Wilhelmshaven - Alterswertminderung nach ROSS -
in Abhängigkeit vom Sachwert und vom Baujahr

Sachwert	100 000	125 000	150 000	175 000	200 000	225 000	250 000	275 000	300 000	325 000
Bauj. = 2005		0,99	0,93	0,88	0,82	0,76	0,70	0,64	0,59	0,53
Bauj. = 1980	0,97	0,92	0,86	0,80	0,74	0,69	0,63	0,57	0,51	0,45
Bauj. = 1950	0,88	0,83	0,77	0,71	0,65	0,59	0,54	0,48	0,42	

Quelle: Landesgrundstücksmarktbericht 2011

70 Der signifikante **Einfluss der Restnutzungsdauer**[4], (bzw. des Baualters) **auf die Höhe des Sachwertfaktors** kann im Übrigen als Beleg für eine unstimmige Alterswertabschreibung gelten.

71 Darüber hinaus wirkt sich auch die vom Gutachterausschuss im Rahmen der Ableitung von Sachwertfaktoren praktizierte Vorgehensweise bei der **Ermittlung der Gesamt- und Restnutzungsdauer** auf die zum Ansatz kommende Höhe der Alterswertminderung aus. Bei Her-

---

4 Becker, W./Burkhard, H.-J./Müller, B., in Nachr. der rh.-pf. Kat- und VermVw 1991, 173.

Sachwertfaktoren § 14 ImmoWertV

anziehung der einschlägigen Tabellenwerke über die übliche Gesamtnutzungsdauer baulicher Anlagen sind ihm erhebliche Spielräume gegeben. Die Alterswertminderung fällt umso geringer aus, je großzügiger von der Spannbreite Gebrauch gemacht wird. Auch dies geht in die abgeleiteten Alterswertfaktoren ein.

4.3.3 Allgemeine Wertverhältnisse auf dem Grundstücksmarkt

4.3.3.1 Übersicht

Die allgemeinen Wertverhältnisse auf dem örtlichen Grundstücksmarkt (sog. „Lage auf dem Grundstücksmarkt") ist abhängig von: 72

a) der allgemeinen regionalen und überregionalen Wirtschaftslage,
b) der Lage auf dem örtlichen Grundstücksmarkt,
c) der Grundstücksart,
d) der Größe und Beschaffenheit des Gebäudes bzw. der damit korrelierten Höhe des Grundstückswerts einschließlich Grunderwerbsnebenkosten und
e) der Lage auf dem Baumarkt (sofern nicht bereits mit den angesetzten Normalherstellungskosten berücksichtigt).

4.3.3.2 Allgemeine Wirtschaftslage

Im überregionalen Vergleich sind die Sachwertfaktoren von der Wirtschaftskraft der jeweiligen Region abhängig. Strukturschwache Räume mit geringer Wirtschafts- und Kaufkraft weisen bekanntlich geringere Immobilienpreise als die strukturstarken Räume auf. Die Herstellungskosten von baulichen Anlagen unterscheiden sich dagegen in weitaus geringerem Maße und sind sogar gleich, wenn man bei der Sachwertermittlung auf eine Regionalisierung der bei der Sachwertermittlung angesetzten Herstellungskosten verzichtet. Aus diesem Grunde ergeben sich **je nach Strukturstärke des Raumes unterschiedliche Verläufe der Sachwertfaktoren.** 73

Der Immobilienmarkt für Sachwertobjekte, insbesondere Ein- und Zweifamilienhäuser weist eine große Spannungsbreite auf: Dies beginnt bei kosten- und flächensparend errichteten Reihenhäusern und mündet in luxuriösen Villen auf hochwertigem Grund. **Je hochwertiger das Sachwertobjekt ist, desto größer ist der Sachwertfaktor und umgekehrt.** In aller Regel ergeben sich ab etwa einer bestimmten Höhe des Sachwerts Marktanpassungsabschläge bzw. Sachwertfaktoren ≤ 1 und darunter Marktanpassungszuschläge bzw. Sachwertfaktoren ≥ 1. Die Schnittstelle stellt den Isowert dar. Sachwert und Verkehrswert sind an dieser Stelle identisch. Der Sachwert mit dem Sachwertfaktor von 1,0 ist also der Sachwert, bei dem der Sachwert dem Verkehrswert entspricht und die Kurve des Sachwertfaktors bei grafischer Darstellung der Abhängigkeit des Verkehrswerts vom Sachwert (Abb. 9) die „Nulllinie" durchstößt. 74

Die Höhe des Isowerts ist wiederum von der Wirtschaftskraft der Region abhängig. Der Isowert (Sachwert = Verkehrswert = Marktwert) ist in strukturstarken Räumen weitaus höher als in strukturschwachen Räumen. Dies ist auch für die Bauwirtschaft von Bedeutung, denn wenn der Sachwert eines Bauvorhabens den Isowert überschreitet, kann nicht erwartet werden, dass die aufgebrachten Kosten mit dem Verkauf realisiert werden können. 75

– Bei *kleineren Sachwerten* (von etwa 150 000 € bis 250 000 €) muss ein Marktanpassungszuschlag an den Sachwert angebracht werden, um zum Verkehrswert zu kommen.

– Bei *größeren Sachwerten* (ab etwa 150 000 € bis 250 000 €) muss ein Marktanpassungsabschlag an den Sachwert angebracht werden, um zum Verkehrswert zu kommen.

In strukturschwachen Gemeinden können sich Sachwertzuschläge schon bei geringerer Höhe des Sachwerts ergeben und umgekehrt. In hochwertigen Lagen verschieben sich die genannten Grenzen nach „oben". Die Höhe des Sachwerts mit dem Sachwertfaktor 1,0 (Gleichgewichtswert) ist in erster Linie abhängig von der Wirtschafts- und Kaufkraft in der jeweiligen Region und damit nicht einheitlich.

76 Für den Sachverständigen ist es also wichtig, den örtlichen Gleichgewichtswert (Abb. 8) zu kennen, weil hiervon ausgehend die Marktzu- oder -abschläge entsprechend dem Kurvenverlauf und der Höhe des Sachwerts im Einzelfall anzubringen sind:

Abb. 8: Gleichgewichtswerte

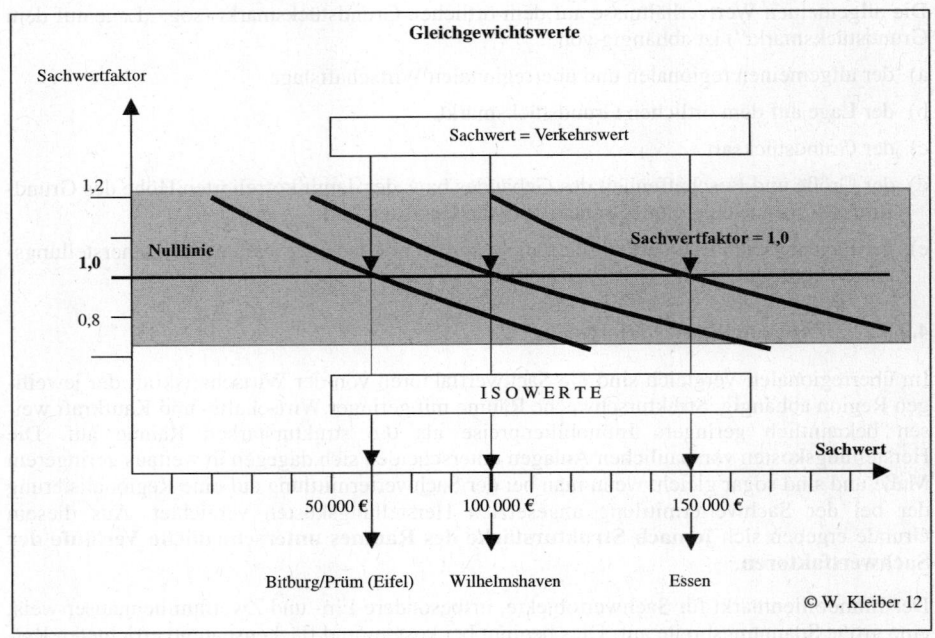

4.3.3.3 Lage auf dem örtlichen Grundstücksmarkt

77 Die örtliche Lagegunst, d. h. die Unterscheidung nach guten und schlechten Lagen, ist für die Höhe des Sachwertfaktors von erheblicher Bedeutung. Die Abhängigkeit des Sachwertfaktors von der Wertigkeit der Lage kann dadurch berücksichtigt werden, dass diese in **Abhängigkeit vom Bodenrichtwert** abgeleitet werden kann (vgl. *Beispiel* der Abb. 9 des Gutachterausschusses von *Karlsruhe*).

Sachwertfaktoren § 14 ImmoWertV

Abb. 9: Sachwertfaktoren in Abhängigkeit von der Lage (Bodenrichtwerte) in Karlsruhe

Sachwert	Sachwertfaktoren für Reihenhäuser Bodenrichtwert		Sachwertfaktoren für mit Ein- und Zweifamilienhäusern bebaute Grundstücke Bodenrichtwert		
	270 – 330 €/m²	332 – 430 €/m²	230 – 310 €/m²	311 – 390 €/m²	391 – 450 €/m²
100 000	–	–	–	–	–
125 000	1,34	1,40	–	–	–
150 000	1,27	1,32	1,17	–	–
175 000	1,20	1,25	–	–	–
200 000	1,14	1,19	1,11	–	–
225 000	1,09	1,13	–	–	–
250 000	1,04	1,08	1,05	1,20	–
275 000	0,99	1,02	–	–	–
300 000	0,94	0,98	1,00	1,09	–
325 000	0,90	0,93	–	–	–
350 000	0,86	0,89	0,95	1,01	1,15
375 000	–	–	–	–	–
400 000	–	–	0,91	0,96	1,08
450 000	–	–	0,88	0,92	1,03
500 000	–	–	0,84	0,88	0,98
550 000	–	–	0,81	0,85	0,93
600 000	–	–	–	0,83	0,89
650 000	–	–	–	0,81	0,86
700 000	–	–	–	0,79	0,83
750 000	–	–	–	–	0,80
800 000	–	–	–	–	0,78
850 000	–	–	–	–	0,76
900 000	–	–	–	–	0,74
950 000	–	–	–	–	0,72
1 000 000	–	–	–	–	0,70

Quelle: Grundstücksmarktbericht Karlsruhe 2006

Allgemein gilt, dass

– Marktanpassungszuschläge in guten Lagen höher und
– Marktanpassungsabschläge in guten Lagen geringer ausfallen

und umgekehrt. Dies betrifft insbesondere auch die Entfernungslage zum Zentrum (die Villa, 10 km vom Ortsrand entfernt, hat einen höheren Marktanpassungsabschlag als die am Ortsrand).

4.3.3.4 Grundstücksart

Der Grundstücksmarkt zerfällt bekanntlich in verschiedene Teilmärkte mit unterschiedlichen allgemeinen Wertverhältnissen. Bei der Ableitung von Sachwertfaktoren wird deshalb – je nach örtlichen Notwendigkeiten – nach unterschiedlichen Grundstücksarten unterschieden (Abb. 10):

§ 14 ImmoWertV   Sachwertfaktoren

Abb. 10: Sachwertfaktoren nach Grundstücksarten, Lage und Ausstattung in Köln

	Sachwertfaktoren in Köln									
	Reihenhäuser					Offene Bauweise				
	einfach und mittel	gut sehr gut	einfach und mittel	einfach und mittel	gut sehr gut	einfach und mittel	gut sehr gut	einfach und mittel	gut sehr gut	
	linksrheinisch		rechtsrheinisch	linksrheinisch			rechtsrheinisch		
	Bodenpreisanteil									
	≤ 0,4	≥ 0,4	alle	≤ 0,4	≥ 0,4	≤ 0,5	≥ 0,5	alle	≤ 0,5	≥ 0,5	alle
100 000	1,31	1,31	–	–	–	–	–	–	–	–	–
120 000	1,24	1,24	–	1,07	0,95	–	–	–	–	–	–
140 000	1,18	1,18	–	1,03	0,93	–	0,92	–	–	0,89	–
150 000	–	1,16	–	–	–	–	–	–	–	–	–
160 000	1,13	1,13	–	1,00	0,91	1,08	0,90	–	–	0,89	–
180 000	1,09	1,09	–	0,97	0,90	1,04	0,88	–	0,90	0,88	–
200 000	1,05	1,05	0,94	0,94	0,88	1,00	0,87	–	0,90	0,87	–
220 000	1,01	1,01	–	0,92	0,87	0,97	0,86	–	0,90	0,87	–
240 000	0,98	0,97	–	0,89	0,86	0,94	0,85	–	0,90	0,86	–
250 000	–	0,96	0,97	–	–	–	–	–	–	–	–
260 000	0,95	0,94	–	0,87	0,85	0,92	0,84	–	0,90	0,86	–
280 000	0,92	0,91	–	0,85	0,84	0,89	0,83	–	0,90	0,86	0,95
300 000	0,89	0,89	0,98	0,83	0,83	0,87	0,82	0,96	0,90	0,85	0,95
320 000	0,87	0,86	–	0,82	0,83	0,85	0,81	–	0,90	0,85	0,95
340 000	0,84	0,84	–	0,80	0,82	0,83	0,80	–	0,90	0,84	0,95
350 000	–	0,83	1,00	–	–	–	–	0,97	–	–	–
360 000	0,82	0,82	–	0,79	–	0,81	0,79	–	0,90	0,84	0,95
370 000	–	–	–	–	–	–	–	–	–	–	0,95
375 000	–	–	–	–	–	–	–	–	–	–	0,95
380 000	–	–	–	–	–	0,79	0,78	–	0,90	0,84	0,96
400 000	–	–	1,01	0,77	–	0,77	0,78	0,97	0,90	0,84	0,96
420 000	–	–	–	–	–	0,76	0,77	–	–	–	0,96
440 000	–	–	–	–	–	0,74	0,77	–	–	0,83	0,96
450 000	–	–	1,02	–	–	–	–	0,97	0,90	–	–
460 000	–	–	–	–	–	0,73	0,76	–	–	0,83	0,96
480 000	–	–	–	–	–	0,71	0,75	–	–	0,83	0,97
500 000	–	–	1,03	–	–	0,70	0,75	0,98	0,90	0,82	0,97
520 000	–	–	–	–	–	0,69	0,74	–	–	0,82	0,97
540 000	–	–	–	–	–	0,68	–	–	–	–	0,97
550 000	–	–	1,04	–	–	–	–	0,98	–	–	–
560 000	–	–	–	–	–	0,66	–	–	–	–	0,97
580 000	–	–	–	–	–	0,65	–	–	–	–	–
600 000	–	–	1,05	–	–	0,64	–	0,98	–	–	–
620 000	–	–	–	–	–	0,63	–	–	–	–	–
650 000	–	–	1,06	–	–	–	–	0,98	–	–	–
700 000	–	–	1,07	–	–	–	–	0,98	–	–	–
750 000	–	–	1,07	–	–	–	–	0,99	–	–	–
800 000	–	–	1,08	–	–	–	–	0,99	–	–	–
850 000	–	–	–	–	–	–	–	0,99	–	–	–
900 000	–	–	–	–	–	–	–	0,99	–	–	–
950 000	–	–	–	–	–	–	–	0,99	–	–	–
1 000 000	–	–	–	–	–	–	–	0,99	–	–	–
1 050 000	–	–	–	–	–	–	–	0,99	–	–	–
1 100 000	–	–	–	–	–	–	–	1,00	–	–	–
1 150 000	–	–	–	–	–	–	–	1,00	–	–	–
1 200 000	–	–	–	–	–	–	–	1,00	–	–	–
1 250 000	–	–	–	–	–	–	–	1,00	–	–	–
1 300 000	–	–	–	–	–	–	–	1,00	–	–	–

Quelle: Grundstücksmarktbericht 2011
Sachwertmodell unter www.Gutachterausschuss:nrw.de/standardmodell.html

4.3.3.5 Größe und Beschaffenheit der baulichen Anlage

Von wesentlicher Bedeutung für den Sachwertfaktor und seinem Verlauf sind die Größe (Wohn- oder Nutzfläche) und Beschaffenheit sowie das Alter der baulichen Anlage. Damit korreliert ist die Höhe des Sachwerts, denn je größer und aufwendiger ein Gebäude errichtet worden ist, umso höher ist auch sein Sachwert. Damit korreliert ist aber auch die Lage des Grundstücks, denn der Sachwert schließt den Bodenwert ein.

In der Praxis werden deshalb die **Sachwertfaktoren in Abhängigkeit von der Höhe des Sachwerts** ermittelt.

In einer Reihe von Grundstücksmarktberichten werden **Sachwertfaktoren in Abhängigkeit vom Kubikmeter Brutto-Rauminhalt (umbauten Raum)** angegeben, wobei die Sachwertfaktoren umso höher ausfallen, je größer der Kubikmeter Brutto-Rauminhalt (umbauter Raum) ist. Andere Gutachterausschüsse haben Sachwertfaktoren in Abhängigkeit von der Wohnfläche ermittelt[5]. Diese Art der Ableitung entspricht im Wesentlichen der Ableitung der Sachwertfaktoren in Abhängigkeit von der Höhe des Sachwerts, weil diese naturgemäß mit der Größe des Objekts anwächst.

Bezüglich der **Abhängigkeit des Sachwertfaktors vom Alter der baulichen Anlage** haben die Untersuchungsergebnisse gezeigt, dass der Marktanpassungsabschlag umso geringer ausfällt, je jünger das Gebäude ist.

Allgemein und insbesondere für **Ein- und Zweifamilienhäuser**, auf die sich die Bedeutung des Sachwertverfahrens im Wesentlichen beschränkt, gilt, dass der Sachwert umso mehr hinter den Verkehrswert zurückfällt,

– je aufwendiger das Objekt bebaut ist und
– je größer das Missverhältnis zwischen der baulichen Qualität und der Lage ist.

Bei hochwertigen Ein- und Zweifamilienhäusern in schlechter einschließlich einer ungünstigen Entfernungslage öffnet sich die Schere zwischen Sach- und Verkehrswert. Demgegenüber liegt bei besonders „kleinen" Objekten der Verkehrswert häufig über dem Sachwert.

4.3.3.6 Lage auf dem Baumarkt

▶ *Vgl. unten Rn. 46 sowie Syst. Darst. des Sachwertverfahrens Rn. 122, § 22 ImmoWertV Rn. 43, 60 ff.*

Normalherstellungskosten und so auch die Normalherstellungskosten 2010 (NHK 2010) stellen in aller Regel Bundesmittelwerte dar, d. h. Durchschnittswerte für das gesamte Bundesgebiet. Die Lage auf dem örtlichen Baumarkt kann durch Anwendung entsprechender **Regional- und Ortsgrößenfaktoren** oder einem regionalisierenden Sachwertfaktor berücksichtigt werden (vgl. oben Rn. 46 sowie Syst. Darst. des Sachwertverfahrens Rn. 122). Werden nämlich im Rahmen der Ableitung der Sachwertfaktoren **Normalherstellungskosten ohne Berücksichtigung des Regional- und Ortsgrößenfaktors** angesetzt, geht die jeweilige Lage auf dem Baumarkt in den Sachwertfaktor ein. Bei der Sachwertermittlung eines Grundstücks unter Heranziehung solcher Sachwertfaktoren dürfen die Normalherstellungskosten dann nicht mehr mithilfe eines Regional- und Ortsgrößenfaktors regionalisiert werden, weil die Regionalisierung indirekt mit dem Sachwertfaktor Eingang in die Sachwertermittlung findet.

Die **SachwertR** geben diesbezüglich den Gutachterausschüssen für Grundstückswerte mit Anlage 5 die Ableitung regionalisierender Sachwertfaktoren auf (vgl. oben Rn. 46).

Die indirekte Berücksichtigung der örtlichen Lage auf dem Baumarkt mit entsprechend abgeleiteten regionalisierenden Sachwertfaktoren bietet rechentechnische Vorteile sowohl für den Gutachterausschuss als auch für den Anwender der Sachwertfaktoren. Der Orts- und Regionalfaktor braucht dann nämlich nicht eigenständig abgeleitet zu werden und bei Anwendung

---

5   Beispiel aus Wolfenbüttel in Kleiber/Simon, Verkehrswertermittlung von Grundstücken, 5. Aufl. 2007, S. 1075.

§ 14 ImmoWertV Sachwertfaktoren

der regionalisierenden Sachwertfaktoren gehen die örtlichen Verhältnisse automatisch in das Ergebnis ein. Umgekehrt hat die **eigenständige Ableitung von Orts- und Regionalfaktoren den Vorteil, dass sie dann auch für die Sachwertermittlungen solcher Grundstücksarten zur Verfügung stehen, für die der Gutachterausschuss keine Sachwertfaktoren abgeleitet hat.**

4.4 Darstellung und Veröffentlichung von Sachwertfaktoren

4.4.1 Darstellung

88 Sachwertfaktoren werden zumeist in Tabellenform oder graphisch dargestellt (vgl. vorstehende Beispiele).

89 Für *Mainz* wurden folgende Sachwertfaktoren ermittelt (als Formel bzw. in Tabellenform Abb. 11):

MF = $(1{,}3387 \times 10^{-23} \times$ (vorläufiger Sachwert)$^4) - (3{,}1805 \times 10^{-17} \times$ (vorläufiger Sachwert)$^3)$ + $(2{,}5725 \times 10^{-11} \times$ (vorläufiger Sachwert)$^2) - (0{,}96575 \times 10^{-5} \times$ (vorläufiger Sachwert)) + $2{,}1523$

Abb. 11: Wertetabelle (2009)

\multicolumn{6}{c}{Wertetabelle}
ermittelter Sachwert	M-Faktor	ermittelter Wert	M-Faktor	ermittelter Wert	M-Faktor
75 000 €	1,57	225 000 €	1,00	375 000 €	0,88
100 000 €	1,42	250 000 €	0,96	400 000 €	0,87
125 000 €	1,30	275 000 €	0,93	425 000 €	0,87
150 000 €	1,20	300 000 €	0,91	450 000 €	0,87
175 000 €	1,12	325 000 €	0,89	475 000 €	0,87
200 000 €	1,06	350 000 €	0,89	500 000 €	0,84

90 Angewendet werden diese Faktoren, indem sie mit dem nach dem oben angegebenen Modell ermittelten (vorläufigen) Sachwert multipliziert werden:

$$\text{Verkehrswert} = \text{(vorläufiger) Sachwert} \times \text{Sachwertfaktor}$$

91 **Sachwertfaktor für freistehende Ein- und Zweifamilienhäuser**

in *Berlin*: vgl. ABl. Bln. 2002, 199 = GuG 2002, 171; ABl. Bln. 1999, 5004 = GuG 2001, 171; ABl. Bln. 2005, 174 = GuG 2005, 224; ABl. Bln. 2006, 1376 (vgl. unten Rn. 226).

in *Bielefeld* MF = $0{,}56 \times$ (Sachwert $\times 10^{-6})^{-0{,}33}$ Ein- und Zweifamilienhäuser
MF = $0{,}53 \times$ (Sachwert $\times 10^{-6})^{-0{,}34}$ Altbau: DHH, Reihenend- und -mittelhäuser
MF = $0{,}34 \times$ (Sachwert $\times 10^{-6})^{-0{,}66}$ Neubau: DHH, Reihenend- und -mittelhäuser

in *Chemnitz* MF = $149 \times$ Sachwert$^{-0{,}43}$

in *Gelsenkirchen* MF = $-0{,}0909 \ln(x) + 1{,}9491$

in *Lübeck* MF = $3{,}816 \times$ Sachwert$^{-0{,}249}$

in *Mülheim an der Ruhr* MF = $394{,}11 - 30{,}414 \times \ln(x)$ für großzügige Einfamilienhäuser
MF = $192{,}16 - 15{,}569 - 15{,}569 \times \ln(x)$ für übliche Einfamilienhäuser

in *Rheine* (2007) MF = $0{,}77 + 0{,}0018 \times$ Bodenrichtwert 2003 [€/m²] $- 0{,}0016 \times$ Wohnfläche (m²).

Neuere **Untersuchungsergebnisse auf der Grundlage einer linearen Abschreibung ohne Regionalisierungsfaktoren**:

Im Kreis *Wesel* MF = $-0{,}2543 \times \ln SW + 4{,}0086$ Freistehende Ein- und Zweifamilienhäuser
MF = $-0{,}2737 \times \ln SW + 4{,}1993$ Reihen- und Doppelhaushälften

4.4.2 Veröffentlichung

Die von den Gutachterausschüssen für Grundstückswerte empirisch abgeleiteten und veröffentlichten Sachwertfaktoren (Marktanpassungszu- und -abschläge) können nur dann verwendet werden, wenn bei deren Veröffentlichung detailliert offengelegt wird, auf welche **Objektgruppen** und welchen **Ermittlungszeitpunkt** sie sich beziehen und vor allem wie der in die Auswertung eingeführte Sachwert ermittelt wurde. Die Anwendung der Sachwertfaktoren steht nämlich unter dem Grundsatz der Modellkonformität.

92

Ein wesentliches Element der Veröffentlichung von Sachwertfaktoren ist

93

a) die Darstellung der **zur Anwendung gekommenen Sachwertmethodik** einschließlich der einschlägigen **Modellparameter** (vgl. oben Rn. 46 sowie Syst. Darst. des Sachwertverfahrens Rn. 16) und

b) die durchschnittlichen Eigenschaften der in die Auswertung eingegangenen Grundstücke nach Lage und Beschaffenheit der baulichen Anlage (Norm- bzw. Referenzgrundstück), vergleichbar mit der Beschreibung des Bodenrichtwertgrundstücks einer Bodenrichtwertzone.

Auch wenn der Sachwertfaktor nach den Vorgaben der Anl. 7 zur SachwertR auf der Grundlage der Modellparameter der SachwertR ermittelt wurde, z. B. unter Berücksichtigung einer nach Gebäudestandardstufen gestaffelten Gesamtnutzungsdauer, sind die durchschnittlichen Merkmale der zur Ableitung des Sachwertfaktors herangezogenen Grundstücke im Grundstücksmarktbericht darzulegen (Referenzgrundstück).

4.4.3 Modellkonforme Anwendung von Sachwertfaktoren

▶ *Syst. Darst. des Sachwertverfahrens Rn. 11 ff.; Vorbem. zur ImmoWertV Rn. 70*

Nach dem **Grundsatz der Modellkonformität** dürfen empirisch aus dem Grundstücksmarkt abgeleitete Sachwertfaktoren (Marktanpassungsfaktoren) nur in der Weise in die Wertermittlung eingeführt werden, wie sie abgeleitet wurden, d. h., es sind **dieselben Verfahrensgrundsätze anzuwenden, die ihrer Ableitung zugrunde lagen.** Darüber hinaus muss die zu bewertende Liegenschaft insbesondere nach Art des Gebäudes und seinen sonstigen Grundstücksmerkmalen im Wesentlichen den der Ableitung des Sachwertfaktors zugrunde liegenden Grundstücken entsprechen.

94

Sachwertfaktoren werden nach vorstehenden Ausführungen aus dem Verhältnis geeigneter Kaufpreise bebauter Grundstücke zu den dafür nach Maßgabe der §§ 21 bis 23 ImmoWertV abgeleiteten (vorläufigen) Sachwerten abgeleitet. Sie haben mithin auch nur eine Geltung für eine **Sachwertermittlung, die sich im Einzelnen so vollzieht, wie sie bei der Ableitung zur Anwendung kam.** Will man diese Sachwertfaktoren heranziehen, muss man sich zwangsläufig derselben Methode der Sachwertermittlung einschließlich der maßgeblichen Parameter bedienen, insbesondere der zur Ableitung der Sachwertfaktoren zugrunde gelegten

- Grundstücksart,
- Bezugsstichtag des Sachwertfaktors,
- herangezogenen Normalherstellungskosten und ihrem Bezugsjahr,
- Baunebenkosten,
- Alterswertminderungskurve,
- Gesamtnutzungsdauer,
- Baupreisindexreihe,
- Angaben zur Berücksichtigung bzw. Nichtberücksichtigung von Ortsgrößen- und Regionalfaktoren ggf. unter Angabe ihrer Höhe,
- Angaben zum „üblichen Umfang" der ggf. mit dem Sachwertfaktor berücksichtigten sog. c-Flächen und besonderen Bauteilen und dgl. bzw. die dafür angesetzte Pauschale,
- Angaben zum „üblichen Umfang" der ggf. mit dem Sachwertfaktor berücksichtigten baulichen Außenanlagen und sonstigen Anlagen bzw. die dafür angesetzte Pauschale,
- durchschnittliche Geschosshöhe (BRI/BGF),

§ 14 ImmoWertV — Sachwertfaktoren

- durchschnittlicher Nutzflächenfaktor (BGF/WF bzw. BGF/NF),
- Angaben zum „üblichen Umfang" der ggf. mit dem Sachwertfaktor berücksichtigten Spitzböden, Drempel und Drempelhöhen, Trauflängen, Giebelbreiten, Dachneigungen, usw.

95 **Bei modellkonformer Anwendung der Sachwertfaktoren korrigieren sich auch etwaige Fehler und Mängel des angewandten Sachwertverfahrens.** Auch wenn die zur Ableitung der Sachwertfaktoren angewandte Methode falsch gewesen sein mag, so wird das daraus resultierende fehlerhafte Ergebnis mit dem Sachwertfaktor an den Verkehrswert „justiert":

96 *Beispiel:*

Verkehrswert = 800 000 €
Sachwert (falsch) = 1 100 000 €
Sachwert (richtig) = 1 000 000 €

Aus falschen Sachwerten ermittelter Sachwertfaktor: 0,73 (= 800 000 € : 1 100 000 €)

Verkehrswert = 1 100 000 € × 0,73 = 800 000 €

Das Ergebnis entspricht dem Verkehrswert, wenn der Sachwert nach derselben mängelbehafteten Sachwertmethode ermittelt worden ist.

97 Was methodisch der „richtige" und der „falsche" Sachwert ist, kann – überspitzt formuliert – unbeantwortet bleiben, wenn man nur in demselben System bleibt (Grundsatz der Modellkonformität). Der Sachwertfaktor stellt von daher einen **Modell- bzw. Systemkorrekturfaktor** dar, wenn die angewandte Methodik der Sachwertermittlung mängelbehaftet ist.

98 Fehlerhaft ist in jedem Fall die Vorgehensweise, bei der eine bestimmte **Methodik der Sachwertermittlung mit Sachwertfaktoren kombiniert wird, die unter Heranziehung einer anderen Sachwertermittlungsmethodik abgeleitet wurden.**

4.4.4 Sachwertfaktoren für besondere Teilmärkte

4.4.4.1 Gewerbe- und Industrieobjekt

▶ *Vgl. Kleiber, Verkehrswertermittlung von Grundstücken, 6. Aufl. 2010, Teil VI Rn. 130 ff.*

99 Der Verkehrswert von Gewerbe- und Industrieobjekten wird entgegen einer veralteten Auffassung heute nicht mehr im Sachwertverfahren, sondern im Wege des Ertragswertverfahrens ermittelt. Insoweit bedarf es hierfür keiner genaueren Kenntnisse von Sachwertfaktoren, die im Übrigen bei dieser Grundstücksart extrem hoch ausfallen können. Aktuelle Faktoren über das Verhältnis vom Sachwert zum Verkehrswert von Gewerbe- und Industrieobjekten sind auch nicht bekannt. Streich[6] untersuchte im Jahre 1985 das Verhältnis von Kaufpreisen zu Grundstückssachwerten von Gewerbe- und Industriegrundstücken auf dem Lübecker Grundstücksmarkt. Er kam zum Ergebnis, dass die **Verkehrswerte im Mittel etwa um 35 bis 40 v. H. unter ihren Grundstückssachwerten** lagen. Tendenziell stiegen die Abschläge vom Grundstückssachwert mit steigenden Sachwerten an. Zudem ist es geboten, nach dem Alter der baulichen Anlagen zu differenzieren.

Bei Gewerbe- und Industriegrundstücken (ohne städtische Geschäftsgrundstücke) beträgt der durchschnittliche Anpassungsabschlag etwa 25 v. H. (± 10 v. H.) des Grundstückssachwerts. Bei älteren Objekten kann sich der Anpassungsabschlag bis auf 35 bis 65 v. H. (± 15 v. H.) erhöhen. Die recht hohen Abschläge deuten darauf hin, dass der Grundstückssachwert keine geeignete Grundlage für die Wertermittlung älterer Gewerbe- und Industriegrundstücke bietet[7].

---

[6] Streich: Ableitung des Verkehrswerts aus dem Sachwert, VBN-Info 1987, 22.
[7] Zu Marktanpassungsfaktoren für Betriebsleiterwohnungen vgl. Bottmeyer, M. in GuG 2006, 151 ff.

Sachwertfaktoren § 14 ImmoWertV

4.4.4.2 Eigentumswohnungen

▶ Vgl. *Kleiber*, Verkehrswertermittlung von Grundstücken, 6. Aufl. 2010, Teil VI Rn. 39 ff. **100**

4.4.4.3 Resthofstellen

Schrifttum: *Becker/Olejnizat/Schneider/Tepper*, Ableitung von Marktanpassungsfaktoren für aufgegebene landwirtschaftliche Hofstellen, Nachr. der rh.-pf. Kat.-und VermVw 1999, 28; *Müller*, Marktanpassungsfaktoren für landwirtschaftliche Hofstellen im Außenbereich, WFA 1998, 12; Gutachterausschuss Landkreis Nienburg/Weser, Grundstücksmarktbericht 2003.

▶ Vgl. hierzu § 5 ImmoWertV Rn 133 ff.

Für Resthofstellen kommen **Sachwertfaktoren von 0,5 bis 0,8** zur Anwendung. Die Ergebnisse nachfolgender Untersuchungen des Gutachterausschusses in *Nienburg/Weser* (2003) basieren auf einer Sachwertermittlung auf der Grundlage: **101**

– Bodenwerte für Hofstellen im Innenbereich mit einem Abschlag von 40 % auf den Bodenrichtwert (ebf) im MD-Gebiet,
– Normalherstellungskosten auch bei mehrgeschossigen Gebäuden bezogen auf die BGF der einfachen Gebäudegrundfläche,
– Ansatz von 250 €/m² BGF für alte massive Stallgebäude,
– Restnutzungsdauer von 15 Jahren, sofern keine Baufälligkeit vorliegt.

Der Abzug bezieht sich auf den ermittelten Herstellungswert und nicht auf den Gebäudezeitwert:

Abb. 12: Sachwertfaktoren für Resthofstellen

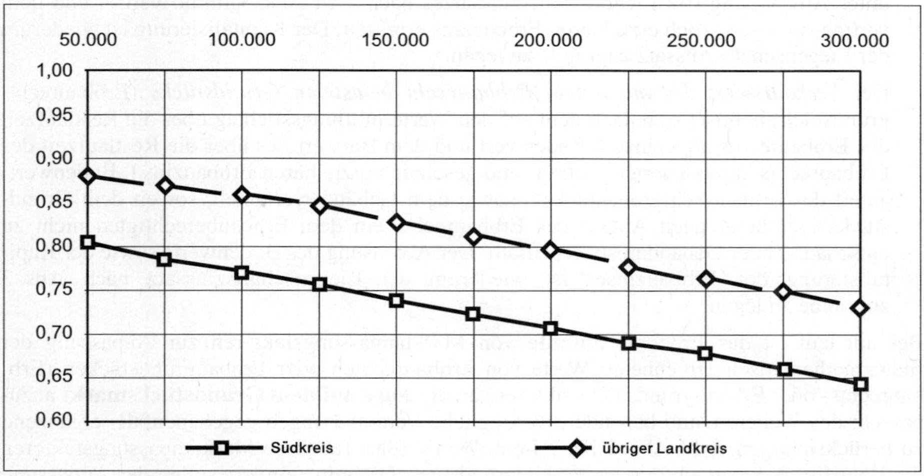

Quelle: Grundstücksmarktbericht 2003 des Gutachterausschusses Nienburg

5 Erbbaurechts- und Erbbaugrundstücksfaktoren (§ 14 Abs. 2 Nr. 2 ImmoWertV)

5.1 Allgemeines

▶ *Vgl. Kleiber, Verkehrswertermittlung von Grundstücken, 6. Aufl. 2010, Teil VI Rn. 130 ff., Teil IX Rn. 149 ff.*

102 Bei der Verkehrswertermittlung von Erbbaurechten muss grundsätzlich unterschieden werden zwischen

- dem Verkehrswert des Erbbaurechts (Erbbaurecht) und
- dem Verkehrswert des mit einem Erbbaurecht belasteten Grundstücks (Erbbaurechtgrundstück).

Der Verkehrswert des Erbbaurechts und des mit einem Erbbaurecht belasteten Grundstücks (Erbbaurechtgrundstück) kann grundsätzlich nach finanzmathematische Methoden sowie unter Anwendung des Vergleichswertverfahrens ermittelt werden.

In der Praxis finden jedoch vorherrschend *finanzmathematische Methoden* Anwendung.

- Der ***Verkehrswert des Erbbaurechts*** bemisst sich nach dem auf den Grund und Boden entfallenden Verkehrswertanteil des Erbbauberechtigten („Bodenwertanteil des Erbbaurechts") und dem Gebäudewertanteil; der Gebäudewertanteil ist um den nach Ablauf des Erbbaurechts verbleibenden und dem Erbbauberechtigten nicht zu entschädigenden Restwert (abgezinst auf den Wertermittlungsstichtag) zu vermindern. Der Bodenwertanteil des Erbbaurechts wird aus dem über die Restlaufzeit des Erbbaurechts kapitalisierten Unterschied zwischen dem Verzinsungsbetrag des Bodenwerts (Bodenwertverzinsungsbetrag unter Anwendung des Liegenschaftszinssatzes nach § 14 Abs. 3 ImmoWertV) und dem vertrag- und gesetzlich erzielbaren Erbbauzins ermittelt. Der Kapitalisierung ist wiederum der Liegenschaftszinssatz zugrunde zu legen.

- Der ***Verkehrswert des mit einem Erbbaurecht belasteten Grundstücks*** (Erbbaurechtgrundstück) bemisst sich nach dem auf den Wertermittlungsstichtag über die Restlaufzeit des Erbbaurechts abgezinsten Bodenwert und dem Barwert des über die Restlaufzeit des Erbbaurechts kapitalisierten vertrag- und gesetzlich erzielbaren Erbbauzins („Bodenwertanteil des Erbbaurechtgrundstücks") sowie dem Gebäudewertanteil, soweit dem Grundstückseigentümer nach Ablauf des Erbbaurechts ein dem Erbbauberechtigten nicht zu entschädigender Gebäuderestwert zufällt. Der Abzinsung des Bodenwerts sowie der Kapitalisierung des Erbbauzinses ist wiederum der Liegenschaftszinssatz nach Abs. 3 zugrunde zu legen.

Bei alledem ist das Ergebnis mithilfe von Marktanpassungsfaktoren zur Anpassung der finanzmathematisch errechneten Werte von Erbbaurechten oder Erbbaugrundstücken (Erbbaurechts- oder Erbbaugrundstücksfaktoren) an die **Lage auf dem Grundstücksmarkt** anzupassen; des Weiteren sind besondere vertragliche Vereinbarungen gegebenenfalls ergänzend zu berücksichtigen. § 14 Abs. 2 Nr. 2 ImmoWertV führt für diese Marktanpassungsfaktoren die Begriffe „Erbbaurechts- oder Erbbaugrundstücksfaktoren" ein; sie sollen der Anpassung finanzmathematisch errechneter Werte von Erbbaurechten oder Erbbaugrundstücken an den Verkehrswert (Marktwert) dienen.

Die Erbbaurechts- und Erbbaugrundstücksfaktoren können jeweils aus dem Verhältnis von Kaufpreisen zu

a) den jeweils finanzmathematisch ermittelten Werten des Erbbaurechts oder den finanzmathematisch ermittelten Werten des Erbbaurechtgrundstücks oder

Erbbaurechtsfaktoren § 14 ImmoWertV

b) den jeweils sonst wie (z. B. Vergleichs- und Sachwertverfahren) ermittelten Werten des unbelasteten Grundstücks; diese Gattung wird in § 14 Abs. 2 Nr. 2 ImmoWertV allerdings nicht genannt.

a)   Erbbaurechts- und Erbbaurechtgrundstücksfaktoren auf finanzmathematischer Grundlage

– **Erbbaurechtsfaktoren** bestimmen sich aus dem Verhältnis geeigneter Kaufpreise zu den finanzmathematisch errechneten Werten von entsprechenden Erbbaurechten.

$$\text{Erbbaurechtsfaktor}_{f} = \frac{\text{Kaufpreis des Erbbaurechts}}{\text{Finanzmathematisch ermittelter Wert des Erbbaurechts}}$$

– **Erbbaugrundstücksfaktoren** bestimmen sich aus dem Verhältnis geeigneter Kaufpreise zu den finanzmathematisch errechneten Werten von entsprechenden Erbbaugrundstücken. Käufer ist dabei in aller Regel der Erbbauberechtigte.

$$\text{Erbbaugrundstücksfaktor}_{f} = \frac{\text{Kaufpreis des Erbbaugrundstücks}}{\text{Finanzmathematisch ermittelter Wert des Erbbaugrundstücks}}$$

Im Übrigen wird zur Ableitung von Erbbaurechts- oder Erbbaugrundstücksfaktoren auf die entsprechenden Ausführungen unter Rn. 34 ff. verwiesen.

b)   Erbbaurechts- und Erbbaugrundstücksfaktoren auf Vergleichsgrundlage

Erbbaurechts- und Erbbaugrundstücksfaktoren lassen sich aber auch ableiten aus dem Verhältnis geeigneter Kaufpreise zu den entsprechenden im Wege des Vergleichswertverfahrens ermittelten Werten entsprechender unbelasteter Grundstücke:

$$\text{Erbbaurechtsfaktor}_{f} = \frac{\text{Kaufpreis des Erbbaurechts}}{\text{Vergleichswert des unbelasteten Grundstücks}}$$

Diese Erbbaurechtsfaktoren werden auch „**Vergleichsfaktoren für Erbbaurechte**" genannt.

$$\text{Erbbaugrundstücksfaktor}_{f} = \frac{\text{Kaufpreis des Erbbaugrundstücks}}{\text{Vergleichswert des unbelasteten Grundstücks}}$$

Der Vergleichswert ist dabei zweckmäßigerweise nach allgemeinen Grundsätzen abzuleiten. Bei Ableitung entsprechender Faktoren für Ein- und Zweifamilienhäuser z. B. im Wege des Sachwertverfahrens kann auch die Anwendung von Vergleichsfaktoren bebauter Grundstücke i. S. des § 11 ImmoWertV in Betracht kommen.

5.2   Erbbaurechtsfaktoren

a)   finanzmathematische Erbbaurechtsfaktoren

Erbbaurechtsfaktoren auf finanzmathematischer Grundlage sind trotz der Vorrangstellung des Vergleichswertverfahrens in der Praxis vorherrschend.

Der Gutachterausschuss des *Landkreises Wesel* hat z. B. den finanzmathematischen Erbbaurechtsfaktor ermittelt mit:

$$\text{Erbbaurechtsfaktor} = -0{,}1553 \times \ln(\text{Finanzmathematischer Wert des Erbbaurechts}) + 2{,}7137$$

§ 14 ImmoWertV — Erbbaurechtsfaktoren

Folgendes Berechnungsbeispiel wird dazu gegeben:

Sachverhalt: Zu ermitteln ist der Verkehrswert eines Erbbaurechts an einem Einfamilienhausgrundstück.

– Bodenwert des unbelasteten unbebauten und erschließungsbeitragsfreien Grundstücks	60 000 €
– Wert der baulichen und sonstigen Anlagen	100 000 €
– Restnutzungsdauer der baulichen Anlagen	50 Jahre
– Restlaufzeit des Erbbaurechts	50 Jahre
– Jährlich erzielbarer Erbbauzins (wertgesichert)	748,95 €
– Liegenschaftszinssatz für Einfamilienhäuser Grundstück	3,0 %
– Bodenwertverzinsungsbetrag (60 000 € × 0,03)	1 800 €

Berechnung:

Bodenwertanteil des Erbbaurechts

– Bodenwertverzinsungsbetrag	1 800,00 €
– Vertraglich und gesetzlich erzielbarer Erbbauzins	748,95 €
– Differenz	1 051,05 €
– Vervielfältiger bei 50 Jahren Restlaufzeit und 3 % Liegenschaftszinssatz	× 25,73
– Bodenwertanteil des Erbbaurechts	**= 27 044 €**

Verkehrswert des Erbbaurechts

– Wert der baulichen und sonstigen Anlagen (Gebäudewertanteil)	100 000 €
– Bodenwertanteil des Erbbaurechts	+ 27 044 €
– Finanzmathematischer Wert des Erbbaurechts	**127 044 €**
Erbbaurechtsfaktor (vgl. oben)	× 0,89
– Zwischensumme	= 113 069 €
– Zu- und Abschläge wegen vertraglicher Besonderheiten	0 €
Verkehrswert des Erbbaurechts	**113 000 €**

Der Gutachterausschuss für Grundstückswerte im Bereich der Landeshauptstadt *Düsseldorf* hat folgende (*finanzmathematische*) Erbbaurechtsfaktoren ermittelt:

Abb. 13: Erbbaurechtsfaktoren

Erbbaurechtsfaktoren in Düsseldorf (01.01.2011)	
Objektarten	**Erbbaurechtsfaktoren (Richtwert)**
Ein- und Zweifamilienhäuser (Grundstücksgröße von 350 m² bis 600 m²)	0,9 (abgeleitet aus 110 Fällen)
Renditeobjekte (Mehrfamilienhäuser/gemischt genutzte Objekte)	1,0 (abgeleitet aus 15 Fällen)
Korrekturen für Ein- und Zweifamilienhäuser, Reihenhäuser bei Abweichungen der Grundstücksgröße	
150 m² bis 350 m²	Zuschlag + 10 %
600 m² bis 1 000 m²	Abschlag − 15 %

Quelle: Grundstücksmarktbericht 2011 des Gutachterausschusses in Düsseldorf

Beispiel

– Finanzmathematisch ermittelter Wert des Erbbaurechts für ein Einfamilienhausgrundstück	250 000 €
– Grundstücksgröße	450 m²

Verkehrswert des Erbbaurechts bei einem Erbbaurechtsfaktor von 0,9

$$250\ 000\ \text{Euro} \times 0{,}90 = 225\ 000\ \text{Euro}$$

Erbbaurechtsfaktoren § 14 ImmoWertV

Bei einem gleichen vorläufigen finanzmathematischen Wert für ein nur 230 m² großes Grundstück (Reihenhaus) ergibt sich als Verkehrswert des Erbbaurechts

$$250\,000\text{ Euro} \times 0{,}90 \times 1{,}10 = 250\,000\text{ Euro}$$

Zu Erbbaurechtsfaktoren auf der Grundlage der finanzmathematischen Betrachtungsweise in *Frankfurt am Main* (2011) vgl. auch Grundstücksmarktbericht Frankfurt am Main 2012, S. 46.

Der Gutachterausschuss von *München* hat folgende **Erbbaurechtsfaktoren für Reihenhäuser und Doppelhaushälften** in Abhängigkeit vom Erbbauzins, der Anpassungsklausel und dem Kaufpreis ermittelt:

Erbbaurechtsfaktoren für Reihenhäuser und Doppelhaushälften in München 2010						
Erbbaurechtsvertrag	*mit* Anpassungsklausel			*ohne* Anpassungsklausel		
Erbbauzins	730 bis 5 800 € p. a. für den Bodenanteil			bis 820 € p. a. für den Bodenanteil		
Objekte	40 Objekte Baujahr 1960 bis 2005			8 Objekte Baujahr 1958 bis 1967		
	Erbbauzinssatz			Erbbauzinssatz		
Merkmal	2,5 %	3,0 %	3,5 %	2,5 %	3,0 %	3,5 %
Alle Objekte	1,08	1,01	0,95	1,26	1,20	1,16
Gebäudeart						
Reiheneckhaus	1,06	0,97	0,91	–	–	–
Reihenmittelhaus	1,08	1,01	0,96	1,26	1,20	1,16
Doppelhaushälfte	1,13	1,05	0,99	–	–	–
Kaufpreis						
160 000 – 265 000 €	1,02	0,94	0,89	–	–	–
175 000 – 290 000 €	–	–	–	1,15	1,10	1,06
265 000 – 410 000 €	1,15	1,08	1,03	–	–	–
290 000 – 320 000 €	–	–	–	1,33	1,27	1,23

Quelle: Grundstücksmarktbericht 2010 München

Beispiel:

– Für ein Reihenmittelhaus wurde als finanzmathematischer Wert des Erbbaurechts ermittelt 220 000 €
– Der Erbbauzins betrage 2,5 %
– Erbbaurechtsvertrag mit Anpassungsklausel

Es ergibt sich gemäß Tabelle: Gebäudeartfaktor 1,08
(Reihenmittelhaus)
Kaufpreisfaktor (220 000 €) 1,02
Summe 2,10 /2 = 1,05 (Mittelwert)

Anpassung des finanzmathematischen Werts des Erbbaurechts: 220 000 € × 1,05 = 231 000 €

Ggf. Ergänzung aufgrund besonderer objektspezifischer Grundstücksmerkmale (z. B. wegen Reparaturstau, wirtschaftlicher Mängel usw.).

b) *Erbbaurechtsfaktoren auf Vergleichsgrundlage (Vergleichsfaktoren für Erbbaurechte)*

Der Gutachterausschuss für Grundstückswerte von *Düsseldorf* hat 2011 für Erbbaurechte an Grundstücken mit einer Grundstücksgröße von 350 m² bis 600 m², die mit freistehenden Ein- und Zweifamilienhäusern bebaut sind, „Vergleichsfaktoren für Erbbaurechte" (Erbbaurechtsfaktoren) von 0,75 ermittelt, d. h., die Erbbaurechte sind mit einem Abschlag von 25 % von dem entsprechenden Sachwert des unbelasteten Grundstücks zu bewerten, wobei dieser – sofern nicht von „Marktrichtwerten" ausgegangen wurde – auf der Grundlage von Bodenrichtwerten und einer Abschreibung nach Ross ermittelt wurde. Bei Reihenhausgrundstücken mit einer Grundstücksgröße von 150 m² bis 350 m² ist ein Zuschlag von 10 % und bei übergroßen Ein- und Zweifamilienhäusern ein Abschlag von bis zu 30 % anzubringen (vgl. hierzu auch die Untersuchungsergebnisse für *Hannover*).

Beispiel:

Erbbaurechtsfaktoren für Ein- und Zweifamilienhäuser (Reihenhäuser, Doppelhaushälften)			
	Hannover 2007		Düsseldorf 2011
	Ein- und Zweifamilienhäuser	Reihenhäuser und Doppelhaushälften	Ein- und Zweifamilienhäuser (einschl. Reihenhäusern)
Erbbaurechtsfaktor	0,82	0,91	0,75
Untersuchungszeitraum	1995 bis 2000	1995 bis 2000	2011
Wohnflächenpreis	1 200 bis 2 200 €/m²	1 000 bis 2 100 €/m²	–
Restlaufzeit des Erbbaurechts	40 bis 85 Jahre	30 bis 84 Jahre	–
Grundstücksgröße – Ein- und Zweifamilienhäuser – Reihenhäuser	– –	– –	350 m² bis 600 m² 150 m² bis 350 m²
			Korrekturen: Reihenhausgrundstücke + 10 % Übergroße Grundstücke – 20 %
Erläuterungen zu Hannover: Eine Abhängigkeit von weiteren Merkmalen wie Wohnflächenpreis, Restlaufzeit des Erbbaurechts, Rendite des Erbbaurechts, Bodenwertanteil am Gesamtwert oder Höhe des Bodenwerts konnten nicht nachgewiesen werden. Um eine Sach- und marktgerechte Wertermittlung in Zukunft durchführen zu können, sind die Gutachterausschüsse gefordert, zeitnahe und signifikante Markanpassungsfaktoren festzustellen, und das nicht nur im großstädtischen Bereich, sondern auch im ländlichen Umfeld.			

Quelle: Grundstücksmarktbericht des Gutachterausschusses von Hannover (2008), Düsseldorf (2011)

Beispiel:

– Für ein Einfamilienhaus ist ein „Marktrichtwert" in Höhe von 2 700 €/m² WF vorgegeben.
– Für das unbelastete Grundstück ergeben sich bei einer Wohnfläche von 120 m² als Vergleichswert des unbelasteten Grundstücks rd. 323 000 € (= 120 m² × 2 700 €/m²).
– Der Verkehrswert des Erbbaurechts errechnet sich bei einem Erbbaurechtsfaktor von 0,75 und einem Reihenhausfaktor von 1,10 überschlägig mit

$$\text{Erbbaurecht} = 323\,000\ € \times 0{,}75 \times 1{,}10 = \text{rd. } 270\,000\ €$$

Im Grundstücksmarktbericht 2011 des Gutachterausschusses für Grundstückswerte in *Bergisch Gladbach* sind beispielsweise Erbbaurechtsfaktoren für folgende Teilmärkte veröffentlicht worden, und zwar für:

Erbbaurechtsfaktoren § 14 ImmoWertV

– Doppelhaushälfte- und Reihenhausbebauung sowie
– freistehende Eigenheime (Abb. 14).

Die Untersuchungen ergaben, dass mit freistehenden Eigenheimen sowie Doppelhaushälften bzw. Reihenhäusern bebaute Erbbaurechte durchschnittlich 17 bis 28 % unter dem Sachwert gehandelt werden. Dabei wurde keine Abhängigkeit von der Restlaufzeit festgestellt:

Abb. 14: Abweichungen der Kaufpreise vom Sachwert

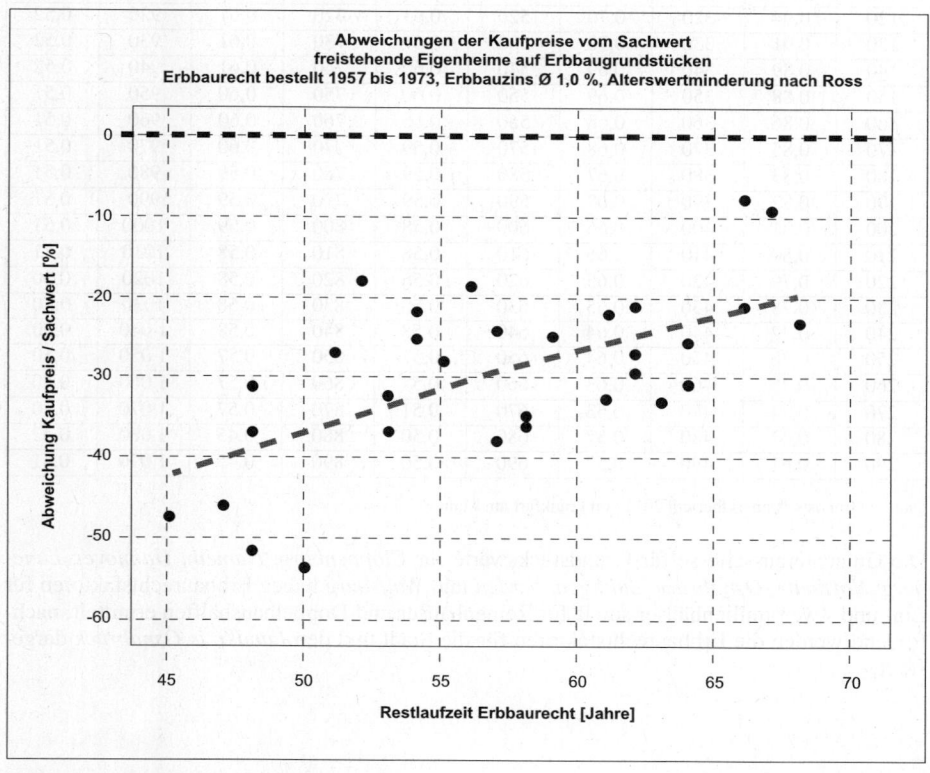

Quelle: Grundstücksmarktbericht Bergisch Gladbach 2012

Für Erbbaurechte an Grundstücken mit freistehenden Ein- und Zweifamilienhäusern (Eigenheimnutzung) in *Frankfurt am Main* wurden bezogen auf
– eine Restlaufzeit des Erbbaurechtsvertrags von 66 Jahren,
– ein Baujahr von 1962,
– eine Wohnfläche von 119 m²,
– eine Restnutzungsdauer von 45 Jahren und
– eine Gebäudesachwertermittlung auf der Grundlage der NHK 2000 ohne Regionalfaktor und mit linearer Alterswertminderung

die aus Abb. 15 ersichtlichen **Vergleichsfaktoren für Erbbaurechte (Erbbaurechtsfaktoren) ermittelt.**

§ 14 ImmoWertV — Erbbaurechtsfaktoren

Abb. 15: Erbbaurechtsfaktoren von Grundstücken mit Eigenheimnutzung in Frankfurt am Main

Vergleichsfaktoren für bebaute Erbbaugrundstücke (Eigenheimmarkt) in Abhängigkeit von der Grundstücksgröße 2011									
m^2	Faktor	m^2	Faktor	m^2	Faktor	m^2	Faktor	m^2	Faktor
100	0,99	300	0,72	500	0,62	700	0,62	900	0,52
110	0,96	310	0,71	510	0,62	710	0,62	910	0,52
120	0,94	320	0,70	520	0,61	720	0,61	920	0,52
130	0,91	330	0,70	530	0,61	730	0,61	930	0,52
140	0,89	340	0,69	540	0,60	740	0,61	940	0,52
150	0,88	350	0,69	550	0,60	750	0,60	950	0,51
160	0,86	360	0,68	560	0,60	760	0,60	960	0,51
170	0,85	370	0,68	570	0,59	770	0,60	970	0,51
180	0,83	380	0,67	580	0,59	780	0,59	980	0,51
190	0,82	390	0,67	590	0,59	790	0,59	990	0,51
200	0,81	400	0,66	600	0,58	800	0,59	1000	0,51
210	0,80	410	0,66	610	0,58	810	0,58	1010	0,51
220	0,79	420	0,65	620	0,58	820	0,58	1020	0,50
230	0,78	430	0,65	630	0,58	830	0,58	1030	0,50
240	0,77	440	0,64	640	0,58	840	0,58	1 040	0,50
250	0,76	450	0,64	650	0,57	850	0,57	1 050	0,50
260	0,75	460	0,63	660	0,57	860	0,57	1 060	0,50
270	0,74	470	0,63	670	0,51	870	0,57	1 070	0,50
280	0,67	480	0,57	680	0,50	880	0,45	1 080	0,42
290	0,67	490	0,57	690	0,50	890	0,45	1 090	0,41

Quelle: Grundstücksmarktbericht 2011 von Frankfurt am Main

Die Gutachterausschüsse für Grundstückswerte für *Cloppenburg, Hameln, Hannover, Lüneburg, Northeim, Osnabrück, Sulingen, Verden* und *Wolfsburg* haben Erbbaurechtsfaktoren für Ein- und Zweifamilienhäuser sowie für Reihenhäuser und Doppelhaushälften ermittelt; nachfolgend werden die Erbbaurechtsfaktoren für die Stadt und den *Landkreis Osnabrück* dargestellt:

Erbbaugrundstücksfaktoren　　　　　　　　　　　　　　§ 14 ImmoWertV

Erbbaurechtsfaktoren für Ein- und Zweifamilienhäuser, Reihenhäuser und Doppelhaushälften in Osnabrück (2011)								
Merkmal	Ein- und Zweifamilienhäuser				Reihenhäuser und Doppelhaushälften			
	Stadt Osnabrück		Landkreis Osnabrück		Stadt Osnabrück		Landkreis Osnabrück	
	Bereich	Mittelwert	Bereich	Mittelwert	Bereich	Mittelwert	Bereich	Mittelwert
Anzahl der Verkaufsfälle	61		154		194		69	
Kaufzeitpunkt	2005 – 2010	2007	2005 – 2010	2007	2005 – 2010	2007	2005 – 2010	2007
Lage (Bodenrichtwert)	80 – 275 €/m²	167 €/m²	15 – 150 €/m²	80 €/m²	110 – 275 €/m²	165 €/m²	25 – 135 €/m²	94 €/m²
Baujahr	1952 – 1994	1972	1950 – 2002	1979	1953 – 2005	1969	1952 – 2002	1982
Wohnfläche	96 – 250 m²	158 m²	50 – 278 m²	147 m²	57 – 200 m²	112 m²	75 – 190 m²	115 m²
Grundstücksgröße	374 – 1 342 m²	794 m²	360 – 1 491 m²	782 m²	153 – 519 m²	322 m²	180 – 1 221 m²	386 m²
Restlaufzeit	26 – 83 Jahre	60 Jahre	22 – 98 Jahre	64 Jahre	21 – 95 Jahre	53 Jahre	26 – 93 Jahre	70 Jahre
Erbbauzins	0,10 – 4,49 €/m²	2,11 €/m²	0,14 – 3,08 €/m²	1,04 €/m²	0,60 – 7,46 €/m²	1,64 €/m²	0,20 – 5,54 €/m²	1,72 €/m²
Rendite	0,10 % – 2,85 %	1,29 %	0,17 % – 7,45 %	1,45 %	0,31 – 4.17 %	1,14 %	0,33 – 5,62 %	1,90 %
Erbbaurechtsfaktor	0,40 – 1,13	**0,78**	0,51 – 1,37	**0,87**	0,47 – 1,48	**0,87**	0,51 – 1,35	**0,88**

Erläuterung:
Die Erbbaurechtsfaktoren wurden abgeleitet aus:

$$\text{Erbbaurechtsfaktor}_{\text{bebautes Grundstück}} = \frac{\text{Kaufpreis des bebauten Erbbaurechts}}{\text{Vergleichswert des (unbelasteten) Eigentumsgrundstück}}$$

Quelle: Grundstücksmarktbericht 2011

5.3　Erbbaugrundstücksfaktoren

Empirisch abgeleitete Erbbaugrundstücksfaktoren (§ 14 Abs. 2 Nr. 2 ImmoWertV) sind bislang nur von wenigen Gutachterausschüssen für Grundstückswerte abgeleitet worden. Der Gutachterausschuss des Landkreises *Wesel* gibt für Erbbaugrundstücke des individuellen Wohnungsbaus im Jahre 2011 einen finanzmathematischen Erbbaugrundstücksfaktor von 0,88 mit folgendem *Beispiel* an.

104

Beispiel

Sachverhalt: Zu ermitteln ist der Verkehrswert eines mit einem Einfamilienhaus bebauten Erbbaugrundstücks

– Bodenwert des unbelasteten unbebauten und erschließungsbeitragsfreien Grundstücks	60 000 €
– Restnutzungsdauer der baulichen Anlagen	50 Jahre
– Restlaufzeit des Erbbaurechts	50 Jahre
– Jährlich erzielbarer Erbbauzins (wertgesichert)	748,95 €
– Liegenschaftszinssatz für Einfamilienhäuser Grundstücks	3,0 %

Berechnung:

– Unbelasteter Bodenwert	60 000 €
– Abzinsungsfaktor bei 50 Jahren Restlaufzeit und 3 % Liegenschaftszinssatz	× 0,2281
– Abgezinster Bodenwert	= 13 686 €
– Vertraglich und gesetzlich erzielbarer Erbbauzins	748,95 €
– Vervielfältiger bei 50 Jahren Restlaufzeit und 3 % Liegenschaftszinssatz	× 25,73
– Barwert des vertraglich und gesetzlich erzielbaren Erbbauzinses	= 19 270 €
finanzmathematischer Wert des Erbbaugrundstücks	**32 956 €**

§ 14 ImmoWertV — Erbbaugrundstücksfaktoren

– Ermittelter Marktanpassungsfaktor für Erbbaugrundstücke	× 0,88
– Zwischensumme	= 29 001 €
– Zu- und Abschläge wegen vertraglicher Besonderheiten	0 €
Verkehrswert des Erbbaugrundstücks	**29 000 €**

Der Gutachterausschuss für Grundstückswerte im Bereich der Landeshauptstadt *München* hat aus 9 Verkäufen aus den Jahren 2002 bis 2010 (als arithmetische Mittelwerte) für **„Einfamilienhausgrundstücke** mit Erbbaurechtsbelastung" auf der Grundlage von

- Ankäufen des belasteten Grundstücks durch den Erbbauberechtigten
- Verkäufen zwischen ausschließlich „privaten" Vertragsparteien und
- Erbbaurechten mit einer Restlaufzeit von 45 bis 80 Jahren

folgende Erbbaurechtsgrundstücksfaktoren abgeleitet:

Erbbauzinssatz	Erbbaugrundstücksfaktoren (EFH)	Standardabweichung
2,50 %	0,98	± 0,19
3,00 %	1,15	± 0,24
3,50 %	1,33	± 0,30

Quelle: Grundstücksmarktbericht 2011

Die ermittelten Erbbaugrundstücksfaktoren liegen aufgrund des besonderen Interesses der Erbbauberechtigten im Wesentlichen stets über 1,0; d. h., die Kaufpreise sind im Durchschnitt höher als der finanzmathematisch ermittelte Wert des Erbbaugrundstücks.

Beispiel zur Anwendung der Erbbaugrundstücksfaktoren

Zu bewerten ist ein Einfamilienhausgrundstück mit Erbbaurechtsbelastung, Käufer ist der Erbbauberechtigte.

– Unbelasteter Bodenwert	245 000 Euro,
– Restlaufzeit des Erbbaurechts	45 Jahre,
– jährlicher Erbbauzins (vertraglich und gesetzlich erzielbar)	2 250 Euro,
– unterstellter Erbbauzinssatz	3,0 %

Finanzmathematischer Wert des Erbbaugrundstücks:

Abgezinster Bodenwert rund	65 000 Euro
Barwert des vertraglich und gesetzlich erzielbaren Erbbauzinses	rd. 55 000 Euro
	120 000 Euro

Verkehrswert des Erbbaugrundstücks bei einem Erbbaugrundstücksfaktor von 1,22

$$120\,000 \text{ Euro} \times 1,22 = 146\,400 \text{ Euro}$$

Für **Erbbaugrundstücke des Geschosswohnungsbaus** hat der Gutachterausschuss von *München* (2010) einen durchschnittlichen Erbbaugrundstücksfaktor von 1,11 (0,80 bis 1,30) ermittelt, bezogen auf einen Erbbauzinssatz von 4 % und unter Ausschluss älterer Erbbaurechtsverträge mit zurückhängendem Erbbauzins. Käufer war auch wieder stets der Erbbauberechtigte.

Vom Oberen Gutachterausschuss für Grundstückswerte in *Niedersachsen* wurden folgende Erbbaugrundstücksfaktoren (Kaufpreis von Erbbaugrundstücken/erschließungsbeitragsfreiem Bodenwert) in Abhängigkeit von der jeweiligen Rendite (= Erbbauzins zum Zeitpunkt des Verkaufs × 100 %/Bodenwert) und der Restlaufzeit (RLZ) des Erbbaurechts ermittelt (Abb. 16):

Erbbaugrundstücksfaktoren § 14 ImmoWertV

Abb. 16: Erbbaugrundstücksfaktoren in Abhängigkeit von der Rendite in Stadt und Land Osnabrück

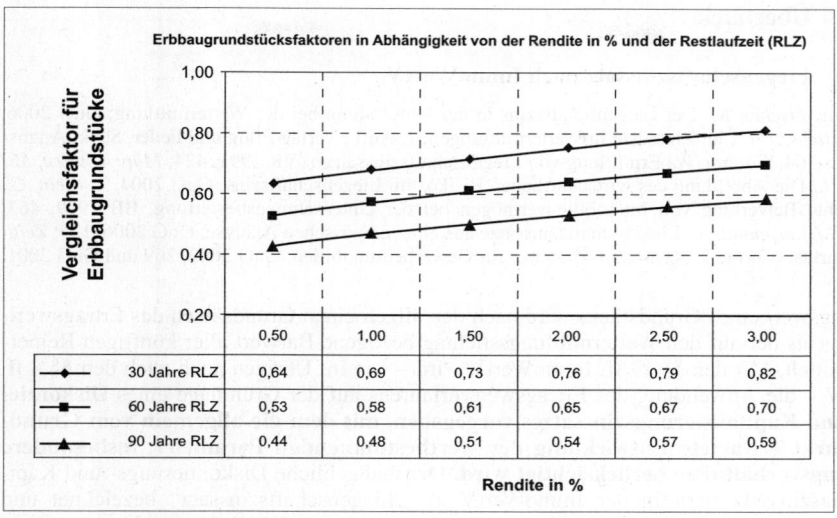

Quelle: Landesgrundstücksmarktbericht 2011

Den abgeleiteten Erbbaugrundstücksfaktoren liegt die Bestellung eines Erbbaurechts an einem erschließungsbeitragspflichtigen (ebpf) Grundstück zugrunde. Soweit Erschließungsbeiträge anfallen, hat sie der Erbbauberechtigte nach den Bestimmungen des BauGB zu tragen. Wurden oder werden die Erschließungsbeiträge indessen vom Eigentümer getragen, erhöht sich der Erbbaugrundstücksfaktor um einen Korrekturfaktor von 1,2.

Der Bodenwert des Erbbaugrundstücks ergibt sich durch Multiplikation des Erbbaurechtsfaktors mit dem Bodenwert des erschließungsbeitragspflichtigen Grundstücks; d. h., ein erschließungsbeitragsfreier (ebf) Bodenrichtwert muss ggf. auf einen erschließungsbeitragspflichtigen (ebpf) Bodenwert umgerechnet werden.

Beispiel:

Grundstücksgröße	720 m²
Bodenrichtwert (ebpf)	80 €/m²
Erzielbarer Erbbauzins	590 €/Jahr
Restlaufzeit (RLZ) des Erbbaurechts	60 Jahre

Erschließungsbeiträge werden ggf. vom Erbbauberechtigten getragen

Unbelasteter voll erschlossener Bodenwert: 80 €/m² × 720 m² =	57 600 €
Rendite 590 €/Jahr × 100 %/57 600 € =	1,0 %
Erbbaugrundstücksfaktor (in Abhängigkeit von der Rendite und der Restlaufzeit des Erbbaurechts (RLZ) aus Diagramm)	0,58

Wert des Erbbaugrundstücks = Unbelasteter Bodenwert × Erbbaugrundstücksfaktor × Korrekturfaktor (wenn der Grundstückseigentümer die Erschließungsbeiträge trägt)

$$57\ 600\ € \times 0{,}58 \times 1{,}0 = \text{rd. } 33\ 000\ €$$

6 Liegenschaftszinssätze (§ 14 Abs. 3 ImmoWertV)

6.1 Überblick

6.1.1 Liegenschaftszinssatz nach ImmoWertV

Schrifttum: *Fischer, K.*, Der Liegenschaftszins in der Anwendung bei der Wertermittlung; GuG 2006, 164, *Friedrichs, J.-C.*, in: Zinssätze in Wertermittlungen, 1. Aufl., Verlag Pflug und Feder, Sankt Augustin, 2001, S.104; *Göllner, W.*, Ermittlung von Liegenschaftszinssätzen, VR 1991, 424; *Münchehofen, M./ Springer, U.*, Die Abbildung des wirtschaftlichen Risikos im Liegenschaftszins, GuG 2004, 7; *Plein, C.*, Sachgerechte Bewertung von Immobilienvermögen bei der Unternehmensbewertung, BB 1999, 463; *Sommer, G./Hausmann, A.*, Liegenschaftszinssätze aus einer empirischen Analyse, GuG 2006, 139; *Zeißler, M.*, Marktkonforme Liegenschaftszinssätze für Gewerbeimmobilien, GuG 2002, 269 und GuG 2001, 269.

105 Der Ertragswert eines Grundstücks wird nach den allgemeinen Grundsätzen des Ertragswertverfahrens als der auf den Wertermittlungsstichtag bezogene Barwert aller künftigen Reinerträge ermittelt. Mit den §§ 17 ff. ImmoWertV wird – wie im Übrigen auch nach den §§ 8 ff. BelWertV – die Anwendung des Ertragswertverfahrens auf der Grundlage eines **Diskontierungs- und Kapitalisierungszinssatzes vorgegeben, mit dem die allgemein vom Grundstücksmarkt erwartete Entwicklung der wertbestimmenden Parameter, insbesondere der Ertragsverhältnisse berücksichtigt wird.** Der maßgebliche Diskontierungs- und Kapitalisierungszinssatz wird in der ImmoWertV als „Liegenschaftszinssatz" bezeichnet und empirisch aus geeigneten Vergleichspreisen abgeleitet (vgl. unten 165 ff.).

Im Verlauf der Vorarbeiten für die im Jahre 2009 novellierte WertV ist vorgeschlagen worden, den eingeführten Begriff des Liegenschaftszinssatzes durch „Kapitalisierungszinssatz" zu ersetzen. Dies ist in Fachkreisen auf heftigen Widerstand gestoßen, denn der für die Ertragswertermittlung maßgebliche **Liegenschaftszinssatz ist ein Kapitalisierungszinssatz sui generis**, der im Übrigen auch zur Diskontierung herangezogen wird. Der Begriff des Kapitalisierungszinssatzes beschreibt deshalb nicht die Funktion des Liegenschaftszinssatzes und ist zudem eine „leere Hülse", denn darunter könnte jede Art von Kapitalisierungssätzen verstanden werden. Die Absicht wurde nach massivem Widerstand der Fachwelt aufgegeben.

106 **Das in der ImmoWertV und BelWertV geregelte Ertragswertverfahren entspricht dem in den *Uniform Standards of Professional Practice* (USPAP) des *Appraisal Institute Chicago* empfohlenen Ertragswertverfahren (dort als *all over capitalization method* bezeichnet) auf der Grundlage von marktorientierten Liegenschaftszinssätzen.** Der Liegenschaftszinssatz wird dort als *„all over capitalization rate"* (= all risk yield – ARY –) bezeichnet und wird – wie in Deutschland – aus Vergleichspreisen bebauter Grundstücke (*comparable sales*) abgeleitet, die für das Geschehen auf dem Grundstücksmarkt repräsentativ sind[8].

107 Der Liegenschaftszinssatz ist bei Anwendung des Ertragswertverfahrens nach den §§ 17 ff. ImmoWertV mithin von zentraler Bedeutung, insbesondere bestimmt sich bei Anwendung dieses Verfahrens der in der Anlage zur ImmoWertV tabellierte Vervielfältiger V (Barwertfaktor) nach dem Liegenschaftszinssatz p und der Restnutzungsdauer n:

$$V = f(p, n)$$

108 Der Liegenschaftszinssatz wird mit § 14 Abs. 3 ImmoWertV definiert als der **Zinssatz, mit dem der Verkehrswert von Liegenschaften bestimmter Grundstücksart im Durchschnitt marktüblich verzinst wird**. Wie sich eine Liegenschaft verzinst, bestimmt zuallererst der Grundstücksmarkt selbst. Wird für eine Immobilie, die einen bestimmten Jahresreinertrag abwirft, ein überdurchschnittlicher Kaufpreis entrichtet, so begnügt sich der Erwerber dieser Immobilie mit einer entsprechend verminderten Rendite und umgekehrt. Die Kaufpreise sind ein Abbild der Zukunftserwartungen. Mit der Ableitung des Liegenschaftszinssatzes aus Kaufpreisen, die für das Geschehen auf dem Grundstücksmarkt repräsentativ sind, findet diese Zukunftserwartung (indirekt) Eingang in den Liegenschaftszinssatz. **Liegenschafts-**

---

[8] The Appraisal of Real Estate, Chicago 12. Aufl. S. 530 ff.

zinssätze bilden deshalb die **Zukunftserwartungen des gewöhnlichen Geschäftsverkehrs ab**. Mit dem aus einer für das Geschehen auf dem Grundstücksmarkt repräsentativen Anzahl geeigneter Vergleichspreise abgeleiteten Liegenschaftszinssatz werden die vom Grundstücksmarkt erwarteten Entwicklungen der Ertrags- und Wertverhältnisse berücksichtigt, denn diese gehen in die Kaufpreise ein, aus denen der Liegenschaftszinssatz abgeleitet wurde[9]. Die künftige Entwicklung findet damit (indirekt) Eingang in das Ertragswertverfahren, und zwar nicht etwa nach der subjektiven Einschätzung des Sachverständigen, sondern nach der objektiven Einschätzung des Grundstücksmarktes. Wo es um die Ermittlung von Marktwerten (Verkehrswerten) geht, ist das Ertragswertverfahren nach den §§ 17 ff. ImmoWertV eine marktkonforme und dynamische Wertermittlungsmethode (*Growth implicit method, over all capitalization method*).

Gleichzeitig kommt dem Liegenschaftszinssatz die **Funktion** 109

– eines *Marktanpassungsfaktors* im Rahmen der Ertragswertermittlung und

– eines *Korrekturfaktors* hinsichtlich etwaiger Mängel des der Ertragswertermittlung zugrunde liegenden Ertragswertermittlungsmodells und seiner Generalisierung

zu. Darüber hinaus ist der Liegenschaftszinssatz eine wichtige die **Rentierlichkeit einer Immobilieninvestition** beschreibende Maßzahl.

Als **Maßzahl der Rentierlichkeit von Immobilieninvestitionsentscheidungen** ist der Liegenschaftszinssatz allerdings nicht unmittelbar aussagekräftig. Dies ist darauf zurückzuführen, dass der Liegenschaftszinssatz zwar – wie noch näher ausgeführt wird – auf der Grundlage eines Reinertrags abgeleitet wird. Tatsächlich jedoch wird im praktischen Vollzug ein „Reinertrag" der Liegenschaftszinssatzableitung zugrunde gelegt, der auch die Erneuerungsrücklage (Abschreibung) umfasst und der Begriff des „Reinertrags" ist insoweit trügerisch. 110

§ 14 Abs. 3 ImmoWertV definiert den Liegenschaftszinssatz – wie vorstehend bereits angesprochen – als den **„Zinssatz, mit dem der Verkehrswert von Liegenschaften im Durchschnitt marktüblich verzinst wird"**. Mit dieser schlichten Definition wird der Liegenschaftszinssatz gleichwohl eindeutig als der Zinssatz definiert, mit dem sich das im Verkehrswert gebundene Kapital verzinst, wobei – anders als bei Geldanlagen – sich die Verzinsung nicht nach einem vereinbarten Zinssatz, sondern nach der aus der Liegenschaft marktüblich erzielbaren Rendite im Verhältnis zu dem Verkehrswert der Liegenschaft bemisst. Dafür bedarf es eingehender Untersuchungen über die Erträge von Liegenschaften, um zu solchen Liegenschaftszinssätzen zu kommen. 111

Auch in der internationalen Praxis geht man bei Anwendung des Ertragswertverfahrens (*income approach;* oder **income capitalization approach**) nicht von den zukünftigen Erträgen, sondern von den am Wertermittlungsstichtag marktüblich erzielbaren Erträgen aus: Von „aktuellen marktüblichen Mieten für ähnliche Immobilien am gleichen Ort und im gleichen Zustand" ist deshalb auch nach IAS 40 § 48 bei der Ermittlung des dem Marktwert entsprechenden beizulegenden Zeitwert (*fair value*) auszugehen[10]. Die am Wertermittlungsstichtag „marktüblich erzielbaren Erträge" werden nämlich in der internationalen Anwendungspraxis erst mit dem Liegenschaftszinssatz „vernachlässigt", der deshalb als *„all over capitalization rate"* bezeichnet wird. Die angesprochenen IAS Standards schreiben deshalb die Anwendung von speziellen Abzinsungssätzen vor, „die die gegenwärtigen Bewertungen des Marktes hinsichtlich der Unsicherheit der Höhe und des zeitlichen Anfalls künftiger Cashflows widerspiegeln"; dies leistet der Liegenschaftszinssatz.

▶ *Näheres hierzu unten Rn. 160 ff. sowie in der Syst. Darst. des Ertragswertverfahrens Rn. 22 ff., 288*

---

[9] Bei sachgerechter Ermittlung des Liegenschaftszinssatzes entspricht er einem für die Art und Lage des Grundstücks repräsentativen equivalent yield (growth yield).

[10] Vgl. Kleiber, Verkehrswertermittlung von Grundstücken, 6. Aufl. 2010, § 194 BauGB Rn. 211 ff.

§ 14 ImmoWertV Liegenschaftszinssätze

112 Im Übrigen sei vorab auf die wichtige Erkenntnis hingewiesen, dass eine **Verminderung des Liegenschaftszinssatzes zu einer Erhöhung des Ertragswerts führt und umgekehrt**. Dies lässt sich am Beispiel eines Wertpapiers erläutern, das einen bestimmten Renditebetrag abwirft und ansonsten Kursschwankungen unterworfen ist. Je höher der Kurswert des Wertpapiers ist, desto kleiner ist die in Prozentpunkten sich ergebende Rendite.

113 *Beispiel:*

Wertermittlungsobjekt		
Jahresreinertrag RE	=	50 000 €
Bodenwert BW	=	200 000 €
Restnutzungsdauer RND	=	75 Jahre

Ermittlung des Ertragswerts EW = (RE − p × BW) × V + BW

bei Liegenschaftszinssatz p = 3,5 %   bei Liegenschaftszinssatz p = 4,0 %

a) **Wertermittlungsobjekt**

– Jahresreinertrag RE	=	50 000 €
– Bodenwert BW	=	200 000 €
– Restnutzungsdauer RND	=	75 Jahre

b) **Ermittlung des Ertragswerts** EW = (RE − p × BW) × V + BW

bei Liegenschaftszinssatz **p = 3,5 %**   bei Liegenschaftszinssatz **p = 4,0 %**

RE	=	50 000 €	RE	=	50 000 €
./. p × BW	=	7 000 €	./. p × BW	=	8 000 €
= Gebäudeanteil	=	43 000 €	= Gebäudeanteil	=	42 000 €
× V (= **26,41**)	=	1 135 630 €	× V (= 23,68)	=	994 560 €
+ BW	=	200 000 €	+ BW	=	200 000 €
= Ertragswert	=	**1 335 630 €**	= Ertragswert	=	**1 194 560 €**

Δ = 141 070 € = rd. 10 %

c) **Ermittlung des Ertragswerts** EW bei Restnutzungsdauer RND von 100 Jahren

Ertragswert	=	1 389 380 €	Ertragswert	=	1 229 000 €

Δ = 160 380 € = rd. 11,5 %

114 Das vorstehende *Beispiel* zeigt, dass **Unterschiede im Liegenschaftszinssatz in Höhe der Tafelgenauigkeit der Vervielfältigertabelle (von 0,5 %) bei langer Restnutzungsdauer den Ertragswert um rd. 10 % und mehr verfälschen können!**

115 Die **Höhe des Ertragswerts** ist als Barwert aller künftigen Erträge insbesondere **bei langer Restnutzungsdauer in extrem sensibler Weise von der Höhe des Liegenschaftszinssatzes abhängig**.

116 Im Rahmen der Verkehrswertermittlung ist eine **Genauigkeit** des zum Ansatz gelangenden Liegenschaftszinssatzes **von einem halben Prozentpunkt** anzustreben. Dies ist darin begründet, dass ein halber Prozentpunkt zu Abweichungen von 10 % im Ergebnis der Ertragswertermittlung führt.

Liegenschaftszinssätze § 14 ImmoWertV

6.1.2 Kapitalisierungszinssatz nach BelWertV

Das in den §§ 8 ff. BelWertV geregelte Ertragswertverfahren entspricht mit nahezu gleich lautenden Vorschriften dem in den §§ 17 ff. ImmoWertV geregelten Ertragswertverfahren und stellt ebenfalls eine *all over capitalization method* dar, d. h., die künftigen Erträge werden auch bei Anwendung der BelWertV mithilfe einer *all over capitalization rate* kapitalisiert. Es hätte von daher nahegelegen, dass sich die BelWertV für diese *all over capitalization rate* des dafür geprägten Begriffs (Liegenschaftszinssatz) und derselben Definition (§ 14 Abs. 3 ImmoWertV) bedient. 117

§ 12 Abs. 3 BelWertV verwendet indessen statt des eingefahrenen Begriffs „Liegenschaftszinssatz" die unpräzise Bezeichnung „Kapitalisierungszinssatz" und definiert ihn als den „angenommenen Zinssatz, mit dem die künftig erzielbaren nachhaltigen Reinerträge eines Grundstücks auf dem Zeitraum ihrer angenommenen Zahlung nach vorsichtiger Schätzung erfahrungsgemäß diskontiert werden". 118

§ 14 Abs. 3 ImmoWertV Liegenschaftszinssatz	§ 12 Abs. 3 BelWertV Kapitalisierung der Reinerträge
(3) Die Liegenschaftszinssätze (Kapitalisierungszinssätze, § 193 Absatz 5 Satz 2 Nummer 1 des Baugesetzbuchs) sind die Zinssätze, mit denen Verkehrswerte von Grundstücken je nach Grundstücksart im Durchschnitt marktüblich verzinst werden. Sie sind auf der Grundlage geeigneter Kaufpreise und der ihnen entsprechenden Reinerträge für gleichartig bebaute und genutzte Grundstücke unter Berücksichtigung der Restnutzungsdauer der Gebäude nach den Grundsätzen des Ertragswertverfahrens (§§ 17 bis 20) abzuleiten.	(3) *Der Kapitalisierungszinssatz entspricht dem angenommenen Zinssatz, mit dem die künftig erzielbaren nachhaltigen Reinerträge eines Grundstücks auf den Zeitraum ihrer angenommenen Zahlung nach vorsichtiger Schätzung erfahrungsgemäß diskontiert werden. Er muss aus der regional maßgeblichen langfristigen Marktentwicklung abgeleitet werden. Je höher das Ertrags- und Verkaufsrisiko der Immobilie einzustufen ist, umso höher muss auch der Kapitalisierungszinssatz gewählt werden. Verschiedene Nutzungsarten sind jeweils gesondert zu betrachten.*

Die **Definition des Kapitalisierungszinssatzes (§ 12 Abs. 3 BelWertV) entspricht trotz ihres unterschiedlichen Wortlauts der Definition des Liegenschaftszinssatzes**. Nach dem Wortlaut des § 12 Abs. 3 Satz 2 BelWertV müssen die „Kapitalisierungszinssätze für die Beleihungswertermittlung ... aus der regional maßgeblichen langfristigen Marktentwicklung abgeleitet werden". Diese Forderung können die Beleihungsinstitute nicht oder allenfalls unzureichend erfüllen, weil nur den Gutachterausschüssen für Grundstückswerte sämtliche dafür erforderliche Grundstückstransaktionen zur Verfügung stehen, aus denen sich die „Marktentwicklung" ablesen lässt[11]. Die Beleihungsinstitute müssen sich von daher auf die vom Gutachterausschuss abgeleiteten Liegenschaftszinssätze stützen, die bereits von den Gutachterausschüssen entsprechend der Forderung des § 12 Abs. 3 Satz 4 BelWertV unter „gesonderter Betrachtung ... der verschiedenen Nutzungsarten" abgeleitet werden. Dass dabei entsprechend § 12 Abs. 3 Satz 3 BelWertV der Liegenschaftszinssatz *umso höher gewählt wird, je höher das Ertrags- und Verkaufsrisiko der Immobilie einzustufen* ist, entspricht den allgemeinen Grundsätzen der Verkehrswertermittlung und bedurfte keiner Erläuterung. Insoweit bestehen zwischen der Ableitung und Anwendung des Liegenschaftszinssatzes i. S. der ImmoWertV und des Kapitalisierungszinssatzes i. S. der BelWertV keine sich aus dem Wortlaut der Bestimmung ergebenden Unterschiede[12]. Der Liegenschaftszinssatz ist zudem ein Zinssatz, der auch das grundstücksspezifische Risiko abbildet und bei Heranziehung der vom Gutachterausschuss abgeleiteten Liegenschaftszinssätze wird dieses Risiko noch zusätzlich für den konkreten Fall berücksichtigt. 119

---

11 Eine „Marktentwicklung" lässt sich nur aus tatsächlich vereinbarten Kaufpreisen ableiten.
12 Ein Unterschied lässt sich allenfalls im Wege einer mittelalterlichen Exegese aus § 12 Abs. 3 Satz 1 BelWertV herauslesen, und zwar aus dem dort postulierten Vorsichtsprinzip („.... nach vorsichtiger Schätzung"). Dem soll dadurch Rechnung getragen werden, dass der Kapitalisierungszinssatz unter Berücksichtigung des „Zeitraums ... der angenommenen Zahlung" der „künftig erzielbaren nachhaltigen Reinerträge" angesetzt wird. „Künftig erzielbare nachhaltige Reinerträge" werden nun aber gar nicht (tatsächlich) gezahlt, sondern ergeben sich erst (rechnerisch) nach Abzug der Bewirtschaftungskosten einschließlich eines Modernisierungsrisikos.

§ 14 ImmoWertV Liegenschaftszinssätze

120 Nach der Zielsetzung der BelWertV soll allerdings mit dem Kapitalisierungszinssatz dem Vorsichtsprinzip der Beleihungswertermittlung Rechnung getragen werden, wobei das Risiko zweckmäßigerweise mit einem erhöhten Liegenschaftszinssatz berücksichtigt wird. Im Ergebnis kann also der Liegenschaftszinssatz der Gutachterausschüsse für Grundstückswerte herangezogen werden, der dann im Hinblick auf das Vorsichtsprinzip um einen der Definition des Beleihungswerts angemessenen **Risikozuschlag** „aufgestockt" wird. Eine dahingehende Regelung der BelWertV wäre verständlich, sie entspräche der Praxis und dem Gemeinten. Darüber hinaus könnte als Kapitalisierungszinssatz i. S. der BelWertV auch der aus einer Langzeitbeobachtung resultierende höchste Liegenschaftszinssatz herangezogen werden, denn auch damit würde man dem Vorsichtsprinzip Rechnung tragen.

121 Mit § 12 Abs. 4 BelWertV werden **Mindestsätze und Regelbandbreiten des Kapitalisierungszinssatzes (Anl. 3 zur BelWertV) sowie Kriterien „erstklassiger Immobilien"** vorgegeben[13]: Die in der Anlage 3 aufgeführten Regelbandbreiten für die Kapitalisierungszinssätze unterscheiden sich nun aber nicht wesentlich von den allgemein bei der Verkehrswertermittlung nach der ImmoWertV herangezogenen Regelbandbreiten für Liegenschaftszinssätze (vgl. Syst. Darst. des Ertragswertverfahrens Rn. 117); insofern hätte es dieser Vorgaben eigentlich nicht bedurft. Die angegebenen Regelbandbreiten sprechen eher für eine nicht gemeinte Identität von Liegenschafts- und Kapitalisierungszinssatz.

122 Regelbandbreiten für Liegenschaftszinssätze (Kapitalisierungszinssätze) nach Anl. 3 zu § 12 Abs. 4 BelWertV

A) Wohnwirtschaftliche Nutzung (in Deutschland belegene Objekte):

Wohnhäuser: 5,0 % bis 8,0 %

B) gewerbliche Nutzung (in Deutschland belegene Objekte):

a)	Geschäftshäuser:	6,0 % bis 7,5 %
b)	Bürohäuser:	6,0 % bis 7,5 %
c)	Warenhäuser:	6,5 % bis 8,0 %
d)	SB- und Fachmärkte:	6,5 % bis 8,5 %
e)	Hotels und Gaststätten:	6,5 % bis 8,5 %
f)	Kliniken, Reha-Einrichtungen,:	6,5 % bis 8,5 %
g)	Alten- und Pflegeheime:	6,5 % bis 8,5 %
h)	Landwirtschaftlich genutzte Objekte	6,5 % bis 8,5 %
i)	Verbrauchermärkte, Einkaufszentren:	6,5 % bis 9,0 %
j)	Freizeitimmobilien, Sportanlagen:	6,5 % bis 9,0 %
k)	Parkhäuser, Tankstellen:	6,5 % bis 9,0 %
l)	Lagerhallen:	6,5 % bis 9,0 %
m)	Produktionsgebäude:	7,0 % bis 9,0 %

6.1.3 Kapitalisierungszinssatz in der steuerlichen Bewertung

123 § 188 Abs. 1 BewG definiert den Liegenschaftszinssatz in materieller Übereinstimmung mit § 14 Abs. 3 ImmoWertV als den Zinssatz, mit dem der Verkehrswert von Grundstücken im Durchschnitt marktüblich verzinst wird. Nach § 188 Abs. 2 BewG sind auch in der steuerlichen Bewertung die von den Gutachterausschüssen i. S. der §§ 192 ff. des BauGB ermittelten örtlichen Liegenschaftszinssätze anzuwenden. Soweit von den Gutachterausschüssen keine geeigneten Liegenschaftszinssätze zur Verfügung stehen, gelten die folgenden Zinssätze:

1. 5 Prozent für Mietwohngrundstücke,
2. 5,5 Prozent für gemischt genutzte Grundstücke mit einem gewerblichen Anteil von bis zu 50 Prozent, berechnet nach der Wohn- und Nutzfläche,
3. 6 Prozent für gemischt genutzte Grundstücke mit einem gewerblichen Anteil von mehr als 50 Prozent, berechnet nach der Wohn- und Nutzfläche, und
4. 6,5 Prozent für Geschäftsgrundstücke.

---
13 Die BelWertV berücksichtigt mit diesen Vorgaben nicht die orts- und marktspezifischen Gegebenheiten, die zudem zeitlichen Veränderungen unterworfen sind.

Liegenschaftszinssätze § 14 ImmoWertV

6.2 Anwendungsbereich

Wie vorstehend dargelegt, finden Liegenschaftszinssätze bei der **Verkehrswertermittlung bebauter Grundstücke** im Wege des Ertragswertverfahrens Anwendung. In der Praxis werden Liegenschaftszinssätze auch nur für bebaute Grundstücke abgeleitet und dürfen im strengen Sinne auch nur auf die Ertragswertermittlung solcher Grundstücke zur Anwendung kommen. 124

Nach dem Wortlaut des § 14 Abs. 3 ImmoWertV ist der Begriff des Liegenschaftszinssatzes aber nicht auf bebaute Grundstücke beschränkt. Tatsächlich ist der Begriff allerdings (zumindest bislang) einseitig mit der Ableitung von Liegenschaftszinssätzen für bebaute Grundstücke belegt. Dies ist in erster Linie darauf zurückzuführen, dass der Liegenschaftszinssatz im Rahmen der Ableitung des Ertragswerts (für bebaute Grundstücke) erforderlich wird. Zum anderen ist die Ableitung von Liegenschaftszinssätzen für bebaute Grundstücke noch verhältnismäßig einfach, weil der Liegenschaftszinssatz mit der hier fließenden Rendite (Reinertrag) „markiert" wird. Demgegenüber lässt sich die Rendite z. B. für eine ungenutzte Bauerwartungslandfläche, die ja auch eine Liegenschaft ist, nicht – zumindest nicht unmittelbar – „ablesen". 125

Da für **unbebaute Grundstücke** bislang keine Liegenschaftszinssätze abgeleitet wurden, hat dies zu der eigentlich abzulehnenden Praxis geführt, die für bebaute Grundstücke abgeleiteten Liegenschaftszinssätze über ihre eigentliche Bedeutung hinaus weitgehend universell z. B. auch als **allgemeinen Diskontierungszinssatz** heranzuziehen. Dies muss wohlüberlegt sein, ob der Liegenschaftszinssatz dazu überhaupt geeignet ist. Grundsätzlich darf nämlich ein für bestimmte Grundstücksarten abgeleiteter Liegenschaftszinssatz auch nur in systemimmanenter Weise für solche Liegenschaften und in der Weise zur Anwendung kommen, wie dies seiner Ableitung zugrunde lag (Grundsatz der Modellkonformität, vgl. hier Rn. 94 f., 230 sowie Vorbem. zur ImmoWertV Rn. 36 ff.). 126

▶ *Zu diesen Fragen vgl. Syst. Darst. des Vergleichswertverfahrens Rn. 515 ff.*

In der Praxis findet der Liegenschaftszinssatz, wenn man von den mit dem Extraktionsverfahren (Residualwertverfahren) eng verwandten Investitionsrechnungen, der Unternehmensbewertung oder der Beleihungswertermittlung absieht, schon mangels eines empirisch abgeleiteten und zur Verfügung stehenden Diskontierungszinssatzes auch bei der Ableitung warteständigen Baulands aus Vergleichspreisen für baureifes Land breite Anwendung. Soweit die **mithilfe von Liegenschaftszinssätzen abgeleiteten Verkehrswerte für warteständiges Bauland** üblicherweise auch zu entsprechenden Kaufabschlüssen führen, können die Liegenschaftszinssätze auch als marktorientierte Diskontierungszinssätze gelten. Sie entsprechen dann insoweit – ob richtig oder falsch – den Preismechanismen des gewöhnlichen Geschäftsverkehrs. 127

Diese Praxis lässt sich auch durchaus mit einer Reihe von **Verwandtschaften** begründen, die **zwischen dem Liegenschafts- und Diskontierungszinssatz** bestehen: 128

a) Der klassische Liegenschaftszinssatz i. S. des § 14 Abs. 3 ImmoWertV ist ein Mischzinssatz, der sich sowohl auf die Kapitalisierung der Bebauung als auch auf die Verzinsung des reinen Bodenwerts bezieht (Bodenwertverzinsungsbetrag vgl. § 17 Abs. 2 Nr. 1 ImmoWertV).

b) Wie bei Investitionen in bebaute Grundstücke, bei denen der Grundstücksmarkt erwiesenermaßen nicht von einer bankenüblichen Verzinsung des investierten Kapitals ausgeht, ist auch bei Investitionen in warteständiges Bauland keineswegs zwangsläufig davon auszugehen, dass eine bankenübliche Verzinsung des investierten Kapitals erwartet wird. In beiden Fällen handelt es sich vielmehr um eine langfristig angelegte Investition, bei der der Investor einerseits mit der Investition in ein Sachgut auch eine geringere Verzinsung in Kauf nimmt und andererseits – komplementär zum Kapitaleinsatz – lang- und auch mittelfristig mit einer Wertentwicklung rechnet, die gegebenenfalls um die Inflation zu bereinigen ist. Etwas anderes mag bei hoch spekulativen Baulandentwicklungen gelten, bei denen ein Investor auf sich allein gestellt ist und nicht mit der Unterstützung der öffentlichen Hand rechnen kann.

c) Erwartungen hinsichtlich der künftigen Wertentwicklungen beschränken sich bei alldem nicht auf die Wartezeit des warteständigen Baulands, sondern können bereits auch die Wertentwicklung der sich anschließenden Baulandqualität mit einschließen.

d) Neben den erwarteten **Mietwertsteigerungen und Wertzuwächsen** der Immobilien wird der Liegenschaftszinssatz auch von den steuerlichen und sonstigen immobilienbezogenen Vorteilen „mitbestimmt"; auch solche steuerlichen Förderungen tragen dazu bei, dass Liegenschaftszinssätze gegenüber bankenüblichen Zinssätzen niedriger ausfallen (Abschreibungsmodelle). Das Gleiche muss grundsätzlich gelten, wenn von bankenüblichen Zinsen ausgegangen wird, wobei neben indirekten Subventionen auch entsprechende objektspezifische direkte Subventionen, mit denen die Gemeinde oder ein Investor bei der Entwicklung neuer Baugebiete rechnen kann, einbezogen werden müssen (Urban, GRW-, KfW-Mittel und vieles mehr).

129 Der **„bloße" Rückgriff auf aktuelle bankenübliche Zinsen** ohne Berücksichtigung der sonstigen Parameter würde mit der Änderung des bankenüblichen Zinses zu erheblichen „Preissprüngen" bei der Wertermittlung führen, die sich nicht in der tatsächlichen Wertentwicklung auf dem Grundstücksmarkt widerspiegeln. Ein Vergleich der Wert- und Hypothekenzinsen über längere Zeiträume macht deutlich, dass sich z. B. Bauerwartungslandpreise in den 90er Jahren bei 9,7 % Hypothekenzinsen nicht einschneidend vermindert haben (vgl. Abb. 28 bei Rn. 151 f.).

130 Bei alledem ist festzustellen, dass der bloße Rückgriff auf bankenübliche Zinssätze, um den Wert warteständigen Baulands aus dem Verkehrswert für baureifes Land abzuleiten, von dem Geschehen auf dem Grundstücksmarkt widerlegt wird. Auf der Grundlage von Marktbeobachtungen kann nämlich festgestellt werden, dass z. B. die Wertentwicklung von Bauerwartungsland verhältnismäßig stetig auch in den Phasen verlaufen ist, in denen die bankenüblichen Zinsen erhebliche Sprünge verzeichnen mussten.

131 Der Liegenschaftszinssatz findet auch bei der Verkehrswertermittlung von Erbbaurechten und der Kapitalisierung bzw. Diskontierung von Erträgen Anwendung, die sich am Ertragswert und an der Ertragswerterhöhung orientieren. Bei der Kapitalisierung von Leibrenten (üblicherweise 5,5 % monatlich vorschüssig) sowie bei **reinertragsorientierten Nießbrauchrechten** und **rohertragsorientierten Wohnrechten** orientiert sich der Zins (üblicherweise jährlich nachschüssig)

– für den Berechtigten am Leibrentenzins (vgl. § 7 ImmoWertV Rn. 36 ff.) und

– für den Belasteten am Liegenschaftszinssatz[14].

132 Darüber hinaus kann der **Liegenschaftszinssatz auch als ein Korrekturfaktor für verbleibende**, auf dem jeweiligen Grundstücksmarkt die Preisbildung beeinflussende, jedoch **nicht explizit erfasste bzw. erfassbare Werteinflüsse** angesehen werden.

6.3 Anwendung des maßgeblichen Liegenschaftszinssatzes

133 Die **Höhe des Liegenschaftszinssatzes ist zunächst von der Grundstücksart** (Wohn-, Gewerbeimmobilie usw.), den sich mit der Zeit wandelnden immobilienwirtschaftlichen Rahmenbedingungen, aber auch von der Lage und Beschaffenheit der Liegenschaft **abhängig**. Von daher gibt es keinen für eine bestimmte Grundstücksart „festen" Liegenschaftszinssatz. Es handelt sich somit um eine „dynamische", sich mit der Zeit – wenn auch erfahrungsgemäß „undramatisch" – ändernde Größe.

134 Eine **Übersicht über typische Liegenschaftszinssätze** ergibt sich aus Abb. 36 bei Rn. 258 der Syst. Darst. des Ertragswertverfahrens.

---

14 Peterson in RDM Info 1993/2.

Liegenschaftszinssätze § 14 ImmoWertV

Die Höhe des Liegenschaftszinssatzes konnte im Hinblick auf die Notwendigkeit der Marktkonformität des zum Ansatz kommenden Liegenschaftszinssatzes weder im BauGB noch in einer ImmoWertV festgelegt werden. Die Erfahrungen haben jedoch gezeigt, dass Liegenschaftszinssätze aufgrund freier Schätzungen immer wieder zu Fehlern bei der Ermittlung des Verkehrswerts nach dem Ertragswertverfahren geführt haben. **135**

Vorrang vor derartigen Literaturempfehlungen **haben grundsätzlich die vom örtlichen Gutachterausschuss für Grundstückswerte** nach § 9 i. V. m. § 14 Abs. 3 ImmoWertV **abgeleiteten Liegenschaftszinssätze** (Abb. 20). Sie können den jeweiligen Grundstücksmarktberichten oder sonstigen Bekanntmachungen entnommen werden. Sie sind jedoch entsprechend den Verhältnissen des Einzelfalls zu modifizieren (vgl. Rn. 162 ff.). **136**

Darüber hinaus kann der einzelne **Sachverständige hilfsweise auch selbst den Liegenschaftszinssatz ermitteln**, indem er dafür geeignete Vergleichspreise aus der Kaufpreissammlung der Gutachterausschüsse (§ 195 Abs. 3 BauGB) und daraus den Liegenschaftszinssatz ableitet. Dies entspricht der Verfahrensmethodik, die bei Anwendung des Vergleichswertverfahrens üblich ist. Von dieser Möglichkeit sollte bei besonderen Grundstücksarten und einer besonderen Lage des Grundstücks Gebrauch gemacht werden, für die der Gutachterausschuss keine Liegenschaftszinssätze abgeleitet hat und zu besorgen ist, dass die Modifikation der vorhandenen Liegenschaftszinssätze zu unsicher wird: **137**

Abb. 17: Zusammenstellung von Liegenschaftszinssätzen in ausgewählten Städten (2012) **138**

Stadt/Kreis	Ein-/ Zweifamilienhäuser	Dreifamilienhäuser	Eigentumswohnung		Mehrfamilienhäuser		Gemischt genutzte Grundstücke		Geschäfts- und Bürogebäude		
							Gewerbeanteil		Wohnanteil			
			selbstgenutzt	vermietet	< 20 %	≥ 20 %	≥ 50 %	< 50 %	City-Lage	Nicht-City-Lage	Industrie Werkstätten Fabriken
			Wohnnutzung					Gewerbliche Nutzung			
Aachen (Städteregion)	2,7	3,9	3,4	3,9	4,8	5,8	5,9	–	–	–	–
Aalen	3,0 – 3,5	–	–	–	3,5 – 4,0	–	4,5 – 5,5	–	5,5 – 6,5	–	–
LK Ammerland	–	–	–	–	6,4	–	6,7	–	–	–	6,5 – 9,0
Arnsberg	–	4,3	–	–	5,8	6,0	5,9	–	–	–	–
LK Aurich	4,0	–	–	–	6,4	–	6,8	–	6,2 – 7,0	–	–
LK Bentheim	–	–	–	–	6,4	–	6,8	–	6,2 – 7,0	–	–
Bad Salzgitter	–	–	–	–	7,4	–	–	–	–	7,0 – 8,0	–
Bergisch Gladbach	3,6	4,5	4,7	4,8	5,75		6,2		6,75	7,5	
Berlin	Hierzu siehe GuG 2002, 174, GuG 2006, 111, GuG-aktuell 2006, 28, GuG 2007, 352, GuG-aktuell 2010, 26 f.										
Bielefeld	3,0	–	–	3,8	5,1	–	–	–	–	–	–
Bochum	2,5 – 4,0	3,9	4,0	–	4,0 – 6,0		6,0 – 8,0		5,0 – 8,0	–	–
Bonn	3,2	4,1	3,6 – 5,1	4,3 – 5,3	4,7		5,4	5,9	6,2	8,2	
LK Borken	3,3	5,0	3,8	4,0	5,3	6,5	–	–	6,0	6,8	
Brandenburg	–	–	–	–	6,4 – 6,8		7,8 – 8,1		8,0	–	–
Braunschweig	–	–	–	–	5,3 – 6,9	–	–	–	5,7 – 7,7	–	–
Baujahr nach 1945	3,9										
Baujahr bis 1945	3,0										
Barnim	–	–	–	–	–	–	–	–	–	–	–
Bottrop	3,6	4,7	3,5	3,8	6,3	7,2	–	–	–	–	–
Oberhavel	2,0 – 3,5	–	–	–	3,5 – 5,0	–	3,5 – 5,0	5,0 – 7,0	6,8 – 8,0	–	–
Oder-Spree	2,2 – 4,6	–	–	–	–	–	–	–	–	–	–
Uckermark	–	–	–	–	–	–	–	–	–	–	–
Braunschweig	–	–	–	–	4,3 – 5,7	–	–	–	4,2 – 7,8	6,8	
LK Celle	–	–	–	–	6,4	–	6,0	6,0	–	–	–
LK Cloppenburg	–	–	–	–	6,8	–	–	–	–	–	–
Chemnitz	–	–	2,0		4,0	–	5,25	–	–	–	–
LK Coesfeld	–	–	–	–	5,7	–	–	–	–	–	–
Cottbus	–	–	–	–	–	–	–	–	–	–	–
LK Cuxhaven	–	–	–	–	6,4	–	–	–	–	–	–

§ 14 ImmoWertV — Liegenschaftszinssätze

Stadt/Kreis	Ein-/Zweifamilienhäuser	Dreifamilienhäuser	Eigentumswohnung		Mehrfamilienhäuser		Gemischt genutzte Grundstücke		Geschäfts- und Bürogebäude		Industrie Werkstätten Fabriken
					Gewerbeanteil		Wohnanteil				
			selbstgenutzt	vermietet	< 20 %	≥ 20 %	≥ 50 %	< 50 %	City-Lage	Nicht-City-Lage	
			Wohnnutzung				Gewerbliche Nutzung				
Darmstadt							5,50	6,00 – 6,25			
vor 1950					4,25				6,25		
nach 1950					4,75						
Delmenhorst	–	–	–	–	6,0	–	6,5	–	–	–	–
LK Diepholz	–	–	5,0 – 5,5		6,1 – 6,4	–	6,6 – 6,8		6,2 – 7,0		5,5 – 9,5
Dinslaken	2,9	3,9	3,8	–	5,2	–	–	–	–	–	–
LK Dithmarschen	3,5	–	–	–	4,2 – 5,9	–	–	–	–	–	7,7
Dorsten/Gladbeck/Marl	3,5	5,2	4,0	4,1	6,0	6,6	6,2		–	–	–
Dortmund	2,5	4,0	4,0	5,2	5,6	6,9	–	–	–	–	–
Dresden	2,4 – 4,4	–	1,8 – 3,2	2,8 – 6,5	3,3 – 6,9	–	–	–	4,3 – 8,6		7,0
LK Düren	3,2	–	–	4,0	5,5	–	5,5		–	–	7,0
Düsseldorf											
Bauten bis 1947	3,0	3,5	4,0		5,5	5,5	6,5		4,5 – 7,0		6,0 – 7,5
Bauten ab 1948	3,5	4,0	4,0		5,5	6,5					
Duisburg	2,5	4,2	–	–	6,2	8,4	7,1		–	–	8,1
Emden	4,0	–	–	–	6,4	–	6,8		6,2 – 7,0		–
LK Emsland	–	–	–	–	6,4	–	6,8		6,2 – 7,0		–
LK Ennepe–Ruhr	3,0 – 3,9	5,0	–	4,2	6,1	6,2	–	–	8,1		8,1
Essen	2,2 – 3,8	3,3 – 6,1	3,9 – 5,2	4,3 – 5,9	5,2 – 7,8	6,1 – 9,1	6,3 – 9,9		4,5 – 7,3		6,4 – 10,6
Esslingen	2,2 – 3,3	–	2,0 – 4,0		2,5 – 4,0	4,0 – 7,0	–	–	6,7	–	7,0
LK Euskirchen	3,0	4,8	4,1	–	5,8	5,8	–	–	–	–	7,5
Frankfurt/Main	3,3 – 4,2	–	1,4 – 4,0	–	2,6 – 4,9		2,7 – 5,6		4,6 – 6,9		6,3
Frankfurt/Oder	3,5	–	–	–	6,7	–	5,5	5,5	6,0	6,75	6,75
LK Friesland	–	–	–	–	6,4	8,5	6,8		–	–	–
Gelsenkirchen	3,5	4,2	4,2	3,8	6,3	7,2	8,2		–	–	–
LK Gifhorn	3,25	–	–	–	6,4	–	–		–	–	–
Gladbeck	3,7	3,7	3,6	–	4,8	–	8,1		–	–	–
Göttingen (Stadt)	–	–	–	–	6,1 – 6,7	–	–	–	–	–	–
LK Göttingen	–	–	–	–	6,4	–	6,5 – 7,5		6,2 – 7,0		–
LK Goslar	4,4	–	–	–	6,0	–	–	–	–	–	–
Greifswald	2,7 – 3,5	–	–	–	5,1 – 5,7		6,1 – 6,9		–	–	–
Gütersloh (Stadt)	3,4	4,0	–	–	4,9	6,6	6,0		6,9		7,5
LK Gütersloh	3,5	5,2	3,0 – 4,5	4,2	5,1	6,6	4,5 – 6,0	5,0 – 6,5	7,0		7,5
Hagen	2,7	3,6	3,6	3,6	5,9	6,9	7,3	8,4	7,6		7,5
Hamm	3,5	4,2	–	4,0	6,6	–	–	–	7,0		8,0
LK Hameln-Pyrmont	–	–	–	–	6,4	–	–	–	–	–	–
Hannover	–	–	5,7		5,3	–	6,0	6,0	6,75	6,75	–
Region Hannover	4,0	–		5,3	6,0	–	–	–	–	–	–
LK Harburg	–	–	–	–	6,7	–	6,8		–	–	–
LK Helmstedt	–	–	–	–	6,4	–	–	–	–	–	–
LK Heinsberg	3,6 %		3,2	4,6	6,0 %		–	–	–	–	–
Heppenheim	3,6 – 4,1	3,0 – 3,8	4,1 – 4,3	–	5,1 – 5,4		5,4 – 5,8		6,8		7,1
Herford	3,4	4,7	5,4	–	6,7	7,1	–	–	5,3	–	–
LK Herford	3,1	–	–	5,2	–	–	–	–	–	–	–
Herne	2,4	2,5	3,9	–	5,1	5,6	7,0		–	–	–
Herten	3,0 – 3,5	4,25	3,5		5,0	–	6,0	6,0	6,0	6,0	–
Hildesheim	–	–	–		4,6	–	–	–	–	–	–
LK Hildesheim	–	–	–		6,5	–	–	–	–	–	–
LK Hochsauerland	2,8	5,2	4,5	4,8	5,8	8,5	–	–	–	–	–
LK Höxter	3,7	5,2	4,7	4,7	5,9	6,7	6,3		7,5		8,5
LK Holzminden	–	–	–	–	6,4	–	–	–	–	–	–
Ilmenau	2,5 – 3,9	–	2,9 – 3,9		–	–	–	–	–	–	–
Iserlohn	3,3	4,5	4,3	–	6,0	7,3	6,0		–	–	–
Kaiserslautern	3,0 – 3,5	3,5 – 4,0	–	–	4,5 – 5,0	–	5,5 – 6,0		–	–	–
Karlsruhe	2,5 – 3,5	3,5 – 4,5	2,5 – 3,5		4,0 – 5,0	–	4,5 – 6,0		5,5 – 7,0		5,0 – 7,5
Kleve	3,2	–	3,8	4,3	6,0	–	5,5	6,0	–	–	–

Liegenschaftszinssätze § 14 ImmoWertV

Stadt/Kreis	Ein-/Zweifamilienhäuser	Dreifamilienhäuser	Eigentumswohnung		Mehrfamilienhäuser Gewerbeanteil		Gemischt genutzte Grundstücke Wohnanteil		Geschäfts- und Bürogebäude		Industrie Werkstätten Fabriken
			selbstgenutzt	vermietet	< 20 %	≥ 20 %	≥ 50 %	≤ 50 %	City-Lage	Nicht-City-Lage	
			Wohnnutzung				Gewerbliche Nutzung				
LK Kleve	–	4,3	–	–	5,3	–	–	–	–	–	–
Koblenz	3,5	3,75	–	–	4,75 – 5,75	–	5,5	6,0	6,25 – 7,50	6,25	–
Köln	–	4,1	–	–	4,2	4,7	5,0	–	5,5	–	8,0
Konstanz	2,5	–	3,0 – 5,5		5,0	–	4,0 – 6,0		–		7,0
Krefeld	–	–	–		5,6	6,6	–		–		–
Landshut	2,15	–	–	2,9	3,75	–	–	4,50	5,4	–	–
Leipzig	2,5 – 3,0	3,0 – 4,5	0,9	5,0 – 5,3	6,6	5,6	4,5 – 6,5		5,5 – 7,0		4,5 – 7,5
LK Leer	4,0	–	–	–	6,4	–	6,8		6,2 – 7,0		–
Leverkusen	3,4	3,5	4,0	4,2	4,9	6,4	6,4		–	–	7,5
LK Lippe/Detmold	2,4	5,0	5,2	4,5	6,1	7,2	5,9		6,3		7,1
Lippstadt	3,6	4,6	4,9	4,0	5,2	5,3	4,6		–		–
LK Lüchow-Dannenb.	–	–	–	–	6,4	–	–		–		–
Lüdenscheid	3,0	5,0	3,5	–	5,8	5,7	5,5		–		–
LK Lüneburg	3,5	–	–	4,5	5,8	–	6,8		–		–
Lünen	2,7	3,6	5,0	5,1	6,2	–	–		–		–
Märkischer Kreis	3,2	4,4	4,1	–	5,7	6,2	5,5		–		7,6
Mainz	3,5	–	3,2 – 3,8		3,8 – 4,8		4,5 – 6,1		5,4 – 7,3		–
Minden-Lübbecke	3,0	4,5	4,8	–	4,5		5,5		7,5		
LK Mettmann	–	4,1	–	–	5,4	6,6	–		6,5		7,5
Moers	–	–	–	–	6,7	7,7	6,4		6,9		7,5
Mönchengladbach	3,9	4,4	5,0	5,7	7,6	–	–		–		–
Mülheim a.d. Ruhr	–	4,3	–	–	6,1	7,8	6,6		6,6		–
München	2,3 – 3,1	–	2,8 – 3,4	–	2,6 – 4,2	3,4 – 4,4	3,1 – 5,1		4,9 – 5,6		5,8 – 6,4
Münster	2,5 – 4,0	3,3	3,0 – 4,0	–	4,2	5,2	5,7		5,0 – 7,0		–
Neuss	3,0	4,5	4,2	4,7	5,5	6,0	5,7		6,3		7,5
Nienburg	–	–	–	–	6,4	–	–		6,5		–
LK Nienburg	–	–	5,4		6,4	–	6,8		6,2 – 7,0		5,5 – 9,5
Norden	4,0 – 4,25	–	–	–	4,5 – 5,5	–	–		6,0 – 7,0		6,5 – 7,0
LK Northeim	–	–	–	–	6,9 – 9,3	–	6,8		6,2 – 7,0		–
Nürnberg	3,0	3,5	–	–	6,5	6,0	6,0		4,4 – 8,2		5,3 – 8,7
Oberbergischer Kreis	3,9	5,8	4,8	4,9	6,0	6,7	–	–	7,9		7,1
Oberhausen	–	4,6	–	–	6,0	6,2	7,1		–	–	7,8
Offenbach	–	–	–	–	2,4 – 8,4		2,9 – 7,1		–		–
Offenburg	–	–	3,9	4,8	–	–	5,4		–		–
Oldenburg (Stadt)	–	–	–	–	5,9	–	6,0 – 6,7		–		6,5 – 9,0
LK Oldenburg	–	–	–	–	6,8	–	6,0		–		–
Osnabrück (Stadt)	–	–	–	–	5,0	–	5,5 – 6,0		6,5		–
LK Osnabrück	–	–	–	–	6,3	–	7,0		–		–
LK Osterholz	–	–	–	–	6,4	–	–		–		–
LK Osterode am Harz	–	–	–	–	6,4	–	6,8		6,2 – 7,0		–
Paderborn	2,7	3,7	3,6	5,5	4,6	5,6	6,1		5,5		6,0
LK Paderborn	3,0	4,3	–	4,3	5,3	–	–		–		6,8
LK Peine	5,5	–	–	–	6,4	–	–		–		–
Potsdam (2010)					4,0 – 5,4		4,9 – 6,7		5,3		
Ratingen	4,0	4,0	4,5	4,5	5,5	6,0	–		–		–
Recklinghausen	–	4,1	–	–	6,0	8,2	6,8		7,6		8,0
LK Recklinghausen	2,5	4,0	4,1	4,7	6,1	6,5	6,2		6,0		6,7
Remscheid	3,8	4,6	3,4	3,8	6,0	7,0	7,4		–	–	–
Rhein-Erft-Kreis	3,1	5,0	–	–	5,5	6,5	6,3	6,5	6,6		8,0
Rhein.-Berg. Kreis	3,2	3,9	4,9	4,5	5,7	6,0	6,4		–		7,6
Rheine	2,2 – 3,8	2,2 – 4,0	2,4 – 4,6		3,2 – 5,8		3,3 – 7,0		3,8 – 8,8	4,0 – 7,1	–
LK Rhein-Sieg	3,6	5,1	4,25	5,0	5,8	5,9	8,2		6,7		–
LK Rotenburg (Wüm)	–	–	–	–	6,4	–	6,8		6,2 – 7,0		–
Salzgitter	5,0	–	–	–	5,75	–	4,5 – 6,5		6,5 – 7,5		–
LK Schaumburg	–	–	–	–	6,4	–	–		–	–	–

§ 14 ImmoWertV — Liegenschaftszinssätze

Stadt/Kreis	Ein-/ Zweifamilienhäuser	Dreifamilienhäuser	Eigentumswohnung selbstgenutzt	Eigentumswohnung vermietet	Mehrfamilienhäuser Gewerbeanteil < 20 %	Mehrfamilienhäuser Gewerbeanteil ≥ 20 %	Gemischt genutzte Grundstücke Wohnanteil ≥ 50 %	Gemischt genutzte Grundstücke Wohnanteil < 50 %	Geschäfts- und Bürogebäude City-Lage	Geschäfts- und Bürogebäude Nicht-City-Lage	Industrie Werkstätten Fabriken
			Wohnnutzung						Gewerbliche Nutzung		
Siegen	3,5	5,6	2,0 – 4,0	–	6,7	–	4,5 – 6,5		5,5 – 6,5		–
LK Siegen-Wittgenst.	4,1	5,5	4,7	4,5	5,2	5,7	–		–		7,2
LK Soest	3,4	5,0	4,3	–	5,2	–	–	–	6,2	–	7,3
Solingen	3,2	4,4	4,3	–	5,9	7,6	6,5		–	–	–
LK Soltau-Fallingbost.	–	–	–	–	6,4	–	6,8		6,2 – 7,0		–
LK Stade	–	–	–	–	6,4	–	–	–	–	–	–
Stuttgart	–	3,5	–	–	4,5		5,0 – 5,5	5,0 – 6,0	5,5	6,0	6,5
Schwerin	2,9 – 4,9	–	–	–	5,3		3,6 – 6,6		–		3,3 – 5,9
Trier	–	3,25 – 3,50	3,3	–	4,2 – 5,0	–	5,0	5,5	6,0	6,0	7,0
LK Uelzen	–	–	–	–	6,4	–	–	–	–	–	–
Unna	3,1	4,1	–	3,5	5,1	5,8	5,7		–	–	–
LK Unna	3,6	4,2	3,9	3,8	5,6	8,7	–		–	–	–
LK Vechta	–	–	–	–	6,8	–	5,0 – 6,5		–	–	–
Velbert	4,1	4,8	4,8	5,8	6,0	7,0	5,6		6,4	–	7,3
LK Verden	–	–	–	–	6,4	–	–		6,2 – 7,0		9,5
LK Viersen	3,5	4,4	–	–	5,3	6,1	6,0		–	–	6,7
LK Warendorf	2,8	–	4,0	4,4	6,3	–	–		–	–	–
LK Wesel	3,5	4,4	4,0	4,2	5,5	6,3	–		–	6,7	6,5
LK Wesermarsch	–	–	–	–	6,4	–	6,8		–	–	–
Wiesbaden	3,5	4,5	–	4,6	5,3	–	5,1 – 5,3		6,5	–	–
Wilhelmshaven	–	–	–	–	6,4	–	6,8		–	–	–
Witten	2,6	2,9	4,0	–	5,6	6,0	5,3		–	–	–
Wittmund	4,0	–	–	–	6,6	–	6,8		6,2 – 7,0		–
LK Wittmund	–	–	–	–	6,4	–	–	–	–	–	–
LK Wolfenbüttel	3,4	–	–	–	6,7	–	4,0 – 5,0		5,0 – 7,0		–
Wolfsburg	–	–	–	–	5,75	–	–	–	–	–	–
Wuppertal	–	3,2 – 5,3	4,1	4,9	4,4 – 8,0	5,9 – 9,7	5,4 – 7,6		6,8		–

Quelle: Marktberichte der jeweiligen Gutachterausschüsse für Grundstückswerte

139 Liegen für **gemischt genutzte Grundstücke** keine empirisch vom Gutachterausschuss für Grundstückswerte abgeleiteten Liegenschaftszinssätze vor, so kann für derartige Objekte ein Liegenschaftszinssatz im Wege der Interpolation aus den Liegenschaftszinssätzen für Mietwohngrundstücke und gewerbliche Grundstücke nach Maßgabe des Verhältnisses der jeweiligen Anteile an der Jahresnettokaltmiete abgeleitet werden.

140 Wird auf empirisch abgeleitete Liegenschaftszinssätze zurückgegriffen, sind die **Besonderheiten des Wertermittlungsobjekts** zu berücksichtigen. Dabei können folgende Grundsätze Anwendung finden:

– Der Liegenschaftszinssatz ist bis zu 0,7 Prozentpunkten zu vermindern, wenn die **Lage des Objekts besonders gut** ist und seine Nutzung ein besonders geringes wirtschaftliches Risiko aufweist; umgekehrt ist der Liegenschaftszinssatz um bis zu 0,7 Prozentpunkten zu erhöhen, wenn das Objekt in besonders schlechter Lage gelegen ist und ein erhöhtes wirtschaftliches Risiko aufweist.

– **Ländliche Belegenheitsgebiete** weisen gegenüber Städten und Ballungszentren tendenziell höhere Liegenschaftszinssätze auf; für *Niedersachsen* wurden (im Jahre 2004) allerdings keine signifikanten Unterschiede festgestellt.

– **Aufwendig errichtete Immobilien** weisen geringere Liegenschaftszinssätze als modernisierungsbedürftige Gebäude auf.

– **Gebäude mit Denkmalschutz** weisen einen etwa um bis zu 0,3 Prozentpunkten geringeren Liegenschaftszinssatz als Gebäude ohne Denkmalschutz auf[15].

---

15 Vgl. Kleiber, Verkehrswertermittlung von Grundstücken, 6. Aufl. 2010, Teil VI Rn. 841 ff.

Liegenschaftszinssätze § 14 ImmoWertV

- Bei **Eigentumswohnungen** fällt der Liegenschaftszinssatz bei besonders kleinen Wohnungen (WF 40 m²) auch besonders niedrig aus und umgekehrt (WF ≥100 m²); anders die Veröffentlichung des Gutachterausschusses von *Esslingen*[16]; des Weiteren ist er in hochwertigen Lagen mit hohem Bodenrichtwertniveau kleiner als in geringerwertigen Lagen.
- Bei **Ein- und Zweifamilienhäusern**, die fremd genutzt sind, ist der Liegenschaftszinssatz von der Restnutzungsdauer und der Lage (gemessen am Bodenrichtwertniveau) abhängig (vgl. unten Rn. 143, 147).
- **Reihenhäuser und Doppelhaushälften** haben im Verhältnis zu Ein- und Zweifamilienhäusern leicht erhöhte Liegenschaftszinssätze, wie auch aus niedersächsischen Untersuchungen erkennbar ist; vgl. auch die entsprechenden Untersuchungen für Bonn (2011), nach denen die Liegenschaftszinssätze für Reihenhäuser und Doppelhaushälften sowie die für Zweifamilienhäuser gegenüber dem Liegenschaftszinssatz von Einfamilienhäusern um 0,8 Prozentpunkte erhöht sind.

Region	Liegenschaftszinssätze	
	Reihenhäuser und Doppelhaushälften	Ein- und Zweifamilienhäuser
LK Aurich, Leer, Wittmund und Stadt Emden	4,2 %	4,0 %
Region Hannover	4,0 %	4,0 %
Stuhr/Syke, Weyhe (LK Diepholz)	4,6 %	
Übriger LK Diepholz	5,3 %	
Stadt Nienburg	4,4 %	
Übriger LK Nienburg	4,8 %	

Quelle: Landesgrundstücksmarktbericht 2011 Niedersachsen

- Bei „**Paketverkäufen**" ist ein höherer Liegenschaftszinssatz anzusetzen. Nach Feststellung des Gutachterausschusses von *Wuppertal* lag der Liegenschaftszinssatz im Jahre 2009 bei Mehrfamilienhäusern bei 5,2 bis 6,8 % (sonst bei 5,0 bis 6,4 %) und bei gemischt genutzten Gebäuden bei 6,2 bis 8,4 % (sonst bei 5,3 bis 7,7 %).

Allgemein können für eine Verminderung bzw. Erhöhung der im Regelfall für qualitativ durchschnittliche Liegenschaften ermittelten Liegenschaftszinssätze die in der Syst. Darst. des Ertragswertverfahrens unter Rn. 259 (Abb. 37) aufgeführten **Regeln** zur Anwendung kommen. Dabei sind Abweichungen in den besonderen objektspezifischen Grundstücksmerkmalen des zu bewertenden Grundstücks von den Eigenschaften des fiktiven Normgrundstücks der Liegenschaftszinssatzableitung zu berücksichtigen (vgl. unten Rn. 178 ff.). **141**

Die **Abhängigkeit des Liegenschaftszinssatzes gemischt genutzter Objekte vom gewerblichen Anteil** wurde beispielsweise vom Gutachterausschuss der Stadt *Esslingen a. N.* im Jahre 2000 für Objekte mit Ladennutzung sowie im Gastronomiebereich wie folgt ermittelt: **142**

---

16 Vgl. Kleiber, Verkehrswertermittlung von Grundstücken, 6. Aufl. 2010, Teil VI Rn. 107 ff. Abb. 44.

§ 14 ImmoWertV — Liegenschaftszinssätze

Abb. 18: Liegenschaftszinssatz gemischt genutzter Grundstücke in Abhängigkeit vom gewerblichen Anteil

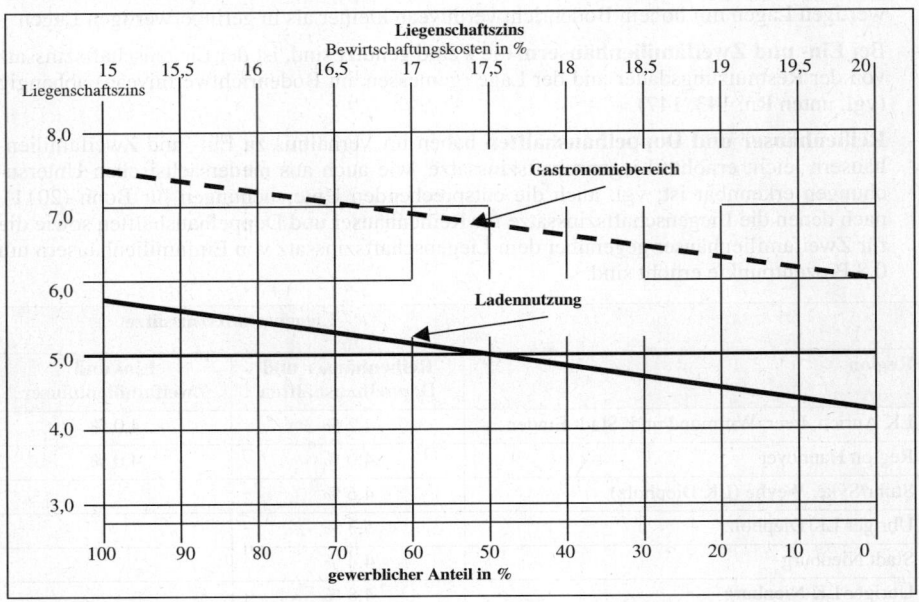

Quelle: Gutachterausschuss der Stadt Esslingen am Neckar, Grundstücksmarktbericht 2002

143 Die Abhängigkeit des **Liegenschaftszinssatzes für Ein- und Zweifamilienhäuser** von der Lage ist vom Gutachterausschuss für Grundstückswerte 2010 in *Heppenheim* anknüpfend an das Bodenrichtwertniveau und differenziert nach Nutzungsarten mit folgenden Ergebnissen untersucht worden (Abb. 19):

Abb. 19: Liegenschaftszinssätze für *Ein- und Zweifamilienhäuser* in Abhängigkeit vom Bodenrichtwertniveau und Baujahr in Heppenheim

Liegenschaftszinssätze für Ein- und Zweifamilienhäuser in Abhängigkeit vom Bodenrichtwertniveau und Baujahr in Heppenheim (Grundstücksmarktbericht 2010/11)							
Baujahr	**Bodenrichtwert**						
	50 €/m²	150 €/m²	250 €/m²	275 €/m²	350 €/m²	400 €/m²	450 €/m²
1960	–	3,9	3,8	3,6*	3,7	3,5*	3,6
1965	–	4,0	3,8	–	3,7	–	3,6
1970	–	4,0	3,9	–	3,7	–	3,6
1975	–	4,0	3,9	–	3,8	–	3,5
1980	–	4,0	3,9	–	3,8	–	3,7
1985	–	4,0	3,9	3,7*	3,8	3,6*	3,7
1990	–	4,1	3,9	–	3,8	–	3,7
1995	–	4,1	4,0	–	3,8	–	3,7
2000	–	4,1	4,0	–	3,9	–	3,7
2005	–	4,1	4,0	–	3,9	–	3,8
2010 EFH	–	3,9*	–	3,8*	–	3,7*	–
2010 ZFH	–	4,3*	–	4,2*	–	4,1*	–

Quelle: Gutachterausschuss AfB Heppenheim Immobilienmarktbericht 2010 sowie 2011 (*)

Liegenschaftszinssätze § 14 ImmoWertV

Die **Abhängigkeit des Liegenschaftszinssatzes für Mehrfamilienhäuser von der Lage** ist vom Gutachterausschuss für Grundstückswerte 2010 in *Heppenheim* anknüpfend an das Bodenrichtwertniveau und differenziert nach Nutzungsarten mit folgenden Ergebnissen untersucht worden:

Abb. 20: Liegenschaftszinssätze für *Mehrfamilienhäuser* in Abhängigkeit vom Bodenrichtwertniveau und Baujahr in Heppenheim

Liegenschaftszinssätze für Mehrfamilienhäuser in Abhängigkeit vom Bodenrichtwertniveau und Baujahr in Heppenheim (Grundstücksmarktbericht 2010/2011*)							
Baujahr	Bodenrichtwert						
	50 €/m²	150 €/m²	250 €/m²	275 €/m²	350 €/m²	400 €/m²	450 €/m²
1960	–	5,4	5,2	–	5,0	–	4,8
1965	–	5,5	5,2	–	5,0	–	4,8
1970	–	5,5	5,3	–	5,1	–	4,9
1975	–	5,5	5,3	–	5,1	–	4,9
1980	–	5,6	5,4	–	5,1	–	4,9
1985	–	5,6	5,4	–	5,2	–	5,0
1990	–	5,6	5,4	–	5,2	–	5,0
1995	–	5,7	5,5	–	5,2	–	5,0
2000	–	5,7	5,5	–	5,3	–	5,1
2005	–	5,7	5,5	–	5,3	–	5,1
2010	–	5,8*	–	5,5*	–	5,2*	–

Quelle: Gutachterausschuss AfB Heppenheim Immobilienmarktbericht 2010 sowie 2011 (*)

Zur **Abhängigkeit des Liegenschaftszinssatzes für Mehrfamilienhäuser mit reiner Wohnnutzung und gemischter Nutzung von der Lage** hat der Gutachterausschuss von *Frankfurt a. M.* folgende Ergebnisse vorgelegt:

Liegenschaftszinssätze für Mehrfamilienhäuser mit reiner Wohnnutzung und gemischter Nutzung in Frankfurt am Main (2012)									
Lage	Mehrfamilienhäuser mit reiner Wohnnutzung					Mehrfamilienhäuser mit gemischter Nutzung			
	Mittel	min	max	⌀ RND	⌀ WF	Mittel	min	max	⌀ RND	⌀ WF
	%	%	%	Jahre	m²	%	%	%	Jahre	m²
sehr gut	2,6	0,7	4,4	38	559	2,7	1,6	4,6	41	1 021
gehoben	3,9	1,7	5,9	37	615	4,0	1,8	5,8	37	779
mittel	4,9	2,7	6,5	39	664	5,4	4,0	8,2	41	1 495
einfach/sehr einfach	4,9	2,5	7,8	36	528	5,6	3,1	9,6	36	789

Quelle: Grundstücksmarktbericht 2012 des Gutachterausschusses für Grundstückswerte Frankfurt am Main

Zur **Abhängigkeit des Liegenschaftszinssatzes für Büronutzung von der Lage** hat der Gutachterausschuss von *Frankfurt a. M.* folgende Ergebnisse vorgelegt:

Liegenschaftszinssätze für Büronutzung in Frankfurt am Main (2012)						
	BRW-Schlüssel*	Liegenschaftszinssatz			Mittlere RND	Mittlere NF
		Mittel	min	max	Jahre	m²
Bankenviertel/Westend/Innenstadt	461	4,6	3,6	6,0	34	8.930
Erweiterte Innenstadt	462	5,2	4,2	8,0	35	2.255
City-Rand	463	6,5	5,8	8,0	40	22.098
Subzentren	464	6,9	4,3	9,5	51	9.872
Sonstige Lagen	465	–	–	–	–	–
* Ersten drei Ziffern der Bodenrichtwertzone						

Quelle: Marktbericht 2012 des Gutachterausschusses von Frankfurt a. M., Angaben zu den sonstigen Lagen gemäß Marktbericht 2010

§ 14 ImmoWertV — Liegenschaftszinssätze

144 Die empirisch aus der Kaufpreissammlung abgeleiteten Liegenschaftszinssätze können aus dem Verständnis ihrer Ableitung nur zur Verkehrswertermittlung im Wege des Ertragswertverfahrens für solche Grundstücke und Marktverhältnisse herangezogen werden, die ihrer Ableitung zugrunde lagen. Verfahrensmäßig muss **zwischen Ableitung und Anwendung Identität** bestehen (Grundsatz der Modellkonformität). Ein auf der Grundlage gedämpfter Bodenwerte abgeleiteter Liegenschaftszinssatz zwingt mithin zu einer Ertragswertermittlung, die ihrerseits auch mit gedämpften Bodenwerten „arbeitet" (Modellkonformität der Anwendung); hierzu oben Rn. 94 und unten Rn. 216 ff.

145 Im Falle einer Korrektur des Liegenschaftszinssatzes muss eine **Doppelberücksichtigung** der maßgeblichen Gründe für die Liegenschaftszinssatzkorrektur vermieten werden. Dies betrifft insbesondere Korrekturen des Liegenschaftszinssatzes in Abhängigkeit von

- der Wohnfläche des Gesamtobjekts (große und kleine Wohnanlagen),
- der Nettokaltmiete und
- der Lage, zumeist gemessen am Boden(richt)wert.

Nach Untersuchungen des Oberen Gutachterausschusses für *Niedersachsen* sind für **Wohn- und Geschäftshäuser in Niedersachsen** ein durchschnittlicher Liegenschaftszinssatz von 7,2 % (2011) und folgende Abhängigkeiten ermittelt worden:

Abb. 21 : Liegenschaftszinssatz in Abhängigkeit von der Gesamtwohnfläche der Wohnanlage

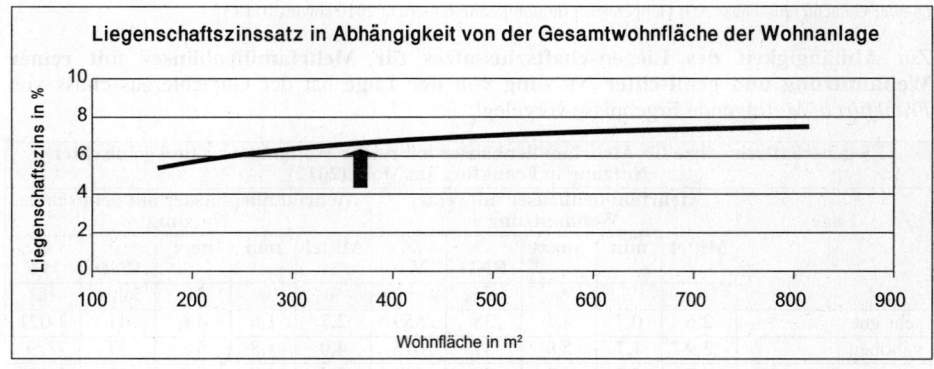

Abb. 22 : Liegenschaftszinssatz in Abhängigkeit von der Nettokaltmiete

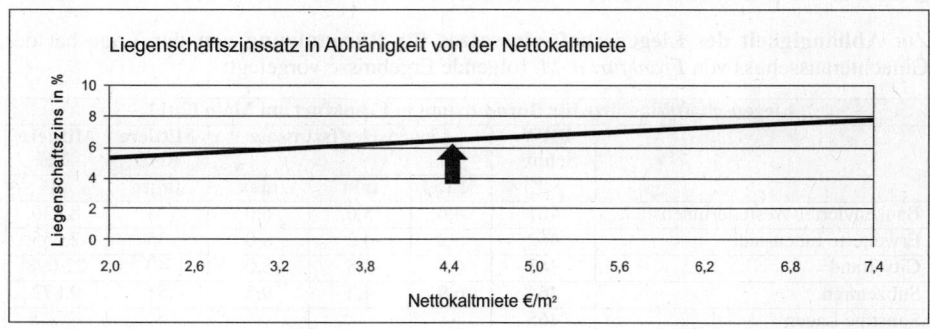

Liegenschaftszinssätze § 14 ImmoWertV

Abb. 23: Liegenschaftszinssatz in Abhängigkeit von der Lage, gemessen am Bodenrichtwert

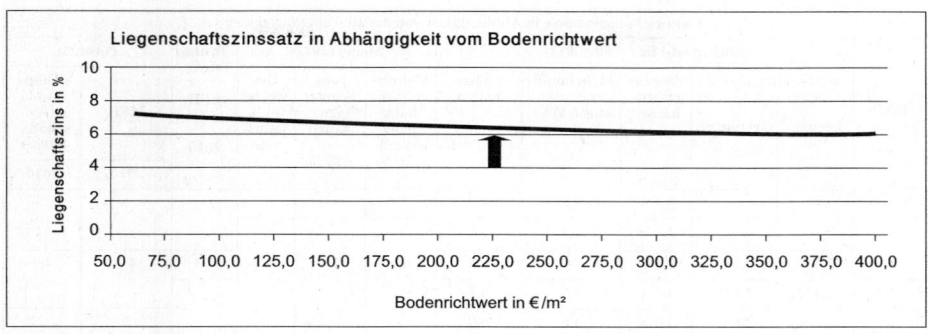

Der Landesgrundstücksmarktbericht 2011 für *Niedersachsen* weist folgende Korrekturfaktoren aus:

Korrekturfaktoren für mittlere Liegenschaftszinssätze von Mehrfamilienhäusern von 7,5 % im ländlichen Raum und 7,0 % in Großstädten und Großstadtrandlagen		
	Größe des Merkmals	**Korrekturfaktor**
Räumliche Lage	ländlicher Raum	**1,00**
	Großstadt, Großstadtrandlage	0,93
Anzahl der Wohnungen je Gebäude	3 bis 5	
	≥ 6	**1,00**
Lage (Bodenrichtwert)	50 €/m²	1,12
	100 €/m²	**1,00**
	150 €/m²	0,92
	200 €/m²	0,87
	250 €/m²	0,85
Nettokaltmiete (Monat)	3,00 €/m²	0,90
	4,00 €/m²	0,96
	5,00 €/m²	**1,00**
	6,00 €/m²	1,00
	7,00 €/m²	0,98

Quelle: Landesgrundstücksmarktbericht Niedersachsen 2011

Zur **Abhängigkeit des Liegenschaftszinssatzes von der Restnutzungsdauer** der baulichen Anlage liegen die Untersuchungsergebnisse des Oberen Gutachterausschusses von *Rheinland-Pfalz* und der Zentralen Geschäftsstelle der Gutachterausschüsse für Grundstückswerte in *Hessen*[17] (2010) und anderer Gutachterausschüsse vor; danach ist der Liegenschaftszinssatz umso höher, je länger die Restnutzungsdauer ist.

---
17 Grundstücksmarktbericht 2010, S. 66.

§ 14 ImmoWertV   Liegenschaftszinssätze

Abb. 24: Liegenschaftszinssatz in Abhängigkeit von Restnutzungsdauer (bzw. Baujahr)

	Liegenschaftszinssätze in Abhängigkeit von der Restnutzungsdauer									
	Rheinland-Pfalz (2009/2011)					Moers (2011)			Traunstein	Potsdam	
RND	Einfamilienhäuser		Zweifamilienhäuser	Mehrfamilienhäuser (bis 6 WE)	Lagerhallen	Mehrfamilienhaus gew. Anteil ≥ 20 %	gem. genutzt gew. Anteil ≥ 20 %	Gewerbe und Industrie	EFH 2010	MFH 2010	Wohn- und Geschäftshäuser 2010
	bezugsfrei	vermietet									
bis 20	–	–	3,1 %	3,8	4,7	7,3	8,6	–			
25	–	–	3,3 %	4,1	5,1						
30	2,3 %	2,5 %	3,4 %	4,3	5,5	6,6	7,6	7,3	4,3	4,0	4,9
35	2,4 %	2,6 %	3,5 %	4,5	5,7						
40	2,5 %	2,8 %	3,6 %	4,6	6,0				4,0		
45	2,6 %	2,9 %	3,7 %	4,8	6,2						
50	2,7 %	3,0 %	3,8 %	–	6,4	6,4	6,7	7,0		5,4	6,7
55	2,8 %	3,1 %	3,9 %	–	–						
60	2,8 %	3,2 %	3,9 %	–	–						
65	2,9 %	3,3 %	–	–	–						
70	3,0 %	3,4 %	–	–	–				3,7		
75	3,0 %	3,5 %	–	–	–						
80	3,1 %	3,5 %	–	–	–						
85	3,1 %	3,6 %	–	–	–						
90	3,2 %	3,7 %	–	–	–						
95	3,2 %	3,7 %	–	–	–						
100	3,3 %	3,8 %	–	–	–	–	–	–	–	–	–

Quelle: Grundstücksmarktberichte

147 Zur **Abhängigkeit des Liegenschaftszinssatzes von Einfamilienhäusern von der Restnutzungsdauer** (bzw. komplementär vom Baujahr) hat der Gutachterausschuss von *Frankfurt a. M.* ebenfalls festgestellt, dass der Liegenschaftszinssatz desto höher ist, je länger die Restnutzungsdauer bzw. je jünger das Baujahr ist:

Liegenschaftszinssätze für Einfamilienhäuser in Frankfurt a. M. (2012)				
	Baujahr			
	1880 – 1949	1950 – 1974	1975 – 2008	2009 – 2011
Mittlerer Liegenschaftszinssatz	3,71	3,7	4,02	4,17
Anzahl	19	23	37	41

Quelle: Grundstücksmarktbericht 2012

6.4 Liegenschafts- und Kapitalmarktzinssatz

▶ *Vgl. Syst. Darst. des Ertragswertverfahrens Rn. 18, 116*

148 Bei der Ermittlung des Ertragswerts als Barwert aller nachhaltig anfallenden Erträge kommt dem dabei zum Ansatz kommenden Zins – wie bereits erläutert wurde – eine maßgebliche Bedeutung zu. Investoren greifen hier häufig auf den bankenüblichen Zinssatz für langfristige Kapitalanlagen zurück, die sich aber gerade nicht auf Immobilien übertragen lassen. Der Verordnungsgeber hat aus diesem Grunde mit dem (mit § 14 Abs. 3 ImmoWertV eingeführten) Begriff des Liegenschaftszinssatzes verdeutlichen wollen, dass **für Liegenschaften ein**

besonderer, vom Kapitalmarkt regelmäßig abweichender Zinssatz maßgebend ist (vgl. Syst. Darst. des Vergleichswertverfahrens Rn. 157)[18].

Liegenschaften werfen im Verhältnis zu anderen Kapitalanlagen in aller Regel eine weitaus geringere Verzinsung ab. Weil der Grund und Boden (Sachwert) gegenüber Geldvermögen als wertbeständiger angesehen wird, begnügen sich Immobilieneigentümer im Allgemeinen mit einer geringeren Verzinsung. **Liegenschaftszinssätze unterliegen auch weitaus geringeren Schwankungen als die Zinssätze auf dem deutschen Kapitalmarkt**, die von vielen inneren und äußeren Einflüssen (z. B. Inflationsrate, Konjunkturlage, Dollarkurs, den Herausforderungen der wirtschaftlichen Vereinigung Deutschlands und seit 1993 EU-Binnenmarkt) abhängig sind.

Gleichwohl ist die Frage einer Abhängigkeit zwischen dem Liegenschaftszins- und Kapitalmarktzinssatz stets Gegenstand analytischer und empirischer Betrachtungen. Der Liegenschaftszinssatz lässt sich auch als immobilienspezifischer Kapitalmarktzinssatz erklären, der ausgehend vom Kapitalmarktzinssatz die immobilienspezifischen Besonderheiten, wie das mit der Immobilie verbundene Risiko, die zu Geldentwertung, aber auch die zu erwartende Entwicklung der Mieteinnahmen und der Immobilie in sich integriert. Dies wird aus dem Kalkulationsschema für den Liegenschaftszinssatz deutlich (Abb. 25). Bei Anwendung des Prognoseverfahrens (*Discounted Cashflow* Verfahren) kommt – ausgehend von einem Basiszinssatz langfristig staatsgarantierter Wertpapiere – ein entsprechend „konstruierter" Diskontierungszinssatz zur Anwendung (vgl. Syst. Darst. des Ertragswertverfahrens Rn. 388 ff.).

Abb. 25: Kalkulationsschema für den Liegenschaftszinssatz

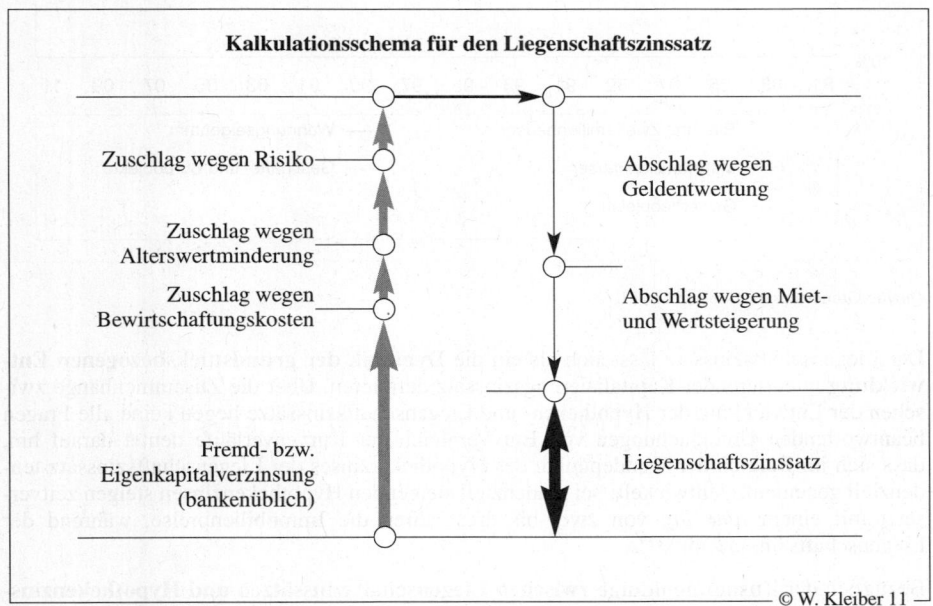

Die Zinsentwicklung bei Hypothekarkrediten auf Wohngrundstücke (durchschnittlicher Effektivzins in v. H. per annum) vollzieht sich im Vergleich zur Entwicklung des Liegenschaftszinssatzes geradezu turbulent.

2005 lagen die Liegenschaftszinssätze über den Kapitalmarktzinsen. Dies kann in Anbetracht der rückläufigen Immobilienpreise auf die allgemeine Furcht vor weiteren Wertverlusten

---

[18] Vgl. Kleiber, Verkehrswertermittlung von Grundstücken, 6. Aufl. 2010, Teil II Rn. 98 ff.

§ 14 ImmoWertV Liegenschaftszinssätze

zurückgeführt werden. In den früheren Jahren lagen die Liegenschaftszinssätze dagegen unter den Kapitalmarktzinsen, weil allgemein Wertsteigerungen auf dem Grundstücksmarkt erwartet wurden.

153 Die **Liegenschaftszinssätze weisen im Verhältnis zu Kapitalmarktzinsen eine geringe zeitliche Schwankungsbreite auf.** Längerfristig angelegte Untersuchungen haben ergeben, dass sich Liegenschaftszinssätze (zumindest in der Vergangenheit) gerade einmal in einem Korridor von einem Prozentpunkt bewegen (Abb. 26):

Abb. 26: Entwicklung der Liegenschaftszinssätze im Ennepe-Ruhr-Kreis

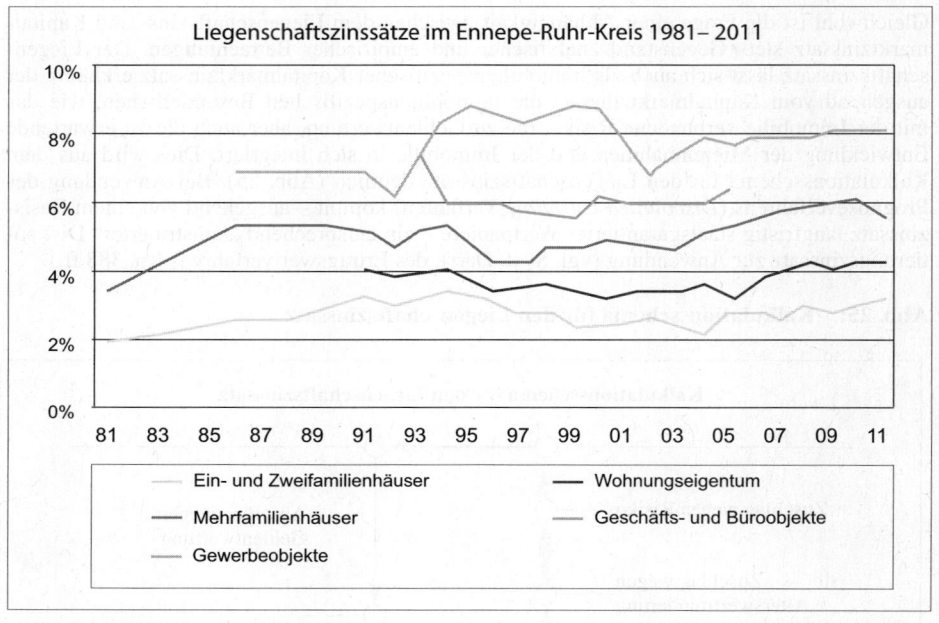

Quelle: Grundstücksmarktbericht 2012

154 Der Liegenschaftszinssatz lässt sich als ein die **Dynamik der grundstücksbezogenen Entwicklung** integrierender Kapitalisierungszinssatz definieren. Über die Zusammenhänge zwischen der Entwicklung der Hypotheken- und Liegenschaftszinssätze liegen keine alle Fragen beantwortenden Untersuchungen vor. Ein Vergleich der Kurvenverläufe deutet darauf hin, dass sich im Bereich der Wendepunkte des Hypothekarzinses der Liegenschaftszinssatz tendenziell gegenläufig entwickelt; bei tendenziell steigenden Hypothekenzinsen steigen zeitversetzt mit einem *time lag* von zwei bis drei Jahren die Immobilienpreise, während der Liegenschaftszinssatz sinkt[19].

155 Bezüglich der **Zusammenhänge zwischen Liegenschaftszinssätzen und Hypothekenzinssätzen** kann aber auch umgekehrt davon ausgegangen werden, dass steigende Hypothekenzinssätze die Kaufkraft schwächen und sich tendenziell preisdämpfend auswirken. Andererseits sind steigende Hypothekenzinssätze i. d. R. mit inflationären Entwicklungen verbunden, die üblicherweise den „Drang in Sachwerte" mit einer verstärkten Nachfrage zur Folge haben. Im Ergebnis kann sich die Nachfrage damit kompensieren, d. h., steigende bzw. fallende Hypothekenzinssätze neutralisieren sich in ihrer Auswirkung auf den Liegenschaftszinssatz. Dies mag auch die unterschiedlichen Auffassungen zu der Frage der Auswirkungen

---

19 Zur Frage der Zusammenhänge vgl. Vogel in GuG 1996, 145, mit krit. Anmerkungen von Kolb in GuG 1996, 363.

von Veränderungen des Hypothekenzinssatzes auf den Liegenschaftszinssatz erklären. Empirisch konnte eine Abhängigkeit jedenfalls nicht nachgewiesen werden.

▶ *Zu den Zusammenhängen vgl. Kleiber, Verkehrswertermittlung von Grundstücken, 6. Aufl. 2010, § 194 BauGB Rn. 211 ff., Teil II Rn. 98 ff.* 156

Für eine marktkonforme Verkehrswertermittlung auf der Grundlage des Ertragswertverfahrens ist die Frage einer etwaigen **Korrelation von Liegenschaftszinssatz- und Hypothekenzinssatzentwicklung** von nachrangiger Bedeutung. Entscheidend ist zunächst, dass sich der Verkehrswert (Marktwert) nicht im Wege eines sich am Hypothekenzinssatz allein orientierenden bankenüblichen Zinssatzes ermitteln lässt, weil sich Liegenschaften nicht wie andere Kapitalanlagen verzinsen. 157

Gleichwohl werden vor allem im Rahmen von Investitionsberechnungen Ertragswertermittlungen unter dem Begriff der sog. **Discounted Cashflow Methode auf der Grundlage von bankenüblichen Finanzierungszinssätzen** praktiziert. Gleichzeitig werden bei derartigen Betrachtungen die erwartete Mietentwicklung, die erwartete Wertentwicklung, die Geldentwertungsrate, das Risiko (*risk premium*) und vieles mehr auf der Grundlage apokrypher Annahmen in die Ertragswertermittlung eingestellt. Dadurch kompensiert sich tendenziell der im Vergleich zum Liegenschaftszinssatz hohe Finanzierungszinssatz. 158

Diese Vorgehensweise ist nicht frei von **Bedenken**: 159

a) Zunächst aber ist festzustellen, dass es sich bei diesem Verfahren um nichts anderes handelt, als um ein allgemeines Barwertverfahren und insofern auch das in den §§ 17 ff. ImmoWertV geregelte Verfahren den Begriff „*Discounted Cashflow*" für sich in Anspruch nehmen kann.

b) Die wohl schwerwiegendsten Bedenken müssen bei der vorgestellten Vorgehensweise den letztlich **nur im Schätzwege unterstellten Entwicklungen** der Ertragsverhältnisse und der Wertentwicklung begegnen. Angesichts der i. d. R. langen Restnutzungsdauer lässt sich nun einmal nicht abschätzen, wie sich diese Entwicklung über Jahrzehnte, über die kapitalisiert wird, tatsächlich vollziehen wird. Bedenkt man, dass die Finanzierungszinssätze in kurzen Zeitabständen erheblich schwanken können, führt diese Methode dazu, dass die „Zufälligkeit" des am Wertermittlungsstichtag anfallenden Finanzierungszinssatzes mit einer nicht absehbaren Entwicklung der Miet- und Preisverhältnisse kombiniert wird.

▶ *Näheres hierzu vgl. Syst. Darst. des Ertragswertverfahrens Rn. 16 ff.*

Zwischenfazit: Die Ertragswertermittlung auf der Grundlage marktkonformer Liegenschaftszinssätze hat sich bewährt. Die alternativ in Betracht kommende Methode, als **Ertragswert** den Barwert auf der Grundlage einer vom Sachverständigen letztlich immer subjektiv unterstellten Ertrags- und Wertentwicklung ggf. unter Heranziehung eines (ggf. sogar nach dynamisierten) **bankenüblichen Zinssatzes** zu ermitteln, ist dagegen als Verkehrswertermittlungsmethode **äußerst fehleranfällig**, wenn man allein schon die erhebliche Schwankungsbreite der bankenüblichen Zinsen betrachtet (Abb. 10). Kein Gutachter ist in der Lage, die Ertrags- und Wertentwicklung sowie die Entwicklung der bankenüblichen Zinsen über die lange Restnutzungsdauer einer baulichen Anlage abschätzen zu können. Dies liefe auf eine willkürliche „Kaffeesatzlesung" hinaus. In der Investitionsrechnung hat dagegen das allgemeine Barwertverfahren (*Discounted Cashflow*) seinen Platz. 160

6.5 Zukunftserwartung

▶ *Vgl. Vorbem. zur ImmoWertV Rn. 6; Syst. Darst. des Ertragswertverfahrens Rn. 13 ff.*

Wie in der Syst. Darst. des Ertragswertverfahrens ausgeführt, besteht das Grundproblem in der „richtigen" Erfassung der künftigen Erträge und sonstiger zu erwartender Änderungen in den Ertragsverhältnissen bis hin zur Wertentwicklung des Grundstücks. Dabei kommt es nicht 161 darauf an, die zukünftigen Entwicklungen in objektiv richtiger Weise so zu berücksichtigen, wie sie sich aufgrund einer ökonomisch rationalen Analyse abzeichnen oder sogar tatsächlich auch eintreten werden. Im Rahmen einer sich am Geschehen auf dem Grundstücksmarkt orientierenden Marktwertermittlung kommt es vielmehr darauf an, die **Zukunftserwartungen so zu berücksichtigen, wie sie von „dem Markt" antizipiert werden, wobei ggf. auch eine kollektive Fehleinschätzung der Zukunft zugrunde gelegt werden muss, wenn der gewöhnliche Geschäftsverkehr davon geprägt ist.** Nicht zu berücksichtigen sind jedoch (subjektiv und objektiv) spekulative Erwartungen, wobei mitunter die Grenzen zu den dem gewöhnlichen Geschäftsverkehr zurechenbaren Zukunftserwartungen nicht eindeutig gezogen werden können.

Der Sachverständige muss bestrebt sein, unsichere und auch eigene Prognosen der Zukunft zurückzustellen und die zukünftige Entwicklung so zu berücksichtigen, wie sie der allgemeine Grundstücksmarkt im gewöhnlichen Geschäftsverkehr berücksichtigt, selbst wenn sich dessen Einschätzung (im Nachhinein) als kollektive Fehleinschätzung erweisen mag. Von welchen Prognosen nun der allgemeine Grundstücksmarkt ausgeht, lässt sich direkt am Geschehen auf dem Grundstücksmarkt „ablesen". Die Prognosen manifestieren sich nämlich in den gezahlten Kaufpreisen. Der Grundstückserwerber verfügt bei dem Kauf eines Grundstücks – wie der Sachverständige – lediglich über gesicherte Erkenntnisse der derzeit erzielbaren Miete. Auch er weiß – wie der Sachverständige –, dass sich diese verändern werden. Auch geht er davon aus, dass sich die steuerlichen Rahmenbedingungen und vieles mehr verändern werden. In seiner Einschätzung der von ihm erwarteten Gesamtentwicklung entrichtet er seinen Kaufpreis. Der Kaufpreis ist mithin das Ergebnis seiner Zukunftseinschätzung in ihrer Gesamtheit, und zwar ausgehend von dem Ertrag, der am Wertermittlungsstichtag erzielbar ist. Ein „Optimist" würde bei alledem einen höheren Kaufpreis entrichten als ein „Pessimist". Im Rahmen der Verkehrswertermittlung geht es aber um die durchschnittliche Erwartung und deshalb wird der Liegenschaftszinssatz aus einer hinreichenden Anzahl von Vergleichsfällen abgeleitet. Die Höhe des Liegenschaftszinssatzes bestimmt sich maßgeblich nach dem Verhältnis des Reinertrags zum Kaufpreis einer Immobilie (vgl. unten Rn. 192 ff.):

$$p = \frac{RE \times 100}{KP}$$

162 Mit „aus dem Markt" empirisch abgeleiteten Liegenschaftszinssätzen werden auch Zukunftserwartungen (Chancen und Risiken) **des Marktes einschließlich inflationärer Entwicklungen**[20] und mit der Investition „eingefangen".

163 Zwar werden Liegenschaftszinssätze retrograd aus Kaufpreisen der (jüngsten) Vergangenheit abgeleitet, jedoch wird diese Ermittlung stets (jahrgangsweise) aktualisiert und mit den in die Ableitung eingehenden Kaufpreisen gehen zugleich die Einschätzungen des Marktes bezüglich der künftig erwarteten Wert- und Ertragsentwicklung – einschließlich inflationärer Art – steuerliche Rahmenbedingungen, die erwartete Entwicklung der Bewirtschaftungskosten, Subventionen und dgl. ein. Chancen und Risiken, die mit der Investition in eine Immobilie verbunden sind, gleich welcher Art, berücksichtigen die Käufer bei der Bemessung ihrer Kaufpreise, aus denen dann die Liegenschaftszinssätze in marktkonformer Weise abgeleitet werden. Insoweit weist deshalb das in der ImmoWertV geregelte Ertragswertverfahren keine Mängel auf. Da mit dem so ermittelten Liegenschaftszinssatz auch das mit einer Immobilieninvestition verbundene **Risiko**[21] erfasst wird, bedarf es lediglich einer besonderen Erfassung des objektspezifischen Risikos.

164 **Mit dem** nach Maßgabe des § 14 Abs. 3 ImmoWertV ermittelten **Liegenschaftszinssatz wird die Dynamik einer Immobilie hinsichtlich der Entwicklung der Ertragsverhältnisse, der Wertentwicklung, aber auch sonstiger wertbeeinflussender Entwicklungen**

---

20 Lüftl, Ertragswert von Liegenschaften, Österreichische Immobilien-Zeitung 1975, 359; Engel, R./Bärwolf, Inflation und Verkehrswert, GuG 2004, 273.
21 Plein, C., Sachgerechte Bewertung von Immobilienvermögen bei der Unternehmensbewertung, BB 1999, 467.

aufgefangen, und zwar nicht nach der subjektiven Einschätzung des Sachverständigen, sondern nach der objektiven Betrachtung des Grundstücksmarktes.

Dies gewährleistet zugleich, dass der mithilfe des Liegenschaftszinssatzes ermittelte Ertragswert dem Verkehrswert gleichkommt. Dabei mag es dahinstehen, ob der Grundstücksmarkt die Zukunft „richtig" oder „falsch" eingeschätzt hat: Im Rahmen der Verkehrswertermittlung muss es gleichwohl auf die allgemeine Verkehrsauffassung ankommen[22]. **165**

Der so ermittelte Zinssatz darf nicht mit der im Rahmen einer Investitionsbetrachtung maßgeblichen **Nettoanfangsrendite** dar (*initial yield*) verwechselt werden. Hier sind die Grunderwerbskosten von Bedeutung, die die Anfangsrendite schmälern. Die Nettoanfangsrendite ergibt sich – bezogen auf den Zeitpunkt des Grundstückserwerbs – aus[23]: **166**

$$\text{Nettoanfangsrendite} = \frac{\text{Reinertrag (RE) gemäß Vertragsmiete}}{\text{Gesamtinvestitionskosten (einschließlich Grundstückstransaktionskosten)}}$$

auf der Grundlage der einzelfallbezogenen Ertragssituation[24].

Reinertrag und Kaufpreis werden dabei in der Höhe in die Ableitung eingeführt, wie sie sich am Bezugsstichtag auf dem Markt darstellen. Bei der Kaufpreisbemessung geht der Markt von einer Dynamik der Entwicklung der Immobilienpreise, der Nutzungsentgelte, der Bewirtschaftungskosten und sonstiger immobilienwirtschaftlicher Rahmenbedingungen aus. Die Erwartung einer Änderung der Nutzungsentgelte und z. B. steuerlicher Vor- und Nachteile bestimmen also die Höhe des Kaufpreises. **167**

Beispiel: **168**

Ein Verkäufer bietet ein Mietwohnobjekt zum Kaufpreis von 1 000 000 € an; das Objekt hat einen nachhaltigen Jahresreinertrag von 50 000 €. Der Kaufpreis soll dabei repräsentativ für den durch das allgemeine Marktgeschehen bestimmen Verkehrswert (Marktwert) sein.

p = 50 000 €/1 000 000 € = 5 %

Dies entspricht einer Verzinsung von 5 %. In der Praxis vollzieht sich dies in der Weise, dass die Liegenschaftszinssätze für die jeweiligen lokalen Märkte und gegliedert nach Objektarten aus einer Vielzahl vergleichbarer Kauffälle abgeleitet werden (vgl. Rn. 219 ff.).

Der Liegenschaftszinssatz berücksichtigt bereits die üblicherweise erwarteten Entwicklungen der Ertrags- und Wertverhältnisse (einschließlich der Chancen und Risiken sowie einer Inflation) sowie der üblichen steuerlichen Rahmenbedingungen, und zwar nach der verobjektivierten Anschauung des Grundstücksmarktes und nicht nach der subjektiven Einschätzung des Gutachters (vgl. Abb. 27). Insofern verbietet es sich, bei Heranziehung von solchen Liegenschaftszinssätzen allgemein erwartete Ertragsentwicklungen zusätzlich einzubringen. Etwas anderes gilt, wenn im Einzelfall ein sog. *Overrented oder underrented*-Objekt zu bewerten ist. **169**

Der aus dem Marktgeschehen abgeleitete Liegenschaftszinssatz berücksichtigt des Weiteren das objekt- und regionalspezifische Risiko, insbesondere was die Ertragsentwicklung anbelangt. **170**

▶ *Zur Berücksichtigung inflationärer Entwicklungen vgl. auch die Syst. Darst. des Ertragswertverfahrens*

---

22 Vgl. Nr. 3.5.4 WERTR 06.
23 Vgl. Kleiber, Verkehrswertermittlung von Grundstücken, 6. Aufl. 2010, § 194 BauGB Rn. 92 ff.
24 GuG-aktuell 2009, 11.

Abb. 27: Aussagekraft des Liegenschaftszinssatzes

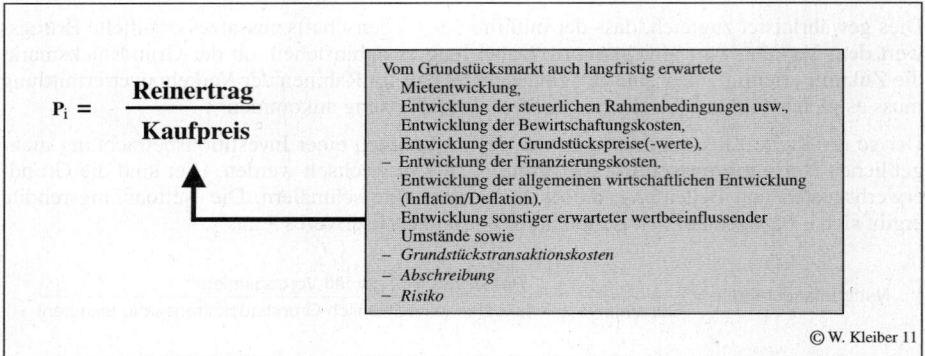

171 Mit dem Liegenschaftszinssatz werden auch die **gewöhnlichen Grundstückstransaktionskosten** (Grunderwerbsnebenkosten)[25] berücksichtigt, soweit sie den Verkehrswert beeinflussen. Dies vollzieht sich mittelbar über die Kaufpreise, aus denen der Liegenschaftszinssatz abgeleitet wird. Soweit nämlich tatsächlich die Grunderwerbsnebenkosten den Verkehrswert beeinflussen, findet dies seinen Niederschlag in den vereinbarten Kaufpreisen, wobei dahingestellt sein mag, ob die Grunderwerbsnebenkosten in ihrer (im Einzelfall anfallenden) tatsächlichen Höhe den Kaufpreis beeinflusst haben mögen. Hierauf kommt es im Rahmen der Verkehrswertermittlung auch gar nicht an. Entscheidend ist, in welchem Maße der Kaufpreis (als Repräsentant für einen verkehrswertkonformen Liegenschaftszinssatz) von den Grunderwerbsnebenkosten beeinflusst wird.

172 *Beispiel:*

Grundfall *(wie vorher)*:
RE   =   50 000 €
KP   =   1 000 000 €
Grunderwerbskosten =   100 000 €
Gesamtaufwand   =   1 100 000 €

Bei der Ableitung des Liegenschaftszinssatzes werden die Grunderwerbskosten zwar nicht explizit berücksichtigt. Die Ableitung erfolgt vielmehr nach dem tatsächlich vereinbarten Kaufpreis:

Grundfall: p = 50 000 €/1 000 000 € = 5 %

Die Grunderwerbskosten werden indirekt dadurch berücksichtigt, dass sie bereits vom Käufer mit dem vereinbarten Kaufpreis in die Betrachtung eingehen. Dies soll an einem drastischen Beispiel demonstriert werden, in dem sich die Grunderwerbskosten auf 600 000 € versechsfachen (sic). Der Käufer würde für das Grundstück auch nicht mehr (insgesamt) 1 100 000 € entrichten können und für die Immobilie als Kaufpreis entrichten:

$$1\ 100\ 000\ € - 600\ 000\ € = 500\ 000\ €$$

Für die Ableitung des Liegenschaftszinssatzes folgt daraus:

$$p = 50\ 000\ €/500\ 000\ € = 10\ \%$$

173 Das *Beispiel* soll demonstrieren, wie die Grundstückstransaktionskosten auf den Liegenschaftszinssatz „durchschlagen". Der aus empirischen Marktdaten ermittelte Liegenschaftszinssatz berücksichtigt somit auch die Grundstückstransaktionskosten. Dies ist im Hinblick auf den Vergleich mit dem Prognoseverfahren (*Discounted Cashflow*) bedeutsam, weil bei Anwendung dieses Verfahrens die Grundstückstransaktionskosten besondere Berücksichtigung finden müssen.

---

25 Vgl. Kleiber, Verkehrswertermittlung von Grundstücken, 6. Aufl. 2010, § 194 BauGB Rn. 85 ff.

Etwas anderes mag lediglich in den Fällen gelten, in denen mit dem Erwerb eines Grundstücks **ungewöhnliche Grunderwerbskosten** einhergehen. Entsprechend der Vorgabe des § 7 ImmoWertV handelt es sich hierbei um „ungewöhnliche oder persönliche Verhältnisse", die i. d. R. dazu führen, dass solche Kaufpreise gar nicht erst in die Liegenschaftszinssatzermittlung eingehen, so dass im Ergebnis mit dem Liegenschaftszinssatz eine irgendwie geartete Beeinflussung des Marktwerts (Verkehrswerts) durch Grunderwerbskosten in dem Maße berücksichtigt wird, wie sie üblicherweise anfallen. Das Gleiche gilt im Übrigen bei Anwendung des Vergleichswertverfahrens, denn auch mit den Vergleichspreisen werden die üblicherweise anfallenden Grunderwerbsnebenkosten in verkehrswertkonformer Weise berücksichtigt. 174

Ungewöhnliche Grunderwerbskosten, die wiederum **bei dem zu bewertenden Objekt** im Einzelfall gegeben sein mögen, können im gleichen Sinne allenfalls zu einem vom Verkehrswert abweichenden Kaufpreis führen[26]. 175

6.6 Ableitung von Liegenschaftszinssätzen

6.6.1 Allgemeines

▶ *Vgl. oben Rn. 139, § 6 ImmoWertV Rn. 381 f. sowie Syst. Darst. des Ertragswertverfahrens Rn. 259 ff.*

Die Ableitung von Liegenschaftszinssätzen ist eine Aufgabe, die auf der Grundlage der Daten der Kaufpreissammlung von den Gutachterausschüssen für Grundstückswerte anwendungsbezogen wahrzunehmen ist, d. h., es werden **Liegenschaftszinssätze** mithilfe von Vergleichsdaten **in der Weise abgeleitet, dass ihre Anwendung im Ertragswertverfahren möglichst direkt zum Verkehrswert führt**. 176

Die von den Gutachterausschüssen für Grundstückswerte auf örtlicher Ebene abgeleiteten Liegenschaftszinssätze sind in aller Regel den im Schrifttum und in der WERTR gegebenen Anhaltswerten vorzuziehen, da zu ihrer Ableitung die Kaufpreissammlung zur Verfügung stand und erwartet werden kann, dass sie dem örtlichen Marktgeschehen entsprechen. Die von den Gutachterausschüssen abgeleiteten Liegenschaftszinssätze können i. d. R. den jeweiligen Marktberichten entnommen werden. 177

Leider werden Liegenschaftszinssätze von den Gutachterausschüssen für Grundstückswerte nach unterschiedlichen Ableitungsmethoden abgeleitet, die zudem auch nicht hinreichend offen gelegt werden Es kommt hinzu, dass die Liegenschaftszinssätze nur für bedingt vergleichbare Gebäudearten abgeleitet werden und deshalb auch nur bedingt miteinander verglichen werden können. Die **Ableitungsmethodik einschließlich der dabei eingeführten Modellparameter und den durchschnittlichen Eigenschaften der zur Ableitung herangezogenen Grundstücke** (Referenzgrundstück) müssen im Hinblick auf den Grundsatz der Modellkonformität vollständig und umfassend im Grundstücksmarktbericht dargelegt werden (vgl. Vorbem. zur ImmoWertV Rn. 36). 178

Modellparameter sind dabei insbesondere die bei der Ableitung des Liegenschaftszinssatzes
– angesetzten marktüblich erzielbaren Erträge,
– die als Modellgröße angesetzten Bewirtschaftungskosten und
– die als Modellgröße angesetzte Restnutzungsdauer.

Es empfiehlt sich bei der Ableitung von Liegenschaftszinssätzen die **Restnutzungsdauer mit der Modellgröße** anzusetzen die sich i. d. R. durch Abzug des Alters von der ebenfalls als „Modellgröße" bei der Ableitung von Sachwertfaktoren angesetzten üblichen Gesamtnutzungsdauer nach Anl. 3 der SachwertR ergibt.

---

26 Zu alledem die Glosse in GuG-aktuell 2000, 9; Kleiber in GuG 2000, 321.

§ 14 ImmoWertV   **Liegenschaftszinssätze**

179 Zieht man die von den Gutachterausschüssen für Grundstückswerte abgeleiteten Liegenschaftszinssätze heran, sind Abweichungen davon nicht nur zulässig, sondern in aller Regel sogar geboten. Es handelt sich nämlich um **durchschnittliche Liegenschaftszinssätze, die für durchschnittliche Eigenschaften der Grundstücke der jeweils definierten Grundstücksart abgeleitet** wurden, ohne dass nach der örtlichen Lage im Einzugsbereich des Gutachterausschusses oder nach der Restnutzungsdauer der baulichen Anlage unterschieden wird (vgl. oben Rn. 139, unten Rn. 224 ff. und Syst. Darst. des Ertragswertverfahrens Rn. 259 ff.).

180 In der Abb. 20 sind Liegenschaftszinssätze einer Reihe ausgewählter Kreise und Gemeinden abgedruckt. Sie sind aufgrund unterschiedlicher Bezugsobjekte nicht unmittelbar vergleichbar. Es kommt hinzu, dass in Ausnahmefällen die Liegenschaftszinssätze auf der Grundlage gedämpfter Bodenwerte ermittelt wurden und nur systemkonform unter Ansatz gedämpfter Bodenwerte in die Ertragswertermittlung eingeführt werden dürfen (vgl. unten Rn. 233, § 15 ImmoWertV Rn. 87 ff.).

181 Die **Gutachterausschüsse für Grundstückswerte haben sich bislang nicht auf einen einheitlichen Rahmen für die Ableitung von Liegenschaftszinssätzen einigen können**. Dies mag zwar teilweise auf örtliche Besonderheiten zurückzuführen sein, dennoch erscheint eine stärkere Angleichung nicht nur möglich, sondern auch im Hinblick auf Transparenz und Vergleichbarkeit geboten. Von daher ist zu begrüßen, dass von der Arbeitsgemeinschaft der Vorsitzenden der Gutachterausschüsse für Grundstückswerte in Nordrhein-Westfalen ein einheitlicher Rahmen empfohlen wird. Im Abschlussbericht des Arbeitskreises „Erforderliche Daten" der Arbeitsgemeinschaft wird folgendes Schema vorgegeben (Abb. 28):

Abb. 28: Tabelle der Liegenschaftszinssätze (Muster)

Lfd. Nr.	Gebäudeart	Baujahrsgruppen bzw. Lage		
		bis 1949	1950 – 1974	1975 bis heute mit mod. Wärmedämmung
1	Wohnungseigentum			
2	Ein- und Zweifamilien-Häuser			
3	Dreifamilienhäuser			
4	Mehrfamilienhäuser			
5	1975 bis heute mit mod. Wärmedämmung (bis 80 %)			
		mäßige Lage	gute Lage	sehr gute Lage
6	Geschäfts- und Bürogebäude			
7	Reine Gewerbegebäude			

Hinweis: I.d.R. sind Objekte mit sehr geringem gewerblichen Anteil (< 20 % gewerbliche Miete) unter der Rubrik Mehrfamilienhäuser einzuordnen. Alle geschätzten Zahlen sind in Klammern zu setzen. Der Liegenschaftszinssatz sollte im Rahmen der Genauigkeit auf + / – ¼ % angegeben werden. Spannweiten sind nicht sachgerecht.

182 Die vorstehende Tabelle sollte durch folgende **Angaben und statistische Kenngrößen** ergänzt werden:
– Mittelwerte der Liegenschaftszinssätze für die jeweilige Gebäudeart,
– Mittelwert der Baujahre,
– Mittelwert der gewerblichen Mietertragsanteile,
– Mittelwert der Anzahl der Wohneinheiten bei Mehrfamilienhäusern,
– Mittelwert der Restnutzungsdauer,
– Min.-/Max.-Werte für Liegenschaftszinssatz, Restnutzungsdauer,
– Mittlerer Fehler des arithmetischen Mittels des Liegenschaftszinssatzes,
– Korrelationskoeffizient u. a. wesentliche Kenngrößen bei der Anwendung von einfachen oder multiplen Regressionsanalysen.

Liegenschaftszinssätze § 14 ImmoWertV

Zur Ableitung des Liegenschaftszinssatzes schreibt § 14 Abs. 4 Satz 2 ImmoWertV vor, dass er auf der Grundlage **183**
– geeigneter Kaufpreise und
– ihnen entsprechender Reinerträge

für gleichartig bebaute und genutzte Grundstücke unter Berücksichtigung der Restnutzungsdauer der Gebäude „nach den Grundsätzen des Ertragswertverfahrens" zu ermitteln ist. Diese sibyllinische Vorgabe ist dahingehend auszulegen, dass er – ausgehend von dem Rechengang, der dem Ertragswertverfahren zugrunde liegt – durch **Umkehrung des Ertragswertverfahrens** abgeleitet wird, d. h., die für den Ertragswert maßgebliche Formel muss nach dem Liegenschaftszinssatz (p) aufgelöst werden.

Geeignete Kaufpreise sind Kaufpreise, die im gewöhnlichen Geschäftsverkehr für gleichartig bebaute und genutzte Grundstücke entrichtet wurden, die keine besonderen objektspezifischen Grundstücksmerkmale aufweisen und nach ihrer Grundstücksart, Lage und Beschaffenheit der Grundstücksart und den sonstigen Grundstücksmerkmalen zuzurechnen sind, für die der daraus ermittelte Liegenschaftszinssatz gelten soll.

Der **Ertragswert bestimmt sich** gemäß den §§ 17 ff. ImmoWertV **nach folgender Formel**: **184**

$$EW = (RE - p \times BW) \times V + BW = RE \times V + BW \times q^{-n}$$

wobei:
EW Ertragswert
RE Jährlicher Reinertrag (§ 18 ImmoWertV)
BW Bodenwert

$$\text{Vervielfältiger} = \frac{q^n - 1}{q^n (q - 1)} = \frac{EW - BW/q^n}{RE}$$

q Zinsfaktor = 1 + p
p Liegenschaftszinssatz/100 = q − 1
n Restnutzungsdauer (§ 6 Abs. 6 ImmoWertV)

Für die **Auswahl der geeigneten Kaufpreise**, die zur Ableitung von Liegenschaftszinssätzen herangezogen werden, können folgende Grundsätze gelten: **185**

– Die Kaufpreise müssen einer Gruppe „gleichartig bebauter und genutzter" Grundstücke, für die der Liegenschaftszinssatz ermittelt werden soll, zuzuordnen sein.

– Die Kaufpreise und die Ertragsverhältnisse dürfen nicht durch ungewöhnliche oder persönliche Verhältnisse beeinflusst sein.

– Es muss sich um aktuelle und auf einen gemeinsamen Stichtag bezogene Kaufpreise handeln, da – wie ausgeführt – der Liegenschaftszinssatz eine zeitabhängige Größe ist.

– Neben dem Kaufpreis müssen die Grundstücke, die Reinerträge und die Restnutzungsdauer des Gebäudes bekannt sein, sofern es sich nicht um Objekte handelt, für die sich der Liegenschaftszinssatz allein aus Kaufpreis und Jahresreinertrag bestimmt.

– Die Grundstücke, deren Kaufpreise herangezogen werden, müssen eine nutzungstypische Grundstücksgröße aufweisen, insbesondere darf nicht der in § 17 Abs. 2 Satz 2 ImmoWertV geregelte Fall vorliegen. Andernfalls würde ein aufgrund der Grundstücksgröße besonders niedriger oder hoher Bodenwert das Ergebnis der Ableitung verfälschen.

– Die Grundstücke müssen nicht nur gleichartig bebaut, sondern auch gleichartig genutzt werden, wobei es sich jeweils um eine objekttypische Bebauung und Nutzung handeln muss. Auszuschließen sind damit Fälle, in denen die Nutzung von der objekttypischen Bebauung abweicht, weil eine atypische Nutzung sich regelmäßig auf die Ertragssituation auswirkt und damit das Ergebnis verfälschen würde.

§ 14 ImmoWertV — Liegenschaftszinssätze

186 Für die Ableitung des Liegenschaftszinssatzes sind im Übrigen möglichst nur **Kaufpreise von Grundstücken** heranzuziehen, **die keine besonderen objektspezifischen Grundstücksmerkmale i. S. des § 8 Abs. 3 ImmoWertV aufweisen.** Der Liegenschaftszinssatz soll nämlich Normalverhältnisse abbilden und nicht von besonderen objektspezifischen Grundstücksmerkmalen beeinflusst sein. Sofern es unvermeidlich ist, Kaufpreise heranzuziehen, die durch besondere objektspezifischen Grundstücksmerkmale beeinflusst worden sind, müssen die Kaufpreise nach Maßgabe des § 8 Abs. 3 ImmoWertV durch angemessene Zu- und Abschläge korrigiert werden.

187 Der **Liegenschaftszinssatz**, der sowohl in den Vervielfältiger als auch in den Bodenwertverzinsungsbetrag bzw. in den diskontierten Bodenwert eingeht, **wird u. a. durch die jeweilige Restnutzungsdauer der baulichen Anlage beeinflusst.** § 14 Abs. 2 Satz 2 ImmoWertV stellt dies zur Verdeutlichung heraus. Die Abhängigkeit des Liegenschaftszinssatzes von der Restnutzungsdauer ist umso größer, je kürzer die Restnutzungsdauer wird.

188 Eine Besonderheit des Ertragswertverfahrens besteht umgekehrt darin, dass der **Bodenwert bei langer Restnutzungsdauer** der baulichen Anlage eine vernachlässigbare Größe ist und nur der Bodenwert einer selbständig nutzbaren Teilfläche voll in den Ertragswert eingeht; hieraus ergeben sich Vereinfachungen bei der Ableitung des Liegenschaftszinssatzes.

189 Dies ist darauf zurückzuführen, dass der Bodenwert in den Ertragswert nur in einer über die Restnutzungsdauer des Gebäudes diskontierten Größenordnung eingeht und deshalb nur bei kurzer Restnutzungsdauer (RND ≤ 50 Jahre) beachtlich ist. In dem in der Syst. Darst. des Ertragswertverfahrens unter Rn. 165 dargestellten Beispiel beginnt der Bodenwertanteil am Ertragswert erst etwa ab einer Abnahme der Restnutzungsdauer von 50 Jahren einen beachtenswerten Anteil am Ertragswert zu gewinnen.

6.6.2 Finanzmathematische Grundlagen

190 Liegenschaftszinssätze werden empirisch aus den Kaufpreisen bebauter Grundstücke abgeleitet, um mit ihrer Hilfe den Ertragswert eines Grundstücks so zu ermitteln, dass der Ertragswert möglichst auch zugleich dem Verkehrswert entspricht. Neben der Restnutzungsdauer[27] der baulichen Anlage bestimmt der Liegenschaftszinssatz die Höhe des Vervielfältigers V, mit dem sich der Barwert der Reinerträge ermitteln lässt. Des Weiteren wird bei Anwendung des Ertragswertverfahrens der Liegenschaftszinssatz zur Berechnung des Bodenwertverzinsungsbetrags benötigt:

$$EW = \underbrace{RE - BW \times \frac{p}{100}}_{\text{Bodenwertverzinsungsbetrag}} \times \underset{\text{Vervielfältiger} = f(p, n)}{V} + BW$$

wobei
EW Ertragswert
RE Reinertrag
BW Bodenwert
p Liegenschaftszinssatz
n Restnutzungsdauer
V Vervielfältiger, abhängig von n und p

191 Entsprechendes gilt für die Ableitung des Ertragswerts nach folgender – mit der vorstehend aufgeführten **mathematisch identischen – Formel**:

---

[27] Boser/Brill in AVN 1981, 349.

Liegenschaftszinssätze § 14 ImmoWertV

$$EW = \underbrace{(RE - V) + \frac{BW}{q^n}}_{\text{Kapitalisierter Reinertrag} \quad \text{Diskontierter Bodenwert}} \quad \text{wobei } q = 1 + \frac{p}{100}$$

Zur Diskontierung des Bodenwerts (zweites Glied der Formel) wird wiederum der Liegenschaftszinssatz herangezogen.

6.6.3 Ableitung bei langer Restnutzungsdauer

Aus den vorstehenden Ausführungen ergibt sich, dass sich der Liegenschaftszinssatz für *Objekte mit langer Restnutzungsdauer* (RND > 50 Jahre) der darauf befindlichen Gebäude aus dem **Quotienten aus Reinertrag und Ertragswert** ergibt. Aus dieser Beziehung lässt sich der Liegenschaftszinssatz marktkonform ableiten, indem nun der jeweilige Reinertrag einer hinreichenden Anzahl von bebauten Grundstücken durch die dafür zur Verfügung stehenden „geeigneten" Kaufpreise (an Stelle der jeweiligen Ertragswerte) dividiert wird und die Einzelergebnisse z. B. durch Mittelbildung ausgeglichen werden.

192

Der **Ertragswert kann bei längerer Restnutzungsdauer (RND) nach dem vereinfachten Ertragswertverfahren** ermittelt werden:

193

$$EW = RE \times V$$

EW = Ertragswert
RE = Reinertrag
V = Vervielfältiger (vgl. Anl. zur ImmoWertV oder empirisch abgeleitet)

Hieraus definiert sich der Vervielfältiger für ein Gebäude mit langer Restnutzungsdauer als Quotient aus Ertragswert zum Reinertrag.

$$V = EW/RE$$

Der reziproke Quotient stellt zugleich den Liegenschaftszinssatz (Näherungsformel) dar: **194**

$$p = \frac{RE}{EW} = \frac{1}{V}$$

Die empirische Ableitung von Liegenschaftszinssätzen stellt sich in diesem Fall sehr einfach dar. Es brauchen dann nämlich für bestimmte Grundstücksarten, von denen eine hinreichende Anzahl von Kaufpreisen vorliegen, die nicht durch ungewöhnliche oder persönliche Verhältnisse beeinflusst sind, nur noch die jeweils ebenfalls durch ungewöhnliche oder persönliche Verhältnisse unbeeinflussten Reinerträge ermittelt zu werden. Diese Kaufpreise sind dann in die vorstehende Formel an Stelle des Ertragswerts EW einzuführen. Das gewogene Mittel der sich im Einzelfall jeweils ergebenden Liegenschaftszinssätze ergibt dann die durchschnittliche Verzinsung solcher Liegenschaften.

195

$$\text{Liegenschaftszinssatz } p = \frac{\sum \frac{RE_i}{KP_i}}{n} \text{ bei RND} \geq 50 \text{ Jahren}$$

§ 14 ImmoWertV — Liegenschaftszinssätze

wobei
RE = Reinertrag
KP = Kaufpreis
RND = Restnutzungsdauer
n = Anzahl der Fälle i

196 Die Ableitung erfolgt dabei jeweils für „gleichartig bebaute und genutzte Grundstücke".

197 Der so abgeleitete Vervielfältiger ist identisch mit den nach § 13 ImmoWertV abgeleiteten Ertragsfaktoren (vgl. § 13 ImmoWertV Rn. 8 ff.); die Ableitung steht somit im Einklang mit den Grundsätzen der ImmoWertV.

198 *Beispiel:*

Vorstehende Erläuterungen sollen an einem Zahlenbeispiel eines Einzelfalls verdeutlicht werden:
Reinertrag RE betrage = 50 000 €
Kaufpreis KP betrage = 1 000 000 €
p_i = 50 000 / 1 000 000 × 100 = 5 %

Aus diesem Beispiel wird deutlich, dass der Reinertrag gewissermaßen die als €-Betrag ausgeworfene Verzinsung des mit dem Kaufpreis in eine Immobilie investierten Kapitals ist.

199 Der Liegenschaftszinssatz kann im Übrigen auch aus Roherträgen (Jahresnettokaltmiete) abgeleitet werden, und zwar nach folgender Beziehung:

$$p = (1 - \text{BewK}_\%) \times \frac{\text{RoE}}{\text{KP}}$$

wobei
$\text{BewK}_\%$ = übliche (nicht umgelegte) Bewirtschaftungskosten in v. H.
RoE = Rohertrag (Jahresnettokaltmiete)

200 *Beispiel:*

Rohertrag RoE betrage = 62 500 € (= Jahresnettokaltmiete) p. a.
Kaufpreis KP betrage = 1 000 000 €
$\text{BewK}_\%$ betragen = 20 %
p_i = (1 − 20 /100) × 62 500 € / 1 000 000 € = 5 %

nachrichtlich: RE = RoE − BewK
RE = 62 500 € − 20/100 × 62 500 €
RE = 50 000 €

201 Auch in der Begründung zur WertV 88 wird darauf hingewiesen, dass vorstehende Vorgehensweise allerdings nur für Gebäude mit langer Restnutzungsdauer (RND) gilt[28]. Die Begründung lässt offen, was als **lange Restnutzungsdauer** gilt. Aus der Ausgangsformel für den Liegenschaftszinssatz folgt, dass dies abhängig ist von der absoluten Höhe des Liegenschaftszinssatzes. Strebt man eine Genauigkeit des Liegenschaftszinssatzes von 0,5 Prozentpunkten an, so ist die Anwendung der Näherungsformel unbedenklich bei

einem Liegenschaftszinssatz (p) von	einer Restnutzungsdauer (RND) von >
3 %	65 Jahren
4 %	55 Jahren
5 %	49 Jahren
6 %	45 Jahren
7 %	40 Jahren
8 %	36 Jahren

---

[28] BR-Drucks. 352/88, S. 51.

Auf der anderen Seite muss beachtet werden, dass der Liegenschaftszinssatz p umso genauer ermittelt werden muss, je länger die Restnutzungsdauer RND ist, denn **Fehler in der Liegenschaftszinssatzermittlung schlagen umso stärker auf den Vervielfältiger und damit auf den Ertragswert durch, je länger die Restnutzungsdauer (RND) ist**. Dies wird durch nachstehenden Auszug aus der Vervielfältigertabelle verdeutlicht. 202

Restnutzungsdauer RDN (Jahre)	Auszug aus der Vervielfältigertabelle				
	Vervielfältiger bei einem Liegenschaftszinssatz p von				
	3,0	3,5	4,0	4,5	5,0
1	0,97	0,97	0,96	0,96	0,95
25	17,41	16,48	15,62	14,83	14,09
50	25,73	23,46	21,48	19,76	18,26
75	29,70	26,41	23,68	21,40	19,49
100	31,60	27,66	24,51	21,95	19,85

Bei sehr kurzer Restnutzungsdauer RND ist der Vervielfältiger V verhältnismäßig unempfindlich gegenüber der Höhe des Liegenschaftszinssatzes. Mit zunehmender Restnutzungsdauer nimmt die Empfindlichkeit zu. Unterscheiden sich die Vervielfältiger bei einer Restnutzungsdauer von 25 Jahren in Abhängigkeit von einem Liegenschaftszinssatz von 3,5 % bzw. 4,0 % noch um 0,86, so beträgt der Unterschied bei einer Restnutzungsdauer von 100 Jahren bereits 3,15 (vgl. auch unten Rn. 214). 203

Wie vorstehend erläutert wurde, schlagen bei langer Restnutzungsdauer **geringe Unterschiede in der Höhe des Liegenschaftszinssatzes p erheblich** auf die Höhe des Vervielfältigers V und damit **auf den Ertragswert EW durch**: 204

Zur Erläuterung wird auf das unter Rn. 213 abgedruckte *Beispiel* hingewiesen. 205

Der für Gebäude mit entsprechend „langer" Restnutzungsdauer auf der Grundlage der **Näherungsformel** abgeleitete Liegenschaftszinssatz darf im strengen Sinne auch nur zur Verkehrswertermittlung von Gebäuden mit entsprechend „langer" Restnutzungsdauer zur Anwendung kommen. Andererseits entstünde ein Systembruch, denn die Höhe des Liegenschaftszinssatzes ist von der Restnutzungsdauer abhängig. Der Verordnungsgeber hat deshalb mit § 14 Abs. 3 ImmoWertV ausdrücklich die Berücksichtigung der Restnutzungsdauer vorgeschrieben. 206

6.6.4 Ableitung bei kurzer Restnutzungsdauer

Die vorgestellte vereinfachte Vorgehensweise zur empirischen Ableitung von Liegenschaftszinssätzen kann bei genauerer Betrachtung nur für Objekte mit langer Restnutzungsdauer der aufstehenden Gebäude Gültigkeit beanspruchen (RND > 50 Jahre). Zur Ableitung von Liegenschaftszinssätzen für Objekte mit kurzer Restnutzungsdauer ist es erforderlich, die vollständige Formel des Liegenschaftszinssatzes heranzuziehen. Sie hat folgende Form[29]: 207

---

29 Rendig in VR 1978, 254; Möckel in VR 1975, 129; Möckel in VR 1976, 91; Rehwald/Gaebel in Nachr. der nds. Kat.- und VermVw 1985, 287; aus dem englischsprachigen Schrifttum vgl. Wincott, Terminal Capitalisation Rates and Reasonableness in The Appraisal Journal 1991, 253; Sommer/Kröll in GuG 1995, 290.

§ 14 ImmoWertV — Liegenschaftszinssätze

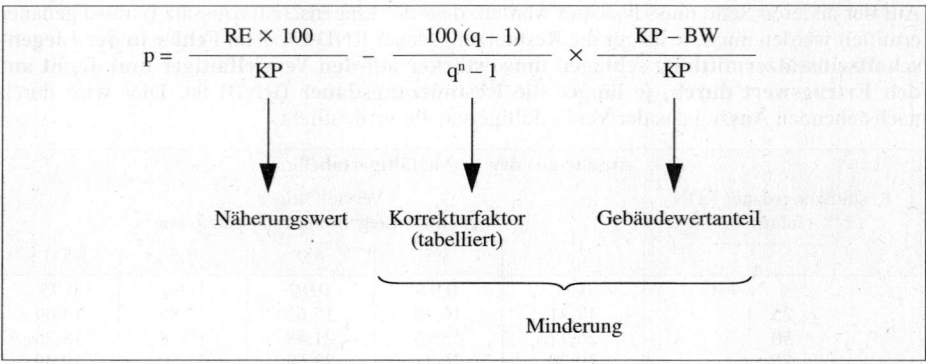

wobei
p = Liegenschaftszinssatz/100
q = Zinsfaktor = 1 + p
n = Restnutzungsdauer des Gebäudes
RE = Jahresreinertrag des Grundstücks
KP = Kaufpreis als „Repräsentant" für den Verkehrswert (Ertragswert)
BW = Bodenwert

208 Die Besonderheit dieser Formel besteht darin, dass sich der Liegenschaftszinssatz gegenüber seiner Ableitung nach der vereinfachten Vorgehensweise für Objekte mit einer langen Restnutzungsdauer der aufstehenden Gebäude um einen iterativ zu ermittelnden Minderungsbetrag reduziert. Die **Reduktion kann je nach Restnutzungsdauer der aufstehenden Gebäude erheblich sein**. Ob dies bei den von den Gutachterausschüssen für Grundstückswerte abgeleiteten Liegenschaftszinssätzen tatsächlich berücksichtigt wird, kann in den meisten Fällen den Veröffentlichungen nicht entnommen werden. Hier müssen Defizite konstatiert werden, die schon erheblich ins Gewicht fallen können, wenn man sich die Sensibilität der Abhängigkeit der Ertragswertermittlung von dem „richtigen" Liegenschaftszinssatz vergegenwärtigt.

209 Für Grundstücke mit *Gebäuden, die eine kurze Restnutzungsdauer* (RND < 50 Jahre) aufweisen, gestaltet sich die empirische Liegenschaftszinsermittlung somit weitaus komplizierter. Die vorstehend abgeleitete Formel für die Ermittlung des Liegenschaftszinssatzes für Objekte mit langer Restnutzungsdauer des aufstehenden Gebäudes stellt hier lediglich einen Näherungswert dar, an den eine Minderung anzubringen ist. Dieser Minderungsbetrag ergibt sich durch Umkehrung des dem zugrunde liegenden Rechenganges. In Abb. 29 ist die sich daraus ergebende Ausgangsformel für eine „spitze" Ermittlung des Liegenschaftszinssatzes dargestellt:

Abb. 29: Ableitung des Liegenschaftszinssatzes (Beispiel)

Ableitung des Liegenschaftszinssatzes bei kurzer Restnutzungsdauer (RND ≤ 50 Jahre)

$$p = \frac{RE \times 100}{KP} - \frac{100(q-1)}{q^n - 1} \times \frac{KP - BW}{KP}$$

(vgl. Abb. 15 bei Rn. 123 der Syst. Darst. des Ertragswertverfahrens)

- Näherungswert
- Korrekturfaktor (tabelliert vgl. Abb. 30)
- Gebäudewertanteil

{ Minderung }

wobei
- p = Liegenschaftszinssatz/100
- q = Zinsfaktor = 1 + p
- n = Restnutzungsdauer des Gebäudes
- RE = Jahresreinertrag des Grundstücks
- KP = Kaufpreis als „Repräsentant" für den Verkehrswert (Ertragswert)
- BW = Bodenwert

Beispiel

a) **Ausgangsdaten**

Restnutzungsdauer des Gebäudes	30 Jahre
Jahresreinertrag des Grundstücks	30 000 €
Kaufpreis des bebauten Grundstücks	500 000 €
Gebäudewertanteil	300 000 €
Bodenwert	200 000 €

b) **Ermittlung des Näherungswerts**

$$p_{approx} = 30\,000\,€ \times 100 / 500\,000\,€ = 6\ v.H.$$

c) **Ermittlung des Liegenschaftszinssatzes**

Lösung der Formel durch Iteration (auf der Grundlage des Näherungswerts)

1. Iteration

Korrekturfaktor (reziproker Rentenfaktor) bei Restnutzungsdauer n = 30 Jahre und p = 6 %

Korrekturfaktor = $\frac{100(q-1)}{q^n - 1}$ = 1,26   (aus nachfolgender Tabelle)

Liegenschaftszinssatz p = 6 % − 1,26 × (500 000 − 200 000)/500 000 € = 5,24 %
(Minderung = 0,76 %)

2. Iteration

Korrekturfaktor (reziproker Rentenfaktor) bei Restnutzungsdauer n = 30 Jahre und p = 5,24 %
Korrekturfaktor = 1,46   (aus nachfolgender Tabelle)

Liegenschaftszinssatz p = 6 % − 1,46 × (500 000 − 200 000)/500 000 € = 5,1 %   (Minderung = 0,9 v.H.)

© W. Kleiber 11

§ 14 ImmoWertV — Liegenschaftszinssätze

Abb. 30: Tabelle des Korrekturfaktors für die Ableitung des Liegenschaftszinssatzes

Bei einer Restnutzungsdauer von ... Jahren	Reziproker Rentenfaktor bei einem Näherungszinssatz in Höhe von											$\frac{q-1}{q^n-1}$
	3 %	3,5 %	4 %	4,5 %	5 %	5,5 %	6 %	6,5 %	7 %	7,5 %	8 %	8,5 %
20	3,72	3,54	3,36	3,19	3,02	2,87	2,72	2,58	2,44	2,31	2,19	2,07
21	3,49	3,30	3,12	2,96	2,80	2,65	2,50	2,36	2,23	2,10	1,98	1,87
22	3,27	3,09	2,92	2,75	2,60	2,45	2,30	2,17	2,04	1,92	1,80	1,69
23	3,08	2,90	2,73	2,57	2,41	2,27	2,13	2,00	1,87	1,75	1,64	1,54
24	2,90	2,73	2,56	2,40	2,25	2,10	1,97	1,84	1,72	1,61	1,50	1,40
25	2,74	2,57	2,40	2,24	2,10	1,95	1,82	1,70	1,58	1,47	1,37	1,27
26	2,59	2,42	2,26	2,10	1,96	1,82	1,69	1,57	1,46	1,35	1,25	1,16
27	2,46	2,29	2,12	1,97	1,83	1,70	1,57	1,45	1,34	1,24	1,14	1,06
28	2,33	2,16	2,00	1,85	1,71	1,58	1,46	1,35	1,24	1,14	1,05	0,96
29	2,21	2,04	1,89	1,74	1,60	1,48	1,36	1,25	1,14	1,05	0,96	0,88
30	2,10	1,94	1,78	1,64	1,51	1,38	1,26	1,16	1,06	0,97	0,88	0,81
31	2,00	1,84	1,69	1,54	1,41	1,29	1,18	1,08	0,98	0,89	0,81	0,74
32	1,90	1,74	1,59	1,46	1,33	1,21	1,10	1,00	0,91	0,82	0,75	0,67
33	1,82	1,66	1,51	1,37	1,25	1,13	1,03	0,93	0,84	0,76	0,69	0,62
34	1,73	1,58	1,43	1,30	1,18	1,06	0,96	0,87	0,78	0,70	0,63	0,57
35	1,65	1,50	1,36	1,23	1,11	1,00	0,90	0,81	0,72	0,65	0,58	0,52
36	1,58	1,43	1,29	1,16	1,04	0,94	0,84	0,75	0,67	0,60	0,53	0,48
37	1,51	1,36	1,22	1,10	0,98	0,88	0,79	0,70	0,62	0,55	0,49	0,44
38	1,45	1,30	1,16	1,04	0,93	0,83	0,74	0,65	0,58	0,51	0,45	0,40
39	1,38	1,24	1,11	0,99	0,88	0,78	0,69	0,61	0,54	0,48	0,42	0,37
40	1,33	1,18	1,05	0,93	0,83	0,73	0,65	0,57	0,50	0,44	0,39	0,34
41	1,27	1,13	1,00	0,89	0,78	0,69	0,61	0,53	0,47	0,41	0,36	0,31
42	1,22	1,08	0,95	0,84	0,74	0,65	0,57	0,50	0,43	0,38	0,33	0,29
43	1,17	1,03	0,91	0,80	0,70	0,61	0,53	0,46	0,40	0,35	0,30	0,26
44	1,12	0,99	0,87	0,76	0,66	0,58	0,50	0,43	0,38	0,32	0,28	0,24
45	1,08	0,95	0,83	0,72	0,63	0,54	0,47	0,41	0,35	0,30	0,26	0,22
46	1,04	0,91	0,79	0,68	0,59	0,51	0,44	0,38	0,33	0,28		
47	1,00	0,87	0,75	0,65	0,56	0,48	0,41	0,36	0,30	0,26		
48	0,96	0,83	0,72	0,62	0,53	0,46	0,39	0,33	0,28			
49	0,92	0,80	0,69	0,59	0,50	0,43	0,37	0,31	0,26			
50	0,89	0,76	0,66	0,56	0,48	0,41	0,34	0,29	0,25			
51	0,85	0,73	0,63	0,53	0,45	0,38	0,32	0,27				
52	0,82	0,70	0,60	0,51	0,43	0,36	0,30	0,26				
53	0,79	0,67	0,57	0,48	0,41	0,34	0,29					
54	0,76	0,65	0,55	0,46	0,39	0,32	0,27					
55	0,73	0,62	0,52	0,44	0,37	0,31	0,25					
56	0,71	0,60	0,50	0,42	0,35	0,29						
57	0,68	0,57	0,48	0,40	0,33	0,27						
58	0,66	0,55	0,46	0,38	0,31	0,26						
59	0,64	0,53	0,44	0,36	0,30	0,24						
60	0,61	0,51	0,42	0,35	0,28	0,23						
61	0,59	0,49	0,40	0,33	0,27							
62	0,57	0,47	0,39	0,31	0,26							
63	0,55	0,45	0,37	0,30	0,25							
64	0,53	0,44	0,35	0,29	0,24							
65	0,51	0,42	0,34	0,27	0,22							
70	0,43	0,35	0,27	0,22	0,17							
75	0,37	0,29	0,22	0,17	0,13							
80	0,31	0,24	0,18	0,14	0,10							
85	0,26	0,20	0,15	0,11	0,08							

Liegenschaftszinssätze § 14 ImmoWertV

Zum **Minderungsbetrag** wird auf Folgendes hingewiesen: **210**

– Mit *längerer* Restnutzungsdauer und höherem Liegenschaftszinssatz verringert sich die an dem Näherungswert anzubringende Minderung, so dass sie bei entsprechend hoher Restnutzungsdauer und hohem Liegenschaftszinssatz bedeutungslos wird und vernachlässigt werden kann.

– Bei *kurzer* Restnutzungsdauer muss hingegen, wie erwähnt, der Näherungswert gemindert werden: Die amtliche Begründung zu § 11 WertV 88 spricht von der Einführung eines „Korrekturfaktors". Nach dem in Abb. 29 beschriebenen Verfahren ergibt sich die anzubringende Minderung aus dem Produkt des Gebäudewertanteils mit dem in Abb. 30 tabellierten Korrekturfaktor, der auch als reziproker Rentenfaktor bezeichnet werden kann.

Aufgrund der hier nicht näher zu erläuternden mathematischen Zusammenhänge ist die Minderung mit abnehmender Restnutzungsdauer im Wege der Iteration zu ermitteln. Das in Abb. 29 dargestellte *Beispiel* zeigt, dass sich der für ein Gebäude mit 30 Jahren Restnutzungsdauer näherungsweise mit 6 % berechnete Liegenschaftszinssatz bereits um nahezu 1 % vermindert! Berechnet man den Ertragswert auf der Grundlage der Ausgangsdaten des Beispiels und dem näherungsweise mit 6 % (falsch) ermittelten Liegenschaftszinssatz, so ergibt sich aus **211**

$$EW = (RE - p \times BW) \times V + BW$$

ein Ertragswert von

EW = (30 000 € – 6 × 200 000 €)/100 × 13,76 + 200 000 €
EW = 447 680 € an Stelle von 500 000 €

Unterbleibt also die Minderung, so verfälscht sich das Ergebnis um über 10 % des Verkehrswerts.

Die dargelegten Zusammenhänge sind darin begründet, dass der **Vervielfältiger** und damit der Ertragswert bei Objekten mit kurzer Restnutzungsdauer zunächst stark ansteigt und **erst bei längerer Restnutzungsdauer gegenüber Änderungen der Restnutzungsdauer RND unempfindlich wird** (vgl. Abb. 31): **212**

Abb. 31: Abhängigkeit des Vervielfältigers von der Restnutzungsdauer und dem Liegenschaftszinssatz

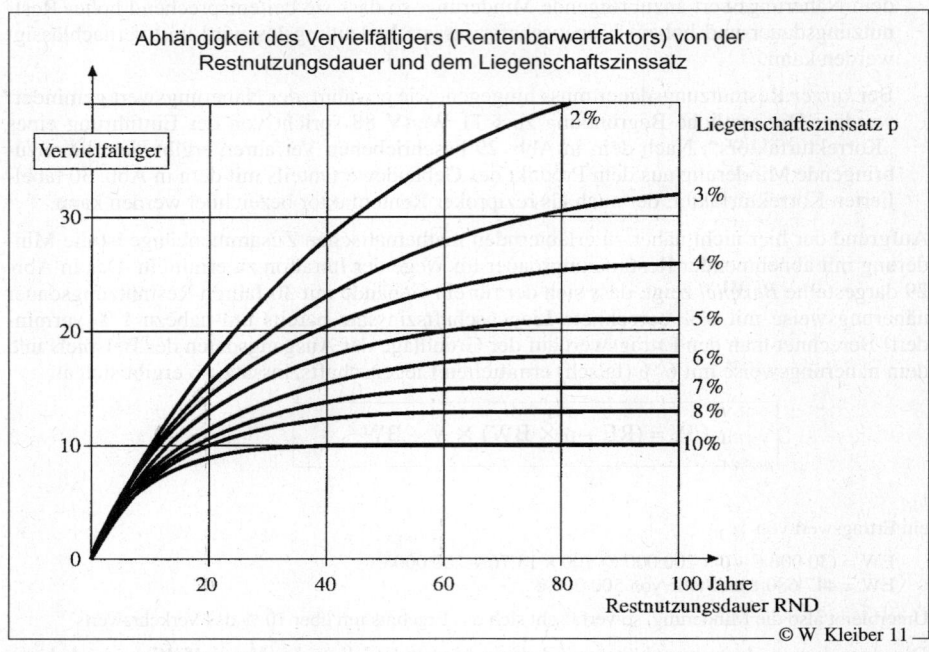

213 Die Abbildung zeigt, dass der Vervielfältiger V und damit der **Ertragswert mit abnehmendem Liegenschaftszinssatz p anwächst**. Zum Verständnis dieses Zusammenhangs sei darauf hingewiesen, dass bei gleich bleibendem Reinertrag die Verzinsung einer Liegenschaft desto geringer ist, je größer der Marktwert (Verkehrswert) eines Grundstücks und damit das in ihn investierte Kapital ist.

214 Die Abbildung zeigt auch, dass der Vervielfältiger und damit auch der **Ertragswert im Bereich einer kurzen Restnutzungsdauer bei gleich bleibendem Liegenschaftszinssatz stark ansteigt** und Fehler bei der „richtigen" Abschätzung der Restnutzungsdauer erheblich zu Buche schlagen; dies zeigt sich auch, wenn man die Tafeldifferenzen der Vervielfältigertabelle vergleicht.

Auszug aus der Vervielfältigertabelle					
Restnutzungsdauer RND (Jahre)	Vervielfältiger bei einem Liegenschaftszinssatz p von				
	3,0	3,5	4,0	4,5	5,0
1	0,97	0,97	0,96 $\Delta = 0,93$	0,96	0,95
2	1,91	1,90	1,89	1,87	1,86
3	2,83	2,80	2,78	2,75	2,72
4	3,72	3,67	3,63	3,59	3,55
5	4,58	4,52	4,45	4,39	4,33
96	31,38	27,52	24,42	21,90	19,82
97	31,44	27,56	24,44	21,91	19,82
98	31,49	27,59	24,46	21,93	19,83
99	31,55	27,62	24,49	21,94	19,84
100	31,60	27,66	24,51 $\Delta = 0,02$	21,95	19,85

Liegenschaftszinssätze § 14 ImmoWertV

Fazit: Bei Anwendung des Ertragswertverfahrens auf **Grundstücke, deren Bebauung eine kurze Restnutzungsdauer aufweist**, kommt es 215

– einerseits darauf an, die Restnutzungsdauer richtig abzuschätzen, weil kleine Fehler erheblich auf das Ergebnis durchschlagen, und

– andererseits darauf an, den Liegenschaftszinssatz (ausgehend vom Näherungswert RE/KP) unter Berücksichtigung der Minderung abzuleiten.

Die Problematik der Ableitung von Liegenschaftszinssätzen für Objekte mit kurzer Restnutzungsdauer entschärft sich dadurch, dass zwar die richtige Höhe des Liegenschaftszinssatzes empfindlich gegenüber Änderungen der Restnutzungsdauer ist, jedoch der Vervielfältiger selbst dann wiederum unempfindlich gegenüber dem richtigen Liegenschaftszinssatz ist.

6.7 Ableitung bei gedämpften Bodenwerten

▶ *Allgemeines zu gedämpften Bodenwerten vgl. § 16 ImmoWertV Rn. 49 ff. Zur Anwendung des Sachwertverfahrens vgl. Syst. Darst. des Sachwertverfahrens Rn. 343 ff.*

Auf einen weiteren vernachlässigten Aspekt der Liegenschaftszinssatzableitung soll in Bezug auf jene Gutachterausschüsse für Grundstückswerte hingewiesen werden, die in ihrer **Praxis mit sog. gedämpften Bodenwerten** arbeiten. 216

Mit § 16 Abs. 1 Satz 1 ImmoWertV hat der Verordnungsgeber zwar erstmals verbindlich vorgegeben, dass der Bodenwert vorbehaltlich der Besonderheiten von Grundstücken im Außenbereich und von Liquidationsfällen (§ 16 Abs. 2 und 3 ImmoWertV) ohne Berücksichtigung der auf dem Grundstück vorhandenen baulichen Anlagen zu ermitteln und somit eine **Dämpfung des Bodenwerts unzulässig** ist, jedoch muss auch weiterhin damit gerechnet werden, dass mancherorts dies übersehen wird. Wenn bei einer solchen Praxis das Ertragswertverfahren auf der Grundlage gedämpfter Bodenwerte zur Anwendung kommt, muss unter dem Grundsatz der Modellkonformität auch bei der Ableitung von Liegenschaftszinssätzen von gedämpften Bodenwerten ausgegangen werden; andererseits würde ein systemwidriger Modellbruch vorliegen. Die Ableitung von Liegenschaftszinssätzen für Immobilien mit kurzer Restnutzungsdauer auf der Grundlage gedämpfter Bodenwerte führt zu einem niedrigeren Liegenschaftszinssatz als bei Ableitung auf der Grundlage ungedämpfter Bodenwerte. 217

Beispiel: 218

Kaufpreis KP für das bebaute Grundstück	500 000 €
Bodenwert BW (ungedämpft) für das unbebaute Grundstück	200 000 €
Bodenwert BW gedämpft	100 000 €
Reinertrag RE per annum	30 000 €
Restnutzungsdauer	30 Jahre

Die Ableitung des Liegenschaftszinssatzes für dieses Objekt führt nach der vorgestellten Formel auf der Grundlage
des ungedämpften Bodenwerts zu   p = 5,13 %
des gedämpften Bodenwerts zu   p = 4,75 %

Die Praxis der **Bodenwertdämpfung führt zu gedämpften Liegenschaftszinssätzen**. 219

Für das Ergebnis der Ertragswertermittlung ist die vorgenommene Bodenwertdämpfung belanglos, wenn man im System bleibt. Der Ertragswert auf der Grundlage der unterschiedlich angesetzten Bodenwerte, dem jeweils zuzuordnenden Liegenschaftszinssatz und dem sich dafür ergebenden Vervielfältiger muss in beiden Fällen identisch sein (vgl. § 16 ImmoWertV Rn. 78 ff.). 220

Ertragswert EW:

$$EW = (RE - p \times BW) \times V + BW$$

bei

$BW_{ungedämpft}$	=	200 000 €	$BW_{gedämpft}$	=	100 000 €
p_1	=	5,13 v. H.	p_2	=	4,75 v. H.
V_1	=	15,14725	V_2	=	15,82042
EW	=	500 000 € ⟵⟶ EW		=	500 000 €

221 Ein **unzulässiger Systembruch wäre es dagegen, wenn man den Liegenschaftszinssatz auf der Grundlage ungedämpfter Bodenwerte ableiten und** ansonsten **im Rahmen des Ertragswertverfahrens gedämpfte Bodenwerte fordern würde.** Ebenso unzulässig ist es auch, den Liegenschaftszinssatz auf der Grundlage gedämpfter Bodenwerte abzuleiten und dann ungedämpfte Bodenwerte in das Ertragswertverfahren einzuführen.

222 Im Falle einer Dämpfung der Bodenwerte ist es daher unverzichtbar, dies bei der Ableitung der Liegenschaftszinssätze unberücksichtigt zu lassen und bei der Veröffentlichung eindeutig darauf hinzuweisen. **Des Weiteren müsste** dann auch **offengelegt werden, wie die Bodenwertdämpfung vorgenommen wurde**, damit die Anwender dieser Liegenschaftszinssätze im Rahmen des Ertragswertverfahrens den Bodenwert nach demselben Maßstab „dämpfen", wie dies bei der Ableitung des Liegenschaftszinssatzes vorgenommen wurde. Beide Methoden führen dann zu ein und demselben Ergebnis. Die Dämpfung stellt damit letztlich einen zusätzlichen, aber für das Ergebnis belanglosen Rechenschritt dar.

223 In jedem Fall muss die **Modellkonformität bei der Ableitung und Anwendung des Liegenschaftszinssatzes** gewahrt werden. Im Übrigen ist aber bislang auch von den wenigen Gutachterausschüssen für Grundstückswerte, die sich der Bodenwertdämpfung verschrieben haben, bislang wohl noch nie eindeutig bei der Veröffentlichung ihrer empirisch abgeleiteten Liegenschaftszinssätze darauf hingewiesen worden, dass es sich um gedämpfte Liegenschaftszinssätze handelt. Dies legt den Verdacht eines systematischen Modellbruchs bei Anwendung des Ertragswertverfahrens nahe.

6.8 Veröffentlichung von Liegenschaftszinssätzen

▶ *Vgl. oben Rn. 138, 178 ff.; Syst. Darst. des Ertragswertverfahrens Rn. 259 ff.*

224 Die von den Gutachterausschüssen abgeleiteten Liegenschaftszinssätze können nur sachgerecht zur Anwendung kommen, wenn bei ihrer Veröffentlichung alle dafür notwendigen Angaben gemacht werden. Dies sind neben der Ableitungsmethodik und dem Bezugsstichtag insbesondere die durchschnittlichen Eigenschaften der Grundstücke, die der Ableitung zugrunde gelegt wurden. In diesem Zusammenhang kann auch von den **durchschnittlichen objektspezifischen Grundstücksmerkmalen eines fiktiven Normgrundstücks** gesprochen werden, auf den sich der jeweilige Liegenschaftszinssatz bezieht (Liegenschaftszinssatzgrundstück).

Die Grundstücksmerkmale dieses Normgrundstücks müssen – vergleichbar mit den Eigenschaften eines Bodenrichtwertgrundstücks – bekannt sein, um Abweichungen der Grundstücksmerkmale des zu bewertenden Grundstücks von den Grundstücksmerkmalen des „Liegenschaftszinssatzgrundstücks" angemessen berücksichtigen zu können.

Die Veröffentlichung sollte Angaben enthalten, insbesondere über
– die Art und die Nutzung der Grundstücke (ggf. gewerblicher Anteil), für die Liegenschaftszinssätze abgeleitet wurden,
– die durchschnittliche Art der Gebäude (Bauweise, Baugestaltung, Größe, Ausstattung, Qualität, Funktionalität (Drittverwendungsfähigkeit und Zustand), der Anlage und der Mieteinheiten,

Liegenschaftszinssätze § 14 ImmoWertV

- die Lage der Vergleichsfälle (ggf. differenziert nach Bodenrichtwertlagen),
- die durchschnittlichen Grundstücksmerkmale der Vergleichsfälle,
- die zugrunde gelegte übliche Gesamtnutzungsdauer (Nutzungsdauer), das (ggf. fiktive) Baujahr bzw. die Restnutzungsdauer der ausgewerteten Vergleichsfälle,
- den Geltungsbereich,
- ggf. Angaben zu „besonderen objektspezifischen Grundstücksmerkmalen", die in die Ableitung der Liegenschaftszinssätze eingegangen sind (vgl. oben Rn. 24),
- bei Eigentumswohnungen und Eigenheimen (Ein- und Zweifamilienhäusern) die Vermietungssituation (bezugsfrei oder vermietet),
- das herangezogene Datenmaterial und
- sonstige für die Aussagefähigkeit dieser Daten wesentliche Bezüge.

Beispiel:

Muster des der Ableitung von Liegenschaftszinssätzen in Hessen zugrunde liegenden Ertragswertmodells[30]:

	Muster des der Ableitung von Liegenschaftszinssätzen in Hessen zugrunde liegenden Ertragswertmodells						
	Wohnnutzung				Gewerbenutzung		
	Einfamilienhaus (EFH)	Zweifamilienhaus (ZFH)	Mehrfamilienhaus (MFH)	Wohn- und Geschäftshaus	Büro/Verwaltung	Verkaufsgebäude	Gewerbe*/Industrie
Datenmaterial	Kauffälle von schadensfreien Objekten ohne ungewöhnliche Verhältnisse						
Übliche Gesamtnutzungsdauer (GND)	80	80	80	80	60	60	60
Restnutzungsdauer (RND)	GND minus Alter, ggf. modifiziert, mindestens 15 Jahre						
Rohertrag	Marktüblich erzielbare Miete × Wohn- bzw. Nutzfläche						
Bewirtschaftungskosten	II. Berechnungsverordnung (Wohnnutzung), Modell zur Ableitung Liegenschaftszinssatz in Nordrhein-Westfalen (Gewerbenutzung)						
Bodenwert (BW)	Lage- und objektangepasster Bodenrichtwert						
* Gewerbe-/Industrie-Gebäude sind z. B. Produktionsgebäude, Werkstätten, Fabriken, Lagerhallen							
In der Anl. 2 des Modells zur Ableitung von Liegenschaftszinssätzen in Nordrhein-Westfalen sind Empfehlungen zu Bewirtschaftungskosten für gewerbliche Objekte aufgeführt. Das Modell ist in der Syst. Darst. des Ertragswertverfahrens unter Rn. 202 sowie im Internet verfügbar unter: http://www.gutachterausschuss.nrw.de/standardmodelle.html							

Temporäre Grundstücksmerkmale sollen bei der Ableitung der Liegenschaftszinssätze unberücksichtigt bleiben; sie werden bei der Ableitung der Ertragswerte unter Heranziehung von Liegenschaftszinssätzen nach Maßgabe des § 8 Abs. 3 ImmoWertV ergänzend berücksichtigt.

---

[30] Grundstücksmarktbericht Hessen von 2010, S.65.

§ 14 ImmoWertV — Sachwertfaktoren

7 Anlagen

Anlage 1 Sachwertfaktoren (Marktanpassungsfaktoren)

Anlage 1.1 Wertzahlen (Sachwertfaktoren/Marktanpassungsfaktoren nach Anl. 25 zu § 191 Abs. 2 BewG)

225 Wertzahlen (Marktanpassungsfaktoren) nach § 181 BewG bei Anwendung des Sachwertverfahrens für die Bewertung für erbschaftsteuerliche Zwecke

Nach § 189 Abs. 3 BewG ergibt sich aus dem Bodenwert (Wert des unbebauten Grundstücks nach § 179 BewG) und dem nach § 190 BewG zu ermittelnden Gebäudesachwert der vorläufige Sachwert des Grundstücks. Dieser ist zur Anpassung an den gemeinen Wert mit einer Wertzahl (Marktanpassungsfaktor) nach § 191 BewG zu multiplizieren. Als Wertzahlen sind grundsätzlich die Sachwertfaktoren anzuwenden, die von den Gutachterausschüssen für Grundstückswerte (§§ 192 ff. BauGB) für das Sachwertverfahren bei der Verkehrswertermittlung abgeleitet wurden. Soweit von den Gutachterausschüssen keine geeigneten Sachwertfaktoren zur Verfügung stehen, sind nach § 191 Abs. 2 BewG folgende Wertzahlen zu verwenden (Anl. 25 zu § 191 Abs. 2 BewG):

Wertzahlen für Grundstücke nach § 181 Abs. 1 Nr. 1 (Ein- und Zweifamilienhäuser) und 3 (Wohnungseigentum) BewG

Vorläufiger Sachwert § 189 Abs. 3 BewG		Bodenrichtwert bis				
		15 €/m²	30 €/m²	50 €/m²	100 €/m²	150 €/m²
bis	50 000 €	1,0	1,1	1,1	1,1	1,1
	100 000 €	0,9	1,0	1,0	1,1	1,1
	150 000 €	0,8	0,9	0,9	1,0	1,1
	200 000 €	0,7	0,8	0,8	0,9	1,0
	300 000 €	0,6	0,7	0,7	0,8	0,9
	400 000 €	0,5	0,6	0,6	0,7	0,8
	500 000 €	0,4	0,5	0,5	0,6	0,7
über	500 000 €	0,3	0,4	0,4	0,5	0,6

Vorläufiger Sachwert § 189 Abs. 3 BewG		Bodenrichtwert bis				
		200 €/m²	300 €/m²	400 €/m²	500 €/m²	über 500 €/m²
bis	50 000 €	1,2	1,2	1,3	1,3	1,4
	100 000 €	1,1	1,2	1,2	1,3	1,3
	150 000 €	1,1	1,1	1,1	1,2	1,3
	200 000 €	1,0	1,1	1,1	1,2	1,2
	300 000 €	0,9	1,0	1,0	1,1	1,2
	400 000 €	0,8	0,9	1,0	1,0	1,1
	500 000 €	0,7	0,8	0,9	0,9	1,0
über	500 000 €	0,6	0,7	0,8	0,8	0,9

Sachwertfaktoren § 14 ImmoWertV

Wertzahlen für Grundstücke nach § 181 Abs. 1 Nr. 3 (Teileigentum) und 4 bis 6 BewG (Geschäftsgrundstücke, gemischt genutzte Grundstücke und sonstige bebaute Grundstücke)

Wertzahlen für Grundstücke nach § 181 Abs. 1 Nr. 3 (Teileigentum) und 4 bis 6 BewG (Geschäftsgrundstücke, gemischt genutzte Grundstücke und sonstige bebaute Grundstücke)		
Vorläufiger Sachwert § 189 Abs. 3 BewG		
bis	500 000 €	0,9
	3 000 000 €	0,8
über	3 000 000 €	0,7

Anlage 1.2 Faktoren zur Anpassung des Sachwerts von Grundstücken mit Eigenheimen an die Lage auf dem Grundstücksmarkt in Berlin   226

Bekanntmachung der Senatsverwaltung für Stadtentwicklung vom 10.11.2010 – Stadt III E 23 –, Telefon 90139-5234 oder 90139-3000, intern 9139-5234 (ABl. Berlin 2010, 1886, vorangehend ABl. Berlin 2010, 308 = GuG 2010, 230).

Die Geschäftsstelle des Gutachterausschusses für Grundstückswerte veröffentlicht aufgrund des § 193 Abs. 5 des Baugesetzbuchs (BauGB) i. d. F. der Bekanntmachung vom 23.09.2004 (BGBl. I 2004, 2414), das zuletzt durch Art. 41 des Gesetzes vom 31.07.2009 (BGBl. I 2009, 2585) geändert worden ist, i. V. m. § 21 der Verordnung zur Durchführung des Baugesetzbuchs (DVO BauGB) vom 05.11.1998 (GVBl. 1998, 331), die durch Art. I § 6 des Gesetzes vom 19.06.2006 (GVBl. 2006, 5573) geändert worden ist, nachstehend für die Wertermittlung erforderliche Daten gemäß § 8 der Wertermittlungsverordnung (WertV) vom 06.12.1988 (BGBl. I 1988, 2209), die durch Art. 3 des Gesetzes vom 18.08.1997 (BGBl. I 1997, 2081) geändert worden ist. Der Gutachterausschuss für Grundstückswerte in Berlin hat diese Daten abschließend am 15.2.2010 beschlossen.

Letzte Veröffentlichung:
– Bekanntmachung der Senatsverwaltung für Stadtentwicklung vom 07.03.2006 – Stadt III E GSt 22 (ABl. Berlin 2006, 13733 = GuG 2006, 352; vgl. Kleiber/Simon, Verkehrswertermittlung von Grundstücken, 5. Aufl. S. 1949),
– Bekanntmachung der Senatsverwaltung für Stadtentwicklung vom 18.11.2004 – Stadt III E GSt 23 – (ABl. Berlin 2005, 174 = GuG 2005, 224; vgl. auch Kleiber/Simon, Verkehrswertermittlung von Grundstücken, 5. Aufl. S. 1958).
– Bekanntmachung der Senatsverwaltung für Stadtentwicklung vom 18.12.2001 – Stadt III E GSt 21 – ABl. Berlin 2002, 199 = GuG 2002, 171 (vgl. auch Kleiber/Simon, Marktwertermittlung, 6. Aufl. 2004 S. 1531)[31].
– Bekanntmachung der Senatsverwaltung für Stadtentwicklung ABl. 1999, K 5004.
– Bekanntmachung der Senatsverwaltung für Stadtentwicklung vom 02.03.2010 (ABl. Berlin 2010, 308 = GuG 2010, 230).

A Vorbemerkungen

1 Verwendete Daten

Bei der Verkehrswertermittlung nach dem Sachwertverfahren gemäß §§ 21 bis 23 ImmoWertV ist der Verkehrswert aus dem Ergebnis des Verfahrens unter Berücksichtigung der Lage auf dem Grundstücksmarkt zu bemessen. Diese Anpassung an die Marktlage wurde anhand aller ausgewerteten, in die Kaufpreissammlung aufgenommenen Verkäufe auf dem **Berliner Grundstücksmarkt** des Zeitraums von Januar 2007 bis Juli 2010 mithilfe mathematisch-statistischer Analysen in Form von Anpassungsfaktoren (Verhältnis Kaufpreis/Sachwert) abgeleitet.

2 Teilmarkt

Die Untersuchung erstreckt sich ausschließlich auf Einfamilienhäuser, Einfamilienhäuser mit Eigentumswohnungen und Zweifamilienhäuser beziehungsweise Villen/Landhäuser, die als Massiv- beziehungsweise Fertighaus errichtet worden sind. Kauffälle, wo die schlüsselfertige Errichtung durch den Erstverkäufer erfolgte, sind in der Analyse enthalten.

---

[31] Habath, A. Zur sachgerechten Anwendung von Sachwert-Marktanpassungsfaktoren (GuG 2006, 19).

§ 14 ImmoWertV — Sachwertfaktoren

B Grundsätze der Kaufvertragsauswertung

Der Ableitung der Anpassungsfaktoren liegen folgende Annahmen zugrunde:

Es wurden nur „echte" Baujahre angesetzt. Es erfolgte keine Korrektur des Baujahres aufgrund von Modernisierung. Eine Innenbesichtigung der Objekte erfolgte nicht. Es hat keine Überprüfung stattgefunden, ob Grundstücke rechtlich teilbar sind.

1 Ermittlung der Sachwerte

- NHK 2000 und Baunebenkosten werden entsprechend des Bautyps (vgl. Richtlinien für die Ermittlung des Verkehrswerts von Grundstücken (Wertermittlungsrichtlinie 2006 – WertR 06)) i. d. F. vom 1. März 2006 im Bundesanzeiger Nummer 1108a vom 10.06.2006 angesetzt, wobei für Gebäude in einfacher und mittlerer stadträumlicher Wohnlage ein mittlerer Ausstattungsstandard und für Gebäude in guter Wohnlage und sehr guter Wohnlage ein gehobener Ausstattungsstandard zugrunde gelegt worden ist. Da in diesen Werken für **Reihenhäuser** nur die Ausstattungsstandards einfach und mittel nachgewiesen sind, sind abweichend von Vorstehendem folgende Ansätze gewählt worden: Für Gebäude in einfacher und mittlerer stadträumlicher Wohnlage wurde ein einfacher Ausstattungsstandard und für Gebäude in guter Wohnlage ein mittlerer Ausstattungsstandard zugrunde gelegt. Für **Fertighäuser** wurde entsprechend der Berliner Auswertepraxis einheitlich für alle Baujahre ein Abschlag von 10 % von den NHK 2000 vorgenommen.
- Regionalfaktor: Für eine grundsätzliche Anwendung der vorgelegten Faktoren auch für steuerliche Zwecke wird ein Regionalfaktor von 1,0 zugrunde gelegt.
- Preisindex für Einfamiliengebäude in Berlin zum Kaufzeitpunkt (2005 = 100) veröffentlicht von den Statistischen Berichten des Statistischen Landesamtes für Berlin, umbasiert mit dem Faktor 0,985 auf das Jahr 2000.
- Berechnung der Brutto-Grundfläche nach DIN 277 i. d. F. von 1987.
- **Gesamtnutzungsdauer i. d. R. 80 Jahre; sofern das Gebäudealter ≥ 65 Jahre war, wurde abweichend von früheren Untersuchungen die wirtschaftliche Restnutzungsdauer in Abhängigkeit vom Bauzustand wie folgt angesetzt**
  - **Guter Bauzustand:**   30 Jahre
  - **Normaler Bauzustand:**   20 Jahre
  - **Schlechter Bauzustand:**   10 Jahre
- Alterswertminderung: Hier wird zur grundsätzlichen Anwendbarkeit der Faktoren auch für steuerliche Zwecke sowie auf entsprechende Regelungen der ImmoWertV – die lineare Abschreibung für die Ermittlung der Wertminderung wegen Alters – in Ansatz gebracht.

2 Bodenwert

Für den Bodenwert wird der letzte vor dem jeweiligen Vertragsdatum des Kauffalls veröffentlichte sowie lagemäßig angepasste Bodenrichtwert angesetzt. Eine GFZ-Anpassung findet nicht statt.

3 Außenanlagen

Für Außenanlagen, die den üblichen Umfang nicht übersteigen, wurde kein Wertansatz vorgenommen. Bauliche Nebenanlagen (Garagen, Geräteschuppen etc.) wurden mit dem Zeitwert berücksichtigt.

4 Erläuterungen

Fertighäuser sind in industrieller Vorfertigung errichtete Ein- oder Zweifamilienhäuser.

Villen beziehungsweise Landhäuser sind große, in offener Bauweise errichtete, nach heutigem Zeitgeschmack meist aufwendig und großzügig gestaltete Ein- und Zweifamilienhäuser mit ansprechender Fassade auf einem Grundstück mit Garten oder Park. Straßenseitige Fassade i. d. R. im Jugendstil beziehungsweise im Stil des Historismus ausgebildet, bei Landhäusern häufig nicht besonders betont und repräsentativ. Landhäusern fehlt oft das Souterrain; bei Villen ist es meistens als Tiefparterre angelegt.

5 Stadträumliche Wohnlagen

Eine Einflussgröße, insbesondere für den Wert von Bauland, Eigenheimen und Wohnungseigentum, ist die Lage im Stadtgebiet. Als ein Merkmal der unterschiedlichen Qualität des Wohnens in der Stadt fließt bei der Analyse des Kaufpreismaterials i. d. R. das Merkmal „Wohnlage" ein. Sie spiegelt die Lagequalität des Wohnumfeldes wider. Die Wohnlagenzuordnung orientiert sich am Berliner Mietspiegel. Sie ergibt sich aktuell aus dem Straßenverzeichnis zum Berliner Mietspiegel 2009 (ABl. für Berlin vom 24.06.2009 ABl. 2009, 1409 ff.). Eine Orientierung bietet die zum Mietspiegel gehörende Wohnlagenkarte für Berlin (Internetadresse: http://www.stadtentwicklung.berlin.de/wohnen/mietspiegel/).

Sachwertfaktoren § 14 ImmoWertV

Der Differenzierung der Wohnlagen liegen folgende Kriterien zugrunde:

– *Einfache Wohnlage*

Gebiete des inneren Stadtbereichs mit überwiegend geschlossener, stark verdichteter Bebauung mit sehr wenigen Frei- und Grünflächen, überwiegend ungepflegtem Straßenbild und/oder schlechtem Gebäudezustand (zum Beispiel Fassadenschäden, unsanierte Wohngebiete), auch bei starker Beeinträchtigung durch Geräusch-, Geruchsbelästigungen von Industrie und Gewerbe.

In Stadtrandlagen Gebiete mit überwiegend offener Bauweise, oft schlechtem Gebäudezustand (zum Beispiel Fassadenschäden, unsanierte Wohngebiete) mit ungepflegtem Straßenbild (zum Beispiel unbefestigte Straßen), ungünstigen Verkehrsverbindungen und wenigen Einkaufsmöglichkeiten sowie Gebiete mit erheblich verdichteter Bauweise.

– *Mittlere Wohnlage*

Gebiete des inneren Stadtbereichs mit überwiegend geschlossener, stark verdichteter Bebauung mit normalem Straßenbild (nicht von Gebäudeschäden geprägt), gutem Gebäudezustand (zum Beispiel sanierte Wohngebiete, Neubaugebiete), mit wenigen Grün- und Freiflächen.

Gebiete mit überwiegend offener Bauweise, durchschnittlichen Einkaufsmöglichkeiten und normalem Verkehrsanschluss, ohne Beeinträchtigung durch Industrie und Gewerbe.

– *Gute Wohnlage*

Gebiete des inneren Stadtbereichs mit überwiegend geschlossener, stark verdichteter Bebauung, mit Frei- und Grünflächen, gepflegten Straßenbild (guter Gebäudezustand), mit sehr gutem Verkehrsanschluss und guten bis sehr guten Einkaufsmöglichkeiten und gutem Image.

Gebiete mit überwiegend offener Bauweise, starker Durchgrünung, gepflegtem Wohnumfeld und gutem Gebäudezustand und ruhiger Wohnsituation, mit normaler Verkehrsanbindung und normalen Einkaufsmöglichkeiten und gutem Image.

– *Sehr gute Wohnlage*

Untersuchungen belegen, dass sich das Preisbild von Immobilien verschiedener Grundstücksteilmärkte in besonders ansprechenden Ortslagen von der guten Wohnlage regelmäßig abhebt. Um hier differenzierte Aussagen über die Preissituation treffen zu können, unterteilt die Geschäftsstelle des Gutachterausschusses die gute Wohnlage des Mietspiegels und definiert zusätzlich sehr gute Wohnlagen.

Hierbei handelt es sich um Gebiete in exklusiver Lage mit sehr gepflegtem Wohnumfeld, einem hohen Anteil privater und öffentlicher Frei- und Grünflächen, sehr guter baulicher Gebietsstruktur, einem sehr guten Image sowie einem daraus resultierenden höheren Preisniveau am Grundstücksmarkt. Als sehr gute Wohnlage definiert sind:
– die Gebiete in Westend zwischen Spandauer Damm, Ahornallee, Theodor-Heuss-Platz, Pommernallee, Ubierstraße, Wandanallee und Fernbahntrasse,
– nördlich und südlich der Heerstraße im Ortsteil Charlottenburg das Gebiet zwischen S-Bahn, Heilsberger Allee, Heerstraße, Am Postfenn, nördliche Waldgrenze zum Teufelsberg und Teufelseestraße,
– der Ortsteil Schmargendorf östlich bis zu den Straßenzügen Cunostraße, Friedrichshaller, Mecklenburgische und Zoppoter Straße,
– der Ortsteil Grunewald östlich der Fernbahntrasse und der Waldgrenze sowie
– das Gebiet Dahlem-Nord bis herunter zur Saargemünder Straße.

Im Ostteil Berlins wurden bislang noch keine sehr guten Wohnlagen ausgewiesen.

6 Baulicher Unterhaltungsaufwand

In dieser Veröffentlichung wird auf den baulichen Unterhaltungszustand der Immobilie Bezug genommen und wird mit gut, normal oder schlecht angegeben. Welche Kriterien sich hinter diesen Zustandnoten verbergen, wird nachfolgend erläutert.

gut

Guter, deutlich überdurchschnittlicher baulicher Unterhaltungszustand. Neuwertige oder sehr geringe Abnutzung, unbedeutender Instandhaltungs- und Reparaturaufwand. Zustand i. d. R. nach durchgreifender Sanierung oder Instandsetzung.

normal

Normaler, im Wesentlichen durchschnittlicher baulicher Unterhaltungszustand. Geringe oder normale Verschleißerscheinungen, geringer oder mittlerer Instandhaltungs- und Reparaturstau (zum Beispiel malermäßige Renovierung der Fassaden/Fenster, Klempnerarbeiten).

§ 14 ImmoWertV — Sachwertfaktoren

schlecht
Schlechter, weitgehend desolater baulicher Unterhaltungszustand. Stärkere bis sehr hohe Verschleißerscheinungen, hoher Reparaturanstau, umfangreichere Instandsetzung der Substanz notwendig (zum Beispiel an Fassaden, Dächern, Versorgungsanlagen, Mauerwerk).

7 Erläuterungen zu den folgenden Tabellen

Neben den Sachwertanpassungsfaktoren werden auch

– die Mittelwerte derjenigen Daten, die bei der Berechnung der Sachwertanpassungsfaktoren aus dem Kaufpreismaterial eingeflossen sind, und

– die 5%- und 95%-Perzentile für die Einzelwerte (d. h. 90 % aller verwendeten Daten lagen in diesem Bereich)

in den Tabellen 2 und 3 veröffentlicht.

Die Angaben dieser Datenbereiche sollen dem Sachverständigen ermöglichen, bei Wertermittlungen, in denen Einzelansätze außerhalb des hier verwendeten Datenmaterials liegen, Risiken bei der Verwendung der Sachwertanpassungsfaktoren einzuschätzen.

Für die einzelnen Gebäudetypen gemäß Tabelle 1 wurden Anpassungsfaktoren (siehe Tabellen 4 und 5) ermittelt:

Tabelle 1

	Gebäudetyp
1	Freistehende Einzelhäuser, Doppelhaushälften, Reihenend- und Reihenhäuser für alle Baujahre, Massiv- und Fertighäuser für Gesamt Berlin
2	Villen/Landhäuser für die Bezirke Charlottenburg-Wilmersdorf und Steglitz-Zehlendorf

Diese Informationen sind auch im Internet unter der folgenden Adresse abzurufen:

www.Gutachterausschuss-Berlin.de

C Sachwertanpassungsfaktoren

1 Statische Angaben zum verwendeten Datenmaterial

Tabelle 2: Darstellung der Mittelwerte inklusive der 5%- bzw. 95%-Perzentile der Einzelwerte, d. h. 90 % aller verwendeten Daten liegen innerhalb dieses Bereichs

Gruppe	Anzahl	Kaufpreis/Sachwert			Grundstücksfläche (m^2)			Brutto-Grundfläche (m^2)			Angepasster Bodenrichtwert		
		X 5%- bzw. 95%-Perzentile der Einzelwerte	Min	Max	X 5%- bzw. 95%-Perzentile der Einzelwerte	Min	Max	X 5%- bzw. 95%-Perzentile der Einzelwerte	Min	Max	X 5%- bzw. 95%-Perzentile der Einzelwerte	Min	Max
1*	3875	1,035 0,722 – 1,421	0,55	1,69	534 177 – 1 040	102	1332	234 131 – 379	61	457	184 95 – 360	80	740
2*	87	1,506 0,873 – 2,138	0,76	2,53	1 248 739 – 2 392	665	3132	625 385 – 1 250	314	1639	504 320 – 720	300	740

* Nummerierung entspricht Tabelle 1

Sachwertfaktoren § 14 ImmoWertV

Tabelle 3: Darstellung der Mittelwerte inklusive der 5%- bzw. 95%-Perzentile der Einzelwerte, d. h. 90 % aller verwendeten Daten liegen innerhalb dieses Bereichs

Gruppe	Anzahl	NHK 2000** einschließlich Baunebenkosten und Regionalfaktor			Sachwert des Grundstücks			tatsächliche GFZ			Bauzustand			Wohnlage		
		X 5%-bzw. 95%-Perzentile der Einzelwerte	Min	Max	X 5%-bzw. 95%-Perzentile der Einzelwerte	Min	Max	X 5%-bzw. 95%-Perzentile der Einzelwerte	Min	Max	gut	normal	einfach	mittel		
											schlecht	gut	Sehr gut			
											Anteil in %			Anteil in %		
1*	3875	718 528 – 905	455	1218	220 672 105013– 385203	46 737	868 428	0,34 0,11– 0,79	0,05	1,51	49	47	36	48		
											4		15	1		
2*	87	690 579 – 751	519	774	707 930 345311- 1638022	293 608	2 373 794	0,34 0,19-0,68	0,19	0,82	29	71	0	0		
												0		59	41	

* Nummerierung entspricht Tabelle 1
** Normalherstellungskosten 2000 inklusive Baunebenkosten und Regionalfaktor

Zu 1 Bezirke:
Pankow: 7 % Charlottenburg-Wilmersdorf: 1 % Spandau: 10 %
Steglitz-Zehlendorf: 17 % Tempelhof-Schöneberg: 9 % Neukölln: 10 %
Treptow-Köpenick: 9 % Marzahn-Hellersdorf: 13 % Lichtenberg: 6 %
Reinickendorf: 18 %

Zu 2 Bezirke: Charlottenburg-Wilmersdorf: 24 % Steglitz-Zehlendorf: 76 %

2 Sachwertanpassungsfaktoren

Tabelle 4: Sachwertanpassungsfaktoren für Gesamt-Berlin

Sachwertanpassungsfaktoren für Gesamt-Berlin*							
Sachwert des Grundstücks (€)							
100 000	150 000	200 000	250 000	300 000	350 000	400 000	
1,118	1,083	1,048	1,013	0,977	0,942	0,907	

* 3 875 Kauffälle (ohne Villen/Landhäuser)

Stadträumliche Wohnlage

Abschlag für Gebäude in einfacher stadträumlicher Wohnlage   - 0,043
Gebäude in mittlerer stadträumlicher Wohnlage   0
Zuschlag für Gebäude in guter stadträumlicher Wohnlage   0,091
Zuschlag für Gebäude in sehr guter stadträumlicher Wohnlage   0,082

Bauzustand

Gebäude in gutem Bauzustand   0
Normaler Bauzustand   0
Abschlag für Gebäude mit schlechtem Bauzustand   - 0,188

Gebäudestellung

Abschlag für die Gebäudestellung Einfamilienhaus   - 0,060
Gebäudestellung Doppelhaushälfte   0
Gebäudestellung Reihenendhaus   0
Gebäudestellung Reihenhaus   0

Baujahrsgruppen

Zuschlag für die Baujahrsgruppen
kleiner 1925   0,215
1925 bis 1945   0,239
1946 bis 1959   0,049
1960 bis 1969   0
1970 bis 1984   0
1985 bis 1999   0
größer 1999   0

§ 14 ImmoWertV Sachwertfaktoren

Tabelle 5: Sachwertanpassungsfaktoren für Villen/Landhäuser für die Baujahre bis einschließlich 1945 in den Bezirken Charlottenburg-Wilmersdorf und Steglitz-Wilmersdorf

Sachwertanpassungsfaktoren für Villen/Landhäuser für die Baujahre bis einschließlich 1945 in den Bezirken Charlottenburg-Wilmersdorf und Steglitz-Wilmersdorf*							
Sachwert des Grundstücks (€)							
300 000	400 000	500 000	750 000	1 000 000	1 250 000	1 500 000	1 650 000
2,121	1,997	1,900	1,724	1,600	1,503	1,424	1,383
* 87 Kauffälle							

Stadträumliche Wohnlage

Gute stadträumliche Wohnlage   0
Sehr gute stadträumliche Wohnlage   0

Bauzustand
Guter Bauzustand   0
Abschlag für Gebäude mit normalem Bauzustand   - 0,349

Für Gebäude mit schlechtem Bauzustand und Grundstücke in der einfachen und mittleren stadträumlichen Wohnlage und für die Baujahre größer 1945 sind keine Aussagen auf der Grundlage von Kaufverträgen möglich.

Sachwertfaktoren § 14 ImmoWertV

Anlage 1.3 Sachwertfaktoren in verschiedenen Städten nach Grundstücksarten

1.3.1 Sachwertfaktoren für Reihenhäuser

Sachwertfaktoren für Reihenhäuser (NHK 2000)								
Sachwert	Bonn			Hagen		Karlsruhe		Wies-baden	Wuppertal
	EFH	EF-RH DH	Gründer-zeithaus	RH Mitte	RH (Ende) DH	BRW 270–330 €/m²	BRW 331–430 €/m²		2012 Abschreibung linear
Baujahr	1935–1999	1935–1999	1890–1936						
100 000	–	–	–	1,37	1,15	–	–	–	–
125 000	–	–	–	1,28	1,12	1,34	1,40	–	–
150 000	–	1,04	–	1,19	1,08	1,27	1,32	–	1,04
160 000	–	–	–	–	–	–	–	1,18	–
170 000	–	–	–	–	–	–	–	–	–
175 000	–	–	–	1,10	1,05	1,20	1,25	–	0,98
180 000	–	–	–	–	–	–	–	116	–
190 000	–	–	–	–	–	–	–	–	–
200 000	0,95	1,01	0,97	1,02	1,02	1,14	1,19	1,13	0,92
210 000	–	–	–	–	–	–	–	–	–
220 000	–	–	–	–	–	–	–	1,09	–
225 000	–	–	–	0,93	0,99	1,09	1,13	–	0,87
230 000	–	–	–	–	–	–	–	–	–
240 000	–	–	–	–	–	–	–	1,06	–
250 000	0,95	0,98	–	0,84	0,95	1,04	1,08	–	0,83
260 000	–	–	–	–	–	–	–	1,04	–
270 000	–	–	–	–	–	–	–	–	–
275 000	–	–	–	–	0,92	0,99	1,02	–	0,79
280 000	–	–	–	–	–	–	–	1,02	–
290 000	–	–	–	–	–	–	–	–	–
300 000	0,96	0,96	1,00	–	0,89	0,94	0,98	0,99	0,75
320 000	–	–	–	–	–	–	–	0.98	–
325 000	–	–	–	–	–	0,90	0,93	–	–
340 000	–	–	–	–	–	–	–	0,96	–
350 000	0,96	0,95	–	–	–	0,86	0,89	–	–
360 000	–	–	–	–	–	–	–	0,94	–
375 000	–	–	–	–	–	–	–	–	–
380 000	–	–	–	–	–	–	–	0,93	–
400 000	0,96	0,93	1,03	–	–	–	–	0,92	–
450 000	0,96	(0,91)	–	–	–	–	–	–	–
500 000	0,96	(0,89)	1,05	–	–	–	–	–	–
550 000	0,96-	(0,88)	–	–	–	–	–	–	–
600 000	0,97	(0,87)	1,07	–	–	–	–	–	–
700 000	–	–	1,08	–	–	–	–	–	–
800 000	–	–	1,09	–	–	–	–	–	–
900 000	–	–	1,10	–	–	–	–	–	–
1 000 000	–	–	–	–	–	–	–	–	–

Quelle: Grundstücksmarktberichte, Bonn (2007), (Hagen 2006), Wuppertal (2010)

§ 14 ImmoWertV — Sachwertfaktoren

1.3.2 Sachwertfaktoren für Doppelhaushälften

Sachwert	Sachwertfaktoren für Doppelhaushälften (NHK 2000)				Hagen	Wiesbaden	Wuppertal
	Bielefeld						2010 Abschreibung linear
	Altbau			Neubau			
	Bodenwertniveau						
	100 €/m²	200 €/m²	400 €/m²	200 €/m²			
100 000	1,03	1,16	1,30	–	1,15	–	–
125 000	0,97	1,08	1,19	–	1,12	–	–
150 000	0,92	1,01	1,11	–	1,08	–	1,04
160 000	0,90	0,99	1,08	–	–	1,14	–
170 000	0,89	0,97	1,06	–	–	–	–
175 000	0,88	0,96	1,05	–	1,05	–	0,97
180 000	0,87	0,95	1,03	1,05	–	1,12	–
190 000	0,86	0,93	1,01	1,02	–	–	–
200 000	0,85	0,92	0,99	0,98	1,02	1,09	0,91
210 000	0,84	0,90	0,97	0,95	–	–	–
220 000	0,83	0,89	0,96	0,92	–	1,07	–
225 000	0,82	0,88	0,95	0,91	0,99	–	0,86
230 000	0,81	0,87	0,94	0,90	–	–	–
240 000	0,81	0,86	0,92	0,87	–	1,05	–
250 000	0,80	0,85	0,91	0,85	0,95	–	0,81
260 000	0,79	0,84	0,90	0,83	–	1,03	–
270 000	0,78	0,83	0,88	0,81	–	–	–
275 000	–	–	–	–	0,92	–	0,77
280 000	0,77	0,82	0,87	0,79	–	1,01	–
290 000	0,76	0,81	0,86	0,77	–	1,00	–
300 000	0,76	0,80	0,85	0,75	0,89	0,99	0,73
320 000	0,74	0,78	0,83	0,72	–	0,98	–
325 000	–	–	–	–	–	–	–
340 000	0,73	0,76	0,81	0,69	–	0,96	–
350 000	–	–	–	–	–	–	–
360 000	0,72	0,75	0,79	0,68	–	0,94	–
375 000	–	–	–	–	–	–	–
380 000	0,71	0,74	0,77	–	–	0,93	–
400 000	0,70	0,72	0,76	–	–	0,92	–

Quelle: Grundstücksmarktberichte Wuppertal (2012)

1.3.3 Sachwertfaktoren für Ein- und Zweifamilienhäuser

Sachwert	Sachwertfaktoren für Ein- und Zweifamilienhäuser (NHK 2000)							
	Bielefeld			Bonn (2011)			Bochum
	EFH, ZFH (Altbau)			EFH	RH, DHH	Wohnhäuser	(2011)
	Bodenwertniveau						
	100 €/m²	200 €/m²	400 €/m²	1935 – 1999 (Ross)			Ross
50 000	–	–	–	–	–	–	–
75 000	–	–	–	–	–	–	–
100 000	–	–	–	–	–	–	1,10
110 000	–	–	–	–	–	–	1,09
125 000	–	–	–	–	–	–	1,06
150 000	0,99	1,05	1,11	–	1,01	–	1,02
160 000	0,97	1,03	1,08	–	–	–	1,01
170 000	0,95	1,00	1,06	–	–	–	1,00
175 000	–	–	–	–	–	–	–
180 000	0,93	0,99	1,04	–	–	–	0,99
190 000	0,92	0,97	1,02	–	–	–	0,98
200 000	0,90	0,95	1,00	0,93	0,99	–	0,97
210 000	0,89	0,94	0,99	–	–	–	0,96
220 000	0,88	0,92	0,97	–	–	–	–
225 000	–	–	–	–	–	–	0,94
230 000	0,86	0,91	0,96	–	–	–	–
240 000	0,85	0,90	0,94	–	–	–	–
250 000	0,84	0,88	0,93	0,94	0,98	–	0,92
260 000	0,83	0,87	0,92	–	–	–	–
270 000	0,82	0,86	0,91	–	–	–	–
275 000	–	–	–	–	–	–	0,90
280 000	0,81	0,85	0,89	–	–	–	–
290 000	0,80	0,84	0,88	–	–	–	–
300 000	0,79	0,83	0,87	0,95	0,97	–	0,89
310 000	0,79	0,82	0,86	–	–	–	–
320 000	0,78	0,82	0,85	–	–	–	–
325 000	–	–	–	–	–	–	0,87
330 000	0,77	0,81	0,85	–	–	–	–
340 000	0,76	0,80	0,84	–	–	–	–
350 000	0,76	079	0,83	–	0,96	–	0,86
360 000	0,75	0,78	0,82	–	–	–	–
370 000	0,74	0,78	0,81	–	–	–	–
375 000	–	–	–	–	–	–	0,84
380 000	0,74	0,77	0,81	–	–	–	–
390 000	0,72	0,76	0,80	–	–	–	–
400 000	0,72	0,76	0,79	0,96	0,95	1,00	0,83
425 000	0,71	0,74	0,78	–	–	–	0,82
450 000	0,70	0,73	0,76	–	–	–	0,80
475 000	0,68	0,71	0,75	0,96	–	–	0,79
500 000	0,67	0,70	0,73	0,97	–	1,01	0,78
525 000	–	–	–	–	–	–	–
550 000	–	–	–	0,97	–	–	–
600 000	–	–	–	0,98	–	1,02	–
650 000	–	–	–	–	–	–	–
700 000	–	–	–	–	–	1,02	–
750 000	–	–	–	–	–	–	–
800 000	–	–	–	–	–	1,03	–
850 000	–	–	–	–	–	–	–
900 000	–	–	–	–	–	1,03	–
950 000	–	–	–	–	–	–	–
1 000 000	–	–	–	–	–	–	–
1 100 000	–	–	–	–	–	–	–
1 200 000	–	–	–	–	–	–	–
	MAF = 0,56 × (SW × 10⁻⁶)⁻⁰,³³			–	–	–	–

$$\text{MAF} = 0{,}56 \times (\text{SW} \times 10^{-6})^{-0{,}33}$$

Quelle: Grundstücksmarktberichte Bielefeld (2007), Bonn (2011)

§ 14 ImmoWertV — Sachwertfaktoren

1.3.3 Sachwertfaktoren für Ein- und Zweifamilienhäuser

Sachwert	Essen	Duisburg			Hagen			Karlsruhe			LK Heinsberg
					Ein-, Zweifamilienhaus		Dreifamilienhaus	Bodenrichtwert			
		Norden Homberg Rheinhausen	Mitte	Süden	Mittlere Lage	Gute Lage		240–330 €/m²	331–400 €/m²	401–530 €/m²	
50 000	–	–	–	–	–	–	–	–	–	–	1,11
75 000	–	–	–	–	–	–	–	–	–	–	1,03
100 000	1,10	0,99–1,10	0,90–0,99	0,94–1,04	1,08	–	–	–	–	–	0,97
125 000	1,04	0,94–1,04	0,88–0,97	0,93–1,03	–	–	–	–	–	–	0,93
150 000	1,00	0,90–0,99	0,87–0,96	0,92–1,02	1,04	1,16	0,87	–	–	–	0,89
170 000	0,98	–	–	–	–	–	–	–	–	–	–
175 000	–	0,86–0,95	0,86–0,95	0,91–1,01	–	–	–	–	–	–	0,86
200 000	0,95	0,83–0,92	0,85–0,94	0,91–1,00	0,99	1,04	0,86	1,06	–	–	0,83
220 000	0,93	–	–	–	–	–	–	–	–	–	–
225 000	–	0,81–0,89	0,84–0,93	0,90–1,00	–	–	–	–	–	–	0,81
230 000	0,93	–	–	–	–	–	–	–	–	–	–
250 000	0,92	0,78–0,86	0,83–0,92	0,90–0,99	0,94	0,98	0,86	0,97	1,10	–	0,79
275 000	–	0,76–0,84	0,82–0,91	0,90–0,99	–	–	–	–	–	–	0,77
300 000	0,90	0,74–0,82	0,82–0,90	0,89–0,99	0,89	0,94	0,85	0,92	0,98	–	0,75
325 000	–	0,72–0,80	0,81–0,90	0,89–0,98	–	–	–	–	–	–	0,74
350 000	0,89	0,71–0,78	0,81–0,89	0,89–0,98	0,84	0,92	0,85	0,87	0,91	0,96	0,72
375 000	–	–	0,80–0,89	0,88–0,98	–	–	–	–	–	–	0,71
400 000	0,88	–	0,80–0,88	0,88–0,97	0,80	0,90	0,84	0,82	0,85	0,93	0,70
425 000	–	–	0,79–0,88	0,88–0,97	–	–	–	–	–	–	0,68
450 000	0,87	–	0,79–0,87	0,88–0,97	0,75	0,89	–	0,77	0,81	0,91	0,67
475 000	–	–	0,79–0,87	0,87–0,97	–	–	–	–	–	–	0,66
500 000	–	–	0,78–0,87	0,87–0,96	0,70	0,88	–	0,72	0,77	0,89	0,65
525 000	–	–	0,78–0,86	0,87–0,96	–	–	–	–	–	–	0,64
550 000	–	–	0,78–0,86	0,87–0,96	–	–	–	–	0,74	0,87	–
600 000	–	–	–	0,86–0,96	–	–	–	–	0,72	0,85	–
650 000	–	–	–	0,86–0,95	–	–	–	–	0,70	0,83	–
700 000	–	–	–	0,86–0,95	–	–	–	–	0,68	0,82	–
750 000	–	–	–	–	–	–	–	–	–	0,81	–
800 000	–	–	–	–	–	–	–	–	–	0,79	–
850 000	–	–	–	–	–	–	–	–	–	0,78	–
900 000	–	–	–	–	–	–	–	–	–	0,77	–
950 000	–	–	–	–	–	–	–	–	–	0,76	–
1 000 000	–	–	–	–	–	–	–	–	–	0,75	–
1 100 000										0,74	
1 200 000										0,72	

Quelle: Grundstücksmarktberichte Duisburg, Hagen, LK Heinsberg

Sachwertfaktoren § 14 ImmoWertV

Sachwert	Mainz	Wiesbaden 2010				Wuppertal 2012	Potsdam 2010			
		RH	Reihenhäuser Doppelhaushälften	EFH/ZFH Ausstattung		(Abschreibung linear)	Ein- und Zweifamilienhäuser		Reihenhäuser Doppelhaushälften	
				Einfach mittel	gehoben stark gehoben		Baujahr bis 1990	Baujahr ab 1991	Baujahr bis 1990	Baujahr ab 1991
50 000	–	–	–	–	–	–	–	–	–	–
75 000	1,57	–	–	–	–	–	–	–	–	–
100 000	1,42	–	–	–	–	–	1,35	–	1,42	–
125 000	1,30	–	–	–	–	–	–	–	–	–
150 000	1,20	–	–	–	–	–	1,20	0,80	1,33	1,30
160 000	–	1,06	0,98	0,95	–	–	–	–	–	–
170 000	–	–	–	–	–	–	–	–	–	–
175 000	1,12	–	–	–	–	–	–	–	–	–
180 000	–	1,04	0,96	0,95	–	–	–	–	–	–
190 000	–	–	–	–	–	–	–	–	–	–
200 000	1,06	1,01	0,95	0,95	–	0,93	–	0,87	1,24	1,02
210 000	–	–	–	–	–	–	–	–	–	–
220 000	–	0,99	0,94	0,94	–	–	–	–	–	–
225 000	1,00	–	–	–	–	0,90	–	–	–	–
230 000	–	–	–	–	–	–	–	–	–	–
240 000	–	0,97	0,93	0,94	–	–	–	–	–	–
250 000	0,96	–	–	–	–	0,87	0,99	0,92	1,16	0,91
260 000	–	0,96	0,92	0,93	–	–	–	–	–	–
270 000	–	–	–	–	–	–	–	–	–	–
275 000	0,93	–	–	–	–	0,84	–	–	–	–
280 000	–	0,94	0,91	0,93	–	–	–	–	–	–
290 000	–	–	–	–	–	–	–	–	–	–
300 000	0,91	0,92	0,91	0,92	–	0,82	0,91	0,94	1,08	0,90
320 000	–	0,91	0,90	0,92	–	–	–	–	–	–
325 000	0,89	–	–	–	–	0,79	–	–	–	–
340 000	–	0,90	0,89	0,91	–	–	–	–	–	–
350 000	0,88	–	–	–	–	0,77	0,84	0,95	–	1,01
360 000	–	0,88	0,89	0,91	–	–	–	–	–	–
375 000	0,88	–	–	–	–	0,76	–	–	–	–
380 000	–	0,87	0,88	0,91	–	–	–	–	–	–
400 000	0,87	0,86	0,97	0,91	1,08	0,75	–	0,94	–	–
425 000	0,87	–	–	–	–	0,74	–	–	–	–
450 000	0,87	–	0,86	0,90	1,07	0,73	–	0,91	–	–
475 000	0,87	–	–	–	–	0,72	–	–	–	–
500 000	0,87	–	0,85	0,90	1,07	0,71	–	–	–	–
550 000	–	–	–	0,90	1,06	–	–	–	–	–
600 000	–	–	–	0,89	1,05	–	–	–	–	–
650 000	–	–	–	0,89	1,05	–	–	–	–	–
700 000	–	–	–	0,88	1,05	–	–	–	–	–
750 000	–	–	–	–	–	–	–	–	–	–
800 000	–	–	–	0,88	1,04	–	–	–	–	–
850 000	–	–	–	–	–	–	–	–	–	–
900 000	–	–	–	–	–	–	–	–	–	–
950 000	–	–	–	–	–	–	–	–	–	–
1 000 000	–	–	–	–	1,02	–	–	–	–	–
1 500 000	–	–	–	–	0,98	–	–	–	–	–

Quelle: Grundstücksmarktberichte der angegebenen Jahrgänge

§ 14 ImmoWertV — Sachwertfaktoren

1.3.4 Sachwertfaktoren: Duisburg, Leipzig

Sachwertfaktoren in Duisburg			
Gebäudegruppe	Vorkriegsbauten Baujahr bis 1947 (Ø 1925)	Nachkriegsbauten	
		Baujahr 1948 bis 1974 (Ø 1925)	Baujahr 1975 bis heute (Ø 1988)
Einfamilienreihenhäuser	1,20	1,20	**1,00**
Ein- und Zweifamilienhäuser Bauland ≤ 800 m²	1,15	1,05	**1,00**
Ein- und Zweifamilienhäuser Bauland ≥ 800 m²	1,00	0,95	0,95
Dreifamilienhäuser	1,10	1,05	–
Miethäuser Gewerblicher Anteil ≤ 20 %	0,90	0,85	0,90
Mietwohnhäuser Öffentlich gefördert	–	0,60	0,55
Gemischt genutzte Gebäude Gewerblicher Anteil ≥ 20 %	1,00	0,90	0,80
Büro-/Geschäftsgebäude	–	1,05	–

Sachwertfaktoren in Leipzig 2006			
	freistehendes EFH	Doppelhaushälfte	Reihenhaus
Sanierter Altbau	0,90	1,17	1,29
Teilsanierter Altbau	0,84	1,01	1,18

Sachwertfaktoren   § 14 ImmoWertV

Anlage 1.4   Sachwertfaktoren in verschiedenen Regionen nach Grundstücksarten   228

1.4.1   Sachwertfaktoren für freistehende Ein- und Zweifamilienhäuser sowie Reihen- und Doppelhäuser in Südhessen (NHK 2000)

Sachwert Boden-richtwert	Durchschnittliche Sachwertfaktoren für Südhessen									
	freistehende EFH und ZFH						Reihen- und Doppelhaushälften			
	Alterswertminderung nach Ross			Lineare Alterswertminderung			Alterswertminderung nach Ross			Lineare Alterswertminderung	
	150 €/m²	275 €/m²	400 €/m²	150 €/m²	275 €/m²	400 €/m²	150 €/m²	275 €/m²	400 €/m²	150 €/m²	275 €/m²	400 €/m²

Sachwert Bodenrichtwert	freistehende EFH und ZFH - Alterswertminderung nach Ross 150 €/m²	275 €/m²	400 €/m²	Lineare Alterswertminderung 150 €/m²	275 €/m²	400 €/m²	Reihen- und Doppelhaushälften - Alterswertminderung nach Ross 150 €/m²	275 €/m²	400 €/m²	Lineare Alterswertminderung 150 €/m²	275 €/m²	400 €/m²
50 000	–	–	–	–	–	–	–	–	–	–	–	–
75 000	–	–	–	–	–	–	–	–	–	–	–	–
100 000	–	–	–	–	–	–	–	–	–	–	–	–
125 000	1,04	–	–	1,00	–	–	1,08	–	–	1,05	–	–
150 000	0,94	–	–	0,91	–	–	0,98	1,04	–	0,96	1,02	–
160 000	–	–	–	–	–	–	–	–	–	–	–	–
170 000	–	–	–	–	–	–	–	–	–	–	–	–
175 000	0,86	0,95	–	0,84	0,90	–	0,90	0,97	1,03	0,90	0,96	1,01
180 000	–	–	–	–	–	–	–	–	–	–	–	–
190 000	–	–	–	–	–	–	–	–	–	–	–	–
200 000	0,80	0,90	0,91	0,78	0,86	–	0,84	0,92	0,98	0,84	0,91	0,97
210 000	–	–	–	–	–	–	–	–	–	–	–	–
220 000	–	–	–	–	–	–	–	–	–	–	–	–
225 000	0,75	0,85	0,88	0,73	0,82	0,89	0,79	0,87	0,94	0,80	0,86	0,93
230 000	–	–	–	–	–	–	–	–	–	–	–	–
240 000	–	–	–	–	–	–	–	–	–	–	–	–
250 000	0,71	0,81	0,85	0,69	0,78	0,86	0,74	0,83	0,91	0,76	0,83	0,90
260 000	–	–	–	–	–	–	–	–	–	–	–	–
270 000	–	–	–	–	–	–	–	–	–	–	–	–
275 000	0,67	0,78	0,82	0,66	0,75	0,83	0,71	0,80	0,88	0,73	0,80	0,88
280 000	–	–	–	–	–	–	–	–	–¹	–	–	–
290 000	–	–	–	–	–	–	–	–	–	–	–	–
300 000	0,64	0,75	0,80	0,63	0,73	0,81	0,67	0,77	0,85	0,70	0,77	0,85
320 000	–	–	–	–	–	–	–	–	–	–	–	–
325 000	0,61	0,72	0,78	0,60	0,71	0,79	0,64	0,74	0,83	0,68	0,74	0,83
340 000	–	–	–	–	–	–	–	–	–	–	–	–
350 000	0,59	0,70	0,77	0,58	0,69	0,77	0,62	0,72	0,81	0,65	0,72	0,81
360 000	–	–	–	–	–	–	–	–	–	–	–	–
375 000	0,57	0,68	0,76	0,56	0,67	0,75	–	0,70	0,79	–	0,70	0,79
380 000	–	–	–	–	–	–	–	–	–	–	–	–
400 000	–	0,66	0,75	–	0,65	0,74	–	0,68	0,77	–	0,68	0,78
425 000	–	0,64	0,74	–	0,64	0,73	–	–	0,76	–	–	–
450 000	–	0,63	0,73	–	0,62	0,72	–	–	0,74	–	–	–
475 000	–	0,61	0,72	–	0,61	0,71	–	–	–	–	–	–
500 000	–	–	0,71	–	–	0,70	–	–	–	–	–	–
525 000	–	–	0,70	–	–	0,69	–	–	–	–	–	–
550 000	–	–	0,69	–	–	0,68	–	–	–	–	–	–
575 000	–	–	–	–	–	–	–	–	–	–	–	–

Quelle: Grundstücksmarktbericht 2011 AfB Heppenheim

§ 14 ImmoWertV — Sachwertfaktoren

1.4.2 Sachwertfaktoren für freistehende Ein- und Zweifamilienhäuser sowie Reihen- und Doppelhäuser in Hessen (NHK 2000)

Sachwert	Sachwertfaktoren von Hessen											
	Doppelhaushälften						Ein- und Zweifamilienhäuser					
	Bodenwertbereich											
	bis 99 €/m²	100 €/m² bis 199 €/m²	200 €/m² bis 299 €/m²	300 €/m² bis 399 €/m²	400 €/m² bis 499 €/m²	über 500 €/m²	bis 49 €/m²	50 €/m² bis 99 €/m²	100 €/m² bis 149 €/m²	150 €/m² bis 199 €/m²	200 €/m² bis 299 €/m²	300 €/m² bis 399 €/m²	400 €/m² bis 499 €/m²	über 500 €/m²
100 000	0,82	0,91	1,17	–	–	–	0,70	0,91	0,97	–	–	–	–	–
125 000	–	–	–	–	–	–	–	–	–	–	–	–	–	–
150 000	0,78	0,85	1,03	1,09	1,19	–	0,64	0,79	0,84	0,92	0,92	1,02	1,06	–
160 000	–	–	–	–	–	–	–	–	–	–	–	–	–	–
170 000	–	–	–	–	–	–	–	–	–	–	–	–	–	–
175 000	–	–	–	–	–	–	–	–	–	–	–	–	–	–
180 000	–	–	–	–	–	–	–	–	–	–	–	–	–	–
190 000	–	–	–	–	–	–	–	–	–	–	–	–	–	–
200 000	0,76	0,81	0,95	0,98	1,09	1,15	0,61	0,71	0,76	0,83	0,83	0,91	0,99	–
210 000	–	–	–	–	–	–	–	–	–	–	–	–	–	–
220 000	–	–	–	–	–	–	–	–	–	–	–	–	–	–
225 000	–	–	–	–	–	–	–	–	–	–	–	–	–	–
230 000	–	–	–	–	–	–	–	–	–	–	–	–	–	–
240 000	–	–	–	–	–	–	–	–	–	–	–	–	–	–
250 000	0,74	0,78	0,89	0,91	1,01	1,09	0,58	0,66	0,71	0,76	0,76	0,83	0,94	1,04
260 000	–	–	–	–	–	–	–	–	–	–	–	–	–	–
270 000	–	–	–	–	–	–	–	–	–	–	–	–	–	–
275 000	–	–	–	–	–	–	–	–	–	–	–	–	–	–
280 000	–	–	–	–	–	–	–	–	–	–	–	–	–	–
290 000	–	–	–	–	–	–	–	–	–	–	–	–	–	–
300 000	–	0,75	0,84	0,86	0,86	1,05	0,56	0,62	0,66	0,71	0,71	0,77	0,90	1,02
320 000	–	–	–	–	–	–	–	–	–	–	–	–	–	–
325 000	–	–	–	–	–	–	–	–	–	–	–	–	–	–
340 000	–	–	–	–	–	–	–	–	–	–	–	–	–	–
350 000	–	–	0,80	0,81	0,91	1,01	0,54	0,59	0,63	0,67	0,67	0,72	0,86	1,00
360 000	–	–	–	–	–	–	–	–	–	–	–	–	–	–
375 000	–	–	–	–	–	–	–	–	–	–	–	–	–	–
380 000	–	–	–	–	–	–	–	–	–	–	–	–	–	–
400 000	–	–	–	0,78	0,87	0,98	–	–	0,60	0,64	0,64	0,68	0,84	0,98
425 000	–	–	–	–	–	–	–	–	–	–	–	–	–	–
450 000	–	–	–	–	0,84	0,95	–	–	–	0,61	0,61	0,65	0,81	0,96
475 000	–	–	–	–	–	–	–	–	–	–	–	–	–	–
500 000	–	–	–	–	0,82	0,93	–	–	–	0,58	0,59	0,62	0,79	0,95
525 000	–	–	–	–	–	–	–	–	–	–	–	–	–	–
550 000	–	–	–	–	–	0,91	–	–	–	–	0,57	0,60	0,77	0,94
600 000	–	–	–	–	–	–	–	–	–	–	–	–	–	–
650 000	–	–	–	–	–	–	–	–	–	–	0,55	0,58	0,76	0,92
700 000	–	–	–	–	–	–	–	–	–	–	–	0,56	0,74	0,91
750 000	–	–	–	–	–	–	–	–	–	–	–	0,54	0,73	0,90
800 000	–	–	–	–	–	–	–	–	–	–	–	–	–	0,90

Quelle: Grundstücksmarktberichte Hessen 2010

Sachwertfaktoren § 14 ImmoWertV

1.4.3 Sachwertfaktoren für Ein- und Zweifamilienhäuser in Rheinland-Pfalz (NHK 2000) – Region Nord

vorläufiger Sachwert	Einfamilienhaus (unvermietet) Bodenrichtwert						Region Nord Bodenrichtwert			
	15,00 €/m²	30 €/m²	60 €/m²	120 €/m²	240 €/m²	480 €/m²	30 €/m²	60 €/m²	120 €/m²	240 €/m²
50 000	–	–	–	–	–	–	–	–	–	–
75 000	–	–	–	–	–	–	–	–	–	–
100 000	0,85	0,93	1,01	–	–	–	0,90	0,96	1,02	–
125 000	0,80	0,87	0,95	1,02	–	–	0,84	0,89	0,95	–
150 000	0,76	0,83	0,90	0,97	–	–	0,79	0,85	0,90	0,96
160 000	–	–			–	–	–	–	–	–
170 000					–	–	–	–	–	–
175 000	0,73	0,79	0,86	0,92	0,99	–	0,75	0,81	0,86	0,92
180 000	–	–	–	–	–	–	–	–	–	–
190 000	–	–	–	–	–	–	–	–	–	–
200 000	0,70	0,76	0,83	0,89	0,95	1,01	0,71	0,77	0,83	0,89
210 000	–	–	–	–	–	–	–	–	–	–
220 000	–	–	–	–	–	–	–	–	–	–
225 000	0,68	0,74	0,80	0,86	0,92	0,98	0,69	0,74	0,80	0,86
230 000	–	–	–	–	–	–	–	–	–	–
240 000	–	–	–	–	–	–	–	–	–	–
250 000	0,66	0,72	0,77	0,83	0,89	0,95	0,66	0,72	0,78	0,83
260 000	–	–	–	–	–	–	–	–	–	–
270 000	–	–	–	–	–	–	–	–	–	–
275 000	0,64	0,70	0,75	0,81	0,86	0,92	0,64	0,70	0,76	0,81
280 000	–	–	–	–	–	–	–	–	–	–
290 000	–	–	–	–	–	–	–	–	–	–
300 000	0,63	0,68	0,73	0,79	0,84	0,89	0,62	0,68	0,74	0,79
320 000	–	–	–	–	–	–	–	–	–	–
325 000	0,61	0,67	0,72	0,77	0,82	0,87	0,61	0,66	0,72	0,77
340 000	–	–	–	–	–	–	–	–	–	–
350 000	0,60	0,65	0,70	0,75	0,80	0,85	0,59	0,65	0,70	0,76
360 000	–	–	–	–	–	–	–	–	–	–
375 000	0,59	0,64	0,69	0,74	0,79	0,83	0,58	0,63	0,69	0,74
380 000	–	–	–	–	–	–	–	–	–	–
400 000	0,58	0,63	0,68	0,72	0,77	0,82	0,57	0,62	0,68	0,73
425 000	–	0,62	0,66	0,71	0,76	0,80	0,56	0,61	0,66	0,72
450 000	–	0,61	0,65	0,70	0,74	0,79	0,54	0,60	0,65	0,71
475 000	–	–	0,64	0,69	0,73	0,78	–	0,59	0,64	0,70
500 000	–	–	0,63	0,68	0,72	0,76	–	0,58	0,63	0,69
525 000	–	–	–	0,67	0,71	0,75	–	–	–	0,68
550 000	–	–	–	0,66	0,70	0,74	–	–	–	–
575 000	–	–	–	–	0,69	0,73	–	–	–	–
600 000	–	–	–	–	0,68	0,72	–	–	–	–
625 000	–	–	–	–	–	0,71	–	–	–	–
650 000	–	–	–	–	–	0,70	–	–	–	–
675 000	–	–	–	–	–	0,70	–	–	–	–

§ 14 ImmoWertV — Sachwertfaktoren

1.4.4 Sachwertfaktoren für Ein- und Zweifamilienhäuser in Rheinland-Pfalz (NHK 2000) – Region Südost, Region West, Konz, Saarburg, Trier

Sachwertfaktoren für Ein- und Zweifamilienhäuser Rheinland-Pfalz 2011										
Vorläufiger Sachwert	Region Südost				Region West					Konz, Saarburg, Trier-Land		
	Bodenrichtwert				Bodenrichtwert					Trier-Land		
	60 €/m²	120 €/m²	240 €/m²	480 €/m²	15 €/m²	30 €/m²	60 €/m²	120 €/m²	240 €/m²	60 €/m²	120 €/m²	240 €/m²
50 000	–	–	–	–	–	–	–	–	–	–	–	–
75 000	–	–	–	–	–	–	–	–	–	–	–	–
100 000	1,05	–	–	–	0,89	0,97	–	–	–	–	–	–
125 000	0,97	1,05	–	–	0,82	0,90	0,97	–	–	0,88	–	–
150 000	0,92	0,99	1,06	–	0,77	0,84	0,91	0,98	–	0,84	0,94	1,03
160 000	–	–	–	–	–	–	–	–	–	–	–	–
170 000	–	–	–	–	–	–	–	–	–	–	–	–
175 000	0,87	0,94	1,01	1,08	0,73	0,80	0,86	0,93	0,97	0,81	0,91	1,00
180 000	–	–	–	–	–	–	–	–	–	–	–	–
190 000	–	–	–	–	–	–	–	–	–	–	–	–
200 000	0,84	0,90	0,97	1,03	0,70	0,76	0,82	0,89	0,94	0,78	0,88	0,98
210 000	–	–	–	–	–	–	–	–	–	–	–	–
220 000	–	–	–	–	–	–	–	–	–	–	–	–
225 000	0,80	0,87	0,93	1,00	0,67	0,73	0,79	0,85	0,90	0,76	0,86	0,96
230 000	–	–	–	–	–	–	–	–	–	–	–	–
240 000	–	–	–	–	–	–	–	–	–	–	–	–
250 000	0,78	0,84	0,90	0,96	0,65	0,71	0,76	0,82	0,88	0,74	0,84	0,94
260 000	–	–	–	–	–	–	–	–	–	–	–	–
270 000	–	–	–	–	–	–	–	–	–	–	–	–
275 000	0,75	0,81	0,87	0,94	0,62	0,68	0,74	0,80	0,85	0,72	0,82	0,92
280 000	–	–	–	–	–	–	–	–	–	–	–	–
290 000	–	–	–	–	–	–	–	–	–	–	–	–
300 000	0,73	0,79	0,85	0,91	0,61	0,66	0,72	0,78	0,83	0,71	0,81	0,91
320 000	–	–	–	–	–	–	–	–	–	–	–	–
325 000	0,71	0,77	0,83	0,89	0,59	0,64	0,70	0,76	0,81	0,69	0,79	0,90
340 000	–	–	–	–	–	–	–	–	–	–	–	–
350 000	0,70	0,75	0,81	0,87	0,57	0,63	0,68	0,74	0,79	0,68	0,78	0,88
360 000	–	–	–	–	–	–	–	–	–	0,67	–	–
375 000	0,68	0,74	0,69	0,85	–	0,61	0,67	0,72	0,78	–	0,77	0,87
380 000	–	–	–	–	–	–	–	–	–	–	–	–
400 000	–	0,72	0,78	0,83	–	0,60	0,65	0,70	0,76	–	0,76	0,86
425 000	–	0,71	0,76	0,82	–	–	0,64	0,68	0,75	–	0,75	0,85
450 000	–	0,69	0,75	0,80	–	–	–	0,68	0,74	–	0,74	0,84
475 000	–	0,68	0,74	0,79	–	–	–	–	0,72	–	0,73	0,84
500 000	–	–	0,72	0,78	–	–	–	–	–	–	–	–
525 000	–	–	–	0,76	–	–	–	–	–	–	–	–
550 000	–	–	–	0,75	–	–	–	–	–	–	–	–

Quelle: Landesgrundstücksmarktbericht Rheinland-Pfalz 2009/2011

Sachwertfaktoren § 14 ImmoWertV

1.4.5 Sachwertfaktoren für bebaute Mehrfamilienhäuser, bebaute Geschäftsgrundstücke und Eigentumswohnungen in Rheinland-Pfalz (NHK 2000)

vorläufiger Sachwert	Sachwertfaktoren für bebaute Mehrfamilienhäuser, bebaute Geschäftsgrundstücke und Eigentumswohnungen Rheinland-Pfalz 2011						
	Bebaute MFH Mehrfamilienhäuser		Bebaute Wohn- Geschäftshäuser		Eigentumswohnungen		
	120 €/m²	240 €/m²	120 €/m²	240 €/m²	60 €/m²	120 €/m²	240 €/m²
50 000	–	–	–	–	0,77	0,90	1,03
75 000	–	–	–	–	0,73	0,83	0,93
100 000	–	–	0,96	1,02	0,70	0,78	0,87
125 000	–	–	0,92	0,97	0,68	0,75	0,82
150 000	0,88	0,97	0,89	0,94	0,66	0,72	0,79
160 000	–	–	–	–	–	–	–
170 000	–	–	–	–	–	–	–
175 000	0,85	0,94	0,87	0,91	0,64	0,70	0,76
180 000	–	–	–	–	–	–	–
190 000	–	–	–	–	–	–	–
200 000	0,83	0,92	0,85	0,89	0,63	0,68	0,73
210 000	–	–	–	–	–	–	–
220 000	–	–	–	–	–	–	–
225 000	0,81	0,90	0,83	0,86	–	–	–
230 000	–	–	–	–	–	–	–
240 000	–	–	–	–	–	–	–
250 000	0,80	0,88	0,81	0,85	–	–	–
260 000	–	–	–	–	–	–	–
270 000	–	–	–	–	–	–	–
275 000	0,78	0,87	0,80	0,83	–	–	–
280 000	–	–	–	–	–	–	–
290 000	–	–	–	–	–	–	–
300 000	0,77	0,86	0,79	0,82	–	–	–
320 000	–	–	–	–	–	–	–
325 000	0,76	0,84	0,77	0,80	–	–	–
340 000	–	–	–	–	–	–	–
350 000	0,75	0,83	0,76	0,79	–	–	–
360 000	–	–	–	–	–	–	–
375 000	0,74	0,82	0,75	0,78	–	–	–
380 000	–	–	–	–	–	–	–
400 000	0,73	0,81	0,75	0,77	–	–	–
425 000	0,72	0,81	0,74	0,76	–	–	–
450 000	0,71	0,80	0,73	0,75	–	–	–
475 000	0,71	0,79	0,72	0,75	–	–	–
500 000	0,70	0,78	0,72	0,74	–	–	–
525 000	–	–	0,71	0,73	–	–	–
550 000	–	–	0,70	0,72	–	–	–
575 000	–	–	0,70	0,72	–	–	–
600 000	–	–	0,69	0,71	–	–	–
625 000	–	–	0,69	0,71	–	–	–
650 000	–	–	0,68	0,70	–	–	–
675 000	–	–	0,68	0,70	–	–	–
700 000	–	–	0,67	0,69	–	–	–

Quelle: Landesgrundstücksmarktbericht Rheinland-Pfalz 2011

§ 14 ImmoWertV   Liegenschaftszinssatz

Anlage 2   Liegenschaftszinssätze für Mietwohnhäuser und Mietwohngeschäftshäuser in Berlin mit einem gewerblichen Mietanteil bis 70 %

**Bekanntmachung der Senatsverwaltung für Stadtentwicklung vom 10.05.2012 –
StadtUm III E GSt 2 – (ABl. Berlin 2012, 793), ber. durch Gutachterausschuss (Tabelle 4).**

Die Geschäftsstelle des Gutachterausschusses für Grundstückswerte in Berlin veröffentlicht aufgrund des § 193 Abs. 5 Nr. 1 des Baugesetzbuchs (BauGB) i. d. F. vom 23.09.2004 (BGBl. I 2004, 2414), das zuletzt durch Art. 1 des Gesetzes vom 22.07.2011 (BGBl. I 2011, 1509) geändert worden ist, i. V. m. § 21 der Verordnung zur Durchführung des Baugesetzbuchs (DVO-BauGB) vom 05.11.1998 (GVBl. 1998, 331), die zuletzt durch § 6 des Gesetzes vom 19.06.2006 (GVBl. 2006, 573) geändert worden ist, nachstehend sonstige für die Wertermittlung erforderliche Daten gemäß § 9 der Immobilienwertermittlungsverordnung (ImmoWertV) vom 19.05.2010 (BGBl. I 2010, 639). Der Gutachterausschuss für Grundstückswerte in Berlin hat diese Daten abschließend am 25.04.2012 beschlossen.

Letzte Veröffentlichung: ABl. Berlin 2007, 1752; 2031= GuG 2007, 352 = Kleiber, Verkehrswertermittlung von Grundstücken, 6. Aufl. 2010 S. 1223; ABl. 2005, 4391 = GuG 2006, 111; ABl. 2000, 1064 bzw. ABl. 2002, 313; vgl. Kleiber/Simon/Weyers, Verkehrswertermittlung, 4. Aufl. S. 1000.

1   Vorbemerkung

1. Die Liegenschaftszinssätze sind die Zinssätze, mit denen Verkehrswerte von Grundstücken je nach Grundstücksart im Durchschnitt marktüblich verzinst werden (§ 14 Abs. 3 ImmoWertV). Der Verordnungsgeber spricht mit dieser Vorgabe den Zinssatz an, der im Ertragswertverfahren (§§ 17 – 20 ImmoWertV) einzusetzen ist. Der Liegenschaftszinssatz ist nicht identisch mit dem Zinssatz, der sich bei reiner betriebswirtschaftlicher Betrachtung oder bei reiner Risikoabschätzung von Ertragsgrundstücken als Kapitalanlage errechnet.

2. Die Verwendung der ermittelten Liegenschaftszinssätze führt nur dann zu einem marktgerechten Ergebnis, wenn die wertbestimmenden Ansätze (grundstückswirtschaftliche Rahmenbedingungen) in der Ertragswertermittlung innerhalb des Modells bleiben, das von der Geschäftsstelle des Gutachterausschusses bei der Ableitung der Liegenschaftszinssätze aus den Kaufpreisen zugrunde gelegt wurde (Durchschnittsmieten, Bewirtschaftungskosten, Restnutzungsdauer).

3. Die Verwendung der nachfolgenden Liegenschaftszinssätze ersetzt nicht automatisch die nach ImmoWertV erforderliche Marktanpassung ermittelter Ertragswerte. Eine Marktanpassung kann vor allem dann erforderlich werden, wenn nach dem Stichtag der letzten Ableitung der Liegenschaftszinssätze (hier: 01.11.2011) eine deutliche Entwicklung der Kaufpreise von Ertragsgrundstücken stattgefunden hat. Besondere objektspezifische Grundstücksmerkmale (§ 8 Abs. 2 ImmoWertV) sind gesondert zu berücksichtigen, insbesondere bei Abweichungen des Wertermittlungsobjekts von den Modellansätzen für die Ermittlung der Liegenschaftszinssätze.

4. Werden renditeorientierte Wohnimmobilien im Paket veräußert, können die nachfolgenden Zinssätze nicht verwandt werden. „Paketverkäufe" unterliegen nach Einschätzung des Gutachterausschusses besonderen Erwartungen und Kaufentscheiden. In der vorliegenden Untersuchung sind Paketverkäufe nicht berücksichtigt worden,

Anhand der von der Geschäftsstelle des Gutachterausschusses für Grundstückswerte in Berlin geführten Kaufpreissammlung sind aus dem Kaufpreismaterial der Jahre 2007 bis Oktober 2011, bei dem anhand der Eigentümerangaben die Ertragssituation bekannt war, mithilfe mathematisch statistischer Analysen gemäß § 14 ImmoWertV die nachstehenden durchschnittlichen Liegenschaftszinssätze für Grundstücke mit Mietwohn- und Geschäftshäusern mit einem gewerblichen Mietanteil bis 70 % nach den Grundsätzen des Ertragswertverfahrens ermittelt worden.

Liegenschaftszinssatz § 14 ImmoWertV

Es wurden grundsätzlich nur Kauffälle aus Wohngebieten sowie Gebieten mit misch- oder kerngebietstypischen Nutzungen (Darstellung im Bodenrichtwertatlas typische Nutzungsart = W, M1, M2) berücksichtigt. Fälle in Gewerbegebieten und in Gebieten für sonstige Flächen (Darstellung im Bodenrichtwertatlas typische Nutzungsart = G [Gp], SF) fanden keine Berücksichtigung. Darüber hinaus wurde die Recherche auf die gebietstypische GFZ ≥ 3,0 beschränkt.

Objekte, die zum Beispiel zur Vorbereitung von Sanierungsmaßnahmen teilentmietet waren, wurden bei der Analyse nicht berücksichtigt. Ferner wurde bei Objekten mit weniger als 20 % leerstehenden Wohneinheiten die durchschnittliche Objektmiete für diese Wohneinheiten in Ansatz gebracht. Bei diesem Leerstand handelt es sich nicht um einen strukturellen Leerstand.

Die ermittelten Liegenschaftszinssätze wurden mit folgenden Ansätzen abgeleitet:

1.1 Bodenwert

Als Bodenwert wird der zeitlich linear und hinsichtlich der tatsächlichen GFZ angepasste Bodenrichtwert zum Kaufzeitpunkt angesetzt. Der Einfluss der tatsächlichen GFZ wurde mithilfe der von der Geschäftsstelle des Gutachterausschusses ermittelten GFZ-Umrechnungskoeffizienten berücksichtigt (veröffentlicht im Amtsblatt für Berlin 2004, 1101).

1.2 Bewirtschaftungskosten (§ 19 ImmoWertV)

Der Ableitung der Reinerträge aus den Jahresrohertägen (netto) liegen folgende jährliche Ansätze für Bewirtschaftungskosten (§ 19 ImmoWertV) zugrunde:

1.2.1 Verwaltungskosten (§ 19 Abs. 2 Nr. 1 ImmoWertV)

Die Verwaltungskosten wurden nach Angaben der Eigentümer angesetzt, sofern sie bekannt waren. In den Fällen, in denen sie unbekannt waren, wurden sie nach der Tabelle 1 angesetzt.

Tabelle 1: Jährliche Verwaltungskosten in % des Nettojahresrohertrags

Wohn- und Nutzfläche (m^2)	Jährliche Verwaltungskosten in % des Nettojahresrohertrags						
	Monatliche Nettokaltmiete (€/m^2)						
	3,00	4,00	5,00	6,00	7,00	8,00	9,00
500	8,3	7,6	6,9	6,2	5,5	4,7	4,0
1 000	8,1	7,4	6,7	5,9	5,2	4,5	3,8
1 500	7,9	7,2	6,5	5,8	5,1	4,4	3,6
2 000	7,8	7,1	6,4	5,7	5,0	4,3	3,5
2 500	7,8	7,0	6,3	5,6	4,9	4,2	3,5
3 000	7,7	7,0	6,3	5,5	4,8	4,1	3,4
3 500	7,6	6,9	6,2	5,5	4,8	4,1	3,3

Korrekturen: Der Einfluss des gewerblichen Mietanteils der Objekte auf die jährlichen Verwaltungskosten in Prozent des Nettojahresrohertrags ist statistisch nicht signifikant, daher erfolgt keine Korrektur der in der Tabelle wiedergegebenen Werte hinsichtlich des gewerblichen Mietanteils.

1.2.2 Instandhaltungskosten (§ 19 Abs. 2 Nr. 2 ImmoWertV)

Da sich der Preisindex für Instandhaltung gegenüber dem vorherigen Untersuchungszeitraum deutlich verändert hat (Preisindex Berlin für Bauleistungen am Bauwerk, Instandhaltung von Mehrfamiliengebäuden ohne Schönheitsreparaturen (Basis 2005 = 100): November 2011 = 115,6), wurden die Instandhaltungskosten gegenüber der letzten Veröffentlichung um 15 % erhöht. In den Instandhaltungskostenpauschalen sind keine Anteile für Schönheitsreparaturen enthalten.

§ 14 ImmoWertV   Liegenschaftszinssatz

Instandhaltungskostenpauschale in €/m²/Jahr gemäß der nachfolgenden Aufstellung (Tabelle 2):

Tabelle 2: Instandhaltungskostenpauschale in €/m²/Jahr

Baujahr	Instandhaltungskostenpauschale in €/m²/Jahr			
	Instandhaltungskosten für		Zuschlag bei	
	Wohnflächen (€/m²)	Nutzflächen (€/m²)	Zentralheizung (€/m²)	Aufzug (€/m²)
bis 1900	12,95	6,45	0,60	0,90
von 1901 bis 1948	11,75	5,85	0,60	0,90
von 1949 bis 1969	12,40	6,20	–	0,90
von 1970 bis 1979	9,80	4,95	–	0,90
nach 1979	7,70	3,90	–	0,90
Offene Wageneinstellplätze (je Platz)		37,00 €		
Garagen und gedeckte Stellplätze (je Platz)		74,00 €		

1.2.3 Mietausfallwagnis (§ 19 Abs. 2 Nr. 3 ImmoWertV)

Mietausfallwagnis: 2 % der jährlichen Netto-Kaltmiete für Wohnnutzung und 4 % der jährlichen Netto-Kaltmiete für gewerbliche und sonstige Nutzung, entsprechend der Kaufvertragsauswertung.

1.2.4 Restnutzungsdauer (§ 6 Abs. 6 ImmoWertV)

Tabelle 3: Nachkriegsbauten (Baujahre 1949 bis 1969) und Neubauten (Baujahre ab 1970)

Restnutzungsdauer für Nachkriegsbauten (Baujahre 1949 bis 1969) und Neubauten (Baujahre ab 1970)	
Baualter in Jahren	Wirtschaftliche Restnutzungsdauer in Jahren
bis 2	100
3 bis 7	95
8 bis 12	90
13 bis 17	85
18 bis 22	80
23 bis 27	75
28 bis 32	70
33 bis 37	65
38 bis 42	60
43 bis 47	55
48 bis 52	50
53 bis 57	45
58 bis 62	40

Liegenschaftszinssatz § 14 ImmoWertV

Tabelle 4: Zwischenkriegs- (Baujahre 1919 bis 1948) und Altbauten (Baujahre bis 1918)

Baualter	Restnutzungsdauer für Zwischenkriegs- (Baujahr 1919 bis 1948) und Altbauten (Baujahr bis 1918)			Ausstattung und Zu- und Abschläge
	wirtschaftliche Restnutzungsdauer bei Zustandsnote			
	1 gut	2 normal	3 schlecht	
62 bis 67	50	45	40	**Zwischenkriegsbauten:**
68 bis 77	45	40	35	**Normalausstattung:** IT, EH/ZH, Bäder
78 bis 87	40	35	30	**Abschlag fünf Jahre:** keine EH/ZH (komplett)
88 bis 92	35	30	25	
93 bis 97	40	35	30	**Altbauten:**
98 bis 117	35	30	25	**Normalausstattung:** IT, EH/ZH (komplett) und Bäder
118 bis 149	30	25	20	**Abschlag fünf Jahre:** keine EH/ZH (komplett) oder keine Bäder
				Abschlag zehn Jahre: weder EH/ZH (komplett) noch Bäder
				Abschlag fünf Jahre: ausschließlich PT

Legende:
EH/ZH = Etagen-/Zentralheizung; OH = Ofenheizung; IT = Innentoilette; PT = Podesttoilette
Anmerkung: Modernisierung wurde berücksichtigt durch Einordnung in entsprechende Zustandsnote, Baualter und Ausstattung.

2 Liegenschaftszinssätze

Die ausgewiesenen Liegenschaftszinssätze sind auf der Grundlage der unter 1. beschriebenen Modellannahmen und der sich hierfür ergebenden Regressionsgleichungen berechnet worden.

Die Ergebnisse der multivariaten Regressionsanalyse sind im Folgenden differenziert nach vier Baualtersgruppen dargestellt.

In den Tabellen der Liegenschaftszinssätze steht in der ersten Zeile der Mittelwert und in der zweiten Zeile die Wertspanne des 95%-Konfidenzbereichs für diesen jeweiligen Mittelwert. Die Fallzahlen der Altbezirke stehen in den Klammern.

§ 14 ImmoWertV — Liegenschaftszinssatz

Tabelle 5:

Liegenschaftszinssätze für Objekte der Baujahre vor 1919* (Die Liegenschaftszinssätze sind für die Jahre 2008, 2009 und 2010, für eine tatsächliche GFZ von 3,0 und für Objekte ohne gewerblichen Mietanteil am Nettojahresrohertrag berechnet)											
Altbezirk	Neukölln (128), Wilmersdorf (67), Wedding (140), Tiergarten (115), Charlottenburg (101), Steglitz (32), Pankow (70), Zehlendorf (7), Tempelhof (23), Hellersdorf (1)						Köpenick (73), Reinickendorf (36), Spandau (66), Treptow (32), Lichtenberg (49), Weißensee (40), Hohenschönhausen (3)				
Baujahr	bis 1900			1901 bis 1918			bis 1900			1901 bis 1918		
Stadträumliche Wohnlage / Monatliche Nettokaltmiete (€/m²)	einfach	mittel	gut/sehr gut	einfach	mittel	gut/sehr gut	einfach	mittel	gut/sehr gut	einfach	mittel	gut/sehr gut
4.00	3,3 / 3,1-3,5	2,7 / 2,5-3,0	2,4 / 2,1-2,6	3,7 / 3,5-3,9	3,1 / 2,9-3,3	2,7 / 2,5-3,0	4,0 / 3,7-4,2	3,3 / 3,1-3,6	3,0 / 2,6-3,4	4,4 / 4,1-4,6	3,7 / 3,5-4,0	3,4 / 3,0-3,7
5.00	4,0 / 3,8-4,2	3,4 / 3,2-3,6	3,0 / 2,8-3,3	4,4 / 4,2-4,6	3,8 / 3,6-4,0	3,4 / 3,2-3,7	4,7 / 4,4-4,9	4,0 / 3,8-4,3	3,7 / 3,3-4,0	5,1 / 4,8-5,3	4,4 / 4,2-4,7	4,1 / 3,8-4,4
6.00	4,5 / 4,3-4,7	3,9 / 3,6-4,1	3,5 / 3,2-3,8	4,9 / 4,7-5,1	4,3 / 4,0-4,5	3,9 / 3,7-4,2	5,1 / 4,9-5,4	4,5 / 4,2-4,8	4,2 / 3,8-4,5	5,5 / 5,3-5,8	4,9 / 4,6-5,2	4,6 / 4,2-4,9
7.00	4,8 / 4,6-5,1	4,2 / 3,9-4,5	3,8 / 3,6-4,1	5,2 / 5,0-5,4	4,6 / 4,4-4,8	4,2 / 4,0-4,5	5,5 / 5,2-5,8	4,8 / 4,5-5,1	4,5 / 4,1-4,8	5,9 / 5,6-6,1	5,2 / 5,0-5,5	4,9 / 4,5-5,2
8.00	5,1 / 4,8-5,3	4,5 / 4,2-4,7	4,1 / 3,8-4,4	5,5 / 5,2-5,7	4,9 / 4,6-5,1	4,5 / 4,2-4,7	5,7 / 5,4-6,0	5,1 / 4,8-5,4	4,7 / 4,4-5,1	6,1 / 5,8-6,4	5,5 / 5,2-5,8	5,1 / 4,8-5,5
9.00	5,3 / 5,0-5,5	4,6 / 4,4-4,9	4,3 / 4,0-4,6	5,7 / 5,4-5,9	5,0 / 4,8-5,3	4,7 / 4,4-4,9	5,9 / 5,6-6,2	5,3 / 5,0-5,6	4,9 / 4,6-5,3	6,3 / 6,0-6,6	5,7 / 5,4-6,0	5,3 / 5,0-5,7

* Keine Verkäufe in dem Altbezirk Marzahn

Tabelle 6:

Liegenschaftszinssätze für Objekte der Baujahre vor 1919* (Die Liegenschaftszinssätze sind für die Jahre 2008, 2009 und 2010, für eine tatsächliche GFZ von 3,0 und für Objekte ohne gewerblichen Mietanteil am Nettojahresrohertrag berechnet)											
Altbezirk	Mitte (79), Kreuzberg (184), Prenzlauer Berg (163)						Schöneberg (118), Friedrichshain (167)				
Baujahr	bis 1900			1901 bis 1918			bis 1900			1901 bis 1918		
Stadträumliche Wohnlage / Monatliche Nettokaltmiete (€/m²)	einfach	mittel	gut/sehr gut	einfach	mittel	gut/sehr gut	einfach	mittel	gut/sehr gut	einfach	mittel	gut/sehr gut
4.00	1,4 / 1,2-1,7	0,8 / 0,6-1,1	0,5 / 0,1-0,8	1,8 / 1,6-2,1	1,2 / 0,9-1,5	0,9 / 0,5-1,2	2,3 / 2,0-2,5	1,6 / 1,3-1,9	1,3 / 1,0-1,6	2,7 / 2,4-2,9	2,0 / 1,8-2,3	1,7 / 1,4-2,0
5.00	2,1 / 1,9-2,3	1,5 / 1,3-1,8	1,2 / 0,9-1,5	2,5 / 2,3-2,8	1,9 / 1,6-2,2	1,6 / 1,6-1,9	3,0 / 2,7-3,2	2,3 / 2,1-2,6	2,0 / 1,7-2,3	3,4 / 3,1-3,6	2,7 / 2,5-3,0	2,4 / 2,1-2,7
6.00	2,6 / 2,4-2,8	2,0 / 1,7-2,2	1,6 / 1,3-1,9	3,0 / 2,8-3,2	2,4 / 2,1-2,6	2,0 / 1,7-2,3	3,4 / 3,2-3,7	2,8 / 2,5-3,1	2,4 / 2,1-2,7	3,8 / 3,6-4,1	3,2 / 2,9-3,5	2,8 / 2,6-3,1
7.00	2,9 / 2,7-3,2	2,3 / 2,1-2,6	2,0 / 1,7-2,3	3,3 / 3,1-3,6	2,7 / 2,4-3,0	2,4 / 2,0-2,7	3,8 / 3,5-3,7	3,1 / 2,8-3,4	2,8 / 2,5-3,1	4,2 / 3,9-4,4	3,5 / 3,3-3,8	3,2 / 2,9-3,5
8.00	3,2 / 3,0-3,4	2,6 / 2,3-2,8	2,2 / 1,9-2,5	3,6 / 3,3-3,8	3,0 / 2,7-3,2	2,6 / 2,3-2,9	4,0 / 3,7-4,3	3,4 / 3,1-3,7	3,0 / 2,7-3,3	4,4 / 4,1-4,7	3,8 / 3,5-4,1	3,4 / 3,1-3,7
9.00	3,4 / 3,1-3,6	2,8 / 2,5-3,0	2,4 / 2,1-2,7	3,8 / 3,5-4,0	3,2 / 2,9-3,4	2,8 / 2,5-3,1	4,2 / 3,9-4,5	3,6 / 3,3-3,9	3,2 / 2,9-3,5	4,6 / 4,3-4,9	4,0 / 3,7-4,3	3,6 / 3,3-3,9

* Keine Verkäufe in dem Altbezirk Marzahn

Bei Abweichungen des Bewertungsobjekts von den oben genannten Eigenschaften in den Tabellen 5 und 6 ändert sich der Liegenschaftszinssatz wie folgt:

Kaufvertragsjahr
2007: Absenkung von 0,3
2011: Absenkung von 1,1

Liegenschaftszinssatz § 14 ImmoWertV

Tatsächliche GFZ
Bei geringerer GFZ als 3,0: Erhöhung des Liegenschaftszinssatzes um 0,2 Prozentpunkte pro 1,0 Veränderung der GFZ (Beispiel: GFZ = 2,0 = Erhöhung des Liegenschaftszinssatzes um 0,2).

Bei höherer GFZ als 3,0: Minderung des Liegenschaftszinssatzes um 0,2 Prozentpunkte pro 1,0 Veränderung der GFZ (Beispiel: GFZ = 4,5 = Minderung des Liegenschaftszinssatzes um 0,3).

Gewerblicher Mietanteil am Nettojahresrohertrag
Bei jeweils 10 % gewerblichen Mietanteils beim zu bewertenden Objekt ist der Liegenschaftszinssatz um je 0,1 Prozentpunkte zu erhöhen (Beispiel: gewerblicher Mietanteil 35 %, Erhöhung des Liegenschaftszinssatzes um 0,35).

Statistische Angaben zum verwendeten Datenmaterial
In diesen Tabellen sind in der oberen Zeile die Mittelwerte, in der mittleren Zeile kursiv die 5%- beziehungsweise 95%-Perzentile der Einzelwerte und in der unteren Zeile die Minimum-/Maximum-Werte dargestellt.

Tabelle 7:

	Altbauten (Baujahre vor 1919)					
Anzahl	Nettoeinertragsanteil (%)	Kaufpreis pro Geschossfläche (€/m²)	Kaufpreis/ Nettojahresrohertrag	Durchschnittsmiete (€/m² Monat)	Gewerblicher Mietanteil in %	Verwaltungskosten % p.a.
1 694	70,5 *58,6 – 80,0* *21,1 – 85,9*	691 *339 – 1 163* *149 – 2 315*	14,5 *9,5 – 20,1* *5,1 – 45,4*	5,38 *3,42 – 7,77* *0,90 – 19,92*	14,6 *0,0 – 48,0* *0,0 – 70,0*	6,2 *3,9 – 8,6* *2,1 – 11,5*

Tabelle 8:

	Altbauten (Baujahre vor 1919)										
Anzahl	Grundstücksfläche (m²)	Geschossfläche (m²)	Tatsächliche GFZ	Bodenwert €/m²	Alter der Objekte	Restnutzungsdauer Jahre	Bauzustand			Stadträumliche Wohnlage	
							gut schlecht	normal	einfach	gut und sehr gut	mittel
							Anteil in %			Anteil in %	
1 694	789 *329 – 1 454* *(148 – 6420)*	2 220 *720 – 4230* *(288 – 10 800)*	2,98 *1,07 – 4,34* *(0,34 – 6,06)*	504 *203 – 1002* *(95 – 4505)*	109 *97 – 133* *(89 – 146)*	32 *20 – 35* *(10 – 40)*	19 6	75		62 15	23

In der Tabelle der Liegenschaftszinssätze steht in der ersten Zeile der Mittelwert und in der zweiten Zeile die Wertspanne des 95%-Konfidenzbereichs für diesen jeweiligen Mittelwert. Die Fallzahlen der Altbezirke stehen in den Klammern.

§ 14 ImmoWertV — Liegenschaftszinssatz

Tabelle 9:

		Liegenschaftszinssätze für Objekte der Baujahre 1919 – 1948*					
	Altbezirk	Zehlendorf (16), Charlottenburg (9), Hohenschönhausen (2); Weißensee (6), Reinickendorf (5), Friedrichshain (2), Wilmersdorf (6), Prenzlauer Berg (5)		Treptow (9), Pankow (5), Kreuzberg (1), Tempelhof (9)		Lichtenberg (1), Spandau (12), Köpenick (11), Hellersdorf (1), Wedding (5), Neukölln (6), Steglitz (8), Marzahn (1)	
	Stadträumliche Lage	einfach	besser als einfach	einfach	besser als einfach	einfach	besser als einfach
Monatliche Nettokaltmiete (€/m²)	4.00	**3,8** 3,3 – 4,3	**3,2** 2,7 – 3,7	**4,3** 3,6 – 4,9	**3,7** 3,1 – 4,3	**5,1** 4,6 – 5,5	**4,5** 4,0 – 5,0
	5.00	**4,4** 3,9 – 4,9	**3,8** 3,4 – 4,2	**4,9** 4,2 – 5,6	**4,3** 3,8 – 4,9	**5,7** 5,2 – 6,1	**5,1** 4,7 – 5,5
	6.00	**4,8** 4,3 – 5,4	**4,3** 3,8 – 4,7	**5,3** 4,6 – 6,0	**4,8** 4,2 – 5,3	**61** 5,6 – 6,6	**5,6** 5,1 – 6,0
	7.00	**5,1** 4,5 – 5,8	**4,6** 4,1 – 5,0	**5,6** 4,9 – 6,4	**5,1** 4,5 – 5,7	**6,4** 5,9 – 7,0	**5,9** 5,4 – 6,3
	8.00	**5,3** 4,7 – 6,0	**4,8** 4,3 – 5,3	**5,9** 5,0 – 6,7	**5,3** 4,6 – 6,0	**6,6** 6,0 – 7,2	**6,1** 5,6 – 6,6
	9.00	**5,5** 4,8 – 6,3	**5,0** 4,4 – 5,5	**6,0** 5,2 – 6,9	**5,5** 4,8 – 6,2	**6,81** 6,2 – 7,5	**6,3** 5,7 – 6,8

* Keine Verkäufe in den Altbezirken Mitte, Tiergarten und Schöneberg

Weitere Abhängigkeiten bestehen nicht, daher gibt es hier keine Zu- und Abschläge.

Statistische Angaben zum verwendeten Datenmaterial

In diesen Tabellen gleichen Typs sind in der oberen Zeile die Mittelwerte, in der mittleren Zeile kursiv die 5%- beziehungsweise 95%-Perzentile der Einzelwerte und in der unteren Zeile die Minimum-/Maximum-Werte dargestellt.

Tabelle 10:

Altbauten (Baujahre vor 1919)						
Anzahl	Nettoeinertragsanteil (%)	Kaufpreis pro Geschossfläche (€/m²)	Kaufpreis/ Nettojahresrohertrag	Durchschnittsmiete (€/m² Monat)	gewerblicher Mietanteil in %	Verwaltungskosten % p.a.
133	70,5 58,1 – 79,2 46,8 – 82,3	89 382 – 1 225 261 – 2 063	14,2 9,3 – 21,6 6,5 – 31,0	5,23 3,38 – 7,60 2,57 – 8,60	6,9 0,0 – 40,2 0,0 – 60,0	6,3 4,4 – 8,9 3,7 – 10,2

Liegenschaftszinssatz § 14 ImmoWertV

Tabelle 11:

Anzahl	Grundstücksfläche (m²)	Geschossfläche (m²)	Tatsächliche GFZ	Bodenwert €/m²	Alter der Objekte	Restnutzungsdauer Jahre	Bauzustand			Stadträumliche Wohnlage		
							gut	schlecht	normal	einfach	gut und sehr gut	mittel
							Anteil in %			Anteil in %		
133	2 756 417 – 9932 (210 – 46586)	3124 37 –11116 (129 – 49006)	1,4 0,4 – 3,6 (0,1 – 5,3)	315 135 – 700 (80 – 920)	78 67– 88 (61 – 90)	40 30 – 45 (25 – 50)	12	7	81	36	22	42

In den Tabellen der Liegenschaftszinssätze steht in der ersten Zeile der Mittelwert und in der zweiten Zeile die Wertespanne des 95 %-Konfidenzbereichs für diesen jeweiligen Mittewert. Die Fallzahlen der Altbezirke stehen in Klammern.

Tabelle 12:

Liegenschaftszinssätze für Objekte der Baujahre 1949 bis 1969*
(Die Liegenschaftszinssätze sind ohne gewerblichen Mietanteil am Nettojahresrohertrag berechnet.)
Wedding (24), Spandau (15), Zehlendorf (10), Tempelhof (21), Neukölln (20), Treptow (1), Reinickendorf (11)

Kaufvertragsjahr	2007, 2008, 2010, 2011									2009								
Baulicher Zustand	schlecht			normal			gut			schlecht			normal			gut		
Stadträumliche Wohnlage	einfach	mittel	gut/sehr gut	einfach	mittel	gut/sehr gut	einfach	mittel	gut/sehr gut	einfach	mittel	gut/sehr gut	einfach	mittel	gut/sehr gut	einfach	mittel	gut/sehr gut
4.00	4,9 4,3- 5,6	4,6 3,8- 5,3	4,4 3,6- 5,2	4,9 3,8- 5,1	4,5 4,1- 4,9	4,3 3,9- 4,8	4,2 3,8- 4,7	3,9 3,3- 4,5	3,7 3,1- 4,3	5,8 5,0- 6,5	5,4 4,6- 6,2	5,2 4,4- 6,0	5,7 4,9- 6,1	5,3 4,6- 5,8	5,1 4,6- 5,6	5,1 4,5- 5,3	4,7 4,1- 5,3	4,5 3,9- 5,1
5.00	5,7 5,0- 6,4	5,3 4,6- 6,1	5,1 4,3- 5,9	5,6 5,3- 5,9	5,2 4,9- 5,6	5,0 4,6- 5,4	5,0 4,5- 5,4	4,6 4,1- 5,1	4,4 3,9- 5,0	6,5 5,7- 7,2	6,1 5,3- 6,9	5,9 5,1- 6,7	6,4 6,0- 6,8	6,0 5,6- 6,3	5,8 5,4- 6,3	5,8 5,3- 6,0	5,4 4,9- 5,9	5,2 4,7- 5,8
6.00	6,1 5,4- 6,9	5,8 5,0- 6,6	5,6 4,8- 6,4	6,1 5,7- 6,4	5,7 5,3- 6,1	5,5 5,1- 5,9	5,4 4,9- 5,9	5,1 4,6- 5,6	4,9 4,3- 5,5	7,0 6,2- 7,7	6,6 5,8- 7,4	6,4 5,6- 7,2	6,9 6,4- 7,3	6,5 6,1- 7,0	6,3 5,8- 6,8	6,3 5,7- 6,8	5,9 5,3- 6,5	5,7 5,1- 6,3
7.00	6,5 5,7- 7,3	6,1 5,3- 6,9	5,9 5,1- 6,8	6,4 6,0- 6,8	5,9 5,6- 6,5	5,8 5,4- 6,3	5,4 5,3- 6,3	5,2 4,9- 6,0	5,2 4,7- 5,8	7,3 6,5- 8,1	7,0 6,1- 7,8	6,8 5,9- 7,6	7,2 6,7- 7,7	6,9 6,4- 7,3	6,7 6,2- 7,2	6,6 6,0- 7,2	6,3 5,7- 6,8	6,1 5,5- 6,6
8.00	6,7 5,9- 7,5	6,4 5,6- 7,2	6,2 5,3- 7,0	6,7 6,2- 7,1	6,3 5,9- 6,7	6,1 5,6- 6,6	6,0 5,5- 6,6	5,7 5,1- 6,3	5,5 4,9- 6,1	7,6 6,7- 8,4	7,2 6,4- 8,0	7,0 6,2- 7,9	7,5 6,9- 8,0	7,1 6,6- 7,6	6,9 5,4- 7,5	6,9 6,3- 7,4	6,5 5,9- 7,1	6,3 5,7- 6,9
9.00	6,9 6,1- 7,8	6,6 5,8- 7,4	6,4 5,5- 7,3	6,9 6,4- 7,3	6,5 6,0- 7,0	6,3 5,8- 6,8	6,2 5,7- 6,8	5,9 5,3- 6,5	5,7 5,1- 6,3	7,8 6,9- 8,6	7,4 6,6- 8,3	7,2 6,3- 8,1	7,7 7,1- 8,2	7,3 6,8- 7,8	7,1 6,6- 7,6	7,1 6,4- 7,7	6,7 6,1- 7,3	6,5 5,9- 7,1

* Keine Verkäufe in den Altbezirken Marzahn, Hellersdorf, Hohenschönhausen und Lichtenberg

Monatliche Nettokaltmiete (€/m²)

§ 14 ImmoWertV — Liegenschaftszinssatz

Tabelle 13:

Liegenschaftszinssätze für Objekte der Baujahre 1949 bis 1969*
(Die Liegenschaftszinssätze sind ohne gewerblichen Mietanteil am Nettojahresrohertrag berechnet.)
Weißensee (1), Prenzlauer Berg (3), Kreuzberg (38), Friedrichshain (5), Tiergarten (25),Mitte (2), Pankow (1), Wilmersdorf (23), Charlottenburg (22), Steglitz (26), Köpenick (4), Schöneberg (25)

Kaufvertragsjahr	2007, 2008, 2010, 2011									2009								
Baulicher Zustand	schlecht			normal			gut			schlecht			normal			gut		
Stadträumliche Wohnlage (Monatliche Nettokaltmiete €/m²)	ein-fach	mittel	gut/sehr gut	ein-fach	mittel	gut/sehr gut	ein-fach	mittel	gut/sehr gut	ein-fach	mittel	gut/sehr gut	ein-fach	mittel	gut/sehr gut	ein-fach	mittel	gut/sehr gut
4,00	4,2 / 3,5-4,8	3,8 / 3,1-4,5	3,6 / 2,9-4,3	4,1 / 3,8-4,3	3,7 / 3,4-4,0	3,5 / 3,2-3,9	3,4 / 3,0-3,9	3,1 / 2,6-3,6	2,9 / 2,4-3,4	5,0 / 4,2-5,7	4,6 / 3,9-5,4	4,4 / 3,7-5,2	4,9 / 4,4-5,3	4,5 / 4,1-5,0	4,3 / 3,9-4,8	4,3 / 3,7-4,8	3,9 / 3,3-4,5	3,7 / 3,2-4,3
5,00	4,9 / 4,2-5,5	4,5 / 3,8-5,2	4,3 / 3,6-5,0	4,8 / 4,5-5,1	4,4 / 4,2-4,7	4,2 / 3,9-4,6	4,2 / 3,7-4,6	3,8 / 3,4-4,3	3,6 / 3,2-4,1	5,7 / 5,0-6,4	5,3 / 4,6-6,1	5,1 / 4,4-5,9	5,6 / 5,1-6,1	5,2 / 4,8-5,7	5,1 / 4,6-5,5	5,0 / 4,5-5,5	4,6 / 4,1-5,2	4,4 / 3,9-5,0
6,00	5,4 / 4,7-6,1	5,0 / 4,3-5,7	4,8 / 4,1-5,5	5,3 / 4,9-5,6	4,9 / 4,6-5,2	4,7 / 4,4-5,1	4,7 / 4,3-5,1	4,3 / 3,8-4,8	4,1 / 3,6-4,6	6,2 / 5,4-6,9	5,8 / 4,9-6,6	5,6 / 4,9-6,4	6,1 / 5,6-6,6	5,7 / 5,1-6,2	5,5 / 5,0-6,0	5,5 / 4,9-6,0	5,1 / 4,6-5,7	4,9 / 4,4-5,4
7,00	5,7 / 5,0-6,4	5,4 / 4,5-6,1	5,2 / 4,4-5,9	5,6 / 5,2-6,0	5,3 / 4,9-5,6	5,1 / 4,7-5,4	5,0 / 4,5-5,5	4,6 / 4,1-5,2	4,5 / 4,0-4,9	6,5 / 5,7-7,3	6,2 / 5,4-6,9	6,0 / 5,2-6,8	6,4 / 5,9-7,0	6,1 / 5,6-6,5	5,9 / 5,4-6,4	5,8 / 5,2-6,4	5,5 / 4,9-6,0	5,3 / 4,7-5,8
8,00	6,0 / 5,2-6,7	5,6 / 4,8-6,4	5,4 / 4,6-6,2	5,9 / 5,4-6,3	5,5 / 5,1-5,9	5,3 / 4,9-5,7	5,3 / 4,7-5,8	4,9 / 4,4-5,4	4,7 / 4,2-5,2	6,8 / 5,9-7,6	6,4 / 5,6-7,2	6,2 / 5,4-7,0	6,7 / 6,1-7,2	6,3 / 5,8-6,8	6,1 / 5,6-6,6	6,1 / 5,5-6,7	5,7 / 5,2-6,3	5,5 / 5,0-6,1
9,00	6,2 / 5,4-7,0	5,8 / 5,0-6,6	5,6 / 4,8-6,4	6,1 / 5,6-6,6	5,7 / 5,3-6,2	5,5 / 5,1-6,0	5,5 / 5,0-6,0	5,1 / 4,6-5,7	4,9 / 4,4-5,5	7,0 / 6,1-7,8	6,6 / 5,8-7,4	6,4 / 5,6-7,3	6,9 / 6,3-7,5	6,5 / 6,0-7,1	6,3 / 5,8-6,9	6,3 / 5,6-6,9	5,9 / 5,3-6,5	5,7 / 5,2-6,3

* Keine Verkäufe in den Altbezirken Marzahn, Hellersdorf, Hohenschönhausen und Lichtenberg

Bei Abweichungen des Bewertungsobjekts von den zuvor genannten Eigenschaften in den Tabellen 12 und 13 ändert sich der Liegenschaftszinssatz wie folgt:

Gewerblicher Mietanteil am Nettojahresrohertrag
Bei jeweils 10 % gewerblichen Mietanteils ist der Liegenschaftszinssatz um je 0,2 Prozentpunkte zu erhöhen (Beispiel: gewerblicher Mietanteil 15 %, Erhöhung des Liegenschaftszinssatzes um 0,3).

Statistische Angaben zum verwendeten Datenmaterial
In diesen Tabellen gleichen Typs sind in der oberen Zeile die Mittelwerte, in der mittleren Zeile kursiv die 5%- beziehungsweise 95%-Perzentile der Einzelwerte und in der unteren Zeile die Minimum-/Maximum-Werte dargestellt.

Tabelle 14:

	Nachkriegsbauten (1949 bis 1969)					
Anzahl	Nettoeinertragsanteil (%)	Kaufpreis pro Geschossfläche (€/m²)	Kaufpreis/ Nettojahresrohertrag	Durchschnittsmiete (€/m² Monat)	gewerblicher Mietanteil in %	Verwaltungskosten % p.a.
279	69,0 / 58,8 – 80,0 / 47,1 – 84,8	652 / 378 – 1 072 / 223 – 2 236	13,8 / 9,2 – 18,9 / 5,1 – 49,5	5,18 / 3,56 – 8,03 / 2,76 – 11,52	8,0 / 0,0 – 42,0 / 0,0 – 67,0	6,5 / 3,8 – 8,5 / 3,8 – 9,9

Liegenschaftszinssatz § 14 ImmoWertV

Tabelle 15:

Nachkriegsbauten (1949 bis 1969)											
An-zahl	Grund-stücks-fläche (m²)	Geschoss-fläche (m²)	Tatsäch-liche GFZ	Boden-wert €/m²	Alter der Objekte	Rest-nutz-ungs-dauer Jahre	Bauzustand		Stadträumliche Wohnlage		
							gut	schlecht / normal	einfach	gut und sehr gut	mittel
							Anteil in %		Anteil in %		
279	2 088 461 – 704 300 – 93119	2 216 446 – 8539 306 – 25284	1,4 0,4 – 2,4 0,1 – 5,1	343 160 – 672 90 – 2780	48 51 – 55 38 – 61	52 45 – 60 40 – 60	13	5 / 82	50	24	26

In der Tabelle der Liegenschaftszinssätze steht in der ersten Zeile der Mittelwert und in der zweiten Zeile die Wertspanne des 95%-Konfidenzbereichs für diesen jeweiligen Mittelwert. Die Fallzahlen der Altbezirke stehen in den Klammern.

Tabelle 16:

Liegenschaftszinssätze für Objekte der Baujahre ab 1970 Charlottenburg (17), Kreuzberg (27), Schöneberg (9), Steglitz (35)										
Kaufver-tragsjahr	2007, 2011						2008, 2009, 2010			
Baujahr	1970 bis 1981		1982 bis 1985		1986 bis 2011		1970 bis 1981		1982 bis 1985	1986 bis 2011
Stadt-räumliche Wohnlage / Monatliche Nettokaltmiete (€/m²)	ein-fach/mittel	gut/sehr gut	ein-fach/mittel	gut/sehr gut	ein-fach/mittel	gut/sehr gut	ein-fach/mittel	gut/sehr gut	ein-fach/mittel · gut/sehr gut	ein-fach/mittel · gut/sehr gut
4.00	4,8 4,5-5,2	4,3 3,8-4,7	5,3 4,8-5,8	4,8 4,2-5,3	4,3 3,9-4,7	3,8 3,3-4,2	5,3 5,0-5,6	4,7 4,3-5,2	5,8 5,4-6,3 · 5,2 4,7-5,8	4,8 4,4-5,2 · 4,3 3,8-4,7
5.00	5,4 5,1-5,6	4,8 4,5-5,1	5,9 5,4-6,3	5,3 4,8-5,8	4,9 4,6-5,2	4,3 3,9-4,7	5,9 5,6-6,1	5,3 5,0-5,6	6,4 6,0-6,8 · 5,8 5,4-6,2	5,4 5,1-5,7 · 4,8 4,4-5,2
6.00	5,7 5,5-6,0	5,2 4,9-5,5	6,2 5,8-6,7	5,7 5,2-6,1	5,2 5,0-5,5	4,7 4,5-5,0	6,2 5,9-6,5	5,7 5,3-6,0	6,7 6,3-7,1 · 6,2 5,7-6,6	5,7 5,5-6,0 · 5,2 4,8-5,5
7.00	6,0 5,7-6,3	5,4 5,1-5,7	6,5 6,1-6,9	5,9 5,5-6,4	5,5 5,2-5,8	4,9 4,6-5,2	5,9 5,6-6,2	5,9 ?	7,0 6,6-7,4 · 6,4 6,0-6,8	6,0 5,7-6,2 · 5,4 5,1-5,7
8.00	6,2 5,9-6,5	5,6 5,3-5,9	6,7 6,3-7,1	6,1 5,7-6,6	5,7 5,4-6,0	5,1 4,8-5,4	6,7 6,4-7,0	6,1 5,8-6,4	7,2 6,8-7,6 · 6,6 6,2-7,0	6,2 5,9-6,5 · 5,6 5,3-5,9
9.00	6,3 6,0-6,6	5,8 5,5-6,1	6,8 6,4-7,3	6,3 5,8-6,7	5,8 5,6-6,1	5,3 5,0-5,6	6,8 6,5-7,1	6,3 5,9-6,6	7,3 6,9-7,8 · 6,8 6,3-7,2	6,3 6,1-6,6 · 5,8 5,5-6,1

§ 14 ImmoWertV — Liegenschaftszinssatz

Tabelle 17:

		Liegenschaftszinssätze für Objekte der Baujahre ab 1970 Friedrichshain (4), Mitte (12), Pankow (8), Prenzlauer Berg (7), Weißensee (3), Wilmersdorf (26), Zehlendorf (22)									
Kaufvertragsjahr		2007, 2011						2008, 2009, 2010			
Baujahr		1970 bis 1981		1982 bis 1985		1986 bis 2011		1970 bis 1981		1982 bis 1985		1986 bis 2011
Stadträumliche Wohnlage		einfach/mittel	gut/sehr gut	einfach/mittel	gut/sehr gut	einfach/mittel	gut/sehr gut	einfach/mittel	gut/sehr gut	einfach/mittel	gut/sehr gut	einfach/mittel	gut/sehr gut
Monatliche Nettokaltmiete (€/m²)	4.00	4,3 3,9-4,7	3,8 3,3-4,2	4,8 4,3-5,4	4,8 3,7-4,8	3,8 3,4-4,3	3,3 2,8-3,7	4,8 4,4-5,2	4,3 3,8-4,7	5,3 4,8-5,8	4,8 4,3-5,3	4,3 3,9-4,7	3,8 3,3-4,2
	5.00	4,9 4,5-5,2	4,3 4,0-4,7	5,9 4,9-5,9	4,8 4,4-5,3	4,4 4,1-4,7	3,8 3,5-4,2	5,4 5,0-5,7	4,8 4,5-5,2	5,9 5,4-6,3	5,3 4,9-5,7	4,9 4,6-5,2	4,3 4,0-4,7
	6.00	5,2 4,9-5,6	4,7 4,4-5,0	5,8 5,3-62	5,2 4,8-5,6	4,8 4,5-5,1	4,2 3,9-4,5	5,7 5,4-6,1	5,2 4,9-5,5	6,2 5,8-6,7	5,7 5,3-6,1	5,2 5,0-5,5	4,7 4,4-5,0
	7.00	5,5 5,2-5,8	4,9 4,6-5,2	6,0 5,6-6,5	5,4 5,0-5,9	5,0 4,7-5,3	4,5 4,2-4,7	6,0 5,7-6,3	5,4 5,1-5,7	6,5 6,1-6,9	5,9 5,5-6,3	5,5 5,2-5,8	4,9 4,7-5,2
	8.00	5,7 5,4-6,0	5,1 4,8-5,4	6,2 5,8-6,7	5,6 5,2-6,1	5,2 4,9-5,5	4,6 4,4-4,9	6,2 5,8-6,5	5,6 5,3-5,9	6,7 6,3-7,1	6,1 5,7-6,5	5,7 5,4-6,0	5,1 4,9-5,4
	9.00	5,9 5,5-6,2	5,3 5,0-5,6	6,4 5,9-6,8	5,8 5,4-6,2	5,4 5,1-5,7	4,8 4,5-5,1	6,3 6,0-6,7	5,8 5,5-6,1	6,8 6,4-7,3	6,3 5,9-6,7	5,9 5,6-6,1	5,3 5,0-5,6

Tabelle 18:

		Liegenschaftszinssätze für Objekte der Baujahre ab 1970 Hellersdorf (3), Hohenschönhausen (3), Spandau (34), Treptow (4), Wedding (26)									
Kaufvertragsjahr		2007, 2011						2008, 2009, 2010			
Baujahr		1970 bis 1981		1982 bis 1985		1986 bis 2011		1970 bis 1981		1982 bis 1985		1986 bis 2011
Stadträumliche Wohnlage		einfach/mittel	gut/sehr gut	einfach/mittel	gut/sehr gut	einfach/mittel	gut/sehr gut	einfach/mittel	gut/sehr gut	einfach/mittel	gut/sehr gut	einfach/mittel	gut/sehr gut
Monatliche Nettokaltmiete (€/m²)	4.00	5,9 5,5-6,2	5,3 4,9-5,7	6,4 5,9-6,8	5,8 5,3-6,3	5,4 5,0-5,7	4,8 4,3-5,3	6,3 6,0-6,7	5,8 5,3-6,2	6,9 6,4-7,3	6,3 5,8-6,8	5,9 5,5-6,2	5,3 4,8-5,8
	5.00	6,4 6,1-6,7	5,8 5,5-6,2	6,9 6,5-7,3	6,3 5,9-6,8	5,9 5,6-6,2	5,4 4,9-5,8	6,9 6,6-7,2	6,3 5,9-6,7	7,4 7,0-7,8	6,8 6,4-7,3	6,4 6,1-6,7	5,8 5,4-6,3
	6.00	6,8 6,5-7,1	6,2 5,8-6,6	7,3 6,9-7,7	6,7 6,2-7,2	6,3 6,0-6,6	5,7 5,3-6,1	7,3 7,0-7,5	6,7 6,3-7,1	7,8 7,4-8,1	7,2 6,7-7,7	6,8 6,5-7,0	6,2 5,8-6,6
	7.00	7,0 6,7-7,3	6,5 6,1-6,8	7,5 7,1-8,0	7,0 6,5-7,4	6,5 6,3-6,8	6,0 5,6-6,4	7,5 7,2-7,8	7,0 6,6-7,3	8,0 7,6-8,4	7,5 7,0-7,9	7,0 6,8-7,3	6,5 5,1-6,9
	8.00	7,2 6,9-7,6	6,7 6,3-7,1	7,7 7,3-8,2	7,2 6,7-7,7	6,7 6,4-7,0	6,2 5,8-6,6	7,7 7,4-8,1	7,1 6,7-7,6	8,2 7,8-8,6	7,7 7,2-8,1	7,2 6,9-7,5	6,7 6,3-7,1
	9.00	7,4 7,0-7,7	6,8 6,4-7,2	7,9 7,4-8,3	7,3 6,8-7,8	6,9 6,6-7,2	6,3 5,9-6,7	7,9 7,5-8,2	7,3 6,9-7,7	8,4 7,9-8,8	7,8 7,3-8,3	7,4 7,1-7,7	6,8 6,4-7,2

Liegenschaftszinssatz §14 ImmoWertV

Tabelle 19:

<table>
<tr><th colspan="11">Liegenschaftszinssätze für Objekte der Baujahre ab 1970
Köpenick (7), Lichtenberg (1), Marzahn (3), Neukölln (35), Reinickendorf (33),
Tempelhof (41), Tiergarten (17)</th></tr>
<tr><td>Kaufvertragsjahr</td><td colspan="5">2007, 2011</td><td colspan="5">2008, 2009, 2010</td></tr>
<tr><td>Baujahr</td><td colspan="2">1970 bis 1981</td><td colspan="2">1982 bis 1985</td><td colspan="2">1986 bis 2011</td><td colspan="2">1970 bis 1981</td><td colspan="2">1982 bis 1985</td><td colspan="2">1986 bis 2011</td></tr>
<tr><td>Stadträumliche Wohnlage</td><td>einfach/mittel</td><td>gut/sehr gut</td><td>einfach/mittel</td><td>gut/sehr gut</td><td>einfach/mittel</td><td>gut/sehr gut</td><td>einfach/mittel</td><td>gut/sehr gut</td><td>einfach/mittel</td><td>gut/sehr gut</td><td>einfach/mittel</td><td>gut/sehr gut</td></tr>
<tr><td rowspan="6">Monatliche Nettokaltmiete (€/m²)</td></tr>
<tr><td>4.00</td><td>5,2
4,9-5,5</td><td>4,7
4,3-5,1</td><td>5,7
5,3-6,2</td><td>5,2
4,6-5,7</td><td>4,8
4,4-5,1</td><td>4,2
3,7-4,7</td><td>5,7
5,4-6,0</td><td>5,2
4,7-5,6</td><td>6,2
5,8-6,6</td><td>5,7
5,2-6,2</td><td>5,2
4,9-5,6</td><td>4,7
4,8-5,2</td></tr>
<tr><td>5.00</td><td>5,8
5,5-6,0</td><td>5,2
4,9-5,6</td><td>6,3
5,9-6,7</td><td>5,7
5,3-6,8</td><td>5,3
5,0-5,6</td><td>4,7
4,3-5,1</td><td>6,3
6,0-6,5</td><td>5,7
5,4-6,1</td><td>6,8
6,4-7,1</td><td>6,2
5,8-6,7</td><td>5,8
5,6-6,0</td><td>5,2
4,9-5,5</td></tr>
<tr><td>6.00</td><td>6,1
5,9-6,4</td><td>5,6
5,3-5,9</td><td>6,7
6,3-7,0</td><td>6,1
5,6-6,5</td><td>5,7
5,4-5,9</td><td>5,1
4,7-5,5</td><td>6,6
6,4-6,9</td><td>6,1
5,7-6,4</td><td>7,1
6,8-7,5</td><td>6,6
6,2-7,0</td><td>6,2
5,9-6,4</td><td>5,6
5,2-5,9</td></tr>
<tr><td>7.00</td><td>6,4
6,2-6,7</td><td>5,8
5,5-6,2</td><td>6,9
6,5-7,3</td><td>6,4
5,9-6,8</td><td>5,9
5,7-6,2</td><td>5,4
5,0-5,7</td><td>6,9
6,7-7,1</td><td>6,3
6,0-6,7</td><td>7,4
7,0-7,8</td><td>6,8
6,4-7,3</td><td>6,4
6,2-6,6</td><td>5,8
5,5-6,2</td></tr>
<tr><td>8.00</td><td>6,6
6,3-6,9</td><td>6,0
5,7-6,4</td><td>7,1
6,7-7,5</td><td>6,5
6,1-7,0</td><td>6,1
5,9-6,4</td><td>5,6
5,2-5,9</td><td>7,1
6,8-7,4</td><td>6,5
6,2-6,9</td><td>7,6
7,2-8,0</td><td>7,0
6,6-7,5</td><td>6,6
6,4-6,8</td><td>6,0
5,7-6,4</td></tr>
<tr><td>9.00</td><td>6,8
6,5-7,1</td><td>6,2
5,8-6,5</td><td>7,3
6,8-7,7</td><td>6,7
6,2-7,2</td><td>6,3
6,0-6,5</td><td>5,7
5,4-6,1</td><td>7,2
6,9-7,5</td><td>6,7
6,3-7,0</td><td>7,8
7,4-8,1</td><td>7,2
6,7-7,6</td><td>6,8
6,5-7,0</td><td>6,2
5,9-6,5</td></tr>
</table>

Für die Tabellen 16 bis 19 bestehen keine weiteren Abhängigkeiten, daher gibt es hier keine Zu- beziehungsweise Abschläge.

Statistische Angaben zum verwendeten Datenmaterial
In diesen Tabellen gleichen Typs sind in der oberen Zeile die Mittelwerte, in der mittleren Zeile kursiv die 5%- beziehungsweise 95%-Perzentile der Einzelwerte und in der unteren Zeile die Minimum-/Maximum-Werte dargestellt.

Tabelle 20:

	Altbauten (Baujahre vor 1919)					

<table>
<tr><th colspan="7">Altbauten (Baujahre vor 1919)</th></tr>
<tr><th>Anzahl</th><th>Nettoreinertragsanteil (%)</th><th>Kaufpreis pro Geschossfläche(€/m²)</th><th>Kaufpreis/ Nettojahresrohertrag</th><th>Durchschnittsmiete (€/m² Monat)</th><th>Gewerblicher Mietanteil in %</th><th>Verwaltungskosten % p.a.</th></tr>
<tr><td>377</td><td>80,1
72,1 – 87,1
58,6 – 92,0</td><td>915
441 – 1 810
280 – 3 389</td><td>13,8
9,5 – 19,0
7,4 – 25,4</td><td>6,78
4,51 – 10,41
2,84 – 26,00</td><td>8,9
0,0 – 46,3
0,0 – 68,0</td><td>5,3
3,8 – 7,2
3,5 – 11,5</td></tr>
</table>

Tabelle 21:

<table>
<tr><th colspan="11">Altbauten (Baujahre vor 1919)</th></tr>
<tr><th rowspan="3">Anzahl</th><th rowspan="3">Grundstücksfläche (m²)</th><th rowspan="3">Geschossfläche (m²)</th><th rowspan="3">tatsächliche GFZ</th><th rowspan="3">Bodenwert €/m²</th><th rowspan="3">Alter der Objekte</th><th rowspan="3">Restnutzungsdauer Jahre</th><th colspan="2">Bauzustand</th><th colspan="2">Stadträumliche Wohnlage</th></tr>
<tr><td>gut</td><td>schlecht</td><td>normal</td><td>einfach</td><td>gut und sehr gut</td><td>mittel</td></tr>
<tr><td colspan="2">Anteil in %</td><td colspan="2">Anteil in %</td></tr>
<tr><td>377</td><td>1 913
437 – 4838
138 – 81704</td><td>2 710
467 – 8063
228 – 99118</td><td>1,6
0,4 – 4,1
0,4 – 7,7</td><td>376
160 – 803
64 – 2 700</td><td>23
10 – 37
1 – 41</td><td>77
65 – 90
60 – 100</td><td>37</td><td>1</td><td>62</td><td>40</td><td>24</td><td>36</td></tr>
</table>

§ 14 ImmoWertV — Liegenschaftszinssatz

Anlage 3 Spanne der Liegenschaftszinssätze, Gesamtnutzungsdauer und Bewirtschaftungskosten

230 (Empfehlungen des Immobilienverbands IVD Bundesverband)

Objektart		Liegenschaftszinssatz Mittlere Spanne	Nutzungsdauer (übliche Gesamtnutzungsdauer) Mittlere Spanne	Bewirtschaftungskosten Mittlere Spanne
A 1	Villa, großes Einfamilienhaus EFH	1,50 – 3,00 %	80 – 100 Jahre	18 – 30 %
A 2	Freistehendes EFH	2,00 – 3,50 %	70 – 100 Jahre	18 – 30 %
A 3	Nicht freistehendes EFH, Doppelhaushälfte und Reihenhaus	2,50 – 4,00 %	70 – 90 Jahre	18 – 30 %
A 4	Eigentumswohnung	3,00 – 4,50 %	70 – 90 Jahre	18 – 30 %
A 5	EFH mit Einliegerwohnung bis Dreifamilienhaus	3,00 – 4,50 %	70 – 90 Jahre	18 – 30 %
B 1	Vierfamilienhaus bis Mehrfamilienhaus	4,00 – 5,50 %	60 – 90 Jahre	20 – 30 %
B 2	Wohn- und Geschäftshäuser bis 20 % Gewerbeflächenanteil	4,50 – 6,00 %	60 – 90 Jahre	20 – 30 %
B 3	Wohn- und Geschäftshäuser 20 % bis 80 % Gewerbeflächenanteil	5,00 – 6,50 %	50 – 70 Jahre	20 – 30 %
C 1	Büro- und Geschäftshäuser	4,50 – 7,00 %	50 – 70 Jahre	20 – 30 %
C 2	Verbrauchermärkte	6,00 – 7,50 %	20 – 40 Jahre	10 – 20 %
C 3	Lager- und Produktionshallen	6,00 – 8,00 %	30 – 50 Jahre	15 – 30 %
C 4	Industrieobjekte	6,50 – 8,50 %	20 – 50 Jahre	15 – 30 %
C 5	Sport- und Freizeitanlagen	7,00 – 9,00 %	20 – 40 Jahre	15 – 30 %
D 1	Öffentliche Gebäude mit Drittverwendungsmöglichkeit	5,25 – 6,75 %	50 – 80 Jahre	15 – 30 %
D 2	Öffentliche Gebäude ohne Drittverwendungsmöglichkeit	8,00 – 7,50 %	40 – 80 Jahre	15 – 30 %

Abschnitt 3 ImmoWertV:

Wertermittlungsverfahren

Unterabschnitt 1: Vergleichswertverfahren (§§ 15 und 16 ImmoWertV)

Systematische Darstellung des Vergleichswertverfahrens

Gliederungsübersicht   Rn.

1 Anwendungsbereich
   1.1 Verkehrswertermittlung nach ImmoWertV
      1.1.1 Besondere Stellung des Vergleichswertverfahrens 1
      1.1.2 Anwendungsvoraussetzung 8
   1.2 Steuerliche Bewertung 15
   1.3 Besonderheiten der BelWertV 18
2 Grundzüge des Vergleichswertverfahrens
   2.1 Allgemeines
      2.1.1 Mittelbarer und unmittelbarer Preisvergleich 19
      2.1.2 Verfahrensübersicht 24
   2.2 Heranziehung von Vergleichspreisen, Bodenrichtwerten,
      Vergleichsfaktoren bebauter Grundstücke
      2.2.1 Auswahlkriterien
         2.2.1.1 Allgemeines (§ 15 Abs. 1 Satz 2, Abs. 2 Satz 3 und
               § 16 Abs. 1 Satz 4 ImmoWertV) 42
         2.2.1.2 Hinreichend übereinstimmende Grundstücksmerkmale............... 43
         2.2.1.3 Wertermittlungsstichtagsnahe Vergleichspreise 46
         2.2.1.4 Ausreichende Zahl von Vergleichspreisen 50
      2.2.2 Vergleichspreise aus Vergleichsgebieten (§ 15 Abs. 1 Satz 3 ImmoWertV).. 59
      2.2.3 Vergleichspreise bei retrograder Verkehrswertermittlung 67
   2.3 Ersatzlösungen bei fehlenden Vergleichspreisen
      2.3.1 Allgemeines 69
      2.3.2 Preisforderungen 72
      2.3.3 Ausschreibungergebnisse (Bieterverfahren) 73
      2.3.4 Vorhandene Gutachten 83
      2.3.5 Zwangsversteigerungen 84
      2.3.6 Freie Schätzung 85
   2.4 Intertemporärer und qualitativer Abgleich (Berücksichtigung von
      Abweichungen)
      2.4.1 Allgemeines 86
      2.4.2 Qualitativer Abgleich 88
      2.4.3 Intertemporärer Abgleich 89
   2.5 Aggregation der Vergleichspreise zum Vergleichswert
      2.5.1 Vorbemerkung 97
      2.5.2 Aggregation der Vergleichspreise... 99
      2.5.3 Genauigkeitsmaße des Vergleichswerts
         2.5.3.1 Mittlerer Fehler 110
         2.5.3.2 Vertrauensgrenzen 117
         2.5.3.3 Standardabweichung 119
   2.6 Identifizierung und Eliminierung von Ausreißern 120
      2.6.1 2-Sigma-Regel 121

	2.6.2	Varianz		124
	2.6.3	Variationskoeffizient		125
	2.6.4	Vertrauensbereich		127
2.7	Ableitung des Verkehrswerts aus dem Vergleichswert			
	2.7.1	Allgemeines		130
	2.7.2	Subsidiäre Berücksichtigung der Lage auf dem Grundstücksmarkt und besonderer objektspezifischer Grundstücksmerkmale		131
	2.7.3	Ergänzende Berücksichtigung der Ergebnisse anderer Wertermittlungsverfahren		134
2.8	Auf- oder Abrundung			135

3 Vergleichswertverfahren für bebaute Grundstücke
- 3.1 Überblick ... 136
- 3.2 Direkter Preisvergleich ... 138
- 3.3 Mittelbarer Preisvergleich mittels Vergleichsfaktoren bebauter Grundstücke
  - 3.3.1 Allgemeines ... 139
  - 3.3.2 Beispiel ... 144
- 3.4 Umrechnungskoeffizienten für bebaute Grundstücke
  - 3.4.1 Allgemeines ... 145
  - 3.4.2 Abhängigkeit des Verkehrswerts von Lage und Baujahr ... 146
  - 3.4.3 Abhängigkeit des Verkehrswerts von der Wohnfläche ... 147
  - 3.4.4 Abhängigkeit des Verkehrswerts von der Grundstücksgröße ... 148

4 Bodenwertermittlung im Wege des Vergleichswertverfahrens
- 4.1 Bodenwert ... 149
- 4.2 Bodenwertermittlung mittels Vergleichspreisen (Beispiel) ... 152
- 4.3 Bodenrichtwertverfahren nach § 16 Abs. 1 Satz 4 ImmoWertV
  - 4.3.1 Bodenrichtwert ... 153
  - 4.3.2 Zulässigkeit und Bedeutung des Bodenrichtwertverfahrens
    - 4.3.2.1 Allgemeines ... 155
    - 4.3.2.2 Geeignete Bodenrichtwerte nach § 16 Abs. 1 Satz 3 ImmoWertV ... 159
    - 4.3.2.3 Berücksichtigung von Bodenrichtwerten vergleichbarer Gebiete und von Abweichungen nach § 16 Abs. 1 Satz 4 ImmoWertV ... 163
- 4.4 Bodenrichtwerte in der steuerlichen Bewertung ... 166
- 4.5 Beleihungswertermittlung ... 172
- 4.6 KostO ... 173

5 Berücksichtigung von abweichenden Grundstücksmerkmalen
- 5.1 Allgemeines ... 174
- 5.2 Hedonische Modelle/Regressionsanalysen ... 188
- 5.3 Abweichende Grundstücksmerkmale
  - 5.3.1 Entwicklungszustand
    - 5.3.1.1 Allgemeines ... 200
    - 5.3.1.2 Wartezeit bis zu einer baulichen oder sonstigen Nutzung ... 206
    - 5.3.1.3 Entschädigungs- und Übernahmeanspruch ... 210
  - 5.3.2 Art der baulichen Nutzung ... 215
  - 5.3.3 Maß der baulichen Nutzung
    - 5.3.3.1 Geschossflächenzahl (GFZ) ... 218
    - 5.3.3.2 Baumassenzahl (BMZ) ... 238
    - 5.3.3.3 Grundflächenzahl (GRZ) ... 239
    - 5.3.3.4 Zahl der Vollgeschosse (Z) ... 244
  - 5.3.4 Bauweise ... 245
  - 5.3.5 Grundstücksgröße, -tiefe und -zuschnitt
    - 5.3.5.1 Allgemeines ... 247
    - 5.3.5.2 Mosaikverfahren (Vorder- und Hinterland) ... 264
    - 5.3.5.3 Grundstücksgröße ... 275
    - 5.3.5.4 Grundstückstiefe ... 288
    - 5.3.5.5 Grundstückszuschnitt ... 301
    - 5.3.5.6 Frontbreite ... 310
    - 5.3.5.7 Arrondierungsflächen ... 312
  - 5.3.6 Bodenbeschaffenheit (Baugrund) ... 314

Übersicht   Syst. Darst. Vergleichswertverfahren

	5.3.7	Abgabenrechtlicher Zustand		
		5.3.7.1	Allgemeines	318
		5.3.7.2	Erschließungsbeitrag nach den §§ 123 ff. BauGB	321
		5.3.7.3	Abgaben nach dem Kommunalabgabenrecht (KAG)	342
		5.3.7.4	Sielbaubeitrag	344
		5.3.7.5	Umlegungsausgleichsleistungen	350
		5.3.7.6	Ausgleichsbetrag nach den §§ 154 f. BauGB	352
		5.3.7.7	Bodenschutzrechtlicher Ausgleichsbetrag	354
		5.3.7.8	Ablösungsbeträge für Stellplatzverpflichtungen	356
		5.3.7.9	Naturschutzrechtliche Ausgleichszahlung	359
		5.3.7.10	Kostenerstattungsbetrag nach § 135a BauGB	361
		5.3.7.11	Ausgleichsabgaben nach Baumschutzverordnung	367
		5.3.7.12	Walderhaltungsabgabe nach Landeswaldgesetz	374
	5.3.8	Lagefaktoren		
		5.3.8.1	Allgemeines	376
		5.3.8.2	Berücksichtigung mithilfe von Bodenrichtwerten	382
		5.3.8.3	Wohnlage (Makrolage)	385
		5.3.8.4	Nachbarschaftslage	395
		5.3.8.5	Aussichts- und Besonnungslage	399
		5.3.8.6	Wasser- bzw. Ufergrundstück	401
		5.3.8.7	Kleinräumige Lagemerkmale	403
6	**Deduktive Bodenwertermittlung**			
6.1	Allgemeines			418
6.2	Bodenwertermittlung bei warteständigem Bauland auf der Grundlage der Wartezeit			
	6.2.1	Allgemeines		425
	6.2.2	Einfache Bruchteilsmethode		428
	6.2.3	Einfache Diskontierungsmethode		441
6.3	Extraktionsverfahren (Residualwertverfahren) bei warteständigem Bauland			
	6.3.1	Allgemeines		447
	6.3.2	Verfahrensgang		
		6.3.2.1	Allgemeines	463
		6.3.2.2	Verfahrensüberblick	468
	6.3.3	Ausgangswert		
		6.3.3.1	Maßgeblicher Grundstückszustand	473
		6.3.3.2	Ermittlung des Verkehrswerts	475
		6.3.3.3	Baulandproduktionskosten (Überblick)	476
	6.3.4	Erschließung		478
	6.3.5	Planungs-, Bodenordnungs- und Infrastrukturkosten		
		6.3.5.1	Allgemeines	492
		6.3.5.2	Städtebauliche Verträge	500
		6.3.5.3	Umlegungsgebiete	507
	6.3.6	Wartezeit (Vorhaltekosten)		
		6.3.6.1	Allgemeines	509
		6.3.6.2	Voraussichtliche Dauer der Entwicklung	513
		6.3.6.3	Abzinsungszinssatz	515
	6.3.7	Unentgeltliche Flächenbereitstellung		
		6.3.7.1	Allgemeines	530
		6.3.7.2	Rechenschritte	535
	6.3.8	Nebenkosten (Grundstückstransaktionskosten, Unternehmergewinn und -wagnis)		
		6.3.8.1	Grundstückstransaktionskosten	537
		6.3.8.2	Unternehmergewinn	540
		6.3.8.3	Unternehmerwagnis (Wagnisabschlag)	542
6.4	Extraktionsverfahren (Residualwertverfahren) bei fertigem Bauland (baureifes Land)			
	6.4.1	Allgemeines		547
	6.4.2	Kalkulatorische Bodenwertermittlung		553
	6.4.3	Extraktionsverfahren (Residualwertverfahren) bei baureifem Land		
		6.4.3.1	Allgemeines	566
		6.4.3.2	Verfahrensgang	578

Syst. Darst. Vergleichswertverfahren — Anwendungsbereich

		6.4.3.3 Verfeinerter Verfahrensgang bei langfristiger Entwicklung	584
		6.4.3.4 Schwachstellen des Extraktionsverfahrens (Residualwertverfahrens)	589
	6.5	Bodenwertermittlung auf der Grundlage der Ertragsfähigkeit	
		6.5.1 Abhängigkeit von Erdgeschossmieten	631
		6.5.2 Abhängigkeit vom Jahresrohertrag	636
	6.6	Zielbaumverfahren	638

1 Anwendungsbereich

1.1 Verkehrswertermittlung nach ImmoWertV

1.1.1 Besondere Stellung des Vergleichswertverfahrens

▶ *Allgemeines zur Verfahrenswahl vgl. § 8 ImmoWertV Rn. 25 ff., 48 ff.*

1 Zur **Entstehungsgeschichte** und zum **systematischen Aufbau der §§ 15 und 16 ImmoWertV** vgl. § 15 ImmoWertV Rn. 1 ff.

2 Das Vergleichswertverfahren *(Direct Value Comparison Approach/Comparative Method)* ist eine seit jeher **anerkannte Schätzmethode von besonderem Rang**[1]. § 8 Abs. 1 ImmoWertV führt gleichwohl das Vergleichswertverfahren gleichrangig neben dem Ertrags- und Sachwertverfahren auf[2]. Grundsätzlich wird damit keinem der genannten Verfahren ein Vorrang eingeräumt. Das Vergleichswertverfahren ist, wie im Übrigen auch das in der Marktwertermittlung angewandte Ertrags- und Sachwertverfahren kein Verfahren, das nach starren und einheitlichen Regeln praktiziert wird. Es handelt sich dabei stets um Oberbegriffe für Verfahren, die in unterschiedlichen Vorgehensweisen und Varianten praktiziert werden. Diese unterschiedlichen Vorgehensweisen und Techniken sind insbesondere von dem Gegenstand der Marktwertermittlung und den dafür zur Verfügung stehenden Vergleichsdaten abhängig.

3 Das oder die im Einzelfall zur Anwendung kommende(n) Verfahren ist/sind gemäß § 8 Abs. 2 ImmoWertV nach der Art des Gegenstands der Wertermittlung unter Berücksichtigung der im „gewöhnlichen Geschäftsverkehr bestehenden Gepflogenheiten und „den sonstigen Umständen des Einzelfalls" zu wählen (vgl. § 8 ImmoWertV Rn. 44 ff.). Innerhalb dieses Rahmens liegt die Wahl des Wertermittlungsverfahrens im Ermessen des Sachverständigen bzw. des Gutachterausschusses. Die Wahl muss begründet werden[3].

4 Auch wenn die ImmoWertV in § 8 Abs. 1 Satz 1 die drei klassischen Wertermittlungsverfahren gleichrangig aufführt, wird dem **Vergleichswertverfahren eine aus seiner Überzeugungskraft und Plausibilität resultierende Vorrangigkeit**[4] beigemessen. Der BGH hat das Vergleichswertverfahren als die **im Regelfall einfachste und,** wenn genügend Vergleichspreise zur Verfügung stehen, **auch als die zuverlässigste Methode** bezeichnet, während die anderen Methoden vor allem bei Fehlen geeigneter Vergleichspreise und damit insbesondere bei bebauten Grundstücken in Betracht kommen. Für das BVerwG sind Kaufpreise für gleichartige Grundstücke der „wichtigste Anhaltspunkt" für den Verkehrswert eines Grundstücks[5].

---

1 BGH, Urt. vom 18.09.1986 – III ZR 83/85 –, EzGuG 4.111; BGH, Urt. vom 06.11.1958 – III ZR 147/57 –, EzGuG 11.15; BGH, Urt. vom 08.06.1959 – III ZR 66/58 –, EzGuG 6.41; BGH, Urt. vom 19.06.1958 – III ZR 32/57 –, EzGuG 20.21.
2 BGH, Urt. vom 15.06.1965 – V ZR 24/63 –, EzGuG 20.39; vgl. auch BR-Drucks. 265/72, S. 7.
3 BR-Drucks. 352/88, S. 43.
4 Für die Ermittlung des gemeinen Werts (Verkehrswerts) sind Kaufpreise für gleichartige Grundstücke der „wichtigste Anhaltspunkt", vgl. BVerwG, Urt. vom 13.11.1964 – 7 C 20/64 –, EzGuG 20.38. Schon in der Enteignungsrechtsprechung des RG und des PrOVG ist eine Hinwendung zum Ertragswertverfahren zum Vergleichswertverfahren zu erkennen, wobei zwischen Vergleichs- und Ertragswert kein Unterschied erkannt wurde (vgl. PrOVG, Urt. vom 11.02.1897, EzGuG 20.3; PrOVG, Urt. vom 09.11.1897 – 1 C 129/96 –, EzGuG 20.4; PrOVG, Urt. vom 02.11.1896, EzGuG 20.2; PrOVG, Urt. vom 21.09.1899 – IX 24/99 –, EzGuG 20.6; PrOVG, Urt. vom 19.05.1911 – VIII C 315/10 –, EzGuG 20.9; RG in PrVBl. 29, 72; RG, Urt. vom 04.04.1911 – VII 273/10 –, JW 1911, 556; RG in PrVBl. 31, 162; im Urt. des PrOVG vom 10.06.1910 – VIII C 99/09 –, EzGuG 20.8 heißt es in aller Deutlichkeit: „Den sichersten Anhalt für die Ermittlung des gemeinen Werts bieten die für das Grundstück oder die für wesentlich gleichartige Grundstücke in der letzten Zeit gezahlten Vergleichspreise."
5 BVerwG, Urt. vom 13.11.1964 – 7 C 20/64 –, BRS Bd. 26 Nr. 94 = EzGuG 20.38; so schon PrOVG, Urt. vom 18.01.1902, EzGuG 20.6a.

Anwendungsbereich   **Syst. Darst. Vergleichswertverfahren**

Das Vergleichswertverfahren ist vor allem **vorrangig auf die Bodenwertermittlung** einschließlich der **Bodenwertermittlung bebauter Grundstücke anzuwenden**[6].   **5**

Dass das Vergleichswertverfahren eine dominante Stellung für die Bodenwertermittlung einnimmt, ist darauf zurückzuführen, dass dem **Vergleichswertverfahren** ohnehin die **höchste Überzeugungskraft** hat und die übrigen Verfahren (Extraktions- und Ertragswertverfahren) bei der Ermittlung des Bodenwerts im höchsten Maße fehlerträchtig sind und vielfach versagen: **6**

- „Den **sichersten Anhalt für die Ermittlung des gemeinen Werts** (= *Verkehrswert*) bieten die für das Grundstück oder die für wesentlich gleichartige Grundstücke in der letzten Zeit gezahlten Vergleichspreise" hat schon das PrOVG in einer Entscheidung aus dem Jahre 1910[7] ausgeführt und tatsächlich ist das Vergleichswertverfahren nicht nur die einfachste, sondern auch die zuverlässigste Methode, wenn genügend Vergleichspreise vorliegen (vgl. unten Rn. 457)[8].

- **Den Verkehrswert des Grund und Bodens aus dem fiktiven Ertrag** eines auf dem Grundstück errichtbaren Gebäudes zu ermitteln, ist dagegen nicht nur äußerst fehlerträchtig[9], sondern auch mit Erfahrungssätzen unvereinbar[10]. Nur wenn die Vergleichsmethode „aus irgendeinem Grund versagt", wird dem Verfahren in der Rechtsprechung eine Bedeutung beigemessen[11]. Es ist in diesem Fall allerdings nur dann „gangbar", wenn die Anwendung dieser Methode „sichere Anhaltspunkte" verspricht[12]. Dies ist im Übrigen auch darauf zurückzuführen, dass sich die **Bodenpreise** im Spiel von Angebot und Nachfrage **vom Ertragswert weit entfernt** haben, weil Grund und Boden nach der überwiegenden Verkehrsauffassung eine so sichere Kapitalanlage ist, dass auf eine mit anderen Anlagegütern vergleichbare Rendite weithin verzichtet wird.

Die **Vorrangigkeit des Vergleichswertverfahrens ist bei bebauten Grundstücken i. d. R. nicht gegeben**, weil diese zumindest bei individueller Bauweise eine im Verhältnis zu unbebauten Grundstücken geringere Vergleichbarkeit untereinander aufweisen (vgl. unten Rn. 138 ff., Rn. 149).   **7**

1.1.2   Anwendungsvoraussetzung

Voraussetzung für die Anwendung des Vergleichswertverfahrens ist, dass eine ausreichende Zahl geeigneter Vergleichsgrundstücken zur Verfügung stehen (§ 15 Abs. 1 Satz 1 ImmoWertV). Nur dann ist das Vergleichswertverfahren nicht nur die „einfachste", sondern auch die „zuverlässigste Methode". **Geeignete Vergleichsgrundstücke** sind solche, die mit dem zu bewertenden Grundstück hinreichend übereinstimmende Grundstücksmerkmale aufweisen[13].   **8**

Neben den in § 15 Abs. 1 Satz 1 ImmoWertV expressis verbis genannten Vergleichspreisen muss auch die **Heranziehung sonstiger Marktindikatoren und Wertparameter, wie z. B. qualifizierte Höchstgebote bei Ausschreibungen und Versteigerungen** in Betracht gezogen werden, die im Rahmen eines Vergleichswertverfahrens für eine fundierte Marktwertermittlung geeignet sind oder das Ergebnis abstützen können. Werden die zur Verfügung stehenden und zugänglichen Marktindikatoren (Vergleichsdaten) nicht vollständig und in

---

6   BR-Drucks. 265/72, S. 32.
7   PrOVG, Urt. vom 10.06.1910 – VIII C 99/09 –, EzGuG 20.8; so auch im amerikanischen Schrifttum: *The Appraisal of Real Estate*, 12. Aufl. 2002 S. 62: „*Of the various techniques that can be applied to estimate land value, sales comparison is usually the most reliable.*"
8   BGH, Urt. vom 12.07.1971 – III ZR 197/68 –, EzGuG 20.50.
9   Ermert in AVN 1967, 213; Schahn in VR 1985, 173.
10   KG Berlin, Urt. vom 20.05.1957 – 9 U 491/57 –, EzGuG 4.6.
11   KG Berlin, Beschl. vom 23.05.1958 – 9 U 812/57 –, EzGuG 4.9.
12   BGH, Urt. vom 27.11.1961 – III ZR 167/60 –, EzGuG 4.16; ohne Einschränkung noch BGH, Urt. vom 10.02.1958 – III ZR 168/56 –, EzGuG 4.8.
13   BGH, Urt. vom 19.12.1963 – III ZR 162/63 –, EzGuG 20.35; entsprechend auch der BFH, Urt. vom 26.09.1980 – III R 21/78 –, EzGuG 20.86; RFH, Urt. vom 31.03.1938 – III 228/37 –, EzGuG 4.4a.

Syst. Darst. Vergleichswertverfahren — Anwendungsbereich

angemessener Weise bei der Marktwertermittlung berücksichtigt, so kann daraus eine mängelbehaftete Marktwertermittlung resultieren.

9 Die **Zuverlässigkeit des Vergleichswertverfahrens verringert sich, je größer die Anpassung** ist, die aufgrund von Unterschieden in den wertbeeinflussenden Grundstücksmerkmalen der Vergleichsobjekte zu dem zu bewertenden Grundstück sowie aufgrund der zu berücksichtigenden Abweichungen in den allgemeinen Wertverhältnissen auf dem Grundstücksmarkt erforderlich wird[14].

10 Als **Maß der Übereinstimmung** können die Zu- und Abschläge gelten, die nach Maßgabe des § 15 Abs. 1 Satz 4 bzw. § 16 Abs. 1 Satz 4 ImmoWertV zur Berücksichtigung von Abweichungen anzubringen sind.

– Grundsätzlich muss man davon ausgehen, dass **Abweichungen von 10 %** auch in der Rechtsprechung als „üblich" angesehen werden, wobei auch diese Grenze eher zu niedrig angesetzt ist. Von maßgeblicher Bedeutung ist in diesem Zusammenhang die Erheblichkeitsschwelle, die zum Ausscheiden von Kaufpreisen nach § 7 ImmoWertV führt. Deshalb müssen auch Grundstücke als vergleichbar angesehen werden, bei denen zur Berücksichtigung von Abweichungen in den Zustandsmerkmalen und von Änderungen in den allgemeinen Wertverhältnissen auf dem Grundstücksmarkt höhere Zu- oder Abschläge angebracht werden müssen.

– Das **KG Berlin**[15] war des Weiteren der Auffassung, dass nicht alle Grundstücke mithilfe von Zu- und Abschlägen miteinander vergleichbar gemacht werden könnten, sondern nur die, bei denen verhältnismäßig geringfügige Differenzen zu überbrücken seien und bei denen die **Zu- oder Abschläge (in der Summe) die Größenordnung von höchstens 30 % oder allenfalls 35 % nicht überstiegen**. Die Notwendigkeit von Korrekturen in Höhe von 40 % und mehr zeige dagegen, dass die angeblich vergleichbaren Grundstücke in Wahrheit nicht miteinander verglichen werden können. Des Weiteren weist das KG darauf hin, dass prozentuale Zu- und Abschläge in ihrer Höhe niemals nach einer vom Sachverstand geschaffenen Methode genau berechnet werden könnten, im Rahmen des dem Gericht nach § 287 ZPO zustehenden Ermessens zu schätzen seien und damit stets Raum für unterschiedliche Auffassungen böten (vgl. unten Rn 43 – 46). Einen Abzug von 30 % hat auch das VG Schleswig bejaht (vgl. § 6 ImmoWertV Rn. 17 ff.)[16].

– Das **LG Berlin**[17] hat anknüpfend an die genannte Rechtsprechung des KG unter Hinweis auf die mit der WertV in der seit 1988 geltenden Fassung geänderte Regelung des § 13 Abs. 1 Satz 1 die Grenzen des Maßes der Übereinstimmung marginal erweitert und unter bestimmten Umständen einen Lagezuschlag von 40 % zur Berücksichtigung solcher Abweichungen für zwar „nicht unbedenklich", aber nach Ansicht des erkennenden Gerichts „auf der Basis der §§ 13, 14 WertV 88 noch vertretbar" befunden.

11 Die von der Rechtsprechung gezogenen Grenzen müssen differenziert betrachtet werden. Dabei ist insbesondere zwischen bebauten und unbebauten Grundstücken zu unterscheiden. Darüber hinaus wird man bei inhomogenen Marktverhältnissen größere Abweichungen als bei homogenen Marktverhältnissen in Kauf nehmen müssen. Generell wird man bei besonders **individuell gestalteten und beschaffenen Grundstücken** größere Abweichungen der herangezogenen Vergleichsgrundstücke von dem Wertermittlungsobjekt hinnehmen müssen als bei marktüblicheren Objekten.

12 Zudem muss man berücksichtigen, dass bereits Kaufpreise völlig gleichartiger Grundstücke im gewöhnlichen Geschäftsverkehr in nicht unerheblichem Maße streuen.

13 Überschreiten die zur Berücksichtigung von Abweichungen zwischen den Grundstücksmerkmalen der Vergleichsgrundstücke und dem zu bewertenden Grundstück anzubringenden Zu-

---

14 Britton/Davies, Modern Methods of Valuation of Land, Houses and Buildings, 8.Aufl. London 1989, S. 39 ff.
15 KG Berlin, Urt. vom 01.11.1969 – U 1449/68 –, EzGuG 20.46 = AVN 1970, 68; bereits das PrOVG hat sich mit dieser Problematik eingehend beschäftigt; vgl. PrOVG, Urt. vom 02.11.1896, EzGuG 20.2.
16 VG Schleswig, Urt. vom 25.09.1974 – 2 A 108/74 –, EzGuG 15.2
17 LG Berlin, Urt. vom 11.08.1998 – 29 O 371/97 –, GuG 1999, 250 = EzGuG 19.46a.

Anwendungsbereich **Syst. Darst. Vergleichswertverfahren**

oder Abschläge die aufgezeigten Grenzen, sind die Voraussetzungen für die Anwendung des Vergleichswertverfahrens nicht mehr gegeben und das Verfahren ist im Ergebnis zur Verkehrswertermittlung ungeeignet.

In **Ziff. 2.3.1 und 2.3.2 WertR 06** wird für die zu fordernde Übereinstimmung zwischen Vergleichsobjekt und dem zu bewertenden Grundstück gefordert, dass bei Anwendung des Extraktionsverfahrens (Residualwertverfahrens) auf der Grundlage eines mithilfe von Vergleichspreisen ermittelten Ausgangswerts die Ab- oder Zuschläge nicht überproportional **(Proportionalitätserfordernis)** ausfallen, um ausgehend von diesem Ausgangswert zum Verkehrswert zu kommen; dies soll nur in besonderen Ausnahmefällen zulässig sein. Diese Vorgabe folgt der Erkenntnis, dass **bei überproportionalen Zu- und Abschlägen grundsätzlich Zweifel an der Eignung der Methode** aufkommen müssen und mit überproportionalen Zu- und Abschlägen auch zwangsläufig verbundene Fehlereinflüsse regelmäßig überproportional durchschlagen. 14

1.2 Steuerliche Bewertung

In der steuerlichen Bewertung wird dem **Vergleichswertverfahren** ausdrücklich ein **Vorrang** vor allen anderen Ermittlungsverfahren eingeräumt[18]. 15

Im Rahmen der steuerlichen Bewertung findet das Vergleichswertverfahren Anwendung bei der 16

– Bewertung unbebauter Grundstücke (§ 182 Abs. 1 BewG). Dies sind nach § 179 BewG Grundstücke, auf denen sich keine benutzbaren Gebäude[19] befinden (vgl. §§ 72 und 145 Abs. 1 und 2 BewG).

– Bewertung von Wohnungseigentum, Teileigentum sowie Ein- und Zweifamilienhäusern (§ 182 Abs. 2 BewG).

Das **Vergleichswertverfahren ist für die Belange der steuerlichen Bewertung** weitgehend identisch mit § 15 ImmoWertV in § 183 BewG geregelt; auch die Vergleichsfaktoren nach § 13 ImmoWertV sind als Bewertungsgrundlage heranzuziehen. Besonderheiten, insbesondere die den Wert beeinflussenden Belastungen privatrechtlicher und öffentlich-rechtlicher Art, werden allerdings nicht berücksichtigt (§ 183 Abs. 3 BewG). 17

§ 183 Bewertung im Vergleichswertverfahren
(1) Bei Anwendung des Vergleichswertverfahrens sind Kaufpreise von Grundstücken heranzuziehen, die hinsichtlich der ihren Wert beeinflussenden Merkmale mit dem zu bewertenden Grundstück hinreichend übereinstimmen (Vergleichsgrundstücke). Grundlage sind vorrangig die von den Gutachterausschüssen im Sinne der §§ 192 ff. des Baugesetzbuchs mitgeteilten Vergleichspreise.

(2) Anstelle von Preisen für Vergleichsgrundstücke können von den Gutachterausschüssen für geeignete Bezugseinheiten, insbesondere Flächeneinheiten des Gebäudes, ermittelte und mitgeteilte Vergleichsfaktoren herangezogen werden. Bei Verwendung von Vergleichsfaktoren, die sich nur auf das Gebäude beziehen, ist der Bodenwert nach § 179 gesondert zu berücksichtigen.

(3) Besonderheiten, insbesondere die den Wert beeinflussenden Belastungen privatrechtlicher und öffentlich-rechtlicher Art, werden im Vergleichswertverfahren nach den Absätzen 1 und 2 nicht berücksichtigt.

---

[18] BFH, Urt. vom 26.09.1980 – III R 21/78 –, BFHE 132, 101 = BStBl. II 1981, 153 = EzGuG 20.86; BFH, Beschl. vom 21.05.1982 – III B 32/81 –, BFHE 136, 141 = EzGuG 20.99; BFH, Urt. vom 29.04.1987 – X R 2/80 –, BFHE 150, 453 = EzGuG 19.39b.
[19] Vgl. zum Gebäudebegriff: Gleich lautende Ländererlasse vom 15.03.2006 (BStBl. I 2006, 314), 159 (1).

Syst. Darst. Vergleichswertverfahren — Grundzüge

1.3 Besonderheiten der BelWertV

18 Die Regelungen der BelWertV zum Vergleichswertverfahren entsprechen den Regelungen der §§ 15 f. ImmoWertV, jedoch ist nach § 19 Abs. 1 Satz 2 BelWertV zur Ermittlung des Beleihungswerts von dem ermittelten Vergleichswert ein **„Sicherheitsabschlag" von mindestens 10 %** in Abzug zu bringen.

2 Grundzüge des Vergleichswertverfahrens

2.1 Allgemeines

2.1.1 Mittelbarer und unmittelbarer Preisvergleich

▶ *Vgl. Kleiber, Verkehrswertermittlung von Grundstücken, 6. Aufl. 2010, § 196 BauGB Rn. 5 ff.*

19 In seinen Grundzügen folgt das Vergleichswertverfahren dem Grundgedanken, dass eine Sache so viel wert ist, wie üblicherweise im gewöhnlichen Geschäftsverkehr dafür als Preis erzielt werden kann. Sich an den Preisen für vergleichbare Objekte zu orientieren, entspricht auch den auf dem Grundstücksmarkt vorherrschenden Gepflogenheiten. Die **Usancen des gewöhnlichen Geschäftsverkehrs**, d. h. die Maßstäbe, die der Verkehr bei Grundstücksverkäufen und -ankäufen anzuwenden pflegt, **sind** mithin **ein wesentliches bei der Wahl des Wertermittlungsverfahrens zu berücksichtigendes Kriterium**[20].

20 Gemeinhin wird bei **Anwendung des Vergleichswertverfahrens** unterschieden zwischen

- dem *unmittelbaren* Preisvergleich, bei dem der Verkehrswert direkt aus Vergleichspreisen abgeleitet wird, die zeitgleich mit dem Wertermittlungsstichtag für Grundstücke vereinbart worden sind, die mit dem zu bewertenden Grundstück übereinstimmende Grundstücksmerkmale aufweisen, sowie
- dem *mittelbaren* Preisvergleich, bei dem die Vergleichspreise bzw. Bodenrichtwerte zunächst auf den Wertermittlungsstichtag und/oder auf die Grundstücksmerkmale des zu bewertenden Grundstücks umgerechnet werden müssen (vgl. § 8 ImmoWertV Rn. 53 ff.).

21 Beim **unmittelbaren Preisvergleich** soll der Bodenwert des Wertermittlungsobjekts aus Kaufpreisen vergleichbarer Grundstücke *(comparables)* abgeleitet werden (vgl. unten Rn. 48 und Abb. 1)[21].

---

[20] OLG Köln, Urt. vom 28.08.1962 – 9 U 28/58 –, EzGuG 20.31; vgl. Begründung zur WertV 61 im BAnz Nr. 154 vom 12.08.1961, sowie zur WertV 72; BR-Drucks. 352/72, S. 7 f.; Pagendarm in WM 1958, 1350.
[21] Abwegig die Behauptung von Robinson (Drivers Jonas) in AIZ 2006, 63, das Vergleichswertverfahren der (Immo-)WertV stütze sich nicht auf Vergleichstransaktionen.

Grundzüge   **Syst. Darst. Vergleichswertverfahren**

Abb. 1:   **Unmittelbarer Preisvergleich**

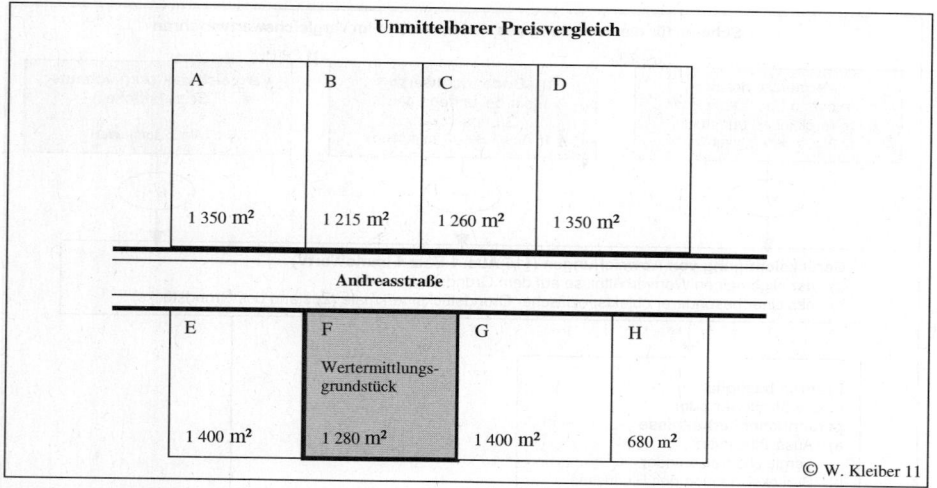

Beispiel:

Der Verkehrswert des Grundstücks F soll zum Wertermittlungsstichtag 01.05.2011 ermittelt werden. Es liegen folgende Kaufpreise vergleichbarer Grundstücke vor:

Grundstück	Verkaufszeitpunkt	Gesamtkaufpreis	Grund und Boden €/m²
E	02.03.2011	190 400 €	136 €/m²
D	19.03.2011	195 750 €	145 €/m²
G	04.04.2011	210 000 €	150 €/m²
		Mittel: $\bar{x}$	**= 144 €/m²**

Der Vergleichskaufpreis für das Grundstück F beträgt rd. 144 €/m². Der Verkehrswert des Grundstücks F beträgt rd. 184 300 € (1 280 m² × 144 €/m² = 184 320 €).

Der **unmittelbare Preisvergleich stellt** dabei **eine idealtypische Wunschvorstellung dar**, die praktisch kaum jemals Bedeutung erlangt (omne simile claudicat). Denn Grundstücke stellen Unikate mit individuellen Eigenschaften dar, die sich selbst bei unmittelbarer Nachbarschaft i. d. R. erheblich unterscheiden, so dass allenfalls in Ausnahmefällen zustandsgleiche Vergleichsgrundstücke dem Gutachter an die Hand gegeben sind. Dass dabei zudem der Vergleichspreis etwa zeitgleich zum Wertermittlungsstichtag vereinbart worden ist, um für einen „unmittelbaren" Preisvergleich geeignet zu sein, wäre dann schon ein Glücksfall, der sicherlich kaum jemals auch gleich für eine hinreichende Anzahl von Vergleichspreisen gegeben ist. Tatsächlich ist die Unterscheidung zwischen dem mittelbaren und unmittelbaren Preisvergleich deshalb „graue Theorie"; den unmittelbaren Preisvergleich gibt es demzufolge nicht.

2.1.2   Verfahrensübersicht

In seinem **Aufbau** folgt das in den § 15 ImmoWertV geregelte **Vergleichswertverfahren** den beschriebenen Gepflogenheiten des gewöhnlichen Geschäftsverkehrs. Das Verfahren vollzieht sich in den in Abb. 2 schematisch dargestellten Stufen.

In seiner **Grundstruktur** stellt sich das Vergleichswertverfahren in einer Übersicht wie folgt dar (Abb. 2):

Syst. Darst. Vergleichswertverfahren — Grundzüge

Abb. 2: Vergleichswertverfahren

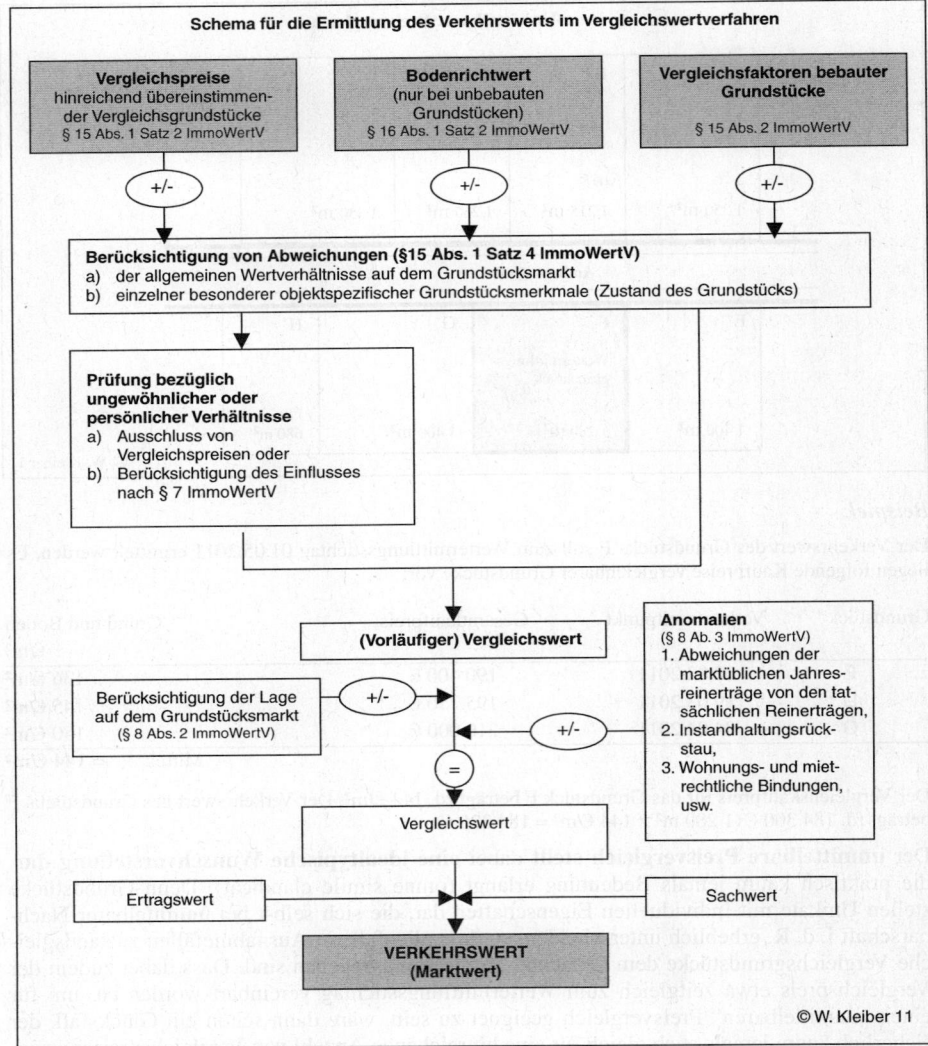

1. *Qualifizierung der Grundstücksmerkmale (Zustand) und der allgemeinen Wertverhältnisse auf dem Grundstücksmarkt*

26 Wie bei jedem anderen Wertermittlungsverfahren ist **Ausgangspunkt** zunächst

   a) die Qualifizierung des Zustands des (zu bewertenden) Grundstücks nach den Grundstücksmerkmalen des Qualitätsstichtags (§ 4 Abs. 1 ImmoWertV) sowie

   b) die Feststellung des Wertermittlungsstichtags, d. h. des Zeitpunkts, auf den sich die Wertermittlung beziehen soll (§ 3 Abs. 1 ImmoWertV).

2. Heranziehung von Vergleichspreisen/Bodenrichtwerten/Vergleichsfaktoren bebauter Grundstücke

Entsprechend dem der Wertermittlung zugrunde zu legenden Grundstückszustand und dem maßgeblichen Wertermittlungsstichtag müssen **Vergleichspreise** von Vergleichsgrundstücken herangezogen werden, die 27

a) einerseits hinsichtlich ihrer Grundstücksmerkmale mit denen des zu bewertenden Grundstücks möglichst hinreichend übereinstimmen (Rn. 28 ff.) und

b) andererseits zu einem Zeitpunkt vereinbart worden sind, der dem Wertermittlungsstichtag möglichst nahe liegt (vgl. unten Rn. 35 ff.).

Soweit es um die *Ermittlung des Bodenwerts* geht, „kann der Bodenwert auch auf der Grundlage **geeigneter Bodenrichtwerte**" i. S. des § 10 ImmoWertV ermittelt werden (vgl. § 16 Abs. 1 Satz 2 ImmoWertV). Bodenrichtwerte sind nach § 16 Abs. 1 Satz 3 ImmoWertV „geeignet", wenn die Merkmale des jeweiligen Bodenrichtwertgrundstücks hinreichend mit den Grundstücksmerkmalen des zu bewertenden Grundstücks übereinstimmen. Grundsätzlich hat dabei jedoch die **Heranziehung von Vergleichspreisen Vorrang vor der Heranziehung von Bodenrichtwerten** (vgl. unten Rn. 183 ff.). 28

Soweit es um die *Ermittlung des Verkehrswerts bebauter Grundstücke* geht, „können neben oder anstelle von Vergleichspreisen ... **geeignete Vergleichsfaktoren**" i. S. des § 13 ImmoWertV herangezogen werden. Vergleichsfaktoren (Ertrags- und Gebäudefaktoren) sind nach § 15 Abs. 2 Satz 3 ImmoWertV „geeignet", wenn die Grundstücksmerkmale der ihnen zugrunde liegenden Grundstücke wiederum hinreichend mit denen des zu bewertenden Grundstücks übereinstimmen. 29

3. Interqualitativer und intertemporärer Abgleich (Berücksichtigung von Abweichungen)

Eine Immobilie ist kein Fließbandprodukt wie Kühlschränke, Autos oder Streichholzschachteln. Schon aufgrund seines Standorts hat **jedes Grundstück eine eigene Individualität** und weist auch ansonsten mehr oder minder große Unterschiede in seinen Grundstücksmerkmalen gegenüber denen der in Betracht kommenden Vergleichsgrundstücke, Bodenrichtwerte bzw. Vergleichsfaktoren auf. 30

Neben diesen qualitativen Unterschieden der Grundstücksmerkmale des zu bewertenden Grundstücks im Verhältnis zu denen der Vergleichsgrundstücke, Bodenrichtwerte und Vergleichsfaktoren bebauter Grundstücke gilt es zu berücksichtigen, dass die für die **Vergleichsgrundstücke** auf dem Markt ausgehandelten Preise regelmäßig zu einer Zeit vereinbart wurden, die gegenüber dem Wertermittlungsstichtag (vgl. § 3 Abs. 1 ImmoWertV) **von einem unterschiedlichen allgemeinen Preis- oder Wertniveau bestimmt** sind. Entsprechendes gilt auch für die vom Gutachterausschuss abgeleiteten Bodenrichtwerte und Vergleichsfaktoren bebauter Grundstücke. Die allgemeinen Wertverhältnisse auf dem Grundstücksmarkt sind nämlich insbesondere aufgrund von Veränderungen der allgemeinen wirtschaftlichen Verhältnisse i. d. R. stetigen Schwankungen unterworfen und nur selten und allenfalls kurzfristig konstant. 31

Da es kaum jemals gelingen wird, Vergleichspreise, Bodenrichtwerte bzw. Vergleichsfaktoren bebauter Grundstücke von Grundstücken heranzuziehen, deren Grundstücksmerkmale völlige Identität mit den Grundstücksmerkmalen des zu bewertenden Grundstücks aufweisen und zudem sich auch noch auf die allgemeinen Wertverhältnisse des Wertermittlungsstichtags beziehen, müssen die Vergleichspreise, Bodenrichtwerte bzw. Vergleichsfaktoren bebauter Grundstücke in einem **intertemporären und interqualitativen Preisvergleich** auf die allgemeinen Wertverhältnisse des maßgeblichen Wertermittlungsstichtags sowie auf die Grundstücksmerkmale des zu bewertenden Objekts umgerechnet werden. § 15 Abs. 1 Satz 4 bzw. § 16 Abs. 1 Satz 4 ImmoWertV): 32

1. Unterschiede in den allgemeinen Wertverhältnissen auf dem Grundstücksmarkt, die den herangezogenen Vergleichspreisen, Bodenrichtwerten bzw. Vergleichsfaktoren bebauter Grundstücke zugrunde liegen, von denen, die am Wertermittlungsstichtag maßgebend sind (konjunkturelle Wertänderungen), *„sollen"* nach *§ 11 ImmoWertV „mit Indexreihen erfasst werden"* (intertemporärer Preisvergleich).

2. *Unterschiede* der zum Preisvergleich herangezogenen Vergleichsgrundstücke, Bodenrichtwerte bzw. Vergleichsfaktoren bebauter Grundstücke in ihren *qualitativen Grundstücksmerkmalen* (vgl. §§ 4 bis 6 ImmoWertV) gegenüber denen des zu bewertenden Grundstücks (interqualitativer Preisvergleich) *„sollen"* nach § 12 ImmoWertV *„mithilfe von Umrechnungskoeffizienten ... erfasst werden"*).

Im Unterschied zu den genannten Sollvorschriften *„sind"* nach § 15 Abs. 1 Satz 4 ImmoWertV Änderungen der allgemeinen Wertverhältnisse auf dem Grundstücksmarkt sowie entsprechende Abweichungen einzelner Grundstücksmerkmale *„in der Regel"* auf der Grundlage von Umrechnungskoeffizienten und Indexreihen zu berücksichtigen.

33 Den genannten „Soll-Vorschriften" kann nur entsprochen werden, wenn entsprechende Umrechnungskoeffizienten und Indexreihen vom Gutachterausschuss für Grundstückswerte abgeleitet und veröffentlicht worden sind. Tatsächlich werden von den Gutachterausschüssen für Grundstückswerte auch eine Reihe von Umrechnungskoeffizienten und Indexreihen abgeleitet. Die Ableitung beschränkte sich vornehmlich auf Umrechnungskoeffizienten und Indexreihen zum Bodenwert. Für bebaute Grundstücke sind Umrechnungskoeffizienten und Indexreihen bislang nur vereinzelt abgeleitet und veröffentlicht worden, so dass der Soll-Vorschrift nicht entsprochen werden kann.

Zum **Verhältnis der Regelung des § 15 Abs. 1 Satz 4 ImmoWertV zu § 8 Abs. 2 und 3 ImmoWertV** vgl. im Übrigen unten Rn. 40 sowie § 15 ImmoWertV Rn. 19.

4. Identifizierung und Eliminierung von Ausreißern

34 Hat man die zum Preisvergleich herangezogenen Kaufpreise vergleichbarer Grundstücke hinsichtlich der jeweiligen Zustandsmerkmale und der allgemeinen Wertverhältnisse mit denen des zu bewertenden Grundstücks gleichnamig gemacht, so werden diese Kaufpreisen noch immer in einem gewissen Umfang voneinander abweichen, ohne dass diese **Streuung der Kaufpreise** auf bestimmte Einflüsse zurückgeführt werden kann. Dies kann auf Zufälligkeiten zurückgeführt werden, die für den gewöhnlichen Geschäftsverkehr durchaus kennzeichnend sind. Denn auf einem freien Grundstücksmarkt spielen regelmäßig auch Zufälligkeiten z. B. in Bezug auf subjektive Anschauungen der Vertragsparteien und ihr Verhandlungsgeschick eine Rolle, selbst wenn ungewöhnliche oder persönliche Verhältnisse i. S. des § 7 ImmoWertV nicht zum Tragen gekommen sind.

35 Bevor eine Aggregation der regelmäßig „streuenden" Vergleichspreise vorgenommen werden kann, muss aber sorgsam geprüft werden, ob sich unter den **Vergleichspreisen** auch solche befinden, **die** i. S. des § 7 ImmoWertV **„erheblich" von vergleichbaren Kauffällen abweichen** und deshalb nicht dem gewöhnlichen Geschäftsverkehr zurechenbar sind (Ausreißer, vgl. unten Rn. 120 ff. sowie § 7 ImmoWertV Rn. 17 ff.). Da sich nach § 194 BauGB der Verkehrswert nach dem im gewöhnlichen Geschäftsverkehr ohne Rücksicht auf ungewöhnliche oder persönliche Verhältnisse erzielbaren Preis bemisst, dürfen die herangezogenen Vergleichspreise nämlich nicht durch ungewöhnliche oder persönliche Verhältnisse beeinflusst worden sein. Wird festgestellt, dass die Höhe eines Vergleichspreises durch **ungewöhnliche oder persönliche Verhältnisse** beeinflusst worden ist, so ist dieser Kaufpreis als Vergleichspreis grundsätzlich ungeeignet, es sei denn, die Auswirkungen der Besonderheiten auf den Kaufpreis können „sicher" erfasst werden. In diesem Fall kann der „berichtigte" oder „bereinigte" Kaufpreis in das Verfahren eingehen.

36 Bei **Heranziehung von Bodenrichtwerten und Vergleichsfaktoren bebauter Grundstücke** entfällt im Übrigen die Prüfung auf „Ausreißer", da in die Bodenrichtwertermittlung und in die Ableitung der Vergleichsfaktoren ohnehin schon keine Vergleichspreise eingehen dürfen, die durch ungewöhnliche oder persönliche Verhältnisse beeinflusst sind.

5. Ermittlung des Vergleichswerts

Nach Aussonderung von einzelnen Vergleichspreisen, die als „Ausreißer" identifiziert wurden und nicht dem gewöhnlichen Geschäftsverkehr zurechenbar sind, können die **verbleibenden Vergleichspreise** in geeigneter Weise **zum Vergleichswert aggregiert** werden. Dies erfolgt i. d. R. durch Bildung des arithmetischen Mittels (Rn. 102 ff.). 37

Bei Heranziehung von Bodenrichtwerten und Vergleichsfaktoren bebauter Grundstücke entfällt dieser Schritt, da man mit der „Umrechnung" der Zustandsmerkmale des Bodenrichtwertgrundstücks bzw. der den Vergleichsfaktoren zugrunde liegenden Grundstücksmerkmalen auf die Zustandsmerkmale des zu bewertenden Grundstücks und ggf. der Indizierung des Bodenrichtwerts bzw. des Vergleichsfaktors auf die allgemeinen Wertverhältnisse des Wertermittlungsstichtags unmittelbar zum Vergleichswert gelangt. Lediglich im Falle einer Heranziehung von mehreren Bodenrichtwerten bzw. Vergleichsfaktoren ist – wie im Falle der Heranziehung von Vergleichspreisen – eine Aggregation der jeweiligen Ergebnisse erforderlich. 38

6. Ermittlung des Verkehrswerts

▶ *Hierzu § 194 BauGB, § 15 ImmoWertV Rn. 1 ff.*

Der nach vorstehenden Grundsätzen ermittelte **Vergleichswert ist regelmäßig der Verkehrswert des Grundstücks, wenn alle objektspezifischen Grundstücksmerkmale sowie Änderungen in den allgemeinen Wertverhältnissen berücksichtigt worden sind.** Andernfalls handelt es sich nach der Systematik der ImmoWertV lediglich um den vorläufigen Vergleichswert. 39

Nach der **Grundsatzregelung des § 8 Abs. 2 ImmoWertV** ist auch bei Anwendung des Vergleichswertverfahrens zu prüfen, ob mit dem nach Maßgabe der §§ 15 f. ImmoWertV ermittelten Vergleichswert 40

1. die allgemeinen Wertverhältnisse auf dem Grundstücksmarkt und
2. alle (besonderen) objektspezifischen Grundstücksmerkmale

vollständig berücksichtigt wurden. Soweit dem nicht mit den herangezogenen Vergleichspreisen, Bodenrichtwerten bzw. Vergleichsfaktoren bebauter Grundstücke entsprochen wurde, ist der vorläufige Vergleichswert zu modifizieren. Sind beispielsweise **begründbare Anhaltspunkte** gegeben, nach denen die **Lage auf dem Grundstücksmarkt** noch nicht hinreichend Eingang in das Wertermittlungsverfahren gefunden hat, ist der Vergleichswert durch Zu- oder Abschläge aus dem nach den §§ 15 und 16 ImmoWertV ermittelten vorläufigen Vergleichswert abzuleiten.

Der so ermittelte Vergleichswert stellt i. d. R. den Verkehrswert dar. Sind jedoch noch andere Wertermittlungsverfahren zur Anwendung gekommen, ist nach § 8 Abs. 1 Satz 3 ImmoWertV die „Aussagefähigkeit" der Ergebnisse zu würdigen. Der **Verkehrswert** ist dann **unter „Würdigung ... der Aussagefähigkeit" der Ergebnisse aller herangezogenen Wertermittlungsverfahren zu ermitteln**. Dies ist in erster Linie von Bedeutung bei der Ermittlung des Vergleichswerts bebauter Grundstück, wenn gleichzeitig das Ertrags- und/oder Sachwertverfahren zur Anwendung gekommen ist oder der Bodenwert ergänzend auch im Wege des Extraktionsverfahrens ermittelt wurde. 41

2.2 Heranziehung von Vergleichspreisen, Bodenrichtwerten, Vergleichsfaktoren bebauter Grundstücke

2.2.1 Auswahlkriterien

2.2.1.1 Allgemeines (§ 15 Abs. 1 Satz 2, Abs. 2 Satz 3 und § 16 Abs. 1 Satz 4 ImmoWertV)

42 Für die Auswahl der zum Preisvergleich „geeigneten" Vergleichspreise, Bodenrichtwerte und Vergleichsfaktoren bebauter Grundstücke gibt die ImmoWertV weitgehend übereinstimmende **Kriterien** vor:

a) Zum Preisvergleich sollen Vergleichspreise, Bodenrichtwerte und Vergleichsfaktoren bebauter Grundstücke solcher Grundstücke herangezogen werden, die mit dem zu bewertenden Grundstück „hinreichend übereinstimmende Grundstücksmerkmale" (§§ 4 bis 6 ImmoWertV) aufweisen (§ 15 Abs. 1 Satz 2, § 15 Abs. 2 Satz 3 und § 16 Abs. 1 Satz 4 ImmoWertV).

b) Die Vergleichspreise sollen – ohne dass dies ausdrücklich geregelt ist – möglichst zu einem Zeitpunkt vereinbart worden sein, der dem Wertermittlungsstichtag nahe liegt; Entsprechendes gilt auch für den Bezugsstichtag der zum Preisvergleich herangezogenen Bodenrichtwerte und Vergleichsfaktoren bebauter Grundstücke.

c) Vergleichspreise sollen vorrangig aus dem Belegenheitsgebiet des zu bewertenden Grundstücks gewählt werden. Um den Vergleichswert aus einer „ausreichenden Zahl von Vergleichspreisen" ermitteln zu können, können auch Vergleichspreise aus anderen Gebieten herangezogen werden, wenn sich im Belegenheitsgebiet nicht „genügend" Vergleichspreise finden.

d) Nach Maßgabe des § 7 ImmoWertV sind solche Preise „herauszufiltern", die durch ungewöhnliche oder persönliche Verhältnisse beeinflusst worden sind, um diese – ersatzlos „fallen zu lassen" oder – zu „bereinigen", indem der Einfluss der ungewöhnlichen oder persönlichen Verhältnisse auf die Höhe des Vergleichspreises „sicher" ermittelt wird; dies wiederum wird nur in Ausnahmefällen möglich sein.

2.2.1.2 Hinreichend übereinstimmende Grundstücksmerkmale

▶ *Vgl. hierzu oben Rn. 6 und unten Rn. 136 ff.; § 8 ImmoWertV Rn. 50 ff., § 15 ImmoWertV Rn. 12*

43 Zum Preisvergleich „geeignet" sind Vergleichspreise, Bodenrichtwerte und Vergleichsfaktoren, wenn die ihnen zugrunde liegenden Grundstücksmerkmale mit denen des zu bewertenden Grundstücks „hinreichend" übereinstimmen[22]. Eine hinreichende Übereinstimmung der Grundstücksmerkmale der zum Vergleich herangezogenen Grundstücke, Bodenrichtwerte bzw. Vergleichsfaktoren bebauter Grundstücke mit denen des zu bewertenden Grundstücks liegt in der Natur des Vergleichswertverfahrens. Im weiteren Sinne kann (fast) alles miteinander verglichen werden (auch Äpfel mit Birnen!). Sinnvoll ist ein Preisvergleich aber nur, wenn Abweichungen ihrem Umfang nach in eine vergleichende Betrachtung eingebracht werden können und nicht das Maß dessen überschreiten, was auch im gewöhnlichen Geschäftsverkehr als abwegig angesehen wird. Nur dann liegt ein **geeigneter**[23] **Vergleichspreis** vor. An die „Eignung" der Vergleichspreise dürfen jedoch keine überzogenen Anforderungen gestellt werden. Es genügt, dass sich die Grundstücke ähneln[24]. Während nämlich nach früherem Recht die Vergleichsgrundstücke mit dem zu bewertenden Grundstück „soweit wie möglich

---

[22] BGH, Urt. vom 19.12.1963 – III ZR 162/63 –, EzGuG 20.35; entsprechend auch der BFH, Urt. vom 26.09.1980 – III R 21/78 –, EzGuG 20.86; RFH, Urt. vom 31.03.1938 – III 228/37 –, EzGuG 4.4a.
[23] BFH, Urt. vom 29.04.1987 – X R 2/80 –, BFHE 150, 453 = EzGuG 19.39b.
[24] RFH, Urt. vom 27.04.1928 – II A 17/28 –, AVN 1928, 771.

übereinstimmen" sollten[25], fordert die geltende ImmoWertV stattdessen nur eine „hinreichende" Übereinstimmung, um so den engen Vergleichsrahmen des bisherigen Rechts zu erweitern[26].

Die Forderung nach einer hinreichenden **Übereinstimmung der Grundstücksmerkmale** der Vergleichsgrundstücke, Bodenrichtwerte bzw. Vergleichsfaktoren bebauter Grundstücke mit denen des zu bewertenden Grundstücks betrifft insbesondere die in § 6 ImmoWertV genannten Grundstücksmerkmale 44
- Lage,
- Art und Maß der baulichen Nutzung,
- Bodenbeschaffenheit,
- Größe,
- Grundstücksgestalt,
- Erschließungszustand

sowie bei *baulichen Anlagen*
- Gebäudeart,
- Bauweise und Baugestaltung,
- Gebäudestandard (Ausstattung),
- Gebäudegröße (BGF, WF bzw. NF, GF usw.),
- Restnutzungsdauer,
- Bauzustand und
- Ertrag.

Die herangezogenen Vergleichspreise, Bodenrichtwerte und Vergleichsfaktoren bebauter Grundstücke (Gebäude- und Ertragsfaktoren) weisen in den ihnen zugrunde liegenden Grundstücksmerkmalen eine **hinreichende Übereinstimmung** mit denen des zu bewertenden Grundstücks auf, **wenn die zur Berücksichtigung von Abweichungen anzubringenden Zu- und Abschläge (in der Summe) nicht die** unter Rn. 10 erläuterte **Größenordnung von bis zu 40 % des Ausgangswerts überschreiten.** Darüber hinausgehende Zu- oder Abschläge sind ein deutliches Signal dafür, dass die Vergleichbarkeit erheblich gestört ist. 45

Der durch die Rechtsprechung (vgl. oben Rn. 10) vorgegebene **Grenzwert der Vergleichbarkeit bezieht sich auf die Summe der im Einzelfall anzubringenden Zu- und Abschläge**, denn bei Heranziehung von Vergleichspreisen müssen i. d. R. gleich mehrere unterschiedliche Grundstücksmerkmale berücksichtigt werden:

Beispiel 1:
- Zu ermitteln ist der Bodenwert eines 500 m² großen Grundstücks, für das eine GFZ von 1,2 ausgewiesen ist.
- Der zum Vergleich herangezogene Kaufpreis von 400 €/m² bezieht sich auf ein 1 000 m² großes Grundstück mit einer GFZ von 1,0.

Umrechnung des Vergleichspreises auf die Grundstücksmerkmale des zu bewertenden Grundstücks (500 m² bei einer GFZ von 1,2):

Vergleichspreis (Grundstücksgröße: 1 000 m², GFZ 1,0)			400 €/m²
– Zuschlag wegen einer GFZ von 1,2 des zu bewertenden Grundstücks (gemäß Umrechnungskoeffizient)	+ 20 %	80 €/m²	480 €/m²
– Zuschlag wegen kleiner Grundstücksgröße (gemäß Umrechnungskoeffizient)	+ 20 %	80 €/m²	560 €/m²
Summe der Zuschläge	40 %		

Wäre noch ein weiterer Zuschlag in Höhe von 20 % z. B. wegen erheblich höherwertigeren Lageverhältnissen des zu bewertenden Grundstücks anzubringen, so würde sich die Summe der Zuschläge auf insgesamt 60 % erhöhen und die Vergleichbarkeit wäre erheblich gestört.

---
25 § 4 Abs. 2 WertV 72.
26 Begründung zur WertV 88: BR-Drucks. 352/88, S. 54.

Syst. Darst. Vergleichswertverfahren — Vergleichspreise

Sofern bei Heranziehung von Vergleichspreisen Zu- *und* Abschläge anzubringen sind, bestimmt sich der durch die Rechtsprechung vorgegebene Grenzwert der Vergleichbarkeit nach der **Summe der Absolutbeträge der im Einzelfall anzubringenden Zu- und Abschläge,** denn die Vergleichbarkeit bleibt gestört, auch wenn sich die Zu- und Abschläge kompensieren:

Beispiel 2:

– Zu ermitteln ist der Bodenwert eines 500 m² großen in schlechter Lage gelegenen Grundstücks, für das eine GFZ von 1,5 ausgewiesen ist.
– Der zum Vergleich herangezogene Kaufpreis von 400 €/m² bezieht sich auf
  - ein 1 000 m² großes Grundstück
  - mit einer GFZ von 1,0,
  das jedoch in einer sehr guten Lage gelegen ist.

Umrechnung des Vergleichspreises auf die Grundstücksmerkmale des zu bewertenden Grundstücks (500 m² bei einer GFZ von 1,2):

Vergleichspreis (Grundstücksgröße: 1 000 m², GFZ 1,0)			400 €/m²
– Zuschlag wegen einer GFZ von 1,5 des zu bewertenden Grundstücks (gemäß Umrechnungskoeffizient)	+ 30 %	120 €/m²	520 €/m²
– Zuschlag wegen kleiner Grundstücksgröße (gemäß Umrechnungskoeffizient)	+ 20 %	80 €/m²	600 €/m²
Zwischensumme der Zuschläge	50 %		
– Abschlag wegen schlechterer Lage des zu bewertenden Grundstücks	– 20 %	– 80 €/m²	520 €/m²
Summe der Zu- und Abschläge	30 %	(trügerisch)	
Absolute Summe der Zu- und Abschläge jedoch	**70 %**		

Das *Beispiel* macht deutlich, dass sich die Vergleichbarkeit nicht dadurch erhöht, dass sich die Zu- und Abschläge gegenseitig kompensieren und sich im Verhältnis zum vorstehenden Beispiel eine geringere Summe der Zu- und Abschläge ergibt. Die Vergleichbarkeit im *Beispiel 2* ist gegenüber dem Fall des ersten Beispiels vielmehr erheblich dadurch gestört, dass in der **absoluten Summe der Zu- und Abschläge** Korrekturen von insgesamt 70 % angebracht werden mussten. Dies ist ein deutlicher Hinweis auf die nicht gegebene Eignung des Vergleichspreises.

2.2.1.3 Wertermittlungsstichtagsnahe Vergleichspreise

46 Entsprechend der bisherigen Rechtsprechung zu den „geeigneten Vergleichspreisen" muss auch gefordert werden, dass die Vergleichspreise, Bodenrichtwerte und Vergleichsfaktoren bebauter Grundstücke (Gebäude- und Ertragsfaktoren) nicht nur hinsichtlich der Grundstücksmerkmale mit dem zu bewertenden Grundstück hinreichend übereinstimmen, sondern auch, dass ihr **Bezugsstichtag mit dem Wertermittlungsstichtag hinreichend übereinstimmt**[27].

47 Grundsätzlich lassen sich die **in der Vergangenheit entrichteten Kaufpreise** mittels Indexreihen – theoretisch auch über Jahrzehnte hinweg – umrechnen, jedoch muss dabei bedacht werden, dass damit zusätzliche Fehler in das Wertermittlungsverfahren Eingang finden können. Zudem wird man auch bei einer gut geführten Kaufpreissammlung den damaligen Grundstückszustand nicht mehr umfassend und vollständig erfassen können, sodass zwischenzeitliche Änderungen der Zustandsmerkmale das Bild verfälschen.

---

27 BGH, Urt. vom 19.12.1963 – III ZR 162/63 –, EzGuG 20.35; BGH, Urt. vom 28.04.1966 – III ZR 24/65 –, EzGuG 19.9; BGH, Urt. vom 13.07.1978 – III ZR 112/75 –, EzGuG 19.34; BGH, Urt. vom 01.07.1982 – III ZR 10/81 –, EzGuG 4.86; BGH, Urt. vom 22.04.1982 – III ZR 131/80 –, EzGuG 17.44; BFH, Urt. vom 26.09.1980 – III R 21/78 –, EzGuG 20.86; das PrOVG hat sogar unter „neueren" Kaufpreisen ... noch solche bis zu 12 Jahren zurück betrachtet (vgl. St. Band VIII S. 344).

Bis zu welchem Zeitraum man bei der Auswahl von Kaufpreisen aus zurückliegender Zeit gehen kann, konnte der Verordnungsgeber wiederum nicht normativ vorgeben[28]. Auch hier kommt es auf die Umstände des Einzelfalls, vor allem auf das sonstige Kaufpreismaterial an. In der Praxis werden **Kaufpreise aus zurückliegender Zeit etwa bis zu 4 Jahren herangezogen**, wenngleich auch ein weiteres Zurückgehen sogar sinnvoll sein kann. Grundsätzlich gilt, was den zeitlichen „Rückgriff" anbelangt, dass die an den herangezogenen Vergleichspreisen anzubringenden Zu- und Abschläge für die zeitliche Fortschreibung des Vergleichswerts an die am Wertermittlungsstichtag herrschenden allgemeinen Wertverhältnisse auf dem Grundstücksmarkt zusammen mit den sonstigen Zu- und Abschlägen für qualitative Unterschiede **nicht überproportional** ausfallen dürfen. 48

In der Praxis treten auch Wertermittlungsfälle auf, in denen die Heranziehung von Vergleichspreisen aus weit zurückliegender Zeit gegenüber Kaufpreisen neueren Datums von Vorteil sein kann. So besteht z. B. bei der **Ermittlung des sanierungsunbeeinflussten Grundstückswerts** i. S. des § 153 Abs. 1 BauGB die Möglichkeit 49

– von Vergleichspreisen auszugehen, die noch vor Einleitung der Sanierung in dem Gebiet, in dem das zu bewertende Grundstück gelegen ist, bezahlt wurden, wobei diese Preise dann allerdings über längere Zeiträume auf den Wertermittlungsstichtag „hochindiziert" werden müssen, oder

– von Vergleichspreisen auszugehen, die zu einem dem Wertermittlungsstichtag nahe kommenden Zeitpunkt in Gebieten bezahlt werden, die in ihrem Zustand aber dem Sanierungsgebiet vor Einleitung der Sanierungsmaßnahme entsprechen müssen. Mangelt es hier an geeigneten Vergleichsgebieten oder bestehen Unsicherheiten bezüglich der richtigen Qualifizierung des damaligen Zustands des Sanierungsgebiets, ist die Fehleranfälligkeit bei dieser Vorgehensweise möglicherweise größer als im ersten Fall.

2.2.1.4 Ausreichende Zahl von Vergleichspreisen

Die Forderung nach einer „ausreichenden Zahl"[29] geeigneter Vergleichspreise (§ 15 Abs. 1 Satz 1 ImmoWertV) ist identisch mit der in Satz 3 sowie bislang in § 13 Abs. 1 Satz 2 WertV 88/98 aufgestellten Forderung nach einer **„genügenden Zahl"** geeigneter **Vergleichspreise**[30]. Die Begriffe werden synonym verwandt (vgl. § 15 Abs. 1 Satz 3 ImmoWertV). Ungeachtet dessen handelt es sich auch hierbei um unbestimmte Rechtsbegriffe. 50

Häufig steht der Gutachter vor dem Problem, dass ihm aus der Nachbarschaft (des zu bewertenden Grundstücks) und selbst unter Einbeziehung von Vergleichsgebieten innerhalb oder außerhalb der Belegenheitsgemeinde nur wenige oder sogar keine „geeigneten" Vergleichspreise zur Verfügung stehen[31]. Dies wirft die Frage auf, was als **„ausreichende" Anzahl von Vergleichspreisen** anzusehen ist. Auch wenn Vergleichspreise im statistischen Sinne nicht als „Stichproben" angesehen werden können, weil – zumindest im strengen Sinne – zumeist **die mit Blick auf die allgemeinen statistische Anforderungen die zu fordernden stochastischen Voraussetzungen unzureichend erfüllt** sind, ist man versucht, die Forderung nach mindestens fünf bis zehn Vergleichspreisen zu erheben. Dies würde aber für die Praxis in vielen Fällen bereits eine unüberwindbare Hürde darstellen, denn der Grundstücksmarkt gebiert (aus statistischer Sicht) eher nur in Ausnahmefällen genügend Transaktionen. Für den „*valuer*" ist der Grundstücksmarkt chronisch defizitär. 51

Betrachtet man die am Markt erzielten und zur Verkehrswertermittlung herangezogenen Kaufpreise als eine Stichprobe aus der Grundgesamtheit aller (zumindest denkbaren) Vergleichspreise, so lassen sich unter **Anwendung statistischer Methoden** Aussagen über die 52

---

28 BFH, Urt. vom 21.07.1993 – II R 13/91 –, EzGuG 20.147a; BFH, Urt. vom 26.09.1980 – III R 67/78 –, BFHE 131, 524 = BStBl II 1981, 208.
29 BFH, Urt. vom 26.09.1980 – III R 21/78 –, EzGuG 20.86.
30 Die ImmoWertV fällt hier ohne materielle Bedeutung auf eine bereits in § 4 Abs. 1 WertV i. d. F. von 1972 gebrauchte Formulierung zurück.
31 Die Möglichkeit, zur Bodenwertermittlung auch „geeignete" Bodenrichtwerte heranzuziehen, soll bei den nachfolgenden Betrachtungen ausgeschlossen sein.

Syst. Darst. Vergleichswertverfahren — Vergleichspreise

Genauigkeit der Verkehrswertermittlung z. B. durch Mittelbildung der zur Verfügung stehenden Vergleichspreise und Berechnung des mittleren Fehlers des Mittels treffen. Ob die Zahl der in das Mittel eingegangenen Vergleichspreise als „ausreichend" i. S. der ImmoWertV anzusehen ist, lässt sich dann nach statistischen (Genauigkeits-)Kriterien beurteilen (vgl. unten Rn. 110). Bei dieser Vorgehensweise versteht sich von selbst, dass zuvor

– die durch ungewöhnliche oder persönliche Verhältnisse beeinflussten Vergleichspreise ausgeschieden oder entsprechend „berichtigt" worden sind (vgl. § 7 ImmoWertV Rn. 4, 11) und

– die verbliebenen Vergleichspreise hinsichtlich Abweichungen in ihren Grundstücksmerkmalen und unterschiedlicher allgemeiner Wertverhältnisse umgerechnet worden sind.

53 Nach dem hier nicht näher zu erläuternden **Zentralen Grenzwertsatz der Statistik** erhöht sich – vereinfacht gesagt – mit einer wachsenden Zahl von Vergleichspreisen deren Repräsentativität für den daraus abgeleiteten Verkehrswert. Von daher könnte die Forderung begründet werden, dass mindestens 10 und in ungünstigen Fällen auch noch mehr Vergleichspreise für eine „sichere" Verkehrswertermittlung erforderlich sind. Steht eine derartige Anzahl von Vergleichspreisen zur Verfügung, wird man sie auch berücksichtigen (müssen). Es wäre jedoch eine Verkennung der in der Praxis bestehenden Möglichkeiten, wenn man allein mit den strengen Anforderungen der Statistik die Verkehrswertermittlung zu beherrschen trachtet. Die Praxis der Wertermittlung muss ebenso wie der Grundstücksverkehr damit leben, dass nur selten ein im statistischen Sinne ausreichendes Kaufpreismaterial zur Verfügung steht und der **Verkehrswert oft nur aus wenigen Vergleichspreisen abgeleitet** werden muss. Der dabei gleichwohl unter Heranziehung statistischer Methoden angeleitete Verkehrswert kann immerhin in Anspruch nehmen, als der „wahrscheinlichste" Wert zu gelten.

54 Es kommt hinzu, dass auch wenige und sogar ein **einziger Kaufpreis,** wenn man ihn **als Stichprobe aus einer normal verteilten Grundgesamtheit** betrachtet, durchaus auch dem Wert entsprechen kann, der sich aus einer Vielzahl von Vergleichspreisen als wahrscheinlichster Wert ergibt[32].

55 Mit überzogenen, an den strengen Kriterien der Statistik orientierten Anforderungen an die Zahl der „ausreichenden Vergleichspreise" befände sich die Verkehrswertermittlung mitunter sehr schnell in der Sackgasse. Die Verkehrswertermittlung muss sich regelmäßig mit weniger Vergleichspreisen begnügen, als die strengen Kriterien der Statistik fordern. Dabei kann eine absolute Zahl nicht vorgegeben werden, weil es auch hier auf die **Verhältnisse des Einzelfalls** ankommt. So kann die Aussagefähigkeit von wenigen zeitnahen und geringfügig streuenden Vergleichspreisen aus der unmittelbaren Nachbarschaft zum Wertermittlungsobjekt (z. B. in einem Reihenhausgebiet) durchaus größer sein als eine größere Anzahl divergierender Vergleichspreise von Grundstücken, die in ihren Eigenschaften vom Wertermittlungsobjekt stärker abweichen.

56 Die „ausreichende" Zahl „geeigneter" Vergleichspreise hängt damit davon ab, was unter der Eignung der zur Verfügung stehenden Vergleichspreise verstanden wird und letztlich von dem ab, „was der Markt hergibt". Von daher geht es für den Gutachter im Kern darum, unter Einbeziehung von Alternativlösungen, wie der Anwendung des Ertragswert- oder Sachwertverfahrens, sich umfassend zu bemühen, alle in Betracht kommenden Vergleichsdaten (Kaufpreise und andere vergleichbare Marktindikatoren [vgl. Rn. 69 ff.], Mieten, Bewirtschaftungskosten, Normalherstellungskosten usw.) aufzubereiten, ihre Aussagefähigkeit unter Abwägung der Ergebnisse alternativer Lösungswege zu würdigen und nach Maßgabe des § 8 ImmoWertV das Verfahren zu wählen, was die größte Gewähr für eine „richtige" Verkehrswertermittlung bietet. In der Rechtsprechung ist hierbei nicht ausgeschlossen worden, dass dabei sogar das **Vorhandensein von nur einem geeigneten Vergleichsgrundstück** die

---

[32] BFH, Urt. vom 22.11.1968 – III R 49/68 –, EzGuG 19.15a.

Anwendung des Vergleichswertverfahrens nicht ohne Weiteres ausschließt[33]. Die Rechtsprechung folgt dabei der statistischen Erkenntnis, nach der auch die kleinste Stichprobe für das Gesamtergebnis repräsentativ ist, wenn es nur die „richtige" ist. Schon das Pr.OVG hatte deshalb in seiner Rechtsprechung erkannt, dass der „Umstand, dass eine Besitzung als einziger Fall des Verkaufs eines gleichartigen Grundstücks ermittelt ist", diesen Verkaufspreis nicht ungeeignet als Vergleichsobjekt macht[34].

Fazit: Zusammenfassend ist also festzustellen, dass der Verordnungsgeber nicht vorgeben konnte, wie viel Vergleichspreise im Einzelfall mindestens heranzuziehen sind. Je stärker einzelne auf denselben (Wertermittlungs-)Stichtag bezogene Vergleichspreise von Grundstücken gleichen Zustands voneinander abweichen, umso mehr Kaufpreise müssen herangezogen werden. Letztlich bleibt dies aber stets eine **Funktion der statistischen Sicherheit,** die im Einzelfall gefordert werden kann. Weisen wenige zur Verfügung stehende Vergleichspreise indessen eine geringe Streuung auf und kann auch nach den sonstigen Umständen des Einzelfalls gefolgert werden, dass sie ein hohes Maß an Eignung aufweisen, so kann der Verkehrswert den Umständen entsprechend auch aus wenigen Vergleichspreisen abgeleitet werden. Im Einzelfall kann sich dies sogar auf einen einzelnen Vergleichspreis beschränken. In diesem Fall müssen aber an die Eignung des Vergleichspreises hohe Anforderungen gestellt werden.

57

Abschließend wird dem Sachverständigen empfohlen, in seinem Gutachten auch den **Nachweis seiner Bemühungen, genügend Vergleichspreise heranzuziehen,** darzulegen. Dies gilt umso mehr, je weniger Vergleichspreise ihm zur Verfügung gestanden haben. Dies gilt insbesondere, wenn ihm nur eine ungenügende Anzahl oder überhaupt keine Vergleichspreise zur Verfügung gestanden haben. Im Rahmen seiner Begründungspflicht hat er dann nämlich darzulegen, warum er auf Ersatzlösungen „ausweichen" musste.

58

▶ *Zur Genauigkeit der Verkehrswertermittlung vgl. Vorbem. zur ImmoWertV Rn. 22 ff.*

2.2.2 Vergleichspreise aus Vergleichsgebieten (§ 15 Abs. 1 Satz 3 ImmoWertV)

§ 15 Abs. 1 Satz 1 ImmoWertV geht von der Maxime aus, dass Vergleichspreise aus der unmittelbaren Nachbarschaft des zu bewertenden Grundstücks i. d. R. die höchste Gewähr für ihre Eignung bieten, weil die dort gelegenen Grundstücke in ihren Eigenschaften die höchste Übereinstimmung mit denen des zu bewertenden Grundstücks aufweisen. Erst wenn sich dort keine „ausreichende Zahl" von Vergleichspreisen auffinden lässt, können nach § 15 Abs. 1 Satz 3 ImmoWertV **Vergleichsgrundstücke aus vergleichbaren Gebieten** herangezogen werden[35].

59

Für die Praxis ist diese filigrane Abstufung des Verordnungsgebers bedeutungslos, denn die Forderung nach „genügend" Vergleichspreisen kann regelmäßig ohnehin nur unter Einbeziehung der weiteren Umgebung erfüllt werden. Insoweit stellt § 15 Abs. 1 Satz 3 ImmoWertV eine Klarstellung[36] dar, die den Gutachter aber auch ermutigen soll, bei der Suche nach „geeigneten" Vergleichspreisen schon einmal entferntere – gleichwohl vergleichbare – Gebiete oder Stadtteile einzubeziehen.

60

Die Grundregel, nach der auf Vergleichsgebiete auszuweichen ist, wenn in der näheren Umgebung nicht genügend Vergleichsobjekte vorhanden sind, entspricht auch den in der Rechtsprechung entwickelten Grundsätzen. Das KG Berlin hat hierzu festgestellt, dass auf **Kaufpreise von Grundstücken in anderen Lagen** zurückgegriffen werden kann, wenn in

61

---

33 BGH, Urt. vom 01.07.1982 – III ZR 10/81 –, EzGuG 4.86; so bereits PrOVG, Urt. vom 23.09.1898 – St. 8.311 – und – St. 8.315 –, EzGuG 20.5; auch RFH, Urt. vom 16.10.1930 – III A 306/30 –, EzGuG 8.1; a.A. LG Koblenz, Urt. vom 20.02.1978 – 4 O 49/77 –, EzGuG 20.72; RFH, Urt. vom 28.04.1938 – III 345/37 –, RStBl. 1938, 716; BFH, Urt. vom 22.11.1968 – III R 49/68 –, EzGuG 19.15a.
34 PrOVG, Urt. vom 23.09.1898 – St. 8.311 –, EzGuG 20.5.
35 OLG Celle, Urt. vom 21.08.1978 – 4 U 214/74 –, EzGuG 20.76.
36 BFH, Urt. vom 10.08.1972 – VIII R 82/71 –, EzGuG 20.53; KG Berlin, Urt. vom 01.11.1969 – U 144/68 –, EzGuG 20.46.

Syst. Darst. Vergleichswertverfahren — Vergleichspreise

dem Gebiet selbst keine Kaufpreise für Grundstücke vorliegen, die hinsichtlich Lage und Nutzung mit dem zu bewertenden Grundstück vergleichbar sind[37]. Der BFH hat in seiner Rechtsprechung sogar weitergehend auf den überregionalen Markt abgestellt[38].

62 I. d. R. wird man bei Heranziehung von Vergleichspreisen aus anderen Lagen das Gemeindegebiet und seine Nachbarschaft nicht verlassen. Grundsätzlich können aber auch Vergleichspreise aus vergleichbaren Gemeinden herangezogen werden, wenn in der Belegenheitsgemeinde keine oder keine ausreichende Zahl von Vergleichspreisen vorliegen. Bei Anwendung dieser **Methode des interregionalen Preisvergleichs** wird man als Vergleichsgemeinde solche heranziehen, die im Hinblick auf Einwohnergröße und großräumige Lage (z. B. Nähe einer Großstadt) vergleichbar sind.

63 Zur Beurteilung der großräumigen Lage haben sich die von der BfLR (nunmehr BBR) abgeleiteten **siedlungsstrukturellen Kreistypen**[39] bewährt. Man wird daher bestrebt sein, solche Vergleichsgemeinden auszuwählen, die in einem mit der Belegenheitsgemeinde vergleichbaren siedlungsstrukturellen Kreistyp gelegen sind. Daneben ist vor allem noch zu beachten, dass die Gemeinden eine möglichst vergleichbare Wirtschaftskraft aufweisen. Die Vergleichskriterien Einwohnerzahl und siedlungsstruktureller Kreistyp haben sich als ungewöhnlich hoch korreliert mit dem allgemeinen Bodenwertniveau erwiesen. Dies hat sich allerdings auch schon in anderen ungewöhnlichen Untersuchungen bestätigt. Nach einer Untersuchung aus dem Jahre 1979 besteht eine hohe negative Korrelation zwischen der Gemeindegrößenklasse und den entsprechenden Geburtenziffern, d. h., die Geburtenzahl nimmt mit Ansteigen der Gemeindegröße steil und signifikant ab[40]; ein für Soziologen sehr interpretierfähiges Nebenprodukt der Wertermittlungslehre!

64 In der Praxis treten vielfach auch Fälle auf, in denen **Vergleichspreise aus der unmittelbaren Nachbarschaft zu dem zu bewertenden Objekt** sogar **besonders ungeeignet sind**. So sind z. B. im Falle der Ermittlung des sanierungs- bzw. entwicklungsunbeeinflussten Grundstückswerts i. S. des § 153 Abs.1 BauGB Vergleichspreise aus der unmittelbaren Nachbarschaft zum Satzungsgebiet besonders „verdächtig", von sanierungs- bzw. entwicklungsbedingten Werterhöhungen beeinflusst zu sein, die es aber gerade bei Wertermittlungen innerhalb des Satzungsgebiets (Veranstaltungsgebiet) „auszublenden" gilt[41]. Das OLG Frankfurt am Main[42] hat deshalb solchen Vergleichsgebieten eine „Eignung" abgesprochen:

65 **Folgender Sachverhalt** lag der o.a. Entscheidung des OLG Frankfurt am Main zugrunde:

In der Gemeinde A wurde eine Entwicklungsmaßnahme durchgeführt, von der die benachbarte Gemeinde B „profitierte", ohne dass dort eine Entwicklungsmaßnahme durchgeführt wurde. Die Bodenwerte stiegen unter dem Einfluss der Entwicklungsmaßnahme A in der Gemeinde B an.

Im Verlauf der Entwicklungsmaßnahme galt es, den entwicklungsunbeeinflussten Grundstückswert zwecks Ankaufs eines Grundstücks zu ermitteln. Dabei ging es im Kern um die Frage, ob die allgemeine Wertentwicklung in der Nachbargemeinde, in der zwar keine Entwicklungsmaßnahme durchgeführt worden ist, die aber gleichwohl unter dem Einfluss der Entwicklungsmaßnahme eine indirekte „Aufwertung" erfahren hatte, bei der Ermittlung des entwicklungsunbeeinflussten Bodenwerts zu berücksichtigen sei (Abb. 3).

Des Weiteren wurde von den entwicklungsbetroffenen Eigentümern vorgebracht, dass der für den Entwicklungsbereich aufgestellte Flächennutzungsplan(-entwurf) „als eine von der bevorstehenden Anwendung des *Entwicklungsmaßnahmenrechts* ... unabhängige Ursache der Bauerwartung gewertet werden müsse, weil es einen durch Bauland- und Wohnungsnachfrage verursachten Planungsbedarf und eine dadurch hervorgerufene Bauleitplanung auch in den ... umgebenden Städten und Gemeinden gegeben

---

37 KG Berlin, Urt. vom 01.11.1969 – U 1449/68 –, EzGuG 20.46.
38 BFH, Urt. vom 10.08.1972 – VIII R 82/71 –, EzGuG 20.53.
39 Hüttenrauch/Jacobs/Kehlen in GuG 1992, 137; dort auch die abgedruckte Karte siedlungsstruktureller Kreistypen; vgl. Kleiber, Sammlung amtlicher Vorschriften zur Verkehrswertermittlung, a. a. O., 4. Aufl. 1992.
40 Hetzold, in ifo-Schnelldienst Nr. 9 1979, Institut für Wirtschaftsforschung, München.
41 Das Recht der WertV 72 enthielt zur Wertermittlung für Sanierungsgebiet und Entwicklungsbereiche in § 21 Abs. 3 Satz 1 sowie § 22 Abs. 3 WertV 72 eine dementsprechende Vorschrift, die damit als allgemeiner Wertermittlungsgrundsatz in den geltenden § 13 Abs. 1 Satz 2 WertV aufgegangen ist.
42 BVerfG, Beschl. vom 09.03.1998 – 1 BvR 1041/92 –, GuG 1999, 244; BGH, Urt. vom 09.07.1992 – III ZR 167/91 –; OLG Frankfurt am Main, Urt. vom 24.06.1991 – 1 U 2/90 –, GuG 1997, 54 = EzGuG 15.69a; LG Darmstadt, Urt. vom 31.07.1996 – 90 (B) 12/93 –, GuG 1997, 56 = EzGuG 15.84.

habe, wo keine förmliche Festlegung von städtebaulichen Entwicklungsbereichen beabsichtigt war und erfolgt ist", d. h., die Betroffenen argumentierten, dass auch ohne städtebauliche Entwicklungsmaßnahme eine Weiterentwicklung stattgefunden haben würde, die es bei der Ermittlung des entwicklungsunbeeinflussten Grundstückswerts zu berücksichtigen gelte.

Abb. 3: **Bodenwertentwicklung in der Entwicklungsgemeinde und in einer benachbarten Vergleichsgemeinde**

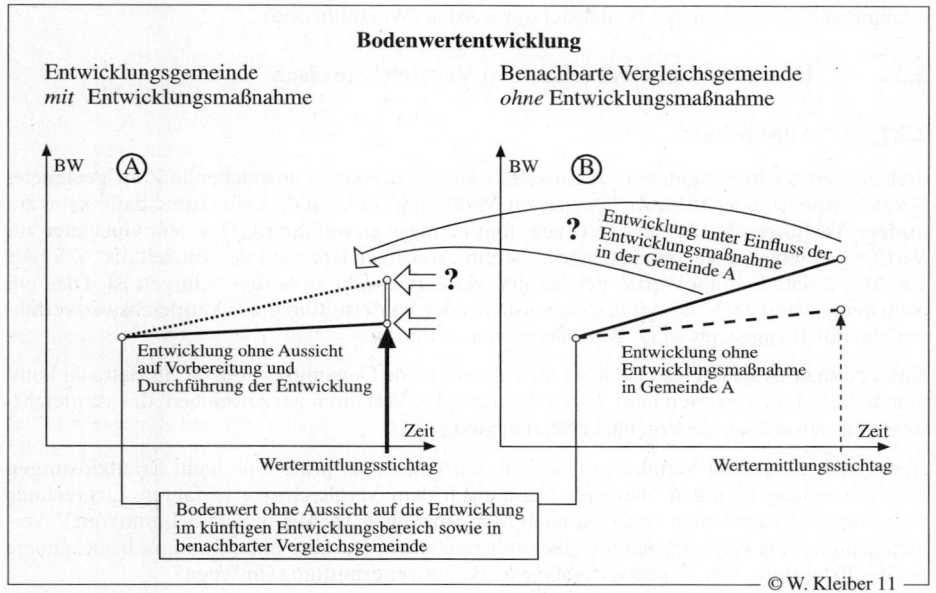

Das OLG Frankfurt am Main hat dieser Auffassung ausdrücklich mit der Begründung widersprochen, dass damit die entwicklungsrechtlichen Vorschriften über den Ausschluss entwicklungsbedingter Werterhöhungen „praktisch unanwendbar" seien. Sinn und Zweck dieser Regelungen sei die „volle" Wertabschöpfung, die den Eigentümern von Grundstücken dort, wo keine förmlichen Entwicklungsmaßnahmen durchgeführt werden, anlässlich der Heraufstufung ihrer Grundstücke durch Baulandausweisung nicht auferlegt wird. Deshalb darf **die Tatsache, dass in beiden Arten von Gemeinden – denen mit und denen ohne förmlich festgesetzte Entwicklungsbereiche – Bauleitplanung betrieben wird, nicht dazu genutzt werden, den Tatbestand der Vorwirkung einer Entwicklungsmaßnahme zu verneinen.**

2.2.3 Vergleichspreise bei retrograder Verkehrswertermittlung

▶ *Vgl. § 3 ImmoWertV Rn. 4*

Bei einer auf einen zurückliegenden Wertermittlungsstichtag (ex post) bezogenen Verkehrswertermittlung **(retrograde bzw. retroperspektivische Ermittlung von Verkehrswerten**, *retrospective value opinion*) sind grundsätzlich die Verhältnisse maßgebend, die zu diesem Zeitpunkt den gewöhnlichen Geschäftsverkehr bestimmt haben und zum damaligen Zeitpunkt dem allgemeinen Grundstücksverkehr erschließen mussten.

Der Sachverständige hat sich in solchen Fällen grundsätzlich (und vorbehaltlich anderer Vorgaben) in den Erkenntnisstand zu versetzen, den er am Wertermittlungsstichtag haben konnte, d. h., er darf in solchen Fällen seine Erkenntnisse über die Folgezeit nicht zur Grundlage der Verkehrswertermittlung auf einen zurückliegenden Zeitpunkt machen. Dies bedeutet, dass

- die sich in den „jüngeren" Preisvereinbarungen manifestierenden Preisentwicklungen, die für einen „durchschnittlich besonnenen, nüchternen Betrachter" am Wertermittlungsstichtag nicht erkennbar waren bzw. sein konnten, „ausgeblendet" werden müssen,
- Bodenrichtwerte und Vergleichsfaktoren bebauter Grundstücke, die zum Wertermittlungsstichtag nicht bekannt waren und auch sonstige am Wertermittlungsstichtag nicht bekannte Tatsachen und Erkenntnisse außer Betracht bleiben müssen.

Umgekehrt müssen aber die zum Wertermittlungsstichtag mit hinreichender Sicherheit erkennbaren Entwicklungen berücksichtigt werden (Wurzeltheorie).

2.3 Ersatzlösungen bei fehlenden Vergleichspreisen

2.3.1 Allgemeines

69 Stehen dem Sachverständigen im Einzelfall keine oder keine ausreichende Zahl geeigneter Vergleichspreise oder Bodenrichtwerte zur Verfügung, so kann dies ein Grund dafür sein, auf **andere Verfahren** auszuweichen (Sach- und Ertragswertverfahren). Das dem Gutachter zur Verfügung stehende Vergleichsmaterial ist ein „sonstiger Umstand des Einzelfalls" i. S. des § 8 Abs. 2 Satz 2 ImmoWertV, der bei der Verfahrenswahl zu berücksichtigen ist. Dies gilt auch dann, wenn nach der Art des Gegenstands der Wertermittlung das Vergleichswertverfahren eigentlich angezeigt ist (z. B. Bodenwertermittlung).

70 **Entscheidendes Kriterium** ist dabei die zu erwartende Genauigkeit, die das in Betracht kommende Verfahren erwarten lässt. Es ist dann auf das Verfahren auszuweichen, das vergleichsweise das zuverlässigste Ergebnis erwarten lässt.

71 Bevor man auf andere Verfahren ausweicht, wird man aber prüfen, ob nicht **Ersatzlösungen** zur Anwendung kommen, die ihrer Natur nach dem Vergleichswertverfahren zuzurechnen sind. Vor allem wird man zunächst nach Maßgabe des § 15 Abs. 1 Satz 3 ImmoWertV Vergleichspreise aus vergleichbaren Gebieten heranziehen. Darüber hinaus kommt insbesondere bei der Ermittlung von Bodenwerten eine Verkehrswertermittlung im Wege

a) deduktiver Verfahren (vgl. unten Rn. 418 ff.) auch auf der Grundlage kalkulatorischer Betrachtungen und

b) residueller Verfahren (vgl. unten Rn. 447 ff.)

in Betracht. Daneben stellt sich auch die Frage der Verwertbarkeit von Angebotspreisen, Ausschreibungsergebnissen und vorhandener Gutachten. Schließlich kann es auch unvermeidlich werden, den Verkehrswert im Wege einer freien Schätzung abzuleiten.

Liegen zum Zwecke der **Marktwertermittlung bebauter Grundstücke** keinerlei konkrete Anhaltspunkte für die Höhe des Bodenwerts vor, wird hilfsweise auf allgemeine Erfahrungssätze für den Bodenwertanteil bebauter Grundstücke zurückgegriffen (vgl. § 16 ImmoWertV Rn. 105 ff., § 21 ImmoWertV Rn. 12)[43]. Diese „Krücke" kommt vor allem bei der Bewertung von im Ausland gelegenen Grundstücken zur Anwendung, wo der Bodenmarkt eine terra incognita ist (vgl. § 16 ImmoWertV Rn. 116 ff.).

2.3.2 Preisforderungen

72 „Aus einer **bloßen Preisforderung**" kann ebenfalls nicht auf den Verkehrswert geschlossen werden[44]. Das KG Berlin hat dagegen die Heranziehung von 224 Zeitungsanzeigen über den Verkauf von Gaststätten anerkannt[45]. Die Lebenserfahrung zeigt jedoch, dass solche „Wunschpreise" allenfalls Einstieg in Verhandlungen sind und deshalb kein Abbild des tat-

---

43 Hierzu kritisch Debus in GuG 2012, 65.
44 PrOVG, Urt. vom 15.04.1898 – III 81/97 –, EzGuG 20.4b.
45 KG Berlin, Urt. vom 16.07.1985 – U 6417/83 –, EzGuG 14.78.

sächlichen Geschehens auf dem Grundstücksmarkt darstellen können. Solche Anzeigen sind deshalb für die Verkehrswertermittlung grundsätzlich unbrauchbar[46].

2.3.3 Ausschreibungsergebnisse (Bieterverfahren)

Schrifttum: *Greiz, H./Uherek, H.-W./Spinda, J.*, Verkehrswertermittlung landwirtschaftlicher Flächen im Rahmen des Ausgleichsleistungsgesetzes, NL-BzAR 2010, 387; *Kindler, R.*, Zum Vergleichspreissystem der BVVG, GuG 2009, 280; *Koenig, H.*, Marktwertermittlung landwirtschaftlicher Flächen im Rahmen von Direktverkäufen und EALG-Verkäufer der BVVG, NL-BzAR 2011, 470; *Spinda, J./Karg, H./ Uherek. H.-W.*, Aktueller Stand in der Frage gutachterlicher Verkehrswertermittlung landwirtschaftlicher Flächen, NL-BzAR 2011, 99; *Köhne, M.*, Stellungnahme zur Wertermittlung bei der Privatisierung landwirtschaftlicher Flächen im Rahmen des Ausgleichsleistungsgesetzes, NL-BzAR 2010, 279; *Köhne, M.*, Nochmals zur Wertermittlung beim Verkauf landwirtschaftlicher Flächen durch die BVVG. NL-BzAR 2011, 135; *Koepke*, Kaufpreise für Ackerland in Ausschreibung der BVVG, GuG 2010, 257; Mitteilung der Kommission betr. Elemente staatlicher Beihilfe bei Verkäufen von Bauten oder Grundstücken durch die öffentliche Hand, ABl. EU Nr. C 209/3; *Neixler, T.*, Mehr Rechtssicherheit für Verkehrswertermittlung bei Flächenverkäufen der BVVG, NL-BzAR 2011, 111.

▶ *Vgl. Kleiber, Verkehrswertermittlung von Grundstücken, 6. Aufl. 2010, § 192 BauGB Rn. 10; § 5 ImmoWertV Rn. 29*

Eine bewährte Methode der Vermarktung von Immobilien ist das sog. bedingungsfreie Biet(er)verfahren bzw. die (offene) Ausschreibung. Beim Biet(er)verfahren wird die Immobilie zunächst in Zeitungsanzeigen, im Internet oder in einer sonstigen geeigneten Weise beworben, wobei aus der Anzeige hervorgehen muss, dass es sich um ein Bietverfahren handelt. Des Weiteren empfiehlt es sich, das besondere Prozedere darzustellen sowie eine Mindestpreisvorstellung und einen Besichtigungstermin zu benennen. Entsprechend der Preisangabenverordnung muss dabei deutlich gemacht werden, dass es sich bei diesem Mindestpreis lediglich um einen „Einstiegspreis" und nicht um den Verkaufspreis handelt. Dem wird nach Auffassung des IVD zum Beispiel durch den Hinweis **„Gegen Gebot"** oder **„Bieterverfahren"** Genüge getan.

73

Biet(er)verfahren bzw. (offene) Ausschreibungen werden sowohl von der öffentlichen Hand, als auch privatwirtschaftlich praktiziert (Grundstücksversteigerungen):

74

- Das Bundesministerium für Wirtschaft hat bereits 1991 in seinen Hinweisen zu Grundstücksverkäufen von Gemeinden für gewerbliche Zwecke[47] zu den Methoden der Verkehrs- bzw. Marktwertermittlung klargestellt, dass im Falle von „Unsicherheiten über den Verkehrswert dieser durch Ausschreibung ermittelt" werden kann und hat dazu folgende technische Hinweise gegeben:

  „.... Dazu ist in örtlichen Tageszeitungen oder amtlichem Mitteilungsblatt mitzuteilen, welche Grundstücke (konkrete Bezeichnung nach Lage, Größe, mögliche Baunutzung) gegen Gebot verkauft werden. Zusätzlich ist ein Aushang bei Kammern usw. zweckmäßig. Angesichts der Knappheit der Grundstücksangebote dürfen auch kurze Ausschreibungsfristen ausreichen. Auf diese Weise werden sich relativ schnell Marktpreise für Gewerbegrundstücke herausbilden."

- Das Bundesministerium der Finanzen (BMF) hat in seinem Erlass an die Oberfinanzdirektionen (OFD) über die Grundsätze für die Verkehrswertermittlung bei der Veräußerung bundeseigener Grundstücke in den neuen Bundesländern vom 07.01.1991 (VI C 1 VV 2030 – 17/90) i. V. m. seinem Erlass vom 07.12.1990 (VI C 1 W 2400 – 50/90 –) zur Ermittlung des Verkehrswerts die öffentliche Ausschreibung ausdrücklich zugelassen und

---

46 So auch Petersen in Marktorientierte Immobilienbewertung, 4. Aufl. S. 43; a.A. Streich in RDM Informationsdienst 1999 Nr. 3 S. 17, der allen Erfahrungen zuwider, nach denen insbesondere bei Erstinseraten überhöhte Mietpreiserwartungen annonciert werden, solche gelten lassen will. Streich hat sich im Übrigen auch entgegen der Rechtsprechung des BVerfG gegen das Konkretisierungsgebot bei Mietwertgutachten ausgesprochen und rekourriert in geradezu extremer Weise auf Veröffentlichungen des IVD. Die Verwendung von RDM-Immobilienpreisspiegeln ist jedoch im Rahmen von Mieterhöhungsverlangen unzulässig. Hier ist verantwortungsbewussteres Handeln angezeigt, zumal Fehler sich direkt auf das Ergebnis auswirken.
47 Vgl. Info_dienst Kommunal des Bundesministeriums des Innern Nr. 12 S. 4; abgedruckt in Kleiber/Söfker, Vermögensrecht, Eigentum an Grund und Boden, Jehle Verlag; Teil II Nr. 8.3.

das Ausschreibungsergebnis mit dem vollen Wert (= Verkehrswert) gleichgesetzt. Unter Ziff. I des vorstehenden Erlasses heißt es:

„Zur Ermittlung des Verkehrswerts von Grundstücken, die allgemein zum Verkauf anstehen, sind bis auf Weiteres grundsätzlich öffentliche Ausschreibungen durchzuführen (VSF VV 06 58 i. V. m. BMF-Erlass vom 07.12.1990 – VI C 1 – VV 2400 – 50/90 –). Die Oberfinanzdirektionen haben dabei eigenverantwortlich zu entscheiden, ob die Verkaufsabsichten des Bundes nur in örtlichen Tageszeitungen, zusätzlich in westdeutschen Veröffentlichungsorganen oder sogar in der internationalen Presse bekanntzumachen sind.

Die Fristen für die Abgabe von Kaufangeboten sind möglichst kurz zu bemessen, um zeitliche Verzögerungen zu vermeiden.

Das Ausschreibungsergebnis kann grundsätzlich als voller Wert i. S. von § 63 Abs. 3 BHO angesehen werden. Etwas anderes kann gelten, wenn das höchste Gebot deutlich geringer als der geschätzte Verkehrswert ist. In einem solchen Falle ist die Ausschreibung – evtl. überregional zu wiederholen.

... von der Einschaltung von Sachverständigen ist in diesen Fällen abzusehen."

Grundsätze für die **Ermittlung des Verkehrswerts von Grundstücken durch Ausschreibung** wurden im Erlass des BMF vom 06.05.1993 (VI A VV 2030 17/93)[48] i. V. m. Erl vom 07.12.1990 – VI C 1 W 2400 – 50/90 – geregelt.

– Auch für die EU-Kommission stellen die Ergebnisse bedingungsfreier Biet(er)verfahren bzw. offener Ausschreibungen einen wichtigen Indikator des Marktwerts dar. Gemäß Grundstücksmitteilung der Kommission[49] vom 10.07.1997 „betr. Elemente staatlicher Beihilfe bei Verkäufen von Bauten oder Grundstücken durch die öffentliche Hand" darf öffentliches Eigentum nicht unter seinem Marktwert veräußert werden, wobei zwei Verfahrenswege zugelassen werden, nämlich

a) der Verkauf durch ein bedingungsfreies Bietverfahren und

b) der Verkauf ohne bedingungsfreies Bietverfahren auf der Grundlage eines durch (einen) unabhängige(n) Sachverständige(n) für Wertermittlung auf der Grundlage „allgemein anerkannter Marktindikatoren und Bewertungsstandards" ermittelten Marktwerts, der bei dem Verkauf grundsätzlich nicht unterschritten werden darf.

„1. Verkauf durch ein bedingungsfreies Bietverfahren

Der Verkauf von Bauten oder Grundstücken nach einem hinreichend publizierten, allgemeinen und bedingungsfreien Bietverfahren (ähnlich einer Versteigerung) und die darauf folgende Veräußerung an den Meistbietenden oder den einzigen Bieter, stellt grundsätzlich einen Verkauf zum Marktwert dar und enthält damit keine staatliche Beihilfe. Es spielt keine Rolle, ob vor dem Bietverfahren eine andere Bewertung des Gebäudes oder des Grundstücks existierte, z. B. für Buchungszwecke oder um ein beabsichtigtes erstes Mindestangebot bereitzustellen.

a) Hinreichend publiziert ist ein Angebot, wenn es über einen längeren Zeitraum (zwei Monate und mehr) mehrfach in der nationalen Presse, Immobilienanzeigen oder sonstigen geeigneten Veröffentlichungen und durch Makler, die für eine große Anzahl potenzieller Käufer tätig sind, bekannt gemacht wurde und so allen potenziellen Käufern zur Kenntnis gelangen konnte.

Die Absicht, Bauten oder Areale zu verkaufen, die wegen ihres großen Werts oder wegen anderer Merkmale typischerweise für europaweit oder sogar international tätige Investoren von Interesse sein dürften, sollte in Publikationen bekannt gemacht werden, die regelmäßig international beachtet werden. Begleitend sollten derartige Angebote durch europaweit oder international tätige Makler verbreitet werden.

b) Bedingungsfrei ist eine Ausschreibung, wenn grundsätzlich jeder Käufer unabhängig davon, ob und in welche Branche er gewerblich tätig ist, das Gebäude oder Grundstück erwerben und für seinen wirtschaftlichen Zweck nutzen kann und darf. Einschränkungen aus Gründen des Nachbar- oder Umweltschutzes oder zur Vermeidung rein spekulativer Gebote sowie raumordnungs-

---

48 Vgl. GuG 1993, 353; zur Verkehrswertermittlung unter Berücksichtigung der Ergebnisse von Ausschreibungen vgl. auch den Erl. vom 17.03.1992 (BAnz Nr. 72 vom 11.04 1992 = GuG 1992, 271).

49 Mitteilung der Kommission betreffend Elemente staatlicher Beihilfe bei Verkäufen von Bauten und Grundstücken durch die öffentliche Hand Nr. 97C 209/03 vom 10.07.1997 (ABl. 1997 C 209 S. 3 = GuG 1997, 363); vgl. auch Art. 49 Abs. 2 der Richtlinie 91/674 EWG des Rates (ABl. Nr. L 374 vom 31.12.1991, S. 7); vgl. EuGH, Urt. vom 16.12.2010 – C 239/09 GuG-aktuell 2011, 9 = NL-BzAR 2011, 33.

rechtliche Einschränkungen für den Eigentümer eines Grundstücks nach nationalem Recht beeinträchtigen nicht die Bedingungsfreiheiten eines Angebots."

Der in einem ordnungsgemäß durchgeführten bedingungsfreien Bietverfahren für ein Grundstück erzielte Höchstpreis muss nicht identisch mit dessen Marktwert sein. In diesem Zusammenhang wird auch nur von dem „bestmöglichen Marktpreis" und nicht vom Marktwert gesprochen[50].

Der in einem bedingungsfreien Bietverfahren erzielte Höchstpreis kann dem Marktwert entsprechen, er kann höher und auch niedriger ausfallen. Insoweit orientieren sich die beiden in der Grundstücksmitteilung der Kommission ausdrücklich zugelassenen Alternativen zum Verkauf von Grundstücken unter Ausschluss unzulässiger Beihilfen nicht an einem zwangsläufig identischen Wert. Der in einem bedingungsfreien Bietverfahren erzielte Höchstpreis kann jedoch in aller Regel die begründete Vermutung für sich in Anspruch nehmen (Vermutungstatbestand), dass mit dem Verkauf des Grundstücks keine unzulässige Beihilfe einhergeht und dies ist das mit der Grundstücksmitteilung verfolgte Ziel.

Der Verkauf zum bestmöglichen Marktpreis *(market economy vendor principle)* bzw. zum Marktwert zielt auf den Ausschluss unerlaubter Beihilfen bei dem Verkauf von Grundstücken durch die öffentliche Hand ab. Unterschreitet der im bedingungsfreien Bietverfahren erzielte bestmögliche Markt*preis* den Markt*wert* kann nach der Grundstücksmitteilung gleichwohl die Annahme einer mit dem Verkauf des Grundstücks einhergehenden unzulässigen Beihilfe ausgeschlossen werden.

Den Verkauf von Grundstücken durch die öffentliche Hand auf den in einem „qualifizierten" (bedingungsfreien) Bietverfahren ermittelten Kaufpreis – ersatzweise zu einer Verkehrswertermittlung durch einen Sachverständigen – zu stützen, ist im Hinblick auf die mit der Grundstücksmitteilung der EU verfolgten Zielsetzung schon aus Gründen der Verwaltungsökonomie sachgerecht[51], zumal die Ergebnisse aktueller als die in der Kaufpreissammlung der Gutachterausschüsse registrierten Vergleichspreise und die von ihnen veröffentlichten Bodenrichtwerte sind. **75**

Die Vermarktung von Immobilien durch Ausschreibung hat in den vergangenen Jahrzehnten erheblich an Bedeutung gewonnen, insbesondere wenn es um die Vermarktung von Immobilien geht, die einem „engen" Grundstücksmarkt mit eingeschränktem Käuferkreis zuzuordnen sind, einen überregionalen Markt haben oder problematisch in ihrer Vermarktung sind. Die Vermarktung durch Ausschreibung dominiert vielfach sogar das Marktgeschehen oder ist ein wesentlicher Bestandteil des Marktgeschehens. **Biet(er)verfahren bzw. (offene) Ausschreibungen sind** deshalb grundsätzlich **dem gewöhnlichen Geschäftsverkehr** zuzurechnen und demzufolge sind die in einem derartigen Verfahren abgegebenen Gebote (Ausschreibungsgebote) wichtige Marktindikatoren, die bei der Marktwertermittlung nicht unbeachtet bleiben dürfen. Bei alledem ist allerdings zu fordern, dass es sich um qualifizierte Gebote eines qualifizierten Biet(er)verfahrens handelt. **76**

Bei Heranziehung von Geboten ist allerdings eine Reihe von **Besonderheiten** zu beachten: **77**

a) Im gewöhnlichen Geschäftsverkehr werden Grundstücke – unabhängig von der Form ihrer Vermarktung – in aller Regel zu dem Höchstpreis veräußert, der entsprechend der Art des Grundstücks nach angemessenem Vermarktungszeitraum, angemessenen Verkaufsmodalitäten und nach dem Prinzip des *highest and best use* unter Berücksichtigung der Nutzung und Nutzbarkeit eines Grundstücks sowie der mit hinreichender Sicherheit aufgrund konkreter Tatsachen zu erwartenden anderweitigen Nutzungen erzielt werden kann. Wird das Grundstück zu einem erheblich davon abweichenden Kaufpreis veräußert, muss von einem Vertragsabschluss ausgegangen werden, der durch ungewöhnliche oder persönliche Verhältnisse i. S. des § 7 ImmoWertV beeinflusst ist. Dementsprechend handelt es sich

---

50 A.A. EuGH, Urt. vom 16.12.2010 – C 239/09 Rn. 35.
51 Dementsprechend sollen nach der Begründung (BR-Drucks .171/10) grundsätzlich auch Kaufpreise aus allgemeinen und bedingungsfreien Bietverfahren (öffentliche Ausschreibung) herangezogen werden können, die regelmäßig für Grundstücksverkäufe der öffentlichen Hand durchzuführen sind (vgl. ABl. EG 1997 C 209, S. 3).

auch bei den in der Kaufpreissammlung der Gutachterausschüsse für Grundstückswerte registrierten Kaufpreisen in der Regel um die im gewöhnlichen Geschäftsverkehr erzielten Höchstpreise und dementsprechend muss auch das aus einem bedingungsfreien Bietverfahren resultierende Höchstgebot in die Kaufpreissammlung eingepflegt werden, wenn das Grundstück dazu verkauft wurde.

Auch wenn Grundstücke in aller Regel zu dem nach vorstehenden Grundsätzen erzielbaren Höchstpreis veräußert werden, bildet dieser im Einzelfall erzielte Höchstpreis nicht den Marktwert ab, denn auf dem allgemeinen Grundstücksmarkt streuen die unabhängig voneinander abgegebenen Höchstgebote in einer dem gewöhnlichen Geschäftsverkehr zurechenbaren Bandbreite (Toleranzbereich). Demzufolge wird der Marktwert aus einer hinreichenden Anzahl von Vergleichspreisen abgeleitet, die regelmäßig aus Vermarktungen von vergleichbaren Grundstücken zum jeweiligen Höchstgebot stammen. Marktwert ist mithin der Durchschnitt aller zur Marktwertermittlung herangezogenen Höchstpreise. Als Marktwert (Verkehrswert) wird deshalb nicht der höchste im gewöhnlichen Geschäftsverkehr erzielbare Preis, sondern – wie vorstehend bereits erläutert – der ggf. gewogene Durchschnitt aller zur Marktwertermittlung heranziehbaren Höchstpreise vergleichbarer Grundstücke bezeichnet.

b) Voraussetzung für die Berücksichtigung von Geboten sind **qualifizierte Biet(er)verfahren**. In einem qualifizierten Biet(er)verfahren werden die zur Vermarktung anstehenden Immobilien in den einschlägigen Medien (Presse, Publikationen, Internet usw.) in der gebotenen Weise mit den notwendigen Erläuterungen zu den rechtlichen und tatsächlichen Nutzungsmöglichkeiten über einen längeren Zeitraum publiziert. Ausschreibungsverfahren können – wie bei der Zwangsversteigerung – mit der Vorlage eines Verkehrswertgutachtens verbunden werden[52]. Bei Ausschreibungen auf der Grundlage unzureichender Ausschreibungsunterlagen bleiben Angebote häufig besonders „vorsichtig" unter dem Verkehrswert und können die an qualifizierte Angebote zu stellenden Anforderungen nicht erfüllen; in diesen Fällen nützt es auch nichts, wenn die Anwendung des Ausschreibungsverfahrens von der Vorlage einer Mindestzahl – z. B. von fünf – Angeboten abhängig gemacht wird, weil hier auf Seiten der Anbieter eine kollektive Zurückhaltung erwartet werden muss. Des Weiteren ist von einem qualifizierten Biet(er)verfahren insbesondere zu fordern, dass das Verfahren grundsätzlich für jeden Anbieter offen ist.

c) Berücksichtigungsfähig sind nur **qualifizierte Gebote**; dies sind ernsthaft abgegebene und einer Prüfung[53] standhaltende Gebote von vertrauenswürdigen Personen, von denen einerseits erwartet werden kann, dass der Verkauf auch tatsächlich zu dem Bestgebot getätigt werden kann. Gebote sind nicht qualifiziert, wenn sie offenkundig den Marktwert unterschreiten und ein an sich verkaufswilliger Verkäufer im gewöhnlichen Geschäftsverkehr seinen Verkaufswillen zurückstellt. So wie ein Käufer nicht um jeden Preis ein Grundstück erwirbt, ist auch ein Verkäufer nicht bereit, um jeden Preis sein Grundstück abzugeben. Unbeachtlich bleiben dementsprechend Gebote, bei denen nicht auszuschließen ist, dass sie durch Preisabsprachen „gedämpft" oder in der Hoffnung auf ein „Schnäppchen" abgegeben wurden. Nicht qualifizierte Gebote, die nicht annahmefähig sind, müssen mithin außer Betracht bleiben, denn sie lassen keinen genügend sicheren Schluss auf den erzielbaren Preis" zu[54].

78 **Das in einem bedingungsfreien Biet(er)verfahren bzw. einer offenen Ausschreibung gegebene** qualifizierte **Höchstgebot**[55] **kann bei alledem grundsätzlich zum Preisvergleich herangezogen werden,** wenn das Vorliegen ungewöhnlicher oder persönlicher Verhältnisse ausgeschlossen werden kann und das einschlägige Grundstück mit dem zu bewertenden Grundstück hinreichend übereinstimmende Grundstücksmerkmale aufweist und somit zum Preisvergleich i. S. des § 15 Abs. 1 ImmoWertV geeignet ist. Dies gilt unabhängig davon, ob

---

52 BGH, Urt. vom 19.12.1963 – III ZR 162/63 EzGuG 20.35.
53 BGH, Urt. vom 19.12.1963 – III ZR 162/63 –, EzGuG 20.35.
54 BGH, Urt. vom 05.04.1973 – III ZR 74/72 EzGuG 2.12; BGH, Urt. vom 23.06.2006 – V ZR 147/05 – GuG 2008, 118.
55 Entsprechen dem Leitparadigma des *„market economy vendor"* (vgl. § 194 BauGB).

das Höchstgebot tatsächlich zum Kaufabschluss geführt hat, denn allein schon das qualifizierte Höchstgebot gibt einen Hinweis darauf, was im gewöhnlichen Geschäftsverkehr erzielt werden könnte.

Soweit das im offenen Ausschreibungsverfahren unabhängig voneinander abgegebene **Zweit- und Drittgebot** die Voraussetzungen erfüllt, die an ein qualifiziertes Gebot nach den vorstehenden Ausführungen zu stellen sind, können auch Zweit- und Drittgebote vorbehaltlich weiterer Betrachtungen grundsätzlich ein gewichtiger Marktindikator sein. Dem kann auch nicht entgegengehalten werden, dass solche Gebote nicht realisierbare Vorstellungen oder gar nur bloße „Wunschvorstellungen" des Bietenden repräsentieren, denn unter den genannten Voraussetzungen hätte auch das Zweit- und Drittgebot zum Vertragsschluss führen können, wenn nicht das darüber hinausgehende Meistgebot vorgelegen hätte. 79

Ein Zweit- und Drittgebot erfüllt die Voraussetzungen eines qualifizierten Gebots, wenn es gegenüber dem Höchstgebot lediglich in einer Größenordnung abfällt, die den allgemein jeder Markwertermittlung anhaftenden Toleranzbereich von 20 % nicht unterschreiten. Sie können dann als ernsthafte und mit der notwendigen Sachkunde abgegebene Gebote angesehen werden, die dann – wie der Höchstpreis – den gewöhnlichen Geschäftsverkehr repräsentieren. Da sich der Marktwert nicht als der höchste im gewöhnlichen Geschäftsverkehr erzielbare Preis, sondern als Durchschnitt aller zur Marktwertermittlung heranziehbaren Höchstpreise vergleichbarer Grundstücke definiert, können unter den vorstehenden Voraussetzungen Zweit- und Drittgebote (auch zur Abstützung des Höchstgebotes) in eine Marktwertermittlung grundsätzlich einbezogen werden. Dem Höchstgebot muss zumindest ein entsprechendes höheres Gewicht beigemessen werden, wenn ein Zweit- bzw. Drittgebot vorliegt, das den dem Höchstgebot anhaftenden Toleranzbereich nicht überschreitet.

Den vorstehenden Ausführungen kann nicht entgegengehalten werden, dass die Ausschreibung zu einem Versteigerungseffekt geführt habe und das Höchstgebot nicht die Breite des gewöhnlichen Geschäftsverkehrs abbilde, denn auch bei der sonst üblichen Vermarktung stehen potentielle Käufer in einer Wettbewerbssituation zueinander und der Verkäufer ist gleichermaßen bestrebt, sein Grundstück zum höchsten Preis zu veräußern, den der Markt „hergibt". Dementsprechend stellen auch die in der Kaufpreissammlung der Gutachterausschüsse registrierten Vergleichspreise die Ergebnisse eines Vermarktungsprozesses dar, bei dem i. d. R. an den Meistbietenden verkauft wurde, d. h., auch diese Preise sind Höchstpreise. Aus alledem folgt, dass das in einem bedingungsfreien Biet(er)verfahren bzw. einer offenen Ausschreibung abgegebene Höchstgebot wie ein Vergleichspreis zum Preisvergleich herangezogen werden kann; es handelt sich dabei sogar um besonders aktuelle „Vergleichspreise"[56]. 80

Dementsprechend hat das BMF die Bodenverwertungs- und -verwaltungsgesellschaft (BVVG) mit Schreiben vom 10.07.2007 angewiesen, bei der Vermarktung ihres Grundstücksbestands den Verkehrswert aus dem aktuellen Marktgeschehen unter Berücksichtigung der auf der Basis von Ausschreibungen oder bei Direktverkäufen erzielten Kaufpreise abzuleiten, um somit eine stärker an aktuellen Marktentwicklungen orientierte Herleitung des Verkehrswerts zu ermöglichen[57]. Diese Weisung wurde durch Schreiben vom 14.03.2008 dahingehend präzisiert, dass auch Verkäufe durch Dritte, die unter Marktbedingungen erfolgten, zu berücksichtigen sind.

---

56 Nach Untersuchungen der BVVG wird das aktuelle Marktgeschehen unter Einbeziehung der Ausschreibungsergebnisse weitaus besser als durch die Kaufpreissammlungen der Gutachterausschüsse abgebildet. Im Kyffhäuserkreis lagen nach einer Untersuchung von Koenig (Universität Bonn, Rechtsgutachten) die durchschnittlichen Bodenrichtwerte für Ackerland bei 4 646 €/ha (im Jahre 2006) und bei 4 714 €/ha (im Jahre 2007), während die jeweiligen Sammlungen der BVVG einen Durchschnittswert von 6 415 €/ha bzw. 6 996 €/ha aufwiesen (HLBS Seminar am 10.06.2008).
57 Der BGH hat mit Beschl. vom 28.04.2011 – V ZR 192/10 – (GuG 2011, 319) zu alledem festgestellt, dass der Verkehrswert landwirtschaftlicher Nutzflächen bei BVVG-Verkäufen nicht anders zu ermitteln sei, als bei Verkäufen Privater. Gleichzeitig wurde die Nichtzulassungsbeschwerde zu KG, Urt. vom 26.08.2010 – 22 U 202/09 – (NL-BzAR 2011, 23) abgelehnt; vgl. auch OLG Dresden, Urt. vom 18.05.2010 – 14 U 1451/08 –, NL-BzAR 2011, 20; KG, Urt. vom 26.08.2010 – 22 U 202/09 –, NL-BzAE 2011. 27.

81 Auch das in einem bedingungsfreien Biet(er)verfahren bzw. einer offenen Ausschreibung gegebene **Zweit- und Drittgebot** und möglicherweise sogar noch weitere Gebote kann zum Preisvergleich herangezogen werden, wenn es sich dabei wiederum um qualifizierte Gebote handelt. Diesbezüglich wird man entsprechend den vorstehenden Ausführungen ergänzend fordern müssen, dass das Zweit- und Drittgebot vom Höchstgebot nur in einer dem gewöhnlichen Geschäftsverkehr zurechenbaren Marge abweicht (Spannbreite). Da bei der Marktwertermittlung von Grundstücken nach herrschender Auffassung in Schrifttum und Rechtsprechung Abweichungen von +/- 20 Prozent hingenommen werden müssen[58], müssen Abweichungen des Zweit- und Drittgebots (vom Höchstgebot) in dieser Größenordnung auch dem gewöhnlichen Geschäftsverkehr zugeordnet werden. Denn für den gewöhnlichen Geschäftsverkehr ist kennzeichnend, dass selbst unter Ausschluss ungewöhnlicher oder persönlicher Verhältnisse die Kaufpreise in Abhängigkeit von dem jeweiligen Marktgefüge in einer dem gewöhnlichen Geschäftsverkehr zurechenbaren Bandbreite streuen. Umgekehrt wird damit ausgeschlossen, dass Gebote zum Preisvergleich herangezogen werden, die durch ungewöhnliche oder persönliche Verhältnisse beeinflusst worden sind. Die Bundesverwaltung ist aus den gleichen Gründen bei Abweichungen zwischen einem Gutachten einerseits und dem Ergebnis einer Ausschreibung andererseits ebenfalls von einem vertretbaren Spielraum „von höchstens 20 v. H." ausgegangen[59].

82 Neben dem Höchstgebot ist deshalb auch das Zweit- und Drittgebot grundsätzlich wie Vergleichspreise zum Preisvergleich geeignet, auch wenn sie nicht zum Abschluss kommen konnte. Ihre Einbeziehung lässt sich vor allem auch damit begründen, dass sich der Marktwert als der am wahrscheinlichsten zu erzielende Preis und damit als Durchschnitt der zur Marktwertermittlung geeigneten Vergleichsdaten definiert. Im Übrigen hat auch der BGH die Einbeziehung „ernster Preisangebote" bei „schwer zu bewertenden Grundstücken" zugelassen[60].

2.3.4 Vorhandene Gutachten

83 Die Verwendung bereits vorliegender Gutachten stellt im eigentlichen Sinne keine Ersatzlösung dar. Liegen Gutachten im Einzelfall bereits vor, muss geprüft werden, ob man sich diesen anschließt oder ggf. davon abweicht. Ergibt sich aus dieser Prüfung, dass auf ein **sachgemäß begründetes Gutachten eines zuverlässigen Sachverständigen** zurückgegriffen werden kann, so hat die Rechtsprechung dies nicht beanstandet, wenn es an Vergleichsdaten mangelt[61].

2.3.5 Zwangsversteigerungen

84 Erfahrungsgemäß lassen die bei einer Zwangsversteigerung erzielten Preise keine Schlüsse auf den Verkehrswert zu, da ungewöhnliche oder persönliche Verhältnisse zu unterstellen sind[62]. Vom Gutachterausschuss für Grundstückswerte in *Dresden* liegen aus dem Jahre 2010 folgende Untersuchungsergebnisse vor:

---

58 Vgl. Kleiber, Verkehrswertermittlung von Grundstücken, 6. Aufl. 2010 S. 442 ff.
59 Vgl. BT-Drucks. 13/160, S. 29.
60 BGH, Urt. vom 23.06.2006 – V ZR 147/05 –, GuG 2008, 118.
61 BGH, Urt. vom 26.09.1958 – VIII ZR 121/57 –, NJW 1958, 1967 = ZMR 1959, 270; BGH, Urt. vom 30.06.1959 – VIII ZR 81/58 –, EzGuG 20.24.
62 BVerfG, Beschl. vom 07.12.1977 – 1 BvR 734/77 –, EzGuG 19.33; BGH, Urt. vom 19.03.1971 – V ZR 153/68 –, EzGuG 19.24; LG Koblenz, Urt. vom 01.10.1979 – 4 O 11/79 –, EzGuG 19.35b; RFH, Urt. vom 10.04.1930 – III A 567/30 –, RStBl. 1930, 298; RFH, Urt. vom 27.07.1938 – III 322/37 –, EzGuG 8.1c.

Preisabgleich **Syst. Darst. Vergleichswertverfahren**

Verhältniszahl zu Zwangsversteigerungserlösen		
Objektart bebaute Grundstücke	Koeffizient = $\frac{\text{Zwangsversteigerungserlös}}{\text{Sachwert}}$	
Individueller Wohnungsbau (einschließlich Bauernhäusern)	0,47	
Geschosswohnungsbau (ohne Sanierungsgebiete)	0,64	
Gewerbe- und Geschäftshäuser	0,47	
Objektart: Wohnungseigentum	Koeffizient = $\frac{\text{Zwangsversteigerungserlös}}{\text{Einkaufspreis}}$	Koeffizient = $\frac{\text{Zwangsversteigerungserlös}}{\text{Wohnfläche in €/m}^2}$
Baujahr ab 1991 — gute Wohnlage	0,46	957
Baujahr ab 1991 — mittlere Wohnlage	0,32	833
Baujahr 1880–1945 saniert — sehr gute/gute Wohnlage	0,38 (wenige Fälle)	866
Baujahr 1880–1945 saniert — mittlere/einfache Wohnlage	0,30	589

Quelle: Gutachterausschuss für Grundstückswerte in Dresden 2010

2.3.6 Freie Schätzung

▶ *Hierzu auch Kleiber, Verkehrswertermittlung von Grundstücken, 6. Aufl. 2010, § 194 BauGB Rn. 120 ff., 140*

Scheiden mangels geeigneter Vergleichspreise neben dem Vergleichswertverfahren auch das Ertragswert- und das Sachwertverfahren gänzlich aus, bleibt im Übrigen der Weg der freien Schätzung (*rule of thumb*). **Die Befugnis zu schätzen setzt** – wie im Abgabenrecht – **das Scheitern aller Bemühungen um die Erhebung von wertrelevanten Indizien voraus,** aus denen sich deduktiv nach Plausibilität und Wahrscheinlichkeitsmethoden der Verkehrswert ableiten lässt[63].

In der Einheitsbewertung ist anerkannt, dass der Wert eines Grundstücks mangels aussagekräftiger Vergleichspreise „notfalls" im Wege der **Schätzung nach § 162 Abs. 1 AO** zu ermitteln ist[64].

85

2.4 Intertemporärer und qualitativer Abgleich (Berücksichtigung von Abweichungen)

2.4.1 Allgemeines

Der **Vergleichswert** kann in aller Regel nicht **unmittelbar aus den Vergleichspreisen, Bodenrichtwert bzw. Vergleichsfaktor bebauter Grundstücke** abgeleitet werden, weil

a) die Grundstücksmerkmale der Vergleichsgrundstücke, des Bodenrichtwertgrundstücks bzw. der den Vergleichsfaktoren zugrunde liegenden Grundstücke von den Eigenschaften des zu bewertenden Grundstücks abweichen und

b) die Vergleichspreise im Verhältnis zu den am Wertermittlungsstichtag vorherrschenden allgemeinen Wertverhältnissen auf dem Grundstücksmarkt einer Aktualisierung bedürfen; Entsprechendes gilt i. d. R. auch bezüglich der herangezogenen Bodenrichtwerte und Vergleichsfaktoren bebauter Grundstücke.

86

---

63 Gelzer-Busse, Umfang des Entschädigungsanspruchs, München 1980, 2. Aufl., Rn. 105 für den Fall eines Rechtsstreits unter Hinweis auf BGH, Urt. vom 08.11.1962 – III ZR 86/61 –, EzGuG 8.5; BGH, Urt. vom 20.12.1963 – III ZR 112/63 –, EzGuG 14.18; auch Mampel in DÖV 1992, 556 unter Hinweis auf § 162 Abs. 1 AO. So auch schon PrOVG, Urt. vom 27.04.1920 – VII C 5/19 –, EzGuG 14.1.

64 BFH, Urt. vom 29.04.1987 – X R 2/80 –, BFHE 150, 453 = BStBl. II 1987, 769; Viskorf/Glier/Knobel, BewG, 4. Aufl. 1998 § 9 Rn. 6 ff.

87 Bei **Anwendung des Vergleichswertverfahrens** müssen deshalb

a) *Unterschiede* der zum Preisvergleich herangezogenen Vergleichsgrundstücke *in ihren Zustandsmerkmalen* (vgl. §§ 4 und 5) gegenüber denen des zu bewertenden Grundstücks (interqualitativer Preisvergleich) *und*

b) *Unterschiede in der* konjunkturellen und somit die Höhe der Vergleichspreise mitbestimmenden *allgemeinen Wertentwicklung* auf dem Grundstücksmarkt gegenüber den am Wertermittlungsstichtag vorherrschenden Verhältnissen (intertemporärer Preisvergleich)

berücksichtigt werden. Die Berücksichtigung erfolgt nach Maßgabe des § 15 Abs. 1 Satz 4 ImmoWertV im Wege der Umrechnung der einzelnen Vergleichspreise, Bodenrichtwerte und Vergleichsfaktoren bebauter Grundstücke. Dazu „sollen" Umrechnungskoeffizient und Indexreihen herangezogen werden (§ 11 Abs. 1 und § 12 Abs. 1 ImmoWertV). Stehen diese nicht zur Verfügung, muss dies **in einer sonstigen geeigneten Weise** nach Maßgabe des § 9 Abs. 2 ImmoWertV vorgenommen werden.

2.4.2 Qualitativer Abgleich

▶ *Näheres hierzu vgl. unten Rn. 174 ff.*

88 Der **qualitative Abgleich** der Vergleichsgrundstücke, Bodenrichtwerte und Vergleichsfaktoren bebauter Grundstücke auf die Grundstücksmerkmale des zu bewertenden Grundstücks kann auf der Grundlage

– von Umrechnungskoeffizienten i. S. des § 12 ImmoWertV,

– von Zu- und Abschlägen,

– von Regressionsanalysen oder in einer sonstigen geeigneten Weise erfolgen.

2.4.3 Intertemporärer Abgleich

▶ *Vgl. Erläuterungen zu § 11 ImmoWertV*

89 Der Verkehrswert eines Grundstücks ist nur in den seltensten Fällen konstant und letztlich auch nur über einen begrenzten Zeitraum. Selbst bei gleich bleibendem Zustand ändern sich die Verkehrswerte von Grundstücken unter dem Einfluss der „allgemeinen Wertverhältnisse auf dem Grundstücksmarkt". Da die zum Preisvergleich herangezogenen Vergleichspreise zumeist aus der Vergangenheit stammen, müssen sie auf die zum Wertermittlungsstichtag maßgebenden allgemeinen Wertverhältnisse „umgerechnet" werden.

90 Die Umrechnung der i. d. R. auf den Zeitpunkt des Kaufpreisabschlusses bezogenen Vergleichspreise (**intertemporärer Abgleich**) auf die am Wertermittlungsstichtag herrschenden allgemeinen Wertverhältnisse auf dem Grundstücksmarkt erfolgt – soweit es um die Bodenwertermittlung geht – regelmäßig auf der Grundlage der das Geschehen auf dem örtlichen Grundstücksmarkt beschreibenden Indexreihen (§ 11 ImmoWertV Rn. 14 ff.). Nach § 11 Abs. 1 ImmoWertV sollen diese **Indexreihen zur Berücksichtigung von Änderungen der allgemeinen Wertverhältnisse auf dem Grundstücksmarkt** herangezogen werden:

91 *Beispiel:*

a) Vergleichspreis: 280 €/m²
   Kaufpreisdatum: Juli 2008
   Bodenpreisindexzahl 2008: 185
b) Wertermittlungsstichtag: 15.08.2010
   Bodenpreisindexzahl 2010: 198
c) Umrechnung:
   280 €/m² × 198/185 = **300 €/m²**

Stehen Indexreihen nicht zur Verfügung, muss dies **in einer sonstigen geeigneten Weise** nach Maßgabe des § 9 Abs. 2 ImmoWertV vorgenommen werden   92

Obwohl die in der Praxis abgeleiteten Bodenpreisindexreihen die Entwicklung auf dem Grundstücksmarkt mit einer vergleichsweise hohen Genauigkeit beschreiben, wird man in der Praxis davor zurückschrecken, **Vergleichspreise** heranzuziehen, **die z. B. 10 Jahre oder älter sind.** Solche Kaufpreise gelten gemeinhin nicht als „geeignet"; vielmehr müssen möglichst zeitnahe Vergleichspreise gefordert werden.   93

Bei Heranziehung i. d. R. „jahrgangsweise" abgeleiteter Bodenpreisindexzahlen muss bedacht werden, auf welchen Zeit*raum* bzw. welchen Zeit*punkt* diese Indexzahlen ermittelt wurden. Wurde die Indexzahl aus dem Mittel aller geeigneten Kaufpreise eines Kalenderjahres ermittelt, so bezieht sich die Indexzahl in etwa auf die **Jahresmitte**. Entscheidend ist also der Bezugszeitpunkt des in die Ableitung eingehenden Kaufpreismaterials. Grundsätzlich ist es aber auch möglich, die Indexzahlen, wie die Bodenrichtwerte, bezogen auf das **Ende eines Kalenderjahres,** zu ermitteln. Um dafür gesicherte Ergebnisse gewinnen zu können, ist die Einbeziehung des Kaufpreismaterials des nachfolgenden (Halb-)Jahres ratsam.   94

In jedem Fall muss bei dem Gebrauch von Indexreihen der **Bezugszeitpunkt** bedacht werden, weil mit der Zeit die Aktualität einer ermittelten Indexzahl schwindet. Dies kann zusätzliche Korrekturen erforderlich machen, die nach den Entwicklungen der Vergleichspreise neueren Datums bemessen werden können. Problematisch wird es dann, wenn keine neueren gesicherten Erkenntnisse vorliegen. In diesem Fall kann sich der Gutachter dadurch helfen, dass er die Entwicklung aus vergleichbaren Gebieten oder Orten hilfsweise heranzieht oder aber die Entwicklung auf Grund anderer, die allgemeinen Wertverhältnisse auf dem Grundstücksmarkt bestimmender Faktoren abschätzt. In Zweifelsfällen empfiehlt es sich, im Gutachten entsprechende Hinweise zu geben.   95

In Gebieten, für die marktorientierte Indexreihen nicht abgeleitet worden sind, wird mitunter auf die **Kaufwertestatistik der Statistischen Landesämter** zurückgegriffen (vgl. § 11 ImmoWertV Rn. 33)[65]. Dieses Verfahren ist grundsätzlich abzulehnen, da es sich hierbei gerade nicht um eine auf einen gleich bleibenden „Warenkorb" aufbauende Statistik handelt. Der BGH[66] hat hierzu ausgeführt: „Es darf nicht übersehen werden, dass in dem genannten Zeitraum in Braunschweig (anders als im Bundesdurchschnitt) kein kontinuierlicher Preisanstieg stattgefunden hat und der für 1969 festgestellte Durchschnittspreis nur auf drei Verkaufsfällen basiert. Das rechtfertigt es aber nicht, diese statistischen Angaben über die örtlichen Verhältnisse aus der Beurteilung gänzlich auszuklammern. Dies gilt umso mehr, als auch die vom Statistischen Bundesamt für Gemeinden zwischen 200 000 und 500 000 Einwohnern (dazu zählt Braunschweig) ermittelten Durchschnittspreise für baureifes Land erheblich über den Zahlen liegen, auf die das OLG seine Umrechnung stützt. Es lässt sich nicht ausschließen, dass das OLG für das Jahr 1974 höhere Vergleichspreise und auch einen höheren Bodenpreis für das hier zu bewertende Grundstück errechnet hätte, wenn es bei der Wahl des Umrechnungsmaßstabs das statistische Material für Braunschweig mit in den Kreis seiner Erwägungen einbezogen hätte." Damit hat das Gericht die Verwendung dieser statistischen Angaben einschränkend gelten lassen. Es ist aber daran festzuhalten, dass von der Verwendung der Kaufwertestatistik nachdrücklich abzuraten ist.   96

2.5 Aggregation der Vergleichspreise zum Vergleichswert

2.5.1 Vorbemerkung

Die im Wege des interqualitativen und intertemporalen Abgleichs „gleichnamig" gemachten Vergleichspreise werden in aller Regel noch immer in einem gewissen Umfang voneinander abweichen, ohne dass diese **Streuung der Kaufpreise** auf bestimmte Einflüsse zurückgeführt werden kann. Dies kann auf Zufälligkeiten zurückgeführt werden, die für den gewöhnlichen   97

---

[65] Vgl. Kleiber, Verkehrswertermittlung von Grundstücken, 6. Aufl. 2010, Teil II Rn. 69.
[66] BGH, Urt. vom 23.06.1983 – III ZR 39/82 –, EzGuG 20.102.

Syst. Darst. Vergleichswertverfahren — Preisaggregation

Geschäftsverkehr durchaus kennzeichnend sind. Denn auf einem freien Grundstücksmarkt spielen regelmäßig auch Zufälligkeiten z. B. in Bezug auf subjektive Anschauungen der Vertragsparteien und ihr Verhandlungsgeschick eine Rolle, selbst wenn ungewöhnliche oder persönliche Verhältnisse i. S. des § 7 ImmoWertV nicht zum Tragen gekommen sind. Nicht der höchste und auch nicht der niedrigste Preis innerhalb des verbleibenden Streuungsbereichs der Vergleichspreise kann Maßstab der Verkehrswertermittlung sein. Die Verkehrswertdefinition des § 194 BauGB lässt es auch nicht zu, eine Verkehrswertspanne zu ermitteln[67].

98 Die im Wege des interqualitativen und intertemporären Abgleichs „gleichnamig" gemachten Vergleichspreise sind deshalb in geeigneter Weise zusammenzufassen (Aggregation der Vergleichspreise), um daraus den **am „wahrscheinlichsten" zu erzielenden Preis des Grundstücks** und damit den Vergleichs- bzw. den Verkehrswert abzuleiten[68]. Dabei müssen ungewöhnliche oder persönliche Verhältnisse unterstellt werden, wenn ein Vergleichspreis „erheblich" von den Kaufpreisen in vergleichbaren Fällen abweicht. Um dies festzustellen, bedient man sich u. a. statistischer Methoden. Die Identifizierung und Eliminierung von Ausreißern geht bei alledem mit der Ableitung des Verkehrswerts durch Aggregation der Vergleichspreise einher.

2.5.2 Aggregation der Vergleichspreise

99 Zur Aggregation der gleichnamig gemachten Vergleichspreise bedient sich die Praxis statistischer **Rechentechniken**, obwohl die statistischen Voraussetzungen der stochastischen Verteilung im strengen Sinne nur selten vorliegen. Dies ist gleichwohl nicht zu beanstanden, denn immerhin dient dies der Operationalisierung und Übersichtlichkeit des Verfahrens. Nachstehend sollen deshalb einige **statistische Begriffe und Verfahren** kurz erläutert werden:

100 Mit dem Zeichen Σ wird die **Summe von n Stichproben x_i** bezeichnet:

$$\sum_{x_i=1}^{n} = x_1 + x_2 + x_3 + \ldots\ldots x_n$$

101 *Beispiel:*

Als Vergleichspreise liegen sechs Kaufpreise KP_i vor: 160 €/m², 180 €/m², 170 €/m², 160 €/m², 160 €/m² und 180 €/m²:

$$\Sigma\, KP_i = 1\,010\ \text{€/m}^2$$

102 Zur Ableitung eines ausgeglichenen Werts aus n Stichproben ist die Bildung des arithmetischen Mittels auch in der Wertermittlung weit verbreitet. Es definiert sich wie folgt:

Arithmetisches Mittel:
$$\overline{x} = \sum \frac{x_i}{n}$$

103 Das arithmetische Mittel ergibt den aus den Vergleichspreisen abgeleiteten **Vergleichswert.**

Beispiel:

Im vorstehenden Beispiel setzt sich die Summe der vorliegenden Vergleichspreise aus sechs „Stichproben" zusammen:

Arithmetisches Mittel:
$$\overline{KP} = \frac{1\,010\ \text{€/m}^2}{6} = 168{,}3\ \text{€/m}^2 = \text{rd. } 170\ \text{€/m}^2$$

---

67 Vgl. Kleiber, Verkehrswertermittlung von Grundstücken, 6. Aufl. 2010, § 194 BauGB Rn. 118 ff.
68 BT-Drucks. 10/6166, S. 137 f.

Preisaggregation   **Syst. Darst. Vergleichswertverfahren**

Das arithmetische Mittel aus Stichproben, denen ein unterschiedliches Gewicht p_i zuzuordnen ist, errechnet sich nach der Formel: **104**

Gewogenes arithmetisches Mittel: $\quad x = \dfrac{\Sigma x_i \times p_i}{\Sigma p_i}$

Beispiel:

Den im vorstehenden Beispiel angegebenen Vergleichspreisen wurden entsprechend ihrer Aussagefähigkeit die aus der nachstehenden Tabelle ersichtlichen Gewichte beigeordnet:

Nr.	KPi	pi	KPipi	VW	vi	vivipi
1	160 €/m²	1	160	172,6	+ 12,6	158,76
2	180 €/m²	4	720	172,6	− 7,4	219,04
3	170 €/m²	3	510	172,6	+ 2,6	20,28
4	160 €/m²	2	320	172,6	+ 12,6	317,52
5	160 €/m²	1	160	172,6	+ 12,6	158,76
6	180 €/m²	4	720	172,6	− 7,4	219,04
	Summen	$\Sigma = 15$	$\Sigma = 2\,590$		$\Sigma v_i v_i p_i =$	1 093,4

wobei:
n   = Anzahl der Vergleichspreise, hier = 6
v_i = Verbesserungen = Verkehrswert − KP_i
p_i = Gewicht des Vergleichspreises KP_i

$$\text{Vergleichswert} = \frac{\Sigma KP_i \times p_i}{\Sigma p_i} = KP = 2\,590\ \text{€/m²}/15 = 172,6\ \text{€/m²} = \mathbf{173\ \text{€/m²}}$$

Wenn als Maß des Gewichtes die Häufigkeit einer Beobachtungsgröße (hier Kaufpreise) gewählt wird, darf diese Größe auch nur einmal angesetzt werden.   **105**

Im Beispiel:

KP: 160 €/m²   Gewicht 3 (weil 3 x vertreten)
KP: 180 €/m²   Gewicht 2 (weil 2 x vertreten)
KP: 170 €/m²   Gewicht 1 (weil 1 x vertreten)

Nr.	Kpi	pi	KPi × pi
1	160 €/m²	3	480
2	180 €/m²	2	360
3	170 €/m²	1	170
	Summen	= 6	= 1010

Gewogenes arithmetisches Mittel: **KP** = 1 010 €/m²/6 = 168,3 €/m² = **168 €/m²**

entspricht Kaufpreis Nr. 3 (170 €/m²) dem sich als arithmetisches Mittel aus allen Kaufpreisen ergebenden Vergleichswert in Höhe von 170 €/m².

Die Frage, ob die Anzahl der auftretenden Beobachtungsgrößen (z. B. Kaufpreise, Erträge und dgl.) oder andere Erkenntnisse das Gewicht einer Beobachtungsgröße bestimmen, ist am Einzelfall zu entscheiden.   **106**

Als **Modalwert** wird der Wert bezeichnet, der mit seiner Anzahl am häufigsten vorkommt (Häufigster Wert).   **107**

Beispiel:

Im Beispiel tritt ein Kaufpreis von 160 €/m² am häufigsten auf, nämlich insgesamt dreimal.

108 Als **Median** bezeichnet man den Zentralwert, der sich als Mittelwert der aufgereihten Beobachtungsgrößen (hier Kaufpreise) ergibt:

Beispiel:

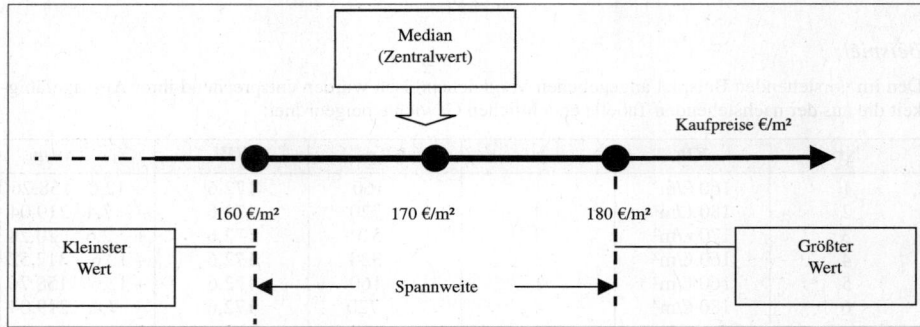

109 Als **Spannweite** bezeichnet man den Unterschied zwischen dem größten und kleinsten Wert.

2.5.3 Genauigkeitsmaße des Vergleichswerts

2.5.3.1 Mittlerer Fehler

110 Betrachtet man die am Markt erzielten und zur Verkehrswertermittlung herangezogenen Kaufpreise als eine Stichprobe aus der Grundgesamtheit aller (zumindest denkbaren) Vergleichspreise, so lassen sich unter Anwendung statistischer Methoden Aussagen über die **Genauigkeit der Verkehrswertermittlung auf der Grundlage** der Mittelbildung aus den zur Verfügung stehenden Vergleichspreisen und der Berechnung des mittleren Fehlers des Mittels treffen. Ob die Zahl der in das Mittel eingegangenen Vergleichspreise als „ausreichend" i. S. der ImmoWertV anzusehen ist, lässt sich dann nach statistischen (Genauigkeits-) Kriterien beurteilen.

111 Hierfür sind zunächst die Differenzen aus dem arithmetischen Mittel x (aus n Stichproben) und den einzelnen Stichproben x_i zu ermitteln. Die Differenzen werden als Verbesserungen v_i bezeichnet:

Verbesserung: $\boxed{v_i = \bar{x} - x_i}$

Dann sind:

Das Quadrat der einzelnen Verbesserungen:	$v_i v_i$
Die Summe der Quadrate aus $v_i v_i$	$\Sigma v_i v_i$
Die Summe der gewichteten Quadrate aus $v_i v_i$:	$\Sigma v_i v_i p_i$

Mittlerer Fehler   **Syst. Darst. Vergleichswertverfahren**

Beispiel: **112**

Für das vorstehende Beispiel ergeben sich folgende Verbesserungen v_i, Quadrate der Verbesserungen $v_i v_i$, gewichtete Quadrate der Verbesserungen $v_i v_i p_i$ und ihre Summen:

Nr.	*ungewichtet*				*gewichtet*				
	KP	KP_i	v_i	$v_i v_i$	KP	KP_i	v_i	p_i	$v_i v_i p_i$
1	168,3	160	+ 8,3	68,9	172,6	160	+ 12,6	1	158,76
2	168,3	180	– 11,7	136,9	172,6	180	– 7,4	4	219,04
3	168,3	170	– 1,7	2,9	172,6	170	+ 2,6	3	20,28
4	168,3	160	+ 8,3	68,9	172,6	160	+ 12,6	2	317,52
5	168,3	160	+ 8,3	68,9	172,6	160	+ 12,6	1	158,76
6	168,3	180	– 11,7	136,9	172,6	180	– 7,4	4	219,04
Summen		1 010	0	483,4		1 010		15	1 093,40

$n = 6$
$\Sigma v_i v_i = 483{,}4$
$\Sigma v_i v_i p_i = 1\,093{,}4$
$\Sigma p_i = 15{,}0$

Als Genauigkeitsmaß des (gewichteten) arithmetischen Mittels lässt sich der mittlere Fehler **113** des arithmetischen Mittels m_x *(mean)* nach folgenden Formeln berechnen:

Mittlerer Fehler des *ungewichteten* arithmetischen Mittels: $m_x = \sqrt{\dfrac{\Sigma v_i v_i}{n(n-1)}}$

Mittlerer Fehler des *gewichteten* arithmetischen Mittels: $m_x = \sqrt{\dfrac{\Sigma v_i v_i p_i}{\Sigma p_i \times (n-1)}}$

wobei n = Anzahl der Stichproben ist.

Der so nach vorstehenden Formeln **aus Vergleichspreisen abgeleitete mittlere Fehler des** **114** **arithmetischen Mittels ausgewerteter Kaufpreise darf in seiner Bedeutung nicht überschätzt werden.** Zum einen kann bezüglich der ausgewerteten Vergleichspreise ohnehin **keine (aus statistischer Sicht jedoch zu fordernde) Normalverteilung** unterstellt werden. Zum anderen müssen die herangezogenen Vergleichspreise in aller Regel durch Zu- und Abschläge auf die Grundstücksmerkmale der zu bewertenden Liegenschaft umgerechnet werden und diesbezüglich wird erfahrungsgemäß die „Schätzkunst" derart ausgeübt, dass die Zu- und Abschläge zumeist im Wege der Schätzung so dimensioniert werden, dass die umgerechneten Vergleichspreise nur noch eine geringe Streuung aufweisen. Wenn dann noch aus zu derart „gleichnamig" gemachten Vergleichspreisen ein mittlerer Fehler berechnet wird, so kann dieser mittlere Fehler nicht die angewandte Methode, sondern lediglich das Geschick des Anwenders dieser Methode bestätigen. Hierzu ist allerdings anzumerken, dass sich dadurch schon so manches Gericht unzulässigerweise hat beeindrucken lassen (iudex non calculat), wo eher Zweifel an der Sachkunde des Sachverständigen aufkommen mussten. Entsprechendes gilt im Übrigen für das sog. „Bestimmtheitsmaß" (R^2), mit dem sich die statistische Genauigkeit eines Erklärungsmodell beurteilen lässt (vgl. unten Rn. 197).

Der Ausdruck (n – 1) wird der **Freiheitsgrad** genannt. Das ist die Zahl der überschüssigen **115** Stichproben gegenüber dem gesuchten Parameter (hier: das arithmetische Mittel).

116 *Beispiel:*

- Nach Ausscheiden der Kaufpreise, die durch ungewöhnliche oder persönliche Verhältnisse beeinflusst worden sind (vgl. § 7 ImmoWertV), und
- nach Umrechnung der verbliebenen Kaufpreise auf den Wertermittlungsstichtag und die Zustandsmerkmale des zu bewertenden Grundstücks

liegen folgende zum Vergleich herangezogene Kaufpreise KP_i vor (vgl. Beispiel Rn. 101):

Nr.	KP_i	v_i	$v_i v_i$
1	160	– 8,3	68,9
2	180	+ 11,7	136,9
3	170	+ 1,7	2,9
5	160	– 8,3	68,9
6	160	– 8,3	68,9
7	180	+ 11,7	136,9
$\Sigma KP_i =$	1 010	$\Sigma v_i v_i =$	483,4

wobei:
n = Anzahl der Vergleichspreise, hier = 6
v_i = Verbesserungen = Verkehrswert – KP_i

Verkehrswert = $\Sigma \overline{KP_i} / n$ = 168,3 €/m² = **170 €/m²**

Mittlerer Fehler des **ungewichteten** arithmetischen Mittels m_x:

$$m_x = \sqrt{\frac{v_i v_i}{n(n-1)}} = \sqrt{\frac{483,4}{30}} = \pm 4 \text{ €/m²}$$

Gesamtergebnis: $\overline{KP}$ = 168,3 €/m² ± 4,0 €/m²

2.5.3.2 Vertrauensgrenzen

▶ Vgl. unten Rn. 125

117 **Vertrauensgrenzen**

$$\text{Vertrauensgrenzen} = \text{Verkehrswert} \pm m_x \times t_\alpha$$

wobei:
t_α = Quantile der t-Verteilung; (Student-Verteilung; vgl. Rn. 127 ff.) als Funktion der
- Freiheitsgrade n – 1
- statistischen Sicherheit

hier bei (n – 1) = 5 und 90%iger Wahrscheinlichkeit: t_{10} % ≈ 2

Vertrauensgrenzen = 168 €/m² ± 8 €/m²

118 Für das vorstehend unter Rn. 110 ff. berechnete gewogene arithmetische Mittel der Kaufpreise KP_i ergibt sich ein **mittlerer Fehler** von:

Ausreißer   **Syst. Darst. Vergleichswertverfahren**

$$m_x = \sqrt{\frac{1\,093,4}{15 \times 5}} = \pm\, 3{,}8\ \text{€/m}^2$$

Gesamtergebnis: **KP = 172,6 €/m² ± 3,8 €/m²**

2.5.3.3   Standardabweichung

Als **Standardabweichung** (*confidence interval*), d. h. als Maß für die durchschnittliche   **119**
Abweichung aller Werte vom Mittelwert, gilt:

$$s_x = \sqrt{\sum \frac{v_i v_i}{n-1}}$$

Beispiel (vgl. Rn. 115)

$$s_x = \sqrt{\frac{483,4}{5}} = \pm\, 9{,}8\ \text{€/m}^2$$

2.6   Identifizierung und Eliminierung von Ausreißern

▶ *Allgemeines bei § 7 ImmoWertV*   **120**

2.6.1   Zwei-Sigma-Regel

Kaufpreise, die i. S. des § 7 ImmoWertV „erheblich" von den übrigen Vergleichspreisen   **121**
abweichen, indizieren das Vorliegen von ungewöhnlichen oder persönlichen Verhältnissen bei ihrem Zustandekommen. Ein solcher Kaufpreis darf nur berücksichtigt werden, wenn diese Besonderheiten durch entsprechende Korrekturen des Vergleichspreises sicher berücksichtigt werden können. Das wird jedoch in der Praxis kaum möglich sein.

Die **Prüfung auf Ausreißer** kann erst vorgenommen werden, wenn die Vergleichspreise der   **122**
herangezogenen Vergleichsgrundstücke auf die Zustandsmerkmale des zu bewertenden Grundstücks umgerechnet worden sind und sich die Preise darüber hinaus auf einen gemeinsamen Stichtag beziehen, d. h. auf die allgemeinen Wertverhältnisse des Wertermittlungsstichtags umgerechnet worden sind.

Das wohl wichtigste Kriterium für die Identifizierung von Kaufpreisen, die durch ungewöhn-   **123**
liche oder persönliche Verhältnisse beeinflusst sind, stellt immer noch eine erhebliche Abweichung des einzelnen Kaufpreises gegenüber dem Mittel aller in Betracht kommenden Vergleichspreise dar. Als durch ungewöhnliche oder persönliche Verhältnisse beeinflusst gelten solche Kaufpreise, die mehr als ± 30 % vom (arithmetischen) Mittelwert abweichen. Breite Anwendung zur Identifizierung von Ausreißern findet auch die sog. **2-Sigma-Regel**. Nach dieser Regel gelten Kaufpreise als Ausreißer, die um die zweifache Standardabweichung vom arithmetischen Mittel abweichen.

2.6.2   Varianz

Das Quadrat der Standardabweichung (s_x^2) wird als **Varianz** bezeichnet.   **124**

2.6.3   Variationskoeffizient

Der Variationskoeffizient ergibt sich dann aus dem **Verhältnis der Standardabweichung**   **125**
zum arithmetischen Mittel (Mittelwert)

$$\boxed{\text{Variationskoeffizient} = \frac{s_x}{\bar{x}}}$$

Syst. Darst. Vergleichswertverfahren — Varianz

126 *Beispiel:*

- Standardabweichung s_x = ± 9,8 €/m²
- arithmetisches Mittel = 168,3 €/m²
- Variationskoeffizient = 9,8 €/m²/168,3 €/m² = **± 0,058**

2.6.4 Vertrauensbereich

127 Auf der Grundlage einer bestimmten vorgegebenen Wahrscheinlichkeit lassen sich hierzu die Vertrauensgrenzen eines **statistischen Vertrauensbereichs**[69] mithilfe der Quantile der Student- oder t-Verteilung und in Abhängigkeit vom Freiheitsgrad ermitteln. Der Vertrauensbereich, der sich ergänzend zu dem (gewogenen) Mittel aus den gleichnamig gemachten Kaufpreisen ermitteln lässt, ist abhängig von

- der verbleibenden Streuung der Kaufpreise untereinander,
- der Anzahl der Vergleichspreise und
- der statistischen Sicherheit, die man fordern kann.

$$\text{Vertrauensgrenzen} = \overline{VW} \pm \frac{m \times t_\alpha}{\sqrt{n}} = \overline{VW} \pm m_x \times t_\alpha$$

wobei

$\overline{VW}$	=	Mittel aus n Vergleichspreisen = $\Sigma\, KP_i/n$
KP	=	Vergleichspreis
n	=	Anzahl der Vergleichspreise
t_α	=	Quantile der t-Verteilung (Student-Verteilung)
		Tabelliert als Funktion der
		– n – 1 (Freiheitsgrade)
		– Statistischen Sicherheit
m	=	Standardabweichung = $\sqrt{\sum v_i v_i / n - 1}$
m_x	=	Standardabweichung des Mittels = $m/\sqrt{n}$
v_i	=	Verbesserung = $\overline{VW} - KP_i$

128 An die statistische Sicherheit[70] dürfen keine überspannten Anforderungen gestellt werden. Für eine 80 bis 95%ige Wahrscheinlichkeit (= 5 bis 20%ige Unsicherheit) ergeben sich die **Quantilen** (Streuungsmaß) aus nachstehender Abb. 4:

---

69 Der Vertrauensbereich hat sich im Schrifttum zur Beurteilung als Genauigkeitsmaß weitgehend durchgesetzt (so auch Vogels, a. a. O., 4. Aufl., S. 28, 331). Zur Beurteilung der Genauigkeit von Regressionsfunktionen wird im Schrifttum vereinzelt auch der sog. Erwartungsbereich ermittelt, mit dem bei vorgegebener Sicherheit der Bereich ermittelt wird, in dem eine zukünftige Beobachtung erwartet wird (vgl. Brückner, Zusammengestellte Lehrbriefe zur Mathematischen Statistik bei der Ermittlung von Grundstückswerten, Nds. Landesverwaltungsamt, Hannover 1976, S. 181). Der Erwartungsbereich ist – da er sich auf die Einzelbeobachtung bezieht – im Verhältnis zum Vertrauensbereich breiter angelegt. Da es hier aber um die Genauigkeitsbetrachtung eines als Mittel aus n Vergleichspreisen abgeleiteten Verkehrswerts geht, ist die Ermittlung des Vertrauensbereichs auf der Grundlage der Standardabweichung des Mittels vorzuziehen.

70 Zur Beurteilung der statistischen Sicherheit kommt es entscheidend auf die in Prozentpunkten geforderte Wahrscheinlichkeit an (z. B. 80 %). Dass man es in der Wertermittlungspraxis diesbezüglich in aller Regel mit einem Vertrauensbereich zu tun hat, der sich um einen Mittelwert „nach oben und nach unten" erstreckt (zweiseitige Betrachtungsweise), bedeutet zwar, dass sich der Bereich der Irrtumswahrscheinlichkeit (Unsicherheit) gegenüber der einseitigen Betrachtungsweise je zur Hälfte auf zwei Seiten verteilt, jedoch bleibt davon das geforderte Maß der Wahrscheinlichkeit unberührt.

Varianz   **Syst. Darst. Vergleichswertverfahren**

Abb. 4:   **Tabelle der t-Quantilen**

Quantile bei Wahrscheinlichkeit	Freiheitsgrad (n – 1)									
	1	2	3	4	5	6	7	8	9	10
80 %ig	3,08	1,89	1,64	1,53	1,48	1,44	1,41	1,40	1,38	1,37
90 %ig	6,31	2,92	2,35	2,13	2,02	1,94	1,89	1,86	1,83	1,81
95 %ig	12,71	4,30	3,18	2,78	2,57	2,45	2,36	2,31	2,26	2,23

Beispiel zur Identifizierung und Eliminierung von Ausreißern:

	Vergleichspreise		
Nr.	KP_i	V_i	$v_i v_i$
1	160	– 12	144
2	180	+ 8	64
3	170	– 2	4
4	190	+ 18	324
5	160	– 12	144
6	160	– 12	144
7	180	+ 8	64
8	200	+ 28	784
9	190	+ 18	324
10	130	– 42	1 764
ΣKP_i	= 1 720	$\Sigma v_i^2 =$	3 760

$$\overline{VW} = \sum \frac{KP_i}{n} \qquad \overline{VW} = 1\,720\ \text{€/m}^2/10 = \mathbf{172\ \text{€/m}^2}$$

$$m_x = \sqrt{\sum \frac{v_i v_i}{n(n-1)}} \qquad m_x = \sqrt{\frac{3\,760}{10(10-1)}} = \pm\,\mathbf{6{,}46\ \text{€/m}^2}$$

Für α = 10 % Irrtumswahrscheinlichkeit $\triangleq$ 90%ige Statistische Sicherheit:

$t_{10\%} 9 = 1{,}83$

Vertrauensgrenzen = $\overline{VW} \pm m_x \times t_\alpha$ = **172 €/m² ± 12 €/m²**
                     160 €/m² ≤ Vergleichspreise ≤ 184 €/m²
                     Ausreißer: Kaufpreise Nr. 4, 8, 9, 10

In dem vorgestellten *Beispiel* (vgl. Rn. 128) wurde eine 90%ige statistische Sicherheit als ausreichend befunden. Die sich dafür in Abhängigkeit von den Freiheitsgraden ergebende sog. t-Quantile ergibt sich aus Abb. 4. **Freiheitsgrad** ist dabei die um die Zahl 1 verminderte Anzahl der Kaufpreise.   **129**

2.7   Ableitung des Verkehrswerts aus dem Vergleichswert

2.7.1   Allgemeines

Bei dem unter Anwendung der §§ 15 und 16 ImmoWertV ermittelten **Vergleichswert** handelt es sich um einen **Zwischenwert, der nicht identisch mit dem Verkehrswert sein muss**. Die Verfahrensvorschriften der ImmoWertV sind zwar darauf angelegt, dass der Vergleichswert,   **130**

Syst. Darst. Vergleichswertverfahren

wie im Übrigen auch der Ertrags- und Sachwert, möglichst dem Verkehrswert entsprechen soll. Dies kann allerdings nur erreicht werden, wenn alle in die Wertermittlung eingehenden Ausgangsdaten (Parameter) der Lage auf dem Grundstücksmarkt am Wertermittlungsstichtag idealtypisch entsprechen und vollständig in das Verfahren eingehen. Wenn Anhaltspunkte gegeben sind, nach denen die **Lage auf dem Grundstücksmarkt** noch nicht hinreichend Eingang in das Wertermittlungsverfahren gefunden hat, ist der Verkehrswert durch Zu- oder Abschläge aus dem Vergleichswert abzuleiten.

2.7.2 Subsidiäre Berücksichtigung der Lage auf dem Grundstücksmarkt und besonderer objektspezifischer Grundstücksmerkmale

131 Nach der Grundsatzregelung des § 8 Abs. 2 ImmoWertV ist auch bei Anwendung des Vergleichswertverfahrens zu prüfen, ob mit dem nach Maßgabe der §§ 15 f. ImmoWertV ermittelten (vorläufigen) Vergleichswert
1. die allgemeinen Wertverhältnisse auf dem Grundstücksmarkt und
2. alle (besonderen) objektspezifischen Grundstücksmerkmale

vollständig Berücksichtigung gefunden haben.

132 Bei **Anwendung des Vergleichswertverfahrens auf bebaute Grundstücke** kann insbesondere die Berücksichtigung von

– Baumängeln und Bauschäden (Instandhaltungsrückstau),
– besondere wohnungs- und mietrechtliche Bindungen sowie
– sonstige Rechte und Belastungen

in Betracht kommen.

133 ▶ *Vgl. hierzu die Erläuterungen zu § 8 Abs. 3 ImmoWertV Rn. 178 ff.*

2.7.3 Ergänzende Berücksichtigung der Ergebnisse anderer Wertermittlungsverfahren

134 Daneben kann nach § 8 Abs. 1 Satz 3 ImmoWertV eine Anpassung des (vorläufigen) Vergleichswerts an den Verkehrswert erforderlich werden, wenn neben dem Vergleichswertverfahren auch das Sachwertverfahren, Ertragswertverfahren oder andere Verfahren (Extraktionsverfahren, *Discounted Cashflow* Verfahren, usw.) mit abweichenden Ergebnissen zur Anwendung gekommen sind und unter „Würdigung der Aussagefähigkeit der Ergebnisse" sachgerechte Gründe für eine Berücksichtigung dieser Ergebnisse vorliegen.

2.8 Auf- oder Abrundung

135 Im Übrigen verbleibt es bei **Auf- oder Abrundungen**[71] nämlich bei einer Höhe des Verkehrswerts von

	bis	10 000 €	auf volle Hunderter
10 000 €	bis	500 000 €	auf volle Tausender
500 000 €	bis	1 000 000 €	auf volle Zehntausender
	über	1 000 000 €	auf volle Hunderttausender

---

[71] Vgl. Kleiber, Verkehrswertermittlung von Grundstücken, 6. Aufl. 2010, § 194 BauGB Rn. 141 ff.

3 Vergleichswertverfahren für bebaute Grundstücke

3.1 Überblick

Grundsätzlich kann das in § 15 Abs. 1 ImmoWertV geregelte **Vergleichswertverfahren auf der Grundlage einer ausreichenden Anzahl geeigneter Vergleichspreise** auch bei bebauten Grundstücken zur Anwendung kommen. In der Praxis hat dies allerdings keine große Bedeutung erlangen können, weil die Grundstücke aufgrund der individuellen Bebauung regelmäßig nicht hinreichend vergleichbar sind. Diese Voraussetzung kann aber in Einzelfällen durchaus vorliegen, z. B. in Reihenhausgebieten (vgl. hierzu die näheren Erläuterungen oben bei Rn. 6 ff.). **136**

Um dem abzuhelfen, hat der Verordnungsgeber mit § 13 ImmoWertV ein vom direkten Preisvergleich nach § 15 Abs. 1 ImmoWertV abweichendes Verfahren zur Verkehrswertermittlung bebauter Grundstücke im Wege des Preisvergleichs in die Verordnung aufgenommen. Die Anwendung des Verfahrens setzt voraus, dass der Gutachterausschuss für Grundstückswerte sog. Vergleichsfaktoren bebauter Grundstücke nach Maßgabe des § 13 ImmoWertV abgeleitet hat. Hierbei handelt es sich um Durchschnittswerte, die entweder auf den marktüblich erzielbaren Ertrag oder auf eine Flächen- oder Raumeinheit der Immobilie bezogen sind und mit der entsprechenden Bezugseinheit der zu bewertenden Immobilie multipliziert zu einem vorläufigen Vergleichswert führen. Das Vergleichswertverfahren auf der Grundlage von Vergleichsfaktoren bebauter Grundstücke ist im Unterschied zu dem in § 15 Abs. 1 ImmoWertV geregelten „direkten" Preisvergleich auf der Grundlage einer ausreichenden Anzahl geeigneter Vergleichspreise ein zweistufiges Verfahren: **137**

– In der *ersten Stufe* sind zunächst geeignete Vergleichsfaktoren bebauter Grundstücke heranzuziehen und mit der entsprechenden Bezugseinheit der zu bewertenden Immobilie zu multiplizieren; das Ergebnis ist lediglich ein **vorläufiger Vergleichswert,** da damit die besonderen objektspezifischen Grundstücksmerkmale des zu bewertenden Grundstücks noch nicht berücksichtigt sind.

– In der *zweiten Stufe* müssen subsidiäre die Lage auf dem Grundstücksmarkt und die besonderen objektspezifischen Grundstücksmerkmale des zu bewertenden Grundstücks nach Maßgabe des § 8 Abs. 2 und 3 ImmoWertV ergänzend berücksichtigt werden (vgl. § 8 ImmoWertV Rn. 178 ff. sowie unten Rn. 145 ff.).

Die Verkehrswertermittlung unter Heranziehung von Vergleichsfaktoren bebauter Grundstücke (Gebäude- bzw. Ertragsfaktoren) nach § 15 Abs. 2 ImmoWertV ist dem Vergleichswertverfahren zuzurechnen; das Verfahren kann nach dieser Vorschrift „*neben oder anstelle*" der Heranziehung von geeigneten Vergleichspreisen zur Anwendung kommen.

Im Überblick können für die Verkehrswertermittlung bebauter Grundstücke nach den Vorschriften der ImmoWertV zwei Varianten des Vergleichswertverfahrens zur Anwendung kommen (Abb. 5):

Abb. 5: Vergleichswertverfahren für bebaute Grundstücke

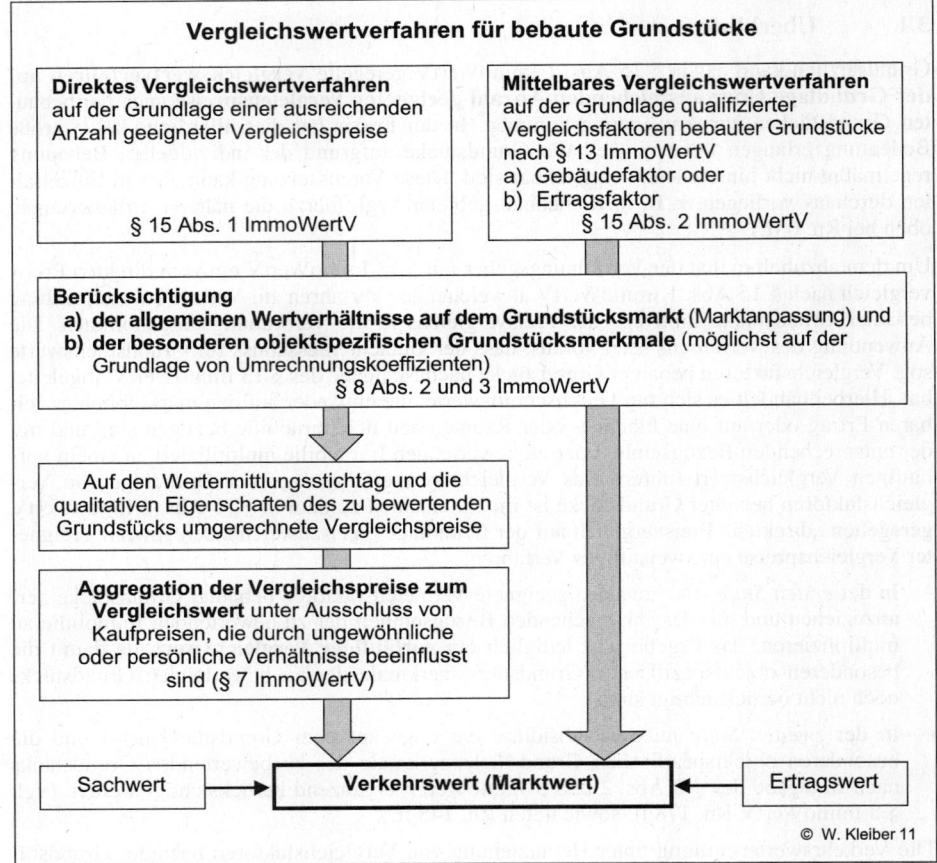

© W. Kleiber 11

3.2 Direkter Preisvergleich

▶ *Vgl. oben Rn. 6 f., Rn. 43; zum Vergleichswertverfahren bei Eigentumswohnungen vgl. Kleiber, Verkehrswertermittlung von Grundstücken, 6. Aufl. 2010, Teil VI Rn. 39 ff.*

138 Die für die Ermittlung von Bodenwerten allgemein gegebene Vorrangigkeit des Vergleichswertverfahrens (vgl. oben Rn. 3 ff.) ist bei **bebauten Grundstücken** i. d. R. nicht gegeben, weil diese zumindest bei individueller Bauweise eine im Verhältnis zu unbebauten Grundstücken geringere Vergleichbarkeit untereinander aufweisen. Dementsprechend müssen bei Anwendung des Vergleichswertverfahrens auf bebaute Grundstücke eine Vielzahl unterschiedlicher Grundstücksmerkmale mit erheblichen Zu- und Abschlägen berücksichtigt werden, die zumeist auch nur geschätzt werden und sich in der *Summe ihrer Absolutbeträge* sehr schnell zu 50 % des Werts und vielfach auch mehr aufsummieren. Je höher diese Anpassungen ausfallen, desto geringer wird die Zuverlässigkeit des Ergebnisses und das Verfahren verliert seine Eignung (vgl. oben Rn. 8, 10 ff.). Darüber hinaus sind für bebaute Grundstücke nach der Natur der Sache geeignete Vergleichsobjekte weniger leicht zu finden als für unbebaute Grundstücke[72]. Diese „sonstigen Umstände des Einzelfalls" sind deshalb nach § 8

---
[72] BGH, Urt. vom 12.07.1971 – III ZR 197/68 –, EzGuG 20.50.

Bebaute Grundstücke — Syst. Darst. Vergleichswertverfahren

Abs. 1 Satz 2 ImmoWertV bei der Auswahl des Wertermittlungsverfahrens zu berücksichtigen. Im Ergebnis hat das Vergleichswertverfahren für bebaute Grundstücke eine eher untergeordnete Bedeutung, auch wenn man dies beklagen mag (vgl. § 8 ImmoWertV Rn. 50 ff. und unten Rn. 43, 136 ff.).

In der **Begründung zur WertV 72** wird in Bezug auf die Verkehrswertermittlung bebauter Grundstücke einschränkend ausgeführt:

„In der Regel bietet das Vergleichswertverfahren keine ausreichenden Möglichkeiten zur Ermittlung des Verkehrswertes *bebauter* Grundstücke. Wenn diesem Verfahren ein **absoluter Vorrang** *auch* für die Wertermittlung solcher Grundstücke eingeräumt wird, kann daher ein falscher Eindruck entstehen. Durch die Änderung wird deshalb den verschiedenen Ermittlungsverfahren über den Vergleichswert, den Ertragswert oder den Sachwert gleicher Rang eingeräumt. Je nach den Verhältnissen des Einzelfalls soll das geeignetste Verfahren ausgewählt und das Ergebnis – soweit erforderlich – durch ergänzende Anwendung der anderen Verfahren kontrolliert und verbessert werden. Bei den einzelnen Verfahrensarten wird daher jeweils als letzter Schritt die Heranziehung der übrigen Verfahren und die Würdigung der verschiedenen Ergebnisse aufgrund sorgfältiger Marktbeobachtung vorgesehen. Lediglich für die Ermittlung des Bodenwerts, bei der andere Verfahren in aller Regel keine brauchbaren Ergebnisse erbringen können, muss der Vorrang des Vergleichswertverfahrens bestehen bleiben."[73]

An anderer Stelle heißt es dagegen:

„Wie bereits im allgemeinen Teil dargelegt ist, soll den Gutachtern bei der Auswahl der Verfahren die für die bestmögliche Erfüllung ihrer Aufgabe erforderliche Freiheit eingeräumt werden. Wenn ausreichende Vergleichsfälle zur Verfügung stehen, können sie den **Verkehrswert allein aufgrund von Vergleichspreisen** ermitteln. Sie können aber, wenn das Ergebnis nicht hinreichend gesichert erscheint, unterstützend auch den Ertragswert oder den Sachwert heranziehen. In solchen Fällen müssen die Werte kritisch gewürdigt werden, d. h., es darf nicht schematisch (etwa durch Mittelung oder Drittelung der zusammengefassten Ergebnisse) ein Mittelwert errechnet werden, sondern es ist je nach der Lage auf dem örtlichen Grundstücksmarkt festzustellen, welcher Verkehrswert zutreffend ist."[74]

Vergleichspreise bebauter Grundstücke sind zur Marktwertermittlung eines bebauten Grundstücks nur geeignet, wenn die Vergleichsgrundstücke mit dem zu bewertenden Grundstück hinreichend übereinstimmen. Sie sind nach allgemeinen Grundsätzen nur dann geeignet, wenn sich die zur Berücksichtigung von Abweichungen anzubringenden Zu- und Abschläge in den angegebenen Grenzen von 30 bis 40 % halten. Es kommt dabei auf die **Summe der Zu- und Abschläge in ihrer absoluten Höhe** an. Ein Vergleichspreis ist nämlich nicht allein deshalb besonders geeignet, weil zur Berücksichtigung von Lageabweichungen ein Abschlag von 50 % und zur Berücksichtigung einer unterschiedlichen Bebauung ein Zuschlag von 50 % angebracht werden muss und sich Zu- und Abschlag ausgleichen. Ein solcher Vergleichspreis ist vielmehr besonders ungeeignet, weil er allein schon deshalb um 100 % von den qualitativen Grundstücksmerkmalen des zu bewertenden Grundstücks abweicht und darüber hinaus auch noch Unterschiede in den allgemeinen Wertverhältnissen auf dem Grundstücksmarkt mittels Indexreihen berücksichtigt werden müssten (vgl. oben Rn. 43).

Es kommt hinzu, dass die zur Berücksichtigung von Abweichungen anzubringenden Zu- und Abschläge mangels empirischer Untersuchungen zumeist und letztlich nur auf Mutmaßungen gestützt und nur grob geschätzt werden können. Derartige „Zu- und Abschlagsgutachten" sind von daher nicht unbedenklich.

---

[73] BR-Drucks. 265/72, S. 8 f.
[74] BR-Drucks. 265/72, S. 12.

3.3 Mittelbarer Preisvergleich mittels Vergleichsfaktoren bebauter Grundstücke

3.3.1 Allgemeines

▶ *Vgl. oben Rn. 136 sowie § 13 ImmoWertV Rn. 6 ff.*

139 Mit den nach § 193 Abs. 3 BauGB i. V. m. § 13 ImmoWertV von den Gutachterausschüssen für Grundstückswerte abzuleitenden **Vergleichsfaktoren für bebaute Grundstücke (Gebäude- bzw. Ertragsfaktoren) sollen** die Voraussetzungen für eine Anwendung des Vergleichswertverfahrens auf die Verkehrswertermittlung bebauter Grundstücke verbessert werden[75].

Voraussetzung für die Anwendung der vom Gutachterausschuss zu veröffentlichenden **Vergleichsfaktoren** ist insbesondere, dass

a) die Vergleichsfaktoren nach Grundstücksarten hinreichend differenziert sind,

b) die durchschnittlichen Grundstücksmerkmale der Grundstücke, auf die sich die Vergleichsfaktoren beziehen („Normgrundstück", auch „Referenzgrundstück"), hinreichend qualifiziert sind und bei ihrer Veröffentlichung genau dargelegt sind und

c) der Bezugsstichtag der Vergleichsfaktoren angegeben wurde.

Nur auf der Grundlage entsprechend qualifizierter Vergleichsfaktoren lassen sich im Falle ihrer Heranziehung Abweichungen des zu bewertenden Grundstücks von den Eigenschaften des „Normgrundstücks" berücksichtigen; dazu „sollen" möglichst Umrechnungskoeffizienten und Indexreihen herangezogen werden. Ansonsten sind Vergleichsfaktoren allenfalls zur Plausibilisierung anderer Verfahrensergebnisse geeignet.

§ 13 ImmoWertV unterscheidet in Anlehnung an die für die Anwendung des Ertrags- bzw. Sachwertverfahrens maßgeblichen Grundsätze zwischen **Ertrags- und Gebäudefaktoren**. Während der Ertragsfaktor vor allem dann in Betracht kommt, wenn für die Wertbeurteilung des Grundstücks üblicherweise der marktüblich erzielbare Ertrag im Vordergrund steht (wie bei nicht eigengenutzten Renditegrundstücken), kommt der Gebäudefaktor vor allem dann in Betracht, wenn für die Wertermittlung des Grundstücks der in der baulichen Anlage verkörperte Sachwert von maßgebender Bedeutung ist.

140 Ertrags- bzw. Gebäudefaktor werden nach § 13 ImmoWertV dadurch ermittelt, dass die **Kaufpreise auf den marktüblich erzielbaren jährlichen Ertrag (Ertragsfaktor) oder auf eine sonstige geeignete Bezugseinheit, insbesondere auf eine Raum- oder Flächeneinheit der baulichen Anlage (Gebäudefaktor) bezogen werden**. Dabei sollen die Vergleichsfaktoren aus Kaufpreisen differenziert nach Lage, Art und Maß der baulichen Nutzung, Größe der Grundstücke und Restnutzungsdauer der baulichen Anlagen abgeleitet werden. Ist ein Grundstück wesentlich größer, als es einer der baulichen Anlage angemessenen Nutzung entspricht, und ist eine zusätzliche Nutzung oder Verwertung einer Teilfläche zulässig und möglich, ist der auf die Teilfläche entfallende Kaufpreisanteil bei der Ableitung der Vergleichsfaktoren für bebaute Grundstücke entsprechend der Regelung des § 17 Abs. 2 Satz 2 ImmoWertV nicht zu berücksichtigen.

141 Die **Vergleichsfaktoren für bebaute Grundstücke** können im Übrigen (allein) **bezogen auf das Gebäude** ermittelt werden. Die Ableitung dieser Faktoren vollzieht sich wie vorstehend, wobei allerdings vom Kaufpreis zunächst der Bodenwert des Grundstücks und der Wert der Außenanlagen abgezogen werden müssen.

---

75 BR-Drucks. 352/88, S. 52 f.

Bebaute Grundstücke **Syst. Darst. Vergleichswertverfahren**

Bei **Anwendung von Vergleichsfaktoren** auf bebaute Grundstücke wird der Verkehrswert ermittelt, indem die einschlägigen Parameter des zu bewertenden Grundstücks, d. h. **142**

– bei Anwendung von Ertragsfaktoren: der Rein- oder Rohertrag (bemessen in €/Jahr) oder

– bei Anwendung von Gebäudefaktoren: der Brutto-Rauminhalt des Gebäudes oder dessen Brutto-Grund-, Geschoss-, Nutz- oder Wohnfläche (gemessen in Kubik- oder Quadratmetern),

mit dem auf dieselbe Bezugseinheit bezogenen Vergleichsfaktor multipliziert werden (§ 15 Abs. 2 ImmoWertV). Das Produkt ergibt unter Berücksichtigung von Abweichungen nach Maßgabe des § 15 Abs. 1 Satz 4 bzw. § 8 Abs. 3 ImmoWertV den Vergleichswert (Verkehrswert). Wurden Vergleichsfaktoren herangezogen, die sich allein auf das Gebäude beziehen, müssen neben dem so ermittelten Gebäudewert zusätzlich der Bodenwert des Grundstücks und der Wert der Außenanlagen berücksichtigt werden.

Im Übrigen müssen auch bei der Ermittlung des Vergleichswerts bebauter Grundstücke unter Heranziehung von Vergleichsfaktoren **ergänzend** berücksichtigt werden: **143**

– Abweichungen der für die Verkehrswertermittlung maßgeblichen allgemeinen Wertverhältnisse auf dem Grundstücksmarkt von denen, die der Anleitung der Vergleichsfaktoren zugrunde lagen, und

– Abweichungen der „besonderen objektspezifischen" Grundstücksmerkmale des zu bewertenden Grundstücks von den durchschnittlichen Grundstücksmerkmalen, die wiederum der Ermittlung des herangezogenen Vergleichsfaktors (Ertrags- oder Gebäudefaktor) zugrunde lagen.

Die Faktoren zur Anpassung der Vergleichsfaktoren bebauter Grundstücke an die besonderen objektspezifischen Grundstücksmerkmale des zu bewertenden Grundstücks werden i. d. R. „Anpassungsfaktoren" oder auch „Anpassungskoeffizienten" genannt.

Die sich aus der Berücksichtigung der besonderen objektspezifischen Grundstücksmerkmale ergebenden **Wertminderungen bzw. Werterhöhungen sind nur insoweit zu berücksichtigen, wie dies dem gewöhnlichen Geschäftsverkehr entspricht**, d. h. in marktüblicher Höhe. Im Übrigen wird zur subsidiären Berücksichtigung besonderer objektspezifischer Grundstücksmerkmale auf die Ausführungen bei § 8 ImmoWertV Rn. 178 ff. verwiesen.

3.3.2 Beispiel

Der Grundstücksmarktbericht 2011 von *Wuppertal* gibt für freistehende Ein- und Zweifamilienhäuser folgende Vergleichsfaktoren an: **144**

Vergleichsfaktoren	
Alter	Vergleichsfaktor €/m² WF
	Freistehende EFH, ZFH
5 bis 15 Jahre	2 220
16 bis 30 Jahre	1 980
31 bis 40 Jahre	1 830
41 bis 50 Jahre	1 750
51 bis 60 Jahre	1 630

Die Vergleichsfaktoren beziehen sich auf ein typisches Vergleichsobjekt mit folgenden Eigenschaften bei

	freistehendem Ein- oder Zweifamilienhaus	Reihenhäusern und Doppelhaushälften
Lagewert (Bodenrichtwert)	240 €/m²	240 €/m²
Wohnfläche	150 m²	120 m²
Grundstücksfläche	750 m²	300 m²

Abweichungen des Bewertungsobjekts von den typischen Eigenschaften werden nach den im Grundstücksmarktbericht angegebenen Anpassungskoeffizienten ermittelt, die sich auf ein Referenzgrundstück mit o.a. Eigenschaften beziehen. Die Umrechnungskoeffizienten können auch unter http://www.Wuppertal.de/gutachterausschuss/ga_wuppertal_immo_preis_agent.php abgerufen werden.

Abb. 6: Anpassungsfaktoren für Abweichungen von der Wohnfläche (WF)

a) für freistehende Ein- und Zweifamilienhäuser

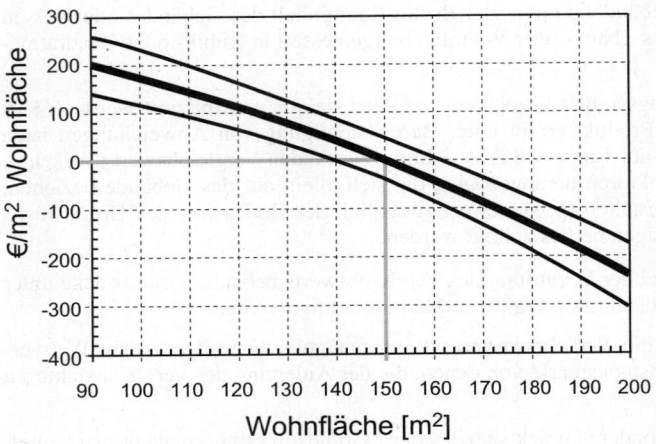

b) für Reihenhäuser und Doppelhaushälften

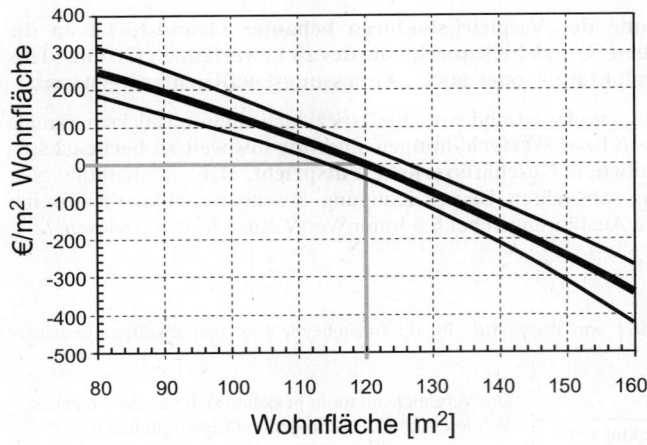

Abb. 7: Anpassungsfaktoren für Abweichungen von der Grundstücksfläche

a) für freistehende Ein- und Zweifamilienhäuser

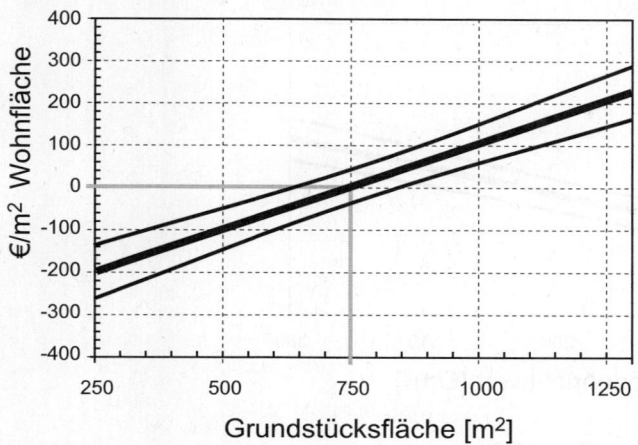

b) für Reihenhäuser und Doppelhaushälften

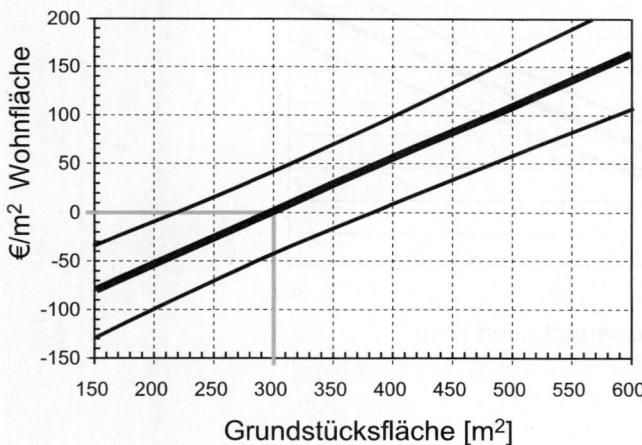

Syst. Darst. Vergleichswertverfahren — Bebaute Grundstücke

Abb. 8: Anpassungsfaktoren für Abweichungen von der Lage (Bodenrichtwert)

a) für freistehende Ein- und Zweifamilienhäuser

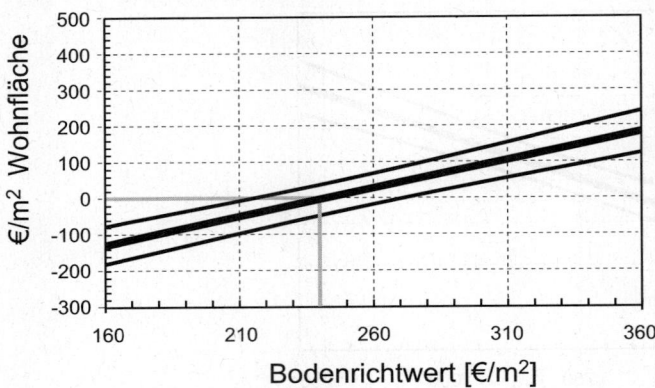

b) für Reihenhäuser und Doppelhaushälften

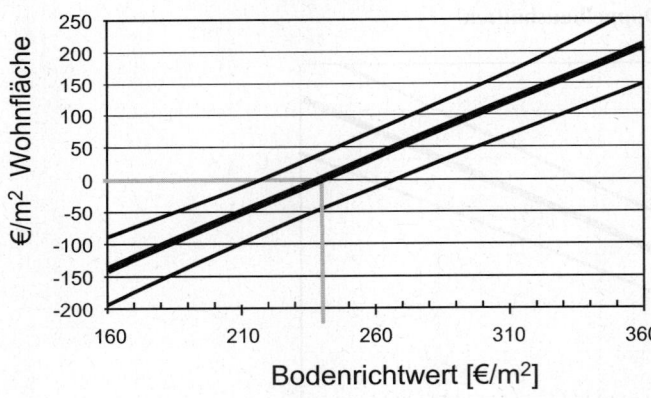

Beispiel

a) Sachverhalt

- Der Bodenrichtwert für ein 800 m² großes Bodenrichtwertgrundstück betrage   210 €/m²
- Die Grundstücksgröße betrage   500 m²
- Das Alter des Gebäudes betrage   25 Jahre
- Die Wohnfläche betrage   130 m²

b) Berechnung

- Umrechnung des Bodenrichtwerts (für 800 m² Grundstücksfläche) auf Grundstücksfläche von 500 m² mittels Anpassungsfaktoren:

Anpassungsfaktoren für unterschiedliche Grundstücksflächen						
Fläche			Fläche = 500 m²			
150 m²	bis	350 m²	BRW	×	1,00	/1,14
350 m²	bis	650 m²	BRW	×	1,00	
650 m²	bis	1 000 m²	BRW	×	1,00	/0,91

Bebaute Grundstücke   **Syst. Darst. Vergleichswertverfahren**

Umgerechneter Bodenrichtwert (BRW) = 210 €/m² × $\frac{1,00}{0,91}$ = 230 €/m²

- Vergleichsfaktor (aus Tabelle) 1 920 €/m² bezogen auf Lagewert (500 m² großes Grundstück) 240 €/m²
  Wohnfläche von 150 m²
  Grundstücksfläche 750 m²

- Ermittlung des angepassten Vergleichsfaktors
  Vergleichsfaktor aus Tabelle   1 920 €/m²
  - Lagekorrektur nach Bodenrichtwertdifferenz 240 €/m² – 230 €/m² aus Diagramm   – 15 €/m²
  - Wohnflächenkorrektur nach Wohnflächendifferenz 150 m² – 130 m² aus Diagramm   + 80 €/m²
  - Grundstücksgrößenkorrektur nach Grundstücksflächendifferenz 750 m² – 500 m² aus Diagramm   – 100 €/m²
  Angepasster Vergleichsfaktor   = 1 885 €/m²

- Ermittlung des Vergleichswerts:

$$\text{Vergleichswert} = 130\ m^2 \times 1\ 885\ €/m^2 = \text{rd. } 245\ 000\ €$$

Vom Gutachterausschuss in *Darmstadt* werden die **Anpassungsfaktoren** vornehmlich **in Abhängigkeit von der Grundstücksgröße, der Baujahrsgruppe und der Lage** (nach Bodenrichtwertbereichen) ermittelt; sie sind auf die einschlägigen Vergleichsfaktoren anzuwenden:

Vergleichsfaktoren für freistehende Ein- und Zweifamilienhäuser je Quadratmeter Wohnfläche

Vergleichsfaktoren für freistehende Ein- und Zweifamilienhäuser je Quadratmeter Wohnfläche (bezogen auf eine Grundstücksgröße von 700 m² und das Baujahr 1970)					
Wohn-fläche	300 bis 399 €/m² (350 €/m²)	400 bis 499 €/m² (450 €/m²)	500 bis 599 €/m² (550 €/m²)	600 bis 699 €/m² (650 €/m²)	ab 700 €/m²
m²	Vergleichsfaktoren in €/m²				
100	2 875	3 536	–	–	–
110	2 662	3 263	–	–	–
120	2 485	3 035	–	–	–
130	2 335	2 843	–	–	–
140	2 206	2 678	–	–	–
150	2 094	2 535	–	–	–
160	1 997	2 409	–	–	–
170	1 910	2 299	–	–	–
180	1 834	2 201	–	–	–
190	1 765	2 113	–	–	–
200	1 704	2 034	–	–	–
210	1 648	1 962	–	–	–
220	1 597	1 897	–	–	–
230	1 551	1 838	–	–	–
240	1 508	1 784	–	–	–
250	1 469	1 734	–	–	–

Quelle: Immobilienmarktbericht 2011 für Darmstadt

Syst. Darst. Vergleichswertverfahren **Bebaute Grundstücke**

Anpassungskoeffizienten der Vergleichsfaktoren für freistehende Ein- und Zweifamilienhäuser

Grund-stücks-größe	Anpassungskoeffizienten der Vergleichsfaktoren für freistehende Ein- und Zweifamilienhäuser					
	Baujahrsgruppe					
	1946 bis 1954 (1950)	1955 bis 1964 (1960)	1965 bis 1974 (1970)	1975 bis 1984 (1980)	1985 bis 1994 (1990)	ab 1995 (2000)
m²	Anpassungskoeffizienten					
300	0,61	0,69	0,77	0,84	0,92	1,00
400	0,67	0,75	0,82	0,90	0,98	1,06
500	0,73	0,81	0,88	0,96	1,04	1,12
600	0,79	0,86	0,94	1,02	1,10	1,17
700	0,84	0,92	1,00	1,08	1,16	1,23
800	0,90	0,98	1,06	1,14	1,21	1,29
900	0,96	1,04	1,12	1,19	1,27	1,35
1000	1,02	1,10	1,18	1,25	1,33	1,41
1 100	1,08	1,16	1,23	1,31	1,39	1,47
1 200	1,14	1,21	1,29	1,37	1,45	1,53

Quelle: Immobilienmarktbericht 2011 für Darmstadt

Vergleichsfaktoren für Reihenhäuser und Doppelhaushälften je Quadratmeter Wohnfläche

Wohn-fläche	Vergleichsfaktoren für Reihenhäuser und Doppelhaushälften je Quadratmeter Wohnfläche (bezogen auf eine Grundstücksgröße von 300 m² und das Baujahr 1985)				
	300 bis 399 €/m² (350 €/m²)	400 bis 499 €/m² (450 €/m²)	500 bis 599 €/m² (550 €/m²)	600 bis 699 €/m² (650 €/m²)	ab 700 €/m²
m²	Vergleichsfaktoren in €/m²				
80	2 600	3 098	3 595	–	–
90	2 391	2 834	3 276	–	–
100	2 224	2 622	3 020	–	–
110	2 087	2 449	2 811	–	–
120	1 973	2 305	2 637	–	–
130	1 877	2 183	2 489	–	–
140	1 794	2 078	2 363	–	–
150	1 723	1 988	2 253	–	–
160	1 660	1 909	2 157	–	–
170	1 605	1 839	2 073	–	–
180	1 555	1 776	1 998	–	–
190	1 511	1 721	1 930	–	–
200	1 472	1 671	1 870	–	–

Quelle: Immobilienmarktbericht 2011 für Darmstadt

Anpassungskoeffizienten der Vergleichsfaktoren für Reihenhäuser und Doppelhaushälften

Grund-stücks-größe	Anpassungskoeffizienten der Vergleichsfaktoren für Reihenhäuser und Doppelhaushälften					
	Baujahrsgruppe					
	1946 bis 1959 (1955)	1960 bis 1969 (1965)	1970 bis 1979 (1975)	1980 bis 1989 (1985)	1990 bis 1999 (1995)	ab 2000 (2005)
m²	Anpassungskoeffizienten					
100	0,66	0,74	0,81	0,88	0,95	1,03
150	0,69	0,77	0,84	0,91	0,98	1,06
200	0,72	0,80	0,87	0,94	1,01	1,09
250	0,75	0,83	0,90	0,97	1,04	1,12
300	0,78	0,85	0,93	**1,00**	1,07	1,15
350	0,81	0,88	0,96	1,03	1,10	1,17
400	0,84	0,91	0,99	1,06	1,13	1,20
450	0,87	0,94	1,02	1,09	1,16	1,23
500	0,90	0,97	1,05	1,12	1,19	1,26

Quelle: Immobilienmarktbericht 2011 für Darmstadt

3.4 Umrechnungskoeffizienten für bebaute Grundstücke

3.4.1 Allgemeines

Untersuchungen haben ergeben, dass der Marktwert (Verkehrswert) gleichartig bebauter Grundstücke insbesondere abhängig ist von
– der Wohnfläche,
– dem Baujahr,
– der Lage (Bodenrichtwert),
– der Ausstattung und
– der Grundstücksgröße.

Hierzu veröffentlichen die Gutachterausschüsse für Grundstückswerte in zunehmendem Maße Umrechnungskoeffizienten für bebaute Grundstücke.

Dementsprechend werden für die Vergleichsfaktoren bebauter Grundstücke entsprechend differenziert und suplementär Korrekturfaktoren angegeben. Bislang hat sich noch keine einheitliche Methode entwickelt.

Syst. Darst. Vergleichswertverfahren — Bebaute Grundstücke

Beispiel (Grundstücksmarktbericht 2011 von *Düsseldorf*):

Umrechnungskoeffizienten für bebaute Grundstücke in Düsseldorf für Dreifamilien- und Mehrfamilienhäuser, gemischt genutzte und Büro-/Geschäftsgebäude			
	Norm	Ausprägung	Zu- bzw. Abschläge
Kaufzeitpunkt			Index
Lage		Lagebezirke und Wohnlagen	nach Wohnlage
Gebäudeart	Mehrfamilienhaus gewerblicher Anteil < 20 %	Dreifamilienhaus	+ 30 %
		Gemischt genutztes Grundstück	bis + 15 %
		Büro- und Geschäftsgrundstück	bis + 60 %
Alter		Verkaufsjahr minus Baujahr	nach Altersfunktion*
Modernisierung (nicht bei Neubauten)	modernisiert	nicht modernisiert	bis – 20 %
Ausstattung	gut	sehr gut	+ 15 %
		mittel/einfach	bis – 20 %
Denkmalschutz (nicht bei Neubauten)		vorhanden	bis + 20 %
Wohn- bzw. Nutzfläche	450 bis 700 m²	unter 450 m²	bis + 10 %
		über 700 m²	bis – 10 %
Grundstücksgröße	bis 800 m²	über 800 m²	bis + 10 %
Immissionen	keine	vorhanden	bis – 5 %
Altersfunktion für bebaute Grundstücke bei neuzeitlicher Ausstattung und modernisierten Altbauten: $f(\text{Alter}) = (2411 - 17{,}6 \times \text{Alter} + 0{,}23 \times \text{Alter}^2 - 0{,}0011 \times \text{Alter}^3)$			

Quelle: Grundstücksmarktbericht des Gutachterausschusses für Grundstückswerte in Düsseldorf 2011

3.4.2 Abhängigkeit des Verkehrswerts von Lage und Baujahr

146 Der Gutachterausschuss in *Frankfurt am Main* gibt für bebaute Grundstücke **Vergleichsfaktoren, differenziert nach Lagen (Bodenrichtwerten) und Wohnflächen,** sowie Korrekturfaktoren, differenziert nach Baujahren und Grundstücksgrößen, an.

Vergleichsfaktoren in €/m² Wohnfläche (2011) (bezogen auf 300 m² Grundstücksgröße und Baujahr 1985)					
Wohnfläche in m²	Bodenrichtwertbereich				
	300 €/m² bis 399 €/m²	400 €/m² bis 499 €/m²	500 €/m² bis 599 €/m²	600 €/m² bis 699 €/m²	über 700 €/m²
80	2 773	3 360	3 947	4 533	5 120
90	2 595	3 115	3 637	4 159	4 681
100	2 452	2 921	3 390	3 860	4 329
110	2 334	2 762	3 188	3 614	3 802
120	2 237	2 628	3 019	3 410	3 598
130	2 155	2 516	2 877	3 237	3 425
140	2 083	2 419	2 754	3 089	3 274
150	2 022	2 335	2 648	2 961	3 143
160	1 969	2 262	2 556	2 849	3 026
170	1 922	2 198	2 474	2 750	2 922
180	1 880	2 140	2 401	2 662	2 922
190	1 842	2 088	2 336	2 583	2 830
200	1 808	2 042	2 277	2 512	2 747

Quelle: Grundstücksmarktbericht von Frankfurt am Main 2012

Bebaute Grundstücke   **Syst. Darst. Vergleichswertverfahren**

Grund- stücksgröße in m²	Umrechnungskoeffizienten (Korrekturfaktoren)					
	Baujahr					
	1950 bis 1959 (1955)	1960 bis 1969 (1965)	1970 bis 1979 (1975)	1980 bis 1989 (1985)	1990 bis 1999 (1995)	ab 2000 (2005)
100	0,65	0,71	0,78	0,84	0,91	0,98
150	0,68	0,75	0,82	0,88	0,95	1,02
200	0,72	0,79	0,86	0,92	0,99	1,05
250	0,76	0,83	0,89	0,96	1,03	1,09
300	0,80	0,87	0,93	**1,00**	1,07	1,13
350	0,84	0,91	0,97	1,04	1,11	1,17
400	0,88	0,95	1,01	1,08	1,14	1,21
450	0,92	0,98	1,05	1,12	1,18	1,25
500	0,96	1,02	1,09	1,16	1,22	1,29
550	1,00	1,06	1,13	1,19	1,26	1,33
600	1,03	1,10	1,17	1,23	1,30	1,37
650	1,07	1,14	1,21	1,27	1,34	1,40
700	1,11	1,18	1,24	1,31	1,38	1,44

Quelle: Grundstücksmarktbericht von Frankfurt am Main 2012

Beispiel:

Zu ermitteln ist der Marktwert (Verkehrswert) eines Reihenhauses in guter Wohnlage:

- Lage im Bodenrichtwert   490 €/m²
- Baujahr   1977
- Wohnfläche   123 m²
- Grundstücksgröße   302 m²

Vorläufiger Vergleichswert = 2 516 €/m² × 123 m² × 0,93 = rd. 287 805 €

Nach Untersuchungen des Gutachterausschusses der Stadt *Delmenhorst* wurden zur **Abhängigkeit des Marktwerts von Ein- und Zweifamilienhäusern von der Lage und dem Baujahr** folgende Umrechnungskoeffizienten ermittelt:

Abb. 9:   Umrechnungskoeffizienten bei abweichender Lage und abweichendem Baujahr

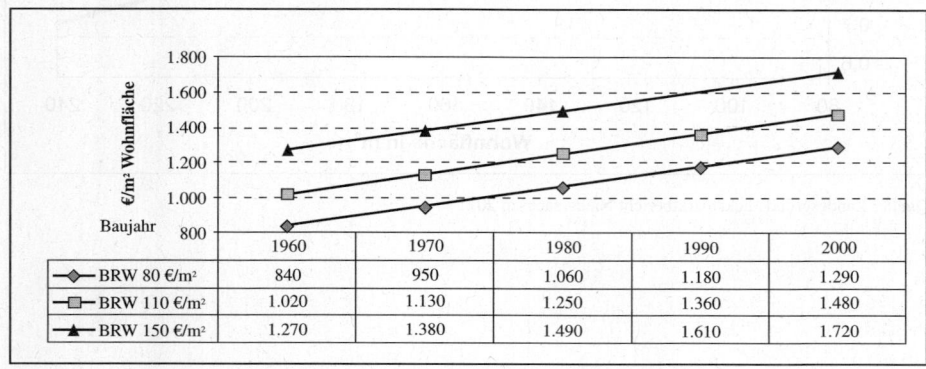

Quelle: Gutachterausschuss Delmenhorst 2009

Syst. Darst. Vergleichswertverfahren — Bebaute Grundstücke

3.4.3 Abhängigkeit des Verkehrswerts von der Wohnfläche

147 Abb. 10: Umrechnungskoeffizienten bei abweichender Wohnfläche

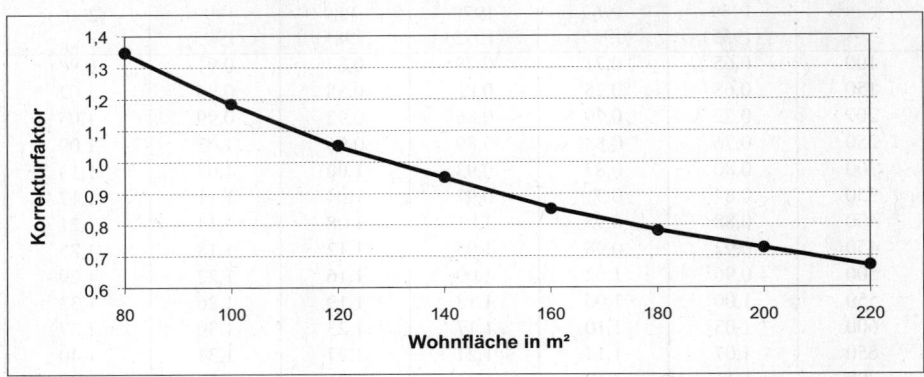

Quelle: Gutachterausschuss Delmenhorst 2009

Ähnlich auch der Verlauf nach neueren Untersuchungen des Gutachterausschusses für Grundstückswerte im Landkreis *Cloppenburg* (2011):

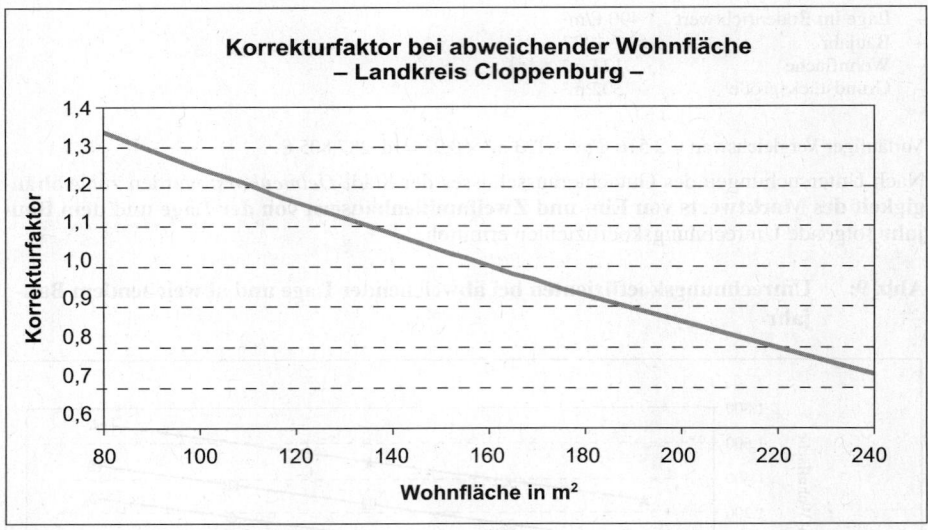

Quelle: Landesgrundstücksmarktbericht Niedersachsen 2011

Bebaute Grundstücke **Syst. Darst. Vergleichswertverfahren**

3.4.4 Abhängigkeit des Verkehrswerts von der Grundstücksgröße
Abb. 11: Umrechnungskoeffizienten bei abweichender Grundstücksgröße

Quelle: Gutachterausschuss Delmenhorst 2009

Ähnlich auch der Verlauf nach neueren Untersuchungen des Gutachterausschusses für Grundstückswerte im Landkreis *Cloppenburg* (2011):

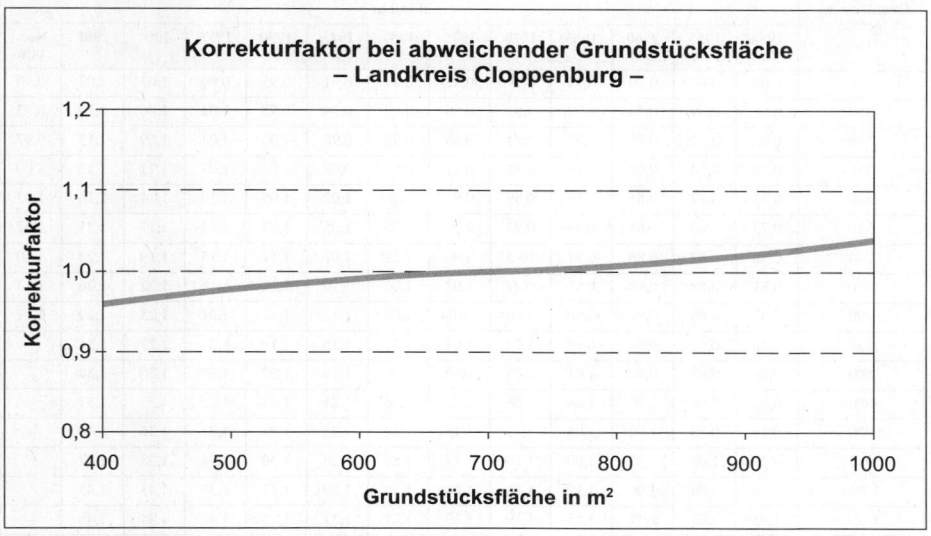

Quelle: Landesgrundstücksmarktbericht Niedersachsen 2011

Syst. Darst. Vergleichswertverfahren — Bebaute Grundstücke

Abb. 12: Abhängigkeit des Grundstückswerts bebauter Grundstücke von der Grundstücksgröße bei Heranziehung von Gebäudefaktoren (Umrechnungskoeffizienten) in Südhessen

Abhängigkeit des Grundstückswerts bebauter Grundstücke von der Grundstücksgröße und dem Baujahr bei Heranziehung von Gebäudefaktoren in Südhessen

Umrechnungskoeffizienten für *Reihenhäuser (RH) und Doppelhaushälften (DHH)* – Wiederverkauf und Neubau

Grundstücksgröße m^2	Baujahr												Neubau
	1950	1955	1960	1965	1970	1975	1980	1985	1990	1995	2000	2005	
150	0,63	0,67	0,71	0,75	0,79	0,83	0,87	0,91	0,95	1,00	1,04	1,08	0,90
200	0,65	0,69	0,74	0,78	0,82	0,86	0,90	0,94	0,98	1,02	1,07	1,11	0,93
250	0,68	0,72	0,77	0,81	0,85	0,89	0,93	0,97	1,01	1,05	1,10	1,14	0,97
300	0,71	0,75	0,79	0,83	0,88	0,92	0,96	**1,00**	1,04	1,08	1,13	1,17	**1,00**
350	0,74	0,78	0,82	0,86	0,91	0,95	0,99	1,03	1,07	1,11	1,15	1,19	1,03
400	0,77	0,81	0,85	0,89	0,94	0,98	1,02	1,06	1,10	1,14	1,18	1,22	1,07
450	0,80	0,84	0,88	0,92	0,96	1,00	1,05	1,09	1,13	1,17	1,21	1,25	1,10
500	0,83	0,87	0,91	0,95	0,99	1,03	1,08	1,12	1,16	1,20	1,24	1,28	1,13
550	0,86	0,90	0,94	0,98	1,02	1,06	1,10	1,15	1,19	1,23	1,27	1,31	1,17
600	0,89	0,93	0,97	1,01	1,05	1,09	1,13	1,17	1,22	1,26	1,30	1,34	1,20

Umrechnungskoeffizienten für freistehende *Ein- und Zweifamilienhäuser* – Wiederverkauf und Neubau

Grundstücksgröße m^2	Baujahr												Neubau
	1950	1955	1960	1965	1970	1975	1980	1985	1990	1995	2000	2005	
300	0,62	0,66	0,70	0,75	0,79	0,83	0,87	0,91	0,95	0,99	1,03	1,07	0,90
350	0,65	0,69	0,73	0,77	0,81	0,86	0,90	0,94	0,98	1,02	1,06	1,10	0,93
400	0,67	0,72	0,76	0,80	0,84	0,88	0,92	0,96	1,00	1,04	1,09	1,13	0,97
450	0,70	0,74	0,78	0,83	0,87	0,91	0,95	0,99	1,03	1,07	1,11	1,15	1,00
500	0,73	0,77	0,81	0,85	0,89	0,93	0,98	1,02	1,06	1,10	1,14	1,18	1,03
550	0,75	0,80	0,84	0,88	0,93	0,96	1,00	1,05	1,09	1,13	1,17	1,21	1,07
600	0,78	0,82	0,86	0,91	0,95	0,99	1,03	1,07	1,11	1,15	1,19	1,23	1,10
650	0,81	0,85	0,89	0,93	0,97	1,02	1,06	1,10	1,14	1,18	1,22	1,26	1,14
700	0,83	0,88	0,92	0,96	1,00	1,04	1,08	1,12	1,17	1,21	1,25	1,29	1,17
750	0,86	0,90	0,95	0,99	1,03	1,07	1,11	1,15	1,19	1,23	1,27	1,31	–
800	0,89	0,93	0,97	1,01	1,05	1,10	1,14	1,18	1,22	1,26	1,30	1,34	–
850	0,92	0,96	1,00	1,04	1,08	1,12	1,16	1,21	1,25	1,29	1,33	1,37	–
900	0,94	0,98	1,02	1,06	1,11	1,15	1,19	1,23	1,27	1,31	1,36	1,40	–
950	0,97	1,01	1,05	1,09	1,13	1,17	1,21	1,26	1,30	1,34	1,38	1,42	–
1 000	1,00	1,04	1,08	1,12	1,16	1,20	1,24	1,29	1,33	1,37	1,41	1,45	–
1 050	1,02	1,07	1,11	1,15	1,19	1,23	1,27	1,31	1,35	1,40	1,44	1,48	–
1 100	1,05	1,09	1,13	1,17	1,21	1,25	1,30	1,34	1,38	1,42	1,46	1,50	–
1 150	1,08	1,11	1,15	1,20	1,24	1,28	1,33	1,37	1,41	1,45	1,49	1,53	–
1 200	1,10	1,14	1,18	1,23	1,27	1,31	1,35	1,39	1,43	1,48	1,52	1,56	–

RH = Reihenhäuser; DHH = Doppelhaushälfte

Quelle: Immobilienmarktbericht 2011 Südhessen (Heppenheim)

4 Bodenwertermittlung im Wege des Vergleichswertverfahrens

4.1 Bodenwert

Schrifttum: *Bergmann, U.,* Zur Anwendung der Fehlerlehre und der Statistik in der Bodenwertermittlung, GuG 2009, 129; *Upmeyer, B.,* Bodenwertermittlung für ein Grundstück in einer Großstadt in den neuen Bundesländern, GuG 1999, 42; *Roth, C.,* Verkehrswertermittlung von Grundstücken in den neuen Bundesländern, GuG 1993, 206; *Vogel, R.,* Zur Ermittlung von Grundstückspreisen (Bodenpreisen) in der ehemaligen DDR, DS 1990, 200.

▶ *Grundsätzliches vgl. oben Rn. 1 ff., zur Bodenwertermittlung in Gebieten, die durch Eigentumswohnungen geprägt sind, vgl. Kleiber, Verkehrswertermittlung von Grundstücken, 6. Aufl. 2010, § 194 BauGB Rn. 118 ff. Teil VI Rn. 53 ff.; zu den besonderen Maßgaben bei der Ermittlung des Bodenwerts bebauter Grundstücke vgl. die ergänzenden Erläuterungen bei § 16 ImmoWertV Rn. 120 ff., zur Ermittlung des Bodenwertanteils bebauter Grundstücke ohne Kenntnis des Bodenwerts vgl. oben Rn. 72, § 16 ImmoWertV Rn. 108 ff. sowie Erläuterungen zu § 21 ImmoWertV Rn. 12*

Die Bedeutung des Vergleichswertverfahrens liegt vornehmlich in der Ermittlung von Bodenwerten, ohne dass die ImmoWertV eindeutig definiert, was unter dem **Bodenwert** zu verstehen ist. In Zweifelsfällen ist dies pragmatisch zu behandeln (vgl. hierzu § 16 ImmoWertV Rn. 10).

Das **Vergleichswertverfahren ist das Vorrangverfahren** (vgl. oben Rn. 4, § 16 Abs. 1 Satz 1 ImmoWertV Rn. 1 ff.)

– sowohl für die Bodenwertermittlung unbebauter Grundstücke

– als auch für die Bodenwertermittlung bebauter Grundstücke.

Liegt nach den vorstehenden Ausführungen eine ausreichende Zahl geeigneter Vergleichspreise vor, ist das Vergleichswertverfahren die einfachste und zugleich zuverlässigste Methode. Mit dieser Begründung hat der BGH dem **Vergleichswertverfahren** in seiner Rechtsprechung **Priorität** zugesprochen; das BVerwG und der BFH haben sich ebenfalls dahingehend ausgesprochen[76].

Die Grundsätze der „Bodenwertermittlung" sind in § 15 ImmoWertV geregelt, auch wenn die Überschrift des § 16 ImmoWertV („Ermittlung der Bodenwerte") besondere verfahrensrechtliche Regelungen der Bodenwertermittlung erwarten lässt. **§ 16 ImmoWertV enthält** neben dem Hinweis auf die anzuwendenden Vorschriften über das Vergleichswertverfahren (§ 15 ImmoWertV) jedoch **keine eigenen verfahrensrechtlichen Regelungen der „Bodenwertermittlung".** Auch die nach § 16 Abs. 1 Satz 4 ImmoWertV ausdrücklich zugelassene Bodenwertermittlung unter Heranziehung von Bodenrichtwerten vollzieht sich verfahrensmäßig nach Maßgabe des § 15 ImmoWertV.

Gegenstand der Regelungen des § 16 ImmoWertV sind lediglich besondere Maßgaben für die Ermittlung des Bodenwerts bebauter Grundstücke. Die Vorschrift gibt in ihrem Kern dafür den **Grundsatz** vor, **dass der Bodenwert eines bebauten Grundstücks „ohne Berücksichtigung der vorhandenen baulichen Anlagen auf dem Grundstück", d. h. mit dem Wert zu ermitteln ist, der sich für ein vergleichbares unbebautes Grundstück ergeben würde** (vgl. § 16 ImmoWertV Rn. 29 ff.). Die Grundsatzregelung steht unter dem Vorbehalt der in § 16 Abs. 2 bis 4 ImmoWertV geregelten **Sonderfälle.** Ein weiterer Ausnahmefall wird in § 4 Abs. 3 Nr. 3 ImmoWertV angesprochen (vgl. § 4 ImmoWertV Rn. 25).

---

[76] BGH, Urt. vom 12.07.1971 – III ZR 197/68 –, EzGuG 20.51; BVerwG, Urt. vom 13.11.1964 – 7 C 20/64 –, BRS Bd. 26 Nr. 94 = EzGuG 20.38; PrOVG, Urt. vom 18.01.1902, EzGuG 20.6a; BFH, Urt. vom 26.09.1980 – III R 21/78 –, EzGuG 20.38; BFH, Beschl. vom 21.05.1982 – III B 32/81 –, EzGuG 20.99.

Syst. Darst. Vergleichswertverfahren — Bodenwertermittlung

4.2 Bodenwertermittlung mittels Vergleichspreisen (Beispiel)

152 Zur Erläuterung vorstehender Ausführungen wird nachfolgend ein *Beispiel* zur Ermittlung des Verkehrswerts eines Wohnbaugrundstücks (baureifes Land) vorgestellt.

a) Sachverhalt

Zustandsmerkmale des zu bewertenden Grundstücks:

Lage	gute Wohnlage
Planungsrecht	WA-Gebiet
	GFZ = 1,5
Beitragsrechtlicher Zustand	erschließungsbeitragsfrei (ebf)
Grundstücksgröße	500 m²

Es konnten drei baureife Vergleichsgrundstücke festgestellt werden. Alle Vergleichspreise stammen aus WA-Gebieten. Die Vergleichspreise unterscheiden sich von den Grundstücksmerkmalen des Bewertungsobjekts insbesondere bezüglich Grundstücksgröße, GFZ und erschließungsbeitragsrechtlichem Zustand.

Im Einzelnen ergeben sich die Zustandsmerkmale aus Abb. 13:

Abb. 13: Beispiel Vergleichswertverfahren

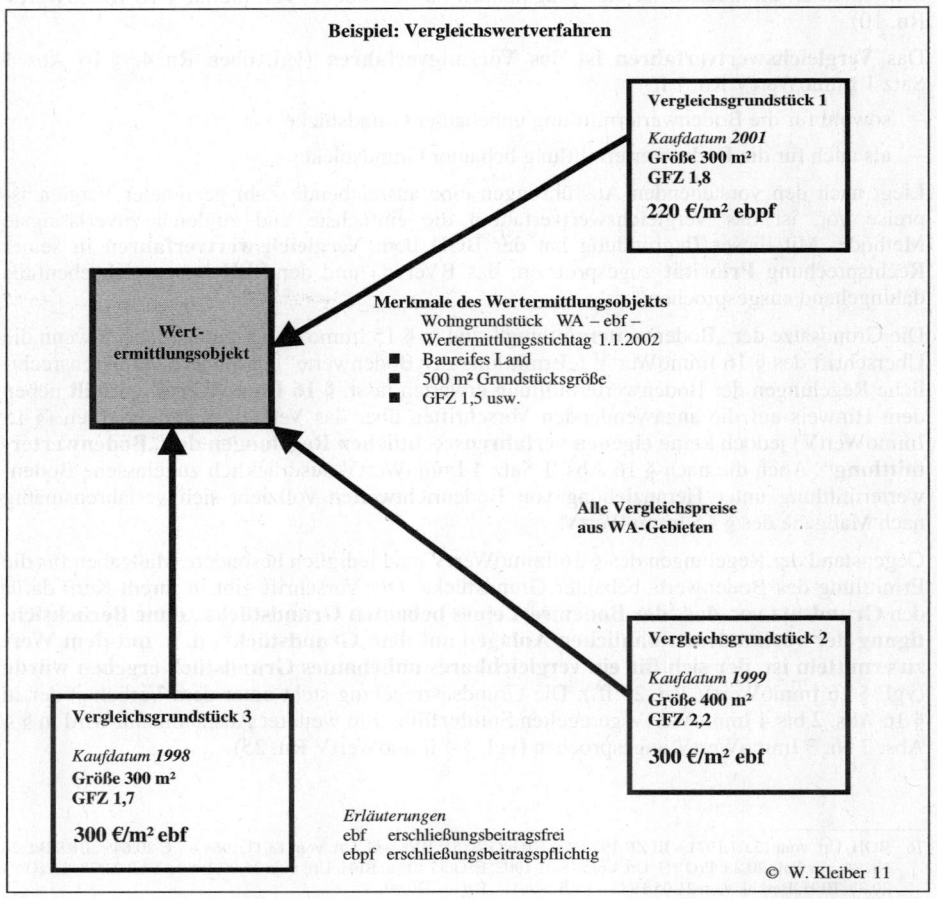

Bodenwertermittlung — Syst. Darst. Vergleichswertverfahren

b) Weitere Grundlagen:

Es liegen vom Gutachterausschuss Umrechnungskoeffizienten bezüglich der Abhängigkeit des Bodenwerts von der Grundstücksgröße, Geschossflächenzahl (GFZ) und eine Bodenpreisindexreihe vor. Auszugsweise sind darin die aus Abb. 14 ersichtlichen Angaben verzeichnet:

Abb. 14: Umrechnungskoeffizienten und Bodenpreisindexreihe

Umrechnungskoeffizienten Grundstücksgröße		Umrechnungskoeffizienten GFZ		Bodenpreisindexreihe	
Fläche [m²]	UK	GFZ	UK	Jahr	Indexzahl
300	1,16	1,5	1,30	1990	100
400	1,07	–	–	–	–
500	1,00	1,7	1,44	1998	170
		1,8	1,50	1999	175
		–	–	2000	179
		2,2	1,86	2001	180

c) Lösung

- Umrechnung von Vergleichspreis 1 (220 €/m² – erschließungsbeitragspflichtig). Der Unterschied zwischen erschließungsbeitragspflichtigen und erschließungsbeitragsfreien Grundstücken betrage 30 €/m².

  Vergleichspreis 1:   220 €/m² (ebpf) + 30 €/m² = 250 €/m² (ebf)

  Damit sind alle Vergleichspreise wie das Wertermittlungsobjekt erschließungsbeitragsfrei.

- Die Berücksichtigung der Abweichungen der Zustandsmerkmale der Vergleichsobjekte von dem zu bewertenden Grundstück erfolgt mithilfe der Umrechnungskoeffizienten und Bodenpreisindexreihe (vgl. Abb. 15).

Abb. 15: Berücksichtigung der Abweichungen

Verkaufsfall	Kaufpreis €/m²	Verkaufsdatum	Größe m²	GFZ	Umrechnung auf a) Grundstücksmerkmale des Wertermittlungsobjekts – Grundstücksgröße .500 m² – GFZ = 1,5 b) Wertermittlungsstichtag 1.1.2002		
					F=500 m² €/m²	GFZ = 1,5 €/m²	01.01.2002
1	250	2001	300	1,8	215,52	186,78	186,78
2	300	1999	400	2,2	280,37	195,96	201,56
3	300	1998	300	1,7	258,62	233,48	247,21
						Summe =	**635,53**
				Arithmetisches Mittel aller drei Verkaufspreise 635,53 :3 =			**rd. 212**

- Eliminierung von Ausreißern (§ 7 ImmoWertV): Der auf die Eigenschaften des zu bewertenden Objekts umgerechnete Vergleichspreis weicht mit 247,21 €/m² deutlich von den übrigen Vergleichspreisen ab. Es bedarf daher der Prüfung, ob es sich dabei um einen Vergleichspreis handelt, der i. S. des § 7 ImmoWertV „erheblich" abweicht und deshalb als „Ausreißer" nicht herangezogen werden darf.

- Als Prüfmaßstab wird die sog. 2-Sigma-Regel herangezogen. Zu diesem Zweck wird der mittlere Fehler des arithmetischen Mittels festgestellt:

Nr.	Arithmetisches Mittel	Gleichnamig gemachter Kaufpreis	Abweichung v_i	Abweichungsquadrat $v_i v_i$
1	212 €/m²	187 €/m²	25 €/m²	625 €/m² × €/m²
2	212 €/m²	202 €/m²	10 €/m²	100 €/m² × €/m²
3	212 €/m²	247 €/m²	– 35 €/m²	1 225 €/m² × €/m²
		636 €/m²	0	1 950 €/m² × €/m²

v_i = Verbesserung

d) Ergebnisse: Vergleichswert = Verkehrswert = arithmetisches Mittel

Verkehrswert = - KP_i / n = *636* €/m²/ 3 = *212* €/m²

Mittlerer Fehler des Mittels $m_x = \sqrt{\dfrac{\sum v_i v_i}{n(n-1)}}$ = ± 18 €/m²

Alle Kaufpreise erfüllen die 2-Sigma-Regel; als genaueres Ausschlusskriterium käme noch der statistische Vertrauensbereich in Betracht.

4.3 Bodenrichtwertverfahren nach § 16 Abs. 1 Satz 4 ImmoWertV

4.3.1 Bodenrichtwert

Schrifttum: *Küting/Trappmann/Kessler,* Die Eignung von Bodenrichtwerten zur Ausfüllung der bilanziellen Bewertungsmaßstäbe bei Grundstücken nach HGB und IFRS, DB 2006, 1853, *Loose, D.,* Marktnähe von Bodenrichtwerten in mittleren und unterdurchschnittlichen Lagen, GuG 2009, 216.

▶ *Kleiber, Verkehrswertermittlung von Grundstücken, 6. Aufl. 2010, Allgemeines bei § 196 BauGB, Teil VIII Rn. 403; § 10 ImmoWertV Rn. 7, 19; § 16 ImmoWertV Rn. 2*

153 Bodenrichtwerte *(reference land values)* sind **durchschnittliche Lagewerte des Grund und Bodens pro Quadratmeter bebauter oder unbebauter Grundstücksfläche in einem Gebiet mit im Wesentlichen gleichen Lage- und Nutzungsverhältnissen**[77].

154 **Bodenrichtwerte**[78] können unterschieden werden nach
- *allgemeinen* Bodenrichtwerten i. S. des § 196 Abs. 1 Satz 1 bis 3 BauGB,
- *besonderen* Bodenrichtwerten i. S. des § 196 Abs. 1 Satz 8 BauGB sowie
- auf zurückliegende Stichtage bezogenen *für steuerliche Zwecke abgeleitete Bodenrichtwerte i. S. des § 196 Abs. 1 Satz 7 und Abs. 2 BauGB.*

Bei den **für steuerliche Zwecke abgeleiteten Bodenrichtwerten** handelt es sich um solche, die bezogen
- auf den Hauptfeststellungszeitpunkt der Einheitsbewertung (01.01.1964) bzw.
- auf den Zeitpunkt der Bedarfsbewertung zur Feststellung des Grundbesitzwerts (01.01.1996)

ermittelt werden (vgl. § 10 ImmoWertV Rn. 23).

4.3.2 Zulässigkeit und Bedeutung des Bodenrichtwertverfahrens

4.3.2.1 Allgemeines

▶ *Syst. Darst. des Ertragswertverfahrens Rn. 124 ff., § 10 ImmoWertV Rn. 8*

155 Der **Bodenwert „kann"** nach dem Wortlaut des § 16 Abs. 1 Satz 2 ImmoWertV **„auch auf der Grundlage geeigneter Bodenrichtwerte ermittelt werden".** Im Unterschied hierzu war in § 13 Abs. 2 Satz 1 WertV 88/98 geregelt, dass zur Ermittlung des Bodenwerts *„neben oder anstelle* von Preisen für Vergleichsgrundstücke" auch geeignete Bodenrichtwerte herangezogen werden können. Diese Formulierung *(„neben oder anstelle")* verwendet die ImmoWertV nur noch im Zusammenhang mit der Heranziehung von Vergleichsfaktoren bebauter Grundstücke in § 16 Abs. 2 ImmoWertV. Darüber hinaus ist nach § 16 Abs. 1 Satz 1 ImmoWertV der

---

[77] BGH, Urt. vom 17.05.1991 – V ZR 104/90 –, BGHZ 117, 338 = EzGuG 11.183; BFH, Urt. vom 26.09.1980 – III R 21/78 –, BFHE 132, 101 = EzGuG 20.86; BFH, Urt. vom 29.04.1987 – X R 2/80 –, BFHE 150, 453 = EzGuG 19.39b; BFH, Urt. vom 08.09.1994 – IV R 16/94 –, GuG 1995, 313 = EzGuG 19.43; BFH, Urt. vom 21.07.1993 – II R 13/91 –, EzGuG 20.147a; BFH, Urt. vom 21.05.1982 – III B 32/81 –; BFH, Urt. vom 26.09.1980 – III R 67/78 –, BFHE 131, 524 = BStBl II 1981, 353.

[78] Vgl. Kleiber, Verkehrswertermittlung von Grundstücken, 6. Aufl. 2010, § 196 BauGB Rn. 20 ff.

Bodenwert der höchstrichterlichen Rechtsprechung folgend (vgl. Rn. 15, 149) „vorrangig" im Wege des Preisvergleichs nach § 15 ImmoWertV unter Heranziehung von Vergleichspreisen abzuleiten. Daraus könnte geschlossen werden, dass das Bodenrichtwertverfahren nur noch ergänzend zu der Heranziehung von Vergleichspreisen („auch") und nicht mehr *„anstelle"* zugelassen sein soll. Dies geht augenscheinlich auf eine unverständliche Forderung der vom federführenden Ministerium eingerichteten Arbeitsgruppe zur Überprüfung des Wertermittlungsrechts zurück, nach der in der Verordnung die Heranziehung von Bodenrichtwerten zur Bodenwertermittlung „nur" noch zugelassen werden sollte, „wenn keine ausreichende Zahl von geeigneten Vergleichspreisen vorliegt" (vgl. Vorbem zur ImmoWertV Rn. 50 ff.).

Die **„Herabstufung" des Bodenrichtwertverfahrens** ist gleich aus mehreren Gründen fachlich abzulehnen und konterkariert die mit dem Erlass der ImmoWertV von der Bundesregierung verfolgten Ziele: **156**

1. Auch wenn der Heranziehung von Vergleichspreisen der Vorrang vor dem Bodenrichtwertverfahren einzuräumen ist[79], stellt das Bodenrichtwertverfahren eine bewährte und in der höchstrichterlichen Rechtsprechung nicht beanstandete Methode der Bodenwertermittlung dar[80]. Nur im älteren Schrifttum wird ihre Eignung bezweifelt[81].

2. Mit der Verlagerung der Bundeskompetenz zum Erlass von Vorschriften über die Ableitung von Bodenrichtwerten (§ 199 BauGB in der ab 01.07.2009 geltenden Fassung) und der hierzu in die ImmoWertV aufgenommenen Regelung des § 10 ImmoWertV (Bodenrichtwerte) sollen die Qualität der Bodenrichtwerte und ihre Eignung für die steuerliche Bewertung (§ 179 BewG) gestärkt werden. Wenn Bodenrichtwerte nach bisherigem Recht als Grundlage der Bodenwertermittlung „anstelle von Vergleichspreisen" geeignet waren, sind sie es künftig umso mehr.

3. Bodenrichtwerte weisen als Vergleichsgrundlage im Verhältnis zu den „Vergleichsfaktoren bebauter Grundstücke" eine sehr viel höhere Eignung als Wertermittlungsgrundlage auf, weil sie sich nur auf die Eigenschaften des Grund und Bodens beziehen; die Eignung der „Vergleichsfaktoren bebauter Grundstücke" ist dagegen aufgrund weiterer abweichender Eigenschaften der baulichen Anlage per se weitaus geringer. Es ist von daher fachlich nicht begründbar, die Vergleichsfaktoren *„anstelle"* von Vergleichspreisen und die Bodenrichtwerte lediglich *„auch"* als Wertermittlungsgrundlage zuzulassen.

4. Eine fundierte Verkehrswertermittlung kann sich gerade bei bebauten Grundstücken darauf beschränken, den Bodenwert auf der Grundlage von Bodenrichtwerten anzusetzen. Dies betrifft in erster Linie die Verkehrswertermittlung bebauter Grundstücke im Wege des Ertragswertverfahrens, wenn die bauliche Anlage eine hinreichend lange Restnutzungsdauer aufweist. Selbst gravierende Fehler der Bodenwertermittlung wirken sich dann nur noch im Nachkommabereich aus und die mit einem erheblichen Aufwand verbundene Heranziehung von Vergleichspreisen ist fachlich nicht geboten (vgl. Beispiel bei § 16 ImmoWertV Rn. 244). Die Praxis sieht in diesen Fällen auch von der Heranziehung von Vergleichspreisen aus guten Gründen ab. Dies würde im Ergebnis zu einer unnötigen „Verbürokratisierung" und „Verteuerung" der Gutachtenerstattung führen, was den erklärten Zielsetzungen der Bundesregierung, nämlich einer Verwaltungsvereinfachung zuwiderliefe (vgl. Vorbem zur ImmoWertV Rn. 13, Syst. Darst. des Ertragswertverfahrens Rn. 66, 72, 86, 288; § 8 ImmoWertV Rn. 384).

---

79 Der BGH hat im Urt. vom 17.05.1991 – V ZR 104/90 – EzGuG 11.183 ein zum Zwecke der Ausübung eines Ankaufsrechts erstattetes Schiedsgutachten, in dem der Verkehrswert eines unbebauten Grundstücks ohne Berücksichtigung der Vergleichspreise aus der unmittelbaren Nachbarschaft des Kaufgrundstücks ermittelt wurde, als lückenhaft und deswegen grundsätzlich unrichtig bezeichnet.
80 BGH, Urt. vom 04.03.1982 – III ZR 156/80 –, EzGuG 11.127; BGH, Urt. vom 10.03.1977 – III ZR 195/74 –, EzGuG 18.72; BFH, Urt. vom 15.01.1985 – IX R 81/83 –, EzGuG 20.109; a.A. RFH, Urt. vom 28.04.1938 – III 345/37 –, RStBl. 1938, 716.
81 Brachmann in AVN 1967, 478; Meissner in AVN 1967, 535; Hintzsche in AVN 1968, 111; Glaser in AVN 1969, 456; Frisch in AVN 1970, 445.

157 Bei **Anwendung des Ertragswertverfahrens** können Bodenrichtwerte bedenkenfrei herangezogen werden, wenn die Bebauung eine lange Restnutzungsdauer aufweist und keine selbständig nutzbaren Teilflächen i. S. des § 17 Abs. 2 Satz 2 ImmoWertV gesondert zu berücksichtigen sind.

158 Die Notwendigkeit, bei Heranziehung von Bodenrichtwerten auf originäre Vergleichspreise zurückzugreifen, stellt sich vor allem dann, wenn **Zweifel an der Stimmigkeit der Bodenrichtwerte** aufkommen müssen[82]. Der sich aus § 195 Abs. 3 BauGB ergebene Rechtsanspruch auf Auskunft aus der Kaufpreissammlung besteht bei alledem generell und nicht erst bei aufkommenden Zweifeln. Etwas anderes kann allenfalls dann gelten, wenn nach den Umständen des Einzelfalls der Bodenrichtwert in erkennbarer Weise vertrauenswürdig ist und etwaige Schätzungsungenauigkeiten ohne Bedeutung sind. Dies kann bei Anwendung des Ertragswertverfahrens der Fall sein, denn bei Anwendung dieses Verfahrens schlagen Ungenauigkeiten der Bodenwertermittlung bei langer Restnutzungsdauer des Gebäudes nur marginal auf das Ergebnis durch.

4.3.2.2 Geeignete Bodenrichtwerte nach ImmoWertV

159 **Voraussetzung für die Heranziehung von Bodenrichtwerten zur Wertermittlung** ist ihre Eignung (vgl. § 16 Abs. 1 Satz 3 ImmoWertV). Eine Eignung ist gegeben, wenn die Merkmale des zugrunde gelegten Bodenrichtwertgrundstücks hinreichend mit den Grundstücksmerkmalen des zu bewertenden Grundstücks übereinstimmen. Darüber kann nur befunden werden, wenn die Bodenrichtwerte:

a) entsprechend den örtlichen Verhältnissen *hinreichend gegliedert* sind, und zwar nach
- Lage und
- Entwicklungszustand und

b) *hinreichend bestimmt* sind, und zwar nach
- Art und Maß der baulichen Nutzung,
- Erschließungszustand sowie
- der jeweils vorherrschenden Grundstücksgestalt (vgl. § 10 ImmoWertV).

160 Die von den Gutachterausschüssen nach § 193 Abs. 5 Satz 1 BauGB zu ermittelnden und nach § 196 Abs. 3 BauGB zu veröffentlichenden Bodenrichtwerte weisen diese Voraussetzungen nicht allerorts auf. Bei alledem sind Zweifel aufgekommen, dass die nach § 196 BauGB flächendeckend für das gesamte Bundesgebiet abzuleitenden Bodenrichtwerte (für Bauland) tatsächlich für die Bodenwertermittlung allerorts geeignet sind[83]. Generell ist festzustellen, dass die **Eignung von Bodenrichtwerten für Wertermittlungen umso besser ist, je dichter die Bodenrichtwerte** abgeleitet worden sind und je konkreter die Eigenschaften der dem Bodenrichtwert zuzuordnenden Grundstücke bei der Ableitung berücksichtigt und in der Veröffentlichung angegeben worden sind. Vielfach beschränkt sich allerdings die Bodenrichtwertableitung auf wenige und dann auch noch unpräzisierte Angaben. Beispielsweise ist die Heranziehung von **Bodenrichtwerten für „ortsüblich erschlossene Grundstücke"** in der Rechtsprechung auf Kritik gestoßen, da § 196 Abs. 1 Satz 1 BauGB für baureifes Land nur die Veröffentlichung von erschließungsbeitragsfreien (ebf) oder erschließungsbeitragspflichtigen (ebpf) Bodenrichtwerten vorsehe und aus diesen Angaben eine eventuelle Erschließungsbeitragspflichtigkeit nicht eindeutig hervorgehe[84].

---

82 Zu den Zweifeln vgl. Rechtsprechung des OLG Düsseldorf in Bezug auf Kostenrecht: OLG Düsseldorf, Beschl. vom 02.06.1971 – 10 W 37/71 –, Rpfleger 1971, 372 = DNotZ 1972, 442 = JVBl. 1971, 190 = EzGuG 20.49b.
83 Vgl. hierzu Umfrage des Deutschen Landkreistages in GuG 2000, 164.
84 OVG Bautzen, Urt. vom 13.03.2000 – 7 D 57/98 –, GuG 2001, 59 = EzGuG 4.174; OVG Magdeburg, Urt. vom 04.02.1999 – C 8 S 4/98 –, RdL 1999, 214.

Bodenrichtwertverfahren   **Syst. Darst. Vergleichswertverfahren**

Grundsätzlich ist der Bodenrichtwertermittlung dabei das Maß der baulichen Nutzung **161** zugrunde zu legen, das sich für das Bodenrichtwertgrundstück nach Maßgabe des § 6 Abs. 1 ImmoWertV ergibt. Nach dieser Vorschrift ist das nach den bauplanungsrechtlichen Bestimmungen der §§ 30, 33 und 34 BauGB unter Berücksichtigung sonstiger die Nutzbarkeit betreffender Vorschriften höchstzulässige Maß der baulichen Nutzung maßgebend, es sei denn, im gewöhnlichen Geschäftsverkehr wird am Wertermittlungsstichtag üblicherweise ein davon abweichendes Maß der baulichen Nutzung zugrunde gelegt.

Angewandt auf die Bodenrichtwertermittlung bedeutet dies, dass in diesen Fällen **der Boden-** **162** **richtwertermittlung das am Bezugsstichtag der Bodenrichtwertermittlung lageübliche Maß der baulichen Nutzung zugrunde zu legen ist,** denn in diesen Fällen orientieren sich die Kaufpreise, aus denen der Bodenrichtwert abgeleitet wird, am lagetypischen Maß der baulichen Nutzung. Es kann dabei auch nicht ausgeschlossen werden, dass das in der Vergangenheit tatsächlich realisierte Maß der baulichen Nutzung im Einzelfall von dem abweicht, was im Neubaufall am Wertermittlungsstichtag lageüblich wäre.

4.3.2.3   Berücksichtigung von Bodenrichtwerten vergleichbarer Gebiete und von Abweichungen nach § 16 Abs. 1 Satz 4 ImmoWertV

Bei Heranziehung von Bodenrichtwerten finden nach Satz 4 die **Grundsätze entsprechend** **163** **Anwendung, die** auch **bei Heranziehung von Vergleichspreisen** nach § 15 Abs. 1 Satz 3 und 4 **gelten**. Auf die entsprechenden Erläuterungen unter Rn. 174 ff. wird verwiesen.

In entsprechender Anwendung der Regelung des § 15 Abs. 1 Satz 3 können auch **Boden-** **164** **richtwerte anderer Bodenrichtwertzonen** herangezogen werden, wenn der Bodenrichtwert der Bodenrichtwertzone, in der ein zu bewertendes Grundstück gelegen ist, nicht geeignet ist. Dies kann in Betracht kommen, wenn die Merkmale dieses Bodenrichtwertgrundstücks nicht hinreichend mit den Grundstücksmerkmalen des zu bewertenden Grundstücks übereinstimmen, insbesondere wenn das zu bewertende Grundstück singuläre von den durchschnittlichen Lage- und Nutzungsverhältnissen einer Bodenrichtwertzone erheblich abweichende Eigenschaften aufweist oder im Randbereich einer Bodenrichtwertzone gelegen ist.

In entsprechender Anwendung der Regelung des § 15 Abs. 1 Satz 4 ImmoWertV sind **165**

– *Änderungen der allgemeinen Wertverhältnisse auf dem Grundstücksmarkt* (§ 3 Abs. 2 ImmoWertV) oder

– *Abweichungen einzelner Grundstücksmerkmale von denen des zu bewertenden Grundstücks*

in der Regel auf der Grundlage von Indexreihen oder Umrechnungskoeffizienten zu berücksichtigen. Auch im Falle der Heranziehung von Bodenrichtwerten „sind" damit regelmäßig die von den Gutachterausschüssen für Grundstückswerte nach Maßgabe der §§ 9 ff. ImmoWertV abgeleiteten „zur Wertermittlung erforderlichen Daten" heranzuziehen.

4.4 Bodenrichtwerte in der steuerlichen Bewertung

▶ *Vgl. § 10 ImmoWertV Rn. 33 ff.*

166 In der steuerlichen Bewertung bestimmt sich der Wert unbebauter Grundstücke nach § 179 regelmäßig nach dem zuletzt vom Gutachterausschuss festgestellten Bodenrichtwert. § 179 BewG hat folgende Fassung:

167 „**§ 179 BewG** Bewertung der unbebauten Grundstücke
Der Wert unbebauter Grundstücke bestimmt sich regelmäßig nach ihrer Fläche und den Bodenrichtwerten (§ 196 des Baugesetzbuchs). Die Bodenrichtwerte sind von den Gutachterausschüssen nach dem Baugesetzbuch zu ermitteln und den Finanzämtern mitzuteilen. ***Bei der Wertermittlung ist stets der Bodenrichtwert anzusetzen, der vom Gutachterausschuss zuletzt zu ermitteln war.*** Lässt sich von den Gutachterausschüssen kein Bodenrichtwert nach § 196 des Baugesetzbuchs ermitteln, ist der Bodenwert aus den Werten vergleichbarer Flächen abzuleiten."

168 Der **zuletzt vom Gutachterausschuss festgestellte Bodenrichtwert** ist auch maßgebend, wenn der Gutachterausschuss Bodenrichtwerte im zweijährigen Turnus sowie bei Ermittlung des Grundbesitzwerts unter Anwendung des Ertrags- und Sachwertverfahrens ermittelt wurde[85].

169 Entgegen dem Wortlaut des § 179 BewG ist bei der Grundbesitzbewertung nicht unmittelbar der Bodenrichtwert anzusetzen. Der Bodenrichtwert ist lediglich Ausgangspunkt für die erbschaftsteuerliche Bewertung. Das Nähere ist in den Erbschaftsteuer-Richtlinien 2011 (ErbStR 2011)[86], den Hinweisen zu den Erbschaftsteuer-Richtlinien 2011 (ErbStH 2011)[87] und in dem gleich lautenden **Erlass der obersten Finanzbehörden der Länder zur Umsetzung des Gesetzes zur Reform des Erbschaftsteuer- und Bewertungsrechts** vom 05.05.2009 unter Berücksichtigung der Rechtsprechung des BFH[88] geregelt (Abb. 16).

---

[85] Vgl. zu alledem ErbStR und ErbStH 2011 vom 19.12.2011 zu § 179 BewG (GuG 2012/3). Es kommt im Übrigen nach den ErbStR 2011 nicht darauf an, wann der Gutachterausschuss den Bodenrichtwert tatsächlich ermittelt und dem Finanzamt mitgeteilt hat. Vom Gutachterausschuss veröffentlichte Bodenpreisindexreihen, die aus Kauffällen des Grundstücksmarktes abgeleitet wurden, sind als Bestandteil der Bodenrichtwerte zu berücksichtigen.

[86] Erbschaftsteuer-Richtlinien (ErbStR 2011) vom 19.12.2011 (BStBl. Sondernr. 1/2011 S. 2 = GuG 2012/3).

[87] Hinweise zu den Erbschaftsteuer-Richtlinien (ErbStH 2011) vom 19.12.2011 (BStBl. Sondernr. 1/2011 S. 117 = GuG 2012/3).

[88] Vgl. GuG 2009, 225. Die Grundsätze sind vom BFH in drei Grundsatzentscheidungen entwickelt worden: **Erschließungsbeitragsrechtlicher Zustand des Grundstücks** (BFH Urt. vom 18.08.2005 – II R 62/03 –, BStBl. II 2006, 5 = EzGuG 4.195b); **Umrechnungskoeffizienten für Geschossflächenzahl** (BFH, Urt. vom 12.07.2006 – II R 1/04 –, GuG 2008, 249 = EzGuG 4.197a = BStBl. II 2006, 742); **Umrechnungskoeffizienten für Grundstücksgröße** (BFH, Urt. vom 11.05.2005 – II R 21/02 –, GuG 2005, 376 = BStBl. II 2005, 686 = EzGuG 4.195).

Abb. 16: Bodenrichtwertverfahren in der steuerlichen Bewertung

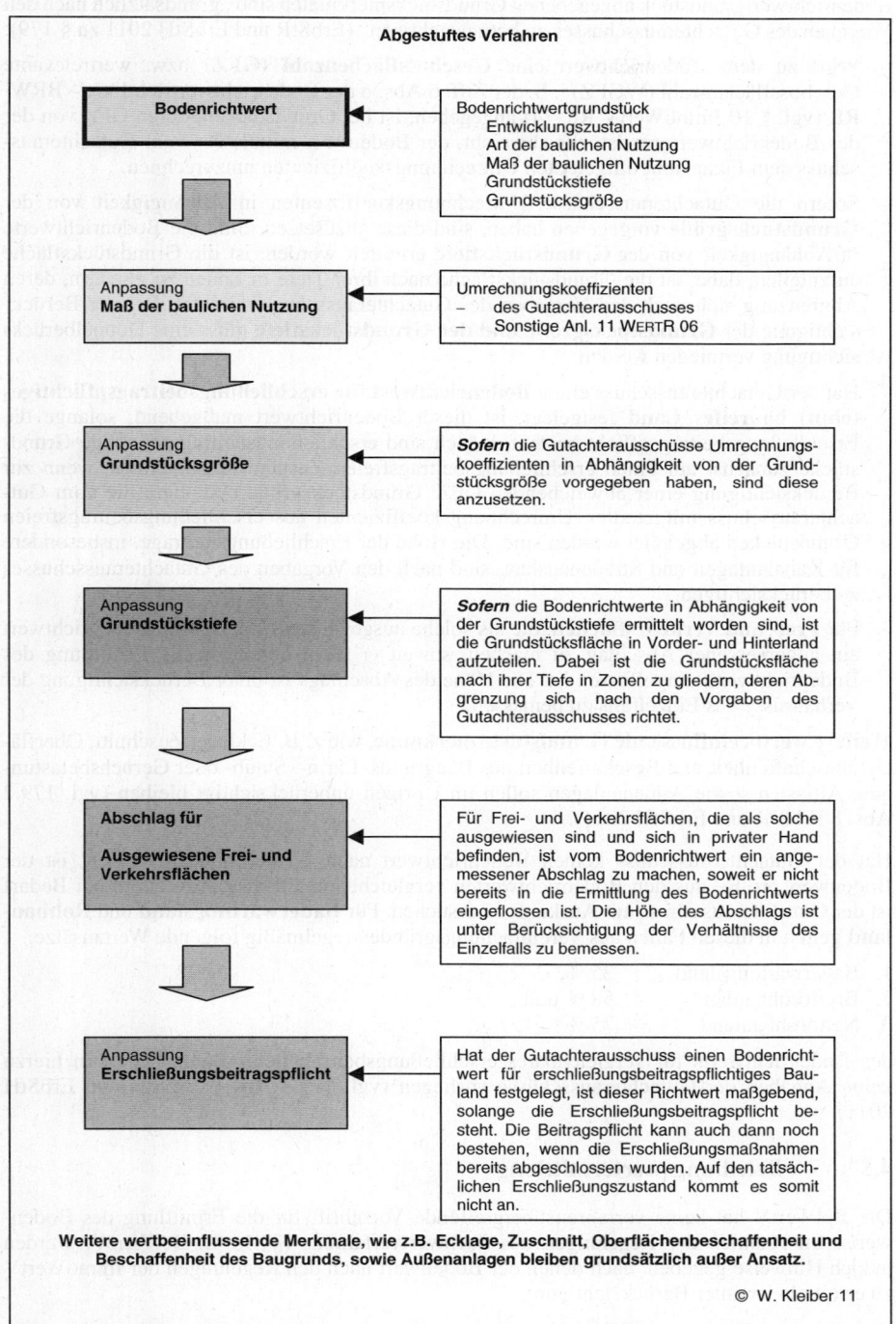

Syst. Darst. Vergleichswertverfahren   **Bodenrichtwertverfahren**

170 Abweichungen der Grundstücksmerkmale des zu bewertenden Grundstücks von den zum Bodenrichtwertgrundstück angegebenen Grundstücksmerkmalen sind „grundsätzlich nach den Vorgaben des Gutachterausschusses zu berücksichtigen" (ErbStR und ErbStH 2011 zu § 179):

- Wird zu dem Bodenrichtwert eine **Geschossflächenzahl (GFZ)** bzw. wertrelevante Geschossflächenzahl (WGFZ) i. S. der Ziff. 6 Abs. 6 der Bodenrichtwertrichtlinie – BRW-RL (vgl. § 10 ImmoWertV Rn. 74) angegeben, ist bei Grundstücken, deren GFZ von der des Bodenrichtwertgrundstücks abweicht, der Bodenwert mittels der vom Gutachterausschuss dem Finanzamt mitgeteilten Umrechnungskoeffizienten umzurechnen.

- Sofern die Gutachterausschüsse Umrechnungskoeffizienten in Abhängigkeit von der **Grundstücksgröße** vorgegeben haben, sind diese anzusetzen. Sind die Bodenrichtwerte in Abhängigkeit von der **Grundstückstiefe** ermittelt worden, ist die Grundstücksfläche aufzuteilen; dabei ist die Grundstücksfläche nach ihrer Tiefe in Zonen zu gliedern, deren Abgrenzung sich nach den Vorgaben des Gutachterausschusses richtet. Bei der Berücksichtigung der **Grundstücksgröße und der Grundstückstiefe** muss eine Doppelberücksichtigung vermieden werden.

- Hat der Gutachterausschuss einen **Bodenrichtwert für erschließungsbeitragspflichtiges (ebpf) baureifes Land** festgelegt, ist dieser Bodenrichtwert maßgebend, solange die Erschließungsbeitragspflicht besteht, jedoch sind erschließungsbeitragspflichtige Grundstücke zunächst auf einen erschließungsbeitragsfreien Zustand umzurechnen, wenn zur Berücksichtigung einer abweichenden GFZ, Grundstücksgröße und -tiefe die vom Gutachterausschuss mitgeteilten Umrechnungskoeffizienten aus erschließungsbeitragsfreien Grundstücken abgeleitet worden sind. Die Höhe der Erschließungsbeiträge, insbesondere für Kanalanlagen und Straßenausbau, sind nach den Vorgaben des Gutachterausschusses zu berücksichtigen.

- Für **Frei- und Verkehrsflächen**, die als solche ausgewiesen sind, ist vom Bodenrichtwert ein angemessener Abschlag zu machen, soweit er nicht bereits in die Ermittlung des Bodenrichtwerts eingeflossen ist. Die Höhe des Abschlags ist unter Berücksichtigung der Verhältnisse des Einzelfalls zu bemessen.

Weitere wertbeeinflussende Grundstücksmerkmale, wie z. B. Ecklage, Zuschnitt, Oberflächenbeschaffenheit und Beschaffenheit des Baugrunds, Lärm-, Staub- oder Geruchsbelastungen, Altlasten sowie Außenanlagen sollen im Übrigen unberücksichtigt bleiben (vgl. 179.2 Abs. 8 ErbStR und ErbStH 2011).

171 Hat der Gutachterausschuss keinen Bodenrichtwert nach § 196 BauGB ermittelt, ist der Bodenwert pro m² aus den Bodenrichtwerten vergleichbarer Flächen abzuleiten; bei Bedarf ist der Gutachterausschuss um Auskunft zu ersuchen. Für **Bauerwartungsland** und **Rohbauland** gelten in diesen Fällen aus Vereinfachungsgründen regelmäßig folgende Wertansätze:

1. Bauerwartungsland   25 %,
2. Bruttorohbauland   50 % und
3. Nettorohbauland   75 %

des Bodenrichtwerts für vergleichbares erschließungsbeitragsfreies Bauland, sofern hierzu keine Angaben der Gutachterausschüsse vorliegen (vgl. 179.3 Abs. 2 ErbStR und ErbStH 2011).

4.5 Beleihungswertermittlung

172 Die BelWertV hat keine verfahrensübergreifende Vorschrift für die Ermittlung des Bodenwerts. Im Rahmen der Regelungen des Sachwertverfahrens (§§ 14 ff. BelWertV) werden jedoch Hinweise gegeben, nach denen der Bodenwert nach den Regelungen der ImmoWertV zu ermitteln ist unter Berücksichtigung

1. der örtlichen Lage, der Größe und des Zuschnitt des Grundstücks,
2. der Art und das Maß der baurechtlich festgesetzten Nutzungsmöglichkeiten und die tatsächliche Nutzung,
3. der Art und Beschaffenheit der Zuwegungen,
4. der wichtigsten, wirtschaftlichen und verkehrstechnischen Verbindungen,
5. der Anschlussmöglichkeiten an Versorgungsleitungen und Kanalisation,
6. der noch anfallenden Erschließungsbeiträge und
7. vorhandener (Boden-)Richtwerte und Vergleichspreise.

Die Vorschrift lässt offen, wie der Bodenwert zu ermitteln ist, wenn ein Unterschied zwischen den „baurechtlich festgesetzten Nutzungsmöglichkeiten und der tatsächlichen Nutzung" besteht, und berücksichtigt auch nicht den Fall eines Unterschiedes zwischen der lagetypischen Nutzung und der tatsächlichen Nutzung. Mit § 15 Abs. 2 BelWertV wird lediglich vorgegeben, dass **bei der Ermittlung des Bodenwerts keine höherwertige Nutzung als die zulässige Nutzung** zugrunde gelegt werden darf. Bei einer Unterschreitung können die in der Verkehrswertermittlung geltenden Grundsätze zur Anwendung kommen (vgl. § 16 ImmoWertV Rn. 233, § 5 ImmoWertV Rn. 89).

4.6 KostO

Die **Heranziehung von Bodenrichtwerten zur Ermittlung des Geschäftswerts i. S. der KostO** ist in der Rechtsprechung dem Grunde nach überwiegend als zulässig befunden worden. 173

Im Rahmen der Rechtsprechung zur KostO (Ermittlung von Gegenstandswerten) **ist anerkannt, vom** herangezogenen **Bodenrichtwert einen Sicherheitsabschlag von rd. 25 % vorzunehmen.** Dies entspricht der ständigen Entscheidungspraxis insbesondere des KG, das sich auf eine 1973 eingeholte Untersuchung beruft, nach der „die zu den Richtwerten zusammengefassten Bodenpreise eine Schwankungsbreite von bis zu 10 % bis 30 % unterhalb der Richtwerte" zeigen, „wobei das Hauptgewicht der Schwankungsbreite bei 20 % lag"[89].

5 Berücksichtigung von abweichenden Grundstücksmerkmalen

5.1 Allgemeines

Die den Vergleichspreisen, Bodenrichtwerten sowie Vergleichsfaktoren bebauter Grundstücke zugrunde liegenden Grundstücke werden nur selten in ihren Grundstücksmerkmalen mit den Eigenschaften des zu bewertenden Grundstücks übereinstimmen. Die Abweichungen stehen ihrer Heranziehung zum Preisvergleich gleichwohl nicht grundsätzlich entgegen. Prinzipiell lässt sich fast alles – selbst „Äpfel mit Birnen" – miteinander vergleichen. Es geht jeweils um 174

---

[89] BayObLG, Beschl. vom 22.07.1971 – 2 Z 88/70 –, EzGuG 11.81; BayObLG, Beschl. vom 13.09.1972 – BReg 3 Z 40/70 –, BayObLGZ 72, 297 = Rpfleger 1972, 464 = MittByNot 1972, 311 = JurBüro 1972, 1097 = EzGuG 11.84d; OLG Karlsruhe, Beschl. vom 06.07.1971 – 11 W 66/71 – , Rpfleger 1971, 371 = EzGuG 11.79a; LG München I, Beschl. vom 30.01.1970 – 16 T 40/69 –, Rpfleger 1970, 218 = EzGuG 19.20b; AG Göttingen, Beschl. vom 11.02.1970 – 9 IV 165/22 –, Rpfleger 1970, 256 = EzGuG 11.70e; KG, Beschl. vom 01.02.1972 – 1 W 12213/70 –, JVBl. 1972, 138; OLG Hamm, Beschl. vom 07.01.1971 – 15 W 441/70 –, JurBüro 1971, 346; a. A., OLG Düsseldorf, Beschl. vom 02.06.1971 – 10 W 37/71 –, Rpfleger 1971, 372 = DNotZ 1972, 442 = JVBl. 1971, 190; KG, Urt. vom 24.10.1997 – 25 W 5064/96 –, GuG-aktuell 1999, 47 (LS) = EzGuG 14.130; KG, Beschl. vom 09.10.1973 – 1 W 507/72 –, DNotZ 1974, 486 = EzGuG; KG, Beschl. vom 26.10.1994 – 1 W 5012/94 –, DNotZ 1996, 790 = EzGuG18.116 a; KG, Beschl. vom 08.03.1994 – 1 W 6606/94 –; KG, Beschl. vom 31.01.1995 – 19 W 6272/95 –, AnwBl.Bln. 1995, 416; BayObLG, Urt. vom 22.07.1971 – BReg 2 Z 88/70 –, EzGuG 11.81; BayObLG, Beschl. vom 13.09.1972 – BReg 3 Z 40/71 –, EzGuG 20.53a: 25 %; BayObLG, Urt. vom 05.01.1995 – 3 Z BR 291/94 –, EzGuG 19.44; OLG Köln, Urt. vom 15.01.1984 – 23 Wlw 21/83 –, EzGuG 20.104b: 25 %; Schalhorn in JurBüro 1970, 723; Weweder in Rohs/Weweder, KostO 2. Aufl. § 19 Erl Ia S. 254; Lauterbach, KostenG, 16. Aufl. § 19 KostO Rn. 3 B.

Syst. Darst. Vergleichswertverfahren — Abw. Grundstücksmerkmale

die angemessene Berücksichtigung der Abweichungen, um einen sachgerechten Vergleich zu ermöglichen (*adjustment*)[90].

175 Neben den qualitativen Unterschieden müssen allerdings auch noch Abweichungen aufgrund von **Änderungen in den allgemeinen Wertverhältnissen** berücksichtigt werden, denn der Bezugsstichtag der Vergleichspreise, Bodenrichtwerte sowie Vergleichsfaktoren bebauter Grundstücke wird kaum jemals mit dem Wertermittlungsstichtag übereinstimmen, sodass Änderungen in den allgemeinen Wertverhältnissen ebenfalls berücksichtigt werden müssen. Vergleichspreise, die häufig vor mehreren Jahren ausgehandelt wurden, müssen dann beispielsweise auf die allgemeinen Wertverhältnisse des Wertermittlungsstichtags umgerechnet werden.

176 § 15 Abs. 1 Satz 4 ImmoWertV bestimmt analog zu § 8 Abs. 2 ImmoWertV die **Reihenfolge des intertemporären und interqualitativen Preisvergleichs:**

– An erster Stelle wird die Berücksichtigung von *Abweichungen der allgemeinen Wertverhältnisse auf dem Grundstücksmarkt* mittels der von den Gutachterausschüssen abgeleiteten Indexreihen genannt (intertemporärer Preisabgleich). Die vorgegebene Reihenfolge ist für das Ergebnis von Bedeutung, insbesondere wenn qualitative Abweichungen der Grundstücksmerkmale mit Zu- oder Abschlägen zum Vergleichspreis, Bodenrichtwert, Ertrags- oder Gebäudefaktor berücksichtigt werden (vgl. unten Rn. 185).

– Die hieran anschließende Berücksichtigung von *Abweichungen der qualitativen Grundstücksmerkmale* (qualitativer Preisabgleich) soll „in der Regel" auf der Grundlage von Umrechnungskoeffizienten vorgenommen werden, wobei der Regel nur genügt werden kann, wenn solche auch tatsächlich zur Verfügung stehen.

Darüber hinaus regelt die Vorschrift, welche Methode zur Berücksichtigung der genannten Abweichungen vorrangig zur Anwendung kommen soll, und nennt namentlich die Anwendung von Indexreihen und Umrechnungskoeffizienten.

Soweit es um die **Ermittlung des Bodenwerts bebauter Grundstücke** geht, kann es geboten sein, die Berücksichtigung von (bodenwertbezogenen) Abweichungen des zu bewertenden Grund und Bodens von den qualitativen Grundstücksmerkmalen der herangezogenen Vergleichsgrundstücke bzw. des dem herangezogenen Bodenrichtwert zugrunde liegenden Bodenrichtwertgrundstücks im verfahrenstechnischen Ablauf der Wertermittlung zunächst zurückzustellen und erst nach Maßgabe des § 8 Abs. 3 ImmoWertV zu berücksichtigen. § 8 Abs. 3 ImmoWertV führt als besondere objektspezifische Grundstücksmerkmale zwar ausdrücklich nur solche auf, die die *Bebauung eines Grundstücks* betreffen, jedoch können nach dem Grundgedanken, der dem § 8 Abs. 2 und 3 ImmoWertV zugrunde liegt, auch *besondere* und möglicherweise sogar allgemeine *bodenbezogene Grundstücksmerkmale* darunter fallen. Dies betrifft insbesondere die Verkehrswertermittlung unter Anwendung des Sachwertverfahrens. Die mit § 8 Abs. 2 ImmoWertV vorgeschriebene Reihenfolge ist nämlich in dem **Grundsatz der Modellkonformität** des jeweils angewandten Wertermittlungsverfahrens begründet (vgl. Vorbem. zur ImmoWertV Rn. 36). Ist nämlich der nach § 21 Abs. 1 i. V. m. § 14 Abs. 2 Nr. 1 ImmoWertV heranzuziehende Sachwertfaktor lediglich auf der Grundlage von Bodenrichtwerten abgeleitet worden, so empfiehlt es sich, den vorläufigen Sachwert (vgl. Syst. Darst. des Sachwertverfahrens Rn. 22, 232 ff.) auch nur auf der Grundlage des auf den Wertermittlungsstichtag bezogenen Bodenrichtwerts zu ermitteln und die besonderen bodenbezogenen Merkmale des zu bewertenden Grundstücks erst im Anschluss daran nach Maßgabe des § 8 Abs. 3 ImmoWertV zu berücksichtigen.

Entsprechendes gilt auch dann, wenn der Grund und Boden des zu bewertenden Grundstücks besondere (außergewöhnliche) Eigenschaften aufweist, die erheblich von den der Ableitung der Sachwertfaktoren, aber auch des Liegenschaftszinssatzes zugrunde liegenden Vergleichspreisen abweichen. Auch in diesem Falle kann es geboten sein, die besonderen objektspezifischen Grundstücksmerkmale des Grund und Bodens erst nachträglich zu berücksichtigen.

---

[90] Entspricht IAS 40 § 40b.

Abw. Grundstücksmerkmale — Syst. Darst. Vergleichswertverfahren

Wenn in der Rechtsprechung immer wieder betont wurde, dass der Verkehrswert keine mathematisch errechenbare Größe ist, so ist dies im besonderen Maße auch darin begründet, dass **Abweichungen in den Zustandsmerkmalen** häufig **nicht mathematisch exakt erfassbar** sind. Die ImmoWertV ist gleichwohl darauf angelegt, die **Berücksichtigung von Abweichungen** in den Zustandsmerkmalen dadurch **auf fundierte Grundlagen** zu stellen, dass sie 177

– den **Gutachterausschüssen für Grundstückswerte** vorschreibt, die dafür erforderlichen Umrechnungskoeffizienten und Indexreihen i. S. der §§ 11f. ImmoWertV **abzuleiten**, und
– dem Sachverständigen mit diesen Vorschriften (Soll-Vorschrift) zugleich aufgibt, die Umrechnungskoeffizienten und Indexreihen zur Berücksichtigung von Abweichungen im konkreten Bewertungsfall **anzuwenden**.

Wenn dies nicht möglich ist, können Abweichungen nach Maßgabe des § 9 Abs. 2 ImmoWertV durch

1. „Zu- und Abschläge" oder
2. in „anderer geeigneter Weise"

berücksichtigt werden.

Wo letztlich keinerlei heranziehbare Umrechnungskoeffizienten zur Verfügung stehen, muss man schließlich auf **allgemeine Erfahrungssätze** zurückgreifen und verbleibende Unterschiede in den wertbeeinflussenden Merkmalen zwischen den Vergleichsobjekten und dem zu bewertenden Grundstück durch Zu- oder Abschläge berücksichtigen. 178

Mit **angemessenen**[91] **Zu- und Abschlägen** können insbesondere Unterschiede bezüglich der besonderen Lageverhältnisse (innere und äußere Verkehrslage, Gesellschafts-, Geschäfts- und Wohnlage), der Nutzbarkeit, der Grundstücksgröße, Grundstückstiefe und des Grundstückszuschnitts, der Bodenbeschaffenheit, des Erschließungs- und Entwicklungszustands, der Umwelteinflüsse sowie ggf. bezüglich Bau- und Nutzungsbeschränkungen berücksichtigt werden. Auf jeden Fall sollten die Zu- und Abschläge begründbar sein. Sich dabei nur auf seine Erfahrung zu berufen, stellt allerdings eine eher „hilflose Methode" dar. 179

Neben dem Rückgriff auf Erfahrungswerte zur Berücksichtigung bestehender Abweichungen der Vergleichsgrundstücke von dem zu bewertenden Grundstück besteht die einfachste Form der Umrechnung von Vergleichspreisen auf die wertbeeinflussenden Merkmale des Wertermittlungsgrundstücks darin, dass man das maßgebliche **wertbeeinflussende Merkmal,** in dem sich die Grundstücke unterscheiden, mit plausiblen Kenngrößen (Passantenfrequenz, Flächenproduktivität usw.) wertmäßig **ins Verhältnis setzt** und hieraus den gesuchten Wert des zu bewertenden Grundstücks ableitet: 180

Gesucht: Bodenwert/-preis des Wertermittlungsobjekts mit dem wertbeeinflussenden Merkmal A (gegeben). 181

Gegeben: Bodenpreis eines Vergleichsgrundstücks mit dem wertbeeinflussenden Merkmal B (messbar).

Dann ist:

$$\frac{Bodenpreis_{Merkmal\,A}}{Bodenpreis_{Merkmal\,B}} = \frac{Merkmal\,A}{Merkmal\,B}$$

Umgeformt:

$$Bodenpreis_{Merkmal\,A} = Bodenpreis_{Merkmal\,B} \times \frac{Merkmal\,A}{Merkmal\,B}$$

---

[91] Die Zu- und Abschläge müssen „angemessen" sein, obwohl die Vorschrift im Unterschied zum früheren Recht (§ 6 WertV 72) dies nicht ausdrücklich hervorhebt.

Syst. Darst. Vergleichswertverfahren Abw. Grundstücksmerkmale

182 *Beispiel:*

- Es liegt ein Vergleichspreis in Höhe von 300 €/m² aus einem innerstädtischen Mischgebiet (bevorzugte Einkaufslage) vor. Das Vergleichsgrundstück hat eine Flächenproduktivität von 8 000 €/m². Verkaufsfläche. Die Nachbargrundstücke sind ähnlich geprägt.
- Gesucht ist der Bodenwert eines ebenfalls im innerstädtischen Mischgebiet gelegenen Grundstücks. Die Lage ist durch eine geringere Flächenproduktivität geprägt, die bei 6 000 €/m² Verkaufsfläche liegt.
- **Gesuchter Bodenpreis** = 300 €/m² × 6 000 / 8 000 = **225 €/m²**

▶ *Weitere Beispiele Kleiber, Verkehrswertermittlung von Grundstücken, 6. Aufl. 2010, Teil VI 273 ff.*

183 Wie das KG Berlin[92] feststellte, könnten prozentuale Zu- und Abschläge in ihrer Höhe niemals nach einer vom Sachverstand geschaffenen Methode genau berechnet werden; in einem Rechtsstreit seien sie immer nur im Rahmen des dem Gericht nach § 287 ZPO zustehenden Ermessens zu schätzen und böten damit stets Raum für unterschiedliche Auffassungen. Wenn die **Zu- oder Abschläge die Größenordnung von höchstens 30 % oder allenfalls 35 % übersteigen**, zeige dies, dass die angeblich vergleichbaren Grundstücke in Wahrheit nicht miteinander verglichen werden können (vgl. oben Rn. 10 ff.).

184 I.d.R. unterscheiden sich die zum Preisvergleich heranziehbaren Grundstücke gleich in mehreren Zustandsmerkmalen von denen des zu bewertenden Grundstücks. Dass ein Vergleichsgrundstück nur in einem einzigen Zustandsmerkmal Abweichungen aufweist, ist eher eine seltene Ausnahme. Muss also der Kaufpreis eines Vergleichsgrundstücks bezüglich mehrerer abweichender Zustandsmerkmale auf die Eigenschaften des Wertermittlungsobjekts umgerechnet werden, so kann für das Ergebnis von Bedeutung sein, in welcher **Reihenfolge** die erforderlichen **Zu- oder Abschläge** an den Kaufpreis des Vergleichsgrundstücks angebracht werden. Dies betrifft die Fälle, in denen die Zu- oder Abschläge teils **mit Absolutbeträgen** und teils **mit Relativbeträgen** angebracht werden:

185 *Beispiel:*

a) Das Vergleichsgrundstück weist gegenüber dem Wertermittlungsobjekt (in mittlerer Geschäftslage mit einer GFZ von 1,2) Abweichungen bezüglich
   - dem Maß der baulichen Nutzung (nämlich eine GFZ von 0,8) und
   - der Geschäftslage (nämlich schlechte Geschäftslage)
   auf. Der Vergleichspreis betrage 600 €/m².
b) Der unterschiedlichen Geschäftslage soll mit einem Zuschlag von 200 €/m² Rechnung getragen werden.
   - Das unterschiedliche Maß der baulichen Nutzung soll entsprechend der Umrechnungskoeffiziententabelle der Anl. 11 WertR durch Anwendung des Faktors 1,22 (= 1,10/0,90) berücksichtigt werden.

1. Berechnung		*2. Berechnung*	
Vergleichspreis	600 €/m²	Vergleichspreis	600 €/m²
Berücksichtigung der Geschäftslage	+ 200 €/m²	Berücksichtigung der unterschiedlichen GFZ: 600 €/m² × 1,22	732 €/m²
Zwischensumme	**800 €/m²**		
Berücksichtigung der unterschiedlichen GFZ: 800 €/m² ×1,22	**= 976 €/m²**	Berücksichtigung der Geschäftslage	+ 200 €/m²
			932 €/m²

$$976 \neq 932$$

---

92 KG Berlin, Urt. vom 01.11.1969 – III 1449/68 –, EzGuG 20.46; einen Abzug von 30 % bejahend VG Schleswig, Urt. vom 25.09.1974 – 2 A 108/74 –, EzGuG 15.1; bereits das PrOVG hat sich mit dieser Problematik eingehend beschäftigt; Urt. vom 02.11.1896, EzGuG 20.2.

Regressionsanalysen   **Syst. Darst. Vergleichswertverfahren**

Bei höheren Zu- und Abschlägen, die mit einem Vomhundertsatz angebracht werden, können sich leicht Unterschiede von 10 % und mehr ergeben.

Bei einer **Berücksichtigung unterschiedlicher Zustandsmerkmale unter einheitlicher Verwendung von Zu- oder Abschlägen in absoluter Höhe oder bei einheitlicher Verwendung von Relativbeträgen** (prozentuale Zu- oder Abschläge) ist es dagegen für das Ergebnis unerheblich, in welcher Reihenfolge die Zu- oder Abschläge angebracht werden. Von daher ist dieser Methodik der Vorzug zu geben.   **186**

Ist es, wie in dem vorgestellten Beispiel, unvermeidlich, teils mit **Zu- oder Abschlägen in absoluter Höhe und teils mit Relativbeträgen** zu arbeiten, beantwortet sich die Frage nach der richtigen Reihenfolge der Vorgehensweise nach folgenden Überlegungen: Die zur Berücksichtigung eines unterschiedlichen Maßes der baulichen Nutzung abgeleiteten Umrechnungskoeffizienten werden aus Kaufpreisen „sonst gleichartiger" Grundstücke abgeleitet, die *nur* im Maß der baulichen Nutzung voneinander abweichen. Es handelt sich hierbei um die sog. „Ceteris-paribus-Bedingung", nach der die sonstigen wertbeeinflussenden Umstände gleich sein sollen. Insoweit ist es gerechtfertigt, vor Anwendung der Umrechnungskoeffizienten all die Zu- und Abschläge anzubringen, mit denen die Vergleichspreise auf die Grundstücksmerkmale umgerechnet werden, die ansonsten auch der Ableitung der Umrechnungskoeffizienten zugrunde lagen. Solchen Überlegungen kann aber, wie bereits erläutert wurde, aus dem Weg gegangen werden, wenn zur Berücksichtigung von Abweichungen einheitlich mit prozentualen Zu- oder Abschlägen gearbeitet wird.   **187**

5.2 Hedonische Modelle/Regressionsanalysen

Mit dem in § 9 Abs. 2 ImmoWertV enthaltenen Hinweis, nach dem **Abweichungen der wertbeeinflussenden Merkmale** der Vergleichsgrundstücke vom Zustand des zu wertenden Grundstücks nicht nur durch Zu- oder Abschläge, sondern auch **in anderer geeigneter Weise berücksichtigt** werden können, soll den in der Praxis zur Anwendung kommenden mathematisch-statistischen Methoden Rechnung tragen (Regressionsanalyse oder die sog. lustorientierten (hedonische) Modelle). Die Anwendung mathematisch-statistischer Methoden hat den Vorteil, dass auch Abweichungen mehrerer Zustandsmerkmale der Vergleichsgrundstücke von denen des Wertermittlungsobjekts in einem Rechengang berücksichtigt werden können. Die Methodik ist zudem darauf angelegt, die Verkehrswertermittlung optimal an den zum Preisvergleich herangezogenen Vergleichsgrundstücken zu orientieren. Zu diesem Zweck sucht man – wie in der Ökonometrie – ein plausibles mathematisches Erklärungsmodell zur Verkehrswertbildung zu konstruieren. Die dabei als verkehrswertbestimmende Faktoren eingeführten Größen werden – ausgehend von denen der Vergleichsgrundstücke – mithilfe eines **ausgleichenden Algorithmus** bestimmt (vgl. Abb. 17 ff.). Bei nüchterner Betrachtung dürfen die Erwartungen in diese Methodik allerdings nicht überspannt werden, da die von der Statistik gestellten Anforderungen an derartige Modelle allenfalls näherungsweise erfüllt sind und Scheingenauigkeiten erreicht werden können.   **188**

Bei Anwendung multipler Regressionsanalysen muss vor allem eine **Plausibilität und Anschaulichkeit des Erklärungsmodells** gefordert werden. Linearen Erklärungsmodellen ist grundsätzlich der Vorzug zu geben, soweit kompliziertere Funktionen nicht begründbar sind.   **189**

a) Funktionsgleichung der **linearen Einfachregression:**

$$\text{Zielgröße } y = a + b \cdot x$$

Abb. 17: Lineare Einfachregression

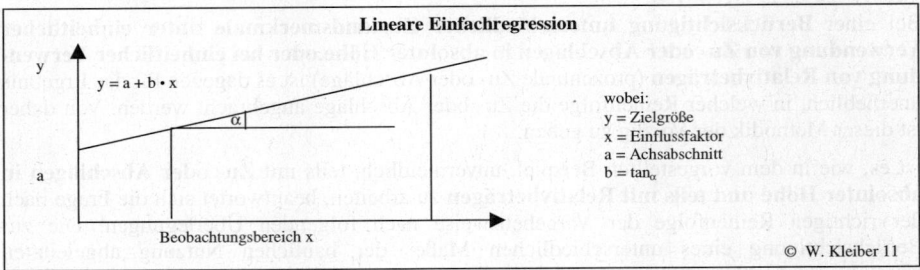

b) Funktionsgleichung der multiplen (linearen) Regression

```
Zielgröße
y = a + bx₁ + cx₂ + ...
a          Achsenabschnitt auf der Ordinate
b, c       Regressionskoeffizienten
xᵢ         Einflussfaktoren
```

190 Zur funktionalen Erfassung des Zusammenhangs zwischen der Zielgröße (insbesondere dem Bodenwert) und den (für dessen Höhe) maßgeblichen Einflussfaktoren ist zwar möglichst die Funktion anzustreben, die der funktionalen Abhängigkeit am nächsten kommt, jedoch sollte der Anwender hier **nicht** der Versuchung unterliegen, **Scheingenauigkeiten unter Ansatz allzu komplizierter Funktionsformen** zu erzielen. Zwar mögen in Einzelfällen durch komplizierte mathematische Funktionen höhere Genauigkeitsparameter zu erzielen sein, jedoch kann nicht ohne Weiteres angenommen werden, dass das den Grundstücksmarkt prägende Verhalten der Marktteilnehmer einer übermäßig komplizierten Funktionsgleichung folgt. Ein noch so eindrucksvoller Rechenaufwand darf also den Blick nicht dafür verstellen, was angesichts der Beschaffenheit der zur Verfügung stehenden Daten und den Marktverhältnissen sinnvoll ist. Sonst geraten vom Ansatz her zweckmäßige Operationalisierungen der Wertermittlung durch statistische Methoden in Gefahr, zu bloßem Selbstzweck ohne Beweis- und Überzeugungskraft zu degenerieren.

191 Zur Demonstration des Verfahrens wird in Abb. 18 zunächst ein **Beispiel zur linearen Einfachregression** vorgestellt.

Abb. 18: Beispiel zur linearen Einfachregression

Beispiel zur linearen Einfachregression

Lineares *Erklärungsmodell der Verkehrswertbildung* (mit sog. Niveaukonstante)

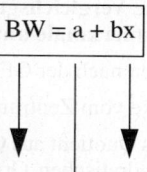

$$BW = a + bx$$

Bodenwert bzw. Verkehrswert bei Anwendung auf bebaute Grundstücke (Vergleichspreise)

Einflussfaktor (unabhängige Variable)

Regressionskoeffizient

Der (zu ermittelnde) Regressionskoeffizient gibt an, um welches Maß sich der Bodenwert bzw. Verkehrswert verändert, wenn sich die unabhängige Variable um eine Einheit ändert.

Beispiel

a) Es liegen *6 Vergleichspreise* (Kaufpreise unbebauter Grundstücke unterschiedlichen Maßes der baulichen Nutzung) vor; die Vergleichspreise sind bereits auf den Wertermittlungsstichtag mittels Bodenpreisindexreihen umgerechnet:

Nr.	BW (€/m²)	GFZ			
	y	x	x^2	y^2	xy
1.	300	0,4	0,16	90 000	120
2.	280	0,4	0,16	78 400	112
3.	350	0,6	0,36	122 500	210
4.	400	0,6	0,36	160 000	240
5.	250	0,4	0,16	62 500	100
6.	420	0,6	0,36	176 400	252
Σ =	2 000	3,0	1,56	689 800	1 034

Arithmetisches Mittel der Vergleichspreise

$BW = 2\,000/6 = 333,3$ €

Arithmetisches Mittel der GFZ

$GFZ = 3,0/6 = 0,5$

$Q_x = \Sigma x^2 - (\Sigma x)^2/n = 1,56 - 3,0^2/6 = 0,06$
$Q_y = \Sigma y^2 - (\Sigma y)^2/n = 689\,800 - 2\,000^2/6 = 23\,133$
$Q_{xy} = \Sigma xy - \Sigma x \Sigma y/n = 1\,034 - 3,0 \times 2\,000/6 = 34$

$b = Q_{xy}/Q_x$ = 34/0,06 = **566,7**; $a = BW - b \times GFZ$ = 333,3 − 566,7 × 0,5 = **50**

Lösungsgleichung $BW = 50 + 567\, x_{GFZ}$

b) **Gesucht:** Bodenwert des Wertermittlungsobjekts mit GFZ = 0,5

$$BW = 50 + 567 \times 0,5 = 333 \text{ €/m}^2$$

c) **Genauigkeitsuntersuchung:**

$$m_{GFZ = 0,5} = m \sqrt{\frac{1}{n} \frac{(0,5 - GFZ)^2}{Q_x}} = \pm 13 \text{ €/m}^2$$

wobei $m = \sqrt{Q_{xy}/(n-2)}$ und $Q_{xy} = Q_y - b\, Q_{xy}$

© W. Kleiber 11

Zur Vermeidung von Fehlinterpretationen ist darauf hinzuweisen, dass die unter Anwendung der Regressionsanalyse gefundene **Regressionsgleichung** grundsätzlich **nur für den Bereich** gilt, **für den in die Ableitung „Beobachtungsgrößen" eingegangen** sind (Gültigkeitsbe-

Syst. Darst. Vergleichswertverfahren — Regressionsanalysen

reich). Wurden also Kaufpreise für Grundstücke mit einer zwischen 0,6 und 1,6 variierenden GFZ in die Auswertung eingeführt, so steht der dafür ermittelte Regressionskoeffizient auch nur für diesen Bereich. Dies schließt nicht aus, dass bei Anwendung der abgeleiteten Regressionsfunktion in begrenztem Maße Extrapolationen hingenommen werden können.

193 Abb. 19 enthält ein Beispiel, bei dem sich die **Vergleichsgrundstücke von dem Wertermittlungsobjekt bezüglich mehrerer Zustandsmerkmale unterscheiden:**

- im Maß der baulichen Nutzung (gemessen nach der GFZ),
- der Entfernung der Vergleichsgrundstücke vom Zentrum (gemessen in [km]) und
- dem Grundstückszuschnitt (gemessen als Quotient aus Grundstücksbreite zu Grundstückstiefe, wobei das Ergebnis 1,0 einen quadratischen Grundstückszuschnitt beschreibt und der Wert bei Übertiefen gegen null tendiert).

Abb. 19: Anwendung mathematisch-statistischer Methoden in der Verkehrswertermittlung, dargestellt am Beispiel eines linearen Erklärungsmodells

---

Anwendung mathematisch-statistischer Methoden in der Verkehrswertermittlung (Regressionsanalyse)

Lineares Erklärungsmodell der Bodenwertbildung: (ohne sog. Niveaukonstante)

$$BW = a\,x_1 + b\,x_2 + c\,x_3 + r_i$$

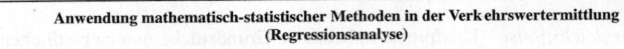
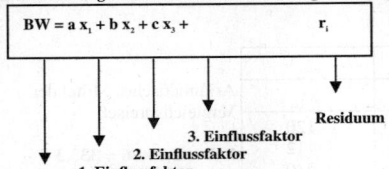

Residuum
3. Einflussfaktor
2. Einflussfaktor
1. Einflussfaktor
Bodenwert (Kaufpreise von Vergleichsgrundstücken)

a, b, c... Regressionskoeffizienten (gesucht); sie geben an, um welches Maß sich der Bodenwert BW verändert, wenn sich die unabhängigen Variablen um eine Einheit ändern.

a) Beispiel:
– Es liegen 6 Vergleichspreise mit folgenden Zustandsmerkmalen vor (indiziert auf Wertermittlungsstichtag)

Nr.	Vergleichspreis €/m²	Zustandsmerkmale des Grundstücks		
		GFZ	Entfernung zum Zentrum (km)	Grundstückszuschnitt Breite : Tiefe
		x_1	x_2	x_3
1.	300	0,4	-0,5	1,3
2.	280	0,4	-1,0	0,8
3.	350	0,6	-0,6	0,8
4.	400	0,6	-0,2	0,9
5.	250	0,4	-1,2	0,6
6.	420	0,6	-0,2	1,0

- *Wertermittlungsobjekt:* GFZ: 0,5; Entfernung zum Zentrum: 0,8 km; Grundstücksbreite/Tiefe: 0,6
- *Gesucht:* Bodenwert

b) Rechengang:
Aufgrund des Erklärungsmodells ergibt sich mit den Daten der Vergleichsgrundstücke folgende *Gleichungsmatrix*

$300 = a\,0{,}4 + b\,0{,}5 + c\,1{,}3 + r_1$ $400 = a\,0{,}6 + b\,0{,}2 + c\,0{,}9 + r_4$
$280 = a\,0{,}4 + b\,1{,}0 + c\,0{,}8 + r_2$ $250 = a\,0{,}4 + b\,1{,}2 + c\,0{,}6 + r_5$
$350 = a\,0{,}6 + b\,0{,}6 + c\,0{,}8 + r_3$ $420 = a\,0{,}6 + b\,0{,}2 + c\,1{,}0 + r_6$

Die Auflösung der Gleichungsmatrix unter der Bedingung einer Minimierung der Residuen $\Sigma\,r_i r_i$ führt zur Lösung

$$BW = 561{,}3\,x_{GFZ} - 13{,}7\,x_{Entfernung} + 67{,}2\,x_{Zuschnitt}$$

c) Ermittlung des Bodenwerts des Wertermittlungsobjekts nach der gefundenen Lösungsgleichung

$$BW = 561{,}3 \times 0{,}5 - 13{,}7 \times 0{,}8 + 67{,}2 \times 0{,}6 = 310\ \text{€/m}^2$$

© W. Kleiber 11

Als Erklärungsmodell wurde der Bodenwert als Funktion dieser Einflussfaktoren beschrieben, wobei wiederum von einer linearen Abhängigkeit ausgegangen wird.

Rein rechnerisch besteht das Problem lediglich in der **Auflösung einer Gleichungsmatrix mit mehreren Unbekannten**. Charakteristisch für dieses Gleichungssystem ist die Tatsache, dass das System mehr Gleichungen als Unbekannte aufweist; zudem handelt es sich – mathematisch gesprochen – um ein inhomogenes Gleichungssystem, d. h., die Gleichungen können sich widersprechen. Dies hat seine Ursache darin, dass sich die Vergleichspreise nicht als eine mathematisch exakte Funktion der verkehrswertbildenden Einflussfaktoren ergeben. Deshalb wird das Gleichungssystem um ein Residuum r_i ergänzt, um unerklärbare Restschwankungen „aufzufangen". Dies entspricht den Erfahrungen, denn auch im gewöhnlichen Geschäftsverkehr streuen die Kaufpreise selbst für völlig gleichartige Grundstücke. Da sich der Verkehrswert – statistisch betrachtet – als der wahrscheinlichste Wert[93] definieren lässt, wird das Gleichungssystem derart gelöst, dass sich die Lösungsfunktion „möglichst gut" den sich aus den Vergleichsgrundstücken ergebenden Parametern (im Beispiel sind dies die GFZ, die Entfernungslage und der Grundstückszuschnitt) anpasst. Dies erfolgt nach dem aus der Ausgleichungsrechnung bekannten Verfahren der Methode der kleinsten Quadrate, die im Ergebnis dazu führt, dass die Summe der Quadrate aller Residuen minimiert wird. Rechnerisch ist die Anwendung dieses Verfahrens, auf das hier nicht einzugehen ist, selbst bei Anwendung elektronischer Taschenrechner heute unproblematisch.

194

Das in Abb. 19 vorgestellte *Beispiel* führt zur folgenden (nur für den Beispielsfall geltenden) „Bodenwertformel":

195

$$BW = 561{,}3 \times_{GFZ} - 13{,}7 \times_{Entfernung} + 67{,}2 \times_{Zuschnitt}$$

Dies bedeutet:
- der Bodenwert „wächst" mit ansteigender GFZ;
- der Bodenwert vermindert sich mit der Entfernung zum Zentrum;
- der Bodenwert „wächst", je vorteilhafter der Grundstückszuschnitt ist.

In welchem Maße die Abhängigkeit des Bodenwerts von den genannten Einflussfaktoren gegeben ist, beschreiben die ermittelten Regressionskoeffizienten.

Das Verfahren erlaubt auch Aussagen über die **Genauigkeit der als Erklärungsmodell der Bodenwertbildung gefundenen Lösungsgleichung.** Maßstab hierfür ist insbesondere die Summe aus den Quadraten der Residuen, dargestellt an dem in Abb. 19 vorgestellten *Beispiel*.

196

Hieraus lässt sich als einfachstes statistisches Prüfmaß für das Erklärungsmodell als Ganzes das sog. **Bestimmtheitsmaß R^2** ableiten, das auch als Korrelationsmaß oder Korrelationskoeffizient bezeichnet wird. Es kann als Prozentzahl aufgefasst werden, die anzeigt, welcher Anteil der zu erklärenden Varianz durch die Lösungsgleichung beschrieben wird. Bei sehr engem Zusammenhang zwischen dem hier zu ermittelnden Verkehrswert und den erklärenden Einflussfaktoren nähert es sich dem Wert Eins; bei nur geringen Zusammenhängen geht das Bestimmtheitsmaß gegen null. Vor einer falschen Auslegung des Bestimmtheitsmaßes, auf dessen Ermittlung hier nicht näher eingegangen werden soll, muss gewarnt werden. Seine Aussagekraft ist abhängig vom Umfang der Stichprobe, d. h. der Zahl der in die Auswertung eingehenden Vergleichspreise. Zudem lässt sich – gemessen am Bestimmtheitsmaß – eine Scheingenauigkeit erreichen durch Einführung weiterer, auch nicht plausibler Erklärungsgrößen in das Erklärungsmodell. Vor diesem Hintergrund muss ohnehin vor einer Überforderung der Regressionsanalyse gewarnt werden. Dies beginnt bereits bei der Konstruktion des Erklärungsmodells (Abb. 20).

197

---

93 Vgl. Kleiber, Verkehrswertermittlung von Grundstücken, 6. Aufl. 2010, § 194 BauGB Rn. 8 ff.

Abb. 20: Summe der Quadrate der Residuen

Summe der Quadrate der Residuen				
Nr.	Vergleichspreise €/m²	Bodenwert nach Lösungsgleichung	r_i	$r_i r_i$
1.	300	– 310	= – 10	100
2.	280	– 265	= + 15	225
3.	350	– 380	= – 30	900
4.	400	– 394	= + 6	36
5.	250	– 247	= + 3	9
6.	420	– 401	= + 19	361
				$\Sigma\, r_i r_i = 1\,631$

198 Auf zwei von vielen weiteren **Anforderungen**, die hieran zu stellen sind, sei hingewiesen:

a) Die angesetzten Erklärungsfaktoren müssen vollständig und ursächlich für die Höhe der Vergleichspreise sein;

b) die Erklärungsfaktoren sollen voneinander unabhängig und normal verteilt sein und nur eine einseitige kausale Beziehung zu den von ihnen erklärten Vergleichspreisen aufweisen.

Beide Bedingungen sind in der Grundstücksbewertung sowohl im Hinblick auf die herangezogenen Vergleichsdaten (Vergleichspreise, Vergleichsmieten usw.) als auch im Hinblick auf die angewandten Methoden insbesondere bezüglich der Berücksichtigung von abweichenden Grundstückmerkmalen in aller Regel nicht erfüllt, sodass dem Bestimmtheitsmaß hier eine geringe Bedeutung zukommt.

199 Ein anschauliches Bild über die Verteilung erhält man durch Aufstellung entsprechender **Histogramme**, bei der die **Häufigkeit der einzelnen Klassen** in Form von aneinandergereihten Rechtecken dargestellt wird (Abb. 21).

Abb. 21: **Histogramm**

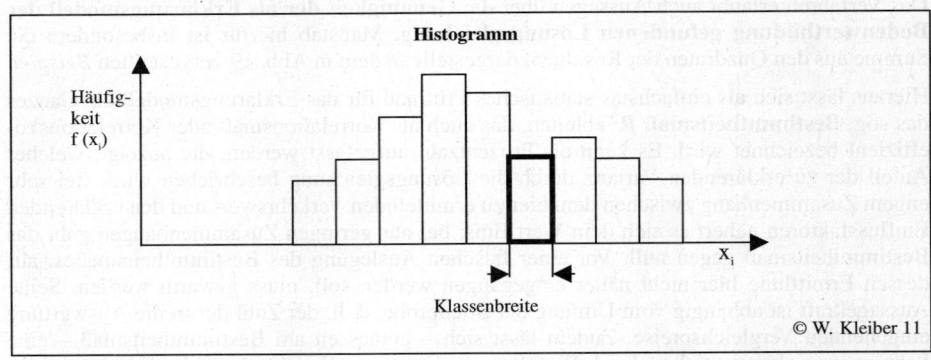

5.3 Abweichende Grundstücksmerkmale

5.3.1 Entwicklungszustand

5.3.1.1 Allgemeines

▶ *Vgl. § 6 ImmoWertV Rn. 14 ff.*

Grundsätzlich sind Vergleichspreise von Grundstücken heranzuziehen, deren Entwicklungszustand (§ 5 ImmoWertV) weitgehend mit dem des zu bewertenden Grundstücks übereinstimmt; d. h., zur Verkehrswertermittlung von baureifem Land zieht man möglichst Vergleichspreise von „baureifem Land" und nicht etwa von Bauerwartungsland heran. **200**

Insoweit brauchen Unterschiede zwischen dem Entwicklungszustand des Vergleichsgrundstücks und dem des zu bewertenden Grundstücks nicht berücksichtigt zu werden. Dabei muss allerdings bedacht werden, dass es für einen bestimmten in § 5 ImmoWertV definierten **Entwicklungszustand kein** bestimmtes **einheitliches Bodenwertniveau** gibt. Innerhalb eines bestimmten Entwicklungszustands kann es entsprechend den übrigen qualitativen Eigenschaften des Grundstücks auch im Hinblick auf eine Weiter- und Rückentwicklung des Entwicklungszustands erhebliche, sich im Bodenwertniveau niederschlagende Wertdifferenzen geben. Dies gilt insbesondere für das werdende Bauland (Bauerwartungs- und Rohbauland). Dementsprechend ist die in § 2 Satz 3 ImmoWertV definierte Wartezeit neben dem Entwicklungszustand als eigenständiges Zustandsmerkmal genannt. **201**

Die Heranziehung von Vergleichspreisen für Grundstücke eines mit dem zu bewertenden Grundstück identischen Entwicklungszustands ist geboten, weil es aufgrund vorstehender Ausführungen ein festes **Wertverhältnis zwischen den verschiedenen Entwicklungszustandsstufen** nicht geben kann. Wertmäßig gehen nämlich die verschiedenen Entwicklungszustandsstufen ineinander über (vgl. unten Rn. 428 ff. und § 6 ImmoWertV Rn. 19 ff.). Die im Schrifttum angegebenen Preisspannen zwischen verschiedenen Entwicklungszustandsstufen können deshalb keine Allgemeingültigkeit beanspruchen, sondern allenfalls für ganz spezifische ihrer Ableitung zugrunde gelegte Verhältnisse gelten. **202**

Bei **warteständigem Bauland** können unterschiedliche Wertigkeiten ihre Ursache haben in: **203**

a) unterschiedlichen Wartezeiten bis zur Baureife mit dem daraus resultierenden Zinsverlust,

b) unterschiedlichen Aufschließungskosten; so zur **kostenkalkulatorischen Ermittlung des Unterschieds zwischen Rohbauland und baureifem Land (ersparte Aufwendungen)**.

Folgende Positionen sind dabei von Bedeutung: **204**

– Erschließungsvorteil,

– Freilegungs- und Freistellungsvorteile, soweit Nutzungseinrichtungen beseitigt und der Nutzung entgegenstehende Rechte aufgehoben werden müssen,

– Vorteile einer ggf. erforderlichen Bodenordnung, bemessen nach Vermessungskosten, Notar- und Gutachterkosten, Grunderwerbsteuer, Grundbuchgebühren usw.[94]

▶ *Zum Entwicklungszustand von Flächen, die für bestimmte Personengruppen festgesetzt sind, vgl. § 6 ImmoWertV Rn. 91 oder für die bestimmte Wohngebäude der sozialen Wohnraumförderung errichtet werden dürfen, vgl. § 6 ImmoWertV Rn. 87 ff.* **205**

5.3.1.2 Wartezeit bis zu einer baulichen oder sonstigen Nutzung

▶ *Vgl. unten Rn. 425 ff.; § 2 ImmoWertV Rn. 10; § 5 ImmoWertV Rn. 141*

Es wurde schon darauf hingewiesen, dass insbesondere bei warteständigem Bauland die Wartezeit bis zu einer baulichen oder sonstigen Nutzung ein **wesentliches Zustandsmerkmal** ist. **206**

---

[94] Ernst/Zinkahn/Bielenberg/Krautzberger, BauGB, Komm. zu § 58 Rn. 4; Dieterich, Baulandumlegung, Recht und Praxis, 5. Aufl. 2006, Rn. 190 ff., vgl. BGH, Urt. vom 22.06.1978 – III ZR 92/75 –, EzGuG 17.35.

Syst. Darst. Vergleichswertverfahren — Entschädigungsanspruch

207 Bei der Berücksichtigung der Wartezeit beim Preisvergleich muss sorgfältig **unterschieden werden zwischen:**

a) der Wartezeit, die für das zu bewertende Grundstück bis zum Eintritt der Voraussetzungen für die Zulässigkeit einer baulichen Nutzung besteht, und

b) der Wartezeit, die entsprechend für die zum Preisvergleich herangezogenen Grundstücke bis zum Eintritt der Zulässigkeit einer baulichen Nutzung bestand.

208 Wertmäßig können unterschiedliche **Wartezeiten** bei dem zu bewertenden Grundstück und den zum Preisvergleich herangezogenen Grundstücken **durch finanzmathematische Methoden** berücksichtigt werden.

209 Ergänzend wird darauf hingewiesen, dass die vorstehenden Ausführungen sinngemäß auch zur Berücksichtigung von **Wartezeiten** zur Anwendung kommen können, **die auf eine Änderung oder Aufhebung der rechtlichen und tatsächlichen Voraussetzungen für eine bauliche Nutzung** wie im Übrigen auch für eine *sonstige* Nutzung zur Anwendung kommen können. Denn keineswegs ist die Entwicklung stets nur im Hinblick auf eine höherwertige Nutzung gegeben. Die Zulässigkeit einer baulichen Nutzung kann einem Grundstück nämlich durch Änderung oder Aufhebung eines Bebauungsplans nach den §§ 39 ff. BauGB auch wieder entzogen werden. Geschieht dies innerhalb einer Frist von 7 Jahren ab Zulässigkeit einer baulichen Nutzung, bemisst sich die Entschädigung gemäß § 42 Abs. 2 BauGB nach dem Unterschied zwischen dem Wert des Grundstücks aufgrund der bisher zulässigen Nutzung und dem Wert, der sich infolge der Änderung oder Aufhebung ergibt. Bei längeren Fristen kann der Eigentümer nach § 42 Abs. 3 BauGB nur eine Entschädigung für Eingriffe in die ausgeübte Nutzung verlangen. Dies muss nach den Gepflogenheiten des gewöhnlichen Geschäftsverkehrs bei der Verkehrswertermittlung berücksichtigt werden, sodass auch diesbezüglich Erwartungen zu beachten sind.

▶ *Weitere Hinweise zur Wartezeit unten Rn. 425 ff., bei § 5 ImmoWertV Rn. 108 ff., 144, 166; § 16 ImmoWertV Rn. 233 ff.*

5.3.1.3 Entschädigungs- und Übernahmeanspruch

▶ *Vgl. Kleiber, Verkehrswertermittlung von Grundstücken, 6. Aufl. 2010, Teil VII Rn. 171 ff., 219 ff.*

210 Als eine weitere bei der Verkehrswertermittlung zu beachtende rechtliche Gegebenheit i. S. des § 194 BauGB kommt ein mit dem Grundstück verbundener **Entschädigungs- oder Übernahmeanspruch** in Betracht. Dies können insbesondere Entschädigungs- und Übernahmeansprüche nach den planungsschadensrechtlichen Vorschriften der §§ 39 ff. BauGB, aber auch nach Fachplanungsgesetzen (auch Berggesetz) sein.

211 Derartige Entschädigungs- und Übernahmeansprüche werden vom Sachverständigen häufig gar nicht erst erkannt, wenn er sich darauf beschränkt, allein die zum Wertermittlungsstichtag maßgeblichen bauplanungsrechtlichen Festsetzungen festzustellen. Deshalb muss die **bauplanungsrechtliche Vergangenheit des zu bewertenden Grundstücks** mit in die Betrachtung einbezogen werden, insbesondere wenn das Grundstück am Wertermittlungsstichtag von Festsetzungen für den Gemeinbedarf oder sonstige fremdnützige Nutzungen betroffen ist (§ 40 BauGB). Es kann aber auch ein Herabzonungsfall nach § 42 Abs. 2 BauGB vorliegen, ohne dass bislang ein Entschädigungsanspruch für die Wertminderung aufgrund der Änderung oder Aufhebung einer zulässigen Nutzung, die sich vor dem Wertermittlungsstichtag vollzogen hatte, geltend gemacht wurde.

212 Diese Fälle können sich in Bezug auf die Anspruchsgrundlage und Entschädigungshöhe rechtlich schwierig gestalten und überfordern vielfach den Gutachter. In jedem Fall muss der **Sachverständige** in seinem Gutachten **auf** diesen **Umstand hinweisen, wenn er keine rechtliche Klärung herbeiführen kann.**

Dabei ist zu beachten, dass Entschädigungs- und Übernahmeansprüche nach den Vorschriften 213
des BauGB regelmäßig nur dem betroffenen Eigentümer unmittelbar zustehen[95]. Ist das
Grundstück nach Entstehung des Anspruchs, aber vor dem maßgeblichen Wertermittlungsstichtag veräußert worden, kann der Rechtsnachfolger in die Rechtsposition des
betroffenen vorherigen Eigentümers einrücken[96]. Grundsätzlich muss der Rechtsnachfolger
dies nachweisen. Enthält der Veräußerungsvertrag eine entsprechende Bestimmung, so ist
dies leicht nachweisbar. Der Nachweis kann aber auch in der Weise erfolgen, dass dargelegt
wird, dass der Erwerbspreis dem damaligen Verkehrswert ohne den enteignenden Eingriff
entsprach[97].

Hieraus ergibt sich die Möglichkeit, bei der Verkehrswertermittlung von **Grundstücken, für** 214
die ein planungsschadensrechtlicher Entschädigungsanspruch noch nicht geltend
gemacht worden ist, den Verkehrswert ohne oder mit Übertragung des Entschädigungsanspruchs im Gutachten auszuweisen.

5.3.2 Art der baulichen Nutzung

▶ *Hierzu Allgemeines § 6 ImmoWertV Rn. 7 ff., 10, 55 ff.*

Bezüglich der „Art der baulichen Nutzung" ist nach § 1 BauNVO zwischen der *allgemeinen* 215
und besonderen **Art der baulichen Nutzung** zu unterscheiden. Für die Wertermittlung ist es
erforderlich, die zum Preisvergleich herangezogenen Grundstücke ebenso wie das zu bewertende Grundstück diesen Gebieten zuzuordnen, damit die Vergleichbarkeit hergestellt wird.

- Im Flächennutzungsplan werden die für eine Bebauung vorgesehenen Flächen nach § 1
  Abs. 1 und 2 BauNVO nach der *allgemeinen Art* (Bauflächen) und – soweit erforderlich –
  nach der *besonderen* Art ihrer baulichen Nutzung (Baugebiete) dargestellt.

- Im Bebauungsplan wird die Art der baulichen Nutzung nach § 1 Abs. 3 BauNVO durch
  Ausweisung von Baugebieten festgesetzt. Die §§ 2 bis 14 BauNVO werden durch diese
  Festsetzungen Bestandteil des Bebauungsplans, soweit nicht aufgrund des § 1 Abs. 4 bis 9
  BauNVO etwas anderes bestimmt wird.

- In sog. *im Zusammenhang bebauten Ortsteilen* (für die ein Bebauungsplan nicht aufgestellt wurde) bestimmt sich die Art der baulichen Nutzung (wie im Übrigen auch das Maß
  der baulichen Nutzung) gemäß § 34 Abs. 1 BauGB grundsätzlich nach der Eigenart der
  näheren Umgebung.

- Im *Vorhaben- und Erschließungsplan* (§ 12 BauGB) erfolgt die Festsetzung entsprechend
  den Bestimmungen über Bebauungspläne.

- Soweit in einem *Rahmenplan* (informelle Planung) Art und Maß der baulichen Nutzung
  von den vorstehenden rechtlichen Ausweisungen abweichen, wird das damit bestehende
  Baurecht nicht geändert. Der Rahmenplan ist deshalb insoweit nur zu berücksichtigen, wie
  den Darstellungen Aussicht auf rechtliche Umsetzung innewohnt.

Grundsätzlich ist es geboten, zum Preisvergleich solche Grundstücke heranzuziehen, die in 216
ihrer Art der baulichen Nutzung dem zu bewertenden Grundstück entsprechen. Bei der Qualifizierung ist nach Maßgabe des § 6 Abs. 1 ImmoWertV die Art der baulichen Nutzung nach
den genannten **Vorschriften der BauNVO unter Berücksichtigung sonstiger öffentlich-**
rechtlicher und privatrechtlicher Vorschriften zu bestimmen. Wird dabei am Wertermittlungsstichtag von der zulässigen Nutzungsart regelmäßig abgewichen, dann ist die Nutzungsart zugrunde zu legen, die im gewöhnlichen Geschäftsverkehr am Wertermittlungsstichtag
zugrunde gelegt wird. Spekulative Momente müssen dabei außer Betracht bleiben.

---

[95] Ernst/Zinkahn/Bielenberg/Krautzberger, BauGB § 40 BauGB Rn. 53 ff.; § 42 BauGB Rn. 133; § 18 BauGB Rn. 41 ff.;
BGH, Urt. vom 04.02.1957 – III ZR 181/55 –, EzGuG 18.6.
[96] BGH, Urt. vom 02.02.1978 – III ZR 90/76 –, EzGuG 18.81.
[97] BGH, Urt. vom 02.02.1978 – III ZR 90/76 –, EzGuG 18.81; BGH, Urt. vom 13.07.1978 – III ZR 166/76 –, EzGuG 18.84;
BGH, Urt. vom 09.12.1968 – III ZR 114/66 –, EzGuG 4.28.

Syst. Darst. Vergleichswertverfahren — Art der baulichen Nutzung

217 Die Notwendigkeit, Abweichungen in der Art der baulichen Nutzung der Vergleichsgrundstücke von der des zu bewertenden Grundstücks zu berücksichtigen, muss der Gutachter dadurch zu vermeiden suchen, dass nur **Grundstücke gleicher Nutzungsart** zum Preisvergleich herangezogen werden. Denn ein Industriegrundstück lässt sich kaum mit einem Einfamilienhausgrundstück vergleichen. Im Einzelfall muss sogar innerhalb der durch die BauNVO vorgegebenen Kategorien nach den Gepflogenheiten des Geschäftsverkehrs zwischen unterschiedlichen Nutzungen unterschieden werden. So bilden sich z. B. in Wohngebieten unterschiedliche Grundstücksmärkte lagemäßig in der Weise heraus, dass in bestimmten Teilgebieten **Mietwohnungsbau und** in anderen Teilgebieten **Eigentumsmaßnahmen** (Eigentumswohnungen) durchgeführt werden. Dabei werden die Grundstücke in solchen Gebieten auf einem besonders hohen Bodenwertniveau gehandelt, die sich für Eigentumsmaßnahmen eignen, während die Grundstücke in Gebieten, die „nur" für den Mietwohnungsbau „angenommen" werden, ein vergleichsweise geringeres Bodenwertniveau aufweisen. Entsprechend den Usancen der Investoren muss der Sachverständige das Gebiet qualitätsmäßig analysieren.

Im Einzelfall stehen allerdings nicht immer Vergleichspreise bzw. Bodenrichtwerte von Grundstücken in der Art der (baulichen) Nutzung zu Verfügung, die das zu bewertende Objekt aufweist. Vergleichspreise von miteinander verwandten Nutzungsarten lassen sich dann durch Zu- und Abschläge umrechnen:

Umrechnungskoeffizienten für unbebaute Baulandgrundstücke		Umrechnungs-koeffizient
Einfamilienhaus- und Reihengrundstück		
Einfamilienhausgrundstück		**1,00**
	Reihenhausgrundstück bis 150 m² Baulandfläche	1,15
	Reihenhausgrundstück bis 350 m² Baulandfläche	1,05
	Einfamilienhausgrundstück > 1 000 m² Baulandfläche	0,95
Mehrfamilienhaus bis Büro- und Geschäftsgrundstücke		
Mehrfamilienhausgrundstück		**1,00**
	gemischt genutztes Grundstück	bis 1,10
	Büro-/Geschäftshaus	1,35
Gewerbe- und Industriegrundstücke		
Gewerbe mit Büro (GE oder GI(GE))		**1,00**
	Industrie-/Produktionsgebäude	0,65
	Hochwertige Büro-/Handelsnutzung GE (MK)	2,35

Quelle: Grundstücksmarktbericht 2011 von Düsseldorf

Soweit z. B. Vergleichspreise bzw. Bodenrichtwerte von Wohnbauflächen, nicht jedoch von Gewerbebauland zur Verfügung stehen, stellt sich die Frage, wie sich die unterschiedliche Art der baulichen Nutzung auf den Bodenwert auswirkt. Zum **Wertverhältnis von Wohnbau- und Gewerbebauland** werden von den Gutachterausschüssen für Grundstückwerte nur wenige Untersuchungen vorgelegt (vgl. Abb. 22).

Abb. 22: Wertverhältnis von Wohnbau- und Gewerbebauland im Kreis Dithmarschen

Wertverhältnis von Wohnbau- und Gewerbebauland im Kreis Dithmarschen (2002)			
Gemarkung	Umrechnungskoeffizienten		
	von Wohnbauflächen in Gewerbebauflächen	von Wohnbauflächen in gemischte Bauflächen	von Gewerbebauflächen in gemischte Bauflächen
Brunsbüttel	0,56	1,08	1,93
Heide	0,61	1,76	2,87
Marne	0,36	1,24	3,44
Meldorf	0,52	0,52	2,64
Wesselburen	0,44	0,44	2,85

Quelle: Grundstücksmarktbericht des Kreises Dithmarschen 2002

Die Untersuchung macht deutlich, dass keinesfalls einheitliche Wertverhältnisse zu beobachten sind.

Auch die Unterscheidung zwischen GI und GE ist beachtlich. Die bauplanungsrechtliche **Unterscheidung zwischen GE- und GI-Gebieten** i. S. der §§ 8 und 9 BauNVO **führt häufig bereits zu Wertunterschieden von 100 %,** d. h., Industriegebiete weisen dann den hälftigen Wert von sonstigen Gewerbegebieten auf (vgl. § 6 ImmoWertV Rn. 21).

5.3.3 Maß der baulichen Nutzung

5.3.3.1 Geschossflächenzahl (GFZ)

Schrifttum: *Bister, H.-B.,* Modifizierte Geschossflächenzahl, VR 1978, 124; *Blum, A.,* Wirtschaftlichkeit von Wohngebäuden mit unterschiedlichen Geschosszahlen, BBauBl 1977, 260; *Böser, W./Schwaninger, B.,* Zur Ermittlung und Anwendung von Geschossflächenzahlen (GFZ) – Umrechnungskoeffizienten in der Grundstücksbewertung, AVN 1984, 412; *Debus,* in GuG 2000, 279; *Hildebrandt, H.,* Geschossflächenzahl und Grundstücksmarkt, ZfV 1995, 620; *Junge, V.,* Die Geschossflächenzahl (GFZ) als wertbeeinflussendes Merkmal, GuG 1996, 27; *Kellermann, F.;* Bodenwert und Baunutzbarkeit, ZfV 1962, 343; *Schulz, W.-E.,* Zur Abhängigkeit des Bodenpreises von der beim Kauf erhofften Ausnutzbarkeit, VR 1977, 78; *Nuber, G.,* Geschossflächenzahl (GFZ) – Ermittlung in Berlin, GuG 2004, 75; *Tiemann, M.,* Zur Beziehung von Baunutzbarkeit und Bodenwert, Ermittlung von Umrechnungskoeffizienten, VR 1976, 365.

▶ *Hierzu Allgemeines § 6 ImmoWertV Rn. 34 ff., 41 ff., 57 (auch zu den Besonderheiten im „Westteil" Berlins, Rn. 75), § 8 ImmoWertV Rn. 345, 368, § 10 ImmoWertV Rn. 74, § 16 ImmoWertV Rn. 222 und § 12 ImmoWertV Rn. 6; Kleiber, Verkehrswertermittlung von Grundstücken, 6. Aufl. 2010, Teil VIII Rn. 615 ff.*

a) Allgemeines

218 Das **Maß der baulichen Nutzung bestimmt sich nach § 16 Abs. 2 BauNVO** durch Festsetzung
– der Grundflächenzahl (GRZ) oder der Grundfläche der baulichen Anlagen (GR);
– der Geschossflächenzahl (GFZ) oder der Größe der Geschossfläche (GF);
– der Baumassenzahl (BMZ) oder der Baumasse (BM);
– der Zahl der Vollgeschosse (Z);
– der Höhe baulicher Anlagen.

Die Begriffe werden unter § 6 ImmoWertV Rn. 14 ff. erläutert.

219 Für die Belange der Wertermittlung wird das Maß der baulichen Nutzung wie folgt festgestellt:

a) Im **Flächennutzungsplan** kann das *allgemeine* Maß der baulichen Nutzung – soweit erforderlich – durch Angabe der Geschossflächenzahl (GFZ) bzw. der Baumassenzahl

Syst. Darst. Vergleichswertverfahren — Maß der baulichen Nutzung

(BMZ) nach Maßgabe des § 16 Abs. 1 BauNVO dargestellt werden; auch die Begrenzung der Höhe einer baulichen Anlage kann dargestellt werden.

b) Im **Bebauungsplan** ist das Maß der baulichen Nutzung unter Einhaltung der Vorschriften des § 17 BauNVO festzusetzen (vgl. § 6 ImmoWertV Rn. 10 ff. und § 5 ImmoWertV Rn. 208 ff.).

c) In den sog. **im Zusammenhang bebauten Ortsteilen** bestimmt sich das Maß der baulichen Nutzung grundsätzlich wiederum gemäß § 34 Abs. 1 BauGB nach der Eigenart der Umgebung des Grundstücks (vgl. § 6 ImmoWertV Rn. 58 ff.; § 5 ImmoWertV Rn. 213 ff.).

220 Grundsätzlich bestimmt sich nach § 6 Abs. 1 ImmoWertV das Maß der baulichen Nutzung nach den genannten **bauplanungsrechtlichen Vorschriften unter Berücksichtigung sonstiger die Nutzbarkeit betreffender Vorschriften.** Dies gilt gleichermaßen für die Qualifizierung des zu bewertenden Grundstücks wie auch für die Qualifizierung der zum Preisvergleich herangezogenen Grundstücke einschließlich der Bodenrichtwerte. In der Regel kommt von den vorstehend genannten Möglichkeiten zur Festsetzung des Maßes der baulichen Nutzung der Geschossflächenzahl (GFZ) die höchste Bedeutung zu. Diese GFZ gibt das zulässige Maß der baulichen Nutzung an und wird deshalb auch als

$$GFZ_{zul}$$

bezeichnet. Es handelt sich um die GFZ i. S. des § 20 Abs. 2 BauNVO.

221 Die sich nach bauplanungsrechtlichen Vorschriften unter Berücksichtigung sonstiger die Nutzbarkeit betreffender Vorschriften ergebende zulässige GFZ ist i. d. R. die *höchstzulässige Nutzung*, die i. d. R. jedoch nicht voll ausgenutzt werden muss. So wird z. B. in Einfamilienhausgebieten die maximal zulässige GFZ häufig nicht ausgenutzt. Dies bedeutet, dass sie im gewöhnlichen Geschäftsverkehr nicht wertrelevant ist. Als wertrelevant muss in diesem Fall die GFZ gelten, die in dem jeweiligen Gebiet üblicherweise ausgenutzt wird und die stadträumliche Lage prägt. Diese soll nach § 6 Abs. 1 Satz 2 ImmoWertV abweichend von der Grundsatzregelung des § 6 Abs. 1 Satz 1 ImmoWertV maßgeblich sein. Die in der jeweiligen Lage wertrelevante GFZ wird allgemein als lagetypische Geschossflächenzahl bezeichnet (*lagetypische Nutzung, vgl.* § 6 ImmoWertV Rn. 75 ff.) und ist anstelle der GFZ_{zul} maßgebend, wenn die zulässige GFZ zum Wertermittlungsstichtag üblicherweise nicht realisiert wird:

$$GFZ_{lag}$$

Nach den unter § 6 ImmoWertV Rn. 76 ff. gegebenen Erläuterungen muss die lagetypische Nutzung nicht in jedem Fall mit dem in der Umgebung des Grundstücks realisierten Maß der baulichen Nutzung identisch sein.

222 Abweichend von der vorstehenden Regelung des § 6 Abs. 1 ImmoWertV und abweichend von § 20 Abs. 2 BauNVO sollen die Gutachterausschüsse für Grundstückswerte nach den Empfehlungen der Ziff. 6 Abs. 6 der BRW-RL ihre Bodenrichtwerte der in der Bodenrichtwertzone vorherrschenden **wertrelevanten Geschossflächenzahl**, die

$$WGFZ$$

zuordnen. Die wertrelevante Geschossflächenzahl – WGFZ – soll sich nach dem Verhältnis der Geschossflächen aller Vollgeschosse zuzüglich der „Flächen, ... die nach den baurechtlichen Vorschriften nicht anzurechnen sind, aber der wirtschaftlichen Nutzung dienen" zur Grundstücksfläche bestimmen (vgl. § 10 ImmoWertV Rn. 74). Die WGFZ ist mithin höher als die GFZ_{zul}, denn sie berücksichtigt zusätzlich auch die bauordnungsrechtlich nicht anrechenbaren Nutzflächen, z. B. im Keller- und Dachgeschoss einschließlich eines Staffelgeschosses. Um die zum Bodenrichtwert angegebene WGFZ „richtig" würdigen zu können, müsste schon sehr genau angegeben werden, welche bauordnungsrechtlich nicht auf die GFZ anzurechnenden Flächen angerechnet wurden und in welcher Höhe. Dies kann aber kaum erwartet werden.

Maß der baulichen Nutzung — Syst. Darst. Vergleichswertverfahren

Sollen zur Bodenwertermittlung nach Maßgabe des § 16 Abs. 1 Satz 2 ImmoWertV Bodenrichtwerte herangezogen werden, für die der Gutachterausschuss für Grundstückswerte die in der Bodenrichtwertzone vorherrschende WGFZ angegeben hat, ist dies unproblematisch, wenn das zu bewertende Grundstück dieselbe WGFZ aufweist. Sind indessen Abweichungen zu berücksichtigen, die nach Maßgabe des § 16 Abs. 1 Satz 4 i. V. m. § 12 ImmoWertV auf der Grundlage von Umrechnungskoeffizienten berücksichtigt werden sollen, muss bedacht werden, dass die Umrechnungskoeffizienten i.d.R auf der Grundlage der $GFZ_{zul/lag}$ i. S. der BauNVO ermittelt wurden. Dies gilt auch für die Umrechnungskoeffizienten nach Anl. 11 WERTR 06.

Abweichungen zwischen dem nach vorstehenden Grundsätzen ermittelten Maß der baulichen Nutzung des zu bewertenden Grundstücks und den zum Preisvergleich herangezogenen Grundstücken (auch Bodenrichtwerten) sind durch Zu- oder Abschläge zu berücksichtigen. **Nach § 12 ImmoWertV sollen** dabei die vom Gutachterausschuss für Grundstückswerte angeleiteten **Umrechnungskoeffizienten Anwendung finden** (vgl. § 15 Abs. 1 Satz 4 ImmoWertV). 223

b)   WERTR 06

In der Praxis sind schon vor Inkrafttreten der WertV 88 von verschiedenen Gutachterausschüssen für deren Zuständigkeitsbereich Umrechnungskoeffizienten zur Berücksichtigung eines unterschiedlichen Maßes der baulichen Nutzung ermittelt worden (GFZ : GFZ); vgl. § 12 ImmoWertV Rn. 6[98]. **Breiteste Anwendung finden** auch heute noch **die in Anl. 11 zur WERTR 06 und in Abb. 25 wiedergegebenen Umrechnungskoeffizienten.** Da die Umrechnungskoeffizienten den Verhältnissen des örtlichen Grundstücksmarktes entsprechen müssen, haben die in der WERTR veröffentlichten Umrechnungskoeffizienten allerdings **keinen verbindlichen Charakter.** Ihre Anwendung setzt voraus, dass vorher geprüft werden muss, ob sie den örtlichen Verhältnissen entsprechen. Obwohl die genannten Umrechnungskoeffizienten nunmehr schon vor über zwei Jahrzehnten abgeleitet wurden, finden sie noch heute aufgrund entsprechender Überprüfungen breite Anwendung; bezüglich ihrer Gültigkeit kann sogar von einem Placebo-Effekt gesprochen werden. 224

Nr. 2.3.4.2 WERTR 06 gibt hierzu folgende Hinweise: 225

„Bei Abweichung des Maßes der zulässigen baulichen Nutzbarkeit des Vergleichsgrundstücks bzw. des Bodenrichtwertgrundstücks gegenüber dem zu wertenden Grundstück ist entsprechend der jeweiligen Marktlage der dadurch bedingte Wertunterschied möglichst mithilfe von Umrechnungskoeffizienten (nunmehr: § 12 ImmoWertV) auf der Grundlage der zulässigen oder der realisierbaren Geschossflächenzahl festzustellen.

Hierzu kann auf die in Anlage 11 benannten Umrechnungskoeffizienten zurückgegriffen werden, wenn keine Umrechnungskoeffizienten des örtlichen Gutachterausschusses für Grundstückswerte vorliegen und auf brauchbare Umrechnungskoeffizienten aus vergleichbaren Gebieten nicht zurückgegriffen werden kann.

Die angegebenen Umrechnungskoeffizienten stellen Mittelwerte eines ausgewogenen Marktes dar und sind für **Wohnbauland** *abgeleitet worden. Sie beziehen sich auf Grundstücke im erschließungsbeitragsfreien (ebf) Zustand.* **Bei gewerblichen Grundstücken ist eine lineare Berücksichtigung erfahrungsgemäß sachgerecht.**

Bei einer höheren GFZ als 2,4 ist zu beachten, dass die Bodenwerterhöhung geringer ausfällt als die sich aus der Tabelle (bis zu einer GFZ 2,4) ergebende Bodenwerterhöhung.

In **Geschäftslagen** *kann die Abhängigkeit des Bodenwerts von den höherwertig genutzten Flächen (ebenerdige Läden) erheblich größer sein als die Abhängigkeit von der GFZ. In diesen Fällen ist eine eingehende Prüfung hinsichtlich der den Bodenwert bestimmenden Wertmerkmale erforderlich.*

---

[98] Bister in VR 1978, 124; Tiemann in VR 1976, 355, dessen Ableitungen der Anl. 11 zu den WERTR zugrunde liegen; vgl. auch Müller, Bewertung von Baugrundstücken, Hannover 1968, S. 85; Hanach, GFZ-Umrechnungskoeffizienten für die Stadt Hannover, Nachr. der nds. Kat- und VermVw 2000, 27; Jäger, Ermittlung örtlicher Umrechnungskoeffizienten in GuG 1995, 348; Debus in GuG 2000, 279.

Syst. Darst. Vergleichswertverfahren — Maß der baulichen Nutzung

Bei der Bemessung des Maßes der baulichen Nutzung ist insbesondere zu beachten:

a) *Wird im gewöhnlichen Geschäftsverkehr bei der Kaufpreisbemessung üblicherweise ein vom höchstzulässigen Maß der baulichen Nutzung abweichendes Maß der baulichen Nutzung (lagetypische Nutzung) zugrunde gelegt, so ist dieses lageübliche Maß der baulichen Nutzung sowohl für die Qualifizierung des zu wertenden Grundstücks als auch für die Qualifizierung des Vergleichsgrundstücks zugrunde zu legen (§ 6 Abs. 1 ImmoWertV).*

b) *Soweit die tatsächlich ausgeübte Nutzung von der rechtlich zulässigen Nutzung abweicht und ihr weder durch An- bzw. Aufbauten angeglichen werden kann, ist dies unter Beachtung der Restnutzungsdauer angemessen zu berücksichtigen."*

226 Bei Anwendung der Anl. 11 sind einige weitere **Besonderheiten** zu beachten:

a) Den **angegebenen Umrechnungskoeffizienten liegen erschließungsbeitragsfreie Grundstückspreise zugrunde;** erschließungsbeitragspflichtige Grundstücke müssen bei Anwendung dieser Umrechnungskoeffizienten ggf. vorab umgerechnet werden.

Beispiel:

Vergleichspreis:
- 100 €/m² erschließungsbeitragspflichtig (ebpf)
- Geschossflächenzahl GFZ = 1,2 (UK = 1,10)
- Erschließungsbeitrag = 40 €/m²

Wertermittlungsobjekt:
- Grundstücksgröße 1 000 m²
- Geschossflächenzahl GFZ 1,6 (UK = 1,28)
- erschließungsbeitragsfrei (ebf)

Richtig			*Falsch*		
1 000 m² × 100 €/m²	=	100 000 €	1 000 m² × 100 €/m²	=	100 000 €
+ 1 000 m² × 40 €/m²	=	40 000 €	GFZ:		
= zusammen		140 000 €	100 000 € × 1,28/1,10	=	116 364 €
GFZ:			+ 1 000 m² × 40 €/m²	=	40 000 €
140 000 € × 1,28/1,10	=	162 909 €	zusammen		156 364 €

b) Im Falle einer **Abweichung des lageüblichen Maßes der baulichen Nutzung von dem bauplanungsrechtlich zulässigen Maß der baulichen Nutzung** ist der Ableitung dieser Umrechnungskoeffizienten entsprechend den Vorgaben des § 6 Abs. 1 ImmoWertV die lageübliche Geschossflächenzahl (GFZ) zugrunde gelegt worden. Dies muss entsprechend bei ihrer Heranziehung und Anwendung berücksichtigt werden, wenn im Einzelfall dieser Fall vorliegt. Im Falle der Heranziehung von Bodenrichtwerten ist zu prüfen, ob sich die vom Gutachterausschuss ergänzend zum Bodenrichtwert angegebene GFZ auch tatsächlich auf die lageübliche Nutzung bezieht, wie man es bei einer sachgerechten Bodenrichtwertableitung erwarten sollte (§ 6 ImmoWertV Rn. 76 ff.; § 16 ImmoWertV Rn. 233 ff.).

c) Der Ableitung der Anl. 11, die auf *Tiemann* zurückgeht, lag das Kaufpreismaterial von **unbebauten Wohngrundstücken** in *Essen* zugrunde[99]; sie wurden erstmals im Amtsblatt der Stadt Essen vom 30.05.1980 veröffentlicht. Der Gutachterausschuss von *Essen*[100] weist in seinem Grundstücksmarktbericht darauf hin, dass sie immer noch angewendet werden können. Entsprechend dem der Ableitung zugrunde liegenden Kaufpreismaterial ist zu beachten, dass sich die Umrechnungskoeffizienten auf

- Wohngrundstücke sowie
- unbebaute Grundstücke

beziehen, d. h., auch diesbezüglich ist von einer Dämpfung der Bodenwerte unter dem Grundsatz der Modellkonformität Abstand zu nehmen.

---

[99] Tiemann in VR 1976, 355 (358).
[100] Jäger, H. in GuG 1996, 348.

Maß der baulichen Nutzung   **Syst. Darst. Vergleichswertverfahren**

d) In **Ein- und Zweifamilienhausgebieten** mit einer lagetypischen GFZ < 0,8 ist eine Abhängigkeit des Bodenwerts von der GFZ in aller Regel nicht nachweisbar. Das zulässige Maß der baulichen Nutzung bleibt bei größeren Grundstücken regelmäßig unausgeschöpft und eine Umrechnung des Bodenwerts in Abhängigkeit von der GFZ kann entfallen; im Einzelfall muss jedoch die Abhängigkeit des Bodenwerts von der Grundstücksgröße berücksichtigt werden (vgl. unten Rn. 232).

e) Bezüglich **gewerblicher Grundstücke** müssen aufgrund regional weiterführender Untersuchungen weitere Besonderheiten beachtet werden:

- Der Gutachterausschuss in *Frankfurt am Main* stellt z. B. in seinem Grundstücksmarktbericht fest, dass sich für Bürogrundstücke in bester Citylage (1-a-Lage) eine *lineare* Abhängigkeit des Bodenwerts von der Geschossflächenzahl (GFZ) am Markt durchgesetzt habe.
- Auch der Gutachterausschuss von *Berlin* hat für Dienstleistungsimmobilien eine „steilere" Abhängigkeit des Bodenwerts von der Geschossflächenzahl festgestellt.

Den veröffentlichten Umrechnungskoeffizienten liegt zumeist eine Berechnung der Geschossfläche nach den Bestimmungen der BauNVO 1968 zugrunde. Danach werden auch Flächen von Aufenthaltsräumen (einschließlich Umfassungswände) in Geschossen berücksichtigt, die nicht Vollgeschosse sind. Gebäudeflächen von untergeordneten Nebengebäuden wie Garagen bleiben indessen bei der Ermittlung der GFZ unberücksichtigt. Des Weiteren wird der Berechnung der GFZ das gesamte Baugrundstück einschließlich der dazugehörigen Nebenflächen (z. B. Garagenflächen und anteilige Wegeflächen) zugrunde gelegt.   227

Allgemein kann festgestellt werden, dass aufgrund neuerer Untersuchungen **für Bürogebäude eine starke Hinwendung zu einer linearen Berücksichtigung eines unterschiedlichen Maßes der baulichen Nutzung (GFZ) beobachtet werden kann.**   228

Abb. 23:   Umrechnungskoeffizienten GFZ : GFZ gem. Anl. 11 WertR (GFZ ermittelt nach BauNVO)

		0,4	0,5	0,6	0,7	0,8	0,9	**1,0**	1,1	1,2	1,3	1,4	1,5	1,6	1,7	1,8	1,9	**2,0**	2,1	2,2	2,3	2,4
	0,4	**1,00**	1,09	1,18	1,27	1,36	1,44	1,52	1,59	1,67	1,73	1,80	1,88	1,94	2,00	2,06	2,14	2,20	2,26	2,32	2,38	2,44
	0,5	0,92	**1,00**	1,08	1,17	1,25	1,32	1,39	1,46	1,53	1,58	1,65	1,72	1,78	1,83	1,89	1,96	2,01	2,07	2,13	2,18	2,24
	0,6	0,85	0,92	**1,00**	1,08	1,15	1,22	1,28	1,35	1,41	1,46	1,53	1,59	1,64	1,69	1,74	1,81	1,86	1,91	1,96	2,01	2,06
	0,7	0,79	0,86	0,93	**1,00**	1,07	1,13	1,19	1,25	1,31	1,36	1,42	1,48	1,52	1,57	1,62	1,68	1,73	1,77	1,82	1,87	1,92
	0,8	0,73	0,80	0,87	0,93	**1,00**	1,06	1,11	1,17	1,22	1,27	1,32	1,38	1,42	1,47	1,51	1,57	1,61	1,66	1,70	1,74	1,79
	0,9	0,69	0,76	0,82	0,88	0,95	**1,00**	1,05	1,11	1,16	1,20	1,25	1,31	1,35	1,39	1,43	1,48	1,53	1,57	1,61	1,65	1,69
	1,0	0,66	0,72	0,78	0,84	0,90	0,95	**1,00**	1,05	1,10	1,14	1,19	1,24	1,28	1,32	1,36	1,41	1,45	1,49	1,53	1,57	1,61
	1,1	0,63	0,69	0,74	0,80	0,86	0,90	0,95	**1,00**	1,05	1,09	1,13	1,18	1,22	1,26	1,30	1,34	1,38	1,43	1,46	1,50	1,53
GFZ des Vergleichsobjekt	1,2	0,60	0,65	0,71	0,76	0,82	0,86	0,91	0,95	**1,00**	1,04	1,08	1,13	1,16	1,20	1,24	1,28	1,32	1,35	1,39	1,43	1,46
	1,3	0,58	0,63	0,68	0,74	0,79	0,83	0,88	0,92	0,96	**1,00**	1,04	1,09	1,12	1,16	1,19	1,24	1,27	1,31	1,34	1,38	1,41
	1,4	0,55	0,61	0,66	0,71	0,76	0,80	0,84	0,88	0,92	0,96	**1,00**	1,04	1,08	1,11	1,14	1,18	1,22	1,25	1,29	1,32	1,35
	1,5	0,53	0,58	0,63	0,68	0,73	0,77	0,81	0,85	0,89	0,92	0,96	**1,00**	1,03	1,06	1,10	1,14	1,17	1,20	1,23	1,27	1,30
	1,6	0,52	0,56	0,61	0,66	0,70	0,74	0,78	0,82	0,86	0,89	0,93	0,97	**1,00**	1,03	1,06	1,10	1,13	1,16	1,20	1,23	1,26
	1,7	0,50	0,55	0,59	0,64	0,68	0,72	0,76	0,80	0,83	0,86	0,90	0,94	0,97	**1,00**	1,03	1,07	1,10	1,13	1,16	1,19	1,22
	1,8	0,49	0,53	0,57	0,62	0,66	0,70	0,74	0,77	0,81	0,84	0,88	0,91	0,94	0,97	**1,00**	1,04	1,07	1,10	1,13	1,15	1,18
	1,9	0,47	0,51	0,55	0,60	0,64	0,67	0,71	0,74	0,78	0,81	0,84	0,88	0,91	0,94	0,96	**1,00**	1,03	1,06	1,09	1,11	1,14
	2,0	0,46	0,50	0,54	0,58	0,62	0,66	0,69	0,72	0,76	0,79	0,82	0,86	0,88	0,91	0,94	0,97	**1,00**	1,03	1,06	1,08	1,11
	2,1	0,44	0,48	0,52	0,56	0,60	0,64	0,67	0,70	0,74	0,77	0,80	0,83	0,86	0,89	0,91	0,95	0,97	**1,00**	1,03	1,05	1,08
	2,2	0,43	0,47	0,51	0,55	0,59	0,62	0,65	0,69	0,72	0,75	0,78	0,81	0,84	0,86	0,89	0,92	0,95	0,97	**1,00**	1,03	1,05
	2,3	0,42	0,46	0,50	0,54	0,57	0,61	0,64	0,67	0,70	0,73	0,76	0,79	0,82	0,84	0,87	0,90	0,92	0,95	0,97	**1,00**	1,03
	2,4	0,41	0,45	0,48	0,52	0,56	0,59	0,62	0,65	0,68	0,71	0,74	0,77	0,80	0,82	0,84	0,88	0,90	0,93	0,95	0,98	**1,00**

Syst. Darst. Vergleichswertverfahren   Maß der baulichen Nutzung

Den angegebenen Umrechnungskoeffizienten liegen **erschließungsbeitragsfreie (ebf) Grundstückspreise für Wohnbauland** zugrunde.

229 Die in der Anl. 11 ausgewiesenen **Umrechnungskoeffizienten** sind **unter der Herrschaft der BauNVO 77/86** mit der von der geltenden BauNVO abweichenden Definition der Geschossfläche abgeleitet worden. Insoweit wird auf die Ausführungen zu § 6 ImmoWertV Rn. 43 ff. verwiesen. Dennoch dürfte keine Notwendigkeit bestehen, diesem Umstand besonders Rechnung tragen zu müssen, da der Gutachterausschuss für den Bereich der Stadt *Essen*, auf den diese Koeffizienten zurückgehen, auch bei neueren Veröffentlichungen hieran festgehalten hat und davon ausgegangen werden kann, dass die Werte überprüft wurden.

230 *Beispiel:*

Vergleichspreis	300 €/m²
Vergleichsgrundstück	GFZ = 1,5

Zu ermitteln ist der Bodenwert eines Grundstücks mit einer GFZ von 2,0

Aus Tabelle	1,17
Bodenwert	300 €/m² × 1,17 = 351 €/m²

231 Im Rahmen der **erbschaftsteuerlichen Ermittlung des gemeinen Werts** auf der Grundlage der von den Gutachterausschüssen für Grundstückswerte abgeleiteten Bodenrichtwerte ist nach Abschn. 6 (zu § 179 BewG) der gleich lautende Erlasse der obersten Finanzbehörden der Länder zur Umsetzung des Gesetzes zur Reform des Erbschaftsteuer- und Bewertungsgesetzes vom 02.05.2009[101] bei Grundstücken, deren Geschossflächenzahl von der des Bodenrichtwertgrundstücks abweicht, der Bodenwert auf der Grundlage der Umrechnungskoeffizienten der Anl. 11 WertR 06 auf die Geschossflächenzahl des zu bewertenden Grundstücks umzurechnen, wenn vom örtlichen Gutachterausschuss keine entsprechenden Umrechnungskoeffizienten vorgegeben worden sind.

c)   *Weitere Untersuchungen*

232 Von verschiedenen Gutachterausschüssen vornehmlich größerer Städte sind eigenständig Umrechnungskoeffizienten für das Verhältnis GFZ : GFZ abgeleitet worden, die teilweise **erheblich von denen der WertR abweichen.** Sie sind in den Abb. 24 ff. zusammengestellt.

Die vom Gutachterausschuss für Grundstückswerte abgeleiteten und veröffentlichten Umrechnungskoeffizienten beziehen sich grundsätzlich nur auf den Bereich, für den Umrechnungskoeffizienten ermittelt wurden. Eine Extrapolation ist von daher nur bedingt zulässig, wobei eine **Extrapolation in den Bereich einer niedrigeren** GFZ (0,8 bis 0,6) besonders problematisch ist und deshalb überwiegend abgelehnt wird. Hat der Gutachterausschuss beispielsweise Umrechnungskoeffizienten erst ab einer GFZ von 0,8 bzw. 0,6 abgeleitet, so kann schon daran erkannt werden, dass sich in dem darunterliegenden Bereich keine Abhängigkeiten empirisch nachweisen lassen.[102] Dies kann insbesondere außerhalb der Großstädte darauf zurückgeführt werden, dass in den davon betroffenen Ein- und Zweifamilienhausgebieten das bauplanungsrechtlich zulässige Maß der baulichen Nutzung ohnehin nicht „voll bis zum Rande des Zulässigen" ausgenutzt wird und der Bodenwert deshalb in diesem Bereich allenfalls unwesentlich auf eine weiter absinkende GFZ reagiert (vgl. oben Rn. 226).

---

101 GuG 2009, 225.
102 Auch der Gutachterausschuss von Berlin hat für den Bereich einer GFZ ≤ 0,8 keine Umrechnungskoeffizienten veröffentlichen können. Gleichwohl soll sich nach einer älteren Feststellung von Ribbert der Bodenwert pro 0,1 GFZ Punkte um ca. 5 % vermindern (Vortrag beim Institut für Städtebau Berlin am 05.07.11.1997). Die Feststellung hat bislang keinen Eingang in die Veröffentlichung des Gutachterausschusses finden können.

Maß der baulichen Nutzung   Syst. Darst. Vergleichswertverfahren

Umrechnungskoeffizienten lassen sich in mathematisch einfachster Weise mithilfe von Regressionsanalysen ermitteln[103]. Die dabei ermittelten **Funktionsgleichungen** sind nachfolgend aufgeführt:

WertR	$UK = 0{,}6 \times \sqrt{GFZ_{lag/zul}} + 0{,}2 \times GFZ_{lag/zul} + 0{,}2$	
	$UK_{neu} = (662{,}86 + 527{,}98 \times GFZ) / 1\,190{,}84$	
Berlin	$UK = 0{,}217 \times GFZ + 0{,}132$	Dienstleistungs- und Büroimmobilien[104]
Chemnitz (2003)	$UK = GFZ^{0{,}5732}$	Mehrfamilienhäuser
Düsseldorf (2010)[105]	$KP\,(€/m^2) = 150 + 163{,}3 \times GFZ + 10{,}2 \times GFZ^2 - 0{,}97 \times GFZ^3$	
Frankfurt am Main (1996)	$UK = GFZ^{0{,}778}$	Ertragsobjekt mit Nutzungsschwerpunkt im Erdgeschoss
	$UK = 0{,}557 + 0{,}443 \times GFZ$	Ertragsobjekt mit homogener Nutzung über alle Geschosse
	$UK = GFZ^{1{,}042}$	Bürogrundstück in bester (1-a-)Citylage
Hamburg[106]	$UK = GFZ_{BauNVO=86}^{0{,}7331}$	Geschosswohnungsbau
Köln	$UK = 0{,}692 \times 1{,}445^{GFZ}$	Geschosswohnungsbau
Leipzig[107]	$UK = GFZ^{0{,}682}$	
München (2011)	$UK = 0{,}845 \times GFZ + 0{,}155$	Individuelle Wohnbebauung
Stuttgart	$UK = GFZ^{0{,}673}$	

Abb. 24: Umrechnungskoeffizienten von Düsseldorf

	Umrechnungskoeffizienten von Düsseldorf							
Δ zur Bodenrichtwert-GFZ	Bodenrichtwert – GFZ							Δ zur Bodenrichtwert-GFZ
	0,7 0,6–0,8	1,0 0,9–1,2	1,5 1,3–1,7	2,0 1,8–2,3	3,0 2,4–3,5	4,0 3,6–4,5	5,0 4,6–5,5	
+ 1,5	–	–	–	–	1,36	1,23	1,13	+ 1,5
+ 1,2	–	–	–	–	1,29	1,19	1,11	+ 1,2
+ 1,0	–	–	–	1,37	1,25	1,17	1,10	+ 1,0
+ 0,8	–	–	1,37	1,30	1,20	1,14	1,08	+ 0,8
+ 0,6	–	1,35	1,28	1,22	1,15	1,10	1,07	+ 0,6
+ 0,4	1,28	1,23	1,18	1,15	1,10	1,07	1,05	+ 0,4
+ 0,2	1,14	1,12	1,09	1,08	1,05	1,04	1,02	+ 0,2
+ 0,1	1,07	1,06	1,05	1,04	1,03	1,02	1,01	+ 0,1
0,0	1,00	1,00	1,00	1,00	1,00	1,00	1,00	0,0
– 0,1	0,93	0,94	0,95	0,96	0,97	0,98	0,99	– 0,1
– 0,2	0,87	0,89	0,91	0,92	0,95	0,96	0,97	– 0,2
– 0,4	0,74	0,77	0,82	0,85	0,89	0,92	0,95	– 0,4
– 0,6	–	0,66	0,73	0,78	0,84	0,88	0,92	– 0,6
– 0,8	–	–	0,64	0,70	0,78	0,84	0,89	– 0,8
– 1,0	–	–	–	0,63	0,73	0,80	0,86	– 1,0
– 1,2	–	–	–	–	0,68	0,76	0,83	– 1,2
– 1,5	–	–	–	–	0,59	0,69	0,78	– 1,5

Quelle: Marktbericht des Gutachterausschusses für Grundstückswerte

---

103 Grundstücksmarktbericht Leipzig 2000.
104 ABl. Berlin 1993, 100 (Anteil der Büro- und Dienstleistung ≥ 80 %); inzwischen abgelöst.
105 Grundstücksmarktbericht Düsseldorf 2010.
106 Grundstücksmarktbericht Hamburg 2001.
107 Grundstücksmarktbericht Leipzig 2006.

Syst. Darst. Vergleichswertverfahren   Maß der baulichen Nutzung

Abb. 25: Umrechnungskoeffizienten von Duisburg

GFZ	Frei stehende EFH, ZFH	Doppelhäuser	Reihenhäuser	Geschosswohnungsbau (Anlage 11 WERTR 06)		GFZ
0,20	0,94	–	–	–	–	0,20
0,25	0,97	–	–	–	–	0,25
0,30	1,00	–	–	–	–	0,30
0,35	1,03	0,91	–	–	–	0,35
0,40	1,06	0,94	–	–	–	0,40
0,45	–	0,97	–	–	–	0,45
0,50	–	1,00	–	–	–	0,50
0,55	–	1,03	0,91	–	–	0,55
0,60	–	1,05	0,94	–	–	0,60
0,65	–	1,08	0,97	–	–	0,65
0,70	–	–	1,00	–	–	0,70
0,75	–	–	1,03	–	–	0,75
0,80	–	–	1,06	0,90	–	0,80
0,85	–	–	1,09	–	–	0,85
0,90	–	–	–	0,95	–	0,90
0,95	–	–	–	–	–	0,95
1,00	–	–	–	1,00	0,81	1,00
1,10	–	–	–	1,05	-	1,10
1,20	–	–	–	1,10	-	1,20
1,25	-	–	–	-	0,91	1,25
1,30	–	–	–	1,14	–	1,30
1,40	–	–	–	1,19	–	1,40
1,50	–	–	–	1,23	1,00	1,50
1,60	–	–	–	1,28	–	1,60
1,70	–	–	–	1,32	–	1,70
1,75	–	–	–	1,36	1,09	1,75
1,80	–	–	–	1,41	–	1,80
1,90	–	–	–	1,45	–	1,90
2,00	–	–	–	–	1,17	2,00
2,25	–	–	–	–	1,26	2,25
2,50	–	–	–	–	1,34	2,50
2,75	–	–	–	–	1,41	2,75
3,00	–	–	–	–	1,49	3,00

Quelle: Marktbericht des Gutachterausschusses für Grundstückswerte

Abb. 26: Umrechnungskoeffizienten von Essen

GFZ des zu beurteilenden Grundstücks	GFZ des Bodenrichtwertgrundstücks												
	0,20	0,30	0,35	0,50	0,60	0,75	0,90	1,00	1,20	1,50	3,00	2,50	3,00
0,20	1,00	0,86	0,81	-	-	-	-	-	-	-	-	-	-	0,20
0,22	1,03	0,89	0,84	-	-	-	-	-	-	-	-	-	-	0,22
0,24	1,07	0,92	0,87	0,75	-	-	-	-	-	-	-	-	-	0,24
0,26	1,10	0,95	0,89	0,77	-	-	-	-	-	-	-	-	-	0,26
0,28	1,13	0,97	0,92	0,79	-	-	-	-	-	-	-	-	-	0,28
0,30	1,16	1,00	0,94	0,81	0,75	-	-	-	-	-	-	-	-	0,30
0,32	1,19	1,03	0,97	0,83	0,77	-	-	-	-	-	-	-	-	0,32
0,35	1,23	1,06	1,00	0,86	0,80	-	-	-	-	-	-	-	-	0,35
0,38	1,27	1,10	1,03	0,89	0,82	-	-	-	-	-	-	-	-	0,38
0,40	1,30	1,12	1,06	0,91	0,84	0,76	-	-	-	-	-	-	-	0,40
0,45	-	1,18	1,11	0,96	0,88	0,80	-	-	-	-	-	-	-	0,45
0,50	-	1,23	1,16	1,00	0,92	0,83	0,76	-	-	-	-	-	-	0,50
0,55	-	1,28	1,21	1,04	0,96	0,87	0,80	0,75	-	-	-	-	-	0,55

Maß der baulichen Nutzung   Syst. Darst. Vergleichswertverfahren

Umrechnungskoeffizienten von Essen													
GFZ des zu beurteilenden Grundstücks	GFZ des Bodenrichtwertgrundstücks												
	0,20	0,30	0,35	0,50	0,60	0,75	0,90	1,00	1,20	1,50	3,00	2,50	3,00
0,60	-	1,33	1,26	1,08	1,00	0,90	0,83	0,78	-	-	-	-	-	0,60
0,65	-	-	1,30	1,12	1,04	0,94	0,86	0,81	0,74	-	-	-	-	0,65
0,70	-	-	1,35	1,16	1,07	0,97	0,89	0,84	0,77	-	-	-	-	0,70
0,75	-	-	-	1,20	1,11	1,00	0,92	0,87	0,79	-	-	-	-	0,75
0,80	-	-	-	1,24	1,14	1,03	0,94	0,90	0,82	-	-	-	-	0,80
0,85	-	-	-	1,27	1,18	1,06	0,97	0,92	0,84	0,75	-	-	-	0,85
0,90	-	-	-	1,31	1,21	1,09	1,00	0,95	0,87	0,77	-	-	-	0,90
0,95	-	-	-	1,35	1,24	1,12	1,03	0,97	0,89	0,79	-	-	-	0,95
1,00	-	-	-	-	1,27	1,15	1,05	1,00	0,91	0,81	-	-	-	1,00
1,10	-	-	-	-	1,34	1,21	1,11	1,05	0,96	0,85	-	-	-	1,10
1,20	-	-	-	-	-	1,26	1,16	1,10	1,00	0,89	0,76	-	-	1,20
1,30	-	-	-	-	-	1,32	1,21	1,14	1,04	0,93	0,79	-	-	1,30
1,40	-	-	-	-	-	-	1,25	1,19	1,08	0,96	0,82	-	-	1,40
1,50	-	-	-	-	-	-	1,30	1,23	1,13	1,00	0,85	0,75	-	1,50
1,60	-	-	-	-	-	-	1,35	1,28	1,17	1,04	0,88	0,78	-	1,60
1,70	-	-	-	-	-	-	-	1,32	1,21	1,07	0,91	0,80	-	1,70
1,80	-	-	-	-	-	-	-	-	1,24	1,11	0,94	0,83	0,74	1,80
1,90	-	-	-	-	-	-	-	-	1,28	1,14	0,97	0,85	0,77	1,90
2,00	-	-	-	-	-	-	-	-	1,32	1,17	1,00	0,88	0,79	2,00
2,50	-	-	-	-	-	-	-	-	-	1,34	1,14	1,00	0,90	2,50
3,00	-	-	-	-	-	-	-	-	-	-	1,27	1,12	1,00	3,00
3,50	-	-	-	-	-	-	-	-	-	-	-	1,23	1,10	3,50
4,00	-	-	-	-	-	-	-	-	-	-	-	1,33	1,20	4,00
4,50	-	-	-	-	-	-	-	-	-	-	-	-	1,29	4,50

Umrechnungskoeffizienten GFZ : GFZ für ein- und zweigeschossige Bauweise in Moers																
GFZ des Richtwertgrundstücks	GFZ des Wertermittlungsobjekts															
	0,20	0,25	0,30	0,35	0,40	0,45	0,50	0,55	0,60	0,65	0,70	0,75	0,80	0,85	0,90	0,95
0,3	0,94	0,97	1,00	1,03	1,06											
0,4		0,91	0,94	0,97	1,00	1,03	1,06	1,08								
0,5				0,91	0,94	0,97	1,00	1,03	1,05	1,08						
0,6						0,91	0,94	0,97	1,00	1,03	1,05	1,08				
0,7								0,91	0,94	0,97	1,00	1,03	1,06	1,09		
0,8										0,91	0,94	0,97	1,00	1,03	1,06	1,09

Quelle: Grundstücksmarktbericht 2011

Syst. Darst. Vergleichswertverfahren — Maß der baulichen Nutzung

Abb. 27: Umrechnungskoeffizienten von Nürnberg

Fläche	GFUK = GFZ- und Flächen-Umrechnungskoeffizienten									
1 500	-	-	-	-	0,76	0,73	0,70	0,67	0,63	0,60
1 400	-	-	-	0,80	0,77	0,74	0,71	0,67	0,64	0,61
1 300	-	-	0,84	0,81	0,78	0,75	0,71	0,68	0,65	0,62
1 200	-	0,88	0,85	0,82	0,79	0,75	0,72	0,69	0,66	0,63
1 100	0,92	0,89	0,86	0,83	0,80	0,76	0,73	0,70	0,67	0,64
1 000	0,93	0,90	0,87	0,84	0,80	0,77	0,74	0,71	0,68	0,65
900	0,94	0,91	0,88	0,84	0,81	0,78	0,75	0,72	0,69	0,66
800	0,95	0,92	0,88	0,85	0,82	0,79	0,76	0,73	0,70	0,67
700	0,96	0,92	0,89	0,86	0,83	0,80	0,77	0,74	0,71	0,68
600	0,96	0,93	0,90	0,87	0,84	0,81	0,78	0,75	0,72	0,69
500	0,97	0,94	0,91	0,88	0,85	0,82	0,79	0,76	0,73	-
400	0,98	0,95	0,92	0,89	0,86	0,83	0,80	0,77	-	-
300	0,99	0,96	0,93	0,90	0,87	0,84	0,81	-	-	-
200	1,00	0,97	0,94	0,91	0,88	0,85	-	-	-	-
GFZ	**1,0**	**0,9**	**0,8**	**0,7**	**0,6**	**0,5**	**0,4**	**0,3**	**0,2**	**0,1**

GFZ = Geschossflächenzahl (Mittel aus Stichprobe 0,6)
Fläche = Grundstücksfläche (Mittel aus Stichprobe ca 600 m²)
GFUK = GFZ- und Flächenumrechnungskoeffizient

Beispiel:

$$BW_{BO} = GFUK_{BO} / GFUK_{VO} \times BW_{VO}$$

BW_{BO} = Bodenwert des Wertermittlungsobjekts
BW_{VO} = Bodenwert des Vergleichsobjekts
$GFUK_{BO}$ = GFZ- und Flächenumrechnungskoeffizient des Wertermittlungsobjekts
$GFUK_{VO}$ = GFZ- und Flächenumrechnungskoeffizient des Vergleichsobjekts

GFZ_{BO}		0,3	Fläche$_{BO}$ =	1 100 m²	$GFUK_{BO}$	=	0,70
GFZ_{VO}	=	0,8	Fläche$_{VO}$ =	600 m²	$GFUK_{VO}$	=	0,90
BW_{VO}	=	300 €/m²					

$$BW_{BO} = 0{,}70/0{,}90 \times 300\ \text{€/m²} = 233\ \text{€/m²}$$

Maß der baulichen Nutzung   Syst. Darst. Vergleichswertverfahren

Abb. 28:   Umrechnungskoeffizienten GFZ : GFZ in ausgewählten Städten

GFZ	WertR Anl. 11	Berlin (ABl. Berlin 2004, 1101) Wohnnutzung	Berlin (ABl. Berlin 2004, 1101) Dienstleistung	Bonn 1-a-Brolagen	Braunschweig	Chemnitz	Düsseldorf	Darmstadt Dieburg	Duisburg EFH, ZFH, RH	Frankfurt Brolage	Frankfurt Geschosswohnungsbau	Frankfurt Wohn-/Gemischt genutzte Ertragsobjekte
									EFH, DH RH			
0,2	-	-	-	-	-	-	-	0,45	-	-	-	-
0,3	-	-	-	-	-	-	0,61	0,52	-	-	-	-
0,4	0,66	-	-	0,660	0,72	-	0,66	0,59	0,84	-	-	-
0,5	0,72	-	-	0,720	0,78	0,67	0,72	0,65	0,89	0,50	-	-
0,6	0,78	-	-	0,780	0,84	0,75	0,77	0,72	0,94	0,60	0,782	-
0,7	0,84	-	-	0,840	0,88	0,82	0,83	0,79	1,00	0,70	0,836	0,888
0,8	0,90	0,7960	-	0,900	0,92	0,88	0,89	0,86	1,06	0,80	0,890	0,924
0,9	0,95	0,8990	-	0,950	0,96	0,94	0,94	0,93	-	0,90	0,945	0,961
1,0	1,00	1,0000	-	1,000	1,00	1,00	1,00	1,00	-	1,00	1,000	1,000
1,1	1,05	1,0993	-	1,075	1,03	1,06	1,06	1,07	-	1,10	1,055	1,040
1,2	1,10	1,1965	-	1,150	1,06	1,11	1,12	1,14	-	1,20	1,111	1,082
1,3	1,14	1,2918	-	1,225	1,09	1,16	1,17	-	-	1,30	1,167	1,125
1,4	1,19	1,3854	-	1,300	1,12	1,21	1,23	-	-	1,40	1,223	1,170
1,5	1,24	1,4769	-	1,375	1,14	1,26	1,29	-	-	1,50	1,278	1,217
1,6	1,28	1,5665	-	1,450	1,16	1,31	1,35	-	-	1,60	1,334	1,266
1,7	1,32	1,6544	-	1,525	1,19	1,36	1,40	-	-	1,70	1,389	1,316
1,8	1,36	1,7402	-	1,600	1,21	1,40	1,46	-	-	1,80	1,444	1,368
1,9	1,41	1,8242	-	1,675	1,23	1,44	1,52	-	-	1,90	1,499	1,423
2,0	1,45	1,9062	0,5906	1,750	1,25	1,49	1,59	-	-	2,00	1,552	1,479
2,1	1,49	1,9863	0,6111	1,825	1,27	1,53	1,62	-	-	2,10	1,606	1,538
2,2	1,53	2,0646	0,6316	1,900	1,29	1,57	1,71	-	-	2,20	1,658	1,598
2,3	1,57	2,1409	0,6520	1,950	1,30	1,61	1,77	-	-	2,30	1,710	1,662
2,4	1,61	2,2154	0,6725	2,000	1,32	1,65	1,83	-	-	2,40	1,761	1,727
2,5	1,65*	2,2880	0,6930	2,050	1,33	1,69	1,88	-	-	2,50	1,810	1,795
2,6	1,67*	2,3586	0,7134	2,100	1,35	-	1,94	-	-	2,60	1,859	1,866
2,7	1,72*	2,4274	0,7339	2,150	1,37	-	2,00	-	-	2,70	1,906	1,939
2,8	1,76*	2,4941	0,7544	2,200	1,38	-	2,07	-	-	2,80	1,952	2,015
2,9	1,80*	2,5591	0,7749	2,250	1,40	-	2,12	-	-	2,90	1,996	2,094
3,0	1,84*	2,6222	0,7953	2,300	1,41	-	2,18	-	-	3,00	2,039	2,176
3,1	-	2,6832	0,8158	2,350	-	-	2,24	-	-	3,10	-	-
3,2	-	2,7425	0,8363	2,400	-	-	2,29	-	-	3,20	-	-
3,3	-	2,7998	0,8567	2,450	-	-	2,34	-	-	3,30	-	-
3,4	-	2,8551	0,8772	2,500	-	-	2,40	-	-	3,40	-	-
3,5	-	2,9087	0,8977	-	-	-	2,45	-	-	3,50	-	-
3,6	-	2,9694	0,9181	-	-	-	2,50	-	-	3,60	-	-
3,7	-	3,0101	0,9386	-	-	-	2,56	-	-	3,70	-	-
3,8	-	3,0578	0,9591	-	-	-	2,62	-	-	3,80	-	-
3,9	-	3,1037	0,9795	-	-	-	2,67	-	-	3,90	-	-
4,0	-	3,1477	1,0000	-	-	-	2,72	-	-	4,00	-	-
4,1	-	3,1899	1,0205	-	-	-	2,77	-	-	4,10	-	-
4,2	-	3,2301	1,0409	-	-	-	2,83	-	-	4,20	-	-
4,3	-	3,2684	1,0614	-	-	-	2,87	-	-	4,30	-	-
4,4	-	3,3046	1,0819	-	-	-	2,91	-	-	4,40	-	-
4,5	-	3,3391	1,1023	-	-	-	2,96	-	-	4,50	3,04	-
4,6	-	3,3717	1,1228	-	-	-	3,02	-	-	4,60	-	-
4,7	-	3,4024	1,1433	-	-	-	3,06	-	-	4,70	-	-
4,8	-	3,4312	1,1637	-	-	-	3,10	-	-	4,80	-	-
4,9	-	3,4581	1,1842	-	-	-	3,14	-	-	4,90	-	-

Syst. Darst. Vergleichswertverfahren — Maß der baulichen Nutzung

Umrechnungskoeffizienten (2012) für das Wertverhältnis von gleichwertigen Grundstücken bei unterschiedlicher baulicher Nutzung (GFZ : GFZ)

GFZ	WertR Anl. 11	Berlin (ABl. Berlin 2004, 1101) Wohnnutzung	Berlin Dienstleistung	Bonn 1-a-Bürolagen	Braunschweig	Chemnitz	Düsseldorf EFH, DH, RH	Darmstadt Dieburg	Duisburg EFH, ZFH, RH	Frankfurt Bürolage	Frankfurt Geschosswohnungsbau	Frankfurt Wohn-/Gemischt genutzte Ertragsobjekte
5,0	-	3,4830	1,2047	-	-	-	3,18	-	-	5,00	-	-
5,1	-	-	1,2251	-	-	-	-	-	-	-	-	-
5,2	-	-	1,2456	-	-	-	-	-	-	-	-	-
5,3	-	-	1,2661	-	-	-	-	-	-	-	-	-
5,4	-	-	1,2866	-	-	-	-	-	-	-	-	-
5,5	-	-	1,3070	-	-	-	3,37	-	-	-	-	-
5,6	-	-	1,3275	-	-	-	-	-	-	-	-	-
5,7	-	-	1,3480	-	-	-	-	-	-	-	-	-
5,8	-	-	1,3684	-	-	-	-	-	-	-	-	-
5,9	-	-	1,3889	-	-	-	-	-	-	-	-	-
6,0	-	-	1,4094	-	-	-	3,50	-	-	-	-	-
6,1	-	-	1,4298	-	-	-	-	-	-	-	-	-
6,2	-	-	1,4503	-	-	-	-	-	-	-	-	-
6,3	-	-	1,4708	-	-	-	-	-	-	-	-	-
6,4	-	-	1,4912	-	-	-	-	-	-	-	-	-
6,5	-	-	1,5117	-	-	-	3,59	-	-	-	4,16	-
6,6	-	-	1,5322	-	-	-	-	-	-	-	-	-
6,7	-	-	1,5526	-	-	-	-	-	-	-	-	-
6,8	-	-	1,5731	-	-	-	-	-	-	-	-	-
6,9	-	-	1,5936	-	-	-	-	-	-	-	-	-
7,0	-	-	1,6140	-	-	-	-	-	-	-	-	-
10,0	-	-	-	-	-	-	-	-	-	8,868*	-	-
15,0	-	-	-	-	-	-	-	-	-	11,686*	-	-
20,0	-	-	-	-	-	-	-	-	-	13,531*	-	-
25,0	-	-	-	-	-	-	-	-	-	14,475*	-	-
30,0	-	-	-	-	-	-	-	-	-	14,587*	-	-

Quelle: Gutachterausschüsse für Grundstückswerte: Marktberichte; (Frankfurt a.M. Geschosswohnungsbau 2011), Landesgrundstücksmarktbericht; Bonn (2011); Niedersachsen 2011 (Braunschweig)
*Zu GFZ-Umrechnungskoeffizienten für Bürohochhäuser vgl. Debus, GuG 2000, 279.

Maß der baulichen Nutzung — Syst. Darst. Vergleichswertverfahren

GFZ	Göttingen		Hamburg			LK Hameln Pyrmont	Hannover	Hannover Münden	Heppenheim
	Außer Innenstadt	Innenstadt	Wohnen	Büros	Läden			Innenstadt	
0,2	-	-	0,307	0,519	0,5	-	-	-	-
0,3	0,64	-	0,414	0,564	0,5	-	-	-	0,52
0,4	0,68	-	0,511	0,612	0,5	-	-	-	0,59
0,5	0,73	-	0,602	0,664	0,5	0,84	-	-	0,65
0,6	0,77	-	0,688	0,721	0,6	0,88	0,84	-	0,72
0,7	0,82	-	0,770	0,782	0,7	0,92	0,88	-	0,79
0,8	0,88	-	0,849	0,849	0,8	0,95	0,92	-	0,86
0,9	0,94	-	0,926	0,921	0,9	0,97	0,96	-	0,93
1,0	1,00	1,00	1,000	1,000	1,0	1,00	1,00	1,00	1,00
1,1	1,07	-	1,07	1,09	1,1	1,03	1,05	-	-
1,2	1,14	1,09	1,14	1,18	1,2	1,04	1,10	1,23	-
1,3	1,21	-	1,21	1,27	1,3	1,07	1,14	-	-
1,4	1,30	1,16	1,28	1,36	1,4	-	1,18	1,44	-
1,5	-	-	1,35	1,45	1,5	-	1,22	-	-
1,6	-	1,26	1,41	1,54	1,6	-	1,26	1,65	-
1,7	-	-	1,48	1,63	1,7	-	1,30	-	-
1,8	-	1,37	1,54	1,71	1,8	-	1,34	1,85	-
1,9	-	-	1,60	1,80	1,9	-	-	-	-
2,0	-	1,47	1,66	1,89	2,0	-	-	2,08	-
2,1	-	-	1,72	1,98	2,1	-	-	-	-
2,2	-	1,59	1,78	2,06	2,2	-	-	2,29	-
2,3	-	-	1,84	2,15	2,3	-	-	-	-
2,4	-	1,72	1,90	2,23	2,4	-	-	2,52	-
2,5	-	-	1,96	2,32	2,5	-	-	-	-
2,6	-	1,87	2,01	2,40	2,6	-	-	2,75	-
2,7	-	-	2,07	2,49	2,7	-	-	-	-
2,8	-	2,01	2,13	2,57	2,8	-	-	3,00	-
2,9	-	-	2,18	2,66	2,9	-	-	-	-
3,0	-	-	2,24	2,74	3,0	-	-	3,25	-
3,5	-	-	2,51	3,16	3,5	-	-	-	-
4,0	-	-	2,77	3,57	4,0	-	-	-	-
4,5	-	-	2,94	3,97	4,5	-	-	-	-
5,0	-	-	3,32	4,38	5,0	-	-	-	-
5,5	-	-	3,59	4,78	5,5	-	-	-	-
6,0	-	-	3,88	5,17	6,0	-	-	-	-
6,5	-	-	4,16	5,57	6,5	-	-	-	-

Umrechnungskoeffizienten (2012) für das Wertverhältnis von gleichwertigen Grundstücken bei unterschiedlicher baulicher Nutzung (GFZ : GFZ)

Quelle: Heppenheim/Südhessen 2011

Syst. Darst. Vergleichswertverfahren — Maß der baulichen Nutzung

GFZ	LK Hildesheim	Karlsruhe Büro, MFH usw.	Köln (2011) Geschosswohnungs-bau	Konstanz Wohnen	Konstanz Gewerbe	Leipzig
0,2	-	-	-	-	-	-
0,3	-	-	-	-	-	-
0,4	0,81	0,71	-	-	-	0,54
0,5	0,83	0,76	-	0,54	-	0,62
0,6	0,85	0,81	-	0,62	-	0,71
0,7	0,88	0,86	-	0,71	-	0,78
0,8	0,91	0,90	0,93	0,78	-	0,86
0,9	0,95	0,95	0,96	0,86	-	0,93
1,0	1,00	1,00	1,00	0,93	1,00	1,00
1,1	1,05	1,05	1,04	1,00	-	1,07
1,2	1,11	1,10	1,08	1,07	-	1,13
1,3	-	1,14	1,12	1,13	-	1,20
1,4	-	1,19	1,16	1,20	-	1,26
1,5	-	1,24	1,20	1,26	-	1,32
1,6	-	1,29	1,25	1,32	-	1,38
1,7	-	1,34	1,29	1,38	-	1,44
1,8	-	1,39	1,34	1,44	-	1,49
1,9	-	1,43	1,39	1,49	-	1,55
2,0	-	1,48	1,44	1,55	1,25	1,60
2,1	-	1,53	1,50	1,60	-	1,66
2,2	-	1,58	1,56	1,66	-	1,71
2,3	-	1,63	1,61	1,71	-	1,76
2,4	-	1,68	1,67	1,76	-	1,82
2,5	-	-	1,74	1,82	-	1,87
2,6	-	-	1,80	1,87	-	1,92
2,7	-	-	1,87	1,92	-	1,97
2,8	-	-	1,94	1,97	-	2,02
2,9	-	-	2,01	2,02	-	2,07
3,0	-	-	2,09	2,07	1,50	2,12
3,1	-	-	2,17	2,12	-	2,16
3,2	-	-	2,25	2,16	-	2,21
3,3	-	-	2,33	2,21	-	2,26
3,4	-	-	2,42	2,26	-	2,30
3,5	-	-	2,51	2,30	-	2,35
3,6	-	-	2,60	2,35	-	2,40
3,7	-	-	-	2,40	-	2,44
3,8	-	-	(2,81)	2,44	-	2,49
3,9	-	-	-	2,49	-	2,53
4,0	-	-	(3,02)	2,53	-	2,57
4,1	-	-	-	2,57	-	2,62
4,2	-	-	(3,25)	2,62	-	2,66
4,3	-	-	-	2,66	-	2,70
4,4	-	-	(3,50)	2,70	-	2,75
4,5	-	-	-	2,75	-	2,79
4,6	-	-	(3,77)	2,79	-	2,83
4,7	-	-	-	2,83	-	2,87
4,8	-	-	(4,05)	2,87	-	2,91
4,9	-	-	-	2,91	-	2,96
5,0	-	-	(4,36)	2,96	-	3,00
5,1	-	-	-	-	-	3,04
6,0	-	-	-	2,20	-	-

Quelle: Gutachterausschüsse für Grundstückswerte: Marktberichte

Maß der baulichen Nutzung — Syst. Darst. Vergleichswertverfahren

GFZ	München Wohnbauland EFH RH DH 2011	München Wohnbauland geschossig	München Wohnbauland Höherwertiges Gewerbe 2011	Nürnberg Misch und Wohnnutzung	Offenbach Büro Dienstleistung	Paderborn	Schwerin	Stuttgart Wohnhäuser 1-2-geschossig	Stuttgart Wohnhäuser Mehrgeschossig	LK Westerwald	Wuppertal Geschosswohnungsbau
0,2	0,324	-	-	-	-	-	-	-	-	-	-
0,3	0,409	-	-	-	-	-	0,54	-	-	0,55	-
0,4	0,493	0,727	0,727	-	-	-	-	0,76	-	0,66	0,80
0,5	0,578	0,773	0,773	-	-	-	-	0,81	-	0,74	0,83
0,6	0,662	0,812	0,812	-	-	-	-	0,86	-	0,81	0,86
0,7	0,747	0,850	0,850	0,86	-	-	0,85	0,90	-	0,87	0,90
0,8	0,831	0,891	0,891	0,90	-	-	-	0,94	-	0,92	0,93
0,9	0,916	0,931	0,939	0,95	-	-	-	0,97	-	-	0,97
1,0	1,000	1,000	1,000	1,00	1,00	1,00	1,00	1,00	1,00	1,00	1,00
1,1	1,084	1,100	1,100	1,05	1,03	1,00	-	-	1,07	-	1,03
1,2	-	1,200	1,200	1,10	1,05	1,02	-	-	1,13	-	1,07
1,3	-	1,300	1,300	1,14	1,08	1,03	-	-	1,20	-	1,10
1,4	-	1,400	1,400	1,19	1,11	1,05	-	-	1,26	-	1,14
1,5	-	1,500	1,500	1,24	1,13	1,08	-	-	1,32	-	1,17
1,6	-	1,600	1,600	1,29	1,16	1,11	-	-	1,38	-	1,20
1,7	-	1,700	1,700	1,34	1,19	1,14	-	-	1,43	-	1,24
1,8	-	1,800	1,800	1,39	1,21	1,17	-	-	1,49	-	1,27
1,9	-	1,900	1,900	1,43	1,24	1,21	-	-	1,55	-	1,31
2,0	-	2,000	2,000	1,48	1,26	1,25	-	-	1,60	-	1,34
2,1	-	2,100	2,100	1,53	1,29	1,29	-	-	1,66	-	1,37
2,2	-	2,200	2,200	1,58	1,31	1,32	-	-	1,71	-	1,41
2,3	-	2,300	2,300	1,63	1,34	1,35	-	-	1,76	-	1,44
2,4	-	2,400	2,400	1,67	1,36	1,38	-	-	1,81	-	1,48
2,5	-	2,500	2,500	1,72	1,39	1,40	-	-	-	-	-
2,6	-	2,600	2,600	1,77	1,41	1,42	-	-	-	-	-
2,7	-	2,700	2,700	1,82	1,43	1,43	-	-	-	-	-
2,8	-	2,800	2,800	1,87	1,46	1,45	-	-	-	-	-
2,9	-	2,900	2,900	1,91	1,48	1,46	-	-	-	-	-
3,0	-	3,000	3,000	1,96	1,50	1,48	-	-	-	-	-
3,1	-	3,100	3,100	2,01	1,53	1,50	-	-	-	-	-
3,2	-	3,200	3,200	2,06	1,55	1,51	-	-	-	-	-
3,3	-	3,300	3,300	2,11	-	1,53	-	-	-	-	-
3,4	-	3,400	3,400	2,16	-	1,55	-	-	-	-	-
3,5	-	3,500	3,500	2,20	-	1,57	-	-	-	-	-
3,6	-	3,600	3,600	2,25	-	1,58	-	-	-	-	-
3,7	-	3,700	3,700	2,30	-	1,60	-	-	-	-	-
3,8	-	3,800	3,800	2,35	-	1,62	-	-	-	-	-
3,9	-	3,900	3,900	2,40	-	1,64	-	-	-	-	-
4,0	-	4,000	4,000	2,44	-	1,65	-	-	-	-	-
4,1	-	-	(4,10)	-	-	1,67	-	-	-	-	-
4,2	-	-	(4,20)	-	-	1,69	-	-	-	-	-
4,3	-	-	(4,30)	-	-	1,71	-	-	-	-	-
4,4	-	-	(4,40)	-	-	1,72	-	-	-	-	-
4,5	-	-	(4,50)	-	-	1,74	-	-	-	-	-
4,6	-	-	(4,60)	-	-	1,76	-	-	-	-	-
4,7	-	-	(4,70)	-	-	1,78	-	-	-	-	-
4,8	-	-	(4,80)	-	-	1,80	-	-	-	-	-
4,9	-	-	(4,90)	-	-	1,81	-	-	-	-	-
5,0	-	-	(5,00)	-	-	1,82	-	-	-	-	-
5,5	-	-	(5,50)	-	-	-	-	-	-	-	-
6,0	-	-	6,00	-	-	-	-	-	-	-	-
6,5	-	-	6,50	-	-	-	-	-	-	-	-

Umrechnungskoeffizienten (2012) für das Wertverhältnis von gleichwertigen Grundstücken bei unterschiedlicher baulicher Nutzung (GFZ : GFZ)

Quelle: Gutachterausschüsse für Grundstückswerte: Marktberichte (München 2010, Wuppertal 2011).

Syst. Darst. Vergleichswertverfahren — Maß der baulichen Nutzung

d) Ersatzmethoden

234 Wo keine empirischen Erkenntnisse über die Abhängigkeit des Bodenwerts vom Maß der baulichen Nutzung vorliegen, hat es sich auch als praktikabel erwiesen, die **Vergleichspreise** nicht in ihrer tatsächlich vereinbarten Höhe, sondern **umgerechnet auf den Geschossflächenpreis in den Preisvergleich einzubringen.** Der Geschossflächenpreis des Vergleichsgrundstücks berechnet sich nach der Formel:

$$\text{Geschossflächenpreis} = \frac{\text{Bodenspreis}_{m^2}}{\text{GFZ}}$$

Der Bodenwert des zu bewertenden Grundstücks ergibt sich mithilfe von Geschossflächenpreisen durch Multiplikation der Geschossflächenzahl des zu bewertenden Grundstücks mit dem **mittleren Geschossflächenpreis der Vergleichsgrundstücke.**

Beispiel:

– Bezogen auf den Wertermittlungsstichtag liegen folgende Vergleichspreise/m² vor:

Nr.	Preis [€/m²]	GFZ	
1	310	1,00	
2	410	1,50	Mittlerer Vergleichspreis pro GFZ = 1,00:
3	220	0,85	
4	340	1,25	
5	230	0,95	1 530/5,55 = 275,7 €/m² bei GFZ = 1,00
Σ	1 530	Σ 5,55	

– Zu ermitteln ist der Verkehrswert eines Grundstücks mit einer GFZ von 1,1:

Verkehrswert = 275,7 €/m² × 1,1 = **303 €/m²**

▶ *Weitere Ausführungen zur Ableitung und Anwendung von Umrechnungskoeffizienten zur Berücksichtigung eines unterschiedlichen Maßes der baulichen Nutzung vgl. § 9 ImmoWertV Rn. 1, § 12 ImmoWertV Rn. 1 ff. und § 16 ImmoWertV Rn. 233 ff.*

235 Die Umrechnungskoeffiziententabelle verliert ihre Aussagekraft, wenn Grundstücke mit **erheblich voneinander abweichenden Geschossflächenzahlen** miteinander verglichen werden sollen, vor allem, wenn zudem die Mieten in den einzelnen Geschossen voneinander stark abweichen.

236 In der Praxis wird mitunter die **Abweichung der** auf dem zu bewertenden Grundstück **realisierbaren GFZ gegenüber der fiktiven GFZ** des Bodenrichtwertgrundstücks durch Umrechnung nach folgender Formel berücksichtigt:

$$\text{Bodenrichtwert} \times \frac{\text{GFZ}_{\text{realisiert}}}{\text{GFZ}_{\text{Bodenrichtwert}}}$$

237 *Beispiel:*

Dem Bodenrichtwert von 850 €/m² liegt eine GFZ von 2,0 zugrunde. Er soll zur Bodenwertermittlung eines Grundstücks mit einer GFZ von 2,2 zur Anwendung kommen:

$$850 \text{ €/m}^2 \times \frac{2,2}{2,0} = 935 \text{ €/m}^2$$

Methodisch enthält die im Beispiel dargestellte Vorgehensweise eine Reihe von Vereinfachungen, da hier das Verhältnis 1 : 1 unterstellt wird.

a) Abweichungen im Maß der baulichen Nutzung zwischen dem Bodenrichtwertgrundstück und dem zu bewertenden Grundstück sollen nach § 12 ImmoWertV auf der Grundlage von Umrechnungskoeffizienten berücksichtigt werden. Dies ergäbe auf der Grundlage der Umrechnungskoeffizienten nach Anl. 11 zur WERTR:

$$850\ \text{€/m²} \times \frac{1{,}53}{1{,}45} = \text{rd. } 897\ \text{€/m²}$$

b) Kann aufgrund einer bestehenden Bebauung des Grundstücks mit einer GFZ von 2,0 die nach § 6 Abs. 1 ImmoWertV maßgebliche GFZ von 2,2 erst in n = 20 Jahren „ausgeschöpft" werden, so ergibt sich nach der unter § 16 ImmoWertV Rn. 235 ff. vorgestellten Formel bei einem Zinssatz von p = 5 %:

$$BW = BW_{real.} + (BW_{zul.} - BW_{real.}) \times 1/q^n$$

$$BW = 850\ \text{€/m²} + (897\ \text{€/m²} - 850\ \text{€/m²}) \times 1/1{,}05^{20} = \mathbf{rd.\ 867\ \text{€/m²}}$$

5.3.3.2 Baumassenzahl (BMZ)

Es gibt **kein allgemein gültiges Umrechnungsverhältnis zwischen der GFZ und der BMZ**, insbesondere nicht für bereits errichtete Gebäude. Im Rahmen einer baurechtlich zulässigen BMZ können nämlich die unterschiedlichsten Geschosshöhen realisiert werden. Von daher verbietet es sich, eine planungsrechtlich ausgewiesene BMZ unter Hinweis auf die Regelung des § 21 Abs. 4 BauNVO auf eine GFZ in der Weise umzurechnen, dass die ausgewiesene BMZ durch den Faktor 3,5 geteilt wird (vgl. § 6 ImmoWertV Rn. 47 ff.). 238

5.3.3.3 Grundflächenzahl (GRZ)

▶ *Hierzu Allgemeines § 6 ImmoWertV Rn. 37 ff.*

In den Innenstädten wird der Bodenwert ausschlaggebend durch die Nutzung der unteren Geschosse und den dort erzielbaren Erträgen bestimmt. Neben der erdgeschossigen Ladennutzung haben das Keller- und das 1. Obergeschoss durch deren bauliche Einbeziehung an Bedeutung gewonnen. Die herausragende Bedeutung der erdgeschossigen Ladennutzung in den Innenstädten lässt es vielfach sogar sinnvoll erscheinen, die zum Preisvergleich herangezogenen Kaufpreise nach einem Frontmetermaßstab auf die Eigenschaften des zu bewertenden Grundstücks unter Vernachlässigung der i. d. R. ohnehin nicht allzu unterschiedlichen GFZ umzurechnen[108]. Deshalb besteht **in den Innenbereichen** die Besonderheit, dass der **GRZ als wertbeeinflussendem Faktor eine höhere Bedeutung zukommt,** da eine hohe GRZ eine entsprechend größere erdgeschossige Ladennutzung ermöglicht. 239

Der besonderen Bedeutung der GRZ und der vergleichsweise hohen Mieterträge im unteren Geschossbereich bei den in City-Lagen gelegenen Grundstücken kann mit dem sog. **Mietsäulenverfahren**[109] Rechnung getragen werden. In Abb. 29 wird dies an einem Extrembeispiel verdeutlicht, wobei der Wertunterschied in erster Linie aus der höheren GRZ resultiert, die zu einer erheblichen Ertragssteigerung in den unteren Geschossbereichen führt. 240

Der in dem *Beispiel* vorgenommenen Berechnungsweise liegt eine lineare Abhängigkeit des Bodenwerts vom Maß der baulichen Nutzung zugrunde, die kritisch hinterfragt werden muss, zumal insbesondere die empirischen Untersuchungen zur Abhängigkeit des Bodenwerts von der Erdgeschossmiete eher auf eine parabolische Abhängigkeit deuten. 241

---

108 So schon Großmann in ZfV 1951, 175; Buhr in AVN 1930, 151, in ZfV 1931, 764; Jahrbuch der Bodenreform, 52. Jahrgang Heft 1; Möhring in AVN 1898, 233.
109 BGH, Urt. vom 01.02.1982 – III ZR 93/80 –, EzGuG 14.69.

Syst. Darst. Vergleichswertverfahren   Maß der baulichen Nutzung

Abb. 29: Umrechnung von Vergleichswerten mithilfe der Ertragsverhältnisse nach dem sog. Mietsäulenverfahren

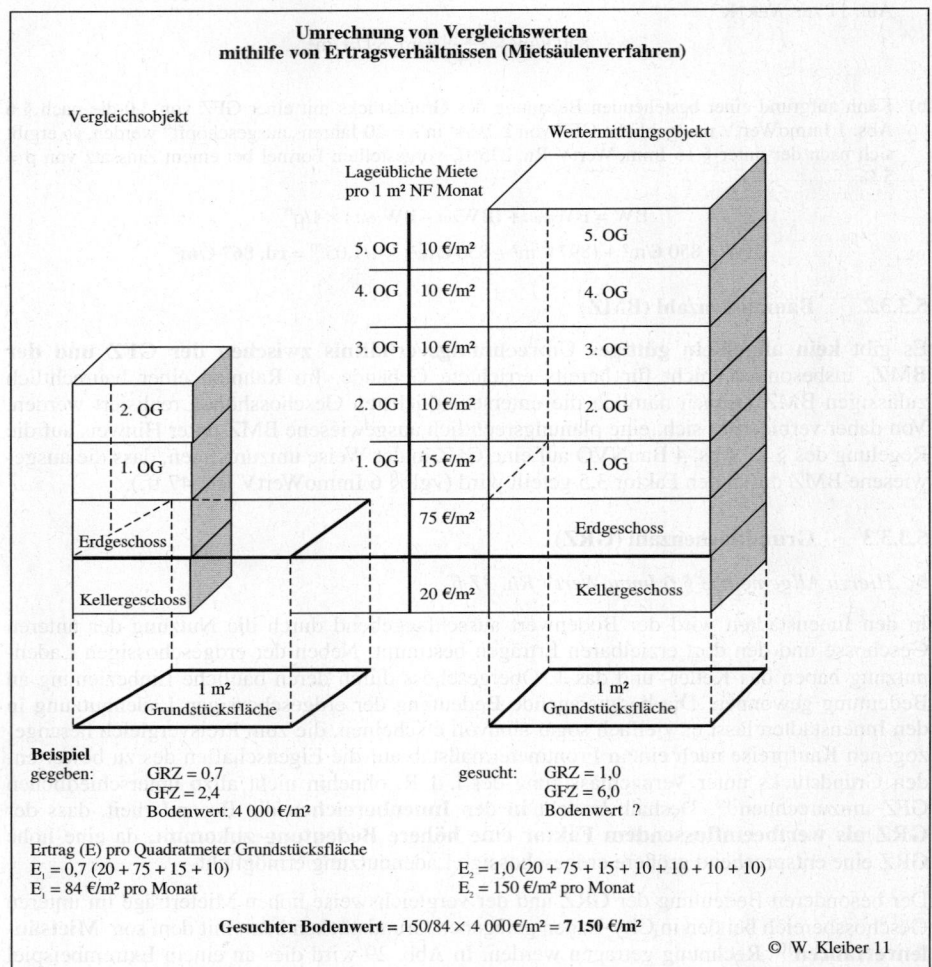

242 Die vorstehende **Berechnungsweise lässt sich noch verfeinern**:

– Da sich der in der vorstehenden Berechnung angesetzt monatliche Reinertrag auf den Quadratmeter Nutzfläche bezieht, können die Ansätze mithilfe des Nutzflächenfaktors (im Regelfall 0,8) reduziert werden.

– Darüber hinaus kann auch berücksichtigt werden, dass der angesetzte Reinertrag ein Nutzungsentgelt für Boden und Gebäude (Grundstück) ist und der Reinertrag deshalb um den Bodenwertverzinsungsbetrag gemindert wird.

Der um den Bodenwertverzinsungsbetrag verminderte Gesamtertrag der Mietsäule des Vergleichsgrundstücks ergibt sich bei einem Bodenwert von 4 000 €/m², einer GRZ von 0,7, einem Nutzflächenfaktor (NFF) von 0,80 und einem Liegenschaftszinssatz von 6 % (mit dem im Übrigen sämtliche immobilienwirtschaftlich relevanten Umstände einschließlich steuerlicher Gegebenheiten berücksichtigt werden) zu:

Maß der baulichen Nutzung — Syst. Darst. Vergleichswertverfahren

$$RE_{Gesamt\,(Vergleichsgrundstück)} = \sum_{n=1}^{n} RE_{Geschosse} \times GRZ_{Vergleichsgrundstück} \times NFF - BW_{Vergleichsgrundstück} \times \frac{p}{100 \times 12\,\text{Monate}}$$

Im Beispiel:

Gesamtertrag des Vergleichsgrundstücks:

(20 €/m² + 75 €/m² + 15 €/m² + 10 €/m²) × 0,7 × 0,8 =   67,20 €/m²

abzüglich

monatlicher Bodenwertverzinsungsbetrag: 4 000 €/m² × 0,06/12 Monate =   20,00 €/m²

ergibt: monatlichen gebäudebezogen Gesamtertrag: 47,20 €/m²

Der vorstehend ermittelte monatliche gebäudebezogene Gesamtertrag sei zur Vereinfachung als $RE_{reduziert}$ bezeichnet.

Der gesuchte Bodenwert des zu bewertenden Grundstücks ergibt sich dann durch Auflösung des Verhältnisses der monatlichen gebäudebezogenen Gesamterträge des Bewertungsobjekts und des Vergleichsgrundstücks:

$$BW_{gesucht} = \frac{\sum_{n=1}^{n} RE_{Geschosse\,(Bewertungsobjekt)} \times GRZ \times NFF - BW_{gesucht} \times \frac{p}{100 \times 12\,\text{Monate}}}{RE_{reduziert}} \times BW_{Vergleichsgrundstück}$$

und aufgelöst nach dem gesuchten Bodenwert des Bewertungsobjekts:

$$BW_{gesucht} = \frac{\sum_{n=1}^{n} RE_{Geschosse\,(Bewertungsobjekt)} \times GRZ_{Bewertungsobjekt} \times NFF}{\frac{p}{100 \times 12\,\text{Monate}} + \frac{RE_{reduziert}}{BW_{Vergleichsgrundstück}}}$$

Im Beispiel:

$$BW_{gesucht} = \frac{150\,\text{€/m²} \times 1{,}00 \times 0{,}80}{6/1\,200 + (120\,\text{€/m²} \times 0{,}70 \times 0{,}80 - 4\,000\,\text{€/m²} \times 6/1\,200)/4\,000\,\text{€/m}^2} = 7\,142{,}86\,\text{€/m²}$$

Das Ergebnis entspricht exakt dem der oben stehenden vereinfachten Berechnungsweise. Dies ist darauf zurückzuführen, dass sowohl der Nutzflächenfaktor als auch der Bodenwertverzinsungsbetrag den Reinertrag des Vergleichs- und Bewertungsobjekts gleichermaßen reduzieren und das Wertverhältnis mithin nicht beeinflusst wird. **Nur bei unterschiedlichen Nutzflächenfaktoren (NFF) ist die verfeinerte Berechnungsweise in Betracht zu ziehen.**

Höchst problematisch ist auch die im bewertungstechnischen Vollzug umständliche und mit zusätzlichen Fehlerquellen behaftete Ermittlung des Bodenwertanteils am Reinertrag, indem der Reinertrag um die Verzinsung der gewöhnlichen Herstellungskosten des jeweiligen Geschosses (NHK pro Quadratmeter BGF × Liegenschaftszinssatz) reduziert wird. Bei einer homogenen Kostenstruktur ist auch diese Reduktion ohne Einfluss auf das Wertverhältnis und schon von daher abzulehnen. Von einer homogenen Kostenstruktur ist in aller Regel selbst bei unterschiedlichen Nutzungen der Geschossebenen auszugehen, denn auch in diesem Falle muss ein Investor von „gemischten" Herstellungskosten ausgehen und dementsprechend weisen die amtlichen Tabellenwerke über Normalherstellungskosten nur die Gesamtkosten der Gebäude ohne Untergliederung nach den Herstellungskosten einzelner Geschossebenen (KG, DG, EG usw.) vor.

5.3.3.4 Zahl der Vollgeschosse (Z)

▶ *Vgl. § 6 ImmoWertV Rn. 48*

Syst. Darst. Vergleichswertverfahren — Grundstücksgröße

244 Insbesondere bei gemischt genutzten Grundstücken wird in der Praxis der Gutachterausschüsse für Grundstückswerte bezüglich des dem Bodenrichtwert zugeordneten Maßes der baulichen Nutzung die Geschosszahl (Z) angegeben. **Bei abweichender Geschosszahl** soll dann der Unterschied nach der **Schichtwertmethode** (Schirmer) berücksichtigt werden. Diese sieht folgende Umrechnungskoeffizienten vor:

Abb. 30: Umrechnungskoeffizienten für unterschiedliche Geschosszahlen (Z)

Umrechnungskoeffizienten für unterschiedliche Geschosszahlen (Z)					
		Vergleichsobjekt			
	Geschosszahl	III	IV	V	VI
Bodenrichtwertgrundstück	III	1	1,19	1,38	–
	IV	0,84	1	1,16	1,32
	V	0,72	0,86	1	1,14
	VI	–	0,76	0,88	1

Quelle: Gutachterausschuss für Grundstückswerte Gelsenkirchen 2011

5.3.4 Bauweise

245 Unter der Bauweise wird bauplanungsrechtlich die Stellung des Baukörpers auf dem Grundstück verstanden, wobei § 22 BauNVO zwischen der offenen und geschlossenen Bauweise unterscheidet (vgl. § 6 ImmoWertV Rn. 55). Vom Gutachterausschuss der Stadt *Solingen* wurden zur wertmäßigen Unterscheidung folgende **Umrechnungskoeffizienten** abgeleitet:

Offene Bauweise	**1,00**
Doppelhaus über 10 m Frontbreite	1,05
Doppelhaus unter 10 m Frontbreite	1,10
Reihenhaus	1,15

246 Bei alledem besteht eine Korrelation zur Abhängigkeit des Bodenwerts von der Grundstücksgröße. Das Reihenhaus weist i. d. R. gegenüber der offenen Bauweise eine kleinere Grundstücksfläche auf und dies darf nicht doppelt berücksichtigt werden.

5.3.5 Grundstücksgröße, -tiefe und -zuschnitt

5.3.5.1 Allgemeines

Schrifttum: *Reinhardt, W.,* Die Fläche als wertrelevante Größe für individuelles Wohnbauland im ländlichen Bereichen, GuG 2008, 321.

▶ *Vgl. § 5 ImmoWertV Rn. 88*

247 Erfahrungsgemäß ist der auf den Quadratmeter Grundstücksfläche bezogene Bodenwert sowohl von der Grundstücksgröße als auch von der Grundstückstiefe abhängig. Allgemein gelten folgende **Erfahrungssätze:**

a) Je größer die Gesamtfläche eines Grundstücks, desto kleiner ist der auf den Quadratmeter bezogene Bodenwert.

b) Ausgehend von der Vorderlandfläche eines Grundstücks nimmt der auf den Quadratmeter bezogene Bodenwert mit der Grundstückstiefe ab.

248 Um die Abhängigkeit des Bodenwerts von der Grundstücksgröße *(size)* oder Grundstückstiefe in marktkonformer Weise berücksichtigen zu können, werden von den Gutachterausschüssen für Grundstückswerte Umrechnungskoeffizienten in Abhängigkeit von der Grundstückstiefe, aber auch Umrechnungskoeffizienten in Abhängigkeit von der Grundstücksfläche abgeleitet. **Grundstücksgröße und Grundstückstiefe** sind aber keine unabhängig voneinander stehenden Parameter, sondern **stehen in aller Regel in Beziehung** zueinander. Mit zunehmender Grundstückstiefe wächst nämlich i. d. R. auch die Grundstücksgröße. Aus diesem Grunde würde es auf eine Doppelberücksichtigung hinauslaufen, wenn im Zuge der Bodenwertermittlung übergroßer Grundstücke Umrechnungskoeffizienten in Abhängigkeit von der Grundstückstiefe und gleichzeitig Umrechnungskoeffizienten in Abhängigkeit von der Grundstücksfläche zur Anwendung kämen.

Das Verhältnis der (Front-)Breite und Tiefe eines Grundstücks bestimmt wiederum die **Grundstücksgestalt** *(shape)*, den **Grundstückszuschnitt** bzw. die **Form des Grundstücks**. Grundstücksgröße und Grundstückstiefe stehen mithin auch wertmäßig in enger Beziehung zu der Grundstücksgestalt. Bei Abweichungen der Vergleichsgrundstücke bzw. des Bodenrichtwertgrundstücks von der Grundstücksgröße, -tiefe und -gestalt muss dieser Zusammenhang beachtet werden. Wenn die genannten Einflussfaktoren jedoch schrittweise (jeweils gesondert) z. B. durch Zu- oder Abschläge berücksichtigt werden, kann sich sehr schnell eine Doppel- bzw. Dreifachberücksichtigung einschleichen. **249**

Aus diesem Grunde dürfen z. B. zur Berücksichtigung **einer Übergröße des zu bewertenden Grundstücks** auf der Grundlage von Umrechnungskoeffizienten in Abhängigkeit von der Grundstücksgröße diese nicht gleichzeitig in Kombination mit Umrechnungskoeffizienten in Abhängigkeit von der Grundstückstiefe zur Anwendung kommen. Dies verbietet sich ebenso wie eine zusätzliche wertmäßige **Abstufung nach Vorder- und Hinterland**. **250**

Im Rahmen der **erbschaftsteuerlichen Ermittlung des gemeinen Werts** auf der Grundlage der von den Gutachterausschüssen für Grundstückswerte abgeleiteten Bodenrichtwerte sind nach Nr. 40 (R 161) der gleich lautenden Erlasse der obersten Finanzbehörden der Länder[110] vom Gutachterausschuss für Grundstückswerte abgeleitete Umrechnungskoeffizienten heranzuziehen. Sofern die Bodenrichtwerte in Abhängigkeit von der Grundstückstiefe ermittelt worden sind, ist die Grundstücksfläche in Vorder- und Hinterland aufzuteilen. Dabei ist die Grundstücksfläche nach ihrer Tiefe in Zonen zu gliedern, deren Abgrenzung sich nach den Vorgaben des Gutachterausschusses richtet. Für Frei- und Verkehrsflächen, die als solche ausgewiesen sind und sich in privater Hand befinden, ist darüber hinaus vom Bodenrichtwert ein angemessener Abschlag zu machen, soweit er nicht bereits in die Ermittlung des Bodenrichtwerts eingeflossen ist. Die Höhe des Abschlags ist unter Berücksichtigung der Verhältnisse des Einzelfalls zu bemessen. Die dreistufige Berücksichtigung von Übergrößen impliziert die Gefahr einer doppelten bzw. dreifachen Berücksichtigung der Übergröße. **251**

Die einem Sachverständigen mitunter gleichzeitig zur Verfügung stehenden Umrechnungskoeffizienten in Abhängigkeit von der Grundstücksgröße und von der Grundstückstiefe können bei alledem i. d. R. nur alternativ zur Anwendung kommen, wobei, wie noch näher dargelegt wird, die Methodenwahl nicht im freien Belieben des Sachverständigen steht. In der Regel führt die **alternative Anwendung** der zwei **genannten Methoden** nämlich **zu unterschiedlichen Ergebnissen**. Dies soll kurz am *Beispiel* eines übergroßen Einfamilienhausgrundstücks in Neuss demonstriert werden (Abb. 31 ff.): **252**

---

110 Gleich lautende Erlasse der obersten Finanzbehörden der Länder zur Umsetzung des Gesetzes zur Reform des Erbschaftsteuer- und Bewertungsrechts vom 05.05.2009 (GuG 2009, 225).

Syst. Darst. Vergleichswertverfahren — Grundstücksgröße

253 *Beispiel:*

Abb. 31: **Einfamilienhaus in Neuss**

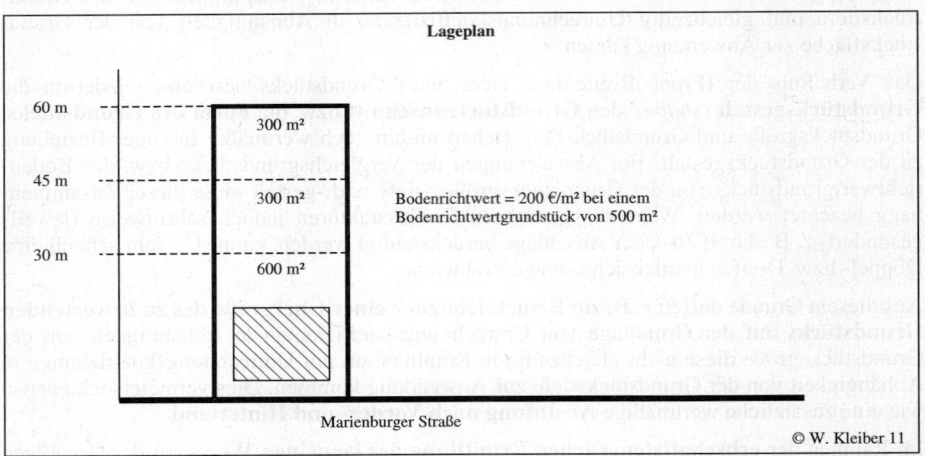

a) Bodenwertermittlung in Abhängigkeit von der Grundstückstiefe*

Bodenwert				
bis 30 m Tiefe	600 m² ×	200 €/m²	× 1,00 =	120 000 €
30 bis 45 m Tiefe	300 m² ×	200 €/m²	× 0,95 =	57 000 €
45 bis 60 m Tiefe	300 m² ×	200 €/m²	× 0,90 =	54 000 €
Gesamtfläche	1 200 m²		Gesamtwert =	**231 000 €**

* Umrechnungskoeffizienten nach Neusser Tabellen

b) Bodenwertermittlung in Abhängigkeit von der Grundstücksfläche

$$BW_{1\,200m^2} = 200\ \text{€/m}^2 \times \frac{UK_{1200m^2}}{UK_{500m^2}} = 200\ \text{€/m}^2 \times \frac{0,901}{1,000} = 180,2\ \text{€/m}^2$$

Gesamtwert 1 200 m² × 180,2 €/m² = 216 240 €

254 Der Sachverständige muss – wie das *Beispiel* zeigt – die dem konkreten Sachverhalt angemessene Vorgehensweise auswählen. Bevor diesbezüglich **das im konkreten Einzelfall sachgerechte Verfahren** ausgewählt wird, muss man jedoch zunächst die Grundstücksgröße feststellen, die

– im Falle der Heranziehung von Bodenrichtwerten dem jeweiligen Bodenrichtwertgrundstück zuzuordnen ist bzw.

– im Falle der Heranziehung von Vergleichspreisen den Vergleichsgrundstücken zugrunde liegt, sofern man die Vergleichspreise nicht bereits jeweils auf die Grundstücksgröße des zu bewertenden Grundstücks umgerechnet hat.

255 Daneben ist bei übergroßen Grundstücken ausgehend von der bauplanungsrechtlich erforderlichen Grundstücksfläche die überschießende Fläche

– nach **selbstständig nutzbaren Teilflächen** (*excess land;* § 17 Abs. 2 Satz 2 ImmoWertV) und

– nach ***nicht*** **selbstständig nutzbaren Teilflächen** (*surplus land*)

zu unterscheiden. Während sich der Wert der selbstständig nutzbaren Teilflächen nach dem Grundsatz des *highest and best use* entsprechend ihrer Nutzungsfähigkeit bestimmt, sind die nicht selbstständig nutzbaren Teilflächen gegenüber dem Bodenwert des „Stammgrundstücks" gemindert. Allerdings ist das Grundstück wertmäßig dann nicht allein auf der Grundlage der bauplanungsrechtlich erforderlichen Mindestfläche aufzugliedern, denn insbesondere Grundstücke, die ein geringes Maß der baulichen Nutzung aufweisen (Ein- und Zweifamilienhausgrundstücke), werden bis zu einer gewissen Übergröße zum „vollen" Baulandwert gehandelt. Diesbezüglich ist das Marktgeschehen regional und sektoral uneinheitlich. Als Anhalt für die jeweils „übliche" Grundstücksgröße können die örtliche Grundstücksstruktur und entsprechende dem jeweiligen Bodenrichtwert zugeordnete Flächenangaben dienen.

Erst, wenn das **zu bewertende Grundstück wesentlich größer als das zum Vergleich herangezogene Bodenrichtwertgrundstück (bzw. die herangezogenen Vergleichsgrundstücke)** ist, muss nach einem geeigneten Weg zur Berücksichtigung dieser Abweichung gesucht werden. Handelt es sich um ein wesentlich größeres Grundstück, so muss zunächst geprüft werden, ob eine Zerlegung des Grundstücks in Flächen unterschiedlicher Qualitäten (Entwicklungszustandsstufen) – z. B. als Vorder- und Hinterland – in Betracht kommt. Dies wird auch als **Zerlegungs- bzw. Mosaikmethode** bezeichnet. Auch bei der Zerlegungsmethode muss die dem Bodenrichtwertgrundstück bzw. dem Vergleichsgrundstück zugrunde liegende Grundstücksgröße Beachtung finden. Handelt es sich nämlich z. B. um ein übergroßes Grundstück, das nur anteilig als baureifes Land einzustufen ist, und soll der Bodenwert dieser Teilfläche auf der Grundlage eines Bodenrichtwerts für baureifes Land abgeleitet werden, ist es in aller Regel angezeigt, der entsprechenden Teilfläche des zu bewertenden Grundstücks die Flächengröße zuzuordnen, die auch dem herangezogenen Bodenrichtwertgrundstück zugrunde liegt. Die dem Bodenrichtwert zugrunde liegende Grundstücksfläche wird deshalb vielfach in den Bodenrichtwertkarten in Quadratmetern angegeben; andernfalls muss sie aus der Grundstückssituation der jeweiligen Bodenrichtwertzone „abgelesen" werden. 256

Problematisch kann im Übrigen das mit dem Bodenrichtwert veröffentlichte Maß der baulichen Nutzung in solchen Gebieten sein, in denen **die tatsächlich realisierte Nutzung üblicherweise von dem rechtlich zulässigen Maß der baulichen Nutzung abweicht.** Der von Vergleichspreisen abgeleitete Bodenwert sollte sich dann auf die lageübliche Grundstücksgröße mit der Folge beziehen, dass das tatsächlich realisierte Maß der baulichen Nutzung hinter dem rechtlich zulässigen Maß der baulichen Nutzung zurückbleibt. Hat der Gutachterausschuss für Grundstückswerte gleichwohl das rechtlich zulässige (Höchst-)Maß der baulichen Nutzung dem Bodenrichtwert zugeordnet, so wäre es falsch, wenn der Anwender dieses Bodenrichtwerts diesen auch noch über die Umrechnungskoeffizientabelle für unterschiedliche Maße der baulichen Nutzung (GFZ/GFZ) „heruntterrechnet". 257

In der **Zusammenfassung** bieten sich zur Berücksichtigung für die Übergröße eines Grundstücks also unterschiedliche Verfahrensweisen an, nämlich 258

a) Berücksichtigung auf der Grundlage von Vergleichspreisen/Bodenrichtwerten von vergleichbar übergroßen Grundstücken;

b) Zerlegung des Gesamtgrundstücks in Teilflächen unterschiedlicher Wertigkeiten, deren Bodenwert jeweils eigenständig ermittelt wird (Mosaik- bzw. Zerlegungsmethode; Aufteilung in Vorder- und Hinterland usw.);

c) Berücksichtigung der Übergröße eines zugleich übertiefen Grundstücks auf der Grundlage von Umrechnungskoeffizienten in Abhängigkeit von der Grundstückstiefe;

d) Berücksichtigung der Übergröße auf der Grundlage von Umrechnungskoeffizienten in Abhängigkeit von der Grundstücksfläche;

e) Berücksichtigung der Übergröße auf der Grundlage von Umrechnungskoeffizienten in Abhängigkeit von der Grundstücksgestalt (Verhältnis der Grundstücksbreite zur Grundstückstiefe).

Das im Einzelfall zur Anwendung kommende Verfahren ist nach sachlichen Kriterien auszuwählen und zu begründen. Dafür können die Grundsätze herangezogen werden, die allgemein für die **Wahl des Wertermittlungsverfahrens** gelten. § 8 Abs. 1 Satz 2 ImmoWertV schreibt 259

Syst. Darst. Vergleichswertverfahren — Grundstücksgröße

hierfür vor, dass die Verfahren nach der Art des Gegenstands der Wertmittlung unter Berücksichtigung

- der Gepflogenheiten des Geschäftsverkehrs und
- den sonstigen Umständen des Einzelfalls

zu wählen sind.

260 Im Vordergrund für die Wahl des Verfahrens stehen danach also die Gepflogenheiten des Geschäftsverkehrs. Als **sonstige Umstände des Einzelfalls** können daneben vor allem auch die dem Sachverständigen zur Verfügung stehenden Möglichkeiten, insbesondere die ihm zur Verfügung stehenden marktkonformen Umrechnungskoeffizienten, eine gewichtige Rolle spielen. Vielfach werden dem Sachverständigen nämlich nicht stets Umrechnungskoeffizienten in Abhängigkeit von der Grundstücksfläche und Grundstückstiefe gleichzeitig zur Verfügung stehen.

261 Allgemein können entsprechend den **Marktgepflogenheiten** folgende Grundsätze aufgestellt werden:

a) Die Anwendung der **Zerlegungsmethode** (Mosaikmethode) ist insbesondere dann angezeigt, wenn die überschießende Fläche eine wirtschaftlich selbstständig nutzbare Fläche darstellt, wobei es sich nicht stets um eine selbstständige bauliche Nutzung handeln muss (§ 17 Abs. 2 Satz 2 ImmoWertV). Die Möglichkeit einer selbstständigen baulichen Nutzung stellt hier sogar den krassesten Fall dar, der zu sachlich unsinnigen Ergebnissen führt, wenn in diesem Fall der Bodenwert eines übergroßen Grundstücks auf der Grundlage von Umrechnungskoeffizienten in Abhängigkeit von der Grundstücksfläche gemindert werden würde (vgl. die nachfolgende Abb. 32). In solchen Fällen muss also das Grundstück in Einzelgrundstücke zerlegt werden.

Abb. 32: Unterschiedliche Verfahren zur Berücksichtigung der Übergröße

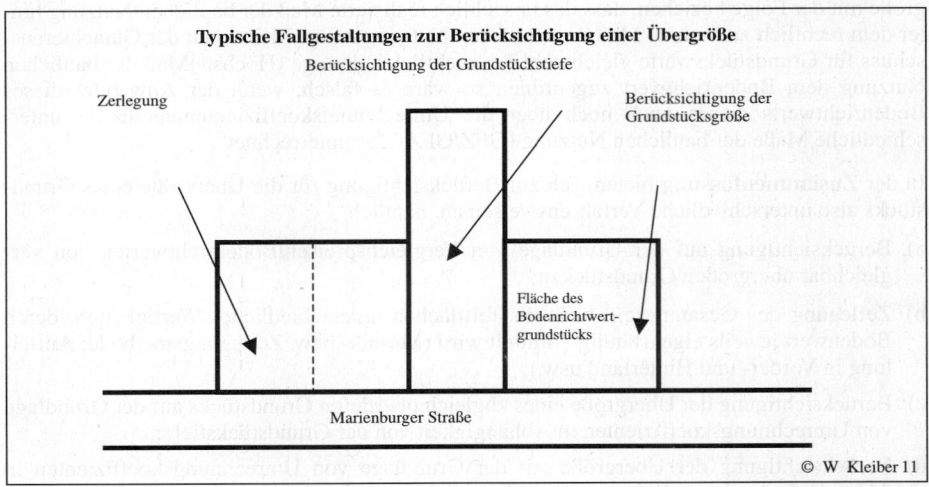

b) Die sich darüber hinaus stellende Frage, ob der Bodenwert nach Maßgabe der **Grundstückstiefe** *oder* der **Grundstücksgröße** zu reduzieren ist, hängt maßgeblich von der Grundstücksform (Grundstückszuschnitt) ab.

Ein vorteilhaft zugeschnittenes Grundstück ist durch rechtwinklig zueinander stehende Grundstücksgrenzen und einem Verhältnis der Frontbreite zur Grundstückstiefe von etwa

1 : 2 gekennzeichnet[111]. Dabei kommt es vor allem auch darauf an, dass die baulich zulässige Nutzung auf dem Grundstück realisiert werden kann. Bei Einfamilienhäusern gilt ein Grundstück mit einer Frontbreite von 20 m und einer Grundstückstiefe von 35 m als ideal. Weist das Grundstück also bei einem organischen Verhältnis von Breite und Tiefe eine Übergröße auf, so wird man nach vorheriger „Ausschöpfung" der Möglichkeiten einer Zerlegung den Bodenwert unter Anwendung der Umrechnungskoeffizienten für unterschiedliche Grundstücksgrößen reduzieren. Umgekehrt kann sich auch durch Zusammenlegung zweier Teilflächen der Wert erhöhen (*assemblage*).

c) Die Heranziehung von Umrechnungskoeffizienten in Abhängigkeit von der **Grundstückstiefe** ist damit letztlich nur in den Fällen sachgerecht, wo das Grundstück auch tatsächlich eine lang gestreckte Übertiefe aufweist und das Verhältnis von Breite zu Tiefe überdurchschnittlich ist.

Die wertmäßige Aufteilung eines übertiefen Grundstücks mithilfe von Umrechnungskoeffizienten in Abhängigkeit von der Grundstückstiefe läuft auf eine wertmäßige Zonierung entsprechend der Grundstückstiefe hinaus und stellt insoweit eine Verfeinerung der Aufteilung in Vorder- und Hinterland dar. Dabei ist auch hier im Hinblick auf die Anwendung des Ertragswertverfahrens zu prüfen, ob das Hinterland eine selbstständig nutzbare Fläche i. S. des § 17 Abs. 2 Satz 2 ImmoWertV darstellt. **262**

Bei Anwendung des Ertragswertverfahrens darf nach § 17 Abs. 2 Satz 2 ImmoWertV nämlich für den Fall, dass ein Grundstück wesentlich größer ist, als es einer den baulichen Anlagen angemessenen Nutzung entspricht, und eine zusätzliche Nutzung oder Verwertung einer Teilfläche zulässig und möglich ist (Übergröße), **263**

– bei Anwendung des Ertragswertverfahrens nach § 17 Abs. 2 Nr. 1 ImmoWertV der Jahresreinertrag des Grundstücks nicht um den Bodenwertverzinsungsbetrag dieser Teilfläche vermindert werden, da er zur Erzielung des Reinertrags nicht erforderlich ist, und

– bei Anwendung des Ertragswertverfahrens nach § 17 Abs. 2 Nr. 2 ImmoWertV der Bodenwertanteil dieser Teilfläche nicht abgezinst werden, da die Teilfläche jederzeit nutzbar ist.

Im Ergebnis wird dieser Grundstücksteil als „angehängte" zusätzliche Teilfläche allein mit ihrem Bodenwert „mitgeschleppt".

5.3.5.2 Mosaikverfahren (Vorder- und Hinterland)

▶ *Grundsätzliches hierzu auch bei § 5 ImmoWertV Rn. 178, 304; § 8 ImmoWertV Rn. 149 ff.*

Die Notwendigkeit einer Aufteilung übergroßer Grundstücke kann sich sowohl bei dem Wertermittlungsobjekt als auch bei den Vergleichsobjekten stellen. Unterließe man dies bei den Vergleichsobjekten, so wäre der daraus ermittelte durchschnittliche Quadratmeterwert verfälscht. Allenfalls in dem (wohl mehr theoretischen) Ausnahmefall, dass die Vergleichsobjekte die gleichen Anteile unterschiedlich wertiger Teilflächen aufweisen wie das Wertermittlungsobjekt, könnte die Aufteilung unterbleiben. **264**

Bei der Aufteilung übertiefer Grundstücke in Teilflächen unterschiedlichen Entwicklungszustands nach **Vorder- und Hinterland** stellt sich die Frage, wo die Grenze zu ziehen ist. Soweit es sich bei dem Vorderland um baureife Flächen handelt, orientiert sich die Trennlinie zwischen dem baureifen Vorderland und dem Hinterland grundsätzlich am Ende der Fläche, die nach öffentlich-rechtlichen Vorschriften baulich nutzbar ist, zuzüglich der Freifläche, die für die bauliche Nutzung erforderlich ist (Abb. 33)[112]. **265**

---

111 Dieterich, Baulandumlegung 4. Aufl., S. 153; Dieterich, Baulandumlegung 5. Aufl., S. 142; Dieterich in Ernst/Zinkahn/Bielenberg/Krautzberger, § 194 BauGB Rn. 102.
112 BGH, Urt. vom 30.05.1983 – III ZR 22/82 –, EzGuG 18.93; BVerwG, Urt. vom 17.07.1958 – 1 C 209/57 –, EzGuG 4.10; VGH Mannheim, Urt. vom 27.10.2000 – 8 S 714/00 –, ESVGH 51, 61 = GuG-aktuell 2001, 38.

Abb. 33: Bestimmung der Grenzlinie zwischen Vorder- und Hinterland bei übertiefen Grundstücken

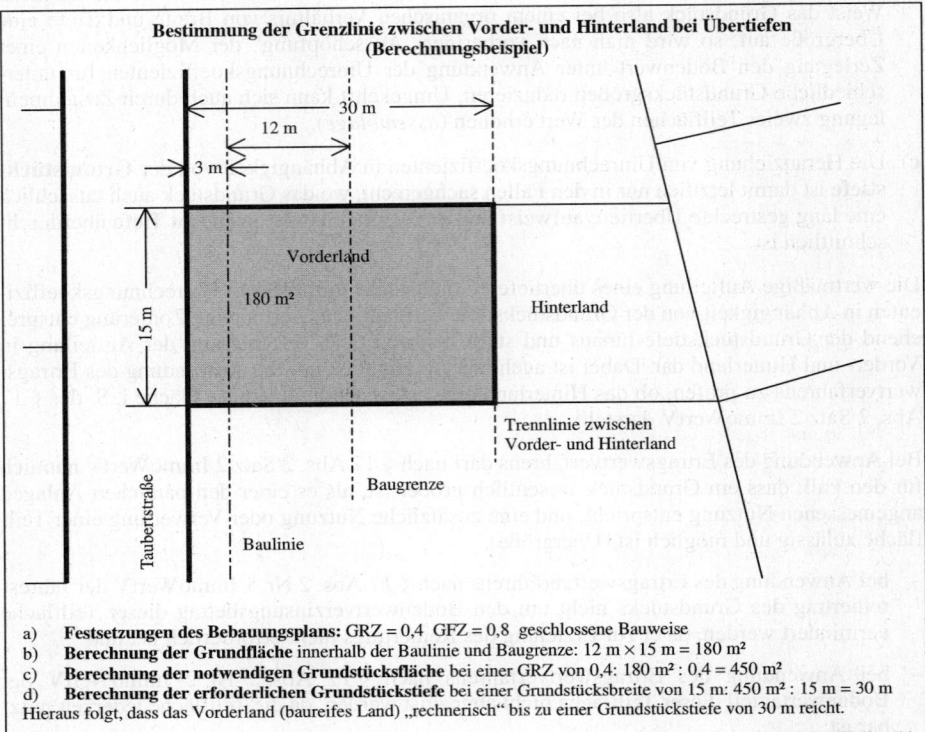

a) Festsetzungen des Bebauungsplans: GRZ = 0,4 GFZ = 0,8 geschlossene Bauweise
b) Berechnung der Grundfläche innerhalb der Baulinie und Baugrenze: 12 m × 15 m = 180 m²
c) Berechnung der notwendigen Grundstücksfläche bei einer GRZ von 0,4: 180 m² : 0,4 = 450 m²
d) Berechnung der erforderlichen Grundstückstiefe bei einer Grundstücksbreite von 15 m: 450 m² : 15 m = 30 m
Hieraus folgt, dass das Vorderland (baureifes Land) „rechnerisch" bis zu einer Grundstückstiefe von 30 m reicht.

© W. Kleiber 11

266 Die sich hieraus ergebende **Mindest-Grundstücksfläche** (Normfläche) **ist aber nur Ausgangsgröße für die Aufteilung in Vorder- und Hinterland**. Wo nach der Art der Grundstücksnutzung die darüber hinausgehende Fläche wertmäßig wie das Vorderland gehandelt wird, verschiebt sich die Trennlinie[113]. Es kommt entscheidend auf die Grundstückstiefe an, die im gewöhnlichen Geschäftsverkehr als Vorderland gehandelt wird und dementsprechend den herangezogenen Vergleichsgrundstücken bzw. dem Bodenrichtwertgrundstück zugrunde liegt. Die nach dem örtlichen Marktgeschehen dem Vorderland zuzurechnende Grundstückstiefe wird vielfach im Grundstücksmarktbericht des Gutachterausschusses angegeben (z. B. übliche Grundstückstiefe: 35 m); darüber hinaus wird vielfach auch die Wertigkeit der überschüssigen Freifläche (Hinterland überwiegend zur Gartennutzung) als Vomhundertsatz des Bodenwerts des Vorderlandes genannt.

Der Wert von **Hausgärten (Hinterland)** wird von anderen Gutachterausschüssen mit einem Wert von bis zu 20 % des angrenzenden Baulandwerts angegeben.

– Nach dem Grundstücksmarktbericht 2012 von *Bergisch Gladbach* bezieht sich der in den Bodenrichtwertkarten ausgewiesene Bodenrichtwert auf eine mittlere Grundstückstiefe von 35 m und mittlere Grundstücksbreite von 17 m; Grundstücksflächen über 35 m werden mit 10 bis 40 % des Baulandwerts veranschlagt.

---

113 BGH, Urt. vom 27.09.1990 – III ZR 97/89 –, GuG 1991, 38 = EzGuG 2.51.

- Nach dem Grundstücksmarktbericht 2012 von *Wuppertal* beträgt die Preisspanne im hinteren Grundstücksbereich, Gartenland, u. ä. 5 bis 35 % des maßgeblichen Bodenrichtwerts (Durchschnitt: 20 %).

- Nach dem Grundstücksmarktbericht von *Mülheim an der Ruhr* ist das Gartenland mit 10 bis 15 % des umgebenden Baulandwerts in Abhängigkeit von der Gartengröße anzusetzen; zur Abhängigkeit des selbstständigen Gartenlands von der Grundstücksgröße (vgl. Syst. Darst. des Vergleichswertverfahrens Rn. 247 ff., 261).

- Der Gutachterausschuss des Landkreises *Wesel* (2011) gibt als durchschnittlichen Wert der überschüssigen Freifläche bis etwa 500 m² Größe eine Spanne von 15 bis 30 % des erschlossenen und erschließungsbeitragsfreien Vorderlands an; vom Gutachterausschuss in *Moers* (2011) wird ein Anteil von 20 bis 35 % des jeweiligen Vorderland- bzw. Bodenrichtwerts angegeben.

- Für *Potsdam* wird im Grundstücksmarktbericht 2010 ein Wert von 4,50 – 29,00 €/m² im inneren Stadtgebiet und ein Wert von 2,50 bis 18,00 €/m² in der Stadtrandlage angegeben. In *Frankfurt an der Oder* wurden 2011 für hausnahes Gartenland im Stadtgebiet ein mittlerer Kaufpreis von 5,70 €/m² und in den Ortsteilen ein mittlerer Kaufpreis von 3,00 €/m² im Grundstücksmarktbericht registriert.

- Für Hausgärten bzw. nicht bebaubare Flächen wird im Grundstücksmarktbericht *Potsdam Mittelmark* (2003) ein Bodenwert zwischen 10 % und 20 % des Bodenrichtwerts für Wohnbauland angegeben.

- Für *Essen* wird ein mittlerer Wertansatz für Hausgärten (mit Bezug zu einem Hausgrundstück bei einer Flächengröße von 400 m²) von 20 % des speziellen Baulandlagewerts angegeben[114].

- Für *Frankfurt am Main* werden „Bodeneckwerte" für Dauerklein- und Freizeitgärten in einer Spanne von 17 €/m² (im Westen), über 20 €/m² (in der Mitte, im Osten und Norden) und bis 37 €/m² (im Süden) angegeben[115].

- Für *Hagen* wird als Kleingartenland im Grundstücksmarktbericht 2006 ein Wert von 10 bis 20 €/m² (im Durchschnitt 13 €/m²) ausgewiesen; für angrenzende Hausgärten im Zusammenhang mit einer Wohnnutzung dagegen 15 bis 35 €/m².

- In *Rheine*[116] wird der Wert des Hinterlandes in der 1. Wertstufe mit 50 % des beitragspflichtigen Bodenrichtwerts angesetzt, wobei unter der 1. Wertstufe die Fläche verstanden wird, die um 0 – 25 % (ca. 1 – 150 m²) vom jeweiligen Normgrundstück abweicht. Hinterland der 2. Wertstufe sind dagegen Flächen, die um 25 – 100 % (ca. 150 – 450 m²) vom jeweiligen Normgrundstück abweichen. Sie sind mit 30 % des beitragspflichtigen Bodenrichtwerts anzusetzen.

- Für *Leipzig* wird im Grundstücksmarktbericht 2006 der Wert von Gartenflächen ohne Bezug zum Bauland mit 10,00 €/m² (3,00 bis 18,00 €/m²) und mit Bezug zum Bauland (Arrondierung Hausgarten) mit 20,00 €/m² (4,00 €/m² bis 54,00 €/m²) angegeben.

Die Trennlinie verschiebt sich, wenn Vorderland z. B. für Straßenverbreiterungsmaßnahmen abgetreten wird. Das bislang baulich nicht nutzbare Hinterland tritt dann insoweit an die Stelle des abgetretenen Vorderlandes (sog. **vorgeschobenes Hinterland**). Im Entschädigungsfall ist deshalb Bemessungsgrundlage für das abgetretene Vorderland der Wert, der sich für den Entwicklungszustand des Hinterlandes ergibt. Zu diesem Ergebnis kommt man auch bei Anwendung des sog. Differenzwertverfahrens. Hierbei wird der Verkehrswert des Gesamtgrundstücks vor und nach Abtretung der Teilfläche gegenübergestellt[117].

---

114 Grundstücksmarktbericht 2007.
115 Grundstücksmarktbericht 2008.
116 Grundstücksmarktbericht 2007.
117 BGH, Urt. vom 29.01.1970 – III ZR 360/69 –, EzGuG 18.48; zum Wertverhältnis zwischen Vorder- und Hinterland vgl. auch OLG Hamburg, Urt. vom 24.04.1970 – 1 U 17/69 –, EzGuG 18.50; OLG Hamburg, Urt. vom 13.04.1973 – 1 U 13/71 –, EzGuG 4.40; vgl. auch Nr. 5.2 WERTR; ferner: OLG Hamburg, Urt. vom 12.05.1964 – 1 U 53/62 –, EzGuG 4.21.

Syst. Darst. Vergleichswertverfahren — Mosaikverfahren

▶ Vgl. unten Rn. 275, Näheres zum vorgeschobenen Hinterland vgl. Kleiber, Verkehrswertermittlung von Grundstücken, 6. Aufl. 2010, Teil VI Rn. 667 ff.; § 8 ImmoWertV Rn. 149 ff.

268 Eine gesamtheitliche Betrachtung ist auch bei Anwendung der Mosaikmethode geboten. Entscheidend ist die **Verkehrsauffassung.** Selbst rechtliche Gegebenheiten müssen in ihrer Bedeutung zurücktreten, wie das nachfolgende Beispiel zeigt (Abb. 34).

Abb. 34: Lageplan

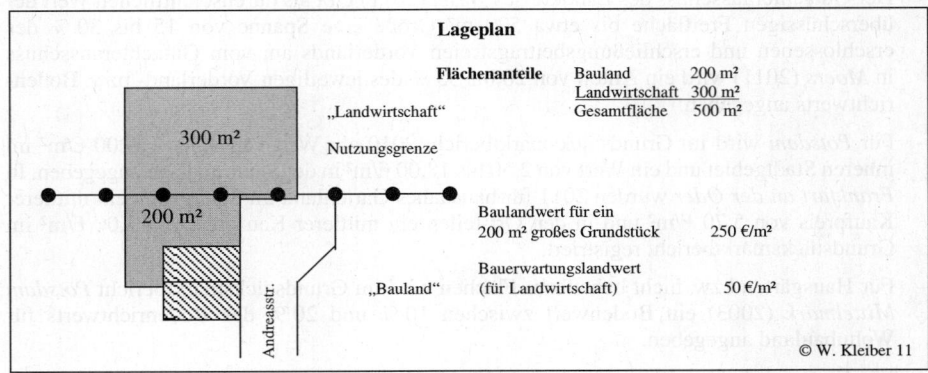

Lösungsvorschlag für die Ermittlung des Verkehrswerts:

Falsch			Richtig	
200 m² × 250 €/m²	= 50 000 €		500 m² × 193,80 €/m²	= 96 900 €
300 m² × 50 €/m²	= 15 000 €			
500 m² = Summe	= 65 000 €	◀— Differenz		**31 900 €**

Bodenwertermittlung in Abhängigkeit von der Grundstücksfläche

$$BW_{500m^2} = 250\ \text{€/m}^2 \times \frac{UK_{500m^2}}{UK_{200m^2}} = 250\ \text{€/m}^2 \times \frac{1{,}00}{1{,}29} = 193{,}80\ \text{€/m}^2$$

Den Verhältnissen auf dem Grundstücksmarkt würde man nicht gerecht werden, wenn man die der Landwirtschaft vorbehaltene Fläche mit dem Bodenwert (anteilig) ansetzen würde, der auf dem landwirtschaftlichen Grundstücksmarkt erzielt werden kann, wenn es sich faktisch um Bauland handelt.

269 Eine Besonderheit liegt bei übertiefen Grundstücken vor, die eine sog. Hinterlandbebauung zulässt und ein selbstständig nutzbares **Hinterliegergrundstück** – oftmals als sog. **„Pfeifengrundstück"** benannt – gebildet werden kann (Abb. 35). Es gibt nämlich keinen allgemein geltenden Grundsatz, dass eine Hinterlandbebauung städtebaulich unerwünscht ist[118].

---

118 BVerwG, Urt. vom 29.11.1974 – 4 C 10/73 –, BRS Bd. 28 Nr. 28; OVG Münster, Urt. vom 22.05.1992 – 11 A 1709/89 –, GuG 1993, 57 = EzGuG 8.71.

Abb. 35: Pfeifengrundstück

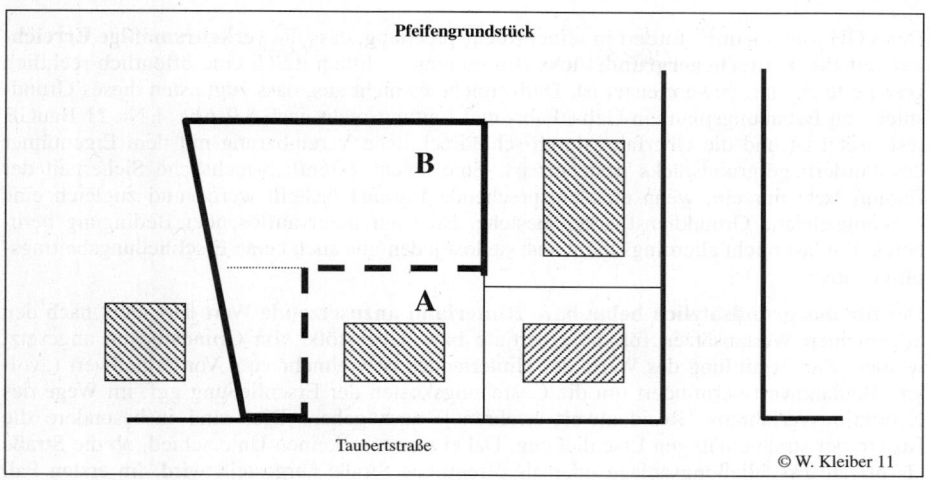

In einem im Zusammenhang bebauten Ortsteil kommt es aber bei der Frage, ob eine rückwärtige Bebauung eines Grundstücks zulässig ist, nach der überbaubaren Grundstücksfläche regelmäßig darauf an, in welchem Umfang die den **Maßstab bildenden umliegenden Grundstücke** eine rückwärtige Bebauung aufweisen. Diese Frage lässt sich nur an Hand der konkreten Umstände des Einzelfalls beantworten[119]. **270**

Liegt der **Standort eines geplanten Wohngebäudes im hinteren Grundstücksbereich gänzlich außerhalb des Umgebungsrahmens** hinsichtlich der überbaubaren Grundstücksfläche, so ist das Vorhaben nach § 34 Abs. 1 BauGB nicht allein deshalb zulässig, weil eine sinnvolle straßenseitige Bebauung wegen des schmalen Zuschnitts des Grundstücks nicht möglich ist[120]. Auch kann die Frage, ob von einem den Umgebungsrahmen überschreitenden Vorhaben im unbeplanten Innenbereich eine Vorbildwirkung für Nachbargrundstücke ausgehen kann, nur nach dem jeweiligen Einzelfall beurteilt werden; sie ist keiner rechtsgrundsätzlichen Klärung zugänglich[121]. **271**

Als baureifes Land können hinterliegende Grundstücke bzw. Grundstücksteile, auch wenn für sie im Bebauungsplan eine bauliche Nutzung festgesetzt ist, nur eingestuft werden, wenn ein **Zugang zur Erschließungsanlage** ggf. über ein fremdes Grundstück gesichert ist. Nach höchstrichterlicher Rechtsprechung gehören Hinterliegergrundstücke nämlich nur dann zum Kreis der erschlossenen Grundstücke, wenn die rechtlichen Hindernisse, die der Zugänglichkeit entgegenstehen, in rechtlich gesicherter Weise und auf Dauer ausräumbar sind[122]. Nach der Rechtsprechung ist eine Erschließung i. S. des § 30 Abs. 1 BauGB nur dann gesichert, wenn damit zu rechnen ist, dass sie auf Dauer zur Verfügung stehen wird. Eine Zuwegung zu einem Hinterliegergrundstück, die nur auf einer auflösend bedingten Baulast beruht, kann dies nicht gewährleisten, wenn sich im maßgeblichen Zeitpunkt bereits konkret abzeichnet, dass die Baulast durch Eintritt einer Bedingung demnächst erlöschen wird[123]. In der Rechtsprechung ist auch gefordert worden, dass die Zufahrt durch eine Grunddienstbarkeit gesi- **272**

---

119 BVerwG, Urt. vom 06.11.1997 – 4 B 172/97 –, NVwZ-RR 1998, 539; BVerwG, Urt. vom 15.12.1994 – 4 C 19/93 –, BauR 1995, 506; BVerwG, Beschl. vom 28.09.1988 – 4 B 175/88 –, EzGuG 8.65; VGH Kassel, Urt. vom 25.09.1987 – 4 UE 40/87 –, BRS Bd 47 Nr. 64.
120 VGH Mannheim, Urt. vom 07.02.1997 – 5 S 3442/95 –, VBlBW 1997, 268.
121 BVerwG, Beschl. vom 04.10.1995 – 4 B 68/95 –, NVwZ-RR 1996, 375 = BRS Bd. 57 Nr. 95.
122 BayVGH, Urt. vom 02.04.1980 – 23 Cs – 670/79 –, EzGuG 8.56; BVerwG, Urt. vom 07.10.1977 – 4 C 103/74 –, EzGuG 9.31a.
123 BVerwG, Urt. vom 08.05.2002 – 9 C 5/01 –, KStZ 2002, 232 = EzGuG 8.72.

chert ist[124], wenn eine dauerhafte Sicherung der Zuwegung durch eine Baulast nicht möglich ist.

273 Der VGH Mannheim[125] fordert in seiner Rechtsprechung, dass die **verkehrsmäßige Erreichbarkeit des Hinterliegergrundstücks** bauordnungsrechtlich durch eine öffentlich-rechtlich gesicherte Zufahrt gewährleistet ist. Dafür reiche es nicht aus, dass zugunsten dieses Grundstücks im Bebauungsplan ein Geh-, Fahr- und Leitungsrecht nach § 9 Abs. 1 Nr. 21 BauGB festgesetzt ist und die Überfahrt durch schuldrechtliche Vereinbarung mit dem Eigentümer des Vorderliegergrundstücks gesichert ist. Eine solche öffentlich-rechtliche Sicherheit der Zufahrt trete nur ein, wenn eine entsprechende **Baulast** bestellt werde und zugleich eine deckungsgleiche Grunddienstbarkeit bestehe. Eine nur unter auflösender Bedingung beruhende Baulast reicht allerdings nicht aus; sie löst jedenfalls auch keine Erschließungsbeitragspflicht aus[126].

274 Der **für das grundsätzlich bebaubare Hinterland anzusetzende** Wert darf nicht nach den allgemeinen Wertansätzen für die Übertiefe bzw. Übergröße von Grundstücken angesetzt werden. Zur Ermittlung des Werts des Hinterlandes ist vielmehr vom Vorderlandwert („voller" Baulandwert vermindert um die Gestehungskosten der Erschließung ggf. im Wege des Extraktionsverfahrens [Residualwertverfahrens]) auszugehen. Dies sind insbesondere die Kosten der straßenmäßigen Erschließung. Dabei macht es keinen Unterschied, ob die Straße als private Erschließungsanlage oder als öffentliche Straße hergestellt wird. Im ersten Fall sind die Kosten vom Eigentümer selbst aufzubringen; im anderen Fall werden sie mit dem Erschließungsbeitrag geltend gemacht und sind deshalb entsprechend wertmindernd zu berücksichtigen. Liegt das zu bewertende Grundstück in einem förmlich festgelegten Sanierungsgebiet, das in einem umfassenden Verfahren saniert wird, wird die mit der Anlegung einer öffentlichen Straße bewirkte Werterhöhung bei der Ermittlung des End- bzw. Neuordnungswerts berücksichtigt und zusammen mit den sonstigen Bodenwerterhöhungen abgeschöpft. Die vom Eigentümer selbst hergestellte Straße wird dagegen nach Maßgabe des § 146 Abs. 3 i. V. m. § 155 Abs. 1 Nr. 2 oder 3 bzw. § 155 Abs. 6 BauGB als „eigene Aufwendung" berücksichtigt. Die Kosten der Herstellung einer Straße beliefen sich im Jahre 2003 auf ca. 100 bis 120 €/m² Straßenfläche bzw. auf rd. 1 000 € je laufender Meter für eine etwa 8 m breite Straße (Abb. 36).

---

124 BayVGH, Urt. vom 22.02.1978 – 65 XV 75 –, EzGuG 18.32; anders OVG Münster, Urt. vom 31.01.1989 – 3 A 922/87 –, EzGuG 8.68.
125 BVerwG, Urt. vom 15.01.1988 – 8 C 111/86 –, EzGuG 9.62; VGH Mannheim, Urt. vom 13.12.1994 – 2 S 3003/93 –, VBlBW 1995, 358; VGH Mannheim Urt. vom 12.09.1996 – 8 S 1844/94 –, DÖV 1997, 472 = BRS Bd 68 Nr 85; BGH, Urt. vom 03.02.1989 – V ZR 224/87 –, NJW 1989, 1607; BGH, Urt. vom 06.10.1989 – V ZR 227/88 –, NVwZ 1990, 192.
126 BVerwG, Urt. vom 08.05.2002 – 9 C 5/01 –, KStZ 2002, 232 = EzGuG 8.72.

Abb. 36: Lageplan

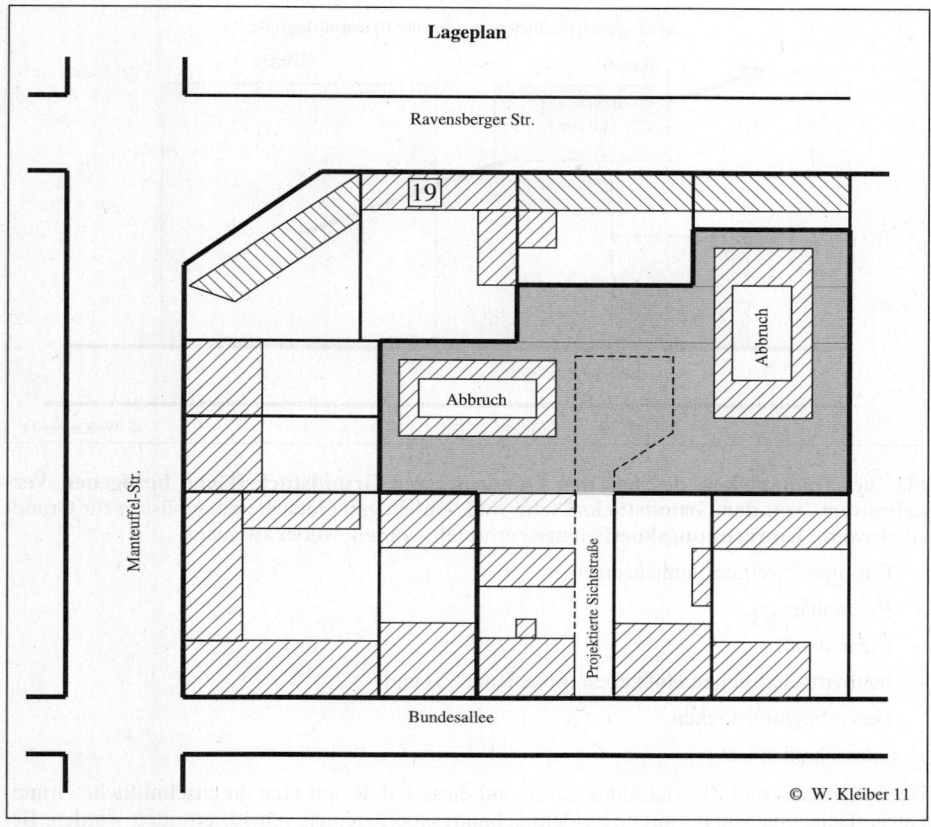

5.3.5.3 Grundstücksgröße

Schrifttum: *Groeger* in ZfV 1921, 165; *Reinhard, W.,* Die Fläche als wertrelevante Größe für individuelles Wohnbauland in ländlichen Bereichen, GuG 2008, 321.

▶ *Vgl. oben Rn. 247 ff. und unten Rn. 306 ff., § 5 ImmoWertV Rn. 38 ff., 88*

Unterschiede in der Grundstücksgröße *(size)* zwischen dem zu bewertenden Grundstück und den zum Vergleich herangezogenen Grundstücken werden grundsätzlich berücksichtigt, indem die **Vergleichspreise** – wie im Übrigen auch Bodenrichtwerte – **auf den Quadratmeter Grundstücksfläche bezogen werden** und auf dieser Grundlage die individuelle Grundstücksgröße des Wertermittlungsobjekts volle Berücksichtigung erfährt. **275**

Erfahrungsgemäß ist jedoch der Quadratmeterwert **eines Baugrundstücks umso größer, je kleiner das Baugrundstück** ist. Dies ist zum einen darauf zurückzuführen, dass sich bei hohen Baulandpreisen der Käufer darauf beschränkt, die baurechtlich notwendige Fläche zu erwerben und auf Freiflächen verzichtet. Auf der anderen Seite gelingt es den Verkäufern erfahrungsgemäß, höhere Quadratmeterpreise beim Verkauf kleinerer Grundstücke am Markt durchzusetzen (Abb. 37). **276**

Abb. 37: Abhängigkeit des Bodenwerts von der Grundstücksgröße

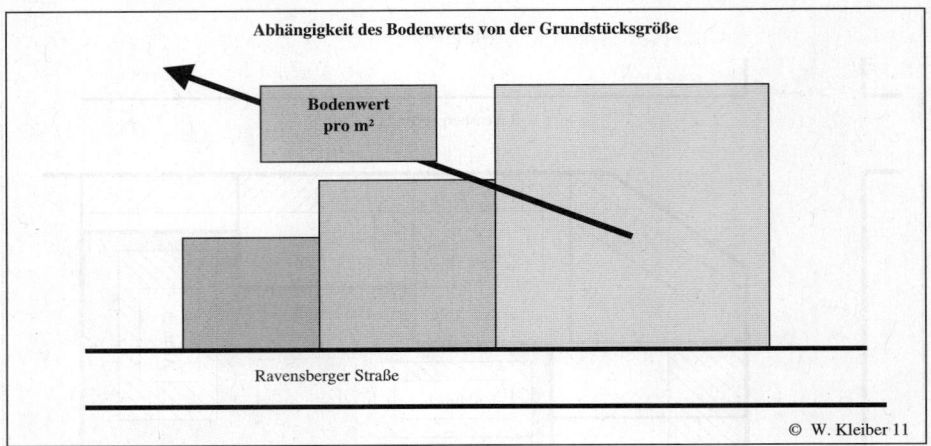

277 Für die **Abhängigkeit des auf den Quadratmeter Grundstücksfläche bezogenen Verkehrswerts von der Grundstücksfläche** sind von einigen Gutachterausschüssen für Grundstückswerte **Umrechnungskoeffizienten** ermittelt worden, wobei zwischen

- Ein- und Zweifamilienhäusern,
- Reihenhäusern
- Gartenland,
- landwirtschaftlichen Hofstellen (oben Rn. 285) und
- Gewerbegrundstücken

zu unterscheiden ist.

278 Bezüglich Ein- und Zweifamilienhäuser sind diese i. d. R. auf eine durchschnittliche Grundstücksfläche von 500 m² mit einem Umrechnungskoeffizienten von 1,0 ermittelt worden. Bei kleineren Grundstücksflächen steigt der Quadratmeterwert verhältnismäßig steil an. Daher muss beim Preisvergleich zwischen **kleinen und großen Grundstücksflächen** unterschieden werden. Noch stärker als bei Ein- und Zweifamilienhäusern steigen die Quadratmeterwerte für Reihenhäuser an, insbesondere wenn die Grundstücksfläche bis auf ca. 150 m² zurückgeht.

279 In Abb. 38 sind **durchschnittliche Umrechnungskoeffizienten** für die Abhängigkeit des Quadratmeterwerts von der Grundstücksfläche angegeben, die als Anhalt dienen können, wenn keine örtlichen Umrechnungskoeffizienten zur Verfügung stehen.

Abb. 38: Bodenwert in Abhängigkeit von der Grundstücksgröße des individuellen Wohnungsbaus (Überblick) 2012

Fläche m²	Bad Dobe-ran	Ber-gisch Glad-bach	Berlin* EFH/ZFH freistehend		Berlin* DHH/RH		LK Birken-feld	Bonn	Land Branden-burg	Chem-nitz	Dahme-Spree-wald Kreis	LK Ennepe Ruhr 2012
		EFH	ein-fach mittel	gut sehr gut	ein-fach mittel	gut sehr gut	BW = 30 €/m²	EFH/ ZFH	EFH/ ZFH			
100	–	–	–	–	–	–	1,15	–	–	–	–	–
125	–	–	–	–	–	–	–	–	–	–	–	–
150	1,41	–	–	–	1,18	1,14	–	1,42	–	–	–	–
175	–	–	–	–	–	–	–	–	–	–	–	–
200	1,29	–	–	–	1,12	1,08	1,08	1,29	–	–	–	1,13
225	–	–	–	–	–	–	–	–	–	–	–	–
250	–	–	–	–	1,06	1,04	–	–	–	1,31	–	–
275	–	–	–	–	–	–	–	–	–	1,26	–	–
300	1,16	1,09	–	–	1,02	1,02	1,05	1,16	1,32	1,22	–	1,08
325	–	–	–	–	–	–	–	–	–	1,18	–	–
350	–	1,07	–	–	1,00	1,00	–	–	–	1,15	1,09	–
375	–	–	–	–	–	–	–	–	–	1,12	–	–
400	1,07	1,06	1,12	1,08	0,97	0,98	1,02	1,07	1,30	1,09	1,05	1,04
425	–	–	–	–	–	–	–	–	–	1,07	–	–
450	–	1,01	–	–	–	–	–	–	–	1,04	1,03	–
475	–	–	–	–	–	–	–	–	–	1,02	–	–
500	1,00	1,00	1,07	1,05	0,93	0,95	1,00	1,00	1,00	1,00	1,00	1,00
525	–	–	–	–	–	–	–	–	–	0,98	–	–
550	–	0,98	–	–	–	–	–	–	–	0,96	0,97	–
575	–	–	–	–	–	–	–	–	–	0,95	–	–
600	0,94	0,96	1,04	1,03	0,90	0,94	0,98	0,95	0,87	0,93	0,95	0,97
625	–	–	–	–	–	–	–	–	–	0,92	–	–
650	–	0,94	–	–	–	–	–	–	–	0,90	0,92	–
675	–	–	–	–	–	–	–	–	–	0,89	–	–
700	0,90	0,93	1,00	1,00	0,87	0,91	0,97	0,91	0,77	0,88	0,91	0,93
725	–	–	–	–	–	–	–	–	–	0,87	–	–
750	–	0,91	–	–	–	–	–	–	–	0,85	0,89	–
775	–	–	–	–	–	–	–	–	–	0,84	–	–
800	0,86	0,89	0,96	0,98	0,83	0,89	0,96	0,87	0,68	0,83	0,88	0,91
825	–	–	–	–	–	–	–	–	–	0,82	–	–
850	–	0,88	–	–	–	–	–	–	–	0,81	0,86	–
875	–	–	–	–	–	–	–	–	–	0,80	–	–
900	0,83	0,87	0,94	0,97	–	–	0,95	0,85	0,59	0,80	0,85	0,89
925	–	–	–	–	–	–	–	–	–	0,79	–	–
950	–	0,85	–	–	–	–	–	–	–	0,78	0,83	–
975	–	–	–	–	–	–	–	–	–	0,77	–	–
1 000	0,81	0,84	0,90	0,95	–	–	0,94	0,83	0,52	0,76	0,82	0,87
1 050	–	0,83	–	–	–	–	–	–	–	–	0,81	–
1 100	0,78	0,81	0,86	0,93	–	–	0,93	0,80	0,45	–	0,80	–
1 150	–	0,79	–	–	–	–	–	–	–	–	0,79	–
1 200	0,76	–	0,82	0,91	–	–	0,92	0,78	0,42	–	0,78	–
1 250	–	–	–	–	–	–	–	–	–	–	0,76	–
1 300	0,74	–	–	–	–	–	0,92	0,76	–	–	0,75	–
1 350	–	–	–	–	–	–	–	–	–	–	0,75	–
1 400	0,72	–	–	–	–	–	0,91	0,75	–	–	0,74	–
1 450	–	–	–	–	–	–	–	–	–	–	0,73	–
1 500	0,71	–	–	–	–	–	0,91	0,73	–	–	0,72	–
1 550	–	–	–	–	–	–	–	–	–	–	0,71	–
1 600	–	–	–	–	–	–	–	–	–	–	0,70	–

Quelle: Gutachterausschussberichte der Städte (Bonn 2011), * *Quelle:* IVD Wertermittlungsausschuss vgl. GuG 2008, 44
EFH = Einfamilienhaus, ZFH = Zweifamilienhaus, DH = Doppelhaushälfte, RH = Reihenhaus, o.B. = offene Bauweise,

Syst. Darst. Vergleichswertverfahren — Grundstücksgröße

Abb. 39: Bodenwert in Abhängigkeit von der Grundstücksgröße des individuellen Wohnungsbaus (Überblick)

Fläche m²	Flensburg	Hamburg RH	Hamburg EFH	LK Harburg Bodenrichtwert 50 €/m²	LK Harburg Bodenrichtwert 250 €/m²	Land Hessen	Heppenheim Südhessen EFH/ZFH	LK Hildesheim	Hannover EFH ZFH
100	–	–	–	–	–	–	–	–	–
125	–	–	–	–	–	–	–	–	–
150	–	1,93	–	–	–	1,35	–	–	–
175	–	1,78	–	–	–	–	–	–	–
200	–	1,63	–	1,11	1,06	1,27	–	–	–
225	–	1,54	–	–	–	–	–	–	–
250	–	1,47	–	1,08	–	1,22	–	–	–
275	–	1,39	–	–	–	–	–	–	–
300	–	1,32	1,21	1,06	1,03	1,17	1,11	1,04	1,09
325	1,19	–	1,18	–	–	–	–	–	–
350	–	1,22	1,15	–	–	1,14	–	–	1,06
375	1,16	1,16	1,11	–	–	–	–	–	–
400	–	1,13	1,09	1,02	1,01	1,10	1,05	1,03	1,04
425	1,13	1,09	1,06	–	–	–	–	–	–
450	–	1,06	1,04	–	–	1,08	–	–	1,02
475	1,10	1,03	1,02	–	–	–	–	–	–
500	–	1,00	1,00	1,00	1,00	1,05	1,00	1,01	1,00
525	1,08	–	0,98	–	–	–	–	–	–
550	–	–	0,96	–	–	1,02	–	–	0,98
575	1,05	–	0,94	–	–	–	–	–	–
600	–	–	0,93	0,97	0,98	1,00	0,96	1,00	0,97
625	1,03	–	0,92	–	–	–	–	–	–
650	–	–	0,90	–	–	–	–	–	0,96
675	1,00	–	0,89	–	–	–	–	–	–
700	–	–	0,88	0,95	0,97	0,98	0,93	0,99	0,94
725	0,98	–	0,87	–	–	–	–	–	–
750	–	–	0,85	–	–	0,97	–	–	0,93
775	0,95	–	0,84	–	–	–	–	–	–
800	–	–	0,83	0,94	0,96	0,96	0,90	0,98	0,91
825	0,93	–	0,82	–	–	–	–	–	–
850	–	–	0,81	–	–	0,94	–	–	0,89
875	0,91	–	0,81	–	–	–	–	–	–
900	–	–	0,80	0,93	0,95	0,93	0,88	0,97	0,88
925	0,88	–	0,79	–	–	–	–	–	–
950	–	–	0,78	–	–	0,92	–	–	0,87
975	0,86	–	0,77	–	–	–	–	–	–

Grundstücksgröße Syst. Darst. Vergleichswertverfahren

Fläche m²	Flensburg	Hamburg RH	Hamburg EFH	LK Harburg Bodenrichtwert 50 €/m²	LK Harburg Bodenrichtwert 250 €/m²	Land Hessen	Heppenheim Südhessen EFH/ZFH	LK Hildesheim	Hannover EFH ZFH
Bodenwert in Abhängigkeit von der Grundstücksgröße (Überblick 2012)									
1 000	–	–	0,76	0,91	0,94	0,91	0,86	0,96	0,86
1 050	0,84	–	0,75	–	–	0,90	–	–	0,85
1 100	0,82	–	0,74	0,90	0,93	0,90	0,84	0,95	0,84
1 150	0,80	–	0,72	–	–	0,89	–	–	0,83
1 200	0,78	–	0,71	0,88	0,92	0,88	–	–	0,82
1 250	0,86	–	0,70	–	–	0,87	–	–	–
1 300	–	–	0,69	0,87	0,92	0,87	–	–	–
1 350	–	–	–	–	–	0,86	–	–	–
1 400	–	–	0,67	0,86	0,91	0,85	–	–	–
1 450	–	–	–	–	–	0,85	–	–	–
1 500	–	–	0,65	0,85	0,90	0,84	–	–	–
1 550	–	–	–	0,81	0,89	–	–	–	–
1 600	–	–	–	–	–	–	–	–	–
1 700	–	–	–	–	–	–	–	–	–
1 800	–	–	–	–	–	–	–	–	–
1 900	–	–	–	–	–	–	–	–	–
2 000	–	–	0,57	–	–	–	–	–	–
2 500	–	–	0,54	–	–	–	–	–	–
3 000	–	–	0,50	–	–	–	–	–	–
4 000	–	–	0,45	–	–	–	–	–	–
4 500	–	–	0,43	–	–	–	–	–	–
5 000	–	–	0,41	–	–	–	–	–	–

Quelle: Gutachterausschüsse für Grundstückswerte (Heppenheim 2011, Hessen 2011, Flensburg 2010)

Abb. 40: Bodenwert in Abhängigkeit von der Grundstücksgröße des individuellen Wohnungsbaus (Überblick)

Fläche m²	Köln EFH ZFH 2012	LK Leer	Leipzig EFH § 30	Leipzig EFH	Leipzig RH § 34	LK Mainz/ Bingen 2011	Mühlheim a.d.Ruhr	Neuss EFH/ DH	Neuss RH	Northeim 2012
Bodenwert in Abhängigkeit von der Grundstücksgröße										
100	–	–	–	–	–	1,15	–	–	–	–
125	–	–	–	–	–	–	–	–	–	–
150	1,44	–	1,41	1,33	1,17	–	1,26	–	–	–
175	1,39	–	–	–	–	–	1,20	–	–	–
200	1,35	–	1,31	1,25	1,13	1,08	1,15	1,155	1,314	–
225	1,31	–	–	–	–	–	1,09	–	1,257	–
250	1,28	–	1,24	1,19	1,10	–	1,04	1,116	1,200	–
275	1,25	–	–	–	–	–	–	–	1,171	–
300	1,23	–	1,17	1,14	1,07	1,04	–	–	1,142	1,14
325	1,20	–	–	–	–	–	–	1,066	1,114	–
350	1,18	–	1,12	1,10	1,05	–	–	–	1,085	–
375	1,16	–	–	–	–	–	–	–	–	–
400	1,14	1,05	1,08	1,06	1,03	1,02	–	–	1,058	1,11
425	1,12	–	–	–	–	–	–	–	–	–
450	1,10	–	1,04	1,03	1,01	–	–	1,015	1,028	–
475	–	–	–	–	–	–	–	–	–	–
500	**1,07**	**1,00**	**1,00**	**1,00**	**1,00**	**1,00**	–	**1,000**	**1,000**	**1,09**
525	–	–	–	–	–	–	–	–	–	–
550	1,04	–	0,97	0,97	0,99	–	–	–	0,971	–
575	–	–	–	–	–	–	–	–	–	–

1025

Syst. Darst. Vergleichswertverfahren — Grundstücksgröße

Bodenwert in Abhängigkeit von der Grundstücksgröße									
Fläche	Köln	LK Leer	Leipzig			LK Mainz/ Bingen	Mühlheim a.d.Ruhr	Neuss		Northeim
m²	EFH ZFH 2012		EFH § 30	RH § 34		2011		EFH/ DH	RH	2012
600	1,02	0,97	0,94	0,95	0,97	0,98	–	–	–	1,06
625	–	–	–	–	–	–	–	0,972	0,954	–
650	0,99	–	0,91	0,93	0,96	–	–	–	–	–
675	–	–	–	–	–	–	–	–	–	–
700	0,97	0,95	0,89	0,91	0,95	0,97	–	–	0,937	1,03
725	–	–	–	–	–	–	–	–	–	–
750	0,95	–	0,86	0,89	0,94	–	–	–	–	–
775	–	–	–	–	–	–	–	–	–	–
800	0,93	0,93	0,84	0,87	0,93	0,96	–	–	–	**1,00**
825	–	–	–	–	–	–	–	–	–	–
850	0,91	–	0,82	0,86	0,93	–	–	–	–	–
875	–	–	–	–	–	–	–	–	–	–
900	0,90–	0,91	0,80	0,84	0,92	0,95	–	–	–	0,97
925	–	–	–	–	–	–	–	–	–	–
950	0,88	–	0,78	0,83	0,91	–	–	–	–	–
975	–	–	–	–	–	–	–	–	–	–
1 000	0,86	0,89	0,76	0,81	0,90	0,94	–	–	–	0,94
1 050	–	–	0,75	0,80	0,89	–	–	–	–	–
1 100	–	0,87	0,73	0,79	0,89	0,93	0,193	–	–	0,91
1 150	–	–	0,72	0,77	0,88	–	–	–	–	–
1 200	–	0,85	0,70	0,76	0,88	0,93	–	–	–	0,89
1 250	–	–	0,69–	0,75	0,87	–	–	–	–	–
1 300	–	0,83	0,67	0,74	0,87	0,92	–	–	–	–
1 350	–	–	0,66	0,73	0,86	–	–	–	–	–
1 400	–	0,80	0,65	0,72	0,86	0,92	–	–	–	–
1 450	–	–	0,64	0,71	0,85	–	–	–	–	–
1 500	–	0,76	0,63	0,70	0,85	0,91	0,883	–	–	–
1 550	–	–	–	–	–	–	–	–	–	–
1 600	–	0,73	–	–	–	–	–	–	–	–
1 700	–	–	–	–	–	–	–	–	–	–
1 800	–	(0,70)	–	–	–	–	–	–	–	–
1 900	–	–	–	–	–	–	–	–	–	–
2 000	–	(0,64)	–	–	–	–	–	–	–	–
2 500	–	(0,55)	–	–	–	–	–	–	–	–
3 000	–	(0,47)	–	–	–	–	–	–	–	–
4 000	–	(0,38)	–	–	–	–	–	–	–	–
4 500	–	–	–	–	–	–	–	–	–	–
5 000	–	–	–	–	–	–	–	–	–	–

Quelle: Gutachterausschussberichte der Städte (Köln 2012, Göttingen 2012)
EFH = Einfamilienhaus, ZFH = Zweifamilienhaus, DH = Doppelhaushälfte, RH = Reihenhaus, o.B. = offene Bauweise

Abb. 41: Bodenwert in Abhängigkeit von der Grundstücksgröße des individuellen Wohnungsbaus (Überblick)

Bodenwert in Abhängigkeit von der Grundstücksgröße (Überblick 2012)					
Fläche m²	**Plön**	**Potsdam** Indiv. Wohnungsbau Inneres Stadtgebiet	LK **Oberspree Lausitz**	LK **Rotenburg (Wümme), Soltau-Fallingbostel, Verden**	**Regionalbereich Altmark (Sachsen-Anhalt)**
200	–	–	–	1,12	1,07
300	1,35	1,16	1,08	1,10	1,04
325	–	–	–	–	–
350	1,29	–	1,08	–	–
400	1,24	1,09	–	1,08	1,02
450	1,19	–	1,07	–	–
500	1,15	1,05	1,07	1,06	**1,00**
550	1,12	–	1,06	–	–
600	1,09	1,02	1,05	1,04	0,98
650	1,07	–	–	–	–
700	1,04	**1,00**	1,03	1,02	0,97
750	1,03	–	–	–	–
800	**1,00**	0,99	**1,00**	**1,00**	0,96
850	0,98	–	–	–	–
900	0,96	0,97	0,97	0,98	0,95
950	0,95	–	–	–	–
1 000	0,93	0,97	0,93	0,96	0,94
1 050	0,92	–	–	–	–
1 100	0,91	0,96	0,88	0,94	0,93
1 150	0,90	–	–	–	–
1 200	0,88	0,95	0,84	0,92	–
1 250	0,87	–	–	–	–
1 300	0,86	–	0,79	0,90	–
1 350	0,85	–	–	–	–
1 400	0,84	0,94	0,73	0,88	–
1 450	0,83	–	–	–	–
1 500	0,83	0,94	0,68	0,86	–
1 550	0,82	–	–	–	–
1 600	0,81	–	0,62	0,84	–
1 700	–	–	–	0,82	–
1 800	–	–	–	0,80	–
1 900	–	–	–	0,78	–
2 000	–	–	–	0,76	–

Quelle: Landesgrundstücksmarktbericht 2011 von Niedersachsen (LK Rotenburg (Wümme), Soltau-Fallingbostel, Verden), Sachsen-Anhalt (2011), Potsdam (2010)

Abb. 42: Bodenwert in Abhängigkeit von der Grundstücksgröße des individuellen Wohnungsbaus (Überblick)

Bodenwert in Abhängigkeit von der Grundstücksgröße (Überblick 2012)				
Fläche m²	**Schwerin** EFH	LK **Stade**	**Teltow**	**Wuppertal** 1-2 gesch.
200	–	1,17	1,007	1,18
250	1,01	–	–	1,14
300	–	1,13	0,962	1,10
350	–	–	–	1,07
400	–	1,09	0,929	1,04
450	–	–	–	1,02
475	–	–	–	–
500	**1,00**	1,06	**1,000**	**1,00**
550	–	–	–	–

Syst. Darst. Vergleichswertverfahren — Grundstücksgröße

Bodenwert in Abhängigkeit von der Grundstücksgröße (Überblick 2012)				
Fläche m²	Schwerin EFH	LK Stade	Teltow	Wuppertal 1-2 gesch.
600	–	1,03	0,877	0,96
650	–	–	–	–
700	–	1,00	0,831	0,93
750	1,00	–	–	–
800	–	0,98	0,793	0,91
850	–	–	–	–
900	–	0,95	0,734	0,88
950	–	–	–	–
1 000	0,99	0,93	0,734	0,86
1 050	–	–	–	–
1 100	–	0,91	0,701	0,84
1 150	–	–	–	–
1 200	–	0,89	0,670	0,83
1 250	0,99	–	–	–
1 300	–	0,88	0,637	–
1 350	–	–	–	–
1 400	–	0,86	0,598	–
1 450	–	–	–	–
1 500	0,98	0,84	0,573	–
2 000	–	–	0,532	–
2 500	–	–	0,507	–
3 000	–	–	0,468	–
4 000	–	–	0,422	–

Quelle: Grundstücksmarktberichte (Wuppertal 2012)

Abb. 43: Bodenwert in Abhängigkeit von der Grundstücksgröße des individuellen Wohnungsbaus (Überblick) 2009 für Brandenburg

Bodenwert in Abhängigkeit von der Grundstücksgröße (Überblick 2009)									
Fläche m²	Land Brandenburg EFH/ZFH	Blankenfelde Mahlow	Barnim	Dahme-Spreewald Kreis	Havelland	Märkisch Oderland	Potsdam	LK Oberspreewald Lausitz	Teltow
200	–	–	–	–	–	–	–	–	1,007
250	–	–	–	–	–	–	–	–	–
300	1,32	–	–	–	–	–	–	1,08	0,962
350	–	–	–	1,09	–	–	–	1,08	–
400	1,30	1,14	1,24	1,05	1,14	1,15	1,15	–	0,929
450	–	–	–	1,03	–	–	–	1,07	–
500	1,00	1,10	1,15	1,00	1,09	1,08	1,08	1,07	1,000
550	–	–	–	0,97	–	–	–	1,06	–
600	0,87	1,05	1,07	0,95	1,04	1,03	1,04	1,05	0,877
650	–	–	–	0,92	–	–	–	–	–
700	0,77	1,00	1,00	0,91	1,00	1,00	1,00	1,03	0,831
750	–	–	–	0,89	–	–	–	–	–
800	0,68	0,94	0,93	0,88	0,96	0,98	0,98	1,00	0,793
850	–	–	–	0,86	–	–	–	–	–
900	0,59	0,88	0,87	0,85	0,92	0,94	0,96	0,97	0,734
950	–	–	–	0,83	–	–	–	–	–
1 000	0,52	0,82	0,80	0,82	0,88	0,88	0,94	0,93	0,734
1 050	–	–	–	0,81	–	–	–	–	–
1 100	0,45	0,75	0,75	0,80	0,85	0,80	0,92	0,88	0,701
1 150	–	–	–	0,79	–	–	–	–	–

Grundstücksgröße — Syst. Darst. Vergleichswertverfahren

Bodenwert in Abhängigkeit von der Grundstücksgröße (Überblick 2009)									
Fläche m²	Land Brandenburg EFH/ZFH	Blankenfelde Mahlow	Barnim	Dahme-Spreewald Kreis	Havelland	Märkisch Oderland	Potsdam	LK Oberspreewald Lausitz	Teltow
1 200	0,42	–	–	0,78	–	–	–	0,84	0,670
1 250	–	–	–	0,76	–	–	–	–	–
1 300	–	–	–	0,75	–	–	–	0,79	0,637
1 350	–	–	–	0,75	–	–	–	–	–
1 400	–	–	–	0,74	–	–	–	0,73	0,598
1 450	–	–	–	0,73	–	–	–	–	–
1 500	–	–	–	0,72	–	–	–	0,68	0,573
1 550	–	–	–	0,71	–	–	–	–	–
1 600	–	–	–	0,70	–	–	–	0,62	–
2 000	–	–	–	–	–	–	–	–	0,532
2 500	–	–	–	–	–	–	–	–	0,507
3 000	–	–	–	–	–	–	–	–	0,468
4 000	–	–	–	–	–	–	–	–	0,422

Quelle: Gutachterausschussberichte der Städte
EFH = Einfamilienhaus, ZFH = Zweifamilienhaus, DH = Doppelhaushälfte, RH = Reihenhaus, o.B. = offene Bauweise,

Für **Gewerbegrundstücke** hat der Gutachterausschuss für den Bereich der Stadt *Aachen* folgende Umrechnungskoeffizienten abgeleitet 280

Fläche [m²]	1 000	2 000	3 000	4 000	5 000	6 000	7 000	8 000	9 000	10 000	11 000
UK	1,45	1,31	1,18	1,08	**1,00**	0,93	0,89	0,86	0,84	0,83	0,83

Für den Bereich des **individuellen Wohnungsbaus** ergeben sich die Umrechnungskoeffizienten nach folgender Formel: 281

in *Chemnitz* $UK = 11{,}155 \times \text{Grundstücksfläche (m}^2)^{-0{,}3881}$

in *Köln* $UK = 295{,}28 - 30{,}25 \times \ln \text{Grundstücksfläche}_{m^2}$

in *Mülheim an der Ruhr* $UK = -0{,}002 \times \text{Grundstücksfläche} + 1{,}5853$
(für Kleinstgrundstücke < 250 m²)

in *Hamburg*[127] $UK = 10{,}3633 \times \text{Fläche[m}^2]^{-0{,}3385}$

Für *Nürnberg* wurden Umrechnungskoeffizienten ermittelt, die die Abhängigkeit des Bodenwerts von der GFZ, der Grundstücksgröße und Teilbarkeit beschreiben (Abb. 44): 282

---

[127] Grundstücksmarktbericht 2001.

Syst. Darst. Vergleichswertverfahren — Grundstücksgröße

Abb. 44: Umrechnungskoeffizienten in Abhängigkeit von der GFZ und der Grundstücksgröße

GuF	GFZ und Flächen-Indizes (%) — GFZ									
	1,0	0,9	0,8	0,7	0,6	0,5	0,4	0,3	0,2	0,1
150	100	97	94	-	-	-	-	-	-	-
180	100	97	94	91	89	-	-	-	-	-
200	100	97	94	91	88	-	-	-	-	-
220	100	97	94	91	88	-	-	-	-	-
250	100	97	94	91	88	84	-	-	-	-
300	99	96	93	90	87	84	81	-	-	-
350	99	96	93	90	87	84	80	76	-	-
400	99	96	93	90	87	83	80	76	-	-
450	98	95	92	89	86	83	80	76	-	-
500	98	95	92	89	86	83	79	75	-	-
600	97	94	91	88	85	82	79	75	69	-
700	97	94	91	88	-	-	-	74	68	-
800	96	93	-	-	-	-	-	73	68	-
900	-	-	-	-	-	-	-	73	67	-
1 000	-	-	-	-	-	-	-	72	66	-
1 100	-	-	-	-	-	-	-	71	66	58
1 200	-	-	-	-	-	-	-	71	65	57

(Bauplatzgröße in m²)

Bei der Umrechnung nach der vorstehenden Tabelle ist unbedingt zu beachten, dass für die Bauplatzgröße nicht die Gesamtfläche des Wertermittlungs- bzw. Vergleichsobjekts, sondern die durchschnittliche Größe der auf dem Objekt realisierbaren Bauparzellen einzusetzen ist.

Die wahrscheinlichste Kombination ist schwarz hervorgehoben. Diese Kombination wurde auch für die Bodenrichtwerte als Bezugswert definiert. Deshalb sind bei Heranziehung von Bodenrichtwerten die schwarz hervorgehobenen Indexwerte zur Umrechnung zu verwenden.

Für den Fall, dass größere teilbare Grundstücke zu werten sind, sind folgende Umrechnungsindizes zu verwenden, wobei eine ortsübliche und sinnvolle Teilung zu unterstellen sind. Bei sehr großen Grundstücken (Grundstücke > als 15 Bauplätze) kann der Abschlag je nach erforderlicher Innerer Erschließung deutlich größer (bei Rohbaulandcharakter) oder kleiner (bei bereits günstiger Lage an öffentlichen Verkehrsflächen) sein.

Teilbarkeitsindizes															
Anzahl der Bauplätze															
	1	2	3	4	5	6	7	8	9	10	11	12	13	14	15
T	100	98	97	95	94	93	91	90	89	88	87	87	86	85	85

Beispiel:

Gesucht ist der Bodenwert eines 1 000 m² großen Grundstücks, das mit vier Doppelhaushälften bei einer GFZ von 0,6 bebaut werden kann.

Als Bauplatzgröße sind 1 000 m²/4 = 250 m² anzusetzen.

Gegeben sei zum Vergleich ein Bodenrichtwert von 370 €/m² mit den Merkmalen GFZ = 0,8, Bezugsfläche = 220 m², Anzahl der Bauplätze = 1

$$BW_B = GuF_B/GuF_V \times T_B/T_V \times BW_V$$

wobei

BW_B	= Bodenwert des Bewertungsobjekts	=	gesucht
BW_V	= Bodenwert des Vergleichsobjekts	=	370 €/m²
GuF_B	= GFZ- und Flächenindex des Bewertungsobjekts	=	88
GuF_V	= GFZ- und Flächenindex des Vergleichspreises/-werts	=	94
T_B	= Teilbarkeitsindex des Bewertungsobjekts	=	95
T_V	= Teilbarkeitsindex des Vergleichsobjekts	=	100

$BW_B = 88/94 \times 95/100 \times 370 \text{ €/m}^2 = 329 \text{ €/m}^2$

Abb. 45: Bodenwert in Abhängigkeit von der Grundstücksgröße (Empfehlung)

Bodenwert in Abhängigkeit von der Grundstücksgröße und Grundstückstiefe bei Wohnimmobilien
Empfehlung

Aus zahlreichen Untersuchungen ist bekannt, dass der Bodenwert eines Grundstücks bei kleiner werdenden Grundstücken ab einer Grundstücksgröße von etwa 500 m² stark ansteigt, und zwar bei Reihenhäusern stärker als bei sonstigen Ein- und Mehrfamilienhäusern.

Bei größer werdenden Grundstücken geht die Minderung des Quadratmeterpreises zurück und vermindert sich ab etwa 2 500 m² nur noch marginal.

Folgende Umrechnungskoeffizienten sind, sofern vom örtlichen Grundstücksmarkt keine besseren Erkenntnisse vorliegen, für
- Reihenhäuser (RH) und
- Ein- und Zweifamilienhäuser (EFH) heranziehbar:

Ergänzender Hinweis: In Hochpreisregionen ist die Abhängigkeit der Bodenwerte von der Grundstücksgröße stärker als in mittleren und niedrigen Preisregionen ausgeprägt.

Umrechnungskoeffizienten

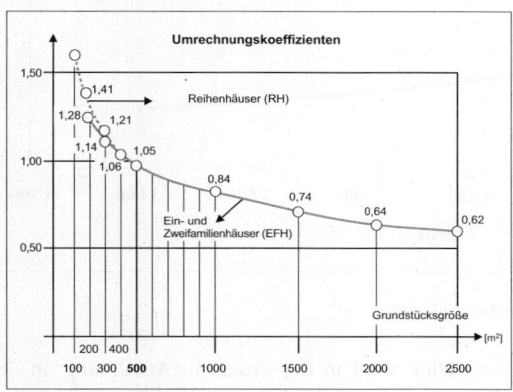

Umrechnungskoeffizienten					
Anhaltswerte, soweit örtlich keine Umrechnungskoeffizienten empirisch abgeleitet worden sind					
Grundstücksgröße			Grundstückstiefe		
Größe [m²]	EFH	RH	Tiefe [m]	EFH/ZFH	MFH
150	-	1,57	20	1,10	1,25
200	1,28	1,41	22	1,07	1,18
250	1,21	1,29	24	1,04	1,12
300	1,14	1,21	26	1,03	1,10
350	1,10	1,12	28	1,02	1,04
400	1,06	1,05	30	**1,00**	1,00
450	1,03	1,03	32	0,98	0,97
500	1,00	1,00	34	0,97	0,93
550	0,98	0,98	36	0,95	0,91
600	0,95	-	38	0,92	0,89
650	0,94	-	40	0,89	0,87
700	0,92	-	45	0,85	0,82
800	0,89	-	50	0,82	0,78
900	0,86	-	55	0,82	0,75
1 000	0,84	-	60	0,81	0,72
1 500	0,74	-	70	0,81	0,70
2 000	0,64	-	80	0,80	0,65
EFH = Einfamilienhaus; ZFH = Zweifamilienhaus; MFH = Mehrfamilienhaus; RH = Reihenhaus					

Beispiel:

a) Es liegt ein Vergleichspreis für ein 250 m² großes Einfamilienhausgrundstück vor: 400 €/m²
b) Gesucht ist ein Vergleichspreis für ein 400 m² großes Einfamilienhausgrundstück (Wertermittlungsobjekt)

Lösung: Umrechnungskoeffizient für 250 m² (EFH): 1,21 (lt. Tabelle)
Umrechnungskoeffizient für 400 m² (EFH): 1,06 (lt. Tabelle)

Vergleichspreis (EFH) 400 m² = 1,06 / 1,21 × 400 €/m² = **350 €/m²**   © W. Kleiber 10

284 Zur Abhängigkeit des Bodenwerts von der Grundstücksgröße bei **Gartenland** (vgl. § 5 ImmoWertV Rn. 304):

Abb. 46: **Abhängigkeit des selbstständigen Gartenlands von der Grundstücksgröße in Mülheim an der Ruhr**

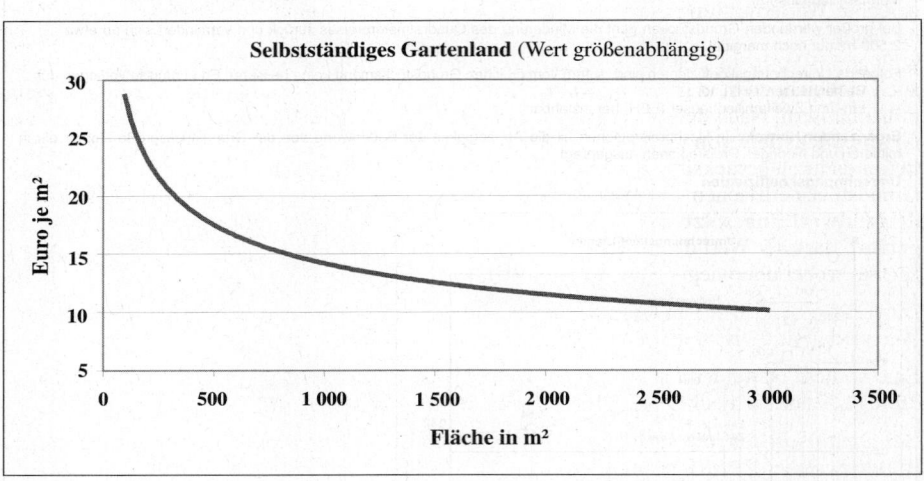

Quelle: Grundstücksmarktbericht Stadt Mülheim an der Ruhr 2005

285 Der **Bodenwert landwirtschaftlicher Hofstellen** wird in der Praxis in Anlehnung an den Bodenwert bebauter Grundstücke im Außenbereich ermittelt, wobei im Hinblick auf die vielfach vorgefundene Hofstellenfläche von 3 000 bis 5 000 m² Abschläge wegen Übergröße anzubringen sind[128] (vgl. § 5 ImmoWertV Rn. 140 ff.).

Bei land- oder forstwirtschaftlich genutzten Grundstücken i. S. des § 4 Abs. 1 Nr. 1 nimmt der Quadratmeterwert – anders als bei Bauland – mit der Grundstücksgröße nicht ab; vielmehr **steigt er sogar mit der Grundstücksfläche leicht** an. Der Quadratmeterwert der besonderen landwirtschaftlichen Flächen nimmt hingegen – wie bei Bauland – mit der Grundstücksfläche ab (vgl. § 5 ImmoWertV Rn. 43, 93 ff., 140).

286 Bei **Gewerbeflächen** beziehen sich die Vergleichspreise für unbebaute Grundstücke zumeist auf Grundstücke mit einer Gesamtfläche ≥ 1 000 m² und vielfach sogar ≥ 10 000 m². Soweit das zu bewertende Grundstück eine größere Gesamtfläche aufweist, ist in aller Regel eine bei der Bodenwertermittlung zu berücksichtigende innere Erschließung erforderlich, wobei man sich an den entsprechenden Kosten orientieren kann, die auch für die Ermittlung von Erschließungsbeiträgen nach den §§ 123 ff. BauGB maßgeblich sind. Unter Berücksichtigung dieser Kosten ergibt sich ein entsprechend geminderter Bodenwert.

287 In der **steuerlichen Bewertung** ist ein Abschlag auf den Bodenrichtwert wegen der Größe des zu bewertenden Grundstücks nur vorzunehmen, wenn der Gutachterausschuss Umrechnungskoeffizienten für die Grundstücksgrößen vorgegeben hat (vgl. ErbStR 161 Abs. 3 sowie Rn. 298)[129].

---

128 Reinhardt, W., Die Fläche als wertrelevante Größe für individuelles Wohnbauland in ländlichen Bereichen, GuG 2008, 321.
129 BFH, Urt. vom 11.05.2005 – II R 21/02 –, EzGuG 4.195; Gleich lautende Erlasse der obersten Finanzbehörden der Länder zur Umsetzung des Gesetzes zur Reform des Erbschaftsteuer- und Bewertungsrechts vom 05.05.2009.

5.3.5.4 Grundstückstiefe

a) *Verkehrswertermittlung*

Die Abhängigkeit des Bodenwerts von der Grundstückstiefe ist von einer Reihe von Gutachterausschüssen für Grundstückswerte mit dem Ergebnis analysiert worden, dass für eine sachgerechte Wertermittlung eine Aufteilung ab einer bestimmten Grundstückstiefe sinnvoll ist, da für übertiefe Grundstücksflächen im gewöhnlichen Geschäftsverkehr deutliche Preisabschläge im Verhältnis zum Wert des Vorderlandes gemacht werden, und zwar auch – wenn auch vielleicht nicht in gleichem Maße – bei in offener Bauweise errichteten Ein- und Zweifamilienhäusern. Nach den vorliegenden Untersuchungen ist die Grenze überwiegend bei einer **Grundstückstiefe von rd. 35 m** zu ziehen. **In der Wertermittlungspraxis**[130] **werden Übertiefen** dadurch berücksichtigt, dass z. B. ab 35 m Grundstückstiefe die hieran anschließenden Grundstücksteilflächen – **gestaffelt nach Tiefenzonen – mit einem Wertabschlag zum Vorderlandwert angesetzt** werden. Des Weiteren haben die Untersuchungen zu dem Ergebnis geführt, dass der Wert des Hinterlandes bei etwa 10 bis 35 %[131] des Vorderlandwerts anzusetzen ist, wobei überwiegend ein Wertansatz von 15 % festgestellt wurde[132]. 288

Das OVG Münster hat in einer älteren Entscheidung darauf hingewiesen, dass es ein festes Wertverhältnis zwischen Vorder- und Hinterland nicht gäbe[133]. 289

Eine weitere Besonderheit ist bei übergroßen Grundstücken dann gegeben, wenn sie „in der Tiefe" aus unterschiedlich nutzbaren Grundstücksteilen bestehen. 290

Bei Grundstücken, die aufgrund ihrer Übergröße aus **unterschiedlichen Grundstücksqualitäten** bestehen, ist es sachgerechter, 291

a) Umrechnungskoeffizienten für die Abhängigkeit des Bodenwerts von der Grundstückstiefe empirisch abzuleiten (Abb. 46) oder

b) der Wertermittlung der einzelnen Teilflächen den ihnen jeweils zuzuordnenden Entwicklungszustand mit den entsprechenden Bodenwerten zuzuordnen (**Mosaikmethode**).

Die zuletzt genannte Methode ist insbesondere bei größeren Grundstücksflächen sachgerecht, wenn sich ein Grundstück nach der **Gesamtsituation** entsprechend aufteilen lässt. Die erstgenannte Methode wird insbesondere bei kleineren übertiefen Grundstücken angewandt, wobei die mit Umrechnungskoeffizienten belegte Staffelung der Wertigkeit u. a. auch ihre Begründung in dem geringerwertigen Entwicklungszustand finden kann. 292

Soweit bei übertiefen Grundstücken keine unterschiedlichen Entwicklungszustandsstufen in die Wertermittlung eingehen, ist es dagegen seit jeher auch üblich, **Umrechnungskoeffizienten** i. S. des § 12 ImmoWertV **für den Bodenwert in Abhängigkeit von der Grundstückstiefe heranzuziehen** (vgl. Abb. 47): 293

---

130 Die Abhängigkeit des Grundstückswerts von der Grundstückstiefe ist schon seit jeher Gegenstand empirischer Untersuchungen, vgl. Strinz, Der Städtebau 1929, 69; Pohlman-Hohenaspe im Jahrbuch der Bodenreform 1914, 103; Kirchesch in ZfV 1941, 330; Großmann in ZfV 1941, 175; Krämer, U., RDM-Informationsdienst 1997, 15.
131 Beispielsweise Grundstücksmarktbericht von Bergisch Gladbach 2009.
132 Beispielsweise Grundstücksmarktbericht der Kreise Heinsberg und Düren 2007.
133 OVG Münster, Urt. vom 25.09.1957 – 4 A 670/56 –, EzGuG 4.7.

Syst. Darst. Vergleichswertverfahren — Grundstückstiefe

Abb. 47: Bodenwert in Abhängigkeit von der Grundstückstiefe

Tiefe	Aachen MFH	Aachen EFH/ZFH	Aachen	Chemnitz	Düren	Essen 3-4-gesch.	LK Mettmann
Bodenrichtwert bezogen auf							
m²	30 m	35 m	40 m				
15	–	–	–	–	–	–	–
18	–	–	–	–	–	–	–
20	1,200	1,110	1,168	1,25	–	1,240	–
22	–	–	–	1,19	–	1,180	–
24	–	–	–	1,13	–	1,120	–
25	1,090	1,094	1,152	1,10	–	1,100	–
28	–	–	–	1,03	–	1,040	–
30	**1,000**	1,052	1,107	**1,00**	1,00	1,000	–
32	–	–	–	0,98	–	0,970	–
35	0,925	**1,000**	1,053	0,92	–	0,925	1,00
38	–	–	–	0,87	–	0,890	–
40	0,871	0,950	**1,000**	0,85	–	0,870	0,939
45	0,806	0,905	0,953	0,80	–	0,820	0,862
50	0,758	0,865	0,911	0,74	0,94	0,780	0,799
55	0,716	0,830	0,874	–	–	0,750	0,745
60	0,679	0,800	0,842	–	0,88	0,720	0,700
65	0,646	0,773	0,814	–	–	–	0,660
70	0,616	0,948	0,787	–	0,82	–	0,625
75	–	–	–	–	–	–	0,595
80	0,564	–	–	–	0,76	–	0,568
85	–	–	–	–	–	–	0,543
90	0,520	–	–	–	0,70	–	–
100	0,500	–	–	–	0,64	–	–

MFH = Mietwohnhaus (Mehrfamilienhaus); EFH = Einfamilienhaus; ZFH = Zweifamilienhaus; RH = Reihenhaus; DH = Doppelhaus

Quelle: Grundstücksmarktberichte; vgl. Tiemann in AVN 1964, 19 und AVN 1970, 387, LK Mettmann (2012)

Abb. 47: Bodenwert in Abhängigkeit von der Grundstückstiefe

Bodenwert in Abhängigkeit von der Grundstückstiefe Zu- und Abschläge							
Tiefe	Hagen	Moers		Neuss		Offenbach	Solingen	Einheits-bewertung
m²		EFH/ZFH	MFH	EFH DH	RH			
18	–	–	–	–	–	–	–	–
20	–	–	–	1,10	–	1,09	–	–
22	1,25	1,10	1,25	–	1,10	–	–	–
24	–	1,07	1,18	1,05	–	–	–	–
25	–	1,04	1,12	–	–	1,04	1,09	–
28	1,10	1,03	1,10	–	1,05	–	–	–
30	–	1,02	1,04	–	–	1,00	1,00	–
32	**1,00**	**1,00**	**1,00**	**1,00**	**1,00**	–	–	–
35	–	0,98	0,97	–	–	0,96	0,92	–
38	0,988	0,96	0,92	–	–	–	0,88	–
40	–	0,92	0,89	–	–	0,91	0,83	–
45	0,958	0,89	0,87	0,95	0,95	0,87	0,79	–
50	0,917	0,85	0,82	–	–	0,82	–	–
55	0,867	0,82	0,78	–	–	0,78	–	–
60	–	0,82	0,75	0,90	0,90	0,73	–	0,50
65	–	0,81	0,72	–	–	0,69	–	–
70	–	–	–	–	–	0,64	–	–
75	–	–	–	–	–	0,60	–	–
80	–	–	–	–	–	0,55	–	–
85	–	–	–	0,85	0,84	0,51	–	–
90	–	–	–	–	–	–	–	–
100	–	–	–	–	–	–	–	–
								0,40 soweit baulich nutzbar, sonst ≥ 0,40
MFH = Mietwohnhaus (Mehrfamilienhaus); EFH = Einfamilienhaus; ZFH = Zweifamilienhaus; RH = Reihenhaus; DH = Doppelhaus								

Quelle: Grundstücksmarktberichte; vgl. Tiemann in AVN 1964, 19 und AVN 1970, 387, Moers (2011)

Es wurden folgende **Abhängigkeiten** festgestellt:

in *Chemnitz* $\quad$ UK $= 0{,}8068 \times $ Tiefe(m)$^{-0{,}566}$
in *LK Mettmann* $\quad$ UK $= 13{,}721 \times $ Tiefe(m)$^{-07269}$

Im Übrigen stehen Abschläge wegen Übertiefe im **Zusammenhang mit Abschlägen wegen Übergröße**, insbesondere wenn eine Übergröße bereits durch Abschläge für eine „innere Erschließung" angebracht worden ist. Insoweit dürfen Übergröße und Übertiefe nicht doppelt berücksichtigt werden.

Aus empirischen Untersuchungen ergibt sich, dass die **Abhängigkeit des Bodenwerts von der Grundstückstiefe im Bereich der Wohnbaugrundstücke bei Mehrfamilienhäusern deutlich ausgeprägter als bei Ein- und Zweifamilienhäusern** ist. Dies findet seine logische Erklärung darin, dass Übertiefen keine oder allenfalls vernachlässigbare Auswirkungen auf die Mietverhältnisse haben, während bei Ein- und Zweifamilienhäusern die Annehmlichkeit eines größeren Gartens oder einer sonstigen Freifläche ihren wertmäßigen Niederschlag findet. Bei Reihenhäusern ist dies sogar noch ausgeprägter. Abb. 48 enthält zur Berücksichtigung der Abhängigkeit des Bodenwerts von der Grundstückstiefe Empfehlungen.

Syst. Darst. Vergleichswertverfahren — Grundstückstiefe

Abb. 48: Bodenwert in Abhängigkeit von der Grundstückstiefe (Empfehlung)

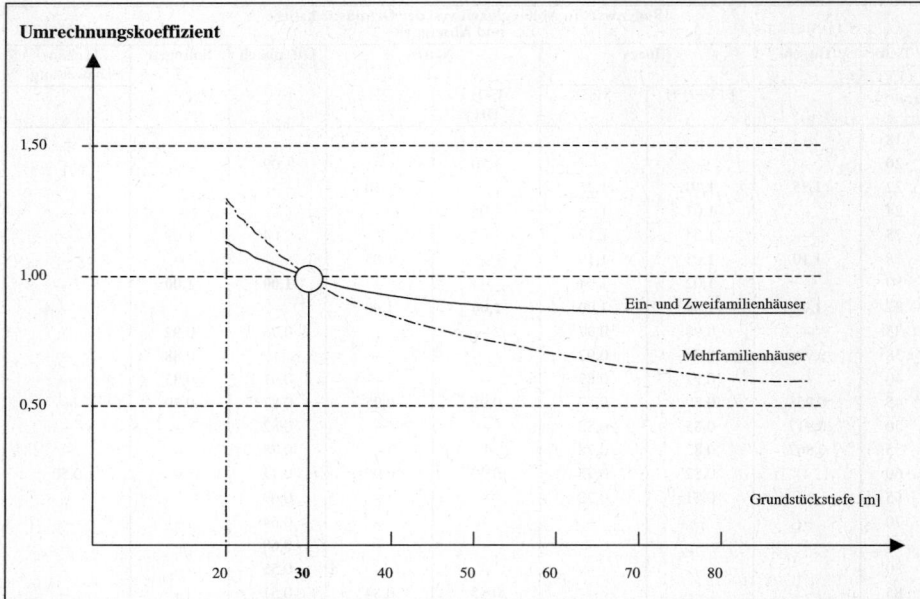

Aus zahlreichen Untersuchungen ist bekannt, dass der Bodenwert eines Grundstücks mit größer werdender Grundstückstiefe abfällt.

Bei Mehrfamilienhäusern ist die Abhängigkeit des Bodenwerts von der Grundstückstiefe ausgeprägter als bei Ein- und Zweifamilienhäusern.

Umrechnungskoeffizienten

Grundstücks-tiefe (m)	20	22	24	26	28	**30**	32	34	36	38	40	45	50	55	60	70	80
Ein- und Zwei-familienhaus	1,10	1,07	1,04	1,03	1,02	**1,00**	0,98	0,97	0,95	0,92	0,89	0,85	0,82	0,82	0,81	0,81	0,80
Mehrfamilien-haus	1,25	1,18	1,12	1,10	1,04	**1,00**	0,97	0,93	0,91	0,89	0,87	0,82	0,78	0,75	0,72	0,70	0,65

297 Anhand eines weiteren *Beispiels* wird aufgezeigt, wie die **Grundstückstiefe** berücksichtigt wird. Die Hinterlandfläche ist, gemäß den Festsetzungen des Bebauungsplans, als Gewerbegebiet nutzbar.

Beispiel:

(Wohn- und Geschäftshaus mit Hofbebauung, Baujahr 1970/72)

- Frontbreite   25 m
- Grundstückstiefe   80 m
- Fläche   2 000 m²
- Zuschnitt   Rechteck
- Art der baulichen Nutzung   MI bzw. GE für das Hinterland
- Vollgeschosse   VI (sechs Geschosse) bzw. II im GE-Gebiet
- Bauweise   g (geschlossen)
- Maß der baulichen Nutzung   GFZ = 2,1 (vorhanden bei Vorderlandfläche 1 000 m²)
      GFZ = 1,0 (vorhanden bei Hinterlandfläche 1 000 m²)
- Bodenrichtwert (Baufläche)   1 200 €/m² ebpf bis zu einer Tiefe von 40 m
- Bodenrichtwert (gewerbliche Baufläche)   150 €/m² erschließungsbeitragspflichtig

Grundstückstiefe   **Syst. Darst. Vergleichswertverfahren**

Bodenwert:
1 000 m² Vorderland (bis zu einer Tiefe von 40 m) je m² 1 200 € =	1 200 000 €
1 000 m² Hinterland (GE-Gebiet) je m² 150 € (= Abschlag vom Wert des Vorderlandes 87,5 v. H.) =	150 000 €
2 000 m² (= 675 €/m² ebpf i. D.) =	**1 350 000 €**

Im Beispielfall liegt der Anteil des Bodenwerts am Verkehrswert (Marktwert) der Immobilie bei rd. 30 %, d. h., Bodenwert und Wert der baulichen Anlagen ergaben den Ertragswert (Verkehrswert) des Grundstücks mit 4 500 000 €. Andererseits war dies das 12-fache der Jahresnettokaltmiete; auf einen Quadratmeter Nutz-/Wohnfläche entfallen 1 815 € im Durchschnitt.

b)   *Steuerliche Bewertung*

Für den Bereich der steuerlichen Bewertung wurde vom BFH[134] darauf hingewiesen, dass die **298** Aufteilung in Vorder- und Hinterland nicht zwingend vorzunehmen sei, jedoch dann angezeigt ist, wenn sie ortsüblich oder durch behördliche Anordnung bedingt sei; für Ein- und Zweifamilienhäuser in Gegenden mit offener Bauweise sei sie nicht üblich.

In der steuerlichen Bewertung ist, wie auch sonst hin üblich, bei der Ermittlung des Boden- **299** werts eine Grundstücksfläche nur dann aufzuteilen, wenn dies auch zuvor bei der Ermittlung der jeweiligen Durchschnittswerte geschehen ist[135]. Eine Aufteilung muss dagegen unterbleiben, wenn sich der ermittelte Durchschnittswert auf die Gesamtfläche bezieht. Wird eine Grundstücksfläche in Vorder- und Hinterland aufgeteilt, so ist sie in der steuerlichen Bewertung nach ihrer Tiefe in Zonen zu gliedern, deren Abgrenzung sich grundsätzlich nach den örtlichen Verhältnissen richtet. Für den Fall, dass keine örtlichen Besonderheiten gelten, können Grundstücke nach den **BewR Gr**[136] im Allgemeinen nach folgenden Tiefen mit der nachstehend angegebenen Wertrelation gegliedert werden (Abb. 49):

Abb. 49: Bodenwert in Abhängigkeit von der Grundstückstiefe in der steuerlichen Bewertung

Vorder- und Hinterland (Zonen)	Grundstückstiefe	Bodenwert
Zone I **Vorderland**	**bis 40 m Tiefe**	100 %
Zone II **Hinterland**	40 – 80 m Tiefe	50 % des Vorderlands
Zone IIIa **Hinterland**	über 80 m Tiefe soweit baulich nutzbar	40 % des Vorderlands
Zone IIIb **Hinterland**	über 80 m Tiefe soweit baulich nicht nutzbar	weniger als 40 % des Vorderlands

Des Weiteren ist für die steuerliche Bewertung vorgeschrieben, dass die auf das Vorder- und **300** Hinterland entfallenden Flächenanteile zu schätzen sind, wenn die Grundstücksfläche so geschnitten ist, dass eine **Aufteilung der Gesamtfläche in Vorder- und Hinterland** nach den vorstehenden Grundsätzen **nicht möglich** ist.

---

[134] Der BFH hat zumindest für die in offener Bauweise mit Ein- und Zweifamilienhäusern bebauten Gebiete festgestellt, dass eine Aufteilung in Vorder- und Hinterland nicht üblich ist (vgl. BFH, Urt. vom 18.09.1970 – 3 B 21/70 –, EzGuG 4.31) unter Hinweis auf RFH, Urt. vom – III A 696, 697/31 –).
[135] Die Aufteilung größerer unbebauter Grundstücksflächen in Vorder- und Hinterland ist nach ständiger Rspr. nicht zwingend vorzunehmen. Die Aufteilung hängt vielmehr davon ab, ob sie ortsüblich oder durch behördliche Anordnung bedingt ist (BFH, Urt. vom 18.09.1970 – III B 21/70 –, EzGuG 4.31).
[136] BewR Gr vom 19.09.1966 (BAnz. Nr. 183 Beil. = BStBl I 1966, 890; zu § 72 BewG Nr. 8).

5.3.5.5 Grundstückszuschnitt

a)   Bauland

301 Im Bereich des Baulands findet der **Grundstückszuschnitt** *(shape)* **bereits** ganz allgemein **bei der Klassifizierung des Entwicklungszustands** insoweit seine **Berücksichtigung**, als nach bauordnungsrechtlichen Vorschriften auf einem Grundstück Gebäude nur errichtet werden dürfen, wenn es nach Lage, *Form*, Größe und Beschaffenheit für die beabsichtigte Bebauung geeignet ist. Hieraus folgt, dass eine für die Bebauung unzureichende Grundstücksform (Grundstückszuschnitt) zur Einstufung dieser Fläche nach § 4 Abs. 3 als „Rohbauland" führt, auch wenn die sonstigen Voraussetzungen für eine bauliche Nutzung gegeben sind. Insoweit kann der Grundstückszuschnitt bereits bei der Qualifizierung des Entwicklungszustands Eingang in die Wertermittlung finden.

302 Darüber hinaus wird der Erwerber eines Grundstücks regelmäßig bereit sein, für ein gut gestaltetes Grundstück einen höheren Kaufpreis als für ein ungünstig geschnittenes Grundstück zu zahlen. Deshalb müssen **Abweichungen des Grundstückszuschnitts** der zum Preisvergleich herangezogenen Grundstücke vom Wertermittlungsobjekt berücksichtigt werden.

303 Der diesbezüglich in § 6 Abs. 5 ImmoWertV gebrauchte Begriff der „Grundstückszuschnitt" ist inhaltlich identisch mit dem Begriff „Grundstücksgestalt" oder dem im Baurecht gebrauchten Begriff der „Form"[137] des Grundstücks. Entsprechend der Zweckbestimmung des Baulands ist der Grundstückszuschnitt desto höherwertiger, je günstiger das **Verhältnis zwischen der Frontbreite des Grundstücks und seiner Tiefe** entsprechend den bauplanungsrechtlichen Festsetzungen des Bebauungsplans ist. Der Quotient aus Frontbreite und Grundstückstiefe kann deshalb als Maßstab zur Berücksichtigung der Grundstücksgestalt gelten. Die wohl geschickteste Erfassung des Grundstückszuschnitts i. V. m. der Grundstücksfläche und -tiefe wird vom Gutachterausschuss in *Bergisch Gladbach* praktiziert (Abb. 50).

Abb. 50:   Umrechnungskoeffizienten für Grundstücke unterschiedlicher Grundstücksbreite und -tiefe

Grundstücke mit freistehenden Eigenheimen (Tiefe Richtwertgrundstück = 35 m)								
	Tiefe (m)							
Breite (m)	20	25	30	35	40	45	50	55
13,0 – 17,0	1,12	1,08	1,04	1,00	0,96	0,92	0,85	0,80
17,1 – 20,0	1,10	1,07	1,03	**1,00**	0,97	0,92	0,84	0,78
20,1 – 28,0	1,08	1,06	1,03	1,00	0,97	0,90	0,83	0,75
Grundstücke für Doppelhaushälften / Reihenhäuser								
7,0 – 11,5	1,09	1,06	1,02	0,99	0,96	0,92	–	–
11,6 – 16,0	1,10	1,04	0,99	0,96	0,88	–	–	–
Grundstücke für Reihenmittelhäuser								
Tiefe (m)	20	22	24	26	28	30	–	–
	1,25	1,20	1,14	1,09	1,03	0,98	–	–

Quelle: Grundstücksmarktbericht 2012 von Bergisch Gladbach

Auch der Gutachterausschuss von *Bonn* hat entsprechende Umrechnungskoeffizienten für Geschäftsgrundstücke unter Berücksichtigung der Ladenmiete ermittelt.

---

[137] § 45 Abs. 1 BauGB; entsprechend auch die BauOen Länder (vgl. Art. 4 Abs. 1 Nr. 1 Bay. LBauO); auch die Definition des Rohbaulands in § 5 Abs. 3 ImmoWertV schließt hieran an.

Grundstückszuschnitt — Syst. Darst. Vergleichswertverfahren

Umrechnungsfaktoren für Geschäftsgrundstücke in Bonn

Bebaubare Grundstückstiefe (m)	Grundstücksbreite (m)																		
	5	6	7	7,5	8	9	10	11	12	13	14	15	16	17	18	19	20	22	25
10	1,34	1,33	1,31	1,30	1,29	1,28	1,26												
11	1,29	1,28	1,26	1,25	1,24	1,22	1,21	1,20											
12	1,25	1,23	1,21	1,20	2,19	1,18	1,16	1,15	1,14										
13	1,21	1,19	1,17	1,16	1,15	1,14	1,12	1,11	1,10	1,09									
14	1,17	1,15	1,13	1,12	1,11	1,10	1,08	1,07	1,06	1,05	1,04								
15	1,14	1,12	1,10	1,09	1,08	1,06	1,05	1,04	1,03	1,02	1,01	1,00							
16	1,11	1,08	1,07	1,06	1,05	1,03	1,02	1,01	1,00	0,99	0,98	0,97	0,96						
17	1,08	1,05	1,04	1,03	1,02	1,00	0,99	0,98	0,97	0,96	0,95	0,94	0,94	0,93					
18	1,05	1,03	1,01	1,00	0,99	0,98	0,96	0,95	0,94	0,93	0,92	0,92	0,91	0,90	0,90				
19	1,02	1,00	0,98	0,97	0,97	0,95	0,94	0,93	0,92	0,91	0,90	0,89	0,88	0,88	0,87	0,97			
20	1,00	0,98	0,96	0,95	0,94	0,03	0,92	0,91	0,90	0,89	0,88	0,87	0,86	0,86	0,85	0,85	0,84		
21	0,98	0,96	0,94	0,93	0,92	0,91	0,89	0,88	0,87	0,87	0,86	0,85	0,84	0,84	0,83	0,83	0,82	0,81	
22	0,96	0,94	0,92	0,91	0,90	0,89	0,87	0,86	0,85	0,85	0,84	0,83	0,82	0,82	0,81	0,81	0,80	0,79	
23	0,93	0,92	0,90	0,89	0,88	0,87	0,86	0,84	0,84	0,83	0,82	0,81	0,81	0,80	0,79	0,79	0,78	0,78	
24	0,91	0,90	0,88	0,87	0,86	0,85	0,84	0,83	0,82	0,81	0,80	0,79	0,79	0,78	0,78	0,77	0,77	9,76	
25	0,89	0,88	0,86	0,85	0,85	0,83	0,82	0,81	0,80	0,79	0,79	0,78	0,77	0,77	0,76	0,76	0,75	0,74	
26	0,87	0,86	0,85	0,84	0,83	0,82	0,80	0,79	0,79	0,78	0,77	0,76	0,76	0,75	0,75	0,74	0,73	0,73	0,72
27	0,85	0,84	0,83	0,82	0,81	0,80	0,79	0,78	0,77	0,76	0,76	0,75	0,74	0,74	0,73	0,73	0,72	0,72	0,71
28	0,83	0,83	0,81	0,81	0,80	0,79	0,78	0,77	0,76	0,75	0,74	0,73	0,73	0,72	0,72	0,71	0,71	0,70	0,69
29	0,91	0,81	0,80	0,79	0,79	0,77	0,76	0,75	0,74	0,74	0,73	0,72	0,72	0,71	0,71	0,70	0,70	0,69	0,68
30	0,79	0,80	0,79	0,78	0,77	0,76	0,75	0,74	0,73	0,72	0,72	0,71	0,70	0,70	0,69	0,69	0,68	0,68	0,67
31	0,77	0,78	0,77	0,77	0,76	0,75	0,74	0,73	0,72	0,71	0,70	0,70	0,69	0,69	0,68	0,68	0,67	0,67	0,66
32	0,76	0,76	0,76	0,75	0,75	0,73	0,72	0,71	0,71	0,70	0,69	0,69	0,68	0,67	0,67	0,67	0,66	0,65	0,65
33	0,74	0,75	0,75	0,74	0,74	0,72	0,71	0,70	0,69	0,69	0,68	0,67	0,67	0,66	0,66	0,66	0,65	0,64	0,63
34	0,73	0,73	0,73	0,73	0,72	0,71	0,70	0,69	0,68	0,68	0,67	0,66	0,66	0,65	0,65	0,64	0,64	0,63	0,62
35	0,71	0,72	0,72	0,72	0,71	0,70	0,69	0,68	0,67	0,67	0,66	0,65	0,65	0,64	0,64	0,64	0,63	0,62	0,62
36	0,70	0,71	0,71	0,71	0,70	0,69	0,68	0,67	0,66	0,66	0,65	0,64	0,64	0,63	0,63	0,63	0,62	0,61	0,61
37	0,69	0,69	0,70	0,69	0,69	0,68	0,67	0,66	0,65	0,65	0,64	0,63	0,63	0,62	0,62	0,62	0,61	0,61	0,60
38	0,68	0,68	0,68	0,68	0,68	0,67	0,66	0,65	0,64	0,64	0,63	0,62	0,62	0,61	0,61	0,60	0,60	0,60	0,59
39	0,66	0,67	0,67	0,67	0,67	0,66	0,65	0,64	0,64	0,63	0,62	0,62	0,61	0,61	0,60	0,60	0,60	0,59	0,58
40	0,65	0,66	0,66	0,66	0,66	0,65	0,64	0,64	0,63	0,62	0,61	0,61	0,60	0,60	0,60	0,59	0,59	0,58	0,57

Quelle: Grundstücksmarktbericht 2011

304 Sog. **Schikanierzwickel** werden häufig zu Preisen gehandelt, die nicht dem gewöhnlichen Geschäftsverkehr zugerechnet werden. Unter solchen Flächen werden Grundstücke verstanden, die aufgrund ihres Zuschnitts und der Lage selbstständig nicht baulich nutzbar sind und auch sonst hin kaum sinnvoll genutzt werden können, jedoch i. V. m. dem benachbarten Grundstück dessen bauliche oder sonstige Nutzung erst ermöglichen. In solchen Fällen ist der Eigentümer des „Schikanierzwickels" in einer „guten Verhandlungsposition" und kann Preise für solche Grundstücke durchsetzen, die sich mehr am Wertzuwachs des Grundstücks orientieren, dem der „Zwickel" nützlich ist, als sonsthin den „inneren Wert" der Fläche ausmachen (ungewöhnliche Verhältnisse i. S. des § 7 ImmoWertV).

305 Die „harmlosere" Form des Schikanierzwickels sind **Arrondierungsflächen,** unter denen gemeinhin selbstständig nicht bebaubare Teilflächen verstanden werden, die zusammen mit einem angrenzenden Grundstück dessen bauliche Ausnutzbarkeit erhöhen oder einen ungünstigen Grenzverlauf verbessern (vgl. Rn. 312 ff.).

b) Land- oder forstwirtschaftliche Flächen

▶ *Vgl. § 5 ImmoWertV Rn. 88 ff.*

306 Bei land- oder forstwirtschaftlichen Grundstücken (vgl. § 5 ImmoWertV Rn. 37 ff.) steht die **Geschlossenheit (Arrondierung)** in Bezug auf die Bewirtschaftung und eine günstige Stellung des Landgutes bezüglich der Abwehr von Immissionen im Vordergrund[138].

---

[138] BVerfG, Beschl. vom 07.06.1977 – 1 BvL 105, 424/73, 226/74 –, EzGuG 4.52; BFH, Urt. vom 23.02.1979 – III R 44/74 –, EzGuG 19.35; BGH, Urt. vom 12.06.1975 – III ZR 25/73 –, EzGuG 4.44; BGH, Urt. vom 25.06.1981 – III ZR 12/80 –, EzGuG 4.77; Aust/Jacobs a. a. O., 4. Aufl., S.179.

307 Beeinträchtigungen treten bei **land- oder forstwirtschaftlichen Betrieben** häufig durch die Flächenabgabe für Verkehrswege oder durch Nutzungsbeschränkungen aufgrund von Leitungstrassen auf. Erfahrungsgemäß wirkt sich dies auf die Verkehrswerte dieser Grundstücke bzw. dieser Betriebe aus. Die Wertminderung ist insbesondere von der Betriebsgröße und Betriebsart, der sog. „Zerschneidungsgeometrie" und von sonstigen Umständen abhängig. Als Schadenselemente werden genannt:

– Umwege für Mensch, Material und Maschine,

– sonstige Erschwernisse des Betriebs,

– Randschäden (Zuwachs- und Qualitätsverluste einschließlich eines erhöhten Risikos in den Randzonen [Sturmanfälligkeit]),

– Minderauslastung vorhandener Kapazitäten,

– Störung der Nachhaltsstruktur.

308 Da die Geschlossenheit eines Grundstücks zur eigentumsmäßig geschützten Rechtsposition gehört, besteht ein Anspruch auf Entschädigung, wenn die **Durchschneidung eines geschlossenen** (arrondierten) **Landguts** zu einer Verkehrswertminderung führt[139]. Das Differenzwertverfahren (vgl. § 8 ImmoWertV Rn. 139)[140] ist eine anerkannte Wertermittlungsmethodik zur Ermittlung der Entschädigung für Durchschneidungsschäden[141].

309 Allgemein lässt sich feststellen, dass eine mittige Zerschneidung eines land- oder forstwirtschaftlichen Betriebs durch eine **Autobahn** den Verkehrswert des Betriebs am stärksten mindert, nämlich bis zu 75 %. **Leitungsdurchschneidungen** dagegen „nur" bis 40 % bei mittiger Durchschneidung und bis 30 % bei Randzerschneidungen. Im Entschädigungsfall muss die Wertminderung in begründeter Weise nachgewiesen werden. Hierzu wird auf das weiterführende Schrifttum verwiesen[142].

▶ *Vgl. weitere Hinweise zum Leitungsrecht bei Fischer in Kleiber, Verkehrswertermittlung von Grundstücken, 6. Aufl. 2010, Teil IX Rn. 397 ff.*

5.3.5.6 Frontbreite

310 Die Höhe des Kaufpreises bei **Geschäftsgrundstücken in Geschäftslagen** hängt nicht nur von der Ausnutzung ab, sondern auch **von der Breite der Straßenfront** *(frontage)*. Die folgende Tabelle zeigt die Umrechnungsfaktoren für die verschiedenen Frontbreiten bei sonst gleichen wertrelevanten Faktoren, wie sie sich aufgrund einer Auswertung der Kaufpreissammlung des Gutachterausschusses für Grundstückswerte für den Bereich der Stadt *Konstanz* aus dem Jahre 2004 ergibt (Abb. 51).

---

139 BGH, Urt. vom 28.09.1978 – III ZR 162/77 –; BGH, Urt. vom 23.06.1975 – III ZR 55/73 –, WM 1975, 1059 = DÖV 1976, 208 = BRS Bd. 34 Nr. 30 (LS) = DB 1975, 2128; BGH, Urt. vom 25.06.1981 – III ZR 12/80 –, EzGuG 4.77; OLG Hamm, Urt. vom 20.09.1977 – 10 U 76/77 –, EzGuG 4.53.
140 Vgl. Kleiber, Verkehrswertermittlung von Grundstücken, 6. Aufl. 2010, Teil VII Rn. 167, 183ff.
141 BGH, Urt. vom 06.03.1986 – III ZR 146/86 –, EzGuG 13.86; BGH, Urt. vom 14.06.1982 – III ZR 175/80 –, EzGuG 14.73; BGH, Urt. vom 03.12.1981 – III ZR 53/80 –, EzGuG 20.93; BGH, Urt. vom 08.10.1981 – III ZR 46/80 –, EzGuG 4.79; BGH, Urt. vom 23.06.1975 – III ZR 55/73 –, BRS Bd. 34 Nr 30; BGH, Urt. vom 13.05.1975 – III ZR 152/72 –, WM 1975, 834 = MDR 1975, 913 = BRS Bd. 34 Nr. 127 = BauR 1975, 285 = AgrarR 1975, 285 = JR 1975, 840; BGH, Urt. vom 13.03.1975 – III ZR 152/72 –, EzGuG 4.43; OLG Köln, Urt. vom 21.11.1972 – 4 U 199/71 –, EzGuG 8.39; BGH, Urt. vom 30.09.1976 – III ZR 149/75 –, EzGuG 20.64.
142 LandR, abgedruckt bei Kleiber, WERTR 06; 10. Aufl. Bundesanzeiger-Verlag Köln; Köhne, Landwirtschaftliche Taxationslehre, Hamburg 1987, S. 49 ff.; Beckmann in AgrarR 1976, 192 ff., ders. in AgrarR 1979, 93 ff., ders. in AgrarR 1980, 96 ff., ders. in AgrarR 1985, 286; Beckmann/Huth, Bestimmung der An- und Durchschneidungsschäden, Schriftenreihe des HLBS, 2. Aufl. Bonn-Bad Godesberg.

Abb. 51: Umrechnungsfaktoren für Frontbreiten (2004) in Konstanz

Frontbreite	UK
5	0,75
6	0,80
7	0,85
8	0,90
9	0,95
10	**1,00**
11	1,05
12	1,10
13	1,15
14	1,20
15	1,25

Quelle: Gutachterausschuss für Grundstückswerte in Konstanz 2004

Abb. 52: Ideales Frontbreiten- und Ladengrößenverhältnis

Ladengröße m^2	Frontbreite lfm
30	4–5
50	5–6
100	6–8
200	8–10
400	10–12
600	10–12
800	10–14
1 000	15–15

Quelle: Müller Consult

Die Auswertung der Kaufpreise in Konstanz hat gezeigt, dass die Höhe des Kaufpreises bei Geschäftsgrundstücken in Geschäftslagen nicht nur von der Ausnutzung abhängt, sondern auch von der Breite der Straßenfront.

5.3.5.7 Arrondierungsflächen

▶ *Vgl. § 5 ImmoWertV Rn. 304, Vgl. Kleiber, Verkehrswertermittlung von Grundstücken, 6. Aufl. 2010, Teil VII Rn. 194*

Soweit es sich bei den nicht erforderlichen Freiflächen um sog. „Arrondierungsflächen" handelt, sind in einer aus den Jahren 2004 und 2010 stammenden Untersuchung des Gutachterausschusses für Grundstückswerte in der Stadt *Wuppertal* die sich aus Abb. 53 ergebenden **Preisrelationen zum jeweiligen Bodenrichtwert** ermittelt worden:

Abb. 53: Preisrelation von Arrondierungsflächen

Preisrelation von Arrondierungsflächen zum Bodenrichtwert			
	Preisspanne in % vom Bodenrichtwert	Durchschnittswert in % vom Bodenrichtwert	Anzahl der Kauffälle
Baulandteilflächen a) Flächen, die eine höhere oder sinnvolle bauliche Nutzung ermöglichen b) Überbaubereinigung c) Garagen- und Stellplatzflächen	50 – 100 65 – 135 30 – 90	75 100 60	43 4 39
Nicht erforderliche Freiflächen – Flächen, im hinteren Grundstücksbereich, Gartenland, u. ä.	5 – 35	20	183

Quelle: Grundstücksmarktbericht 2011 des Gutachterausschusses in der Stadt Wuppertal

Gewerbliche Grundstücke			
Größere Flächen	64 – 125	94	15
Kleinere Flächen	29 – 52	49	10

Quelle: Grundstücksmarktbericht 2011 des Gutachterausschusses in der Stadt Gelsenkirchen

Syst. Darst. Vergleichswertverfahren — Arrondierungsflächen

Der Gutachterausschuss von *Bochum* hat folgende Preisrelationen angegeben:

Rahmensätze für die Wertrelation von Arrondierungsflächen in Bochum		
Flächen im hinteren Grundstücksbereich (Grundstückszuschnitt tiefer als 35 m), die weder eine eigenständige Bauerwartung aufweisen noch der Erhöhung einer baulichen Nutzung dienen (Hausgartennutzung)	15 % bis 35 %	vom Baulandwert
Flächen, die als Garagen- oder Stellplatzfläche genutzt werden können, aber keine weitere Funktion (z. B. Abstandsfläche, anrechenbare Baufläche) erfüllen	50 % bis 75 %	vom Baulandwert
Flächen, die eine bauliche Nutzung des arrondierten Grundstücks ermöglichen oder verbessern (z. B. überbaubare Flächen, Abstandsflächen, anrechenbare Baufläche)	75 % bis 125 %	vom Baulandwert

Quelle: Grundstücksmarktbericht Bochum 2011

313 Allgemein lässt sich dieser Aufstellung entnehmen, dass solche **Arrondierungsflächen um so höher im Preis** gehandelt werden, **je gewichtiger der Erwerb für den Eigentümer des benachbarten Grundstücks ist.** Die Grundstücksmarktberichte verschiedener Gutachterausschüsse weisen die sich aus Abb. 54 ergebenden Preisspannen aus.

Abb. 54 Zu- und Abschläge für Arrondierungsflächen in Bergisch Gladbach, Chemnitz, im Oberbergischen Kreis, Leipzig, Gelsenkirchen, Regionalbereich Saale und Schwerin

Art der unselbstständigen Teilfläche	Anz.	Durchschnittspreis bzw. Preisspanne in % des Baulandwerts	Beispiel
1. Arrondierung zu bebauten Grundstücken			
a) Baurechtlich notwendige Flächen bzw. Flächen zur baulichen Erweiterung	13	Bergisch Gladbach **97 %** 63 – 130 %	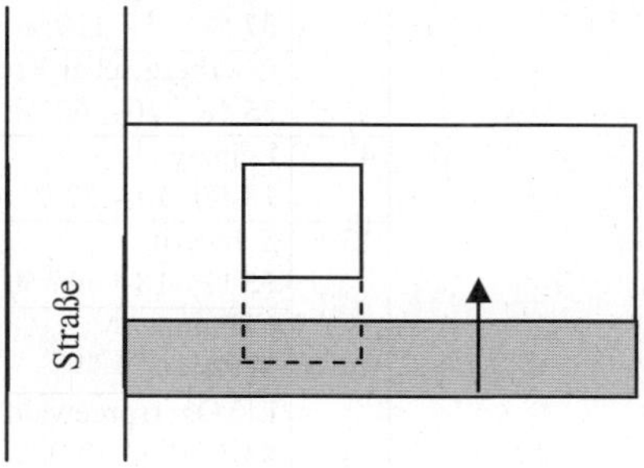
	40	Brandenburg a.d.H. **62 %** 15 – 122 %	
	7	Dahme Spreewald **87 %** 20 – 142 %	
	26	Oberbergischer Kreis **105 %** 90 – 125 %	
	17	Leipzig **92 %** 78 – 106 %	
	29	Schwerin **62 %** 35 – 79 %	
	23	Chemnitz **74 %**	
	59	LK Oberspreewald **80 %** (F Ø 58 m²) **72 %** (F Ø 276 m²) **49 %** (F Ø 967 m²)	
	18	Gelsenkirchen **107 %** 101 – 113 %	
		Regionalbereich Saale Unstrut **79 %** 57 – 101 %	
b) seitlich gelegene Flächen bzw. andere als Stellplatz geeignete Flächen	5	Bergisch Gladbach **54 %** 32 – 66 %	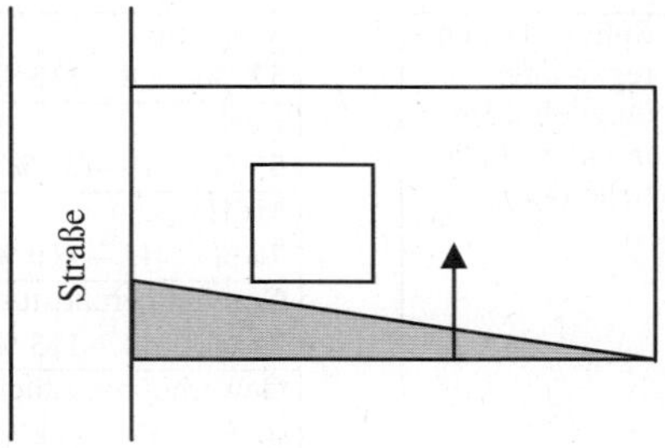
		Dahme Spreewald **80 %** 8 – 121 %	
	10	Oberbergischer Kreis **55 %** 35 – 80 %	
	41	Leipzig **49 %** 34 – 64 %	
	44	Chemnitz **58 %**	
	33	Gelsenkirchen **58 %** 51 – 56 %	
		Regionalbereich Saale Unstrut (2011) **56 %** 27 – 84 %	
		Regionalbereich Anhalt (2011) 60 – 100 %	

Syst. Darst. Vergleichswertverfahren — Arrondierungsflächen

Art der unselbstständigen Teilfläche	Anz.	Durchschnittspreis bzw. Preisspanne in % des Baulandwerts	Beispiel
c) Garten- und Hinterland in Innenbereichslagen	30	Bergisch Gladbach 20 % 10 – 34 %	
	42	Brandenburg a.d.H. 62 % 10 – 278 %	
	15	Dahme-Spreewald 37 % 5 – 110 %	
	27	Oberbergischer Kreis 35 % 10 – 60 %	
	45	Leipzig 23 % 19 – 27 %	
	13	Schwerin 55 % 18 – 117 %	
		Chemnitz 37 %	
	34 27	LK Oberspreewald 83 % (F Ø 40 m²) 54 % (F Ø 310 m²)	
		Regionalbereich Anhalt (2011) 40 – 80 %	
d) Arrondierung aus land- und forstwirtschaftlichen Flächen	10	Bergisch Gladbach 9 % 4 – 15 %	
	11	Gelsenkirchen 37 % 24 – 52 %	
e) Splitterflächen regel- oder unregelmäßig in unterschiedlichen Lagen	51	Schwerin 67 % 8 – 113 %	
		EFH 55 % 19 – 22 %	
		MFH 76 % 42 – 110 %	
		Geschäftsgrundstück 79 % 44 – 113 %	
		Gewerbegrundstück 67 % 31 – 144 %	
	20	Brandenburg a.d.H. 61 % 10 – 100 %	

Arrondierungsflächen — Syst. Darst. Vergleichswertverfahren

Art der unselbstständigen Teilfläche	Anz.	Durchschnittspreis bzw. Preisspanne in % des Baulandwerts	Beispiel
2. Arrondierung zur Bildung bebaubarer Grundstücke			
Flächen, die die Bebaubarkeit eines Grundstücks wesentlich verbessern	5	Bergisch Gladbach **84 %** 72 – 93 %	
		Dahme-Spreewald **70 %** 25 – 150 %	
	2	Oberbergischer Kreis **100 %** 95 – 100 %	
	24	Leipzig **82 %** 56 – 107 %	
	12	Chemnitz **62 %**	
	18	Gelsenkirchen **102 %** 93 – 110 %	
3. Freihändiger Erwerb von Verkehrsflächen			
a) Ankauf von Flächen, die zur Verbreiterung einer bestehenden Straße benötigt werden (geringer Eingriff)	10	Bergisch Gladbach **14 %** 10 – 15 %	
	22	Leipzig **46 %** 27 – 65 %	
	6	Schwerin **60 %** 24 – 97 %	
	142	Chemnitz 40 – 53 %	
b) Ankauf, nachträglicher Erwerb einer bereits als Straße genutzten Fläche	38	Bergisch Gladbach **15 %** 8 – 29 %	
	18	Leipzig **16 %** 8 – 24 %	
	63	Chemnitz **18 %**	
c) Zufahrten		Schwerin **107 %** 101 – 114 %	

Quelle: Grundstücksmarktberichte Bergisch Gladbach (2010), Gelsenkirchen (2011)

Syst. Darst. Vergleichswertverfahren Baugrund

Zu- und Abschläge für Arrondierungsflächen im Rheinisch-Bergischen Kreis

Art der unselbstständigen Teilfläche	Anz.	Durchschnittspreis bzw. Preisspanne in % des Baulandwerts	Beispiel
1. Zukäufe zu bereits bebauten Grundstücken			
a) Baurechtlich erforderliche Flächen bzw. Flächen zur baulichen Erweiterung	10	Rheinisch-Bergischer Kreis **105 %** 100–120 %	
b) Sogenanntes seitliches Hinterland zur Arrondierung und seitliche (größenabhängig) Stellplatzflächen	17	Rheinisch-Bergischer Kreis **35 %** 30–35 % größenabhängig	
c) Gartenland und Hinterlandzukäufe	23	Rheinisch-Bergischer Kreis **10 %** 5–10 % größenabhängig	Straße
2. Arrondierungsflächen zur Schaffung von bebaubaren Grundstücksflächen			
	26	Rheinisch-Bergischer Kreis **95 %** 80–100 %	

5.3.6 Bodenbeschaffenheit (Baugrund)

▶ *Allgemeines vgl. § 6 ImmoWertV Rn. 117 ff., § 5 ImmoWertV Rn. 311 ff. sowie RBBau K1 (Februar 1995)*

314 Die topografischen und physischen Eigenschaften des Grund und Bodens, insbesondere seine Eignung als Baugrund, sind ein wesentliches wertbestimmendes Merkmal. Sie müssen bei der Verkehrswertermittlung von Bauland vor allem dann Beachtung finden, wenn sie zu erhöhten **Gründungskosten** führen. Hervorgehoben seien hier

- ein felsiger Untergrund,
- die Schichtenfolge, Beschaffenheit und Tragfähigkeit des Baugrunds,
- die baustoffschädigenden Bestandteile im Baugrund und Grundwasser
- die Tal-, Hang- oder Höhenlage (Geländeneigung),
- die Grundwasserverhältnisse, z. B.
- ein hoher Grundwasserstand (z. B. in Flussnähe).

315 Der Sachverständige muss hierauf in seinem Gutachten insbesondere dann eingehen, wenn das zu bewertende Objekt besondere Boden- und Grundwasserverhältnisse aufweist. Bei der Verkehrswertermittlung im Wege des Vergleichswertverfahrens muss diesen Besonderheiten

Baugrund   **Syst. Darst. Vergleichswertverfahren**

in aller Regel dann nicht Rechnung getragen werden, wenn die Grundstücke der zum Vergleich herangezogenen Kaufpreise die gleichen Verhältnisse aufweisen. In diesen Fällen werden derartige **Besonderheiten bereits mit den Vergleichspreisen berücksichtigt**. So kann z. B. in Gebieten, in denen der Bergbau herumgeht, davon ausgegangen werden, dass sich die Vergleichspreise unter Berücksichtigung dieses Umstands gebildet haben. Insoweit bestehen keine Abweichungen zwischen den Vergleichsgrundstücken und dem zu bewertenden Grundstück. Etwas anderes gilt in den Fällen, in denen nur Teile des Gebiets, aus dem Vergleichspreise herangezogen werden, davon betroffen sind. So können z. B. erhöhte Gründungskosten in Flussnähe auftreten, während andere Gebietsteile nicht davon betroffen sind.

Allgemein kann als Grundsatz gelten, dass bei **Heranziehung von Vergleichspreisen aus Gebieten, die keine besonderen Gründungskosten bedingen und ihrer Übertragung auf ein Grundstück, das erhöhte Gründungskosten erfordert, der Vergleichspreis um die mutmaßlichen Gründungskosten zu vermindern ist**[143].   **316**

Umgekehrt braucht bei der **Verkehrswertermittlung eines bebauten Grundstücks, für das wegen schlechter Untergrundverhältnisse** (aufgefüllte Kiesgrube oder eines früher auf dem Grundstück vorhandenen aber inzwischen verfüllten U-Bahnschachts) **besondere** und aufwendige **Gründungsmaßnahmen** (Pfahlgründung oder Stahlbetonplatte) **durchgeführt werden mussten**, diesem Umstand nicht besonders Rechnung getragen werden, wenn zur Bodenwertermittlung Vergleichspreise unbebauter Grundstücke bzw. Bodenrichtwerte herangezogen werden, die normale Baugrundverhältnisse aufweisen. Sind dagegen zur Bodenwertermittlung Vergleichspreise unbebauter Grundstücke bzw. Bodenrichtwerte von Grundstücken herangezogen worden, für die ähnliche Kosten entstehen, sind die Vergleichspreise bzw. Bodenrichtwerte um die Gründungskosten „aufzustocken".

Die **Hanglage (Geländeneigung)** eines Baugrundstücks kann werterhöhend, wertneutral und wertmindernd sein, dies hängt von den Gegebenheiten des Einzelfalls ab. Pauschale Ansätze sind von daher abzulehnen.   **317**

- Eine *Werterhöhung* kann sich insbesondere aus einer besonderen Aussichtslage am Hang ergeben, wobei diese bereits mit den einschlägigen Vergleichspreisen (der Umgebung) bzw. dem Bodenrichtwert direkt berücksichtig wird. Entsprechendes gilt auch im Hinblick auf eine günstige bauliche Nutzbarkeit eines Hanggrundstücks, insbesondere wenn das Kellergeschoss eines Hanggrundstücks so errichtet werden kann, dass es geringfügig unter der für ein Vollgeschoss erforderlichen Geländehöhe bleibt. In diesem Fall geht die Fläche nicht in die Geschossfläche ein und eine die zulässige GFZ überschreitende bauliche Nutzbarkeit ist de facto realisierbar (vgl. § 6 ImmoWertV Rn. 40)[144]. Die Werterhöhung ließe sich z. B. mit einer entsprechend erhöhten GFZ unter Heranziehung von Umrechnungskoeffizienten berücksichtigen, wenn sie nicht wiederum bereits mit den Vergleichspreisen (der Umgebung) bzw. dem Bodenrichtwert erfasst ist.

- Eine *Wertminderung* kann sich aus der eingeschränkten Grundstücksnutzung ergeben, wobei diese dann von der Geländeneigung abhängig ist. Die Geländeneigung bestimmt sich nach der Steigung. Die Steigung wird ermittelt aus dem Quotienten des Höhenunterschied und der zugehörigen Entfernung.

---

[143] OVG Lüneburg, Urt. vom 17.01.1997 – 1 L 1218/95 –, EzGuG 15.87a.
[144] Vgl. Kleiber, Verkehrswertermittlung von Grundstücken, 6. Aufl. 2010, Teil III Rn. 501 ff.

Abb. 55: Steigung (Geländeneigung)

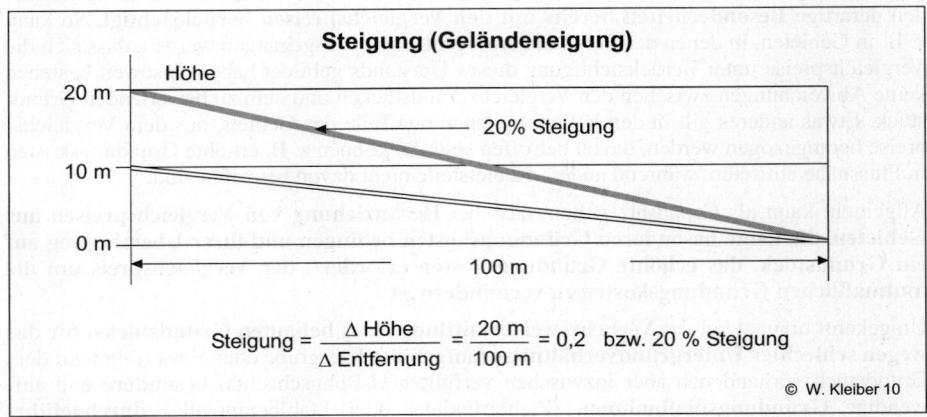

Die **Wertminderung** wird mitunter **in Anlehnung an die Kosten einer Stützmauer** geschätzt. Als Faustformel zur Ermittlung eines prozentualen Abschlags zum Bodenwert eines ebenen Grundstücks kann der Vomhundertsatz der Steigung gelten, z. B. 10 % bei einer Steigung von 10 %, wobei erst ab einer Steigung von 10 % ein Wertabschlag in Betracht kommen kann. Ist von entsprechenden Vergleichspreisen bzw. Bodenrichtwerten ausgegangen worden, die eine vergleichbare Geländeneigung auswiesen, so verbietet sich wiederum ein entsprechender Abschlag.

5.3.7 Abgabenrechtlicher Zustand

5.3.7.1 Allgemeines

Schrifttum: *Driehaus*, Erschließungs- und Straßenausbaubeitragsrecht in Aufsätzen, vhw-Verlag 2004.

▶ *Hierzu Näheres § 6 ImmoWertV Rn. 107 ff.; Kleiber, Verkehrswertermittlung von Grundstücken, 6. Aufl. 2010, Teil VIII Rn. 133 ff., 296 ff., 383 ff., Syst. Darst. des Ertragswertverfahrens Rn. 81, 149 ff.*

318 Für den abgabenrechtlichen Zustand eines Grundstücks ist nach § 6 Abs. 3 ImmoWertV die Pflicht zur Entrichtung von nicht steuerlichen Abgaben maßgebend. „Abgaben" ist der Oberbegriff für Steuern, Gebühren und Beiträge, jedoch sind Steuern (i. S. der Definition des § 3 Abs. 1 AO) ausdrücklich mit § 6 Abs. 3 ImmoWertV ausgenommen.

– **Beiträge** sind nichtsteuerliche Abgaben, die durch den Aufwandersatz für bestimmte Leistungen und die Vorteilsverschaffung für bestimmte Personen gekennzeichnet sind.

– **Gebühren** sind nach § 3 Abs. 1 des Verwaltungskostengesetzes (VwKostG) des Bundes gesetzliche oder aufgrund eines Gesetzes festgelegte Entgelte für die Inanspruchnahme oder Leistung der öffentlichen Verwaltung; damit unterscheiden sie sich von den Steuern, die nicht im Zusammenhang mit einer konkreten Gegenleistung stehen[145].

– **Auslagen** sind Aufwendungen, die eine Behörde im Interesse einer kostenpflichtigen Amtshandlung als Zahlung an Dritte zu leisten hat[146], wobei zur Vermeidung gesonderter Berechnungen der Auslagen die Kosten der Auslagen in die Gebühr einbezogen werden können.

---
145 BVerfG, Urt. vom 16.01.2003 – 1 BvR 2222/02 –, NVwZ 2003, 858; BVerfG, Beschl. vom 11.10.1966 – 2 BvR 179, 476, 477/64 –, BVerfGE 20, 257 = BGBl. I 1966, 138.
146 § 10 VwKostG, §§ 136 ff., KostO, §§ 91 ff. GKG.

Bei der Feststellung des „abgabenrechtlichen Zustands" geht es in erster Linie um die Feststellung des „erschließungsbeitragsrechtlichen" Zustands.

Unterscheiden sich die zum Preisvergleich herangezogenen Grundstücke in ihrem beitrags- und abgabenrechtlichen Zustand von dem des Wertermittlungsobjekts, muss dies berücksichtigt werden. Folgende **nichtsteuerlichen Abgaben bzw. Beiträge** sind hier zu erwähnen:

a) Erschließungsbeiträge nach den §§ 123 ff. BauGB (unten Rn. 321 ff.), **319**

b) Abgaben nach den Kommunalabgabengesetzen (KAG) der Länder (unten Rn. 342 f.),

c) Sielbaubeitrag (vgl. Rn. 344 f.),

d) Umlegungsausgleichsleistungen nach § 64 BauGB (vgl. unten Rn. 350)[147],

e) Ausgleichsbeträge nach den §§ 154 f. BauGB (unten Rn. 352 ff.) bzw. § 24 Bundes-Bodenschutzgesetz (vgl. unten Rn. 354),

f) Ablösungsbeträge für Stellplatzverpflichtungen (unten Rn. 356 ff.),

g) Beträge aufgrund von Satzungen der Wasser- und Bodenverbände[148],

h) Naturschutzrechtliche Ausgleichszahlung (vgl. unten Rn. 359),

i) Naturschutzrechtliche Ausgleichsabgaben: Kostenerstattungsbetrag nach § 135a BauGB (§ 5 ImmoWertV Rn. 258 ff. sowie hier bei Rn. 361),

j) Ausgleichsabgaben nach Baumschutzverordnungen (vgl. unten Rn. 367[149]),

k) Walderhaltungsabgaben nach Landeswaldgesetz (vgl. Brandenburg unten Rn. 374 ff.)[150],

l) Versiegelungsabgaben.

Besondere Beachtung bei der Verkehrswertermittlung muss bei alledem der Frage geschenkt werden, **320**

a) wann die Beitragsschuld entstanden ist (Entstehungszeitpunkt),

b) wer Beitragsschuldner ist,

c) ob eine Vorauszahlung bzw. Vorausleistung erbracht worden ist und

d) ob die Beitragsschuld als öffentliche Last auf dem Grundstück ruht.

Vor allem bei einem **Wechsel des Eigentümers** können diese Fragen besondere Bedeutung erlangen; z. B. wenn ein Beitrag bzw. eine Abgabe noch erbracht werden muss, gilt es zuprüfen, wen die Beitragspflicht (den bisherigen Eigentümer oder den Erwerber) trifft.

5.3.7.2 Erschließungsbeitrag nach den §§ 123 ff. BauGB

Schrifttum: *Driehaus, H.-J.,* Erschließungs- und Straßenbaubeitragsrecht in Aufsätzen, vhw-Verlag 2005.

Nach allgemeiner Auffassung gehört zum Erschließungserfordernis die verkehrsmäßige Anbindung des Baugrundstücks durch Straßen, Wege oder Plätze sowie die Ver- und Entsorgungsleitungen für Elektrizität, Wasser und Abwasser. **Erschlossen** ist ein Grundstück nach § 131 Abs. 1 BauGB, wenn der Eigentümer die tatsächliche und rechtliche Möglichkeit hat, von einer Erschließungsanlage aus eine Zufahrt bzw. einen Zugang zu dem Grundstück zu nehmen. Nach landesrechtlichen Vorschriften[151] ist die Erschließung eines Grundstücks gesi- **321**

---

147 Vgl. Kleiber, Verkehrswertermittlung von Grundstücken, 6. Aufl. 2010, Teil VIII Rn. 619 ff.
148 BVerwG, Urt. vom 23.06.1972 – 4 C 105/68 –, EzGuG 1.110; BVerwG, Urt. vom 23.05.1973 – 4 C 21/70 –, EzGuG 1.110; OVG Münster, Urt. vom 05.03.1976 – 11 A 685/74 –, RdL 1978, 220; VG Freiburg, Urt. vom 10.09.1976 – VS II 157/75 –, KStZ 1977, 97.
149 Beispielsweise BaumschutzVO von Brandenburg vom 28.05.1981 (GBl. DDR I Nr. 22), zuletzt geändert durch VO vom 17.06.1994 (GVBl. II 1994, 560).
150 Verordnung über die Walderhaltungsabgabe vom 21.09.1993 (GVBl. 1993, 649).
151 Art. 4 Abs. 1 Nr. 3 Bay. LBauO.

chert, wenn bis zum Beginn der Benutzung des Gebäudes Zufahrtswege, Wasserversorgungs- und Abwasserbeseitigungsanlagen in dem erforderlichen Umfang benutzbar sind.

322 **Bei der Wertermittlung von Grundstücken muss unterschieden werden zwischen** der Erschließung, d. h. **dem Erschlossensein eines Grundstücks,** als tatsächliches Zustandsmerkmal **und dem erschließungsbeitragsrechtlichen Zustand des Grundstücks** (vgl. § 6 Abs. 3 ImmoWertV). Demzufolge wird zwischen erschließungsbeitragsfreiem (ebf) und erschließungsbeitragspflichtigem (ebpf) baureifen Land unterschieden. Wechselt das Eigentum an einem noch erschließungsbeitragspflichtigen Grundstück, gilt es, die einschlägigen Rechtsvorschriften des Erschließungsbeitragsrechts zu beachten:

a) Nach § 133 Abs. 2 BauGB entsteht der Erschließungsbeitrag mit der endgültigen Herstellung der Erschließungsanlage. Im Unterschied zum kommunalen Beitragsrecht ist die **Person, die im Zeitpunkt der Entstehung der Beitragspflicht Eigentümerin des Grundstücks ist, nicht erschließungsbeitragspflichtig,** sodass auch nach Entstehung der Erschließungsbeitragspflicht jeder Erwerber damit rechnen muss, der Erschließungsbeitragspflicht selbst nachkommen zu müssen. Deshalb wird er bei der Bemessung des Kaufpreises die ausstehende Erschließungsbeitragspflicht „in Rechnung" stellen.

b) **Erschließungsbeitragspflichtig** mit konstitutiver Wirkung **ist** nach § 134 Abs. 1 BauGB **die Person, die im Zeitpunkt der Bekanntgabe des Erschließungsbeitragsbescheids Eigentümerin des Grundstücks ist**[152].

c) Ist das **Grundstück mit einem Erbbaurecht belastet**, so ist der Erbbauberechtigte anstelle des Eigentümers beitragspflichtig (§ 134 Abs. 1 Satz 2 BauGB); ist dagegen das Grundstück mit einem **dinglichen Nutzungsrecht** i. S. des Art. 233 des § 4 EGBGB belastet, ist der Inhaber dieses Rechts anstelle des Eigentümers beitragspflichtig (§ 134 Abs. 1 Satz 3 BauGB).

d) Der **Erschließungsbeitrag ruht nach § 134 Abs. 2 BauGB als öffentliche Last auf dem Grundstück.** Die öffentliche Last gewährt der Gemeinde zur Sicherung ihres Beitragsanspruchs einen Befriedigungsanspruch an dem „haftenden" Grundstück, wobei der Eigentümer ggf. die Zwangsvollstreckung zu dulden hat.

e) In einem **Erschließungsvertrag nach § 124 BauGB** kann die Erschließung auf einen Dritten übertragen werden; der Dritte kann sich hierin verpflichten, die nach Bundes- oder Landesrecht beitragsfähigen sowie nicht beitragsfähigen Erschließungsanlagen herzustellen und die Kosten ganz oder teilweise zu tragen. Die betroffenen Grundstücke sind insoweit erschließungsbeitragsfrei zu werten.

f) **Im Falle eines Grundstückswechsels** ist der Verkäufer vorbehaltlich anderer Vereinbarungen nach § 436 Abs. 1 BGB verpflichtet, Erschließungsbeiträge und sonstige Anliegerbeiträge für Maßnahmen zu tragen, die bis zum Tage des Vertragsschlusses bautechnisch begonnen sind, unabhängig vom Zeitpunkt des Entstehens der Beitragsschuld. Der Verkäufer haftet nach § 436 Abs. 2 BGB im Übrigen nicht für die Freiheit des Grundstücks von anderen öffentlichen Abgaben und von anderen öffentlichen Lasten, die zur Eintragung in das Grundbuch nicht geeignet sind. Hieraus ergibt sich im Falle einer vorangegangenen Veräußerung des Grundstücks, dass das Grundstück grundsätzlich erschließungsbeitragsfrei zu bewerten ist. Darüber hinaus muss von ihm aber auch geklärt werden, ob eine davon abweichende Vereinbarung getroffen worden ist.

323 In den **neuen Bundesländern** fallen keine Erschließungsbeiträge an, wenn das Grundstück zum 03.10.1990 *ortsüblich* erschlossen war. Dies gilt auch für Änderungen an einer bestehenden Straße durch Ausbau und Erweiterung[153].

---

[152] BVerwG, Urt. vom 20.09.1974 – 4 C 32/72 –, EzGuG 9.19; BVerwG, Urt. vom 27.09.1982 – 8 C 145/81 –, EzGuG 9.47a; überholt und ohnehin nur für die steuerliche Bewertung: RFH, Urt. vom 27.03.1944 – III 17/41 –, RStBl 1941, 461.

[153] BVerwG, Urt. vom 18.11.2002 – 9 C 2/02 –, NVwZ 2003, 1130.

Fazit: Frühestens mit dem Zeitpunkt der Bekanntgabe des Erschließungsbeitragsbescheids 324
kann ein Grundstück als erschließungsbeitragsfrei gelten, wobei ein von dem jeweiligen
Eigentümer noch nicht entrichteter Erschließungsbeitrag eine persönliche Schuld darstellt.
Solange sich das Grundstück aber noch im Eigentum des Abgabepflichtigen befindet und die
Abgabenschuld noch nicht erbracht wurde, muss diesem Umstand zumindest in Bezug auf die
Beleihungsfähigkeit des Grundstücks Rechnung getragen werden (vgl. § 6 ImmoWertV
Rn. 100 ff.). Das Grundstück ist aber auch im Falle einer vorangegangenen Veräußerung
erschließungsbeitragsfrei zu bewerten, soweit die Parteien nichts anderes vereinbart haben.

Besonderheiten können gegeben sein, wenn vom bisherigen Eigentümer **Vorauszahlungen** 325
nach § 133 Abs. 3 BauGB geleistet worden sind und beim Erwerb eines beitragspflichtig
gestellten Grundstücks die Übernahme der Zahlungspflicht vereinbart oder für ein erschließungsbeitragspflichtiges Grundstück die Erschließungsbeitragsfreiheit zugesichert wurde; in
diesem Fall kommen Schadensersatzansprüche nach § 459 Abs. 2 i. V. m. § 463 BGB in
Betracht.

Bezüglich **Vorausleistungen auf den Erschließungsbeitrag** hat das BauGB die Rechtslage 326
dahingehend geändert, dass **Vorausleistungen auf den Erschließungsbeitrag mit der endgültigen Beitragsschuld** auch dann **zu verrechnen** sind, wenn der Vorausleistende nicht beitragspflichtig ist (vgl. § 133 Abs. 3 Satz 2 BauGB).

Mit der Erschließung eines Grundstücks ist i. d. R. eine Erhöhung des Bodenwerts[154] verbun- 327
den. Eine **vorhandene oder zumindest gesicherte Erschließung**[155] ist nämlich nach § 30
Abs. 1, § 33 Abs. 1 Nr. 4, § 34 Abs. 1 Satz 1 und § 35 Abs. 2 BauGB **Voraussetzung für die
Klassifizierung einer Fläche als baureifes Land** (§ 5 Abs. 4 ImmoWertV) und findet auf
diesem Wege ihre wertmäßige Berücksichtigung.

Der **Unterschied zwischen dem Verkehrswert eines erschließungsbeitragsfreien (ebf)** 328
und erschließungsbeitragspflichtigen (ebpf) Grundstücks wird nach den am Wertermittlungsstichtag üblicherweise anfallenden und sich nach den durchschnittlichen Kosten der
Erschließungsanlagen bemessenden Erschließungsbeitrag abgeleitet, wobei nach § 129
Abs. 1 Satz 3 BauGB die Gemeinde mindestens 10 v. H. des beitragsfähigen Erschließungsaufwands trägt, sofern nichts anderes nach § 124 BauGB vereinbart wurde.

Der Unterschied zwischen einem insoweit erschließungsbeitragspflichtigen und erschließungsbeitragsfreien Grundstückszustand bemisst sich nach der voraussichtlichen Höhe des zu 329
erwartenden Beitrags.

$$\text{Bodenwert}_{\text{abgabenfrei}} = \text{Bodenwert}_{\text{abgabenpflichtig}} + \text{Abgabe}_{\text{voraussichtliche Höhe}}$$

$$\text{Bodenwert}_{\text{abgabenpflichtig}} = \text{Bodenwert}_{\text{abgabenfrei}} - \text{Abgabe}_{\text{voraussichtliche Höhe}}$$

Steht der Beitrag erst in fernerer Zukunft an, so ist nicht die volle Höhe der Abgabe, sondern
nur der über die erwartete Wartezeit diskontierte Abgabenbetrag an.

Beispiel:

Erwartete Abgabe 40 €/m²
bei 5 % und voraussichtlich 4 Jahren
40 €/m² × $1{,}05^{-4}$ = 32,90 €/m²

In Gebieten mit sehr niedrigem Bodenwertniveau (z. B. neue Bundesländer) kann die Höhe 330
des Beitrags nicht „überwälzt" bzw. „unterwälzt" werden und der anstehenden Beitrag geht in
einer gegen null gehenden Höhe in den Bodenwert ein.

---

[154] BFH, Urt. vom 20.05.1957 – VI 138/55 U –, BFHE 65, 285 = BStBl III 1957, 343; BFH, Urt. vom 18.09.1964 – VI 100/63 S –, EzGuG 9.2; BFH, Urt. vom 24.11.1967 – VI R 302/ 66 – , EzGuG 9.3.
[155] § 35 Abs. 1 Satz 1 BauGB fordert dagegen eine „ausreichende" Erschließung.

Syst. Darst. Vergleichswertverfahren   Erschließungsbeitrag

331 In der Rechtsprechung blieb diese Praxis weitgehend unbeanstandet[156], soweit es sich nicht um eine **Zweiterschließung** handelt. In diesem Fall kommt es weniger auf die Kosten, sondern auf die Vor-, aber auch Nachteile an, die sich nach der Lage des Grundstücks und seiner Nutzung ergeben. Das OLG Köln[157] hat hierzu ausgeführt, dass allein schon die Lebenserfahrung dafür spreche, dass eine Grundstückserschließung eine Verkehrswerterhöhung zur Folge habe und in aller Regel davon auszugehen sei, dass „wenn ein Grundstück erstmals durch eine Straße erschlossen wird, die Erschließungsbeitragspflicht durch eine entsprechende Erhöhung des Verkehrswerts zumindest komplettiert wird."

332 Eine **Zweiterschließung** führt i. d. R. erst dann zu einer Erhöhung des Bodenwerts, wenn dem Grundstück daraus aus objektiver Betrachtung ein zusätzlicher Erschließungsvorteil erwächst. Dies kann insbesondere der Fall sein, wenn aufgrund der zusätzlichen Zufahrt ein Grundstück wirtschaftlich besser genutzt werden kann oder ein unmittelbarer Zugang geschaffen wird. Dies kann insbesondere bei gewerblich genutzten Grundstücken der Fall sein, wenn dadurch ein Grundstück z. B. von einer Nebenstraße ungestört „angefahren" werden kann[158].

333 Auch die **Anlegung von Parkstreifen** mit einer Trennung des ruhenden und fließenden Fahrzeugverkehrs und der damit verbesserten Erreichbarkeit der Grundstücke sowie verbesserten Parkmöglichkeiten erhöht den Wert eines Grundstücks[159].

334 Die **durchschnittlichen Erschließungskosten** betragen etwa

    bis   50 €/m²   (Netto-) Baulandfläche bei Ein- und Zweifamilienhäusern,
           40 €/m²   (Netto-) Baulandfläche bei Geschossbauten,
           30 €/m²   (Netto-) Baulandfläche bei größeren Gewerbegrundstücken.

Nach einer Untersuchung des Oberen Gutachterausschusses von Nordrhein-Westfalen lagen die Erschließungsbeiträge im Jahre 2008[160]

– des individuellen Wohnungsbaus zwischen 12 und 60 €/m²
   (im Mittel bei 23 €/m² +/- 5 €/m²),

– des Geschosswohnungsbaus zwischen 15 und 45 €/m²
   (im Mittel bei 23 €/m² +/- 7 €/m²) und

– der gewerblichen Bauflächen zwischen 5 und 25 €/m²
   (im Mittel bei 11 €/m² +/- 2 €/m²).

335 Solche *Kosten* müssen nicht zwangsläufig in gleicher Höhe in die *Wert*bildung eingehen. Insbesondere wenn solche Kosten erst zu einem späteren Zeitpunkt anfallen, werden sie vom Markt oftmals nur in gedämpfter Höhe rezipiert[161]. Auch müssen die angegebenen **Kostensätze im Verhältnis zum absoluten Grundstückswert** gesehen werden, wenn sie zur Umrechnung erschließungsbeitragsfreier in erschließungsbeitragspflichtige Grundstückswerte herangezogen werden. Dabei wird deutlich, dass in sog. Niedrigpreisgebieten die Verkehrswerte erschließungsbeitragsfreier Grundstücke (z. B. Industriegrundstücke) oftmals niedriger als die aktuellen Erschließungsbeiträge sind und eine Verrechnung nominaler Erschließungskosten zu Negativwerten führen würde. Deshalb sieht § 19 Abs. 3 SachenR-

---

156 LG Koblenz, Urt. vom 01.09.1986 – 4 O 5/86 –, EzGuG 20.117; LG Kiel, Urt. vom 03.11.1989 – 19 O 4/83 –, GuG 1990, 103 = EzGuG 15.64 bez. entwicklungsbedingter Bodenwerterhöhungen. Vgl. hierzu Beitragsrecht für städtebauliche Aufschließungsmaßnahmen, Schriftenreihe des BMBau Nr. 03.011 Bonn 1973, S. 65; OLG Celle, Urt. vom 29.5.2008 – 8 U 239/07 –; GuG 2008, 252.
157 OLG Köln, Urt. vom 25.10.1984 – 7 U 4/84 –, EzGuG 9.53a.
158 BFH, Urt. vom 12.01.1995 – IV R 3/95 –, DB 1995, 1371; VG Arnsberg, Urt. vom 15.11.2004 – 14 K 28/03 –, 14 K 30/03 –, GuG 2005, 179 = EzGuG 15.112.
159 OVG Münster, Urt. vom 25.05.1992 – 2 A 1646/90 –, KStZ 1992, 196 = NWVBl. 1992, 442 = KirchE 30, 238 = ZKF 1992, 256 = Gemeindehaushalt 1992, 442.
160 Grundstücksmarktbericht 2008.
161 Im sachs.-anh. Bodenrichtwerterlass vom 22.01.1993 – 46 – 23520 – (MBl. LSA 1993, 500) wird richtigerweise darauf hingewiesen, dass „eine rein rechnerische Addition erschließungsbeitragspflichtiger Bodenwerte und der Erschließungsbeiträge in der Regel nicht sachgerecht" ist.

BerG zur Berücksichtigung von Aufwendungen für die Erschließung, zur Vermessung und für andere Kosten der Baureifmachung weitaus niedrigere Anrechnungsbeträge vor:

- 12,50 €/m² in Gemeinden mit mehr als 100 000 Einwohnern,
- 7,50 €/m² in Gemeinden mit mehr als 10 000 bis 100 000 Einwohnern und
- 5,00 €/m² in Gemeinden bis zu 10 000 Einwohnern.

Des Weiteren werden die Erschließungskosten durch den Unterschied des Marktwerts (Verkehrswerts) für erschließungsbeitragsfreies Bauland und Rohbauland begrenzt (Kappungsgrenze nach § 19 Abs. 3 Satz 2 SachenRBerG). **336**

Steht das **Eigentum am Grundstück mehreren Personen** zu, ist zu prüfen, ob Gesamthandseigentum oder Miteigentum nach Bruchteilen und ggf. der jeweilige Anteil berücksichtigt werden muss. Dies kann im Einzelfall von Bedeutung sein. **337**

Keine Erschließungsbeiträge fallen in den förmlich festgelegten Entwicklungsbereichen i. S. der §§ 165 ff. BauGB **und in den förmlich festgelegten Sanierungsgebieten an**, für die gemäß § 142 Abs. 4 BauGB in der Sanierungssatzung die Anwendung der besonderen sanierungsrechtlichen Vorschriften der §§ 152 bis 156a BauGB *nicht* ausgeschlossen wurde[162]. Dort werden gemäß § 154 Abs. 1 Satz 2 BauGB anstelle von Erschließungsbeiträgen und Kostenerstattungsbeträgen Ausgleichsbeträge nach den §§ 154 f. BauGB erhoben. **338**

Bei den **in** einem **Umlegungsverfahren nach den §§ 45 ff. BauGB neu geordneten Grundstücken** muss darüber hinaus in Bezug auf den Erschließungsbeitrag zwischen der straßenlandbeitragsfreien und straßenlandbeitragspflichtigen Zuteilung unterschieden werden. Im Regelfall werden die neu geordneten Grundstücke entsprechend dem Wesen der Umlegung straßenlandbeitragsfrei zugeteilt, wobei der Wert der im Umlegungsverfahren ausgeschiedenen Flächen nach § 68 Abs. 1 Nr. 4 BauGB im Umlegungsverzeichnis aufgeführt wird, wenn in Ausnahmefällen insoweit erschließungsbeitragspflichtig zugeteilt wurde. Gemäß § 128 Abs. 1 Satz 3 BauGB zählt dieser Wert zu den erschließungsbeitragsrechtlichen Grunderwerbskosten. Im Übrigen werden für die sonstigen Kosten des Erschließungsaufwands auch für die in einem Bodenordnungsverfahren nach den §§ 45 ff. BauGB zugeteilten Grundstücke nach Maßgabe der §§ 123 ff. BauGB Erschließungsbeiträge erhoben. **339**

Abschließend sei noch darauf hingewiesen, dass nach der Rechtsprechung des BVerwG[163] **Grundstückskaufverträge der Gemeinden, in denen Vereinbarungen über die Abgeltung von Erschließungsbeiträgen mit dem Kaufpreis getroffen wurden,** nichtig sind, da das Gericht hierin eine verdeckte Ablösung erblickt hat. **340**

Auch wenn im Rahmen der Verkehrswertermittlung z. B. eines erschließungsbeitragsfreien Grundstücks von erschließungsbeitragsfreien Vergleichspreisen oder einem entsprechenden Bodenrichtwert ausgegangen worden ist, empfiehlt es sich, im Gutachten den beitrags- und abgabenrechtlichen Zustand des Grundstücks substanziell darzulegen. Im Rahmen seiner **Sorgfaltspflicht** sollte der Gutachter dann gleichwohl darlegen, aufgrund welcher Tatsachen ein grundsätzlich infrage kommender Beitrag dann nicht mehr anfällt. Hier kann z. B. auf einen bereits entrichteten Erschließungsbeitrag, auf eine persönliche Beitragspflichtigkeit oder auf den Umstand hingewiesen werden, dass ein **Grundstück an einer historischen Straße** liegt. An die Begründungspflicht dürfen hierbei allerdings auch keine überspannten und eher formalen Anforderungen gestellt werden, jedoch sind immer dann erhöhte Anforderungen an die Begründungspflicht zu stellen, wenn nach den Gesamtumständen eine den jeweiligen Eigentümer des Grundstücks treffende Beitragspflichtigkeit nicht von vornherein auszuschließen ist. Der Nachweis, dass z. B. ein zu bewertendes Grundstück erschließungsbeitragsfrei ist, stellt nämlich letztlich die Begründung dafür dar, dass bei Heranziehung von erschließungsbeitragsfreien Vergleichspreisen bzw. eines entsprechenden Bodenrichtwerts Unterschiede in dem abgabenrechtlichen Zustand insoweit nicht berücksichtigt werden müssen. **341**

---

[162] Vgl. Kleiber, Verkehrswertermittlung von Grundstücken, 6. Aufl. 2010, Teil VIII Rn. 1 ff.
[163] Wittern in NVwZ 1991, 751.

5.3.7.3 Abgaben nach dem Kommunalabgabenrecht (KAG)

342 Die Gemeinden erheben nach landesrechtlichen Vorschriften (Kommunalabgabengesetze – KAG) Beiträge für die Erweiterung und Verbesserung von Erschließungsanlagen. **Die KAG – Beiträge bemessen sich nach dem wirtschaftlichen Vorteil des Grundstücks,** der sich auch im Verkehrswert des Grundstücks niederschlagen kann. Mit der Steigerung des Gebrauchswerts geht nämlich regelmäßig auch eine Steigerung des Verkehrswerts einher. Sie ist schon dann anzunehmen, wenn die Grundstücke wirtschaftlicher genutzt werden[164]. In förmlich festgelegten Sanierungsgebieten, für die die Anwendung der besonderen sanierungsrechtlichen Bestimmungen der §§ 152 ff. BauGB nicht ausgeschlossen wurde, werden Beiträge aufgrund landesrechtlicher Bestimmungen für die Herstellung, Verbesserung und Erweiterung von Erschließungsanlagen nicht erhoben[165].

343 Im Übrigen gelten die Ausführungen zu den Erschließungsbeiträgen nach dem BauGB (Rn. 321 ff.) entsprechend. Im Unterschied hierzu kann nach dem kommunalen Beitragsrecht allerdings die Satzung bestimmen, dass **diejenige Person beitragspflichtig ist, die zum Zeitpunkt der Entstehung der Beitragsschuld Eigentümerin des Grundstücks ist.** Der Erbbauberechtigte ist anstelle des Eigentümers der Beitragsschuldner.

5.3.7.4 Sielbaubeitrag

344 In Küstenstädten werden nach landesrechtlichen Bestimmungen Beiträge für die Herstellung öffentlicher Sielanlagen erhoben, und zwar

a) als **Sielbaubeitrag**,

b) als **Sielanschlussbeitrag**.

345 Nach § 2 des hbg. Sielabgabengesetzes[166], unterliegen der Sielbaubeitragspflicht Grundstücke,

1. die an Wegen oder Flächen mit einem zum Anschluss bestimmten Siel liegen, auch wenn die Grundstücke nicht an das Siel angeschlossen sind,

2. die nicht an besiedelten Wegen oder Flächen liegen, aber an öffentliche Sielanlagen angeschlossen sind.

346 Dies gilt auch für Grundstücke, die an öffentlichen Sielanlagen angeschlossen sind, sowie für Grundstücke mit einer festgesetzten Nutzung als Stellplatz, Garage oder sonstige Gemeinschafts- und Nebenanlage oder die nach öffentlich-rechtlichen Vorschriften für die bauliche Nutzung anderer Grundstücke erforderlich sind.

347 **Beitragsfrei** sind unbebaute Grundstücke, für die im Bebauungsplan eine bauliche Nutzung nicht festgesetzt ist oder die nach öffentlich-rechtlichen Vorschriften nicht bebaut werden dürfen, unbebaute Grundstücke, die im Außenbereich oder in einem Gebiet liegen, das in einem Baustufenplan als Außenbereich gekennzeichnet ist, und nicht einem im Zusammenhang bebauten Ortsteil zugehören sowie kleingärtnerisch genutzte Grundstücke.

348 Der Beitragssatz bemisst sich nach der **Frontlänge des Grundstücks** und den im Gesetz über die Höhe der Sielbaubeiträge und der Sielanschlussbeiträge[167] festgelegten Beitragssätzen. Die Beitragspflicht entsteht mit der öffentlichen Bekanntmachung des zum Anschluss bestimmten Siels und wird durch Bescheid festgesetzt.

---

[164] OVG Münster, Urt. vom 31.08.1978 – 2 A 222/76 –, EzGuG 9.34; OVG Münster, Urt. vom 21.04.1975 – 2 A 769/72 –, OVGE 31, 48 = KStZ 1975, 217; OVG Münster, Urt. vom 15.09.1975 – 2 A 1347/73 –, DVBl 1977, 393: OVG Münster, Urt. vom 27.07.1976 – 2 A 805/75 –, DWW 1977, 65 = VRspr. 28, 463 = JZ 1976, 176; OVG Münster, Urt. vom 25.10.1982 – 2 A 1817/80 –, EzGuG 9.47; BayVGH, Beschl. vom 07.08.1985 – 23 CS 84 A.3129 –, EzGuG 9.58; OVG Münster, Urt. vom 25.05.1992 – 2 A 1646/90 –, KStZ 1992, 196.
[165] Kleiber in Ernst/Zinkahn/Bielenberg/Krautzberger, BauGB, § 155 BauGB Rn. 10, 43ff., § 154 BauGB Rn. 69 f.
[166] I.d.F. vom 21.01.1986 (GVBl. 1986, 7, 33), zuletzt geändert am 19.12.2000 (GVBl. 2000, 414).
[167] I.d.F. vom 21.01.1980 (hbg. GVBl 1980, 14), zuletzt geändert am 10.12.1996 (GVBl. 1996, 309).

Umlegungsausgleichsleistungen Syst. Darst. Vergleichswertverfahren

Sielbaubeiträge und Sielanschlussbeiträge sind erheblich und bei der Verkehrswertermittlung wie Erschließungsbeiträge zu berücksichtigen: **349**

Der **Sielbaubeitrag** beträgt

a) Schmutzwassersiele (Druck- und Gefällesiele)   304,82 €
b) Regenwassersiele   214,74 €
c) Doppel- und Mischwassersiele   368,13 €

Der **Sielanschlussbeitrag** beträgt

a) einfache Leitung   3 435,88 €
b) Doppelleitung (für Schmutz- und Regenwasser) in der Baugrube   3 967,62 €.

5.3.7.5 Umlegungsausgleichsleistungen

▶ *Umfassend zu Umlegungsverfahren vgl. Kleiber, Verkehrswertermittlung von Grundstücken, 6. Aufl. 2010, Teil VIII Rn. 619 ff.*

Der umlegungsrechtliche Mehrwertausgleich, d. h. die Verpflichtung des Eigentümer seines im Umlegungsverfahren nach den §§ 45 ff. BauGB neugeordneten Grundstücks oder des Erbbauberechtigten zu „Geldleistungen nach den §§ 57 bis 61" (vgl. § 64 Abs. 3 BauGB), gilt als Beitrag und ruht als öffentliche Last auf dem Grundstück oder dem Erbbaurecht. Die Geldleistung, deren Fälligkeit und Zahlungsart werden im Umlegungsverzeichnis aufgeführt (§ 68 BauGB). **350**

Wird der **Verkehrswert eines in der Umlegung rechtskräftig zugeteilten Grundstücks** ermittelt, können die Geldleistungen grundsätzlich außer Betracht bleiben, selbst dann, wenn sie **351**

– bei einer Minderzuteilung von der Gemeinde oder
– bei einer Mehrzuteilung vom Eigentümer oder Erbbauberechtigten

noch nicht erbracht worden sind. Es handelt sich hierbei nämlich lediglich um ein Schuldverhältnis zwischen der Gemeinde und dem Eigentümer bzw. Erbbauberechtigten. Im Veräußerungsfall bemisst sich der Verkehrswert deshalb allein nach dem Neuordnungszustand des Grundstücks, wenn man die dingliche Sicherung des Mehrwertausgleichs (öffentliche Last) außer Betracht lässt.

5.3.7.6 Ausgleichsbetrag nach den §§ 154 f. BauGB

▶ *Weitere Ausführungen zur Ausgleichsbetragserhebung bei Kleiber, Verkehrswertermittlung von Grundstücken, 6. Aufl. 2010, Teil VIII Rn. 285 ff.*

In förmlich festgelegten Sanierungsgebieten, für die die Anwendung der besonderen sanierungsrechtlichen Vorschriften der §§ 152 ff. BauGB *nicht* ausgeschlossen wurde, sowie in städtebaulichen Entwicklungsbereichen wird nach § 154 Abs. 1 BauGB **anstelle eines Erschließungsbeitrags ein Ausgleichsbetrag** in Höhe der sanierungs- bzw. entwicklungsbedingten Bodenwerterhöhung erhoben. Ausgleichsbetragspflichtig ist der Eigentümer des Grundstücks im Zeitpunkt der Entstehung des Ausgleichsbetrags. Nach § 154 Abs. 3 Satz 1 BauGB entsteht der Ausgleichsbetrag mit Abschluss der Sanierung bzw. Entwicklung nach den §§ 162 f. BauGB. Der Zeitpunkt der Entstehung des Ausgleichsbetrags ist damit identisch mit dem Zeitpunkt, der auch der Ermittlung des Ausgleichsbetrags zugrunde zu legen ist. Der Eigentümer des Grundstücks in diesem Zeitpunkt ist im Übrigen auch dann ausgleichsbetragspflichtig, wenn das Grundstück mit einem Erbbaurecht belastet ist[168]. **352**

Der **Eigentümer des Grundstücks zum Zeitpunkt der Entstehung** bleibt auch dann **ausgleichsbetragspflichtig,** wenn er das Grundstück veräußert. Da der Ausgleichsbetrag nach **353**

---

168 Kleiber in Ernst/Zinkahn/Bielenberg/Krautzberger, BauGB § 154 BauGB Rn. 58 ff., BVerwG, Urt. vom 01.12.1989 – 8 C 44/88 –, EzGuG 9.71.

§ 154 Abs. 4 Satz 3 BauGB *nicht* als öffentliche Last auf dem Grundstück ruht, kann der Ausgleichsbetragsanspruch im Veräußerungsfalle auch nicht aus dem Grundstück befriedigt werden[169]. Wird ein Grundstück, für das der Ausgleichsbetrag zwar entstanden, aber noch nicht entrichtet worden ist, veräußert, kann deshalb vom Verkehrswert des Grundstücks unter Berücksichtigung der rechtlichen und tatsächlichen Neuordnung des Gebiets ausgegangen werden[170].

5.3.7.7 Bodenschutzrechtlicher Ausgleichsbetrag

Schrifttum[171]: *Albrecht, E.,* Die Wertausgleichsregelung im Bundes-Bodenschutzgesetz, NVwZ 2001, 1120; *Erbguth* in DVBl 2001, 601; *Frenz, W.,* Bundes-Bodenschutz-Gesetz, München 2000, *Großmann/Grunewald/Weyers,* Altlastenverdacht, GuG 1996, 154; *Grziwotz, H.,* Das neue Bundes-Bodenschutzgesetz und seine Konsequenzen für die zivilrechtliche Vertragsgestaltung Grundstückskaufvertrag und Finanzierung, in Immobilienrecht 2000, RWS Verlag Köln 2000; *Heuer, u. a.*, Ermittlung des Wertausgleichs nach § 25 BBodSchG, AGVGA-NRW, 2. Aufl. Essen 2009; *Kanngieser/Schuhr,* Analyse der Altlastenproblematik in der Grundstückswertermittlung, GuG 1998, 332; *Knopp, L.,* Bundes-Bodenschutzgesetz, Katalog der Sanierungsverantwortlichen, ZUR 1999, 210; *Roller, G.,*Wertausgleich und Bodenschutzlast – Vollzugsregelungen im Freistaat Bayern, GuG 2002, 24; *Roller, G.,* Die Bedeutung des BBodSchG für die Wertermittlung für steuerliche Zwecke, GuG 2002, 162; 226; *Sandner* in NJW 2001, 2045; *Simon, St.,* Das Neue Bodenschutzgesetz-Konsequenzen für den Immobilienverkehr, GuG 2001, 162; *Vierhaus, H.-P.,* Das Bundes-Bodenschutzgesetz, NJW 1998, 1262; *Wilmowsky, P.v.,* Gesetzliche Sicherungsrechte für Altlastensanierungspflichtige?, JZ 1997, 817.

▶ § 6 ImmoWertV Rn. 314 ff., vgl. Kleiber, Verkehrswertermittlung von Grundstücken, 6. Aufl. 2010, Teil VI Rn. 229, Teil X Rn. 227

354 Grundstücke, die unter Einsatz öffentlicher Mittel von Altlasten bereinigt (saniert) worden sind, sind nach Maßgabe des § 25 BodSchG einem (bodenschutzrechtlichen) Ausgleichsbetrag unterworfen, wenn durch die Maßnahmen zur Beseitigung der Altlasten der Verkehrswert des Grundstücks nicht nur unwesentlich erhöht wurde und der Eigentümer die Kosten nicht oder nur unvollständig getragen hat. Die **Höhe des bodenschutzrechtlichen Ausgleichsbetrags** bestimmt sich in Anlehnung an § 154 Abs. 1 und 2 BauGB nach § 25 Abs. 2 BodSchG aus dem „Unterschied zwischen dem Wert, der sich ergeben würde, wenn die Maßnahmen (zur Altlastensanierung) nicht durchgeführt worden wären (Anfangswert), und dem Verkehrswert, der sich für das Grundstück nach Durchführung der Erkundungs- und Sanierungsmaßnahmen ergibt (Endwert)". Die Höhe des (bodenschutzrechtlichen) Ausgleichsbetrags wird durch die Höhe der eingesetzten öffentlichen Mittel begrenzt (vgl. § 6 ImmoWertV Rn. 314 ff.).

355 Der bodenschutzrechtliche Ausgleichsbetrag ruht im Unterschied zu dem sanierungsrechtlichen Ausgleichsbetrag nach den §§ 154 f. BauGB als **öffentliche Last** auf dem Grundstück. Der bodenschutzrechtliche Ausgleichsbetrag wird nach § 93b GBV mit einem Bodenschutzvermerk in Abt. 2 des Grundbuchs eingetragen.

5.3.7.8 Ablösungsbeträge für Stellplatzverpflichtungen

356 Der Verpflichtung zur Herstellung von Stellplätzen oder Garagen kommt insbesondere im dicht bebauten Kernbereich der Städte eine auch bei der Verkehrswertermittlung zu berücksichtigende Bedeutung zu. Dabei muss grundsätzlich zwischen

a) der Herstellung von Stellplätzen oder Garagen im Neubaufall und

b) der nachträglichen Forderung nach Schaffung von Stellplätzen oder Garagen

unterschieden werden. Die Verpflichtung des Eigentümers zur Herstellung von Stellplätzen oder Garagen ergibt sich aus dem Bauordnungsrecht der Länder. So dürfen z. B. nach § 47 der

---

[169] Kleiber in Ernst/Zinkahn/Bielenberg/Krautzberger, BauGB, § 194 Rn. 39.
[170] Zur Verrechnung von Vorauszahlungen nach § 154 Abs. 6 BauGB; vgl. Kleiber in Ernst/Zinkahn/Bielenberg/Krautzberger, BauGB, § 154 BauGB Rn. 282.
[171] LG Frankenthal, Urt. vom 27.02.2002 – 5 – 208/01 –, ZMR 2002, 753.

nordrh.-westf. BauO bauliche Anlagen nur errichtet oder wesentlich geändert werden, wenn Stellplätze oder Garagen in ausreichender Größe sowie in geeigneter Beschaffenheit hergestellt werden[172]. Für bereits bestehende Anlagen können sie aufgrund einer Satzung auch noch nachträglich gefordert werden. Die **Stellplatzverpflichtung kann durch einen Geldbetrag (Ablösebetrag) abgelöst werden,** wenn der Stellplatzverpflichtung nur unter sehr großen Schwierigkeiten nachgekommen werden kann oder diese aufgrund einer Satzung untersagt bzw. eingeschränkt ist[173].

Die Möglichkeit, im Falle der Errichtung eines Neubaus auf einem Grundstück die Stellplatzverpflichtung ablösen zu können, ist für den Bauherrn grundsätzlich von Vorteil. 357
Er kann nämlich von dieser Möglichkeit Gebrauch machen, wenn dies im Vergleich zur Schaffung von Garagen oder Stellplätzen auf eigenem Grund und Boden für ihn günstiger ist[174]. Bei bestehenden Gebäuden hat der Eigentümer diese Dispositionsfreiheit nicht mehr. Im Vergleich zu den Bodenwerten unbebauter Grundstücke kann deshalb ein Wertabschlag insoweit gerechtfertigt sein, wie der Ablösebetrag den wirtschaftlichen Vorteil übersteigt, der aus der Nutzung der Grundstücksflächen resultiert, die ansonsten für die Herstellung von Stellplätzen oder Garagen auf dem Grundstück hätten Verwendung finden können.

Die Höhe des Ablösungsbetrags ergibt sich nach den landesrechtlichen Bestimmungen. 358

5.3.7.9 Naturschutzrechtliche Ausgleichszahlung

Nach § 8 Abs. 2 und 3 des Bundesnaturschutzgesetzes (BNatSchG) ist der Verursacher für 359
Eingriffe in Natur und Landschaft zu einem Ausgleich verpflichtet. Diese Verpflichtung trifft auch den Träger von Anlagen, deren Errichtung im öffentlichen Interesse liegt. Nach § 8 Abs. 9 können die Länder weitergehende Vorschriften erlassen, insbesondere über Ersatzmaßnahmen der Verursacher bei nicht ausgleichbaren, aber vorrangigen Eingriffen (z. B. § 2 Nr. 2c der rh.-pf. Landesverordnung über die **Ausgleichszahlung** nach § 5a des **Landespflegegesetzes** – LPflG – Rheinland Pfalz – AusgV)[175]. Im Rahmen des Verhältnismäßigkeitsgrundsatzes, dem diese naturschutzrechtliche Ausgleichszahlung genügen muss, stellt § 5a Abs. 1 LPflG für die Bemessung der Ausgleichszahlung

– sowohl auf die „Dauer und Schwere des Eingriffs" als auch

– auf den „Wert oder Vorteil für den Verursacher" ab.

Die Höhe der naturschutzrechtlichen Ausgleichszahlung (§ 8 Abs. 9 BNatSchG) kann sich an 360
der Höhe der Investitionskosten, aber auch an der Intensität des Eingriffs orientieren[176].

5.3.7.10 Kostenerstattungsbetrag nach § 135a BauGB

▶ *Grundsätzliches hierzu bei § 5 ImmoWertV Rn. 254 ff.*

Nach § 135a Abs. 1 BauGB hat der Vorhabenträger grundsätzlich die im Bebauungsplan fest- 361
gesetzten naturschutzrechtlichen Ausgleichsmaßnahmen i. S. des § 1a Abs. 3 BauGB durchzuführen. Soweit diese Maßnahmen entsprechend den Festsetzungen auf dem Eingriffsgrundstück durchzuführen sind, kann sich der Wert des Grundstücks im Vergleich zu den Vergleichspreisen der Grundstücke bzw. zu dem herangezogenen Bodenrichtwert (eines

---

172 BGH, Urt. vom 26.02.1971 – V ZR 116/68 –, EzGuG 1.9 m. w. N.; vgl. Stellplatz-Ablöseverordnung für Berlin vom 29.10.1990, GVABl. 1990, 2232 = GuG 1991, 51; GuG 1993, 49.
173 Seiner Rechtsnatur nach ist der Ablösebetrag eine nichtsteuerliche Sonderabgabe (BVerwG, Urt. vom 30.08.1985 – 4 C 10/81 –, EzGuG 1.30); sie ist Surrogat für die Stellplatzverpflichtung (vgl. OVG Hamburg, Urt. vom 13.11.1980 – Bf. II 22/79 –, EzGuG 1.19a); im Übrigen kann die Ablösung auch Gegenstand eines öffentlich-rechtlichen Vertrags sein (vgl. OVG Münster, Urt. vom 25.01.1977 – 7 A 64/75 –, EzGuG 1.16); Schröer in NVwZ 1997, 140.
174 BVerwG, Urt. vom 04.02.1966 – 4 C 64/65 –, EzGuG 1.5a; OVG Hamburg, Urt. vom 13.11.1980 – Bf. II 22/79 –, EzGuG 1.19a; zur steuerlichen Behandlung des Ablösungsbetrags vgl. BFH, Urt. vom 08.03.1984 – IX R 45/80 –, EzGuG 1.24.
175 BVerwG, Beschl. vom 05.10.1990 – 4 B 249/89 –, NVwZ-RR 1991, 118 = VBlBW 1991, 171; BVerwG, Beschl. vom 05.04.2002 – 4 B 15/02 – GuG 2003, 314.
176 BVerwG, Beschl. vom 05.04.2002 – 4 B 15/02 –, GuG 2003, 314.

Syst. Darst. Vergleichswertverfahren **Ausgleichsmaßnahmen (Be-**

Bodenrichtwertgrundstücks, für das entsprechende Maßnahmen nicht festgesetzt worden sind) entsprechend vermindern. Grundsätzlich kann zur **Ermittlung des Minderungsbetrags** von den Kosten ausgegangen werden, die üblicherweise dabei entstehen. Ein Kostenerstattungsbetrag entsteht für das Grundstück in diesen Fällen nicht.

362 Wie unter § 5 ImmoWertV bei Rn. 258 ff. erläutert wurde, kann es sich im Rahmen der naturschutzrechtlichen Ausgleichsregelung des § 1a BauGB um

– Festsetzungen über Ausgleichsflächen und
– um Festsetzungen über Ausgleichsmaßnahmen (z. B. eine Bepflanzung)

handeln.

363 Im Falle von Festsetzungen über Ausgleichsflächen ist dies bei der Verkehrswertermittlung durch die zusätzliche Fläche selbst zu berücksichtigen, d. h. bei einem Preisvergleich mit davon nicht betroffenen Grundstücken kann dies z. B. durch einen geminderten Quadratmeterwert des entsprechend größeren Grundstücks berücksichtigt werden. Im Falle von **Festsetzungen über Ausgleichsmaßnahmen (Bepflanzungen)** kommen die Kosten der Bepflanzungen als Ausgangsgröße in Betracht. Dabei sind allerdings nur die Pflanzkosten berücksichtigungsfähig, die über das hinausgehen, was auch sonst der Grundstückseigentümer an Bepflanzungen vorgenommen hätte.

364 Soweit **Maßnahmen an anderer Stelle den Eingriffsgrundstücken nach § 9 Abs. 1a BauGB zugeordnet** sind, soll nach § 135a Abs. 2 BauGB die Gemeinde diese anstelle und auf Kosten der Vorhabenträger oder Eigentümer durchführen und die hierfür erforderlichen Flächen bereitstellen (vgl. § 200a BauGB). Die Gemeinde erhebt in diesen Fällen zur Deckung ihres Aufwands einschließlich der hierfür bereitgestellten Flächen vom Eigentümer einen Kostenerstattungsbetrag, der als öffentliche Last auf dem Grundstück ruht. Der Kostenerstattungsbetrag kann geltend gemacht werden, sobald die Grundstücke, auf denen der ausgleichspflichtige Eingriff zu erwarten ist, baulich oder gewerblich genutzt werden.

365 Die Erhebung von Kostenerstattungsbeträgen entfällt nach § 154 Abs. 1 Satz 3 ggf. i. V. m. § 169 Abs. 1 Nr. 7 BauGB in **städtebaulichen Sanierungsgebieten und Entwicklungsbereichen.** Dort wird anstelle des Kostenerstattungsbetrags ein Ausgleichsbetrag erhoben. Im Falle einer gemeindlichen Veräußerung der neugeordneten Grundstücke erfolgt die Veräußerung zum kostenerstattungsbetragsfreien Neuordnungswert.

366 Aufgrund der vorstehend erläuterten Regelung muss in den genannten Fällen **zwischen einem kostenerstattungsbetragsfreien und kostenerstattungsbetragspflichtigen Grundstückswert unterschieden** werden. Wie bei der entsprechenden Unterscheidung zwischen erschließungsbeitragspflichtigen (ebpf) und erschließungsbeitragsfreien (ebf) Grundstückswerten bemisst sich der Unterschied nach der voraussichtlichen Höhe des Kostenerstattungsbetrags.

5.3.7.11 Ausgleichsabgaben nach Baumschutzverordnung

Schrifttum: *Königer, D.,* Erhebung von Ausgleichsabgaben nach der Baumschutzsatzung 1982 unzulässig, BlnGE 2004, 401; *Königer, D.,* Die Erhebung von Ausgleichsabgaben nach der BaumSchVO ist rechtswidrig, BlnGE 2006, 495; Rechtsfragen zur Bedeutung der naturschutzrechtlichen Eingriffsregelung in der Bauleitplanung, BMBau 1996, S. 112 ff.

367 Auf Privatgrundstücken befindliche Bäume mit einem bestimmten Mindeststammumfang können aufgrund von Baumschutzsatzungen als **geschützte Landschaftsbestandteile** mit der Folge unter Schutz gestellt werden, deren Beseitigung zum Zwecke einer Realisierung eines Bauvorhabens einer vorherigen Genehmigung bedürfen. Wird die Genehmigung erteilt, so ist der Antragsteller zu standortgerechten Ersatzpflanzungen zu verpflichten oder, soweit Ersatzpflanzungen nicht möglich sind, zu einer Ausgleichsabgabe heranzuziehen.

bauleitplanerische Abwägung **Syst. Darst. Vergleichswertverfahren**

368 Rechtsgrundlage für Baumschutzsatzungen und Baumschutzverordnungen[177] ist § 18 BNatSchG, der unter dem Begriff der geschützten Landschaftsbestandteile auch den Schutz von Bäumen einbezieht. Die Länder können in Ausfüllung von § 18 BNatSchG i. V. m. der Befreiungsregelung des § 31 BNatSchG ergänzende Regelungen insbesondere zu Ausgleichsverpflichtungen im Falle einer Befreiung von der Satzung bzw. Verordnung in ihren Landesnaturschutzgesetzen treffen. Möglich ist auch eine Befreiungsregelung unmittelbar in der Satzung bzw. Verordnung. Da § 18 BNatSchG eine gegenüber § 8a BNatSchG **eigenständige Regelung** trifft, ist diese zunächst **vorrangig** gegenüber der Ausgleichsverpflichtung nach § 8a BNatSchG[178]. Allerdings können in einem Bebauungsplan gleichwohl Festsetzungen zur Beseitigung von auf Grund von § 18 BNatSchG geschützten Bäumen getroffen werden. Es greift dann aber zuvor die Verpflichtung, eine Befreiung von der Baumschutzsatzung bzw. -verordnung einzuholen. Die in diesem Fall ggf. nach Landesrecht bzw. der Satzung oder Verordnung gebotene Ausgleichsverpflichtung aufgrund einer Befreiung von der Baumschutzsatzung bzw. -verordnung ist **nicht der bauleitplanerischen Abwägung** unterworfen.

369 Die **Unterschutzstellung von Bäumen** muss nach Auffassung des BVerwG **nur hinsichtlich des Bestandes an Bäumen** – nicht jedoch hinsichtlich eines jeden einzelnen Baums erforderlich sein[179]. Baumschutzsatzungen, die hinsichtlich ihres Geltungsbereichs auf „die innerhalb der im Zusammenhang bebauten Ortsteile und den Geltungsbereich der Bebauungspläne" abstellen, sind nunmehr auch vom BVerwG als uneingeschränkt rechtswirksam anerkannt worden[180].

370 Die naturschutzrechtliche Eingriffsregelung für das Bebauungsplanverfahren und die Baumschutzsatzungen bzw. -verordnungen sehen, wenn sie sich auf dasselbe Gebiet beziehen, unterschiedliche **Rechtsfolgen für das Beseitigen von Bäumen** vor. Da Baumschutzsatzungen und -verordnungen in unterschiedlicher Ausgestaltung möglich sind, ist jeweils im konkreten Einzelfall das Verhältnis zur naturschutzrechtlichen Eingriffsregelung zu bestimmen; dabei ist auch entscheidend, ob der Bebauungsplan nach § 1a BauGB oder die Regelung zum Baumschutz für das Gebiet zeitlich früher vorlag.

371 Liegt eine Baumschutzsatzung bzw. -verordnung für ein bislang nicht beplantes Gebiet bereits vor und soll danach das Gebiet durch einen Bebauungsplan überplant werden, ist im Rahmen des Bebauungsplanverfahrens bei Anwendung des § 1a BauGB in Rechnung zustellen, dass für die von der Planung erfassten Bäume bereits eine vorrangige Ausgleichsregelung besteht. Die Gemeinde darf daher den **Schutz der Bäume nicht in die nach § 8a BNatSchG geforderte Eingriffs-/Ausgleichsbetrachtung einbeziehen.** Eine Ausnahme gilt nur dann, wenn es sich um eine gemeindliche Baumschutz*satzung* handelt, da die Gemeinde als Satzungsgeberin diese Baumschutzsatzung für den Bereich des Bebauungsplans zeitgleich mit der Aufstellung des Bebauungsplans außer Kraft setzen kann. Die Außerkraftsetzung kann ausdrücklich, u.U. aber auch konkludent durch eine entsprechende Willensäußerung im Aufstellungsverfahren für den Bebauungsplan erfolgen. Für einen solchen Willen zur konkludenten Außerkraftsetzung der Baumschutzsatzung müssen aber im Aufstellungsverfahren für den Bebauungsplan deutliche Anhaltspunkte ersichtlich sein. Eine solche Lösungsmöglichkeit

---

177 Vgl. Baumschutzverordnung – BaumSchVO Bln vom 11.01.1982 (GVBl. 1982, 250), zuletzt geändert durch Art. 1 der VO vom 4.3.2004 (GVBl. 2004, 124) = BlnGE 2004, 536. Das OVG Berlin-Brandenburg hat wie das VG Berlin mit Urt. vom 26.01.2006 – 11 B 12/05 –, EzGuG 2.65 (wie zuvor VG Berlin mit Urt. vom 11.02.2004 (- 1 A 230/01 – , BlnGE 2004, 429 = EzGuG 2.62) entschieden, dass die in der Verordnung von 1982 enthaltene Verpflichtung, eine Ausgleichszahlung zu leisten, wenn ein Baum gefällt wurde und eine Ersatzpflanzung nicht möglich ist, unzulässig ist (Berufung unter Aktenzeichen – 2 N 187/04 zugelassen); vgl. auch OVG Berlin, Urt. vom 17.10.2003 – 2 B 15/00 –, BlnGE 2004, 1099; OVG Berlin, Urt. vom 04.06.2004 – 2 B 2/02 –, BlnGE 2004, 1097.
178 Oldiges, Rechtsfragen zur Bedeutung der naturschutzrechtlichen Eingriffsregelung in der Bauleitplanung, BMBau 1996, S. 112 ff.
179 BVerwG, Beschl. vom 29.12.1988 – 4 C 19/86 –, NuR 1989, 179 = NVwZ 1989, 555 = EzGuG 2.45a; BVerwG, Beschl. vom 01.02.1996 – 4 B 303/95 –, NuR 1996, 403 = DWW 1996, 313 = BlnGE 1996, 871; OVG Berlin, Urt. vom 16.08.1996 – 2 B 26/93 –, NVwZ-RR 1997, 530; VG Berlin, Urt. vom 11.02.2004 – 1 A 230/01 –, BlnGE 2004, 429 = EzGuG 2.62.
180 BGH, Beschl. vom 15.03.1996 – 3 StR 506/95 –; Weitzel in NuR 1995, 16; Günther in NWVBl 1995, 90; BVerwG, Urt. vom 16.06.1994 – 4 C 2/94 –, MDR 1995, 225 = EzGuG 2.59; VGH Mannheim, Urt. vom 02.10.1996 – 5 S 831/95 –, GuG 1998, 58; OLG Düsseldorf, Beschl. vom 21.06.1995 – 2 Ss (OWi) 171/95 –, NuR 1996, 214.

existiert für Baumschutz*verordnungen* nicht, da diese von der Gemeinde nicht aufgehoben werden können.

372 Liegt dagegen zunächst der **Bebauungsplan** vor und wird erst danach eine Baumschutzsatzung bzw. -verordnung aufgestellt, verdrängt die Baumschutzsatzung bzw. -verordnung, soweit der Bebauungsplan noch nicht vollzogen ist, die insoweit zu den Bäumen getroffenen Ausgleichsverpflichtungen im Bebauungsplan. Im Baugenehmigungsverfahren, in welchem konkret über das Beseitigen der Bäume zu entscheiden ist, ist dann in Bezug auf die Bäume nicht mehr der insoweit gegenstandslos gewordene Bebauungsplan anzuwenden, sondern die nachträglich erlassene Baumschutzsatzung bzw. -verordnung. Auch hier ist allerdings zu prüfen, ob nicht Anhaltspunkte bei Aufstellung der Baumschutzsatzung vorliegen, dass diese sich nicht auf den zeitlich früheren Bebauungsplan erstrecken soll[181].

373 **Baumschutzsatzungen müssen** hinsichtlich ihrer Regelungen zur Bemessung der zu entrichtenden Ausgleichsabgabe **dem Bestimmtheitsgebot genügen**[182]:

a) Wird die **Fällung von Bäumen** z. B. **zum Zwecke der Bebauung eines Grundstücks erforderlich,** so sind i. d. R. zunächst Ersatzpflanzungen zu fordern. Soweit es sich hierbei nicht um eine Verpflichtung zu besonders aufwendigen Ersatzpflanzungen handelt, folgt hieraus in aller Regel keine besondere Wertminderung des Grundstücks. Zum einen sind die anfallenden Kosten im Vergleich zu den Grundstücks- und Baukosten von untergeordneter Bedeutung, zumal eine (ergänzende) Bepflanzung mit der Bebauung eines Grundstücks ohnehin verbunden ist. Dagegen können eher schon die Beseitigungskosten von Bäumen zu einer Wertminderung führen, wenn bei der Bodenwertermittlung von Vergleichspreisen für sofort bebaubare Grundstücke ausgegangen wurde.

b) Scheiden **Ersatzbepflanzungen** aus rechtlichen oder tatsächlichen Gründen aus, so können dem Eigentümer Ausgleichszahlungen auferlegt werden, wenn die Baumschutzsatzung bzw. das Naturschutzgesetz dies entsprechend vorsieht. In der Rechtsprechung sind Regelungen anerkannt, nach denen sich die Ausgleichszahlung nach der Art und dem konkreten Stammumfang eines entfernten Baumes bemisst[183]. Die Mehrzahl der in Nordrhein-Westfalen getroffenen Regelungen sehen darüber hinaus eine Pflanzkostenpauschale in Höhe von 30 % des Nettokaufpreises[184] und ggf. eine dreijährige Anwachspflege einschließlich Mehrwertsteuer vor, wobei diese nur zum Ansatz kommen kann, wenn die Gemeinde den Pflanzauftrag an Privatunternehmen vergibt. Die Wertminderung eines Grundstücks im Vergleich zu dem Verkehrswert unmittelbar bebaubarer Grundstücke kann in solchen Fällen anhand der sich so bemessenen Ausgleichszahlung leicht mithilfe von entsprechenden Baumschulkatalogen ermittelt werden.

c) Baumschutzsatzungen, die hinsichtlich der Bemessung von **Ausgleichszahlungen auf die Methode Koch abheben,** werden im Schrifttum dagegen mit dem Hinweis **abgelehnt,** dass diese Methode ökologischen Gesichtspunkten nicht Rechnung trage und dem Eigentümer Kosten auferlege, die er in der Vergangenheit bereits getragen habe[185]. In der Kritik an dieser Methode wird darauf hingewiesen, dass sich die Ausgleichszahlung und damit auch eine hieraus abgeleitete Wertminderung als unangemessen hoch erweist.

5.3.7.12 Walderhaltungsabgabe nach Landeswaldgesetz

374 Nach landesrechtlichen Vorschriften bedarf die **Umwandlung eines Waldes in eine andere Nutzungsart** der Genehmigung der unteren Forstbehörde (Umwandlungsgenehmigung, vgl.

---

181 OVG Münster, Urt. vom 28.06.1995 – 7a D 44/94 NE –, NuR 1996, 419.
182 Ausgleichsabgaben nach § 6 Abs. 1 BaumSchVO 1982 Bln sind unwirksam, weil sie nicht hinreichend bestimmt und mit der gebotenen Normenklarheit unvereinbar sind (OVG Berlin-Brandenburg, Urt. vom 26.01.2006 – 11 B 12/05 –, BlnGE 2006, 515 = EzGuG 2.65; zur BaumSchVO 2002 von Berlin vgl. Köninger in BlnGE 2006, 495.
183 OVG Schleswig, Urt. vom 02.11.1994 – 1 L 21/94 –, NuR 1995, 377.
184 Musterbaumschutzsatzung des nordrh.-westf. Städtetages Umdruck Nr. 3811, abgedruckt bei Günther, Baumschutzrecht, Anl. 1.
185 Günther in Jahrbuch der Baumpflege 1998, Braunschweig; Schulz, ebenda.

§ 8 LWaldG Brandenburg). Zum Ausgleich nachteiliger Wirkungen seiner Umwandlung kann z. B. in *Brandenburg* die untere Forstbehörde insbesondere bestimmen, dass

1. als Ersatz eine **Erstaufforstung** geeigneter Grundstücke innerhalb einer bestimmten Frist vorzunehmen ist,

2. ein Wald mit Schutzstatus zu erhalten ist,

3. sonstige **Schutz- und Gestaltungsmaßnahmen** zu treffen sind.

Soweit die nachteiligen Wirkungen einer Waldumwandlung nicht ausgeglichen werden können, ist ein finanzieller Ausgleich zu leisten.

Zum Ausgleich der nicht durch Ersatzmaßnahmen ausgeglichenen nachteiligen Wirkung wird eine **Walderhaltungsabgabe** erhoben. Diese bemisst sich z. B. im Lande *Brandenburg* nach den „ausgeschiedenen Waldfunktionen des umzuwandelnden einschließlich des von der Umwandlung mittelbar betroffenen Waldes"[186] der Größe und räumlichen Lage der umzuwandelnden Fläche und den zu erwartenden Auswirkungen auf den Naturhaushalt zum Zeitpunkt des Umwandlungsantrages" (vgl. auch § 15 Abs. 6 LWaldG M-V). Hierzu bestimmt § 3 der WalderhaltungsabgabenVO des Landes:

„§ 3 Rahmensätze

Als Untergrenze für die Höhe der Walderhaltungsabgabe werden die Kosten für eine nach forstlichen Gesichtspunkten mit standortgerechten Baumarten zu begründende Kultur einschließlich ihrer Sicherung angesetzt. Bei Flächen mit Waldfunktionen höherer Wertigkeit ist höchstens ein Fünffaches dieser Kosten zugrunde zu legen. Bemessungskriterien sind der Verlust an Schutz- und Erholungsfunktion des betreffenden Waldgebietes, der örtliche Waldanteil, die ökologische Wertigkeit des umzuwandelnden Bestandes und sonstige negative Wirkungen auf die Natur.

Als Obergrenze für die Höhe der Walderhaltungsabgabe werden die Kosten nach Absatz 1 zuzüglich durchschnittlicher Ankaufkosten aufforstungsfähiger Grundstücke gleicher Größe im selben Naturraum angesetzt."

5.3.8 Lagefaktoren

5.3.8.1 Allgemeines

Schrifttum: *Muncke G.*, Standort- und Marktanalyse in der Immobilienwirtschaft, in Schulte, Handbuch der Projektentwicklung 1997.

Marktberichte: *Allianz Dresdner Immobiliengruppe, DEGI:* Standortbezogene Marktreporte und spezielle Marktanalysen; *Müller International*: City reports; *Aengevelt*: City Report Investement; *Jones Lang Lasalle:,* Investmentmarkt Deutschland, Überblick über Einzelhandel in Deutschland, Oscar, Büronebenkostenanalyse, Gewerbegebiet Report, City Profile, European Office Index; *Engels & Völkers:,* Markt- und Frequenzberichte, *DTZ Zadelhoff Tie Leung:* Konjunkturbarometer.

▶ *Allgemeines vgl. § 6 ImmoWertV Rn. 318 ff.; vgl. Kleiber, Verkehrswertermittlung von Grundstücken, 6. Aufl. 2010, Teil VIII Rn. 413, 437 ff., 476, 162*

Von Gutachtern wird gelegentlich die nicht gerade geistreiche Auffassung vertreten, dass der Verkehrswert eines Grundstücks im Wesentlichen nur durch drei Faktoren bestimmt werde, nämlich nach der Lage des Grundstücks, der Lage und nochmals der Lage. Dieses Wortspiel mag durchaus charakteristisch für die Bedeutung dieses Faktors sein. Bei der Ermittlung des Verkehrswerts darf allerdings nicht übersehen werden, dass **die Lage ein äußerst komplexer Begriff** ist und hierunter alles verstanden werden könnte, was die Höhe des Verkehrswerts bestimmt. Dies fängt bei der kleinräumigen Lage mit den sie prägenden grundstücksspezifischen Eigenschaften, also Art und Maß der baulichen Nutzung, Grundstücks- und Geländeform und dgl., an und endet in der großräumigen Lage innerhalb der Stadt, des Landes und im Hinblick auf die wirtschaftlichen Verflechtungen sogar innerhalb von Europa. Wie bei der

---

186 Verordnung über die Walderhaltungsabgabe vom 21.09.1993 (GVBl. Bbg 1993, 649).

Syst. Darst. Vergleichswertverfahren　　　　Einzelhandelsobjekten

Standortanalyse wird im Übrigen auch bei der Lageanalyse zwischen „harten" und „weichen" Lagefaktoren unterschieden.

377 Praktisch geht es bei der Verkehrswertermittlung aber im Wesentlichen um die Berücksichtigung der kleinräumigen Lage (Mikrobereich), soweit die sie bestimmenden Faktoren nicht bereits durch die übrigen wertbeeinflussenden Umstände, wie Art und Maß der baulichen Nutzung usw., berücksichtigt sind, denn die **großräumige Lage** (Makrobereich) findet wertmäßig bereits mit den herangezogenen Vergleichspreisen oder dem Bodenrichtwert weitgehend ihre Berücksichtigung. § 6 Abs. 4 ImmoWertV hebt demzufolge als besondere Lagemerkmale

– die Verkehrslage (Verkehrsanbindung),

– die Nachbarschaftslage,

– die Wohn- und Geschäftslage sowie

– die Umwelteinflüsse (Immissionslage)

hervor. Dem **Standort des Wertermittlungsobjekts** in Bezug auf die durch derartige Lagefaktoren bestimmten Nachbarschaftsbeziehungen kommt insbesondere bei **Einzelhandelsobjekten** deshalb eine überragende Bedeutung zu, weil ein schlechter Standort durch eine noch so gute Konzeption kaum kompensiert werden kann.

378 Die Berücksichtigung von Abweichungen in den Lageverhältnissen zwischen dem Wertermittlungsobjekt und den zum Vergleich herangezogenen Grundstücken erfordert die ganze Erfahrung und Sachkunde eines Gutachters, denn anders als z. B. bezüglich eines unterschiedlichen Maßes der baulichen Nutzung lässt sich die Lagequalität nicht mit einer alles umfassenden Kenngröße „messen". In vielen Fällen mag es aber auch genügen, Lageunterschiede hilfsweise durch **bestimmte sie kennzeichnende Eigenschaften zu beschreiben und bei der Verkehrswertermittlung zu berücksichtigen.**

379 Es hat immer wieder letztlich aber gescheiterte Versuche gegeben, einzelne Lagefaktoren durch ein Punkte- und Gewichtssystem zu aggregieren, um die Berücksichtigung von Lageunterschieden zu operationalisieren[187]; die hierzu entwickelten Verfahren verleiten zu einem den Besonderheiten des Einzelfalls nicht hinreichend Rechnung tragenden Schematismus. Für den „Verbraucher" eines Gutachtens sind sie häufig nicht einsichtig und lassen die mehr oder minder subjektiven Gedankengänge des Gutachters nicht hinreichend erkennen. Interessant ist auch die Operationalisierung der Lageberücksichtigung nach der Lendenfeldschen Formel[188].

380 Zur Qualifizierung der wesentlichen **Lagemerkmale des Wertermittlungsobjekts und** der **Vergleichsgrundstücke** empfiehlt es sich, auf die wesentlichen, möglichst „messbaren" preisbestimmenden Eigenschaften der jeweiligen Grundstücksart abzustellen, um die Unterschiede angemessen berücksichtigen zu können. Im Einzelnen können dies sein:

a) unterschiedliche *Geschäftslagen,* die sich in unterschiedlichen Ertragsverhältnissen ausdrücken können (Passantenfrequenz[189], „Passantenqualität"),

b) unterschiedliche *Verkehrslagen,* z. B. aufgrund unterschiedlicher Entfernungen zum Zentrum oder aufgrund der Verkehrsanbindung durch Straßen und öffentliche Nahverkehrsmittel,

c) unterschiedliche *Immissionslagen,* z. B. bezüglich Schadstoffen, Lärm, Geruch und Erschütterungen,

---

187 Z.B. das sog. Braunschweiger Verfahren; vgl. Müller, Die städtische Grundrente und die Bewegung von Baugrundstücken, Tübingen 1952, sowie Müller, Bewertung von Baugrundstücken, Hannover 1968; Kellermann in ZfV 1962, 343, 380, 427; Brachmann, Ermittlung des Bauwertes von Gebäuden und des Verkehrswertes von Grundstücken, Hannover 1969, S. 40.
188 Die Ermittlung von Bodenwerten, Schriftenreihe der Forschungsgesellschaft für Wohnen, Bauen und Planen, Heft 38, Selbstverlag Wien.
189 GuG 1995 361; vgl. unten bei Rn. 169.

Lageklassifikation   **Syst. Darst. Vergleichswertverfahren**

d) unterschiedliche *Wohnlagen,* wobei neben der Verkehrsanbindung und den Umwelteinflüssen die ein ruhiges und angenehmes Wohnen bestimmenden Faktoren (Nähe zu Freizeiteinrichtungen; Begrünung usw.) von Bedeutung sind.

Zur Berücksichtigung von Lagefaktoren hat man seit jeher versucht, **Wertunterschiede auf der Grundlage einer vorgegebenen Lageklassifikation,** z. B. nach   **381**

– sehr günstige Lage,

– günstige Lage,

– mittlere Lage,

– einfache Lage und

– schlechte Lage,

dadurch in den Griff zu bekommen, dass man

– das Wertverhältnis zwischen diesen Lagen oder

– ein Punktesystem für unterschiedliche Lageverhältnisse

abgeleitet hat[190]. Allgemein anerkannte Werte konnten bislang dafür allerdings noch nicht entwickelt werden, da den orts- und marktspezifischen Gegebenheiten eine ausschlaggebende Bedeutung beizumessen ist.

5.3.8.2 Berücksichtigung mithilfe von Bodenrichtwerten

Unterschiede in den allgemeinen Lageverhältnissen der Vergleichsgrundstücke zu denen des Wertermittlungsobjekts können, sofern die Grundstücke in unterschiedlichen Bodenrichtwertzonen (Syst. Darst. des Vergleichswertverfahrens Rn. 183 ff.)[191] gelegen sind und sich die jeweiligen Bodenrichtwerte auf identische Bodenrichtwertgrundstücke beziehen, mithilfe des **Wertverhältnisses dieser Bodenrichtwerte** berücksichtigt werden. Zu diesem Hilfsmittel wird man dann greifen, wenn man nicht direkt den Bodenrichtwert der Zone heranziehen will, in dem das Wertermittlungsobjekt gelegen ist.   **382**

Beispiel: **383**

– Zu ermitteln ist der Bodenwert eines in der Bodenrichtwertzone A gelegenen Grundstücks; der Bodenrichtwert betrage 400 €/m².

– Ein Vergleichspreis eines in der Bodenrichtwertzone B gelegenen Grundstücks betrage 370 €/m². Aufgrund schlechterer Lageverhältnisse in der Bodenrichtwertzone B betrage der Bodenrichtwert dort 350 €/m² für ein ansonsten mit der Bodenrichtwertzone A identisches Bodenrichtwertgrundstück.

– Umrechnung des Vergleichspreises:

    370 €/m² × 400 €/m² / 350 €/m² = 423 €/m²

Anhaltspunkte lassen sich ceteris paribus aus dem Vergleich von Bodenrichtwerten gewinnen, wie dies z. B. aus einer dem Grundstücksmarktbericht für *Essen* (1997) entnommenen Darstellung deutlich wird: **384**

Bodenrichtwerte für Grundstücke mit 1- oder 2-geschossiger Bauweise (im Wesentlichen für Eigentumsmaßnahmen).

Alle Werte sind bezogen auf Grundstücke vom Typ W2 bei einer GFZ von 0,5.

LAGE	gut	mittel	mäßig
€/m²	335	210	150
UK	1,60	**1,0**	0,75

---

190 So schon Müller, Bewertung von Baugrundstücken, Hannover 1968, S. 85 ff.; Gerardy, Praxis der Grundstücksbewertung, 4. Aufl.; Klocke, Der Sachverständige und seine Auftraggeber, Wiesbaden 2. Aufl. 1987, S. 84; Bachman in Schw. Zeitschr. für Vermessung, Kulturtechnik und Photogrammetrie 1953, 281.
191 Vgl. Kleiber, Verkehrswertermittlung von Grundstücken, 6. Aufl. 2010, § 196 BauGB Rn. 17 ff.

Syst. Darst. Vergleichswertverfahren — Wohnlage

Bodenrichtwerte für Grundstücke mit 3- oder mehrgeschossiger Bauweise
(Geschosswohnungsbau – im Wesentlichen für Eigentumsmaßnahmen)
Alle Werte sind bezogen auf Grundstücke vom Typ W3 bei einer GFZ von 1,0

LAGE	gut	mittel	mäßig
€/m²	290	265	190
UK	1,09	**1,00**	0,71

5.3.8.3 Wohnlage (Makrolage)

a)   Allgemeines zu Wohnimmobilien

385 Bei Wohnimmobilien handelt es sich um Objekte, bei denen das **Wohnen im Vordergrund der Nutzung** steht, und zwar unabhängig davon, ob es sich um eine Eigennutzung handelt oder das Objekt vermietet ist.

386 Bezüglich des Bodenwertgefüges in Gebieten, die dem mehrgeschossigen Wohnungsbau vorbehalten sind, kann es angezeigt sein, zwischen Wohnlagen zu unterscheiden, die dem Mietwohnungsbau, und solchen, die der Errichtung von Eigentumswohnungen zuzuordnen sind, wobei sich i. d. R. in typischen **Eigentumswohnungsgebieten** ein um ca.10 bis 40 % höheres Bodenwertgefüge ergibt[192].

387 Die Wohnlage beurteilt sich nach den **Faktoren, die als Annehmlichkeit bzw. als Störung des Wohnens** empfunden werden. Im Vordergrund steht das ungestörte Wohnen mit möglichst guter Erreichbarkeit der Naherholungsgebiete und der Versorgungszentren, aber auch die in einer „**guten Adresse**" zum Ausdruck kommende Anschauung des Grundstücksmarktes. *Tucholsky* lässt sein Gedicht „Das Ideal" mit folgender Beschreibung eines idealen Grundstücks beginnen:

„Ja, das möchste: Eine Villa im Grünen mit großer Terrasse, vorn die Ostsee, hinten die Friedrichstraße; mit schöner Aussicht, ländlich-mondän, vom Badezimmer ist die Zugspitze zu sehn – aber abends zum Kino hast dus nicht weit. Das Ganze schlicht, voller Bescheidenheit ..."

388 Eine **Wohnlage** lässt sich im Einzelnen durch folgende Parameter beschreiben:

– Erreichbarkeit der örtlichen Versorgungseinrichtungen,
– Erreichbarkeit der Naherholungsgebiete und Grünanteil der Umgebung,
– gesellschaftliches Ansehen der Lage (die „gute Adresse"),
– Immissionslage,
– das kleinräumige Straßenbild und die großräumige Quartierslage,
– Nutzungsdichte (Art und Maß der baulichen Nutzung),
– klein- und großräumige Verkehrsanbindung.

b)   Wohnlagenklassifizierung

389 Zur Klassifizierung von Wohnlagen kann auf Mietspiegel zurückgegriffen werden. Im Stuttgarter Mietspiegel werden sie beispielsweise wie folgt definiert:

Einfache Wohnlage: Gekennzeichnet durch eine kompakte Bauweise mit wenig Freiflächen und/oder starken Immissionen in nicht bevorzugten Wohngebieten: Hierzu gehört die Lage inmitten oder im Windschatten von Industrie, bei dichter Bebauung die Lage an Hauptverkehrsstraßen und Hinterhausbebauung bei unzureichender Besonnung und Durchgrünung.

Mittlere Wohnlage: Wohnlagen ohne besondere Vor- und Nachteile: Sie sind gekennzeichnet durch Freiflächen und mit durchschnittlicher Immissionsbelastung. Typisch dafür sind die Wohngebiete der Innenstadt und der alten Ortsteile in Vororten, soweit sie nicht an Hauptverkehrsstraßen liegen oder die Grundstücke genügend Freiflächen, jedoch keine besondere Freilage haben.

---

192 Vgl. Kleiber, Verkehrswertermittlung von Grundstücken, 6. Aufl. 2010, Teil VI Rn. 39 ff.

Gute Wohnlage: Ruhige Wohnviertel mit aufgelockerter, zumeist offener Bauweise und Vorgärten in Höhen- und Halbhöhenlagen ohne Immissionsbelastung. Dazu gehören auch Gebiete mit größeren Wohnobjekten mit starker Durchgrünung und Aussichtslage, geringen Immissionen, guter Infrastruktur und günstiger Verkehrsanbindung zur Innenstadt.

Bevorzugte Wohnlage: Absolut ruhige Wohnlagen in aufgelockerter, ein- bis dreigeschossiger Bauweise, meist Villen, bei völliger Durchgrünung des Wohngebiets, hinreichender Infrastrukturausstattung und günstiger Lage zur Innenstadt und zu Freizeiteinrichtungen, meist begleitet durch Höhen- und Aussichtslage.

Obwohl sich die Lageverhältnisse in ihrer Komplexität regelmäßig nicht durch bestimmte Kenngrößen „messen" lassen, können zur Berücksichtigung von Abweichungen in den Lageverhältnissen entsprechende Umrechnungskoeffizienten nach § 12 ImmoWertV abgeleitet werden. Hierzu müssen Kaufpreise bestimmter Lageklassen sortiert und miteinander ins Verhältnis gesetzt werden. Mit den für die Landeshauptstadt *Düsseldorf* abgeleiteten **Umrechnungskoeffizienten für unbebaute Baulandgrundstücke, Einfamilienhausgrundstücke, Zwei-/ Dreifamilienhauswohngrundstücke, Mehrfamilienhausgrundstücke und Eigentumswohnungen werden Umrechnungskoeffizienten in % des Gesamtwerts** angegeben, mit deren Hilfe sich Vergleichspreise aus bestimmten Wohnlagen auf die Lageverhältnisse des zu bewertenden Grundstücks umrechnen lassen (Abb. 56).

Abb. 56: Umrechnungskoeffizienten (UK) für Gesamtwerte in % für unterschiedliche Wohnlagen in der Landeshauptstadt Düsseldorf

Umrechnungskoeffizienten (UK) für unterschiedliche Wohnlagen in der Landeshauptstadt Düsseldorf 2011					
Bezirk	Norm: Mittlere Lage	Top-Lage	Sehr gut	Gut	Einfach mäßig
City	1,00	5,00 – 2,10	2,20 – 1,50	1,40 – 1,25	0,90 – 0,70
Citynah	1,00	2,40 – 1,70	1,70 – 1,40	1,30 – 1,20	0,95 – 0,75
Randlage	1,00	-	1,80 – 1,50	1,25 – 1,20	0,95 – 0,85
Vorort	1,00	-	1,50 – 1,40	1,20 – 1,10	0,95 – 0,80
Ergänzende Hinweise. In Lagen für Eigentumswohnungen sind eher die niedrigen Tabellenwerte anzusetzen. In den Top-Lagen für unbebaute und bebaute Grundstücke sind große Spannweiten zu beobachten. Unberücksichtigt sind besonders starke Immissionseinflüsse, wie Straßen-, Fluglärm, Geruchsbelästigungen u. a.					

Quelle: Gutachterausschuss für Grundstückswerte in Düsseldorf; Grundstücksmarktbericht 2011

Anwendungsbeispiel

– Zu ermitteln ist der Verkehrswert einer Eigentumswohnung in „sehr guter, citynaher" Wohnlage.
– Zur Verfügung steht der Vergleichspreis einer Eigentumswohnung in „guter, citynaher" Wohnlage.

Der an den Vergleichspreis anzubringende Lagekorrekturfaktor beträgt:

$$\frac{\text{UK sehr gut, citynah}}{\text{UK gut, citynah}} = \frac{1,4}{1,2} = 1,17 \quad \text{oder rd. 15 \%}$$

Der **Berliner Mietspiegel** unterscheidet lediglich nach einfachen, mittleren und guten Wohnlagen[193]. In *München* wird dagegen nach einfachen, durchschnittlichen und gehobenen Lagen unterschieden, während der Mietspiegel von *Frankfurt am Main* lediglich zwischen einfachen und guten Lagen unterscheidet[194].

Zur Qualifizierung von Wohnlagen kann vielerorts auch auf die zu Mietspiegeln erarbeiteten **Wohnwertkarten** zurückgegriffen werden (Abb. 57):

---

193 In der Bekanntmachung der Senatsverwaltung für Stadtentwicklung vom 02.03.2010 – (ABl. Berlin 2006, 1376) wird darüber hinaus auch nach „sehr guten Wohnlagen" differenziert.
194 Senatsverwaltung für Bauen, Wohnen und Verkehr (Hsg): Berliner Mietspiegel Magistrat der Stadt Frankfurt am Main (Hsg): Mietspiegel 1997.

Syst. Darst. Vergleichswertverfahren — Nachbarschaft

Abb. 57: Ausschnitt aus der Wohnwertkarte von Mülheim an der Ruhr

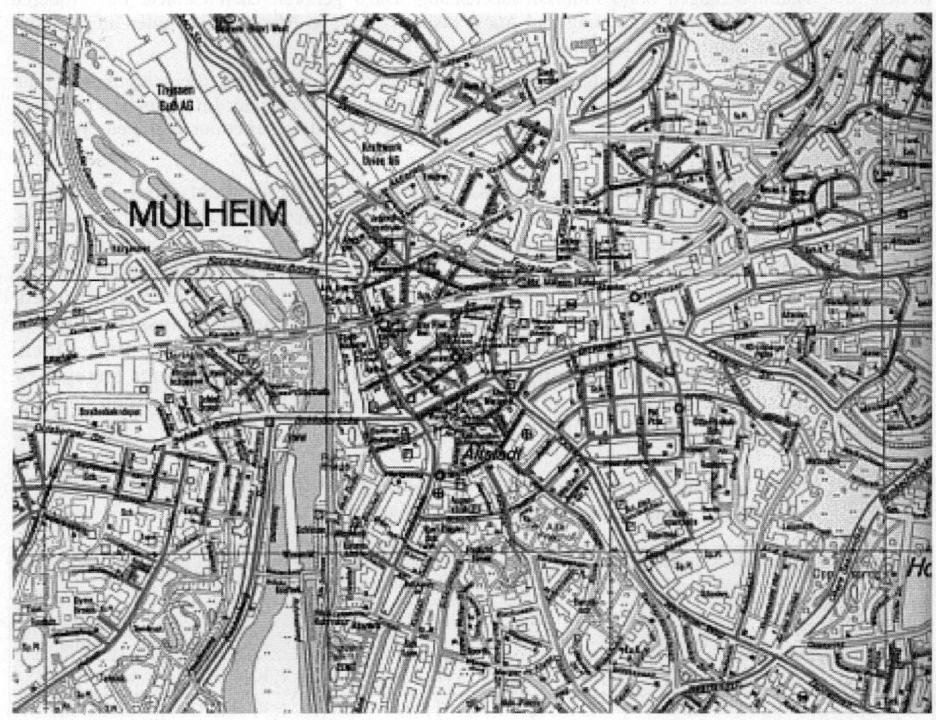

c) Wohnparks

394 Neue Wohngebiete und Wohnparks bilden im Verhältnis zu gewachsenen Lagen einen besonderen Grundstücksteilmarkt mit einem i. d. R. höheren Bodenwertniveau.

5.3.8.4 Nachbarschaftslage

395 Dem Hause gibt der Nachbar seinen Wert, heißt es im Volksmund, und in der Tat wird z. B. die Wohnlage in werterhöhendem, aber auch in wertminderndem Sinne durch die unmittelbare Nähe – seien es Freiflächen, Wohn- oder Industriegebiete – mitbestimmt. **Wohnblockartige Siedlungsvorhaben** sind dabei geeignet, gute Wohngegenden ihres ruhigen Villencharakters zu entkleiden und den Wohnwert zu mindern[195]. Auch kann der Entzug von Licht und Luft durch die Bebauung der Nachbargrundstücke und deren Baugestaltung zu einer Wertminderung führen[196]. Die davon ausgehenden Situationsveränderungen sind jedoch solange entschädigungslos hinzunehmen, wie sie nicht den Grad des schweren und unerträglichen Eingriffs erreichen.

396 Führt eine Baugenehmigung oder ihre Ausnutzung zu einer Wertminderung des Nachbargrundstücks, die das zumutbare Maß überschreitet, so kann darin nach Auffassung des BVerwG[197] ein **schwerer und unerträglicher Eingriff** in das Eigentum liegen (Gebot der

---

[195] BGH, Urt. vom 25.03.1977 – V ZR 92/74 –, EzGuG 4.50; OVG Berlin, Beschl. vom 26.11.1963 – II S 7/63 –, EzGuG 4.18; Pr. OVG, Urt. vom 11.04.1933 – VI D 79/32 –, EzGuG 4.3; PrOVG, Urt. vom 10.06.1932 – VII C 183/31 –, EzGuG 14.2; zu **Hochhäusern** in der Nähe von Flachbauten vgl. Stadtbauwelt 1972, 142.
[196] LG Dortmund, Urt. vom 27.02.1964 – 2 S 274/63 –, EzGuG 3.36.
[197] BVerwG, Beschl. vom 09.02.1995 4 NB 17/94 –, EzGuG 4.158; BVerwG, Urt. vom 13.06.1969 – 4 C 80/67 –, EzGuG 4.29; BVerwG, Urt. vom 13.06.1969 – 4 C 234/65 -, EzGuG 8.2; BayVGH, Urt. vom 22.06.1990 – 20 B 90.402 -, EzGuG 14.93.

Besonnung   **Syst. Darst. Vergleichswertverfahren**

Rücksichtnahme)[198]. Allerdings kommt der Wertminderung dabei keine selbstständige Bedeutung, sondern nur Indizbedeutung für die Schwere des Eingriffs zu[199]. So stellen die Auswirkungen, die die Errichtung von baulichen Anlagen in der Umgebung eines Grundstücks auf dessen Verkehrswert haben, für sich allein auch keine für die Abwägung des Bebauungsplans erheblichen Belange dar[200]. Bei **rechtswidrig erteilter Baugenehmigung** hat der betroffene Nachbar weder Anspruch auf Schadensersatz nach § 39 OBG noch nach Amtshaftungsgrundsätzen, wenn baurechtliche Vorschriften verletzt wurden, die keinen nachbarschützenden Charakter haben[201]. Im Übrigen gewähren die Vorschriften des BauGB über die Zulässigkeit von Vorhaben grundsätzlich nur dem Eigentümer benachbarter Grundstücke und nicht einem Mieter städtebaulichen Nachbarschutz[202].

Die **Wertminderung eines Wohngrundstücks, das sich infolge der Errichtung einiger Gewerbebauten** in ca. 300 m Entfernung **verschlechtert,** hat das BVerwG[203] mit etwa 10 % des Verkehrswerts bemessen.   **397**

Des Weiteren können Grundstücke in unmittelbarer **Nachbarschaftslage zu Wäldern** (Waldnähe) im Hinblick auf die Gefahr umstürzender Bäume und der Einschränkungen bezüglich Feuerstätten in ihrem Wert gemindert sein[204].   **398**

5.3.8.5 Aussichts- und Besonnungslage

Der Annehmlichkeitswert eines Grundstücks, der bei objektiver Betrachtungsweise für jeden Benutzer besteht, wie z. B. eine **schöne Aussicht,** ist ein verkehrswertbildender Faktor. Das Verbauen einer schönen Aussicht kann deshalb zu einer Minderung des Verkehrswerts führen, auch wenn sie rechtlich nur bedingt verhindert werden kann[205]. Ist die Aufrechterhaltung einer schönen Aussicht nicht z. B. durch eine Grunddienstbarkeit gesichert, so folgt hieraus regelmäßig kein Ausgleichsanspruch. In das Eigentum wird nämlich damit solange nicht eingegriffen, wie die Bebauung zulässig und „situationsberechtigt" ist und mit der Verbauung nicht über die Zumutbarkeitsschwelle hinausgegangen wird[206]. Auch dem **Entzug der Besonnung** eines Grundstücks ist grundsätzlich keine ausgleichspflichtige wertmindernde Wirkung zugesprochen worden[207].   **399**

Insbesondere für **Wohngrundstücke in reinen Wohngebieten** ist die Besonnungslage als wertbildender Faktor von Bedeutung: Die Gutachterausschüsse für den Bereich der Stadt *Mülheim an der Ruhr* und *Solingen* haben folgende Umrechnungskoeffizienten für diesen Bereich abgeleitet: **400**

Himmelsrichtung		
	Garten nach Osten	**1,00**
	Garten nach Westen	1,00
	Garten nach Süden	1,05
	Garten nach Norden	0,95

---

198 BVerwG, Urt. vom 25.02.1977 – 4 C 22/75 –, EzGuG 13.35; BVerwG, Urt. vom 14.12.1973 – 4 C 71/71 –, EzGuG 8.41; BVerwG, Urt. vom 05.07.1974 – 4 C 50/72 –, EzGuG 8.43.
199 BVerwG, Urt. vom 14.04.1978 – 4 C 97/76 –, EzGuG 8.52; vgl. auch BVerwG, Beschl. vom 5.8.1983 – 4 C 96/79 –, BVerwGE 67, 334.
200 BVerwG, Beschl. vom 09.02.1995 – 4 NB 17/94 –, EzGuG 4.159; BVerwG, Urt. vom 14.4.1978 – 4 C 97/76 –, EzGuG 8.52; BVerwG, Beschl. vom 24.04.1992 – 4 B 60/92 –, Buchholz 406.19 Nachbarschutz Nr. 109.
201 BGH, Urt. vom 27.01.1983 – III ZR 131/81 –, EzGuG 13.61 (Abgrenzung zu BGH, Urt. vom 12.10.1978 – III ZR 162/76 –, EzGuG 12.22).
202 BVerwG, Beschl. vom 11.07.1989 – 4 B 33/89 –, EzGuG 4.126.
203 BVerwG, Beschl. vom 09.02.1995 – 4 NB 17/94 –, EzGuG 4.159.
204 OVG Koblenz, Urt. vom 09.06.1993 – 8 A 10876/92 –, Nachr. der rh.-ph. Kat.- und VermVw 1996, 168.
205 BVerwG, Beschl. vom 09.02.1995 – 4 NB 17/94 –, EzGuG 4.159; VGH, Mannheim, Normenkontrollbeschl. vom 14.03.1990 – 8 S 2599/89 –, UPR 1990, 280 = VBlBW 1990, 428 = BRS Bd. 50 Nr. 51 = ZfBR 1990, 106.
206 BVerwG, Urt. vom 13.06.1969 – 4 C 80/67 –, EzGuG 4.29; BVerwG, Urt. vom 13.06.1969 – 4 C 234/65 –, EzGuG 8.28; OLG Hamburg, Urt. vom 19.02.1960 – 1 U 163 (169)/59 –, EzGuG 4.13.
207 Pr. OVG, Urt. vom 11.04.1933 – VI D 79/32 –, EzGuG 4.5.

Abb. 58: Umrechnungskoeffizienten zur Berücksichtigung der Ausrichtung des Gartens nach Himmelsrichtungen

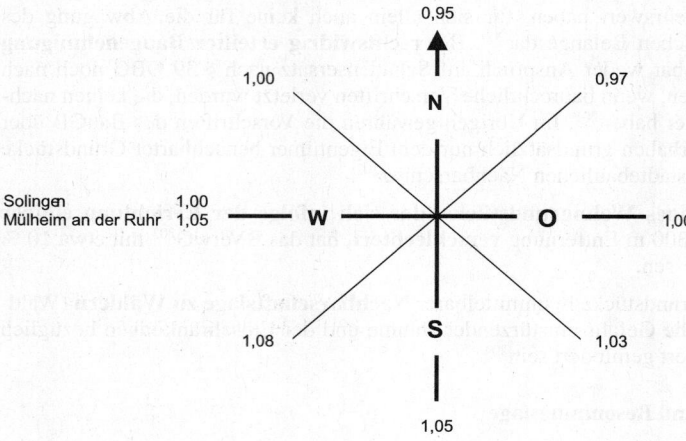

5.3.8.6 Wasser- bzw. Ufergrundstück

▶ *Zu den Wasserflächen vgl. § 5 ImmoWertV Rn. 272, 435 ff., § 6 ImmoWertV Rn. 117 ff.; zur Wahl des Wertermittlungsverfahrens § 8 ImmoWertV Rn. 110 ff., zu den Lagemerkmalen von Freizeitimmobilien vgl. Kleiber, Verkehrswertermittlung von Grundstücken, 6. Aufl. 2010, Teil VI Rn. 528 ff.*

401 Die Lage eines Wohngrundstücks direkt (oder in der Nähe) am Ufer einer Wasserfläche (**Wassergrundstück**) ist i. d. R. ein werterhöhender Umstand[208]. Der brandenburgische Grundstücksmarktbericht 2010[209] unterscheidet bei Wohnbaugrundstücken zwischen

a) Grundstücken mit direktem Wasserzugang (Ufergrundstück),

b) Grundstücken in unmittelbarer Ufernähe, die insbesondere durch einen Uferstreifen vom direkten Wasserzugang abgeschnitten sind (Uferstreifengrundstücke) und

c) sonstigen Grundstücken in Wassernähe (bis 300 m).

---

[208] BGH, Urt. vom 20.10.1967 – V ZR 78/65 –, EzGuG 4.27.
[209] Vgl. Grundstücksmarktbericht Potsdam 2010 S. 30.

Abb. 59: Ufernähe

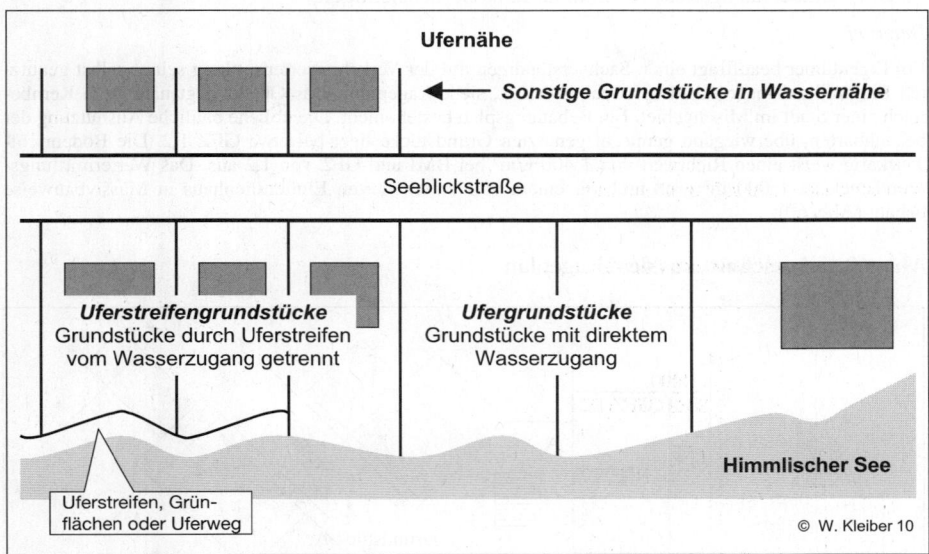

Für Uferstreifengrundstücke weist der Grundstücksmarktbericht einen Umrechnungskoeffizienten von bis 1,6 bezogen auf den jeweiligen Bodenrichtwert aus. Dieser Koeffizient bezieht sich auf Grundstücke mit einem Bodenrichtwertniveau ≥ 20 €/m², einer mittleren Grundstücksgröße von 1 150 m² bei einer Größenspanne von 500 m² bis 2 500 m². 402

Grundstücken mit direktem Wasserzugang wird 2011 ein Wertfaktor von 1,8 zugeordnet.

Für sonstige **Grundstücke in Wassernähe** (bis 300 m) ohne direkten Wasserzugang hat die Kaufpreisanalyse 2011 einen Wertfaktor von 1,4 ergeben.

5.3.8.7 Kleinräumige Lagemerkmale

a) Ecklage (Verkehrswertermittlung)

Unter **Eckgrundstücken** werden i. d. R. **Grundstücke am Schnittpunkt zweier Straßen** verstanden. Aufgrund der sich hieraus ergebenden Folgen für die Grundstücksnutzung können sich im Vergleich zu an einem Straßenzug gelegenen Grundstück Vor- oder Nachteile ergeben. Die Ecklage *(corner influence)* kann sich aber auch wertneutral auswirken[210]. 403

Allgemein lässt sich feststellen, dass **bebaute Eckgrundstücke i. d. R. eine höhere bauliche Ausnutzung** aufweisen, die vielfach nicht mit den baurechtlichen Vorschriften im Einklang steht, jedoch unter Bestandsschutz fällt bzw. im Falle einer Neubebauung aus städtebaulichen Gründen wieder genehmigt würde[211]. Wird die sich daraus ergebende Werterhöhung bereits nach Maßgabe des § 6 Abs. 1 ImmoWertV durch Ansatz eines entsprechend erhöhten Bodenwerts berücksichtigt, ist diesem Umstand insoweit bereits Rechnung getragen. 404

Darüber hinaus kann sich für **Eckgrundstücke in Geschäftslagen** eine höhere Wertigkeit ergeben, wenn sich dadurch die Ertragsfähigkeit, z. B. durch erhöhten Kundenzulauf, verbessert (Eckläden). Dieser Vorteil kann sich auch in Wohnlagen bei einer Nutzung der Ecklage für eine Gastwirtschaft einstellen. Auf der anderen Seite müssen bei erschließungsbeitragspflichtigen Eckgrundstücken erhöhte Erschließungskosten „gegengerechnet" werden. Des 405

---

210 OVG Münster, Urt. vom 25.09.1957 – 4 A 670/56 –, EzGuG 4.7.
211 VG Berlin, Beschl. vom 11.11.1998 – 19 A 86/98 –, EzGuG 15.93.

Syst. Darst. Vergleichswertverfahren — Ecklage

Weiteren gilt es, bei Anwendung des Ertragswertverfahrens auch ggf. erhöhte Betriebskosten (z. B. Grundbesitzabgaben) wertmindernd zu berücksichtigen.

406 *Beispiel:*

Ein Eigentümer beauftragt einen Sachverständigen mit der Verkehrswertermittlung seines selbst genutzten Einfamilienhausgrundstücks (Grundstück A, siehe Lageplan). Das Objekt liegt nahe dem Kernbereich einer Stadt im Mischgebiet. Ein Bebauungsplan besteht nicht. Die übliche bauliche Ausnutzung der benachbarten, überwiegend gemischt genutzten Grundstücke liegt bei etwa GFZ 1,2. Die Bodenrichtwertkarte weist einen Richtwert von 1 400 €/m² bei BMI und GFZ von 1,2 aus. Das Wertermittlungsgrundstück ist 1 000 m² groß und mit einem voll unterkellerten Einfamilienhaus in Massivbauweise bebaut (Abb. 60):

Abb. 60: Ausschnitt aus dem Lageplan

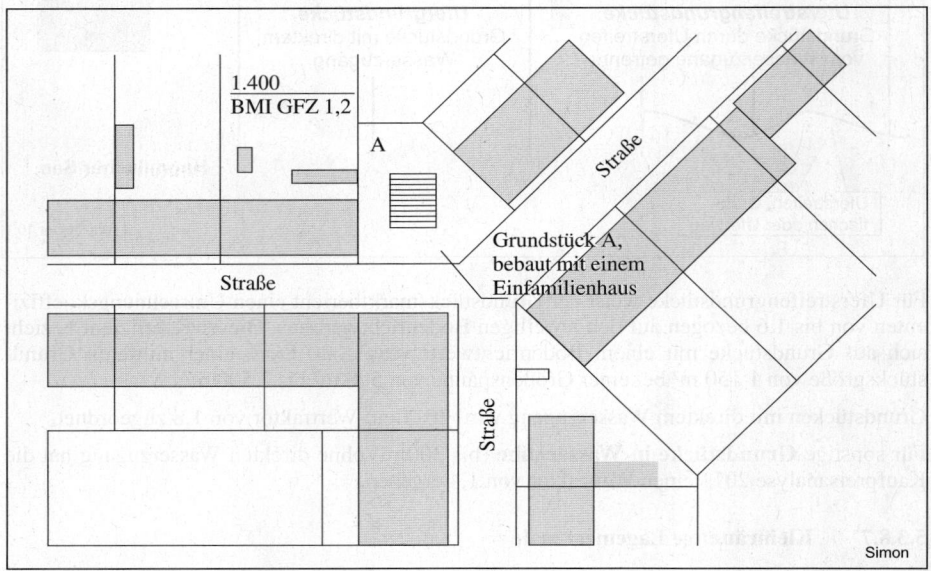

Objektdaten:
Bebaute Fläche   150 m²
Umbauter Raum (DIN 277, 1950)   850 m³
Raummeterpreis, einschl. Baunebenkosten   450 €/m³
Baujahr   1935
Gesamtnutzungsdauer   80 Jahre
Umrechnungsfaktoren
bei GFZ 1,2 = 1,1
bei GFZ 0,15 = 0,5

A. Ermittlung des Verkehrswerts

Weitere Daten:
Liegenschaftszinssatz   3,5 %
Bewirtschaftungskosten   20 %

Ecklage   **Syst. Darst. Vergleichswertverfahren**

Das Grundstück ist mit einem dem Wert des Grund und Bodens nicht entsprechenden Gebäude bebaut. Der Verkehrswert ist deshalb aus dem Bodenwert bei zulässiger GFZ 1,2 abzüglich der Abbruchkosten zu ermitteln:

Bodenwert: 1 000 m² × 1 400 €/m²	=	1 400 000 €
Abbruchkosten: 850 m³ × 30 €/m³	=	− 25 500 €
		1 374 500 €
Verkehrswert rd.		**1 375 000 €**

Kontrollrechnung:
Bodenwert bei tatsächlicher Nutzung

1 400 €/m² × 0,5/1,1	=	636 €/m²	
1 000 m² × 636 €/m²			636 000 €
Gebäudewert			
850 m³ × 450 €/m³	=	382 500 €	
Alterswertminderung bei 60 Jahren Alter			
und 80 Jahren Gesamtnutzungsdauer 66 %		− 252 450 €	
		130 050 €	
+ Außenanlagen 4 %		+ 5 202 €	
		135 252 €	+ 135 252 €
			771 252 €
			rd. 770 000 €

B. Welcher Verkehrswert würde sich ergeben, wenn dieses Einfamilienhaus über die nächsten 8 Jahre zu einer Nettokaltmiete von 1 200 €/Monat vermietet wäre?

Barwert der Erträge auf 8 Jahre		
1 200 € × 12 − 20 %	11 520 €	
Vervielfältiger bei 8 Jahren und 3,5 %: 6,87		
11 520 € × 6,87		= 79 142 €
Bodenwert aus Aufgabenteil A	= 1 374 500 €	
diskontiert über 8 Jahre bei 3,5 %		
1 374 500 € × 0,7594		+ 1 043 795 €
		1 122 937 €
		rd. 1 120 000 €

Bei den in offener Bauweise bebaubaren Eckgrundstücken überwiegen i. d. R. die Nachteile, insbesondere wenn aufgrund festgesetzter Baulinien ein Grundstück einen überproportionalen Anteil an unbebaubarem Vorderland aufweist. Überdies kann die Ecklage mit höheren Erschließungsbeiträgen und Grundbesitzabgaben (Straßenreinigungsgebühren) sowie stärkerer Lärm- und Abgasbelastung belastet sein. Für den Eigentümer des Grundstücks bzw. dessen Nutzer bedeutet die Ecklage zudem, dass in das Grundstück mehr als sonsthin eingesehen werden kann und im Winter eine größere Fläche von Schnee geräumt werden muss. Lediglich bei einer Reihenhausbebauung ergeben sich aus der Ecklage insoweit Vorteile, als das Grundstück im Verhältnis zur übrigen Bebauung zumindest nach einer Seite eine offene Bauweise aufweist; für die zusätzlich benötigte Fläche kann allerdings in diesem Fall nicht der „volle" Baulandwert angesetzt werden.

407

b)   Ecklage (Steuerliche Bewertung)

Nach den Bestimmungen der **Richtlinien der Finanzverwaltung für die Bewertung des Grundvermögens**[212] − BewR Gr − ergeben sich Werterhöhungen nur für das „engere Eckgrundstück". Es bestimmt sich in seiner Abmessung nach der ortsüblichen Vorderlandtiefe (Tiefe des Bodenrichtwertgrundstücks), die sich bis zu einem Höchstmaß von 30 m von der Ecke aus gerechnet als Straßenfronten ergibt. Alle über diese Abmessungen hinausgehenden Grundstücksteile sind dagegen wie Grundstücke mit nur einer Straßenfront zu bewerten

408

---

212 Richtlinien für die Bewertung des Grundvermögens vom 19.09.1966 (BAnz Nr. 183 vom 29.09.1966).

Syst. Darst. Vergleichswertverfahren — Ecklage

(Abb. 61). Ein höherer Wert aufgrund der Ecklage ergibt sich nur für das **engere Eckgrundstück**.

Abb. 61: Ermittlung des engeren Eckgrundstücks auf der Grundlage der ortsüblichen Vorderlandtiefe

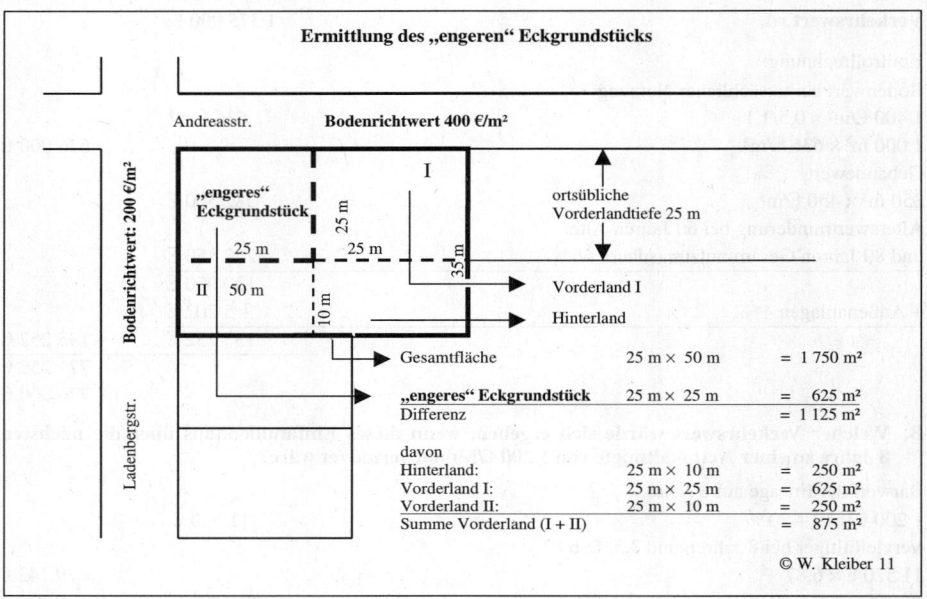

409 Der erhöhte Wert kann durch einen **Zuschlag** ermittelt werden, der **an den Wert des Reihengrundstücks für die „wertvollere" Straße anzubringen** ist. Als Anhalt für die Zuschläge kommen die in Abb. 62 aufgeführten Rahmensätze in Betracht, die nur für Bereiche mit geschlossener Bauweise gelten; bei offener Bauweise sind die Rahmensätze entsprechend zu mindern.

Abb. 62: Rahmensätze für Zuschläge zum Wert der Reihengrundstücke der „wertvolleren" Straße zur Ermittlung des Werts des „engeren" Eckgrundstücks

Rahmensätze für Zuschläge zur Ermittlung des Werts engerer Eckgrundstücke nach BewR Gr	
örtliche Situation	Wertzuschlag
am Schnittpunkt a) von Wohnstraßen b) einer Geschäftsstraße mit einer Wohnstraße c) zweier Geschäftsstraßen	5 bis 10 % 15 bis 25 % 25 bis 45 %
Die *unteren* Rahmensätze sind anzuwenden, – wenn der durchschnittliche Wert für die weniger „wertvolle" Straße erheblich geringer als der Wert für die wertvollere Straße ist **oder** – wenn es sich um eine weniger bevorzugte Geschäftslage handelt. Die *oberen* Rahmensätze sind anzuwenden, – wenn die durchschnittlichen Werte für die Straßen annähernd gleich sind **und** – wenn es sich um eine besonders gute Geschäftslage handelt.	

Ecklage	Syst. Darst. Vergleichswertverfahren

Beispiel: **410**

zur Ermittlung des Werts des engeren Eckgrundstücks

a) Fallbeispiel siehe Abb. 61
   - Bodenrichtwert der „wertvolleren" Straße: 400 €/m²
   - Bodenrichtwert der weniger „wertvollen" Straße: 200 €/m²
   - Schnittpunkt zweier Geschäftsstraßen
   - Größe des „engeren" Eckgrundstücks: 625 m²
b) Wert des „engeren" Eckgrundstücks
   pro Quadratmeter: 400 €/m² + 25/100 × 400 €/m² = 500 €/m²
c) **Gesamtwert des „engeren" Eckgrundstücks:** 625 m² × 500 €/m² = **312 500 €**

Spitzwinklige Eckgrundstücke haben einen geringeren Wert als rechtwinklige Eckgrundstü- **411** cke, wenn sie – von einer Wohnstraße *oder* – von zwei Wohnstraßen begrenzt werden. Werden sie dagegen von zwei Geschäftsstraßen begrenzt, so hebt der Vorteil, dass die Gebäude größere Schaufensterfronten haben können, i. d. R. den Nachteil einer ungünstigen Grundrissgestaltung und einer geringeren Nutzfläche auf.

Gehen – wie im *Beispiel* – die **Abmessungen des Gesamtgrundstücks** an *beiden* Straßen- **412** fronten **über das engere Eckgrundstück hinaus, ist die restliche Fläche von den beiden Straßenfronten aus in zwei Teilflächen aufzuteilen.** Für jede der Teilflächen ist zunächst die Größe des Vorderlands zu berechnen. Das verbleibende Hinterland ist der Vorderlandteilfläche der höherwertigen Straße zuzurechnen. Die Berechnung eines Anteils zum „engeren" Eckgrundstück unterbleibt hingegen, weil dieses nur aus Vorderland besteht.

Beispiel: **413**

zur Ermittlung des Werts eines Eckgrundstücks (Fallbeispiel siehe Abb. 61):

a) Wert des „engeren" Eckgrundstücks (vgl. vorheriges Beispiel) = 312 500 €
   – Vorderlandfläche I: 25 m × 25 m = 625 m²
   – Vorderlandfläche II: 25 m × 10 m = 250 m²
   – Hinterland 25 m × 10 m = 250 m²
   – Bodenrichtwert für Vorderland I = 400 €/m²
   – Bodenrichtwert für Vorderland II = 200 €/m²
b) Der Wert des Hinterlandes betrage 50 % des zugehörigen Vorderlandes.
c) Ermittlung des Gesamtwerts:
   – Wert des „engeren" Eckgrundstücks = 312 500 €
   – Wert der Vorderlandfläche I 625 m² × 400 €/m² = 250 000 €
   – Wert des anteiligen Hinterlands 250 m² × 400 €/m² = 50 000 €
   – Wert der Vorderlandfläche II* 250 m² × 200 €/m² = 50 000 €

Gesamtwert = **662 500 €**

* mindestens der Wert des Hinterlands der höherwertigen Straße

Des Weiteren führt Abschn. 9 der BewR Gr **zur Wertigkeit von Eckgrundstücken** folgende **414** Grundsätze auf:

„(1) Bei Eckgrundstücken ist i. d. R. von dem höheren der Werte auszugehen, die für die begrenzenden Straßen gelten.

(2) Eckgrundstücke können wertvoller, aber auch geringwertiger als Reihengrundstücke sein. Ein höherer Wert ist in erster Linie durch die größere bauliche Ausnutzbarkeit der Eckgrundstücke begründet. Bei Eckgrundstücken an Geschäftsstraßen wirkt außerdem eine höhere Ertragsfähigkeit werterhöhend (z. B. durch Eckläden).

(3) Eckgrundstücke an Geschäftsstraßen haben infolge der bevorzugten Geschäftslage und der entsprechend höheren Ertragsfähigkeit einen wesentlich höheren Wert als andere Grundstücke der Geschäftsstraßen. Dieser höhere Wert ist dadurch bedingt, dass gegenüber den Mehrerträgen, die infolge der

bevorzugten Geschäftslage zu erwarten sind, die Bewirtschaftungskosten nicht in demselben Ausmaß steigen.

(4) Eckgrundstücke am Schnittpunkt von Wohnstraßen haben gegenüber Reihengrundstücken nur dann einen höheren Wert, wenn auf ihnen ein Gebäude mit gewerblich genutzten Räumen (vor allem mit Eckläden oder einer Gastwirtschaft) errichtet werden kann. Sind sie dagegen nur durch eine größere bauliche Ausnutzbarkeit bevorzugt, so ist ein höherer Wert im Allgemeinen nicht anzunehmen, weil dieser Vorteil durch die erhöhten Bewirtschaftungskosten aufgehoben wird."

c) Passage

415 Bei **Grundstücken mit Passagen** (überbaute oder mit einem Glasdach versehene Flächen, die dem öffentlichen Verkehr dienen) kann regelmäßig das **Hinterland ebenso genutzt werden wie das Vorderland.** Durch die bessere Ausnutzung der als Hinterland zu wertenden Flächen wird ein Minderwert des Grund und Bodens der dem Verkehr dienenden Passage ausgeglichen. Deshalb kommt ein Abschlag wegen geringer baulicher Ausnutzung durch den Passagebau i. d. R. nicht in Betracht.

d) Arkade/Kolonnade

Schrifttum: *Burneleit, J.,* Wertveränderungen durch Geh- und Fahrrechte auf Arkadenflächen, Forum 2011, 2008, 299.

416 Zunehmend von Bedeutung ist die **Berücksichtigung von Arkaden bzw. Kolonnaden** (Säulengängen[213]), insbesondere bei Grundstücken, auf denen Arkaden aufgrund einer baubehördlichen Auflage erstellt wurden und deren Werteinfluss nicht bereits mit den herangezogenen Vergleichspreisen oder Bodenrichtwerten berücksichtigt wurde.

Hier ist Folgendes zu beachten:

a) Ist das Eigentum an der Gehfläche der Arkaden in privater Hand geblieben, so ist zuprüfen, ob und in welcher Höhe der Wert des Grund und Bodens wegen der **Ausnutzungsbeschränkung** des Grundstücks gemindert ist. Im Allgemeinen kann die Grundfläche der Arkaden vom Eigentümer nicht genutzt werden. Diese Minderausnutzung beeinträchtigt den Wert des Grund und Bodens und ist deshalb bei der Ermittlung des Bodenwerts für das Arkadengrundstück durch einen Abschlag zu berücksichtigen. Die Höhe des Abschlags ergibt sich aus dem Verhältnis des von den Arkaden umschlossenen Rauminhalts zum gesamten Rauminhalt des Gebäudes einschließlich der Arkaden.

Der Wertminderung durch den Bau der Arkaden **können** aber **Werterhöhungen gegenüberstehen.** Oft wird der Arkadenraum durch das Aufstellen von Schaukästen, Vorführeinrichtungen, Vitrinen und dgl. genutzt. Soweit in solchen Fällen eine weitgehende Raumausnutzung besteht, kann der errechnete Abschlag wegfallen.

b) Gehört die Gehfläche der Arkaden der Gemeinde, so ist der Wert des Grund und Bodens wegen der **erhöhten baulichen Ausnutzung des restlichen Grund und Bodens** durch Über- und Unterbauung der der Gemeinde gehörenden Grundstücksfläche zu erhöhen. Die Höhe des Mehrwerts ist zu berechnen nach dem Verhältnis des durch die Arkaden gewonnenen Rauminhalts zum Rauminhalt, der sich bei normaler Nutzung (ohne Arkaden) ergeben hätte. Hat der Grundstückseigentümer die Arkaden freiwillig errichtet, so kann eine Wertminderung i. d. R. nicht anerkannt werden[214].

e) Überhang

417 **Schrifttum:** Kellerschächte, Erker und Balkone – kommt jetzt das große Abkassieren?, Bln GE 2006, 994; *Weyers,* Nutzungsentgelt bei Inanspruchnahme öffentlichen Straßenlandes, GuG 1998, 296; *Kleiber, W.,* Bewertung öffentlichen Straßenlands, GuG 2011, 105.

---

213 Arkaden im engeren Sinne sind Säulengänge mit von Pfeilern oder Säulen getragenen Bogenelementen; bei geradem Gebälk spricht man von Kolonnaden. Der Begriff wird bei Einkaufszentren nicht mehr im strengen Sinne gebraucht.
214 Weiterführend BGH, Urt. vom 15.10.1992 – III ZR 147/91 –, GuG 1993, 178 = EzGuG 14.115.

Von dem Überbau zu unterscheiden sind sog. Überhänge, wie **Balkone, Erker und Loggien, aber auch Arkaden,** die in den öffentlichen Straßenraum auskragen. Hierzu gehören auch Brücken und sog. Deckel. Die Nutzung erfolgt i. d. R. aufgrund eines Gestattungsvertrags nach bürgerlichem Recht. Für die Inanspruchnahme des öffentlichen Straßenraums (Luftraums) wird i. d. R. ein einmaliges Nutzungsentgelt vereinbart (Nutzungsentschädigung).

Rechtsgrundlagen sind insbesondere

a) die Straßen- und Wegegesetze der Länder[215],

b) § 8 des Bundesfernstraßengesetzes,

c) gemeindliche Satzungen[216] (insbesondere bei Ortsdurchfahrten im Zuge von Bundes- und Landesstraßen) sowie sonstige Satzungen[217] und

d) Verordnungen[218].

In allen Fällen richtet sich die Einräumung von Rechten zur Benutzung des Luftraums nach bürgerlichem Recht, wobei allerdings die gesetzlichen Regelungen bezüglich der **technischen Anforderungen** an den Überhang zu beachten sind[219].

Zur **Bemessung des Nutzungsentgelts** für ein oberes Stockwerk (Überhang), das in den Luftraum einer öffentlichen Straße hineinreicht, hat der BGH[220] im Übrigen festgestellt, dass die Ermittlung nach dem Verkehrswert versagen müsse und als Anhalt das Entgelt herangezogen werden könne, das von dem Eigentümer des Straßenlands üblicherweise für die Überbauung des Straßengeländes verlangt wird, wenn dieses Entgelt der Billigkeit entspricht.

Das i. d. R. einmalige Nutzungsentgelt bemisst sich nach dem wirtschaftlichen Vorteil des Grundstücks, von dem der Überhang ausgeht, und erstreckt sich – sofern nichts anderes vereinbart worden ist – auf den **Zeitraum** bis zum Rückbau (Abriss) der baulichen Anlage. Vielfach wird aber auch eine bestimmte Vertragsdauer (z. B. 99 Jahre) vereinbart. Sofern aus städtebaulichen Gründen ein Überhang erwünscht ist, werden auch Abschläge vom Nutzungsentgelt gewährt. Grundlage für die **Ermittlung des wirtschaftlichen Vorteils** ist die zusätzliche Nutzfläche (NF bzw. WF), die sich aus dem Überhang ergibt. Wird zur Ermittlung der Wohn- oder Nutzfläche von der Geschossfläche (GF) ausgegangen, so ist diese im Hinblick auf Mauerwerk, Treppenaufgänge, Aufzugsschächte usw. um etwa 20 % zu vermindern. Des Weiteren ist für den statisch bedingten Mehraufwand des Überhangs ein Abschlag von etwa 30 % anzubringen, um zum wirtschaftlichen Vorteil zu gelangen[221].

Beispiel:

Mit einem Büroneubau sollen insgesamt 8 Erker mit einer Gesamtgeschossfläche von 50 m² errichtet werden. Der durchschnittliche Bodenwert betrage bezogen auf 1 m² NF 1 000 €. Der wirtschaftliche Vorteil (Wertzuwachs) bei 99-jähriger Vertragsdauer beträgt als Einmalbetrag:

Bodenwert pro 1 m² NF		1 000 €/m²
x 0,80 zwecks Umrechnung auf 1 m² Geschossfläche (GF)	=	800 €/m² GF
x 0,70 zur Berücksichtigung statisch bedingter Mehrkosten	=	560 €/m² GF

Bei einer Gesamtgeschossfläche von 50 m² ergibt sich als wirtschaftlicher Vorteil (Wertzuwachs):

560 €/m² GF × 50 m² GF = **28 000 €**

Der Verkehrswert des Grundstücks, von dem der Überhang ausgeht, erhöht sich um diesen Betrag; er stellt gleichzeitig das einmalige Nutzungsentgelt dar. Soll das Nutzungsentgelt in jährlichen Beträgen gezahlt

---

215 Vgl. § 3 Abs. 5 sowie § 23 Abs. 1 StrWG Nordrh.-Westf.
216 Vgl. Satzung der Stadt Köln vom 13.2.1998 – ABl. 1998, 74.
217 Z.B. Satzung des Landschaftsverbandes Rheinland über die Erhebung von Sondernutzungsgebühren für Sondernutzungen an Landstraßen vom 11.09.1997, GVBl. Nordrh.-Westf. 1997, 375.
218 Z.B. Berliner Verordnung über die Erhebung von Gebühren für die Sondernutzung öffentlicher Straßen vom 12.06.2006, GVBl. 2006, 589.
219 Vgl. z. B. § 18 StrWG Nordrh.-Westf.
220 BGH, Urt. vom 19.12.1975 – V ZR 25/74 –, EzGuG 3.57.
221 Weyers, Nutzungsentgelt bei Inanspruchnahme öffentlichen Straßenlandes, GuG 1998, 296.

werden, so ist der Einmalbetrag bei einem entsprechenden Zinssatz (z. B. von 4 %) durch den Rentenbarwertfaktor (jährlich vorschüssig) zu dividieren. Bezogen auf die einzelnen Parameter ergibt sich:

28 000 €/ 25,46 = 1 099,76 € p. a. = rd. 1 100 € p. a.
oder 1 099,76 €/12 Monat = 91,65 € pro Monat
oder 91,65 € pro Monat /50 m² GF = 1,83 € pro m² GF und Monat

Aus wirtschaftlicher Überlegung heraus ist darüber nachzudenken, ob die Wohnungen mit Erker auch einen adäquaten Mietertrag erbringen werden, woraus der wirtschaftliche Vorteil begründet wird.

In dem vorgestellten *Beispiel* wurde von einem einheitlichen Bodenwert pro Quadratmeter Nutzfläche ausgegangen. Dies ist nicht immer sachgerecht, wenn der Überhang in den einzelnen Geschossebenen unterschiedlich ausfällt und diese **Geschossebenen eine stark voneinander abweichende Ertragssituation aufweisen** (z. B. in Innenstadtlagen). In derartigen Fällen kann auch direkt vom Bodenwert (Bodenrichtwert) ausgegangen werden, der dann nach dem Mietsäulenverfahren aufgespalten wird.

Beispiel:

Gemischt genutztes Grundstück in der Innenstadt mit einem Bodenwert von 5 000 €. Der Bodenwertanteil der einzelnen Geschossebenen wird auf der Grundlage der jeweiligen Erträge wie folgt aufgespalten:

Lage + Nutzung	Reinertrag €/m²	Bodenwertanteil		überhängende Fläche (m²)	Wert (€)
		in % (5 000 €/m²)	absolut (€/m²)		
V OG Wohnen	8,00	5,44	272,00	10,00	2 720,00
IV OG Wohnen	9,00	6,12	306,00	8,00	2 448,00
III OG Büro	10,00	6,81	340,50	8,00	2 724,00
II OG Büro	12,00	8,16	408,00	8,00	2 264,00
I OG Laden	25,00	17,01	850,50	–	
EG Laden	50,00	34,01	1 700,50	–	
UG Laden	30,00	20,41	1 020,50	–	
TG Garage	3,00	2,04	102,00	–	
Summen	147,00	100,00	5 000,00	34,00	11 156,00
Berücksichtigung statisch bedingter Mehrkosten: × 0,7					7 809,20 €

6 Deduktive Bodenwertermittlung

6.1 Allgemeines

▶ *Vgl. § 8 ImmoWertV Rn. 58 ff.; Kleiber, Verkehrswertermittlung von Grundstücken, 6. Aufl. 2010, Teil VIII Rn. 455 ff.*

Schrifttum: *Dieterich, H./Koch, J.*, Vergleich deduktiver Bodenwertermittlungsmethoden, GuG 2003, 331; *Gesellschaft für immobilienwirtschaftliche Forschung*: Kalkulationsschema für werdendes Bauland, GuG 1998, 223.

418 Das Vergleichswertverfahren ist – wie ausgeführt – das Vorrangverfahren für die Ermittlung des Bodenwerts unbebauter und bebauter Grundstücke. Die Anwendung setzt aber voraus, dass geeignete Vergleichspreise in ausreichender Zahl zur Verfügung stehen. Während für die Verkehrswertermittlung von baureifem Land sowie für land- oder forstwirtschaftliche Flächen i. d. R. Vergleichspreise bzw. ein geeigneter Bodenrichtwert zur Verfügung stehen, sieht sich der Sachverständige häufig allein gelassen, wenn es um die **Verkehrswertermittlung von Bauerwartungsland oder Rohbauland** geht. Selbst wenn im Einzelfall dafür Vergleichspreise zur Verfügung stehen, so sind es in aller Regel nur wenige Preise, die dann zudem auch noch wenig aussagekräftig sind. Bauerwartungsland stellt nämlich nach den Ausführungen zu § 5 Abs. 2 ImmoWertV einen sehr labilen und flüchtigen Entwicklungszustand dar, dessen

Deduk. Bodenwertermitt.   **Syst. Darst. Vergleichswertverfahren**

Wertigkeit je nach Wartezeit und Realisierungschance unterschiedlich ausfällt. Die Realisierungschance der Bauerwartung weist zudem eine erhebliche Wertspanne auf. Das Gleiche gilt für Rohbauland, insbesondere, wenn eine Bodenordnung unabweislich ist und die Finanzierung der Erschließungs- und sonstigen Infrastrukturmaßnahmen aussichtslos ist. Ähnliche Probleme stellen sich auch dann, wenn es um die Verkehrswertermittlung großflächiger Baulandflächen, aufgelassener Industrie-, Bahn- und Militärflächen (Konversionsflächen) geht, die einer Neuerschließung bedürfen.

Der BGH[222] hat in seiner Rechtsprechung zum Vergleichswertverfahren auch **andere Methoden grundsätzlich zugelassen**, wenn das Vergleichswertverfahren am Fehlen geeigneter Vergleichspreise scheitert (vgl. unten Rn. 451 ff.). Dies entspricht auch dem Grundsatz des § 8 Abs. 2 Satz 2 ImmoWertV, nach dem die Wahl des Wertermittlungsverfahrens auch nach den „Umständen des Einzelfalls" begründet werden kann. Das Fehlen geeigneter Vergleichspreise ist ein solcher „Umstand".   419

In der Wertermittlungspraxis bedient man sich so genannter deduktiver oder kalkulatorischer Wertermittlungsverfahren vornehmlich dann, wenn es an geeigneten Vergleichspreisen mangelt, die einen direkten Preisvergleich zulassen. Dies betrifft in erster Linie die Bodenwertermittlung von **Grundstücken, die sich in einem Übergangsstadium von der land- oder forstwirtschaftlichen Nutzung zur Baureife (baureifes Land) befinden,** aber auch vielfach die Bodenwertermittlung bereits bebauter Grundstücke vornehmlich in den bebauten Innenbereichen. Auch hier mangelt es häufig an geeigneten Vergleichspreisen für unbebaute Grundstücke.   420

Das klassische Vergleichswertverfahren ist (im erweiterten) Sinne ein „deduktives Verfahren", denn Unterschiede in den wertbeeinflussenden Merkmalen zwischen den Vergleichsgrundstücken und dem zu bewertenden Grundstück werden „deduktiv" mithilfe von Zu- und Abschlägen oder mittels anderer geeigneter Verfahren berücksichtigt (mittelbarer Preisvergleich). Nehmen die zu berücksichtigenden Wertunterschiede ein Ausmaß an, dass man den Vergleichspreisen ihre Eignung zum Preisvergleich absprechen muss, bedient man sich hilfsweise besonderer Parameter und Verfahren. In diesem Sinne werden im allgemeinen Sprachgebrauch unter dem **Begriff „deduktives Verfahren"** (im engeren Sinne) Verfahren verstanden, bei denen mangels einer hinreichenden Anzahl geeigneter Vergleichspreise der Bodenwert auf der Grundlage weiterer Vergleichsparameter, insbesondere der Ertragsverhältnisse, aber auch der Baulandproduktionskosten abgeleitet wird[223]. Im Einzelnen sind hier zu nennen: 421

a) die kalkulatorische Ableitung des Bodenwerts aus dem mutmaßlichen Ertrag des Grundstücks, der sich bei seiner bestimmungsgemäßen Nutzung, insbesondere Bebauung, des Grundstücks ergibt;

b) die Ableitung des Bodenwerts auf der Grundlage (möglichst empirisch ermittelter) und an wertbestimmenden Merkmalen anknüpfender Erfahrungssätze; z. B. Bodenwertableitung aus erzielbaren Erdgeschossmieten;

c) die Ableitung des Bodenwerts aus Erfahrungssätzen für die auf dem Grundstück realisierbare Geschossfläche.

Darüber hinaus stellt auch die Bodenwertermittlung im Wege des **Extraktionsverfahrens (Residualwertverfahrens) auf der Grundlage der Baulandproduktionskosten** im Kern ein deduktives Verfahren dar (vgl. unten Rn. 447 ff.).   422

Soweit es um die Ermittlung des Verkehrswerts des Grund und Bodens geht, sind die genannten **Verfahren** in aller Regel **höchst fehlerträchtig,** sodass es sich bei diesen Verfahren praktisch um Hilfs- bzw. Ersatzmethoden handelt, die dann in Betracht kommen können, wenn das Vergleichswertverfahren insbesondere mangels geeigneter Vergleichspreise versagt.   423

---

222 BGH, Urt. vom 27.11.1961 – III ZR 167/60 –, EzGuG 4.16.
223 Vgl. Kleiber in Sandner/Weber, Lexikon der Immobilienwertermittlung, Bundesanzeiger 2003, S. 171.

Syst. Darst. Vergleichswertverfahren — Deduk. Bodenwertermitt.

424 Im Rahmen von Investitionsberechnungen können die Verfahren zur Ableitung eines dem konkreten Einzelfall tragbaren Bodenwerts herangezogen werden.

6.2 Bodenwertermittlung bei warteständigem Bauland auf der Grundlage der Wartezeit

6.2.1 Allgemeines

▶ *Vgl. § 8 ImmoWertV Rn. 146*

425 Wo es um die Bodenwertermittlung sog. warteständigen Baulands, also um die Bodenwertermittlung von Bauerwartungs- und Rohbauland geht, bestimmt sich der Wert unabhängig von der Klassifizierung des Grundstücks als Bauerwartungsland, Brutto- oder Nettorohbauland, wie unter § 5 ImmoWertV Rn. 178 ff. ausgeführt, vornehmlich nach der **Wartezeit** bis zu einer baulichen Nutzbarkeit. Auf die bloße Einordnung einer Fläche als Bauerwartungs- oder Rohbauland kommt es also nicht entscheidend an. Demzufolge misst der Grundstücksmarkt einer Fläche, die schon bald eine bauliche Nutzbarkeit erwarten lässt, einen höheren Wert bei als für Flächen, für die nach den Verhältnissen zum Wertermittlungsstichtag eine längere Wartezeit hingenommen werden muss.

426 Wo es an Vergleichspreisen für warteständiges Bauland mangelt, wird in der Praxis der Verkehrswertermittlung der Verkehrswert von Bauerwartungsland und Rohbauland (deduktiv) aus vorhandenen Vergleichspreisen für baureifes Land abgeleitet, indem die Wartezeit wertmäßig in Abschlag gebracht wird. Grundsätzlich stellt diese Methode einen äußerst problematischen Hilfsweg dar *(method of last resort)* und sollte nur im Notfall beschritten werden. Im Kern ist diese Methode eigentlich dem klassischen Vergleichswertverfahren zuzuordnen, bei dem größere Abweichungen gegenüber den herangezogenen Vergleichspreisen in Kauf genommen werden (müssen). Diese Abschläge können ein Vielfaches von dem betragen, was letztlich als Verkehrswert des warteständigen Baulands auf diesem Wege ermittelt wird.

427 Die Methode ist nur dann sachgerecht, **wenn das Ergebnis nicht überproportional vom Ausgangswert abweicht** (vgl. oben Rn. 10)[224]. Dies gilt auch dann, wenn man den an die Ausgangspreise für baureifes Land anzubringenden „Abschlag" hilfsweise mit plausiblen Methoden zu begründen trachtet.

6.2.2 Einfache Bruchteilsmethode

428 Wie vorstehend ausgeführt, wird in der Praxis der Verkehrswertermittlung von der Möglichkeit Gebrauch gemacht, den **Verkehrswert warteständigen Baulands aus Vergleichspreisen von baureifem Land unter Berücksichtigung der Wartezeit abzuleiten.**

429 **Abzulehnen** ist die Praxis, den Verkehrswert von Bauerwartungsland und Rohbauland unter Heranziehung irgendwelcher Tabellenwerke zu ermitteln, in denen für Bauerwartungs- und Rohbauland (ggf. noch differenziert) Vomhundertsätze des baureifen Landes angegeben sind, um daraus den Verkehrswert abzuleiten (Abb. 63, vgl. § 5 ImmoWertV Rn. 19).

---

[224] Vgl. Nr. 2.3.1 WERTR 02.

Abb. 63: Preisspannen in den Qualitätsstufen der Baulandpreisentwicklung (hilflose Methode)

Stufe	Merkmal	v. H. des Werts von baureifem Land
	Bauerwartungsland	
1	Eine Bebauung ist nach der Verkehrsauffassung in absehbarer Zeit zu erwarten	15 – 40
2	Im Flächennutzungsplan als Baufläche dargestellt	25 – 50
3	Aufstellung eines Bebauungsplans beschlossen	35 – 60
4	Bebauungsplan aufgestellt, je nach geschätzter Dauer bis zur Rechtskraft und Grad der Erschließungsgewissheit	50 – 70
	Rohbauland	
5	Innerhalb der im Zusammenhang bebauten Ortsteile gelegen, Erschließung erforderlich	50 – 70
6	Bebauungsplan rechtskräftig, Bodenordnung erforderlich	60 – 80
7	Bebauungsplan rechtskräftig, Bodenordnung nicht erforderlich	70 – 85
8	Bebauungsplan rechtskräftig, Erschließung gesichert	85 – 95
	Baureifes Land	
9	Bebauungsplan rechtskräftig oder innerhalb der im Zusammenhang bebauten Ortslage gelegen, Erschließung erfolgt oder bereits vorhanden, erschließungs- und kompensationsbeitragspflichtig.	100

Quelle: Gerardy/Möckel, Praxis der Grundstücksbewertung (Stand 2010)

Diese Vorgehensweise (Pauschalansätze) kann als **hilflose Methode** bezeichnet werden, die aus mehreren Gründen Bedenken hervorrufen muss:

a) Zum einen handelt es sich bei den veröffentlichten **Pauschalsätzen** um Durchschnittssätze, die schon von daher nicht auf die örtlichen Marktverhältnisse übertragbar sind. Zum anderen sind sie mit großen Unsicherheiten behaftet, wie sich schon aus den veröffentlichten „Spannbreiten" ergibt. Dies ist u. a. darin begründet, dass im Einzelfall die Wartezeit bis zur Baureife sehr unterschiedlich ausfallen kann und der Anteil der erforderlichen Gemeinbedarfs- und naturschutzrechtlichen Ausgleichsflächen ebenfalls recht unterschiedlich sein kann[225].

b) Es kommt hinzu, dass bei Anwendung dieser Methode die prozentualen Abschläge von dem Ausgangswert des baureifen Landes sehr hoch – im Einzelfall bis zu 90 % (!) – ausfallen können und dies allein schon Bedenken hervorrufen muss. Abschläge in dieser Größenordnung sprechen gegen die Eignung des herangezogenen Ausgangswerts von baureifem Land. Das **KG Berlin** hat zu dieser Problematik festgestellt, dass Zu- und Abschläge „höchstens 30 % oder allenfalls 35 % nicht übersteigen" dürfen[226]. Ein höherer Abschlag spricht mithin gegen die Eignung des herangezogenen Vergleichspreises.

Das Ausmaß der **Schwankungsbreiten** zeigen die Marktberichte der Gutachterausschüsse auf:

a) Stadt *Bergisch Gladbach* (2012): für das Wertverhältnis von Bauerwartungsland zu baureifem Land (ebpf) wird 0,35 bis 0,93 ausgewiesen.

b) *Ennepe-Ruhr Kreis* (2012): für das Wertverhältnis von Bauerwartungsland zu baureifem Land (ebpf) wird 0,15 bis 0,50 und für Rohbauland zum baureifem Land (ebpf) 0,40 bis 1,00 ausgewiesen.

---

225 Ablehnend: auch BFH, Urt. vom 26.04.2006 – II R 58/04 –, EzGuG 20.201.
226 KG Berlin, Urt. vom 01.11.1969 – U 1449/68 –, AVN 1970, 438 = EzGuG 20.46; LG Berlin, Urt. vom 11.08.1998 – 29 O 371/97 –, GuG 1999, 250 = EzGuG 19.46a („nicht ohne Bedenken bis zu 40 %, aber u. U. noch vertretbar").

c) *Wuppertal* (2012): für das Wertverhältnis von Bauerwartungsland zu baureifem Land (ebpf) wird 0,10 bis 0,40 und für Rohbauland zum baureifem Land (ebpf) 0,40 bis 0,80 ausgewiesen.

432 Es ist zwar einzuräumen, dass Bauerwartungs- und Rohbauland ex definitionem tendenziell eine den angegebenen Vomhundertsätzen entsprechende Wartezeit und Wertigkeit aufweisen, jedoch ist auch genauso sicher, dass es **ein festes und vor allem nicht für das gesamte Bundesgebiet gültiges Wertverhältnis zwischen Bauerwartungs- und Rohbauland zum baureifen Land nicht gibt.** In empirischen Untersuchungen sind zudem deutlich voneinander abweichende, aber stets erhebliche Wertspannen für den Wertanteil des Bauerwartungs- und Rohbaulandes festgestellt worden[227].

433 **Gesicherte Aussagen über einen bestimmten Wertanteil des Bauerwartungslandes oder des Rohbaulandes am Wert des baureifen Landes sind nicht möglich.**

434 Der relative Wertanteil ist zwar theoretisch in erster Linie von der Wartezeit bis zum Eintritt der Baureife abhängig, jedoch ist gerade die **Wartezeit** im Hinblick auf die häufig schwer abschätzbare städtebauliche Entwicklung, auf die kommunale Planungshoheit, einhergehend mit der Beteiligung der Öffentlichkeit und der Behörden (§§ 3 f. BauGB), und letztendlich auch im Hinblick auf die bodenrechtlichen und finanziellen Möglichkeiten der Gemeinde für die Erschließung **schwer abschätzbar.** Was heute noch an Entwicklungsmöglichkeiten in weiter Ferne zu stehen scheint, kann sich morgen bereits konkretisieren; umgekehrt haben sich auch bereits bis ins Detail konkretisierte Entwicklungschancen nicht selten „über Nacht" verflüchtigt.

435 Die Literaturangaben über den relativen **Wertanteil des Bauerwartungslandes und des Rohbaulandes am Wert des baureifen Landes** (= 100 %) müssen von daher als Durchschnittswerte angesehen werden, denen i. d. R. zudem eine Reihe theoretischer Annahmen zugrunde liegen. Sie sind nur mit höchster Vorsicht heranzuziehen. Einer den Gegebenheiten des konkreten Einzelfalls Rechnung tragenden Berücksichtigung der Wartezeit ist der Vorzug zu geben.

436 *Gerardy/Möckel* unterscheiden in ihrer Veröffentlichung zwischen fünf Stufen des Bauerwartungslandes mit einer Wertigkeit von 15 bis 70 % des Werts vom baureifen Land (vgl. oben Rn. 432). Es handelt sich hierbei um eine **äußerst fragwürdige Aufstellung,** deren Verbreitung weniger auf den gesunden Sachverstand als auf die Bequemlichkeit des Anwenders zurückgeführt werden kann.

437 Im Übrigen sind die **angegebenen Vomhundertsätze,** selbst wenn ihnen – gegliedert nach Stufen – vernünftige Kriterien zugrunde lägen, durch die **naturschutzrechtliche Eingriffs- und Ausgleichsregelung** des § 1a BauGB i. V. m. den §§ 135 ff. BauGB **überholt,** da diese allgemein zur Preisdämpfung in nicht unerheblichem Maße führen kann.

438 Die schematische Anwendung dieser Tabelle ist in der Praxis schon manchem Sachverständigen zum Verhängnis geworden, z. B. wenn es darum geht, für einen großflächigen städtebaulichen **Entwicklungsbereich die entwicklungsunbeeinflussten Grundstückswerte** für z. B. 30 ha festzulegen. Entwicklungsträger lehnen von daher diese Tabelle ab.

439 Aus diesen Gründen sind **deduktive Verfahren** vorzuziehen, mit denen die Besonderheiten des Einzelfalls berücksichtigt werden können. Bevor man zu solchen Verfahren greift, sollte aber gewissenhaft geprüft werden, ob nicht doch ein direkter Preisvergleich möglich ist. Dies gilt insbesondere für die Verkehrswertermittlung von warteständigem Bauland. Viele Sachverständige vernachlässigen dies mit dem pauschalen Hinweis auf nicht vorhandene Vergleichspreise.

440 Die dargelegten Bedenken sind im Rahmen der **steuerlichen Bewertung** nicht von gleichem Gewicht, da diese ohnehin auf ein vereinfachtes Massenbewertungsverfahren angelegt ist.

---

[227] Zu den divergierenden Ergebnissen von Seele, Vogels und Gerardy/Möckel vgl. Kleiber, Verkehrswertermittlung von Grundstücken, 5. Aufl. 2010, S. 1377.

Deduk. Bodenwertermitt. **Syst. Darst. Vergleichswertverfahren**

Abschnitt 5 (zu § 179 BewG) des gleich lautenden Erlasses der obersten Finanzbehörden der Länder vom 05.05.2009 (GuG 2009, 225) sieht folgende Wertansätze in Prozent des Bodenrichtwerts für vergleichbar erschließungsbeitragsfreies Bauland vor (Abb. 64):

Abb. 64: Steuerliche Pauschalsätze

Entwicklungszustand	Bodenrichtwertansatz
Bauerwartungsland	25 v. H.
Bruttorohbauland	50 v. H.
Nettorohbauland	75 v. H.

6.2.3 Einfache Diskontierungsmethode

Neben dem vorstehend beschriebenen Verfahren hat es zahlreiche Versuche gegeben, den Verkehrswert warteständigen Baulands auf der Grundlage von Vergleichspreisen für baureifes Land kalkulatorisch unter **Einbeziehung von Investitionskosten, Wertentwicklungen und dgl.** wiederum auf der Grundlage der Wartezeit abzuleiten. In der einfachsten Form wird dabei der im Wege des Preisvergleichs ermittelte **Verkehrswert für baureifes Land über die Wartezeit abgezinst.** 441

$$\text{Bodenwert}_{\text{warteständig}} = \frac{\text{Bodenwert}_{\text{baureifes Land}}}{q^n}$$

q = 1 + p (Zinsfaktor)
p = Diskontierungszinssatz
n = Wartezeit

Bei Anwendung der einfachen Diskontierungsformel wird insbesondere die im Zuge der Aufschließung größerer Bauflächen von den Gemeinden (z. B. im Wege städtebaulicher Verträge) geltend gemachte Beteiligung des Grundeigentümers an den **Aufschließungskosten einschließlich einer ggf. unentgeltlichen Bereitstellung der Gemeinbedarfsflächen vernachlässigt.** Deshalb können auch die nachfolgend vorgestellten verfeinerten Kalkulationsmodelle unter Einbeziehung von Wertsteigerungen, Eigenkapitalverzinsungen eines Investors und Inflationsraten zu keiner durchgreifenden Verbesserung des Grundverfahrens führen. 442

a) *Kalkulationsmodell A* 443

Unter Einbeziehung

– einer jährlich erwarteten Wertsteigerung von w %,

– einer Eigenkapitalverzinsung für die Vorhaltekosten von k % und

– einer erwarteten Inflationsrate von i %

kommt man nach folgender Beziehung zum **Bodenwert des warteständigen Baulandes:**

$$\text{Bodenwert}_{\text{Warteständiges Bauland}} = \text{Bodenwert (ebp)}_{\text{Baureifes Land}} \times \left[\frac{(1+w)^n}{(1+i) \times (1+k)} \right]$$

wobei:
i = erwartete Inflationsrate p. a. (%)
w = erwartete Werterhöhung p. a. (%)
k = Eigenkapitalverzinsung p. a. (%)
n = Wartezeit bis zur Baureife (Jahre)

Syst. Darst. Vergleichswertverfahren — Deduk. Bodenwertermitt.

Beispiel:

Gegeben: Bodenwert $_{\text{Baureifes Land}}$ = 300 €/m² ebpf
Eigenkapitalverzinsung k = 6 % p. a.
Erwartete Werterhöhung w = 3 % p. a.
Erwartete Inflationsrate i = 2 % p. a.
Gesucht: Bodenwert des warteständigen Baulands mit Wartezeit von 4 Jahren

$$\text{Bodenwert}_{\text{Warteständiges Bauland}} = 300\ \text{€/m}^2 \times \left(\frac{(1+0{,}03)^4}{(1+0{,}02) \times (1+0{,}06)} \right)$$

$\text{Bodenwert}_{\text{Warteständigen Bauland}} = \mathbf{247\ \text{€/m}^2}$

444 b) *Kalkulationsmodell B:*

Von *Vogels* (a. a. O., 5. Aufl., S. 71) ist ein Verfahren vorgeschlagen worden, den **Verkehrswert von Rohbauland** aus dem Verkehrswert für baureifes Land in verkürzter Weise unter Berücksichtigung der Wartezeit nach folgender Formel abzuleiten:

$$BW_{\text{Rohbauland}} = BW\ (\text{ebpf})_{\text{Baureifes Land}} \times \frac{(1+w)^n}{1+k}$$

wobei
BW = Bodenwert
w = zu erwartende Werterhöhung vom werdenden baureifen Land p. a. (%)
k = Eigenkapitalverzinsung p. a. (%)
n = Wartezeit bis zur Baureife (Jahre)
ebpf = erschließungsbeitragspflichtig

Mit der Werterhöhung w müssen sowohl die Preisentwicklung als auch die Geldentwertung berücksichtigt werden. Bei kurzer Wartezeit und in Anbetracht der nicht vorhersehbaren Unregelmäßigkeiten in der Preisentwicklung können aber stabile Preisverhältnisse zugrunde gelegt werden (w = 0).

Beispiel:

Bodenwert BW (ebpf) Baureifes Land = 300 €/m²
Eigenkapitalverzinsung k = 6 %
Erwartete Werterhöhung w = 3 %
$BW_{\text{Rohbauland}} = 300\ \text{€/m}^2\ (1{,}03/1{,}064)^n$ = **267 €/m²**

Für k wählt *Vogels,* ausgehend von einem **mittleren Zinssatz von 5,5 %,** einen Ansatz von insgesamt 11 %, der insgesamt doch recht hoch ausfällt:

Damit errechnet sich der Rohbaulandwert zu

$$BW_{\text{Rohbauland}} = BW\ (\text{ebpf})_{\text{Baureifes Land}} \times 1/1{,}11^n$$

d. h. als der über die Wartezeit unter Würdigung des Risikos abgezinste erschließungsbeitragspflichtige – ebpf – Baulandwert.

Beispiel:

Gegeben: Bodenwert (ebpf)$_{\text{Baureifes Land}}$ = 300 €/m²
Erwartete Wartezeit = 4 Jahre
$\mathbf{Bodenwert_{\text{Rohbauland}}} = 300\ \text{€/m}^2 \times 1/1{,}11^4$ = **198 €/m²**

445 *Vogels* weist mit Recht darauf hin, dass derartige Berechnungen nicht über Zeiträume von 5 bis 10 Jahren hinausgehen sollten, wobei nach der hier vertretenen Auffassung davon eher die untere Grenze eingehalten werden sollte. Des Weiteren ist darauf hinzuweisen, dass dieses finanzmathematische Modell an die Eigenkapitalverzinsung anknüpft, d. h. an den **Zinssatz, den ein Investor bei alternativer Geldanlage für sein Eigenkapital üblicherweise erwarten kann.** Dies ist darin begründet, dass ein Investor auf der anderen Seite auf die erwartete Werterhöhung „setzt". Theoretisch lässt sich das Modell noch als Investitionsmodell „verfeinern", in dem man von einem investorenseitig unterstellten Eigen-Fremdkapitalverhältnis oder sogar von einem zu 100 % fremdkapitalfinanzierten Modell ausgeht, jedoch muss man dabei bedenken, dass man sich damit immer mehr von der Verkehrswertermittlung entfernt und damit letztlich mit insgesamt **vier völlig unsicheren Schätzgrößen** in ein solches Modell „hineingehen" würde, nämlich mit

– der erwarteten Wertsteigerung,

– der erwarteten Eigenkapitalverzinsung,

– der erwarteten Fremdkapitalverzinsung und

– der erwarteten Inflationsrate.

Damit würde man zwar eine eindrucksvolle „Rechnung" aufmachen, jedoch bliebe das Ergebnis höchst fragwürdig, und zwar umso fragwürdiger, je länger die erwartete Wartezeit (eine weitere höchst fehleranfällige Schätzgröße) ist.

Fazit: Die vorgestellten Kalkulationsmodelle (A und B) sind sowohl von ihrem Ansatz als auch von ihrer „Mathematik" her vornehmlich als Investitionsmodelle begründet. Sie können jedoch nicht gewährleisten, dass sie zum „richtigen" Ergebnis führen. Dies beginnt bereits bei den gewählten Zinsansätzen, die stets nur abgeschätzt werden können, denn wie sich der Bodenwert und die Finanzierungskosten entwickeln, lässt sich nur mit einer großen Unsicherheitsmarge abschätzen. In diesem nicht unerheblichen Unsicherheitsrahmen kann sich der Anwender der Verfahren nur insofern „sicher" fühlen, als der, der solche „Wertermittlungen" gegen sich gelten lassen muss, auch nur grob schätzen kann. **Somit kann – und dies zeigen die Erfahrungen – nahezu jedes Ergebnis „ermittelt" werden.** Entscheidend bleiben die „richtige" Wartezeit und der Diskontierungszinssatz einschließlich eines Verwirklichungsrisikos und vor allem das sorgfältige „Abtasten" der mit dem Baulandproduktionsprozess verbundenen rechtlichen und wirtschaftlichen Risiken. Auch beim Rohbauland handelt es sich noch um einen labilen Entwicklungszustand, wenn die Bodenordnung, die Erschließung, die zu lösenden Umwelt- und Finanzierungsprobleme risikobehaftet sind oder die Verhältnisse auf dem Grundstücksmarkt umschlagen. Es ist daher wichtiger, dies analytisch richtig zu erfassen und zu begründen. Wieder einmal erweist sich gerade auch hier, dass der Verkehrswert keine mathematisch exakt ermittelbare Größe ist, während die vorgestellten Verfahren den Eindruck einer mathematisch exakten Ableitung aufdrängen.

6.3 Extraktionsverfahren (Residualwertverfahren) bei warteständigem Bauland

6.3.1 Allgemeines

Schrifttum: *Kleiber, W.,* GuG 1996, 16; *Oebbeke, Th.,* Das Residualwertverfahren, Systematik, Internationale Verbreitung und Anwendung, Grin Verlag 2006; *Vogel,* Bodenwertermittlung anhand des Residualwertverfahrens, GuG 1994, 347.

▶ *Vgl. § 8 ImmoWertV Rn. 102 ff.*

Das Residualwertverfahren *(Residual Approach)* oder besser **Extraktionsverfahren** *(extraction)* geht in seinen **Grundzügen** davon aus, dass sich der Preis eines (unbebauten oder sonst wie erst noch zu entwickelnden) Grundstücks (Bodenpreis) auf der Grundlage eines Nutzungskonzepts (Projekts) ableiten lässt, indem der sich für das realisierte Projekt ermittelte fiktive (Gesamt-) Verkehrswert des Grundstücks um die dafür aufzubringenden Gesamtkosten (Bau-, Entwicklungs- und Vermarktungskosten) vermindert wird. Der verbleibende Betrag (das Residuum) ergibt dann den „tragbaren" Preis des Grundstücks „vor" seiner Entwicklung (Bodenpreis). Im Falle der Anwendung des Extraktionsverfahrens (Residualwertverfahrens) auf die Verkehrswertermittlung warteständigen Baulands ist Ausgangswert der Verkehrswert des baureifen Landes, der dann um die **Baulandproduktions- und Vermarktungskosten** vermindert wird. Die Methode wird im amerikanischen Schrifttum zutreffender als Extraktionsverfahren (*extraction*) bezeichnet[228].

448 Die **Grundgleichung des Extraktionsverfahrens (Residualwertverfahrens)** stellt sich wie folgt dar (Abb. 65):

Abb. 65: **Bodenwertermittlung im Wege des Extraktionsverfahrens (Residualwertverfahrens)**

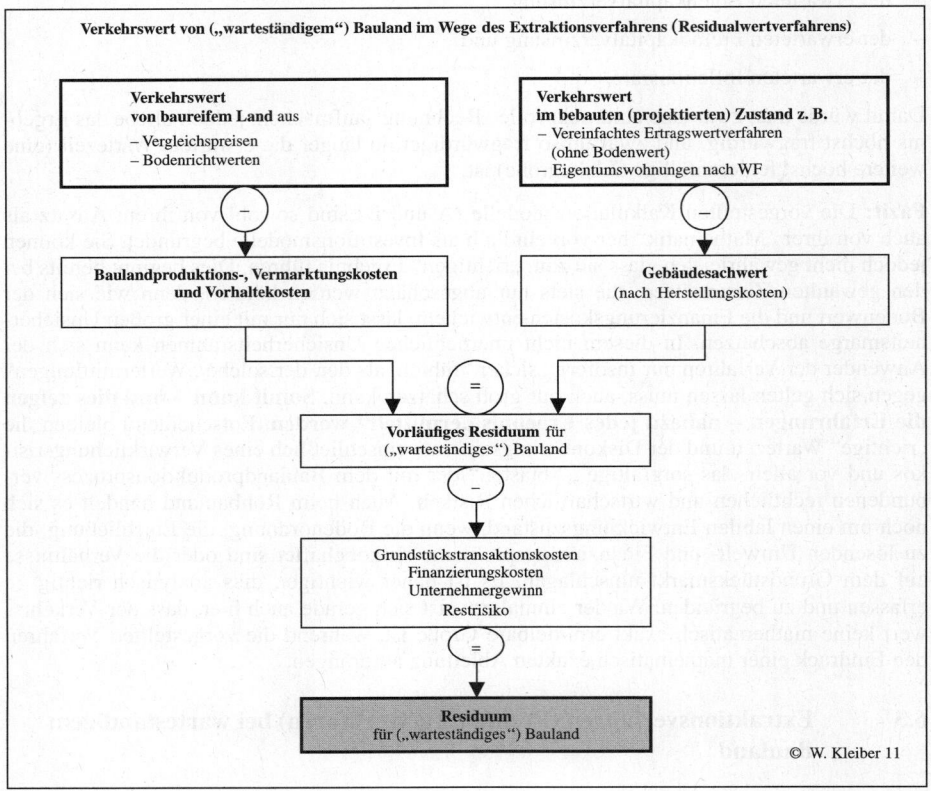

449 Das **Verfahren ist** nach den Grundgedanken **darauf angelegt, sämtliche für die Vorbereitung und Durchführung eines Projekts aufzubringenden Kosten rechnerisch dem Erwerbspreis zu „unterwälzen" (Unterwälzungs- bzw. Rückrechnungsverfahren).** Das Verfahren kann deshalb vom Ansatz her nur dann direkt zum Verkehrswert (Marktwert) i. S. des § 194 BauGB führen, wenn und soweit im gewöhnlichen Geschäftsverkehr eine Unterwälzung der dem Erwerber künftig entstehenden Kosten allgemein akzeptiert wird, d. h. nach den Preismechanismen des gewöhnlichen Geschäftsverkehrs diese Kosten auch tatsächlich „unterwälzbar" sind. Ansonsten ist das Verfahren auf die Ermittlung eines aus der Sicht des Käufers wirtschaftlich tragbaren Erwerbspreises (Residualpreises) angelegt.

---

228 The Appraisal of Real Estate, 12. Aufl. Chicago S. 334 ff.

Extraktion   **Syst. Darst. Vergleichswertverfahren**

Investoren werben für das Extraktionsverfahren (Residualwertverfahren) damit, dass es ein modernes und leistungsfähiges Wertermittlungsverfahren sei, und bemängeln, dass sich die deutsche Wertermittlungspraxis des Verfahrens nur ungenügend angenommen hätte. Dies trifft nicht zu. Seitens der Investoren wird das Verfahren vielmehr nur deshalb bevorzugt, weil mit dieser Methode besonders günstige Grunderwerbspreise „errechenbar" sind.   **450**

Bei dem Extraktionsverfahren (Residualwertverfahren) handelt es sich tatsächlich um eine sehr alte Wertermittlungsmethode. **Mit dieser Methode hat man sich in Deutschland schon im 19. Jahrhundert unter anderen Bezeichnungen intensiv auseinandergesetzt** (vgl. unten Rn. 453 ff.). Im sog. Pommernbankprozess war das Residualwertverfahren bereits Gegenstand gerichtlicher Auseinandersetzungen und wurde seinerzeit von einer vom Gericht bestellten Kommission als „ganz unzuverlässig" bezeichnet, um mit dieser Methode zum Handelswert (Verkehrswert) zu gelangen[229].   **451**

Im sog. Pommernbankprozess[230] standen sich zwei Werttheorien gegenüber: **452**

a) Nach der vom Geheimrat Dietrich vertretenen Auffassung sollte sich der Wert eines Grundstücks nicht nach dem bemessen, was der Grundstücksmarkt einem Grundstück tatsächlich beimisst (Verkehrswert; im Prozess wurde vom „Handelswert" gesprochen), sondern nach dem Residualwert, ermittelt aus dem (fiktiven) Ertragswert unter Abzug der Herstellungskosten und eines Risikoabschlags.

b) Die vom Gericht bestellte Kommission bekämpfte diese Methode als „ganz unzuverlässig" und wollte nur den Handelswert (Verkehrswert) gelten lassen.

Das Gericht hat letztendlich nur den Handelswert (Verkehrswert) gelten lassen.

Im deutschsprachigen Schrifttum blieb diese Methode lange Zeit aufgrund seiner inhärenten Unschärfe unbeachtet oder als „ältere" Methode abgetan, weil **das Ergebnis dieses Verfahrens** ein Produkt aus einer Vielzahl von Annahmen mit **hoher Fehlerträchtigkeit** (vgl. Rn. 531 ff.) sei und deshalb eine große Streuung aufweise. Vor- und Nachteile dieses Verfahrens müssen bei Anwendung des Extraktionsverfahrens (Residualwertverfahrens) in der Tat gewissenhaft beachtet werden, um das Ergebnis angemessen würdigen zu können.   **453**

Das Extraktionsverfahren (Residualwertverfahren) hat gleichwohl unter anderen Bezeichnungen seinen festen Platz in der deutschen Wertermittlungspraxis gefunden (Rest-durch-Abzug-Verfahren; deduktive Verkehrswertermittlung, Rückwärtsrechnung usw.). Es wurde aber stets darauf hingewiesen, dass das Verfahren nur mit **„größter Vorsicht" zur Anwendung** kommen sollte.   **454**

Der BGH hat in einer Entscheidung aus dem Jahre 1958 hierzu festgestellt, dass „die Methode der Ermittlung des Bodenwerts von unbebautem städtischem Bauland auf der Grundlage einer fiktiven Ertragsberechnung, indem unter Zugrundelegung eines nach der geltenden Bauordnung möglichen Bauprojektes der aus dem Grundstück zu erzielende Ertrag errechnet wird, ... von jeher für zulässig gehalten"[231].   **455**

Der BGH hat im Jahre 1961 diese Auffassung bestätigt. Einschränkend hat das Gericht aber diese Auffassung **nur in den Fällen** gelten lassen wollen, **in denen sich der Tatrichter „hiervon sichere Anhaltspunkte verspricht"**. Dabei wurde der Fall herausgestellt, dass die Ermittlung des Bodenwerts anhand von Vergleichspreisen „schwer oder gar nicht möglich   **456**

---

229 Weber, A., Über Bodenrente und Bodenspekulation in der modernen Stadt, Leipzig, S. 106 ff.; Eberstadt, R., Die Spekulation im neuzeitlichen Städtebau, Berlin 1907, S. 46; C. J. Fuchs, Über städtische Bodenrente und Bodenspekulation, Archiv für Sozialwissenschaft Vol. XXII, XXIII S. 720.
230 Weil, Grundstücksschätzung, 3. Aufl., S. 11, 20 f., 31; Albert, Schätzung der Grund- und Gebäudewerte, 4. Aufl., S. 66 bis 82; Ehlers, Die Bewertung und Preisbildung bei Grundbesitz 1942, S. 61ff.; Haider/Engel/Dürschke, Bewertungsgesetz und Bodenschätzungsgesetz, 3. Aufl., S. 239, 245; Naegeli, Handbuch des Liegenschaftsschätzers, Zürich 1975, S. 35.
231 BGH, Urt. vom 10.02.1958 – III ZR 168/56 –, EzGuG 4.8.

erscheint"[232]. In der Rechtsprechung der unteren Gerichte ist die Anwendung des Extraktionsverfahrens (Residualwertverfahrens) als **unvereinbar mit Erfahrungssätzen** und als ungeeignet bezeichnet worden, um zu brauchbaren Ergebnissen bei der Verkehrswertermittlung zu gelangen[233].

457 Umgekehrt ist in der höchstrichterlichen Rechtsprechung dem **Vergleichswertverfahren Priorität** zugesprochen worden, wenn es um die Ermittlung von Bodenwerten geht (vgl. oben Rn. 4)[234]. Das Extraktionverfahren (Residualwertverfahren) hat in Anbetracht seiner hohen Fehlerträchtigkeit zunächst nur die Bedeutung einer Hilfsmethode erlangen können, die hilfsweise zur Anwendung kommt, wenn andere und sicherere Verfahren z. B. mangels Vergleichspreise nicht zur Anwendung kommen können. Fehlertheoretisch wurden die Schwachstellen des Verfahrens insbesondere hinsichtlich der Ermittlung eines fiktiven Ertragswerts schon sehr früh untersucht[235].

458 Das Extraktionsverfahren (Residualwertverfahren) stand zeitweilig nicht zuletzt aufgrund öffentlichkeitswirksamer Verlautbarungen der Investoren in „Konjunktur", und dies allzu häufig auch dann, wenn der „klassische" Preisvergleich angezeigt ist. Bei der Verkehrswertermittlung von warteständigem Bauland wird zunehmend von Sachverständigen z. B. gar nicht mehr der intensive Versuch unternommen, geeignete Vergleichspreise heranzuziehen, was ja wohl noch immer die überzeugendste Methode darstellt. Vielmehr wird allzu häufig leichtfertig behauptet, Vergleichspreise lägen nicht vor und – wenn es z. B. um Bauerwartungsland gehe – seien „sowieso fragwürdig". Dann wird vom „grünen Tisch" der Bodenrichtwert für baureifes Land herangezogen, der sich „bequem" um pauschale, aus „schlauen" und zitierfähigen Büchern entnommene Tabellenabschläge vermindern lässt, oder es werden im „deduktiven Verfahren" von den sog. „Abschlagsgutachtern" imposante Abschlagsrechnungen aufgestellt. Schon oft genug ist dabei die peinliche Situation entstanden, dass die **Gegenkontrolle durch doch vorhandene Vergleichspreise** das Unheil offenbarte. Wenn z. B. unlängst ein Gutachterausschuss für Grundstückswerte für den Bereich einer Großstadt den Wert für begünstigtes Agrarland (besondere land- oder forstwirtschaftliche Flächen) mit 45 €/m² (hochoffiziell gegen eine Gebühr von 100 €) mitteilen konnte und der Sachverständige für Bauerwartungsland mit langer Aufschließungsdauer im Wege des Extraktionsverfahrens (Residualwertverfahrens) zuvor mit imposanten Rechnungen dagegen zu einem Bodenpreis von 20 €/m² gelangte, muss Nachdenklichkeit aufkommen.

459 Dass sich der **Verkehrswert von Bauland nicht aus einer Addition der Baulandproduktionskosten** ergibt, ist inzwischen jedem Sachverständigen geläufig. Dass sich umgekehrt der Verkehrswert des werdenden Baulands z. B. des Bauerwartungslands nicht aus einer Subtraktion der Baulandproduktionskosten vom Baulandwert – vor allem nicht unmittelbar – ergeben kann, ist manchem Sachverständigen noch nicht bewusst geworden. Dass die für die Baulanderschließung aufgebrachte Kosten keinesfalls oder allenfalls nur sehr bedingt zu einer entsprechenden Bodenwerterhöhung führen, mag man sich am Versuch verdeutlichen, den Verkehrswert von werdendem Gewerbebauland aus dem Verkehrswert für „fertiges" Gewerbebauland z. B. in *Altwarp* (z. B. 15 €/m²) unter Abzug der Erschließungskosten von 40 €/m² abzuleiten.

460 In der heutigen Wertermittlungsliteratur wird die **Anwendung des Extraktionsverfahrens (Residualwertverfahrens)** weitgehend abgelehnt bzw. allenfalls **als Hilfsmethode** aner-

---

[232] BGH, Urt. vom 27.11.1961 – III ZR 167/60 –, EzGuG 4.16.
[233] KG, Urt. vom 20.05.1957 – 9 U 491/57 –, EzGuG 4.6; LG Hamburg, Urt. vom 5.8.1960 – 10 0 36/59 –, EzGuG 4.15; OVG Lüneburg, Urt. vom 25.01.2001 – 1 L 5010/96 –, EzGuG 20.177; a.A. OLG Köln, Urt. vom 19.02.2002 – 15 U 184/96 –, EzGuG 4.182a.
[234] BGH, Urt. vom 29.03.1971 – III ZR 98/69 –, EzGuG 6.137; BVerwG, Urt. vom 13.11.1964 – 7 C 20/64 –, EzGuG 20.38; BFH, Urt. vom 26.09.1980 – III R 21/78 –, BFHE 132, 101 = BStBl. II 1981, 153 = EzGuG 20.86; BFH, Urt. vom 21.05.1982 – III B 32/81 –, EzGuG 20.99.
[235] Ermert in AVN 1967, 213; Schahn in VR 1985, 173; Kremers in BlGBW 1969, 129; Hintzsche in BlGBW 1969, 233; Naegeli, Handbuch des Liegenschaftsschätzers, Zürich, 1975, S. 36.

kannt, wenn entsprechend der o.a. Rechtsprechung keine geeigneteren Verfahren zur Verfügung stehen (Residualwertverfahren „als letzter Ausweg")[236].

Das Extraktionsverfahren (Residualwertverfahren) gehört zu den nichtnormierten Verfahren. Es wird noch nicht einmal in der ImmoWertV ausdrücklich genannt, da es **keine allgemein anerkannten Verfahrensgrundsätze** gibt. Das **Verfahren** kommt in der Praxis **in recht unterschiedlicher Weise zur Anwendung,** insbesondere was Art und Umfang der in Abzug gebrachten Herstellungs- und Entwicklungskosten anbelangt. Im Allgemeinen beschränkt man sich bei Anwendung des Extraktionsverfahrens (Residualwertverfahrens) nicht auf die „bloßen" Herstellungskosten, sondern berücksichtigt auch **461**

– Finanzierungskosten,

– Verwertungskosten,

– Vorhaltekosten,

– einen Unternehmergewinn und

– Grunderwerbsnebenkosten.

Umgekehrt werden zumindest seitens der Investoren die im Einzelfall in Anspruch genommenen **Förderungen** und Subventionen nicht berücksichtigt, was nur konsequent wäre. **462**

6.3.2 Verfahrensgang

6.3.2.1 Allgemeines

Mit der früher üblichen Diskontierung des als Ausgangswert herangezogenen Vergleichswerts für erschließungsbeitragspflichtiges baureifes Land über die Wartezeit (vgl. Rn. 441 ff.) wird man vielfach den heutigen Verhältnissen auf dem Grundstücksmarkt und den dort herrschenden Preismechanismen nicht mehr gerecht. Dies gilt insbesondere dann, wenn es um die Verkehrswertermittlung großflächigen wartestädigen Baulands (Bauerwartungsland bzw. Rohbauland) oder um die Umnutzung bzw. Neuordnung baureifen Landes (z. B. großflächige Industriebrachen) geht. In solchen Fällen kann es erforderlich werden, neben der Wartezeit und dem Erschließungsbeitrag (Erschließungsausbau- und Grunderwerbskosten) noch folgende wertbeeinflussende Merkmale zu berücksichtigen: **463**

a) ein **erhöhter öffentlicher Flächenbedarf für Infrastrukturmaßnahmen, naturschutzrechtliche Ausgleichsflächen und soziale Folgeeinrichtungen,**

b) eine **Überwälzung des 10%igen Eigenanteils** der Gemeinde am Erschließungsaufwand auf den Eigentümer (Erschließungsvertrag nach § 124 BauGB),

c) die **Abschöpfung umlegungsbedingter Bodenwerterhöhungen** im Rahmen amtlicher Bodenordnungsmaßnahmen nach den §§ 45 ff. BauGB sowie

d) die **Übernahme** der durch die Bauleitplanung verursachten **Bodenordnungs-, Erschließungs- und Folgekosten im Rahmen eines städtebaulichen Vertrags.**

Sofern nach der vorhandenen städtebaulichen Situation und dem Verhalten des Planungsträgers davon ausgegangen werden muss, dass die maßnahmenbedingten Kosten (i. S. des § 11 BauGB) **üblicherweise auf die Eigentümer „überwälzt" werden** und davon die Preisbildung im gewöhnlichen Geschäftsverkehr mitbestimmt wird, muss dies bei der Verkehrswertermittlung im Wege deduktiver Verfahren mit berücksichtigt werden. **464**

---

236 Vogels, H., Grundstücks- und Gebäudebewertung marktgerecht, 5. Aufl. Wiesbaden 1996, S. 28 f.; Pohnert, Kreditwirtschaftliche Wertermittlung, 5. Aufl. S. 113; Zimmermann, WertV 88, München 1998, S. 204; Kleiber/Simon, WertV 98, 5. Aufl. 1999, S. 245; Simon in GuG 1995, 229; Sotelo in GuG 1995, 91; Simon/Kleiber, Schätzung und Ermittlung von Grundstückswerten, 7. Aufl., Neuwied 1996, S. 138; Kleiber in GuG 1996, 16; Möckel in GuG 1996, 274; Thomas/Leopoldsberger/Waldbröhl in Schulte, Immobilienökonomie Bd. I München/Wien 1998, S. 444; zustimmend: Thomas in GuG 1995, 25, 82; Kremer in GuG 1995, 264; Kritisch und mit Einschränkungen: Reck in GuG 1995, 234; Vogel in GuG 1994, 347.

Syst. Darst. Vergleichswertverfahren   **Extraktion**

465 Wertermittlungstechnisch ist zu empfehlen, sich auf die **wesentlichen wertbestimmenden Parameter** und auf einen möglichst einfachen und übersichtlichen Verfahrensgang zu konzentrieren. „Überfrachtete Rechenverfahren" sind dagegen ungeeignet, auch wenn sie eine hohe Wissenschaftlichkeit und Scheingenauigkeit vortäuschen.

466 Bei dieser Vorgehensweise sind in der Gesamtschau die **wesentlichen Parameter**:

    a) die Erschließungs*ausbau*kosten (vgl. unten Rn. 478 ff.),

    b) die Kosten der Bodenordnung und der im Rahmen eines städtebaulichen Vertrags bereitzustellenden Infrastruktureinrichtungen (Folgekosten, unten Rn. 492 ff.),

    c) der unentgeltlich bereitzustellende Flächenanteil, insbesondere soweit er für Infrastruktur- und naturschutzrechtliche Ausgleichsmaßnahmen über die Erschließungsflächen aufgebracht werden muss,

    d) die Wartezeit und das damit verbundene Wagnis (vgl. hierzu unten Rn. 507, 513 ff.) sowie

    e) der Diskontierungszinssatz (vgl. unten Rn. 515 ff.).

467 Dies macht es erforderlich, den in solchen Fällen **unentgeltlich bereitzustellenden Flächenanteil sowie die Folgekosten** möglichst sorgfältig abzuschätzen. Grundlage dafür sind der Bebauungsplan bzw. der städtebauliche Vertrag. Soweit diese noch nicht zur Verfügung stehen, muss sich der Sachverständige an der vorhandenen städtebaulichen Situation und dem Verhalten des Planungsträgers in der Weise orientieren, wie dadurch das Marktgeschehen mitbestimmt wird. Der Auftraggeber muss sich in dieser Phase bewusst sein, dass er bei diffusen Verhältnissen Unsicherheiten der Verkehrswertermittlung in Kauf nimmt. Dies kann dem Sachverständigen nicht angelastet werden[237].

Als ein universell und den Gegebenheiten des Einzelfalls anpassungsfähiges Wertermittlungsverfahren kann die nachfolgend vorgestellte Methode bei zeitlich begrenzter Wartezeit zur Anwendung kommen.

6.3.2.2 Verfahrensüberblick

468 Verfahrensmäßig muss bei Anwendung des Extraktionsverfahrens (Residualwertverfahrens) auf die Verkehrswertermittlung warteständigen Baulands zwischen der **Brutto- und Nettofläche des Erschließungsgebiets** und dementsprechend zwischen dem Brutto- und Nettowert unterschieden werden. Der zu ermittelnde Bodenwert des warteständigen Baulands bezieht sich nämlich auf die Bruttofläche des zu entwickelnden Gebiets, während als Ausgangwert der auf den Quadratmeter Nettobaulandfläche bezogene Bodenwert als Ausgangswert herangezogen wird.

Deshalb empfiehlt es sich, zunächst die auf den Quadratmeter Nettobaulandfläche bezogenen Bodenwerte, die sich direkt aus Vergleichspreisen für baureifes Land (ebf) ableiten lassen, um die Kosten der Erschließung, Infrastrukturmaßnahmen und Bodenordnung zu vermindern. Auf diesem Wege gelangt man zu dem Bodenwert (pro Quadratmeter baureifes Land), der sich nach der Gebietsentwicklung unter Berücksichtigung der genannten Kosten realisieren lässt. Das Produkt aus dem Bodenwert und der entwickelten Baulandflächen (Nettofläche) ergibt dann den realisierbaren Veräußerungserlös für das zu entwickelnde Gebiet, der diskontiert über die Entwicklungszeit (Wartezeit) dem Bodenwert der gesamten Bruttobaulandfläche zum Wertermittlungsstichtag entspricht.

Dieser Wert ist dann allerdings noch um die **Nebenkosten** zu vermindern, d. h. um

    a) die Grundstückstransaktionskosten, die im Rahmen der Baulanderschließung erforderlich werden, und

    b) um einen Unternehmergewinn (ggf. einschließlich Risikoabschlag)

---
[237] Kleiber in WiV 1967, 63.

Extraktion   **Syst. Darst. Vergleichswertverfahren**

und ergibt – geteilt durch die Bruttobaulandfläche – den Bodenwert pro Quadratmeter der Bruttofläche. Die Nebenkosten werden dabei in einen gesamtheitlichen Vomhundertsatz des um die Erschließungs-, Infrastruktur- und Bodenordnungskosten verminderten und auf den Wertermittlungsstichtag diskontierten Nettobaulandflächenwert angesetzt. Rechentechnisch wird dieser mit einem Nebenkostenfaktor multipliziert:

$$\text{Nebenkostenfaktor} = 1 - \text{Nebenkosten}_{(\%\ des\ Nettobaulandflächenwerts)}$$

Beispiel:

Nebenkosten =   15 % des Nettobaulandflächenwerts
Nebenkostenfaktor =   (1 – 15/100) = 0,85

Abb. 66:   **Brutto- und Nettorohbauland**

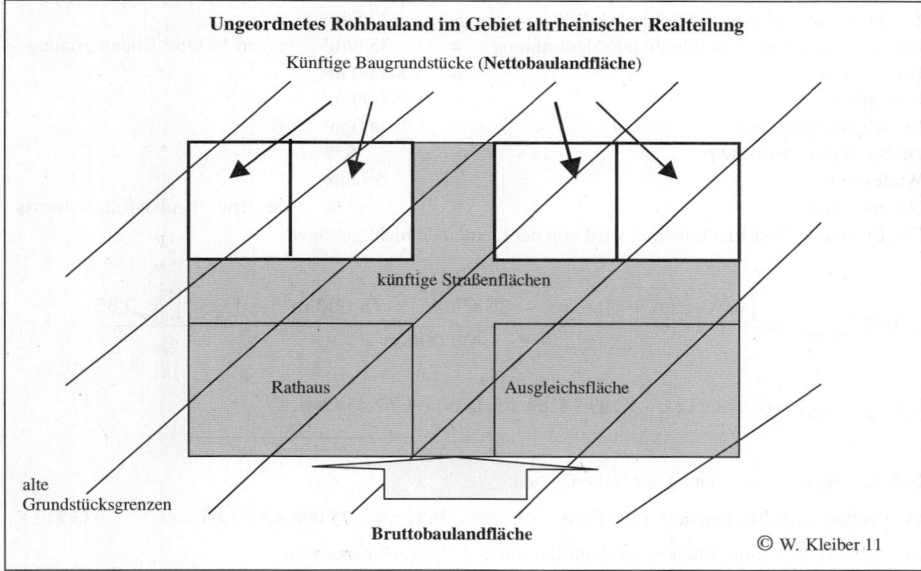

Bei dieser Vorgehensweise findet der **Anteil der unentgeltlich bereitzustellenden Flächen** für den Gemeinbedarf einschließlich sonstiger nach einem städtebaulichen Vertrag unentgeltlich bereitzustellenden Flächen dadurch Eingang in die Wertermittlung, dass sich der Gesamtwert der Nettobaulandfläche aus dem Produkt des entsprechenden Bodenwertes pro Quadratmeter Nettobauland mit der der möglichst genau der Planung zu entnehmenden (Bebauungsplan) Nettobaulandfläche ermittelt und dieser Gesamtwert durch die Bruttobaulandfläche geteilt wird.

Als **Formel:**

$$BW_{warteständig} = \frac{[(BW_{(ebf)} - EAB \times 0{,}9 - InfraK) \times \text{Nettobaulandfläche} \times q^{-n}] \times \text{Nettokostenfaktor}}{\text{Bruttobaulandfläche}}$$

wobei:
$BW_{warteständig}$ Bodenwert/m² des warteständigen Baulands (Bruttoflächenwert)
$BW\ (ebf)$ Bodenwert/m² des erschließungsbeitragsfreien baureifen Landes (Nettoflächenwert baureifes Land)

Syst. Darst. Vergleichswertverfahren Extraktion

EAB	Erschließungs*ausbau*beitragsanteil
InfraK	Infrastrukturkosten (bei Umlegungen nach den §§ 45 BauGB ersparte Grundbuch-, Vermessungs- und Notarkosten)
q^{-n}	Diskontierungsfaktor = $(1 + p/100)^{-n}$
p	Diskontierungszinssatz
n	Wartezeit
Nebenkostenfaktor	$(1 - \text{Nebenkosten}_{(\%)})$
Nebenkosten	Grundstückstransaktionskosten, Unternehmergewinn und ggf. Wagnisabschlag als Vomhundertsatz des kostenverminderten Nettobaulandflächenwerts
0,9	Faktor zur Berücksichtigung eines 10%igen Gemeindeanteils

471 *Beispiel:*

BW (ebf)	=	200 €/m²
Erschließungsbeitrag	=	50 €/m²
Erschließungsausbaubeitragsanteil (EAB)	=	30 €/m²
Infrastrukturkosten einschließlich Bodenordnung	=	35 €/m² davon 15 €/m² Bodenordnung
Bruttofläche	=	100 000 m²
Nettofläche	=	75 000 m²
Erschließungsflächen	=	25 000 m²
Diskontierungszinssatz p	=	5 %
Wartezeit n	=	5 Jahre
Nebenkosten	=	15 % des Bruttobaulandflächenwerts

Der Eigenanteil der Erschließung wird von der Gemeinde nicht getragen.

$$BW_{\text{warteständig}} = \frac{[(200\,€/m^2 - 30\,€/m^2 - 35\,€/m^2) \times 75\,000\,m^2 \times 1{,}05^{-5}] \times 0{,}85}{100\,000\,m^2}$$

$BW_{\text{warteständig}} = (7\,933\,212\,€ - 1\,189\,982\,€)/100\,000\,m^2 = \mathbf{67{,}43\,€/m^2}$

Nebenrechnung: Berechnung der Nebenkosten:

a) Bruttobaulandflächenwert: $(200\,€/m^2 - 30\,€/m^2 - 35\,€/m^2) \times 75\,000\,m^2 \times 1{,}05^{-5}$ = 7 933 212 €

b) Nebenkosten (Grundstückstransaktionskosten und Unternehmergewinn ggf. einschließlich Wagnis) 15 % 1 189 982 €

472 Das Verfahren stellt letztlich ein „**Kostenunterwälzungsmodell**" dar. Es findet seine Grenzen dort, wo die Verkäufer das Ergebnis nicht (mehr) akzeptieren bzw. akzeptieren können. Das Ergebnis ist jeweils abhängig von dem im Einzelfall unterstellten Baulanderschließungsmodell und dem Umfang der unentgeltlichen Flächenbereitstellung. Nachfolgend wird zur Demonstration der Wert des warteständigen Baulands nach drei verschiedenen Baulanderschließungsmodellen ermittelt:

a) konventionelle Baulanderschließung, bei der die Gemeinde ihren 10%igen Gemeindeanteil sowie die Kosten der Bodenordnung und Infrastruktur trägt (gemeindliche Baureifmachung),

b) Baulanderschließung im Wege der Umlegung nach den §§ 45 ff. BauGB, bei der die Bodenordnungskosten den Eigentümern im Wege des umlegungsbedingten Mehrwertausgleichs angelastet werden und

c) Baulanderschließung im Wege eines städtebaulichen Vertrags, mit dem den Eigentümer bzw. dem Entwickler der 10 %ige Eigenanteil der Gemeinde und die gesamten Erschließungs-, Bodenordnungs- und Infrastrukturkosten angelastet werden (Abb. 67).

Abb. 67: Residualwert warteständigen Baulands bei unterschiedlichen Baulanderschließungsmodellen

Baulanderschließungsmodell	a Gemeindliche Baureifmachung	b Baureifmachung im Wege der Umlegung	c Baureifmachung im Wege eines städtebaulichen Vertrags
Ausgangswert BW (ebf) abzgl. Eigenanteil am Erschließungsausbau voller Erschließungsausbau abzgl. Infrastrukturkosten und Bodenordnung nur Bodenordnung	200 €/m² – 27 €/m²	200 €/m² – 27 €/m² – 15 €/m²	200 €/m² – 30 €/m² – 35 €/m²
verbleibt	173 €/m²	158 €/m²	135 €/m²
× Nettobaulandfläche	75 000 m²	75 000 m²	75 000 m²
= Nettobaulandflächenwert in 5 Jahren	12 975 000 €	11 850 000 €	10 125 000 €
× Diskontierungsfaktor bei 5 %	× 0,78352	× 0,78352	× 0,78352
= Nettobaulandflächenwert zum Wertermittlungsstichtag (nebenkostenunvermindert)	10 166 264 €	9 284 796 €	7 933 212 €
× Nebenkostenfaktor ergibt			× 0,85 6 743 230 €
Bruttobaulandfläche insgesamt	100 000 m²	100 000 m²	100 000 m²
= Bruttobaulandflächenwert/m²	**101,66 €/m²**	**92,85 €/m²**	**67,83 €/m²**

▶ Zum Umlegungsmodell vgl. Kleiber, Verkehrswertermittlung von Grundstücken, 6. Aufl. 2010, Teil VII Rn. 79 ff.

Fordert die Gemeinde zusätzlich zu dem Erschließungsflächenanteil von 25 000 m² eine weitere unentgeltliche **Flächenbereitstellung** von 25 000 m² **für soziale Zwecke bzw. für naturschutzrechtliche Ausgleichsmaßnahmen**, so ergeben sich folgende Bruttobaulandflächenwerte (Abb. 68):

Abb. 68: Residualwert warteständigen Baulands (Städtebaulicher Vertrag) unter Berücksichtigung von Flächenbereitstellungen

Baulanderschließungsmodell bei Inanspruchnahme naturschutzrechtlicher Ausgleichsflächen	c Baureifmachung im Wege eines städtebaulichen Vertrags
Kostenverminderter Ausgangswert (vgl. oben)	135 €/m²
× Nettobaulandfläche	50 000 m²
= Nettobaulandflächenwert in 5 Jahren	6 750 000 €
× Diskontierungsfaktor bei 5 %	× 0,78352
= Nettobaulandflächenwert zum Wertermittlungsstichtag	5 288 760 €
= Bruttobaulandflächenwert (nebenkostenunvermindert)	
× Nebenkostenfaktor	× 0,85
ergibt nebenkostenverminderten Bruttobaulandflächenwert	4 493 746 €
Bruttobaulandfläche insgesamt	100 000 m²
= Bruttobaulandflächenwert/m²	**44,94 €/m²**

Syst. Darst. Vergleichswertverfahren — Extraktion

Abb. 69: Deduktive Ableitung des Verkehrswerts warteständigen Baulandes

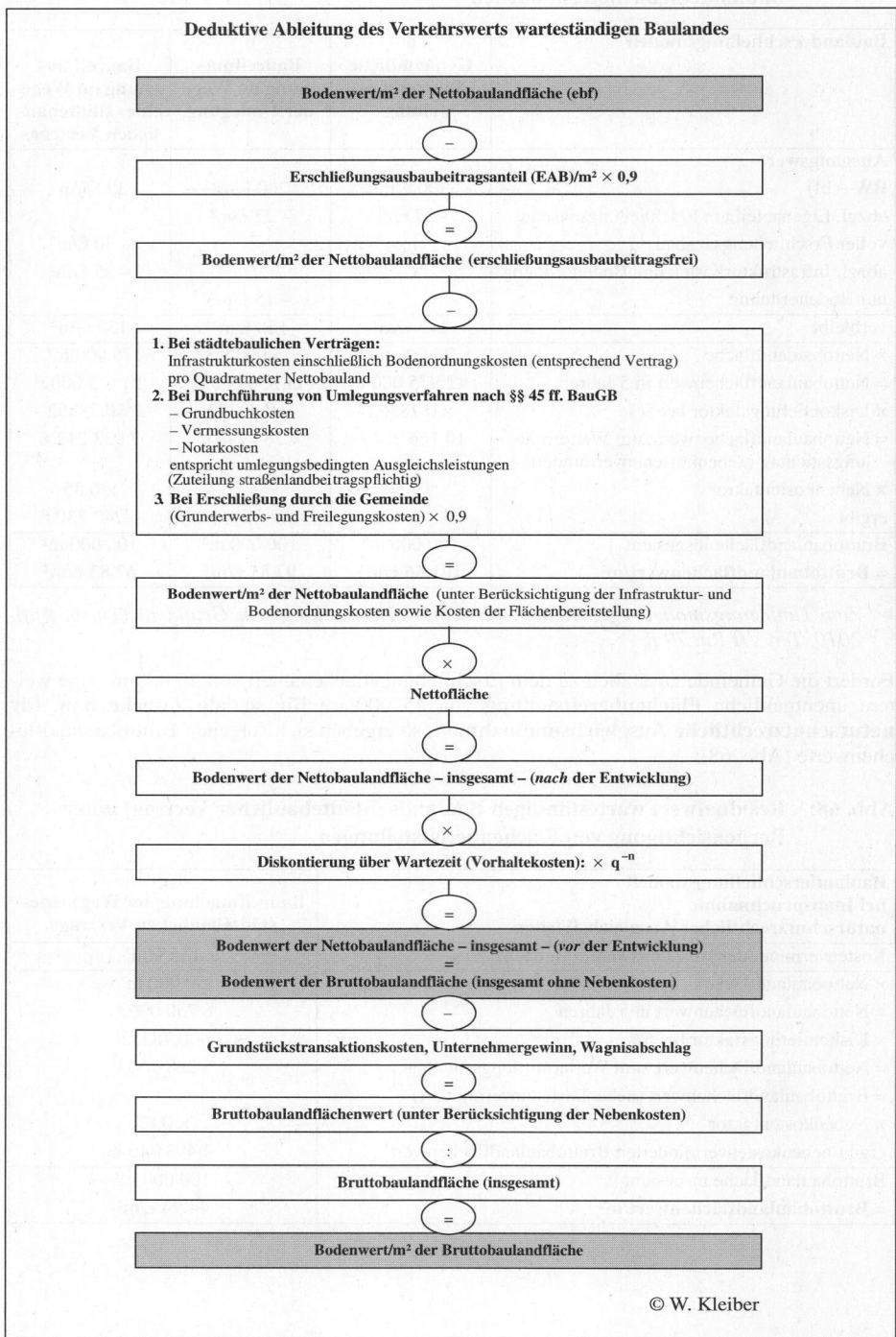

© W. Kleiber

6.3.3 Ausgangswert

6.3.3.1 Maßgeblicher Grundstückszustand

Am Anfang des Verfahrens steht die **Marktwertermittlung des „fertigen Produktes" einer Baulanderschließung**. Die zur Verkehrswertermittlung des warteständigen Baulands heranziehbaren **Vergleichspreise** für baureifes Land sollen sich nach den allgemeinen Grundsätzen des § 15 ImmoWertV auf Grundstücke beziehen, die mit dem künftigen Zustand des zu bewertenden warteständigen Baulands möglichst übereinstimmende Grundstücksmerkmale aufweisen, insbesondere was die Lage und künftige Nutzbarkeit anbelangt. Des Weiteren ist vor allem beachtlich, ob sich die Vergleichspreise auf erschließungsbeitragsfreies (ebf) oder erschließungsbeitragspflichtiges (ebpf) baureifes Land beziehen.

Die Heranziehung der geeigneten Vergleichspreise setzt voraus, dass die **künftige Nutzung und Gestaltung des Erschließungsgebiets** eindeutig bekannt ist. Im Idealfall ist dafür ein Bebauungsplan zu fordern, jedoch wird der Sachverständige zumeist hierauf nicht zurückgreifen können, weil oftmals noch unklare Vorstellungen über die künftige Gestaltung des Gebiets herrschen. In diesen Fällen fehlt es eigentlich an den erforderlichen Grundlagen für die Anwendung des Extraktionsverfahrens (Residualwertverfahrens). Der Sachverständige kann sich dann auf unverbindliche Planungskonzeptionen (informelle Planungen) stützen. In diesem Fall steht das Ergebnis seiner Extraktion (Residualwertermittlung) unter dem Vorbehalt, dass diese Planungskonzeption tatsächlich realisiert wird. Stehen dem Sachverständigen keine oder nur unklare Planungskonzeptionen zur Verfügung, muss er seine Residualwertermittlung auf Annahmen über die künftige Nutzung und Gestaltung des Gebiets stützen, die zweckmäßigerweise mit dem Auftraggeber abzusprechen sind. In diesen Fällen empfiehlt es sich, in dem Gutachten deutlich herauszustellen, dass das Ergebnis seiner Residualwertermittlung unter der Prämisse der Annahme steht, weil bei anderen Vorgaben sich zwangsläufig auch ein anderer Residualwert ergeben würde.

6.3.3.2 Ermittlung des Verkehrswerts

Die zur Ermittlung des Ausgangswerts herangezogenen Vergleichspreise für baureifes Land sind – soweit erforderlich – auf die Lagemerkmale des zu bewertenden Baulands „umzurechnen". Dies gilt auch für etwaige Unterschiede im **Maß der baulichen Nutzung (GFZ)**. Dabei kann es von Bedeutung sein, welchen erschließungsbeitragsrechtlichen Zustand die den Vergleichspreisen zugrunde liegenden Grundstücke aufweisen. Die in der Praxis zur Anwendung kommenden Umrechnungskoeffizienten zur Berücksichtigung eines unterschiedlichen Maßes der baulichen Nutzung (GFZ) sind nämlich in aller Regel auf der Grundlage erschließungsbeitragsfreier (ebf) baureifer Grundstücke abgeleitet worden. Um „im System zu bleiben", müssen deshalb Vergleichspreise für erschließungsbeitragsfreies baureifes Land herangezogen werden, die dann auf das Maß der baulichen Nutzung umgerechnet werden, das für das zu bewertende warteständige Bauland maßgeblich ist. Vergleichspreise erschließungsbeitragspflichtiger Grundstücke müssen ggf. zuvor auf einen erschließungsbeitragsfreien Zustand umgerechnet werden.

6.3.3.3 Baulandproduktionskosten (Überblick)

Im Anschluss an diese vorab durchzuführende „Angleichung" der Vergleichspreise für baureifes Land gilt es sodann,

a) die sich aus der Flächenbereitstellung und den Erschließungsausbaumaßnahmen zusammensetzenden **Erschließungskosten** und ggf. auch **infrastrukturelle Aufschließungskosten** (Folgekosten) sowie

b) die **Vorhaltekosten** über die ausstehende Wartezeit bis zur Baureife und das damit verbundene Wagnis (Risiko)

zu berücksichtigen.

477 Dies macht es erforderlich, den in solchen Fällen **unentgeltlich bereitzustellenden Flächenanteil sowie die Folgekosten** möglichst sorgfältig abzuschätzen. Grundlage dafür sind der Bebauungsplan ggf. i. V. m. dem städtebaulichen Vertrag. Soweit diese Grundlagen noch nicht zur Verfügung stehen, muss sich der Sachverständige an der vorhandenen städtebaulichen Situation und dem Verhalten des Planungsträgers in der Weise orientieren, wie dadurch das Marktgeschehen mitbestimmt wird. Der Auftraggeber muss sich in dieser Phase bewusst sein, dass er bei diffusen Verhältnissen Unsicherheiten der Verkehrswertermittlung in Kauf nimmt. Dies kann dem Sachverständigen nicht angelastet werden[238].

6.3.4 Erschließung

478 Im *zweiten Schritt* gilt es, zunächst den Ausgangswert für erschließungsbeitragsfreies baureifes Land um die Kosten zu vermindern, die mit der örtlichen Erschließung verbunden sind. Dazu wird auf Kosten zurückgegriffen, die sonst nach dem Erschließungsbeitragsrecht der §§ 123 ff. BauGB geltend gemacht werden können. Nach § 127 BauGB erheben die Gemeinden zur Deckung ihres „anderweitig nicht gedeckten" Aufwands für Erschließungsanlagen einen Erschließungsbeitrag. Der Erschließungsbeitrag wird erhoben für

– den **Grunderwerb**,

– eine etwaige **Freilegung** sowie

– die **Herstellung der Erschließungsanlage.**

Die Gemeinde trägt dabei (grundsätzlich) 10 % des beitragsfähigen Erschließungsaufwands.

479 Bezüglich des durch die Erschließung ausgelösten **Flächenbedarfs** und der üblicherweise anfallenden **Erschließungsbeiträge** liegen folgende **Erfahrungswerte** vor:

– Die Erschließungsbeiträge belaufen sich in der Praxis je nach örtlichen Verhältnissen (Lage, Topografie) zwischen 15 €/m² bis 50 €/m² erschlossenen Baulands.

– Der Flächenbedarf für die Erschließung beläuft sich auf etwa 20 bis 30 % der Bruttobaulandfläche; es kommt hier entscheidend darauf an, ob der Maßnahme eine flächensparende oder flächenintensive Erschließungskonzeption zugrunde liegt.

480 **In den** vorgenannten **Erfahrungswerten** über Erschließungsbeiträge **sind die Kosten des Grunderwerbs enthalten**, wobei – im Falle von Neuerschließungsmaßnahmen – der Grunderwerb regelmäßig nicht zu den Preisen des baureifen Landes getätigt wird. Zumindest bei Neuerschließungsmaßnahmen können die künftigen Erschließungsflächen unter Anwendung des Vorwirkungsgrundsatzes erworben werden. Bei der hier behandelten Vorgehensweise dürfen zunächst aber nur die Erschließungsausbaukosten (EAB) zum Ansatz kommen, denn die Höhe der Grunderwerbskosten ergibt sich erst aus dem Ergebnis der Wertermittlung.

481 Bei der (deduktiven) Ableitung des Verkehrswerts wartenständigen Baulands aus Vergleichspreisen für erschließungsbeitragsfreies Bauland dürfen aus den vorstehenden Gründen nicht

– der Freilegungsanteil für die Erschließungsflächen (häufig **pauschal mit 30 % der Bruttobaulandfläche) und gleichzeitig**

– der ortsübliche Erschließungsbeitrag *in voller Höhe* bezogen auf die Bruttobaulandfläche zum Abzug gebracht werden. Dies würde zu einer Doppelberücksichtigung führen, denn im Erschließungsbeitrag ist der Grunderwerb enthalten. Dieser in der Wertermittlungspraxis oftmals begangene Fehler führt im Ergebnis dazu, dass bei der Ermittlung des Verkehrswerts wartenständigen Baulands aus Vergleichspreisen baureifer erschließungsbeitragsfreier (ebf) Grundstücke der Flächenbeitrag für die künftige Erschließung

   • einerseits mit dem Abzug eines prozentualen Flächenabzugs und

   • andererseits mit dem Ansatz des „vollen" Erschließungsbeitrags, der die Grunderwerbskosten enthält,

doppelt zum Abzug gebracht wird.

---

238 Kleiber in WiV 1967, 63.

Extraktion   **Syst. Darst. Vergleichswertverfahren**

Deswegen ist es geboten, im Rahmen der deduktiven Ableitung des Verkehrswerts warteständigen Baulands aus erschließungsbeitragsfreien (ebf) Vergleichspreisen (für baureifes Land) den grundsätzlich abzuziehenden Erschließungsbeitrag in   **482**

– eine Grunderwerbskomponente und

– eine Ausbaukomponente

aufzuspalten und zunächst **nur die Ausbaukomponente in Abzug zu bringen**. Entsprechende Regelungen enthält auch das Umlegungsrecht in § 57 Satz 4 i. V. m. § 68 Abs. 1 Nr. 4 BauGB für den Fall einer straßenlandbeitragsfreien aber ansonsten erschließungsbeitragspflichtigen Zuteilung[239]. Dem entspricht auch die deduktive Ableitung von Rohbaulandwerten (aber auch generell die Ableitung des Verkehrswerts von „warteständigem Bauland"), wenn dabei von einem anteiligen (prozentualen) unentgeltlichen Flächenabzug für Erschließungsanlagen ausgegangen wird.

Beispiel: **483**

Ausgangsdaten:
– Vergleichswert für erschließungsbeitragsfreies (ebf) baureifes Land BW   200 €/m²
– Erschließungsbeitrag pro Quadratmeter erschlossenen baureifen Landes   50 €/m²
    davon Grunderwerbskosten   20 €/m²
    Ausbaukosten   30 €/m²
– Bruttobaulandfläche   100 000 m²
– Erschließungsfläche   25 000 m²
– Nettobaulandfläche   75 000 m²

Rechengang:
BW (ebf)   =   200 €/m²
– Erschließungsbeitragsanteil für Ausbau   =   – 30 €/m²
= BW (ebpf)   =   **170 €/m²**   (noch nicht diskontierter Zwischenwert)
Bodenwert des gesamten Baugrundstücks: 75 000 m² × 170 €/m² = **12,75 Mio. €** (Zwischenwert)

Zu beachten ist, dass sich der vorstehend ermittelte **Quadratmeterwert des erschließungsbeitragspflichtigen (ebpf) baureifen Landes nur auf die künftige Nettobaulandfläche** bezieht, weil der Anteil der Grunderwerbskosten am Erschließungsbeitrag mit der unentgeltlichen Bereitstellung der dafür erforderlichen Flächen getätigt wird und diese Flächen damit einen „Nullwert" aufweisen.   **484**

Zur Erläuterung wird die **Gesamtberechnung** vorgestellt: **485**

Rechengang:
Zu ermitteln ist der Verkehrswert der Nettobaulandfläche bei sofortiger unentgeltlicher Abgabe der Erschließungsflächen von 25 000 m², mithin 75 000 m²:

Erschlossen hat diese Fläche im erschließungsbeitragsfreien (ebf) Zustand einen Wert von:
75 000 m² × 200 €/m²   =   15,000 Mio. €
Abzug des Erschließungsausbaubeitrags für die Nettobaulandfläche:
75 000 m² × 30 €/m²   =   – 2,250 Mio. €
Straßenausbaupflichtiges, aber ansonsten erschließungsbeitragsfreies Land mithin   =   12,750 Mio. €

Der Bodenwert pro Quadratmeter Nettorohbauland ergibt sich mithin zu:
12,750 Mio. € : 75 000 m² = **170 €/m²** (wie oben)

Um zum aktuellen Nettobaulandwert zu kommen, ist vorstehend ermittelter Zwischenwert noch über die Wartezeit möglichst unter gleichzeitiger Berücksichtigung des damit verbundenen Wagnisses **abzuzinsen** (vgl. unten Rn. 509 ff.).   **486**

Abzulehnen ist dagegen eine Berechnungsweise, bei der – vom Bodenwert für erschließungsbeitragsfreies (ebf) Bauland (BW [ebf]) ausgehend –   **487**

---

[239] Ernst/Zinkahn/Bielenberg/Krautzberger, Komm. zum BauGB, § 68 Rn. 6; § 57 BauGB Rn. 34.

Syst. Darst. Vergleichswertverfahren — Extraktion

- der Bodenwert um einen Flächenbeitrag für die künftigen Erschließungsflächen (z. B. um 30 %) vermindert,
- der „volle" Erschließungsbeitrag (einschließlich des Anteils für die Grunderwerbskosten) abgezogen und
- das Ergebnis darüber hinaus als Ausgangswert für die „volle" Bruttobaulandfläche herangezogen wird.

488 *Beispiel (falsch):*

Ausgangsdaten wie im vorstehenden Beispiel	
BW (ebf)	200 €/m²
− 25 % von 200 €/m²	− 50 €/m²
= Nettobaulandflächenwert	= 150 €/m²
− Erschließungsbeitrag	− 50 €/m²
= BW (ebpf)	= 100 €/m²

Auch wenn dieser Wert nur auf die Nettorohbaulandfläche zur Anwendung käme, wäre das Ergebnis falsch: 75 000 m² × 100 €/m² = 7,5 Mio. € (falsch).

489 Bei dieser Berechnungsweise werden – wie vorstehend erläutert – die **Kosten des Grunderwerbs für die Erschließungsflächen** doppelt zum Ansatz gebracht, nämlich einmal mit dem „vollen" Erschließungsbeitrag und ein zweites Mal mit dem Flächenbeitrag. Tatsächlich müsste, wenn die Erschließungsbeiträge „voll" zum Ansatz gebracht werden, eine Entschädigung für die vom Eigentümer in Anspruch genommenen Erschließungsflächen berücksichtigt werden. Dieser Entschädigungsbetrag ist bei vorstehender Berechnungsweise aber unberücksichtigt geblieben.

490 **Abzulehnen** ist auch die vorstehende Berechnungsweise, wenn anstelle des vollen Erschließungsbeitrags nur der Erschließungs*ausbau*beitrag zum Abzug gebracht wird, um insoweit eine Doppelberücksichtigung zu vermeiden:

Beispiel (falsch)

Ausgangsdaten wie im vorstehenden Beispiel	
BW (ebf)	200 €/m²
− 25 % von 200 €/m²	− 50 €/m²
= Nettobaulandflächenwert	= 150 €/m²
− Erschließungsausbaubeitrag	− 30 €/m²
= BW (ebpf)	= 120 €/m²

Der Gesamtwert der Nettorohbaulandfläche ergäbe sich damit zu 75 000 m² × 120 €/m² = 9,0 Mio. € (falsch).

An dieser Berechnung ist zu bemängeln, dass sich der Grunderwerb für die Erschließungsflächen am Wert des baureifen Landes orientiert; tatsächlich wird der Grunderwerb jedoch nach dem Wert des warteständigen Baulands getätigt.

491 In den vorstehenden Berechnungsbeispielen wurden nicht, wie vielfach von Entwicklungsgesellschaften gefordert, **Entwicklungskosten** berücksichtigt. Dies ist nur in den Ausnahmefällen sachgerecht, wo der Grundstücksmarkt mit solchen Kostenbelastungen rechnen muss und dies auch im gewöhnlichen Geschäftsverkehr die Preisbildung beeinflusst. Grundsätzlich kann jedoch der Grundstücksmarkt damit rechnen, dass solche Entwicklungsmaßnahmen zu den ureigensten Aufgaben der Gemeinde gehören. Demzufolge trägt auch bei Bodenordnungsmaßnahmen nach den §§ 45 ff. BauGB die Gemeinde die Verfahrenskosten (§ 78 BauGB). Selbst bei Durchführung städtebaulicher Sanierungs- und Entwicklungsmaßnahmen sind die **gemeindlichen Verfahrenskosten** nicht förderfähig, wenn die Gemeinde die Maßnahme in eigener Regie durchführt; etwas anderes gilt nur im Falle der Beauftragung eines Trägers. Es kommt bei genauerer Betrachtung hinzu, dass die Gemeinde grundsätzlich 10 % der Erschließungskosten selber tragen muss.

6.3.5 Planungs-, Bodenordnungs- und Infrastrukturkosten

6.3.5.1 Allgemeines

Im *dritten Schritt* ist der Ausgangswert für erschließungsbeitragsfreies baureifes Land noch um die Kosten zu vermindern, die mit der maßnahmenbedingten Infrastruktur (Folgekosten) verbunden sind. Dies gilt allerdings nur unter besonderen Voraussetzungen: **492**

Grundsätzlich kann die Gemeinde nur die Kosten der örtlichen Erschließungsanlagen nach den Vorschriften des Erschließungsbeitragsrechts geltend machen und hat darüber hinaus die Kosten der sonstigen Infrastrukturmaßnahmen und die Bodenordnungskosten (Folgekosten) zu tragen, wenn man von den Besonderheiten der städtebaulichen Sanierungs- und Entwicklungsmaßnahmen (nach den §§ 136 ff. BauGB) und der amtlichen Umlegung (nach den §§ 45 ff. BauGB) absieht. Die Gemeinden sehen sich diesbezüglich insbesondere bei großflächigen Baulanderschließungen finanziell überfordert und sind bestrebt, diese Kosten auf die durch die Bauleitplanung begünstigten Eigentümer bzw. auf den Investor zu überwälzen[240]. Da umgekehrt die Eigentümer bzw. der Investor mit der Planung und Erschließung der warteständigen Baulandflächen nicht unerhebliche Wertsteigerungen einhergehen, sind sie im Rahmen dieses Wertsteigerungspotenzials bereit, diese Kosten mitzutragen. Dies betrifft insbesondere die nachstehenden Folgekosten: **493**

a) die Planungskosten,

b) die Kosten der Bodenordnung und

c) die Kosten der örtlichen Erschließung (anstelle ihrer Geltendmachung durch Erschließungsbeiträge unter Einbeziehung des 10%igen Gemeindeanteils),

d) die Kosten der sonstigen Infrastrukturmaßnahmen.

Im Rahmen des Wertsteigerungspotenzials wird es von den Eigentümern bzw. von Investoren hingenommen, dass die mit der Planung und Entwicklung einhergehende Wertsteigerung durch unentgeltliche Bereitstellung von privat nutzbaren Flächen (z. B. für den Bereich der sozialen Wohnraumförderung) „abgeschöpft" wird. **494**

Die Gemeinden legen vielfach ihre diesbezüglichen boden- und baulandpolitischen Strategien in Form von **„städtebaulichen Grundsatzbeschlüssen"** fest. Diese bilden auch die Grundlage für den Abschluss städtebaulicher Verträge, die mit gleicher Zielsetzung, aber auch ohne entsprechende städtebauliche Grundsatzbeschlüsse vereinbart werden können. **495**

Der Beteiligung der Eigentümer bzw. des Investors an den Infrastruktur- und Bodenordnungskosten (einschließlich der unentgeltlichen Flächenbereitstellung) **sind Grenzen gesetzt:** **496**

a) Der Eigentümer bzw. der Investor ist aus wirtschaftlichen Überlegungen zur Kostenübernahme nur in dem Umfang bereit, wie sich diese durch die mit der Entwicklung einhergehende Werterhöhung „rechnet".

b) Die Gemeinde darf die Kosten im Rahmen städtebaulicher Verträge dem Eigentümer bzw. dem Investor anlasten, wie sie auf Maßnahmen zurückführbar sind, die

  • in einem kausalen Zusammenhang mit der Baulandentwicklung stehen (*Ursächlichkeit*) und

  • in ihrer Ausgestaltung angemessen sind (*Angemessenheit,* § 11 Abs. 2 BauGB).

Sofern nach der vorhandenen städtebaulichen Situation und dem Verhalten des Planungsträgers davon ausgegangen werden muss, dass die Überwälzung der Infrastruktur- und Bodenordnungskosten (einschließlich der unentgeltlichen Flächenbereitstellung) auf die Eigentümer üblich ist und davon die Preisbildung auf dem Grundstücksmarkt im gewöhnlichen Geschäftsverkehr mitbestimmt wird, muss dies bei der Verkehrswertermittlung im Wege deduktiver Verfahren mit berücksichtigt werden. **497**

---

[240] Zum Stand des kommunalpolitischen Flächenmanagements vgl. Schäfer, Baulandbereitstellung, Bundesministerium für Verkehr, Bau- und Wohnungswesen, Berlin 2001.

Syst. Darst. Vergleichswertverfahren **Extraktion**

498 Dies macht es erforderlich, die Folgekosten und den in solchen Fällen unentgeltlich bereitzustellenden (zusätzlichen) Flächenanteil möglichst sorgfältig abzuschätzen. **Grundlage dafür sind der Bebauungsplan bzw. der städtebauliche Vertrag** (§§ 11f. BauGB). Soweit diese noch nicht zur Verfügung stehen, muss sich der Sachverständige an der vorhandenen städtebaulichen Situation und dem Verhalten des Planungsträgers in der Weise orientieren, wie dadurch das Marktgeschehen mitbestimmt wird. Der Auftraggeber muss sich in dieser Phase bewusst sein, dass er bei „diffusen" Verhältnissen Unsicherheiten der Verkehrswertermittlung in Kauf nimmt. Dies kann dem Sachverständigen nicht angelastet werden[241].

499 Ob im Einzelfall bei der Verkehrswertermittlung einer warteständigen Baulandfläche davon auszugehen ist, dass deren Entwicklung tatsächlich vom Abschluss eines städtebaulichen Vertrags mit der Übernahme von Folgekosten abhängig ist, kann nur auf der Grundlage des **örtlichen Marktgeschehens und des** generellen **Verhaltens des Planungsträgers** beurteilt werden. Im Rahmen einer Verkehrswertermittlung verbietet es sich zunächst, stillschweigend entsprechenden Anweisungen des Auftraggebers zu folgen. Hier muss sich der Sachverständige zunächst selbst ein Bild darüber verschaffen, ob dies tatsächlich den Gepflogenheiten des Grundstücksmarktes entspricht und der Grundstücksmarkt auf ein entsprechendes Verhalten des Planungsträgers „reagiert". Wäre dies im Einzelfall zu verneinen und besteht der Auftraggeber dennoch darauf, ein solches Verhalten des Planungsträgers der Wertermittlung zugrunde zu legen, sollte der Gutachter seine Wertermittlung mit einem entsprechenden Hinweis versehen.

6.3.5.2 Städtebauliche Verträge

500 Als **Indiz dafür, dass die Baulandentwicklung** im Einzelfall **nur in Abhängigkeit vom Abschluss eines städtebaulichen Vertrags eine Chance hat**, gilt insbesondere die Größe des künftigen Baugebiets, weil i. d. R. nur große Baugebiete auch größere Infrastrukturmaßnahmen zur Folge haben, die der Planungsträger auf den Investor zu überwälzen trachtet. Daneben sind entsprechende städtebauliche Grundsatzbeschlüsse sowie die Eigentumsstruktur beachtlich, weil der Abschluss eines städtebaulichen Vertrags vor allem nur dann eine Chance hat, wenn sich nur ein oder zumindest wenige Investoren nach der vorgefundenen Eigentumsstruktur als Vertragspartner anbieten[242].

501 Im Übrigen wäre es nur konsequent, spiegelbildlich zu den überwälzten Infrastrukturkosten auch die zu erwartenden Förderungen der Maßnahme werterhöhend zu berücksichtigen. **Bodenbezogene Förderungen** führen nun einmal zu Bodenwerterhöhungen.

502 Die **Höhe der** unter den genannten Voraussetzungen **zum Abzug zu bringenden Folgekosten** (Infrastruktur- und Bodenordnungskosten einschließlich der unentgeltlichen Flächenbereitstellung) sind schwer kalkulierbar. Der Sachverständige sieht sich hier oftmals unübersichtlichen Kostenaufstellungen ausgesetzt. Die Höhe der Kosten ist insbesondere abhängig von

a) der Art des zu entwickelnden Gebiets, wobei die Entwicklung von Wohngebieten i. d. R. höhere Infrastrukturkosten erfordern als die Entwicklung von Gewerbegebieten,

b) der vorhandenen Topografie,

c) der „Qualität" und Quantität der vorgesehenen Infrastrukturmaßnahmen und

d) ggf. dem Umfang von Freilegungsmaßnahmen einschließlich Altlastenbeseitigung.

503 Nach **allgemeinen Erfahrungssätzen** liegen die Infrastrukturkosten oftmals in gleicher Höhe wie die Erschließungskosten[243]. Wenn im Einzelfall die vom Investor geltend gemachten Folgekosten den Betrag von 70 € pro Quadratmeter baureifen Landes (ebf) überschreiten, muss

---
241 Kleiber in Wirtschaft und Verwaltung 1967, 63.
242 Bezüglich der Größe des zu entwickelnden Gebiets kann für die Verhältnisse in Berlin die in Kleiber/Simon, Verkehrswertermittlung von Grundstücken, 4. Aufl. auf S. 1150 abgedruckte Aufstellung der „Vertragsgebiete" einen Anhalt bieten.
243 Voß in GuG 1996, 343.

Extraktion   **Syst. Darst. Vergleichswertverfahren**

dies sehr kritisch hinterfragt werden und hat vielfach seine Ursache in einer allzu aufwendigen Planung. Dies kann zum Scheitern des Vorhabens führen, denn diese Kosten werden im Rahmen des Extraktionsverfahrens (Residualwertverfahrens) auf den Erwerbspreis „unterwälzt", d. h., sie führen zu einem Preis für die warteständigen Bauflächen, der dann von dem Veräußerer nicht mehr akzeptiert werden kann.

Im Rahmen der von der Landeshauptstadt *München* beschlossenen Grundsätze der „Sozialen Bodennutzung" (SoBoN)[244] und der hierzu erlassenen Richtlinie für die inhaltliche und verfahrensmäßige Umsetzung wird im Rahmen städtebaulicher Verträge neben   **504**

a) der unentgeltlichen Flächenbereitstellung,

b) den Herstellungskosten der Erschließungsanlagen und der Ausgleichsmaßnahmen,

c) ggf. den Wettbewerbskosten, Kosten für zusätzliche Öffentlichkeitsarbeiten, Honorare nach HOAI bei Vergabe von Leistungen an Dritte, Kosten für Gutachten, Umlegungskosten,

d) dem Verzicht auf Ansprüche z. B. wegen Eingriffs in den eingerichteten und ausgeübten Gewerbebetrieb

ein anteiliger **Infrastrukturkostenbeitrag in Höhe von 65 €/m² Geschossfläche „der Baurechtsmehrung"** ausbedungen; dieser soll in etwa die Hälfte der angesetzten ursächlichen sozialen Infrastrukturkosten abdecken. Er wird zum Zeitpunkt der Realisierungsmöglichkeit des neuen bzw. zusätzlichen Baurechts fällig. Andere Städte handeln ähnlich[245].

Es kommt hinzu, dass in **Gebieten mit niedrigem Bodenwertniveau** der Unterwälzung von   **505**
Folgekosten enge Grenzen gesetzt sind. Wo z. B. erschlossenes Gewerbebauland zum Preis von 40 €/m² (ebf) auf dem Markt ist, wird man neben den Erschließungskosten wohl kaum noch die Folgekosten dem Eigentümer anlasten können. Folgekosten können dem Grundstückseigentümer letztlich nur in dem Maße angelastet werden, wie sie sich in entsprechenden Bodenwerterhöhungen niederschlagen.

Anhaltspunkte für die Baulandproduktionskosten ergeben sich aus Abb. 70.   **506**

Abb. 70: Baulandproduktionskosten (ohne Grunderwerb)

	Kostenarten	Umlegung nach §§ 45 ff. BauGB €	Städtebauliche Entwicklungsmaßnahmen §§ 165 ff. BauGB €
1.	**Vorbereitung**		
1.1	Flächennutzungsplan	0,32	0,32
1.2	Bebauungsplan	0,41	0,41
1.3	Grünordnungsplan	0,25	0,25
1.4	Verwaltungskosten	0,71	
1.5	Entwicklungsbetreuer		0,71
2.	**Kosten der Erschließung**		
2.1	Erschließung nach den §§ 127 ff. BauGB	30,00	30,00
2.1.1	Kosten Erhebung Ermittlung der Grundlagen Berechnungen, Erteilung, Beratung, Buchungsaufwand	**0,56**	
2.1.2	Zuschlag Risiko Widerspruchsverfahren (ohne Ansatz)		

---

244 Gemeinsamer Beschluss des Ausschusses für Stadtplanung und Bauordnung, des Kommunalausschusses, des Finanzausschusses und des Ausschusses für Arbeit und Wirtschaft vom 03.12.1997 der Landeshauptstadt München.
245 Vgl. Globalrichtlinie der Freien und Hansestadt Hamburg (GuG 2004, 173).

Syst. Darst. Vergleichswertverfahren — Extraktion

	Kostenarten	Umlegung nach §§ 45 ff. BauGB €	Städtebauliche Entwicklungsmaßnahmen §§ 165 ff. BauGB €
2.2	**Kanalanlage**		
2.2.1	Kanalbau	6,40	6,40
2.2.2	Beitragserhebung	**0,56**	
2.3	**Wasserbau**		
2.3.1	Anlagenbau	2,72	2,72
2.3.2	Beitragserhebung	**0,56**	
2.4	**Sonstige Ordnungsmaßnahmen**		
2.4.1	Altlastenerkundung Grundbaulabor	0,25	0,25
2.4.2	Sonstige Gutachten	0,25	0,25
2.4.3	Vermessung	5,00	5,00
2.4.4	Sonstige Ordnungsmaßnahmen	5,00	5,00
2.4.5	Ausbau Ausgleichsflächen	5,00	5,00
3.	**Baumaßnahmen**		
3.1	Kindergarten	6,00	6,00
3.1.1	Kosten der Verwaltung	0,25	
3.2	Verwaltungsstelle	0,25	
4.	**Sonstige Kosten** Finanzierungskosten Kosten 77,86 € Deckungsbeitrag ./. 48,12 Kosten 29,75 × 6 % × 3 Jahre Kosten 109,93 × 6 % × 3 Jahre	**5,34**	19,78
5.	**Finanzierungsbeiträge/Deckungsbeiträge**		
5.1	Erhebung der Erschließungskosten 90 % von 3.1	27,00	
5.2	Erhebung von Beiträgen Ausgleichsmaßnahmen 90 % von 2.4, 2.5 und 3.4.5	16,53	
5.3	Einmalbeitrag Kanal 50 % von 3.2.1 Rest über lfd. Gebühren	3,20	
5.4	Einmalbeitrag Wasser 50 % von 3.3.1 Rest über lfd. Gebühren	1,38	

Anmerkungen:

1. Kostenpositionen ohne direkte Deckungsbeiträge = **Fettdruck**.
2. Bei Kosten der Verwaltung wurde von Gehalts- und Vergütungstabellen der öffentliche Verwaltung, Zuschlägen für Lohnnebenkosten und Arbeitsplatzkosten ausgegangen.
3. Bei den Erschließungskosten wurde der gemeindliche Mindestanteil (= 10 v. H.) angesetzt. Mithin werden 90 v. H. der Kosten über Erschließungsbeiträge erhoben. Weiter wurde bei der Zinsrechnung (5.1 Finanzierungskosten) unterstellt, dass die Gemeinde gemäß § 133 Abs. 3 BauGB Vorauszahlungen erhebt. Zinsen wurden daher nicht angesetzt.
4. Bei den Gebühren für Wasser und Kanal wurde von einer Splittung der Kosten mit 50 v. H. für Einmalbetrag und 50 v. H. für Kostenanteil in verbrauchsabhängiger Rechnung (Abschreibungsanteil in Gebührenkalkulation) ausgegangen. Weiter wurde bei der Zinsrechnung unterstellt, dass die Gemeinde/VGV Vorausleistungen von den Eigentümern bis zur Höhe des Beitrags anfordert. Zinsen wurden daher nicht angesetzt. Die Satzungslage bzw. Entgeltsatzung ist bei einer genauen Satzungslage zu berücksichtigen.
5. Bei Baumaßnahmen wurden eventuell Landeszuschüsse (z. B. KIGA-Programm) nicht berücksichtigt, da diese in beiden Modellen anfallen. Sie würden somit zu einer analogen Reduzierung führen.

Allerdings ist dabei zu berücksichtigen, dass grundsätzlich kein Förderungsanspruch besteht. Wegen der Haushaltslage ist eine Aussage zu Fördermöglichkeiten nur bedingt möglich.

6. Da gemäß § 170 BauGB bei Entwicklungsmaßnahmen grundsätzlich die Ausgaben aus den Einnahmen finanziert werden sollen, wurde ein Förderansatz nicht ausgewiesen. Eine Förderung würde im Ergebnis zu einer Kostenreduzierung und damit zu einem niedrigeren Kostenpreis für den Verkauf führen.

7. Ein Ansatz unter Position 2.1.2 wurde nicht vorgenommen, da dieser nur ungenau zu ermitteln ist. Allerdings zeigt die Unzahl von Verwaltungsgerichtsverfahren in Erschließungsbeitragsverfahren, dass hier relative Rechtsunsicherheit besteht. Als Merkposten wurde nur eine Textstelle eingesetzt.

Quelle: Heimstätte Rheinland-Pfalz GmbH; nach Toman, D.: Bundesverband der Landentwicklungsgesellschaften 1997/4 = GuG 1998, 110

6.3.5.3 Umlegungsgebiete

Eine Beteiligung der Eigentümer an den Kosten der Baulandentwicklung findet darüber hinaus in städtebaulichen Sanierungs- und Entwicklungsgebieten und in Umlegungsgebieten statt[246]. Bei Durchführung eines **amtlichen Umlegungsverfahrens nach den §§ 45 ff. BauGB** beschränkt sich die Beteiligung allerdings auf die umlegungsbedingte Bodenwerterhöhung. Die umlegungsbedingte Bodenwerterhöhung wird von der Gemeinde mit der Ausgleichsleistung nach § 64 BauGB auf der Grundlage des Umlegungsplans geltend gemacht. Bei residueller Ermittlung des Einwurfswerts in einem Umlegungsverfahren werden entsprechend den vorstehenden Ausführungen die Kosten der Bodenordnung (Vermessungs-, Notar- und Grundbuchkosten) in Abzug gebracht.

507

Die Bodenordnungskosten, die im Falle einer amtlichen Umlegung nach den §§ 45 ff. BauGB als Umlegungsvorteil „abschöpfungsfähig" sind, müssen auch im Falle der **privaten Bodenordnung** (freiwillige Umlegung) als eine den Eigentümer belastende Kostenposition in Abzug gebracht werden. Für den Eigentümer besteht insoweit kein wirtschaftlicher Unterschied. Freiwillige Umlegungsmaßnahmen werden in aller Regel im Zusammenwirken mit der Gemeinde, die zu diesem Zweck den Bebauungsplan beschließen muss, auf der Grundlage eines städtebaulichen Vertrags durchgeführt. Dabei werden den beteiligten Eigentümern vielfach zusätzliche Leistungen abverlangt, deren Kosten wiederum in Abzug gebracht werden müssen.

508

6.3.6 Wartezeit (Vorhaltekosten)

6.3.6.1 Allgemeines

▶ *Hierzu § 6 ImmoWertV Rn. 108 ff.*

Im *vierten Schritt* sind die sog. Vorhaltekosten zu berücksichtigen. Darunter sind die Kosten zu verstehen, die dem Eigentümer für die Vorhaltung der Grundstücke über den Entwicklungszeitraum entstehen.

509

Der Verkehrswert des erschließungsbeitragsfreien baureifen Landes (Ausgangswert) unter Abzug der Kosten für die örtlichen Erschließungsanlagen (in Höhe des Erschließungsausbaubeitrags) sowie der vom Investor zu tragenden Kosten der Infrastruktur und Bodenordnung (ggf. entsprechend den Vereinbarungen des städtebaulichen Vertrags) garantiert dem Investor eine kostendeckende Entwicklung des Gebiets. Der Investor kann den zum Ansatz kommenden Verkehrswert allerdings erst nach der Entwicklung realisieren. Der Grunderwerb für die zu entwickelnden (Brutto-) Flächen steht dagegen am Anfang der Maßnahme. Zur Berücksichtigung der Vorhaltekosten wird der um die Erschließungs-, Infrastruktur- und Bodenordnungskosten verminderte Ausgangswert über die Dauer der Entwicklung abgezinst (vgl. Abb. 71).

510

---

[246] Vgl. Kleiber, Verkehrswertermittlung von Grundstücken, 6. Aufl. 2010, Teil VIII Rn. 619 ff.

Abb. 71: Abzinsung des Ausgangswerts

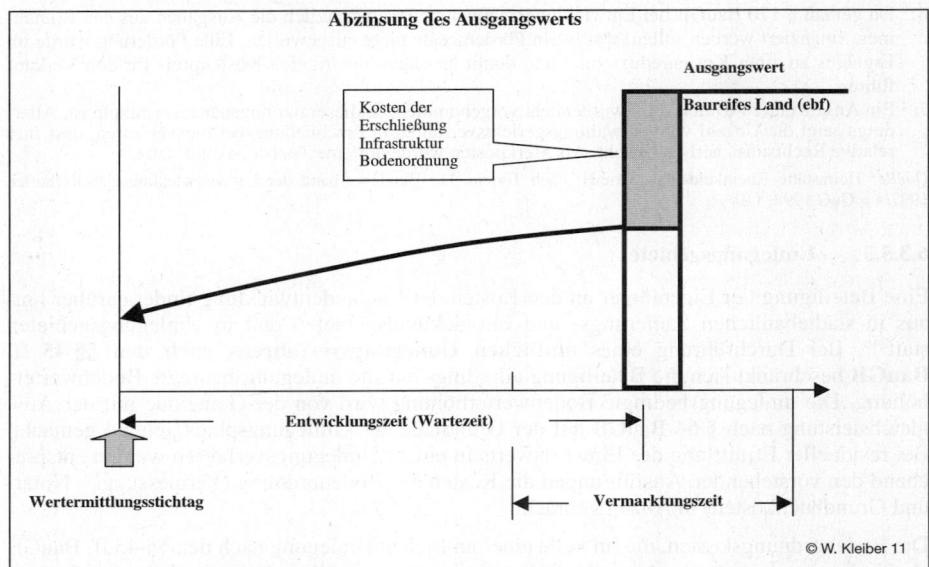

511 Zur Vereinfachung wird üblicherweise unterstellt, dass sich die nach den Preisverhältnissen des Wertermittlungsstichtags angesetzten Kosten der Erschließung, Infrastruktur und Bodenordnung über die Dauer der Maßnahme nicht ändern. Tatsächlich muss i. d. R. jedoch mit Kostensteigerungen gerechnet werden. Umgekehrt entstehen diese Kosten erst im Verlauf der Maßnahme, sodass sie nur in diskontierter Höhe zu berücksichtigen wären, sodass sich diese Einflüsse kompensieren und nicht berücksichtigt zu werden brauchen.

512 Der **Abzinsungsfaktor** $1/q^n = q^{-n}$ kann in Abhängigkeit vom Diskontierungszinssatz und der Wartezeit Tafelwerken entnommen werden oder auch leicht mit Taschenrechnern ermittelt werden (vgl. unten Rn. 515 ff. sowie Anh. 2 zur ImmoWertV).

6.3.6.2 Voraussichtliche Dauer der Entwicklung

513 Die **Abschätzung der Wartezeit bis zum Eintritt der für die Zulässigkeit einer baulichen Nutzung erforderlichen rechtlichen und tatsächlichen Voraussetzungen** erfordert vom Sachverständigen viel Einfühlungsvermögen in den „Baulandproduktionsprozess" und eingehende Kenntnisse der bodenrechtlichen Zusammenhänge, wobei spekulative Erwägungen keinen Eingang in die Betrachtung finden dürfen. Der „Baulandproduktionsprozess" ist – angefangen von den ersten Überlegungen, eine „grüne Wiese" oder Brachfläche für eine bauliche oder sonstige Nutzung aufzubereiten, über die Aufstellung des Bebauungsplans, der Erschließung und Bodenordnung bis hin zum Verkauf des fertigen Bauplatzes – häufig langwierig und scheitert auch schon einmal. Bei Baulanderschließungen auf der Grundlage städtebaulicher Verträge sind jedoch zeitlich enge Grenzen zu setzen, denn mit dem städtebaulichen Vertrag lässt sich auch eine zügige Bereitstellung gemeindlicher Vorleistungen, insbesondere der Bebauungsplan, ausbedingen.

514 Eine zusätzliche Berücksichtigung der **Vermarktungszeit der baureifen Grundstücke** bleibt dagegen problematisch, weil bereits vor Abschluss der Gesamtmaßnahme Teilflächen bereits erschlossen sind und die Vermarktung schon frühzeitig beginnen kann. Andere Teilflächen mögen dagegen erst nach Abschluss der Entwicklung vermarktungsfähig sein, sodass sich wirtschaftliche Nachteile einer „nachhinkenden" Vermarktung mit den Vorteilen einer vorgezogenen Vermarktung kompensieren.

Extraktion — Syst. Darst. Vergleichswertverfahren

6.3.6.3 Abzinsungszinssatz

Ein bestimmter Diskontierungszinssatz, mit dem der Verkehrswert des erschließungsbeitragspflichtigen (ebpf) baureifen Landes – Ausgangswert für die Ermittlung des warteständigen Baulandwerts – über die jeweilige Wartezeit abzuzinsen ist, kann mit dem Anspruch der Allgemeingültigkeit nicht vorgegeben werden. Aus theoretischer Sicht müsste der **Diskontierungszinssatz aus den jeweiligen Verhältnissen des örtlichen Grundstücksmarktes** und des Wertermittlungsobjektes abgeleitet werden.

Hierfür bedürfte es eingehender Analysen des Grundstücksmarktes, um aus dem Wertverhältnis von Vergleichspreisen für warteständiges Bauland zu Vergleichspreisen für erschließungsbeitragsfreies (ebf) baureifes Land die Verzinsung zu ermitteln. Solche Untersuchungen stehen zurzeit nicht zur Verfügung, jedoch könnte hilfsweise **aus einzelnen zur Verfügung stehenden Vergleichspreisen für werdendes Bauland finanzmathematisch der Diskontierungszinssatz ermittelt** werden. Dafür bedarf es der Kenntnis der Wartezeit (bis zur Baureife) der zum Vergleich herangezogenen Grundstücke.

Als Ertrag eines unbebauten Grundstücks könnte allenfalls der **Wertzuwachs eines Grundstücks** angesehen werden, der dem Grundstück realiter (inflationsbereinigt) zuwächst. Die Erfahrung lehrt, dass solche Wertzuwächse entgegen landläufigen Meinungen vielfach recht gering ausfallen, wenn man von Wertzuwächsen aufgrund von Qualitätsverbesserungen absieht. Bei warteständigem Bauland, um das es hier geht, ist ein solcher Wertzuwachs vielfach von der Wartezeit bis zur höherwertigen Nutzung abhängig, d. h., bei sehr langer Wartezeit wird regelmäßig ein geringer jährlicher Wertzuwachs und damit auch ein kleiner Diskontierungszinssatz zu verzeichnen sein; bei kurzer Wartezeit können sich höhere jährliche Wertzuwächse einstellen.

Beispiel:

- Es steht als Vergleichspreis für werdendes Bauland ein Vergleichsobjekt zur Verfügung, das eine Wartezeit von 7 Jahren bis zum Erreichen der Entwicklungsstufe „Baureifes Land" aufweist — 225 €/m²
- Der Vergleichspreis für „Baureifes Land" erschließungsbeitragspflichtig (ebpf) beläuft sich auf — 300 €/m²

Die Wartezeit bemisst sich nach dem Zeitraum, der
- einerseits vom Zeitpunkt des Kaufvertrags und
- andererseits durch den Zeitpunkt begrenzt wird, zu dem seinerzeit der Eintritt der rechtlichen und tatsächlichen Voraussetzungen für die Zulässigkeit der baulichen Nutzung erwartet wurde.

Ermittlung des Diskontierungszinssatzes p:

$$p_\% = 100 \sqrt[n]{\frac{\text{Bodenwert}_{\text{baureif/ebpf}}}{\text{Bodenwert}_{\text{Wartezeit}}} - 1}$$

wobei n = Wartezeit

$$p_\% = 100 \left(\sqrt[7]{\frac{300}{225}} - 1 \right) = 4{,}2\,\%$$

Syst. Darst. Vergleichswertverfahren Extraktion

519 Mithilfe solcher Diskontierungszinssätze lässt sich der **Bodenwert warteständigen Baulands** unter Berücksichtigung der jeweiligen Wartezeit nach folgender Formel ableiten:

$$\text{Bodenwert}_{\text{Warteständiges Bauland}} = \text{Bodenwert}_{\text{baureif(ebpf)}} \times q^{-n}$$

wobei $q = (1 + p / 100)$
p = Diskontierungszinssatz
n = Wartezeit

520 *Beispiel:*

Es soll nunmehr der Verkehrswert einer Bruttobaulandfläche ermittelt werden, die eine Wartezeit von vier Jahren aufweist.

Als Vergleichswert wird wiederum der zur Verfügung stehende Vergleichspreis von 300 €/m² für erschließungsbeitragspflichtiges (ebpf) baureifes Land herangezogen:

– Wartezeit n = 4 Jahre
– Vergleichspreis (ebpf) = 300 €/m²
– Diskontierungszinssatz = 4 %

Bodenwert = 300 €/m² × $(1 + 4 / 100)^{-4}$ = **256 €/m²**

521 In der Praxis scheitert die Ableitung eines empirischen Diskontierungszinssatzes in aller Regel bereits an geeigneten Vergleichspreisen. Die Praxis bedient sich ersatzweise des objektspezifischen örtlichen **Liegenschaftszinssatzes als Diskontierungszinssatz**[247]. Dies ist in einer Reihe von Verwandtschaften begründet, die der Liegenschaftszinssatz mit dem Diskontierungszinssatz aufweist:

– Der Grundstücksmarkt geht bei einem Erwerb warteständigen Baulands in aller Regel von einem **Wertzuwachs** im Verlauf der Wartezeit aus. Des Weiteren wird wie bei einem bereits bebauten Objekt erwartet, dass – zeitlich versetzt – später auch die Mieterträge steigen werden.

– Der Grundstücksmarkt betrachtet auch den Erwerb warteständigen Baulands als eine krisenfeste **Sachgutanlage**, die eine geringere als die bankenübliche Verzinsung des investierten Kapitals rechtfertigt. Inflationäre Entwicklungen wirken sich demzufolge gleichartig auf Liegenschafts- und Diskontierungszinssatz aus.

– Der Grundstücksmarkt kann in vielen Fällen – ersatzweise zu der bankenüblichen Verzinsung des eingesetzten Kapitals – auch mit direkten und indirekten Förderungen „rechnen". Dabei stehen nicht nur die i. d. R. erst mit der Bebauung gewährten steuerlichen Vorteile im Vordergrund, sondern häufig auch die mit der Baulanderschließung gewährten **Förderungen.** So wurden im Zeitraum von 1991 bis 1997 insgesamt rd. 16 Milliarden € im Rahmen der Gemeinschaftsaufgabe „Verbesserung der regionalen Wirtschaftsstruktur" (GA-Mittel) für infrastrukturelle Maßnahmen gewährt. Daneben bestehen zahlreiche Förderungsprogramme (KfW-Infrastrukturprogramm; Fördermittel der EU (EFRE), Konversionsprogramme, KONVERS- und URBAN-Programm und vieles mehr).

522 Die **alternative Heranziehung eines finanzüblichen Zinssatzes als Diskontierungszinssatz** schlägt im Übrigen nur unwesentlich auf das Ergebnis durch, ohne dass diesem eine höhere Überzeugungskraft beizumessen wäre. In diesem Fall müsste nämlich davon ausgegangen werden, dass der nach den allgemeinen Wertverhältnissen des Wertermittlungsstichtags angesetzte Ausgangswert des baureifen Landes (ebf) sich nach der Entwicklung unter dem Einfluss von Kaufkraftänderungen in der Entwicklungszeit ebenfalls fortentwickelt, wobei regelmäßig mit einem Anstieg zu rechnen ist. Demzufolge müsste zunächst der Ausgangswert unter Berücksichtigung der prognostizierten Wertentwicklung zunächst auf das bis zur Baureife eingetretene Wertniveau umgerechnet werden, um dann den fortgeschriebenen

---
247 Gablenz, Grundstücks-Wertermittlung, Verlag Bauwesen Bln. 1999, S. 291.

Extraktion **Syst. Darst. Vergleichswertverfahren**

Ausgangswert mit dem finanzüblichen Diskontierungszinssatz auf den Wertermittlungsstichtag wieder zu diskontieren (vgl. Abb. 72).

Abb. 72 : Verwendung finanzüblicher Diskontierungszinssätze

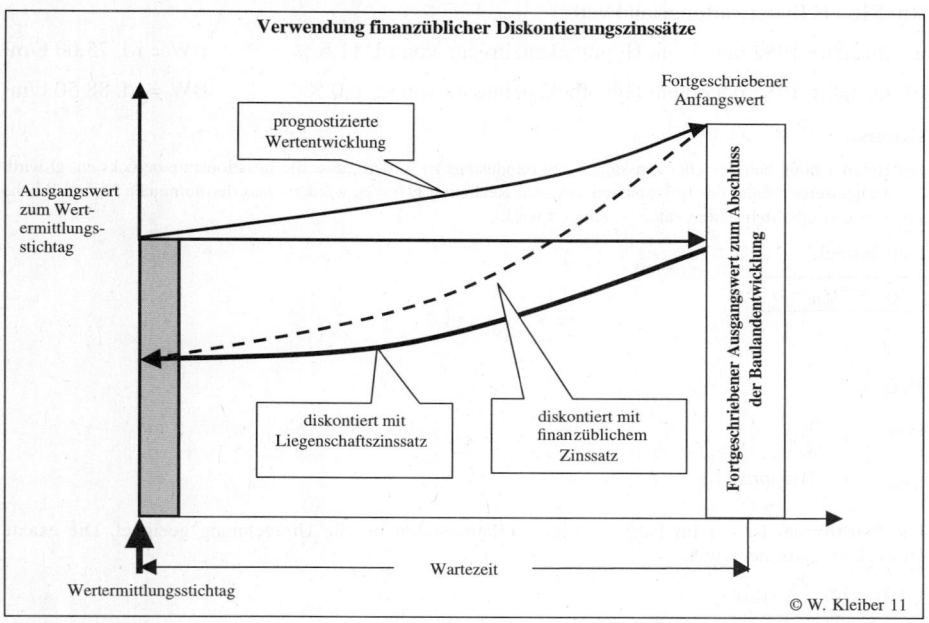

Bei alledem ist empirisch belegbar, dass im gewöhnlichen Geschäftsverkehr bei der Ableitung des Verkehrswerts warteständigen Baulands aus Vergleichspreisen baureifen Landes der Grundstücksmarkt nicht auf der Grundlage bankenüblicher Zinssätze kalkuliert, sondern sich an dem objektspezifischen örtlichen Liegenschaftszinssatz orientieren kann. Dies findet seinen empirischen Nachweis auch darin, dass die **Wertentwicklung warteständigen Baulands von der Entwicklung der Hypothekenzinsen** stets **weitgehend abgekoppelt** war (§ 14 Abs. 3 ImmoWertV). Die Heranziehung des Hypothekenzinssatzes als Diskontierungszinssatz würde deshalb zu Ergebnissen führen, die mit dem Geschehen auf dem Grundstücksmarkt unvereinbar sind. Umgekehrt führen Verkehrswertermittlungen auf der Grundlage des Liegenschaftszinssatzes (als Diskontierungszinssatz) regelmäßig zu Kaufabschlüssen (allein im Bereich des Bundes bei einem Veräußerungsvolumen von 50 Mio. € p. a.). Diese Praxis – ob sachlich begründet oder nicht – kann für sich mithin in Anspruch nehmen, der Lage auf dem Grundstücksmarkt zu entsprechen. Insoweit mag sich die Praxis der Verkehrswertermittlung von Grundstücken von der Praxis der Unternehmensbewertung und der Beleihungspraxis unterscheiden[248].

523

Wenn nämlich bei alledem der Grundstücksmarkt in seinen **Preisbildungsmechanismen für warteständiges Bauland** (z. B. Bauerwartungsland) direkt mit der Entwicklung der Hypothekarzinsen korreliert wäre, so müsste die Preisentwicklung z. B. für Bauerwartungsland dieser folgen. Es kann aber empirisch nachgewiesen werden, dass dem gerade nicht so ist.

524

Vergleicht man nun einmal die Entwicklung der Hypothekenzinsen mit der des Liegenschaftszinssatzes, so stellt man zunächst fest, dass der **Liegenschaftszinssatz** selbst **in einem Zeitraum von 10 Jahren Änderungen ausgesetzt ist, die sich in einem Korridor von einem Prozentpunkt bewegen,** während sich die Hypothekenzinsen in wenigen Jahren verdoppeln

525

---
248 Vgl. Kleiber, Verkehrswertermittlung von Grundstücken, 6. Aufl. 2010, Teil II Rn. 98 ff.

Syst. Darst. Vergleichswertverfahren — Extraktion

bzw. halbieren, ohne dass z. B. der Wert des Bauerwartungslandes ungewöhnliche Preisentwicklungen vollzieht.

526 Würde man nun anstelle des Liegenschaftszinssatzes den jeweiligen **Hypothekenzinssatz** in die deduktive Ableitung des Bodenwerts einführen, so ergäbe sich für das *Beispiel* unter Rn. 518 als Bauerwartungslandwert

a) im Jahre 1982 bei einem Hypothekenzinssatz von rd. 11,6 %   BW = rd. 75,00 €/m²

b) im Jahre 1987 bei einem Hypothekenzinssatz von rd. 6,0 %   BW = rd. 88,50 €/m²

527 Exkurs:

Bei Heranziehung banküblicher Zinssätze wäre mindestens zu fordern, dass die Inflationsrate berücksichtigt wird. Näherungsweise könnte der Inflationsrate dadurch Rechnung getragen werden, dass der nominale bankübliche Zinssatz r_{nom} um die Inflationsrate i vermindert wird:

Faustformel:

$$r_{real} = (r_{nom} - i)$$

Beispiel:

$r_{nom} = 7\ \%$
$i = 2\ \%$
$r_{real} = 5\ \%$ (approx.)

Die Faustformel ist nur im Falle niedriger Inflationsraten für die Umrechnung geeignet. Die exakte Umrechnungsformel lautet:

$$(1 + r_{nom}) = (1 + r_{real})(1+i)$$

$$r_{real} = (r_{nom} - i)/(1+i)$$

Beispiel:

$r_{real} = (7 - 2) / (1 + 0{,}02) = \mathbf{4{,}902\ \%}$ (exakt)

528 Die Verwendung banküblicher Finanzierungszinssätze ist bei alledem **abzulehnen.** Der Eigentümer z. B. einer Bauerwartungslandfläche erwartet gerade nicht die bankübliche Verzinsung. Vielmehr werden Grundstücke vielfach aus einer inneren Verbundenheit und als krisensicheres Sachgut unter Verzicht auf eine bankübliche Verzinsung des darin investierten Kapitals gehalten. Würde auf dem Grundstücksmarkt eine bankübliche Verzinsung in Form eines entsprechenden Wertzuwachses erwartet werden, so müssten im großen Umfange solche Flächen zum Verkauf gestellt werden, weil die Erlöse – banküblich angelegt – i. d. R. eine weitaus höhere Verzinsung erbringen und auch steuerliche Privilegien des Grundbesitzes dies nicht aufwiegen. Eine Abzinsung auf der Grundlage banküblicher Zinsen verbietet sich deshalb, wenn es um den Verkehrswert geht.

529 Etwas anderes kann im Rahmen von **Investitionsrechnungen** gelten, wenn es nicht um die Ermittlung des Verkehrswerts geht. Der **Ansatz banküblicher Finanzierungszinssätze** mit der Begründung, dass im Falle einer Fremdfinanzierung die Vorhaltung wartestehenden Baulands entsprechend finanziert werden müsse, kann auch nicht überzeugen. Dies **könnte** nämlich **gleichermaßen für den Fall des Erwerbs eines bebauten Ertragsobjekts geltend gemacht werden**, für den i. d. R. ebenfalls Fremdmittel aufgenommen werden. Gleichwohl ist im Rahmen der Verkehrswertermittlung nach den Grundsätzen des Ertragswertverfahrens hier nicht ernsthaft die Verwendung banküblicher Zinssätze gefordert worden.

Extraktion   **Syst. Darst. Vergleichswertverfahren**

6.3.7 Unentgeltliche Flächenbereitstellung

6.3.7.1 Allgemeines

Im *fünften Schritt* werden die Kosten berücksichtigt, die mit der unentgeltlichen Bereitstellung der erforderlichen Flächen für die örtlichen Erschließungsanlagen, die Infrastrukturmaßnahmen, die naturschutzrechtlichen Ausgleichsflächen und ggf. für sonstige unentgeltlich bereitzustellenden Flächen (z. B. für Maßnahmen der sozialen Wohnraumförderung) verbunden sind. Der **Umfang der unentgeltlich bereitzustellenden Flächen** kann im Einzelfall recht unterschiedlich sein und ist möglichst auf der Grundlage von formellen Planungen (Bebauungsplan) und ggf. des städtebaulichen Vertrags zu ermitteln.   **530**

Kann der Umfang der unentgeltlich bereitzustellenden Flächen nach dem Stand der Maßnahme nicht genau ermittelt werden, so bleibt nur die **Schätzung mit den damit verbundenen Unsicherheiten.** Im Gutachten sollte darauf ausdrücklich hingewiesen werden.   **531**

Als **Anhalt für die örtlichen Erschließungsflächen sowie die naturschutzrechtlichen Ausgleichsflächen** kann eine Umfrage des Deutschen Städtetags aus dem Jahre 1997[249] dienen. Danach beträgt der **durchschnittliche Flächenabzug in Umlegungsgebieten** (mit steigender Tendenz) in   **532**

Wohngebieten	ohne naturschutzrechtliche Ausgleichsflächen	rd. 21,0 %
	mit naturschutzrechtlichen Ausgleichsflächen	rd. 28,0 %
Gewerbegebieten	ohne naturschutzrechtliche Ausgleichsflächen	rd. 17,5 %
	mit naturschutzrechtlichen Ausgleichsflächen	rd. 24,0 %

Der **naturschutzrechtliche Ausgleichsflächenbedarf**, der bezogen auf Umlegungsgebiete rd. 6 bis 7 % nach dieser Untersuchung ausmacht, dürfte aber tatsächlich höher ausfallen, weil wohl weitere Flächen außerhalb des Umlegungsgebiets bereitgestellt werden.   **533**

Im Rahmen der von der Landeshauptstadt *München* beschlossenen Grundsätze der „Sozialen Bodennutzung" (SoBoN) und der hierzu erlassenen Richtlinie für die inhaltliche und verfahrensmäßige Umsetzung wird neben sonstigen Leistungen die unentgeltliche und kostenfreie Flächenabtretung für im Plangebiet vorgesehene Erschließungsanlagen (Grün- und Verkehrsflächen, Immissionsschutzanlagen und dgl.) für Gemeinbedarfsnutzungen und für den naturschutzrechtlich gebotenen Ausgleich verlangt, soweit diese Flächen nicht bei den Planungsbegünstigten verbleiben sollen; ggf. ist der Erwerbsaufwand zu erstatten.   **534**

6.3.7.2 Rechenschritte

Rechnerisch erfolgt die Berücksichtigung der unentgeltlichen Flächenbereitstellung in einem komplexen Rechenschritt ohne Unterscheidung nach den Flächenarten, indem der sich für die Nettobaulandfläche ergebende Gesamtwert – bezogen auf die Wertverhältnisse des Wertermittlungsstichtags – auf die Bruttobaulandfläche verteilt wird. Der zuvor auf den Quadratmeter der Nettobaulandfläche ermittelte Bodenwert wird dazu mit der Nettobaulandfläche multipliziert. Das Produkt wird sodann um die mit der Baulanderschließung verbundenen Nebenkosten (Grundstückstransaktionskosten, Unternehmergewinn und -wagnis) vermindert und das Ergebnis durch die Bruttobaulandfläche geteilt.   **535**

---

[249] Umdruck DST M 4801 vom 13.03.1997.

536 Schema:

	BW/m² (ebf) baureifes Land
−	Erschließungsausbaubeitrag/m²
−	Infrastrukturkosten/m²
=	geminderter BW/m²
×	Diskontierungsfaktor (q^{-n})
=	diskontierter BW/m²
×	Nettobaulandfläche
=	Bodenwert der Nettobaulandfläche insgesamt
−	Nebenkosten (Grundstückstransaktionskosten, Unternehmergewinn)
=	$BW_{nebenkostenvermindert}$ der Nettobaulandfläche
=	$BW_{nebenkostenvermindert}$ der Bruttobaulandfläche
=	BW/m² der Bruttobaulandfläche

Rechnerisch vollzieht sich damit der Übergang von der Nettobaulandfläche auf die Bruttobaulandfläche.

6.3.8 Nebenkosten (Grundstückstransaktionskosten, Unternehmergewinn und -wagnis)

6.3.8.1 Grundstückstransaktionskosten

537 Grundstückstransaktionskosten (vgl. Einleitung Teil II Rn. 90), die regelmäßig vom Käufer getragen werden, beeinflussen im Allgemeinen den Verkehrswert eines Grundstücks. **Bei Anwendung der klassischen Wertermittlungsverfahren (Vergleichs-, Ertrags- und Sachwertverfahren)** können die Grundstückstransaktionskosten gleichwohl **unbeachtlich** bleiben, weil ihr Einfluss bereits mit den in die Wertermittlung eingehenden Parametern erfasst wird.

538 Bei Anwendung des Extraktionsverfahrens (**Residualwertverfahrens**) finden die Grundstückstransaktionskosten zunächst bereits mit dem angesetzten Ausgangswert (Bodenwert des erschließungsbeitragsfreien Baulands) ihre Berücksichtigung. Dieser wird nämlich aus Vergleichspreisen abgeleitet und wurde bereits bei dem Grundstückserwerb vom Käufer mit dem gezahlten Kaufpreis (indirekt) berücksichtigt. Da das Extraktionsverfahren (Residualwertverfahren) in aller Regel in solchen Fällen zur Anwendung kommt, in denen im Zuge der Entwicklung des zu bewertenden Gebiets ein zusätzlicher Zwischenerwerb erforderlich wird, **stellen die** dabei anfallenden **Grunderwerbskosten eine zusätzlich auftretende unvermeidliche Kostengröße** dar, die mit dem Verkauf der baureif gemachten Grundstücke erwirtschaftet werden müssen.

539 Die **Höhe der anzusetzenden Grunderwerbskosten** wird in erster Linie durch die Grunderwerbsteuer, die Vermessungs-, Notariat- und Grundbuchgebühren sowie ggf. die Maklerprovision bestimmt. Die Grunderwerbskosten belaufen sich – je nach Fallgestaltung – auf 5 bis 10 % des um

a) die Erschließungs-, Infrastruktur- und Bodenordnungskosten sowie

b) den Unternehmergewinn ggf. einschließlich des Unternehmerwagnisses

geminderten und auf den Wertermittlungsstichtag abgezinsten Ausgangswerts.

6.3.8.2 Unternehmergewinn

540 Als eine weitere Kostenposition der Baureifmachung sind schließlich die **Kosten des Entwicklungsträgers (Investors)** zu berücksichtigen. Diese auch als Unternehmergewinn bezeichnete Kostenposition wird in der Praxis mit 10 bis maximal 20 % des um die Erschlie-

Extraktion   **Syst. Darst. Vergleichswertverfahren**

ßungs- und Infrastrukturkosten geminderten und auf den Wertermittlungsstichtag abgezinsten Ausgangswerts angesetzt. Allgemein ist der Vomhundertsatz umso höher anzusetzen, je größer die dem Entwickler (Investor) aufgebürdeten Leistungen sind. Denn der Wert des warteständigen Baulands vermindert sich in dem Umfang, wie die Kosten der Baureifmachung in den Residualwert „unterwälzt" werden, während die Leistungen des Entwicklers (Investors) gleichzeitig damit anwachsen.

Es empfiehlt sich, den **Unternehmergewinn (ggf. einschließlich Wagnisabschlag) mit den Grunderwerbskosten** bei der Residualwertermittlung **zusammenzufassen**, denn der Wert des warteständigen Baulands vermindert sich mit dem Abzug des Unternehmergewinns.   541

6.3.8.3 Unternehmerwagnis (Wagnisabschlag)

Unter einem Wagnis (Risiko) ist die aus Ungewissheit und Unsicherheit resultierende **Wahrscheinlichkeit zu verstehen, dass ein Ereignis nicht oder nicht in der erwarteten Ausprägung eintritt.** Im Zusammenhang mit der Verkehrswertermittlung warteständigen Baulandes steht dabei insbesondere die Erwartung im Vordergrund, dass   542

a) die Fläche tatsächlich die Baureife mit den erwarteten Nutzungsmöglichkeiten erlangt und

b) der Baulandproduktionsprozess sich in einem bestimmten Zeitraum vollzieht und bestimmte Kosten eingehalten werden können.

Einem Risiko stehen in aller Regel auch (Gewinn-)Potenziale gegenüber[250]. Diese können darin bestehen, dass sich der Baulandproduktionsprozess schneller als erwartet vollzieht, geringere Kosten verursacht und in einer höheren Nutzbarkeit mündet. In der Immobilienbewertung wird das Risiko in sachwidriger Weise auf negative Abweichungen von Erwartungswerten reduziert[251].   543

Risiko und Gewinnpotenzial sind im Übrigen in aller Regel in nicht unerheblichem Maße subjektiv und nicht für jeden gleich. Für den Planungsträger oder denjenigen, der zu diesem eine besondere Nähe hat, ist z. B. das Risiko eines sich hinziehenden Planungsprozesses geringer als für denjenigen, der gegen den Planungsträger agiert.   544

Anders als bei der Unternehmensbewertung ist es in der Praxis der Verkehrswertermittlung von warteständigem Bauland nicht üblich, das mit der Baulandentwicklung verbundene Risiko durch einen zusätzlichen **Risikozuschlag am Diskontierungszinssatz** zu berücksichtigen. Die sog. „Ergebniszuschlagsmethode" (Sicherheitsäquivalenzmethode) ist im Vergleich zur „Zinszuschlagsmethode" (Risikozuschlagsmethode) klarer und deutlicher[252]. Es kommt hinzu, dass mit dem Rückgriff auf den Liegenschaftszinssatz ohnehin das objektspezifische Risiko in ortsüblicher Weise mit berücksichtigt wird. Diesbezüglich erscheint es vielmehr sachgerecht, ein noch verbleibendes, bestehendes Risiko mit einer entsprechend „dimensionierten" Wartezeit zu berücksichtigen. In diesem Fall ist es unzulässig, das Ergebnis der Verkehrswertermittlung mit einem zusätzlichen Risikoabschlag zu „belegen". Dies liefe auf eine **Doppelberücksichtigung** eines bestehenden Risikos hinaus. Wenn darüber hinaus dann noch der Diskontierungszinssatz um einen Risikozuschlag erhöht würde, wäre das Risiko sogar dreifach berücksichtigt. Zur Verdeutlichung wird auf die nachfolgende Abbildung verwiesen. Der unter lit a vorgestellten Vorgehensweise ist – wenn tatsächlich ein Wagnis bestehen sollte – der Vorzug zu geben (Abb. 73):   545

---

[250] Benthlin in FamRZ 1982, 338; Hildebrand, Systemorientierte Risikoanalyse in der Investitionsplanung, Berlin 1988; Ropeter, Investitionsanalyse für gewerbliche Immobilien, Rudolf Müller 1998, S. 61ff.; Timm, Das Investitionsrisiko im investitionstheoretischen Ansatz, Berlin 1976; Teichmann, Die Investitionsentscheidung bei Unsicherheiten, Berlin 1970; Müller, Risiko und Ungewissheiten, in E. Wittmann (Hrsg.): HWB, 5. Aufl. Stuttgart 1993; Kupsch, Risikomanagement, in Corstn/Reiß (Hrsg.), Handbuch der Unternehmensführung, Wiesbaden 1995; Maier, K., Risikomanagement im Immobilien- und Finanzwesen Frankfurt am Main 2004, S.10 ff.
[251] Siepe, Wpg 1998, 325.
[252] Günther, R. in FB 2004, 204.

Abb. 73: Berücksichtigung des Risikos bei der Abzinsung

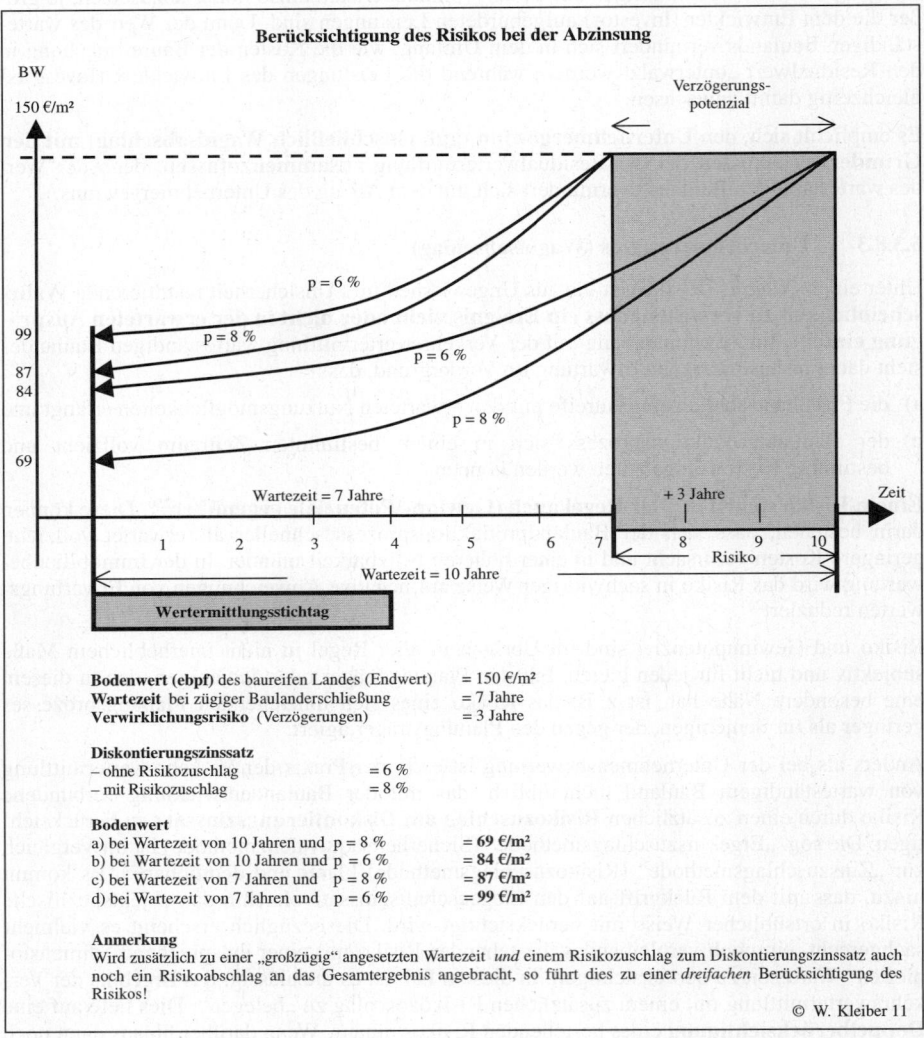

546 Bei alledem ist sorgsam zu prüfen, ob tatsächlich ein Wagnis besteht[253]. Muss das bejaht werden, kann dies wertermittlungstechnisch am sichersten durch Abschätzung der Zeitspanne erfasst werden, um die sich die Realisierung der Baulanderschließung verzögern kann (im *Beispiel*: 3 Jahre). Allgemein kann hierzu festgestellt werden, dass ein solches **Risiko um so geringer ist, je exponierter die Fläche ist**, da die planende Gemeinde ein umso höheres Interesse an der Baulandentwicklung hat, je größer der Entwicklungsdruck aufgrund der städtebaulichen Gesamtsituation ist.

---

253 Ungewissheit erwächst aus der Unkenntnis zufälliger Entwicklungen, aber auch Störimpulsen sowie aus der begrenzten Kenntnis tatsächlicher Wirkungszusammenhänge. Die mit Irrtumsgefahren behafteten prognostizierten Erwartungen können sich positiv oder negativ entwickeln. Der Risikobegriff umfasst deshalb sowohl die Möglichkeit des von der Prognose abweichenden Wertverlustes als auch des Wertgewinns.

6.4 Extraktionsverfahren (Residualwertverfahren) bei fertigem Bauland (baureifes Land)

6.4.1 Allgemeines

Das bereits im Zusammenhang mit der Verkehrswertermittlung von warteständigem Bauland vorgestellte Extraktionsverfahren (Residualwertverfahren) findet auch auf die Ermittlung von baureifem Land Anwendung. Dies betrifft insbesondere **Grundstücke, für die im Hinblick auf ihre besonderen Eigenschaften keine Vergleichspreise zur Verfügung stehen.** Es kann sich hierbei um besonders hochwertige Grundstücke in den Innenstadtlagen mit solitären Eigenschaften, aber auch um baureife Grundstücke handeln, deren wirtschaftlicher Gebrauch eine kostenintensive Umnutzung erfordert. **547**

Wie bereits ausgeführt, handelt es sich um ein sehr altes und seit jeher **problembehaftetes Verfahren,** mit dem man sich gerade in Bezug auf seine Anwendung auf baureife Grundstücke kritisch auseinandergesetzt hat. **548**

Das Extraktionsverfahren (Residualwertverfahren) folgt in seiner **Grundform** wiederum der sich aus Abb. 65 (vgl. oben Rn. 448) ergebenden Gleichung: **549**

Ausgangswert ist in diesem Fall, wie aus Abb. 65 (oben Rn. 448) ersichtlich, **550**

– entweder der fiktive Ertragswert

– oder der fiktive Vergleichswert

auf der **Grundlage einer Nutzungskonzeption** für das Grundstück.

Der Ausgangswert wird dann im zweiten Schritt um die Bau-, Entwicklungs- und Vermarktungskosten einschließlich eines Unternehmergewinns vermindert. Der Abzug der Baukosten macht deutlich, dass das **Extraktionsverfahren** (Residualwertverfahren) **letztlich ein Kombinationsverfahren darstellt, bei dem der Ertrags- oder Vergleichswert mit dem Sachwert verquickt wird,** wenn man die Baukosten mit den Normalherstellungskosten zum Ansatz bringt. **551**

Das Extraktionsverfahren (**Residualwertverfahren) ist in Deutschland** unter der Bezeichnung „Kalkulatorische Bodenwertermittlung" bzw. „Rest-durch-Abzug-Verfahren" **schon seit altersher in Ausnahmefällen zur Anwendung gekommen,** wenn der direkte Preisvergleich (mangels Vergleichspreise) versagte. **552**

6.4.2 Kalkulatorische Bodenwertermittlung

Wo für die Ermittlung des Bodenwerts unbebauter Grundstücke keine Vergleichspreise zur Verfügung stehen sowie zur Ermittlung des Bodenwerts eines bebauten Grundstücks wird gelegentlich auf die Methode zurückgegriffen, den **Bodenwert auf der Grundlage eines fiktiven Ertrags** abzuleiten. **553**

Formelmäßig ergibt sich der Bodenwert durch Auflösung der Formel für das Ertragswertverfahren (vgl. Syst. Darst. des Ertragswertverfahrens Abb. 23 bei Rn. 122) nach dem Bodenwert (vgl. Abb. 74): **554**

Syst. Darst. Vergleichswertverfahren — Extraktion

Abb. 74: Ermittlung des Bodenwerts eines Grundstücks auf der Grundlage des erwarteten Ertrags

---

Ermittlung des Bodenwerts eines Grundstücks auf der Grundlage des erwarteten Ertrags
(kalkulatorischer Bodenwert)

$$BW = \frac{RE - \dfrac{G}{V}}{p} \qquad (1)$$

$$BW = EW \times q^n - \frac{RE\,(q^n - 1)}{q - 1} \qquad (2)$$

$$BW = (EW - RE \times V) \times q^n \qquad (3)$$

$$BW = \frac{(EW - RE \times V)}{1 - p \times V} \qquad (4)$$

wobei

BW	=	(kalkulatorischer) Bodenwert
RE	=	Reinertrag
EW	=	Ertragswert oder Kaufpreis
V	=	Vervielfältiger
G	=	Gebäudewertanteil nach den §§ 21 ff. ImmoWertV
p	=	Liegenschaftszinssatz/100
q	=	Zinssatz = 1 + p
n	=	Restnutzungsdauer

© W. Kleiber 11

---

555 Am gebräuchlichsten ist die **Anwendung der in Abb. 74 unter (1) ausgewiesenen Formel**; die Bodenwertermittlung vollzieht sich der zufolge nach folgendem Schema (Abb. 75).

Abb. 75: Bodenwertermittlung über den mutmaßlichen Ertrag

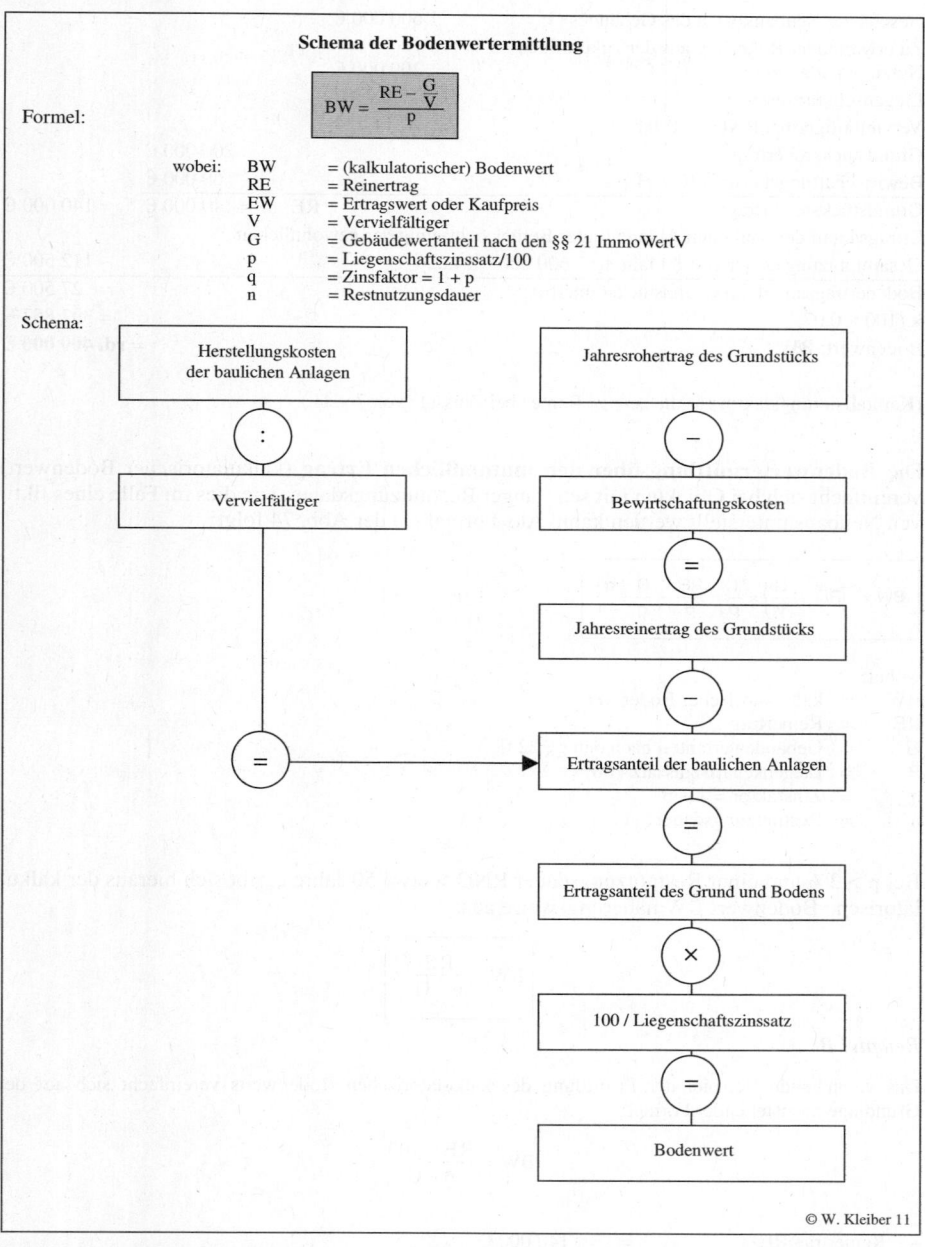

Bei Anwendung der Methode benötigt man neben den für die Ermittlung des fiktiven Ertragswert erforderlichen Ausgangsdaten (Liegenschaftszinssatz, Reinertrag und Restnutzungsdauer) den nach den Grundsätzen des Sachwertverfahrens ermittelten **Wert der baulichen Anlage (Gebäudesachwert).**

Syst. Darst. Vergleichswertverfahren — Extraktion

557 *Beispiel A:*

Geschätzte Neubaukosten des Gebäudes G:	1 600 000 €		
Zu erwartender Rohertrag aus der zukünftigen Nutzung per annum:	200 000 €		
Liegenschaftszinssatz:	7,0 v. H.		
Vervielfältiger bei RND = 80 Jahre:	14,224		
Grundstücksrohertrag:		200 000 €	
Bewirtschaftungskosten (30 v. H.):		− 60 000 €	
Grundstücksreinertrag:	RE	= 140 000 €	= 140 000 €
Ertragsanteil der baulichen Anlage (unter Berücksichtigung der gewöhnlichen Gesamtnutzungsdauer von 80 Jahren) 1 600 000 €/14,224			− 112 500 €
Bodenertragsanteil am Grundstücksreinertrag:			= 27 500 €
× (100 × 0,07)			= 392 857 €
Bodenwert: **BW**			= **rd. 400 000 €**

(Kapitalisierungsfaktor für die „ewige Rente" bei Zinssatz von 7 v. H.)

558 Die **Bodenwertermittlung über den mutmaßlichen Ertrag** (kalkulatorischer Bodenwert) vereinfacht sich bei Objekten mit sehr langer Restnutzungsdauer, wie dies im Falle eines fiktiven Neubaus unterstellt werden kann. Aus Formel (1) der Abb. 74 folgt:

$$BW = \left(RE - \frac{G}{v}\right) \times \frac{1}{p} = \frac{RE}{p} - \frac{G \times q^n}{q^n - 1}$$

wobei:
BW = kalkulatorischer Bodenwert
RE = Reinertrag
G = Gebäudewertanteil nach den §§ 22 ff.
P = Liegenschaftszinssatz/100
q = Zinsfaktor = 1 + p
n = Restnutzungsdauer

Bei p > 3% und einer Restnutzungsdauer RND > etwa 50 Jahre ergibt sich hieraus der kalkulatorische Bodenwert BW näherungsweise aus:

$$BW \approx \frac{RE}{p - G}$$

559 *Beispiel B:*

Das vorstehende Beispiel der Ermittlung des kalkulatorischen Bodenwerts vereinfacht sich auf der Grundlage nachstehender Formel:

$$BW = \frac{RE \times 100}{p - G}$$

- Reinertrag RE   = 140 000 €
- Gebäudewertanteil G = 1 600 000 €
- Liegenschaftszinssatz p = 7,0 %

BW ≈ (140 000 € × 100) / 7 − 1 600 000 €
BW = 400 000 €

Extraktion   **Syst. Darst. Vergleichswertverfahren**

Wie sich aus der im *Beispiel B* vorgestellten vereinfachten Bodenwertermittlung über den mutmaßlichen Ertrag ergibt, handelt es sich hierbei um das bekannte **Rest-durch-Abzug-Verfahren,** denn mit dem Glied (RE × 100) / p wurde im Wege des sog. vereinfachten Ertragswertverfahrens der Ertragswert ermittelt, der dann um den im Wege des Sachwertverfahrens ermittelten Gebäudesachwert G vermindert wurde: **560**

$$BW = Ertragswert - Gebäudesachwert$$

Beispiel C: **561**

Ermittlung des Bodenwerts
a) *Wertermittlungsobjekt:*
Innerstädtisches Objekt in Leipzig (als Bankobjekt geeignet)
Grundstücksgröße: 2 660 m²
GFZ (nach § 34 BauGB):   3,0
Beste Geschäftslage
Denkmalgeschütztes Objekt

b) *Ermittlung der Nutzfläche* bei GFZ von 3,0 (überschlägig)

660 m² × 3,0	=	7 980 m²
abzüglich 25 %	=	− 1 995 m²
= Nutzfläche (NF)	=	5 985 m²

c) *Ermittlung des Verkehrswerts* (insgesamt)
Jahresrohertrag bei banküblicher Miete in Spitzenlage von 20 €/m²

Jahresrohertrag 5 985 m² × 20 €/m² × 12	=	1 436 400 €
./. Bewirtschaftungskosten von 18 %	=	258 552 €
= Jahresreinertrag (RE)	=	1 177 848 €

d) *Verkehrswert bei denkmalgeschützter baulicher Anlage bei einem Liegenschaftszinssatz von 6 % (Vervielfältiger bei 100 Jahren = 16,62):*
Verkehrswert = 1 177 848 € × 16,62   =   **19 575 834 €**

e) *Ermittlung des Bauwerts:*
Geschossfläche (GF) = Grundstücksgröße × GFZ   =   7 980 m²
Brutto-Grundfläche bei KG von 2 660 m²:
7 980 m² + 2 660 m²   =   10 640 m²
Bauwert bei Herstellungskosten von 722 €/m² BGF:
Bauwert 722 €/m² × 10 640 m²   =   7 680 750 €   =   − 7 680 750 €

f) *Bodenwert = Verkehrswert − Bauwert*   =   11 895 084 €
Bodenwert pro m² (11 895 084 € / 2 660 m²)   =   4 472 €/m²

Es handelt sich auch hier um ein Residualwertverfahren, bei dessen Anwendung beachtet werden muss, dass der **Sachwert eben nur unter Berücksichtigung erheblicher Marktanpassungsabschläge** (vgl. § 8 Abs. 2 ImmoWertV) **zum Verkehrswert führt** und infolgedessen der bloße Abzug des Sachwerts der baulichen Anlage dazu führen muss, dass der so ermittelte Bodenwert nicht auch dem Verkehrswert des Grund und Bodens entsprechen kann[254].   **562**

Das **Verfahren ist** darüber hinaus äußerst **fehleranfällig vor allem in Bezug auf den Liegenschaftszinssatz.** Kleinste und noch innerhalb der Ermittlungsgenauigkeit (des Liegenschaftszinssatzes) liegende Fehler können das Ergebnis bis zur Unkenntlichkeit verfälschen[255], d. h., jeder gewünschte Bodenwert ließe sich z. B. durch geringfügige Ände-   **563**

---

254 GuG 1996, 16.
255 Zur Genauigkeit Kremers in BIGBW 1969, 129 und Hintzsche in BIGBW 1969, 233; Ermert in AVN 1967, 213; Schahn in VR 1985, 173; auch LG Hamburg, Urt. vom 05.08.1960 – 10 O 36/59 –, EzGuG 4.15; vgl. auch BGH, Urt. vom 24.01.1966 – III ZR 15/3 –, EzGuG 6.85; KG, Urt. vom 20.05.1957 – 9 U 491/57 –, EzGuG 4.6.

Syst. Darst. Vergleichswertverfahren — Extraktion

rungen im Liegenschaftszinssatz ermitteln. Von daher kann das Verfahren i. d. R. nur eingeschränkt zu brauchbaren Ergebnissen führen. Dies ist auch darauf zurückzuführen, dass mit zunehmender Restnutzungsdauer die Fehleranfälligkeit bezüglich der „richtig" angesetzten Restnutzungsdauer abnimmt, dafür aber die Fehleranfälligkeit bezüglich des „richtig" angesetzten Liegenschaftszinssatzes ansteigt (Abb. 76).

Abb. 76: Auszug aus der Vervielfältigertabelle

bei Restnutzungs-dauer RND (Jahre)	Vervielfältiger gem. Anl. zur ImmoWertV bei Liegenschaftszinssatz p				
	5,0	6,0	6,5	7,0	8,0
			$\Delta V = 0{,}1710$		
10	7,72	7,36	7,19	7,02	6,71
50	18,26	15,76	14,72	13,80	12,23
60	18,93	16,16	15,03	14,04	12,38
70	19,34	16,38	15,20	14,16	12,44
80	19,60	16,51	15,28	14,22	12,47
90	19,75	16,58	15,33	14,25	12,49
100	19,85	16,62	15,36	14,27	12,49
			$\Delta V = 1{,}26$		

564 Das Verfahren kann auch beim **Erwerb eines Abbruchobjekts** zur Anwendung kommen. In diesem Fall sind zusätzlich noch die Freilegungskosten in Abzug zu bringen; auf der anderen Seite sind werterhöhend aber auch die über die Restnutzungsdauer anfallenden kapitalisierten Erträge sowie ggf. Erlöse aus der **Verwertung der abgehenden Bausubstanz** bzw. deren Wiederverwendungswert in die Rechnung einzubringen.

565 Das Verfahren findet z. B. auch bei der **Ermittlung von Bodenrichtwerten in bebauten Gebieten** Anwendung, wenn als Vergleichspreis ein Kaufpreis für das bebaute Grundstück zur Verfügung steht.

6.4.3 Extraktionsverfahren (Residualwertverfahren) bei baureifem Land

6.4.3.1 Allgemeines

566 Das Extraktionsverfahren (Residualwertverfahren) ist methodisch darauf angelegt, zu dem Preis des Grundstücks zu führen, bis zu dem ein Erwerber gehen kann, damit er bei anschließender Realisierung der bestimmungsgemäßen Nutzung auch noch einen angemessenen Unternehmergewinn erzielen kann. Nach der Philosophie des Verfahrens muss sich an derartigen Überlegungen jeder potenzielle Erwerber des Grundstücks orientieren. Die der Methode zugrunde liegenden operativen Verfahrensschritte der Marktmechanismen sollten dem gewöhnlichen Geschäftsverkehr entsprechen, wenn das Verfahren zum Verkehrswert führen soll. Es bleibt dennoch dabei, dass es sich bei dieser Methode um die **Ermittlung eines Grenzwerts** handelt, d. h. um die Ermittlung des Bodenwerts, bis zu dem **im Falle einer Verwertung des Grundstücks durch eine bestimmungsgemäße Bebauung unter Abzug der Bau- und sonstigen Entwicklungskosten der Investor gehen kann (Residuum)**[256].

567 Das Extraktionsverfahren (Residualwertverfahren auch Restwertmethode) findet bei der Ermittlung des tragbaren Preises für unbebaute und bebaute Grundstücke einschließlich der zum Abriss oder zum Umbau anstehenden bebauten Grundstücke Anwendung. Das Verfahren beruht auf **Investitionsüberlegungen** und ist darauf gerichtet, als investitionsverträglichen

---

[256] The Appraisal of Real Estate: American Institute of Real Estate Appraisers: 12. Aufl. 2002 Chicago, S. 335 ff.

Extraktion   Syst. Darst. Vergleichswertverfahren

Wert eines zur Entwicklung (*development*) anstehenden Grundstücks den Preis zu ermitteln, den ein Investor im Hinblick auf

– eine angemessene Rendite oder

– einen erzielbaren Veräußerungserlös (Verkehrswert nach vollzogener Entwicklung des Grundstücks)

tragen kann[257]. Dies erfolgt auf der Grundlage einer fiktiven Bebauung des Grundstücks oder eines fiktiven Umbaus des vorhandenen Gebäudes sowie der dafür aufzubringenden Investitionskosten einschließlich eines angemessenen Unternehmergewinns.

568 Man hat das Verfahren deshalb auch als **Rückwärtsrechnung** bezeichnet: im angelsächsischen Sprachraum auch *Backdoor-Approach*[258].

569 Umgekehrt kann ausgehend von der Prognose aller Entwicklungskosten einschließlich eines Unternehmergewinns und ggf. eines Wagniszuschlages **die erforderliche Monatsmiete** mithilfe des Verfahrens abgeleitet werden, um die wirtschaftliche Tragfähigkeit eines Projekts zu überprüfen (sog. *Frontdoor-Approach;* vgl. Syst. Darst. des Ertragswertverfahrens Rn. 291 ff.).

570 Das Verfahren zielt nach seinen Grundgedanken darauf ab, sämtliche mit der Realisierung einer Nutzungskonzeption (Projekt) verbundenen Kosten in den Erwerbspreis zu unterwälzen **(Unterwälzungsverfahren)**; die Entwicklungskosten werden quasi in das Residuum „durchgereicht". Das Verfahren kann deshalb auf direktem Wege zum Verkehrswert nur dann führen, wenn im gewöhnlichen Geschäftsverkehr eine Unterwälzung der dem Erwerber künftig entstehenden Entwicklungskosten allgemein akzeptiert wird. Ansonsten ist das Verfahren darauf angelegt, zu dem sich aus der Sicht eines Erwerbers ergebenden Residual*preis* zu führen.

571 Das Extraktionsverfahren (Residualwertverfahren) kommt insbesondere in folgenden Fällen zur **Anwendung:**

a) beim Grunderwerb zur Ermittlung des höchsten für einen Investor noch tragbaren Ankaufspreises *(maximum oder best use value);*

b) zur Berechnung der Rentabilität der Bebauung eines im Eigentum des Investors bereits befindlichen Grundstücks, wobei hierbei aber ein Grundstückswert (z. B. der Erwerbspreis) in das Verfahren eingeführt werden muss;

c) zur Berechnung der höchsten noch tragfähigen Baukosten, wenn sich das Grundstück bereits im Eigentum eines Investors befindet und die wirtschaftliche Verwertungsfähigkeit des Grundstücks nach seiner Bebauung bekannt ist[259].

572 Damit ist das Extraktionsverfahren (Residualwertverfahren) darauf angelegt, den höchsten für den Investor noch tragbaren Grundstückswert auf der Grundlage einer vorausschauenden Investitionsrechnung und Verkehrswertabschätzung abzuleiten. Fordert der Veräußerer einen höheren Kaufpreis, muss der erwerbswillige Investor „aussteigen" oder in Kauf nehmen, dass sich sein **Unternehmergewinn** entsprechend verringert oder ihm die Investition sogar Verluste einbringt. Gelingt es einem erwerbswilligen Investor, zu einem niedrigeren Kaufpreisabschluss zukommen, erhöht sich dagegen sein Unternehmergewinn.

573 Mit dem Begriff Extraktionsverfahrens (Residualwertverfahren) verbindet sich in erster Linie der für Investoren bedeutsame Fall der **Ermittlung von Ankaufpreisen** für die **vor einer baulichen Entwicklung** (Neubebauung oder Umnutzung einer bestehenden Bebauung) stehenden Immobilien. Der dafür nach dem Extraktionsverfahren (Residualwertverfahren) ermittelbare Ankaufpreis lässt sich dann als Residuum aus dem potenziellen Erlös bei anschließender Veräußerung der Immobilie und den investierten Kosten ermitteln.

---

257 Kleiber in: Der Städtetag 1989, 579.
258 Naegeli, Handbuch des Liegenschaftsschätzers, Zürich 1975, S. 35; Graaskamp, J.A., *A rational approach tofeasibility analysis,* in *Appraisal Journal* 1972, 513 ff.
259 Darlow, Valuation and Development Appraisal, Estates Gazette 1982.

Syst. Darst. Vergleichswertverfahren — Extraktion

574 Das vornehmlich als Grundlage für Investitionsentscheidungen entwickelte Modell des Extraktionsverfahrens (Residualwertverfahrens) kann für die Verkehrswertermittlung eine Aussagekraft allenfalls unter der **Prämisse** entwickeln, **dass bei Anwendung des Verfahrens vom Szenario einer harten Konkurrenz um den Erwerb eines Grundstücks ausgegangen wird** und in die Wertermittlung mit „soliden" Parametern eingegangen wird, wobei stets eine Situation gegeben sein muss, die auf

– eine Maximierung des Erfolgs in Gestalt eines möglichst hohen Verkehrswerts nach Durchführung der Entwicklung und

– eine Minimierung der dafür investierten Kosten ausgerichtet ist.

575 Das Verfahren stellt insoweit ein **Instrument einer Kosten-Nutzen-Analyse** dar, wobei das höchste erzielbare Residuum die wirtschaftlich intelligenteste Lösung markiert. Als Verfahren zur Ermittlung des Verkehrswerts muss das **Extraktionsverfahren (Residualwertverfahren)** jedoch nach den ihm zugrunde liegenden Mechanismen **versagen, wenn ein solcher Wettbewerb fehlt** und erwerbsseitig die Position „Entwicklungskosten" diktiert werden kann. Durch entsprechend „anspruchsvolle" Vorgaben für das zur Entwicklung anstehende Objekt einerseits und ggf. durch Verzicht auf eine möglichst ertragreiche Nutzung kann unter Anwendung des Extraktionsverfahrens (Residualwertverfahrens) der Preis beliebig zu Lasten des Veräußerers „gedrückt" werden. Eine privilegierte Stellung nehmen dabei die Gemeinden aufgrund ihrer Planungshoheit ein. Diese Stellung lässt sich im Rahmen des Extraktionsverfahrens (Residualwertverfahrens) „instrumentalisieren".[260]

576 Anders stellt sich die Situation dar, wenn das Extraktionsverfahren (Residualwertverfahren) von miteinander konkurrierenden Erwerbern zur Anwendung kommt und ein jeder, im Bestreben, die höchste Kaufofferte unterbreiten zu können, **eine Optimierung des Kosten-Nutzen-Verhältnisses** der Residualwertermittlung zugrunde legt.

577 Die Tatsache, dass dann alle potenziellen Erwerber ihr Kaufangebot unter vorstehenden Gesichtspunkten bemessen, führt zwangsläufig zu dem Ergebnis, dass derjenige das **höchste Kaufangebot** abgibt, **der die wirtschaftlich „intelligenteste" Nutzung beabsichtigt** und deren preisgünstige Realisierung antizipiert. I.d.R. wird ein Veräußerer auf das entsprechende Kaufangebot eingehen mit der Folge, dass das höchste (tragbare) Kaufangebot das Geschehen auf dem Grundstücksmarkt bestimmt. Dies kann das Bild der Städte stärker beeinflussen als manche Wunschvorstellungen der Stadtplaner.

6.4.3.2 Verfahrensgang

578 **Ausgangspunkt** der Extraktion (Residualwertermittlung) ist nach dem Vorhergesagten zunächst die Ermittlung des Verkehrswerts bzw. des **Veräußerungserlöses nach vollendeter Bebauung** des Grundstücks. Dabei kann es sich um eine Neubebauung (ggf. nach vorherigem Abriss einer Altbebauung), aber auch um eine Modernisierung bzw. Umstrukturierung einer bestehenden Bebauung handeln. Dabei kommen in erster Linie die sog. klassischen Wertmittlungsverfahren, d. h. das Vergleichs- und Ertragswertverfahren, zur Anwendung, wobei dem Vergleichswertverfahren wiederum der Vorzug zu geben ist:

– Der Veräußerungserlös nach vollendeter Bebauung *(development)* kann insbesondere **im Wege des Vergleichswertverfahrens** auf der Grundlage von Kaufpreisen für vergleichbare neu erstellte Objekte abgeleitet werden. Beabsichtigt z. B. der Investor die Errichtung von Eigentumswohnungen, so lässt sich der fiktive Veräußerungserlös unter Heranziehung von Vergleichswerten für neu erstellte Eigentumswohnungen (€/Quadratmeter Wohnfläche) ableiten, die nach Lage und Ausstattung der beabsichtigten Bebauung entsprechen. Die Ableitung erfolgt dabei auf der Grundlage der für das Wertermittlungsobjekt bestehenden Baurechte unter Berücksichtigung aller rechtlichen und tatsächlichen Eigenschaften des Grundstücks.

---

[260] So auch AK „Wertermittlung" der FK „Kommunales Vermessungs- und Liegenschaftswesen" des Deutschen Städtetags am 17. und 18.10.1996 (L 5307).

Extraktion   **Syst. Darst. Vergleichswertverfahren**

– Bei ertragswertorientierten Objekten kann neben oder anstelle des nach Vergleichspreisen ermittelten und zu erwartenden Veräußerungserlöses der **Ertragswert** herangezogen werden. Hierauf wird man zurückgreifen, wenn Vergleichspreise nicht zur Verfügung stehen. Da es hierbei um die Ermittlung des Ertragswerts nach erfolgter Neubebauung des Grundstücks geht, ergeben sich hierbei eine Reihe von Vereinfachungen:

- Als *Restnutzungsdauer* wird die Gesamtnutzungsdauer (GND) angesetzt.
- Der Bodenwert wird (bei normal geschnittenen Grundstücken) nicht benötigt, denn bei entsprechend langer Restnutzungsdauer ist der Bodenwert für die Ermittlung des Ertragswerts eine zu vernachlässigende Größe (vgl. Syst. Darst. des Ertragswertverfahrens Rn. 66, 72 und 91 ff.). Das Problem der Bodenwertermittlung stellt sich mithin nicht:

$$\text{Ertragswert} = \frac{\text{Reinertrag}}{\text{Liegenschaftszinssatz}} \times 100 = \text{Reinertrag} \times V$$

wobei V = Vervielfältiger

Ausgehend vom Verkehrswert des „Endprodukts" werden im zweiten Schritt die **Gesamtheit der dafür aufzubringenden Kosten einschließlich der Finanzierungskosten und eines Unternehmergewinns** „gegengerechnet":   **579**

– Grunderwerbskosten einschließlich Grunderwerbsnebenkosten,
– Grundstücksaufbereitungskosten (Erschließungs-, Dekontaminations-, Aufschließungs- und Freilegungskosten usw.),
– Abstandszahlungen,
– Baukosten einschließlich Baunebenkosten,
– Projektmanagementkosten,
– Finanzierungskosten,
– Unternehmergewinn (Gewinnspanne des Projektentwicklers).

Beispiel: (Grundfall)   **580**

1. Wertermittlungsobjekt

Unbebautes Grundstück, baureifes Land: Gewerbegebiet mit einer GFZ = 0,6; Grundstücksgröße 2 833 m²

2. Ermittlung des Bodenwerts nach dem sog. Residualwertverfahren (*residual valuation*)

   a)   Berechnung der Geschoss- und Nutzfläche

2 833 m² × 0,6	=	1 700 m²
./. 17/100 × 1 700 m²	=	289 m²
Nutzfläche	=	1 411 m²

   b)   Berechnung des fiktiven Ertragswerts

Bei einem jährlichen Reinertrag von	160 €/m²
und einer Nutzfläche von 1 411 m² ergibt sich: 1 411 m² × 160 €/m² =	225 760 €
× Vervielfältiger *(Years Purchase)* bei p = 6,5 % und einer Restnutzungsdauer n von 100 Jahren (vgl. Anl. 1 zur ImmoWertV) = 15,36	
Ertragswert im Falle eines Neubaus 15,36 × 225 760 € = rd.	3 468 000 €

   c)   Berechnung der Bau- und Entwicklungskosten *(costs of development)*

– Baukosten bei Normalherstellungskosten von
   1 500 €/m² Nutzfläche:

1 411 m² × 1 500 €/m²	=	2 116 000 €
– Baunebenkosten: 10 % der Baukosten		
10/100 × 2 116 000 €	=	+ 212 000 €
Summe:	=	2 328 000 € → 2 328 000 €

Syst. Darst. Vergleichswertverfahren — Extraktion

– Finanzierungskosten: 13 % p. a. auf 6 Monate (13 % p. a. × 0,5)*	rd. + 151 000 €	
– Vermietungskosten	rd. + 10 000 €	
– Gebühren, Abgaben, Rechtsverfolgung	rd. + 10 000 €	
– Verschiedenes	rd. + 30 000 €	
– Unternehmergewinn** in Höhe von 20 % des Ertragswerts 0,20 × 3 468 000 €	+ 694 000 €	
= Bau- und Entwicklungskosten	rd. 3 223 000 €	– 3 223 000 €
Residuum (vorläufig)		**rd. 245 000 €**

  * Auf den Zinssatz wird deshalb der Faktor 0,5 angewandt.
  ** Üblicherweise wird mit einem Unternehmergewinn von 10 – 20 % gerechnet.

3. Berechnung des tragbaren Bodenwerts

Grundstücksfinanzierungskosten auf ein Jahr 13 %
Abzinsung des Residuums über die Finanzierungsdauer

$$\text{Bodenwert} = \frac{\text{Residuum}}{(1+p)^n} = \frac{245\,000\;\text{€}}{1{,}13^1} = 216\,814\;\text{€}$$

Abzüglich Grunderwerbsnebenkosten von 6 %	= – 13 009 €
= Residuum	= 203 805 €
Entspricht **Bodenwert pro Quadratmeter** Grundstücksfläche 203 805 € : 2 833 m²	**= 72 €/m²**

581 Die unter Ziff. 3 des vorstehenden Beispiels vorgenommene **Berücksichtigung der Grundstücksfinanzierungskosten** und Rechtskosten (Notariats-, Anwaltskosten und dgl.) stellt eine Erweiterung der Grundgleichung des Extraktionsverfahrens (Residualwertverfahrens) dar, wie es heute üblicherweise praktiziert wird. Damit wird berücksichtigt, dass der als Residuum ermittelte tragbare Bodenwert vorgehalten werden muss. Finanzmathematisch erfolgt die Berücksichtigung der Finanzierungskosten also durch Abzinsung des Residuums über die Zeit der Vorhaltung:

$$\text{Bodenwert} = \text{Residuum}/q^n$$

n = Vorhaltezeit
q = 1 + Zinssatz/100
$1/q^n$ ist tabelliert in Anl. 2 zur ImmoWertV.

582 Im Unterschied zu dem mitunter in der Bundesrepublik Deutschland unter anderer Bezeichnung praktizierten Extraktionsverfahren/Residualwertverfahren (hierzulande auch als **Rest-durch-Abzug-Verfahren** oder als kalkulatorische Grundstückswertermittlung bezeichnet) wird dieses Verfahren im Ausland zumeist auf der Grundlage konkreter Vorstellungen über die künftige Nutzung angewandt, d. h., es liegen zumeist sogar ausführungsreife Baupläne vor.

583 Sie erlauben es, einerseits den künftigen Verkaufswert und andererseits die konkret anfallenden **Bau-, Entwicklungs- und Vermarktungskosten** mit einer vergleichsweise hohen Zuverlässigkeit abzuschätzen. Dies muss man sogar als eine **wesentliche Voraussetzung für die Anwendung des Extraktionsverfahrens** (Residualwertverfahrens) fordern, weil sich sonst die unter Rn. 589 ff. angesprochene Fehlerträchtigkeit dieses Verfahrens nicht in Grenzen halten lässt. Der Investor ist damit zugleich in der Lage, einen zuverlässigen „Fahrplan" für die Realisierung der geplanten Maßnahme aufzustellen. Damit lassen sich die anfallenden Kosten mit einer höheren Genauigkeit abschätzen und in das Berechnungsverfahren einführen.

6.4.3.3 Verfeinerter Verfahrensgang bei langfristiger Entwicklung

Bei Anwendung des Extraktionsverfahrens (Residualwertverfahrens) auf Objekte, deren Entwicklung sich längerfristig hinzieht, wird seitens der Investoren der **Finanzierung** große Beachtung geschenkt.

Die **Finanzierung der Bebauung** hat dabei besonderes Gewicht, da die Bebauung bekanntlich weitaus höhere Kosten verursacht als die Bereitstellung des Grundstücks. Deshalb wird bei Anwendung des Extraktionsverfahrens (Residualwertverfahrens) zwischen der Finanzierung der eigentlichen Bebauung des Grundstücks und der Gesamtentwicklung (*development*) unterschieden. Während mit der Abzinsung des Residuums vor allem die Vorhaltung des Grundstücks erfasst wird und diese sich auf die gesamte Entwicklungsdauer erstreckt, fallen die höheren Finanzierungskosten der Bebauung erst in der Bauphase an. Um dies bei der Ermittlung des Residualwerts zu erfassen, stellt man einen Fahrplan für die Gesamtentwicklung auf und berücksichtigt die Finanzierung der Bebauung gesondert (Abb. 77):

Abb. 77: Zeitlicher Ablauf der Entwicklung und Verwertung einer Baumaßnahme (Schema)

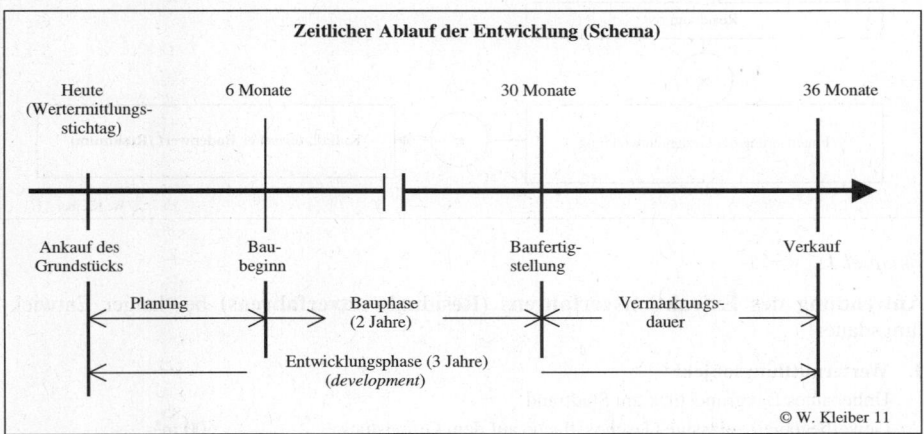

Die **Finanzierungskosten** für die Bebauung des Grundstücks werden den Baukosten zugerechnet. Die **Finanzierungskosten für die Gesamtentwicklung** hingegen, wie bereits ausgeführt, durch Diskontierung des Residuums. Damit ergibt sich als erweiterte Form des Extraktionsverfahrens (Residualwertverfahrens) folgendes Schema (Abb. 78).

Syst. Darst. Vergleichswertverfahren — Extraktion

Abb. 78: Erweiterte Form des Extraktionsverfahrens (Residualwertverfahrens) bei unterschiedlicher Berücksichtigung der Baufinanzierung und der Finanzierung der Gesamtentwicklung

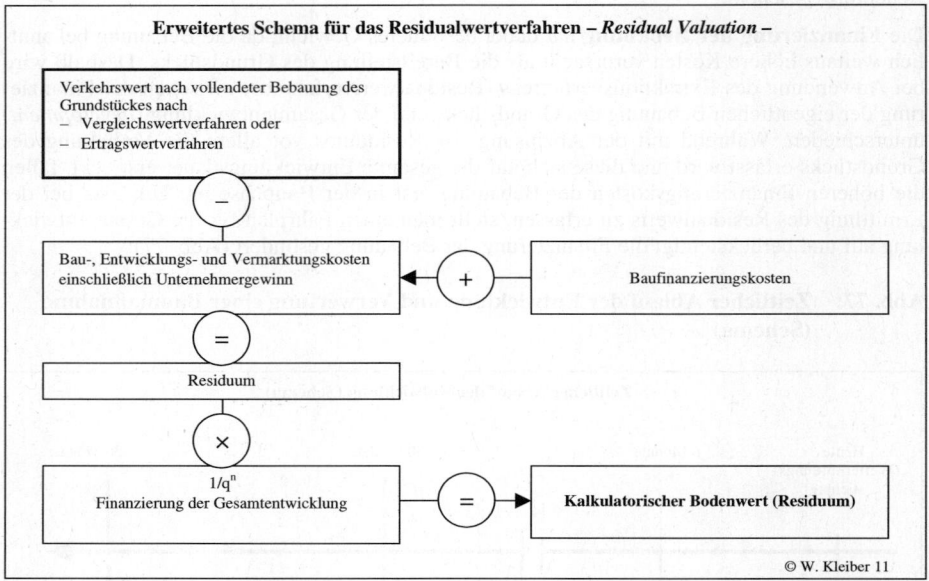

587 *Beispiel 1:*

Anwendung des Extraktionsverfahrens (Residualwertverfahrens) bei langer Entwicklungsdauer

1. **Wertermittlungsobjekt**

    Unbebautes Baugrundstück am Stadtrand
    Gewerbegebiet, zulässige Geschossfläche auf dem Grundstück: 600 m²
    Erwartete Gesamtentwicklungszeit *(development)*: 3 Jahre
    Erwartete Bebauungszeit: 2 Jahre
    Erwarteter Jahresreinertrag nach Bebauung: 150 €/m² Nutzfläche

2. **Ermittlung des Bodenwerts nach dem Extraktionsverfahren/Residualwertverfahren** *(residual valuation)*

    a) Berechnung der Nutzfläche
    b) Geschossfläche: ≈ 600 m²
    ./. 17/100 × 600 m² ≈ 100 m²
    ———————————————————————
    Nutzfläche ≈ 500 m²

    c) Berechnung des fiktiven Ertragswerts
    Bei einem jährlichen Reinertrag von 150 €/m² Nutzfläche
    ergibt sich: 500 m² × 150 €/m² = 75 000 €

    × Vervielfältiger *(Years Purchase)* bei p = 6,5 %
    und einer Restnutzungsdauer n von 100 Jahren
    (vgl. Anl. zur ImmoWertV) = 15,36
    ———————————————————————
    = Ertragswert im Falle eines Neubaus rd. 1 155 000 €

Extraktion   **Syst. Darst. Vergleichswertverfahren**

d) Berechnung der Bau- und Entwicklungskosten *(costs of development)*
 – *Baukosten* bei Normalherstellungskosten von
   900 €/m² Geschossfläche (einschließlich Baunebenkosten):
   900 €/m² × 600 m² = 540 000 €
 – Baufinanzierung bei Bauzeit von 2 Jahren und Zinssatz von
   14 %: 0,5* × 14 % auf 2 Jahre = rd. 75 000 €
 – Architekten- und Beratungskosten 12,5 % der Baukosten = 67 500 €
 – Finanzierungskosten für Architekten und Beratungskosten
   auf 2 Jahre:
   0,5* × 14 % auf 2 Jahre = 10 000 €
 – Vermietungskosten 10 % des erwarteten Jahresreinertrags = 7 500 €
 – Verschiedenes = 30 000 €
 – Unternehmergewinn in Höhe von 15 % des vorläufigen
   Ertragswerts = 173 250 €
 = Bau- und Entwicklungskosten = 903 250 € = – 903 250 €
 Residuum (vorläufig) = 251 750 €

3. **Berechnung des tragbaren Bodenwerts**
 – Grundstücksfinanzierungskosten für 3 Jahre bei einem Zinssatz von 14 %
   Bodenwert = Residuum/$1,14^3$= 251 750 €/0,67497 = 169 924 €
   Abzüglich Grunderwerbsnebenkosten von 6 % = – 10 195 €
 = Residuum **159 729 €**

* Der Faktor 0,5 wird eingeführt, weil die Kosten erst im Verlauf der Maßnahme, d. h. nicht über die volle Bauphase, entstehen.

Hinweis: Die Grundstücksgröße geht in die Bodenwertermittlung des Grundstücks indirekt über die Geschossfläche ein; bei übergroßen Grundstücken müsste sie gesondert Berücksichtigung finden.

Beispiel 2:   **588**

a) Es soll ein 10 000 m² großes Grundstück mit einer Geschossfläche von 12 000 m² erworben werden. Die Planung sieht folgende Nutzung vor:

– Bürofläche	5 000 m²	Nutzfläche (NF)
– Ladenfläche	2 000 m²	Nutzfläche (NF)
– Wohnfläche	2 000 m²	Nutzfläche (NF)
Insgesamt	9 000 m²	Nutzfläche (NF)
+ 25 % von 12 000 m² =	+ 3 000 m²	
Summe =	12 000 m²	Geschossfläche (GF)

b) Folgender „Fahrplan" besteht:

Vorlaufzeit	4 Jahre
Bauzeit	+ 2 Jahre
Insgesamt	= 6 Jahre

c) Folgende Finanzierungskosten sowie Wert- und Kostensteigerungen werden erwartet:
 – Finanzierungskosten   10 % p. a.
 – Baukostensteigerung   6 % p. a.
 – Wertsteigerung   4 % p. a.

1. **Ertragswert/Verkaufswert (nach Bauzeit)**

Nutzung	NF (m²)	Preis (Verkauf)		Insgesamt
Büro	5 000	3 000 €/m²		15 000 000 €
Laden	2 000	4 000 €/m²		8 000 000 €
Wohnen	2 000	2 500 €/m²		5 000 000 €
			Summe	28 000 000 €

Ertragswert/Verkaufswert in 6 Jahren bei 4 % Wertsteigerung
28 000 000 € × $1,04^6$ (q^n= 1,26532)   = 35 428 960 €

Syst. Darst. Vergleichswertverfahren — Extraktion

2. Aufzuwendende Kosten

a) Baukosten

Nutzung	NF (m²)	Baukosten einschließlich Nebenkosten	Insgesamt
Büro	5 000	1 500 €/m²	7 500 000 €
Laden	2 000	1 000 €/m²	2 000 000 €
Wohnen	2 000	1 400 €/m²	2 800 000 €
		Summe	12 300 000 € – 12 300 00 €

b) Kosten in 5 Jahren bei 6 % Baukostensteigerung		
12 300 000 € × 1,06⁵ (qⁿ= 1,33823)	=	+ 16 460 229 €
4 Jahre Vorlaufzeit und bei zweijähriger Bauzeit (× 0,5) = 5 Jahre		
c) Finanzierungskosten (1 % von 16 460 229 €)		
1 Jahr bei zweijähriger Bauzeit	=	+ 164 602 €
d) Vermarktungskosten	=	+ 500 000 €
e) Abbruchkosten/Sonstiges	=	+ 2 500 000 €
Summe	=	19 624 831 €
f) Unternehmergewinn/Wagnis (15 v. H. von 19 624 × 831 €)	=	2 943 725 €
= Ertragswert abzüglich Kosten	=	22 568 556 € = – 22 568 556 €
	=	**12 860 404 €**

3. Bodenwertermittlung

Ertragswert (Verkaufswert) abzüglich Kosten =	12 860 404 €
Diskontiert über 6 Jahre bei 10 % Finanzierungskosten 12 860 404 € × 0,56447 =	7 259 312 €
wobei 1/1,10⁶ = 0,56447	
abzüglich Grunderwerbskosten (4 % von 7 259 312 €) =	– 290 372 €
Grunderwerbsteuer/Notar/Grundbuch	
ergibt Bodenwert erschließungsbeitragsfrei (ebf) =	6 968 940 €
Erschließungskosten 50 €/m² × 10 000 m² =	– 500 000 €
Ergibt Bodenwert erschließungsbeitragspflichtig (ebpf) =	6 468 940 €

Bodenwert = rd. 650 €/m² entspricht 540 m² BGF.

6.4.3.4 Schwachstellen des Extraktionsverfahrens (Residualwertverfahrens)

589 Die Schwächen des Extraktionsverfahrens (Residualwertverfahrens) müssen darin erblickt werden, dass es sich dabei um einen „konstruierten" Bodenwert handelt, dessen Höhe durch eine Reihe nur **unsicher kalkulierbarer Faktoren** direkt und mit einer äußerst verhängnisvollen Fehlerfortpflanzung bestimmt wird und insoweit auch beeinflussbar ist.

590 Nach dem Grundschema des Extraktionsverfahrens (Residualwertverfahrens) bestimmt sich der Residualwert als Differenzwert zweier nahe gleich großer Einzelwerte (fiktiver Ertragswert abzüglich Bau-, Entwicklungs- und Vermarktungskosten). Zur Ermittlung des Bodenpreises wird dabei als Ausgangswert zunächst der Ertragswert des Grundstücks (Gebäude und Boden) abgeleitet, der dann um die Herstellungskosten des Gebäudes vermindert wird. Dies hat zur Folge, dass bereits relativ **kleine Fehler von weniger Prozentpunkten bei der Ermittlung des Ertragswerts oder der Herstellungskosten des Gebäudes überproportional auf die absolute Höhe des Residuums durchschlagen.**

591 Durch kleine, nicht mehr kontrollierbare Änderung der Ausgangsdaten lässt sich nahezu jeder beliebige Bodenwert ermitteln; das Verfahren ist deshalb „in der überwiegenden Mehrzahl aller Fälle" unbrauchbar[261].

---

261 Vogels, M., Grundstücks- und Gebäudebewertung marktgerecht, 5. Aufl. 1996, S. 28; Kleiber in GuG 1996, 16.

Extraktion   **Syst. Darst. Vergleichswertverfahren**

Beispiel: **592**

Als (fiktiver) erzielbarer Veräußerungserlös sei im Wege des Vergleichs- oder Ertragswertverfahrens ermittelt	1 000 000 €
Die Bau-, Entwicklungs- und Vermarktungskosten (einschließlich Unternehmergewinn) seien ermittelt mit	– 900 000 €
Residuum	**= 100 000 €**

- Unterstellt, bei der Ermittlung des erzielbaren Veräußerungsgewinns sei ein um 10 % zu hoher Wert ermittelt worden, d. h., der „richtig" ermittelte Veräußerungspreis betrage nur 900 000 €, so ist das als tragbarer Bodenwert ermittelte Residuum um 100 % falsch.
- Unterstellt, die Bau-, Entwicklungs- und Vermarktungskosten seien „nur" um 10 % zu niedrig ermittelt worden, d. h., sie betrügen tatsächlich 990 000 €, so vermindert sich das Residuum gleich um 90 %.

Dass z. B. der unter Heranziehung des Ertragswertverfahrens ermittelte Veräußerungserlös um 10 % falsch berechnet wird, kann bei realistischer Betrachtung kaum ausgeschlossen werden. Überschreitungen von Baukostenvoranschlägen in nicht unerheblicher Höhe, wie sie fast tagtäglich Schlagzeilen machen, signalisieren hier eine weitere Schwachstelle. Fehler, die hier begangen werden, stellen – ebenso wie Fehler, die bei der Ermittlung des fiktiven Veräußerungserlöses nach vollendeter Bebauung auftreten, – im Verhältnis zu dem Residuum eine große Wertkomponente dar und schlagen deshalb überproportional auf das Residuum durch. **593**

Fehler bei den Ausgangswerten können sich dabei **kumulieren** und besonders verhängnisvoll auswirken: Wird beispielsweise der Ertragswert des Grundstücks (Boden und Gebäude) fehlerhafterweise zu niedrig ermittelt und werden gleichzeitig die Herstellungskosten zu hoch angesetzt, muss sich das Residuum „auffressen". Es kann sich dann auch sehr schnell ein negativer Residualwert (*nil value*) ergeben. **594**

Charakteristisch für die Anwendungspraxis ist also, dass **das Residuum** i. d. R. **als Differenzbetrag zweier nahezu gleichgroßer Ausgangsgrößen abgeleitet wird.** Dies ist dann der Fall, wenn z. B. der Bodenwert als Residuum aus dem im Wege des (fiktiven) Ertragswertverfahrens abgeleiteten Verkehrswert abzüglich der Herstellungskosten und – in Erweiterung dieses Gedankens – abzüglich der gesamten Entwicklungskosten einschließlich eines Unternehmergewinns, der Finanzierungs- und Vermarktungskosten sowie eines Risikoabschlages für unvorhersehbare Kosten abgeleitet werden soll. Das Ergebnis der Ausgangsgrößen muss dabei naturgemäß fehlerbehaftet sein. **595**

In der Kombination nimmt sich der Fehler, wenn man einen der wichtigsten Sätze der **Fehlerfortpflanzungslehre** heranzieht, noch harmlos aus. Danach ergibt sich der Fehler, gleichlautend mit dem pythagoräischen Satz der Geometrie, als Hypotenuse zu den Katheten: **596**

$$m = \pm \sqrt{m_1^2 + m_2^2}$$

wobei für m_1 und m_2 jeweils der mittlere Fehler der Ausgangswerte anzusetzen ist.

In der praktischen Anwendung des Verfahrens nimmt sich der Fehler im Verhältnis zum Residuum jedoch schon gewaltig aus, wenn zwei nahezu gleichgroße Größen kombiniert werden. Die Fehleranfälligkeit wird erst erträglich, wenn eine der Größen, z. B. die Herstellungskosten, im Verhältnis zum künftigen Wert kleinere Größenordnungen einnehmen und damit das Residuum entsprechend anwächst. Der erstgenannte Fall tritt in der täglichen Praxis z. B. bei Anwendung des Ertragswertverfahrens unter Berücksichtigung eines Instandsetzungsstaus sogar sehr häufig auf.

Bei der Ableitung des Residuums aus nahezu gleichgroßen Größen kann es sogar leicht vorkommen, dass sich bei Ansatz fehlerhafter Ausgangsgrößen ein **negatives Residuum** ergibt. Verfechter des Verfahrens sind deshalb im Interesse ihrer Glaubwürdigkeit peinlichst darauf bedacht, diesen Fall nicht eintreten zu lassen. **597**

Syst. Darst. Vergleichswertverfahren　　　　　　　　　Extraktion

598　Aus dem einfachen *Beispiel* (oben Rn. 589) lässt sich folgendes **Fazit** ziehen:

– Die **Fehlerträchtigkeit wird erst erträglich, wenn** die **Position, die vom Ausgangswert in Abzug gebracht wird** (hier: Bau-, Entwicklungs- und Vermarktungskosten), **den hälftigen Betrag der Ausgangsposition und weniger ausmacht.** Dann sind die mit der Methode verbundenen Fehleranfälligkeiten noch hinnehmbar. Die Fehlerträchtigkeit ist indessen am größten, wenn der Differenzbetrag aus etwa gleich großer Position als Residuum ermittelt wird und es sich bei diesen Positionen zudem um absolut große Positionen handelt. Kleine relative Fehler können hier zu einer völligen Verfälschung des Ergebnisses führen.

– Bei Anwendung des bevorzugt vom Erwerber herangezogenen Extraktionsverfahrens (Residualwertverfahrens) ergeben sich i. d. R. auffällig „niedrige" Bodenwerte, die zudem damit begründet werden, dass sie für den Erwerber im Hinblick auf die Rentierlichkeit einer Immobilie gar nicht höher ausfallen dürften, weil sich die Immobilie sonst nicht „rechne". Dies mag zwar zutreffen, jedoch sind es häufig dieselben Investoren, die gern darauf hinweisen, dass der Baulandkostenanteil zumindest bei Ein- und Zweifamilienhäusern bereits im Jahre 1990 in Baulandhochpreisregionen gut 30 v. H. und in einigen Kernstädten schon bei 50 v. H. und mehr ausmacht[262]. Dieser Widerspruch (**residuelles Paradoxon**) ist auffällig und findet seine Erklärung darin, dass bei Anwendung des Extraktionsverfahrens (Residualwertverfahrens) die Herstellungskosten und damit der Gebäudesachwert in voller Höhe eingeht, obwohl aus der Wertermittlungslehre bekannt ist, dass bei Sachwerten über rd. 150 000 € bereits erhebliche **Marktanpassungsabschläge** angebracht werden müssen und diese **bei Sachwerten von rd. 250 000 € bereits eine Größenordnung von 30 v. H. und mehr** erreichen (vgl. § 14 ImmoWertV Rn. 12 ff., 77 ff.). Will man also tatsächlich über das Residualverfahren zum Verkehrswert gelangen, dürften auch nur die entsprechend verminderten und nicht die tatsächlichen Herstellungskosten zum Ansatz kommen, d. h., das Residuum erhöht sich um den Marktanpassungsabschlag (vgl. auch die Rechtsprechung des BGH; Syst. Darst. des Ertragswertverfahrens Rn. 7 ff.).

Abb. 79:　**Baulandkostenanteil**

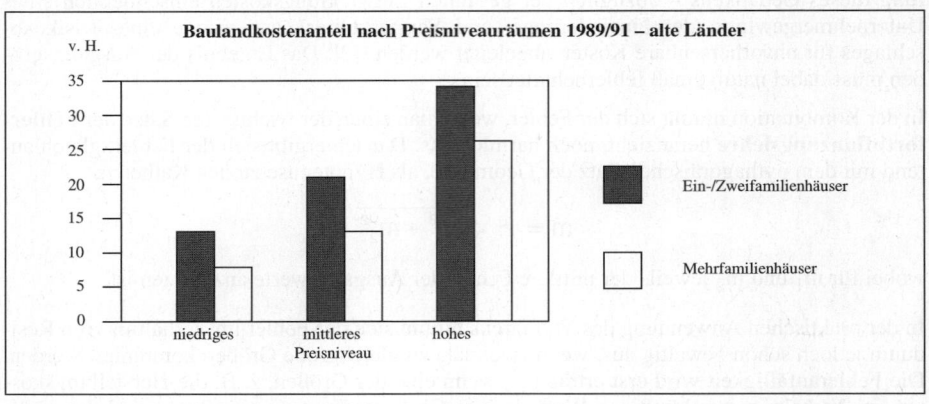

Quelle: Laufende Raumbeobachtung der BfLR

599　Bei Anwendung des Extraktionsverfahrens (Residualwertverfahrens) auf der Grundlage fiktiv ermittelter Ertragswerte unter Abzug der Herstellungskosten werden Elemente des Ertragswertverfahrens und des Sachwertverfahrens kombiniert (Verquickung von Wert und Kosten). Während mithilfe des Ertragswerts auf der Grundlage marktüblicher Liegenschaftszinssätze

---
262 Bundesministerium für Raumordnung, Bauwesen und Städtebau, Baulandbericht 1993, Bonn 1993, S. 23.

i. S. des § 14 Abs. 3 ImmoWertV der Verkehrswert noch verhältnismäßig sicher ermittelt werden kann, handelt es sich bei den zum Abzug kommenden Herstellungskosten für das Gebäude um eine bloße Kostengröße, die sich in aller Regel erheblich vom Gebäudewert entfernt. Bei Anwendung des Sachwertverfahrens nach den §§ 21 ff. ImmoWertV werden deshalb in der Wertermittlungspraxis erhebliche Marktanpassungszu- oder -abschläge erforderlich, um mithilfe des Sachwerts zum Verkehrswert zu gelangen. Es besteht nämlich **keine Identität zwischen Kosten und Werten** (vgl. Syst. Darst. des Sachwertverfahrens Rn. 7 ff.). Hierauf hat die höchstrichterliche Rechtsprechung mehrfach hingewiesen[263]. In der Gesetzgebung wird diesbezüglich auch zwischen rentierlichen und unrentierlichen Kosten unterschieden (so z. B. § 177 Abs. 4 BauGB).

Es liegt nämlich in der inneren Logik der Extraktion (des Residualwertverfahrens), bei dem sich das Residuum aus der Differenz zweier Werte ergibt, dass sich **beide Werte (Ertrags- und Vergleichswert einerseits und Sachwert/Herstellungskosten andererseits) am Verkehrswert orientieren müssen, wenn das sich daraus ergebende Residuum ebenfalls verkehrswertorientiert sein soll.** Legt der Sachverständige bei Anwendung des Extraktionsverfahrens (Residualwertverfahrens) seinen aus der Anwendung des Sachwertverfahrens kommenden Erfahrungsschatz zugrunde, muss er sich folgerichtig fragen, ob er seinen Erfahrungsschatz über die dabei notwendig werdenden Marktanpassungszu- und -abschläge zum Ansatz bringen muss. Anderseits müsste sich das Residuum, z. B. im Falle von Objekten, bei denen im Falle der Ermittlung nach dem Sachwertverfahren hohe Marktanpassungsabschläge angebracht werden müssen, genau um die Höhe des Marktanpassungsabschlags vermindern; das Residuum kann sonst insoweit nicht mehr verkehrswertorientiert sein. **600**

Das Extraktionsverfahren (Residualwertverfahren) ist damit ein Verfahren, mit dem die Schwachstellen des Sachwertverfahrens *(Cost Approach = „method of last resort")* unkorrigiert in der verhängnisvollsten Weise integriert werden, da die Herstellungskosten ohne Marktanpassung in das Verfahren eingehen. Der als Residuum ermittelte Bodenpreis kann schon deshalb i. d. R. nicht dem Verkehrswert des Grund und Bodens entsprechen[264]. *Zimmermann*[265] stellt deshalb fest, dass das Extraktionsverfahrens (Residualwertverfahren) schon vom Denkansatz mit der Ermittlung eines marktwirtschaftlich definierten Verkehrswerts unvereinbar ist. **601**

Bei der Verkehrswertermittlung von Grundstücken kommen **Finanzierungskosten, Vermarktungskosten, Unternehmergewinne** und dgl. grundsätzlich nicht gesondert zum Ansatz. Bei Anwendung des Ertrags- und Sachwertverfahrens finden solche Positionen indirekt über den Liegenschaftszinssatz und den Marktanpassungsfaktor Eingang in das Wertermittlungsverfahren[266]. So wird z. B. ein Mietausfallwagnis im Rahmen der angesetzten Bewirtschaftungskosten berücksichtigt. Ein erhöhtes Risiko spiegelt sich in einem entsprechend erhöhten Liegenschaftszinssatz wider und umgekehrt. Finanzierungskosten sind in Bezug auf die Herstellung des Gebäudes üblicherweise in den Normalherstellungskosten enthalten. **602**

„Finanzierungskosten" stellen eine Position dar, deren Berücksichtigung im Rahmen der Verkehrswertermittlung geradezu verpönt ist, weil unterschiedliche Finanzierungskosten zu unterschiedlichen Verkehrswerten führen würden. Der Ansatz von Finanzierungskosten im Rahmen des Extraktionsverfahrens (Residualwertverfahrens) muss deshalb das Residuum umso mehr vermindern, je höher diese Kosten im Einzelfall angesetzt werden. **603**

Auch der Ansatz eines **Unternehmergewinns** von 10 bis 20 % oder der Vermarktungskosten ist der Sachwertermittlung fremd und muss zu einer Verringerung des Residuums führen. **604**

---

263 BGH, Urt. vom 24.01.1963 – III ZR 149/61 –, EzGuG 20.34; BGH, Urt. vom 13.05.1955 – V ZR 36/54 –, EzGuG 3.5; BGH, Urt. vom 10.07.1953 – V ZR 22/52 –, EzGuG 20.16; OLG Köln, Urt. vom 02.03.1962 – 9 U 33/61 –, EzGuG 20.29.
264 Scarett, D., Property Valuation: The five methods, London 1961.
265 Zimmermann, WertV 88, München 1998, S. 205.
266 Vgl. Kleiber, Verkehrswertermittlung von Grundstücken, 6. Aufl. 2010, § 194 BauGB Rn. 90 ff.

605 Im Gegensatz zur Verkehrswertermittlung werden bei Anwendung des Extraktionsverfahrens (Residualwertverfahrens) die genannten Kostenpositionen neben weiteren dieser Art (häufig in Verbindung mit einem Unternehmergewinn) demgegenüber zum Abzug gebracht, sodass insoweit der Residualwert zusätzlich „gedrückt" wird. **Doppelberücksichtigung** ist dabei nicht auszuschließen.

606 Im Hinblick auf das mit jedem Kauf eines Grundstücks verbundene **Risiko** ist das Verfahren einseitig auf den Vorteil eines investierenden Käufers ausgerichtet. Dies wird besonders deutlich, wenn ein Risikoabschlag wertmindernd in Abzug gebracht wird, denn einem Risiko stehen in aller Regel auch Gewinnpotenziale gegenüber[267].

607 Eine weitere Schwäche des Extraktionsverfahrens (Residualwertverfahrens) liegt in seiner **Manipulierbarkeit.** Da sich der Residualwert – vereinfacht gesagt – als Differenzwert aus einem fiktiven Ertragswert und den aufzubringenden Herstellungskosten ergibt, muss sich der Residualwert

– *erhöhen,* wenn der Residualwertermittlung eine besonders ertragreiche Nutzung mit besonders niedrigen Herstellungskosten zugrunde gelegt wird und umgekehrt,

– *vermindern,* wenn der Residualwertermittlung eine besonders ertragsarme Nutzung bei sehr hohen Herstellungskosten zugrunde gelegt wird.

608 Im Schrifttum wird deshalb herausgestellt, dass bei Anwendung des Extraktionsverfahrens (Residualwertverfahrens) die „Gefahr betrügerischer Manipulationen" besonders hoch ist. Die Summierung vieler kleiner Differenzen genüge, um extreme Resultate zu erzielen. „Diese an und für sich richtige Methode wird daher in der Hand des Kenners, der die Karten zu mischen versteht, zum Instrument, mit welchem sich ein Landwert in fast jeder gewünschten Höhe rechnerisch ausweisen lässt."[268]

609 Dabei ist allerdings zu fordern, dass vor dem Hintergrund einer gesunden Konkurrenzsituation auf dem Immobilienmarkt der Extraktion (Residualwertermittlung) ein Nutzungskonzept zugrunde gelegt wird, mit der das Entwicklungspotenzial unter Berücksichtigung der rechtlichen und tatsächlichen Gegebenheiten ohne spekulative Elemente bei gleichzeitiger **Minimierung der dafür erforderlichen Kosten** optimal ausgeschöpft wird *(highest and best use)*. Der Begriff des *highest and best use* wird hier i. S. einer optimalen Verwertungsstrategie gebraucht, ohne dass damit zwangsläufig ein optimistischer Verkaufspreis in dem Sinne verbunden ist, dass dieser „Optimismus" auf eine allgemeine konjunkturelle Verbesserung der Lage auf dem Immobilienmarkt oder gar auf einen Immobilienboom gerichtet ist.

610 Im Ansatz der Herstellungskosten, Vermarktungskosten, Finanzierungskosten usw. liegt neben der „dramatischen" Fehleranfälligkeit des Verfahrens mithin die zweite große Schwachstelle der Methode. Man muss sich daher vergegenwärtigen, dass das **Extraktionsverfahren (Residualwertverfahren) in seinem Kern eine Kombination aus Ertrags- und Sachwertverfahren bzw. aus Vergleichs- und Sachwertverfahren ist,** wobei die Anwender des Extraktionsverfahrens (Residualwertverfahrens) die Herstellungskosten in voller Höhe ansetzen, während bei Anwendung des „reinen" Sachwertverfahrens nicht unerhebliche Marktanpassungsabschläge als erforderlich angesehen werden, wenn das Sachwertverfahren zum Verkehrswert führen soll. Dies mag im Rahmen einer Investitionsberechnung sachgerecht sein; geht es dagegen um den Verkehrswert, darf die Erkenntnis nicht vergessen werden, dass **zwischen Kosten und Wert keine Identität** besteht[269].

---

[267] Benthlin in FamRZ 1982, 338; Hildebrandt, Systemorientierte Risikoanalyse in der Investitionsplanung, Berlin 1988; Rohpeter, Investitionsanalyse für gewerbliche Immobilien, Rudolf Müller 1998, S. 61 ff.; Timm, Das Investitionsrisiko im investitionstheoretischen Ansatz, Berlin 1976; Teichmann, Die Investitionsentscheidung bei Unsicherheiten, Berlin 1970; Müller, Risiko und Ungewissheiten in E. Wittmann (Hrsg.); HWB, 5. Aufl., Stuttgart 1993; Kupsch, Risikomanagement in Corsten/Reiß (Hrsg.), Handbuch der Unternehmensführung, Wiesbaden 1995.

[268] Zimmermann, a. a. O., S. 206 f.; Naegeli,W., Die Wertberechnung des Baulands, Zürich, S. 9.

[269] Pohnert, Kreditwirtschaftliche Wertermittlung 5. Aufl., S. 113; Kleiber in GuG 1996, 16; Groß in GuG 1996, 24; Vogel in GuG 1994, 347; Möckel in GuG 1996, 274; Reck in GuG 1995, 234; Simon in GuG 1985, 229; Zimmermann in WertV 88 München 1998, S. 204; a.A. Thomas, A., in GuG 1995, 25, 82; Krämer in GuG 1995, 264.

Extraktion **Syst. Darst. Vergleichswertverfahren**

Auf der anderen Seite besteht der Vorteil des Verfahrens darin, dass mit ihm allen **individuel-** **611**
len Eigenschaften des Objekts Rechnung getragen werden kann. Rechtliche und tatsächliche
Gegebenheiten (Baubeschränkungen, Gestaltungsvorschriften, Stellplatzfrage, Abstandszahlungen, Umweltauflagen, grundstücksbedingte Vor- und Nachteile usw.) gehen einerseits in
die Bau- und Entwicklungskosten und andererseits in den erwarteten Veräußerungserlös ein.
Mit den ohnehin in den bebauten Ballungszentren kaum noch zur Verfügung stehenden Vergleichspreisen für unbebaute Grundstücke lassen sich die individuellen Eigenschaften allenfalls mit einem kaum noch zu leistenden Aufwand erfassen; ihre Heranziehung würde deshalb
aufwendige Analysen erforderlich machen.

Fazit: Bei dem Extraktionsverfahren (Residualwertverfahren) handelt es sich, soweit es auf **612**
die Bodenwertermittlung zur Anwendung kommt, um nichts anderes als um das schon früher
zur Anwendung gekommene Verfahren der kalkulatorischen Ermittlung eines (tragbaren)
Bodenpreises. Allerdings wurden bei Anwendung des Extraktionsverfahrens (Residualwertverfahrens) in immer stärkerem Maße Kostenpositionen zur Geltung gebracht, die einem
Investor hinsichtlich der Gesamtheit aller Entwicklungskosten auch einen Gewinn einschließlich der Finanzierungs- und Grunderwerbskosten eines Unternehmergewinns versprechen.
Deren Berücksichtigung muss in der Wertermittlungslehre jedoch auf Bedenken stoßen,
zumindest wenn nicht gleichzeitig zu erwartende **Wertzuwächse und Subventionen** (z. B.
GRW, Urban, Konvers, KfW-Mittel und dgl.) **einschließlich Steuervorteile** berücksichtigt
werden. Unternehmergewinne verstecken sich vielfach bereits in Einzelpositionen. Darüber
hinaus sind direkte und indirekte Subventionen steuerlicher Art oftmals für die Preisbildung
von erheblicher Bedeutung, sodass vor einer einseitigen Berücksichtigung eines Unternehmergewinns und vor übersetzten Ansätzen gewarnt werden muss.

Je stärker die Investorenseite ihre Belange in die Wertermittlung eingebracht hat, desto größer **613**
ist in der Wertermittlungspraxis allerdings auch der Widerstand gegen solche Verfahren
geworden[270]. Soweit es um die Verkehrswertermittlung geht, ist deshalb der **direkte Preisver-**
gleich noch immer vorzuziehen; dies scheitert allerdings oftmals an geeigneten Vergleichspreisen.

Die Wertermittlungspraxis bewegt sich bei Anwendung des Extraktionsverfahrens (Residual- **614**
wertverfahrens) immer dann in eine äußerst kritische Zone, wenn der danach ermittelte Wert
im Verhältnis zu dem als Ausgangswert herangezogenen Vergleichswert/-preis in ein solches
Missverhältnis gerät, dass man die **herangezogenen Ausgangspreise kaum noch als geeig-**
nete Vergleichspreise i. S. des § 15 Abs. 1 ImmoWertV bezeichnen kann. In der Rechtsprechung ist jedenfalls das Maß der zu berücksichtigenden Abweichungen als ein Kriterium für
die Beurteilung der Eignung der Vergleichsobjekte herangezogen worden.

Nr. 2.3.1 der WERTR stellt hierzu ausdrücklich heraus, dass die **Ableitung des Bodenwerts** **615**
von werdendem Bauland aus Vergleichspreisen und Bodenrichtwerten eines Entwick-
lungszustands höherer Qualität nur ergänzend in Betracht kommen kann, wenn der zu
berücksichtigende Wertunterschied den als Ausgangswert herangezogenen Vergleichs-
wert/-preis überproportional überschreitet. Mit den Ergänzungen der WERTR[271] hat man
damit der manchmal ausufernden Praxis sog. „Abschlagsgutachter" eine Warntafel gesetzt,
wo man im alltäglichen Leben auch nicht zum Preisvergleich greift. Wer käme schon auf die
Idee, sich beim Erwerb eines Ladas an den Preisen der S-Klasse zu orientieren. Im Rahmen
des Extraktionsverfahrens (Residualwertverfahrens) – als dem klassischen Investorenverfahren – setzt man sich häufig recht unbekümmert darüber hinweg und geht zugleich wider allen
Erfahrungssätzen der Verkehrswertlehre von einer Identität der Kosten einer Maßnahme und
des damit bewirkten Wertzuwachses aus. Hier ist deshalb nicht unberechtigt die Kritik hinein-
gestoßen, wenn es um den Verkehrswert geht.

---

270 Pohnert in Kreditwirtschaftliche Wertermittlungen, 5. Aufl. 1997, S. 113; Möckel in GuG 1996, 274; Kleiber in GuG
1996, 16; Schwarz in GuG 1994, 267.
271 Kleiber, WERTR 06, 9. Aufl. 2006, Bundesanzeiger Verlag.

Syst. Darst. Vergleichswertverfahren — Extraktion

616 Bei dem Extraktionsverfahren (Residualwertverfahren) handelt es sich somit um eine **höchst fehleranfällige Hilfsmethode**[272], die als Methode zur Ermittlung des Verkehrswerts eines Grundstücks nur dann zur Anwendung kommt, wenn andere Verfahren, die eine sichere Ableitung des Verkehrswerts ermöglichen, nicht zur Anwendung kommen können. Im Allgemeinen ist der Ermittlung des Bodenwerts auf der Grundlage von Vergleichspreisen der Vorzug zu geben.

617 Das Extraktionsverfahren (Residualwertverfahren) hat in der Wertermittlungspraxis vornehmlich nur in den Fällen eine Bedeutung erlangen können, wo eine Bodenwertermittlung auf der Grundlage von Vergleichspreisen nicht möglich war. Dies sind insbesondere **Immobilien, die i. d. R. nur von professionellen Projektentwicklern in einem aufwendigen Verfahren verwertet werden können und insofern auch nur einem begrenzten Marktsegment zuzurechnen sind.**

618 Aus Vergleichsrechnungen, die für Objekte durchgeführt worden sind, von denen der Bodenwert über den direkten Preisvergleich ermittelt werden konnte, ist bekannt, dass die Anwendung des Extraktionsverfahrens (Residualwertverfahrens) zumeist sehr schnell zu einem Preis führt, der den Verkehrswert des Grund und Bodens erheblich unterschreiten kann. Dies ist darin begründet, dass dabei in aller Regel die Herstellungskosten und auch sonstige Kosten in voller Höhe von dem fiktiven Ertragswert (Verkehrswert des Objektes nach seiner Entwicklung) in Abzug gebracht werden und keine **Identität zwischen Kosten und Wert** und dementsprechend auch keine Identität zwischen Kostendifferenzialen und Wertdifferenzialen besteht. Wegen des „Restwertcharakters" und der Abhängigkeit des Residualpreises von sämtlichen Entwicklungskosten sowie der in der Struktur des Verfahrens angelegten Fehlerträchtigkeit ist das Verfahren in erster Linie als Plausibilitätsprüfung von Bedeutung.

619 Unter der Zielsetzung, den Verkehrswert des Grundstücks zu ermitteln, muss bei Anwendung des Extraktionsverfahrens (Residualwertverfahrens) eine Konzeption zugrunde gelegt werden, die auf eine **Optimierung des Kosten-Nutzen-Verhältnisses** ausgerichtet ist.

620 Unter der Zielsetzung der Ermittlung eines investitionssicheren tragbaren Bodenpreises sind demgegenüber die individuellen Kosten möglichst vollständig und umfassend anzusetzen. Die Disparität zum Boden und zum Verkehrswert wird dabei umso größer, je umfassender das damit verbundene Risiko und die damit verbundenen Kosten in den Residualwert eingerechnet werden. Nach den Mechanismen des Verfahrens werden solche **Kosten preismindernd bis in das Residuum (Bodenwert) „durchgereicht".**

621 Folgt man dem Grundsatz, dass die Usancen des gewöhnlichen Geschäftsverkehrs das entscheidende Kriterium für die Wahl des Verfahrens zur Ermittlung des Verkehrswerts ist, so kann das Extraktionsverfahren (Residualwertverfahren) unter vorstehenden Gesichtspunkten allenfalls für Grundstücke solcher Grundstücksmarktsegmente noch als geeignet angesehen werden, deren Preisbildung durch Investitionsüberlegungen i. S. des Extraktionsverfahrens (Residualwertverfahrens) beherrscht werden. Unter diesen Kautelen ist die **Wahl des Extraktionsverfahrens** (Residualwertverfahrens) auch mit dem Grundsatz des § 8 Abs. 2 vereinbar.

622 In Betracht kommt hier insbesondere

a) der Grundstücksmarkt großflächig zu erschließender Baulandflächen, insbesondere wenn in der Gemeinde kommunale Grundsatzbeschlüsse gefasst worden sind, nach denen ein Planungsrecht nur im Falle der Übernahme kommunaler Infrastrukturleistungen, z. B. im Wege städtebaulicher Verträge, gewährt wird;

b) Grundstücke, deren Nutzung vornehmlich nur durch professionelle Investoren herbeigeführt werden kann.

623 Selbst unter diesen Voraussetzungen ist die Anwendung des Extraktionsverfahrens (Residualwertverfahrens) vornehmlich nur i. S. einer **Investitionsentscheidung** und weniger als Verfahren der Verkehrswertermittlung geeignet. Der Verkäufer eines Grundstücks, dessen

---

272 Schulte, Handbuch Immobilien-Projektentwicklung, Köln 1996, S. 60.

Extraktion   **Syst. Darst. Vergleichswertverfahren**

Bodenwert im Wege des Extraktionsverfahrens (Residualwertverfahrens) ermittelt werden soll, wird mindestens den aus Vergleichspreisen abgeleiteten Verkehrswert eines unbebauten Grundstücks abzüglich evtl. Abbruchkosten verlangen. Dies ist im Verhältnis zum Extraktionsverfahren (Residualwertverfahren) auch die einfachere und plausiblere Methode. Das Extraktionsverfahren (Residualwertverfahren) kann in diesem Fall als Entscheidungshilfe dafür herangezogen werden, ob auch ein höherer Preis wirtschaftlich tragfähig ist, wobei dann der höhere Preis auch über dem Verkehrswert liegen kann. Dem Liquidationswert muss ansonsten der Vorzug gegeben werden.

Die eigentliche Bedeutung des Extraktionsverfahrens (Residualwertverfahrens) liegt also in seiner **Funktion als Entscheidungsgrundlage für Investitionen.** Im Hinblick auf eine anstehende Bebauung eines Grundstücks bzw. einen Umbau eines bebauten Grundstücks kann mithilfe des Extraktionsverfahrens (Residualwertverfahrens) der wirtschaftlich tragbare Erwerbspreis ermittelt werden. Demzufolge wäre der Begriff Residual*preis*verfahren zutreffender. Wie bereits dargelegt, wird dieser Residualpreis maßgeblich von der seiner Ermittlung zugrunde gelegten **Nutzungskonzeption** bestimmt. Bei Anwendung des Extraktionsverfahrens (Residualwertverfahrens) müssen deshalb zwei voneinander abzugrenzende Ansätze unterschieden werden: **624**

a) Ermittlung des Residualpreises auf der Grundlage einer bestimmten vorgegebenen Nutzungskonzeption;   **625**

b) Ermittlung des Residualpreises auf der Grundlage einer kosten- und nutzenoptierten Konzeption *(highest and best use)*.

Die Ermittlung des Residualpreises auf der Grundlage einer bestimmten vorgegebenen Nutzungskonzeption führt in aller Regel zu den größten Disparitäten der Ergebnisse gegenüber dem Verkehrswert. Dies sind regelmäßig auch die Fälle, in denen das **Extraktionsverfahren (Residualwertverfahren) seitens der Käufer in Ankaufsverhandlungen instrumentalisiert** wird, indem Ertragspotenziale ebenso wie die Möglichkeiten einer Kostenminimierung unausgeschöpft bleiben.   **626**

Als Grundlage für die Ermittlung des Verkehrswerts ist das Residualwertverfahren deshalb allenfalls **nur** dann **geeignet, wenn bezüglich unter Zugrundelegung der Nutzungskonzeption eine Konkurrenzsituation zugrunde gelegt wird,** die dem Grundsatz des *highest and best use* bei gleichzeitiger Minimierung der Gesamtaufwendungen entspricht. Dies ist u. a. auch darin begründet, dass Grundstücke im gewöhnlichen Geschäftsverkehr, der nach Maßgabe des § 194 BauGB Maßstab für die Verkehrswertermittlung sein muss, in aller Regel an den Meistbietenden veräußert werden. Soweit die Grundgedanken des Extraktionsverfahrens (Residualwertverfahrens) das Preisgeschehen auf dem Grundstücksmarkt bestimmen, kommt mithin nur derjenige Käufer zum Zuge, der **i. S. einer Kosten-Nutzen-Analyse aufgrund einer optimierten Verwertungsstrategie auch den höchsten Preis bieten kann.**   **627**

Gleichwohl führt das Extraktionsverfahren (Residualwertverfahren) auch unter diesen Prämissen aus den genannten Gründen i. d. R. nicht unmittelbar zum Verkehrswert (Abzug von nicht wertadäquaten Kostenpositionen). Das Extraktionsverfahren (Residualwertverfahren) in der von Investorenseite praktizierten Ausgestaltung stellt bei alledem ein **einseitig auf die Belange des Investors** ausgerichtetes Investorenverfahren zur Ermittlung des tragbaren Bodenpreises dar.   **628**

Die Ermittlung des Residualpreises auf der Grundlage einer Nutzungskonzeption, die dem Grundsatz des *highest and best use* folgt, kann im Übrigen aber auch zu einem Preis führen, der **über** dem im Wege des Preisvergleichs ermittelten Verkehrswert liegt. Dieser Fall kann bei optimalen Verwertungsstrategien eintreten. Im Konkurrenzkampf der Bewerber um ein Grundstück kommt der Anbieter zum Erfolg, der sein **Angebot auf der Grundlage des** *highest and best use* abgegeben hat[273].   **629**

---

[273] American Institute of Real Estate Appraisers: The Appraisal of Real Estate, 12. Aufl. 2002 Chicago, S. 60 ff., 305 ff.

630 In der Zusammenfassung können als besonders fehlerträchtige und sensitive Parameter des Extraktionsverfahrens (Residualwertverfahrens) gelten:

a) Das „richtige" Nutzungskonzept, insbesondere bezüglich der wirtschaftlichsten Nutzung unter Minimierung der Bau-, Entwicklungs- und Vermarktungskosten.

b) Die fiktive Ertragswertermittlung, insbesondere bezüglich

- des angesetzten marktüblich erzielbaren Reinertrags,
- der „richtigen" Nutzflächenermittlung und
- des „richtigen" Liegenschaftszinssatzes.

c) Die Angemessenheit

- der Baukosten (einschließlich Baunebenkosten und der Kosten für Außenanlagen), der Abbruch- und Erschließungskosten,
- der Finanzierungskosten,
- der Kosten der Vermarktung,
- dem Mietausfallwagnis,
- den Kosten für Unvorhergesehenes (Gewinn, Wagnis, Altlasten) und
- ggf. der Abfindungsbeträge,

wobei der Abzug von „bloßen" Kosten[274] insoweit vom Verkehrswert wegführt, wie die Kosten nicht werthaltig sind. Wie dargelegt, sind im Rahmen der Verkehrswertermittlung entsprechend den Preismechanismen im gewöhnlichen Geschäftsverkehr solche Kosten i. d. R. nicht überwälzbar. Es kommt hinzu, dass solche **Kosten** möglicherweise **doppelt zum Ansatz kommen** (Beispiel: Finanzierung der Baukosten sind bei Ansatz angemessener Herstellungskosten bereits in diesen Herstellungskosten enthalten.) Umgekehrt werden in der Praxis der Investitionsberechnungen auf der Grundlage des Extraktionsverfahrens (Residualwertverfahrens) vielfach auch weitere Kosten zum Abzug gebracht (z. B. ein Unternehmergewinn in Höhe von 10 bis 15 % des Ertragswerts).

d) Werden die Baukosten in Höhe der gewöhnlichen Herstellungskosten (§ 22 ImmoWertV) als sog. Normalherstellungskosten in das Extraktionsverfahren (Residualwertverfahren) eingeführt, so wird damit die **Mehrwert-/Umsatzsteuer** berücksichtigt. Dies ist auch sachgerecht, wenn es um die Ermittlung des Verkehrswerts im Wege des Extraktionsverfahrens (Residualwertverfahrens) geht. Kommt das Extraktionsverfahren (Residualwertverfahren) mit der Zielsetzung zur Anwendung, den investitionsorientierten Erwerbspreis eines bestimmten Investors abzuleiten, kann zwischen optierenden und nicht optierenden Investoren unterschieden werden. Soweit demnach die Mehrwertsteuer „weitergereicht" werden kann, können die auf der Grundlage der Normalherstellungskosten, die die Mehrwertsteuer definitionsgemäß enthalten, angesetzten Baukosten um diese vermindert werden.

e) Bezüglich der Größenordnung der anzusetzenden Kosten bis zur Verwertung des Objekts (insbesondere Baukosten) besteht die Möglichkeit,

- die **individuellen tatsächlich zu erwartenden Kosten i. S. einer objektspezifischen Investitionsberechnung** anzusetzen, wobei dann ggf. auch überhöhte Herstellungskosten zum Ansatz kommen müssen, wenn das Projekt schnell durchgeführt werden soll (Feiertagszuschläge, Nachtarbeit usw.), oder
- jeweils von **gewöhnlichen und nachhaltig entstehenden Kosten** auszugehen.

---

[274] Selbst in der steuerlichen Bewertung, die sich vereinfachender Methoden bedient, ist dies mit aller Dringlichkeit BFH im Urt. vom 28.10.1998 – II R 37/97 –, GuG 1999, 184 = EzGuG 20.166 herausgestellt worden; dies muss insbesondere von den Beleihungsinstituten gewürdigt werden.

Einheitliche Sätze, die für sämtliche Projekte und alle Gebäudearten Gültigkeit haben, gibt es nicht und können auch nicht aus Vereinfachungsgründen angesetzt werden.

f) Die Schätzung der Preisentwicklung aller übrigen Kosten (Bau-, Finanzierungs-, Abrisskosten, Abfindungen, Genehmigungsgebühren usw.) ist mit zusätzlichen Fehlerquellen verbunden. Die freie **Schätzung der Entwicklung dieser Kosten ist** außerordentlich **problematisch.** Ihre Berücksichtigung stellt damit zwar theoretisch eine Verfeinerung dar; praktisch entstehen damit aber neue Fehlerquellen, die hier zu einer Scheingenauigkeit führen. Allenfalls bei sehr langer Entwicklungsdauer ist deshalb eine Dynamisierung sinnvoll[275].

Der schon aus grundsätzlichen Erwägungen problematische Abzug sonstiger anfallender Kosten einschließlich der Grunderwerbs- und Finanzierungskosten ist einseitig auf die Belange des Investors ausgerichtet. Entsprechendes gilt auch für den Abzug eines Unternehmergewinns und eines Risikoabschlags. Im Grundstücksverkehr allgemein auch im Handel mit baureifen Grundstücken, deren Bebauung stets eine mehr oder minder lange Vorbereitungs-, Bau- und Vermarktungsphase bedürfen, lassen sich nämlich die Verkäufer derartige Kosten sonst auch nicht wertmindernd in Rechnung stellen. Verkehrswert ist insoweit der „volle" Wert ohne Abzug der Grunderwerbskosten eines Käufers.

Der Verkäufer eines Grundstücks würde sich auf einen so ermittelten Residual*preis* nur dann einlassen, wenn dieser höher als der im Preisvergleich direkt ermittelte Bodenwert des unbebauten Grundstücks abzüglich der Abbruchkosten ausfällt. Der Grundstücksmarkt greift dabei in aller Regel auf die aus Vergleichspreisen abgeleiteten Bodenrichtwerte zurück, die nach § 196 BauGB für das Gemeindegebiet von der Gemeinde zu ermitteln sind. Der Verkehrswert des Grund und Bodens eines Abbruchobjektes kann in diesem Fall also vergleichsweise einfach und plausibel direkt aus diesen Bodenrichtwerten unter Abzug der Abbruchkosten abgeleitet werden (§ 16 Abs. 3 ImmoWertV).

6.5 Bodenwertermittlung auf der Grundlage der Ertragsfähigkeit

6.5.1 Abhängigkeit von Erdgeschossmieten

▶ *Vgl. Kleiber, Verkehrswertermittlung von Grundstücken, 6. Aufl. 2010, Teil VIII Rn. 432*

Schrifttum: *Bister,* Modifizierte Geschossflächenzahl – Eine statistische Untersuchung der Kaufpreise von Ertragsgrundstücken unterschiedlicher Baunutzung, VR 1978, 124; *Paul,* Zur Korrelation von Geschäftsraummieten und Bodenwerten in Kernbereichen, DS 1985, 98; *Upmeyer, B.,* Bodenwertermittlung für ein Grundstück in einer Großstadt in den neuen Bundesländern, GuG 1999, 42; *Schmalgemeier,* Zur Ermittlung von Grundwerten für die Ermittlung von Ausgleichsbeträgen, VR 1978, 143.

Bodenwert und Ertragsfähigkeit eines Grundstücks stehen in einem engen Zusammenhang. Dies gilt zumindest für Grundstücke, die unter Renditegesichtspunkten gehandelt werden. Für die **Innenstadtlagen** ist eine **hohe Korrelation zwischen der Rohmiete pro Quadratmeter Nutzfläche des Geschäftsraums und dem Bodenwert** festgestellt worden, wobei sich erst bei höheren Mieten größere Abweichungen von den empirisch **abgeleiteten** funktionalen Zusammenhängen gezeigt haben. Auf der Grundlage von Auswertungen der Kaufpreise aus den 70er Jahren wurden folgende Beziehungen abgeleitet:

631

Osnabrück:[276] $\quad BW = 32{,}43 \quad \times RoE^{0{,}9890}$

$\qquad\qquad\qquad\quad BW = 26{,}22 \quad \times RoE^{1{,}0638} \quad (1)$

Offenbach:[277] $\quad BW = 26{,}045 \times RoE^{1{,}0752} \quad (2)$

---

275 Britton, W./Davies, K., Modern Methods of Valuation of Land, Houses and Buildings, 8. Aufl. London 1989.
276 Schmalgemeier in VR 1977, 422 für die Jahre 1966 bis 1977 und Nutzflächen von 30 bis 150 m².
277 Paul in VR 1983, 141.

wobei

BW = Bodenwert in [€]
RoE = Rohertrag/Monat in [€]

632 Bei alledem wurde darauf hingewiesen, dass das **Maß der baulichen Nutzung (GFZ) und die Restnutzungsdauer** sich **unwesentlich auf den Bodenwert auswirken**, wobei die Restnutzungsdauer ohnehin allenfalls bei unter- oder übergenutzten Grundstücken unter bestimmten Voraussetzungen auf den Bodenwert durchschlägt.

633 Die Annahme von *Schmalgemeier*, die Relation von Rohererträgen (Nettokaltmiete) und Bodenwerten sei zeitunabhängig, hat sich als unhaltbar erwiesen. Bereits nach wenigen Jahren (1985) musste vielmehr festgestellt werden, dass in Abhängigkeit von der Lagequalität die Bodenwerte in den Innenstadtlagen bereits das 35- bis 48-fache der Geschäftsraummieten im Erdgeschoss ausmachen. Für den Bodenwert eines aus einer Sanierung „herauskommenden" Grundstücks wird von *Brandt-Wehner*[278] aufgrund von Kaufpreisen, die wiederum aus den 70er Jahren stammen, folgende Beziehung angegeben:

634
$$BW = \frac{1}{\left(\frac{0{,}3238}{RoE^{0{,}45}} \times 0{,}0186\right)^{2{,}86}} \quad (3)$$

Beispiel:

Bei einem Rohertrag (Nettokaltmiete) von 20€/m² NF und Monat ergeben sich nach

(1) $BW = 26{,}22 \times 20^{1{,}6038}$ = 635 €/m²
(2) $BW = 26{,}045 \times 20^{1{,}0752}$ = 652 €/m²
(3) $BW = 1/(0{,}3238/20^{0{,}45} + 0{,}01086)^{2{,}86}$ = 840 €/m²

Die doch erheblichen Unterschiede lassen erkennen, dass das Verfahren nicht ohne Weiteres übertragbar ist.

Bister hat entsprechende Umrechnungsverhältnisse für Büro- und Geschäftsgrundstücke in der Düsseldorfer Innenstadt abgeleitet[279]. Er kommt zu folgender Funktionsgleichung:

$$BW = 2{,}0643 \times RoE^{1{,}123}$$

wobei wiederum

BW = Bodenwert in [€]
RoE = Rohertrag pro Quadratmeter Grundstücksfläche in [€]

Die Ergebnisse stehen in Plausibilität zueinander. Die von Bister ermittelte Abhängigkeit zeigt einen steileren Kurvenverlauf, was auf die höhere Wertigkeit der Düsseldorfer Innenstadt gegenüber niedersächsischen Gemeindezentren zurückgeführt werden kann.

635 Trotzdem kommt man nicht um die Feststellung herum, dass alle **Versuche, den Bodenwert in Abhängigkeit von der Erdgeschossmiete durch empirisch abgeleitete Funktionsgleichungen mit hinreichender Sicherheit zu ermitteln, als gescheitert gelten müssen.** Es kommt hinzu, dass die vorgestellten Funktionsgleichungen schon nach ihrer Art bei dem „Verbraucher" kaum Vertrauen „ernten" können, zumal das ihnen zugrunde liegende Rechenwerk letztlich für Außenstehende nicht überprüfbar ist[280].

---
278 Brandt-Wehner in VR 1985, 413.
279 Bister in VR 1978, 124.
280 Ziegenbein in VR 1999, 383.

6.5.2 Abhängigkeit vom Jahresrohertrag

Gerardy/Höpcke[281] haben für die Zentren niedersächsischer Städte die sich aus Abb. 80 ergebende **Abhängigkeit des „mittleren Bodenwerts" vom Jahresrohertrag in € pro Quadratmeter Grundstücksfläche** festgestellt. Dem Jahresrohertrag haftet allerdings eine gewisse Unsicherheit an, die auf die jeweiligen Bewirtschaftungskosten zurückzuführen ist. Bei der Ableitung derartiger Tabellen auf der Grundlage von Reinerträgen können diese Unsicherheiten vermieden werden (Abb. 80).

Abb. 80: Mittlerer Bodenwert in Abhängigkeit vom Jahresrohertrag pro m² Grundstücksfläche in nds. Zentren

Mittlerer Bodenwert			
Jahresrohertrag in € pro m² Grundstücksfläche	Mittlerer Bodenwert €/m²	Jahresrohertrag in € pro m² Grundstücksfläche	Mittlerer Bodenwert €/m²
5	16,00	80	228,50
10	22,50	85	246,00
15	39,50	90	264,00
20	51,50	95	282,00
25	64,00	100	300,50
30	77,00	110	339,00
35	90,00	120	379,00
40	104,00	130	420,50
45	118,00	140	463,50
50	132,50	150	508,00
55	147,75	160	559,00
60	163,00	170	601,50
65	179,00	180	650,50
70	195,00	190	701,00
75	211,50	200	735,50

Als **Funktionsgleichung** wurde von *Gerardy* **für Zentrumslagen** abgeleitet:

$$BW = 1{,}8691 \times RoE^{1{,}0897}$$

wobei
BW = Bodenwert
RoE = Rohertrag (Nettokaltmiete) pro Quadratmeter Grundstücksfläche

6.6 Zielbaumverfahren

▶ *Vgl. hierzu § 8 ImmoWertV Rn. 60, Kleiber, Verkehrswertermittlung von Grundstücken, 6. Aufl. 2010, Teil VIII Rn. 153 ff.*

Das von *Aurnhammer*[282] entwickelte Zielbaumverfahren stellt ein **operatives Verfahren zur Berücksichtigung von Abweichungen** der Vergleichsgrundstücke mit den dafür herangezogenen Vergleichspreisen von den Merkmalen des zu bewertenden Grundstücks dar. Dabei werden die Abweichungen in Komponenten aufgegliedert, z. B.

– die regionale Lage,
– die Infrastruktur und
– subjektive Wertfaktoren,

---
281 Gerardy in Nachr. der nds. Kat- und VermVw 1964, 125; ders. in Nachr. der nds. Kat.- und VermVw 1964, 14.
282 Aurnhammer in BauR 1978, 356 und BauR 1981, 139; hierzu OLG Stuttgart, Urt. vom 14.03.1989 – 12 U 29/88 –, EzGuG 11.170k; VG Berlin, Beschl. vom 11.11.1998 – 19 A 86/98 – GuG 1999, 186 = EzGuG 15.93.

Syst. Darst. Vergleichswertverfahren — Zielbaumverfahren

die wiederum in Einzelkomponenten aufgegliedert werden. Die einzelnen Komponenten werden dann auf der Grundlage eines Punktesystems gewichtet und zu einem Ab- bzw. Zuschlag aggregiert (vgl. § 8 ImmoWertV Rn. 60).

639 Das **Verfahren** wird in Abb. 81 erläutert.

Abb. 81: Schema des Zielbaumverfahrens

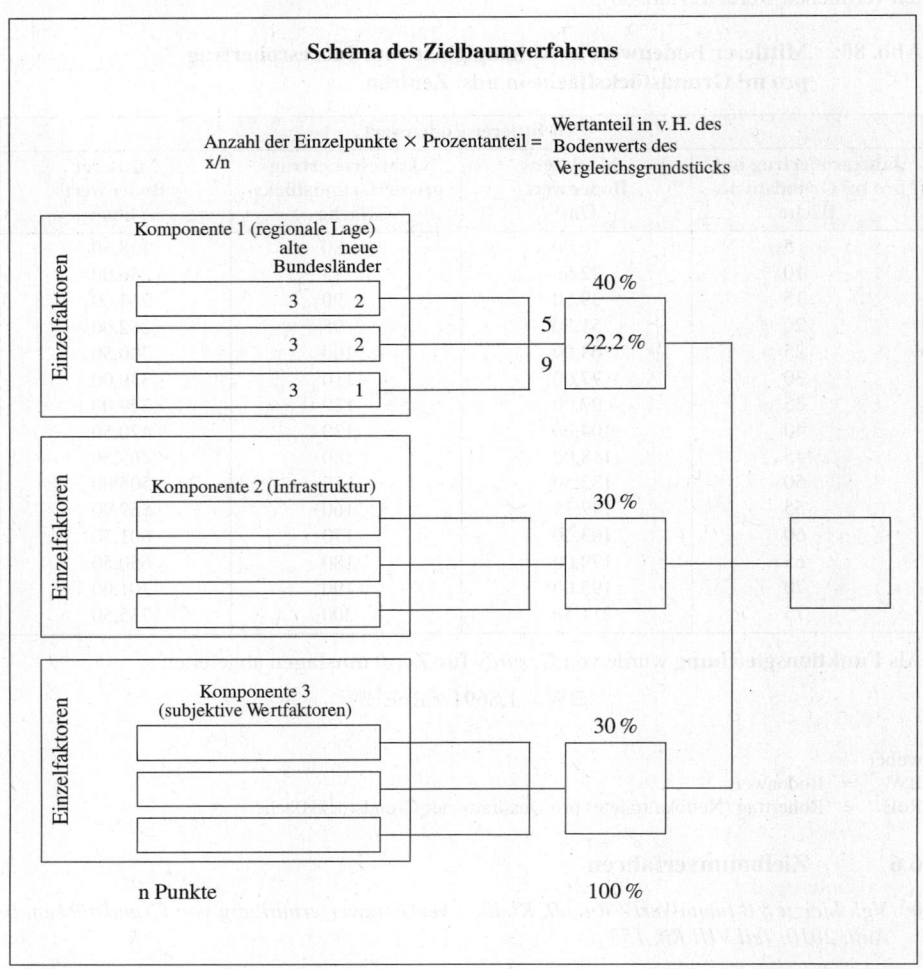

640 Weiterführende Hinweise zur Bodenwertermittlung:
- **Abbauland** (Abgrabungsgrundstücke) vgl. § 5 ImmoWertV Rn. 306 ff.,
- **Alten- und Pflegeheime** vgl. Kleiber, Verkehrswertermittlung von Grundstücken, 6. Aufl. 2010, Teil VI Rn. 427 ff.,
- **Altlastenbehaftetes Grundstück** vgl. § 6 ImmoWertV Rn. 292, 310 ff., Kleiber, a. a. O., Teil VI Rn. 230 ff.,
- **Ausgleichsfläche,** naturschutzrechtliche vgl. § 4 ImmoWertV Rn. 39 ff., § 5 ImmoWertV Rn. 254 ff. und § 15 ImmoWertV Rn. 158 ff.,
- **Aufwuchs** vgl. § 1 ImmoWertV Rn. 48 ff., § 8 ImmoWertV Rn. 414 ff.,
- **Bahnfläche** vgl. Kleiber, a. a. O., Teil VI Rn. 659, 680 ff., Teil VII Rn. 284,

Syst. Darst. Vergleichswertverfahren

- **Bauerwartungsland** vgl. § 5 ImmoWertV Rn. 138 ff.,
- **Baureifes Land** vgl.§ 5 ImmoWertV Rn. 194 ff.,
- **Baulücke** vgl. § 5 ImmoWertV Rn. 194,
- **Bergbaugebiet** vgl. § 5 ImmoWertV Rn. 306 ff.,
- **Büro- und Verwaltungsimmobilien** vgl. Kleiber, a. a. O., Teil VI Rn. 139 ff.,
- **Campingplätze** vgl. Kleiber, a. a. O., Teil VI Rn. 592 ff.,
- **Deponiefläche** vgl. Kleiber, a. a. O., Teil VI Rn. 231, 435 ff.,
- **Denkmalschutz** vgl. Kleiber, a. a. O., Teil VI Rn. 730 ff.,
- **Entwicklungsbereich** vgl. Kleiber, a. a. O., Teil VIII Rn. 36 ff., 150 ff.,
- **Eigentumswohnung** vgl. § 8 ImmoWertV Rn 125 ff., § 11 ImmoWertV Rn. 30, vgl. Kleiber, a. a. O., Teil VI Rn. 39 ff.,
- **Einfamilienhäuser** vgl. § 11 ImmoWertV Rn. 32, Teil VI Rn. 10 ff.,
- **Einzelhandelsnutzungen** vgl. Kleiber, a. a. O., Teil VI Rn. 275 ff.,
- **Eckgrundstück** vgl. § 15 ImmoWertV Rn. 199 ff.,
- **Entwicklungsbereiche** vgl. § 6 ImmoWertV Rn. 70, Teil VIII Rn. 23 ff. ,
- **Erhaltungssatzungsgebiete, städtebauliche,** vgl. Kleiber, a. a. O., Teil VIII Rn. 580,
- **Erneuerbare Energien** vgl. § 4 ImmoWertV Rn. 38 ff.,
- **Fach- und Verbrauchermärkte** vgl. Teil VI Rn. 299,
- **Flugplatz** vgl. Kleiber, a. a. O., Teil VI Rn. 700 ff.,
- **Freizeitbad** vgl. Kleiber, a. a. O., Teil VI Rn. 516,
- **Freizeitimmobilien** vgl. Kleiber, a. a. O., Teil VI Rn. 500 ff.,
- **Gartenland** vgl. § 5 ImmoWertV Rn. 304 ff.,
- **Gemeinbedarfsfläche** vgl. § 5 ImmoWertV Rn. 470 ff. und § 8 ImmoWertV Rn. 130 ff., vgl. Kleiber, a. a. O., Teil VI Rn. 596 ff.,
- **Geringstland** bei § 5 ImmoWertV Rn. 4 ff., 249 ff.,
- **Gewerbeimmobilien** vgl. Kleiber, a. a. O., Teil VI Rn. 196 ff.,
- **Golfanlage** vgl. Kleiber, a. a. O., Teil VI Rn. 522,
- **Grünfläche, öffentliche** vgl. Kleiber, a. a. O., Teil VI Rn. 657,
- **Hafenfläche** vgl. § 5 ImmoWertV Rn. 463 ff.,
- **Hoffläche und Hofanschlussfläche** vgl. § 5 ImmoWertV Rn. 133 ff.,
- **Hotel** vgl. Kleiber, a. a. O., Teil VI Rn. 317 ff.,
- **Industriegrundstücke** vgl. Kleiber, a. a. O., Teil VI Rn. 178 ff.,
- **Kiesgrube** vgl. Kleiber, a. a. O., Teil VI Rn. 225 ff.,
- **Kirchenfläche** vgl. Kleiber, a. a. O., Teil VI Rn. 710 ff.,
- **Kleingartenland** vgl. § 5 ImmoWertV Rn. 280 ff.,
- **Konversionsfläche** vgl. Kleiber, a. a. O., Teil VI Rn. 606 ff.,
- **Land- und forstwirtschaftliche Fläche** vgl. § 5 ImmoWertV Rn. 26 ff.,
- **Leerstand** vgl. § 8 ImmoWertV Rn. 319 ff.,
- **Logistikimmobilien** vgl. Kleiber, a. a. O., Teil VI Rn. 181 ff.,
- **Mehrfamilienhäuser** vgl. Kleiber, a. a. O., Teil VI Rn. 25 ff.,
- **Milieuschutzsatzungsgebiete** vgl. Kleiber, a. a. O., Teil VIII Rn. 581,
- **Mobilfunkbetroffene Bereiche** vgl. § 6 ImmoWertV Rn. 291,
- **Multiplexkino** vgl. Kleiber, a. a. O., Teil VI Rn. 517,
- **Ödland** vgl. § 5 ImmoWertV Rn. 5, 249,
- **Parkhaus** vgl. Kleiber, a. a. O., Teil VI Rn. 466,
- **Post- und Fernmeldewesen** vgl. Kleiber, a. a. O., Teil VI Rn. 692 ff.,
- **Personenbezogene Fläche** vgl. § 6 ImmoWertV Rn. 96 ff.,
- **Reitanlagen** vgl. Kleiber, a. a. O., Teil VI Rn. 583 ff.,
- **Rohbauland** vgl. § 5 ImmoWertV Rn. 165 ff.,
- **Sanierungsgebiet** vgl. § 6 ImmoWertV Rn. 70, vgl. Kleiber, a. a. O., Teil VIII Rn. 23, 78 ff.,
- **Schutzgebiet** vgl. § 5 ImmoWertV Rn. 253 ff.,
- **Sozialer Wohnungsbau** vgl. § 6 ImmoWertV Rn. 92 ff., vgl. Kleiber, a. a. O., Teil VI Rn. 971 ff.,
- **Sportplatz** vgl. § 5 ImmoWertV Rn. 547, Teil VI Rn. 590,

Syst. Darst. Vergleichswertverfahren   Zielbaumverfahren

- **Stadtumbaugebiete** vgl. Kleiber, a. a. O., Teil VIII Rn. 605 ff.,
- **Straßenland** vgl. § 8 ImmoWertV Rn. 131 ff., Kleiber, a. a. O., Teil VI Rn. 636 ff., 656 ff., 660,
- **Tankstelle** vgl. Kleiber, a. a. O., Teil VI Rn. 479 ff.,
- **Tennisanlage** vgl. Kleiber, a. a. O., Teil VI Rn. 555,
- **Umlegungsgebiete** vgl. Kleiber, a. a. O., Teil VIII Rn. 619 ff.,
- **Wald** vgl. § 5 ImmoWertV Rn. 80 ff.,
- **Wasserfläche** vgl. § 5 ImmoWertV Rn. 227, 435 ff., Syst. Darst. des Vergleichswertverfahrens Rn. 401.

§ 15 ImmoWertV
Ermittlung des Vergleichswerts

Im Vergleichswertverfahren wird der Vergleichswert aus einer ausreichenden Zahl von Vergleichspreisen ermittelt. Für die Ableitung der Vergleichspreise sind die Kaufpreise solcher Grundstücke heranzuziehen, die mit dem zu bewertenden Grundstück hinreichend übereinstimmende Grundstücksmerkmale aufweisen. Finden sich in dem Gebiet, in dem das Grundstück gelegen ist, nicht genügend Vergleichspreise, können auch Vergleichspreise aus anderen vergleichbaren Gebieten herangezogen werden. Änderungen der allgemeinen Wertverhältnisse auf dem Grundstücksmarkt oder Abweichungen einzelner Grundstücksmerkmale sind in der Regel auf der Grundlage von Indexreihen oder Umrechnungskoeffizienten zu berücksichtigen.

Bei bebauten Grundstücken können neben oder anstelle von Vergleichspreisen zur Ermittlung des Vergleichswerts geeignete Vergleichsfaktoren herangezogen werden. Der Vergleichswert ergibt sich dann durch Vervielfachung des jährlichen Ertrags oder der sonstigen Bezugseinheit des zu bewertenden Grundstücks mit dem Vergleichsfaktor. Vergleichsfaktoren sind geeignet, wenn die Grundstücksmerkmale der ihnen zugrunde gelegten Grundstücke hinreichend mit denen des zu bewertenden Grundstücks übereinstimmen.

Gliederungsübersicht   Rn.

1	Überblick	1
2	Ermittlungsgrundlagen	
	2.1 Übersicht	7
	2.2 Ausreichende Zahl von Vergleichspreisen (§ 15 Abs. 1 Satz 1 und 3 ImmoWertV)	10
	2.3 Hinreichend übereinstimmende Vergleichspreise (§ 15 Abs. 1 Satz 2 ImmoWertV)	12
	2.4 Identifizierung und Eliminierung ungeeigneter Kaufpreise (Ausreißer)	14
3	Berücksichtigung von Abweichungen (intertemporärer und qualitativer Abgleich	
	3.1 Übersicht	17
	3.2 Intertemporärer Abgleich	21
	3.3 Qualitativer Abgleich	22
4	Ableitung des Verkehrswerts	
	4.1 Aggregation der gleichnamig gemachten Vergleichspreise	23
	4.2 Ableitung des Verkehrswerts aus dem Vergleichswert (§ 8 ImmoWertV)	24

1 Überblick

▶ *Allgemeines vgl. Syst. Darst. des Vergleichswertverfahrens Rn. 18 ff.*

Unterabschnitt 1 des dritten Abschnitts der ImmoWertV regelt das Vergleichswertverfahren einschließlich der Bodenwertermittlung. Den Regelungen zugeordnet ist die Rahmen- bzw. Mantelvorschrift des § 8 ImmoWertV. Titel dieses Abschnitts und Vorschriftengliederung stellen zwar das **„Vergleichswertverfahren" (§ 15 ImmoWertV) und die „Bodenwertermittlung" (§ 16 ImmoWertV) begrifflich nebeneinander**, jedoch geht es auch in § 15 ImmoWertV um die Ermittlung des vorrangig im Vergleichswertverfahren zu ermittelnden Bodenwerts.   **1**

Die §§ 15 und 16 ImmoWertV sind aus den §§ 13 und 14 WertV 88/98 ohne wesentliche materielle Änderungen hervorgegangen. Der Verordnungsgeber war sichtlich bemüht, die Materie systematischer als bisher zu gliedern, insbesondere durch   **2**

§ 15 ImmoWertV — Ermittlung des Vergleichswerts

- Zusammenfassung der die Bodenwertermittlung betreffenden Regelungen in eine eigenständigen Vorschrift über die Bodenwertermittlung; die bisherigen Regelungen des § 13 Abs. 2, des § 20 (Liquidationswertverfahren) und des § 28 Abs. 3 WertV 88 (mit verallgemeinertem Inhalt) werden in den neuen § 16 ImmoWertV überführt,
- ergänzende Regelungen zur Wertermittlung von Grundstücken, deren bauliche Anlagen zum Abriss (Rückbau) anstehen (Liquidationsobjekte): Es handelt sich um Regelungen, die in der WertV 88/98 den Regelungen des Ertragswertverfahrens zugeordnet waren (§ 20 WertV 88/98) und nunmehr dem Vergleichswertverfahren zugewiesen worden sind (§ 16 Abs. 3 ImmoWertV).

ImmoWertV 10	WertV 88/98
Abschnitt 3 **Wertermittlungsverfahren**	**Dritter Teil** **Wertermittlungsverfahren**
Unterabschnitt 1: Vergleichswertverfahren, Bodenwertermittlung	**Erster Abschnitt** **Vergleichswertverfahren**
§ 15 **Ermittlung des Vergleichswerts** (1) Im Vergleichswertverfahren wird der Vergleichswert *aus einer ausreichenden Zahl* von Vergleichspreisen ermittelt. Für die Ableitung der Vergleichspreise sind die Kaufpreise solcher Grundstücke heranzuziehen, die mit dem zu bewertenden Grundstück hinreichend übereinstimmende *Grundstücksmerkmale* aufweisen. Finden sich in dem Gebiet, in dem das Grundstück gelegen ist, nicht genügend Vergleichspreise, können auch Vergleichspreise aus *anderen* vergleichbaren Gebieten herangezogen werden.	**§ 13** **Ermittlungsgrundlagen** (1) Bei Anwendung des Vergleichswertverfahrens sind *Kaufpreise* solcher Grundstücke heranzuziehen, die hinsichtlich der ihren Wert beeinflussenden Merkmale (§§ 4 und 5) mit dem zu bewertenden Grundstück hinreichend übereinstimmen (Vergleichsgrundstücke). Finden sich in dem Gebiet, in dem das Grundstück gelegen ist, *nicht genügend* Kaufpreise, können auch Vergleichsgrundstücke aus vergleichbaren Gebieten herangezogen werden.
Änderungen der allgemeinen Wertverhältnisse auf dem Grundstücksmarkt oder Abweichungen einzelner Grundstücksmerkmale sind in der Regel auf der Grundlage von Indexreihen oder Umrechnungskoeffizenten zu berücksichtigen.	**§ 14** **Berücksichtigung von Abweichungen** Weichen die wertbeeinflussenden Merkmale der Vergleichsgrundstücke oder der Grundstücke, für die Bodenrichtwerte oder Vergleichsfaktoren bebauter Grundstücke abgeleitet worden sind, vom Zustand des zu bewertenden Grundstücks ab, so ist dies durch Zu- oder Abschläge oder in anderer geeigneter Weise zu berücksichtigen. Dies gilt auch, soweit die den Preisen von Vergleichsgrundstücken und den Bodenrichtwerten zugrunde liegenden allgemeinen Wertverhältnisse von denjenigen am Wertermittlungsstichtag abweichen. Dabei sollen vorhandene Indexreihen (§ 9) und Umrechnungskoeffizienten (§ 10) herangezogen werden.

(2) Bei bebauten Grundstücken können neben oder anstelle von Vergleichspreisen zur Ermittlung des Vergleichswerts geeignete Vergleichsfaktoren herangezogen werden. Der Vergleichswert ergibt sich dann durch Vervielfachung des jährlichen Ertrags oder der sonstigen Bezugseinheit des zu bewertenden Grundstücks mit dem Vergleichsfaktor. Vergleichsfaktoren sind geeignet, wenn die Grundstücksmerkmale der ihnen zugrunde gelegten Grundstücke hinreichend mit denen des zu bewertenden Grundstücks übereinstimmen.	(3) Bei bebauten Grundstücken können neben oder anstelle von Preisen für Vergleichsgrundstücke *insbesondere die nach Maßgabe des § 12 ermittelten* Vergleichsfaktoren herangezogen werden. Der Vergleichswert ergibt sich durch Vervielfachung des jährlichen Ertrags oder der sonstigen Bezugseinheit des zu bewertenden Grundstücks mit dem nach § 12 ermittelten Vergleichsfaktor; *Zu- oder Abschläge nach § 14 sind dabei zu berücksichtigen. Bei Verwendung von Vergleichsfaktoren, die sich nur auf das Gebäude beziehen (§ 12 Abs. 3), ist der getrennt vom Gebäudewert zu ermittelnde Bodenwert gesondert zu berücksichtigen.*

Der in der Begründung herausgestellte Unterschied zwischen dem „Vergleichspreis" nach § 15 Abs. 1 Satz 1 ImmoWertV und dem „Kaufpreis" eines Vergleichsgrundstücks nach § 13 Abs. 1 Satz 1 WertV 88/98 ist für die Praxis bedeutungslos und nicht aus dem Wortlaut ersichtlich[1].

Das mit der Umstellung verfolgte Anliegen ist nur teilweise geglückt. Bodenwerte werden vorrangig im Vergleichswertverfahren ermittelt, und deswegen ist **die Ermittlung von Bodenwerten materieller Bestandteil des in § 15 ImmoWertV geregelten Vergleichswertverfahrens**. Dementsprechend enthalten die Regelungen des § 16 ImmoWertV („Bodenwertermittlung") auch gar keine verfahrenstechnischen Hinweise zur Bodenwertermittlung; in § 16 Abs. 1 Satz 1 ImmoWertV wird vielmehr auf die verfahrensrechtlichen Regelungen des § 15 ImmoWertV zurückverwiesen. Lediglich der Regelungsgehalt des § 16 Abs. 1 Satz 2 und 3 ImmoWertV stellt eine verfahrenstechnische Ergänzung des in § 15 ImmoWertV geregelten Vergleichswertverfahrens dar. Dort wird in Ergänzung zu § 15 Abs. 1 ImmoWertV und spiegelbildlich zur Regelung des § 15 Abs. 2 ImmoWertV über die Anwendung des Vergleichswertverfahrens auf bebaute Grundstücke geregelt, dass neben oder anstelle von Vergleichspreisen („auch") geeignete Bodenrichtwerte herangezogen werden können. Der Regelungsgehalt ist aus systematischer Sicht dem § 15 ImmoWertV (als Absatz 1a) zuzuordnen. 3

Gegenstand der Regelung des § 16 ImmoWertV ist im Kern lediglich **der** sich durch alle Wertermittlungsverfahren durchziehende **Grundsatz, nach dem sich der Bodenwert eines bebauten Grundstücks nach dem Wert des unbebauten Grundstücks bemisst**. 4

§ 16 Abs. 1 Satz 1 ImmoWertV gibt in diesem Sinne vor, dass der Bodenwert „ohne Berücksichtigung der vorhandenen baulichen Anlagen auf dem Grundstück" zu ermitteln ist. Mit dieser stringenten Vorgabe wird eine „Dämpfung des Bodenwerts" allein aufgrund der Bebauung (auch wenn das Grundstück planungskonform genutzt wird) als unzulässig erklärt. Die Bedeutung dieses in die ImmoWertV erstmals aufgenommenen stringenten Befehls ist nicht unerheblich, denn in der Vergangenheit ist von einzelnen Sachverständigen und auch von kleineren Gutachterauschüssen für Grundstückswerte der Bodenwert bebauter Grundstücke „gedämpft" worden (vgl. § 16 ImmoWertV Rn. 36 ff.). 5

Aus der Grundsatzregelung des § 16 Abs. 1 Satz 1 ImmoWertV folgt, dass der Bodenwert eines bebauten Grundstücks unabhängig von der auf dem Grundstück vorhandenen Bebauung nach Maßgabe des § 6 Abs. 1 ImmoWertV auf der Grundlage der auf dem Grundstück zulässigen bzw. lagetypischen Nutzung zu ermitteln ist. 6

§ 16 Abs. 2 bis 4 ImmoWertV sehen besondere **Ausnahmetatbestände** (Sonderfälle) **von der Grundsatzregelung** des § 16 Abs. 1 Satz 1 ImmoWertV vor:

– *Absatz 2* regelt den Sonderfall, in dem sich die Grundstücksbebauung ausnahmsweise auf den Bodenwert auswirkt. Er bestimmt, dass vorhandene bauliche Anlagen auf **im Außenbereich gelegenen Grundstücken** bei der Ermittlung des Bodenwerts zu berücksichtigen

---

[1] BRDrucks 171/10.

§ 15 ImmoWertV Ermittlung des Vergleichswerts

sind, wenn sie weiterhin nutzbar sind. Damit wird der Erfahrung Rechnung getragen, dass auf dem Grundstücksmarkt den im Außenbereich gelegenen bebauten Grundstücken aufgrund ihres Bestandsschutzes sowie der Regelungen des § 35 BauGB über privilegierte bzw. begünstige Vorhaben regelmäßig eine andere (höhere) Qualität zugesprochen wird, als diese Grundstücke im unbebauten Zustand hätten[2]. In der Praxis wird in diesem Zusammenhang von De-facto-Bauland gesprochen. Aus systematischer Sicht ist der Regelungsgehalt deshalb § 5 ImmoWertsV zuzuordnen, denn bei den in der Begründung zu dieser Vorschrift angesprochenen Regelungen des § 35 BauGB handelt es sich um öffentlich-rechtliche Vorschriften, nach denen die Flächen „baulich nutzbar" sind. Die Vorschrift stellt insoweit eine entbehrliche oder allenfalls klarstellende Ergänzung zu § 5 Abs. 4 ImmoWertV dar.

- *Absatz 3* regelt den Sonderfall, in dem die Bebauung eines Grundstücks (im Verhältnis zu dem Verkehrswert eines vergleichbaren unbebauten Grundstücks) den Bodenwert mindert, weil alsbald mit ihrem Abriss (Rückbau) zu rechnen ist und im gewöhnlichen Geschäftsverkehr die künftigen Freilegungskosten berücksichtigt werden. Die Regelung entspricht dem in § 20 Abs. 1 und 2 WertV 88/98 geregelten **Liquidationswertverfahren**.

- *Absatz 4* enthält eine weitere Ausnahmeregelung für den Fall, dass die **auf einem Grundstück realisierte Nutzung „erheblich" von der nach § 6 Abs. 1 ImmoWertV maßgeblichen bzw. lagetypischen Nutzung abweicht.** Die Vorschrift spricht in diesem Zusammenhang zwar nur eine „erhebliche Beeinträchtigung" der zulässigen bzw. lagetypischen Nutzung durch vorhandene bauliche Anlagen an, jedoch können die vorhandenen baulichen Anlagen die Nutzbarkeit auch erhöhen. Da sich der Bodenwert eines bebauten Grundstücks nach der Grundsatzregelung des § 16 Abs. 1 ImmoWertV nach dem Bodenwert eines unbebauten Grundstücks unter Berücksichtigung der zulässigen bzw. lagetypischen Nutzung bestimmt, müssen die genannten Abweichungen auch bei der Bodenwertermittlung ergänzend berücksichtigt werden, „soweit dies dem gewöhnlichen Geschäftsverkehr entspricht".

2 Ermittlungsgrundlagen

2.1 Übersicht

▶ *Allgemeines vgl. Syst. Darst. des Vergleichswertverfahrens Rn. 18 ff. Zur ersatzweisen Heranziehung von Bodenrichtwerten dort Rn. 153 ff. und zu deduktiven Verfahren Rn. 184 ff.*

7 Nach den Ausführungen der Vorbemerkungen zu § 15 und § 16 ImmoWertV stellt sich bei Anwendung des Vergleichswertverfahrens im Anschluss an die Qualifizierung des Wertermittlungsobjekts regelmäßig die Aufgabe,

a) eine ausreichende Zahl „geeigneter" Vergleichspreise auszuwählen, sofern nicht

- bei der Verkehrswertermittlung bebauter Grundstücke nach § 15 Abs. 2 ImmoWertV auf Vergleichsfaktoren bebauter Grundstücke i. S. des § 13 ImmoWertV oder
- bei der Bodenwertermittlung nach § 16 Abs. 1 Satz 2 und 3 ImmoWertV auf einen „geeigneten" Bodenrichtwert

zurückgegriffen wird,

b) die Vergleichspreise, den Bodenrichtwert bzw. die Vergleichsfaktoren bebauter Grundstücke auf die Grundstücksmerkmale des zu bewertenden Grundstücks nach Maßgabe des § 15 Abs. 1 Satz 4 bzw. § 16 Abs. 1 Satz 5 ImmoWertV „umzurechnen",

---

[2] Vgl. BR-Drucks. 296/09.

c) die „qualitativ gleichnamig gemachten" Vergleichspreise mittels Indexreihen wiederum nach Maßgabe vorstehender Vorschriften auf die allgemeinen Wertverhältnisse des Wertermittlungsstichtags „umzurechnen" und

d) solche Preise nach Maßgabe des § 7 ImmoWertV „herauszufiltern", die durch ungewöhnliche oder persönliche Verhältnisse beeinflusst worden sind, um diese

- ersatzlos „fallen zu lassen" oder
- zu „bereinigen",

indem der Einfluss der ungewöhnlichen oder persönlichen Verhältnisse auf die Höhe des Vergleichspreises „sicher" ermittelt wird; dies wiederum wird nur in Ausnahmefällen möglich sein.

Die verbleibenden auf den Wertermittlungsstichtag bezogenen und auf die Zustandsmerkmale des zu bewertenden Grundstücks „umgerechneten" **Vergleichspreise, Vergleichsfaktoren bebauter Grundstücke bzw. Bodenrichtwerte müssen** sodann **zum Vergleichswert aggregiert werden**. Dazu ist es erforderlich, jeden einzelnen Vergleichspreis hinsichtlich seiner Aussagefähigkeit sorgsam zu würdigen und ihm bei der Aggregation aller Vergleichspreise das angemessene Gewicht zu geben. 8

Hieran knüpft § 15 Abs. 1 Satz 1 ImmoWertV an, der die Heranziehung der Kaufpreise solcher Grundstücke vorschreibt, die mit dem zu bewertenden Grundstück hinreichend übereinstimmende Grundstücksmerkmale (§§ 5 und 6 ImmoWertV) aufweisen. Darüber hinaus kommt es entscheidend auf die Zusammensetzung der herangezogenen Vergleichspreise – auf ihre „Chemie" – an. Folgende Grundsätze sind deshalb zu beachten: 9

a) Die zum Preisvergleich heranzuziehenden Kaufpreise vergleichbarer Grundstücke müssen zu einem Zeitpunkt vereinbart worden sein, der dem Wertermittlungsstichtag möglichst nahe liegt (vgl. Syst. Darst. des Vergleichswertverfahrens Rn. 35 ff.).

b) Es muss eine „ausreichende Zahl", d. h., es müssen genügend Vergleichspreise herangezogen werden.

Bei Anwendung des Vergleichswertverfahrens können in der allgemeinen Wertermittlungspraxis neben Vergleichspreisen vergleichbarer Grundstücke auch **andere zum Preisvergleich geeignete Marktindikatoren** herangezogen werden. Dies kann insbesondere bei Marktwertermittlungen auf „engen" Grundstücksmärkten geboten sein, insbesondere wenn eine hinreichende Anzahl geeigneter Vergleichspreise nicht zur Verfügung stehen.

Dem steht auch nicht § 15 Abs. 1 ImmoWertV entgegen, der in diesem Zusammenhang expressis verbis zwar nur von „Vergleichs- bzw. Kaufpreisen" von Grundstücken spricht, jedoch steht die Vorschrift einer Heranziehung anderer Vergleichsdaten auch nicht entgegen. Ein Sachverständiger würde gegen seine Sorgfaltspflichten verstoßen, wenn er andere geeignete und ihm zugängliche Marktindikatoren ausschlösse.

2.2 Ausreichende Zahl von Vergleichspreisen (§ 15 Abs. 1 Satz 1 und 3 ImmoWertV)

▶ *Hierzu vgl. Syst. Darst. des Vergleichswertverfahrens Rn. 50 ff. sowie die Erläuterungen zu § 7 ImmoWertV*

Der Verordnungsgeber fordert mit § 15 Abs. 1 Satz 1 ImmoWertV die Heranziehung einer **„ausreichenden" Zahl von geeigneten Vergleichspreisen,** ohne dafür konkrete Anhaltspunkte zu geben (vgl. Syst. Darst. des Vergleichswertverfahrens Rn. 41 ff., 50 ff.). Geeignet sind vor allem Vergleichspreise aus dem Belegenheitsgebiet des zu bewertenden Grundstücks. Da die Anwendung des Vergleichswertverfahrens „chronisch" unter dem Mangel an geeigneten Vergleichspreisen leidet, wird in § 15 Abs. 1 Satz 3 ImmoWertV der Rückgriff auf Vergleichspreise aus „anderen vergleichbaren Gebieten" zugelassen, wenn sich in dem Gebiet, in dem das zu bewertende Grundstück liegt, nicht „genügend" Kaufpreise finden lassen. 10

§ 15 ImmoWertV   Ermittlung des Vergleichswerts

11   Aus dieser Vorschrift ergibt sich zugleich eine **Rangfolge für die Auswahl der Vergleichspreise**:

     a) Vorrangig sind also Vergleichspreise aus dem Gebiet heranzuziehen, in dem das Grundstück liegt.

     b) Erst wenn sich keine ausreichende Zahl von geeigneten Vergleichspreisen in dem Gebiet selbst finden lassen, ist auf Vergleichsgebiete auszuweichen.

2.3 Hinreichend übereinstimmende Vergleichspreise (§ 15 Abs. 1 Satz 2 ImmoWertV)

▶ *Hierzu vgl. Syst. Darst. des Vergleichswertverfahrens Rn. 8, 43 ff. sowie die Erläuterungen zu § 7 ImmoWertV, § 8 ImmoWertV Rn. 50 ff.*

12   Das Kriterium der hinreichenden Übereinstimmung stellt einen unbestimmten Rechtsbegriff dar. Dabei ist sowohl eine *qualitative* Übereinstimmung der zum Preisvergleich herangezogenen Vergleichsgrundstücke, Bodenrichtwerte und Vergleichsfaktoren bebauter Grundstücke als auch eine *temporäre* Übereinstimmung zu fordern, d. h., der Bezugsstichtag der Vergleichsgrundstücke, Bodenrichtwerte und Vergleichsfaktoren bebauter Grundstücke sollte mit dem Wertermittlungsstichtag hinreichend übereinstimmen. Die Vergleichsgrundstücke können als hinreichend übereinstimmend mit dem zu bewertenden Grundstück gelten, wenn die **Summe der zur Berücksichtigung von Abweichungen anzubringenden Zu- und Abschläge nicht einen Grenzwert von rd. 40 % überschreitet** (vgl. Syst. Darst. des Vergleichswertverfahrens Rn. 8, 43 ff.).

13   Grundsätzlich lassen sich die **in der Vergangenheit entrichteten Kaufpreise** (vgl. Syst. Darst. des Vergleichswertverfahrens Rn. 75) mittels Indexreihen – theoretisch auch über Jahrzehnte hinweg – umrechnen, jedoch muss dabei bedacht werden, dass damit zusätzliche Fehler in das Wertermittlungsverfahren Eingang finden können. Zudem wird man auch bei einer gut geführten Kaufpreissammlung den damaligen Grundstückszustand nicht mehr umfassend und vollständig erfassen können, sodass zwischenzeitliche Änderungen der Zustandsmerkmale das Bild verfälschen.

2.4 Identifizierung und Eliminierung ungeeigneter Kaufpreise (Ausreißer)

▶ *Hierzu vgl. Syst. Darst. des Vergleichswertverfahrens Rn. 101 ff. sowie die Erläuterungen zu § 7 ImmoWertV*

14   Nach § 7 Satz 1 ImmoWertV dürfen Kaufpreise und andere Daten herangezogen werden, von denen angenommen werden kann, dass sie nicht durch „ungewöhnliche oder persönliche Verhältnisse" (Ausreißer) beeinflusst worden sind. Durch „ungewöhnliche oder persönliche Verhältnisse" beeinflusste Kaufpreise und andere Daten sind zum Preisvergleich nicht geeignet i. S. des § 15 Abs. 1 Satz 2 ImmoWertV.

15   Als „Ausreißer" gelten Kaufpreise und andere Daten, die **erheblich von den übrigen vergleichbaren Kaufpreisen und anderen Daten abweichen** und daraus erkannt werden muss, dass „ungewöhnliche oder persönliche Verhältnisse" vorgelegen haben müssen (§ 7 Satz 2 ImmoWertV).

16   Die **Identifizierung von „Ausreißern"** setzt bei Anwendung des Vergleichswertverfahrens voraus, dass die zur Vergleichswertermittlung in Betracht kommenden Vergleichspreise „vergleichbar" sind, d. h. sich auf

– Grundstücke mit übereinstimmenden Grundstücksmerkmalen und

– die Kaufpreise im Hinblick auf die „allgemeinen Wertverhältnisse auf dem Grundstücksmarkt" auf einen gemeinsamen Stichtag

Ermittlung des Vergleichswerts § 15 ImmoWertV

beziehen. Soweit die in Betracht kommenden Vergleichspreise zu unterschiedlichen Zeitpunkten zustande gekommen sind und sich auf Grundstücke mit unterschiedlichen Grundstücksmerkmalen beziehen, kann ein „erhebliches" Abweichen erst auf der Grundlage der „gleichnamig" gemachten Kaufpreise festgestellt werden.

3 Berücksichtigung von Abweichungen (intertemporärer und qualitativer Abgleich)

▶ *Vgl. zur Leistungsfähigkeit und Genauigkeit einer Verkehrswertermittlung Vorbem. zur ImmoWertV Rn. 22; Syst. Darst. des Vergleichswertverfahren Rn. 24 f., 63 ff.*

3.1 Übersicht

Der **Vergleichswert lässt sich** nach Auswahl der Vergleichspreise in aller Regel **nicht unmittelbar aus den verbleibenden Vergleichspreisen ableiten.** Die den Vergleichspreisen zugrunde liegenden Vergleichsgrundstücke weisen nämlich i. d. R. keine in jeder Beziehung mit dem zu bewertenden Objekt unmittelbar vergleichbare Identität auf; sie unterscheiden sich von dem zu bewertenden Objekt insbesondere in ihren qualitativen Grundstücksmerkmalen. Darüber hinaus bezieht sich der Vergleichspreis i. d. R. auf einen vom Wertermittlungsstichtag abweichenden Zeitpunkt. 17

Entsprechendes gilt auch bei **Heranziehung von Bodenrichtwerten, Vergleichsfaktoren bebauter Grundstücke sowie anderer Daten der Wertermittlung.** 18

- *Bodenrichtwerte* werden nämlich als „durchschnittliche Lagewerte" ermittelt. Die den Bodenrichtwerten zugrunde liegenden qualitativen Grundstücksmerkmale werden mit dem den jeweiligen Bodenrichtwertgrundstücken zugeordneten Grundstücksmerkmalen beschrieben. Dem Bodenrichtwert liegen die „allgemeinen Wertverhältnisse auf dem Grundstücksmarkt" des Bezugsstichtags zugrunde.

- *Vergleichsfaktoren bebauter Grundstücke* liegen die qualitativen Grundstücksmerkmale des ihnen zugeordneten „Normgrundstücks" und die „allgemeinen Wertverhältnisse auf dem Grundstücksmarkt" des Bezugsstichtags zugrunde.

Unterschiede zwischen dem zu bewertenden Grundstück und den Vergleichspreisen, Bodenrichtwerten, Vergleichsfaktoren bebauter Grundstücke sowie anderer Daten sind nach Maßgabe des § 15 Abs. 1 Satz 4 bzw. § 16 Abs. 1 Satz 5 ImmoWertV zu berücksichtigen (vgl. Syst. Darst. des Vergleichswertverfahrens Rn. 30). Die entsprechende Umrechnung der Vergleichsdaten (Vergleichspreise, Bodenrichtwerte, Vergleichsfaktoren bebauter Grundstücke) 19

- auf die am Wertermittlungsstichtag herrschenden allgemeinen Wertverhältnisse auf dem Grundstücksmarkt (intertemporärer Preisvergleich) sowie

- auf die Grundstücksmerkmale des zu bewertenden Grundstücks (interqualitativer Preisvergleich)

ist das Herzstück des Vergleichswertverfahrens. § 15 Abs. 1 Satz 4 ImmoWertV kann nach seinem Wortlaut dahingehend ausgelegt werden, dass die Vorschrift lediglich die vorrangig für den intertemporären und interqualitativen Preisvergleich anzuwendenden Methoden vorgibt und die Berücksichtigung der allgemeinen Wertverhältnisse auf dem Grundstücksmarkt (Marktlage) sowie der besonderen objektspezifischen Grundstücksmerkmale erst mit § 8 Abs. 2 und 3 ImmoWertV vorgegeben wird (Frage der Doppelregelung). Gleichwohl ist bei Anwendung des Vergleichswertverfahrens eine pragmatische Vorgehensweise angezeigt und es ist sachgerecht, die zum Vergleich herangezogenen Daten zu einem möglichst frühen Zeitpunkt auf die allgemeinen Wertverhältnisse des Wertermittlungsstichtags und die Eigenschaften des zu bewerten-

§ 15 ImmoWertV Ermittlung des Vergleichswerts

den Grundstücks umzurechnen und lediglich die „besonderen" objektspezifischen Grundstücksmerkmale nach Maßgabe des § 8 Abs. 2 und 3 subsidiär zu berücksichtigen.

20 Soweit es um die **Ermittlung des Bodenwerts bebauter Grundstücke** geht, kann es nach dem Grundsatz der Modellkonformität des jeweils zur Anwendung kommenden Wertermittlungsverfahrens geboten sein, die Berücksichtigung von (bodenwertbezogenen) Abweichungen des zu bewertenden Grund und Bodens von den qualitativen Grundstücksmerkmalen der herangezogenen Vergleichgrundstücke bzw. des dem herangezogenen Bodenrichtwert zugrunde liegenden Bodenrichtwertgrundstücks im verfahrenstechnischen Ablauf der Wertermittlung zunächst zurückzustellen und erst nach Maßgabe des § 8 Abs. 3 ImmoWertV zu berücksichtigen (vgl. Syst. Darst. des Vergleichswertverfahrens Rn. 176). So ist beispielsweise bei *Anwendung des Sachwertverfahrens* zunächst der mit dem heranzuziehenden Sachwertfaktor **kompatible Bodenwert** zu ermitteln; die besonderen objektspezifischen Eigenschaften des Grund und Bodens des zu bewertenden Grundstücks werden dann erst subsidiär und nachträglich als „besondere objektspezifische Grundstücksmerkmale" i. S. des § 8 Abs. 3 ImmoWertV berücksichtigt.

3.2 Intertemporärer Abgleich

21 Abweichungen des Bezugsstichtags der Vergleichspreise, Bodenrichtwerte, Vergleichsfaktoren bebauter Grundstücke sowie anderer Daten vom Wertermittlungsstichtag und den daraus resultierenden Abweichungen der allgemeinen Wertverhältnisse auf dem Grundstücksmarkt „sollen" möglichst auf der Grundlage von geeigneten **Indexreihen** nach § 11 ImmoWertV **oder in einer sonstigen geeigneten Weise** insbesondere nach Maßgabe des § 9 Abs. 2 ImmoWertV berücksichtigt werden (temporärer Abgleich).

3.3 Qualitativer Abgleich

▶ *Hierzu umfassend die Erläuterungen in der Syst. Darst. des Vergleichswertverfahrens Rn. 174 ff.*

22 Abweichungen der qualitativen Grundstücksmerkmale der Vergleichsgrundstücke, der Bodenrichtwertgrundstücke, der den Vergleichsfaktoren bebauter Grundstücke zugrunde liegenden Normgrundstücke sowie anderer Daten von den Grundstücksmerkmalen des zu bewertenden Grundstücks „sollen" möglichst auf der Grundlage von **Umrechnungskoeffizienten** nach § 12 ImmoWertV **oder in einer sonstigen geeigneten Weise** insbesondere nach Maßgabe des § 9 Abs. 2 ImmoWertV berücksichtigt werden (qualitativer Abgleich).

4 Ableitung des Verkehrswerts

▶ *Vgl. Syst. Darst. des Vergleichswertverfahrens Rn. 77 ff., zur Genauigkeit der Verkehrswertermittlung vgl. § 194 BauGB Rn. 129*

4.1 Aggregation der gleichnamig gemachten Vergleichspreise

23 Bei Anwendung des Vergleichswertverfahrens unter Heranziehung einer ausreichenden Zahl von Vergleichspreisen ist es i. d. R. erforderlich, die gleichnamig gemachten Vergleichspreise miteinander „abzugleichen". Die gleichnamig gemachten Vergleichspreise weisen nämlich auch nach dem Ausschluss von sog. Ausreißern in aller Regel eine nicht unerhebliche dem gewöhnlichen Geschäftsverkehr zurechenbare Streuung auf. Die (verbleibenden) gleichnamig gemachten Vergleichspreise müssen deshalb in geeigneter Weise zu einem Vergleichswert zusammengefasst (aggregiert) werden. Dies erfolgt regelmäßig durch ihre **Mittelung**, wobei neben der einfachen Mittelung ggf. auch eine Mittelung unter Gewichtung der einzelnen

Ermittlung des Vergleichswerts § 15 ImmoWertV

Kaufpreise in Betracht kommt. Daneben kommen auch andere Rechentechniken, wie z. B. eine Regressionsanalyse, zur Anwendung.

4.2 Ableitung des Verkehrswerts aus dem Vergleichswert (§ 8 ImmoWertV)

§ 8 ImmoWertV ist eine Rahmenvorschrift, die grundsätzlich auf alle in der ImmoWertV geregelten Wertermittlungsverfahren zur Anwendung kommt und von daher **auch bei Anwendung des Vergleichswertverfahrens zu beachten ist**. 24

Die Anwendung des Vergleichswertverfahrens nach den §§ 15 und 16 ImmoWertV führt danach zunächst zum **Vergleichswert**, aus dem nach § 8 Abs. 1 Satz 5 ImmoWertV der Verkehrswert unter Würdigung seiner Aussagefähigkeit abzuleiten ist. 25

Sind weitere Wertermittlungsverfahren unterstützend herangezogen worden, sind nach Maßgabe des § 8 Abs. 1 Satz 5 ImmoWertV die **Ergebnisse aller Verfahren zu würdigen**, um daraus den Verkehrswert abzuleiten. 26

Auch bei Anwendung des Vergleichswertverfahrens muss **§ 8 Abs. 2 und 3 ImmoWertV** Beachtung finden. Danach sind 27

1. zur Marktanpassung die allgemeinen Wertverhältnisse auf dem Grundstücksmarkt und
2. besondere objektspezifische Grundstücksmerkmale i. S. des § 8 Abs. 3 ImmoWertV

zu berücksichtigen, soweit sie nicht bei der Anwendung des Vergleichswertverfahrens bereits berücksichtigt worden sind.

Anders als bei Anwendung des Ertrags- und Sachwertverfahrens finden bei Anwendung des Vergleichswertverfahrens die allgemeinen Wertverhältnisse auf dem Grundstücksmarkt (Lage auf dem Grundstücksmarkt) in aller Regel bereits über die Vergleichspreise hinreichend Eingang in die Wertermittlung, sodass der **Vergleichswert zugleich** unmittelbar auch **der Verkehrswert** ist. Eine Angleichung der Vergleichswerts an den Verkehrswert kommt deshalb nur in solchen Ausnahmefällen in Betracht, in denen die allgemeinen Wertverhältnisse auf dem Grundstücksmarkt (Lage auf dem Grundstücksmarkt) mit den herangezogenen Vergleichspreisen, Bodenrichtwerten, Vergleichsfaktoren bebauter Grundstücke oder anderen Daten und ihrer Umrechnung gemäß § 15 Abs. 1 Satz 4 bzw. § 16 Abs. 1 Satz 5 ImmoWertV auf die Grundstücksmerkmale des Wertermittlungsobjekts und die allgemeinen Wertverhältnisse des Wertermittlungsstichtags noch nicht hinreichend berücksichtigt wurden. 28

§ 16 ImmoWertV
Ermittlung des Bodenwerts

(1) Der Wert des Bodens ist vorbehaltlich der Absätze 2 bis 4 ohne Berücksichtigung der vorhandenen baulichen Anlagen auf dem Grundstück vorrangig im Vergleichswertverfahren (§ 15) zu ermitteln. Dabei kann der Bodenwert auch auf der Grundlage geeigneter Bodenrichtwerte ermittelt werden. Bodenrichtwerte sind geeignet, wenn die Merkmale des zugrunde gelegten Richtwertgrundstücks hinreichend mit den Grundstücksmerkmalen des zu bewertenden Grundstücks übereinstimmen. § 15 Absatz 1 Satz 3 und 4 ist entsprechend anzuwenden.

(2) Vorhandene bauliche Anlagen auf einem Grundstück im Außenbereich (§ 35 des Baugesetzbuchs) sind bei der Ermittlung des Bodenwerts zu berücksichtigen, wenn sie rechtlich und wirtschaftlich weiterhin nutzbar sind.

(3) Ist alsbald mit einem Abriss von baulichen Anlagen zu rechnen, ist der Bodenwert um die üblichen Freilegungskosten zu mindern, soweit sie im gewöhnlichen Geschäftsverkehr berücksichtigt werden. Von einer alsbaldigen Freilegung kann ausgegangen werden, wenn

1. die baulichen Anlagen nicht mehr nutzbar sind oder
2. der nicht abgezinste Bodenwert ohne Berücksichtigung der Freilegungskosten den im Ertragswertverfahren (§§ 17 bis 20) ermittelten Ertragswert erreicht oder übersteigt.

(4) Ein erhebliches Abweichen der tatsächlichen von der nach § 6 Absatz 1 maßgeblichen Nutzung, wie insbesondere eine erhebliche Beeinträchtigung der Nutzbarkeit durch vorhandene bauliche Anlagen auf einem Grundstück, ist bei der Ermittlung des Bodenwerts zu berücksichtigen, soweit dies dem gewöhnlichen Geschäftsverkehr entspricht.

(5) Bei der Ermittlung der sanierungs- oder entwicklungsbedingten Bodenwerterhöhung zur Bemessung von Ausgleichsbeträgen nach § 154 Absatz 1 oder § 166 Absatz 3 Satz 4 des Baugesetzbuchs sind die Anfangs- und Endwerte auf denselben Zeitpunkt zu ermitteln.

Gliederungsübersicht   Rn.

1 Allgemeines
  1.1 Grundsatzregelung der Bodenwertermittlung bebauter Grundstücke 1
  1.2 Bodenwert
    1.2.1 ImmoWertV 10
    1.2.2 Steuerliche Bewertung 18
    1.2.3 Bilanzbewertung 23
    1.2.4 Rentierlicher Bodenwert 24
2 Bodenwertermittlung bebauter Grundstücke
  2.1 Grundsatzregelung zur Bodenwertermittlung bebauter Grundstücke
     (§ 16 Abs. 1 Satz 1 ImmoWertV) 29
  2.2 Verhältnis der Grundsatzregelung zu anderen Rechtsvorschriften 33
  2.3 Zur Theorie der Dämpfung des Bodenwerts bebauter Grundstücke
    2.3.1 Allgemeines 36
    2.3.2 Dämpfung von Bodenwerten 49
    2.3.3 Ertrags- und Sachwertverfahren unter Heranziehung gedämpfter Bodenwerte
       2.3.3.1 Allgemeines 66
       2.3.3.2 Dämpfung bei Anwendung des Ertragswertverfahrens 68
       2.3.3.3 Dämpfung bei Anwendung des Sachwertverfahrens 77
  2.4 Rechtsprechung 84
  2.5 Steuerliche Bewertung

		2.5.1	Allgemeines	88
		2.5.2	Restwertmethode	91
		2.5.3	Verkehrswertmethode	94
	2.6	Bilanzbewertung		103
	2.7	Schlussfolgerung		104
	2.8	Bodenwertanteil am Gesamtwert bebauter Grundstücke		
		2.8.1	Allgemeines	108
		2.8.2	Bodenwertanteil von Geschäftsgrundstücken in Innenstadtbereichen	113
		2.8.3	Bodenwertanteil von Einfamilienhäusern	116
3	Bodenrichtwertverfahren (§ 16 Abs. 1 Satz 2 und 3)			119
4	Im Außenbereich gelegene bebaute Grundstücke (§ 16 Abs. 2 ImmoWertV)			120
5	Bodenwert von Grundstücken mit abbruchträchtiger Bausubstanz (§ 16 Abs. 3 ImmoWertV)			
	5.1	Vorbemerkungen		
		5.1.1	Allgemeiner Regelungsgehalt	123
		5.1.2	Rechtsänderungen	124
		5.1.3	Verfahrensübergreifende Bedeutung der Vorschrift	127
		5.1.4	Steuerrechtliche Bewertung	129
	5.2	Anwendungsvoraussetzung der Vorschrift		
		5.2.1	Allgemeine Anwendungsvoraussetzung	130
		5.2.2	Liquidationsfalle	131
		5.2.3	Indizierte Freilegung (§ 16 Abs. 3 Satz 2 ImmoWertV)	
			5.2.3.1 Allgemeines	136
			5.2.3.2 Nicht nutzbare bauliche Anlage (§ 16 Abs. 3 Satz 2 Nr. 1 ImmoWertV)	138
			5.2.3.3 Unwirtschaftlich nutzbare bauliche Anlage (§ 16 Abs. 3 Satz 2 Nr. 2 ImmoWertV)	139
			5.2.3.4 Wirtschaftlich (noch) nutzbare bauliche Anlage	144
			5.2.3.5 Wirtschaftlich indizierte, aber unzulässige Freilegung (Denkmalschutz)	145
		5.2.4	Alsbaldige Freilegung (Abriss/Rückbau)	
			5.2.4.1 Allgemeines	146
			5.2.4.2 Aufgeschobene Freilegung	152
		5.2.5	Freilegungskosten	
			5.2.5.1 Übliche Freilegungskosten	155
			5.2.5.2 Im „gewöhnlichen Geschäftsverkehr berücksichtigte" Freilegungskosten	166
		5.2.6	Bodenwertermittlung bei aufgeschobener (gestreckter) Freilegung	
			5.2.6.1 Allgemeines	170
			5.2.6.2 Aufgrund vertraglicher Bindungen aufgeschobene Freilegung	171
			5.2.6.3 Bodensondierung bei übergroßen Grundstücken	180
			5.2.6.4 Vorzeitige Beendigung vertraglicher Bindungen	182
		5.2.7	Disponierbare Freilegungskosten	190
		5.2.8	Beleihungswertermittlung	
			5.2.8.1 Überblick	198
			5.2.8.2 Beleihungswertermittlung bei sofortiger Freilegung (§ 13 Abs. 1 BelWertV)	201
			5.2.8.3 Ertragswertermittlung für Grundstücke, deren Bebauung eine Restnutzungsdauer von weniger als 30 Jahre aufweist (§ 13 Abs. 2 BelWertV)	202
			5.2.8.4 Ertragswertermittlung bei einem Bodenwertanteil von mehr als 50 % des Ertragswerts (§ 13 Abs. 3 BelWertV)	215
			5.2.8.5 Zusammenfassung	217
		5.2.9	Steuerliche Bewertung	219
6	Abweichungen der realisierten Nutzung von der zulässigen bzw. lagetypischen Nutzung (§ 16 Abs. 4 ImmoWertV)			
	6.1	Allgemeines		222

Ermittlung des Bodenwerts § 16 ImmoWertV

6.2	Anwendungsbereich		
	6.2.1	Abweichende Nutzungen	229
	6.2.2	„Erheblich" abweichende Nutzungen	234
6.3	Ermittlung der Bodenwertminderung bzw. Bodenwerterhöhung		
	6.3.1	Allgemeines	238
	6.3.2	Maß der baulichen Nutzung	244
	6.3.3	Art der baulichen Nutzung	247
6.4	Steuerliche Bewertung		249
6.5	Ergänzende Regelung für Sanierungsgebiete und Entwicklungsbereiche (§ 16 Abs. 5 ImmoWertV)		252

1 Allgemeines

Schrifttum: *Hanke, H.:* Der Produktionsfaktor Boden; Akademie für Raumforschung und Landesplanung, Hannover 1976, S. 60 ff.; *Niehans, J.:* Eine vernachlässigte Beziehung zwischen Bodenpreis, Wirtschaftswachstum und Kapitalzins, in: Schweizerische Zeitschrift für Volkswirtschaft und Statistik 1966, S. 195 ff.; dazu *Sieber, H.,* ebenda, 1967, Nr. 1; *Beutler, H.:* Das Problem der Grundrente und seine Lösungsversuche, Diss. Stuttgart 1962; vgl. auch *Brede, H., Dietrich, B., Kohaupt, B.,* Politische Ökonomie des Bodens und Wohnungsfrage, Frankfurt/M. 1976 und *Leimbrock, H.,* Zur Ursachenerklärung von Preissteigerungen beim städtischen Boden, Frankfurt/M. 1980; *Haman, U.,* Bodenwert und Stadtplanung, Stuttgart 1969, S. 12; *Upmeyer, B.,* Bodenwertermittlung für ein Grundstück in einer Großstadt in den neuen Bundesländern, GuG 1999, 42; Roth, C., Verkehrswertermittlung von Grundstücken in den neuen Bundesländern, GuG 1993, 206; *Vogel, R.,* Zur Ermittlung von Grundstückspreisen (Bodenpreisen) in der ehemaligen DDR, DS 1990, 200.

1.1 Grundsatzregelung der Bodenwertermittlung bebauter Grundstücke

▶ *Zur Entstehungsgeschichte der Regelungen zum Vergleichswertverfahren (§§ 15 und 16 ImmoWertV) vgl. § 15 ImmoWertV Rn. 1 ff., § 10 ImmoWertV; zum Bodenrichtwertverfahren vgl. Syst. Darst. des Vergleichswertverfahrens Rn. 155 ff.*

Unter der Überschrift „Bodenwertermittlung" bestimmt § 16 Abs. 1 Satz 1 ImmoWert, dass „der Wert des Bodens ... vorrangig im Vergleichswertverfahren" nach § 15 ImmoWertV zu ermitteln ist. Die Vorschrift macht damit gleich deutlich, dass die Vorschrift des § 16 ImmoWertV über die **„Bodenwertermittlung" nicht als eigenständiges Wertermittlungsverfahren neben dem „Vergleichswertverfahren"** steht, wie es Überschrift des 1. Unterabschnitts des 3. Abschnitts der ImmoWertV in unzutreffender Weise suggeriert. 1

§ 16 ImmoWertV enthält neben dem Hinweis auf die vorrangig anzuwendenden Vorschriften über das Vergleichswertverfahren (§ 15 ImmoWertV) auch **keine eigenen verfahrensrechtlichen Regelungen der „Bodenwertermittlung",** wenn man von den ergänzenden Hinweisen des § 16 Abs. 1 Satz 2 und 3 ImmoWertV absieht (Bodenrichtwertverfahren; hierzu Syst. Darst. des Vergleichswertverfahrens Rn. 153 ff.). § 16 ImmoWertV regelt lediglich, wie sich der Bodenwert eines bebauten Grundstücks ermittelt, und gibt als **Grundsatzregelung** vor, **dass der im Weg des Vergleichswertverfahrens nach § 15 ImmoWertV zu ermittelnde Bodenwert eines bebauten Grundstücks „ohne Berücksichtigung der vorhandenen baulichen Anlagen auf dem Grundstück", d. h. mit dem Wert zu ermitteln ist, der sich für ein vergleichbares unbebautes Grundstück ergeben würde.** Dieser Grundsatz ist das Herzstück der Vorschrift; die Grundsatzregelung ist insbesondere bei der Ermittlung des Verkehrswerts (Marktwerts) bebauter Grundstücke im Wege des Ertrags- und Sachwertverfahrens zu beachten. Die Vorschrift regelt indessen nicht die „Bodenwertermittlung" im umfassenden Sinne, wie es in unzutreffender Weise die Überschrift der Vorschrift suggeriert. Überschrift des 1. Abschnitts und des § 16 ImmoWertV sind von daher schlecht gewählt. 2

§ 16 ImmoWertV — Ermittlung des Bodenwerts

3 Die Grundsatzregelung steht unter dem Vorbehalt der in § 16 Abs. 2 bis 4 ImmoWertV geregelten **Sonderfälle und Reduktionsklauseln**. Ein weiterer Ausnahmefall wird in § 4 Abs. 3 Nr. 3 ImmoWertV angesprochen (vgl. § 4 ImmoWertV Rn. 25).

4 § 16 ImmoWertV enthält im Übrigen auch **keinerlei Regelungen über die Anwendung sonstiger Verfahren der Bodenwertermittlung**, wenn das vorrangig anzuwendende Vergleichswertverfahren nach § 15 ImmoWertV nicht zur Anwendung kommen kann (deduktive Verfahren, insbesondere Extraktionsverfahren, usw.).

5 Bei der Vorgabe des § 16 Abs. 1 Satz 1 ImmoWertV handelt es sich um eine **für die Anwendung des Ertrags- und Sachwertverfahrens bedeutsame wertermittlungstechnische Konvention**. Diese Verfahren kommen nämlich bei der Verkehrswertermittlung bebauter Grundstücke zur Anwendung und nur im Rahmen dieser Verfahren stellt sich die Aufgabe, den Bodenwert eines bebauten Grundstücks gesondert anzusetzen. § 16 ImmoWertV regelt von daher den nach § 17 Abs. 2 und § 21 Abs. 1 ImmoWertV im Rahmen der genannten Verfahren anzusetzenden Bodenwert eines bebauten Grundstücks. Die Bodenwertermittlung eines unbebauten Grundstücks fällt unter den Regelungsgehalt des § 15 ImmoWertV.

6 Mit der für die Verkehrswertermittlung bebauter Grundstücke vorgegeben Konvention, den **Bodenwert eines bebauten Grundstücks** „ohne Berücksichtigung der vorhandenen baulichen Anlagen auf dem Grundstück", d. h. **mit dem Bodenwert eines unbebauten Grundstücks anzusetzen**, folgt der Verordnungsgeber einer in diesem Werk seit der ersten Auflage vertretenen Auffassung, die sich in der Wertermittlungspraxis durchgesetzt hat. Lange Zeit wurde nämlich von einigen Sachverständigen und selbst von einigen Gutachterausschüssen größerer Städte (*München, Stuttgart, Bremen*) die These vertreten, der Bodenwert bebauter Grundstücke sei gegenüber dem Bodenwert eines vergleichbaren unbebauten Grundstücks „gedämpft". Der Nachweis dieser These konnte letztlich deshalb nicht erbracht werden, weil der Grund und Boden eines bebauten Grundstücks kein „im gewöhnlichen Geschäftsverkehr" eigenständig „handelbares Gut" ist und demzufolge keine „echten" Vergleichspreise über den Bodenwert eines bebauten Grundstücks zur Verfügung stehen. Wie nachfolgend noch erläutert wird, hat sich die Erkenntnis durchgesetzt, dass es im Rahmen der Verkehrswertermittlung bebauter Grundstücke nicht entscheidend auf die Beantwortung der Frage ankommt, ob und ggf. wie sich der Bodenwert eines bebauten Grundstücks aufgrund der vorhandenen baulichen Anlagen „gedämpft" wird oder sich umgekehrt erhöht, sondern auf eine bei Gesamtbetrachtung verfahrenstechnisch vernünftige Lösung. Denn eine „Dämpfung" des Bodenwerts kann sich ja nicht auf den Verkehrswert eines bebauten Grundstücks (in seiner Gesamtheit) auswirken und bedeutet lediglich eine Insichverschiebung des Boden- und Gebäudewertanteils.

7 Im Ergebnis handelt es sich um eine **Konvention, die die Vergleichbarkeit von Verkehrswertermittlungen bebauter Grundstücke gewährleisten soll**. Diese wäre beeinträchtigt, wenn einzelne Sachverständige den Bodenwert eines bebauten Grundstücks nach den unterschiedlichsten Methoden „dämpfen" würden. Die Konvention ist vor allem auch im Hinblick auf die Bodenwertermittlung bebauter Grundstücke im Rahmen städtebaulicher Maßnahmen[1] sowie der steuerlichen Bewertung sachgerecht. Sie entspricht auch internationalen Gepflogenheiten.

8 **Gegenstand der Regelung des § 16 ImmoWertV ist nach vorstehenden Ausführungen im Kern** lediglich **der** sich durch alle Wertermittlungsverfahren durchziehende **Grundsatz, nach dem sich der Bodenwert eines bebauten Grundstücks nach dem Wert des unbebauten Grundstücks bemisst**. Die übrigen Regelungen des § 16 ImmoWertV sehen besondere **Ausnahmetatbestände** (Sonderfälle) **von der Grundsatzregelung** des § 16 Abs. 1 Satz 1 ImmoWertV vor. Die dort geregelten Ausnahmetatbestände sind mit den übrigen Vorschriften der ImmoWertV unsystematisch verzahnt (vgl. § 15 ImmoWertV Rn. 5).

---

1 Vgl. Begründung zu § 16 Abs. 1 Satz 1, BR-Drucks. 171/10.

Ermittlung des Bodenwerts § 16 ImmoWertV

Von besonderer Bedeutung ist die in § 16 Abs. 4 ImmoWertV geregelte Reduktionsklausel. Nach dieser Ausnahmeregelung sind **Beeinträchtigungen der zulässigen bzw. lagetypischen Nutzbarkeit, die sich aus vorhandenen baulichen Anlagen auf dem Grundstück ergeben, zu berücksichtigen,** wenn es bei wirtschaftlicher Betrachtungsweise oder aus sonstigen Gründen geboten erscheint, die bauliche Anlage weiter zu nutzen. Die Reduktionsklausel greift allerdings nur dann, wenn sich die nach § 6 Abs. 1 ImmoWertV maßgebliche Nutzung weder durch An- noch Aufbau realisieren lässt. Nur bei irreparablem Abweichen der realisierten von der zulässigen bzw. lagetypischen Nutzung sind „Beeinträchtigungen" i. S. der Vorschrift gegeben, Die Berücksichtigung derartiger Beeinträchtigungen stellt im Übrigen keine „Dämpfung" der Bodenwerte dar, wenngleich vielfach zur Begründung der Theorie von den gedämpften Bodenwerten unbedachterweise eben auf diesen Fall verwiesen wird. Wie unter Rn. 36 ff. dargelegt, geht die „Theorie von den gedämpften Bodenwerten" in ihrem eigentlichen Kern von der Auffassung aus, dass von dem „Akt der Bebauung an" der Bodenwert des „verbrauchten" Grundstücks mit zunehmendem Alter der Bebauung gegenüber dem „unbebauten" Bodenwert absinke (gedämpft werde), um dann aber mit dem wirtschaftlichen „Abgang" des Gebäudes schlagartig wieder aufzuleben. Ursächlich dafür sei allein der Umstand, dass mit der Bebauung des Grund und Bodens über diesen nicht mehr disponiert werden könne. Diese „Dämpfung" berührt damit für sich nicht die Frage, ob das Grundstück nach der realisierten Art und dem realisierten Maß der baulichen Nutzung der rechtlich zulässigen Nutzbarkeit entspricht. Die „Bodenwertdämpfung" bebauter Grundstücke muss klar von diesem Sonderfall abgegrenzt werden.

1.2 Bodenwert

1.2.1 ImmoWertV

▶ *Vgl. Syst. Darst. des Vergleichswertverfahrens Rn. 149*

Der in der Vorschrift gebrauchte **Begriff des „Bodenwerts"** wird in der Verordnung nicht definiert. Lediglich aus § 21 Abs. 3 folgt, dass der Bodenwert ganz oder teilweise bauliche Außenanlagen und sonstige Anlagen, insbesondere Aufwuchs (vgl. § 1 ImmoWertV Rn. 21 ff.), umfassen kann und sich diese in derartigen Fällen einer eigenen Wertermittlung entziehen[2]; dies ist insbesondere bei Anwendung des Sachwertverfahrens von Bedeutung (vgl. § 21 Abs. 3 ImmoWertV). Auch mit dem in § 16 Abs. 1 Satz 1 ImmoWertV aufgestellten Grundsatz, den Bodenwert bebauter Grundstücke ohne Berücksichtigung der auf dem Grundstück vorhandenen baulichen Anlagen (insbesondere Gebäude und bauliche Außenanlagen; vgl. § 1 ImmoWertV Rn. 40) zu ermitteln, wird der Bodenwert nicht definiert. Aus der Vorgabe, dass die auf dem Grundstück vorhandenen baulichen Anlagen bei der Bodenwertermittlung unberücksichtigt bleiben, kann im Umkehrschluss nicht geschlossen werden, dass die nicht baulichen Anlagen (insbesondere Aufwuchs) bei der Bodenwertermittlung zu berücksichtigen sind (vgl. unten Rn. 13). Der „Bodenwert" ist eine interpretationsfähige Größe.

Der Verordnungsgeber hat den „Bodenwert" aus guten vornehmlich pragmatischen Gründen nicht definieren wollen. Diesbezüglich muss sich der Anwender der Verordnung nach den Gegebenheiten des Einzelfalls selbst Klarheit verschaffen. Wie sich der Bodenwert im Einzelfall definiert, ist dabei nicht nur von akademischer Bedeutung, sondern im Rahmen des Preisvergleichs auch von praktischer Bedeutung:

a) **Schädliche Bodenveränderungen** (Altlasten) wird man beispielsweise dem Boden zurechnen müssen. In der Wertermittlungspraxis bleiben sie bei der „Bodenwertermittlung" gleichwohl i. d. R. unberücksichtigt. Vielfach wird das Ergebnis der Verkehrswertermittlung ohne Berücksichtigung einer Altlast ausgewiesen bzw. die entsprechende Wertminderung nachträglich berücksichtigt.

---
2 Vgl. BRDrucks. 352/88, S. 61 auch S. 55 f.

b) Bei **Bodenschätzen** mag man zwischen bergfreien Bodenschätzen und grundeigenen Bodenschätzen (§ 3 Abs. 3 und 4 BBergG) unterscheiden (vgl. § 5 ImmoWertV Rn. 317), jedoch gilt es auch hier, sich im Einzelfall Klarheit darüber zu verschaffen, was mit dem Bodenwert erfasst wird.

c) In aller Regel werden die für die Nutzbarkeit des Bodens maßgeblichen öffentlich-rechtlicher Vorschriften bei der Bodenwertermittlung berücksichtigt. Darüber hinaus stellt sich die Frage, ob auch **die Nutzbarkeit des Bodens beeinflussende privatrechtliche Rechte und Lasten** (z. B. Wege- oder Aussichtsrecht) bei der „Bodenwertermittlung" oder gesondert nach Maßgabe des § 8 Abs. 3 ImmoWertV zu berücksichtigen sind. Hiervon scheint insbesondere § 5 Abs. 4 ImmoWertV auszugehen, nach dem sich der Bodenwert des baureifen Landes sowohl nach öffentlich-rechtlichen Vorschriften als auch nach „tatsächlichen Gegebenheiten" bemisst, denen auch privatrechtliche Gegebenheiten zugerechnet werden können[3].

12 Die **Berücksichtigung** vorstehender **die Nutzbarkeit des Bodens beeinflussenden privatrechtlichen Rechte und Lasten bei der Bodenwertermittlung ist** indessen **nicht unproblematisch**. Wird nämlich z. B. der Bodenwert aufgrund eines auf dem Grundstück lastenden Wegerechts vermindert, so vermindert sich damit bei Anwendung des Ertragswertverfahrens auch der Bodenwertverzinsungsbetrag und dementsprechend erhöht sich der Gebäudeertragswert. Dies ließe sich zwar durchaus begründen; es kann aber im Einzelfall den Vergleich mit einem gleichzeitig ermittelten Gebäudesachwert erheblich beeinträchtigen.

13 **Mit dem im Wege des Preisvergleichs ermittelten Bodenwert wird auch der übliche Aufwuchs erfasst**, soweit dieser bei der Auswertung der Kaufpreise vom Gutachterausschuss für Grundstückswerte die gesammelten Vergleichspreise nicht entsprechend „bereinigt" worden sind. Da ein ortsüblicher Aufwuchs, wie Befragungen nach dem Marktverhalten ergeben haben[4], bei den Kaufverhandlungen „keine Rolle" spielt, wird er bei der Führung der Kaufpreissammlung von den Gutachterausschüssen (§ 195 BauGB) regelmäßig nicht besonders erfasst.

14 Nach § 21 Abs. 3 Satz 1 ImmoWertV ist in diesem Sinne der Sachwert von baulichen und sonstigen Außenanlagen nur gesondert zu berücksichtigen, „soweit sie nicht vom Bodenwert miterfasst werden"[5]. Dies betrifft nach der Begründung zu § 21 Abs. 4 Satz 1 WertV 88/89, aus dem die Vorschrift hervorgegangen ist, in erster Linie „die üblichen Zier- und Nutzgärten"[6]; weiter heißt es dort, dass diese „im gewöhnlichen Geschäftsverkehr vom Bodenwert mitumfasst" werden und sich damit einer eigenen Wertermittlung „entziehen".

15 Entsprechend werden vielfach auch **bauliche Außenanlagen mit dem Bodenwert erfasst**. Sind z. B. für eine wirtschaftliche Nutzung des Grundstücks aufwendige Stützmauern erforderlich und wurde der Bodenwert auf der Grundlage von Vergleichspreisen von Grundstücken ermittelt, die solcher Stützmauern nicht bedürfen, so wird der Wert dieser Stützmauern bereits mit dem Bodenwert erfasst. In solchen Fällen können eher noch Abschläge notwendig werden, wenn die **Stützmauer** Unterhaltungskosten verursacht. Entsprechendes gilt z. B. auch für eine **Klärgrube**, wenn von einem erschließungskostenfreien Bodenwert ausgegangen wurde.

16 Aus alldem folgt, dass **Aufwuchs** und kleinere bauliche (Außen-) Anlagen von geringer (wertmäßiger) Bedeutung im Grundstücksverkehr zumeist mit dem Bodenwert erfasst werden, zumindest soweit diese wertmäßig unbedeutend und ortsüblich sind. Lediglich außergewöhnliche Anlagen, wie parkartige Gärten und besonders wertvolle Anpflanzungen, werden i. d. R. vom Bodenwert nicht erfasst. Dementsprechend hat der BGH in seiner Rechtsprechung unter Hinweis auf § 21 Abs. 4 WertV 88/98 (nunmehr § 21 Abs. 3 ImmoWertV) ausdrücklich nur einen „**aus dem Rahmen der Bepflanzung normaler Wohngrundstücke fallenden, den Charakter des zu bewertenden Grundstücks als eines parkähnlichen**

---

3 § 4 Abs. 4 WertV 88/98, aus dem § 5 Abs. 4 ImmoWertV hervorgegangen ist, schloss dies noch aus.
4 Gerardy/Möckel, Praxis der Grundstücksbewertung 4.4.4/2.
5 Vgl. Nr. 3.6.2 WERTR 06.
6 BR-Drucks. 352/88, S. 61.

Geländes maßgeblich prägenden Bewuchs" als Außenanlage angesehen, die dann nicht von vornherein vom Bodenwert miterfasst wird[7].

Bei Anwendung des Ertragswertverfahrens ist die Frage, ob ein auf dem Grundstück vorhandener Aufwuchs vom Bodenwert miterfasst wird und welcher Wertanteil ihm zuzuordnen ist, von nachrangiger Bedeutung, da die im Rahmen dieses Verfahrens herangezogenen marktüblichen Erträge zugleich ein Nutzungsentgelt für den auf dem Grundstück vorhandenen Aufwuchs sind und er im Ergebnis in den Gebäudeertragswert eingeht.

1.2.2 Steuerliche Bewertung

Schrifttum: *Debus, M./Helbach, Ch.,* Ist der Bodenwertansatz beim Verkauf bei bebauten Objekten von Bedeutung? GuG 2012, 65.

§ 72 und § 178 BewG definieren als **„unbebaute Grundstücke" solche, auf denen sich keine benutzbaren Gebäude befinden**[8]. Analog dazu bestimmt auch § 16 Abs. 3 Satz 2 Nr. 1 ImmoWertV, dass mit einer alsbaldigen Freilegung gerechnet werden kann, wenn die baulichen Anlagen „nicht mehr nutzbar sind." Materiell besteht insoweit Übereinstimmung des sich für ein unbebautes Grundstück i. S. der genannten Vorschriften ergebenden Bodenwerts und dem Bodenwert nach der ImmoWertV. Eine Berücksichtigung der Freilegungskosten wird allerdings in § 178 BewG nicht vorgegeben.

Von einer **Unbenutzbarkeit** eines Gebäudes kann nach der steuerrechtlichen Rechtsprechung erst gesprochen werden, wenn eine baupolizeiliche Auflage zur sofortigen Räumung sämtlicher Räume wegen Baufälligkeit oder Verwahrlosigkeit vorliegt oder zu erwarten ist[9]. Der BFH nimmt in seiner neueren Rechtsprechung Bezug auf § 16 Abs. 3 des Zweiten WoBauG. Danach ist ein Raum auf Dauer nicht benutzbar, wenn ein zu seiner Benutzung erforderlicher Gebäudeteil zerstört ist oder wenn der Raum oder Gebäudeteil sich in einem Zustand befindet, der aus Gründen der Bau- und Gesundheitsaufsicht eine dauernde, der Zweckbestimmung entsprechende Benutzung des Raums nicht gestattet. Dabei sei es unerheblich, ob der Raum tatsächlich genutzt wird[10].

Die gleich lautenden Erlasse der obersten Finanzbehörden der Länder zur Umsetzung des Gesetzes zur Reform des Erbschaftsteuer- und Bewertungsrechts vom 05.05.2009[11] definiert die **Unbenutzbarkeit** im Übrigen wie folgt:

„(4) Ein Gebäude ist **nicht mehr benutzbar**, wenn infolge des Verfalls des Gebäudes oder der Zerstörung keine **auf Dauer** benutzbaren Räume vorhanden sind (§ 178 Abs. 2 Satz 2 BewG). Ein Gebäude ist dem Verfall preisgegeben, wenn der Verfall so weit fortgeschritten ist, dass das Gebäude nach objektiven Verhältnissen auf Dauer nicht mehr benutzt werden kann. Die Verfallsmerkmale müssen an der Bausubstanz erkennbar sein und das gesamte Gebäude betreffen. Von einem Verfall ist auszugehen, wenn erhebliche Schäden an konstruktiven Teilen des Gebäudes eingetreten sind und ein Zustand gegeben ist, der aus bauordnungsrechtlicher Sicht die sofortige Räumung nach sich ziehen würde. Das ist stets der Fall, wenn eine Anordnung der Bauaufsichtsbehörde zur sofortigen Räumung des Grundstücks vorliegt; dabei ist gesondert zu prüfen, ob der Zustand von Dauer ist. Hingegen wirken sich behebbare Baumängel und Bauschäden sowie aufgestauter Reparaturbedarf infolge von unterlassenen Instandsetzungs- und Reparaturarbeiten regelmäßig nur vorübergehend auf Art und Umfang der Gebäudenutzung aus und betreffen nicht unmittelbar die Konstruktion des Gebäudes. Sie führen deshalb nicht dazu, ein Gebäude als dem Verfall preisgegeben anzusehen. Befinden sich auf dem Grundstück Gebäude, die aufgrund von Umbauarbeiten vorübergehend nicht benutzbar sind, gilt das Grundstück als bebautes Grundstück. Sofern bereits

---

7   BGH, Urt. vom 02.07.1992 – III ZR 162/90 –, EzGuG 2.54; OLG Frankfurt am Main, Urt. vom 14.03.1983 – 1 U 6/81 –, EzGuG 2.31 unter Bezugnahme auf OLG Hamburg, Urt. vom 06.12.1978 – 5 U 237/77 –, EzGuG 2.22; das OLG Frankfurt am Main bestätigend: BGH, Beschl. vom 29.09.1983 – III ZR 66/83 –, EzGuG 2.34; BGH, Urt. vom 12.07.1965 – III ZR 214/64 –, EzGuG 2.8.
8   Zur Abgrenzung von bebauten Grundstücken vgl. den gleich lautenden Ländererlass vom 07.03.1995 (z. B. Erl des thür. FM vom 03.03.1995 – S 3219 c A-Z-201.5).
9   BFH, Urt. vom 20.06.1975 – III R 87/74 –, BStBl. II 1975, 803; BFH, Urt. vom 24.10.1990 – II R 9/88 –, BFHE 162, 369 = BStBl. II 1991, 60; BFH, Urt. vom 23.04.1992 – II R 19/89 –, BFH/NV 1993, 84 – unter Bezugnahme auf § 16 Abs. 3 II. WoBauG.
10 BFH, Urt. vom 14.05.2003 – II R 14/01 –.
11 Vgl. Gleich lautende Ländererlasse vom 15.03.2006 (BStBl I 2006, 314) sowie vom 05.05.2009 (GuG 2009, 225).

vorhandene Gebäude am Bewertungsstichtag wegen baulicher Mängel oder fehlender Ausstattungsmerkmale (z. B. Heizung, Wohnungstüren) vorübergehend nicht benutzbar sind, liegt kein unbebautes Grundstück vor. Nicht zu erfassen sind jedoch Gebäude, die infolge Entkernung keine bestimmungsgemäß benutzbaren Räume mehr enthalten, auch wenn dies nur vorübergehend der Fall ist. Ein Gebäude ist zerstört, wenn keine auf Dauer benutzbaren Räume vorhanden sind."

▶ *Vgl. hierzu die Ausführungen zur baulichen Nutzbarkeit nach § 16 Abs. 3 Satz 2 Nr. 1 ImmoWertV Rn. 138 ff.*

22 Unter dem **Grund und Boden** wird steuerrechtlich die „nackte" Grundstücksfläche ohne jegliche Auf- und Einbauten verstanden[12].

1.2.3 Bilanzbewertung

23 In der **Bilanzbewertung** ist der „Grundstückswert" als Wert des „nackten" Grund und Bodens zu ermitteln.

1.2.4 Rentierlicher Bodenwert

▶ *Syst. Darst. des Vergleichswertverfahrens Rn. 5, 631; Syst. Darst. des Ertragswertverfahrens Rn. 128; § 16 ImmoWertV Rn. 24 ff.*

24 Im vorigen Jahrhundert war die „Theorie der Bodenwertbildung" noch von der ertragswirtschaftlichen Betrachtung beherrscht. Im Vordergrund stand dabei der landwirtschaftliche Grundstücksmarkt. Die **Lehre von der Grundrente** (Grundrentetheorie) ging dabei von der auf ewig bestehenden Nutzungsfähigkeit des Grund und Bodens aus und leitete den Bodenwert aus der **Grundrentenformel**

$$\text{Bodenwert} = \frac{\text{Grundrente}}{\text{Zinssatz}}$$

ab, d. h., der Bodenwert wurde als der Barwert einer auf ewig fließenden Grundrente (Reinertrag) ermittelt.

25 Der **Bodenwert bestimmt sich** nach der Definition des Verkehrswerts (§ 194 BauGB) jedoch **nicht danach, was der Boden „kosten darf", sondern in erster Linie danach, welchen Wert der gewöhnliche Geschäftsverkehr dem Boden beimisst.** Dies kommt in Vergleichspreisen direkt zum Ausdruck.

26 Bodenwerte sind gleichwohl nicht völlig losgelöst von der künftigen Ertragsfähigkeit, denn diese bestimmt das Marktverhalten der Käufer. Wenn auch die Ertragsfähigkeit des Grund und Bodens ein wichtiger Parameter der Bodenwertbildung ist, so kann allerdings eine gewisse **Entkoppelung des Bodenwerts von der Ertragsfähigkeit des Grund und Bodens** beobachtet werden, die – je nach Grundstücksteilmarkt – unterschiedlich ausfällt:

a) Der **Verkehrswert land- und forstwirtschaftlich genutzter Flächen** hat sich (insbesondere im Ausstrahlungsbereich der Ballungszentren, aber auch sonst) zwar nicht vollständig, jedoch weitgehend von der landwirtschaftlichen Ertragsfähigkeit „abgekoppelt"[13]. Dem wird insbesondere mit den Regelungen über den Zugewinnausgleich bei Landwirten Rechnung getragen[14].

b) Der **Verkehrswert von Ein- und Zweifamilienhäusern** wird maßgeblich von dem im Gebäude verkörperten Sachwert und weniger vom Ertragswert bestimmt, was letztlich

---
[12] BFH, Urt. vom 14.03.1961 – I 17/60 S –, EzGuG 4.15b; BFH, Urt. vom 15.10.1965 – VI 181/65 U –, EzGuG 20.41.
[13] BVerfG, Beschl. vom 16.10.1984 – 1 BvL 17/80 –, EzGuG 20.107b; BGH, Urt. vom 30.09.1976 – III ZR 149/75 –, EzGuG 20.64; BGH, Urt. vom 06.12.1973 – III ZR 143/71 –, EzGuG 8.40; BGH, Urt. vom 17.12.1964 – III ZR 96/63 –, EzGuG 11.47; BGH, Urt. vom 08.11.1962 – III ZR 86/81 –, EzGuG 8.5; BGH, Urt. vom 09.11.1959 – III ZR 149/58 –, EzGuG 14.12; OLG München, Beschl. vom 23.11.1967 – XXV 2/66 –, EzGuG 8.23; OLG Köln, Urt. vom 28.08.1962 – 9 U 28/58 –, EzGuG 20.31; OLG Hamm, Urt. vom 14.03.1961 – 10 U3/60 –, EzGuG 14.13c; OLG Hamm, Urt. vom 28.11.1983 – 22 U 23/83 –, EzGuG 14.75.
[14] BGBl. I 1994, 2324.

Ermittlung des Bodenwerts § 16 ImmoWertV

auch für die Wahl des Wertermittlungsverfahrens ausschlaggebend ist (vgl. § 8 ImmoWertV Rn. 72 ff.).

c) Selbst der **Verkehrswert von Mietwohnhäusern,** deren Herstellung zu Kostenmieten von 20 €/m² WF und mehr führt, die aber tatsächlich weitaus geringere Renditen abwerfen, entfernt sich nicht selten vom wirtschaftlichen Nutzen.

Die „Entkoppelung" (wenn auch nicht Abkoppelung) der Verkehrswerte von der („reinen" finanzmathematischen) Ertragsfähigkeit wird in der Wertermittlungspraxis in erster Linie mithilfe des Liegenschaftszinssatzes überbrückt, der regelmäßig weitaus niedriger ausfällt als der bankenübliche Zinssatz (vgl. § 14 ImmoWertV Rn. 148 ff.).

Bei Anwendung des Vergleichswertverfahrens als Regelverfahren für die Bodenwertermittlung unbebauter und bebauter Grundstücke (vgl. § 8 ImmoWertV Rn. 45 ff.) bleiben ertragswirtschaftliche Überlegungen außer Betracht bzw. finden nur insoweit Eingang in die Wertermittlung, wie sie sich in den Vergleichspreisen niederschlagen. Bei hilfsweiser Anwendung **deduktiver Methoden** wird indessen die Rentierlichkeit des Grund und Bodens berücksichtigt. 27

Im Zusammenhang mit der Verkehrswertermittlung bebauter Grundstücke wird mitunter auch von einem irgendwie gearteten „**rentierlichen Bodenwert**" gesprochen. Dieser schillernde Begriff ist der ImmoWertV aus gutem Grunde fremd und ließe sich begrifflich nur schwer definieren. Im Rahmen der Ertragswertermittlung schmälert nämlich der Bodenwert (mit dem abzuziehenden Bodenwertverzinsungsbetrag) die Rendite, und zwar desto mehr, je höher der Bodenwert ist. Die Ermittlung eines „rentierlichen Bodenwerts" auf der Grundlage eines theoretischen Modells und einer dem Boden ex cathedra zugewiesenen Rentierlichkeit ist deshalb mit einer marktorientierten Verkehrswertermittlung unvereinbar und soll hier nicht näher behandelt werden[15]. Als „rentierlicher Bodenwert" kann nach der Systematik der ImmoWertV allenfalls der Bodenwert verstanden werden, der unter Ausschluss einer selbstständig nutzbaren Teilfläche des Grundstücks i. S. des § 17 Abs. 2 Satz 2 ImmoWertV der Bebauung als sog. Umgriffsfläche zuzurechnen ist. 28

2 Bodenwertermittlung bebauter Grundstücke

2.1 Grundsatzregelung zur Bodenwertermittlung bebauter Grundstücke (§ 16 Abs. 1 Satz 1 ImmoWertV)

Schrifttum: *Böser, W./Preuss, R.,* Aufspaltung des Gesamtkaufpreises in Bodenwert und Gebäudewert, AVN 1982, 449; Frenkler, Bauart und Bodenwert, Nachr. der nds Kat- und VermVw 1966, 74; *Güttler, H.,* Zur Problematik der Ermittlung des Bodenwerts bebauter Grundstücke durch Anwendung eines kombinierten Sach- und Ertragswertverfahrens, VR 1981, 396; *Lucht, H.,* Zur Ermittlung von Bau- und Bodenwerten aus Kaufpreisen bebauter Grundstücke, VR 1977, 401 und 1978, 264; *Hannen, V.,* Zur Ermittlung von Bau- und Bodenwerten aus Kaufpreisen bebauter Grundstücke, VR 1978, 257; *Kleiber, W.,* Zur Harmonisierung der Bodenwerte, VR 1975, 329; *Schmidt, K-J.,* Bodenwert bebauter Grundstücke in Bauverbotszonen, Nachr. der nds. Kat- und VermVw 1982, 348; *Sommer/Kröll,* Lehrbuch zur Grundstückswertermittlung, Luchterhand 2005 S. 208; *Vogel, R.,* Zur Verkehrswertermittlung von baulichen Anlagen auf fremden Grund und Boden, GuG 1995, 268.

§ 16 Abs. 1 Satz 1 ImmoWertV bestimmt, dass der Bodenwert „ohne Berücksichtigung der vorhandenen baulichen Anlagen auf dem Grundstück" mit dem Bodenwert eines vergleichbaren unbebauten Grundstücks zu ermitteln ist[16]. Es handelt sich hierbei um eine **Grundsatzregelung,** die insbesondere von Bedeutung ist 29

---

15 Vgl. hierzu GuG-aktuell 2003, 9.
16 Bereits in der amtlichen Begründung zur WertV 72 (BR-Drucks. 265/75, zu § 18d Abs. 24) wurde darauf hingewiesen, dass der Bodenwert bebauter Grundstücke „nur" durch Preisvergleich mit dem Bodenwert unbebauter Grundstücke ermittelt werden kann.

§ 16 ImmoWertV — Ermittlung des Bodenwerts

- im Rahmen der Anwendung des Ertrags- und Sachwertverfahrens (§ 17 Abs. 2 und § 21 Abs. 1 ImmoWertV) und
- bei Wertermittlungen im Rahmen städtebaulicher Maßnahmen, insbesondere bei Wertermittlungen nach dem BauGB (Bodenordnungsmaßnahmen nach den §§ 45 ff. und Sanierungs- und Entwicklungsmaßnahmen nach den §§ 136 ff. BauGB).

30 Bei der Grundsatzregelung handelt es sich – wie vorstehend erläutert – um eine wertermittlungstechnisch aber auch bodenrechtlich bedeutsame Konvention, denn Boden und Gebäude bilden – von besonderen Konstellationen in den neuen Bundesländern abgesehen – rechtlich und wirtschaftlich eine Einheit und auch tatsächlich eine Schicksalsgemeinschaft, sodass der Bodenwert eines bebauten Grundstücks nach den Maßstäben des § 194 BauGB letztlich nicht aus Marktpreisen ermittelbar ist und nur eine gesamtheitliche Betrachtung für die Verkehrswertermittlung ausschlaggebend sein kann. Gleichwohl stellt sich die Frage, mit welchem Wert der Bodenwert eines bebauten Grundstücks anzusetzen ist, denn die dafür einschlägigen Verfahren der ImmoWertV gehen von einer gesonderten Ermittlung des Bodenwerts einerseits und des Verkehrswertanteils der baulichen Anlage andererseits aus:

- Bei Anwendung des *Vergleichswertverfahrens* kann der Verkehrswert eines bebauten Grundstücks – ohne Aufspaltung in einen Boden- und Gebäudewertanteil – durch Heranziehung von Vergleichspreisen vergleichbar bebauter Grundstücke ermittelt werden. Bei Anwendung von Vergleichsfaktoren bebauter Grundstücke, die sich nur auf das Gebäude beziehen, besteht aber auch hier die Notwendigkeit, den Bodenwert gesondert zu berücksichtigen (vgl. § 13 ImmoWertV Rn. 12 ff.).
- Bei Anwendung des *Ertragswertverfahrens* nach den §§ 17 ff. ImmoWertV ist der Wert der baulichen Anlagen getrennt von dem Bodenwert zu ermitteln (vgl. § 17 Abs. 2 ImmoWertV). Bei Anwendung des *vereinfachten Ertragswertverfahrens* kann unter bestimmten Voraussetzungen auf die Bodenwertermittlung verzichtet werden (vgl. Syst. Darst. des Ertragswertverfahrens Rn. 66 ff.).
- Bei Anwendung des *Sachwertverfahrens* ist der Sachwert der baulichen *und* sonstigen Anlagen getrennt vom Bodenwert zu ermitteln (vgl. § 21 Abs. 1 ImmoWertV).

31 Der Grundsatz ist vor allem auch im Zusammenhang auf die Ermittlung von Anfangs- und Endwerten des Grundstücks im Rahmen der **Ermittlung des Ausgleichsbetrags** nach § 154 BauGB zu beachten[17].

32 Nach § 16 Abs. 1 Satz 1 ImmoWertV ist der Bodenwert (bebauter und unbebauter Grundstücke) **vorrangig im Vergleichswertverfahren** zu ermitteln. Als Vergleichsgrundstücke für die Ermittlung des Bodenwerts eines bebauten Grundstücks kommen in erster Linie *Vergleichspreise unbebauter Grundstücke* in Betracht, denn der Grund und Boden eines bebauten Grundstücks ist allenfalls in Ausnahmefällen selbstständiger Gegenstand des Grundstücksverkehrs.

Mit der Vorgabe, dass die vorhandenen baulichen Anlagen auf dem Grundstück unberücksichtigt bleiben, hat der Verordnungsgeber ausdrücklich bestimmt, dass nur die Bebauung des zu bewertenden Grundstücks außer Betracht bleibt. Die aus der **Situationsgebundenheit des Grundstücks** und den Beziehungen zu seiner Umgebung resultierenden tatsächlichen Gegebenheiten **und mithin auch die Bebauung** der Nachbarschaft **sind** dagegen als **lagebestimmendes Faktum zu berücksichtigen**.

2.2 Verhältnis der Grundsatzregelung zu anderen Rechtsvorschriften

33 Die Grundsatzregelung des § 16 Abs. 1 Satz 1 ImmoWertV entspricht der herrschenden Meinung[18] und steht – wie noch ausgeführt wird – im Einklang mit dem BauGB und der vom Ver-

---

17 Kleiber, Verkehrswertermittlung von Grundstücken, 6. Aufl. 2010, Teil VIII Rn. 285 ff.
18 Vgl. z. B. Gottschalk, Immobilienbewertung, 2. Aufl. 2003 München, Sommer/Kröll, Lehrbuch zur Grundstückswertermittlung, Luchterhand 2005 S. 208;

Ermittlung des Bodenwerts § 16 ImmoWertV

ordnungsgeber vorgegebenen Systematik der ImmoWertV sowie des Bewertungs- und Bilanzrechts (§ 84 BewG).

- Nach § 196 Abs. 1 Satz 2 BauGB sind in bebauten Gebieten „Bodenrichtwerte mit dem Wert zu ermitteln, der sich ergeben würde, wenn der Boden unbebaut wäre". Werden zur Bodenwertermittlung nach Maßgabe des § 16 Abs. 1 Satz 2 „auch" Bodenrichtwerte aus bebauten Gebieten herangezogen, so sind diese insoweit für Wertermittlungen nach den Grundsätzen der ImmoWertV geeignet. Die Grundsatzregelung der ImmoWertV ist damit in sich schlüssig und mit dem BauGB abgestimmt.

- Im gleichen Sinne schreibt auch § 19 Abs. 2 des Sachenrechtsbereinigungsgesetzes (SachenRBerG) für die **Ermittlung des Bodenwerts bebauter Grundstücke zum Zwecke der Zusammenführung von Boden- und Gebäudeeigentum in den jungen Bundesländern –** anknüpfend an die Regelung des § 196 Abs. 1 Satz 2 BauGB – vor, dass der Bodenwert mit dem Wert zu ermitteln ist, der sich ergeben würde, wenn das Grundstück unbebaut wäre.

- Der Grundsatz, den Bodenwert bebauter Grundstücke mit dem Wert anzusetzen, der sich für das unbebaute Grundstück ergeben würde, herrscht schließlich auch im **steuerlichen Bewertungsrecht** (§ 84 BewG).

§ 84 BewG bestimmt wie die ImmoWertV zunächst, dass der Grund und Boden „mit dem Wert anzusetzen" ist, „der sich ergeben würde, wenn das Grundstück unbebaut wäre". Darüber hinaus **kennt** das Bewertungsrecht **eine irgendwie geartete Bodenwertdämpfung nicht.** Das steuerliche Bewertungsrecht begibt sich damit gar nicht erst auf das „Glatteis", sich dem Streit auszusetzen, ob und ggf. in welchem Maße eine Dämpfung des Bodenwerts in Betracht kommt[19]. Im Hinblick auf die rechtliche Bedeutung der steuerlichen Bewertung und ihrer Rechtsmittelanfälligkeit hat man hier erkannt, dass man in Begründungsdefizite geraten muss. Des Weiteren ist auch richtigerweise erkannt worden, dass die Frage sehr viel eleganter im Rahmen des Marktanpassungsabschlags zu lösen ist, der an den (Gesamt-)Sachwert anzubringen ist (§ 90 BewG). Für das Ergebnis spielt es nämlich keine Rolle, ob der Boden- oder Gebäudewert gedämpft wird. **34**

Die **Bodenwertermittlung bebauter Grundstücke nach dem Bodenwert eines (gleichartigen) unbebauten Grundstücks entspricht internationalen Bewertungsgrundsätzen.** „*The value of land is generally determined as though vacant*", schreibt z. B. das *American Institute* seinen Mitgliedern vor[20]. In der internationalen Bilanzbewertung müssen nach IAS 17 (Leasingsverhältnisse) bei der Bewertung bebauter Grundstücke der Wert des Grund und Bodens (Bodenwert) und der Wert der Gebäude dann getrennt werden, wenn Grund und Boden einen wesentlichen Anteil am Gesamtkaufpreis des Objekts ausmachen. In Analogie zu den US-GAAP-Vorschriften wird bei einem Bodenwert > 25 % der Gesamtkosten die Miete nach dem Verhältnis der Wertanteile auf Boden und Gebäude verteilt. **35**

2.3 Zur Theorie der Dämpfung des Bodenwerts bebauter Grundstücke

2.3.1 Allgemeines

Dem das Wertermittlungs- und Bewertungsrecht beherrschenden Grundsatz wurde die These entgegengehalten, der Bodenwert bzw. der Bodenwertanteil eines bebauten Grundstücks müsse gegenüber dem Bodenwert eines unbebauten Grundstücks gemindert (gedämpft) sein, weil mit der Bebauung eines Grundstücks die Dispositionsfähigkeit eingeschränkt werde und dies letztlich den Wert mindere. Fundamentalistische Vertreter dieser Theorie der Bodenwertdämpfung machen dabei auch keinen Unterschied, ob das Grundstück optimal bebaut wurde, die Bebaubarkeit nicht „ausgeschöpft" wurde oder über die bauplanungsrechtlich zulässige Bebauung hinausgegangen wurde. Vielmehr wird behauptet, dass selbst bei optimaler Bebauung allein schon **mit zunehmendem Alter der Bebauung eine wertmindernde Disparität** **36**

---
19 Die steuerliche Betrachtungsweise kann als der Königsweg zur Behandlung des unlösbaren Repartitionsproblems angesehen werden. Warum also im Himmelreich eine Lösung suchen, die der Wertermittlung zu Füßen liegt.
20 The Appraisal of Real Estate, 12.Aufl. 2001, S. 309.

zwischen der tatsächlichen Nutzung des Bodens und der im Neubaufall gegebenen Nutzbarkeit** besteht.

37 **Die These einer Dämpfung des Bodenwerts eines bebauten Grundstücks ist** letztlich **nicht beweisfähig,** weil der Grund und Boden eines bebauten Grundstücks nicht eigenständiger Gegenstand des Grundstücksmarktes ist. Die bereits angesprochene Regelung des § 16 Abs. 1 Satz 1 ImmoWertV – wie auch des § 19 Abs. 2 Satz 2 SachenRBerG – ist von daher im Hinblick auf die Vermeidung von Rechtsstreitigkeiten erforderlich und sinnvoll. Sie ist darauf angelegt, einen gerechten Interessenausgleich zwischen dem Grundeigentümer und dem Nutzer des Gebäudes herbeizuführen.

38 Die Konvention, nach der der Bodenwert eines bebauten Grundstücks dem Bodenwert eines unbebauten Grundstücks entspricht, ist ebenfalls nicht beweisfähig, weil eine eindeutige verursachungsgerechte Aufteilung von Vergleichspreisen bebauter Grundstücke bzw. von im Wege des Ertrags- oder Sachwertverfahrens abgeleiteten Verkehrswerten bebauter Grundstücke in einen Boden- und Gebäudewertanteil nicht möglich ist. Dies wird als das **ungelöste Repartitionsproblem** bezeichnet. Entsprechende Versuche, das ungelöste Repartitionsproblem auf der Grundlage schon vom Ansatz her fragwürdiger Annahmen mit komplizierten mathematischen Modellen einer Lösung zuzuführen, müssen als gescheitert gelten, zumal die vorgestellten „Zahlenapparate" nicht überprüfbar dargestellt werden konnten.

39 In der täglichen Wertermittlungspraxis ist eine **Lösung des Repartitionsproblems regelmäßig** auch **nicht erforderlich, denn die Wertermittlungspraxis zielt auf das Gesamtergebnis, nämlich auf den Verkehrswert des bebauten Grundstücks, ab.** Selbst wenn man in Ausnahmefällen nicht umhinkommt, den Boden- bzw. Gebäudewertanteil ermitteln zu müssen, so besteht kein vernünftiger Grund, solche zumeist fragwürdigen Lösungswege in die tägliche Praxis der Verkehrswertermittlung bebauter Grundstücke zu übertragen:

– In den besonderen Ausnahmefällen, in denen der Bodenwertanteil bebauter Grundstücke erforderlich ist, muss der Lösungsweg ohnehin auf einen bestimmten zumeist gesetzgeberischen Zweck ausgerichtet sein.

– Ansonsten müssen die damit verbundenen (überflüssigen) Zwischenrechnungen mit all ihren Fehlermöglichkeiten abgelehnt werden, wenn auf direktem Wege ohne derartige zusätzliche Fehlerquellen das Gesamtergebnis mit einer zwangsläufig höheren Sicherheit ermittelbar ist[21].

40 Die tägliche Wertermittlungspraxis ist gut beraten, den Verkehrswert des (Gesamt-) Grundstücks möglichst direkt auf der Grundlage eines Wertermittlungsmodells abzuleiten, das nicht durch **zusätzliche Fehlerquellen** belastet ist.

41 Grundsätzlich ist von jedem Wertermittlungsverfahren zu fordern, dass man zum „richtigen" Verkehrswert gelangt. Die **Verkehrswertermittlung auf der Grundlage gedämpfter Bodenwerte muss von daher zu demselben Ergebnis wie die Verkehrswertermittlung auf der Grundlage „ungedämpfter" Bodenwerte führen.** Dies wiederum bedeutet, dass die Anwendung beider Methoden – „richtig" angewandt – lediglich zu einer Verschiebung des Boden- und Gebäudewertanteils führt (Abb. 1).

---

21 Eine sachgerechte Anwendung der Methode der Bodenwertdämpfung setzt nämlich die strikte Einhaltung der Modellkonformität im Hinblick einheitlicher und allseits transparenter Dämpfungsregularien bis hin zur modellkonformen Ableitung und Anwendung von Liegenschaftszinssätzen, Bodenpreisindexreihen, Normalherstellungskosten und Marktanpassungsfaktoren voraus, wobei dies dann zu keinem anderen Ergebnis führen kann als bei Ansatz ungedämpfter Bodenwerte. Wer aber kann im Interesse der Nachvollziehbarkeit und Durchsichtigkeit einer Wertermittlung dem freien Berufsstand dies schon aufbürden wollen?

Ermittlung des Bodenwerts § 16 ImmoWertV

Abb. 1: Auswirkung einer Dämpfung des Bodenwerts auf die Wertanteile des Bodens und der baulichen Anlage am Verkehrswert eines bebauten Grundstücks

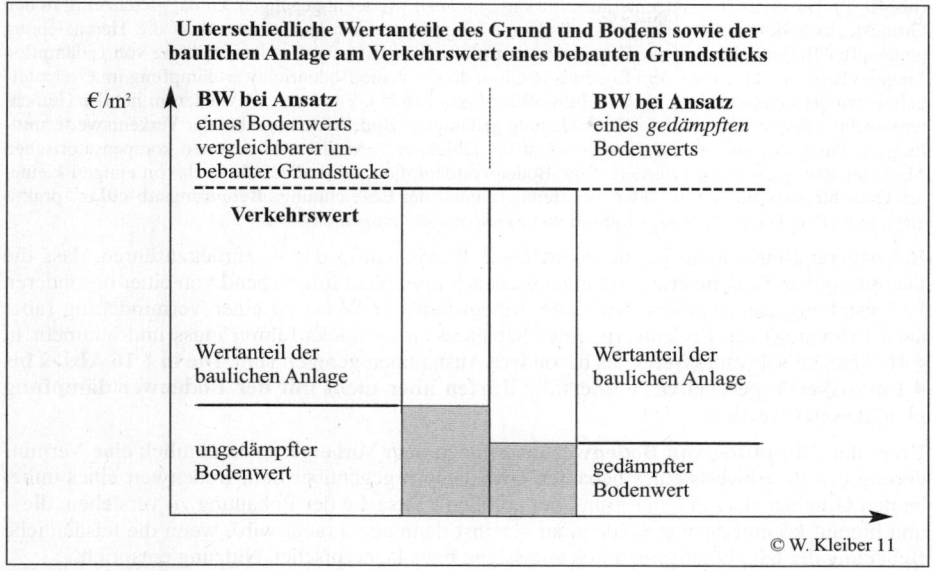

Während nun bei Anwendung des mit § 16 Abs. 1 Satz 1 ImmoWertV vorgeschriebenen Grundsatzes, den Bodenwert eines bebauten Grundstücks mit dem Bodenwert vergleichbarer unbebauter Grundstücke anzusetzen, der Bodenwert sich direkt aus Vergleichspreisen bzw. Bodenrichtwerten ableiten lässt, wird im Falle einer Dämpfung des Bodenwerts ein **zusätzlicher Rechenschritt** – nämlich die Dämpfung – erforderlich. Für diese Dämpfung wiederum gibt es keine anerkannten Dämpfungsmethoden; die im Einzelfall angewandte Dämpfungsmethode wird vielfach von den Vertretern dieser Methode bewusst verschwiegen.

42

Die Dämpfung des Bodenwerts führt, wie aus der Abbildung ersichtlich, zu einer **Aufblähung des Gebäudewerts um den Betrag, um den der Bodenwert gedämpft wurde.** Dies wiederum führt zwangsläufig zu einer modifizierten Gebäudeertrags- bzw. -sachwertermittlung. Die herkömmlichen Wertermittlungsmethoden müssten also dementsprechend modifiziert werden, damit die Bodenwertdämpfung wieder „aufgefangen" wird. Dies wird nachfolgend noch näher erläutert. Als Zwischenergebnis kann aber schon jetzt festgestellt werden, dass die Bodenwertdämpfung eine Reihe zusätzlicher Rechenschritte mit zusätzlichen Fehlerquellen zur Folge hat, die für das Gesamtergebnis belanglos sind, d. h. ein **Nullsummenspiel** sind. Mit der Bodenwertdämpfung und der zwangsläufig damit verbundenen Modifikation der Gebäudeertrags- bzw. -sachwertermittlung sind zusätzliche Fehlereinflüsse verbunden, sodass schon von daher die Bodenwertdämpfung abzulehnen ist (vgl. § 14 ImmoWertV Rn. 216 ff.).

43

Bei alldem wurde in entsprechender Auslegung der ImmoWertV die Bodenwertdämpfung nach herrschender Meinung abgelehnt. Gleichwohl wurde lange Zeit in der behördlichen Wertermittlungspraxis einiger Städte (*Bremen, Darmstadt, Lübeck, München, Stuttgart*) an der Bodenwertdämpfung bebauter Grundstücke festgehalten[22]. Inzwischen sind aber auch diese Gutachterausschüsse von der Bodenwertdämpfung abgerückt:

44

---

22 Von Berlin wird berichtet, dass sich Möckel im Rahmen der Bewertung von Erbbaurechtsgrundstücken um den Nachweis einer Bodenwertdämpfung bemüht habe und der gewählte Modellansatz jedoch umstritten geblieben sei; das Berliner Modell fand keine umfassende Anwendung (Lindner in Bln GE 2003, 1475).

§ 16 ImmoWertV   **Ermittlung des Bodenwerts**

45 Die Gutachterausschüsse von *München* und *Stuttgart* haben lange Zeit Bodenrichtwerte für bebaute Grundstücke in den Bodenrichtwertkarten ausgeworfen, die (in nicht nachvollziehbarer Weise) gegenüber dem Bodenwert unbebauter Grundstücke um einen bestimmten Vomhundersatz vermindert waren (bis 40 %). Davon ist der Gutachterausschuss in *München* wieder abgegangen, zumal gleichzeitig in den Grundstücksmarktberichten ausdrücklich darauf hingewiesen werden musste, dass die Heranziehung gedämpfter Bodenrichtwerte zur Ertragswertermittlung zwangsläufig die Heranziehung von gedämpften Liegenschaftszinssätzen mit dem Ergebnis bedingt, dass sich die Bodenrichtwertdämpfung im Gesamtergebnis wieder kompensiert (vgl. § 14 ImmoWertV Rn. 216 ff.). Für *Stuttgart* wiederum hat der Gutachterausschuss festgestellt, dass die Heranziehung gedämpfter Bodenrichtwerte bei der Verkehrswertermittlung im Wege des Sachwertverfahrens selbst bei Objekten in Millionenhöhe einen kompensatorischen Marktanpassungs*zuschlag* erfordert. Eine Bodenwertdämpfung wird allenfalls noch von einigen kleineren Gutachterausschüssen in Baden-Württemberg unter der Bezeichnung „**Bebauungsabschlag**" praktiziert, jedoch rücken auch diese aufgrund von Marktbeobachtungen davon ab[23].

46 Bei näherer Betrachtung ist die vorstehende Praxis häufig darauf zurückzuführen, dass die Dämpfung von Bodenwerten (im eigentlichen Sinne) nicht hinreichend von einer besonderen Fallgestaltung unterschieden wird, die in begründbarer Weise zu einer Verminderung (aber auch Erhöhung) des Bodenwerts eines bebauten Grundstücks führen muss und nunmehr in § 16 Abs. 2 bis 4 ImmoWertV als besondere Ausnahmen geregelt sind. **Die in § 16 Abs. 2 bis 4 ImmoWertV geregelten Sonderfälle dürfen aber nicht mit der Bodenwertdämpfung gleichgesetzt werden**[24].

47 Unter der **Dämpfung von Bodenwerten** ist nach dem Vorhergesagten nämlich eine Verminderung des Bodenwerts eines bebauten Grundstücks gegenüber dem Bodenwert eines unbebauten Grundstücks *allein* aufgrund der „bloßen" Tatsache der Bebauung zu verstehen, die – und hierauf kommt es entscheidend an – selbst dann angebracht wird, wenn die tatsächliche Bebauung der bauplanungsrechtlich zulässigen bzw. lagetypischen Nutzung entspricht.

48 Hiervon zu unterscheiden war stets schon der nunmehr in § 16 Abs. 4 ImmoWertV geregelte **Sonderfall, in dem die auf einem Grundstück vorhandene bauliche Anlage von der nach § 6 Abs. 1 ImmoWertV maßgeblichen zulässigen (bzw. lagetypischen) Nutzbarkeit abweicht und es bei wirtschaftlicher Betrachtungsweise oder aus sonstigen Gründen geboten erscheint, die bauliche Anlage weiter zu nutzen**. Weicht die auf dem Grundstück realisierte Nutzung von der bauplanungsrechtlich zulässigen bzw. lagetypischen Nutzung ab, so ist diese bereits nach § 6 Abs. 1 Satz 2 ImmoWertV maßgebend. Diese und auch die übrigen in § 16 Abs. 2 und 3 ImmoWertV angesprochenen Sonderfälle stellen ein Aliud gegenüber der Dämpfung von Bodenwerten dar.

2.3.2 Dämpfung von Bodenwerten

49 Wie vorstehend ausgeführt ist im Schrifttum wiederholt darauf hingewiesen worden, dass der Bodenwert eines bebauten Grundstücks mit dem eines unbebauten Grundstücks nicht vergleichbar sei, weil dem Eigentümer mit der Bebauung des Grundstücks die **Dispositionsfreiheit** genommen sei, sein Grundstück nach eigenen Wünschen bedarfsgerecht zu nutzen. Art und Intensität der Nutzung seien mit dem Zeitpunkt der Bebauung festgelegt und könnten später nicht ohne Weiteres geändert werden.

50 Welche Folgerungen sich hieraus ergeben, stellt eine im Schrifttum kontrovers und mitunter schon als „Glaubenskrieg" behandelte Streitfrage dar. Ausgangspunkt der **„Theorie von den gedämpften Bodenwerten bebauter Grundstücke"** ist die mit der Bebauung eines Grundstücks einhergehende Beeinträchtigung der freien Disposition über eine (optimale) Nutzung des Grundstücks. Dabei wird unterstellt, dass der Grund und Boden im Zeitpunkt seiner Bebauung i. d. R. einer optimalen Nutzung zugeführt wurde, sich jedoch die realisierte Bebauung mit zunehmendem Alter von der optimalen Nutzung des unbebaut gedachten Grundstücks entferne.

---

23 Vgl. Grundstücksmarktbericht 2007 der Stadt Aalen S. 13.
24 So aber das OLG Brandenburg, Urt. vom 09.11.2011 – 4 U 361/04 –, GuG 2012, 118.

Ermittlung des Bodenwerts § 16 ImmoWertV

Es handelt sich hierbei um ein eigentümliches Problem deutscher Wertermittlungstheoretiker, das im angelsächsischen Raum auf Unverständnis stoßen muss. Zum einen hat man erkannt, dass der einer **baulichen Anlage** zurechenbare Bodenwert ohnehin für das Ergebnis zumindest bei **längerer Restnutzungsdauer** weitgehend bedeutungslos ist (vgl. Syst. Darst. des Ertragswertverfahrens Rn. 72, 86, 288; § 14 ImmoWertV Rn. 216 ff.), wenn das Ertragswertverfahren zur Anwendung kommt. Man hat sich deshalb dort auch nicht in diese ohnehin nicht zu beantwortende Frage verbissen; insbesondere hat man dort auch nicht den Versuch unternommen, die gängigen Verfahren in überflüssiger Weise zu verkomplizieren, weil die Frage in besonderen Ausnahmefällen eine Rolle spielen könnte, die dann aber pragmatisch und sachbezogen zu lösen sind (vgl. Rn. 66 ff.)[25]. In den Fällen der Wertermittlung von Objekten mit kurzer Restnutzungsdauer eines aufstehenden Gebäudes, in denen der Bodenwert überhaupt erst Bedeutung erlangt, ist darüber hinaus die zur Rechtfertigung einer Dämpfung ins Feld geführte Begründung, nach der mit der Bebauung die freie Disposition verlorenginge und deshalb der Bodenwert zu mindern sei, in sich widersprüchlich, weil gerade in dieser Phase mit abnehmender Restnutzungsdauer die freie Disponierbarkeit immer näher rückt und gerade umgekehrt der volle Bodenwert wieder „aufblühen" müsste, so er tatsächlich gedämpft wurde. 51

Der Grundsatz der Bodenwertermittlung eines bebauten Grundstücks auf der Grundlage eines unbebaut gedachten Grundstücks gehört deshalb zu den **international gebräuchlichen Konventionen** (vgl. oben Rn. 35): Das *American Institute of Real Estate Appraisers* stellt als maßgeblichen Wertermittlungsgrundsatz heraus: *„The use of a property based on the assumption that the parcel of land is vacant by demolishing any improvements/Highest and best use of site as though vacant"*[26]. 52

Begründet wird diese Auffassung dort, wie im Übrigen auch hier schon in der Vorauflage, nicht allein im Hinblick auf **praktische**, sondern **auch** auf **wirtschaftliche Erwägungen**[27]. 53

Bei alledem ist die Bodenwertdämpfung in der ausländischen Wertermittlungslehre „kein Thema". In Deutschland wiederum findet die Bodenwertdämpfung nur noch bei einigen wenigen Gutachterausschüssen für Grundstückswerte Zuspruch. Der Methode kommt dort die Bedeutung eines innerbehördlichen Katasterdirektorenverfahrens zu, das von außenstehenden Sachverständigen schon deshalb nicht nachvollzogen werden kann, weil diese Katasterdirektoren ihre Dämpfungsmechanismen nicht offenlegen. Dies ist aber unverzichtbar, wenn solche gedämpften Bodenwerte unter Beachtung des **Grundsatzes der Modellkonformität** auch sachgerecht zur Anwendung kommen sollen. Gedämpfte Bodenwerte werden deshalb in der freien Sachverständigentätigkeit zu Recht weitgehend ignoriert[28]. Wenn von freien Sachverständigen in Einzelfällen gedämpften Bodenwerten „zugesprochen" wird, so geschieht dies im vorauseilenden Gehorsam allenfalls dann, wenn sie von solchen Katasterdirektoren mit der Gutachtenerstattung beauftragt werden[29]. Daneben bilden sich diesbezüglich allerdings auch böse Allianzen zu solchen Sachverständigen, die mit der Bodenwertdämpfung ihr Ergebnis „hinzutrimmen" trachten, ohne dass sie z. B. bei Anwendung des Ertragswertverfahrens erkennen, dass sie dann auch einen die Bodenwertdämpfung neutralisierenden gedämpften Liegenschaftszinssatz heranziehen müssten; solche Gutachten sind damit (grob) fehlerhaft. 54

---

25 Kleiber, Verkehrswertermittlung von Grundstücken, 6. Aufl. 2010, Teil VIII Rn. 514 ff.
26 The Appraisal of Real Estate. American Institute of Real Estate Appraisers, 12.Aufl. Chicago 2001, S. 60, 305 ff.
27 Johnson in The Appraisal Journal, Januar 1981; North, The Concept of Highest and Best Use, Winnipeg, Appraisal Institute Canada 1981; Reading in Highest and Best Analysis. American Institute of Real Estate Appraisers, Chicago 1981.
28 Im Rahmen der Überprüfung von 100 000 Gutachten freier Sachverständiger durch die TLG ist nur in verschwindend seltenen Fällen der Bodenwert „gedämpft" worden und dann zumeist nur in solchen Fällen, wo mit dem „Joker Bodenwertdämpfung" das Ergebnis „hingetrimmt" werden sollte.
29 Zur Beschreibung der Situation kann auf eine im Auftrag der Treuhandanstalt durchgeführte Verkehrswertermittlung eines Berliner Sachverständigen verwiesen werden, der dabei wie selbstverständlich von „ungedämpften" Bodenwerten ausging. Als derselbe Sachverständige in derselben Angelegenheit dann im Auftrag der Senatsverwaltung nochmals tätig wurde, hat er dieselbe Verkehrswertermittlung im vorauseilenden Gehorsam (und in Erwartung weiterer Aufträge) auf der Grundlage gedämpfter Bodenwerte durchgeführt. Im Rahmen des von ihm zur Anwendung gekommenen Ertragswertverfahrens gelangte er im Übrigen insoweit in beiden Fällen zu demselben Ergebnis, denn der Bodenwert schlägt bei Anwendung dieses Verfahrens i. d. R. ohnehin nicht auf das Gesamtergebnis durch.

§ 16 ImmoWertV   **Ermittlung des Bodenwerts**

55 Über die genannten Fälle hinaus findet die Bodenwertdämpfung in der deutschen **Praxis der freien Sachverständigen,** die immerhin rd. 90 % aller Sachverständigentätigkeiten besorgen, kaum Anwendung[30].

56 Im Kern geht es bei dem aufgeworfenen Problem des „richtigen" Bodenwerts bebauter Grundstücke nicht um die Frage nach der tatsächlichen Höhe des Bodenwerts (i. S. der Definition des Verkehrswerts nach § 194 BauGB), denn der Grund und Boden ist für sich allein aufgrund der Schicksalsgemeinschaft von Boden und Bebauung im Allgemeinen nicht „verkehrsgängig" und ließe sich ohnehin nicht direkt aus dem Markt ableiten. Es muss vielmehr darum gehen, welcher Bodenwert aus Gründen der Praktikabilität und der mit der Wertermittlung verfolgten Zielsetzung anzusetzen ist. Dabei ist zunächst in Erinnerung zu rufen, dass es hier i. d. R. um die Ermittlung des *(Gesamt-)* Verkehrswerts eines bebauten Grundstücks nach dem durch die ImmoWertV vorgegebenen Wertermittlungsverfahren geht, wobei das Ertrags- und Sachwertverfahren noch immer die Regelverfahren sind. Die „Theorie von den gedämpften Bodenwerten bebauter Grundstücke" stellt hierzu einen Bruch her, denn die verfahrensmäßige Ausgestaltung des **Ertragswertverfahrens geht von der Wertbeständigkeit des Grund und Bodens aus**[31]. In Abwandlung der ricardianischen Grundrententheorie soll nämlich mit der durch § 17 Abs. 2 Nr. 1 ImmoWertV vorgegebenen Aufteilung des Ertragswerts in einen Boden- und Gebäudewertanteil der Tatsache Rechnung getragen werden, dass der Grund und Boden wertbeständig ist, während der Wert der baulichen Anlagen infolge Alterung und Abnutzung gegen null läuft und zu einer „Belastung" des Grund und Bodens (Freilegungskosten) wird[32].

57 In der Praxis der „Bodenwertdämpfung" sind auf der Grundlage unterschiedlichster Theorien unterschiedlichste Rechenoperationen entwickelt worden, aus denen ein letztlich theoretischer Bodenwert eines bebauten Grundstücks konstruiert wird[33]. Auch wenn derartige Vorgehensweisen unter Berufung auf Kaufpreisanalysen – jede für sich – mit dem Anspruch auf Richtigkeit entwickelt wurden, muss bedenklich stimmen, dass die unterschiedlichsten Verfahrensweisen zu unterschiedlich konstruierten Bodenwerten führen und von daher die **Gefahr der Manipulation** nicht auszuschließen ist.

58 Aus den vorstehenden Gründen wäre – wenn man schon den Bodenwert dämpfen wollte – der Praxis der Vorzug zu geben, die sich der Bodenwertdämpfung auf der Grundlage fester und für jedermann nachvollziehbarer (prozentualer) Abschläge bedient, selbst wenn diese Abschläge willkürlich gegriffen sind. Diese Praxis ist zumindest kontrollierbar, wenn die **Dämpfungsmechanismen offengelegt werden.** Begrifflich kann aber auch in diesem Fall von einer Dämpfung des Bodenwerts gesprochen werden. Auch bedeutet dies für die Praxis die Einschaltung eines zusätzlichen und (bei „richtiger Verkehrswertermittlung") für das Ergebnis bedeutungslosen Rechenschritts, der sich zwangsläufig auf die Ermittlung des Gebäudewertanteils auswirken muss (vgl. unten Rn. 78 ff.).

59 Von einer Reihe von Sachverständigen wird unbedacht der Bodenwert eines bebauten Grundstücks gegenüber dem vollen Bodenwert mit kürzer werdender Restnutzungsdauer der baulichen Anlage gegen „Null gedämpft", wobei nach Ablauf der Restnutzungsdauer – spätestens mit Abbruch der baulichen Anlage – der volle Bodenwert des unbebaut gedachten Grundstücks – quasi schlagartig – wieder aufleben soll[34].

---

30 Der freie Sachverständige kann es sich im täglichen Geschäft zumeist auch gar nicht leisten, sich mit irgendwelchen „Dämpfungstheorien" zu befassen, die im Rahmen des vorherrschend zur Anwendung kommenden Ertragswertverfahrens in aller Regel für das Gesamtergebnis belanglos sind. Insoweit wird der „Theorienstreit" vornehmlich von einigen Katasterdirektoren betrieben.
31 Seit jeher nimmt der Boden eine besondere Stellung ein (superficies solo cedit). Gebäude sind vergänglich und der Fährnis unterworfen („Fährnis ist, was die Fackel verzehrt").
32 Da das Ertragswertverfahren von dem Modell ausgeht, dass mit der Bebauung eines Grundstücks das in den Grund und Boden investierte Kapital für die Dauer der baulichen Nutzung „gebunden" ist und nicht anderweitig angelegt werden kann, ist der Ansatz des „vollen" Bodenwerts systemkonform.
33 Kleiber, Verkehrswertermittlung von Grundstücken, 6. Aufl. 2010, § 196 BauGB Rn. 27 ff., Teil III Rn. 443 ff.
34 Brandau in VR 1977, 68 mit Replik von Kleiber in VR 1977, 74 und Güttler in VR 1981, 396; Böser/Preuss in AVN 1982, 138: Lucht in VR 1977, 264; Meissner in AVN 1975, 131; Streich in AVN 1974, 360 sowie in AVN 1975, 132.

Ermittlung des Bodenwerts § 16 ImmoWertV

Dieser Einschätzung ist der **BGH** nicht gefolgt[35]. In einer **Entscheidung** heißt es hierzu wörtlich (vgl. Rn. 94 ff.): 60

„Ohne Erfolg wendet sich die Revision dagegen, dass das BG im Anschluss an den Sachverständigen bei einem mit Miethäusern bebauten Grundstück davon ausgeht, mit zunehmendem Alter der Gebäude (bis 70 Jahre) sinke auch der reine Bodenwert kontinuierlich; dann nehme diese Bodenwertminderung wieder allmählich ab und entfalle beim Abbruch des Gebäudes nach einer (angenommenen) Gesamtnutzungsdauer des Gebäudes von 100 Jahren ganz."

Die in diesem Verfahren vom Sachverständigen vorgetragene „Erfahrung" ist einerseits fragwürdig und andererseits im Hinblick auf die für die Verkehrswertermittlung von Mietshäusern angezeigte Anwendung des Ertragswertverfahrens weitgehend unbedeutend: 61

a) Tatsächlich muss nämlich festgestellt werden, dass der **Verkehrswert bebauter Grundstücke sowohl an steigenden als auch fallenden Bodenwerten partizipiert**[36]. Die aufstehende Bebauung ist dagegen einer verbrauchsbedingten Wertminderung unterworfen, wobei die jährliche Wertminderung ohne durchgreifende Instandsetzungen und Modernisierungen umso größer ist, je kürzer die (wirtschaftliche) Gesamtnutzungsdauer des Gebäudes ist. Da die früher als üblich angesehene 100-jährige Gesamtnutzungsdauer eines Gebäudes ohne solche Maßnahmen schon seit Langem nicht mehr gilt, herrschen bei vielen Grundeigentümern häufig falsche Vorstellungen über den Wertverfall ihres Gebäudes.

b) Zum anderen muss im Falle einer Dämpfung des Bodenwerts unter dem **Grundsatz der Modellkonformität** konsequenterweise ein **gedämpfter Liegenschaftszinssatz** zur Anwendung kommen (vgl. unten Rn. 82 ff.; § 14 ImmoWertV Rn. 160), der im Ergebnis die Bodenwertdämpfung vollständig kompensiert (Nullsummenspiel). Die Dämpfung des Bodenwerts ist zudem bei Objekten mit langer Restnutzungsdauer für das Ergebnis selbst bei Verwendung „ungedämpfter" Liegenschaftszinssätze belanglos, weil der Bodenwert mit länger werdender Restnutzungsdauer einen immer geringer werdenden Einfluss auf das Ergebnis hat und lediglich – wie dargestellt – zu einer Verschiebung des Boden- und Gebäudewertanteils führt. Gedämpfte Bodenwerte führen nämlich zu einer Verminderung des Bodenwertverzinsungsbetrags und damit zu einer Erhöhung des um den Bodenwertverzinsungsbetrag verminderten Reinertrags. Die damit einhergehende Erhöhung des Gebäudeertragswerts wird dann mit dem gedämpften Bodenwert im Gesamtergebnis wieder aufgefangen.

Eine andere als hilflos zu bezeichnende Praxis bedient sich **pauschaler Dämpfungsmethoden**, indem generell vom Bodenrichtwert (für unbebaute Grundstücke) ein Abschlag von z. B. 40 % angebracht wird. Diese Vorgehensweise steht zwar im Widerspruch zu der „inneren" Begründung der Bodenwertdämpfung, nämlich der mit zunehmendem Alter der baulichen Anlage anwachsenden Disparität des „verbrauchten" Bodens zum Bodenwert eines unbebauten Grundstücks; sie hat aber immerhin den Vorteil der Eindeutigkeit für den „Verbraucher". 62

Das von **Naegeli**[37] vor sehr langer Zeit (1955 bis 1957) entwickelte **Lageklassenverfahren**, nach dem sich ggf. der gedämpfte Anteil des Bodens am Gesamtwert eines bebauten Grundstücks „einzig und allein" nach den von ihm definierten Lageklassen bestimmt, mag seinerzeit für den von ihm untersuchten schweizerischen Grundstücksmarkt „stimmig" gewesen sein; für deutsche Verhältnisse ist dieses Verfahren sowohl von seinem Ansatz her als auch den angegebenen Werten her unbrauchbar, auch wenn im deutschsprachigen Schrifttum hierauf schon einmal zurückgegriffen worden ist[38]. Von sachkundigen Gutachtern wird das Verfahren deshalb nicht angewandt. 63

Schließlich greifen andere Sachverständige zur Begründung ihrer Dämpfungspraxis auf Begründungen zurück, die mit einer verantwortungsbewussten Wertermittlungspraxis nicht vereinbar sind. Um nicht dem Grundeigentümer den Wertverzehr seines Gebäudes im Gutachten attestieren zu müssen, begründen eine Reihe von Sachverständigen die Bodenwert- 64

---

35 BGH, Beschl. vom 28.06.1984 – III ZR 187/83 –, EzGuG 14.77.
36 So auch bereits Lütge, Wohnungswirtschaft, Stuttgart 1949, S. 382.
37 Naegeli, Die Wertberechnung des Baulandes, Zürich 1965.
38 Ross/Brachmann, Ermittlung des Bauwertes von Gebäuden und des Verkehrswerts von Grundstücken, 29. Aufl. 2005 S. 496 ff.

§ 16 ImmoWertV — Ermittlung des Bodenwerts

dämpfung gelegentlich auch damit, dass ein entsprechend **höherer Wert der baulichen Anlage „verbraucherfreundlicher"** sei. Dies kann allerdings wenig überzeugen, zumal anderenorts die Praxis ohne eine derartige Argumentation auskommt[39].

65 Ob der gesunde Grundstücksverkehr den Bodenwertanteil so beurteilt, wie er nach den unterschiedlichsten Theorien und Verfahrensweisen der Bodenwertdämpfung abgeleitet wird, muss bei alledem solange fraglich bleiben, wie der Grund und Boden eines bebauten Grundstücks nicht selbstständig gehandelt wird. Nach der hier vertretenen Auffassung kann das sog. **Repartitionsproblem,** nämlich die verursachungsgerechte Aufteilung des (Gesamt-)Verkehrswerts eines Grundstücks auf Boden und Gebäude, letztlich **nicht eindeutig gelöst werden**[40]. Deshalb müssen **praktischen Bedürfnissen und rechtlichen Erfordernissen Rechnung tragende Lösungen** zur Anwendung kommen[41]. Von dieser Zielsetzung ist ersichtlich auch der Verordnungsgeber mit der Grundsatzregelung des § 16 Abs. 1 Satz 1 ImmoWertV ausgegangen und hat die Ausnahmefälle in den § 16 Abs. 2 bis 4 sowie in § 4 Abs. 3 Nr. 3 ImmoWertV geregelt[42].

2.3.3 Ertrags- und Sachwertverfahren unter Heranziehung gedämpfter Bodenwerte

2.3.3.1 Allgemeines

66 Mit § 16 Abs. 1 Satz 1 ImmoWertV wird nunmehr ausdrücklich bestimmt, dass der im Rahmen des Ertrags- und Sachwertverfahrens nach § 17 Abs. 2 bzw. § 21 Abs. 1 ImmoWertV anzusetzende Bodenwert im Wege des **Preisvergleichs auf der Grundlage unbebauter Vergleichsgrundstücke** und mithin als ungedämpfter Bodenwert zu ermitteln ist.

67 **Wird** dessen ungeachtet **ein gedämpfter Bodenwert in die Ertrags- oder Sachwertermittlung eingeführt, so ist dies bei der gebotenen konsequenten Beachtung aller Verfahrensgrundsätze für das Gesamtergebnis unwirksam,** denn dies muss dann zu einer entsprechenden Erhöhung des Gebäudeertrags- bzw. -sachwerts führen, d. h., die Bodenwertdämpfung führt lediglich zu einer Verschiebung des Gebäude- und Bodenwertanteils am Gesamtwert.

2.3.3.2 Dämpfung bei Anwendung des Ertragswertverfahrens

68 Bei Anwendung des in § 17 ImmoWertV geregelten Standardverfahrens der Ertragswertermittlung bestimmt sich der **Ertragswert nach folgender Formel** (§ 17 Abs. 1 Nr. 1 ImmoWertV):

$$EW = (RE - p \times BW) \times V + BW$$

wobei
EW = Ertragswert
RE = Reinertrag
BW = Bodenwert
p = Liegenschaftszinssatz
V = Vervielfältiger

---

[39] Pohlmann/Hohenaspe, Die Trennung des Boden- und Bauwerts in der Praxis amerikanischer Gemeinden, in Jahrbuch der Bodenreform 1914, S. 103.
[40] So im Übrigen auch Sieber, Bodenpreissteigerung und Grundstücksmarkt, WuR 1956, 29 ff. Fn. 25.
[41] Zustimmend Zimmermann, WertV 88, München 1998 S. 277.
[42] Rechtlich stellt sich die Notwendigkeit zur „Herausfilterung" des Bodenwerts eines bebauten Grundstücks dort, wo gesetzliche Regelungen an den Bodenwert anknüpfen, z. B. in der Umlegung, bei der Ausgleichsbetragsermittlung für sanierungsbedingte Bodenwerterhöhungen, der Entschädigung bei hoheitlichen Eingriffen in die ausgeübte Nutzung nach § 42 BauGB sowie im Falle der Einführung einer Bodenwertsteuer.

Ermittlung des Bodenwerts § 16 ImmoWertV

Der **Liegenschaftszinssatz bestimmt sich** gemäß den Ausführungen bei § 14 ImmoWertV   69
Rn. 207 **nach folgender Beziehung:**

$$p = \frac{RE \times 100}{KP} - \frac{100(q-1)}{q^n - 1} \times \frac{KP - BW}{KP}$$

wobei
q = Zinsfaktor = p + 1
KP = Kaufpreis

Der aus am Markt erzielten Kaufpreisen abgeleitete Liegenschaftszinssatz führt nach diesem Modell zu einem am Markt erzielbaren Ertragswert, der dann zugleich Verkehrswert ist.

Wie aus den Formeln für den Ertragswert und den Liegenschaftszinssatz ersichtlich, geht der   70
Bodenwert sowohl in die Ableitung des Liegenschaftszinssatzes als auch des Ertragswerts ein. **Soll der Bodenwert gedämpft werden, muss nach dem Grundsatz der Modellkonformität sowohl der Liegenschaftszinssatz als auch der Ertragswert auf der Grundlage gedämpfter Bodenwerte abgeleitet werden.**

Bei systemkonformer Anwendung des Ertragswertverfahrens schlägt die Dämpfung des   71
Bodenwerts eines bebauten Grundstücks in erster Linie auf den Liegenschaftszinssatz
durch, wenn dieser als logische Konsequenz (Modellkonformität) auf der Grundlage gedämpfter Bodenwerte abgeleitet wird (vgl. § 14 ImmoWertV Rn. 216 ff.). Da der Wertanteil der baulichen Anlage am Verkehrswert bei einer Dämpfung des Bodenwerts komplementär zunimmt, muss sich nämlich der Liegenschaftszinssatz entsprechend vermindern, denn bei gleich bleibendem Reinertrag, aber höherem Wert der baulichen Anlage stellt sich eine geringere Verzinsung der Liegenschaft ein. Dies zeigt auch das Berechnungsbeispiel in Abb. 3.

Hieraus müssen zwei wichtige **Schlussfolgerungen** gezogen werden, die in der Wertermitt-   72
lungspraxis oft unbeachtet gelassen werden:

1. Empirisch ermittelte Liegenschaftszinssätze der Gutachterausschüsse, die bei ihrer Ableitung von gedämpften Bodenwerten ausgingen (soweit erkennbar: *Darmstadt, Lübeck, Bremen* und *Stuttgart*), konnten nicht unmittelbar mit empirisch abgeleiteten Liegenschaftszinssätzen verglichen werden, bei deren Ableitung von „vollen" Bodenwerten ausgegangen wurde. *Darmstadt, Lübeck, München* und *Stuttgart* sind aus den hier dargestellten Gründen davon abgegangen.

2. Bei Anwendung der empirisch unter Berücksichtigung gedämpfter Bodenwerte abgeleiteten Liegenschaftszinssätze muss – um im System zu bleiben – auch ein gedämpfter Bodenwert in das Ertragswertverfahren eingeführt werden; vielfach wird dies schon deshalb nicht beachtet, weil die Dämpfer ihr Dämpfungssystem nicht hinreichend offenlegen.

Dies macht deutlich, dass die **Dämpfung der Bodenwerte zu einer im Ergebnis nutzlosen Verkomplizierung** führt, die der Nachvollziehbarkeit der Wertermittlung abträglich ist.

73 Abb. 2: **Vergleichende Betrachtung zur Ermittlung des Ertragswerts und des Liegenschaftszinssatzes bei unterschiedlich angesetzten Bodenwerten**

Vergleichende Betrachtung zur Ermittlung des Ertragswerts und des Liegenschaftszinssatzes bei unterschiedlich angesetzten Bodenwerten

Beispiel:

Kaufpreis KP für bebautes Grundstück	500 000 €
Jährlicher Reinertrag RE	30 000 €
Restnutzungsdauer RND	30 Jahre

1. Alternative
Als **Bodenwert BW** des bebauten Grundstücks wird der Wert angesetzt, den das Grundstück im unbebauten Zustand hätte.

2. Alternative
Als **Bodenwert BW** des bebauten Grundstücks wird ein gegenüber dem Wert des unbebauten Grundstücks abgesenkter („gedämpfter") Bodenwert angesetzt.

$BW_{ungedämpft}$ (aus Vergleichspreisen)	=	200 000 €	$BW_{gedämpft}$	=	100 000 €
Gebäudewert (500 000 € − BW)	=	300 000 €	Gebäudewert (500 000 € − BW)	=	400 000 €

a) **Berechnung des Liegenschaftszinssatzes**
(entsprechend dem Beispiel in Abb. 33 bei § 14 ImmoWertV Rn. 209 ff.)

mit einem			mit einem		
$BW_{ungedämpft}$ ergibt	=	200 000 €	$BW_{gedämpft}$	=	100 000 €
Liegenschaftszinssatz p_1	=	5,13 v.H.	Liegenschaftszinssatz p_2	=	4,75 v.H.

$$p_1 > p_2$$

b) **Berechnung des Ertragswerts**
auf der Grundlage der unterschiedlich angesetzten Bodenwerte, des jeweils zuzuordnenden Liegenschaftszinssatzes p_i und des sich dafür ergebenden Vervielfältigers V_i

$$EW = (RE - p \times BW) \times V + BW$$

(vgl. Syst. Darst. des Ertragswertverfahrens Rn. 36 ff.)

bei

$BW_{ungedämpft}$	=	200 000 €	$BW_{gedämpft}$	=	100 000 €
p_1	=	5,13 v.H.	p_2	=	4,75 v.H.
V_1	=	15,14725	V_2	=	15,82042
EW	=	500 000 €	EW	=	500 000 €

Fazit: Die Ermittlung des Ertragswerts auf der Grundlage gedämpfter Bodenwerte führt auch zum Verkehrswert, wenn innerhalb dieses „Modells" kein Systembruch entsteht und die Dämpfung bei allen Parametern, insbesondere bei der Ableitung des Liegenschaftszinssatzes, berücksichtigt wird.

Wo mit gedämpften Bodenwerten „gearbeitet" wird, müssen bei alledem in gleicher Weise gedämpfte Bodenwerte in die Ableitung des Liegenschaftszinssatzes eingeführt worden sein. Wo hingegen der Liegenschaftszinssatz auf der Grundlage des „vollen" Bodenwerts abgeleitet worden ist, darf grundsätzlich auch kein gedämpfter Bodenwert in die Ertragswertermittlung eingeführt werden.

© W. Kleiber 11

---

74 Eine zu einem beliebigen Zeitpunkt im Laufe der Nutzungsdauer des aufstehenden Gebäudes vorgenommene **Verminderung des Bodenwerts wegen Bebauung verletzt** somit **die finanzmathematische Grundstruktur des Ertragswertverfahrens** und ist bereits aus diesem Grunde abzulehnen.

75 Auf einen interessanten Aspekt zur „Theorie der Dämpfung des Bodenwerts bebauter Grundstücke" weist Weil[43] hin, mit dessen Verfahren sich bereits das BVerwG eingehend befasst hat[44]. Weil geht von folgenden **Grundprinzipien** aus:
a) Der Bodenwert eines bebauten Grundstücks hängt von der zulässigen Bebauungsmöglichkeit und nicht von der tatsächlichen Bebauung ab.
b) Der für die Ermittlung des Verkehrswerts im Sach- und Ertragswertverfahren anzusetzende Bodenwert für dasselbe Grundstück ist identisch.

---

[43] Weil, Grundstücksschätzung, 5. Aufl. Düsseldorf 1958, S. 20, 29 ff., 48 ff.
[44] BVerwG, Urt. vom 13.11.1964 – 7 C 20/64 –, EzGuG 20.38; auch BFH, Urt. vom 16.11.1979 – III R 76/77 –, EzGuG 20.81b.

Ermittlung des Bodenwerts § 16 ImmoWertV

c) Eine von der zulässigen und lagetypischen Bebauung abweichende Bebauung ändert nicht den anzusetzenden Bodenwert, sondern lediglich die Bodenwertverzinsung.

Für diese Grundprinzipien spricht in der Tat, dass z. B. der Eigentümer eines untergenutzten Grundstücks gewollt (im Falle einer von ihm selbst zu verantwortenden Bebauung) oder ungewollt (im Falle einer nachträglichen „Heraufzonung") auf die „volle" Verzinsung des Bodenwerts verzichtet. Die Weilsche Auffassung hat vor allem für das Ertragswertverfahren eine besondere Bedeutung und lässt sich am folgenden Beispiel erläutern (Abb. 3).

Abb. 3: Unterschiedliche Bodenwertverzinsung nach Weil

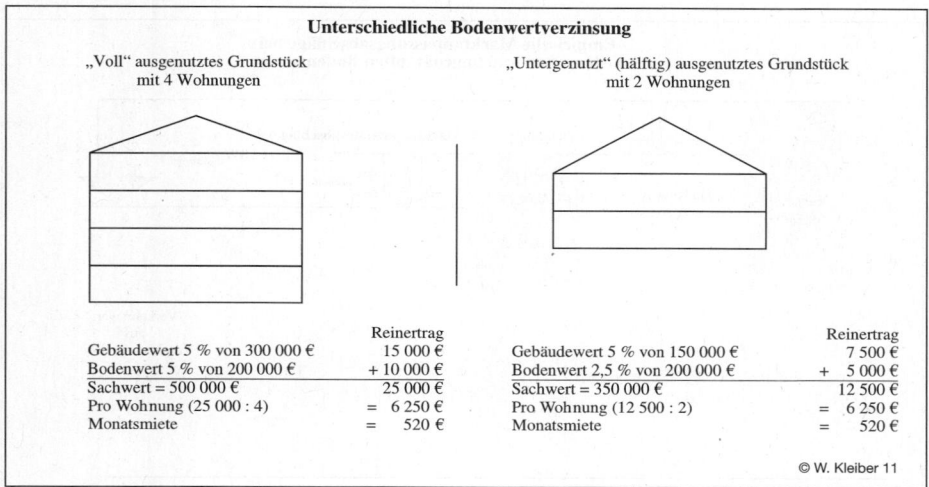

Nach Weil soll die Bodenwertverzinsung eines unter- oder übergenutzten Grundstücks in dem Verhältnis von der Bodenwertverzinsung des planungsadäquat genutzten Grundstücks abweichen, wie dies dem jeweiligen Ertragsverhältnis entspricht.

Der Nachteil dieses Verfahrensvorschlags ist darin zu sehen, dass man bei der Ertragswertermittlung zu unterschiedlichen Soll- und Habenzinssätzen kommt (eigener Zinssatz für die Ermittlung des Bodenwertverzinsungsbetrags). Des Weiteren ist dagegen anzuführen, dass das Verfahren die Restnutzungsdauer unberücksichtigt lässt. Diese ist aber von entscheidender Bedeutung, denn es macht einen Unterschied, ob der Grund und Boden nur noch wenige Jahre oder über eine sehr lange Zeitspanne untergenutzt bleibt.

2.3.3.3 Dämpfung bei Anwendung des Sachwertverfahrens

▶ *Vgl. Syst. Darst. des Sachwertverfahrens Rn. 21 ff.*

Nach dem Vorhergesagten ist gemäß § 21 Abs. 1 ImmoWertV der **Bodenwert** auch bei Anwendung des Sachwertverfahrens im Wege des Preisvergleichs **mit dem Wert zu ermitteln, wie er sich für unbebaute Grundstücke ergibt.**

Auch bei Anwendung des Sachwertverfahrens würde eine Dämpfung des Bodenwerts bei richtiger Ermittlung des Verkehrswerts lediglich zu einer Insichverschiebung der Boden- und Gebäudewertanteile führen. Sieht man einmal von einem Wertanteil für sonstige Anlagen ab, so muss die Bodenwertdämpfung zwangsläufig dazu führen, dass sich der Gebäudewertanteil erhöht, wenn die Summe aus Boden- und Gebäudeanteil den Verkehrswert ergeben. Abzulehnen wäre dabei der Ansatz entsprechend höherer Normalherstellungskosten, da dies zu einer weiteren Verzerrung des Systems, insbesondere im Verhältnis zu den ansonsten anzusetzenden Normalherstellungskosten führen würde.

Die **Dämpfung von Bodenwerten bei Anwendung des Sachwertverfahrens** müsste sich zwangsläufig auf die Marktanpassung nach § 8 Abs. 2 ImmoWertV und somit auf die Sach-

§ 16 ImmoWertV — Ermittlung des Bodenwerts

wertfaktoren i. S. des § 14 Abs. 2 Nr. 1 ImmoWertV auswirken. Im Verhältnis zu den auf der Grundlage des § 16 Abs. 1 Satz 1 ImmoWertV abgeleiteten Sachwertfaktoren müssten sich nach dem Grundsatz der Modellkonformität modifizierte Sachwertfaktoren ergeben bzw.

- entsprechend verminderte Marktanpassungsabschläge oder
- entsprechend erhöhte Marktanpassungszuschläge (vgl. § 14 ImmoWertV Rn. 343 sowie Abb. 4).

Abb. 4: Marktanpassungsabschläge bei gedämpften und ungedämpften Bodenwerten

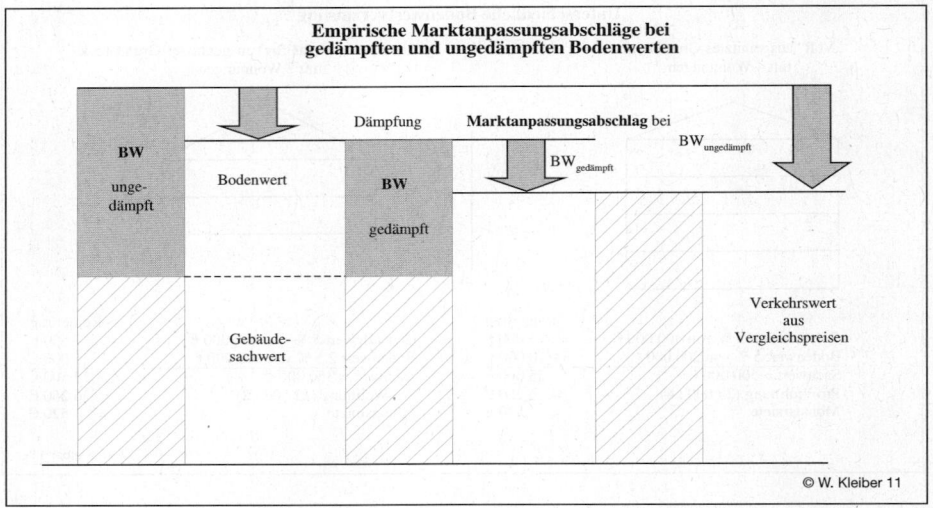

80 Der wohl augenfälligste Beleg dafür war die Praxis der Bodenwertdämpfung des Gutachterausschusses für Grundstückswerte für den Bereich *Stuttgart*. Dort wurde der Bodenwert von Grundstücken, die vor 1965 bebaut wurden (sic!), – unabhängig von irgendwelchen Kriterien gleichsam mit überstrapaziertem Ermessen – weitgehend pauschal um 30 % vermindert. Als **Folge der Bodenwertdämpfung** hatte man dort selbst noch für Einfamilienhäuser (mit Einliegerwohnung) mit einem Sachwert von über 0,9 Mio. DM (~ 450 000 €) empirisch Marktanpassungs*zuschläge* abgeleitet, um aus dem Sachwert den Verkehrswert abzuleiten, während anderenorts ohne die Zwischenschaltung einer Bodenwertdämpfung üblicherweise bereits ab einem Sachwert von rd. 250 000 € Marktanpassungsabschläge ermittelt wurden.

81 Bei alledem ist es durchaus plausibel, dass der Sachwert bei Objekten dieser Größenordnung nur über einen Marktanpassungsabschlag zu dem Verkehrswert führt. Wenn nun aber der Bodenwert in *Stuttgart* zunächst gedämpft wurde und infolgedessen ein Marktanpassungszuschlag erforderlich wurde, um über den Sachwert zum Verkehrswert zu gelangen, so erscheint die **Dämpfung** nicht nur im Hinblick auf zusätzliche Rechenoperationen überflüssig, sondern auch **wenig realitätsnah**.

82 **Fazit:** Die Bodenwertdämpfung kann im Rahmen des Sachwertverfahrens zu einer „Aufblähung", aber auch „Schrumpfung" des vom Gutachterausschuss für Grundstückswerte ermittelten Marktanpassungsabschlags (Sachwertfaktor) führen, je nachdem, ob im Einzelfall ein Marktanpassungsab- oder -zuschlag erforderlich wird. Hieraus wiederum folgt, dass bei der **Veröffentlichung solcher Marktanpassungsfaktoren für außen stehende Sachverständige die Dämpfungsmethodik des Gutachterausschusses bekannt gemacht werden muss,** weil sonst die Veröffentlichungen solcher Marktanpassungsfaktoren für den Sachverständigen praktisch wertlos sind. Die Bodenwertdämpfung des Gutachterausschusses für Grundstückswerte, so er sie für unvermeidlich hält, muss dann also transparent gemacht werden, wenn sie schadlos bleiben soll.

83 Wenn also von einzelnen Gutachterausschüssen für Grundstückswerte Bodenwerte nach jeweils eigenen Theorien gedämpft und dementsprechend Sachwertfaktoren abgeleitet wer-

Ermittlung des Bodenwerts § 16 ImmoWertV

den, so mögen sie dies sachlich für geboten erachten. Problematisch wird dies aber dann, wenn sie ihre Dämpfungsmethodik nicht offenlegen und die abgeleiteten **Sachwertfaktoren** auf ungedämpfte Bodenwerte zur Anwendung kommen.

2.4 Rechtsprechung

In der Rechtsprechung des BGH ist zu dem Problem des Bodenwerts bebauter Grundstücke bislang nur am Rande Stellung genommen worden (vgl. oben Rn. 60). Hierzu bestand wohl auch noch kein Anlass, denn in Entschädigungsfällen geht es um das Gesamtergebnis. 84

In der Enteignungsrechtsprechung des BGH[45] ist des Weiteren hervorgehoben worden, dass bei einem alten **Gebäude in bester Geschäftslage** allein der Bodenwert maßgebend sein kann, insbesondere wenn das Gebäude zum Abriss erworben wird. Dies kann sogar zu einer Minderung des Marktwerts (Verkehrswerts) führen: „... Deshalb kann die Bebauung in der Entschädigungshöhe nur berücksichtigt werden, wenn und soweit sie ein Faktor ist, der den gemeinen Wert der entzogenen Sachgemeinschaft mitbestimmt, wenn sich also der gemeine Wert wirklich aus der Summe des Werts der Bodenfläche und der aufstehenden Bauwerke ergibt. Ein Gebäude, das nur Abbruchswert hat, darf nicht mit seinem Bauwert eingesetzt werden ..." Ebenso kann ein vorhandenes Gebäude den Wert mindern, wenn es die wirtschaftlich zweckmäßige Verwendung hindert oder erschwert. Es kann deshalb notwendig sein, ein vorhandenes Bauwerk wegzudenken, um zu dem richtigen gemeinen Wert zu gelangen"[46]. 85

Bei der Verkehrswertermittlung von **Objekten mit abbruchreifen Gebäuden** oder solchen, die zumindest eine im Verhältnis zum Bodenwert unzulängliche Rendite abwerfen, ist der Bodenwert nach Maßgabe des § 16 Abs. 2 ImmoWertV zu ermitteln, wobei von dem Bodenwert auszugehen ist, den das Grundstück im unbebauten Zustand hätte[47]. 86

Sibyllinisch heißt es dagegen im BGH, Urt. vom 30.01.1957[48]: „Der Bodenwert ist nach den für bebauten Grund und Boden ermittelten Werten einzusetzen." 87

2.5 Steuerliche Bewertung

Schrifttum: *Birkenfeld*, FR 1983, 441; *Mayer-Wengelin* in Hartmann/Böttcher/Nissen/Bordewin, Komm. zum EStG, § 6 EStG Rn. 159; *Münchehofen/Springer*, Bewertung von Grund und Boden nach steuerlichen Maßgaben, GuG 2005, 65; *Schmidt/Glanegger*, EStG 18. Aufl. § 6 Rn. 118; Stöckel, DStZ 1988, 220, DStZ 1998, 795; *Winkeljohann* in Herrmann/Heuer/Raupach, Komm. zum EStG und Körperschaftsteuergesetz, § 6 Rn. 313; *Wichmann*, FR 1988, 513.

2.5.1 Allgemeines

Von besonderer Bedeutung ist die **Aufteilung des Kaufpreises für bebaute Grundstücke in einen Boden- und Gebäudewertanteil (Kaufpreisaufteilung) für steuerliche Zwecke.** Eine Aufteilung des Grundstücks in „Grund und Boden" sowie Gebäude wird z. B. aufgrund der Regelung des § 6 Abs. 1 Nr. 1 und 2 EStG erforderlich (vgl. R 6.1, R 7.3 ff. EStR 05). 88

Nach **Abschn. 58 Abs. 4 EStR** sind die Anschaffungskosten für den Grund und Boden einerseits und für das Gebäude andererseits getrennt auszuweisen, weil die Anschaffungskosten des Gebäudes steuerwirksam abgeschrieben werden können, die Anschaffungskosten des Grund und Bodens dagegen nicht. 89

Für die Ermittlung von Grundstückswerten unter Anwendung des Sachwertverfahrens hat der Gesetzgeber mit § 84 BewG den Bewertungsgrundsatz aufgestellt, den **Grund und Boden** 90

---

45 BGH, Urt. vom 02.0.1981 – III ZR 186/79 –, EzGuG 19.38.
46 BGH, Urt. vom 25.06.1964 – III ZR 111/64 –, EzGuG 20.37.
47 OLG Koblenz, Urt. vom 01.06.1977 – 1 U 9/76 –, EzGuG 20.67 – in der Entscheidung wird auf die Anwendung des § 12 WertV verwiesen, der dem geltenden § 16 Abs. 3 ImmoWertV entspricht; OLG Köln, Beschl. vom 03.05.1962 – 4 W 7/62 –, EzGuG 20.30; auch BFH, Urt. vom 6.11.1968 – I R 12/66 –, EzGuG 20.44; BFH, Urt. vom 28.03.1973 – I R 115/71 –, EzGuG 20.55; BFH, Urt. vom 2.6.1959 – I 74/58 F –, EzGuG 4.10a.
48 BGH, Urt. vom 30.01.1957 – V ZR 84/56 –, EzGuG 4.5; vgl. ferner PrOVG, Urt. vom 11.11.1898 – I 1863 –, EzGuG 4.26.

„mit dem Wert anzusetzen, der sich ergeben würde, wenn das Grundstück unbebaut wäre" (entsprechend § 189 i. V. m. § 179 BewG). Boden- und Gebäudewert sind (zusammen) unter Anwendung von Wertzahlen nach § 90 BewG (§ 189 Abs. 3 BewG) dem gemeinen Wert (Verkehrswert) anzupassen, ohne dass dabei entschieden werden muss, welchem Wertanteil diese Anpassung zuzuordnen ist. Dennoch stellt sich auch im steuerlichen Bereich die Aufgabe, den angemessenen Bodenwertanteil am Gesamtwert bzw. Gesamtkaufpreis „herauszufiltern", nämlich bei der Ermittlung der Bemessungsgrundlage für die nur auf das Gebäude mögliche Absetzung für Abnutzung (AfA) nach § 7 Abs. 4 EStG[49].

2.5.2 Restwertmethode

91 Die ältere **Rechtsprechung des BFH** hatte dazu die so genannte Restwertmethode vertreten[50]:

„Für die Verteilung des Kaufpreises in solchen Fällen hat der Reichsfinanzhof in seiner Entscheidung vom 19.11.1941 – VI 200/41 – (RStBl. 1942, 42) ausgeführt, die Bodenwerte für Grundstücke seien in gleicher Lage und bei gleicher Benutzungsmöglichkeit im Allgemeinen gleich, während die Werte der Gebäude nach Ausstattung, Alter, baulichem Zustand, nach Art und Umfang der Nutzung, dem Ertrag usw. schwankten; daher sei regelmäßig anzunehmen, dass von dem vereinbarten Gesamtkaufpreis auf den Boden so viel entfalle, als dieser am Anschaffungstag tatsächlich (objektiv) wert gewesen sei, während der darüber hinausgehende Betrag als Kaufpreis für das Gebäude anzusehen sei. Den Grundsätzen dieser Entscheidung des Reichsfinanzhofs kann man im Allgemeinen auch heute noch folgen.

92 Der **RFH** hatte zuvor schon im Urt. vom 26.01.1938[51] herausgestellt, dass ein **Anstieg des Bodenwerts (Grundwerts) z. B. aufgrund einer Verbesserung der Nutzbarkeit eines Grundstücks**, den Gebäudewert entsprechend vermindert, wenn das Gebäude dieser Nutzungsverbesserung nicht angepasst werden kann.

„In der Regel ist anzunehmen, dass die eigentlichen Grundwerte im Allgemeinen die gleichen sind, gleichviel, ob das Grundstück bebaut ist oder nicht, wenn nicht etwa zwangswirtschaftliche Gesichtspunkte eingreifen. Steigt der Grundwert, ohne dass das darauf stehende Gebäude eine entsprechende Ausnutzung zulässt oder eine dem Steigen des Grundwerts entsprechende Änderung vorgenommen werden kann – wobei die Kosten der Änderung zu berücksichtigen wären –, so geht in der Regel der Gebäudewert um den Betrag zurück, um den der Grundwert steigt. Nebenher sei bemerkt, dass das eine Teilwertabschreibung auf das Gebäude nicht rechtfertigen würde, da das zu bewertende Wirtschaftsgut, nämlich das bebaute Grundstück, Gebäude und Grund und Boden umfasst. In der Regel ist ein wesentlicher Gebäudewert nicht mehr vorhanden, wenn der Grundwert allein den Verkehrswert des Grundstücks mit darauf stehendem Gebäude erreicht. Das Steigen des Grundwerts kann also ein Absinken des Gebäudewerts zur Folge haben, und mit weiterem Steigen des Grundwerts kann schließlich der Gebäudewert völlig verschwinden. Das Abbrechen des Gebäudes besagt, dass ein Grundwert nicht mehr vorhanden ist. Siehe auch RFH, Entsch. vom 19.01.1938 – VI 533/36 –"[52].

93 Für die Aufteilung des Gesamtkaufpreises in einen Bodenwert- und einen Gebäudewertanteil wurde bis 1971 die so genannte **Restwertmethode**[53] angewendet. Bei Anwendung der Restwertmethode wird der Gebäudewertanteil am Gesamtkaufpreis ermittelt, indem dieser um das Produkt aus dem Bodenrichtwert und der Grundstücksfläche vermindert wird:

$$\text{Gebäudewertanteil}_{\text{Restwertmethode}} = \text{Gesamtkaufpreis} - (\text{Bodenrichtwert}_{m^2} \times \text{Grundstücksfläche})$$

Beispiel:

Gesamtkaufpreis	=	350 000 €
Bodenrichtwert	=	200 €/m²
Grundstücksfläche	=	500 m²
Gebäudewertanteil	=	350 000 € – (200 €/m² × 500 m²) = 250 000 €

---

49 Stöckel in DStZ, 1988, 220.
50 BFH, Urt. vom 15.10.1965 – VI 134/65 U –, EzGuG 4.26.
51 RFH, Urt. vom 26.01.1938 – VI 619/37 –, EzGuG 4.4.
52 RFH, Urt. vom 19.01.1938 – VI 533/36 –, EzGuG 4.3a; RFH, Urt. vom 26.01.1938 – VI 619/37 –, EzGuG 4.4; vgl. auch RFH, Urt. vom 09.01.1931 – I A 246/30 –, EzGuG 20.13.
53 BFH, Urt. vom 03.06.1965 – IV 351/64U –, EzGuG 4.24; BFH, Urt. vom 15.10.1965 – VI 134/65 U –, EzGuG 4.26.

Ermittlung des Bodenwerts § 16 ImmoWertV

2.5.3 Verkehrswertmethode

Der Aufteilungsmodus nach der Restwertmethode ist mit Recht **verworfen** worden, da dabei alle das Gesamtgrundstück betreffenden negativen wertbeeinflussenden Umstände **einseitig auf den Gebäudewertanteil abgewälzt** wurden und das Verfahren damit insgesamt zu ungerechtfertigt hohen Bodenwertanteilen führte. 1971 rückte der BFH von seiner bisherigen Auffassung ab[54] und schrieb zur Aufteilung die sog. **Verkehrswertmethode**[55] vor, nach der der Gesamtkaufpreis nunmehr im Verhältnis der Teilwerte (d. h. Bodenwert wie unbebaut und Gebäudesachwert bzw. Gebäudeertragswert) aufzuteilen ist. Dies ist plausibel, weil alle den Kaufpreis beeinflussenden Umstände gleichermaßen auf die Wertanteile des Grund und Bodens und des Gebäudes verteilt werden. 94

Etwas anderes kann gelten, wenn die Vertragsparteien eine sachgerechte Aufteilung vorgenommen haben oder wenn das **Gebäude objektiv wertlos** war; im letzteren Fall entfällt der volle Kaufpreis auf den Grund und Boden[56]. 95

Welches **Wertermittlungsverfahren** dabei im Einzelfall zur Anwendung kommt, bestimmt sich nach den allgemeinen Grundsätzen zur Wahl des geeigneten Wertermittlungsverfahrens, wobei sich die Finanzgerichtsrechtsprechung an den Grundsätzen orientiert, die nach § 8 ImmoWertV allgemein für die Marktwertermittlung gelten. 96

- Zur Teilwertermittlung bei **Eigentumswohnungen** hat der BFH in diesem Zusammenhang die Ermittlung des Gebäudewertanteils nach dem Vergleichswertverfahren abgelehnt und dem Sachwertverfahren den Vorzug gegeben. Daraus ist aber keinesfalls eine Ablehnung des Vergleichswertverfahrens für die Verkehrswertermittlung von Eigentumswohnungen (insgesamt) herauslesbar[57].

- Auch zur Teilwertermittlung bei **Mietwohngrundstücken im Privatvermögen mit einer nur geringen Zahl von Wohneinheiten** wurde dem Sachwertverfahren der Vorzug gegeben[58].

- Des Weiteren hält die Finanzgerichtsrechtsprechung auch bei der Teilwertermittlung von **Geschäftsgrundstücken (mit Ladengeschäften)** unverständlicherweise am Sachwertverfahren fest[59].

Bei Anwendung der Verkehrswertmethode wird demzufolge zunächst der Verkehrswert des Grundstücks im Wege des Ertrags- oder Sachwertverfahrens (einschließlich Marktanpassung und Berücksichtigung der besonderen objektspezifischen Grundstücksmerkmale nach § 8 Abs. 2 und 3 ImmoWertV) nach den Verfahren der ImmoWertV ermittelt. Dabei wird der Bodenwert gemäß der Grundsatzregelung des § 16 Abs. 1 Satz 1 ImmoWertV mit dem Wert ermittelt, wie er sich im unbebauten Zustand ergibt. 97

---

54 BFH, Urt. vom 21.01.1971 – IV 123/65 –, EzGuG 4.31a.
55 BFH, Urt. vom 19.12.1972 – VIII ZR 124/69 –, EzGuG 4.38a; BFH, Urt. vom 07.06.1994 – IX R 33, 34/92 –; BFH, Urt. vom 27.06.1995 – IX R 130/90 –, BStBl II 1996, 215 = BFHE 178, 151; BFH, Urt. vom 10.10.2000 – IX R 86/97 –, BStBl II 2001, 183 = GuG 2001, 253 = EzGuG 4.177a; BFH, Urt. vom 31.07.2001 – IX R 15/98 –, BFH/NV 2002, 324; BFH, Urt. vom 11.02.2003 – IX R 13/00 –, GuG 2003, 316 = EzGuG 4.186a.
56 BFH, Urt. vom 15.02.1989 – X R 97/87 –, BFHE 56, 423; BFH, Urt. vom 12.06.1978 – GrS 1/77 –, EzGuG 4.56a.
57 BFH, Urt. vom 23.06.2005 – IX B 117/04 –, EzGuG 4.195a; BFH, Urt. vom 24.02.1999 – IV B 73/98 –, GuG 2000, 186 = EzGuG 20.170;BFH, Urt. vom 10.10.2000 – IX R 86/97 –, EzGuG 4.177a; FG Baden-Württemberg, Urt. vom 29.11.1990 – III K 412/84 –; FG Düsseldorf, Urt. vom 12.06.1997 – 14 K 6480/93 –, EFG 1997, 1302 = EzGuG 4.169a; FG Baden-Württemberg, Urt. vom 29.04.1998 – 12 K 351/92 –, EFG 1998, 1675; FG München, Urt. vom 26.10.1999 – 16 K 2935/98 –, EzGuG 4.175a; vgl. Schreiben des BMF vom 30.03.1990 – IV B 2 – S 2171 –, BStBl I 1990, 149; OFD Berlin, Vfg. Nr. 118/1985 –, EStG Kartei Berlin § 7 Fach 3 Nr. 1003.
58 BFH, Urt. vom 11.02.2003 – IX R 13/00 –, GuG 2003, 316 = EzGuG 4.186a; FG Hamburg, Urt. vom 09.09.2003 – III 268/03 –, EzGuG 4.187a; FG Hamburg, Urt. vom 10.08.2004 – I 241/02 –, EzGuG 4.188a.
59 BFH, Urt. vom 23.06.2005 – III R 173/86 –, BFHE 159, 505 = EzGuG 20.131; FG Baden-Württemberg, Urt. vom 28.06.2006 – 5 K 604/03 –, EzGuG 4.197; a.A., FG Niedersachsen, Urt. vom 11.04.2000 – 6 K 611/93 –, EFG 2001, 157; FG Nürnberg, Urt. vom 01.04.2004 – IV 197/03 –, EFG 2004, 1194; FG Münster, Urt. vom 07.12.1995 – 9 K 4427/92 –, EFG 1996, 270.

§ 16 ImmoWertV — Ermittlung des Bodenwerts

98 Der Anteil des Bodenwerts im Vomhundertsatz an dem im Wege des Ertrags- oder Sachwertverfahrens ermittelten Verkehrswerts wird sodann auf den Kaufpreis angewandt und ergibt den Bodenwertanteil des Kaufpreises (Abb. 5).

Abb. 5: Wertanteile für den Grund und Boden in v. H. am Kaufpreis des Gesamtobjekts nach der Verkehrswertmethode

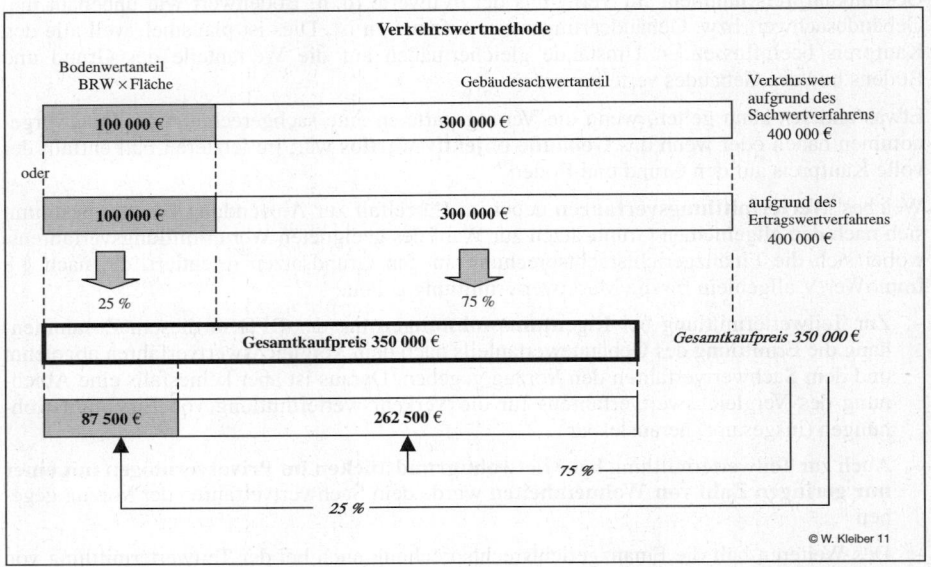

99 *Beispiel zur Verkehrswertaufteilung:*

Ein noch zu modernisierendes Gebäude wird für einen Gesamtkaufpreis von 800 000 € erworben. Als Verkehrswert wurde ein Betrag von 1 000 000 € ermittelt, der aufgeteilt auf die einzelnen Teilkomponenten ergibt:

- Grund und Boden ein Verkehrswert von   400 000 € = 40 %   (400 000 € × 100/1 000 000 €)
- Altbausubstanz   300 000 € = 30 %   (300 000 € × 100/1 000 000 €)
- Modernisierungsmaßnahmen   300 000 € = 30 %   (300 000 € × 100/1 000 000 €)

                                                                            100 %

Nach der Verkehrswertmethode entfallen auf den gezahlten Gesamtkaufpreis von 800 000 €

- auf den Grund und Boden   320 000 €   (= 40 % von 800 000 €)
- auf den Altbau   240 000 €   (= 30 % von 800 000 €)
- auf die Modernisierungsmaßnahmen   240 000 €   (= 30 % von 800 000 €)

100 In der Folge hat das FG Köln[60] entschieden, dass bei der Ermittlung der Verkehrswertanteile des Bodens und des Gebäudes zum Zwecke der Aufteilung eines Gesamtkaufpreises der für unbebaute Grundstücke ermittelte Bodenrichtwert „nicht ohne Weiteres der Bewertung des bebauten Grund und Bodens zugrunde gelegt werden" könne, weil der vom Gutachterausschuss ermittelte Bodenrichtwert für ein unbebautes Grundstück gelte und der Verkehrswert des bebauten Grund und Bodens insbesondere dann nicht dem Bodenrichtwert entspräche, „wenn das **Maß der baurechtlich zulässigen Nutzung nicht ausgeschöpft** worden ist". Die-

---

[60] FG Köln, Urt. vom 14.01.1988 – 5 K 296/86 –, BayHausbesitzer Zeitung 1988, 307 = EzGuG 4.120; BFH, Urt. vom 20.09.1980 – III R 21/78 –, BFHE 132, 101 = BStBl II 1981, 153 = EzGuG 20.86.

Ermittlung des Bodenwerts § 16 ImmoWertV

sen Hinweisen kann mit dem unter Rn. 233 ff. erläuterten Verfahren Rechnung getragen werden[61].

Das FG Hamburg[62] stellt für die Aufteilung eines Kaufpreises auf die jeweiligen Sachwerte ab („beim Grund und Boden im unbebauten Zustand =Verkehrswert"); einen **Bebauungsabschlag** lässt das Gericht nicht zu[63]. Das FG Baden-Württemberg hat im Urt. vom 29.04.1998[64] einen Bebauungsabschlag von 25 % vom Bodenrichtwert (eines unbebaut gedachten Grundstücks), wie er z. B. in *Stuttgart* praktiziert wurde, nicht gelten lassen wollen. **101**

Die **Absicht, beim Erwerb eines Grundstücks die Gebäude abzureißen,** rechtfertigt im Übrigen nach ständiger finanzgerichtlicher Rechtsprechung nicht, den für ein bebautes Grundstück bezahlten Überpreis im Wesentlichen dem Grund und Boden zuzuordnen[65]. **102**

2.6 Bilanzbewertung

In der Bilanzbewertung ist der „**Grund und Boden**" unabhängig von seiner zivilrechtlichen Behandlung, die den Grund und Boden, die baulichen Anlagen und sonstige wesentliche Bestandteile als Einheit betrachtet, als eigenständiger Vermögensgegenstand anzusehen[66], d. h., bei der Bilanzierung des Anlagevermögens sind der Grund und Boden sowie das Gebäude zwei Vermögensgegenstände. Kein Bestandteil des Grund und Bodens sind in diesem Bereich auch grundstücksgleiche Rechte, unternehmenseigene Bodenbefestigungen, Straßen, Be- und Entwässerungsanlagen sowie Betriebsvorrichtungen[67]. **103**

2.7 Schlussfolgerung

Sachverständige, die bei der Ermittlung des Bodenwerts bebauter Grundstücke mit generellen Bebauungsabschlägen arbeiten, begeben sich unnötig in Schwierigkeiten, denn **104**

- die Höhe des gewährten Abschlags kann nicht schlüssig begründet werden, da die hierzu erforderlichen Grunddaten nicht ermittelbar sind;
- bei Anwendung geminderter (gedämpfter) Bodenwerte müssen die üblicherweise bei der Wertermittlung verwendeten Parameter (z. B. Liegenschaftszinssatz, Sachwertfaktoren) korrigiert werden, da sie unter anderem von der Ermittlungsmethodik des Bodenwerts abhängen.

Im Übrigen würden bei der generellen **Bodenwertdämpfung** alle Einflüsse, die auf den Wert des Grundstücks einwirken, einseitig auf den Bodenwert abgewälzt. Das Verfahren ist damit mit der vom BFH verworfenen Restwertmethode vergleichbar. Es wird empfohlen, die Bodenwerte so anzusetzen, als ob das Grundstück unbebaut wäre, und auf Bebauungsabschläge zu verzichten. Dazu können die von den Gutachterausschüssen ermittelten Bodenrichtwerte ohne Weiteres herangezogen werden, denn die Bodenrichtwerte in bebauten Gebieten werden seit jeher[68] mit dem Wert ermittelt, der sich ergeben würde, wenn der Boden unbebaut wäre[69]. Etwaige in ihrer Höhe nicht exakt feststellbare Bodenwertminderungen infolge Bebauung können ohne Begründungsprobleme bei der Anpassung des Ausgangswerts (Grundstückssachwert, Grundstücksertragswert) an die Marktlage berücksichtigt werden. **105**

---

61 Entsprechend FG Düsseldorf, Urt. vom 05.05.1995 – 14 K 2917/91 E –, EzGuG 4.161a.
62 FG Hamburg, Beschl. vom 27.08.1973 – I 8/70 –, EzGuG 4.41; zur Aufteilung bei Grundstücken des öffentlich geförderten sozialen Wohnungsbaues vgl. FG Berlin, Urt. vom 10.3.1971 – VI 72/69 –, EzGuG 4.32.
63 FG Hamburg, Urt. vom 10.08.2004 – I 241/02 –, EzGuG 4.188a.
64 FG Baden-Württemberg, Urt. vom 29.04.1998 – 12 K 351/92 –, EFG 1998, 1191.
65 BFH, Urt. vom 16.12.1981 – I R 31/78 –, EzGuG 4.80.
66 In der internationalen Bilanzbewertung müssen nach IAS 17 (Leasingverhältnisse) bei der Bewertung bebauter Grundstücke der Wert des Grund und Bodens (Bodenwert) und der Gebäude dann getrennt werden, wenn der Grund und Boden einen wesentlichen Anteil am Gesamtkaufpreis des Objekts ausmachen. In Analogie zu den US-GAAP Vorschriften wird bei einem Bodenwert > 25 % der Gesamtkosten die Miete nach dem Verhältnis der Wertanteile auf Boden und Gebäude verteilt.
67 Spitz, H., Grundstücks- und Gebäudewerte in der Bilanz- und Steuerpraxis, Herne Berlin 1996 S. 2, 40.
68 § 144 Abs. 1 Satz 2 BBauG 76.
69 § 196 Abs. 1 Satz 2 BauGB 87.

§ 16 ImmoWertV   **Ermittlung des Bodenwerts**

106   Die **Heranziehung von gedämpften Bodenwerten** setzt bei Anwendung des Ertragswertverfahrens unter dem Grundsatz der Modellkonformität zwangsläufig die Ableitung und Anwendung gedämpfter Liegenschaftszinssätze und bei Anwendung des Sachwertverfahrens „gedämpfter", aber auch „aufgekochter" Sachwertfaktoren voraus. Bei der grundsätzlich zu beachtenden Modellkonformität führt die Heranziehung gedämpfter Bodenwerte stets (und nicht nur bei Grundstücken, deren Bebauung eine lange Restnutzungsdauer aufweist) zu demselben Ergebnis wie bei Anwendung des „vollen" Bodenwerts. Sie ist damit letztlich stets ein (unsinniges) Nullsummenspiel (vgl. § 14 ImmoWertV Rn. 216 ff.).

107   Die Ausführungen zeigen, dass

       a) eine Bodenwertdämpfung zwar unschädlich ist, wie in systemkonformer Weise auch die erforderlichen Daten der Wertermittlung (insbesondere die Liegenschaftszinssätze und Sachwertfaktoren) mit derselben „Dämpfungsmethodik abgeleitet worden sind (Grundsatz der Modellkonformität);

       b) eine systemkonforme Bodenwertdämpfung im vorstehenden Sinne lediglich zu einem zusätzlichen und für das Ergebnis bedeutungslosen Rechengang führt,

       c) die Grundsatzregelung des § 16 Abs. 1 Satz 1 ImmoWertV aus vorstehenden Gründen sachgerecht ist

   und zudem anderen Rechtsmaterien entspricht.

2.8 Bodenwertanteil am Gesamtwert bebauter Grundstücke

2.8.1 Allgemeines

▶ *Hierzu Kleiber, Verkehrswertermittlung von Grundstücken, 6. Aufl. 2010, § 196 BauGB Rn. 22 ff.*

108   In bebauten Gebieten scheitert das nach § 16 Abs. 1 Satz 1 ImmoWertV vorrangig anzuwendende Vergleichswertverfahren an geeigneten Vergleichspreisen unbebauter Grundstücke. Dies betrifft insbesondere die **bebauten Innenstadtbereiche** der Großstädte (Einkaufsstraßen, Fußgängerbereiche). Als Vergleichspreise kommen allenfalls Kauffälle in Betracht, bei denen ein bebautes Objekt zum Zwecke der Freilegung erworben wurde. In diesen Fällen kann als Vergleichspreis für die Ermittlung des Bodenwerts eines unbebauten Grundstücks der Kaufpreis zuzüglich der vom Erwerber kalkulierten Freilegungskosten herangezogen werden.

109   Nach einer älteren aus dem Jahre 1996 stammenden Untersuchung wurden in westdeutschen Großstädten folgende Bandbreiten beobachtet:

Wohnfläche (Mietwohnungen)	210 bis	425 €/m²	Wohnfläche
	(Ausnahmen bis 450 €/m² je Wohnfläche)		
Bürofläche	700 bis	1 050 €/m²	Nutzfläche
Ladenfläche (Handelsfläche)	1 050 bis	1 400 €/m²	Nutzfläche
Nebenräume	350 bis	700 €/m²	Nutzfläche
Pkw-Stell- bzw. -Einstellplätze	2 100 bis	7 000 €/Stück	je Stell- bzw. Einstellplatz

110   Wo keine Bodenwerte zur Verfügung stehen, wird ersatzweise auch auf „Erfahrungswerte" des **Bodenwertanteils bebauter Grundstücke zurückgegriffen** (Abb. 6).

Ermittlung des Bodenwerts §16 ImmoWertV

Abb. 6: Bodenwertanteile in % der Verkehrswerte für Innenstadtlagen

Baujahrs-gruppen	Bodenwertanteile in % der Verkehrswerte					
	Einfamili-enhäuser	Zweifamili-enhäuser	Wohnungs- und Teileigen-tum	Mietwohn-grund-stücke	Gemischt genutzte Grund-stücke	Geschäfts-grund-stücke
bis 1900	39,5	41,4	32,8	32,5	36,0	40,0
1901 – 1924	35,6	43,7	45,5	28,8	34,7	32,9
1925 – 1949	30,5	48,4	43,7	29,9	31,8	33,3
1950 – 1959	32,6	38,2	38,3	24,1	24,6	27,3
1960 – 1969	25,3	31,5	32,2	23,8	22,9	22,9
1970 – 1979	21,1	24,6	24,7	18,3	20,7	19,9
ab 1980	20,9	18,6	17,1	19,5	21,8	21,9
Im Mittel	**35,3**	**32,5**	**24,9**	**26,8**	**27,7**	**29,6**

Quelle: Kleiber/Simon/Weyers, Verkehrswertermittlung von Grundstücken, 3. Aufl.

Großstädte (z. B. *Düsseldorf* und *Köln*) orientieren beim Verkauf eigener Grundstücke die Höhe des Verkaufspreises zunehmend nicht mehr an dem Bodenrichtwert i. V. m. der Katasterfläche, sondern bemessen den **Verkaufspreis nach der Größe der Laden-, Gewerbe- oder Wohnfläche,** die nach Maßgabe einer noch zu erteilenden Baugenehmigung auf der „Kauffläche" errichtet werden kann. Häufig bleiben dabei allgemeine Verkehrsflächen, wie Eingang, Foyer, Treppenhaus und Flur, und die Flächen für Pkw-Abstell- und Einstellplatz unberücksichtigt. Kaufverträge werden unter Zugrundelegung von i. d. R. noch nicht genehmigten Bauzeichnungen beurkundet. Nutzfläche und Höhe des Kaufpreises gelten als vorläufig, Abrechnungsmaßstab sind die Flächen, für die eine Baugenehmigung erteilt wurde und die mängelfrei errichtet und abgenommen worden sind (Zustandsbericht; Schluss- bzw. Gebrauchsabnahme). 111

Beispiel: 112

a) Ein 5 915 m² großes Grundstück liegt gemäß rechtskräftigem Bebauungsplan im MK-Gebiet (Kern/Geschäftsgebiet); GRZ = 0,8; GFZ = 2,2; 4 Vollgeschosse; Satteldach.

Zur Bestimmung des Grundstücksverkaufspreises im erschlossenen Zustand sind anzusetzen:

für Ladenfläche	450 €/m²
für Gewerbefläche	375 €/m²
für Wohnfläche	250 €/m²

Unberücksichtigt bleiben Verkehrsflächen, die Tiefgarage und die oberirdisch anzulegenden Stellplätze.

Mithilfe der Bauzahlen des Bauantrags vom 05.01.2001 ergibt sich der vorläufige Kaufpreis wie folgt:

Ladenfläche	3 052,20 m²	× 450 €/m² =	1 373 490 €
Gewerbefläche	831,67 m²	× 375 €/m² =	311 876 €
Wohnfläche	3 202,76 m²	× 250 €/m² =	800 690 €
	7 086,63 m²	× 350,80 €/m² =	2 486 056 €

Bei einer Grundstücksfläche von 5 915 m² sind dies   **420,30 €/m²**
    rd. 420 €/m²

b) Der marktüblich erzielbare Jahresrohertrag wurde mit 0,9 Mio. € (= rd. 152 €/m² Grundstücksfläche) ermittelt.

c) *Anmerkungen:* Ein in der Nachbarschaft zum 31.12.2000 ausgewiesener Bodenrichtwert (235 €/m² ebf. GFZ 1,5; Mischgebiet, 4 Vollgeschosse, Grundstückstiefe 40 m) war für die Ermittlung ungeeignet.

2.8.2 Bodenwertanteil von Geschäftsgrundstücken in Innenstadtbereichen

113 Für **Innenstadtbereiche** wurden mangels eines Geschäftsverkehrs trotz der Vorgabe des § 196 BauGB vielerorts keine Bodenrichtwerte beschlossen. Vereinzelt wird mit **Bodenwertanteilen je Quadratmeter Wohn- oder Nutzfläche** gearbeitet, wobei im gewerblichen Bereich zwischen Büro-, Laden- und Nebenflächen unterschieden wird. Auch Bodenwertanteile je Pkw-Stellplatz auf dem Grundstück bzw. in der Sammelgarage auf dem Grundstück sind üblich.

114 Aus neueren Projektbewertungen für **Geschäftsgrundstücke (Büro/Verwaltung) in hochwertiger Innenstadtlage** hat sich ein Bodenwertanteil von rd. 30 % am Verkehrswert des Gesamtgrundstücks bestätigt, ohne dass dabei eine Abhängigkeit von der Höhe des Bodenrichtwerts erkennbar wurde (Abb. 7).

Abb. 7: Anteil des Bodenwerts am Verkehrswert bei Bürogebäuden in hochwertiger Innenstadtlage

Anteil des Bodenwerts am Verkehrswert bei Bürogebäuden in hochwertiger Innenstadtlage		
Standort	Bodenwert	Bodenwertanteil am Verkehrswert
Berlin	<10 000 €	38,3 %
Dortmund	> 5 000 €	26,8 %
Düsseldorf	> 5 000 €	30,9 %
Köln	<10 000 €	36,3 %
Stuttgart	<10 000 €	28,6 %
Mittel		29,2 %

Quelle: Datenbank der Deutschen Immobilien Akademie Consulting AG Freiburg.

115 Es muss aber angemerkt werden, dass es sich bei diesen Werten trotz ihrer Ausweisung mit einer Nachkommastelle um residuell abgeleitete Schätzwerte handelt, da es eben keine Möglichkeit gibt, den Bodenwertanteil aus einem Gesamtkaufpreis i. S. eines Verkehrswertanteils abzuleiten. Allgemein kann gelten, dass der **Bodenwertanteil** umso größer ist, je höher das allgemeine Bodenwertniveau ist, je größer das Grundstück, je geringer das Maß der baulichen Nutzung und je älter die Bebauung ist.

2.8.3 Bodenwertanteil von Einfamilienhäusern

Schrifttum: *Debus, M./Helbach, Ch.,* Ist der Bodenwertansatz beim Verkauf bei bebauten Objekten von Bedeutung? GuG 2012, 65.

▶ *Syst. Darst. des Sachwertverfahrens Rn. 48*

116 Die wohl umfassendste Untersuchung zum Bodenwertanteil am Sachwert bebauter Grundstücke ist derzeit die vom Gutachterausschuss in *Bergisch Gladbach* im Grundstücksmarktbericht 2011 veröffentliche Untersuchung des Bodenanteils von verschiedenen Einfamilienhäusern in Abhängigkeit von der Restnutzungsdauer des Gebäudes (Abb. 8).

Ermittlung des Bodenwerts § 16 ImmoWertV

Abb. 8: Bodenwertanteil am Sachwert bebauter Grundstücke (Bergisch Gladbach 2012)

117

Restnutzungsdauer des Gebäudes	Gebäudeart	Durchschnittlicher Bodenwertanteil in % Alterswertminderung		Durchschnittliche Grundstücksgröße m²
		Ross	linear	
30 – 40 Jahre	Freistehendes Einfamilienhaus	63 % ± 8 %	68 % ± 8 %	720 ± 265 m²
	Doppelhaushälfte	56 % ± 9 %	62 % ± 9 %	475 ± 160 m²
Alter:	Reihenendhaus	56 % ± 8 %	62 % ± 7 %	410 ± 90 m²
50 bis 60 Jahre	Reihenmittelhaus	48 % ± 9 %	54 % ± 9 %	250 ± 50 m²
41 – 50 Jahre	Freistehendes Einfamilienhaus	57 % ± 8 %	62 % ± 8 %	770 ± 260 m²
	Doppelhaushälfte	52 % ± 7 %	57 % ± 7 %	450 ± 130 m²
Alter:	Reihenendhaus	49 % ± 10 %	54 % ± 10 %	390 ± 80 m²
40 bis 49 Jahre	Reihenmittelhaus	45 % ± 9 %	50 % ± 9 %	240 ± 60 m²
51 – 60 Jahre	Freistehendes Einfamilienhaus	50 % ± 8 %	54 % ± 8 %	790 ± 260 m²
	Doppelhaushälfte	41 % ± 9 %	45 % ± 9 %	430 ± 160 m²
Alter:	Reihenendhaus	40 % ± 7 %	44 % ± 7 %	340 ± 100 m²
30 bis 39 Jahre	Reihenmittelhaus	31 % ± 7 %	35 % ± 8 %	210 ± 50 m²
61 – 70 Jahre	Freistehendes Einfamilienhaus	42 % ± 7 %	45 % ± 7 %	690 ± 260 m²
	Doppelhaushälfte	34 % ± 6 %	37 % ± 6 %	380 ± 130 m²
Alter:	Reihenendhaus	32 % ± 7 %	35 % ± 7 %	290 ± 85 m²
20 bis 29 Jahre	Reihenmittelhaus	26 % ± 5 %	29 % ± 6 %	200 ± 40 m²
71 – 90 Jahre	Freistehendes Einfamilienhaus	36 % ± 6 %	37 % ±6 %	600 ± 190 m²
	Doppelhaushälfte	27 % ± 5 %	28 % ±5 %	300 ± 85 m²
Alter:	Reihenendhaus	26 % ± 6 %	28 % ±6 %	270 ± 85 m²
< 20 Jahre	Reihenmittelhaus	21 % ± 4 %	22 % ±4 %	170 ± 30 m²

Quelle: Grundstücksmarktbericht 2012 von Bergisch Gladbach

Andere Gutachterausschüsse differenzieren bei ihrer Ableitung des Bodenwertanteils nach der Lage.

Bodenwertanteil in v. H. am Kaufpreis bei Ein- und Zweifamilienhäusern im Rhein-Erft-Kreis							
	Restnutzungsdauer						
	20	30	40	50	60	70	80
Westliche der Ville	55,8	43,9	35,4	28,9	23,5	19,0	15,1
Östlich der Ville	67,5	55,6	47,1	40,6	35,2	30,7	26,8

Quelle: Grundstücksmarktbericht Rhein-Erft-Kreis 2011

Nach einer älteren Untersuchung des IVD (vom Frühjahr 2008) ist der Bodenwertanteil von der Höhe des Gesamtkaufpreises abhängig (Abb. 9).

118

§ 16 ImmoWertV — Ermittlung des Bodenwerts

Abb. 9: Bodenwertanteil für Einfamilienhäuser in Städten

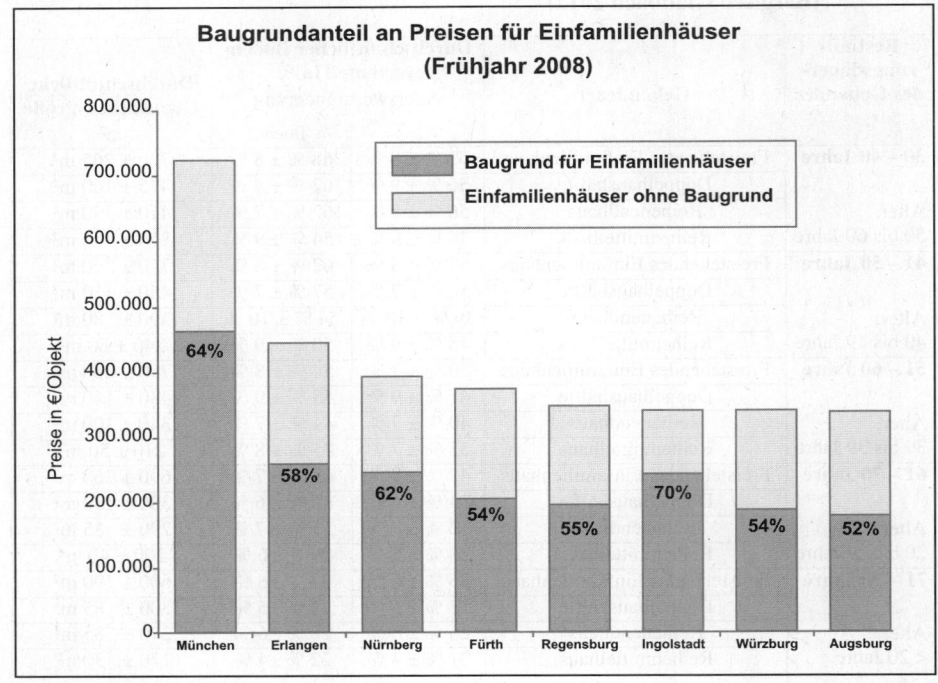

Quelle: IVD Professional Süd 4/08

Der Gutachterausschuss von *Aalen* hat in seinem Grundstücksmarktbericht 2007 für Einfamilienhäuser mit durchschnittlicher Wohnfläche zum Herstellungszeitpunkt und einer durchschnittlichen Bauplatzgröße von 500 bis 600 m² folgende Bodenwertanteile festgestellt:

2000 – 2006   ca. 25 %
1970 – 1979   ca. 50 %
1950 – 1960   ca. 62 %
1900 – 1930   ca. 68 %

3 Bodenrichtwertverfahren (§ 16 Abs. 1 Satz 2 und 3)

119 Nach § 16 Abs. 1 Satz 2 und 3 ImmoWertV kann der Bodenwert auch auf der Grundlage geeigneter Bodenrichtwerte und in entsprechender Anwendung des § 15 Abs 1 Satz 3 und 4 ImmoWertV ermittelt werden. Bodenrichtwerte sind geeignet, wenn die Merkmale des zugrunde gelegten Richtwertgrundstücks hinreichend mit den Grundstücksmerkmalen des zu bewertenden Grundstücks übereinstimmen. Auf die Erläuterungen in der Syst. Darst. des Vergleichswertverfahrens bei Rn. 153 ff. wird verwiesen.

4 Im Außenbereich gelegene bebaute Grundstücke (§ 16 Abs. 2 ImmoWertV)

▶ *Vgl. § 5 ImmoWertV Rn. 135, 170 ff., 210, 229, zur Bodenwertermittlung § 5 ImmoWertV Rn. 245 ff.; § 6 ImmoWertV Rn. 68; zum Bestandsschutz vgl. § 5 ImmoWertV Rn. 191, 243, 246; § 6 ImmoWertV Rn. 86 und § 13 ImmoWertV Rn. 66*

Mit der konsequenten Anwendung der Grundsatzregelung des § 16 Abs. 1 Satz 1 Immo- **120** WertV, nach der sich der Bodenwert eines bebauten Grundstücks nach dem Bodenwert bemisst, der sich für das unbebaute Grundstück ergeben würde, ist die Frage aufgeworfen, wie die im Außenbereich gelegenen bebauten Grundstücke zu qualifizieren sind:

- Aus der mit § 16 Abs. 1 Satz 1 ImmoWertV gegebenen Vorgabe, die vorhandene Bebauung auf dem Grundstück nicht zu berücksichtigen, ist einerseits zu folgern, dass Grundstücke als land- oder forstwirtschaftliche Flächen i. S. des § 5 Abs. 1 ImmoWertV zu qualifizieren wären, denn eine bauliche Nutzung ist im Außenbereich nur für die in § 35 BauGB genannten privilegierten Vorhaben zulässig.
- Auf der anderen Seite sind die betroffenen Grundstücke nach öffentlich-rechtlichen Vorschriften, nämlich nach § 35 BauGB aufgrund ihrer Bebauung baulich nutzbar, sodass sie insoweit als baureifes Land i. S. des § 5 Abs. 4 ImmoWertV zu qualifizieren wären.

§ 16 Abs. 2 ImmoWertV enthält eine klarstellende Regelung zu § 5 ImmoWertV, nach der **121** vorhandene bauliche Anlagen auf dem Grundstück im Außenbereich zu berücksichtigen sind, wenn sie **rechtlich und wirtschaftlich weiterhin nutzbar sind**. Dies führt im Ergebnis dazu, dass den Grundstücken eine de facto Baulandqualität zuzusprechen ist, denn sie sind nach § 35 BauGB unter den genannten Voraussetzungen baulich nutzbar. § 16 Abs. 2 ImmoWertV stellt damit eine § 5 ImmoWertV ergänzende Regelung zur Feststellung des maßgeblichen Entwicklungszustands dar (zum Bodenwert von im Außenbereich baurechtswidrig bebauten Grundstücken vgl. § 5 ImmoWertV Rn. 195, 246 ff.; § 6 ImmoWertV Rn. 87 sowie § 15 ImmoWertV Rn. 5 ff.).

Die im Außenbereich gelegenen Grundstücke sind vielfach außerordentlich groß und nur ein **122** beschränkter Teil dieser Grundstücke im Rechtssinne wird baulich genutzt. Bei dieser Sachlage ist **die Vorschrift nur auf den Teil der Grundstücke anzuwenden, der tatsächlich baulich genutzt wird**, auch wenn in der Vorschrift von dem „Grundstück" die Rede ist. Im konkreten Einzelfall muss also die maßgebliche Fläche nach der vorhandenen Bebauung unter entsprechender Berücksichtigung der Regelungen der BauNVO über Art und Maß der baulichen Nutzung (GRZ und GFZ) bestimmt werden (Umgriffsfläche), um sie von der übrigen Fläche des Grundstücks abzugrenzen.

5 Bodenwert von Grundstücken mit abbruchträchtiger Bausubstanz (§ 16 Abs. 3 ImmoWertV)

5.1 Vorbemerkungen

5.1.1 Allgemeiner Regelungsgehalt

▶ *Syst. Darst. des Ertragswertverfahrens Rn. 61 ff., Kleiber, Verkehrswertermittlung von Grundstücken, 6. Aufl. 2010, Teil VI Rn. 771, § 8 ImmoWertV Rn. 89, 401*

§ 16 Abs. 3 ImmoWertV regelt die Bodenwertermittlung von Grundstücken, bei denen mit **123** einem alsbaldigen Abriss (Rückbau) der baulichen Anlagen zu rechnen ist. Nach der Grundsatzregelung des § 16 Abs. 1 Satz 1 ImmoWertV bestimmt sich der Bodenwert auch in diesem Fall nach dem **Bodenwert eines unbebauten Grundstücks**. Ist alsbald mit dem Abriss der baulichen Anlagen zu rechnen, ist der Bodenwert um die üblichen Freilegungskosten zu mindern, soweit sie im gewöhnlichen Geschäftsverkehr berücksichtigt werden. Nach § 16 Abs. 3 Satz 2 ImmoWertV „kann" von einer alsbaldigen Freilegung ausgegangen werden, wenn

1. die baulichen Anlagen nicht mehr nutzbar sind (§ 16 Abs. 3 Nr. 1 ImmoWertV) oder
2. der nicht abgezinste Bodenwert ohne Berücksichtigung der Freilegungskosten den im Ertragswertverfahren (§§ 17 bis 20 ImmoWertV) ermittelten Ertragswert erreicht oder übersteigt (§ 16 Abs. 3 Nr. 2 ImmoWertV).

Es handelt sich dabei nicht um eine abschließende Aufzählung, denn eine **Minderung des Bodenwerts nach Satz 1 kann auch geboten sein, wenn der Ertragswert (noch nicht) den nicht abgezinsten Bodenwert übersteigt** und gleichwohl mit einer alsbaldigen Freilegung des Grundstücks zu rechnen ist. Diese Vorgehensweise wird auch als Liquidationswertverfahren bezeichnet. Anders als bei der steuerlichen Bewertung ist von diesem Grundsatz nicht erst auszugehen, wenn die baupolizeiliche Aufsichtsbehörde die sofortige Räumung angeordnet hat.

5.1.2 Rechtsänderungen

124 Wie schon nach der Vorgängerregelung des § 20 Abs. 1 WertV ist eine alsbaldige Freilegung eines Grundstücks im Rahmen der Bodenwertermittlung zu berücksichtigen. Dies gilt **für alle zur Anwendung kommenden Wertermittlungsverfahren (Vergleichs-, Ertrags- und Sachwertverfahren)**. Die WertV wies diesbezüglich eine Lücke auf, weil sie die anstehende Freilegung eines Grundstücks in unsystematischer Weise nur im Zusammenhang mit dem Ertragswertverfahren regelte.

125 Anders als nach § 20 WertV wird in § 16 Abs. 3 ImmoWertV nicht mehr nach dem Fall einer sofortigen, alsbaldigen und längerfristig anstehenden Freilegung unterschieden. Die in § 20 Abs. 3 WertV geregelte Berücksichtigung einer längerfristig anstehenden Freilegung stellte – wie in der Vorauflage auf S. 1 795 eingehend erläutert – eine fachlich unsinnige Regelung dar. Dem ist der Verordnungsgeber gefolgt und hat die Vorschrift ersatzlos fallen gelassen. Eine **längerfristig anstehende Freilegung kann außer Betracht bleiben, da die künftig anfallenden Freilegungskosten finanzmathematisch gegen null** gehen.

126 Ersatzlos gestrichen ist auch das bislang in § 20 Abs. 2 WertV geregelte Liquidationswertverfahren. Wie in der Vorauflage auf S. 1784 ausführlich erläutert, handelt es sich bei dem dort geregelten Verfahren um kein eigenständiges Verfahren, sondern um das seit jeher angewandte und nunmehr in § 17 Abs. 2 Nr. 2 ImmoWertV geregelte Ertragswertverfahren. Inhaltlich bestimmte § 20 Abs. 2 WertV 88/98 ergänzend, dass sich der im Rahmen der Ertragswertermittlung anzusetzende Bodenwert bei alsbaldiger Freilegung nach dem um die Freilegungskosten verminderten Bodenwert bemisst.

5.1.3 Verfahrensübergreifende Bedeutung der Vorschrift

127 § 16 Abs. 3 ImmoWertV ist keine Vorschrift, deren Anwendung sich auf Grundstücke beschränkt, deren Wert sich allein nach dem Bodenwert und den wertmindernd zu berücksichtigenden Freilegungskosten bemisst (Bodenwertermittlung). Dies wäre allenfalls bei sofortiger Freilegung der Fall. Die Bedeutung der Vorschrift geht über den Fall der sofortigen Freilegung hinaus, denn sie ist ausdrücklich anzuwenden, wenn zum Wertermittlungsstichtag zwar mit einer „alsbaldigen" Freilegung der baulichen Anlagen zu rechnen ist, die baulichen Anlagen aber noch wirtschaftlich genutzt werden oder eine unwirtschaftliche Nutzung aufgrund wohnungs- und mietrechtlicher Bindungen oder aus sonstigen Gründen möglicherweise sogar noch über eine längere Zeit nicht aufgegeben werden kann oder soll. In diesem Fall geht es um die **Verkehrswertermittlung eines bebauten Grundstücks**, wobei das Vergleichs-, Ertrags- oder Sachwertverfahren zur Anwendung kommen können.

Ermittlung des Bodenwerts § 16 ImmoWertV

Bei Anwendung des Vergleichs-, Ertrags- und Sachwertverfahrens auf Grundstücke mit **128** einer alsbald zum Abriss anstehendenden Bausubstanz ist der Bodenwert nach Maßgabe des § 16 Abs. 3 ImmoWertV grundsätzlich um die Freilegungskosten zu mindern. Dies ergibt sich durch die Bezugnahme in § 17 Abs. 2 und § 21 Abs. 1 ImmoWertV auf § 16 ImmoWertV. § 16 Abs. 3 ImmoWertV hat damit verfahrensübergreifende Bedeutung. Wertermittlungstechnisch ergeben sich dabei allerdings unterschiedliche Verfahrensweisen (vgl. unten Rn. 171 ff.).

Insbesondere bei *Anwendung des Sachwertverfahrens* kann es aufgrund des Grundsatzes der Modellkonformität geboten sein, den vorläufigen Sachwert zunächst auf der Grundlage eines **mit dem heranzuziehenden Sachwertfaktor kompatiblen Bodenwert** zu ermitteln und die bodenbezogenen Besonderheiten des zu bewertenden Grundstücks erst nachträglich und subsidiär als „besondere objektspezifische Grundstücksmerkmale" i. S. des § 8 Abs. 3 ImmoWertV zu berücksichtigen (vgl. unten Rn. 223; § 8 ImmoWertV Rn. 387 ff.; Syst. Darst. des Sachwertverfahrens Rn. 48 ff., Vorbem. zur ImmoWertV Rn. 36).

5.1.4 Steuerrechtliche Bewertung

Grundstücke mit baufälligen, nicht mehr benutzbaren Gebäuden oder sonstiger dem Verfall preisgegebener Bausubstanz **gelten in der steuerlichen Bewertung als unbebaute Grundstücke** (§ 72 Abs. 3 BewG, § 179 BewG)[70]. Wertermittlungstechnisch kann es dahinstehen, wie derartige Grundstücke zu bezeichnen sind, in jedem Fall mindern die Baureste den Bodenwert. Wird zur Ermittlung des Bodenwerts von Vergleichspreisen unbebauter Grundstücke oder von Bodenrichtwerten ausgegangen, so sind deshalb die Freilegungskosten zum Abzug zu bringen (vgl. Abschn. 12 Abs. 2 BewR Gr). **129**

5.2 Anwendungsvoraussetzung der Vorschrift

5.2.1 Allgemeine Anwendungsvoraussetzung

▶ *Vgl. hierzu auch die Syst. Darst. des Vergleichswertverfahrens Rn. 149 ff., Syst. Darst. des Ertragswertverfahrens Rn. 61 ff.*

Die mit § 16 Abs. 3 ImmoWertV vorgegebene Berücksichtigung eines anstehenden Abrisses **130** bei der Bodenwertermittlung betreffen ganz allgemein die Fälle, in denen die **bauliche Nutzung in einem Missverhältnis zum Bodenwert** (i. S. der Grundsatzregelung des § 16 Abs. 1 Satz 1 ImmoWertV) steht, der sich für das unbebaute Grundstück ergibt. Dies kann verschiedene Ursachen haben, insbesondere wenn

a) die bauliche Anlage nicht mehr nutzbar ist,

b) die bauliche Anlage zwar nutzbar ist, jedoch das Grundstück nach der realisierten Art und Maß der baulichen Nutzung unwirtschaftlich genutzt wird, insbesondere, wenn die nach § 6 Abs. 1 ImmoWertV maßgebliche zulässige bzw. lagetypische Nutzbarkeit nicht realisiert worden ist; dieser Fall ist auch gegeben, wenn die zulässige bzw. lagetypische Nutzbarkeit aufgrund der Stellung des Baukörpers auf dem Grundstück nicht realisiert wurde,

c) die bauliche Anlage zwar nutzbar ist und auch die zulässige bzw. lagetypische Nutzbarkeit realisiert wurde, jedoch eine wirtschaftliche Nutzung nicht möglich ist, z. B. aufgrund

- eines erheblichen und dauerhaften Leerstandes mit entsprechenden Ertragsausfällen oder

- eines Instandhaltungsrückstaus, der sich bei wirtschaftlicher Betrachtungsweise nicht mehr beheben lässt.

Darüber hinaus ist auch der Fall hervorzuheben, in dem eine bestehende Bebauung der Modernisierung bzw. Umstrukturierung bedarf und sich diese wiederum bei wirtschaftlicher Betrachtungsweise nicht realisieren lässt (Abb. 10).

---

70 BFH, Urt. vom 20.06.1975 – III R 87/84 –, BStBl II 1975, 803.

Abb. 10: Untergenutzte Grundstücke

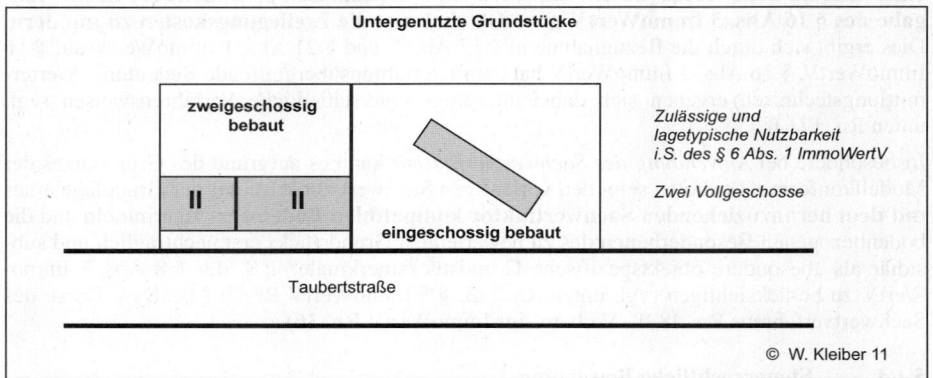

5.2.2 Liquidationsfalle

131 Nach dem Wortlaut des § 16 Abs. 3 ImmoWertV „*kann*" mit einer alsbaldigen Freilegung gerechnet werden, wenn

- die baulichen Anlagen nicht mehr nutzbar sind (§ 16 Abs. 3 Satz 2 Nr. 1 ImmoWertV) *oder*
- nach Maßgabe des § 16 Abs. 3 Satz 2 Nr. 2 ImmoWertV der nicht abgezinste Bodenwert ohne Berücksichtigung der Freilegungskosten den Ertragswert z. B. aufgrund der unter Buchstabe b) und c) genannten Gegebenheiten übersteigt.

Es *muss* jedoch nicht zwangsläufig mit einer Freilegung gerechnet werden. Die genannten **Tatbestände indizieren lediglich eine Freilegung und es muss im Einzelfall geprüft werden, ob** unter Berücksichtigung der sonstigen Gegebenheiten **tatsächlich mit einer „alsbaldigen" Freilegung gerechnet werden muss.**

132 In der Vorauflage zu diesem Werk wurde auf S. 1 173 schon darauf hingewiesen, dass bei den vorstehenden Konstellationen der Sachverständige sich vor der sog. **Liquidationsfalle** hüten muss. Dem hat der Verordnungsgeber mit der „Kann-Bestimmung" Rechnung getragen. Im Rahmen dieser „Kann-Bestimmung" ist zu prüfen:

1. Sind bauliche Anlagen nicht mehr nutzbar (§ 16 Abs. 3 Satz 2 Nr. 1 ImmoWertV), so ist immer dann eine Freilegung nicht angezeigt, wenn der „Restwert" der baulichen Anlagen im Rahmen der Realisierung einer neuen baulichen Nutzung Verwendung finden kann. Ist z. B. damit zu rechnen, dass die Rohbausubstanz eines heruntergekommenen wirtschaftlich nicht mehr nutzbaren Gründerzeithauses baulich genutzt werden kann, findet die Freilegungsregelung des § 16 Abs. 3 ImmoWertV keine Anwendung. Dies ergibt sich aus der Bestimmung selbst, denn in diesem Falle ist die bauliche Anlage „baulich nutzbar". Bauliche Anlagen sind nur dann „nicht mehr nutzbar", wenn die bisherige Nutzung aufgegeben werden musste und auch die verbleibende Bausubstanz keine Weiterverwendung finden kann (vgl. hierzu den steuerrechtlichen Begriff der Unbenutzbarkeit bei Rn. 20).

2. Dies gilt entsprechend, wenn auch nur Teile der alten Bausubstanz (z. B. das Kellergeschoss oder die Fundamente) Weiterverwendung finden können. In diesem Fall sind nur die anteiligen Freilegungskosten zu berücksichtigen.

3. Soweit es sich bei dem Objekt um eine **denkmalgeschützte Bausubstanz** handelt oder das Objekt im Geltungsbereich einer stadtgestalterischen Erhaltungssatzung i. S. des § 172 BauGB liegt, ist eine Freilegung nicht zulässig und i. S. des § 16 Abs. 3 Satz 1 ImmoWertV auch nicht „alsbald" zu erwarten. Dann muss geprüft werden, ob und ggf. in welchem Maße die Erhaltungspflicht für den Eigentümer unzumutbar ist. **Unterste**

Grenze des Verkehrswerts ist in solchen Fällen der Betrag, der im Falle einer Geltendmachung des Übernahmeanspruchs als Entschädigung zu gewähren wäre.

4. Übersteigt nach Maßgabe des § 16 Abs. 3 Satz 2 Nr. 2 ImmoWertV der nicht abgezinste Bodenwert ohne Berücksichtigung der Freilegungskosten den Ertragswert, weil die nach § 6 Abs. 1 ImmoWertV maßgebliche **zulässige bzw. lagetypische Nutzbarkeit nicht realisiert** wurde (vgl. den vorstehend unter b) genannten Fall), ist eine Freilegung des Grundstücks nicht angezeigt, wenn durch eine ergänzende Bebauung einschließlich An- und Aufbauten die zulässige bzw. lagetypische Nutzbarkeit realisiert werden könnte. Selbst wenn sich die zulässige bzw. lagetypische Nutzbarkeit durch eine ergänzende Bebauung einschließlich An- und Aufbauten nicht realisieren ließe, kann eine alsbaldige Freilegung nicht erwartet werden, wenn es bei wirtschaftlicher Betrachtungsweise oder aus sonstigen Gründen geboten erscheint, die bauliche Anlage weiter zu nutzen.

5. Übersteigt entsprechend der Regelung des § 16 Abs. 3 Satz 2 Nr. 2 ImmoWertV der nicht abgezinste Bodenwert ohne Berücksichtigung der Freilegungskosten den Ertragswert, weil aufgrund eines **erheblichen und dauerhaften Leerstandes, eines erheblichen Instandhaltungsrückstaus, einer gebotenen Modernisierung bzw. Umstrukturierung** oder aus sonstigen Gründen entsprechende Ertragsausfälle hingenommen werden müssen (vgl. den vorstehend unter b) genannten Fall), ist auch damit nicht zwangsläufig die Freilegung angezeigt. Mit einer alsbaldigen Freilegung ist in diesen Fällen nur dann zu rechnen, wenn eine wirtschaftliche Nutzung durch entsprechende Instandsetzungs-, Modernisierungs- oder Umstrukturierungsmaßnahmen nicht realisierbar ist bzw. Abriss und Neubebauung rentierlicher sind.

Entscheidendes Kriterium für die mit § 16 Abs. 3 vorgegebene Minderung des Bodenwerts um die Freilegungskosten ist bei alldem, **dass** bei einer Gesamtbetrachtung und unter Berücksichtigung der vorstehenden Möglichkeiten und Fallkonstellationen **tatsächlich mit einer** *alsbaldigen* **Freilegung des Grundstücks zu rechnen** ist. Liegen die in § 16 Abs. 3 Satz 2 ImmoWertV genannten Gegebenheiten vor, „kann", aber es muss nicht zwangsläufig mit einer Freilegung gerechnet werden. Dies kann bedeuten, dass sich der Sachverständige entsprechend den Ausführungen bei § 194 BauGB (vgl. § 8 ImmoWertV Rn. 41)[71] mit verschiedenen Nutzungsalternativen befassen muss, um dann den sog. *best use value* seiner Verkehrswertermittlung zugrunde zu legen. 133

Darüber hinaus ist in diesem Zusammenhang ergänzend darauf hinzuweisen, dass man auch **durch** eine **unsachgemäße Anwendung des Ertragswertverfahrens in die Liquidationsfalle** geraten kann: Bei übergroßen Grundstücken, die selbstständig nutzbare Teilflächen i. S. des § 16 Abs. 2 Satz 3 ImmoWertV aufweisen, sind diese bei der Ermittlung des Bodenwertverzinsungsbetrags nach § 17 Abs. 2 Nr. 1 ImmoWertV nicht zu berücksichtigen. Wird dies nicht beachtet, kann sich der Bodenwertverzinsungsbetrag dermaßen erhöhen, dass er den Reinertrag des Grundstücks übersteigt und der Ertragswert geringer als der nicht abgezinste und nicht um die Freilegungskosten verminderte Bodenwert ausfällt. 134

Beispiel: 135

Wertermittlungsobjekt:
- Bodenwert (BW) des Gesamtgrundstücks   500 000 €
  - davon der Bebauung zurechenbar   300 000 €
  - selbstständig nutzbare Teilfläche i. S. des § 17 Abs. 2 Satz 2 ImmoWertV   200 000 €
- Reinertrag (RE)   25 000 €
- Liegenschaftszinssatz p   6 %
- Restnutzungsdauer n   40 Jahre

---

71 Kleiber, Verkehrswertermittlung von Grundstücken, 6. Aufl. 2010, Teil II Rn. 75 ff.

§ 16 ImmoWertV   **Ermittlung des Bodenwerts**

Ermittlung des Ertragswerts nach § 17 Abs. 2 Nr. 1 ImmoWertV

FALSCH			RICHTIG		
Reinertrag		25 000 €	Reinertrag		25 000 €
./. Bodenwertverzinsungsbetrag			./. Bodenwertverzinsungsbetrag		
500 000 € × 6/100	=	– 30 000 €	300 000 € × 6/100	=	– 18 000 €
Differenz:	=	– 5 000 €	Differenz:	=	7 000 €
Kapitalisiert bei			Kapitalisiert bei		
p = 6 % und n = 40 Jahre			p = 6 % und n = 40 Jahre		
Vervielfältiger = 15,05	=	– 75 250 €	Vervielfältiger = 15,05	=	+ 105 350 €
+ Bodenwert	=	500 000 €	+ Bodenwert	=	500 000 €
Ertragswert:	=	*424 750 €*	Ertragswert:	=	605 350 €

Falsche Schlussfolgerung: Anwendung des § 16 Abs. 3 ImmoWertV weil 500 000 € ≥ *424 750 €*

5.2.3 Indizierte Freilegung (§ 16 Abs. 3 Satz 2 ImmoWertV)

5.2.3.1 Allgemeines

136 Die **Freilegung eines Grundstücks kann** nach § 16 Abs. 3 Satz 2 ImmoWertV **technisch** (Nr. 1) **und wirtschaftlich** (Nr. 2) **indiziert sein.** Liegt im konkreten Einzelfall einer der in dieser Vorschrift aufgeführten Tatbestände vor, so „*kann*" eine alsbaldige Freilegung angezeigt sein. In aller Regel werden beide Tatbestände gegeben sein, denn wenn eine bauliche Anlage technisch nicht mehr nutzbar ist, kann auch eine wirtschaftliche Nutzung nicht erwartet werden. Ob bei entsprechenden Feststellungen auch eine alsbaldige Freilegung erwartet werden *muss*, ist in einem zweiten Schritt entsprechend den vorangegangenen Ausführungen zu prüfen, weil nur dann der Bodenwert um die Freilegungskosten zu mindern ist.

137 Bei der „Kann-Bestimmung" handelt es sich nicht um eine abschließende Aufzählung. Eine **Berücksichtigung der Freilegung kann** entgegen dem Wortlaut der Bestimmung auch **angezeigt sein, wenn** die baulichen Anlagen am Wertermittlungsstichtag baulich nutzbar sind und der **Ertragswert den Bodenwert übersteigt**, jedoch damit zu rechnen ist, dass in absehbarer Zeit nach Maßgabe der Vorschrift eine Freilegung indiziert ist (vgl. Rn. 144 ff.).

5.2.3.2 Nicht nutzbare bauliche Anlage (§ 16 Abs. 3 Satz 2 Nr. 1 ImmoWertV)

▶ *Vgl. oben Rn. 19 ff.*

138 Technisch kann die Freilegung indiziert sein, wenn die bauliche Anlage nicht (mehr) nutzbar ist. In diesem Fall kann sich auch kein entsprechender Gebäudeertrags- oder Gebäudesachwert ergeben. Gleichwohl kann sich ein Restwert ergeben, nämlich insoweit, wie die vorhandene baulich nicht (mehr) nutzbare Anlage im Rahmen einer Neubebauung genutzt (revitalisiert) werden kann. Der Restwert lässt sich in Anlehnung an die damit ersparten Herstellungskosten eines Neubaus ermitteln.

5.2.3.3 Unwirtschaftlich nutzbare bauliche Anlage (§ 16 Abs. 3 Satz 2 Nr. 2 ImmoWertV)

139 Die Freilegung eines Grundstücks ist nach § 16 Abs. 3 Satz 2 Nr. 2 ImmoWertV indiziert, wenn die bauliche Anlage wirtschaftlich nicht genutzt werden kann. Als Kriterium einer wirtschaftlich nicht gegebenen Nutzbarkeit stellt die Vorschrift darauf ab, dass der nicht abgezinste und nicht um die Freilegungskosten verminderte Bodenwert den Ertragswert des Grundstücks (nach den §§ 17 bis 20 ImmoWertV) erreicht oder übersteigt.

$$BW \geq EW_{\text{nach den §§ 17 bis 20 ImmoWertV}}$$

Ermittlung des Bodenwerts § 16 ImmoWertV

Die Verordnung knüpft damit an das entsprechende Kriterium des § 20 Abs. 1 WertV 88/98 an, nach dem eine Liquidation angezeigt war, wenn der Bodenwertverzinsungsbetrag (§ 17 Abs. 2 Nr. 1 ImmoWertV) den Reinertrag übersteigt.

$$p \times BW > RE$$

wobei
RE Reinertrag
BW Bodenwert
p   Liegenschaftszinssatz

In diesem Fall verbleibt im Rahmen des Ertragswertverfahrens mit der Verminderung des Reinertrags um den Verzinsungsbetrag des Bodenwerts (Bodenwertverzinsungsbetrag) **kein (positiver) Betrag für die Ermittlung des Ertragswerts der baulichen Anlage.** 140

$$RE - p \times BW \leq 0$$

Beispiel:

Jahresreinertrag RE	=	10 000 €
Bodenwert BW	=	250 000 €
Liegenschaftszinssatz	=	5,0 %
Jahresreinertrag des Grundstücks	=	10 000 €
./. 250 000 € × 5/100 (Bodenwertverzinsung)	=	– 12 500 €
= Differenz	=	– 2 500 € ≤ 0

In diesem Fall übersteigt der nicht verminderte „volle" Bodenwert zwangsläufig den Ertragswert. 141

Beispiel:
Der Ertragswert (EW) bestimmt sich nach § 17 Abs. 2 Nr. 1 ImmoWertV wie folgt:

$$EW = [(RE - (p \times BW)] \times V + BW \text{ wobei } V = \text{Vervielfältiger (Barwertfaktor)}$$

Bei einer Restnutzungsdauer von 30 Jahren ergibt sich im vorstehenden Beispiel ein Vervielfältiger von 15,37 und ein Ertragswert von 211 575 € (= – 2 500 € × 15,37 + 250 000 €). Der unverminderte Bodenwert von 250 000 € übersteigt mithin den Ertragswert.

Als Anwendungsvoraussetzung kann mithin gelten:

$$RE - (BW \times p) \leq 0 \quad \text{oder} \quad BW \geq EW$$

Der Wortlaut der Vorschrift hebt dabei ausdrücklich auf den Ertragswert nach den §§ 17 bis 20 ImmoWertV ab. Nach dem Einleitungssatz des § 8 Abs. 2 ImmoWertV sind „in" dem Ertragswertverfahren auch die besonderen objektspezifischen Grundstücksmerkmale i. S. des § 8 Abs. 3 ImmoWertV zu berücksichtigen; dies muss im konkreten Einzelfall jeweils geprüft werden.

Fällt der Ertragswert geringer als der Bodenwert aus, so ist die ausgeübte Nutzung unwirtschaftlich, denn **allein der Kapitalwert des Grund und Bodens wirft eine höhere Verzinsung ab**. Dies indiziert eine Freilegung des Grundstücks, wenn nicht – wie vorstehend ausgeführt – durch geeignete Maßnahmen eine Rentierlichkeit der baulichen Anlagen herbeigeführt werden kann. 142

Fällt der Ertragswert geringer als der Bodenwert aus, ist eine **Freilegung unabhängig davon indiziert, ob der Verkehrswert im Wege des Vergleichs- Ertrags- oder Sachwertverfahrens ermittelt werden soll**. Auch bei Anwendung des Sachwertverfahrens ist dies gegebenenfalls zu prüfen. 143

5.2.3.4 Wirtschaftlich (noch) nutzbare bauliche Anlage

144 Ist am Wertermittlungsstichtag eine bauliche Anlage (noch) nutzbar und übersteigt (in Umkehrung des in § 16 Abs. 2 Nr. 2 ImmoWertV gegebenen Grundsatzes) der Ertragswert den nicht um die Freilegungskosten verminderten Bodenwert, kann es entgegen dem Wortlaut der Bestimmung gleichwohl angezeigt sein, den Bodenwert entsprechend zu vermindern. Dies betrifft Grundstücke, deren bauliche Anlage nur noch eine kurze Restnutzungsdauer (i. d. R. 10 Jahre) aufweisen, denn auch in diesem Fall „kann" mit einer alsbaldigen Freilegung gerechnet werden. In diesem Fall muss wiederum nach der Gesamtsituation geprüft werden, ob tatsächlich mit einer alsbaldigen Freilegung des Grundstücks gerechnet werden muss.

5.2.3.5 Wirtschaftlich indiziert, aber unzulässige Freilegung (Denkmalschutz)

145 Der Bodenwert, vermindert um die Freilegungskosten, kann auch für ein **mit einem Baudenkmal bebautes Grundstück** von Bedeutung sein, auch wenn die Freilegung des Grundstücks unzulässig ist. Ist nämlich der Erhalt eines Baudenkmals wirtschaftlich unzumutbar, z. B. wenn das Baudenkmal einen dem Verfall preisgegebenen Zustand aufweist, so stellt der um die Freilegungskosten verminderte Bodenwert den Wert dar, der im Falle der Geltendmachung eines dann gegebenen **Übernahmeanspruchs** zu entschädigen wäre[72].

5.2.4 Alsbaldige Freilegung (Abriss/Rückbau)

5.2.4.1 Allgemeines

146 Kann eine Freilegung aus (den in § 16 Abs. 3 Satz 2 ImmoWertV genannten) **technischen oder wirtschaftlichen Gründen erwartet werden und ist** (nach den sonstigen Gegebenheiten) **auch tatsächlich mit einer „alsbaldigen" Freilegung zu rechnen, weil** – wie vorstehend ausgeführt – eine Rentierlichkeit der baulichen Anlagen nicht durch geeignete Maßnahmen herbeigeführt werden kann, ist der Bodenwert um die Freilegungskosten zu mindern. Diese „Liquidationsregelung" zu vermindern *(break down method, die zum default market value führt)*, ist darin begründet, dass im gewöhnlichen Geschäftsverkehr der Bebauung grundsätzlich keine Bedeutung mehr beigemessen wird und der Verkehrswert allein durch den Bodenwert bestimmt wird. Dem ist auch die Rechtsprechung gefolgt[73]. Die Anwendung des Verfahrens ist im Übrigen auch bei **Objekten mit verhältnismäßig geringwertigen Aufbauten** als sachgerecht anerkannt worden, selbst wenn sich erhebliche Nutzungserträge ergeben und von der Anwendung des Sachwertverfahrens keine brauchbaren Ergebnisse zu erwarten sind[74].

147 Der vom Verordnungsgeber gebrauchte **Begriff der „alsbaldigen"**[75] **Freilegungskosten** ist der Vorgängerregelung (§ 20 Abs. 1 WertV 88/98) entlehnt und im Zusammenhang mit der bewertungstechnischen Maßgabe zu interpretieren, nach der die Freilegungskosten nur insoweit zu berücksichtigen sind, „soweit sie im gewöhnlichen Geschäftsverkehr berücksichtigt werden". Es geht um die Berücksichtigung *künftiger Kosten*, mit denen der Eigentümer eines Grundstücks rechnen muss. Dazu gehören auch Freilegungskosten, die möglicherweise sogar bereits am Wertermittlungsstichtag aufgebracht werden müssten, wenn eine rentierliche Nutzung verwirklicht werden soll. Der **Begriff der „alsbaldigen" Freilegungskosten schließt von daher auch die bereits am Wertermittlungsstichtag anstehenden Freilegungskosten einer sofortigen Liquidation** ein, wobei auch in diesem Falle nur die „im gewöhnlichen Geschäftsverkehr berücksichtigten" Freilegungskosten zum Abzug zu bringen sind.

---

[72] Kleiber, Verkehrswertermittlung von Grundstücken, 6. Aufl. 2010, Teil VI Rn. 730 ff.
[73] RFH, Urt. vom 09.01.1931 – I A 346/30 –, EzGuG 20.13; OLG Koblenz, Urt. vom 01.06.1977 – 1 U 9/76 –, EzGuG 20.67; OLG Köln, Beschl. vom 03.05.1962 – 4 W 7/62 –, EzGuG 20.30.
[74] BGH, Urt. vom 19.12.1963 – III ZR 162/63 –, EzGuG 20.35.
[75] Zum Begriff „alsbald" im WoBauG, § 82 Abs. 5 Satz 1: BVerwG, Urt. vom 22.09.1966 – 7 C 22/64 –, WM 1967, 101 = BBauBl. 1967, 394 = FWW 1967, 294 und 396 = DWW 1967, 82 = ZMR 1967, 216.

Künftig anfallende Kosten und somit auch künftig anfallende Freilegungskosten **werden in erster Linie in dem Maße vom Grundstücksverkehr berücksichtigt, wie sie nach dem im Einzelfall dafür bestehenden Zeithorizont absehbar sind**. Künftig anstehende Kosten werden in der Verkehrswertermittlung deshalb grundsätzlich in einer auf den Wertermittlungsstichtag finanzmathematisch mithilfe des in Anl. 2 zur ImmoWertV tabellierten Abzinsungsfaktors diskontierten Höhe berücksichtigt.

148

Beispiel:

149

Es wird in 5 Jahren mit Freilegungskosten in Höhe von 100 000 € gerechnet. Der Barwert dieser Freilegungskosten beträgt dann bei einem Zinssatz von 5 % rd. 78 350 € (= 100 000 € × 0,7835).

Wie hoch die künftigen Freilegungskosten ausfallen werden, lässt sich bei alldem nicht voraussagen. Um jedwede spekulative Ansätze zu vermeiden, wird deshalb in der gängigen Wertermittlungspraxis von den **am Wertermittlungsstichtag üblichen Freilegungskosten** ausgegangen und zur Abzinsung auf den Liegenschaftszinssatz zurückgegriffen. Der Liegenschaftszinssatz ist nämlich ein Zinssatz, mit dem die vom Grundstücksmarkt erwarteten immobilienwirtschaftlich relevanten Wertänderungen implizit berücksichtigt werden[76].

150

Finanzmathematisch reduzieren sich bei dieser Vorgehensweise die **berücksichtigungsfähigen Freilegungskosten** mit zunehmender Zeit, wobei die abgezinsten Freilegungskosten in aller Regel bereits **nach etwa 10 Jahren** im Rahmen der allgemeinen Unsicherheitsmarge der Verkehrswertermittlung und vor dem Hintergrund der Auf- oder Abrundung des Wertermittlungsergebnisses **eine zu vernachlässigende Größenordnung** einnehmen. Nach § 16 Abs. 3 ImmoWertV zu berücksichtigende Freilegungskosten sind mithin Freilegungskosten, mit denen i. d. R. innerhalb eines Zeitraums von bis zu 10 Jahren unter Berücksichtigung der Gesamtsituation zu rechnen ist. Dies entspricht auch dem, was im allgemeinen Grundstücksverkehr absehbar sein kann und der gewöhnliche Geschäftsverkehr kann auch nur berücksichtigen, was absehbar ist.

151

5.2.4.2 Aufgeschobene Freilegung

Grundsätzlich steht es in der **freien Entscheidung des Eigentümers, ob und wann er unter Berücksichtigung der Gesamtsituation eine grundsätzlich angezeigte Freilegung des Grundstücks durchführt**, wenn man von den Fällen absieht, in denen er sich dazu verpflichtet hat oder in denen die Freilegung aus Gründen der Sicherheit bauordnungsrechtlich geboten ist. Zum Rückbau (Abriss) kann ein Grundstückseigentümer nämlich nur (nach dem Bauordnungsrecht der Länder) verpflichtet werden, wenn von dem Gebäude eine Gefahr für die Sicherheit und Ordnung ausgeht. Auch ein **Rückbaugebot nach § 179 BauGB** verpflichtet den Eigentümer nicht zum Rückbau. Nach § 179 Abs. 1 BauGB hat der Eigentümer lediglich die Beseitigung einer baulichen Anlage (ganz oder teilweise) zu dulden und die durch die Beseitigung entstehenden Vermögensnachteile sind nach § 179 Abs. 3 BauGB zu entschädigen.

152

Für den Eigentümer besteht damit die Möglichkeit, die Freilegung aufzuschieben (sog. **aufgeschobene oder gestreckte Liquidation**). Umgekehrt kann aber auch die Dispositionsfreiheit des Eigentümers aufgrund vertraglicher Bindungen eingeschränkt sein und er muss Ertragseinbußen hinnehmen, auch wenn eine nach der Gesamtsituation angezeigte sofortige Freilegung des Grundstücks zum Zwecke der Realisierung einer rentierlichen Nutzung angezeigt ist.

153

- Selbst wenn bereits am Wertermittlungsstichtag mit einer Freilegung des Grundstücks gerechnet werden kann, ist es dem Eigentümer und auch einem Erwerber freigestellt, die Freilegung zu einem späteren Zeitpunkt auch tatsächlich vorzunehmen (sog. aufgeschobene Liquidation). Dies mag verschiedene Gründe haben, die nicht nur persönlicher Art, sondern auch wirtschaftlich begründbarer Art sein können. So mag der Eigentümer den Abriss zurückstellen, weil eine bauliche Nutzung am Wertermittlungsstichtag aufgrund

---

[76] Diesen Grundsätzen entspricht Nr. 3.1.4.2 der WERTR 06.

einer ungünstigen Konjunkturlage und Vermietbarkeit nicht erwartet werden kann. Von einer sofortigen Freilegung wird er insbesondere auch dann absehen, wenn eine untergeordnete Zwischennutzung der baulichen Anlage möglich ist, auch wenn der Bodenwert höher ausfällt, als der sich auf dieser Grundlage ergebende Ertragswert. Dies ist nämlich für ihn im wirtschaftlichen Ergebnis vorteilhafter als die sofortige kostenverursachende Freilegung. Wertermittlungstechnisch sind dies schwierige Fälle, die auf der Grundlage eines wirtschaftlich handelnden Eigentümers zu behandeln sind.

– Umgekehrt kann aber eine zum Wertermittlungsstichtag unter Berücksichtigung der Gesamtsituation angezeigte Freilegung insbesondere aufgrund vertraglicher Bindungen nicht möglich sein und die bisherige Nutzung muss vertragsgemäß fortgesetzt werden, auch wenn sie unwirtschaftlich ist und allein die Bodenwertverzinsung ertragreicher ist als der erzielte Ertrag (§ 16 Abs. 3 Satz 2 Nr. 2 ImmoWertV).

Dies gilt es nach den konkreten Verhältnissen des Einzelfalls bei der **Abschätzung des Zeitraums** zu berücksichtigen, **in dem mit der „alsbaldigen Freilegung" zu rechnen ist.**

154 Als **rechtliche Gründe,** die einer sofortigen Freilegung entgegenstehen können, kommen vor allem bestehende **Miet- und Pachtverträge** in Betracht. § 20 Abs. 2 WertV 88/98 nannte daneben noch „sonstige" einer sofortigen Freilegung entgegenstehende Gründe. Was darunter zu verstehen ist, lässt die Vorschrift offen. Es muss sich aber um solche Gründe handeln, die nach objektiven Maßstäben jeden Eigentümer veranlassen, die angezeigte Freilegung zurückzustellen, und nicht etwa um persönliche Gründe, z. B. ein freiwilliger Verzicht. Hier ist in erster Linie der in § 16 Abs. 4 ImmoWertV genannte Sachverhalt hervorzuheben.

5.2.5 Freilegungskosten

5.2.5.1 Übliche Freilegungskosten

Schrifttum: *Stock, K.-D./Gütter, K.,* Abrisskosten und Entsorgungskosten bei der Bewertung von Gebäuden, Verlag Pflug und Feder, 1. Aufl. 2000

155 **Freilegungskosten** bzw. um die Kosten der Freimachung (vgl. Nr. 1.3 DIN 276) sind insbesondere die Abbruch- bzw. Abrisskosten einschließlich der damit einhergehenden **Nebenkosten**[77],

– Kosten der Genehmigungen (ggf. einschließlich Kampfmittelnachweis),
– Kosten der Umverlegung von Leitungen und Kabeln,
– Kosten der Entleerung und Entgasung von Öltanks,
– Kosten der Sperrmüllentsorgung
– Kosten für Baustrom, Bauwasser sowie Bauleitung,

soweit sie nicht in den Kosten selbst enthalten sind. Die Kosten werden etwa mit 10 % der Freilegungskosten anzusetzen sein.

156 Von besonderer Bedeutung ist die **Entsorgung von Sondermüll,** die erhebliche Kosten verursachen kann.

157 Nach § 16 Abs. 3 Satz 1 ImmoWertV ist – entsprechend dem Marktprinzip der Verkehrswertermittlung – von den „üblichen" Freilegungskosten auszugehen. Aufgrund persönlicher Verhältnisse außergewöhnlich hohe oder niedrige Freilegungskosten müssen mithin außer Betracht bleiben.

158 Auch die üblicherweise gewährten Förderungen einer Freilegung – direkt oder indirekt – sind zu berücksichtigen, wenn im gewöhnlichen Geschäftsverkehr damit gerechnet werden kann.

---

77 Zur steuerlichen Behandlung vgl. BFH, Urt. vom 06.11.1968 – I R 12/66 –, EzGuG 20.44.

Ermittlung des Bodenwerts § 16 ImmoWertV

159 Zur *indirekten* Förderung gehört die steuerliche Absetzbarkeit der Abbruchkosten[78]. Lässt der Erwerber eines objektiv technisch oder wirtschaftlich noch nicht verbrauchten Gebäudes dieses nach dem Erwerb abreißen, so kann er eine Absetzung für außergewöhnliche Abnutzung nach § 7 Abs. 1 Satz 4 i. V. m. Abs. 4 Satz 3 EStG vornehmen und die Abbruchkosten als Betriebsausgaben (Werbungskosten) abziehen. Hat er dagegen ein solches Gebäude in Abbruchabsicht angeschafft, so gehören der (Buch-)Wert und die Abbruchkosten, wenn der Abbruch des Gebäudes mit dem Herstellungsgut in einem engen wirtschaftlichen Zusammenhang steht, zu den Herstellungskosten dieses Wirtschaftsguts, sonst zu den Anschaffungskosten des Grund und Bodens[79].

160 Soweit zu erwarten ist, dass die Freilegung unternehmerseitig betrieben wird, muss eine Minderung der Freilegungskosten um die **Umsatzsteuer** (als durchlaufender Posten) in Betracht gezogen werden. Auch wenn die Freilegungskosten steuerrechtlich den Herstellungskosten zuzuordnen sind, steht diese Umsatzsteuer nämlich im engen Zusammenhang mit dem Grund und Boden und ist insoweit bei der Verkehrswertermittlung nach den Preisbildungsmechanismen bei den abzuziehenden Freilegungskosten kostenmindernd zu berücksichtigen (vgl. § 33a Abs. 5 Nr. 3 EStR).

161 Die Berücksichtigung von steuerlichen Vorteilen ist allerdings in der Wertermittlungspraxis nicht unumstritten und stellt eine gewisse „Grauzone" dar, da darin „persönliche Verhältnisse" gesehen werden, die nach der Definition des Verkehrswerts (§ 194 BauGB) nicht berücksichtigt werden dürfen. In diesem Zusammenhang wird auch darauf verwiesen, dass die steuerlichen, sich nach den Einkommensverhältnissen des einzelnen Steuerpflichtigen ergebenden Vorteile für den Sachverständigen nicht erkennbar sind und entsprechend vorstehenden Ausführungen letztlich im Rahmen der steuerlichen Behandlung der Gebäudeherstellungskosten (und nicht des Grund und Bodens) berücksichtigt werden[80].

162 Zur *direkten* Förderung gehören Maßnahmen nach § 249h des Arbeitsförderungsgesetzes (AFG). Aus dem umfangreichen Förderkatalog können die folgenden relevanten Schwerpunkte hervorgehoben werden:

– Sicherung und Sanierung von Gebäuden, Hallen und sonstigen Bauwerken,

– Aufräumarbeiten (Beräumung und Flächenregulierung),

– Demontage von Anlagen oder Anlagenteilen einschließlich Verschrottung,

– Abriss nicht mehr benötigter oder nicht sanierungsfähiger Bauwerke, Fundamente und Nebeneinrichtungen (inkl. Entsorgung von Bauschutt, Einbringen und Planieren von neuem Erdreich).

---

78 BFH, Urt. vom 12.06.1978 – GrS 1/77 –, EzGuG 4.56a.
79 BFH, Urt. vom 12.06.1978 – GrS 1/77 –, EzGuG 4.56a; Wird mit dem Abbruch eines Gebäudes innerhalb von drei Jahren nach dem Erwerb begonnen, so spricht der Beweis des ersten Anscheins dafür, dass der Erwerber das Gebäude in der Absicht erworben hat, es abzureißen.
80 Darüber hinaus wird die Auffassung vertreten, dass auf dem Grundstücksmarkt allgemein geltende Steuervor- und -nachteile bereits mit dem Liegenschaftszinssatz erfasst werden und eine gesonderte Berücksichtigung zu einer unzulässigen Doppelberücksichtigung führt. Der Liegenschaftszinssatz (p) wird nämlich aus tatsächlich auf dem Grundstücksmarkt erzielten Kaufpreisen abgeleitet. Soweit sich steuerliche Vor- und Nachteile auf das Marktgeschehen auswirken, finden sie mithin Eingang in diese Kaufpreise und werden mit den daraus abgeleiteten Liegenschaftszinssätzen bereits erfasst.

Abb. 11: Erfassung von Abfallmengen

Formblatt zur Ermittlung von Abfallmengen									
Baustelle/Abfallerzeuger[1]:			Dokumentation zur:		Vorkalkulation[2] projektspezifischen Abfallbilanz[2] Abfallbilanz gemäß KrW-/AbfG				
Baumaßnahme(n)[1]:									
[1] je nach Art der Dokumentation / [2] Zutreffendes ankreuzen									
Abfallbezeichnung		Entsorgung (Verwertung bzw. Beseitigung)							
Abfall-schlüssel	Bezeichnung	Menge in t	Menge in m³	Beseitigung	Verwertung	Begründung der Beseitigung	Angaben zur Ent-sorgungsanlage	Kosten	Kosten pro Einheit
17 02 19									
17 07 01	Gemischte Bau- und Abbruchab-fälle	17			Ja		Bauabfallsortie-rung Mustermann	3 230,–	190,–
Beseitigung z. B.: **BBD** = Boden- und Bauschuttdeponie · **HMD** = Hausmülldeponie · **SAV** = Sonderabfallverbrennungsanlage · **SAD** = Sonderabfalldeponie · **CPB** = chemische/physikalische Behandlung									

▶ *Zu den Gebühren: www.rhein-main-deponie.de*

163 Des Weiteren sind ggf. **Verwertungserlöse für wiederverwendbare Bauteile** gegenzurechnen, auch wenn der Wortlaut des § 16 Abs. 3 ImmoWertV hierauf keinen Bezug nimmt. Auch die Verkaufswerte müssen in der Höhe angesetzt werden, wie dies dem gewöhnlichen Geschäftsverkehr entspricht (vgl. unten Rn. 166)[81].

164 Im Jahre 2010 beliefen sich die Freilegungskosten auf etwa 25 bis 30 €/m³ umbautem Raum (Raummeter) einschließlich Abfuhr der anfallenden Schuttmassen und aller Gebühren für die Entsorgung/Versorgung[82]. Der Betrag kann sich deutlich erhöhen, soweit es sich um Sondermüll handelt, der bei der Entsorgung besonders behandelt werden muss, oder besondere Transport- und Sicherungskosten anfallen. Die Freilegungskosten vermindern sich deutlich mit dem Volumen der freizulegenden Bausubstanz, insbesondere, wenn es sich um großvolumige Hallen mit „viel Luft" handelt. Bei einem Verbleib von **vor Ort recycelfähigen Abbruchmassen** und ihrer Aufbereitung zu Recyclingschotter auf der Baustelle können sich darüber hinaus Einsparungen von 1,50 bis 2,00 €/m³ ergeben. Dies kommt aber nur bei entsprechend hohem Abbruchvolumen in Betracht und setzt voraus, dass durch einen hohen Mauerwerksanteil ein Recyclingschotter in ausreichender Qualität herzustellen ist, der für die nachfolgenden Bauarbeiten in dieser Menge benötigt wird oder sonst verwertbar ist.

165 Die Feststellung der üblichen Freilegungskosten, insbesondere wenn Sondermüll zu entsorgen ist, steht insbesondere bei aufwendigen baulichen Anlagen nicht in der Kompetenz des Sachverständigen für Grundstückswerte. I.d.R. wird er sich nur auf grobe Schätzungen stützen können, die unter dem Vorbehalt einer **Feststellung durch Spezialgutachter** stehen. Für eine verlässliche Abschätzung von Freilegungskosten wird deshalb – wie für die Feststellung von Baumängeln und Bauschäden und die Ermittlung von Schadensbeseitigungskosten – auf speziell ausgebildete Abrisskostengutachter zurückgegriffen. Liegen konkrete Kostenangebote für die Freilegungskosten vor, so gehören sie zu den Anknüpfungstatsachen der Gutach-

---

81 BGH, Urt. vom 25.06.1964 – III ZR 111/64 –, EzGuG 20.37.
82 Zu den Rückbau- und Entsorgungskosten in Berlin/Brandenburg 1993 vgl. Kleiber, Verkehrswertermittlung von Grundstücken, 6. Aufl. S. 1485 sowie GuG 1996, 228.

tenerstattung, die bezüglich Vollständigkeit und Angemessenheit einer Plausibilisierung zu unterziehen sind.

5.2.5.2 Im „gewöhnlichen Geschäftsverkehr berücksichtigte" Freilegungskosten

„Übliche Freilegungskosten" sind nicht mit den nach § 16 Abs. 3 Satz 1 ImmoWertV „im gewöhnlichen Geschäftsverkehr berücksichtigten" Freilegungskosten gleichzusetzen. Die **üblichen Freilegungskosten können aber einen Anhaltspunkt für die „im gewöhnlichen Geschäftsverkehr berücksichtigten" Freilegungskosten bieten**. Ausgehend von den üblichen Freilegungskosten und den üblichen Verwertungserlösen der freizulegenden Bausubstanz sind diese nur insoweit zu berücksichtigen, wie sie „im gewöhnlichen Geschäftsverkehr berücksichtigt" werden.

166

Generell kann davon ausgegangen werden, dass „im gewöhnlichen Geschäftsverkehr" die künftig anfallenden Freilegungskosten in umso geringerem Maße den Kaufpreis eines Grundstücks mit freizulegender Bausubstanz beeinflussen, je länger die Freilegung aussteht. Diesem aus dem „gewöhnlichen Geschäftsverkehr" resultierenden Erfahrungssatz wird man gerecht, wenn die künftig anfallenden und möglicherweise in vielen Jahren erst anfallenden **Kosten über den erwarteten Zeitraum diskontiert** werden. Die auf der Grundlage der allgemeinen Wertverhältnisse des Wertermittlungsstichtags geschätzten Freilegungskosten finden damit nur zu einem entsprechenden Bruchteil Eingang in die Bodenwertermittlung.

167

Ob darüber hinaus die künftig anfallenden Freilegungskosten im Verhältnis zu den üblichen Freilegungskosten im gewöhnlichen Geschäftsverkehr „über- oder untersetzt" berücksichtigt werden, ist i. d. R. eine nur schwer oder gar nicht zu beantwortende Frage, wenn im konkreten Einzelfall keine weiteren Erkenntnisse vorliegen.

168

– Soweit mit erheblichen Freilegungskosten zu rechnen ist und üblicherweise im Zuge der Kaufpreisverhandlungen Voranschläge eingeholt werden, kann davon ausgegangen werden, dass sie in plausibilisierter Höhe berücksichtigt werden und das Marktgeschehen bestimmen.

– Soweit nach der Beschaffenheit der abzureißenden Bausubstanz ein besonderes Risiko besteht, insbesondere, wenn Sondermüll erkennbar oder nicht auszuschließen ist, ist ein „gewöhnlicher" Käufer geneigt, dieses Risiko wertmindernd (zusätzlich zu den allgemein erwarteten Freilegungskosten) zu berücksichtigen, denn Sondermüll kann die Freilegungskosten bei den heute gestellten Anforderungen in unkalkulierbarem Ausmaß drastisch erhöhen, zumal diesbezüglich eine hohe Sensibilisierung des Umweltschutzes besteht.

Bei alledem gibt es weder den Erfahrungssatz, dass künftige Freilegungskosten über die mit ihrer Abzinsung einhergehende Minderung hinaus per se nur zu einem Bruchteil „im gewöhnlichen Geschäftsverkehr" berücksichtigt werden, noch gibt es den Erfahrungssatz, dass sie im Hinblick auf ein allgemeines nicht konkretisierbares Risiko beispielsweise im Hinblick auf „Unvorhergesehenes" in übersetzter Höhe berücksichtigt werden.

Bei größeren Objekten treten vielfach Fälle auf, in denen die Kosten des Abrisses den Bodenwert „auffressen" würden, wenn dieser um die Freilegungskosten vermindert wird; es können sich dann auch negative Werte (**Unwerte;** *Nil-value*)[83] ergeben, wenn allein das „bloße" Halten eines Grundstücks mit Kosten verbunden ist, z. B., wenn ein munitionshaltiges Grundstück bewacht werden muss.

169

---

[83] Statements of Valuation and Appraisal Practice and Guidance Notes des RICS, London 1996, VAS. 3.6.

§ 16 ImmoWertV — Ermittlung des Bodenwerts

5.2.6 Bodenwertermittlung bei aufgeschobener (gestreckter) Freilegung

5.2.6.1 Allgemeines

▶ *Syst. Darst. des Ertragswertverfahrens Rn. 61 ff.*

170 Nach den vorstehenden Ausführungen kann eine bereits am Wertermittlungsstichtag unter Berücksichtigung der Gesamtsituation angezeigte Freilegung aufgrund vertraglicher oder sonstiger Gründe nicht möglich sein. Darüber hinaus kann eine entsprechende am Wertermittlungsstichtag angezeigte Freilegung zwar sofort realisierbar sein, gleichwohl jedoch nicht zu erwarten ist, dass das Grundstück tatsächlich freigelegt wird. Derartige Grundstücke werden in nicht unerheblichem Umfang gehandelt, ohne dass sie von den Erwerbern freigelegt werden. In diesem Zusammenhang wird von einer gestreckten (aufgeschobenen) Liquidation gesprochen.

5.2.6.2 Aufgrund vertraglicher Bindungen aufgeschobene Freilegung

a)   Allgemeines

171 Eine am Wertermittlungsstichtag unter Berücksichtigung der Gesamtsituation angezeigte, aber aufgrund vertraglicher Bindungen oder aus sonstigen Gründen am Wertermittlungsstichtag nicht mögliche und deshalb aufgeschobene Freilegung wird „im gewöhnlichen Geschäftsverkehr" nicht mit den Freilegungskosten berücksichtigt, wie sie am Wertermittlungsstichtag „üblich" sind, sondern in geringerer Höhe. Die Kosten werden in einem umso geringeren Maße wertmindernd berücksichtigt, je länger die Freilegung aufgeschoben ist. Deswegen werden die Freilegungskosten bei aufgeschobener Freilegung in der breiten Wertermittlungspraxis in der über den jeweiligen Zeitraum diskontierten Höhe berücksichtigt.

$$\text{Freilegungskosten (aufgeschoben)} = \frac{\text{Freilegungskosten am Wertermittlungsstichtag}}{q^n}$$

172 Damit trägt man der Vorgabe des § 16 Abs. 3 Satz 1 ImmoWertV Rechnung, die Freilegungskosten nur insoweit zu berücksichtigen, wie sie „im gewöhnlichen Geschäftsverkehr" berücksichtigt werden. Bei aufgeschobener Freilegung ergibt sich der Bodenwert – ausgehend von dem Bodenwert (BW) eines unbebauten Grundstücks (nach Maßgabe der Grundsatzregelung des § 16 Abs. 1 ImmoWertV) – zu:

$$BW_{\text{Freilegungskostenvermindert}} = \text{Bodenwert}_{\text{unbebaut}} - \frac{\text{Freilegungskosten}}{q^n}$$

wobei

q = Zinsfaktor = $1 + p/100$
p = Liegenschaftszinssatz
n = Aufschiebungszeitraum (Wartezeit)

173 Wie schon unter Rn. 128 ausgeführt, hat § 16 ImmoWertV eine verfahrensübergreifende Bedeutung und der freilegungskostenverminderte Bodenwert ist bei alsbaldiger Freilegung entsprechend auch in das Ertrags- und Sachwertverfahren einzubringen. Dies ergibt sich durch die Bezugnahme in § 17 Abs. 2 und § 21 Abs. 1 ImmoWertV auf § 16 ImmoWertV. § 17 Abs. 2 ImmoWertV macht dabei keinen Unterschied bezüglich der Anwendung des *zweigleisigen* Ertragswertverfahrens nach § 17 Abs. 2 Nr. 1 ImmoWertV und des *eingleisigen* Ertragswertverfahrens nach § 17 Abs. 2 Nr. 2 ImmoWertV. Verfahrenstechnisch muss aber zwischen beiden Varianten des Ertragswertverfahrens unterschieden werden.

Ermittlung des Bodenwerts § 16 ImmoWertV

b)   *Eingleisiges Ertragswertverfahren nach § 17 Abs. 2 Nr. 2 ImmoWertV*

Bei Anwendung des Ertragswertverfahrens *nach § 17 Abs. 2 Nr. 2 ImmoWertV* ist vorstehenden Ausführungen entgegen dem Wortlaut dieser Bestimmung nicht dadurch Rechnung zu tragen, dass man den freilegungskostenverminderten Bodenwert (nach § 16 Abs. 3 ImmoWertV) in die mit der Vorschrift gegebene Ertragswertberechnung einführt. Die Freilegungskosten müssen vielmehr in abgezinster Höhe zusätzlich berücksichtigt werden: **174**

$$EW = RE \times V + \frac{BW_{unbebaut}}{q^n} \quad \Rightarrow \quad EW = RE \times V + \frac{BW_{unbebaut}}{q^n} - \frac{Freilegungskosten}{q^n}$$

wobei
BW   = Bodenwert
FLK = Freilegungskosten
q   = Zinsfaktor $(1 + p/100)$
p   = Liegenschaftszinssatz
n   = Restnutzungsdauer (Bindungszeitraum)

Statt der gesonderten Abzinsung des Bodenwerts und der Freilegungskosten kann gleich der um die Freilegungskosten verminderte Bodenwert diskontiert werden, denn:

$$\frac{BW}{q^n} + \frac{FLK}{q^n} = (BW - FLK) \times \frac{1}{q^n}$$

und man erhält:

$$\boxed{EW = RE \times V + (BW - FLK)\frac{1}{q^n}}$$

Beispiel 1: **175**

a) Sachverhalt

Ein 2 000 m² großes Gewerbegrundstücks in hochwertiger Lage wird zu marktüblich erzielbaren Mieten genutzt. Das Mietverhältnis kann frühestens in 7 Jahren aufgelöst werden.
Zusätzliche Daten:

Bodenwert: 200 €/m², d. h. insgesamt 2 000 m² × 200 €/m² =	400 000 €
umbauter Raum der aufstehenden Gebäude (DIN 277 [1950])	3 000 m³
Marktüblich erzielbare Jahresnettokaltmiete	30 000 €
Bewirtschaftungskosten	30 %
Marktüblich erzielbarer Jahresreinertrag	21 000 €
Restnutzungsdauer der Gebäude	ca. 30 Jahre
Liegenschaftszinssatz	6,5 %

Bodenwertverzinsungsbetrag = 400 000 € × 0,065 = **26 000 €** > RE

§ 16 ImmoWertV — Ermittlung des Bodenwerts

b) Wertermittlung

Jahresnettokaltmiete	=	30 000 €
Bewirtschaftungskosten 30 %	=	– 9 000 €
Reinertrag	=	21 000 €
Barwert des Reinertrags bei p = 6,5 % und Restlaufzeit von 7 Jahren		
21 000 € × 5,484520		= 115 175 €
Bodenwert 2 000 m² × 200 €/m²	=	400 000 €
Freilegungskosten 3 000 m² × 15 €/m²	=	– 45 000 €
	=	355 000 €
Abzinsung bei 6,5 % und 7 Jahren: 355 000 € × 0,6435062	=	228 445 € + 228 445 €
c) Ertragswert des Grundstücks		**rd. 343 620 €**

c)   *Zweigleisiges Ertragswertverfahren nach § 17 Abs. 2 Nr. 1 ImmoWertV*

176   Zu demselben Ergebnis gelangt man bei Anwendung des in § 17 Abs. 2 Nr. 1 ImmoWertV geregelten **allgemeinen Ertragswertverfahrens**, wenn man dort als Bodenwert den um die Freilegungskosten verminderten Bodenwert einführt. Im Unterschied zum eingleisigen Ertragswertverfahren bedarf es dabei jedoch nicht einer gesonderten Diskontierung der Freilegungskosten:

$$EW = (RE - [BW - FLK]) \times V + (BW - FLK)$$

177   Beispiel 2:

RE	=	21 000 € wie im vorangegangenen Beispiel
BW	=	400 000 €
FLK	=	45 000 €
BW – FLK	=	355 000 €
p	=	6,5 %
n	=	7 Jahre
V	=	5,4845207

EW = (21 000 € – 0,065 × [400 000 € – 45 000 €]) × 5,4845207 + 355 000 €
EW = – (2 075 € × 5,4845207) × 355 000 = **343 620 €**

Fazit: Bei Anwendung des Ertragswertverfahrens ist in beiden der in § 17 Abs. 2 ImmoWertV aufgeführten Varianten der sich nach § 16 Abs. 3 ImmoWertV **um die Freilegungskosten verminderte Bodenwert in die Ertragswertermittlung** einzuführen, ohne dass die Freilegungskosten abzuzinsen sind.

Ermittlung des Bodenwerts § 16 ImmoWertV

Abb. 12: Vergleich des Ertragswertverfahrens nach § 17 Abs. 2 Nr. 1 und 2 ImmoWertV unter Berücksichtigung der Freilegungskosten und eines um die Bodenwertverzinsung verminderten negativen Reinertrags

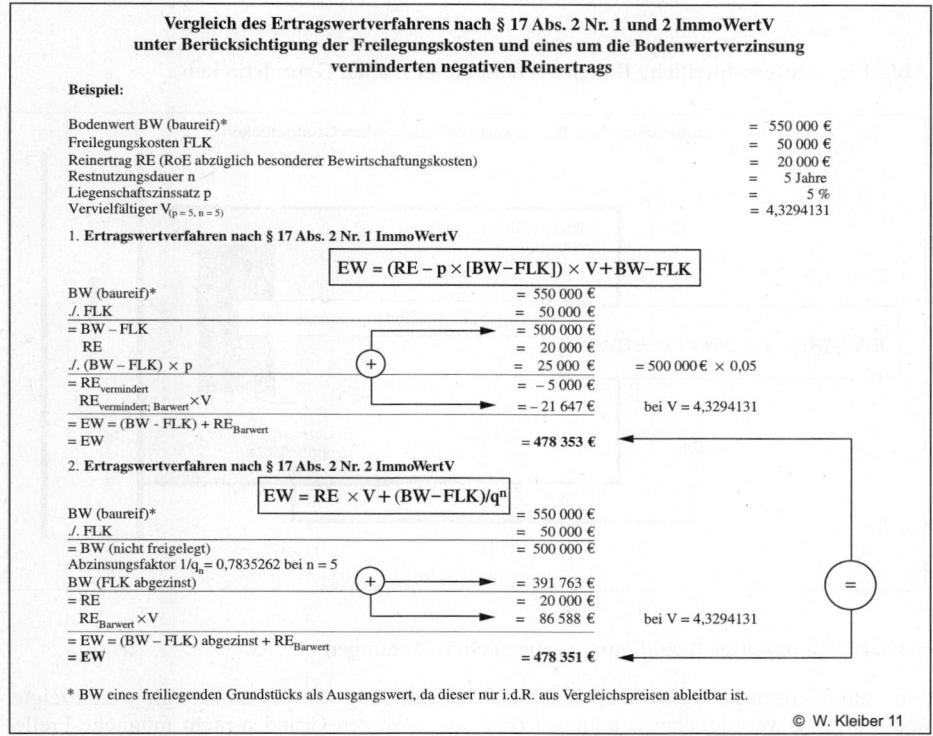

178 Ergänzend ist darauf hinzuweisen, dass bei Anwendung des Ertragswertverfahrens auf Objekte mit sehr kurzer Restnutzungsdauer als **Bewirtschaftungskosten nur solche** angesetzt werden dürfen, **die ein Eigentümer im Hinblick auf den bevorstehenden Abbruch notwendigerweise gerade noch aufbringt** (reduzierte Bewirtschaftungskosten).

d) Sachwertverfahren

179 Anders stellt sich die Situation bei **Anwendung des Sachwertverfahrens** dar. § 21 Abs. 1 ImmoWertV verweist bezüglich des maßgeblichen Bodenwerts – wie in § 17 Abs. 2 ImmoWertV – auf den gemäß § 16 ImmoWertV ermittelten Bodenwert. Im Falle einer indizierten, aber aufgeschobenen Freilegung wäre die aufgrund der vertraglichen Bindungen aufgeschobene Freilegung in der Weise zu berücksichtigen, dass die Freilegungskosten nur in einer über den Bindungszeitraum diskontierten Höhe zum Abzug kommen.

5.2.6.3 Bodensondierung bei übergroßen Grundstücken

180 Bei bebauten Grundstücken, die selbstständig nutzbare Teilflächen i. S. des § 17 Abs. 2 Satz 2 ImmoWertV aufweisen, sind die vorstehenden Grundsätze nur auf die den baulichen Anlagen zurechenbare Umgriffsfläche anzuwenden, denn nur auf diese Teilfläche entfallen Freilegungskosten. Darüber hinaus ist auch nur der auf diese Teilfläche entfallende „volle" Bodenwert über den Bindungszeitraum blockiert.

181 Dies muss bei Anwendung des Ertragswertverfahrens beachtet werden, denn nur die Umgriffsfläche ist bei der Ermittlung des Bodenwertverzinsungsbetrags maßgebend (§ 17 Abs. 2 Nr. 1 letzter Halbsatz ImmoWertV). Entsprechendes gilt bei Anwendung des Ertragswertverfahrens nach § 17 Abs. 2 Nr. 2 ImmoWertV bezüglich des abzuzinsenden Bodenwerts.

Abb. 13: Unterschiedliche Bodenwerte bei übergroßen Grundstücken

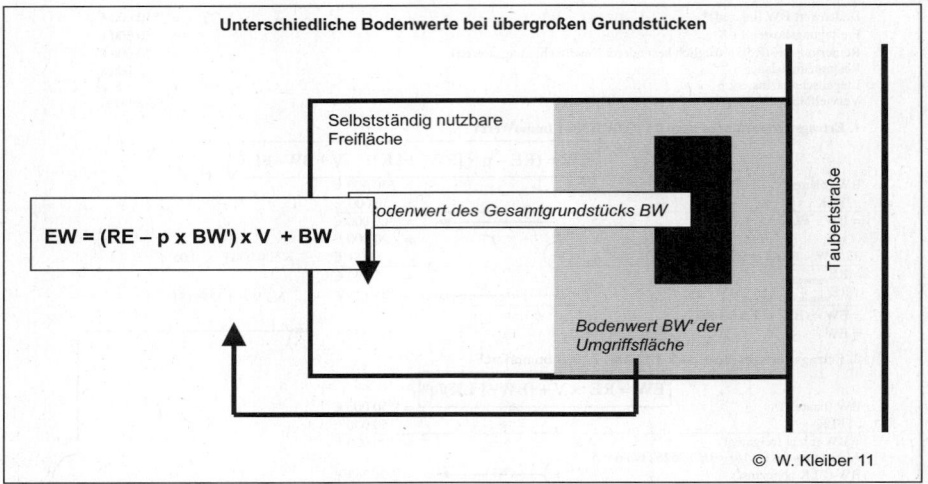

5.2.6.4 Vorzeitige Beendigung vertraglicher Bindungen

182 Eine am Wertermittlungsstichtag unter Berücksichtigung der Gesamtsituation angezeigte, aber aufgrund vertraglicher Bindungen oder aus sonstigen Gründen nicht mögliche Freilegung führt zwangsläufig zu einem **Ertragswert, der den „vollen" Bodenwert des Grundstücks unterschreitet**. Wenn nämlich schon allein das im Grund und Boden investierte Kapital eine höhere Rendite abwirft, als aus der baulichen Nutzung des Grundstücks erzielt wird, wird der „volle" Bodenwert umso mehr „aufgefressen", je länger die rechtlichen oder sonstigen Gründe eine Freilegung des Grundstücks verhindern und je ausgeprägter die Unternutzung ist.

183 *Beispiel:*

a) Sachverhalt

– Reinertrag RE	20 000 €
– Bodenwert BW (baureif)	550 000 €
– Freilegungskosten	50 000 €
– Liegenschaftszinssatz p	5 %
– Gebäudeertragswert	
Reinertrag	= 20 000 €
BW – FLK = 500 000 €	
abzüglich Bodenwertverzinsungsbetrag	
500 000 € × 0,05	= – 25 000 €
= RE – p (BW – FLK)	= – 5 000 € RE ≤ p × (BW – FLK)

Ermittlung des Bodenwerts § 16 ImmoWertV

b) Wertermittlung

Als Ertragswerte ergeben sich bei Fortsetzung einer unwirtschaftlichen Bebauung entsprechend dem vorstehenden Beispiel bei einer Weiternutzung um

			5 Jahre	20 Jahre	80 Jahre
Bodenwert (BW – FLK)	=		500 000 €	500 000 €	500 000 €
Gebäudeertragswert:					
RE – p (BW – FLK) = – 5 000 €					
× V von 5 % und 5 Jahren		= 4,33	– 21 650 €		
× V von 5 % und 20 Jahren		= 12,46		– 62 300 €	
× V von 5 % und 80 Jahren		= 19,60			– 98 000 €
= **Ertragswert**	=		**478 350 €**	**437 700 €**	**402 000 €**

Der Eigentümer wird demzufolge bestrebt sein, das Nutzungsverhältnis baldmöglichst aufzulösen (vgl. §§ 569 ff. BGB; §§ 182 ff. BauGB).

Eine Aufhebung von Miet- und Pachtverhältnissen kann z. B. **in förmlich festgelegten Sanierungsgebieten und städtebaulichen Entwicklungsbereichen nach Maßgabe der §§ 182 ff. BauGB** in Betracht kommen. Des Weiteren kann ein Mietverhältnis über Wohnraum nach § 573 Abs. 2 BGB bei berechtigtem Interesse des Vermieters gekündigt werden, wobei nach Nr. 3 dieser Regelung ein berechtigtes Interesse vorliegt, wenn der Vermieter durch die Fortsetzung des Mietverhältnisses an einer angemessenen wirtschaftlichen Verwertung des Grundstücks gehindert und dadurch erhebliche Nachteile erleiden würde. **184**

Bei **gewerblichen Mietverhältnissen** stellt sich die Situation i. d. R. einfacher als für Wohnraum dar. Ist nämlich das Mietverhältnis für eine feste Vertragslaufzeit abgeschlossen worden, endet es mit dem vertraglichen Ablauf (§ 542 BGB), ohne dass das Mietverhältnis gekündigt werden müsste. Setzt der Mieter nach Ablauf der vertraglichen Festmietzeit das Mietverhältnis fort und teilen sich weder Mieter noch Vermieter innerhalb von zwei Wochen gegenseitig mit, dass eine stillschweigende Verlängerung des Mietverhältnisses nicht gewollt sei, tritt nach Maßgabe § 545 BGB eine Verlängerung des Mietverhältnisses auf unbestimmte Zeit ein. **185**

Ansonsten kann das Mietverhältnis nach § 542 Abs. 1 BGB von jeder Vertragspartei nach den gesetzlichen Vorschriften gekündigt werden (§§ 573 ff. BGB): Insoweit ist bei einer **unwirtschaftlichen Nutzung des Grundstücks für gewerbliche Zwecke** die Situation einfacher als bei einer Nutzung für Wohnzwecke. **186**

Wo der Vermieter keine rechtlichen Möglichkeiten zur Durchsetzung einer vorzeitigen Beendigung des Mietverhältnisses hat, kann diese im Verhandlungswege herbeigeführt werden, z. B. durch **Abstandszahlungen** (Abb. 9). Dabei können sich – rein rechnerisch – gewaltige Spielräume ergeben. Profitieren können dabei sowohl der Rechtsinhaber als auch der Grundstückseigentümer. Kommt es zu einer Einigung mit der Folge, dass das Grundstück sofort freilegbar wird, bemisst sich der Verkehrswert nach Maßgabe des § 16 Abs. 3 ImmoWertV unter ergänzender Berücksichtigung der Abstandszahlung. **187**

§ 16 ImmoWertV — Ermittlung des Bodenwerts

Abb. 14: Abstandszahlungen

Abstandszahlungen		
Eine 100-Quadratmeter-Wohnung in guter Lage ist seit fünf Jahren vermietet. Der Eigentümer will verkaufen. Wie viel muss er dem Mieter zahlen, damit dieser auszieht? Im Auftrag von Capital ermittelte die Maklergruppe Aufina 1993 Erfahrungswerte in deutschen Städten. Die Zahlungen fallen derzeit in den Großstädten deutlich höher aus. Angaben in €		
Berlin	5 000 bis 15 000	
Bochum	2 500 bis 7 500	
Bonn	5 000	
Braunschweig	1 750 bis 5 000	
Bremen	5 000	
Darmstadt	10 000	
Düsseldorf	5 000 bis 7 500	
Freiburg	2 500 bis 5 000	
Halle	2 500 bis 12 500	
Hamburg	7 500 bis 20 000	
Hildesheim	2 500	
Karlsruhe	10 000	
Kassel	5 000	
Kiel	5 000 bis 7 500	
Köln	7 500 bis 12 500	
Leipzig	10 000	
Ludwigshafen	2 500 bis 5 000	
Mainz	7 500 bis 25 000	
Mannheim	5 000 bis 7 500	
München	5 000 bis 10 000	
Nürnberg	2 500 bis 10 000	
Offenburg	5 000	
Rosenheim	3 500 bis 6 000	
Stuttgart	7 500 bis 10 000	

Quelle: Aufina, Capital 1993

188 *Beispiel:*

a) Sachverhalt

Ein hochwertiges Baugrundstück in Berlin-Mitte ist mit einer eingeschossigen Stahlbetonhalle sowie im hinteren Teil mit einem kleinen fünfgeschossigen Altbauteil bebaut. Das Grundstück liegt in einem 34er-MK-Gebiet mit einer GFZ von 4,0. Der Bodenwert des insgesamt 1 792 m² großen Grundstücks wurde mit 16 Mio. € ermittelt, d. h. rd. 9 000 €/m².

Es besteht ein **langfristiges Mietverhältnis** an den Baulichkeiten bis zum 31.12.2009, das aufgrund einer Option des Mieters um 5 Jahre, also bis zum 31.12.2014 verlängert werden kann. Der Reinertrag beträgt danach 11 000 € mtl., d. h. 132 000 € p. a.

Die dem Reinertrag zugrunde liegende Miete ist für den Mieter außerordentlich günstig, da sich für das Grundstück, wie es steht und liegt, im Falle der Vereinbarung einer ortsüblichen Miete ein nachhaltiger jährlicher Reinertrag von 320 000 € p. a. ergeben würde.

Was immer den Eigentümer bewogen haben mag, ein derartiges Mietverhältnis eingegangen zu sein, er hat sich gleich doppelt bestraft: Neben dem Mietverzicht hat er sich über die Mietdauer der Möglichkeit beraubt, sein Grundstück „bodenwertgemäß" zu nutzen. Es ist erheblich untergenutzt und es wird so auch bleiben, wenn der Mieter auf Einhaltung des Mietvertrages „pocht"; eine vorzeitige Kündigung des Mietverhältnisses erschien nicht möglich.

Der Eigentümer – inzwischen klüger geworden – möchte trotzdem aus dem Mietvertrag „aussteigen" – gefragt ist nach der **Höhe der Abstandszahlung**,

Wertermittlungsstichtag 1.1.2002.

b) Lösungsansätze

1. Es handelt sich um ein **Liquidationsobjekt,** denn das Grundstück weist im Verhältnis zum Bodenwert eine deutliche Unternutzung aus:

   Bei einem Bodenwert von 16 Mio. € und einem Liegenschaftszinssatz von 6 % ergibt sich ein Bodenwertverzinsungsbetrag von 960 000 €, dem ein Reinertrag von 132 000 € gegenübersteht: Der Verkehrswert würde sich bei einem sofort zulässigen Abriss aus dem Bodenwert abzüglich der Freilegungskosten – FLK – ergeben:

   Bei einem umbauten Raum von 7 000 m³ und Freilegungskosten von 50 €/ m³ ergibt sich:

Bodenwert (wenn unbebaut)	=	16 000 000 €
– FLK = 7 000 m³ × 50 €/m³	=	350 000 €
= Verkehrswert (sofort freilegbar)	=	**15 650 000 €**

Ermittlung des Bodenwerts § 16 ImmoWertV

2. Unter Berücksichtigung des langfristigen Mietvertrags, aus dem sich der Eigentümer erst zum 1.1.2015 lösen kann, ergibt sich der Liquidationswert wie folgt:

Bodenwert unter Berücksichtigung der FLK	=	15 650 000 €
abgezinst über 14 Jahre bei p = 6 %	=	6 922 010 €
+ kapitalisierter Reinertrag von 132 000 € diskontiert mit $1{,}06^{-14}$	=	1 227 600 €
= Liquidationswert (= Verkehrswert/Marktwert)	=	**8 149 610 €**

c) Zwischenfazit

Der Liquidationswert ist zugleich der Verkehrswert, wenn der Mieter auf Einhaltung des Mietvertrags besteht, stimmt er der sofortigen Auflösung zu, steigt der Verkehrswert auf den zuvor berechneten Verkehrswert von 15,65 Mio. €, d. h., es tritt eine Wertsteigerung von **7 500 390 €** ein!

Anders stellt sich die Situation für den Mieter dar: Als ortsübliche nachhaltige Miete für vergleichbaren Raum hätte er üblicherweise eine Jahresmiete (ohne Bewirtschaftungskosten) von 320 000 € aufzubringen (= Reinertrag zur Vereinfachung). Mit der sofortigen Auflösung des Mietvertrags würde er auf den Differenzbetrag gegenüber der vereinbarten Miete verzichten. Dies ergibt kapitalisiert:

Vermögensverlust des Mieters = (320 000 € − 132 000 €) × $9{,}30^{14}$ = **1 748 400 €.**

Vervielfältiger für 14 Jahre bei p = 6 % = 9,30

Umzugskosten und dgl. sollen hier vernachlässigt werden.

d) Ergebnis

Im Falle der sofortigen Auflösung des Mietverhältnisses ist der Nachteil für den Mieter weitaus geringer als der Vorteil für den Eigentümer. Beide Beträge setzen die Grenzen für den Verhandlungsspielraum der Parteien, wenn sie sich auf einen Ablösebetrag einigen wollen. Die ermittelte Spanne von

1 748 400 € bis 7 500 390 €

ist außerordentlich groß. Selbst eine Einigung auf den Mittelwert

(7 500 390 € − 1 748 400 €) : 2 = 2 875 995 €

wäre ein gutes Geschäft für den ohnehin schon günstig gestellten Mieter.

Dies macht die **Grenzen der Verkehrswertermittlung** deutlich. Es ist in solchen Fällen kaum möglich, vom Schreibtisch aus einen Verkehrswert zu ermitteln, denn die Höhe der Abstandszahlung hängt maßgeblich vom Verhandlungsgeschick der Parteien ab. Falsch wäre es jedenfalls, in einem solchen Fall schematisch den Liquidationswert ohne Beachtung dieser Zusammenhänge zu ermitteln und diesen als Verkehrswert unkommentiert im Gutachten auszuwerfen. Die finanziellen Verhandlungsspielräume des Eigentümers können je nach Lage des Einzelfalls sehr groß sein, sodass man eine einvernehmliche Lösung von vornherein nicht als aussichtslos einstufen darf.

5.2.7 Disponierbare Freilegungskosten

Eine am Wertermittlungsstichtag in entsprechender Anwendung des § 16 Abs. 3 ImmoWertV zwar angezeigte Freilegung gibt nicht stets Veranlassung, das Grundstück sofort freizulegen. Die Freilegung verursacht erhebliche Kosten, die wiederum nur dann rentierlich sind, wenn der volle Bodenwert durch Verkauf des Grundstücks oder durch eine dem Bodenwert angemessene Bebauung realisiert werden kann. Besonders problematisch sind die Fälle, in denen die **Freilegungskosten den Bodenwert überschreiten**. Diese Fälle treten insbesondere in Regionen mit niedrigem Bodenwertniveau aus. Das Marktgeschehen kann in diesen Fällen auch durch eine „gestrecke" Liquidation geprägt sein:

§ 16 ImmoWertV — Ermittlung des Bodenwerts

191 *Beispiel:*

Es liegen die sich aus Abb. 15 ergebenden Verhältnisse vor:

Abb. 15: Beispielsfall für den Bodenwert überschießende Freilegungskosten

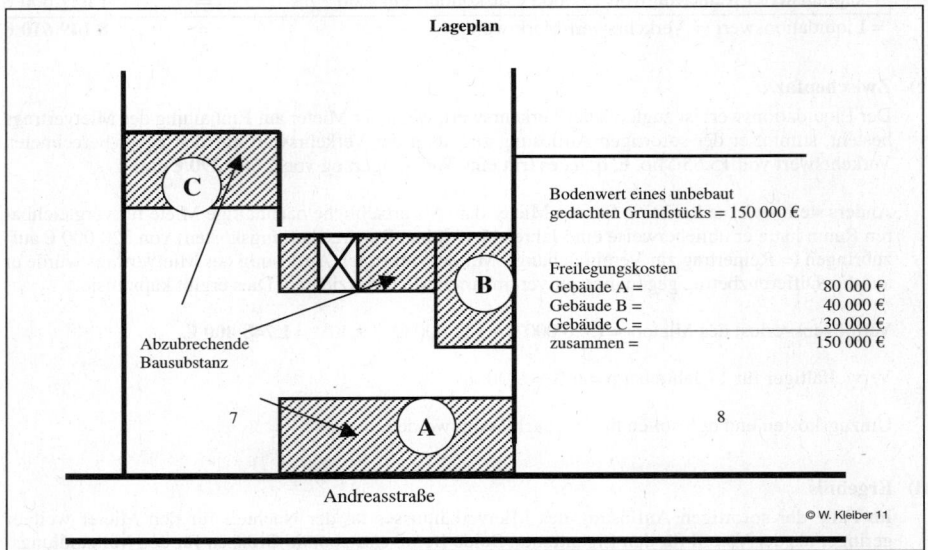

Ein Grundstückseigentümer bzw. ein potenzieller Erwerber wird in dem vorstehenden Fall einerseits danach trachten, die Möglichkeiten der ertragreichsten baulichen Nutzung des Grundstücks „auszuschöpfen" und gleichzeitig die unrentierlichen Kosten zu minimieren.

Er wird bezüglich der Freilegung nur die unabweisbaren Maßnahmen ergreifen. In dem Beispielsfall wird er, um den Bodenwert realisieren zu können, das Gebäude A abreißen müssen. Geht man also bei der Wertermittlung vom Bodenwert des unbebaut gedachten Grundstücks aus, so ist dieser mindestens um die Freilegungskosten des Gebäudes A zu vermindern.

– Bei den übrigen baulichen Anlagen, die nicht zwangsläufig abzureißen sind, muss kritisch die Notwendigkeit eines sofortigen oder baldigen Abrisses geprüft werden. Dabei ist auch in Erwägung zu ziehen, ob allein schon zur Kostenersparnis der **Abbruch** gedanklich **in die Zukunft verschoben** wird, wenn nicht die ästhetische Beeinträchtigung so stark ist, dass sie zu sofortigem Handeln zwingt. Auch muss eine „einfache" Zwischennutzung in Erwägung gezogen werden.

– Vielfach kann die **Notwendigkeit** des Abbruchs **am Wertermittlungsstichtag noch nicht beurteilt werden** und es wird bewusst im Hinblick auf sich noch möglicherweise ergebende Weiterverwendungsmöglichkeiten davon Abstand genommen. Auch diese Überlegungen können sich für die vorhandenen Gebäude B und C in dem vorgestellten Beispielsfall ergeben.

– Es kommt schließlich hinzu, dass auch eine substanziell abbruchreife Bausubstanz insoweit auch eine **werterhöhende Komponente** haben kann, als diese Bausubstanz im Hinblick auf ihren Bestandsschutz (zu Recht oder zu Unrecht) dem Eigentümer eine bauliche Nutzung dort sichert, wo ein Neubau nicht genehmigungsfähig wäre.

192 Soweit nach den Usancen des Grundstücksmarktes eine **Freilegung erst zu einem (sehr viel) späteren Zeitpunkt üblicherweise verwirklicht** wird, ist es begründet, die Freilegungskosten nur zu einem Bruchteil anzusetzen. Dies entspricht auch der finanzmathematischen Betrachtungsweise, bei der die Freilegungskosten nur in Höhe der über den Zeitraum des Fortbestands der abgängigen Bausubstanz diskontierten Freilegungskosten unter Berücksichtigung eines Abschlags für eventuelle ästhetische Beeinträchtigungen berücksichtigt werden.

Ermittlung des Bodenwerts § 16 ImmoWertV

Es kann nicht beobachtet werden, dass in derartigen Fällen Grundstücke unentgeltlich abgegeben werden. Vielmehr werden für derartige Grundstücke durchaus „positive" Veräußerungserlöse erzielt. **193**

Dies hat seine Begründung darin, dass Erwerber z. B. den Rückbau „strecken", d. h. erst zu einem späteren Zeitpunkt in Betracht ziehen, Zwischennutzungen planen. **194**

Beispiel: 1. Fall „gestreckter" Abriss

Bodenwert (eines unbebaut gedachten Grundstücks)		150 000 €
Freilegungskosten		
a)	des Gebäudes A, das sofort freigelegt werden soll	– 80 000 €
b)	der Gebäude B und C in ca. 10 Jahren: 70 000 € × $1{,}05^{-10}$	– 42 974 €
	Differenz	27 026 €
	– Abschlag/ästhetische Minderung	– 2 026 €
	= Verkehrswert	**25 000 €**

Eine bauliche Weiterverwendung soll für die Gebäude B und C nicht in Betracht kommen. Kommt hingegen in dem betrachteten Zeitraum noch eine **rentierliche Zwischennutzung**, z. B. für Lagerzwecke und dgl. in Betracht, so ist das Ergebnis um die kapitalisierten Erträge aufzustocken: **195**

Beispiel: 2. Fall Zwischennutzung **196**

Die Gebäude B und C können noch für einfache Lagerzwecke mit einem jährlichen Reinertrag von 4 000 € zwischengenutzt werden.

Kapitalisierter Mehrertrag bei p = 5 % und 10 Jahren (Vervielfältiger = 7,72):

$$4\,000\ € \times 7{,}72 = 30\,880\ €$$

$$\text{Verkehrswert} = 25\,000\ € + 30\,880\ € = \mathbf{56\,000\ €}$$

Das Beispiel soll deutlich machen, dass ein **schematischer Abzug der Freilegungskosten** das Ergebnis und die wirtschaftliche Realität erheblich **verfälschen kann**.

Beispiel 3: **197**

a) Sachverhalt

Technikgebäude in einem im Zusammenhang bebauten Ortsteil in Mittelstadt von Schleswig-Holstein

Abb. 16: Lageplan

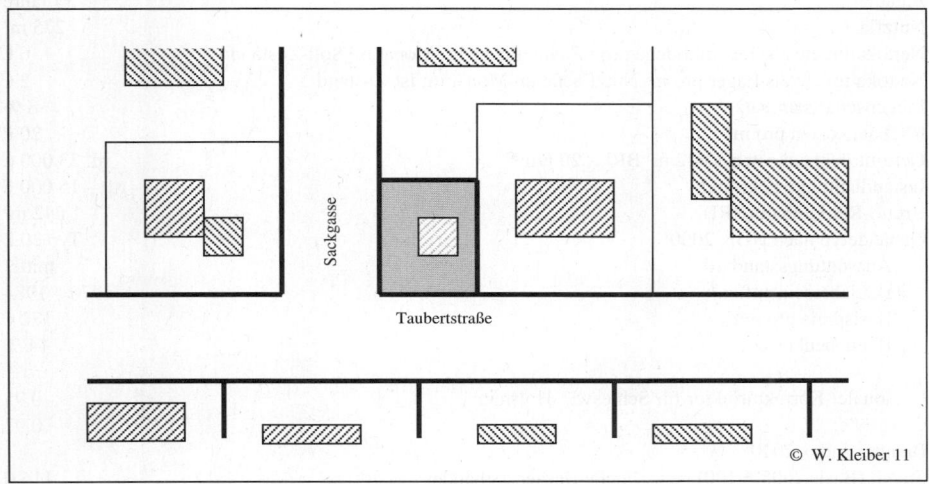

© W. Kleiber 11

§ 16 ImmoWertV — Ermittlung des Bodenwerts

Wertermittlungsstichtag	1.1.2010

Boden:

Grundstücksgröße	1 000 m²
Bodenwert (Bodenrichtwert) pro m²	21 €
Gesamtwert 1 000 m² × 21 €/m² =	21 000 €

Das Grundstück ist belastet mit einem unentgeltlichen Wegerecht. Das Wegerecht führt zu einer Wertminderung des dienenden Grundstücks, die mit einem Betrag von bis zu 50 % des Bodenwerts der betroffenen Fläche berücksichtigt wird.

Wertminderung mit 50 % des Bodenwerts der betroffenen Teilflächen angesetzt:	2 500 €

Abb. 17: Grundstück

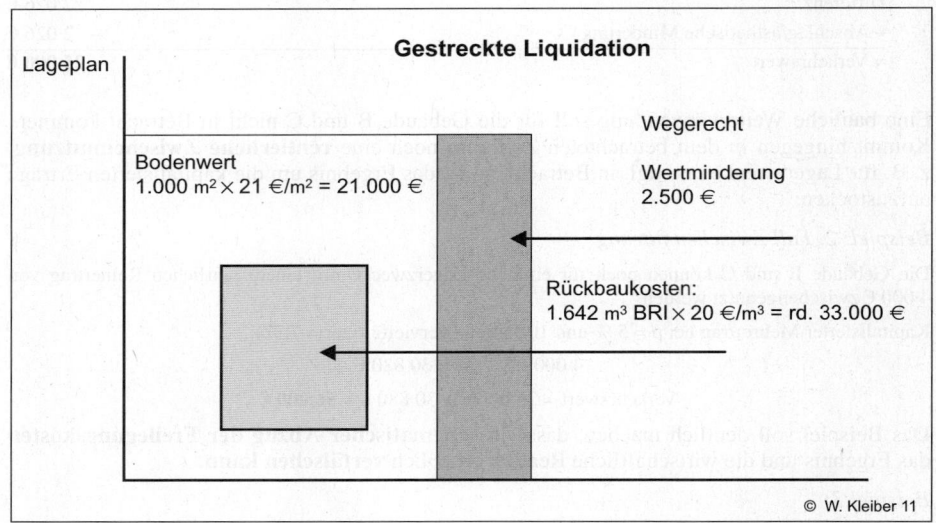

© W. Kleiber 11

Gebäude:

Baujahr	1980
Übliche Gesamtnutzungsdauer	40 Jahre
Baualter	30 Jahre
Nutzfläche	275 m²
Nettokaltmiete als Technikfläche pro m² Nutzfläche im Monat im Soll-Zustand	6 €
Nettokaltmiete als Lager pro m² Nutzfläche im Monat im Ist-Zustand	2 €
Liegenschaftszinssatz	8 %
Rückbaukosten pro m³	20 €
Gesamtrückbaukosten 1 642 m³ BRI × 20 €/m³	rd. 33 000 €
Instandhaltungsrückstand	rd. – 15 000 €
Brutto-Rauminhalt (BRI)	1 642 m³
Gebäudetyp nach NHK 2000:	Typ 30.2
Ausstattungsstandard:	mittel
Baujahreseinstufung:	1970 – 1984
Basispreis pro m²:	172 €
Baunebenkosten:	14 %
Regionaler Korrekturfaktor für Schleswig-Holstein:	0,95
Ortsgröße:	0,97
Baupreisindex 2010	
Stand: (Basis 2005 = 100) gewerbliche Betriebsgebäude:	116,0

Ermittlung des Bodenwerts § 16 ImmoWertV

Stand 2000	95,7
Gesamtkosten pro m² inkl. aller Korrekturfaktoren	
(172 €/m² × 1,14 × 0,95 × 0,97 × 116,0/95,7 =):	rd. 219 €
Normalherstellungskosten 2010: 1 642 m³ × 219 €/m³ =	359 598 €

b) Wertermittlung

Wenn die bisherige Nutzung fortgesetzt werden könnte, ergäbe sich folgender:

$$EW = RE - (p \times [BW - FLK]) + BW - FLK$$

Bei einer Restnutzungsdauer von 10 Jahren ist der Bodenwert um die Freilegungskosten zu vermindern

1. Berechnung:

	Jahresnettokaltmiete (bei Soll-Zustand) 275 m² × 6 €/m² × 12 Monate	=	19 800 €
./.	Bewirtschaftungskosten (10 %) : Jahresreinertrag = 19 000 € × 0,90	=	17 820 €
./.	Bodenwertverzinsungsbetrag (21 000 – 33 000 €) × 0,08	=	+ 960 €
=	RE – (p × BW)	=	18 780 €
×	Vervielfältiger V = 6,71 bei p = 8 % und 10 Jahren	=	126 014 €
+	BW – FLK	–	12 000 €
./.	Instandsetzungsrückstau	–	15 000 €
=	Ertragswert	=	99 014 €
./.	Wertminderung infolge Wegerechts	–	2 500 €
=	Ertragswert	rd.	96 514 €

2. Alternativberechnung

Der Bodenwert (BW – FLK) ist kleiner als die Wertminderung!

Der Bodenwert ist durch das Wegerecht gemindert. Infolgedessen sind die Vorhaltekosten für den Bodenwert gemindert, d. h. der Bodenwert ergibt sich aus:

Bodenwert =
Bodenwert (im unbebauten Zustand) – Wertminderung infolge Wegerechts – Freilegungskosten
Bodenwert = 21 000 € – 2 500 € – 33 000 € = **– 14 500 €**

$$EW = RE - (p \times [BW - FLK - WertM_{Wegerecht}]) + (BW - FLK - WertM_{Wegerecht})$$

	Jahresnettokaltmiete (bei Soll-Zustand) 275 m² × 6 €/m² × 12	=	19 800 €
./.	Bewirtschaftungskosten (10 %) : Jahresreinertrag = 19 000 € × 0,90	=	17 820 €
./.	Bodenwertverzinsungsbetrag (–14 500 €) × 0,08	+	1 160 €
=	RE – (p × BW)	=	18 980 €
×	Vervielfältiger V = 6,71 bei p = 8 % und 10 Jahren	=	127 356 €
+	BW – Wertminderung infolge Wegerechts – FLK	–	14 500 €
./.	Instandsetzungsrückstau	–	15 000 €
=	Ertragswert	=	97 856 €

Die bisherige Nutzung wird auf dem Grundstücksmarkt jedoch nicht mehr nachgefragt. Das Gebäude ist damit wirtschaftlich verbraucht (*functional obsole sence*). Die rein schematisch ermittelte Restnutzungsdauer:

Gesamtnutzungsdauer (40 Jahre) – Alter (30 Jahre) = 10 Jahre Restnutzungsdauer

gibt ein falsches Bild.

Bei sofortiger Liquidation ergibt sich ein negativer Bodenwert:

21 000 € – 2 500 € – 33 000 € = – 14 500 €

Auf dem Grundstücksmarkt kann beobachtet werden, dass die Objekte dennoch Käufer finden, die gleichwohl noch einen (positiven) Preis bezahlen und sich dabei an dem Bodenwert (des unbebauten Grundstücks) orientieren:

§ 16 ImmoWertV · Ermittlung des Bodenwerts

Bodenwert (des unbebauten Grundstücks) einschließlich Wertminderung infolge Wegerechts
= 21 000 € – 2 500 € = 18 500 €

Dieses Käuferverhalten ist darin begründet, dass der Eigentümer nicht zum Rückbau der baulichen Anlage gezwungen werden kann, d. h., der Käufer verdrängt die Freilegung in die Zukunft und rechnet möglicherweise noch mit einer „Magerrendite" für „Kümmernutzungen", z. B. hier als Lagerfläche unter Zurückstellung des Instandhaltungsrückstaus.

Bei einer Vermietung des Objekts für Lagerzwecke und einer monatlichen Nettokaltmiete von 2 €/m², einer Nutzfläche von rd. 275 m² sowie Bewirtschaftungskosten von rd. 10 % ergibt sich:

Jahresnettokaltmiete: 275 m² × 2 €/m² × 12 Monate	= 6 600 €
./. Bewirtschaftungskosten (10 %): Jahresreinertrag = 6 600 € × 0,90	= 5 940 €

c) Ertragswertermittlung bei „gestreckter Liquidation":

Ertragswertermittlung bei „gestreckter Liquidation"				
	Restnutzungsdauer			
	5 Jahre		10 Jahre	
	Wertminderung durch Wegerecht		Wertminderung durch Wegerecht	
	ohne	mit	ohne	mit
Jahresreinertrag	5 940 €	5 940 €	5 940 €	5 940 €
BW – FLK (– WertM$_{Wegerecht}$)	– 12 000 €	–14 500 €	– 12 000 €	–14 500 €
./. Bodenwertverzinsungsbetrag bei 8 %	+ 960 €	+ 1 160 €	+ 960 €	+ 1 160 €
= RE – [BW – FLK (– WertM$_{Wegerecht}$)]	6 900 €	7 100 €	6 900 €	7 100 €
Vervielfältiger bei 8 % und 5 bzw. 10 Jahre	3,99	3,99	6,71	6,71
= (RE – [BW – FLK (– WertM$_{Wegerecht}$)]) × V	27 531 €	28 329 €	46 299 €	47 641 €
+ [BW – FLK (– WertM$_{Wegerecht}$)]	– 12 000 €	– 14 500 €	– 12 000 €	– 14 500 €
= Ertragswert (vorläufig)	15 531 €	13 829 €	34 299 €	33 141 €
./. Wertminderung wegen Wegerechts (– 2 500 €)				
Diskontierungsfaktor bei 8 %	0,68058		0,46319	
./. Diskontierte WertM$_{Wegerecht}$	– 1 701 €		– 1 158 €	
= Ertragswert	**13 830 €**	**13 829 €**	**33 141 €**	**33 141 €**

Das Ergebnis zeigt, dass bei einer gestreckten Liquidation mit einer „Kümmernutzung" der Ertragswert in „beliebiger Höhe" ermittelbar ist. Bei dieser Betrachtung ist von geminderten Bewirtschaftungskosten ausgegangen worden und auch der Instandhaltungsrückstau wurde nicht berücksichtigt.

Man wird die Liquidation nicht beliebig strecken, aber das *Beispiel* zeigt, dass sich bei einer zeitlichen „Streckung" der Liquidation um etwa 7 Jahre der Bodenwert ergibt.

Ermittlung des Bodenwerts § 16 ImmoWertV

d) Sachwertermittlung bei gestreckter Liquidation

Sachwertermittlung			
	Restnutzungsdauer		
	5 Jahre	7 Jahre	10 Jahre
Normalherstellungskosten 2010	359 598 €	359 598 €	359 598 €
Baujahr Alter in Jahren zum Wertermittlungsstichtag Gesamtnutzungsdauer	1980 30 35	1980 30 37	1980 30 40
./. Alterswertminderung linear in %	85,714 %	81,081	75,000
Alterswertminderungsfaktor	0,14286	0,18919	0,25000
Alterswertgeminderte Normalherstellungskosten 2010	51372 €	68032 €	89900 €
./. Instandsetzungsrückstau	– 15 000 €	– 15 000 €	– 15 000 €
= altersgeminderter Wert der baulichen Anlagen	36372 €	53032 €	74900 €
+ [BW – FLK (– WertM$_{Wegerecht}$)]	– 14 500 €	– 14 500 €	– 14 500 €
= vorläufiger Sachwert abzüglich Instandsetzung	**21872 €**	**38532 €**	**60400 €**
Ertragswert zum Vergleich	**13 830 €**	**21 490 €**	**33 141 €**

Die Differenz zwischen Sach- und Ertragswert spreizt sich mit der Zunahme des Liquidationszeitraumes. Dies ist darin begründet, dass

– der Sachwert mit der Verlängerung des Liquidationszeitraumes deutlich ansteigt, weil die Alterswertminderung erheblich abnimmt und

– der Ertragswert im Hinblick auf die „Kümmernutzung" weitaus geringer ansteigt und die diskontierte Rendite mit der Zeit abnimmt.

5.2.8 Beleihungswertermittlung

5.2.8.1 Überblick

▶ *Hierzu auch Schröter in Kleiber, Verkehrswertermittlung von Grundstücken, 6. Aufl. 2010, Teil X Rn. 334 ff.*

Der in § 16 Abs. 3 ImmoWertV geregelte Liquidationsfall ist in § 13 Abs. 1 BelWertV noch in Anlehnung an § 20 Abs. 1 WertV 88 geregelt. Insoweit besteht auch kein Unterschied zur ImmoWertV, denn § 16 Abs. 3 ImmoWertV entspricht materiell dem bisherigen § 20 Abs. 1 ImmoWertV; die Nachfolgeregelung geht aber über den bisher in § 20 Abs. 1 WertV geregelten Sachverhalt einer sofortigen Freilegung hinaus und ist auch für die Fälle einschlägig, in denen die Freilegung „alsbald" erwartete werden kann (gestreckte Liquidation). **198**

§ 13 Abs. 1 BelWertV enthält keine vergleichbare Regelung insbesondere für den Fall, dass aufgrund mietvertraglicher bzw. mietrechtlicher Regelungen die sofortige Freilegung (Abbruch) nicht möglich ist. Die BelWertV enthält stattdessen **199**

a) Vorgaben für die Anwendung des Ertragswertverfahrens auf Grundstücke, deren bauliche Anlagen eine Restnutzungsdauer von weniger als 30 Jahren aufweisen (§ 13 Abs. 2 BelWertV), und

b) in einer weiteren Vorschrift (§ 13 Abs. 3 BelWertV) ergänzende Vorgaben für die Bodenwertermittlung bei Anwendung des Ertragswertverfahrens auf Grundstücke, bei denen der Bodenwerte mehr als die Hälfte des Ertragswerts i. S. der BelWertV ausmacht.

§ 16 ImmoWertV — Ermittlung des Bodenwerts

§ 20 WertV 88/98 Ermittlung des Ertragswerts in besonderen Fällen	§ 13 BelWertV Ermittlung des Ertragswerts in besonderen Fällen
(1) Verbleibt bei der Minderung des Reinertrags um den Verzinsungsbetrag des Bodenwerts nach § 16 Abs. 2 kein Anteil für die Ermittlung des Ertragswerts der baulichen Anlagen, so ist als Ertragswert des Grundstücks nur der Bodenwert anzusetzen. Der Bodenwert ist in diesem Fall um die gewöhnlichen Kosten zu mindern, insbesondere Abbruchkosten, die aufzuwenden wären, damit das Grundstück vergleichbaren unbebauten Grundstücken entspricht, *soweit diese im gewöhnlichen Geschäftsverkehr berücksichtigt werden.*	(1) Verbleibt bei der Minderung des Reinertrags um den Verzinsungsbetrag des Bodenwerts nach § 9 Abs. 2 kein Anteil für die Ermittlung des Ertragswerts der baulichen Anlagen, so ist als Ertragswert des Beleihungsobjekts abweichend von § 8 Abs. 3 nur der Bodenwert anzusetzen. Der Bodenwert ist in diesem Fall um die gewöhnlichen Kosten zu mindern, die aufzuwenden wären, um das Grundstück vergleichbaren unbebauten Grundstücken anzugleichen. Gewöhnliche Kosten im Sinne des Satzes 2 sind insbesondere die Abbruchkosten für die baulichen Anlagen.
(2) Wenn das Grundstück aus rechtlichen oder sonstigen Gründen alsbald nicht freigelegt und deshalb eine dem Bodenwert angemessene Verzinsung nicht erzielt werden kann, ist dies bei dem nach Absatz 1 Satz 2 verminderten Bodenwert für die Dauer der Nutzungsbeschränkung zusätzlich angemessen zu berücksichtigen. Der so ermittelte Bodenwert zuzüglich des kapitalisierten aus der Nutzung des Grundstücks nachhaltig erzielbaren Reinertrags ergeben den Ertragswert. Der für die Kapitalisierung des nachhaltig erzielbaren Reinertrags maßgebende Vervielfältiger bestimmt sich nach der Dauer der Nutzungsbeschränkung und dem der Grundstücksart entsprechenden Liegenschaftszinssatz.	*(2) Bei einer Restnutzungsdauer der baulichen Anlage von weniger als 30 Jahren ist auch der Anteil des Bodenwerts am Ertragswert des Grundstücks auf die Restnutzungsdauer des Gebäudes zu kapitalisieren oder es müssen die Abbruchkosten der baulichen Anlagen ermittelt, ausgewiesen und vom Ertragswert abgezogen werden.*
(3) Stehen dem Abriss der Gebäude längerfristig rechtliche oder andere Gründe entgegen und wird den Gebäuden nach den Verhältnissen des örtlichen Grundstücksmarkts noch ein Wert beigemessen, kann der Ertragswert nach den §§ 15 bis 19 mit einem Bodenwert ermittelt werden, der von dem Wert nach § 15 Abs. 2 abweicht. Bei der Bemessung dieses Bodenwerts ist die eingeschränkte Ertragsfähigkeit des Grundstücks sowohl der Dauer als auch der Höhe nach angemessen zu berücksichtigen.	*(3) In Fällen, in denen der Bodenwert mehr als die Hälfte des Ertragswerts ausmacht, sind im Gutachten die bei der Ermittlung des Bodenwerts zugrunde gelegten Annahmen im Einzelnen zu begründen und die Voraussetzungen für eine Ersatzbebauung und die dafür gegebenenfalls notwendigen Aufwendungen besonders darzulegen.*

200 Die **BelWertV enthält keine Regelung zur Behandlung von anstehenden Freilegungen im Rahmen des Sachwertverfahrens**. Bei Anwendung des Sachwertverfahrens „schlägt" der Bodenwert stets in voller Höhe auch auf den Sachwert (B) „durch". Die Vorgaben des § 13 Abs. 2 und 3 BelWertV müssen auch hier entsprechend gelten, zumal das **Sachwertverfahren** bei Ein- und Zweifamilienhäusern für sich allein zur Anwendung kommen kann.

5.2.8.2 Beleihungswertermittlung bei sofortiger Freilegung (§ 13 Abs. 1 BelWertV)

201 Verbleibt bei Anwendung des Ertragswertverfahrens bei der dafür vorgeschriebenen Minderung des Reinertrags um den Verzinsungsbetrag des Bodenwerts kein Anteil für die Ermittlung des Ertragswerts der baulichen Anlagen, soll „als Ertragswert" allein der um die Freilegungskosten verminderte Bodenwert ermittelt werden. Liegen die Anwendungsvoraussetzungen vor, übersteigt der (unverminderte) Bodenwert zwangsläufig den Ertragswert. Für den Fall einer sofort anstehenden Freilegung entspricht die Vorgabe der BelWertV materiell der ImmoWertV.

Ermittlung des Bodenwerts § 16 ImmoWertV

5.2.8.3 Ertragswertermittlung für Grundstücke, deren Bebauung eine Restnutzungsdauer von weniger als 30 Jahren aufweist (§ 13 Abs. 2 BelWertV)

a) Vorbemerkung

Das der Ertragswertermittlung nach den Grundsätzen der BelWertV zugrunde liegende mathematische Modell entspricht dem Standardverfahren nach § 17 Abs. 2 Nr. 1 ImmoWertV

$$EW\,(B) = (RE - p \times BW) \times V + BW$$

wobei:
RE = Reinertrag
P = Liegenschaftszinssatz bzw. Kapitalisierungszinssatz
BW = Bodenwert
V = Vervielfältiger

Es handelt sich bei genauerer Betrachtung um eine vereinfachte mathematische Form, denn eigentlich ist der Bodenwert stets um die Freilegungskosten zu vermindern, die nach Ablauf der Restnutzungsdauer der baulichen Anlage anfallen (vgl. Syst. Darst. des Ertragswertverfahrens Rn. 8, 41)[84].

Die vollständige Formel lautet mithin:

$$EW\,(B) = (RE - p \times [BW - FLK]) \times V + [BW - FLK]$$

wobei:
FLK = Freilegungskosten (Kosten des Abbruchs)

Im diametralen Unterschied zur ImmoWertV wird mit § 13 Abs. 2 BelWertV nicht vorgeschrieben, dass bei Anwendung des Ertrags- oder Sachwertverfahrens auf Objekte, die baulich noch genutzt werden, bei denen mit einer alsbaldigen Freilegung zu rechnen ist (sog Liquidationsobjekte), der Bodenwert um die Freilegungskosten zu mindern ist. Dies ergab sich aus § 20 Abs. 2 WertV 88/98 und ergibt sich nunmehr aus § 16 Abs. 3 i. V. m. § 17 Abs. 2 bzw. § 21 Abs. 1 ImmoWertV. Nach dem Wortlaut des § 13 Abs. 2 BelWertV soll auch bei entsprechenden Objekten, deren Bebauung eine Restnutzungsdauer von 30 Jahren aufweist, das Standardverfahren des § 17 Abs. 2 Nr. 1 ImmoWertV Anwendung finden. Eine mit der Vorgabe des § 16 Abs. 3 ImmoWertV vergleichbare Reduktion des Bodenwerts ist nicht vorgeschrieben.

Mit § 13 Abs. 2 BelWertV wird das allgemeine (zweigleisige) Ertragswertverfahren (nach den §§ 8 ff. BelWertV) für den Fall, dass die baulichen Anlagen des Grundstücks eine kurze Restnutzungsdauer aufweisen (RND < 30 Jahre), lediglich dahingehend modifiziert, dass

a) entweder *„auch der Anteil des Bodenwerts am Ertragswert" nur auf die Restnutzungsdauer (der baulichen Anlagen) zu kapitalisieren ist* oder (alternativ)

b) die Abbruchkosten der vorhandenen baulichen Anlagen ermittelt, ausgewiesen und vom Ertragswert abgezogen werden müssen.

Die unter b) genannte Alternative stellt eine Regelung dar, die generell zur Anwendung kommen kann, wenn die Restnutzungsdauer der baulichen Anlage ≤ als 30 Jahre ist, unabhängig davon, ob es sich um einen Liquidationsfall i. S. des § 13 Abs. 1 BelWertV handelt.

---

[84] Mit der ImmoWertV wird die Anwendung der (eigentlich) vollständigen Formel indessen nicht vorgeschrieben, weil bei Anwendung dieser Formel auf ein Grundstück, dessen Bebauung eine lange Restnutzungsdauer aufweist, ein unnötiger Rechenaufwand betrieben würde, denn unter diesen Voraussetzungen ist – wie bereits erläutert – ein fehlerhafter Bodenwert für das Ergebnis bedeutungslos, sodass auf den Abzug der Freilegungskosten verzichtet werden kann. Es kommt hinzu, dass nicht in jedem Fall eine Freilegung absehbar ist.

§ 16 ImmoWertV — Ermittlung des Bodenwerts

b) Alternative 1: Kapitalisierung des „Bodenertragsanteils" über die Restnutzungsdauer des Gebäudes

208 Bei Anwendung dieses Lösungswegs soll („alternativ" zum 2. Lösungsweg) der „Anteil des *Bodenwerts am Ertragswert*" nur über die Restnutzungsdauer des Gebäudes kapitalisiert werden. Was unter dem „Anteil des Bodenwerts am Ertragswert" zu verstehen ist, wird in der BelWertV nicht definiert. Bei semantischer Auslegung dürfte es sich um die „angemessene Verzinsung des Bodenwerts" i. S. des § 9 Abs. 2 Satz 1 BelWertV handeln, die in Satz 2 dieser Vorschrift auch als der „Verzinsungsbetrag" des Bodenwerts mithin als der (jährliche) „Bodenwertverzinsungsbetrag" (p × BW) bezeichnet wird. Dieser Betrag wird bereits nach der allgemeinen Ertragswertformel (als ein vom Reinertrag abzuziehender Betrag) stets nur über die Restnutzungsdauer des Gebäudes kapitalisiert, sodass der Wortlaut dieser Vorschrift keinen Sinn ergibt.

209 Die **allgemeine Ertragswertformel** hat nämlich folgende mathematische Form

$$EW = (RE - [p \times BW]) \times V + BW$$

V in Abhängigkeit von der Restnutzungsdauer

c) Alternative 2: Abzug der Abbruchkosten vom Ertragswert

210 Auch die mit § 13 Abs. 2 BelWertV alternativ zugelassene Regelung, nämlich der vorgeschriebene „Abzug" der Abbruchkosten (Freilegungskosten) vom Ertragswert, stellt eine wertermittlungstechnisch fragwürdige und zudem auch unklar formulierte Regelung dar.

211 Nach den §§ 9 bis 12[85] i. V. m. dem mit § 13 Abs. 2 BelWertV vorgeschriebenen Abzug der Freilegungskosten (FLK) von dem Ertragswert ergibt sich folgende mathematische Form:

$$EW_{Liquidation} = \underbrace{(RE - (BW - [p \times BW])) \times V + BW}_{\text{Ertragswert nach den §§ 8 bis 12 BelWertV}} - \mathbf{\textit{FLK}}$$

212 Finanzmathematisch wäre dies eine falsche und durch die Besonderheiten der Beleihung nicht zu rechtfertigende Formel, da dann auch der Bodenwertverzinsungsbetrag unter Berücksichtigung des um die Freilegungskosten verminderten Bodenwerts zu ermitteln wäre. Wenn nämlich nur ein entsprechend verminderter Bodenwert zum Ansatz kommt, vermindert sich auch das in den Grund und Boden investierte Kapital entsprechend.

213 *Beispiel:*

Bodenwert BW (baureif, d. h. im unbebauten Zustand)	=	550 000 €
Freilegungskosten FLK	=	50 000 €
Reinertrag RE (RoE abzüglich besonderer Bewirtschaftungskosten)	=	20 000 €
Restnutzungsdauer n	=	5 Jahre
Liegenschaftszinssatz p	=	5,0 %
Kapitalisierungszinssatz p'	=	5,5 %
Vervielfältiger $V_{(p=5,0;\ n=5)}$	=	4,3294131

214 Zwecks direkten Vergleichs wird der Beleihungswert nach § 13 Abs. 2 BelWertV mit dem Liegenschaftszinssatz von 5 % berechnet.

---

85 § 8 Abs. 3 BelWertV: „(3) Bodenwert und Ertragswert der baulichen Anlage ergeben vorbehaltlich § 13 den Ertragswert des Beleihungsobjekts."

Ermittlung des Bodenwerts § 16 ImmoWertV

EW = (RE – p × [BW – FLK]) × V + [BW – FLK]	EW = RE × V + (BW – FLK) / × q^n	EW = (RE –[p × BW]) × V + BW – FLK
§ 17 Abs. 2 Nr. 1 ImmoWertV	*§ 17 Abs. 2 Nr. 2 ImmoWertV*	*§ 13 Abs. 2 BelWertV*

RE			= 20 000 €	RE	=	20 000 €	RE	= 20 000 €
BW	=	550 000 €					BW = 550 000 €	
– FLK	=	50 000 €						
BW$_{vermindert}$	=	500 000 €						
(BW – FLK) × p			= – 25 000 €				BW × p	= –27 500 €
RE – [(BW – FLK) × p]			= – 5 000 €				RE – (BW × p)	= – 7 500 €
(RE – [(BW – FLK) × p]) × V			= – 21 647 €	RE x V	=	86 588 €	(RE – [BW × p]) × V	= – 32 471 €
BW	=	550 000 €		BW =	550 000 €		+ BW	= + 550 000 €
– FLK	=	50 000 €		FLK =	50 000 €		– FLK	= – 50 000 €
BW$_{vermindert}$	=	500 000 €	= + 500 000 €	BW$_{ve}$ =	500 000 €		EW	= 467 529 €
EW			= 478 353 €	× q^5 (0,7835262)	=	391 763 €		**Falsch**
				EW	=	478 351 €		

5.2.8.4 Ertragswertermittlung bei einem Bodenwertanteil von mehr als 50 % des Ertragswerts (§ 13 Abs. 3 BelWertV)

Nach § 13 Abs. 3 BelWertV sind (beschränkt) auf die Fälle, „*in denen der Bodenwert mehr als die Hälfte des Ertragswerts ausmacht, ... im Gutachten die bei der Ermittlung des Bodenwerts zugrunde gelegten Annahmen im Einzelnen zu begründen und die Voraussetzungen für eine Ersatzbebauung und die dafür gegebenenfalls notwendigen Aufwendungen besonders zu prüfen.*" **215**

Die Vorschrift ist einerseits darin begründet, dass ein fehlerhafter Bodenwert bei Anwendung des Ertragswertverfahrens auf Grundstücke, deren Bebauung eine lange Restnutzungsdauer aufweist, allenfalls marginal auf das Ergebnis der Ertragswertermittlung durchschlägt und ein hoher Bodenwertanteil (am Ertragswert) ein Indiz für eine unwirtschaftliche Grundstücksnutzung ist, die per se liquidationsverdächtig ist. Dies steht im Einklang mit der Regelung des § 13 Abs. 1 BelWertV, nach der „als Ertragswert" der um die Freilegungskosten verminderte Bodenwert anzusetzen ist, wenn der Bodenwertverzinsungsbetrag den Reinertrag überschreitet. Der Ertragswert wird dann also entscheidend durch den Bodenwert bestimmt und deshalb sollen nach Sinn und Zweck der Regelung des § 13 Abs. 3 BelWertV die *der Ermittlung des Bodenwerts zugrunde gelegten Annahmen im Einzelnen begründet werden*. **216**

5.2.8.5 Zusammenfassung

Die Vorschriften der BelWertV sind fachlich und „handwerklich" völlig misslungen und geeignet, das Vertrauen in die Beleihungswertermittlung zu erschüttern. **217**

Bei Anwendung des (allgemeinen) Ertragswertverfahrens auf ein Grundstück, dessen Bebauung eine kurze Restnutzungsdauer erwarten lässt (Liquidationsobjekte), liegen die Verhältnisse anders. Die Realisierung des vollen Bodenwerts und auch die Kosten der Freilegung des Grundstücks fallen schon in einer absehbaren Zeit an und ein fehlerhafter Bodenwert „schlägt" auf den Ertragswert unabhängig davon durch, ob man das Ertragswertverfahren nach § 17 Abs. 2 Nr. 1 ImmoWertV, das die BelWertV übernommen hat, oder das Ertragswertverfahren nach § 17 Abs. 2 Nr. 2 ImmoWertV anwendet. **218**

$$EW (B) = (RE – p \times [BW – FLK]) \times V + [BW – FLK] \quad = \quad \mathbf{RE \times V + (BW – FLK) \times q^{-n}}$$

Ertragswertverfahren § 17 Abs. 2 Nr. 1 ImmoWertV   Ertragswertverfahren § 17 Abs. 2 Nr. 2 ImmoWertV

wobei:
n = Restnutzungsdauer

5.2.9 Steuerliche Bewertung

219 In der steuerlichen Einheitsbewertung wird Grundstücken, deren bauliche Anlagen baulich nicht nutzbar sind, mit der Regelung des § 77 BewG Rechnung getragen. Danach gilt für entsprechend bebaute Grundstücke der sog. **Mindestwert**. Die Vorschrift hat folgende Fassung:

„Der für ein bebautes Grundstück anzusetzende Wert darf nicht geringer sein als der Wert, mit dem der Grund und Boden allein als unbebautes Grundstück zu bewerten wäre. Müssen Gebäude oder Gebäudeteile wegen ihres baulichen Zustands abgebrochen werden, so sind die Abbruchkosten zu berücksichtigen."

220 Nach Art. 7 des Steueränderungsgesetzes vom 18.08.1969 (BGBl. I 1969, 1211) ist die Vorschrift im **Hauptfeststellungszeitraum 1964** jedoch in folgender Fassung anzuwenden:

„Der für ein bebautes Grundstück anzusetzende Wert darf nicht geringer sein als 50 vom Hundert des Werts, mit dem der Grund und Boden allein als unbebautes Grundstück zu bewerten wäre."

221 Eine entsprechende Regelung sieht auch § 146 Abs. 6 BewG für Zwecke der **Grundbesitzbewertung** (Erbschaft- und Schenkungsteuer) vor.

6 Abweichungen der realisierten Nutzung von der zulässigen bzw. lagetypischen Nutzung (§ 16 Abs. 4 ImmoWertV)

▶ *Vgl. unten Rn. 268, § 5 ImmoWertV Rn. 89; § 6 ImmoWertV Rn. 35 ff., 75 ff.; § 8 ImmoWertV Rn. 387 ff.; Syst. Darst. des Ertragswertverfahrens Rn. 284 ff., Kleiber, Verkehrswertermittlung von Grundstücken, 6. Aufl. 2010, Teil VI Rn. 818 ff., Teil VIII Rn. 275, 285, 400, 514*

6.1 Allgemeines

222 Mit § 16 Abs. 4 ImmoWertV wird erstmals die in den Vorauflagen dieses Werks[86] stets vertretene Auffassung in die Verordnung aufgenommen, nach der Abweichungen der auf einem Grundstück realisierten Nutzung (Bebauung) von der zulässigen bzw. lagetypischen Nutzung bei der Bodenwertermittlung zu berücksichtigen sind. Dies war bislang nur in § 28 Abs. 3 WertV 88/98 für die Bemessung von Ausgleichsbeträgen nach § 154 BauGB in förmlich festgelegten Sanierungsgebieten bzw. Entwicklungsbereichen geregelt[87].

223 Die mit § 16 Abs. 4 ImmoWertV vorgeschriebene Berücksichtigung von Abweichungen der auf einem Grundstück realisierten Nutzung (Bebauung) von der zulässigen bzw. lagetypischen Nutzung muss grundsätzlich auch bei der Ertrags- und Sachwertermittlung nach den §§ 17 ff. ImmoWertV zur Anwendung kommen; dies ergibt sich aus den entsprechenden Verweisen in § 17 Abs. 2 Satz 1 und § 21 Abs. 1 Satz 1 ImmoWertV auf § 16 ImmoWertV:

- Bei *Anwendung des Ertragswertverfahrens* kann – wenn die Restnutzungsdauer hinreichend lang ist (vgl. unten Rn. 235) – davon abgesehen werden, denn der Bodenwert ist dann für das Gesamtergebnis ohnehin nur von marginaler Bedeutung.

- Bei *Anwendung des Sachwertverfahrens* kann es aufgrund des Grundsatzes der Modellkonformität geboten sein, den vorläufigen Sachwert zunächst auf der Grundlage eines **mit dem heranzuziehenden Sachwertfaktor kompatiblen Bodenwerts** zu ermitteln und Abweichungen der auf dem Grundstück realisierten Nutzung (Bebauung) von der zulässigen bzw. lagetypischen Nutzung erst nachträglich und subsidiär als „besondere objektspezifische Grundstücksmerkmale" i. S. des § 8 Abs. 3 ImmoWertV zu berücksichtigen (vgl. oben Rn. 128; § 8 ImmoWertV Rn. 387 ff.; Syst. Darst. des Sachwertverfahrens Rn. 48 ff., Vorbem. zur ImmoWertV Rn. 36).

---
86 Kleiber/Simon, Verkehrswertermittlung von Grundstücken, 5. Aufl. 2007 S. 1262.
87 Kleiber, Verkehrswertermittlung von Grundstücken, 6. Aufl. 2010, Teil VIII Rn. 285 ff.

Ermittlung des Bodenwerts § 16 ImmoWertV

Die besonderen Maßgaben des § 16 Abs. 4 ImmoWertV sind in Folgendem begründet: **224**

a) Nach der Grundsatzregelung des § 16 Abs. 1 ImmoWertV wird der **Bodenwert eines bebauten Grundstücks mit dem Bodenwert eines vergleichbaren unbebauten Grundstücks** ermittelt; die auf dem Grundstück vorhandene Bebauung bleibt mithin außer Betracht.

b) Darüber hinaus wird mit § 6 Abs. 1 Satz 1 ImmoWertV vorgegeben, dass der Bodenwertermittlung die Art und das Maß der baulichen Nutzung zugrunde zu legen ist, die sich insbesondere nach den planungsrechtlichen Vorschriften ergeben (§§ 30, 33 und 34 BauGB), d. h., Art und Maß der baulichen und sonstigen Nutzung bestimmen sich grundsätzlich nach der zulässigen Nutzung; wird vom Maß der baulichen Nutzung in der Umgebung regelmäßig abgewichen, ist nach § 16 Abs. 1 Satz 2 ImmoWertV die *lagetypische* Nutzung maßgebend, die im gewöhnlichen Geschäftsverkehr zugrunde gelegt wird.

c) Aus alledem folgt, dass sich der **Bodenwert eines bebauten Grundstücks** – wie der Bodenwert eines unbebauten Grundstücks – **nach dem zulässigen bzw. lagetypischen Maß der baulichen Nutzung bestimmt,** das sich auf einem unbebauten Grundstück realisieren ließe.

d) **Weicht nun die auf einem Grundstück realisierte „tatsächliche" Nutzung erheblich von dem zulässigen bzw. lagetypischen Maß der baulichen Nutzung ab,** so ist dies nach § 16 Abs. 4 ImmoWertV insbesondere zu berücksichtigen, wenn durch die vorhandene Bebauung die Nutzbarkeit erheblich beeinträchtigt ist, weil die Bebauung einer Realisierung der zulässigen bzw. lagetypischen Nutzung entgegensteht.

Beispiel: **225**

Auf einem Grundstück, für das bauplanungsrechtlich eine GFZ von 2,0 zulässig ist, ist ein Gebäude mit einer realisierten GFZ von 1,0 errichtet worden. Die Nutzbarkeit ist beeinträchtigt, wenn sich im konkreten Fall

– die bauplanungsrechtlich zulässige Nutzung weder durch An- oder Aufbauten noch in sonstiger Weise realisieren lässt und

– eine Freilegung des Grundstücks zum Zwecke der Realisierung der bauplanungsrechtlich zulässigen Nutzung eine unwirtschaftliche „Vernichtung" der vorhandenen Bausubstanz bedeuten würde und es bei wirtschaftlicher Betrachtungsweise oder aus sonstigen Gründen geboten erscheint, die vorhandenen baulichen Anlagen weiter zu nutzen.

Abweichungen der auf einem Grundstück realisierten Nutzung (Bebauung) von der zulässigen bzw. lagetypischen Nutzung sind bei der Bodenwertermittlung nur zu berücksichtigen, wenn es sich um irreparable Abweichungen handelt. Abweichungen sind z. B. **reparabel,** wenn die zulässige bzw. lagetypische Nutzung jederzeit durch An- und Aufbauten realisiert werden kann. Abweichungen sind *irreparabel,* wenn sie **226**

– bei wirtschaftlicher Betrachtungsweise oder

– aus sonstigen, insbesondere rechtlichen Gründen (z. B. Denkmalschutz, aber auch nach den §§ 172 ff. BauGB)

irreparabel sind. Bedingt z. B. die Realisierung der nach § 6 Abs. 1 maßgeblichen zulässigen bzw. lagetypischen Nutzung die Freilegung der vorhanden baulichen Anlagen, sind die Abweichungen bei wirtschaftlicher Betrachtungsweise irreparabel, wenn der dabei aufzugebende Restwert der baulichen Anlagen den Bodenwertzuwachs übersteigt, der sich aus der Realisierbarkeit der zulässigen bzw. lagetypischen Nutzung ergäbe. Davon ist insbesonders bei baulichen Anlagen auszugehen, die noch eine verhältnismäßig lange Restnutzungsdauer aufweisen.

Als sonstige sich über eine wirtschaftliche Betrachtungsweise hinwegsetzende Gründe kommen vor allem rechtliche Gründe in Betracht, z. B. wenn eine bauliche Anlage aus Gründen des Denkmalschutzes oder nach den §§ 172 ff. BauGB auf Dauer oder nur vorübergehend zu erhalten ist. Umgekehrt findet die Vorschrift keine Anwendung, wenn eine **Freilegung des**

Grundstücks nach Maßgabe des § 16 Abs. 3 ImmoWertV **angezeigt** ist, weil damit auch die Realisierung der zulässigen bzw. lagetypischen Nutzung möglich wird.

227 Aus Abweichungen der tatsächlichen Nutzung von der zulässigen bzw. lagetypischen Nutzung resultieren indessen nicht stets Beeinträchtigungen der Nutzbarkeit eines bebauten Grundstücks. Die **Abweichungen können** im konkreten Einzelfall **wertneutral** (z. B. bei unerheblichen Abweichungen), **wertmindernd und werterhöhend sein**. Der Bodenwert eines bebauten Grundstücks kann sich im Verhältnis zum Bodenwert eines unbebauten Grundstücks beispielsweise erhöhen, wenn auf dem Grundstück eine unter Bestandsschutz und möglicherweise auch unter Denkmalschutz fallende Bebauung realisiert wurde, die nach Art und Maß der baulichen Nutzung die sonst zulässige Nutzbarkeit deutlich überschreitet.

228 **Die Nutzbarkeit eines bebauten Grundstücks kann aufgrund der vorhandenen Bebauung im Verhältnis zu seinem unbebauten Zustand vorübergehend** (bis zum Abriss der baulichen Anlage), **aber auch auf Dauer** (bei den auf Dauer zu erhaltenden Denkmälern) **gemindert oder erhöht sein.**

6.2 Anwendungsbereich

6.2.1 Abweichende Nutzungen

229 Der Anwendungsbereich der Vorschrift erstreckt sich neben der sich aus den §§ 30, 33 und 34 BauGB und den sonstigen Vorschriften ergebenden

– **Art der baulichen Nutzung** und
– dem sich daraus ergebenden **Maß der baulichen Nutzung**
– auch auf **Art und Maß „sonstiger" Nutzungen.**

230 Zu den „**sonstigen nach § 6 Abs. 1 ImmoWertV maßgeblichen Vorschriften, die die bauliche Nutzbarkeit betreffen**", gehören beispielsweise

– die Erteilung eines Dispenses, der eine höhere als die in einem Bebauungsplan festgesetzte Nutzung zulässt,
– der Bestandsschutz einer zulässigerweise errichteten baulichen Anlage, die auf einem Grundstück steht, für das im Falle einer beabsichtigten Neuerrichtung der baulichen Anlage (z. B. nach vorheriger Bebauungsplanänderung) keine Baugenehmigung erteilt werden könnte (vgl. § 5 ImmoWertV Rn. 191, 243 ff., § 6 ImmoWertV Rn. 86),
– die denkmalschutzrechtlichen Bestimmungen, die dem Abriss einer vorhandenen baulichen Anlage entgegenstehen, sodass eine Neubebauung entsprechend einer ansonsten zulässigen Nutzung nicht möglich ist (es ist jedoch möglich, dass der Bebauungsplan ein höheres, aber auch geringeres Maß der baulichen Nutzung vorsieht).

231 Dem angesprochenen Sonderfall einer Abweichung der realisierten von der zulässigen bzw. lagetypischen Nutzung gleichgesetzt wird der Fall einer mit zunehmendem Alter der baulichen Anlage gegenüber einem Neubau qualitativ abfallenden Baugestaltung und Ausstattung, weil auch in diesem Fall die Nutzung nicht in einem angemessenen Verhältnis zum Bodenwert eines unbebauten Grundstücks stünde. Die Berücksichtigung entsprechender Beeinträchtigungen mit einem irgendwie gearteten „**Bebauungsabschlag**" lässt § 16 Abs. 4 ImmoWertV nicht zu. Tatsächlich kann eine ältere Bebauung auch keinesfalls a priori als unwirtschaftlich gelten, denn auch die Altvorderen waren auf Wirtschaftlichkeit bedacht. Was sich z. B. als unwirtschaftliche Raumhöhe in einem Gründerzeithaus aufdrängt, kann sogar zu höheren Mieterträgen führen. Darüber hinaus sind entsprechende Beeinträchtigungen i. d. R. reparabel.

Ermittlung des Bodenwerts § 16 ImmoWertV

Als Beispiel einer unwirtschaftlichen Bebauung kann z. B. ein **ungünstiges Verhältnis der Nutz- zur Geschossfläche, also ein** ungünstiger **Nutzflächenfaktor** bzw. ein ungünstiges **Ausbauverhältnis** gelten[88]. Untersuchungen zur zeitlichen Entwicklung des Nutzflächenfaktors haben z. B. für *München* ergeben, dass der Nutzflächenfaktor dort im Zeitraum von 1899 bis 1960 gerade einmal von 0,72 auf 0,77 gestiegen ist. 232

Ergeben sich im konkreten Fall aus der Baugestaltung und Ausstattung der baulichen Anlagen Beeinträchtigungen, sind sie nicht bei der Bodenwertermittlung, sondern als besondere objektspezifische Grundstücksmerkmale nach § 8 Abs. 3 ImmoWertV zu berücksichtigen. Dabei muss insbesondere bei Anwendung des Ertragswertverfahrens eine Doppelberücksichtigung vermieden werden, denn bei **systemkonformer Ableitung des Liegenschaftszinssatzes (unter Berücksichtigung der Restnutzungsdauer des Gebäudes)** wird dem **Baustandard älterer Gebäude bereits mit dem Liegenschaftszinssatz Rechnung getragen.** 233

6.2.2 „Erheblich" abweichende Nutzungen

Nach dem Wortlaut des § 16 Abs. 4 ImmoWertV ist nur ein **„erhebliches" Abweichen** der tatsächlichen Nutzung von der nach § 6 Abs. 1 ImmoWertV maßgeblichen Nutzung zu berücksichtigen. Bei nicht erheblichen Abweichungen findet sie keine Anwendung. Die Verordnung konnte keine „festen" Grenzen vorgeben, denn eine Berücksichtigung ist nur insoweit geboten, wie 234

– es dem gewöhnlichen Geschäftsverkehr entspricht und

– sie auf das Ergebnis der Wertermittlung „durchschlägt".

Dies ist vor allem auch von dem zur Anwendung kommenden Wertermittlungsverfahren abhängig. Während bei Anwendung des Sachwertverfahrens der Bodenwert unmittelbar in das Ergebnis der Sachwertermittlung eingeht, kann bei **Anwendung des Ertragswertverfahrens** in aller Regel auf eine Korrektur des Bodenwerts unter- oder übergenutzter Grundstücke verzichtet werden, wenn das Gebäude eine Restnutzungsdauer von 40 Jahren aufweist, da sich eine Minderung bzw. Erhöhung des Bodenwerts aufgrund eines unter- bzw. übergenutzten Grundstücks ohnehin nur marginal auf das Gesamtergebnis auswirkt. Mit der Minderung bzw. Erhöhung des Bodenwerts geht nämlich komplementär eine Erhöhung bzw. Minderung des Gebäudeertragswerts einher, d. h., sie bewirkt lediglich eine für das Gesamtergebnis unbedeutende „Insichverschiebung" der Boden- und Gebäudeanteile. 235

Beispiel: 236

Wertermittlungsobjekt:
- Bodenwert (BW) i. S. des § 16 Abs. 1 ImmoWertV
  (= Bodenwert nach zulässiger bzw. lagetypischer Nutzung) 500 000 €
- Bodenwert unter Berücksichtigung der realisierten Nutzung 400 000 €
- Reinertrag (RE) 100 000 €
- Liegenschaftszinssatz p 6 %
- Restnutzungsdauer n 40 Jahre

---

[88] Kleiber, Verkehrswertermittlung von Grundstücken, 6. Aufl. 2010, Teil II Rn. 584 ff.

§ 16 ImmoWertV — Ermittlung des Bodenwerts

Ermittlung des Ertragswerts

Berechnung 1		Berechnung 2	
Bodenwert nach zulässiger bzw. lagetypischer Nutzung („*voller*" Bodenwert i. S. des § 16 Abs. 1 ImmoWertV)		Bodenwert unter Berücksichtigung der realisierten Nutzung	
Bodenwert =	500 000 €	Bodenwert =	*400 000 €*
Reinertrag	100 000 €	Reinertrag	100 000 €
./. Bodenwertverzinsungsbetrag: 500 000 € × 6/100 =	30 000 €	./. Bodenwertverzinsungsbetrag: *400 000 € × 6/100* =	*24 000 €*
Differenz: =	70 000 €	Differenz: =	*76 000 €*
Kapitalisiert bei p = 6 % und n = 40 Jahre Vervielfältiger = 15,05	= 1 053 250 €	Kapitalisiert bei p = 6 % und n = 40 Jahre Vervielfältiger = 15,05	= *1 143 800 €*
+ Bodenwert	= 500 000 €	+ Bodenwert	= *400 000 €*
Ertragswert	= 1 553 500 €	Ertragswert	= *1 543 800 €*

Δ 9 700 € ≈ 0,6 %!

237 Im vorstehenden *Beispiel* führt eine Minderung des „vollen" Bodenwerts um 20 % im Gesamtergebnis gerade einmal zu einer Minderung des Ertragswerts um 0,6 %. I.d.R. führt die Abweichung der realisierten Nutzung von der zulässigen bzw. lagetypischen Nutzung zu weitaus geringeren Bodenwertdifferenzen und die einschlägigen Vorgaben des § 16 Abs. 4 ImmoWertV können bei Anwendung des Ertragswertverfahrens unbeachtlich bleiben. Das Beispiel zeigt aber eine nicht unerhebliche „Insichverschiebung" des Boden- und Gebäudewertanteils, sodass der abweichende Bodenwert bei **Wertermittlungen für steuerliche Zwecke** von Bedeutung ist.

6.3 Ermittlung der Bodenwertminderung bzw. Bodenwerterhöhung

6.3.1 Allgemeines

▶ *Syst. Darst. des Vergleichswertverfahrens Rn. 218*

238 Ausgangspunkt der Bodenwertermittlung unter Berücksichtigung von einer erheblichen Abweichung der realisierten Nutzung von der zulässigen bzw. lagetypischen Nutzbarkeit eines Grundstücks ist der sich auf der Grundlage der auf dem Grundstück realisierten Nutzung ergebende Bodenwert (BW_{real}). Daneben muss der sich auf der Grundlage der zulässigen bzw. lagetypischen Nutzung ergebende Bodenwert ($BW_{zul/lag.}$) ermittelt werden

239 Die sich aus beiden Bodenwerten ergebende Bodenwertdifferenz ($BW_{zul/lag} - BW_{real}$) stellt jedoch noch nicht die Bodenwertminderung oder -erhöhung dar, denn die auf dem Grundstück vorhandene Bebauung blockiert die Realisierung der zulässigen bzw. lagetypischen Nutzung solange, wie die vorhandene bauliche Anlage noch genutzt wird. Die Bodenwertdifferenz muss deshalb über die am Wertermittlungsstichtag gegebene Restnutzungsdauer der baulichen Anlage abgezinst werden.

240 Zur Ermittlung des Bodenwerts eines bebauten Grundstücks unter Berücksichtigung von Abweichungen der tatsächlichen Nutzung von der zulässigen bzw. lagetypischen Nutzung wird deshalb der Bodenwert auf der Grundlage der realisierten Nutzung als Ausgangswert ermittelt

– im Falle einer **Unternutzung** um die diskontierte Bodenwertdifferenz aufgestockt bzw.

– im Falle einer **Übernutzung** um die diskontierte Bodenwertdifferenz vermindert.

Ermittlung des Bodenwerts § 16 ImmoWertV

In Formeln: **241**

$$BW = BW_{real} + (BW_{zul./lag} - BW_{real}) \times q^{-n}$$

wobei
BW_{real} = Bodenwert aufgrund realisierter Nutzung
$BW_{zul./lag}$ = Bodenwert aufgrund zulässiger bzw. lagetypischer Nutzung
q = Zinsfaktor = 1 + Zinssatz/100 = 1 + p/100
n = Restnutzungsdauer in Jahren

Die **Abzinsung** ist **über** die Dauer vorzunehmen, die die bauliche Anlage unter Berücksichtigung ihres Bestandsschutzes entsprechend ihrer **Restnutzungsdauer** voraussichtlich genutzt wird, sofern nicht aus anderen rechtlichen Gründen ein vorheriger Abbruch erwartet werden muss. **242**

Bei einer auf Dauer zu erhaltenden baulichen Anlage mit einer (zumindest theoretisch) gegen unendlich strebenden Restnutzungsdauer, wie z. B. bei **denkmalgeschützten Gebäuden,** führt diese Vorgehensweise dazu, dass das Korrekturglied in der Formel gegen null geht und der Bodenwertermittlung die tatsächlich mit dem Denkmal realisierte Nutzung zugrunde gelegt wird. Diese kann niedriger, aber auch höher als die nach den heute geltenden bauplanungsrechtlichen Vorschriften zulässige Nutzbarkeit sein. In der Praxis, so z. B. in *Hamburg*, werden deshalb zu Recht Abweichungen der realisierten von der rechtlich zulässigen und lagetypischen Nutzung nur besonders berücksichtigt, wenn die vorhandene Nutzung nach Art und Maß nicht nachhaltig ist, so z. B., wenn die vorhandene Bebauung eine wirtschaftliche Restnutzungsdauer von weniger als 30 Jahren hat[89]. **243**

6.3.2 Maß der baulichen Nutzung

Hauptanwendungsfall des § 16 Abs. 4 ImmoWertV sind Abweichungen des realisierten Maßes der baulichen Nutzung von dem zulässigen Maß der baulichen Nutzung. Die sich aus dem abweichenden Maß der baulichen Nutzung ergebende Bodenwertdifferenz lässt sich dabei unter Heranziehung der Umrechnungskoeffizienten für Grundstücke mit unterschiedlichem Maß der baulichen Nutzung (§ 12 ImmoWertV) ermitteln (vgl. Abb. 18). **244**

---

[89] Vgl. AK Wertermittlung des Deutschen Städtetages, Vorbericht zu TOP 8 der Sitzung am 11.11.1991.

Abb. 18: Berücksichtigung von Abweichungen des Maßes der tatsächlichen Bebauung eines Grundstücks von dem rechtlich zulässigen bzw. lagetypischen Maß der baulichen Nutzung (i. S. des § 6 Abs. 1 ImmoWertV)

Berücksichtigung von Abweichungen des Maßes der tatsächlichen Bebauung eines Grundstücks von dem rechtlich zulässigen bzw. lagetypischen Maß der baulichen Nutzung (i.S. des § 6 Abs. 1 ImmoWertV) bei der Bodenwertermittlung

$$BW = BW_{real} + (BW_{zul/lag} - BW_{real}) \times 1/q^n$$

wobei:
- BW_{real} = Bodenwert aufgrund realisierter Nutzung
- $BW_{zul/lag}$ = Bodenwert aufgrund zulässiger bzw. lagetypischer Nutzung
- q = Zinsfaktor = 1 + Zinssatz/100 = 1 + p
- n = Restnutzungsdauer

Beispiele:

a) bei Unterschreitung der rechtlich zulässigen Nutzung

- BW_{real} bei GFZ von 0,8 = 244 €/m²
- $BW_{zul/lag}$ bei GFZ von 1,2 = 300 €/m²
- Liegenschaftszinssatz p = 5 %
- Restnutzungsdauer n = 20 Jahre
- $BW = 244\ \text{€/m}^2 + 56\ \text{€/m}^2 \times 1/1{,}05^{20} = 265\ \text{€/m}^2$

b) bei Überschreitung der rechtlich zulässigen Nutzung

- BW_{real} bei GFZ von 1,2 = 300 €/m²
- $BW_{zul/lag}$ bei GFZ von 0,8 = 244 €/m²
- Liegenschaftszinssatz p = 5 %
- Restnutzungsdauer n = 20 Jahre
- $BW = 300\ \text{€/m}^2 - 56\ \text{€/m}^2 \times 1/1{,}05^{20} = 279\ \text{€/m}^2$

c) bei „auf Dauer" zu erhaltenden Gebäuden (Denkmäler)

$$\lim_{n \to \infty} \frac{1}{q^n} = 0 \quad BW = BW_{real}$$

© W. Kleiber 11

---

245 *Beispiel:*

a) **Sachverhalt (Abb. 19)**

- Der Bodenwert betrage bei einer zulässigen bzw. lagetypischen Nutzung mit einer GFZ von 1,0 = 400 €/m².
- Auf einem Grundstück sei eine GFZ von 0,6 realisiert worden.
- Die Restnutzungsdauer des Gebäudes liege bei 40 Jahren.

Ermittlung des Bodenwerts § 16 ImmoWertV

Abb. 19: Unternutzung

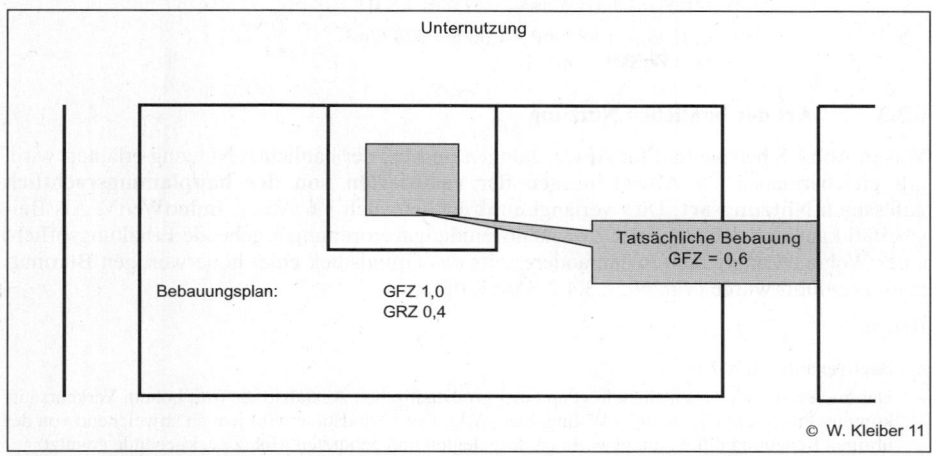

Kann dabei (im Falle der Unternutzung) die vorhandene Bebauung der bauplanungsrechtlich zulässigen bzw. lagetypischen Nutzung nicht durch An- oder Aufbauten angeglichen werden, kann sich daraus eine Bodenwertminderung ergeben. Im Falle der Übernutzung kann sich eine Bodenwerterhöhung ergeben.

Wertminderung und Werterhöhung lassen sich auf der Grundlage des Unterschieds der Bodenwerte ermitteln, die sich für das Grundstück auf der Grundlage

– der realisierten Geschossflächenzahl (GFZ) und
– der bauplanungsrechtlich zulässigen bzw. lagetypischen Geschossflächenzahl (GFZ)

ergeben.

Die Bodenwertunterschiede lassen sich mithilfe der Anl. 11 der WERTR 06 ermitteln, sofern keine ortsüblichen Umrechnungskoeffizienten für das Verhältnis GFZ/GFZ vorliegen. Diese Bodenwertunterschiede sind sodann nach der vorstehend beschriebenen Methode zu berücksichtigen.

Ausgangspunkt für die **Ermittlung des gegenüber einem unbebauten Grundstück im Wert geminderten bzw. erhöhten Bodenwerts** ist zunächst der Bodenwert, der sich nach dem realisierten Maß der baulichen Nutzung (GFZ) ergibt. Dieser Bodenwert ist dann

– im Falle einer Unternutzung um die diskontierte Werterhöhung „aufzustocken", die nach Ablauf der Restnutzungsdauer im Hinblick auf die zulässige Nutzbarkeit bzw. lagetypische Nutzung dann realisiert werden kann, bzw.
– im Falle einer Übernutzung um die diskontierte Wertminderung „abzusenken", die nach Ablauf der Restnutzungsdauer im Hinblick auf die zulässige Nutzbarkeit bzw. lagetypische Nutzung im Neubaufall realisierbar wäre.

b) Wertermittlung

246

Bodenwert bei einer zulässigen bzw. lagetypischen Nutzung mit einer GFZ von 1,0 = 400 €/m²

Ermittlung des Bodenwerts bei einer GFZ von 0,6 auf der Grundlage folgender:

Umrechnungskoeffizienten gemäß Anl. 11 WERTR bei einer

GFZ von 0,6 = 0,78
GFZ von 1,0 = 1,00

$$BW_{GFZ=0,6} = 400\ \text{€/m}^2 \times 0,78\ /\ 1,00\ \text{€/m}^2 = 312\ \text{€/m}^2$$

$$\text{Bodenwertdifferenz}\ (BW_{zul/lag} - BW_{real}) = 400\ \text{€/m}^2 - 312\ \text{€/m}^2 = 88\ \text{€/m}^2$$

§ 16 ImmoWertV Ermittlung des Bodenwerts

Bodenwert unter Berücksichtigung des realisierten Maßes der baulichen Nutzung:

$$BW = BW_{real} + (BW_{zul./lag} - BW_{real}) \times q^{-n}$$

$$BW = 312\ €/m^2 + 88\ €/m^2 \times 1{,}06^{-40} = 320\ €/m^2$$

bei einem Zinssatz von 6 %

6.3.3 Art der baulichen Nutzung

247 Was in Abb. 18 beispielhaft für Abweichungen im Maß der baulichen Nutzung erläutert wird, gilt gleichermaßen für **Abweichungen der realisierten von der bauplanungsrechtlich zulässigen Nutzungsart**. Dies verlangt ausdrücklich auch § 6 Abs. 1 ImmoWertV. Als Beispielfall kann die sich aus einer Zweckentfremdungsverordnung ergebende Erhaltungspflicht einer Wohnnutzung gelten, wenn andererseits das Grundstück einer höherwertigen Büronutzung zugeführt würde (vgl. Nr. 2.3.4.2 WertR 06).

248 *Beispiel:*

a) Sachverhalt (Abb. 20)

– Das zu bewertende Grundstück liegt an einer großstädtischen Ausfallstraße (mit hohem Verkehrsaufkommen) in einem allgemeinen Wohngebiet (WA). Das Grundstück wird jedoch abweichend von der übrigen Bebauung mit einem gewerblich ausgelegten und genutzten Mehrzweckgebäude genutzt.
– Das Grundstück ist erschlossen, jedoch erschließungsbeitragspflichtig; es ist mit einem Erschließungsbeitrag in Höhe von 100 000 € zu rechnen.
– Das 6 469 m² große Grundstück weist in Bezug auf die vorhandene Bebauung eine Übergröße aus; die selbstständig nutzbare Teilfläche i. S. des § 17 Abs. 2 Satz 2 beläuft sich auf rd. 580 m²; die der Bebauung zurechenbare Umgriffsfläche beläuft sich mithin auf 5 889 m².
– Der für das Belegenheitsgebiet ausgewiesene Bodenrichtwert beläuft sich auf 200 €/m² (ebf); dem Bodenrichtwert zugeordnet sind die im Belegenheitsgebiet zulässige WA-Nutzung sowie das dort zulässige Maß der baulichen Nutzung, das auch realisiert wurde.
– Für die gegenüber der Ausfallstraße gelegene Bodenrichtwertzone wird ein Bodenrichtwert von 150 €/m² (ebf) ausgewiesen; dem Bodenrichtwert sind eine GE-Nutzung sowie das auch im WA-Gebiet zulässige Maß der baulichen Nutzung zugeordnet.
– Die Restnutzungsdauer des Gebäudes liege bei 14 Jahren.
– Die Freilegungskosten wurden mit 300 000 € ermittelt.
– Der am Wertermittlungsstichtag marktüblich erzielbare Jahresreinertrag wurde mit 60 000 € ermittelt.
– Der Liegenschaftszinssatz beläuft sich auf 6,5 %.

Abb. 20: Abweichende Art der baulichen Nutzung

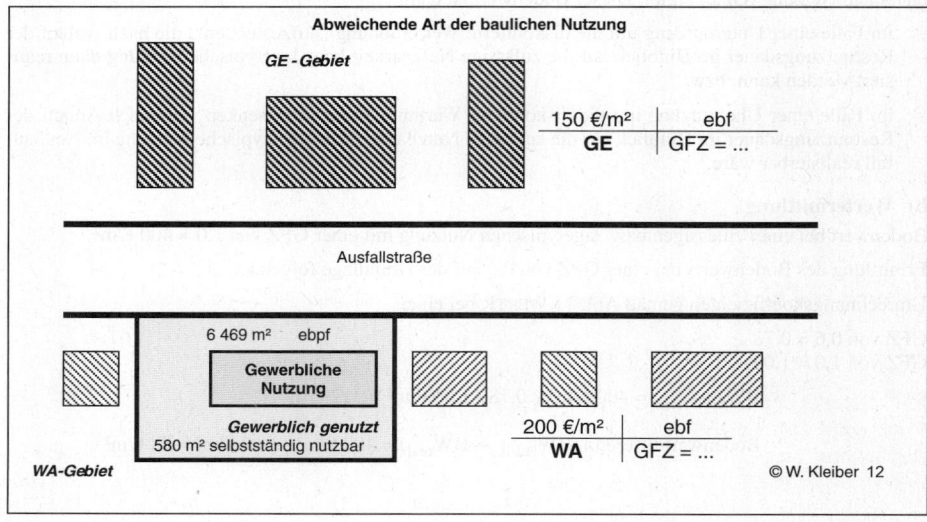

Ermittlung des Bodenwerts § 16 ImmoWertV

b) Wertermittlung

Bodenwert bei einer zulässigen bzw. lagetypischen WA-Nutzung	=	200 €/m²
Bodenwert bei einer zulässigen bzw. lagetypischen GE-Nutzung	=	150 €/m²
Bodenwertdifferenz:	=	50 €/m²

Bodenwert unter Berücksichtigung der realisierten Art der baulichen Nutzung:
BW = 150 €/m² + 50 €/m² × $1{,}065^{-14}$ = rd. 170 €/m² (ebf)
bei einem Zinssatz von 6,5 %

Bodenwert des *Gesamtgrundstücks*: 6 469 m² × 170 €/m²	=	rd. 1 100 000 €	ebf
abzüglich Erschließungsbeitrag	=	– 100 000 €	
Bodenwert des Gesamtgrundstücks i. S. des § 16 Abs. 1 ImmoWertV	=	1 000 000 €	ebpf
abzüglich Freilegungskosten	=	– 300 000 €	
Bodenwert des Gesamtgrundstücks i. S. des § 16 Abs. 3 ImmoWertV	=	**700 000 €**	

Bodenwert der *Umgriffsfläche* (6 469 m² – 580 m² = 5 889 m²)

5 889 m² × 170 €/m² (erschließungsbeitragsfreie Bewertung)	=	rd. 1 000 000 €	
abzüglich Freilegungskosten	=	– 300 000 €	
Bodenwert der Umgriffsfläche i. S. des § 16 Abs. 3 ImmoWertV	=	**700 000 €**	ebf

Ertragswertermittlung nach § 17 Abs. 2 Nr. 1 ImmoWertV:

Jahresreinertrag	=	60 000 €
abzüglich Bodenwertverzinsungsbetrag: 700 000 €* × 0,065	=	45 000 €
Bodenwertverzinsungsbetragsverminderter Reinertrag	=	15 000 €
kapitalisiert mit Vervielfältiger bei RND von 14 Jahren und 6,5 %	=	135 150 € (V = 9,01)
zuzüglich Gesamtbodenwert (ebpf und freilegungskostenvermindert)	=	700 000 €
= **Vorläufiger Ertragswert** (vorbehaltlich § 8 Abs. 3 ImmoWertV)	=	**rd. 835 000 €**

* Hinweis: Der Bodenwertverzinsungsbetrag wird für das erschließungsbeitragsfreie Grundstück jedoch abzüglich der Freilegungskosten ermittelt.

c) Nachbetrachtung

Tatsächlich handelt es sich jedoch um ein Liquidationsobjekt, denn bei sofortiger Freilegung des Grundstücks kann ein höherer Wert realisiert werden:

Bodenwert des Gesamtgrundstücks:

6 469 m² × 200 €/m² (WA-Nutzung)	=	1 293 800 €
abzüglich Erschließungsbeitrag	=	– 100 000 €
abzüglich Freilegungskosten	=	– 300 000 €
Liquidationswert	=	**rd. 900 000 €**

Die anstehende Freilegung ist auch nach den mit § 16 Abs. 2 Nr. 2 ImmoWertV gegebenen Kriterien erkennbar. Nach dieser Vorschrift kann von einer „alsbaldigen Freilegung" ausgegangen werden, wenn der nicht abgezinste Bodenwert ohne Berücksichtigung der Freilegungskosten den im Ertragswertverfahren (§§ 17 bis 20 ImmoWertV) ermittelten Ertragswert erreicht oder übersteigt:

Der nicht abgezinste Bodenwert (ohne Berücksichtigung der Freilegungskosten)	=	1 193 800 €	(= 1 293 800 € – 100 000 €)
übersteigt den Ertragswert nach den §§ 17 bis 20	=	835 000 €	deutlich.

6.4 Steuerliche Bewertung

In der **steuerlichen Grundbesitzbewertung** findet bei der Bewertung von bebauten Grundstücken im Ertragswertverfahren nach § 146 BewG bzw. § 184 BewG eine vereinfachende Betrachtungsweise Anwendung. Danach ist im Falle einer Abweichung der tatsächlichen Bebauung von der rechtlich zulässigen Bebauung des Bodenrichtwertgrundstücks das Maß der tatsächlichen Bebauung für die Bodenwertermittlung maßgebend, wenn rechtlich keine

Möglichkeit besteht, das Maß der zulässigen baulichen Nutzung durch Erweiterung und Neubau auszuschöpfen[90].

250 In den einschlägigen ErbStR und ErbStH[91] heißt es hierzu:

„... Der Wert von Grundstücken, die von den wertbeeinflussenden Grundstücksmerkmalen des Bodenrichtwertgrundstücks abweichen, ist grundsätzlich nach den Vorgaben des Gutachterausschusses (Abs. 2 bis 6) aus dem Bodenrichtwert der jeweiligen Richtwertzone abzuleiten.

(2) Wird zu dem Bodenrichtwert eine Geschossflächenzahl bzw. wertrelevante Geschossflächenzahl (WGFZ; Tz. 6 Abs. 6 Bodenrichtwertrichtlinie – BRW-RL) angegeben, ist bei Grundstücken, deren Geschossflächenzahl von der des Bodenrichtwertgrundstücks abweicht, der Bodenwert nach folgender Formel abzuleiten:

$$\text{Bodenwert /m}^2 = \frac{\text{Umrechnungskoeffizient für die Geschossflächenzahl des zu bewertenden Grundstücks} \times \text{Bodenrichtwert}}{\text{Umrechnungskoeffizient für die Geschossflächenzahl des Bodenrichtwertgrundstücks}}$$

251 Weiter heißt es dort:

„Die Umrechnungskoeffizienten sind den Bewertungsstellen der Finanzämter vom zuständigen Gutachterausschuss zusammen mit den Bodenrichtwerten mitzuteilen.

(3) Sofern die Gutachterausschüsse Umrechnungskoeffizienten in Abhängigkeit von der Grundstücksgröße vorgegeben haben, sind diese anzusetzen.

(4) Sind die Bodenrichtwerte in Abhängigkeit von der Grundstückstiefe ermittelt worden, ist die Grundstücksfläche aufzuteilen. Dabei ist die Grundstücksfläche nach ihrer Tiefe in Zonen zu gliedern, deren Abgrenzung sich nach den Vorgaben des Gutachterausschusses richtet."

6.5 Ergänzende Regelung für Sanierungsgebiete und Entwicklungsbereiche (§ 16 Abs. 5 ImmoWertV)

▶ *Vgl. Kleiber, Verkehrswertermittlung von Grundstücken, 6. Aufl. 2010, Teil VIII Rn. 286 ff., § 8 ImmoWertV Rn. 387; § 15 ImmoWertV Rn. 5 ff.*

252 Nach § 16 Abs. 5 ImmoWertV sind bei der Ermittlung der sanierungs- oder entwicklungsbedingten Bodenwerterhöhung zur Bemessung von Ausgleichsbeträgen nach § 154 Abs. 1 oder § 166 Abs. 3 Satz 4 BauGB die Anfangs- und Endwerte auf denselben Zeitpunkt zu ermitteln. Mit dem „Zeitpunkt" ist nur der Wertermittlungsstichtag (§ 3 Abs. 1 ImmoWertV) und nicht der Qualitätsstichtag (§ 4 Abs. 1 ImmoWertV) angesprochen. **Wertermittlungsstichtag** ist der Zeitpunkt des Abschlusses der städtebaulichen Sanierungs- oder Entwicklungsmaßnahme nach den §§ 162 und 163 BauGB (ggf. i. V. m. § 169 Abs. 1 Nr. 8 BauGB); Entsprechendes gilt für Anpassungsgebiete i. S. des § 170 BauGB.

Wertermittlungsstichtag ist danach

a) in den Fällen einer Aufhebung der Sanierungssatzung nach § 162 BauGB der Zeitpunkt des Inkrafttretens der Satzung, mit dem die Sanierungssatzung aufgehoben wird,

b) in den Fällen des § 169 Abs. 1 Nr. 8 i. V. m. § 162 BauGB der Zeitpunkt des Inkrafttretens der Satzung, mit der die Entwicklungssatzung aufgehoben wird,

c) in den Fällen einer Abgeschlossenheitserklärung für einzelne Grundstücke nach § 163 Abs. 1 und 2 BauGB sowie des § 169 Abs. 1 Nr. 8 i. V. m. § 163 Abs. 1 und 2 BauGB der Zeitpunkt der Abschlusserklärung.

---

90 ErbStR vom 17.03.2003; Erl des Min. für Finanzen und Energie des Landes Schleswig-Holstein vom 09.10.1997 – VI 310 – S 3014 – 097 – (GuG 1998, 166 = DStZ 1998, 144 = DStR 1997, 1728) versus Erl des bay. FM vom 15.10.1997 – 17/106 – 53 946 –, GuG 1998, 305; OFD Frankfurt am Main, Vfg. vom 31.10.1997 – S 3289 d A 1 St III 30 –, GuG 1998, 353.

91 Erbschaftsteuer-Richtlinien 2011 (ErbStR 2011) vom 19.12.2011 (BStBl. Sondernummer 1/2011 S. 2) und Hinweise zu den Erbschaftsteuer-Richtlinien 2011 (ErbStH 2011) vom 19.12.2011 (BStBl. Sondernummer 1/2011 S. 117), vgl. GuG 2012, 167 ff.; vgl. BR-Finanzausschuss (zu Punkt 3 der TO der 709. Sitzung am 25.06.1998), BR-Drucks. 525/1/98.

Ermittlung des Bodenwerts § 16 ImmoWertV

Die Vorschrift ist aus § 28 Abs. 2 Satz 1 WertV 88 hervorgegangen und stellt einen Fremdkörper innerhalb der Regelungen des § 16 ImmoWertV dar. Sie enthält keinerlei materielle Regelungen zur Bodenwertermittlung und ist zudem überflüssig, weil sich der Regelungsinhalt bereits aus dem Ausgleichsbetragsrecht des BauGB ergibt[92]. 253

Soweit im Rahmen der Ausgleichsbetragsermittlung Abweichungen zwischen der auf dem zu bewertenden Grundstück realisierten und der (nach § 6 Abs. 1 ImmoWertV maßgeblichen) zulässigen bzw. lagetypischen Nutzung bestehen, findet § 16 Abs. 4 ImmoWertV grundsätzlich Anwendung. Die Berücksichtigung von Beeinträchtigungen der zulässigen Nutzung kann allerdings bei der Ermittlung des Anfangswerts problematisch sein und ist i. d. R. aus bodenrechtlichen Gründen abzulehnen. Dementsprechend sind auch nach der Rechtsprechung **Beeinträchtigungen der zulässigen bzw. lagetypischen Nutzung nur bei der Ermittlung des Endwerts zu berücksichtigen**[93]. 254

§ 16 Abs. 4 ImmoWertV ist aus § 28 Abs. 5 Satz 2 WertV 88/98 hervorgegangen, nach dem „Beeinträchtigungen der zulässigen Nutzbarkeit, die sich aus einer bestehen bleibenden Bebauung auf dem Grundstück ergeben", bei der Ermittlung des Ausgleichsbetrags zu berücksichtigen waren, wenn es bei wirtschaftlicher Betrachtungsweise oder aus sonstigen Gründen geboten erscheint, das Grundstück in der bisherigen Weise zu nutzen. Diese Regelung bezog sich ausdrücklich nur auf den Endwert, denn es waren damit nur Beeinträchtigungen angesprochen, die sich im Zuge der Sanierung aus einer „bestehen bleibenden Bebauung" ergeben. In der **amtlichen Begründung** wurde in diesem Sinne klarstellend festgestellt, dass diese Vorschrift „nur den Endwert" betrifft, „denn als zulässige Nutzbarkeit im Sanierungs- und Entwicklungsgebiet kann nach dem Sinn der Bestimmung – Einschränkung der Nutzbarkeit durch bestehen bleibende Bebauung – nur der Zustand des Grundstücks nach Abschluss der Sanierungs- und Entwicklungsmaßnahme gemeint sein". Im Schrifttum ist hierzu bereits darauf hingewiesen worden, dass eine andere Auslegung zu Abschöpfung nicht sanierungsbedingter Bodenwerterhöhungen führen kann, die nach den ausgleichsbetragsrechtlichen Bestimmungen der §§ 153 ff. BauGB nicht zulässig wäre[94]. 255

Eine **Minderung des Anfangswerts** aufgrund von Beeinträchtigungen der zulässigen bzw. lagetypischen Nutzbarkeit **ist bei städtebaulichen Sanierungs- und Entwicklungsmaßnahmen insbesondere aus rechtlichen Gründen abzulehnen**. Die besonderen sanierungs- und entwicklungsrechtlichen Vorschriften der §§ 152 ff. BauGB sind nämlich darauf angelegt, mit dem Ausgleichsbetrag Bodenwerterhöhungen „abzuschöpfen", die kausal auf die Aussicht auf die städtebauliche Maßnahme sowie ihre Vorbereitung und Durchführung zurückzuführen sind. Die sanierungs- bzw. entwicklungsbedingte Bodenwerterhöhung ermittelt sich deshalb aus dem Unterschied 256

– des Bodenwerts, der sich aufgrund der rechtlichen und tatsächlichen Neuordnung des Sanierungsgebiets bzw. Entwicklungsbereichs ergibt, und

– dem Bodenwert, der sich ohne Aussicht auf die Sanierung bzw. Entwicklung und ohne Berücksichtigung der mit der Vorbereitung und Durchführung einhergehenden Bodenwerterhöhung ergibt.

Die Bodenwerte sind dabei grundsätzlich ohne Berücksichtigung der Bebauung, d. h. mit dem Bodenwert eines unbebauten Grundstücks, zu ermitteln (§ 16 Abs. 1 ImmoWertV).

Ist auf einem Grundstück bereits vor der Sanierungs- und Entwicklungsmaßnahme das seinerzeit zulässige bzw. lagetypische Maß der baulichen Nutzung mit einer GFZ von beispielsweise 2,0 nur mit einer GFZ von 1,0 realisiert worden, so wäre nach dem Wortlaut des § 16 Abs. 4 ImmoWertV der Anfangswert entsprechend zu vermindern: 257

---

92 Kleiber, Verkehrswertermittlung von Grundstücken, 6. Aufl. 2010, Teil VIII Rn. 295 ff., 342.
93 VGH Mannheim, Urt. vom 18.11.2005 – 8 S 496/05 –, EzGuG 15.115a.
94 Kleiber in Ernst/Zinkahn/Bielenberg/Krautzberger, BauGB, Komm. zu § 154 BauGB Rn. 107; gleicher Auffassung Tabbe in VR 1990, 4; vgl. auch nds. RdErl vom 02.05.1988 – 301-21013 –, nds. MBl. 1988, 547, geändert durch RdErl vom 06.03.1991 (nds. MBl. 1991, 470) Nr. 226.4.2; VG Berlin, Beschl. vom 11.11.1998 – 19 A 86/98 –, GE Bln1999, 51 = GuG 1999, 186 = EzGuG 15.93.

§ 16 ImmoWertV Ermittlung des Bodenwerts

258 *Beispiel 1:*

Anfangswert	bei einer zulässigen GFZ von 2,0	= 400 €/m²
Anfangswert	bei einer realisierten GFZ von 1,0	= 200 €/m² im Falle einer Reduktion
Endwert	bei einer zulässigen GFZ von 2,0*	= 420 €/m² aufgrund von Sanierungsmaßnahmen
Sanierungsbedingte Bodenwerterhöhung		= 220 €/m²
Ausgleichsbetrag bei 1 000 m² Grundstücksfläche		**= 220 000 € = 1 000 m² × 220 €/m²**

* Das zulässige bzw. lagetypische Maß der baulichen Nutzung blieb im Zuge der Sanierung unverändert soll aber im Zuge der Sanierung aufgrund der allgemeinen Gebietsaufwertung nunmehr realisiert werden.

259 Tatsächlich beläuft sich die ursächlich auf die Sanierungsmaßnahme zurückführbare sanierungsbedingte Bodenwerterhöhung im vorstehenden Beispiel nur auf 20 000 €. Der Eigentümer eines vergleichbaren bebauten Grundstücks, auf dem eine GFZ von 2,0 realisiert worden ist, hätte dementsprechend auch nur einen Ausgleichsbetrag von 20 000 € zu entrichten.

260 Gegenstand der „Abschöpfung" dürfen jedoch nur die sanierungsbedingten Bodenwerterhöhungen sein. Die Minderung des Anfangswerts aufgrund eines bereits „vor" der Sanierung nicht realisierten zulässigen bzw. lagetypischen Maßes der baulichen Nutzung führt – wie das Beispiel zeigt – zu einer sanierungsrechtlich unzulässigen Bodenwertabschöpfung, die im Übrigen auch mit dem Gleichheitsgrundsatz (Art. 3 GG) unvereinbar ist.

Abb. 21: Erhöhung des Ausgleichsbetrags durch gemindertem Anfangswert

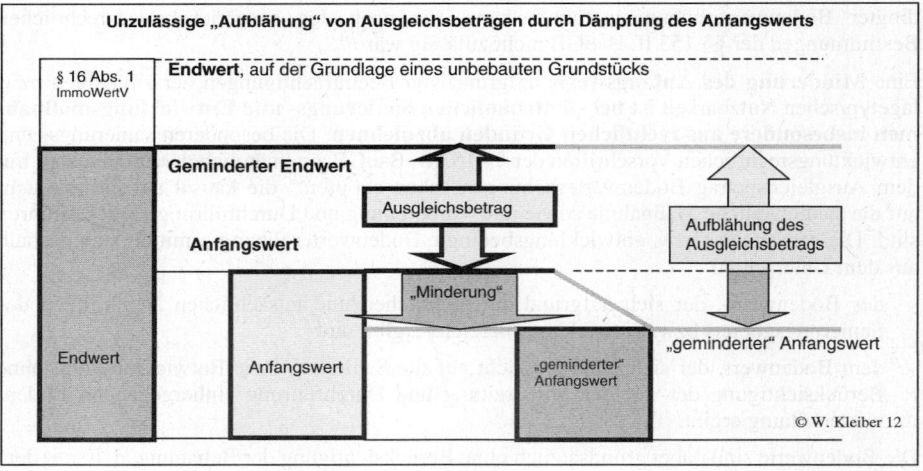

261 Anders stellt sich die Situation bei der **Ermittlung des Endwerts** dar. Hier ist insbesondere auf den „klassischen Fall" hinzuweisen, in dem ein Grundstück vor Einleitung der Sanierungs- bzw. Entwicklungsmaßnahme planungskonform (z. B. mit einer GFZ von 1,0) genutzt wurde und das realisierte Maß der baulichen Nutzung dem zulässigen Maß der baulichen Nutzung entsprach. Wird nun im Zuge der Sanierungs- bzw. Entwicklungsmaßnahme das Maß der baulichen Nutzung (z. B. auf eine GFZ von 2,0) erhöht, kann nicht erwartet werden, dass das nunmehr zulässige Maß der baulichen Nutzung realisiert wird, wenn es bei wirtschaftlicher Betrachtungsweise geboten erscheint, das Grundstück (mit dem darauf realisierten Maß der baulichen Nutzung) weiter zu nutzen. Die Anwendung der Grundsatzregelung des § 16 Abs. 1 ImmoWertV würde aber dazu führen, dass sich der Ausgleichsbetrag zwar nach einer kausal auf die Sanierungs- bzw. Entwicklungsmaßnahme zurückführbaren Bodenwerterhö-

Ermittlung des Bodenwerts § 16 ImmoWertV

hung bemisst, diese jedoch bei wirtschaftlicher Betrachtungsweise nicht „realisiert" werden kann.

Beispiel 2: 262

			unverminderter Endwert		verminderter Endwert
Anfangswert	bei einer zulässigen GFZ von 1,0 „vor" Sanierung	=	200 €/m²	=	200 €/m²
Endwert	bei einer zulässigen GFZ von 2,0 „nach" Sanierung	=	420 €/m²		
Endwert	bei einer realisierten GFZ von 1,0 „nach" Sanierung			=	220 €/m²
Sanierungsbedingte Bodenwerterhöhung			220 €/m²	=	20 €/m²
Ausgleichsbetrag bei 1 000 m² Grundstücksfläche			220 000 €		20 000 €/m²

Die Reduktion des Endwerts nach Maßgabe des § 16 Abs. 4 ImmoWertV ist geboten, denn 263 andererseits würden mit dem Ausgleichsbetrag Bodenwerterhöhungen zur „Abschöpfung" kommen, die der Eigentümer bei wirtschaftlicher Betrachtungsweise nicht „realisieren" kann.

Im Ergebnis bleibt festzustellen, dass die **Reduktionsregel des § 16 Abs. 4 ImmoWertV im** 264 **Rahmen der Ermittlung von Ausgleichsbeträgen nur auf die Ermittlung des Endwerts anzuwenden** ist.

Abzulehnen ist deshalb der AusführungsErl des SenBauWohn *Berlin*[95], in dem apodiktisch 265 auch eine Minderung des Anfangswerts sachwidrig angeordnet wird und willkürlich unterschiedliche Fallgruppen (vom Denkmalschutz bis zur Zweckentfremdungsverbotsverordnung) vermischt werden, obwohl gerade letztere angesichts der Rspr. des BVerwG und BVerfG mit Befreiungsvorbehalt ausgestaltet ist[96]. Diese kaum nachvollziehbaren Vorgaben können nicht dem Gebot der Entscheidungstransparenz genügen (§ 39 VwVfG) und den unabhängigen Gutachter auch nicht binden.

Abzulehnen ist auch die mitunter im Schrifttum dargestellte Auffassung, nach der pauschal 266 und schematisch **die *gesamte* sanierungsbedingte Bodenwerterhöhung abzuzinsen** ist, nämlich

$$(\text{Endwert} - \text{Anfangswert}) \times q^{-n}$$

wobei $q = 1 + p/100$

denn abweichend von dem vorgestellten Beispiel können auch sonstige sanierungsbedingte Bodenwerterhöhungen eingetreten sein, die sofort „realisierbar" sind. So kann z. B. eine allgemeine Lageverbesserung zu einer Erhöhung der Mieteinnahmen in dem bestehen bleibenden Gebäude führen. Deshalb muss der **Grundsatz** beachtet werden, **dass nur die nicht sofort realisierbaren Bodenwerterhöhungen zu einer Minderung des Endwerts führen. Eine generelle Abzinsung des Gesamtunterschieds zwischen End- und Anfangswert ist dagegen schon vom Grundansatz her falsch.**

Beispiel 3: 267

Ein im Sanierungsgebiet belegenes Grundstück (Mietwohnungsbau) ist nach § 34 BauGB mit einer GFZ von 1,5 bebaut. Der Sanierungsbebauungsplan erlaubt nunmehr eine Bebauung mit einer GFZ von 2,4, die jedoch nicht realisierbar ist, weil das Gebäude nicht „aufstockbar" ist und auch nicht angebaut werden kann.

Das Gebäude weist eine Restnutzungsdauer von 20 Jahren auf. Als Endwert wurde für das Grundstück bei einer GFZ von 2,4 ein Bodenwert von 1 000 €/m² ermittelt.

---

95 Nr. 3 Abs. 2 der Ausführungsvorschriften a. F. zur Ermittlung der sanierungsbedingten Bodenwerterhöhung und zur Festsetzung von Ausgleichsbeträgen nach §§ 152 bis 155 des Baugesetzbuchs (AV Ausgleichsbeträge) des Senators für Bau- und Wohnungswesen von Berlin vom 20.02.2009 (ABl. Bln. 2009, 434); hierzu VG Berlin, Urt. vom 20.03.2002 – 19 A 32/99 –, GuG 2003, 114 = EzGuG 15.104a; vgl. Neufassung vom 12.11.2002 – SenStadt IV C 3/III E 2 – (ABl. 2003, 2597 = GuG 2003, 164, 219).
96 BVerwG, Urt. vom 17.10.1997 – 8 C 18/96 –, GuG aktuell 1998, 15 (LS) = ZfBR 1998, 55.

§ 16 ImmoWertV — Ermittlung des Bodenwerts

Abb. 22: Lageplan

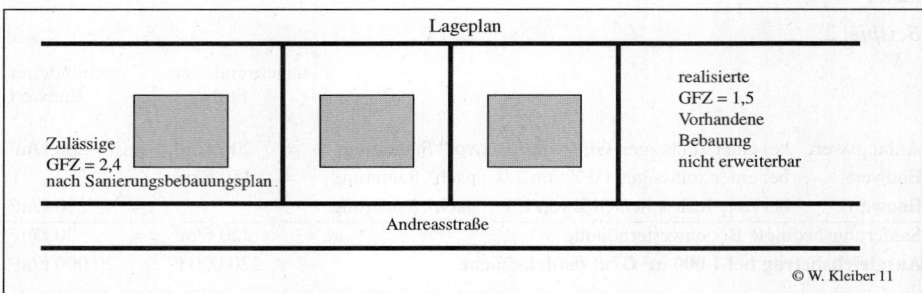

Als Ergebnis der Sanierung erhält der Grundstückseigentümer ein höheres Maß der baulichen Nutzung, das er allerdings infolge der Bebauung seines Grundstücks erst in 20 Jahren nach Ablauf der Restnutzungsdauer des Gebäudes realisieren kann. Die sanierungsbedingte Bodenwerterhöhung „schlummert" quasi auf seinem Grundstück.

Sie ergibt sich wie folgt:

Bodenwert$_{GFZ\,=\,1,5}$ = 1 000 €/m² × UK$_{GFZ\,=\,1,5}$/UK$_{GFZ\,=\,2,4}$ = 1 000 €/m² × 1,24/1,61 = 770 €/m²

wobei: aus Anl. 11 zur WERTR   UK$_{GFZ\,=\,1,5}$ = 1,24
UK$_{GFZ\,=\,2,4}$ = 1,61

Bodenwert$_{GFZ\,=\,2,4}$	= 1 000 €/m²
Bodenwert$_{GFZ\,=\,1,5}$	= 770 €/m²
= Bodenwertdifferenz	= 230 €/m²

Dem Eigentümer erwächst zusätzlich zu dem aufgrund der tatsächlichen Bebauung sich ergebenden Bodenwert von 770 €/m² ein Bodenwertzuwachs von 230 €/m², der ihm jedoch nur in einer über die Restnutzungsdauer abgezinsten Höhe zufällt (Diskontierungszinssatz = 5 %).

Der Endwert ergibt sich mithin wie folgt:

Endwert = 770 €/m² + 230 €/m²/1,05^{-20} = **857 €/m²**.

Abgezinst wurde in dem vorstehenden Beispiel nur die auf die nicht sofort realisierbare Erhöhung des Maßes der baulichen Nutzung zurückgehende Bodenwerterhöhung (230 €/m²).

268 *Beispiel 4:*

Ein förmliches Sanierungsverfahren wird in einem unbeplanten Innenbereich durchgeführt. Als zulässiges Maß der baulichen Nutzung ergibt sich nach Maßgabe des § 34 BauGB „vor der Sanierung" wiederum eine GFZ von 1,5.

Es soll die sanierungsbedingte Bodenwerterhöhung für drei atypisch bebaute Grundstücke ermittelt werden, wobei lediglich durch die Festsetzungen des Sanierungsbebauungsplans über das Maß der baulichen Nutzung sanierungsbedingte Bodenwerterhöhungen bewirkt werden. Der Sanierungsbebauungsplan sieht (künftig) eine GFZ von 2,0 vor.

Ermittlung des Bodenwerts § 16 ImmoWertV

Abb. 23: Lageplan

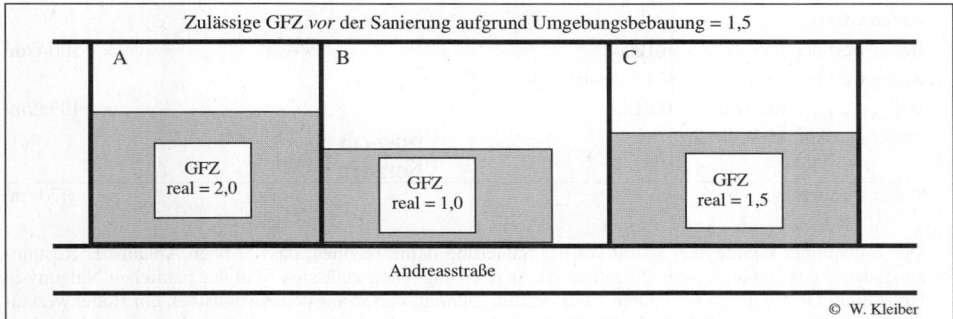

Als **Anfangswert** wurde für ein unbebautes Grundstück der im Innenbereich gelegenen Grundstücke mit einer vor der Sanierung zulässigen Nutzung GFZ von 1,5 ein Bodenwert von 500 €/m² ermittelt.

Gesucht ist der Ausgleichsbetrag für die Grundstücke A, B und C, wobei eine sanierungsbedingte Bodenwerterhöhung allein aufgrund des Sanierungsbebauungsplans zu erwarten ist.

Die Abhängigkeit des Bodenwerts vom Maß der baulichen Nutzung (GFZ : GFZ) soll sich nach Anl. 11 der WERTR bestimmen.

Die Grundstücke der Eigentümer A, B und C sind alle mit Gebäuden bebaut, die eine 20-jährige Restnutzungsdauer aufweisen.

Der Diskontierungszinssatz ist mit 5 % anzusetzen.

a) Ausgleichsbetrag für Grundstück A

Das **Grundstück A** wies bereits vor der Sanierung **eine Übernutzung** auf, die über die Restnutzungsdauer des Gebäudes Bestandsschutz genoss.

Bodenwert bei einer GFZ von 1,5	=	500 €/m²
Bodenwert bei einer GFZ von 2,0 (realisiert):		
$BW_{GFZ = 2,0} = 500$ €/m² × 1,45/1,24	=	585 €/m²
Bodenwertunterschied	=	85 €/m²

Bei der **Ermittlung des Anfangswerts** ist zu berücksichtigen, dass sich der Eigentümer zumindest über die verbleibende Restnutzungsdauer des Gebäudes einer GFZ von 2,0 aufgrund der realisierten Bebauung i. V. m. dem Bestandsschutz „erfreuen" konnte. Ohne Aussicht auf den Sanierungsbebauungsplan musste der Eigentümer davon ausgehen, dass er von dem realisierten Bodenwert in Höhe von 585 €/m² nach Ablauf der Restnutzungsdauer auf einen Bodenwert von 500 €/m² zurückfällt, mithin in 20 Jahren eines Betrags von 85 €/m² „verlustig" wird.

$$\text{Anfangswert} = 585 \text{ €/m}^2 - 85 \text{ €/m}^2 / 1{,}05^{-20} = 553 \text{ €/m}^2$$

Bei der **Ermittlung des Endwerts** unter Berücksichtigung des Sanierungsbebauungsplans mit einer künftigen GFZ von 2,0 ist eine Minderung nicht zu berücksichtigen, da die vorhandene Bebauung die künftige Nutzung nicht beeinträchtigt.

Ausgleichsbetrag = Endwert – Anfangswert

Ausgleichsbetrag = 585 €/m² – 553 €/m² = **32 €/m²**

In diesem Fall ist der Anfangswert gegenüber dem nach § 34 BauGB im Gebiet vor der Sanierung zulässigen Maß der baulichen Nutzung nach § 6 Abs. 1 ImmoWertV zu erhöhen.

b) Ausgleichsbetrag für Grundstück B

Das **Grundstück B** war bereits *vor* der Sanierung im Verhältnis zu dem nach § 34 BauGB im Gebiet zulässigen Maß der baulichen Nutzung **untergenutzt.** Das Ausmaß der Unternutzung wird sich infolge

§ 16 ImmoWertV — Ermittlung des Bodenwerts

der Sanierung mit der Heraufsetzung des zulässigen Maßes der baulichen Nutzung auf eine GFZ von 2,0 noch erhöhen.

Anfangswert:

Bodenwert bei einer GFZ von 1,5	= 500 €/m²
Bodenwert bei einer GFZ von 1,0 (realisiert):	
$BW_{GFZ=1,0} = 500$ €/m² × 1,00/1,24	= − 403 €/m²
wobei aus Anl. 11 WERTR $\quad UK_{GFZ=1,5} = 1,24$	
$\quad UK_{GFZ=1,0} = 1,00$	
Bodenwertunterschied	= 97 €/m²

Der Eigentümer konnte aber schon vor der Sanierung damit rechnen, dass er nach Ablauf der Restnutzungsdauer des Gebäudes von 20 Jahren das in der Umgebung zulässige Maß der baulichen Nutzung in Höhe einer GFZ von 1,5 realisieren kann. Mithin „schlummerte" auf dem Grundstück ein Bodenwertzuwachs von 500 €/m² − 403 €/m² = 97 €/m². Auch wenn er diesen Bodenwertzuwachs aufgrund der vorhandenen Bebauung wirtschaftlich erst nach Ablauf der Restnutzungsdauer realisieren kann, muss von einem Anfangswert von 500 €/m² bei einer GFZ von 1,5 ausgegangen werden, denn der sich im Vergleich zur realisierten Nutzung ergebende **Bodenwertzuwachs ist nicht auf die Sanierung zurückführbar und damit nach § 154 Abs. 2 BauGB auch nicht abschöpfbar,** weder in voller noch in diskontierter Höhe.

Endwert:

Die vorhandene Bebauung „blockiert" zusätzlich zu der bereits mit dem Anfangswert in Höhe von 500 €/m² berücksichtigten und zulässigen GFZ von 1,5 vor der Sanierung, die Realisierung der Bodenwerterhöhung infolge der zusätzlichen Erhöhung des Maßes der baulichen Nutzung mit einer GFZ von 1,5 auf eine GFZ von 2,0. Diese auf dem Grundstück „schlafende" Bodenwerterhöhung beträgt 85 €/m² und ist in 20 Jahren „realisierbar":

Endwert	=	500 €/m² + 85 €/m²/$1,05^{-20}$ = 532 €/m²
Ausgleichsbetrag	=	Endwert − Anfangswert
	=	532 €/m² − 500 €/m² = 32 €/m²

c) *Ausgleichsbetrag für Grundstück C*

Anfangswert	=	500 €/m²
Endwert	=	532 €/m² (vgl. Grundstück B)
Ausgleichsbetrag	=	Endwert − Anfangswert
Ausgleichsbetrag	=	532 €/m² − 500 €/m² = **32 €/m²**

Übersicht   Syst. Darst. Ertragswertverfahren

> *„Der Preis fürs Schwein ist oft nicht klein, weil Futtermais, nicht wahr, man weiß, auch wächst auf Land, von dem bekannt, dass oft es etwas hoch im Preis. Hast du bedacht, warum die Pacht so hoch? Sie ist nicht klein, weil man erhält von jenem Feld den teuren Mais, das teure Schwein."*
> (H. J. Davenport)

Unterabschnitt 2:
Ertragswertverfahren
(§§ 17 bis 20 ImmoWertV)

Systematische Darstellung des Ertragswertverfahrens

Gliederungsübersicht				Rn.
1	Anwendungsbereich			
	1.1	Allgemeines		1
	1.2	Ertragswert als Zukunftserfolgswert		4
	1.3	Allgemeine Ertragswertformel		
		1.3.1	Allgemeines	7
		1.3.2	Grundproblem der Ertragswertermittlung	12
		1.3.3	Lösungsalternativen	
			1.3.3.1 Übersicht	17
			1.3.3.2 Berücksichtigung künftiger Erträge mittels prognostizierter Ertragsentwicklungen	19
			1.3.3.3 Berücksichtigung künftiger Erträge mittels Kapitalisierungszinssatz	22
	1.4	Verfahrensübersicht		
		1.4.1	Allgemeines	32
		1.4.2	Ein- und zweigleisiges Ertragswertverfahren (Standardverfahren)	
			1.4.2.1 Eingleisiges Ertragswertverfahren (§ 17 Abs. 2 Nr. 2 ImmoWertV)	33
			1.4.2.2 Zweigleisiges Ertragswertverfahren (17 Abs. 2 Nr. 1 ImmoWertV)	36
			1.4.2.3 Mehrperiodisches Ertragswertverfahren (§ 17 Abs. 1 Satz 2 i. V. m. Abs. 3 ImmoWertV)	41
		1.4.3	Besonderheiten bei Anwendung der Ertragswertverfahren	
			1.4.3.1 Überblick	58
			1.4.3.2 Bodensondierung bei übergroßen Grundstücken	59
			1.4.3.3 Freilegungskostenverminderter Bodenwert	61
			1.4.3.4 Temporäre Mehr- oder Mindererträge und sonstige grundstücksspezifische Besonderheiten	64
		1.4.4	Vereinfachtes Ertragswertverfahren	66
		1.4.5	Vervielfältigerverfahren (Maklermethode)	87
		1.4.6	Instandhaltungs- und Modernisierungsmodell	97
2	Grundzüge der Ertragswertverfahren			
	2.1	Übersicht		
		2.1.1	Ertragswertverfahren nach ImmoWertV	103
		2.1.2	BelWertV	113
		2.1.3	Steuerliche Bewertung	117
	2.2	Grundzüge des allgemeinen Ertragswertverfahrens nach § 17 Abs. 2 Nr. 1 ImmoWertV (Standardverfahren)		119
	2.3	Ermittlung des vorläufigen Ertragswerts		
		2.3.1	Bodenwert	
			2.3.1.1 Rechtsgrundlagen	124

		2.3.1.2	Bodensondierung	125
		2.3.1.3	Abweichungen der realisierten von der zulässigen bzw. lagetypischen Nutzung	139
		2.3.1.4	Berücksichtigung von Freilegungskosten	141
		2.3.1.5	Abgabenpflicht	149
		2.3.1.6	Gespaltene Bodenwerte	163
		2.3.1.7	Aufwuchs	178
	2.3.2	Reinertrag		
		2.3.2.1	Allgemeines	179
		2.3.2.2	Marktüblich erzielbarer Rein- bzw. Rohertrag nach ImmoWertV	187
		2.3.2.3	BelWertV	194
		2.3.2.4	Steuerliche Bewertung	196
	2.3.3	Bewirtschaftungskosten		
		2.3.3.1	Verkehrswertermittlung nach ImmoWertV	198
		2.3.3.2	Beleihungswertermittlung nach BelWertV	204
		2.3.3.3	Steuerliche Bewertung	206
		2.3.3.4	Betriebskosten	208
		2.3.3.5	Verwaltungskosten	214
		2.3.3.6	Mietausfallwagnis	216
		2.3.3.7	Instandhaltungskosten	220
		2.3.3.8	Modernisierungsrisiko	223
	2.3.4	Ertragswert der baulichen Anlage (Gebäudeertragswert)		
		2.3.4.1	Allgemeines	226
		2.3.4.2	Gebäudeertragswert bei Anwendung des zweigleisigen Ertragswertverfahrens	229
		2.3.4.3	Bodenwertverzinsungsbetrag	241
	2.3.5	Vervielfältiger (Barwertfaktor)		
		2.3.5.1	Allgemeines	244
		2.3.5.2	Vervielfältiger nach ImmoWertV, BelWertV und BewG	247
		2.3.5.3	Abweichende Vervielfältiger	248
	2.3.6	Liegenschaftszinssatz		
		2.3.6.1	Verkehrswertermittlung nach ImmoWertV	249
		2.3.6.2	Beleihungswertermittlung	260
		2.3.6.3	Steuerliche Bewertung	262
	2.3.7	Gesamt- und Restnutzungsdauer		
		2.3.7.1	ImmoWertV	263
		2.3.7.2	BelWertV	270
		2.3.7.3	Steuerliche Bewertung	271
	2.3.8	Betrachtungszeitraum und Restwert nach § 17 Abs. 3 ImmoWertV		
		2.3.8.1	Allgemeines	272
		2.3.8.2	Betrachtungszeitraum	273
		2.3.8.3	Restwert des Grundstücks	275
	2.3.9	Vorläufiger Ertragswert		276
2.4	Ertragswert und Verkehrswert			
	2.4.1	Subsidiäre Berücksichtigung besonderer objektspezifischer Grundstückmerkmale		278
	2.4.2	Verkehrswert (Marktwert)		282
2.5	Beispiel zum Ertragswertverfahren			283
2.6	Allgemeine Fehlerbetrachtung			284
2.7	Ermittlung der Soll- bzw. Kostenmiete (Reinertrag) – *Frontdoor-Approach*			
	2.7.1	Allgemeines		291
	2.7.2	Soll- bzw. Kostenmiete (Reinertrag) auf ertragswirtschaftlicher Grundlage		293
	2.7.3	Soll- bzw. Kostenmiete (Reinertrag) auf investiven Grundlagen		296

1 Anwendungsbereich

1.1 Allgemeines

Schrifttum: *Dieterich/Kleiber,* Verkehrswertermittlung von Grundstücken, 4. Aufl., vhw-Verlag 2001; *Dröge,* Handbuch der Mietpreisbewertung für Wohn- und Gewerberaum, 2. Aufl.; *Fischer/Lorenz/Biederbeck/Astl,* Verkehrswertermittlung von bebauten und unbebauten Grundstücken, Köln 2005; *Gottschalk, G.-J.,* Immobilienwertermittlung, 2. Aufl.; *Petersen, H.,* Marktorientierte Immobilienbewertung, 6. Aufl.; *Pohnert, F. u. a.,* Kreditwirtschaftliche Wertermittlungen, 6. Aufl., Luchterhand 2005; *Popp, M.,* Simultan integrierte Unternehmensbewertung, DStR 1998, 542; *Schwetzler, B.,* Unternehmensbewertung und Risiko, DB 2002, 390; *Schwirley,* Mietwertermittlung, 2. Aufl.; *Simon/Kleiber,* Schätzung und Ermittlung von Grundstückswerten, 8. Aufl., Luchterhand 2004; *Simon/Cors/Halaczinsky/Teß,* Handbuch der Immobilienwertermittlung, 5. Aufl.; *Sommer/Kröll,* Lehrbuch zur Immobilienbewertung, 3. Aufl. 2010; *Tiemann, M.,* Reformvorschläge zum Ertrags- und Sachwertverfahren, AVN 1970, 523; *Vogels, M.,* Grundstücksbewertung – marktgerecht, 5. Aufl.; *Zunft,* Der Ertragswert als maßgeblicher Faktor des Verkehrswerts von Grundstücken, MDR 1961, 550.

▶ *Zu den Anwendungsfällen vgl. § 8 ImmoWertV Rn. 63 ff.*

Das Ertragswertverfahren *(Rental Method)* ist für die Ermittlung des Verkehrswerts von Objekten geeignet, für die die **Verzinsung des investierten Kapitals bei der Preisbildung im gewöhnlichen Geschäftsverkehr ausschlaggebend** ist. Dies sind insbesondere Mietwohn- und Geschäftsgrundstücke, gemischt genutzte Grundstücke, Gewerbe- und Industriegrundstücke. Heute kommt dem Ertragswertverfahren eine allgemein gültige Bedeutung für die Verkehrswertermittlung bebauter Grundstücke zu, zumindest wenn man von Ein- und Zweifamilienhäusern (sog. Sachwertobjekte) und den Fällen absieht, wo das Vergleichswertverfahren gesichertere Ergebnisse erwarten lässt.

Neben Mietwohngrundstücken werden gewerblich genutzte Grundstücke aller Art als „Ertragswertobjekte" angesehen. Dazu gehören

a) **Handelsimmobilien** einschließlich Einzelhandelsimmobilien,

b) **Büro- und Verwaltungs-, Sozialgebäude**,

c) **Fabrikgrundstücke** (deren Verkehrswert über Jahrzehnte traditionell aus dem Sachwert abgeleitet wurde), **Werkstätten, Logistikimmobilien** (Lagerhallen), **Speditionen, Garagengrundstücke** (Parkhäuser, Garagenhöfe, Tief- und Sammelgaragen, Kfz-Pflege- und Waschhallen) **usw.**,

d) **sonstige Sonderimmobilien, insbesondere** Betreiberimmobilien, wie **Hotels, Kliniken und Altenheimgrundstücke, Freizeit- und Dienstleistungsimmobilien,**

e) öffentlich genutzte Gebäude (**Gemeinbedarfsgrundstücke**), die auf Dauer einer **öffentlichen Zweckbindung** unterworfen sind (vgl. § 8 ImmoWertV Rn. 131 und § 5 ImmoWertV Rn. 475 ff.; Syst. Darst. des Sachwertverfahrens Rn. 3). Dies ist darin begründet, dass auch die öffentliche Hand, wenn es um den Erwerb solcher Grundstücke geht, vor der Alternative steht, entsprechende Grundstücke anzumieten oder selber zu bauen (Sachwert). Bei Anwendung des Ertragswertverfahrens auf Gemeinbedarfsgrundstücke ist allerdings als Besonderheit zu beachten, dass bei der Ermittlung des Bodenwertverzinsungsbetrags ein mit der angesetzten Miete korrespondierender Bodenwert, ansonsten aber der tatsächliche Bodenwert zum Ansatz kommen muss.

Wie unter § 8 ImmoWertV Rn. 78 ausgeführt, kann das Ertragswertverfahren auch auf die Ermittlung des Verkehrswerts von **Ein- und Zweifamilienhäusern** Anwendung finden. Diese Objekte gelten zwar als typische Sachwertobjekte, denn im gewöhnlichen Geschäftsverkehr orientiert sich das Kaufverhalten maßgeblich an den Kosten, die für diese Objekte aufzubringen sind. Einem Käufer stellt sich hier die Frage: „Bauen oder kaufen?". Gleichwohl kann prinzipiell auch das Ertragswertverfahren Anwendung finden, wenn dafür geeignete Liegenschaftszinssätze zur Verfügung stehen. Daran scheitert es aber zumeist, zumal die Liegenschaftszinssätze je nach Lage und Ausstattung dieser Objekte erhebliche Unterschiede aufweisen können (auch negative Liegenschaftszinssätze!). Im Schrifttum ist der hierzu geführte Methodenstreit in völlig unangemessener Weise hochstilisiert worden[1].

Im Übrigen ist darauf hinzuweisen, dass sich der **Begriff des „Ertragswertverfahrens"** bei genauerer Betrachtung nicht auf ein bestimmtes Verfahren beziehen kann. Es handelt sich hierbei vielmehr um einen **Oberbegriff für renditeorientierte Wertermittlungsverfahren.** Von daher kann von der „Familie der Ertragswertverfahren" gesprochen werden. Hierzu gehören auch das prognoseorientierte *Discounted Cashflow* Verfahren, die **Kapitalwertverfahren** für Rentabilitätsanalysen[2] und auch das sog. **Pachtwertverfahren** (modifiziertes Ertragswertverfahren)[3].

1.2 Ertragswert als Zukunftserfolgswert

4 Der **Verkehrswert (Marktwert)** ist in § 194 BauGB zwar **als stichtagsbezogener,** gleichwohl **aber zukunftsorientierter Wert** definiert. Er bestimmt sich maßgeblich durch den Nutzen, den ein Grundstück seinem Eigentümer zukünftig gewährt (Zukunftserfolgswert), auch wenn der Eigentümer aus subjektiven Gründen darauf verzichten mag, diesen Nutzen aus dem Grundstück zu ziehen. Dies gilt insbesondere für bebaute Objekte, für deren Wertschätzung im gewöhnlichen Geschäftsverkehr der nachhaltig erzielbare Ertrag im Vordergrund steht. Der **Verkehrswert** dieser Grundstücke **bestimmt sich dann nach den auf den Wertermittlungsstichtag eskomptierten Erträgen**. Im Kern ist jedes Ertragswertverfahren darauf gerichtet, den **auf den Wertermittlungsstichtag bezogenen Barwert aller künftigen Erträge** zu ermitteln *(Income Approach).* Das Ertragswertverfahren ist deshalb – wie immer es im Einzelnen ausgestaltet ist – ein Barwertverfahren *(Discounted Cashflow* Verfahren). Dies gilt grundsätzlich auch für das in der ImmoWertV geregelte Ertragswertverfahren. Die in der Vergangenheit erzielten Erträge werden dabei hilfsweise als Indiz für die künftig erzielbaren Erträge herangezogen, und zwar auch nur insoweit, wie sie sich auf die künftige Nutzung projizieren lassen.

5 Die künftig erzielbaren Erträge sind dabei nicht nur ein wesentlicher wertbeeinflussender Faktor für den Wertanteil der baulichen Anlage. Auch der **Bodenwert (-anteil)** wird durch die auf einem Grundstück erzielbaren Erträge bestimmt. Zur Verdeutlichung sei nur auf die Umrechnungskoeffiziententabelle zur Berücksichtigung eines unterschiedlichen Maßes der baulichen Nutzung verwiesen (vgl. Syst. Darst. des Vergleichswertverfahrens Rn. 218).

6 Grundsätzlich kann der Sachverständige darauf vertrauen, dass er mit den am Wertermittlungsstichtag marktüblich erzielbaren Ertragsverhältnissen die nachhaltige Ertragssituation „einfängt", wenn er zur Kapitalisierung dieser Erträge den (dynamischen) Liegenschaftszinssatz heranzieht, der auf dem Grundstücksmarkt im Hinblick auf die künftige Entwicklung ermittelt wurde (vgl. § 14 ImmoWertV Rn. 148 ff.). Dies ist aber dann nicht der Fall, wenn eine Immobilie zur Umnutzung ansteht, die der Sachverständige erkennen muss, denn das **in einer Immobilie „schlummernde" Entwicklungspotenzial** ist Bestandteil der nachhaltigen Ertragsfähigkeit[4]. Das Gleiche gilt, wenn die am Wertermittlungsstichtag **tatsächlich gegebenen Ertragsverhältnisse** aufgrund vertraglicher Bindungen bzw. des geltenden Mietrechts von den nachhaltigen Erträgen **der Höhe nach und über eine zeitliche Bindungsfrist in einem Maße abweichen, dass sie sich nachhaltig auswirken** und für das Ergebnis der Ertragswertermittlung bedeutsam sind.

---

1 Zu dem letztlich fruchtlosen Methodenstreit vgl. Sailer in GuG 1999, 50; Möckel in GuG 1998, 270; Hiller in GuG 1999, 52 und Sommer in GuG 1998, 215.
2 Kleiber, Verkehrswertermittlung von Grundstücken, 6. Aufl. 2010 S. 1627.
3 Kleiber, Verkehrswertermittlung von Grundstücken, 6. Aufl. 2010 S. 1619, 1632.
4 Kleiber, Verkehrswertermittlung von Grundstücken, 6. Aufl. 2010, § 194 BauGB Rn. 63 ff.

1.3 Allgemeine Ertragswertformel

1.3.1 Allgemeines

Wie bereits ausgeführt, geht es bei Anwendung des Ertragswertverfahrens im Kern stets darum, den Verkehrswert (Ertragswert) eines bebauten Grundstücks als den auf einen Wertermittlungsstichtag bezogenen **Barwert aller künftigen (d. h. ad infinitum) Erträge** zu ermitteln. Da mit der Unterhaltung von Immobilien in aller Regel Bewirtschaftungskosten verbunden sind, geht es konkret um die aus der Immobilie fließenden Reinerträge.

Betrachtet man einmal die sich jährlich ergebenden Reinerträge, setzt sich der **Ertragswert** aus

- der **Summe der über die verbleibende wirtschaftliche Restnutzungsdauer der baulichen Anlage jährlich anfallenden Reinerträge, jeweils diskontiert auf den Wertermittlungsstichtag,**
- **zuzüglich des** nach Ablauf der Restnutzungsdauer des Gebäudes **verbleibenden diskontierten Restwerts**

zusammen. Restwert ist nach Ablauf der wirtschaftlichen Restnutzungsdauer des Gebäudes der Bodenwert, denn nur dieser verbleibt als wertbeständiger „Rest". Geht man zur Ermittlung des verbleibenden Bodenwerts vom Bodenwert eines unbebauten Grundstücks aus, so muss dieser um die Freilegungskosten vermindert werden, denn die wirtschaftlich verbrauchte Bausubstanz stellt eine wertmindernde Belastung dar. Als „**Urmutter**" aller **Ertragswertverfahren** kann deshalb folgende Formel gelten:

$$EW = \frac{RE_1}{q^1} + \frac{RE_2}{q^2} + \frac{RE_3}{q^3} + \frac{RE_4}{q^4} + ... \frac{RE_n}{q^n} + \frac{BW - FLK}{q^n}$$

oder (in anderer mathematischen Schreibweise, da $1/q^n = q^{-n}$):

$$EW = RE_1 \times q^{-1} + RE_2 \times q^{-2} + RE_3 \times q^{-3} + RE_4 \times q^{-4} + ... RE_n \times q^{-n} + (BW - FLK) \times q^{-n}$$

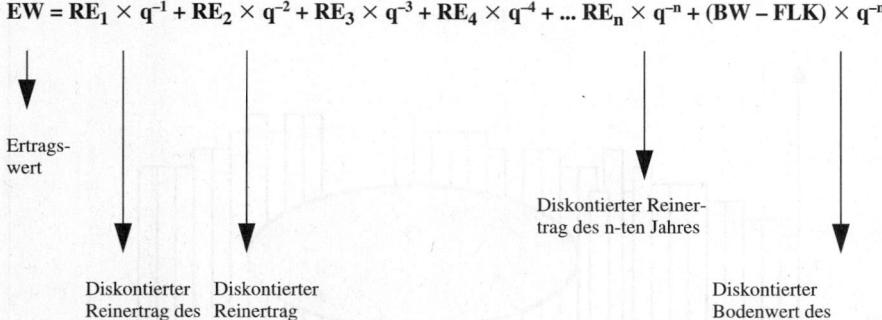

Ertragswert

Diskontierter Reinertrag des 1. Jahres

Diskontierter Reinertrag des 2. Jahres

Diskontierter Reinertrag des n-ten Jahres

Diskontierter Bodenwert des n-ten Jahres (vermindert um die Freilegungskosten)

wobei
EW   Ertragswert
RE_i Reinertrag des jeweiligen Jahres
n   Restnutzungsdauer der baulichen Anlage
BW   Bodenwert
FLK   Freilegungskosten
q   Zinsfaktor = 1 + p/100
p   Diskontierungszinssatz

Syst. Darst. Ertragswertverfahren — Allgemeines

Hinweis: Bei langer Restnutzungsdauer der baulichen Anlage kann auf die Verminderung des Bodenwerts um die Freilegungskosten zur Vereinfachung verzichtet werden, denn der Bodenwert reduziert sich mit seiner Abzinsung auf eine marginale Restgröße.

9 Der Jahresreinertrag und der verbleibende Restwert sind gewissermaßen der *cashflow*. Der Ertragswert ist mithin nichts anderes als ein *Discounted Cashflow-Wert,* der sich aus den aufsummierten *discounted cashflows* ergibt. **Grundsätzlich ist daher jedes Ertragswertverfahren ein *Discounted Cashflow* Verfahren und umgekehrt.**

10 In etwas eleganterer Schreibweise stellt sich vorstehende Formel wie folgt dar: (1)

Ertragswertverfahren

$$EW = \sum_{1}^{n} RE_n \times q^{-n} + \text{Restwert} \times q^{-n}$$

11 Bei dem Ertragswertverfahren handelt es sich nicht um ein bestimmtes streng definiertes Wertermittlungsverfahren, sondern um ein Verfahren, das in unterschiedlichen Variationen zur Anwendung kommen kann. Insofern kann von der **„Familie der Ertragswertverfahren"** gesprochen werden. Die ImmoWertV regelt davon drei Varianten, ohne damit die Anwendung anderer Verfahrensvarianten auszuschließen.

1.3.2 Grundproblem der Ertragswertermittlung

12 Das **Kardinalproblem jedweder Ertragswertermittlung** besteht stets **darin, die künftigen Erträge** sowie den Restwert „Bodenwert" (zum Zeitpunkt des wirtschaftlichen Abgangs der baulichen Anlage abzüglich der dann anfallenden Freilegungskosten) **richtig zu prognostizieren**, um sie in zutreffender Weise in die Ertragswertermittlung einzustellen (Abb. 1):

Abb. 1: Prognose der Jahresreinerträge

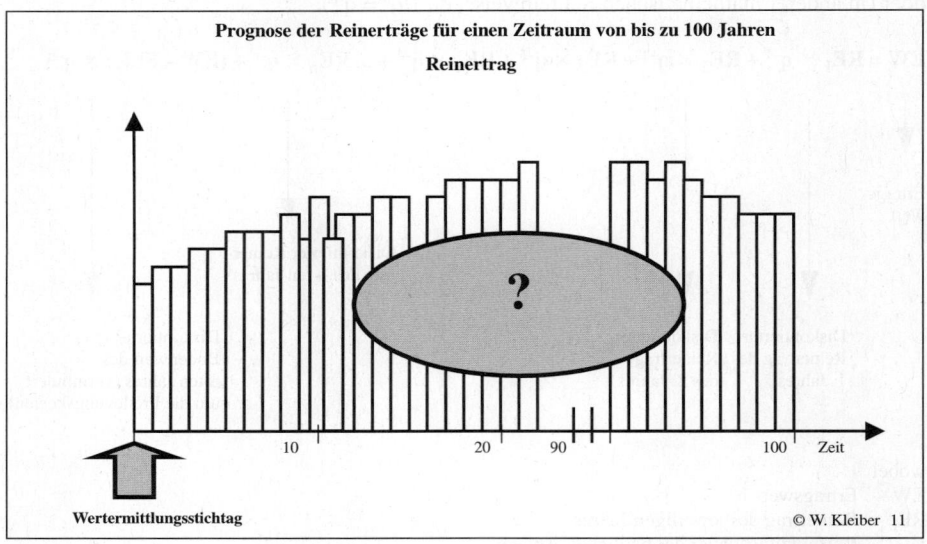

13 Bei einer langlebigen Immobilie kann dies bedeuten, dass die Erträge über einen Zeitraum von bis zu 100 Jahren und mehr prognostiziert werden müssen. Dieses schier unlösbare Problem vereinfacht sich ein wenig dadurch, dass sich die **künftigen Erträge mit fortschreitender Zeit** infolge ihrer Diskontierung vermindern und bei ∞ **zu einer vernachlässigbaren**

Größe werden. Eine 100-jährige Restnutzungsdauer kommt praktisch einer unendlichen Nutzungsdauer gleich (Abb. 2).

Abb. 2: Barwerte künftiger Erträge

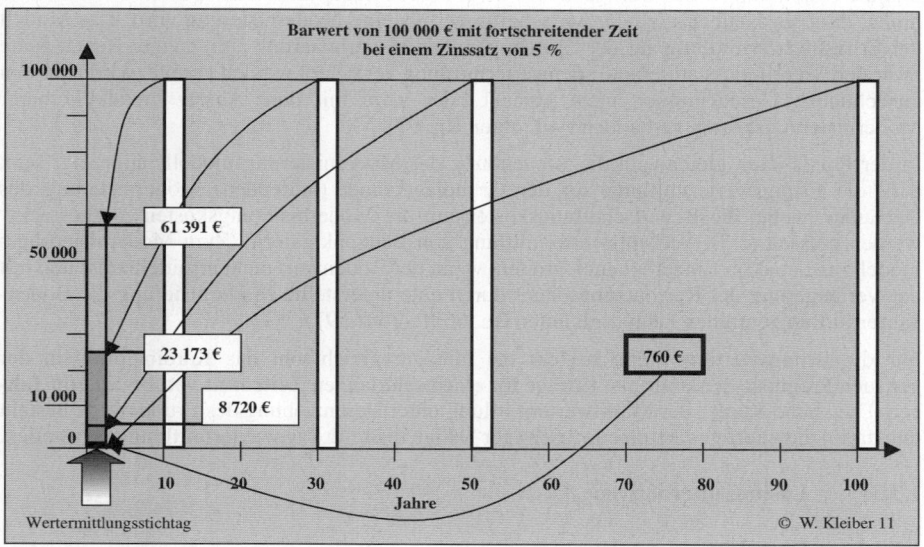

Darüber hinaus wird der zu betrachtende **Zeitraum durch die wirtschaftliche Nutzbarkeit der baulichen Anlage – der Restnutzungsdauer** (§ 6 Abs. 6 ImmoWertV) – **begrenzt**. Es kommt dabei auf die wirtschaftliche Nutzbarkeit der baulichen Anlage an, denn aus der bloßen physischen Existenz sind keine Erträge zu erzielen. Über welchen Zeitraum eine wirtschaftliche Nutzung gegeben ist, hängt neben den allgemeinen Marktverhältnissen vor allem davon ab, wie die bauliche Anlage unterhalten wird. Dabei kann unterschieden werden zwischen

a) einer laufenden Instandhaltung und

b) einer laufenden Instandhaltung i. V. m. einer Modernisierung

der baulichen Anlage. Im Falle einer bloßen Instandhaltung ist die wirtschaftliche Gesamt- bzw. Restnutzungsdauer einer baulichen Anlage zeitlich begrenzt, da sich die Anforderungen an die Nutzung baulicher Anlagen mit der Zeit erheblich wandeln und dem nicht mit der Instandhaltung entsprochen wird (vgl. unten Rn. 220, § 19 ImmoWertV Rn. 105). Als maximal erreichbare wirtschaftliche Gesamtnutzungsdauer bei ordnungsgemäßer Instandhaltung wird ein Zeitraum von wiederum 100 Jahren angesehen. Unter Einbeziehung der Modernisierung kann eine bauliche Anlage theoretisch auf ewig erhalten werden (sog. **„ewige" Restnutzungsdauer**), jedoch wird auch in diesem Fall die Modernisierung i. d. R. irgendwann auch einmal unwirtschaftlich (vgl. unten Rn. 86 und 97 f.).

In der Wertermittlungspraxis wird bei der Ertragswertermittlung regelmäßig nur die **Instandhaltung** der baulichen Anlage mit der Folge unterstellt, dass der bei der Ertragswertermittlung zu betrachtende Zeitraum durch die daraus resultierende wirtschaftliche Gesamt- und Restnutzungsdauer begrenzt wird. Dem entspricht auch die ImmoWertV. Den dort geregelten Ertragswertverfahren liegt das sog. **Instandhaltungsmodell** zugrunde, bei dem sich Gesamt- und Restnutzungsdauer nach der Anzahl von Jahren bestimmen, in denen die baulichen Anlagen *bei ordnungsgemäßer Bewirtschaftung* voraussichtlich wirtschaftlich genutzt werden können (§ 6 Abs. 5 und § 23 Satz 3 ImmoWertV); im Rahmen einer *ordnungsgemäßen Bewirtschaftung* ist das Gebäude lediglich instand zu halten. Die Ertragswertermittlung unter

Syst. Darst. Ertragswertverfahren Allgemeines

Einbeziehung einer Modernisierung (**Modernisierungsmodell**) ist im Verhältnis zum Instandhaltungsmodell fehlerträchtig, da dann die künftigen Modernisierungskosten in die Ertragswertermittlung eingestellt werden müssen und diese sind nur mit großen Unsicherheiten abschätzbar. So sind z. B. die Anforderungen an den Grundriss (z. B. Achsabstandsmaß) und die Ausstattung eines Bürogebäudes in 40 Jahren heute nicht konkretisierbar; es kommt hinzu, dass ein Neubau vielfach wirtschaftlicher als eine Modernisierung wird. Das Modell der Ertragswertermittlung auf der Grundlage einer Modernisierung „mit ewiger Rente" hätte zwar den Vorteil, dass auf eine Bodenwertermittlung verzichtet werden könnte, wird aber den tatsächlichen Geschehnissen nicht gerecht oder wäre mit dem Ansatz unkalkulierbarer Modernisierungskosten verbunden (vgl. unten Rn. 97).

In der Praxis kann gleichwohl die Anwendung des Modernisierungsmodells angezeigt sein, d. h. die Ertragswertermittlung auf der Grundlage einer (laufenden) Modernisierung des Gebäudes, wobei die Bewirtschaftungskosten um die Modernisierungskosten „aufgestockt" werden müssen (z. B. Verkehrswertermittlung von Baudenkmälern). Zum Modernisierungsmodell mag man im Einzelfall auch greifen, wenn der Bodenwert nicht ermittelbar ist und mit der Verlängerung der Restnutzungsdauer durch eine unterstellte Modernisierung die Bodenwertermittlung entfallen kann (vgl. unten Rn. 66 ff., 76 ff., 97).

16 Für die Ertragswertermittlung besteht bei alledem gleichwohl das Kardinalproblem der genauen Prognose der künftigen Erträge für einen sehr langen **Zeitraum von bis zu 100 Jahren**. Die „hohe Kunst" der Marktwertermittlung unter Heranziehung des Ertragswerts besteht nun darin, die künftigen Erträge in „richtiger" Höhe in die Ertragswertermittlung einzustellen.

1.3.3 Lösungsalternativen

1.3.3.1 Übersicht

17 Zur Lösung des Kardinalproblems jedweder Ertragswertermittlung sind zwei Verfahren gebräuchlich, von denen die zweite Methode international[5] im Vordergrund steht.

1. Das **Prognoseverfahren**, bei dem die künftigen Einnahmen und Ausgaben auf der Grundlage einer Ertragsanalyse über die gesamte Restnutzungsdauer prognostiziert und mittels eines geeigneten Zinssatzes auf den Wertermittlungsstichtag diskontiert werden. Dieses Verfahren ist in erster Linie ein Investorenverfahren, das direkt zum *investment value* und nicht zum Verkehrswert *(market value)* führt. Für dieses Verfahren wird in irreführender Weise der Begriff „*Discounted Cashflow* Verfahren" vereinnahmt, obwohl sich auch bei Anwendung des dynamischen Ertragswertverfahrens (nach ImmoWertV) der Ertragswert aus den „*discounted cashflows*" ergibt. Dies gilt im Übrigen auch dann, wenn der Ertragswert auf der Grundlage der am Wertermittlungsstichtag marktüblich erzielbaren Jahresreinerträge mithilfe des dynamischen Liegenschaftszinssatzes kapitalisiert wird, denn auch hier ermittelt sich der Ertragswert aus den *discounted cashflows*.

   Die Ertragswertermittlung auf der Grundlage von Prognosen ist im Hinblick auf die in der Regel sehr lange Restnutzungsdauer einer baulichen Anlage äußerst fehlerträchtig, zumal selbst nach 10 Jahren die diskontierten Reinerträge noch erheblich sind. Das Prognoseverfahren (*Discounted Cashflow* Verfahren) kommt deshalb in der Weise zur Anwendung, dass man die Prognosen auf einen Zeitraum von etwa 10 Jahren beschränkt und den dafür ermittelten Barwert mit einem zumeist nach dem (klassischen) Ertragswertverfahren ermittelten Restwert zusammenfasst.

2. Die andere Lösungsalternative ist das **dynamische Ertragswertverfahren** *(direct capitalization)*, bei dem – ausgehend von dem am Wertermittlungsstichtag marktüblich erzielbaren Jahresreinertrag – die vom Grundstücksmarkt erwartete immobilienwirtschaftliche Gesamtentwicklung (einschließlich der Ertragsentwicklung) mit dem Liegenschaftszins-

---

5 The Appraisal of Real Estate, 12. Aufl., Chicago, S. 493.

satz (*all over capitalization rate,* vgl. § 14 Abs. 3 ImmoWertV) berücksichtigt wird (*growth implicit method; all over capitalization method*).

Der Vorteil dieser international gebräuchlichen Methode besteht darin, dass die künftigen Entwicklungen der Erträge nicht mit der subjektiven Einschätzung des Sachverständigen, sondern nach der objektiven Betrachtungsweise des Grundstücksmarktes berücksichtigt werden. Der dabei heranzuziehende Liegenschaftszinssatz wird nämlich aus auf dem Grundstücksmarkt getätigten Käufen und damit unter Berücksichtigung der Einschätzung der künftigen Entwicklung eben dieses Marktes abgeleitet (§ 20 ImmoWertV i. V. m. § 14 Abs. 3 ImmoWertV). Insoweit handelt es sich um ein Verfahren, das in besonderem Maße für sich in Anspruch nehmen kann, zu einem Marktwert (Verkehrswert) zu führen.

Abb. 3: Überblick zum Ertragswertverfahren

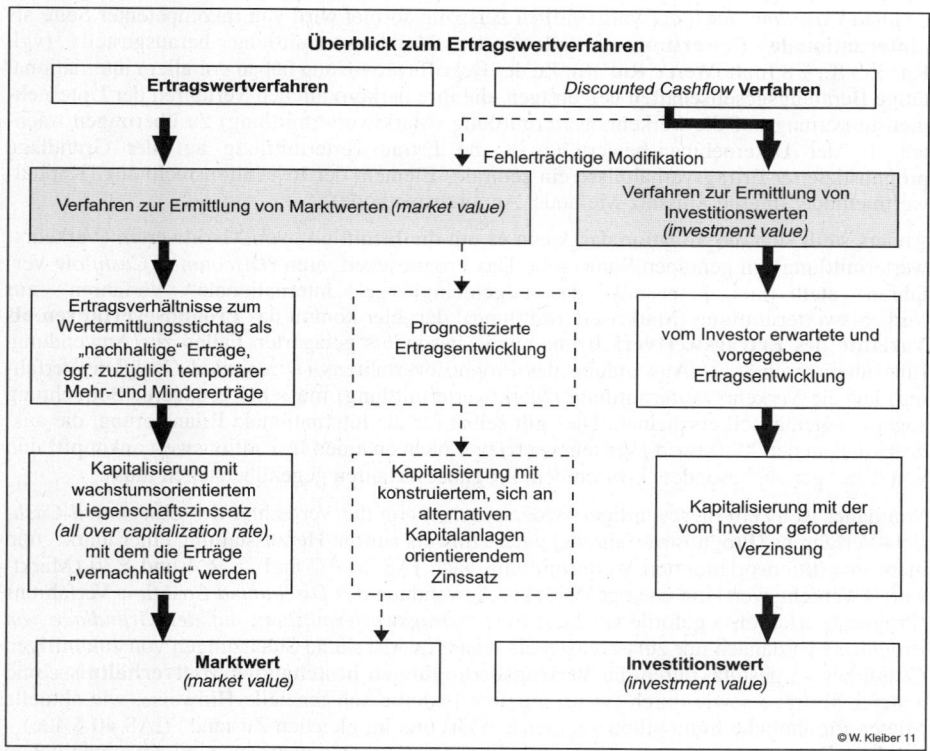

Die **ImmoWertV enthält keinerlei Regelungen über ein auf Prognosen gestütztes Ertragswertverfahren** (*Discounted Cashflow* **Verfahren**, vgl. hierzu ausführlich Vorbem. zur ImmoWertV Rn. 13). Bei dem in den §§ 17 bis 20 ImmoWertV geregelten Ertragswertverfahren handelt es sich um ein auf das Marktgeschehen gestütztes dynamisches Ertragswertverfahren im vorstehenden Sinne. § 17 ImmoWertV enthält im Einzelnen Regelungen zum

1. *zweigleisigen* Ertragswertverfahren unter Aufteilung des Ertragswerts in einen Boden- und Gebäudewertanteil (vgl. § 17 Abs. 2 Nr. 1 ImmoWertV),

2. *eingleisigen* Ertragswertverfahren ohne Aufteilung des Ertragswerts in einen Boden- und Gebäudewertanteil (vgl. § 17 Abs. 2 Nr. 2 ImmoWertV) und

3. *mehrperiodischen* Ertragswertverfahren auf der Grundlage alternierender Erträge (§ 17 Abs. 1 Satz 2 i. V. m. Abs. 3 ImmoWertV).

Syst. Darst. Ertragswertverfahren — Allgemeines

Die vorgegebenen drei Verfahrensvarianten entsprechen internationalen Standards *(growth implicit method; all over capitalization method)* und sind mathematisch identisch. Sie müssen deshalb allesamt zu ein und demselben Ergebnis führen. Diese Überregulierung ist vor dem Hintergrund der erklärten Entbürokratisierungsbemühungen ungewöhnlich, zumal es sich bei allen Varianten um solche handelt, die schon seit jeher zum alltäglichen Handwerkszeug der gängigen Wertermittlungspraxis gehören und zudem schon vor Inkrafttreten der ImmoWertV in den WERTR von 2002 verankert waren.

1.3.3.2 Berücksichtigung künftiger Erträge mittels prognostizierter Ertragsentwicklungen

▶ *Vgl. § 14 ImmoWertV Rn. 161 ff.; Vorbem. zur ImmoWertV Rn. 6*

19 Die Anwendung des Ertragswertverfahrens auf der Grundlage prognostizierter Erträge *(Discounted Cashflow)* nach der vorgestellten Ausgangsformel wird von inkompetenter Seite als „**internationale Bewertungsmethode**"[6] der Marktwertermittlung herausgestellt (vgl. Rn. 358 ff., § 8 ImmoWertV Rn. 16). Zu der Begriffsverwirrung haben vor allem international tätige Beratungsgesellschaften beigetragen, die ihre herkömmlichen Verfahren der Unternehmensbewertung auf die Verkehrswertermittlung (Marktwertermittlung) zu übertragen trachten. In der Unternehmensbewertung ist die Ertragswertermittlung auf der Grundlage prognostizierter Ertragsverhältnisse ein zentrales Element der Investitionsrechnung (Kapitalwertmethode; Interne Zinssatz-Methode, Annuitätsmethode).

20 Anders stellt sich die Situation dar, wenn es um die Ermittlung von Marktwerten (Verkehrswertermittlung) im genuinen Sinne geht. Das Prognoseverfahren *(Discounted Cashflow Verfahren)* stellt hier keinesfalls das allgemeingültige „internationale" Verfahren" zur Verkehrswertermittlung (Marktwertermittlung)[7] dar; hier kommt das **Prognoseverfahren als Variante des Ertragswertverfahrens** nur in besonders gelagerten Fällen zur Anwendung. Eine uneingeschränkte Anwendung des Prognoseverfahrens *(Discounted Cashflow Verfahren)* auf die Verkehrswertermittlung (Marktwertermittlung) muss bei genauerer Betrachtung sogar problematisch erscheinen. Dies gilt selbst für die internationale Bilanzierung, die ausdrücklich an den Marktwert (Verkehrswert) und nicht an einen Investitionswert anknüpft[8] und von daher gerade besonders kritisch dem Prognoseverfahren gegenüberstehen muss.

21 Von daher ist es ein merkwürdiger Widerspruch, wenn die Verfechter des *Discounted Cashflow* Verfahrens (Prognoseverfahrens) unter Hinweis auf die Herausstellung einer markt- und nicht investitionsorientierten Wertermittlung nach IAS 16 § 7 und 25, § 4 und § 30 (Marktwert = Verkehrswert) die uneingeschränkte Anwendung des *Discounted Cashflow* Verfahrens (Prognoseverfahrens) gefordert haben. Eine *Ertragswertermittlung auf der Grundlage von Prognosen* ist danach nur zulässig, soweit sie auf „verlässliche Schätzungen von zukünftigen *Cashflows* – „gestützt durch die **Vertragsbedingungen bestehender Mietverhältnisse** und anderer Verträge sowie durch (wenn möglich) externe substanzielle Hinweise, wie aktuelle Mieten für ähnliche Immobilien am gleichen Ort und im gleichen Zustand" (IAS 40 § 40c) – beruht. „Prognosen", die auf Vertragsbedingungen gestützt werden, sind im eigentlichen Sinne keine Prognosen; die Berücksichtigung von Vertragsbedingungen ist auch dem Ertragswertverfahren (nach ImmoWertV) immanent (§ 4 Abs. 3, § 6 Abs. 2 und § 8 Abs. 3 ImmoWertV). Das Gleiche gilt für die Vorgaben der IAS-Regelung zum Abzinsungszinssatz. Zur Abzinsung gibt IAS 40 § 40c nämlich vor, dass solche Zinssätze zu verwenden sind, die die gegenwärtigen Bewertungen des Marktes hinsichtlich der Unsicherheit der Höhe und des zeitlichen Anfalls künftiger Cashflows widerspiegeln. Auch dies entspricht materiell den mit § 14 Abs. 3 ImmoWertV gegebenen Vorgaben zum Liegenschaftszinssatz.

---

6 Vgl. Kleiber in GuG 2004, 193.
7 Vgl. Hök, G.-S., DCF-Verfahren in Frankreich, GuG 2002, 284.
8 Kleiber, Verkehrswertermittlung von Grundstücken, 5. Aufl. 2010, § 194 BauGB, Rn. 212.

Allgemeines   **Syst. Darst. Ertragswertverfahren**

1.3.3.3 Berücksichtigung künftiger Erträge mittels Kapitalisierungszinssatz

International bedient man sich zumindest im Rahmen der Verkehrswertermittlung (Marktwertermittlung) nicht des fehlerträchtigen Prognoseverfahrens (*Discounted Cashflow*), sondern des **dynamischen (klassischen) Ertragswertverfahrens**. Bei Anwendung des (klassischen) Ertragswertverfahrens bedient man sich zur Lösung der Prognoseproblematik eines „Kunstgriffs". Man geht im Grundsatz zur Ermittlung des Ertragswerts von dem Jahresreinertrag aus, der mit Blick auf die Zukunft zum Wertermittlungsstichtag (empirisch belegbar) bei ordnungsgemäßer Bewirtschaftung üblicherweise am Wertermittlungsstichtag erzielbar ist, und kapitalisiert diesen Jahresreinertrag mit einem besonderen aus dem Marktgeschehen abgeleiteten Kapitalisierungszinssatz, der entsprechend den Erwartungen des allgemeinen Grundstücksmarktes die angesetzte Anfangsrendite dynamisiert. Dieser besondere Kapitalisierungszinssatz wird in der ImmoWertV als Liegenschaftszinssatz (vgl. die Erläuterungen zu § 14 Abs. 3 ImmoWertV) bezeichnet; in der BelWertV wird der Zinssatz trotz materieller Identität unscharf als „Kapitalisierungszinssatz" bezeichnet. Der Liegenschaftszinssatz ist eine aus repräsentativen Marktdaten ermittelte Wachstumsrendite, mit der ein Miet- und Kapitalwachstum und somit auch die Inflation berücksichtigt wird. Er entspricht dem in den *Uniform Standards of Professional Practice (Appraisal Institute Chicago)* als „*all over capitalization rate*" bezeichneten Kapitalisierungszinssatz, im englischsprachigen Schrifttum auch als „*all risks yield*" „*growth yield*" bzw. „*equivalent yield*" bezeichnet.   **22**

Bei dieser Vorgehensweise geht man nur rechnerisch von einem gleich bleibenden Jahresreinertrag aus (RE_i = Konstanz) und berücksichtigt die Ertragsentwicklung mit dem Zinssatz. Die vorgestellte allgemeine **Ertragswertformel vereinfacht sich mathematisch** zu: **23**

$$EW = RE \times V + \frac{BW - FLK}{q^n} \quad (2)$$

wobei
V   = Vervielfältiger (Barwertfaktor), abhängig von
p   = dynamischer Liegenschaftszinssatz und
n   = Restnutzungsdauer der baulichen Anlage
FLK = Freilegungskosten

Hinweis: Auf den Abzug der Freilegungskosten kann bei n ≤ 20 Jahre verzichtet werden, da die Freilegungskosten mit der Abzinsung zu einer marginalen Größe werden.

International bedient man sich zumindest im Rahmen der Verkehrswertermittlung (Marktwertermittlung) vornehmlich dieser Vorgehensweise und zwar in einer noch vereinfachten Form. Bei langer Restnutzungsdauer des Gebäudes geht nämlich der Restwert (BW/q^n) gegen null und kann vernachlässigt werden. Die Formel vereinfacht sich damit zum sog. **Vereinfachten Ertragswertverfahren** (vgl. unten Rn. 33 ff., 66, 72, 85, 388; § 17 ImmoWertV Rn. 1, 37, 45).   **24**

$$EW = RE \times V \quad (3)$$

Man erhält damit einen **Ertragswert für das Gesamtgrundstück,** d. h. für Boden und Gebäude (eingleisiges Verfahren). Weist das Grundstück eine selbstständig nutzbare Freifläche i. S. v. § 17 Abs. 2 Satz 2 ImmoWertV auf, muss diese allerdings mit ihrem „vollen" Bodenwert gesondert berücksichtigt werden.   **25**

Die Formel des vereinfachten Ertragswertverfahrens erlaubt eine weitere **Vereinfachung**. Anstelle des Ansatzes des mathematischen Barwertfaktors (Vervielfältiger – abhängig von der Restnutzungsdauer n und dem dynamischen Liegenschaftszinssatz p – kann man sich ohne explizite Kenntnis des Liegenschaftszinssatzes eines aus dem Marktgeschehen abgeleiteten Vervielfältigers (*Years' Purchase*) bedienen. Mit diesem empirisch abgeleiteten Vervielfältiger trachtet man wiederum die künftige Entwicklung „einzufangen"; dies entspricht dem Vervielfältigerverfahren auf der Grundlage von Ertragsfaktoren i. S. des § 13 ImmoWertV.   **26**

Syst. Darst. Ertragswertverfahren — Allgemeines

27 Der Einwand, dass dieses Verfahren „statisch" sei[9], weil (scheinbar) von einem konstant bleibenden Reinertrag ausgegangen werde und sich die Reinerträge schon aufgrund inflationärer oder sonstiger allgemeinwirtschaftlicher Veränderungen erhöhen oder vermindern bzw. aufgrund von Besonderheiten, z. B. mietvertraglicher Art, verändern, verkennt die Zusammenhänge. Diese Umstände werden sogar in einer besonders marktorientierten Weise berücksichtigt:

- **Allgemeine konjunkturelle Entwicklungen,** wie z. B. Veränderungen der Mieteinnahmen oder der Wertverhältnisse **und Risiken, werden,** wie bereits angesprochen, mit dem Diskontierungszinssatz **erfasst, in dem zur Diskontierung der Reinerträge der empirisch-dynamische Liegenschaftszinssatz herangezogen wird** (vgl. Rn. 118 ff. und § 14 Abs. 3 ImmoWertV).

- **Besonderheiten der Mietentwicklung,** z. B. mietvertraglicher Art (sog. Anomalien), **lassen sich dagegen durch ergänzende Rechenschritte berücksichtigen** (vgl. unten Rn. 105 ff., 276 ff.). Dies ist in § 8 Abs. 3 ImmoWertV ausdrücklich geregelt (vgl. § 8 ImmoWertV Rn. 263 ff.).

28 Bei **Anwendung des dynamischen Liegenschaftszinssatzes geht die künftige Entwicklung** nicht nach den subjektiven Vorstellungen des Sachverständigen in die Ertragswertermittlung ein, sondern **nach den objektiven Erwartungen des Grundstücksmarktes.** Das Ertragswertverfahren ist somit ein marktkonformes Verfahren. Der Liegenschaftszinssatz „justiert" gewissermaßen den Ertragswert an die Marktverhältnisse. Das Verfahren gewährleistet damit die Ermittlung von Marktwerten (Abb. 4).

Abb. 4: Ertragswertermittlung mittels dynamischer Liegenschaftszinssätze

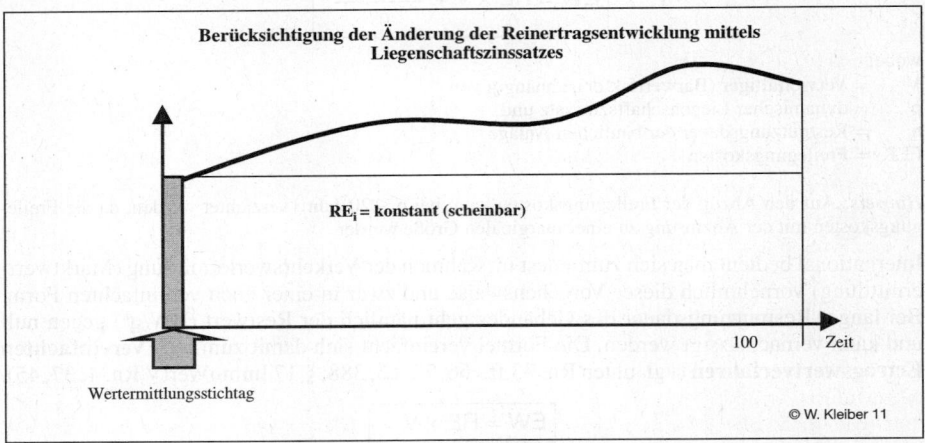

29 Während bei Anwendung des dynamischen Ertragswertverfahrens die zentrale Problemstellung in dem Ansatz des dynamischen Liegenschaftszinssatzes liegt, müssen bei Anwendung des Prognoseverfahrens (*Discounted Cashflow*) eine **Vielzahl von Wertermittlungsparametern allein auf der Grundlage von Prognosen** zum Ansatz kommen (Abb. 5).

---

9 Abwegig: Belik, M., (Cushman & Wakefield, Deutschland) in Deutsche Immobilien-Zeitung 01.10.2009, S. 38, sowohl hinsichtlich der methodischen Einschätzung des international angewandten Ertragswertverfahrens als auch hinsichtlich der „Transparenz" des DCF-Verfahrens.

Abb. 5: Überblick über das Ertragswertverfahren und seine Varianten

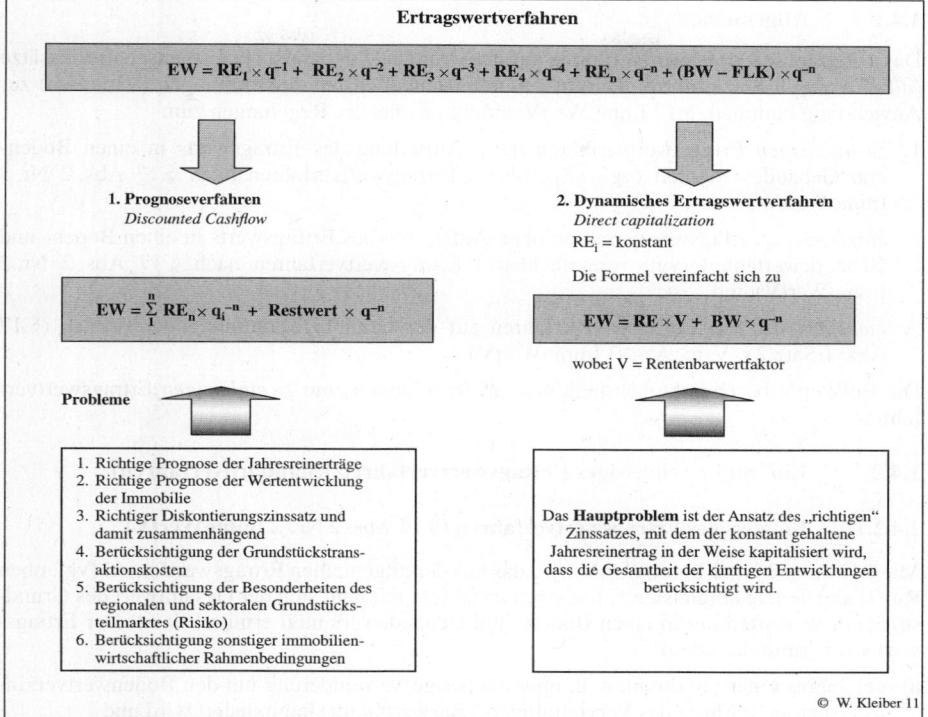

Die **ImmoWertV** beschränkt sich auf Regelungen zum 30

a) international gebräuchlichen (dynamischen) Ertragswertverfahren (§§ 17 bis 20 ImmoWertV) in drei Varianten und

b) Vervielfältigerverfahren (z. B. Mietenmultiplikatoren nach § 13 ImmoWertV; vgl. § 13 ImmoWertV Rn. 8; Syst. Darst. des Vergleichswertverfahrens Rn. 136 ff.).

Nicht geregelt in der ImmoWertV ist das Prognoseverfahren, d. h. **das Ertragswertverfahren auf der Grundlage prognostizierter Erträge (*Discounted Cashflow*)**[10]. Dies ist darin begründet, dass es für die Anwendung dieses Verfahrens keinerlei anerkannte Grundsätze gibt, wenn es um die Verkehrswertermittlung (Marktwertermittlung) geht. Lediglich im Rahmen von Investitionsberechnung haben sich diesbezüglich in der Betriebswirtschaftslehre Standards herausgebildet (vgl. Rn. 331 ff.; hierzu auch Vorbem. zur ImmoWertV Rn. 13). Die Übertragung dieser Standards auf eine Verkehrswertermittlung (Marktwertermittlung) macht jedoch eine Reihe von weitergehenden Modifikationen erforderlich, für die die Praxis keine allgemein anerkannten Grundsätze entwickeln konnte. Die ImmoWertV schließt gleichwohl die Anwendung solcher Verfahren nicht aus und lässt grundsätzlich jedes geeignete Verfahren zu. 31

---

10 Vgl. unten Rn. 297 ff.

1.4 Verfahrensübersicht

1.4.1 Allgemeines

32 Das vorgestellte Ertragswertverfahren auf der Grundlage dynamischer Liegenschaftszinssätze *(all over capitalization rate)* kann in den unterschiedlichsten Ausformungen (Varianten) zur Anwendung kommen. § 17 ImmoWertV enthält enumerativ Regelungen zum

1. *zweigleisigen* Ertragswertverfahren unter Aufteilung des Ertragswerts in einen Boden- und Gebäudewertanteil (vgl. allgemeines Ertragswertverfahren nach § 17 Abs. 2 Nr. 1 ImmoWertV),
2. *eingleisigen* Ertragswertverfahren ohne Aufteilung des Ertragswerts in einen Boden- und Gebäudewertanteil (vgl. vereinfachbares Ertragswertverfahren nach § 17 Abs. 2 Nr. 2 ImmoWertV) und
3. *mehrperiodischen* Ertragswertverfahren auf der Grundlage alternierender Erträge (§ 17 Abs. 1 Satz 2 i. V. m. Abs. 3 ImmoWertV).

Die BelWertV beschränkt sich lediglich auf Regelungen zum *zweigleisigen* Ertragswertverfahren.

1.4.2 Ein- und zweigleisiges Ertragswertverfahren (Standardverfahren)

1.4.2.1 Eingleisiges Ertragswertverfahren (§ 17 Abs. 2 Nr. 2 ImmoWertV)

33 Mit § 17 Abs. 2 Nr. 2 ImmoWertV wird das aus der allgemeinen Ertragswertformel (vgl. oben Rn. 7) abgeleitete *ein*gleisige Ertragswertverfahren, mit dem sich der Gesamtwert des Grundstücks ohne Aufteilung in einen Boden- und Gebäudewertanteil ermitteln lässt. Der Ertragswert wird ermittelt, indem

a) der Jahresreinertrag direkt, d. h. ohne vorherige Verminderung um den Bodenwertverzinsungsbetrag, mithilfe des Vervielfältigers (Barwertfaktor) kapitalisiert wird und

b) der Bodenwert in einer über die Restnutzungsdauer der baulichen Anlagen abgezinsten Größenordnung dem kapitalisierten Jahresreinertrag zugeschlagen wird.

$$EW = RE \times V + \frac{BW}{q^n} \tag{2}$$

wobei
BW = Bodenwert (§ 16 ImmoWertV)
V = Vervielfältiger (Barwertfaktor), abhängig von
p = dynamischer Liegenschaftszinssatz und
n = Restnutzungsdauer der baulichen Anlage
q = Zinsfaktor = $1 + p/100$

Hinweis: Zur Ertragswertermittlung bei kurzer Restnutzungsdauer der baulichen Anlage vgl. unten Rn. 61 ff., 141 ff.

34 § 17 Abs. 2 Nr. 2 ImmoWertV ordnet dieser Variante des Ertragswertverfahrens fälschlicherweise den Begriff des „Vereinfachten Ertragswertverfahrens" zu. **Tatsächlich handelt es sich nur um ein vereinfach*bares* Ertragswertverfahren**. Auf eine Minderung des Bodenwerts um die Freilegungskosten kann nämlich bei langer Restnutzungsdauer der baulichen Anlage (≥ 20 Jahre) verzichtet werden und erst dann ergibt sich die unter Rn. 25 angegebene Formel des „vereinfachten Ertragswertverfahrens" ($EW = RE \times V$).

Zweigleisiges Verfahren   **Syst. Darst. Ertragswertverfahren**

Beispiel 1 zum *ein*gleisigen (vereinfachbaren) Ertragswertverfahren (§ 17 Abs. 2 Nr. 2 Immo-WertV)   **35**

Ausgangsdaten

Mehrfamilienhaus im Jahre 1932 in massiver Bauweise erstellt: 8 abgeschlossene Wohnungen; Wohnfläche (WF) insgesamt 700 m²; marktüblich erzielbare Nettokaltmiete 9,50 €/m² WF im Monat; Restnutzungsdauer 30 Jahre; Liegenschaftszinssatz 5 %; Bodenwert 200 000 €.

Es sind keine vom marktüblich erzielbaren Reinertrag erheblich abweichende Erträge zu berücksichtigen.

Berechnung:

Ertragswert: $EW = RE \times V + BW \times q^{-n}$

a) Ermittlung des Reinertrags
    9,50 €/m² (Nettokaltmiete) × 700 m² WF × 12 Monate = Jahresnettokaltmiete   =   79 800 €
    abzüglich nicht umlagefähige Bewirtschaftungskosten
    – Verwaltungskosten: 8 × 230 €/WE   =   – 1 840 €
    – Instandhaltungskosten: 11,50 €/m² × 700 m² WF   =   – 8 050 €
    – Mietausfallwagnis: 2 % der Jahresnettokaltmiete   =   – 1 596 €
    = Jahresreinertrag (RE)   =   68 314 €

b) Vervielfältiger bei
    – Restnutzungsdauer von 30 Jahren
    – Liegenschaftszinssatz von 5 % lt. Anlage zur ImmoWertV   15,372452

c) Kapitalisierte Reinerträge
    68 314 € × 15,372452   =   1 050 154 €

d) Diskontierungsfaktor bei
    – Restnutzungsdauer von 30 Jahren
    – Liegenschaftszinssatz von 5 % lt. Anlage zur ImmoWertV   0,2313774

e) abgezinster Bodenwert: 200 000 € × 0,2313774   =   + 46 275 €
    = Ertragswert   =   **1 096 429 €**

Bei langer Restnutzungsdauer des Gebäudes geht der Restwert (BW/q^n) gegen null und kann vernachlässigt werden. Die Formel vereinfacht sich damit zu dem bereits angesprochenen echten **Vereinfachten Ertragswertverfahren** (vgl. Rn. 24, 66).

$$EW = RE \times V \tag{3}$$

1.4.2.2 Zweigleisiges Ertragswertverfahren (§ 17 Abs. 2 Nr. 1 ImmoWertV)

▶ *Vgl. § 17 ImmoWertV Rn. 39*

Die Formel des *ein*gleisigen Ertragswertverfahrens lässt sich mathematisch in der Weise umformen, dass sich der **Ertragswert formelmäßig aus Boden- und Gebäudewertanteil zusammensetzt** (*zwei*gleisiges Standardverfahren). Auf eine Minderung des Bodenwerts um die Freilegungskosten kann bei langer Restnutzungsdauer der baulichen Anlage (≥ 20 Jahre) wiederum verzichtet werden (vgl. hierzu unten Rn. 63) und es ergibt sich die in § 17 Abs. 2 Nr. 1 ImmoWertV angegebene Formel: **36**

$$EW = \underbrace{(RE - BW \times p) \times V}_{\text{Gebäudewertanteil}} + \underbrace{BW}_{\text{Bodenwertanteil}} \tag{4}$$

Syst. Darst. Ertragswertverfahren — Zweigleisiges Verfahren

37 Das Verhältnis zwischen Reinertrag und Bodenwertverzinsungsbetrag sowie der um den Bodenwertverzinsungsbetrag verminderte Reinertrag

$$(RE - p \times BW)$$

sind wichtige Kenngrößen, die über die Wirtschaftlichkeit der Grundstücksnutzung Aufschluss geben (vgl. unten Rn. 241 ff.).

Abb. 6: Bodenwertverzinsungsbetrag

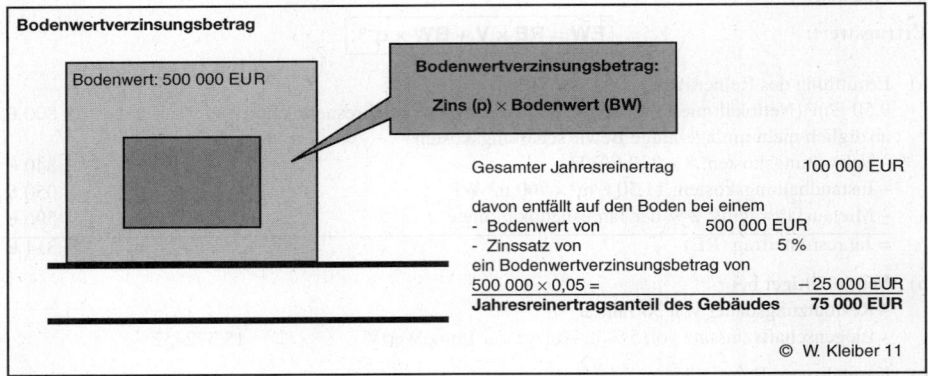

38 Geht der Reinertrag nämlich nach Abzug des Bodenwertverzinsungsbetrags gegen null oder ergibt sich sogar ein negativer Reinertrag, liegt ein Missverhältnis zwischen Boden und Gebäude vor, das die Notwendigkeit einer Umnutzung bzw. einer Liquidation des Gebäudes signalisiert. Das Verhältnis zwischen dem Reinertrag (vor Abzug des Bodenwertverzinsungsbetrags) und dem Bodenwertverzinsungsbetrag gibt dem Sachverständigen auch sonsthin unverzichtbare Aufschlüsse über die bodenwirtschaftlichen Verhältnisse des zu bewertenden Grundstücks. Ein atypisches Verhältnis signalisiert ihm eine unwirtschaftliche Bodennutzung, der er ggf. Rechnung tragen muss.

39 Wegen der mathematischen Identität führt das *zwei*gleisige Verfahren zu demselben Ergebnis wie das eingleisige Ertragswertverfahren. **Das *zwei*gleisige Ertragswertverfahren ist** kein „anderes" Verfahren als die vornehmlich im Ausland zur Anwendung kommende eingleisige Variante. Sie stellt die fachlich **ausgereifte „Luxusvariante"** dar, die universeller anwendbar und bei vielen Bewertungsaufgaben unverzichtbar ist. Sie ermöglicht eine gesonderte Ermittlung des Gebäudewertanteils (Gebäudeertragswert). Dieser wird benötigt im Rahmen

– der Marktwertermittlung von Erbbaurechten und erbbaurechtbelasteten Grundstücken,

– steuerlicher Bewertungen (für die Abschreibung des Gebäudewerts),

– der Marktwertermittlung nach dem Vermögensrecht sowie

– im Rahmen städtebaulicher Maßnahmen.

Diese Variante hat zudem den Vorzug, dass aus dem Verhältnis zwischen dem Reinertrag (RE) zum Bodenwertverzinsungsbetrag (BW × p) liquidationsverdächtige Grundstücksnutzungen erkennbar sind. ImmoWertV und BelWertV geben deshalb als Standardverfahren das *zwei*gleisige Ertragswertverfahren vor.

Mehrperiodisches Verfahren — Syst. Darst. Ertragswertverfahren

Beispiel 2 zum *zwei*gleisigen Ertragswertverfahren (§ 17 Abs. 2 Nr. 1 ImmoWertV): **40**

Ausgangsdaten
wie im vorstehenden Beispiel; es sind wiederum keine vom marktüblich erzielbaren Reinertrag erheblich abweichenden Erträge zu berücksichtigen.

Ertragswert: $EW = (RE - p \times BW) \times V + BW$

a) Ermittlung des Reinertrags
9,50 €/m² (Nettokaltmiete) × 700 m² WF × 12 Monate = Jahresnettokaltmiete = 79 800 €
abzüglich nicht umlagefähige Bewirtschaftungskosten
– Verwaltungskosten: 8 × 230 €/WE = – 1 840 €
– Instandhaltungskosten: 11,50 €/m² × 700 m² WF = – 8 050 €
– Mietausfallwagnis: 2 % der Jahresnettokaltmiete = – 1 596 €
= Jahresreinertrag (RE) = 68 314 €

b) abzüglich Bodenwertverzinsungsbetrag: 200 000 € × 0,05 = – 10 000 €
= **Reinertragsanteil der baulichen Anlage** = 58 314 €

c) Ermittlung des Ertragswerts der baulichen Anlage bei
Vervielfältiger von 15,372452:
58 314 €/Jahr × 15,372452 = 896 429 €

d) Ermittlung des vorläufigen Ertragswerts
zuzüglich Bodenwert = + 200 000 €
= **vorläufiger Ertragswert** **1 096 429 €**

1.4.2.3 Mehrperiodisches Ertragswertverfahren (§ 17 Abs. 1 Satz 2 i. V. m. Abs. 3 ImmoWertV)

▶ *Vgl. auch § 17 ImmoWertV Rn. 19 ff., 48 ff. und die rechentechnischen Hinweise dort bei Rn. 64 ff.*

a)   Allgemeines

Bei dem in § 17 Abs. 1 Satz 2 i. V. m. Abs. 3 ImmoWertV geregelten *mehrperiodischen* **41**
Ertragswertverfahren handelt es sich um nichts anderes als um die unter Rn. 7 bereits vorgestellte allgemeine Ertragswertformel. Auf eine Minderung des Bodenwerts um die Freilegungskosten kann bei langer Restnutzungsdauer der baulichen Anlage (≥ 20 Jahre) auch bei dieser Variante verzichtet werden.

$$EW = RE_1 \times q^{-1} + RE_2 \times q^{-2} + RE_3 \times q^{-3} + RE_4 \times q^{-4} \ldots + RE_n \times q^{-n} + (BW - FLK) \times q^{-n}$$

Abb. 7: Mehrperiodisches Ertragswertverfahren bei gleichbleibendem Ertrag

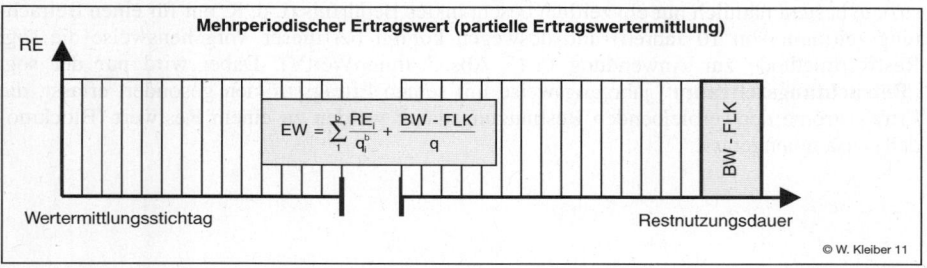

Syst. Darst. Ertragswertverfahren   Mehrperiodisches Verfahren

42 Nach § 17 Abs. 1 Satz 2 ImmoWertV soll die mehrperiodische Variante des Ertragswertverfahrens Anwendung finden können, „soweit

1. die Ertragsverhältnisse absehbar wesentlichen Veränderungen unterliegen (vgl. unten Rn. 52 ff.; § 17 ImmoWertV Rn. 32 ff.) oder

2. wesentlich von den marktüblich erzielbaren Erträgen abweichen" (vgl. § 17 ImmoWertV Rn. 25 ff.).

Das **mehrperiodische Ertragswertverfahren kann** (entgegen dem Wortlaut des § 17 Abs. 1 ImmoWertV) **auch Anwendung finden, wenn keine Änderungen der Ertragsverhältnisse absehbar sind** und auch keine von den marktüblich erzielbaren Erträgen abweichenden Erträge vorliegen, insbesondere wenn man die jährlichen Ertragsflüsse explizit „auswerfen" will (vgl. unten Rn. 49).

43 Die **mathematische Form des mehrperiodischen Ertragswertverfahrens ist mit der mathematischen Form des *Discounted Cashflow* Verfahrens identisch**, jedoch darf es damit nicht verwechselt werden. Bei Heranziehung des dynamischen Liegenschaftszinssatzes stellt auch diese Vorgehensweise ein Ertragswertverfahren i. S. der ImmoWertV *(all over capitalization method)* und nicht etwa ein *Discounted Cashflow* Verfahren dar[11].

44 Der **wesentliche Unterschied des *Discounted Cashflow* Verfahrens zum marktorientierten Ertragswertverfahren** besteht nämlich darin, dass es an prognostizierte Erträge (i. V. m. einem kapitalmarktorientierten Diskontierungszinssatz) anknüpft, während das Ertragswertverfahren grundsätzlich von den zum Wertermittlungsstichtag marktüblich erzielbaren Reinerträgen ausgeht und deren künftige Entwicklung nach § 20 i. V. m. § 14 Abs. 3 ImmoWertV mit dem Liegenschaftszinssatz *(all over capitalization rate)* berücksichtigt wird. Soweit von den „marktüblich erzielbaren Erträgen" abweichende Erträge vorliegen, können sie auch direkt berücksichtigt werden (anstelle einer gesonderten Erfassung nach § 8 Abs. 3 ImmoWertV), aber auch nur dann, wenn es sich um **„gesicherte Daten periodisch erzielbarer Reinerträge"** handelt (§ 17 Abs. 3 Satz 1 ImmoWertV). Dies sind insbesondere aufgrund wohnungs-, miet- und vertragsrechtlicher Bindungen von den marktüblich erzielbaren Erträgen abweichende Jahresreinerträge.

b)   Blockmodell (Restwertmodell) unter Aufteilung in einen Betrachtungszeitraum und einen Restwert

▶ *Vgl. unten Rn. 272 sowie 358*

45 Mit § 17 Abs. 3 ImmoWertV wird die allgemeine Ertragswertformel in zwei Phasen „aufgeblockt" und zwar in

– einen Betrachtungsraum (von etwa 10 Jahren), gerechnet ab dem Wertermittlungsstichtag, und

– eine Restphase (bis zum Ablauf der Restnutzungsdauer der baulichen Anlage).

Das sog. „2-Pasen-Modell" entspricht der allgemeinen Wertermittlungspraxis und dient der Vermeidung unübersichtlicher Rechenwerke. Für den „Auswurf" der jährlichen Ertragsströme besteht nämlich nur ein zeitlich beschränktes Bedürfnis (i. d. R. nur für einen Betrachtungszeitraum von 10 Jahren) und deswegen kommt bei dieser Vorgehensweise die sog. Restwertmethode zur Anwendung (§ 17 Abs. 3 ImmoWertV). Dabei wird nur der sog. **„Betrachtungszeitraum"** jahrgangsweise mit seinen Ertragsströmen gesondert erfasst, die Ertragsströme der verbleibenden Restnutzungsdauer werden zu einem Restwert (Blockmodell) zusammengefasst:

---

[11] Kleiber, Verkehrswertermittlung von Grundstücken, 6. Aufl. 2010 S. 1627.

Abb. 8: Mehrperiodisches Ertragswertverfahren mit Restwert

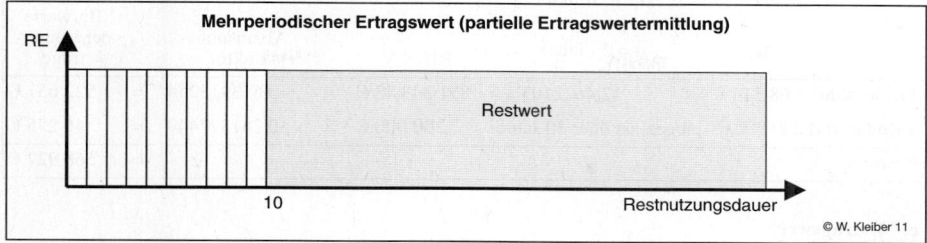

Wie sich der **Restwert** ermittelt, wird in der ImmoWertV nicht vorgegeben. Grundsätzlich kommen dafür alle Wertermittlungsverfahren in Betracht, jedoch wird hier regelmäßig das Ertragswertverfahren nach § 17 Abs. 2 ImmoWertV sachgerecht sein.

Beispiel 3 zum *mehrperiodischen* Ertragswertverfahren (§ 17 Abs. 1 Satz 2 i. V. m. Abs. 3 ImmoWertV):

1. Ausgangsdaten

wie im vorstehenden Beispiel (Rn. 35); es sind wiederum keine vom marktüblich erzielbaren Reinertrag erheblich abweichenden Erträge zu berücksichtigen.

Ertragswert:

$$EW = \sum_{1}^{b} RE_b \times q^{-b} + \underbrace{RE_i \times (V_n - V_b) + Bodenwert \times q^{-n}}_{Restwert} \tag{5}$$

wobei
n = Restnutzungsdauer
b = Betrachtungszeitraum
q = Zinsfaktor = 1 + p/100
p = Liegenschaftszinssatz
V = Barwertfaktor

2. Berechnung:

a) Barwerte des Betrachtungszeitraums von 10 Jahren

Jahr	RE		Abzinsungsfaktor		Barwerte der Reinerträge
1. Jahr	68 314 €	×	0,952380952	=	65 061 €
2. Jahr	68 314 €	×	0,907029478	=	61 963 €
3. Jahr	68 314 €	×	0,863837599	=	59 012 €
4. Jahr	68 314 €	×	0,822702475	=	56 202 €
5. Jahr	68 314 €	×	0,783526166	=	53 526 €
6. Jahr	68 314 €	×	0,746215397	=	50 977 €
7. Jahr	68 314 €	×	0,710681330	=	48 549 €
8. Jahr	68 314 €	×	0,676839362	=	46 238 €
9. Jahr	68 314 €	×	0,644608916	=	44 036 €
10. Jahr	68 314 €	×	0,613913254	=	41 939 €
Summe der Jahresreinerträge des Betrachtungszeitraums				=	**527 502 €**

Syst. Darst. Ertragswertverfahren   **Mehrperiodisches Verfahren**

b) **Restwertermittlung**

RE	Barwertfaktor p = 5 % n = 20 Jahre	RE × V	Abzinsungsfaktor	Barwerte der Reinerträge
11.-30. Jahr 68 314 € ×	12,4622103 =	851 343,43 € ×	0,613913254 =	522 651 €
+ Bodenwert 200 000 €	abgezinst über 30 Jahre:	200 000 € ×	0,231377449 =	46 275 €
Restwert			=	**568 927 €**

c) **Ertragswert**

Ertragswert = Restwert + Summe der diskontierten Reinerträge
des Betrachtungszeitraums =   **1 096 429 €**

d) **Alternativberechnung zur Restwertermittlung**

Jahr	Barwertfaktor	RE		
30. Jahr	15,37245100			
10. Jahr	7,72173493			
Δ Barwertfaktoren =	7,65071607	× 68 314 €	=	522 651 €

48   Auch die dritte *(mehrperiodische)* Variante des Ertragswertverfahrens führt zu exakt demselben Ergebnis wie das ein- und zweigleisige Standardverfahren. **Der wesentliche Unterschied besteht mithin in der Darstellung der Ergebnisse** (vgl. Rn. 105 ff., 283 ff.):

Weichen die tatsächlich erzielten Erträge von den marktüblich erzielbaren Erträgen z. B. aufgrund wohnungs-, miet- oder vertragsrechtlicher Bindungen ab, so hat

1. das *ein- und zweigleisige Ertragswertverfahren* (Standardverfahren) den Vorteil, dass die Erträge des *„over- bzw. underrented"* Ertragsanteils konkret „ausgeworfen" werden und zu diesem Zweck allerdings in einem eigenen Rechenschritt nach Maßgabe des § 8 Abs. 3 ImmoWertV berechnet werden müssen, um sie auf den vorläufigen Ertragswert „aufzusatteln";

2. das *mehrperiodische* Ertragswertverfahren den Vorteil, dass die jährlichen Erträge in ihrer Gesamtheit (ohne eigenständige Ermittlung der *„underrented bzw. overrented"* Ertragsanteile) ermittelt und dargestellt werden; die Mehr- bzw. Mindermiete aufgrund des *„over- bzw. underrented"* Ertragsanteils wird im Gutachten dann allerdings auch nicht beziffert.

c)   *Ein- und zweigleisiges Mehrperiodenmodell*

49   Im Übrigen lässt sich auch das vorgestellte *mehrperiodische* Ertragswertverfahren

$$EW = \sum_{1}^{n} \frac{RE_i}{q^n} + \frac{BW - FLK}{q^n} \qquad \text{bzw.}^* \quad EW = \sum_{1}^{n} \frac{RE_i}{q^n} + \frac{BW}{q^n}$$

* bei langer Restnutzungsdauer

auch unter Aufteilung in einen Boden- und Gebäudewertanteil anwenden (zweigleisig und mehrperiodisch):

$$EW = \sum_{1}^{n} \frac{(RE_i - [BW \times p])}{q^n} + BW \tag{6}$$

Mehrperiodisches Verfahren   **Syst. Darst. Ertragswertverfahren**

bzw. als „Blockmodell" unter Aufteilung des Gesamtwerts in einen Teilwert des „Betrachtungszeitraums" und einen Restwert:

$$EW = \underbrace{\sum_{1}^{b} \frac{(RE_b - [BW \times p])}{q^b}}_{\text{Teilwert (Betrachtungszeitraum)}} + \underbrace{(RE_i - p \times BW) \times (V_n - V_b) + BW}_{\text{Restwert}} \quad (7)$$

wobei
n = Restnutzungsdauer
b = Betrachtungszeitraum
q = Zinsfaktor = 1 + p/100
p = Liegenschaftszinssatz
V = Barwertfaktor

Beispiel 4 zum *mehrperiodischen* (zweigleisigen) Ertragswertverfahren: **50**

1. **Ausgangsdaten**

wie im vorstehenden Beispiel (Rn. 35).

2. **Berechnung**

a) **Barwerte des Betrachtungszeitraums von 10 Jahren**

Jahr	RE		Bodenwertverzinsungsbetrag $p \times BW$		$RE - (p \times BW)$		Abzinsungsfaktor		Barwerte der Reinerträge
1. Jahr	68 314 €	–	10 000 €	=	58 314 €	×	0,952380952	=	55 537 €
2. Jahr	68 314 €	–	10 000 €	=	58 314 €	×	0,907029478	=	52 892 €
3. Jahr	68 314 €	–	10 000 €	=	58 314 €	×	0,863837599	=	50 373 €
4. Jahr	68 314 €	–	10 000 €	=	58 314 €	×	0,822702475	=	47 975 €
5. Jahr	68 314 €	–	10 000 €	=	58 314 €	×	0,783526166	=	45 691 €
6. Jahr	68 314 €	–	10 000 €	=	58 314 €	×	0,746215397	=	43 515 €
7. Jahr	68 314 €	–	10 000 €	=	58 314 €	×	0,710681330	=	41 443 €
8. Jahr	68 314 €	–	10 000 €	=	58 314 €	×	0,676839362	=	39 469 €
9. Jahr	68 314 €	–	10 000 €	=	58 314 €	×	0,644608916	=	37 590 €
10. Jahr	68 314 €	–	10 000 €	=	58 314 €	×	0,613913254	=	35 800 €
Summe der Jahresreinerträge des Betrachtungszeitraums								=	**450 285 €**

b) **Restwertermittlung**

	$RE - p \times BW$		$A\ V_{30} - V_{10}$ 15,37245100 – 7,72173493		$(RE - p \times BW) \times V$		Barwerte der Reinerträge
11.–30. Jahr + Bodenwert	58 314 €	×	7,65071607	=	446 143,85 €	= =	446 144 € 200 000 €
Restwert						=	**646 144 €**

c) **Ertragswert**

Ertragswert = Restwert + Summe der diskontierten Reinerträge des Betrachtungszeitraums = **1 095 429 €**

d)   *Direkte und indirekte (differentielle) Berücksichtigung temporär abweichender Erträge*

▶ *Vgl. § 17 ImmoWertV Rn. 19 ff., § 8 ImmoWertV Rn. 255 ff.*

Syst. Darst. Ertragswertverfahren   Mehrperiodisches Verfahren

51 Nach § 17 Abs. 1 Satz 2 ImmoWertV kann das mehrperiodische Ertragswertverfahren zur Anwendung kommen, „soweit die Ertragsverhältnisse

1. absehbar wesentlichen Veränderungen unterliegen oder
2. wesentlich von den marktüblich erzielbaren Erträgen abweichen" (vgl. Übersicht oben Rn. 41 ff.).

52 a) Mit den an erster Stelle angesprochenen absehbaren **„wesentlichen Veränderungen der Ertragsverhältnisse"** sind in erster Linie solche Änderungen angesprochen, die auf absehbare qualitative Änderungen der Immobilie zurückzuführen sind. Dies können qualitative Änderungen der auf dem Grundstück vorhandenen baulichen Anlage sein, z. B. eine anstehende Modernisierung, ein anstehender Dachgeschossausbau, qualitative Änderungen der Umgebung, z. B. die Verlegung einer Straße, einer Kaserne oder der Bau einer Flussbrücke und dgl., Planänderungen, absehbare Änderungen der örtlichen Marktverhältnisse aufgrund eines durchgreifenden Rückbauprogramms und vieles mehr. Allgemein absehbare Änderungen der Ertragsverhältnisse aufgrund allgemeiner demografischer Entwicklungen, der allgemeinen konjunkturellen Verhältnisse und auch der allgemeinen örtlichen Siedlungsentwicklung können mit der Regelung nicht angesprochen sein, denn diese sollen bereits mit dem nach § 20 i. V. m. § 14 Abs. 3 ImmoWertV anzusetzenden Liegenschaftszinssatz berücksichtigt werden. Angesprochen sind aber auch aufgrund wohnungs-, miet- und auch förderungsrechtlicher Bestimmungen absehbare Änderungen (vgl. § 17 ImmoWertV Rn. 22 ff.).

53 Die „absehbar wesentlichen Veränderungen" müssen nach § 2 Satz 2 ImmoWertV **mit hinreichender Sicherheit aufgrund konkreter Tatsachen auch tatsächlich absehbar und „wesentlich"** sein, d. h. die erwarteten Änderungen der Ertragsverhältnisse müssen eine Größenordnung haben, die sich auf das Ergebnis der Ertragswertermittlung auswirken kann. Nach einer allgemeinen Faustformel ändert sich der Ertragswert einer Immobilie mit langer Restnutzungsdauer der baulichen Anlage (Restnutzungsdauer ≥ 50 Jahre) prozentual so, wie sich der Reinertrag ändert, d. h. eine Erhöhung des Reinertrags um 10 % erhöht den Ertragswert entsprechend. Eine mit hinreichender Sicherheit aufgrund konkreter Tatsachen absehbare Änderung der Ertragsverhältnisse um 10 % z. B. aufgrund anstehender baulicher Maßnahmen ist von daher wesentlich.

54 Auch im Falle der mit hinreichender Sicherheit aufgrund konkreter Tatsachen absehbaren Veränderungen der Ertragsverhältnisse ist die **Anwendung des mehrperiodischen Ertragswertverfahrens nach § 17 Abs. 1 i. V. m. Abs. 3 ImmoWertV nicht geboten**. Dem kann nämlich bei Anwendung des ein- oder zweigleisigen Ertragswertverfahrens gleichermaßen dadurch Rechnung getragen werden, dass der vorläufige Ertragswert auf der Grundlage der mit hinreichender Sicherheit aufgrund konkreter Tatsachen absehbaren Ertragsverhältnisse ermittelt wird und der am Wertermittlungsstichtag vorübergehend erzielte Mehr- oder Minderertrag nach Maßgabe des § 8 Abs. 3 ImmoWertV berücksichtigt wird (Abb. 9).

Abb. 9: Marktüblich erzielbarer Ertrag bei absehbaren Veränderungen

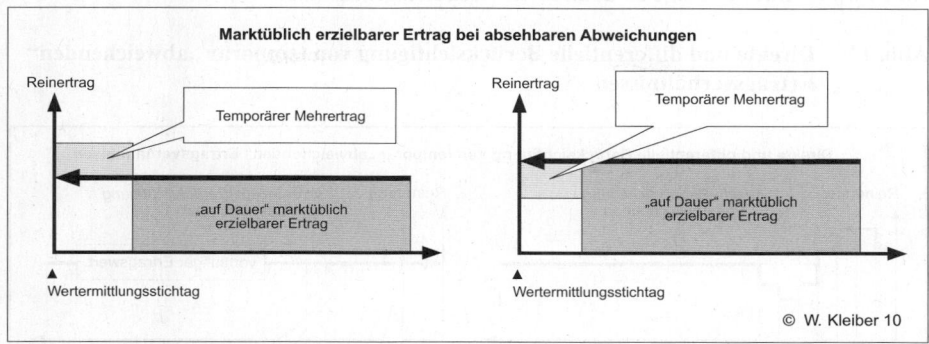

b) Mit den an zweiter Stelle angesprochenen **„wesentlich von den marktüblich erzielbaren Erträgen"** abweichenden Ertragsverhältnissen sind nach § 18 Abs. 2 Satz 2 ImmoWertV insbesondere solche angesprochen, die aufgrund wohnungs-, miet- oder vertragsrechtlicher Bindungen von den marktüblich erzielbaren Erträgen abweichen. Sie sind i. d. R. temporär und gehen deshalb auch nur temporär in die Ertragswertermittlung ein (vgl. § 17 ImmoWertV Rn. 25 ff.).

Wie unter Rn. 48 herausgestellt, werden **bei Anwendung des mehrperiodischen Ertragswertverfahrens** die von den marktüblich erzielbaren Erträgen abweichenden Erträge direkt berücksichtigt, indem die entsprechend erhöhte oder verminderte Gesamtmiete der Ertragswertermittlung (jahrgangsweise) zugrunde gelegt wird; nach Ablauf der entsprechenden wohnungs-, miet- oder vertragsrechtlichen Bindungen fällt die Miete wieder auf die marktüblich erzielbare Miete zurück (Abb. 10).

Abb. 10: Mehrperiodisches Ertragswertverfahren bei alternierenden Erträgen (mit Restwert)

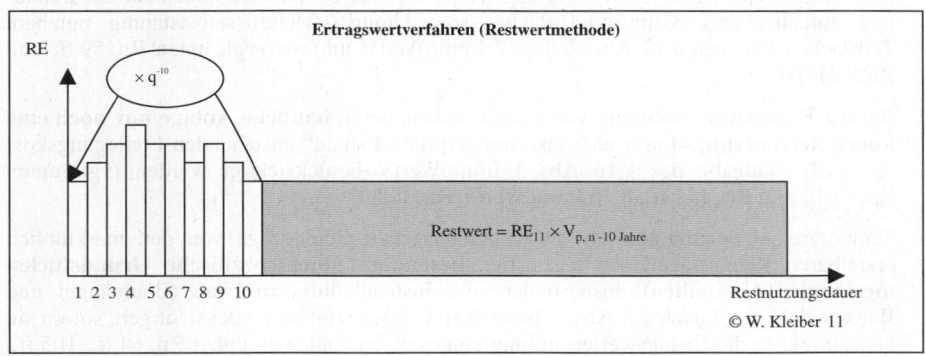

Bei **Anwendung des ein- und zweigleisigen Ertragswertverfahrens (Standardverfahren)** wird dagegen im ersten Schritt der vorläufige Ertragswert auf der Grundlage des marktüblich erzielbaren Ertrags unter Anwendung des ein- oder zweigleisigen Ertragswertverfahrens (Standardverfahren nach § 17 Abs. 2 ImmoWertV) ermittelt; im zweiten Schritt werden die differentiellen Mehr- oder Mindererträge mit ihrem Barwert nach Maßgabe des § 8 Abs. 3 ImmoWertV auf den im Standardverfahren ermittelten vorläufigen Ertragswert aufgesattelt (sog. Auf- und Abschichtung).

Syst. Darst. Ertragswertverfahren   Bodenwert

Beide Verfahrenswege führen wiederum auch in Bezug auf die Berücksichtigung temporär abweichender Erträge zu demselben Gesamtergebnis (Abb. 11).

Abb. 11: Direkte und differentielle Berücksichtigung von temporär „abweichenden" Ertragsverhältnissen

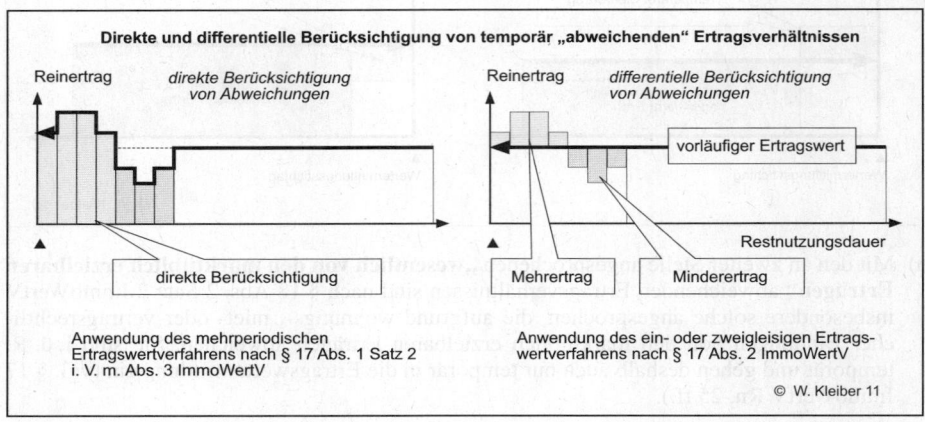

1.4.3 Besonderheiten bei Anwendung der Ertragswertverfahren

1.4.3.1 Überblick

58 Bei Anwendung der Ertragswertverfahren gilt es eine Reihe von besonderen Sachverhalten **(Besonderheiten)** zu beachten. Hervorzuheben sind folgende besondere Sachverhalte:

1. Bei sog. **übergroßen Grundstücken** muss der Ertragswertermittlung eine Bodensondierung vorausgehen. Eine Übergröße liegt vor, wenn das Grundstück neben der der Bebauung zurechenbaren Grundstücksfläche (sog. Umgriffsfläche) selbstständig nutzbare Teilflächen i. S. des § 17 Abs. 2 Satz 2 ImmoWertV umfasst (vgl. unten Rn. 59 ff. und Rn. 124 ff.).

2. Bei der Ertragswertermittlung von Grundstücken, deren **bauliche Anlage nur noch eine kurze Restnutzungsdauer** aufweist, müssen die „alsbald" anstehenden Freilegungskosten nach Maßgabe des § 16 Abs. 3 ImmoWertV berücksichtigt werden (vgl. unten Rn. 61 ff. und Rn. 141 ff., § 16 ImmoWertV Rn. 123).

3. Temporäre Abweichungen der tatsächlich erzielten Reinerträge von den marktüblich erzielbaren Reinerträgen sowie sonstige **besondere objektspezifische Grundstücksmerkmale (Anomalien),** insbesondere ein Instandhaltungsrückstau (Baumängel und Bauschäden), sind nach § 8 Abs. 3 ImmoWertV ergänzend zu berücksichtigen, sofern sie nicht direkt in die Ertragswertermittlung eingegangen sind (vgl. unten Rn. 64 ff., 105 ff., 276 sowie § 8 ImmoWertV Rn. 178 ff., 256 ff.).

1.4.3.2 Bodensondierung bei übergroßen Grundstücken

▶ Vgl. unten Rn. 124 ff.

59 Am Anfang einer Ertragswertermittlung steht eine eingehende Befassung mit dem Bodenwert des Grundstücks (§ 16 ImmoWertV). Weist das Grundstück neben der der Bebauung zurechenbaren Grundstücksfläche selbstständig nutzbare Teilflächen i. S. des § 17 Abs. 2 Satz 2 ImmoWertV auf, ist das Grundstück zu sondieren nach

- der Grundstücksfläche und dem entsprechenden Bodenwert, der der Bebauung zurechenbar ist (Bodenwert der Umgriffsfläche, $BW_{Umgriff}$) und

- der selbstständig nutzbaren Teilflächen mit dem entsprechenden Bodenwert ($BW_{Selbstständig}$).

Die Bodensondierung ist unabdingbar, denn die vorgestellten Formeln des Ertragswertverfahrens müssen unter Beachtung der unterschiedlichen Bodenwertanteile dahingehend modifiziert werden, dass

a) bei Anwendung des *ein*gleisigen Ertragswertverfahrens nur der Bodenwert der Umgriffsfläche über die Restnutzungsdauer abzuzinsen ist und der Bodenwertanteil der selbstständig nutzbaren Teilfläche in voller Höhe berücksichtigt wird.

$$EW = RE \times V + BW_{Selbstständig} + BW_{Umgriff} \times q^{-n}$$

b) bei Anwendung des *zwei*gleisigen Ertragswertverfahrens der Bodenwertverzinsungsbetrag ($p \times BW$) nur auf der Grundlage des Bodenwerts der Umgriffsfläche ermittelt wird und ansonsten der Bodenwert des Gesamtgrundstücks berücksichtigt wird.

$$EW = (RE - p \times BW_{Umgriff}) \times V + BW_{Gesamt}$$

c) bei Anwendung des mehrperiodischen (eingleisigen) Ertragswertverfahrens wiederum nur der Bodenwert der Umgriffsfläche über die Restnutzungsdauer abzuzinsen ist und der Bodenwertanteil der selbstständig nutzbaren Teilfläche in voller Höhe berücksichtigt wird.

$$EW = \sum_{1}^{b} RE_i \times q_i^{-b} + RE_i \times (V_n - V_b) + BW_{Umgriff} \times q^{-n} + BW_{Selbstständig}$$

Abb. 12: Unterschiedliche Bodenwerte bei übergroßen Grundstücken

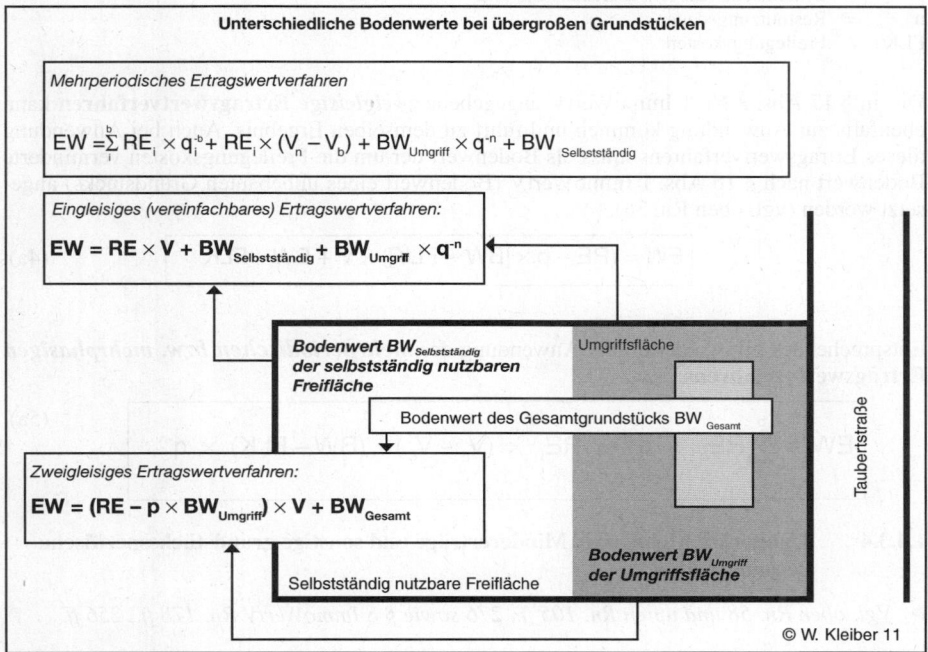

Syst. Darst. Ertragswertverfahren Bodenwert

1.4.3.3 Freilegungskostenverminderter Bodenwert

▶ *Vgl. unten Rn. 141 ff. sowie § 16 ImmoWertV Rn. 123, 170 ff., § 8 ImmoWertV Rn. 384, 401*

61 Nach der Grundsatzregelung des § 16 Abs. 1 ImmoWertV bemisst sich der Bodenwert eines bebauten Grundstücks nach dem Bodenwert eines unbebauten Grundstücks. Für den Sonderfall, dass die auf dem Grundstück vorhandene bauliche Anlage aufgrund ihres Alters oder ihres Zustands unrentierlich ist oder sonstwie in einem Missverhältnis zu dem Bodenwert steht, sieht § 16 Abs. 3 ImmoWertV vor, dass der so ermittelte Bodenwert um die Freilegungskosten zu vermindern ist. Dies ist allerdings generell und mithin auch bei Anwendung des Ertragswertverfahrens geboten, wenn die bauliche Anlage eine kurze Restnutzungsdauer (i. d. R. ≤ 20 Jahre) aufweist. Allgemein gilt für die **Anwendung des Ertragswertverfahrens auf Grundstücke, deren bauliche Anlage eine geringere Restnutzungsdauer als 20 Jahre aufweist,** dass der Bodenwert stets um die Freilegungskosten zu vermindern ist, wenn

– der Bodenwert aus Vergleichspreisen unbebauter Grundstücke abgeleitet wurde und
– zu erwarten ist, dass das Grundstück alsbald freigelegt wird.

62 Ist bei Anwendung des Ertragswertverfahrens von einer Freilegung des Grundstücks innerhalb eines Zeitraums von 20 Jahren auszugehen, empfiehlt es sich, den Ertragswert nach dem in § 17 Abs. 2 Nr. 2 ImmoWertV angegebenen *eingleisigen* Ertragswertverfahren zu ermitteln, wobei der nach der Grundsatzregelung des § 16 Abs. 1 ImmoWertV (Bodenwert eines unbebauten Grundstücks) ermittelte Bodenwert um die Freilegungskosten vermindert werden muss (vgl. oben Rn. 33).

$$EW = RE \times V + \frac{BW - FLK}{q^n} \quad (2a)$$

wobei
V = Vervielfältiger (Barwertfaktor), abhängig von
p = dynamischer Liegenschaftszinssatz und
n = Restnutzungsdauer
FLK = Freilegungskosten

63 Das in § 17 Abs. 2 Nr. 1 ImmoWertV angegebene *zweigleisige* Ertragswertverfahren kann ebenfalls zur Anwendung kommen und führt zu demselben Ergebnis. Auch bei Anwendung dieses Ertragswertverfahrens muss als Bodenwert der um die Freilegungskosten verminderte Bodenwert nach § 16 Abs. 1 ImmoWertV (Bodenwert eines unbebauten Grundstücks) angesetzt werden (vgl. oben Rn. 36).

$$EW = (RE - p \times [BW - FLK]) \times V + BW - FLK \quad (4a)$$

Entsprechendes gilt wiederum bei Anwendung des ***mehrperiodischen bzw. mehrphasigen Ertragswertverfahrens***:

$$EW = \sum_{1}^{b} RE_b \times q^{-b} + RE_i \times (V_n - V_b) + (BW - FLK) \times q^{-n} \quad (5a)$$

1.4.3.4 Temporäre Mehr- oder Mindererträge und sonstige grundstücksspezifische Besonderheiten

▶ *Vgl. oben Rn. 58 und unten Rn. 105 ff., 276 sowie § 8 ImmoWertV Rn. 178 ff., 256 ff.*

Bodenwert   **Syst. Darst. Ertragswertverfahren**

Temporäre Abweichungen in den Ertragsverhältnissen aufgrund miet-, wohnungs- und sonstiger vertragsrechtlicher Bindungen sowie sonstige besondere objektspezifische Grundstücksmerkmale müssen in den übrigen Fällen in einem zweiten Schritt besonders berücksichtigt werden (§ 8 Abs. 3 ImmoWertV). Zur **Berücksichtigung temporärer Mehr- oder Mindererträge** wird der Unterschied des marktüblich am Wertermittlungsstichtag erzielbaren Reinertrags und dem aufgrund vertraglicher oder mietrechtlicher Bindungen tatsächlich erzielten Reinertrag (Δ RE) über die jeweilige Dauer mithilfe des Vervielfältigers kapitalisiert und auf den Wertermittlungsstichtag abdiskontiert. Dies ergibt den temporäreren Ertragswertanteil: **64**

$$\text{Barwert } \Delta RE_i = (RE_{\text{marktüblich}[€/m^2NF]} - RE_{\text{tatsächlich}[€/m^2NF]}) \times 12 \text{ Monate } \times NF[m^2] \times V_i$$

Der Ertragswert setzt sich dann aus dem nach § 17 Abs. 2 ImmoWertV abgeleiteten **vorläufigen Ertragswert** (langfristiger Ertragswertanteil) und dem Barwert der Mehr- oder Mindereinnahmen (temporärer Ertragswertanteil) zusammen: **65**

$$EW = \text{Vorläufiger Ertragswert} +/- \sum_{1}^{m} \Delta RE_i \times V \times q^{-t}$$

wobei
- m = Dauer der Mehr- oder Mindererträge in Jahren,
- t = Zeitraum zwischen Beginn der Mehr- oder Mindererträge und dem Wertermittlungsstichtag,
- $RE_{\text{marktüblich}[€/m^2NF]}$ = Marktüblich erzielbarer Reinertrag am Wertermittlungsstichtag,
- $RE_{\text{tatsächlich}[€/m^2NF]}$ = Reinertrag aufgrund wohnungs-, miet- und vertragsrechtlicher Bindungen,
- ΔRE_i = $RE_{\text{marktüblich}[€/m^2NF]} - RE_{\text{tatsächlich}[€/m^2NF]}$
- V = Vervielfältiger,
- NF = Nutzfläche (Wohnfläche).

Die **temporären Mehr- oder Mindereinnahmen (temporärer Ertragswertanteil)** können auch jährlich berücksichtigt werden (Abb. 13):

Abb. 13: Jährliche Berücksichtigung von Mehr- oder Mindereinnahmen

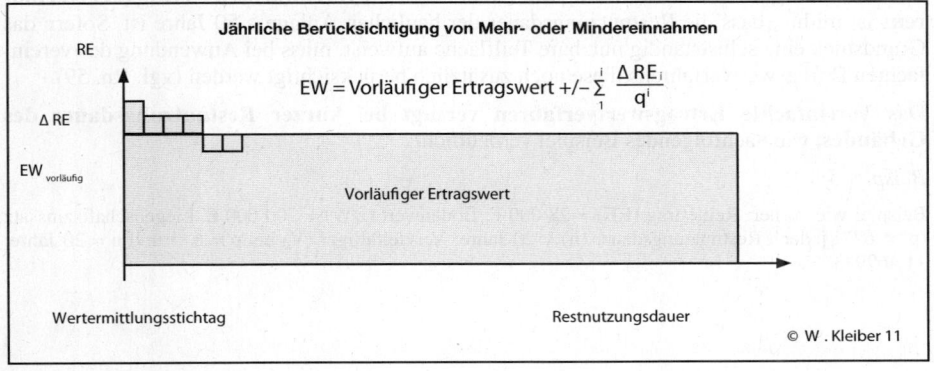

Syst. Darst. Ertragswertverfahren   Vereinfachtes Verfahren

1.4.4 Vereinfachtes Ertragswertverfahren

▶ *Vgl. auch unten Rn. 24, 35 sowie Syst. Darst. des Vergleichswertverfahrens Rn. 578*

66 Wie unter Rn. 33 ff. ausgeführt ist mit § 17 Abs. 2 ImmoWertV als Standardverfahren der Ertragswertermittlung die mathematisch identische ein- und zweigleisige Ertragswertermittlung vorgegeben:

$$\text{Ertragswert} = (RE - p \times BW) \times V + BW = RE \times V + BW \times q^{-n}$$

wobei
- RE = jährlicher Reinertrag des Grundstücks (§ 18 ImmoWertV)
- BW = Bodenwert (§ 16 ImmoWertV)
- V = Vervielfältiger (lt. Anlage zur ImmoWertV)
- q = Zinsfaktor = $1 + p/100$
- p = Liegenschaftszinssatz/100 = $q - 1$
- n = Restnutzungsdauer (§ 6 Abs. 6 ImmoWertV)

67 Bei langer Restnutzungsdauer des Gebäudes kann der Ertragswert auch ohne Kenntnis des Bodenwerts abgeleitet werden. Dies ist leicht aus der Formel des so genannten eingleisigen Ertragswertverfahrens erkennbar:

$$EW = RE \times V + BW/q^{n} \qquad (2)$$

über die Restnutzungsdauer abgezinster Bodenwert

Bereits ab einer Restnutzungsdauer von 50 Jahren reduziert sich der Bodenwert zu einer vernachlässigbaren Größe und die vollständige Formel des Ertragswertverfahrens lässt sich zum so genannten **„vereinfachten Ertragswertverfahren"** reduzieren[12]:

$$EW = RE \times V \qquad (3)$$

wobei V = finanzmathematischer Vervielfältiger

68 **Voraussetzung für die Anwendung des** (so definierten) **vereinfachten Ertragswertverfahrens** ist mithin, dass die Restnutzungsdauer der baulichen Anlage ≥ 50 Jahre ist. Sofern das Grundstück eine selbstständig nutzbare Teilfläche aufweist, muss bei Anwendung des vereinfachten Ertragswertverfahrens diese noch zusätzlich berücksichtigt werden (vgl. Rn. 59).

69 Das **Vereinfachte Ertragswertverfahren versagt bei kurzer Restnutzungsdauer des Gebäudes,** wie nachfolgendes Beispiel verdeutlicht:

70 *Beispiel 5:*

Beispiel wie vorher: Reinertrag (RE) = 28 000 €; Bodenwert (BW) = 200 000 €, Liegenschaftszinssatz (p) = 6 %; jedoch Restnutzungsdauer (n) = 20 Jahre; Vervielfältiger (V) bei p = 6 % und n = 20 Jahre: 11,469923

---

12 Bei der in § 17 Abs. 2 Nr. 2 ImmoWertV als „vereinfachtes Ertragswertverfahren" bezeichneten Ermittlungsmethodik handelt es sich lediglich um ein vereinfachbares Ertragswertverfahren (vgl. auch noch Ziffer 3.5 WERTR 02 und WERTR 06).

Vereinfachtes Verfahren   **Syst. Darst. Ertragswertverfahren**

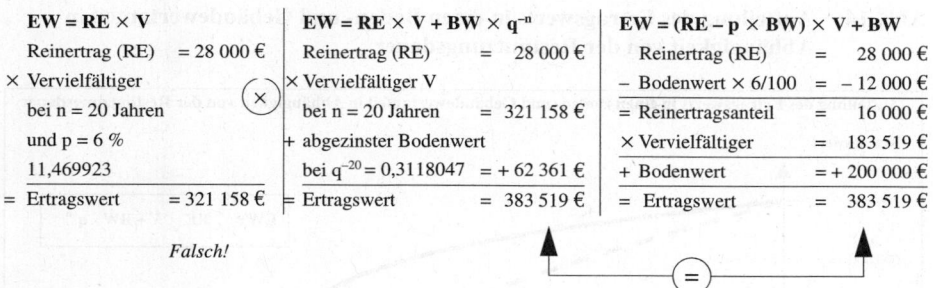

Falsch!

Dass das vereinfachte Ertragswertverfahren (EW = RE × V) bei kurzer Restnutzungsdauer versagt, ist darin begründet, dass der Bodenwert ein Dauerwert ist, der sich auf ∞ verzinst, während das Gebäude sich nur auf einen endlichen Zeitraum verzinst.   **71**

Diese Vereinfachung stellt sich ein, weil – wie bereits angesprochen – der **Bodenwert bei langer Restnutzungsdauer für das Ergebnis eine vernachlässigbare Größe** wird, da er ohnehin nur in der über die Restnutzungsdauer der baulichen Anlage diskontierten Höhe eingeht. Das gilt allerdings nur für die Grundstücksfläche, die der Bebauung zuzurechnen ist.   **72**

Beispiel 6:   **73**

Bodenwert	480 000 €
Restnutzungsdauer	60 Jahre
Liegenschaftszinssatz	5 %
BW × q^{-n} = 480 000 € × $1{,}05^{-60}$ =	25 697 €

Umgekehrt ist bei kurzer Restnutzungsdauer der Bodenwert nicht vernachlässigbar; er muss bei **sehr kurzer Restnutzungsdauer (RND ≤ 20 Jahre)** dann sogar um die Freilegungskosten vermindert werden (vgl. oben Rn. 61):   **74**

EW = RE × V	+ (BW – FLK) q^{-n}	*bei RND ≤ 20 Jahre*
	+ BW × q^{-n}	*20 Jahre ≥ RND ≤ 50 Jahre*
	entfällt	*bei RND ≥ 50 Jahre*

Soweit zum Grundstück **selbstständig nutzbare Teilflächen** (§ 17 Abs. 2 Satz 2 ImmoWertV) gehören, muss der entsprechende Bodenwertanteil in jedem Fall gesondert berücksichtigt werden.   **75**

Die vorstehenden Ausführungen machen deutlich, dass die **Ermittlung des Ertragswerts von Objekten mit einer langen Restnutzungsdauer auch ohne Kenntnis des Bodenwerts erfolgen kann**, denn dessen Anteil am Ertragswert tendiert mit wachsender Restnutzungsdauer gegen eine zu vernachlässigende Größe. Dies gilt um so mehr, je höher der Liegenschaftszinssatz ist, so dass sich der Ertragswert von Objekten, die eine längere Restnutzungsdauer als 50 Jahre aufweisen, allein durch Kapitalisierung des nachhaltigen Reinertrags ermitteln lässt. Die ImmoWertV sieht dies zwar ausdrücklich nicht vor, jedoch zeugt es eher von Unkenntnis, wenn der Sachverständige bei Objekten mit sehr langer Restnutzungsdauer filigrane und wissenschaftlich anmutende Untersuchungen zur Ermittlung des „richtigen" Bodenwerts anstellt, die für das Ergebnis letztlich bedeutungslos sind (Abb. 14):   **76**

Syst. Darst. Ertragswertverfahren — Vereinfachtes Verfahren

Abb. 14: Aufteilung des Ertragswerts in einen Boden- und Gebäudewertanteil in Abhängigkeit von der Restnutzungsdauer

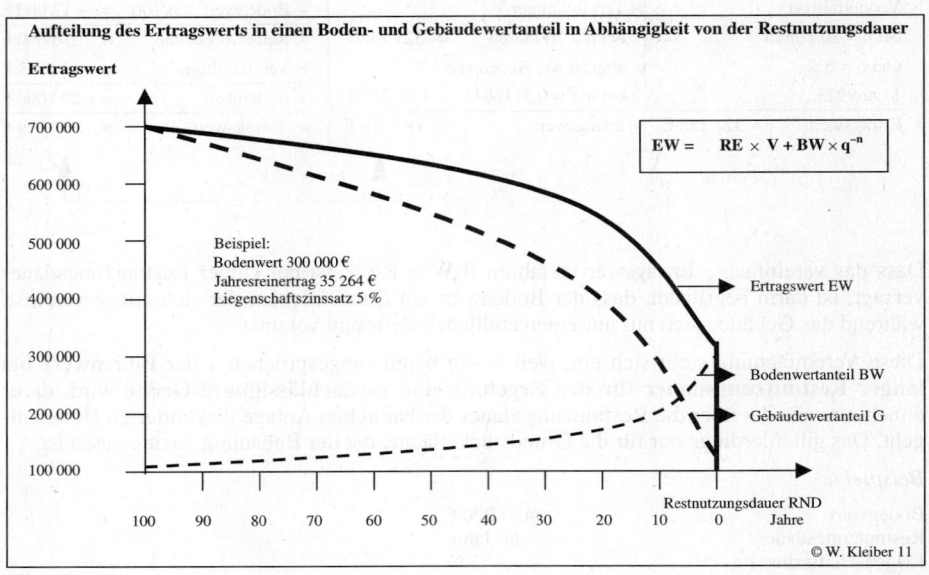

77 Einschränkend muss aber darauf hingewiesen werden, dass in **Extremfällen bei sehr hohen Bodenwerten** auch bei längerer Restnutzungsdauer der Bodenwert nicht vernachlässigt werden darf, wenn der diskontierte Bodenwert zu einem nicht vernachlässigbaren Bodenwertanteil führt. Darüber hinaus muss eine selbstständig nutzbare Freifläche (§ 17 Abs. 2 Satz 2 ImmoWertV) gesondert ermittelt werden.

78 *Beispiel 7:*

Bodenwert = 10 000 €/m²
Grundstücksgröße = 2 000 m²
Bodenwert = 10 000 €/m² × 2 000 m² = 20 Mio. €

Bei einem Liegenschaftszinssatz von p = 5 % und einer Restnutzungsdauer von 50 Jahren ergibt der diskontierte Bodenwert immer noch:

Diskontierter Bodenwert = 20 Mio. € × $1{,}05^{-50}$ = 1,744 Mio. €

Dieser Betrag mag zwar im Verhältnis zum Gesamtwert gering sein, er sollte gleichwohl nicht vernachlässigt bleiben.

79 Des Weiteren wird darauf hingewiesen, dass das vereinfachte Ertragswertverfahren auch bei langer Restnutzungsdauer in den neuen Bundesländern nicht unbedachterweise zur Anwendung kommen darf, wenn dort nur der **Gebäudewert (ohne Grund und Boden)** ermittelt werden soll und für diesen Zweck nur das erste Glied der Formel des vereinfachten Ertragswertverfahrens zum Ansatz kommt:

$$EW = RE \times V$$

80 Mit dieser Formel wird nämlich stets zugleich der zur Bebauung gehörende Bodenwertanteil (Umgriffsfläche) miterfasst. Der **Bodenwert findet** hier **Eingang in den angesetzten Reinertrag, der durch die Höhe des Nutzungsentgelts und die Nutzfläche bestimmt wird**.

81 Das **vereinfachte Ertragswertverfahren ist** für den ungeübten Anwender jedoch **fehleranfälliger bezüglich im Einzelfall zu beachtender Besonderheiten**.

Vereinfachtes Verfahren   **Syst. Darst. Ertragswertverfahren**

- Der **Bodenwert wird** auch im Falle eines erschließungsbeitragspflichtigen (ebpf) Zustands des Grund und Bodens **mit dem Wert des erschließungsbeitragsfreien (ebf) Baulands berücksichtigt**. Ist das Grundstück jedoch tatsächlich erschließungsbeitragspflichtig, müssen deshalb die auf den Wertermittlungsstichtag diskontierten Erschließungsbeiträge zusätzlich in Abzug gebracht werden (vgl. Näheres unten bei Rn. 149 ff.).

- Darüber hinaus kann bei Anwendung des vereinfachten Ertragwertverfahrens auf eine Bodenwertermittlung nicht verzichtet werden, wenn das Grundstück **selbstständig nutzbare Teilflächen** aufweist. Mit dem vereinfachten Ertragswertverfahren wird nur die der Bebauung zuzuordnende Grundstücksteilfläche erfasst. Dies verdeutlicht die nachfolgende Abb. 15. Für die Grundstücke A und B ergeben sich nach dem vereinfachten Ertragswertverfahren identische Werte. Tatsächlich ist der Verkehrswert des Grundstücks B um den Bodenwert der selbstständig nutzbaren Teilfläche wertvoller.

Abb. 15:   **Übergroßes Grundstück**

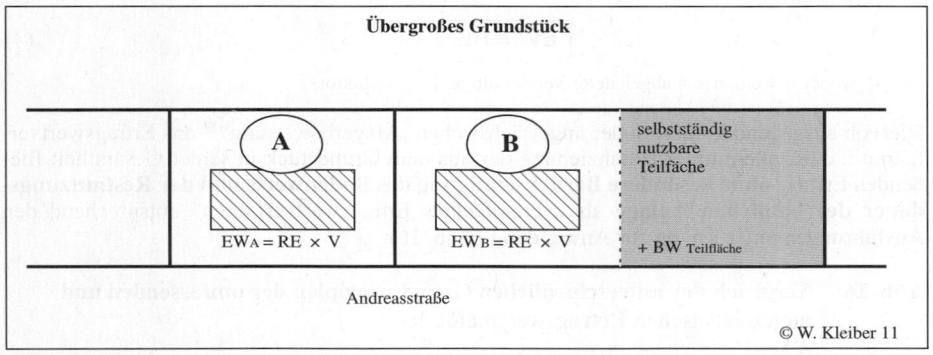

Bei der Ermittlung des **Ertragswerts von Objekten mit kurzer Restnutzungsdauer** sowie für den Teil eines bebauten Grundstücks, der eine zusätzliche Nutzung oder Verwertung zulässt, ist eine Bodenwertermittlung also unabweisbar. Dann muss der Bodenwert mit der höchstmöglichen Genauigkeit ermittelt werden.

Übersteigt der sich durch Multiplikation des Bodenwerts mit dem Liegenschaftszinssatz ergebende sog. Bodenwertverzinsungsbetrag (= BW × p) den Reinertrag des Grundstücks, so muss der Bodenwert nach § 16 Abs. 3 ImmoWertV darüber hinaus um die Freilegungskosten vermindert werden, wenn zur Ermittlung des Bodenwerts von Vergleichspreisen unbebauter Grundstücke ausgegangen wurde.

In diesem Fall ist der so ermittelte **Bodenwert zugleich der Ertragswert.** Auf die Ermittlung des Gebäudewertanteils kann dann verzichtet werden, da dieser auf eine zu vernachlässigende Größe zusammengeschrumpft und allein der Bodenwert im gewöhnlichen Geschäftsverkehr preisbildend ist.

Zusammenfassend kann also festgestellt werden, dass die Anwendung des vereinfachten Ertragswertverfahrens auf Grundstücke mit einer Bebauung, die eine längerfristige Restnutzungsdauer aufweisen, eine Reihe von Vorteilen hat, aber auch **Gefahrenmomente** aufweist. Wesentlicher Vorteil ist, dass der **Bodenwert** unter den vorstehenden Voraussetzungen gar **nicht erst ermittelt zu werden braucht,** da er – diskontiert über die Restnutzungsdauer – zu einer vernachlässigbaren Größe wird. Dies gilt allerdings nur insoweit, wie das Grundstück keine selbstständig nutzbaren Flächen aufweist und größenmäßig der Bebauung entspricht.

Bei **ewiger Restnutzungsdauer** (vgl. oben Rn. 14) ist der Liegenschaftszinssatz reziprok zum Vervielfältiger (V = 1/p). Die Formel des vereinfachten Ertragswertverfahrens geht in die allgemeine Grundrentenformel über. Das vereinfachte Ertragswertverfahren kann dann auch direkt unter Heranziehung des Liegenschaftszinssatzes zur Anwendung kommen.

Syst. Darst. Ertragswertverfahren — Maklermethode

$$EW = \frac{\text{Reinertrag (RE)}}{\text{(Liegenschafts-)Zinssatz}}$$

1.4.5 Vervielfältigerverfahren (Maklermethode)

▶ Vgl. § 13 ImmoWertV Rn. 14 ff., 26

87 Bei Anwendung des vereinfachten Ertragswertverfahrens wird als Vervielfältiger der finanzmathematische Vervielfältiger (Barwertfaktor) in Abhängigkeit von dem Liegenschaftszinssatz p und der Restnutzungsdauer n angesetzt. Der Vervielfältiger kann aber auch direkt aus geeigneten Verkaufsfällen empirisch abgeleitet werden. Diese Methode entspricht der so genannten Maklermethode. Die Vorgehensweise ist in § 13 ImmoWertV geregelt (vgl. § 13 ImmoWertV Rn. 8). Die Vorschrift spricht in diesem Zusammenhang nicht von Vervielfältigern bzw. Barwertfaktoren, sondern von Ertragsfaktoren. Sie werden auch Mietenmultiplikatoren genannt.

$$EW = RE \times V \qquad (4)$$

wobei V = empirisch abgeleiteter Vervielfältiger (Ertragsfaktor)

88 Hiervon ausgehend kommt in der angelsächsischen „Magerbewertung"[13] das Ertragswertverfahren i. d. R. allein unter Heranziehung des aus dem Grundstück in seiner Gesamtheit fließenden Ertrags **ohne besondere Berücksichtigung des Bodenwerts und der Restnutzungsdauer der baulichen Anlage** als „vereinfachtes Ertragswertverfahren" entsprechend den Ausführungen unter Rn. 66 zur Anwendung (Abb. 16):

Abb. 16: Vergleich der unterschiedlichen Grundprinzipien der umfassenden und angelsächsischen Ertragswertmethode

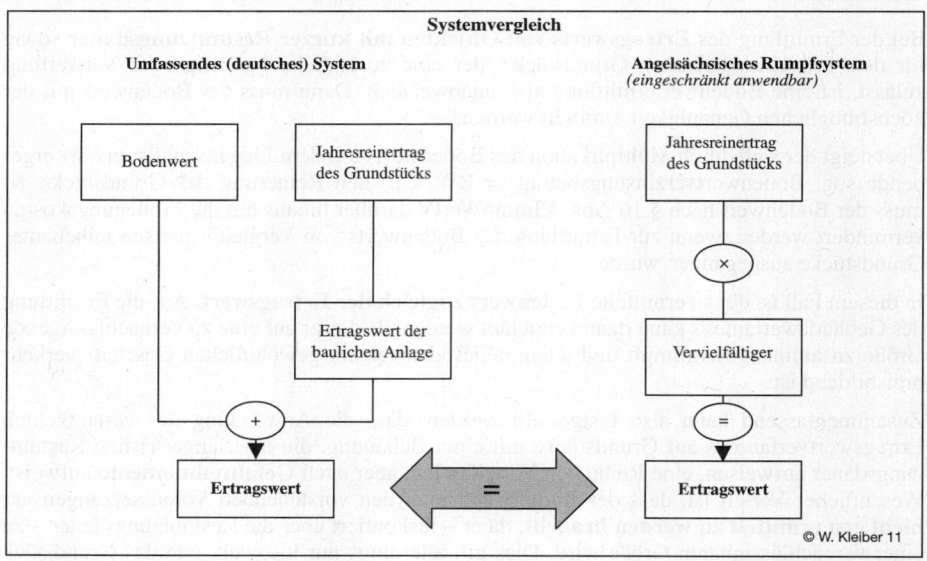

89 Diese Methode ist für die Ertragswertermittlung von Grundstücken, deren Bebauung eine kurze Restnutzungsdauer aufweist, aus den unter Rn. 66 ff. dargestellten Gründen untauglich.

---

13 Vgl. GuG 1996, 134 und GuG 2000, 134.

Maklermethode   **Syst. Darst. Ertragswertverfahren**

Beispiel 8:   90

(für ein Wertermittlungsobjekt mit *kurzer* Restnutzungsdauer der baulichen Anlage):

a) **Wertermittlungsobjekt:**
- Jahresreinertrag RE   =   50 000 €
- Bodenwert BW   =   200 000 €
- Restnutzungsdauer n   =   20 Jahre
- Liegenschaftszinssatz p   =   5 %
- Vervielfältiger V   =   12,56 (lt. Anl. ImmoWertV)

b) **Wertermittlung:**
- nach § 17 Abs. 2 Nr. 1 ImmoWertV: EW = (RE – p × BW) × V + BW = **700 000 €**
- allein unter Verwendung des Vervielfältigers: EW = RE × V   = **628 000 €**

Mit **Verlängerung der Restnutzungsdauer** der baulichen Anlage vermindert sich der Anteil des Bodenwerts am Ertragswert des Grundstücks.   91

Die **Ertragswertermittlung allein unter Anwendung des Vervielfältigers V** der Anlage zur ImmoWertV **ohne Berücksichtigung** (der Besonderheiten) **des Grund und Bodens muss bei kurzer Restnutzungsdauer des Gebäudes das Ergebnis verfälschen.**   92

Dies gilt entsprechend bei Heranziehung von empirisch abgeleiteten Vervielfältigern, die im angelsächsischen Sprachraum als *„Years Purchase"* – abgekürzt Y.P. – bzw. *Gross Income Multiplier* – abgekürzt: GIM – bezeichnet werden. Sie werden ermittelt als Quotienten aus   93

$$\frac{\text{Kaufpreis}}{\text{Reinertrag (RE)}}$$

Abb. 17:   **Nettokaltmietenmultiplikatoren des IVD in Abhängigkeit vom Baujahr**

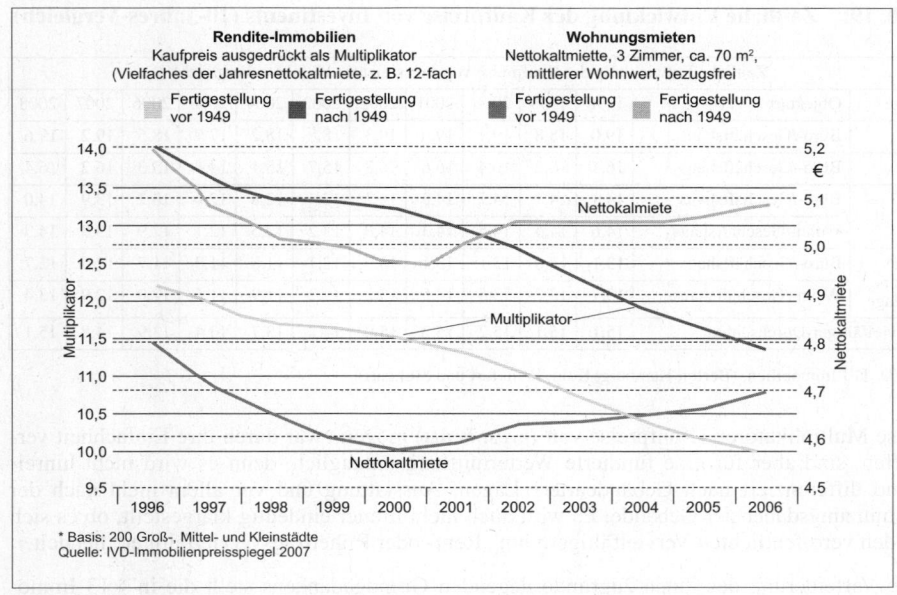

Quelle: GuG-aktuell 2007, 45

Syst. Darst. Ertragswertverfahren — Maklermethode

94 Diese Vorgehensweise entspricht der in Deutschland als **Maklermethode** bekannten Vorgehensweise, die auch den von verschiedenen Seiten veröffentlichten „**Kaufpreisen von Investments**" bzw. „**Mietenmultiplikatoren**" zugrunde liegt (Abb. 18):

Abb. 18: Kaufpreise von Investments (Stand: 2. Quartal 2008)

Standortkategorie		Größere Städte im Westen													Größere Städte im Osten				Mittelstädte			
Lage	Objektart	Berlin	Frankfurt	Hamburg	Köln	München	Stuttgart	Freiburg	Karlsruhe	Ludwigshafen*	Mannheim	Wiesbaden	Essen	Chemnitz	Dresden	Potsdam*	Rostock	Bad Homburg*	Heidelberg*	Neustadt/Weinstr.*	Konstanz*
Ia	Büro-/Geschäftshaus	19,5	19,0	20,0	19,5	20,0	20,0	17,0	16,5	12,5	16,5	18,0	15,5	14,0	16,5	15,0	13,0	16,5	17,0	13,6	15,0
Ib	Büro-/Geschäftshaus	16,5	16,0	18,5	14,5	18,0	16,5	15,5	14,5	12,0	13,5	15,5	14,0	12,0	15,5	13,0	12,0	15,0	15,0	12,0	13,5
IIer	Büro-/Geschäftshaus	14,0	14,0	14,0	13,0	16,5	15,0	14,5	13,0	10,0	12,0	13,5	12,0	12,0	14,0	11,5	10,0	13,5	13,5	11,0	12,0
	Wohn-/Geschäftshaus	13,5	14,0	16,0	14,0	18,5	14,0	15,0	13,0	12,0	12,5	14,0	12,5	12,0	13,5	11,0	12,0	14,0	14,5	11,5	13,0
Stadtteil	Büro-/Geschäftshaus	12,0	12,5	13,0	13,0	16,0	13,0	12,5	12,0	10,0	11,5	12,0	11,5	11,0	13,5	10,0	10,0	12,0	12,5	11,0	11,0
	Wohn-/Geschäftshaus	12,0	12,5	15,5	13,5	17,5	13,5	13,5	12,5	10,0	11,5	12,5	11,0	11,5	13,5	10,0	11,0	12,5	13,5	11,0	11,5
	Nahversorgungszentrum	12,0	12,0	12,5	12,0	12,0	12,0	12,0	11,5	10,0	11,5	10,5	12,0	13,0	12,0	11,0	11,5	11,0	11,0	11,0	11,0
	SB-Fachmarkt	12,0	12,0	11,5	12,0	12,0	11,5	12,0	12,0	9,0	11,0	11,5	10,5	13,0	12,0	12,0	11,0	11,0	11,0	11,0	11,0
Peripherie (Stadtrand Grüne Wiese Vororte)	Bürohaus	10,5	10,5	10,5	11,0	13,0	10,0	11,0	11,0	9,0	11,5	11,0	9,0	9,0	11,0	9,0	9,0	10,5	10,0	10,0	10,0
	Wohn-/Geschäftshaus	10,5	11,0	12,5	12,0	15,5	11,5	12,0	11,5	11,0	10,5	12,0	10,5	10,0	11,5	10,0	10,0	11,0	11,0	10,5	10,5
	Büro und Gewerbe	10,0	10,0	10,0	10,5	11,5	10,0	10,0	9,5	9,0	9,5	12,0	8,5	9,0	9,5	9,0	8,0	9,5	9,0	9,0	9,0
	Gewerbe/Industrie/Hallen	10,0	9,5	9,5	9,0	10,0	10,0	9,0	9,5	9,0	9,0	8,5	9,0	8,5	8,5	7,0	9,0	8,5	8,0	8,0	
	SB-Fachmarkt	11,5	11,5	11,0	12,0	11,0	11,5	11,0	11,5	9,0	10,0	10,5	9,0	12,0	12,5	10,0	10,0	10,5	11,0	9,5	9,5

Quelle: DB Immobilien, Stand: 2. Quartal 2008 (Nettokaufpreis + Erwerbsnebenkosten/Jahresnettomiete an Standorten von DB Immobilien
* Angaben des Vorjahrs

Abb. 19: Zeitliche Entwicklung der Kaufpreise von Investments (10-Jahres-Vergleich)

Lage	Objektart	1998	1999	2000	2001	2002	2003	2004	2005	2006	2007	2008
1a	Büro-/Geschäftshaus	19,0	18,8	19,2	19,6	19,3	18,8	18,2	17,9	18,5	19,2	19,6
1b	Büro-/Geschäftshaus	16,1	16,2	16,4	16,6	16,3	15,7	15,1	14,6	15,3	16,2	16,4
2er	Büro-/Geschäftshaus	14,1	14,1	14,2	14,3	14,2	13,4	12,8	12,6	13,2	13,9	14,0
	Wohn-/Geschäftshaus	14,6	14,5	14,5	14,3	14,0	13,2	12,5	12,1	12,9	13,9	14,3
Gute Stadtteillage	Büro-/Geschäftshaus	13,1	13,0	13,1	13,1	13,0	12,1	11,8	11,3	11,7	12,5	12,7
	Wohn-/Geschäftshaus	13,7	13,7	13,5	13,5	13,2	12,2	11,9	11,6	12,0	12,9	13,4
Vervielfältiger-Durchschnitt		15,1	15,1	15,2	15,2	15,0	14,2	13,7	13,4	13,9	14,8	15,1

Quelle: DB Immobilien, (Berlin, Hamburg, Köln, Frankfurt und Stuttgart)

95 Diese Multiplikatoren (Kaufpreise von *Investments*) mögen zwar durch ihre Einfachheit verblüffen, sind aber für eine fundierte Wertermittlung untauglich, denn es wird nicht hinreichend differenziert nach Gebäudearten, Lagen, Ausstattung und vor allem nicht nach der Restnutzungsdauer der Gebäude. Es wird auch nicht immer eindeutig klargestellt, ob es sich bei den veröffentlichten Vervielfältigern um „Rein- oder Rohertragsvervielfältiger" handelt.

96 Eine Verfeinerung des ihnen zugrunde liegenden Grundgedankens stellt die in § 13 ImmoWertV geregelte **Ableitung von Vergleichsfaktoren für bebaute Grundstücke** dar. Die danach abzuleitenden Ertragsfaktoren werden ebenfalls aus dem Verhältnis der Kaufpreise zum jeweiligen Reinertrag von den Gutachterausschüssen für Grundstückswerte abgeleitet, wobei nach § 13 ImmoWertV ausdrücklich die „marktüblich erzielbaren" und nicht die tatsächlich erzielten Reinerträge Grundlage sein sollen. Diesen Ertragsfaktoren ist der Vorzug zu geben, auch wenn bei ihrer Ableitung der jeweiligen Restnutzungsdauer bislang auch noch nicht hinreichend Rechnung getragen wurde (vgl. § 13 ImmoWertV Rn. 14 ff.).

1.4.6 Instandhaltungs- und Modernisierungsmodell

▶ *Vgl. oben Rn. 15 sowie unten Rn. 223; § 17 ImmoWertV Rn. 17 und § 19 ImmoWertV Rn. 115*

Ausgangspunkt der Ertragswertermittlung ist – wie vorstehend dargestellt – der Jahresreinertrag des Grundstücks (*cashflow*). Der Reinertrag ergibt sich wiederum aus dem Rohertrag abzüglich der aufzubringenden Bewirtschaftungskosten. Bewirtschaftungskosten sind die Verwaltungs-, Betriebs- und Instandhaltungskosten sowie die Abschreibung und das Mietausfallwagnis. Instandhaltungskosten sind nach § 28 Abs. 1 Satz 1 II. BV die Kosten, die während der Nutzungsdauer zur Erhaltung des bestimmungsmäßigen Gebrauchs aufgewendet werden müssen, um die durch Abnutzung, Alterung und Witterungseinwirkung entstehenden baulichen oder sonstigen Mängel ordnungsgemäß zu beseitigen. Mit der bloßen Instandhaltung lässt sich eine bauliche Anlage zwar „physisch" auf Dauer erhalten, jedoch führt sie zu einer endlichen wirtschaftlichen Nutzungsdauer eines Gebäudes, da das Gebäude selbst bei ordnungsgemäßer Instandhaltung infolge der sich wandelnden Anforderungen an Immobilien irgendwann nicht mehr den zeitgemäßen Ansprüchen entspricht. Das Gebäude ist dann aus wirtschaftlicher Sicht „tot" und der Zeitraum bis zu diesem Ableben wird als Restnutzungsdauer bezeichnet.

97

Grundsätzlich werden der Reinertrag (*cashflow*) und damit der Ertragswert unter Abzug eben dieser Instandhaltungskosten ermittelt. Daneben kann aber auch unterstellt werden, dass zusätzlich zur Instandhaltung die bauliche Anlage laufend modernisiert wird, was zu einem geringeren Reinertrag führt. Von daher kann nach dem

98

a) Instandhaltungsmodell

b) Modernisierungsmodell

unterschieden werden. Mit der Modernisierung, die sich als Verbesserung des Gebrauchswerts definiert (z. B. durch Änderung des Grundrisses bzw. der Ausstattung), geht einerseits eine Verminderung des Reinertrags und andererseits eine beliebige Verlängerung der Restnutzungsdauer einher, vorausgesetzt die Modernisierung ist bautechnisch und wirtschaftlich sinnvoll und durch die Lage auf dem Immobilienmarkt gerechtfertigt.

In der Praxis kommt vorherrschend das **Instandhaltungsmodell** zur Anwendung, wie es auch in der ImmoWertV geregelt ist, ohne dass die Verordnung die Anwendung des Modernisierungsmodells ausschließt. Dies ist darin begründet, dass über die Höhe der während der Restnutzungsdauer anfallenden Instandhaltungskosten verlässliche empirische Untersuchungen vorliegen, auf die sich eine fundierte Ertragswertermittlung stützen kann. Bei Anwendung dieses „Instandhaltungsmodells" ergibt sich zwangsläufig eine begrenzte Restnutzungsdauer der baulichen Anlage, der entsprechend Rechnung zu tragen ist.

99

Bei Anwendung des **Modernisierungsmodells** wird der Ertragswert auf der Grundlage der um die Instandhaltungs- *und* Modernisierungskosten verminderten Reinerträge ermittelt. Dem verminderten Reinertrag steht dann eine entsprechende Verlängerung der Restnutzungsdauer gegenüber. Der damit einhergehende Vorteil des Modernisierungsmodells besteht nun darin, dass sich mit der Verlängerung der Restnutzungsdauer die Voraussetzungen für die Anwendung des vorgestellten vereinfachten Ertragswertverfahrens „künstlich" herbeiführen lassen, d. h., man kommt dann ohne den Bodenwert aus.

100

– Das Modernisierungsmodell hat umgekehrt den Nachteil, dass im Vergleich zu den Instandhaltungskosten keine verlässlichen und allgemein anerkannten Erfahrungssätze über die künftigen Modernisierungskosten zur Verfügung stehen und auch nicht zur Verfügung stehen können. Welche Anforderungen schon im Hinblick auf die technischen Ent-

wicklungen an bauliche Anlagen gestellt werden müssen, kann nämlich nicht verlässlich prognostiziert werden.
- Die Anwendung des Modernisierungsmodells verbietet sich dann, wenn aufgrund der Verhältnisse auf dem Grundstücksmarkt auch mit der aufwendigsten Modernisierung bzw. Umstrukturierung eine Immobilie nicht marktgängig gemacht werden kann oder die Modernisierungskosten unwirtschaftlich sind. So sind z. B. in den neuen Bundesländern auch aufwendig modernisierte Wohngebäude von einem erheblichen strukturellen Leerstand betroffen und stehen zum Abriss an.
- Dass bei Anwendung des Modernisierungsmodells der Ansatz eines Bodenwerts entbehrlich ist, stellt zumindest in Deutschland im Übrigen keinen echten Vorteil dar, denn mit den Bodenrichtwerten stehen die Bodenwerte mit einer für die Ertragswertermittlung hinreichenden Genauigkeit flächendeckend und jederzeit zur Verfügung.

101 Grundsätzlich wird aus Gründen der Nachvollziehbarkeit und Genauigkeit dem Instandhaltungsmodell der Vorzug gegeben. Das Modernisierungsmodell kommt gleichwohl in vielen Einzelfällen, z. B. bei Denkmälern, bei residueller Verkehrswertermittlung (Extraktion) einer instandsetzungs- bzw. modernisierungs- oder umstrukturierungsbedürftigen Immobilie oder bei besonderen Schwierigkeiten der Bodenwertermittlung zur Anwendung. Zur Anwendung kommen auch „Zwittermodelle" (vgl. unten Rn. 223). So setzten beispielsweise die bei der Ertragswertermittlung von Lagerhallen und Hotels herangezogenen Nutzungsdauern bei genauerer Betrachtung zumindest eine Teilmodernisierung voraus.

102 Darüber hinaus kann im Hinblick auf das Prinzip des *„highest and best use"* die Anwendung des Modernisierungsmodells auch geboten sein, nämlich dann, wenn sich auf der Grundlage dieses Modells ein höherer Verkehrswert als bei bloßer Instandhaltung ergibt.

2 Grundzüge der Ertragswertverfahren

2.1 Übersicht

2.1.1 Ertragswertverfahren nach ImmoWertV

103 Das Ertragswertverfahren ist in §§ 17 bis 20 ImmoWertV geregelt. Es handelt sich hierbei um keine abschließende Regelung, denn nach § 8 Abs. 2 ImmoWertV sind subsidiär *„in"* dem zur Anwendung kommendem Wertermittlungsverfahren zu berücksichtigen
- die Lage auf dem Grundstücksmarkt (verfahrensintegrierte Marktanpassung) und
- „besondere objektspezifische Grundstücksmerkmale" i. S. des § 8 Abs. 3 ImmoWertV.

Grundsätzlich können auch alle objektspezifischen Grundstücksmerkmale „im Verfahren selbst" berücksichtigt werden, indem die Ertragsverhältnisse, die Restnutzungsdauer, der Liegenschaftszinssatz und der Bodenwert (vgl. unten Rn. 139) dem angepasst werden, jedoch ist dies eher in Ausnahmefällen praxisgerecht. Deshalb ergibt sich **nach den §§ 17 bis 20 ImmoWertV** eigentlich nur **der „vorläufige Ertragswert"**. Der Ertragswert selbst ergibt sich erst unter Berücksichtigung der mit dem vorläufigen Ertragswert noch nicht erfassten *besonderen objektspezifischen Grundstücksmerkmale*[14] (§ 8 Abs. 2 und 3 ImmoWertV).

Nach § 20 i. V. m. § 14 Abs. 3 ImmoWertV ist der vom Gutachterausschuss für Grundstückswerte abgeleitete Liegenschaftszinssatz heranzuziehen. Mit diesem Liegenschaftszinssatz wird die **Lage auf dem Grundstücksmarkt** „im" Verfahren an zentraler Stelle, nämlich bereits bei der Kapitalisierung der Erträge berücksichtigt. Die Anwendung des Liegenschaftszinssatzes steht, wie die Anwendung des Sachwertfaktors bei der Ermittlung des Verkehrswerts (Marktwerts) bei Heranziehung des Sachwertverfahrens unter dem Grundsatz der **Modellkonformität** (vgl. unten Rn. 249 sowie Vorbem. zur ImmoWertV Rn. 36 ff.).

---
14 Die Vorschrift ist aus § 19 WertV 88/98 hervorgegangen.

Grundzüge   **Syst. Darst. Ertragswertverfahren**

Wie in der Verfahrensübersicht bei Rn. 33 ff. erläutert, werden mit § 17 ImmoWertV drei Varianten ein und desselben Ertragswertverfahrens angeboten:

1. Das als **„allgemeines Ertragswertverfahren"** bezeichnete *zweigleisige* Ertragswertverfahren unter Aufteilung des Ertragswerts in einen Boden- und Gebäudewertanteil (vgl. § 17 Abs. 2 Nr. 1 ImmoWertV),

2. das als **„vereinfachtes Ertragswertverfahren"** bezeichnete *eingleisige* Ertragswertverfahren *ohne* Aufteilung des Ertragswerts in einen Boden- und Gebäudewertanteil (vgl. § 17 Abs. 2 Nr. 2 ImmoWertV) und

3. das *mehrperiodische* Ertragswertverfahren auf der Grundlage periodisch konstanter oder alternierender Erträge (§ 17 Abs. 1 Satz 2 i. V. m. Abs. 3 ImmoWertV, vgl. oben Rn. 42).

Die Verfahren sind mathematisch identisch und müssen allesamt zu ein und demselben Ertragswert führen. **Der in der Verordnung gebrauchte Begriff des „vereinfachten Ertragswertverfahrens" ist irreführend**, da das Verfahren lediglich vereinfachungsfähig ist, nämlich im Falle seiner Anwendung auf Grundstücke, deren Bebauung eine lange Restnutzungsdauer aufweist, und keine selbstständig nutzbaren Teilflächen gegeben sind. Auf die Ermittlung des Bodenwerts kann dann verzichtet werden, da er nur in diskontierter Höhe in den Ertragswert eingeht und gegen null geht (vgl. oben Rn. 33, 72, 86 und unten Rn. 288). Nur in diesem Fall wird – wie schon in den Vorauflagen dieses Werks – vom vereinfachten Ertragswertverfahren gesprochen.

Bei allen Verfahrensvarianten ist grundsätzlich von den **am Wertermittlungsstichtag marktüblich erzielbaren Roh- bzw. Reinerträgen und den bei ordnungsgemäßer Bewirtschaftung und zulässiger Nutzung marktüblich entstehenden Bewirtschaftungskosten** auszugehen. Die vom Grundstücksmarkt allgemein erwarteten Änderungen immobilienwirtschaftlich bedeutsamer Rahmenbedingungen, insbesondere die allgemeinen Ertragsentwicklungen, werden mit dem für alle Verfahren maßgeblichen Liegenschaftszinssatz nach § 14 Abs. 3 ImmoWertV berücksichtigt. Der Liegenschaftszinssatz „vernachhaltigt" den als Ausgangsgröße herangezogenen (am Wertermittlungsstichtag) marktüblich erzielbaren Ertrag. Es handelt sich mithin bei allen Verfahrensvarianten um die international gebräuchliche *all over capitalization method* auf der Grundlage der *all over capitalization rate*. **104**

Das **ein- und zweigleisige Ertragswertverfahren** nach § 17 Abs. 2 ImmoWertV unterscheidet sich von dem mehrperiodischen Ertragswertverfahren nach § 17 Abs. 1 Satz 2 i. V. m. Abs. 3 ImmoWertV lediglich darin, dass **105**

a) bei Anwendung des allgemeinen und vereinfachten Ertragswertverfahrens (ein- und zweigleisiges Ertragswertverfahren) temporäre Abweichungen der wohnungs-, miet- und vertragsrechtlich erzielten Erträge und auch Abweichungen der tatsächlich entstehenden Bewirtschaftungskosten insbesondere aufgrund wohnungs-, miet- oder vertragsrechtlicher Bindungen („gesicherte Daten" i. S. des § 17 Abs. 3 ImmoWertV) von den marktüblich erzielbaren Erträgen bzw. marktüblich entstehenden Bewirtschaftungskosten *(over- und underrented)* in einem ergänzenden Rechenschritt zu ermitteln und zu berücksichtigen sind, während

b) bei Anwendung des *mehrperiodischen* Ertragswertverfahrens entsprechende Abweichungen *(over- und underrented)* direkt berücksichtigt werden, indem in den jeweiligen Jahren nicht von den marktüblich erzielbaren Erträgen bzw. den marktüblich entstehenden Bewirtschaftungskosten, sondern von den Erträgen bzw. Bewirtschaftungskosten ausgegangen wird, die aufgrund wohnungs-, miet- oder vertragsrechtlicher Bindungen „sicher" zu erwarten sind.

Das allgemeine und vereinfachte Ertragswertverfahren (ein- und zweigleisiges Ertragswertverfahren) unterscheidet sich von dem *mehrperiodischen* Ertragswertverfahren dementsprechend in der Darstellung der Ergebnisse. Während bei Anwendung des ein- und zweigleisigen Ertragswertverfahrens der Barwert von Mehr- oder Mindereinnahmen aufgrund wohnungs-, **106** miet- oder vertragsrechtlicher Bindungen *(over- und underrented)* gesondert „ausgeworfen" wird, gehen bei Anwendung des mehrperiodischen Ertragswertverfahrens diese **Mehr- oder Mindereinnahmen in den** jeweiligen **jährlichen Ertragswertanteil** ein, d. h. die jährlichen Ertragsflüsse werden in ihrer Gesamtheit „ausgeworfen".

107 *Beispiel:*

a) Sachverhalt

Auf der Grundlage des am Wertermittlungsstichtag marktüblich erzielbaren Reinertrags von 104 400 € p. a. wurde im ersten Schritt ein vorläufiger Ertragswert von 1 620 822,89 € ermittelt.

Aufgrund mietvertraglicher Bindungen werden jährlich unterschiedliche Mehr- und Mindereinnahmen *(over- und underrented)* erzielt. Diese stellen sich im zeitlichen Verlauf wie folgt dar (Abb. 20):

Abb. 20:   Zeitlicher Verlauf der Ertragsflüsse der Mehr- und Mindereinnahmen

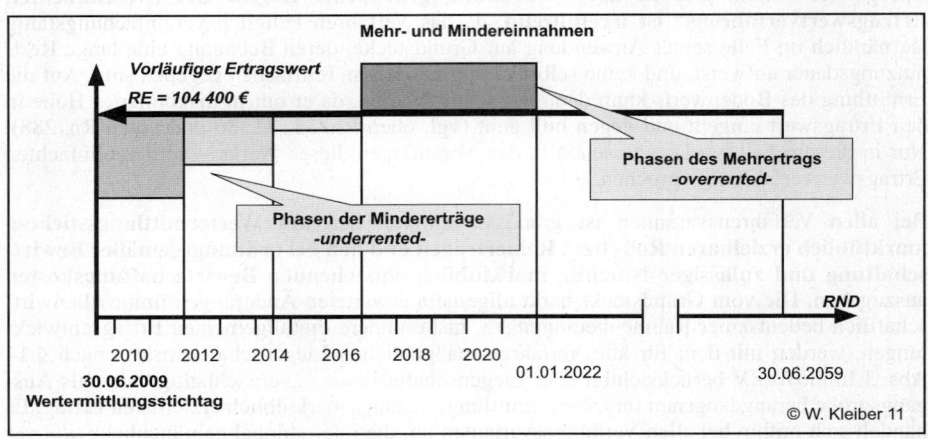

Die Ertragsentwicklung stellt sich wie folgt dar:

Ertragsentwicklung aufgrund Vertragslage, Wertermittlungsstichtag 31.06.2009			
Phase	ab	bis	Jahresreinertrag	Dauer in Jahren
1	ab 30.06.2009	bis 31.12.2011	93 600 €	2,5
2	ab 01.01.2012	bis 30.06.2014	96 300 €	2,5
3	ab 01.07.2014	bis 31.12.2016	99 900 €	2,5
4	ab 01.01.2017	bis 31.12.2021	108 900 €	5,0
5	ab 01.01.2022	bis 30.06.2059	104 400 €	37,5

b) Ertragswertermittlung unter Anwendung des ein- und zweigleisigen Ertragswertverfahrens:

Ermittlung des Ertragswerts unter Anwendung des ein- und zweigleisigen Ertragswertverfahrens und Berücksichtigung von vertraglichen Mehr- und Mindereinnahmen mithilfe des Auf- und Abschichtungsverfahrens

Grundzüge   **Syst. Darst. Ertragswertverfahren**

Vorläufiger Ertragswert						Auf- und Abschichtung *(Top and Bottom Slicing)*					
		marktüblicher		vertraglicher							
		Reinertrag				Mehr- und Mindererträge					Mehr- bzw. Minderertrag
Nr. Lage	NF/WF m²	€/m² NF Monat	€ p. a.	€ p. a.	€/m² NF Monat	ΔRE €/p. a.	Beginn	Ende	Δ Jahre	V	
1 EG links	50	12	7 200	7 200	12,00	–					
2 EG mitte	150	10	18 000	9 000	5,00	– 9 000	30.06.2009	31.12.2011	2,50	2,26	– 20 334 €
Bemerkung	Staffelmietvertrag			13 500	7,50	– 4 500	01.01.2012	31.12.2016	7,50	5,90	
								Vervielfältigerdifferenz		3,64	– 16 386 €
				22 500	12,50	4 500	01.01.2017	31.12.2021	12,50	8,82	
									7,50	–5,90	
								Vervielfältigerdifferenz		2,72	12 245 €
3 EG rechts	100	80	9 600	9 600	8,00						
4 OG links	50	120	7 200	7 200	12,00						
5 OG mitte	150	10	18 000	14 400	8,00	– 3 600	30.06.2009	30.06.2014	5,00	4,21	– 15 165 €
Bemerkung	Mietvertrag (underrented)										
6 OG rechts	100	8	9 600	9 600	8,00						
7 DG inks	50	12	7 200	7 200	12,00						
8 DG mitte	150	10	18 000	19 800	11,00	1 800	31.06.2009	31.12.2011	2,50	2,26	4 067 €
Bemerkung	Mietvertrag (overrented)										
9 DG rechts	100	8	9 600	9 600	8,00	–					
Summe	900		104 400 €								– 35 573 €

Ertragswertermittlung   Wertermittlungsstichtag: 30.06.2009
Bodenwert   200 000 €
Restnutzungsdauer   50 Jahre   Gebäudeertragswert
Liegenschaftszinssatz   6,00 %

1. *Ein*gleisiges Ertragswertverfahren   2. *Zwei*gleisiges Ertragswertverfahren

$EW = RE \times V + BW \times q^{-n}$ $EW = (RE - p \times BW) \times V + BW$

RE	=	104 400 €		RE	=	104 400 €
V	=	15,761861		BW	=	200 000 €
RE × V	=	1 645 538 €		BW × p	=	12 000 €
BW	=	200 000 €		RE – (p × BW)	=	92 400 €
q^{-n}	=	0,054288		V	=	15,761861
BW × q^{-n}	=	10858 €		(RE – p × BW) × V	=	1 456 396 €
EW (vorläufig)	**=**	**1 656 396 €**		BW	=	**+ 200 000 €**
abzüglich *(underrented)*	=	– 35 573 €		EW (vorläufig)	=	1 656 396 €
EW	**=**	**1 620 823 €**		abzüglich *(underrented)*	=	– 35 573 €
				EW	**=**	**1 620 823 €**

Der vorläufige Ertragswert ergibt sich damit zu   **rd. 1 620 000 €**

Die Mehr- oder Mindereinnahmen ergeben sich bezogen auf die einzelnen Mieteinheiten und in ihrer Gesamtheit aus der Aufstellung.

c) **Ertragswertermittlung unter Anwendung des mehrperiodischen Ertragswertverfahrens:**
Ermittlung des Ertragswerts unter Anwendung des mehrperiodischen Ertragswertverfahrens und direkter Berücksichtigung von vertraglichen Mehr- und Mindereinnahmen (Abb. 21):

Syst. Darst. Ertragswertverfahren — Grundzüge

Abb. 21: Ermittlung des Ertragswerts unter Offenlegung der jährlichen Ertragsflüsse

Jahr	Dauer von WST: 31.6.2009 bis	Periode	Differenz Jahre	V bei Zins 6,00 %	Reinertrag €/Jahr	RE × V = Cashflow
2009	31.12.2009	1	0,50	0,478568961	× 93 600 €	= 44 794 €
2010	31.12.2010	2	1,50	1,394876378		
	31.12.2009		– 0,50	– 0,478568961		
			= 1,00	0,916307417	× 93 600 €	= 85 766 €
2011	31.12.2011	3	2,50	2,259317338		
	31.12.2010		– 1,50	– 1,39487638		
			= 1,00	0,86444096	× 93 600 €	= 80 912 €
2012	31.12.2012	4	3,50	3,074827677		
	31.12.2011		– 2,50	– 2,25931734		
			= 1,00	0,81551034	× 96 300 €	= 78 534 €
2013	31.12.2013	5	4,50	3,844177054		
	31.12.2012		– 3,50	– 3,07482768		
			= 1,00	0,76934938	× 96 300 €	= 74 088 €
2014 1. Jahreshälfte	31.06.2014	6a	5,00	4,212363786		
	31.12.2013		– 4,50	– 3,84417705		
			= 0,50	0,36818673	× 96 300 €	= 35 456 €
2014 2. Jahreshälfte	31.12.2014	6b	5,50	4,569978353		
	30.06.2014		– 5,00	– 4,21236379		
			= 0,50	0,35761457	× 99 900 €	= 35 726 €
2015	31.12.2015	7	6,50	5,254696559		
	31.12.2014		–5,50	– 4,56997835		
			= 1,00	0,68471821	× 99 900 €	= 68 403 €
2016	31.12.2016	8	7,50	5,900657131		
	31.12.2015		– 6,50	– 5,25469656		
			= 1,00	0,64596057	× 99 900 €	= 64 531 €
2017	31.12.2017	9	8,50	6,51005390		
	31.12.2016		– 7,50	– 5,90065713		
			= 1,00	0,60939677	× 108 900 €	= 66 363 €
2018	31.12.2018	10	9,50	7,08495651		
	31.12.2017		– 8,50	– 6,51005390		
			= 1,00	0,57490261	× 108 900 €	= 62 607 €
2019	31.12.2019	11	10,50	7,62731746		
	31.12.2018		– 9,50	– 7,08495651		
			= 1,00	0,54236095	108 900 €	= 59 063 €
2020	31.12.2020	12	11,50	8,13897874		
	31.12.2019		– 10,50	– 7,62731746		
			= 1,00	0,51166128	108 900 €	= 55 720 €
2021	31.12.2021	13	12,50	8,62167805		
	31.12.2020		– 11,50	– 8,13897874		
			= 1,00	0,48269932	108 900 €	= 52 566 €
(Restwert) 2022–2059	30.06.2059	14	50,00	15,76186064		
	31.12.2021		– 12,50	– 8,62167805		
			= 37,50	7,14018258	104 400 €	= 745 435 €
Σ RE × V						1 609 965 €
+ **Bodenwert:** 200 000 € diskontiert über 50 Jahre					10 858 €	+ 10 858 €
= **Ertragswert (vorläufig)**						1 620 823 €

108 Bei Anwendung des mehrperiodischen Ertragswertverfahrens sind die Mehr- oder Mindereinnahmen aufgrund wohnungs-, miet- oder vertragsrechtlicher Bindungen – im Unterschied zum ein- und zweigleisigen Ertragswertverfahren – nicht mehr bezogen auf die einzelnen

Mieteinheiten und in ihrer Gesamtheit erkennbar. Stattdessen sind aber die jährlichen Gesamterträge unter Berücksichtigung der Mehr- oder Mindereinnahmen erkennbar.

Bei dem nach den §§ 17 bis 20 ImmoWertV ermittelten Ertragswert handelt es sich i. d. R. um einen vorläufigen Ertragswert. Nach der auf alle Wertermittlungsverfahren anzuwendenden „Rahmenvorschrift" des § 8 Abs. 2 und 3 ImmoWertV bedarf es noch 109

a) einer Marktanpassung an die allgemeinen Wertverhältnisse auf dem Grundstücksmarkt sowie

b) der Berücksichtigung sonstiger „besonderer objektspezifischer Grundstücksmerkmale",

soweit dem nicht direkt mit dem herangezogenen Wertermittlungsverfahren Rechnung getragen worden ist. Darüber hinaus ist nach § 8 Abs. 1 Satz 3 ImmoWertV das Ergebnis der Ertragswertermittlung unter Berücksichtigung der Ergebnisse anderer herangezogener Wertermittlungsverfahren zu würdigen.

Eine **Marktanpassung ist bei Anwendung des Ertragswertverfahrens** i. d. R. nicht erforderlich, wenn der herangezogene Liegenschaftszinssatz, die zugrunde gelegten Ertragsverhältnisse und auch die sonstigen Wertermittlungsparameter der Lage auf dem Grundstücksmarkt am Wertermittlungsstichtag entsprechen. Das Ertragswertverfahren kann als ein besonders marktkonformes Wertermittlungsverfahren gelten, denn die herangezogenen Ertragsverhältnisse und Liegenschaftszinssätze werden „aus dem Markt" abgeleitet und lassen sich gegebenenfalls direkt an die zum Wertermittlungsstichtag herrschenden allgemeinen Wertverhältnisse auf dem Grundstücksmarkt angleichen, wenn sie sich auf „überholte" Marktverhältnisse beziehen. 110

Neben den bereits nach § 17 ImmoWertV direkt berücksichtigten Abweichungen der marktüblich erzielbaren Erträge gilt es aber nach der „Auffangregelung" des § 8 Abs. 3 ImmoWertV noch die **sonstigen „besonderen objektspezifischen Grundstücksmerkmale"**, wie z. B. Baumängel und Bauschäden (Instandhaltungsrückstau), ein überdurchschnittlicher Erhaltungszustand, eine wirtschaftliche Überalterung, Rechte und Belastungen usw. (Anomalien), ergänzend zu berücksichtigen, soweit dem nicht mit den angesetzten Erträgen Rechnung getragen wurde. Auch bei Anwendung des mehrperiodischen Ertragswertverfahrens unter direkter Berücksichtigung temporärer Mehr- oder Mindererträge ist der Auffangregelung des § 8 Abs. 3 ImmoWertV große Beachtung zu schenken (vgl. § 8 ImmoWertV Rn. 178 ff.). 111

Unter den bei Anwendung des Ertragswertverfahrens im Regelfall nicht gesondert zu berücksichtigenden „sonstigen" Anlagen versteht die Verordnung insbesondere **Gartenanlagen, Anpflanzungen und Parks**. Dass deren Wertanteil hier keiner gesonderten Wertermittlung bedarf, ist darauf zurückzuführen, dass die aus der baulichen Anlage fließende Rendite zugleich ein Entgelt für die Annehmlichkeit des Grundstücks in seiner Gesamtheit darstellt und mithin z. B. die Rendite aus einer parkähnlichen Gestaltung des Grundstücks umfasst[15]. Dies entspricht dem erkennbaren Willen des Verordnungsgebers. In der Begründung zu § 15 Abs. 1 WertV 88 heißt es hierzu: „ ... Dies trägt einmal der Tatsache Rechnung, dass die baulichen Anlagen auf dem Grundstück insgesamt gesehen werden müssen und ihnen nur noch die sonstigen Anlagen gegenüberstehen, die i. d. R. für das Ertragswertverfahren nicht von Bedeutung sind, aber erforderlichenfalls über § 19 *(WertV 88, nunmehr § 8 Abs. 3 ImmoWertV)* erfasst werden können."[16] Soweit sich zusätzlich zum Wertanteil der baulichen Anlagen ein Wertanteil für die „sonstigen" Anlagen tatsächlich einmal ergibt, ist dies nach § 8 Abs. 3 ImmoWertV zu berücksichtigen; eine doppelte Berücksichtigung muss dabei in jedem Fall vermieden werden (vgl. oben Rn. 32, 84, Syst. Darst. des Vergleichswertverfahrens Rn. 113 ff., Syst. Darst. des Sachwertverfahrens Rn. 47, 202 ff. 219; § 1 ImmoWertV Rn. 48 ff., § 8 ImmoWertV Rn. 67; 403; § 19 ImmoWertV Rn. 4, 51; § 21 ImmoWertV Rn. 68, 16). 112

---

15 OLG Koblenz, Urt. vom 13.01.1982 – 1 U 6/80 –, EzGuG 2.28; so auch in der steuerlichen Bewertung (vgl. BewR Gr vom 19.09.1966, BAnz Nr. 183 Beil. = BStBl. I 1966, 890, zu § 79 BewG Nr. 21).
16 BR-Drucks. 352/58, S. 55f.

Syst. Darst. Ertragswertverfahren — BelWertV

Abb. 22: Systematik der ImmoWertV

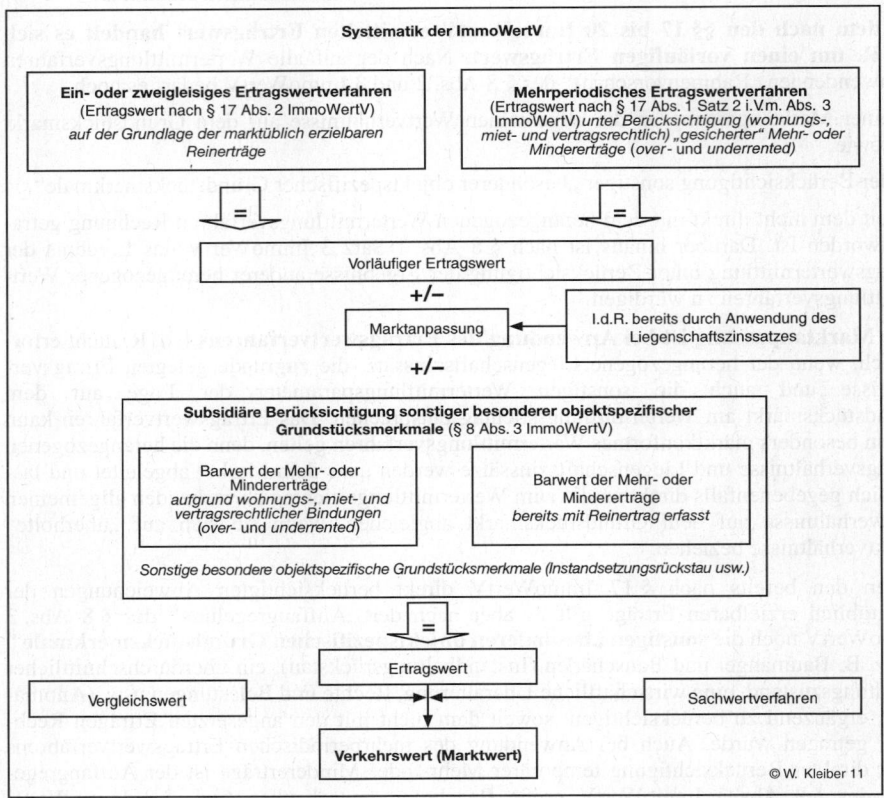

2.1.2 BelWertV

113 **Die §§ 8 bis 13 BelWertV regeln die Ermittlung des Beleihungswerts unter Anwendung des Ertragswertverfahrens weitgehend identisch mit dem in § 17 Abs. 2 Nr. 1 Immo-WertV** geregelten zweigleisigen Ertragswertverfahren auf der Grundlage eines Kapitalisierungszinssatzes, der in materieller Übereinstimmung mit dem Liegenschaftszinssatz nach § 14 Abs. 3 ImmoWertV definiert ist. Die Ertragswertermittlung nach der BelWertV vollzieht sich mithin ebenfalls nach der *all over capitalization method*. Die BelWertV gibt diesbezüglich auch keine Hinweise, wie dem bei der Beleihungswertermittlung maßgeblichen Vorsichtsprinzip durch entsprechende Risikozuschläge zum Liegenschaftszinssatz Rechnung zu tragen ist.

114 Die Systematik der BelWertV weicht an einer nicht unbedeutenden Stelle von der Systematik der ImmoWertV ab. Im Unterschied zur Systematik des Ertragswertverfahrens nach der ImmoWertV und auch im Unterschied zur Systematik des Sachwertverfahrens der BelWertV regelt die BelWertV die **Berücksichtigung besonderer objektspezifischer Grundstücksmerkmale** (§ 8 Abs. 3 ImmoWertV) nicht in einer eigenständigen Auffangvorschrift. Hier besteht eine Lücke, denn erfahrungsgemäß gilt es, eine Vielzahl besonderer wertbeeinflussender Umstände zu berücksichtigen. Die BelWertV sieht diesbezüglich lediglich zwei besonders zu berücksichtigende Tatbestände:

a) Ein erkennbarer *Instandhaltungsrückstau oder sonstiger baulicher Aufwand sowie Baumängel und Bauschäden;* sie sind als gesonderter Wertabschlag in Höhe der zu erwartenden Aufwendungen zu quantifizieren. Dieser Wertabschlag soll allerdings im Unterschied zur ImmoWertV aus nicht verständlichen Gründen nicht in den Ertragswert eingehen. Vielmehr soll nach § 4 Abs. 5 BelWertV der Beleihungswert entsprechend korrigiert werden.

b) Nach § 10 Abs. 1 Satz 2 BelWertV soll der Ertragswert auf der Grundlage der vertraglich vereinbarten Miete ermittelt werden, wenn sie unter der „nachhaltigen" Miete liegt. „Nachhaltig" ist die am Wertermittlungsstichtag marktüblich erzielbare Miete (§ 17 Abs. 1 Satz 1 ImmoWertV).

Mit diesen Regelungen wird der breite Fächer der sonstigen besonderen objektspezifischen Grundstücksmerkmale nur unzureichend berücksichtigt.

Darüber hinaus gibt die BelWertV für die Anwendung des Ertragswertverfahrens folgende Vorgaben: **115**

1. Die **Bewirtschaftungskosten** sind mindestens mit 15 % des Rohertrags anzusetzen (§ 11 Abs. 2 Satz 3 BelWertV); darüber hinaus haben sich die Einzelkostenansätze der Bewirtschaftungskosten innerhalb der nach Anl. 1 zur BelWertV zulässigen *Bandbreiten* zu bewegen, sofern nicht die besonderen Umstände des Einzelfalls einen höheren Ansatz erfordern (§ 11 Abs. 2 Satz 1 BelWertV).

2. Nach § 11 Abs. 1 Satz 2 BelWertV i. V. m. Abs. 7 ist „objektartenspezifisch ein **Modernisierungsrisiko** nach den Kosten für notwendige Anpassungsmaßnahmen als prozentualer Anteil an den Neubaukosten anzusetzen, die zusätzlich zu den Instandhaltungskosten zur Aufrechterhaltung der Marktgängigkeit und der dauerhaften Sicherung des Mietausgangsniveaus notwendig sind.

3. Der **Bodenwertverzinsungsbetrag** wird auf der Grundlage eines Kapitalisierungszinssatzes ermittelt, der – materiell zwar als Liegenschaftszinssatz definiert wird – jedoch entsprechend dem mit der Immobilie verbundenen kreditwirtschaftlichem Risiko höher ausfällt. Dieser Kapitalisierungszinssatz wird auch zur Kapitalisierung der um den Bodenwertverzinsungsbetrag verminderten Reinerträge herangezogen.

4. Die mit der Anl. 2 zur BelWertV genannten Erfahrungssätze für die (Gesamt-)**Nutzungsdauer** sind zu berücksichtigen (§ 12 Abs. 2 Satz 3 BelWertV).

Schließlich ist nach § 10 Abs. 3 BelWertV für den Fall eines strukturellen oder lang anhaltenden **Leerstands** zu prüfen, ob auf Grund der jeweiligen Marktlage eine Vermietung überhaupt oder zu den angesetzten Mietpreisen in absehbarer Zeit noch zu erwarten ist. Dies stellt keine Besonderheit gegenüber der ImmoWertV, sondern ein Selbstverständnis dar, denn dies gilt gleichermaßen für die Ermittlung des Verkehrswerts nach den Grundsätzen der ImmoWertV. **116**

2.1.3 Steuerliche Bewertung

Schrifttum: *Roscher, M.,* Bewertung eines Geschäftsgrundstücks nach dem Erbschaftsteuerreformgesetz, GuG 2009, 221.

Nach § 182 BewG sind **im Ertragswertverfahren zu bewerten** **117**

1. Mietwohngrundstücke,

2. Geschäftsgrundstücke und gemischt genutzte Grundstücke, für die sich auf dem örtlichen Grundstücksmarkt eine übliche Miete ermitteln lässt.

Mit den §§ 184 bis 188 BewG ist ein typisiertes („abgespecktes") **Ertragswertverfahren** vorgegeben und zwar in Anlehnung an das zweigleisige Ertragswertverfahren der ImmoWertV. Es gelten folgende Vereinfachungen: **118**

a) Die *Restnutzungsdauer* wird grundsätzlich mit dem Unterschiedsbetrag zwischen einer mit Anl. 22 zum BewG vorgegebenen wirtschaftlichen Gesamtnutzungsdauer und dem Alter des Gebäudes am Bewertungsstichtag angesetzt.

- Sind nach Bezugsfertigkeit des Gebäudes Veränderungen eingetreten, die die wirtschaftliche Gesamtnutzungsdauer des Gebäudes verlängert oder verkürzt haben, ist von einer der Verlängerung oder Verkürzung entsprechenden Restnutzungsdauer auszugehen.
- Die Restnutzungsdauer eines noch nutzbaren Gebäudes beträgt regelmäßig mindestens 30 Prozent der wirtschaftlichen Gesamtnutzungsdauer.

b) Der *Rohertrag* ist *nach den* am Bewertungsstichtag *geltenden vertraglichen Vereinbarungen* anzusetzen.

- Nicht zur Jahresmiete gehören die Betriebskosten, die neben der Miete mit dem Mieter abgerechnet werden können (umlagefähige Bewirtschaftungskosten).
- Sind die Betriebskosten ganz oder teilweise in der vereinbarten Miete enthalten, sind sie herauszurechnen.
- Werden Betriebskosten pauschal erhoben und nicht mit dem Mieter abgerechnet, sind sie in der Jahresmiete zu erfassen. Die tatsächlich angefallenen Betriebskosten sind davon abzuziehen.

c) Die *(markt)übliche Miete* ist nur anzusetzen bei Grundstücken oder Grundstücksteilen,
   1. die *eigengenutzt*,
   2. ungenutzt,
   3. zu vorübergehendem Gebrauch
   4. unentgeltlich überlassen sind, oder
   5. wenn die tatsächliche Miete um mehr als 20 Prozent von der üblichen Miete abweicht.

d) Die Bewirtschaftungskosten sind nach den von den Gutachterausschüssen mitgeteilten Erfahrungssätzen anzusetzen, anderenfalls nach vorgegebenen Sätzen.

e) Der von den Gutachterausschüssen abgeleitete Liegenschaftszinssatz ist heranzuziehen; sofern diese nicht zur Verfügung stehen
   1. 5 Prozent für Mietwohngrundstücke,
   2. 5,5 Prozent für gemischt genutzte Grundstücke mit einem gewerblichen Anteil von bis zu 50 Prozent, berechnet nach der Wohn- und Nutzfläche,
   3. 6 Prozent für gemischt genutzte Grundstücke mit einem gewerblichen Anteil von mehr als 50 Prozent, berechnet nach der Wohn- und Nutzfläche, und
   4. 6,5 Prozent für Geschäftsgrundstücke.

f) *Besondere objektspezifische Grundstücksmerkmale* i. S. des § 8 Abs. 3 ImmoWertV bleiben unberücksichtigt, insbesondere auch Rechte am Grundstück, wie z. B. ein Nießbrauch und ein Wohnrecht, ein Wegerecht usw.

Abb. 23: Übersicht über das erbschaftsteuerliche Ertragswertverfahren nach den §§ 184 bis 188 BewG

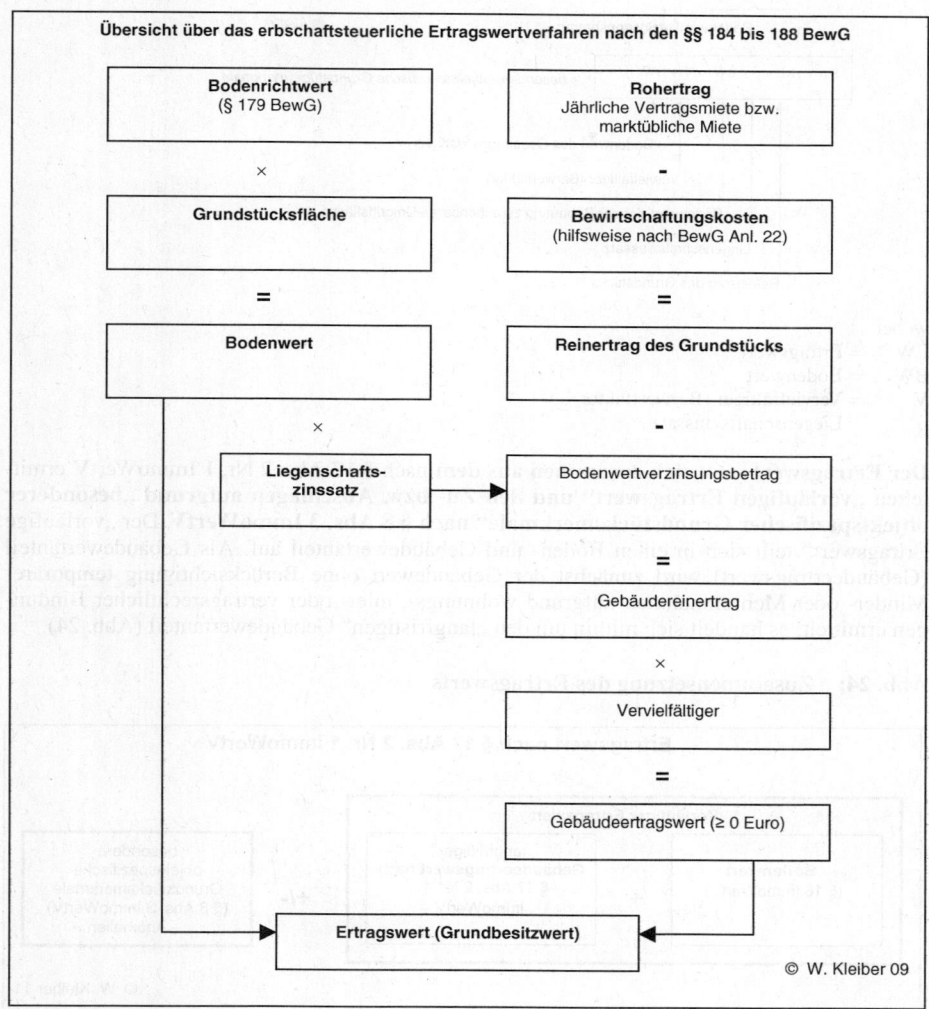

2.2 Grundzüge des allgemeinen Ertragswertverfahrens nach § 17 Abs. 2 Nr. 1 ImmoWertV (Standardverfahren)

▶ *Vgl. oben Rn. 36 ff.*

Das in § 17 Abs. 2 Nr. 1 ImmoWertV geregelte zweigleisige Ertragswertverfahren ist das Standardverfahren der Ertragswertermittlung. Es ist universell anwendbar und bietet die größte Gewähr für eine fundierte Ertragswertermittlung. 119

Syst. Darst. Ertragswertverfahren — Standardverfahren

120 Formelmäßig stellt sich das Verfahren wie folgt dar:

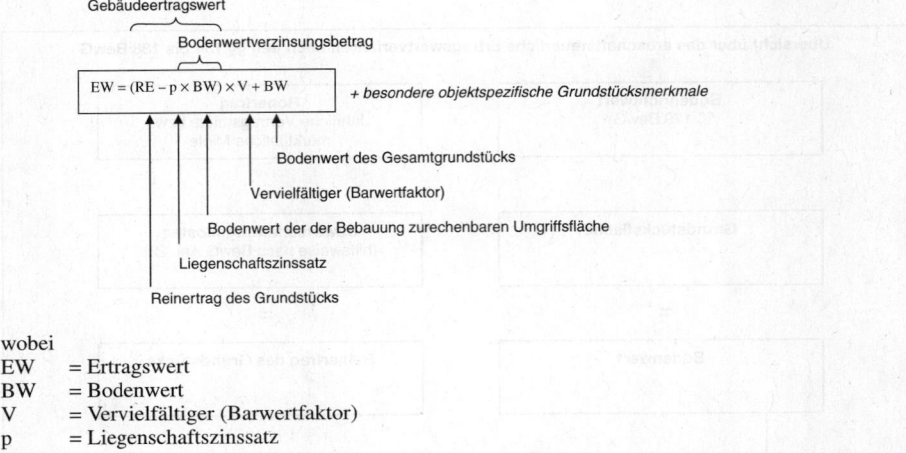

wobei
EW = Ertragswert
BW = Bodenwert
V = Vervielfältiger (Barwertfaktor)
p = Liegenschaftszinssatz

121 **Der Ertragswert setzt sich zusammen aus dem** nach § 17 Abs. 2 Nr. 1 ImmoWertV ermittelten **„vorläufigen Ertragswert" und den Zu- bzw. Abschlägen aufgrund „besonderer objektspezifischer Grundstücksmerkmale"** nach § 8 Abs. 3 ImmoWertV. Der „vorläufige Ertragswert" teilt sich in einen Boden- und Gebäudewertanteil auf. Als Gebäudewertanteil (Gebäudeertragswert) wird zunächst der Gebäudewert ohne Berücksichtigung temporärer Minder- oder Mehreinnahmen aufgrund wohnungs-, miet- oder vertragsrechtlicher Bindungen ermittelt; es handelt sich mithin um den „langfristigen" Gebäudewertanteil (Abb. 24).

Abb. 24: Zusammensetzung des Ertragswerts

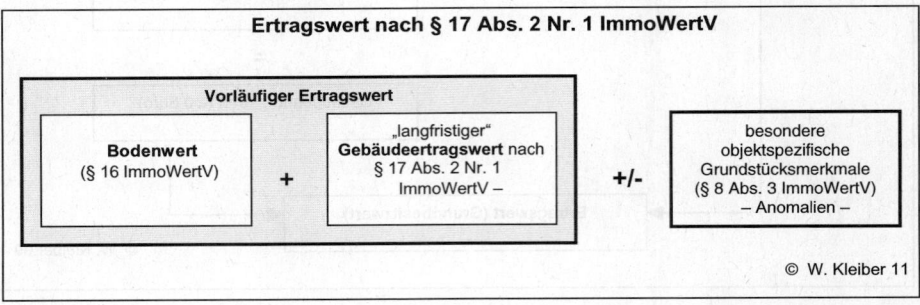

122 Der **schematische Ablauf des Ertragswertverfahrens** ergibt sich aus Abb. 25. Die einzelnen Schritte der Ertragswertermittlung werden anschließend erläutert.

Abb. 25: Verfahrensgang des *zweigleisigen* Standardverfahrens

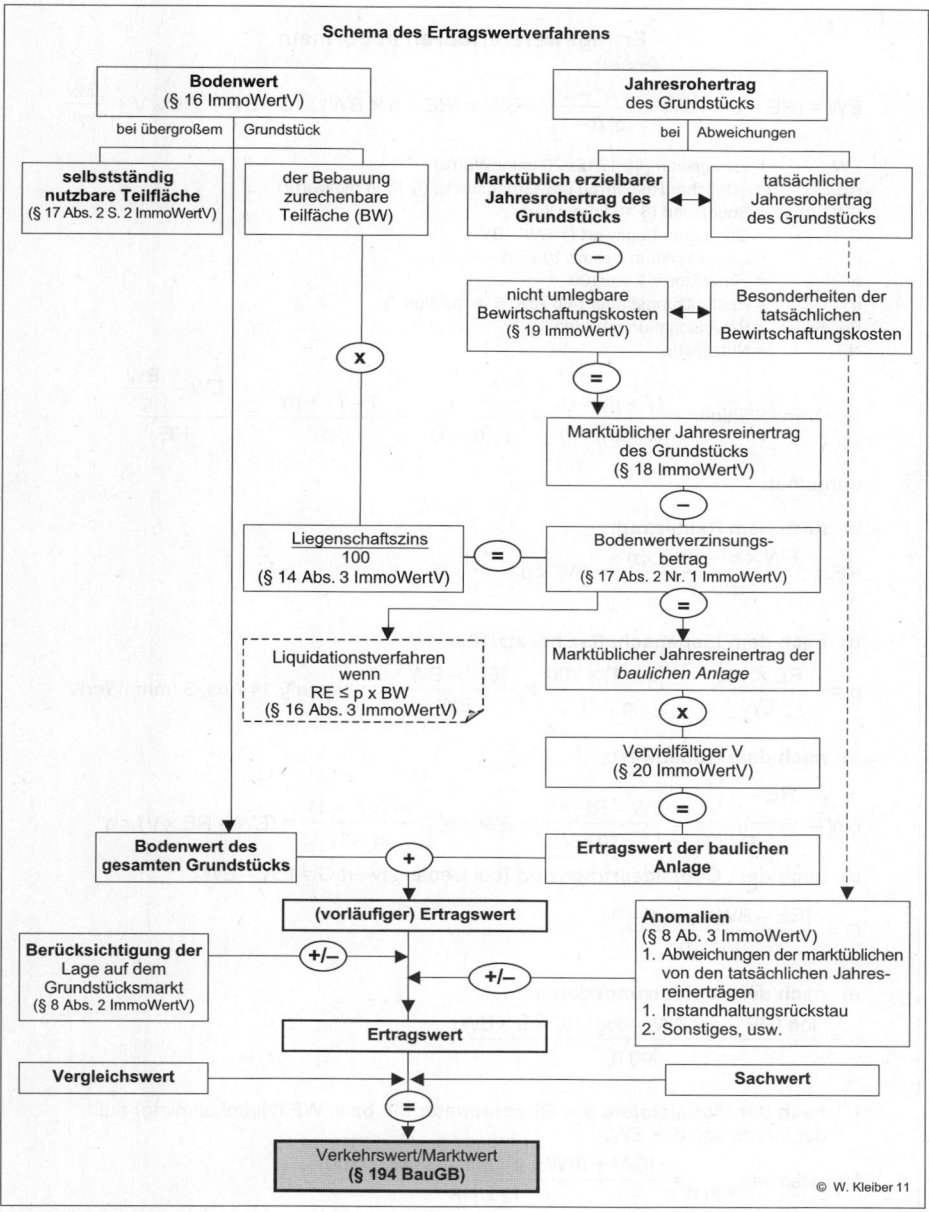

In der **Gesamtschau** stellt sich das Ertragswertverfahren nach den §§ 17 ff. ImmoWertV formelmäßig wie aus Abb. 26 ersichtlich dar. Die dort angegebenen Formeln für den Reinertrag RE, den Liegenschaftszinssatz p, den Bodenwert BW, den Gebäudeertragswert G sowie die Restnutzungsdauer n ergeben sich jeweils durch Auflösung der angegebenen Ausgangsformeln nach den gesuchten Größen.

Syst. Darst. Ertragswertverfahren — Standardverfahren

Abb. 26: Das Ertragswertverfahren in Formeln

Ertragswertverfahren in Formeln

$$EW = (RE - p \times BW) \times \frac{q^n - 1}{q^n(q-1)} + BW = (RE - p \times BW) \times V + BW = RE \times V + \frac{BW}{q^n}$$

EW	= Ertragswert (§§ 17 bis 20 ImmoWertV)
RE	= Jährlicher Reinertrag des Grundstücks (§ 18 ImmoWertV)
BW	= Bodenwert (§ 16 ImmoWertV)
G	= Gebäudeertragswert (= EW − BW)
p	= Liegenschaftszinssatz/100 = q − 1
q	= Zinsfaktor = 1 + p/100
n	= Restnutzungsdauer (§ 6 Abs. 6 ImmoWertV)
BewK	= Bewirtschaftungskosten
NF	= Nutzfläche

$$V = \text{Vervielfältiger} = \frac{(1+p)^n - 1}{(1+p)^n \times p} = \frac{q^n - 1}{q^n(q-1)} = \frac{1 - (1+p)^{-n}}{p} = \frac{EW - \frac{BW}{q^n}}{RE}$$

aufgelöst:

a) nach dem Reinertrag:

$$RE = \frac{(EW \times q^n - BW) \times p}{q^n - 1} = BW \times p + \frac{G}{V}$$

b) nach dem Liegenschaftszinssatz/100:

$$p = \frac{RE \times 100}{EW} - \frac{(q-1) \times 100}{q^n - 1} \times \frac{EW - BW}{EW} \quad \text{hierzu § 14 Abs. 3 ImmoWertV}$$

c) nach dem Bodenwert:

$$BW = \frac{RE - \frac{G}{V}}{p} = \frac{EW - RE \times V}{1 - (p \times V)} = EW \times q^n - \frac{RE(q^n - 1)}{(q-1)} = (EW - RE \times V) \times q^n$$

d) nach dem Gebäudeertragswert (bei Gebäudewert G = EW − BW):

$$G = \frac{(RE - BW \times p)(q^n - 1)}{(q^n \times p)}$$

e) nach der Restnutzungsdauer:

$$n = \frac{\log(RE - p \times BW) - \log(RE - p \times EW)}{\log q}$$

f) nach der Monatsmiete pro Quadratmeter MF bzw. WF (Nettokaltmiete) auf der Grundlage des EW:

$$\text{Monatsmiete}_{\text{Nettokalt}} = \frac{[G/V + (BW \times p)] / (1 - BewK_\% / 100)}{12 \times NF}$$

g) nach der Monatsmiete (Nettokaltmiete) auf der Grundlage einer erwarteten Verzinsung von i %:

$$\text{Monatsmiete}_{\text{Nettokalt}} = \frac{(RE \times i) / [1 - (BewK_\% / 100)] + G/V}{12 \times NF}$$

© W. Kleiber 2012

Bodensondierung   **Syst. Darst. Ertragswertverfahren**

▶ *Zur Ermittlung der „Sollmiete" aus einem vorgegebenen Ertragswert bzw. Kaufpreis vgl. unten Rn. 300 ff.*

2.3 Ermittlung des vorläufigen Ertragswerts

2.3.1 Bodenwert

2.3.1.1 Rechtsgrundlagen

▶ *Zur Bodenwertermittlung vgl. Syst. Darst. des Vergleichswertverfahrens Rn. 149 ff.; zur Ermittlung des Bodenwertanteils ohne Kenntnis des Bodenwerts § 16 ImmoWertV Rn. 116 ff.*

Am Anfang der Ertragswertermittlung steht die Ermittlung des Bodenwerts. Der Bodenwert ist nach Maßgabe des § 16 ImmoWertV zu ermitteln und bestimmt sich nach der Grundsatzregelung des § 16 Abs. 1 ImmoWertV nach dem Wert, der sich für das unbebaut gedachte Grundstück ergeben würde. Die Vorschrift bestimmt des Weiteren, dass der Bodenwert „vorrangig" aus Vergleichspreisen (§ 15 ImmoWertV) abzuleiten sei, und lässt nachrangig auch die Ableitung auf der Grundlage geeigneter Bodenrichtwerte zu. Bei der Ertragswertermittlung von Grundstücken, deren Gebäude eine lange Restnutzungsdauer aufweisen, ist der von der ImmoWertV gestellte Anspruch praxisfremd, denn das **Bodenrichtwertverfahren erfüllt in aller Regel die zu stellenden Anforderungen.** Der Bodenwert braucht unter den genannten Voraussetzungen nämlich nicht mit übertriebener Genauigkeit ermittelt zu werden, weil selbst grobe Fehler sich nur marginal auf das Ergebnis der Ertragswertermittlung auswirken.   **124**

2.3.1.2 Bodensondierung

▶ *Vgl. oben Rn. 58 ff.*

a)   Bodensondierung nach Umgriffsfläche und selbstständig nutzbarer Teilfläche

Bei sog. übergroßen Grundstücken ist eine Bodensondierung der Grundstücksfläche geboten und zwar nach   **125**

a) der der Bebauung zurechenbaren Fläche (auch Umgriffsfläche genannt) und

b) den selbstständig nutzbaren Teilflächen.

Eine **selbstständig nutzbare Teilfläche ist** nach § 17 Abs. 2 Satz 2 ImmoWertV „**der Teil eines Grundstücks, der für die angemessene Nutzung nicht benötigt wird und selbstständig genutzt oder verwertet werden kann."**

Eine **Bodensondierung** nach Umgriffsflächen und selbstständig nutzbare Teilflächen i. S. des § 17 Abs. 2 Satz 2 ImmoWertV ist bei Anwendung des Ertragswertverfahrens unabhängig von der zur Anwendung kommenden Verfahrensvariante, d. h. sie **ist auch bei Anwendung des eingleisigen (einschließlich vereinfachten Ertragswertverfahrens) und des mehrperiodischen Ertragswertverfahrens unverzichtbar,** auch wenn die Teilflächen gleichwertig sind. In der Regel weist die selbstständig nutzbare Teilfläche eine von der Umgriffsfläche abweichende Wertigkeit auf, so dass auch von daher eine Bodensondierung bei Anwendung anderer Wertermittlungsverfahren geboten ist.   **126**

– Bei *Anwendung des zweigleisigen Ertragswertverfahrens* ist die Aufteilung der Grundstücksfläche in eine Umgriffsfläche und einen selbstständig nutzbaren Grundstücksteil geboten, weil bei der Ermittlung des Ertragswerts der baulichen Anlage (Gebäudeertragswert) von dem aus dem Gebäude und aus dem zugehörigen Bodenanteil „fließenden" Ertrag ausgegangen und hieraus der auf die bauliche Anlage entfallende Reinertrag „abgespalten" werden muss. Verfahrenstechnisch vollzieht sich dies durch Verminderung des Reinertrags um den sog. Bodenwertverzinsungsbetrag. Der **Bodenwertverzinsungsbetrag stellt die Verzinsung des im Grund und Boden investierten Kapitals dar, und**

Syst. Darst. Ertragswertverfahren — Bodensondierung

zwar nur insoweit, wie der Boden flächenmäßig dem Gebäude „dient". Da dieses Kapital zum Zwecke der Ertragserzielung vorgehalten werden muss und nicht banküblich angelegt werden kann, ist dieser Betrag in Abzug zu bringen (Abb. 27):

Abb. 27: Isolierung des Reinertragsanteils der baulichen Anlagen

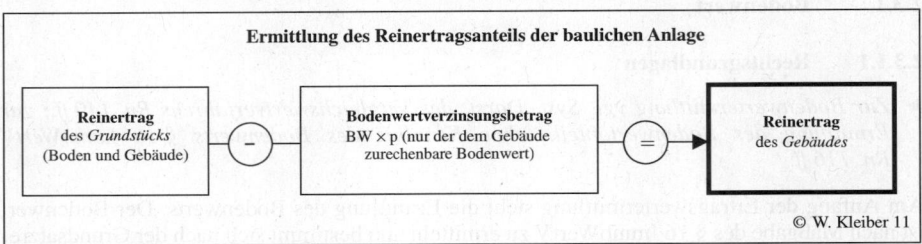

© W. Kleiber 11

127 – Die **eigenständige Behandlung der sog. selbstständig nutzbaren Flächen ist** aber auch bei Anwendung **des eingleisigen und mehrperiodischen Ertragswertverfahrens (einschließlich des vereinfachten Ertragswertverfahrens) geboten**. Selbstständig nutzbare Teilflächen gehen bei Anwendung dieser Verfahrensvarianten nämlich in „voller" und nicht in abgezinster Höhe in den Ertragswert ein, da sie für eine wirtschaftliche Nutzung sofort zur Verfügung stehen (Abb. 28).

Abb. 28: Beispiel

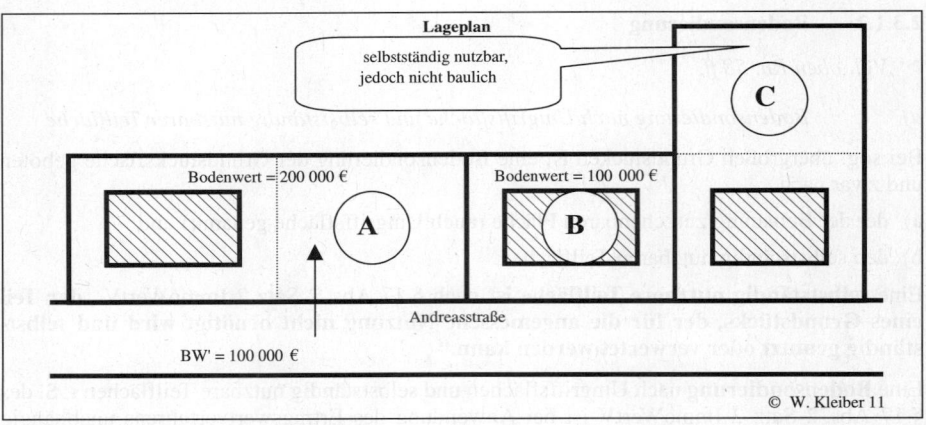

© W. Kleiber 11

Reinertrag = 50 000 €
Restnutzungsdauer = 80 Jahre
Liegenschaftszinssatz = 5 %
Vervielfältiger = 19,60
Ertragswert = 50 000 € × 19,60 = 980 000 € in allen Fällen!

Deshalb (Ertragswert für das Grundstück A):

Vereinfachtes Ertragswertverfahren		Ertragswertverfahren nach			
		§ 17 Abs. 2 Nr. 1 ImmoWertV		§ 17 Abs. 2 Nr. 2 ImmoWertV	
EW = RE × V		EW = (RE – p × BW') × V + BW oder		EW = RE × V + BW' × q^{-n} + BW	
EW =	980 000 €	RE =	50 000 €	RE =	50 000 €
+ BW' =	100 000 €	– 5 % von 100 000 € =	– 5 000 €	× V =	980 000 €
= EW =	**1 080 000 €**	(RE – p × BW)* =	45 000 €	+ BW' × $1{,}05^{-80}$ =	2 018 €
		× V (= 19,60) =	882 000 €	+ BW' =	100 000 €
		+ BW (insgesamt) =	200 000 €	= EW =	**1 082 018 €**
		= EW =	**1 082 000 €**		

* Bodenwertverzinsungsbetrag von Teilfläche 100 000 €

$$EW = (RE - p \times BW) \times V + BW$$

Bodenwert von Umgriffsfläche ⬅ ➡ Gesamter Bodenwert

Dem Bodenwert der der Bebauung zuzurechnenden „Umgriffsfläche" wird mitunter der eigentlich abzulehnende Begriff des **„rentierlichen Bodenwerts"** zugeordnet; der Bodenwert der übrigen selbstständig nutzbaren Teilfläche wird als der „unrentierliche Bodenwert" bezeichnet (vgl. § 16 ImmoWertV Rn. 24; Syst. Darst. des Vergleichswertverfahrens Rn. 5). **128**

b) *Bodensondierung nach Teilflächen unterschiedlicher Wertigkeit*

Eine Bodensondierung ist darüber hinaus – unabhängig von dem zur Anwendung kommenden Wertermittlungsverfahren – i. d. R. auch geboten, wenn das Grundstück Teilflächen unterschiedlicher Wertigkeit aufweist. Bei den selbstständig nutzbaren Teilflächen kann es sich insbesondere um baulich nicht nutzbares Gartenland handeln, wobei diese Teilfläche im Einzelfall auch noch nach unterschiedlichen Wertigkeiten zu differenzieren ist. Bei einem übertiefen Grundstück mit straßenseitiger Bebauung kommt beispielsweise dem vorderen Grundstücksteil i. d. R. eine Baulandqualität (Baureifes Land i. S. des § 5 Abs. 4 Immo-WertV) zu, während das Hinterland einen anderen Entwicklungszustand aufweisen kann oder zumindest aufgrund der Grundstückstiefe im Wert gemindert ist. **129**

Im amerikanischen Schrifttum[17] wird ganz im vorstehenden Sinne unterschieden zwischen: **130**

– **Excess land:** *In regard to an improved site, the land not needed to serve or support the existing improvement. In regard to a vacant site or a site considered as though vacant, the land not needed to accomodate the site`s primary highest and best use. Such land may be separated from the larger site and have its own highest and best use, or it may allow for future expansion of the existing or anticipated improvement.*

– **Surplus land:** *Land not necessary to support the highest and best use of the existing improvement but, because of physical limitations, building placement, or neighbourhood norms, cannot be sold off separately. Such land may or may not contribute positively to value and may or may not accommodate future expansion of an existing or anticipated improvement."*

c) *Ermittlung der Umgriffsfläche und selbstständig nutzbarer Teilflächen*

Die **selbstständig nutzbare Teilfläche** wird in § 17 Abs. 2 Satz 2 ImmoWertV als der Teil des Grundstücks definiert, *„der für die angemessene Nutzung nicht benötigt wird und selbstständig genutzt oder verwertet werden kann"*. Ein derartiger Fall kann z. B. gegeben sein, wenn sich ein Gewerbebetrieb im Hinblick auf späteres Wachstum Flächen für Erweiterungsbauten gesichert hat. Dabei kommt es allerdings nicht darauf an, dass die zusätzlich nutzbare Teilfläche *baulich* nutzbar ist. Jede irgendwie geartete selbstständige Nutzbarkeit (Gartenland, Lagerfläche, Abstellfläche und dgl.), die neben der baulichen Nutzung auf dem Grund- **131**

---

17 The Appraisal of Real Estate, American Institute 12. Aufl. S. 198.

stücksmarkt einen „Markt" hat, kommt in Betracht. Generell muss man fordern, dass die selbstständig nutzbare Teilfläche zunächst hinreichend groß und so gestaltet ist, um eine entsprechende Nutzung zu ermöglichen. Eine gesonderte Zuwegung wird man dagegen nicht fordern können. Allgemein gültige Regeln zur Abtrennung selbstständiger Teilflächen können also nicht vorgegeben werden; vielmehr muss man nach der im Einzelfall gegebenen Situation darüber befinden.

132 Die Notwendigkeit der Bodensondierung beschränkt sich entgegen den Ausführungen unter Nr. 3.5.5 WERTR 06 auch nicht auf die Fälle, in denen „nach rechtlichen Gegebenheiten eine *höherwertige* selbstständige Nutzung der Mehrfläche zulässig und möglich" ist. Dass nur eine „höherwertige selbstständige" Nutzung der überschüssigen Grundstücksfläche auszusondieren und nicht in die Ermittlung des Bodenwertverzinsungsbetrags einzubeziehen ist, wird mit § 17 Abs. 2 Satz 2 ImmoWertV nicht vorgegeben und wäre fachlich falsch. Vielmehr ist auch eine *minderwertige selbstständige Nutzung* der **übergroßen Fläche** auszusondieren, wenn die Fläche schon aufgrund ihrer Größe selbstständig nutzbar wäre. Sie ist wertmäßig gesondert zu berücksichtigen und bleibt insbesondere bei der Ermittlung des Bodenwertverzinsungsbetrags unberücksichtigt (vgl. Rn. 29).

Abb. 29: Selbstständige und unselbstständig nutzbare Teilfläche

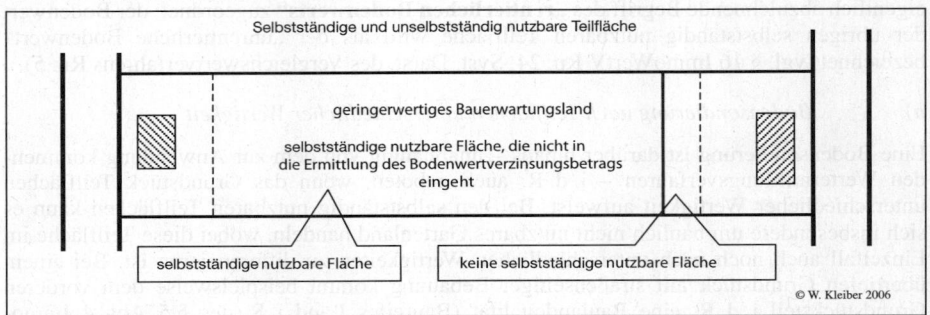

133 Die Ermittlung der selbstständig nutzbaren Teilflächen gestaltet sich insbesondere bei unregelmäßiger Grundstücksgestalt schwierig. In der Regel dürfte sich zur Ermittlung der selbstständig nutzbaren Teilflächen die **Restflächenmethode** empfehlen, bei der

a) zunächst die Umgriffsfläche ermittelt wird und

b) hieran anschließend die sich nach Abzug der Umgriffsfläche von der Gesamtfläche ergebende Restfläche daraufhin untersucht wird, ob sie als „selbstständig nutzbare Teilfläche" die dafür erforderliche Größe und Nutzbarkeit aufweist.

134 Die Umgriffsfläche bestimmt sich maßgeblich nach der Anschauung des Grundstücksmarktes, insbesondere nach den lagetypischen Umgriffsflächen. Die in den Bodenrichtwertkarten angegebene Größe des Bodenrichtwertgrundstücks kann dafür einen Anhalt geben. Es kommt also entscheidend auf die nach der **örtlichen Situation übliche Umgriffsfläche an**[18]. Im ländlichen Bereich sind die Umgriffsflächen i. d. R. größer als die baurechtlich erforderliche Mindestfläche. Das Gleiche gilt für Ein- und Zweifamilienhäuser, sofern diese nicht in hochpreisigen Ballungsgebieten gelegen sind.

Die sich für die vorhandene Bebauung ergebende **baurechtlich erforderliche Mindestfläche** unter Berücksichtigung

– der gesetzlichen Abstandsflächen nach den Regeln der Bauordnung des Landes,

– der Mindestgrundstücksfläche auf der Grundlage der Geschossfläche nach § 20 i. V. m. § 19 BauNVO und

---

18 BGH, Urt. vom 27.09.1990 – III ZR 57/89 –, GuG 1991, 31 = EzGuG 4.134.

Bodensondierung   **Syst. Darst. Ertragswertverfahren**

– der Mindestgrundstücksfläche auf der Grundlage der Grundfläche nach § 19 i. V. m. § 17 Abs. 1 BauNVO ggf. unter Berücksichtigung der notwendigen Kfz-Stellplätze[19] und der Richtgröße für Kinderspielflächen (3 m² je Wohneinheit)

stellt mithin nur die unterste Grenze der Umgriffsfläche dar. Sie kann nach der örtlichen Lage im Einzelfall größer sein.

Wenn sich nach Abzug der nach der örtlichen Situation üblichen Umgriffsflächen unzweckmäßig geformte Restflächen ergeben, die nicht selbstständig genutzt werden können (z. B. ein schmaler Randstreifen), müssen sie den Umgriffsflächen zugerechnet werden. Dies wird sich im Einzelfall nicht immer in eindeutiger Weise klären lassen.   **135**

Die Bodensondierung hat im Übrigen Auswirkungen auf den Gebäudeertragswert (Gebäudewertanteil), wie das nachfolgende *Beispiel* zeigt: **136**

Beispiel: **137**

Die in dem Lageplan eingetragenen Gebäude seien völlig gleichartig.

Wie im Beispiel 1 betrage

- der Reinertrag (RE) =   28 000 €
- der Liegenschaftszinssatz (p) =   6 %
- die Restnutzungsdauer(n) =   70 Jahre
- der Vervielfältiger (V) bei p = 6 % und n = 70 Jahre: 16,384544
- der Bodenwert   500 €/m²

Abb. 30: Lageplan

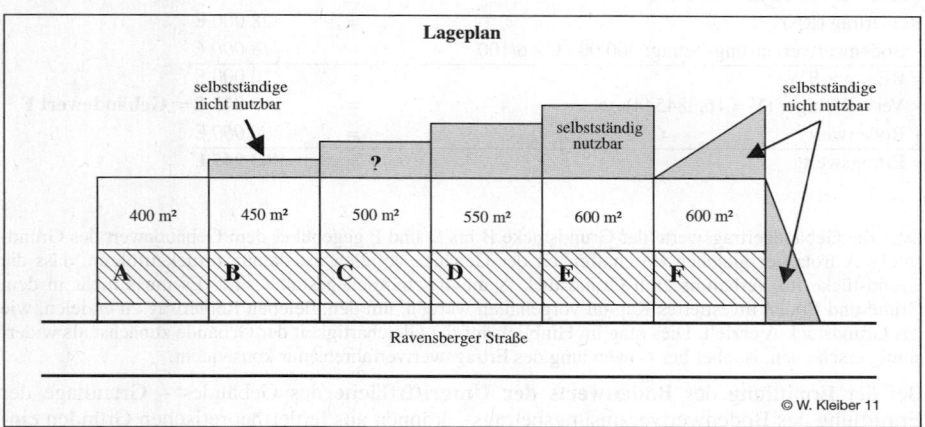

1. Ertragswert für das Grundstück A

Bodenwert = 400 m² × 500 €/m²	=	200 000 €
Reinertrag (RE)	=	28 000 €
– Bodenwertverzinsungsbetrag: 200 000 € × 6/100	=	– 12 000 €
= RE – p × BW	=	16 000 €
× Vervielfältiger (V = 16,384544)	=	**262 153 € = Gebäudewert A**
+ Bodenwert	=	+ 200 000 €
= Ertragswert	=	**462 153 €**

---

19 Z.B. Sächsisches Amtsblatt, Sonderdruck 4 aus 1995 vom 08.03.1995; vgl. Syst. Darst. des Vergleichswertverfahrens Rn. 356.

Syst. Darst. Ertragswertverfahren — Bodensondierung

2. Ertragswert für das Grundstück B

Bodenwert = 450 m² × 500 €/m² =	225 000 €
Reinertrag (RE) =	28 000 €
– Bodenwertverzinsungsbetrag: 225 000 € × 6/100 =	*– 13 500 €*
= RE – p × BW =	14 500 €
× Vervielfältiger (V = 16,384544) =	**221 191 € = Gebäudewert B**
+ Bodenwert =	*+ 225 000 €*
= Ertragswert =	**446 191 €**

Für das Grundstück E ist die Teilfläche von 200 m² als selbstständig nutzbare Teilfläche erachtet worden und es ergibt sich ein Gebäudeertragswert, wie im Falle des Grundstücks A.

3. Ertragswert für das Grundstück E

Bodenwert = 600 m² × 500 €/m² =	300 000 €
Reinertrag (RE) =	28 000 €
– Bodenwertverzinsungsbetrag: 200 000 € × 6/100 =	*– 12 000 €*
= RE – p × BW =	16 000 €
× Vervielfältiger (V = 16,384544) =	**262 153 € = Gebäudewert E**
+ Bodenwert =	*+ 300 000 €*
= Ertragswert =	**562 153 €**

4. Ertragswert für das Grundstück F

Bodenwert = 600 m² × 500 €/m² =	300 000 €
Reinertrag (RE) =	28 000 €
– Bodenwertverzinsungsbetrag: 300 000 € × 6/100 =	*– 18 000 €*
= RE – p × BW =	10 000 €
× Vervielfältiger (V = 16,384544) =	**163 845 € = Gebäudewert F**
+ Bodenwert =	*+ 300 000 €*
= Ertragswert =	**463 945 €**

Dass die Gebäudeertragswerte der Grundstücke B bis D und F gegenüber dem Gebäudewert des Grundstücks A trotz der gleichen Beschaffenheit der Gebäude abfallen, ist darauf zurückzuführen, dass die Grundstücke im Verhältnis zum Grundstück A unwirtschaftlich gestaltet sind. Es muss mehr in dem Grund und Boden investiertes Kapital vorgehalten werden, um den gleichen Reinertrag zu erzielen, wie das Grundstück A erzielt. Dies mag im Hinblick auf die Gleichartigkeit der Gebäude zunächst als widersinnig erscheinen, ist aber bei Anwendung des Ertragswertverfahrens nur konsequent.

138 Bei der Ermittlung des **Bodenwerts der Umgriffsfläche** des Gebäudes – Grundlage der Ermittlung des Bodenwertverzinsungsbetrags – können aus fehlertheoretischen Gründen eingeschränkte Anforderungen an die Genauigkeit der Bodenwertermittlung gestellt werden, wenn die bauliche Anlage eine lange Restnutzungsdauer aufweist, denn Fehler der Bodenwertermittlung haben in diesem Fall nur einen marginalen Einfluss auf den Gesamtwert.

GFZ/GRZ — Syst. Darst. Ertragswertverfahren

2.3.1.3 Abweichungen der realisierten von der zulässigen bzw. lagetypischen Nutzung

▶ *§ 16 ImmoWertV Rn. 223, 368; zu den Besonderheiten in Sanierungsgebieten und Entwicklungsbereichen vgl. Kleiber, Verkehrswertermittlung von Grundstücken, 6. Aufl. 2010 S. 1627 Teil VIII Rn. 275*

Im Rahmen der Bodensondierung ist auch festzustellen **139**

a) die realisierte GRZ und

b) die realisierte GFZ.

Grundsätzlich bestimmt sich der Bodenwert nach Maßgabe des § 6 Abs. 1 ImmoWertV nämlich nach der nach den §§ 30, 33 und 34 zulässigen Nutzung. Soweit die bauplanungsrechtlich zulässige Nutzung auf dem örtlichen Teilmarkt am Wertermittlungsstichtag üblicherweise nicht ausgenutzt wird, ist die sog. lagetypische Nutzung maßgebend. In der Regel kann davon ausgegangen werden, dass sich auch ein herangezogener Bodenrichtwert ggf. auf die lagetypische Nutzung bezieht. Im Einzelfall ergibt sich dies aus den zum Bodenrichtwert ausgewiesenen Angaben in der Bodenrichtwertkarte. Weicht die auf dem Grundstück vorhandene bauliche Anlage von der zulässigen bzw. lagetypischen Nutzbarkeit ab und ergeben sich daraus „irreparable" Beeinträchtigungen, sind diese nach § 16 Abs. 4 ImmoWertV zu berücksichtigen, wenn es bei wirtschaftlicher Betrachtungsweise oder aus sonstigen Gründen geboten erscheint, die baulichen Anlagen weiter zu nutzen. „Irreparabel" ist eine die zulässige bzw. lagetypische Nutzung nicht „ausschöpfende" Bebauung dann, wenn sie nicht durch ergänzende An- und Aufbauten oder sonst wie der zulässigen bzw. lagetypischen Nutzung angeglichen werden kann. Bei einer denkmalgeschützten Bebauung kann im Übrigen gleich von Art und Maß der tatsächlichen Nutzung ausgegangen werden. **140**

Abweichungen der realisierten Bebauung von der nach der nach § 6 Abs. 1 ImmoWertV **maßgeblichen zulässigen bzw. lagetypischen Nutzung** sind grundsätzlich im Rahmen der Bodenwertermittlung nach Maßgabe der bei § 16 ImmoWertV unter Rn. 222 ff. gegebenen Erläuterungen zu berücksichtigen.

2.3.1.4 Berücksichtigung von Freilegungskosten

▶ *Vgl. oben Rn. 61, § 16 ImmoWertV Rn. 123, 170 ff., § 8 ImmoWertV Rn. 401*

Bei Anwendung des Ertragswertverfahrens nach den §§ 17 bis 20 wird nach der Grundsatzregelung des § 16 Abs. 1 ImmoWertV der Bodenwert (eines unbebaut gedachten Grundstücks) ohne Berücksichtigung der Freilegungskosten angesetzt. Nach Abgang der baulichen Anlage muss jedoch das Grundstück frei gelegt werden, um den „voll" angesetzten Bodenwert dann erneut „realisieren" zu können. **Deshalb müsste** eigentlich **im Ertragswertverfahren stets der um die Freilegungskosten verminderte Bodenwert angesetzt werden**. §§ 17 bis 20 ImmoWertV sehen das jedoch nicht ausdrücklich vor. Dies ist darin begründet, dass bei langer Restnutzungsdauer der baulichen Anlage die Höhe des Bodenwerts ohnehin nur einen geringen Einfluss auf das Gesamtergebnis hat und vernachlässigt werden kann. **141**

Etwas anderes gilt, wenn die bauliche Anlage nur noch eine kurze Restnutzungsdauer aufweist. § 16 Abs. 3 ImmoWertV schreibt deshalb vor, dass der Bodenwert um die üblichen Freilegungskosten zu mindern ist, wenn „alsbald" mit einem Abriss der baulichen Anlagen zu rechnen ist. Hieraus folgt, dass bei einer kurzen Restnutzungsdauer der baulichen Anlagen (≤ 20 Jahre) der nach Maßgabe der Grundsatzregelung des § 16 Abs. 1 ImmoWertV als Wert des unbebauten Grundstücks ermittelte Bodenwert um die üblichen Freilegungskosten zu mindern ist. **142**

$$BW = BW_{unbebaut} - Freilegungskosten$$

Syst. Darst. Ertragswertverfahren — Freilegung

143 Auf den **Abzug der Freilegungskosten** kann bei einer Bebauung, die eine längere Restnutzungsdauer aufweist, verzichtet werden, da sie den Ertragswert unter den genannten Voraussetzungen nur marginal beeinflussen. Aus den gleichen Gründen sind auch keine übertriebenen Genauigkeitsanforderungen an die Ermittlung des Bodenwerts der der Bebauung zuzurechnenden Fläche zu stellen, wenn die bauliche Anlage eine Restnutzungsdauer ≥ 40 Jahre aufweist.

144 **Bei einer kurzen Restnutzungsdauer der baulichen Anlage müssen** nach dem vorher Gesagten alsbald anstehende **Freilegungskosten** allerdings stets **berücksichtigt werden**, und zwar sowohl
– bei der Ermittlung des Bodenwertverzinsungsbetrags als auch
– bei dem gesondert anzusetzenden Bodenwert.

145 Dies gilt grundsätzlich und nicht nur in den in § 16 Abs. 3 ImmoWertV vorgegebenen Fällen, in denen der Bodenwertverzinsungsbetrag den Reinertrag des Grundstücks „auffrisst".

Beispiel:

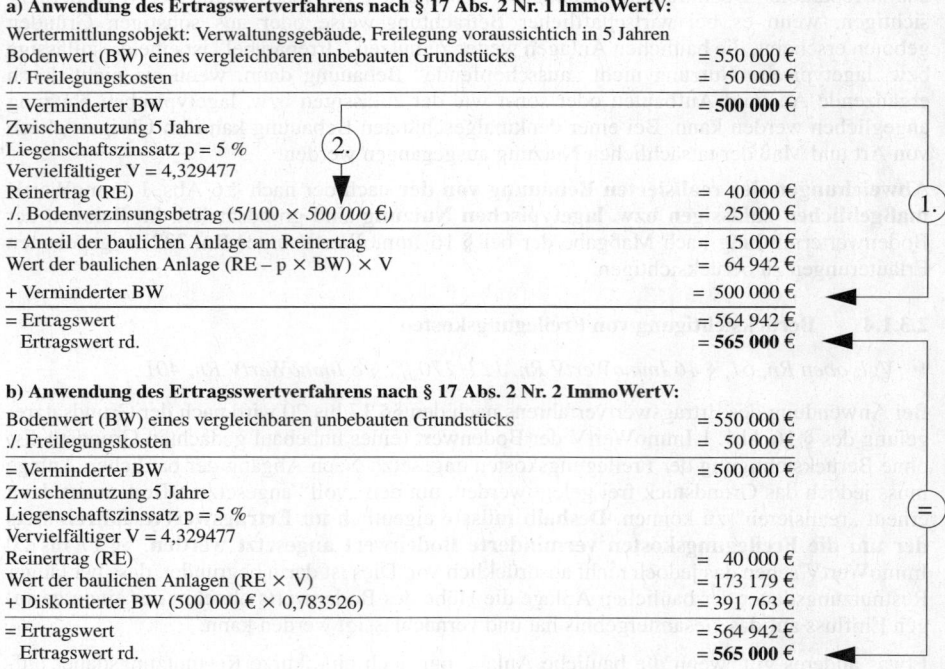

a) Anwendung des Ertragswertverfahrens nach § 17 Abs. 2 Nr. 1 ImmoWertV:
Wertermittlungsobjekt: Verwaltungsgebäude, Freilegung voraussichtlich in 5 Jahren
Bodenwert (BW) eines vergleichbaren unbebauten Grundstücks   = 550 000 €
./. Freilegungskosten   = 50 000 €
= Verminderter BW   = 500 000 €
Zwischennutzung 5 Jahre
Liegenschaftszinssatz p = 5 %
Vervielfältiger V = 4,329477
Reinertrag (RE)   = 40 000 €
./. Bodenverzinsungsbetrag (5/100 × 500 000 €)   = 25 000 €
= Anteil der baulichen Anlage am Reinertrag   = 15 000 €
Wert der baulichen Anlage (RE – p × BW) × V   = 64 942 €
+ Verminderter BW   = 500 000 €
= Ertragswert   = 564 942 €
  Ertragswert rd.   = **565 000 €**

b) Anwendung des Ertragswertverfahrens nach § 17 Abs. 2 Nr. 2 ImmoWertV:
Bodenwert (BW) eines vergleichbaren unbebauten Grundstücks   = 550 000 €
./. Freilegungskosten   = 50 000 €
= Verminderter BW   = 500 000 €
Zwischennutzung 5 Jahre
Liegenschaftszinssatz p = 5 %
Vervielfältiger V = 4,329477
Reinertrag (RE)   = 40 000 €
Wert der baulichen Anlagen (RE × V)   = 173 179 €
+ Diskontierter BW (500 000 € × 0,783526)   = 391 763 €
= Ertragswert   = 564 942 €
  Ertragswert rd.   = **565 000 €**

146 In derartigen Fällen wird häufig der Fehler begangen, dass die Freilegungskosten generell erst am Schluss der Ertragswertermittlung zum Abzug gebracht werden, wobei die Kosten bei „aufgeschobener" (alsbaldiger) Freilegung zudem auf den Wertermittlungsstichtag abgezinst werden.

147 a) Nur bei Anwendung des *ein*gleisigen Ertragswertverfahrens nach § 17 Abs. 2 Nr. 2 ImmoWertV kann entsprechend verfahren werden, wobei die **Diskontierung der Freilegungskosten** mit der Diskontierung des Bodenwerts (hier 500 000 €) zusammengefasst werden kann, denn es gilt:

$$BW \times q^{-n} - FLK \times q^{-n} = (BW - FLK) \times q^{-n}$$

Abgaben   **Syst. Darst. Ertragswertverfahren**

b) Bei Anwendung des *zwei*gleisigen Ertragswertverfahrens nach § 17 Abs. 2 Nr. 1 ImmoWertV sind indessen die Freilegungskosten – wie der Bodenwert – in voller Höhe zu berücksichtigen, indem man sowohl **bei der Ermittlung des Bodenwertverzinsungsbetrags** als auch bei dem gesondert anzusetzenden Bodenwert jeweils den um die Freilegungskosten verminderten Bodenwert ansetzt (vgl. *Beispiel a*). Man erhält auf diesem Weg das Ergebnis des *Beispiels b*). Deshalb würde man einen groben Fehler begehen, wenn man im *Beispiel a)* die Freilegungskosten zusätzlich in diskontierter Höhe zum Abzug bringen würde!

Im Übrigen bleibt zu prüfen, ob im Falle der Freilegung des Grundstücks **Restwerte** werterhöhend gegenzurechnen sind. In diesem Fall ist als Bodenwert jeweils einzuführen: **148**

$$BW_{freigelegt} - FLK + Restwert$$

2.3.1.5 Abgabenpflicht

▶ *Vgl. oben Rn. 81; Syst. Darst. des Vergleichswertverfahrens Rn. 318 ff., § 6 ImmoWertV Rn. 107 ff.*

Der Grund und Boden eines bebauten Grundstücks kann am maßgeblichen Wertermittlungsstichtag erschließungsbeitrags*pflichtig* sein und dem erschließungsbeitragspflichtigen Zustand des Grundstücks wird im Rahmen des Ertragswertverfahrens nicht allein damit Rechnung getragen, dass man den erschießungsbeitragspflichtigen Bodenwert in die Berechnung einführt.   **149**

Der erschließungsbeitragspflichtige Bodenwert (BW – ebpf –) wird üblicherweise aus dem Bodenwert erschließungsbeitragsfreier Grundstücke (BW – ebf –) abgeleitet, indem dieser um den üblicherweise zu erwartenden Erschließungsbeitrag vermindert wird.   **150**

Beispiel: **151**

Bodenwert (erschließungsbeitragsfrei – ebf –)	200 €/m²
Erschließungsbeitrag	– 50 €/m²
Bodenwert (erschließungsbeitragspflichtig – ebp –)	150 €/m²

Ist der Grund und Boden eines bebauten Grundstücks am maßgeblichen Wertermittlungsstichtag erschließungsbeitrags*pflichtig* wird diesem Sachverhalt bei Anwendung des Ertragswertverfahrens unzureichend Rechnung getragen, wenn der erschließungsbeitragspflichtige Bodenwert in die Ertragswertermittlung eingeführt wird. Vielmehr muss bei allen Ertragswertverfahren berücksichtigt werden, dass eine am Wertermittlungsstichtag absehbare Beitragspflicht vom Eigentümer zu tragen ist, ohne dass sich damit sein Reinertrag erhöht. Die marktüblich erzielbare Miete erhöht sich nämlich in aller Regel nicht dadurch, dass der Eigentümer die Abgabe entrichtet und sich sein Bodenwert dadurch erhöht.   **152**

a)   *Anwendung des zweigleisigen Ertragswertverfahrens*

Bei Anwendung des zweigleisigen Ertragswertverfahrens auf ein am Wertermittlungsstichtag erschließungsbeitragspflichtiges Grundstück bemisst sich der Gesamtwert des Grund und Bodens nach dem erschließungsbeitragspflichtigen Zustand, jedoch ist **der Ermittlung des Bodenwertverzinsungsbetrags ein erschließungsbeitragsfreier Bodenwert zugrunde zu legen** (gespaltene Bodenwerte).   **153**

$$EW = (RE - BW \times p) \times V + BW^*$$

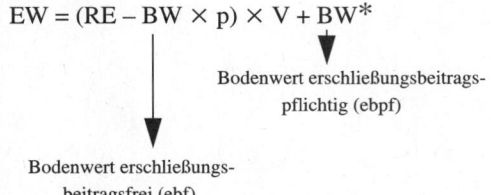

154 *Beispiel:*

Reinertrag (RE)	60 844 €	p. a.
Grundstücksfläche	1 000 m²	
Bodenwert (erschließungsbeitragsfrei – ebf –)	200 €/m²	(= 200 000 €)
Bodenwert (erschließungsbeitragspflichtig – ebpf –)	150 €/m²	(= 150 000 €)
Restnutzungsdauer n: 80 Jahre, Liegenschaftszinssatz p	5 %	
Vervielfältiger V	19,5964605	

$$EW = (RE - BW \times p) \times V + BW^*$$

Das Grundstück ist erschließungsbeitrags*pflichtig*.

Richtig:			*Falsch:*		
RE	=	60 844 €	RE	=	60 844 €
BW	=	*200 000 €*	BW'	=	*150 000 €*
BW × 0,05	=	10 000 €	BW × 0,05	=	7 500 €
RE – p × BW	=	50 844 €	RE – p × BW	=	53 344 €
× V (= 19,5964605)	=	996 362 €	× V (= 19,5964605)	=	1 045 354 €
+ BW'	=	150 000 €	+ BW'	=	150 000 €
= EW	=	**1 146 362 €**	= EW	=	**1 195 354 €**

$$\Delta\,EW = 48\,992\,€$$

Der **Unterschied** fällt umso **deutlicher** aus, je länger die Restnutzungsdauer ist. **Bei einer Restnutzungsdauer $\rightarrow \infty$ entspricht er exakt dem Erschließungsbeitrag (50 000 €). Bei Ermittlung des Bodenwertverzinsungsbetrags auf der Grundlage des erschließungsbeitragsfreien Bodenwerts *„korrespondiert"* der Bodenwert mit dem Reinertrag in der Weise, wie dies vergleichbaren Grundstücken (mit erschließungsbeitragsfreiem Bodenwert) entspricht, und man erhält denselben Gebäudeertragswert.**

155 Die als „richtig" vorgestellte Berechnungsweise ist darin begründet, dass in solchen Fällen davon ausgegangen werden muss, dass der Eigentümer noch mit einem Erschließungsbeitrag belastet wird und insoweit in dem Zeitraum, für den der um den Bodenwertverzinsungsbetrag verminderte Reinertrag kapitalisiert wird, von dem entsprechend verminderten Reinertrag ausgegangen werden muss, denn auch für den noch zu entrichtenden Erschließungsbeitrag muss der Eigentümer künftig einen Zinsverlust hinnehmen, der seinen Ertrag aus der Immobilie schmälert. Dies ist deshalb beachtlich, weil bei Anwendung des Ertragswertverfahrens über „künftige" Zeiträume kapitalisiert wird. Die Ermittlung des Bodenwertverzinsungsbetrags auf der Grundlage des erschließungsbeitragspflichtigen Bodenwerts würde das Ergebnis verfälschen. Dies würde nämlich dazu führen, dass sich der um den Bodenwertverzinsungsbetrag verminderte Reinertrag im Verhältnis zu einem erschließungsbeitragsfreien Grundstück erhöht und sich ein entsprechend höherer Gebäudeertragswert ergibt. Diese Verhältnisse können allenfalls nur kurzfristig unterstellt werden, denn es muss erwartet werden, dass der Erschließungsbeitrag schon bald aufzubringen ist, ohne dass sich dadurch der Reinertrag erhöht (Abb. 31).

Abgaben Syst. Darst. Ertragswertverfahren

Abb. 31: Langfristiger Bodenwertverzinsungsbetrag bei erschließungsbeitragspflichtigem Bodenwert

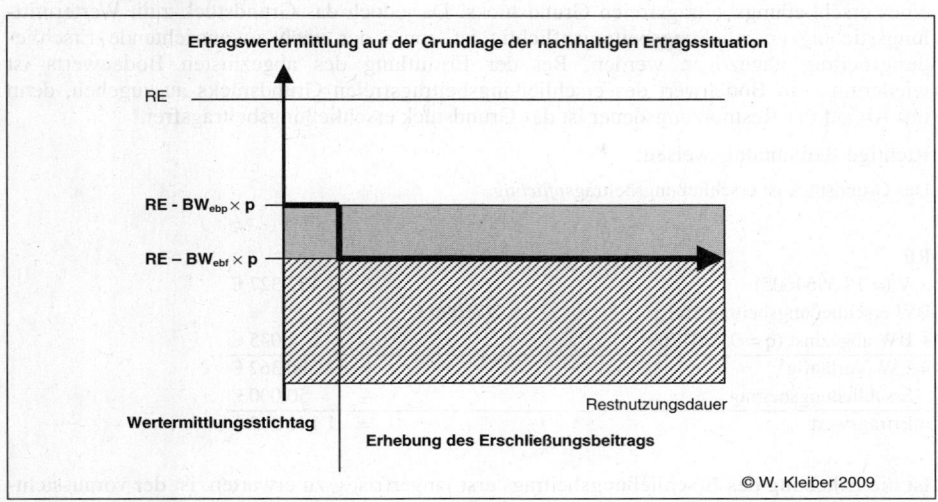

Ist im Einzelfall davon auszugehen, dass der **Erschließungsbeitrag längerfristig nicht erhoben** wird, kann dies zu einer Verfälschung des Ergebnisses führen. Dies lässt sich korrigieren, indem der Ertragswert um den Zinsertrag „aufgestockt" wird, der sich für den kapitalmäßig angelegten Erschließungsbeitrag ergibt. In der Regel kann dies aber im Rahmen der allgemeinen Ungenauigkeit einer Verkehrswertermittlung vernachlässigt werden.

156

b) Anwendung des eingleisigen Ertragswertverfahrens

Bei Anwendung des eingleisigen Ertragswertverfahrens scheint sich die vorgestellte Problematik nicht zu stellen, denn der Bodenwert geht ohnehin nur in abgezinster Höhe in den Ertragswert ein. Die Ertragswertermittlung auf der Grundlage eines erschließungsbeitragspflichtigen oder erschließungsbeitragsfreien Bodenwerts unterscheidet sich mithin geringfügig.

157

Beispiel:

158

$$EW = RE \times V + BW \times q^{-n}$$

Reinertrag (RE)	60 844 €	p. a.
Grundstücksfläche	1 000 m²	
Bodenwert (erschließungsbeitragsfrei – ebf –)	200 €/m²	(= 200 000 €)
Bodenwert (erschließungsbeitragspflichtig – ebpf –)	150 €/m²	(= 150 000 €)
Restnutzungsdauer n: 50 Jahre, Liegenschaftszinssatz p	5 %	
Vervielfältiger V	19,5964605	

Das Grundstück ist erschließungsbeitrags*pflichtig*.

Bodenwert erschließungsbeitragsfrei			*Bodenwert erschließungsbeitragspflichtig*		
RE	= 60 844 €		RE	= 60 844 €	
× V (= 19,5964605)	=	1 192 327 €	× V (=19,5964605)	=	1 192 327 €
BW	= *200 000 €*		BW'	= *150 000 €*	
+ BW abgezinst (q = 0,0201769)	=	4 035 €	+ BW abgezinst (q = 0,0201769)	=	3 026 €
= EW	=	**1 196 362 €**	= EW	=	**1 195 353 €**

Nach der hier vertretenen Auffassung sind aber **beide Ergebnisse falsch**. Bei Anwendung des *ein*gleisigen Ertragswertverfahrens ohne Unterscheidung nach dem Boden- und Gebäude-

159

Syst. Darst. Ertragswertverfahren — Bes. Bodenwerte

wertanteil ist nämlich der Bodenwertanteil im Wesentlichen bereits in dem kapitalisierten Reinertrag enthalten und zwar mit dem „langfristigen" Bodenwert, d. h. mit dem Bodenwert eines erschließungsbeitragsfreien Grundstücks. Da jedoch das Grundstück zum Wertermittlungsstichtag erschließungsbeitragspflichtig ist, muss der noch zu entrichtende Erschließungsbeitrag abgezogen werden. Bei der Ermittlung des abgezinsten Bodenwerts ist wiederum vom Bodenwert des erschließungsbeitragsfreien Grundstücks auszugehen, denn mit Ablauf der Restnutzungsdauer ist das Grundstück erschließungsbeitragsfrei.

160 Richtige Berechnungsweisen:

Das Grundstück ist erschließungsbeitrags*pflichtig*.

RE	= 60 844 €	
× V (= 19,5964605)		= 1 192 327 €
BW erschließungsbeitragsfrei	= 200 000 €	
+ BW abgezinst (q = 0,0201769)		= 4 035 €
= EW (vorläufig)		= 1 196 362 €
– Erschließungsbeitrag		– 50 000 €
= Ertragswert		= **1 146 362 €**

Ist die Erhebung des Erschließungsbeitrags erst längerfristig zu erwarten, ist der voraussichtlich anfallende Erschließungsbeitrag über die Wartezeit abzuzinsen.

c) Anwendung des vereinfachten Ertragswertverfahrens

161 Im Übrigen ist auch bei **Anwendung des vereinfachten Ertragswertverfahrens** (EW = RE × V) der Erschließungsbeitrag zum Abzug zu bringen:

162 *Beispiel:*

RE	= 60 844 €	
× V (= 19,5964605)		= 1 192 327 €
– Erschließungsbeitrag		– 50 000 €
= Ertragswert		= 1 142 327 €

2.3.1.6 Gespaltene Bodenwerte

▶ *Vgl. auch § 18 ImmoWertV Rn. 165*

a) Nutzungsrechtsbefangenes Grundstück

163 Auf dem Gebiet der neuen Bundesländer stellt sich häufig die Aufgabe, den Verkehrswert eines Gebäudes (ohne Grund und Boden) zu ermitteln. Nach dem **Teilungsmodell des Sachenrechtsbereinigungsgesetzes (SachenRBerG)** ist dabei der hälftige Bodenwert dem Nutzungsberechtigten und der verbleibende hälftige Bodenwert dem Eigentümer des Grundstücks zuzurechnen. Soll der Gebäudewertanteil im Wege des Ertragswertverfahrens ermittelt werden, so scheidet die Anwendung des vereinfachten Ertragswertverfahrens

$$EW = RE \times V$$

auch bei Objekten mit langer Restnutzungsdauer von vornherein aus, weil damit der Wert des dem Gebäude zuzuordnenden Bodens miterfasst wird. Bei der hier angezeigten Anwendung des zweigleisigen Ertragswertverfahrens nach § 17 Abs. 2 Nr. 1 ImmoWertV ermittelt sich der Ertragswert wiederum nach der Formel

$$EW = (RE - BW \times p) \times V + BW$$

wobei der erste Term den Gebäudewertanteil ergibt. Bei Anwendung dieser Ertragswertformel ist es unzulässig, den Bodenwertverzinsungsbetrag überhaupt nicht anzusetzen oder allenfalls auf der Grundlage des hälftigen Bodenwerts zu ermitteln.

Diese **Vorgehensweise wäre abzulehnen**, weil sie zu übersetzten Gebäudeertragswerten führen muss, denn der unverminderte Reinertrag muss – kapitalisiert – den Gebäudeertragswert „hochschrauben". Dies wäre sachlich falsch, denn allein der Umstand, dass der hälftige Bodenwert nach den Vorschriften des SachenRBerG dem Nutzungsberechtigten unentgeltlich zukommt, ändert nichts daran, dass vermögensmäßig die übrige Hälfte vom Nutzungsberechtigten zur Erzielung des Reinertrags vorgehalten werden muss, sei es durch Kauf oder durch einen entsprechenden Erbbauzins. Es spielt grundsätzlich keine Rolle, wie der Gebäudeeigentümer zu seinem Eigentum an Grund und Boden gekommen ist; im Ergebnis hält er den Bodenwert (kapitalmäßig) auch dann vor, wenn er den Boden geschenkt bekommen hat.

164

Zur Ermittlung des Gebäudewerts (Gebäudeertragswert) muss in jedem Fall also **der volle Bodenwert der Ermittlung des Bodenwertverzinsungsbetrags zugrunde gelegt werden**, denn selbst für den dem Eigentümer des Grundstücks zuzurechnenden hälftigen Bodenwert muss der Nutzungsberechtigte in Ausübung seines Wahlrechts für den Erwerb bezahlen bzw. Erbbauzinsen aufbringen[20].

165

b)   Sanierungsgebiete und Entwicklungsbereiche

▶ *Weitere Hinweise für Sanierungsgebiete und Entwicklungsbereiche vgl. Kleiber, Verkehrswertermittlung von Grundstücken, 6. Aufl. 2010 S. 1627, Teil VIII Rn. 194, 206, 498 ff.*

In förmlich festgelegten Sanierungsgebieten, die nicht im vereinfachten Sanierungsverfahren saniert werden, sowie in städtebaulichen Entwicklungsbereichen bleiben während des Verfahrens bei der Bodenwertermittlung grundsätzlich die sanierungs- bzw. entwicklungsbedingten Bodenwerterhöhungen außer Betracht. Maßgeblicher Bodenwert ist hier der sog. sanierungs- bzw. entwicklungsunbeeinflusste Bodenwert (vgl. § 153 BauGB). Die **Entwicklung der Mieten** kann sich dagegen der tatsächlichen Neuordnung schon während des Verfahrens angleichen, d. h., mit Fortschreiten der Sanierung bzw. Entwicklung kann eine Disparität zwischen Ertrag und dem bodenrechtlich maßgeblichen Bodenwert eintreten.

166

Solange die sanierungs- bzw. entwicklungsbedingten Bodenwerterhöhungen vom Eigentümer z. B. im Wege der Ablösung nach § 154 Abs. 2 BauGB oder durch Erwerb des Grundstücks zum Neuordnungswert nach § 153 Abs. 4 BauGB noch nicht erbracht worden sind, muss die **Mietentwicklung bei der Ermittlung des Verkehrswerts eines bebauten Grundstücks im Wege des Ertragswertverfahrens** unberücksichtigt bleiben. Anderseits läuft der Sachverständige Gefahr, überhöhte Ertragswerte zu ermitteln, wenn er gleichzeitig bei der Ermittlung des Bodenwertverzinsungsbetrags vom sanierungs- bzw. entwicklungsunbeeinflussten Bodenwert ausgeht.

167

Beispiel:

168

a) Sachverhalt

– Sanierungs- bzw. entwicklungsunbeeinflusster Bodenwert		=	100 000 €
– Wohnfläche		=	500 m²
– Reinertrag	vor der Sanierung bzw. Entwicklung	=	3,50 €/m²
	unter Sanierungs- bzw. Entwicklungseinfluss	=	4,00 €/m²

Der Unterschied im Reinertrag ergäbe sich ausschließlich aufgrund Lageverbesserung im Zuge der bereits durchgeführten Sanierungs- bzw. Entwicklungsmaßnahmen.

– Liegenschaftszinssatz p	=	5 %
– Restnutzungsdauer n	=	40 Jahre
– Vervielfältiger V	=	17,16

---

20 Weiteres Beispiel: Kleiber in GuG 1993, 351.

Syst. Darst. Ertragswertverfahren **Bes. Bodenwerte**

b) Ertragswertermittlung

RICHTIG:		FALSCH:	
RE = 500 m² × *3,50* €/m² × 12 Monate =	21 000 €	RE = 500 m² × 4,00 €/m² × 12 Monate =	24 000 €
– Bodenwertverzinsungsbetrag		– Bodenwertverzinsungsbetrag	
100 000 € × 0,05	= – 5 000 €	*100 000* € × 0,05	= – 5 000 €
= RE – BW × p	= 16 000 €	= RE – BW × p	= 19 000 €
(RE – BW × p) × V	= 274 560 €	(RE – BW × p) × V	= 326 040 €
+ BW	= 100 000 €	+ BW	= 100 000 €
= EW	= **374 560 €**	= EW	= **426 040 €**

169 Der Fehler ist erheblich, weil hier die bereits infolge der Durchführung von Sanierungs- bzw. Entwicklungsmaßnahmen gestiegenen Reinerträge mit dem sanierungs- bzw. entwicklungsunbeeinflussten Bodenwert unzulässigerweise kombiniert wurden. **Der sanierungs- bzw. entwicklungsunbeeinflusste Bodenwert korrespondiert nicht mit dem angesetzten Reinertrag.** In solchen Fällen kann nicht mit gespaltenen Bodenwerten gearbeitet werden; vielmehr ist der sanierungs- bzw. entwicklungsunbeeinflusste Bodenwert sowohl der Ermittlung des Bodenverzinsungsbetrags als auch dem Bodenwert selbst zugrunde zu legen, wenn von sanierungs- bzw. entwicklungsunbeeinflussten Erträgen ausgegangen wird:

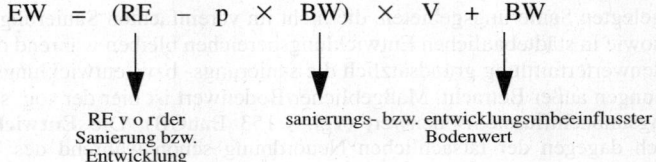

170 Geht man indessen vom **Reinertrag** aus, **der sich bereits unter Berücksichtigung der durchgeführten Sanierungs- bzw. Entwicklungsmaßnahmen ergibt** (hier 4,00 €/m² WF), muss zur Ermittlung des Bodenwertverzinsungsbetrags der Bodenwert angesetzt werden, der sich korrespondierend zu der Ertragsentwicklung ergibt, d. h., es ist die Bodenwerterhöhung bereits zu berücksichtigen, die sich kausal auf die durchgeführten Sanierungs- bzw. Entwicklungsmaßnahmen zurückführen lässt und den erhöhten Mieteinnahmen entspricht:

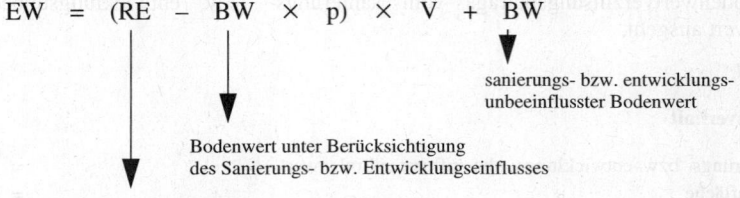

c) *Verbilligte Abgabe von Grundstücken*

171 Bei einer verbilligten Abgabe des Grund und Bodens, wie dies beispielsweise unter besonderen haushaltsrechtlichen Voraussetzungen vom Bund, den Ländern und Gemeinden praktiziert wird, ist der **Bodenwertverzinsungsbetrag auf der Grundlage des „vollen" Bodenwerts** zu ermitteln[21]. Die gewährte Verbilligung würde andernfalls zu einer Verminderung des Bodenwertverzinsungsbetrags und damit zu einer Erhöhung des Gebäudeertragswerts führen. Im Ergebnis würde damit die Verbilligung gar nicht „durchschlagen".

---

21 Vgl. Nr. 3.5.5 lit. c WertR 06.

Beispiel: 172

1. Sachverhalt

„Voller" Bodenwert (BW) eines unbebauten Grundstücks	=	400 000 €
Verbilligung der Abgabe	=	50 %
Reduzierter Bodenwert 400 000 € × 0,5	=	200 000 €
Liegenschaftszinssatz p	=	6 %
Jahresreinertrag RE	=	100 000 €
Restnutzungsdauer n	=	50 Jahre
Vervielfältiger V	=	15,761863

2. Ertragswertermittlung eines bebauten Grundstücks bei verbilligter Abgabe des Grund und Bodens

RICHTIG			FALSCH		
RE	=	100 000 €	RE	=	100 000 €
− Bodenwertverzinsungsbetrag *400 000 €* × 0,06	=	− 24 000	− Bodenwertverzinsungsbetrag *200 000 €* × 0,06	=	− 12 000 €
= RE − (BW × p)	=	76 000 €	= RE − (BW × p)	=	88 000 €
× V	=	1 197 902 €	× V	=	1 387 044 €
+ BW	=	+ 200 000 €	+ BW	=	+ 200 000 €
= EW	=	**1 397 902 €**	= EW	=	**1 587 044 €**

Zur Klarstellung sei darauf hingewiesen, dass der ausgeworfene Ertragswert von 1 397 902 € nicht auf die Ermittlung des Verkehrswerts, sondern auf die Ermittlung eines Kaufpreises unter Berücksichtigung einer Verbilligung abzielt.

d) *Gemeinbedarfsfläche*

▶ *Näheres hierzu auch § 5 ImmoWertV Rn. 182, 190 und 470 ff.; § 8 ImmoWertV Rn. 130 ff. sowie Kleiber, Verkehrswertermittlung von Grundstücken, 6. Aufl. 2010 S. 1627, Teil VI Rn. 596 ff., dort auch Teil VIII Rn. 213 ff.*

Das Ertragswertverfahren ist eine geeignete Methode zur Ermittlung des (Verkehrs-)Werts bebauter Grundstücke, die einer öffentlichen Zweckbindung vorbehalten bleiben sollen (Gemeinbedarfsflächen). 173

Dies gilt insbesondere in den Fällen, in denen für die öffentliche Hand alternativ eine Anmietung in Betracht kommt[22]. Dabei macht es keinen Unterschied, ob die am Wertermittlungsstichtag gegebene öffentliche Zweckbindung erhalten bleibt oder das Grundstück einer anderen öffentlichen Zweckbindung zugeführt werden soll (ein aufgegebenes Kasernengebäude des Bundes soll in eine landeseigene Polizeischule umgenutzt werden). 174

Der **Bodenwert** wiederum bestimmt sich für derartige Grundstücke nach dem sog. aktualisierten Beschaffungswertprinzip, d. h. nach dem Entwicklungszustand, der sich vor dem *neu*festgesetzten Gemeinbedarfszweck nach den vorhandenen Situationsmerkmalen ohne Berücksichtigung der tatsächlichen Bebauung bei erstmaliger Beschaffung (auch entschädigungsrechtlich) ergeben würde. 175

Die empfohlene **Anwendung des Ertragswertverfahrens für Gemeinbedarfsgrundstücke auf der Grundlage von Erträgen, die im privatwirtschaftlichen Bereich üblich sind** und die Vorhaltung hochwertigen Baulands erfordern, verbietet es sich, den Bodenwertverzinsungsbetrag auf der Grundlage eines – unter Anwendung des Beschaffungswertprinzips – vergleichsweise niedrigen Bodenwerts abzuleiten. Wird z. B. der Wert des Grund und Bodens einer im Außenbereich gelegenen Kaserne als Bauerwartungsland bewertet, ist der Bodenwertverzinsungsbetrag wiederum auf der Grundlage des „vollen" Bodenwerts abzuleiten, 176

---

22 Vgl. Ziff. 3.1.2.2 WERTR 06.

Syst. Darst. Ertragswertverfahren — Reinertrag

wenn gleichzeitig von Erträgen ausgegangen wird, die auf privatwirtschaftlich nutzbaren Grundstücken erzielt werden. Auch in diesem Fall müssen Bodenwert und Ertragsverhältnisse korrespondieren, d. h., der Ermittlung des Bodenwertverzinsungsbetrags ist ein (fiktiver) sich an einer privatwirtschaftlichen Nutzung orientierender Bodenwert zugrunde zu legen, während ansonsten der nach dem aktualisierten Beschaffungswertprinzip ermittelte Bodenwert maßgeblich ist (gespaltene Bodenwerte).

177 Abzulehnen ist auch die Praxis, den Ertragswert z. B. einer **Schule** auf der Grundlage der privatwirtschaftlich üblichen Erträge unter Abzug eines Bodenwertverzinsungsbetrags zu ermitteln, bei dem der Bodenwert mit einem „Wert", beispielsweise mit 50 v. H. des Bodenrichtwerts der umliegenden Grundstücke, angesetzt wird. Dies muss wiederum zu übersetzten und fehlerhaften Gebäudeertragswerten führen.

2.3.1.7 Aufwuchs

▶ *Vgl. oben Rn. 32, 84, § 1 ImmoWertV Rn. 48 ff., § 8 ImmoWertV Rn. 28, Rn. 67, Rn. 324, 385, § 18 ImmoWertV Rn. 27, § 19 ImmoWertV Rn. 4, 51, § 21 ImmoWertV Rn. 8, 23; Syst. Darst. des Vergleichswertverfahrens Rn. 113, Syst. Darst. des Sachwertverfahrens Rn. 199 ff.*

178 Dem Aufwuchs braucht bei Anwendung des Ertragswertverfahrens in aller Regel keine besondere Beachtung geschenkt zu werden. Ein ortsüblicher **Aufwuchs findet** zum einen bereits **mit** dem **Bodenwert** Eingang in die Wertermittlung. Zum anderen wird, soweit tatsächlich ein werterhöhender Aufwuchs vorhanden ist, dem Aufwuchs mit den angesetzten **Erträgen** hinreichend Rechnung getragen. Nur in besonderen Ausnahmefällen kann eine ergänzende Berücksichtigung nach § 8 Abs. 3 ImmoWertV in Betracht kommen.

2.3.2 Reinertrag

2.3.2.1 Allgemeines

Schrifttum: *Engels, R.,* Das Problem der Unschärfe in der Wertermittlung, GuG 2008, 269; *Kleiber,* Nachhaltige Einnahmen und Ausgaben, GuG 2006, 25

▶ *Vgl. Erläuterungen zu § 18 ImmoWertV Rn. 1 ff., 20*

179 Der in die Ertragswertermittlung eingeführte **Reinertrag** stellt **neben dem** zur Anwendung kommen den Kapitalisierungszinssatz **(Liegenschaftszinssatz) und der** angesetzten **Wohn- oder Nutzfläche die wichtigste wertbeeinflussende Eingangsgröße** dar. Dies gilt für alle zur Anwendung kommenden Ertragswertverfahren und ist insbesondere aus der Ertragswertformel des vereinfachten Ertragswertverfahrens ersichtlich

$$EW = RE \times V$$

180 Jede **prozentuale Änderung des Reinertrags wirkt sich mit dem gleichen Prozentsatz auf die Höhe des Ertragswerts** aus. Darüber hinaus wirkt sich auch jeder **Fehler in der Flächenermittlung in gleicher Weise direkt auf den Ertragswert** aus, denn der angesetzte Jahresreinertrag ist das Produkt aus dem jährlichen Reinertrag pro Quadratmeter Wohn- oder Nutzfläche und der gesamten Wohn- oder Nutzfläche.

181 Der **Reinertrag definiert sich** nach § 18 ImmoWertV als

> Reinertrag = Rohertrag − Bewirtschaftungskosten

182 **In aller Regel** geht man bei der Ertragswertermittlung zur Vereinfachung von den jährlichen Reinerträgen aus; d. h., die monatlichen Reinerträge werden zu Jahresreinerträgen zusammengefasst. Wenn vom Reinertrag die Rede ist, ist mithin grundsätzlich der **Jahresreinertrag** gemeint; diesbezüglich spricht nur § 19 Abs. 1 ImmoWertV von den „jährlichen" Aufwendungen. Der mit der Zusammenfassung der monatlichen Erträge zu einem Jahresreinertrag einhergehende Fehler wird dadurch kompensiert, dass man die Jahresreinerträge „nachschüssig" kapitalisiert bzw. (bei Anwendung des mehrperiodischen (mehrphasigen) Ertragswertverfahrens, diskontiert (vgl. hierzu § 20 ImmoWertV Rn. 12 ff.).

Grundsätzlich ist zu unterscheiden zwischen **183**

a) dem Reinertrag, der bei Anwendung des *ein- und zweigleisigen Ertragswertverfahrens* nach § 17 Abs. 2 ImmoWertV

b) dem Reinertrag, der bei Anwendung des *mehrperiodischen Ertragswertverfahrens* nach § 17 Abs. 1 Satz 2 i. V. m. Abs. 3 ImmoWertV

die Ausgangsgröße der Ertragswertermittlung ist.

Bei **Anwendung des ein- und zweigleisigen Ertragswertverfahrens** bestimmen sich **184** sowohl Roh- als auch Reinertrag nach den „bei ordnungsgemäßer Bewirtschaftung und zulässiger Nutzung (am Wertermittlungsstichtag) marktüblich erzielbaren Erträgen" (§ 17 Abs. 1 Satz 1 und § 18 Abs. 2 Satz 1 ImmoWertV), wobei auch die Bewirtschaftungskosten in Höhe der „bei ordnungsgemäßer Bewirtschaftung und zulässiger Nutzung marktüblich entstehenden" Aufwendungen zum Abzug kommen. (Temporäre) Abweichungen der aufgrund wohnungs-, miet- oder vertraglicher Bindungen tatsächlich erzielten Erträgen von dem marktüblich erzielbaren Ertrag bleiben zunächst unberücksichtigt und werden gegebenenfalls nach § 8 Abs. 3 ImmoWertV in einem weiteren Rechenschritt berücksichtigt. Dies bedeutet:

– Es ist zunächst von den **marktüblich erziel***baren* **Erträgen** auszugehen, und zwar solchen, die der zulässigen Nutzung entsprechen; die bei unzulässiger Nutzung marktüblichen Erträge müssen außer Betracht bleiben.

– Bei der Ermittlung des Reinertrags sind **grundsätzlich die bei „ordnungsgemäßer Bewirtschaftung" aufzubringenden Bewirtschaftungskosten in Abzug zu bringen.** Dazu gehören insbesondere die Instandhaltungskosten und nicht Kosten einer Modernisierung. Den Standardverfahren der ImmoWertV liegt damit das sog „Instandhaltungsmodell" der Ertragswertermittlung zugrunde (vgl. oben Rn. 97).

Die vorgeschriebene Ertragswertermittlung auf der Grundlage der **marktüblich erziel***baren* **Reinerträge** bedeutet, dass dieser Reinertrag **unabhängig von den tatsächlichen Verhältnissen auch bei**

– **eigen genutzten Gebäuden** bzw. Gebäudeteilen,

– **leerstehenden Gebäuden** bzw. Gebäudeteilen **und**

– Vermietung zu „von den marktüblich erzielbaren Erträgen erheblich abweichenden Erträgen"

der Ertragswertermittlung zugrunde zu legen ist.

Die am Wertermittlungsstichtag „marktüblich erzielbaren Erträge" werden über die Restnutzungsdauer kapitalisiert. Künftige Änderungen dieser Erträge, insbesondere aufgrund inflationärer Entwicklungen, des Wertverzehrs der baulichen Anlage und sonstiger allgemein vom Grundstücksmarkt erwarteter Ertragsänderungen, werden mit dem Liegenschaftszinssatz nach § 14 Abs. 3 ImmoWertV berücksichtigt *(all over capitalization method)*. Dieser bestimmt sich nämlich (näherungsweise) aus den Quotienten der unter gewöhnlichen Verhältnissen tatsächlich erzielbaren Reinerträge und den diesen zugeordneten, im gewöhnlichen Geschäftsverkehr tatsächlich erzielten Kaufpreisen. In diese Kaufpreise gehen die Zukunftserwartungen in umfassender Weise ein, d. h., in die Kaufpreise gehen die vom Markt erwartete inflationäre Entwicklung ebenso wie die allgemeine Entwicklung der Mieten und Pachten ein. Mit der Ableitung des Liegenschaftszinssatzes aus diesen Kaufpreisen wird infolgedessen die Zukunft in der Weise „eingefangen", wie sie vom allgemeinen Geschäftsverkehr eingeschätzt wird. **Mit dem Liegenschaftszinssatz werden die am Wertermittlungsstichtag marktüblich erzielbaren Erträge gewissermaßen vernachhaltigt.** Das Ertragswertverfahren stellt insoweit kein „statisches" Verfahren dar. **185**

186 Bei **Anwendung des *mehrperiodischen* Ertragswertverfahrens** bestimmen sich sowohl Roh- als auch Reinertrag nach den aufgrund wohnungs-, miet- oder vertraglicher Bindungen in den jeweiligen Phasen tatsächlich erzielten Erträgen, d. h. (temporäre) Abweichungen von den marktüblich erzielbaren Erträgen sind zunächst bei der Ermittlung des Rein- und Rohertrags zu berücksichtigen. Daneben können beispielsweise aufgrund vertraglicher Bindungen auch Abweichungen im Verhältnis zu den nach § 19 Abs. 1 ImmoWertV in Abzug zu bringenden marktüblich entstehenden Aufwendungen bestehen. Anders als bezüglich des Rein- bzw. Rohertrags (§ 18 Abs. 2 Satz 2 ImmoWertV) hat es der Verordnungsgeber versäumt, die direkte Berücksichtigung derartiger (temporärer) Abweichungen bei der Ermittlung des Reinertrags zu berücksichtigen; § 19 ImmoWertV sieht keine entsprechende Abweichungsklausel vor. Dessen ungeachtet muss auch dies zulässig sein. Im Übrigen kann das *mehrperiodische* Ertragswertverfahren entgegen dem Wortlaut des § 17 Abs. 1 Satz 2 ImmoWertV auch dann zur Anwendung kommen, wenn keine von den marktüblich erzielbaren Erträge abweichenden Ertragsverhältnisse absehbar sind.

2.3.2.2 Marktüblich erzielbarer Rein- bzw. Rohertrag nach ImmoWertV

▶ *§ 18 ImmoWertV Rn. 20 ff., § 17 ImmoWertV Rn. 13 ff.*

187 Zur Ermittlung des „marktüblich erzielbaren Reinertrags" ist auf entsprechende **Vergleichsmieten** zurückzugreifen, die für hinreichend vergleichbare Objekte in hinreichend vergleichbarer Lage zum jeweiligen Wertermittlungsstichtag üblicherweise entrichtet werden. Zur Ermittlung der marktüblich erzielbaren Erträge können insbesondere entsprechende Erhebungen und Veröffentlichungen (Mietspiegel, Mietwertübersichten) herangezogen werden.

a)   Wohnraum

188 Bei der Marktwertermittlung von **Wohnimmobilien ist als marktüblich erzielbare Miete i. d. R. die ortsübliche Vergleichsmiete** maßgebend (vgl. § 18 Rn. 20, 27 ff.). Zur Ermittlung der marktüblich erzielbaren Miete können (einfache und qualifizierte) **Mietspiegel** nach den §§ 558c und d BGB herangezogen werden (vgl. § 18 Rn. 174 ff.). Der **Rückgriff auf den Mietspiegel ist insbesondere unter dem Grundsatz der Modellkonformität angezeigt**, wenn bei der Ableitung des herangezogenen Liegenschaftszinssatzes ebenfalls die sich aus dem Mietspiegel ergebenden marktüblich erzielbaren Erträge (ortsübliche Vergleichsmieten) herangezogen wurden (vgl. Vorbem. zur ImmoWertV Rn. 36). Wird von Mietspiegeln ausgegangen, so muss beachtet werden, welche Mietentgelte (Nettokaltmiete, Mietnebenkosten) der Auswertung zugrunde gelegt und mit den Zahlenwerten wiedergegeben werden. Soweit erforderlich, muss die ausgewiesene Miete auf den Wertermittlungsstichtag umgerechnet werden. Ausgewiesen ist die **ortsübliche Vergleichsmiete**, die nach § 558 Abs. 2 BGB „aus den üblichen Entgelten ... gebildet wird", „die in der Gemeinde oder einer vergleichbaren Gemeinde für Wohnraum vergleichbarer Art, Größe, Ausstattung, Beschaffenheit und Lage in den letzten vier Jahren vereinbart" wurde[23]. Diese aus Mietvereinbarungen der Vergangenheit abgeleitete ortsübliche Vergleichsmiete kann gleichwohl auch zum aktuellen Wertermittlungsstichtag herangezogen werden, weil sie Bemessungsgrundlage für ein Mieterhöhungsverlangen ist. Wird tatsächlich eine geringere Miete entrichtet und kann diese Miete unter Berücksichtigung der mietrechtlichen Regelungen zur sog. Kappungsgrenze (vgl. § 18 ImmoWertV Rn. 64 ff., 102) an die ortsübliche Vergleichsmiete angeglichen werden, kann diese Abweichung außer Betracht bleiben und muss auch nach § 8 Abs. 3 ImmoWertV unberücksichtigt bleiben.

189 In der Regel handelt es sich bei den im Mietspiegel ausgewiesenen ortsüblichen Vergleichsmieten um sog. **Nettokaltmieten** (vgl. § 18 ImmoWertV Rn. 13), d. h., neben der Nettokaltmiete werden vom Mieter die Betriebskosten entrichtet. Die Nettokaltmiete stellt dann den

---

[23] § 558c Mietspiegel: (1) Ein Mietspiegel ist eine Übersicht über die ortsübliche Vergleichsmiete, soweit die Übersicht von der Gemeinde oder von Interessenvertretern der Vermieter und der Mieter gemeinsam erstellt oder anerkannt worden ist.

Rohertrag dar und braucht nur noch um die nicht umgelegten Bewirtschaftungskosten vermindert zu werden, um zum Reinertrag zu kommen (§ 19 Abs. 1 ImmoWertV).

Von der ortsüblichem Vergleichsmiete zu unterscheiden ist die **Marktmiete**, die im Falle einer Neuvermietung unter Berücksichtigung von Angebot und Nachfrage erzielt werden kann; im Falle einer Neuvermietung kann der Vermieter diese Marktmiete verlangen; er ist nicht an die ortsübliche Vergleichsmiete gebunden. Diese Marktmiete ist dann heranzuziehen, wenn es um die Marktwertermittlung eines zur Vermietung anstehenden Gebäudes geht (vgl. § 18 ImmoWertV Rn. 26ff).

b) *Gewerberaum*

▶ *Vgl. § 18 ImmoWertV Rn. 33, 106 ff.*

Bei gewerblich genutzten Grundstücken ist der Rückgriff auf entsprechende Vergleichsmieten von hinreichend vergleichbaren Objekten in hinreichend vergleichbarer Lage ungleich schwieriger als bei Wohnobjekten, weil aufgrund der weitgehenden Vertragsfreiheit die Gewerberaummietverträge in ihrer Ausgestaltung sehr unterschiedlich sind. Grundsätzlich ist zulässig die Umlage von

– Betriebskosten[24],
– Verwaltungskosten[25],
– Instandhaltungskosten (ganz oder teilweise z. B. „Dach und Fach") und selbst ein
– Mietausfallwagnis.

Darüber hinaus sind auch die den gewerblichen Mietverträgen zugrunde liegenden Flächenberechnungen sehr unterschiedlich. Sie können sich auf die im Wohnungswesen üblichen Berechnungsnormen (§§ 42-44 II. BV, WflVO, DIN 283), aber auch auf eine BGF oder gif-Fläche beziehen und nach Haupt- und Nebennutzflächen differenziert sein. Wird nicht nach Haupt- und Nebennutzflächen unterschieden, können die Mieten den jeweiligen Anteilen entsprechend unterschiedlich ausfallen. Darüber hinaus werden Optionen und zahlreiche nutzungsspezifische Sonderregelungen vereinbart.

Die zur Verfügung stehenden Vergleichsmieten lassen nur selten alle vorstehenden vertragsspezifischen Besonderheiten erkennen, sodass die **„marktüblich erzielbare Miete" eines gewerblichen Objekts zwangsläufig eine unsicherheitsbehaftete Größe** sein muss.

2.3.2.3 BelWertV

▶ *Vgl. weiterführend Schröder in Kleiber, Verkehrswertermittlung von Grundstücken, 6. Aufl. 2010 Teil X Rn. 145 ff.*

Nach § 8 BelWertV ist bei der Ermittlung des Ertragswerts der baulichen Anlagen vom „nachhaltig" erzielbaren jährlichen Reinertrag auszugehen. Bei dem „nachhaltig" erzielbaren Reinertrag handelt es sich tatsächlich um den „marktüblich erzielbaren" Reinertrag. Der **Begriff des „nachhaltigen" Reinertrags** ist irreführend und wurde aus gutem Grunde mit der ImmoWertV durch den Begriff des „marktüblich erzielbaren" Reinertrags ersetzt.

Das in der BelWertV vorgegebene Ertragswertverfahren entspricht in seinen Grundzügen im Übrigen dem zweigleisigen Ertragswertverfahren nach § 17 Abs. 2 Nr. 1 ImmoWertV, wobei abweichend

– im Regelfall die vertraglich vereinbarte Miete anzusetzen ist, wenn die nachhaltige (marktüblich erzielbare) Miete über der vertraglich vereinbarten Miete liegt, und

---
24 OLG Rostock, Urt. vom 10.04.2006 – 3 U 156/06 –.
25 OLG Frankfurt am Main, Urt. vom 01.11.1984 – 3 U 143/83 –, WuM 1985, 91; OLG Nürnberg, Urt. vom 21.03.1995 – 3 U 3727/94 –, WuM 1995, 306; KG, Urt. vom 02.10.2003 – 8 U 25/03 –, GE 2004, 234.

- besondere objektspezifische Grundstücksmerkmale i. S. des § 8 Abs. 3 ImmoWertV weitgehend unberücksichtigt bleiben.

2.3.2.4 Steuerliche Bewertung

196 Im Rahmen der **erbschaftsteuerlichen Bewertung** ist nach § 186 BewG von dem Entgelt (Rohertrag) auszugehen, das für die Benutzung des bebauten Grundstücks nach den am Bewertungsstichtag geltenden vertraglichen Vereinbarungen für den Zeitraum von zwölf Monaten zu zahlen ist. Umlagen, die zur Deckung der Betriebskosten gezahlt werden, sind nicht anzusetzen. Für Grundstücke oder Grundstücksteile,

1. die eigengenutzt, ungenutzt, zu vorübergehendem Gebrauch oder unentgeltlich überlassen sind,
2. die der Eigentümer dem Mieter zu einer um mehr als 20 Prozent von der üblichen Miete abweichenden tatsächlichen Miete überlassen hat,

ist die übliche Miete anzusetzen. Die übliche Miete ist in Anlehnung an die Miete zu schätzen, die für Räume gleicher oder ähnlicher Art, Lage und Ausstattung regelmäßig gezahlt wird. Betriebskosten sind nicht einzubeziehen.

197 Der **Reinertrag des Grundstücks** ergibt sich nach § 188 BewG aus dem Rohertrag des Grundstücks (§ 186 BewG) abzüglich der Bewirtschaftungskosten (§ 187 BewG) und ist um den Betrag zu vermindern, der sich durch eine angemessene Verzinsung des Bodenwerts ergibt. Der Verzinsung des Bodenwerts ist der Liegenschaftszinssatz (§ 188 BewG) zugrunde zu legen. Ist das Grundstück wesentlich größer, als es einer den Gebäuden angemessenen Nutzung entspricht, und ist eine zusätzliche Nutzung oder Verwertung einer Teilfläche zulässig und möglich, ist bei der Berechnung des Verzinsungsbetrags der Bodenwert dieser Teilfläche nicht zu berücksichtigen.

2.3.3 Bewirtschaftungskosten

2.3.3.1 Verkehrswertermittlung nach ImmoWertV

▶ *Zu den Bewirtschaftungskosten im Einzelnen vgl. die Kommentierung zu § 19 ImmoWertV Rn. 24 ff.*

198 Der Jahresreinertrag ergibt sich nach vorstehenden Ausführungen aus dem **Jahresrohertrag abzüglich der Bewirtschaftungskosten** (*Outgoings, maintenance*).

199 Die **Bewirtschaftungskosten sind** in der Grundsatzregelung des § 19 Abs. 1 ImmoWertV als **die bei ordnungsgemäßer Bewirtschaftung marktüblich entstehenden jährlichen Aufwendungen** definiert, **die nicht durch Umlagen oder sonstige Kostenübernahmen gedeckt sind.** Dabei sind nur die in § 19 Abs. 2 ImmoWertV aufgeführten Bewirtschaftungskostenarten berücksichtigungsfähig:

1. Verwaltungskosten,
2. Instandhaltungskosten,
3. Mietausfallwagnis (*rent collection loss*) und
4. Betriebskosten.

Abb. 32: Bewirtschaftungskosten (§ 19 ImmoWertV, § 2 BetrKV)

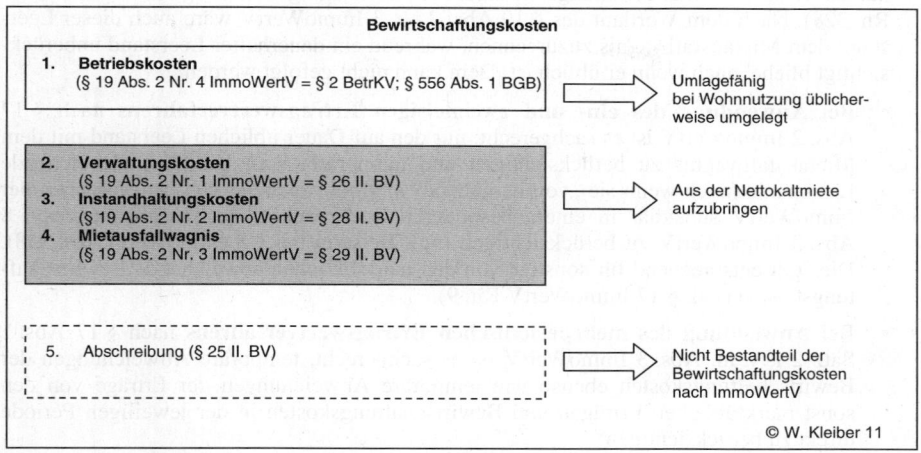

Nicht zu den (berücksichtigungsfähigen) **Bewirtschaftungskosten gehören**   **200**

1. **die Abschreibung, und zwar generell;**

   Unter der Abschreibung ist die mit dem Gebrauch des Gebäudes einhergehende Wertminderung (vgl. § 19 ImmoWertV Rn. 33) zu verstehen, sie wird in der Immobilienwirtschaft den Bewirtschaftungskosten zugerechnet. Die davon abweichende Regelung der ImmoWertV ist darin begründet, dass bei Anwendung des Ertragswertverfahrens die Abschreibung mit dem Liegenschaftszinssatz berücksichtigt wird (vgl. § 19 ImmoWertV Rn. 44), der nach Maßgabe des § 20 ImmoWertV der Ertragswertermittlung zugrunde gelegt werden muss. Etwas anderes muss gelten bei Anwendung des *Discounted Cashflow* Verfahrens auf der Grundlage prognostizierter Erträge und ihrer Kapitalisierung mit einem sich an alternativen Kapitalanlagen orientierenden besonderen Zinssatz.

2. **die Aufwendungen, die durch Umlage oder sonstige Kostenübernahmen gedeckt werden** (§ 19 Abs. 1 ImmoWertV);

   Die vom Rohertrag abzuziehenden Bewirtschaftungskosten definieren sich damit fallbezogen, d. h., es sind nur die Bewirtschaftungskosten vom Rohertrag abzuziehen, die im jeweiligen Einzelfall nicht durch Umlage oder sonstige Kostenübernahmen gedeckt werden. Durch Umlagen gedeckte Bewirtschaftungskosten bleiben damit von vornherein außer Betracht.

3. **die aufgrund vertraglicher Bindungen, persönlicher Verhältnisse oder aufgrund anderer Gegebenheiten temporär von den marktüblichen Bewirtschaftungskosten abweichenden Bewirtschaftungskosten.**

   Die Verordnung stellt mit der Grundsatzregelung des § 19 Abs. 1 ImmoWertV ausdrücklich auf die bei ordnungsgemäßer Bewirtschaftung „marktüblich" entstehenden Aufwendungen ab.

   In diesem Zusammenhang wird mit § 19 Abs. 2 Nr. 3 ImmoWertV **nur ein *„vorübergehender Leerstand"* dem „Mietausfallwagnis" zugerechnet**. Der Verordnungsgeber hat damit eine auf die Belange der Verkehrswertermittlung ausgerichtete Definition geben wollen, jedoch ist die gegebene Einschränkung nicht sachgerecht (vgl. § 19 ImmoWertV Rn. 166).

   Der Verordnungsgeber hat mit dem „vorübergehenden Leerstand" wohl nur den üblichen fluktuationsbedingten und funktionalen Leerstand (vgl. § 8 ImmoWertV Rn. 327) ansprechen wollen, wie er üblicherweise auf Dauer (d. h. über die gesamte Restnutzungsdauer

Syst. Darst. Ertragswertverfahren — Bewirtschaftungskosten

der baulichen Anlage) immer wieder zu erwarten ist. Zum „vorübergehenden Leerstand" kann aber auch z. B. ein einmaliger struktureller Leerstand gehören (vgl. § 8 ImmoWertV Rn. 328). Nach dem Wortlaut des § 19 Abs. 2 Nr. 3 ImmoWertV wäre auch dieser Leerstand dem Mietausfallwagnis zuzurechnen, während ein dauerhafter Leerstand unberücksichtigt bliebe, auch wenn er üblich ist. Dem kann nicht gefolgt werden:

- Bei **Anwendung des ein- und zweigleisigen Ertragswertverfahrens** nach § 17 Abs. 2 ImmoWertV ist es sachgerecht, nur den auf Dauer üblichen Leerstand mit dem Mietausfallwagnis zu berücksichtigen und temporäre, vom Üblichen abweichende Leerstände (auch wenn sie „vorübergehend" sind) abweichend von den Vorgaben der ImmoWertV subsidiär in einem besonderen Rechenschritt nach Maßgabe des § 8 Abs. 3 ImmoWertV zu berücksichtigen (vgl. Beispiel bei § 8 ImmoWertV Rn. 338). Dies gilt entsprechend für sonstige von den marktüblichen abweichende Bewirtschaftungskosten (vgl. § 17 ImmoWertV Rn. 9).

- Bei **Anwendung des mehrperiodischen Ertragswertverfahrens** nach § 17 Abs. 1 Satz 2 i. V. m. Abs. 3 ImmoWertV ist es sachgerecht, temporäre Abweichungen der Bewirtschaftungskosten ebenso wie temporäre Abweichungen der Erträge von den sonst marktüblichen Erträgen und Bewirtschaftungskosten in der jeweiligen Periode direkt zu berücksichtigen.

201 Zur Ermittlung des Reinertrags sind **die nicht durch Umlagen (oder sonstige Kostenübernahmen) gedeckten Bewirtschaftungskosten vom Rohertrag abzuziehen und zwar nicht als Gesamtpauschale, sondern möglichst untergliedert nach den Kostenarten.**

202 Nach § 19 Abs. 2 Satz 2 ImmoWertV können die Bewirtschaftungskosten nach Erfahrungssätzen angesetzt werden, soweit sie sich in ihrer marktüblichen Höhe nicht ermitteln lassen. Im Bereich von Wohnimmobilien wird in der breiten Wertermittlungspraxis auf die **Bewirtschaftungskosten der II. BV** zurückgegriffen. Dabei wird nicht zwischen dem freifinanzierten und dem öffentlich geförderten Wohnraum unterschieden:

Übliche Bewirtschaftungskosten für Verwaltung, Instandhaltung sowie Mietausfallwagnis für Mietwohnungen nach Zweiter Berechnungsverordnung – II. BV – (Anl. 3 WertR i. d. F. vom 01.03.2006 aktualisiert auf den 01.01.2011)

Vorbemerkung
Es handelt sich um Höchstsätze, die nur in markt- und objektüblicher Höhe berücksichtigungsfähig sind.

I Verwaltungskosten nach § 26 Abs. 2 und 3 sowie § 41 Abs. 2 II. BV

bis	263,55 €	jährlich je *Wohnung, bei Eigenheimen, Kaufeigenheimen und Kleinsiedlungen je Wohngebäude*,
bis	315,11 €	jährlich *je Eigentumswohnung, Kaufeigentumswohnung und Wohnung in der Rechtsform eines eigentumsähnlichen Dauerwohnrechts* nach § 41 Abs. 2 II. BV,
bis	32,90 €	jährlich für *Garagen oder ähnliche Einstellplätze*.

Die nach § 26 Abs. 4 II. BV vorgesehene Anpassung zum 01.01.2011 ist berücksichtigt. Die genannten Beträge verändern sich ab 1. Januar eines jeden darauf folgenden dritten Jahres um den Prozentsatz, um den sich der vom Statistischen Bundesamt festgestellte Verbraucherpreisindex für Deutschland für den der Veränderung vorausgehenden Monat Oktober gegenüber dem Verbraucherpreisindex für Deutschland für den der letzten Veränderung vorausgehenden Monat Oktober erhöht oder verringert hat.

II Instandhaltungskosten nach § 28 Abs. 2 und Abs. 5 II. BV:

bis	8,13 €/m²	Wohnfläche je Jahr für Wohnungen, deren Bezugsfertigkeit am Ende des Kalenderjahres weniger als 22 Jahre zurückliegt
bis	10,31 €/m²	Wohnfläche je Jahr für Wohnungen, deren Bezugsfertigkeit am Ende des Kalenderjahres mindestens 22 Jahre zurückliegt,
bis	13,18 €/m²	Wohnfläche je Jahr für Wohnungen, deren Bezugsfertigkeit am Ende des Kalenderjahres mindestens 32 Jahre zurückliegt,
bis	77,92 €	jährlich für Garagen oder ähnliche Einstellplätze.

Bewirtschaftungskosten — Syst. Darst. Ertragswertverfahren

Im Falle einer *Modernisierung der baulichen Anlage*, die zu einer Verlängerung der Restnutzungsdauer geführt hat, ist im Rahmen der Verkehrswertermittlung von einem entsprechenden fiktiven Baujahr (Bezugsfertigkeit) auszugehen.

Zu- und Abschläge:

abzüglich	0,23 €	jährlich je Quadratmeter Wohnung, bei eigenständiger gewerblicher Leistung von Wärme i. S. des § 1 Abs. 2 Nr. 2 der HeizkostenV;
abzüglich	1,20 €	jährlich je Quadratmeter Wohnung, wenn der Mieter die Kosten der kleinen Instandhaltung i. S. des § 28 Abs. 3 Satz 2 II. BV trägt;
zuzüglich	1,15 €	jährlich je Quadratmeter Wohnung, wenn ein maschinell betriebener Aufzug vorhanden ist;
zuzüglich bis	9,74 €	jährlich je Quadratmeter Wohnung, wenn der Vermieter die Kosten der Schönheitsreparaturen i. S. des § 28 Abs. 4 Satz 2 II. BV trägt.

Die nach § 26 Abs. 4 II. BV vorgesehene Anpassung zum 01.01.2011 ist berücksichtigt. Die genannten Beträge verändern sich ab 1. Januar eines darauf folgenden dritten Jahres nach Maßgabe des vorstehenden für die Verwaltungskosten maßgeblichen Grundsatzes.

III Mietausfallwagnis nach § 29 Abs. 2 II. BV
Als Erfahrungssätze können angesetzt werden

2 vom Hundert der Nettokaltmiete bei Mietwohn- und gemischt genutzten Grundstücken
4 vom Hundert der Nettokaltmiete bei Geschäftsgrundstücken

Die fortgeschriebenen Werte wurden zur Vermeidung von Fortführungsfehlern durch Indexierung der Ursprungswerte der II. BV abgeleitet.

© W. Kleiber 11

Bewirtschaftungskosten für gewerblich genutzte Grundstücke gemäß AGVGA-NRW (i. d. F. vom November 2008):

I Verwaltungskosten
Für alle gewerblichen Objekte 3 % bis 7 % des Jahresrohertrags in Abhängigkeit von Größe und Mietniveau; in jedem Einzelfall ist jedoch objektbezogen darauf zu achten, dass der ausgewiesene absolute Betrag für eine ordnungsgemäße Verwaltung angemessen ist. In begründeten Einzelfällen können auch niedrigere oder höhere Sätze in Frage kommen:

Verwaltungskosten für alle gewerblichen Objekte		
	ab 3 % des Jahresrohertrags	bis 7 % des Jahresrohertrags
Nutzfläche	Groß	Klein
Mietniveau	Hoch	Niedrig
Zahl der Mietparteien	Gering	Hoch
Lage- und Mieterqualität	Sehr gut, geringe Fluktuationsgefahr	Schlecht, hohe Fluktuationsgefahr

II Instandhaltungskosten
Für alle gewerblichen Objekte 2,50 €/m² bis 9,00 €/m² Nutzfläche und in der Regel bezogen auf Dach und Fach. Davon abweichende mietvertragliche Regelungen müssen berücksichtigt werden

Instandhaltungskosten für alle gewerbliche Objekte bezogen auf Dach und Fach		
Objektart	Lager, Gewerbe, Industrie	Büro, Läden
Bauausführung	Einfach	Hochwertig
Baualter	gering	hoch

III Mietausfallwagnis

Für alle gewerblichen Objekte i. d. R. 3 % bis 8 % des Jahresrohertrags in Abhängigkeit von Gebäudeart, Lage, Ausstattung und Mietverhältnis; in begründeten Einzelfällen können auch höhere Sätze in Frage kommen:

Mietausfallwagnis für alle gewerblichen Objekte		
	ab 3 % des Jahresrohertrags	bis 8 % des Jahresrohertrags
Lage	gut	mäßig
Ausstattung	gut	mäßig
Objektart	Büro, Läden	Lager, Gewerbe. Industrie
Mietverträge	langfristig	kurzfristig

203 Die **Bewirtschaftungskosten sind in der am Wertermittlungsstichtag marktüblichen Höhe** anzusetzen. Ist der Verkehrswert bezogen auf einen zurückliegenden Wertermittlungsstichtag zu erstatten, so sind die zu diesem Zeitpunkt marktüblichen Bewirtschaftungskosten anzusetzen.

Im Hinblick auf die Heranziehung des vom Gutachterausschuss für Grundstückswerte abgeleiteten und nach § 14 Abs. 3 ImmoWertV heranzuziehenden Liegenschaftszinssatzes muss der Grundsatz der Modellkonformität beachtet werden (vgl. Vorbem. zur ImmoWertV Rn. 36). Nach diesem Grundsatz sind bei Anwendung dieses Liegenschaftszinssatzes die Wertermittlungsparameter so anzusetzen, wie dies der Gutachterausschuss bei der Ableitung des Liegenschaftszinssatzes praktiziert hat. Dementsprechend müssen die **modellkonformen Bewirtschaftungskosten** nach den Grundsätzen angesetzt werden, die vom Gutachterausschuss für Grundstückswerte **bei der Ableitung des Liegenschaftszinssatzes** zur Anwendung gekommen sind und in dessen Grundstücksmarktbericht dargelegt sein sollten.

2.3.3.2 Beleihungswertermittlung nach BelWertV

204 Bei der Beleihungswertermittlung sind die Bewirtschaftungskosten nach § 11 Abs. 2 Satz 3 BelWertV insgesamt in einer Mindesthöhe von 15 % des Jahresrohertrags (besser Jahresnettokaltmiete), jedoch differenziert nach Einzelpositionen anzusetzen. Darüber hinaus haben sich Einzelkostenansätze innerhalb der nach Anl. 1 zur BelWertV zulässigen Bandbreiten zu bewegen, sofern nicht die besonderen Umstände des Einzelfalls einen höher Ansatz erfordern (Abb. 33).

Abb. 33 : Bandbreiten der Bewirtschaftungskosten nach Anl. 1 zur BelWertV

Bewirtschaftungskosten-Einzelansätze nach Anl. 1 BelWertV	
Verwaltungskosten	
a) Wohnungsbau Bandbreiten der Kosten, kalkuliert auf Basis der Einheiten:	
– Wohnungen:	200,00 bis 275,00 Euro
– Garagen:	25,00 bis 50,00 Euro
b) Gewerbliche Objekte Bandbreite:	1 bis 3% des Jahresrohertrags
In jedem Einzelfall ist darauf zu achten, dass der ausgewiesene absolute Betrag unzweifelhaft für eine ordnungsgemäße Verwaltung angemessen ist.	
Instandhaltungskosten	
Kalkulationsbasis: Herstellungskosten pro m² Wohn- oder Nutzfläche (ohne Baunebenkosten und Außenanlagen). Die untere Grenze der Bandbreite ist in der Regel für neue, die obere Grenze für ältere Objekte angemessen. Objektzustand, Ausstattungsgrad und Alter sind bei der Bemessung der Instandhaltungskosten zu berücksichtigen.	
a) z.B. Lager- und Produktionshallen mit Herstellungskosten von 250,00 bis 500,00 Euro/m²: 0,8% – 1,2%, absolute Untergrenze:	2,50 Euro/m²
b) z.B. gewerbliche Objekte einfachen Standards und SB-Verbrauchermärkte mit Herstellungskosten von mehr als 500,00 Euro/m²: 0,8% – 1,2%, absolute Untergrenze:	5,00 Euro/m²
c) z.B. Wohngebäude und gewerbliche Gebäude mit mittlerem Standard und Herstellungskosten von mehr als 1 000,00 Euro/m²: 0,5% – 1%, absolute Untergrenze:	7,50 Euro/m²
d) z.B. hochwertige Büro- und Handels- und andere gewerbliche Objekte mit Herstellungskosten von mehr als 2 000,00 Euro/m²: 0,4% – 1%, absolute Untergrenze:	9,00 Euro/m²
e) Garagen und Tiefgaragenstellplätze:	30,00 bis 80,00 Euro je Stellplatz
Mietausfallwagnis	
a) Wohnungsbau:	2% oder mehr
b) Gewerbliche Objekte:	4% oder mehr

Des Weiteren ist auch ein Modernisierungs- bzw. Revitalisierungsrisiko zu berücksichtigen. Berechnungsbasis für das **Modernisierungsrisiko** sind nach Anl. 1 zu § 11 BelWertV die Neubauherstellungskosten (ohne Baunebenkosten und Außenanlagen); dort werden folgende Regelansätze vorgegeben[26]:

a) Kein Modernisierungsrisiko
 (z. B. normale Wohnhäuser, kleinere Wohn- und Geschäftshäuser, kleine und
 mittlere Bürogebäude, Lager und Produktionshallen): 0 % bis 0,3 %

b) geringes Modernisierungsrisiko
 (z. B. größere Bürogebäude, Wohn-, Büro- und Geschäftshäuser mit
 besonderen Ausstattungsmerkmalen, Einzelhandel mit einfachem Standard): 0,2 % bis 1,2 %

c) höheres Modernisierungsrisiko
 (z. B. innerstädtische Hotels, Einzelhandel mit höherem Standard,
 Freizeitimmobilien mit einfachem Standard): 0,5 % bis 2 %

d) sehr hohes Modernisierungsrisiko
 (z. B. Sanatorien, Kliniken, Freizeitimmobilien mit höherem Standard, Hotels
 und Einzelhandelsobjekte mit besonders hohem Standard): 0,75 % bis 3 %.

2.3.3.3 Steuerliche Bewertung

Nach § 187 BewG sind im Rahmen von Bewertungen für erbschaftsteuerliche Zwecke als Bewirtschaftungskosten die bei gewöhnlicher Bewirtschaftung nachhaltig entstehenden Verwaltungskosten, Betriebskosten, Instandhaltungskosten und das Mietausfallwagnis mit Ausnahme der durch Umlagen gedeckten Betriebskosten zu berücksichtigen. Die Bewirtschaftungskosten sind nach Erfahrungssätzen anzusetzen. Soweit von den Gutachterausschüssen i. S. der §§ 192 ff. BauGB keine geeigneten Erfahrungssätze zur Verfügung stehen, ist von

---

26 Die Ansätze sind aus den vom Verband Deutscher Hypothekenbanken (VdH) empfohlenen exemplarischen Bandbreiten der Bewirtschaftungskosten in Abhängigkeit von dem Gebäudezustand und den Investitionskosten abgeleitet worden (vgl. Abb. 21 in Kleiber/Simon, Verkehrswertermittlung von Grundstücken, 5. Aufl.).

Syst. Darst. Ertragswertverfahren — Bewirtschaftungskosten

den nachstehend abgedruckten pauschalierten Bewirtschaftungskosten nach Anlage 23 auszugehen.

207 Pauschalierte Bewirtschaftungskosten für Verwaltung, Instandhaltung und Mietausfallwagnis in Prozent der Jahresmiete/üblichen Miete (ohne Betriebskosten)

Restnutzungsdauer	Grundstücksart			
	1	2	3	4
	Mietwohngrundstück	gemischt genutztes Grundstück mit einem gewerblichen Anteil von bis zu 50 % (berechnet nach der Wohn- bzw. Nutzfläche)	gemischt genutztes Grundstück mit einem gewerblichen Anteil von mehr als 50 % (berechnet nach der Wohn- bzw. Nutzfläche)	Geschäftsgrundstück
> 60 Jahre	21	21		18
40 bis 59 Jahre	23	22		20
20 bis 39 Jahre	27	24		22
< 20 Jahre	29	26		23

2.3.3.4 Betriebskosten

▶ *Vgl. § 19 ImmoWertV Rn. 74 ff., zu Betriebskosten für Büroimmobilien vgl. auch Kleiber, Verkehrswertermittlung von Grundstücken, 6. Aufl. 2010 Teil VI Rn. 157 ff.*

208 Die Betriebskosten (*operating expense*) werden i. d. R. umgelegt und zählen in diesem Fall nicht zu den abzugsfähigen Bewirtschaftungskosten. Die ImmoWertV führt die Betriebskosten deshalb als Bestandteil der Bewirtschaftungskosten nur auf, ohne sie zu konkretisieren. Betriebskosten sind nach § 556 Abs. 1 Satz 2 BGB die **Kosten, die dem Eigentümer oder Erbbauberechtigten durch das Eigentum oder das Erbbaurecht am Grundstück oder durch den bestimmungsgemäßen Gebrauch des Gebäudes, der Nebengebäude, Anlagen, Einrichtungen und des Grundstücks laufend entstehen.**

209 Betriebskosten sind nach der Betriebskostenverordnung[27]
- laufende öffentliche Lasten wie zum Beispiel Grundsteuer, bei grundsteuerbefreiten Objekten ist zu prüfen, inwieweit fiktive Beträge für die Grundsteuer in Ansatz zu bringen sind;
- die Kosten der Wasserversorgung,
- die Kosten der Entwässerung,
- die Kosten des Betriebs einer zentralen Heizungsanlage einschließlich der Abgasanlage oder der zentralen Brennstoffversorgungsanlage oder der eigenständig gewerblichen Lieferung von Wärme und der Reinigung und Wartung von Etagenheizungen;
- die Kosten des Betriebs der zentralen Warmwasserversorgungsanlage, der eigenständig gewerblichen Lieferung von Warmwasser oder der Reinigung und Wartung von Warmwassergeräten;
- die Kosten verbundener Heizungs- und Warmwasserversorgungsanlagen;
- die Kosten des Betriebs des maschinellen Personen- und Lastenaufzugs;
- die Kosten der Straßenreinigung und Müllbeseitigung;
- die Kosten der Gebäudereinigung und Ungezieferbekämpfung;
- die Kosten der Gartenpflege;
- die Kosten der Beleuchtung;
- die Kosten der Schornsteinreinigung;
- die Kosten der Sach- und Haftpflichtversicherung;
- die Kosten für den Hauswart;
- die Kosten des Betriebs der Gemeinschafts-Antennenanlage oder des Betriebs einer Breitbandkabelnetzverteileranlage;

---

27 Betriebskostenverordnung vom 25.11.2003 (BGBl. I 2003, 2346, 2347).

- die Kosten des Betriebs der Einrichtungen für die maschinelle Wäschepflege und
- sonstige Kosten, die dem Eigentümer oder Erbbauberechtigten durch das Eigentum oder Erbbaurecht oder durch den bestimmungsgemäßen Gebrauchs des Gebäudes, der Nebengebäude, Anlagen, Einrichtungen und des Grundstücks laufend entstehen (z. B. Kosten der Dachrinnenreinigung).

210 Bezüglich **gewerblicher Immobilien** ist der Katalog der Betriebskosten der BetrKV unvollständig; ergänzend sind beispielsweise zu nennen die laufenden Kosten von Klimaanlagen, eines Wachdienstes usw. Die Betriebskosten werden wie im Wohnungsbereich üblicherweise vertraglich umgelegt. Dabei treten häufig Zweifelsfragen bezüglich der vertraglichen Umlage einzelner Positionen auf. Aus diesem Grunde ist es üblich, in die Wertermittlung einen Betrag von 0,5 % der vereinbarten Miete als nicht umgelegte Betriebskosten anzusetzen.

211 Im **Bereich des Wohnungswesens** können die Vertragsparteien gemäß § 556 Abs. 1 Satz 1 BGB vereinbaren, dass der Mieter die Betriebskosten trägt. Dies entspricht auch der üblichen Vermietungspraxis. Die dann zu entrichtende Miete wird als **Nettokaltmiete** bezeichnet. Geht man von der Nettokaltmiete als Rohertrag aus, so sind nur noch die Verwaltungs- und Instandhaltungskosten sowie das Mietausfallwagnis abzuziehen, um zum Reinertrag zu gelangen (Abb. 34):

Abb. 34: Nettokaltmiete

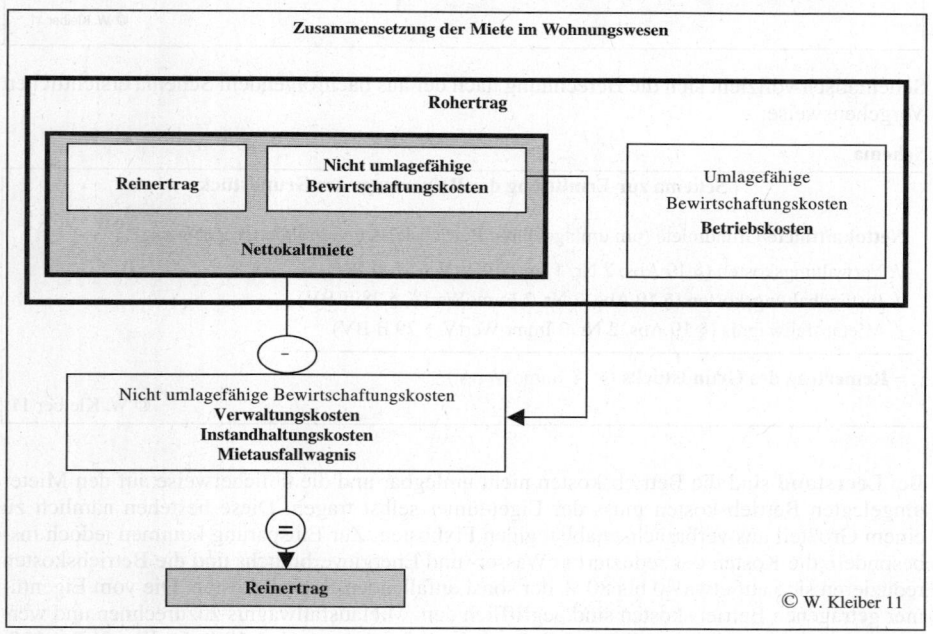

Abb. 35: Nettokaltmiete

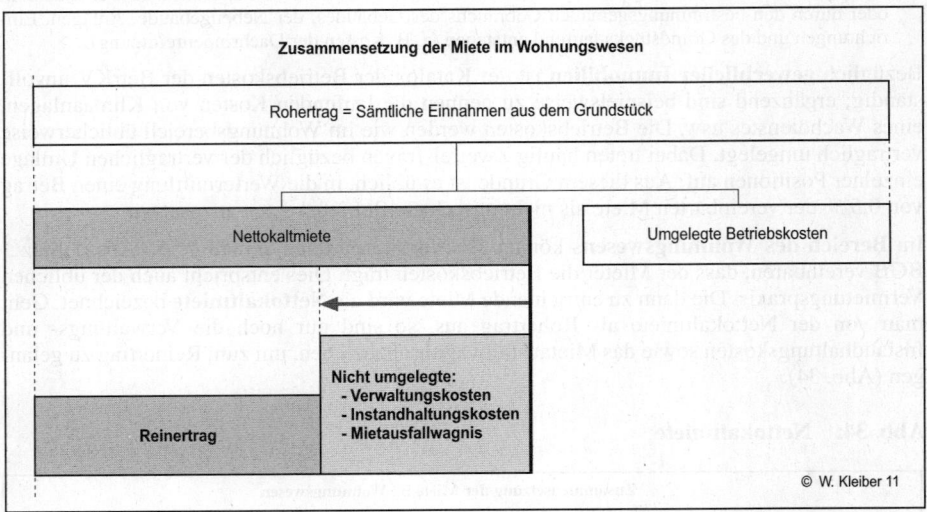

Schematisch vollzieht sich die Berechnung nach der aus nachfolgendem Schema ersichtlichen Vorgehensweise:

Schema

Schema zur Ermittlung des Reinertrags des Grundstücks
Nettokaltmiete/Grundmiete (um umlagefähige Betriebskosten verminderter Rohertrag)
./. Verwaltungskosten (§ 19 Abs. 2 Nr. 1 ImmoWertV, § 26 II BV)
./. Instandhaltungskosten (§ 19 Abs. 2 Nr. 2 ImmoWertV, § 28 II BV)
./. Mietausfallwagnis (§ 19 Abs. 2 Nr. 3 ImmoWertV, § 29 II BV)
= **Reinertrag des Grundstücks** (§ 18 ImmoWertV)

© W. Kleiber 11

212 Bei **Leerstand** sind die Betriebskosten nicht umlegbar und die üblicherweise auf den Mieter umgelegten Betriebskosten muss der Eigentümer selbst tragen. Diese bestehen nämlich zu einem Großteil aus verbrauchsunabhängigen Fixkosten. Zur Einsparung kommen jedoch insbesondere die Kosten des reduzierten Wasser- und Energieverbrauchs und die Betriebskosten reduzieren sich auf etwa 40 bis 80 % der sonst anfallenden Betriebskosten. Die vom Eigentümer getragenen Betriebskosten sind begrifflich dem Mietausfallwagnis zuzurechnen und werden grundsätzlich mit dem Mietausfallwagnis berücksichtigt (vgl. § 19 ImmoWertV Rn. 112, 167 ff., § 18 ImmoWertV Rn. 19, 211).

213 Etwas anderes gilt, wenn es sich um einen **vorübergehenden Leerstand** handelt, der nach § 19 Abs. 2 Nr. 3 ImmoWertV nicht unter das Mietausfallwagnis fällt und mithin auch nicht mit dem Mietausfallwagnis berücksichtigt wird. In diesem Fall sind die Betriebskosten neben der insoweit nicht erzielten Nettokaltmiete nach § 8 Abs. 3 ImmoWertV als „besonderes objektspezifisches Grundstücksmerkmal" zu berücksichtigen (vgl. hierzu unten Rn. 218 ff. sowie § 8 ImmoWertV Rn. 303, 328 ff.).

Abb. 36: Ermittlung des Reinertrags

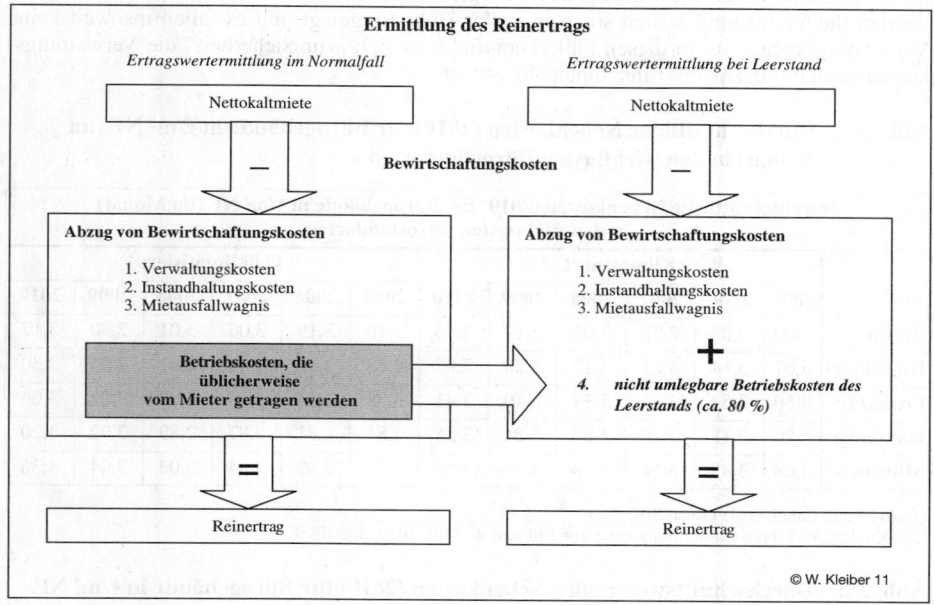

2.3.3.5 Verwaltungskosten

▶ *Vgl. oben Rn. 202 sowie weiterführend § 19 ImmoWertV Rn. 57 ff.*

Verwaltungskosten (*overhead; management*) sind die **Kosten der zur Verwaltung des Grundstücks einschließlich seiner baulichen Anlagen erforderlichen Arbeitskräfte und Einrichtungen, die Kosten der Aufsicht sowie die Kosten der Geschäftsführung**. Die Höhe der Verwaltungskosten ist insbesondere von der Anzahl der Mieteinheiten eines Objekts und weniger von der Nutzfläche bzw. dem Rohertrag abhängig. — 214

Die **Verwaltungskosten sind nach der Generalklausel des § 19 Abs. 1 ImmoWertV in der am Wertermittlungsstichtag bei „ordnungsgemäßer Bewirtschaftung" „marktüblichen" Höhe** anzusetzen. Dabei wird auf entsprechende Erfahrungssätze zurückgegriffen, die den Grundsätzen einer ordnungsgemäßen Bewirtschaftung entsprechen[28]. Zur Beurteilung der Eignung der in Betracht kommenden Erfahrungssätze muss man sich verdeutlichen, von welchen Faktoren die jeweilige Höhe der angemessenen Bewirtschaftungskostengruppen abhängig ist. Die Verwaltungskosten fallen erfahrungsgemäß umso höher aus, je kleinteiliger eine Wohnanlage[29] ist. — 215

Ganz allgemein werden Gewerbeimmobilien mit nur wenigen Mietern in der Bewirtschaftung „pflegeleichter" als Wohnimmobilien angesehen. Werden größere Komplexe nur an einen einzigen Nutzer vermietet, fallen erheblich reduzierte Verwaltungskosten an. Als **übliche Verwaltungskosten sind** in diesem Falle jedoch **die Verwaltungskosten anzusetzen, die sich bei der sonst üblichen Anzahl von Mieteinheiten ergeben würden**.

Bei **Gewerbeimmobilien** werden Verwaltungskosten zwischen 0,15 €/m² bis 0,25 €/m² monatlich gezahlt. *Reeker/Slomian*[30] geben Verwaltungskosten von 3 bis 6 % der Nettokaltmiete an, wobei sie sich tatsächlich eher im unteren Bereich bewegen.

---

28 BAnz Nr. 154 vom 12.08.1961.
29 Vgl. auch Reeker/Slomian, Immobilienverwaltung, Praxishandbuch, München 2000.
30 Immobilienverwaltung – Praxishandbuch, München 2000.

Bei **Gewerbeimmobilien** kommt es im Einzelfall zu **mietvertraglichen Vereinbarungen über die Umlage der Verwaltungskosten** (vgl. § 18 ImmoWertV Rn. 13, 106 ff.)[31]; vielfach werden die Verwaltungskosten sogar in voller Höhe umgelegt und es fallen insoweit keine Verwaltungskosten an. In diesen Fällen empfiehlt es sich „zur Sicherheit" die Verwaltungskosten noch mit 0,5 % der Einnahmen anzusetzen.

Abb. 37: Durchschnittliche Nebenkosten (2010) für Bürogebäude in €/m² NF (im Monat) in den wichtigsten Bürostandorten

Durchschnittliche Nebenkosten (2010) für Bürogebäude in €/m² NF (im Monat) in den wichtigsten Bürostandorten												
	Klimatisiert						Vollklimatisiert					
	2005	2006	2007	2008	2009	2010	2005	2006	2007	2008	2009	2010
Berlin	3,00	3,03	2,98	3,05	3,19	3,86	3,10	3,19	3,06	3,01	2,90	3,17
Düsseldorf	3,07	3,14	3,25	3,13	3,20	3,82	2,83	3,07	2,84	2,91	2,93	3,30
Frankfurt	3,60	3,53	3,31	3.34	3,40	3,41	3,35	3,14	3,05	3,08	3,02	3,06
Hamburg	3,26	3,18	3,28	3,06	3,24	3,35	2,81	2,81	2,87	2,89	2,92	3,20
München	3,08	3,43	3,32	3,23	3,36	3,58	2,52	2,82	2,84	3,03	3,04	3,36

Quelle: Jones LangLasalle Oscar 2010
Vgl. Kleiber, Verkehrswertermittlung von Grundstücken, 6. Aufl. 2010, S. 2058 ff.

Abb. 38: Durchschnittswerte aller Nebenkosten (2010) für Bürogebäude in €/m² NF (im Monat)

Durchschnittswerte aller Nebenkosten (2010) für Bürogebäude in €/m² NF (im Monat)												
	Klimatisiert						Vollklimatisiert					
	2005	2006	2007	2008	2009	2010	2005	2006	2007	2008	2009	2010
Öffentliche Abgaben	0,52	0,51	0,49	0,48	0,49	0,53	0,51	0,50	0,50	0,49	0,49	0,49
Versicherung	0,17	0,17	0,17	0,14	0,16	0,13	0,15	0,15	0,15	0,14	0,11	0,10
Wartung	0,39	0,48	0,44	0,42	0,48	0,48	0,32	0,41	0,31	0,35	0,39	0,42
Strom	0,29	0,31	0,30	0,33	0,36	0,39	0,21	0,23	0,21	0,27	0,29	0,29
Heizung	0,40	0,42	0,47	0,46	0,49	0,54	0,37	0,40	0,45	0,43	0,48	0,59
Wasser/Kanal	0,14	0,14	0,13	0,12	0,13	0,13	0,11	0,11	0,11	0,11	0,12	0,12
Reinigung	0,29	0,30	0,28	0,25	0,26	0,32	0,27	0,28	0,30	0,26	0,25	0,31
Bewachung	0,23	0,24	0,28	0,31	0,28	0,30	0,17	0,19	0,17	0,25	0,23	0,23
Verwaltung	0,33	0,32	0,31	0,25	0,29	0,29	0,34	0,33	0,32	0,25	0,29	0,31
Hausmeister	0,26	0,30	0,28	0,29	0,30	0,29	0,25	0,26	0,26	0,29	0,28	0,28
Sonstiges	0,09	0,11	0,06	0,09	0,06	0,11	0,06	0,08	0,06	0,09	0,05	0,09
Gesamt	3,11	3,30	3,21	3,14	3,30	3,51	2,78	2,54	2,84	2,93	2,58	3,23

Quelle: Jones LangLasalle Oscar 2010
Vgl. Kleiber, Verkehrswertermittlung von Grundstücken, 6. Aufl. 2010, S. 2058 ff.

---

31 OLG Hamburg, Urt. vom 06.02.2002 – 4 U 32/00 –, NJW-RR 2002, 802 = NZM 2002, 388.

2.3.3.6 Mietausfallwagnis

▶ *Vgl. oben Rn. 200, weiterführend § 19 ImmoWertV Rn. 65 ff.; § 8 ImmoWertV Rn. 319*

Mietausfallwagnis *(vacancy & collection loss)* **ist** nach § 29 II. BV **das Risiko „einer Ertragsminderung, die durch uneinbringliche Rückstände von Mieten, Pachten, Vergütungen und Zuschlägen oder durch Leerstehen von Raum, der zur Vermietung bestimmt ist, entsteht"**. Die nach § 19 Abs. 2 Nr. 3 ImmoWertV gegebene Definition weicht hiervon im Wesentlichen darin ab, dass nur ein vorübergehender Leerstand dem Mietausfallwagnis zuzurechnen ist. 216

Das **Mietausfallwagnis ist** nach der Generalklausel des § 19 Abs. 1 ImmoWertV **in der bei „ordnungsgemäßer Bewirtschaftung „marktüblichen" Höhe anzusetzen**. 217

Mit der Beschränkung auf den **vorübergehenden Leerstand** hat der Verordnungsgeber den üblichen fluktuationsbedingten und funktionalen Leerstand ansprechen wollen (vgl. oben Rn. 200), wie er für die Restnutzungsdauer repräsentativ ist. Indessen ist es nicht sachgerecht, einen Leerstand in das Mietausfallwagnis einzubeziehen, der zwar „vorübergehend", aber nicht repräsentativ für die Restnutzungsdauer ist (temporär struktureller Leerstand). 218

Bei **Anwendung des ein- bzw. zweigleisigen Ertragswertverfahrens** nach § 17 Abs. 2 ImmoWertV werden temporäre Abweichungen von den marktüblich erzielbaren Erträgen und mithin auch für die Restnutzungsdauer nicht repräsentative „vorübergehende Leerstände", in einem besonderen Rechenschritt nach § 8 Abs. 3 ImmoWertV berücksichtigt (vgl. oben Rn. 200, 212 f.). 219

Bei **Anwendung des mehrperiodischen Ertragswertverfahrens** nach § 17 Abs. 1 Satz 2 i. V. m. Abs. 3 ImmoWertV gehen temporäre Abweichungen der Bewirtschaftungskosten und mithin auch des Mietausfallwagnisses ebenso wie temporäre Abweichungen der Erträge von den marktüblich erzielbaren Erträgen in den zu kapitalisierenden Reinertrag direkt ein (vgl. oben Rn. 200).

Bei alledem ist auch die **Bonität der Mieter** von ausschlaggebender Bedeutung.

2.3.3.7 Instandhaltungskosten

▶ *Vgl. oben Rn. 202, weiterführend: § 19 ImmoWertV Rn. 105 ff.*

Instandhaltungskosten sind die Kosten, die während der Nutzungsdauer zur Erhaltung des bestimmungsgemäßen Gebrauchs aufgewendet werden müssen, um die durch Abnutzung, Alterung und Witterungseinwirkungen entstehenden baulichen oder sonstigen Mängel ordnungsgemäß zu beseitigen. Sie sind insbesondere von der Wohn- bzw. Nutzfläche und dem Alter der baulichen Anlage abhängig. Darüber hinaus fallen sie in aller Regel bei älteren Gebäuden höher als bei jüngeren Gebäuden aus. In den Instandhaltungskosten sind auch die Kosten von Instandsetzungen enthalten[32]. Nach der gesetzlichen Regelung des § 536 BGB ist nämlich der Vermieter zur **Instandhaltung**, erforderlichenfalls bei vernachlässigter Instandhaltung zur **Instandsetzung** verpflichtet, wobei jedoch regelmäßig die Schönheitsreparaturen auf den Mieter durch eine ausdrückliche Vereinbarung überwälzt werden. Aus einer vernachlässigten Instandhaltungspflicht kann sich dementsprechend eine Schadensersatzpflicht zur Instandsetzung ergeben. 220

Die **Instandhaltungskosten sind** nach der Generalklausel des § 19 Abs. 1 ImmoWertV **in der bei „ordnungsgemäßer Bewirtschaftung" „marktüblichen" Höhe anzusetzen**. 221

In der breiten Wertermittlungspraxis kommen bei **Wohngebäuden** wieder die Instandhaltungssätze der II. BV zur Anwendung (vgl. oben Rn. 202). **In den dort angegebenen Instandhaltungskosten sind die Kosten für Schönheitsreparaturen nicht enthalten.** Trägt der 222

---

32 Bub/Treier, Handbuch der Geschäfts- und Wohnraummiete, II Rn. 88; III A Rn. 1062.

Syst. Darst. Ertragswertverfahren — Mod. Risiko

Vermieter die Schönheitsreparaturen zum 01.01.2008, erhöhen sich die angegebenen Pauschalen um bis zu 9,41 €/m².

Im **gewerblichen Bereich** liegen sie bei 1,0 bis 1,5 % der Herstellungskosten bzw. in Abhängigkeit vom Alter der baulichen Anlage

- 5,00 bis 8,00 €/m² bei Bürogebäuden und
- 3,00 bis 4,00 €/m² bei Selbstbedienungsläden, Lagerflächen usw.

Die **Instandhaltungskosten**, einschließlich Schönheitsreparaturen, **für Garagen** oder ähnliche **Einstellplätze** betragen zum 01.01.2008 bis 75,33 € je Garagen- oder Einstellplatz im Jahr. Die Instandhaltungskosten für Tiefgaragenplätze lagen 2010 im Durchschnitt bei 50 €/m²; bei **Außenstellplätzen** sind 15 €/m² ausreichend.

2.3.3.8 Modernisierungsrisiko

▶ *Vgl. oben Rn. 97, § 19 ImmoWertV Rn. 115; zur Beleihungswertermittlung vgl. oben Rn. 205*

223 Als Bewirtschaftungskosten sind nach der Grundsatzregelung des § 19 Abs. 1 ImmoWertV nur die bei „ordnungsgemäßer Bewirtschaftung" anzusetzenden Bewirtschaftungskosten berücksichtigungsfähig. Dazu gehört die Instandhaltung, jedoch nicht die Modernisierung (vgl. § 19 ImmoWertV Rn. 115). Die Modernisierung fällt auch sonsthin nicht unter den Begriff der „ordnungsgemäßen Bewirtschaftung".

224 In der Gebäudebewirtschaftung sind aber vielfach auch laufende oder periodische Modernisierungen bzw. Teilmodernisierungen üblich, um die wirtschaftliche Nutzbarkeit von baulichen Anlagen zu erhalten. Dies betrifft insbesondere zahlreiche Sonderimmobilien, wie Hotels, Kliniken, Sanatorien, Freizeitimmobilien und andere Betreiberimmobilien, Logistikimmobilien usw. Die im Schrifttum für die Immobilien angegebenen **Gesamtnutzungsdauern bei ordnungsgemäßer Bewirtschaftung auf der Grundlage einer laufenden Instandhaltung, jedoch ohne Modernisierung, sind bei genauerer Betrachtung nur realistisch**, wenn die Immobilie zumindest partiell laufend modernisiert wird (z. B. durch Erneuerung der Nasszellen eines Hotels). Es kommt hinzu, dass die laufende Instandhaltung häufig mit einer Modernisierung verbunden wird. Aus diesem Grunde ist es in der Wertermittlungspraxis üblich, abweichend von den Regelungen der ImmoWertV neben der Instandhaltung auch die Modernisierung als Bewirtschaftungskosten zu berücksichtigen. Diese Position wird als Modernisierungsrisiko bezeichnet. Das jährliche Modernisierungsrisiko ist von den Herstellungskosten der baulichen Anlage abhängig und kann sich bei besonders hohem Standard auf bis zu 3 % der Herstellungskosten belaufen.

225 Eine Modernisierung muss auch berücksichtigt werden, wenn man im Rahmen der **Verkehrswertermittlung eines denkmalgeschützten Objekts** im Hinblick auf die auf Dauer angelegte Erhaltungspflicht von einer unendlichen Restnutzungsdauer des Objekts ausgeht[33]. Das Modernisierungsrisiko ist hier insbesondere von den sich an den Rekonstruktionskosten orientierenden Herstellungskosten der baulichen Anlage abhängig.

2.3.4 Ertragswert der baulichen Anlage (Gebäudeertragswert)

2.3.4.1 Allgemeines

226 Die Ermittlung des Verkehrswerts (Marktwerts) eines bebauten Grundstücks unter Anwendung des Ertragswertverfahrens erfordert nicht zwangsläufig die Ermittlung des Gebäudewerts, denn es geht letztlich um den Gesamtwert der Immobilie.

---

[33] Vgl. Kleiber, Verkehrswertermittlung von Grundstücken, 6. Aufl. 2010 Teil VI Rn. 824 ff.

In der Wertermittlungspraxis sind gleichwohl zahlreiche **Anlässe für die gesonderte Ermittlung des Gebäudewerts** gegeben, z. B. 227

- bei der Bewertung von Erbbaurechten,
- für steuerliche Zwecke (vgl. § 16 ImmoWertV Rn. 88),
- für Bilanzierungszwecke (vgl. unten Rn. 237, § 16 ImmoWertV Rn. 103, § 194 BauGB[34], § 17 ImmoWertV Rn. 39),
- bei Bewertungen nach dem Vermögensrecht sowie
- bei städtebaulichen Maßnahmen[35].

Der **Gebäudewertanteil** lässt sich bei allen zur Anwendung kommenden Ertragswertverfahren ermitteln, indem der Ertragswert um den Bodenwert vermindert wird: 228

$$\text{Gebäudewertanteil} = \text{Ertragswert} - \text{Bodenwert}$$

2.3.4.2 Gebäudeertragswert bei Anwendung des zweigleisigen Ertragswertverfahrens

Das in § 17 Abs. 2 Nr. 1 ImmoWertV geregelte zweigleisige Ertragswertverfahren ist im Unterschied zu den übrigen Varianten des Ertragswertverfahrens darauf ausgerichtet, den Boden- und Gebäudewertanteil eines bebauten Grundstücks getrennt zu ermitteln. Der Anteil des Gebäudewerts am Gesamtwert lässt sich ermitteln, indem der allein auf das Gebäude bezogene Reinertrag kapitalisiert wird. Der nach Maßgabe des § 17 ff. ImmoWertV ermittelte Reinertrag (RE) stellt aus wirtschaftlicher Sicht ein Nutzungsentgelt für das Grundstück in seiner Gesamtheit (Gebäude *und* Boden) dar, auch wenn sich der Mietvertrag z. B. nur auf eine bestimmte Wohn- oder Gewerbefläche des Gebäudes beziehen mag und sich Mieter, Pächter und Eigentümer im Allgemeinen keine Gedanken darüber machen, wie sich der Gesamtertrag auf Boden und Gebäude aufteilt. 229

Um ausgehend von dem für die Nutzung des Gebäudes *und* der dafür erforderlichen Grundstücksfläche marktüblich erzielbaren Jahresreinertrag (RE) zu dem allein auf das Gebäude entfallenden Jahresreinertrag zu kommen, wird der Jahresreinertrag um den Verzinsungsbetrag des Bodenwerts (= $p \times BW$) vermindert. 230

Verzinsungsbetrag des Bodenwerts ist das Produkt aus Bodenwert und Liegenschaftszinssatz, das auch als **Bodenwertverzinsungsbetrag** (vgl. oben Rn. 125) bezeichnet wird: 231

$$\boxed{\text{Bodenwertverzinsungsbetrag} = \text{Bodenwert} \times p/100}$$

wobei
p = Liegenschaftszinssatz

Der Bodenwertverzinsungsbetrag stellt den jährlichen Ertragsausfall für das **im Grund und Boden investierte Kapital** dar, weil das Kapital nicht anderweitig zu banküblichen Zinsen angelegt werden kann. Erst der um den Bodenwertverzinsungsbetrag verminderte Reinertrag ergibt – kapitalisiert über die Restnutzungsdauer – den allein auf Gebäude bezogenen Wertanteil, den Gebäudeertragswert. 232

Während der Bodenwertverzinsungsbetrag sich im Hinblick auf die Unzerstörbarkeit des Grund und Bodens als ewige Rente darstellt, stellt der nach Abzug des Bodenwertverzinsungsbetrags sich ergebende Reinertragsanteil der baulichen Anlagen dagegen eine Zeitrente dar, die nur über die Dauer der voraussichtlichen wirtschaftlichen Restnutzungsdauer des Gebäudes erzielt werden kann. 233

---

[34] Vgl. Kleiber, Verkehrswertermittlung von Grundstücken, 6. Aufl. 2010 § 184 BauGB, Rn. 206 ff.
[35] Vgl. Kleiber, Verkehrswertermittlung von Grundstücken, 6. Aufl. 2010 Teil VII und VIII.

Syst. Darst. Ertragswertverfahren — Gebäudeertragswert

234 Die Aufteilung des Ertragswerts in einen Boden- und Gebäudeanteil ist eine Besonderheit des zweigleisigen Ertragswertverfahrens:

$$EW = \underbrace{(RE - p \times BW) \times V}_{\text{Gebäudewertanteil}} + \underbrace{BW}_{\text{Bodenwertanteil}}$$

wobei
- RE = Reinertrag
- BW = Bodenwert
- V = Barwertfaktor (Vervielfältiger)
- p = Liegenschaftszinssatz
- n = Restnutzungsdauer
- q = Zinsfaktor = 1 + p/100

235 Der **Gebäudeertragswert**

$$\text{Gebäudeertragswert} = (RE - p \times BW) \times V$$

wird dabei als der Barwert aller (allein) aus dem Gebäude fließenden Reinerträge ermittelt. Es handelt sich bei genauerer Betrachtung allerdings nur um den vorläufigen Gebäudeertragswert, denn es müssen subsidiär die *besonderen objektspezifischen Grundstücksmerkmale* i. S. des § 8 Abs. 3 ImmoWertV berücksichtigt werden, wobei allerdings nur die gebäudebezogenen Grundstücksmerkmale dem Gebäudewertanteil zugerechnet werden können.

236 Bodenwert und Wert der baulichen Anlagen ergeben zusammen den (vorläufigen) **Ertragswert des Grundstücks.**

237 An dem zweigleisigen Ertragswertverfahren unter Aufspaltung in einen Boden- und Gebäudewertanteil (durch Verminderung des Reinertrags um den Bodenwertverzinsungsbetrag) ist bemängelt worden, dass es nicht „internationalen Standards" entspräche. Dies ist abwegig, da es **finanzmathematisch mit dem eingleisigen (vereinfachten) Ertragswertverfahren (ohne Aufteilung in einen Boden- und Gebäudewertanteil) identisch** ist und es nicht nur Fachleuten vermittelbar ist (vgl. oben Rn. 39). Auch die getrennte Ermittlung eines Boden- und Gebäudeanteils stellt keine deutsche Besonderheit dar *(estimation distincte)*[36].

238 Das zweigleisige Ertragswertverfahren ist auch unverzichtbar, da es zahlreiche Fallgestaltungen gibt, die eine gesonderte Ermittlung des Gebäudewertanteils bedürfen (vgl. oben Rn. 226). Dies ist nicht nur für steuerliche Zwecke, bei Bodenordnungsmaßnahmen oder bei der Ermittlung des Werts von Erbbaurechten erforderlich, sondern gerade auch in den Fällen, die von den Kritikern angeführt werden. So wird in der Bilanzbewertung der „Grund und Boden" unabhängig von seiner zivilrechtlichen Behandlung, die den Grund und Boden, die baulichen Anlagen und sonstige wesentliche Bestandteile als Einheit betrachtet, als eigenständiger Vermögensgegenstand angesehen (vgl. § 240 HGB). Kein Bestandteil des Grund und Bodens sind in diesem Bereich auch grundstücksgleiche Rechte, unternehmenseigene Bodenbefestigungen, Straßen, Be- und Entwässerungsanlagen sowie Betriebsvorrichtungen[37].

239 Die Anwendung des *zwei*gleisigen Ertragswertverfahrens empfiehlt sich auch in den Fällen, in denen eine gesonderte Ermittlung des Gebäudeertragswerts nicht erforderlich ist. Das Verhältnis des Bodenwertanteils (Bodenwertverzinsungsbetrag) am Gesamtertrag des

---

[36] The Appraisal of Real Estate, Chicago 12. Aufl. S. 493 ff.
[37] Spitz, H., Grundstücks- und Gebäudewerte in der Bilanz- und Steuerpraxis, Herne Berlin 1996 S. 2, 40.

Abzug des Bodenwertverzinsungsbetrags vom Reinertrag des Grundstücks

	1	2	3	4	5	6
Reinertrag	100 000 €	100 000 €	100 000 €	100 000 €	100 000 €	100 000 €
− Bodenwertverzinsungsbetrag	20 000 €	40 000 €	60 000 €	80 000 €	100 000 €	120 000 €
= RE − p × BW	80 000 €	60 000 €	40 000 €	20 000 €	0 €	− 20 000 €

Reduziert sich der Reinertrag des Grundstücks mit dem Abzug des Bodenwertverzinsungsbetrags gegen null, oder ergibt sich sogar ein negativer Reinertrag, so signalisiert dies dem Anwender die angezeigte „Liquidation" der baulichen Anlage (Spalten 5 und 6). In diesem Fall ist der Bodenwert um die Freilegungskosten zu vermindern (§ 16 Abs. 3 ImmoWertV). Bereits ein erheblicher Anteil des Bodenwertverzinsungsbetrags am Reinertrag (Spalten 3 und 4) gibt Anlass, die ausgeübte Nutzung kritisch (z. B. auf Abweichungen vom zulässigen Maß der baulichen Nutzung – § 16 Abs. 4 ImmoWertV – usw.) zu analysieren und gegebenenfalls die Ertragswertermittlung zu modifizieren. Der sonst übliche Anteil des Bodenwertverzinsungsbetrags am Gesamtertrag (Spalten 1 und 2) ist insbesondere von der Art der Grundstücksnutzung und der Lage abhängig. Bei Ein- und Zweifamilienhäusern sowie bei der Lage des Objekts in hochpreisigen Gebieten ist der **Anteil des Bodenwertverzinsungsbetrags am Gesamtertrag** höher als in einer geringerwertigen Lage bei höherem realisierten Maß der baulichen Nutzung.

2.3.4.3 Bodenwertverzinsungsbetrag

▶ *Vgl. oben Rn. 36 ff.; § 17 ImmoWertV Rn. 41*

Das Verhältnis zwischen Bodenwertverzinsungsbetrag und Reinertrag bzw. der um den Bodenwertverzinsungsbetrag verminderte Reinertrag sind wichtige Kenngrößen, die Aufschluss über die **„Ökonomie der Grundstücksnutzung"** geben (vgl. hierzu vorstehende Ausführungen bei Rn. 239 f. und oben Rn. 36 ff.).

Bei der **Ermittlung des Bodenwertverzinsungsbetrags** wird davon ausgegangen, dass

– der Grund und Boden ein unzerstörbares Gut ist, das auf ewig eine Bodenrente abwirft; dementsprechend wird der **Verzinsungsbetrag des Bodenwerts auf ewig kapitalisiert** und ergibt den Bodenertragswert (= Bodenwert);

– der Ermittlung des Bodenwertverzinsungsbetrags der **Liegenschaftszinssatz nach § 14 Abs. 3 ImmoWertV** zugrunde zu legen ist (§ 17 Abs. 2 Nr. 1 ImmoWertV); dieser Zinssatz ist auch für die Kapitalisierung des verbleibenden Reinertragsanteils maßgebend (vgl. § 20 ImmoWertV)[38]. Finanzwirtschaftlich kann dies auch als der Schuldzins angesehen werden, der für das im Grund und Boden gebundene Kapital aufgebracht werden muss. Im Falle der **Beleihungswertermittlung** tritt an die Stelle des Liegenschaftszinssatzes der materiell identisch definierte Kapitalisierungszinssatz nach § 12 Abs. 3 BelWertV;

– nur der Teil des Grundstücks der Ermittlung des Bodenwertverzinsungsbetrags zugrunde zu legen ist, der der Bebauung zuzurechnen ist **(Umgriffsfläche)**; bei sog. übergroßen Grundstücken bleiben mithin selbstständig nutzbare Teilflächen bei der Ermittlung des Bodenwertverzinsungsbetrags außer Betracht (vgl. oben Rn. 125);

– der Bodenwert grundsätzlich mit dem **Wert des erschließungsbeitragsfreien Grund und Bodens** anzusetzen ist, auch wenn das Grundstück am Wertermittlungsstichtag erschließungsbeitragspflichtig ist (vgl. oben Rn. 149) und

---

[38] Die ImmoWertV geht diesbezüglich von einer Ableitung des Liegenschaftszinssatzes als „Mischzinssatz" (Soll- und Habenzins) aus. Bei kurzer Restnutzungsdauer kann eine Unterscheidung nach Soll- und Habenzinssatz sinnvoll sein, da für die im Reinertrag (theoretisch) enthaltene Abschreibung Habenzinsen anfallen.

Syst. Darst. Ertragswertverfahren — Vervielfältiger

- der Bodenwert nach der Grundsatzregelung des § 16 Abs. 1 ImmoWertV grundsätzlich mit dem Bodenwert eines unbebauten Grundstücks ermittelt wird, jedoch bei kurzer Restnutzungsdauer des Gebäudes um die **Freilegungskosten** zu vermindern ist (vgl. oben Rn. 161 sowie § 16 Abs. 3 ImmoWertV).

243 Der **Bodenwertverzinsungsbetrag** lässt sich im Übrigen auch aus der Ertragswertformel (durch Umformung) ableiten:

$$\text{Bodenwertverzinsungsbetrag} = BW \times p = RE - G/V$$

wobei
- BW = Bodenwert
- RE = Reinertrag
- G = Gebäudewert (§§ 22 ff. ImmoWertV)
- V = Vervielfältiger
- p = Liegenschaftszinssatz/100
- n = Restnutzungsdauer
- q = Zinsfaktor = $1 + p/100$

2.3.5 Vervielfältiger (Barwertfaktor)

2.3.5.1 Allgemeines

▶ *Vgl. § 20 ImmoWertV*

244 Zur **Kapitalisierung der Reinerträge** ist bei allen in der ImmoWertV geregelten Varianten des Ertragswertverfahrens gemäß § 20 ImmoWertV der sich aus Anl. 1 zur ImmoWertV ergebende (nachschüssige) Barwertfaktor (Vervielfältiger) in Abhängigkeit von

- dem jeweiligen Liegenschaftszinssatz p (§ 14 Abs. 3 ImmoWertV) und
- der Restnutzungsdauer n (§ 6 Abs. 6 ImmoWertV)

heranzuziehen. Dies entspricht internationalen Standards (*direct capitalization* auf der Grundlage einer *overall capitalization rate*)[39]; auch die getrennte Ermittlung eines Boden- und Gebäudeanteils stellt keine deutsche Besonderheit dar (*estimation distincte*).

245 Der sich **nach dem Liegenschaftszinssatz bemessende Vervielfältiger ist für alle in der ImmoWertV vorgegebenen Varianten des Ertragswertverfahrens maßgebend**:

a) für das *zwei*gleisige Ertragswertverfahren nach § 17 Abs. 2 Nr. 2 ImmoWertV:

$$EW = (RE - p \times BW) \times V + BW$$

b) für das *ein*gleisige Ertragswertverfahren nach § 17 Abs. 2 Nr. 2 ImmoWertV:

$$EW = RE \times V + BW \times q^{-n}$$

c) für das *mehrperiodische* Ertragswertverfahren nach § 17 Abs. 1 Satz 2 i. V. m. Abs. 3 ImmoWertV:

$$EW = \sum_{1}^{b} RE_b \times q^{-b} + RE \times (V_n - V_b) + \text{Bodenwert} \times q^{-n}$$

246 Das *mehrperiodische* Ertragswertverfahren unter Anwendung des Liegenschaftszinssatzes ist mithin kein *Discounted Cashflow* Verfahren, bei dem von prognostizierten Erträgen ausgegangen wird, die dann mit einem vom Liegenschaftszinssatz abweichenden besonderen Zinssatz diskontiert werden.

---

[39] The Appraisal of Real Estate, Chicago 12. Aufl. S. 493 ff.

2.3.5.2 Vervielfältiger nach ImmoWertV, BelWertV und BewG

Der **Vervielfältiger** ist in der Anlage zum Text der ImmoWertV am Anfang dieses Werks abgedruckt. Es handelt sich um einen *nachschüssigen* Barwertfaktor (Vervielfältiger) für jährlich fließende Nutzungsentgelte, der nach den zu § 20 ImmoWertV gegebenen Erläuterungen **nur einschlägig ist, wenn die Erträge monatlich vorschüssig anfallen und die monatlichen Erträge zu einem Jahresreinertrag zusammengefasst werden**. 247

Die in der Anl. zur BelWertV sowie in Anl. 21 zu § 185 Abs. 3 Satz 11, § 193 Abs. 3 Satz 2, § 194 Abs. 3 Satz 3 und § 195 Abs. 2 Satz 2 und Abs. 3 Satz 3 BewG veröffentlichten Vervielfältiger sind mit den Vervielfältigern der ImmoWertV identisch.

2.3.5.3 Abweichende Vervielfältiger

Abweichend vom Wortlaut des § 20 ImmoWertV ist der in der ImmoWertV tabellierte Vervielfältiger nach den zu § 20 ImmoWertV gegebenen Erläuterungen zu modifizieren, wenn die genannten Voraussetzungen nicht erfüllt sind und die Erträge beispielsweise viertel- oder halbjährlich erzielt werden. 248

2.3.6 Liegenschaftszinssatz

2.3.6.1 Verkehrswertermittlung nach ImmoWertV

▶ *Zu den örtlichen von den Gutachterausschüssen für Grundstückswerte abgeleiteten Liegenschaftszinssätzen vgl. § 14 ImmoWertV Rn. 122, 148 ff., § 17 ImmoWertV Rn. 7*

Nach § 20 ImmoWertV bestimmt sich der **Barwertfaktor (Vervielfältiger) nach dem** vom Gutachterausschuss für Grundstückswerte abgeleiteten und veröffentlichten **Liegenschaftszinssatz** *(allover capitalization rate)* i. S. des § 14 Abs. 3 ImmoWertV. Mit dem Liegenschaftszinssatz wird die **Lage auf dem Grundstücksmarkt** (= „allgemeine Wertverhältnisse auf dem Grundstücksmarkt") an zentraler Stelle des Ertragswertverfahrens, nämlich bereits bei der Kapitalisierung der Erträge berücksichtigt. Nach § 14 Abs. 1 ImmoWertV „sollen" die allgemeinen Wertverhältnisse auf dem Grundstücksmarkt mit den von den Gutachterausschüssen für Grundstückswerte abgeleiteten Liegenschaftszinssätzen erfasst werden. Die in den Marktberichten der Gutachterausschüsse veröffentlichten Liegenschaftszinssätze sind deshalb grundsätzlich heranzuziehen. 249

Dieser Liegenschaftszinssatz ist nur insoweit unmittelbar anzuwenden, wie die Grundstücksmerkmale des zu bewertenden Grundstücks mit den durchschnittlichen Grundstücksmerkmalen übereinstimmen, die der Ableitung des Liegenschaftszinssatzes zugrunde lagen. Theoretisch wäre es von daher denkbar, den vorläufigen Ertragswert des zu bewertenden Grundstücks unter stringenter Beachtung des **Grundsatzes der Modellkonformität** (vgl. Vorbem. zur ImmoWertV Rn. 36 ff.) zunächst auf der Grundlage der durchschnittlichen Grundstücksmerkmale des herangezogenen Liegenschaftszinssatzes zu ermitteln und Abweichungen als *besondere objektspezifische Grundstücksmerkmale* i. S. des § 8 Abs. 3 ImmoWertV nachträglich zu berücksichtigen. Anders als bei Anwendung des Sachwertverfahrens, bei dem der vom Gutachterausschuss ermittelte Sachwertfaktor ggf. unter Berücksichtigung besonders ausgewiesener Grundstücksmerkmale direkt angesetzt wird, wird bei Anwendung des Ertragswertverfahrens bereits der vom Gutachterausschuss angegebene Liegenschaftszinssatz im Rahmen einer dem Liegenschaftszinssatz zurechenbaren Bandbreite den lage- und objektspezifischen Merkmalen des zu bewertenden Grundstücks angepasst (vgl. unten Rn. 258).

250 Der **Liegenschaftszinssatz ist des Weiteren einschlägig**

a) bei *Anwendung des zweigleisigen Ertragswertverfahrens* nach § 17 Abs. 2 Nr. 1 Immo-WertV zur Ermittlung des Bodenwertverzinsungsbetrags und

b) bei *Anwendung des mehrperiodischen Ertragswertverfahrens* nach § 17 Abs. 1 Satz 2 i. V. m. Abs. 3 ImmoWertV zur Abzinsung der sich im Betrachtungszeitraum ergebenden Reinerträge (§ 20 ImmoWertV).

251 Bei dem zur Anwendung kommenden **Liegenschaftszinssatz** handelt es sich um einen Zinssatz, der aufgrund der Methodik seiner empirischen Ableitung **allgemein zu erwartende Änderungen der Erträge (Mietwertsteigerungen, aber auch Mietwertminderungen)**, erwartete Veränderungen der allgemeinen Wertverhältnisse auf dem Grundstücksmarkt, erwartete Änderungen in der Entwicklung der Bewirtschaftungskosten sowie der steuerrechtlichen Rahmenbedingungen bereits berücksichtigt.

252 Diese Methode wird auch im angelsächsischen Raum unter der Bezeichnung *all over capitalization method* bzw. *Growth Implicit Model* praktiziert. Die deutsche Wertermittlungslehre entspricht damit durchaus internationalen Verfahren und ist ihnen sogar überlegen, weil der Liegenschaftszinssatz aufgrund der umfassenden Kaufpreissammlung der Gutachterausschüsse von diesen präziser als in anderen Ländern abgeleitet wird.

253 Bei alledem werden **temporäre Abweichungen der Erträge vom marktüblich erzielbaren Reinertrag auch bei Anwendung des ein- und zweigleisigen Ertragswertverfahrens** (Über- und Untervermietungen; *underrented property* und *overrented property*) nach Maßgabe des § 8 Abs. 3 ImmoWertV ergänzend berücksichtigt. Die dabei zur Anwendung kommenden Rechentechniken (Auf- und Abschichtungsverfahren bzw. Vervielfältigerdifferenzenverfahren) sind im Übrigen schon seit jeher in Deutschland praktiziert worden (vgl. im Einzelnen § 8 ImmoWertV Rn. 264, § 17 ImmoWertV Rn. 19 ff.). Diese bekannten **Rechentechniken** sind unter ihrer englischen Bezeichnung (*Top and Bottom Slicing* bzw. *Term and Reversion*) fälschlicherweise als internationale Bewertungsverfahren bzw. als angelsächsische Bewertungsverfahren bezeichnet worden. Tatsächlich handelt es sich aber noch nicht einmal um eigenständige Wertermittlungsverfahren, sondern lediglich um einfache Rechentechniken zur ergänzenden Berücksichtigung temporärer Besonderheiten im Rahmen eines umfassenden Ertragswertverfahrens.

254 Wie vorstehend ausgeführt sind **grundsätzlich die vom örtlichen Gutachterausschuss für Grundstückswerte abgeleiteten Liegenschaftszinssätze** bei allen Varianten des Ertragswertverfahrens heranzuziehen. Die Verwendung von Angaben des Schrifttums ist nur ersatzweise zu empfehlen, wenn dem Sachverständigen eigene Erfahrungssätze oder örtliche Marktdaten nicht zur Verfügung stehen (Abb. 39):

Abb. 39: Weitergehende Empfehlungen für anzuwendende Liegenschaftszinssätze und „Kapitalisierungszinssätze" (Liegenschaftszinssätze) nach Anl. 3 BelWertV:

Grundstücksart	Vorschlag für anzuwendende Liegenschaftszinssätze (Bandbreiten)			
	Liegenschaftszinssatz			
	in ländlichen Gemeinden	in den übrigen Gemeinden	nach BewG**	nach BelWertV
Wohngrundstücke				
Ein- und Zweifamilienhäuser				
Villa	1,0 bis 2,5 %	0,5 bis 2,0 %	-	-
Freistehende Einfamilienhausgrundstücke*	2,5 bis 3,0 %	2,0 bis 2,5 %	-	-
Reihenhäuser und Doppelhaushälften	3,0 bis 3,5 %	2,5 bis 3,0 %	-	-
Zweifamilienhausgrundstücke	3,5 bis 4,0 %	3,0 bis 3,5 %	-	-
Dreifamilienhausgrundstücke	4,0 bis 4,5 %	3,5 bis 4,0 %	-	-
Mehrfamilienhausgrundstücke				
Mietwohngrundstücke	4,5 bis 6,0 %	4,0 bis 5,0 %	5,0 %	5,0 bis 8,0 %
Eigentumswohnungen	4,0 %	3,5 %		
Gemischt genutzte Grundstücke mit einem				
– gewerblichen Anteil der Jahresnettokaltmiete bis zu 50 %	5,0 %	4,5 %	5,5 %	-
– gewerblichen Anteil der Jahresnettokaltmiete über 50 %	5,5 %	5,0 %	6,0 %	-
Gewerbliche Grundstücke				
Büro- und Geschäftshäuser		6,0 bis 7,0 %	6,5 %	6,0 bis 7,5 %
Gewerbeparks		6,0 bis 8,0 %		-
Verbrauchermärkte und Einkaufszentren		6,5 bis 8,5 %		6,5 bis 9,0 %
Selbstbedienungs- und Fachmärkte		6,5 bis 7,5 %		6,5 bis 8,5 %
Warenhäuser		6,5 bis 7,5 %		6,5 bis 8,0 %
Hotels und Gaststätten		6,0 bis 8,5 %		6,5 bis 8,5 %
≥ 4 Sterne		6,0 bis 7,5 %		-
≤ 4 Sterne		6,5 bis 8,0 %		-
Budgethotels		7,0 bis 8,5 %		-
Sport- und Freizeitanlagen (Tennishallen, Multiplexkinos)		7,5 bis 9,5 %		6,5 bis 9,0 %
Campingplätze		5,5 bis 7,5 %		-
Sozialimmobilien (z. B. Kliniken und Altenpflegeheime, Reha-Einrichtungen)		6,5 bis 8,5 %		6,5 bis 8,5 %
Parkhäuser, Sammelgaragen		6,0 bis 9,0 %		6,5 bis 9,0 %
Tankstellen		7,0 bis 8,5 %		6,5 bis 8,5 %
Landwirtschaftlich genutzte Objekte		6,5 bis 8,5 %		6,5 bis 8,5 %
Logistikimmobilien		6,5 bis 8,5 %		-
Lagerhallen (Speditionsbetriebe)		6,0 bis 8,0 %		6,5 bis 9,0 %
Industrieobjekte (Fabrikhallen)		6,5 bis 8,5 %		-
Fabriken und ähnliche spezielle Produktionsstätten		7,5 bis 9,0 %		7,0 bis 9,0 %
Öffentliche Gebäude				
mit Drittverwendungsmöglichkeit		5,0 bis 7,0 %	-	-
ohne Drittverwendungsmöglichkeit		6,0 bis 8,0 %	-	-

* Bei Anmietung von Einfamilienhäusern liegen die Liegenschaftszinssätze darüber (+ 30 % bei freistehenden Einfamilienhäusern: + 20 % bei Reihenhäusern).

** Erbschaftsteuerliche Bewertung (§ 188 Abs. 2 BewG): Vorrang haben Liegenschaftszinssätze der Gutachterausschüsse; ersatzweise Liegenschaftszinssätze nach § 188 Abs. 2 BewG.

Die **Liegenschaftszinssätze sind** insbesondere **von der Grundstücksart abhängig**. Geht man von dem typischen Renditeobjekt, nämlich dem Mehrfamilienhaus mit einem typischen Liegenschaftszinssatz von 5 % aus, so ergibt sich allgemein folgendes typische Zinsgefüge:

– Der Liegenschaftszinssatz ist umso höher, je größer der gewerbliche Anteil ist und je mehr man in den industriell-produzierenden Bereich kommt.

– Der Liegenschaftszinssatz ist umso geringer, je „feiner" und „aufwendiger" die Wohnnutzung ist.

257 Eine **Übersicht über typische Liegenschaftszinssätze** ergibt sich aus Abb. 40.

Abb. 40: Typische Liegenschaftszinssätze

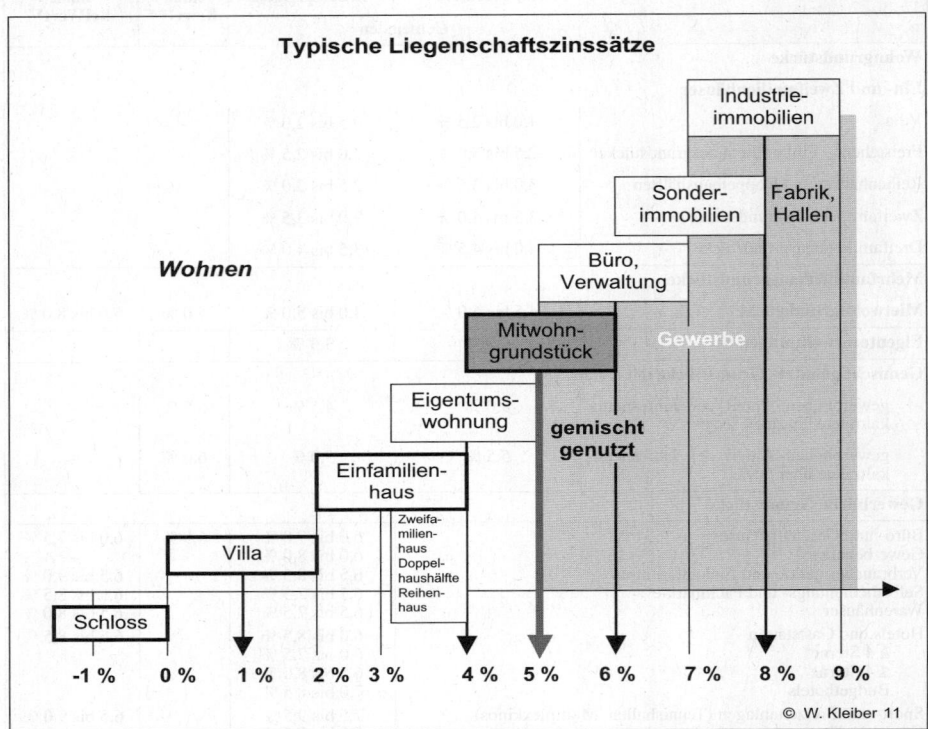

258 Die **von den Gutachterausschüssen für Grundstückswerte** in ihren Grundstücksmarktberichten **veröffentlichten Liegenschaftszinssätze** beziehen sich auf die durchschnittlichen Merkmale der Grundstücke, aus denen sie abgeleitet worden sind, d. h. auf die Grundstücksmerkmale eines fiktiven Normgrundstücks (Liegenschaftszinssatzgrundstücks). Um die veröffentlichten Liegenschaftszinssätze sachgerecht anwenden zu können, ist es daher erforderlich, die Ableitungsmethode, den Bezugsstichtag und vor allem die durchschnittlichen Grundstücksmerkmale nach Maßgabe der Ausführungen zu § 14 Abs. 3 ImmoWertV bei der Veröffentlichung darzulegen (vgl. § 14 ImmoWertV Rn. 139 ff., 178 ff., 224 ff.). Die Angaben sind bei Heranziehung des Liegenschaftszinssatzes in das Gutachten im erforderlichen Umfang zu übernehmen, weil sich nur dadurch der Aussagewert des herangezogenen Liegenschaftszinssatzes erschließt.

259 Bei Anwendung des veröffentlichten Liegenschaftszinssatzes müssen Abweichungen der Grundstücksmerkmale des zu bewertenden Grundstücks von den Grundstücksmerkmalen des (fiktiven) Liegenschaftszinssatzgrundstücks durch Zu- und Abschläge angemessen berücksichtigt werden (vgl. oben Rn. 249). Generell sind die von den Gutachterausschüssen für Grundstückswerte für bestimmte normierte „Liegenschaftszinssatzgrundstücke" veröffentlichten Liegenschaftszinssätze jedoch nur im Hinblick auf davon abweichende Grundstücksmerkmale des zu bewertenden Grundstücks zu modifizieren, die den Grundstückswert auf Dauer beeinflussen. **Temporär abweichende Grundstücksmerkmale** sind dagegen nach Maßgabe des § 8 Abs. 3 ImmoWertV ergänzend zu berücksichtigen (vgl. Abb. 41):

Abb. 41: Zu- und Abschläge bei der Festsetzung des Liegenschaftszinssatzes

Abschlag vom Liegenschaftszinssatz −0,5 % bis −1,0 %	Zuschlag zum Liegenschaftszinssatz +0,5 % bis 1,0 %
LAGEBEZOGENE KRITERIEN (sofern nicht sonst wie berücksichtigt)	
Lagekriterien	
− gute bis sehr gute Lage (hoher Bodenwert) − geringes bis besonders geringes wirtschaftliches Risiko des Objekts − Orts- bis Zentrumsnähe − städtisches Gebiet − große Nachfrage − wachsende Bevölkerung − zunehmendes Wirtschaftswachstum	− schlechte bis sehr schlechte Lage (niedriger Bodenwert) − erhöhtes bis besonders hohes wirtschaftliches Risiko des Objekts − Randlage bis Umlandlage − ländliches Gebiet − geringe Nachfrage − abnehmende Bevölkerung − abnehmendes Wirtschaftswachstum
Wohnnutzung (Häuser und Eigentumswohnungen):	
Haus/Grundstück sehr groß Haus sehr aufwendig ausgestattet Eigennutzung steht eindeutig im Vordergrund je weniger Wohneinheiten im Haus	Modernisierungsbedarf besteht Haus sehr individuell Kapitalanlage steht eindeutig im Vordergrund je mehr Wohneinheiten im Haus
Eigentumswohnungen	
− besonders kleine Wohnungen (WF ≤ 40 m²)	− besonders große Wohnungen (WF ≥ 100 m²)
Gemischt genutzte Grundstücke:	
− geringer bis sehr geringer gewerblicher Anteil − je besser die Drittverwendungsfähigkeit − je größer der Anteil der Wohnnutzung	− hoher bis sehr hoher gewerblicher Anteil − je geringer die Drittverwendungsfähigkeit − je kleiner der Anteil der Wohnnutzung
Gewerbe- und Industriegrundstücke:	
− je wahrscheinlicher eine Eigennutzung ist − je funktionaler die Baulichkeiten sind − je kleiner die Immobilie ist	− je wahrscheinlicher die Kapitalanlage ist − je individueller die Baulichkeiten sind − je größer die Immobilie ist
OBJEKTBEZOGENE KRITERIEN (sofern nicht sonst wie berücksichtigt)	
Wohn- und Nutzfläche	
− besonders klein	− besonders groß
Restnutzungsdauer	
− besonders kurz	− besonders lang
Nettokaltmiete	
− besonders niedrig − überdurchschnittlicher Mieterwechsel − regelmäßige Mietzahlungen − unterdurchschnittliche Instandhaltungskosten − gute Vermietbarkeit	− besonders hoch − unterdurchschnittlicher Mieterwechsel − unregelmäßige Mietzahlungen − überdurchschnittliche Instandhaltungskosten − schlechte Vermietbarkeit
MIETERBEZOGENE KRITERIEN (sofern nicht mit Mietausfallwagnis oder sonst wie berücksichtigt)	
− bei besonders geringem Leerstandsrisiko − solvente Mieter − bei gesicherten Einnahmen	− bei erhöhtem Leerstand − Risikomieter − bei nicht gesicherten Einnahmen
In der Regel handelt es sich hierbei um temporäre Besonderheiten, denen dann nach Maßgabe des § 8 Abs. 3 ImmoWertV Rechnung zu tragen ist.	

Syst. Darst. Ertragswertverfahren — Liegenschaftszinssatz

Doppelberücksichtigungen sind unbedingt zu vermeiden, d. h., Grundstücksmerkmale, die mit dem Liegenschaftszinssatz berücksichtigt worden sind, dürfen nicht noch ergänzend berücksichtigt werden.

2.3.6.2 Beleihungswertermittlung

▶ *Vgl. Schröder in Kleiber, Verkehrswertermittlung von Grundstücken, 6. Aufl. 2010 Teil X*

260 Im Rahmen der Beleihungswertermittlung ist als Liegenschaftszinssatz der Kapitalisierungszinssatz maßgebend, der nach den Vorgaben der BelWertV weitgehend den in der Verkehrswertermittlung üblichen Liegenschaftszinssätzen entspricht. Die **Definition des Kapitalisierungszinssatzes der BelWertV entspricht der Definition des Liegenschaftszinssatzes**. Darüber hinaus entsprechen die in Anl. 3 zu § 12 Abs. 4 BelWertV angegebenen Regelbandbreiten auch den üblicherweise in der Verkehrswertermittlung zur Anwendung kommenden Liegenschaftszinssätzen. Damit wird dem Vorsichtsprinzip der Beleihungswertermittlung nur unzureichend Rechnung getragen. Um dem konkreten Eizelfall sachgerecht Rechnung zu tragen, empfiehlt es sich auch in der Beleihungswertermittlung, direkt von den vom Gutachterausschuss für Grundstückswerte ermittelten Liegenschaftszinssätzen auszugehen und sie mit einem dem Objekt angemessenen Risikozuschlag zu versehen.

261 Bei **wohnwirtschaftlicher Nutzung** dürfen nach § 12 Abs. 4 BelWertV Kapitalisierungszinssätze nicht unter 5 %, bei gewerblicher Nutzung nicht unter 6 % in Ansatz gebracht werden (Mindestsätze). Die in Anl. 3 zur BelWertV genannten Bandbreiten für einzelne Nutzungsarten sind zugrunde zu legen. Die untere Grenze der jeweiligen Bandbreite darf bei gewerblich genutzten Objekten um höchstens 0,5 % unterschritten werden, wenn es sich um erstklassige Immobilien handelt. Dies ist dann der Fall, wenn mindestens folgende Kriterien erfüllt sind:

1. eine sehr gute Lage im Verdichtungsraum,
2. ein entsprechend der jeweiligen Objektart bevorzugter Standort,
3. eine gute Infrastruktur,
4. eine gute Konzeption,
5. eine hochwertige Ausstattung,
6. eine hochwertige Bauweise,
7. eine besonders hohe Marktgängigkeit,
8. die Beschränkung auf die Nutzungsarten Handel, Büro und Geschäfte,
9. ein sehr guter Objektzustand und
10. die gegebene Möglichkeit anderweitiger Nutzungen.

2.3.6.3 Steuerliche Bewertung

262 Im Rahmen der **erbschaftsteuerlichen Bewertung** sind nach § 188 BewG die von den Gutachterausschüssen i. S. der §§ 192 ff. BauGB ermittelten örtlichen Liegenschaftszinssätze heranzuziehen. Soweit von den Gutachterausschüssen keine geeigneten Liegenschaftszinssätze zur Verfügung stehen, gelten die folgenden Zinssätze:

1. 5 Prozent für Mietwohngrundstücke,
2. 5,5 Prozent für gemischt genutzte Grundstücke mit einem gewerblichen Anteil von bis zu 50 Prozent, berechnet nach der Wohn- und Nutzfläche,
3. 6 Prozent für gemischt genutzte Grundstücke mit einem gewerblichen Anteil von mehr als 50 Prozent, berechnet nach der Wohn- und Nutzfläche, und
4. 6,5 Prozent für Geschäftsgrundstücke.

2.3.7 Gesamt- und Restnutzungsdauer

2.3.7.1 ImmoWertV

▶ *Näheres vgl. § 6 ImmoWertV Rn. 370 ff.; 381; § 14 ImmoWertV Rn. 178*

Im Rahmen der Ertragswertermittlung kann die Gesamtnutzungsdauer der baulichen Anlage außer Betracht bleiben, denn zur Kapitalisierung des Reinertrags muss lediglich die Restnutzungsdauer *(remaining economic life)* abgeschätzt werden. Diese bestimmt sich nach der Grundsatzregelung des ersten Halbsatzes des § 6 Abs. 6 ImmoWertV nach der **prognostizierten Anzahl der Jahre, in denen die baulichen Anlagen bei** *„ordnungsgemäßer Bewirtschaftung"* **voraussichtlich noch wirtschaftlich genutzt werden können.**   263

In der Praxis bedient man sich zur Abschätzung der Restnutzungsdauer einer **Hilfsmethode**, indem man die **Restnutzungsdauer aus der Differenz zwischen der üblichen Gesamtnutzungsdauer (GND)**[40] **und dem Alter der baulichen Anlage** ableitet: 264

> Restnutzungsdauer (RND) = Übliche Gesamtnutzungsdauer (GND) – Alter

Die **übliche Gesamtnutzungsdauer** *(economic life)* ist von der Gebäudeart abhängig. Anhaltspunkte für die übliche wirtschaftliche Gesamtnutzungsdauer von Gebäuden enthält Anl. 3 zu den SachwertR, die bei § 6 ImmoWertV unter Rn. 381 zusammen mit den in der Anl. 2 zur BelWertV genannten Erfahrungssätzen abgedruckt ist. Soweit davon ausgegangen werden kann, dass der Gutachterausschuss für Grundstückswerte die Restnutzungsdauer der zur Ableitung des einschlägigen Liegenschaftszinssatzes i. S. des § 14 Abs. 3 ImmoWertV herangezogenen Grundstücke auf der Grundlage der üblichen Gesamtnutzungsdauer nach Anl. 3 der SachwertR nach vorstehender Formel angesetzt hat, muss nach dem Grundsatz der Modellkonformität auch die **Restnutzungsdauer der zu bewertende Liegenschaft modellkonform auf der Grundlage der Anl. 3 der SachwertR** angesetzt werden.   265

a)   Verlängerung der Restnutzungsdauer

▶ *Vgl. § 6 ImmoWertV Rn. 405 ff.*

Ist die bauliche Anlage in der Vergangenheit modernisiert worden, ist nach dem zweiten Halbsatz des § 6 ImmoWertV von einer entsprechend verlängerten Restnutzungsdauer auszugehen. In diesem Fall kann es sinnvoll sein, das **fiktive Baujahr nach Maßgabe des sog. Verjüngungsprinzips auf der Grundlage der „bei ordnungsgemäßer Bewirtschaftung üblichen wirtschaftlichen Nutzungsdauer"** (§ 23 Satz 3 ImmoWertV) zu ermitteln: 266

> Fiktives Alter = Übliche Gesamtnutzungsdauer (GND) – Restnutzungsdauer (RND)

Das fiktive Alter bzw. das **fiktive Baujahr** ist im Rahmen des Ertragswertverfahrens von Interesse, da sowohl die **marktüblich erzielbaren Erträge** als auch die Bewirtschaftungskosten (Instandhaltungskosten) vom Alter der baulichen Anlage abhängig sind.   267

b)   Verkürzung der Restnutzungsdauer

Weist die bauliche Anlage **Baumängel oder Bauschäden auf, insbesondere aufgrund einer** unterlassenen Instandhaltung (Instandhaltungsrückstau), kann sich die Restnutzungsdauer verkürzt haben. Ob tatsächlich eine Verkürzung der Restnutzungsdauer damit einhergeht, muss zuvor allerdings geprüft werden. Werden die Reinerträge über die entsprechend verkürzte Restnutzungsdauer kapitalisiert bzw. abgezinst, so ist diesen besonderen objektspezifischen Besonderheiten damit Rechnung getragen. Dabei müssen allerdings auch entsprechend verminderte Reinerträge in einer dem Instandhaltungsrückstau angemessenen (marktüblichen Weise) angesetzt werden; des Weiteren ist zu prüfen, ob auch der Liegenschaftszinssatz zu   268

---

[40] In der BelWertV als „Nutzungsdauer" bezeichnet.

modifizieren ist, wobei Doppelberücksichtigungen vermieden werden müssen. Dies gestaltet sich oftmals schwierig und daher wird auch bei unterlassener Instandhaltung der Ertragswert auf der Grundlage eines (fiktiv) instand gehaltenen Gebäudes ermittelt und der Instandhaltungsrückstau nach Maßgabe des § 8 Abs. 3 ImmoWertV wertmindernd berücksichtigt.

269 Bei **unbehebbaren Baumängeln und Bauschäden** muss indessen von einer verkürzten Restnutzungsdauer ausgegangen werden. Das Gleiche gilt, wenn die Instandsetzung bei wirtschaftlicher Betrachtungsweise nicht angezeigt ist und eine Verkürzung der Restnutzungsdauer hinzunehmen ist.

Im Übrigen können auch andere Gegebenheiten, wie z. B. eine **„wegbrechende" Nachfrage**, zu einer Verkürzung der Restnutzungsdauer führen (vgl. § 6 ImmoWertV Rn. 401).

2.3.7.2 BelWertV

270 Nach § 12 Abs. 2 BelWertV ist bei der Bemessung der Restnutzungsdauer auf den Zeitraum abzustellen, in dem die bauliche Anlage bei ordnungsgemäßer Unterhaltung und Bewirtschaftung noch wirtschaftlich betrieben werden kann. Die wirtschaftliche Restnutzungsdauer ist unter Berücksichtigung der sich in zunehmend kürzer werdenden zeitlichen Abständen wandelnden Nutzeranforderungen objektspezifisch anhand der Fragestellung, wie lange die Vermietbarkeit des Beleihungsobjekts zu den angenommenen Erträgen gesichert erscheint, einzuschätzen. Die in Anl. 2 zur BelWertV genannten und in den Erläuterungen zu § 6 ImmoWertV unter Rn. 381 aufgeführten Erfahrungssätze für die Nutzungsdauer baulicher Anlagen sind zu berücksichtigen.

2.3.7.3 Steuerliche Bewertung

271 Die Restnutzungsdauer bestimmt sich nach § 185 Abs. 3 Satz 3 BewG „grundsätzlich aus dem Unterschiedsbetrag zwischen der wirtschaftlichen Gesamtnutzungsdauer, die sich aus Anlage 22 zum BewG (abgedruckt in den Erläuterungen zu § 6 ImmoWertV unter Rn. 381) ergibt, und dem Alter des Gebäudes am Bewertungsstichtag. Sind nach Bezugsfertigkeit des Gebäudes Veränderungen eingetreten, die die wirtschaftliche Gesamtnutzungsdauer des Gebäudes verlängert oder verkürzt haben, ist von einer der Verlängerung oder Verkürzung entsprechenden Restnutzungsdauer auszugehen. Die Restnutzungsdauer eines noch nutzbaren Gebäudes beträgt regelmäßig mindestens 30 Prozent der wirtschaftlichen Gesamtnutzungsdauer.

2.3.8 Betrachtungszeitraum und Restwert nach § 17 Abs. 3 ImmoWertV

2.3.8.1 Allgemeines

▶ *Vgl. § 17 ImmoWertV Rn. 61*

272 Bei Anwendung des mehrperiodischen Ertragswertverfahrens setzt sich der (vorläufige) Ertragswert aus dem Teilwert des Betrachtungszeitraums und dem Restwert zusammen.

$$EW = \underbrace{\sum_{1}^{b} RE_b \times q^{-b}}_{\text{Teilwert des Betrachtungszeitraums}} + \underbrace{RE \times (V_n - V_b) + Bodenwert \times q^{-n}}_{\text{Restwert}}$$

wobei
RE_b = Reinerträge des Betrachtungszeitraums
RE = Marktüblich am Wertermittlungsstichtag erzielbarer Reinertrag
b = Betrachtungszeitraum (z. B. 10 Jahre)
n = Restnutzungsdauer am Wertermittlungsstichtag

Ertragswert/Verkehrswert **Syst. Darst. Ertragswertverfahren**

V_n = Vervielfältiger für Restnutzungsdauer n
V_b = Vervielfältiger für Betrachtungszeitraum b (z. B. 10 Jahre)
q = Zinsfaktor = 1 + p/100
p = Liegenschaftszinssatz

2.3.8.2 Betrachtungszeitraum

▶ *Vgl. § 17 ImmoWertV Rn 56, 60*

Betrachtungszeitraum i. S. des § 17 Abs. 3 ImmoWertV ist der **Zeitraum, über den jährliche Reinerträge jeweils partiell mithilfe des Liegenschaftszinssatzes abgezinst und aufsummiert werden**. Entgegen dem Wortlaut des § 17 Abs. 1 Satz 2 ImmoWertV ist es nicht erforderlich, dass es sich dabei um alternierende Erträge handeln muss. 273

Der Betrachtungszeitraum bemisst sich zweckmäßigerweise mindestens nach der **Zeitspanne, in der periodisch vom marktüblich erzielbaren Reinertrag abweichende Reinerträge** erzielt werden; ansonsten kann er frei gewählt werden. Bei entsprechender Bemessung des Betrachtungszeitraums kann davon ausgegangen werden, dass der Reinertrag im Anschluss auf den marktüblich erzielbaren Reinertrag zurückfällt. Dabei ist von dem am Wertermittlungsstichtag marktüblich erzielbaren Reinertrag auszugehen, der dann wiederum mit dem Liegenschaftszinssatz über die verbleibende Restnutzungsdauer kapitalisiert und auf den Wertermittlungsstichtag abgezinst wird. Dadurch werden – wie bei Anwendung des Ertragswertverfahrens nach § 17 Abs. 2 ImmoWertV – die vom Grundstücksmarkt allgemein erwarteten Änderungen der allgemeinen Wertverhältnisse implizit berücksichtigt. 274

2.3.8.3 Restwert des Grundstücks

▶ *Vgl. unten Rn. 358 und 428 sowie § 17 ImmoWertV Rn. 56, 6*

Der **Restwert** kann **nach den allgemeinen Grundsätzen des in § 17 Abs. 2 ImmoWertV geregelten Ertragswertverfahrens** ermittelt werden. Er setzt sich zusammen aus 275

– den kapitalisierten Reinerträgen der Restperiode, die auf den Wertermittlungsstichtag zu diskontieren sind, zuzüglich
– dem auf den Wertermittlungsstichtag abgezinsten Bodenwert.

2.3.9 Vorläufiger Ertragswert

▶ *Vgl. oben Rn. 103*

Der sich **nach den §§ 17 bis 20 ImmoWertV ergebende Ertragswert stellt im Regelfall lediglich den vorläufigen Ertragswert dar**, denn die Vorschriften gewährleisten nicht, dass alle den Marktwert beeinflussenden Grundstücksmerkmale berücksichtigt werden. § 8 Abs. 2 und 3 ImmoWertV schreibt deshalb ergänzend die Berücksichtigung 276

a) der allgemeinen Wertverhältnisse auf dem Grundstücksmarkt (Marktanpassung) und
b) der besonderen objektspezifischen Grundstücksmerkmale des zu bewertenden Grundstücks

vor.

Während die „allgemeinen Wertverhältnisse auf dem Grundstücksmarkt" (Lage auf dem Grundstücksmarkt) bei Anwendung des Ertragswertverfahrens in aller Regel vollständig insbesondere mit marktkonform angesetzten Ertragsverhältnissen und der Anwendung marktkonformer Liegenschaftszinssätze berücksichtigt werden können, sind die im konkreten Einzelfall zu berücksichtigenden „besonderen objektspezifischen Grundstücksmerkmale", wie z. B. Baumängel und Bauschäden, Rechte und Belastungen am Grundstück, ein überdurchschnittlicher Erhaltungszustand (Anomalien), ergänzend zu berücksichtigen. § 8 Abs. 2 und 3 ImmoWertV stellt von daher eine Auffangvorschrift dar, nach der ergänzend zu den 277

Syst. Darst. Ertragswertverfahren **Verkehrswert**

§§ 17 bis 20 ImmoWertV die besonderen objektspezifischen Grundstücksmerkmale zu berücksichtigen sind. Mit dem in § 8 Abs. 2 ImmoWertV gegebenen Hinweis, dass die besonderen objektspezifischen Grundstücksmerkmale „in" dem jeweils zur Anwendung kommenden Wertermittlungsverfahren zu berücksichtigen sind, wird vom Verordnungsgeber zudem klargestellt, dass sich der **Ertragswert** (wie im Übrigen auch der Sach- und Vergleichswert) **unter Einbeziehung aller objektspezifischen Grundstücksmerkmale definiert.**

2.4 Ertragswert und Verkehrswert

2.4.1 Subsidiäre Berücksichtigung besonderer objektspezifischer Grundstücksmerkmale

▶ *Vgl. oben Rn. 103 sowie § 8 ImmoWertV Rn. 178 ff.*

278 Nach den vorstehenden Ausführungen kann in aller Regel erwartet werden, dass mit dem nach Maßgabe der §§ 17 bis 20 ImmoWertV abgeleiteten Ertragswert die allgemeinen Wertverhältnisse auf dem Grundstücksmarkt (Marktanpassung), jedoch noch nicht die besonderen objektspezifischen Grundstücksmerkmale (Anomalien), vollständig erfasst werden. In diesem Fall ist der Ertragswert aus dem nach den §§ 17 bis 20 ImmoWertV ermittelten „vorläufigen Ertragswert" abzuleiten (Abb. 42).

Abb. 42: Vorläufiger Ertragswert und Ertragswert

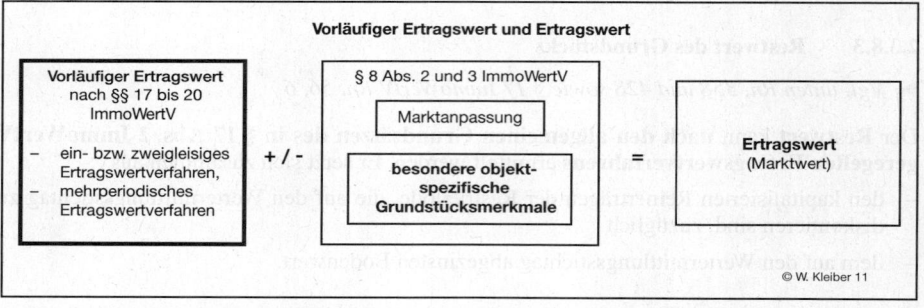

279 Als „**besondere objektspezifische Grundstücksmerkmale**" führt § 8 Abs. 3 ImmoWertV beispielhaft und ohne Anspruch auf Vollständigkeit auf:

a) eine wirtschaftliche Überalterung,

b) ein überdurchschnittlicher Erhaltungszustand,

c) Baumängel oder Bauschäden (Instandhaltungsrückstau) und

d) von den marktüblich erzielbaren Erträgen erheblich abweichende Erträge.

Die beispielhaft genannten Grundstücksmerkmale (a bis d) können bei Anwendung des Ertragswertverfahrens bereits „im Verfahren selbst" berücksichtigt werden, indem z. B. die Ertragsverhältnisse, die Restnutzungsdauer, der Liegenschaftszinssatz und der Bodenwert (vgl. oben Rn. 139) diesen Besonderheiten entsprechend angepasst werden. Dies ist theoretisch auch bei sonstigen in § 8 Abs. 3 ImmoWertV nicht genannten objektspezifischen Grundstücksmerkmalen, wie z. B. Rechten und Belastungen am Grundstück, möglich, jedoch nicht immer praxisgerecht. Insbesondere Grundstücksmerkmale von temporärer Bedeutung (vorübergehender Leerstand und sonstige Beeinträchtigungen und dgl.) sind zweckmäßigerweise eigenständig zu berücksichtigen. Bei Anwendung des Ertragswertverfahrens ist deshalb abschließend zu prüfen, welche besonderen objektspezifischen Grundstücksmerkmale subsidiär zu berücksichtigen sind.

In der Gesamtschau setzt sich der **Ertragswert zusammen aus dem vorläufigen Ertragswert und den Zu- und Abschlägen für besondere objektspezifische Grundstücksmerkmale**: **280**

a) bei Anwendung des *zwei*gleisigen Ertragswertverfahrens

$$EW = \underbrace{(RE - p \times BW) \times V + BW}_{\text{Vorläufiger Ertragswert}} +/- \text{Zu- und Abschläge}$$

wobei
EW = Ertragswert
BW = Bodenwert
p = Liegenschaftszinssatz

b) bei Anwendung des *ein*gleisigen Ertragswertverfahrens

$$EW = RE \times V + BW \times q^{-n} +/- \text{Zu- und Abschläge}$$

c) bei Anwendung des *mehrperiodischen* Ertragswertverfahrens

$$EW = \sum_{1}^{b} RE_b \times q^{-b} + RE \times (V_n - V_b) + \text{Bodenwert} \times q^{-n} +/- \text{Zu- und Abschläge}$$

Als besondere objektspezifische Grundstücksmerkmale führt § 8 Abs. 3 ImmoWertV u. a. **281** **„erheblich von den marktüblich erzielbaren Erträgen abweichende Erträge"** auf, die insbesondere aus wohnungs-, miet- oder vertragsrechtlichen Bindungen, aber auch aus einem vorübergehenden Leerstand resultieren können. Diese sind bei Anwendung des *ein oder zweigleisigen* Ertragswertverfahrens nach § 17 Abs. 2 ImmoWertV stets zu berücksichtigen, denn nach § 17 Abs. 1 Satz 1 ImmoWertV wird der Ertragswert auf der Grundlage marktüblich erzielbarer Erträge ermittelt. Bei Anwendung des *mehrperiodischen* Ertragswertverfahrens werden dagegen entsprechende Abweichungen direkt mit dem angesetzten Reinertrag berücksichtigt und es bedarf insoweit keiner subsidiären Berücksichtigung nach § 8 Abs. 3 ImmoWertV. Ansonsten muss auch bei Anwendung des mehrperiodischen Ertragswertverfahrens geprüft werden, ob es einer subsidiären Berücksichtigung besonderer objektspezifischer Grundstücksmerkmale, wie z. B. eines Instandhaltungsrückstaus (Baumängel und Bauschäden), bedarf.

Zur Berücksichtigung der „besonderen objektspezifischen Grundstücksmerkmale" i. S. des § 8 Abs. 3 ImmoWertV wird auf die Erläuterungen bei § 8 ImmoWertV verwiesen.

2.4.2 Verkehrswert (Marktwert)

Der Ertragswert unter Berücksichtigung der Lage auf dem Grundstücksmarkt und unter subsidiärer Berücksichtigung **der besonderen objektspezifischen Grundstücksmerkmale ist** **282** **zugleich der Verkehrswert (Marktwert)**, soweit sich nicht unter Würdigung der Ergebnisse anderer zur Anwendung gekommener Wertermittlungsverfahren nach § 8 Abs. 1 Satz 3 ImmoWertV etwas anderes ergibt.

Im Übrigen verbleibt es bei **Auf- oder Abrundungen**[41], nämlich bei einer Höhe des Verkehrswerts von

	bis	10 000 €	auf	volle Hunderter
10 000 €	bis	500 000 €	auf	volle Tausender
500 000 €	bis	1 000 000 €	auf	volle Zehntausender
	über	1 000 000 €	auf	volle Hunderttausender

---

41 Vgl. Kleiber, Verkehrswertermittlung von Grundstücken, 6. Aufl. 2010 § 194 BauGB Rn. 141.

Syst. Darst. Ertragswertverfahren — Beispiel

2.5 Beispiel zum Ertragswertverfahren

▶ *Weitere Beispiele vgl. Kleiber, Verkehrswertermittlung von Grundstücken, 6. Aufl. 2010 Teil VI bei Rn. 26 ff.*

283 **a) Sachverhalt:**

Fiktives Baujahr:	1968
Gesamtnutzungsdauer:	80 Jahre
Restnutzungsdauer:	40 Jahre
Liegenschaftszinssatz:	4,75 %
Vervielfältiger:	17,763

b) Ertragswertermittlung nach § 17 Abs. 2 Nr. 1 ImmoWertV

Ohne Berücksichtigung temporärer Besonderheiten ergibt sich als vorläufiger Ertragswert:

Jahresnettokaltmiete		
Wohnen	rd.	1 183 839 €
Stellplätze	rd.	1 440 €
zusammen	rd.	1 185 279 €
./. Bewirtschaftungskosten		
Wohnen	rd.	− 273 982 €
Stellplätze (20 %)	rd.	− 288 €
Zusammen	rd.	− 274 270 €
Reinertrag	rd.	911 009 €
./. Bodenwertverzinsungsbetrag: 4,75 % von 12 559 820 €		− 596 591 €
Gebäudeertragsanteil	rd.	314 418 €
Vervielfältiger bei 4,75 % Liegenschaftszins und einer Restnutzungsdauer von 40 Jahren = 17,763		
Gebäudeertragswert	rd.	5 585 007 €
+ Bodenwert		+ 12 559 820 €
Vorläufiger Ertragswert gerundet	**rd.**	**18 144 827 €**

c) Berücksichtigung der temporären mietrechtlichen Situation nach § 8 Abs. 3 ImmoWertV

Die derzeit vertraglichen Mieten weichen von dem marktüblich erzielbaren Ertrag ab. Der Barwert der unter Berücksichtigung der Kappungsgrenzen in einem Anpassungszeitraum von bis zu sechs Jahren abschmelzbaren Mindererträge wird im Wege der Auf- bzw. Abschichtungsmethode („Top and Bottom Slicing") ermittelt. Da die letzte Mietanpassung nach § 558 BGB bei den bestehenden Mietverhältnissen zuletzt am ... (und mithin vor drei Jahren) vorgenommen wurde, wird bei der Ermittlung des Barwerts der temporären Mindererträge die derzeit entrichtete Miete um bis zu 20 % (jedoch nur bis zur ortsüblichen Vergleichsmiete) „aufgestockt".

In der Summe ergeben sich aufgrund der Vertragssituation temporäre Mietausfälle, die aufgrund der gesetzlichen Kappungsgrenzen in Einzelfällen erst über einen Zeitraum von bis zu sechs Jahren abgebaut werden können. Diese wurden ermittelt mit insgesamt rd. 56 224 € (vgl. Beispielsberechnung) und bezogen auf die einzelne Mieteinheit mit folgenden Barwerten:

$$\text{Barwert } \Delta \text{RE}_i = (\text{RE}_{\text{marktüblich}[€/m²NF]} - \text{RE}_{\text{tatsächlich}[€/m²NF]}) \times 12 \text{ Monate} \times \text{NF}[m²] \times V_i$$

Darüber hinaus ist der Mietausfall für die sich in den Dachgeschossen in Errichtung befindlichen Wohnungen zu berücksichtigen. Es ergibt sich ein Mietausfall für sieben Monate von rd. 120 052 € (Ermittlung nicht abgedruckt).

Beispiel **Syst. Darst. Ertragswertverfahren**

		Berechnung (auszugsweise) der abweichenden Mieterträge (§ 8 Abs. 3 ImmoWertV)					Nettokaltmiete				Temporäre Abweichungen		
Haus	Mieteinheit	Straße	Nr.	Lage	Wohn-fläche	Letzte Miet-erhöhung	Vertraglich am WST Monat		Marktüblich erzielbar Monat	Δ Ertrag p. a.	voraus-sichtliche Dauer	Barwert Zins 5,00
					m²	zum	€	€/m²	€/m²	€	€	Jahre	%
1	2	3	4	5	6	7	8	9	10	11	12	13	14
1	1	C..str.	82	ER	110,13	01.04.2005	410,58	3,73	5,53	609,02	–1 395,87	5	–6 043
1	2	C..str.	82	EL	81,09	01.04.2005	343,82	4,24	5,39	437,08	–293,89	3	–800
1	3	C..str.	82	1L	125,80	01.04.2005	575,82	4,58	5,72	719,58	–343,10	3	–797
1	4	C..str.	82	1R	83,32	01.04.2005	313,28	3,76	5,58	464,93	–1 067,88	5	–4 623
...													
22	144	T.. Str.	9	2R	107,91	16.11.2007	849,37	7,87	6,50	701,42	1 775,46	3	4 835
23	145	K.. Str.	20	EM	125,22	01.04.2005	496,67	3,97	5,53	692,47	–1 157,55	3	–3 152
23	146	K.. Str.	20	1M	130,21	01.04.2005	578,13	4,44	5,72	744,80	–612,54	3	–1 668
23	147	K.. Str.	20	2M	118,45	01.05.2008	501,04	4,23	6,50	769,93	–2 024,12	5	–8 763
24	148	K.. Str.	21	EM	116,61	01.11.2007	913,27	7,83	6,31	735,81	2 129,53	3	5 799
24	149	K.. Str.	21	1M	129,39	01.04.2005	583,43	4,51	5,72	740,11	–479,94	3	–1 307
24	150	K.. Str.	21	2M	126,79	01.04.2005	475,36	3,75	5,72	725,24	–1 857,68	5	–8 043
				Σ =	13 693,67	m²	Σ			78 436	Monat Σ		– 56 224

Unter Berücksichtigung temporärer Besonderheiten ergeben sich folgende Ertragswerte:

Vorläufiger Ertragswert	rd.	18 144 827 €
abzüglich temporäre Mindererlöse *(underrented)*	rd.	– 56 224 €
abzüglich temporäre Mindererlöse Dachgeschosse		– 120 052 €
Ertragswert	rd.	**17 968 551 €**

Die temporären Mehr- oder Mindereinnahmen wurden ergänzend zum vorläufigen Ertragswert ausgeworfen und nach Maßgabe des § 8 Abs. 3 ImmoWertV gesondert berücksichtigt. Dem „Verbraucher" dieser Darstellung wird in anschaulicher Weise erläutert, bei welchen Wohneinheiten Abweichungen der Vertragsmieten gegenüber den marktüblich erzielbaren Erträgen auftreten.

d) Ertragswertermittlung nach § 17 Abs. 1 Satz 2 i. V. m. Abs. 3 ImmoWertV

Die Berechnung ergibt sich aus nachfolgender Berechnung wiederum entsprechend vorstehendem Ergebnis mit rd. 18 000 000 €.

Bei dieser Darstellung werden die aus Abweichungen der Vertragsmiete gegenüber den ortsüblich erzielbaren Erträgen resultierenden Mehr- oder Mindererträge in ihrer Gesamtheit jahrgangsweise berücksichtigt.

Syst. Darst. Ertragswertverfahren — Fehlerbetrachtung

Ertragswertverfahren nach § 17 Abs. 1 Satz 2 i. V. m. Abs. 3 ImmoWertV													
			Erträge (Nettokaltmieten)			Nicht umlegbare Bewirtschaftungskosten								
Lfd. Jahr	Jahr	Nutzungsart	Marktüblich erzielbarer Mietertrag	Temporärer Mehr- bzw. Mindererlag (ohne Leerstand)	Erzielter Mietertrag Ist	Instandhaltung	Verwaltung	Mietausfallwagnis	Betriebskosten	insgesamt in €	insgesamt in % des erzielbaren Mietertrags	Erzielter Reinertrag €	Dauer (Jahr)	Liegenschaftszinssatz	Auf WST diskontierter Cashflow €
1. Jahr*	2008	WF	549 051	−465	548 587	72 691	14 583	7 844	1 961	97 078	17,68	451 508	0,58	4,75	435 193 €
2. Jahr	2009	WF	1 183 839	−797	1 183 042	204 885	39 500	23 677	5 919	273 981	23,14	909 061	1,00	4,75	844 662 €
3. Jahr	2010	WF	1 183 839	−797	1 183 042	204 885	39 500	23 677	5 919	273 981	23,14	909 061	1,00	4,75	806 359 €
4. Jahr	2011	WF	1 183 839	−5226	1 178 613	204 885	39 500	23 677	5 919	273 981	23,14	904 632	1,00	4,75	766 043 €
5. Jahr	2012	WF	1 183 839	−8390	1 175 449	204 885	39 500	23 677	5 919	273 981	23,14	901 468	1,00	4,75	728 749 €
6. Jahr	2013	WF	1 183 839	0	1 183 839	204 885	39 500	23 677	5 919	273 981	23,14	909 858	1,00	4,75	702 178 €
7. Jahr	2014	WF	1 183 839	0	1 183 839	204 885	39 500	23 677	5 919	273 981	23,14	909 858	1,00	4,75	670 337 €
8. Jahr	2015	WF	1 183 839	0	1 183 839	204 885	39 500	23 677	5 919	273 981	23,14	909 858	1,00	4,75	639 940 €
9. Jahr	2016	WF	1 183 839	0	1 183 839	204 885	39 500	23 677	5 919	273 981	23,14	909 858	1,00	4,75	610 921 €
10. Jahr	2017	WF	1 183 839	0	1 183 839	204 885	39 500	23 677	5 919	273 981	23,14	909 858	1,00	4,75	583 218 €

* Juni – Dezember   bis 2017 Σ   **6 787 600 €**

Exit	2017	bis	2057												Restwert:
		WF	1 183 839							273 981	23,14	909 858	30,42	Jahre	9 285 192 €

zzgl. Bodenwert   12 559 820 € diskontiert   **1 962 556 €**

zzgl. STPL   **20 463 €**

Ertragswert   **18 055 811 €**

2.6 Allgemeine Fehlerbetrachtung

284 Ein Beispiel der Ermittlung des Ertragswerts eines Mietwohngrundstücks mit einer Restnutzungsdauer von 50 Jahren bei einer Gesamtnutzungsdauer von 80 Jahren ist in Abb. 40 dargestellt. An diesem *Beispiel* wird zugleich aufgezeigt, dass der Gutachter die fehlertheoretischen Zusammenhänge des Ertragswertverfahrens beherrschen muss, um das Ergebnis des Ertragswertverfahrens sachgerecht würdigen zu können. Zu beachten sind hierbei insbesondere die **Auswirkungen, die sich aus einem fehlerhaften Ansatz der in das Ertragswertverfahren eingehenden Parameter auf die Höhe des Ertragswerts ergeben.**

285 Dies sind:

- die (Größe der) Wohn- bzw. Nutzfläche,
- der marktüblich erzielbare Jahresrohertrag (Nettokaltmiete),
- die Höhe des Liegenschaftszinssatzes,
- die geschätzte Restnutzungsdauer,
- die Höhe der Bewirtschaftungskosten,
- der Bodenwert (Abb. 43).

Fehlerbetrachtung — Syst. Darst. Ertragswertverfahren

Abb. 43: Fehlerbetrachtung zur Ertragswertermittlung

I Ermittlung des Ertragswerts

1. Wertermittlungsobjekt: Mietwohngrundstück

– Bodenwert (BW)	=	420 000 €
– Wohnfläche (WF)	=	1 000 m²
– Monatliche Nettokaltmiete	=	8 €/m²
– Nicht umlagefähige Bewirtschaftungskosten	=	22 %
– Restnutzungsdauer (n)	=	50 Jahre
– Liegenschaftszinssatz (p)	=	5 %
– Vervielfältiger V bei n = 50 Jahre und p = 5 %	=	18,26

2. Ermittlung des Ertragswerts:

Jahresnettokaltmiete (8,00 €/m² × 1 000 m² × 12)	=	96 000 €
– Bewirtschaftungskosten (= 22 %)	=	– 21 120 €
= Jahresreinertrag (RE)	=	74 880 €
– Bodenwertverzinsungsbetrag (420 000 € × 5/100)	=	– 21 000 €
= Ertragswert der baulichen Anlage bei V = 18,26	=	983 849 €
+ Bodenwert (BW)	=	420 000 €
= Ertragswert (EW)	=	1 403 849 €

II Auswirkung fehlerhafter Ansätze auf den Ertragswert

Die in *kursiv* gesetzten Ansätze sind gegenüber vorstehendem Beispiel jeweils um 10. v. H. zu niedrig angesetzt.

	A*	B	C
Wohnfläche	⇨ *900 m²*	1 000 m²	1 000 m²
Jahresnettokaltmiete	86 400 €	⇨ *86 400 €*	96 000 €
Liegenschaftszinssatz	5 %	5 %	⇨ *4,5 %*
Restnutzungsdauer	50 Jahre	50 Jahre	50 Jahre
Bewirtschaftungskosten	22 %	22 %	22 %
Bodenwert	420 000 €	420 000 €	420 000 €
Ertragswert (fehlerhaft)	1 267 118 €	1 267 118 €	1 526 165 €
Unterschied zu I in €	136 731 €	136 731 €	+ 122 316 €
in %	= – 9,7 %	= – 9,7 %	= + 8,7 %

	D	E	F
Wohnfläche	1 000 m²	1 000 m²	1 000 m²
Jahresnettokaltmiete	96 000 €	96 000 €	96 000 €
Liegenschaftszinssatz	5 %	5 %	5 %
Restnutzungsdauer	⇨ *45 Jahre*	50 Jahre	50 Jahre
Bewirtschaftungskosten	22 %	⇨ *19,8 %*	22 %
Bodenwert	420 000 €	420 000 €	⇨ *378 000 €*
Ertragswert (fehlerhaft)	1 377 448 €	1 442 414 €	1 400 195 €
Unterschied zu I in €	– 26 401 €	+ 38 565 €	3 654 €
in %	= – 1,9 %	= + 2,7 %	= – 0,3 %

* Dieser Fall ist im Ergbnis mit Fall B identisch.

Welche Auswirkungen diese Parameter auf das Ergebnis – den Ertragswert – haben, wenn sie (fehlerhaft) im Beispiel um 10 % zu niedrig gegenüber der „wahren" Höhe angesetzt wurden, wird in diesem Beispiel ergänzend dargestellt. **Neuralgische Größen sind** dabei insbesondere der **Rein- bzw. Rohertrag** (Nettokaltmiete) **sowie der Liegenschaftszinssatz**. Fehlerhafte Ansätze können dabei nicht nur bezüglich der „richtigen" Ermittlung des Ertrags pro Quadratmeter Wohn- oder Nutzfläche, sondern bereits bei der zutreffenden Ermittlung der Wohn- bzw. Nutzfläche auftreten.

Zur Vermeidung von Missverständnissen muss aber darauf hingewiesen werden, dass die in dem Beispiel ausgeworfenen Auswirkungen – relativ und absolut – insbesondere in Abhängigkeit von
- der Höhe des Liegenschaftszinssatzes und
- der Restnutzungsdauer

unterschiedlich ausfallen.

Syst. Darst. Ertragswertverfahren   Fehlerbetrachtung

288 Zu den **Auswirkungen fehlerhafter Ansätze bei der Ermittlung des Ertragswerts** wird bemerkt:

a) **Fehler bei der Ermittlung der Wohnfläche** wirken sich direkt auf den Roh- bzw. Reinertrag aus. Insoweit gelten die unter Buchst. b) gemachten Ausführungen. Bezüglich der Flächenermittlung sollte dabei nicht unterstellt werden, dass Fehler nicht nur aufgrund falscher Berechnungen und Vermessungen auftreten; es kommt auch hier auf die Berechnungsmodalitäten an. Vielfach werden auch ungeprüft fehlerhafte Angaben, z. B. des Auftraggebers, übernommen.

b) Ein **Fehler bei der Ermittlung des Roh- bzw. Reinertrags** „schlägt" auf den Ertragswert besonders stark durch. Im vorstehenden *Beispiel* führt ein fehlerhafter Ansatz von 7,20 €/m² statt 8,00 €/m² (= 10 v. H.) zu einem nahezu um ebenfalls 10 % zu niedrigen Ertragswert. Fehler schlagen umso stärker durch, je länger die Restnutzungsdauer ist.

c) Ein **Fehler bei dem angesetzten Liegenschaftszinssatz** wirkt sich – wie ein Blick in die Vervielfältigertabelle zeigt – umso stärker auf das Ergebnis der Ertragswertermittlung aus, je länger die Restnutzungsdauer und je kleiner der Liegenschaftszinssatz in seiner absoluten Höhe sind. Als „Faustformel" kann gelten, dass ein Fehler von 0,5 % im Liegenschaftszinssatz den Ertragswert gleich um rd. 10 % verändert (vgl. § 14 ImmoWertV Rn. 112). Bei Objekten mit sehr langer Restnutzungsdauer und absolut niedrigen Liegenschaftszinssätzen sind eigentlich sogar Genauigkeiten von einer Dezimalstelle bei dem angesetzten Liegenschaftszinssatz anzustreben.

d) Ein **Fehler bei der geschätzten Restnutzungsdauer** wirkt sich – wie wiederum ein Blick in die Vervielfältigertabelle zeigt – umso stärker auf das Ergebnis der Ertragswertermittlung aus, je kürzer die Restnutzungsdauer und je kleiner der Liegenschaftszinssatz in seiner absoluten Höhe sind. Dies kommt im vorstehenden *Beispiel* unzureichend zum Ausdruck, da es sich hierbei um ein Beispiel handelt, das ein Objekt mit verhältnismäßig langer Restnutzungsdauer zum Gegenstand hat. Deshalb sei ausdrücklich darauf hingewiesen, dass das Ertragswertverfahren – angewandt auf Objekte mit kurzer Restnutzungsdauer – diesbezüglich besonders fehlerträchtig ist.

e) Ein **Fehler bei den angesetzten Bewirtschaftungskosten** schlägt direkt auf die Höhe des Reinertrags durch; insoweit gelten die zu Buchst. b) gemachten Ausführungen. Dass sich im vorstehenden *Beispiel* ein 10 %iger Fehler bei den angesetzten Bewirtschaftungskosten verhältnismäßig geringfügig auf das Ergebnis der Ertragswertermittlung auswirkt, täuscht, denn beim Ansatz der Bewirtschaftungskosten können leicht größere Fehler gemacht werden. Deshalb muss auch auf die „richtige" Ermittlung der Bewirtschaftungskosten große Sorgfalt aufgebracht werden.

f) Ein **Fehler bei der Ermittlung des Bodenwerts** wirkt sich bei Objekten mit langer Restnutzungsdauer des Gebäudes in einer i. d. R. zu vernachlässigenden Größenordnung aus. Nur bei Objekten, deren Bebauung eine kurze Restnutzungsdauer aufweist, muss der Bodenwert besonders sorgfältig ermittelt werden. Bei Objekten mit sehr langer Restnutzungsdauer kann der Ertragswert unter Vernachlässigung des Bodenwerts allein durch Kapitalisierung des Reinertrags im sog. vereinfachten Ertragswertverfahren ermittelt werden (vgl. oben Rn. 72, 86; vgl. *Beispiel* bei § 16 ImmoWertV Rn. 244).

289 Bei **Anwendung des vereinfachten Ertragswertverfahrens** nach der unter Rn. 24, 35 und 66 vorgestellten Formel erhält man für das oben behandelte *Beispiel*:

$$EW = 74\,880\,€ \times 18{,}255886 = \mathbf{1\,367\,000\,€}$$

wobei

V bei n = 50 Jahre und p = 5 % : 18,233886

290 Das Ergebnis zeigt, dass sich fehlerhafte Ansätze bei Anwendung des klassischen Ertragswertverfahrens weitaus verhängnisvoller auswirken können als bei Übergang zum vereinfachten Ertragswertverfahren (Abb. 44).

Abb. 44: Abhängigkeit des Grundstücksertragswerts von der Höhe der Miete

Wesentliche Einflussfaktoren auf den Gebäudeertragswert		
Miete in €/m² WF	Bewirtschaftungskosten in v. H.	Gebäudeertragswert in €
7,00	20,0	568 000
7,00	25,0	526 000
7,00	30,0	484 000
7,00	35,0	443 000
7,00	25,0	526 000
6,50	25,0	481 000
6,00	25,0	437 000
5,50	25,0	391 000
Berechnungsbasis	Gebäude mit 500 m² Wohnfläche Bodenwert 100 000 € Zinssatz 5 %	

2.7 Ermittlung der Soll- bzw. Kostenmiete (Reinertrag) – *Frontdoor-Approach*

2.7.1 Allgemeines

▶ *Vgl. Syst. Darst. des Vergleichswertverfahrens Rn. 553 ff., 566 ff.*

Im Rahmen von Kaufpreisverhandlungen oder Investitionsüberlegungen stellt sich oftmals die Aufgabe, die „Sollmiete" zu ermitteln, die **291**

a) auf der Grundlage einer vorgegebenen Verzinsung des investierten Kapitals bei einem geforderten Kaufpreis (Verkehrswert) oder

b) auf der Grundlage vorgegebener Investitionskosten (Herstellungskosten im umfassenden Sinne)

erzielt werden muss. Die Anwendung des Verfahrens unter Berücksichtigung der Finanzierungskosten wird in nicht gerade zutreffender Weise als *Frontdoor-Approach* bezeichnet. Die mit dieser Methode ermittelte „Sollmiete" oder Kostenmiete ist von der erzielbaren Marktmiete zu unterscheiden. Das Verfahren kann aber im Vergleich zu der erzielbaren Marktmiete gleichwohl wichtige Hinweise auf die Rentabilität einer Investition liefern.

Die **Ableitung des Kaufpreises aus der erzielbaren Monatsmiete** wiederum unter Berücksichtigung der Finanzierungskosten und sämtlicher Investitionskosten wird dagegen als *Backdoor-Approach* bezeichnet. Bei dieser Vorgehensweise handelt es sich letztlich um nichts anderes als um ein Extraktionsverfahren (Residualwertverfahren; vgl. Syst. Darst. des Vergleichswertverfahrens Rn. 553 ff., 566 ff.). Der so ermittelte Preis ist von dem Verkehrswert (Marktwert) zu unterscheiden und kann gleichwohl wichtige Hinweise zu der Rentabilität einer Kaufpreisforderung liefern. **292**

2.7.2 Soll- bzw. Kostenmiete (Reinertrag) auf ertragswirtschaftlicher Grundlage

Die sich auf ertragswirtschaftlicher Grundlage ergebende „Sollmiete" (Kostenmiete) kann **durch Umkehrung des Verfahrensgangs** ermittelt werden, der der Ertragswertermittlung zugrunde liegt (vgl. Abb. 24 bei Rn. 123). Damit lässt sich die Angemessenheit eines Kaufpreises im Hinblick auf eine vom Investor gewünschte (vorgegebene) Verzinsung prüfen. Zu diesem Zweck geht man in die Rechnung ein mit **293**

– der gewünschten Verzinsung anstelle des Liegenschaftszinssatzes und

– dem Kaufpreis (Kaufofferte) anstelle des Verkehrswerts.

Syst. Darst. Ertragswertverfahren   Kostenmiete

Man kann dann die monatliche Nettokaltmiete (Grundmiete) ermitteln, die man erzielen muss, um die gewünschte Verzinsung zu erhalten. In der Abb. 45 wird das Schema dieses Verfahrens ohne Berücksichtigung der Finanzierungskosten dargestellt.

Abb. 45: Ermittlung der Nettokaltmiete

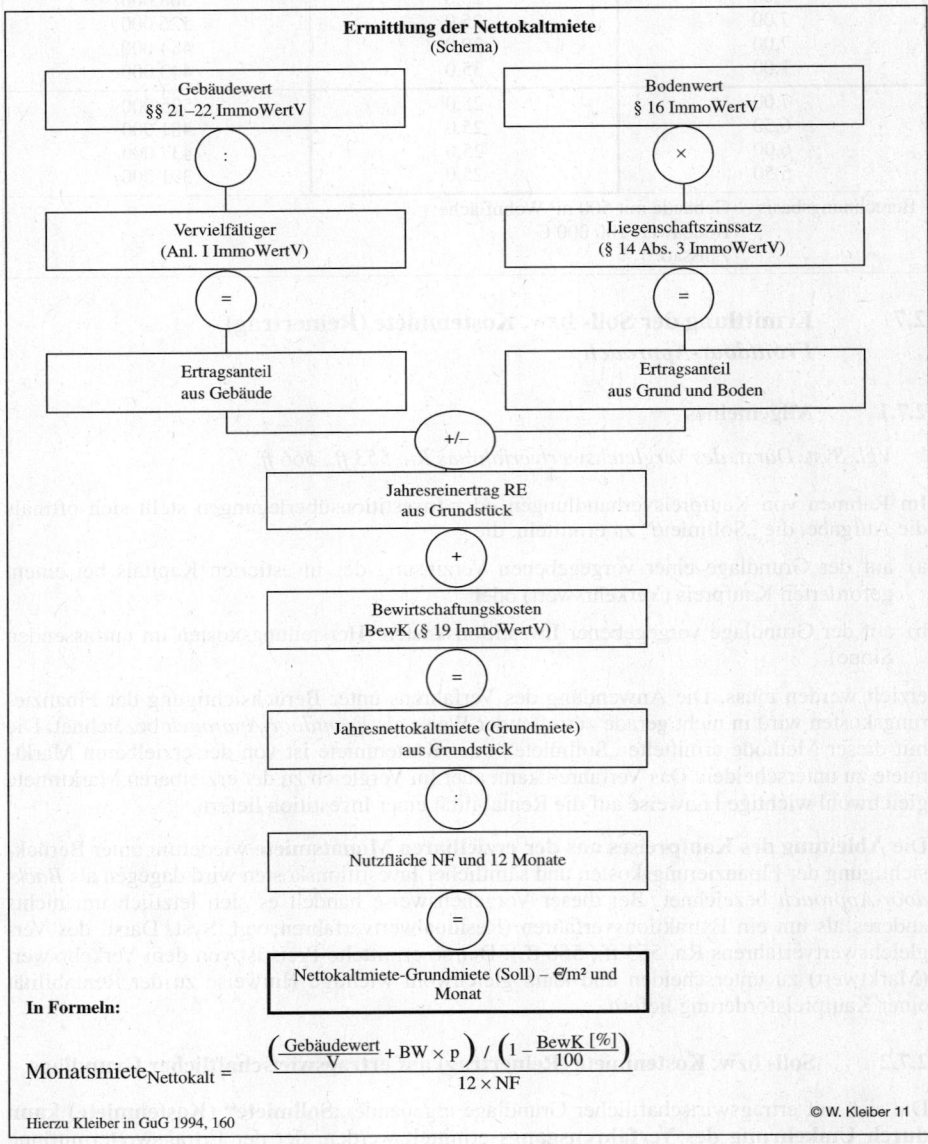

In Formeln:

$$\text{Monatsmiete}_{\text{Nettokalt}} = \frac{\left(\frac{\text{Gebäudewert}}{V} + BW \times p\right) / \left(1 - \frac{\text{BewK [\%]}}{100}\right)}{12 \times NF}$$

Hierzu Kleiber in GuG 1994, 160

Kostenmiete — Syst. Darst. Ertragswertverfahren

Beispiel:

a) Sachverhalt

Verkehrswert	1 000 000 €
Bodenwert	300 000 €
Gebäudewert	700 000 €
Nutzfläche NF	500 m²
Restnutzungsdauer	50 Jahre
Bewirtschaftungskosten	15 %
Liegenschaftszinssatz	5 %
Vervielfältiger	18,255929
Abschreibungsdivisor	209,348

Es ist die Nettokaltmiete (Grundmiete) zu ermitteln, die auf der Grundlage des angegebenen Liegenschaftszinssatzes dem Verkehrswert (Marktwert) entspricht.

b) Ermittlung (auf der Grundlage der in Abb. 45 angegebenen Formel)

Gebäudewert:	700 000,00 €			
Vervielfältiger:	18,255929			
Gebäudewert/Vervielfältiger	38 343,71 €		=	38 343,71 €
Bodenwert		300 000,00 €		
× Liegenschaftszinssatz (= 0,05)		15 000,00 €	+	15 000,00 €
= Jahresreinertrag zuzüglich Bodenwertverzinsungsbetrag			=	53 343,71 €
: (1 − BewK/100)	62 757,30 €			
+ Bewirtschaftungskosten (15 %)		= 9 413,59 €	+	9 413,59 €
= Jahresnettokaltmiete			=	62 757,30 €
: 6 000 m² (bei 500 m² NF und 12 Monaten)				
= **Monatliche Nettokaltmiete pro m² NF**			=	**10,45 €/m²**

Nachfolgend wird hierzu eine **zweite Berechnungsweise** vorgestellt, bei der zunächst auf der Grundlage der erwarteten Verzinsung (hier 5 %) der Jahreszinsertrag ermittelt wird, der dann noch

- um die nicht umlagefähigen Bewirtschaftungskosten (15 %) und
- um den Abschreibungsbetrag des Gebäudes

erhöht werden muss, um zu der erforderlichen Jahresnettokaltmiete (Grundmiete) zu gelangen (vgl. Abb. 46 mit der angegebenen Formel). Die Erhöhung um den Abschreibungsbetrag des Gebäudes ist erforderlich, da – anders als bei einer Kapitalanlage – das Gebäude einem Wertverzehr unterworfen ist. Ansonsten entspricht das nachfolgende Beispiel dem vorgestellten Sachverhalt.

c) Ermittlung (auf der Grundlage der in Abb. 46 angegebenen Formel)

Kaufpreis		= 1 000 000,00 €		
× Verzinsung von 5 %		× 0,05		
= Jahresreinertrag		× 50 000,00 €		50 000,00 €
Bewirtschaftungskosten in % =	0,15			
1 − Bewirtschaftungskosten =	0,85			
Jahresreinertrag / (1 − BewK/100)		= 58 823,53 €		
= Bewirtschaftungskosten		= 8 823,53 €	+	8 823,53 €
= Verzinsung zuzüglich Bewirtschaftungskosten			=	58 823,53 €
= Gebäudewert		700 000,00 €		
: Abschreibungsdivisor (= 209,348)			+	3 343,71 €
= Jahresnettokaltmiete (Grundmiete)			=	62 167,24 €
: 6 000 m² (bei 500 m² NF und 12 Monaten)				
= **Monatliche Nettokaltmiete (Grundmiete) pro m² NF**			=	**10,36 €/m²**

Syst. Darst. Ertragswertverfahren   Kostenmiete

Abb. 46: Ermittlung der Nettokaltmiete bei vorgegebener Verzinsung eines Kaufpreises

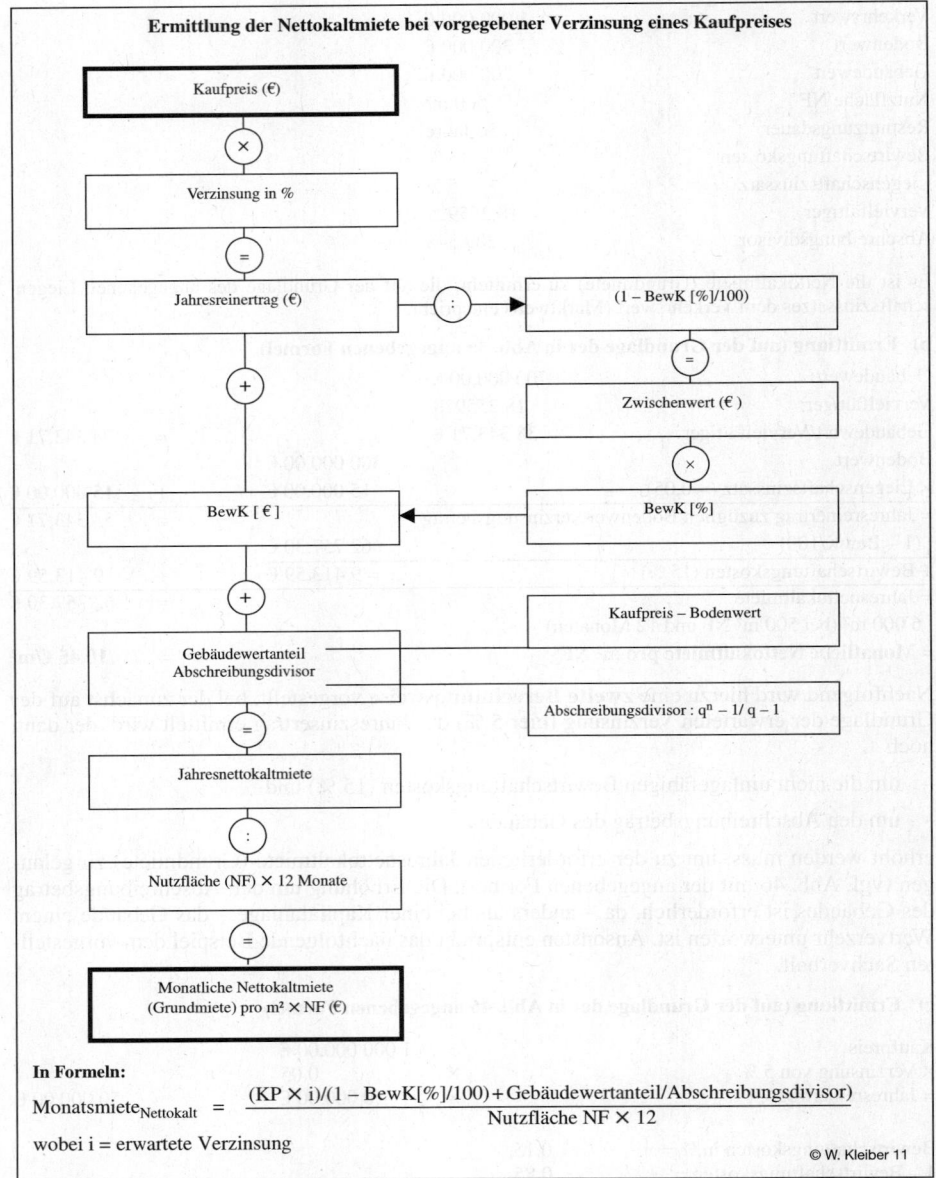

2.7.3 Soll- bzw. Kostenmiete (Reinertrag) auf investiven Grundlagen

296 Die sich auf investiver Grundlage ergebende „**Sollmiete**" (**Kostenmiete**) **kann durch Umkehrung des Verfahrensgangs** ermittelt werden, der der Sachwertermittlung zugrunde liegt (vgl. Abb. 47). Im Unterschied zum klassischen Sachwertverfahren muss dabei jedoch der

Kostenmiete   **Syst. Darst. Ertragswertverfahren**

Substanzwert auf der Grundlage sämtlicher Investitionskosten einschließlich Grundstückstransaktions- und Finanzierungskosten ermittelt werden.

Abb. 47: Soll- bzw. Kostenmiete (Reinertrag) auf investiven Grundlagen

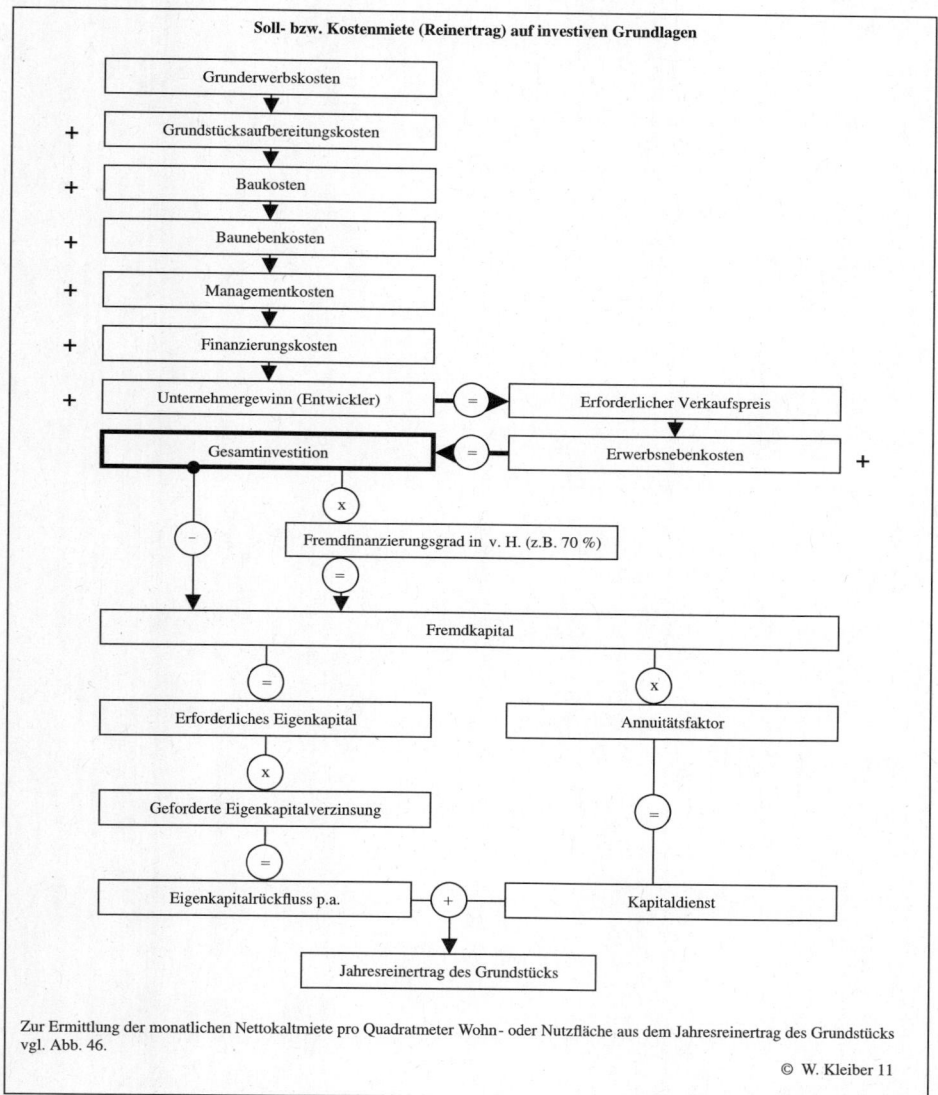

Zur Ermittlung der monatlichen Nettokaltmiete pro Quadratmeter Wohn- oder Nutzfläche aus dem Jahresreinertrag des Grundstücks vgl. Abb. 46.

© W. Kleiber 11

§ 17 ImmoWertV
Ermittlung des Ertragswerts

(1) Im Ertragswertverfahren wird der Ertragswert auf der Grundlage marktüblich erzielbarer Erträge ermittelt. Soweit die Ertragsverhältnisse absehbar wesentlichen Veränderungen unterliegen oder wesentlich von den marktüblich erzielbaren Erträgen abweichen, kann der Ertragswert auch auf der Grundlage periodisch unterschiedlicher Erträge ermittelt werden.

(2) Im Ertragswertverfahren auf der Grundlage marktüblich erzielbarer Erträge wird der Ertragswert ermittelt

1. aus dem nach § 16 ermittelten Bodenwert und dem um den Betrag der angemessenen Verzinsung des Bodenwerts verminderten und sodann kapitalisierten Reinertrag (§ 18 Absatz 1); der Ermittlung des Bodenwertverzinsungsbetrags ist der für die Kapitalisierung nach § 20 maßgebliche Liegenschaftszinssatz zugrunde zu legen; bei der Ermittlung des Bodenwertverzinsungsbetrags sind selbstständig nutzbare Teilflächen nicht zu berücksichtigen (allgemeines Ertragswertverfahren), oder

2. aus dem nach § 20 kapitalisierten Reinertrag (§ 18 Absatz 1) und dem nach § 16 ermittelten Bodenwert, der mit Ausnahme des Werts von selbstständig nutzbaren Teilflächen auf den Wertermittlungsstichtag nach § 20 abzuzinsen ist (vereinfachtes Ertragswertverfahren).

Eine selbstständig nutzbare Teilfläche ist der Teil eines Grundstücks, der für die angemessene Nutzung der baulichen Anlagen nicht benötigt wird und selbstständig genutzt oder verwertet werden kann.

(3) Im Ertragswertverfahren auf der Grundlage periodisch unterschiedlicher Erträge wird der Ertragswert aus den durch gesicherte Daten abgeleiteten periodisch erzielbaren Reinerträgen (§ 18 Absatz 1) innerhalb eines Betrachtungszeitraums und dem Restwert des Grundstücks am Ende des Betrachtungszeitraums ermittelt. Die periodischen Reinerträge sowie der Restwert des Grundstücks sind jeweils auf den Wertermittlungsstichtag nach § 20 abzuzinsen.

Gliederungsübersicht

		Rn.
1 Grundlagen der Ertragswertermittlung (§ 17 Abs. 1 ImmoWertV)		
1.1 Übersicht		
1.1.1 Systematik der Regelung		1
1.1.2 Entstehungsgeschichte		9
1.2 Ertrag		
1.2.1 Allgemeines		10
1.2.2 Marktüblich erzielbarer Ertrag der Standardverfahren		13
1.2.3 Berücksichtigung besonderer Ertragsentwicklungen		
1.2.3.1 Allgemeines		19
1.2.3.2 Temporäre Abweichungen vom marktüblich erzielbaren Ertrag		25
1.2.3.3 Absehbare wesentliche Veränderungen		32
2 Allgemeines Ertragswertverfahren (Standardverfahren nach § 17 Abs. 2 ImmoWertV)		
2.1 Übersicht		37
2.2 Allgemeines (zweigleisiges) Ertragswertverfahren nach § 17 Abs. 2 Nr. 1 ImmoWertV		39
2.3 Vereinfachbares (eingleisiges) Ertragswertverfahren nach § 17 Abs. 2 Nr. 2 ImmoWertV		45
3 Mehrperiodisches Ertragswertverfahren		
3.1 Allgemeines		48

3.2	Mehrperiodisches Ertragswertverfahren nach § 17 Abs. 3 ImmoWertV		
	3.2.1	Allgemeines	56
	3.2.2	Reinerträge	59
	3.2.3	Betrachtungszeitraum	60
	3.2.4	Restwert des Grundstücks	61
	3.2.5	Rechentechnische Hinweise	64
4	Ertragswertermittlung nach Runge		69

1 Grundlagen des Ertragswertverfahrens (§ 17 Abs. 1 ImmoWertV)

1.1 Übersicht

1.1.1 Systematik der Regelung

Schrifttum: *Fischer/Lorenz/Biederbeck/Astl*, Verkehrswertermittlung von bebauten und unbebauten Grundstücken, Köln 2005; *Kleiber,* Nachhaltige Einnahmen und Ausgaben, GuG 2006, 25; *Sommer/Kröll*, Lehrbuch zur Immobilienbewertung, 3. Aufl. 2010.

▶ *Weiterführend Syst. Darst. des Ertragswertverfahrens Rn. 1 ff.; zur Verfahrenswahl § 8 ImmoWertV Rn. 62 ff.*

1   Mit § 17 ImmoWertV werden aus der großen „Familie" der Ertragswertverfahren insgesamt drei Varianten des Ertragswertverfahrens geregelt:

1. das als **„allgemeines Ertragswertverfahren"** bezeichnete zweigleisige Ertragswertverfahren (vgl. § 17 Abs. 2 Nr. 1 ImmoWertV) unter Aufteilung des Ertragswerts in einen Boden- und Gebäudewertanteil,

2. das als **„vereinfachtes Ertragswertverfahren"** bezeichnete eingleisige Ertragswertverfahren ohne Aufteilung des Ertragswerts in einen Boden- und Gebäudewertanteil (vgl. § 17 Abs. 2 Nr. 2 ImmoWertV; zum irreführenden Begriff vgl. unten Rn. 37, 45 sowie Syst. Darst. des Ertragswertverfahrens Rn. 33, 72, 86, 103 und 288) und

3. das **„mehrperiodische Ertragswertverfahren"** unter Aufteilung des Ertragswerts in Ertragswertanteile einzelner Perioden – i. d. R. einzelner Jahre – eines „Betrachtungszeitraums" und in einen Restwert (§ 17 Abs. 1 Satz 2 i. V. m. Abs. 3 ImmoWertV).

Es handelt sich dabei nicht um eine abschließende Aufzählung; andere in § 17 ImmoWertV nicht genannte Verfahrensvarianten sind grundsätzlich zulässig (vgl. § 8 ImmoWertV Rn. 5).

2   Bei den drei dort geregelten Verfahren handelt es sich um mathematisch identische Verfahren, die zu ein und demselben Ergebnis führen müssen. Das in § 17 Abs. 2 ImmoWertV geregelte allgemeine und *„vereinfachte"* Ertragswertverfahren (*ein- und zweigleisige Ertragswertverfahren*) auf der Grundlage marktüblich erzielbarer Erträge steht dabei allerdings im engen Kontext zu der Regelung des § 8 Abs. 3 ImmoWertV, nach der u. a. **„von den marktüblich erzielbaren Erträgen erheblich abweichende Erträge"** in einem ergänzenden Rechenschritt zu berücksichtigen sind. Bei Anwendung des mehrperiodischen Ertragswertverfahrens nach § 17 Abs. 1 Satz 2 i. V. m. Abs. 3 ImmoWertV werden diese Abweichungen direkt in der jeweiligen Periode mit dem jährlichen Gesamtertrag berücksichtigt.

3   Die **Verfahren unterscheiden sich im Wesentlichen in der Darstellung des Ergebnisses**:

– Während bei Anwendung des ein- und zweigleisigen Ertragswertverfahrens (allgemeines und „vereinfachtes" Ertragswertverfahren – Standardverfahren –) in einem ersten Schritt der vorläufige Ertragswert auf der Grundlage der „langfristigen" Ertragssituation ermittelt wird und die i. d. R. temporären Abweichungen von den marktüblich erzielbaren Erträgen gesondert ausgewiesen und differentiell berücksichtigt werden,

Ertragswert § 17 ImmoWertV

- werden bei Anwendung des mehrperiodischen Ertragswertverfahrens die in den jeweiligen Perioden des „Betrachtungszeitraums" unter Einbeziehung von Mehr- oder Mindererträgen insbesondere aufgrund wohnungs-, miet- und vertragsrechtlicher Bindungen erwarteten Gesamterträge (i. d. R. jährlich) ausgewiesen.

§ 17 Abs. 1 ImmoWertV stellt gewissermaßen die Weiche zwischen

a) dem in Abs. 2 geregelten ein- und zweigleisigen Ertragswertverfahren (Standardverfahren) und

b) dem in Abs. 3 geregelten mehrperiodischen Ertragswertverfahren.

Nach Satz 1 soll bei Anwendung des in Abs. 2 geregelten ein- und zweigleisigen Ertragswertverfahrens (Standardverfahren) vom marktüblich erzielbaren Ertrag ausgegangen werden. Satz 2 eröffnet **als „Kann-Vorschrift" die Möglichkeit, den Ertragswert unter Anwendung des in Abs. 3 geregelten mehrperiodischen Ertragswertverfahrens zu ermitteln,** „soweit die Ertragsverhältnisse

1. absehbar wesentlichen Veränderungen unterliegen oder

2. wesentlich von den marktüblich erzielbaren Erträgen abweichen".

Darüber hinaus müssen bei allen in § 17 ImmoWertV geregelten Ertragswertverfahren nach § 8 Abs. 2 ImmoWertV

a) die allgemeinen Wertverhältnisse auf dem Grundstücksmarkt und

b) die sonstigen in § 8 Abs. 3 ImmoWertV genannten **„besonderen objektspezifischen Grundstücksmerkmale", insbesondere Baumängel und Bauschäden** (Instandhaltungsrückstau) und dgl.

ergänzend berücksichtigt werden, um zum Ertragswert zu kommen. Während die „allgemeinen Wertverhältnisse" i. d. R. bereits mit dem Liegenschaftszinssatz umfassend berücksichtigt werden, nimmt die Berücksichtigung der „besonderen" mit dem Verfahren (noch) nicht direkt berücksichtigten „objektspezifischen Grundstücksmerkmale" (Anomalien) häufig einen breiten Raum ein und stellt damit eine wesentliche Ergänzung der Ertragswertermittlung dar (vgl. Syst. Darst. des Ertragswertverfahrens Rn. 35 ff.).

4

Der **Verkehrswert ist** abschließend **aus dem Ergebnis der Ertragswertermittlung** gegebenenfalls unter Heranziehung der Ergebnisse anderer herangezogener Wertermittlungsverfahren nach Maßgabe des § 8 Abs. 1 Satz 3 ImmoWertV **abzuleiten.**

§ 17 ImmoWertV gebraucht die Begriffe „Ertragswert" und „Ertragswertverfahren" materiell widersprüchlich:

5

- So bestimmt sich nach § 17 Abs. 1 Satz 1 i. V. m. Abs. 2 ImmoWertV der Ertragswert allein auf der Grundlage der *„marktüblich erzielbaren Erträge"*. Von einer Berücksichtigung der besonderen objektspezifischen Grundstücksmerkmale i. S. des § 8 Abs. 3 ImmoWertV, wie z. B. der Berücksichtigung von Baumängeln und Bauschäden und insbesondere von der Berücksichtigung abweichender Mieten und Pachten, ist in § 17 ImmoWertV keine Rede; es wird noch nicht einmal darauf hingewiesen (so noch § 15 Abs. 1 WertV 88/98 mit dem Hinweis auf § 19 WertV). Daraus könnte geschlossen werden, dass sich der „Ertragswert" unter Ausschluss der „besonderen objektspezifischen Grundstücksmerkmale" i. S. des § 8 Abs. 3 ImmoWertV ergeben soll. Mit § 17 Abs. 1 Satz 2 i. V. m. Abs. 3 ImmoWertV sollen indessen vom marktüblich erzielbaren Ertrag abweichende Mieten und Pachten bei der Ertragswertermittlung direkt berücksichtigt werden und es ergibt sich ein Ertragswert unter Einbeziehung abweichender Mieten und Pachten.

- Auch **Baumängel und Bauschäden** sowie andere in § 8 Abs. 3 ImmoWertV genannte „besondere objektspezifische Grundstücksmerkmale" lassen sich bei Anwendung des Ertragswertverfahrens direkt insbesondere durch entsprechend geminderte oder erhöhte „marktüblich erzielbare Erträge", durch eine geänderte Restnutzungsdauer oder durch einen modifizierten Liegenschaftszinssatz berücksichtigen und sind dann Bestandteil des

„Ertragswerts". In der Wertermittlungspraxis wird der Ertragswert bei vorhandenen Baumängeln und Bauschäden (Instandhaltungsrückstau) zumeist jedoch unter der Fiktion eines ordnungsgemäß instand gehaltenen Gebäudes als vorläufiger Ertragswert ermittelt, der dann in einem zweiten Schritt entsprechend gemindert wird (vgl. unten Rn. 16).

Bei alledem empfiehlt es sich, die **Berücksichtigung der „besonderen objektspezifischen Grundstücksmerkmale"** i. S. des § 8 Abs. 3 ImmoWertV grundsätzlich **als Bestandteil der Ertragswertermittlung** zu betrachten. Dass die Berücksichtigung der „besonderen objektspezifischen Grundstücksmerkmale" integraler Bestandteil der Ertragswertermittlung ist, wurde in der ImmoWertV erst auf Empfehlung des Bundesrates klargestellt. Auf Vorschlag des Bundesrates[1] ist in § 8 Abs. 2 ImmoWertV klargestellt worden, dass sowohl die Marktanpassung als auch die besonderen objektspezifischen Grundstücksmerkmale „in" dem Ertragswertverfahren zu berücksichtigen sind.

6 **Allen Verfahren gemeinsam ist die Kapitalisierung bzw. Abzinsung der Erträge mithilfe des Liegenschaftszinssatzes** nach § 14 Abs. 3 ImmoWertV. Dies gilt auch für das mehrperiodische Ertragswertverfahren (§ 20 ImmoWertV). Es handelt sich mithin bei allen Verfahren um die international gebräuchliche Form der Ertragswertermittlung (*all over capitalization method*[2]) auf der Grundlage der *all over capitalization rate* (Liegenschaftszinssatz). Es handelt sich indessen auch bei Anwendung des mehrperiodischen Ertragswertverfahrens nicht um ein *Discounted Cashflow* Verfahren, denn dieses basiert auf prognostizierten Erträgen, die mit einem speziellen sich am Kapitalmarkt orientierenden Zinssatz diskontiert werden (vgl. Vorbem. zur ImmoWertV Rn. 13, Syst. Darst. des Ertragswertverfahrens Rn. 249; § 14 ImmoWertV Rn. 148 ff.).

7 Darüber hinaus ist bei allen Verfahren der **Bodenwert** nach Maßgabe der Grundsatzregelung des § 16 Abs. 1 ImmoWertV mit dem Bodenwert eines unbebauten Grundstücks anzusetzen. Dieser Bodenwert ist bei allen Ertragswertverfahren

a) nach § 16 Abs. 3 ImmoWertV um die Freilegungskosten zu vermindern, wenn „alsbald" (in einem Zeitraum von bis zu 20 Jahren) mit dem Abriss der Gebäude zu rechnen ist (vgl. Syst. Darst. des Ertragswertverfahrens Rn. 61),

b) nach § 16 Abs. 4 ImmoWertV zu modifizieren, wenn die auf dem zu bewertenden Grundstück realisierte Bebauung „erheblich" von der nach § 6 Abs. 1 ImmoWertV zulässigen bzw. lagetypischen Nutzung abweicht. Bei einer langen Restnutzungsdauer des Gebäudes kann hierauf allerdings regelmäßig verzichtet werden, da der Bodenwert den Ertragswert nur marginal beeinflusst (vgl. § 16 ImmoWertV Rn. 222; Syst. Darst. des Ertragswertverfahrens Rn. 284 ff.).

8 Bei allen in § 17 ImmoWertV geregelten Ertragswertverfahren bestimmt sich der zu kapitalisierende bzw. abzuzinsende Ertrag nach dem Rohertrag abzüglich der Bewirtschaftungskosten nach § 19 ImmoWertV. Nach dieser Vorschrift sind stets „alle bei ordnungsgemäßer Bewirtschaftung" und zulässiger Nutzung **„marktüblich" entstehenden jährlichen Bewirtschaftungskosten** vom Rohertrag in Abzug zu bringen. Dies gilt auch bei Anwendung des mehrperiodischen Ertragswertverfahrens auf der Grundlage von Erträgen, die von dem marktüblich erzielbaren Ertrag aufgrund wohnungs- und mietrechtlicher Bindungen abweichen. Ist dabei die Entrichtung von Bewirtschaftungskosten vereinbart worden, die von den marktüblich entstehenden Bewirtschaftungskosten abweichen, so erhöht bzw. vermindert sich der Rohertrag entsprechend. Um zum Reinertrag zu gelangen, dürfen gleichwohl nur die „marktüblich" entstehenden jährlichen Bewirtschaftungskosten vom Rohertrag in Abzug gebracht werden (vgl. Syst. Darst. des Ertragswertverfahrens Rn. 200; § 19 ImmoWertV Rn. 23, 55, 73, 99, 155).

---

1 BR-Drucks. 296/9 (Beschluss) S. 1.
2 Uniform Standards of Professional Practice – USPAP – (Appraisal Institute Chicago).

Ertragswert § 17 ImmoWertV

1.1.2 Entstehungsgeschichte

§ 17 ImmoWertV ist aus den §§ 15 und 16 WertV 88/98 ohne wesentliche materielle Änderungen hervorgegangen. Alle drei im geltenden Recht geregelten Varianten des Ertragswertverfahrens entsprechen materiell dem Ertragswertverfahren der WertV. Dass nach geltendem Recht bei Anwendung des Ertragswertverfahrens ausdrücklich vom „marktüblich erzielbaren" Reinertrag und nicht mehr von dem „nachhaltig erzielbaren" Reinertrag (§ 16 Abs. 1 WertV) auszugehen ist, stellt lediglich eine Klarstellung dar, denn davon ist bei Anwendung des Ertragswertverfahrens unter Heranziehung des Liegenschaftszinssatzes stets auszugehen. Materiell ist lediglich die Regelung des § 16 Abs. 2 Satz 2 WertV 88 aufgegeben worden, nach der bei der Ermittlung des Bodenwertverzinsungsbetrags von dem zur Kapitalisierung des Reinertrags maßgebenden Liegenschaftszinssatz (§ 11 WertV 88/98) in Ausnahmefällen abgewichen werden konnte. Diese Ausnahmeregelung war praktisch bedeutungslos und ist mit Abs. 2 Nr. 1 2. Halbsatz ersatzlos fortgefallen[3].

9

ImmoWertV 10	WertV 88/98
Unterabschnitt 2: Ertragswertverfahren	**Zweiter Abschnitt: Ertragswertverfahren**
§ 17 **Ermittlung des Ertragswerts** (1) Im Ertragswertverfahren wird der Ertragswert auf der Grundlage marktüblich erzielbarer Erträge ermittelt. Soweit die Ertragsverhältnisse absehbar wesentlichen Veränderungen unterliegen oder wesentlich von den marktüblich erzielbaren Erträgen abweichen, kann der Ertragswert auch auf der Grundlage periodisch unterschiedlicher Erträge ermittelt werden.	**§ 15** **Ermittlungsgrundlagen** (1) Bei Anwendung des Ertragswertverfahrens ist der Wert der baulichen Anlagen, insbesondere der Gebäude, getrennt von dem Bodenwert auf der Grundlage des Ertrags nach den §§ 16 bis 19 zu ermitteln.
	(2) Der Bodenwert ist in der Regel im Vergleichswertverfahren (§§ 13 und 14) zu ermitteln.
▶ Vgl. § 16 Abs. 3	(3) Bodenwert und Wert der baulichen Anlagen ergeben den Ertragswert des Grundstücks, *soweit dieser nicht nach § 20 zu ermitteln ist*.
	§ 16 **Ermittlung des Ertragswerts der baulichen Anlagen**
(2) Im Ertragswertverfahren auf der Grundlage marktüblich erzielbarer Erträge wird der Ertragswert ermittelt 1. aus dem nach § 16 ermittelten Bodenwert und dem um den Betrag der angemessenen Verzinsung des Bodenwerts verminderten und sodann kapitalisierten Reinertrag (§ 18 Absatz 1); der Ermittlung des Bodenwertverzinsungsbetrags ist der für die Kapitalisierung nach § 20 maßgebliche Liegenschaftszinssatz zugrunde zu legen; bei der Ermittlung des Bodenwertverzinsungsbetrags sind selbstständig nutzbare Teilflächen nicht zu berücksichtigen (allgemeines Ertragswertverfahren), oder	(1) Bei der Ermittlung des Ertragswerts der baulichen Anlagen ist von dem nachhaltig erzielbaren jährlichen Reinertrag des Grundstücks auszugehen. Der Reinertrag ergibt sich aus dem Rohertrag (§ 17) abzüglich der Bewirtschaftungskosten (§ 18). (2) Der Reinertrag ist um den Betrag zu vermindern, der sich durch angemessene Verzinsung des Bodenwerts ergibt. Der Verzinsung ist in der Regel der für die Kapitalisierung nach Absatz 3 maßgebende Liegenschaftszinssatz (§ 11) zugrunde zu legen.

---

3   Vgl. BRDrucks. 265/72, S. 14.

2. aus dem nach § 20 kapitalisierten Reinertrag (§ 18 Absatz 1) und dem nach § 16 ermittelten Bodenwert, der mit Ausnahme des Werts von selbstständig nutzbaren Teilflächen auf den Wertermittlungsstichtag nach § 20 abzuzinsen ist (vereinfachtes Ertragswertverfahren).

Eine selbstständig nutzbare Teilfläche ist der Teil eines Grundstücks, der für die angemessene Nutzung der baulichen Anlagen nicht benötigt wird und selbstständig genutzt oder verwertet werden kann.

Ist das Grundstück wesentlich größer, als es einer den baulichen Anlagen angemessene Nutzung entspricht, und ist eine zusätzliche Nutzung oder Verwertung einer Teilfläche zulässig und möglich, ist bei der Berechnung des Verzinsungsbetrags der Bodenwert dieser Teilfläche nicht anzusetzen.

(3) Im Ertragswertverfahren auf der Grundlage periodisch unterschiedlicher Erträge wird der Ertragswert aus den durch gesicherte Daten abgeleiteten periodisch erzielbaren Reinerträgen (§ 18 Absatz 1) innerhalb eines Betrachtungszeitraums und dem Restwert des Grundstücks am Ende des Betrachtungszeitraums ermittelt. Die periodischen Reinerträge sowie der Restwert des Grundstücks sind jeweils auf den Wertermittlungsstichtag nach § 20 abzuzinsen.

1.2 Ertrag

Schrifttum: *Adolf, W.,* Der nachhaltige Ertrag ein veralteter Begriff, GuG 2005, 193: *Kleiber, W.,* Nachhaltige Einnahmen und Ausgaben, GuG 2006, 25.

▶ *Umfassend hierzu Syst. Darst. des Ertragswertverfahrens Rn. 187 ff. sowie § 18 ImmoWertV Rn. 1 ff. und § 19 ImmoWertV Rn. 1 ff.*

1.2.1 Allgemeines

10 Ausgangspunkt der Ertragswertermittlung sind die künftig über die Restnutzungsdauer zu erwartenden Erträge der zu bewertenden Immobilie. § 17 Abs. 1 ImmoWertV spricht zwar nur allgemein von den „Erträgen", jedoch werden diese Erträge mit § 17 Abs. 2 und 3 ImmoWertV als „Reinerträge" konkretisiert. Der Reinertrag ergibt sich gemäß § 18 Abs. 1 ImmoWertV aus dem jährlichen Rohertrag abzüglich der für eine ordnungsgemäße Bewirtschaftung und zulässigen Nutzung marktüblich entstehenden Bewirtschaftungskosten nach § 19 ImmoWertV.

11 Die „richtige" Erfassung der zu erwartenden künftigen Erträge ist das **Kardinalproblem jeder Ertragswertermittlung** (vgl. Syst. Darst. des Ertragswertverfahrens Rn. 12). Dabei kommt es im Kern nicht darauf an, die künftigen Erträge in ihrer tatsächlichen Höhe, ihrer wirtschaftlich gerechtfertigten Höhe oder ihrer nach wirtschaftlichen Kriterien prognostizierten Höhe „richtig" zu erfassen. Im Rahmen der Marktwertermittlung müssen die künftigen Erträge vielmehr in der Weise erfasst werden, wie sie im „gewöhnlichen Geschäftsverkehr" vom allgemeinen Grundstücksmarkt eingeschätzt werden.

Dem Grundstücksmarkt und speziell dem Erwerber einer Immobilie sind diesbezüglich nur die *am Wertermittlungsstichtag marktüblich erzielbaren Erträge* (vgl. unten Rn. 13) und im Falle davon abweichender Erträge aufgrund wohnungs-, miet- oder vertraglicher Bindungen die sich daraus ergebende (zumeist temporär beschränkte) konkrete Ertragsentwicklung des jeweiligen Grundstücks bekannt. Alles andere unterliegt der Einschätzung des Grundstücksmarktes. Die allgemeine Zukunftserwartung des Grundstücksmarktes manifestiert sich in den Kaufpreisen, die auf dem allgemeinen Grundstücksmarkt in Kenntnis der aktuellen marktüblich erzielbaren Erträge entrichtet werden. Der aus Marktpreisen nach Maßgabe des § 14

Ertragswert § 17 ImmoWertV

Abs. 3 ImmoWertV abgeleitete Liegenschaftszinssatz berücksichtigt mithin die allgemein vom Grundstücksmarkt erwartete Entwicklung, und zwar nicht nur in Bezug auf die Entwicklung der Mieten oder Pachten, sondern in Bezug auf alle immobilienwirtschaftlich relevanten und den Marktwert beeinflussenden Perspektiven (vgl. § 14 ImmoWertV Rn. 161 ff.). Mit diesem Liegenschaftszinssatz werden deshalb bei allen in § 17 ImmoWertV geregelten Ertragswertverfahren die allgemein vom Grundstücksmarkt erwarteten Entwicklungen in umfassender Weise erfasst, wobei die vom Grundstücksmarkt erwartete jährliche Miet- und Pachtentwicklung im Verborgenen bleibt (Abb. 1). Dies gilt auch für das in § 17 Abs. 1 Satz 2 i. V. m. § 17 Abs. 3 ImmoWertV geregelte mehrperiodische Ertragswertverfahren, bei dem dieser Liegenschaftszinssatz ebenfalls heranzuziehen ist (§ 20 ImmoWertV).

Abb. 1: *Liegenschaftszinssatz (all over capitalization rate)*

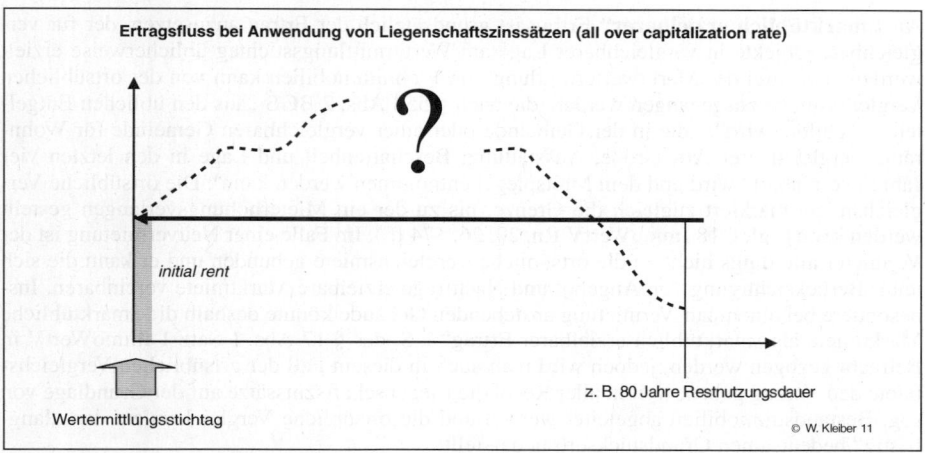

Temporär von den marktüblich erzielbaren Erträgen insbesondere aufgrund wohnungs-, miet- oder vertragsrechtlicher Bindungen (Anomalien) abweichenden Erträgen muss bei allen zur Anwendung kommenden Verfahren Rechnung getragen werden. Dies erfolgt

– bei Anwendung des *allgemeinen und vereinfachten Ertragswertverfahrens* (ein- und zweigleisiges Ertragswertverfahren) nach § 17 Abs. 2 ImmoWertV durch eine ergänzende Berücksichtigung nach § 8 Abs. 3 ImmoWertV und

– bei Anwendung des *mehrperiodischen Ertragswertverfahrens* nach § 17 Abs. 1 Satz 2 i. V. m. § 17 Abs. 3 ImmoWertV unmittelbar mit dem in der jeweiligen Periode angesetzten erhöhten oder geminderten Ertrag.

Dementsprechend bestimmt sich der jeweils maßgebliche Ertrag nach dem angewandten Ertragswertverfahren.

1.2.2 Marktüblich erzielbarer Ertrag der Standardverfahren

▶ *Syst. Darst. des Ertragswertverfahrens Rn. 179 ff., § 18 ImmoWertV Rn. 20 ff.*

Nach § 17 Abs. 1 Satz 1 ImmoWertV ist der Ertragswert auf der Grundlage des bei Fremdnutzung (ohne die Zahlungen für Mobilien) „marktüblich erzielbaren" Ertrags zu ermitteln. Die vorgeschriebene Ertragswertermittlung auf der Grundlage der marktüblich erziel*baren* Reinerträge bedeutet, dass dieser Reinertrag **unabhängig von den tatsächlichen Verhältnissen auch bei**

– **eigen genutzten Gebäuden** bzw. Gebäudeteilen,
– **leerstehenden Gebäuden** bzw. Gebäudeteilen **und**
– Vermietung zu „von den marktüblich erzielbaren Erträgen erheblich abweichenden Erträgen"

der Ertragswertermittlung zugrunde zu legen ist. Ein vom marktüblich erzielbaren insbesondere **aufgrund wohnungs-, miet- oder vertragsrechtlicher Bindungen abweichender Ertrag** bleibt jedoch nur im ersten Schritt außer Betracht. Diese Vorgabe betrifft die in § 17 Abs. 2 ImmoWertV geregelten Standardverfahren der Ertragswertermittlung (ein- und zweigleisiges Ertragswertverfahren). Die Ertragswertermittlung auf der Grundlage des am Wertermittlungsstichtag „marktüblich erzielbaren" Ertrags *(initial rent)* führt – kapitalisiert mit dem Barwertfaktor (Vervielfältiger) – zum vorläufigen Ertragswert.

14 Rein formal wird damit ein konstanter Einnahmefluss kapitalisiert. Der am Wertermittlungsstichtag „marktüblich erzielbare Ertrag bildet tatsächlich aber nur den Ausgangspunkt der Ertragswertermittlung, denn die vom Grundstücksmarkt antizipierte Miet- und Pachtentwicklung wird – wie dargelegt – mit dem Liegenschaftszinssatz *(all over capitalization rate)* erfasst. **Das Verfahren ist** damit **nicht „statisch".**

15 Als **„marktüblich erzielbarer"** Ertrag ist grundsätzlich der Ertrag anzusetzen, der für vergleichbare Objekte in vergleichbarer Lage am Wertermittlungsstichtag üblicherweise erzielt werden kann. Bei der Marktwertermittlung von Wohnimmobilien kann von der ortsüblichen Vergleichsmiete ausgegangen werden, die nach § 558 Abs. 2 BGB „aus den üblichen Entgelten ... gebildet wird", „die in der Gemeinde oder einer vergleichbaren Gemeinde für Wohnraum vergleichbarer Art, Größe, Ausstattung, Beschaffenheit und Lage in den letzten vier Jahren vereinbart" wird und dem Mietspiegel entnommen werden kann[4]. Die ortsübliche Vergleichsmiete markiert zugleich die Grenze, bis zu der ein Mieterhöhungsverlangen gestellt werden kann (vgl. § 18 ImmoWertV Rn. 20, 26, 174 ff.). Im Falle einer Neuvermietung ist der Vermieter allerdings nicht an die ortsübliche Vergleichsmiete gebunden und er kann die sich unter Berücksichtigung von Angebot und Nachfrage erzielbare Marktmiete vereinbaren. Insbesondere bei einem zur Vermietung anstehenden Gebäude könnte deshalb die „marktübliche Marktmiete als „marktüblich erzielbarer Ertrag" i. S. des § 17 Abs. 1 Satz 1 ImmoWertV in Betracht gezogen werden, jedoch wird man auch in diesem Fall der ortsüblichen Vergleichsmiete den Vorzug geben, weil in aller Regel die Liegenschaftszinssätze auf der Grundlage von sog. Bestandsimmobilien abgeleitet werden und die ortsübliche Vergleichsmiete den „langfristig" bedeutsamen Grundstücksertrag darstellt.

16 Die Verordnung fordert nicht, dass stets die „bei ordnungsgemäßer Bewirtschaftung" marktüblich erzielbaren Erträge Grundlage der Ertragswertermittlung sind. Als Bewirtschaftungskosten sind jedoch die „bei ordnungsgemäßer Bewirtschaftung" marktüblich entstehenden jährlichen Aufwendungen anzusetzen (§ 19 Abs. 1 ImmoWertV). Weist ein Objekt aufgrund einer unterlassenen Instandhaltung **Baumängel und Bauschäden** auf und fallen deshalb die marktüblich erzielbaren Erträge entsprechend geringer als bei einem ordnungsgemäß instand gehaltenen Gebäude aus, so kann der Ertragswert auf der Grundlage der dem entsprechenden marktüblich erzielbaren Erträge ermittelt werden. Dies kann insbesondere bei unbehebbaren Baumängeln und Bauschäden geboten sein oder wirtschaftlich sinnvoll sein, wenn bei einer wirtschaftlichen Betrachtungsweise von einer Behebung der Baumängel und Bauschäden abgesehen wird.

17 Der Ertragswert lässt sich auch dann auf der Grundlage der „marktüblich erzielbaren Erträge" ermitteln, wenn diese aufgrund der Beschaffenheit der baulichen Anlage nicht marktüblich erzielbar sind. Dies betrifft nicht nur die vorstehend angesprochenen Baumängel und Bauschäden. Auch der nach Realisierung einer anstehenden **Modernisierung und Umstrukturierung** *(refurbishment)* sich ergebende marktüblich erzielbare Ertrag kann Grundlage der Ertragswertermittlung sein, wobei auch dann (fiktiv) von dem am Wertermittlungsstichtag bei bereits unterstellter Modernisierung marktüblich erzielbaren Ertrag auszugehen ist. Die mit der Realisierung einhergehenden Ertragsausfälle und Kosten der Maßnahme sind dann in marktkonformer Weise wertmindern zu berücksichtigen, sofern nicht als Ertragswert ein sog.

---

[4] § 558c Mietspiegel: (1) Ein Mietspiegel ist eine Übersicht über die ortsübliche Vergleichsmiete, soweit die Übersicht von der Gemeinde oder von Interessenvertretern der Vermieter und der Mieter gemeinsam erstellt oder anerkannt worden ist.

Ertragswert § 17 ImmoWertV

„Würde-wenn-Wert" ausgeworfen wird (vgl. Syst. Darst. des Ertragswertverfahrens Rn. 15, 97 und 223; § 19 ImmoWertV Rn. 115).

Allgemein ist von den **„marktüblich erzielbaren Erträgen" auszugehen, die auf Dauer den Ertragswert bestimmen.** Weichen die am Wertermittlungsstichtag marktüblich erzielbaren Erträge (temporär) davon ab, sind die Abweichungen nach § 8 Abs. 3 ImmoWertV ergänzend zu berücksichtigen. Die (künftigen) marktüblich erzielbaren Erträge sind auch in diesen Fällen nach den am Wertermittlungsstichtag herrschenden Marktverhältnissen unter Berücksichtigung der künftigen qualitativen Eigenschaften anzusetzen. Damit werden im Übrigen keine Marktentwicklungen i. S. des *Discounted Cashflow* Verfahrens prognostiziert, es wird lediglich eine absehbare qualitative Eigenschaft antizipiert. 18

1.2.3 Berücksichtigung besonderer Ertragsentwicklungen

1.2.3.1 Allgemeines

▶ *Vgl. Syst. Darst. des Ertragswertverfahrens Rn. 51 ff.*

Auch wenn nach dem Wortlaut des § 17 Abs. 1 Satz 1 ImmoWertV der Ertragswert auf der Grundlage der marktüblich erzielbaren Erträge ermittelt wird, sind besondere Ertragsentwicklungen der in § 17 Abs. 2 Satz 2 ImmoWertV angesprochenen Art auch bei Anwendung des allgemeinen und vereinfachbaren Ertragswertverfahrens (ein- und zweigleisigen Ertragswertverfahrens) nach § 17 Abs. 2 ImmoWertV zu berücksichtigen (vgl. oben Rn. 6 ff.). Die Vorschrift nennt namentlich 19

a) absehbare wesentliche Veränderungen der Ertragsverhältnisse (vgl. unten Rn. 32) oder

b) wesentlich von den marktüblich erzielbaren Erträgen abweichende Ertragsverhältnisse (vgl. unten Rn. 25).

Dass die ImmoWertV derartige besondere Ertragsverhältnisse nur im Zusammenhang mit der Anwendung des mehrperiodischen Ertragswertverfahrens ausdrücklich erwähnt, bedeutet nicht im Umkehrschluss, dass sie bei Anwendung des allgemeinen und vereinfachbaren Standardverfahrens (ein- oder zweigleisigen Ertragswertverfahrens) nach § 17 Abs. 2 ImmoWertV unberücksichtigt bleiben.

Bei jeder Verkehrswertermittlung und selbst bei Anwendung des Vergleichs- und Sachwertverfahrens ist es unabdingbar, das zu bewertende Grundstück im Hinblick auf besondere Ertragsentwicklungen zu analysieren und die daraus gewonnenen Erkenntnisse in die Verkehrswertermittlung einzustellen. 20

1. Mit den **„*absehbaren wesentlichen Veränderungen*" *der Ertragsverhältnisse*** sind in erster Linie Veränderungen der Ertragsverhältnisse aufgrund von Veränderungen der qualitativen Eigenschaften des zu bewertenden Grundstücks angesprochen. Prognostizierte Veränderungen der Ertragsverhältnisse aufgrund einer allgemein erwarteten Entwicklung der Miet- und Pachtverhältnisse fallen indessen nicht darunter (vgl. unten Rn. 32). Dies ergibt sich allein schon daraus, dass zur Kapitalisierung bzw. Diskontierung der angesetzten Reinerträge der Liegenschaftszinssatz herangezogen werden muss (§ 20 ImmoWertV) und mit dem Liegenschaftszinssatz die vom Grundstücksmarkt allgemein erwartete Entwicklung der Miet- und Pachtverhältnisse berücksichtigt werden. Für eine weitere Berücksichtigung ist dann kein Raum mehr und würde zu einer Doppelberücksichtigung führen (vgl. unten Rn. 32).

2. Mit den **„wesentlich von den marktüblich erzielbaren Erträgen" abweichenden Ertragsverhältnissen** sind insbesondere Abweichungen aufgrund wohnungs-, miet- oder vertragsrechtlicher Bindungen angesprochen (vgl. unten Rn. 25).

Während es im zweiten Fall um die **Berücksichtigung von temporär abweichenden Erträgen** geht, geht es im ersten Fall vornehmlich um die Berücksichtigung von langfristig wirksamen Ertragsveränderungen insbesondere aufgrund städtebaulicher Maßnahmen oder objektbezogener Maßnahmen. Sie müssen nach § 2 Satz 2 ImmoWertV „mit hinreichender Sicherheit aufgrund konkreter Tatsachen zu erwarten" sein. Die können z. B. sein

- die Durchführung städtebaulicher Maßnahmen (Sanierungs-, Entwicklungs- und Stadtumbaumaßnahmen), sonstiger städtebaulicher Maßnahmen, wie z. B. eine besondere Verkehrserschließung, aber auch sonstige den marktüblich erzielbaren Ertrag mindernde oder erhöhende Veränderungen (z. B. anstehende Konversionsmaßnahmen) bzw.
- die zum Wertermittlungsstichtag eingeleitete, aber noch nicht abgeschlossene Modernisierung, Umstrukturierung der baulichen Anlage (z. B. der Ausbau des Dachgeschosses) und dgl.

In derartigen Fällen müssen ggf. dafür anfallenden Kosten und dgl. „gegengerechnet" werden.

21 Nur die **„wesentlichen" absehbaren Veränderungen der Ertragsverhältnisse** und nur „wesentlich" von den marktüblich erzielbaren Erträgen" abweichende Erträge sind zu berücksichtigen. Dies ist nicht allein von der Höhe der abweichenden Erträge (pro Quadratmeter Nutz- bzw. Wohnfläche) abhängig, sondern auch von der davon betroffenen Nutzfläche und dem Zeitraum. Eine absehbare Veränderung und Abweichung ist „wesentlich", wenn der sich daraus ergebende Barwert im Verhältnis zum Gesamtwert eine Größenordnung einnimmt, die im Rahmen der Auf- oder Abrundung des Gesamtergebnisses zu berücksichtigen ist (vgl. Syst. Darst. des Ertragswertverfahrens Rn. 283).

22 Um derartige Abweichungen berücksichtigen zu können, müssen bei jeder Verkehrswertermittlung **sämtliche Miet- und Pachtverträge** herangezogen und ausgewertet werden. Darüber hinaus ist festzustellen,

a) ob und inwieweit die sich daraus ergebenden Möglichkeiten der Mietanpassung „ausgeschöpft" worden sind,

b) welche Mieten und Pachten nach Maßgabe der vertraglichen Vereinbarungen und unter Berücksichtigung gesetzlicher Regelungen, insbesondere der Regelung zu den Kappungsgrenzen nach § 558 Abs. 3 BGB (vgl. § 18 ImmoWertV Rn. 102 ff., zur Wucher- und Wesentlichkeitsgrenze vgl. § 18 ImmoWertV Rn. 90 ff.) am Wertermittlungsstichtag tatsächlich erzielt werden können,

c) in welchem Zeitraum bei festgestellten Abweichungen zum marktüblich erzielbaren Ertrag der am Wertermittlungsstichtag tatsächlich erzielbare Ertrag an den marktüblich erzielbaren Ertrag angepasst werden kann und

d) ob aufgrund förderrechtlicher Bestimmungen, z. B. die des geförderten Wohnungsbaus, sich die Mieten nach Ablauf des Bindungszeitraums usw. ändern und Zinsvorteile wegfallen (vgl. § 6 ImmoWertV Rn. 92 ff.).[5]

23 Darüber hinaus muss auch die **Solvenz des Mieters** in die Betrachtung einbezogen werden, denn bei vertraglichen Mehreinnahmen ist die Rechtsposition des Grundstückseigentümers nur so viel wert, wie der Mieter in der Lage ist, seinen Vertrag zu erfüllen.

24 Ergeben sich aus der **Analyse der Miet- und Pachtverhältnisse** nach Maßgabe der vertraglichen Vereinbarungen und unter Berücksichtigung gesetzlicher Regelungen temporäre Abweichungen gegenüber dem marktüblich erzielbaren Ertrag, müssen diese Abweichungen bei der Ertragswertermittlung wie im Übrigen auch bei der Verkehrswertermittlung unter Anwendung des Vergleichs- oder Sachwertverfahrens berücksichtigt werden. Bei Anwendung des Ertragswertverfahrens können die Abweichungen

a) differenziell, d. h., es werden die kapitalisierten Mehr- oder Mindererträge ergänzend zu dem unter Anwendung des *ein- oder zweigleisigen Ertragswertverfahrens* nach § 17 Abs. 2 ImmoWertV ermittelten vorläufigen Ertragswert berücksichtigt, oder

b) direkt unter Ansatz der entsprechend periodisch unterschiedlichen Erträge (bei Anwendung des *mehrperiodischen Ertragswertverfahrens*)

berücksichtigt werden.

---

[5] Kleiber, Verkehrswertermittlung von Grundstücken, 6. Aufl. 2010, Teil VIII Rn. 521 ff., Teil IX Rn. 144

Ertragswert § 17 ImmoWertV

Die **differenzielle Berücksichtigung** erfolgt mithilfe der Auf- und Abschichtungsmethode (*Top and Bottom Slicing*); bei direkter Berücksichtigung kommt das Vervielfältigerdifferenzenverfahren (*Term and Reversion*) zur Anwendung (vgl. § 8 ImmoWertV Rn. 178 ff.). Dabei muss sich in beiden Fällen dasselbe Ergebnis ergeben (vgl. Syst. Darst. des Ertragswertverfahrens Rn. 57).

1.2.3.2 Temporäre Abweichungen vom marktüblich erzielbaren Ertrag

▶ *Vgl. Syst. Darst. des Ertragswertverfahrens Rn. 41 ff., 51 ff., § 8 ImmoWertV Rn. 255 ff.*

Nach den vorstehenden Ausführungen sind von dem marktüblich erzielbaren Ertrag insbesondere aufgrund wohnungs-, miet- oder vertraglicher Bindungen[6] **temporär abweichende Erträge** gesondert zu erfassen und zu berücksichtigen. Entsprechendes gilt auch für temporäre Mehr- oder Mindereinnahmen, z. B. aufgrund von nur vorübergehend bereitstellbaren Werbeflächen, Abstellplätzen, einem vorübergehenden Leerstand, einer vorübergehend nicht „artgerechten" Nutzung (Wohnung im Ladengeschoss), vorübergehenden Ertragseinbußen aufgrund von Baumaßnahmen, temporären Steuervor- und -nachteilen und dgl. 25

Aufgrund wohnungs-, miet- oder vertraglicher Bindungen vom marktüblich erzielbaren Ertrag abweichende Erträge können i. d. R. als **„gesicherte" Daten i. S. des § 17 Abs. 3 Satz 1 ImmoWertV** gelten. Soweit ein Miet- oder Pachtverhältnis mit einem „gefährdeten" Mieter besteht, kann dem Rechnung getragen werden (vgl. unten Rn. 30). 26

Ein **zulässigerweise vertraglich vereinbartes Mietverhältnis** ist – auch wenn es ungewöhnlich sein mag – als rechtliche Gegebenheit zu berücksichtigen[7]. Dies gilt unabhängig davon, ob derartige Vertragsverhältnisse im Verhältnis zu dem marktüblich erzielbaren Reinertrag zu einem besonders hohen oder niedrigen Reinertrag führen. Wird bei der Verkehrswertermittlung ein sich nachhaltig auswirkendes Mietverhältnis nicht beachtet, so kann dem Gutachter der Vorwurf der Fahrlässigkeit gemacht werden[8]. 27

Beispiel: 28

a) **Ertragswertverfahren auf der Grundlage des marktüblich erzielbaren Ertrags (Standardverfahren nach § 17 Abs. 2 Nr. 1 ImmoWertV)**

Geschäftsgrundstück

Marktüblich erzielbare und tatsächlich erzielte Nettokaltmiete 120 000 €/Jahr. Die Miete ist über 8 Jahre vereinbart und über den Verbraucherpreisindex wertgesichert.

Bewirtschaftungskosten	12 v. H.
Liegenschaftszinssatz	7 v. H.
Restnutzungsdauer des Gebäudes	35 Jahre
Bodenwert	400 000 €

Ertragswertermittlung	
Jahresnettokaltmiete	120 000 €
– Bewirtschaftungskosten	– 14 400 €
Jahresreinertrag	105 600 €
– Bodenwertverzinsungsbetrag 7 % von 400 000 €	– 28 000 €
Gebäudereinertrag	77 600 €
Barwertfaktor bei 35 Jahren und 7 % = 12,95	
Gebäudeertragswert 77 600 € × 12,95	1 004 920 €
+ Bodenwert	+ 400 000 €
Ertragswert	= 1 404 920 €

---

6 OLG Karlsruhe, RE vom 13.11.1989 – 9 REMiet 1/89 -, EzGuG 3.78; LG Düsseldorf, Urt. vom 02.05.1990 – 24 S – 452/89 –, EzGuG 3.82; OLG Hamm, Beschl. vom 29.01.1993 – REMiet 2/92 –, EzGuG 3.111.
7 BR-Drucks. 352/88, S. 56.
8 BGH, Urt. vom 02.11.1983 – IV ZR 20/82 –, EzGuG 20.103; Schopp in ZMR 1990, 361.

§ 17 ImmoWertV — Ertragswert

29 Temporäre Mehr- oder Mindereinnahmen aufgrund vertraglicher Bindungen können mithilfe des **Auf- und Abschichtungsverfahrens** (*Top and Bottom Slicing Approach*) berücksichtigt werden:

b) Ertragswertverfahren bei abweichenden Mietverhältnissen

vorläufiger Grundstücksertragswert aus a)		1 404 920 €
Mehrertrag 160 000 € – 120 000 € (über 8 Jahre) p. a.	40 000 €	
Barwertfaktor (Vervielfältiger) bei 7 % und 8 Jahren = 5,97		
Kapitalisierter Mehrerlös: 40 000 € × 5,97		+ 238 800 €
Grundstücksertragswert		**1 643 720 €**

30 Bei der Ermittlung des Ertragswerts unter Berücksichtigung des vertraglichen Mehrertrags wurden die **Bewirtschaftungskosten in gleicher Höhe wie bei Vermietung in marktüblicher Höhe** berücksichtigt. Dies ist grundsätzlich darin begründet, dass die Bewirtschaftungskosten sich durch ein besonders günstiges oder ungünstiges Mietverhältnis nicht ändern. In Bezug auf die Mehreinnahmen besteht allerdings ein erhöhtes **Mietausfallwagnis**, denn ein bestehendes Mietverhältnis schützt nicht vor einem Mietausfall (bei Insolvenz) und es kann nicht damit gerechnet werden, dass zu den gleichen Konditionen das Objekt neuvermietet werden kann. Dem kann damit Rechnung getragen werden, dass der Mehrertrag mit einem Liegenschaftszinssatz kapitalisiert wird, der um einen Risikozuschlag „aufgestockt" wird.

31 **c) Ertragswertverfahren bei abweichenden Mietverhältnissen**

Nach Ablauf des 8-jährigen Mietvertrags muss damit gerechnet werden, dass lediglich die marktüblich erzielbare Miete erzielt werden kann. Sie beträgt nur 120 000 €.

Vorläufiger Grundstücksertragswert aus a)		1 404 920 €
Mehrertrag 160 000 € – 120 000 € (über 8 Jahre) p. a.	= 40 000 €	
Barwertfaktor (Vervielfältiger) bei 10 % und 8 Jahren = 5,33		
Kapitalisierter Mehrerlös: 40 000 € × 5,33		213 200 €
Grundstücksertragswert		**1 618 120 €**

1.2.3.3 Absehbare wesentliche Veränderungen

32 Neben den „*wesentlich von den marktüblich erzielbaren Erträgen*" abweichenden Ertragsverhältnissen sind auch sonstige „*absehbare wesentliche Veränderungen*" der Ertragsverhältnisse zu berücksichtigen, die nicht mit dem angesetzten Liegenschaftszinssatz bereits berücksichtigt werden (vgl. oben Rn. 16). Es handelt sich dabei insbesondere um Änderungen der Ertragsverhältnisse aufgrund **absehbarer qualitativer Änderungen der baulichen Anlage und der Lage des Grundstücks**, die eine Erhöhung oder Minderung des Reinertrags gegenüber dem am Wertermittlungsstichtag marktüblich erzielbaren Reinertrag erwarten lassen.

33 In Betracht kommt z. B.
- eine absehbare Lageverbesserung durch städtebauliche Maßnahmen,
- die Errichtung eines großflächigen Einkaufszentrums in Konkurrenz zur Ortslage,
- die Verlegung einer Durchgangsstraße,
- die absehbare Fertigstellung einer U-Bahn, eines Flughafens, eines IC-Anschlusses,
- absehbare Verbesserungen der Nutzung des Gebäudes z. B. durch Ausbau des Dachgeschosses, Grundrissänderungen, auslaufende Belegungsrechte, den absehbaren Auslauf sog. Fehlnutzungen usw.

34 Nach der Generalklausel des § 2 Satz 2 ImmoWertV sind nur solche absehbaren „Veränderungen" zu berücksichtigen, **die mit „hinreichender Sicherheit aufgrund konkreter Tatsachen" zu erwarten sind**. § 17 Abs. 3 Satz 1 ImmoWertV fordert darüber hinaus, dass die

Ertragswert § 17 ImmoWertV

daraus resultierenden Ertragsänderungen auf „gesicherten Daten" basieren sollen. Spekulative Erwartungen müssen deshalb unberücksichtigt bleiben.

Auch wenn die „absehbaren" Änderungen in der Zukunft liegen, sind die daraus resultierenden **Änderungen der Ertragsverhältnisse nach der am Wertermittlungsstichtag dafür marktüblich erzielbaren Ertragsdifferenz** bzw. den am Wertermittlungsstichtag dafür marktüblich erzielbaren (fiktiven) Ertrag zu berücksichtigen, denn auch insoweit wird die allgemeine Ertragsentwicklung mit dem Liegenschaftszinssatz berücksichtigt. 35

Soweit die **absehbaren Änderungen der Ertragsverhältnisse nicht nur temporär, sondern auf Dauer zu erwarten sind**, ist der Ertragswert auf der Grundlage der künftig marktüblich erzielbaren Erträge zu ermitteln. Die Abweichungen gegenüber den zum Wertermittlungsstichtag marktüblich erzielbaren Erträgen ist in diesem Fall als temporäre Mehr- oder Mindereinnahme gesondert zu berücksichtigen (vgl. oben Rn. 18). 36

2 Allgemeines Ertragswertverfahren (Standardverfahren nach § 17 Abs. 2 ImmoWertV)

2.1 Übersicht

▶ *Weiterführend Syst. Darst. des Ertragswertverfahrens Rn. 103*

Die Ermittlung des Ertragswerts auf der Grundlage des marktüblich erzielbaren Ertrags nach § 17 Abs. 1 Satz 1 ImmoWertV wird in § 17 Abs. 2 Satz 1 ImmoWertV in zwei mathematisch identischen Varianten geregelt, und zwar in folgender Reihenfolge: 37

1. als *zweigleisiges* Ertragswertverfahren („allgemeines" Ertragswertverfahren) unter Aufteilung des Ertragswerts in einen Boden- und Gebäudewertanteil (vgl. § 17 Abs. 2 Nr. 1 ImmoWertV) und

2. als *eingleisiges* Ertragswertverfahren ohne Aufteilung des Ertragswerts in einen Boden- und Gebäudewertanteil (vgl. § 17 Abs. 2 Nr. 2 ImmoWertV).

Die in § 17 Abs. 2 Nr. 2 ImmoWertV genannte Variante wird als „vereinfachtes" Ertragswertverfahren" bezeichnet. Tatsächlich handelt es sich dabei nur um ein vereinfach*bares* Ertragswertverfahrens, d. h. um die „Vorstufe" zum vereinfachten Ertragswertverfahren, denn nur bei einer langen Restnutzungsdauer der baulichen Anlage kann sich diese Form des Ertragswertverfahrens vereinfachen (vgl. oben Rn. 1 sowie unten Rn. 47, Syst. Darst. des Ertragswertverfahrens Rn. 33, 72, 86 und 288).

Darüber hinaus wird mit § 17 Abs. 2 Satz 2 ImmoWertV der Begriff der „**selbstständig nutzbaren Teilfläche**" definiert (vgl. Syst. Darst. des Ertragswertverfahrens Rn. 131). 38

2.2 Allgemeines (zweigleisiges) Ertragswertverfahren nach § 17 Abs. 2 Nr. 1 ImmoWertV

▶ *Weiterführend Syst. Darst. des Ertragswertverfahrens Rn. 36, 103 ff.*

Das an erster Stelle genannte **allgemeine Ertragswertverfahren entspricht dem bereits in der WertV 88/98 geregelten umfassend anwendbaren zweigleisigen Ertragswertverfahren**, das eine gesonderte Ermittlung des Gebäudewertanteils (Gebäudeertragswert) ermöglicht. Dieser wird benötigt im Rahmen 39

– der Marktwertermittlung von Erbbaurechten und erbbaurechtbelasteten Grundstücken,

– steuerlicher Bewertungen (für die Abschreibung des Gebäudewerts),

§ 17 ImmoWertV — Ertragswert

- der Marktwertermittlung nach dem Vermögensrecht sowie
- im Rahmen städtebaulicher Maßnahmen.

Auch in der **Bilanzbewertung** wird der „Grund und Boden" unabhängig von seiner zivilrechtlichen Behandlung, die den Grund und Boden, die baulichen Anlagen und sonstige wesentliche Bestandteile als Einheit betrachtet, als eigenständiger Vermögensgegenstand angesehen (vgl. § 240 HGB). Kein Bestandteil des Grund und Bodens sind in diesem Bereich auch grundstücksgleiche Rechte, unternehmenseigene Bodenbefestigungen, Straßen, Be- und Entwässerungsanlagen sowie Betriebsvorrichtungen[9].

40 Das **allgemeine Ertragswertverfahren (zweigleisiges Standardverfahren)** hat folgende mathematische Form:

$$EW = (RE - p \times BW^*) \times V + BW$$

wobei
- EW = Ertragswert,
- RE = Jährlicher Reinertrag = Rohertrag abzüglich Bewirtschaftungskosten nach § 19 ImmoWertV,
- BW = Bodenwert nach § 16 ImmoWertV des gesamten Grundstücks,
- BW* = Bodenwertanteil der Umgriffsfläche bei übergroßen Grundstücken (ansonsten BW),
- V = Vervielfältiger (Barwertfaktor) gemäß Anlage zur ImmoWertV in Abhängigkeit von dem Liegenschaftszinssatz p und der Restnutzungsdauer n (§ 20 ImmoWertV),
- p = Liegenschaftszinssatz nach § 14 Abs. 3 ImmoWertV,
- BW* × p = Bodenwertverzinsungsbetrag,
- n = Restnutzungsdauer nach § 6 Abs. 6 ImmoWertV

41 Bei einem **übergroßen Grundstück**, d. h. bei einem Grundstück, **das selbstständig nutzbare Teilflächen** i. S. des § 17 Abs. 2 Satz 2 ImmoWertV **aufweist**, bestimmt sich der Bodenwertverzinsungsbetrag nach dem Bodenwertanteil der Umgriffsfläche (BW* × p anstelle BW × p). Bei kurzer Restnutzungsdauer der baulichen Anlage (n ≤ 20 Jahre) ist der Bodenwert BW nach § 16 Abs. 3 ImmoWertV jeweils um die Freilegungskosten zu vermindern; dies gilt bei übergroßen Grundstücken für den Bodenwertanteil der Umgriffsfläche BW* entsprechend. Im Übrigen wird auf die umfassenden Erläuterungen in der Syst. Darst. des Ertragswertverfahrens bei den Rn. 103 ff., 119 ff., 241 verwiesen.

42 Bei Anwendung des allgemeinen Ertragswertverfahrens wird der Reinertrag des Grundstücks in die Verzinsungsanteile des Bodens und der baulichen Anlagen aufgespalten. Das allgemeine Ertragswertverfahren wird deshalb auch als gespaltenes bzw. zweigleisiges Verfahren bezeichnet. Der **Bodenwert wird** dabei unter Heranziehung des objektspezifischen Liegenschaftszinssatzes **auf ewig kapitalisiert** und ergibt den Bodenwertverzinsungsbetrag (Bodenertragswert), während der Ertragswertanteil der baulichen Anlagen als Zeitrente über die Dauer der voraussichtlichen wirtschaftlichen Nutzungsmöglichkeit (Restnutzungsdauer) zu sehen ist. Sein Barwert ist der Ertragswertanteil der baulichen Anlagen.

43 Sowohl der Ermittlung des Bodenwertverzinsungsbetrags als auch der Kapitalisierung des Reinertragsanteils der baulichen Anlage ist der Liegenschaftszinssatz zugrunde zu legen. Eine theoretisch begründbare **Unterscheidung nach einem Soll- und Habenzins** schließt die ImmoWertV ausdrücklich aus. Eine Unterscheidung würde nämlich zu einem überflüssigen Rechenschritt führen, denn dann müsste auch bei der Ableitung des Liegenschaftszinssatzes nach § 14 Abs. 3 ImmoWertV nach einem Soll- und Habenzinssatz unterschieden werden. Auch dies sieht die ImmoWertV nicht vor[10]. Der Liegenschaftszinssatz stellt insoweit einen „gemischten Zinssatz" dar, der bei der Ertragswertermittlung auch als „gemischter" Liegenschaftszinssatz zur Anwendung kommt, sodass die theoretische Unterscheidung außer Betracht bleiben kann.

---

9   Spitz, H., Grundstücks- und Gebäudewerte in der Bilanz- und Steuerpraxis, Herne Berlin 1996 S. 2, 40.
10 Die ImmoWertV geht diesbezüglich von einer Ableitung des Liegenschaftszinssatzes als „Mischzinssatz" (Soll- und Habenzins) aus. Bei kurzer Restnutzungsdauer kann eine Unterscheidung nach Soll- und Habenzinssatz sinnvoll sein, da für die im Reinertrag (theoretisch) enthaltene Abschreibung Habenzinsen anfallen.

Ertragswert § 17 ImmoWertV

Die **Summe aus dem Bodenwert des Grundstücks und dem Ertragswert der baulichen Anlagen ergibt den Ertragswert.** Dabei handelt es sich allerdings um den vorläufigen Ertragswert, wenn nach Maßgabe des § 8 Abs. 3 ImmoWertV „besondere objektspezifische Grundstücksmerkmale" (Anomalien) berücksichtigt werden müssen, die noch nicht direkt mit dem vorläufigen Ertragswert berücksichtigt worden sind. 44

2.3 Vereinfachbares (eingleisiges) Ertragswertverfahren nach § 17 Abs. 2 Nr. 2 ImmoWertV

▶ *Weiterführend Syst. Darst. des Ertragswertverfahrens Rn. 33, 103 ff.*

Das an zweiter Stelle genannte *ein*gleisige Ertragswertverfahren hat folgende mathematische Form 45

$$EW = RE \times V + BW^* \times q^{-n} + BW^{**}$$

wobei
- EW = Ertragswert,
- RE = Jährlicher Reinertrag = Rohertrag abzüglich Bewirtschaftungskosten nach § 19 ImmoWertV,
- BW* = Bodenwertanteil der Umgriffsfläche bei übergroßen Grundstücken (ansonsten BW),
- BW** = Bodenwertanteil der selbstständig nutzbaren Teilfläche, sofern vorhanden,
- BW* + BW** = Bodenwert des Gesamtgrundstücks (BW),
- V = Vervielfältiger (Barwertfaktor) gemäß Anlage zur ImmoWertV in Abhängigkeit von dem Liegenschaftszinssatz p und der Restnutzungsdauer n (§ 20 ImmoWertV)
- p = Liegenschaftszinssatz nach § 14 Abs. 3 ImmoWertV
- n = Restnutzungsdauer nach § 6 Abs. 6 ImmoWertV
- q = Zinsfaktor = 1 + p/100 (Anlage 2 zur ImmoWertV)

Bei **kurzer Restnutzungsdauer der baulichen Anlage** ($n \leq 20$ Jahre) ist der Bodenwert der Umgriffsfläche BW* nach § 16 Abs. 3 ImmoWertV wiederum um die Freilegungskosten zu vermindern. Im Übrigen wird wiederum auf die umfassenden Erläuterungen in der Syst. Darst. des Ertragswertverfahrens bei den Rn. 103 ff., 119 ff. verwiesen. 46

Bei **sehr langer Restnutzungsdauer der baulichen Anlage** ($n \geq 50$ Jahre) kann auf den Ansatz des abgezinsten Bodenwerts ($BW^* \times q^{-n}$) verzichtet werden, da der Bodenwert mit seiner Abzinsung gegen null geht. Weist das Grundstück zudem keine selbstständig nutzbaren Freiflächen auf, so reduziert sich die mathematische Form auf 47

$$EW = RE \times V$$

Nur bei dieser Konstellation kann im eigentlichen Sinne von einem **vereinfachten Ertragswertverfahren** gesprochen werden (vgl. oben Rn. 37).

3 Mehrperiodisches Ertragswertverfahren

3.1 Allgemeines

▶ *Vgl. Syst. Darst. des Ertragswertverfahrens Rn. 41 ff., 103 ff.*

Nach § 17 Abs. 1 Satz 2 ImmoWertV „kann" das in § 17 Abs. 3 ImmoWertV geregelte mehrperiodische Ertragswertverfahren zur Anwendung kommen, „soweit 48

- die Ertragsverhältnisse absehbar wesentlichen Veränderungen unterliegen oder
- wesentlich von den marktüblichen Erträgen" abweichende Ertragsverhältnisse vorliegen.

Es handelt sich um eine „**Kann-Bestimmung**", d. h., das mehrperiodische Ertragswertverfahren muss nicht unter genannten Voraussetzungen zur Anwendung kommen. Umgekehrt kann 49

§ 17 ImmoWertV   Ertragswert

das mehrperiodische Ertragswertverfahren entgegen dem Wortlaut der Bestimmung auch zur Anwendung kommen, wenn die genannten Voraussetzungen nicht gegeben sind, d. h. keine Veränderungen der Ertragsverhältnisse absehbar sind und auch keine wesentlich von den marktüblichen Erträgen" abweichenden Ertragsverhältnisse vorliegen.

50 Bei Anwendung des mehrperiodischen Ertragswertwertverfahrens soll sich der Ertragswert nach dem Wortlaut des § 17 Abs. 1 Satz 2 ImmoWertV nicht auf der Grundlage der marktüblich erzielbaren Erträge gemäß § 17 Abs. 1 Satz 1 ImmoWertV, sondern auf der „Grundlage periodisch unterschiedlicher Erträge" ermitteln. **Soweit im Einzelfall** nach den vorstehenden Ausführungen der marktüblich erzielbare Ertrag i. S. des § 17 Abs. 1 ImmoWertV erwirtschaftet wird und keine Änderungen der Ertragsverhältnisse zu erwarten sind, d. h. **keine periodisch unterschiedlichen Erträge anfallen, kann das mehrperiodische Ertragswertwertverfahren entgegen dem Wortlaut der Bestimmung ebenfalls zur Anwendung kommen**. In diesem Fall sind die marktüblich erzielbaren Erträge zugrunde zu legen (vgl. Syst. Darst. des Ertragswertverfahrens Rn. 41 ff.).

Die jährlich unterschiedlichen oder jährlich gleich bleibenden Erträge werden mithilfe des Abzinsungsfaktors partiell auf den Wertermittlungsstichtag diskontiert und aufsummiert.

51 **Das mehrperiodische Ertragswertverfahren führt zu demselben Ergebnis wie die Anwendung des ein- oder zweigleisigen Ertragswertverfahrens** nach § 17 Abs. 2 ImmoWertV i. V. m. der Berücksichtigung von „erheblich von dem marktüblich erzielbaren Ertrag abweichenden Erträgen nach § 8 Abs. 3 ImmoWertV (vgl. Syst. Darst. des Ertragswertverfahrens Rn. 103 ff.). Sprachlich wird in diesem Zusammenhang in § 17 Abs. 1 Satz 2 ImmoWertV von „*wesentlich*" von den marktüblich erzielbaren Erträgen gesprochen, während § 8 Abs. 3 ImmoWertV auf „erheblich" von marktüblich erzielbaren Erträgen abweichende Erträge abstellt, jedoch ist diese sprachliche Unterscheidung als redaktionelles und materiell bedeutungsloses Versehen zu werten.

52 Das mehrperiodische Ertragswertverfahren hat folgende (allgemeine) mathematische Form

$$EW = \sum_{n=1}^{n} RE \times q^{-n} + BW^* \times q^{-n} + BW^{**}$$

wobei
EW	= Ertragswert,
RE_i	= Jährliche Reinerträge in der Periode i = Rohertrag abzüglich Bewirtschaftungskosten nach § 19 ImmoWertV,
BW*	= Bodenwertanteil der Umgriffsfläche bei übergroßen Grundstücken (ansonsten BW),
BW**	= Bodenwertanteil der selbstständig nutzbaren Teilfläche, sofern vorhanden,
BW* + BW**	= Bodenwert des Gesamtgrundstücks (BW),
p	= Liegenschaftszinssatz nach § 14 Abs. 3 ImmoWertV
n	= Restnutzungsdauer nach § 6 Abs. 6 ImmoWertV
q	= Zinsfaktor = 1 + p/100 (Anlage 2 zur ImmoWertV)

53 Bei **kurzer Restnutzungsdauer der baulichen Anlage** (n ≤ 20 Jahre) ist der Bodenwert der Umgriffsfläche BW* nach § 16 Abs. 3 ImmoWertV wiederum um die Freilegungskosten zu vermindern. Im Übrigen wird wiederum auf die umfassenden Erläuterungen in der Syst. Darst. des Ertragswertverfahrens bei den Rn. 103 ff., 119 ff. verwiesen.

54 Die vorstehende **Formel des mehrperiodischen Ertragswertverfahrens ist nichts anderes als die allgemeinste Form des Ertragswertverfahrens (allgemeine Barwertformel)**, quasi die „Urmutter" aller Ertragswertverfahren, bei der die jährlichen Reinerträge einzeln (partiell) diskontiert und die Barwerte aufsummiert werden (vgl. Syst. Darst. des Ertragswertverfahrens Rn. 8 ff.).

Ertragswert § 17 ImmoWertV

Die Anwendung des mehrperiodischen Ertragswertverfahrens ist immer dann sinnvoll, wenn der „Verbraucher" eines Gutachtens sich einen Überblick über die jährlich anfallenden Ertragsströme verschaffen will. **Im Unterschied zum ein- und zweigleisigen Ertragswertverfahren nach § 17 Abs. 2 ImmoWertV können zu diesem Zweck die jährlichen Ertragsströme sowohl in ihrer nominellen als auch in ihrer auf den Wertermittlungsstichtag abgezinsten Höhe tabellarisch dargestellt werden** (vgl. Syst. Darst. des Ertragswertverfahrens Rn. 107). Mehr- oder Mindererträge insbesondere aufgrund wohnungs-, miet- oder vertragsrechtlicher Bindungen werden indessen nicht gesondert „ausgeworfen", da diese Mehr- oder Mindereinnahmen bereits mit dem daraus resultierenden jährlichen Gesamtertrag in das mehrperiodische Ertragswertverfahren direkt eingehen. Das mehrperiodische Ertragswertverfahren unterscheidet sich vom ein- oder zweigleisigen Ertragswertverfahren im Wesentlichen lediglich in der Darstellung der Zwischenergebnisse. 55

3.2 Mehrperiodisches Ertragswertverfahren nach § 17 Abs. 3 ImmoWertV

3.2.1 Allgemeines

▶ *Weiterführend vgl. Syst. Darst. des Ertragswertverfahrens Rn. 41, 103 ff.*

Die Anwendung des mehrperiodischen Ertragswertverfahrens in der vorgestellten allgemeinen Form gestaltet sich in Anbetracht der verhältnismäßig langen Restnutzungsdauer baulicher Anlagen unübersichtlich, da sich der Ertragswert aus einer entsprechenden Vielzahl abdiskontierter Jahreserträge ergibt. Praktisch besteht auch kein Bedürfnis, die jährlichen Ertragsflüsse einzeln über längere Zeiträume darzustellen, zumal bei alternierenden Erträgen aufgrund wohnungs-, miet- und vertragsrechtlicher Bindungen damit gerechnet werden muss, dass die entsprechenden Bindungen über kurz oder lang auslaufen und dann mit den marktüblich erzielbaren Erträgen gerechnet werden kann. Aus diesem Grunde soll das mehrperiodische Ertragswertverfahren nach § 17 Abs. 3 Satz 1 ImmoWertV als sog. **Restwertmethode** zur Anwendung kommen. 56

Bei Anwendung der Restwertmethode wird der Ertragswert in den Ertragswertanteil eines bestimmten Betrachtungszeitraums und einen Ertragswertanteil des Restwerts aufgeteilt. Dies vollzieht sich in mehreren Schritten: 57

– Im ersten Schritt werden zunächst nur die Reinerträge eines zu bestimmenden Zeitraums – in der ImmoWertV als „**Betrachtungszeitraum**" bezeichnet – einzeln (i. d. R. jährlich) erfasst und jeweils mithilfe des Liegenschaftszinssatzes auf den Wertermittlungsstichtag abgezinst; die aufsummierten Barwerte der einzeln (partiell) erfassten jährlichen Erträge ergeben den Ertragswertanteil des Betrachtungszeitraums.

– Im zweiten Schritt wird der sich am Ende des Betrachtungszeitraums ergebende Grundstückswert – in der ImmoWertV als „**Restwert**" bezeichnet – ermittelt und auf den Wertermittlungsstichtag abgezinst; der abgezinste Restwert ist der Ertragswertanteil des Restwerts.

Die periodischen Reinerträge sowie der Restwert des Grundstücks sind nach § 17 Abs. 3 Satz 2 ImmoWertV jeweils mithilfe des Liegenschaftszinssatzes abzuzinsen (§ 20 ImmoWertV).

Das in § 17 Abs. 3 ImmoWertV geregelte mehrperiodische Ertragswertverfahren hat folgende (allgemeine) mathematische Form 58

1351

§ 17 ImmoWertV — Ertragswert

$$EW = \sum_{b=1}^{b} RE_b \times q^{-b} + \text{Restwert} \times q^{-b}$$

Ertragswertanteil des Betrachtungszeitraums
Ertragswertanteil des Restwerts

wobei
EW = Ertragswert
RE_b = Reinerträge des Betrachtungszeitraums
b = Betrachtungszeitraum in Jahren
q = Zinsfaktor = 1 + p/100
p = Liegenschaftszinssatz

3.2.2 Reinerträge

59 Im Unterschied zum allgemeinen und vereinfachten Ertragswertverfahren sind mit den periodisch anfallenden Reinerträgen die im Betrachtungszeitraum zu erwartenden Reinerträge unter Berücksichtigung „absehbarer wesentlicher Veränderungen" und „wesentlich von den marktüblich erzielbaren Erträgen" abweichender Erträge anzusetzen. Dies betrifft insbesondere die aufgrund wohnungs-, miet- und vertragsrechtlicher Bindungen von den marktüblich erzielbaren Erträgen abweichenden Reinerträge. Nicht zu berücksichtigen sind indessen allgemein vom Grundstücksmarkt erwartete Entwicklungen der Mieten und Pachten, die bereits mit dem Liegenschaftszinssatz erfasst werden (vgl. oben Rn. 25 ff.).

3.2.3 Betrachtungszeitraum

▶ *Vgl. Syst. Darst. des Ertragswertverfahrens Rn. 272*

60 Als Betrachtungszeitraum wird üblicherweise ein Zeitraum von 10 Jahren gewählt, ohne dass die ImmoWertV dafür Vorgaben macht. Bei periodisch unterschiedlichen Erträgen ist entsprechend dem Ziel und Zweck des mehrperiodischen Ertragswertverfahrens mindestens ein Zeitraum zu wählen, in dem vom marktüblich erzielbaren Ertrag abweichende Erträge anfallen.

3.2.4 Restwert des Grundstücks

▶ *Vgl. Syst. Darst. des Ertragswertverfahrens Rn. 275, 358 und 428*

61 Restwert des Grundstücks ist der am Ende des Betrachtungszeitraums sich ergebende Grundstückswert. Wie sich dieser Grundstückswert ermittelt, wird in der ImmoWertV nicht vorgegeben, jedoch müssen die allgemeinen mit der ImmoWertV vorgegebenen Grundsätze der Marktwertermittlung zur Anwendung kommen. In aller Regel ist demzufolge der Restwert – wie der Ertragswertanteil des Betrachtungszeitraums – im Wege des Ertragswertverfahrens zu ermitteln, wenn zu erwarten ist, dass das Grundstück am Ende des Betrachtungszeitraums (*exit*) weiterhin ertragswirtschaftlich genutzt wird. Dabei sind periodisch unterschiedliche Erträge nicht mehr zu erwarten, denn der Betrachtungszeitraum wurde derart dimensioniert, dass periodisch unterschiedliche Erträge mit dem Ertragswertanteil des Betrachtungszeitraums berücksichtigt werden. Der **Restwert ist** mithin **unter Anwendung des allgemeinen oder vereinfachten Ertragswertverfahrens** (nach § 17 Abs. 2 ImmoWertV) **auf der Grundlage**

Ertragswert § 17 ImmoWertV

- des marktüblich erzielbaren Ertrags und
- einer um die Anzahl der Jahre des Betrachtungszeitraums verminderten Restnutzungsdauer

zu ermitteln.

Der nach vorstehenden Grundsätzen ermittelte Restwert ist mithilfe des Liegenschaftszinssatzes auf den Wertermittlungsstichtag abzuzinsen.   62

Beispiel: 63

a) Sachverhalt

Ertragswertermittlung eines Geschäftshauses

- Ertragswertanteil des Betrachtungszeitraums unter Berücksichtigung alternierender Reinerträge   900 000 €
- Marktüblich am Wertermittlungsstichtag erzielbarer Jahresreinertrag   100 000 €
- Bodenwert   200 000 €
- Liegenschaftszinssatz   6 %
- Betrachtungszeitraum   10 Jahre
- Restnutzungsdauer am Wertermittlungsstichtag   50 Jahre
- Restnutzungsdauer am Ende des Betrachtungszeitraums (50 Jahre – 10 Jahre)   40 Jahre

b) Ermittlung des Restwerts unter Anwendung des vereinfachten Ertragswertverfahrens

Marktüblich erzielbarer Jahresreinertrag   100 000 €
Barwertfaktor (Vervielfältiger) bei
- Liegenschaftszinssatz von 6 %
- Restnutzungsdauer von 40 Jahren   15,04630

Kapitalisierter Jahresreinertrag (100 000 € × 15,04630)   1 504 630 €

+ Diskontierter Bodenwert:
200 000 € × 0,0972 (Restnutzungsdauer 40 Jahre)   19 444 €

Restwert (= Ertragswert)   1 524 074 €

c) Ertragswert unter Anwendung des mehrperiodischen Ertragswertverfahrens

- Ertragswertanteil des Betrachtungszeitraums   900 000 €
- Restwert   1 524 074 €
- abgezinst über 10 Jahre mit 6 % auf den Wertermittlungsstichtag:
1 524 074 € × 0,5583947   851 035 €
- Ertragswert   **1 751 035 €**

3.2.5 Rechentechnische Hinweise

Rechentechnisch lässt sich die mit § 17 Abs. 3 ImmoWertV vorgegebene Berechnungsweise dadurch vereinfachen, dass die über die Restwertperiode anfallenden marktüblich erzielbaren Erträge mit der Vervielfältigerdifferenz kapitalisiert werden; dies ersetzt die Abzinsung des Restwerts. Der Restwert wird dabei allerdings nicht „ausgeworfen".   64

$$EW = \sum_{b=1}^{b} RE_b \times q^{-b} + RE_i \times (V_n - V_b) + \text{Bodenwert} \times q^{-n}$$

wobei
EW = Ertragswert
BW = Bodenwert
RE_b = Reinerträge des Betrachtungszeitraums
RE_i = Reinertrag der Restwertperiode
b = Betrachtungszeitraum in Jahren
n = Restnutzungsdauer der baulichen Anlage in Jahren
q = Zinsfaktor = 1 + p/100
p = Liegenschaftszinssatz

§ 17 ImmoWertV   Ertragswert

Als **Reinertrag der Restwertperiode** ist der am Wertermittlungsstichtag marktüblich erzielbare Reinertrag anzusetzen und nicht etwa ein prognostizierter Reinertrag. Die allgemein vom Grundstücksmarkt erwarteten ertragswirtschaftlichen Entwicklungen werden nämlich bereits mit dem Liegenschaftszinssatz erfasst.

Bei *langer Restnutzungsdauer der baulichen Anlage* ($n \geq 50$ Jahre) kann wiederum auf den Ansatz des abgezinsten Bodenwerts ($BW \times q^{-n}$) verzichtet werden, da der Bodenwert mit seiner Abzinsung gegen null geht.

66 Fortsetzung des Beispiels

d) **Ertragswert unter Anwendung des mehrperiodischen Ertragswertverfahrens**

–	Ertragswertanteil des Betrachtungszeitraums	900 000 €
	Marktüblich erzielbarer Jahresreinertrag	100 000 €
	Barwertfaktor (Vervielfältiger) bei Liegenschaftszinssatz von 6 % und	
	Restnutzungsdauer von 50 Jahren	15,76186
	Restnutzungsdauer von 10 Jahren	– 7,36009
	Vervielfältigerdifferenz	8,40177
	Multipliziert mit marktüblich erzielbarem Jahresreinertrag von 100 000 €	+ 840 177 €
+	Bodenwert 200 000 € × 0,0543 (Restnutzungsdauer 50 Jahre)	+ 10 858 €
=	Ertragswert	1 751 035 €

Abb. 2: Mehrperiodisches Ertragswertverfahren

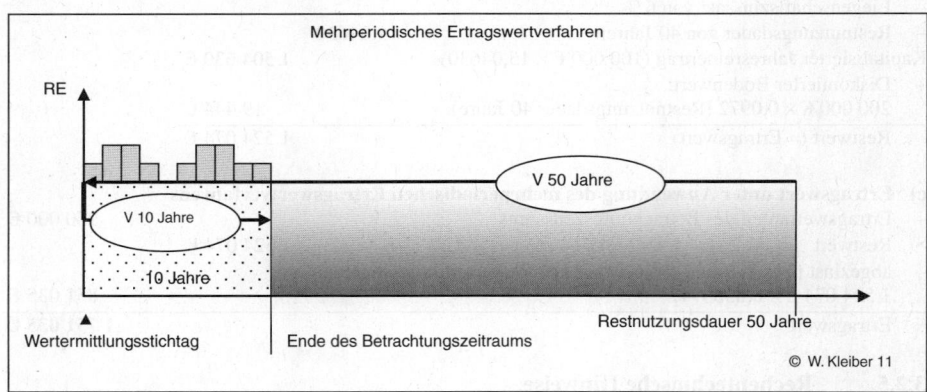

67 Das **mehrperiodische Ertragswertverfahren entspricht rechentechnisch dem bekannten Vervielfältigerdifferenzenverfahren**, denn auch die jeweiligen Barwerte der im Betrachtungszeitraum anfallenden Reinerträge lassen sich mithilfe von Vervielfältigerdifferenzen ermitteln.

68 ▶ *Vgl. das Beispiel eines Staffelmietvertrags bei § 8 ImmoWertV Rn. 296 ff. sowie § 18 ImmoWertV Rn. 82)*

Ertragswert   § 17 ImmoWertV

4 Ertragswertermittlung nach Runge

Vor Inkrafttreten der WertV von 1961 und ihrer Vorläuferin (WertR 1955) war die Ertragswertermittlung nach dem sog. Runge-Verfahren[11] weit verbreitet. Das Verfahren wird heute nicht mehr den anerkannten Wertermittlungsmethoden zugerechnet. Gleichwohl scheut sich auch heute noch mancher Gutachter nicht vor seiner Anwendung. Es soll deshalb kurz mit seinen **Mängeln** vorgestellt werden: 69

Runge hatte zunächst richtigerweise erkannt, dass der Grund und Boden im Gegensatz zum Gebäude grundsätzlich keiner Alterswertminderung unterworfen ist und deshalb der auf das Gebäude bezogene Reinertrag nicht als ewige Rente angesehen und berücksichtigt werden darf. Hiervon ausgehend hat *Runge* einen Weg gesucht, den aus einem bebauten Grundstück fließenden **Reinertrag auf das Gebäude und den Boden** nach einem sachgerechten Schlüssel **aufzuteilen.** Als Schlüssel dient *Runge* das Verhältnis aus Bodenwert zu Gebäudesachwert. Nach diesem Verhältnis wird der Reinertrag in einen Boden- und Gebäudeanteil aufgeteilt. Der auf ewig kapitalisierte Reinertragsanteil des Bodens ergibt dann zusammen mit dem über die Restnutzungsdauer kapitalisierten Reinertragsanteil des Gebäudes den Ertragswert. 70

Beispiel: 71

a) **Wertermittlungsobjekt**
- Der Sachwert eines Mehrfamilienhauses sei mit 800 000 € ermittelt
- Der Bodenwert (BW) betrage 200 000 €
- Der Reinertrag (RE) betrage 48 000 €
- Die Restnutzungsdauer betrage 30 Jahre
- Der Liegenschaftszinssatz betrage 5 %

b) **Verkehrswertermittlung**

Reinertragsquotient = Bodenwert/Gebäudesachwert = 200 000 €/600 000 € = 1/3 = 0,333
wobei Gebäudesachwert = 800 000 € – 200 000 € = 600 000 €

Bei einem Reinertrag (RE) des Grundstückes von 48 000 € entfallen somit
a) auf den Boden: 48 000 € : 3	= 16 000 €
b) auf das Gebäude: 48 000 € – 16 000 €	= 32 000 €
zusammen	= 48 000 €

Runge-Verfahren		Verfahren nach ImmoWertV	
Reinertrag (RE)	= 48 000 €	Reinertrag (RE)	= 48 000 €
a) Bodenanteil	– 16 000 €	./. Bodenwertverzinsungsbetrag	
b) Gebäudeanteil	= 32 000 €	200 000 € × 0,05	= – 10 000 €
Ertragswert aus		= Verminderter RE	= 38 000 €
a) Bodenanteil*	= 320 000 €	× Vervielfältiger	= 584 060 €
b) Gebäudeanteil	= + 491 840 €	(Vervielfältiger = 15,37)	
(Vervielfältiger = 15,37)		+ Bodenwert BW	= 200 000 €
= Ertragswert (EW)	= 784 060 €	Ertragswert	= 811 840 €

* 16 000 €/0,05 = 320 000 €

Das sog. Runge-Verfahren stellte zwar einen Fortschritt dar gegenüber der bis dahin vielfach praktizierten Methode, den Ertragswert im Wege eines auf ewig kapitalisierten Reinertrags zu ermitteln 72

$$\text{Ertragswert} = 48\,000\,€ \times \frac{100}{5} = 960\,000\,€\,(!)$$

---

11 Runge, Grundstücksbewertung, 3. Aufl. 1955, S. 157, 184 ff.; hierzu Erxleben in VR 1976, 381.

§ 17 ImmoWertV — Ertragswert

jedoch trägt die Methode nicht der wirtschaftlichen Erkenntnis Rechnung, dass das **im Grund und Boden investierte Kapital** nicht mehr eine banktübliche Verzinsung erbringt und insoweit der Reinertrag aus dem Grundstück um den Bodenwertverzinsungsbetrag vermindert werden muss. Deswegen ergeben sich bei Anwendung des Runge-Verfahrens übersetzte Werte.

73 Bessere Ergebnisse als nach *Runge* erhält man durch **Berücksichtigung einer Alterswertminderung** bei der Ermittlung des Ertragswerts eines Gebäudes durch **Anwendung des Vervielfältigerquotientenverfahrens.** Ausgehend von einem Ertragswert, der sich ohne Beachtung der Restnutzungsdauer allein durch „ewige" Kapitalisierung des Reinertrags (im *Beispiel* 48 000 €) ergibt, wird dabei der auf das Gebäude entfallende Anteil um die Alterswertminderung reduziert. Diese soll sich aus dem Vervielfältigerquotienten ergeben, der sich wie folgt ermittelt:

$$\text{Vervielfältigerquotient} = 100 \times \frac{\text{Vervielfältiger}_{RND}}{\text{Vervielfältiger}_{GND}}$$

wobei
RND = Restnutzungsdauer
GND = Übliche Gesamtnutzungsdauer

Die **Alterswertminderung (W_{min}) des Gebäudeanteils** beträgt dann:

$$\boxed{W_{min}[\%] = 100 - \text{Vervielfältigerquotient}}$$

Bei einem neu erstellten Gebäude (RND = GND) ergibt sich eine Alterswertminderung von Null; bei einem abgenutzten Gebäude (RND = 0) ergibt sich eine Alterswertminderung von 100 %.

74 *Beispiel:*

Als Ertragswert (EW) des vorstehenden Beispiels ergibt sich bei einer „ewigen" Verrentung des Reinertrags (RE) von 48 000 € und einem Liegenschaftszinssatz p von 5 %:

$$EW = (48\,000\,€ \times 100) / 5 = 960\,000\,€$$

Gebäudewertanteil (960 000 € – 200 000 €) =	760 000 €
Vervielfältigerquotient = 100 × 15,37/19,85 =	77,43

Vervielfältiger bei p = 5 % und RND =	30 Jahre : 15,37	
Vervielfältiger bei p = 5 % und GND =	100 Jahre : 19,85	
Alterswertminderung	= 22,57 %	(= 100 % – 77,43 %)

Ertragswert:

	Gebäudewertanteil	= 760 000 €	
./.	Alterswertminderung	= 171 532 €	(= 760 000 € × 22,57/100)
=	Differenz	= 588 468 €	
+	Bodenwert	= 200 000 €	
=	Ertragswert	= **788 468 €**	

§ 18 ImmoWertV
Reinertrag, Rohertrag

(1) Der Reinertrag ergibt sich aus dem jährlichen Rohertrag abzüglich der Bewirtschaftungskosten (§ 19).

(2) Der Rohertrag ergibt sich aus den bei ordnungsgemäßer Bewirtschaftung und zulässiger Nutzung marktüblich erzielbaren Erträgen. Bei Anwendung des Ertragswertverfahrens auf der Grundlage periodisch unterschiedlicher Erträge ergibt sich der Rohertrag insbesondere aus den vertraglichen Vereinbarungen.

Gliederungsübersicht Rn.

1 Reinertrag und Rohertrag
  1.1 Reinertrag (§ 18 Abs. 1 ImmoWertV) 1
  1.2 Rohertrag (§ 18 Abs. 2 ImmoWertV)
    1.2.1 Allgemeines 9
    1.2.2 Umlageverminderter Rohertrag 13
2 Marktüblich erzielbarer Reinertrag
  2.1 Allgemeines 20
  2.2 Allgemeines zur Wohn- und Gewerberaummiete
    2.2.1 Abgrenzung 33
    2.2.2 Miete und Pacht 38
    2.2.3 Schriftform 42
  2.3 Wohnraummiete
    2.3.1 Allgemeines 46
    2.3.2 Mietpreisgestaltung 48
    2.3.3 Mieterhöhungsverlangen
      2.3.3.1 Allgemeines 61
      2.3.3.2 Anpassung an die örtliche Vergleichsmiete 64
      2.3.3.3 Mieterhöhung nach Durchführung von Modernisierungsmaßnahmen 78
      2.3.3.4 Mieterhöhung wegen Änderung der Darlehenszinsen 80
      2.3.3.5 Mietanpassung bei Index- oder Staffelmietverträgen 82
    2.3.4 Allgemeine Schranken der Mieterhöhung
      2.3.4.1 Wesentlichkeitsgrenze 90
      2.3.4.2 Wuchergrenze 97
      2.3.4.3 Kappungsgrenze 102
  2.4 Gewerberaummiete
    2.4.1 Allgemeines 106
    2.4.2 Mietpreisgestaltung 119
    2.4.3 Konkurrenz- und Sortimentsschutzklausel 121
  2.5 Mietpreisbestimmende Merkmale
    2.5.1 Wohnraum
      2.5.1.1 Allgemeines 125
      2.5.1.2 Art (der Wohnung) 128
      2.5.1.3 Beschaffenheit (der Wohnung) 131
      2.5.1.4 Wohnung, Wohnraum, Wohnfläche 133
      2.5.1.5 Ausstattung (der Wohnung) 150
      2.5.1.6 Lage 154
    2.5.2 Gewerberaum
      2.5.2.1 Allgemeines 158
      2.5.2.2 Mietfläche von Gewerberäumen 159
      2.5.2.3 Lage und Beschaffenheit gewerblicher Immobilien 160
    2.5.3 Gemeinbedarfsnutzung 165
    2.5.4 Landwirtschaftliche Gebäude 170
  2.6 Mieterhöhungsverlangen
    2.6.1 Allgemeines 171

	2.6.2	Mietspiegel	
		2.6.2.1 Allgemeines	174
		2.6.2.2 Beispiel eines Mietspiegels	197
	2.6.3	Sachverständigengutachten	199
	2.6.4	Vergleichsobjekte	
		2.6.4.1 Allgemeines	208
		2.6.4.2 Mischungsverhältnis	212
		2.6.4.3 Offenbarungspflicht von Vergleichsobjekten	214
	2.6.5	Mietdatenbank	218
2.7	Mietminderung		
	2.7.1	Allgemeines	222
	2.7.2	Ermittlung der Mietminderung	224
2.8	Mietwertgutachten (Beispiel)		236

1 Reinertrag und Rohertrag

1.1 Reinertrag (§ 18 Abs. 1 ImmoWertV)

Schrifttum: *Adolf, W.,* Der nachhaltige Ertrag ein veralteter Begriff, GuG 2005, 193; *Kleiber,* Nachhaltige Einnahmen und Ausgaben, GuG 2006, 25; *Streich, J.-W.,* Die ortsübliche Vergleichsmiete, GuG 2003, 1; *Streich, J.-W.,* Abhängigkeit der Quadratmetermiete von der Wohnungsgröße, DWW 1980, 188.

1 Der **Ertragswert** wird nach § 17 Abs. 1 ImmoWertV auf der Grundlage des *„Ertrags"* ermittelt und zwar auf der Grundlage des *„Reinertrags".* Dies ergibt sich aus § 17 Abs. 2 und 3 ImmoWertV; dort wird ausdrücklich auf den Reinertrag Bezug genommen.

2 Der **Reinertrag** wird in § 18 Abs. 1 ImmoWertV als der Rohertrag abzüglich der bei ordnungsgemäßer Bewirtschaftung und zulässiger Nutzung marktüblich entstehenden jährlichen Aufwendungen i. S. des § 19 ImmoWertV definiert:

> Reinertrag = Rohertrag – Bewirtschaftungskosten$_{marktüblich\ bei\ „ordnungsgemäßer\ Bewirtschaftung"}$

3 Zu den **Erträgen** gehören insbesondere

- die marktüblich erzielbaren Mieten und Pachten und sonstigen Nutzungsentgelte einschließlich besonderer Vergütungen (z. B. Garage, Einstellplatz);
- die marktüblich erzielbaren Vergütungen (vgl. § 27 NMV[1] für preisgebundene Wohnungen), für eine Nutzung von Grundstücksteilen für Werbezwecke;
- eine anteilige Miete für Grundstücksfreiflächen (Gartennutzung);
- Entgelte für die Nutzung von Bestandteilen des Grundstücks (Einrichtungs- und Ausstattungsgegenstände) und des Zubehörs (Möblierungszuschlag), soweit diese zugleich Bestandteil oder Zubehör des Wertermittlungsobjekts sind;
- von den marktüblich erzielbaren Erträgen aufgrund wohnungs- und mietrechtlicher Bindungen abweichende Erträge *(over- und underrented)*;
- vom Mieter übernommene Schönheitsreparaturen, zu denen ansonsten nach § 535 BGB der Vermieter verpflichtet ist;
- besondere Leistungen aufgrund von Gestaltungsverträgen;

---

1 § 27 Vergütungen neben der Einzelmiete: „Neben der Einzelmiete kann der Vermieter für die Überlassung einer Garage, eines Stellplatzes oder eines Hausgartens eine angemessene Vergütung verlangen. Das gleiche gilt für die Mitvermietung von Einrichtungs- und Ausstattungsgegenständen und für laufende Leistungen zur persönlichen Betreuung und Versorgung, wenn die zuständige Stelle dies genehmigt hat."

Reinertrag, Rohertrag § 18 ImmoWertV

- Zuschläge für die Benutzung von Wohnraum zu anderen als Wohnzwecken (§ 26 Abs. 2 NMV);
- Zuschläge für die Untervermietung von Wohnraum (Untermietzuschlag; § 26 Abs. 3 NMV);
- Zuschläge wegen Ausgleichzahlungen nach § 7 des Wohnungsbindungsgesetzes (§ 26 Abs. 4 NMV);
- Zuschläge zur Deckung erhöhter laufender Aufwendungen, die nur für einen Teil der Wohnung des Gebäudes oder der Wirtschaftseinheit entstehen (§ 26 Abs. 5 NMV);
- Zuschläge für Nebenleistungen des Vermieters, die nicht allgemein üblich sind oder nur einzelnen Mietern zugute kommen (§ 26 Abs. 6 NMV);
- Zuschläge für Wohnungen, die durch Ausbau von Zubehörraum neu geschaffen wurden (§ 26 Abs. 7 NMV).

Vom Reinertrag ist bei allen nach § 17 ImmoWertV zur Anwendung kommenden **Varianten des Ertragswertverfahrens auszugehen**: 4

a) Bei Anwendung des Standardverfahrens nach § 17 Abs. 2 Nr. 1 oder 2 ImmoWertV *(ein- und zweigleisiges Ertragswertverfahren)* ist gemäß § 17 Abs. 1 Satz 1 ImmoWertV von dem am Wertermittlungsstichtag „marktüblich erzielbaren Reinertrag" auszugehen, der sich nach § 18 Abs. 2 Satz 1 ImmoWertV aus dem marktüblich erzielbaren Rohertrag ergibt.

b) Bei Anwendung des *mehrperiodischen Ertragswertverfahrens* nach § 17 Abs. 1 Satz 2 i. V. m. Abs. 3 ImmoWertV ist ebenfalls von dem Reinertrag auszugehen, jedoch kann dieser aufgrund wohnungs- und mietrechtlicher Bindungen bzw. aufgrund vertraglicher Vereinbarungen von dem marktüblich erzielbaren Reinertrag abweichen; er ist deshalb gemäß § 18 Abs. 2 Satz 2 ImmoWertV aus den entsprechenden Roherträgen abzuleiten.

Temporären (vorübergehenden) Erträgen, insbesondere **von den marktüblich erzielbaren Erträgen** aufgrund wohnungs- und mietrechtlicher Bindungen **abweichenden Mehr- oder Mindererträgen** *(over- und underrented)* ist bei alledem in besonderer Weise Rechnung zu tragen: 5

a) Bei Anwendung des *ein- und zweigleisigen* Standardverfahrens nach § 17 Abs. 2 ImmoWertV ist der vorläufige Ertragswert ohne Berücksichtigung der temporär anfallenden Mehr- oder Mindererträge zu ermitteln; sie sind ergänzend nach Maßgabe des § 8 Abs. 3 ImmoWertV zu berücksichtigen.

b) Bei Anwendung des *mehrperiodischen* Ertragswertverfahrens nach § 17 Abs. 1 Satz 2 i. V. m. Abs. 3 ImmoWertV können von marktüblich erzielbaren Erträgen abweichende Erträge direkt Berücksichtigung finden, soweit sie innerhalb des Betrachtungszeitraums nach § 17 Abs. 3 ImmoWertV anfallen.

In der Rechtsprechung ist – wenn auch nicht einheitlich – als **Möblierungszuschlag** ein Prozentsatz von 2 % des Zeitwerts pro Monat allgemein anerkannt (vgl. Rn. 136)[2]. 6

Bezüglich des Rein- und Rohertrags ist zu unterscheiden: 7

1. Bei Anwendung des in § 17 Abs. 2 ImmoWertV geregelten *(ein- bzw. zweigleisigen)* Ertragswertverfahrens ist von dem bei „ordnungsgemäßer Bewirtschaftung und zulässiger Nutzung" *„marktüblich erzielbarem"* Rohertrag auszugehen. Mit dem Abzug der marktüblich bei „ordnungsgemäßer Bewirtschaftung" anfallenden Bewirtschaftungskosten ergibt sich mithin der marktüblich erzielbare Reinertrag.

---

2 LG Berlin, Urt. vom 21.03.2003 – 63 S 365/01 –, BlnGE 2003, 954.

2. Bei Anwendung des *mehrperiodischen* Ertragswertverfahrens nach § 17 Abs. 1 Satz 2 ImmoWertV i. V. m. § 17 Abs. 3 ImmoWertV ist von dem Rohertrag auszugehen, der sich „insbesondere aus den vertraglichen Vereinbarungen" ergibt. Dieser ist wiederum um die bei ordnungsgemäßer Bewirtschaftung „marktüblich entstehenden jährlichen Bewirtschaftungskosten" i. S. des § 19 ImmoWertV zu vermindern.

8 **Bei allen** zur Anwendung kommenden **Varianten des Ertragswertverfahrens sind** jeweils **die** bei ordnungsgemäßer Bewirtschaftung **„marktüblich entstehenden jährlichen Bewirtschaftungskosten"** i. S. des § 19 ImmoWertV **zum Abzug zu bringen.**

1.2 Rohertrag (§ 18 Abs. 2 ImmoWertV)

1.2.1 Allgemeines

9 Der **Begriff des Rohertrags** wird in § 18 Abs. 2 ImmoWertV mit der Bezugnahme auf die „marktüblich erzielbaren Erträge" (Satz 1) bzw. auf die sich aus vertraglichen Vereinbarungen ergebenden Erträge (Satz 2) unscharf definiert. Die Vorschrift lässt offen, ob es sich dabei um „Erträge" handelt, die auch die üblicherweise umgelegten Bewirtschaftungskosten einschließen, oder um Erträge unter Ausschluss der üblicherweise umgelegten Bewirtschaftungskosten (vgl. unten Rn. 19 unter Hinweis auf § 19 Abs. 1 ImmoWertV). Aus der Regelung des § 19 Abs. 1 ImmoWertV, nach der nur die nicht „durch Umlagen oder sonstige Kostenübernahmen" gedeckten, für eine ordnungsgemäße Bewirtschaftung und zulässige Nutzung marktüblich entstehenden Aufwendungen als Bewirtschaftungskosten berücksichtigt werden dürfen, ergibt sich jedoch zwangsläufig, dass „Umlagen oder sonstige Kostenübernahmen" gedeckte Aufwendungen nicht zum Rohertrag gerechnet werden dürfen.

10 Nicht zum Rohertrag gehört bei gewerblicher Vermietung im Übrigen die anfallende **Mehrwertsteuer**.

11 Eine **Vorsteuerabzugsberechtigung** bleibt grundsätzlich unberücksichtigt, da dies den ungewöhnlichen oder persönlichen Verhältnissen zuzurechnen ist[3]. Dies gilt auch für Gewerbemietraum, denn soweit dies allgemein üblich ist, wird dem bereits mit den dafür angesetzten Mieterträgen i. V. m. den dafür abgeleiteten Liegenschaftszinssätzen Rechnung getragen (vgl. § 7 ImmoWertV Rn. 20; § 19 ImmoWertV Rn. 11).

12 Zur **Ermittlung des Rohertrags in der steuerlichen Bewertung** wird auf die hierzu ergangene Rechtsprechung verwiesen (vgl. Syst. Darst. des Ertragswertverfahrens Rn. 117)[4].

1.2.2 Umlageverminderter Rohertrag

13 Im Regelfall ist schon aus pragmatischen Gründen von einem Rohertrag unter Ausschluss der üblicherweise umgelegten Bewirtschaftungskosten auszugehen. Diese Bewirtschaftungskosten können außer Betracht bleiben, denn sie müssten nach Maßgabe des § 18 Abs. 1 ImmoWertV ohnehin wieder zum Abzug gebracht werden:

– **Bei Wohnraum werden heute die Betriebskosten** mit der Folge **umgelegt** (sog. „zweite Miete", vgl. § 556 Abs. 1 BGB), dass der Vermieter aus der vereinbarten „ersten" Miete nur noch die Verwaltungs- und Instandhaltungskosten sowie das Mietausfallwagnis aufzubringen hat. Diese Miete wird Nettokaltmiete genannt und von dieser Nettokaltmiete kann bei der Ertragswertermittlung direkt ausgegangen werden. Ein als Gesamtheit aller Erträge definierter Rohertrag würde damit eine nicht praxisrelevante Größe darstellen.

---

[3] BGH, Urt. vom 10.07.1991 – XII ZR 109/90 –, EzGuG 20.134d; BFH, Urt. vom 30.06.2010 – II R 60/08 –, BStBl II S. 897 = GuG 2010, 377 = EzGuG 1.74

[4] Zur Schätzung des Rohmietwerts in der steuerlichen Bewertung vgl. BFH, Urt. vom 21.01.1986 – IX R 7/79 –, EzGuG 20.113; BFH, Urt. vom 20.10.1965 – VI 292/64 U –, EzGuG 20.42; BFH, Urt. vom 11.10.1977 – VIII R 20/75 –, EzGuG 20.68; BFH, Urt. vom 17.10.1969 – VI R 17/67 –, EzGuG 20.45; BFH, Urt. vom 10.08.1984 – III R 41/75 –, EzGuG 20.107; BFH, Urt. vom 25.6.1984 – GrS 4/82 –, BFHE 141, 405 = BStBl. II 1984, 751 = NJW 1985, 93; ferner BFH, Urt. vom 14.12.1976 – VII R 99/72 –, BFHE 151, 50 = EzGuG 19.31.

Reinertrag, Rohertrag § 18 ImmoWertV

- Entsprechendes gilt auch für **Gewerberaum**. Im Unterschied zum Wohnraum bestehen dabei jedoch keine gesetzlichen Schranken, auch die übrigen Bewirtschaftungskosten umzulegen. Hier ist ein deutlicher Trend zu erkennen, möglichst alle Bewirtschaftungskostengruppen umzulegen (sog. *Double- und Triple-Net*-Mieten). Im konkreten Einzelfall kommt es auf die übliche mietvertragliche Gestaltung an, die den herangezogenen Vergleichsmieten zugrunde liegt.

Auch die sog. **kleine Instandhaltung ist** nach § 28 Abs. 3 Satz 2 II. BV in Form der sog. zweiten Miete **umlagefähig**.

Bei alledem ist es stets **zwingend geboten, in den Miet- bzw. Pachtvertrag Einblick zu nehmen**, um sich darüber Klarheit zu verschaffen. 14

Beispiel: 15

Ermittlung des Grundstücksreinertrags

Mietwohngrundstück in einer Großstadt, Baujahr 1986, 7 Wohnungen, Gesamtwohnfläche 600 m², marktüblich erzielbare Nettokaltmiete 56 000 € p. a.

1. Ermittlung des Reinertrags

Es wird von der marktüblich erzielbaren Nettokaltmiete ausgegangen. Die Betriebskosten werden umgelegt. Alle anderen mit der ordnungsgemäßen Bewirtschaftung des Grundstücks verbundenen Kosten (Verwaltungs-, Instandhaltungskosten und das Mietausfallwagnis) werden vom Eigentümer getragen.

Marktüblich erzielbare Jahresnettokaltmiete (entspricht einer durchschnittlichen Miete von 7,78 €/m² WF)		56 000 €
Nicht umgelegte Bewirtschaftungskosten		
Verwaltungskosten 280 €/Wohnung × 7 Wohnungen	1 960 €	
Instandhaltungskosten (600 m² × 10 €/m² WF)	6 000 €	
Mietausfallwagnis (in Anlehnung an § 29 Satz 2 II. BV): 2 v. H. der Nettokaltmiete: 2 v. H. von 56 000 €	1 120 €	
zusammen	9 080 €	– 9 080 €
Jahresreinertrag		**46 920 €**

Die nicht umgelegten Bewirtschaftungskosten betragen real 16,2 v. H. der Nettokaltmiete.

Nach den Vorschriften der ImmoWertV ist von dem umlageverminderten Rohertrag auszugehen. Dies ergibt sich aus § 19 Abs. 1 ImmoWertV, nach dem sich die bei ordnungsgemäßer Bewirtschaftung anfallenden **Bewirtschaftungskosten nach den marktüblich entstehenden jährlichen Aufwendungen** bemessen, „die nicht durch Umlagen oder sonstige Kostenübernahmen gedeckt sind". 16

Rechtsgrundlage für die Umlage der Betriebskosten sind die **§§ 556 und 556a BGB**, die folgende Fassung haben: 17

„**§ 556 BGB** Vereinbarungen über Betriebskosten

(1) Die Vertragsparteien können vereinbaren, dass der Mieter Betriebskosten trägt. Betriebskosten sind die Kosten, die dem Eigentümer oder Erbbauberechtigten durch das Eigentum oder das Erbbaurecht am Grundstück oder durch den bestimmungsgemäßen Gebrauch des Gebäudes, der Nebengebäude, Anlagen, Einrichtungen und des Grundstücks laufend entstehen. Für die Aufstellung der Betriebskosten gilt die Betriebskostenverordnung vom 25. November 2003 (BGBl. I S. 2346, 2347) fort. Die Bundesregierung wird ermächtigt, durch Rechtsverordnung ohne Zustimmung des Bundesrates Vorschriften über die Aufstellung der Betriebskosten zu erfassen.

(2) Die Vertragsparteien können vorbehaltlich anderweitiger Vorschriften vereinbaren, dass Betriebskosten als Pauschale oder als Vorauszahlung ausgewiesen werden. Vorauszahlungen für Betriebskosten dürfen nur in angemessener Höhe vereinbart werden.

§ 18 ImmoWertV — Reinertrag, Rohertrag

(3) Über die Vorauszahlungen für Betriebskosten ist jährlich abzurechnen; dabei ist der Grundsatz der Wirtschaftlichkeit zu beachten. Die Abrechnung ist dem Mieter spätestens bis zum Ablauf des zwölften Monats nach Ende des Abrechnungszeitraums mitzuteilen. Nach Ablauf dieser Frist ist die Geltendmachung einer Nachforderung durch den Vermieter ausgeschlossen, es sei denn, der Vermieter hat die verspätete Geltendmachung nicht zu vertreten. Der Vermieter ist zu Teilabrechnungen nicht verpflichtet. Einwendungen gegen die Abrechnung hat der Mieter dem Vermieter spätestens bis zum Ablauf des zwölften Monats nach Zugang der Abrechnung mitzuteilen. Nach Ablauf dieser Frist kann der Mieter Einwendungen nicht mehr geltend machen, es sei denn, der Mieter hat die verspätete Geltendmachung nicht zu vertreten.

(4) Eine zum Nachteil des Mieters von Absatz 1, Absatz 2 Satz 2 oder Absatz 3 abweichende Vereinbarung ist unwirksam."

„**§ 556a BGB** Abrechnungsmaßstab für Betriebskosten
(1) Haben die Vertragsparteien nichts anderes vereinbart, sind die Betriebskosten vorbehaltlich anderweitiger Vorschriften nach dem Anteil der Wohnfläche umzulegen. Betriebskosten, die von einem erfassten Verbrauch oder einer erfassten Verursachung durch die Mieter abhängen, sind nach einem Maßstab umzulegen, der dem unterschiedlichen Verbrauch oder der unterschiedlichen Verursachung Rechnung trägt.

(2) Haben die Vertragsparteien etwas anderes vereinbart, kann der Vermieter durch Erklärung in Textform bestimmen, dass die Betriebskosten zukünftig abweichend von der getroffenen Vereinbarung ganz oder teilweise nach einem Maßstab umgelegt werden dürfen, der dem erfassten unterschiedlichen Verbrauch oder der erfassten unterschiedlichen Verursachung Rechnung trägt. Die Erklärung ist nur vor Beginn eines Abrechnungszeitraumes zulässig. Sind die Kosten bislang in der Miete enthalten, so ist diese entsprechend herabzusetzen.

(3) Eine zum Nachteil des Mieters von Absatz 2 abweichende Vereinbarung ist unwirksam."

18 Die **Betriebskosten** (§ 2 BetrKV) werden in der Syst. Darst. des Ertragswertverfahrens unter Rn. 208 ff. und bei § 19 ImmoWertV Rn. 74 ff. erläutert.

19 Bei **Gebäuden, die von einem strukturellen (dauerhaften oder vorübergehenden) Leerstand betroffen sind**, müssen die **sonst auf die Mieter umgelegten Betriebskosten** vom Eigentümer getragen werden. Dies betrifft den Betriebskostenanteil, der als „fixe Kosten" unabhängig von der Vermietung anfällt (ca. 40 bis 80 % der sonst üblichen Betriebskosten).

2 Marktüblich erzielbarer Reinertrag

2.1 Allgemeines

▶ *Vgl. Syst. Darst. des Ertragswertverfahrens Rn. 179 ff.; § 17 ImmoWertV Rn. 13*

20 Der am Wertermittlungsstichtag **marktüblich erzielbare Reinertrag ist die Grundlage des** in § 17 Abs. 1 Satz 1 i. V. m. Abs. 2 ImmoWertV geregelten **ein- oder zweigleisigen Ertragswertverfahrens (Standardverfahrens)**. Es kann zwar nicht erwartet werden, dass die am Wertermittlungsstichtag marktüblich erzielbaren Reinerträge über die Restnutzungsdauer unverändert bleiben, jedoch werden bei Anwendung des Ertragswertverfahrens unter Heranziehung des Liegenschaftszinssatzes nach § 14 Abs. 3 ImmoWertV die vom Grundstücksmarkt erwarteten Ertragsänderungen sowie sonstige erwartete Änderungen der immobilienwirtschaftlich bedeutsamen Rahmenbedingungen mit diesem Liegenschaftszinssatz „vernachlässigt" *(all over capitalization method)*.

„Marktüblich" erzielbarer Ertrag ist der am Wertermittlungsstichtag nach den allgemeinen mietrechtlichen Bestimmungen ohne Berücksichtigung temporär wirksamer mietvertragbzw. mietrechtlicher Besonderheiten für Wohn- bzw. Nutzflächen vergleichbarer Art, Größe, Ausstattung, Beschaffenheit und Lage üblicherweise erzielbare Ertrag. **Bei Wohnimmobilien** ist der „marktüblich" erzielbare Ertrag **i. d. R. mit der ortsüblichen Vergleichsmiete** gleich zu setzen (vgl. unten Rn. 27 ff.). Bleibt der am Wertermittlungsstichtag tatsächlich erzielte

Reinertrag, Rohertrag § 18 ImmoWertV

Ertrag hinter dem marktüblich erzielbaren Ertrag zurück, so ist dies unbeachtlich, wenn weder rechtliche noch sonstige Gründe einer Anpassung des Ertrags an den marktüblich erzielbaren Ertrag entgegenstehen. Soweit z. B. die Kappungsgrenzen des § 558 BGB dem entgegenstehen, muss dies ergänzend nach Maßgabe des § 8 Abs. 3 ImmoWertV bzw. im Rahmen des mehrperiodischen Ertragswertverfahrens berücksichtigt werden.

Von den marktüblich erzielbaren Erträgen abweichend erzielte Reinerträge, insbesondere aufgrund wohnungs- und mietrechtlicher sowie vertragsrechtlicher Bindungen, sind in jedem Falle festzustellen, da sie als temporäre Einnahmen in Ergänzung zu dem nach Maßgabe des § 17 Abs. 2 ImmoWertV ermittelten vorläufigen Ertragswert in einem zweiten Schritt berücksichtigt werden müssen (§ 8 Abs. 3 ImmoWertV). Lediglich bei Anwendung des mehrperiodischen Ertragswertverfahrens nach § 17 Abs. 1 Satz 2 i. V. m. Abs. 3 ImmoWertV ist innerhalb des Betrachtungszeitraums i. S. des § 17 Abs. 3 ImmoWertV vom gesamten Reinertrag (einschließlich der vom marktüblich erzielbaren Reinertrag abweichenden Mehr- oder Mindererträge) auszugehen (vgl. oben Rn. 7). 21

Eine **Störung des marktüblich erzielbaren Ertrags** eines Grundstücks kann auch **durch die Art der vorgefundenen tatsächlichen Nutzung** gegeben sein, so z. B. wenn in einer Einkaufsstraße das Erdgeschoss zu Wohnzwecken genutzt wird und es der Eigentümer bisher versäumt hat oder daran gehindert war, hier eine ertragsreichere Ladennutzung einzurichten. Zwar mögen dann hier dem Eigentümer die ortsüblich erzielbaren Wohnungsmieten zufließen, jedoch bestimmt sich der marktüblich erzielbare Ertrag nach den marktüblich erzielbaren Ladenmieten. 22

Soweit der tatsächlich erzielte Reinertrag nur deshalb hinter dem marktüblich erzielbaren Reinertrag zurückbleibt, weil die **rechtlich bestehenden Möglichkeiten der Mietanpassung nicht ausgeschöpft** wurden, aber am Wertermittlungsstichtag ausgeschöpft werden könnten, ist von dem marktüblich erzielbaren Reinertrag auszugehen, d. h., eine Mietanpassung ist zu unterstellen. Es muss insbesondere unbeachtlich bleiben, wenn der Eigentümer aus subjektiven Gründen (z. B. aus wirtschaftlichem Unvermögen oder aus persönlichen Bindungen heraus) darauf verzichtet hat, das Nutzungsentgelt in zulässiger Weise anzuheben. Entsprechendes gilt auch bei unentgeltlicher Überlassung z. B. einer Wohnung aus persönlichen Gründen. Auf eine Berücksichtigung des Ertragsausfalls im Zuge der Mietanpassung kann dabei verzichtet werden, da der temporäre Einnahmeausfall i. d. R. von marginaler Bedeutung ist. 23

Des Weiteren muss unbeachtlich bleiben, soweit der **tatsächlich erzielte Reinertrag den marktüblich erzielbaren Reinertrag in unzulässiger Weise überschreitet** (z. B. unter Verstoß gegen die Wesentlichkeits- bzw. Wuchergrenze). Dementsprechend ist bei Verkehrswertermittlungen in Sanierungsgebieten auch nicht von einer vermeintlich hohen Rendite auszugehen, wenn diese durch Vermietung an Gastarbeiter erzielt wird, aber wegen ungesunder Wohnverhältnisse (vgl. § 43 Abs. 4 BauGB) nicht gerechtfertigt ist[5]. 24

Aus vorstehenden Gründen ist es unerlässlich, die **Mietverhältnisse mietrechtlich zu analysieren.** Die rechtlichen Grundlagen der Mietpreisgestaltung und der Mietpreiserhöhung werden deshalb unter Rn. 25 ff. dargestellt. 25

Zur Ermittlung des „marktüblich erzielbaren Reinertrags" kommen in Betracht 26

a) die **ortsübliche Vergleichsmiete**, die nach § 558 Abs. 2 BGB „aus den üblichen Entgelten" ... „gebildet wird", „die in der Gemeinde oder einer vergleichbaren Gemeinde für Wohnraum vergleichbarer Art, Größe, Ausstattung, Beschaffenheit und Lage in den letzten vier Jahren vereinbart" wird und dem Mietspiegel entnommen werden kann[6], oder

---

[5] BT-Drucks VI/510, S. 39 sowie BR-Drucks. 265/75, S. 15; vgl. hierzu BGH, Urt. vom 02.12.1971 – III ZR 165/69 –, EzGuG 20.51.
[6] § 558c Mietspiegel: (1) Ein Mietspiegel ist eine Übersicht über die ortsübliche Vergleichsmiete, soweit die Übersicht von der Gemeinde oder von Interessenvertretern der Vermieter und der Mieter gemeinsam erstellt oder anerkannt worden ist.

b) die **Marktmiete**, die im Falle einer Neuvermietung unter Berücksichtigung von Angebot und Nachfrage erzielt werden kann; der Vermieter ist in diesem Fall nicht an die ortsübliche Vergleichsmiete gebunden (vgl. unten Rn. 69).

27 Die ortsübliche Vergleichsmiete stellt im Übrigen **auch das Entgelt für die auf dem Grundstück befindlichen sonstigen Anlagen** (z. B. parkähnliche Bepflanzungen) dar. So findet z. B. die Annehmlichkeit des „guten" Wohnens in einer begrünten Wohnanlage ihre Berücksichtigung in der Miete[7]. In Ausnahmefällen wäre dies nach § 8 Abs. 3 ImmoWertV besonders zu berücksichtigen (vgl. Syst. Darst. des Ertragswertverfahrens Rn. 190).

28 Für die **ortsübliche Vergleichsmiete** gelten **im Verhältnis zur Marktmiete** eine Reihe von Besonderheiten (vgl. unten Rn. 67 ff.):

29 Es stellt sich die Frage, ob im Rahmen der Ertragswertermittlung von der „ortsüblichen Vergleichsmiete" oder der „Marktmiete" auszugehen ist.

– Bei einem bestehenden **Gebäude im vermieteten Zustand** wird man regelmäßig der Heranziehung ortsüblicher Vergleichsmieten den Vorzug geben, denn sie „markieren die Obergrenze" eines Mieterhöhungsverlangens. Dass im Rahmen der allgemeinen Fluktuation die Marktmieten verlangt werden können, betrifft nur einen geringen Bestand und findet auch bei der Ableitung des Liegenschaftszinssatzes keine besondere Beachtung.

– Bei einem **zur Vermietung anstehenden Gebäude** (z. B. einem Neubau) könnte man die Heranziehung der Marktmiete in Betracht ziehen, jedoch muss auch im Hinblick auf die Gesamtnutzungsdauer des Gebäudes davon ausgegangen werden, dass die ortsübliche Vergleichsmiete auch in diesem Fall die künftigen Ertragsverhältnisse besser zu repräsentieren vermag, denn die Marktmiete wird aufgrund der Mietgesetzgebung über kurz oder lang von den ortsüblichen Vergleichsmieten „eingeholt".

Letztlich ist im Rahmen einer modellkonformen Marktwertermittlung aber stets der Mietansatz entscheidend, der der Ableitung des Liegenschaftszinssatzes zugrunde lag (vgl. Vorbem. zur ImmoWertV Rn. 36, § 17 ImmoWertV Rn. 15).

30 Zur **Ermittlung der marktüblich erzielbaren Erträge** empfiehlt es sich auch, auf entsprechende Erhebungen und Veröffentlichungen der Gutachterausschüsse (Mietwertübersichten) zurückzugreifen. Des Weiteren sind in diesem Zusammenhang die einfachen oder qualifizierten **Mietspiegel** nach den §§ 558c und d BGB zu nennen (vgl. unten Rn. 174). Wird von Mietspiegeln ausgegangen, so muss beachtet werden, welche Mietentgelte (Nettokaltmiete, Mietnebenkosten) der Auswertung zugrunde gelegt und mit den Zahlenwerten wiedergegeben werden. Soweit erforderlich, muss die stichtagsbezogene Miete auf den Wertermittlungsstichtag umgerechnet werden. Dafür kann auf die vom Statistischen Bundesamt in der Reihe 7 der Fachserie 17 veröffentlichten „Preise und Preisindizes für die Lebenshaltung in Deutschland" zurückgegriffen werden. Des Weiteren ist zu beachten, dass es sich hierbei um Mieten handelt, die aus Bestands- und Neubaumieten der letzten vier Jahre abgeleitet wurden.

31 Bei Verwendung von Mietspiegeln, ist i. d. R. das **fiktive Baujahr** (Bezugsfertigkeit) maßgebend, wenn die Wohnung modernisiert wurde und sich dadurch die Restnutzungsdauer entsprechend verlängert. Die Mietspiegel sind zur Ermittlung der ortsüblichen Vergleichsmiete von Ein- und Zweifamilienhäusern nicht geeignet, da die einschlägigen Mieten i. d. R. höher ausfallen[8].

32 Zur **Ermittlung marktüblich erzielbarer Mieten/Pachten** können darüber hinaus folgende Quellen benutzt werden:

– Internet-Portale
z. B. Berlin http://www.stadtentwicklung.berlin.de/wohnen/mietspiegel/de,
z. B. Bonn http://www.bonn.de/gutachterausschuss/welcome.html, Suchbegriff: Mietspiegel,
Darmstadt: http://www.portal-darmstadt.de/files/mietspiegel/mietspiegel_2008.pdf;
http://www.ihk24.de;

---

7 OLG Koblenz, Urt. vom 13.01.1982 – 1 U 6/80 –, EzGuG 2.28.
8 LG Berlin, Urt. vom 22.05.2002 – 64 S 159/01 –, NJ 2001, 488 = EzGuG 3.126b.

- Mietspiegel für nicht öffentlich geförderte Wohnungen mit Bandbreiten für Nettokaltmieten je m² Wohnfläche gegliedert nach Baujahresgruppen, Lagequalität, Wohnungsgröße und Ausstattungsmerkmalen, zusammengestellt von den örtlichen Verbänden der Wohnungswirtschaft, Behörden, Haus-, Wohnungs- und Grundbesitzerverbänden, Mietervereinen und Maklern;
- Mieten im Bereich der sozialen Wohnraumförderung, die sich aus Wirtschaftlichkeitsberechnungen ergeben (berücksichtigt werden müssen das Wohnungsbindungsgesetz, die Neubaumietenverordnung und die II. Berechnungsverordnung);
- der alle zwei Jahre jeweils zum 31. März erscheinende Wohngeld- und Mietenbericht der Bundesregierung als Spiegelbild der Situation auf dem Wohnungsmarkt (Bundesministerium für Verkehr, Bau und Stadtentwicklung);
- aus der eigenen langjährigen Erfahrung des Sachverständigen sind Mieten vergleichbarer Objekte in ausreichendem Maße bekannt;
- die Auswertung des Angebots an Immobilien, insbesondere von Miet- und Pachtgrundstücken in der örtlichen und überörtlichen Presse und Immobilienspiegel von Tochterunternehmen der Banken und Sparkassen, vermitteln eine aktuelle Marktübersicht;
- der IVD und RdM und viele örtliche Immobilienbörsen veröffentlichen Preisspiegel für Mieten von Geschäfts-, Büro- und Lagerräumen, Stellplätze in Großgaragen (Parkhaus, Tiefgaragen) sowie für befestigte und unbefestigte Freiflächen;
- die jährlichen Mietkosten der Einzelhandelsfachgeschäfte nach Branchen, Ortsgrößenklassen und Geschäftslagen durch das Institut für Handelsforschung an der Universität zu Köln;
- die zuständigen Fachverbände des Handels und des Handwerks erteilen Auskünfte;
- Mietrichtwertkarten für Ladenräume (z. B. in Wuppertal für die Bereiche City-Elberfeld, City-Barmen und Oberbarmen und Nebenzentren);
- Mietwertübersichten in den Jahres-Grundstücksmarktberichten der Gutachterausschüsse für Grundstückswerte für Ladenräume, Büro- und Praxisräume, PKW-Stellplätze und Einfamilienhausmieten als Orientierungshilfe;
- Auswertungen zum Wohngeldbezug;
- Mietwerte für Ladenlokale, Büroräume und Gewerbeflächen im Kammerbezirk der IHKs mit Kaufkraftkennziffern je Einwohner der GfK Marktforschung GmbH & Co. KG, Nürnberg;
- Geschäftsberichte und statistische Berichte zum geförderten Wohnungsbau der Wohnungsbauförderungsanstalten der Länder;
- Mietwertübersichten in den Grundstücksmarktberichten der Gutachterausschüsse für Grundstückswerte;
- Jahres-Zahlenspiegel der Industrie- und Handelskammern mit Fläche in km², Einwohnerzahlen, Kammermitgliedern, verarbeitendem Gewerbe, Handel und Gastgewerbe, Fremdenverkehr, Gewerbeanzeigen (An-, Ab- und Ummeldungen), Realsteuerhebesätzen usw.;
- Monatszeitschriften der Industrie- und Handelskammern;
- Branchenprognosen von Bank- und Wirtschaftsinstituten, Verbänden;
- Jahresberichte renommierter Finanzberatungsgesellschaften;
- Fachserien zu Gewerbeimmobilien der Wirtschaftspresse;
- Wirtschaftsbriefe;
- Marktberichte international tätiger Immobiliengesellschaften;
- Top-Shop der Brockhoff & Zadelhoff Immobilien GmbH (Atlas der 1-A-Läden mit Straße, Haus-Nr., Schaufensterfrontlänge, Eck- bzw. Reihenhauslage, Differenzstufen im Eingangsbereich, Name des Nutzers);
- Strukturatlas der Hauptgemeinschaft des Deutschen Einzelhandels (HDE); u. a. mit Verkaufsflächenentwicklung, Umsätzen je Quadratmeter Verkaufsfläche, Mietpreisentwicklung; Karten ausgewählter Bürostandorte;
- Handelsatlanten der Industrie- und Handelskammern mit den Standorten großflächiger Einzelhandelsbetriebe, Strukturatlanten mit den Gewerbestandorten im Kammerbezirk;
- Berichte der Hauptgemeinschaft des Deutschen Einzelhandels (HDE) über Umsatzentwicklungen im Einzelhandel in der Bundesrepublik Deutschland;
- Wirtschafts- und Arbeitsmarktberichte der Großstädte (Ämter für Wirtschaftsförderung) über Stand, Entwicklung und Perspektiven der lokalen Wirtschaft und des Arbeitsmarktes;
- Studien zu den wirtschaftlichen Auswirkungen des EG-Binnenmarktes (ab 1993) auf Sektoren und Regionen der Bundesrepublik Deutschland;
- Standortanalysen verschiedener Institute zu Investitionsentscheidungen über größere Gewerbeimmobilien;
- Veröffentlichungen der Landesämter für Datenverarbeitung und Statistik (z. B. in Nordrhein-Westfalen; „Statistische Rundschau").

§ 18 ImmoWertV — Reinertrag, Rohertrag

Im Unterschied zum geltenden Recht umfasste der Rohertrag nach § 17 WertV 88/98, aus dem § 18 ImmoWertV hervorgegangen ist, „alle ... nachhaltig erzielbaren Einnahmen", jedoch ist man in der Wertermittlungspraxis gleichwohl schon seit jeher vom umlageverminderten Rohertrag ausgegangen.

ImmoWertV 10	WertV 88/98
§ 18 **Reinertrag, Rohertrag**	**§ 17** **Rohertrag**
(1) Der Reinertrag ergibt sich aus dem jährlichen Rohertrag abzüglich der Bewirtschaftungskosten (§ 19).	Vgl. § 16 Abs. 2 WertV
(2) Der Rohertrag ergibt sich aus den bei ordnungsgemäßer Bewirtschaftung und zulässiger Nutzung marktüblich erzielbaren Erträgen. Bei Anwendung des Ertragswertverfahrens auf der Grundlage periodisch unterschiedlicher Erträge ergibt sich der Rohertrag insbesondere aus den vertraglichen Vereinbarungen.	(1) Der Rohertrag umfasst *alle* bei ordnungsgemäßer Bewirtschaftung und zulässiger Nutzung *nachhaltig* erzielbaren Einnahmen aus dem Grundstück, insbesondere Mieten und Pachten einschließlich Vergütungen. Umlagen, die zur Deckung von Betriebskosten gezahlt werden, sind nicht zu berücksichtigen.
	(2) Werden für die Nutzung von Grundstücken oder Teilen eines Grundstücks keine oder vom üblichen abweichende Entgelte erzielt, sind die bei einer Vermietung oder Verpachtung nachhaltig erzielbaren Einnahmen zugrunde zu legen.

2.2 Allgemeines zur Wohn- und Gewerberaummiete

2.2.1 Abgrenzung

33 Das **Miet- und Pachtrecht** ist im Titel 5 des BGB (§§ 335 bis 606 BGB) geregelt (vgl. unten Rn. 46).

34 Im Bereich des Mietrechts bedarf es deshalb einer sorgfältigen **Abgrenzung der Wohnraummiete von der Gewerberaummiete** *(commercial leases)*. Maßgebend für die Einordnung ist vor allem die Zweckbestimmung der Räume, die von den Parteien im Mietvertrag vereinbart wurde[9]. Ein Geschäftsraummietvertrag liegt vor, wenn die Fläche oder ein Gebäude aufgrund eines schuldrechtlichen Vertrags gegen Entgelt (unbefristet oder auf Zeit) zu anderen als Wohnzwecken überlassen wurde. Es kommt also auf die zwischen den Parteien vereinbarte Zweckbestimmung an, wobei eine ausdrückliche Festlegung entbehrlich ist, wenn die angemieteten Flächen eindeutig nur für gewerbliche oder geschäftliche Zwecke geeignet sind. Soweit im Mietvertrag keine eindeutige Zweckbestimmung vereinbart worden ist, richtet sich die Zweckbestimmung nach der objektiven Beschaffenheit der Räume. Wo nach den bestehenden Verhältnissen ein „Mischverhältnis" besteht, richtet sich die Zuordnung nach der sog. „Übergewichtstheorie"[10], wobei der Parteienwille und der Vertragszweck ausschlaggebend sind. Nach Vertragsabschluss wird durch eine ohne Abstimmung mit dem Vermieter vom Mieter vorgenommene Änderung der Nutzungsart an der rechtlichen Einordnung nichts geändert (Abb. 1).

---

[9] LG Hamburg, Urt. vom 09.10.1984 – 16 S 168/84 –, EzGuG 3.68a.
[10] BGH, Urt. vom 15.11.1978 – VIII ZR 14/78 –, EzGuG 3.61a; BGH, Urt. vom 16.04.1986 – VIII ZR 60/85 –, EzGuG 7.96b.

Abb. 1: Mietrecht

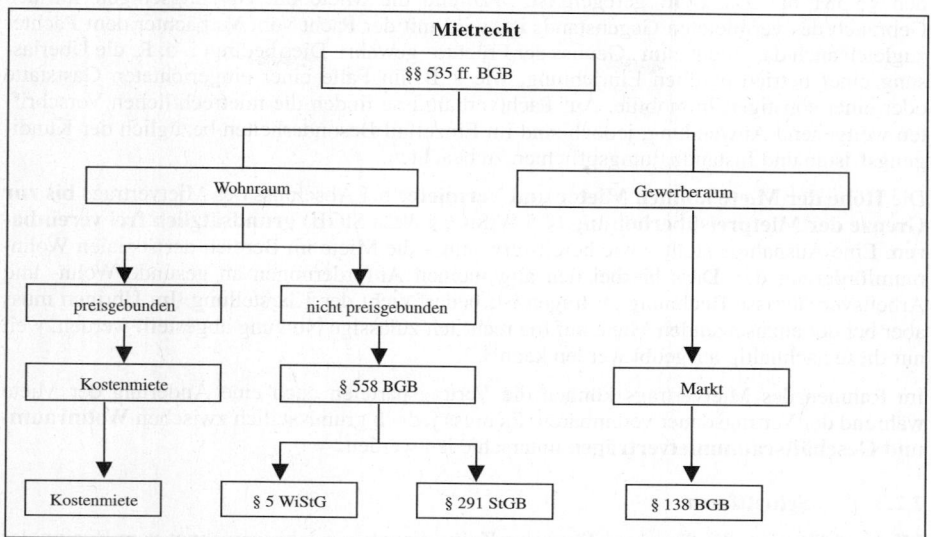

Der **wesentliche Unterschied zwischen der Wohnraum- und Geschäftsraummiete** besteht in der Gestaltung des Mietzinses. 35

- Für *Mietverhältnisse über Wohnraum* finden insbesondere die Regelungen des Bürgerlichen Gesetzbuchs – BGB – Anwendung; des Weiteren sind die Regelungen über den sog. Rechtsentscheid (§ 541 ZPO) zu nennen.

- Für *Mietverhältnisse im gewerblichen Bereich* kann die Miete weitgehend frei vereinbart werden (Grundsatz der Vertragsfreiheit)[11]. Selbst die Kündigung des Mietverhältnisses mit dem Ziel einer Heraufsetzung des Mietzinses gilt nicht als sittenwidrig. Bei Geschäftsraummieten darf die Vereinbarung allerdings nicht gegen § 138 Abs. 2 BGB verstoßen.

Von einem gewerblichen Mietverhältnis ist auszugehen, wenn Wohnraum zum Zwecke der **Weitervermietung** an einen Dritten (sog. Endmieter) angemietet wird. Bei Beendigung des Zwischenmietverhältnisses tritt der Vermieter anstelle des gewerblichen Zwischenmieters in das Weitermietverhältnis mit dem Endmieter ein. Der Endmieter kann dann nach § 565 BGB die Kündigungsschutzbestimmungen (§§ 566a bis e, § 574 BGB) für sich in Anspruch nehmen. 36

Das **Immobilienleasing** wird in der Rechtsprechung als Miete mit Einzelelementen des Kaufes und der Darlehensgewährung qualifiziert[12]. 37

2.2.2 Miete und Pacht

Unter der **Miete ist die entgeltliche Überlassung einer Sache zum Gebrauch** an einen Dritten zu verstehen (§ 535 BGB). Die Miete setzt sich nach § 556 Abs. 1 BGB zusammen aus der Grundmiete (Netto- oder Kaltmiete) und den Betriebskosten als Teil der Mietnebenkosten, mit denen die laufend anfallenden Gemeinkosten der baulichen Anlage abgedeckt werden sollen. Die Grundmiete/Nettokaltmiete enthält damit weder die Umlagen noch die nicht als „Umlagen erhobenen Betriebskosten" und auch nicht die Abschreibung. 38

---

11 Fritz, Gewerberaummietrecht, München 1991; Bub/Treier, Handbuch der Geschäfts- und Wohnraummiete, 2. Aufl., München 1993.
12 BGH, Urt. vom 25.01.1989 – III ZR 302/87 –, BGHZ 106, 304; BGH, Urt. vom 09.10.1985 – VIII ZR 217/84 –, BGHZ 96, 103.

39 Die in den §§ 535 bis 580a BGB geregelte **Miete ist von der Pacht zu unterscheiden**, die in den §§ 581 bis 597 BGB geregelt ist. Während die Miete ein Nutzungsentgelt für den Gebrauch des vermieteten Gegenstands ist, wird mit der Pacht vom Verpächter dem Pächter zugleich auch das Recht zum „Genuss der Früchte" gewährt. Dies bedingt i. d. R. die Überlassung einer betriebsbereiten Einrichtung, wie z. B. im Falle einer eingerichteten Gaststätte oder einer sonstigen Immobilie. Auf Pachtverhältnisse finden die mietrechtlichen Vorschriften weitgehend Anwendung, jedoch sind im Einzelfall Besonderheiten bezüglich der Kündigungsfristen und Instandhaltungspflichten zu beachten.

40 Die **Höhe der Miete können Mieter und Vermieter** bei Abschluss des Mietvertrags **bis zur Grenze der Mietpreisüberhöhung** (§ 5 WiStG, § 302a StGB) **grundsätzlich frei vereinbaren**. Eine Ausnahme stellt – wie bereits erwähnt – die Miete im Bereich der sozialen Wohnraumförderung dar. Dass hierbei den allgemeinen Anforderungen an gesunde Wohn- und Arbeitsverhältnisse Rechnung zu tragen ist, bedarf nicht der Klarstellung. Im Übrigen muss aber bei der anzusetzenden Miete auf die rechtlich zulässige Nutzung abgestellt werden, weil nur diese nachhaltig ausgeübt werden kann[13].

41 Im Rahmen des Mietvertrags können die Vertragsparteien auch eine Änderung der Miete während der Vertragsdauer vereinbaren. Es muss jedoch grundsätzlich zwischen **Wohnraum- und Geschäftsraummietverträgen** unterschieden werden.

2.2.3 Schriftform

42 **Mietverhältnisse, die für einen längeren Zeitraum** als ein Jahr, gerechnet vom Beginn des Mietverhältnisses, **geschlossen werden, bedürfen** nach § 550 BGB grundsätzlich **der Schriftform**. Ein nicht schriftlich geschlossener Mietvertrag für länger als ein Jahr gilt für unbestimmte Zeit. Er kann unter Beachtung der gesetzlichen Kündigungsfristen frühestens zum Ablauf eines Jahres nach Überlassung des Wohnraums gekündigt werden. Die Anforderungen an die Schriftform ergeben sich aus den §§ 126 ff. BGB:

- Unter einem **Vorvertrag** versteht man eine gegenseitige Verpflichtung der Vertragsparteien, einen Mietvertrag zu schließen. Er ist nur wirksam, wenn er den Inhalt des Vertrags hinreichend in dem Maße konkretisiert, dass ein Gericht den Vertragsinhalt durch Urteil bestimmen kann.

- Unter einem **Vormietrecht** versteht man analog zum Vorkaufsrecht das Recht eines dadurch Begünstigten, in ein Mietverhältnis vorrangig zu den Bedingungen einzutreten, die der Vermieter mit einem Dritten ausgehandelt hat. Der Begünstigte kann innerhalb einer Frist von zwei Monaten in den mit einem Dritten abgeschlossenen Mietvertrag eintreten. Der Vermieter ist analog zu § 510 BGB verpflichtet, dem Begünstigten unter Vorlage des mit einem Dritten geschlossenen Mietvertrags den Vertragsabschluss mitzuteilen.

- Unter einem **Anmietrecht** versteht man die vertraglich eingeräumte Verpflichtung des Vermieters, dem Begünstigten ein Mietobjekt anzubieten, bevor es an einen Dritten vermietet wird.

- Unter einer **Option** versteht man die Befugnis des Mieters, durch einseitige Erklärung ein bestehendes Mietverhältnis um eine bestimmte Zeit zu verlängern. Hierzu soll im Vertrag die Optionsfrist geregelt sein.

43 Im Übrigen tritt im **Falle des Todes des Mieters** oder des Vermieters sein Erbe als Gesamtrechtsnachfolger in die Rechte und Pflichten des Mietvertrags ein (§§ 1922, 1967 ff. BGB). Die §§ 563 ff. BGB lassen abweichend vom Prinzip der Gesamtrechtsnachfolge unter bestimmten Voraussetzungen eine Sonderrechtsnachfolge für bestimmte Personen in das Mietverhältnis über Wohnraum zu. Findet die Sonderrechtsnachfolge nicht statt, so bleibt es bei dem allgemeinen Erbrechtsprinzip der Gesamtrechtsnachfolge und das Mietverhältnis wird mit dem Erben fortgesetzt. Im Todesfall haben jedoch Mieter und Vermieter gemäß den §§ 563 f. BGB das Recht zur außerordentlichen Kündigung des Mietverhältnisses unter Wah-

---

[13] BR-Drucks. 352/88, S. 57.

rung der gesetzlichen Kündigungsfristen. Der Vermieter kann das Mietverhältnis mit den Erben des verstorbenen Wohnungsmieters grundsätzlich nur dann kündigen, wenn in der Person des Eingetretenen ein wichtiger Grund liegt, selbst wenn der Erbe zu Lebzeiten des Mieters nicht in der Wohnung gelebt hat[14].

Die Miete wird bei Wohnimmobilien typischerweise als monatlicher Festbetrag vereinbart. Bei der Vermietung von Geschäftsraum, insbesondere bei Einzelhandelsflächen, wird häufig eine zusätzliche **umsatzabhängige Miete** vereinbart, wobei solche Verträge i. d. R. eine Betriebspflicht des Mieters vorsehen. 44

Der **Anstieg der Wohnungsmieten** ist in den letzten Jahren (in fast allen großen Städten der Bundesrepublik Deutschland) recht unterschiedlich gewesen. 45

2.3 Wohnraummiete

Schrifttum: *Beuermann/Blümmel,* Das neue Mietrecht 2001 1. Aufl.; *Bub/Treier,* Handbuch der Geschäfts- und Wohnraummiete, 2. Aufl. 1993; *Dröge, F.,* Handbuch der Mietpreisbewertung für Wohn- und Gewerberaum, Wolters & Kluwer 2. Aufl. 1999; *Kühne-Büning/Nordalm/Steveling (Hrsg),* Grundlagen der Wohnungs- und Immobilienwirtschaft, 4. Aufl. Hammonia 2004; *Sternel,* Mietrecht aktuell 3. Aufl. 1996.

2.3.1 Allgemeines

Das Miet- und Pachtrecht ist im Titel 5 des BGB (§§ 335 bis 606 BGB) geregelt. Nach § 549 BGB gelten für Mietverhältnisse über Wohnraum die §§ 535 bis 548 BGB, soweit sich nicht aus den §§ 549 bis 577a BGB etwas anderes ergibt. Nach § 578 Abs. 1 BGB (Mietverhältnis über Grundstücke und Räume) sind auf Mietverhältnisse über Grundstücke die Vorschriften der §§ 550, 562 bis 562d, 566 bis 567b sowie 570 entsprechend anzuwenden. Sind die Räume zum Aufenthalt von Menschen bestimmt, so gilt außerdem § 569 Abs. 1 BGB entsprechend. 46

Im **frei finanzierten Wohnungsbau** kann der Vermieter mit den nachfolgend behandelten Einschränkungen zumindest im Falle der Neuvermietung die Miete mit dem Mieter frei vereinbaren. Im Bereich des **öffentlich geförderten Wohnungsbaus** oder der sozialen Wohnraumförderung steht dem Vermieter lediglich die nach den §§ 8a und 8b WoBindG ermittelte **Kostenmiete** zu. Die Kostenmiete umfasst die laufenden Aufwendungen für die Wohnung. Sie wird im Rahmen einer Wirtschaftlichkeitsberechnung aufgrund der Kapital- und Bewirtschaftungskosten errechnet. Die sich aus den **Wirtschaftlichkeitsberechnungen** ergebenden Kostenmieten bei Sozialwohnungen sind für die Vertragsparteien verbindlich. 47

2.3.2 Mietpreisgestaltung

Als Miete kann aufgrund der Vertragsfreiheit bei nicht preisgebundenem Wohnraum für die eigentliche Überlassung des Wohnraums und alle sonstigen Verpflichtungen **ein Pauschalbetrag vereinbart** werden. Wurde eine pauschale Miete vereinbart und keine Regelung über Nebenkosten getroffen, so sind mit der Miete alle Entgelte des Mieters abgegolten. Es ist auch der freien Vereinbarung überlassen, ob und in welchem Umfang der Mieter bestimmte Mietnebenkosten neben der eigentlichen Miete trägt. Die unterschiedliche Vertragsgestaltung hat nach den §§ 558 ff., 560 BGB ein **unterschiedlich ausgestaltetes Mieterhöhungsrecht** des Vermieters zur Folge. 48

Ausgehend vom Grundsatz, dass der Vermieter die auf der vermieteten Sache ruhenden Lasten zu tragen hat (§ 535 BGB), können dabei, soweit im Mietvertrag nichts anderes geregelt ist, von den Nebenkosten nur die Erhöhungsbeträge auf die Mieter umgelegt werden (§ 556 BGB, abgedruckt oben bei Rn. 17). 49

---

14 BGH, Beschl. vom 12.03.1997 – VIII ARZ 3/96 –, BGHZ 135, 86.

§ 18 ImmoWertV — Reinertrag, Rohertrag

50 Dies betrifft ab 01.01.2004 die in § 2 BetrKV aufgeführten **Betriebskosten**. Alle übrigen Mietnebenkosten dürfen nur unter den erschwerten Voraussetzungen des § 558 BGB erhöht werden (vgl. Syst. Darst. des Ertragswertverfahrens Rn. 198 ff., § 19 ImmoWertV Rn. 74).

51 Nach den §§ 556 ff. BGB kann in den **Fällen, in denen im Mietvertrag nur die Nettokaltmiete/Grundmiete vereinbart wurde** und die Betriebskosten gesondert ausgewiesen werden, auch nur die Nettokaltmiete/Grundmiete erhöht werden, während die Betriebskostenanteile nur über § 560 BGB verändert werden können.

52 Neben dem Preis für die bloße Gebrauchsüberlassung einer Wohnung kann mit dem Mieter also die Übernahme insbesondere von **Neben- und Betriebskosten** vereinbart werden. Im Einzelnen wird zwischen folgenden Kostengruppen unterschieden:

a) *Nutzungsabhängige Kosten:* Dies sind z. B. die Kosten für den Wasserverbrauch, die Heizung, die Müllabfuhr sowie für Energie und Strom.

b) *Existenzabhängige Kosten:* Dies sind insbesondere die Grundsteuer, Versicherungskosten sowie Straßenreinigungsgebühren.

c) *Anschaffungs- und herstellungsbedingte Kosten:* Dies sind insbesondere die Finanzierungskosten sowie die Eigenkapitalverzinsung.

53 Für die Abwälzung solcher Nebenkosten gilt das **Enumerationsprinzip**, nach dem auf den Mieter nur die Kosten übergehen, die im Mietvertrag besonders vereinbart sind. Soweit auf Anl. 3 der II. BV oder § 2 BetrKV Bezug genommen wird, sollte diese als Anlage zum Mietvertrag genommen werden. Sie erfasst aber nicht die Kosten der Hausverwaltung, deren Überwälzung auch bei kleineren Gewerbeimmobilien schon üblich ist.

54 Für die Neben- und Betriebskosten können **Vorauszahlungen** mit anschließender Abrechnung[15], aber auch Pauschalzahlungen vereinbart werden. Dies ergibt sich im Einzelnen aus dem Mietvertrag[16]. Daneben kann auch die Übernahme von **Schönheitsreparaturen** vereinbart werden, die **grundsätzlich vom Vermieter zu tragen** sind (§ 535 BGB)[17].

55 Eine gesetzliche Definition der **Mietnebenkosten** besteht nicht. Neben den Bewirtschaftungskosten gehören hierzu insbesondere die Kapitalkosten.

56 Der unter Ausschluss der umlagefähigen Betriebskosten sich ergebende Rohertrag stellt die **Nettokaltmiete (= Grundmiete)** dar, wie sie für Wohnraum heute regelmäßig vereinbart wird. Was nachhaltig erzielbar ist, kann deshalb auf dieser Grundlage aufgrund örtlicher Vergleichsmieten einschließlich eines örtlichen Mietspiegels am zuverlässigsten ermittelt werden.

57 Im Überblick sind auch andere Vertragsgestaltungen möglich:

Bruttowarmmiete: Miete einschließlich sämtlicher Bewirtschaftungskosten einschließlich Betriebskosten *einschließlich Heizung und Warmwasser* (und ohne Mehrwertsteuer); vielfach wird auch von Inklusivmiete, Pauschalmiete oder Festmiete gesprochen.

Bruttokaltmiete: Miete einschließlich sämtlicher Bewirtschaftungskosten (einschließlich Betriebskosten), jedoch *ohne Heizung und Warmwasser* (und ohne Mehrwertsteuer).

---

15 Zur Verjährung: Der Anspruch des Vermieters gegen den Mieter auf Nachzahlung von Betriebskosten verjährt in vier Jahren. Die Verjährungsfrist beginnt jeweils am Ende des Jahres, in dem der Anspruch entstanden ist. Unklar ist bisher, ob die Frist für die Verjährung einer Nachforderung des Vermieters gegen seinen Mieter bereits mit dem Ende des Jahres zu laufen beginnt, innerhalb dessen die Abrechnungsperiode endet, oder erst mit dem Ende desjenigen Jahres, in welchem dem Mieter die Abrechnung zugeht. Bei der Abrechnung von Heizkosten hat der BGH in einem Rechtsentscheid (vom 19.12.1990 – VIII ARZ 5/90 –, BGHZ 113, 188) festgestellt, dass derjenige Zeitpunkt maßgebend ist, zu dem dem Mieter die Abrechnung über die Heizkosten zugeht.

16 Zur Umlagefähigkeit vgl. BGH, Urt. vom 20.01.1993 – VIII ZR 10/92 –, GuG 1994, 127 (LS) = WuM 1993, 109 = DWW 1993, 74 = MDR 1993, 339 = WM 1993, 660 = ZMR 1993, 359.

17 Hierzu Schildt in WuM 1994, 237; Gather in ZAP F 4 S. 339 ff.

Nettokaltmiete: Bruttokaltmiete, jedoch ohne umlegbare Bewirtschaftungskosten (Betriebskosten).

Teilinklusivmiete: Miete einschließlich bestimmter Betriebskosten.

Reinertrag: Bruttokaltmiete, jedoch ohne Bewirtschaftungskosten.

Abb. 2: Mietbegriffe

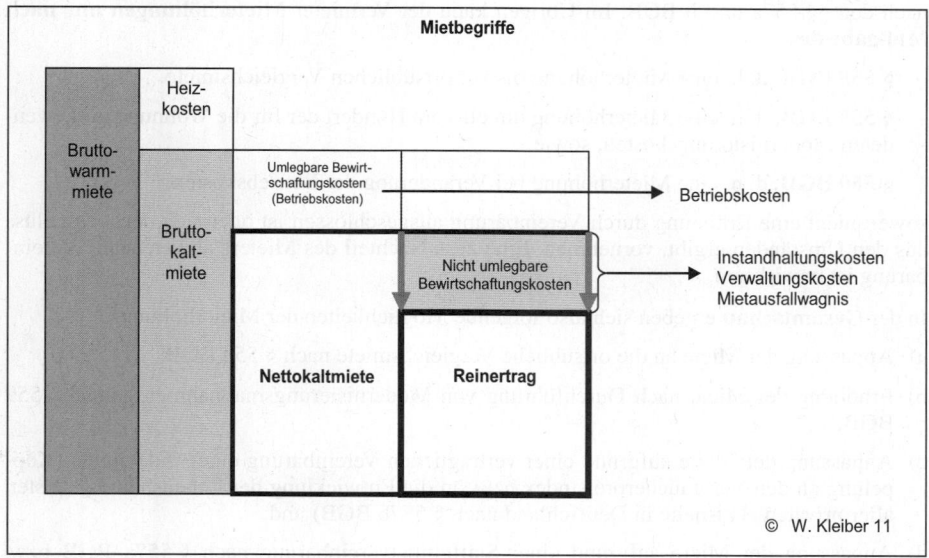

Ist eine **Bruttowarmmiete** vereinbart worden, so ist sie um die aktuellen warmen und kalten Betriebskosten zu vermindern, um eine Vergleichbarkeit mit der Nettokaltmiete herzustellen[18].

Bei der **Gestaltung der Wohnraummiete** sind neben den Preisvorschriften drei weitere allgemeine Schranken der Mietzinserhöhung zu beachten, wobei ein Verstoß – entgegen § 139 BGB – nicht den Bestand des Mietverhältnisses, sondern lediglich die Mietzinsvereinbarung berührt[19].

Dies sind

a) die Wesentlichkeitsgrenze (vgl. unten Rn. 90 ff.),

b) die Wuchergrenze (vgl. unten Rn. 97 ff.) und

c) die Kappungsgrenze (vgl. unten Rn. 101 ff.).

Bei Verwendung von **Formularmietverträgen** können sich jedoch Einschränkungen insbesondere bezüglich der Übernahme von Pflichten und Kosten auf den Mieter ergeben.

---

18 BGH, Urt. vom 19.07.2006 – VIII ZR 215/05 –, GE 2006, 1094.
19 BGH, Urt. vom 11.01.1984 – VIII ARZ 13/83 –, EzGuG 20.104a.

2.3.3 Mieterhöhungsverlangen

2.3.3.1 Allgemeines

▶ *Näheres hierzu unten bei Rn. 171 ff.*

61 Die Mietparteien können eine Mieterhöhung während des Mietverhältnisses nach Maßgabe des § 557 Abs. 1 und 2 BGB vereinbaren und zwar in Form von Staffel- und Indexmieten nach den §§ 557a und b BGB. Im Übrigen kann der Vermieter **Mieterhöhungen nur nach Maßgabe des**

- **§ 558 BGB,** d. h. eine Mieterhöhung bis zur ortsüblichen Vergleichsmiete,
- **§ 559 BGB,** d. h. eine Mieterhöhung um elf vom Hundert der für die Wohnung aufgewendeten Modernisierungskosten, sowie
- **§ 560 BGB,** d. h. eine Mieterhöhung bei Veränderung der Betriebskosten,

soweit nicht eine Erhöhung durch Vereinbarung ausgeschlossen ist oder sich der Ausschluss aus den Umständen ergibt, vornehmen. Eine zum Nachteil des Mieters abweichende Vereinbarung ist unwirksam.

62 In der **Gesamtschau** ergeben sich also folgende Möglichkeiten der Mieterhöhung:

a) Anpassung der Miete an die ortsübliche Vergleichsmiete nach § 558 BGB,

b) Erhöhung der Miete nach Durchführung von Modernisierungsmaßnahmen gemäß § 559 BGB,

c) Anpassung der Miete aufgrund einer vertraglichen Vereinbarung einer Indexmiete (Koppelung an den Verbraucherpreisindex bzw. an die Entwicklung der Lebenshaltungskosten aller privaten Haushalte in Deutschland nach § 557b BGB) und

d) Anpassung der Miete aufgrund einer Staffelmietvereinbarung nach § 557a BGB bzw. einer Indexmiete nach § 557b BGB.

63 Das Mieterhöhungsverlangen muss begründet werden und die Angabe der Wohnfläche in m² sowie die verlangte Miete in €/m² angeben[20].

▶ *Zur Wohnfläche vgl. Rn 133 sowie Kleiber, Verkehrswertermittlung von Grundstücken, 6. Aufl. 2010, Teil III Rn. 513 ff.*

2.3.3.2 Anpassung an die örtliche Vergleichsmiete

64 Nach § 558 BGB hat der Vermieter unter bestimmten Voraussetzungen einen Anspruch gegen den Mieter auf Zustimmung zu einem begründeten Mieterhöhungsverlangen (sog. Zustimmungsverfahren) bis zur ortsüblichen Vergleichsmiete *(rent review)*. Mit § 558 Abs. 2 BGB ist die **ortsübliche Vergleichsmiete als das übliche Entgelt definiert, das in der Gemeinde oder einer vergleichbaren Gemeinde für Wohnraum vergleichbarer Art, Größe, Ausstattung, Beschaffenheit und Lage gezahlt wird.** Der Gesetzgeber hat dafür einen **Zeitraum von vier Jahren vorgegeben.** Dabei ist grundsätzlich zwischen zwei grundverschiedenen Tatbeständen zu unterscheiden (Abb. 3):

- Nach den §§ 556 f. BGB besteht ein *Zahlungsanspruch* bei der Umlegung von Modernisierungskosten (§ 559 BGB) und der Umlegung von Betriebskostenerhöhungen (§ 556 f. BGB).
- Nach § 558 BGB kann die Mieterhöhung bis zur ortsüblichen Vergleichsmiete nur im Wege eines *Zustimmungsanspruchs* geltend gemacht werden.

---

[20] LG Darmstadt, Urt. vom 15.08.1990 – 21 S 70/90 –, WuM 1991, 49; AG Wiesbaden, Urt. vom 10.08.1972 – 51 b C 429/72 –, ZMR 1973, 217 = EzGuG 20.51b.

Abb. 3: Möglichkeiten der Mieterhöhungen bei laufenden Mietverhältnissen

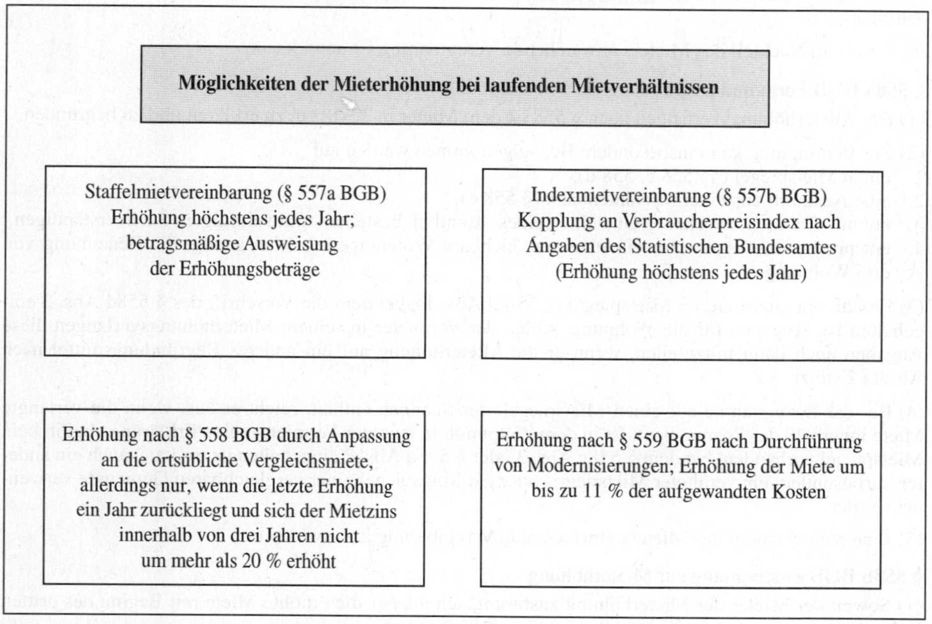

```
                 Möglichkeiten der Mieterhöhung bei laufenden Mietverhältnissen

   Staffelmietvereinbarung (§ 557a BGB)              Indexmietvereinbarung (§ 557b BGB)
   Erhöhung höchstens jedes Jahr;                    Kopplung an Verbraucherpreisindex nach
   betragsmäßige Ausweisung                          Angaben des Statistischen Bundesamtes
   der Erhöhungsbeträge                              (Erhöhung höchstens jedes Jahr)

   Erhöhung nach § 558 BGB durch Anpassung           Erhöhung nach § 559 BGB nach Durchführung
   an die ortsübliche Vergleichsmiete,               von Modernisierungen; Erhöhung der Miete um
   allerdings nur, wenn die letzte Erhöhung          bis zu 11 % der aufgewandten Kosten
   ein Jahr zurückliegt und sich der Mietzins
   innerhalb von drei Jahren nicht
   um mehr als 20 % erhöht
```

Die **ortsübliche Vergleichsmiete** gilt für Mietwohnungen in Mehrfamilienhäusern, die keiner Mietpreisbindung unterliegen (einschließlich ehemaligen Sozialwohnungen, bei denen die Mietpreisbindung ausgelaufen ist) und nicht mit öffentlichen Mitteln modernisiert oder gefördert worden sind. Die vorstehend angesprochenen Vorschriften haben folgende Fassung[21]:

„**§ 558 BGB** Mieterhöhung bis zur ortsüblichen Vergleichsmiete

(1) Der Vermieter kann die Zustimmung zu einer Erhöhung der Miete bis zur ortsüblichen Vergleichsmiete verlangen, wenn die Miete in dem Zeitpunkt, zu dem die Erhöhung eintreten soll, seit 15 Monaten unverändert ist. Das Mieterhöhungsverlangen kann frühestens ein Jahr nach der letzten Mieterhöhung geltend gemacht werden. Erhöhungen nach den §§ 559 bis 560 werden nicht berücksichtigt.

(2) Die ortsübliche Vergleichsmiete wird gebildet aus den üblichen Entgelten, die in der Gemeinde oder einer vergleichbaren Gemeinde für Wohnraum vergleichbarer Art, Größe, Ausstattung, Beschaffenheit und Lage in den letzten vier Jahren vereinbart oder, von Erhöhungen nach § 560 abgesehen, geändert worden sind. Ausgenommen ist Wohnraum, bei dem die Miethöhe durch Gesetz oder im Zusammenhang mit einer Förderzusage festgelegt worden ist.

(3) Bei Erhöhungen nach Absatz 1 darf sich die Miete innerhalb von drei Jahren, von Erhöhungen nach den §§ 559 bis 560 abgesehen, nicht um mehr als 20 vom Hundert erhöhen (Kappungsgrenze).

(4) Die Kappungsgrenze gilt nicht,

1. wenn eine Verpflichtung des Mieters zur Ausgleichszahlung nach den Vorschriften über den Abbau der Fehlsubventionierung im Wohnungswesen wegen des Wegfalls der öffentlichen Bindung erloschen ist und
2. soweit die Erhöhung den Betrag der zuletzt zu entrichtenden Ausgleichszahlung nicht übersteigt.

Der Vermieter kann vom Mieter frühestens vier Monate vor dem Wegfall der öffentlichen Bindung verlangen, ihm innerhalb eines Monats über die Verpflichtung zur Ausgleichszahlung und über deren Höhe Auskunft zu erteilen. Satz 1 gilt entsprechend, wenn die Verpflichtung des Mieters zur Leistung einer Ausgleichszahlung nach den §§ 34 bis 37 des Wohnraumförderungsgesetzes und den hierzu ergangenen landesrechtlichen Vorschriften wegen Wegfalls der Mietbindung erloschen ist.

---

21 BT-Drucks 14/4553, S. 53 ff.

(5) Von dem Jahresbetrag, der sich bei einer Erhöhung auf die ortsübliche Vergleichsmiete ergäbe, sind Drittmittel im Sinne des § 559a abzuziehen, im Falle des § 559a Abs. 1 mit 11 vom Hundert des Zuschusses.

(6) Eine zum Nachteil des Mieters abweichende Vereinbarung ist unwirksam.

§ 558a BGB Form und Begründung der Mieterhöhung
(1) Das Mieterhöhungsverlangen nach § 558 ist dem Mieter in Textform zu erklären und zu begründen.

(2) Zur Begründung kann insbesondere Bezug genommen werden auf
1. einen Mietspiegel (§§ 558 c, 558 d),
2. eine Auskunft aus einer Mietdatenbank (§ 558 e),
3. ein mit Gründen versehenes Gutachten eines öffentlich bestellten und vereidigten Sachverständigen,
4. entsprechende Entgelte für einzelne vergleichbare Wohnungen; hierbei genügt die Benennung von drei Wohnungen.

(3) Enthält ein qualifizierter Mietspiegel (§ 558 d Abs. 1), bei dem die Vorschrift des § 558d Abs. 2 eingehalten ist, Angaben für die Wohnung, so hat der Vermieter in seinem Mieterhöhungsverlangen diese Angaben auch dann mitzuteilen, wenn er die Mieterhöhung auf ein anderes Begründungsmittel nach Absatz 2 stützt.

(4) Bei der Bezugnahme auf einen Mietspiegel, der Spannen enthält, reicht es aus, wenn die verlangte Miete innerhalb der Spanne liegt. Ist in dem Zeitpunkt, in dem der Vermieter seine Erklärung abgibt, kein Mietspiegel vorhanden, bei dem § 558c Abs. 3 oder § 558d Abs. 2 eingehalten ist, so kann auch ein anderer, insbesondere ein veralteter Mietspiegel oder ein Mietspiegel einer vergleichbaren Gemeinde verwendet werden.

(5) Eine zum Nachteil des Mieters abweichende Vereinbarung ist unwirksam.

66 **§ 558b BGB** Zustimmung zur Mieterhöhung
(1) Soweit der Mieter der Mieterhöhung zustimmt, schuldet er die erhöhte Miete mit Beginn des dritten Kalendermonats nach dem Zugang des Erhöhungsverlangens.

(2) Soweit der Mieter der Mieterhöhung nicht bis zum Ablauf des zweiten Kalendermonats nach dem Zugang des Verlangens zustimmt, so kann der Vermieter auf Erteilung der Zustimmung klagen. Die Klage muss innerhalb von drei weiteren Monaten erhoben werden.

(3) Ist der Klage ein Erhöhungsverlangen vorausgegangen, das den Anforderungen des § 558a nicht entspricht, so kann es der Vermieter im Rechtsstreit nachholen oder die Mängel des Erhöhungsverlangens beheben. Dem Mieter steht auch in diesem Fall die Zustimmungsfrist nach Absatz 2 Satz 1 zu.

(4) Eine zum Nachteil des Mieters abweichende Vereinbarung ist unwirksam."

67 Für die Durchsetzung des Zustimmungsanspruchs hat das BVerfG wiederholt klargestellt, dass dabei **keine überhöhten formalen Anforderungen** gestellt werden dürfen[22].

68 **Übliches Entgelt** i. S. der Vorschrift **ist die so genannte ortsübliche Vergleichsmiete**[23]. Dieser in § 5 WiStG gebrauchte Begriff entspricht dem des § 558 Abs. 2 BGB. Eine ordnungswidrige Mietpreisüberhöhung lässt sich demzufolge auf der Grundlage von Mietspiegeln feststellen[24].

69 Die **ortsübliche Vergleichsmiete stellt bei Mieterhöhungen die Obergrenze dar.** Aufschläge (Erhöhungen) wegen Modernisierung und höheren Betriebs- oder Kapitalkosten (soweit diese mietvertraglich vereinbart sind) bleiben bei der Bemessung der Kappungsgrenze unberücksichtigt. Dies gilt ebenso für den Fall der Mieterhöhung, wenn die Miete mindestens ein Jahr unverändert ist.

70 Von der ortsüblichen Vergleichsmiete zu unterscheiden ist die **Marktmiete** (vgl. Rn 26).

71 **Die ortsübliche Vergleichsmiete ist auf den Zugang des Erhöhungsverlangens zu beziehen.** Dies ist im Übrigen bei Stellung eines Mieterhöhungsverlangens beachtlich. Soweit ein

---

22 BVerfG, Beschl. vom 10.10.1978 – 1 BvR 180/77 –, EzGuG 3.60a; BVerfG, Beschl. vom 12.03.1980 – 1 BvR 759/77 –, EzGuG 20.82; BVerfG, Beschl. vom 14.05.1986 – 1 BvR 494/85 –, NJW 1987, 313 = ZMR 1986, 272 = WuM 1986, 237 = DWW 1986, 173 = EzGuG 11.153a.
23 Frantziock in Fischer/Dieskau/Pergande, Wohnungsbaurecht § 1 MHRG Rn. 2.
24 AG Dortmund, Urt. vom 20.05.1991 – 125 C 11518/90 –, EzGuG 11.184; LG Dortmund, Urt. vom 24.07.1991 – 21 S 73/91 –, WuM 1991, 559.

Sachverständiger mit der Ermittlung der ortsüblichen Vergleichsmiete beauftragt ist, wird i. d. R. die ortsübliche Vergleichsmiete auf den im Auftrag angegebenen Zeitpunkt bezogen.

Im Rahmen der allgemeinen Schranken kann der Vermieter von Wohnraum eine Mietpreiserhöhung verlangen, wenn der Mietzins seit einem Jahr unverändert geblieben ist und der verlangte Mietzins die **üblichen Entgelte** nicht übersteigt. Als übliches Entgelt ist die **ortsübliche Vergleichsmiete zu verstehen,** die aus einem repräsentativen Querschnitt der in den letzten vier Jahren geänderten Bestandsmieten bzw. neu vereinbarten Mieten für nicht preisgebundenen Wohnraum vergleichbarer Art, Größe, Ausstattung, Beschaffenheit und Lage abzuleiten ist. **72**

Für die **ortsübliche Vergleichsmiete** gelten (auch im Verhältnis zur Marktmiete vgl. Rn. 26) eine Reihe von Besonderheiten (vgl. oben Rn. 28 ff.): **73**

- Bei der Ermittlung der ortsüblichen Vergleichsmiete werden **Neuabschlüsse bzw. Vertragsänderungen während der letzten vier Jahre** berücksichtigt.
- Das **Verhältnis Alt- und Neumieten** soll ausgewogen und angemessen sein, worunter ein Mischungsverhältnis von 50 % zu 50 % der „Bestandsmieten" und „Abschlussmieten" in allen Jahrgängen verstanden wird.
- „Ein ‚**ausgewogenes**' **Verhältnis zwischen Alt- (Bestands-) und Neumieten** ist dann am besten und einfachsten gewährleistet, wenn beide mit ihrem tatsächlichen Bestand und damit gemäß ihrer Üblichkeit in der jeweiligen Gemeinde repräsentativ berücksichtigt werden und so an der Bildung der ortsüblichen Vergleichsmiete angemessen teilnehmen"[25].
- Von den herangezogenen Bestandsmieten ist zu fordern, dass sie während der Vertragslaufzeit angepasst wurden.

Bei der Auswahl ortsüblicher **Vergleichsmieten** zur Ermittlung des üblichen Entgelts müssen solche außer Betracht bleiben, **die aus einem verknappten Wohnungsangebot für benachteiligte Mietergruppen als überhöht gelten müssen**[26]. Allgemeine Änderungen der ortsüblichen Miete sind aber zu berücksichtigen[27]. **74**

Daneben gilt es noch, eine Reihe von **Besonderheiten** zu beachten: **75**

- Maßgeblich ist die ortsübliche Vergleichsmiete in Bezug auf bestimmte Wohnungen, die selbst innerhalb eines Hauses sehr unterschiedlich sein können[28].
- Nach § 558 Abs. 2 BGB soll die ortsübliche Vergleichsmiete auf Wohnraum vergleichbarer Art, Größe, Ausstattung, Beschaffenheit und Lage abstellen, d. h., die Wohnwertmerkmale sind das entscheidende Kriterium.
- Ausreißer, insbesondere Liebhabermieten und Gefälligkeitsmieten, müssen nach dem Kriterium der Üblichkeit unberücksichtigt bleiben.

Die angeführten Regelungen schließen nicht die **Gültigkeit individueller und einvernehmlicher Vereinbarungen über eine Mieterhöhung aus**, die auch über der ortsüblichen Vergleichsmiete liegen kann (vgl. § 557 Abs. 1 BGB). Sofern dies nicht möglich ist, stellt das Mieterhöhungsverlangen nach § 558a BGB einen besonderen formalisierten Antrag i. S. des § 145 BGB auf Zustimmung des Mieters zu einer Mieterhöhung dar. **76**

Eine Erhöhung der **Miete für frei finanzierte Wohnungen** ist nach alledem nur unter Beachtung der gesetzlichen Bestimmungen zulässig. Der Vermieter kann verlangen, dass der Mieter einer Mieterhöhung (Anpassung) zustimmt, wenn **77**

---

25 Huber in ZMR 1992, 475; Wullkopf in WuM 1985, 4; Voelskow in ZMR 1992, 327; weiterführend zur Gewichtung von Bestands- und Neumieten: Dröge, Handbuch der Mietpreisbewertung für Wohn- und Gewerberaum, 2. Aufl., Neuwied 1999, S. 179 ff.
26 OLG Hamburg, RE vom 15.11.1982 – 4 U 181/81 –, EzGuG 3.64c; OLG Stuttgart, RE vom 07.07.1981 – 8 REMiet 1/81 –, EzGuG 20.89d; KG, RE vom 16.07.1992 – 8 REMiet 3166/92 –, ZMR 1992, 486 = WuM 1992, 514.
27 OLG Frankfurt am Main, RE vom 04.04.1985 – 20 REMiet 3/85 –, EzGuG 20.109 a.
28 BayObLG, RE vom 27.10.1992 – REMiet 3/92 –, EzGuG 20.143a.

- die Miete seit 15 Monaten unverändert war; nach einer erfolgten Mieterhöhung kann ein erneutes Erhöhungsverlangen nicht schon nach zwölf Monaten zugestellt werden; es ist unwirksam[29],
- die neue Miete die üblichen Entgelte nicht übersteigt, die für nicht preisgebundenen Wohnraum vergleichbarer Art, Größe, Ausstattung, Beschaffenheit und Lage in den letzten vier Jahren vereinbart worden sind, und
- der Mietzins sich innerhalb eines Zeitraums von drei Jahren nicht um mehr als 20 v. H. erhöht (Kappungsgrenze).

2.3.3.3 Mieterhöhung nach Durchführung von Modernisierungsmaßnahmen

78 Nach § 559 BGB kann der Vermieter eine **Erhöhung der jährlichen Miete** um elf vom Hundert der für die Wohnung für Maßnahmen aufgewendeten Kosten verlangen, wenn dadurch

- der Gebrauchswert der Mietsache nachhaltig erhöht wird,
- die allgemeinen Wohnverhältnisse auf Dauer verbessert werden,
- oder nachhaltige Einsparungen von Energie oder Wasser bewirkt werden (Modernisierung).

79 **§§ 559 ff. BGB** haben folgenden Wortlaut:

„**§ 559 BGB** Mieterhöhung bei Modernisierung

(1) Hat der Vermieter bauliche Maßnahmen durchgeführt, die den Gebrauchswert der Mietsache nachhaltig erhöhen, die allgemeinen Wohnverhältnisse auf Dauer verbessern oder nachhaltig Einsparungen von Energie oder Wasser bewirken (Modernisierung), oder hat er andere bauliche Maßnahmen aufgrund von Umständen durchgeführt, die er nicht zu vertreten hat, so kann er die jährliche Miete um 11 vom Hundert der für die Wohnung aufgewendeten Kosten erhöhen.

(2) Sind die baulichen Maßnahmen für mehrere Wohnungen durchgeführt worden, so sind die Kosten angemessen auf die einzelnen Wohnungen aufzuteilen.

(3) Eine zum Nachteil des Mieters abweichende Vereinbarung ist unwirksam.

§ 559a BGB Anrechnung von Drittmitteln

(1) Kosten, die vom Mieter oder für diesen von einem Dritten übernommen oder die mit Zuschüssen aus öffentlichen Haushalten gedeckt werden, gehören nicht zu den aufgewendeten Kosten im Sinne des § 559.

(2) Werden die Kosten für die baulichen Maßnahmen ganz oder teilweise durch zinsverbilligte oder zinslose Darlehen aus öffentlichen Haushalten gedeckt, so verringert sich der Erhöhungsbetrag nach § 559 um den Jahresbetrag der Zinsermäßigung. Dieser wird errechnet aus dem Unterschied zwischen dem ermäßigten Zinssatz und dem marktüblichen Zinssatz für den Ursprungsbetrag des Darlehens. Maßgebend ist der marktübliche Zinssatz für erstrangige Hypotheken zum Zeitpunkt der Beendigung der Maßnahmen. Werden Zuschüsse oder Darlehen zur Deckung von laufenden Aufwendungen gewährt, so verringert sich der Erhöhungsbetrag um den Jahresbetrag des Zuschusses oder Darlehens.

(3) Ein Mieterdarlehen, eine Mietvorauszahlung oder eine von einem Dritten für den Mieter erbrachte Leistung für die baulichen Maßnahmen stehen einem Darlehen aus öffentlichen Haushalten gleich. Mittel der Finanzierungsinstitute des Bundes oder eines Landes gelten als Mittel aus öffentlichen Haushalten.

(4) Kann nicht festgestellt werden, in welcher Höhe Zuschüsse oder Darlehen für die einzelnen Wohnungen gewährt worden sind, so sind sie nach dem Verhältnis der für die einzelnen Wohnungen aufgewendeten Kosten aufzuteilen.

(5) Eine zum Nachteil des Mieters abweichende Vereinbarung ist unwirksam.

§ 559b BGB Geltendmachung der Erhöhung, Wirkung der Erhöhungserklärung

(1) Die Mieterhöhung nach § 559 ist dem Mieter in Textform zu erklären. Die Erklärung ist nur wirksam, wenn in ihr die Erhöhung aufgrund der entstandenen Kosten berechnet und entsprechend den Voraussetzungen der §§ 559 und 559a erläutert wird.

---

29 BGH, Urt. vom 16.06.1993 – VIII ARZ 2/93 –, EzGuG 3.112.

(2) Der Mieter schuldet die erhöhte Miete mit Beginn des dritten Monats nach dem Zugang der Erklärung. Die Frist verlängert sich um sechs Monate, wenn der Vermieter dem Mieter die zu erwartende Erhöhung der Miete nicht nach § 554 Abs. 3 Satz 1 mitgeteilt hat oder wenn die tatsächliche Mieterhöhung mehr als 10 vom Hundert höher ist als die mitgeteilte.

(3) Eine zum Nachteil des Mieters abweichende Vereinbarung ist unwirksam."

2.3.3.4 Mieterhöhung wegen Änderung der Darlehenszinsen

Nach § 5 MHG war der Vermieter berechtigt, unter bestimmten Voraussetzungen **Erhöhungen der Kapitalkosten** infolge einer Erhöhung des Zinssatzes aus einem dinglich gesicherten Darlehen auf den Mieter umzulegen.

§ 5 MHG ist mit dem Mietrechtsreformgesetz aufgehoben worden[30].

2.3.3.5 Mietanpassung bei Index- oder Staffelmietverträgen

Schrifttum: *Evans, A./Seifert, U.,* Staffelmietverträge und Verkehrswerte, GuG 1994, 147; *Güttler, H.,* Ertragswert bei Staffelmieten, GuG 1991, 96; *Simon, J.,* Wertermittlung eines Mietwohngrundstücks mit Staffelmieten, GuG 1990, 31; *Simon, J.,* Ertragswert bei Staffelmieten, GuG 1991, 94; *Vogels, M.,* Staffelmieten und Instandhaltungsrückstellungen, GuG 2004, 157; Werth in GuG 1994, 279.

a)   Staffelmiete

▶ *Vgl. Beispiel bei § 8 ImmoWertV Rn. 296 ff., § 17 ImmoWertV Rn. 67*

Das BGB schränkt für Mietverträge über Wohnraum die Möglichkeiten einer vertraglichen Mieterhöhung durch § 557 Abs. 1 und 2 BGB auf Index- und Staffelmietverträge nach den §§ 557a und b BGB ein. Zum Nachteil des Mieters davon abweichende Vereinbarungen sind unwirksam (§ 557a Abs. 4 und § 557b Abs. 4 BGB)[31].

Nach § 557a BGB kann für bestimmte Zeiträume die Miete in unterschiedlicher Höhe schriftlich vereinbart werden **(Staffelmiete)**, wobei

– der jeweilige Mietzins oder die Erhöhung betragsmäßig ausgeworfen sein muss und
– der jeweilige Mietzins mindestens ein Jahr unverändert bleiben muss und
– der Mietzins absolut durch § 5 WiStG und § 302a StGB begrenzt bleibt.

Nach Ablauf der Staffelmietvereinbarung gelten im Übrigen wieder die Regelungen der §§ 558 ff. BGB; § 557a BGB lautet:

„**§ 557a BGB** Staffelmiete

(1) Die Miete kann für bestimmte Zeiträume in unterschiedlicher Höhe schriftlich vereinbart werden; in der Vereinbarung ist die jeweilige Miete oder die jeweilige Erhöhung in einem Geldbetrag auszuweisen (Staffelmiete).

(2) Die Miete muss jeweils mindestens ein Jahr unverändert bleiben. Während der Laufzeit einer Staffelmiete ist eine Erhöhung nach den §§ 558 bis 559b ausgeschlossen.

(3) Das Kündigungsrecht des Mieters kann für höchstens vier Jahre seit Abschluss der Staffelmietvereinbarung ausgeschlossen werden. Die Kündigung ist frühestens zum Ablauf dieses Zeitraumes zulässig.

(4) Eine zum Nachteil des Mieters abweichende Vereinbarung ist unwirksam."

Der Ertragswert eines Mietwohngrundstücks mit Staffelmieten kann besonders einfach unter Anwendung des **Vervielfältigerdifferenzenverfahrens** ermittelt werden, wobei sich die Phasen unterschiedlicher Ertragsverhältnisse besonders eindrucksvoll nachvollziehen lassen. Die Anwendung des Verfahrens kann dadurch vereinfacht werden, dass das Ertragswertverfahren als ein sog. einsträngiges Verfahren ohne besondere Behandlung des Bodenwerts zur Anwendung kommt (vgl. hierzu das Beispiel bei § 17 ImmoWertV Rn. 68).

---
30   Vgl. BT-Drucks.14/4553, S. 37.
31   Staffelmietverträge bei Mischmietverhältnissen: LG Berlin, Urt. vom 18.12.2003 – 67 S 343/03 –, BlnGE 2004, 425 = EzGuG 3.132.

b) Indexmiete

85 Nach § 557b BGB kann schriftlich vereinbart werden, dass die Miete durch den vom Statistischen Bundesamt ermittelten Preisindex für die Lebenshaltung aller privaten Haushalte in Deutschland bestimmt wird **(Indexmiete)**, wobei

- von Erhöhungen für durchgeführte Modernisierungen nach § 559 BGB und Veränderungen der Betriebskosten nach § 560 BGB abgesehen die Miete mindestens ein Jahr unverändert bleiben muss,
- Mieterhöhungen nach § 558 BGB (ortsübliche Vergleichsmiete) ausgeschlossen sind,
- die Mietänderung in Textform unter Angabe der eingetretenen Änderung des Preisindexes sowie die jeweilige Miete oder die Erhöhung in einem Geldbetrag anzugeben sind.

86 § **557b BGB** hat folgende Fassung:

„§ 557b BGB Indexmiete

(1) Die Vertragsparteien können schriftlich vereinbaren, dass die Miete durch den vom Statistischen Bundesamt ermittelten Preisindex für die Lebenshaltung aller privaten Haushalte in Deutschland bestimmt wird (Indexmiete).

(2) Während der Geltung einer Indexmiete muss die Miete, von Erhöhungen nach den §§ 559 bis 560 abgesehen, jeweils mindestens ein Jahr unverändert bleiben. Eine Erhöhung nach § 559 kann nur verlangt werden, soweit der Vermieter bauliche Maßnahmen aufgrund von Umständen durchgeführt hat, die er nicht zu vertreten hat. Eine Erhöhung nach § 558 ist ausgeschlossen.

(3) Eine Änderung der Miete nach Absatz 1 muss durch Erklärung in Textform geltend gemacht werden. Dabei sind die eingetretene Änderung des Preisindexes sowie die jeweilige Miete oder die Erhöhung in einem Geldbetrag anzugeben. Die geänderte Miete ist mit Beginn des übernächsten Monats nach dem Zugang der Erklärung zu entrichten.

(4) Eine zum Nachteil des Mieters abweichende Vereinbarung ist unwirksam."

87 Die Vorschrift lehnt sich an § 10a MHG (aufgehoben) mit folgenden Änderungen an:

a) Maßgeblich ist künftig der ab dem Basisjahr 2000 nur noch für Deutschland ausgewiesene Lebenshaltungskostenindex (Verbraucherpreisindex).

b) Eine Mindestlaufzeit für Indexmieten gibt es nicht mehr. Mit Wegfall des Genehmigungserfordernisses seiner Indexmietvereinbarung aufgrund des Euroeinführungsgesetzes konnte die Festlegung einer Mindestlaufzeit entfallen.

88 Eine **Genehmigungspflicht** besteht nicht mehr (§ 4 Abs. 2 PreisklauselVO).

89 Ab Inkrafttreten des Mietrechtsreformgesetzes (1. Juli 2001) gilt das neue Recht. Es ist grundsätzlich auch auf **Miet- und Pachtverträge** anzuwenden, **die bereits vor Inkrafttreten abgeschlossen worden sind.** Artikel 229 § 3 EGBGB sieht bestimmte Ausnahmen (Übergangsregelungen) insbesondere bezüglich der Kündigungsregelungen, bestehender Mietspiegel und der Betriebskostenabrechnung vor. Von den außer Kraft getretenen Vorschriften ist insbesondere das Gesetz zur Regelung der Miethöhe (MHG) zu nennen.

2.3.4 Allgemeine Schranken der Mieterhöhung

2.3.4.1 Wesentlichkeitsgrenze

90 **Schrifttum:** *Eckert, H.-G.*, Wucherähnliche Immobilienverträge, ZfIR 2001, 884; *Mersson, G.*, Der neue alte § 5 WiStG, seine Voraussetzungen und die Darlegungslast im Mietrückforderungsprozess, DWW 2002, 220.

91 Eine **ordnungswidrige Mietpreiserhöhung** liegt nach § 5 des Wirtschaftsstrafgesetzes (WiStG) vor, wenn für die Vermietung von Räumen zum Wohnen oder damit verbundene Nebenleistungen unangemessen hohe Entgelte gefordert werden. Hierunter versteht das Gesetz solche, die infolge der Ausnutzung eines geringen Angebots an vergleichbaren Räumen **die üblichen Entgelte** (örtliche Vergleichsmiete[32]) **um mehr als 20 v. H. übersteigen,**

die in der Gemeinde oder in vergleichbaren Gemeinden für die Vermietung von Räumen vergleichbarer Art, Größe, Ausstattung, Beschaffenheit und Lage oder damit verbundene Nebenleistungen in den letzten vier Jahren vereinbart wurden[33].

Maßstab ist die Nettokaltmiete/Grundmiete zuzüglich der Entgelte für Nebenleistungen[34]. 92

§ 5 WiStG hat folgende Fassung: 93

„**§ 5 WiStG** Mietpreisüberhöhung

(1) Ordnungswidrig handelt, wer vorsätzlich oder leichtfertig für die Vermietung von Räumen zum Wohnen oder damit verbundene Nebenleistungen unangemessen hohe Entgelte fordert, sich versprechen lässt oder annimmt.

(2) Unangemessen hoch sind Entgelte, die infolge der Ausnutzung eines geringen Angebots an vergleichbaren Räumen die üblichen Entgelte um mehr als 20 vom Hundert übersteigen, die in der Gemeinde oder in vergleichbaren Gemeinden für die Vermietung von Räumen vergleichbarer Art, Größe, Ausstattung, Beschaffenheit und Lage oder damit verbundene Nebenleistungen in den letzten vier Jahren vereinbart oder, von Erhöhungen der Betriebskosten abgesehen, geändert worden sind. Nicht unangemessen hoch sind Entgelte, die zur Deckung der laufenden Aufwendungen des Vermieters erforderlich sind, sofern sie unter Zugrundelegung der nach Satz 1 maßgeblichen Entgelte nicht in einem auffälligen Missverhältnis zu der Leistung des Mieters stehen.

(3) Die Ordnungswidrigkeit kann mit einer Geldbuße bis zu fünfzigtausend Euro geahndet werden."

Nach der Überleitungsregelung des § 3 Abs. 11 Satz 1 des Art. 229 EGBGB sind nicht unangemessen hoch i. S. des § 5 WiStG Entgelte für Wohnraum i. S. des § 11 Abs. 2 MHG in der bis zum 31.8.2001 geltenden Fassung, die 94

1. bis zum 31.12.1997 nach § 3 oder § 13 MHG in der bis zum 31.8.2001 geltenden Fassung geändert oder nach § 13 i. V. m. § 17 jenes Gesetzes in der bis zum 31.8.2001 geltenden Fassung vereinbart oder

2. bei der Wiedervermietung in einer der Nr. 1 entsprechenden Höhe vereinbart

worden sind. Für Zwecke des Satzes 1 bleiben die hier genannten Bestimmungen weiterhin anwendbar.

Die Wesentlichkeitsgrenze von 20 % darf grundsätzlich nicht überschritten werden, d. h., die geforderte Miete darf die üblichen Entgelte (ortsübliche Vergleichsmiete) für vergleichbare Räume nicht unwesentlich überschreiten[35]. 95

Darüber hinaus handelt nach **§ 26 WoBindG** ordnungswidrig, wer im Bereich der sozialen Wohnraumförderung für die Überlassung einer Wohnung ein höheres Entgelt fordert, sich versprechen lässt oder annimmt, als nach §§ 8 bis 9 WoBindG zulässig ist (Kostenmiete). 96

2.3.4.2 Wuchergrenze

Ein auffälliges **Missverhältnis zwischen dem geforderten und üblichen Entgelt** kann angenommen werden, wenn der Mietzins die ortsübliche Vergleichsmiete um mehr als 50 % überschreitet **(Wuchergrenze)**. Bei einer Überschreitung der ortsüblichen Vergleichsmiete um mehr als 50 % aufgrund laufender Aufwendungen des Vermieters bleibt die Mietvereinbarung bis zu einer Höhe von 150 % der ortsüblichen Vergleichsmiete wirksam[36]. Zum Wucher bestimmt § 138 BGB: 97

„**§ 138 BGB** Sittenwidriges Rechtsgeschäft, Wucher 98

(1) Ein Rechtsgeschäft, das gegen die guten Sitten verstößt, ist nichtig.

---

32 OLG Hamburg, RE vom 15.11.1982 – 4 U 181/81 –, EzGuG 3.64d.
33 Mersson, G. in DWW 2002, 220; vgl. hierzu BGH, Urt. vom 28.01.2004 – VIII ZR 190/03 –, NJW 2004, 1740.
34 OLG Stuttgart, RE vom 26.02.1982 – 8 REMiet 5/81 –, EzGuG 20.93 b; BayObLG, RE vom 26.06.1972 – RReg 4 St 504/72 OWi –, ZMR 1972, 381 = WuM 1972.
35 OLG Stuttgart, RE vom 07.07.1981 – 8 REMiet 1/81 –, EzGuG 20.89 d.
36 BGH, Urt. vom 08.12.1981 – 1 StR 416/81 –, BGHSt30, 280 = NJW 1982, 896; BGH, Urt. vom 23.04.1997 – VIII ZR 212/96 –, NJW 1997, 1845 = ZfIR 1997, 328.

(2) Nichtig ist insbesondere ein Rechtsgeschäft, durch das jemand unter Ausbeutung der Zwangslage, der Unerfahrenheit, des Mangels an Urteilsvermögen oder der erheblichen Willensschwäche eines anderen sich oder einem Dritten für eine Leistung Vermögensvorteile versprechen oder gewähren lässt, die in einem auffälligen Missverhältnis zu der Leistung stehen."

99 Eine weitere Begrenzung eines Mieterhöhungsverlangens ergibt sich aus dem Strafgesetzbuch (StGB). So liegt nach § 291 StGB der Straftatbestand des Wuchers vor, wenn ein **auffälliges Missverhältnis zwischen der Miete und der Leistung des Vermieters** besteht. In diesem Fall ist die Rede von **Mietwucher**[37].

100 § 291 StGB hat folgende Fassung:

„**§ 291 StGB** Wucher
(1) Wer die Zwangslage, die Unerfahrenheit, den Mangel an Urteilsvermögen oder die erhebliche Willensschwäche eines anderen dadurch ausbeutet, dass er sich oder einem Dritten,
1. für die Vermietung von Räumen zum Wohnen oder damit verbundene Nebenleistungen,
2. für die Gewährung eines Kredits,
3. für eine sonstige Leistung oder
4. für die Vermittlung einer der vorbezeichneten Leistungen

Vermögensvorteile versprechen oder gewähren lässt, die in einem auffälligen Missverhältnis zu der Leistung oder deren Vermittlung stehen, wird mit Freiheitsstrafe bis zu drei Jahren oder mit Geldstrafe bestraft. Wirken mehrere Personen als Leistende, Vermittler oder in anderer Weise mit und ergibt sich dadurch ein auffälliges Missverhältnis zwischen sämtlichen Vermögensvorteilen und sämtlichen Gegenleistungen, so gilt Satz 1 für jeden, der die Zwangslage oder sonstige Schwäche des anderen für sich oder einen Dritten zur Erzielung eines übermäßigen Vermögensvorteils ausnutzt.

(2) In besonders schweren Fällen ist die Strafe Freiheitsstrafe von sechs Monaten bis zu zehn Jahren. Ein besonders schwerer Fall liegt in der Regel vor, wenn der Täter
1. durch die Tat den anderen in wirtschaftliche Not bringt,
2. die Tat gewerbsmäßig begeht,
3. sich durch Wechsel wucherische Vermögensvorteile versprechen lässt."

101 Die **Wuchergrenze** des § 291 Abs. 1 Nr. 1 StGB **bezieht sich wie die Wesentlichkeitsgrenze des § 5 WiStG nur auf die Vermietung von Räumen zum Wohnen**, worunter im Übrigen auch Nebenräume fallen, die eigentlich nicht zum Wohnen vermietet werden. Jedoch dürfen nach § 138 Abs. 2 BGB auch Mietvereinbarungen über Geschäftsräume nicht in einem auffälligen Missverhältnis zu der Leistung stehen. In der Regel liegt ein solches Missverhältnis auch hier vor, wenn die vereinbarte Miete die angemessene (marktübliche) Miete um mehr als 50 % übersteigt[38].

2.3.4.3 Kappungsgrenze

102 Bei bestehenden Mietverhältnissen sind im frei finanzierten Wohnungsbau Mieterhöhungen (-anpassungen) möglich, wenn die bisherige Grundmiete (Nettokaltmiete) seit einem Jahr unverändert ist. Eine **neue Mietforderung** ist dem Mieter gegenüber zu begründen.

103 Zur **Begründung** kann nach § 558a BGB insbesondere Bezug genommen werden auf

1. einen Mietspiegel (§§ 558c, 558d BGB),
2. eine Auskunft aus einer Mietdatenbank (§ 558e BGB),
3. ein mit Gründen versehenes Gutachten eines öffentlich bestellten und vereidigten Sachverständigen,
4. entsprechende Entgelte für einzelne vergleichbare Wohnungen; hierbei genügt die Benennung von drei Wohnungen.

Zur Begründung kann auf eine Mietdatenbank oder auf einen qualifizierten Mietspiegel zurückgegriffen werden.

---

37 OLG Köln, Urt. vom 22.08.1978 – 1 Ss 391/78 –, EzGuG 20.77.
38 LG Darmstadt, Urt. vom 14.1.1972 – 2 KLS 2/71 –, EzGuG 3.38a.

Die Mietsteigerung darf nach § 558 Abs. 3 BGB **in drei Jahren nicht mehr als 20 v. H.** **104** **betragen (Kappungsgrenze).** Erreicht der Vermieter vom Mieter indessen die Zustimmung für eine höhere (angemessene) Grundmiete, so hat der Mieter in aller Regel kein Recht zum Widerruf i. S. des Gesetzes über den Widerruf von Haustürgeschäften. Die Kappungsgrenze bemisst sich nach der vereinbarten Mietstruktur, d. h., ist eine Bruttomiete vereinbart (Inklusivmiete), ist diese maßgebend[39].

Der Umfang der möglichen Mieterhöhung wird dabei von der jeweils niedrigeren Grenze bestimmt, d. h., eine **Angleichung der Miete an die ortsübliche Vergleichsmiete ist im Rahmen der Kappungsgrenze nur bis zur ortsüblichen Vergleichsmiete möglich.**

§ 558 Abs. 3 und 4 BGB lautet (vgl. Rn. 65): **105**

„(3) Bei Erhöhungen nach (§ 558) Absatz 1 (BGB n. F.; ortsübliche Vergleichsmiete) darf sich die Miete innerhalb von drei Jahren, von Erhöhungen nach den §§ 559 bis 560 (BGB n. F.; Mieterhöhung bei Modernisierung und Veränderung der Betriebskosten) abgesehen, nicht um mehr als 20 vom Hundert erhöhen (Kappungsgrenze).

(4) Die Kappungsgrenze gilt nicht,
1. wenn eine Verpflichtung des Mieters zur Ausgleichszahlung nach den Vorschriften über den Abbau der Fehlsubventionierung im Wohnungswesen wegen des Wegfalls der öffentlichen Bindung erloschen ist und
2. soweit die Erhöhung den Betrag der zuletzt zu entrichtenden Ausgleichszahlung nicht übersteigt.
Der Vermieter kann ...""

2.4 Gewerberaummiete

2.4.1 Allgemeines

▶ *Allgemeine Hinweise vgl. oben Rn. 33, 46 und § 19 Immo WertV Rn. 70 ff.*

Das Miet- und Pachtrecht ist im Titel 5 des BGB (§§ 335 bis 606 BGB) geregelt (vgl. Rn. 46). **106** Nach § 578 Abs. 2 BGB sind auf **Mietverhältnisse über Räume, die keine Wohnräume sind**, die in Abs. 1 genannten Vorschriften sowie § 552 Abs. 1, § 554 Abs. 1 bis 4 und § 569 Abs. 2 BGB entsprechend anzuwenden. Anwendbar sind gemäß § 578 Abs. 2 BGB neben den allgemeinen Vorschriften insbesondere § 550 BGB (Geltung des Mietvertrags auf unbestimmte Zeit ohne Schriftform), §§ 562 bis 562d BGB (Vermieterpfandrecht), §§ 566 bis 567b BGB („Kauf bricht nicht Miete") und § 569 Abs. 1 und 2 BGB (außerordentliche fristlose Kündigung aus wichtigem Grunde).

- Eine ordentliche Kündigung ist gemäß § 580a Abs. 2 BGB spätestens am dritten Werktag eines Kalendervierteljahres zum Ablauf des nächsten Kalendervierteljahres zulässig, ohne dass es eines „besonderen Interesses" bedarf.

- Bei Tod eines Mieters sind gemäß § 580 BGB sowohl der Erbe als auch der Vermieter berechtigt, das Mietverhältnis innerhalb eines Monats, nachdem sie vom Tod des Mieters Kenntnis erlangt haben, außerordentlich mit der gesetzlichen Frist zu kündigen.

Bei alledem bedarf es deshalb einer sorgfältigen **Abgrenzung der Wohnraummiete von der** **107** **Gewerberaummiete** *(commercial leases)*. Maßgebend für die Abgrenzung ist vor allem die Zweckbestimmung der Räume, die von den Parteien im Mietvertrag vereinbart wurde (vgl. Rn. 34 ff.).

Der **wesentliche Unterschied zwischen der Wohnraum- und Geschäftsraummiete** besteht **108** darin, dass bei der **Gestaltung von Geschäfts- und Gewerberaummieten** weitgehend Vertragsfreiheit gegeben ist, jedoch sind Vereinbarungen unwirksam, wenn sie sittenwidrig oder wucherisch sind oder gegen gesetzliche Vorschriften verstoßen (§§ 134, 138 BGB).

Sollen bei Gewerberaummietverträgen **Betriebskosten** umgelegt werden, so genügt i. d. R. **109** ihre schlagwortartige Bezeichnung. Inhaltlich sind dann die in § 3 Nr. 1 bis 16 BetrKV defi-

---
[39] BGH, Urt. vom 19.11.2003 – VIII ZR 160/03 –, NJW 2004, 1380 = BlnGE 2004, 349.

110 Bei Gewerberaummietverträgen ist grundsätzlich auch eine Umlage der **Verwaltungskosten** zulässig[41]. Einer Umlegung von Verwaltungskosten stehen keine zwingenden Vorschriften entgegen. Sowohl Fremd- als auch Eigenkosten können umgelegt werden. Dafür bedarf es einer wirksamen ausdrücklichen Vereinbarung[42]. Diese muss bei Formularmietverträgen dem Transparenzgebot des § 307 Abs. 1 Satz 2 BGB entsprechen. Allein dem Begriff „Verwaltungskosten" kann nach allgemeinem Sprachgebrauch kein hinreichend bestimmter Inhalt beigemessen werden[43]. Eine unmittelbare Anwendung des § 1 Abs. 2 Nr. 1 BetrKV scheidet aus, denn die Vorschrift findet mangels einer entsprechenden Verweisung in § 578 BGB keine Anwendung. Der in § 26 II. BV bzw. § 1 Abs. 2 Nr. 1 BetrKV für die Wohnraummiete definierte Begriff der Verwaltungskosten kann nicht unmittelbar auf Gewerberaummietverträge übertragen werden, weil die dort erforderliche Verwaltung einen darüber hinausgehenden Umfang hat[44]. Auch ein Rückgriff auf § 27 WEG verbietet sich. Bei Gewerberaummietverträgen können anders als bei Wohnraummietverhältnissen insbesondere Aufgaben im Zusammenhang mit der technischen Verwaltung, Kosten für Leitungs- und Organisationsaufgaben, Managementaufgaben und Unwägbarkeiten zu den Verwaltungskosten gehören[45].

111 Wird eine **Pauschale** vereinbart, bleibt es bei dem Betrag, wenn nichts anderes ausbedungen wurde.

112 **Instandhaltungs- und Instandsetzungsmaßnahmen** können im Rahmen von Individualverträgen über Gewerberäume – wie andere Bewirtschaftungskosten – auf den Mieter überwälzt werden.

113 Der bei Mietwohnobjekten übliche pauschalierte Abzug der nicht umlagefähigen Bewirtschaftungskosten (Verwaltungs- und Instandhaltungskosten sowie Mietausfallwagnis) vom Rohertrag (Nettokaltmiete) ist bei hochwertigen Gewerbeimmobilien nicht statthaft und kann zu katastrophalen Fehlbewertungen führen.

114 Es bestehen **keine Einschränkungen für den Abschluss von Staffelmietverträgen.** Es kann dabei im Vorhinein festgelegt werden, in welchem Umfang der Mietzins zu bestimmten Zeitpunkten erhöht wird. Es kann ein bestimmter Prozentsatz oder ein fester Betrag vereinbart werden. Von der Möglichkeit wird man insbesondere Gebrauch machen, wenn dem Mieter bei Geschäftsbeginn eine Anlaufzeit gewährt werden soll und andererseits der Vermieter am Gedeihen des Geschäfts partizipieren will.

115 Zulässig sind auch **Wertsicherungsklauseln**[46] *(stable value clauses)*. Sofern in einer Wertsicherungsklausel eine automatische Anpassung des Mietzinses ohne Ermessensspielraum für die Parteien geregelt ist und sofern als Wertmesser keine gleichartige oder vergleichbare, sondern eine andere Leistung geregelt ist, handelt es sich um eine genehmigungsbedürftige Gleitklausel. Typischer Fall ist eine automatische Anpassung des Mietzinses an Veränderungen des Verbraucherpreisindexes. Entsprechendes gilt für eine Anpassung des Mietzinses an die Entwicklung der Hypothekenzinsen, die Beamtengehälter und an die Entwicklung des Grundstückswerts[47].

---

40 OLG Rostock, Urt. vom 10.04.2006 – 3 U 156/06 –.
41 OLG Frankfurt am Main, Urt. vom 01.11.1984 – 3 U 143/83 –, WuM 1985, 91; OLG Nürnberg, Urt. vom 21.03.1995 – 3 U 3727/94 –, WuM 1995, 306; KG, Urt. vom 02.10.2003 – 8 U 25/03 –, GE 2004, 234.
42 BGH, Urt. vom 06.04.2005 – XII ZR 158/01 –, NZM 2005, 851.
43 KG, Urt. vom 08.10.2001 – 8 U 6267/90 –, NZM 2002, 954; a.A. OLG Hamburg, Urt. vom 06.02.2002 – 4 U 32/00 –, NZM 2002, 388.
44 OLG Köln, Urt. vom 04.07.2006 – 22 U 40/06 –, NZM 2006, 701.
45 KG, Urt. vom 02.10.2003 – 8 U 25/03 –, GE 2004, 234; OLG Hamburg, Urt. vom 06.02.2002 – 4 U 32/00 –, NZM 2002, 388.
46 BGH, Urt. vom 02.02.1977 – VIII ZR 271/75 –, EzGuG 3.58a.
47 BGH, Urt. vom 27.06.1973 – VIII ZR 98/72 –, WM 1973, 905 = NJW 1973, 1498 = WuM 1974, 42 = ZMR 1973, 298 = BB 1973, 998; BGH, Urt. vom 23.02.1979 – V ZR 106/76 –, EzGuG 7.65.

Reinertrag, Rohertrag § 18 ImmoWertV

Nach **§ 4 Abs. 1 PreisklauselVO** gelten Anpassungsklauseln als genehmigt und bedürfen damit keiner Einzelgenehmigung, wenn **116**

– der Vermieter für 10 Jahre auf sein Kündigungsrecht verzichtet oder
– der Mieter das Recht hat, die Vertragsdauer auf mindestens 10 Jahre zu verlängern und der Vertrag zulässige Bezugsgrößen verwendet.

Zulässig sind der Verbraucherpreisindex des Statistischen Bundesamtes, eines Statistischen Landesamtes oder des Statistischen Amtes der Europäischen Gemeinschaft. Für Mietanpassungsvereinbarungen in Verträgen über Wohnraum gilt § 557 BGB (§ 4 Abs. 2 PreisklauselVO). Daneben können Preisklauseln genehmigt werden, wenn besondere Gründe des nationalen oder internationalen Wettbewerbs dies rechtfertigen (§ 5).

Genehmigungsfrei sind Umsatz- und Gewinnbeteiligungsklauseln.

Nicht zum Rohertrag gehört bei gewerblicher Vermietung im Übrigen die anfallende Mehrwertsteuer.

Entscheidend bei der Vermietung von Gewerbe- und Geschäftsräumen sind die **Vereinbarungen im Mietvertrag**, der deshalb vom Sachverständigen eingesehen werden sollte. So kann beispielsweise das langfristig vereinbarte Mietverhältnis von dem Betreiber eines *Selbstbedienungsmarktes* durch einseitige Erklärung unter Beachtung einer Kündigungsfrist (i. d. R. 6 bis 12 Monate) vorzeitig beendet werden, wenn eine nicht von ihm zu vertretende geschäftliche Entwicklung eintritt und zu einem nachhaltig unwirtschaftlichen Ergebnis führt, so dass die Weiterführung im Hinblick auf hohe Verluste ihm nicht zugemutet werden kann. In solchen Fällen wird der Nachweis der Unwirtschaftlichkeit durch Vorlage der Geschäftsbücher erbracht und meist bis zu einer Jahrespacht als Abstandszahlung geleistet, beziehungsweise es wird eine um bis zu einem Drittel reduzierte Miete bis zum Vertragsende als Ausgleichszahlung vereinbart. **117**

Mietsicherheiten in Form einer Barkaution und einer Bankbürgschaft sind im gewerblichen Bereich zu verzinsen, soweit hierüber eine Vereinbarung im Mietvertrag getroffen wurde. **118**

2.4.2 Mietpreisgestaltung

Wichtige Punkte bei Mietverträgen für Gewerbeimmobilien sind **119**

1. **Bezeichnung der Vertragsparteien**
   - genaue Angaben des Vertragspartners, ggf. unter Beachtung
     – der Gesellschaftsform,
     – der Mieterbranche und
     – der Einschätzung der Mieterbonität.
2. **Beschreibung des Vertragsgegenstandes**
   - Lage, Größe der Flächen, Definition der Mietflächen (WoFlV, DIN 277),
   - Darstellung im Lageplan (wesentlicher Bestandteil des Vertrags),
   - Nutzungsfestschreibung,
   - Konkurrenzschutz,
   - Schlüsselverzeichnis als Anlage.
3. **Miete**
   - Miete pro m²,
   - Mehrwertsteuer,
   - Fälligkeit der Miete,
   - Verzug, Verzugsschaden,
   - Ausschluss von Aufrechnung sowie Minderungs- oder Zurückhaltungsrechten,
   - Untermietvereinbarungen,
   - mietfreie Zeiten,
   - Ausbauzuschüsse,
   - kostenlose Ergänzungsflächen,
   - Rückbauverpflichtungen.

§ 18 ImmoWertV — Reinertrag, Rohertrag

4. **Mietbeginn und Mietdauer**
   - Festmietzeit,
   - Fortsetzung nach Ablauf der Mietzeit,
   - Kündigungsfrist,
   - Ausschluss § 545 BGB (Stillschweigende Verlängerung),
   - Duldung von Vermietungsplakaten.

5. **Mieterhöhung**
   Mieterhöhungsregelung, insbesondere
   - indizierte Miete (Wertgleitklausel auf Index-Basis),
   - Umsatzmiete,
   - Staffelmiete,
   - verhandelbar.

6. **Kündigung des Mieters bzw. Vermieters (aus wichtigem Grunde)**
   - Vorbehaltserklärung,
   - beispielhafte Benennung von Kündigungsgründen.

7. **Bewirtschaftungskosten**
   - Betriebskosten (inkl. Hausverwaltung) gemäß Anlage (= § 2 BetrKV),
   - Verwaltungskosten *(overhead)*,
   - Vorauszahlungen,
   - Umlageschlüssel,
   - Abrechnungszeitraum,
   - Änderung der Vorauszahlungen.

8. **Optionen**
   - Verlängerungsoption,
   - Erweiterungsoptionen.

9. **Sammelheizung und Warmwasserversorgung**
   - Heizperiode,
   - Haftungsausschluss bei Betriebsstörungen,
   - Haftungsbegrenzung auf Drittverhaftung,
   - Änderung der Beheizungsart.

10. **Benutzung der Gemeinschaftsanlagen**
    - Aufzug,
    - Tiefgarage usw.

11. **Haftung für den Zustand des Mietobjekts**
    11.1 Haftung des Vermieters
      – Instandhaltung und Instandsetzung durch den Vermieter,
      – Ausschluss von Mietminderung oder Schadenersatzansprüchen bei vom Vermieter nicht zu vertretenden Störungen,
      – Versicherungsangelegenheiten.

    11.2 Haftung des Mieters
      – Umgang mit der Mietsache,
      – Schönheitsreparaturen,
      – Kleinreparaturen,
      – Anzeigepflicht des Mieters.

120 Von besonderer Bedeutung für die Nutzung ist die **Raumkonfiguration und ihre Flexibilität** für die jeweils nachgefragte Büroform (vgl. unten Rn. 163).

2.4.3 Konkurrenz- und Sortimentsschutzklausel

▶ *Zu den wettbewerbsbeschränkenden Dienstbarkeiten vgl. Kleiber, Verkehrswertermittlung von Grundstücken, 6. Aufl. 2010, Teil IX Rn. 417 ff.*

Vereinbarungen von Wettbewerbsverboten zugunsten des Mieters und *Mieterbetriebsverpflichtungen* sind bei der Verkehrswertermittlung zu berücksichtigen. Hingewiesen wird in diesem Zusammenhang auf ein Urteil des OLG Celle[48], nach dem der Warenhauskonzern ein Warenhaus in Hameln 1988 nicht schließen durfte, weil die Stadt Hameln im Jahre 1977 dem Warenhausneubau im Altstadtkern nur unter der Voraussetzung zugestimmt hatte, dass das neue Haus auch über 20 Jahre hinweg als Vollwarenhaus zu betreiben ist. 121

In Mietverträgen für Gewerberäume sind mitunter auch **Konkurrenz- und Sortimentsschutzklauseln** sowie Werbeverbote hinsichtlich des Vertriebs bestimmter Artikel vereinbart. Obschon der Vermieter gewerblicher Räume grundsätzlich die Pflicht hat, den Mieter vor Konkurrenz im eigenen Haus zu schützen, hat er bei innerstädtischen Immobilien ein besonderes Interesse daran, den Konkurrenzschutz generell auszuschließen. Hierdurch bleiben die Vermietungschancen besser gewahrt, und neue interessante Mieter müssen aus Rücksicht auf bestehende Schutzpflichten nicht abgewiesen werden. 122

Hingewiesen in diesem Zusammenhang wird auf ein Urteil des BGH[49]. Der Vermieter hatte im Mietvertrag mit einem **Drogisten** vereinbart, dass keine Konkurrenzbranchen bezüglich der im gleichen Gebäudekomplex vorhandenen anderen Mieter betrieben werden dürfen. Der Drogist verkaufte nun neben Babynahrung, Kinderpflegemitteln und Windeln auch nicht apothekenpflichtige Arzneimittel. Eine auf dem gleichen Grundstück befindliche Apotheke hatte einen Umsatzanteil von 8 % für diese Artikel. Unter Berufung auf die vereinbarte Konkurrenzschutzklausel verlangte der Apotheker die Aufgabe des Ladens, zumindest aber die Einstellung des Verkaufs der nicht apothekenpflichtigen Arzneimittel. 123

Der BGH hielt eine **Unterlassungspflicht in Form von Werbebeschränkungen** bei teilweiser Sortimentsüberschneidung durch die Vereinbarungen im Mietvertrag für nicht erfasst; nur das Betreiben einer weiteren Apotheke auf demselben Grundstück sei ausgeschlossen. 124

2.5 Mietpreisbestimmende Merkmale

2.5.1 Wohnraum

2.5.1.1 Allgemeines

Schrifttum: *Dröge,* Handbuch der Mietpreisbewertung für Wohn- und Gewerberaum, 3. Aufl.; *Krämer,* Vergleichswerte für Mehrfamilienhausgrundstücke in den neuen Bundesländern, GuG 1995, 12; *Roth, Ch.,* Qualitätsforderungen für Mietgutachten GuG 2005, 13; *Schulz, J./Streich,* Mindestanforderungen an Mietgutachten, ZMR 1985/11; *Stelter, M./Swat, R.,* Zur Mietpreisbewertung von ortsüblichen Vergleichsmieten, GuG 2012, 134, *Streich, J.-W.,* Die ortsübliche Vergleichsmiete, GuG 2005, 13.

Bei der Verkehrswertermittlung im Wege des Ertragswertverfahrens sowie der Erstattung von Mietwertgutachten sind als geeignete Vergleichsmieten solche heranzuziehen, die für hinreichend vergleichbare Wohnungen vereinbart worden sind. Entsprechend der Regelung des § 558 Abs. 2 BGB sind **Vergleichskriterien Art, Größe (Wohnfläche), Ausstattung und Beschaffenheit (Wohnwertmerkmale) der Wohnung sowie das Baualter der Wohnung.** Unterschiede der Vergleichswohnungen zu den zu bewertenden Wohnungen sind durch Zu- und Abschläge zu berücksichtigen[50]. 125

---

48 OLG Celle, Urt. vom 16.06.1987 – 20 U 10/87 –, rechtskräftig.
49 BGH, Urt. vom 09.07.1987 – I ZR 140/85 –, EzGuG 14.81a.
50 Kaupmann in Nachr. der nds. Kat.- und VermVw 1989, 144; auf Ablehnung im Schrifttum stößt die sog. Grenzwertmethode von Töllner in DS 1990, 307; Dröge, a. a. O., S. 170 ff.

126 Des Weiteren sind **folgende Merkmale von Belang**
- Trennung von Bad und WC,
- Kochnische oder Küche,
- Vorhandensein eines Balkons, einer Terrasse oder einer Loggia, soweit diese Umstände nicht der Beschaffenheit zugeordnet werden,
- Gesamteindruck, Fassadengestaltung.

Mieterbefragungen haben folgende Präferenzen ergeben:

Abb. 4: Wichtigste Ausstattungsmerkmale

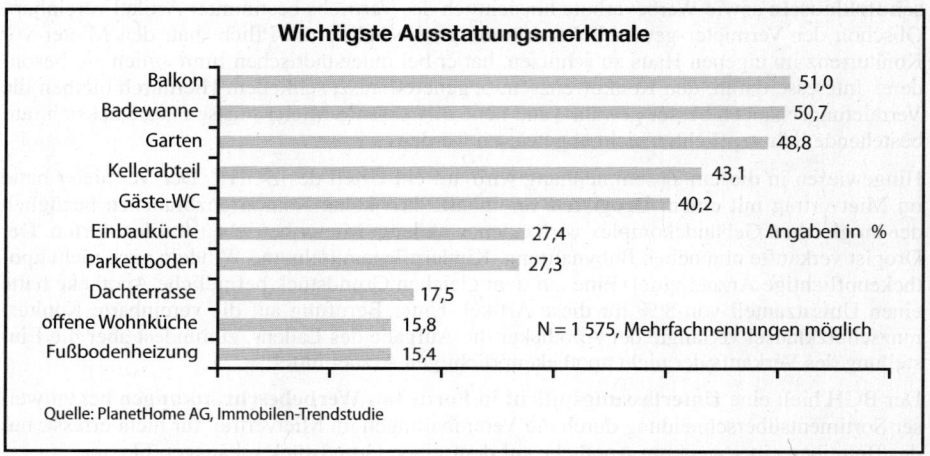

127 Die genannten vier **Wohnwertmerkmale** (Art, Größe, Ausstattung und Beschaffenheit) sind nicht gleichwertig. Folgende **Gewichtungen** werden den wohnwertbestimmenden Merkmalen zugeordnet (Abb. 5).

Abb. 5: Merkmale

Merkmal	Bewertungsanteil %	
	1	2
Art (Hochhaus usw.)	20	5
Beschaffenheit	20	10
Größe	30	10
Ausstattung	10	15
Lage (Wohnlage)	40	60

1 Isenmann in DWW 1994, 178.
2 Oberhofer in WM 1993, 10; vgl. auch Dröge, 1. Aufl. a. a. O., S. 172 f., vgl. auch Isenmann in DWW 1992, 234 und DWW 1994, 178.

Abb. 6: Art und Beschaffenheit

Objekt	Wertigkeit
Wintergarten	2,00
Freisitz ebenerdig	
beidseitig gedeckt	1,25
einseitig gedeckt	1,00
nicht gedeckt	0,75
Freisitz Dachgeschoss	
beidseitig gedeckt	1,75
einseitig gedeckt	1,50
nicht gedeckt	1,25
Loggia	1,25
Veranda	1,25
Balkon	1,00
Überdachung	**Wertigkeit**
nicht überdacht	0,60
Teilüberdachung	
Dachüberstand	0,70
weniger als 1,0 m	0,80
1,0 m bis 1,5 m	1,00
1,5 m bis 2,0 m	1,10
mehr als 2 m	1,20
Vollüberdachung	
undurchsichtig	1,50
teilweise durchsichtig	1,75
Glasüberdachung	2,00
Brüstung und Deckung	**Wertigkeit**
durchsichtige Brüstung	0,25
teilweise undurchsichtige Brüstung	0,50
undurchsichtige Brüstung	1,00
Brüstungshöhe	
unter 1 m	0,50
1,00 m bis 1,25 m	1,00
1,25 m bis 1,50 m	1,25
über 1,50 m	0,50
für Bepflanzung geeignet	0,50
Pflanztrog o.Ä. vorhanden	0,75
Sichtschutz	
einseitig	0,75
zweiseitig	1,50
zusätzlich bepflanzt	0,25
Windschutz	
einseitig	0,60
zweiseitig	1,20
zusätzlich bepflanzt	0,25
Brüstung und Sichtschutz	
einseitig	1,25
zweiseitig	1,90
Brüstung und Windschutz	
einseitig	1,10
zweiseitig	1,75

Oberflächenbeschaffenheit	Wertigkeit
bindiges Material	0,25
Betonplatte ohne Glattstrich	0,40
Betonplatte mit Glattstrich	0,60
Verbundsteine o.Ä.	1,10
raue Bodenplatten	0,75
glatte Bodenplatten	1,00
Bodenfliesen	1,25
Entwässerung	**Wertigkeit**
ohne	0
Innenentwässerung	0,75
Außenentwässerung	
Wasser tropft ab	1,00
Wasserspeier	1,10
Wasserrinne	1,25

2.5.1.2 Art (der Wohnung)

128 Unter der Art i. S. des § 558 Abs. 2 BGB ist in erster Linie die **Struktur des Hauses und des Wohnraums** zu verstehen, beispielsweise

- Einfamilienhaus,
- Penthousewohnung,
- Reihenhaus,
- Hochhaus.

129 So stellen die **Wohnungen in Hochhäusern** einen Markt sui generis dar, der nicht in einen Topf mit dem Wohnraum in Ein- und Zweifamilienhäusern geworfen werden kann[51]. Die Wohnung in einem Ein- und Zweifamilienhaus lässt sich selbst nur bedingt mit einer Wohnung in einem einfachen Mehrfamilienhaus vergleichen, weil dort das Wohnen in ruhiger und gepflegter Vorortlage im Vordergrund steht.

130 Bei **Anmietung von Einfamilienhäusern** liegt die marktübliche Miete erheblich über der Miete im Geschosswohnungsbau. Nach einer älteren Untersuchung des Gutachterausschusses von *Mainz* ist mit folgenden Zuschlägen zu rechnen:

Freistehende Einfamilienhäuser	+ 30 v. H.
Reihenhäuser	+ 20 v. H.

2.5.1.3 Beschaffenheit (der Wohnung)

131 Unter der Beschaffenheit wird insbesondere der **Zuschnitt der Wohnung** einschließlich der **mitvermieteten Hausteile sowie Art und Gestaltung der Umgebung** verstanden. Behebbare Mängel sind dagegen bedeutungslos, da der Mieter seine Gewährleistungsansprüche (§§ 536 ff. BGB) geltend machen kann (Minderungsrechte)[52].

132 Unter der **Beschaffenheit ist des Weiteren zu verstehen**
- die architektonische Gestaltung der Wohnung,
- die Baualtersklasse (vgl. Mietspiegel),
- die Raumeinteilung (Schnitt),
- das Vorhandensein von Balkon und Nebenräumen,
- der bauliche Zustand der Wohnung und der mitzubenutzenden Hausteile,

---

51 A.A. LG Lübeck, Urt. vom 11.10.1994 – 6 S 256/93 –, WuM 1995, 189; Beuermann, Miete und Mieterhöhung, 2. Aufl. Berlin 1994 § 2 Rn. 29.
52 OLG Stuttgart, Urt. vom 07.07.1981 – 8 REMiet 1/81 –, EzGuG 20.89a; LG Braunschweig, Urt. vom 21.11.1988 – 13 BS 145/88 –, WuM 1989, 578; LG Hamburg, Urt. vom 10.10.1989 – 11 S 99/89 –, WuM 1991, 593.

- die Aussicht,
- die Besonnungslage,
- der Garten und Grünanlagen,
- die Abgeschlossenheit der Wohnung,
- der Modernisierungsgrad,
- die Wärmedämmung.

2.5.1.4 Wohnung, Wohnraum, Wohnfläche

Schrifttum: *Schul, A./Wichert, J.*, Berechnung und Bedeutung der Mietfläche von Gewerberäumen, ZMR 2002, 633.

▶ Hierzu *Kleiber, Verkehrswertermittlung von Grundstücken,* 6. Aufl. 2010, Teil III Rn. 511 ff.

a) Allgemeines

Für die Prüfung, ob die vorliegende Ertragssituation dem entspricht, was als nachhaltig und rechtlich erzielbar ist, kann auf Vergleichsmieten und insbesondere auch auf Mietspiegel zurückgegriffen werden. Dabei muss die Wohnungsgröße berücksichtigt werden, denn erfahrungsgemäß fallen die **Mieten pro Quadratmeter Wohnfläche umso geringer aus, je größer die Wohnfläche** insgesamt ist[53]. In den sog. „Adressenlagen" (am Englischen Garten in München) kann es sich jedoch umgekehrt verhalten; dort sind große repräsentative Wohnungen teurer als kleinere Wohnungen. **133**

Unter der **Größe des Mietobjekts** wird vielfach nicht nur die Quadratmeterzahl der Wohnung, sondern auch die Zahl der Zimmer einer Wohnung verstanden. In der Regel bestimmt sich die Größe des Wohnobjekts jedoch nach der Wohnfläche. **134**

Der Wohnflächenberechnung der zu untersuchenden Wohnung und der Vergleichswohnungen sind miteinander identische Berechnungsweisen zugrunde zu legen, weil sonst die Höhe der zum Ansatz gebrachten Mieterträge verfälscht würde. Dies können insbesondere die Berechnungsvorschriften der WoFlV bzw. der §§ 42 bis 45 II. BV[54] sein, obwohl diese nur für die Ermittlung der Wohnfläche im Bereich der sozialen Wohnraumförderung gilt[55], und die der DIN 283 (März 1951)[56]. Auch nach Inkrafttreten der neuen Wohnflächenverordnung kann es zunächst weiterhin erforderlich werden, die Wohnfläche nach der DIN 283 oder den §§ 42 bis 45 II. BV zu ermitteln, wenn Vergleichsmieten herangezogen werden, die sich auf Wohnraum beziehen, dessen Fläche nach den entsprechenden Berechnungsvorschriften ermittelt wurde. **135**

Der wesentliche **Unterschied zwischen der Wohnflächenberechnung** nach der WoFlV, der DIN 283 (1951) und den §§ 42 bis 44 II. BV liegt bei der Ermittlung der Flächen für **Balkone,** **136**

---
53 Schnoor in RDM Informationsdienst 1/1994; Streich in RDM Informationsdienst 1994 Nr. 1 S. 3.
54 Der Anwendungsbereich der II. BV ergab sich aus § 1 II. BV; die Vorschrift lautet:
  § 1 Anwendungsbereich der Verordnung.
  (1) Diese Verordnung ist anzuwenden, wenn
  1. die Wirtschaftlichkeit, Belastung, Wohnfläche oder der angemessene Kaufpreis für öffentlich geförderten Wohnraum bei Anwendung des Zweiten Wohnungsbaugesetzes oder des Wohnungsbindungsgesetzes,
  2. die Wirtschaftlichkeit, Belastung oder Wohnfläche für steuerbegünstigten oder frei finanzierten Wohnraum bei Anwendung des Zweiten Wohnungsbaugesetzes,
  3. die Wirtschaftlichkeit, Wohnfläche oder der angemessene Kaufpreis bei Anwendung der Verordnung zur Durchführung des Wohnungsgemeinnützigkeitsgesetzes
  zu berechnen ist.
  (2) Diese Verordnung ist ferner anzuwenden, wenn in anderen Rechtsvorschriften die Anwendung vorgeschrieben oder vorausgesetzt ist. Das Gleiche gilt, wenn in anderen Rechtsvorschriften die Anwendung der Ersten Berechnungsverordnung vorgeschrieben oder vorausgesetzt ist. (Pohnert in GuG 1991, 150)
55 Die Wohnflächenverordnung ist im Übrigen nicht die einzige Möglichkeit zur Bestimmung der Wohnungsgröße. Nach § 27 Abs. 4 WoFG kann die Wohnungsgröße bei Erteilung des Wohnberechtigungsscheins auch mit der Raumzahl angegeben werden.
56 Der Normungsausschuss des Deutschen Instituts für Normung e.V. hat die DIN 283 aus dem Jahre 1951 – Berechnung von Wohnflächen und Nutzflächen – mit Teil 1 am 8.3.1983 und mit Teil 2 am 1.6.1989 ersatzlos zurückgezogen (abgedruckt im Anhang 11); vgl. Kremer, Zur Berechnung der Wohnflächen im BBauBl 1990, 367.

Loggien, Dachgärten oder „gedeckte" Freisitze. Nach der WoFlV und der DIN 283 (1951) sind die diesbezüglichen Flächen zu *einem Viertel* anzurechnen. Nach § 44 Abs. 2 II. BV konnten dagegen deren Grundflächen zur Ermittlung der Wohnfläche (WF) bis *zur Hälfte* angerechnet werden. Folglich hat sich die Praxis – auch bei gewerblich genutzten Räumen – weitgehend an den Vorgaben der II. BV mit dem Ergebnis größerer Wohn-/Nutzflächen orientiert. Von Interesse ist in diesem Zusammenhang, welche Berechnungsnorm den Mietspiegeln zugrunde liegt, denn Wohn- bzw. Nutzflächen sind für die Ermittlung der Nettokaltmiete und als Umlagemaßstab von Betriebskosten von wesentlicher Bedeutung.

▶ *Zu den Kellergeschossen vgl. Kleiber, Verkehrswertermittlung von Grundstücken, 6. Aufl. 2010, Teil III Rn. 519 ff.*

b) *Wohnfläche nach WoFlV*

137 Zur **Berechnung der Wohnfläche** sind die nach § 2 WoFlV zur Wohnfläche gehörenden Grundflächen zu ermitteln und nach § 4 WoFlV auf die Wohnfläche anzurechnen (§ 1 Abs. 2 WoFlV).

138 Zur Ermittlung der Wohnfläche nach der WoFlV vgl. Kleiber, Verkehrswertermittlung von Grundstücken, 6. Aufl. 2010, Teil III unter Rn. 525 ff.

c) *Wohnfläche nach den §§ 42 bis 44 der II. Berechnungsverordnung*

139 Zur Ermittlung der Wohnfläche vgl. Kleiber, Verkehrswertermittlung von Grundstücken, 6. Aufl. 2010, Teil III Rn. 513 ff.

d) *Wohnfläche nach DIN 283*

140 Zur Ermittlung der Wohnfläche vgl. Kleiber, Verkehrswertermittlung von Grundstücken, 6. Aufl. 2010, Teil III Rn. 513 ff.

e) *Außenflächen (Balkone, Dachgärten, Terrassen)*

▶ *Hierzu Kleiber, Verkehrswertermittlung von Grundstücken, 6. Aufl. 2010, Teil III Rn. 513 ff.*

141 Für gute bzw. schlechte **Balkon- oder Terrassenlagen** sind in Anlehnung an die Regelungen des § 4 Nr. 4 WoFlV, nach denen die diesbezüglichen Flächen i. d. R. zu einem Viertel, höchstens jedoch zur Hälfte in die Wohnfläche eingehen (nach der DIN 283 ebenfalls zu einem Viertel und nur nach den §§ 42 ff. II. BV zur Hälfte), Zu- oder Abschläge in einer maximalen Größenordnung von 50 % angemessen[57].

142 Bei der Ermittlung des Mietwerts müssen die sog. Außenflächen, worunter im Gegensatz zur eigentlichen allseits umschlossenen Innenfläche Balkone, Dach- und Wintergärten, Terrassen, Veranden, Loggien und Freisitze (nunmehr Terrassen) zu verstehen sind, besonders beachtet werden. Für die anzusetzende Fläche gibt es, abgesehen von der Regelung der WoFlV, für den mietpreisgebundenen Wohnraum keine verbindlichen Berechnungsregeln, nachdem die DIN 283 bereits im August 1983 zurückgezogen wurde[58]. Das BayObLG[59] hat hierzu ausgeführt, dass bei einem Mieterhöhungsverlangen nach den Umständen des Einzelfalls der **Flächenanteil je nach seinem Wohnwert überhaupt nicht oder in guten Lagen bis zu ¼ und in Ausnahmefällen bei sehr guter Lage bis zu ½ zu berücksichtigen** ist.

---

57 BayObLG, RE vom 20.07.1983 – REMiet 6/82 –, EzGuG 20.102a; BayObLG, Beschl. vom 07.03.1996 – 2 Z BR 136/95 –, NJW 1996, 2106 = GuG 1996, 381 = EzGuG 20.160a.
58 Kleiber, Verkehrswertermittlung von Grundstücken, 6. Aufl. 2010, Teil III Rn. 514 ff.
59 BayObLG, Urt. vom 20.07.1983 – REMiet 6/82 –, EzGuG 20.102a.

f)   Flächenabweichung

In **Mietverträgen für gewerblich genutzte Räume** wird die Nutzfläche im Allgemeinen durch Angabe der Quadratmeterzahl beschrieben. Bei Neubauten (Erstbezug) ist meist das gemeinsame Aufmaß Grundlage für die Bemessung der Kaltmiete und den Umlageschlüssel. Die Kaltmiete wird dann in einem Preis je m² Gesamtnutzfläche (ohne Kellerräume, Tiefgarage etc.) angegeben. Für Haupt- und Nebenflächen in Büro-, Verwaltungsgebäuden sowie für Verkaufs-, Büro-, Lager-, Sozial- und Werkstatträume werden oft auch differenzierte Mietansätze entsprechend der Wertigkeit dieser Räumlichkeiten vereinbart. Bei *Selbstbedienungsmärkten* (SB-Märkte) umfasst der Durchschnittssatz pro Quadratmeter Nutzfläche (m² NF) meist auch das Nutzungsrecht an den Pkw-Parkplätzen auf der Freifläche des Grundstücks. 143

Die Ermittlung einer im Mietvertrag vereinbarten Wohnfläche richtet sich – soweit die Parteien nichts anderes vereinbart haben oder eine andere Berechnungsweise ortsüblich ist – nach den für den preisgebundenen Wohnraum im Zeitpunkt des Abschlusses des Mietvertrags maßgeblichen Bestimmungen[60]. Einer Mieterhöhung nach § 557 BGB ist die vereinbarte Wohnfläche zugrunde zu legen, wenn die tatsächliche Wohnfläche zum Nachteil des Mieters um nicht mehr als 10 % davon abweicht[61]. 144

In **Wohnungsmietverträgen** wird die Wohnfläche meist mit Zirka-Quadratmetern[62] vereinbart. Ergibt sich durch ein späteres Aufmaß eine geringere als die vereinbarte Wohnfläche, so ist eine Reduzierung der Miete nicht möglich. Zur Begründung führte der BGH[63] in einer Entscheidung an, dass der Verkäufer gewusst hat, dass der Käufer von der im Prospekt genannten Wohnfläche von 78 m² ausging. Hatte der Verkäufer eine andere Vorstellung über die tatsächliche Größe, so wäre diese für die Bestimmung des Vertrags nur dann von Bedeutung, wenn der Käufer das erkannt und in dieser Kenntnis den Vertrag abgeschlossen hätte. Des Weiteren mache der verwendete **Zusatz „ca."** die Angabe nur dann unverbindlich, wenn die Abweichung geringfügig gewesen wäre, „nicht aber für einen Unterschied von mehr als 10 %". 145

Auch beim **Erwerb noch zu errichtender Eigentumswohnungen** führen Flächenabweichungen häufig zum Streit. Im Kern geht es dabei um die zugesicherten Eigenschaften des Kaufgegenstands. Ist z. B. einem Erwerber vom Bauträger eine bestimmte Wohnfläche zugesichert worden, die z. B. aufgrund eines Nachbareinspruchs (wenn die Bauerlaubnis unbeschadet der Rechte Dritter erteilt wurde) mit der Folge einer Planungsänderung und einer damit verbundenen Reduzierung der Wohnfläche nicht realisiert werden konnte, so wird dem Erwerber in der Rechtsprechung[64] eine Kaufpreisminderung zugestanden. 146

g)   Umrechnungskoeffizient Wohnfläche (Mietwohnungsbau)

▶ *Vgl. zu Eigentumswohnungen die Hinweise bei Kleiber, Verkehrswertermittlung von Grundstücken, 6. Aufl. 2010, Teil VI Rn. 81*

Bezüglich der Wohnfläche (Wohnungsgröße) haben sich bislang keine anerkannten Klasseneinteilungen feststellen lassen. Die Mietspiegel weisen hier unterschiedliche **Klasseneinteilungen** auf[65] bzw. geben die Nettokaltmieten gestaffelt nach der Wohnfläche an (Abb. 7): 147

---

60 BGH, Urt. vom 22.4.2009 – VIII ZR 86/08 –, GuG-aktuell 2009, 47 = EzGuG 3.141.
61 BGH, Urt. vom 08.07.2009 – VIII ZR 205/08 –, GuG-aktuell 2009, 47.
62 LG Berlin, Urt. vom 08.09.2003 – 67 S 92/03 –, EzGuG 3.129.
63 BGH, Urt. vom 11.07.1997 – V ZR 246/96 –, NJW 1997, 2874 = EzGuG 20.161.
64 LG Ravensburg, Urt. vom 21.12.1990 – 2 O 1745/90 –, EzGuG 12.79a.
65 Vgl. Kleiber, Verkehrswertermittlung von Grundstücken, 6. Aufl. 2010 S. 1729.

§ 18 ImmoWertV — Reinertrag, Rohertrag

Abb. 7: Durchschnittliche monatliche Basis-Nettokaltmiete 2010 in Darmstadt

Wohn-fläche	Durchschnittliche monatliche Basis-Nettokaltmiete Baujahr			
	bis 1918	1919 – 1948	1949 – 1977	1978 – 2007
m²	EUR/m²			
25	9,17	8,87	9,17	9,61
30	8,70	8,39	8,70	9,14
35	8,29	7,99	8,29	8,73
40	7,94	7,63	7,94	8,38
45	7,61	7,30	7,61	8,05
50	7,31	7,00	7,31	7,75
55	7,02	6,71	7,02	7,46
60	6,74	6,43	6,74	7,18
65	6,47	6,17	6,47	6,91
70	6,21	5,91	6,21	6,65
75	5,96	5,65	5,96	6,40
80	5,71	5,40	5,71	6,15
85	5,46	5,16	5,46	5,90
90	5,22	4,91	5,22	5,66
95	4,98	4,67	4,98	5,42
100	4,74	4,43	4,74	5,18
105	4,52	4,21	4,52	4,96
110	4,31	4,00	4,31	4,75
115	4,12	3,82	4,12	4,56
120	3,95	3,64	3,95	4,39
125	3,79	3,49	3,79	4,23
130	3,65	3,34	3,65	4,09

Quelle: Mietspiegel für Darmstadt 2010

148 Von den Gutachterausschüssen für Grundstückswerte sowie aus Kreisen der Sachverständigen wurden zu diesem Zweck **Umrechnungskoeffizienten für das Verhältnis von Wohnfläche zur Miethöhe für Neubauwohnungen in mittlerer Wohnlage mit mittlerer Ausstattung** ermittelt (vgl. Abb. 8). Bezüglich der Abhängigkeit der Miete von der sich nach der Zahl der Zimmer bestimmenden Wohnungsgröße sind nach vorliegenden Erfahrungen geringe Abweichungen hinnehmbar und zwar umso eher, je größer die Wohnung (Haus) ist, d. h. ab 4 Zimmer; ansonsten ist die Gewichtung im Schrifttum sehr strittig.

Abb. 8: Umrechnungskoeffizienten für das Verhältnis der Wohnfläche zur Miethöhe

Wohnfläche (WF) m²	Umrechnungskoeffizient						
	München (Englert)*	Bonn, Essen	Mainz	Hessen	Heppenheim		Streich*
					Wohnungen	EFH, ZFH	
10	–	–	1,67	–	–	–	–
20	1,70	–	1,40	–	–	–	–
30	1,31	1,38	1,26	1,12	–	–	1,17
40	1,16	1,35	1,18	1,09	1,11	–	1,14
50	1,10	1,15	1,11	1,06	1,09	–	1,08
60	1,05	1,08	1,06	1,03	1,07	–	1,05
70	1,02	1,02	1,02	**1,00**	1,04	–	1,02
75	**1,00**	**1,00**	**1,00**	0,97	–	–	**1,00**
80	0,98	0,98	0,98	0,94	1,02	–	0,99
90	0,96	0,94	0,95	0,91	**1,00**	1,08	0,96
100	0,93	0,90	0,93	0,88	0,98	1,07	0,94
110	0,92	0,87	0,91	0,85	0,96	1,06	0,92
120	0,90	0,85	0,88	0,82	0,93	1,05	0,91
130	0,88	0,82	0,87	–	0,91	1,03	0,90
140	0,86	0,80	0,85	–	0,89	1,02	0,89
150	0,85	0,78	0,84	–	0,87	1,01	0,88
160	–	–	–	–	0,85	**1,00**	0,87
170	–	–	–	–	–	0,99	0,86
180	–	–	–	–	–	0,98	–
190	–	–	–	–	–	0,97	–
200	–	–	–	–	–	0,95	–
210	–	–	–	–	–	0,94	–
220	–	–	–	–	–	0,93	–
230	–	–	–	–	–	0,92	–
240	–	–	–	–	–	0,91	–
250	–	–	–	–	–	0,90	–

* Streich in VR 1981, 381; ders. in VR 1982, 147 und in DWW 1984, 90; DWW 1980, 188; Englert in Immobilien-Wirtschaft heute Nr. 17/92; Gutachterausschuss für Grundstückswerte in Heppenheim 2011; Immobilienmarktbericht Hessen 2011

Beispiel:
- gegeben: Vergleichsmiete von 3,00 €/m² für eine 50 m² große Wohnung in Bonn
- gesucht: Miete für eine 80 m² große Wohnung
- aus Abb. 8: Umrechnungskoeffizient für 50 m² = 1,15
  Umrechnungskoeffizient für 80 m² = 0,98

gesuchte Miete = $0{,}98/1{,}15 \times 3{,}00$ €/m² = **2,56 €/m²**

Als **ausgeglichene Umrechnungskoeffizienten** ergeben sich die in Abb. 9 angegebenen Mittelwerte:

Abb. 9: Umrechnungskoeffizienten für das Verhältnis der Wohnfläche (WF) zur Miethöhe

Wohnfläche (WF) m²	Umrechnungskoeffizient für das Verhältnis der Wohnfläche (WF) zur Miethöhe		
	von	Mittel	bis
10	1,50	1,60	1,70
20	1,34	1,40	1,46
30	1,23	1,29	1,35
40	1,16	1,20	1,24
50	1,09	1,13	1,17
60	1,03	1,07	1,11
70	0,98	1,02	1,06
75	-	1,00	-
80	0,94	0,98	1,02
90	0,92	0,96	1,00
100	0,90	0,94	0,98
110	0,87	0,91	0,95
120	0,83	0,88	0,93
130	0,70	0,85	0,90
140	0,76	0,82	0,88
150	0,73	0,79	0,85
160	0,70	0,76	0,82

© W. Kleiber 11

h) *Umrechnungskoeffizient Wohnfläche (vermietete Einfamilienhäuser)*

149 Die für den Mietwohnungsbau abgeleiteten Umrechnungskoeffizienten für die Anhängigkeit der Mieten von der Wohnfläche können nicht generell auf **vermietete Einfamilienhäuser** übertragen werden. Im Landesgrundstücksmarktbericht Hessen 2011 werden folgende Umrechnungskoeffizienten angegeben:

Abb. 10: Umrechnungskoeffizienten für die Abhängigkeit der Miete von der Wohnfläche (WF) für vermietete Einfamilienhäuser in Hessen, Südhessen

Wohnfläche m²	Umrechnungskoeffizient		Wohnfläche m²	Umrechnungskoeffizient	
	Hessen	Südhessen		Hessen	Südhessen
100	1,03	1,07	180	0,99	0,98
110	1,02	1,06	190	0,99	0,97
120	1,02	1,05	200	0,98	0,95
130	1,01	1,03	210	0,98	0,94
140	1,01	1,02	220	0,97	0,93
150	1,00	1,01	230	0,97	0,92
160	**1,00**	**1,00**	240	0,96	0,91
170	1,00	0,99	250	0,96	0,90

Quelle: Landesgrundstücksmarktbericht Hessen 2011/Südhessen 2012

2.5.1.5 Ausstattung (der Wohnung)

150 Unter der Ausstattung werden **alle räumlichen und sonstigen Ausstattungsmerkmale** verstanden, die der Vermieter dem Mieter zur Verfügung gestellt hat. Hilfsweise kann auf die DIN 283 Teil I Ziff. 3 (vgl. Rn. 124)[66] zurückgegriffen werden, die allerdings auch keine vollständige Aufzählung enthält.

---

[66] Kleiber, Verkehrswertermittlung von Grundstücken, 6. Aufl. 2010, Teil III Rn. 546 ff.

Reinertrag, Rohertrag § 18 ImmoWertV

Der Ausstattung kommt von den unter Rn. 134 ff. genannten wohnwertbestimmenden Merkmalen das höchste Gewicht zu; innerhalb der Merkmale bedient sich die Praxis eines **Schulnotensystems**; z. B. 151
- gehobene Ausstattung,
- übliche Ausstattung und
- einfache Ausstattung.

Ausstattungsmerkmale sind alle im leeren Wohnraum eingebauten oder eingerichteten Teile, insbesondere 152
- sanitäre Einrichtungen,
- Heizung/Warmwasser,
- Kücheneinrichtungen,
- Heizungseinrichtungen,
- Fußböden,
- Fenster und Türen,
- besondere Isolierungen,
- Gemeinschaftsantennen,
- Gemeinschaftseinrichtungen,
- Decken und Wände (Holz, Stuck, Tapete),
- Keller- und Speicherräume,
- Gemeinschaftsräume,
- Wandschränke/Garderoben/offener Kamin.

Einrichtungen des Mieters (zum Möblierungszuschlag vgl. oben Rn. 6) sind hingegen nicht zu berücksichtigen[67]. 153

2.5.1.6 Lage

Lagemerkmale sind insbesondere[68]: 154
- Baudichte,
- baulicher Zustand,
- Frei- und Grünflächen,
- landschaftlicher Charakter, Beeinträchtigungen durch Lärm, Staub, Geruch,
- Ortslage: Lage des Wohnquartiers innerhalb des Stadtgebietes (Zentralität),
- Verkehrsanbindung zur Innenstadt oder zu Bezirkszentren,
- Parkmöglichkeiten,
- Versorgung mit Läden, Schulen und sonstigen Infrastruktureinrichtungen,
- Infrastruktur (öffentliche Einrichtungen wie Verkehrsanbindung, Schulen, Krankenhäuser, Spielplatz, Grünflächen, Kindergärten usw.),
- Lage im Haus (Geschosslage – auch abhängig vom Vorhandensein eines Fahrstuhls) und Ausrichtung nach der Himmelsrichtung[69] sowie Lage innerhalb des Komplexes (Vorderhaus – Rückgebäude).

Im Hinblick auf die hohe Streitbefangenheit, die mit der **Einordnung von Lagemerkmalen** verbunden ist, hat *Börstinghaus*[70] einen **Kriterienkatalog** (Abb. 11) mit nachstehend abgedruckten Erläuterungen vorgegeben: 155

Erläuterungen zur Lageklassentabelle

Spalte 1: Enthält beispielhaft die wichtigsten Lagekriterien. Selbstverständlich können Sie noch andere Kriterien, die für den Einzelfall zutreffen, hinzufügen und/oder andere Kriterien weglassen.

---

67 LG Baden-Baden, Urt. vom 08.05.1992 – 1 S 98/91 –, EzGuG 11.193a; BayObLG, Urt. vom 14.7.1981- AllgReg 32/81 –, WuM 1981, 201; a.A. Walterscheidt, Typische Fehler in einem Vergleichsmietzinsgutachten, Hannover 1999, S. 45.
68 Hinweise des BMJ in WM 1980, 189 = ZMR 1980; weiterführend Niederberger in WuM 1980, 173; Isenmann in DS 1992, 153.
69 LG Köln, Urt. vom 16.02.1994 – 10 S 407/93 –, WuM 1994, 691.
70 Börstinghaus, U., Mieterhöhungen bei Wohnraummietverträgen, 2. Aufl. 1995, S. 322.

§ 18 ImmoWertV — Reinertrag, Rohertrag

Spalte 2: Hier sollten Sie Noten eintragen, wobei Sie sinnvollerweise eine Notenskala verwenden sollten, die Ihrem Mietspiegel entspricht (hat der Mietspiegel vier Lageklassen, sollte man die Noten Eins bis Vier vergeben). Auf diese Weise wird die Eingruppierung in die Lageklasse für beide Vertragsparteien nachvollziehbarer und überprüfbarer. Wenn Sie die Gesamtnotenzahl durch die Anzahl der vergebenen Noten dividieren, erhalten Sie einen Wert, der zunächst eine Aussage über die Eingruppierung in eine Lageklasse erlaubt, und zum anderen kann man unter Umständen an dem entsprechenden Dezimalwert auch schon ablesen, ob die Benotung im oberen, mittleren oder unteren Bereich der Notenskala liegt, was dann ggf. ein Anhaltspunkt dafür sein kann, aus welchem Bereich der Mietpreisspanne die konkrete Vergleichsmiete zu entnehmen ist. Maßstab für die Benotung muss aber auf jeden Fall ein objektiver sein. Wie oben bereits festgestellt, kann für den einen Mieter ein fehlender U-Bahnanschluss bedeutungslos sein und für den anderen von sehr großer Bedeutung. Objektiv ist ein solcher Anschluss aber immer vorteilhaft. Wichtig ist in diesem Zusammenhang aber der Hinweis, dass manche Mietspiegel bestimmte Bedingungen an die Eingruppierung in eine bestimmte Lageklasse knüpfen. In diesem Fall muss zusätzlich überprüft werden, ob diese Bedingungen erfüllt sind.

Abb. 11: Tabelle zur Ermittlung der Lageklasse

Tabelle zur Ermittlung der Lageklasse	
Lagemerkmal	**Beurteilung**
Lage	
Im Stadtgebiet	
Im Stadtbezirk	
Wohnberuhigung	
Bebauung	
offene/geschlossene Bauweise	
Bebauungsdichte	
Wohnbeeinträchtigungen	
Straßenlärm	
Bahn- oder Fluglärm	
Industrielärm	
sonstiger Lärm	
Gerüche- u. Staubimmissionen	
Verkehrsanbindung	
Auto	
Bahn/Bus	
U-Bahn	
Radwege	
Fußwege	
Schulweg	
Einkauf	
für den täglichen Einkauf	
andere Dinge	
Freizeiteinrichtungen	
Kinderspielplätze	
Naherholungsgebiete	
Sportplätze, -hallen	
sonstige Einrichtungen	
medizinische Versorgung	
Schulen	
Kindergärten	
öffentliche Einrichtungen	
sonstige Lagevor- und -nachteile	

156 Es handelt sich bei dem vorstehenden Kriterienkatalog um die sog. Makrolage. Umstritten ist dagegen, ob die sog. Mikrolage, d. h. die **Lage der Wohnung innerhalb des Hauses,** unter den Begriff der Lage i. S. des § 558 Abs. 2 BGB fällt, da diese möglicherweise bereits mit der

Reinertrag, Rohertrag § 18 ImmoWertV

„Beschaffenheit" erfasst werden kann. Entscheidend ist bei alledem, dass diese Mikrolage nicht doppelt berücksichtigt wird.

Die Aufnahme des zum Vermietungszeitpunkt aktuellen Vermietungszustands eines Einkaufszentrums in der Präambel zu einem Mietvertrag stellt keine Zusicherung der Vollvermietung dar, die weder zu einer außerordentlichen Kündigung noch zu einer Mietreduzierung aufgrund eines Leerstands berechtigt[71]. 157

2.5.2 Gewerberaum

2.5.2.1 Allgemeines

Gewerbeimmobilien weisen eine große Spannbreite unterschiedlicher Nutzungen auf. Die **mietpreisbestimmenden Merkmale sind** deshalb **nutzungsabhängig**[72]. 158

2.5.2.2 Mietfläche von Gewerberäumen

Die **Mietfläche** ist insoweit problematisch, als es hierfür an einheitlichen mietvertraglichen Berechnungsnormen mangelt[73]. 159

2.5.2.3 Lage und Beschaffenheit gewerblicher Immobilien

Zu den Lage- und Beschaffenheitsmerkmalen von **Büroimmobilien** vgl. Kleiber, Verkehrswertermittlung von Grundstücken, 6. Aufl. 2010, Teil VI Rn. 149 ff. 160

Neben den allgemeinen **Lagemerkmalen, die die Rangfolge der wertbeeinflussenden Merkmale von Büroimmobilien anführen, sind** vor allem die **Ausstattungsmerkmale von hoher Bedeutung.** Gute Lagemerkmale mit guter Ausstattung des Gebäudes sind Voraussetzung für Spitzenmieten. Daneben sind auch die Größe, die **Flexibilität** der Nutzbarkeit, ihre Teilbarkeit und das Alter von Bedeutung. 161

Zu den Lage- und Beschaffenheitsmerkmalen von **Handelsimmobilien** (auch **Läden**) vgl. Kleiber, Verkehrswertermittlung von Grundstücken, 6. Aufl. 2010, Teil VI Rn. 236 ff. 162

Zu den Lage- und Beschaffenheitsmerkmalen im **industriell-produzierenden Bereich** (einschließlich **Lager- und Logistikimmobilien** sowie **Gewerbeparks**) vgl. Kleiber, Verkehrswertermittlung von Grundstücken, 6. Aufl. 2010, Teil VI Rn. 176 ff. 163

Zu den Lage- und Beschaffenheitsmerkmalen von **Sonderimmobilien** einschließlich **Freizeitimmobilien** vgl. Teil VI Rn. 313 ff., 499 ff. 164

Bei **speziellen Immobilien,** deren Mietwert bzw. Miete üblicherweise nicht über m²-Nutzfläche ermittelt wird, sind zusätzliche Objektangaben erforderlich:

- Bei **Hotels** bedarf es für die Bereiche Logis, Gastronomie und Sonstiges (Tagungsräume, Verkauf, Schwimmbad usw.) einschlägiger Angaben über den mehrjährigen Umsatz (netto ohne MwSt.) sowie der Zimmerauslastung[74].

- Bei **Tennis-, Badminton-, Squash- und Reithallen** bedarf es der Angaben über den Umsatz sowie die Auslastung in der Sommer- und Wintersaison[75].

---

[71] BGH, Urt. vom 26.05.2004 – XII ZR 149/02 –, NZM 2004, 618.
[72] Allgemeines zu den Lagemerkmalen von Gewerbeimmobilien vgl. Kleiber, Verkehrswertermittlung von Grundstücken, 6. Aufl. 2010, Teil VI Rn. 7, 149 ff.; GuG 2003, 108, 175, 243.
[73] Näheres hierzu Kleiber, Verkehrswertermittlung von Grundstücken, 6. Aufl. 2010, Teil III Rn. 513 ff.
[74] Vgl. Kleiber, Verkehrswertermittlung von Grundstücken, 6. Aufl. 2010, Teil VI Rn. 334, 347 ff.
[75] Vgl. Kleiber, Verkehrswertermittlung von Grundstücken, 6. Aufl. 2010, Teil VI Rn. 576, 604 ff.

2.5.3 Gemeinbedarfsnutzung

▶ *Vgl. Syst. Darst. des Ertragswertverfahrens Rn. 163 ff.*

165 Das **Ertragswertverfahren kann grundsätzlich auch zur Ermittlung des Verkehrswerts von baulich für Gemeinbedarfszwecke genutzte Grundstücke zur Anwendung** kommen. Dabei gilt es insbesondere zwei Besonderheiten zu beachten:

a) Als Erträge sind solche anzusetzen, die von der öffentlichen Hand im Falle einer Anmietung der Räumlichkeiten für vergleichbare Objekte auf dem privatwirtschaftlichen Grundstücksmarkt aufgebracht werden müssten.

b) Als Bodenwert ist in solchen Fällen bei der Ermittlung des Bodenwertverzinsungsbetrags der mit diesen Ertragsverhältnissen **korrespondierende Bodenwert** vergleichbarer privatwirtschaftlich nutzbarer Grundstücke anzusetzen, während es ansonsten bei dem Bodenwert der Gemeinbedarfsfläche verbleibt (gespaltene Bodenwerte).

Dies ist in dem Modell der Ertragswertermittlung begründet:

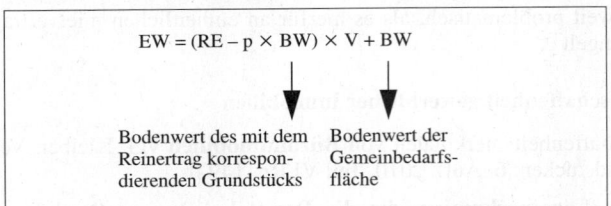

wobei
EW = Ertragswert
BW = Bodenwert
V = Vervielfältiger
p = Liegenschaftszinssatz

166 Würde man nämlich den Bodenwertverzinsungsbetrag auf der Grundlage der Gemeinbedarfsnutzung ermitteln, so würde der um den Bodenwertverzinsungsbetrag verminderte Reinertrag (RE – p × BW) unangemessen „hochschnellen", denn der **Bodenwert einer Gemeinbedarfsnutzung ist in aller Regel niedriger** als der einer vergleichbaren privatwirtschaftlich nutzbaren Fläche (Prinzip korrespondierender Bodenwerte).

167 Bezüglich der für Gemeinbedarfsnutzungen anzusetzenden Erträge gilt der bereits angesprochene **Grundsatz, nach dem solche Erträge anzusetzen sind, die für vergleichbare privatwirtschaftlich nutzbare bauliche Anlagen ortsüblich und nachhaltig sind.** Dies ist in vielen Fällen unproblematisch, bereitet mitunter aber auch Schwierigkeiten:

– Bei öffentlichen *Verwaltungsgebäuden* bereitet der Ansatz in aller Regel keine Schwierigkeiten, weil hier auf vergleichbare Büronutzungen zurückgegriffen werden kann.

– Bei anderen Gemeinbedarfsnutzungen, wie *Schulen, Kindergärten und öffentlichen Versammlungsstätten* stellt sich die Situation schon komplizierter dar, jedoch gibt es auch für dieses Segment durchaus einen (kleinen) Mietmarkt.

168 In der Wertermittlungspraxis kann hier vielfach auf die **Benutzungs- und Entgeltverordnung** der jeweiligen Städte zurückgegriffen werden.

169 So sieht z. B. die **Benutzungs- und Entgeltverordnung** der Stadt *Kiel* vom 18.12.2008 für die Benutzung von Schulräumen und Sporthallen folgende privatrechliche Entgelte vor[76]:

---

[76] Zu Krankenhäusern vgl. Gödecke in Nachr. der nds. Kat- und VermVw 2001, 15.

Reinertrag, Rohertrag § 18 ImmoWertV

Schulräume

A. Allgemeine Räume
1. Klassenraum und sonstige Räume — 10,00 € — je angefangene Stunde
2. Zeichen- und Musiksaal, Großraum o. Ä. — 15,00 € — je angefangene Stunde

B. Aulen, Mensen u. ä. Räume mit einem Fassungsvermögen
– bis 200 Personen — 50,00 € — Pauschale pro Tag
– über 200, bis 500 Personen — 100,00 € — Pauschale pro Tag
– über 500 Personen — 120,00 € — Pauschale pro Tag

C. Fachräume, Werkstätten, Labors u.Ä.
1. Werkstatt, Labor, Fachraum, Lehrküche — 150,00 € — Pauschale pro Tag
    oder — 25,00 € — pro angefangene Stunde
2. Fachraum für CAD-Technik — 300,00 € — Pauschale pro Tag
    oder — 40,00 € — pro angefangene Stunde
3. Lehrschwimmbecken (Max-Planck-Schule) — 23,00 € — pro angefangene Stunde
4. Bewegungsbad (Bildungszentrum Mettenhof) — 18,00 € — pro angefangene Stunde

D. Geräteüberlassung
Für die gleichzeitige Überlassung
1. eines Klaviers — 25,00 € — Pauschale pro Tag
2. eines Flügels — 35,00 € — Pauschale pro Tag
3. von anderen Musikinstrumenten — 15,00 € — Pauschale pro Tag

E. sonstige Räume und Flächen
Schulgebäude und Außenanlagen (z. B. Parkplätze, Schulhöfe für Film- und Filmaufnahmen) — 0,20 €/m² mindestens 25,00 € — Pauschale pro Tag

(3) Bei der Erhebung eines Eintrittsgeldes von mehr als 6,00 € für den teuersten Platz sowie bei gewerblichen Nutzungen ist das Fünffache der aufgeführten Entgelte zu zahlen.

Werden Räume für Privatunterricht genutzt, der nicht im schulischen Interesse liegt, wird das Dreifache der Entgelte erhoben.

(4) Übernachtungen in Schulräumen und Sporthallen werden nur bei Großveranstaltungen genehmigt, wenn eine andere Unterbringung, z. B. in Jugendherbergen, nicht möglich ist. Es wird ein Entgelt von *1,50 €* je Person und Nacht erhoben.

(5) Für die Nutzung von Schulräumen wird für zusätzliche Personalkosten bei notwendigem Einsatz des Schulhausmeisters bzw. Einsatz eines Schließdienstes ein Zuschlag
– an Sonn- und Feiertagen in Höhe von 25,00 €
– an Werktagen außerhalb der Arbeitszeit in Höhe von 22,00 € je angefangene Stunde erhoben.

(6) Für die Nutzung von Sporträumen werden für den beantragten bzw. zur Verfügung gestellten Nutzungszeitraum folgende privatrechtliche Entgelte erhoben:
1. Sportraum bis 300 m² — 15,00 € je Stunde
2. Sportraum bis 800 m² — 20,00 € je Stunde
3. Sportraum ab 800 m² ohne Sitztribüne — 30,00 € je Stunde
4. Sportraum ab 800 m² mit Sitztribüne — 32,00 € je Stunde

(7) Bei gewerblicher Nutzung ist das Fünffache der aufgeführten Entgelte zu zahlen.

(8) Für die Nutzung von einzelnen Sportraumteilen wird das Nutzungsentgelt des gesamten Sportraums mit dem Anteil der genutzten Fläche multipliziert.

(9) Bei der Erhebung von Eintrittsgeldern bei Veranstaltungen sind 15 % der Bruttoeinnahmen aus dem Verkauf der Eintrittskarten zu entrichten.

(10) Für die Nutzung von Sporträumen wird für zusätzliche Personalkosten des Hallenwartes/der Hallenwartin ein Zuschlag von 22,00 € je angefangene Stunde erhoben.

(11) Übernachtungen in Schulräumen und Sporthallen können Personen, die einem Sportverein oder einer Sportgruppe, die dem Sportverband Kiel, dem Landessportverband Schleswig-Holstein oder einer Nebenorganisation des Deutschen Sportbundes angeschlossen sind, genehmigt werden, wenn sie Veranstaltungen in Schul- und Porträumen oder Sportveranstaltungen durchführen, und im Übrigen nur Teilnehmern und Teilnehmerinnen von Großveranstaltungen, wenn eine andere Unterbringung, z. B. in Jugendherbergen, nicht möglich ist.

2.5.4 Landwirtschaftliche Gebäude

170 Bei der Vermietung von landwirtschaftlichen Wirtschaftsgebäuden (z. B. Lagernutzung, Getränkeverkauf) lassen sich nur geringe, unterhalb der Kostenmiete liegende Einnahmen erzielen, die i. d. R. zwischen monatlich 0,25 und 1,00 €/m² liegen (in Ballungsgebieten mitunter bei bis zu 3,50 €/m² für z. B. eine gute Maschinenhalle). Als Stellplatzfläche für z. B. Wohnwagen können monatliche Mietpreise von 10 bis 25 €/m² bei einem durchschnittlichen Flächenbedarf von 30 m² einschließlich Rangierflächen erzielt werden.

2.6 Mieterhöhungsverlangen

2.6.1 Allgemeines

▶ *Vgl. hierzu oben Rn. 61 ff.*

171 Ein Mieterhöhungsverlangen muss begründet werden. Das Gesetz sieht hierfür verschiedene **Begründungsmittel** vor (§ 558a BGB):

1. Mietspiegel (§§ 558c und d BGB),
2. eine Auskunft aus einer Mietdatenbank (§ 558e BGB),
3. Gutachten eines öffentlich bestellten und vereidigten Sachverständigen,
4. Hinweis auf Entgelte für mindestens drei vergleichbare Wohnungen.

Streitig ist bei alledem, ob auch ein Sachverständigengutachten eines nicht öffentlich bestellten Sachverständigen zulässig ist[77].

172 Der Vermieter ist in der Wahl seines Begründungsmittels frei. Der **Heranziehung von Mietspiegeln räumt das Gesetz keine Priorität bei.** Nach Auffassung von *Fischer*[78] bieten Mietspiegel und, wenn im Streitfall nötig, deren Handhabung und Begründung durch Sachverständige die „richtigste" Lösung zur Ermittlung der ortsüblichen Vergleichsmiete.

Soll sich das Mieterhöhungsverlangen auf ein Gutachten eines Sachverständigen stützen, so muss es sich dabei um „ein mit Gründen versehenes Gutachten eines öffentlich bestellten und vereidigten Sachverständigen" handeln. Insoweit gelten nicht die unmittelbaren Regelungen der ZPO. An ein vorprozessuales Gutachten sind keine minderen Ansprüche zu stellen als an ein gerichtliches Gutachten[79].

173 **Wertermittlungsstichtag** ist der **Zeitpunkt des Zugangs des Mieterhöhungsverlangens**[80].

2.6.2 Mietspiegel

2.6.2.1 Allgemeines

▶ *Vgl. oben Rn. 30*

---

77 Bub/Treier (Schulz), § 2 MHG IIIa Rn. 242.
78 Fischer, Der Sachverständige im Spannungsfeld zwischen Mietspiegel und Mietprozess, WuM 1996, 604 ff., BayObLG, RE vom 23.07.1987 – REMiet 2/87 –, EzGuG 20.121; OLG Oldenburg, Beschl. vom 22.12.1980 – 5 UH 13/80 –, EzGuG 11.120o.
79 OLG Karlsruhe, Beschl. vom 20.07.1982 – 3 REMiet 2/82 –, EzGuG 11.132c.
80 BayObLG, Beschl. vom 27.10.1992 – REMiet 3/92 –, EzGuG 20.143a; OLG Stuttgart, Urt. vom 15.12.1993 – 8 REMiet 4/93 –, WuM 1994, 58 = NJW-RR 1994, 334 = ZMR 1994, 109 = DWW 1994, 47 = EzGuG 3.113a.

Reinertrag, Rohertrag § 18 ImmoWertV

Unter einem Mietspiegel ist eine **Übersicht über die ortsüblichen Vergleichsmieten** zu verstehen. Das BGB kennt zwei Arten von Mietspiegeln, 174

a) den *(einfachen)* Mietspiegel nach § 558c BGB und
b) den *qualifizierten* Mietspiegel nach § 558d BGB.

Die Anwendung des Mietspiegels ist in den in § 549 BGB genannten Fällen ausgeschlossen, d. h. bei Mietverhältnisse über 175

1. Wohnraum, der nur zum vorübergehenden Gebrauch vermietet ist,
2. Wohnraum, der Teil der vom Vermieter selbst bewohnten Wohnung ist und den der Vermieter überwiegend mit Einrichtungsgegenständen auszustatten hat, sofern der Wohnraum dem Mieter nicht zum dauernden Gebrauch mit seiner Familie oder mit Personen überlassen ist, mit denen er einen auf Dauer angelegten gemeinsamen Haushalt führt,
3. Wohnraum, den eine juristische Person des öffentlichen Rechts oder ein anerkannter privater Träger der Wohlfahrtspflege angemietet hat, um ihn Personen mit dringendem Wohnungsbedarf zu überlassen, wenn sie den Mieter bei Vertragsschluss auf die Zweckbestimmung des Wohnraums und die Ausnahme von den genannten Vorschriften hingewiesen hat, sowie
4. Wohnraum in einem Studenten- oder Jugendwohnheim.

Sowohl für den einfachen als auch für den qualifizierten Mietspiegel fordert das Gesetzbuch, dass sie von der Gemeinde oder **von Interessenvertretern der Vermieter und der Mieter gemeinsam erstellt oder anerkannt** worden sind[81]. 176

Für den **qualifizierten Mietspiegel** wird darüber hinaus gefordert, dass 177

– er nach „anerkannten wissenschaftlichen Grundsätzen" erstellt worden ist,
– von der Gemeinde oder von Interessenvertretern der Vermieter und der Mieter anerkannt worden ist und
– im Abstand von zwei Jahren der Mietentwicklung angepasst wird bzw. nach vier Jahren neu erstellt wird.

§§ 558c und d BGB haben folgende Fassung: 178

„**§ 558c BGB** Mietspiegel

(1) Ein Mietspiegel ist eine Übersicht über die ortsübliche Vergleichsmiete, soweit die Übersicht von der Gemeinde oder von Interessenvertretern der Vermieter und der Mieter gemeinsam erstellt oder anerkannt worden ist.

(2) Mietspiegel können für das Gebiet einer Gemeinde oder mehrerer Gemeinden oder für Teile von Gemeinden erstellt werden.

(3) Mietspiegel sollen im Abstand von zwei Jahren der Marktentwicklung angepasst werden.

(4) Gemeinden sollen Mietspiegel erstellen, wenn hierfür ein Bedürfnis besteht und dies mit einem vertretbaren Aufwand möglich ist. Die Mietspiegel und ihre Änderungen sollen veröffentlicht werden.

(5) Die Bundesregierung wird ermächtigt, durch Rechtsverordnung mit Zustimmung des Bundesrates Vorschriften über den näheren Inhalt und das Verfahren zur Aufstellung und Anpassung von Mietspiegeln zu erlassen.

§ 558d BGB Qualifizierter Mietspiegel

(1) Ein qualifizierter Mietspiegel ist ein Mietspiegel, der nach anerkannten wissenschaftlichen Grundsätzen erstellt und von der Gemeinde oder von Interessenvertretern der Vermieter und der Mieter anerkannt worden ist.

(2) Der qualifizierte Mietspiegel ist im Abstand von zwei Jahren der Marktentwicklung anzupassen. Dabei kann eine Stichprobe oder die Entwicklung des vom Statistischen Bundesamt ermittelten Preisin-

---

81 OLG Hamm, Urt. vom 11.10.1991 – 30 REMiet 4/90 –, WuM 1990, 538 = ZMR 1991, 22.

dexes für die Lebenshaltung aller privaten Haushalte in Deutschland zugrunde gelegt werden. Nach vier Jahren ist der qualifizierte Mietspiegel neu zu erstellen.

(3) Ist die Vorschrift des Absatzes 2 eingehalten, so wird vermutet, dass die im qualifizierten Mietspiegel bezeichneten Entgelte die ortsübliche Vergleichsmiete wiedergeben."

179 Die Gemeinde ist zur Erstellung eines qualifizierten Mietspiegels gesetzlich nicht verpflichtet. Das Gesetzbuch verzichtet auch auf Vorgaben bestimmter wissenschaftlicher Methoden (Tabellenmethode oder Regressionsanalyse) für die Erstellung qualifizierter Mietspiegel. Im Unterschied zum einfachen Mietspiegel soll dem qualifizierten Mietspiegel wegen der erforderlichen wissenschaftlichen Qualität eine **prozessuale (gleichwohl widerlegbare) (Richtigkeits-)Vermutung** im gerichtlichen Mieterhöhungsrechtsstreit zukommen. Der wesentliche Unterschied besteht also in den Rechtsfolgen[82]. Im Streitfalle kann man sich wegen der „Vermutungswirkung" grundsätzlich darauf beschränken, einen qualifizierten Mietspiegel als Beweismittel für die angesetzte ortsübliche Vergleichsmiete heranzuziehen, und die Einholung eines Sachverständigengutachtens ist dann nicht berechtigt.

180 Wenn der Vermieter der Auffassung ist, dass die ortsübliche Vergleichsmiete höher ist, als im qualifizierten Mietspiegel angegeben, kann er sich ebenso wie im Falle des Vorliegens eines einfachen Mietspiegels auf drei Vergleichsmieten oder ein **Gutachten eines öffentlich bestellten und vereidigten Sachverständigen** berufen[83], d. h., den Parteien bleibt gemäß § 292 ZPO die Möglichkeit des Gegenbeweises. In jedem Fall muss der Sachverständige nach § 558a Abs. 3 BGB auf einen qualifizierten Mietspiegel Bezug nehmen.

181 Der Mietspiegel hat sich bei außergerichtlichen Mieterhöhungserklärungen bewährt[84]. Im Rechtsstreit kommt dem **Mietspiegel** die **Bedeutung eines Parteigutachtens** bei. Sofern ein Mietspiegel vorliegt, hat sich der Sachverständige damit auseinanderzusetzen[85]. Für die Zeit zwischen der Datenerhebung zum Mietspiegel und dem Zugang des Mieterhöhungsverlangens (sog. Stichtagsdifferenz) kann ein Zu- bzw. Abschlag zu dem für die Wohnung betreffenden Mietspiegelwert gemacht werden, der sich nach der ermittelten Steigerung der ortsüblichen Vergleichsmieten bemisst[86].

182 Nach § 558c Abs. 3 und § 558d Abs. 2 BGB sollen die einfachen Mietspiegel und die qualifizierten Mietspiegel alle zwei Jahre der Entwicklung angepasst werden. Von der Ermächtigung des § 558c Abs. 5 BGB, durch Rechtsverordnung Vorschriften über den näheren Inhalt und das Verfahren zur Aufstellung und Anpassung von Mietspiegeln zu erlassen, hat die Bundesregierung bislang keinen Gebrauch gemacht. Stattdessen sind aber **„Hinweise für die Aufstellung von Mietspiegeln"** veröffentlicht worden[87]. Auf derartige Mietspiegel kann also Bezug genommen werden, wenn der Mietspiegel von der Gemeinde oder vom Interessenvertreter der Vermieter und der Mieter gemeinsam erstellt oder anerkannt worden ist.

183 Ein Mieterhöhungsverlangen kann im Übrigen auch auf **Mietspiegel vergleichbarer Nachbargemeinden** gestützt werden. Davon wird man nur Gebrauch machen, wenn ein Mietspiegel der Belegenheitsgemeinde nicht zur Verfügung steht. An die Erstellung des Mietspiegels sind folgende **Anforderungen** zu stellen:

---

82 BGH, Urt. vom 20.04.2005 – VIII ZR 110/04 –, GuG 2005, 369; LG Berlin, Urt. vom 09.12.2011 – 63 S 220/11 –, GuG 2012.
83 LG Berlin, Urt. vom 08.12.2003 – 67 S 288/03 –, BlnGE 2004, 180 = GuG 2004, 187 = EzGuG 3.131; LG Berlin, Urt. vom 03.06.2003 – 65 S 17/03 –, EzGuG 3.128; AG Charlottenburg, Urt. vom 05.11.2003 – 207 C 234/03 –, EzGuG 3.130.
84 OLG Stuttgart, RE vom 02.02.1982 – 8 REMiet 4/81 –, EzGuG 3.64b; AG Frankfurt am Main, Urt. vom 20.10.1988 – 33 C 4916/87-29 –, EzGuG 3.74; AG Köln, Urt. vom 15.01.2001 – 207 C 338/00 –, EzGuG 20.176a.
85 LG Berlin, Urt. vom 09.11.1992 – 66 S 84/92 –, GE 1993, 749; LG Köln, Urt. vom 19.09.1991 – 1 S 108/90 –, WuM 1992, 256; LG Wiesbaden, Urt. vom 19.09.1991 – 1 S 108/90 –, WuM 1992, 256; AG Dortmund, Urt. vom 09.12.1991 – 114 C 14266/90 –, WuM 1992, 138.
86 OLG Stuttgart, Beschl. vom 15.12.1993 – 8 REMiet 4/93 –, EzGuG 3.113a.
87 BBauBl. 1980, 357 = WuM 1980, 165; Zur Methodik vgl. Klein, Th./Martin, F., in WuM 1994, 513; Voelskow, R. in ZMR 1992, 326; Aigner, K./Oberhofer, W./Schmidt, B. in WuM 1993, 10, 16; Gaede, K.-W./Kredler, C. in WuM 1992, 577; Krämer in WuM 1992, 172; Leutner, B. in WuM 1992, 652; Bundesministerium für Verkehr, Bau und Stadtentwicklung: Hinweise zur Erstellung von Mietspiegeln, Bonn 1997.

- Der Mietspiegel soll einen repräsentativen Querschnitt der ortsüblichen Entgelte vergleichbarer Wohnungen enthalten.
- In den Mietspiegel sollen ortsübliche Entgelte eingehen, die in den letzten vier Jahren vereinbart oder geändert wurden.
- In den Mietspiegel dürfen preisgebundene Mieten nicht eingehen.
- Der Mietspiegel soll eine Einordnung der Wohnungen nach Art, Größe, Ausstattung, Beschaffenheit und Lage zulassen; dabei empfiehlt es sich, das Baualter anzugeben.

Die Verwendung des **IVD-Immobilienpreisspiegels** oder der Mietpreisübersichten der Finanzämter ist bei einem Mieterhöhungsverlangen unzulässig. Dies spricht gegen ihre Heranziehung zur Verkehrswertermittlung. Die Verwendung von Mietspiegeln zur Begründung der ortsüblichen Vergleichsmiete ist im Übrigen für **Zweifamilienhäuser** in der Rechtsprechung abgelehnt worden[88]. 184

Bei der Verwendung von Mietspiegeln ist zu beachten, dass die meisten Mietspiegel die sog. **Grundmiete** ausweisen. Unter dem Begriff **Grundmiete** ist das **Entgelt für die Gebrauchsüberlassung einer Wohnung o h n e Betriebskosten** zu verstehen (Nettomiete). 185

Um die Vergleichbarkeit der ausgewiesenen Grundmiete mit der tatsächlich entrichteten Miete herzustellen, bedarf es insbesondere bei älteren Mietverträgen, mit denen nicht die gesamten umlagefähigen Betriebskosten umgelegt werden, der Umrechnung. Im Einzelnen kann zwischen folgenden Vertragstypen unterschieden werden: 186

1. Mietverträge, mit denen alle umlagefähigen Betriebskosten umgelegt werden;
2. Mietverträge, mit denen nicht alle umlagefähigen Betriebskosten umgelegt werden und stattdessen pauschal ein Teilbetrag vom Mieter vertraglich übernommen wird, womit auch die an sich umlagefähigen Betriebskosten abgegolten sind (**Teilinklusivmiete**);
3. Mietverträge, die eine Warm-, Inklusiv- oder Bruttomiete vorsehen, mit der die Betriebskosten als abgegolten gelten, d. h., die vereinbarte Miete enthält auch den gesamten Betriebskostenanteil.

Der **Vergleich der vertraglich vereinbarten Miete mit den im Mietspiegel ausgewiesenen Mietwerten** erfolgt regelmäßig in der Weise, dass – je nach mietvertraglicher Behandlung der umlagefähigen Betriebskosten bzw. überwälzungsfähigen Schönheitsreparaturen – die im Mietspiegel ausgewiesene Grundmiete „aufgestockt" wird. 187

Im 2. *Fall* (Teilinklusivmiete) muss, um eine Vergleichbarkeit herzustellen, unter Heranziehung des Mietvertrags, der **vom Mieter bezahlte Betriebskostenanteil** zunächst herausgerechnet werden. Einfacher ist es, wenn der Mieter seinen Betriebskostenanteil durch eine Nebenkostenpauschale entrichtet. Die mietvertraglich vereinbarte Miete kann dann direkt mit der im Mietspiegel ausgewiesenen Grundmiete verglichen werden[89]. 188

Sieht der **Mietvertrag** indessen eine **Warm-, Inklusiv- oder Bruttomiete** vor *(Fall 3)*, müssen die in der Miete enthaltenen Betriebskosten zunächst im Wege einer fiktiven Umlage herausgerechnet werden. Zu diesem Zweck werden 189

a) die jährlich anfallenden Betriebskosten des Gesamtobjekts ermittelt,
b) anschließend wird der auf den Mieter entfallende Anteil pro Quadratmeter Wohnfläche in der Weise ermittelt, indem der Gesamtbetrag der jährlichen Betriebskosten durch die gesamte Wohnfläche des Mietobjekts geteilt wird,
c) schließlich wird der auf den Quadratmeter Wohnfläche bezogene Betriebskostenanteil auf den Monatswert umgerechnet, indem das vorstehende Ergebnis durch 12 geteilt wird.

---

[88] LG Berlin, Urt. vom 22.05.2002 – 64 S 159/01 –, EzGuG 3.126b.
[89] Hannemann in NZM 1998, 612 ff.; OLG Hamburg, Urt. vom 03.11.1983 – 4 U 79/83 –, WuM 1984, 24; OLG Stuttgart, Urt. vom 13.07.1983 – 8 REMiet 2/83 –, WuM 1983, 285; LG Nürnberg-Fürth , Urt. vom 22.03.1996 – 7 S 9637/95 –, WuM 1996, 344.

190 Bei Berufung auf den Mietspiegel hat der Sachverständige die Bewertungsmerkmale (Rasterfeld) des Mietspiegels eindeutig anzugeben[90]. Zur Frage, ob und welche **Zu- und Abschläge an die im Mietspiegel ausgewiesenen Werte** anzubringen sind, ist zunächst auf den Mietspiegel selbst hinzuweisen, soweit dieser ausdrücklich für bestimmte Merkmale Zu- oder Abschläge vorsieht (vgl. nachfolgendes Beispiel). Weitere Zu- und Abschläge für bestimmte Beschaffenheitsmerkmale verbieten sich, wenn solche Merkmale bereits in das statistische Material, das der Ableitung zugrunde gelegt wurde, eingegangen sind.

191 Unzulässig sind Zu- und Abschläge für Teilmärkte, wie z. B. für Wohnungen bestimmter Bevölkerungsgruppen (Studenten, Stationierungskräfte, Ausländer, Wohngemeinschaften). Selbst errechnete Zuschläge, z. B. für eine im Mietspiegel nicht berücksichtigte Gartennutzung des Mieters oder wegen des Alters des Mietspiegels sind nach Auffassung einiger Gerichte unzulässig[91]. Als zulässig werden Zu- und Abschläge angesehen, um die Vergleichbarkeit hinsichtlich der Mietstruktur oder hinsichtlich der Abwälzbarkeit der Schönheitsreparaturen herzustellen[92].

192 *Beispiel*
Monatliche Zu- und Abschläge zur Basis-Nettokaltmiete in Darmstadt[93]

Monatliche Zu- und Abschläge zur Basis-Nettokaltmiete	
Zuschläge *(Wohnungsmerkmale)*	
Gehobene Badezimmerausstattung (Badewanne und Dusche vorhanden, Fliesen)	+ 0,84 €/m²
Hochwertiger Fußboden Marmor, hochwertiges Parkett- oder Kachelboden in *bis* zur Hälfte der Räume Marmor, hochwertiges Parkett- oder Kachelboden in *über* der Hälfte der Räume	+ 0,60 €/m² + 0,77 €/m²
2-Zimmer-Wohnung (oder mehr) mit einem Zimmer von mindestens 25 m²	+ 0,40 €/m²
Zweites Badezimmer innerhalb der Wohnung vorhanden	+ 0,49 €/m²
Zweite Toilette innerhalb der Wohnung vorhanden	+ 0,37 €/m²
3-Zimmer-Wohnung mit integrierter Küche	+ 1,46 €/m²
4-Zimmer-Wohnung	+ 0,63 €/m²
5-Zimmer-Wohnung (oder mehr) bis 100 m² über 100 m²	+ 0,09 €/m² + 0,93 €/m²
Dachwohnung mit Balkon/Dachterrasse, Mindesttiefe: 1,50 m	+ 0,64 €/m²
Balkon, (Dach-)Terrasse, Wintergarten oder Loggia, Mindesttiefe: 2,50m	+ 0,63 €/m²
Zuschläge *(Gebäudemerkmale)*	
Aufzug in Gebäuden mit bis zu 4 Geschossen (einschließlich Erdgeschoss)	+ 0,66 €/m²
Fahrradkeller, -abstellraum nutzbar	+ 0,23 €/m²
Repräsentativer Altbau	+ 0,37 €/m²
Gute wärmetechnische Beschaffenheit (Primärenergiekennwert unter 175 kWh/m²$_{AN}$a)	+ 0,37 €/m²
Zuschläge *(weitere Merkmale)*	
Gute Wohnlage (in separate Wohnlagen kartiert)	+ 0,64 €/m²

---

90 LG Darmstadt, Urt. vom 12.08.1982 – 2 C 248/82 –, WuM 1982, 307.
91 AG Dortmund, Urt. vom 16.02.1999 – 125 C 14138/98 –, NZM 1999, 415; LG Düsseldorf, Urt. vom 13.07.1993 – 24 S 614/92 – ; a.A. OLG Hamm, Beschl. vom 30.08.1996 – 30 REMiet 1/96 –, WuM 1996, 610; LG Wiesbaden, Urt. vom 11.07.1994 – 1 S 205/92 –, WuM 1996, 420.
92 OLG Koblenz, Urt. vom 08.11.1984 – 4 W RE 571/84 –, NJW 1985, 333; AG Dortmund, Urt. vom 16.02.1999 – 125 C 14138/98 –, NZM 1999, 415.
93 *Quelle:* Wissenschaftsstadt Darmstadt, Mietspiegel 2003; http://www.portal-darmstadt.de/files/mietspiegel/mietspiegel 2003.pdf.

Besonders hervorragende Wohnlage (Bereich Mathildenhöhe, Seitersweg, Römfeldweg, Zeyherweg, Hölderlinweg, Claudiusweg, Fichtestraße)	+ 1,91 €/m²
Alleine nutzbarer Garten ist 50 m² oder größer	+ 0,99 €/m²
Abschläge *(Wohnungsmerkmale)*	
2-Zimmer-Wohnung	− 0,41 €/m²
Einfach ausgestatteter Altbau (kleine Toilette im Badezimmer, Türschwellen in den Türrahmen, tlw. Einfachverglasung, tlw. unbeheizbare Räume	− 0,51 €/m²
Mindestens ein Zimmer mit Installationen über Putz	− 0,20 €/m²
Untergeschoss- bzw. Souterrainwohnung	− 0,78 €/m²
Mindestens ein unbeheizbares Zimmer	− 0,70 €/m²
Ohne Zentralheizung	− 1,01 €/m²
Ohne Warmwasserversorgung	− 0,50 €/m²
Ohne Badezimmer	− 0,46 €/m²
Abschläge *(weitere Merkmale)*	
Nicht modernisierter Altbau (Speicher-, Dachbodenanteil nutzbar, tlw. unbeheizbare Räume, freistehend aufgestellte Geräte zur Warmwasserbereitung, aus Zentralheizung und Einzelöfen gemischte Heizungsart	− 0,64 €/m²
Einfache Wohnlage (in separater Wohnlagenkarte markiert)	− 0,53 €/m²
Lage in Industrie- oder Gewerbegebiet	− 0,68 €/m²

Weist ein Mietspiegel **Leerstellen** auf, ist **eine Interpolation unzulässig**[94]. **193**

Soweit **Schönheitsreparaturen** vom Vermieter getragen werden, sind diese den im Mietspiegel ausgewiesenen Werten zuzuschlagen[95]. In Anlehnung an § 28 Abs. 4 II. BV n. F. kommt ein Höchstzuschlag von 8,50 € je Quadratmeter Wohnfläche im Jahr in Betracht, wobei sich dieser Satz für Wohnungen nach der *alten* Fassung der II. BV verringerte, **194**

- die überwiegend nicht tapeziert sind, um 0,68 €
- die ohne Heizkörper ausgestattet sind, um 0,63 € und
- die überwiegend nicht mit Doppelfenster oder Verbundfenster ausgestattet sind: um 0,55 €.

Diese **Abzugsbeträge sind** nach der seit dem 01.01.2002 geltenden Fassung der II. BV **gestrichen worden,** weil – so die Begründung – diese Fälle „heute kaum noch gegeben" sind. **195**

Bei Verwendung von Mietspiegeln kann ein **Zuschlag wegen zwischenzeitlich eingetretener Erhöhung der ortsüblichen Vergleichsmiete** verlangt werden, wenn die eingetretene Erhöhung begründbar ist. Maßstab hierfür ist die Entwicklung der ortsüblichen Vergleichsmiete. **196**

2.6.2.2 Beispiel eines Mietspiegels

Mietspiegel für nicht öffentlich geförderte Wohnungen (Stadtgebiet Köln)

Stand 1.11.2010 **197**
zusammengestellt bei der Rheinischen Immobilienbörse e.V. durch
- Kölner Haus- und Grundbesitzerverein von 1888,
- Mieterverein Köln e.V.,
- Rheinische Immobilienbörse e.V.,
- Stadt Köln, Amt für Wohnungswesen,
- Vereinigung von Haus-, Wohnungs- und Grundeigentümern Köln e.V.,

---

94 LG Berlin, Urt. vom 01.02.1990 – 61 S 353/89 –, WuM 1990, 158.
95 OLG Koblenz, Urt. vom 08.11.1984 – 4 W RE 571/84 –, NJW 1985, 333 = WuM 1985, 15; LG Wiesbaden, Urt. vom 09.02.1987 – 1 S 104/86 –, WuM 1987, 127.

§ 18 ImmoWertV   Reinertrag, Rohertrag

unter Mitarbeit von
- Arbeitsgemeinschaft Kölner Wohnungsunternehmen,
- Geschäftsstelle des Gutachterausschusses für Grundstückswerte in Köln,
- Immobilienverband Deutschland IVD,
- Verband der Immobilienberater, Makler, Verwalter und Sachverständigen Region West e.V.

Allgemeine Erläuterungen

Der „Mietspiegel für freifinanzierte Wohnungen" dient als Richtlinie zur Ermittlung ortsüblicher Vergleichsmieten. Er bietet den Mietpartnern eine Orientierungsmöglichkeit, um in eigener Verantwortung die Miethöhe je nach Lage (Grundstück, Wohnung), Ausstattung, Zustand der Wohnung und des Gebäudes zu vereinbaren. Die in der Tabelle aufgeführten Spannen, die den Schwerpunkt des Marktes darstellen, geben den unterschiedlichen Wohnwert wieder. In innerstädtischen Wohnlagen liegen die Mieten überwiegend im oberen Bereich. Höhere und niedrigere Mieten werden nicht ausgeschlossen. In Randlagen und bei Souterrainwohnungen können sich niedrigere Mieten ergeben. Höhere Mieten können sich insbesondere bei Appartements, Maisonette- und Penthousewohnungen sowie bei außergewöhnlich gestalteten und gepflegten Wohnhäusern ergeben. Kleinappartements und Einfamilienhäuser sind nicht erfasst.

Es handelt sich um die „Nettomiete" je m² Wohnfläche.

Betriebskosten können gesondert erhoben werden, soweit der Mietvertrag entsprechende Regelungen enthält. Abrechnung und Umlage der Betriebskosten richten sich nach den mietvertraglichen Vereinbarungen.

Zusätzliche Kosten können anfallen für
- Grundsteuer,
- Schornsteinfeger,
- Entwässerung,
- Hauswart,
- Betrieb des Aufzugs,
- Müllabfuhr,
- Straßenreinigung,
- Hausreinigung,
- Gartenpflege,
- Allgemeinbeleuchtung,
- Wasserversorgung,
- Betriebskosten der Heizung und Warmwasserversorgung,
- Gebäude- und Haftpflichtversicherung,
- Kosten des Betriebs einer maschinellen Wascheinrichtung,
- Kosten des Betriebs einer Gemeinschaftsantenne/Kabelanschluss,
- laufende Kosten des Betriebs von Sonderanlagen und -einrichtungen, die durch die Art des Gebäudes erforderlich sind,

sowie für Schönheitsreparaturen. Diese zusätzlichen Kosten sind somit nicht in der ausgewiesenen Mietspiegelmiete enthalten.

Sofern die Parteien Kosten für die hier aufgeführten Betriebskosten insgesamt oder teilweise in den Mietpreis einberechnet haben, sind diese für die Feststellung der Vergleichsmiete zunächst abzusetzen und später wieder hinzuzurechnen.

Besondere Erläuterungen

Die im Mietspiegel verwandten Begriffe werden wie folgt erläutert:

1. Größe der Wohnung

Die Berechnung der Wohnungsgröße für diesen Mietspiegel erfolgt nach der Wohnflächenverordnung, wobei die Balkon- und die gedeckte Terrassenfläche zu ¼ angerechnet werden.

2. Baualtersgruppe 1

Bei den Wohnungen der Gruppe 1 handelt es sich um Wohnungen in Häusern, die bis zum 31.12.1960 erstellt und bezugsfertig wurden und die im Rahmen der laufenden Instandhaltung einen Normalstandard erhalten haben bzw. bei denen einzelne Anpassungen an den Standard heutiger Wohnvorstellungen erfolgt sind (Teilmodernisierung). Soweit bei Wohnungen aus der Gruppe 1 die Altsubstanz weitgehend unverändert geblieben ist, bewegen sich die Mieten ca. 10 % unterhalb der angegebenen Spannen.

3. Lage der Wohnung

Einfache Wohnlagen

Eine einfache Wohnlage ist gegeben, wenn das Wohnen durch Geräusch- und Geruchsbelästigung oder aufgrund anderer Kriterien kontinuierlich **erheblich** beeinträchtigt und dadurch der Wohnwert gemindert wird.

Mittlere Wohnlagen

a) Standard
Bei den mittleren Wohnlagen handelt es sich um normale Wohnlagen ohne besondere Vor- und Nachteile. Die überwiegende Zahl der Wohnungen innerhalb des Stadtgebiets liegt in diesen Wohngegenden. Solche Wohngebiete sind zumeist dicht bebaut und weisen keine kontinuierlich, beeinträchtigenden Belastungen durch Geräusch oder Geruch auf.

b) gut
Die guten Wohnlagen sind gekennzeichnet durch lockere Bebauung, Baumbepflanzung an der Straße oder Garten, fehlenden Durchgangsverkehr, gute Einkaufsmöglichkeiten, nicht beeinträchtigende Einrichtungen und günstige Verkehrsverbindungen auch mit öffentlichen Verkehrsmitteln zum Zentrum. Bei dieser Untergruppierung ist die Miete zwischen den Werten der mittleren und sehr guten Wohnlage einzuordnen.

Sehr gute Wohnlage

Die sehr guten Wohnlagen sind durch aufgelockerte, in der Regel zweigeschossige, in Villenlagen bis zu viergeschossige Bebauung in ruhiger und verkehrsgünstiger Grünlage gekennzeichnet.

4. Ausstattung der Wohnungen

a) Heizung

Ist maßgebend wenn alle Räume einer Wohnung von zentraler Stelle aus mit Wärme, auch Fernwärme, versorgt werden (z. B. bei Etagen-/Gebäude- oder Blockheizung). Bei einer anderen nur überwiegenden Versorgung der Wohnung mit Wärme (z. B. mit Einraum-, Elektro-, Nachtspeicher) ist die Einordnung in der Gruppe mit Heizung, jedoch an der unteren Grenze der Mietspanne, angemessen. Einzelne Radiatoren sind hingegen nicht als Heizung zu bewerten.

b) besondere Ausstattung

Eine besondere Ausstattung von Wohnungen liegt vor, wenn
- die Gesamtanlage vom Gruppenstandard erheblich abweicht,
- wärme- und schalldämmende Verglasung (dies gilt für die Gruppen I bis III),
- ein außergewöhnlicher Fußboden (Parkett, Marmor, Solnhofener Platten und Keramik),
- ein Zweitbad, ein separates WC oder Dusche,
- Einbauschränke gehobener Qualität,
- eine Einbauküche oder
- ein großer Balkon, Terrasse, Loggia, Garten

vorhanden sind.

Es ist erforderlich, dass mehrere Merkmale vorliegen.

5. Modernisierung

Von einer modernisierten Wohnung kann gesprochen werden, wenn sie durch umfassende Wertverbesserung neuzeitlichen Wohnansprüchen gerecht wird. Hierfür müssen folgende Tatbestände vorliegen:
- Die Sanitäreinrichtungen müssen erneuert sein (neue Fliesen und Porzellan).
- Die Erweiterung der Elektroinstallation auf neuzeitlichen Standard muss vorgenommen worden sein.
- Es muss eine Heizung im Sinne der Erläuterungen nach Nr. 4a vorhanden sein.

In einem solchen Fall orientieren sich die Mietwerte an denen der Gruppe 3. Bei umfassend **sanierten Gebäuden** (grundlegende Veränderung des Ursprungszustands) wird für die Eingruppierung in die entsprechende Baualtersklasse auf das Jahr der Fertigstellung der Sanierung abgestellt; Entsprechendes gilt für durch Ausbau neu geschaffenen Wohnraum.

6. Appartements

Unter einem Appartement ist eine abgeschlossene Einzimmerwohnung mit eingerichteter Küche oder Kochnische, separatem Bad oder Dusche sowie WC zu verstehen.

§ 18 ImmoWertV — Reinertrag, Rohertrag

Gruppe 1: Wohnungen in Gebäuden, die bis 1960 bezugsfertig wurden

		in einfacher Wohnlage €/m²	in mittlerer Wohnlage €/m²	in sehr guter Wohnlage €/m²
A Wohnungen um 40 m² Größe	1	3,80 – 5,30	4,40 – 5,70	–
	2	5,25 – 7,00	5,90 – 7,90	6,45 – 8,35
B Wohnungen um 60 m² Größe	1	3,60 – 5,30	4,30 – 5,60	–
	2	5,15 – 7,00	5,70 – 7,70	6,30 – 8,25
C Wohnungen um 80 m² Größe	1	3,70 – 5,15	4,20 – 5,50	–
	2	4,90 – 6,75	5,60 – 7,40	6,20 – 7,85
D Wohnungen um 100 m² Größe	1	3,50 – 4,95	3,90 – 5,30	–
	2	4,75 – 6,35	5,40 – 7,20	6,00 – 7,40
E Wohnungen um 120 m² Größe	1	3,45 – 4,55	3,90 – 5,20	–
	2	4,55 – 6,00	5,20 – 7,00	5,60 – 7,35

Gruppe 2: Wohnungen in Gebäuden, die von 1961 bis 1975 bezugsfertig wurden

		in einfacher Wohnlage €/m²	in mittlerer Wohnlage €/m²	in sehr guter Wohnlage €/m²
A Wohnungen um 40 m² Größe	2	5,95 – 8,05	6,80 – 8,90	7,45 – 9,50
	3	6,35 – 8,50	7,30 – 9,30	7,95 – 9,95
B Wohnungen um 60 m² Größe	2	5,60 – 7,90	6,70 – 8,70	7,20 – 9,10
	3	6,05 – 8,25	6,90 – 9,10	7,50 – 9,70
C Wohnungen um 80 m² Größe	2	5,60 – 7,40	6,10 – 8,10	6,55 – 8,60
	3	5,80 – 8,05	6,40 – 8,60	7,15 – 9,15
D Wohnungen um 100 m² Größe	2	5,25 – 7,40	6,00 – 7,70	6,45 – 8,10
	3	5,40 – 7,70	6,00 – 8,20	6,70 – 8,80
E Wohnungen um 120 m² Größe	2	5,00 – 7,10	5,70 – 7,60	6,35 – 8,00
	3	–	6,00 – 8,00	6,80 – 8,75

Gruppe 3: Wohnungen in Gebäuden, die von 1976 bis 1989 bezugsfertig wurden

		in einfacher Wohnlage €/m²	in mittlerer Wohnlage €/m²	in sehr guter Wohnlage €/m²
A Wohnungen um 40 m² Größe	2	–	7,00 – 9,40	8,05 – 10,35
	3	–	7,80 – 10,00	9,10 – 11,35
B Wohnungen um 60 m² Größe	2	–	6,60 – 8,90	7,55 – 9,80
	3	–	7,40 – 9,80	8,50 – 11,10
C Wohnungen um 80 m² Größe	2	–	6,20 – 8,70	7,15 – 9,40
	3	–	7,00 – 9,20	8,15 – 10,45
D Wohnungen um 100 m² Größe	2	–	5,80 – 8,20	6,70 – 9,10
	3	–	6,70 – 8,90	7,70 – 9,95
E Wohnungen um 120 m² Größe	2	–	5,60 – 8,00	6,60 – 8,75
	3	–	6,30 – 8,70	7,45 – 9,70

Gruppe 4: Wohnungen in Gebäuden, die von 1990 bis 2004 bezugsfertig wurden

		in einfacher Wohnlage €/m²	in mittlerer Wohnlage €/m²	in sehr guter Wohnlage €/m²
A Wohnungen um 40 m² Größe	2 3	– –	8,20 – 10,20 8,50 – 10,60	9,50 – 10,60 9,85 – 11,50
B Wohnungen um 60 m² Größe	2 3	– –	8,00 – 10,00 8,50 – 10,20	8,60 – 10,70 9,40 – 11,10
C Wohnungen um 80 m² Größe	2 3	– –	7,90 – 9,70 8,50 – 10,20	8,80 – 10,30 9,20 – 10,90
D Wohnungen um 100 m² Größe	2 3	– –	7,50 – 9,40 8,00 – 9,90	8,40 – 10,20 8,90 – 10,50
E Wohnungen um 120 m² Größe	2 3	– –	7,10 – 9,30 7,80 – 9,70	8,00 – 10,00 8,60 – 10,50

Gruppe 5: Wohnungen, die ab 2005 bezugsfertig wurden

		in einfacher Wohnlage €/m²	in mittlerer Wohnlage €/m²	in sehr guter Wohnlage €/m²
A Wohnungen um 40 m² Größe	2 3	– –	8,20 – 10,30 8,70 – 10,80	9,50 – 11,00 10,00 – 12,00
B Wohnungen um 60 m² Größe	2 3	– –	8,20 – 10,00 8,70 – 10,40	9,00 – 10,90 9,80 – 11,50
C Wohnungen um 80 m² Größe	2 3	– –	8,10 – 9,90 8,70 – 10,40	9,00 – 10,50 9,40 – 11,10
D Wohnungen um 100 m² Größe	2 3	– –	7,70 – 9,60 8,20 – 10,10	8,60 – 10,40 9,10 – 10,70
E Wohnungen um 120 m² Größe	2 3	– –	7,20 – 9,50 8,00 – 9,90	8,20 – 10,20 8,80 – 10,70

1 ohne Heizung,
2 mit Heizung, Bad/WC
3 gehobene Ausstattung

Weitere Beispiele: www.bonn.de/gutachterausschuss/welcome.html

198

2.6.3 Sachverständigengutachten

▶ *Zum Beweis durch Sachverständigengutachten vgl. Kleiber, Verkehrswertermittlung von Grundstücken, 6. Aufl. 2010, Teil III Rn. 287 ff. und §§ 402 bis 414 ZPO*

Neben dem Mietspiegel nennt § 558a Abs. 2 Nr. 3 BGB ein mit Gründen versehenes Gutachten eines öffentlich bestellten und vereidigten Sachverständigen als Grundlage eines Mieterhöhungsverlangens. Dem Gutachten kommt im Streitfall lediglich die Bedeutung eines Parteigutachtens bei[96]. Der Sachverständige muss nicht speziell für das Gebiet des Mietpreisrechts öffentlich bestellt und vereidigt sein. Auch Sachverständige für Grundstückswerte kommen in Betracht[97]. Es muss sich aber um einen **Sachverständigen** handeln, **der von der Industrie- und Handelskammer der Belegenheitsgemeinde der Wohnung bestellt worden ist.** Dabei ist es unerheblich, von welcher IHK der Sachverständige öffentlich bestellt und vereidigt worden ist[98]. Der Sachverständige muss auch nicht zwingend Kenntnisse des örtli-

199

---
[96] BayObLG, Urt. vom 23.07.1987 – REMiet 2/87 –, NJW-RR 1987, 1302 = EzGuG 20.121.
[97] BGH, Urt. vom 21.04.1982 – VIII ARZ 2/82 –, EzGuG 20.97.
[98] BayObLG, Urt. vom 23.07.1987 – REMiet 2/87 –, NJW-RR 1987, 1302 = EzGuG 20.121.

chen Wohnungsmarktes haben[99] oder über eigene Daten verfügen. Da ein Mieterhöhungsverlangen auch „auf sonstige Weise" begründet werden kann, kommen auch andere Gutachter und wissenschaftliche Institute in Betracht, jedoch wird man erhöhte Anforderungen an deren Qualifikation stellen müssen. Nicht öffentlich bestellte und vereidigte Sachverständige können herangezogen werden, wenn es in dem entsprechenden Bezirk keine von der IHK bestellten und vereidigten Sachverständigen gibt[100].

200 Wie andere Gutachten müssen auch **Mietwertgutachten verständlich und in nachvollziehbarer Weise erstattet** werden. Es genügt auch hier nicht, wenn sich der Gutachter allein auf seine Sachkunde beruft[101]. Die Gutachten dürfen sich auch nicht in „Allgemeinplätzen" verlieren[102].

201 Grundsätzlich muss der Sachverständige zur Beurteilung der Wohnlage die herangezogenen Vergleichswohnungen besichtigt haben[103]; ausnahmsweise genügt die Besichtigung einer Wohnung gleichen Typs[104].

202 Der Vermieter hat gegenüber dem Mieter einen durchsetzbaren Anspruch auf Besichtigung der Wohnung durch den Sachverständigen[105].

203 **Grundsätzlich muss der Vermieter dem Mieterhöhungsverlangen das schriftliche Sachverständigengutachten im vollen Wortlaut beifügen**[106]. Dies gilt auch dann, wenn das Gutachten im Rahmen eines Vorprozesses dem Mieter bereits zugegangen war[107]. Das Anerbieten einer Einsichtnahme reicht nicht aus. Im Sachverständigengutachten ist der zugrunde gelegte **Mietbegriff darzulegen,** damit eine Vergleichbarkeit zum Mietzinserhöhungsverlangen hergestellt werden kann.

204 Ein Gutachten, in dem zur Ermittlung der ortsüblichen Miete keine konkreten Vergleichsobjekte angeführt sind, ist nicht hinreichend begründet, wenn daraus nicht wenigstens zu erkennen ist, dass dem Sachverständigen Vergleichswohnungen in ausreichender Zahl und deren Mietpreisgestaltung bekannt sind und dass er die zu beurteilende Wohnung in vergleichender Abwägung in das Mietpreisgefüge der Vergleichswohnungen eingeordnet hat[108]. Das Gutachten muss sich auch auf **repräsentatives Datenmaterial**[109] stützen (vgl. hierzu Rn. 212 ff.).

205 Die Wirksamkeit eines Mieterhöhungsverlangens mit Hinweisen auf entsprechende Vergleichsmieten für einzelne vergleichbare Wohnungen ist nicht davon abhängig, dass die angegebenen Vergleichswohnungen eine mit der zu bewertenden Wohnung **vergleichbare Größe** haben[110].

---

99 BayObLG, Urt. vom 23.07.1987 – REMiet 2/87 –, NJW-RR 1987, 1302 = EzGuG 20.121.
100 OLG Hamburg, Beschl. vom 30.07.1983 – 4 U 8/83 –, NJW 1984, 930 = EzGuG 20.102b.
101 OLG Karlsruhe, RE vom 20.07.1982 – 3 REMiet 2/82 –, EzGuG 11.132c; LG Baden-Baden, Beschl. vom 30.12.1992 – 1 S 52/93 –, WuM 1993, 357.
102 Schopp in ZMR 1977, 259; OLG Stuttgart, Beschl. vom 15.12.1993 – 8 REMiet 4/93 –, WuM 1994, 58 = EzGuG 3.113a; LG Köln, Urt. vom 28.08.1993 – 1 S 45/93 –, WuM 1995, 114; LG Mannheim, Urt. vom 18.01.1978 – 4 S 155/77 –, EzGuG 20.70a.
103 OLG Oldenburg, Beschl. vom 19.12.1980 – 5 UH 13/80 –, WuM 1981, 150 = EzGuG 11.120o; LG Koblenz, Urt. vom 09.07.1990 – 12 S 24/90 –, DWW 1991, 22 = EzGuG 11.179.
104 OLG Oldenburg, Urt. vom 02.01.1981 – 5 UH 4/80 –, EzGuG 11.120o; OLG Celle, Urt. vom 27.04.1982 – 2 UH 1/81 –, EzGuG 20.98; LG Nürnberg-Fürth, Urt. vom 20.07.1990 – 7 S 9789/89 –, NJW-RR 1991, 13; LG Koblenz, Urt. vom 09.07.1990 – 12 S 74/90 –, EzGuG 11.179.
105 Franke in DWW 1998, 299; AG Rosenheim, Urt. vom 28.01.1981 – 13 C 575/80 –, WuM 1982, 83.
106 OLG Braunschweig, Urt. vom 19.04.1982 – 1 UH 1/82 –, WuM 1982, 272 = EzGuG 3.64c; LG Berlin, Beschl. vom 18.05.1987 – 61 T 27/87 –, WuM 1987, 265 = MDR 1987, 968.
107 AG Bonn, Urt. vom 28.04.1999 – 5 C 27/99 –, WuM 1999, 341 = EzGuG 20.170b.
108 OLG Karlsruhe, RE vom 29.12.1982 – 9 REMiet 2/82 –, EzGuG 3.64f.
109 Bub/Treier (Schulz), III A Rn. 508; LG Köln, Urt. vom 11.01.1991 – 12 S 334/90 –, WuM 1992, 225; LG München, Urt. vom 01.06.1985 – 14 S 12391/85 –, ZMR 1986, 169; LG Köln, Urt. vom 19.09.1991 – 1 S 108/90 –, WuM 1992, 256 = EzGuG 20.134e.
110 OLG Schleswig, RE vom 03.10.1986 – 6 REMiet 1/86 –, EzGuG 3.70b; BayObLG, Beschl. vom 01.04.1982 – Allg.Reg. 68/81 –, WuM 1982, 154 = EzGuG 20.95.

Der Vermieter muss grundsätzlich dem Mieterhöhungsverlangen das schriftliche Sachverständigengutachten im vollen Wortlaut beifügen[111]. Dies gilt auch dann, wenn das Gutachten im Rahmen eines Vorprozesses dem Mieter bereits zugegangen war[112]. Das Anerbieten einer Einsichtnahme reicht nicht aus. Im Sachverständigengutachten ist der zugrunde gelegte Mietbegriff darzulegen, damit eine Vergleichbarkeit zum Mietzinserhöhungsverlangen hergestellt werden kann.

206

Das Gutachten muss zum Zeitpunkt der Begründung des Mieterhöhungsverlangens aktuell sein. Zur **Konsistenz eines Mietwertgutachtens** hat das LG Berlin[113] festgestellt, dass der in § 2 Abs. 5 Satz 3 MHG (§ 558 Abs. 3 BGB) festgelegte Maßstab an Aktualität fordere, dass Sachverständigengutachten nicht mehr verwertet werden können, wenn sie älter als zwei Jahre sind. Nach Ablauf eines Zeitraums von über zwei Jahren können sich nämlich die tatsächlichen Verhältnisse so verändert haben, dass sie von einem so alten Gutachten nicht mehr belegt werden können.

207

2.6.4 Vergleichsobjekte

2.6.4.1 Allgemeines

Ein Mieterhöhungsverlangen kann schließlich auch durch Hinweise auf **Entgelte vergleichbarer Wohnungen** begründet werden. Dabei können vom Vermieter auch eigene Vergleichswohnungen benannt werden, auch solche, die im selben Haus liegen[114].

208

Nach § 558a Abs. 2 Nr. 4 BGB genügt die **Benennung von drei Vergleichswohnungen**[115]. Die Vergleichswohnungen können aus dem eigenen Bestand des Vermieters herangezogen werden und sich in demselben Haus befinden, indem der vom Mieterhöhungsverlangen betroffene Mieter wohnt[116]. Dies erfordert bei einem Mehrfamilienhaus mit mehreren Wohnungen auf demselben Geschoss weitere Erläuterungen wie etwa die genaue Lage der Wohnung, die Angabe einer nach außen erkennbaren Wohnungsnummer oder des Namens des derzeitigen Mieters[117]. Nur in besonders gelagerten Ausnahmefällen können zwei Vergleichswohnungen ausreichend sein[118]. In jedem Fall müssen die Vergleichswohnungen konkret beschrieben werden, so dass sie identifizierbar sind. Dabei muss der Quadratmeterpreis angegeben werden bzw. die Wohnfläche und die Miete. Wenn die angegebene Miete dem Mietbegriff entspricht[119], der dem Mieterhöhungsverlangen zugrunde liegt, müssen die Betriebskosten nicht zusätzlich angegeben werden. Unterschiedliche Mietbegriffe müssen ggf. erläutert werden. Im Übrigen müssen die Vergleichswohnungen mit der Wohnung, für die ein Mieterhöhungsverlangen gestellt wird, nur ungefähr vergleichbar und nicht identisch sein.

209

Vergleichbar sind Wohnungen, die insbesondere nach **Lage, Ausstattung und Alter** in ihren wesentlichen Merkmalen mit dem Objekt übereinstimmen. Bezüglich der Größe der Wohnung werden geringere Anforderungen gestellt, sofern es sich nicht um einen gänzlich anderen Wohnungsmarkt handelt, wie es etwa bei nur halb so großen Wohnungen der Fall ist[120]. Unterschiede sind, wie bei einem Sachverständigengutachten, zu berücksichtigen. Beim Ver-

210

---

111 OLG Braunschweig, Urt. vom 19.04.1982 – 1 UH 1/82 –, WuM 1982, 272 = EzGuG 3.64c; LG Berlin, Beschl. vom 18.05.1987 – 61 T 27/87 –, WuM 1987, 265.
112 AG Bonn, Urt. vom 28.04.1999 – 5 C 27/99 –, WuM 1999, 341 = EzGuG 20.170b.
113 LG Berlin, Urt. vom 03.02.1998 – 63 S 364/97 –, EzGuG 11.262; AG Rheinbach, Urt. vom 07.10.1997 – 3 C 460/96 –, ZMR 1998, 638: 36 Monate; LG Hannover, Urt. vom 29.01.1986 – 11 S 374/84 –, WuM 1987, 125: 23 Monate; AG Bonn, Urt. vom 31.08.1993 – REMiet 2/93 –, WuM 1993, 660: 21 Monate.
114 OLG Frankfurt am Main, Urt. vom 05.10.1981 – 20 REMiet 2/81 –, EzGuG 20.91; OLG Karlsruhe, RE vom 20.07.1982 – 3 REMiet 2/82 –, EzGuG 11.132d.
115 Zur Angabe von Vergleichsmieten aus einem vorher abgelehnten Gutachten LG Berlin, Urt. vom 29.04.1982 – 61 S 62/82 –, EzGuG 11.128a.
116 OLG Karlsruhe, RE vom 07.05.1984 – 3 REMiet 1/84 –, EzGuG 3.65b.
117 BGH, Urt. vom 18.12.2002 – VIII ZR 72/02 –, GuG 2003, 248; BGH, Urt. vom 18.12.2002 – VIII ZR 141/02 -.
118 BayObLG, Urt. vom 23.07.1987 – REMiet 2/87 –, EzGuG 20.121.
119 OLG Frankfurt am Main; RE vom 20.3.1984 – REMiet 2/84 –, EzGuG 20.104b; BVerfG, Beschl. vom 12.05.1993 – 1 BvR 442/93 –, NJW 1993, 2039 = WuM 1994, 139 = ZMR 1994, 139.
120 BVerfG, Beschl. vom 12.03.1980 – 1 BvR 759/77 –, EzGuG 20.82.

gleich mit Wohnungen aus benachbarten oder vergleichbaren Gemeinden sind erhöhte Anforderungen an die Vergleichbarkeit zu stellen.

211 Im Anschluss an die Berücksichtigung von Abweichungen des Vergleichs- vom Wertermittlungsobjekt ermittelt sich die ortsübliche **Vergleichsmiete aus dem arithmetischen Mittel,** wobei vorher Ausreißer ausgesondert werden müssen. Als Maß für die Aussagekraft der Spanne gilt der sog. Variationskoeffizient (vgl. Syst. Darst. des Vergleichswertverfahrens Rn. 125).

2.6.4.2 Mischungsverhältnis

212 In der Regel können nur annähernd vergleichbare Wohnungen zum Mietvergleich herangezogen werden, wobei die **Daten der letzten vier Jahre** in ausgewogener Weise **möglichst gleichrangig heranzuziehen** sind. Des Weiteren ist auf ein gleichrangiges Mischungsverhältnis zwischen Neuabschlussmieten und Bestandsmieten Wert zu legen, weil sonst eine vom Gesetz nicht gewollte Verfälschung eintreten würde. Schließlich empfiehlt es sich, den Vergleich auf der Grundlage der Nettokaltmiete/Grundmiete vorzunehmen und die zur Verfügung stehenden Mieten darauf zu überprüfen, ob Teilinklusivmieten vereinbart wurden.

213 Das **Mischungsverhältnis ist durch Offenlegung der Befundtatsachen transparent zu machen.** Hierzu hat der Sachverständige insbesondere die Herkunft der Vergleichsmieten darzulegen und ein für den Mietmarkt repräsentatives Verhältnis zwischen Bestands- und Neuvermietungsmieten zugrunde zu legen[121].

2.6.4.3 Offenbarungspflicht von Vergleichsobjekten

▶ *Vgl. hierzu Kleiber, Verkehrswertermittlung von Grundstücken, 6. Aufl. 2010, Teil III Rn. 387 ff., 398*

214 Zur Frage, ob zur Begründung eines Mieterhöhungsverlangens die herangezogenen Vergleichswohnungen zu offenbaren sind, fordert das BVerfG, dass die Geheimhaltungspflicht des Sachverständigen und das Rechtsschutzbedürfnis des durch ein Mieterhöhungsverlangen betroffenen Mieters gegeneinander abzuwägen sind. „**Auf eine Offenlegung von Mietpreis und Adressen der Vergleichswohnungen** oder sonstiger Angaben über deren Beschaffenheit kann ... in aller Regel nicht verzichtet werden, soweit deren Kenntnis für eine Überprüfung des Gutachtens praktisch unentbehrlich ist", heißt es unmissverständlich im Beschl. des BVerfG vom 11.10.1994[122].

215 Diese Rechtsprechung hat jedoch nur einen vorläufigen Schlusspunkt unter eine Rechtsprechung gesetzt, die dies überwiegend schon vorher gefordert hatte. Teilweise wurde in der Vergangenheit aber auch auf eine sachlich unangreifbare Berücksichtigung der Vergleichspreise vertraut und kein Bedürfnis für eine Überprüfung des Sachverständigen gesehen. Der Geheimhaltungspflicht des Gutachters sowie dem Schutzbedürfnis des Vermieters und des Mieters der Vergleichswohnungen, deren Mietpreise nunmehr im Gutachten konkret zu offenbaren sind, wurde dabei ein höherer Rang eingeräumt. Für die jüngere Rechtsprechung war entscheidend, dass ein Gutachten, mit dem ein Mieterhöhungsverlangen begründet wird, nach dem **Rechtsstaatsprinzip** einer Überprüfung zugänglich sein muss, denn aus diesem Gutachten folgt eine finanzielle Belastung des Mieters[123].

216 Für **Schiedsgutachten hat der BGH**[124] **die Offenbarungspflicht** im Übrigen dahin gehend **eingeschränkt,** dass im Hinblick auf das grundsätzliche Einvernehmen der Parteien, sich dem Schiedsgutachter zu unterwerfen, genügen soll, wenn der Sachverständige die Vergleichsobjekte lediglich mit der Anschrift (Straßenbezeichnung), den individuellen Beschaffenheits-

---

121 Bub/Treier (Schulz), III A Rn 482 ff.; Osmer in ZMR 1995, 1 ff.
122 BVerfG, Beschl. vom 11.10.1994 – 1 BvR 1398/93 –, GuG 1995, 51 = EzGuG 11.217b.
123 Vgl. Kleiber, Verkehrswertermittlung von Grundstücken, 6. Aufl. 2010, Teil III Rn. 393 ff.
124 BGH, Beschl. vom 21.06.1995 – XII ZR 167/94 –, GuG 1996, 113 = EzGuG 20.157.

merkmalen und den Mietpreisen, jedoch ohne genaue Angabe über die Lage des Hauses und der Wohnung sowie Namen und Anschrift von Vermieter und Mieter, benennt[125].

Auf der Grundlage solcher Nutzungsentgelte und der sich nach der jeweiligen Marktlage ergebenden Belegung lässt sich der **ortsübliche Mietwert pro Quadratmeter Nutzfläche** ableiten. 217

2.6.5 Mietdatenbank

Schrifttum: *Szameitat, R.,* WuM 2002, 63; Stover, B., WuM 2002, 65.

Seit dem 01.09.2001 kann ein Mieterhöhungsverlangen nach § 558a Abs. 2 Nr. 2 BGB auch auf eine Auskunft aus einer Mietdatenbank gestützt werden. 218

Eine **Mietdatenbank** ist nach § 558e BGB n. F. eine zur Ermittlung der ortsüblichen Vergleichsmiete fortlaufend geführte Sammlung von Mieten, die von der Gemeinde oder von Interessenvertretern der Vermieter und der Mieter gemeinsam geführt oder anerkannt wird und aus der Auskünfte gegeben werden, die für einzelne Wohnungen einen Schluss auf ortsübliche Vergleichsmieten zulassen (z. B. die Mietdatenbank in Hannover des „Vereins zur Ermittlung und Auskunftserteilung über die ortsüblichen Vergleichsmieten e.V. (MEA)". 219

§ **558e BGB** hat folgende Fassung: 220

„§ **558e BGB** Mietdatenbank
Eine Mietdatenbank ist eine zur Ermittlung der ortsüblichen Vergleichsmiete fortlaufend geführte Sammlung von Mieten, die von der Gemeinde oder von Interessenvertretern der Vermieter und der Mieter gemeinsam geführt oder anerkannt wird und aus der Auskünfte gegeben werden, die für einzelne Wohnungen einen Schluss auf die ortsübliche Vergleichsmiete zulassen."

Im Umgang mit der Mietdatenbank dürften sich eine Reihe **datenschutzrechtlicher Fragen** stellen und der Gesetzgeber hat es sich in der Begründung vorbehalten, das Instrument der Mietdatenbank mit weiterreichenden Rechtsfolgen auszustatten, wenn die notwendigen praktischen Erfahrungen vorliegen. 221

2.7 Mietminderung

2.7.1 Allgemeines

Schrifttum: *Dröge,* Handbuch der Mietpreisbewertung, Luchterhand, 3. Aufl. Neuwied 2005; *Kamphausen,* in DS 1982, 230 = WuM 1982, 3; *Kamphausen,* in DS 1993, 7; *Schwirley,* Bewertung von Mieten bei Miet- und Verkehrswertgutachten, 2. Aufl. 2006; *Sternel,* Mietrecht, Dr. O. Schmidt KG.

Grundsätzlich ist bei Mieterhöhungen nach § 558 BGB von einem vertragsmäßigen Zustand der Mietsache auszugehen, d. h., behebbare Mängel bleiben unberücksichtigt. Nach § 536 Abs. 1 BGB 222

– ist der Mieter von der Entrichtung der Miete befreit, wenn die Mietsache zur Zeit der Überlassung an den Mieter einen Mangel aufweist, der ihre Tauglichkeit zum vertragsgemäßen Gebrauch aufhebt; Entsprechendes gilt auch, wenn während der Mietzeit ein solcher Mangel entsteht;

– ist der Mieter für die Zeit, während der die Tauglichkeit gemindert ist, nur verpflichtet, eine angemessen herabgesetzte Miete zu entrichten; d. h., er kann eine Mietminderung geltend machen.

„§ **536 BGB** Mietminderung bei Sach- und Rechtsmängeln 223
(1) Hat die Mietsache zur Zeit der Überlassung an den Mieter einen Mangel, der ihre Tauglichkeit zum vertragsgemäßen Gebrauch aufhebt, oder entsteht während der Mietzeit ein solcher Mangel, so ist der Mieter für die Zeit, in der die Tauglichkeit aufgehoben ist, von der Entrichtung der Miete befreit. Für die

---
[125] Vgl. Kleiber, Verkehrswertermittlung von Grundstücken, 6. Aufl. 2010, Teil III Rn. 312 ff.

Zeit, während der die Tauglichkeit gemindert ist, hat er nur eine angemessen herabgesetzte Miete zu entrichten. Eine unerhebliche Minderung der Tauglichkeit bleibt außer Betracht.

(2) Absatz 1 Satz 1 und 2 gilt auch, wenn eine zugesicherte Eigenschaft fehlt oder später wegfällt.

(3) Wird dem Mieter der vertragsgemäße Gebrauch der Mietsache durch das Recht eines Dritten ganz oder zum Teil entzogen, so gelten die Absätze 1 und 2 entsprechend.

(4) Bei einem Mietverhältnis über Wohnraum ist eine zum Nachteil des Mieters abweichende Vereinbarung unwirksam."

Folgende Grundsätze sind hervorzuheben

- Bei großer **Lärmimmission** in der Innenstadt kann eine Mietminderung nur in Betracht kommen, wenn die Lärmbelastung nicht lageüblich ist (Lärmvorbelastung)[126]. Im konkreten Einzelfall ist entscheidend darauf abzustellen, ob die zum Vergleich herangezogenen Vergleichsmieten sich auf Objekte beziehen, die gleichartig „vorbelastet" sind (vgl. § 6 ImmoWertV Rn 137 ff.). Auch **Baulärm,** der von einem Nachbargrundstück ausgeht, kann zu einer Mietkürzung führen (vgl. § 6 ImmoWertV Rn. 258 ff.)[127].

- Bei Belastungen des Grund und Bodens (eines Wohngrundstücks) durch **giftige Chemikalien** kann allein schon die Sorge um mögliche Schäden zur Mietminderung oder sogar zur fristlosen Kündigung berechtigen; d. h., eine Mietminderung hängt nicht davon ab, dass die Mieter infolge der Gifte bereits Schäden erlitten haben[128]. Kriterien der Mietminderung sind „der Ernst der Lage", die Zusammensetzung und Konzentration der Schadstoffe, das Urteil von Sachverständigen, die Möglichkeit von Sanierungsmaßnahmen, der Kreis der gefährdeten Personen, die Dauer der Mietzeit usw.[129]

2.7.2 Ermittlung der Mietminderung

224 Die Ermittlung der Mietminderung auf der Grundlage pauschaler Abschlagssätze trägt nur unzureichend den Gegebenheiten des Einzelfalls Rechnung. Die in der Rechtsprechung genannten Minderungssätze können allenfalls nur als Anhalt dienen (vgl. Abb. 12).

---

126 AG Mainz, Urt. vom 12.03.1998 – 86 C 197/97 –, EzGuG 13.137.
127 BayObLG, Urt. vom 04.02.1987 – REMiet 2/86 –, EzGuG 12.84a.
128 OLG Hamm, Urt. vom 25.05.1987 – 30 REMiet 1/86 –, EzGuG 3.71b.
129 Thieler/Montasser, Mietminderungsliste, 6. Aufl. Bayerisch Gmain.

Abb. 12: Mietminderungstabelle (Orientierungshilfe)

Mietminderungstabelle		
Kurzbeschreibung des Mangels	Gericht	Minderung der Monatsmiete
Der Balkon ist wegen Baufälligkeit unbenutzbar	AG Bonn[130]	3 % – 15 %
Die Gegensprechanlage ist defekt		3 %
Die Hauseingangstüre ist defekt		3 %
Verunreinigungen durch am Haus nistende Tauben		5 %
Im Kellerraum tritt Feuchtigkeit auf		5 %
Die Waschküche kann nicht benutzt werden		5 %
Der Küchenherd ist defekt		5 %
Abblätternde Farbe und sich lösender Putz im Treppenhaus	LG Köln[131]	5 %
Lärmbelästigung durch Waschsalon im Hause	AG Hamburg[132]	7 %
Lärmbelästigung durch Einwerfen von Flaschen in Sammelcontainer	AG Rudolfstadt[133]	10 %
Feuchtigkeit in mehreren Räumen, außerdem Schimmel- und Algenbefall		10 %
Blindwerden eines Doppelfensters durch Feuchtigkeit		10 %
Bei teilweisem Ausfall der Warmwasserversorgung		10 %
Vertraglich vorgesehener Stellplatz steht nicht zur Verfügung	AG Köln[134]	10 %
Bleibelastung im Trinkwasser zwischen 126 und 176 mg/ltr		10 %
Fenster sind luftdurchlässig und lassen sich nur schwer schließen		10 %
Die Nutzungsmöglichkeit des Kellers entfällt	OLG Düsseldorf[135]	10 %
Mäuse und Kakerlaken befinden sich über Monate hinweg in der Wohnung		10 %
Gesundheitsgefährdender Nitratgehalt des Trinkwassers		10 %
Das Trinkwasser ist rostig und bräunlich verfärbt		10 %
Bei schlechtem Fernsehempfang	AG Schöneberg[136]	10 %
Bei vermeidbarem Kinderlärm innerhalb der allgemeinen Ruhezeiten	AG Neuss[137]	10 %
Bei Entziehung der Nutzung von Waschküche und Trockenraum	AG Osnabrück[138] AG Brühl[139]	10 %
Bei Einrüstung und Verhängung des Hauses im Zuge von Bauarbeiten am Haus	AG Hamburg[140]	15 %
Bei schlechter Heizleistung	AG Köln[141]	15 %
Bei fehlender Wohnungseingangstür	LG Düsseldorf[142]	15 %
Die Wohnung ist empfindlich feucht	AG Köln[143]	20 %
Bei Ruhestörung nach 22:00 Uhr durch Tanzschule	AG Köln[144]	20 %
Unbenutzbarkeit der Badewanne		20 %

---

130 AG Bonn, Beschl. vom 27.11.1985 – 5 C 175/85 – WuM 1986, 212.
131 LG Köln, Beschl. vom 07.09.1989 – 1 S 117/89 –, WuM 1990, 17.
132 AG Hamburg, Urt. vom 24.01.1975 – 43 C 268/74 –, WuM 1976, 151.
133 AG Rudolfstadt, Beschl. vom 20.5.1999 – 1 C 914/98 –, WuM 2000, 19.
134 AG Köln, Beschl. vom 09.01.1989 – 213 C 295/86 –, WuM 1990, 146.
135 OLG Düsseldorf, Urt. vom 03.09.1980 – 15 U 39/80 –, WuM 1981, 19.
136 AG Schöneberg, Beschl. vom 08.07.1987 – 12 C 354/87 –, BlnGE 1988, 361.
137 AG Neuss, Urt. vom 01.07.1988 – 36 C 232/88 –, WuM 1988, 264.
138 AG Osnabrück, Urt. vom 06.05.1988 – 44 C 57/88 –, WuM 1990, 147.
139 AG Brühl, Urt. vom 25.07.1975 – 2 C 38/73 –, WuM 1975, 145.
140 AG Hamburg, Urt. vom 24.08.1995 – 38 C 483/95 –, WuM 1996, 30.
141 AG Köln, Urt. vom 04.11.1974 – 153a C 587/73 –, WuM 1975, 69.
142 LG Düsseldorf, Urt. vom 17.05.1973 – 12 S 282/73 –, WuM 1973, 187.
143 AG Köln, Urt. vom 23.05.1973 – 152 C 195/73 –, WuM 1974, 241.
144 AG Köln, Urt. vom 28.09.1987 – 222 C 407/87 –, WuM 1988, 56.

Mietminderungstabelle		
Kurzbeschreibung des Mangels	**Gericht**	**Minderung der Monatsmiete**
Erheblicher Schwammbefall im Wohn- und Schlafzimmer sowie im Bad		20 %
Die Heizung fällt im Oktober aus	LG Hannover[157]	20 %
Überdimensionierte Heizkörper	AG Münster[145]	5 % – 11 %
Bei nächtlichem Lärm durch Garagentor	AG Mainz[146]	20 %
Bei mangelhaftem Schallschutz	AG Gelsenkirchen[147]	20 %
Feuchtigkeitsschäden wirken sich auf den Funktionswert aller Räume aus	AG Köln[148]	20 %
Taubenhaltung Dritter	AG Dortmund[149]	25 %
Im Haus wird ein Bordell betrieben	LG Berlin, MM 1996, 449; MM 1995, 534	10 bis 30 %
Erhebliche Lärmstörungen wegen Bauarbeiten im Haus		30 %
Bei einer Durchschnittstemperatur von 15° im Wohnzimmer	LG Düsseldorf[150]	30 %
Im Wohnzimmer droht Deckeneinsturz durch Wasserschaden, Unbenutzbarkeit des Wohnzimmers	AG Bochum[151]	30 %
Bei erheblicher Belästigung durch eine nahe Großbaustelle	LG Hamburg[152]	35 %
Erheblicher Gaststättenlärm bis 1:00 Uhr nachts		37 %
Nächtlicher Musiklärm durch eine Wohngemeinschaft im Haus	AG Braunschweig[153]	50 %
Erhebliche Feuchtigkeitsschäden, Tropfwasser an der Decke und Durchfeuchtung des Teppichbodens	AG Leverkusen[154]	50 %
Alle Fenster sind undicht		50 %
Formaldehydbelastung in der Wohnung zwischen 0,13 und 0,21 ppm, asbesthaltiger Elektronachtspeicherofen	LG Dortmund[155]	50 %
Schimmelpilzbefall in allen Räumen einer Neubauwohnung	LG Köln[156]	75 %
Die Wohnung ist wegen Durchfeuchtung, Versandung und unerträglichem Gestank infolge Überschwemmung für 2 bis 3 Wochen unbewohnbar	AG Friedberg[158]	80 %
Bei vollständigem Ausfall der Elektrik für Warmwasser, Licht, Küche usw.	AG Neukölln MM 1988, 151	100 %
Die Heizung fällt während der Wintermonate aus	LG Berlin[159], LG Hamburg[160]	100 %

145 AG Münster, Urt. vom 05.05.1987 – 28 C 330/86 –, WuM 1987, 382 = WuM 1988, 109.
146 AG Mainz, Urt. vom 13.11.2002 – 81 C 230/01 –, WuM 2003, 87.
147 AG Gelsenkirchen, Urt. vom 22.12.1975 – 3 C 29/75 –, WuM 1978, 66.
148 AG Köln, Urt. vom 23.05.1973 – 152 C 195/73 –, WuM 1974, 241.
149 AG Dortmund, Urt. vom 14.09.1979 – 121 C 151/79 –, WuM 1980, 6.
150 LG Düsseldorf, Urt. vom 17.05.1973 – 12 S 382/73 –, WuM 1973, 187.
151 AG Bochum, Urt. vom 28.11.1978 – 5 C 668/78 –, WuM 1979, 74.
152 LG Hamburg, Urt. vom 05.07.2001 – 333 S 13/01 –, WuM 2001, 444.
153 AG Braunschweig, Urt. vom 03.08.1989 – 113 C 168/89 –, WuM 1990, 147.
154 AG Leverkusen, Urt. vom 18.04.1979 – 23 C 141/76 –, WuM 1980, 163.
155 LG Dortmund, Urt. vom 16.02.1994 – 11 S 197/93 –, WuM 1996, 141.
156 LG Köln, Urt. vom 15.11.2000 – 9 S 25/00 –, WuM 2001, 604.
157 LG Hannover, Urt. vom 19.12.1979 – 11 S 296/79 –, WuM 1980, 130.
158 AG Friedberg, Urt. vom 06.07.1983 – C 389/82 –, WuM 1984, 198.
159 LG Berlin, Beschl. vom 10.01.1992 – 64 S 219/91 –, BlnGE 1993, 263; LG Berlin, Urt. vom 20.10.1962 – 65 S 70/92 –, GE 1992, 1213.
160 LG Hamburg, Urt. vom 15.05.1975 – O 80/75 –, WuM 1976, 10.

Reinertrag, Rohertrag § 18 ImmoWertV

Mietminderungstabelle		
Kurzbeschreibung des Mangels	Gericht	Minderung der Monatsmiete
Knackgeräusche der Heizung	LG Mannheim[161]	
Heizungs- und Lüftungsmängel in einer Diskothek	OLG München[162]	
Wohnung ist unbewohnbar	AG Köln[163], LG Wiesbaden[164]	100 %

Quelle: GuG 1994, 364; vgl. auch Thieler/Huber, Deutscher Mieterbund Köln, Sonderheft 94/I, 1995; Hannemann/Wiek, Handbuch des Mietrechts, 2. Aufl. 2003; Der Immobilien Berater 1993, Altenkirchen.

Ist die Mietsache hingegen von Anfang an mit einem Mangel behaftet, der im Laufe der Mietzeit zur Aufhebung der Gebrauchstauglichkeit führen würde, und nimmt der Vermieter sie in seinen Besitz, um den Mangel beheben zu lassen, so gilt die Gebrauchstauglichkeit für die Dauer der Mängelbeseitigung als aufgehoben mit der Folge, dass der Mieter während dieser Zeit von der Entrichtung des Mietzinses befreit ist[165].

Für die Höhe der Mietminderung kommt es entscheidend auf die Intensität des Mangels und den Umgang der betroffenen Räume und die sich daraus ergebende eingeschränkte Gebrauchstauglichkeit an. Von daher ist eine differenzierende Betrachtungsweise angezeigt. Es gibt auch keine allgemein gültigen Kriterien. Nach der von Sternel angegebenen Formel soll die **Mietminderung nach einem** aus der „vollen" Gebrauchstauglichkeit (Soll-Beschaffenheit) im Verhältnis zur eingeschränkten Gebrauchstauglichkeit (Ist-Beschaffenheit) sich ergebenden **Vomhundertsatz** bestimmt werden. 225

$$\text{Mietminderung} = \text{Vereinbarte Miete} \cdot \frac{\text{Gebrauchstauglichkeit der mangelhaften Sache (Ist-Beschaffenheit)}}{\text{Gebrauchstauglichkeit der mangelhaften Sache (Soll-Beschaffenheit)}}$$

Zur Ermittlung der Minderung wird unterschieden zwischen 226

a) dem Funktionswert,

b) dem Geltungswert und

c) der Wertigkeit des mangelbehafteten Raums.

Der **Funktionswert** bezieht sich auf die Gebrauchs- und Betriebsfähigkeit eines Wohnraums, der wesentlich durch den Zuschnitt, die Belichtung und Belüftung, den Schallschutz, den Wärmeschutz, die technische Ver- und Entsorgung (Energie- und Wasserversorgung und Entwässerung, Beheizung und Kochmöglichkeiten), die Funktionsabläufe in der Wohnung und die Sicherheit der Wohnung vor Diebstahl und Gewalt bestimmt wird. 227

Der **Geltungswert** bezieht sich auf den räumlich-optischen Eindruck (Repräsentation), der wesentlich durch die Raumaufteilung, die Qualität des Materials und die Farbgebung bestimmt wird. 228

Die **Wertigkeit des Raums** wird in Form einer Wertzahl bestimmt; ausgehend vom Wohnzimmer, Esszimmer, der Wohndiele sowie dem Bad/WC mit der höchsten Wertzahl von 100, 229

---

161 LG Mannheim, Urt. vom 23.11.1977 – 4 S 95/77 –, Justiz 1977, 233 = ZMR 1978, 84.
162 OLG München, Urt. vom 17.01.1997 – 21 U 5288/93 – und – 21 U 5618/93 –, OLGR-München 1997, 62.
163 AG Köln, Urt. vom 25.02.1976 – 54 C 596/74 –, ZMR 1980, 87.
164 LG Wiesbaden, Urt. vom 04.07.1977 – 1 S 426/76 –, WuM 1980, 17.
165 BGH, Urt. vom 29.10.1986 – VIII ZR 144/85 –, EzGuG 20.118; vgl. Deutscher Mieterbund, Wohnungsmangel und Mietminderung, Köln 1987; Zentralverband der Dt. Haus-, Wohnungs- und Grundeigentümer, Handbuch für Wohnungsrecht und Wohnungswirtschaft.

muss der Anteil des Funktions- bzw. Gebrauchswerts der einzelnen Flächen bestimmt werden.

230 Die **Feststellung der Gebrauchstauglichkeit** vollzieht sich dann in folgenden Schritten:

Im *ersten* Schritt gilt es

a) die Wertigkeit der einzelnen Flächen durch Wertzahlen (W) sowie

b) die einzelnen Anteile des Funktions- und Gebrauchswerts der einzelnen Flächen

festzulegen, beispielsweise (Abb. 13):

Abb. 13: Wertigkeit der einzelnen Flächen einer Wohnung

Wertigkeit der einzelnen Flächen einer Wohnung				
Flächen	Wertzahl (W)	Anteil in % des		zusammen in v. H.
		Funktionswerts	Gebrauchswerts	
Wohnzimmer/Esszimmer/Wohndiele	100	60	40	100
Bad/WC	100	80	20	100
Schlafzimmer	90	70	30	100
Kinder- und Gästezimmer	95	70	30	100
Küche	70	80	20	100
Flur/Diele	20 bis 60	50 bis 70	30 bis 50	100
Balkon, Terrasse/Loggia	10 bis 20	80	20	100
Abstellraum, sonstige Nebenräume	10	95	5	100

Quelle: Dröge a. a. O., anders Schwirley a. a. O. S. 613

231 Wie sich aus vorstehendem *Beispiel* ergibt, weisen Küchen üblicherweise einen hohen Funktionswert und einen geringeren Gebrauchswert auf, während das Wohnzimmer einen höheren Gebrauchswert und einen geringeren Funktionswert aufweist. Funktions- und Gebrauchswert ergeben zusammen jeweils einen 100 %igen Anteil. Die Wertzahl ist sodann in einen Funktions- und Geltungswert aufzuteilen.

232 Zu diesem Zweck ist in einem *zweiten Schritt* auf der Grundlage der in Quadratmeter angegebenen Fläche der einzelnen Räume (Flächen) einer Wohnung

a) der mangelfreie Soll-Funktions- und -Gebrauchswert der einzelnen Räume (Flächen) und

b) der mangelbehaftete Gebrauchswert der einzelnen Räume (Flächen)

festzustellen, und zwar

Soll-Funktionswert = Größe$_{[m^2]}$ × Wertzahl (W) × Funktionswert$_{[\%]}$
Soll-Gebrauchswert = Größe$_{[m^2]}$ × Wertzahl (W) × Gebrauchswert$_{[\%]}$

Das Produkt aus der Größe des jeweiligen Raums (Wohnfläche) und der Wertzahl (W) wird als der **Wohnwertanteil** bzw. dessen **Wertigkeit** bezeichnet.

Ist-Funktionswert = Soll-Funktionswert × (1 – Abschlagsfaktor)
Ist-Gebrauchswert = Soll-Gebrauchswert × (1 – Abschlagsfaktor)

233 Der **Abschlagsfaktor** bemisst sich nach einem die Beeinträchtigung aufgrund des vorhandenen Mangels darstellenden Vomhundertsatz. Der Abschlag wird im Dezimalsystem in Stufen von 0,10 ermittelt, denen *Kamphausen* folgende Begriffe zugeordnet hat (Abb. 14):

Abb. 14: Abschlagsfaktoren

Abschlagsfaktoren	
Faktor	**Beschreibung**
0,00	Keine bzw. unerhebliche Beeinträchtigung
0,10	Fast keine Beeinträchtigung
0,20	Noch leichte, geringe Beeinträchtigung
0,30	Mäßige Beeinträchtigung
0,40	Deutliche, schon etwas stärkere
0,50	Starke Beeinträchtigung
0,60	Sehr starke Beeinträchtigung
0,70	Schwere Beeinträchtigung
0,80	Sehr schwere Beeinträchtigung
0,90	Massive Beeinträchtigung
1,00	Vollständige Beeinträchtigung, die zur völligen Gebrauchsuntauglichkeit führt

Der **Grad der Minderung** ist abhängig von   234

- Art und Umfang von Funktionseinbußen für die Nutzung,
- Dauer und Häufigkeit der Beeinträchtigung,
- Gesteigerte Qualitätsansprüche des Nutzers im Hinblick auf den Kaufpreis,
- Absinken auf den Mindeststandard oder sogar dessen Unterschreitung,
- Berücksichtigung von Jahreszeiten (z. B. Heizung) und Wohngegend (Geltungsbereich),
- Optische Auffälligkeit des Mangels für den Geltungswert; Ausmaß der Folgebeeinträchtigung.

Beispiel: 235

Es ist die Wertminderung einer im 1. Obergeschoss gelegenen Wohnung durch den Betrieb einer Klimaanlage im Erdgeschoss des Hauses zu ermitteln:

Abb. 15: Ermittlung der prozentualen Wertminderung

Ermittlung der prozentualen Wertminderung											
	Größe und Wertzahl			Funktionswert (FW)				Geltungswert (GW)			
Raum	Größe	Wertzahl	Wertigkeit	Anteil	Soll	Abschlag	Ist	Anteil	Soll	Abschlag	Ist
1	2	3	4	5	6	7	8	9	10	11	12
	m²	W	2 × 3	%	4 × 5	%		%		%	
Wohnen	21,17	100	2 117	60	1 270	10	1 143	40	847	0	847
Schlafen	11,18	90	1 006	70	704	20	563	30	302	0	302
Kind	12,58	85	1 069	70	749	0	749	30	321	0	321
Küche	11,29	70	790	80	632	0	632	20	158	0	158
Bad	4,26	50	213	80	170	0	170	20	43	0	43
WC	1,23	50	62	80	49	0	49	20	12	0	12
Diele	10,06	40	402	60	241	0	241	40	161	0	161
Balkon	2,60	20	52	80	42	20	33	20	10	0	10
Summe	74,37		5 712		3 858		3 582		1 854		1 854
Summe: Ist-Funktionswert + Ist-Gebrauchswert = 3 582 + 1 854 =											5 436

Im *dritten Schritt* wird die prozentuale Mietminderung nach folgender Formel ermittelt:

$$\text{Mietminderung}_{[\%]} = 100 - \frac{[\text{Ist-Funktionswert} + \text{Ist-Gebrauchswert}]}{\text{Größe} \times \text{Wertzahl}} \times 100$$

Im *Beispiel*:

Mietminderung$_{[\%]}$ = 100 − (5 436 / 5 712) × 100 = 4,84 %

2.8 Mietwertgutachten (Beispiel)

Schrifttum: *Brinkmann, W.,* Mietwertgutachten für eine Wohnung, GuG 2011, 289.

1. Aufbau

1. Allgemeines
   - Allgemeine Angaben über die Wohnung und ihre Lage innerhalb des Gebäudes und der Gemeinde,
   - Wertermittlungsstichtag,
   - Zweck des Gutachtens,
   - Auftraggeber,
   - Grundlagen (Vergleichsmieten, Mietspiegel, Unterlagen),
   - Ortsbesichtigung,
   - Gutachter.

2. Beschreibung des Mietobjekts
   - Lagebeschreibung (Stadt, Einwohner, Verkehrsverhältnisse, Immissionen, Nachbarschaftslage, Geschäfts- und Wohnlage, Entfernungslage),
   - Beschreibung der Bebauung des Objekts und der Umgebung,
   - Bauweise und Ausstattung (Hausanschlüsse, Himmelsrichtung, Anzahl der Wohneinheiten, Stockwerk, Gemeinschaftsflächen, Baujahr und Unterhaltungszustand, Nebenräume, Zuschnitt, Raumhöhe usw.).

3. Ermittlung der Miethöhe
   - Vergleichsobjekte, Berücksichtigung von Abweichungen, Mietspiegel usw.

4. Anlagen
   - Fotos, Lagepläne, Grundrisse, Aufrisse.

2. Beispiel

Das Liegenschaftsamt der Stadt hat mit Schreiben vom 30.06.2010 beantragt, ein Gutachten zu erstatten über den Mietwert der im 1. Obergeschoss gartenseitig links gelegenen Wohnung im Hause ... Stadt, Straße, Hausnummer.

Das Gutachten soll als Begründung eines Mieterhöhungsbegehrens Anwendung finden.

Der Gutachterausschuss ermittelt die ortsübliche Vergleichsmiete i. S. des § 558 Abs. 2 BGB als Nettokaltmiete ohne Berücksichtigung von Nebenkosten.

Die ortsübliche Vergleichsmiete ist nach § 558 Abs. 2 BGB definiert als „das übliche Entgelt, das in der Gemeinde oder in vergleichbaren Gemeinden für nicht preisgebundenen Wohnraum vergleichbarer Art, Größe, Ausstattung, Beschaffenheit und Lage **in den letzten vier Jahren** vereinbart oder ... geändert worden ist".

Der Gutachterausschuss in der Besetzung ... erstattet aufgrund der Ortsbesichtigung und der Beratung am 10.10.2010 das folgende

Mietwertgutachten

Zeitpunkt der Mietwertermittlung: 10.10.2010.

Lage des Grundstücks

Das Grundstück liegt südlich des Zentrums an der Nordostseite der P-Straße zwischen K-Straße und L-Straße gegenüber dem Elisabethkrankenhaus. Es gehört zum bevorzugten Wohngebiet der Südstadt.

Die P-Straße ist in diesem Bereich vorwiegend eine Wohnstraße mit einzelner Büro- und Geschäftsnutzung. Die Straße weist mittleren Verkehr auf. Es herrscht eine geschlossene Bebauung mit 3- bis 4-geschossigen Gebäuden, die um die Jahrhundertwende errichtet wurden, vor.

Die P-Straße ist voll ausgebaut und sowohl mit Parkmöglichkeiten als auch mit Bürgersteigen versehen (vor dem Haus Nr. 65 insgesamt rd. 3,2 m breit).

Hinsichtlich Wohnumfeld/Wohnqualität ist die P-Straße in diesem Bereich eine gute, bevorzugte Wohnlage. Negativ beeinflusst wird die Wohnlage jedoch durch die hinter dem Grundstück vorbeiführende Bundesbahntrasse.

Haltestellen öffentlicher Verkehrsmittel sowie Geschäfte für den täglichen Bedarf befinden sich in der Nähe.

Zum Zentrum beträgt die Entfernung rd. 800 m. Trotz der vorhandenen Parkbuchten sind die öffentlichen Parkmöglichkeiten auf der P-Straße als nicht ausreichend zu bezeichnen. Private Parkmöglichkeiten auf dem Grundstück selbst bestehen nicht.

Beschreibung des Gebäudes

Die zu begutachtende Wohnung liegt in einem massiven Gebäude, das um die Jahrhundertwende errichtet wurde. Das Gebäude ist beidseitig eingebaut und besteht aus Keller-, Erd-, erstem Ober- sowie ausgebautem Dachgeschoss. Es wird von sechs Mietparteien fast ausschließlich (ein Büroraum) zu Wohnzwecken genutzt.

Inmitten eines gepflegten Umfelds ist das äußere Erscheinungsbild des Gebäudes als gut zu bezeichnen (Erdgeschoss: gegliederter Putz, gestrichen; darüber Klinkerfassade, tlw. mit Stuckornamenten).

Das Gebäude steht unter Denkmalschutz.

Das Treppenhaus des Gebäudes ist großzügig zugeschnitten und gepflegt. Der Fußboden ist im Erdgeschoss mit Ornamentfliesen belegt, Decken und Wände tlw. mit Stuckornamenten versehen. In den Obergeschossen sind die Flure mit PVC belegt. Die Naturholztreppe mit Holzgeländer und Holzhandlauf rundet den guten Gesamteindruck des Treppenhauses ab.

Das Gebäude verfügt über eine Türöffnungsgegensprechanlage.

Im Kellergeschoss befinden sich die Mieterkeller sowie eine Waschküche mit Waschmaschinenanschlüssen und Trockengelegenheit. Bei der Ortsbesichtigung des Gutachterausschusses waren Feuchtigkeitsschäden an den Kellerinnenwänden sichtbar.

Das Gebäude steht auf einem 1 020 m² großen Grundstück.

Beschreibung der Wohnung

Die zu begutachtende Wohnung ist abgeschlossen und im I. Obergeschoss straßenseitig gelegen. Es handelt sich hierbei um ein 1-Zimmer-Appartement mit Kochnische, Bad und Diele. Die Raumaufteilung ist als nicht ganz zweckmäßig anzusehen und entspricht nicht voll den heutigen Anforderungen an eine Wohnung. So beträgt der Flächenanteil der Diele rd. 28 % der Gesamtwohnfläche. Die Diele ist darüber hinaus schlecht nutzbar (lang und schmal, für Garderobe wenig Raum).

Die zu begutachtende Wohnung wurde im Jahre 1999 von Seiten des Liegenschaftsamtes der Stadt aufgemessen und die Wohnungsgröße neu ermittelt. Die Wohnfläche ist unstreitig und wird somit nachfolgend angehalten.

§ 18 ImmoWertV   Reinertrag, Rohertrag

Die Wohnung ist wie folgt aufgeteilt:

– Wohn-/Schlafzimmer (gartenseitig)	19,0 m²
davon Kochnische	3,0 m²
– Diele (innen liegend, über Decke belichtet)	9,8 m²
– Bad (innen liegend)	3,5 m²

Die Gesamtwohnfläche beträgt somit 35,3 m²; die Raumhöhe tlw. rd. 2,70 m, tlw. rd. 3,20 m.

Die zu wertende Wohnung wurde durch Umbau nachträglich geschaffen. Neu errichtete Wände wurden hierbei tlw. in Leichtbauweise errichtet.

Zur Wohnung gehört ein rd. 4 m² großer Kellerraum. Er ist durch eine Dachlattenkonstruktion abgetrennt und aufgrund der im Kellergeschoss vorhandenen Feuchtigkeit nicht voll nutzbar.

Eine Garage bzw. ein Pkw-Abstellplatz gehört nicht zur Wohnung.

Ausstattung der Wohnung

Der Gutachterausschuss wertet die Wohnung in dem Zustand, den er bei der Ortsbesichtigung vorgefunden hat. Er unterstellt den Normalfall einer Wohnungsvermietung, d. h., dass die für eine Vermietung notwendige Ausstattung vom Vermieter gestellt wird und die Schönheitsreparaturen vom Mieter getragen werden.

Die Wohnung ist insgesamt gut ausgestattet.

So werden alle Räume über eine Gasetagenheizung mittels Stahlradiatoren (mit Thermostatventilen) erwärmt. Die Warmwasserversorgung erfolgt ebenfalls über die Heizung. Die Fenster (innen Holzfensterbänke mit Kunststoffüberzug) sind isolierverglast und tlw. mit Oberlichtern versehen. Die Fenster sind mit Kunststoffrollläden ausgestattet.

Alle Leitungen sind unter Putz verlegt.

Der Fußboden ist in allen Räumen mit Hart-PVC-Platten (verschweißt) belegt und mieterseits tlw. mit Teppichboden.

Die Holztüren (tlw. mit Oberlichtern) sind glatt abgesperrt und befinden sich in Holzzargen. Bei der Ortsbesichtigung waren Risse in den neu errichteten Wänden sowie ein (kaschierter) Feuchtigkeitsschaden im Decken-/Wandbereich von Bad/Diele sichtbar. Die Wände sind überwiegend mit Rauhfaser verkleidet.

Im Dielenbereich ist die Decke überwiegend aus armiertem Glas erstellt. Bad und Kochnische sind darüber hinaus wie folgt ausgestattet:

Bad:	rd. 2 m hoch gefliest (Dekorfliesen), weißes Sanitär, Dusche mit Trennwand, WC mit Spülkasten, Waschbecken mit K + W-Wasser, Fußboden mit Kunststoffbelag
Kochnische:	rd. 1,5 m hoch gefliest, Nirosta-Spüle.

Die mieterseits herbeigeführte Ausstattung wird nachfolgend nicht berücksichtigt.

Wertermittlung der Wohnung

Für den Stadtbereich liegt ein allseits anerkannter Mietpreisspiegel nicht vor. Der Gutachterausschuss hat jedoch für interne Wertermittlungszwecke eine Mietwertübersicht erstellt. Hierfür wurden rd. 2 200 Einzelmieten aus den Jahren 2006 bis 2008 i. S. des BGB ausgewertet.

Eine Fortschreibung dieser Werte im Oktober 2010 zeigte – bei gleicher Vorgehensweise – eine spürbare Steigerung gegenüber der Auswertung von 2008.

Unter Berücksichtigung dieser Mietpreissteigerung in 2010 wird der o. g. Mietwertübersicht für eine rd. 35 m² große Wohnung mit guter Ausstattung in guter Wohnlage eine Mietwertspanne von

$$6,00 - 6,95 \text{ €/m² Wohnfläche}$$

entnommen.

Reinertrag, Rohertrag § 18 ImmoWertV

Diese Mietspanne kann für die nachfolgende Mietwertfindung nur eine Orientierung sein. Vielmehr soll die Mietwertermittlung über elf Vergleichswohnungen aus gleicher bzw. gleichwertiger Lage erfolgen. Die Merkmale dieser Wohnungen sind mit der zu begutachtenden Wohnung hinreichend vergleichbar. Die Vergleichswohnungen sind abgeschlossen und in Mehrfamilienhäusern bzw. in gemischt genutzten Gebäuden mit geringem gewerblichem Anteil gelegen, die um die Jahrhundertwende errichtet, jedoch zwischenzeitlich voll modernisiert wurden, d. h., dass alle Vergleichswohnungen gut ausgestattet sind.

Die nachfolgenden Vergleichsmieten sind aktuell und werden für Wohnungen gezahlt, für die Mietverträge in den letzten vier Jahren abgeschlossen wurden bzw. für die der Mietzins in den letzten vier Jahren angepasst wurde. Die Vergleichswohnungen sind frei finanziert; als Mietpreise werden die Nettokaltmieten ohne Nebenkosten angegeben.

1. C-Straße; Mehrfamilienhaus, 7 Wohneinheiten;
   a) I. OG   – 32 m² × 6,10 €/m²   zu:
   b) II. OG – 32 m² × 6,10 €/m²   a) und b): 2 Zimmer, Diele, Bad
   c) III. OG – 30 m² × 6,00 €/m²   c) 1 Zimmer, Diele, Bad

2. K-Straße; Mehrfamilienhaus, 8 Wohneinheiten
   a) EG   – 42 m² × 6,18 €/m²
   b) I. OG – 44 m² × 6,03 €/m²   zu:
   c) II. OG – 44 m² × 6,25 €/m²   a) bis c): 2 Zimmer, Diele, Bad

3. W-Straße; Mehrfamilienhaus, 6 Wohneinheiten
   a) EG   – 30 m² × 7,00 €/m²   zu:
   b) I. OG – 30 m² × 7,00 €/m²   a) und b): 1 Zimmer, Diele, Bad

4. L-Straße; Mehrfamilienhaus, 6 Wohneinheiten
   OG   – 32 m² × 5,50 €/m²   1 Zimmer, Diele, Bad

5. P-Straße: gemischt genutztes Gebäude, 10 Einheiten
   a) EG   – 28 m² × 6,49 €/m²   zu: a) 1 Zimmer, Diele, Bad
   b) II. OG – 40 m² × 5,61 €/m²   b): 2 Zimmer, Diele, Bad

Anpassung der Vergleichswohnungen an die Merkmale der zu begutachtenden Wohnung

Der Gutachterausschuss hält die nachfolgenden Zu- bzw. Abschläge zu/von den angegebenen Vergleichsmieten aufgrund von Urteilen, eigenen Auswertungen sowie seinen Erfahrungen für angemessen, um die aufgeführten Vergleichswohnungen den Merkmalen der zu begutachtenden Wohnung anzupassen.

Zu 1a) und 1b):
· bessere, ruhigere Wohnlage   – 10 %
· besserer Wohnungszuschnitt   – 10 %
                                                                – 20 %
Zu 1 c):
· bessere, ruhigere Wohnlage   – 10 %
· etwas besserer Wohnungszuschnitt   – 5 %
· Lage im III. OG   + 2 %
                                                                – 13 %
Zu 2 a) und 2 b):
· bessere, ruhigere Wohnlage   – 10 %

· besserer Wohnungszuschnitt	− 10 %
· größere Wohnfläche	+ 3 %
	− 17 %
Zu 2c):	
· bessere, ruhigere Wohnlage	− 10 %
· besserer Wohnungszuschnitt	− 10 %
· vorhandener Balkon	− 3 %
· größere Wohnfläche	+ 3 %
	− 20 %
Zu 3a) und 3b):	
· schlechtere Wohnlage, weniger Lärmimmissionen	± 0 %
· besserer Wohnungszuschnitt	− 10 %
· bessere Ausstattung (u. a. hochwertige Fußbodenbeläge)	− 10 %
	− 20 %
Zu 4):	
· etwas ruhigere Wohnlage	− 5 %
· etwas besserer Wohnungszuschnitt	− 5 %
	− 10 %
Zu 5a):	
· schlechtere Wohnlage, weniger Lärmimmissionen	± 0 %
· besserer Wohnungszuschnitt	− 10 %
· etwas bessere Ausstattung (u. a. höherwertige Fußbodenbeläge)	− 5 %
· geringere Wohnfläche	− 3 %
	− 18 %
Zu 5b):	
· schlechtere Wohnlage, weniger Lärmimmissionen	± 0 %
· besserer Wohnungszuschnitt	− 10 %
· etwas größere Wohnfläche	+ 2 %
	− 8 %

Mietwertermittlung der Wohnung

Entsprechend der derzeit gültigen Rechtsprechung zum Mietpreisrecht im freifinanzierten Wohnungsbau ist der Vermieter zur Begründung seines Mietpreis-Erhöhungsbegehrens berechtigt, sich auf drei Vergleichsmieten aus seinem eigenen Gebäude zu beziehen.

Der Gutachterausschuss folgert hieraus, dass auch bei Mietwertgutachten mehrere in einem Gebäude gelegene Wohnungen selbstständig zum Vergleich herangezogen werden können.

Bei der nachfolgenden Mietwertermittlung erfolgt keine Gewichtung nach der Anzahl der Wohnungen innerhalb der Vergleichsobjekte (Gebäude). Es kommt somit das arithmetische Mittel aller auf die Merkmale des Wertermittlungsobjekts abgestellten Vergleichsmieten zum Zuge.

Reinertrag, Rohertrag § 18 ImmoWertV

Ausgehend von den vorgenannten Vergleichswohnungen ergibt sich unter Berücksichtigung der beschriebenen Anpassungen folgender Mietwert:

Vergleichsobjekt Nr.	Tatsächlicher Mietpreis (€/m²)	Anpassung an Wertermittlungsobjekt (%)	Vergleichsmiete (€/m²)
1a	6,10	– 20	4,88
1b	6,10	– 20	4,88
1c	6,00	– 13	5,22
2a	6,18	– 17	5,13
2b	6,03	– 17	5,00
2c	6,25	– 20	5,00
3a	7,00	– 20	5,60
3b	7,00	– 20	5,60
4	5,50	– 10	4,95
5a	6,49	– 18	5,32
5b	5,61	– 8	5,16
			56,74 : 11

Mittelwert: 5,16 €/m² Wohnfläche

Der Gutachterausschuss ermittelt die ortsübliche Vergleichsmiete der zu begutachtenden Wohnung im Hause P-Straße 65, I. Obergeschoss, gartenseitig links mit

5,16 €/m² Wohnfläche.

Bei der Ermittlung der ortsüblichen Vergleichsmiete wurden Größe, Lage, Art, Ausstattung und Beschaffenheit sowohl der zu bewertenden Wohnung als auch der Vergleichswohnung berücksichtigt.

gez.: Vorsitzender

§ 19 ImmoWertV

Bewirtschaftungskosten

(1) Als Bewirtschaftungskosten sind die für eine ordnungsgemäße Bewirtschaftung und zulässige Nutzung marktüblich entstehenden jährlichen Aufwendungen zu berücksichtigen, die nicht durch Umlagen oder sonstige Kostenübernahmen gedeckt sind.

(2) Nach Absatz 1 berücksichtigungsfähige Bewirtschaftungskosten sind

1. die Verwaltungskosten; sie umfassen die Kosten der zur Verwaltung des Grundstücks erforderlichen Arbeitskräfte und Einrichtungen, die Kosten der Aufsicht, den Wert der vom Eigentümer persönlich geleisteten Verwaltungsarbeit sowie die Kosten der Geschäftsführung;
2. die Instandhaltungskosten; sie umfassen die Kosten, die infolge Abnutzung oder Alterung zur Erhaltung des der Wertermittlung zugrunde gelegten Ertragsniveaus der baulichen Anlage während ihrer Restnutzungsdauer aufgewendet werden müssen;
3. das Mietausfallwagnis; es umfasst das Risiko von Ertragsminderungen, die durch uneinbringliche Rückstände von Mieten, Pachten und sonstigen Einnahmen oder vorübergehenden Leerstand von Raum entstehen, der zur Vermietung, Verpachtung oder sonstigen Nutzung bestimmt ist; es umfasst auch das Risiko von uneinbringlichen Kosten einer Rechtsverfolgung auf Zahlung, Aufhebung eines Mietverhältnisses oder Räumung;
4. die Betriebskosten.

Soweit sich die Bewirtschaftungskosten nicht ermitteln lassen, ist von Erfahrungssätzen auszugehen.

Gliederungsübersicht Rn.

1 Allgemeines
  1.1 Zusammensetzung der Bewirtschaftungskosten 1
  1.2 Entstehungsgeschichte 13
2 Marktübliche Bewirtschaftungskosten (§ 19 Abs. 1 ImmoWertV)
  2.1 Marktüblichkeit 14
  2.2 Bezugsstichtag 16
  2.3 Abweichungen der tatsächlichen von den marktüblichen Bewirtschaftungskosten 21
3 Gesamtpauschale der Bewirtschaftungskosten
  3.1 Allgemeines 24
  3.2 Wohnraum 25
  3.3 Gewerberaum 27
4 Einzelpauschalen der Bewirtschaftungskosten
  4.1. Allgemeines 29
  4.2 Abschreibung – AfA –
    4.2.1 Begriff 33
    4.2.2 Berücksichtigung der Abschreibung 44
    4.2.3 Besonderheiten (Anomalien) 55
  4.3 Verwaltungskosten (§ 19 Abs. 2 Nr. 1 ImmoWertV)
    4.3.1 Begriff 57
    4.3.2 Wohnraum 63
    4.3.3 Gewerberaum 70
    4.3.4 Landwirtschaftliche Wirtschaftsgebäude 72
    4.3.5 Besonderheiten (Anomalien) 73
  4.4 Betriebskosten (§ 19 Abs. 2 Nr. 4 ImmoWertV)
    4.4.1 Begriff 74
    4.4.2 Wohnraum 86

§ 19 ImmoWertV — Bewirtschaftungskosten

		4.4.3	Gewerberaum	94
		4.4.4	Land- und Forstwirtschaft	98
		4.4.5	Besonderheiten (Anomalien)	99
	4.5		Instandhaltungs- und Modernisierungskosten (§ 19 Abs. 2 Nr. 2 ImmoWertV)	
		4.5.1	Begriff	105
		4.5.2	Instandhaltungskosten	
			4.5.2.1 Instandhaltungskosten nach II. BV	122
			4.5.2.2 Instandhaltungskosten nach § 19 Abs. 2 Nr. 2 ImmoWertV	129
		4.5.3	Höhe der Instandhaltungskosten	133
		4.5.4	Kostenentwicklung	136
		4.5.5	Wohnraum	139
		4.5.6	Gewerberaum	151
		4.5.7	Landwirtschaftliche Wirtschaftsgebäude	154
		4.5.8	Besonderheiten (Anomalien)	155
	4.6		Modernisierungs- und Revitalisierungsrisiko	
		4.6.1	Allgemeines	156
		4.6.2	Höhe des Modernisierungs- und Revitalisierungsrisikos	158
	4.7		Mietausfallwagnis (§ 19 Abs. 2 Nr. 3 ImmoWertV)	
		4.7.1	Begriff	
			4.7.1.1 Mietausfallwagnis nach II. BV	164
			4.7.1.2 Mietausfallwagnis nach ImmoWertV	165
		4.7.2	Wohnraum	182
		4.7.3	Gewerberaum	184
		4.7.4	Landwirtschaftliche Wirtschaftsgebäude	192
5			Bonität der Mietverhältnisse *(Scoring)*	193

1 Allgemeines

1.1 Zusammensetzung der Bewirtschaftungskosten

Schrifttum: *Jones Lang Wootton,* Oscar 2000 – Büronebenkostenanalyse Office Service Charge Analysis Report, Düsseldorf 2000; *Verband Deutscher Hypothekenbanken,* Wesentliche Aspekte der Beleihungswertermittlung, Bonn Bad Godesberg 1998.

▶ *Vgl. Syst. Darst. des Ertragswertverfahrens Rn. 198 ff.*

1 Nach § 17 Abs. 1 ImmoWertV ist bei der Ermittlung des Ertragswerts der baulichen Anlagen grundsätzlich von dem marktüblich erzielbaren Ertrag auszugehen. Der **Reinertrag ergibt sich aus dem Rohertrag** (Grund- bzw. Nettokaltmiete; § 18 ImmoWertV) **abzüglich der** bei ordnungsgemäßer Bewirtschaftung marktüblich anfallenden **Bewirtschaftungskosten**.

2 Die gemäß § 19 Abs. 2 ImmoWertV „berücksichtigungsfähigen" **Bewirtschaftungskosten** setzen sich zusammen aus

– den Verwaltungskosten,

– den Instandhaltungskosten,

– dem Mietausfallwagnis und

– den Betriebskosten.

3 Zu den Bewirtschaftungskosten gehört auch die **Abschreibung** (vgl. unten Rn. 33). Da die Abschreibung aber mit dem Liegenschaftszinssatz berücksichtigt wird, führt die ImmoWertV sie als „berücksichtigungsfähige" Bewirtschaftungskosten nicht auf. Dies gilt allerdings nicht bei Anwendung des Ertragswertverfahrens auf der Grundlage prognostizierter Erträge (*Discounted Cashflow* Verfahren) und eines besonderen Diskontierungszinssatzes.

4 Im weiteren Sinne gehört auch ein **Modernisierungsrisiko** zu den Bewirtschaftungskosten, das allerdings in der II. BV nicht ausdrücklich genannt wird. Das Modernisierungsrisiko steht in einem unmittelbaren Zusammenhang mit der üblichen Gesamtnutzungsdauer bzw. der im Einzelfall angesetzten Restnutzungsdauer. Insbesondere bei Bürogebäuden und sog. Managementimmobilien (Hotels, Einkaufszentren, Warenhäusern, Freizeitimmobilien, Sanatorien und Kliniken) ist die üblicherweise erwartete Restnutzungsdauer nur zu erreichen, wenn über die Instandhaltung hinaus der Gebrauchswert des Gebäudes in zeitlichen Abständen den geänderten Anforderungen durch Modernisierungs- bzw. Revitalisierungsmaßnahmen angeglichen wird.

Die vorgenannten **Kostengruppen der Bewirtschaftungskosten werden** in Anlehnung an die entsprechenden Regelungen der §§ 24 bis 30 II. BV sowie der BetrKVO **mit § 19 Abs. 2 ImmoWertV definiert**[1]. 5

Welche von den verbleibenden Kostengruppen der Bewirtschaftungskosten (Verwaltungs-, Betriebs- und Instandhaltungskosten sowie Mietausfallwagnis) zur Ermittlung des Reinertrags in Abzug zu bringen sind, hängt im Einzelnen von den zum Vergleich herangezogenen marktüblich erzielbaren Erträgen und den dabei umgelegten Bewirtschaftungskosten (der Ausgangsmiete) ab. 6

Grundsätzlich ist dabei vom „Rohertrag" auszugehen, der in § 18 Abs. 2 ImmoWertV als der bei ordnungsgemäßer Bewirtschaftung und zulässiger Nutzung marktüblich erzielbare Ertrag definiert ist. Dabei kann von dem marktüblich erzielbaren **Ertrag unter Ausschluss von Bewirtschaftungskosten ausgegangen werden, die durch Umlagen oder sonstige Kostenübernahmen gedeckt sind**. Dies ergibt sich aus § 19 Abs. 1, letzter Halbsatz ImmoWertV, nach dem zu den berücksichtigungsfähigen Bewirtschaftungskosten nur die Aufwendungen gehören, die nicht durch Umlagen oder sonstige Kostenübernahmen gedeckt sind. Sie können im Ergebnis sowohl beim Rohertrag als auch bei den berücksichtigungsfähigen Bewirtschaftungskosten als „durchlaufende Position" außer Betracht bleiben. 7

Dies betrifft insbesondere Wohnbaugrundstücke, für die Betriebskosten regelmäßig umgelegt werden. In diesen Fällen ist es bei der Ermittlung des Ertragswerts angezeigt, direkt von der **Nettokaltmiete/Grundmiete** auszugehen und als Bewirtschaftungskosten nur noch die Verwaltungs- und Instandhaltungskosten sowie das Mietausfallwagnis in Abzug zu bringen, um den Reinertrag zu ermitteln. § 19 Abs. 1 (letzter Halbsatz) ImmoWertV bestimmt deshalb, dass durch Umlagen gedeckte Betriebskosten unberücksichtigt bleiben. 8

Im Falle eines **erheblichen Leerstands** kann allerdings auch der Ansatz der dann nicht umlagefähigen Betriebskosten erforderlich werden. 9

Neben **Schönheitsreparaturen** (vgl. unten Rn. 125) **kann auch die sog. kleine Instandhaltung** (vgl. Rn. 124) mietvertraglich auf den Mieter umgelegt werden und bräuchte insoweit bei der Ermittlung des Reinertrags nicht mehr in Abzug gebracht zu werden. Allerdings stehen dafür i. d. R. keine zum Vergleich geeigneten marktüblich erzielbaren Erträge zur Verfügung, so dass derartige Vereinbarungen als „besondere objektspezifische Grundstücksmerkmale" differenziell oder durch entsprechend höhere Reinerträge berücksichtigt werden. 10

Auch andere Bewirtschaftungskosten, namentlich die Verwaltungskosten, die Instandhaltungskosten und das Mietausfallwagnis, bleiben sowohl bei der Ermittlung des Rohertrags als auch bei den davon abzuziehenden Bewirtschaftungskosten unberücksichtigt, soweit die Umlage dieser Kosten in der Vermietungspraxis üblich ist und von entsprechenden Roherträgen ausgegangen wird. 11

Wie bei Betriebskosten – auf die i. d. R. Vorauszahlungen geleistet werden – bleibt im Übrigen auch die in der Gesamtzahlung u.U. enthaltene **Mehrwertsteuer** unberücksichtigt (vgl. § 7 ImmoWertV Rn. 20).

---

[1] Mit der seit dem 01.01.2002 geltenden Fassung der II. BV i. V. m. Art. 3 der Verordnung vom 25.11.2003 (BGBl. I 2003, 2345, 2347) sind die §§ 8, 26, 28 und 41 sowie die Anl. 3 geändert und die Verwaltungs- und Instandhaltungskosten mit Wirkung ab 01.01.2005 indiziert worden.

§ 19 ImmoWertV — Bewirtschaftungskosten

12 Nach der **Generalklausel des § 19 Abs. 1 ImmoWertV** sind die Bewirtschaftungskosten anzusetzen in Höhe der

a) bei ordnungsgemäßer Bewirtschaftung und zulässiger Nutzung marktüblich entstehenden jährlichen Aufwendungen,

b) jedoch nur insoweit wie sie nicht – komplementär zu den angesetzten Roherträgen – durch Umlagen oder sonstige Kostenübernahmen gedeckt sind.

1.2 Entstehungsgeschichte

13 § 19 ImmoWertV ist aus § 18 WertV 88/98 hervorgegangen; die bisherigen Regelungen wurden ohne wesentliche materielle Änderungen „gestrafft":

ImmoWertV 10	WertV 88/98
§ 19 Bewirtschaftungskosten	**§ 18 Bewirtschaftungskosten**
(1) Als Bewirtschaftungskosten sind die für eine ordnungsgemäße Bewirtschaftung und zulässige Nutzung marktüblich entstehenden jährlichen Aufwendungen zu berücksichtigen, die nicht durch Umlagen oder sonstige Kostenübernahmen gedeckt sind.	(1) Bewirtschaftungskosten sind die Abschreibung, die bei gewöhnlicher Bewirtschaftung nachhaltig entstehenden Verwaltungskosten (Absatz 2), Betriebskosten (Absatz 3), Instandhaltungskosten (Absatz 4) und das Mietausfallwagnis (Absatz 5); durch Umlagen gedeckte Betriebskosten bleiben unberücksichtigt. *Die Abschreibung ist durch Einrechnung in den Vervielfältiger nach § 16 Abs. 3 berücksichtigt.*
	(6) Die Verwaltungskosten, die Instandhaltungskosten und das Mietausfallwagnis sind nach Erfahrungssätzen anzusetzen, die *unter Berücksichtigung der Restnutzungsdauer* den Grundsätzen einer ordnungsgemäßen Bewirtschaftung entsprechen. Die Betriebskosten sind unter Berücksichtigung der Grundsätze einer ordnungsgemäßen Bewirtschaftung im üblichen Rahmen *nach ihrer tatsächlichen Höhe unter Einbeziehung der vom Eigentümer selbst erbrachten Sach- und Arbeitsleistung* zu ermitteln. Soweit sie sich nicht ermitteln lassen, ist von Erfahrungssätzen auszugehen.
(2) Nach Absatz 1 berücksichtigungsfähige Bewirtschaftungskosten sind	(2) Verwaltungskosten sind
1. die Verwaltungskosten; sie umfassen die Kosten der zur Verwaltung des Grundstücks erforderlichen Arbeitskräfte und Einrichtungen, die Kosten der Aufsicht, den Wert der vom Eigentümer persönlich geleisteten Verwaltungsarbeit sowie die Kosten der Geschäftsführung;	1. die Kosten der zur Verwaltung des Grundstücks erforderlichen Arbeitskräfte und Einrichtungen, 2. die Kosten der Aufsicht sowie 3. die Kosten für die gesetzlichen oder freiwilligen Prüfungen des Jahresabschlusses und der Geschäftsführung.
2. die Instandhaltungskosten; sie umfassen die Kosten, die infolge von Abnutzung oder Alterung zur Erhaltung des der Wertermittlung zugrunde gelegten Ertragsniveaus der baulichen Anlage während ihrer *Rest*nutzungsdauer aufgewendet werden müssen;	(4) Instandhaltungskosten sind Kosten, die infolge Abnutzung, Alterung und Witterung *zur Erhaltung des bestimmungsmäßen Gebrauchs* der baulichen Anlagen während ihrer Nutzungsdauer aufgewendet werden müssen.

3. das Mietausfallwagnis; es umfasst das Risiko von Ertragsminderungen, die durch uneinbringliche Rückstände von Mieten, Pachten und sonstigen Einnahmen oder *vorübergehenden* Leerstand von Raum entstehen, der zur Vermietung, Verpachtung oder sonstigen Nutzung bestimmt ist; es umfasst auch das Risiko von uneinbringlichen Kosten einer Rechtsverfolgung auf Zahlung, Aufhebung eines Mietverhältnisses oder Räumung;	(5) Mietausfallwagnis ist das Wagnis einer Ertragsminderung (§ 17), die durch uneinbringliche Mietrückstände oder Leerstehen von Raum, der zur Vermietung bestimmt ist, entsteht. Es dient auch zur Deckung der Kosten einer Rechtsverfolgung auf Zahlung, Aufhebung eines Mietverhältnisses oder Räumung.
4. die Betriebskosten.	(3) Betriebskosten sind die Kosten, die durch das Eigentum am Grundstück oder durch den bestimmungsgemäßen Gebrauch des Grundstücks sowie seiner baulichen und sonstigen Anlagen laufend entstehen.
Soweit sich die Bewirtschaftungskosten nicht ermitteln lassen, ist von Erfahrungssätzen auszugehen.	

2 Marktübliche Bewirtschaftungskosten (§ 19 Abs. 1 ImmoWertV)

2.1 Marktüblichkeit

Die Generalklausel des § 19 Abs. 1 ImmoWertV, nach der von **marktüblichen Bewirtschaftungskosten bei „ordnungsgemäßer Bewirtschaftung"** auszugehen ist, entspricht § 24 Abs. 2 II. BV. Danach sind Bewirtschaftungskosten in der Höhe anzusetzen, wie sie bei normalen, die Art der Nutzung berücksichtigenden Verhältnissen mit fremdem Personal für ein unverschuldetes Grundstück laufend entstehen. Finanzierungskosten (Zinsen, Agien) und Steuern sind mit Ausnahme der Grundsteuer und Grundbesitzabgaben nicht eingeschlossen. Unberücksichtigt bleiben ebenso überdurchschnittliche, unnötige und unwirtschaftliche Ausgaben, die auf einer aufwendigen Wirtschaftsführung beruhen und einmalige oder zufällige Kosten (z. B. die Kosten von größeren Reparatur-, Instandsetzungs- oder Modernisierungsmaßnahmen). Die Bewirtschaftungskosten müssen sich auf die erforderlichen Kosten beschränken[2]. 14

Bei den marktüblich anzusetzenden Bewirtschaftungskosten soll es sich im Hinblick auf den zur Kapitalisierung des Reinertrags anzusetzenden Liegenschaftszinssatz zugleich auch um **modellkonforme Bewirtschaftungskosten** handeln. Modellkonform sind die Bewirtschaftungskosten dann, wenn sie den marktüblichen Bewirtschaftungskosten entsprechen, die der Gutachterausschuss für Grundstückswerte bei der Ableitung des Liegenschaftszinssatzes nach § 14 Abs. 3 ImmoWertV angesetzt hat. Nach dem Grundsatz der Modellkonformität sind nämlich bei Anwendung dieses Liegenschaftszinssatzes die Wertermittlungsparameter nach den gleichen Grundsätzen anzusetzen, die der Gutachterausschuss bei der Ableitung des Liegenschaftszinssatzes praktiziert hat.

Es sind grundsätzlich die **marktüblichen und modellkonformen Bewirtschaftungskosten** maßgebend, die für die jeweilige Gebäudeart und Beschaffenheit angemessen sind; so muss z. B. der Umstand berücksichtigt werden, dass eine bauliche Anlage aufgrund ihrer Konstruktion und Nutzbarkeit besonders hohe oder niedrige Verwaltungs-, Betriebs- oder Instandhaltungskosten verursacht (z. B. erhöhte Betriebs- und Instandhaltungskosten für denkmalge- 15

---
2 KG Berlin, Urt. vom 26.04.1976 – 8 U 1871/74 –, MDR 1976, 756 = FWW 1977, 52 = ZMR 1976, 204.

schützte Gebäude). Soweit dem nicht direkt Rechnung getragen werden kann, muss dies nach § 8 Abs. 3 ImmoWertV als ein besonderes objektspezifisches Grundstücksmerkmal ergänzend berücksichtigt werden.

2.2 Bezugsstichtag

16 Spiegelbildlich zu den bei Anwendung des Ertragswertverfahrens nach anzusetzenden marktüblich erzielbaren Erträgen (§ 17 Abs. 1 Satz 1 ImmoWertV) sind auch die **„marktüblich entstehenden" Bewirtschaftungskosten nach den Verhältnissen des Wertermittlungsstichtags** anzusetzen. Wie auch bezüglich der Erträge kann aber nicht erwartet werden, dass z. B. das Mietausfallwagnis oder die Verwaltungskosten über die gesamte Restnutzungsdauer konstant bleiben. Vielmehr ist davon auszugehen, dass sich auch die Bewirtschaftungskosten einer baulichen Anlage mit fortschreitender Zeit ändern. Änderungen sind nicht nur im Hinblick auf allgemeine konjunkturelle Entwicklungen (sog. allgemeine Wertverhältnisse), sondern auch im Hinblick auf das zunehmende Alter der baulichen Anlage zu erwarten. So fallen z. B. bei älteren Objekten höhere Verwaltungskosten an und auch das Mietausfallwagnis muss bei einem Gebäude, das nicht mehr den zeitgemäßen Anforderungen entspricht, höher als bei einem Neubau eingeschätzt werden. Besonders augenfällig ist dies bei der Instandhaltung eines Gebäudes. Während bei einem Neubau (noch) verhältnismäßig geringe Instandhaltungskosten anfallen, sind in schwer kalkulierbaren zeitlichen Abständen sog. größere Instandhaltungen unvermeidbar (Abb. 1).

Abb. 1: Instandhaltungskosten

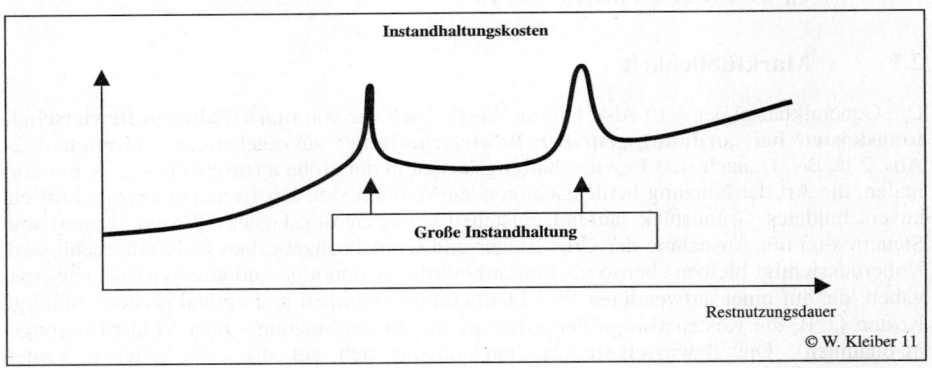

17 Spiegelbildlich zu der Problematik, die sich bezüglich der Ertragsentwicklung stellt, muss auch die **Entwicklung der Bewirtschaftungskosten** berücksichtigt werden. Zwei Lösungsalternativen kommen in Betracht:

a) Bei Anwendung des Ertragswertverfahrens auf der Grundlage prognostizierter Erträge (*Discounted Cashflow* Verfahren) müssen die künftig anfallenden Bewirtschaftungskosten prognostiziert werden. Dies wiederum trachtet man dadurch zu vermeiden, dass man die Bewirtschaftungskosten in einem Vomhundertsatz der (prognostizierten) Einnahmen ansetzt. Gleichwohl bleiben die so zum Ansatz kommenden Bewirtschaftungskosten damit eine fehlerbehaftete Größe, denn die unvermeidlichen Fehler der Einnahmenprognosen werden damit zwangsläufig auf die Bewirtschaftungskosten übertragen.

b) In der internationalen Praxis der Verkehrswertermittlung (Marktwertermittlung) nach der sog. *overall capitalization method*, wie sie auch in dem Ertragswertverfahren nach den §§ 17 ff. ImmoWertV zur Anwendung kommt, ermittelt sich der Reinertrag unter Abzug der am Wertermittlungsstichtag anfallenden „üblichen" Bewirtschaftungskosten. Vom Grundstücksmarkt erwartete Änderungen dieser Bewirtschaftungskosten werden zusammen mit den erwarteten Änderungen der Erträge wiederum mit dem Liegenschaftszinssatz

Bewirtschaftungskosten § 19 ImmoWertV

(all over capitalization rate) berücksichtigt. Der Liegenschaftszinssatz wird unter Berücksichtigung der Restnutzungsdauer ermittelt, so dass altersspezifische Bewirtschaftungskosten damit berücksichtigt werden.

Diese Vorgehensweise ist darin begründet, dass sich die Bewirtschaftungskosten bei realistischer Betrachtungsweise nicht prognostizieren lassen. So wie der Sachverständige steht nämlich auch der Käufer eines Grundstücks vor dem Problem, die künftigen Bewirtschaftungskosten abzuschätzen. Auch er ist sich bewusst, dass die die zum Zeitpunkt des Ankaufs eines Grundstücks (wie auch zum Zeitpunkt der Wertermittlung) anfallenden Bewirtschaftungskosten nicht konstant bleiben, sondern muss erwarten, dass sie sich mit zunehmendem Alter der baulichen Anlage eher erhöhen und auch von der allgemeinen wirtschaftlichen Entwicklung nicht verschont bleiben. Wie auch die Einschätzung der künftigen Ertragsentwicklung findet auch die Einschätzung der künftigen Bewirtschaftungskosten ihren Ausdruck in dem Kaufpreis, den er für das Grundstück entrichtet. Mit der Ableitung des Liegenschaftszinssatzes aus Kaufpreisen wird mithin die vom Grundstücksmarkt erwartete Entwicklung der Bewirtschaftungskosten in marktkonformer Weise berücksichtigt. Aus diesem Grunde kann bei Anwendung des dynamischen Ertragswertverfahrens *(direct capitalization)* nach den §§ 17 ff. ImmoWertV von den **„üblichen" Bewirtschaftungskosten** ausgegangen werden, wie sie bei ordnungsgemäßer Bewirtschaftung **am Wertermittlungsstichtag** anfallen. 18

Die im Einzelfall zur Ermittlung des Reinertrags von der als Rohertrag herangezogenen Ausgangsmiete abzusetzenden Bewirtschaftungskosten werden in der Wertermittlungspraxis 19

a) als **Gesamtpauschalabschlag** in einem Vomhundertsatz der Ausgangsmiete (z. B. Nettokaltmiete) oder

b) **gegliedert nach den abzusetzenden Bewirtschaftungskostengruppen (Verwaltungs- und Instandhaltungskosten sowie dem Mietausfallwagnis)** in ihrer jeweils marktüblichen Höhe einzeln

angesetzt. Der zuletzt genannten Vorgehensweise ist grundsätzlich der Vorzug zu geben. Die pauschale Berücksichtigung kann allerdings wiederum aus Gründen der Modellkonformität (vgl. Vorbem. zur ImmoWertV Rn. 36) geboten sein, wenn auch die Liegenschaftszinssätze auf der Grundlage eines pauschalen Abzugs der Bewirtschaftungskosten vom Rohertrag (bzw. der Nettokaltmiete) abgeleitet worden sind.

Beispiel A: 20

a) Sachverhalt
Büroobjekt

Nutzfläche	1 500 m²
Liegenschaftszinssatz	6 %
Nettokaltmiete/Grundmiete	15 €/m²
Bodenwert	500 000 €
Restnutzungsdauer	40 Jahre

Vermieter trägt laut Mietvertrag nur die Reparaturen an Dach und Fach.

Der Mieter übernimmt lt. Mietvertrag sämtliche Bewirtschaftungskosten, also sowohl die gesamten Instandhaltungskosten als auch die Verwaltungskosten.

Variante A
b) fehlerhafter Ansatz pauschalierter Bewirtschaftungskosten

Jahresnettokaltmiete/Grundmiete: 15 €/m² × 1 500 m² NF × 12 Monate		270 000 €
./. Bewirtschaftungskosten, 30 % pauschal	−	81 000 €
		189 000 €
− Bodenwertverzinsungsbetrag 6 % von 500 000 €	−	30 000 €
Reinertrag − (p × BW)	=	159 000 €
Gebäudeertragswert 159 000 € × 15,05	=	2 392 950 €
Bodenwert	+	+ 500 000 €
Ertragswert	=	2 892 950 €
Verkehrswert		**2 895 000 €**

1433

§ 19 ImmoWertV — Bewirtschaftungskosten

Variante B

c) fehlerhafter Ansatz (Einzelansätze) des Wohnungsbaus

Jahresnettokaltmiete/Grundmiete:		
15 €/m² × 1 500 m² NF × 12 Monate		270 000 €
Bewirtschaftungskosten		
Verwaltungskosten 4 %	10 800 €	
Instandhaltungskosten 1 500 m² × 8 €/m²	12 000 €	
Mietausfallwagnis 3 %	8 100 €	
	30 900 € −	30 900 €
	=	239 100 €
− Bodenwertverzinsungsbetrag 6 % von 500 000 €	−	30 000 €
Reinertrag − (p × BW)	=	209 100 €
Gebäudeertragswert 209 100 € × 15,05		3 146 955 €
+ Bodenwert	+	500 000 €
Ertragswert	=	3 646 955 €
Verkehrswert		**3 645 000 €**

Variante C

Jahresnettokaltmiete/Grundmiete:		
15 €/m² × 1 500 m² NF × 12 Monate		270 000 €
Bewirtschaftungskosten		
Verwaltungskosten (zur Sicherheit 0,5 %)	1 350 €	
Instandhaltungskosten	− €	
Mietausfallwagnis 3 %	8 100 €	
	9 450 € −	9 450 €
	=	260 550 €
− Bodenwertverzinsungsbetrag 6 % von 500 000 €	−	30 000 €
Reinertrag − (p × BW)	=	230 550 €
Gebäudeertragswert 230 550 € × 15,05 bei V von 40 Jahren und p = 6 %	=	3 469 778 €
+ Bodenwert	+	500 000 €
Ertragswert		3 969 778 €
Verkehrswert		**3 970 000 €**

Hier wäre zu empfehlen, die Wertberechnung mit den üblichen Bewirtschaftungskosten vorzunehmen (also etwa 11 – 12 v. H.) und den sich aufgrund des günstigen Mietvertrags ergebenden Mehrertrag lediglich über die Restlaufzeit des Mietvertrags zu kapitalisieren und zuzuschlagen.

Parameter	A	B	C
Bewirtschaftungskostenansatz	30 %	11,44 %	3,5 %
	81 000 €	30 900 €	9 450 €
Verkehrswert	2 895 000 € = 100 %	3 645 000 € = 125,91 %	3 970 000 € = 137,12 %

2.3 Abweichungen der tatsächlichen von den marktüblichen Bewirtschaftungskosten

▶ *Vgl. § 8 ImmoWertV Rn. 298, Syst. Darst. des Ertragswertverfahrens Rn. 200, § 17 ImmoWertV Rn. 9*

21 Mit dem Liegenschaftszinssatz werden die allgemein erwarteten Entwicklungen der Bewirtschaftungskosten, nicht jedoch Bewirtschaftungskosten erfasst, die aufgrund besonderer vertraglicher Bindungen ungewöhnlich sind. **Ungewöhnliche Bewirtschaftungskosten** liegen insbesondere vor, wenn die vom Vermieter bzw. dem Mieter zu tragenden Bewirtschaftungskosten von den üblichen Bewirtschaftungskosten aufgrund besonderer Vertragsgestaltungen

Ungewöhnliche Bewirtschaftungskosten können beispielsweise vorliegen, wenn 22

a) der Vermieter die Betriebskosten nicht oder nur teilweise auf den Mieter umgelegt hat,

b) der Vermieter (vertraglich) die Schönheitsreparaturen trägt oder der Mieter die Kosten der „kleinen Instandhaltung",

c) ein langfristiges Mietverhältnis mit einem solventen Mieter besteht und deshalb das Mietausfallwagnis zum Wertermittlungsstichtag (im Vergleich zur Gesamtnutzungsdauer) vorübergehend gering ist,

d) abweichend von den üblichen Vertragsgestaltungen vom Mieter bzw. Vermieter vertraglich bestimmte Bewirtschaftungskosten getragen werden,

e) ungewöhnlich hohe oder niedrige Bewirtschaftungskosten vertraglich umgelegt werden,

f) der Vermieter die Betriebskosten überhaupt nicht umgelegt hat oder die Grundsteuer im Rahmen der Umlage der Betriebskosten nicht umgelegt hat,

g) der Vermieter (einer gewerblichen Immobilie) ungewöhnlich hohe oder niedrige Bewirtschaftungskosten vertraglich umgelegt hat.

Solche **vertraglichen Besonderheiten müssen** als Anomalien gelten und wie eine Unter- 23
bzw. Übervermietung *(over- und underrented)* wiederum **nach § 8 Abs. 3 ImmoWertV gesondert berücksichtigt werden**, da sie nicht nachhaltig sind. Der aus den Besonderheiten resultierende Vor- oder Nachteil ist zu diesem Zweck über den jeweiligen Zeitraum zu kapitalisieren und erhöht bzw. mindert den Verkehrswert. Bei Anwendung des mehrperiodischen Ertragswertverfahrens nach § 17 Abs. 1 Satz 2 i. V. m. Abs. 3 ImmoWertV können solche Besonderheiten auch mit dem sich daraus ergebenden Reinertrag berücksichtigt werden (vgl. Syst. Darst. des Ertragswertverfahrens Rn. 200; § 17 ImmoWertV Rn. 9).

3 Gesamtpauschale der Bewirtschaftungskosten

3.1 Allgemeines

▶ *Zu den Bewirtschaftungskosten im steuerlichen Bereich vgl. Syst. Darst. des Ertragswertverfahrens Rn. 118 ff., 206*

Grundsätzlich besteht die Möglichkeit, die im Einzelfall nicht umgelegten Bewirtschaftungs- 24
kosten(-gruppen) mit einer Gesamtpauschale oder im Wege von Einzelansätzen in Abzug zu bringen. **Allgemein ist** jedoch **Einzelansätzen** schon deshalb **der Vorzug zu geben, weil damit Besonderheiten des Einzelfalls präziser erfasst werden können**, während der Ansatz von Pauschalansätzen nur dann zufriedenstellende Ergebnisse erwarten lässt, wenn das zu bewertende Objekt durchschnittliche Verhältnisse aufweist, wie sie der Ableitung von Pauschalen für die nicht umlagefähigen Bewirtschaftungskosten zugrunde lagen. Nr. 3.5.2 der WERTR 06 und auch die Grundsätze der Beleihungswertermittlung fordern deshalb, dass die Bewirtschaftungskosten möglichst differenziert nach den einzelnen Positionen anzusetzen sind.

3.2 Wohnraum

Die Spannbreite der Bewirtschaftungskosten von Wohngebäuden ist äußerst groß und beträgt 25
je nach Ausstattung, Alter und Miethöhe zwischen 10 bis 40 % (bei Altbauten bis Baujahr 1948) der Nettokaltmiete. Für Mietwohnobjekte enthielt Anl. 3 WERTR 96 eine **Tabelle für**

die Gesamtpauschale der nicht umlagefähigen Bewirtschaftungskosten, d. h. für die Verwaltungs- und Instandhaltungskosten sowie das Mietausfallwagnis. Im Hinblick auf die Abhängigkeit der Verwaltungskosten von der Anzahl der Untereinheiten war ihre Anwendung auf Objekte mit 3 bis 8 Wohnungen beschränkt (Abb. 2). Von den Gutachterausschüssen werden Gesamtpauschalen der Bewirtschaftungskosten nur noch vereinzelt ermittelt.

Abb. 2: Durchschnittliche pauschalierte Bewirtschaftungskosten im freifinanzierten Wohnungsbau für Verwaltung, Instandhaltung und Mietausfallwagnis in v. H. der Nettokaltmiete

Baujahr	Wohnungsausstattung			
	ohne Bad oder ohne Zentralheizung v. H.:		*mit* Bad oder mit Zentralheizung v. H.:	
	Anl. 3: WertR 96	Bonn	Anl. 3: WertR 96	Bonn
bis 1948	35–40	27–25	29–33	24–21
1949–1965	31–28	24–20	26–23	23–20
1966–1977	29–22		22–15	20–17
ab 1978	22		15	17–13

Quelle: Grundstücksmarktbericht 2004

26 Anl. 3 WertR 96 bezog sich auf die wirtschaftlichen Verhältnisse von 1977/78 und wurde deshalb mit der WertR 2002 durch eine nach Verwaltungs- und Instandhaltungskosten sowie dem Mietausfallwagnis differenzierende Tabelle ersetzt, die seither ständig aktualisiert worden ist (letzter Stand: 01.01.2011)[3].

3.3 Gewerberaum

Schrifttum: *Zeißler, M.*, Bewirtschaftungskosten für Gewerbeimmobilien, GuG 2002, 197.

27 Die **Spannbreite der Bewirtschaftungskosten** ist je nach Ausstattung, Alter und Miethöhe äußerst groß.

– Bei *Wohngebäuden* beträgt sie zwischen 10 bis 40 % (bei Altbauten bis Baujahr 1948) der Nettokaltmiete.

– Bei *gewerblichen Objekten* beträgt sie zwischen 10 bis 30 % der Nettokaltmiete.

28 Für gewerbliche Objekte lassen sich pauschalierte Vomhundertsätze des Ertrags nur schwerlich angeben. Allgemein gilt, dass sie i. d. R. deutlich niedriger als für Wohnraum ausfallen. Der bei Mietwohnobjekten (früher) übliche pauschalierte Abzug der Bewirtschaftungskosten vom Rohertrag (i. d. R. Jahresnettokaltmiete) kann insbesondere bei hochwertigen Gewerbeimmobilien zu Fehlbewertungen führen. Diesbezüglich muss in die Gewerbemietverträge eingesehen werden, denn bei Gewerbeobjekten besteht im Gegensatz zu Mietwohngrundstücken Gestaltungsfreiheit hinsichtlich der vom Mieter zu tragenden Bewirtschaftungskosten. Dies ist frei aushandelbar und selbst innerhalb eines Objekts können je nach Abschlusszeitpunkt der Mietverträge entweder mieter- oder vermieterfreundliche Vereinbarungen mit erheblichen Auswirkungen auf die jeweiligen Reinerträge getroffen worden sein. **Bei Heranziehung von Vergleichsmieten zur Verkehrswertermittlung von gewerblichen Objekten dürfen deshalb nur die Bewirtschaftungskosten zum Abzug gebracht werden, die in dem Vergleichsfall nicht umgelegt wurden**. Von daher muss bei der Verkehrswertermittlung auch sorgfältig zwischen Mietwohn- und gewerblichen Objekten unterschieden werden.

---

3   Zu den Bewirtschaftungskosten für Block- und Plattenbauweisen in den neuen Bundesländern im Jahre 1999 vgl. GuG aktuell 1994, 42; RdSchr Nr. 185/1994 des Ostdeutschen Sparkassen- und Giroverbandes vom 06.10.1994; 3. Aufl. zu diesem Werk S. 2158.

Bewirtschaftungskosten § 19 ImmoWertV

4 Einzelpauschalen der Bewirtschaftungskosten

4.1. Allgemeines

Grundsätzlich sind bei der Ertragswertermittlung die Bewirtschaftungskosten im Einzelnen gegliedert nach den Kostenarten partiell anzusetzen, sofern nicht ein pauschaler Ansatz aus Gründen der **Modellkonformität** (vgl. oben Rn. 19 und Vorbem. zur ImmoWertV Rn. 36) geboten ist. 29

Entsprechendes gilt auch für die **Ermittlung des Beleihungswerts** und entspricht den Vorgaben des BAFin zur Ermittlung von Beleihungswerten. 30

Bei **größeren Objekten** sollte schon im Hinblick auf ein sicheres Ergebnis einer individuellen Berücksichtigung der Bewirtschaftungskosten der Vorrang eingeräumt werden. 31

Bei **individueller Berücksichtigung der Bewirtschaftungskosten** ist es im Allgemeinen ausreichend, Verwaltungskosten, Instandhaltungskosten (-Rücklage) und Mietausfallwagnis nach Erfahrungssätzen zu berücksichtigen. Für Verwaltungs- und Instandhaltungskosten bieten die in der II. BV genannten Sätze eine Orientierungshilfe. 32

4.2 Abschreibung – AfA –

4.2.1 Begriff

▶ *Syst. Darst. des Ertragswertverfahrens Rn. 411, Syst. Darst. des Sachwertverfahrens Rn. 149 ff., vgl. Kleiber, Verkehrswertermittlung von Grundstücken, 6. Aufl. 2010, Teil VIII Rn. 53, für Baudenkmale Teil VI Rn. 730 ff.*

Schrifttum: Bauer/Bauer, Steuerratgeber, Vermietung, Verpachtung, Selbstnutzung, 5. Aufl. Boorberg 2004.

Als **Abschreibung (AfA)** definiert § 25 Abs. 1 II. BV für die Belange der sozialen Wohnraumförderung **den auf jedes Jahr der Nutzung fallenden „Anteil der verbrauchsbedingten Wertminderung der Gebäude, Anlagen und Einrichtungen"**. Der Abschreibungsbetrag soll nach der mutmaßlichen Nutzungsdauer errechnet werden. 33

Die **DIN 31 051** (Januar 1985) verwendet anstelle des Begriffs der Abschreibung den technischen Begriff der Abnutzung: 34

„Abnutzung im Sinne der Instandhaltung sind z. B. Verschleiß, Alterung, Korrosion und auch plötzlich auftretende Istzustandsveränderungen wie z. B. ein Bruch (Abnutzung in kaufmännischer Bewertung ist die Abschreibung)."

Mit § 25 Abs. 2 und 3 II. BV werden folgende Abschreibungssätze empfohlen: 35

„(2) Die Abschreibung soll bei Gebäuden 1 vom Hundert der Baukosten, bei Erbbaurechten 1 vom Hundert der Gesamtkosten nicht übersteigen, sofern nicht besondere Umstände eine Überschreitung rechtfertigen.

(3) Als besondere Abschreibung für Anlagen und Einrichtungen dürfen zusätzlich angesetzt werden von den Kosten

1. der Öfen und Herde 3 vom Hundert,

2. der Einbaumöbel 3 vom Hundert,

3. der Anlagen und der Geräte zur Versorgung mit Warmwasser, sofern sie nicht mit einer Sammelheizung verbunden sind, 4 vom Hundert,

4. der Sammelheizung einschließlich einer damit verbundenen Anlage zur Versorgung mit Warmwasser 3 vom Hundert,

5. der Fernheizung 0,5 vom Hundert, und einer damit verbundenen Anlage zur Versorgung mit Warmwasser 4 vom Hundert,

§ 19 ImmoWertV — Bewirtschaftungskosten

6. des Aufzugs 2 vom Hundert,
7. der Gemeinschaftsantenne 9 vom Hundert,
8. der maschinellen Wascheinrichtung 9 vom Hundert."

36 Der **Begriff der „Abschreibung"** bleibt gleichwohl interpretationsbedürftig. Es stellt sich insbesondere die Frage, ob die Abschreibung auch die Wertminderung aufgrund des technologischen Wandels einschließlich marktbedingter Wertminderungen umfasst. Hiervon ist nach internationaler Betrachtungsweise auszugehen (vgl. IAS 16 §§ 50 ff.). Die Tegova definiert die Abschreibung als „das Maß der Absetzung für Abnutzung, Verbrauch oder anderweitigen Wertverlust einer Sachanlage durch Gebrauch, Zeitablauf oder aufgrund einer Minderung durch technologische oder marktbedingte Änderungen[4].

37 Begrifflich steht die so definierte Abschreibung in enger Verwandtschaft mit der **Alterswertminderung nach § 23 ImmoWertV** (Syst. Darst. des Sachwertverfahrens Rn. 149 ff.). Im Rahmen des *Ertragswertverfahrens* stellt die Abschreibung jedoch nicht die verbrauchsbedingte Wertminderung, sondern die dieser Wertminderung entsprechende **Erneuerungsrücklage für den verbrauchsbedingten Wertverzehr der baulichen Anlagen** dar. Diese Erneuerungsrücklage wäre aus dem Reinertrag aufzubringen, wobei es dahingestellt sein mag, ob der Eigentümer diesen Bestandteil des Reinertrags „verfrühstückt" oder tatsächlich auf Zins und Zinseszins anlegt, um am Ende der Restnutzungsdauer den Ertragswert der baulichen Anlagen wieder angesammelt zu haben. Von daher braucht der Abschreibung (= Erneuerungsrücklage) in der Tat keine Beachtung geschenkt zu werden. Das Modell des in der ImmoWertV geregelten Ertragswertverfahrens und der mit § 18 ImmoWertV definierte Reinertrag sind aber gleichwohl irreführend, weil hierin eben die Erneuerungsrücklage enthalten ist. Kein Kapitalanleger würde den Kapitalrückfluss als *Rein*ertrag ansehen, wenn am Ende der Investitionsdauer das angelegte Kapital „verfrühstückt" wäre. Der eigentliche Reinertrag ist von daher der um die Erneuerungsrücklage verminderte Reinertrag i. S. der ImmoWertV.

38 In diesem Zusammenhang ist allerdings darauf hinzuweisen, dass bei Immobilien, die nicht der sog. Konsumgutlösung unterliegen, der Gesetzgeber den Wertverlust steuerlich dadurch kompensiert, dass der Anleger einen bestimmten Prozentsatz der Herstellungskosten oder des Kaufpreises (ohne Grund und Boden) steuersparend geltend machen kann. Die prozentuale Höhe hängt vom Alter des Gebäudes ab.

39 Der altersbedingte Wertverlust kann steuerlich dadurch geltend gemacht werden, dass der Anleger einen bestimmten Prozentsatz der Herstellungskosten oder des Kaufpreises (ohne Grund und Boden) steuersparend im Rahmen seiner Einkommensteuer geltend machen kann. Die prozentuale Höhe hängt vom Alter des Gebäudes ab:

Nach der Neuregelung des § 7 Abs. 5 EStG beläuft sich die degressive Gebäudeabschreibung für Gebäude, die

– nicht zu einem Betriebsvermögen gehören,
– Wohnzwecken dienen und
– die aufgrund eines Bauantrags errichtet worden sind, der nach dem 31.12.2003 gestellt wurde, bzw. in Erwerbesfällen, in denen der Notarvertrag nach dem 31.12.2003 rechtswirksam abgeschlossen wurde,

auf folgende Sätze:

---

[4] Tegova, Europäische Bewertungsstandards, 2. Auflage.

Bewirtschaftungskosten § 19 ImmoWertV

Abb. 3: Degressive Gebäudeabschreibung nach § 7 Abs. 5 EStG (ab 01.01.2004)

Degressive Gebäudeabschreibung nach § 7 Abs. 5 EStG (ab 01.01.2004)		
Anzahl der Jahre	AfA-Satz	Gesamt
10 Jahre	4,00 %	40 %
8 Jahre	2,50 %	20 %
32 Jahre	1,25 %	40 %
50 Jahre (gesamt)		100 %

▶ *Zur erhöhten Abschreibung in Sanierungsgebieten vgl. Kleiber, Verkehrswertermittlung von Grundstücken, 6. Aufl. 2010, Teil VIII Rn. 53, für Baudenkmale Teil VI Rn. 730 ff.*

Bei neu errichteten Wohnobjekten ist die AfA deutlich höher und degressiv, d. h., der Abschreibungsbetrag fällt mit der Zeit. **40**

– Für Gebäude, die nach dem 31.12.1995 errichtet wurden:

   1. bis 8. Jahr   je 5 %
   9. bis 14. Jahr   je 2,5 %
   15. bis 50. Jahr je 1,25 %

– Bei Wohnobjekten aus zweiter Hand (gebrauchte Wohnobjekte) gilt die sog. lineare AfA, d. h., der Abschreibungsbetrag ist über 40 oder 50 Jahre konstant:

   Fertigstellung nach dem 31.12.1924   jeweils 2,0 % jährlich
   Fertigstellung vor dem 01.01.1925   jeweils 2,5 % jährlich

Wer ein *neues Gebäude* zu Wohnzwecken errichtet, darf in den ersten 10 Jahren 45 % des Gebäudewerts über die AfA abschreiben; bei *gebrauchten Wohnobjekten* im gleichen Zeitraum lediglich 20 bis 25 %. Bei *gewerblich genutzten Objekten* sieht das Einkommensteuergesetz andere AfA-Sätze vor, wobei noch danach unterschieden wird, ob sich das Objekt im Betriebs- oder Privatvermögen befindet. **41**

Die steuerlichen Abschreibungssätze können aber schon insofern nicht der tatsächlichen wirtschaftlichen Abschreibung entsprechen, weil sie an Kosten der Vergangenheit anknüpfen. Wirtschaftlich muss aber von der Abschreibung erwartet werden, dass sie – als Erneuerungsrücklage auf Zinseszins angelegt – mit Ablauf der Restnutzungsdauer einen Kapitalbetrag ergibt, mit dem das Gebäude unter Berücksichtigung zwischenzeitlich eingetretener Preissteigerungen ersetzt werden kann. **42**

Darüber hinaus können bei steuerpflichtigen **Einkünften aus Vermietung und Verpachtung Werbungskosten** geltend gemacht werden, wie z. B. **43**

– Instandhaltungsaufwand,

– Saalmiete für Eigentümerversammlung,

– Kontoführungsgebühren,

– Rechts- und Gerichtskosten,

– Verwaltergebühr,

– Fahrtkosten zum Besuch des Eigentums,

– Zeitungsannoncen bei Neuvermietung und

– Kosten für Fotokopien, Telefon und Büromaterial.

Zu den betragsmäßig dominierenden Ausgaben zählen vor allem die Zinsen für Hypothekendarlehen.

4.2.2 Berücksichtigung der Abschreibung

44 Die als **Erneuerungsrücklage für den verbrauchsbedingten Wertverzehr der baulichen Anlage** definierte Abschreibung ist nach vorstehenden Ausführungen im Reinertrag enthalten, und es wird bei der Anwendung des Vervielfältigers auf den ermittelten Reinertrag nicht zwischen der Kapitalisierung der darin enthaltenen Abschreibung und des eigentlichen Reinertrags unterschieden. Mit dem aus Kaufpreisen von Grundstücken und ihren jeweiligen Reinerträgen (einschließlich der darin enthaltenen Erneuerungsrücklage) abgeleiteten Liegenschaftszinssatz wird die Abschreibung mit dem zur Anwendung kommenden Liegenschaftszinssatz berücksichtigt. Dies gilt gleichermaßen für die steuerliche Abschreibung.

45 Das **Ertragswertverfahren auf der Grundlage dynamischer Liegenschaftszinssätze** *(overall capitalization method)* **ist gleichwohl in sich schlüssig**, da sowohl bei der Ableitung der Liegenschaftszinssätze als auch bei ihrer Anwendung von einem abschreibungsunverminderten Reinertrag ausgegangen wird und man in demselben System bleibt.

46 Dies soll an nachfolgendem *Beispiel* (RND = 100 Jahre) verdeutlicht werden:

a) Ableitung des Liegenschaftszinssatzes (bei n = ∞)

ohne Berücksichtigung der Abschreibung			mit Berücksichtigung der Abschreibung		
RE	=	50 000 €	RE	=	50 000 €
Abschreibung	=	0 €	Abschreibung	=	– 5 000 €
$RE_{unvermindert}$	=	50 000 €	$RE_{vermindert}$	=	45 000 €
Kaufpreis = Verkehrswert	=	1 000 000 €	Kaufpreis = Verkehrswert	=	1 000 000 €
p = RE × 100/KP	=	5 %	p = RE × 100/KP	=	4,5 %

b) Verkehrswertermittlung: Verkehrswert = RE × 100/p (bei n = ∞)

RE	=	50 000 €	RE	=	50 000 €
Abschreibung	=	0 €	Abschreibung	=	– 5 000 €
$RE_{unvermindert}$	=	50 000 €	$RE_{vermindert}$	=	45 000 €
p	=	5 %	p	=	4,5 %
VW = RE × 100/p	=	**1 000 000 €**	VW = RE × 100/p	=	**1 000 000 €**

47 Aus dem *Beispiel* wird deutlich, dass man zu demselben Ergebnis gelangt, wenn man jeweils in demselben System bleibt. Das Verfahren der ImmoWertV, die Abschreibung außer Betracht zu lassen, hat damit den Vorteil, dass man sich über die Höhe der angemessenen Abschreibung keine Gedanken zu machen braucht, und zwar weder bei der Ableitung des Liegenschaftszinssatzes noch bei Anwendung des Ertragswertverfahrens. Festzuhalten bleibt aber, dass das, was als **Reinertrag nach § 17 Abs. 1 ImmoWertV** in die Wertermittlung eingeführt wird, **nicht der „wahre" Reinertrag** ist und diesen Ausdruck aus immobilienwirtschaftlicher Sicht nicht verdient. Auch die üblichen steuerlichen Abschreibungsmöglichkeiten gehen im Übrigen in den Liegenschaftszinssatz ein.

48 Entsprechendes gilt für den **Liegenschaftszinssatz**. Das *Beispiel* zeigt, dass sich Liegenschaften unter Berücksichtigung der Abschreibung zu einem geringeren Zinssatz verzinsen, als der angesetzte Liegenschaftszinssatz vorgibt.

49 Bei Anwendung des Ertragswertverfahrens auf der Grundlage prognostizierter Erträge (*Discounted Cashflow* Verfahren) muss im Gegensatz zum klassischen Ertragswertverfahren die Abschreibung besonders berücksichtigt werden.

50 Das in den §§ 21 ff. ImmoWertV geregelte **Sachwertverfahren** schenkt der Frage der Rücklage der sog. Abschreibung im Übrigen keine Beachtung. Dies ist in dem grundlegenden Wesensunterschied zwischen Ertrags- und Sachwertverfahren begründet und bei Anwendung des Sachwertverfahrens auch systemgerecht. Mit der in § 23 ImmoWertV definierten **Alterswertminderung**, die auch als Abschreibung (für Abnutzungen – AfA –) bezeichnet wird, soll die mit zunehmendem Alter einhergehende Wertminderung des Objekts gegenüber dem als

Bewirtschaftungskosten § 19 ImmoWertV

Neubauwert ermittelten Herstellungswert erfasst werden. Diese Wertminderung wächst von null im Jahr der Gebäudeerrichtung bis zum vollen Herstellungswert im Jahre des wirtschaftlichen Abgangs des Gebäudes an, ohne dass dabei gefordert wird, dass die Wiederanlage eines der alljährlich anfallenden Wertminderung entsprechenden Betrags auf Zins und Zinseszins den „Wert der baulichen Anlagen" reproduziert.

Die Höhe des **Abschreibungsbetrags, der im Reinertrag enthalten ist,** lässt sich nach dem dem Ertragswertverfahren zugrunde liegenden Modell aus dem jeweiligen Gebäudewert ableiten. Der Abschreibungsbetrag ergibt sich dann nach den Ausführungen bei § 20 ImmoWertV Rn. 7 aus 51

$$\text{Abschreibungsbetrag des Gebäudes} = G \times \frac{q-1}{q^n-1}$$

wobei
G   Gebäudewert
q   Zinsfaktor = 1 + Abschreibungszinssatz / 100

Als **Abschreibungszinssatz** ist nach den Ausführungen unter § 20 ImmoWertV Rn. 7 ff. der Liegenschaftszinssatz maßgebend. 52

Der jährliche Abschreibungsbetrag kann ermittelt werden, indem der Gebäudeertragswert am Wertermittlungsstichtag durch den nachhaltigen **Abschreibungsdivisor** 53

$$\text{Abschreibungsdivisor} = \frac{q^n - 1}{q - 1} \quad \text{tabelliert im Anhang 5.2 (vgl. Anl. 9 b WERTR)}$$

geteilt wird.

Beispiel 54

Gebäudewert	500 000 €
Abschreibungszinssatz	5 %
Restnutzungsdauer	50 Jahre

Abschreibungsbetrag = 500 000 € / 209,348 = 2 388 €

4.2.3 Besonderheiten (Anomalien)

▶ *Vgl. Syst. Darst. des Ertragswertverfahrens Rn. 200, § 17 ImmoWertV Rn. 9*

Bei Anwendung des dynamischen Ertragswertverfahrens *(direct capitalization)* wird die Abschreibung (einschließlich ihrer steuerlichen Geltendmachung) nach den vorstehenden Ausführungen bereits mit dem Liegenschaftszinssatz (Vervielfältiger) erfasst, und zwar in der objektspezifisch üblichen Höhe. 55

- Soweit sich die steuerlichen Rahmenbedingungen zwischen der Ermittlung des Liegenschaftszinssatzes und dem Wertermittlungsstichtag geändert haben, kann dem durch eine Modifikation des Liegenschaftszinssatzes Rechnung getragen werden. Nach Fortfall von Steuervergünstigungen kann es z. B. angezeigt sein, den Liegenschaftszinssatz (z. B. um 0,5 %) zu erhöhen.

- Soweit ein allgemein gültiger Liegenschaftszinssatz auf Objekte mit besonders günstigen oder ungünstigen steuerlichen Abschreibungsmöglichkeiten zur Anwendung kommt, kann es ebenfalls angezeigt sein, den Liegenschaftszinssatz um 0,5 % zu vermindern bzw. zu erhöhen.

Bei Anwendung des Ertragswertverfahrens auf der Grundlage prognostizierter Erträge und einem besonderen Kapitalisierungszinssatz (*Discounted Cashflow* **Verfahren**) **muss die Abschreibung in geeigneter Form berücksichtigt werden** (vgl. Syst. Darst. des Ertragswertverfahrens Rn. 411 ff.). 56

4.3 Verwaltungskosten (§ 19 Abs. 2 Nr. 1 ImmoWertV)

4.3.1 Begriff

▶ *Syst. Darst. des Ertragswertverfahrens Rn. 214*

57 Verwaltungskosten *(overhead; management)* sind die **Kosten der zur Verwaltung des Grundstücks einschließlich seiner baulichen Anlagen erforderlichen Arbeitskräfte und Einrichtungen, die Kosten der Aufsicht sowie die Kosten der Geschäftsführung**. § 19 Abs. 2 Nr. 1 ImmoWertV stellt als Kosten der Verwaltung zur Klarstellung den „Wert der vom Eigentümer persönlich geleisteten Verwaltungsarbeit" gesondert heraus. Dazu gehören die Kosten für die Überwachung der Mieteingänge, der Mietanpassung und Mietveränderungen, der Neuvermietung und des Abschlusses von Mietverträgen, der Buchhaltung, Rechnungsprüfung, des Zahlungsverkehrs und des Jahresabschlusses, der Kosten für die Bearbeitung von Versicherungsfällen und der Organisation von Instandhaltungsarbeiten.

58 Die ausdrückliche Erwähnung des **„Werts der vom Eigentümer persönlich geleisteten Verwaltungsarbeit"** ist mit der ImmoWertV in Anlehnung an § 26 Abs. 1 II. BV in die Verordnung aufgenommen worden. Die vom Eigentümer persönlich geleistete Verwaltungsarbeit war bereits nach der in der WertV 72 gegebenen Definition Bestandteil der Verwaltungskosten. Mit der WertV 88 wurde diese Position unverständlicherweise gestrichen. Hieran ist in der Vorauflage[5] Kritik geübt worden, weil das Ergebnis der Ertragswertermittlung verfälscht wird, wenn die Eigenleistungen des Eigentümers außer Betracht blieben[6]. Der Verordnungsgeber ist dieser Kritik gefolgt.

59 Zu den Verwaltungskosten gehören die **Kosten der zur Verwaltung des Grundstücks erforderlichen Arbeitskräfte und Einrichtungen**. Demzufolge gehören zu den Verwaltungskosten auch die nach Nr. 14 der Anl. 3 zu § 27 Abs. 1 II. BV nicht umlegbaren Anteile der Hauswartskosten, die auf die Verwaltung entfallen. Bei persönlicher Arbeitsleistung ist auf den Betrag abzustellen, der für gleichwertige Unternehmerleistung zu erbringen wäre, jedoch ohne Umsatzsteuer. Im Unterschied zum bisherigen Recht werden die baulichen Anlagen des Grundstücks hierbei nicht mehr ausdrücklich genannt; begrifflich gehören sie nach wie vor zum Grundstück.

60 Die in § 26 Abs. 1 Satz 2 II. BV ergänzend genannten **Kosten der gesetzlichen und freiwilligen Prüfung des Jahresabschlusses und der Geschäftsprüfung** werden nicht mehr in der Definition der ImmoWertV ausdrücklich erwähnt. Diese Kosten sind nach wie vor für die unternehmerische Wohnungswirtschaft von Bedeutung und gehören zu den marktüblichen Verwaltungskosten bei Objekten, die diesem Teilmarkt zugeordnet werden müssen.

61 Auch die **Verwaltungskosten sind in der am Wertermittlungsstichtag üblichen Höhe anzusetzen**.

62 Als **Bezugsgrundlage der Erfahrungssätze über die Höhe der Verwaltungskosten** hat sich vor allem die Anzahl der Mieteinheiten bewährt. Erfahrungssätze für Verwaltungskosten in einem Vomhundertsatz der Durchschnittsmiete sind dagegen vor allem von der Höhe der Durchschnittsmiete und dem Baujahr abhängig.

---

5 Kleiber/Simon/Weyers, Verkehrswertermittlung von Grundstücken, 5. Aufl. § 18 WertV Rn. 49.
6 BR-Drucks. 352/88, S. 58.

Bewirtschaftungskosten § 19 ImmoWertV

4.3.2 Wohnraum

▶ *Zu den Verwaltungskosten nach Anl. 3 WERTR vgl. Syst. Darst. des Ertragswertverfahrens Rn. 198 ff.*

Die **Verwaltungskosten bewegen sich** bei Wohnimmobilien je nach Bundesland **in einer Größenordnung von 3 v. H. bis zu 10 v. H. der Jahresbruttomiete**, in Ausnahmefällen auch bis zu 12 v.H[7]. Allgemein gilt, dass der Vomhundertsatz bei großen Wohnanlagen geringer ausfällt als bei kleineren Wohnanlagen[8]. 63

Bei **Mietwohnungen** können Verwaltungskosten nicht umgelegt werden. Zahlt ein Mieter dennoch aus Unkenntnis der Rechtslage solche Nebenkosten, die im Mietvertrag nicht vereinbart wurden, so stellt dies gemäß einer Entscheidung des LG Kassel[9] keine Anerkennung einer Zahlungspflicht dar. Die Zahlung der Kosten – so das Gericht – besage nur, dass der Wohnungsmieter von einer ordnungsgemäßen Abrechnung ausgegangen sei. 64

Mit der am 01.01.2002 in Kraft getretenen Neufassung der II. BV hält die Verordnung an Verwaltungskostenpauschalen fest, die sich auf die Wohneinheit beziehen. Die angegebenen Verwaltungs- und auch die Instandhaltungskosten wurden jedoch dynamisiert. Mit § 26 Abs. 4, § 28 Abs. 5 a und § 41 Abs. 1 Satz 2 II. BV n. F. werden angegeben 65

a) die Höchstpauschale der Verwaltungskosten für Wohnungen, Eigentumswohnungen und Garagen,

b) die *Abzugssätze* nach § 28 Abs. 2 Satz 2 II. BV bei *eigenständig gewerblicher Leistung von Wärme*,

c) der Zuschlagssatz für Wohnungen, für die ein maschinell betriebener Aufzug vorhanden ist (§ 28 Abs. 2 Satz 3 II. BV),

d) die Abzugssätze nach § 28 Abs. 3 II. BV für die vom Mieter getragenen Kosten der *kleinen Instandhaltung,*

e) die gesondert zu berücksichtigenden Kosten der vom Vermieter getragenen *Schönheitsreparaturen* in Wohnungen nach § 28 Abs. 4 II. BV sowie

f) die *Instandhaltungspauschale für Garagen* und ähnliche Einstellplätze nach § 28 Abs. 5 II. BV.

Die angegebenen Verwaltungskosten sind nach § 26 Abs. 4 und § 41 Abs. 2 Satz 2 II. BV **ab dem 01.01.2005 und am 1. Januar eines jeden darauf folgenden dritten Jahres um den Prozentsatz anzupassen, um den sich der** vom Statistischen Bundesamt festgestellte **Verbraucherpreisindex** für Deutschland für den der letzten Veränderung vorausgehenden Monat Oktober erhöht oder verringert hat. Für die Veränderung am 01.01.2008 ist die Erhöhung oder Verringerung des Verbraucherpreisindexes für Deutschland maßgeblich, die im Oktober 2007 gegenüber dem Oktober 2004 eingetreten ist. 66

Die Sätze können als Anhalt dienen und wurden deshalb in die WERTR aufgenommen (vgl. Syst. Darst. des Ertragswertverfahrens Rn. 202). Bei Verkehrswertermittlungen, die sich auf einen zurückliegenden Wertermittlungsstichtag beziehen, sind die entsprechenden Ansätze der II. BV in der jeweils gültigen Fassung heranzuziehen (vgl. Abb. 4). 67

---

7 Vgl. durchschnittliche Verwaltungskosten nach Ermittlungen des Gutachterausschusses von Berlin (1993/95) in Kleiber, Verkehrswertermittlung von Grundstücken, 6. Aufl. 2010, S. 1811.
8 Vgl. auch Recker/Slomian, Immobilienverwaltung, Praxishandbuch, München 2000.
9 LG Kassel, Urt. vom 27.07.1989 – 1 S 187/88 –, EzGuG 20.127.

§ 19 ImmoWertV   Bewirtschaftungskosten

Abb. 4: Verwaltungskosten nach II. BV

Zeitraum	Verwaltungskosten		
	Wohnung	Eigentumswohnung	Garage
ab 20.11.1950	15,34 € p. a. je Wohnung	– p. a. je Wohnung	5,11 € p. a. je Garage
01.11.1957	25,56 € p. a. je Wohnung	– p. a. je Wohnung	5,11 € p. a. je Garage
01.09.1963	30,67 € p. a. je Wohnung	– p. a. je Wohnung	5,11 € p. a. je Garage
01.01.1968	43,46 € p. a. je Wohnung	– p. a. je Wohnung	7,67 € p. a. je Garage
01.01.1971	51,63 € p. a. je Wohnung	– p. a. je Wohnung	10,23 € p. a. je Garage
01.06.1972	61,35 € p. a. je Wohnung	– p. a. je Wohnung	10,23 € p. a. je Garage
01.01.1975	92,03 € p. a. je Wohnung	– p. a. je Wohnung	15,34 € p. a. je Garage
01.07.1979	122,71 € p. a. je Wohnung	148,27 € p. a. je Wohnung	17,90 € p. a. je Garage
01.01.1984	122,71 € p. a. je Wohnung	148,27 € p. a. je Wohnung	17,90 € p. a. je Garage
01.07.1988	168,61 € p. a. je Wohnung	196,85 € p. a. je Wohnung	23,01 € p. a. je Garage
01.09.1993	214,74 € p. a. je Wohnung	255,65 € p. a. je Wohnung	28,12 € p. a. je Garage
01.01.2002	**230,00 €** p. a. je Wohnung	**275,00 €** p. a. je Wohnung	**30,00 €** p. a. je Garage
01.01.2005	240,37 € p. a. je Wohnung	287,40 € p. a. je Wohnung	31,00 € p. a. je Garage
01.01.2008	254,79 € p. a. je Wohnung	304,64 € p. a. je Wohnung	33,23 € p. a. je Garage
01.01.2011	263,55 € p. a. je Wohnung	315,11 € p. a. je Wohnung	32,90 € p. a. je Garage

▶ Vgl. die Ausführungen bei Rn. 30 ff.

68 Verwaltungskostenpauschalen gibt es auch im freifinanzierten Wohnungsbau. Diese bewegten sich im Jahre 2009 z. B. bei **Eigentumswohnungen** zwischen 300 € und 350 € einschließlich der Mehrwertsteuer im Jahr.

Abb. 5: Verwaltungskosten von Wohnungs- und Wohngeschäftsgebäuden

Verhältnis	Wohn- und Wohngeschäftsgebäude		
Qualifizierung	niedrig	mittel	hoch
Jährliche Verwaltungskosten in % der Sollmieten, Vollvermietung *ohne* Mietrückstände	4	8	12

Quelle: Gärtner, S., Beurteilung und Bewertung alternativer Planungsentscheidungen im Immobilienbereich mithilfe eines Kennzahlensystems, 1. Aufl. 1996

69 Bei **Wohnungs- und Teileigentum** können wesentliche Daten im Übrigen der jährlichen Wohngeldabrechnung des Verwalters (§§ 20 bis 29 WEG) entnommen werden.

4.3.3 Gewerberaum

70 Bei **Gewerbeimmobilien** kommt es im Einzelfall zu **mietvertraglichen Vereinbarungen über die Umlage der Verwaltungskosten.** Die Verwaltungskosten können umgelegt werden (vgl. § 18 ImmoWertV Rn. 13, 106 ff.)[10]. Meist handelt es sich hierbei um die Kosten für die Erstellung der Jahresabrechnungen zu den (Mietneben-) Betriebskosten.

71 Für **Gewerbeflächen** werden Verwaltungskosten zwischen 0,13 €/m² bis 0,25 €/m² monatlich gezahlt[11]. *Reeker/Slomian*[12] geben Verwaltungskosten von 3 bis 6 % der Nettokaltmiete an, wobei sie sich tatsächlich eher im unteren Bereich bewegen.

4.3.4 Landwirtschaftliche Wirtschaftsgebäude

72 Bei **landwirtschaftlichen Wirtschaftsgebäuden** wird mit Verwaltungskosten von 3,0 bis 5,0 % des Rohertrags gerechnet.

---

10 OLG Hamburg, Urt. vom 06.02.2002 – 4 U 32/00 –, NJW-RR 2002, 802 = NZM 2002, 388.
11 Vgl. z.B Grundstücksmarktbericht Bochum 2011.
12 Immobilienverwaltung – Praxishandbuch, München 2000.

Bewirtschaftungskosten § 19 ImmoWertV

4.3.5 Besonderheiten (Anomalien)

▶ *Vgl. oben Rn. 23, 55, Syst. Darst. des Ertragswertverfahrens Rn. 200, § 17 ImmoWertV Rn. 9*

Besonderen, von der üblichen Vertragspraxis und den herangezogenen Vergleichsmieten temporär abweichenden mietvertraglichen Regelungen muss Rechnung getragen, soweit sie den Verkehrswert beeinflussen: **73**

– Bei Anwendung des *zwei- und eingleisigen Ertragswertverfahrens* nach § 17 Abs. 2 ImmoWertV kann solchen Besonderheiten nach § 8 Abs. 3 ImmoWertV differenziell Rechnung getragen werden, indem die kapitalisierte Differenz ergänzend berücksichtigt wird.

– Bei Anwendung des *mehrperiodischen Ertragswertverfahrens* nach § 17 Abs. 1 Satz 2 i. V. m. Abs. 3 ImmoWertV kann direkt von einem entsprechend erhöhten oder verminderten Reinertrag ausgegangen werden.

4.4 Betriebskosten (§ 19 Abs. 2 Nr. 4 ImmoWertV)

4.4.1 Begriff

Schrifttum: *Langenberg*, Betriebskostenrecht der Wohn- und Gewerbemiete, 2. Aufl. München 2000; *Fischer-Dieskau/Pergande/Schwender*, Wohnungsbaurecht; *Zwanck, H.*, Betriebskosten und Betriebskostenvergleich, GWW 1971, 172.

▶ *Allgemeines vgl. Syst. Darst. des Ertragswertverfahrens Rn. 198 ff. und § 18 ImmoWertV Rn. 13 ff., 50*

§ 19 Abs. 2 Nr. 4 ImmoWertV nennt die Betriebskosten *(operating expense)* als Teil der Bewirtschaftungskosten, ohne sie zu definieren. Betriebskosten sind nach § 556 Abs. 1 Satz 2 BGB die **Kosten, die dem Eigentümer oder Erbbauberechtigten durch das Eigentum oder das Erbbaurecht am Grundstück oder durch den bestimmungsgemäßen Gebrauch des Gebäudes, der Nebengebäude, Anlagen, Einrichtungen und des Grundstücks laufend entstehen**. Wie sich die Betriebskosten zusammensetzen, bestimmt sich nach der BetrKV[13]; der Katalog der **Betriebskosten nach § 2 BetrKV** ist in der Syst. Darst. des Ertragswertverfahrens bei Rn. 208 abgedruckt. Darüber hinaus werden Betriebskosten auch in der DIN 18960 unter der Kostengruppe 300 definiert. **74**

Betriebskosten werden vielfach auch als „**Nebenkosten**" bezeichnet. Auch wenn die Begriffe vielfach synonym gebraucht werden, empfiehlt es sich zu unterscheiden zwischen den **75**

– *gesetzlich definierten Betriebskosten* und

– den *Nebenkosten,* die mitunter *durch Vertrag abweichend definiert* werden.

Als Nebenkosten gelten mithin die Kosten, die als solche im Mietvertrag ausdrücklich vereinbart worden sind.

Die **Definition der Betriebskosten des § 2 BetrKV gilt** unmittelbar für preisgebundenen Wohnraum und **mittelbar über § 556 BGB auch für preisfreien Wohnraum;** für preisfreien Wohnraum können die in der BetrKV genannten Betriebskostenarten im Übrigen nicht erweitert werden[14]. **76**

Betriebskosten können im Bereich der Wohnraumbewirtschaftung gemäß § 556 BGB mietvertraglich auf den Mieter umgelegt werden (vgl. § 18 ImmoWertV Rn. 12 ff.). Davon wird regelmäßig Gebrauch gemacht. Die Betriebskosten werden deshalb i. d. R. von den Mietern ganz neben der Miete getragen. Nach § 19 Abs. 1 letzter Halbsatz ImmoWertV werden deshalb die **durch Umlagen** (nach den §§ 556 f. BGB) **gedeckten Betriebskosten** von vornher- **77**

---

13 Betriebskostenverordnung – BetrKV – vom 25.11.2003 (BGBl. I 2003, 2346, 2347).
14 Fischer-Dieskau/Pergande/Schwender, Wohnungsbaurecht, Bd. IV § 27 II. BV S. 11.

§ 19 ImmoWertV — Bewirtschaftungskosten

ein **nicht den bei der Ermittlung des Ertragswerts berücksichtigungsfähigen Bewirtschaftungskosten zugerechnet**. Dies ist darin begründet, dass der Rohertrag spiegelbildlich unter Ausschluss der Umlagen ermittelt wird. Infolgedessen brauchen sie zur Ermittlung des Reinertrags aus dem Rohertrag nicht als Bewirtschaftungskosten in Abzug gebracht zu werden. Zur Ermittlung des Reinertrags wird deshalb regelmäßig von der Jahresnettokaltmiete ausgegangen. Dies gilt gleichermaßen für den gewerblichen Bereich; auch hier werden die Betriebskosten in aller Regel auf die Mieter umgelegt.

78 Bei **gewerblichen Mietverhältnissen** und solchen, die nicht auf Gewinnerzielung ausgerichtet sind, ist die Definition nur verbindlich, wenn sie vertraglich vereinbart worden ist oder im Wege der Auslegung Anwendung finden kann[15].

79 Im gewerblichen Bereich können die Vertragsparteien nach dem Grundsatz der Vertragsfreiheit selbst vereinbaren, von wem die Bewirtschaftungskosten im Einzelnen zu tragen sind. Demzufolge sind die wohnraumrechtlichen Regelungen über die Betriebskosten für sie nur verbindlich, wenn sie vertraglich vereinbart worden sind oder im Wege der Auslegung Anwendung finden können[16]. Um den Besonderheiten gewerblicher Mieträume Rechnung zu tragen, wird dabei häufig von einem erweiterten Betriebskostenbegriff ausgegangen und der Begriff der Betriebskosten durch den Begriff „Nebenkosten" ersetzt.

80 Die Regelungen der **HeizkostenV** über die Verteilung der Kosten der Beheizung und Warmwasserversorgung sind generell, d. h., sowohl auf gewerbliche Mietverhältnisse als auch im wohnungswirtschaftlichen Bereich anwendbar.

81 In jedem Fall ist **in Miet- bzw. Pachtverträge** einzusehen[17]. Die Umlagefähigkeit des *Fällens von Bäumen* ist je nach Fallgestaltung umlagefähig[18]; des Weiteren sind umlagefähig

– die Kosten eines *doorman*[19],
– die Kosten der Dachrinnenreinigung[20].

82 Marktuntersuchungen haben gezeigt, dass von der **Umlegbarkeit der Betriebskosten** jedoch nicht immer in vollständigem Umfang Gebrauch gemacht wird, und zwar vornehmlich im Handelsbereich. Nach einer Untersuchung der Deutschen Immobilien Datenbank (Ergebnisse des deutschen Marktes 1998) beliefen sich 1998 die zu Lasten des Eigentümers gehenden Betriebskostenanteile auf die sich aus Abb. 6 ergebenden Größenordnungen:

Abb. 6: Durchschnittliche vom Eigentümer getragene Betriebskosten

	Betriebskosten	
	in % der tatsächlich erzielten Miete	absolut
Wohnen	1,9 %	1,20 €/m²/Jahr
Büro	2,6 %	4,20 €/m²/Jahr
Handel	6,0 %	7,80 €/m²/Jahr

Quelle: Deutsche Immobilien Datenbank

83 Es kommt insbesondere bei Wohnungsunternehmen vor, dass hier nur die Kosten von Wasserversorgung, Heizung und Warmwasser neben der Miete umgelegt werden. **Generell empfiehlt es sich daher, zur Sicherheit auch bei umgelegten Betriebskosten ca. 1 % der Nettokaltmiete als nicht umgelegte Betriebskosten anzusetzen.**

---

15 Langenberg, Betriebskostenrecht der Wohn- und Gewerberaummiete, 2. Aufl., München 2000, S. 2, 67 ff.
16 Langenberg, Betriebskostenrecht der Wohn- und Gewerberaummiete, 2. Aufl., München 2000, S. 2, 67 ff.
17 Zur Umlagefähigkeit AG Dachau, Beschl. vom 07.04.1998 – 3 C 76/98 –, DWW 1998, 181.
18 AG Düsseldorf, Urt. vom 19.07.2002 – 33 C 6544/02 –, WuM 2002, 498; vgl. Schmidt-Futterer/Langenberg, Mietrecht, 7. Aufl. § 546 BGB Rn 131 f.
19 LG Potsdam, Urt. vom 07.11.2002 – 11 S 63/02 –, BlnGE 2003, 743.
20 BGH, Urt. vom 07.04.2004 – VIII ZR 167/03 –, BlnGE 2004, 613 = GuG 2004, 317.

Bewirtschaftungskosten § 19 ImmoWertV

Auch bei den **Betriebskosten** ist im Übrigen ein **Ausfallwagnis** zu berücksichtigen. Dieses Umlageausfallwagnis darf z. B. im Bereich der sozialen Wohnraumförderung 2 v. H. der für alle Wohnungen entstandenen Betriebskosten nicht übersteigen. Darüber hinaus vermindern die Betriebskosten den Reinertrag, soweit sie im Zuge eines **dauerhaften Leerstands** als fixe Kosten vom Eigentümer getragen werden müssen. **84**

Nach § 18 Abs. 1 ImmoWertV sind die **bei ordnungsgemäßer Bewirtschaftung üblichen Betriebskosten** zu berücksichtigen. Dabei wird wiederum auf **Erfahrungssätze** zurückgegriffen. **85**

4.4.2 Wohnraum

Schrifttum: *Deutscher Mieterbund*, Betriebskostenspiegel Deutschland des Deutschen Mieterbundes, GuG 2011, 19.

Die Betriebskosten haben in der Wohnungswirtschaft immer mehr an Bedeutung gewonnen. Man spricht in diesem Zusammenhang von einer „zweiten Miete". Als Betriebskosten werden nach dem vorher Gesagten die Kosten definiert, die durch das Eigentum am Grundstück oder durch den bestimmungsgemäßen Gebrauch des Grundstücks sowie seiner baulichen und sonstigen Anlagen *laufend* entstehen. Im Unterschied zum bisherigen Recht werden die Betriebskosten nicht definiert und es wird auch nicht auf die Betriebskostenverordnung verwiesen; die dort genannten Betriebskostenarten sind aber weiterhin zu berücksichtigen. **86**

Abb. 7: Durchschnittliche Betriebskosten für Grundstücke mit Mietwohn- und Geschäftshäusern in Berlin

Durchschnittliche Betriebskosten für Grundstücke mit Mietwohn- und Geschäftshäusern in Berlin				
Altbauten (Baujahre bis 1918)				
Ausstattung	Betriebskosten in €/m²			
	1996	1997	1998	1999
insgesamt	**1,06**	**1,11**	**1,13**	**1,15**
OH, IT, PT	0,95	1,12	1,16	1,09
OH und ZH, IT und/oder PT oder OH, Bad, IT und/oder PT	1,04	1,07	1,11	1,09
OH und ZH, Bad, IT und/oder PT oder ZH, IT und/oder PT	1,11	1,11	1,11	1,15
ZH, Bad, IT	1,20	1,20	1,18	1,24
Zwischenkriegsbauten (Baujahre 1919 bis 1948)				
insgesamt	**1,01**	**1,13**	**1,18**	**1,33**
OH und ZH, IT und/oder PT oder OH, Bad, IT und/oder PT	0,96	–	1,02	1,18
OH und ZH, Bad, IT und/oder PT oder ZH, IT und/oder PT	0,94	1,12	1,12	1,45
ZH, Bad, IT	–	1,15	1,28	1,42
OH = Ofenheizung; IT = Innentoilette; ZH = Zentralheizung; PT = Podesttoilette				

Quelle: ABl. Berlin 2000, 1068; vgl. auch die vorangehende Veröffentlichung im ABl. 1990, 1618 (abgedruckt in Kleiber, Verkehrswertermittlung von Grundstücken, 6. Aufl. 2010, sowie zu den Mietnebenkosten in GuG-aktuell 2006, 22).

Im öffentlich geförderten Wohnungsbau gehört die **Grundsteuer** nach § 2 Nr. 1 BetrKV neben anderen laufenden öffentlichen Lasten des Grundstücks zu den umlagefähigen Betriebskosten. Die Grundsteuer wird üblicherweise auch ohne gesetzliche Regelung im freifinanzierten Wohnungsbau umgelegt. **87**

Da das Grundsteuersystem als sog. verbundene Grundsteuer auf der Grundlage von Boden *und* Gebäude ausgestaltet ist, ergibt sich für neue Gebäude eine höhere Grundsteuer als für ältere Gebäude. **88**

§ 19 ImmoWertV — Bewirtschaftungskosten

89 Die **vom Eigentümer** (Erbbauberechtigten) **selbst erbrachten Sach- und Arbeitsleistungen**, durch die Betriebskosten erspart werden, dürfen nach § 27 Abs. 2 Satz 1 II. BV mit dem Betrag angesetzt werden, der für eine gleichwertige Leistung eines Dritten, insbesondere eines Unternehmers, angesetzt werden könnte. Die Umsatzsteuer des Dritten darf allerdings nicht angesetzt werden.

90 Für den **Bereich des geförderten Wohnungsbaus** sowie für den **steuerbegünstigten oder freifinanzierten Wohnungsbau, der mit Wohnungsbauförderungsmitteln gefördert worden ist,** schreibt § 27 Abs. 3 II. BV im Übrigen vor, dass **Betriebskosten nicht in der Wirtschaftlichkeitsberechnung angesetzt** werden dürfen.

91 **Maßstab für die Verteilung der umlagefähigen Betriebskosten** ist im Allgemeinen der Anteil der Nutz- bzw. Wohnfläche an der gesamten nutzbaren Fläche (vgl. § 556a BGB). Nachdem die DIN 283 (1951) in den Jahren 1983 und 1989 ersatzlos zurückgezogen wurde, wurde die Nutz- bzw. Wohnfläche heute meist auf der Grundlage der §§ 42 bis 44 II. BV berechnet. Es ist damit zu rechnen, dass künftig die Wohnflächenverordnung breitere Anwendung findet.

92 Zur Ermittlung der **nicht umgelegten Betriebskosten**, die den Jahresreinertrag des Vermieters mindern, werden nachfolgende Erfahrungssätze angegeben (Abb. 8):

Abb. 8: Durchschnittliche Betriebskosten pro m² Wohnfläche in €

Betriebskostenart	im Jahr	im Monat	umgelegt	nicht umgelegt
Wasserversorgung und -entsorgung	4,70	0,40		
Zentrale Warmwasserversorgung	1,50	0,12		
Verbundene Heizungs- und Warmwasserversorgungsanlagen	1,30	0,11		
Maschinell betriebener Personen- und Lastenaufzug	1,00	0,08		
Straßenreinigung und Müllbeseitigung (Schneebeseitigung)	4,00	0,33		
Gebäudereinigung und Ungezieferbekämpfung	1,10	0,09		
Gartenpflege	1,30	0,11		
Beleuchtung	0,40	0,03		
Schornsteinfegerreinigung	0,60	0,05		
Sach- und Haftpflichtversicherung	1,50	0,12		
Hauswart	1,70	0,14		
Gemeinschaftsantennenanlage	0,50	0,04		
Breitbandkabelnetzverteileranlage	1,00	0,08		
Wäschepflegeanlage	0,50	0,04		
Sonstiges (Dachrinnenreinigung)				
Grundsteuer	2,80	0,23		
		Verbleibt beim Vermieter:		

93 **Zahlungen auf Betriebskosten erfolgen regelmäßig als Vorauszahlungen.** Der Vermieter muss jährlich abrechnen und angeben, welchen Abrechnungszeitraum er zugrunde legt. So kann es möglich sein, dass der Vermieter nicht alle Betriebskosten in einer Abrechnung erfasst. Dies ist dann der Fall, wenn für Heizkosten als Abrechnungszeitraum beispielsweise der 01.07. bis 30.06. vereinbart ist, im Übrigen aber das Kalenderjahr zugrunde gelegt wird. Der Vermieter muss die jeweilige Abrechnung spätestens bis zum Ablauf des zwölften Monats nach Ablauf des Abrechnungszeitraums vorlegen. Auch bei den Betriebskosten ist ein Ausfallwagnis zu berücksichtigen. Dieses Umlageausfallwagnis darf z. B. im Bereich der sozialen Wohnraumförderung 2 v. H. der für alle Wohnungen entstandenen Betriebskosten

Bewirtschaftungskosten § 19 ImmoWertV

nicht übersteigen. Der Anspruch des Vermieters gegen den Mieter auf Nachzahlung von Betriebskosten verjährt in vier Jahren[21].

4.4.3 Gewerberaum

▶ *Im Einzelnen Kleiber, Verkehrswertermittlung von Grundstücken, 6. Aufl. 2010, Teil VI Rn. 158 ff.*

Zu den Mietnebenkosten zählen auch im gewerblichen Bereich die Betriebskosten gemäß § 2 BetrKV, d. h. einschließlich Grundbesitzabgaben und Prämien für Sach- und Haftpflichtversicherungen. Bei der *Neuvermietung gewerblich nutzbarer Räume* wird noch selten die Umlage der Grundsteuer und Versicherungsprämien vereinbart. 94

Durch **individualvertragliche Regelungen** kann im gewerblichen Bereich der Vermieter den Mieter mit Kosten belasten, die über den Betriebskostenkatalog des § 2 BetrKV hinausgehen. Dies ist darauf zurückzuführen, dass 95

- sich der wohnungswirtschaftlich ausgerichtete Betriebskostenkatalog der BetrKV für gewerbliche Immobilien als zu eng erwiesen hat,
- im gewerblichen Bereich von den Möglichkeiten der Vertragsfreiheit Gebrauch gemacht wird und über die wohnungsrechtlichen Beschränkungen hinaus weitere Kosten auf den Mieter umgelegt werden und
- zudem auch vielfache Abgrenzungsschwierigkeiten zwischen den einzelnen Bewirtschaftungskostenarten damit überwunden werden können.

In diesem Zusammenhang wird dann der Begriff der Betriebskosten durch den Begriff der **Nebenkosten** ersetzt.

Die **Richtlinie der GEFMA/gif 210 über Betriebs- und Nebenkosten für gewerblichen Raum** (Stand: Dezember 2006; Anh. A, Teil 2 dieser Richtlinie) führt hierzu auf: 96

- die Kosten des Betriebs von Feuerlöschanlagen, z. B. Sprinkleranlagen,
- die Kosten des Betriebs von luft- und klimatechnischen Anlagen, einschließlich zugehöriger Klimakälteerzeugung, Rückkühlwerke etc.,
- die Kosten des Betriebs von Blindstromkompensationsanlagen, Netzersatzanlagen, unterbrechungsfreien Stromversorgungen (USV), Notbeleuchtungsanlagen und weiteren Starkstromanlagen,
- die Kosten des Betriebs von fernmelde- und informationstechnischen Anlagen, insbesondere Gefahrenmelde-, Alarm- und Videoüberwachungsanlagen,
- die Kosten des Betriebs weiterer Fördertechnik, z. B. Rolltreppen,
- die Kosten des Betriebs nutzungsspezifischer Anlagen,
- die Kosten des Betriebs der Gebäudeautomation,
- die Kosten des Betriebs sonstiger Anlagen und Einrichtungen, die der Bedienung, Überwachung, Prüfung, Pflege, Inspektion oder Wartung bedürfen, z. B. kraftbetätigte Türen und Tore.

Darüber hinaus können auch andere Bewirtschaftungskostenarten umgelegt werden, z. B. 97

- die Kosten der Verwaltung bei der Vermietung von Teileigentum,
- die Kosten einer rechtlich nicht mit dem Vermieter identischen Hausverwaltung,
- die laufenden Kosten von Befahranlagen für Grasdächer und Fassaden,

---

21 Zur Auslegung und Zulässigkeit von Formularklauseln in einem Wohnungsmietvertrag (z. B. Verteilungsschlüssel, Dübeleinsätze in Küche und Bad) wird auf BGH, Urt. vom 20.01.1993 – VIII ZR 10/92 –, GuG 1994, 127 [LS] verwiesen.

§ 19 ImmoWertV   Bewirtschaftungskosten

- die Kosten von Fahnen und Hinweisschildern,
- die laufende Instandhaltung und Instandsetzung im Innern der Räume[22].

▶ *Zu den Nebenkosten für Shopping-Center vgl. Kleiber, Verkehrswertermittlung von Grundstücken, 6. Aufl. 2010, Teil VI Rn. 306, für offene Parkhäuser vgl. Teil VI Rn. 491*

4.4.4 Land- und Forstwirtschaft

98 Bei **landwirtschaftlichen Wirtschaftsgebäuden** wird mit Betriebskosten von 5,0 bis 18,0 % des Rohertrags gerechnet; zumeist werden sie jedoch vom Mieter getragen und können dann unberücksichtigt bleiben.

4.4.5 Besonderheiten (Anomalien)

▶ *Vgl. oben Rn. 23, 55, 73, Syst. Darst. des Ertragswertverfahrens Rn. 200; § 17 ImmoWertV Rn. 9*

99 Da die Betriebskosten umgelegt werden können und i. d. R. auch umgelegt werden, ist davon auszugehen, dass den herangezogenen Vergleichsmieten Vertragsgestaltungen zugrunde liegen, bei denen die Betriebskosten umgelegt worden sind. Gleichwohl sollte diesbezüglich geprüft werden, ob tatsächlich alle Betriebskosten umgelegt worden sind. **Betriebskosten sind** nach § 8 Abs. 3 ImmoWertV **gesondert zu berücksichtigen, wenn sie nicht in üblicher Weise umgelegt wurden**. Beispielsweise werden die Kosten der Gebäudeversicherung oder die Grundsteuer nicht umgelegt.

100 Solchen besonderen, von der üblichen Vertragspraxis und den herangezogenen Vergleichsmieten temporär abweichenden mietvertraglichen Regelungen muss Rechnung getragen werden, soweit sie den Verkehrswert beeinflussen:

- Bei Anwendung des *zwei- und eingleisigen Ertragswertverfahrens* nach § 17 Abs. 2 ImmoWertV kann solchen Besonderheiten nach § 8 Abs. 3 ImmoWertV wiederum differenziell Rechnung getragen werden, indem zunächst der (vorläufige) Ertragswert in der Weise ermittelt wird, wie er sich bei der sonst üblichen Umlage der „vollen" Betriebskosten ergibt. Die nicht umgelegten Betriebskosten, die dann vom Eigentümer zu tragen sind, müssen anschließend als Mindereinnahmen über den Zeitraum kapitalisiert werden, über den sie nach den vertraglichen Gegebenheiten hinzunehmen sind.
- Bei Anwendung des *mehrperiodischen Ertragswertverfahrens* nach § 17 Abs. 1 Satz 2 i. V. m. Abs. 3 ImmoWertV kann direkt von einem entsprechend erhöhten oder verminderten Reinertrag ausgegangen werden.

101 Eine weitere Besonderheit kann bei **Leerstand** gegeben sein. Wie dargelegt wird bei der Ertragswertermittlung dem Mietausfallwagnis im Allgemeinen durch Minderung der Jahresnettokaltmiete (Rohertrag) unter

a) Ansatz (z. B. 2 %) eines pauschalen Vomhundertsatzes der Jahresnettokaltmiete (Rohertrag) oder

b) Ansatz eines pauschalen Vomhundertsatzes der nicht umgelegten Bewirtschaftungskosten (insgesamt)

Rechnung tragen.

102 Im Falle eines nur zeitweise und in ungewöhnlicher Höhe auftretenden **vorübergehenden Leerstands**, z. B. in der Anlaufphase eines neu errichteten Bürokomplexes (Aquisitionszeitraum), ist es i. d. R. angezeigt, dem vorübergehenden Leerstand dadurch Rechnung zu tragen, dass der Ertragswertermittlung zunächst das übliche Mietausfallwagnis (bei Vollvermietung) zugrunde gelegt wird und der vorübergehende ungewöhnliche Leerstand zusätzlich als beson-

---

[22] Langenberg, Betriebskostenrecht der Wohn- und Gewerbemiete, 2. Aufl. München 2000, S. 68; Betriebskosten von Shopping-Centern: Kinzer in GuG 2001, 74.

derer Ertragsausfall (z. B. nach § 8 Abs. 3 ImmoWertV als *„underrented"*) berücksichtigt wird (vgl. unten Rn. 124).

In diesen Fällen erhöht sich der Ertragsausfall um die üblicherweise auf den Mieter umgelegten Betriebskosten, die dann in der Leerstandsphase vom Vermieter getragen werden müssen, sofern nicht Anderweitiges mit *allen* Mietern vereinbart worden ist[23]. Für den Bereich der Wohnraumbewirtschaftung sind nach der Rechtsprechung des BGH die verbrauchsunabhängigen Betriebskosten nach der gesamten Wohnfläche vom Vermieter zu tragen. Diese bestehen nämlich zu einem Großteil aus verbrauchsunabhängigen Fixkosten. Zur Einsparung kommen jedoch insbesondere die Kosten des reduzierten Wasser- und Energieverbrauchs. **Die Betriebskosten sind bei Leerstand etwa mit 80 % der sonst anfallenden Betriebskosten anzusetzen** und erhöhen insoweit den Ertragsausfall: **103**

Beispiel: **104**

Jährlicher Mietausfall infolge Leerstand		
2 000 m² × 20 €/m² × 12 Monate		= 480 000 €
zuzüglich üblicherweise umlagefähiger Betriebskosten:		
2 000 m² × 2 €/m² × 12 Monate	= 48 000 €	
davon 80/100: 48 000 € × 80/100	= 38 400 € +	38 400 €
Gesamter Ertragsausfall		518 400 €

Bei einer erwarteten Leerstandzeit von 3 Jahren und einem Liegenschaftszinssatz von 6 % ergibt sich ein Vervielfältiger von 2,67. Mithin bemisst sich der kapitalisierte Ertragsausfall auf 518 400 € × 2,67 = 1 384 128 €

4.5 Instandhaltungs- und Modernisierungskosten (§ 19 Abs. 2 Nr. 2 ImmoWertV)

4.5.1 Begriff

Schrifttum: *Fuchs, P.,* Die Instandsetzungskosten im Wohnungsbau – pauschaliert und in Wirklichkeit, BlGBW 1972, 49.

▶ *Vgl. Syst. Darst. des Ertragswertverfahrens Rn. 201 ff.*

a) Instandhaltung

Nach der gesetzlichen Regelung des § 536 BGB ist der Vermieter zur **Instandhaltung**, erforderlichenfalls bei vernachlässigter Instandhaltung zur **Instandsetzung** (vgl. Rn. 110) verpflichtet, wobei jedoch regelmäßig die Schönheitsreparaturen auf den Mieter durch eine ausdrückliche Vereinbarung überwälzt werden. Aus einer vernachlässigten Instandhaltungspflicht kann sich dementsprechend eine Schadensersatzpflicht zur Instandsetzung ergeben. **105**

§ 28 II. BV definiert (ohne den Begriff zu gebrauchen) als **Instandhaltung** die Maßnahmen, die während der Nutzungsdauer zur Erhaltung des bestimmungsgemäßen Gebrauchs getätigt werden müssen, um die durch Abnutzung, Alterung und Witterungseinwirkung entstehenden baulichen und sonstigen Mängel ordnungsgemäß zu beseitigen. Die Instandhaltung ist von der Modernisierung abzugrenzen. **106**

Mit der **DIN 31 052** (Januar 1985; vgl. auch DIN 18 960) wird die Instandhaltung definiert als Maßnahmen zur *Bewahrung und Wiederherstellung des Sollzustands* sowie zur Feststellung und Beurteilung des Istzustands von technischen Mitteln eines Systems. Diese Maßnahmen beinhalten: **107**

---

23 Der BGH hat mit Urt. vom 21.01.2003 – VIII ZR 137/03 – (NJW-RR 2004, 659 = GuG-aktuell 2004, 22 = EzGuG 3.133) entschieden, dass bei Leerstand der Vermieter die verbrauchsunabhängigen Betriebskosten anteilig (nach der gesamten Wohnfläche) übernehmen muss; BGH, Urt. vom 31.05.2006 – VIII ZR 159/05 –, GuG-aktuell 2006, 38 = EzGuG 3.141a.

- **Wartung** (Nr. 1.1),
- **Inspektion** (Nr. 1.2) und
- **Instandsetzung** (Nr. 1.3).

Sie schließen ein

- **Abstimmung** der Instandhaltungsziele mit den Unternehmenszielen
- **Festlegung entsprechender Instandhaltungsstrategien.**

108 Als **Wartung** werden in Nr. 4.1.2 DIN 31 051, 2003 „Maßnahmen zur Verzögerung des Abbaus des vorhandenen Abnutzungsvorrats" definiert.

109 Als **Inspektion** werden in Nr. 4.1.3 DIN 31 051, 2003 „Maßnahmen zur Feststellung und Beurteilung des Istzustands einer Betrachtungseinheit einschließlich der Bestimmung der Ursachen der Abnutzung und dem Ableiten der notwendigen Konsequenzen für eine künftige Nutzung" definiert.

▶ *Hierzu VDMA 24186, AMEV Wartung 2002, VDI 2067-1 Tabellen A2-A4*

b) *Instandsetzung*

110 Die **Instandhaltung ist zu unterscheiden von der Instandsetzung.** Einen Legalbegriff der Instandsetzung enthält § 3 Abs. 4 ModEnG. Instandsetzung ist danach die Behebung von baulichen Mängeln, insbesondere von Mängeln, die infolge von Abnutzung, Alterung, Witterungseinflüssen *oder Einwirkungen Dritter* entstanden sind, durch Maßnahmen, die in den Wohnungen den zum bestimmungsgemäßen Gebrauch geeigneten Zustand wiederherstellen (vgl. § 28 Abs. 1 Satz 2 II. BV, § 3 Nr. 10 HOAI, auch § 177 BauGB), sofern sie nicht unter den Wiederaufbau fallen oder durch Modernisierungen verursacht worden sind.

111 Dies bedeutet aber nicht, dass die Instandsetzung immer in der Wiederherstellung des ursprünglichen Zustands des Gebäudes bestehen muss, zumal namentlich ältere Gebäude im Laufe der Jahrzehnte oder Jahrhunderte mehrfach verändert werden[24]. Instandsetzung und Instandhaltung sind danach wesensgleich, aber nicht identisch. Die Begriffe werden im Verhältnis so zueinander abgegrenzt, dass die Instandhaltung die Beseitigung von Mängeln umfasst, die durch Alterung, Abnutzung oder Witterungseinflüsse in mehr oder weniger zeitlich gleich bleibenden Abständen auftreten, und die vorbeugenden Maßnahmen zur Verhinderung von eingetretenen Schäden, deren Auftreten ungewiss und unregelmäßig ist oder die durch unterlassene Instandhaltung oder durch Einwirkungen Dritter entstanden sind[25].

112 Als Instandsetzungen werden in der **DIN 31 052** definiert:

Maßnahmen zur Wiederherstellung des Sollzustands von technischen Mitteln eines Systems. Diese Maßnahmen beinhalten:

- **Auftrag,** Auftragsdokumentation und Analyse des Auftragsinhalts,
- **Planung** im Sinne des Aufzeigens und Bewertens alternativer Lösungen unter Berücksichtigung betrieblicher Forderungen,
- **Entscheidung** für eine Lösung – Vorbereitung der Durchführung, beinhaltend Kalkulation, Terminplanung, Abstimmung, Bereitstellung von Personal, Mitteln und Material, Erstellung von Arbeitsplänen,
- **Vorwegmaßnahmen** wie Arbeitsplatzausrüstung, Schutz- und Sicherheitseinrichtungen usw.,
- **Überprüfung** der Vorbereitung und der Vorwegmaßnahmen einschließlich der Freigabe zur Durchführung,
- **Durchführung,**
- **Funktionsprüfung** und Abnahme,
- **Fertigmeldung, Auswertung** einschließlich Dokumentation, Kostenaufschreibung, Aufzeigen und gegebenenfalls Einführen von Verbesserungen.

---

24 Battis/Krautzberger/Löhr, BauGB § 177 Rn. 10.
25 Pergande, Wohnungsbaurecht II. BV § 11, Anm. 10.4; zu den Kosten § 17 Rn. 6 und § 18 Rn. 15.

c) Unterlassene Instandhaltung

Von einer unterlassenen Instandhaltung spricht man, wenn eine bauliche Anlage nicht ordnungsgemäß instand gehalten wurde und hierdurch Bauschäden eingetreten sind (**Instandhaltungsrückstau**). 113

Unterlassene Instandhaltungen können zu einer Verkürzung der üblichen **Restnutzungsdauer** führen. Dies können z. B. auch durch höhere Gewalt entstandene Schäden sein, die nicht behoben worden sind. Bei unterlassener Instandhaltung kann jedoch nicht schematisch eine Verkürzung der üblichen Restnutzungsdauer angenommen werden, denn nicht in jedem Fall wird die übliche Restnutzungsdauer durch unterlassene Instandsetzungsmaßnahmen verkürzt[26]. 114

d) Modernisierung

Unter **Modernisierung**[27] sind im Bereich der Wohnraumbewirtschaftung bauliche **Maßnahmen zu verstehen** (§ 559 Abs. 1 BGB, § 16 Abs. 3 WoFG[28]; § 11 Abs. 6 II. BV[29]; des Weiteren ModEnG[30]), **die** 115

- **den Gebrauchswert des Wohnraums nachhaltig erhöhen,**
- **die allgemeinen Wohnverhältnisse auf Dauer verbessern oder**
- **nachhaltig Einsparungen von Energie und Wasser bewirken.**

§ 6 Abs. 6 Satz 2 ImmoWertV definiert ähnlich als **Modernisierung** beispielhaft „Maßnahmen, die eine wesentliche Verbesserung der Wohn- oder sonstigen Nutzungsverhältnisse oder wesentliche Einsparungen von Energie und Wasser bewirken". 116

Wesentliche Voraussetzung der Modernisierung ist immer die nachhaltige Erhöhung des Gebrauchswerts des Objekts. Dies schließt also eine Erhöhung des reinen Verkaufs- oder Handelswerts des Objekts allein aus. Unter dem **Gebrauchswert** ist der Wert zu verstehen, der ein Objekt nach Nutzung, funktionellen Eigenschaften, Wirtschaftlichkeit und Anforderungen an den Stand der Erkenntnis und Technik qualifiziert[31]. Auch gestalterisch-ästhetische Verbesserungen können als Teilmaßnahmen den Gebrauchswert erhöhen. Als alleinige Maßnahmen sind sie jedoch keine Modernisierung, sondern i. d. R. Instandsetzung oder Instandhaltung[32]. Die **nachhaltige Erhöhung des** *Gebrauchswerts* bezieht sich deshalb nicht nur auf Wohnobjekte, sondern auch auf alle übrigen Objekte, wie zum Beispiel Grünanlagen oder raumbildende Ausbauten, Anlagen der Technischen Ausrüstung oder der Verbesserung des Wärme- und Schallschutzes. 117

Instandsetzungen, die durch Maßnahmen der Modernisierung verursacht werden, fallen unter die Modernisierung. Eine ähnliche Definition enthält § 559 BGB in Bezug auf die Modernisierungsumlage[33]. Danach kann für bauliche Maßnahmen, die den Gebrauchswert 118

---

26 BGH, Urt. vom 08.12.1975 – III ZR 93/73 –, EzGuG 20.58.
27 Vgl. § 3 Nr. 6 HOAI a. F.; § 559 BGB; § 16 Abs. 3 WoFG; früher: Gesetz zur Förderung und Modernisierung von Wohnungen (BGBl. I 1976, 2429); § 17 Abs. 1 Satz 2 II. WoBauG; BGH, Urt. vom 03.07.1987 – 8 C 73/86 –, NJW-RR 1987, 1489.
28 Förderrechtlich fällt nach § 16 Abs. 3 WoFG unter den Begriff der Modernisierung auch die Instandsetzung, die durch Modernisierungsmaßnahmen verursacht wird.
29 Es besteht Verwandtschaft zum **Umbau**, worunter nach allgemeinem Sprachgebrauch (nur) die bauliche Umgestaltung eines vorhandenen Gebäudes oder von Räumen zu verstehen ist; im Rechtssinne liegt ein Umbau vor, wenn das äußere Erscheinungsbild der bisherigen Räume nachhaltig geändert wird (vgl. BVerwG, Urt. vom 03.03.1987 – 8 C 73/86 –, NJW-RR 1987, 1489; OLG Hamburg, Urt. vom 08.10.1984 – Bf. II 51/80 –; BFH, Urt. vom 28.06.1977 – VIII R 115/73 –, BFHE 122, 512).
30 Nach § 11 Abs. 6 Satz 2 II. a. F. gehörte zur Modernisierung auch der Ausbau und der Anbau i. S. des § 17 Abs. 1 Satz 2 und Abs. 2 des II. WoBauG, soweit die baulichen Maßnahmen den Gebrauchswert des bestehenden Wohnraums nachhaltig erhöhen (Pergande, Wohnungsbaurecht II. BV, Anm. 10). Diese Vorschrift ist wie auch das II. WoBauG ersatzlos aufgehoben worden (Art. 2 Wohnraumförderungsgesetzes).
31 Teil II Rn. 6.
32 Locher/Koeble/Frik, HOAI, Kommentar, Wiesbaden 1962, S. 243.
33 Das Miethöhengesetz sowie das Gesetz zur Förderung der Modernisierung von Wohnungen und von Maßnahmen zur Einsparung von Heizenergie (ModEnG), in denen die Modernisierung ähnlich definiert war (§ 3 Abs. 1 MHG), sind mit Art. 10 Nr. 1 des Mietrechtsreformgesetzes und Art. 4 des Wohnraumförderungsgesetzes aufgehoben worden.

§ 19 ImmoWertV — Bewirtschaftungskosten

der Mietsache nachhaltig erhöhen, die allgemeinen Wohnverhältnisse auf Dauer verbessern oder nachhaltig Einsparungen von Energie oder Wasser bewirken (Modernisierung), die jährliche Miete um 11 vom Hundert der für die Wohnung aufgewendeten Kosten erhöht werden.

119 Der Modernisierungsbegriff gilt auch für § 9 Abs. 3 des Wohnungsbindungsgesetzes – WoBindG – sowie für die §§ 6, 13 Abs. 1 und für den § 16 Abs. 5 der Neubaumietenverordnung. Trotz Aufhebung des ModEnG ist dessen Modernisierungsbegriff nach wie vor zur Auslegung heranzuziehen. Danach fallen unter den **Modernisierungsbegriff** insbesondere Maßnahmen zur Verbesserung

a) des Zuschnitts der Wohnung,

b) der Belichtung und Belüftung,

c) des Schallschutzes,

d) der Energie- und Wasserversorgung sowie der Entwässerung,

e) der sanitären Einrichtungen,

f) der Beheizung und der Kochmöglichkeiten,

g) der Funktionsabläufe in Wohnungen und

h) der Sicherheit vor Diebstahl und Gewalt.

Solche Maßnahmen sind geeignet, die sonst übliche wirtschaftliche Nutzungsdauer eines Gebäudes um mindestens 35 bis 40 Jahre zu verlängern; dies muss jedoch im Einzelfall gewissenhaft geprüft werden[34].

e) *Wiederherstellung*

120 **Wiederherstellung** ist der Oberbegriff für Instandsetzungen und Wiederaufbauten (§ 3 Nr. 10 HOAI).

f) *Umbau*

121 Unter einem Umbau ist eine **nachhaltige Änderung des äußeren Erscheinungsbildes** mit wesentlichen Eingriffen in die Konstruktion und Gestaltung zu verstehen, wie etwa bei Grundrissänderungen oder der Zusammenfassung von mehreren Räumen oder kleinen Wohnungen zu einer abgeschlossenen Wohneinheit[35].

4.5.2 Instandhaltungskosten

4.5.2.1 Instandhaltungskosten nach II. BV

122 *Instandhaltungskosten (repairs & maintanance)* sind nach § 28 Abs. 1 II. BV die **Kosten, die während der Nutzungsdauer zur Erhaltung des bestimmungsgemäßen Gebrauchs der baulichen Anlagen aufgewendet werden müssen, um die durch Abnutzung, Alterung, Witterungs- und Umwelteinflüsse bzw. durch gesetzliche Auflagen entstehenden baulichen Schäden ordnungsgemäß zu beseitigen, um die Qualität und damit die Ertragsfähigkeit des Renditeobjekts zu erhalten** (§ 3 Nr. 11 HOAI[36]; § 28 II. BV[37], § 1 Abs. 2 Satz 2 BetrKV). Die Instandhaltungskosten umfassen sowohl die Kosten der laufenden Unterhaltung

---

34 OLG Hamburg, Urt. vom 16.03.2001 – 11 U 131/98 –, EzGuG 20.178b.

35 BVerwG, Urt. vom 03.07.1987 – 8 C 73/86 –, NJW-RR 1987, 1489; OVG Hamburg, Urt. vom 08.10.1981 – Bf II 51/80 –, BBauBl. 1992, 793; BFH, Urt. vom 28.06.1977 – VIII R 115/73 –, BFHE 122, 512.

36 § 3 Nr. 11 HOAI a. F.: „11. Instandhaltungen sind Maßnahmen zur Erhaltung des Soll-Zustandes eines Objekts."

37 § 28 Abs. 1 II. BV: „(1) Instandhaltungskosten sind die Kosten, die während der Nutzungsdauer zur Erhaltung des bestimmungsmäßigen Gebrauchs aufgewendet werden müssen, um die durch Abnutzung, Alterung und Witterungseinwirkung entstehenden baulichen oder sonstigen Mängel ordnungsgemäß zu beseitigen. Der Ansatz der Instandhaltungskosten dient auch zur Deckung der Kosten von Instandsetzungen, nicht jedoch der Kosten von Baumaßnahmen, soweit durch sie eine Modernisierung vorgenommen wird oder Wohnraum oder anderer auf die Dauer benutzbarer Raum neu geschaffen wird. Der Ansatz dient nicht zur Deckung der Kosten einer Erneuerung von Anlagen und Einrichtungen, für die eine besondere Abschreibung nach § 25 Abs. 3 zulässig ist."

Bewirtschaftungskosten § 19 ImmoWertV

wie auch der Erneuerung einzelner baulicher Teile (z. B. Flachdächer, Fassaden, Fensterrahmen einschl. Isolierglas).

In den Instandhaltungskosten sind auch die Kosten von Instandsetzungen enthalten[38]. **123**

Es kann zwischen der sog. **kleinen und großen Instandhaltung** (vgl. Rn. 10) unterschieden werden. **124**

– Unter der *kleinen Instandhaltung* ist nach § 28 Abs. 3 Satz 2 II. BV das Beheben kleinerer Schäden an den Installationsgegenständen für Elektrizität, Wasser und Gas, den Heiz- und Kocheinrichtungen, den Fenster- und Türverschlüssen sowie den Verschlussvorrichtungen von Fensterläden zu verstehen. Die kleine Instandhaltung kann selbst im Bereich der sozialen Wohnraumförderung (§ 28 Abs. 3 II. BV) mietvertraglich auf den Mieter übertragen werden, so dass sich die Bewirtschaftungskosten insoweit für den Vermieter vermindern (vgl. unten Rn. 100).

– Die *große Instandhaltung* fällt insbesondere mit der Erneuerung von Gebäudeteilen an.

Wie sich aus § 28 Abs. 4 II. BV ergibt, sind die sog. **Schönheitsreparaturen** (vgl. Rn. 10) **begrifflich der Instandhaltung zuzurechnen.** Hierunter definiert die Vorschrift „das Tapezieren, Anstreichen oder Kalken der Wände und Decken, das Streichen der Fußböden, Heizkörper einschließlich Heizrohre, der Innentüren sowie der Fenster und Außentüren von innen". Schönheitsreparaturen sind zwar grundsätzlich Sache des Vermieters, werden heute aber i. d. R. in der Wohnraumbewirtschaftung auf die Mieter umgelegt. **125**

Nach **§ 536 BGB** hat der Vermieter die vermietete Sache in einem zu dem vertragsgemäßen Gebrauch geeigneten Zustand zu überlassen und sie während der Mietzeit in diesem Zustand zu erhalten. Demzufolge sind Schönheitsreparaturen zwar grundsätzlich Sache des Vermieters jedoch werden sie regelmäßig mietvertraglich auf den Mieter „überwälzt". Dementsprechend schließen die in den II. BV angegebenen Instandhaltungspauschalen die Kosten der Schönheitsreparaturen aus. **126**

Instandhaltungskosten dienen nach § 28 Abs. 1 II. BV n. F. im Übrigen nicht mehr **zur Deckung der** *Instandsetzung*. **127**

Instandhaltungen und gegebenenfalls Sanierungsarbeiten sind wegen der damit verbundenen z. T. erheblichen Kosten langfristig zu planen. Zudem sollten die notwendigen und zumeist lohnintensiven Arbeiten nicht erst ausgeführt werden, wenn die Maßnahmen nicht mehr aufschiebbar sind. Zu bedenken ist ebenso, dass für die Dauer der Arbeiten mitunter Mietausfall unvermeidbar ist, weil Räumlichkeiten nicht benutzt werden können. Aus diesem Grunde sind **Reparaturrücklagen** unumgänglich. Sie empfehlen sich zudem, um die bei jeder Immobilie unerwartet eintretenden Schadenfälle beheben bzw. notwendige Maßnahmen durchführen und bezahlen zu können. Zu erwähnen in diesem Zusammenhang ist beispielsweise die Umrüstung (Neuanlage) von Heizungsanlagen, die älter als 10 Jahre sind. **128**

4.5.2.2 Instandhaltungskosten nach § 19 Abs. 2 Nr. 2 ImmoWertV

Die Definition der Instandhaltungskosten des § 19 Abs. 2 Nr. 2 ImmoWertV lehnt sich an die für den öffentlich geförderten Wohnraum geltende Definition der Instandhaltungskosten der II. BV an. Während § 28 Abs. 1 II. BV auf die Kosten abstellt, die *„zur Erhaltung des bestimmungsgemäßen Gebrauchs der baulichen Anlagen"* aufgebracht werden müssen, stellt die Definition auf die Kosten ab, die *„zur Erhaltung des der Wertermittlung zugrunde gelegten Ertragsniveaus der baulichen Anlage"* aufgewendet werden müssen. **129**

Der Zustand, der dem *„der Wertermittlung zugrunde gelegten Ertragsniveau der baulichen Anlage während ihrer Restnutzungsdauer"* entspricht, kann insbesondere bei älteren baulichen Anlagen von dem Zustand abweichen, der zum „bestimmungsgemäßen Gebrauch" einer baulichen Anlage nach § 28 II. BV zu erhalten ist. Nach der Begründung zu dieser Vorschrift **130**

---
[38] Bub/Treier, Handbuch der Geschäfts- und Wohnraummiete, II Rn. 88; III A Rn. 1062.

sind nach den Anschauungen des gewöhnlichen Geschäftsverkehrs bzw. einer marktgerechten Betrachtungsweise solche Kosten Folge einer ordnungsgemäßen Bewirtschaftung[39].

131 In der Immobilienwirtschaft werden bauliche Anlagen aber nicht immer ordnungsgemäß instand gehalten, insbesondere wenn ein Gebäude abgängig ist und nur noch eine sehr begrenzte Restnutzungsdauer aufweist. Die Eigentümer beschränken sich dann vielfach auf die notwendigen Instandhaltungen und nehmen dabei Mieten in Kauf, die im Verhältnis zu ordnungsgemäß instand gehaltenen Gebäuden gemindert sind. Umgekehrt kann ein Gebäude aber auch einen besonders aufwendigen Erhaltungszustand aufweisen. Mit der Bezugnahme auf die *„zur Erhaltung des der Wertermittlung zugrunde gelegten Ertragsniveaus der baulichen Anlage"* wird eine **Korrespondenz der anzusetzenden Instandhaltungskosten zu dem dem Gebäudezustand entsprechenden Ertragsniveau** vorgegeben.

132 Nach den allgemeinen Grundsätzen des Ertragswertverfahrens ist bei der Ermittlung des Ertragswerts von der ordnungsgemäßen Instandhaltung des Objekts auf der Grundlage einer „ordnungsgemäßen Bewirtschaftung"[40] der baulichen Anlage auszugehen[41]. Die Instandhaltungskosten nach ihrer zum Wertermittlungsstichtag tatsächlich anfallenden Höhe bei der Ermittlung des Ertragswerts anzusetzen, ist regelmäßig schon deshalb abzulehnen, weil sie zeitlich in erheblich unterschiedlicher Höhe anfallen. Auf die in der Vergangenheit aufgebrachten Instandhaltungskosten kommt es nicht an. Maßgebend sind der am Wertermittlungsstichtag vorgefundene Zustand und die über die gesamte Restnutzungsdauer erwarteten Instandhaltungskosten. Bei Neubauten fallen in den ersten fünf Jahren meist keine nennenswerten Kosten an. In den folgenden fünf Jahren sind es i. d. R. Kleinreparaturen, die das Gebäudeinstandsetzungskonto belasten. Die sog. *große* Instandhaltung fällt erst zu einem späteren Zeitpunkt an. **Angemessene Instandhaltungskosten können deshalb nur auf der Grundlage langfristiger Beobachtungen** unter Einbeziehung der sog. großen und kleinen Instandhaltung **gewonnen werden**.

4.5.3 Höhe der Instandhaltungskosten

133 Innerhalb der Bewirtschaftungskosten nehmen die Instandhaltungskosten allein schon aufgrund ihrer Größenordnung eine besondere Stellung ein. **Für die Instandhaltungskosten soll auf Erfahrungssätze zurückgegriffen werden**, die den Grundsätzen einer ordnungsgemäßen Bewirtschaftung entsprechen[42]. Die Höhe der Instandhaltungskosten ist in erster Linie eine Funktion

- des Alters und des Zustands der baulichen Anlage,
- der Wohn- bzw. Nutzfläche,
- des Ausstattungsstandards,
- der Bauweise und -konstruktion,
- der Herstellungskosten sowie
- der Nutzungsart.

134 **Bezugsgrundlage der Erfahrungssätze über Instandhaltungskosten** sind deshalb vornehmlich

- die Wohn- und Nutzfläche (unter Berücksichtigung des Alters) und
- die Herstellungskosten.

---

39 Vgl. BR-Drucks. 171/10.
40 Eine ordnungsgemäße „Bewirtschaftung" schließt u. a. auch eine ordnungsgemäße „Instandhaltung" ein.
41 BR-Drucks. 265/72, S. 17.
42 BAnz Nr. 154 vom 12.08.1961.

Bewirtschaftungskosten § 19 ImmoWertV

a)   Wohn- oder Nutzfläche

Instandhaltungskosten werden in der Wertermittlungspraxis üblicherweise in Abhängigkeit von der Wohn- und Nutzfläche (unter Berücksichtigung des Alters) angesetzt; dies entspricht auch den Vorgaben der II. BV; vgl. z. B. die für Berlin abgeleiteten durchschnittlichen Instandhaltungskosten von 1996[43].

b)   Herstellungskosten

Instandhaltungskosten werden hilfsweise auch in Abhängigkeit der Herstellungskosten angesetzt.

c)   Reinertrag

Die oben genannten Einflusskriterien für die Höhe der Instandhaltungskosten beeinflussen alle auch die Miethöhe. Von daher könnte auch eine Bezugnahme auf die Einnahmen in Betracht kommen, d. h., man könnte auf Pauschalsätze in Höhe eines Vomhundertsatzes des Rohertrags (Nettokaltmiete) rekurrieren. Schwachstelle solcher Pauschalsätze ist die Tatsache, dass die Instandhaltungskosten für gleich große und gleichermaßen ausgestattete Objekte in guten und schlechten Lagen etwa gleich hoch ausfallen, so dass diese vor ihrer Anwendung auf Objekte in besonders guter oder besonders schlechter Lage korrigiert werden müssen, denn die Instandhaltungskosten fallen für Objekte, die z. B. aufgrund ihrer schlechten Lage einen entsprechend geringeren Ertrag einbringen, nicht niedriger aus, wenn eine ordnungsgemäße Bewirtschaftung gewährleistet sein soll.

135

4.5.4   Kostenentwicklung

Auch bezüglich des Ansatzes der Instandhaltungskosten stellt sich die Frage, wie bei Anwendung des Ertragswertverfahrens auf der Grundlage dynamischer Liegenschaftszinssätze[44] die Entwicklung der Instandhaltungskosten über die gesamte Restnutzungsdauer zu berücksichtigen ist:

136

1. Die *allgemeine Entwicklung der Instandhaltungskosten*, wie sie etwa auch mit der Indizierung der vorstehenden Sätze beschrieben wird, wird wiederum mit dem Liegenschaftszinssatz erfasst. Dass die Instandhaltungskosten aufgrund allgemeiner Entwicklungen sich verändern, braucht also nicht berücksichtigt zu werden.

2. Anders stellt sich die Frage bezüglich der objektspezifischen Entwicklung der Instandhaltungskosten, die mit zunehmendem Alter der baulichen Anlage (bzw. mit abnehmender Restnutzungsdauer) tendenziell steigen:

Dies soll am Beispiel der in der II. BV angegebenen Instandhaltungskosten verdeutlicht werden. Für ein neu errichtetes Wohngebäude betragen die Instandhaltungskosten zum 01.01.2005 danach 7,42 €/m² WF. Für ein 22 Jahre altes Gebäude betragen sie dagegen 9,41 €/m² und belaufen sich schließlich ab dem 33. Lebensalter auf 12,02 €/m². Demzufolge mindert sich der Reinertrag mit der Zeit in entsprechender Höhe.

137

---

43 Vgl. ABl. Berlin 1996, 4098, abgedruckt auch bei Kleiber, Verkehrswertermittlung von Grundstücken, 6. Aufl. 2010, S. 1812.
44 Bei Anwendung des Ertragswertverfahrens auf der Grundlage prognostizierter Erträge (*Discounted Cashflow* Verfahren) müssen indessen die künftig anfallenden Bewirtschaftungskosten prognostiziert werden. Dies wiederum trachtet man dadurch zu vermeiden, dass man die Bewirtschaftungskosten in einem Vomhundertsatz der (prognostizierten) Einnahmen ansetzt, d. h., im Ergebnis wird die Prognose der Ertragsentwicklung direkt auf die Entwicklung der Bewirtschaftungskosten übertragen.

§ 19 ImmoWertV — Bewirtschaftungskosten

Abb. 9: Entwicklung der Instandhaltungskosten nach II. BV

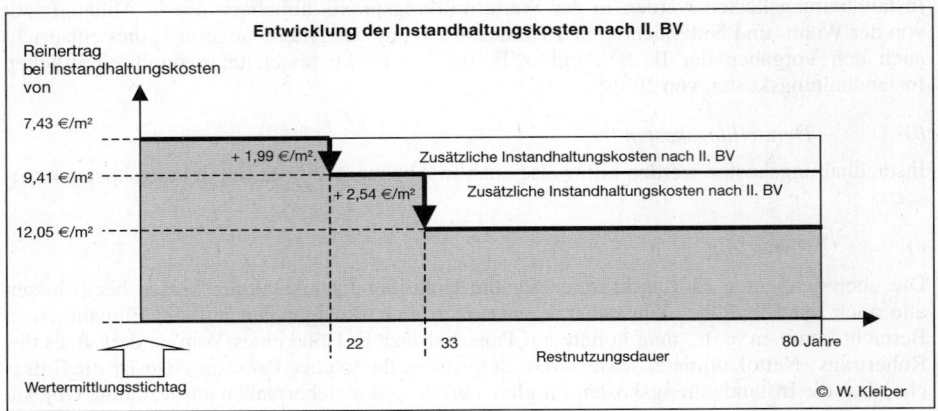

Die gesamten über die Restnutzungsdauer der baulichen Anlage anfallenden Instandhaltungskosten lassen sich auf der Grundlage der Vorgaben der II. BV für ein neu errichtetes Gebäude nach den Wertverhältnissen des Wertermittlungsstichtags wie folgt ermitteln (Abb. 10):

Abb. 10: Nachhaltige Instandhaltungskosten gemäß II. BV

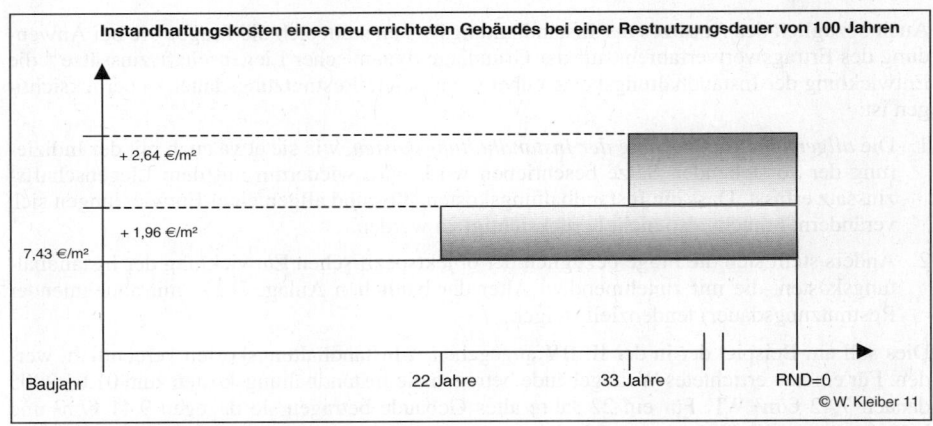

Der Barwert der Instandhaltungskosten für ein neu errichtetes Objekt mit einer Restnutzungsdauer von 100 Jahren ergibt sich bei einem Zinssatz von 5 % – ausgehend von 7,42 €/m² – im Jahre 2005 wie folgt:

$$
\begin{aligned}
&7{,}42\ \text{€/m}^2 \times V_{5\%,\ 100\ \text{Jahre}} &&= 7{,}42\ \text{€/m}^2 \times 19{,}85 &&= 147{,}29\ \text{€/m}^2 \\
+&1{,}99\ \text{€/m}^2 \times (V_{5\%,\ 100\ \text{Jahre}} - V_{5\%,\ 22\ \text{Jahre}}) &&= 1{,}99\ \text{€/m}^2 \times 7{,}27 &&= 14{,}47\ \text{€/m}^2 \\
+&2{,}64\ \text{€/m}^2 \times (V_{5\%,\ 100\ \text{Jahre}} - V_{5\%,\ 33\ \text{Jahre}}) &&= 2{,}64\ \text{€/m}^2 \times 4{,}77 &&= 12{,}59\ \text{€/m}^2 \\
&\text{Summe} &&&&= 174{,}35\ \text{€/m}^2
\end{aligned}
$$

Dies entspricht über die gesamte Restnutzungsdauer durchschnittlichen Instandhaltungskosten von

$$174{,}35\ \text{€/m}^2 / 19{,}85 = \mathbf{8{,}78\ \text{€/m}^2}$$

Bewirtschaftungskosten § 19 ImmoWertV

In der Wertermittlungspraxis wird zumeist jedoch von den Instandhaltungskosten ausgegangen, die sich entsprechend dem Baujahr (Bezugsfertigkeit) nach der II. BV ergeben, obwohl der Anwender sich darüber im Klaren sein müsste, dass diese sich – über die gesamte Restnutzungsdauer betrachtet – altersbedingt erhöhen. Die Vorgehensweise der Praxis ist bei alledem nicht zwangsläufig falsch. Entscheidend für die richtige Verfahrensweise ist auch hier die Beachtung des **Grundsatzes der Modellkonformität:** Die Gutachterausschüsse für Grundstückswerte leiten die Liegenschaftszinssätze i. d. R. auf der Grundlage der am Wertermittlungsstichtag unter Berücksichtigung der Restnutzungsdauer der baulichen Anlage „marktüblichen" Instandhaltungskosten ab. Selbst wenn damit dem tatsächlichen Marktgeschehen nicht Rechnung getragen würde, so würde sich dieser Fehler bei der Ertragswertermittlung unter Heranziehung dieser Liegenschaftszinssätze von selbst dadurch „heilen", dass wiederum die stichtagsbezogenen marktüblichen Instandhaltungskosten angesetzt werden. **138**

4.5.5 Wohnraum

In der inzwischen abgelösten WertR aus dem Jahre 1996 sind Erfahrungswerte der Instandhaltungskosten in Abhängigkeit von den Einnahmen angegeben worden: **139**

bei Mietwohngrundstücken, mit vor 1925 errichteten Gebäuden
   einfacher Ausstattung (ohne Bad, ohne Heizung)   *etwa 20–25 v. H. des Rohertrags,*
   mittlerer und besserer Ausstattung   *etwa 15–20 v. H. des Rohertrags,*
bei Mietwohngrundstücken mit nach 1924 errichteten Gebäuden   *etwa 10–15 v. H. des Rohertrags.*

In den Richtlinien wurde aber auch schon darauf hingewiesen, dass auch die Sätze des § 28 der II. BV in der jeweils geltenden Fassung herangezogen werden können.

Nach den auf den 01.01.2011 aktualisierten Sätzen der II. BV[45] belaufen sich diese auf **140**

„bis   8,13 €/m²   Wohnfläche je Jahr für Wohnungen, deren Bezugsfertigkeit am Ende des Kalenderjahres weniger als 22 Jahre zurückliegt.

bis   10,31 €/m²   Wohnfläche je Jahr für Wohnungen, deren Bezugsfertigkeit am Ende des Kalenderjahres mindestens 22 Jahre zurückliegt.

bis   13,18 €/m²   Wohnfläche je Jahr für Wohnungen, deren Bezugsfertigkeit am Ende des Kalenderjahres mindestens 32 Jahre zurückliegt".

Es handelt sich bei den angegebenen Sätzen um Höchstwerte („bis"). Als „Zeitpunkt der Bezugsfertigkeit" ist auf das Baujahr abzustellen. **Bei modernisierten Gebäuden ist das fiktive Baujahr (Bezugsfertigungsjahr) zugrunde zu legen**[46]. **141**

Abb. 11:   Gesamtübersicht ab 01.01.2011

	Instandhaltungskosten				
Bezugsfertigkeit am Ende des Kalenderjahres	Jährliche Instandhaltungskosten pro m² Wohnfläche höchstens	Abschläge bei Wohnungen mit		Zuschläge bei Wohnungen mit	
		kleiner Instandhaltung durch Mieter	eigenständig gewerblicher Leistung von Wasser	maschinell betriebenem Aufzug	Kostentragung der Schönheitsreparaturen durch Vermieter
	€/m²	€/m²	€/m²	€/m²	€/m²
weniger als 22 Jahre	8,13	1,20	0,23	1,15	9,74
mindestens 22 Jahre	10,31	1,20	0,23	1,15	9,74
mindestens 32 Jahre	13,18	1,20	0,22	1,15	9,74

---

45 Die fortgeschriebenen Werte wurden zur Vermeidung von Fortführungsfehlern durch Indexierung der Ursprungswerte der II. BV abgeleitet.
46 BFH, Urt. vom 31.03.1992 – IX R 175/87 –, DWW 1992, 286 = BFHE 168, 109 = EzGuG 19.40a.

§ 19 ImmoWertV — Bewirtschaftungskosten

142 Die II. BV sieht unter Berücksichtigung der vorgeschriebenen Indexierung ab 01.01.2011 folgende ausstattungsabhängige **Zu- und Abschläge** vor:

Abschlag von 0,23 €/m²	bei eigenständig gewerblicher Leistung von Wärme i. S. des § 1 Abs. 2 Nr. 2 HeizkostenV;
Abschlag von 1,20 €/m²	wenn der Mieter die Kosten der kleinen Instandsetzung trägt;
Zuschlag von 1,15 €/m²	wenn ein maschinell betriebener Aufzug vorhanden ist und
Zuschlag von bis 9,74 €/m²	wenn der Vermieter die Kosten der Schönheitsreparaturen i. S. des § 28 Abs. 4 Satz 2 II. BV trägt.

143 Die Zu- und Abschläge sind nach § 28 Abs. 5a II. BV ab dem 1. Januar eines jeden darauffolgenden dritten Jahres entsprechend der Entwicklung des Verbraucherpreisindexes in Deutschland nach Feststellung des Statistischen Bundesamtes anzupassen (vgl. Rn. 25).

144 Die **Zu- und Abschläge sind aber bei der Ermittlung der Instandhaltungskosten nur insoweit zu berücksichtigen, wie sie auf Dauer zu erwarten** sind. Dies ist bezüglich des Zuschlags für einen maschinell betriebenen Aufzug zu bejahen, denn dieser besteht i. d. R. auf Dauer. Bezüglich des Zu- und Abschlags für die vom Mieter bzw. Vermieter übernommenen Kosten der kleinen Instandsetzung und der Kosten der Schönheitsreparaturen stellt sich die Situation anders dar: Der II. BV liegt die übliche Vertragspraxis zugrunde, nach der

– der Vermieter die Kosten der kleinen Instandhaltung und
– der Mieter die Kosten der Schönheitsreparaturen[47]

trägt, und es kann nicht erwartet werden, dass ein davon abweichender Mietvertrag auf Dauer Bestand hat. Die Beteiligung der Mieter z. B. an Kleinreparaturen bis zu 50 € im Einzelfall sowie das Entfernen von Dübeleinsätzen und Verschließen von Löchern bei Beendigung des Mietverhältnisses sind meist in Formularmietverträgen geregelt[48].

145 Trägt indessen der Vermieter die **Schönheitsreparaturen**[49] und der Mieter die Kosten der kleinen Instandhaltung, handelt es sich um Besonderheiten i. S. des § 8 Abs. 3 ImmoWertV, die zunächst bei der Ermittlung des vorläufigen Ertragswerts außer Betracht bleiben.

146 Die vom Üblichen abweichenden Vereinbarungen sind für die Dauer ihres voraussichtlichen Bestands zusätzlich zu dem vorläufigen Ertragswert zu berücksichtigen:

Beispiel:
Für 3 jeweils 100 m² große Wohnungen trägt der Vermieter die Schönheitsreparaturen.
Es wird mit einer 10-jährigen Vertragsdauer gerechnet:
Wertermittlungsstichtag: 1.1.2005

8,54 €/m² × 3 Wohnungen × 100 m² = 2 562 €
Zusätzliche Instandhaltungskosten des Vermieters = 2 562 € p. a.
Vervielfältiger bei einem Kapitalisierungszinssatz von 5 % und einer Dauer von 10 Jahren: 7,72

Es sind zusätzlich Instandhaltungskosten von 19 778,64 € vom vorläufigen Ertragswert zum Abzug zu bringen.

147 Für den **Bereich der sozialen Wohnraumförderung** sind die angegebenen Pauschalsätze verbindlich. Die seit dem 01.01.2002 geltende Fassung der II. BV bedarf im Unterschied zu den früheren Fassungen der II. BV nicht mehr der Anpassung an die wirtschaftliche Entwicklung, weil die angegebenen Pauschalsätze mit § 20 Abs. 5a II. BV ab 01.01.2005 entsprechend der Entwicklung des Verbraucherpreisindexes alljährlich anzupassen sind[50].

---

[47] Schmidt in WuM 1994, 237; Gather in ZAP F 4, S. 339 ff.
[48] BGH, Urt. vom 07.06.1989 – VIII ZR 91/88 –, EzGuG 3.75a.
[49] Zu den Schönheitsreparaturen in der steuerlichen Bewertung: BFH, Urt. vom 02.06.1971 – III R 105/70 –, EzGuG 20.49a.
[50] Zu der Entwicklung der Instandhaltungskosten nach den früheren Fassungen der II. BV vgl. Kleiber, Verkehrswertermittlung von Grundstücken, 6. Aufl. 2011 S. 1796 ff., dort Abb. 13.

Bewirtschaftungskosten § 19 ImmoWertV

Bei **neueren baulichen Anlagen** muss zudem beachtet werden, dass die auf die Wirtschaftlichkeitsberechnung im öffentlich geförderten sozialen sowie im steuerbegünstigten Wohnungsbau zugeschnittenen Instandhaltungskosten der II. BV gegenüber den für den freifinanzierten Wohnungsbau angemessenen Sätzen i. d. R. zurückbleiben, weil dieser regelmäßig eine aufwendigere Bauart und Ausstattung aufweist. Infolgedessen müssen ggf. entsprechende Zuschläge angebracht werden. **148**

Für **Einfamilienhäuser** wird z. B. mit einer Rücklage von 1,60 € pro Quadratmeter Wohnfläche im Monat gerechnet; dies entspricht 19,20 €/m² im Jahr. Bei **Wohnungseigentum** sind die Eigentümer nach § 21 Abs. 5 Nr. 4 WEG zur Ansammlung einer angemessenen Instandhaltungsrücklage verpflichtet. Ihre Höhe bestimmen die Wohnungseigentümer bei der Aufstellung des jährlichen Wirtschaftsplans durch Stimmenmehrheit. Zur Durchführung erforderlicher Instandsetzungsmaßnahmen genügt im Übrigen die Stimmenmehrheit der Wohnungseigentümergemeinschaft. Eine Instandhaltung ist auch dann gegeben, wenn die Maßnahmen wirtschaftlich sinnvoll und erprobt sind und der Zustand des Gebäudes verändert wird. **149**

Die **Instandhaltungskosten im Wohnungsbau bezogen auf Herstellungskosten** belaufen sich – je nach Ausstattung – zwischen 0,8 bis 1,2 % (vgl. Abb. 12). **150**

Abb. 12: Instandhaltungskosten in % des Herstellungswerts

Instandhaltungskosten in % des Herstellungswerts			
Qualifizierung	Wohn- und Wohnungsgeschäftsgebäude		
	niedrig	mittel	hoch
Instandsetzungskosten in % der Herstellungskosten Annahme: Kosten des Bauwerks eines 3- bis 4-geschossigen Wohnungsbaus 1994: 1 120 €/m²	0,8	1,0	1,2

Quelle: Gärtner, S., Beurteilung und Bewertung alternativer Planungsentscheidungen im Immobilienbereich mithilfe eines Kennzahlensystems, 1. Aufl. 1996

4.5.6 Gewerberaum

Bei Gewerbeimmobilien kann die **Instandhaltungskostenpauschale** je nach Art ihrer Nutzung, ihrer Beanspruchung unter Berücksichtigung von Alter und Ausstattung etwa 15 € bis 20 € je Quadratmeter Nutzfläche betragen. Da im gewerblichen Bereich die Instandhaltungskosten – wie im Übrigen auch die anderen Bewirtschaftungskosten – umgelegt werden können, kommt es entscheidend auf die mietvertraglichen Vereinbarungen an. **151**

Sofern der Vermieter aufgrund mietvertraglicher Regelungen nur die „**Instandhaltung von Dach und Fach**" trägt, liegen die bei der Wertermittlung zugrunde zu legenden Instandhaltungspauschalen zumeist zwischen 5 und 7,50 €/m² NF.

Für **Garagen oder ähnliche Stellplätze** dürfen als Instandhaltungskosten einschließlich der Kosten für Schönheitsreparaturen höchstens 68 € jährlich je Garagen- oder Einstellplatz angesetzt werden (§ 28 Abs. 5 II. BV). Für **Lager und Industrieflächen bei einfacher Ausführung** sind Instandhaltungskosten von 2,50 €/m² angemessen.

Kalkulationsbasis für die Instandhaltungskosten pro Quadratmeter Wohn- oder Nutzfläche **ist insbesondere der Herstellungswert (ohne Außenanlagen und Baunebenkosten) zum Wertermittlungsstichtag.** Ein entsprechender Vomhundertsatz ist von der Ausstattung abhängig: **152**

– einfache gewerbliche Objekte (z. B. Lager- und Produktionshallen)	0,8 bis 1,2 %
– einfache gewerbliche Objekte (z. B. Selbstbedienungs- und Verbrauchermärkte)	0,8 bis 1,2 %
– mittlere gewerbliche Objekte und Wohngebäude	0,5 bis 1,0 %
– hochwertige Büro- und Handelsobjekte	0,4 bis 0,8 %
– Hotels, Betreiberimmobilien	bis 4,0 %

Abb. 13: Instandhaltungskosten in % des Herstellungswerts

Instandhaltungskosten in % des Herstellungswerts			
Qualifizierung	Büro- und Verwaltungsgebäude		
	niedrig	mittel	hoch
Instandsetzungskosten in % der Herstellungskosten Annahme: Kosten des Bauwerks eines 3- bis 4-geschossigen Wohnungsbaus 1994: 1 120 €/m²	0,6	0,9	1,2

Quelle: Gärtner, S., Beurteilung und Bewertung alternativer Planungsentscheidungen im Immobilienbereich mithilfe eines Kennzahlensystems, 1. Aufl. 1996

153 Neben den Instandhaltungskosten ist insbesondere bei Gewerbeobjekten ein **Modernisierungsrisiko** – ergänzend zu den Vorgaben der ImmoWertV – zu berücksichtigen, insbesondere bei Objekten, die neben der Instandhaltung einer Modernisierung bedürfen. Dies betrifft beispielsweise Hotelobjekte, deren Nasszellen einer ständigen Modernisierung bedürfen, um die üblicherweise angesetzte Gesamtnutzungsdauer zu gewährleisten. Darüber hinaus sind Dienstleistungs- und Freizeitimmobilien, aber auch Büroobjekte zu nennen.

4.5.7 Landwirtschaftliche Wirtschaftsgebäude

154 Bei **landwirtschaftlichen Wirtschaftsgebäuden** wird mit Instandhaltungskosten von 1,0 bis 3,0 % des Herstellungswerts am Wertermittlungsstichtag gerechnet.

4.5.8 Besonderheiten (Anomalien)

▶ Vgl. oben Rn. 23, 55, 73, 99, Syst. Darst. des Ertragswertverfahrens Rn. 200, § 17 ImmoWertV Rn. 9

155 Besonderen, von der üblichen Vertragspraxis und den herangezogenen Vergleichsmieten temporär abweichenden mietvertraglichen Regelungen muss Rechnung getragen werden, soweit sie den Verkehrswert beeinflussen:

- Bei Anwendung des *zwei- und eingleisigen Ertragswertverfahrens* nach § 17 Abs. 2 ImmoWertV kann solchen Besonderheiten nach § 8 Abs. 3 ImmoWertV differenziell Rechnung getragen werden, indem die kapitalisierte Differenz ergänzend berücksichtigt wird.
- Bei Anwendung des *mehrperiodischen Ertragswertverfahrens* nach § 17 Abs. 1 Satz 2 i. V. m. Abs. 3 ImmoWertV kann direkt von einem entsprechend erhöhten oder verminderten Reinertrag ausgegangen werden.

4.6 Modernisierungs- und Revitalisierungsrisiko

4.6.1 Allgemeines

Schrifttum: *Engel, E./Esselmann, D.,* Der Einfluss der Modernisierungskosten auf Nutzungsdauer, Ertragswert und Immobilienrenditen, GuG 2005, 321.

Insbesondere bei gewerblichen Immobilien (Bürogebäude und sog. Managementimmobilien) ist die üblicherweise angesetzte Gesamt- und Restnutzungsdauer nur dann realistisch, wenn das Objekt über die Instandhaltung hinaus durch Modernisierungsmaßnahmen den **sich verändernden Anforderungen des Grundstücksmarktes** angeglichen wird. Dies kann durch Ansatz eines Modernisierungsrisikos (Revitalisierungsrisiko) berücksichtigt werden, mit dem die notwendigen Anpassungsmaßnahmen abgedeckt werden, die zur Aufrechterhaltung der Marktgängigkeit und Ertragsfähigkeit aufgebracht werden müssen. **156**

Grundsätzlich kann einem Modernisierungs- und Umstrukturierungsrisiko (Revitalisierungsrisiko) auch durch eine verkürzte Restnutzungsdauer, einem erhöhten Liegenschaftszinssatz oder einem (individuellen) Wertabschlag Rechnung getragen werden, jedoch empfiehlt es sich aus Gründen der Transparenz, dem Modernisierungsrisiko im Rahmen der Bewirtschaftungskosten durch einen gesonderten Ansatz eines Modernisierungsrisikos Rechnung zu tragen. Dies entspricht auch den Grundsätzen der **Beleihungswertermittlung**. **157**

4.6.2 Höhe des Modernisierungs- und Revitalisierungsrisikos

Das Modernisierungs- und Umstrukturierungsrisiko (Revitalisierungsrisiko) ist abhängig von **158**
- der Gebäudeart,
- der Lage des Objekts,
- dem Zustand des Objekts (bauliche Struktur und Ausstattung) sowie
- der Höhe des Ausgangsmietniveaus.

Das Modernisierungs- und Umstrukturierungsrisiko (Revitalisierungsrisiko) ist umso höher, **159**
- je älter die Immobilie ist,
- je höher das Ausgangsmietniveau ist,
- je exponierter die Immobilie ist,
- je zeitgemäßer Ausstattung und Struktur sein müssen und
- je zeitgemäßer die ausgeübte Nutzung ist.

Es empfiehlt sich, den **akuten und konkreten Modernisierungsbedarf** eines überschaubaren Zeitraums von bis zu 30 Jahren auf der Grundlage der kalkulierten Aufwendungen zusammen mit einer ggf. veränderten Restnutzungsdauer und einem erhöhten Ertrag zu berücksichtigen[51]. **160**

Modernisierungskosten liegen im Vergleich deutlich **über den Instandhaltungs-/Sanierungskosten.** Folgende Werte je Quadratmeter Wohnfläche (WF) sind im Jahre 2000 für eine durchgreifende Modernisierung angemessen: **161**

einfacher Standard	500 bis	700 €/m² WF
mittlerer Standard	700 bis	1 000 €/m² WF
gehobener Standard	1 000 bis	1 400 €/m² WF

Berechnungsbasis für das **Modernisierungsrisiko** sind nach Anl. 1 zu § 11 BelWertV die Neubauherstellungskosten. Die in der Beleihungswertermittlung einzuhaltenden Bandbreiten sind in der Syst. Darst. des Ertragswertverfahrens unter Rn. 205 ff. abgedruckt. **162**

Fazit: Bei Spezialimmobilien empfiehlt es sich, über die Instandhaltung hinaus ein Modernisierungs- und Umstrukturierungsrisiko (Revitalisierungsrisiko) zu berücksichtigen, weil die üblicherweise herangezogene Gesamt- und Restnutzungsdauer dies bedingt. **163**

---

[51] VDH, Wesentliche Aspekte der Beleihungswertermittlung (Stand 3.6.1998).

4.7 Mietausfallwagnis (§ 19 Abs. 2 Nr. 3 ImmoWertV)

4.7.1 Begriff

Schrifttum: Lehmann, H.-J., Wertansätze bei Ertragswertberechnungen angesichts der Wohnungs- und Leerstandsproblematik, GuG 2001, 276.

4.7.1.1 Mietausfallwagnis nach II. BV

164 Mietausfallwagnis *(vacancy & rent collection loss)* ist nach § 29 II. BV das Risiko „einer Ertragsminderung, die durch uneinbringliche Rückstände von Mieten, Pachten, Vergütungen und Zuschlägen oder durch Leerstehen von Raum, der zur Vermietung bestimmt ist, entsteht. Es umfasst auch die uneinbringlichen Kosten einer Rechtsverfolgung auf Zahlung oder Räumung".

4.7.1.2 Mietausfallwagnis nach ImmoWertV

▶ *Zum Leerstand vgl. § 8 ImmoWertV Rn. 319, 338, Syst. Darst. des Ertragswertverfahrens Rn. 200, 216*

165 Das Mietausfallwagnis wird mit § 19 Abs. 2 Nr. 3 ImmoWertV als das **Risiko von Ertragsminderungen** definiert, **die durch**

- „**uneinbringliche Rückstände von Mieten**, Pachten und sonstigen Einnahmen oder
- **vorübergehenden Leerstand** von Raum entstehen, der zur Vermietung, Verpachtung oder sonstigen Nutzung bestimmt ist."

Es umfasst auch das „Risiko von uneinbringlichen Kosten einer Rechtsverfolgung auf Zahlung, Aufhebung eines Mietverhältnisses oder Räumung".

166 Der wesentliche Unterschied beider Definitionen besteht darin, dass **nur der „vorübergehende Leerstand" nach der ImmoWertV zum Mietausfallwagnis** gehören soll. Die Vorschrift ist lex specialis und nur für die Ertragswertermittlung nach Unterabschnitt 3 der Verordnung maßgebend. Sie wird damit begründet[52], dass „bei dauerhaften, strukturellen Leerständen – die insbesondere in Stadtumbaugebieten zu verzeichnen sind – ... sich von vornherein der marktüblich erzielbare Ertrag" mindere, und nur ein vorübergehender Leerstand mit dem Mietausfall zu berücksichtigen sei (vgl. Syst. Darst. des Ertragswertverfahrens Rn. 212).

167 Die Vorschrift ist nicht nachvollziehbar. Nach der Begründung sollen bei einem dauerhaften Leerstand die auf die leerstandsbetroffenen Flächen entfallenden Erträge von vornherein außer Betracht bleiben. Zieht man den darauf entfallenen Ertrag als Mietausfallwagnis vom Gesamtertrag ab, käme man im Übrigen zu demselben Ergebnis. Insofern ist auch ein dauerhafter Leerstand zu berücksichtigen, damit sich i. S. der Begründung der „marktüblich erzielbare Ertrag" mindert.

168 Indessen ist es bei Anwendung des Ertragswertverfahrens sachgerecht, den vorübergehenden (temporären) Leerstand gerade nicht mit dem üblichen Mietausfallwagnis zu berücksichtigen und den damit einhergehenden Ertragsausfall – ergänzend zu dem sonst üblichen Leerstand – in besonderer Weise nach Maßgabe des § 8 Abs. 3 ImmoWertV zu berücksichtigen.

Auf das in § 8 ImmoWertV unter Rn. 322 vorgestellte Beispiel wird verwiesen.

- Bei Anwendung des *mehrperiodischen Ertragswertverfahrens* (§ 17 Abs. 1 Satz 2 i. V. m. Abs. 3 ImmoWertV) ist einem **erhöhten, aber temporären Mietausfallwagnis** dadurch Rechnung zu tragen, dass der Mietausfall direkt mit entsprechend verminderten Einnahmen berücksichtigt wird. Davon wird man beispielsweise Gebrauch machen, wenn z. B.

---

52 Vgl. BR-Drucks. 171/10.

eine Büroimmobilie mit erhöhtem Leerstand zu bewerten ist und erkennbar ist, dass die Phase des erhöhten Leerstands zeitlich befristet ist.

- Bei Anwendung des *ein- oder zweigleisigen Ertragswertverfahrens* (§ 17 Abs. 2 ImmoWertV) ist ein temporär erhöhter Leerstand rechentechnisch nach den Methoden zu berücksichtigen, die auch zur Berücksichtigung von Mieterträgen Anwendung finden, die gegenüber dem marktüblich erzielbaren Mietertrag temporär abweichen (*over- und underrented*).

169 Lässt man bei einem dauerhaften Leerstand die auf die leerstandsbetroffenen Flächen entfallenden Erträge von vornherein außer Betracht, so ist insoweit auch kein Mietausfallwagnis zu berücksichtigen. Indessen müssen in diesem Fall die **auf die leerstandsbetroffenen Flächen entfallenden fixen Betriebskosten** wertmindernd mit dem Barwert der über die Restnutzungsdauer kapitalisierten Betriebskosten berücksichtigt werden.

170 Die Position Mietausfallwagnis dient auch zur Deckung der **Kosten einer Rechtsverfolgung** mit dem Ziele der Zahlung rückständiger Mieten (etwa durch eine formelle Abmahnung mit Nachweis der Zustellung), Aufhebung eines Mietverhältnisses oder Räumung der Mietfläche. Daneben können Kosten für die eventuelle Lagerung von Einrichtungsgegenständen, Maschinen, Möbeln und Zubehör sowie für eine u.U. notwendige Renovierung des geräumten Mietobjekts anfallen.

171 Ertragsminderungen können auch aus **Mietkürzungen und Mietausfällen resultieren** (vgl. § 18 ImmoWertV Rn. 224).

172 **Uneinbringliche Zahlungsrückstände** ergeben sich i. d. R. dann, wenn der Mieter die von ihm geschuldete Miete nicht zu zahlen fähig oder willens ist. Die Praxis zeigt, dass zwischen der Erklärung der fristlosen Kündigung wegen Zahlungsverzugs und der Räumung des Mietobjekts Monate vergehen können, die ein Anwachsen der Zahlungsrückstände bewirken. So ist beispielsweise bei der Räumung von Wohnraum – auch wegen der Mieterschutzgesetzgebung – oft mit sechs, meistens jedoch mit auch bis zu zwölf Monaten (im Einzelfall) zu rechnen. Während dieser Zeit erhält der Vermieter i. d. R. weder die Grundmiete noch die Abschlagszahlungen für die Betriebskosten. Reduzierungen der Zahlungsrückstände bei Wohnungsmieten können sich allenfalls durch die Zahlungen der Sozial- und Ordnungsämter sowie Aufrechnungen der Vermieter mit Mietkautionen ergeben. Neben Barkautionen sind auch selbstschuldnerische Bürgschaften – häufig von Kreditinstituten – üblich. Diese Sicherheiten dürfen bei Wohnungen betragsmäßig zusammengenommen die Summe von drei Monatsmieten nicht übersteigen[53].

173 Bezüglich des Mietausfallwagnisses ist wiederum **von dem am Wertermittlungsstichtag üblichen Mietausfallwagnis auszugehen**; auf Erfahrungssätze, die den Grundsätzen einer ordnungsgemäßen Bewirtschaftung entsprechen[54], kann zurückgegriffen werden. Dass das Mietausfallwagnis mit der wirtschaftlichen Abnutzung des Gebäudes ansteigt, kann unbeachtlich sein, da dies in den Liegenschaftszinssatz eingeht.

174 Die vielfach vertretene Auffassung, dass **langfristig vereinbarte Mietverhältnisse** das Mietausfallwagnis reduzierten, ist falsch, denn auch solche Mietverhältnisse können den Grundstückseigentümer nicht vor Zahlungsrückständen und dgl. schützen. Das Mietausfallwagnis ist vielmehr in erster Linie von der Solvenz des Mieters abhängig. Bei sog. *overrented* Objekten ist es erfahrungsgemäß höher als bei sog. *underrented* Objekten. Selbst bei einem ungewöhnlich langfristigen Mietverhältnis mit einem solventen Mieter kann keinesfalls von einem „nachhaltig" verminderten Mietausfallwagnis ausgegangen werden, da das eine Besonderheit i. S. des § 8 Abs. 3 ImmoWertV darstellt.

---

53 BGH, Urt. vom 20.04.1989 – IX ZR 212/88 –, BGHZ 107, 210 = WM 1989, 795 = NJW 1989, 1853 = WuM 1989, 289 = ZMR 1989, 236 = DWW 1989, 255 = BB 1989, 1082.
54 BAnz Nr. 154 vom 12.08.1961.

§ 19 ImmoWertV — Bewirtschaftungskosten

175 *Beispiel:*

Bei der Bewertung hochkarätiger neu errichteter Büroimmobilien im Rahmen der Fondsbewertungen, denen vielfach eine Restnutzungsdauer von 80 Jahren beigemessen wird, ist es weit verbreitete Praxis, das Mietausfallwagnis (nur) mit 1 bis 2 % anzusetzen, wenn ein Mietverhältnis von 5 bis 10 Jahren besteht und der Mieter zudem solvent erscheint.

Ein Mietausfallwagnis in dieser Größenordnung ist nicht „nachhaltig", denn die „Momentaufnahme" des Wertermittlungsstichtags gibt nicht das langfristige Mietausfallwagnis wieder, das über 80 Jahre mit der wirtschaftlichen Abnutzung der baulichen Anlage erheblich anwächst, wenn nicht modernisiert wird.

176 Einem phasenweise verminderten Mietausfallwagnis (auch vorübergehender Leerstand) aufgrund vertraglicher Besonderheiten kann nach § 8 Abs. 3 ImmoWertV Rechnung getragen werden. In diesem Rahmen sind insbesondere bei Gewerbeobjekten die Laufzeit von Mietverträgen, die **Bonität des Mieters und das Wiedervermietungsrisiko** in die Betrachtung einzustellen. Je kürzer die Laufzeit ist und geringer die Bonität des Mieters eingeschätzt wird, umso höher ist das prognostizierbare Mietausfallwagnis.

177 Die **Höhe des Mietausfallwagnisses** ist, wie die Höhe der Instandhaltungskosten, wiederum eine Funktion der Wohn- bzw. Nutzfläche i. V. m. den nach Lage des Objekts und seiner Ausstattung erzielbaren Erträgen. Darüber hinaus ist das Mietausfallwagnis aber besonders von der Grundstücksart abhängig. Angebots- und Nachfragesituation weisen je nach Grundstücksart erhebliche Unterschiede aus. Gewerbliche Objekte, die eine deutlich höhere Fluktuation als Wohnobjekte aufweisen, sind bezüglich der Nachfrage stark von der wirtschaftlichen Konjunktur abhängig; sie weisen deshalb ein deutlich höheres Mietausfallwagnis auf. Das Mietausfallwagnis ist insbesondere abhängig von:

- der Miethöhe,
- der Restlaufzeit der Mietverträge,
- der individuellen Objekteigenschaften,
- der Marktsituation und
- der Mieterbonität (Solvenz).

178 **Für das Mietausfallwagnis kann auf Erfahrungssätze zurückgegriffen werden**, die den Grundsätzen einer ordnungsgemäßen Bewirtschaftung entsprechen[55]. Das Mietausfallwagnis wird üblicherweise dadurch berücksichtigt, dass die Jahresnettokaltmiete um einen bestimmten Vomhundertsatz vermindert wird. Mit **Nr. 3.5.2.5 WERTR** werden keine Vorgaben für die Höhe des Mietausfallwagnisses mehr gemacht. Nach der aufgehobenen Vorgängerregelung waren als Mietausfallwagnis in etwa anzusetzen:

- 2 % des Rohertrags (Nettokaltmiete) bei **Mietwohn- und gemischt genutzten Grundstücken** und
- 4 % des Rohertrags (Nettokaltmiete) bei **Geschäftsgrundstücken**.

Bei diesem Ansatz wird davon ausgegangen, dass das Mietausfallwagnis über die Restnutzungsdauer (im Verhältnis zur Jahresnettokaltmiete) gleich bleibt und Schwankungen sich ausgleichen.

179 Bei der **Beleihungswertermittlung** ist nicht unter diese Sätze zu gehen, sondern eher ein höherer Ansatz zu wählen (vgl. Syst. Darst. des Ertragswertverfahrens Rn. 204).

180 Das Mietausfallwagnis kann im Einzelfall deutlich über den angegebenen Sätzen liegen, jedoch sollte bei **strukturell hohen Leerständen** das Mietausfallwagnis i. d. R. nicht höher als mit 10 bis 15 % angesetzt werden, da höhere Leerstände auf Dauer wirtschaftlich nicht tragbar sind.

181 Wird einem erhöhten, aber zeitlich begrenzten Mietausfallwagnis wie vorstehend erläutert durch Abzug des Mietausfalls gesondert Rechnung getragen, muss aber umgekehrt berück-

---

[55] BAnz Nr. 154 vom 12.08.1961.

Bewirtschaftungskosten § 19 ImmoWertV

sichtigt werden, dass der **fixe Kostenanteil der Bewirtschaftungskosten** gleichwohl zum Ansatz kommt. Nach Untersuchungen von *Jones Lang Wootton* mussten 1999 für ein leerstehendes Bürogebäude Betriebskosten in Höhe von 40 % der umlagefähigen Betriebskosten[56] aufgebracht werden.

4.7.2 Wohnraum

Das **Mietausfallwagnis** darf **nach § 29 Satz 3 II. BV** höchstens mit 2 v. H. des Rohertrags (Jahresnettokaltmiete) angesetzt werden. Für Geschäftsgrundstücke war in der WertR von 1991 noch ein Mietausfallwagnis von 4 v. H. der Nettokaltmiete/Grundmiete angegeben. Diese Sätze können aber nur einen Anhalt geben, denn grundsätzlich gilt auch diesbezüglich, dass die örtliche Marktlage, der Zustand und die Art des Grundstücks sowie vor allem auch die Restnutzungsdauer zu beachten sind. Die jüngsten Erfahrungen (strukturelle Probleme, Insolvenzen, Fluktuationen, Leerstände) zeigen, dass die vorgenannten Sätze insbesondere für die Gebiete außerhalb der Ballungsräume eher am unteren Rand einer möglichen Bandbreite liegen. **182**

An **folgendem Beispiel** wird die Höhe der Bewirtschaftungskosten (individuell ermittelt) in Abhängigkeit von der Nettokaltmiete nach § 18 ImmoWertV sichtbar gemacht: **183**

Beispiel:

Mehrfamilienhaus

Sachverhalt:

Die Ermittlung des Verkehrswerts ist zum Zwecke des Verkaufs erfolgt. Der Verkäufer hat die Immobilie geerbt; sie war im Zeitpunkt des Verkaufs rd. 45 Jahre im Eigentum der Familie.

Objektdaten:

Baujahr 1916, Keller-, Erd-, 1. und 2. Ober- sowie ausgebautes Dachgeschoss, Modernisierung 1975/76 mit Bädereinbau, Kunststoff-Fenster mit Isolierglas, abgehängte Decken, PVC-Böden, zentrale Etagenheizungen, Gas/Strom, 1992/93 komplett neue Dacheindeckung und neuer Fassadenputz; Kosten rd. 100 000 €, fiktives Baujahr daher 1942. 8 abgeschlossene Wohnungen mit insgesamt 696 m² Wohnfläche, Vorortlage in rheinischer Großstadt, Grundstücksgröße 486 m²; umbauter Raum 4 300 m³.

Wertermittlung:

Summe der Einnahmen aus Vermietung und Verpachtung (Grundmiete, Neben- bzw. Betriebskosten)	49 150 €
abzüglich umlegbare Betriebskosten (Wasser, Entwässerung, allgemeine Beleuchtung, Müllabfuhr, Gemeinschaftsantenne, Ungezieferbekämpfung) i. S. der vertraglichen Vereinbarungen (dies sind 6,87 €/m² WF (monatlich 0,57 €/m²) und 9,7 % von 49 150 €)	− 4 780 €
Jahresnettokaltmiete = (63,75 €/m² bzw. 5,31 €/m² WF monatliche Nettokaltmiete i. D.)	= 44 370 €

Kontrolle der Grund-(Nettokalt-)Miete auf Angemessenheit unter Zuhilfenahme des örtlichen Mietspiegels für nicht öffentlich geförderte Wohnungen (Stand: 01.07.2000).
Für Wohnungen um 80 m² WF mit Heizung, Bad/WC in mittlerer Wohnlage werden 5 bis 7 €/m² WF der Objekt-Gruppe 3 mit Heizung, im Mittel also 6 €/m², ausgewiesen.
Die gezahlte Miete liegt im Rahmen der ortsüblichen Vergleichsmiete, und zwar noch unterhalb des Mittels.

Abzüglich Bewirtschaftungskosten

− *Verwaltungskosten* (gezahlt werden mtl. 200 €) (= 4,88 % der Gesamteinnahmen)	=	2 400,00 €
− *Betriebskosten* (nicht umlegbar)		
– Grundsteuer (Teilbetrag)		310,03 €
– Straßenreinigung		376,04 €
– Sachversicherung		1 102,03 €
– Haftpflichtversicherung		267,36 €

---

[56] GuG 1999, 56.

§ 19 ImmoWertV   Bewirtschaftungskosten

Summe	rd. 2 055,46 €	2 055,46 €
– *Instandhaltungskosten*		
696 m² WF × 10 €/m² WF	= rd. 6 960,00 €	
– *Mietausfallwagnis*		
2 % der gesamten Einnahmen von 49 150 €	rd. 983,00 €	
entspricht 27,9 % der Nettokaltmiete (§ 18 ImmoWertV)	12 398,46 €	– 12 398 €
Reinertrag des Grundstücks:		31 972 €
abzüglich Bodenwertverzinsungsbetrag 5 % von 150 000 €		– 7 500 €
Ertragsanteil der baulichen Anlagen:		**24 472 €**

= 308,64 €/m² Grundstück

Bei einer wirtschaftlichen Restnutzungsdauer von 40 Jahren und einem Liegenschaftszinssatz von 5 % beträgt der Vervielfältiger gem. Anl. zur ImmoWertV = 17,16
24 472 € × 17,16 = 419 940 € = rd. 420 000 €

Ertragswert der baulichen Anlage	rd. 420 000 €
+ Bodenwert	+ 150 000 €
= Ertragswert	**= 570 000 €**

Das Objekt hinterlässt einen gepflegten Eindruck. Reparaturstau ist demnach nicht zu berücksichtigen.
Der *Verkehrswert für das Mehrfamilienhausgrundstück* wird mit 570 000 € beziffert.
Nachrichtlich: Der Verkehrswert entspricht dem 12,8-fachen Rohertrag; es ergibt sich ein Wert von rd. 820 € für einen Quadratmeter Wohnfläche.
Anmerkungen:
Gemäß Grundstücksmarktbericht des Gutachterausschusses für Grundstückswerte sind die folgenden erforderlichen Daten (§§ 9 ff. ImmoWertV) bekannt geworden:
- Bodenrichtwerte
- Bodenpreisindexreihen
- *Liegenschaftszinssatz*
  Für Mietwohngrundstücke Altbauten mit einer Restnutzungsdauer von 30 bis 45 Jahren wird ein durchschnittlicher Liegenschaftszinssatz von 5 % ausgewiesen.
- *Rohertragsfaktoren (Vergleichsfaktoren für bebaute Grundstücke)*
  Aus dem Datenmaterial (Verkäufe) haben sich für Mietwohngrundstücke und Altbauten mit einer Restnutzungsdauer von 30 bis 45 Jahren Ertragsfaktoren in einer Bandbreite von 12 bis 16 (im Beispielsfall = 12,8) ergeben.
- Das Beispiel belegt den vorher genannten Erfahrungssatz (Pauschalansatz für Bewirtschaftungskosten) von bis zu 40 % des Rohertrags bei Wohnimmobilien/Altbauten bis Baujahr 1948. Hier ergeben sich rund 28 %.
- Nach einer Vermarktungsdauer von rd. zwei Monaten wird das Objekt für 625 000 € verkauft. Zudem erklärt eine Sparkasse schriftlich und unwiderruflich, diese bei Fälligkeit auf das Girokonto des Verkäufers zu überweisen. Der Kaufpreis entspricht einer Steigerung von 9,65 % gegenüber dem mit 570 000 € ermittelten Verkehrswert. Anderseits ist der Kaufpreis das 14,09-fache des Rohertrags (Bandbreite gem. Marktbericht 12 bis 16). Auf einen Quadratmeter Wohnfläche entfallen zudem rd. 900 €.

4.7.3   Gewerberaum

184 Das Mietausfallwagnis hat im gewerblichen Bereich besondere Bedeutung, denn der Vermieter hat es hier regelmäßig – ausgenommen die ***Shopping-Center*** mit z. B. 50 bis 150 Fachgeschäften – nicht mit einer Vielzahl von Einzelmietern zu tun, wie dies bei Mietwohnhäusern der Fall ist, sondern mit wenigen Partnern. Das Risiko eines Mietausfalls liegt sowohl in der **Mieterbonität** als auch in der eingeschränkten **Vermietbarkeit von „maßgeschneiderten" und** vielfach **übergroßen Nutzungsflächen**. Zeiten starker Konjunktureinbrüche sind regelmäßig von Zurückhaltung der Konsumenten begleitet. Insbesondere sind Gewinneinbußen

Bewirtschaftungskosten § 19 ImmoWertV

des Fach-Einzelhandels (z. B. 1992/1. Hj. zu 1993/1. Hj. = 3 %) die Regel. Spätere Geschäftsaufgaben und damit *Mietausfall* können – wie bereits gesagt – nicht ausgeschlossen werden.

Bei ausschließlich gewerblich genutzten Objekten sollte das Mietausfallwagnis mit 4 bis 8 v. H. der Jahresrohrerträge berücksichtigt werden.

185

Beispiel:

186

für ein hochwertiges Gewerbeobjekt mit Leerstand

Bei hochwertigen Gewerbeobjekten bestimmt sich der Verkehrswert nach
– der Lage des Objekts,
– der Bonität der Mieter,
– der Qualität der Mietverträge.

Die Qualität des Mietvertrags wird bestimmt durch
– den Ablaufzeitpunkt des Mietvertrags,
– Optionsvereinbarungen,
– Abgleich der vereinbarten Miete mit der nachhaltig erzielbaren Miete,
– Indexvereinbarungen zur Wertsicherung der Miete und
– Überprüfung der im Vertrag vereinbarten vermietbaren Fläche.

Laufen die Verträge in Kürze aus und sind die Konditionen der Weitervermietung unklar, ist die Nachhaltigkeit der Ertragssituation gefährdet, insbesondere wenn davon der Hauptmieter betroffen ist.

Beispiel:

a) Sachverhalt

187

Gemischt genutztes Grundstück
Baujahr 1991
Wertermittlungsstichtag: 01.11.2002
Die Miet- und Nutzungssituation stellt sich wie folgt dar:

Sachverhalt	Nutzung	Fläche	Miete	Nettokaltmiete	Nettokaltmiete	Laufzeit des Mietvertrags Leerstand
		m²	€/m²	€/Monat	€/p. a.	
Mieter A	EG: Ladenfläche	2 000	50	100 000	1 200 000	Mieter hat zum 01.11.2002 gekündigt
Mieter B	I. OG: Bürofläche	2 000	10	20 000	240 000	01.05.2005
Mieter C	II. OG: Bürofläche	2 000	9	18 000	216 000	Mieter hat zum 01.11.2003 gekündigt
	Summe:	6 000		138 000	1 656 000	

b) Wertermittlung

Lösung 1:

188

Aus der Miet- und Nutzungsübersicht folgt, dass 72 % der Gesamteinnahmen durch die Ladenmiete erzielt werden und durch die Kündigung des Mieters ein Ertragsausfall droht, wenn nicht in absehbarer Zeit eine gleichwertige Anschlussvermietung gelingt. In diesem Falle ergäbe sich für eine Vollvermietung folgender Ertragswert:

§ 19 ImmoWertV — Bewirtschaftungskosten

Nettokaltmiete p. a.		1 656 000 €
Bewirtschaftungskosten		
– Verwaltungskosten	– 41 400 €	
– Instandhaltungskosten: 6 000 m² × 6 €/m²	– 36 000 €	
– Mietausfallwagnis	– 49 680 €	
insgesamt	127 080 €	– 127 080 €
Grundstücksreinertrag		1 528 920 €
Bei einer Restnutzungsdauer von 50 Jahren und einem Liegenschaftszinssatz von 6 % ergibt sich ein Vervielfältiger von 15,76		
Ertragswert: 1 528 920 € × 15,76		**rd. 24 100 000 €**

Der Umstand, dass der Mieter C bereits am Wertermittlungsstichtag seinen Vertrag gekündigt hat, kann vernachlässigt werden, da der Akquisitionszeitraum bis zur möglichen Nachvermietung noch 12 Monate beträgt und nach der Marktsituation zu dem aktuellen Mietpreis eine Weitervermietung ohne Weiteres erwartet werden kann.

189 *Lösung 2:*

Grundsätzlich anders stellt sich die Situation für den kurzfristig gekündigten Mietvertrag des Mieters A dar.

a) Hier ist zunächst zu prüfen, ob das bestehende Mietpreisniveau von 50 €/m² als angemessen und nachhaltig erzielbar anzusehen ist. Da der Mieter selbst noch keine Nachvermietungsverhandlungen aufgenommen hat, sind Zweifel angezeigt. Unterstellt man gleichwohl die Angemessenheit und Nachhaltigkeit der derzeitigen Miete, muss bei der Verkehrswertermittlung ein angemessener Akquisitionszeitraum angesetzt werden.

Nettokaltmiete p. a.		1 656 000 €
Bewirtschaftungskosten		
– Verwaltungskosten	– 41 400 €	
– Instandhaltungskosten: 6 000 m² × 6 €/m²	– 36 000 €	
– Mietausfallwagnis	– 49 680 €	
insgesamt	127 080 €	– 127 080 €
Grundstücksreinertrag		1 528 920 €
Bei einer Restnutzungsdauer von 50 Jahren und einem Liegenschaftszinssatz von 6 % ergibt sich ein Vervielfältiger von 15,76		
Ertragswert (bei Vollvermietung) 1 528 920 € × 15,76		rd. 24 100 000 €
Geschätzter Mietausfall bis zur Vollvermietung		
2 000 m² × 50 €/m² × 12 Monate	1 200 000 €	
zuzüglich üblicherweise umlagefähiger Bewirtschaftungskosten		
2 000 m² × 2 €/m² × 12 Monate	+ 48 000 €	
zusammen	1 248 000 €	
Abzinsung auf den Wertermittlungsstichtag über 1 Jahr und einem Zinssatz von 6 %: $q^{-1} = 0{,}9434$		
1 248 000 € × 0,9434		– 1 180 000 €
Ertragswert		22 920 000 €

Bewirtschaftungskosten § 19 ImmoWertV

Lösung 3:

b) Wird nach der Marktsituation am Wertermittlungsstichtag mit einem längerfristigen Leerstand gerechnet, so wäre der Minderertrag der bereits gekündigten Teilfläche C zusätzlich zu berücksichtigen.

Ertragswert *(bei Vollvermietung)*		rd. 24 100 000 €
Geschätzter Mietausfall für Fläche A		
2 000 m² × 50 €/m² × 24 Monate	2 400 000 €	
zuzüglich üblicherweise umlagefähiger Bewirtschaftungskosten		
2 000 m² × 2 €/m² × 24 Monate	+ 96 000 €	
zusammen	2 496 000 €	
Abzinsung auf den Wertermittlungsstichtag über 2 Jahre und einem Zinssatz von 6 %: q^{-2} = 0,8900		
2 496 000 € × 0,8900		– 2 220 000 €
Geschätzter Mietausfall für Fläche C		
2 000 m² × 9 €/m² × 12 Monate	216 000 €	
zuzüglich üblicherweise umlagefähiger Bewirtschaftungskosten		
2 000 m² × 2 €/m² × 12 Monate	+ 48 000 €	
zusammen	264 000 €	
Abzinsung auf den Wertermittlungsstichtag über 2 Jahre und einem Zinssatz von 6 %: q^{-2} = 0,8900		
264 000 € × 0,8900		– 235 000 €
Ertragswert		21 645 000 €

Lösung 4:

c) Resultieren die Nachvermietungsprobleme aus einer Verschlechterung der Lagequalitäten des Grundstücks und seiner unmittelbaren Umgebung (z. B. Umleitung der Passantenfrequenz), fällt die Prüfung auf Angemessenheit und Nachhaltigkeit der erzielten Miete von 50 €/m² negativ aus. In diesem Fall ist einzuschätzen,

– welche Nutzung und welche Miete aufgrund der geänderten Situation nachhaltig erzielbar sind,
– welche Akquisitionszeit bis zur Nachvermietung angemessen ist und
– ob und in welchem Umfang dem Eigentümer durch die Folgenutzung Umbaukosten entstehen.

Aufgrund der Lagequalitätsverschlechterung ist im vorstehenden Beispiel die erdgeschossige Ladennutzung zwar weiterhin marktgerecht, das Mietniveau ist aber deutlich niedriger anzunehmen (20 €/m²). Umbauten zulasten des Eigentümers fallen nicht an. Die Akquisitionszeit bis zur Vermietung wird auf ein halbes Jahr veranschlagt.

Nettokaltmiete p. a.		936 000 €
Bewirtschaftungskosten		
– Verwaltungskosten	– 23 400 €	
– Instandhaltungskosten: 6 000 m² × 6 €/m²	– 36 000 €	
– Mietausfallwagnis	– 28 100 €	
insgesamt	87 500 €	– 87 500 €
Grundstücksreinertrag		848 500 €
Bei einer Restnutzungsdauer von 50 Jahren und einem Liegenschaftszinssatz von 6 % ergibt sich ein Vervielfältiger von 15,76		
Ertragswert (bei Vollvermietung) 848 500 € × 15,76		rd. 13 370 000 €
Geschätzter Mietausfall bis zur Vollvermietung		
2 000 m² × 50 €/m² × 6 Monate	240 000 €	
zuzüglich üblicherweise umlagefähiger Bewirtschaftungskosten		
2 000 m² × 2 €/m² × 6 Monate	+ 24 000 €	
zusammen	264 000 €	– 264 000 €

Abzinsung auf den Wertermittlungsstichtag entfällt wegen Geringfügigkeit.	
Ertragswert	13 100 000 €

Darüber hinaus ist zu prüfen, ob angesichts der Lageverschlechterung der Liegenschaftszins zu erhöhen ist.

4.7.4 Landwirtschaftliche Wirtschaftsgebäude

192 Bei **landwirtschaftlichen Wirtschaftsgebäuden** wird mit einem Mietausfallwagnis von 5,0 bis 18,0 % des Rohertrags gerechnet.

5 Bonität der Mietverhältnisse *(Scoring)*

Schrifttum: *Dobberstein, M.*, Scoringmodelle als Analyseinstrument des Immobilienportfoliomanagements, GuG 2000, 8.

193 Bei hochwertigen Immobilien kann es angezeigt sein, die Ausfallwahrscheinlichkeit eines Mieters durch ein Mieter*scoring* zu konkretisieren. Mit dem Mieter*scoring* wird eine Kennzahl ermittelt, die das Vermietungsrisiko transparent macht und risikoreiche sowie risikoarme Objekte identifiziert.

194 Das Mietausfallrisiko setzt sich insbesondere zusammen aus
- der Branche (nachfolgend Indikator a),
- der Bonität des Mieters (nachfolgend Indikator b bis g) und
- dem vertragsabhängigen Laufzeitrisiko.

195 **Indikatoren** sind
a) das branchenspezifische Risikopotenzial; hierzu bedarf es zunächst einer Klassifikation der Branchen[57],
b) Ort/Kreis des Mieters, z. B. auf der Grundlage eines Bonitätsatlasses[58],
c) Gründungsjahr des Unternehmens (je länger ein Unternehmen auf dem Markt ist, desto niedriger die Ausfallquote),
d) Rechtsform des Unternehmens,
e) offene Posten, d. h. das bisherige Zahlungsverhalten des Mieters einschließlich anhängiger Rechtsstreitigkeiten,
f) Auskünfte und die Bonität des Mieters; hier kommen insbesondere in Betracht:
   - eigene Auskünfte,
   - Schufa-Auskünfte,
   - Bankauskünfte,
   - Auskünfte des Creditforums,
g) Laufzeit des Vertrags einschließlich Verlängerungsoption.

196 Grundlage für die Indikatoren a), b) und d) kann hier insbesondere die vom Statistischen Bundesamt jährlich veröffentlichte **Datei der Insolvenzhäufigkeit nach ausgewählten Wirtschaftszweigen**, Rechtsformen und Ländern sein[59].

---

57 Z.B. Klasseneinteilung der Deutschen Immobiliendatenbank Wiesbaden mit 28 unterschiedlichen Branchen.
58 Bonitätsatlas des Creditforums und der ExperConsult Wirtschaftsförderung und Investitionen GmbH & Co KG.
59 Statistisches Bundesamt: http://www.destatis.de/basis/d/insol/insoltab1.htm.

Bewirtschaftungskosten § 19 ImmoWertV

Die **Indikatoren sind schulnotenmäßig zu bewerten** (z. B. 1 bis 10) und bedürfen einer 197
Gewichtung, z. B. (Abb. 14):

Abb. 14: Mietausfallrisiko: Indikatoren und Gewichtung

Indikatoren und Gewichtung	
Indikator	Gewicht
a) Branche des Mieters	17 %
b) Ort/Kreis des Mieters	7 %
c) Gründungsjahr des Unternehmens	6 %
d) Rechtsform des Unternehmens	10 %
e) offene Posten	30 %
f) Auskunft und Bonität des Mieters	20 %
g) Laufzeitrisiko	10 %
zusammen	100 %

Das Gesamtmieter-*Rating* eines Objekts bestimmt sich unter Berücksichtigung des Mietan- 198
teils der einzelnen Mieter am gesamten Mietertrag:

Beispiel (Abb. 15): 199

Abb. 15: Gesamtmieter-Rating

Gesamtmieter-Rating			
Mieterspezifisches Rating	Kennziffer	Mietertrag p. a.	Mietertrag × Kennziffer
Mieter 1	4,20	30 000 €	126 000 €
Mieter 2	7,85	10 000 €	78 500 €
Mieter 3	5,34	40 000 €	213 600 €
		Σ = 80 000 €	418 100 €
		Mittlere Kennzahl = 418 100 €/80 000 € = **5,22**	

1473

§ 20 ImmoWertV
Kapitalisierung und Abzinsung

Der Kapitalisierung und Abzinsung sind Barwertfaktoren zugrunde zu legen. Der jeweilige Barwertfaktor ist unter Berücksichtigung der Restnutzungsdauer (§ 6 Absatz 6 Satz 1) und des jeweiligen Liegenschaftszinssatzes (§ 14 Absatz 3) der Anlage 1 oder Anlage 2 zu entnehmen oder nach der dort angegebenen Berechnungsvorschrift zu bestimmen.

Gliederungsübersicht   Rn.
1   Kapitalisierung und Abzinsung   1
2   Vervielfältiger (Barwertfaktor)
   2.1   Allgemeines   3
   2.2   Nach- und vorschüssiger Vervielfältiger
      2.2.1   Nachschüssiger Barwertfaktor   13
      2.2.2   Vorschüssiger Barwertfaktor   14
      2.2.3   Ermittlung vorschüssiger Barwertfaktoren   19
   2.3   Unterjähriger Vervielfältiger   20
3   Barwertfaktor für die Abzinsung (Diskontierungsfaktor)   29
4   Aufzinsung (Aufzinsungsfaktor)   31

1 Kapitalisierung und Abzinsung

§ 20 ImmoWertV bestimmt ergänzend zu den Vorschriften des Ertragswertverfahrens, dass zur Kapitalisierung und Abzinsung die den Anlagen zur ImmoWertV zu entnehmenden Barwertfaktoren heranzuziehen sind.   **1**

– Der danach maßgebliche **Barwertfaktor für die Kapitalisierung** wird umgangssprachlich als Vervielfältiger bezeichnet.

– Der **Barwertfaktor für die Abzinsung** wird umgangssprachlich auch als Diskontierungsfaktor bezeichnet.

Die in der Anlage zur ImmoWertV tabellierten Vervielfältiger entsprechen denen der WertV 88/98 sowie den in der Anl. zur **Beleihungswertverordnung (BelWertV)** sowie in Anl. 21 zu § 185 Abs. 3 Satz 11, § 193 Abs. 3 Satz 2, § 194 Abs. 3 Satz 3 und § 195 Abs. 2 Satz 2 und Abs. 3 Satz 3 des **Bewertungsgesetzes (BewG)** veröffentlichten Vervielfältigern.   **2**

2 Vervielfältiger (Barwertfaktor)

2.1 Allgemeines

▶ *Vgl. Syst. Darst. des Ertragswertverfahrens Rn. 247*

Der Vervielfältiger (Barwertfaktor für die Kapitalisierung) ist nach § 20 Satz 2 ImmoWertV unter Berücksichtigung   **3**

– des jeweiligen Liegenschaftszinssatzes p und
– der Restnutzungsdauer n

zu bestimmen. Der **Vervielfältiger** ist im Anh. 1 zum Text der ImmoWertV am Anfang dieses Werks abgedruckt. Er **stellt** mathematisch nichts anderes als **den Barwertfaktor** *(present*

§ 20 ImmoWertV — Kapitalisierung und Abzinsung

value factor) **einer endlichen Rente** dar, wobei als Rente die jährlich anfallenden Reinerträge der baulichen Anlage mithilfe des Vervielfältigers kapitalisiert werden.

4 Die der Anl. zur ImmoWertV zugrunde liegende Formel lautet:

$$V_{nachschüssig} = \frac{q^n - 1}{q^n \times (q - 1)} = \frac{(p + 1)^n - 1}{(p + 1)^n \times p} = \frac{1 - (1 + p)}{p} \tag{1}$$

wobei:
- q = Zinsfaktor = $(1 + p)/100$
- p = Liegenschaftszinssatz (§ 14 Abs. 3 ImmoWertV); als Jahreszinssatz
- n = Restnutzungsdauer der baulichen Anlage (Perioden)
- V = Vervielfältiger

5 Finanzmathematisch bedeutet die Kapitalisierung des Reinertrags der baulichen Anlagen die **Ermittlung des Barwerts einer endlichen Rente**, bestehend aus den über die Restnutzungsdauer der baulichen Anlage fließenden Erträgen. Die Abschreibung, d. h. die Erneuerungsrücklage zum Ausgleich des Wertverfalls infolge Alterung und Abnutzung der baulichen Anlage, braucht nicht zusätzlich angesetzt zu werden (vgl. § 19 ImmoWertV Rn. 35 ff.). Dabei wird entsprechend der Vorgabe des § 17 Abs. 2 Nr. 1 ImmoWertV der Abschreibungszinssatz (Habenzinssatz) mit dem Sollzinssatz gleichgesetzt.

6 Die vorstehend vorgestellte **Formel des Vervielfältigers** lässt sich aus dem jährlichen Gebäudeertrag der allgemeinen Ertragswertformel ableiten.

$$EW = (RE - p \times BW) \times V + BW$$

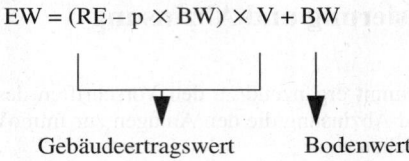

Gebäudeertragswert   Bodenwert

wobei
- EW   Ertragswert
- BW   Bodenwert
- p   Liegenschaftszinssatz

7 Der **Gebäudeertragswertanteil ergibt sich durch Kapitalisierung des um den Bodenwertverzinsungsbetrag verminderten Reinertrags**: Dieser jährlich anfallende Betrag entspricht der Summe aus dem Verzinsungs- und dem Abschreibungsbetrag des Gebäudes. In einer Formel:

$$RE - \left(BW \times \frac{p}{100}\right) = \underbrace{G \times p}_{\text{Verzinsung des Gebäudes}} + \underbrace{G \frac{(q-1)}{(q^n - 1)}}_{\text{Abschreibung des Gebäudes}} \tag{2}$$

wobei:
- RE   Reinertrag
- BW   Bodenwert
- G   Gebäudezeitwert
- n   Restnutzungsdauer
- p   Sollzinssatz
- q   Zinsfaktor = 1 + Abschreibungszinssatz / 100
- $(q^n - 1)/(q - 1)$ Abschreibungsdivisor

Kapitalisierung und Abzinsung § 20 ImmoWertV

Die **Abschreibung des Gebäudes** definiert sich dabei als Zeitrente, die n-mal über die Restnutzungsdauer am Ende eines jeden Jahres auf Zins und Zinseszins angelegt wird und so bemessen ist, dass sich als Endwert der Gebäudezeitwert ergibt. **8**

Bezüglich der **Verzinsung** kann unterschieden werden zwischen **9**

- dem *Sollzinssatz,* dem Zinssatz für Schulden auf dem investierten Kapital (= übliche Kapitalverzinsung), und

- dem *Abschreibungszinssatz* (= Habenzinssatz), dem Zinssatz auf Guthaben, die der Grundstückseigentümer während der Restnutzungsdauer n des Gebäudes aus der Rücklage ansammelt (§ 19 ImmoWertV Rn. 51 ff.).

Durch Umformung der Gleichung (1) erhält man die Vervielfältigerformel: **10**

$$\text{Vervielfältiger } V = \frac{G}{(RE - BW) \times \frac{p}{100}} = \frac{1}{\frac{q-1}{q^n - 1} + p} \qquad (3)$$

Setzt man darüber hinaus **Soll- und Abschreibungszinssatz[1] gleich,** folgt hieraus: **11**

$$\text{Vervielfältiger } V = \frac{q^n - 1}{q^n \times (q-1)} = \frac{1 - (1+p)^{-n}}{p} = \frac{(1+p)^n - 1}{(1+p)^n \times p}$$

(tabelliert in der Anl. zur ImmoWertV)

wobei nunmehr   q = 1 + Liegenschaftszinssatz p/100
                 p/100 = q − 1

Bei unendlicher Restnutzungsdauer (n → ∞) ergibt sich: $V = \frac{1}{p}$. **12**

2.2 Nach- und vorschüssiger Vervielfältiger

2.2.1 Nachschüssiger Barwertfaktor

Die angegebene **Formel bezieht sich auf eine jährlich nachschüssig anfallende Rente** (Reinertrag der baulichen Anlage), d. h., die Anwendung dieser Formel ist im strengen Sinne eigentlich nur zulässig, wenn der Reinertrag aus der Grundstücksnutzung erst am 31.12. des Jahres „fließt". Tatsächlich werden die Mieten i. d. R. jedoch vorschüssig, und zwar am Monatsanfang, erbracht. **13**

2.2.2 Vorschüssiger Barwertfaktor

Bei vorschüssigem Nutzungsentgelt lautet die Vervielfältigerformel **14**

$$V_{\text{vorschüssig}} = \frac{q^n - 1}{q^{n-1} \times (q-1)}$$

Das Glied q^n im Nenner wird bei Umstellung der tabellierten nachschüssigen Vervielfältigerformel um 1 vermindert.

---

[1] Kleiber in DS 1983, 106; Stemmler in Archivbericht der Fédération Internationale des Géomètres (FIG) 1971 Nr. 904.2; zum Einfluss der **Inflation** auf den Ertragswert vgl. Lüftl in Österreichische Immobilien-Zeitung 1975, 359; Haenle in DWW 1982, 354.

§ 20 ImmoWertV Kapitalisierung und Abzinsung

15 Bei **längerer Restnutzungsdauer** kann eine vorschüssige Zahlungsweise schon „zu Buche" schlagen, wie sich aus nachfolgendem Beispiel ergibt:

16 *Beispiel:*

Ertragswertermittlung bei

1. *„Nachschüssiger"* jährlicher Zahlweise			2. *„Vorschüssiger"* jährlicher Zahlweise		
Bodenwert BW	=	200 000 €	Bodenwert BW	=	200 000 €
Reinertrag RE p. a.	=	60 844 €	Reinertrag RE p. a.	=	60 844 €
Liegenschaftszins	=	5 %	Liegenschaftszins	=	5 %
Restnutzungsdauer	=	60 Jahre	Restnutzungsdauer	=	60 Jahre
Vervielfältiger: $V = \dfrac{q^n - 1}{q^n \times (q-1)}$	=	18,92929	Vervielfältiger: $V = \dfrac{q^n - 1}{q^{n-1} \times (q-1)}$	=	19,87575
			wobei $q = (1+p)/1200$	=	1,0041666
RE × V	=	1 151 734 €	RE × V	=	1 209 320 €
BW/q^n	=	+ 10 707 €	BW/q^n	=	+ 10 707 €
Ertragswert	=	**1 162 441 €**	**Ertragswert**	=	**1 220 027 €**

$$\Delta = 57\,586\ € \approx 0{,}5\ \%$$

17 Die Ergebnisse machen deutlich, dass der **Unterschied mit rd. 5 % recht hoch** ausfällt. Dies findet seine Erklärung darin, dass bei der hier vorgenommenen jahrgangsweisen Kapitalisierung des alljährlich anfallenden Jahresreinertrags bei Verwendung des vorschüssigen Vervielfältigers gegenüber dem nachschüssigen Vervielfältiger jeweils über einen um ein Jahr verminderten Zeitraum diskontiert wird.

18 Unter Hinweis auf den nicht unerheblichen Unterschied zwischen der nachschüssigen Kapitalisierung gemäß Anlage zur ImmoWertV und der vorschüssigen Kapitalisierung wird vereinzelt eine Umstellung des ImmoWertV-Vervielfältigers auf vorschüssige Zahlungsweise gefordert, weil dies dem tatsächlichen Zahlungsfluss entspräche. Dies klingt zunächst plausibel, jedoch ist in diesem Zusammenhang auch darauf hinzuweisen, dass man dann konsequenterweise auch die *unterjährige* Zahlungsweise berücksichtigen muss. Üblicherweise werden nämlich (in Deutschland) die Mieten monatlich (unterjährig) entrichtet. Im Rahmen der Ertragswertermittlung werden jedoch die Jahresreinerträge (statt der monatlichen Ertragsflüsse) kapitalisiert. Dies geschieht zur Vereinfachung, wobei sich (nur) im Falle einer

– Umstellung von einer *monatlichen* auf eine *jährliche* Zahlweise bei gleichzeitiger

– Heranziehung eines *nach*schüssigen Barwertfaktors (Vervielfältigers) statt eines *vor*schüssigen Barwertfaktors

die in Kauf genommenen Fehler nahezu kompensieren (vgl. unten Rn. 25 ff.). Wird indessen die Miete vierteljährlich, halbjährlich oder gar jährlich im Voraus entrichtet, muss man jedoch seine Berechnung auf einen vorschüssigen Barwertfaktor und die entsprechenden Zahlungsintervalle umstellen. Eine Umstellung auf vorschüssig erbrachte Nutzungsentgelte ist mithin geboten, wenn das Nutzungsentgelt über einen längeren Zeitraum (z. B. vierteljährlich) erbracht wird, wie z. B. im angelsächsischen Raum bei Gewerbeobjekten oder bei der Kapitalisierung der Rente für einen Überbau.

2.2.3 Ermittlung vorschüssiger Barwertfaktoren

19 Da häufig keine Tabellen für vorschüssige Rentenbarwertfaktoren zur Hand sind, kann im Übrigen der **nachschüssige Barwertfaktor** (Vervielfältiger) **wie folgt umgerechnet** werden:

Kapitalisierung und Abzinsung § 20 ImmoWertV

1. Der nachschüssige Rentenbarwertfaktor wird mit dem Zinsfaktor q multipliziert:

Zinssatz 6,5 %
Laufzeit 10 Jahre
Vervielfältiger nach ImmoWertV (nachschüssiger Rentenbarwertfaktor)   = 7,19
Vorschüssiger Rentenbarwertfaktor: 7,19 × 1,065   = 7,66

2. Es wird der nachschüssige Rentenbarwertfaktor für die um ein Jahr verminderte Laufzeit aus der Tabelle entnommen und dieser Wert um 1 erhöht:

Zinssatz 6,5 %
Laufzeit 10 Jahre
Vervielfältiger für 10 – 1 Jahre, also 9 Jahre   = 6,66
Vorschüssiger Rentenbarwertfaktor: 6,66 + 1   = 7,66

2.3 Unterjähriger Vervielfältiger

Die vorstehenden **Vervielfältigerformeln für** vor- und nachschüssig entrichtete Nutzungsentgelte lassen sich auf eine **unterjährige Verzinsung** umstellen. Von einer unterjährigen Verzinsung spricht man bei Intervallen zwischen den Zinszahlungen kleiner als ein Jahr. **20**

Bei unterjähriger Verzinsung tritt an die Stelle der jahresbezogenen Laufzeit n die Gesamtzahl der unterjährigen Zinsperioden (m × n). **21**

Des Weiteren ist der Jahreszins in den **unterjährigen (Perioden-)Zinssatz** anzusetzen, z. B. bei einem Jahreszinssatz von 8 % und **22**

– bei *vierteljährlicher* Zahlweise $p^* = 8/4$ = 2 %
– bei *monatlicher* Zahlweise $p^* = 8/12$ = 0,6666 %

Dementsprechend ist z. B. bei monatlicher (m = 12) oder vierteljährlicher Zahlweise (m = 4) der **Zinsfaktor** entsprechend zu modifizieren: **23**

q = 1 + p / 1200   Zinsfaktor bei *monatlicher* Zahlweise
q = 1 + p / 400   Zinsfaktor bei *vierteljährlicher* Zahlweise
q = 1 + p / 100   Zinsfaktor bei *jährlicher* Zahlweise

Darüber hinaus ist bei Anwendung des *zweigleisigen Ertragswertverfahrens* der **Bodenwertverzinsungsbetrag auf die unterjährige Verzinsung umzustellen**. **24**

Unter Rn. 18 wurde darauf hingewiesen, dass eine **Umstellung des ImmoWertV-Vervielfältigers** auf eine vorschüssige Zahlungsweise gefordert wurde. Die Forderung übersieht die Tatsache, dass das **Nutzungsentgelt üblicherweise monatsweise und nicht jährlich im Voraus entrichtet** wird und dann auch ein monatlicher Ertragsfluss zu kapitalisieren wäre. Mit der alleinigen Umstellung der Kapitalisierung auf einen vorschüssigen Vervielfältiger würde man den Fehler begehen, der Immobilie eine Rendite unterzuschieben, die sie tatsächlich nicht hat. Die Rendite „fließt" nämlich i. d. R. gar nicht in voller Höhe zum Jahresbeginn, sondern verteilt über 12 Monate jeweils am Monatsanfang. Wollte man also das Berechnungsverfahren der Ertragswertmethode realitätsbezogener verfeinern, müsste das Rechenverfahren konsequenterweise auf eine Kapitalisierung der vorschüssig erbrachten *Monatsentgelte* umgestellt werden. Dies wäre zunächst rechenaufwendiger, was in Anbetracht moderner Rechenhilfsmittel für sich allein heute nicht mehr dagegenspräche, jedoch muss diese Umstellung das Ergebnis wiederum dem annähern, was sich bei nachschüssiger jährlicher Zahlungsweise ergibt. Dies soll nachfolgend demonstriert werden: **25**

§ 20 ImmoWertV — Kapitalisierung und Abzinsung

26 *Beispiel:*

Ertragswertermittlung bei monatlicher Zahlweise des Nutzungsentgelts

1. *Nachschüssige* Zahlweise am Monatsende			2. *Vorschüssige* Zahlweise am Monatsanfang		
Bodenwert BW	=	200 000 €	Bodenwert BW	=	200 000 €
Reinertrag RE p. a.	=	60 844 €	Reinertrag RE p. a.	=	60 844 €
Reinertrag RE im Monat 60 844 € : 12	=	5 077 €	Reinertrag RE im Monat 60 844 € : 12	=	5 077 €
Jährlicher Liegenschaftszins	=	5 %	Jährlicher Liegenschaftszins	=	5 %
Restnutzungsdauer in Jahren	=	60	Restnutzungsdauer in Jahren	=	60
Restnutzungsdauer in Monaten	=	**720**	Restnutzungsdauer in Monaten	=	**720**
$V_{23} = \dfrac{q^n - 1}{q^n \times (q-1)}$	=	(227,98086)	$V_{23} = \dfrac{q^n - 1}{q^{n-1} \times (q-1)}$	=	(228,93056)
wobei q = (1 + p) / 1200	=	1,0041666	wobei q = (1 + p) / 1200	=	1,0041666
Monatlicher Liegenschaftszins: 5 %/12	=	0,41666 %	Monatlicher Liegenschaftszins: 5 %/12	=	0,41666 %
$RE_{Monat} \times V$	=	1 157 459 €	$RE_{Monat} \times V$	=	1 162 280 €
BW/q^n	=	+ 10 707 €	BW/q^n	=	+ 10 707 €
Ertragswert	=	**1 168 166 €**	**Ertragswert**	=	**1 172 987 €**

$\Delta = 4\,821\,€ = 0{,}4\,\%$

$\Delta = 10\,546\,€ = 0{,}9\,\%$

Ertragswert bei nachschüssiger jährlicher Zahlweise: 1 162 441 €

Mit dem Rechenergebnis auf der Grundlage eines vorschüssig entrichteten Monatsentgelts nähert man sich von allen dargestellten Berechnungsarten den tatsächlichen Verhältnissen am nächsten an. Das Ergebnis (im Beispiel: 1 172 987 €) stimmt überraschend gut mit dem sich unter Anwendung des (nachschüssigen) Vervielfältigers ermittelten Ertragswert (EW = 1 162 441 €) überein.

27 Bei **mehrmonatiger Vorauszahlung des Nutzungsentgelts,** z. B. wenn Gewerbemieten vierteljährlich vorschüssig gezahlt werden, kann eine Umstellung geboten sein. Dann ergeben sich pro Jahr 4 Zahlungstermine, jeweils am 01.01., 01.04., 01.07 und 01.10. des Jahres.

28 *Beispiel:*

Vierteljährlich vorschüssige Zahlung	25 000 €
Zinssatz	6,5 %
Laufzeit der Zahlungen	10 Jahre
Anzahl der Zahlungsintervalle 10 Jahre × 4	40
Zinssatz je Zahlungstermin 6,5 % / 4	1,63 %
Vorschüssiger Rentenbarwertfaktor bei 1,63 % Zins und 40 Zahlungsintervallen: 29,24 × 1,0163	29,72
Kapitalisierter Wert der vierteljährlich vorschüssigen Zahlungen über 10 Jahre: 25 000 € × 29,72	743 000 €

Würde man hier die Zahlungsmodalitäten ignorieren und als jährlich nachschüssige Zahlungen behandeln, ergäbe sich

100 000 € × 7,19* = 719 000 €

* Vervielfältiger bei 6,5 % und 10 Jahren Laufzeit

Kapitalisierung und Abzinsung § 20 ImmoWertV

3 Barwertfaktor für die Abzinsung (Diskontierungsfaktor)

Bei dem in Anlage 2 zur ImmoWertV abgedruckten Barwertfaktor für die Abzinsung handelt es sich um den üblichen Diskontierungsfaktor. 29

Berechnungsvorschrift für die der Tabelle nicht zu entnehmenden Barwertfaktoren für die Abzinsung ist: 30

Abzinsungsfaktor = $q^{-n} = \dfrac{1}{q^n}$ wobei $q = 1 + \dfrac{p}{100}$

p = Liegenschaftszinssatz
q = Zinsfaktor
n = Restnutzungsdauer

4 Aufzinsung (Aufzinsungsfaktor)

Unter der Aufzinsung versteht man die Ermittlung eines Endkapitals K_n, das sich für ein Anfangskapital K_o (zu einem bestimmten Zeitpunkt t_o) nach n Jahren ergibt, wenn das Anfangskapital K_o über die Laufzeit n mit p Prozent verzinst wird. 31

Der Barwertfaktor für die Aufzinsung eines Anfangskapitals (**Aufzinsungsfaktor**) ist der reziproke Diskontierungsfaktor: 32

Aufzinsungsfaktor = q^n wobei $q = 1 + \dfrac{p}{100}$

p = Liegenschaftszinssatz
q = Zinsfaktor
n = Restnutzungsdauer

Der Barwertfaktor für die Aufzinsung eines Anfangskapitals kann deshalb der Anl. 2 zur ImmoWertV als **Reziprokwert des Abzinsungsfaktors** entnommen werden. Mit seiner Hilfe lässt sich der Endwert K_n eines Anfangskapitals K_0 ermitteln: 33

$$K_n = K_o \times q^n$$

wobei K_n = Endkapital
K_o = Anfangskapital
n = Anzahl der Jahre, Laufzeit
p = Zinssatz, Zinsfuß
q^n = Aufzinsungsfaktor = $(1 + p/100)^n$

Unterabschnitt 3:

Sachwertverfahren (§§ 21 bis 23 ImmoWertV)

Systematische Darstellung des Sachwertverfahrens

Gliederungsübersicht Rn.

1 Anwendungsbereich
  1.1 Allgemeines 1
  1.2 Ersatzbeschaffungs- und Reproduktionskosten 6
  1.3 Kosten und Wert 7
  1.4 Marktwertkonformes Sachwertverfahren
    1.4.1 Allgemeines 10
    1.4.2 Marktkonformer Sachwert 11
    1.4.3 Modellkonforme Sachwertermittlung 15
2 Verfahrensübersicht
  2.1 Sachwertverfahren nach ImmoWertV
    2.1.1 Allgemeines 21
    2.1.2 Sachwertmodell der SachwertR 26
  2.2 Sachwertverfahren nach BelWertV 30
  2.3 Sachwertverfahren in der steuerlichen Bewertung 42
3 Grundzüge des Sachwertverfahrens
  3.1 Übersicht 45
  3.2 Bodenwert
    3.2.1 Allgemeines
      3.2.1.1 Bodenwertermittlung nach ImmoWertV 48
      3.2.1.2 Bodenwertermittlung nach BelWertV 49
      3.2.1.3 Bodenwertermittlung in der steuerlichen Bewertung 50
    3.2.2 Vorläufiger Bodenwert 51
  3.3 Vorläufiger Sachwert der baulichen Anlage (Gebäudesachwert)
    3.3.1 Übersicht 54
    3.3.2 Grundlagen
      3.3.2.1 Normalherstellungskosten (NHK 2010) 58
      3.3.2.2 Baunebenkosten (§ 22 Abs. 2 Satz 3 ImmoWertV) 78
      3.3.2.3 Ermittlung der Brutto-Grundfläche (BGF) 89
    3.3.3 Ermittlung objektspezifischer Normalherstellungskosten
      3.3.3.1 Übersicht 94
      3.3.3.2 Gebäudeart 95
      3.3.3.3 Gebäudestandard 96
      3.3.3.4 Baualtersstufen (Gebäudebaujahrsklassen) 105
    3.3.4 Korrekturfaktoren zu den Kostenkennwerten der NHK 2010
      3.3.4.1 Allgemeines 111
      3.3.4.2 Korrekturfaktor für freistehende Zweifamilienhäuser 114
      3.3.4.3 Gebäude mit ausgebautem Dachgeschoss ohne Drempel ... 115
      3.3.4.4 Gebäude mit nicht ausgebautem Dachgeschoss und Drempel ... 117
      3.3.4.5 Eingeschränkt nutzbare Dachgeschosse 119
      3.3.4.6 Spitzboden bei Wohngebäuden 124
      3.3.4.7 Landwirtschaftliche Gebäudearten 134
      3.3.4.8 Korrekturfaktoren für Mehrfamilienhäuser und Wohnhäuser mit Mischnutzung 135
      3.3.4.9 Regionalisierung der Normalherstellungskosten 137

Syst. Darst. Sachwertverfahren — Übersicht

- 3.3.5 Einzelne Bauteile, Einrichtungen und Vorrichtungen (§ 22 Abs. 2 Satz 2 ImmoWertV) sowie c-Flächen
  - 3.3.5.1 Allgemeines 150
  - 3.3.5.2 Direkte Berücksichtigung des Wertanteils von noch nicht berücksichtigten besonderen Bauteilen und c-Flächen 153
- 3.3.6 Umrechnung der Normalherstellungskosten auf die Baupreisverhältnisse am Wertermittlungsstichtag (§ 22 Abs. 3 ImmoWertV)
  - 3.3.6.1 Allgemeines 157
  - 3.3.6.2 Baupreisindexreihe 160
- 3.3.7 Gewöhnliche Herstellungskosten eines Neubaus der zu bewertenden baulichen Anlage 170
- 3.3.8 Alterswertminderung (§ 23 ImmoWertV)
  - 3.3.8.1 Übersicht 178
  - 3.3.8.2 Gesamt- und Restnutzungsdauer 187
  - 3.3.8.3 Alterswertminderung bei ordnungsgemäßer Instandhaltung ... 189
  - 3.3.8.4 Alterswertminderung bei verkürzter oder verlängerter Restnutzungsdauer 201
  - 3.3.8.5 Alterswertminderung in der steuerlichen Bewertung 222
- 3.3.9 Vorläufiger Gebäudesachwert 223
- 3.3.10 Gebäudesachwert in der steuerlichen Bewertung 224

- 3.4 Berücksichtigung der baulichen Außenanlagen und sonstigen Anlagen (Aufwuchs)
  - 3.4.1 Allgemeines 225
  - 3.4.2 Berücksichtigung des Wertanteils bei der Bodenwertermittlung 228
  - 3.4.3 Berücksichtigung des Wertanteils mit dem Sachwertfaktor 230
  - 3.4.4 Wertanteil von Außenanlagen
    - 3.4.4.1 Pauschale Ermittlung des Wertanteils von Außenanlagen nach Erfahrungssätzen 232
    - 3.4.4.2 Ermittlung nach gewöhnlichen Herstellungskosten 241
  - 3.4.5 Beleihungswertermittlung 259
  - 3.4.6 Steuerliche Bewertung 260
- 3.5 Vorläufiger Sachwert 262
- 3.6 Marktangepasster vorläufiger Sachwert
  - 3.6.1 Marktanpassung bei der Verkehrswertermittlung unter Anwendung des Sachwertverfahrens (ImmoWertV) 265
  - 3.6.2 Beleihungswertermittlung 268
  - 3.6.3 Steuerliche Bewertung 269
- 3.7 Subsidiäre Berücksichtigung besonderer objektspezifischer Grundstücksmerkmale ... 270
- 3.8 Sach- und Verkehrswert
  - 3.8.1 Allgemeines 275
  - 3.8.2 Auf- und Abrundung 276

4 Beispiel
- 4.1 Allgemeines 277
- 4.2 Sachverhalt
  - 4.2.1 Gegenstand der Marktwertermittlung 279
  - 4.2.2 Grundlagen der Ermittlung des Sachwerts 282
  - 4.2.3 Sachwertfaktor 285
  - 4.2.4 Ermittlung des zum Sachwertfaktor kompatiblen Bodenwerts .. 287
  - 4.2.5 Modellkonforme Ermittlung des Marktwerts unter Anwendung des Sachwertverfahrens 288

5 Sonderfälle
- 5.1 Gebäudesachwert bei Gebäudemix (Teilunterkellerungen und Anbauten)
  - 5.1.1 Gebäudemix 289
  - 5.1.2 Teilunterkellerung 292
  - 5.1.3 Gebäudeanbau 298
- 5.2 Kosten des Ausbaus von Dachgeschossen 304

6 Anhang
- 6.1 Anlage 1 SachwertR: Normalherstellungskosten 308
- 6.2 Anlage 2 SachwertR: Beschreibung des Gebäudestandards 309

Allgemeines **Syst. Darst. Sachwertverfahren**

1 Anwendungsbereich

1.1 Allgemeines

Schrifttum: *Buske, K./Lüder, H.*, Verkehrswertermittlung von Grundstücken mit Betonplattenbauweise, GuG 1994, 86 und 1995, 96; *Dieterich/Kleiber,* Verkehrswertermittlung von Grundstücken, 4. Aufl.; *Dröge,* Handbuch der Mietpreisbewertung für Wohn- und Gewerberaum, 2. *Aufl.; Gottschalk, G-J.,* Immobilienwertermittlung, 2. Aufl.; *Kleiber,* Verkehrswertermittlung von Grundstücken, 6. Aufl. 2010, vgl. dort auch Teil VI Rn. 10 ff.; *Petersen, H.,* Marktorientierte Immobilienbewertung, 6. Aufl.; *Hiller, H.;* Die Diskussion um den Sachwert muss sachlich sein, GuG 1999, 52; *Hübner, K-H.,* Anmerkungen zur Anwendung von Baupreisindices für Grundstückswertermittlungen in der ehemaligen DDR, GuG 1993, 224; *Mittag, M,.* Ermittlung zeitgemäßer Normalherstellungskosten für die Belange der Verkehrswertermittlung, BundesanzeigerVerlag 1996; *Möckel, R.,* Gedanken zur Irrationalität des Sachwertverfahrens, GuG 1998, 292; *Netscher, H.,* Sachwertverfahren – koste es was es wolle, GuG 1996, 26; *Pohnert, F.* Konkurrierende Normen bei Hochbauten, GuG 1991, 150; *Wolk, P.,* Sachwert-Ost, GuG 1994, 89; *Sailer, E.,* Ist der Sachwert nicht doch obsolet?. GuG 1999, 50; *Simon/Cors/Halaczinsky/Teß,* Handbuch der Immobilienwertermittlung, 5. Aufl.; *Tiemann, M.,* Reformvorschläge zum Ertragswert- und Sachwertverfahren, AVN 1970, 523; *Vogels, M.,* Grundstücksbewertung – marktgerecht, 5. Aufl.; *Vogel, R.,* Zur Sachwertermittlung von baulichen Anlagen in Gebieten der ehemaligen DDR, ZOV 1992, 30.

▶ *Zu den Anwendungsfällen ausführlich vgl. § 8 ImmoWertV Rn. 39, 63, 70 ff., 78 ff., 113 ff.; zur Anwendung des Ertragswertverfahrens auf die Verkehrswertermittlung von Ein- und Zweifamilienhäusern vgl. Syst. Darst. des Ertragswertverfahrens Rn. 3; zu öffentlichen Zwecken vorbehaltenen Grundstücken vgl. Syst. Darst. des Sachwertverfahrens Rn. 3*

Das Sachwertverfahren *(Cost Approach, contractor's method)* kommt zur Anwendung, wenn die **Ersatzbeschaffungskosten des Wertermittlungsobjekts nach den Gepflogenheiten des gewöhnlichen Geschäftsverkehrs preisbestimmend** sind *(Depreciated Replacement Cost Approach).* Dies sind in erster Linie eigen genutzte Ein- und Zweifamilienhäuser, bei deren Nutzung nicht der erzielbare Ertrag, sondern ein besonderer persönlicher Nutzen wie z. B. die Annehmlichkeit des „schöneren" Wohnens im Vordergrund steht. Sachwertobjekte können grundsätzlich auch im Wege des Ertragswert- oder Vergleichswertverfahrens bewertet werden. **1**

Auf die persönliche „eigene" Nutzung des Grundstücks kommt es allerdings nicht entscheidend an. Dass das Sachwertverfahren insbesondere bei *eigen genutzten* Einfamilienhäusern zur Anwendung kommt, darf nicht zu der Annahme verleiten, dass das Sachwertverfahren generell bei eigen genutzten Objekten zur Anwendung kommt. Diese weit verbreitete Auffassung kann schon als **missverstandenes Eigennutzprinzip**[1] verstanden werden (vgl. § 8 ImmoWertV Rn. 82 ff.). **2**

Auf das missverstandene Eigennutzprinzip kann zurückgeführt werden, dass in der Vergangenheit insbesondere eigen genutzte Gewerbe- und Industrieobjekte, eigen genutzte Verwaltungsgebäude sowie bauliche Anlagen der öffentlichen Hand gemeinhin unter Anwendung des Sachwertverfahrens bewertet wurden (vgl. § 8 ImmoWertV Rn. 115): **3**

a) **Gewerbe- und Industrieobjekte** sind indessen nicht als Sachwertobjekte anzusehen, weil es dem Nutzer dieser Objekte wohl mehr als bei anderen Objekten um die Rendite geht. Wenn in der Vergangenheit das Sachwertverfahren zur Ermittlung des Verkehrswerts von Gewerbe- und Industrieobjekten zur Anwendung gekommen ist, so ließ sich das allenfalls damit begründen, dass die Ertragsverhältnisse häufig „undurchsichtig" sind und persönliche Umstände, steuerliche Besonderheiten oder die Verschachtelung von Betriebszweigen nicht erkennen lassen, was als marktüblich erzielbarer Reinertrag bei ordnungsgemäßer Bewirtschaftung gelten kann. Soweit es um die Bewertung von Unternehmen mit eigenem „Firmenwert" geht, kann das Sachwertverfahrens allenfalls zur Ermittlung eines **Sub-**

---

1 Nicht zu folgen BGH, Urt. vom 13.07.1970 – VII ZR 189/68 –, EzGuG 20.49; OLG Hamm, Urt. vom 22.04.1993 – 21 U 39/92 –, BauR 1993, 628 = EzGuG 20.144c; dort auch nur für Fälle der Bausummenüberschreitung.

Syst. Darst. Sachwertverfahren — Allgemeines

stanzwerts zur Anwendung kommen, mit dem aber lediglich ein Element des Untenehmenswerts erfasst werden kann.

Die Anwendung des Sachwertverfahrens auf Gewerbe- und Industrieobjekte muss von daher für den Regelfall abgelehnt werden. Es kommt hinzu, dass insbesondere bei älteren Gewerbe- und Industrieobjekten das Verfahren (z. B. wegen aufwendiger Bauweisen, die aber keineswegs neueren Produktionsmethoden entsprechen oder auch nicht erforderlich sind – so z. B. überhohe Geschosshöhen und erhebliche Mauerstärken) zu einem Wert führen muss, der dann drastisch zu vermindern wäre.

b) Auch die dem Gemeinbedarf vorbehaltenen bebauten Grundstücke werden heute nicht (mehr) im Wege des Sachwertverfahrens bewertet. Die **öffentliche Zweckbindung steht der Anwendung des Ertragswertverfahrens grundsätzlich nicht entgegen**. Die Verkehrswertermittlung auf der Grundlage der marktüblich erzielbaren Rendite lässt vielmehr auch bei den von der öffentlichen Hand eigen genutzten Objekten ein dem wahren und inneren Wert angemesseneres Ergebnis als bei Anwendung des Sachwertverfahrens erwarten. Dies gilt nicht nur, wenn die öffentliche Zweckbindung aufgegeben werden soll, sondern auch bei Fortführung einer öffentlichen Nutzung (vgl. § 8 ImmoWertV Rn. 131; Syst. Darst. des Ertragswertverfahrens Rn. 2, 173, 177).

Dem Sachwertverfahren ist bei solchen Objekten nur dann der Vorzug zu geben, wenn es um die **Ermittlung eines Ersatzbeschaffungswerts** geht, z. B. wenn ein öffentlich genutztes Objekt an einem bestimmten Standort aufgegeben werden muss und die ersatzweise Fortführung der Nutzung an anderer Stelle einen Neubau erfordert[2].

4 Das Sachwertverfahren ist wiederholt schon für „tot" erklärt worden. Dem ist nicht so. Ein modernes Sachwertverfahren wird für die Praxis auch weiterhin von Bedeutung sein; im amerikanischen Schrifttum hat es jedenfalls noch einen hohen Stellenwert[3]. Dies gilt nicht nur für den Bereich der Verkehrswertermittlung von Ein- und Zweifamilienhäusern.

Das Sachwertverfahren kann für die Ermittlung des Verkehrswerts typischer Ertragswertobjekte zur **„Abstützung" des Ergebnisses anderer Wertermittlungsverfahren** von nicht unerheblicher Bedeutung sein. Dies gilt insbesondere für neu errichtete Ertragswertobjekte. Denn wenn die gewöhnlichen Herstellungskosten eines solchen Objekts dessen Ertragswert übersteigen, wäre es kaum verständlich, dass ein solches Objekt von einem Investor „hochgezogen" wurde. Bei neu errichteten Objekten kann für die Anwendung des Sachwertverfahrens ins Feld geführt werden, dass sich der (investierte) Sachwert „rechnen" sollte, wenn der Investor die Möglichkeit hatte, sich ein entsprechendes Objekt anzumieten. Ein vernünftig handelnder Investor wird deshalb den Sachwert durchaus „im Blick" haben und dies sollte auch für den Sachverständigen gelten[4].

5 Weiterhin von Bedeutung ist das Sachwertverfahren bei der **Ermittlung von Beleihungswerten** nach den Vorschriften der BelWertV (vgl. unter Rn. 28 und 49).

Des Weiteren wird dem Sachwertverfahren auch eine Bedeutung für die **Bemessung der Enteignungsentschädigung von betrieblich genutzten Grundstücken** zugesprochen, wobei jeweils und im Gegensatz zu dem Sachwertverfahren nach den Vorschriften der ImmoWertV der Sachwert ohne Marktanpassung i. S. des § 8 Abs. 2 ImmoWertV maßgeblich sein soll. Zur Begründung dieser Auffassung wird auf die Rechtsprechung des BGH[5] hingewiesen, nach der im Falle der Entschädigung von Industriegrundstücken der Sachwert (Substanzwert) ohne Anpassung an die Marktlage zu entschädigen sei, damit der Eigentümer in die Lage versetzt werde, sich ein anderes Grundstück gleicher Art zu verschaffen. Nach der zugrunde liegenden Wiederbeschaffungstheorie wird mit dem Sachwert nämlich die wirtschaftliche Bedeutung der Bebauung für den Eigentümer eines eingerichteten und ausgeübten Gewerbe-

---

2 Erl. des BMBau vom 12.10.1993 (BAnz Nr. 199; 1993, 9630; vgl. Kleiber, WertR 76/96, BundesanzeigerVerlag, 7. Aufl. 2000, S. 69 f.
3 The Appraisal of Real Estate, The American Institute, 12. Aufl. S. 350 ff.
4 Insoweit abzulehnen die Stellungnahme des BvS zu den SachwertR vom Dezember 2011 (GuG 2012, 106).
5 BGH, Urt. vom 16.12.1974 – III ZR 39/72 –, NJW 1975, 387 = WM 1975, 275 = EzGuG 19.26.

Reproduktion   **Syst. Darst. Sachwertverfahren**

betriebs direkt mit der Entschädigung für den Rechtsverlust (Grundstück) berücksichtigt; die dieser Rechtsprechung entgegenstehende Auffassung will dagegen die Entschädigung für den Rechtsverlust konsequent unter Berücksichtigung der Marktlage an dem Verkehrswert (Marktwert) orientieren und die dem enteigneten Eigentümer entstehenden Kosten der betriebsspezifischen Herrichtung eines Ersatzgrundstücks als Folgekosten nach Maßgabe des § 96 BauGB entschädigen.

Eine hoheitliche Einwirkung auf ein **betrieblich genutztes Grundstück** stellt nach gefestigter Rechtsprechung im Übrigen erst dann einen enteignungsrechtlich relevanten Eingriff in den Gewerbebetrieb dar, wenn das Grundstück in die Betriebsorganisation einbezogen ist; d. h., nur der „eingerichtete und ausgeübte Gewerbebetrieb" genießt den Schutz des Art. 14 Abs. 1 Satz 1 GG[6]. Auch insoweit folgt aus dem Verbot der Doppelentschädigung, dass Erwerbsverluste nach § 96 BauGB nur zu entschädigen sind, wenn sie nicht bereits im Rahmen der Entschädigung für den Rechtsverlust mitberücksichtigt wurden[7]. Es ist aber eine Erfahrungssache, dass gewerbliche Unternehmen vielfach einen „inneren Wert" haben, der sich darin äußert, dass der Erwerber eines solchen Unternehmens bereit ist, einen höheren Kaufpreis zu zahlen, als es dem reinen Sachwert entspricht[8]. Dies kann z. B. darin seine Ursache haben, dass ein Grundstück nach seiner Lage, Beschaffenheit, Einrichtung und Bebauung „auf Dauer" für einen bestimmten Gewerbebetrieb besonders geeignet ist. In diesem Fall ist nach der Rechtsprechung das BGH[9] bei der sich nach dem Verkehrswert bemessenden Entschädigung für den Rechtsverlust von einem Kaufpreis auszugehen, der für die Beschaffung eines gleichartig gelegenen und eingerichteten Grundstücks erforderlich wäre oder den ein Kaufbewerber, der ebenfalls einen solchen Betrieb betreiben wollte, dafür aufwenden würde.

Etwas anderes gilt, wenn auf einem Grundstück ohne besondere Vorzüge ein **Gewerbe** ausgeübt wird, **das ohne wesentliche Unterschiede auch an anderen vergleichbaren Orten fortgesetzt** oder durch andere gewerbliche Nutzungen ersetzt **werden kann**. In diesem Fall ist der Gewerbebetrieb nur „äußerlich" mit dem Grundstück verbunden[10].

1.2 Ersatzbeschaffungs- und Reproduktionskosten

Ausgangspunkt für die Ermittlung des Sachwerts sind die gewöhnlichen Herstellungskosten, die unter Berücksichtigung der am Wertermittlungsstichtag vorherrschenden wirtschaftlichen Rahmenbedingungen für die Neuerrichtung einer baulichen Anlage ersatzweise aufzubringen wären. Insoweit definieren sich die zur Ermittlung der „gewöhnlichen" Herstellungskosten herangezogenen Normalherstellungskosten für bauliche Anlagen älterer Baualtersstufen (Gebäudebaujahrsklassen) nicht als „Rekonstruktionskosten", wie sie z. B. für den Wiederaufbau der Dresdner Frauenkirche aufgebracht wurden, sondern als die (gewöhnlichen) Herstellungskosten, die am Wertermittlungsstichtag nach wirtschaftlichen Gesichtspunkten unter Berücksichtigung technischer Entwicklungen aufzubringen wären, um zu einem mit dem älteren Gebäude vergleichbaren Bauwerk zu gelangen. In diesem Sinne definieren sich z. B. die Normalherstellungskosten für ein Ende des 19. Jahrhunderts errichtetes Mietshaus auch nicht nach den Kosten einer Holzbalkendecke, sondern nach den Kosten von Betondecken, die im Falle einer Erneuerung der baulichen Anlage auch tatsächlich eingezogen würden. Insoweit geht das **Sachwertverfahren nicht von Reproduktionskosten** *(reproduction cost)*, **sondern von neuzeitlichen Ersatzbeschaffungskosten** *(replacement cost)* aus[11].

6

---

6   BGH, Urt. vom 18.09.1986 – III ZR 83/85 –, EzGuG 4.111 (Denkmalschutz); zur Bemessung der Enteignungsentschädigung für ein Grundstück, dessen Wert auch durch seine wirtschaftliche Bedeutung für benachbarte Betriebsstätten mitbestimmt wird, vgl. BGH, Urt. vom 31.01.1972 – III ZR 133/69 –, EzGuG 18.57.
7   BGH, Urt. vom 19.09.1966 – III ZR 216/63 –, EzGuG 6.92; BGH, Urt. vom 29.05.1967 – III ZR 143/66 –, EzGuG 18.36.
8   BGH, Urt. vom 23.11.1977 – IV ZR 131/76 –, EzGuG 20.69; BGH, Urt. vom 09.03.1977 – IV ZR 166/75 –, EzGuG 20.66.
9   BGH, Urt. vom 16.12.1974 – III ZR 39/72 –, NJW 1975, 387 = WM 1975, 275 = EzGuG 19.26; BGH, Urt. vom 26.05.1977 – III ZR 93/75 –, EzGuG 6.193; BGH, Urt. vom 13.07.1978 – III ZR 112/75 –, EzGuG 6.200 –, EzGuG 19.34.
10   BGH, Urt. vom 27.04.1964 – III ZR 136/63 –, EzGuG 6.75.
11   So bereits Nr. 3.6.1.1.1 WERTR 06; nunmehr Nr. 4.1 SachwertR. Kontrovers im amerikanischen Schrifttum (The Appraisal of Real Estate, The American Institute 2002 12. Aufl. S. 357):
     Reproduction cost is the estimated cost to construct, as of the effective appraisal date, an exact duplicate or replica of the building being appraised ... **Replacement cost** is the estimated cost to construct, as of the effective appraisal date, a building with utility equivalent to the building being appraised, using contemporary materials, standards, design, and layout.

1.3 Kosten und Wert

▶ *Vgl. Syst. Darst. des Vergleichswertverfahrens Rn. 598 ff.; § 8 ImmoWertV Rn. 200*

7 Die **Sachwertermittlung ist** als **ein Rechenverfahren** zur Ermittlung der Herstellungskosten der Grundstückssubstanz angesehen worden. Tatsächlich ist ein sich allein daran orientierender „Sachwert" des Grundstücks nur selten mit dessen Marktwert (Verkehrswert) gleichzusetzen. Der Marktwert wird nämlich durch den Grundstücksmarkt bestimmt, d. h. danach, was ein Kaufwilliger üblicherweise für das jeweilige Objekt bezahlen würde, oder anders ausgedrückt, wieviel Geld ihm das Objekt „wert" ist. Das kann unter Umständen wesentlich weniger sein als die dafür aufgebrachten Kosten. Ein sehr gut ausgestattetes Einfamilienhausgrundstück wird fast immer unter seinem Sachwert gehandelt. In der Rechtsprechung zur Verkehrswertermittlung von Einfamilienhäusern sind Abschläge von ca. 10 bis 15 % von einem sich allein an Kosten orientierenden „Sachwert" zur Anpassung an die **Lage auf dem Grundstücksmarkt** deshalb nicht beanstandet worden[12]; bei sehr aufwendigen Villen sind die Abschläge sogar vielfach höher. Der (vorläufige) nach den §§ 21 bis 23 ImmoWertV abgeleitete Grundstückssachwert muss deshalb nach § 8 Abs. 2 ImmoWertV an die jeweilige Marktlage mithilfe von Sachwertfaktoren angepasst werden.

8 Die hohen Abschläge, die insbesondere bei hochwertigen Immobilien angebracht werden müssen, um über den Sachwert zum Verkehrswert zu gelangen, sind letztlich darauf zurückzuführen, dass **keine Identität zwischen Kosten und Wert** besteht. Infolge der Verquickung von Kosten und Wert und den daraus resultierenden Unzulänglichkeiten des Sachwertverfahrens auf einem möglichst direkten Weg zum Verkehrswert zu gelangen, wird das Verfahren auch als *„method of last resort"* bezeichnet[13].

9 Auch der BGH[14] hat schon 1953 darauf hingewiesen, dass es **keinen Erfahrungssatz gäbe, nach dem sich der Verkehrswert eines Grundstücks dadurch, dass es bebaut wird, um den Wert der für die Bebauung gemachten angemessenen Baukosten erhöht.** In diesem Sinne führt das OLG Karlsruhe[15] aus, dass die Baukosten eines Gebäudes lediglich einen Anhalt für die Höhe des Verkehrswerts bilden und u. a. die Konjunktur berücksichtigt werden muss.

1.4 Marktwertkonformes Sachwertverfahren

1.4.1 Allgemeines

10 Der Verordnungsgeber war seit jeher bestrebt, das Sachwertverfahren auf eine marktkonforme Verkehrswertermittlung auszurichten (vgl. § 8 ImmoWertV Rn. 187). Tatsächlich darf die Sachwertermittlung nicht als eine sich allein an Baukosten orientierende „Rechenmethode" verstanden werden, bei der sowohl der Markt als auch die Rentabilität der Immobilie ignoriert werden. Zwar stellen bei Anwendung dieses Verfahrens die gewöhnlichen Herstellungskosten die Ausgangsgröße der Sachwertermittlung dar, jedoch sind alle daran anschließenden weiteren Rechenschritte darauf gerichtet, die Sichtweise des Grundstücksmarktes und dabei vor allem auch **ertragswirtschaftliche Sichtweisen des Grundstücksmarktes** in das Verfahren zu integrieren:

a) Dies beginnt bereits bei der Gesamt- und Restnutzungsdauer, auf deren Grundlage die Alterswertminderung ermittelt wird. Gesamt- und Restnutzungsdauer bestimmen sich auch bei Anwendung des Sachwertverfahrens – wie bei Anwendung des Ertragswertverfahrens – nach dem prognostizierten Zeitraum, über den die bauliche Anlage voraussichtlich wirtschaftlich nutzbar ist, d. h. eine Rendite abwirft (§ 6 Abs. 6 ImmoWertV, vgl. dort Rn. 370 ff.). Mit dem Hinweis in § 21 Abs. 1 ImmoWertV auf die „nutzbaren" baulichen

---
12 BGH, Urt. vom 04.03.1982 – III ZR 156/80 –, EzGuG 11.127.
13 Scarett, D., Property Valuation – The five methods, London 1991, S. 171.
14 BGH, Urt. vom 10.07.1953 – V ZR 22/52 –, EzGuG 20.16.
15 OLG Karlsruhe, Urt. vom 13.06.1958 – 7 U 1/58 –, EzGuG 20.20.

und sonstigen Anlagen hat der Verordnungsgeber i. S. einer ertragswirtschaftlichen Betrachtungsweise klargestellt, dass ggf. auch eine technisch intakte Bausubstanz keinen Sachwert haben kann, wenn sie wirtschaftlich nicht (mehr) nutzbar ist (vgl. unten Rn. 21 sowie § 21 ImmoWertV Rn. 2).

b) Die bei Anwendung des Sachwertverfahrens nach Maßgabe der Restnutzungsdauer zu bemessene Alterswertminderung ist damit zugleich eine *ertragswirtschaftlich* ausgerichtete Marktanpassung. Mit der Alterswertminderung soll die Wertminderung erfasst werden, die sich für das Gebäude trotz ordnungsgemäßer Instandhaltung auf dem Grundstücksmarkt ergibt, weil das Gebäude mit zunehmendem Alter hinter die sich wandelnden Anforderungen an Gebäude zurückfällt und die wirtschaftliche Nutzungsfähigkeit eines Gebäudes mit fortschreitender Zeit gegen null läuft. Die Alterswertminderung ist im Kern die eigentliche Marktanpassung.

c) Neben der Alterswertminderung müssen auch sonstige „besondere objektspezifische Grundstücksmerkmale" (u. a. eine wirtschaftliche Überalterung, ein überdurchschnittlicher Erhaltungszustand, Baumängel und Bauschäden sowie auch sonstige die wirtschaftliche Nutzbarkeit beeinflussende Besonderheiten, Rechte am Grundstück usw.) nach § 8 Abs. 3 ImmoWertV in der Höhe berücksichtigt werden, wie „dies dem gewöhnlichen Geschäftsverkehr entspricht", d. h. insoweit, wie der Verkehrswert (Marktwert) dadurch beeinflusst wird. Auf die Kosten zur Behebung entsprechender Mängel kommt es nicht entscheidend an, wenngleich diese Hinweise auf die Wertminderung geben können. Sie kann in marktkonformer Weise auch nach ertragswirtschaftlichen Maßstäben ermittelt werden[16].

1.4.2 Marktkonformer Sachwert

Das in der ImmoWertV geregelte Sachwertverfahren ist im Unterschied zum Sachwertverfahren der mit der ImmoWertV abgelösten WertV 88/98 auf eine stringente Berücksichtigung der Lage auf dem Grundstücksmarkt ausgerichtet. Während nämlich nach der WertV ein vornehmlich kostenorientierter Sachwert (nach den §§ 21 bis 25 WertV) ermittelt wurde und erst nachträglich aus diesem „Sachwert" nach § 7 Satz 2 WertV der Verkehrswert unter **Berücksichtigung der Lage auf dem Grundstücksmarkt (sog. Marktanpassung)** abgeleitet wurde, ist die Marktanpassung mit § 8 Abs. 2 ImmoWertV in die Sachwertermittlung integriert (Integrierte Marktanpassung). Der „Sachwert" i. S. der ImmoWertV ist also ein marktangepasster Sachwert und entspricht damit sogar dem Verkehrswert (Abb. 1).

11

---

16 Fachlich abzulehnen die Stellungnahme des BvS zu den SachwertR, nach der eine „Vermischung von Sachwert- und Ertragswertelementen nicht methodengerecht" sei, denn ein „reinrassiges" Sachwertverfahren hat es ohnehin nie gegeben (GuG 2012, 106).

Abb. 1: Sachwert i. S. der ImmoWertV

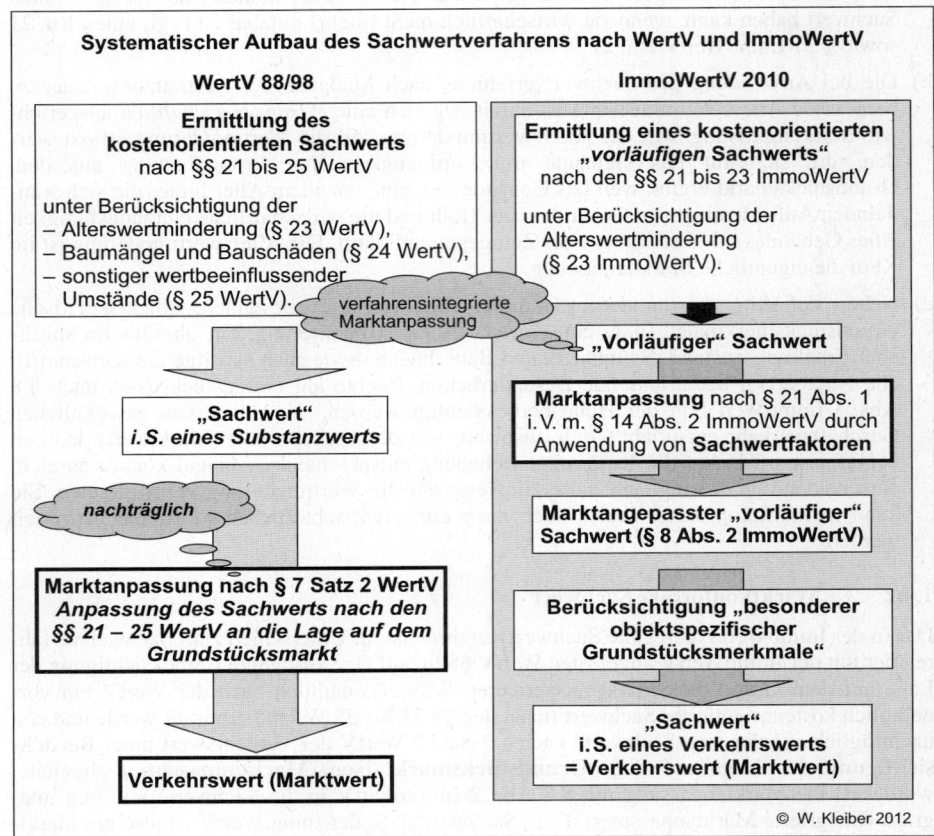

Nach der Systematik der ImmoWertV wird nach Maßgabe der §§ 21 bis 23 ImmoWertV zunächst ein vornehmlich an Kosten orientierter vorläufiger Sachwert ermittelt, der sodann mithilfe von empirisch, d. h. aus dem Grundstücksmarkt abgeleiteten Sachwertfaktoren der Lage auf dem Grundstücksmarkt angepasst wird (Marktanpassung nach § 21 Abs. 1 ImmoWertV), bevor die besonderen objektspezifischen Grundstücksmerkmale der zu bewertenden Liegenschaft nach Maßgabe des § 8 Abs. 2 und 3 ImmoWertV berücksichtigt werden. Der so ermittelte Sachwert ist mithin nicht mehr ein allein an Kosten orientierter Wert. Der mitunter gebrauchte Begriff des „Substanzwerts" wird im allgemeinen Sprachgebrauch dagegen i. S. eines bloßen Sachwerts der baulichen Anlage unter Berücksichtigung besonderer objektspezifischer Grundstücksmerkmale jedoch ohne Anpassung an die Lage auf dem Grundstücksmarkt gebraucht. **Begrifflich kann der „Substanzwert" deshalb nicht mehr mit dem Sachwert i. S. der ImmoWertV gleichgesetzt werden.** Sachwert i. S. der ImmoWertV ist mithin ein Aliud.

12   Auch die **Berücksichtigung „besonderer objektspezifischer Grundstücksmerkmale"** (i. S. des § 8 Abs. 3 ImmoWertV: z. B. Baumängel oder Bauschäden, eine wirtschaftliche Überalterung, ein überdurchschnittlicher Erhaltungszustand, vom marktüblich erzielbaren Ertrag erheblich abweichender Ertrag usw.) **ist integraler Bestandteil der Sachwertermittlung nach den §§ 20 bis 23 ImmoWertV,** auch wenn dort deren Berücksichtigung keine Erwähnung findet und sich der „Sachwert" nach § 21 Abs. 1 ImmoWertV allein aus

dem nach den §§ 22 und 23 ImmoWertV ermittelten Sachwert der baulichen und sonstigen Anlagen sowie dem Bodenwert nach § 16 ImmoWertV zusammensetzten soll.

Bei den nach § 8 Abs. 3 ImmoWertV subsidiär zu berücksichtigenden „besonderen objektspezifischen Grundstücksmerkmalen" geht es um solche, die nicht bereits mit dem zur Anwendung gekommenen Wertermittlungsverfahren direkt berücksichtigt worden sind. Bei Anwendung des Sachwertverfahrens nach den §§ 22 und 23 ImmoWertV ist eine direkte Berücksichtigung jedoch nur in sehr eingeschränktem Maße möglich, denn die mit § 22 Abs. 1 ImmoWertV vorgeschriebene Ableitung des Sachwerts aus „gewöhnlichen" (Normal-) Herstellungskosten ist zunächst darauf angelegt, Baumängel und Bauschäden und andere besondere objektspezifische Grundstücksmerkmale nicht zu berücksichtigen (vgl. unten Rn. 37)[17]. **13**

Nach den Vorschriften der ImmoWertV soll sich der Sachwert letztendlich unter Einbeziehung der „besonderen objektspezifischen Grundstücksmerkmale" definieren. Dies ergibt sich aus **§ 8 Abs. 2 ImmoWertV, nach dem u. a. „in den Wertermittlungsverfahren" die besonderen objektspezifischen Grundstücksmerkmale des zu bewertenden Grundstücks zu berücksichtigen sind** (Anomalien). Hieraus folgt, dass sich unter Anwendung der §§ 21 bis 23 ImmoWertV nur der „vorläufige Sachwert" ergibt und die objektspezifische Grundstücksmerkmale ergänzend zu berücksichtigen sind, um zum Sachwert zu gelangen. **14**

Nach dem 1. RegEntw der ImmoWertV (vgl. Vorbem. zur ImmoWertV Rn. 13 ff.) sollte sich der „Sachwert" unverständlicherweise noch weitgehend unter Ausschluss besonderer objektspezifischer Grundstücksmerkmale definieren. Der Bundesrat hat die von der Fachwelt hieran geübte Kritik aufgenommen und die geltende Fassung des § 8 Abs. 2 ImmoWertV empfohlen. Die Vorschrift regelt nunmehr für alle zur Anwendung kommenden Wertermittlungsverfahren, dass besondere „objektspezifische Grundstücksmerkmale" in *den Wertermittlungsverfahren* zu berücksichtigen sind, d. h. die Berücksichtigung – wie nach bisherigem Recht (§§ 14, § 19 und §§ 45 und 25 WertV 88/98) – jeweils integraler Bestandteil der Verfahren bleibt. Die BReg ist mit ihrem 2. RegE dem Vorschlag des Bundesrates gefolgt, wobei allerdings versäumt wurde, in die Vorschriften über das Ertrags- und Sachwertverfahren auf die Berücksichtigung der Grundstücksmerkmale nach § 8 Abs. 3 ImmoWertV hinzuweisen (vgl. auch § 15 Abs. 1 Satz 4 ImmoWertV).

1.4.3 Modellkonforme Sachwertermittlung

▶ *Vgl. Vorbem. zur ImmoWertV Rn. 38; § 14 ImmoWertV Rn. 94*

Die **Marktanpassung** (vgl. oben Rn. 11) erfolgt bei Anwendung des Sachwertverfahrens **durch Anwendung der Sachwertfaktoren** (§ 193 Abs. 5 Nr. 2 BauGB) auf den nach den §§ 21 bis 23 ImmoWertV ermittelten vorläufigen Sachwert. Die Marktanpassung **ist** damit **integraler Bestandteil der Sachwertermittlung**. Nach § 21 Abs. 1 (letzter Halbsatz) ImmoWertV sind die nach Maßgabe des § 14 ImmoWertV abgeleiteten *Sachwertfaktoren des örtlichen Gutachterausschusses* bzw. hilfsweise die für vergleichbare Gebiete von dem jeweiligen Gutachterausschuss abgeleiteten Sachwertfaktoren zur Marktanpassung heranzuziehen (vgl. Nr. 5 Abs. 1 Satz 4 SachwertR). **15**

---

[17] Aus diesem Grunde schrieb § 21 Abs. 3 i. V. m. den §§ 24 und 25 WertV 88/98 ausdrücklich die ergänzende Berücksichtigung solcher Grundstücksmerkmale im Rahmen der Sachwertermittlung vor („sonstige wertbeeinflussende Umstände").

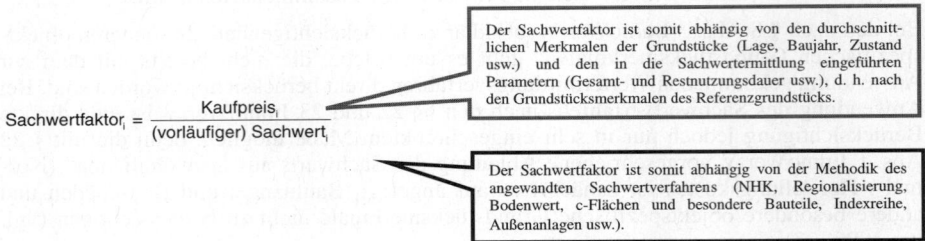

Nach dem **Grundsatz der Modellkonformität** muss das in der ImmoWertV geregelte Wertermittlungsverfahren exakt in der Weise zur Anwendung kommen, wie es vom Gutachterausschuss für Grundstückswerte bei der Ableitung der erforderlichen Daten der Wertermittlung i. S. des Zweiten Abschnitts (insbesondere Liegenschaftszinssätze, Sachwertfaktoren, Vergleichsfaktoren bebauter Grundstücke, Umrechnungskoeffizienten) nach einem

– methodisch eindeutig definierten Bewertungsmodell einschließlich der einschlägigen Modellparameter

– unter Berücksichtigung der Grundstücksmerkmale des Referenzgrundstücks

praktiziert worden ist.

16 Die bei Anwendung des Sachwertverfahrens nach § 21 Abs. 1 i. V. m. § 14 Abs. 2 Nr. 1 ImmoWertV heranzuziehenden Sachwertfaktoren werden – differenziert nach verschiedenen Grundstücksarten – aus einer hinreichenden Anzahl von Kaufpreisen geeigneter Grundstücke mit bestimmten Grundstücksmerkmalen nach der vorstehend abgedruckten Formel abgeleitet, wobei Einflüsse aufgrund besonderer objektspezifischer Grundstücksmerkmale auf den jeweiligen Kaufpreis ggf. zu eliminieren sind (vgl. Nr. 5 Abs. 2 Satz 2 SachwertR). Hieraus folgt:

– Die vom Gutachterausschuss für Grundstückswerte bei der Ableitung des Sachwertfaktors angewandte Methode der Sachwertermittlung (**Sachwertmodell**) ist die bei Heranziehung dieses Sachwertfaktors anzuwendende Methode der Sachwertermittlung.

– Die durchschnittlichen Merkmale aller zur Ableitung des Sachwertfaktors herangezogenen Grundstücke bilden die Grundstücksmerkmale des dem Sachwertfaktor zugrunde liegenden Referenzgrundstücks und seinen **Anwendungsbereich** ab.

17 **Sachwertfaktoren müssen modellkonform zur Anwendung kommen (Grundsatz der Modellkonformität**, vgl. § 14 ImmoWertV Rn. 94). Der Anwendung des Sachwertfaktors auf den nach den §§ 21 bis 23 ImmoWertV ermittelten vorläufigen Sachwert führt nämlich nur dann zu sachgerechten Ergebnissen, wenn

a) der vorläufige Sachwert nach dem Sachwertmodell ermittelt wurde, die der Gutachterausschuss für Grundstückswerte bei der Ableitung des Sachwertfaktors angewendet hat, und

b) das zu bewertende Grundstück und insbesondere dessen Gebäude sowohl nach seiner Gebäudeart als auch den sonstigen Grundstücksmerkmalen (des Bodens und des Gebäudes) im Wesentlichen den durchschnittlichen Eigenschaften der Grundstücke entspricht, die wiederum zur Ableitung des Sachwertfaktors ggf. unter Ausschluss besonderer objektspezifischer Grundstücksmerkmale herangezogen wurden (Referenzgrundstück).

Nur bei stringenter Beachtung dieser Grundsätze kann der Sachwertfaktor Gültigkeit beanspruchen; nur unter diesen Voraussetzungen ist er einschlägig. Die zur Ableitung des Sachwertfaktors angewandte *Methode der Sachwertermittlung* (Sachwertmodell) sowie die dem Sachwertfaktor zugrunde liegenden *Grundstücksmerkmale des Referenzgrundstücks* müssen deshalb bei der **Veröffentlichung der Sachwertfaktoren** (zumeist im Grundstücksmarktbericht des Gutachterausschusses) konkretisiert werden, damit die Sachwertfaktoren auch sachgerecht zur Anwendung kommen können. Im Gutachten müssen bei Heranziehung des Sachwertfaktors das **Sachwertmodell, der Anwendungsbereich des Sachwertfaktors** und **seine Leistungsfähigkeit** in umfassender Weise beschrieben werden, weil nur so die daraus resultierende Sachwertermittlung nachvollziehbar und verständlich wird.

Bei konsequenter Beachtung des Grundsatzes der Modellkonformität müssen bei der Ermittlung des vorläufigen Sachwerts nach den §§ 21 bis 23 ImmoWertV grundsätzlich auch die besonderen Eigenschaften des Grund und Bodens sowie des Gebäudes der zu bewertenden Liegenschaft als „besondere objektspezifische Grundstücksmerkmale" zunächst insoweit unberücksichtigt bleiben, wie diese Merkmale außerhalb der Bandbreite dessen liegen, was Bezugsgrundlage der Sachwertfaktoren ist. Das kann im Ergebnis bedeuten, dass der vorläufige Sachwert zunächst nur unter Berücksichtigung einer marktüblichen Teilfläche des Grund und Bodens (vorläufiger mit dem Sachwertfaktor kompatibler Bodenwert) sowie unter Ausschluss besonderer baulicher Gegebenheiten (vorläufiger Gebäudewert) ermittelt wird. Der **vorläufige Sachwert** ergibt sich dann **auf der Grundlage eines vorläufigen Bodenwerts und eines vorläufigen Gebäudesachwerts**. Die in § 8 Abs. 3 ImmoWertV namentlich aufgeführten „besonderen objektspezifischen Grundstücksmerkmale", nämlich eine wirtschaftliche Überalterung, ein überdurchschnittlicher Erhaltungszustand, Baumängel oder Bauschäden sowie von den marktüblich erzielbaren Erträgen erheblich abweichende Erträge, geben vor diesem Hintergrund nur einen Teil dessen an, was im Rahmen der Sachwertermittlung bei konsequenter Beachtung des Grundsatzes der Modellkonformität als „besondere objektspezifische Grundstücksmerkmale" nachträglich zu berücksichtigen ist.

18

Unter der Herrschaft des Modellkonformitätsgrundsatzes ändert sich der Aufbau eines Sachwertgutachtens grundlegend. Der Sachverständige hängt insoweit (grundsätzlich) an der Nabelschnur des Gutachterausschusses für Grundstückswerte, auch wenn er fachlich abweichende Auffassungen vertritt.

19

1. Vor Anwendung des Sachwertverfahrens muss man sich zuallererst Klarheit über den heranzuziehenden Sachwertfaktor des Gutachterausschusses für Grundstückswerte sowohl hinsichtlich des ihm zugrundeliegenden Sachwertmodells als auch der dem Sachwertfaktor zugrunde liegenden Merkmale des Referenzgrundstücks verschaffen. Die eigene Sachwertermittlung muss sich methodisch auf eben dieses Sachwertmodell ausrichten.

2. Darüber hinaus **muss sich auch das Sachwertverfahren in seiner verfahrensmäßigen Abfolge am herangezogenen Sachwertfaktor orientieren:**

   a) Gegenstand der Ermittlung des vorläufigen Sachwerts ist zunächst nicht das Bewertungsobjekt mit seinen tatsächlichen Grundstücksmerkmalen, sondern mit den Grundstückseigenschaften des Referenzgrundstücks.

   b) Zu diesem Zweck empfiehlt es sich, im Gutachten schon bei den Erläuterungen zum angewandten Wertermittlungsverfahren auf die Verknüpfung der Sachwertermittlung mit dem herangezogenen Sachwertfaktor des Gutachterausschusses damit hinzuweisen, dass

   – „der Sachwert nach Maßgabe der §§ 21 ff. ImmoWertV unter Heranziehung des vom Gutachterausschuss für Grundstückswerte in ... abgeleiteten und in ... veröffentlichten Sachwertfaktoren ermittelt wird" und

   – der vorläufige Sachwert des Bewertungsobjektes zunächst auf der Grundlage der dem Sachwertfaktor zugrunde liegenden Grundstücksmerkmale ermittelt wird (Grundstücksmerkmale des Referenzgrundstücks).

   c) Die dem Sachwertfaktor zugrunde liegenden Grundstücksmerkmale sind möglichst detailliert im Gutachten darzulegen, damit der Leser erkennen kann, dass zunächst ein fiktiver (vorläufiger) Sachwert ermittelt wird. Weichen die Merkmale des zu bewertenden Grundstücks davon erheblich ab, so muss im Gutachten neben der vollständigen Grundstücksbeschreibung (am Anfang des Gutachtens) eine zweite sich am Sachwertfaktor orientierende Grundstücksbeschreibung erscheinen, die der Ermittlung des vorläufigen Sachwerts zugrunde gelegt wird.

d) Die besonderen objektspezifischen Grundstücksmerkmale des Bewertungsobjekts bestimmen sich sodann nach den Abweichungen der tatsächlichen Grundstücksmerkmale von denen, die der Ermittlung des vorläufigen Sachwerts zugrunde gelegt wurden.

20 Verfahrensmäßig bedeutet dies auch, dass die **tatsächlichen Eigenschaften des Grund und Bodens sowie des Gebäudes zunächst noch nicht vollständig in den vorläufigen Sachwert eingehen** und (z. B. im Gutachten) entsprechend dargelegt werden muss, welche qualitativen Grundstücksmerkmale der Ermittlung des vorläufigen Sachwerts zugrunde liegen. Des Weiteren sind die davon abweichenden tatsächlichen Eigenschaften des Grund und Bodens sowie des Gebäudes darzulegen; sie werden nachträglich und differenziell als „besondere objektspezifische Grundstücksmerkmale" berücksichtigt, „soweit dies dem gewöhnlichen Geschäftsverkehr entspricht, d. h. in marktkonformer Höhe".

2 Verfahrensübersicht

2.1 Sachwertverfahren nach ImmoWertV

2.1.1 Allgemeines

▶ *Zu den Begriffen Gebäude, bauliche Anlagen, Außenanlagen, „sonstige" Anlagen und den besonderen Betriebseinrichtungen vgl. § 1 ImmoWertV Rn. 18 ff.*

21 Im Unterschied zu dem zweisträngigen Ertragswertverfahren (bestehend aus Boden- und Gebäudeertragswert) ist das Sachwertverfahren dreisträngig ausgestaltet. Der **„Sachwert" setzt sich nach § 21 Abs. 1 ImmoWertV im ersten Schritt zusammen aus**

- dem (*vorläufigen mit dem Sachwertfaktor kompatiblen*) Bodenwert (§ 16 ImmoWertV),
- dem (*vorläufigen*) Sachwert der (*nutzbaren*) baulichen Anlagen (Gebäudesachwert) und
- dem (*vorläufigen*) Sachwert der (*nutzbaren*) sonstigen Anlagen (§ 21 Abs. 1 ImmoWertV).

Der **„Sachwert der baulichen Anlagen"** schließt zwar grundsätzlich auch den Sachwert baulicher Außenanlagen und vorhandener besonderer Betriebseinrichtungen ein, jedoch wird der „Sachwert der baulichen Anlagen" (Gebäudesachwert) zunächst ohne den Sachwert der baulichen Außenanlagen und im Übrigen ohne den Sachwert der „sonstigen Anlagen" (Aufwuchs, insbesondere Gartenanlagen, Anpflanzungen und Parks) nach Maßgabe des § 21 Abs. 2 ImmoWertV ermittelt.

Der sich nach Maßgabe der §§ 21 bis 23 ImmoWertV aus dem Bodenwert, Gebäudesachwert und dem Wertanteil der baulichen und sonstigen Außenanlagen unter Berücksichtigung objektspezifischer Grundstücksmerkmale nach Maßgabe des § 8 Abs. 2 und 3 ImmoWertV zusammensetzende **„Sachwert" ist mit dem Verkehrswert gleichzusetzen, sofern sich nicht „unter Würdigung" der Aussagefähigkeit der Ergebnisse anderer angewandter Verfahren etwas anderes ergibt** (§ 8 Abs. 1 Satz 3 ImmoWertV).

Bei genauerer Betrachtung ist die mit § 21 Abs. 1 ImmoWertV vorgegebene Aufteilung des Sachwerts in einen Bodenwert und einen Sachwert der nutzbaren baulichen und sonstigen Anlagen aufgegeben worden. Unter der Herrschaft des Modellkonformitätsgrundsatzes kann es bei Anwendung des Sachwertverfahrens darüber hinaus geboten sein, den Bodenwert als auch den Sachwert des Gebäudes (rechnerisch) aufzuteilen, nämlich in

- einen **Bodenwertanteil**, der der Ermittlung des vorläufigen Sachwerts zugrunde liegt, und einen *Bodenwertanteil, der ergänzend nach Maßgabe des § 8 Abs. 3 ImmoWertV zu berücksichtigen ist,* sowie

- einen **Gebäudewertanteil**, der der Ermittlung des vorläufigen Sachwerts zugrunde liegt, und einen *Gebäudewertanteil, der ergänzend nach Maßgabe des § 8 Abs. 3 ImmoWertV zu berücksichtigen ist.*

Dies ist darin begründet, dass der Sachwertfaktor nach dem **Grundsatz der Modellkonformität** nur auf einen vorläufigen Sachwert zur Anwendung kommen kann, der den durchschnittlichen Eigenschaften der Grundstücke zugrunde liegt, aus denen der Sachwertfaktor abgeleitet worden ist. Abweichende Grundstücksmerkmale, die sowohl den Grund und Boden als auch das Bauwerk betreffen, sind dann ergänzend nach Maßgabe des § 8 Abs. 3 ImmoWertV zu berücksichtigen. Dies beeinträchtigt dann erheblich die Lesbarkeit eines Gutachtens (vgl. unten Rn. 27).

Es ist grundsätzlich nur der **Sachwert der „nutzbaren" Anlagen** zu berücksichtigen (vgl. oben Rn. 9). Maßgeblich für die Beurteilung der Nutzbarkeit von Anlagen ist eine wirtschaftliche Betrachtungsweise. Wirtschaftlich nicht mehr nutzbare Anlagen haben praktische keine Restnutzungsdauer mehr; d. h., ihr Sachwert würde sich ohnehin über die Alterswertminderung auf „null" reduzieren; die Bebauung steht dann zur Liquidation an. Die Begründung nennt in diesem Zusammenhang Wohngebäude in Stadtumbaugebieten, die nicht ausreichend nachgefragt werden und auch nicht in wirtschaftlicher Weise umgenutzt werden können[18]. 22

Grundsätzlich sind mit dem Sachwert der nutzbaren baulichen Anlagen (Gebäudesachwert) auch die **Wertanteile einzelner Bauteile, Einrichtungen oder sonstige Vorrichtungen (besondere Betriebseinrichtungen des Gebäudes)** zu erfassen. Sie sind nach § 22 Abs. 2 Satz 2 ImmoWertV durch angemessene Zu- oder Abschläge zu erfassen, soweit sie nicht bereits mit den herangezogenen Normalherstellungskosten nach § 22 Abs. 1 ImmoWertV oder mit dem Sachwertfaktor berücksichtigt werden.

Integraler Bestandteil des „Sachwerts" sind die nach § 8 Abs. 2 ImmoWertV „im" Sachwertverfahren zu berücksichtigende 23

- *„Marktanpassung"* und

- die subsidiär noch zu berücksichtigenden *„besonderen objektspezifischen Grundstücksmerkmale".*

Dies ergibt sich daraus, dass nach § 8 Abs. 2 ImmoWertV sowohl die *Marktanpassung* als auch die *besonderen objektspezifischen Grundstücksmerkmale „in"* dem nach § 8 Abs. 1 ImmoWertV zur Anwendung kommenden Sachwertverfahren zu berücksichtigen sind. Deshalb ergibt sich nach den §§ 21 bis 23 ImmoWertV eigentlich nur der **„vorläufige Sachwert"**. Diesen in § 182 BewG gebrauchten Begriff kennt die ImmoWertV nicht, jedoch ist er auch in der Marktwertermittlung gebräuchlich.

Die ImmoWertV ist in Bezug auf die Berücksichtigung der „besonderen objektspezifischen Grundstücksmerkmale" i. S. des § 8 Abs. 3 ImmoWertV inkonsequent, als sie bei Anwendung des Vergleichswertverfahrens nach § 15 Abs. 1 Satz 4 ImmoWertV (Abweichungen einzelner Grundstücksmerkmale von denen der Vergleichsgrundstücke) direkt in den Vergleichswert eingehen sollen, während sie bei Anwendung des Ertrags- und Sachwertverfahrens erst mit der Auffangvorschrift des § 8 Abs. 2 und 3 ImmoWertV in das Verfahren integriert werden.

Der (vorläufige) **Sachwert der baulichen Anlagen** (ohne bauliche Außenanlagen) ist nach § 21 Abs. 2 ImmoWertV regelmäßig auf der Grundlage der gewöhnlichen **Herstellungskosten der baulichen Anlagen (Normalherstellungskosten)** zu ermitteln. Dies sind die gewöhnlichen Herstellungskosten eines am Wertermittlungsstichtag errichteten Neubaus. Soweit sich die dazu herangezogenen Normalherstellungskosten auf einen älteren Bezugsstichtag beziehen, sind sie nach § 21 Abs. 3 ImmoWertV mithilfe geeigneter Baupreisindexreihen auf die Preisverhältnisse des Wertermittlungsstichtags umzurechnen. Die so ermittelten gewöhnlichen Herstellungskosten sind sodann nach § 21 Abs. 2 i. V. m. § 23 ImmoWertV einer linearen Alterswertminderung zu unterziehen.

---

[18] BR-Drucks 296/09.

Syst. Darst. Sachwertverfahren — vorläufiger Sachwert

Der (vorläufige) **Sachwert der baulichen Außenanlagen sowie der sonstigen Anlagen** ist, soweit sie nicht vom Bodenwert oder vom Sachwertfaktor miterfasst sind, in erster Linie nach Erfahrungssätzen und hilfsweise in entsprechender Anwendung der §§ 22 und 23 ImmoWertV nach gewöhnlichen Herstellungskosten unter Berücksichtigung einer Alterswertminderung zu ermitteln. Dabei geht die ImmoWertV von Erfahrungssätzen aus, die sich direkt auf den Wertermittlungsstichtag beziehen und ggf. die Alterswertminderung bereits berücksichtigen (Abb. 2).

Abb. 2: Ermittlung des Sachwerts nach § 21 Abs. 1 ImmoWertV

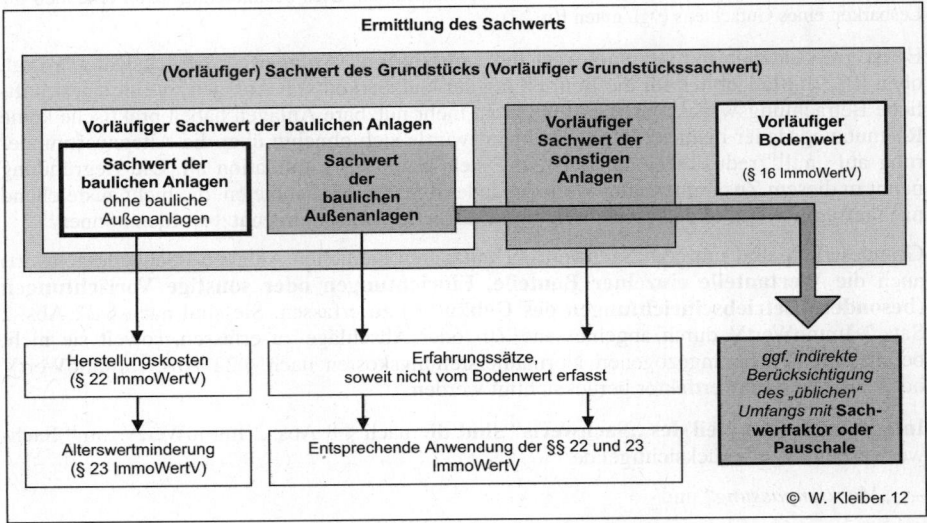

24   Den detaillierten **Verfahrensgang des Sachwertverfahrens** zeigt Abb. 3.

Abb. 3: Sachwertverfahren nach ImmoWertV

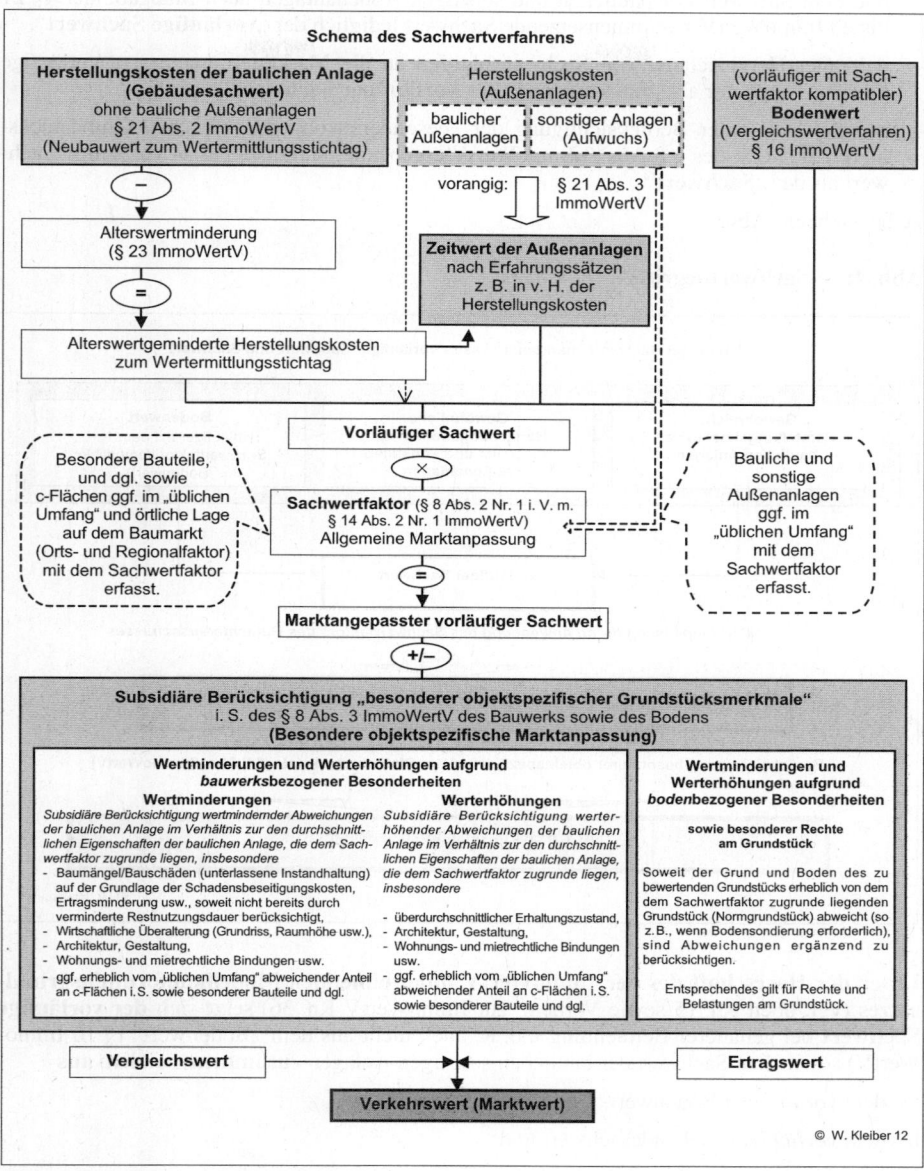

Nach den vorstehenden Ausführungen soll sich der „Sachwert" gemäß § 21 Abs. 1 Immo-WertV aus dem „Bodenwert" (§ 16 ImmoWertV), dem Sachwert der baulichen Anlagen (Gebäudesachwert) und dem Sachwert der baulichen und sonstigen Außenanlagen zusammensetzen, wobei „besondere objektspezifische Grundstücksmerkmale" i. S. des § 8 Abs. 3 ImmoWertV erst nachträglich, nämlich nach Anpassung an die Marktlage unter Heranziehung des einschlägigen vom Gutachterausschuss ermittelten Sachwertfaktors (§ 21 Abs. 1, zweiter Halbsatz i. V. m. § 14 Abs. 2 Nr. 1 ImmoWertV) berücksichtigt werden. Aus diesem Grunde ist

Syst. Darst. Sachwertverfahren — marktangepasster Sachwert

- der sich aus dem Bodenwert, dem Sachwert der baulichen Anlagen (Gebäudesachwert) und dem Sachwert der baulichen und sonstigen Außenanlagen nach Maßgabe der §§ 21 bis 23 ImmoWertV zusammensetzende Sachwert lediglich der **„vorläufige Sachwert"**,
- der unter Heranziehung von Sachwertfaktoren an die Marktlage angepasste vorläufige Sachwert auch nur als **„marktangepasster vorläufiger Sachwert"** und
- erst der sich unter Berücksichtigung der „besonderen objektspezifischen Grundstücksmerkmale" i. S. des § 8 Abs. 3 ImmoWertV ergebende marktangepasste vorläufige Sachwert als der **„Sachwert"**

zu bezeichnen (Abb. 4).

Abb. 4: Sachwertbegriffe

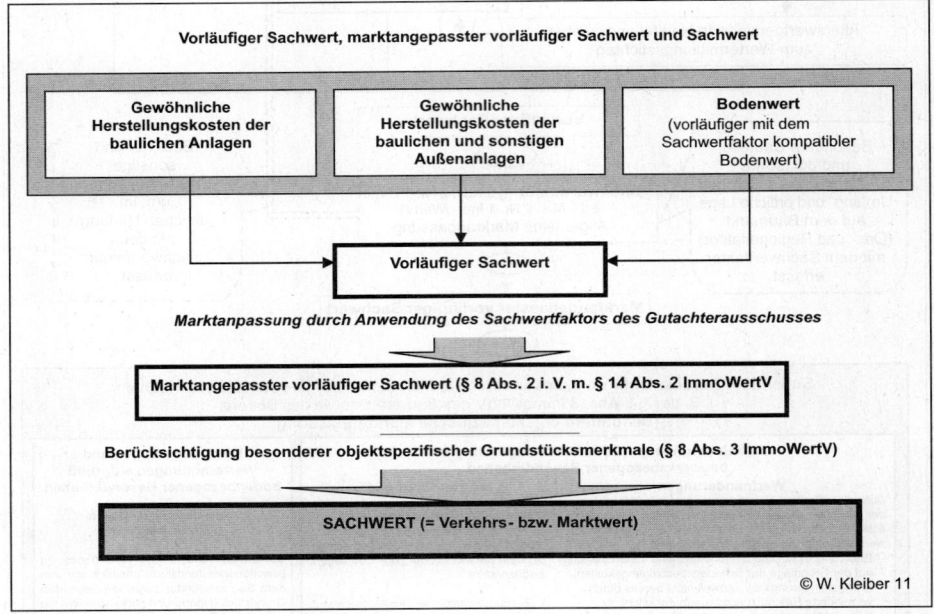

Unter der Herrschaft des der ImmoWertV innewohnenden Modellkonformitätsgrundsatzes (vgl. oben Rn. 15 sowie Vorbem. zur ImmoWertV Rn. 36) **setzt sich der vorläufige Sachwert** bei genauerer Betrachtung i. d. R. auch nicht aus dem „Bodenwert" (§ 16 ImmoWertV) sowie dem Sachwert der baulichen sonstigen Anlagen **zusammen**, sondern **aus**

a) dem *vorläufigen* Bodenwert,

b) dem *vorläufigen* Gebäudesachwert und

c) dem *vorläufige*n Sachwert der baulichen und sonstigen Außenanlagen.

Bei der **Ermittlung des vorläufigen Sachwerts** müssen nämlich sowohl der Bodenwert als auch der Gebäudesachwert und der Sachwert der baulichen und sonstigen Außenanlagen mit den Grundstücksmerkmalen ermittelt werden, die den durchschnittlichen Grundstücksmerkmalen entsprechen, die der Ableitung des Sachwertfaktors zugrunde liegen.

Beispiel:
Vom Gutachterausschuss für Grundstückswerte ist für Grundstücke
- mit einer marktüblich objektbezogenen Grundstücksfläche von 1 000 m² und
- mit Gebäuden, die ordnungsgemäß instand gehaltenen wurden,

ein Sachwertfaktor ermittelt worden, der
- einen üblichen Wertansatz für bauliche und sonstige Außenanlagen in Höhe von 6 % der Gebäudeherstellungskosten und
- einen üblichen Wertansatz für besondere Bauteile, Einrichtungen und Vorrichtungen, die mit der BGF nicht erfasst sind, in Höhe von 4 % der Gebäudeherstellungskosten

erfasst.

Davon abweichende Grundstücksmerkmale des zu bewertenden Grundstücks müssen bei der Ermittlung des vorläufigen Sachwerts zunächst außer Betracht bleiben.

Daraus folgt, dass für ein zu bewertendes Grundstück, das eine Grundstücksfläche von 1 500 m², ein Gebäude ohne besondere Bauteile, Einrichtungen und Vorrichtungen sowie keine baulichen und sonstigen Außenanlagen aufweist, nach Maßgabe der §§ 21–23 ImmoWertV zunächst ein fiktiver vorläufiger Sachwert zu ermitteln ist, bestehend aus
a) einem vorläufigen Bodenwert für ein 1 000 m² großes Grundstück,
b) einem vorläufigen Gebäudesachwert für ein Gebäude mit besonderen Bauteilen, Einrichtungen und Vorrichtungen im sonst üblichen Umfang von 4 % der Gebäudeherstellungskosten und
c) einem sonst üblichen Anteil an baulichen und sonstigen Außenanlagen in Höhe von 6 % der Gebäudeherstellungskosten.

Die differenziellen Abweichungen der tatsächlichen Grundstücksmerkmale von den genannten, dem Sachwertfaktor zugrunde liegenden Grundstücksmerkmalen werden nachträglich nach Maßgabe des § 8 Abs. 3 ImmoWertV berücksichtigt; d. h., nach § 8 Abs. 3 ImmoWertV müssen neben den dort genannten Besonderheiten auch die mit dem vorläufigen Sachwert noch nicht berücksichtigten Bodenwert- und Gebäudewertanteile differenziell ermittelt und ergänzend angesetzt werden, soweit dies dem gewöhnlichen Geschäftsverkehr entspricht.

Der **Sachwertfaktor** kann nach den Hinweisen der Anl. 5 zu den SachwertR auch **auf der Grundlage eines pauschalen Ansatzes für** die mit der Berechnung der BGF nicht erfassten **Bauteile und sonstigen Einrichtungen sowie** eines pauschalen Ansatzes **für die baulichen und sonstigen Außenanlagen (Aufwuchs)** ermittelt worden sein. Auch in diesem Fall bestimmt sich der **vorläufige Sachwert** in modellkonformer Weise nach dem vorläufigen Bodenwert sowie dem unter Heranziehung dieser Pauschalen ermittelten vorläufigen Gebäudesachwert und vorläufigen Sachwert der baulichen und sonstigen Außenanlagen.

Im Ergebnis ist also festzuhalten, dass unter der Herrschaft des der ImmoWertV innewohnenden Modellkonformitätsgrundsatzes im Mittelpunkt jeder **Sachwertermittlung** der Sachwertfaktor steht. Am Anfang jeder Sachwertermittlung ist deshalb zunächst der nach Maßgabe des § 21 Abs. 1 i. V. m. § 14 Abs. 2 Nr. 1 ImmoWertV heranzuziehende **Sachwertfaktor mit dem ihm zugrunde liegenden Sachwertmodell und seinem Anwendungsbereich** festzustellen und eingehend zu analysieren. Die Ermittlung des Boden- und Gebäudesachwerts hat sich daran auszurichten. Soweit der Grund und Boden, das Gebäude sowie die baulichen und sonstigen Außenanlagen der zu bewertenden Liegenschaft erheblich von den Grundstücksmerkmalen des Referenzgrundstücks abweichen, müssen der Bodenwert und der Wert der baulichen und sonstigen Anlagen aufgesplittet werden in

– einen „*vorläufigen*" Bodenwert, Gebäudesachwert und *Wertanteil für bauliche und sonstige Außenanlagen* und

– **den ergänzend (differenziell) zu berücksichtigenden Bodenanteil, Gebäudewertanteil und Wertanteil der baulichen und sonstigen Anlagen** (Abb. 5).

Syst. Darst. Sachwertverfahren — marktangepasster Sachwert

Abb. 5: Vorläufiger Boden- und Gebäudesachwert

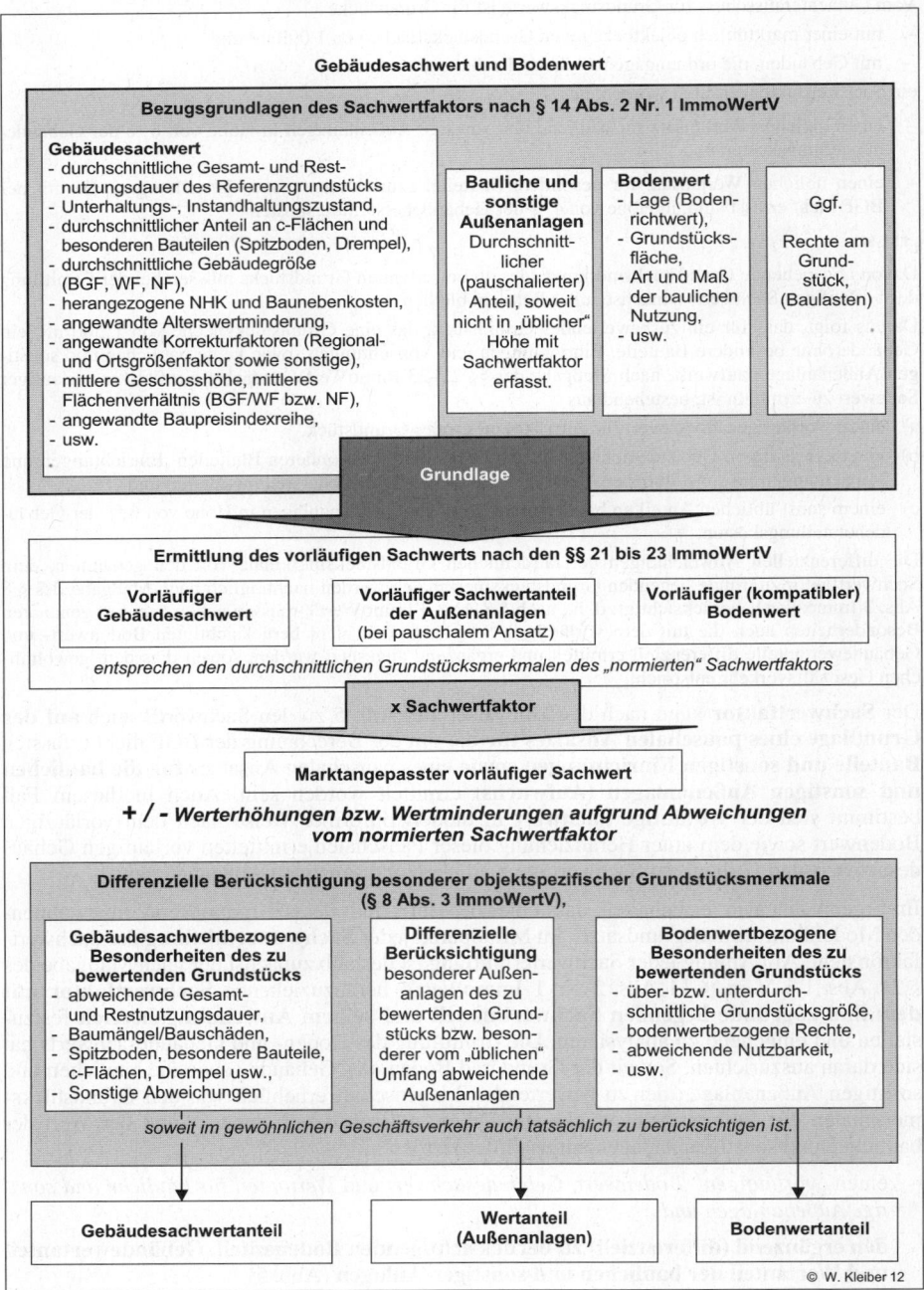

2.1.2 Sachwertmodell der SachwertR

Mit den SachwertR des BMVBS wird kein Standardmodell der Sachwertermittlung vorgegeben, das zwingend von den Gutachterausschüssen für Grundstückswerte bei der Ableitung der Sachwertfaktoren nach § 14 Abs. 2 Nr. 1 ImmoWertV anzuwenden ist und das bei Heranziehung dieser Sachwertfaktoren nach den vorstehenden Ausführungen zur Anwendung kommen muss. Anl. 5 zur SachwertR empfiehlt jedoch beispielhaft ein **„Modell" für die Ableitung der Sachwertfaktoren**. Die wesentlichen Modellparameter für die Ermittlung der Sachwertfaktoren werden darin wie folgt beschrieben:

Normalherstellungskosten	NHK 2010 (Anlage 1 der SachwertR)
Gebäudebaujahrsklassen	keine
Gebäudestandard	nach Standmerkmalen und Standardstufen der Anlage 2 der SachwertR
Baunebenkosten	in den NHK 2010 enthalten
Korrekturfaktor für das Land und die Ortsgröße (Regionalfaktor)	keine
Bezugsmaßstab	Brutto-Grundfläche
Baupreisindex	Preisindex für die Bauwirtschaft des Statistischen Bundesamtes
Baujahr	ursprüngliches Baujahr
Gesamtnutzungsdauer	nach Anlage 3 der SachwertR
Restnutzungsdauer	Gesamtnutzungsdauer abzüglich Alter, ggf. modifizierte Restnutzungsdauer. Bei Modernisierungsmaßnahmen Verlängerung der Restnutzungsdauer nach Anlage 4 der SachwertR.
Alterswertminderung	linear
Wertansatz für bauliche Außenanlagen, sonstige Anlagen	kein gesonderter Ansatz – Anlagen sind im üblichen Umfang im Sachwert enthalten **oder** Pauschaler Ansatz in Höhe von ...
Wertansatz für bei der BGF-Berechnung nicht erfasste Bauteile	kein gesonderter Ansatz – Bauteile sind im üblichen Umfang im Sachwert enthalten **oder** Pauschaler Ansatz in Höhe von ...
Besondere objektspezifische Grundstücksmerkmale	keine bzw. entsprechende Kaufpreisbereinigung
Bodenwert	ungedämpft, zutreffender Bodenrichtwert ggf. angepasst an die Merkmale des Einzelobjekts
Grundstücksfläche	marktüblich objektbezogene Grundstücksfläche
Nach den SachwertR soll auch **die Nutzbarkeit von Dachgeschossen** entsprechend **Giebelbreiten, Trauflängen und Dachneigungen** berücksichtigt werden.	

Der Sachwertfaktor ergibt sich – wie unter Rn. 15 dargelegt – aus dem Verhältnis von Kaufpreisen von Grundstücken zu den dafür ermittelten vorläufigen Sachwerten, die nach Nr. 5 Abs. 2 i. V. m. Anl. 5 der SachwertR nach folgendem Sachwertmodell ermittelt werden:

1. Der vorläufige Sachwert wird auf der Grundlage von Herstellungskosten ermittelt, die sich aus den auf eine Brutto-Grundfläche (BGF_{red}, insbesondere ohne c-Flächen und ohne überdeckte Balkonflächen) bezogenen Kostenkennwerten der NHK 2010 (Anl. 1 der SachwertR) mit den darin enthaltenen Baunebenkosten ergeben sollen. Zur Ermittlung der Herstellungskosten einer baulichen Anlage sind die dafür in den NHK 2010 ausgewiesenen Kostenkennwerte mit der **reduzierten Brutto-Grundfläche (BGF_{red}) der baulichen Anlage** zu multiplizieren.

Syst. Darst. Sachwertverfahren   Sachwertmodell

2. Der für den Kostenkennwert maßgebliche **Gebäudestandard** wird nach den Kriterien der Anl. 2 zur SachwertR ermittelt.

3. Die lineare **Alterswertminderung** nach § 23 ImmoWertV wird auf der Grundlage der sich nach Anl. 3 zur SachwertR ergebenden üblichen Gesamtnutzungsdauer (GND) und der Restnutzungsdauer (RND) ermittelt, wobei sich die Restnutzungsdauer aus der um das Alter der baulichen Anlage verminderten üblichen Gesamtnutzungsdauer ergibt.

4. Bei unterlassener Instandhaltung bzw. Modernisierung ist auf der Grundlage des fiktiven Baujahrs und Alters ggf. die modifizierte Restnutzungsdauer anzusetzen; bei **Modernisierungsmaßnahmen** soll die entsprechend verlängerte Restnutzungsdauer nach Maßgabe der Anl. 4 der SachwertR abgeleitet werden.

5. Die zur Ableitung des Sachwertfaktors herangezogenen Kaufpreise sind um den Einfluss besonderer objektspezifischer Grundstücksmerkmale i. S. des § 8 Abs. 3 ImmoWertV zu bereinigen (vgl. Nr. 5 Abs. 2 Satz 2 der SachwertR).

6. Der Bodenwert soll mit dem einschlägigen Bodenrichtwert unter Berücksichtigung der Grundstücksmerkmale des jeweiligen Grundstücks, jedoch auf der Grundlage einer **„marktüblich objektbezogenen Grundstücksfläche"** angesetzt werden, wenn die tatsächliche Grundstücksfläche hiervon abweicht.

   Die „marktüblich objektbezogene Grundstücksfläche" ist – um eine sachgerechte Anwendung der Sachwertfaktoren zu gewährleisten – bei der Ableitung der Sachwertfaktoren zu erfassen und muss bei der Veröffentlichung des Sachwertfaktors angegeben werden.

7. Im Übrigen sind im Rahmen der Ableitung von Sachwertfaktoren die zur Ermittlung des vorläufigen Sachwerts angesetzten **Kostenkennwerte der NHK 2010 nicht den örtlichen Verhältnissen mittels eines Regional- und Ortsgrößenfaktors anzupassen.**

8. - Für **bauliche und sonstige Außenanlagen** i. S. des § 21 Abs. 3 ImmoWertV sowie
   - für **besondere Bauteile, Einrichtungen und Vorrichtungen** i. S. des § 21 Abs. 2 Satz 2 ImmoWertV

   sollen bei der Ermittlung des vorläufigen Sachwerts keine Herstellungskosten angesetzt werden, jedoch soll der **„übliche Umfang"**
   - an baulichen und sonstigen Außenanlagen sowie
   - an besonderen Bauteilen und dgl.

   erfasst und bei der Veröffentlichung des Sachwertfaktors angegeben werden. Alternativ können für **bauliche und sonstige Außenanlagen sowie** für **besondere Bauteile, Einrichtungen und Vorrichtungen** auch **Herstellungskosten in pauschalierter Höhe** angesetzt werden, wobei die Pauschalen dann offen gelegt werden müssen, damit Abweichungen angemessen berücksichtigt werden können.

   Der **„übliche Umfang"** bestimmt sich nach Sinn und Zweck der Regelung nach dem durchschnittlichen Umfang der Grundstücke, deren Kaufpreise zur Ableitung des Sachwertfaktors herangezogen wurden.

27 Aus der *unter Nr. 7 genannten Modellvorgabe* folgt, dass mit dem so abgeleiteten Sachwertfaktor die als Bundesmittelwert angegebenen Kostenkennwerte der NHK 2010 regionalisiert werden, denn die örtlichen Verhältnisse gehen mit den zur Ableitung des Sachwertfaktors herangezogenen Kaufpreisen direkt in den Sachwertfaktor ein. Bei der Ermittlung des Sachwerts unter Anwendung des so abgeleiteten Sachwertfaktors werden die Kostenkennwerte der NHK 2010 „automatisch" regionalisiert, ohne dass es dafür dann noch eines besonderen Ansatzes bedarf. Der **Sachwertfaktor ist** in diesem Fall zugleich auch ein **Regionalisierungsfaktor**.

28 Aus der *unter Nr. 8 genannten Modellvorgabe* folgt, dass bei der Ermittlung des Sachwerts unter Anwendung des so abgeleiteten Sachwertfaktors *bauliche und sonstige Außenanlagen* i. S. des § 21 Abs. 3 ImmoWertV sowie *besondere Bauteile, Einrichtungen und Vorrichtungen* i. S. des § 21 Abs. 2 Satz 2 ImmoWertV in dem „üblichen Umfang" in die Sachwerter-

mittlung „automatisch" eingehen können, ohne dass es dafür eines besonderen Ansatzes bedarf. Weichen jedoch die **Außenanlagen sowie die besonderen Bauteile und dgl. der zu bewertenden Liegenschaft** erheblich von dem „üblichen Umfang" ab, der mit dem Sachwertfaktor bereits berücksichtigt ist, müssen die Abweichungen differenziell nach Maßgabe des § 8 Abs. 3 ImmoWertV **als besonderes objektspezifisches Grundstücksmerkmal** nachträglich berücksichtigt werden (vgl. 4.1.1.7 SachwertR). Werden die Herstellungskosten der baulichen und sonstigen Außenanlagen sowie der besonderen Bauteile, Einrichtungen und Vorrichtungen alternativ mit einer Pauschale angesetzt, müssen Abweichungen ggf. ebenfalls differenziell berücksichtigt werden.

Keine Modellvorgaben werden **bezüglich der Berücksichtigung von c-Flächen i. S. der DIN 277 gemacht** (nicht überdeckte Bereiche wie Loggien, Dachterrassen und *nicht überdeckte* Balkone); mit Nr. 4.1.1.4 Abs. 2 Satz 3 ImmoWertV werden jedoch die *überdeckten* Balkone, die nach der DIN 277 den sog. b-Flächen zuzurechnen sind, zu c-Flächen erklärt, die nach Nr. 4.1.1.4 Abs. 2 Satz 2 der SachwertR bei „Anwendung der NHK 2010" nicht in die BGF eingehen sollen. Balkone sollen nach Nr. 4.1.1.7 der SachwertR als besondere Bauteile nachträglich berücksichtigt werden.

29

Ob und ggf. in welchem „üblichen Umfang" der Kostenanteil der sog. c-Flächen in dem für die jeweilige Gebäudeart angegebenen Kostenkennwerten der NHK 2010 enthalten sind, konnte zu den ausgewiesenen Kostenkennwerten in den SachwertR nicht dargelegt werden. Bei dieser Sachlage empfiehlt es sich – analog zu den Modellvorgaben zur Berücksichtigung von Außenanlagen und besonderen Bauteilen (vgl. Nr. 8), dass bei der Ableitung der Sachwertfaktoren für c-Flächen wiederum keine Herstellungskosten angesetzt werden, jedoch der **„übliche Umfang" an c-Flächen**, der sich wiederum aus dem Durchschnitt der ausgewerteten Objekte ergibt, bei der Veröffentlichung des Sachwertfaktors darzulegen ist. Soweit im Einzelfall die zu bewertende Liegenschaft c-Flächen in einem Umfang aufweist, der vom üblichen Umfang erheblich abweicht, müssen die Abweichungen wie vorstehend erläutert ergänzend nach Maßgabe des § 8 Abs. 3 ImmoWertV berücksichtigt werden.

In der Gesamtschau stellt sich das **Sachwertmodell der Anl. 5 der SachwertR** wie folgt dar (Abb. 6):

Abb. 6: Sachwertmodell für die Ableitung von Sachwertfaktoren nach Empfehlungen der SachwertR

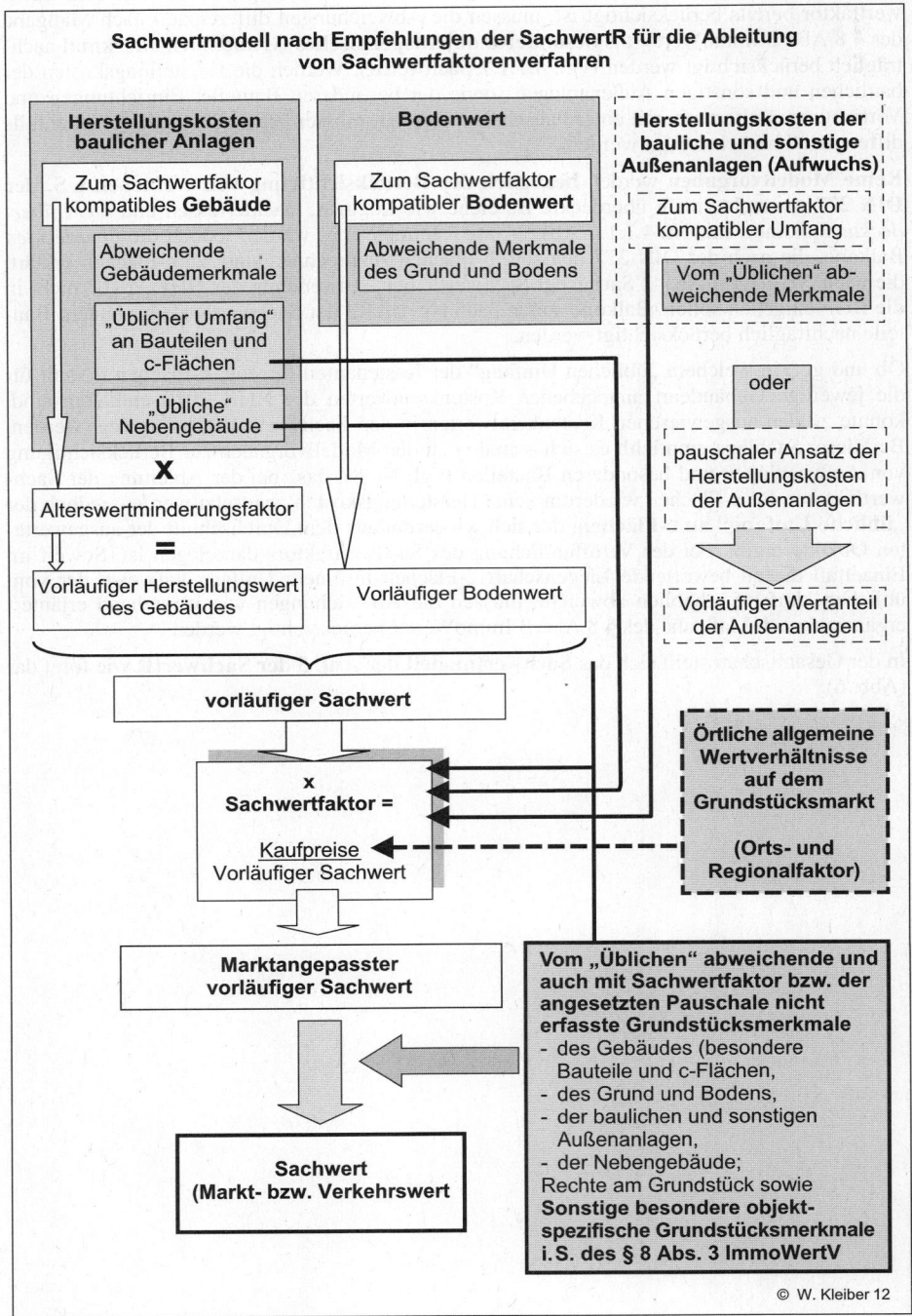

2.2 Sachwertverfahren nach BelWertV

▶ *Vgl. Schröter in Kleiber, Verkehrswertermittlung von Grundstücken, 6. Aufl. 2010, Teil X Rn. 247 ff.*

In der Beleihungswertermittlung wird der Sachwert nach den §§ 14 bis 19 BelWertV als „Substanzwert" ohne Berücksichtigung der Lage auf dem Grundstücksmarkt (Marktanpassung) ermittelt. Nach § 4 Abs. 1 BelWertV ist grundsätzlich der Sachwert des Beleihungsobjekts getrennt vom Ertragswert zu ermitteln[19]. **Maßgeblich für die Ermittlung des Beleihungswerts ist** jedoch nach § 4 Abs. 3 Satz 1 BelWertV **regelmäßig der Ertragswert**, der nicht überschritten werden darf.

Dem **Sachwert** kommt danach die **Funktion eines Kontrollwerts** zu. Bleibt nämlich der Sachwert (ohne Marktanpassung) des Beleihungsobjekts um mehr als 20 Prozent hinter dem Ertragswert zurück, bedarf es einer besonderen Überprüfung der Nachhaltigkeit der zugrunde gelegten Erträge und ihrer Kapitalisierung. Bestätigt sich hierbei der anfangs ermittelte Ertragswert, bedarf das Ergebnis der Überprüfung einer nachvollziehbaren Begründung, andernfalls ist der Ertragswert entsprechend zu mindern.

Bei **Ein- und Zweifamilienhäusern sowie Eigentumswohnungen** kann der Beleihungswert am Sachwert orientiert werden und eine Ertragswertermittlung entfallen, wenn das zu bewertende Objekt nach Zuschnitt, Ausstattungsqualität und Lage zweifelsfrei zur Eigennutzung geeignet und bestimmt ist und bei gewöhnlicher Marktentwicklung nach den Umständen des Einzelfalls sicher vorausgesetzt werden kann, dass das Objekt von potenziellen Erwerbern für die eigene Nutzung dauerhaft nachgefragt wird.

Das Sachwertverfahren ist im Zweiten Abschnitt des Dritten Teils (§§ 14 bis 19 BelWertV) in Anlehnung an die Vorschriften der ImmoWertV geregelt, jedoch mit einer Reihe von **Modifikationen und „Leitplanken"**.

– Im Unterschied zur ImmoWertV setzt sich der in der BelWertV geregelte Sachwert lediglich aus dem Bodenwert und dem Sachwert der baulichen Anlage zusammen. Demgegenüber gehört nach § 21 Abs. 1 ImmoWertV zu dem „Sachwert" auch der **Sachwert der sonstigen Anlagen (Aufwuchs)**, soweit er nicht vom Bodenwert miterfasst ist. Zu den „sonstigen Anlagen" i. S. des § 21 Abs. 1 ImmoWertV gehören allerdings auch nur ungewöhnliche und besondere nicht bauliche Anlagen, wie Parks, Gärten und Anpflanzungen[20]. Diese werden nach der § 14 Satz 2 BelWertV mit den „Außenanlagen" als Teil der „baulichen Anlagen erfasst.

– Mit § 23 BelWertV (**Maschinen und Betriebseinrichtungen**) wird ergänzend vorgegeben, dass „Maschinen und Betriebseinrichtungen bei der Ermittlung des Sachwerts grundsätzlich unberücksichtigt zu lassen" sind, „sofern sie nicht wesentliche Bestandteile[21] des Gegenstands der Beleihungswertermittlung i. S. des § 2 BelWertV sind. Der Wert solcher wesentlicher Bestandteile ist, wenn sich das Grundpfandrecht darauf erstreckt, unter Berücksichtigung einer normalen Abschreibung und ausreichender Abschläge für Abnutzung und technische Entwertung gesondert zu schätzen. Sofern bei Maschinen infolge der technischen Entwicklung mit einer schnellen Überalterung zu rechnen ist, können diese wertmäßig nicht angesetzt werden."

---

19 Die Hervorhebung einer „getrennten Ermittlung" bleibt unklar, denn auch nach den Grundsätzen der ImmoWertV werden Ertrags- und Sachwert getrennt voneinander ermittelt, ohne dass dafür die Notwendigkeit einer Hervorhebung gesehen wurde.
20 BR-Drucks. 352/88, S. 60 f.
21 Vgl. § 1 ImmoWertV Rn. 32.

Abb. 7: Zusammensetzung des Sachwerts nach BelWertV

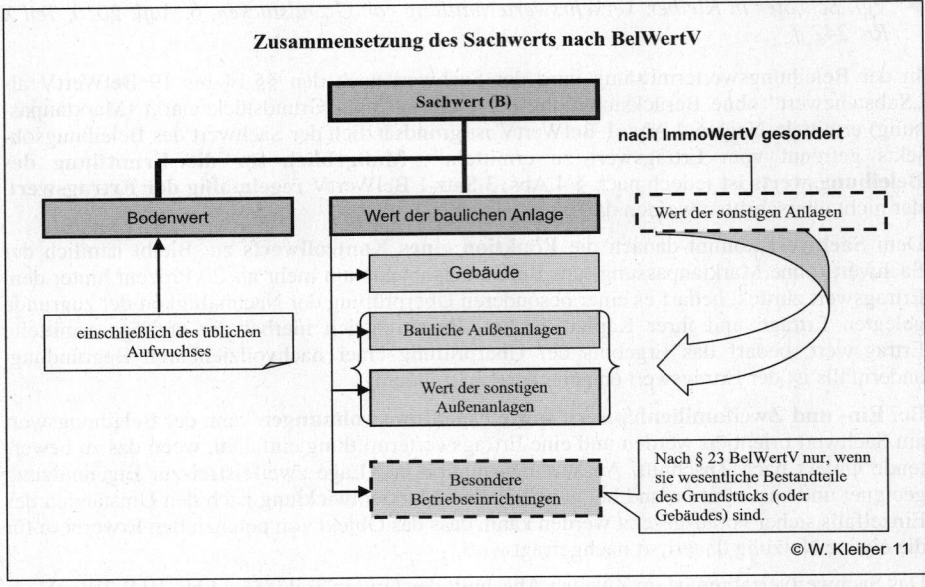

32 Nach § 16 Abs. 1 Satz 3 Nrn. 5 und 6 BelWertV ist der „Wert der baulichen Anlagen" (anders als nach den Grundsätzen der ImmoWertV) zu ermitteln, wobei u.a.

a) das Alter und der Erhaltungszustand nach Maßgabe des § 17 BelWertV und

b) sonstige wertbeeinflussende Umstände nach Maßgabe des § 18 BelWertV

zwar in besonderen Rechenschritten zu berücksichtigen sind, jedoch in den „Herstellungswert" (Herstellungskosten) nach § 16 Abs. 1 Satz 1 BelWertV eingehen sollen[22]. Nach § 4 Abs. 5 BelWertV[23] sind darüber hinaus ein zum *Zeitpunkt der Bewertung* erkennbarer Instandhaltungsrückstau oder sonstiger baulicher Aufwand sowie **Baumängel und Bauschäden auf der Grundlage der für ihre Beseitigung am** *Wertermittlungsstichtag* (den die Beleihungswertermittlung ansonsten nicht kennen will) **erforderlichen Aufwendungen** oder nach Erfahrungssätzen „als gesonderter Wertabschlag" zu berücksichtigen. Nach dem Wortlaut der Regelung geht dieser Wertabschlag allerdings nicht unmittelbar in den „Herstellungswert" (Herstellungskosten) ein, denn nach § 4 Abs. 5 Satz 2 BelWertV ist erst der Beleihungswert „entsprechend anzupassen".

33 Ausgangsbasis für die **Ermittlung des Herstellungswerts** sind die **aus Erfahrungssätzen** abzuleitenden Herstellungskosten je Raum- oder Flächeneinheit, für die unverständlicherweise nicht der Begriff der „Normalherstellungskosten" verwandt wird. Gleichwohl handelt es sich bei diesen „Erfahrungswerten" um „Normalherstellungskosten", denn sie sind – wie die in den SachwertR veröffentlichten Normalherstellungskosten – unter Berücksichtigung

---

22 § 16 Abs. 1 Satz 3 BelWertV: „Wertmäßig zu berücksichtigen sind *dabei* insbesondere
  1. die beabsichtigte und mögliche Verwendung,
  2. der Umfang und die Raumaufteilung,
  3. die Bauweise und die für den Rohbau verwendeten Materialien,
  4. die Ausstattung und die wertbeeinflussenden Nebenanlagen,
  5. das Alter und der Erhaltungszustand nach Maßgabe des § 17,
  6. sonstige wertbeeinflussende Umstände nach Maßgabe des § 18."
23 Nach der Stellung dieser Vorschrift innerhalb des Gesamtsystems der BelWertV findet die Vorschrift auch auf die Ermittlung des Sachwerts B Anwendung.

– der Bauweise
– der für den Rohbau verwendeten Materialien und
– der Ausstattung

in angemessener Höhe anzusetzen. Dass darüber hinaus die Normalherstellungskosten die beabsichtigte und mögliche Verwendung (§ 16 Abs. 1 Nr. 1 BelWertV) und dem Umfang und der Raumaufteilung (§ 16 Abs. 1 Nr. 2 BelWertV) Rechnung tragen sollen, ist ermittlungstechnisch eher dem § 19 BelWertV (entspricht § 8 Abs. 3 ImmoWertV) zuzuordnen. Diesbezüglich ist die ImmoWertV systematischer gegliedert und die Praxis wird sich hier über die BelWertV hinwegsetzen.

Mit § 16 Abs. 1 bis 3 BelWertV wird der **Herstellungswerts (B)** im Verhältnis zu den Herstellungskosten nach ImmoWertV abgesenkt. Materiell von Bedeutung ist insbesondere, dass: **34**

a) nach § 16 Abs. 2 Satz 1 BelWertV der nach § 16 Abs. 1 BelWertV ermittelte Herstellungswert um einen *Sicherheitsabschlag* von mindestens 10 % zu kürzen ist,

b) nach § 16 Abs. 3 Satz 2 BelWertV der Ansatz von *Baunebenkosten* auf bis zu 20 % des nach Maßgabe des § 16 Abs. 2 Abs. 2 BelWertV (um mindestens 10 %) verminderten Herstellungswerts beschränkt ist und

c) nach § 16 Abs. 1 Satz 4 BelWertV die Kosten für *Außenanlagen* im Regelfall mit nicht mehr als 5 % des Herstellungswerts angesetzt werden dürfen.

Der „**Sicherheitsabschlag**" vom Herstellungswert ist die entscheidende Stellschraube für die Verminderung des Sachwerts B (der Beleihungswertermittlung) gegenüber dem nach der ImmoWertV ermittelten Sachwert. Die angegebenen Kappungsgrenzen der Baunebenkosten und der Kosten der Außenanlagen sind dagegen i. d. R. bedeutungslos. **35**

Die **Alterswertminderung** ist in der BelWertV in Anlehnung an § 23 WertV 88/98 geregelt. Die Alterswertminderung nach § 17 Abs. 1 Satz 1 BelWertV in einem Prozentsatz des nach § 16 BelWertV ermittelten „Herstellungswerts" auszudrücken, ist sprachlich und materiell unsinnig, denn – wie vorstehend ausgeführt – bei der Ermittlung des Herstellungswerts i. S. der BelWertV ist die Alterswertminderung bereits zu berücksichtigen (§ 16 Abs. 1 Satz 3 Nr. 5 BelWertV). **36**

Die **Wertminderung wegen Baumängeln und Bauschäden** soll nach § 4 Abs. 5 BelWertV „als gesonderter Wertabschlag" berücksichtigt werden; der Beleihungswert ist entsprechend „anzupassen" (§ 4 Abs. 5 Satz 2 BelWertV). Daraus könnte im Umkehrschluss zu § 16 Abs. 1 BelWertV geschlossen werden, dass sich der Sachwert i. S. der BelWertV ohne diesen Wertabschlag definiert (vgl. oben Rn. 32). **37**

Die **Berücksichtigung sonstiger wertbeeinflussender Umstände** ist in der BelWertV noch in Anlehnung an § 25 WertV 88/98 mit nahezu gleichem Wortlaut geregelt. Unklar bleibt allerdings, was unter der „vorgesehenen Nutzung" nach § 19 BelWertV zu verstehen ist. Darüber hinaus ist das Verhältnis zu der Regelung des § 16 Abs. 1 Satz 3 Nr. 1 und 2 BelWertV unsystematisch, da nach dieser Vorschrift die „Erfahrungssätze der Herstellungskosten" (Normalherstellungskosten) u.a. **38**

1. die beabsichtigte und mögliche Verwendung und
2. die Raumaufteilung

berücksichtigen sollen und dem aber zweckmäßigerweise im Rahmen des § 19 BelWertV Rechnung getragen wird.

Im Unterschied zur ImmoWertV sieht die BelWertV allerdings nicht vor, dass die Lage auf dem Grundstücksmarkt mit entsprechenden **Marktanpassungszu- und -abschlägen** (Marktanpassung, Sachwertfaktoren) zu berücksichtigen ist (§ 8 Abs. 2 Nr. 1 ImmoWertV). Eine Marktanpassung wäre nun auch völlig systemwidrig, denn unter der Marktanpassung ist die Angleichung des Sachwerts an den Verkehrswert zu verstehen und die BelWertV zielt ja nun gerade nicht darauf ab, den Verkehrswert zu ermitteln. Es macht auch keinen Sinn, den **39**

Herstellungswert zunächst durch irgendwie geartete Sicherheitsabschläge zu vermindern, um dann den Sachwert (B) wieder der Lage auf dem Grundstücksmarkt (durch eine Marktanpassung) anzupassen, was dann wieder zum Verkehrswert (Marktwert) führen würde.

40 Eine Marktanpassung lässt sich vor diesem Hintergrund auch nicht aus § 4 Abs. 4 Satz 1 BelWertV herleiten. Diese Vorschrift spricht – gesetzessprachlich unscharf – zwar von einer „Orientierung" des Beleihungswerts am Sachwert und man mag hieraus die rechtliche Grundlage für eine Marktanpassung herauslesen. Die genannte Vorschrift betrifft aber lediglich Ein- und Zweifamilienhäuser sowie Eigentumswohnungen, sodass sich für die übrigen Objekte im Umkehrschluss eine Marktanpassung verbieten würde.

41 Wenn man bei Anwendung des Sachwertverfahrens nach den Grundsätzen der ImmoWertV vielfach mit nicht unerheblichen Marktanpassungsabschlägen (z. B. in einer Größenordnung von 30 %) rechnet und demgegenüber bei der Ableitung des Sachwerts (B) nach den Grundsätzen der BelWertV lediglich den Herstellungswert mit einem Sicherheitsabschlag von 10 % versieht, kommt man zu dem skurrilen Ergebnis, dass der **nach den Grundsätzen der ImmoWertV im Weg des Sachwertverfahrens ermittelte Verkehrswert sehr deutlich unter dem nach einem „Vorsichtsprinzip" ermittelten Sachwert i. S. der BelWertV liegt** und so der Sachwert nach BelWertV kaum die ihm zugedachte Kontrollfunktion erfüllen kann.

2.3 Sachwertverfahren in der steuerlichen Bewertung

▶ *Vgl. auch § 23 ImmoWertV Rn. 18 ff.*

42 Im Rahmen der erbschaftsteuerlichen Bewertung sind nach § 182 Abs. 4 BewG im Sachwertverfahren (§§ 189 bis 191 BewG) zu bewerten:

1. Grundstücke i. S. des § 182 Abs. 2 (Wohnungseigentum, Teileigentum, Ein- und Zweifamilienhäuser), wenn kein Vergleichswert vorliegt,
2. Geschäftsgrundstücke und gemischt genutzte Grundstücke mit Ausnahme der Geschäftsgrundstücke und gemischt genutzten Grundstücke, für die sich auf dem örtlichen Grundstücksmarkt eine übliche Miete ermitteln lässt,
3. sonstige bebaute Grundstücke.

Ein Grundstück gilt nach § 181 Abs. 2 Satz 2 BewG auch dann als **Ein- oder Zweifamilienhaus**, wenn es zu weniger als 50 %, berechnet nach der Wohn- oder Nutzfläche, zu anderen als Wohnzwecken mitbenutzt und dadurch die Eigenart als Ein- oder Zweifamilienhaus nicht wesentlich beeinträchtigt wird.

43 Nach § 182 BewG ist bei Anwendung des Sachwertverfahrens der Gebäudesachwert getrennt vom Bodenwert (des unbebauten Grundstücks nach § 179 BewG) zu ermitteln. Sonstige bauliche Anlagen, insbesondere Außenanlagen, und der Wert der sonstigen Anlagen (gärtnerische Anpflanzungen) sind regelmäßig mit dem Gebäudewert und dem Bodenwert abgegolten. **Bodenwert und Gebäudesachwert ergeben den vorläufigen Sachwert des Grundstücks**, der an den Marktwert (gemeiner Wert) durch Multiplikation mit einer Wertzahl (Sachwertfaktor) nach § 191 BewG zu ermitteln ist.

44 Mit den §§ 189 ff. BewG wird ein **typisiertes** („abgespecktes") **Sachwertverfahren** vorgegeben, das sich an das Verfahren der ImmoWertV anlehnt. Es weist folgende **Vereinfachungen** auf:

1. Der steuerliche **Sachwert** setzt sich im Unterschied zur ImmoWertV regelmäßig nur aus **zwei Komponenten** zusammen, dem **Bodenwert und dem Gebäudesachwert.**
2. Sonstige bauliche Anlagen, die nicht den Gebäuden zuzurechnen sind, insbesondere **bauliche Außenanlagen, und der Wert der sonstigen Anlagen** sollen nach § 189 Abs. 1 Satz 2 BewG „*regelmäßig*" mit dem Gebäudewert und dem Bodenwert abgegolten sein, d. h.: Außenanlagen **bleiben unberücksichtigt.** Nur in Ausnahmefällen mit

besonders werthaltigen Außenanlagen, wie z. B. ein größerer Swimmingpool, und sonstigen Anlagen werden hierfür gesonderte Wertansätze nach gewöhnlichen Herstellungskosten berücksichtigt[24] (vgl. unten Rn. 230).

3. Der **Bodenwert** bestimmt sich wie nach § 16 Abs. 1 ImmoWertV als Wert des unbebauten Grundstücks und ist nach § 189 Abs. 2 i. V. m. § 179 BewG „regelmäßig" **mit dem** nach § 196 BauGB zuletzt vom Gutachterausschuss ermittelten **Bodenrichtwert** anzusetzen; lässt sich von den Gutachterausschüssen kein Bodenrichtwert ermitteln, ist der Bodenwert aus den Werten vergleichbarer Flächen abzuleiten.

4. Der Gebäudesachwert ist stets auf der Grundlage der Brutto-Grundfläche (BGF) und der in Anl. 24 zum BewG vorgegebenen auf 2007 bezogenen Normalherstellungskosten, hier **Regelherstellungskosten (RHK)** genannt, zu ermitteln. Die Regelherstellungskosten (RHK) entsprechen den NHK 2000, wobei
   - die Baunebenkosten bereits eingerechnet sind;
   - die angegebenen Regelherstellungskosten nur noch nach drei Ausstattungsmerkmalen differenziert sind;
   - die Baujahrsgruppen vor 1946 zusammengefasst wurden,
   - die angegebenen Regelherstellungskosten sich auf den Preisstand 01.01.2007 beziehen.

5. Die Berücksichtigung von **besonderen Bauteilen** ist nicht vorgeschrieben. Sog. c-Flächen i. S. der DIN 277 (vgl. oben Rn. 26 und unten Rn. 89)[25] sind nach der als Berechnungsgrundlage vorgegebenen BGF grundsätzlich zu berücksichtigen und können mit den vorgegebenen Regelherstellungskosten als miterfasst gelten.

6. Auf eine Regionalisierung der Regelherstellungskosten wurde aus Vereinfachungsgründen verzichtet.

7. Eine Umrechnung der auf 2007 bezogenen Regelherstellungskosten auf den Wertermittlungsstichtag ist nicht vorgesehen, jedoch wird mit § 190 Abs. 1 Satz 4 BewG das BMF u. a. ermächtigt, die Anl. 24 zum BewG (Regelherstellungskosten) durch Rechtsverordnung mit dem vom Statistischen Bundesamt veröffentlichten Baupreisindex zu aktualisieren, soweit dies zur Ermittlung des gemeinen Werts erforderlich ist; es ist mithin die jeweils einschlägige Fassung der Anl. 24 zum BewG heranzuziehen.

8. Der Gebäuderegelherstellungswert ist (wie nach § 21 Abs. 1 ImmoWertV) einer Alterswertminderung zu unterziehen (§ 190 Abs. 2 Satz 1 BewG). Die Alterswertminderung bestimmt sich regelmäßig nach dem Alter des Gebäudes zum Bewertungsstichtag und einer typisierten wirtschaftlichen Gesamtnutzungsdauer, die sich aus der Anl. 2 zu dieser Verordnung ergibt und beispielsweise bei Ein- und Zweifamilienhäusern 80 Jahre beträgt (vgl. § 6 ImmoWertV Rn. 386, 413).

9. Die Alterswertminderung bestimmt sich wie in der Verkehrswertermittlung unter Berücksichtigung des Verjüngungs- bzw. Alterungsprinzips nach der vorgegebenen linearen Alterswertminderung. Sind nach Bezugsfertigkeit des Gebäudes Veränderungen eingetreten, die die wirtschaftliche Gesamtnutzungsdauer des Gebäudes verlängert oder verkürzt haben, ist nach § 190 Abs. 2 Satz 3 BewG von einem entsprechenden früheren oder späteren Baujahr auszugehen (vgl. § 6 ImmoWertV Rn. 413).

10. Der nach Abzug der Alterswertminderung verbleibende Gebäudewert ist nach § 190 Abs. 2 Satz 4 BewG „*regelmäßig*" mit mindestens 40 % des Gebäuderegelherstellungswerts anzusetzen.

11. Die sonstigen „besonderen objektspezifischen Grundstücksmerkmale" i. S. des § 8 Abs. 3 ImmoWertV werden nur eingeschränkt berücksichtigt; insbesondere bleiben

---

[24] ErbStR und ErbStH zu § 190 BewG R B 189, 190.5, zu den besonderen Ausnahmefällen.
[25] Kleiber, Verkehrswertermittlung von Grundstücken, 6. Aufl. 2010, Teil III Rn. 504.

Syst. Darst. Sachwertverfahren

Rechte am Grundstück, wie z. B. ein Nießbrauch, ein Wohnrecht, ein Wegerecht usw., unberücksichtigt (vgl. BFH-Rechtsprechung).

12. Zur Anpassung des so ermittelten „vorläufigen Sachwerts" an die Lage auf dem Grundstücksmarkt (an den gemeinen Wert = Marktwert) sollen nach § 189 Abs. 3 Satz 2 BewG die in § 191 BewG genannten Wertzahlen (Sachwertfaktoren) herangezogen werden. Als Wertzahlen sind nach § 191 Abs. 1 BewG die von den Gutachterausschüssen für das Sachwertverfahren bei der Verkehrswertermittlung abgeleiteten Sachwertfaktoren anzuwenden. Soweit von den Gutachterausschüssen keine geeigneten Sachwertfaktoren zur Verfügung stehen, sind nach § 191 Abs. 2 BewG die in der Anl. 25 zum BewG bestimmten Wertzahlen zu verwenden.

▶ *Abgedruckt bei § 14 ImmoWertV Rn. 224, vgl. dort auch Rn. 20*

Abb. 7: Sachwertverfahren nach den §§ 189 ff. BewG

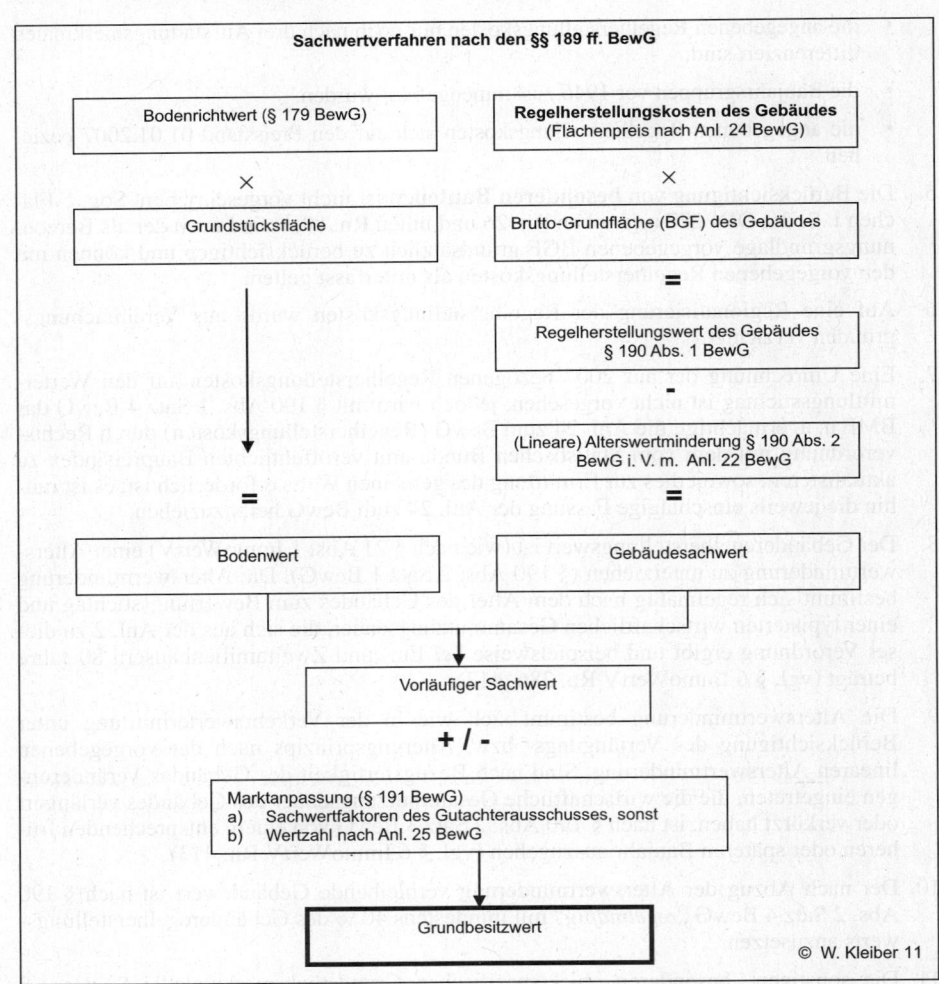

3 Grundzüge des Sachwertverfahrens

3.1 Übersicht

▶ *Vgl. auch Erläuterungen zu § 22 ImmoWertV*

Der Sachwert setzt sich nach § 21 Abs. 1 ImmoWertV – wie unter Rn. 21 bereits dargelegt – zusammen aus **45**

- dem (vorläufigen) Sachwert der (nutzbaren) baulichen Anlagen (ohne bauliche Außenanlagen),
- dem (vorläufigen) Sachwert der (nutzbaren) baulichen Außenanlagen und „sonstigen" Anlagen (insbesondere Aufwuchs, vgl. unten Rn. 231 ff.) sowie
- dem (vorläufigen) Bodenwert (vgl. unten Rn. 48 ff.).

„**Sachwert der baulichen Anlage**" ist bei einem Gebäude der „**Gebäudesachwert**" (§ 1 ImmoWertV Rn. 42). Er bestimmt sich nach § 21 Abs. 2 ImmoWertV nach den „gewöhnlichen" Herstellungskosten eines Neubaus zum Wertermittlungsstichtag unter Berücksichtigung einer linearen Alterswertminderung nach § 23 ImmoWertV, jedoch zunächst ohne Berücksichtigung besonderer objektspezifischer Grundstücksmerkmale i. S. des § 8 Abs. 3 ImmoWertV und ohne Marktanpassung.

Wie unter Rn. 21 erläutert wurde, wird das in der ImmoWertV geregelte Sachwertverfahren vom Grundsatz der Modellkonformität beherrscht, d. h., der nach den §§ 21 ff. zu ermittelnde **vorläufige Gebäudesachwert bestimmt sich** zunächst **nach den Grundstücksmerkmalen, die der Ableitung des** nach Maßgabe des § 21 Abs. 1 i. V. m. § 8 Abs. 2 ImmoWertV heranzuziehenden **Sachwertfaktors zugrunde liegen**. Entsprechendes gilt für die Ermittlung des Bodenwerts und des Wertanteils der (nutzbaren) baulichen Außenanlagen und „sonstigen" Anlagen (insbesondere des Aufwuchses). **46**

Am Anfang einer Sachwertermittlung nach den Grundsätzen der ImmoWertV steht die Feststellung

a) **des vom Gutachterausschuss für Grundstückswerte bei der Ableitung der Sachwertfaktoren angewandten Sachwertmodells und**

b) **der Anwendungsbereich des Sachwertfaktors;** dieser bestimmt sich nach den durchschnittlichen Merkmalen der Grundstücke (Referenzgrundstück), deren Kaufpreise zur Ableitung der Sachwertfaktoren herangezogen wurden, und zwar sowohl in Bezug auf den Grund und Boden als auch in Bezug auf das Gebäude und die sonstigen Anlagen.

Diesbezüglich empfiehlt es sich den einschlägigen Grundstücksmarktbericht des Gutachterausschusses für Grundstückswerte auszuwerten und die diesbezüglichen Angaben im Interesse der Nachvollziehbarkeit im Gutachten möglichst vollständig anzugeben (vgl. unten Rn. 64).

Soweit einzelne **Grundstücksmerkmale des zu bewertenden Grundstücks** erheblich von den Grundlagen des Sachwertmodells und dem Anwendungsbereich des Sachwertfaktors abweichen und dies auch nicht mit dem entsprechend modifizierten Sachwertfaktor berücksichtigt wird, müssen diese Abweichungen nach Maßgabe des § 8 Abs. 3 ImmoWertV ergänzend als „besondere objektspezifische Grundstücksmerkmale" (Anomalien) erfasst werden (vgl. oben Rn. 15, 21 und 26). Das kann im Ergebnis dazu führen, dass bei der Ermittlung des Sachwerts sowohl die Boden- als auch die Gebäudewertermittlung auseinandergerissen werden und die Lesbarkeit eines Gutachtens dadurch nicht unerheblich beeinträchtigt wird. **47**

3.2 Bodenwert

3.2.1 Allgemeines

Schrifttum: *Debus, M./Helbach, Ch.,* Ist der Bodenwertansatz beim Verkauf bei bebauten Objekten von Bedeutung? GuG 2012, 65.

3.2.1.1 Bodenwertermittlung nach ImmoWertV

▶ *Vgl. § 8 ImmoWertV Rn. 387 ff.; zur Bodenwertermittlung vgl. Syst. Darst. des Vergleichswertverfahrens Rn. 149 ff.; zur Ermittlung des Bodenwertanteils ohne Kenntnis des Bodenwerts § 16 ImmoWertV Rn. 116 ff. 128; 226; Erläuterungen zu § 21 ImmoWertV Rn. 12; zur Modellkonformität vgl. oben Rn. 11 ff. und Vorbem. zur ImmoWertV Rn. 36*

48 Der Bodenwert ist – wie bei Anwendung des Ertragswertverfahrens – regelmäßig nach dem Vergleichswertverfahren zu ermitteln. Dabei ist nach der Grundsatzregelung des § 16 Abs. 1 ImmoWertV grundsätzlich vom **Bodenwert des unbebaut gedachten Grundstücks** auszugehen, wobei die Umgebungsbebauung ebenso zu berücksichtigen ist wie die rechtlichen Gegebenheiten, die insbesondere Art und Maß der Nutzbarkeit des Grundstücks mitbestimmen (§ 6 Abs. 1 ImmoWertV).

Grundsätzlich hat die **Bodenwertermittlung** nach § 16 ImmoWertV auf der Grundlage einer ausreichenden Anzahl von geeigneten Vergleichspreisen Vorrang vor dem Bodenrichtwertverfahren. Nach Nr. 3 Abs. 1 SachwertR soll auch auf geeignete Bodenrichtwerte zurückgegriffen werden können (vgl. Syst. Darst. des Vergleichswertverfahrens Rn. 155 ff.). Dies kann in erster Linie nach dem Grundsatz der Modellkonformität angezeigt sein, nämlich dann, wenn der Sachwertfaktor unter Heranziehung von Bodenrichtwerten ermittelt wurde. Auf die Erläuterungen in der Syst. Darst. des Vergleichswertverfahrens unter Rn. 149 ff., 155 und die Erläuterungen zu § 16 ImmoWertV Rn. 116 ff. sowie in den Vorbem. zur ImmoWertV Rn. 34 wird verwiesen.

Der Bodenwert soll sich bei Anwendung des Sachwertverfahrens nach den Maßgaben des § 16 ImmoWertV bestimmen; dies ergibt sich aus § 21 Abs. 1 ImmoWertV, der ausdrücklich auf § 16 ImmoWertV Bezug nimmt. Nach der hier vertretenen Auffassung können bei der Ermittlung des vorläufigen Sachwerts unter der Herrschaft des Modellkonformitätsgrundsatzes **die Regelungen des § 16 ImmoWertV entgegen dem Wortlaut der Verordnung nur eingeschränkt zur Anwendung** kommen. Der im Rahmen der Sachwertermittlung heranzuziehende Sachwertfaktor wird nämlich i. d. R. aus Kaufpreisen von Grundstücken abgeleitet, die nicht durch

– eine anstehende Freilegung der Bausubstanz (§ 16 Abs. 3 ImmoWertV) bzw.

– eine atypische Bebauung des Grundstücks i. S. des § 16 Abs. 4 ImmoWertV)

geprägt sind. Nach dem Grundsatz der Modellkonformität muss deshalb der vorläufige Sachwert auf der Grundlage eines vorläufigen Bodenwerts mit den durchschnittlichen Grundstücksmerkmalen der Kaufpreise ermittelt werden, die der Ermittlung des Sachwertfaktors zugrunde liegen. Es handelt sich dabei um einen **mit dem Sachwertfaktor kompatiblen Bodenwert**.

Der **mit dem Sachwertfaktor kompatible Bodenwert** bestimmt sich nach der durchschnittlichen Fläche und den sonstigen Merkmalen des Grund und Bodens der Grundstücke, aus deren Kaufpreisen der Sachwertfaktor abgeleitet wurde. Bezüglich der Grundstücksfläche spricht Anl. 7 der SachwertR von der „marktüblich objektbezogenen Grundstücksfläche".

Besondere davon abweichende Merkmale des Grund und Bodens wie auch die besonderen nach § 16 Abs. 3 und 4 ImmoWertV grundsätzlich bei der Bodenwertermittlung zu berücksichtigenden Verhältnisse sind aus diesem Grunde als „besondere objektspezifische Grundstücksmerkmale" i. S. des § 8 Abs. 3 ImmoWertV nachträglich zu berücksichtigen:

- Bei kurzer Restnutzungsdauer der baulichen Anlage ist der Bodenwert nach Maßgabe des § 16 Abs. 3 ImmoWertV um die über die Restnutzungsdauer der Gebäude diskontierten *Freilegungskosten* zu vermindern, wenn zu erwarten ist, dass das Grundstück alsbald freigelegt wird. Auch nach § 21 Abs. 1 ImmoWertV, der ausdrücklich auf die bei der Bodenwertermittlung zu berücksichtigenden besonderen Maßgaben des § 16 Abs. 3 und 4 ImmoWertV hinweist, ist dies gegebenenfalls erst nachträglich nach § 8 Abs. 3 ImmoWertV zu berücksichtigen.
- Entsprechendes kann auch für ein *erhebliches Abweichen der tatsächlichen von der nach § 6 Abs. 1 ImmoWertV maßgeblichen Nutzung* gelten.

Neben diesen in § 16 ImmoWertV genannten Besonderheiten kann eine **nachträgliche Berücksichtigung auch anderer den Bodenwert betreffende Besonderheiten** in Betracht kommen, wie z. B.

- die in § 4 Abs. 3 ImmoWertV aufgeführten Besonderheiten,
- ein besonderer abgabenrechtlicher Zustand (Erschließungsbeitrags- oder Ausgleichsbetragspflicht und dgl., § 6 Abs. 3 ImmoWertV),
- bodenbezogene Rechte und Belastungen (§ 6 Abs. 2 ImmoWertV),
- die besondere Bodenbeschaffenheit (Altlasten und dgl.; vgl. § 6 Abs. 5 ImmoWertV).

3.2.1.2 Bodenwertermittlung nach BelWertV

▶ *Vgl. Syst. Darst. des Vergleichswertverfahrens Rn. 172 ff.*

Im Rahmen der **Beleihungswertermittlung** sind die für die Verkehrswertermittlung geltenden Grundsätze maßgeblich. Auf eine Reihe von Besonderheiten wird in der Syst. Darst. des Vergleichswertverfahrens unter Rn. 172 ff. hingewiesen (vgl. § 8 ImmoWertV Rn. 345, 368 sowie § 16 ImmoWertV Rn. 233, § 5 ImmoWertV Rn. 89).

49

3.2.1.3 Bodenwertermittlung in der steuerlichen Bewertung

▶ *Vgl. Syst. Darst. des Vergleichswertverfahrens Rn. 167 ff.*

Nach § 179 BewG bestimmt sich der **Bodenwert** nach dem Wert unbebauter Grundstücke **auf der Grundlage des zuletzt vom Gutachterausschuss ermittelten Bodenrichtwerts** bzw. aus Werten vergleichbarer Flächen. Der Bodenrichtwert ist lediglich Ausgangspunkt für die erbschaftsteuerliche Bewertung. Das Nähere ist im gleich lautenden Erlass der obersten Finanzbehörden der Länder zur Umsetzung des Gesetzes zur Reform des Erbschaftsteuer- und Bewertungsrechts vom 5.5.2009[26] unter Berücksichtigung der Rechtsprechung des BFH[27] geregelt. Das Nähere wird in der Syst. Darst. des Vergleichswertverfahrens unter Rn. 167 ff. erläutert.

50

3.2.2 Vorläufiger Bodenwert

▶ *Vgl. Vorbem. zur ImmoWertV Rn. 36, Syst. Darst. des Ertragswertverfahrens Rn. 59, 125 ff.*

Im Unterschied zu den Regelungen des Ertragswertverfahrens wird in der ImmoWertV im Falle der Anwendung des Sachwertverfahrens eine Aufteilung übergroßer Grundstücke in Teilflächen nicht ausdrücklich vorgeschrieben. Dennoch empfiehlt es sich, auch bei Anwendung des Sachwertverfahrens schon im Hinblick auf eine unterschiedliche Wertigkeit der Teilflächen

51

---

26 GuG 2009, 225 ff.
27 Die Grundsätze sind vom BFH in drei Grundsatzentscheidungen entwickelt worden: **Erschließungsbeitragsrechtlicher Zustand** des Grundstücks (BFH, Urt. vom 18.08.2005 – II R 62/03 –, BStBl II 2006, 5 = EzGuG 4.195b); Umrechnungskoeffizienten für Geschossflächenzahl (BFH, Urt. vom 12.07.2006 – II R 1/04 –, GuG 2008, 249 = EzGuG 4.197a = BStBl II 2006, 742); **Umrechnungskoeffizienten für Grundstücksgröße** BFH, Urt. vom 11.05.2005 – II R 21/02 –, GuG 2005, 376 = BStBl II 2005, 686 = EzGuG 4.195

Syst. Darst. Sachwertverfahren — Gebäudesachwert

stets zu prüfen, ob insbesondere bei übergroßen Grundstücken (**Übergröße**) das Grundstück in Teilflächen aufzuteilen ist (**Bodensondierung**). Diese Bodensondierung unterscheidet sich grundsätzlich von der Bodensondierung nach § 17 Abs. 2 Satz 2 ImmoWertV, der für die Anwendung des Ertragswertverfahrens eine eigenständige Behandlung sog. „selbständig nutzbarer Teilflächen" vorsieht[28].

52 Eine Bodensondierung ist bei Anwendung des Sachwertverfahrens geboten, wenn der **Grund und Boden des zu bewertenden Grundstücks erheblich von der „marktüblichen" Grundstücksgröße abweicht, die dem zur Anwendung kommenden Sachwertfaktor zugrunde liegt**, d. h. von den Eigenschaften der Grundstücke abweicht, die zur Ermittlung des Sachwertfaktors herangezogen worden sind (vgl. Anl. 7 zur SachwertR). Der Sachwertfaktor, der sich regelmäßig auf Boden- und Gebäudeanteil bezieht, ist nämlich nur für Grundstücke einschlägig, die vergleichbare Grundstücksmerkmale auch in Bezug auf den Grund und Boden aufweisen. Dies folgt wiederum aus dem Grundsatz der Marktkonformität. Hierzu wird auf die Ausführungen bei § 8 ImmoWertV Rn. 387 verwiesen.

In diesem Fall ist der vorläufige Sachwert auf der Grundlage des vorläufigen Bodenwerts zu ermitteln. Der **vorläufige Bodenwert bestimmt sich dann nach den Merkmalen, die den durchschnittlichen Eigenschaften des Grund und Bodens der Grundstücke entsprechen, aus denen der Sachwertfaktor abgeleitet wurde.** Dieser Bodenwert wird hier als der mit dem Sachwertfaktor kompatible Bodenwert bezeichnet. Die SachwertR spricht mit Anl. 7 als Besonderheit lediglich die Spezifizierung der „marktüblich objektbezogenen Grundstücksfläche" an und weist ansonsten daraufhin, dass bei der Ableitung der Sachwertfaktoren die Merkmale des einzelnen Objektes individuell zu berücksichtigen sind. Gleichwohl müssen auch diese spezifiziert werden, denn alle den Bodenwert beeinflussenden Merkmale, die außerhalb der Bandbreite dessen liegen, was in den Sachwertfaktor eingehen konnte, müssen besondere Beachtung finden.

3.3 Vorläufiger Sachwert der baulichen Anlage (Gebäudesachwert)

3.3.1 Übersicht

53 Der Sachwert der baulichen Anlage (z. B. Gebäudesachwert) bestimmt sich nach dessen „gewöhnlichen" Herstellungskosten (§ 21 Abs. 2 ImmoWertV). Der Ermittlung dieser Herstellungskosten sind die für die Neuerrichtung nach Art der baulichen Anlage, ihrer Ausstattung und Beschaffenheit (Gebäudestandard) **„gewöhnlichen bzw. marktüblichen Herstellungskosten" (Normalherstellungskosten)** zugrunde zu legen. Besonders preisgünstige oder überzogene Herstellungskosten, z. B. aufgrund von Feierabendarbeiten oder unter Zeitdruck in Kauf genommene Preiszugeständnisse, müssen dabei außer Betracht bleiben (vgl. unten Rn. 58 sowie § 8 ImmoWertV Rn. 14).

Nach der Grundsatzregelung des § 22 Abs. 1 ImmoWertV sind die „gewöhnlichen" Herstellungskosten nach den Gesamtkosten einer vergleichbaren baulichen Anlage – bezogen auf eine geeignete Flächen-, Raum- oder sonstige Bezugseinheit – zu ermitteln (zu den Bezugseinheiten vgl. § 22 ImmoWertV Rn. 18)[29]. Die entsprechend definierten **„gewöhnlichen Herstellungskosten" werden in der ImmoWertV mit dem Begriff „Normalherstellungskosten" gleichgesetzt**.

Zur Ermittlung des Sachwerts der baulichen Anlage (z. B. des Gebäudesachwerts) sind nach § 22 Abs. 1 ImmoWertV die gewöhnlichen Herstellungskosten je Flächen-, Raum- oder sonstiger Bezugseinheit (Normalherstellungskosten) mit der Anzahl der entsprechenden Bezugseinheiten der baulichen Anlage zu vervielfachen. Als Bezugseinheit wird dabei heute

---

28 Die in Nr. 3 Abs. 1 der SachwertR gegebene Empfehlung, den Bodenwert nach „selbständig nutzbaren Teilflächen" (vgl. § 17 Abs. 2 Satz 2 ImmoWertV) zu sondieren, ist sachlich nicht geboten und steht im Widerspruch zu der mit Anl. 7 der SachwertR empfohlenen Sondierung nach der „marktüblichen" Grundstücksgröße.
29 Kleiber, Verkehrswertermittlung von Grundstücken, 6. Aufl. 2010, Teil III Rn. 497 ff., 588 ff.

regelmäßig eine sich an die DIN 277 anlehnende sog. reduzierte **Brutto-Grundfläche** (**BGF**$_{red}$) zugrunde gelegt.

Nur in besonderen Ausnahmefällen ist nach § 22 Abs. 2 Satz 4 ImmoWertV eine **Ermittlung nach** den Herstellungskosten einzelner Bauleistungen (*unit-in-place method*) – **Einzelkosten** – (vgl. § 22 ImmoWertV Rn. 91) unter der Voraussetzung zulässig, dass es sich dabei um „gewöhnliche" Kosten der Einzelgewerke handelt. Diese Voraussetzung ist i. d. R. nicht gegeben, da die Gesamtkosten (bei einer Gesamtausschreibung und insbesondere der Errichtung eines Gebäudes durch einen Generalunternehmer) geringer ausfallen als bei Einzelvergaben (Mengenrabatt). So wäre z. B. auch ein Auto unbezahlbar, wenn man es sich durch Einzelvergabe zusammenbauen würde. 54

Die **Ermittlung der gewöhnlichen Herstellungskosten nach tatsächlich entstandenen Herstellungskosten** (so noch § 22 Abs. 5 WertV 88/98) ist nicht zugelassen. Nach einer älteren Entscheidung des RFH war die Heranziehung der tatsächlichen Herstellungskosten deshalb nur „hilfsweise als Anhaltspunkt" zulässig[30]. 55

Die Ermittlung des Herstellungswerts nach Normalherstellungskosten stellt eine Kostenschätzung nach Vergleichswerten dar, die mit einer **Ungenauigkeit** von +/- 25 % verbunden ist[31]. 56

Verfahrensmäßig stellt sich die Ermittlung der Herstellungskosten baulicher Anlagen nach den Regelungen des § 22 ImmoWertV wie folgt dar: 57

1. Zur Ermittlung der Herstellungskosten sind geeignete Normalherstellungskosten heranzuziehen; dies können insbesondere die mit den SachwertR empfohlenen **Kostenkennwerte der NHK 2010** sein, die

   - sich nach Nr. 4.1.1.1 Abs. 3 Satz 1 sowie Nr. 4.1.1.4 Abs. 1 Satz 1 SachwertR auf einen Quadratmeter Brutto-Grundfläche (BGF) i. S. der DIN 1:2005-02 beziehen sollen, und
   - die Baunebenkosten in dem im Tabellenwerk angegebenen Umfang einschließen (vgl. unten Rn. 94 ff.).

2. Es ist sodann die Gesamtfläche (bzw. der Rauminhalt) der zu bewertenden baulichen Anlage zu ermitteln, und zwar nach Berechnungsgrundsätzen, die grundsätzlich den herangezogenen Normalherstellungskosten zugrunde liegen. Bei Heranziehung der NHK 2010 ist für die zu bewertende bauliche Anlage nach Ziff. 4.1.1.4 Abs. 2 Satz 2 SachwertR jedoch die in diesem Werk als **„reduzierte BGF"** bezeichnete Brutto-Grundfläche zu ermitteln. Dies ist die sich ohne Berücksichtigung der sog. c-Flächen, der Flächen überdeckter Balkone (b-Flächen) sowie der Flächen nutzbarer Spitzböden ergebende Brutto-Grundfläche (vgl. unten Rn. 97).

3. Die herangezogenen Normalherstellungskosten sind gemäß § 22 Abs. 1 ImmoWertV mit der nach vorstehenden Grundsätzen ermittelten Gesamtfläche (bzw. der Rauminhalt) der zu bewertenden baulichen Anlage zu vervielfachen und ergeben die **vorläufigen Herstellungskosten der baulichen Anlage bezogen auf** den Stichtag, der den herangezogenen Normalherstellungskosten zugrunde liegt. Dies ist im Falle der Heranziehung der NHK 2010 nach Ziff. 4.1.1.1 Abs. 3 Satz 3 SachwertR **die Jahresmitte von 2010** (Jahresdurchschnitt).

4. Soweit mit den herangezogenen Normalherstellungskosten „**einzelne Bauteile, Einrichtungen oder sonstige Vorrichtungen**" (z. B. auch besondere Betriebseinrichtungen des Gebäudes) nicht erfasst worden sind, sind diese nach Maßgabe des § 20 Abs. 2 Satz 2 ImmoWertV durch Zu- oder Abschläge zu berücksichtigen, „soweit dies dem gewöhnlichen Geschäftsverkehr entspricht" und soweit diese nicht mit dem Sachwertfaktor berücksichtigt werden. Entsprechendes muss bei Heranziehung der NHK 2010 in entsprechender Anwendung des § 20 Abs. 2 Satz 2 ImmoWertV grundsätzlich auch für den **Wertanteil**

---

30 RFH, Urt. vom 22.11.1934 – III A 247/33 –, RStBl 1935, 107.
31 Schmitz/Krings/Dahlhaus/Meisel, Baukosten, 18. Aufl. S. 10.

sog. **c-Flächen** i. S. der DIN 277 gelten, denn nach Nr. 4.1.1.4 Abs. 2 Satz 2 SachwertR soll für die zu bewertende bauliche Anlage lediglich die reduzierte BGF ohne c-Flächen ermittelt werden.

Im Hinblick auf den Grundsatz der Modellkonformität (vgl. Vorbem. zur ImmoWertV Rn. 17, 36) ist es i. d. R. angezeigt, die mit den herangezogenen Normalherstellungskosten nicht berücksichtigten „einzelnen Bauteile, Einrichtungen oder sonstige Vorrichtungen (z. B. auch besondere Betriebseinrichtungen) sowie die mit den herangezogenen Normalherstellungskosten nicht erfassten c-Flächen nach Maßgabe des § 8 Abs. 3 ImmoWertV **als besondere objektspezifische Grundstücksmerkmale** im Anschluss an die Marktanpassung zu berücksichtigen, soweit sie nicht mit den Sachwertfaktoren erfasst werden.

5. Entsprechendes gilt auch für besondere den Grund und Boden betreffende objektspezifische Grundstücksmerkmale sowie für **Rechte am Grundstück**, soweit das zu bewertende Grundstück diesbezüglich von den Grundstücksmerkmalen abweicht, die der Ableitung der Sachwertfaktoren zugrunde liegen.

6. Soweit die herangezogenen Normalherstellungskosten noch nicht die üblicherweise entstehenden **Baunebenkosten** umfassen, können diese nach Maßgabe des § 20 Abs. 2 Satz 3 ImmoWertV ebenfalls ergänzend berücksichtigt werden. Bei Anwendung der NHK 2010 kann dies regelmäßig entfallen, weil diese nach Nr. 4.1.1.1 Abs. 1 Satz 1 SachwertR bereits in die Kostenkennwerte der NHK 2010 eingerechnet worden sind.

Soweit bei Heranziehung der NHK 2010 die im konkreten Einzelfall angemessenen Baunebenkosten von den Baunebenkosten abweichen, die den Kostenkennwerten zugeordnet sind, können die Abweichungen differenziell und subsidiär nach § 8 Abs. 3 ImmoWertV berücksichtigt werden. Davon kann jedoch regelmäßig abgesehen werden, da der Marktwert i. d. R nicht durch die in der Vergangenheit angefallenen besonders niedrigeren oder hohen Baunebenkosten beeinflusst wird und diese ggf. nach § 8 Abs. 3 ImmoWertV ausdrücklich nur zu erfassen sind, wenn sie im „gewöhnlichen Geschäftsverkehr" berücksichtigt werden.

7. Die nach vorstehenden Erläuterungen ermittelten Herstellungskosten der baulichen Anlage müssen schließlich an die Preisverhältnisse des Wertermittlungsstichtags mittels geeigneter Baupreisindexreihen angepasst werden (§ 22 Abs. 3 ImmoWertV, vgl. unten Rn. 130 ff.). Diesbezüglich empfiehlt Nr. 4.1.2 Abs. 1 SachwertR den „für die jeweilige Gebäudeart zutreffenden **Preisindex für die Bauwirtschaft des Statistischen Bundesamtes (Baupreisindex)**".

In der **Zusammenfassung** stellt sich die Ermittlung des Gebäudesachwerts (Herstellungskosten der baulichen Anlagen) wie folgt dar (Abb. 9):

Abb. 9: Ermittlung der Herstellungskosten der baulichen Anlage (Gebäudesachwert)

Ermittlung der Herstellungskosten der baulichen Anlage (Gebäudesachwert)

| **Normalherstellungskosten** (NHK 2010) des zu bewertenden Gebäudes, insbesondere unter Berücksichtigung
- der Gebäudeart,
- des Gebäudestandards,
- eines Drempels, der Trauflänge, der Giebelbreite und ggf. der Dachneigung | **Brutto-Grundfläche (BGF)** des zu bewertenden Gebäudes, wobei sich diese bei Anwendung der NHK 2010 auf die Teilfläche a und b i. S. der DIN 277 (ohne Berücksichtigung überdeckter Balkone und nutzbarer Grundrissebenen in Spitzböden) beschränkt, d.h. Ermittlung der **sog. reduzierten Brutto-Grundfläche (BGF$_{red}$)** |

$\times =$

Vorläufige Herstellungskosten des zu bewertenden Gebäudes
einschließlich Baunebenkosten
- bezogen auf die Preisverhältnisse des Bezugsjahres der NHK 2010,
- jedoch ggf. ohne den mit den Kostenkennwerten (der NHK 2010) nicht erfassten Anteil an c-Flächen i. S. der DIN 277 sowie den Kosten einzelner Bauteile, Einrichtungen oder sonstiger Vorrichtungen i. S. des § 22 Abs. 2 Satz 2 ImmoWertV
(vgl. Nr. 4.1.1.4 Abs. 4 SachwertR)

$\times$

Umrechnung der vorläufigen Herstellungskosten auf die Preisverhältnisse des Wertermittlungsstichtags:

$$x \; \frac{\text{Baupreisindexzahl des Wertermittlungsstichtags}}{\text{Baupreisindexzahl des Bezugsstichtags der Normalherstellungskosten (2010)}}$$

$=$

Vorläufige HERSTELLUNGSKOSTEN (Neubauwert am Wertermittlungsstichtag)
ggf. nachträglich (nach § 8 Abs. 3 ImmoWertV) zu ergänzen durch marktkonforme Zu- oder Abschläge für
- c-Flächen i. S. der DIN 277
- Bauteile, Einrichtungen oder sonstige Vorrichtungen i. S. des § 22 Abs. 2 Satz 2 ImmoWertV
- Baunebenkosten,
soweit sich erhebliche Abweichungen gegenüber deren Erfassung durch die Kostenkennwerte bzw. dem angesetzten Sachwertfaktor ergeben und dies dem gewöhnlichen Geschäftsverkehr entspricht.

© W. Kleiber 12

3.3.2 Grundlagen

3.3.2.1 Normalherstellungskosten (NHK 2010)

Schrifttum: *BKI*, Aktuelle Gebäudesachwerte in der Verkehrswertermittlung, *Cramer, J.*, Quo vadis NHK? Neue Normalherstellungslosten, GuG 2009; *Kröll, R.*, Nachbesserungsbedarf bei NHK 2005 und Restwertmodell, GuG 2010, 65; *Gartung, K./ Gütter, H./Müller, K.-U./ Wiederhold, U./Bertz, U./Kleiber, W.*, Normalherstellungskosten 2000 (NHK 2000) für landwirtschaftliche Betriebsgebäude, GuG 2001,

326; *Kleiber,* W., Aktuelle Normalherstellungskosten (NHK 2010) – eine neue Chance für das Sachwertverfahren?, GuG 2012, 193; *Menning, U.,* Aktuelle Gebäudesachwerte in der Verkehrswertermittlung, GuG 2009; *Jardin, A.,/Roscher, M.,* Die Sachwertrichtlinie – Gedanken zum aktuellen Sachstand der Diskussion, GuG 2012, 204; *Sauerborn, Chr.,* NHK 2006 – eine Gesamtwürdigung des Entwurfs, Immobilien und Bewerten 2009.

a)   Allgemeines

▶ *Vgl. oben Rn. 54 und unten Rn. 122, § 22 ImmoWertV Rn. 14*

58 **Normalherstellungskosten** *(unit cost)* sind standardisierte für bauliche Anlagen bestimmter Bauart (Gebäudearten), Ausstattung und Beschaffenheit (Gebäudestandards) unter Ausschluss ungewöhnlicher Mehr- oder Minderkosten üblicherweise anfallende „gewöhnliche" Herstellungskosten für die Neuerrichtung (Neubau) einer entsprechenden baulichen Anlage. Es handelt sich um stichtagsbezogene Kosten der Ersatzbeschaffung und nicht um Rekonstruktionskosten, denn die Herstellungskosten ändern sich mit der Zeit; sie werden i. d. R. für das gesamte Bundesgebiet als Bundesmittelwerte ohne Unterscheidung nach örtlichen Verhältnissen abgeleitet.

59 Zu den Normalherstellungskosten gehören per definitionem die üblicherweise entstehenden **Baunebenkosten,** insbesondere die Kosten für Planung, Baudurchführung, behördliche Prüfungen und Genehmigungen (§ 22 Abs. 3 ImmoWertV, vgl. unten Rn. 79 ff.).

60 Auch bei den in der steuerlichen Bewertung zur Anwendung kommenden **Regelherstellungskosten** nach Anl. 24 zu § 190 BewG sowie den in der Beleihungswertermittlung heranzuziehenden „Erfahrungssätzen" (vgl. oben Rn. 33) handelt es sich um Normalherstellungskosten.

61 Die ImmoWertV gibt anders als in der steuerlichen Bewertung (§ 190 BewG) keine bestimmten Normalherstellungskosten vor. Die **Wahl der Normalherstellungskosten steht grundsätzlich im Ermessen des Anwenders**; sie muss aber fachlich begründbar sein. Dafür stehen zahlreiche Tabellenwerke zur Verfügung (vgl. Aufstellung bei § 22 ImmoWertV Rn. 34), jedoch „können" nach Nr. 4.1 Abs. 2 SachwertR der Ermittlung der Herstellungskosten eines Gebäudes „vorrangig" die **Normalherstellungskosten 2010 (NHK 2010)**, d. h. die gewöhnlichen Herstellungskosten, die für die jeweilige Gebäudeart unter Berücksichtigung des Gebäudestandards je Flächeneinheit in Anl. 1 der SachwertR angegeben sind, zugrunde gelegt werden. Soweit die entsprechende Gebäudeart in den NHK 2010 nicht erfasst ist, können geeignete Datensammlungen und ausnahmsweise Einzelkosten herangezogen werden, d. h. die gewöhnlichen Herstellungskosten einzelner Bauleistungen.

b)   Modellkonforme Anwendung

62 Die Heranziehung der NHK 2010 setzt nach dem Grundsatz der Modellkonformität voraus, dass geeignete Sachwertfaktoren i. S. des § 14 Abs. 2 Nr. 1 ImmoWertV zur Verfügung stehen, die auf der Grundlage der NHK 2010 abgeleitet wurden. Solange solche Sachwertfaktoren nicht zur Verfügung stehen, können die mit den SachwertR (vgl. Nr. 1 Abs. 3 SachwertR) abgelösten NHK 2000 übergangsweise zur Anwendung kommen; auf die entsprechenden Erläuterungen zur Anwendung der NHK 1995 und 2000 wird verwiesen[32].

Die **NHK 2000**[33] bzw. die zunächst eingeführten **NHK 95** wurden von der GESBIG[34] in Zusammenarbeit mit dem Verband der öffentlich bestellten und vereidigten (und qualifizierten) Sachverständigen (BVS), dem Bundesministerium der Finanzen (BMF), dem Statistischen Bundesamt, der Versicherungswirtschaft, dem Deutschen Verein für Vermessungswesen (DVW), dem Kreditgewerbe, dem Arbeitskreis „Wertermittlung" der FK Vermessungs- und Liegenschaftswesen des Deutschen Städtetags und weiteren

---

[32] Kleiber, Verkehrswertermittlung von Grundstücken, 6. Aufl. 2010 S. 1839 ff.
[33] Eingeführt als Normalherstellungskosten 1995 (NHK 95) mit Erl. des Bundesministeriums für Raumordnung, Bauwesen und Städtebau vom 01.08.1997 (abgedruckt bei Kleiber, WERTR 76/96, 6. Aufl. BundesanzeigerVerlag Köln) und fortgeschrieben mit der Euro-Einführung zu den NHK 2000; zuletzt i. d. F. der Bekanntmachung der Neufassung der Richtlinien für die Ermittlung der Verkehrswerte (Marktwerte) von Grundstücken (Wertermittlungsrichtlinien 2006 – WERTR 06) vom 01.03.2006, BAnz. Nr. 108a vom 10.06.2006; vgl. Kleiber WERTR 06, 10. Aufl. 2010 BundesanzeigerVerlag.
[34] Ermittlung von zeitgemäßen Normalherstellungskosten für die Belange der Verkehrswertermittlung; Bundesanzeiger-Verlag Köln 1997.

Sachverständigen erstellt. Mit der Einführung der NHK 95/2000 ging gleich in mehrerer Hinsicht eine grundlegende Umstellung der Anwendungspraxis bei der Ermittlung der Normalherstellungskosten einer baulichen Anlage im Vergleich zu der früheren Wertermittlungspraxis auf der Grundlage der sog. 13er-Werte einher (vgl. § 22 ImmoWertV Rn. 33[35]).

Zur Anpassung des nach den §§ 21 bis 23 ImmoWertV ermittelten vorläufigen Sachwerts an die allgemeinen Wertverhältnisse auf dem Grundstücksmarkt (Marktanpassung) „sollen" die von den Gutachterausschüssen für Grundstückswerte abgeleiteten Sachwertfaktoren zugrunde gelegt werden. Nach dem 2. Halbsatz des § 21 Abs. 1 ImmoWertV „sind" sie sogar zwingend zugrunde zu legen. Hieraus folgt, **63**

1. dass bei Heranziehung dieser Sachwertfaktoren auch **die Normalherstellungskosten** heranzuziehen sind, **die der Gutachterausschüssen für Grundstückswerte seiner Ableitung von Sachwertfaktoren zugrunde gelegt hat**, denn die Heranziehung anderer Normalherstellungskosten würden zwangsläufig das Ergebnis verfälschen (Grundsatz der Modellkonformität).

2. dass der Anwender die Flächen bzw. den Rauminhalt der zu bewertenden baulichen Anlage aus den gleichen Gründen nach denselben Berechnungsgrundsätzen (Berechnungsnormen) ermitteln muss, wie sie vom Gutachterausschuss für Grundstückswerte der Ableitung der Sachwertfaktoren zugrunde gelegt worden sind (**korrespondierende Raum- oder Flächenberechnung**).

Um den Sachwert des Gebäudes auf der Grundlage von Normalherstellungskosten zu ermitteln und mithilfe des Sachwertfaktors in sachgerechter Weise an die allgemeinen Wertverhältnisse auf dem Grundstücksmarkt (Marktanpassung) anpassen zu können, muss sich der Gutachter unter Beachtung des **Grundsatzes der Modellkonformität** von Beginn an umfassend Klarheit verschaffen über **64**

a) das vom Gutachterausschuss für Grundstückswerte bei der Ableitung seiner Sachwertfaktoren angewandte Bewertungsmodell und die angesetzten Modellparameter,

- die herangezogenen Normalherstellungskosten und ihr Bezugsjahr,
- die Baunebenkosten,
- die herangezogene Baupreisindexreihe,
- die angewandte Alterswertminderungsmethode.

b) die durchschnittlichen Merkmale der Grundstücke, deren Kaufpreise der Ableitung der Sachwertfaktoren zugrunde liegen („Referenzgrundstück", vgl. Vorbem. zur ImmoWertV Rn. 38), insbesondere in Bezug auf

- Gebäudeart und (durchschnittlichen) Gebäudestandard der zur Ableitung herangezogenen Kaufpreise,
- die Gesamt- und Restnutzungsdauer,
- die durchschnittliche Geschosshöhe (BRI/BGF),
- den durchschnittlichen Nutzflächenfaktor (BGF/WF bzw. BGF/NF),
- Trauflängen, Giebelbreiten, Dachneigungen, Drempel, Gaupen, Spitzböden usw.

c) Des Weiteren sind **Angaben zur Methodik der Ableitung des Sachwertfaktors** erforderlich:

- Angaben zur Berücksichtigung bzw. Nichtberücksichtigung von Ortsgrößen- und Regionalfaktoren ggf. unter Angabe ihrer Höhe,

---

35 Ablehnend BGH, Urt. von 30.11.2006 – V ZB 44/06 –, GuG 2008, 122 = EzGuG 2.66.

- Angaben zum „üblichen Umfang" der ggf. mit dem Sachwertfaktor berücksichtigten sog. c-Flächen und besonderen Bauteile bzw. Angaben zu der dafür angesetzten Pauschale und dgl.,
- Angaben zum „üblichen Umfang" der ggf. mit dem Sachwertfaktor berücksichtigten baulichen Außenanlagen und sonstigen Anlagen bzw. Angaben zu der dafür angesetzten Pauschale;
- Angaben zum „üblichen Umfang" der ggf. mit dem Sachwertfaktor berücksichtigten Drempel und Drempelhöhen, Trauflängen, Giebelbreiten, Dachneigungen usw.,
- Bezugsstichtag des Sachwertfaktors.

65 Bei Heranziehung der Kostenkennwerte der NHK 2010 soll nach Nr. 4.1.1.4 Abs. 2 SachwertR für die zu bewertende Liegenschaft nur die sog. „reduzierte BGF" ermittelt und angesetzt werden (vgl. unten Rn. 69).

Die mit den herangezogenen Normalherstellungskosten nicht berücksichtigten **Herstellungskosten „einzelner Bauteile, Einrichtungen oder sonstiger Vorrichtungen (z. B. auch besondere Betriebseinrichtungen) sowie die der mit den herangezogenen Normalherstellungskosten nicht erfassten c-Flächen** brauchen nicht ergänzend erfasst werden, soweit sie nach den Ausführungen unter Rn. 57 mit dem Sachwertfaktor berücksichtigt werden. In diesem Fall brauchen diese Positionen nach Maßgabe des § 8 Abs. 3 ImmoWertV als besondere objektspezifische Grundstücksmerkmale im Anschluss an die Marktanpassung nur noch insoweit ergänzend berücksichtigt zu werden, wie diese erheblich über den üblichen Umfang hinausgehen.

66 Entsprechendes gilt für die **Berücksichtigung des Regional- und Ortsgrößenfaktors** bei der Ableitung und Anwendung der Sachwertfaktoren. Werden die Sachwertfaktoren direkt aus den NHK 2010 abgeleitet, ohne dass die Kostenkennwerte zuvor regionalisiert wurden, geht die Regionalisierung automatisch in den **regionalspezifischen Sachwertfaktor** ein und für den Anwender der Sachwerfaktoren entfällt die Regionalisierung der NHK: Der Gutachterausschuss für Grundstückswerte muss diesbezüglich bei der Veröffentlichung darlegen, wie er die Sachwertfaktoren abgeleitet hat.

c)   Normalherstellungskosten 2010 (NHK 2010)

67 Die **in der Anl. 1 der SachwertR ausgewiesenen Normalherstellungskosten 2010 (NHK 2010)** sind in einem äußerst langwierigen und kontroversen Prozess aus den NHK 95/2000 hervorgegangen. In dem Tabellenwerk werden für insgesamt 22 Gebäudearten mit zahlreichen Untergruppen Normalherstellungskosten differenziert nach

– der Dachkonstruktion, dem Dachausbau (bei Ein- und Zweifamilienhäusern, Doppel- und Reihenendhäusern sowie Reihenmittelhäusern) und

– dem Gebäudestandard

nachgewiesen.

68 Die Normalherstellungskosten werden auch als **Kostenkennwerte** bezeichnet. Sie erfassen die Kostengruppen 300 und 400 der DIN 276, ohne danach zu unterscheiden, lediglich die für landwirtschaftliche Betriebsgebäude ausgewiesenen Kostenkennwerte unterscheiden nach den genannten Kostengruppen.

Bei den NHK 2010 handelt es sich um konstruierte Kostenkennwerte **aus der Retorte**, die auch als „**Kunstwerte**"[36] bezeichnet worden sind.

---

36 Abele, G., Normalherstellungskosten 2010, 37. Arbeitstagung des Arbeitskreises der Bausachverständigen im BDB Baden-Württemberg am 19.05.2012 in Bodman.

Das Baukosteninformationszentrum Deutscher Architektenkammern (BKI) hat 2008 einen Vorschlag für aktuelle Normalherstellungskosten unter dem Titel „Aktuelle Gebäudesachwerte in der Verkehrswertermittlung" zusammen mit einem bauteilorientierten Alterswertminderungsmodell vorgestellt[37]. Die darin ausgewiesenen Normalherstellungskosten sind aus 1 400 abgerechneten und in der Baukostendatenbank des BKI registrierten Bauprojekten deutscher Architekturbüros zu Neu- und Altbauten, energiesparendem Bauen und Freianlagen hervorgegangen. Dabei ist unklar geblieben, ob neben den in der Bewertungspraxis unter Sachverständigen allgemein als überhöht eingeschätzten Kosten von Architekturbüros[38] auch solche von Bauträgermaßnahmen, Bauten in großen Ballungsgebieten oder von Fertighäusern als Datenquelle berücksichtigt wurden. Die im Jahre 2008[39] erstmals daraus abgeleiteten NHK 2005 sind ebenso wie das vom BKI vorgeschlagene bauteilorientierte Alterswertminderungsmodell auf massive Kritik gestoßen[40], insbesondere auch was die ausgewiesenen Werte und die Verkomplizierung des Systems anbelangt. Zudem haben die empirischen Grundlagen der Tabellenwerte erhebliche Bedenken ausgelöst. Bei den rd. 7 000 aus gerade einmal 1 400 abgerechneten Bauprojekten abgeleiteten Tabellenwerten handelt es sich vornehmlich um **synthetische Herstellungskosten**, von denen gerade einmal rd. 20 % empirisch belegt sind. Das BMVBS hat deshalb seine ursprüngliche Absicht, die NHK 2005 in die WERTR aufzunehmen, schnell fallen gelassen und die Tabellen einer grundlegenden Revision unterzogen, ohne allerdings die erforderlichen empirischen Nacherhebungen zu veranlassen.

Die NHK 2010 sind aus den umstrittenen und nicht in Kraft gesetzten NHK 2005 durch eine nicht nachvollziehbare Fortschreibung hervorgegangen, indem man ohne durchgreifende empirische Überprüfung die rd. 7 000 Tabellenwerte der NHK 2005 bis zur Unkenntlichkeit auf nunmehr nur noch rd. 430 Kostenkennwerte „zusammengeschmolzen" und die ursprünglich vorgesehene, aber unsinnige Aufteilung in die Kostengruppe 300 (Baukonstruktion) und Kostengruppe 400 (Technische Anlagen) aufgegeben hat. Hatte man die vom BKI abgeleiteten Normalherstellungskosten von 2005 noch als „synthetische" Werte bezeichnet, kann man die Kostenkennwerte der NHK 2010 als **„konstruierte Kostenkennwerte aus der Retorte"** bezeichnen[41]. Sie wurden erstmals vom BMVBS im Internet mit dem Vorentwurf der SachwertR nach dem Stand vom 25.10.2011 veröffentlicht[42]. Die darin veröffentlichten Kostenkennwerte hatten sich ebenfalls nicht als tragfähig erwiesen. Ihre Glaubwürdigkeit ist auch deshalb infrage gestellt, weil für zahlreiche Gebäudearten die Kostenkennwerte nachträglich und ohne hinreichende empirische Begründung geändert und „gespreizt" wurden; so wurden beispielsweise die Kostenkennwerte von zahlreichen Gebäudearten von Monat zu Monat in nicht nachvollziehbarer Weise drastisch und mitunter um über 100 % (Sakralbauten, Kirchen) nachkorrigiert. Dies muss zu Lasten ihrer Vertrauenswürdigkeit gehen.

Das Konstrukt weist nicht unerhebliche Abweichungen von den empirisch abgeleiteten Kostenkennwerten der NHK 2000 auf: So hat man beispielsweise im Rahmen der Ableitung der NHK 2000 festgestellt, dass die Normalherstellungskosten von Reihenhäusern „einfacher" und „mittlerer" Ausstattung höher ausfallen als die entsprechenden Normalherstellungskosten von freistehenden Einfamilienhäusern. Dieses zunächst nicht gerade plausibel erscheinende Ergebnis hat sich im Rahmen einer empirischen Überprüfung bestätigt und wurde damit erklärt, dass die im Vergleich zu freistehenden und „luftigen" Einfamilienhäusern kompakte Bauweise von Reihenhäusern bezogen auf den Quadratmeter Brutto-Grundfläche tatsächlich auch höhere Bauleistungen erfordern. **Die NHK 2010** folgen der gegenteiligen und nur vordergründig plausiblen Auffassung und **weisen** nunmehr **für freistehende Einfamilienhäuser bei gleicher Ausstattung höhere Normalherstellungskosten als für Reihenhäuser auf:**

---

37 Zur Entstehungsgeschichte vgl. Kleiber, Verkehrswertermittlung von Grundstücken, 6. Aufl. 2010 S. 1843 ff., 1921 ff.
38 So auch DeBRIV in seiner Stellungnahme zu dem NHK-Entwurf 2005 vom 20.04.2009 – Ka/90420 –.
39 GuG 2008, 204.
40 Stemmler auf der Fachtagung des IVD am 10.07.2009 in Berlin; Kröll, R., Nachbesserungsbedarf bei NHK 2005 und Restwertmodell, GuG 2010, 65.
41 Da sich die in der Baukostendatenbank des BKI registrierten Herstellungskosten von Bauprojekten damit als unbrauchbar erwiesen haben, ist die Heranziehung dieser Daten ebenso wie die Heranziehung der Regionalfaktoren des BKI künftig nicht frei von Bedenken.
42 Abgedruckt in GuG 2012, 29 ff.

Syst. Darst. Sachwertverfahren — Gebäudesachwert

Abb. 10: Vergleich der Normalherstellungskosten von frei stehenden Einfamilienhäusern zu Reihenendhäusern

Vergleich der Normalherstellungskosten von frei stehenden Einfamilienhäusern zu Reihenendhäusern							
	NHK 2000 *Bezugszeitpunkt 2000*			NHK 2010 *Bezugszeitpunkt 2010*			
	Frei stehendes Einfamilienhaus		Einfamilien-, Reihenhaus (Kopfhaus)		Frei stehendes Einfamilienhaus		Einfamilien-, Reihenhaus (Kopfhaus)
	KG, EG, ausgebautes DG				KG, EG, ausgebautes DG		
	Typ Ausstattung		Typ Ausstattung		Typ Ausstattung		Typ Ausstattung
	1.01	€/m²	2.01	€/m²	1.01	€/m²	2.01	€/m²
	einfach	580	einfach	**635**	2	725	2	**685**
	mittel	660	mittel	**675**	3	835	3	**785**
	bislang höher				*nunmehr kleiner*		
	Frei stehendes Einfamilienhaus		Einfamilien-, Reihenhaus (Kopfhaus)		Frei stehendes Einfamilienhaus		Einfamilien-, Reihenhaus (Kopfhaus)
	KG, EG, nicht ausgebautes DG				KG, EG, ausgebautes DG		
	1.02	€/m²	2.02	€/m²	1.02	€/m²	2.02	€/m²
	einfach	475	einfach	**580**	2	605	2	**570**
	mittel	540	mittel	**620**	3	695	3	**655**
	bislang höher				*nunmehr kleiner*		

Die Umstellung der bisherigen Struktur ist mit Recht auf Kritik gestoßen[43].

69 Die **Kostenkennwerte der NHK 2010 definieren sich** wie bereits die der NHK 2000 **als Bundesmittelwerte nach dem Preisstand von 2010.** Der Preisstand 2010 wird als der Preisstand 2010 **zur Jahresmitte** konkretisiert. Dies ist im Hinblick auf die Indizierung der NHK bedeutsam, da damit der Ausgangspunkt der Indizierung bestimmt wird.

Auf eine **Anpassung der Kostenkennwerte der NHK 2010 an die örtlichen Verhältnisse mittels Ortsgrößen- bzw. Regionalisierungsfaktor** kann im Übrigen verzichtet werden, wenn der Gutachterausschuss für Grundstückswerte bei der Ableitung der Sachwertfaktoren ebenfalls darauf verzichtet hat und somit die örtlichen Verhältnisse direkt in den Sachwertfaktor eingehen (zum regionalisierenden Sachwertfaktor vgl. oben Rn. 27).

70 Wie bereits nach den NHK 2000 enthalten die Kostenkennwerte die zum Preisstand geltende **Umsatz- bzw. Mehrwertsteuer** von 19 %. Im Falle einer Erhöhung der Umsatz- bzw. Mehrwertsteuer verlieren die ausgewiesenen Normalherstellungskosten nicht ihre Gültigkeit, da die mit einer Änderung des Mehrwertsteuersatzes einhergehenden Auswirkungen auf die

---

43 Der Deutsche Braunkohlenindustrie-Verein e.V. (DeBRIV), in dem die RWE Power AG, die Mitteldeutsche Braunkohlengesellschaft mbH und Vattenfall Europe Mining AG organisiert sind, hat dies in seiner Stellungnahme vom 15.12.2011 mit den Worten bemängelt: „So ist bei größeren Ein- und Zweifamilienhäusern i. d. R. mit geringeren NHK-Ansätzen zu rechnen, da sich „teure" Räume (Nassräume) und „teure" Bauteile (Treppen, Haustüren) auf eine größere Brutto-Grundfläche verteilen." (GuG 2012, 104).

Höhe der Normalherstellungskosten mit dem Baupreisindex erfasst werden (vgl. Nr. 4.1.2 Abs. 1 Satz 2 SachwertR).

Im Unterschied zu den NHK 2000 definieren sich die Kostenkennwerte der NHK 2010 – wie im Übrigen auch die in der steuerlichen Bewertung maßgeblichen Regelherstellungskosten der Anl. 24 zu § 190 BewG – unter Einbeziehung der üblichen **Baunebenkosten** (Kostengruppen 730 und 771 der DIN 276-11:2006), und zwar in der im Tafelwerk jeweils angegebenen Höhe. 71

Nach Ziff. 4.1.1.4 Abs. 1 Satz 1 SachwertR sollen sich die NHK 2010 auf die nach der DIN 277-1:2005-02 berechnete Brutto-Grundfläche (BGF) beziehen (vgl. oben Rn. 65), jedoch sollen nach Nr. 4.1.1.4 Abs. 2 Satz 2 SachwertR „für die Anwendung der NHK 2010 ... im Rahmen der Ermittlung der BGF" nur „die Grundflächen der Bereiche a und b zugrunde" gelegt werden; d. h. nur eine um die sog. c-Flächen sowie die Flächen nicht überdeckter Balkone „reduzierte Brutto-Grundfläche. **Bezugsgrundlage der NHK 2010 ist** mithin **die** so definierte **reduzierte Brutto-Grundfläche (BGF$_{red}$)**, wobei Grundrissebenen von zugänglichen und begehbaren Dachgeschossen mit einer lichten Höhe kleiner als 1,25 m nach Nr. 4.1.1.4 Abs. 6 der SachwertR nicht nutzbar sind und deswegen nicht in die BGF eingehen sollen (vgl. unten Rn. 93). 72

Unklar bleibt dabei, ob und ggf. in welchem für die jeweilige Gebäudeart „üblichen Umfang" die c-Flächen (z. B. nicht überdachte Loggien und Balkone sowie entsprechende Dachterrassen) mit den Kostenkennwerten der NHK 2010 erfasst sind. Davon kann nicht ohne Weiteres ausgegangen werden, denn dann hätte der „übliche Umfang" in den SachwertR dargelegt werden müssen, wie es mit Anlage 5 der SachwertR bezüglich des in die Ermittlung der Sachwertfaktoren einzubeziehenden „üblichen Umfangs" der mit der BGF-Berechnung nicht erfassten Bauteile und der Außenanlagen von den Gutachterausschüssen gefordert wird. Bei dieser Sachlage erscheint es angezeigt, die **c-Flächen** grundsätzlich außer Betracht zu lassen, weil sie **i. d. R. nur etwa 2 bis 3 % der Herstellungskosten** ausmachen **und insoweit vernachlässigbar** sind. Nur besonders außergewöhnliche und werthaltige c-Flächen sind analog der Hinweise der Nr. 4.1.1.7 der SachwertR zusammen mit den mit der BGF-Berechnung nicht erfassten Bauteilen ergänzend zu berücksichtigen (z. B. große Dachterrassen). 73

Bei der in Nr. 4.1.1.7 der SachwertR angesprochenen **ergänzenden Berücksichtigung von Balkonen** sind im Übrigen nicht nur die den c-Flächen zuzuordnenden nicht überdachten Balkone zu erfassen, sondern auch die überdachten Balkone, die nach der DIN 277 eigentlich b-Flächen sind, jedoch bei Heranziehung der NHK 2010 – wie c-Flächen – nach Nr. 4.1.1.4 Abs. 2 Satz 3 SachwertR bei der Ermittlung der BGF nicht zu berücksichtigen sind. 74

Bei **Ein- und Zweifamilienhäusern, Doppel- und Reihenendhäusern sowie Reihenmittelhäusern** wird im Tafelwerk der NHK 2010 unterschieden 75

– nach *Gebäuden mit ausgebautem und nicht ausgebautem Dachgeschoss,*

– nach *Gebäuden mit Flachdach oder flach geneigtem Dach* sowie

– jeweils nach fünf verschiedenen Stufen des *Gebäudestandards* (Standardstufen 1 bis 5).

Bei den übrigen Gebäudearten differenziert das Tafelwerk nur nach drei Gebäudestandards (Standardstufen 3 bis 5).

Im Übrigen wird die **Beschaffenheit der baulichen Anlagen, auf die sich die Kostenkennwerte der NHK 2010 beziehen,** bezüglich der Trauflängen, Giebelbreiten und Dachneigungen und auch nicht in Bezug auf das Vorhandensein von Gaupen und Spitzböden definiert.

Im **Unterschied zu den NHK 2000** 76

– beziehen sich die Kostenkennwerte der NHK 2010 auf eine davon abweichende *reduzierte Brutto-Grundfläche* (BGF$_{red}$),

– enthalten die Kostenkennwerte der NHK 2010 bereits die *Baunebenkosten* in der angegebenen Höhe,

- differenzieren die Kostenkennwerte der NHK 2010 nicht mehr nach *Gebäudebaujahrsklassen,*

- differenzieren die Kostenkennwerte der NHK 2010 bei Ein- und Zweifamilienhäusern, Doppel- und Reihenhäusern nicht mehr nach drei Ausstattungsstandards, sondern nunmehr nach fünf normierten *Gebäudestandards;* bei den sonstigen Gebäudearten zumeist nach drei Gebäudestandards,

- differenzieren die Kostenkennwerte der NHK 2010 bei Mehrfamilienhäusern nicht mehr nach der Anzahl der Geschosse, nach freistehenden Gebäuden sowie Kopf- und Mittelhäusern, sondern nur noch nach der *Anzahl der Wohneinheiten.*

77 Die NHK 2010 sehen **Korrekturfaktoren** für die Berücksichtigung von *freistehenden Zweifamilienhäusern,* der *Wohnungsgröße und der Grundrisse* von Mehrfamilienhäusern und Wohnhäusern mit Mischnutzung sowie von *Gebäudegrößen und Unterbauten landwirtschaftlicher Gebäudearten* vor (vgl. unten Rn. 111).

3.3.2.2 Baunebenkosten (§ 22 Abs. 2 Satz 3 ImmoWertV)

a) Begriff

▶ *Näheres hierzu bei § 22 ImmoWertV Rn. 17 ff.*

78 **Baunebenkosten** (*Fees and Charges*[44]) **sind begrifflich integraler Bestandteil der Normalherstellungskosten**. Die Baunebenkosten sind dementsprechend in den Tabellenwerken der Normalherstellungskosten 2010 (NHK 2010) enthalten, und zwar in der dort angegebenen Höhe. Soweit die Baunebenkosten im Einzelfall davon abweichen, muss der Unterschied in einem ergänzenden Rechenschritt ggf. nach Maßgabe des § 8 Abs. 3 ImmoWertV zusätzlich berücksichtigt werden.

79 Die Baunebenkosten werden in § 22 Abs. 2 Satz 3 ImmoWertV definiert als die **üblicherweise entstehenden Baunebenkosten, insbesondere Kosten für Planung, Baudurchführung, behördliche Prüfungen und Genehmigungen**. Es handelt sich dabei um keine abschließende Definition („insbesondere").

In § 22 Abs. 2 WertV 88/87 wurde darüber hinaus ausdrücklich auch die „**Finanzierung**" genannt, jedoch nur insoweit, wie sie in unmittelbarem Zusammenhang mit der Herstellung der baulichen Anlage erforderlich ist. Konkret geht es um die Finanzierungsbeschaffungskosten, die im Allgemeinen von der Bonität des Bauherrn abhängig sind. Außergewöhnlich hohe oder niedrige Kosten der Finanzierungsbeschaffung (z. B. Zwischenfinanzierungskosten) zum Zeitpunkt der Erbauung, die zweifellos in unmittelbarem Zusammenhang mit der Herstellung des Gebäudes stehen, gehören zu den so genannten „persönlichen Umständen", die nach § 194 BauGB bei der Verkehrswertermittlung nicht zu berücksichtigen sind. Sie sind deshalb nicht werthaltig und erhöhen deshalb auch nicht den Verkehrswert. Deshalb können hier nur die bei jedem Bauvorhaben üblicherweise anfallenden Finanzierungsbeschaffungskosten berücksichtigt werden, insbesondere ein Disagio, Bearbeitungsgebühren, Bereitstellungszinsen, Kosten der Beleihungsprüfung, Gerichts- und Notargebühren und die Kosten der Wertermittlung.

---

44 Die Baunebenkosten sind in Großbritannien allerdings nicht einheitlich definiert.

Baunebenkosten   **Syst. Darst. Sachwertverfahren**

Als Kosten der in unmittelbarem Zusammenhang mit der Herstellung der baulichen Anlagen erforderlichen **Finanzierung** können üblicherweise **etwa 2 v. H. der ohne Baunebenkosten angesetzten Normalherstellungskosten** angenommen werden. Diese Kosten der Finanzierungsbeschaffung sind nach der Natur der Sache von dem Herstellungswert des Gebäudes abhängig.

Nach **DIN 276 i. d. F. von 1993** (Ziff. 4.3) zählen zu den Baunebenkosten: **80**

- *Grundstücksnebenkosten*, „die im Zusammenhang mit dem Erwerb eines Grundstücks entstehen: Vermessungsgebühren, Gerichtsgebühren, Notariatsgebühren, Maklerprovisionen, Grunderwerbsteuer, Wertermittlungen/Untersuchungen (Wertermittlungen, Untersuchungen zu Altlasten und deren Beseitigung, Baugrunduntersuchungen und Untersuchungen über die Bebaubarkeit, soweit sie zur Beurteilung des Grundstückswerts dienen), Genehmigungsgebühren, Bodenordnung/Grenzregulierung, sonstige Grundstücksnebenkosten" (Kostengruppen 120 bis 129).
- *Baunebenkosten*, „die bei der Planung und Durchführung auf der Grundlage von Honorarordnungen, Gebührenordnungen oder nach weiteren vertraglichen Vereinbarungen entstehen" (Kostengruppe 700).

Unter der Kostengruppe 700 ff. werden folgende Positionen aufgeführt: **81**
- 710 Bauherrenaufgaben,
- 720 Vorbereitung der Objektplanung,
- 730 Architekten- und Ingenieurleistungen,
- 740 Gutachten und Beratung,
- 750 Kunst,
- 760 Finanzierung,
- 770 Allgemeine Baunebenkosten und
- 790 Sonstige Baunebenkosten.

In Anl. 1 zu § 5 Abs. 5 II. BV sind die Baunebenkosten (entsprechend DIN 1954/81) wie folgt definiert:

„a) Kosten der Architekten- und Ingenieurleistungen; diese Leistungen umfassen namentlich Planungen, Ausschreibungen, Bauleitung, Bauführung und Bauabrechnung,

b) Kosten der dem Bauherrn obliegenden Verwaltungsleistungen bei Vorbereitung und Durchführung des Bauvorhabens,

c) Kosten der Behördenleistungen; hierzu gehören die Kosten der Prüfungen und Genehmigungen der Behörden oder Beauftragten der Behörden,

d) folgende Kosten:
    aa) Kosten der Beschaffung der Finanzierungsmittel, z. B. Maklerprovisionen, Gerichts- und Notarkosten, einmalige Geldbeschaffungskosten (Hypothekendisagio, Kreditprovisionen und Spesen, Wertberechnungs- und Bearbeitungsgebühren, Bereitstellungskosten usw.),
    bb) Kapitalkosten und Erbbauzinsen, die auf die Bauzeit entfallen,
    cc) Kosten der Beschaffung und Verzinsung der Zwischenfinanzierungsmittel einschließlich der gestundeten Geldbeschaffungskosten (Disagiodarlehen),
    dd) Steuerbelastungen des Baugrundstücks, die auf die Bauzeit entfallen,
    ee) Kosten der Beschaffung von Darlehen und Zuschüssen zur Deckung von laufenden Aufwendungen, Fremdkapitalkosten, Annuitäten und Bewirtschaftungskosten,

e) sonstige Nebenkosten, z. B. die Kosten der Bauversicherungen während der Bauzeit, der Bauwache, der Baustoffprüfungen des Bauherrn, der Grundsteinlegungs- und Richtfeier."

Die **Kosten der Architekten- und Ingenieurleistungen** lassen sich auf der Grundlage der HOAI ermitteln. Nach § 8 Abs. 2 II. BV ist nämlich für die Berechnung der Architekten- und Ingenieurleistungen die HOAI zugrunde zu legen. Als Kosten für die Verwaltungsleistungen dürfen im Bereich der sozialen Wohnraumförderung höchstens die Beträge angesetzt werden, die sich nach § 8 Abs. 3 bis 5 II. BV ergeben; die Sätze können auch sonsthin als Anhalt dienen. An Kosten für Behördenleistungen fallen insbesondere Gebühren für Baugenehmigungen, Genehmigungen des Gewerbeaufsichtsamts, Abwassergenehmigungen, Gebühren für die Prüfung der Statik, die Abnahme des Rohbaus und die Bauabnahme, Gutachten und dgl. an.   **82**

Syst. Darst. Sachwertverfahren — Baunebenkosten

b)   Höhe der Baunebenkosten

83   Nur die „üblicherweise entstehenden" Baunebenkosten gehören nach § 22 Abs. 2 Satz 3 ImmoWertV zu den berücksichtigungsfähigen Baunebenkosten.

Die **Höhe der** üblicherweise entstehenden **Baunebenkosten** hängt insbesondere von

a)   dem **Gebäudestandard** (Ausstattung des Bauwerks) und

b)   der **Höhe der Gesamtkosten**

ab und beträgt je nach Qualität des Gebäudes 5 bis 25 v. H. der reinen Bauwerkskosten. Hierzu werden in den Tabellenwerken der Normalherstellungskosten objektspezifische Baunebenkosten als Empfehlung angegeben (Abb. 11).

Abb. 11:   Baunebenkosten in % des Herstellungswerts (ohne Baunebenkosten)

Qualifizierung	Aufwandskennzahlen					
	Büro- und Verwaltungsgebäude			Wohn- und Wohnungsgeschäftsgebäude		
	niedrig	mittel	hoch	niedrig	mittel	hoch
Baunebenkosten in % der Kosten des Bauwerks	10,5	12,25	20,0	12,0	16,0	20,0

Quelle: Gärtner, S., Beurteilung und Bewertung alternativer Planungsentscheidungen im Immobilienbereich mithilfe eines Kennzahlensystems, 1. Aufl. 1996

Bezüglich der **Höhe der Gesamtkosten** gilt der Grundsatz, dass die **Baunebenkosten als Vomhundertsatz der reinen Baukosten umso niedriger** ausfallen, je höher **die Baukosten ausfallen.** Dies ist darauf zurückzuführen, dass nicht alle Baunebenkosten direkt von der Höhe des Herstellungswerts abhängig sind.

84   Werden **Eigenleistungen** erbracht, so sind dafür die Kosten einzusetzen, die für entsprechende Fremdleistungen entstehen würden. **Besondere Erschwernisse** liegen insbesondere bei Altbauprojekten vor. Hier sind die Kosten der Mieterumsetzung und für Ausweichwohnungen sowie einer Möbelzwischenlagerung zu nennen. Des Weiteren können zusätzliche Kosten für Sonderuntersuchungen anfallen.

Für Baunebenkosten bestehen folgende **Rahmensätze**, wenn keine besonderen Erschwernisse vorliegen:

18 %	der Baukosten bei größeren Objekten mit Baukosten	$\geq$ 1 Mio €,
20 – 22 %	der Baukosten bei kleineren Objekten mit Baukosten	$\leq$ 1 Mio €,
22 – 25 %	der Baukosten bei kleinen Objekten mit Baukosten	$\leq$ 500 000 €,
etwa 5 %	der Baukosten bei Garagen	

85   Von verschiedenen Gutachterausschüssen kommen eigens abgeleitete Erfahrungssätze über Baunebenkosten zur Anwendung.

c)   Berücksichtigung von Baunebenkosten

86   Soweit die im konkreten Bewertungsfall zu berücksichtigenden Baunebenkosten den dem herangezogenen Sachwertfaktor zugeordneten Baunebenkosten entsprechen, sind die Baunebenkosten hinreichend berücksichtigt. Bei Sachwertfaktoren, die unter Heranziehung der Normalherstellungskosten 2010 (NHK 2010) abgeleitet wurden, kann i. d. R. erwartet werden, dass den Sachwertfaktoren die den Kostenkennwerten zugeordneten Baunebenkosten zugrunde liegen.

87   Soweit im konkreten Bewertungsfall Baunebenkosten anzusetzen sind, die von den in den ausgewiesenen Kostenkennwerten bereits eingerechneten Baunebenkosten abweichen, können die Kostenkennwerte entsprechend umgerechnet werden, indem die Baunebenkosten mit

Baunebenkosten   **Syst. Darst. Sachwertverfahren**

der im Tafelwerk angegebenen Höhe zunächst herausgerechnet und die im konkreten Einzelfall angemessenen Baunebenkosten wieder eingerechnet werden:

Beispiel:

- Kostenkennwert (lt. Tabellenwerk) einschließlich Baunebenkosten   1 000 €/m² BGF   (NHK 2010)
- darin enthaltene Baunebenkosten als Vomhundertsatz des Kostenkennwerts   17 v. H.

 Kostenkennwert (NHK 2010) ohne Baunebenkosten von 17 % =

$$\frac{1\,000\ \text{€/m}^2\ \text{BGF}}{1 + 17/100} = \frac{1\,000\ \text{€/m}^2\ \text{BGF}}{1{,}17} = 854{,}70\ \text{€/m}^2\ \text{BGF}$$

Der Kostenkennwert berechnet sich bei abweichenden Baunebenkosten wie folgt:

- Kostenkennwert (lt. Tabellenwerk) *einschließlich*
 Baunebenkosten in Höhe von 17 %   1 000 €/m² BGF   (NHK 2010)
- Kostenkennwert (lt. Tabellenwerk) *ohne* Baunebenkosten   854,70 €/m² BGF   (vgl. oben)

 Kostenkennwert (NHK 2010) *mit* Baunebenkosten in Höhe von 15 % =

$$854{,}70\ \text{€/m}^2\ \text{BGF} \times \left(1 + \frac{15}{100}\right) = 982{,}905\ \text{€/m}^2\ \text{BGF}$$

Der Multiplikator (1 + Baunebenkosten in v. H.) wird als **Baunebenkostenfaktor** bezeichnet.

$$\text{Baunebenkostenfaktor} = 1{,}00 + \text{Vomhundertsatz der Baunebenkosten}$$

In aller Regel ist auch bei abweichenden Baunebenkosten von einer Modifikation der Kostenkennwerte aus Gründen der Modellkonformität abzusehen, denn der Sachwertfaktor wird regelmäßig auf der Grundlage von Normalherstellungskosten und den darin eingerechneten Regelsätzen der Baunebenkosten ermittelt. Deshalb käme allenfalls eine **ergänzende Berücksichtigung** ausnahmsweise nur dann in Betracht, **wenn die im konkreten Einzelfall üblicherweise anfallenden Baunebenkosten erheblich von den bereits mit den herangezogenen Normalherstellungskosten bzw. dem Sachwertfaktor berücksichtigten Baunebenkosten abweichen**. In diesem Fall könnten die Baunebenkosten nachträglich nach Maßgabe des § 8 Abs. 3 ImmoWertV als ein „besonderes objektspezifisches Grundstücksmerkmal" berücksichtigt werden, und zwar

a) nur noch (differenziell) insoweit, wie sie nicht mit dem Regelsatz bereits berücksichtigt sind, und

b) nur soweit dies dem gewöhnlichen Geschäftsverkehr entspricht.

Beispiel:

- Die ermittelten Normalherstellungskosten des Gesamtobjekts einschließlich
 Baunebenkosten betragen   5 000 000 €,
- darin enthalten sind gemäß Angaben zu den Kostenkennwerten Baunebenkosten von   16 %
- übliche objektspezifische Baunebenkosten (gemindert wegen „Großanlage")   12 %

- Normalherstellungskosten ohne Baunebenkosten von 16 %
 (= 5 000 000 €/1,16)   4 310 345 €
 Baunebenkosten von 16 % (= 4 310 345 € × 0,16)   689 655 €   689 655 €
 zusammen   5 000 000 €

- Baunebenkosten von 12 % (= 4 310 345 € × 0,12)   – 517 241 €
 verminderte Baunebenkosten bei dem realisierten Großprojekt   = 172 414 €

Von einer nachträglichen Berücksichtigung abweichender Baunebenkosten ist regelmäßig abzusehen, denn es kann nicht erwartet werden, dass dies den Verkehrswert beeinflusst. Im vorstehenden Fall kann wohl nicht erwartet werden, dass ein Käufer aufgrund der bei

Syst. Darst. Sachwertverfahren BGF

Errichtung des Gebäudes eingesparten Baunebenkosten einen entsprechend höheren Kaufpreis entrichtet.

3.3.2.3 Ermittlung der Brutto-Grundfläche (BGF)

a)   *Allgemeines*

▶ Vgl. Kleiber, Verkehrswertermittlung von Grundstücken, 6. Aufl. 2010 Teil III Rn. 504 sowie unten Rn. 175, 223

89 Die der Ermittlung des Sachwerts der baulichen Anlage (z. B. des Gebäudesachwerts) nach § 22 Abs. 1 ImmoWertV zugrunde gelegte **Brutto-Grundfläche (BGF) ist** in einem Gutachten **in nachvollziehbarer Weise darzulegen**. Dies folgt aus dem allgemeinen Begründungs- und Sachaufklärungsgebot und den Sorgfaltspflichten[45].

Die Ermittlung der maßgeblichen Brutto-Grundfläche (BGF) ist möglichst im Gutachten in nachvollziehbarer Weise darzustellen. Davon kann bei großen und kompliziert gestalteten baulichen Anlagen abgesehen werden, wenn eine vertrauenswürdige Flächenberechnung vorliegt. In diesem Fall muss die Flächenberechnung jedoch gründlich auf Plausibilität überprüft werden. Im Rahmen der **„Plausibilisierung" vorliegender Flächenberechnungen** müssen Unstimmigkeiten erkannt und offengelegt werden, soweit sie objektiv erkennbar sind. Aus diesem Grund ist eine eigehende Befassung mit der Ermittlung der maßgeblichen Brutto-Grundfläche unverzichtbar.

b)   *Brutto-Grundfläche (BGF) nach DIN 277*

90 Die Brutto-Grundfläche (BGF) ist in der DIN 277-1:2005-02 als die **Summe der *nutzbaren* Grundflächen aller Grundrissebenen eines Bauwerks einschließlich deren konstruktive Umschließungen** definiert. Die von der BGF erfassten Nutzungen ergeben sich aus der DIN 277-2:2005-02 (Abb. 12):

Abb. 12: Nutzungsgruppen und Gliederung der Netto-Grundfläche (Tabelle 1 DIN 277-2:2005-02)

Nr.	Netto-Grundflächen	Nutzungsgruppe
1	Nutzflächen (NF)	Wohnen und Aufenthalt
2		Büroarbeit
3		Produktion, Hand- und Maschinenarbeit, Experimente
4		Lagern, Verteilen und Verkaufen
5		Bildung, Unterricht und Kultur
6		Heilen und Pflegen
7		Sonstige Nutzflächen
8	Technische Funktionsfläche (TF)	Technische Anlagen
9	Verkehrsfläche (VF)	Verkehrserschließung und -sicherung

Zur Brutto-Grundfläche i. S. der DIN 277 gehören nicht die **Flächen, die keine *nutzbaren* Grundrissebenen** von Geschossen, Zwischengeschossen, Dachgeschossen oder Dachflächen sind[46], z. B.

- Flächen, die ausschließlich der Wartung, Inspektion und Instandsetzung von Baukonstruktionen und technischen Anlagen bzw. der Schornsteinreinigung dienen, z. B. *nicht nutz-*

---

45 Kleiber, Verkehrswertermittlung von Grundstücken, 6. Aufl. 2010 Teil III Rn. 369 ff.
46 Vgl. Kleiber, Verkehrswertermittlung von Grundstücken, 6. Aufl. 2010, Teil III Rn. 505.

bare Dachflächen, fest installierte Dachleitern und -stege, Wartungsstege in abgehängten Decken, Gewölbedecken in Kirchen,

- nicht begehbaren oder nutzbaren Dachflächen (z. B. Flächen von Flachdächern, die nicht als Dachterrasse genutzt werden,
- konstruktive Hohlräume, z. B. über abgehängten Decken,
- Zwischenräume bei Kaltdächern,
- Kriechkeller,
- Flächen von Hohlräumen zwischen Gelände und Unterfläche des Bauwerks.

Der **Begriff der „Nutzbarkeit"** ist gesetzlich nicht definiert und bedarf einer anwendungsbezogenen Auslegung. Dabei muss berücksichtigt werden, dass die gesamte Fläche einer Dachgeschossebene mit den „vollen" gebäudespezifischen Normalherstellungskosten in die Sachwertermittlung eingeht, wenn sie als Brutto-Grundfläche qualifiziert wird. Von daher ist für die Auslegung des Begriffs der „nutzbaren" Dachgeschossfläche zu fordern, dass die Fläche mit dem für die übrigen Geschossebenen üblichen Aufwand erstellt worden ist und nicht etwa lediglich mit rigipsverkleideten Dachsparren, einer ausziehbaren Leiter oder einer einfachen „Jägertreppe". **91**

Nutzbarkeit einer Grundrissebene setzt in diesem Sinne voraus, dass die Fläche zugänglich und begehbar ist, ohne dass sie ausgebaut sein muss (i. S. der NHK). Dementsprechend muss eine nutzbare Grundrissebene

- über eine **„ortsfeste" Treppe**[47] zugänglich und
- auf **„fester" Decke** begehbar sein.

Ein Anschluss des Dachgeschosses mit den üblichen Versorgungsleitungen wird dagegen zu fordern sein.

Ein Ausbau des Dachgeschosses ist nicht erforderlich; es können auch **eingeschränkte bzw. untergeordnete Nutzungen in Betracht kommen**, wie beispielsweise als Lager- und Abstellfläche, Trockenräume oder Räume für betriebstechnische Anlagen (vgl. DIN 277-2:205-02).

Die **DIN 277 unterscheidet bei den Grundflächen in folgende Bereiche**: **92**

- Bereich a: überdeckt und allseitig in voller Höhe umschlossen,
- Bereich b: überdeckt, jedoch nicht allseitig in voller Höhe umschlossen sowie
- Bereich c: nicht überdeckt.

Für die Ermittlung der BGF[48] sind die **äußeren Maße der Bauteile einschließlich Bekleidung**, z. B. Putz, Außenschalen, mehrschalige Wandkonstruktionen, in Höhe der Bodenbelagsoberkanten anzusetzen. Konstruktive und gestalterische Vor- und Rücksprünge, Fuß-Sockelleisten, Schrammborde und Unterschneidungen sowie vorstehende Teile von Fenster- und Türbekleidungen bleiben unberücksichtigt.

Grundflächen von waagerechten Flächen sind aus ihren tatsächlichen Maßen, **Grundflächen von schräg liegenden Flächen**, z. B. Tribünen, Zuschauerräume, Treppen und Rampen, aus ihrer vertikalen Projektion zu ermitteln. Brutto-Grundflächen des Bereiches b sind an Stellen, an denen sie nicht umschlossen sind, bis zur vertikalen Projektion ihrer Überdeckung zu ermitteln. Brutto-Grundflächen von Bauteilen (Konstruktions-Grundflächen), die zwischen den Bereichen a und b liegen, sind dem Bereich a zuzuordnen.

---

47 Vgl. z. B. § 36 BauO Nordrh.-Westf. Die nutzbare Breite der Treppen und Treppenabsätze notwendiger Treppen muss mindestens 1 m betragen; in Wohngebäuden mit nicht mehr als zwei Wohnungen genügt eine Breite von 0,8 m (vgl. § 36 Abs. 5 BauO Nordrh.-Westf); dies gilt allerdings nicht für Treppen innerhalb von Wohnungen (vgl. § 36 Abs. 11 BauO Nordrh.-Westf.). Die ausnahmsweise zulässige einschiebbare Treppe fällt kostenmäßig nicht ins Gewicht und kann von daher nicht zur Qualifizierung der dadurch „erschlossenen" Grundrissebene als „nutzbare" BGF führen. So im Übrigen auch der DEBRIV in seiner Stellungnahme zur SachwertR vom 15.12.2011 (Ka111215).
48 Zur Ermittlung vgl. Kleiber, Verkehrswertermittlung von Grundstücken, 6. Aufl. 2010 S. 308 ff.

Syst. Darst. Sachwertverfahren — BGF

b)   Reduzierte Brutto-Grundfläche (BGF_{red}) nach NHK 2010 der SachwertR

▶ Vgl. oben Rn. 72

93 **Bezugsgrundlage der NHK 2010 ist** nicht die Brutto-Grundfläche (BGF) i. S. der DIN 277, sondern **eine reduzierte BGF (BGF_{red})**, die sich in Anlehnung an die DIN-Vorschrift nach Maßgabe folgender Besonderheiten ermittelt (vgl. Abb. 13):

a) Die reduzierte BGF ergibt sich zunächst auf der Grundlage der Teilbereiche a und b (sog. a- und b-Flächen) der DIN 277, d. h. **ohne Berücksichtigung der c-Flächen** (Nr. 4.1.1.4 Abs. 2 Satz 2 SachwertR).

b) **Dachgeschosse mit einer lichten Höhe kleiner als 1,25 m** sollen nach Nr. 4.1.1.4 Abs. 6 Satz 3 SachwertR nicht nutzbar i. S. der DIN 277 sein und sind dann bei der Berechnung der reduzierten BGF nicht zu berücksichtigen, selbst wenn sie zugänglich und begehbar sind.

c) Des Weiteren sollen bei der Ermittlung der reduzierten BGF **überdeckte Balkone** (b-Flächen i. S. der DIN 277) nicht berücksichtigt werden. Dies ergibt sich aus Nr. 4.1.1.4 Abs. 2 Satz 3 SachwertR, nach der Balkone, auch wenn sie überdeckt sind[49], dem Bereich c zugeordnet werden sollen (vgl. Abb. 13); hiervon abweichend werden Balkone nach Nr. 4.1.1.7 SachwertR allesamt den besonderen Bauteilen zugeordnet.

d) Schließlich sollen auch die **Grundrissebenen von Spitzböden unberücksichtigt** bleiben, auch wenn sie nutzbar sind und die gleichen Merkmale wie die darunterliegende Grundrissebene aufweist. Dies ergibt sich aus Nr. 4.1.1.4 Abs. 5 Satz 1 i. V. m. Nr. 4.1.1.6 Abs. 4 SachwertR.

Abb. 13:   Brutto-Grundfläche

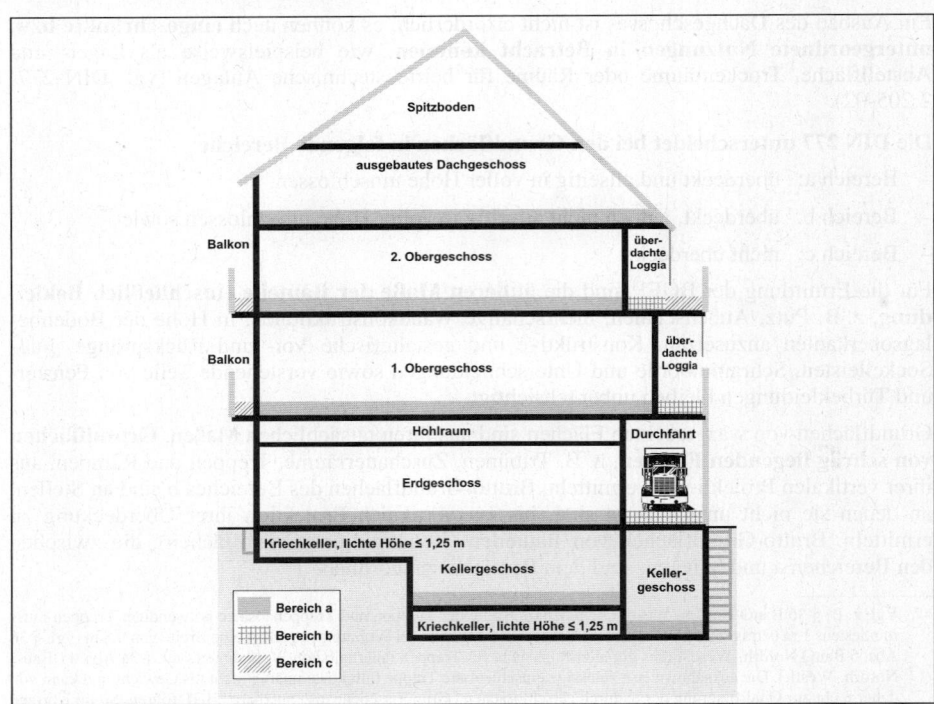

---

[49] Überdachte Balkone sind b-Flächen und werden nach der DIN 277 grundsätzlich mit der BGF erfasst.

Balkone sind offene aus der Außenwand oberhalb der Geländeoberfläche hervorkragende Austritte. Die **Loggia** unterscheidet sich vom Balkon dadurch, dass der Austritt innerhalb der Außenwand, d. h. innerhalb der Kubatur des Gebäudes liegt.

Die vorstehenden von den Regelungen der DIN 277 abweichenden Besonderheiten machen ergänzende Berechnungen erforderlich, wenn z. B. **eine BGF-Berechnung auf der Grundlage der DIN 277** aus den Bauakten bereits vorliegt, denn diese **kann nicht mehr unmittelbar herangezogen werden**. Geht man von dieser Berechnung aus, so sind diese Berechnung um

– die c-Flächen,

– die Flächen überdachter Balkone (b-Flächen) und

– ggf. um Dachgeschosse mit einer lichten Höhe kleiner als 1,25 m

zu mindern. Des Weiteren müssen vorliegende auf der Grundlage der DIN 277 erstellte BGF-Berechnungen um die Grundrissebene eines ggf. vorhandenen nutzbaren Spitzbodens vermindert werden, wenn man tatsächlich den ausgebauten Spitzboden nach den hier abgelehnten Hinweisen der 4.1.1.6 Abs. 4 SachwertR berücksichtigen will.

Im Übrigen sind nach der hier vertretenen Auffassung c-Flächen sowie besondere Bauteile i. d. R. vernachlässigbar, wenn sie den üblichen Umfang von bis zu 2 % der Herstellungskosten nicht überschreiten (vgl. oben Rn. 65 und unten Rn. 226). Dagegen muss jedoch **ein übergroßer und vom üblichen Umfang abweichender Anteil an Balkonen**[50]**, Dachterrassen und Ähnliches** berücksichtigt werden, denn im gewöhnlichen Geschäftsverkehr sind diese Einrichtungen werthaltig. Abweichend von § 22 Abs. 2 Satz 2 ImmoWertV, nach dem mit den Normalherstellungskosten „nicht erfasste einzelne Bauteile, Einrichtungen oder sonstige Vorrichtungen" im Rahmen der Ermittlung des vorläufigen Sachwerts nach den §§ 21 bis 23 ImmoWertV unmittelbar zu berücksichtigen sind, sind diese Einrichtungen bei Heranziehung von Sachwertfaktoren der Gutachterausschüsse i. d. R. nachträglich nach Maßgabe des § 8 Abs. 3 ImmoWertV zu berücksichtigen.

3.3.3 Ermittlung objektspezifischer Normalherstellungskosten

3.3.3.1 Übersicht

Zur Ermittlung des Gebäudesachwerts auf der Grundlage der Normalherstellungskosten 2010 (NHK 2010) ist nach den vorstehenden Ausführungen zunächst

a) die Gebäudeart (Gebäudetyp),

b) der Gebäudestandard,

c) die reduzierte Brutto-Grundfläche (BGF_{red}) und

d) ggf. die Trauflänge, Giebelbreite, ein Drempel und bei Mehrfamilienhäusern die Zahl der Wohneinheiten (WE)

des zu bewertenden Gebäudes nach Maßgabe des Tabellenwerks der SachwertR festzustellen.

Die **Kostenkennwerte** werden **nach Gebäudearten (Gebäudetypen) differenziert nach** drei Stufen des **Gebäudestandards** (Standardstufen) ausgewiesen. Für die Gebäudearten Einfamilienhäuser, Doppelhäuser und Reihenhäuser (Gebäudearten Nr. 1.01 – 3.33) enthalten die NHK 2010 im Unterschied zu den übrigen Gebäudearten zwei weitere Standardstufen (1 und 2) mit Kostenkennwerten für Gebäude, deren Ausstattung zwar nicht mehr zeitgemäß ist, aber dennoch eine wirtschaftliche Nutzung des Gebäudes erlaubt (Substandard).

---

50 Überdachte Balkone sind b-Flächen und werden mit der BGF erfasst.

Syst. Darst. Sachwertverfahren — NHK

Beispiel (Auszug aus dem Tabellenwerk):

Ein- und Zweifamilienhaus (freistehend): Erd-, Obergeschoss nicht unterkellert

	Typ	BRI* / BGF	BGF* / WF	Gebäudestandard				
				1	2	3	4	5
Dachgeschoss voll ausgebaut	1.31	2,97	1,5	720	800	920	1 105	1 385
				Angaben in €/m² BGF				
					80	120	185	280
Dachgeschoss nicht ausgebaut	1.32	2,67	2,1	620	690	790	955	1 190
				Angaben in €/m² BGF				
					70	100	165	235
Flachdach oder flach geneigtes Dach	1.33	3,37	1,4	785	870	1 000	1 205	1 510
				Angaben in €/m² BGF				
					85	130	205	305

* Der hier angegebene Nutzflächenfaktor und das hier angegebene Ausbauverhältnis sind dem vom BMVBW veröffentlichten Vorentwurf (vgl. GuG 2012, 29) entnommen.

Die pro Quadratmeter (reduzierter) Brutto-Grundfläche angegebenen Normalherstellungskosten können nicht einer bestimmten Fläche eines Gebäudes zugeordnet werden, denn es handelt sich um einen **„Mischkostenansatz" für das Gesamtobjekt**, das gegebenenfalls ein Kellergeschoss und ein (ausgebautes oder nicht ausgebautes) Dachgeschoss[51] umfasst, wobei es ohne Belang ist, ob es sich dabei um ein Vollgeschoss handelt und wie hoch z. B. der Wohn- und Nutzflächenanteil ist (Abb. 14).

Abb. 14: Normalherstellungskosten 2010

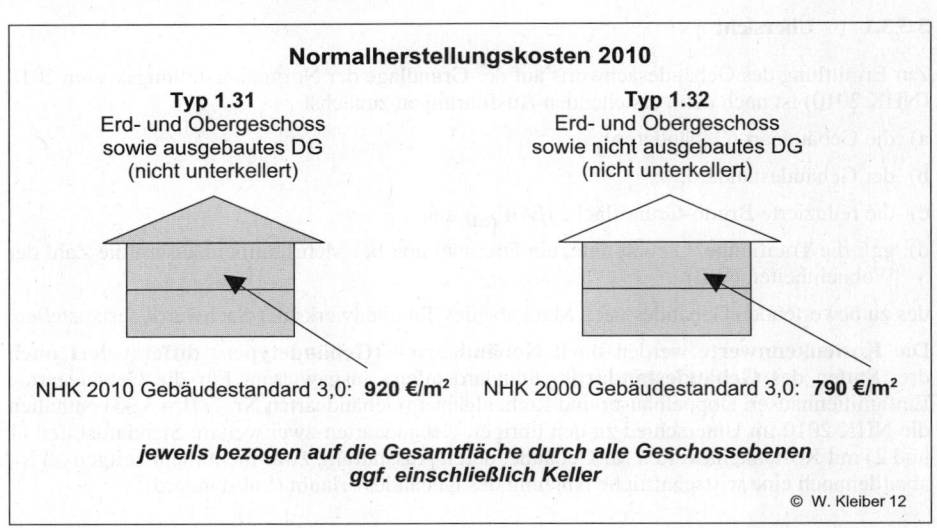

---

51 Als „Dachgeschoss" bezeichnet man üblicherweise einen als Wohn- oder Gewerbefläche ausgebauten Dachboden.

3.3.3.2 Gebäudeart

▶ *§ 8 ImmoWertV Rn. 27 ff. sowie bei der steuerlichen Bewertung vgl. § 8 ImmoWertV Rn. 47 ff.*

Nach den NHK 2010 ist zwischen folgenden **Gebäudearten** zu unterscheiden   95

1. *Freistehende Ein- und Zweifamilienhäuser*, gegliedert nach Geschossen, Dachausbau und Gebäudestandards,
2. *Doppel- und Reihenendhäuser*, gegliedert nach Geschossen, Dachausbau und Gebäudestandards,
3. *Reihenmittelhäuser*, gegliedert nach Geschossen, Dachausbau und Gebäudestandards,
4. *Mehrfamilienhäuser*, gegliedert nach Anzahl der Wohneinheiten und Gebäudestandards,
5. *Wohnhäuser mit Mischnutzung, Banken/Geschäftshäuser*, gegliedert nach Gebäudestandards,
6. *Bürogebäude*, gegliedert nach Bauweisen und Gebäudestandards,
7. *Gemeindezentren, Saalbauten/Veranstaltungsgebäude*, gegliedert nach Gebäudestandards,
8. *Kindergärten, Schulen*, gegliedert nach Gebäudestandards,
9. *Wohnheime, Alten-/Pflegeheime*, gegliedert nach Gebäudestandards,
10. *Krankenhäuser, Tageskliniken, Ärztehäuser,*
11. *Beherbergungsstätten (Hotels)*, gegliedert nach Gebäudestandards,
12. *Sporthallen, Freizeitbäder/Heilbäder*, gegliedert nach Nutzungen und Gebäudestandards,
13. *Verbrauchermärkte, Kauf-/Warenhäuser, Autohäuser*, gegliedert nach Gebäudestandards,
14. *Garagen*, gegliedert nach Einzel- und Mehrfach-, Hoch- und Tiefgaragen sowie Nutzfahrzeuggaragen, gegliedert nach Gebäudestandards,
15. *Betriebs-/Werkstätte, Produktionsgebäude*, gegliedert nach Geschossigkeit, Hallenanteil, Bauweise und Gebäudestandards,
16. *Lager-/Versandgebäude*, gegliedert nach anteiliger Mischnutzung und Gebäudestandards,
17. *Sonstige Gebäude: Museen* (17.1), *Theater* (17.2), *Sakralbauten* (17.3) *und Friedhofsgebäude* (17.4),
18. *Landwirtschaftliche Betriebsgebäude: Reithallen, Pferdeställe* (18.1), *Rinderställe, Melkhäuser* (18.2), *Schweineställe* (18.3), *Geflügelställe* (18.4), *Landwirtschaftliche Mehrzweckhallen* (18.5) *sowie Außenanlagen zu allen landwirtschaftlichen Betriebsgebäuden* (18.6).

3.3.3.3 Gebäudestandard

▶ *Vgl. § 22 ImmoWertV Rn. 52*

Die objektspezifischen Normalherstellungskosten der zu bewertenden baulichen Anlage sollen unter Berücksichtigung des jeweiligen Gebäudestandards ermittelt werden. Der Gebäudestandard bestimmt sich bei Heranziehung der NHK 2010 nach den sich aus Anlage 2 der SachwertR ergebenden Kriterien. In der Anlage 2 werden für die oben genannten Gebäudearten die **Gebäudestandards – gegliedert nach Standardstufen und neun Kostengruppen mit ihrem Wägungsanteil –** bezogen auf das Jahr 2010 beschrieben. Die Beschreibung der Gebäudestandards kann nicht auf alle in der Praxis ausgeführten Merkmale zutreffen.   96

Für die Einordnung des Gebäudestandards sind die am Wertermittlungsstichtag herrschenden marktüblichen Anschauungen und nicht die Verhältnisse des Baujahrs der baulichen Anlage maßgebend. Ein baujahrsüblicher bei Errichtung des Gebäudes hoher Gebäudestandard kann mithin am Wertermittlungsstichtag ein „Substandard" sein   97

Syst. Darst. Sachwertverfahren NHK

(z. B. Gebäudestandard 1). Gebäude mit einschaligem Mauerwerk, Holzdielenböden, Nachtspeicherheizungen, unzeitgemäße bzw. fehlende Wärmedämmung sind nicht mehr zeitgemäß und den untersten Gebäudestandards zuzuordnen. Verblendmauerwerke, die im Zuge einer Wärmedämmung nicht mehr sichtbar sind, können mithin auch nicht zu einem höheren Gebäudestandard führen.

98 Zu alledem führt **Nr. 4.1.1.2 Abs. 2 der SachwertR** aus:

„(2) Die Einordnung zu einer Standardstufe ist insbesondere abhängig vom Stand der technischen Entwicklung und den bestehenden rechtlichen Anforderungen am Wertermittlungsstichtag. Sie hat unter Berücksichtigung der für das jeweilige Wertermittlungsobjekt am Wertermittlungsstichtag relevanten Marktverhältnisse zu erfolgen. Dafür sind die Qualität der verwandten Materialen und der Bauausführung, die energetischen Eigenschaften sowie solche Standardmerkmale, die für die jeweilige Nutzungs- und Gebäudeart besonders relevant sind, wie z. B. Schallschutz oder Aufzugsanlagen in Mehrfamilienhäusern, von Bedeutung. Bei den freistehenden Ein- und Zweifamilienhäusern, Doppelhäusern und Reihenhäusern, (Gebäudearten Nr. 1.01 – 3.33) enthalten die NHK 2010 zwei weitere Standardstufen (1 und 2) mit Kostenkennwerten für Gebäude, deren Standardmerkmale zwar nicht mehr zeitgemäß sind, aber dennoch eine zweckentsprechende Nutzung des Gebäudes erlauben. Bei den übrigen Gebäudearten ist ein entsprechender Abschlag wegen nicht mehr zeitgemäßer Standardmerkmale sachverständig vorzunehmen."

99 Die in der Tabelle angegebenen Jahreszahlen beziehen sich im Übrigen auf die im jeweiligen Zeitraum gültigen **Wärmeschutzanforderungen**; in Bezug auf das konkrete Bewertungsobjekt ist zu prüfen, ob von diesen Wärmeschutzanforderungen abgewichen wird.

Auszug aus Anl. 2 zu den SachwertR

Standardstufe				
1	2	3	4	5
Außenwände				**Wägungsanteil: 23 %**
Holzfachwerk, Ziegelmauerwerk; Fugenglattstrich, Putz, Verkleidung mit Faserzementplatten, Bitumenschindeln oder einfache Kunststoffplatten; kein oder deutlich nicht zeitgemäßer Wärmeschutz (vor ca. 1980)	ein-/zweischaliges Mauerwerk, z. B. Gitterziegel oder Hohlblocksteine; verputzt und gestrichen oder Holzverkleidung; nicht zeitgemäßer Wärmeschutz (vor ca. 1995)	ein-/zweischaliges Mauerwerk, z. B. aus Leichtziegeln, Kalksandsteinen, Gasbetonsteinen; Edelputz; Wärmedämmverbundsystem oder Wärmedämmputz (nach ca. 1995)	Verblendmauerwerk, zweischalig, hinterlüftet, Vorhangfassade (z. B. Naturschiefer); Wärmedämmung (nach ca. 2005)	aufwendig gestaltete Fassaden mit konstruktiver Gliederung (Säulenstellungen, Erker etc.), Sichtbeton-Fertigteile, Natursteinfassade, Elemente aus Kupfer-/Eloxalblech, mehrgeschossige Glasfassaden; Dämmung im Passivhausstandard
Dach				**Wägungsanteil: 15 %**
Dachpappe, Faserzementplatten / Wellplatten; keine bis geringe Dachdämmung	einfache Betondachsteine oder Tondachziegel, Bitumenschindeln; nicht zeitgemäße Dachdämmung (vor ca. 1995)	Faserzement-Schindeln, beschichtete Betondachsteine und Tondachziegel, Folienabdichtung; Rinnen und Fallrohre aus Zinkblech; Dachdämmung (nach ca. 1995)	glasierte Tondachziegel, Flachdachausbildung tlw. als Dachterrassen; Konstruktion in Brettschichtholz, schweres Massivflachdach; besondere Dachformen, z. B. Mansarden-, Walmdach; Aufsparrendämmung, überdurchschnittliche Dämmung (nach ca. 2005)	hochwertige Eindeckung z. B. aus Schiefer oder Kupfer, Dachbegrünung, befahrbares Flachdach; aufwendig gegliederte Dachlandschaft, sichtbare Bogendachkonstruktionen; Rinnen und Fallrohre aus Kupfer; Dämmung im Passivhausstandard

Standardstufe				
1	2	3	4	5
Fenster und Außentüren				**Wägungsanteil: 11 %**
Einfachverglasung; einfache Holztüren	Zweifachverglasung (vor ca. 1995); Haustür mit nicht zeitgemäßem Wärmeschutz (vor ca. 1995)	Zweifachverglasung (nach ca. 1995), Rollläden (manuell); Haustür mit zeitgemäßem Wärmeschutz (nach ca. 1995)	Dreifachverglasung, Sonnenschutzglas, aufwendigere Rahmen, Rollläden (elektr.); höherwertige Türanlage z. B. mit Seitenteil, besonderer Einbruchschutz	Große feststehende Fensterflächen, Spezialverglasung (Schall- und Sonnenschutz); Außentüren in hochwertigen Materialien
Innenwände und -türen				**Wägungsanteil: 11 %**
Fachwerkwände, einfache Putze/Lehmputze, einfache Kalkanstriche; Füllungstüren, gestrichen, mit einfachen Beschlägen ohne Dichtungen	massive tragende Innenwände, nicht tragende Wände in Leichtbauweise (z. B. Holzständerwände mit Gipskarton), Gipsdielen; leichte Türen, Stahlzargen	nicht tragende Innenwände in massiver Ausführung bzw. mit Dämmmaterial gefüllte Ständerkonstruktionen; schwere Türen, Holzzargen	Sichtmauerwerk, Wandvertäfelungen (Holzpaneele); Massivholztüren, Schiebetürelemente, Glastüren, strukturierte Türblätter	gestaltete Wandabläufe (z. B. Pfeilervorlagen, abgesetzte oder geschwungene Wandpartien); Vertäfelungen (Edelholz, Metall), Akkustikputz, Brandschutzverkleidung; raumhohe aufwendige Türelemente
Deckenkonstruktion und Treppen				**Wägungsanteil: 11 %**
Holzbalkendecken ohne Füllung, Spalierputz; Weichholztreppen in einfacher Art und Ausführung; kein Trittschallschutz	Holzbalkendecken mit Füllung, Kappendecken; Stahl- oder Hartholztreppen in einfacher Art und Ausführung	Beton- und Holzbalkendecken mit Tritt- und Luftschallschutz (z. B. schwimmender Estrich); geradläufige Treppen aus Stahlbeton oder Stahl, Harfentreppe, Trittschallschutz	Decken mit größerer Spannweite, Deckenverkleidung (Holzpaneele/Kassetten); gewendelte Treppen aus Stahlbeton oder Stahl, Hartholztreppenanlage in besserer Art und Ausführung	Decken mit großen Spannweiten, gegliedert, Deckenvertäfelungen (Edelholz, Metall); breite Stahlbeton- oder Hartholztreppenanlage mit hochwertigem Geländer
Fußböden				**Wägungsanteil: 5 %**
ohne Belag	Linoleum-, Teppich-, Laminat- und PVC-Böden einfacher Art und Ausführung	Linoleum-, Teppich-, Laminat- und PVC-Böden besserer Art und Ausführung, Fliesen, Kunststeinplatten	Natursteinplatten, Fertigparkett, hochwertige Fliesen, Terrazzobelag, hochwertige Massivholzböden auf gedämmter Unterkonstruktion	hochwertiges Parkett, hochwertige Natursteinplatten, hochwertige Edelholzböden auf gedämmter Unterkonstruktion
Sanitäreinrichtungen				**Wägungsanteil: 9 %**
einfaches Bad mit Stand-WC, Installation auf Putz, Ölfarbenanstrich, einfache PVC-Bodenbeläge	1 Bad mit WC, Dusche oder Badewanne; einfache Wand- und Bodenfliesen, teilweise gefliest	1 Bad mit WC, Dusche und Badewanne, Gäste-WC; Wand- und Bodenfliesen, raumhoch gefliest	1–2 Bäder mit tlw. zwei Waschbecken, tlw. Bidet/Urinal, Gäste-WC, bodengleiche Dusche; Wand- und Bodenfliesen; jeweils in gehobener Qualität	mehrere großzügige, hochwertige Bäder, Gäste-WC; hochwertige Wand- und Bodenplatten (oberflächenstrukturiert, Einzel- und Flächendekors)
Heizung				**Wägungsanteil: 9 %**
Einzelöfen, Schwerkraftheizung	Fern- oder Zentralheizung, einfache Warmluftheizung, einzelne Gasaußenwandthermen, Nachtstromspeicher-, Fußbodenheizung (vor ca. 1995)	elektronisch gesteuerte Fern- oder Zentralheizung, Niedertemperatur- oder Brennwertkessel	Fußbodenheizung, Solarkollektoren für Warmwassererzeugung, zusätzlicher Kaminanschluss	Solarkollektoren für Warmwassererzeugung und Heizung, Blockheizkraftwerk, Wärmepumpe, Hybrid-Systeme; aufwendige zusätzliche Kaminanlage

Syst. Darst. Sachwertverfahren NHK

Standardstufe				
1	2	3	4	5
Sonstige technische Ausstattung				Wägungsanteil: 6 %
sehr wenige Steckdosen, Schalter und Sicherungen, kein Fehlerstromschutzschalter (FI-Schalter), Leitungen teilweise auf Putz	wenige Steckdosen, Schalter und Sicherungen	zeitgemäße Anzahl an Steckdosen und Lichtauslässen, Zählerschrank (ab 1985) mit Unterverteilung und Kippsicherungen	zahlreiche Steckdosen und Lichtauslässe, hochwertige Abdeckungen, dezentrale Lüftung mit Wärmetauscher, mehrere LAN- und Fernsehanschlüsse	Video- und zentrale Alarmanlage, zentrale Lüftung mit Wärmetauscher, Klimaanlage, Bussystem

100 Die Wägungsanteile der neun Kostengruppen sind unterschiedlich, sodass im Einzelfall für das zu bewertende Gebäude der jeweilige **Gebäudestandard als gewichtetes Mittel** ermittelt werden muss. Des Weiteren ist zu beachten, dass die angegebenen Normalherstellungskosten auch jeweils nur für die angegebenen Gebäudestandards gelten, d. h., bei *besonders exklusivem oder besonders zurückgebliebenem Gebäudestandard* müssen die angegebenen Normalherstellungskosten erhöht bzw. vermindert werden.

Abb. 15: Wägungsanteile der Kostengruppen

Wägungsanteile der Kostengruppen	
Kostengruppe	Kostenanteil in %
1. Außenwände	23
2. Dächer	15
3. Außentüren und Fenster	11
4. Innenwände	11
5. Deckenkonstruktion und Treppen	11
6. Fußböden	5
7. Sanitäreinrichtungen	9
8. Heizung	9
9. Sonstige technische Ausstattung	6
zusammen	100

101 Die **Einordnung des zu bewertenden Objektes durch eine Benotung der jeweiligen Kostengruppe stellt eine Schätzung dar.** Die zu den Kostengruppen angegebenen Wägungsanteile dürfen nicht zu der Annahme verleiten, der Gebäudestandard lasse sich mathematisch exakt berechnen. Der im konkreten Fall vorliegende Gebäudestandard lässt sich damit gleichwohl als gewogener Gebäudestandard „berechnen", indem der jeweiligen Benotung der angegebene Wägungsanteil als Gewicht zugeordnet wird. Dabei können selbst innerhalb einer Kostengruppe unterschiedliche Standards gegeben sein. Ein Gebäude kann z. B. in den verschiedenen Wohn- bzw. Gewerbeeinheiten unterschiedliche Sanitäreinrichtungen, Bodenbeläge, technische Ausstattung oder z. B. an seiner Vorder- und Rückseite qualitativ unterschiedliche Fassaden (Außenwände mit einem Wägungsanteil von 23 %) aufweisen.

102 *Beispiel*

Zu bewerten ist ein Gebäude des Typs 1.22. Die Benotung des Gebäudestandards in den jeweiligen Kostengruppen ergibt sich aus dem nachfolgenden Berechnungsschema (kursiv). Zu den Kostengruppen Außenanlagen, Fußböden und Sanitäreinrichtungen werden entsprechend dem Anteil am Gesamtgebäude unterschiedliche Benotungen gegeben, und zwar:

- Die Außenwände sind zu 30 % der Stufe 4 und zu 70 % der Stufe 3 zuzuordnen.
- Die Fußböden sind zu 50 % der Stufe 3 und zu 50 % der Stufe 2 zuzuordnen.
- Die Sanitäreinrichtungen sind zu 60 % der Stufe 4 und zu 40 % der Stufe 3 zuzuordnen.

Hinweis: Die Summe der Anteile innerhalb einer Kostengruppe muss 100 % ergeben, d. h. im Berechnungsschema zusammen 1,0 ergeben.

**Berechnungsschema
zur Ermittlung eines gewichteten Standards und gewichteter Normalherstellungskosten**

Ausstattungsmerkmal	Standardeinstufung 1	2	3	4	5	Wägungsanteil	Standard gew.	anteilige NHK gewogen	
Außenwände			0,3			0,23	0,76*	62,10**	€/m² BGF
			0,7					119,95	€/m² BGF
Dächer				1,0		0,15	0,45	111,75	€/m² BGF
								0,00	€/m² BGF
Außentüren und Fenster			1,0			0,11	0,44	99,00	€/m² BGF
								0,00	€/m² BGF
Innenwände			1,0			0,11	0,33	81,95	€/m² BGF
								0,00	€/m² BGF
Deckenkonstruktion und Treppen			1,0			0,11	0,44	99,00	€/m² BGF
								0,00	€/m² BGF
Fußböden		0,5				0,07	0,18	26,08	€/m² BGF
		0,5						22,75	€/m² BGF
Sanitäreinrichtungen			0,6			0,07	0,25	37,80	€/m² BGF
			0,4					20,86	€/m² BGF
Heizung			1,0			0,09	0,36	81,00	€/m² BGF
								0,00	€/m² BGF
Sonstige technische Einrichtungen			1,0			0,06	0,18	44,70	€/m² BGF
								0,00	€/m² BGF
						Σ = 1,00			
						Gewogener Standard = 3,39			
Typ des zu bewertenden Gebäudes									
Typ 1.22	585	650	745	900	1125	Gewogene NHK = 807 €/m² BGF			

(Anteil in % des Bewertungsobjekts in der Stufe 4; Σ stets 1,0)

* Berechnung: Gewogene Standardeinstufung [(4,0 × 0,3 × 23/100) + (3,0 × 0,7 × 23/100)] = 0,76
** Berechnung des gewogenen NHK-Anteils des Gebäudestandards:
  900 ¤/m² × 0,3 × 23/100 = 62,10 ¤/m²

© W. Kleiber 12

Die **Normalherstellungskosten können auf der Grundlage des gewogenen Gebäudestandards** durch lineare Interpolation der jeweiligen Kostenkennwerte ermittelt werden:

Beispiel:

In dem Beispiel ergibt sich ein gewichteter Gebäudestandard von 3,39.

Kostenkennwerte des Typs 1.33 für den	Gebäudestandard 3	745 €/m² BGF
	Gebäudestandard 4	900 €/m² BGF
	Differenz	155 €/m² BGF

Objektspezifische NHK 2010 = 745 €/m² BGF + (155 €/m² × 39/100) **805 €/m²**

Rechentechnisch genauer ist die **Ermittlung der gewogenen NHK** in der Weise, dass man nach Maßgabe des Berechnungsschemas den jeweiligen Anteil einer Standardstufe direkt mit dem jeweiligen Wägungsanteil und den jeweiligen Kostenkennwert der jeweiligen Standardstufe multipliziert und aufaddiert. Im Beispiel ergibt sich eine objektspezifische NHK von 807 €/m² BGF (statt 805 €/m² BGF). Die Unterschiede können durchaus auch größer sein und darin ist begründet, dass die Differenzen zwischen den verschiedenen Standardstufen unterschiedlich sind und dies mit der verfeinerten Berechnungsmethode berücksichtigt wird. Gleichwohl stellt dies i. d. R. eine übertriebene Rechenschärfe dar, denn bereits die zugrunde gelegten Kostenkennwerte haben eine Rechenunschärfe von +/– 25 % (vgl. oben Rn. 56).

3.3.3.4 Baualtersstufen (Gebäudebaujahrsklassen)

Schrifttum: *Böhning,* Altbaumodernisierung im Detail – Konstruktionsempfehlungen, 4. Aufl. 2002; *Eckermann/Preißler,* Altbaumodernisierung – Haustechnik, 2000 DVA Stuttgart; *Neddermann,* Kostenermittlung in der Altbauerneuerung – und technische Beurteilung von Altbauten, 2. Aufl. 2000.

▶ *Vgl. § 14 ImmoWertV Rn. 64; § 22 ImmoWertV Rn. 50 ff.; § 24 ImmoWertV Rn. 4: zur Ermittlung des fiktiven Baujahrs bei unterlassener Instandhaltung und Modernisierung vgl. die Erläuterungen zu § 6 ImmoWertV Rn. 405*

105 **Normalherstellungskosten ändern sich mit der Zeit** aufgrund unterschiedlicher Bautechniken, Baustoffe, Baugestaltungen und Bauelemente sowie der sich wandelnden Zusammensetzung der maßgeblichen Kostengruppen. So hat z. B. der Anteil technischer Anlagen am Gebäude in den letzten 100 Jahren deutlich zugenommen, während der Anteil des Bauwerks (Baukonstruktion) an den gesamten Neubaukosten kontinuierlich abgenommen hat. Demzufolge müssen sich grundsätzlich auch die auf einen aktuellen Stichtag bezogenen Normalherstellungskosten für Gebäude unterschiedlicher Bauperioden (Baualtersstufen bzw. Gebäudebaujahrsklassen) grundsätzlich unterscheiden, und zwar – wie von in den aktuellen Baukostenwerken von *Schmitz/Krings/Dahlhaus/Meisel*[52] und seinerzeit von *Mittag*[53] festgestellt wurde – nicht unerheblich. Im Rahmen der empirischen Ableitung der Normalherstellungskosten 1995/2000 wurden nachstehende **Gebäudebaujahrsfaktoren** ermittelt, die das Verhältnis zu den auf das Jahr 2000 ermittelten Normalherstellungskosten abbilden.

Berücksichtigung der Gebäudebaujahrsklasse		
Baualtersstufen ggf. fiktiv	Gebäudebaujahrsfaktor näherungsweise	Bemerkungen
vor 1925 1925–1945 1946–1959 1960–1969 1970–1984 1985–1999 ab 2000	0,70 – 0,74 0,74 – 0,76 0,76 – 0,82 0,82 – 0,86 0,86 – 0,92 0,92 – 0,99 1,00	**Bei durchgreifend modernisierten oder überdurchschnittlich instand gesetzten Gebäuden sowie bei unterlassener Instandhaltung ist vom sog. fiktiven Baujahr auszugehen.** – Bei durchgreifend modernisierten oder überdurchschnittlich instand gesetzten Gebäuden ist fiktiv eine entsprechend verjüngte Gebäudebaujahrsklasse zugrunde zu legen, die dem Standard der Gebäudebaujahrsklasse entspricht, der durch die Modernisierung herbeigeführt wurde, wenn dem nicht bereits durch Zuschläge Rechnung getragen wurde. – Bei unterlassener Instandhaltung ist entsprechend von einer älteren Baujahrsklasse auszugehen, wenn dem Instandhaltungsstau nicht in anderer Weise Rechnung getragen wird. Dies ist regelmäßig der Fall, wenn ein Instandsetzungsstau bereits durch Ansatz von Instandsetzungskosten nach Maßgabe des § 8 Abs. 3 ImmoWertV berücksichtigt wird.

106 Die **NHK 2010 unterscheiden** im Unterschied zu den NHK 1995/2000 **nicht** mehr **nach Baualtersstufen bzw. Gebäudebaujahrsklassen**. Dieser Mangel muss durch dementsprechend abgeleitete Sachwerfaktoren aufgefangen werden.

---

52 Schmitz/Krings/Dahlhaus/Meisel, Baukosten 2010/11, Wingen Verlag Essen S. 45.
53 Ermittlung von zeitgemäßen Normalherstellungskosten für die Belange der Verkehrswertermittlung, Forschungsbericht im Auftrag vom Bundesministerium für Raumordnung, Bauwesen und Städtebau, vorgelegt von Mittag, M.; Bundesanzeigerverlag Köln 1996; vgl. die nach Baujahrklassen gegliederte Kostengliederung in Kleiber, Verkehrswertermittlung von Grundstücken, 6. Aufl. S. 1067 ff.

Zur Begründung wird lapidar ausgeführt, dass die sachlich begründete Differenzierung der Normalherstellungskosten für Gebäude unterschiedlicher Bauperioden (Baualtersklassen bzw. Gebäudebaujahrsklassen) mit der Umstellung von einer progressiven zu einer linearen Alterswertminderung quasi „aufgefangen" werde[54]. Die Begründung ist abwegig.

- Tatsächlich kam die lineare Abschreibung insbesondere bei gewerblichen Objekten auch schon vor Inkrafttreten der ImmoWertV zur Anwendung, sodass sich die notwendige Differenzierung nach Baualtersklassen insoweit gar nicht kompensieren konnte.
- Die im Rahmen der Sachwertermittlung nach § 23 ImmoWertV anzusetzende **Alterswertminderung hat mit der Abhängigkeit der gewöhnlichen Herstellungskosten** (Normalherstellungskosten) **von der jeweiligen Baualtersstufe** (Gebäudebaujahrsklasse) **grundsätzlich nichts zu tun** (vgl. § 24 ImmoWertV Rn. 4)[55]. Bei den Normalherstellungskosten handelt es sich um „gewöhnliche" Herstellungskosten", die für einen Neubau aufzubringen sind. Die **Neubaukosten baulicher Anlagen sind nun schon per definitionem lediglich von den zum jeweiligen Baujahr üblichen Herstellungskosten (Normalherstellungskosten) und nicht von dem in den Folgejahren bei der Wertermittlung zur Anwendung kommenden Alterswertminderungsmodell** abhängig. Dies gilt grundsätzlich auch für die empirische Ableitung von Normalherstellungskosten für Gebäude älterer Baualtersklassen (Gebäudebaujahrsklassen), denn auch dabei handelt es sich um Neubaukosten. Wenn die gewöhnlichen Herstellungskosten eines im Jahre 1920 errichteten Gebäudes (bezogen auf 2010) tatsächlich geringer als die eines im Jahre 2010 errichteten Gebäudes sind, so sind folgerichtig zunächst auch die geringeren Normalherstellungskosten anzusetzen.
- Abwegig ist im Übrigen auch die gelegentliche Feststellung, dass man auf eine Differenzierung der Normalherstellungskosten nach Baualtersklassen bzw. Gebäudebaujahrsklassen verzichten könne, weil die Berücksichtigung der unterschiedlichen Normalherstellungskosten für unterschiedliche Baualtersklassen (Gebäudebaujahrsklassen) eine „Marktanpassung" sei. Richtig ist dagegen, dass man mit der Ableitung von baujahrsspezifischen Sachwertfaktoren die unterschiedlichen Normalherstellungskosten quasi kompensatorisch „auffangen" kann[56].

Bei der empirischen Ableitung der Normalherstellungskosten 2000 erschien es angezeigt, die Normalherstellungskosten nicht nur nach Gebäudetypen und Ausstattungsstandards, sondern auch nach Baualtersstufen (Gebäudebaujahrsklassen) zu unterscheiden, denn **in den unterschiedlichen Bauperioden ist nun einmal mit erheblich unterschiedlichem Kostenaufwand gebaut worden, der dementsprechend auch zu unterschiedlichen Normalherstellungskosten führen muss**[57]. Die NHK 2000 waren deshalb aus gutem Grunde auch nach Gebäudebaujahrsklassen gegliedert, denn mit den Normalherstellungskosten soll dem Anwender zunächst ermöglicht werden, die Neubaukosten von Gebäuden aller Baualtersklassen (Gebäudebaujahrsklassen) – und nicht nur von Neubauten – möglichst realitätsnah zu ermitteln. Die Alterswertminderung hat bei der empirischen Ableitung der NHK 2000 deshalb keine Rolle gespielt[58].

---

54 Initiiert durch ein Schreiben des BMVBS vom 09.12.2010 und den daraus gezogen abwegigen Folgerungen der Obersten Baubehörde im Bayerischen Staatsministerium des Innern; anders: Bekanntmachung der Senatsverwaltung für Stadtentwicklung vom 10.11.2010 – ABl. Berlin 2010, 1886.
55 Die irrige Feststellung ist durch den missverständlichen Hinweis im Forschungsbericht „Aktuelle Gebäudesachwerte in der Verkehrswertermittlung" des Baukosteninformationszentrums der Deutschen Architektenkammern ausgelöst worden, dass sich die Restwertfunktion nach Ross (100 % – Alterswertminderung) mit der Altersklassenfunktion, die den NHK 2005 zugrunde liegt, fast eine lineare Alterswertminderung ergebe. Diese Feststellung durfte das Baukosteninformationszentrums jedoch nicht veranlassen, die Gebäudebaujahrsklassen bei der Ableitung der Normalherstellungskosten für ältere Gebäudebaujahrsklassen zu ignorieren und das Problem in ein irgendwie geartetes Alterswertminderungsmodell zu verlagern.
56 Eine Reihe von Gutachterausschüssen für Grundstückswerte haben schon in der Vergangenheit ihre Sachwertfaktoren in Abhängigkeit von Gebäudebaujahrsklassen abgeleitet und dieser Trend muss sich verstärken, wenn die Gebäudebaujahrsklassen nicht schon direkt mit den Normalherstellungskosten erfasst werden.
57 Allein schon ein Langzeitvergleich der von den statistischen Ämtern veröffentlichten Kostengliederungen nach Bauelementen macht deutlich, dass sich die Normalherstellungskosten unterschiedlicher Gebäudebaujahrsklassen erheblich unterscheiden.
58 Von daher ist die durch das Schreiben des BMVBS vom 09.12.2010 ausgelöste Auffassung der Obersten Baubehörde im Bayerischen Staatsministerium des Innern abwegig, die NHK 2000 basiere nicht auf linearer Abschreibung (vgl. GuG-aktuell 2011, 5) und deshalb könne die lineare Alterswertminderung nicht zur Anwendung kommen. Der Berliner Gutachterausschuss hat inzwischen den Beweis angetreten, dass es doch geht (Bekanntmachung der Senatsverwaltung für Stadtentwicklung vom 10.11.2010 – ABl. Berlin 2010, 1886), ebenso unsinnig RdSchr. des Ministeriums für Inneres und Kommunales des Landes Nordrhein-Westfalen vom 03.08.2010 (GeschZ 32 – 51.11.01 – 9210) an die Gutachterausschüsse für Grundstückswerte in Nordrhein-Westfalen sowie an den Oberen Gutachterausschuss für Grundstückswerte im Land Nordrhein-Westfalen betr. Übergangsregelung für die Anwendung des Sachwertverfahrens nach ImmoWertV (vgl. GuG 2012, 28).

108 Dementsprechend wird auch in der **steuerlichen Bewertung** – unabhängig von der Alterswertminderung – die Baualtersstufe (Gebäudebaujahrsklasse) gesondert berücksichtigt (§ 190 Abs. 1 Satz 1 BewG i. V. m. Anl. 25).

109 Bei Anwendung der NHK 2010 kommt es aufgrund der aufgegebenen Differenzierung der ausgewiesenen Kostenkennwerte nach Baualtersklassen (Gebäudebaujahrsklassen) mehr als bisher darauf an, die unterschiedlichen Ausstattungsstandards der verschiedenen Bauperioden möglichst mit dem „richtigen" *Gebäudestandard* zu erfassen. Der **Gebäudestandard ist – wie ausgeführt, nach den Anschauungen und der „Baukultur" des Wertermittlungsstichtags zu bestimmen, sodass z. B. der zeitlich überholte Gebäudestandard eines älteren und nicht modernisierten Gebäudes zwangsläufig zu einer „niedrigen" Gebäudestandardstufe führt.**

110 Darüber hinaus bleibt abzuwarten, ob darüber hinaus die Gutachterausschüsse für Grundstückswerte zunehmend dazu übergehen werden, die **Sachwertfaktoren in Abhängigkeit von Baualtersstufen (Gebäudebaujahrsklassen)** abzuleiten (vgl. § 14 ImmoWertV Rn. 64, 69; so z. B. in den Grundstücksmarktberichten von *Frankfurt an der Oder (2011), München, Düsseldorf, Bonn, Duisburg*).

3.3.4 Korrekturfaktoren zu den Kostenkennwerten der NHK 2010

3.3.4.1 Allgemeines

▶ *Vgl. oben Rn. 77*

111 Die NHK 2010 sehen eine Reihe von **Korrekturfaktoren** vor für die Berücksichtigung

– von *freistehenden Zweifamilienhäusern*,

– der *Wohnungsgröße und der Grundrisse* von Mehrfamilienhäusern und Wohnhäusern mit Mischnutzung sowie

– von *Gebäudegrößen und Unterbauten landwirtschaftlicher Gebäudearten*.

Die sich hier ergebenden Zu- bzw. Abschläge sind durch Multiplikation mit den Kostenkennwerten der Normalherstellungskosten zu berücksichtigen.

Des Weiteren werden in Nr. 4.1.1.5 Abs. 2 Satz 2 der SachwertR Korrekturfaktoren zur **Berücksichtigung der eingeschränkten Nutzbarkeit eines Dachgeschosses** empfohlen, ohne dass solche vorgegeben werden. Sie müssen auch abgelehnt werden, denn die Besonderheiten des Dachgeschosses können nach dem dachgeschossspezifischen Nutzflächenfaktor berücksichtigt werden und beeinflussen i.d.R. nicht die Herstellungskosten der übrigen Geschosse.

Nach den SachwertR ist in diesem Zusammenhang zwischen folgenden Fallgestaltungen zu unterscheiden:

Korrekturfaktoren — Syst. Darst. Sachwertverfahren

Abb. 16: Nutzbarkeit von Dachgeschossen

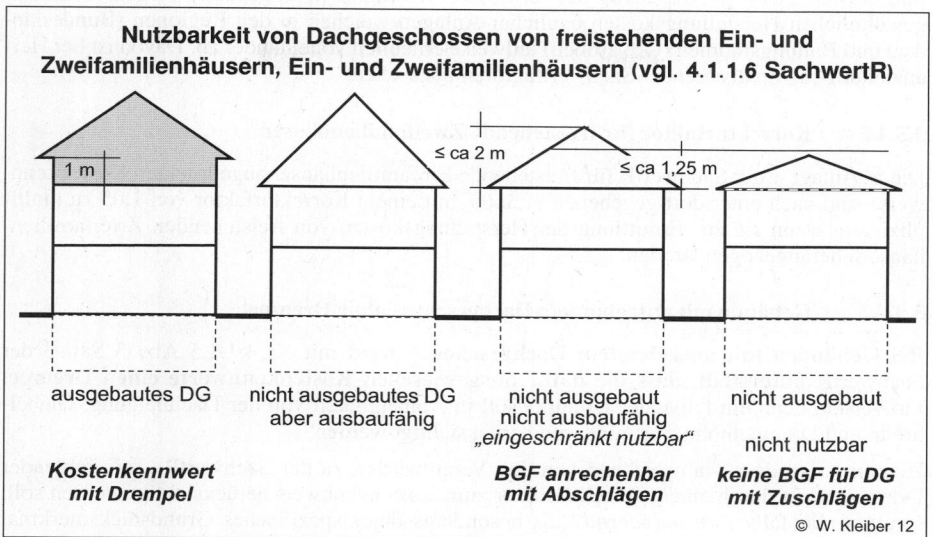

Die in diesen Sonderfällen nach Nr. 4.1.1.5 Abs. 2 Satz 2 der SachwertR an die Kostenkennwerte anzubringenden **Abschläge** sind aus vielerlei Gründen **äußerst problematisch**:

a) So soll die Nutzbarkeit des Dachgeschosses, wie noch näher dargelegt wird, in Abhängigkeit von der Giebelbreite und Trauflänge der zu bewertenden baulichen Anlage bestimmt werden, obwohl die den angesetzten Kostenkennwerten zugrundeliegenden Giebelbreiten und Trauflängen noch nicht einmal ansatzweise bekannt sind, um entsprechende Abweichungen sachgerecht berücksichtigen zu können.

b) Die vom BMVBS veröffentlichte Vorversion des Tabellenwerks[59] mit den dort ausgewiesenen mittleren Geschosshöhen lassen erkennen, dass nicht in jedem Fall davon ausgegangen werden kann, dass bei ausgebautem Dachgeschoss stets ein Drempel unterstellt werden kann. Gleichwohl wird mit den SachwertR unterstellt, dass – wie noch näher dargelegt wird – bei fehlendem Drempel die Kostenkennwerte zu vermindern sind. Entsprechendes gilt umgekehrt für Gebäude ohne ausgebautes Dachgeschoss.

c) Die genannten Korrekturen betreffen jeweils den Kostenkennwert, der bei der Ermittlung des Sachwerts eines Gebäudes auf die gesamte Brutto-Grundfläche angewandt wird, obwohl die Besonderheiten lediglich das Dachgeschoss betreffen. Dies hat beispielsweise zur Folge, dass bei einer (wegen einer lichten Höhe $\leq$ 2m) eingeschränkten Nutzbarkeit des Dachgeschosses der für das Gesamtgebäude maßgebliche Kostenkennwert vermindert wird. Dies wiederum hat zur Folge, dass sich die Minderung der Herstellungskosten bei einer bestimmten Dachgeschossebene verdoppeln würde, wenn sich die BGF des Gebäudes verdoppelt.

Die Regelungen sind bei alledem abzulehnen, denn sie gaukeln eine nicht gegebene Rechenschärfe vor, die mit den ohnehin nicht vertrauenswürdigen Kostenkennwerten der NHK 2010 unvereinbar ist. Die **Wirtschaftlichkeit eines Dachgeschosses kann einfach und plausibel nach dem Verhältnis der Wohnfläche des Dachgeschosses zu seiner Brutto-Grundfläche beurteilt werden.**

---

59 GuG 2012, 29.

Syst. Darst. Sachwertverfahren — Korrekturfaktoren

Des Weiteren müssen die bundesdurchschnittlichen Kostenkennwerte der Normalherstellungskosten 2010 (NHK 2010) den örtlichen Verhältnissen angepasst werden, denn die gewöhnlichen Herstellungskosten baulicher Anlagen weichen in den Regionen (Bundesländer) und Ballungsräumen (Ortsgrößen) teilweise erheblich voneinander ab. Davon ist bei Heranziehung regionalisierender Sachwertfaktoren abzusehen.

3.3.4.2 Korrekturfaktor für freistehende Zweifamilienhäuser

114 Die in Anlage 1 der SachwertR für freistehende Einfamilienhäuser abgedruckten Kostenkennwerte sind nach einer dort gegebenen Fußnote mit einem Korrekturfaktor von 1,05 zu multiplizieren, wenn sie zur Ermittlung der Herstellungskosten von freistehenden Zweifamilienhäusern herangezogen werden.

3.3.4.3 Gebäude mit ausgebautem Dachgeschoss ohne Drempel

115 Bei **Gebäuden mit ausgebautem Dachgeschoss**[60] wird mit Nr. 4.1.1.5 Abs. 3 Satz 3 der SachwertR **unterstellt, dass die dafür ausgewiesenen Kostenkennwerte einen Drempel aufweisen**, denn ein fehlender Drempel soll in Abhängigkeit von der Dachneigung, Giebelbreite und Drempelhöhe wertmindernd berücksichtigt werden.

Hieraus folgt, dass – abweichend von den Vorentwürfen zu der SachwertR – ein fehlender Drempel nicht durch einen Korrekturfaktor zum Kostenkennwert berücksichtigt werden soll, sondern allenfalls „*wertmindernd*" als besonderes objektspezifisches Grundstücksmerkmal nach § 8 Abs. 3 ImmoWertV.

Der äußerst problematische Vorschlag der AGVGA Nordrhein-Westfalen, in die SachwertR **Korrekturfaktoren für einen „fehlenden Drempel"** aufzunehmen, **ist damit verworfen worden**. Allein der dachgeschossspezifische Nutzflächenfaktor gibt ein ausreichendes Bild über die Nutzbarkeit des Dachgeschosses. Dafür braucht es noch nicht einmal der Feststellung, ob und ggf. mit welcher Höhe ein Drempel vorhanden ist. Nachstehend sind die abzulehnenden Korrekturfaktoren nach dem Vorentwurf der SachwertR abgedruckt:

Abgelehnter Vorschlag für Korrekturfaktoren für Gebäude mit ausgebautem Dachgeschoss bei fehlendem Drempel

Gebäudeart	*Abschlag* an dem Kostenkennwert für die Gebäudeart *mit* ausgebautem Dachgeschoss	
	6 m Trauflänge 8 m Giebelbreite Standardstufe 2	14 m Trauflänge 14 m Giebelbreite Standardstufe 4
1.01 / 2.01 / 3.01	6,0 %	2,0 %
1.11 / 2.11 / 3.11	4,5 %	1,5 %
1.21 / 2.21 / 3.21	7,5 %	2,5 %
1.31 / 2.31 / 3.31	5,5 %	1,5 %

116 Anwendungsbeispiel: Einfamilienhaus, Gebäudetyp 1.01,
kein Drempel
12,5 m Trauflänge,
10 m Giebelbreite
Standardstufe 3

---

[60] Gebäudearten 1.01; 2.01; 3.01; 1.11; 2.11; 3.11; 1.21; 2.21; 3.21; 1.31; 2.31; 3.31.

Korrekturfaktoren — Syst. Darst. Sachwertverfahren

Ermittlung des Orientierungswerts für den Abschlag wegen fehlendem Drempel

	Interpolierte Abschläge für die einzelnen Merkmale
Trauflänge: 12,5 m Giebelbreite: 10,0 m Standardstufe 3	2,8 % 4,7 % 4,0 %
Mittelwert	3,8 %
Ergebnis	**Abschlag zum Kostenkennwert = rd. 4,0 %**

3.3.4.4 Gebäude mit nicht ausgebautem Dachgeschoss und Drempel

Bei **Gebäuden mit nicht ausgebautem, aber ausbaubarem und voll nutzbarem Dachgeschoss** wurde mit dem Entwurf der SachwertR unterstellt, dass die dafür ausgewiesenen **Kostenkennwerte keinen Drempel aufweisen,** denn ein vorhandener Drempel sollte in Abhängigkeit von der Trauflänge und der Giebelbreite durch einen Zuschlag berücksichtigt werden. Dabei wiederum wurde eine Drempelhöhe von 1 m unterstellt. Auch dieser äußerst problematische Vorschlag der AGVGA Nordrhein-Westfalen ist aus den oben stehenden Gründen verworfen worden.

Abgelehnter Vorschlag für Korrekturfaktoren für Gebäude mit nicht ausgebautem Dachgeschoss bei fehlendem Drempel

Gebäudeart	*Zuschlag* zum Kostenkennwert für die Gebäudeart *ohne* ausgebautes Dachgeschoss	
	6 m Trauflänge 8 m Giebelbreite Standardstufe 2	14 m Trauflänge 14 m Giebelbreite Standardstufe 4
1.02/ 2.02/ 3.02	7,5 %	2,5 %
1.12/ 2.12/ 3.12	5,5 %	2,0 %
1.22/ 2.22/ 3.22	10,5 %	3,5 %
1.32/ 2.32/ 3.32	6,5 %	2,5 %

Anwendungsbeispiel: Einfamilienhaus, Gebäudetyp 1.02,
mit Drempel (1 m)
12,5 m Trauflänge,
10 m Giebelbreite
Standardstufe 3

Ermittlung des Orientierungswerts für den Zuschlag wegen vorhandenem Drempel

	Interpolierte Zuschläge für die einzelnen Merkmale
Trauflänge: 10,0 m Giebelbreite: 11,0 m Standardstufe 3	3,4 % 5,8 % 5,0 %
Mittelwert	4,8 %
Ergebnis	**Zuschlag zum Kostenkennwert = rd. 5,0 %**

Syst. Darst. Sachwertverfahren Korrekturfaktoren

3.3.4.5 Eingeschränkt nutzbare Dachgeschosse

▶ *Vgl. § 8 ImmoWertV Rn. 250, 411*

a) Allgemeines

119 Zur Brutto-Grundfläche gehören nur die *nutzbaren* Grundrissebenen von Dachgeschossen oder Dachflächen (vgl. oben Rn. 70). **Nutzbarkeit einer Grundrissebene setzt voraus, dass die Fläche zugänglich und begehbar ist, ohne dass sie ausgebaut sein** muss. Nicht nutzbar sind z. B. belüftete Dächer, die nur einen Notzugang haben und nur eingeschränkt begehbar sind. Die Nutzbarkeit beschränkt sich nicht nur auf Hauptnutzungen (z. B. Wohn- oder Büronutzung), sondern auch auf untergeordnete bzw. eingeschränkte Nutzungen (vgl. DIN 277-2:205-02), wie beispielsweise die Nutzung als Lager- und Abstellfläche oder für betriebstechnische Anlagen.

120 Aus der Dachkonstruktion (u. a. Dachneigung, Vorhandensein von Drempeln bzw. Dachgauben), der Gebäudegeometrie und der Giebelhöhe können sich bei alledem **Unterschiede hinsichtlich der wirtschaftlichen Nutzbarkeit** ergeben, die im Rahmen der Wertermittlung angemessen zu berücksichtigen sind. Nr. 4.1.1.5 der SachwertR unterscheidet zwischen zwei Fällen:

b) Gebäuden mit Flachdächern und sehr flach geneigten Dächern mit lichte Höhe kleiner als 1,25 m

121 Bei Gebäuden mit **flach geneigten Dächern** (z. B. Pultdächer) **und einer maximalen lichten Höhe von 1,25 m** ist eine Nutzbarkeit nicht gegeben. Aus diesem Grunde soll die Grundfläche des Dachgeschosses – analog zu der Nichtberücksichtigung von Kriechkellern – gar nicht erst in die BGF eingehen, auch wenn die Fläche begehbar sein mag. Derartige Dachgeschosse verfügen i. d. R. auch nicht über eine feste Treppe und sind auch mangels ausreichender Zugänglichkeit nicht als „nutzbar" einzustufen und damit bei der Ermittlung der BGF auch nicht zu berücksichtigen.

122 Nach dem Entwurf der SachwertR sollten derartige Grundrissebenen dennoch zu einer Erhöhung des Kostenkennwerts führen. Auch diese Empfehlung ist abzulehnen, denn auch nach dieser Empfehlung soll sich der Kostenkennwert des Gesamtgebäudes um 0 – 4 % erhöhen und auch diese Erhöhung ist nicht von der BGF des Gesamtobjektes abhängig. Der Vorschlag ist verworfen worden und hat keine Aufnahme in die Richtlinie gefunden.

Abgelehnter Vorschlag für Korrekturfaktoren für Gebäude mit Flachdach oder sehr flach geneigtem Dach (Höhe ≤ ca. 1,25 m)

Berücksichtigung des Grades der Nutzbarkeit des Dachgeschosses bei den Kostenkennwerten				
Dachgeschoss	Gebäudeart	BGF der DG-Ebene	Zuschlag zum jeweiligen Kostenkennwert	Abschlag
nicht ausgebaut, nicht nutzbar flach geneigtes Dach	1.03 / 1.13 / 1.33 2.03 / 2.13 / 2.33 3.03 / 3.13 / 3.33 1.23 / 2.23 / 3.23	wird nicht angerechnet	0 – 4 % 0 – 4 % 0 – 4 % 0 – 6 %	- - -

c) Gebäuden mit Flachdächern und flach geneigten Dächern mit eingeschränkter Nutzbarkeit (lichte Höhe kleiner als 2,00 m)

123 Ein nicht ausgebautes und nicht ausbaufähiges Dachgeschoss gilt nach Nr. 4.1.1.4 Abs. 6 der *SachwertR* als „eingeschränkt nutzbar", wenn es an der höchsten Stelle eine **lichte Höhe aufweist, die größer als ca. 1,25 m und kleiner als ca. 2,00 m ist** und eine untergeordnete Nutzung (vgl. DIN 277-2:2005-02), z. B. als Lager- und Abstellräume, Räume für betriebstechnische Anlagen, möglich ist. Nach dem Entwurf der SachwertR sollten in diesem Fall die jeweiligen Kostenkennwerte abgesenkt werden. Der nachstehend abgedruckte Vorschlag ist nicht in die SachwertR aufgenommen worden.

| Korrekturfaktoren | Syst. Darst. Sachwertverfahren |

Abgelehnter Vorschlag für Korrekturfaktoren für Gebäude mit nicht ausgebautem und eingeschränkt nutzbarem Dachgeschoss (Höhe ≤ ca. 2,00 m)

Berücksichtigung des Grades der Nutzbarkeit des Dachgeschosses bei den Kostenkennwerten				
Dachgeschoss	Gebäudeart	BGF der DG-Ebene	Zuschlag zum jeweiligen Kostenkennwert	Abschlag vom jeweiligen Kostenkennwert
nicht ausgebaut, eingeschränkt nutzbar	1.02 / 1.12 / 1.32	wird angerechnet	-	4 – 12 %
	2.02 / 2.12 / 2.32		-	4 – 12 %
	3.02 / 3.12 / 3.32		-	4 – 12 %
	1.22 / 2.22 / 3.22		-	6 – 18 %

Nach Nr. 4.1.1.5 Abs. 2 Satz 2 der SachwertR soll im hier behandelten Fall einer **eingeschränkten Nutzbarkeit des Dachgeschosses** (nicht ausbaufähig) **„in der Regel ein Abschlag vom Kostenkennwert für die Gebäudeart mit nicht ausgebautem Dachgeschoss"** angesetzt werden. Die Höhe des Abschlags wird nicht vorgegeben; der angesetzte Abschlag soll jedoch begründet werden. Diese Empfehlung ist abzulehnen, denn ein Abschlag vom Kostenkennwert läuft im Ergebnis auf einen Korrekturfaktor hinaus, der dann die Herstellungskosten auch der übrigen Geschossebenen mindern, auch wenn sie durch die eingeschränkte Nutzbarkeit des Dachgeschosses gar nicht betroffen sind (vgl. oben Rn. 111).

3.3.4.6 Spitzboden bei Wohngebäuden

a) Allgemeines

Unter einem Spitzboden soll in den nachfolgenden Ausführungen eine im Satteldach befindliche Grundrissebene verstanden werden, die i. S. der DIN 277 nutzbar sein kann und in diesem Fall nach den Regelungen der DIN 277 in die Brutto-Grundfläche eingeht. Eine nutzbare Grundrissebene kann wie für da die darunterliegende Dachgeschossebene angenommen werden, wenn der Spitzboden über eine begehbare Decke verfügt und durch eine ortsfeste Treppe zugänglich ist (vgl. oben Rn. 88). **124**

Ist die Grundrissebene des Spitzbodens nicht nutzbar i. S. der DIN 277, dann ist der Spitzboden nicht werthaltig und kann i. d. R. vernachlässigt werden; er könnte allenfalls mit einem geringen Zuschlag als „besonderes Bauteil" berücksichtigt werden, wenn dies tatsächlich dem gewöhnlichen Geschäftsverkehr entspräche. Die folgenden Ausführungen können sich deshalb auf „nutzbare" Spitzböden in ausgebautem oder nicht ausgebautem Zustand beziehen. **125**

Das Tafelwerk der NHK 2010 sieht für Gebäude mit nutzbaren Spitzböden – ausgebaut oder nicht ausgebaut – keine besonderen Kostenkennwerte vor. Dafür besteht auch gar keine Notwendigkeit, denn der Spitzboden geht nach den vorstehenden Ausführungen grundsätzlich mit seiner nutzbaren Brutto-Grundfläche ohnehin in die Ermittlung der gewöhnlichen Herstellungskosten des Gebäudes ein, d. h., die Fläche des Spitzbodens geht wie die darunterliegende nutzbare Dachgeschossfläche in die Brutto-Grundfläche ein, wenn die Fläche i. S. der DIN 277 nutzbar ist (vgl. Syst. Darst. des Sachwertverfahrens Rn. 89). **126**

Nach Nr. 4.1.1.4 Abs. 4 SachwertR soll die nutzbare Grundrissebene des Spitzbodens abweichend von den Regelungen der DIN 277 nicht in die Brutto-Grundfläche (BGF) der zu bewertenden baulichen Anlage eingehen, sodass die auf die Grundrissebene des Spitzbodens entfallenden Herstellungskosten auch nicht in die Ermittlung des vorläufigen Gebäudesachwerts eingehen können. Dies ist abzulehnen, denn **der Grundrissebene des Spitzbodens müssen dieselben Herstellungskosten zugeordnet werden, die dem darunterliegenden Dachgeschoss zugerechnet werden, wenn sie im Hinblick auf die Nutzbarkeit den gleichen baulichen Anforderungen entspricht und technisch gleichartig ist**. **127**

Im Rahmen der Ermittlung des Sachwerts von Gebäuden mit *nutzbaren* Spitzböden ist grundsätzlich zwischen drei Fallgestaltungen zu unterscheiden, von denen nur der Fall besondere Beachtung finden muss, in dem der Spitzboden abweichend vom übrigen Dachgeschoss ausgebaut ist (vgl. Abb. 17, Fall 3): **128**

Syst. Darst. Sachwertverfahren — Korrekturfaktoren

Abb. 17: Fallgestaltungen

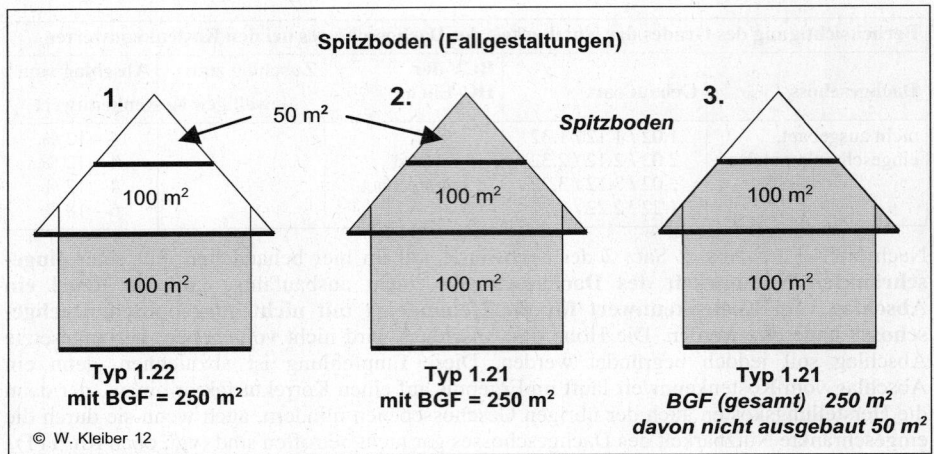

129 Ist der Spitzboden abweichend vom übrigen Dachgeschoss ausgebaut, so können die Kosten des Ausbaus des Dachgeschosses durch einen Vergleich der Gebäudetypen 1.11 und 1.12 (Gebäudestandard 3) ermittelt werden.

130 *Beispiel:*

Abb. 18: Berücksichtigung von Spitzböden

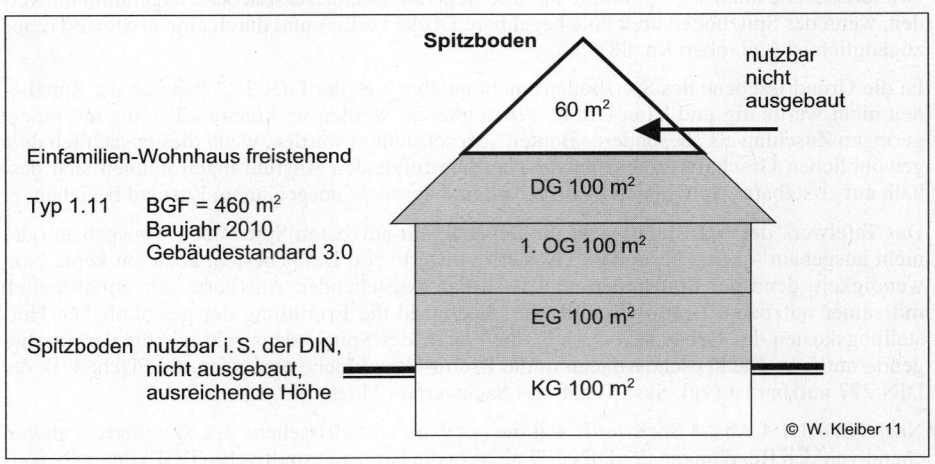

1. Normalherstellungskosten für Dachausbau
   Typ 1.11:   4 Ebenen × 835 €/m²   = 3 340 €/m²
   Typ 1.12:   4 Ebenen × 730 €/m²   = 2 920 €/m²
   = Differenz   ≈   420 €/m²

2. Normalherstellungskosten des Wertermittlungsobjekts
   460 m² × 835 €/m²   =   384 100 €   (Typ 1.11, ausgebautes DG)
   – 60 m² × 420 €/m²   = – 25 200 €   (fehlender Dachausbau)
   = Gesamtobjekt   =   358 900 €   = rd. 360 000 €

| Korrekturfaktoren | Syst. Darst. Sachwertverfahren |

Soweit der Spitzboden in seiner wirtschaftlichen Nutzbarkeit eingeschränkt ist, müssen angemessene Abschläge angebracht werden. **Die wirtschaftliche Einschränkung bestimmt sich nach dem Verhältnis der Wohn- bzw. Nutzfläche des Spitzbodens zu der zugehörigen Grundrissebene.**

b) *Empfehlung der AGVGA-NRW zu ausgebauten Spitzböden*

▶ *Vgl. zu den nutzbaren Grundrissebenen Rn. 91, 93*

Nach einem Vorschlag der AGVGA-NRW soll zur Berücksichtigung des Spitzbodens der Kostenkennwert der jeweiligen Gebäudeart in Abhängigkeit von der Dachneigung, Giebelbreite und einem Drempel durch einen Zuschlag aufgestockt werden. **131**

Berücksichtigung eines ausgebauten Spitzbodens*

Gebäudeart	Abschlag an dem Kostenkennwert für die Gebäudeart mit ausgebautem Dachgeschoss		Differenzen Δ
	40° Dach 10 m Giebelbreite mit Drempel (1 m)** Standardstufe 4	50° Dach 14 m Giebelbreite mit Drempel (1 m)** Standardstufe 2	Dach 10° Giebelbreite: 4 m Standardstufe 2
1.01 / 2.01 / 3.01	7,5 %	14,0 %	6,5 %
1.11 / 2.11 / 3.11	5,5 %	10,5 %	5,0 %
1.21 / 2.21 / 3.21	9,5 %	17,5 %	8,0 %
1.31 / 2.31 / 3.31	7,0 %	13,0 %	6,0 %

* Die Tabelle unterstellt, dass sich zu Wohnzwecken ausbaubare, baurechtlich genehmigungsfähige Spitzböden in der Regel nur bei Vorhandensein eines Drempels und ab einer Höhe des Dachraumes inkl. Drempel von ca. 5,2 m ergeben.

** Da die nutzbare Fläche des Spitzbodens umso größer wird, je höher der Drempel ist, sind die ermittelten Zuschläge wegen eines ausgebauten Spitzbodens je 0,5 m Drempelhöhe um ca. 1,5 Prozentpunkte zu erhöhen oder zu mindern.

Beispiel: **132**

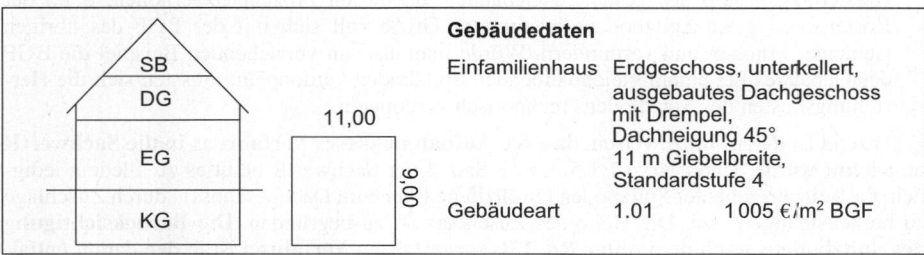

	Gebäudedaten		
	Einfamilienhaus	Erdgeschoss, unterkellert, ausgebautes Dachgeschoss mit Drempel, Dachneigung 45°, 11 m Giebelbreite, Standardstufe 4	
	Gebäudeart	1.01	1 005 €/m² BGF

Ermittlung des interpolierten Zuschlags für das abweichende Einzelmerkmal *Giebelbreite*

Differenz zwischen Wert der linken und rechten Tabellenspalte	(vgl. Tabelle bei Rn. 131):
Giebelbreite	4 m
Abschläge	6,5 %
Differenz zwischen linkem Tabellenwert und Giebelbreite	1 m
Ausgangswert (Tabellenwert linke Spalte):	7,5 %
7,5 % + (6,5 % × 1 / 4) =	9,125 %
Ergebnis für das Merkmal *Giebelbreite*	ca. 9,1 %

Syst. Darst. Sachwertverfahren — Korrekturfaktoren

Interpolierte Zuschläge für *alle* aufgeführten Merkmale

Dachneigung:	45°	10,8 %
Giebelbreite:	11 m	9,1 %
Standardstufe	4	7,5 %
Mittelwert		9,1 %
Drempelhöhe 0,5 m		abzüglich 1,5 %
Ergebnis Zuschlag zum Kostenkennwert		rd. 7,5 %

zutreffender Kostenkennwert	1 005 €/m² BGF + 7,5 % × 1 005 €/m² BGF = 1 080 €/m² BGF		
Grundfläche 9 m × 11 m =	99 m²	BGF:	3 × 99 m² = 297 m²
	Herstellungskosten = 297 m² BGF × 1 080 €/m² BGF = 320 215 €		
	Herstellungskosten = 320 000 €		

Soweit der Spitzboden in seiner wirtschaftlichen Nutzbarkeit eingeschränkt ist, müssen wiederum angemessene Abschläge angebracht werden (vgl. oben).

133 Das vorgestellte **Verfahren ist** aus mehreren Gründen **abzulehnen** (vgl. oben Rn. 112):

1. Die im Tabellenwerk der NHK 2010 ausgewiesenen Kostenkennwerte lassen nicht erkennen, welche Giebelbreiten und Dachneigungen die den Kostenkennwerten zugrundeliegenden Objekte haben und ob und ggf. in welchem Umfang die Objekte Drempel haben. Wenn aber die Beschaffenheit der Objekte, die den Kostenkennwerten zugrunde liegen, nicht bekannt ist, können auch keine davon abhängigen Korrekturen daran angebracht werden.

2. Mit dem sich im vorstehenden Beispiel ergebenden Zuschlag von rd. 9 % sollen sich die Herstellungskosten des gesamten Gebäudes um diesen Prozentsatz erhöhen, d. h., der Kostenanteil eines Spitzbodens bestimmter Größe soll sich mit der BGF des übrigen Gebäudes erhöhen und vermindern. Würde man also im vorstehenden Beispiel die BGF des Gebäudes bei einem gleichbleibenden Spitzboden verdoppeln, müssten sich die Herstellungskosten des Spitzbodens rechnerisch verdoppeln.

Ergänzend ist darauf hinzuweisen, dass die **Aufnahme dieses Verfahrens in die SachwertR abgelehnt** wurde. Unter Nr. 4.1.1.5 Abs. 3 Satz 4 der SachwertR heißt es zu alledem lediglich, dass ein ausgebauter Spitzboden (zusätzliche Ebene im Dachgeschoss) „durch Zuschläge zu berücksichtigen" sei. Die Höhe des Zuschlags ist zu begründen. Die **Berücksichtigung des Spitzbodens nach dem unter Rn. 130 vorgestellten Verfahren** ist in den darauf entfallenden gewöhnlichen Herstellungskosten begründet, die dann der üblichen Marktanpassung unterworfen werden. Abzulehnen sind indessen aus den vorstehenden Gründen Zuschläge, die an den jeweiligen Kostenkennwert angebracht werden.

3.3.4.7 Landwirtschaftliche Gebäudearten

134 Des Weiteren werden für **landwirtschaftliche Gebäudearten** Korrekturfaktoren für die Berücksichtigung der Gebäudegröße und des Unterbaus angegeben.

3.3.4.8 Korrekturfaktoren für Mehrfamilienhäuser und Wohnhäuser mit Mischnutzung

▶ *Vgl. § 22 ImmoWertV Rn. 65 ff.*

135 Das Tabellenwerk der **NHK 2010** differenziert zwischen **Mehrfamilienhäusern und Wohnhäusern mit Mischnutzung.** Als Wohnhäuser mit Mischnutzung sollen Gebäuden gelten, die überwiegend eine Wohnnutzung und einen geringen gewerblichen Anteil aufweisen. Der Wohnanteil soll ca. 75 % betragen; bei deutlich abweichenden Nutzungsanteilen soll eine Ermittlung durch Gebäudemix sinnvoll sein. Alle Gebäudearten werden darüber hinaus nach drei Gebäudestandards differenziert (3 bis 5).

Für (reine) *Mehrfamilienhäuser* werden Kostenkennwerte angegeben, differenziert nach der **Zahl der Wohneinheiten (WE)**, konkret nach Mehrfamilienhäuser mit **136**

– bis zu sechs Wohneinheiten,

– sieben bis 20 Wohneinheiten und

– mehr als 20 Wohneinheiten.

Die Kostenkennwerte für *Mehrfamilienhäuser* sowie *Wohnhäuser mit Mischnutzung* beziehen sich auf Gebäude, die als Zweispänner mit einer durchschnittlichen Wohnungsgröße von 50 m^2 pro Wohneinheit (WE) errichtet wurden. Abweichungen von der **Art des Grundrisses und** der **Wohnungsgröße** sollen mit folgenden Korrekturfaktoren berücksichtigt werden[11]:

Korrekturfaktoren für Mehrfamilienhäuser sowie Wohnhäuser mit Mischnutzung

für die Wohnungsgröße	für die Grundrissart
ca. 35m^2 WF/WE = 1,10	Einspänner = 1,05
ca. 50 m^2 WF/WE = 1,00	**Zweispänner = 1,00**
ca. 135 m^2 WF/WE = 0,85	Dreispänner = 0,97
	Vierspänner = 0,95

Die Korrekturfaktoren lehnen sich an die mit den NHK 1995/2000 bereits vorgegebenen Korrekturfaktoren an, ohne dass sie aufeinander abgestimmt wurden. Die Korrekturfaktoren sind nämlich insoweit problematisch, weil sie sich zum Teil neutralisieren. Ein Einspänner weist in aller Regel zwangsläufig größere Wohnungen als Drei- oder Vierspänner auf, so dass der anzubringende Korrekturzuschlag durch den Korrekturabschlag für größere Wohnungsflächen aufgefangen wird[61].

3.3.4.9 Regionalisierung der Normalherstellungskosten

a)   Allgemeines

Schrifttum: *Zaddach, S./Weitkamp, A./Käker, R./Alkhatib, H.,* Empirische Ableitung des Regionalfaktors mit statistischen Methoden, GuG 2011, 200.

▶ Vgl. oben Rn. 27, 69 sowie § 22 ImmoWertV Rn. 43, 60 ff.; § 14 ImmoWertV Rn. 46, 85 ff.; zur Umrechnung deutscher Kostenkennwerte auf EU-Länder vgl. Kleiber, Verkehrswertermittlung von Grundstücken, 6. Aufl. 2010 S. 1860

Die Kostenkennwerte der NHK 2010 sind Bundesmittelwerte. Tatsächlich weichen jedoch die gewöhnlichen Herstellungskosten baulicher Anlagen in den Regionen (Bundesländer) und Ballungsräumen (Ortsgrößen) teilweise erheblich voneinander ab. **137**

Die örtliche Lage auf dem Baumarkt muss grundsätzlich berücksichtigt werden, auch wenn weder die ImmoWertV noch die SachwertR diesbezügliche Hinweise enthalten. Zur **Berücksichtigung der örtlichen Lage auf dem Baumarkt** kommen, sofern nicht aus dem örtlichen Baugeschehen abgeleitete Normalherstellungskosten herangezogen werden, grundsätzlich zwei Wege in Betracht: **138**

1. Die sich auf das Bundesgebiet beziehenden Kostenkennwerte (der NHK 2010) werden durch **Orts- und Regionalfaktoren** bzw. mithilfe eines kombinierten Orts- und Regionalfaktors der örtlichen Lage angepasst (vgl. Abb. 19). Dabei müssen möglichst aktuelle, d. h. auf den Wertermittlungsstichtag bezogene Faktoren, herangezogen werden, wenn

---

[61] Hierzu vgl. Kleiber, Verkehrswertermittlung von Grundstücken, 6. Aufl. 2010 S. 1857 f.

Syst. Darst. Sachwertverfahren — Korrekturfaktoren

entsprechend den Vorgaben der Nr. 4.1.2 SachwertR die herangezogenen Kostenkennwerte der NHK 2010 mit dem Bundesbaupreisindex auf den Wertermittlungsstichtag indiziert wurden.

2. Die sich auf das Bundesgebiet beziehenden Kostenkennwerte (der NHK 2010) werden mit dem vom örtlichen Gutachterausschuss für Grundstückswerte nach Maßgabe des § 14 Abs. 3 ImmoWertV abgeleiteten Sachwertfaktor der örtlichen Lage angepasst. Voraussetzung dafür ist, dass der örtliche Gutachterausschuss für Grundstückswerte entsprechende **regionalisierende Sachwertfaktoren** abgeleitet hat (vgl. oben Rn. 69 sowie § 14 ImmoWertV Rn. 46, 85 ff). Werden nämlich bei der Ableitung von Sachwertfaktoren die auf dem örtlichen Grundstücksmarkt anfallenden Kaufpreise in Beziehung zu ihren (vorläufigen) Sachwerten gesetzt, ohne dass dabei die örtliche Lage auf dem Baumarkt berücksichtigt wurde, geht die Lage auf dem örtlichen Baumarkt direkt in den Sachwertfaktor ein und es bedarf keines gesonderten Ansatzes von Orts- und Regionalfaktoren. Orts- und Regionalfaktoren sind in diesem Fall allenfalls noch für die Sachwertermittlung von solchen Grundstücksarten erforderlich, für die der Gutachterausschuss für Grundstückswerte keine Sachwertfaktoren abgeleitet hat. Von dieser Vorgehensweise geht auch die SachwertR aus, denn nach Anl. 5 sind Orts- und Regionalfaktoren bei der Ableitung von Sachwertfaktoren nicht heranzuziehen.

b)   Orts- und Regionalfaktoren

139   Orts- und Regionalfaktoren sind im Schrifttum und von der Immobilienwirtschaft wiederholt publiziert worden (vgl. Abb. 19):

Abb. 19: Orts- und Regionalfaktoren

Regionalfaktoren nach Bundesländern				Ortsgrößenfaktoren	
Bundesdurchschnitt (1,00)				*Bundesdurchschnitt (1,00)*	
Bundesland	NHK 95	LBS**	S/K/G/M***	Ortsgröße	S/G/M***
	1995	2012	2010/11		
Baden-Württemberg	1,00 – 1,10	1,535	**1,02**		
Bayern	1,05 – 1,10	1,675	**1,03**	Großstädte mit mehr als 500 000 und weniger als 1 500 000 Einwohnern	1,03 – 1,10
Berlin	1,25 – 1,45	1,231	**1,05**		
Brandenburg	0,95 – 1,10	1,160	**1,00**		
Bremen	0,90 – 1,00	1,141	**0,98**	Städte mit mehr als 50 000 und weniger als 500 000 Einwohnern	0,98 – 1,03
Hamburg	1,25 – 1,30	1,291	**1,00**		
Hessen	0,95 – 1,00	1,478	**1,00**		
Mecklenburg-Vorpommern	0,95 – 1,10	1,123	**1,00**	Orte bis 50 000 Einwohner	0,95 – 0,98
Niedersachsen	0,75 – 0,90	1,147	**0,98**		
Nordrhein-Westfalen	9,90 – 1,00	1,296	**0,98**		
Rheinland-Pfalz	0,95 – 1,00	1,429	**0,98**	**Konjunkturelle Schwankungen**	
Saarland	0,85 – 1,00	1,320	**0,98**	Sehr gute konjunkturelle Lage	1,05
Sachsen	1,00 – 1,10	1,212	**1,00**	gute konjunkturelle Lage	1,03
Sachsen-Anhalt	0,90 – 0,95	1,050	**1,00**	mittlere konjunkturelle Lage	1,00
Schleswig-Holstein	0,90 – 0,95	1,238	**0,98**	schlechte konjunkturelle Lage	0,98
Thüringen	1,00 – 1,05	1,221	**1,00**	sehr schlechte konjunkturelle Lage	0,95

*   Einführungserlass des Bundesministeriums für Raumordnung, Bauwesen und Städtebau vom 1.8.1997 (abgedruckt bei Kleiber, WertR 76/96, 7. Aufl. 2000 S. 151).
**   LBS Research 2012, vgl. GuG 2006, 232; vgl. auch die Kostenunterschiede in GuG-aktuell 2010, 22
***   Schmitz/Krings/Gerlach/Meisel, Baukosten 2010/11, Verlag Wingen, 20. Aufl., S. 28

Korrekturfaktoren   **Syst. Darst. Sachwertverfahren**

Allgemeiner Hinweis:
1. Grundsätzlich ist der vom Gutachterausschuss für Grundstückswerte im Rahmen seiner Ableitung von Sachwertfaktoren zugrunde gelegte Regional- und Ortsgrößenfaktor bzw. der entsprechend kombinierte Regionalfaktor heranzuziehen; er kann i. d. R. dem einschlägigen Grundstücksmarktbericht entnommen werden.
2. Die angegebenen Korrekturfaktoren sollen nur als Anhalt dienen, wenn keinerlei Vorgaben des örtlichen Gutachterausschusses für Grundstückswerte zu beachten sind. Von den Korrekturfaktoren kann im Hinblick auf örtliche Marktkenntnisse abgewichen werden. Abweichungen von den Korrekturfaktoren, die auch „über" und „unter" den gesetzten Rahmen liegen können, sind also nicht nur zulässig, sondern auch geboten, wenn es die Marktverhältnisse erfordern.
3. Von der Anwendung der Regional- und Ortsgrößenfaktor des BKI wird abgeraten, weil diese sich im Vergleich zu den von den örtlichen Gutachterausschüssen abgeleiteten Faktoren als unzuverlässig erwiesen haben und zudem auf einer unzureichenden Datengrundlage beruhen.

140 Die angegebenen Faktoren können nur hilfsweise zur Anwendung kommen, wenn nämlich vom örtlichen Gutachterausschuss für Grundstückswerte keine aus dem örtlichen Grundstücksmarkt abgeleitete Orts- und Regionalfaktoren zur Verfügung gestellt werden. **Die vom örtlichen Gutachterausschuss für Grundstückswerte abgeleiteten und zumeist als kombinierte Regional- und Ortsgrößenfaktoren veröffentlichten Korrekturfaktoren haben grundsätzlich Vorrang.**

141 Auch **die vom Baukosteninformationszentrum Stuttgart** (BKI) abgeleiteten Regionalfaktoren haben keine Bestätigung durch empirische Untersuchungen der Gutachterausschüsse für Grundstückswerte gefunden; sie **sind** von daher **abzulehnen**. Für eine fundierte Sachwertermittlung kommt es entscheidend darauf an, dass das zur Anwendung kommende Sachwertmodell mit dem der Ableitung dieser Korrekturfaktoren (Ortsgrößen- und Regionalfaktoren, Marktanpassungs- bzw. Sachwertfaktoren) zugrunde liegenden Sachwertmodell identisch ist. Abzulehnen sind auch die vom Sächsischen Bauinstitut[62] bis **auf die Ebene von Postleitzahlen abgeleiteten und veröffentlichten Regionalfaktoren,** auch wenn bei deren Veröffentlichung in irreführender Weise ein Zusammenhang mit dem Einführungserlass des Bundes bzw. der diesem zugrunde liegenden Forschungsarbeit von *Mittag* aufkommen mag. Es handelt sich hier um Faktoren, die wohl für eine bestimmte Versicherungsgesellschaft abgeleitet worden sind und von dieser – soweit erkennbar – noch nicht einmal eigenverantwortlich publiziert wurden.

142 Es kann auch geboten sein, spezifische Ortsfaktoren heranzuziehen. So fallen beispielsweise auf den Ostfriesischen Inseln – bedingt durch deutlich höhere Aufwendungen für den Transport von Material und Gerät, durch höhere Personalkosten und durch Bausperren während der Saison – erheblich höhere gewöhnliche Herstellungskosten als auf dem Festland an. Dementsprechend wurden im Vergleich zum Festland für die Ostfriesischen Inseln weitaus höhere Ortsfaktoren ermittelt:

Insel	Ortsfaktor	Insel	Ortsfaktor
Juist	1,9	Langeoog	1,6
Norderney	1,4	Spiekeroog	1,7
Baltrum	1,8	Borkum	1,3

c)   *Verfahrenshinweise*

143 Die ImmoWertV schreibt lediglich die Verwendung marktgerechter Normalherstellungskosten vor und gibt keine Vorgaben, wie bei Heranziehung von Normalherstellungskosten, die sich auf das Bundesgebiet beziehen, die örtliche Lage zu berücksichtigen ist. Die SachwertR gehen in Anl. 7 davon aus, dass von den Gutachterausschüssen regionalisierende Sachwertfaktoren abgeleitet werden und zur Anwendung kommen (vgl. § 14 ImmoWertV Rn. 46 und 85). Gleichwohl kann nicht ausgeschlossen werden, dass die Praxis der Gutachterausschüsse uneinheitlich sein wird. Bei Anwendung des Sachwertverfahrens muss deshalb zunächst festgestellt werden, wie der örtliche Gutachterausschuss für Grundstückswerte bei der Ableitung der nach § 21 Abs. 1 i. V. m. § 14 Abs. 3 ImmoWertV heranzuziehenden Sachwertfaktoren vorgegangen ist:

---

[62] Rödenbeck in Nachr. der nds. Kat.- und VerVw 1999, 157.

a) Hat der Gutachterausschuss für Grundstückswerte den **Sachwertfaktor** entsprechend der Anl. 7 der SachwertR abgeleitet, **ohne dass er dabei die örtliche Lage auf dem Baumarkt durch Anwendung entsprechender Regional- und Ortsgrößenfaktoren explizit berücksichtigt hat**, so wird die Lage auf dem Baumarkt implizit mit dem *regionalisierenden* Sachwertfaktor berücksichtigt und es bedarf nicht eines besonderen Ansatzes eines Regional- und Ortsgrößenfaktors.

b) Hat der Gutachterausschuss für Grundstückswerte den **Sachwertfaktor unter Berücksichtigung eines Regional- und Ortsgrößenfaktors** abgeleitet, so müssen die Normalherstellungskosten auf die örtlichen Verhältnisse umgerechnet werden. Dabei ist nach dem Grundsatz der Modellkonformität derselbe Regional- und Ortsgrößenfaktor heranzuziehen, den der Gutachterausschuss bei der Ableitung des einschlägigen Sachwertfaktors verwendet hat und der üblicherweise dann auch in dem Grundstücksmarktbericht angegeben ist.

144 **Regional- und Ortsgrößenfaktoren werden** bei alledem auch **weiterhin von Bedeutung sein**, denn es kann nicht erwartet werden, dass Sachwertfaktoren allerorts und vor allem nicht für alle Grundstücksarten zur Verfügung stehen werden. Die Gutachterausschüsse für Grundstückswerte sind von daher gefordert, entsprechende Korrekturfaktoren für ihren Bereich zu veröffentlichen; dies steht im Interesse einer Vergleichbarkeit der örtlichen Wertermittlungspraxis. Qualifizierte Gutachterausschüsse haben inzwischen ortsspezifische Regional- und Ortsfaktoren bzw. **(kombinierte) Korrekturfaktoren** (A × B) in ihren Marktberichten veröffentlicht. Diese Veröffentlichungen sind heranzuziehen.

145 *Beispiel:*

Es werden die Normalherstellungskosten in einer kleineren saarländischen Gemeinde mit 40 000 Einwohnern gesucht:

Regionalfaktor für das Bundesland	1,00
Ortsgrößenfaktor des Ortes	0,95
Kombinierter Korrekturfaktor:	0,95 × 1,00 ~ **0,95**

Die Multiplikation der Tafelwerte mit dem kombinierten Korrekturfaktor ergibt dann die ortsspezifischen Normalherstellungskosten bezogen auf 2010.

146 Im **Grenzbereich eines Bundeslandes** sowie insbesondere **in kleineren Gemeinden im Umland größerer Städte und Gemeinden** kommt es bei der Wahl der Korrekturfaktoren nicht allein auf die geografische Lage des zu bewertenden Grundstücks an; vielmehr muss das wirtschaftliche Beziehungsgeflecht berücksichtigt werden. Der Korrekturfaktor B kleinerer Gemeinden im Umland größerer Städte und Gemeinden (im sog. Speckgürtel) bestimmt sich mithin i. d. R. nach dem Korrekturfaktor der größeren Stadt.

d) *Konjunkturfaktoren*

▶ *Vgl. § 22 ImmoWertV Rn. 64*

147 Keine besondere Erwähnung in den Tafelwerken zu den Normalherstellungskosten finden **konjunkturelle Schwankungen,** die möglicherweise beachtlich sind. **Dabei ist entscheidend darauf abzustellen, ob die aktuelle Konjunkturlage bereits mit dem regional- und ortsspezifischen Korrekturfaktor bzw. dem Sachwertfaktor hinreichend berücksichtigt wird.**

148 Konjunkturelle Schwankungen, die sich erfahrungsgemäß im Bereich von +/− 10 % bewegen, können sich insbesondere aus der **Beschäftigungslage, der Konkurrenzintensität und dem Auslastungsgrad der örtlichen Bauwirtschaft**[63] ergeben und dürfen nur ergänzend berücksichtigt werden, wie sie nicht bereits mit dem Orts- bzw. Sachwertfaktor erfasst sind:

---

63 Vgl. Kleiber, Verkehrswertermittlung von Grundstücken, 6. Aufl. S. 1862.

Konjunkturelle Lage	Faktor
für sehr gute konjunkturelle Lage	1,05
für gute konjunkturelle Lage	1,03
für mittlere konjunkturelle Lage	**1,00**
für schlechte konjunkturelle Lage	0,98
für sehr schlechte konjunkturelle Lage	0,95

3.3.5 Einzelne Bauteile, Einrichtungen und Vorrichtungen (§ 22 Abs. 2 Satz 2 ImmoWertV) sowie c-Flächen

3.3.5.1 Allgemeines

▶ Vgl. oben Rn. 28 f., 57, unten Rn. 70 ff.; § 8 ImmoWertV 393 ff., Kleiber, Verkehrswertermittlung von Grundstücken, 6. Aufl. 2010, Teil III Rn. 504 ff.

150 Nach § 22 Abs. 2 Satz 2 ImmoWertV sind „einzelne **Bauteile, Einrichtungen oder sonstige Vorrichtungen**" grundsätzlich bei der Ermittlung des vorläufigen Gebäudesachwerts und entsprechend bei der Ermittlung des vorläufigen Sachwerts der baulichen und sonstigen Außenanlagen durch Zu- und Abschläge zu berücksichtigen, sofern sie mit den herangezogenen Kostenkennwerten der herangezogenen NHK (2010) noch nicht erfasst sind. Dies betrifft insbesondere **Kellerlichtschächte, Außentreppen zum Keller, Eingangstreppen und Gauben**.

Entsprechendes gilt für **c-Flächen** i. S. der DIN 277, die mit den herangezogenen Kostenkennwerten nicht erfasst werden.

151 Einzelne mit den herangezogenen Kostenkennwerten nicht erfasste Bauteile, Einrichtungen oder sonstige Vorrichtungen sowie c-Flächen können – abweichend von § 22 Abs. 2 Satz 2 ImmoWertV – auch mit dem **Sachwertfaktor** erfasst werden. Der Wertanteil kann nämlich mittelbar mit dem **Sachwertfaktor** in dem Umfang berücksichtigt werden, wie sie im Rahmen der Ableitung der Sachwertfaktoren „nicht gesondert angesetzt wurden und damit in den Sachwertfaktor eingehen. Von dieser Vorgehensweise geht auch die SachwertR aus, denn nach Anl. 5 sind bei der Ableitung von Sachwertfaktoren „für die bei der BGF-Berechnung nicht erfassten Bauteile" keine gesonderten Ansätze zu machen. Wird der Sachwertfaktor dementsprechend ermittelt, muss aber der „übliche Umfang" der mit dem Sachwertfaktor berücksichtigten Bauteile und dgl. vom Gutachterausschuss für Grundstückswerte bei der Veröffentlichung seiner Sachwertfaktoren angegeben werden. Weist im konkreten Einzelfall die zu bewertende bauliche Anlage besondere Bauteile und dgl. in einem Umfang auf, der von dem „üblichen Umfang" abweicht, so sind die daraus resultierenden Wertminderungen oder Werterhöhungen nach Maßgabe des § 8 Abs. 3 ImmoWertV insoweit nachträglich (subsidiär) als „besondere objektspezifische Grundstücksmerkmale" zu berücksichtigen, soweit dies dem gewöhnlichen Geschäftsverkehr entspricht. Dies kann nur bei erheblich vom Üblichen abweichenden Bauteilen, Einrichtungen und Vorrichtungen erwartet werden. Die Werterhöhung bemisst sich dann auch nicht nach dem Zeitwert dieser Bauteile, sondern lediglich aus der daraus resultierenden Erhöhung des Marktwerts (Verkehrswerts) und die ist in aller Regel nicht signifikant.

152 Der **Wertanteil der vom Üblichen abweichenden besonderen Bauteile sowie der mit den herangezogenen NHK nicht erfassten c-Flächen ist i. d. R. von geringer Bedeutung** (nach Untersuchungen 2 %) und weitgehend vernachlässigbar. Ist in besonderen Ausnahmefällen der Anteil an besonderen Bauteilen und c-Flächen so erheblich, dass er ergänzend berücksichtigt werden muss, so ist die mit § 22 Abs. 2 Satz 2 ImmoWertV vorgeschriebene „Aufstockung" des auf der Grundlage der herangezogenen NHK (2010) gleich aus mehreren Gründen abzulehnen.

Syst. Darst. Sachwertverfahren   C-Flächen

3.3.5.2 Direkte Berücksichtigung des Wertanteils von noch nicht berücksichtigten besonderen Bauteilen und c-Flächen

▶ Vgl. Kleiber, Verkehrswertermittlung von Grundstücken, 6. Aufl. 2010, Teil III Rn. 504, § 8 ImmoWertV Rn. 400

153 Sofern abweichend von den vorstehenden Grundsätzen der Wertanteil der besonderen vom Üblichen abweichenden Bauteile und der mit den herangezogenen NHK nicht erfassten und nicht vernachlässigbaren c-Flächen entsprechend den Vorgaben des § 22 Abs. 2 Satz 2 ImmoWertV direkt bereits bei der Ermittlung des vorläufigen Gebäudesachwerts berücksichtigt werden soll, besteht die Möglichkeit, den Wertanteil zu ermitteln:

a) pauschal mit am Zeitwert orientierten Zu- und Abschlägen oder

b) in besonderen Ausnahmefällen eigenständig in entsprechender Anwendung der §§ 22 und 23 ImmoWertV.

154 Die vorstehend angesprochene Möglichkeit, die besonderen „Bauteile, Einrichtungen oder sonstige Vorrichtungen" einschließlich der mit den herangezogenen NHK nicht erfassten und nicht vernachlässigbaren c-Flächen zusätzlich zu den Normalherstellungskosten mit ihren gewöhnlichen Herstellungskosten (Normalherstellungskosten) anzusetzen und sie zusammen mit den übrigen Normalherstellungskosten einer Alterswertminderung nach § 23 ImmoWertV zu unterwerfen, ist abzulehnen, denn die Kosten sind letztlich immer nur insoweit berücksichtigungsfähig, wie sie im gewöhnlichen Geschäftsverkehr auch tatsächlich in den Verkehrswert (Marktwert) eingehen. Der **Ermittlung eines pauschalen Zeitwerts** ist deshalb der **Vorzug zu geben**.

155 Dies gilt auch für die **Ermittlung des Herstellungswerts der besonderen Betriebseinrichtungen**. Im Verhältnis zu der Alterswertminderung von Gebäuden sind die besonderen Betriebseinrichtungen – je nach Art – i. d. R. zudem einem sehr viel kürzeren Abschreibungszeitraum unterworfen.

Abb. 20: Normalherstellungskosten 2010 für besondere Bauteile und Einrichtungen

Normalherstellungskosten 2010 für besondere Bauteile und Einrichtungen einschließlich Umsatzsteuer und Baunebenkosten					
	Gewerke	**Kosten**	**Einheit**	**Menge**	
1	**Treppen**				
	Hauseingangstreppe				
	bis 5 Stufen pauschal	570 – 1 150	€/Stück	Stück	€
	bis 10 Stufen pauschal	850 – 1 700	€/Stück	Stück	€
	Zuschlag bei Klinkerbelag	50	%		€
	Zuschlag bei Natursteinbelag	100	%		
	Freitreppe	40 – 80	€/Stufe	Stufen	€
	Kelleraußentreppe (einschließlich Tür, Geländer, Handlauf)	6 000	€/Stück	Stück	€
	Außentreppe mit mehr als 3 Stufen (b = 1 m; Beton mit Belag)	400	€/Stufe	Stufen	€
2	**Balkon,** soweit nicht in BGF enthalten				
	Balkon einschließlich Geländer, ISO-Korb				
	Grundbetrag	1 000	€/Stück	Stück	€
	zuzüglich Dämmung, Abdichtung und Belag, Kragplatte, Isolierung, Geländer, Dämmung, Fliesenbelag	750	€/m²	m²	€
	Balkon pauschal bis 5 m²	2 800 – 5 700	€/Stück	Stück	€
	Balkon pauschal bis 10 m²	4 500 – 8 500	€/Stück	Stück	€

C-Flächen — Syst. Darst. Sachwertverfahren

Balkon pauschal größer als 10 m²			
Balkon aus Stahlbeton, Stahlgeländer	600 €/m²	m²	€
Balkonplatte (mit keramischem Belag, Abdichtung, ohne Brüstung)	ab 280 €/m²	m²	€

3 Kellerlichtschacht

Beton oder gemauert bis 100/40 cm	570 €/Stück	Stück	€
Beton oder gemauert bis 200/40 cm	850 – 1 150 €/Stück	Stück	€
Kunststoff (pauschal)	230 – 570 €/Stück	Stück	€

4 Eingangsvorbauten/Vordächer, soweit nicht in BGF enthalten

Stahl/Zink	150 €/m²	m²	€
Stahl/Glas	350 €/m²	m²	€
Stahl/Edelstahl	300 €/m²	m²	€
Stahlkonstruktion auf Stützen	1 150 – 3 400 €/Stück	Stück	€
Holzkonstruktion	550 – 1 700 €/Stück	Stück	€
Massiv ein- und zweiseitig offen (bis 10 m² BGF)	3 400 – 17 000 €/Stück	Stück	€
Leichtmetallkonstruktion (bis 10 m² BGF)	1 700 – 11 500 €/Stück	Stück	€
geschlossene Leichtmetallkonstruktion (bis 10 m² BGF)	bis 17 000 €/Stück	Stück	€
Vordach (Stahltragewerk/Trapezprofil)	140 €/m²	m²	€

5 Gartenterrasse

Waschbetonplatten (10 – 20 m²)	1 700 – 3 400 €/Stück	Stück	€
Fliesen/Klinkerplatten (10 – 20 m²)	1 900 – 3 700 €/Stück	Stück	€
Bruchsteinplatten (10 – 20 m²)	2 000 – 4 000 €/Stück	Stück	€
Gartenterrasse	280 €/m²	m²	€
Waschbetonplatten (40 × 40 cm)	60 €/m²	m²	€
Betonplatte (40 cm × 40 cm)	50 €/m²	m²	€
Kunststeinplatten (Betonwerkstein)	65 €/Stück	Stück	€
Keramischer Belag (einschließlich Betonunterbau)	100 €/Stück	Stück	€

6 Markise

Pauschal	650 – 4 000 €/Stück	Stück	€
Breite bis 2,5 m	650 €/Stück	Stück	€
Breite bis 5 m	4 000 €/Stück	Stück	€

7 Dachterrasse

bis 10 m²	2 800 – 5 700 €/Stück	Stück	€
über 10 m² in angemessener Größe bezogen auf Baulichkeit	11 500 €/Stück	Stück	€

Oberer Spannwert bei hochwertigem Bodenbelag (z. B. Terrakotta, Naturstein) und gemauerter Brüstung

Syst. Darst. Sachwertverfahren — C-Flächen

8	Gauben (mehr als 2 m² Ansichtsfläche)			
	Flachdachgaube (einschließlich Fenster)			
	Grundbetrag	1 800 €/Stück	Stück	€
	zuzüglich Ansichtsfläche, Front	1 100 €/m²	m²	€
	Schleppdachgaube (einschließlich Fenster)			
	Grundbetrag	1 900 €/Stück	Stück	€
	zuzüglich Ansichtsfläche, Front	1 200 €/m²	m²	€
	Satteldachgaube (einschließlich Fenster)			
	Grundbetrag	2 100 €/Stück	Stück	€
	zuzüglich Ansichtsfläche, Front	1 400 €/m²	m²	€
	Steildachgaube, Wangengaube	2 300 – 6 300 €/Stück	Stück	€
	Fledermausgaube	3 400 – 6 800 €/Stück	Stück	€

9	Wintergarten, soweit nicht in BGF enthalten			
	Leichtmetallkonstruktion bis 20 m²	11 000 – 23 000 €		€
	Leichtmetallkonstruktion ab 20 m²	8 000 – 23 000 €		€
	Untere Spannwerte beziehen sich auf offene Konstruktionen (Loggia)			

10	Rampen			
	Garagenabfahrt	120 €/m²	m²	€
	Gewerblich mit Unterbau und Entwässerung	170 €/m²	m²	€
	Freistehende Rampe (Breite 4,00 m)	bis 170 €/m²		
	Rampe i. V. m. Gebäude	400 – 450 €/Stück	Stück	€
	auskragende Rampe	60 – 90 €/m²	m²	€
	untermauerte Rampe	70 – 95 €/m²	m²	€

11	Offener Kamin (je nach Qualität)	850 -6 000 €/Stück	Stück	€

12	Einbauküche (je nach Ausstattung des Gebäudes)			
	max. 3 % des Gebäudeherstellungswerts			€
	einfach	1 159 – 2 300 €/Stück	Stück	€
	mittel	2 800 – 6 000 €/Stück	Stück	€
	gehoben	6 300 – 17 000 €/Stück	Stück	€
	stark gehoben	8 500 – 35 000 €/Stück	Stück	€

13	Whirlpool			
	Whirlpoolwannen	1 700 €/Stück	Stück	€
	Professionelle Systeme (z. B. Fittnesscenter)	bis 28 000 €/Stück	Stück	€

14	Innenschwimmbad			
	Alternativ: Pauschalzuschlag für Schwimmbadtechnik			
	Pauschal (50 – 100 m²)	35 000 – 120 000 €/Stück	Stück	€

15	Sauna	2 300 – 8 500 €/Stück	Stück	€

16	Satellitenspiegel	230 – 550 €/Stück	Stück	€

17	Alarmanlage	1 150 – 12 000 €/Stück	Stück	€

18 Notstromaggregat 110 kVA	75 000 €/Stück	Stück	€

19 Aufzugsanlagen			
320 kg (4 Personen, 4 Haltestellen)	45 000 €/Stück	Stück	€
630 kg (8 Personen, 6 Haltestellen)	55 000 €/Stück	Stück	€
1 000 kg (13 Personen, 6 Haltestellen)	85 000 €/Stück	Stück	€
Paternoster (bei 7 Geschossen)	180 000 €/Stück	Stück	€

Bei Aufzügen in Glasschächten erhöhen sich die Angaben um 10 bis 15 % sowie um 12 000 € je zusätzliches Geschoss.

20 Rolltreppen (je Geschosstreppenlauf)	10 000 – 14 000 €/Stück	Stück	€

21 Hundezwinger	180 €/m²	m²	€

Gesamtsumme			€

Quellen: Gutachterausschuss Köln, *Mittag*, Kostenplanung mit Bauelementen nach DIN, IVD Berlin-Brandenburg

Im Rahmen der **Beleihungswertermittlung** bleiben gemäß § 23 BelWertV Maschinen und Betriebseinrichtungen bei der Ermittlung des Sachwerts grundsätzlich unberücksichtigt, „sofern sie nicht wesentliche Bestandteile des Gegenstands der Beleihungswertermittlung i. S. des § 2 (BelWertV) sind. Der Wert solcher wesentlicher Bestandteile ist, wenn sich das Grundpfandrecht darauf erstreckt, unter Berücksichtigung einer normalen Abschreibung und ausreichender Abschläge für Abnutzung und technische Entwertung gesondert zu schätzen. Sofern bei Maschinen infolge der technischen Entwicklung mit einer schnellen Überalterung zu rechnen ist, können diese wertmäßig nicht angesetzt werden." **156**

3.3.6 Umrechnung der Normalherstellungskosten auf die Baupreisverhältnisse am Wertermittlungsstichtag (§ 22 Abs. 3 ImmoWertV)

3.3.6.1 Allgemeines

Schrifttum: *Hübner, K-H.,* Anmerkungen zur Anwendung von Baupreisindizes für Grundstückswertermittlungen in der ehemaligen DDR, GuG 1993, 224.

▶ Näheres hierzu bei § 22 ImmoWertV Rn. 95 ff.

Normalherstellungskosten liegen i. d. R. nur bezogen auf die Preisverhältnisse eines zurückliegenden Bezugsstichtags vor und müssen mithilfe geeigneter Baupreisindexreihen auf die Preisverhältnisse des Wertermittlungsstichtags umgerechnet werden. **Bezugsstichtag der NHK 2010 ist das Jahr 2010,** und zwar der Jahresdurchschnitt. Dies bedeutet, dass bei der Fortschreibung dieser Werte mittels Baupreisindexreihen von der Indexzahl des Jahresdurchschnitts von 2010 auszugehen ist. **157**

Soweit in Ausnahmefällen nach Maßgabe des § 22 Abs. 2 Satz 4 ImmoWertV die gewöhnlichen Herstellungskosten der zu bewertenden baulichen Anlage auf der Grundlage von **gewöhnlichen Herstellungskosten einzelner Bauleistungen (Einzelkosten)** ermittelt werden sollen, muss auch der Bezugsstichtag der herangezogenen Einzelkosten beachtet werden. Auch diese müssen mittels geeigneter Baupreisindexreihen auf die Preisverhältnisse des Wertermittlungsstichtags umgerechnet werden. **158**

Von nur noch historischer Bedeutung ist der in der Versicherungswirtschaft zur Ermittlung des Neubauwerts eines Gebäudes herangezogene „**Schadensregulierungsindex**" (SRI). Er wurde auf der Grundlage amtlicher Baupreisindizes ermittelt und war darauf angelegt, den Neubauwert eines vom Schaden betroffenen Gebäudes unter Berücksichtigung dessen bauli- **159**

Syst. Darst. Sachwertverfahren — Baupreisindizes

cher Besonderheiten sowie der örtlichen Verhältnisse zu ermitteln. Es handelt sich hierbei um eine nicht nachvollziehbare und rechtlich nicht anerkannte Vorgehensweise, die heute kaum noch bekannt ist.

3.3.6.2 Baupreisindexreihe

160 **Baupreisindexreihen** bzw. **Baupreisindizes** (*construction price index*) beschreiben die Entwicklung der Preise für den Neubau sowie für die Instandhaltung ausgewählter Bauwerksarten. Aus der Sicht der Käufer können sie zugleich als Kaufpreisindizes gelten[64].

161 **§ 22 Abs. 3 ImmoWertV verpflichtet nicht zur Heranziehung bestimmter (amtlicher) Baupreisindexreihen**, die im „örtlichen" Einzelfall problematisch sein können. Vielmehr kann grundsätzlich auch auf bekannte, allgemein zugängliche Erfahrungssätze zurückgegriffen werden, wie sie teilweise örtlich oder regional vorliegen. Im bisherigen Recht war dagegen noch die Verwendung geeigneter *amtlicher* Baupreisindexreihen vorgeschrieben. Die Verwendung nicht amtlicher Baupreisindexreihen muss trotz der an sich zu begrüßenden Flexibilität der Nachfolgeregelung auf grundsätzliche Bedenken stoßen, insbesondere wenn deren Ableitung nicht überprüfbar ist.

162 Ziff. 4.1.2 der SachwertR geht weiter als § 22 Abs. 3 ImmoWertV. Danach sollen die auf den Jahresdurchschnitt 2010 bezogenen Kostenkennwerte der NHK 2010 mit dem „für die jeweilige Gebäudeart zutreffenden Preisindex für die Bauwirtschaft des Statistischen Bundesamtes (Baupreisindex)" auf die Preisverhältnisse des jeweiligen Wertermittlungsstichtags umgerechnet werden.

163 Es sind die **Baupreisindexreihen** heranzuziehen, **die der Gebäudeart des zu bewertenden Objekts entsprechen.** Dabei wird vom Statistischen Bundesamt unterschieden zwischen

- Wohngebäuden und
- Nichtwohngebäuden.

Im Einzelnen werden Baupreisindexreihen abgeleitet für den Neubau von

- Wohn- und Mehrfamiliengebäuden,
- Einfamilienhäusern (in verschiedenen Bauarten),
- gewerbliche Betriebsgebäuden und
- Bürogebäuden.

164 Daneben werden insbesondere **Baupreisindexreihen für die Instandhaltung von Wohngebäuden sowie für Außenanlagen** abgeleitet. Die Indexreihen werden auf verschiedene Basisjahre bezogen und teilweise mit und ohne Umsatzsteuer ausgeworfen.

165 Zur Anwendung der Indexreihen **des Statistischen Bundesamtes**[65] führt dieses aus:

„Baupreisindizes geben Auskunft über Stand und Entwicklung der Neubauwerte, nicht aber der Verkehrs-, Ertrags- oder Mietwerte von Bauwerken.

Die Tatsache, dass aus den Indexzahlen der Effekt von Qualitätsänderungen und anderen Änderungen in den preisbestimmenden Merkmalen der beobachteten Bauleistungen herausgerechnet wurde, kann von besonderer Bedeutung sein, wenn die Indizes zur Ermittlung von Wiederbeschaffungswerten verwendet werden. Werden Bauwerke in der ursprünglichen Qualität nicht mehr angeboten, weil sich bei der betreffenden Bauwerksart die Ausführung durchweg verbessert hat, dann können sich bei der Verwendung der Preisindizes Wiederbeschaffungswerte ergeben, die unter den Beträgen liegen, die bei der Wiederbeschaffung tatsächlich aufgewendet werden müssen.

Soweit Grundstückswerte nach dem Baugesetzbuch (BauGB) zu ermitteln sind, wird in der „Wertermittlungsverordnung" vom 6.12.1988 (BGBl. I 1988, 2209) vorgeschrieben, den Bauwert von Gebäuden in

---

[64] Vorholt, H., Zur Neuberechnung der Baupreisindizes auf Basis 1991, Wirtschaft und Statistik 1995/1; Mindig, B., Zur Neuberechnung der Preisindizes auf Basis 1991, Wirtschaft und Statistik 1991, 209 ff., Vorholt, H., Neuberechnung der Baupreisindizes auf Basis 2005, Statistisches Bundesamt, Wirtschaft und Statistik 2008, 808.
[65] Statistisches Bundesamt in GWW 1967, Brüdgam in Bauwirtschaft 1977, 474; Wirtschaft und Statistik 1959, 588.

Baupreisindizes   **Syst. Darst. Sachwertverfahren**

der Weise zu bestimmen, dass die Baukosten eines bekannten Bezugszeitpunktes mithilfe geeigneter amtlicher Baupreisindizes auf die Preisverhältnisse am Wertermittlungsstichtag umgerechnet werden.

Das Statistische Bundesamt ist nicht zuständig für die Festsetzung von Prämien-Richtzahlen bzw. gleitenden Neuwertfaktoren der Gebäudeversicherer."

Zur **Anwendung der Indexreihen** werden folgende Erläuterungen gegeben: **166**

Beispiel:

Der Kostenkennwert betrage 1 000 €/m² BGF_{red} bezogen auf 2010 (Jahresmitte). Wertermittlungsstichtag ist der 1. Juli 2012. Der Baupreisindex auf der Basis 2010 (= 100) betrage 100; der Baupreisindex zum Wertermittlungsstichtag 1. Juli 2011 betrage 112,7.

Der Kostenkennwert ist wie folgt umzurechnen:

$$\text{Kostenkennwert}_{01.07.2012} = 1\,000\,\frac{€}{m²} \times \frac{112,7}{100,0} = 1\,000\,€/m² \times 1{,}127 = 1\,127\,€/m²$$

Der Quotient der Indexzahlen (im *Beispiel*: 112,7/100,0) wird auch als **Indexfaktor** bezeichnet.

Grundsätzlich ist das **Indizieren von Normalherstellungskosten umso fehlerträchtiger, je**   **167**
größer die Zeiträume sind, die mit Baupreisindexreihen überbrückt werden. Dies ist u. a. auf die Verknüpfung verschiedener Rechnungsmethoden (Warenkörbe) zurückzuführen.

Ein Hoch- und Herunterindizieren über einen Zeitraum von mehr als fünfzehn Jahren   **168**
ist fachlich abzulehnen, weil die dafür zwar zur Verfügung stehenden Indexreihen aus der Verkettung von Indexreihen mit unterschiedlichen Erfassungsmethoden und sich stetig ändernden Regelbauleistungen hervorgegangen sind[66].

Schon aus diesem Grunde, aber vor allem aus grundsätzlichen Erwägungen ist die mitunter   **169**
immer noch vertretene **Heranziehung der sog. 13er-Werte** (so aber teilweise noch die Versicherungswirtschaft) heute **mit den an eine fundierte Sachwertermittlung zu stellenden Anforderungen unvereinbar**. Es kommt hinzu, dass sich die Normalherstellungskosten auf die zum Zeitpunkt ihrer Ableitung herrschenden Bauregeln, Baugestaltungen, Bauausführungen und Bautechniken beziehen und schon von daher untauglich sind[67].

3.3.7 Gewöhnliche Herstellungskosten eines Neubaus der zu bewertenden baulichen Anlage

In der Gesamtschau ergeben sich die gewöhnlichen Herstellungskosten der zu bewertenden   **170**
baulichen Anlage zunächst auf der Grundlage der nach Gebäudearten und Gebäudestandards tabellierten objektspezifischen und auf den Quadratmeter Brutto-Grundfläche bezogenen Kostenkennwerte der NHK-Tabelle von 2010 ggf. unter Berücksichtigung von Korrekturfaktoren, die sodann

– mit der nach Art der baulichen Anlage (Gebäudeart) einschlägigen Indexreihe des Statistischen Bundesamtes (d. h. mit dem daraus abgeleiteten Indexfaktor) auf die maßgeblichen Preisverhältnisse des Wertermittlungsstichtags umgerechnet werden und

– mit der reduzierten Brutto-Grundfläche (BGF_{red}) der zu bewertenden baulichen Anlage (Gebäude) multipliziert wird.

Die Baunebenkosten sind in der im Tabellenwerk der NHK 2010 angegebenen Höhe enthal-   **171**
ten. Soweit die im Einzelfall angemessenen Baunebenkosten davon abweichen, müssen sie ggf. ergänzend berücksichtigt werden.

---

[66] Metzmacher/Krikler, Gebäudeschätzung über die Bruttogeschossfläche, 2. Aufl. Bundesanzeiger Verlag Köln 2005, S. 13 f.
[67] Vgl. Kleiber/Simon, Verkehrswertermittlung von Grundstücken, 5. Aufl. 2007 S. 1982 f, Kleiber, Verkehrswertermittlung von Grundstücken, 6. Aufl. 2010 S. 1841, 1919.

Syst. Darst. Sachwertverfahren — Neubau

172 Die so ermittelten gewöhnlichen Herstellungskosten der zu bewertenden baulichen Anlage (Gebäude) sind die gewöhnlichen bundesdurchschnittlichen **Herstellungskosten eines zum Wertermittlungsstichtag neu errichteten Gebäudes (Neubaukosten).** Sie müssen noch nach Maßgabe des § 21 Abs. 2 i. V. m. § 23 ImmoWertV einer Alterswertminderung unterworfen werden, um zum vorläufigen Gebäudesachwert zu kommen.

173 Rechenschema:

ohne Berücksichtigung von Regional- und Ortsfaktoren und ohne von den Normalherstellungskosten nicht erfassten Bauteile, Einrichtungen oder sonstiger Vorrichtungen (§ 22 Abs. 2 Satz 2 ImmoWertV) sowie c-Flächen.

Sachverhalt: Zu ermitteln sind die gewöhnlichen Herstellungskosten (Normalherstellungskosten) eines frei stehenden Zweifamilienhauses des Typs 1.01 (Keller-, Erd- und voll ausgebautes Dachgeschoss) mit dem Gebäudestandard 3.

Reduzierte Brutto-Grundfläche des Gesamtobjekts (BGF_{red})	300 m²
Gebäudestandard	3
Wertermittlungsstichtag	01.01.2012

Tabellierter Kostenkennwert 2010 (Grundwert des Gebäudestandards 3)		835,00 €/m² BGF_{red}
darin enthaltene Baunebenkosten von	17 %	
Korrekturfaktor für Zweifamilienhaus	1,05	876,75 €/m² BGF_{red}
Index des Wertermittlungsstichtags	103,8	
Index des Bezugsjahres 2010	100,0	
Indexfaktor	103,8 / 100,0 ×	1,038
Tabellierter Kostenkennwert (Grundwert) bezogen auf Wertermittlungsstichtag		910 €/m² BGF_{red}
Gewöhnliche Herstellungskosten eines Neubaus (bei einer BGF_{red} von 300 m²)		**273 020 €***

* Soweit die mit dem vorläufigen Gebäudesachwert nicht erfassten besonderen Bauteile, Einrichtungen oder sonstigen Vorrichtungen (§ 22 Abs. 2 Satz 2 ImmoWertV) sowie c-Flächen nicht mit dem Sachwertfaktor berücksichtigt werden, müssen sie nach Maßgabe des § 8 Abs. 3 ImmoWertV ggf. differenziell berücksichtigt werden, soweit dies dem gewöhnlichen Geschäftsverkehr entspricht.

174 Bei einem Gebäude, das aus unterschiedlichen Gebäudetypen besteht, bzw. bei Gebäuden mit unterschiedlichen Gebäudestandards (sog. **Gebäudemix**) können die jeweiligen Anteile gesondert, aber auch aus entsprechend gewichteten relativen Gebäudeanteilen abgeleitet werden:

175 Rechenschema:

ohne Berücksichtigung von Regional- und Ortsfaktoren, vom Üblichen abweichender c-Flächenanteil sowie nicht erfasste Bauteile, Einrichtungen oder sonstige Vorrichtungen (§ 22 Abs. 2 Satz 2 ImmoWertV).

Sachverhalt: Zu ermitteln sind die gewöhnlichen Herstellungskosten eines frei stehenden Zweifamilienhauses des Typs 1.01 (Keller-, Erd- und voll ausgebautes Dachgeschoss) *mit unterschiedlichen Gebäudestandards.*

Neubau   **Syst. Darst. Sachwertverfahren**

Brutto-Grundfläche des Gesamtobjekts	300 m²	
Brutto-Grundfläche der zu bewertenden Teilfläche A	200 m²	Gebäudestandard 4
Relativer Gebäudeanteil *der Teilfläche A*	66,67 %	
Brutto-Grundfläche der zu bewertenden Teilfläche B	100 m²	Gebäudestandard 3
Relativer Gebäudeanteil *der Teilfläche B*	33,33 %	

Wertermittlungsstichtag   01.01.2012

Tabellierter Kostenkennwert 2010 für Teilfläche A (40 %, Grundwert des Gebäudestandards 4)	1 005,00 €/m² BGF$_{red}$
Korrekturfaktor für Zweifamilienhaus	1,05
Kostenkennwert für Zweifamilienhaus	1 055,25 €/m² BGF$_{red}$
Tabellierter Kostenkennwert 2010 für Teilfläche B (60 %, Grundwert des Gebäudestandards 3)	835,00 €/m² BGF$_{red}$
Korrekturfaktor für Zweifamilienhaus	1,05
Kostenkennwert für Zweifamilienhaus	876,75 €/m² BGF$_{red}$
Gewichteter Kostenkennwert 2010 [(1 055,25 €/m² ×40) + (876,75 €/m² ×60)] / 100 =	948 €/m² BGF$_{red}$
Index des Wertermittlungsstichtags 103,8	
Index des Bezugsjahres 2010 100,0	
Indexfaktor 103,8 / 100,0 ×	1,038
tabellierter Kostenkennwert (Grundwert) bezogen auf Wertermittlungsstichtag	984,18 €/m² BGF$_{red}$
Gewöhnliche Herstellungskosten eines Neubaus (bei einer gesamten BGF$_{red}$ von 300 m²)	295 254 €*

* Soweit die mit dem vorläufigen Gebäudesachwert nicht erfassten besonderen Bauteile, Einrichtungen oder sonstigen Vorrichtungen (§ 22 Abs. 2 Satz 2 ImmoWertV) sowie c-Flächen nicht mit dem Sachwertfaktor berücksichtigt werden, müssen sie nach Maßgabe des § 8 Abs. 3 ImmoWertV ggf. differenziell berücksichtigt werden, soweit dies dem gewöhnlichen Geschäftsverkehr entspricht.

Die **Ergebnisse stehen** allerdings **unter dem Vorbehalt, dass nach dem zur Anwendung kommenden Sachwertmodell die orts- und regionalspezifischen Besonderheiten sowie die vom Üblichen abweichenden c-Flächen und besonderen Bauteile und Einrichtungen mit dem nach Maßgabe des § 8 Abs. 2 und 3 ImmoWertV zur Anwendung kommenden Sachwertfaktor bzw. als besonderes objektspezifisches Grundstücksmerkmal subsidiär berücksichtigt werden**. Andernfalls bedarf es einer ergänzenden Berücksichtigung

– des Regional- und Ortsfaktors sowie

– der von den Kostenkennwerten der NHK 2010 abweichenden c-Flächen sowie „einzelner Bauteile, Einrichtungen oder sonstiger Vorrichtungen (§ 22 Abs. 2 Satz 2 ImmoWertV).

Soweit die im Einzelfall angemessenen **Baunebenkosten** von den mit den angesetzten Normalherstellungskosten berücksichtigten Baunebenkosten abweichen sind die Abweichungen vorbehaltlich der Ausführungen unter Rn. 88 f. ergänzend zu berücksichtigen.

Rechenschema:
mit Berücksichtigung von Regional- und Ortsfaktoren, vom Üblichen abweichender c-Flächenanteil sowie nicht erfasster Bauteile, Einrichtungen oder sonstiger Vorrichtungen (§ 22 Abs. 2 Satz 2 ImmoWertV).

Sachverhalt: Zu ermitteln sind die gewöhnlichen Herstellungskosten (Normalherstellungskosten) eines frei stehenden Einfamilienhauses des Typs 1.01 (Keller-, Erd- und voll ausgebautes Dachgeschoss) mit dem Gebäudestandard 4.

Brutto-Grundfläche des Gesamtobjekts	500 m²	Gebäudestandard 4
Wertermittlungsstichtag	01.07.2012	

Syst. Darst. Sachwertverfahren — Alterswertminderung

Tabellierter Kostenkennwert 2010 (Gebäudestandard 4)		1 005,00	€/m² BGF$_{red}$
Index des Wertermittlungsstichtags	102,0		
Index des Bezugsjahres 2010	100,0		
Indexfaktor	102,0 / 100,0 ×	1,02	
tabellierter Kostenkennwert (Grundwert), bezogen auf Wertermittlungsstichtag		1 025,10	€/m² BGF$_{red}$
Regionalisierung der gewöhnlichen Herstellungskosten			
nur, wenn der vorläufige Sachwert nicht mit dem herangezogenen Sachwertfaktor regionalisiert wird.			
Regionalfaktor	1,20		
Ortsgrößenfaktor	1,00		
kombinierter Orts- und Regionalfaktor		× 1,20	
ortsspezifischer Kostenkennwert, bezogen auf Wertermittlungsstichtag		1 230,12	€/m² BGF$_{red}$

Vorläufige Herstellungskosten eines Neubaus (bei einer BGF von 500 m²) **615 060 €**

Ergänzungen nach § 22 Abs. 2 Satz 2 ImmoWertV (stichtagsbezogene Herstellungskosten)*			
Herstellungskosten der vom Üblichen abweichenden c-Flächen		+ 4 940 €	
Besondere nicht erfasste Bauteile, Einrichtungen oder sonstige Vorrichtungen			
4 Satteldachgauben zu	5 000 €/Stück	+ 20 000 €	
4 Balkone zu	5 000 €/Stück	+ 20 000 €	
Kelleraußentreppe	6 000 €/Stück	+ 6 000 €	
abweichende Baunebenkosten		–	
Gewöhnliche Herstellungskosten eines Neubaus (insgesamt)		**666 000 €**	

Hinweis: Es empfiehlt sich, die Herstellungskosten der vom Üblichen abweichenden c-Flächen sowie der besonderen nicht erfassten Bauteile, Einrichtungen oder sonstige Vorrichtungen abweichend von § 22 Abs. 2 Satz 2 ImmoWertV durch alterswertgeminderte und stichtagsbezogene Pauschalen zu berücksichtigen.

3.3.8 Alterswertminderung (§ 23 ImmoWertV)

3.3.8.1 Übersicht

Schrifttum: Mann, W., Marktkonforme Gebäudewertabschreibung im Sachwertverfahren, GuG 2008, 129; *Mann, W.,* Die Regressionsanalyse zur Unterstützung der Anwendung des Normierungssystems in der Grundstücksbewertung, ZfV 2005, 283.

▶ Vgl. oben Rn. 9, 23; hierzu die Erläuterungen zu § 23 ImmoWertV Rn. 1 ff.

178 Ausgangspunkt der Sachwertermittlung ist der auf der Grundlage von Ersatzbeschaffungskosten ermittelte Herstellungswert eines am Wertermittlungsstichtag neu errichteten Gebäudes (Neubauwert des Gebäudes). Soweit es sich tatsächlich jedoch um ein älteres Gebäude handelt, muss deshalb u. a. berücksichtigt werden, dass ein Gebäude aufgrund sich wandelnder Anforderungen an ein **Gebäude trotz Instandhaltung einem wirtschaftlichen Wertverzehr unterworfen** ist. Es entspricht nämlich mit fortschreitendem Alter bzw. abnehmender Restnutzungsdauer nach Anlage, Struktur, Grundriss, Ausstattung und vielem mehr immer weniger dem Standard eines neuerrichteten Gebäudes und irgendwann „stirbt" seine wirtschaftliche Nutzbarkeit (vgl. IAS 16 §§ 50 ff.). Dem muss mit der Alterswertminderung Rechnung getragen werden.

179 Die **Alterswertminderung ist allein von der wirtschaftlichen Gebrauchsfähigkeit einer Immobilie und nicht von den Kosten der Instandhaltung** oder der wirtschaftlichen Nutzungsdauer bzw. physischen Lebensdauer einzelner Bauteile **abhängig**, wie in dem Ergebnisbericht des Baukosteninformationszentrums Deutscher Architektenkammern (BKI) unter Ziff. 5 unterstellt und in der Fachwelt verworfen wird. Von daher ist auch der Ansatz von Vogels[68] abzulehnen, der die Alterswertminderung nach den am Stichtag der Wertermittlung erforderlichen Instandsetzungsrückstellungen bemessen will. Auch das Sachwertverfahren geht nämlich grundsätzlich von einer ordnungsgemäßen Instandhaltung aus. Das Gebäude unterliegt indessen unabhängig von den Kosten dieser Instandhaltung einem wirtschaftlichen Wertverzehr, weil es irgendwann trotz Instandhaltung nicht mehr zeitgemäß ist und wirtschaftlich „stirbt". Die Alterswertminderung stellt damit letztlich eine sich an der wirtschaftlichen Ertragsfähigkeit orientierende Größe dar. Je nach Gebäudeart können sich die an ein Gebäude gestellten Anforderungen in relativ kurzer Zeit (Logistikimmobilien) oder erst langfristig (z. B. Kirchen) derart wandeln, dass ein Gebäude entweder wirtschaftlich abgängig ist oder modernisiert werden muss, um es weiterhin wirtschaftlich nutzen zu können.

Die **Alterswertminderung (Abschreibung) kann** auch als eine **Marktanpassung** begriffen werden. Sie zielt nämlich darauf ab, den zunächst nach den üblichen Kosten eines Neubaus ermittelten Herstellungswert auf einen marktüblichen Wert zu reduzieren, der für ein wirtschaftlich gealtertes Objekt im gewöhnlichen Geschäftsverkehr erzielbar ist. Mit der Alterswertminderung soll also die Wertminderung erfasst werden, die im gewöhnlichen Geschäftsverkehr hinzunehmen ist, weil ein Gebäude mit zunehmendem Alter trotz seiner ordnungsgemäßen Instandhaltung gegenüber den zeitgemäßen Anforderungen zurückfällt. Sofern keine Notwendigkeit der Berücksichtigung von Wertminderungen bzw. Werterhöhungen aufgrund von Baumängeln und Bauschäden und sonstigen besonderen objektspezifischen Grundstücksmerkmalen (§ 8 Abs. 3 ImmoWertV) bestünde, müsste allein schon eine „richtig" dimensionierte Alterswertminderung zum Verkehrswert (Marktwert) führen. Für eine weitere Marktanpassung (§ 8 Abs. 2 ImmoWertV) wäre kein Raum mehr. **180**

Im Rahmen einer marktkonformen Sachwertermittlung wäre es nur konsequent, die Alterswertminderung empirisch aus dem Markt (mithilfe von Vergleichspreisen) abzuleiten[69]. Dies ist der Wertermittlungspraxis allerdings bislang nicht gelungen und auch die angeblich empirisch abgeleiteten Alterswertminderungen (*Schindler*, *Gerardy* und *Vogels*) sind falsch. Wären sie richtig, dürfte es bei Heranziehung dieser Tabellen (ceteris paribus) keine Marktanpassung geben. Tatsächlich sind aber auch bei Heranziehung dieser Tabellen bekanntlich erhebliche Marktanpassungszu- und –abschläge erforderlich. **181**

Da es keine gesicherten Erkenntnisse über die „richtige" Alterswertminderung gibt, bietet es sich im Interesse der Vereinheitlichung und der Vergleichbarkeit von Wertermittlungen an, für den Regelfall von einer linearen Abschreibung auszugehen. Die (klassische) Marktanpassung ist letztlich ein Korrekturfaktor, mit dem eine letztlich „unbekannte" Alterswertminderung korrigiert, d. h. an den Markt angepasst wird. Wo man indes auf empirisch abgeleitete Sachwertfaktoren der Gutachterausschüsse für Grundstückswerte zurückgreifen kann, muss man die Alterswertminderung seiner Wertermittlung zugrunde legen, die der Gutachterausschuss für Grundstückswerte bei seiner Ableitung der Sachwertfaktoren herangezogen hat (Grundsatz der Modellkonformität). **182**

Die Alterswertminderung steht in unmittelbarem Zusammenhang mit der Gesamt- und Restnutzungsdauer. Während die übliche Gesamtnutzungsdauer die Anzahl der Jahre angibt, in denen eine neuerrichtete bauliche Anlage bei ordnungsgemäßer Instandhaltung voraussichtlich wirtschaftlich genutzt werden kann, gibt die wirtschaftliche Restnutzungsdauer die Anzahl der Jahre an, in denen ein ältere bauliche Anlage unter Berücksichtigung des Wertverzehrs die bauliche Anlage noch wirtschaftlich genutzt werden kann. Sofern die **Restnutzungsdauer (RND)** nicht unabhängig vom Alter der baulichen Anlage geschätzt werden **183**

---

68 Vogels, Verfahren zur Alterswertminderung im Sachwertverfahren, Tag der Immobilienbewertung 1993 Deutsche Consulting Institut GmbH München; a.A. Simon/Kleiber, Schätzung und Ermittlung von Grundstückswerten, 8. Aufl. S. 424; vgl. hierzu Kleiber/Simon, Verkehrswertermittlung von Grundstücken, 5. Aufl. S. 1862.
69 So auch Mann, W., Marktkonforme Gebäudewertabschreibung im Sachwertverfahren, GuG 2008, 129.

kann, wird sie in der Praxis regelmäßig **durch Abzug des Alters der baulichen Anlage von der üblichen (wirtschaftlichen) Gesamtnutzungsdauer** ermittelt:

Restnutzungsdauer (RND) = Übliche Gesamtnutzungsdauer (GND) – Alter

a) Haben hingegen durchgreifende Instandsetzungs- und *Modernisierungsmaßnahmen* zu einer Verlängerung der üblichen Gesamtnutzungsdauer geführt, so ist zur Ermittlung der Alterswertminderung gleichwohl von der üblichen Gesamtnutzungsdauer und der sich daraus ergebenden (verlängerten) Restnutzungsdauer auszugehen; im Ergebnis entspricht dies einer (rechnerischen) Verjüngung des Gebäudes.

b) Haben indessen *unterlassene Instandhaltungsmaßnahmen* oder *andere Gegebenheiten* zu einer Verkürzung der üblichen Gesamtnutzungsdauer geführt, so muss auch in diesem Fällen bei der Ermittlung der Alterswertminderung von der üblichen Gesamtnutzungsdauer und der sich daraus ergebenden (verkürzten) Restnutzungsdauer ausgegangen werden. Im Ergebnis entspricht diese Vorgehensweise einer (rechnerischen) Alterung des Gebäudes (Abb. 21).

Abb. 21: Übersicht über die Fallgruppen der Alterswertminderung

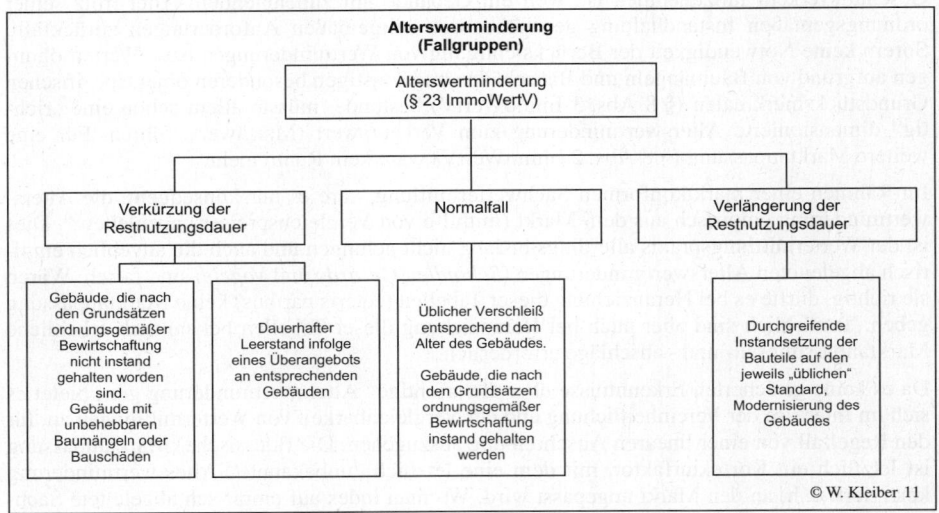

184 Neben der unterlassenen Instandhaltungen können nach § 6 Abs. 6 ImmoWertV auch „**andere Gegebenheiten**" zu einer Verkürzung der Restnutzungsdauer geführt haben können. Dies können sein u.a.:

– Baumängel oder Bauschäden (vgl. § 8 Abs. 3 ImmoWertV),

– eine wirtschaftliche Überalterung i. S. des § 8 Abs. 3 ImmoWertV,

– ein Zurückbleiben hinter den allgemeinen Anforderungen an gesunde Wohn- und Arbeitsverhältnisse (städtebauliche Missstände oder Mängel; vgl. § 4 Abs. 3 Nr. 3 ImmoWertV),

– eine „wegbrechende Marktlage" mit einem dauerhaften Leerstand kann die wirtschaftliche Restnutzungsdauer im Grenzfall sogar zu „null" gehen lassen. Die bauliche Anlage ist dann nicht mehr nutzbar i. S. des § 21 Abs. 1 Satz 1 ImmoWertV (vgl. oben Rn. 9, 23, § 8 ImmoWertV Rn. 337, 332).

185 Aus der vorstehenden Formel lässt sich umgekehrt das (fiktive) Alter der baulichen Anlage ermitteln, wenn die Restnutzungsdauer z. B. im Wege der Schätzung ermittelt worden ist:

(Fiktives) Alter = Übliche Gesamtnutzungsdauer (GND) – Restnutzungsdauer (RND)

Die Formel ergibt ein fiktives Alter, wenn   **186**

- die Restnutzungsdauer aufgrund durchgeführter Modernisierungsmaßnahmen verlängert und damit das Gebäude künstlich verjüngt worden ist oder
- die Restnutzungsdauer aufgrund unterlassener Instandhaltung verkürzt und damit das Gebäude künstlich einer Alterung unterworfen worden ist.

Eine sachverständige Schätzung der Restnutzungsdauer nach dem Zustand des Gebäudes ohne Blick auf dessen Alter kann oft zu angemesseneren Ergebnissen führen.

3.3.8.2 Gesamt- und Restnutzungsdauer

▶ *Allgemeines vgl. § 6 ImmoWertV Rn. 370 ff., 381 ff., § 8 ImmoWertV Rn. 246*

Grundsätzlich ist zwischen der Gesamtnutzungsdauer und der Restnutzungsdauer einer baulichen Anlage zu unterscheiden.   **187**

- Als **Restnutzungsdauer** (*remaining economic life*) wird nach der Grundsatzregelung des ersten Halbsatzes des § 6 Abs. 6 ImmoWertV **die prognostizierte Anzahl der Jahre definiert, in denen die baulichen Anlagen bei „*ordnungsgemäßer Bewirtschaftung*" voraussichtlich noch wirtschaftlich genutzt werden können.**
- Als **Gesamtnutzungsdauer** ist im Rahmen der Alterswertminderung nach § 23 Satz 3 ImmoWertV die bei ordnungsgemäßer Bewirtschaftung (Instandhaltung) „übliche" (durchschnittliche) Gesamtnutzungsdauer der baulichen Anlagen vorgegeben, und zwar unabhängig davon, ob sie sich gemäß § 6 Abs. 6 ImmoWertV durch
  - eine unterlassene Instandhaltung oder „anderer Gegebenheiten" oder
  - durch eine Modernisierung verlängert,

  verkürzt bzw. verlängert hat.

Bei der Ermittlung der Alterswertminderung ist nach § 23 Satz 3 ImmoWertV grundsätzlich **von der üblichen Gesamtnutzungsdauer auszugehen.** § 6 Abs. 6 ImmoWertV bestimmt zwar, dass sich die Restnutzungsdauer aufgrund durchgeführter Instandsetzungen oder Modernisierungen oder unterlassener Instandhaltung oder anderer Gegebenheiten verlängern oder verkürzen kann und damit sich tatsächlich auch die Gesamtnutzungsdauer der baulichen Anlage verlängern oder verkürzen kann, jedoch ist im Rahmen der Ermittlung der Alterswertminderung stets die „bei ordnungsgemäßer Bewirtschaftung übliche wirtschaftliche Nutzungsdauer" bemisst. Diese Besonderheit ist in der sachgerechten Ermittlung der Alterswertminderung begründet (vgl. unten Rn. 173).

Wird der Sachwert auf der Grundlage von Sachwertfaktoren i. S. des § 14 Abs. 2 ImmoWertV abgeleitet, muss nicht nur die übliche Gesamtnutzungsdauer der zu bewertenden Liegenschaft, sondern auch die übliche Gesamtnutzungsdauer, die der Gutachterausschuss für Grundstückswerte bei der Ableitung des Sachwertfaktors den ausgewerteten Kauffällen zugrunde gelegt hat, beachtet werden. In diesem Zusammenhang spricht man von der **als „Modellansatz" vom Gutachterausschusses angesetzten Gesamtnutzungsdauer**, d. h. der Gesamtnutzungsdauer, die der Gutachterausschuss seinem Sachwertfaktor untersetzt hat (vgl. § 6 ImmoWertV Rn. 381). Weicht nun die übliche Gesamtnutzungsdauer der im Einzelfall zu bewertenden Liegenschaft von diesem Modellansatz ab, so ist es aus Gründen der Modellkonformität geboten, den vorläufigen Sachwert zu ermitteln auf der Grundlage   **188**

- des Modellansatzes der üblichen Gesamtnutzungsdauer,
- der sich daraus ergebenden *vorläufigen* Restnutzungsdauer (vgl. § 6 ImmoWertV Rn. 388) und
- der sich aus dem Verhältnis der vorläufigen Restnutzungsdauer zum Modellansatz der üblichen Gesamtnutzungsdauer ergebenden modellkonformen (vorläufigen) Alterswertminderung (§ 23 ImmoWertV Rn. 17).

Syst. Darst. Sachwertverfahren — Alterswertminderung

Die für die zu bewertende Liegenschaft angemessene Gesamt- und Restnutzungsdauer muss dann differentiell nach Maßgabe des § 8 Abs. 3 ImmoWertV als **wirtschaftliche Überalterung** nachträglich berücksichtigt werden (§ 8 ImmoWertV Rn. 236 ff.).

Abb. 22: Modellansatz der üblichen Restnutzungsdauer

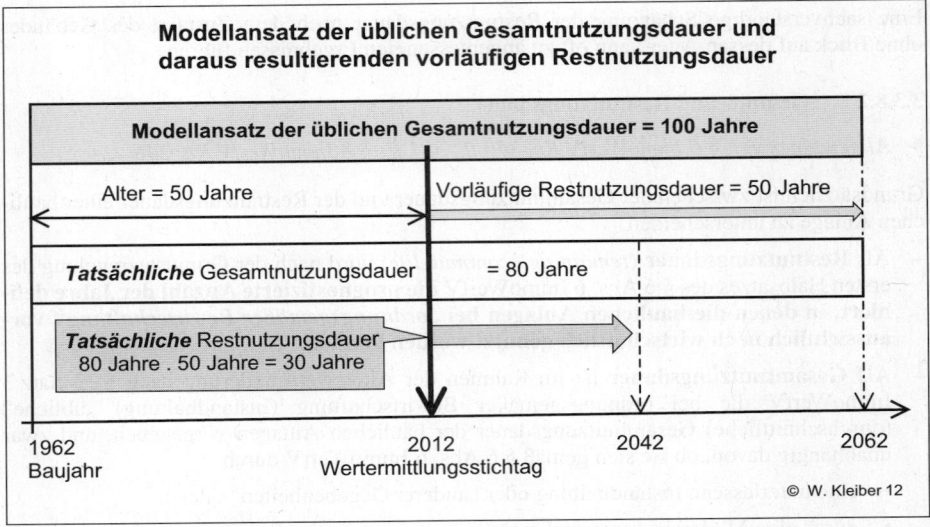

3.3.8.3 Alterswertminderung bei ordnungsgemäßer Instandhaltung

a) Allgemeines

Schrifttum: *Erxleben,* Schätzung der Wertminderung, VR 1976, 381; *Schindler,* Analyse von Kaufpreisen bei Einfamilienhäusern, Lehrbriefe zum Kontaktstudium des Geodätischen Instituts, Niedersächsisches Landesverwaltungsamt Hannover 1976; *Mann, W.,* Marktkonforme Gebäudewertabschreibung im Sachwertverfahren, GuG 2008, 129; *Tiemann, M.,* Reformvorschläge zum Ertrags- und Sachwertverfahren, AVN 1970, 523; *Tschelißnigg,* Die Alterung von Bauwerken, DBZ 1981, 251.

▶ *Vgl. nähere Erläuterungen bei § 23 ImmoWertV*

189 Die Alterswertminderung bestimmt sich nach § 23 Satz 1 ImmoWertV nach dem Verhältnis der Restnutzungsdauer zur üblichen Gesamtnutzungsdauer. Dies lässt zunächst jede Art einer stetigen Abschreibung zu. Mit § 23 Satz 2 ImmoWertV wird jedoch als **Regelabschreibung eine „gleichmäßige" Alterswertminderung, d. h. lineare Abschreibung** vorgegeben (vgl. § 23 ImmoWertV Rn. 12). Andere Abschreibungen (vgl. § 14 ImmoWertV Rn. 59), wie sie noch nach § 23 WertV 88/98 zulässig waren, sind mit Inkrafttreten der ImmoWertV nicht mehr zulässig. Unzulässig ist damit auch die in der Wertermittlungspraxis verbreitete Abschreibung nach Ross (1838–1901); „Rosskur", vgl. Anl. 8a WERTR 06[70]); diese weist im Unterschied zur linearen Abschreibung einen parabolischen Verlauf auf:

$$\text{Wertminderung}\,[\%] = 50 \times \frac{\text{Alter}^2}{\text{GND}^2} + \frac{\text{Alter}}{\text{GND}}$$

wobei GND = Gesamtnutzungsdauer
RND = GND − Alter

---

[70] Vgl. im Einzelnen Kleiber/Simon, Verkehrswertermittlung von Grundstücken, 5. Aufl. 2007 S. 1854

Alterswertminderung   **Syst. Darst. Sachwertverfahren**

Die früher (regional unterschiedlich) gebräuchlichen Abschreibungen (nach *Tiemann,*   **190**
Gerardy, Vogels, AGVGA usw.) sind überholt und werden aus vorstehenden Gründen nicht
mehr abgedruckt[71].

b)   *Lineare Alterswertminderung*

Unter einer **„gleichmäßigen"** Alterswertminderung ist eine lineare Alterswertminderung   **191**
zu verstehen, bei der die Alterswertminderung über die Gesamtnutzungsdauer (GND) für dieselben Jahresraten gleich (hoch) ist *(straight line depriaciation method).*

$$\text{Alterswertminderung}_{[\%]} = \frac{100 \times \text{Alter}}{\text{GND}} = \frac{100\,(\text{GND} - \text{RND})}{\text{GND}}$$

wobei
GND = Übliche Gesamtnutzungsdauer
RND = Restnutzungsdauer

Beispiel: **192**

Gesamtnutzungsdauer (GND)	=	80 Jahre
Alter	=	60 Jahre
Restnutzungsdauer	=	20 Jahre

$$\text{Alterswertminderung } [\%] = \frac{60 \text{ Jahre}}{80 \text{ Jahre}} \times 100 = 75\,\%$$

Die sich so ergebende Alterswertminderung ist der **Vomhundertsatz der Herstellungskos-**   **193**
ten, mit dem sich der Absolutbetrag der Wertminderung errechnen lässt:

Beispiel: **194**

Herstellungskosten (Neubauwert)	=	1 000 000 €
Alterswertminderung in v. H.	=	75 %
Alterswertminderung absolut	=	1 000 000 € × 0,75 = 750 000 €

Alterswertgeminderte Herstellungskosten:

Herstellungskosten (Neubau)	=	1 000 000 €
− Alterswertminderung	=	**− 750 000 €**
= Herstellungskosten (alterswertgemindert)	=	**250 000 €**

Das **Alter der baulichen Anlage** wird dabei lediglich hilfsweise zur Ermittlung der Restnut-   **195**
zungsdauer auf der Grundlage des Baujahrs und des Wertermittlungsstichtags ermittelt (vgl.
Abb. 23). Wie sich aus dem Wortlaut des § 23 ImmoWertV und aus der oben stehenden Formel ergibt, kommt es aber auf das Alter nicht entscheidend an.

---

71 Vgl. eingehende Darstellung in Kleiber/Simon, Verkehrswertermittlung von Grundstücken, 5. Aufl. 2007, S. 1854 ff,
     1939 ff.

Syst. Darst. Sachwertverfahren — Alterswertminderung

Abb. 23: Alterswertminderung bei einer üblichen Gesamtnutzungsdauer

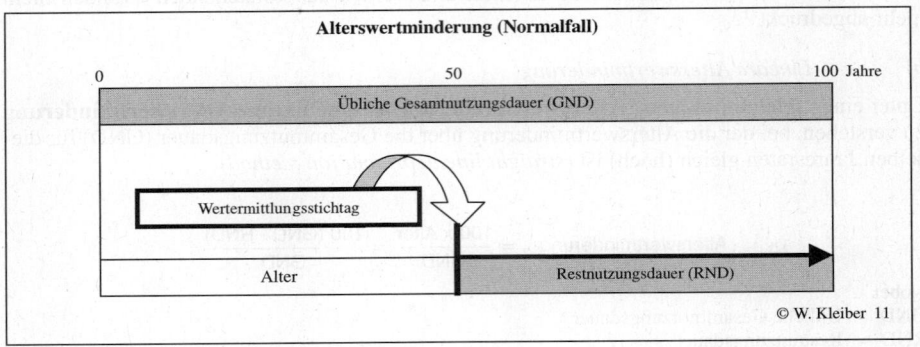

196 *Beispiel:*

Restnutzungsdauer 60 Jahre, übliche Gesamtnutzungsdauer (GND) 100 Jahre.
Alterswertminderung (linear): 40 × 100 /100 = 40 v. H.
(bei üblicher Gesamtnutzungsdauer von 80 Jahren:)
Alterswertminderung (linear): 20 × 100/80 = 25 v. H.

197 Die vorgestellte Vorgehensweise hat den Vorteil, dass der Alterswertminderungsbetrag in absoluter Höhe ausgeworfen wird; sie ist aber unnötig rechenaufwendig. Rechentechnisch einfacher ist es, wenn unter Verzicht auf einen gesonderten Auswurf des Alterswertminderungsbetrags gleich in „einem Zuge" die alterswertgeminderten Herstellungskosten ermittelt werden. **Die alterswertgeminderten Herstellungskosten ergeben sich als Produkt aus Herstellungskosten (Neubauwert) und Alterswertminderungsfaktor,** der sich wie folgt definiert:

$$\text{Alterswertminderungsfaktor} = \frac{\text{RND}}{\text{GND}}$$

198 *Beispiel (vgl. vorangehendes Beispiel):*

Gesamtnutzungsdauer (GND) = 80 Jahre
Restnutzungsdauer (RND) = 20 Jahre
Herstellungskosten (Neubau) = 1 000 000 €

$$\text{Alterswertminderungsfaktor} = \frac{20 \text{ Jahre}}{80 \text{ Jahre}} = 0{,}25$$

Alterswertgeminderter Herstellungswert = 1 000 000 € × 0,25 = 250 000 €

199 Diese Vorgehensweise hat auch den Vorteil, dass man das **Alter der baulichen Anlage erst gar nicht zu ermitteln braucht.** Dies ist oftmals auch gar nicht möglich. Es kommt hinzu, dass es auf das tatsächliche Alter – wie noch zu erläutern ist – gar nicht ankommt.

200 Nachfolgend werden deshalb die Alterswertfaktoren in Prozent abgesetzt, mit denen die ermittelten Neubaukosten direkt zu multiplizieren sind, um zu den alterswertgeminderten Herstellungskosten zu kommen:

$$\text{Alterswertgeminderte Herstellungskosten} = \text{Herstellungskosten}_{\text{Neubau}} \text{ € } \times \frac{\text{Alterswertminderungsfaktor}}{100}$$

Alterswertminderung — Syst. Darst. Sachwertverfahren

Alterswertminderungsfaktor (linear und nach Ross)

Rest-nutzungs-dauer	Übliche Gesamtnutzungsdauer in Jahren (GND)																			
	10		20		30		40		50		60		70		80		90		100	
	linear	Ross	linear	Ross	linear	Ross	linear	Ross	linear	Ross	linear	Ross	linear	Ross	linear	Ross	linear	Ross	linear	Ross
0	100	100	100	100	100	100	100	100	100	100	100	100	100	100	100	100	100	100	100	100
1	90	86	95	93	97	95	98	96	98	97	98	98	99	98	99	98	99	98	99	99
2	80	72	90	86	93	90	95	93	96	94	97	95	97	96	98	96	98	97	98	97
3	70	60	85	79	90	86	93	89	94	91	95	93	96	94	96	94	97	95	97	96
4	60	48	80	72	87	81	90	86	92	88	93	90	94	92	95	93	96	93	96	94
5	50	38	75	66	83	76	88	82	90	86	92	88	93	90	94	91	94	92	95	93
6	40	28	70	60	80	72	85	79	88	83	90	86	91	88	93	89	93	90	94	91
7	30	20	65	54	77	68	83	75	86	80	88	83	90	86	91	87	92	89	93	90
8	20	12	60	48	73	64	80	72	84	77	87	81	89	84	90	86	91	87	92	88
9	10	6	55	43	70	60	78	69	82	75	85	79	87	82	89	84	90	86	91	87
10	0	0	50	38	67	56	75	66	80	72	83	76	86	80	88	82	89	84	90	86
11			45	33	63	52	73	63	78	69	82	74	84	78	86	80	88	82	89	84
12			40	28	60	48	70	60	76	67	80	72	83	76	85	79	87	81	88	83
13			35	24	57	44	68	57	74	64	78	70	81	74	84	77	86	79	87	81
14			30	20	53	41	65	54	72	62	77	68	80	72	83	75	84	78	86	80
15			25	16	50	38	63	51	70	60	75	66	79	70	81	74	83	76	85	79
16			20	12	47	34	60	48	68	57	73	64	77	68	80	72	82	75	84	77
17			15	9	43	31	58	45	66	55	72	62	76	67	79	70	81	73	83	76
18			10	6	40	28	55	43	64	52	70	60	74	65	78	69	80	72	82	75
19			5	3	37	25	53	40	62	50	68	58	73	63	76	67	79	71	81	73
20			0	0	33	22	50	38	60	48	67	56	71	61	75	66	78	69	80	72
21					30	20	48	35	58	46	65	54	70	60	74	64	77	68	79	71
22					27	17	45	33	56	44	63	52	69	58	73	63	76	66	78	69
23					23	14	43	30	54	42	62	50	67	56	71	61	74	65	77	68
24					20	12	40	28	52	40	60	48	66	54	70	60	73	64	76	67
25					17	10	38	26	50	38	58	46	64	53	69	58	72	62	75	66
26					13	8	35	24	48	36	57	44	63	51	68	57	71	61	74	64
27					10	6	33	22	46	34	55	43	61	50	66	55	70	60	73	63
28					7	4	30	20	44	32	53	41	60	48	65	54	69	58	72	62
29					3	2	28	18	42	30	52	39	59	46	64	52	68	57	71	61
30					0	0	25	16	40	28	50	38	57	45	63	51	67	56	70	60
31							23	14	38	26	48	36	56	43	61	49	66	54	69	58
32							20	12	36	24	47	34	54	42	60	48	64	53	68	57
33							18	10	34	23	45	33	53	40	59	47	63	52	67	56
34							15	9	32	21	43	31	51	39	58	45	62	50	66	55
35							13	7	30	20	42	30	50	38	56	44	61	49	65	54
36							10	6	28	18	40	28	49	36	55	43	60	48	64	52
37							8	4	26	16	38	26	47	35	54	41	59	47	63	51
38							5	3	24	15	37	25	46	33	53	40	58	46	62	50
39							3	1	22	13	35	24	44	32	51	39	57	44	61	49
40							0	0	20	12	33	22	43	31	50	38	56	43	60	48
41									18	11	32	21	41	29	49	36	54	42	59	47
42									16	9	30	20	40	28	48	35	53	41	58	46
43									14	8	28	18	39	27	46	34	52	40	57	45
44									12	7	27	17	37	25	45	33	51	39	56	44
45									10	6	25	16	36	24	44	31	50	38	55	43
46									8	4	23	14	34	23	43	30	49	36	54	42
47									6	3	22	13	33	22	41	29	48	35	53	41
48									4	2	20	12	31	21	40	28	47	34	52	40
49									2	1	18	11	30	20	39	27	46	33	51	39
50									0	0	17	10	29	18	38	26	45	32	50	38
51											15	9	27	17	36	25	43	31	49	37
52											13	8	26	16	35	24	42	30	48	36
53											12	7	24	15	34	23	41	29	47	35
54											10	6	23	14	33	22	40	28	46	34
55											8	5	21	13	31	21	39	27	45	33
56											7	4	20	12	30	20	38	26	44	32
57											5	3	19	11	29	19	37	25	43	31
58											3	2	17	10	28	18	36	24	42	30
59											2	1	16	9	26	17	34	23	41	29

Syst. Darst. Sachwertverfahren — Alterswertminderung

Alterswertminderungsfaktor (linear und nach Ross)

Rest-nutzungs-dauer	Übliche Gesamtnutzungsdauer in Jahren (GND)																			
	10		20		30		40		50		60		70		80		90		100	
	linear	Ross	linear	Ross	linear	Ross	linear	Ross	linear	Ross	linear	Ross	linear	Ross	linear	Ross	linear	Ross	linear	Ross
60											0	0	14	8	25	16	33	22	40	28
61													13	7	24	15	32	21	39	27
62													11	6	23	14	31	20	38	26
63													10	6	21	13	30	20	37	25
64													9	5	20	12	29	19	36	24
65													7	4	19	11	28	18	35	24
66													6	3	18	10	27	17	34	23
67													4	2	16	9	26	16	33	22
68													3	1	15	9	24	15	32	21
69													1	1	14	8	23	14	31	20
70													0	0	13	7	22	14	30	20
71															11	6	21	13	29	19
72															10	6	20	12	28	18
73															9	5	19	11	27	17
74															8	4	18	10	26	16
75															6	3	17	10	25	16
76															5	3	16	9	24	15
77															4	2	14	8	22	14
78															3	1	13	8	22	13
79															1	1	12	7	21	13
80															0	0	11	6	20	12
81																	10	6	19	11
82																	9	5	18	11
83																	8	4	17	10
84																	7	4	16	9
85																	6	3	15	9
86																	4	2	14	8
87																	3	2	13	7
88																	2	1	12	7
89																	1	1	11	6
90																	0	0	10	6
91																			9	5
92																			8	4
93																			7	4
94																			6	3
95																			5	3
96																			4	2
97																			3	2
98																			2	1
99																			1	1
100																			0	0

3.3.8.4 Alterswertminderung bei verkürzter oder verlängerter Restnutzungsdauer

a)   Allgemeines

▶ *Zur Berücksichtigung einer geänderten Restnutzungsdauer bei Anwendung des Ertragswertverfahrens vgl. Syst. Darst. des Ertragswertverfahrens Rn. 263 ff. sowie Erläuterungen zu § 6 WertV Rn. 389 ff.*

201 Wird die übliche Gesamtnutzungsdauer durch Modernisierungsmaßnahmen verlängert oder wird sie durch unterlassene Instandhaltung verkürzt, so bleibt (nach § 23 Satz 3 ImmoWertV) im Rahmen der Ermittlung der Alterswertminderung die übliche Gesamtnutzungsdauer (GND) unverändert (lex specialis).

202 Das „**Prinzip der gleich bleibenden Gesamtnutzungsdauer**" ist darin begründet, dass sich für eine bauliche Anlage mit einer bestimmten Restnutzungsdauer die Alterswertminderung nicht

- durch eine Verlängerung der tatsächlichen Gesamtnutzungsdauer (aufgrund durchgeführter Modernisierungen) erhöht bzw.
- durch eine Verkürzung der tatsächlichen Gesamtnutzungsdauer (aufgrund unterlassener Instandhaltung) vermindert.

Dies würde, wie nachstehend erläutert wird, aber im Falle einer Ermittlung der Alterswertminderung auf der Grundlage einer entsprechend verlängerten und verkürzten Gesamtnutzungsdauer sich ergeben und wäre nicht sachgerecht. Denn in Bezug auf die künftige wirtschaftliche Nutzungsfähigkeit zählt, wie bei Anwendung des Ertragswertverfahrens, allein die verbleibende Restnutzungsdauer.

1. Alterswertminderung bei üblicher Gesamtnutzungsdauer

Zur Erläuterung wird zunächst die Alterswertminderung für eine bauliche Anlage mit einer üblichen Gesamtnutzungsdauer von 100 Jahren bei einer Restnutzungsdauer von 50 Jahren ermittelt:

Abb. 24: Wertminderung bei üblicher Gesamtnutzungsdauer

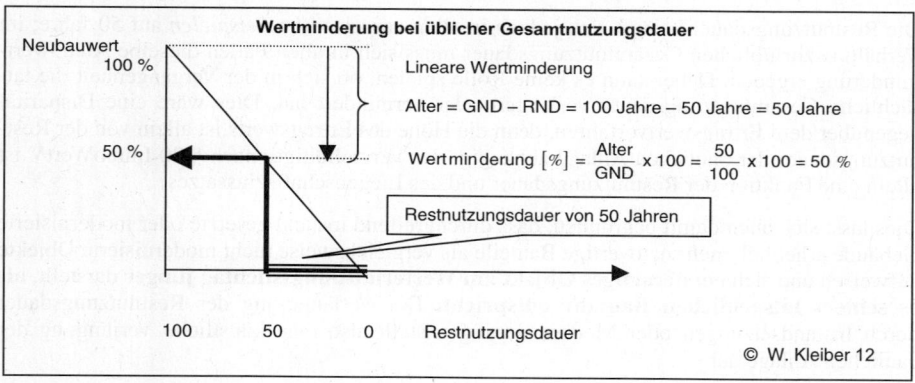

2. Alterswertminderung bei verlängerter und verkürzter Gesamtnutzungsdauer

Würde man die Alterswertminderung für dieselbe bauliche Anlage mit derselben Restnutzungsdauer von 50 Jahren (im Falle einer Modernisierung oder unterlassenen Instandhaltung) auf der Grundlage einer verlängerten bzw. verkürzten Gesamtnutzungsdauer ermitteln, so würde sich eine Wertminderung ergeben, die der Restnutzungsdauer nicht gerecht wird. Die Wertminderung würde sich nämlich bei unterlassener Instandhaltung vermindern und umgekehrt bei durchgeführter Modernisierung erhöhen (Abb. 25).

Abb. 25: Wertminderung bei verlängerter bzw. verkürzter Gesamtnutzungsdauer

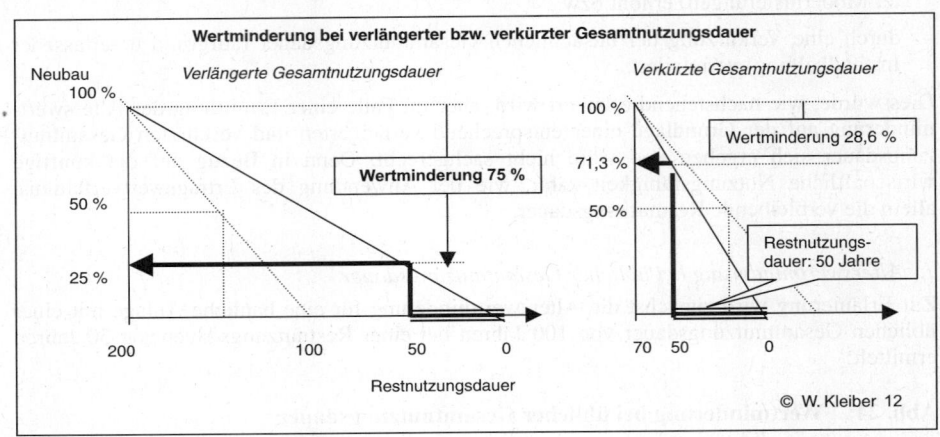

206 Die Restnutzungsdauer beläuft sich jedoch in allen vorgestellten *Beispielen* auf 50 Jahre; im Verhältnis zur üblichen Gesamtnutzungsdauer muss sich in allen Fällen dieselbe Alterswertminderung ergeben. Dabei kann es keine Rolle spielen, ob sich in der Vergangenheit die tatsächliche Gesamtnutzungsdauer verlängert oder vermindert hat. Dies wäre eine Disparität gegenüber dem Ertragswertverfahren, denn die Höhe des Ertragswerts ist allein von der Restnutzungsdauer der baulichen Anlage abhängig; der Vervielfältiger nach § 20 ImmoWertV ist allein eine Funktion der Restnutzungsdauer und des Liegenschaftszinssatzes.

207 Dies lässt sich auch damit begründen, dass durchgreifend instand gesetzte oder modernisierte Gebäude erheblich mehr neuwertige Bauteile als vergleichsweise nicht modernisierte Objekte aufweisen und sich ein **derartiges Objekt am Wertermittlungsstichtag jünger** darstellt, **als es seinem tatsächlichen Baujahr entspricht.** Die Verlängerung der Restnutzungsdauer durch Instandsetzungen oder Modernisierungen stellt also eine künstliche Verjüngung der baulichen Anlage dar.

208 Um diesbezüglich Unterschiede zwischen Sach- und Ertragswertverfahren zu vermeiden, schreibt § 23 ImmoWertV vor, dass es bei der **Ermittlung der Alterswertminderung** auch für den Fall einer **Verkürzung oder Verlängerung der Restnutzungsdauer** und damit der Gesamtnutzungsdauer der baulichen Anlage

a) bei der ansonsten „üblichen" Gesamtnutzungsdauer verbleiben soll und

b) der geänderten Restnutzungsdauer durch Berechnung eines fiktiven Alters der baulichen Anlage Rechnung getragen wird.

209 Die Alterswertminderung kann in beiden behandelten Fällen nach der unter Rn. 156 f. angegebenen Formel bestimmt werden, wobei **an Stelle des tatsächlichen Alters das fiktive Alter** anzusetzen ist:

$$\text{Wertminderung [\%]} = \frac{\text{fiktives Alter}}{\text{übliche Gesamtnutzungsdauer}} \times 100$$

210 Ein weiterer Vorteil des beschriebenen Verfahrens liegt in der **verfahrenstechnischen Vereinfachung,** denn die Praxis kommt infolgedessen mit Alterswertminderungstabellen aus, die allein auf die übliche Gesamtnutzungsdauer (GND) bezogen sind. Sie können sowohl im „Normalfall" als auch bei tatsächlich verlängerter und verkürzter Gesamtnutzungsdauer Anwendung finden, wobei – wie erläutert – lediglich mit einem fiktiven Alter der baulichen Anlage in die Tabelle eingegangen werden muss.

b) *Unterlassene Instandhaltung*

▶ *Vgl. Syst. Darst. des Ertragswertverfahrens Rn. 238 ff.; § 8 ImmoWertV Rn. 189, 198, 230 ff.*

Liegen Bauschäden oder Baumängel (§ 8 ImmoWertV Rn. 189) bzw. liegt eine **unterlassene** **211** **Instandhaltung** vor, kann man davon ausgehen, dass das Gebäude schneller als ein vergleichbares schadenfreies Bauwerk altert. Es ist am Wertermittlungsstichtag in einem schlechteren Zustand, als es sich durch Berücksichtigung der normalen Alterswertminderung ergeben würde. Dabei ist aber klarzustellen, dass

1. **nicht jede unterlassene Instandhaltung zu einer Verkürzung der Restnutzungsdauer führt** und
2. nur eine unterlassene Instandhaltung, nicht etwa eine unterlassene Modernisierung zu einer Nutzungsdauerverkürzung führen kann[72].

Nur im Falle **unbehebbarer Bauschäden oder Baumängel (Instandhaltungsrückstau)** **212** muss ggf. von einer verkürzten Restnutzungsdauer ausgegangen werden.

Können Baumängel und Bauschäden behoben werden und ist der Eigentümer (z. B. aufgrund **213** eines Mietverhältnisses) dazu verpflichtet (*nicht disponible Baumängel und Bauschäden*, vgl. § 6 ImmoWertV Rn. 236 ff.), muss dies nach Maßgabe des § 8 Abs. 3 ImmoWertV berücksichtigt werden und für eine verminderte Restnutzungsdauer ist dann kein Raum mehr.

Bei *disponiblen* **Bauschäden oder Baumängeln** (Instandhaltungsrückstau) ist die Restnutzungsdauer nicht automatisch zu vermindern. In diesem Fall muss vielmehr nach wirtschaftlichen Kriterien abgewogen werden, ob der Sachwert auf der Grundlage

a) einer ordnungsgemäß instand gehaltenen baulichen Anlage und damit auch auf der Grundlage der üblichen Restnutzungsdauer, jedoch unter Berücksichtigung der Schadensbeseitigungskosten nach Maßgabe des § 8 Abs. 3 ImmoWertV zu ermitteln ist, oder

b) einer bauschadens- bzw. baumängelbehafteten baulichen Anlage zu ermitteln ist, wobei dann ergänzend zu prüfen ist, ob sich dadurch die Restnutzungsdauer vermindert hat. Eine Doppelberücksichtigung der Bauschäden oder Baumängel (Instandhaltungsrückstau) muss dabei vermieden werden.

▶ *Zur Verfahrenswahl vgl. § 8 ImmoWertV Rn. 208 ff.*

Im Falle einer Verkürzung der Restnutzungsdauer aufgrund unterlassener Instandhaltungen **214** oder anderer Gegebenheiten ermittelt sich die Alterswertminderung auf der Grundlage des fiktiven Alters (vgl. oben Rn. 104 sowie § 6 ImmoWertV Rn. 369 ff., 405).

---

[72] BR-Drucks. 352/88, S. 64.

Abb. 26: Verkürzung der Restnutzungsdauer wegen unterlassener Instandhaltung oder unbehebbarer baulicher Mängel oder Schäden

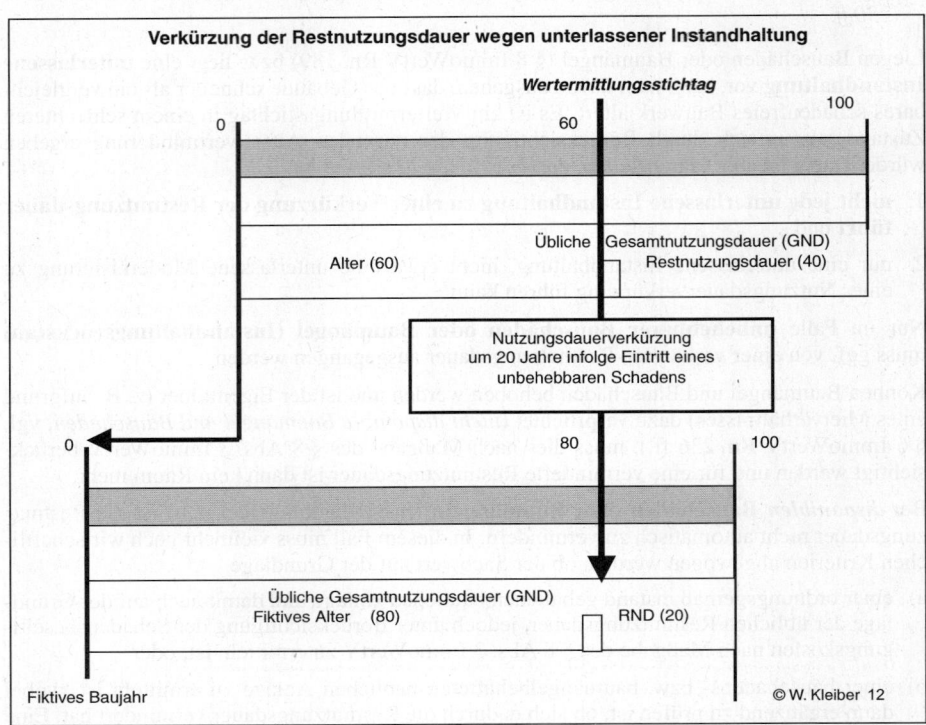

215 *Beispiel A*

| Übliche Gesamtnutzungsdauer | = | 80 Jahre |
| Restnutzungsdauer | = | 20 Jahre (tatsächliches Alter = 60 Jahre) |

Durch unterlassene Instandhaltungen hat sich die Restnutzungsdauer (RND) um 10 Jahre verkürzt.
Fiktives Alter = 80 – (20 – 10) = 70 Jahre

Wertminderung = 70/80 × 100 = **88 %**

216 *Beispiel B:*

Baujahr 1940
übliche Gesamtnutzungsdauer 80 Jahre

Ein im Jahre 1990 eingetretener Schaden begrenzt die Restnutzungsdauer auf 10 Jahre.

Alterswertminderung 1990 (ohne Schaden): 50 × 1,25 = 62,5 v. H.
Alterswertminderung 1990 (nach Schaden): 70 × 1,25 = 87,5 v. H.

c) *Modernisierung*

▶ *Zum Begriff vgl. § 19 ImmoWertV Rn. 115; § 6 ImmoWertV Rn. 396 ff., 413 ff.*

217 Die **Modernisierung einer baulichen Anlage** verlängert grundsätzlich ihre Restnutzungsdauer, jedoch führt nicht jede Modernisierung zu einer Verlängerung der Restnutzungsdauer.

Alterswertminderung   **Syst. Darst. Sachwertverfahren**

Im Falle einer Modernisierung ist es **nicht erforderlich**, die damit einhergehende **Verlängerung der Restnutzungsdauer eigenständig zu ermitteln**. Dies gestaltet sich insbesondere dann problematisch, wenn   **218**

a) die Modernisierung vor längerer Zeit durchgeführt wurde und insoweit auch nicht mehr den am Wertermittlungsstichtag herrschenden Ansprüchen entspricht,

b) Teilmodernisierungen zu unterschiedlichen Zeiten stattgefunden haben und

c) Bauteile modernisiert wurden, deren Nutzungsdauer kürzer als die Gesamtnutzungsdauer der baulichen Anlage ist (sog. „verbrauchte Modernisierung", vgl. § 6 ImmoWertV Rn. 427).

Es kommt hinzu, dass die in der Wertermittlungspraxis entwickelten Verfahren zur Ermittlung der Verlängerung der Restnutzungsdauer aufgrund durchgeführter Modernisierungsmaßnahmen nicht überzeugen können (zu den Verfahren vgl. § 6 ImmoWertV Rn. 405). Eine freie Schätzung der Restnutzungsdauer auf der Grundlage des am Wertermittlungsstichtag vorgefundenen Zustands erscheint insbesondere bei vorstehender Sachlage „ehrlicher" und angemessener als komplizierte und fehlerträchtige Berechnungen (Abb. 27).   **219**

Abb. 27: Berechnungsprinzip bei Verlängerung der üblichen Gesamtnutzungsdauer wegen durchgreifender Instandsetzung oder Modernisierung

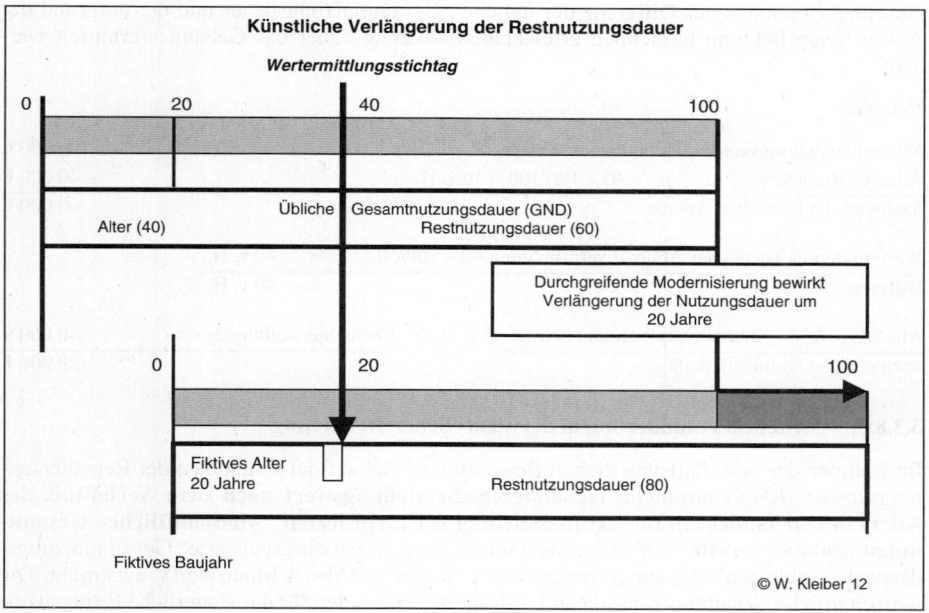

Beispiel A (lineare Wertminderung):   **220**

Gesamtnutzungsdauer   = 80 Jahre
Restnutzungsdauer   = 20 Jahre (tatsächliches Alter = 60 Jahre)

Durch umfangreiche Modernisierungsmaßnahmen wurde die Restnutzungsdauer (RND) um 20 Jahre verlängert.
Fiktives Alter = 80 − (20 + 20) = 40 Jahre
Alterswertminderung = 40/80 × 100 = 50 %

Syst. Darst. Sachwertverfahren — Alterswertminderung

d) *Andere die Restnutzungsdauer verlängernde oder verkürzende Gegebenheiten*

▶ *Vgl. im Einzelnen § 8 ImmoWertV Rn. 178 ff., 401 ff.*

221 § 6 Abs. 6 ImmoWertV nennt neben der „unterlassenen Instandsetzung" auch „andere Gegebenheiten", die zu einer Verkürzung oder Verlängerung der Restnutzungsdauer führen können. Dieser in der Praxis vielfach nicht beachteten Regelung kommt eine erhebliche Bedeutung zu, denn neben den technischen Gegebenheiten kann sich die Restnutzungsdauer vor allem auch aufgrund der Verhältnisse auf dem Grundstücksmarkt (selbst für hochwertig modernisierte Gebäude) verringern. Dafür sind viele modernisierte Plattenbauten in den neuen Bundesländern Beleg.

Andere Gegebenheiten können insbesondere sein

– eine wirtschaftliche Überalterung (vgl. § 8 ImmoWertV Rn. 246),
– ein überdurchschnittlicher Erhaltungszustand (vgl. § 8 ImmoWertV Rn. 251),
– ein strukturell dauerhafter Leerstand (§ 8 ImmoWertV Rn. 303),
– eine Abbruchverpflichtung.

Die Restnutzungsdauer kann sich auch aufgrund einer vertraglichen **Abbruchverpflichtung** mindern. In diesem Fall liegt eine über die normale Alterswertminderung nach § 23 ImmoWertV hinausgehende Beeinträchtigung vor, die berücksichtigt werden muss. Die Höhe des Abschlags kann aus der Differenz der üblichen Gesamtnutzungsdauer und der aufgrund der Abbruchverpflichtung tatsächlich erreichbaren Nutzungsdauer des Gebäudes ermittelt werden:

Beispiel:

Normalherstellungskosten der baulichen Anlage		100 000 €
Alterswertminderung	40 × 100/100 = 40 v. H.	– 40 000 €
Sachwert der baulichen Anlage		60 000 €
Wertminderung wegen der Abbruchverpflichtung 40 × 100/50	= 80 v. H.	
Differenz	= 40 v. H.	
Abschlag wegen Abbruchverpflichtung beträgt 40 v. H. der Normalherstellungskosten		40 000 €
Sachwert der baulichen Anlage		**20 000 €**

3.3.8.5 Alterswertminderung in der steuerlichen Bewertung

222 Im Rahmen der erbschaftsteuerlichen Bewertung ist der auf der Grundlage der Regelherstellungskosten (RHK) ermittelte **Gebäuderegelherstellungswert nach dem Verhältnis des Alters des Gebäudes am Bewertungsstichtag zur „typisierten" wirtschaftlichen Gesamtnutzungsdauer zu mindern** (Alterswertminderung); wobei die „typisierte" Gesamtnutzungsdauer der „üblichen" Gesamtnutzungsdauer i. S. des § 6 Abs. 4 ImmoWertV entspricht. Die wirtschaftliche Gesamtnutzungsdauer bestimmt sich nach den für das steuerliche Ertragswertverfahren maßgeblichen Grundsätzen (vgl. ErbStR und ErbStH 2011 R B 185.3 Abs. 2 bzw. R B 185.4 Abs. 2).[73] Im Falle einer in den letzten zehn Jahren vorgenommenen durchgreifenden Modernisierung ist ein fiktiv späteres Baujahr anzunehmen (vgl. die Erläuterungen zu § 6 ImmoWertV Rn. 431 ff.).

Die **Alterswertminderung bestimmt sich regelmäßig nach Anl. 22 zum BewG**.

Der nach Abzug der Alterswertminderung verbleibende Gebäudewert ist regelmäßig mit mindestens 40 Prozent des Gebäuderegelherstellungswerts anzusetzen. Diese **Restwertregelung** berücksichtigt, dass auch ein älteres Gebäude, das laufend instand gehalten wird, einen Wert hat. Sie berücksichtigt einen durchschnittlichen Erhaltungszustand und macht in vielen Fällen

---

[73] Vgl. GuG 2012, 167 und Heft 4.

Gebäudesachwert **Syst. Darst. Sachwertverfahren**

die Prüfung entbehrlich, ob die restliche Lebensdauer des Gebäudes infolge baulicher Maßnahmen verlängert wurde. Wenn eine geringere Nutzungsdauer objektiv feststeht, wie z. B. bei vertraglicher Abbruchverpflichtung für das Gebäude, kann dieser Mindestansatz jedoch unterschritten werden.

3.3.9 Vorläufiger Gebäudesachwert

In der Zusammenfassung ergibt sich der vorläufige Gebäudesachwert aus den gewöhnlichen Herstellungskosten eines Neubaus der zu bewertenden baulichen Anlage (vgl. oben Rn. 143 ff.) unter Berücksichtigung der Alterswertminderung nach folgendem Rechenschema: **223**

Rechenschema:

ohne Berücksichtigung von Regional- und Ortsfaktoren und ohne von den Normalherstellungskosten nicht erfasste Bauteile, Einrichtungen oder sonstige Vorrichtungen (§ 22 Abs. 2 Satz 2 ImmoWertV) sowie c-Flächen.

Sachverhalt: Zu ermitteln sind die gewöhnlichen Herstellungskosten (Normalherstellungskosten) eines Reihenmittelhauses des Typs 3.01 (Keller-, Erd- und voll ausgebautes Dachgeschoss) mit dem Gebäudestandard 2.

Reduzierte Brutto-Grundfläche des Gesamtobjekts	*130* m²
Gebäudestandard	2
Wertermittlungsstichtag	01.01.2012

tabellierter Kostenkennwert 2010 (Grundwert des Gebäudestandards 2)			640 €/m² BGF$_{red}$
darin Baunebenkosten	17 %		
Index des Wertermittlungsstichtags	*103,8*		
Index des Bezugsjahres 2010	*100,0*		
Indexfaktor zum 01.01.2012	*103,8 / 100,0*	×	1,038
tabellierter Kostenkennwert (Grundwert), bezogen auf Wertermittlungsstichtag			664,32 €/m² BGF$_{red}$
Gewöhnliche Herstellungskosten eines Neubaus (bei einer BGF$_{red}$ von 130 m²)			**86 362 €**

Alterswertminderung	(§ 23 ImmoWertV)			
Wertermittlungsstichtag	01.01.2012			
Baujahr	1932			
fiktives Baujahr	1962			
(fiktives Alter		50 Jahre)		
übliche Gesamtnutzungsdauer (GND)		65 Jahre		
Restnutzungsdauer (RND)	= 65 – 50:	15 Jahre		
Alterswertminderungsfaktor	= 15/65:		×	0,2307692
Alterswertminderung	in Prozent:	50/65 × 100 =	76,92 %	
(nachrichtlich)	als Betrag:	86 362 € x 0,7692 =	66 430 €	
Vorläufiger Gebäudesachwert (alterswertgeminderte Herstellungskosten):			**rd. 19 930 €***	

* Soweit die mit dem vorläufigen Gebäudesachwert nicht erfassten besonderen Bauteile, Einrichtungen oder sonstigen Vorrichtungen (§ 22 Abs. 2 Satz 2 ImmoWertV) sowie c-Flächen nicht mit dem Sachwertfaktor berücksichtigt werden, müssen sie nach Maßgabe des § 8 Abs. 3 ImmoWertV ggf. differentiell berücksichtigt werden, soweit dies dem gewöhnlichen Geschäftsverkehr entspricht.

3.3.10 Gebäudesachwert in der steuerlichen Bewertung

▶ *Vgl. hierzu die Übersicht über das steuerliche Sachwertverfahren oben bei Rn. 42; zur Ermittlung des Bodenwerts oben bei Rn. 50 und zum Sachwert der baulichen und sonstigen Außenanlagen (Aufwuchs) unten bei Rn. 230.*

224 Wie bereits unter Rn. 42 ausgeführt, wird wie nach den §§ 21 ff. ImmoWertV auch bei Anwendung des steuerlichen Sachwertverfahrens der §§ 189 bis 191 BewG der Gebäudesachwert getrennt vom Bodenwert auf der Grundlage von gewöhnlichen Herstellungskosten ermittelt. Der Bodenwert bestimmt sich – wie bei der Ermittlung von Marktwerten (Verkehrswerten) nach den Vorschriften der ImmoWertV – nach dem Wert des unbebauten Grundstücks § 179 BewG). Mit dem Gebäude- und dem Bodenwert ist regelmäßig auch der Wert der baulichen und sonstigen baulichen Anlagen (Außenanlagen) abgegolten (zu den Ausnahmefällen vgl. unten Rn. 260). Die Summe aus Gebäudesachwert und Bodenwert ergibt den vorläufigen Sachwert, der zur Anpassung an den gemeinen Wert mit einer Wertzahl nach § 191 BewG zu multiplizieren ist (vgl. Rn. 239).

Der **Gebäudesachwert** ist wie bei der Ermittlung des (vorläufigen) Gebäudesachwerts nach den Vorschriften der ImmoWertV **auf der Grundlage von** gewöhnlichen Herstellungskosten zu bemessen. Als gewöhnliche Herstellungskosten (Normalherstellungskosten) werden in der steuerlichen Bewertung (im Unterschied zur Verkehrswertermittlung) die **sog. Regelherstellungskosten (RHK)** herangezogen. Die Regelherstellungskosten i. S. des § 190 Abs. 1 BewG ergeben sich aus Anl. 24 zum BewG (abgedruckt unten unter Rn. 307). Die Regelherstellungskosten werden bezogen auf einen Quadratmeter Brutto-Grundfläche (vgl. oben Rn. 89) angegeben, wobei sich die Bezugsgrundlage allerdings von der mit den SachwertR für die Marktwertermittlung vorgegebenen reduzierten Brutto-Grundfläche unterscheidet. Des Weiteren sind die Regelherstellungskosten nach Grundstücksarten und Ausstattungsstandards (Gebäudestandards) sowie nach Gebäudeklassen und Baujahrsgruppen gegliedert. Im Übrigen handelt es sich bei den Regelherstellungskosten (RHK) ebenfalls um Bundesmittelwerte.

Die Berücksichtigung der örtlichen Marktverhältnisse erfolgt, sofern nicht die Sachwertfaktoren der Gutachterausschüsse heranzuziehen sind, ausschließlich über die Anwendung der Wertzahl nach § 191 BewG; eine Regionalisierung der Regelherstellungskosten mittels sog. Regionalisierungs- und Ortsgrößenfaktoren ist ansonsten nicht vorgesehen.

– Die **Gebäudeklasse** bestimmt sich nach dem gesamten Gebäude oder einem baulich selbständig abgrenzbaren Teil eines Gebäudes (Gebäudeteil); entscheidend für die Einstufung ist allein das durch die Hauptnutzung des Gebäudes/Gebäudeteils entstandene Gesamtgepräge. Zur Hauptnutzung gehörende übliche Nebenräume (z. B. Lager- und Verwaltungsräume bei Warenhäusern) sind entsprechend dem Gesamtgepräge der Hauptnutzung zuzurechnen.

– Ist ein Gebäude zu mehr als 50 % der bebauten Fläche unterkellert, ist von einem **Gebäude mit Keller** auszugehen. Entsprechend ist von einem Gebäude mit ausgebautem Dachgeschoss auszugehen, wenn dies zu mehr als 50 % ausgebaut ist.

– Der **Ausstattungsstandard** bestimmt sich nach dem Ausstattungsbogen der Anl. 24 zum BewG. Um die für das Gebäude oder den Gebäudeteil maßgeblichen Regelherstellungskosten zu ermitteln, ist der dem Ausstattungsstandard eines jeden Bauwerksteils des Gebäudes oder Gebäudeteils entsprechende Flächenpreis zu addieren und die Gesamtsumme durch die Anzahl der Bauwerksteile zu dividieren. In Betracht kommen zehn verschiedene Bauwerksteile (Fassade, Fenster, Dächer, Sanitärinstallation, Innenwandbekleidung der Nassräume, Bodenbeläge, Innentüren, Heizung, Elektroinstallation, sonstige Einbauten). Ist ein Bauwerksteil bei einem Gebäude oder Gebäudeteil nicht vorhanden, bleibt dieser Bauwerksteil unberücksichtigt und die Anzahl der Bauwerksteile wird entsprechend reduziert (z. B. Einfamilienhaus ohne sonstige Einbauten).

Außenanlagen   **Syst. Darst. Sachwertverfahren**

- Der Ansatz eines *fiktiv späteren Baujahrs* im Falle einer in den letzten zehn Jahren vorgenommenen durchgreifenden Modernisierung ist bei der Bestimmung der Baujahrsgruppe zu berücksichtigen (vgl. ErbStR und ErbStH 2011 R B 190.7 Abs. 3).

Der auf der Grundlage der Regelherstellungskosten ermittelte Gebäuderegelherstellungswert ist um die **Alterswertminderung** zu reduzieren (vgl. oben Rn. 222), wobei ein fiktiv späteres Baujahr anzunehmen ist (vgl. die Erläuterungen zu § 6 ImmoWertV Rn. 431 ff.).

Der nach Abzug der Alterswertminderung verbleibende Gebäudewert ist regelmäßig mit mindestens 40 Prozent des Gebäuderegelherstellungswerts anzusetzen. Diese **Restwertregelung** berücksichtigt, dass auch ein älteres Gebäude, das laufend instand gehalten wird, einen Wert hat. Sie berücksichtigt einen durchschnittlichen Erhaltungszustand und macht in vielen Fällen die Prüfung entbehrlich, ob die restliche Lebensdauer des Gebäudes infolge baulicher Maßnahmen verlängert wurde. Wenn eine geringere Nutzungsdauer objektiv feststeht, wie z. B. bei vertraglicher Abbruchverpflichtung für das Gebäude, kann dieser Mindestansatz jedoch unterschritten werden.

3.4 Berücksichtigung der baulichen Außenanlagen und sonstigen Anlagen (Aufwuchs)

3.4.1 Allgemeines

▶ *Vgl. oben Rn. 26, 34 und unten Rn. 237, § 1 ImmoWertV Rn. 48 ff., § 8 ImmoWertV Rn. 67, 390 ff., § 19 ImmoWertV Rn. 4, 51, § 21 ImmoWertV Rn. 8, 16, Syst. Darst. des Vergleichswertverfahrens Rn. 112 ff., Syst. Darst. des Ertragswertverfahrens Rn. 32, 84 und bei Kleingärten vgl. Kleiber/Simon, Verkehrswertermittlung von Grundstücken, 3. Aufl. auf S. 2247 ff.*

Bei Anwendung des Sachwertverfahrens ist nach § 21 Abs. 1 ImmoWertV neben dem Gebäudesachwert und dem Bodenwert grundsätzlich auch der Sachwert der baulichen Außenanlagen und der sonstigen Anlagen (Aufwuchs) anzusetzen. Zu den **Außenanlagen** gehören nach der DIN 276 u.a.   **225**

- *bauliche Anlagen* außerhalb des Gebäudes wie *Hofbefestigungen, Wege, Einfriedungen* und dgl. (bauliche Außenanlagen) sowie
- *Gartenanlagen und sonstige Bepflanzungen* (nicht bauliche Außenanlagen).

Dementsprechend unterscheidet auch § 21 ImmoWertV zwischen den baulichen Außenanlagen und den „sonstigen Anlagen". Sonstige Anlagen sind insbesondere der auf dem Grundstück vorhandene Aufwuchs.

Der **Wertanteil baulicher Außenanlagen und sonstiger Anlagen (Aufwuchs) kann ganz oder teilweise bereits mit dem Bodenwert und vor allem auch mit dem Sachwertfaktor erfasst worden sein**. Deshalb ist zunächst zu prüfen, ob und ggf. in welchem Umfang bauliche Außenanlagen und sonstige Anlagen (Aufwuchs) bereits mit dem Bodenwert bzw. mit dem Sachwertfaktor berücksichtigt werden.   **226**

Mit dem Sachwertfaktor werden bauliche Außenanlagen und sonstigen Anlagen (Aufwuchs) erfasst, wenn der Gutachterausschuss für Grundstückswerte den Sachwertfaktor ohne einem gesonderten Ansatz für diese Anlagen abgeleitet hat (vgl. oben Rn. 21). In diesem Fall gehen bauliche Außenanlagen und sonstigen Anlagen in dem vom Gutachterausschuss für Grundstückswerte im Rahmen der Veröffentlichung der Sachwertfaktoren angegebenen „üblichen Umfang" in den Sachwertfaktor ein, so dass diese in dem angegebenen üblichen Umfang bei Heranziehung dieses Sachwertfaktors direkt Eingang in die Sachwertermittlung finden. Für bauliche Außenanlagen und sonstigen Anlagen (Aufwuchs) sind dann insoweit keine Sachwerte nach Maßgabe des § 21 Abs. 3 ImmoWertV zu ermitteln und anzusetzen. Soweit allerdings die auf dem zu bewertenden Grundstück befindlichen baulichen Außenanlagen und sonstigen Anlagen (Aufwuchs) erheblich von dem mit dem Sachwertfaktor erfassten „übli-   **227** chen Umfang" abweichen, sind die Abweichungen nach Maßgabe des § 8 Abs. 3 ImmoWertV als besondere objektspezifische Grundstücksmerkmale differentiell in dem Maße zu berücksichtigen, wie dies dem gewöhnlichen Geschäftsverkehr entspricht (Abb. 28).

Das Gleiche gilt, wenn der Gutachterausschuss für Grundstückswerte nach den Grundsätzen der Anl. 5 zu der SachwertR den **Wertanteil für bauliche und sonstige Außenanlagen mit einem pauschalen Ansatz** berücksichtigt hat.

Abb. 28: Fallgestaltungen zur Berücksichtigung des Sachwerts von baulichen Außenanlagen und sonstigen Anlagen (Aufwuchs)

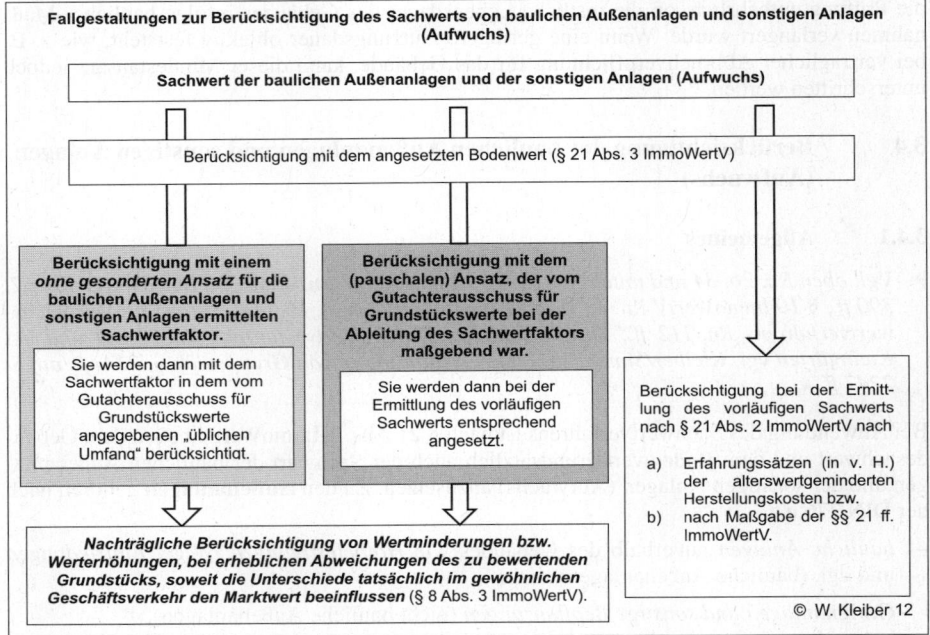

3.4.2 Berücksichtigung des Wertanteils bei der Bodenwertermittlung

228 Die ImmoWertV geht davon aus, dass die üblichen baulichen und sonstigen Außenanlagen (Aufwuchs) eines Grundstücks mit dem Bodenwert erfasst werden. Demzufolge bestimmt § 21 Abs. 3 ImmoWertV, dass ein Wertanteil für (bauliche) Außenanlagen und sonstige Anlagen, insbesondere für Anpflanzungen nur zu berücksichtigen ist, „*soweit* sie nicht vom Bodenwert miterfasst werden".

- Wenn der Bodenwert aus Vergleichspreisen gleichartig bepflanzter Grundstücke mit vergleichbarer Funktion abgeleitet und der Vergleichspreis nicht um den vorhandenen Aufwuchs „bereinigt" worden ist, darf zur **Vermeidung einer Doppelberücksichtigung des Aufwuchses** dieser nicht noch zusätzlich berücksichtigt werden. Lediglich außergewöhnliche Anlagen, wie parkartige Gärten und besonders wertvolle Anpflanzungen, werden i. d. R. vom Bodenwert nicht umfasst und sind daher gesondert zu bewerten.

- Auch der Wertanteil **baulicher Außenanlagen** kann im Einzelfall bereits **mit dem Bodenwert berücksichtigt werden**. Sind z. B. für eine wirtschaftliche Nutzung des Grundstücks aufwendige Stützmauern erforderlich und wurde der Bodenwert auf der Grundlage von Vergleichspreisen von Grundstücken ermittelt, die solcher Stützmauern nicht bedürfen, so wird der Wert dieser Stützmauern bereits mit dem Bodenwert erfasst. In solchen Fällen können eher noch Abschläge notwendig werden, wenn die Stützmauer Unterhaltungskosten verursacht. Entsprechendes gilt z. B. auch für eine **Klärgrube**, wenn von einem erschließungskostenfreien Bodenwert ausgegangen wurde (Abb. 29).

Abb. 29: Erfassung baulicher Außenanlagen (Stützmauer) mit dem Bodenwert

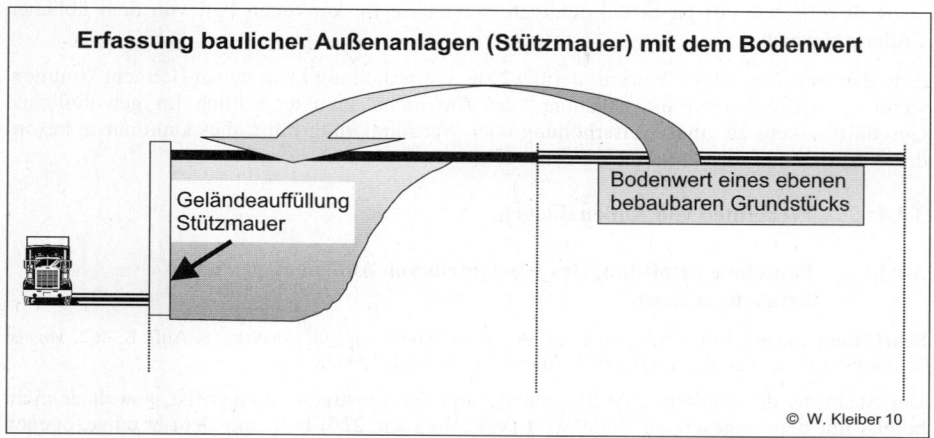

§ 21 Abs. 3 ImmoWertV ist aus § 21 Abs. 4 WertV 88/98 hervorgegangen. Nach der Begründung zu dieser Vorschrift betrifft die Regelung in erster Linie „die **üblichen Zier- und Nutzgärten**"[74]; weiter heißt es dort, dass diese „**im gewöhnlichen Geschäftsverkehr vom Bodenwert mitumfasst** werden und sich damit einer eigenen Wertermittlung entziehen". In aller Regel werden nämlich die von den Gutachterausschüssen für Grundstückswerte in ihrer Kaufpreissammlung registrierten Vergleichspreise unbebauter Grundstücke nicht um den jeweiligen Wertanteil des auf den Grundstücken vorhandenen Aufwuchses „bereinigt", d. h., es handelt sich um Vergleichspreise unbebauter Grundstücke einschließlich des darauf befindlichen Aufwuchses. Wenn von Gehölzwertsachverständigen dies, zumeist im Interesse ihrer Auftraggeber, bestritten wird, so wäre es nur konsequent, im Rahmen der Verkehrswertermittlung bei der Bodenwertermittlung die herangezogenen Vergleichspreise um den Wertanteil zu „bereinigen". Dies könnte im Einzelfall sogar aus Gründen der Transparenz geboten sein; i. d. R. sind jedoch solche unnötigen Rechenoperationen abzulehnen.

Lediglich außergewöhnliche Anlagen, wie parkartige Gärten und besonders wertvolle Anpflanzungen, werden i. d. R. vom Bodenwert nicht umfasst und sind nach § 21 Abs. 3 ImmoWertV ggf. gesondert zu bewerten. Ihr Herstellungswert ergibt sich nach Erfahrungssätzen oder notfalls aus den gewöhnlichen Herstellungskosten[75].

3.4.3 Berücksichtigung des Wertanteils mit dem Sachwertfaktor

Werden bei der Ableitung von Sachwertfaktoren die baulichen Außenanlagen sowie der Aufwuchs (sonstige Anlagen) nicht gesondert angesetzt, werden die baulichen Außenanlagen und der Aufwuchs bei Heranziehung so abgeleiteter Sachwertfaktoren **indirekt bei der Sachwertermittlung berücksichtigt**, ohne dass es dafür eines besonderen Ansatzes bedarf (vgl. oben Rn. 21). Die baulichen Außenanlagen und der Aufwuchs gehen dann nämlich mit dem Sachwertfaktor in den Sachwert ein. Der Sachwertfaktor ist dann kein reiner Marktanpassungsfaktor, sondern zugleich ein „Auffangfaktor" für nicht berücksichtigte Grundstücksmerkmale.

---

74 BR-Drucks. 352/88, S. 61.
75 OLG Frankfurt am Main, Urt. vom 14.03.1983 – 1 U 6/81 –, EzGuG 2.31 unter Bezugnahme auf OLG Hamburg, Urt. vom 06.12.1978 – 5 U 237/77 –, EzGuG 2.22; das OLG Frankfurt am Main bestätigend: BGH, Beschl. vom 29.09.1983 – III ZR 66/83 –, EzGuG 2.34; BGH, Urt. vom 12.07.1965 – III ZR 214/64 –, EzGuG 2.8.

§ 21 Abs. 3 ImmoWertV läuft in diesem Fall insoweit leer. Leitet also der Gutachterausschuss für Grundstückswerte nach vorstehenden Grundsätzen Sachwertfaktoren ab, mit denen die baulichen und sonstigen Außenanlagen (Aufwuchs) miterfasst werden, so muss er konsequenterweise auch den „üblichen Umfang" der so erfassten baulichen und sonstigen Außenanlagen (Aufwuchs) bei der Veröffentlichung der Sachwertfaktoren angeben. Bauliche und sonstige Außenanlagen (Aufwuchs) sind dann nach Maßgabe des § 8 Abs. 3 ImmoWertV nur noch insoweit (differentiell) zu berücksichtigen, soweit sie im konkreten Fall von dem üblichen Umfang abweichen.

231 Eine daraus resultierende Wertminderung bzw. Werterhöhung kann nur in Betracht kommen, wenn ein „Mehr" oder ein „Weniger" an Aufwuchs auch tatsächlich im gewöhnlichen Geschäftsverkehr zu einer Werterhöhung oder Wertminderung führt; dies kann nur in besonderen Ausnahmefällen erwartet werden.

3.4.4 Wertanteil von Außenanlagen

3.4.4.1 Pauschale Ermittlung des Wertanteils von Außenanlagen nach Erfahrungssätzen

Schrifttum: *Simon/Kleiber,* Schätzung und Ermittlung von Grundstückswerten, 8. Aufl. S. 462; *Vogels, M.,* Grundstücksbewertung marktgerecht, Bauverlag, 5. Aufl. 1996, S. 131.

232 Der Sachwert der baulichen Außenanlagen und der sonstigen Anlagen ist, soweit er nicht bereits mit dem angesetzten Bodenwert (vgl. oben Rn. 226) bzw. mit dem herangezogenen Sachwertfaktor (vgl. oben Rn. 229) hinreichend berücksichtigt worden ist, nach § 21 Abs. 3 ImmoWertV

– nach Erfahrungssätzen oder

– nach den gewöhnlichen Herstellungskosten unter Anwendung der §§ 22 und 23 ImmoWertV

zu ermitteln. Dabei ist der an erster Stelle genannten Ermittlung nach Erfahrungssätzen der Vorzug zu geben.

Die Vorschrift führt ansonsten die Verfahren gleichrangig auf.

233 Für die Verkehrswertermittlung von Ziergehölzen (Aufwuchs) als Bestandteile von Grundstücken (Schutz- und Gestaltungsgrün) sind vom BMF die **Ziergehölzhinweise 2000 – ZierH 2000 –** erlassen worden[76] (vgl. § 1 ImmoWertV Rn. 48 ff.).

234 § 21 Abs. 3 ImmoWertV führt an erster Stelle die **Ermittlung nach Erfahrungssätzen**[77] auf, wobei regelmäßig pauschale Erfahrungssätze herangezogen werden. Auf pauschale Erfahrungssätze wird man nach vorstehenden Ausführungen schon deshalb regelmäßig zurückgreifen, weil die nach § 14 Abs. 1 ImmoWertV heranzuziehenden Sachwertfaktoren regelmäßig auf der Grundlage einer entsprechenden Sachwertermittlung abgeleitet werden. Die Ermittlung des Wertanteils der baulichen Außenanlagen auf der Grundlage von gewöhnlichen Herstellungskosten, für die Tabellenwerke vorliegen, lässt sich zumeist durch den damit verbundenen Rechenaufwand nicht rechtfertigen, zumal sich die Neubaukosten durch erhebliche Alterswertabschreibungen insbesondere aufgrund einer im Verhältnis zu der Gesamtnutzungsdauer von Gebäuden verkürzten Restnutzungsdauer und Marktanpassungen zu Pauschalgrößen reduzieren.

235 Der Wertanteil von baulichen und sonstigen Außenanlagen wird in der breiten Anwendungspraxis in einer zumindest vom Ergebnis her durchaus zu akzeptierenden Weise mit einem **pauschalen Zuschlag von i. d. R. 1 bis 5 v. H. des (vorläufigen) Gebäudesachwerts** berücksichtigt. Diesem Erfahrungssatz liegt der Gedanke zugrunde, dass der Wert der Außen-

---

[76] Ziergehölzhinweise vom 20.03.2000, BAnz Nr. 94 vom 18.05.2000; abgedruckt in GuG 2000, 155; hierzu Wilbat/Bracke in GuG 2001, 74.
[77] U. a. Vogels, Grundstücksbewertung marktgerecht.

anlagen in einem dem entsprechenden Verhältnis zum (vorläufigen) Gebäudesachwert steht. Dieser Erfahrungssatz hat sich, von den angesprochenen Sonderfällen abgesehen, immer wieder bestätigt (Abb. 30).

Abb. 30: Kosten der Außenanlagen in Prozent der Herstellungskosten nach Gärtner   236

Kosten der Außenanlagen in Prozent der Herstellungskosten nach Gärtner					
	Büro- und Verwaltungsgebäude			Wohn- und Wohnungsgeschäftsgebäude		
Qualifizierung	niedrig	mittel	hoch	niedrig	mittel	hoch
Kosten der Außenanlagen in Prozent der Herstellungskosten	3,5	5,5	7,5	5,0	10,0	15,0

Quelle: Gärtner, S., Beurteilung und Bewertung alternativer Planungsentscheidungen im Immobilienbereich mithilfe eines Kennzahlensystems, 1. Aufl. 1996

Die Pauschalzuschläge sind umso größer, je aufwendiger, größer und neuwertiger die Bebauung ist. Bei mehrgeschossigen Gebäuden sinkt der pauschale Ansatz mit der Zahl der Geschosse. Bei **neuen Ein- und Zweifamilienhäusern** können die Pauschalsätze höhere Größenordnungen bis zu 10 % einnehmen.   237

Werden die Außenanlagen in einem Vomhundertsatz des Gebäudesachwerts angesetzt, so bemisst sich dieser Vomhundertsatz nach dem (vorläufigen) Gebäudesachwert eines mängelfreien Gebäudes. Der **Vomhundertsatz ist** deshalb **auf den für ein mängelfreies Gebäude ermittelten Gebäudesachwert** und nicht auf den um die Instandsetzungskosten verminderten Gebäudesachwert **anzuwenden**.   238

Auch die den aufstehenden Gebäuden dienenden Außenanlagen sind einer wirtschaftlichen Alterswertminderung unterworfen, wobei diese das wirtschaftliche Schicksal des Gebäudes teilen und mithin die **Alterswertminderung von Außenanlagen mit der Alterswertminderung des Gebäudes korreliert** ist. Aus diesem Grunde beziehen sich die für Außenanlagen anzusetzenden Vomhundertsätze im Übrigen auf den alterswertgeminderten Gebäudesachwert.   239

Beispiel: 240

– Ermittelter vorläufiger (alterswertgeminderter) Gebäudesachwert eines mängelfreien Gebäudes zum Wertermittlungsstichtag   500 000 €
– Instandsetzungsrückstau   100 000 €
– Gebäudesachwert unter Berücksichtigung des Instandhaltungsrückstaus   400 000 €
– Vomhundertsatz der Außenanlagen   6 %

FALSCH			*RICHTIG*	
Instandhaltungsgeminderter Gebäudesachwert		400 000 €	Mängelfreier Gebäudesachwert	500 000 €
+ Außenanlagen: 400 000 € × 0,06	+ 24 000 €		+ Außenanlagen: 500 000 € × 0,06	+ 30 000 €
= Gesamtwert		**424 000 €**	= Gebäudesachwert + Außenanlagen	530 000 €
			– Instandsetzungsrückstau	– 100 000 €
			= Gesamtwert	**430 000 €**

Abb. 31: Pauschale Ermittlung des Wertanteils von Außenanlagen als Vomhundertsatz des alterswertgeminderten Gebäudewerts

Pauschale Ermittlung des Wertanteils von Außenanlagen als Vomhundertsatz des Gebäudewerts			Wohn- und Geschäftsgebäude	
Kategorie	Beschreibung	Ein- und Zweifamilienhäuser	3 bis 5-geschossig	> als 5-geschossig
Einfachste Anlagen	Hofflächenbefestigung in geringem Umfang, Gehwegplatten, einfachste Holz- oder Metallzäune	1–2 %	0,5–1,0 %	0,25–0,50 %
Einfache Anlagen	Hofflächenbefestigung, Gehwegplatten in winterfester Ausführung, gemauerte Einfriedung mit Holz- oder Metallzäunen	2 %– 4 %	1 %– 2 %	0,5 %– 1 %
Durchschnittliche Anlagen	Großflächig befahrbare Weg- und Hoffläche; Gehwege und Einfriedung in Natur- oder Kunststein	4 %– 6 %	2 %– 3 %	1 %– 1,5 %
Aufwendige Anlagen	Großflächig befahrbare Weg- und Hoffläche; Gehwege und Einfriedung in Natur- oder Kunststein, Pergola; Stützmauern und Treppenanlagen für Grundstücke mit Höhenunterschieden, Zierteiche	bis 10 %	bis 5 %	bis 2,5 %

3.4.4.2 Ermittlung nach gewöhnlichen Herstellungskosten

a) Bauliche Außenanlagen

241 Als „gewöhnliche Herstellungskosten" gelten nach der Terminologie der ImmoWertV die letztlich auch aus Erfahrungssätzen resultierenden Normalherstellungskosten. Die Ermittlung des Wertanteils von baulichen Außenanlagen auf der Grundlage von Normalherstellungskosten kann sich recht „rechenaufwendig" gestalten. Dieser **Rechenaufwand steht** dabei **oftmals in keinem Verhältnis zum Wertanteil der Außenanlagen,** zumal man i. d. R. auch noch sehr hohe **Marktanpassungsabschläge** berücksichtigen muss. Der Rechnungsaufwand ist deshalb nur bei außergewöhnlichen baulichen Außenanlagen zu rechtfertigen.

242 Zur Ermittlung des Herstellungswerts von Außenanlagen ist nachstehend eine sich an eine Tabelle des Gutachterausschusses im Bereich Köln anlehnende Aufstellung von Normalherstellungskosten für Außenanlagen (einschließlich Nebenkosten) abgedruckt. Im Falle ihrer Heranziehung auf aktuelle Wertermittlungen müssen diese Normalherstellungskosten mittels des Baupreisindexes für Außenanlagen auf den Wertermittlungsstichtag indiziert und einer Alterswertminderung unterworfen werden.

243 Bei der Ermittlung der Alterswertminderung muss bedacht werden, dass

a) die **Alterswertminderung von Außenanlagen** einerseits gegenüber dem Alterswertminderungsverlauf eines Gebäudes abweicht und für die einzelnen Außenanlagen zwar unterschiedlich ausfallen kann, aber andererseits die Nutzungen korreliert sind und

b) darüber hinaus auch die **Gesamt- und Restnutzungsdauer** von vorhandenen Außenanlagen wiederum von der des Gebäudes abweicht und für einzelne Außenanlagen unterschiedlich ausfallen kann. Im Durchschnitt kann von einer Gesamtnutzungsdauer von 50 Jahren ausgegangen werden.

Neben der Alterswertminderung sind etwaige Baumängel und Bauschäden zusätzlich zu berücksichtigen.

Weist ein **Grundstück besonders viele Außenanlagen** auf, so kann die vorstehend erläuterte Vorgehensweise angezeigt sein. Allerdings kann in solchen Fällen vielfach beobachtet werden, dass es der Grundstücksmarkt in seiner Preisgestaltung nicht „honoriert", wenn der Grundstückseigentümer persönlichen Neigungen folgend sein Grundstück mit vielen Außenanlagen „bepflastert" hat; die Marktanpassungsabschläge fallen dann i. d. R. besonders hoch aus. Auch können solche Außenanlagen wertmindernd sein, wenn es sich um eher verunstaltend wirkende Außenanlagen handelt.

Abb. 32: Normalherstellungskosten 2010 für Außenanlagen[78]

1. Normalherstellungskosten für Außenanlagen (Preisbasis 2010)

Die angegebenen Werte für die Kosten von Außenanlagen enthalten die geltende Mehrwertsteuer.

Die aufgeführten m²- bzw. m³-Sätze sind auf Außenanlagen abgestellt, die i. d. R. keine größeren Gewerke sind. Bei größeren Anlagen können die angegebenen Werte wegen rationellerer Arbeitstechniken geringer sein.

Die Wertansätze für Bodenaushub beziehen sich je nach Bodenverhältnissen auf nichtbelastete Materialien (Erdreich).

	Gewerke	Kosten		Menge	
1	**Hausanschlüsse** (Pauschal)	6 800	€	Stück	€
	Kanal (je nach Lage und Bodenverhältnissen)				
	im Straßenbereich	620	€/m	m	€
	im Grundstücksbereich	340	€/m	m	€
	Stromanschluss				
	bei EFH pauschal	2 850	€	Stück	€
	bei MFH pauschal	4 600	€	Stück	€
	Gasanschluss				
	bei EFH pauschal	1 700	€	Stück	€
	bei MFH pauschal	2 300	€	Stück	€
	Fernwärmeanschluss (ohne Übergabestation)	2 550	€	Stück	€
	Wasseranschluss	4 000	€	Stück	€
	Entwässerungsleitung DN 100	75	€/m	m	€
	Einfache Elektroleitung, im Garten verlegt			m	€
2	**Erdaushub**				
	Mutterbodenabtrag (30 cm) einsch. Transport und Lagerung	7	€/m²	m²	€
	Fundamentaushub einsch. Transport und Lagerung				
	Streifenfundament	70	€/m³	m³	€
	Flächenfundament (30 cm) z. B. für Hoffläche	17	€/m³	m³	€
	Kiesverfüllung und Verdichtung	28	€/m³	m³	€
	Fundament (frostfrei)	150	€/m³	m³	€
	zzgl. Schalung (mittlere Dicke 30 cm)	50	€/m³	m³	€
	Betonsockel (einschl. Schalung)	340	€/m³	m³	€

---

78 Quelle: Gutachterausschuss für Grundstückswerte im Bereich der Stadt Köln.

Syst. Darst. Sachwertverfahren — Außenanlagen

Gewerke	Kosten		Menge	
3 Zysterne				
..Einzelgewerk bis 1 – 2 m³ (pauschal)	570	€	Stück	€
– aus Betonringen Ø 1 m T bis 3 m (pauschal)	850	€	Stück	€
Sickerbrunnen mit Einlaufschacht	340	€	Stück	€
Kläranlage (3- bis 4-Kammer-System)				
für 4 Personen (pauschal)	4 000	€	Stück	€
für 6 Personen (pauschal)	5 700	€	Stück	€
für 8 Personen (pauschal)	8 000	€	Stück	€
4 Hofbefestigung				
Schotterfläche	35	€/m²	m²	€
Bitumen (Grob- und Feinasphalt 10 + 4 cm)				
einfache Garagenhofbefestigung	50	€/m²	m²	€
Bitumen einschließlich Unterbau	70	€/m²	m²	€
Bitumen für Schwerlastverkehr inklusive Unterbau, Entwässerung (Industriegrundstücke)	90	€/m²	m²	€
Verbundsteine				
– ohne Unterbau	40	€/m²	m²	€
– einschl. Unterbau	55	€/m²	m²	€
Betonierte Hoffläche				
Beton einschl. Unterbau (ab 15 cm stark)	55	€/m²	m²	€
Beton einschl. Unterbau mit Fugenteilung	75	€/m²	m²	€
Unterbau	17	€/m²	m²	€
Kiesverfüllung und Verdichtung	28	€/m²	m²	€
Mutterbodeneintrag 30 cm	7	€/m²	m²	
5 Wegebefestigungen				
Betonweg (Verdichtung Tiefe 50 cm)	28	€/m²	m²	€
Pflasterweg Blaubasalt (Verdichtung Tiefe 50 cm)	85	€/m²	m²	€
Verbundsteinpflaster	85	€/m²	m²	€
6 Wegeeinfassung				
Rasenkantensteine (6 × 25 cm)	17	€/m	m	€
Bordsteine (8 × 25 cm)	28	€/m	m	€
7 Einfriedungen				
Jägerzaun (ohne Betonsockel) h = 0,6 m	40	€/m	m	€
h = 1,0 m	46	€/m	m	€
Jägerzaun (auf Betonsockel) h = 0,6 m	105	€/m	m	€
h = 1,0 m	120	€/m	m	€
Holzgeflechtzaun				
ohne Betonsockel h = 2,0 m	85	€/m	m	€
mit Betonsockel h = 2,0 m	160	€/m	m	€
Maschendrahtzaun				
zwischen T-Eisen-Pfosten, in Betonklotz h = 1,0 m	35	€/m	m	€
Zaun kunststoffummantelt h = 1,5 m	40	€/m	m	€
h = 2,0 m	50	€/m	m	€
Stahlzaun h = 2,0 m	170	€/m	m	€
Stahlgitter (runde/eckige Stäbe) h = 1,0 m	200	€/m	m	€
Eisengitter (verzinkt) auf Betonsockel h = 1,0 m	330	€/m	m	€

Außenanlagen — Syst. Darst. Sachwertverfahren

Gewerke		Kosten	Menge	
Schmiedeeisernes Gitter				
runde/eckige Stäbe	h = 1,0 m	170 €/m	m	€
ohne Betonsockel	h = 1,0 m	200 €/m	m	€
mit Betonsockel	h = 1,0 m	285 €/m	m	€
Ziegelsteinmauer auf Fundament				
0,12 Abdeckung (einschließlich Aushub und Schalung)	h = 1,0 m	130 €/m	m	€
	h = 1,5 m	155 €/m	m	€
	h = 2,0 m	190 €/m	m	€
0,25 Abdeckung (einschließlich Aushub und Schalung)	h = 1,0 m	190 €/m	m	€
	h = 1,5 m	245 €/m	m	€
	h = 2,0 m	300 €/m	m	€
Kalksandstein (KS) Mauer auf Fundament				
0,12 Abdeckung	h = 1,0 m	180 €/m	m	€
	h = 1,5 m	230 €/m	m	€
	h = 2,0 m	275 €/m	m	€
0,24 Abdeckung verputzt	h = 1,0 m	245 €/m	m	€
	h = 1,5 m	305 €/m	m	€
	h = 2,0 m	370 €/m	m	€
Kalksandstein (KS) Sichtmauer auf Fundament				
0,12 Abdeckung	h = 1,0 m	130 €/m	m	€
	h = 1,5 m	150 €/m	m	€
	h = 2,0 m	190 €/m	m	€
0,24 Abdeckung verputzt	h = 1,0 m	190 €/m	m	€
	h = 1,5 m	245 €/m	m	€
	h = 2,0 m	300 €/m	m	€
Bimsmauer auf Fundament				
0,12 Abdeckung	h = 1,0 m	170 €/m	m	€
	h = 1,5 m	210 €/m	m	€
	h = 2,0 m	255 €/m	m	€
0,24 Abdeckung verputzt	h = 1,0 m	205 €/m	m	€
	h = 1,5 m	280 €/m	m	€
	h = 2,0 m	340 €/m	m	€
Klinkermauer auf Fundament				
0,12 Abdeckung	h = 1,0 m	155 €/m	m	€
	h = 1,5 m	190 €/m	m	€
	h = 2,0 m	230 €/m	m	€
0,24 Abdeckung verputzt	h = 1,0 m	210 €/m	m	€
	h = 1,5 m	300 €/m	m	€
	h = 2,0 m	365 €/m	m	€
Waschbetonplatten zwischen Betonpfählen (Fundament)	h = 1,0 m	160 €/m	m	€
	h = 1,5 m	210 €/m	m	€
	h = 2,0 m	270 €/m	m	€
Gebrochener Beton einschließlich Fundament	h = 1,0 m	180 €/m	m	€
	h = 1,5 m	240 €/m	m	€
	h = 2,0 m	320 €/m	m	€
Betonplatten einschließlich Fundament und Abdeckung	h = 1,0 m	140 €/m	m	€
	h = 1,5 m	180 €/m	m	€
	h = 2,0 m	205 €/m	m	€
Betonmauer 24 cm dick		370 €/m	m	€

Syst. Darst. Sachwertverfahren — Außenanlagen

Gewerke		Kosten		Menge	
Bruchsteinmauer (Plattenstärke 0,12)	h = 1,0 m	290	€/m	m	€
auf Betonsockel mit	h = 1,5 m	425	€/m	m	€
Abdeckung und Verfugen	h = 2,0 m	535	€/m	m	€
Einfacher Betonsockel		170	€/m	m	€
8 Hecken					
Naturhecke (je nach Strauchgut)	h = 2,0 m	55	€/m	m	€
9 Mauerwerke unverfugt und unverputzt					
Klinker		370	€/m	m	€
Ziegel Sichtmauerwerk		295	€/m	m	€
Kalksandstein Sichtmauerwerk		270	€/m	m	€
Bimsstein		270	€/m	m	€
Waschbeton (ab 10 cm) bzw. Stahlbeton mit Struktur		115	€/m	m	€
Gebrochener Beton (ab 10 cm), z. B. Betonwaben		140	€/m	m	€
Bruchstein					
unbearbeitet, an 0,12 cm stark		215	€/m	m	€
bearbeitet		330	€/m	m	€
Betonplatte (8 cm) oder Stegzementdielen bzw. Pfeiler		75	€/m	m	€
Mauerabdeckung (für mindestens 24 cm Mauerwerk)		50	€/m	m	€
Nebenleistung					
Verfugen		15	€/m	m	€
Verputzen		40	€/m	m	€
10 Vorgarteneingangstür					
Stahlrohrrahmen mit Wellengitterfüllung einflüglig 1m × 1 m	h = 1,0 m	240	€/Stück	Stück	€
Schmiedeeisern einflüglig einfach 1 m × 1 m	h = 1,0 m	340	€/Stück	Stück	€
	h = 1,5 m	455	€/Stück	Stück	€
Eisengitter verzinkt einflüglig einfach 1 m × 1 m	h = 1,0 m	400	€/Stück	Stück	€
	h = 1,5 m	510	€/Stück	Stück	€
Holz einfach 1 m × 1 m	h = 1,0 m	230	€/Stück	Stück	€
	h = 1,5 m	310	€/Stück	Stück	€
11 Einfahrtstor					
Schmiedeeisern doppelflüglig einfach	h = 1,0 m	340	€/Stück	Stück	€
	h = 1,5 m	455	€/Stück	Stück	€
	h = 2,0 m	570	€/Stück	Stück	€
Eisengitter doppelflüglig einfach	h = 1,0 m	400	€/Stück	Stück	€
	h = 1,5 m	520	€/Stück	Stück	€
	h = 2,0 m	680	€/Stück	Stück	€
Holz doppelflüglig einfach	h = 1,0 m	230	€/Stück	Stück	€
	h = 1,5 m	310	€/Stück	Stück	€
	h = 2,0 m	400	€/Stück	Stück	€
Stahlgitter verzinkt		400	€/Stück	Stück	€

Außenanlagen — Syst. Darst. Sachwertverfahren

Gewerke		Kosten		Menge	
12 Sonstiges					
Gartenhaus	einfach	340	€/m² BGF	m²	€
	mittel	455	€/m² BGF	m²	€
	gehoben	510	€/m² BGF	m²	€
Gewächshaus		230	€/m² BGF	m²	€
Grillplatz		850	€/Stück	Stück	€
Teichanlage		8 000	€/Stück	Stück	€
Gesamtsumme					€

b)   Sonstige Außenanlagen (Aufwuchs)

▶ *Vgl. Rn. 26, 34, 47, 208, § 1 ImmoWertV Rn. 48 ff., § 1 ImmoWertV Rn. 48 ff., § 8 ImmoWertV Rn. 67, 390 ff.; § 19 ImmoWertV Rn. 4, 51 sowie § 21 ImmoWertV Rn. 11 ff., 16; Syst. Darst. des Ertragswertverfahrens Rn. 32, 84; Syst. Darst. des Vergleichswertverfahrens Rn. 113 ff., zu Kleingärten vgl. 3. Aufl. dieses Werks auf S. 2247 ff.*

Der Wertanteil der sonstigen Anlagen, insbesondere Gartenanlagen und Anpflanzungen wird nach vorstehenden Ausführungen regelmäßig mit dem Bodenwert und bei der Marktwertermittlung bebauter Grundstücke im Übrigen auch mit dem herangezogenen Sachwertfaktor i. V. m. einem pauschalen Erfahrungssatz entsprechend vorstehender Ausführungen erfasst. Soweit darüber in besonderen Ausnahmefällen bei **außergewöhnlich werthaltigen Anlagen wie parkartigen Gärten und besonders wertvollen Anpflanzungen** eine ergänzende Ermittlung des Wertanteils von Aufwuchs erforderlich wird, ist dieser gemäß § 21 Abs. 3 ImmoWertV in erster Linie nach **Erfahrungssätzen** oder „notfalls aus den gewöhnlichen Herstellungskosten" zu ermitteln[79]. 245

Dem Ansatz von Erfahrungssätzen wird in der Praxis der Vorzug eingeräumt, weil es entscheidend auf die Funktion der Außenanlagen und nicht auf deren Kosten ankommt. Die Ermittlung über gewöhnliche Herstellungskosten verursacht dagegen einen erheblichen und fragwürdigen Rechenaufwand, weil das Ergebnis i. d. R. mit erheblichen Abschlägen der Marktlage angepasst werden muss. Der Wertanteil des Aufwuchses bestimmt sich nämlich nach dem Betrag, um den sich der Verkehrswert des Grundstücks durch den vorhandenen Aufwuchs erhöht oder vermindert; er kann auch wertneutral sein (vgl. Nr. 1 ZierH); der funktionale Zusammenhang ist entscheidend. Aus diesem Grunde ist eine **eigenständige Ermittlung des Aufwuchswerts ohne Berücksichtigung seiner Bedeutung für den Gesamtwert des Grundstücks sachwidrig**. Es kommt entscheidend auf den Wert*anteil* des Aufwuchses am Gesamtwert an und die Beauftragung eines Zweitgutachters mit der Erstellung eines eigenständigen Gutachtens allein zum „Aufwuchswert" ist i. d. R. sachwidrig. Der Grundstückssachverständige, der eine von einem Zweitgutachter eigenständige Ermittlung des Aufwuchswerts heranzieht, kann diese auch nicht ungeprüft seiner eigenen Wertermittlung zuschlagen, sondern muss unter Berücksichtigung der funktionalen Bedeutung des Aufwuchses für ein konkretes Grundstück eigenverantwortlich entscheiden, in welchem Umfang der eigenständig ermittelte Aufwuchswert in den Gesamtwert eingeht. Die **bloße Summation unabhängig voneinander ermittelten Werten ist** deshalb auch in der Rechtsprechung **verworfen worden**[80]. 246

---

[79] BR-Drucks. 352/88, S. 56.
[80] OLG Frankfurt am Main, Urt. vom 14.03.1983 – 1 U 6/81 –, VersR 1984, 118: „Auf einem Grundstück wachsende Gehölze können wertmäßig grundsätzlich nicht isoliert betrachtet werden."

247 Aufwuchs kann je nach Funktion wertneutral, werterhöhend oder wertmindernd sein[81].

248 Als *wertmindernde* Aspekte werden in den ZierH beispielsweise genannt:
- Unvereinbarkeit der Gehölze mit der zukünftigen Nutzung des Grundstücks (z. B. Rohbauland, baureifes Land),
- Einschränkung der aus der Sicht des Marktes üblichen Ausnutzung des Baurechts eines Grundstücks,
- Gefahr der Beschädigung unter- und oberirdischer Leitungsnetze, der Gebäude und sonstiger Außenanlagen,
- Gehölze, deren Beseitigung aufgrund ihres Alters, Zustands oder sonstiger Gegebenheiten (z. B. Dichtstand) aus der Sicht des verständigen Marktteilnehmers sofort oder in naher Zukunft geboten ist und deren Werteinschätzung daher überwiegend durch die zu erwartenden Kosten geprägt ist,
- Störungen des Lichteinfalls im Gebäude oder auf das Grundstück (Verschattungen und Beeinträchtigung der Aussichtslage),
- sonstige erheblich störende Einwirkungen des Aufwuchses (starker Laubfall, Blütenstaub, Nektar) oder hohe Pflege- und Bewirtschaftungskosten, insbesondere bei Renditeobjekten, ohne dass diesen Nachteilen entsprechende Vorteile, z. B. Mietmehreinnahmen, gegenüberstehen.

249 Wertmindernd können insbesondere bei **außergewöhnlich werthaltigen Anlagen wie parkartige Gärten und besonders wertvolle Anpflanzungen** die hohen Pflege- und Bewirtschaftungskosten sein. Dies wird bei Anwendung des Ertragswertverfahrens besonders deutlich, wobei die daraus zu ziehenden Erkenntnisse auch für die Sachwertermittlung von Bedeutung und im Rahmen der Marktanpassung zu berücksichtigen sind. Ein in einer aufwendig gestalteten Parkanlage gelegenes Gebäude wird zwar auch einen höheren Ertrag als ein Gebäude in schlichter Umgebung abwerfen, jedoch wird man nicht erwarten können, dass sich ein für den Aufwuchs ermittelter „Herstellungswert" von z. B. 350 000 € auch in einem entsprechenden rentierlichen Ertragszuwachs niederschlägt. Soweit Mehreinnahmen tatsächlich nachweisbar sind, werden diese allein schon durch die Pflege des Parks „aufgefressen", denn Pflege- und Bewirtschaftungskosten sind bei der Aufwuchsbewertung wertmindernd zu berücksichtigen (vgl. Ziff. 1 ZierH). Der BGH hat deshalb selbst einem aufwendigen Landschaftsgarten keine Wertsteigerung beigemessen und ihm allenfalls einen für die Verkehrswertermittlung unmaßgeblichen Affektionswert zugeordnet[82].

250 Die **Minderung des Grundstückswerts durch störenden Aufwuchs** kann über die Beseitigungskosten, ggf. korrigiert um Erlöse aus der Materialverwertung, ermittelt werden. Dabei sind die nach den ggf. zu beachtenden Rechtsvorschriften zu leistenden öffentlichen Abgaben oder Strafen und Kosten vorgeschriebener Ersatzpflanzungen zu berücksichtigen. Bei alledem ist zu untersuchen, ob ihre Beseitigung aufgrund rechtlicher Einschränkungen (z. B. Baumschutzsatzung, Naturdenkmal) ausgeschlossen oder erschwert ist.

251 Als *wertneutral* sind beispielsweise anzusehen:
- Bepflanzungen, deren Vor- und Nachteile sich gegenseitig aufheben, oder
- Ziergehölze, die bei Renditeobjekten keine Mehreinnahmen bewirken.

252 **Ziergehölze, die keine Funktion für das Grundstück haben**, bewirken keine Werterhöhung des Grundstücks, so dass eine Berücksichtigung entfällt.

---

[81] So auch die BReg zur parl. Anfrage zur ImmoWertV (BT-Drucks. 17/1298, vgl. GuG-aktuell 2010 S. 18, dort auch S. 21).
[82] BGH, Beschl. vom 30.11.2006 – V ZB 44/06 –, GuG 2008, 121.

Als *wertsteigernde* Funktionen sind beispielsweise zu nennen: 253
- Abgrenzung von Grundstücken und Nutzungsbereichen (Hecken),
- Windschutz,
- Schutz vor Immissionen (Lärm, Staub),
- Schutz vor Einblicken von außen,
- Verblendung von wenig attraktiven Ausblicken auf Nachbargrundstücke oder die Umgebung,
- Hangbefestigung,
- biologische Entwässerung von Nassstellen,
- ästhetische Gestaltungen, z. B.
  - Auflockerung und Strukturierung ansonsten eintöniger Flächen,
  - Bestandteil eines Gartens mit parkähnlichem Charakter,
  - Teil eines gartenarchitektonischen Gesamtkonzeptes in Beziehung mit der Bebauung des Grundstücks,
- Erholungsfunktion unter Berücksichtigung der städtebaulichen Umgebungssituation,
- bessere Vermarktbarkeit.

Insbesondere bei den stark durch individuelle Einstellungen geprägten Aspekten (Ästhetik und Erholung) ist jeweils konkret für das betrachtete Objekt und das entsprechende Marktsegment zu prüfen, ob und inwieweit sie für den einschlägigen potenziellen Nachfragerkreis tatsächlich von werterhöhender Bedeutung sind. Dabei ist auch einzuschätzen, inwieweit diese potenziell werterhöhenden Aspekte mit dem Wunsch vereinbar sind, die Garten- bzw. Parkanlage mit möglichst geringem Einsatz an Arbeit und Kosten zu unterhalten. 254

Für den Fall der Ermittlung des Wertanteils von Aufwuchs nach gewöhnlichen Herstellungskosten ist die „entsprechende Anwendung" der §§ 22 und 23 ImmoWertV vorgeschrieben. Des Weiteren ist auf die vom Bundesministerium der Finanzen herausgegebenen **Ziergehölzhinweise**[83] und auf die fachlich umstrittene **Methode Koch** hinzuweisen (vgl. § 1 ImmoWertV Rn. 48 ff.). 255

Die **Aufwuchsbewertung nach der Methode Koch wird in der allgemeinen Wertermittlungslehre und im juristischen Schrifttum abgelehnt** und in der Rechtsprechung stark relativiert[84]. In dieser Rechtsprechung wird von „völlig übersetzten Entschädigungsbeträgen", „überzogenen Entschädigungssätzen", „Abschlägen von 50 Prozent und deutlich mehr" und einer „Reduktion auf null" gesprochen. Derartige Abschläge sprechen gegen die Eignung der Methode. Besonders problematisch ist, wenn neben dem Grundstückssachverständigen ein sog. „Gehölzsachverständiger" den Aufwuchs für sich bewertet hat, denn deren Kenntnisse beschränken sich, wie im *Palandt*[85] festgestellt wird, auf Herstellungskosten. Im Falle der Ermittlung von Wertminderungen des Grundstücks bei Beschädigungen des Aufwuchses sind nach der dort dargelegten Auffassung „allein Grundstückssachverständige" kompetent, und dies gilt auch umgekehrt für die Ermittlung der Werterhöhung aufgrund eines besonderen Aufwuchses. Wenn im Palandt zusammenfassend festgestellt wird, dass „die Methode *Koch/Breloer* zur Schadensermittlung offensichtlich ungeeignet" ist, so wird damit die vorherr- 256

---

[83] BAnz Nr. 94 vom 18.05.2000 (GuG 2000, 155).
[84] OLG Zweibrücken, Urt. vom 25.01.2005 – 8 U 105/04 –, DS 2005, 146 = NZM 2005, 438 = EzGuG 2.64a; LG Traunstein, Urt. vom 27.05.1999 – 2 O 1849/98 –, MDR 1999, 1446 = NJW-RR 2000, 615 = EzGuG 2.61; OLG Koblenz, Urt. vom 13.06.1997 – 8 U 1009/96 –, OLGR-Koblenz 1997, 138; OLG Düsseldorf, Urt. vom 12.12.1996 – 18 U 118/95 –, NJW-RR 1997, 856; LG Berlin, Urt. vom 11.01.1994 – 31 O 266/93 –, VersR 1995, 107 = EzGuG 2.58; OLG München, Urt. vom 28.04.1994 – 1 U 6995/93 –, OLGR-München 1994, 146; LG Arnsberg, Urt. vom 12.11.1993 – 5 S 96/92 –, VersR 1995, 844 = EzGuG 2.54; OLG Düsseldorf, Urt. vom 24.10.1986 – 22 U 104/86 –, VersR 1987, 1139; vgl. auch die lesenswerten Ausführungen in Palandt, 67. Aufl. 2008, BGB zu § 251 und Staud/Schiemann, Komm. zum BGB zu § 251 Rn. 91; AnwK/Magnus, § 249 Rn. 99.
[85] BGB, 67. Aufl. § 251 Rn. 11.

Syst. Darst. Sachwertverfahren — Außenanlagen

schende Meinung[86] aufgegriffen, und dies gilt mithin auch zur Ermittlung einer Werterhöhung des Grundstücks aufgrund eines besonderen Aufwuchses.

257 Ergänzend wird darauf hingewiesen, dass die **Beleihungswertverordnung** überhaupt **keinen gesonderten Aufwuchswert** kennt, da er nicht als werthaltig i. S. der Beleihungsfähigkeit angesehen wird. Die Kreditinstitute haben dafür gute Gründe, denn sie wissen sehr gut, dass die nach der Methode Koch „errechneten" Aufwuchswerte im Verwertungsfalle nicht realisiert werden können.

258 In **bergrechtlichen Abbaugebieten** hat ein Umsiedler nach dem BBergG grundsätzlich Anspruch auf Entschädigung des Verkehrswerts und der Folgekosten, wobei Einflüsse aus dem bevorstehenden Abbau unberücksichtigt bleiben. In der **Entschädigungspraxis** (z. B. der RWE Power) wird Aufwuchs nach den Kosten einer Neuanlage des alten Gartens in handelsüblicher Ausführung ggf. unter Anrechnung der Aufwuchsentschädigung entschädigt.

Der Aufwuchs wird in 12 Kategorien katalogisiert:

Kategorien		Beispiele	Bezugsgröße
Bäume	Laubbäume (solitär*)	Ahorn, Linde, Buche, Walnuss, Kastanie, Eiche, Birke, Eberesche, Esche	Stück
	Nadelbäume (solitär*)	Fichte, Kiefer, Tanne, Zeder, Lärche, Eibe, Zypresse als Solitär	
	Obstbäume (solitär*)	Apfel-, Kirsch-, Birn-, Pflaumen-, Pfirsich-, Zwetschgenbaum	
Hecken	Laubholzhecken (≥ 1 m)	Buchenhecken, Ligusterhecken, Weisdornhecken, Kirschlorbeer, Himmbeere, Brombeere	Lfd. Meter
	Nadelholzhecken (≥ 1 m)	Zypressen, Thuja, Taxus, Buxus	
	Hecken (≤ 1 m)	Alle vorgenannten ≤ 1 m	
Sträucher & Heister**	Sträucher ($\geq 1,5$ m)	Blütengehölze wie Forsythia, Weigelia, Holunder, Hibiscus, Kerria, Stachel- und Johannesbeere	Stück
	Sträucher ($\leq 1,5$ m)	Buche, Ahorn, Erle, Eberesche	
Stauden & Bodendecker***		Mehrjährige Blütenstauden (Phlox, Margeriten, Lilien, Astern, Pfingstrosen, Fette Henne)	m²
		Efeu, Cotoneaster, Geranium, Immergrün, Dickmännchen, Polsterstauden	
Rosen			Stück
Rasen		Regelmäßig gemähte Rasenfläche, keine Wildwiesen	m²

* solitär: in Einzelstellung stehende Laub-, Nadel- und Obstbäume.
** Heister: Laubbaum vom Boden an belastet.
*** Bodendecker; Wandbegrünung wie Wilder Wein, Efeu werden den Bodendeckern zugeordnet.

---

[86] So u.a. selbst auch im Zusammenhang mit der Bewertung denkmalgeschützter Objekte: BVVG, Fachbeiratsrichtlinie: Bewertungsgrundsätze für denkmalgeschützte Objekte am Beispiel der neuen Bundesländer (17.02.1999).

Außenanlagen   **Syst. Darst. Sachwertverfahren**

und kostenmäßig angesetzt (*Beispiel*):

Kategorien		Handels-übliche Größe	EP incl. Pflege (€)	Pflanzkosten (€) (35 % vom Einheitspreis)	Kosten (€)	Wiederanlage-kosten (€)
Bäume	Laubbäume (solitär) Stück	14/16	315,00	110,00	425,00	Anzahl × Kosten Anzahl × Kosten Anzahl × Kosten
	Nadelbäume (solitär) Stück	125 – 150	130,00	45,00	175,00	
	Obstbäume (solitär) Stück	125 – 150	130,00	45,00	175,00	
Hecken	Laubholzhecken (≥ 1 m) lfd. m	125 – 150	55,00	20,00	75,00	Anzahl × Kosten Anzahl × Kosten Anzahl × Kosten
	Nadelholzhecken (≥ 1 m) lfd. m	125 – 150	134,00	46,00	180,00	
	Hecken (≤ 1 m) lfd. m	60 – 80	70,00	25,00	95,00	
Sträucher & Heister	Sträucher (≥ 1,5 m) Stück	100 – 125	48,00	17,00	65,00	Anzahl × Kosten Anzahl × Kosten
	Sträucher (≤ 1,5 m) Stück	60 – 80	33,00	12,00	45,00	
Stauden & Bodendecker	m²		12,00	4,50	16,50	Anzahl × Kosten
Rosen	Stück		6,30	2,20	8,50	Anzahl × Kosten
Rasen	m²				5,00	Anzahl × Kosten
				Summe Wiederanlagekosten		Zwischensumme
				abzüglich Wertanteil für Aufwuchs im Verkehrswert		Abzugsbetrag
				Zulage Aufwuchs		Summe

Quelle: RWE power

3.4.5 Beleihungswertermittlung

Im Rahmen der **Beleihungswertermittlung** gehört nach § 14 BelWertV zum Wert der baulichen Anlage auch der Wertanteil der Außenanlagen, ohne dass diese in baulichen und sonstige Außenanlagen aufgegliedert werden. „Maschinen und Betriebseinrichtungen") bleiben bei der Ermittlung des Sachwerts grundsätzlich unberücksichtigt, „sofern sie nicht wesentliche Bestandteile des Gegenstandes der Beleihungswertermittlung i. S. des § 2 BelWertV sind".

3.4.6 Steuerliche Bewertung

▶ *Erl. des BMF zur Bewertung mehrjähriger Kulturen in Baumschulbetrieben nach § 6 Abs. 1 Nr. 2 EStG vom 08.09.2009 (GuG 2010, 107)*

Zur Ermittlung des **Wertanteils von Außenanlagen in der steuerlichen Einheitsbewertung** führt Abschn. 45 der BewGr[87] folgende Grundsätze an[88]:

„(1) Zu den Außenanlagen gehören insbesondere die Einfriedungen, Tore, Stützmauern, Brücken, Unterführungen, Wegebefestigungen, Platzbefestigungen, Schwimmbecken, Tennisplätze, Gartenanlagen

---

[87] Richtlinien für die Bewertung des Grundvermögens vom 19.09.1966 (BAnz Nr. 183 vom 29.9.1966); VV THFM vom 19.06.1996 – S 3219b A – 3 – 201.5, GuG 2000, 107.
[88] Zur steuerlichen Betrachtungsweise vgl. BFH, Urt. vom 15.10.1965 – VI 181/65 U –, EzGuG 20.41.

Syst. Darst. Sachwertverfahren — Außenanlagen

sowie die außerhalb des Gebäudes gelegenen Versorgungsanlagen und Abwasseranlagen innerhalb der Grundstücksgrenzen.

(2) Der Wert der Außenanlagen wird neben dem Gebäudewert gesondert erfasst (§ 83 BewG). Bei Geschäftsgrundstücken wird im Allgemeinen bei der Bewertung der Außenanlagen von ins Einzelne gehenden Ermittlungen abgesehen werden können. In vielen Fällen wird es genügen, als Wert der Außenanlagen 2 bis 8 v. H. des gesamten Gebäudewerts anzusetzen. Andernfalls muss auf Erfahrungswerte zurückgegriffen werden. Solche Erfahrungswerte können für oft vorkommende Außenanlagen aus der Anlage 17 entnommen werden. Die angegebenen Preise sind bereits unter Berücksichtigung eines Baupreisindex von 135 (1958 = 100) auf die Baupreisverhältnisse im Hauptfeststellungszeitpunkt (1. Januar 1964) umgerechnet worden. Von dem Normalherstellungswert ist die Wertminderung wegen Alters abzuziehen. Sie bestimmt sich nach dem Alter der einzelnen Außenanlagen im Hauptfeststellungszeitpunkt und ihrer Lebensdauer.

(3) Auch bei jeder einzelnen Außenanlage ist in der Regel ein Restwert von 30 v. H. des Normalherstellungswerts anzusetzen.

Neben der Wertminderung wegen Alters kommen noch Abschläge wegen etwaiger baulicher Mängel und Schäden in Betracht. Darüber hinaus können in Einzelfällen weitere Abschläge vorzunehmen sein."

261 Zu den Durchschnittspreisen bezogen auf den **Hauptfeststellungszeitpunkt 01.01.1964** vgl. *Kleiber/Simon*, Verkehrswertermittlung von Grundstücken, 5. Aufl. S. 1972.

Nach den Grundsätzen der **erbschaftsteuerlichen Bewertung** sind Außenanlagen regelmäßig mit dem Gebäudewert und dem Bodenwert abgegolten und nur in besonderen Einzelfällen mit besonders werthaltigen Außenanlagen ergänzend zu berücksichtigen[89]. Außenanlagen gelten als besonders werthaltig, wenn

- die in der nachfolgenden Tabelle dargestellten Größenmerkmale erreicht werden oder
- ihre Sachwerte (RHK für Außenanlagen nach Alterswertminderung) in der Summe 10 % des Gebäudewerts übersteigen; sie sind dann entsprechend der nachfolgenden Tabelle zu berücksichtigen.

Abb. 33: Regelherstellungskosten für Außenanlagen einschließlich Baunebenkosten und Umsatzsteuer

Regelherstellungskosten 2007 für Außenanlagen einschließlich Baunebenkosten und Umsatzsteuer			
Typisierte Gesamtnutzungsdauer = 40 Jahre			
Einfriedung bei mehr als 500 lfd. m	€ je lfd. m		
	bis 1 m hoch	bis 2 m hoch	über 2 m hoch
Einfriedungsmauer aus Ziegelstein, 11,5 cm dick	65	105	130
Einfriedungsmauer aus Ziegelstein, 24 cm dick	100	145	170
Einfriedungsmauer aus Ziegelstein, 36,5 cm dick	130	205	280
Einfriedungsmauer aus Beton, Kunststein und dgl.	70	130	160
Einfriedungsmauer aus Naturstein mit Abdeckplatten	190	250	310
Wege- und Platzbefestigungen über 1 000 m² Fläche	€ je m²		
Wassergebundene leichte Decke auf leichter Packlage	15		
Betonplattenbelag	45		
Sonstiger Plattenbelag	50		
Asphalt-, Teer-, Beton- oder ähnliche Decke auf Pack- oder Kieslage	40		
Kopfstein- oder Kleinpflaster	55		
Bruchsteinplatten mit Unterbeton	55		

---

[89] ErbStR und ErbStH 2011, zu § 190 BewG R B 190.5 (GuG 2012, 167 und Heft 4); vgl. auch gleichlautende Erlasse der obersten Finanzbehörden der Länder zur Umsetzung des Gesetzes zur Reform des Erbschaftsteuer- und Bewertungsrechts vom 05.05.2009, Abschn. 29 (GuG 2009, 305 ff.).

Vorläufiger Sachwert

Regelherstellungskosten 2007 für Außenanlagen einschließlich Baunebenkosten und Umsatzsteuer			
Typisierte Gesamtnutzungsdauer = 40 Jahre			
Einfriedung bei mehr als 500 lfd. m	€ je lfd. m		
	bis 1 m hoch	bis 2 m hoch	über 2 m hoch
Freitreppen bei mehr als 100 lfd. m	€ je lfd. m. Stufen		
	75		
Rampen bei mehr als 100 m²	€ je m² Grundfläche		
frei stehend ohne Verbindung mit einem Gebäude	100		
Stützmauern bei mehr als 200 lfd. m	€ je m² vordere Ansichtsfläche		
Beton	100		
Bruchstein	130		
Werkstein	250		
Typisierte Gesamtnutzungsdauer = 30 Jahre			
Schwimmbecken je nach Ausführung bei mehr als 50 m² Fläche	€ je m²		
einfache Ausführung	190		
normale Ausführung	500		
gehobene Ausführung	810		

3.5 Vorläufiger Sachwert

▶ *Vgl. oben Rn. 21 f.; § 8 ImmoWertV Rn. 165; zur subsidiären Berücksichtigung besonderer objektspezifischer Grundstücksmerkmale vgl. § 8 ImmoWertV Rn. 178 ff.*

Nach § 21 Abs. 1 ImmoWertV wird der **„Sachwert des Grundstücks"** (Grundstückssachwert) ermittelt aus 262

– dem Sachwert der nutzbaren baulichen Anlagen (Gebäudesachwert einschließlich dem Wert der baulichen Außenanlagen und den besonderen Betriebseinrichtungen),

– dem Sachwert der sonstigen nutzbaren (nicht baulichen) Anlagen (Anpflanzungen) und

– dem Bodenwert.

Die Summe dieser drei Komponenten ergibt jedoch noch nicht den „Sachwert des Grundstücks", denn nach § 8 Abs. 2 ImmoWertV sind subsidiär „in" dem angewandten Sachwertverfahren „regelmäßig" in folgender Reihenfolge noch gesondert zu berücksichtigen: 263

1. die allgemeinen Wertverhältnisse auf dem Grundstücksmarkt (Marktanpassung) und

2. die „besonderen objektspezifischen Grundstücksmerkmale" des zu bewertenden Grundstücks.

Dies ist **integraler Bestandteil der Sachwertermittlung**. Der Verkehrswert ist sodann nach § 8 Abs. 1 Satz 3 ImmoWertV aus dem Ergebnis des Sachwertverfahrens abzuleiten, wobei ggf. auch die Ergebnisse anderer herangezogener Wertermittlungsverfahren zu berücksichtigen sind.

Abb. 34: Vorläufiger Sachwert und Sachwert nach ImmoWertV (Überblick)

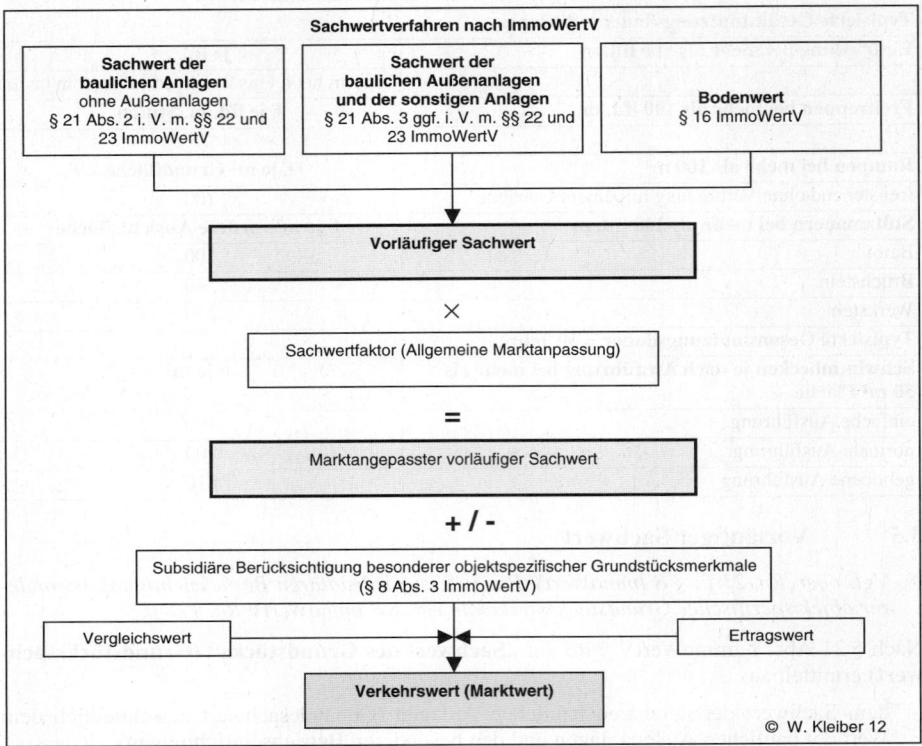

264 Der sich allein nach den §§ 21 bis 23 ImmoWertV ergebende „Sachwert" stellt mithin nur den **„vorläufigen Sachwert"** dar.

3.6 Marktangepasster vorläufiger Sachwert

3.6.1 Marktanpassung bei der Verkehrswertermittlung unter Anwendung des Sachwertverfahrens (ImmoWertV)

Schrifttum: *Gripp. P.*, Anpassungsfaktoren für NHK-Gebäudetypen mit Kostenangaben pro m³ Brutto-Rauminhalt, GuG 2007, 48; *Leutner, B./Wartenberg, J.*, Aktuelle Marktanpassungsfaktoren für das Sachwertverfahren, GuG 2009, 152.

▶ *Vgl. Vorbem. zur ImmoWertV Rn. 37; § 8 ImmoWertV Rn. 164 ff., 175, § 9 ImmoWertV Rn. 16 sowie § 14 ImmoWertV Rn. 12 ff., 94 sowie Anl. zu § 14 ImmoWertV*

265 Zur Berücksichtigung der allgemeinen Wertverhältnisse auf dem Grundstücksmarkt gemäß § 8 Abs. 2 Nr. 1 ImmoWertV „sollen" nach § 14 Abs. 1 ImmoWertV die **von den Gutachterausschüssen für Grundstückswerte abgeleiteten Sachwertfaktoren** nach § 14 Abs. 2 Nr. 1 ImmoWertV herangezogen werden. Dabei ist vorrangig der vom örtlichen Gutachterausschuss für die jeweilige Grundstücksart abgeleitete Sachwertfaktor heranzuziehen. Sind solche nicht ermittelt worden, muss auf Sachwertfaktoren zurückgegriffen werden, die für vergleichbare Regionen abgeleitet wurden; hilfsweise auf allgemeine Erfahrungswerte. Die Marktanpassung nach „Verkäuflichkeit" einzuschätzen, stellt eine hilflose Methode dar, denn die Verkäuflichkeit ist nach einer alten Maklerregel immer eine Frage des angemessenen Verkaufpreises und dieser soll ja gerade nach objektiven und möglichst empirisch belegbaren Vergleichsdaten ermittelt werden.

Die Anwendung der von den Gutachterausschüssen abgeleiteten Sachwertfaktoren kann nur dann zu einer sachgerechten Marktanpassung führen, wenn zuvor der vorläufige Sachwert nach der Methode ermittelt wurde, die der Ableitung der Sachwertfaktoren zugrunde liegt (**Grundsatz der Modellkonformität**).

Mithilfe des Sachwertfaktors wird der nach den §§ 21 bis 23 ImmoWertV ermittelte „vorläufige Sachwert" an die Lage auf dem Grundstücksmarkt angepasst (Marktanpassung). Das Ergebnis wird als „vorläufiger marktangepasster Sachwert" bezeichnet:

Vorläufiger marktangepasster Sachwert = Vorläufiger Sachwert × Sachwertfaktor

Im Anschluss an die Ermittlung des „vorläufigen marktangepassten Sachwerts" müssen noch die bis dahin nicht erfassten „**besonderen objektspezifischen Grundstücksmerkmale**" i. S. des § 8 Abs. 3 ImmoWertV berücksichtigt werden.

3.6.2 Beleihungswertermittlung

▶ *Zum Sachwertverfahren nach BelWertV vgl. oben Rn. 28, 39 ff.*

Im Unterschied zur Verkehrswertermittlung nach ImmoWertV kennt die **Beleihungswertermittlung** keine Anpassung des Sachwerts an die Lage auf dem Grundstücksmarkt (Marktanpassung). Der Wortlaut der Verordnung sieht dies zumindest nicht vor. Eine Anpassung des auf der Grundlage der BelWertV ermittelten Sachwerts an die Lage auf dem Grundstücksmarkt würde im Ergebnis zum Verkehrswert führen und wäre mit Ziel und Zweck der BelWertV unvereinbar.

3.6.3 Steuerliche Bewertung

▶ *Vgl. ErbStR und ErbStH 2011, GuG 2012, 167 und Heft 4*

Auch bei Anwendung des steuerlichen Sachwertverfahrens der §§ 189 bis 191 BewG ist der sich aus Gebäudesach- und Bodenwert zusammensetzende vorläufige Sachwert (vgl. oben Rn. 44) an die Lage auf dem Grundstücksmarkt anzupassen. Dazu sind nach § 191 Abs. 1 BewG vorrangig die vom Gutachterausschuss ermittelten **Sachwertfaktoren (Marktanpassungsfaktoren)** i. S. des § 14 Abs. 2 Nr. 1 ImmoWertV heranzuziehen. Diese sind als geeignet anzusehen, wenn die Ableitung der Sachwertfaktoren weitgehend in demselben Modell erfolgt ist wie die Bewertung:

- Sind von den Gutachterausschüssen lediglich Sachwertfaktoren in Wertspannen veröffentlicht worden, ist der Faktor anzusetzen, der der typisierten Wertzahl nach Anl. 25 BewG weitgehend entspricht (vgl. ErbStR uns ErbStH zu § 191 BewG R B 191.2).
- Hat der örtliche Gutachterausschuss bei der Ableitung der Sachwertfaktoren z. B. die NHK 2000 mittels eines Regionalisierungs- oder Ortsgrößenfaktors umgerechnet, sind die Sachwertfaktoren für das typisierte Sachwertverfahren nicht geeignet.

Stehen **keine geeigneten Sachwertfaktoren** zur Verfügung, sind die in der Anl. 25 zum BewG dargestellten Wertzahlen (vgl. Anl. 1.1 zu § 14 ImmoWertV) zu verwenden:

- Bei Anwendung der Wertzahlen nach Anl. 25 zum BewG ist auf den Bodenrichtwert ohne Wertkorrekturen (vgl. ErbStR und ErbStH 2011, R B 179.2 Abs. 2 bis 6) abzustellen. In den Fällen des § 179 Satz 4 BewG ist auf den Bodenrichtwert der herangezogenen vergleichbaren Flächen abzustellen.
- Bei einer Differenzierung zwischen einem Vorder- und Hinterlandpreis ist ausschließlich der Bodenrichtwert für das Vorderland anzusetzen.

3.7 Subsidiäre Berücksichtigung besonderer objektspezifischer Grundstücksmerkmale

▶ *Vgl. § 21 ImmoWertV Rn. 4, 19 sowie vor allem § 8 ImmoWertV Rn. 178 ff.*

270 Im Anschluss an die Marktanpassung sind gemäß § 8 Abs. 2 und 3 ImmoWertV die sonstigen besonderen objektspezifischen Grundstücksmerkmale des zu bewertenden Grundstücks zu berücksichtigen, soweit sie noch nicht nach §§ 21 bis 23 ImmoWertV selbst berücksichtigt worden sind. Soweit beispielsweise einem Baumangel und Bauschaden (Instandsetzungsrückstau) mit einer verminderten Restnutzungsdauer hinreichend Rechnung getragen worden ist, besteht insoweit kein Ergänzungsbedarf.

271 Als **besondere objektspezifische Grundstücksmerkmale** (Anomalien) kommen insbesondere in Betracht:

- Baumängel und Bauschäden (Instandhaltungsrückstau),
- eine wirtschaftliche Überalterung,
- ein überdurchschnittlicher Erhaltungszustand,
- die architektonische Gestaltung,
- vom marktüblich erzielbaren Ertrag abweichender Ertrag,
- von marktüblich anfallenden Bewirtschaftungskosten abweichende Bewirtschaftungskosten,
- Leerstand,
- atypische Nutzungen (Fehlnutzungen),
- Abweichungen der tatsächlichen von der zulässigen bzw. lagetypischen Nutzung,
- Aufwendungen für bevorstehenden Abbruch,
- Baunebenkosten, soweit sie von den mit den Normalherstellungskosten erfassten Baunebenkosten abweichen und auch nicht mit dem Sachwertfaktor erfasst werden,
- Altlasten,
- Aufwuchs und andere Außenanlagen,
- Rechte am Grundstück.

Daneben kann aber auch eine **ergänzende Berücksichtigung besonderer Bestandteile des Gebäudes sowie des Grund und Bodens** in Betracht kommen, soweit diese Bestandteile unter Beachtung des Grundsatzes der Modellkonformität (vgl. oben Rn. 15) bei der Ermittlung des vorläufigen Sachwerts unberücksichtigt geblieben sind. Dies können beispielsweise sein

- Teilflächen des Grundstücks bei Abweichungen von marktüblichen Grundstücksgrößen,
- besondere (erheblich vom Üblichen oder der angesetzten Pauschale abweichende) Bauteile und Einrichtungen sowie bauliche und sonstige Außenanlagen (Aufwuchs) usw.

272 Der **Berücksichtigung besonderer objektspezifischer Grundstücksmerkmale** kommt regelmäßig eine sehr große Bedeutung zu, denn nur selten entspricht ein bebautes Grundstück in allen Belangen den Grundstücksmerkmalen, die mit einem auf der Grundlage von Normalherstellungskosten ermittelten Grundstückssachwert und dem zur Anwendung kommenden Sachwertfaktor erfasst werden.

273 Die besonderen objektspezifischen Grundstücksmerkmale sind nach § 8 Abs. 3 ImmoWertV durch

- marktgerechte Zu- oder Abschläge oder

Beispiel   **Syst. Darst. Sachwertverfahren**

– in anderer geeigneter Weise

in marktkonformer Höhe zu berücksichtigen.

Die sich aus der Berücksichtigung der besonderen objektspezifischen Grundstücksmerkmale ergebenden **Wertminderungen bzw. Werterhöhungen sind nämlich nur insoweit zu berücksichtigen, wie dies dem gewöhnlichen Geschäftsverkehr entspricht**, d. h. in marktüblicher Höhe. Im Übrigen wird zur subsidiären Berücksichtigung besonderer objektspezifischer Grundstücksmerkmale auf die Ausführungen bei § 8 ImmoWertV Rn. 178 ff. verwiesen.   274

3.8 Sach- und Verkehrswert

3.8.1 Allgemeines

▶ *Näheres hierzu bei § 8 ImmoWertV Rn. 172 ff.*

Der nach vorstehenden Grundsätzen unter Berücksichtigung der Marktlage und der besonderen objektspezifischen Grundstücksmerkmale ermittelte Sachwert ist regelmäßig der Verkehrswert. Soweit andere Wertermittlungsverfahren unterstützend herangezogen worden sind, ist er nach Maßgabe des § 8 Abs. 1 Satz 3 ImmoWertV unter Berücksichtigung der Ergebnisse dieser Verfahren abzuleiten.   275

3.8.2 Auf- und Abrundung

Im Übrigen verbleibt es bei **Auf- oder Abrundungen** nämlich bei einer Höhe des Verkehrswerts von   276

	bis			
	bis	10 000 €	auf	volle Hunderter
10 000 €	bis	500 000 €	auf	volle Tausender
500 000 €	bis	1 000 000 €	auf	volle Zehntausender
	über	1 000 000 €	auf	volle Hunderttausender

4 Beispiel

4.1 Allgemeines

▶ *Weitere Beispielfälle sind abgedruckt in Kleiber, Verkehrswertermittlung von Grundstücken, 6. Aufl. 2010, Teil VI Rn. 10 ff.*

Die Ermittlung des Marktwerts (Verkehrswert) auf der Grundlage des Sachwertverfahrens soll zur Erläuterung der vorstehenden Ausführungen an folgendem Beispiel dargestellt werden.   277

Zu ermitteln ist der Verkehrswert eines Einfamilienhauses unter Anwendung des Sachwertverfahrens. Der Sachwert ist nach § 22 Abs. 1 letzter Halbsatz ImmoWertV unter Anwendung des einschlägigen vom Gutachterausschuss für Grundstückswerte abgeleiteten und veröffentlichten Sachwertfaktors nach § 14 Abs. 2 Nr. 1 ImmoWertV unter Beachtung des Grundsatzes der Modellkonformität zu ermitteln.   278

Syst. Darst. Sachwertverfahren — Beispiel

4.2 Sachverhalt

4.2.1 Gegenstand der Marktwertermittlung

279 Zu ermitteln ist der Marktwert (Verkehrswert) eines im Jahre 1992 in massiver Bauweise erstellten Einfamilienhauses mit zwei Vollgeschossen, bestehend aus einem Kellergeschoss (KG), einem Erdgeschoss (EG) und einem ausgebauten Dachgeschoss (DG), einschließlich Garage im „Speckgürtel" einer nordrhein-westfälischen Stadt von 350 000 Einwohnern (E). Gemäß Wertermittlungsauftrag ist:

Wertermittlungsstichtag (§ 3 Abs. 1 ImmoWertV)	01.01.2012
Qualitätsstichtag (§ 4 Abs. 1 ImmoWertV)	01.01.2012

280 Zu dem Grundstück wurde festgestellt:

a) Art und Maß der baulichen Nutzung

Das Grundstück ist als baureifes Land i. S. des § 5 Abs. 4 ImmoWertV zu qualifizieren. Es liegt innerhalb des Geltungsbereichs eines Bebauungsplans mit folgenden Festsetzungen zur **zulässigen baulichen Nutzung**:

- Art der baulichen Nutzung   WA
- Maß der baulichen Nutzung (GFZ)   1,0
- Bauweise   offene Bauweise.

b) Bodenrichtwert

Das Grundstück liegt in einer Bodenrichtwertzone, für die der Gutachterausschuss zum Wertermittlungsstichtag einen **Bodenrichtwert** von 250 €/m² ermittelt hat mit folgenden Angaben zum (fiktiven) Bodenrichtwertgrundstück:

- B   Baureifes Land
- WA   Allgemeines Wohngebiet
- 1,0   (GFZ)
- II   Zahl der Vollgeschosse
- 500 m²   Grundstücksgröße
- ebf   erschließungsbeitrags*frei*

Abb. 35: Lageplan

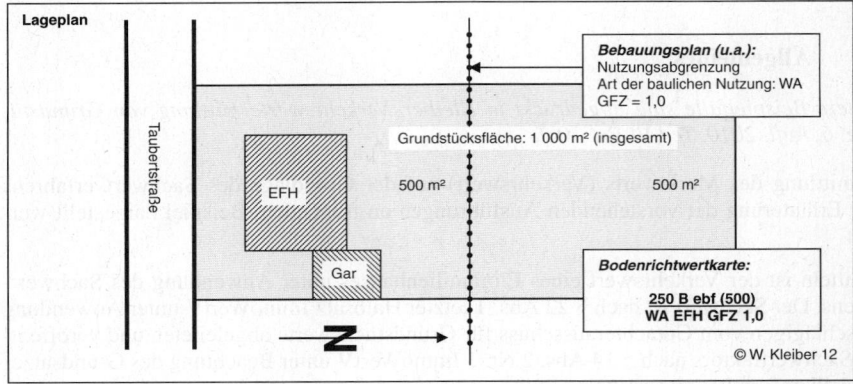

Beispiel   **Syst. Darst. Sachwertverfahren**

c)   **Zum Grund und Boden**

Das zu bewertende Grundstück

- liegt in einer bevorzugten Randlage der Bodenrichtwertzone,
- ist planungskonform mit einem Einfamilienhaus (EFH) bebaut,
- weist eine Grundstücksgröße von 1 000 m² auf, von denen 500 m² innerhalb des festgesetzten Baugebiets liegen die Restfläche ist als Hinterland des eigentlichen Baugrundstücks nutzbar,
- ist erschlossen, jedoch erschließungsbeitrags*pflichtig* (ebpf),
- ist gartenmäßig nach Norden ausgerichtet und
- weist die üblichen Außenanlagen auf.

d)   **Zur Bebauung**

Das Grundstück ist bebaut mit einem im Jahre 1992 errichteten Einfamilienhaus und einer Garage. Die **Baubeschreibung**, aus der sich der Gebäudestandard ergibt, ist hier nicht dargestellt.

Abb. 36:   **Ansicht**

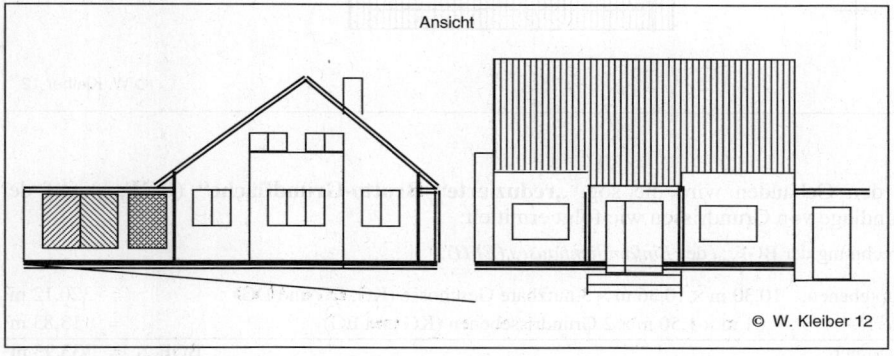

Abb. 37:   **Grundrisse Keller- und Erdgeschoss**

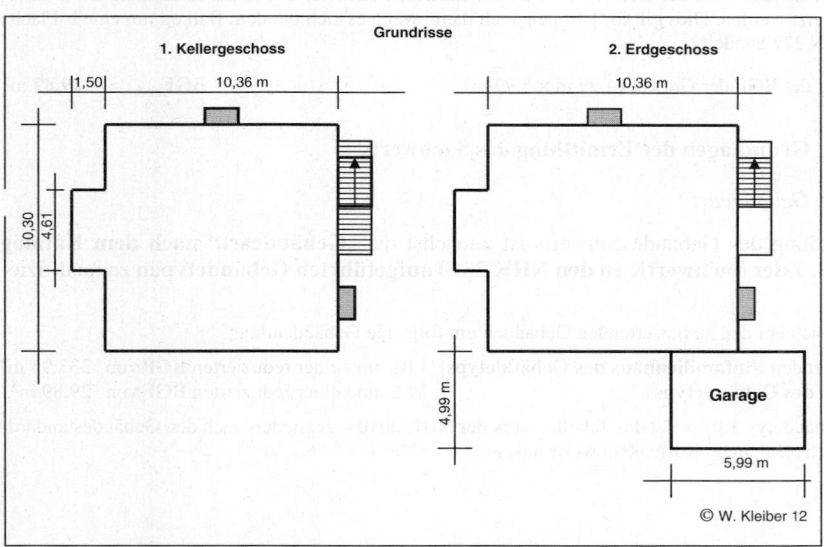

1601

Syst. Darst. Sachwertverfahren — Beispiel

Abb. 38: Grundriss Dachgeschoss

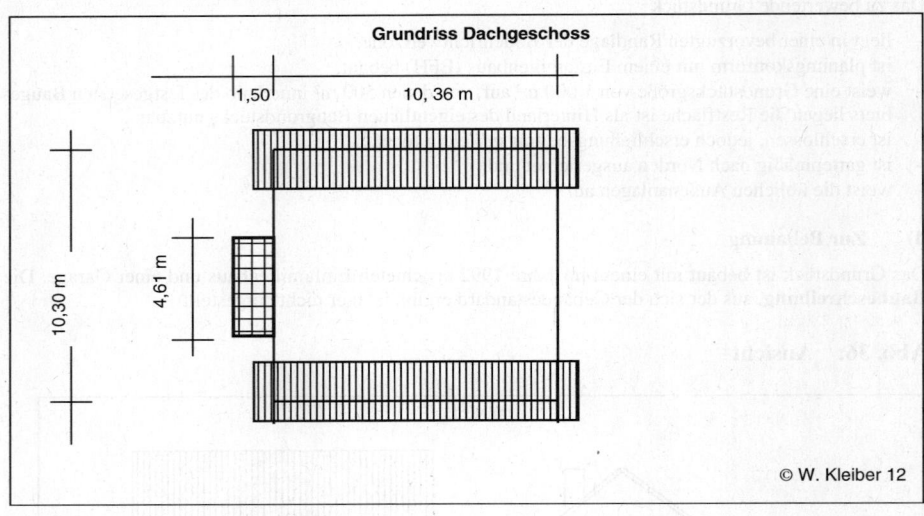

281   Zu den Gebäuden wird die sog. „**reduzierte" Brutto-Grundfläche" (BGF$_{red}$)** auf der Grundlage von Grundrissen wie folgt ermittelt:

Berechnung der BGF$_{red}$ des *Einfamilienhauses (EFH)*:

Hauptebenen:	10,30 m × 10,36 m × 3 nutzbare Geschosse (KG, EG und DG)	= 320,12 m²
Erker:	4,61 m × 1,50 m × 2 Grundrissebenen (KG und EG)	= 13,83 m²
zusammen		BGF$_{red}$ = 333,95 m²

Nicht berücksichtigt wird der Balkon, da Balkone nach den SachwertR bei der Ermittlung der BGF$_{red}$ nicht angesetzt werden. Dies gilt im Übrigen auch dann, wenn es sich bei dem Balkon um eine b-Fläche i. S. der DIN 277 handelt.

Berechnung der BGF der *Garage* (4,99 m × 5,99 m)   **BGF$_{red}$ = 29,89 m²**

4.2.2 Grundlagen der Ermittlung des Sachwerts

a) Gebäudeart

282   Zur Ermittlung des Gebäudesachwerts ist zunächst die „**Gebäudeart" nach dem Katalog der in Anl. 1 der SachwertR zu den NHK 2010 aufgeführten Gebäudetypen** zu qualifizieren:

Es handelt sich bei den zu bewertenden Gebäuden um folgende Gebäudearten:

–   freistehenden **Einfamilienhaus des Gebäudetyps** 1.01 und einer reduzierten BGF von 333,95 m²
–   **Garage des Gebäudetyps** 14.1 und einer reduzierten BGF von 29,89 m².

Für den Gebäudetyp 1.01 weist das Tabellenwerk der NHK 2010 – gegliedert nach den Gebäudestandardstufen 1 bis 5 – folgende Kostenkennwerte aus:

Beispiel   **Syst. Darst. Sachwertverfahren**

Ein- und Zweifamilienhäuser (freistehend)

	Kostenkennwerte für freistehende Einfamilienhäuser einschließlich Mehrwertsteuer und *Baunebenkosten in Höhe von 17 %*							
	Typ	BRI BGF	BGF WF	\multicolumn{5}{c}{Gebäudestandard}
				1	2	3	4	5
				\multicolumn{5}{c}{NHK in €/m² BGF:}
Keller-, Erdgeschoss Dachgeschoss voll ausgebaut	1.01	2,83	2,3	655	725	835	1 005	1 260
					70	110	170	255

14.1 Einzelgaragen/Mehrfachgaragen

Standardstufen	3	4	5
Bauwerk	245	485	780
einschließlich Baunebenkosten i.H. von		12 %	
Standardstufe 3: Fertiggaragen **Standardstufe 4:** Garagen in Massivbauweise **Standardstufe 5:** Individuelle Garage in Massivbauweise mit besonderen Ausführungen wie Ziegeldach, Gründach, Bodenbelägen, Fliesen o. Ä., Wasser			

b)   *Gebäudestandard*

Daneben ist zur Ermittlung des Gebäudesachwerts der „**Gebäudestandard**" nach dem   283
Katalog der in Anl. 2 der SachwertR zu den NHK 2010 aufgeführten „**Standardstufen**"
zu qualifizieren:

Der **Gebäudestandard** des Einfamilienhauses wird auf der Grundlage einer Einstufung der tatsächlich gegebenen Gebäudemerkmale (Außenwände, Dächer usw.) nach der „Beschreibung des Gebäudestandards für Ein- und Zweifamilienhäuser, Doppelhäuser, Reihenhäuser" ermittelt, wobei die jeweiligen Ausstattungsmerkmale anteilig verschiedenen Standardstufen zurechenbar sind. Unter Berücksichtigung der Wägungsanteile der jeweiligen Ausstattungsmerkmale errechnet sich für das Einfamilienhaus

– ein gewogener Gebäudestandard   hier 3,39 und
– der entsprechend gewogene Kostenkennwert (NHK) hier 903 €/m² BGF

Berechnungsschema zur Ermittlung eines gewichteten Standards und gewichteter Normalherstellungskosten (NHK 2010)								
Ausstattungs-merkmal	Anteiliger Vomhundertsatz der Standardeinstufung					Wägungs-anteil	Gebäu-destan-dard	anteilige NHK gewichtet
	1	2	3	4	5		gew.	€/m² BGF
Außenwände				30		**0,23**	0,76	69,35 €/m² BGF
			70					134,44 €/m² BGF
Dächer				100		**0,15**	0,45	125,25 €/m² BGF
								0,00 €/m² BGF
Außentüren und Fenster				100		**0,11**	0,44	110,55 €/m² BGF
								0,00 €/m² BGF
Innenwände				100		**0,11**	0,33	91,85 €/m² BGF
								0,00 €/m² BGF

Syst. Darst. Sachwertverfahren — Beispiel

Berechnungsschema zur Ermittlung eines gewichteten Standards und gewichteter Normalherstellungskosten (NHK 2010)									
Ausstattungs-merkmal	Anteiliger Vomhundertsatz der Standardeinstufung					Wägungs-anteil	Gebäu-destan-dard	anteilige NHK gewichtet	
	1	2	3	4	5		gew.	€/m² BGF	
Deckenkonstruktion und Treppen				100		0,11	0,44	110,55	€/m² BGF
								0,00	€/m² BGF
Fußböden			50			0,07	0,18	29,23	€/m² BGF
		50						25,38	€/m² BGF
Sanitäreinrichtungen				60		0,07	0,25	42,21	€/m² BGF
			40					23,38	€/m² BGF
Heizung				100		0,09	0,36	90,45	€/m² BGF
								0,00	€/m² BGF
Sonstige technische Einrichtungen			100			0,06	0,18	50,10	€/m² BGF
								0,00	€/m² BGF
					Σ =	1,00			
					Gewogener Standard =		3,39		
Typ des zu bewertenden Gebäudes									
Typ 1.01 Kosten-kennwerte:	655	725	835	1005	1260	Gewogene NHK =		903	€/m² BGF

c) *Übliche Gesamtnutzungsdauer*

▶ *Vgl. § 6 ImmoWertV Rn. 381 ff.*

284 Nach den Grundsätzen der SachwertR soll sich die **übliche Gesamtnutzungsdauer (GND) in Abhängigkeit vom jeweils gegebenen Gebäudestandard** nach Anl. 3 zu den SachwertR ergeben:

– Der Gebäudestandard des *Einfamilienhauses* wurde mit 3,39 ermittelt. Hieraus ergibt sich eine **übliche Gesamtnutzungsdauer** von 72 Jahren.

– Der Gebäudestandard der *Garage* wird mit der Standardstufe 5 angesetzt. Nach Anl. 3 zu den SachwertR ergibt sich in Abhängigkeit vom Gebäudestandard eine **übliche Gesamtnutzungsdauer** von 60 Jahren.

4.2.3 Sachwertfaktor

▶ *Vgl. Vorbem. zur ImmoWertV Rn. 37 sowie Erläuterungen zu § 14 ImmoWertV*

285 Zur Ermittlung des Marktwerts unter Anwendung des Sachwertverfahrens ist nach § 21 Abs. 1 ImmoWertV der vom Gutachterausschuss für Grundstückswerte abgeleitete Sachwertfaktor heranzuziehen. Bei Beachtung des **Grundsatzes der Modellkonformität** muss sich die Sachwertermittlung nicht nur an dem vom Gutachterausschuss in seinem Grundstücksmarktbericht veröffentlichen einschlägigen Sachwertfaktor, sondern auch an dem zugrunde liegenden Sachwertmodell ausrichten.

Beispiel   **Syst. Darst. Sachwertverfahren**

Der einschlägige Sachwertfaktor wird im Grundstücksmarktbericht des örtlichen Gutachterausschusses angegeben mit **0,85**.

Grundsätzlich sind der Ermittlung des vorläufigen Sachwerts zugrunde zu legen
- der vorläufige Gebäudesachwert,
- der vorläufige Wertanteil baulicher und sonstiger Außenanlagen und
- der vorläufige Bodenwert nach den §§ 21 bis 23 ImmoWertV

im Wesentlichen nach

a) dem vom Gutachterausschuss für Grundstückswerte *bei der Ableitung des vorstehenden Sachwertfaktors* angewandten Sachwertmodell und
b) den durchschnittlichen Merkmalen der Grundstücke, die der Ableitung des einschlägigen Sachwertfaktors zugrunde liegen.

Zum einschlägigen hier heranzuziehenden **Sachwertfaktor** wurden dem Grundstücksmarktbericht folgende Angaben gemacht:

- Der **bei der Ableitung des Sachwertfaktors angesetzte (vorläufige)** *Gebäudesachwert* wurde methodisch ermittelt auf der Grundlage
  - der Kostenkennwerte der NHK 2010 ohne Berücksichtigung von abweichenden Baunebenkosten,
  - der Baupreisindexreihe des Statistischen Bundesamtes,
  - einer linearen Alterswertminderung nach § 23 ImmoWertV,
  - der sich nach Anl. 3 der SachwertR angegebenen üblichen Gesamtnutzungsdauer (GND),
  - ohne ergänzende Berücksichtigung der mit den Normalherstellungskosten nicht erfassten besonderen Bauteile, Einrichtungen und Vorrichtungen i. S. von § 22 Abs. 2 Satz 2 ImmoWertV sowie der nicht erfassten c-Flächen,
  - ohne Berücksichtigung von baulichen Außenanlagen und sonstigen Anlagen (Aufwuchs),
  - ohne Regionalisierung der Kostenkennwerte mittels Regional- und Ortsgrößenfaktoren sowie
  - ohne Berücksichtigung besonderer objektspezifischer Grundstücksmerkmale i. S. des § 8 Abs. 3 ImmoWertV.

- Der **bei der Ableitung des Sachwertfaktors angesetzte (vorläufige)** *Bodenwert* wurde methodisch ermittelt auf der Grundlage
  - von Bodenrichtwerten erschließungsbeitragsfreier (ebf) Grundstücke ohne Berücksichtigung von Abweichungen des einzelnen Grundstücks im Verhältnis zu den in der Bodenrichtwertkarte angegebenen Eigenschaften des Bodenrichtwertgrundstücks (GFZ, abgabenrechtlicher Zustand usw.),
  - von marktüblichen Grundstücksgrößen von 500 m².

- Der Ableitung des herangezogenen Sachwertfaktors liegen *Kaufpreise von Grundstücken* zugrunde, deren Gebäude
  - in den Jahren 1980 bis 2000 errichtet und ordnungsgemäß instand gehalten wurden,
  - einen durchschnittlichen Erhaltungszustand, keine wesentlichen Baumängel oder Bauschäden aufweisen,
  - einen maximalen Anteil an besonderen Bauteilen und an c-Flächen aufwiesen,
  - nach Größe und Ausstattung einen Sachwert in der dem Sachwertfaktor zugeordneten Höhe aufwiesen (Sachwertfaktoren werden i. d. R. differenziert nach der Höhe des Sachwerts abgeleitet) und
  - die auch ansonsten keine besonderen objektspezifischen Grundstücksmerkmale i. S. des § 8 Abs. 3 ImmoWertV aufwiesen.

- Die *Grundstücke*, deren Kaufpreise zur Ableitung des Sachwertfaktors herangezogen wurden, werden marktüblich genutzt und weisen insbesondere
  - keine vom marktüblich erzielbaren Ertrag abweichenden Erträge und Bewirtschaftungskosten,
  - keinen von der marktüblichen Leerstandsrate abweichenden Leerstand und
  - keine Abweichung der tatsächlichen von der zulässigen bzw. lagetypischen Nutzung auf.

Des Weiteren wurden die für Einfamilienhäuser ermittelten Sachwertfaktoren unter Einbeziehung des Gebäudesachwerts einer Garage und differenziert nach Lageverhältnisse ermittelt, wobei diese sich aus dem Bodenrichtwertgefüge ergeben (hier Bodenrichtwert 200 bis 300 €/m²).

Syst. Darst. Sachwertverfahren — Beispiel

4.2.4 Ermittlung des zum Sachwertfaktor kompatiblen Bodenwerts

287 Der Bodenwert des zu bewertenden Grundstücks ist nach Maßgabe des § 21 Abs.1 i. V. m. § 16 ImmoWertV zu ermitteln. Bei der Ermittlung des Sachwerts unter Heranziehung von Sachwertfaktoren wird unter Beachtung des Grundsatzes der Modellkonformität der vorläufige Bodenwert ermittelt

a) auf der Grundlage des einschlägigen Bodenrichtwerts sowie
b) einer Bodensondierung, d. h. einer Aufteilung des Grund und Bodens
   - in einer dem Sachwertfaktor zugrunde liegenden „Regelfläche" und der davon abweichenden Teilfläche sowie
   - nach Flächenanteilen unterschiedlicher Wertigkeit (Vorder- und Hinterland).

Dem Grundstücksmarktbericht des Gutachterausschusses kann entnommen werden:

– durchschnittliche im Gemeindegebiet anfallende Erschließungsbeiträge: 30 €/m² Baugrundstücksfläche,
– durchschnittlicher Wertansatz für gartenmäßig genutztes Hinterland: 30 v. H. des Bodenrichtwerts (Vorderland),
– Wertabschlag bei Nordausrichtung von Ein- und Zweifamilienhäusern: 5 %.

Ermittlung des tatsächlichen Bodenwerts des Gesamtgrundstücks sowie des **zum Sachwertfaktor kompatiblen Bodenwerts**:

		BRW €/m²	Bodenwert kompatibel zum Sachwertfaktor	Bodenwert tatsächlich
Gesamtfläche	1 000 m²			
Baulandanteil*	500 m²	250	125 000 € (ebf)	125 000 €
Restfläche	500 m²			
Wertansatz (Restfläche)		30 v. H.		37 500 €
Zwischenwert				162 500 €
Sonstige Zu- und Abschläge				
> Abschlag wegen Erschließungsbeitrag		30 €/m²		– 15 000 €
> Zuschlag wegen bevorzugter Lage		10 v. H.		+ 16 250 €
> Abschlag wegen Nordausrichtung		5 v. H.		– 8 125 €
>				€
>				€
Bodenwert (kompatibel zum Sachwertfaktor)			125 000 € (ebf)	
Bodenwert des Gesamtgrundstücks (ebpf)				155 625 €

* Regelfläche gemäß Erläuterungen zum Sachwertfaktor i.V. mit der Attributierung des ausgewiesenen Bodenrichtwerts

Beispiel **Syst. Darst. Sachwertverfahren**

4.2.5 Modellkonforme Ermittlung des Marktwerts unter Anwendung des Sachwertverfahrens

Sachwertermittlung		
Gebäudebezeichnung	Einfamilienhaus	Garage
Reduzierte Brutto-Grundfläche (BGF$_{red}$)	333,95 m²	29,89 m²
Gebäudestandard (ggf. gewichtet)	3,39	5,00
Gewichteter Kostenkennwert nach NHK 2010 (Basisjahr 2010)	903,00 €/m² BGF$_{red}$	780,00 €/m² BGF$_{red}$
vgl. Berechnung nach gewichtetem Gebäudestandard darin enthaltene Baunebenkosten	17 %	12 %

Gewöhnliche Herstellungskosten zum Wertermittlungsstichtag (Normgebäude)		
Wertermittlungsstichtag	01.01.2012	
Baupreisindex zum Wertermittlungsstichtag	103,8	
Baupreisindex des Bezugsjahrs der NHK 2010 (2010)	100,0	
Indexfaktor	1,038	
Gewöhnliche Herstellungskosten zum Wertermittlungsstichtag	937,31 €/m² BGF$_{red}$	809,64 €/m² BGF$_{red}$
Gewöhnliche Herstellungskosten eines Neubaus (insgesamt)	313 015 €	24 200 €

Besondere Bauteile und dgl. (nach § 22 Abs. 2 Satz 2 ImmoWertV), *soweit mit dem Kostenkennwert und mit Sachwertfaktor nicht erfasst.*	im „üblichen" mit Sachwertfaktor erfassten Umfang	
1 Kellertreppe, 1 Balkon, 2 Lichtkästen..............	.... €	.... €
zusammen	.... €	.... €

Regionalisierung der gewöhnlichen Herstellungskosten, *nur insoweit, wie sie nicht mit dem herangezogenen Sachwertfaktor erfasst wird*		
Ortsfaktor	....	*berücksichtigt mit regionalisierendem Sachwertfaktor*
Regionalfaktor x	....	
Kombinierter Orts- und Regionalfaktor	....	
Ortsspezifische (gewichtete) gewöhnliche Herstellungskosten zum Wertermittlungsstichtag	€	€

Alterswertminderung (§ 23 ImmoWertV)		
(Fiktives) Baujahr	1992	1992
(Fiktives) Alter	20 Jahre	20 Jahre
Übliche Gesamtnutzungsdauer (GND) nach Anl. 3 SachwertR	72 Jahre	60 Jahre
Restnutzungsdauer	52 Jahre	40 Jahre
Alterswertminderungsfaktor	0,722222	0,6667
Alterswertminderung in Prozent der Herstellungskosten	27,78 %	33,33 %
Alterswertminderung als Betrag	86 948 €	8 067 €
Vorläufige Gebäudesachwerte		
Alterswertgeminderte Herstellungskosten	226 066 €	16 133 €

Vorläufiger Sachwertanteil der baulichen und sonstigen Außenanlagen		
nur, soweit nicht mit dem Bodenwert und dem Sachwertfaktor erfasst (nach Erfahrungswerten in v. H. der alterswertgeminderten Herstellungskosten)		
Bauliche Außenanlagen	*im „üblichen" mit Sachwertfaktor erfassten Umfang*	
Aufwuchs	*im „üblichen" mit Sachwertfaktor erfassten Umfang*	
....		€

Syst. Darst. Sachwertverfahren — Beispiel

Vorläufiger Bodenwertanteil

mit Sachwertfaktor kompatibler Bodenwert		
Gesamtfläche des Grundstücks	1 000 m²	
davon der mit dem Sachwertfaktor kompatible Flächenanteil	500 m²	
Bodenrichtwert (ebf)	× 250 €/m²	125 000 €
Restfläche (= Gesamtfläche – sachwertfaktorkompatibler Flächenanteil)	+ 500 m²	

Vorläufiger Sachwert (= vorläufige Gebäudesachwerte + Bodenwerte + Außenanlagen)
367 199 €

Marktanpassung

Sachwertfaktor (§ 21 Abs. 1 i. V. m. § 8 Abs. 2 und § 14 Abs. 2 Nr. 1 ImmoWertV)	× 0,85
Marktangepasster vorläufiger Sachwert	312 119 €

Subsidiäre Berücksichtigung besonderer objektspezifischer Grundstücksmerkmale
(§ 8 Abs. 3 ImmoWertV),
soweit nicht bereits mit dem vorläufigen Sachwert oder dem Sachwertfaktor berücksichtigt

Gebäudebezogene Besonderheiten

Wertanteil besonderer Bauteile und dgl. sowie c-Flächen usw.
Wirtschaftliche Überalterung
Überdurchschnittlicher Erhaltungszustand
Baumängel und Bauschäden
Vom marktüblich erzielbaren Ertrag erheblich abweichender Ertrag
....
Summe: .... €

Bodenbezogene Besonderheiten

Restfläche	500 m²		
Abzuziehende Freilegungskosten (§ 16 Abs. 3 ImmoWertV)			
Abweichende Nutzung nach § 16 Abs. 4 ImmoWertV			
Wertanteil besonderer Teilflächen (Über- bzw. Untergröße): 30 %	250 €/m²		+ 37 500 €
Wertanteil aufgrund Wertigkeit			
Abgabenrechtliche Besonderheiten		ebpf	– 15 000 €
Abweichende Lagemerkmale		bevorzugte Lage	+ 16 250 €
....		Nordausrichtung	– 8 125 €
		Summe:	30 625 €

Besondere Rechte und Belastungen
.... €

Besondere bauliche Außenanlagen und sonstige Anlagen (Aufwuchs)

Wertminderung bzw. Werterhöhung aufgrund vom Üblichen abweichender Außenanlagen
....
Summe: .... €

Summe der subsidiär zu berücksichtigenden Grundstücksmerkmale
30 625 €

Sachwert (Marktwert)
342 744 €
(= marktangepasster vorläufiger Sachwert + subsidiär zu berücksichtigende besondere Grundstücksmerkmale

Sonderfälle **Syst. Darst. Sachwertverfahren**

nachrichtlich			
Bodenwert	(= vorläufiger Bodenwertanteil + bodenbezogene Besonderheiten)	155 625	€
Kostenorientierte Gebäudesachwerte = vorläufige Gebäudesachwerte + gebäudebezogene Besonderheiten		242 199	€
Wert der baulichen Außenanlagen und sonstigen Anlagen im Sachwert enthalten, soweit im gewöhnlichen Geschäftsverkehr berücksichtigt.			

5 Sonderfälle

5.1 Gebäudesachwert bei Gebäudemix (Teilunterkellerungen und Anbauten)

5.1.1 Gebäudemix

▶ *Vgl. oben Rn. 58 ff., § 6 ImmoWertV 436 ff.*

Bei einem **Gebäude**, das sich zumeist als wirtschaftliche Einheit **aus unterschiedlichen Gebäudearten zusammensetzt**, spricht man von einem Gebäudemix. Der Gebäudesachwert kann in derartigen Fällen grundsätzlich auf der Grundlage

a) der jeweiligen Teilbereiche (z. B. aufgrund unterschiedlicher Gebäudearten, Nutzungen, Standardstufen, Ausbaugraden) sowie

b) nach entsprechend gewichteten Kostenkennwerten (Mischkalkulation)

ermittelt werden.

Soll der Sachwert von Gebäuden, die sich aus unterschiedlichen Gebäudearten zusammensetzen, auf der Grundlage der verschiedenen Teilbereiche (vgl. Abb. 39) ermittelt werden, sind die jeweiligen Flächenanteile (mit der dafür ermittelten BGF_{red}) und die jeweiligen vom Gebäudestandard abhängigen Kostenkennwerten zu berücksichtigen. Bilden die Gebäudeteile eine wirtschaftliche Einheit, ist die Alterswertminderung regelmäßig auf der Grundlage einer einheitlichen Restnutzungsdauer zu bemessen.

Abb. 39: Gebäudemix

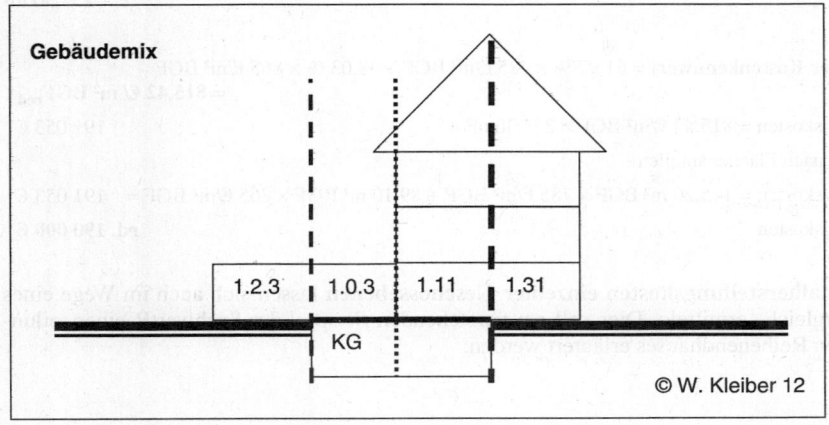

Syst. Darst. Sachwertverfahren — Sonderfälle

291 Soll der Sachwert von Gebäuden, die sich aus unterschiedlichen Gebäudearten zusammensetzen, auf der Grundlage entsprechend **gewichteter Kostenkennwerte (Mischkalkulation)** ermittelt werden, muss der relative Flächenanteil (in v. H. der Gesamtfläche des Gebäudes) der Teilflächen ermittelt werden, um daraus den gewichteten Kostenkennwert abzuleiten, der dann auf die Gesamtfläche des Gebäudes zur Anwendung kommen kann. Dies soll nachfolgend am Beispiel der Nr. 4.1.1.6 der SachwertR vorgestellt werden.

5.1.2 Teilunterkellerung

292 Für ein teilunterkellertes Gebäude, das sich zu 55 % aus dem Gebäudetyp 2.11 und zu 45 % aus dem Gebäudetyp 2.31 zusammensetzt, wird nachfolgend der **gewichtete Kostenkennwert** ermittelt:

Mischkalkulation:

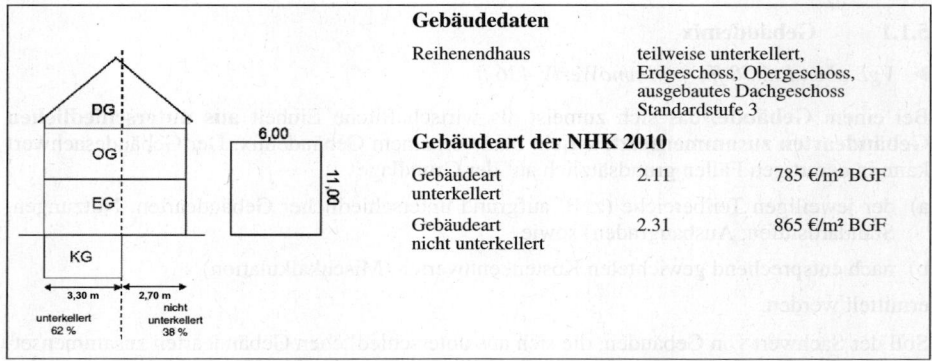

Gebäudedaten		
Reihenendhaus	teilweise unterkellert, Erdgeschoss, Obergeschoss, ausgebautes Dachgeschoss Standardstufe 3	
Gebäudeart der NHK 2010		
Gebäudeart unterkellert	2.11	785 €/m² BGF
Gebäudeart nicht unterkellert	2.31	865 €/m² BGF

Unterkellerter Gebäudeteil:	Grundfläche:	3,30 m × 11 m =	36,30 m²	
	BGF:	4 Ebenen 36,30 m² × 4 =		145,20 m²
Nicht unterkellerter Gebäudeteil:	Grundfläche:	2,70 m × 11 m =	29,70 m²	
	BGF:	3 Ebenen 29,70 m³ × 3 =		89,10 m²
Summe			=	234,30 m²

Gewichteter Kostenkennwert = 61,97 % × 785 €/m² BGF + 38,03 % × 865 €/m² BGF

= **815,42 €/ m² BGF$_{red}$**

Herstellungskosten = 815,42 €/m² BGF × 234,30 m² =   191 053 €

Ermittlung nach Flächenanteilen

Herstellungskosten = 145,20 m² BGF × 785 €/m² BGF + 89,10 m² BGF × 865 €/m² BGF = 191 053 €

Herstellungskosten   **rd. 190 000 €**

293 Die **Normalherstellungskosten einzelner Geschossebenen** lassen sich auch im Wege eines Schnittvergleichs ermitteln. Dies soll am vorstehenden *Beispiel* der SachwertR eines teilunterkellerten Reihenendhauses erläutert werden:

Sonderfälle   Syst. Darst. Sachwertverfahren

Abb. 40:   Schnittvergleich

Typ Reihenendhaus	Gebäudestandard				
	1	2	3	4	5
2.11 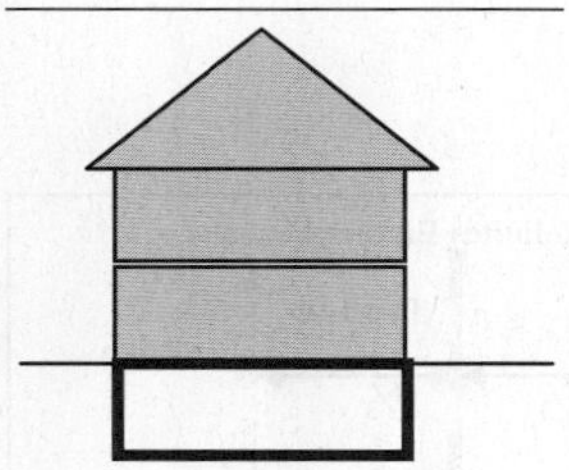	615 €/m²	685 €/m²	785 €/m²	945 €/m²	1 180 €/m²
2.31 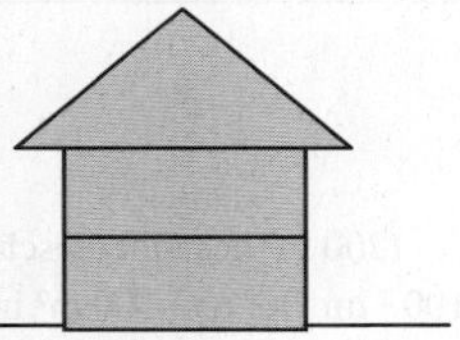	675 €/m²	750 €/m²	865 €/m²	1 040 €/m²	1 300 €/m²

	4 Ebenen × 785 €/m²	(Typ 2.11, Gebäudestandard 3,0)	=	3 140 €/m²
–	3 Ebenen × 865 €/m²	(Typ 2.31, Gebäudestandard 3,0)	=	– 2 595 €/m²
=	1 m² Kellergeschoss		=	545 €/m²

Die Normalherstellungskosten (2010) pro Quadratmeter Kellergeschoss eines zweigeschossigen Reihenendhauses betragen 545 €/m². Das Ergebnis soll mit den Ergebnissen des vorstehenden Beispiels verglichen werden:

Ermittlung der Herstellungskosten: 294

1. Kostenkennwert für Gebäudetyp 2.31 bei Gebäudestandard 3,0   865 €/m² BGF
2. BGF$_{red}$ des Gebäudes = 6,00 m × 11,00 m × 3 Ebenen   198 m²
3. Gesamtherstellungskosten (198 m² × 865 €/m²)   171 270 €   171 270 €

Ergänzende Berücksichtigung des Kellergeschosses
4. BGF$_{red}$ des Kellergeschosses = 3,30 m × 11,00 m =   36,30 m²
5. Normalherstellungskosten pro Quadratmeter Kellergeschoss   545 €/m² BGF
   (vgl. oben)
6. Herstellungskosten des Kellergeschosses (36,30 m² × 545 €/m²) =   19 783 €   19 783 €
Gesamtherstellungskosten   **191 053 €**

Das Ergebnis entspricht exakt den oben ermittelten Herstellungskosten.

Syst. Darst. Sachwertverfahren — Sonderfälle

295 Die vorstehend ermittelten **NHK pro 1 m² Kellergeschoss** können nicht verallgemeinernd auf andere Gebäudetypen übertragen werden. Sie sind insbesondere von

- der Anzahl der Geschosse und
- dem Dachtypus

abhängig, wie das nachfolgende *Beispiel* zeigt:

296 *Beispiel 2:*

Teilunterkellertes Einfamilienhaus

BGF des Obergeschosses	300 m²
BGF des Kellergeschosses	100 m²
BGF (gesamt)	400 m²

Das Gebäude ist damit zu 2/3 ein Gebäude des Typs 1.23 und zu 1/3 ein Gebäude des Typs 1.03.

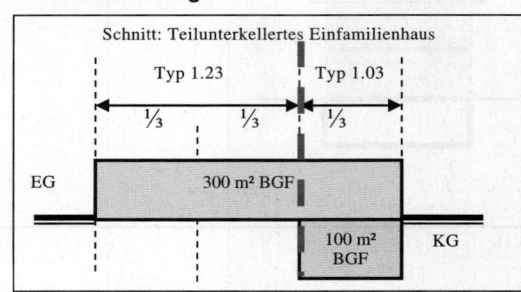

Berechnung nach Teilbereichen (Gebäudestandard 3):

Typ 1.23:	200 m² ×	1 180 €/m² =	236 000 €	(200 m² des Obergeschosses)
Typ 1.03:	200 m² ×	900 €/m² =	180 000 €	(100² im OG und 100 m² im KG)
zusammen	400 m²	=	416 000 €	

Berechnung unter gesonderter Berücksichtigung des Kellergeschosses (Gebäudestandard 3):

OG (Typ 1.23):	300 m² ×	1 180 €/m² =	354 000 €	
KG (vgl. oben)	100 m² ×	620 €/m² =	62 000 €	*siehe nachfolgende Ermittlung*
Zusammen:	400 m²	=	416 000 €	*Ergebnis wie vorstehend*

NHK für ein Kellergeschoss eines Einfamilienhauses (Abb. 41, Flachdach, Gebäudestandard 3,0):

Sonderfälle — Syst. Darst. Sachwertverfahren

Abb. 41: Schnittvergleich

Typ	Gebäudestandard				
	1	2	3	4	6
1.03	705 €/m²	785 €/m²	900 €/m²	1 085 €/m²	1 360 €/m²
Geschosshöhe 3,02 m					
1.23	920 €/m²	1 025 €/m²	1 180 €/m²	1 420 €/m²	1 775 €/m²
Geschosshöhe 3,51 m					

```
  2 Ebenen x   900 €/m²    (Typ 1.03, Gebäudestandard 3,0)      =     1 800 €/m²
-  1 Ebene  x  1 180 €/m²   (Typ 1.23, Gebäudestandard 3,0)      =  ÷ 1 180 €/m²
=  1 m² Kellergeschoss                                           =       620 €/m²
```

Für 1 m² Kellergeschoss in einem eingeschossigen Einfamilienhaus (Gebäudestandard 3,0) ergeben sich Normalherstellungskosten (2010) von 620 €/m².

Es fällt auf, dass beide Berechnungsmethoden zu exakt demselben Ergebnis führen, wobei die bei der Ausgangsberechnung angesetzten Normalherstellungskosten des Kellergeschosses ohne Berücksichtigung der unterschiedlichen Geschosshöhen der Typen 1.03 und 1.23 ermittelt wurden. Dies lässt darauf schließen, dass die Kostenkennwerte der NHK 2010 aufeinander „abgestimmt" wurden.

5.1.3 Gebäudeanbau

Vielfach ist es erforderlich, die Normalherstellungskosten eines Vollgeschosses gesondert zu ermitteln. Typisch dafür ist der Fall eines Anbaus (Abb. 42).

Die Ermittlung der Normalherstellungskosten auf der Grundlage der Kostenkennwerte eines freistehenden Einfamilienhauses des Typs 1.11 und eines gesonderten Ansatzes der Normalherstellungskosten für den Anbau auf der Grundlage des Typs 1.23 würde nicht zu einem sachgerechten Ergebnis führen, da mit den für den Typ 1.23 im Tabellenwerk angegebenen Normalherstellungskosten die gesamte Haustechnik Berücksichtigung finden würde, die aber bereits mit den Normalherstellungskosten des Typs 1.11 erfasst ist.

Abb. 42: Anbau

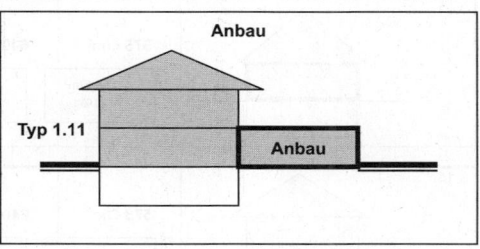

Bei einem Gebäudestandard von 3,0 ergäben sich für den Typ 1.23 – bezogen auf 2010 – Normalherstellungskosten von 1 180 €/m². Diese sind aus vorstehenden Gründen zu hoch. Im Rahmen eines Schnittvergleichs ergeben sich für den Anbau gerade einmal Normalherstellungskosten von rd. 835 €/m²:

Syst. Darst. Sachwertverfahren   **Sonderfälle**

300 *Beispiel:*

NHK für ein Vollgeschoss eines zweigeschossigen Einfamilienhauses (Abb. 43, Satteldach, Gebäudestandard 3,0); Typen 1.01 und 1.11:

Abb. 43: Schnittvergleich für freistehendes Einfamilienhaus

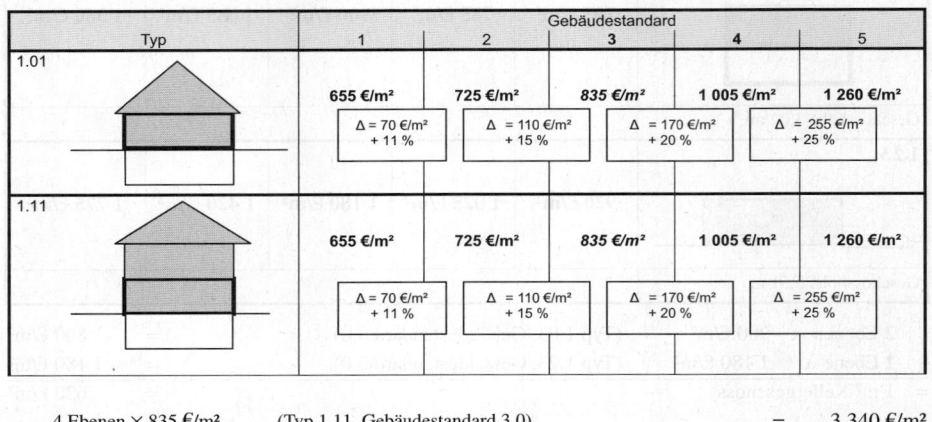

	4 Ebenen × 835 €/m²	(Typ 1.11, Gebäudestandard 3,0)	=	3 340 €/m²
−	3 Ebenen × 835 €/m²	(Typ 1.01, Gebäudestandard 3,0)	=	− 2 505 €/m²
=	1 m² Vollgeschoss		=	835 €/m²

Die Normalherstellungskosten 2010 pro 1 m² Vollgeschoss eines zweigeschossigen Einfamilienhauses mit Satteldach betragen rd. 835 €/m².

301 Für ein Vollgeschoss eines zweigeschossigen Reihenmittelhauses (Abb. 44, Satteldach, Gebäudestandard 3,0) der Typen 3.01 und 3.11 ergeben sich aus nachfolgender Vergleichsberechnung geringere Normalherstellungskosten pro Quadratmeter Vollgeschoss:

Abb. 44: Schnittvergleich für Reihenmittelhaus

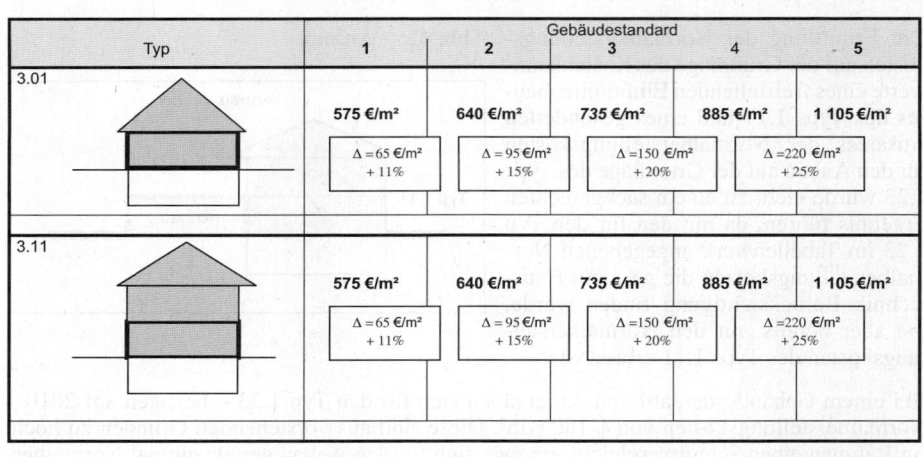

	4 Ebenen × 735 €/m²	(Typ 3.11 Gebäudestandard 3,0)	=	2 940 €/m²
−	3 Ebenen × 735 €/m²	(Typ 3.01 Gebäudestandard 3,0)	=	− 2 205 €/m²
=	1 m² Vollgeschoss		=	735 €/m²

Sonderfälle   **Syst. Darst. Sachwertverfahren**

Die Normalherstellungskosten (2010) pro 1 m² Vollgeschoss eines zweigeschossigen Reihenmittelhauses mit Satteldach betragen 735 €/m² und fallen damit um 100 €/m² geringer als die eines (analogen) zweigeschossigen Einfamilienhauses aus. Dies ist nur auf den ersten Blick plausibel, denn tatsächlich erfordern Reihenhäuser mit vergleichsweise kleinteiliger Aufteilung in der Regel höhere Bauleistungen pro Quadratmeter BGF als Einfamilienhäuser mit großzügigerem Grundriss.

Fortsetzung des Beispiels: **302**

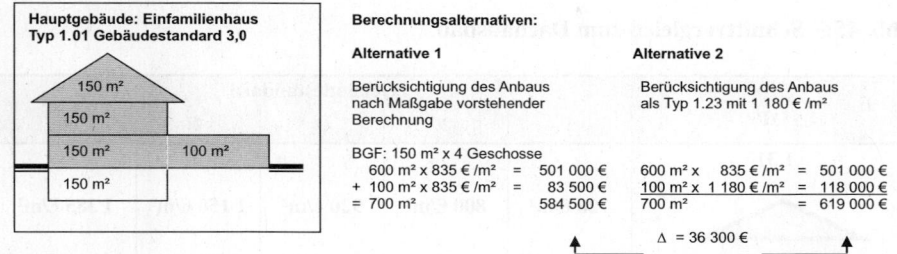

Beiden Berechnungen kann nicht uneingeschränkt gefolgt werden, weil   **303**

– Alternative 1 die Gründungskosten unzureichend berücksichtigt und

– Alternative 2 nicht dem Umstand Rechnung trägt, dass beim Anbau die Kosten für Versorgungsleitungen und die innere Erschließung nicht anfallen.

Die „Lösung" liegt zwischen den Alternativlösungen. Unter Berücksichtigung der Gründungskosten ergeben sich „gerundete" Herstellungskosten von 600 000 €.

5.2 Kosten des Ausbaus von Dachgeschossen

▶ *Zur Ermittlung der BGF im Dachgeschoss und Spitzboden vgl. Kleiber, Verkehrswertermittlung von Grundstücken, 6. Aufl. 2010, Teil III Rn. 508*

Das Tafelwerk der NHK 2010 unterscheidet wie das Tafelwerk der NHK 2000 im Bereich der Ein- und Zweifamilienhäuser nach Gebäuden mit ausgebautem und Gebäuden mit nicht ausgebautem Dachgeschoss. **Der Dachausbau geht damit unmittelbar in den Kostenkennwert ein.**   **304**

Bei der Sachwertermittlung von Gebäuden, deren Dachgeschoss nur teilweise ausgebaut ist, kann der Gebäudesachwert zunächst auf der Grundlage des Gebäudetyps ermittelt werden, dem das zu bewertende Gebäude überwiegend entspricht.

a) Ist das Dachgeschoss zu mehr als 50 % ausgebaut, ist z. B. von dem entsprechenden Gebäudetyp mit ausgebautem Dachgeschoss auszugehen und der sich danach ergebene Gebäudesachwert um die entsprechenden Dachgeschossausbaukosten der nicht ausgebauten Flächenanteile des Dachgeschosses zu vermindern.

b) Ist das Dachgeschoss zu weniger als 50 % ausgebaut, so empfiehlt es sich umgekehrt, zunächst vom Gebäudetyp mit nicht ausgebautem Dachgeschoss auszugehen und der sich danach ergebene Gebäudesachwert um die entsprechenden Dachgeschossausbaukosten der ausgebauten Flächenanteile des Dachgeschosses zu erhöhen.

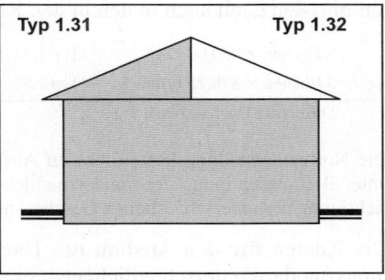

Syst. Darst. Sachwertverfahren **Sonderfälle**

305 Die **Dachgeschossausbaukosten** ergeben sich wiederum aus dem Unterschied der Normalherstellungskosten des jeweiligen Gebäudetyps mit und ohne ausgebautem Dachgeschoss.

306 *Beispiel*

Unterschied der NHK zwischen ausgebautem und nicht ausgebautem Dachgeschoss eines nicht unterkellerten Einfamilienhauses (Abb. 45, zweigeschossiges Einfamilienhaus, Gebäudestandard 3,0), Typen 1.31 und 1.32.

Abb. 45: Schnittvergleich zum Dachausbau

Typ	Gebäudestandard				
	1	2	3	4	5
1.31	720 €/m²	800 €/m²	920 €/m²	1 150 €/m²	1 385 €/m²

Geschosshöhe 2,97 m (die Geschosshöhe ist der vom BMVBW veröffentlichten Vorversion entnommen (GuG 2012, 30)

Typ					
1.32	620 €/m²	690 €/m²	790 €/m²	955 €/m²	1 190 €/m²

Geschosshöhe 2,67 m (die Geschosshöhe ist der vom BMVBW veröffentlichten Vorversion entnommen (GuG 2012, 30)

Umrechnung der NHK des Gebäudetyps 1.32 (Gebäudestandard 3,0) auf eine Geschosshöhe von 2,97 m:

$NHK_{GH = 2,97\,m}$ = 790 €/m² × 2,97 m/2,67 m = 878,76 €/m²

Eine Berücksichtigung der Geschosshöhe erscheint angezeigt, da die Geschosshöhen der Typen 1.31 und 1.32 erheblich voneinander abweichen und dem Gebäudetyp 1.31 ein Drempel von 1 m Höhe unterstellt wird (vgl. oben Rn. 117). Die entsprechenden Herstellungskosten müssten dann auch in den in den Kostenkennwert eingegangen sein.

	3 Ebenen × 920,00 €/m²	(Typ 1.31, Gebäudestandard 3,0)	=	2 760,00 €/m²
−	3 Ebenen × 878,75 €/m²	(Typ 1.32, Gebäudestandard 3,0)	=	− 2 636,25 €/m²
=	Differenz (Dachausbau)		=	124,75 €/m²

Die Normalherstellungskosten für den Ausbau von 1 m² einer nutzbaren Dachgeschossfläche betragen unter Berücksichtigung der unterschiedlichen Geschosshöhen im Beispiel rd. 125 €/m². Ohne Berücksichtigung der unterschiedlichen Geschosshöhen ergäben sich Dachausbaukosten von 390 €/m².

307 Die **Kosten für den Ausbau des Dachgeschosses** fallen je nach Gebäudetyp und Ausstattungsstandard unterschiedlich aus. Sie sind erwartungsgemäß bei frei stehenden Einfamilienhäusern mit gehobenem Gebäudestandard am höchsten.

Bei Reihenhäusern, die nur ein Erd- und ein Dachgeschoss aufweisen, ergeben sich geringere Ausbaukosten als bei mehrgeschossigen Reihenhäusern. Dies dürfte darauf zurückzuführen sein, dass diese Reihenhäuser zwangsläufig eine geringe Wohnfläche aufwei-

Sonderfälle   **Syst. Darst. Sachwertverfahren**

sen und die Dachgeschosse regelmäßig bereits für den endgültigen Ausbau vorbereitet sind. Dies gilt insbesondere für kellerlose Reihenhäuser. Für diese Auslegung spricht auch, dass sich für Reihenhäuser in auffälliger Weise deutlich geringere Ausbaukosten als für freistehende Einfamilienhäuser ergeben.

Abb. 46: Einfamilienhaus

	Kosten des Dachgeschossausbaus (Baujahr 2010)			
	Typ 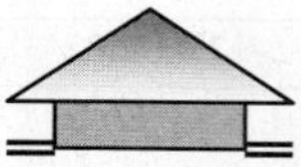	Typ 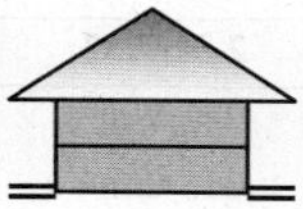	Typ 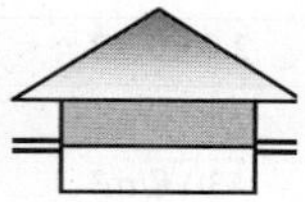	Typ 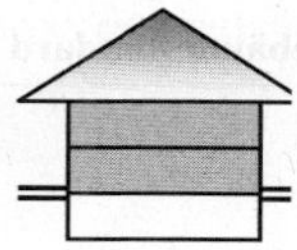
Gebäude-standard	1.21/1.22	1.31/1.32	1.01/1.02	1.11/1.12
1	120 €/m²	92 €/m²	53 €/m²	340 €/m²
2	128 €/m²	98 €/m²	53 €/m²	360 €/m²
3	151 €/m²	124 €/m²	67 €/m²	420 €/m²
4	184 €/m²	128 €/m²	68 €/m²	500 €/m²
5	222 €/m²	185 €/m²	96 €/m²	640 €/m²

Hinweis: Ermittlung unter Berücksichtigung der unterschiedlichen Geschosshöhen

Abb. 47: Reihenmittelhaus

	Kosten des Dachgeschossausbaus (Baujahr 2010)			
	Typ 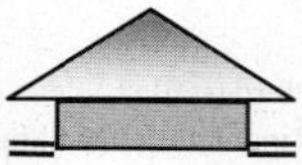	Typ 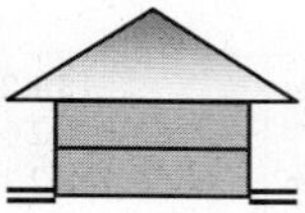	Typ 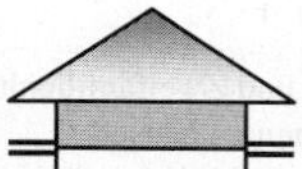	Typ 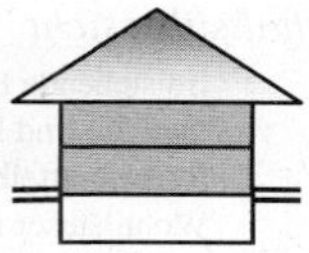
Gebäude-standard	3.21/3.22	3.31/3.32	3.01/3.02	3.11/3.12
1	360 €/m²	270 €/m²	285 €/m²	280 €/m²
2	400 €/m²	300 €/m²	315 €/m²	320 €/m²
3	460 €/m²	345 €/m²	360 €/m²	380 €/m²
4	550 €/m²	405 €/m²	435 €/m²	440 €/m²
5	690 €/m²	495 €/m²	540 €/m²	560 €/m²

Syst. Darst. Sachwertverfahren — Sonderfälle

Abb. 48: Doppelhäuser und Reihenendhäuser

Kosten des Dachgeschossausbaus (Baujahr 2010)				
	Typ	Typ	Typ	Typ
Gebäudestandard	2.21/2.22	2.31/2.32	2.01/2.02	2.11/2.12
1	380 €/m²	285 €/m²	300 €/m²	320 €/m²
2	430 €/m²	315 €/m²	345 €/m²	360 €/m²
3	490 €/m²	360 €/m²	390 €/m²	400 €/m²
4	590 €/m²	435 €/m²	465 €/m²	480 €/m²
5	740 €/m²	540 €/m²	585 €/m²	580 €/m²

Die Ergebnisse zeigen auf, dass die Ausbaukosten mit dem Gebäudestandard ansteigen.

6 Anhang

6.1 Anlage 1
Normalherstellungskosten 2010 – NHK 2010
Kostenkennwerte für die Kostengruppen 300 und 400 in Euro/m² Brutto-Grundfläche einschließlich Baunebenkosten und Umsatzsteuer
Kostenstand 2010

Inhaltsübersicht

1	freistehende Ein- und Zweifamilienhäuser	18.1.2	Pferdeställe
2	Doppel- und Reihenendhäuser	18.2	Rinderställe, Melkhäuser
3	Reihenmittelhäuser 4Mehrfamilienhäuser	18.2.1	Kälberställe
5	Wohnhäuser mit Mischnutzung, Banken/ Geschäftshäuser	18.2.2	Jungvieh-/Mastbullen-/Milchviehställe ohne Melkstand und Warteraum
6	Bürogebäude	18.2.3	Milchviehställe mit Melkstand und Milchlager
7	Gemeindezentren, Saalbauten/ Veranstaltungsgebäude	18.2.4	Melkhäuser mit Milchlager und Nebenräumen als Einzelgebäude ohne Warteraum und Selektion
8	Kindergärten, Schulen		
9	Wohnheime, Alten-/Pflegeheime	18.3	Schweineställe
10	Krankenhäuser, Tageskliniken	18.3.1	Ferkelaufzuchtställe
11	Beherbergungsstätten, Verpflegungseinrichtungen	18.3.2	Mastschweineställe
12	Sporthallen, Freizeitbäder/Heilbäder	18.3.3	Zuchtschweineställe, Deck-/Warte-/Abferkelbereich
13	Verbrauchermärkte, Kauf-/Warenhäuser, Autohäuser	18.3.4	Abferkelstall als Einzelgebäude
14	Garagen	18.4	Geflügelställe
15	Betriebs-/Werkstätten, Produktionsgebäude	18.4.1	Mastgeflügel, Bodenhaltung (Hähnchen, Puten, Gänse)
16	Lagergebäude		
17	Sonstige Gebäude	18.4.2	Legehennen, Bodenhaltung
17.1	Museen	18.4.3	Legehennen, Volierenhaltung
17.2	Theater	18.4.4	Legehennen, Kleingruppenhaltung, ausgestalteter Käfig
17.3	Sakralbauten		
17.4	Friedhofsgebäude	18.5	Landwirtschaftliche Mehrzweckhallen
18	Landwirtschaftliche Betriebsgebäude	18.6	Außenanlagen zu allen landwirtschaftlichen Betriebsgebäuden
18.1	Reithallen, Pferdeställe		
18.1.1	Reithallen		

Sonderfälle — Syst. Darst. Sachwertverfahren

1 – 3 freistehende Ein- und Zweifamilienhäuser, Doppelhäuser, Reihenhäuser[2]

Keller-, Erdgeschoss

Standardstufe		Dachgeschoss voll ausgebaut						Dachgeschoss nicht ausgebaut						Flachdach oder flach geneigtes Dach				
		1	2	3	4	5		1	2	3	4	5		1	2	3	4	5
freistehende Einfamilienhäuser[3]	1.01	655	725	835	1 005	1 260	1.02	545	605	695	840	1 050	1.03	705	785	900	1 085	1 360
Doppel- und Reihenendhäuser	2.01	615	685	785	945	1 180	2.02	515	570	655	790	985	2.03	665	735	845	1 020	1 275
Reihenmittelhäuser	3.01	575	640	735	885	1 105	3.02	480	535	615	740	925	3.03	620	690	795	955	1 195

Keller-, Erd-, Obergeschoss

Standardstufe		Dachgeschoss voll ausgebaut						Dachgeschoss nicht ausgebaut						Flachdach oder flach geneigtes Dach				
		1	2	3	4	5		1	2	3	4	5		1	2	3	4	5
freistehende Einfamilienhäuser[3]	1.11	655	725	835	1 005	1 260	1.12	570	635	730	880	1 100	1.13	665	740	850	1 025	1 285
Doppel- und Reihenendhäuser	2.11	615	685	785	945	1 180	2.12	535	595	685	825	1 035	2.13	625	695	800	965	1 205
Reihenmittelhäuser	3.11	575	640	735	885	1 105	3.12	505	560	640	775	965	3.13	585	650	750	905	1 130

Erdgeschoss, nicht unterkellert

Standardstufe		Dachgeschoss voll ausgebaut						Dachgeschoss nicht ausgebaut						Flachdach oder flach geneigtes Dach				
		1	2	3	4	5		1	2	3	4	5		1	2	3	4	5
freistehende Einfamilienhäuser[3]	1.21	790	875	1 005	1 215	1 515	1.22	585	650	745	900	1 125	1.23	920	1 025	1 180	1 420	1 775
Doppel- und Reihenendhäuser	2.21	740	825	945	1 140	1 425	2.22	550	610	700	845	1 055	2.23	865	965	1 105	1 335	1 670
Reihenmittelhäuser	3.21	695	770	885	1 065	1 335	3.22	515	570	655	790	990	3.23	810	900	1 035	1 250	1 560

Erd-, Obergeschoss, nicht unterkellert

Standardstufe		Dachgeschoss voll ausgebaut						Dachgeschoss nicht ausgebaut						Flachdach oder flach geneigtes Dach				
		1	2	3	4	5		1	2	3	4	5		1	2	3	4	5
freistehende Einfamilienhäuser[3]	1.31	720	800	920	1 105	1 385	1.32	620	690	790	955	1 190	1.33	785	870	1 000	1 205	1 510
Doppel- und Reihenendhäuser	2.31	675	750	865	1 040	1 300	2.32	580	645	745	895	1 120	2.33	735	820	940	1 135	1 415
Reihenmittelhäuser	3.31	635	705	810	975	1 215	3.32	545	605	695	840	1 050	3.33	690	765	880	1 060	1 325

[2] einschließlich Baunebenkosten in Höhe von 17 %
[3] Korrekturfaktor für freistehende Zweifamilienhäuser: 1,05

Syst. Darst. Sachwertverfahren — Sonderfälle

4 Mehrfamilienhäuser[4]

		Standardstufe		
		3	4	5
4.1	Mehrfamilienhäuser[5, 6] mit bis zu 6 WE	825	985	1 190
4.2	Mehrfamilienhäuser[5, 6] mit 7 bis 20 WE	765	915	1 105
4.3	Mehrfamilienhäuser[5, 6] mit mehr als 20 WE	755	900	1 090

[4] einschließlich Baunebenkosten in Höhe von   Gebäudeart 4.1 – 4.3   19 %

[5] Korrekturfaktoren für die Wohnungsgröße
- ca. 35 m² WF/WE = 1,10
- ca. 50 m² WF/WE = 1,00
- ca. 135 m² WF/WE = 0,85

[6] Korrekturfaktoren für die Grundrissart
- Einspänner = 1,05
- Zweispänner = 1,00
- Dreispänner = 0,97
- Vierspänner = 0,95

5 Wohnhäuser mit Mischnutzung, Banken/Geschäftshäuser[7]

		Standardstufe		
		3	4	5
5.1	Wohnhäuser mit Mischnutzung [8, 9, 10]	860	1 085	1 375
5.2	Banken und Geschäftshäuser mit Wohnungen[11]	890	1 375	1 720
5.3	Banken und Geschäftshäuser ohne Wohnungen	930	1 520	1 900

[7] einschließlich Baunebenkosten in Höhe von
- Gebäudeart 5.1   18 %
- Gebäudeart 5.2 – 5.3 22 %

[8] Korrekturfaktoren für die Wohnungsgröße
- ca. 35 m² WF/WE = 1,10
- ca. 50 m² WF/WE = 1,00
- ca. 135 m² WF/WE = 0,85

[9] Korrekturfaktoren für die Grundrissart
- Einspänner = 1,05
- Zweispänner = 1,00
- Dreispänner = 0,97
- Vierspänner = 0,95

[10] Wohnhäuser mit Mischnutzung sind Gebäude mit überwiegend Wohnnutzung und einem geringen gewerblichen Anteil. Anteil der Wohnfläche ca. 75 %. Bei deutlich abweichenden Nutzungsanteilen ist eine Ermittlung durch Gebäudemix sinnvoll.

[11] Geschäftshäuser sind Gebäude mit überwiegend gewerblicher Nutzung und einem geringen Wohnanteil. Anteil der Wohnfläche ca. 20 bis 25 %.

6 Bürogebäude[12]

		Standardstufe		
		3	4	5
6.1	Bürogebäude, Massivbau	1 040	1 685	1 900
6.2	Bürogebäude, Stahlbetonskelettbau	1 175	1 840	2 090

[12] einschließlich Baunebenkosten in Höhe von   Gebäudeart 6.1 – 6.2   18 %

7 Gemeindezentren, Saalbauten/Veranstaltungsgebäude[13]

		Standardstufe		
		3	4	5
7.1	Gemeindezentren	1 130	1 425	1 905
7.2	Saalbauten/Veranstaltungsgebäude	1 355	1 595	2 085

[13] einschließlich Baunebenkosten in Höhe von   Gebäudeart 7.1 – 7.2   18 %

8 Kindergärten, Schulen[14]

		Standardstufe		
		3	4	5
8.1	Kindergärten	1 300	1 495	1 900
8.2	Allgemeinbildende Schulen, Berufsbildende Schulen	1 450	1 670	2 120
8.3	Sonderschulen	1 585	1 820	2 315

[14] einschließlich Baunebenkosten in Höhe von
- Gebäudeart 8.1   20 %
- Gebäudeart 8.2   21 %
- Gebäudeart 8.3   17 %

Sonderfälle — Syst. Darst. Sachwertverfahren

9 Wohnheime, Alten-/Pflegeheime[15]

		Standardstufe		
		3	4	5
9.1	Wohnheime/Internate	1 000	1 225	1 425
9.2	Alten-/Pflegeheime	1 170	1 435	1 665

[15] einschließlich Baunebenkosten in Höhe von   Gebäudeart   9.1 – 9.2   18 %

10 Krankenhäuser, Tageskliniken[16]

		Standardstufe		
		3	4	5
10.1	Krankenhäuser/Kliniken	1 720	2 080	2 765
10.2	Tageskliniken/Ärztehäuser	1 585	1 945	2 255

[16] einschließlich Baunebenkosten in Höhe von   Gebäudeart   10.1 – 10.2   21 %

11 Beherbergungsstätten, Verpflegungseinrichtungen[17]

		Standardstufe		
		3	4	5
11.1	Hotels	1 385	1 805	2 595

[17] einschließlich Baunebenkosten in Höhe von   Gebäudeart   11.1   21 %

12 Sporthallen, Freizeitbäder/Heilbäder[18]

		Standardstufe		
		3	4	5
12.1	Sporthallen (Einfeldhallen)	1 320	1 670	1 955
12.2	Sporthallen (Dreifeldhallen/Mehrzweckhallen)	1 490	1 775	2 070
12.3	Tennishallen	1 010	1 190	1 555
12.4	Freizeitbäder/Heilbäder	2 450	2 985	3 840

[18] einschließlich Baunebenkosten in Höhe von   Gebäudeart   12.1 + 12.3   17 %
                                                  Gebäudeart   12.2   19 %
                                                  Gebäudeart   12.4   24 %

13 Verbrauchermärkte, Kauf-/Warenhäuser, Autohäuser[19]

		Standardstufe		
		3	4	5
13.1	Verbrauchermärkte	720	870	1 020
13.2	Kauf-/Warenhäuser	1 320	1 585	1 850
13.3	Autohäuser ohne Werkstatt	940	1 240	1 480

[19] einschließlich Baunebenkosten in Höhe von   Gebäudeart   13.1   16 %
                                                  Gebäudeart   13.2   22 %
                                                  Gebäudeart   13.3   21 %

14 Garagen[20]

		Standardstufe		
		3	4	5
14.1	Einzelgaragen/Mehrfachgaragen[21]	245	485	780
14.2	Hochgaragen	480	655	780
14.3	Tiefgaragen	560	715	850
14.4	Nutzfahrzeuggaragen	530	680	810

[20] einschließlich Baunebenkosten in Höhe von   Gebäudeart   14.1   12 %
                                                  Gebäudeart   14.2 – 14.3 15 %
                                                  Gebäudeart   14.4   13 %

[21] Standardstufe 3: Fertiggaragen;
Standardstufe 4: Garagen in Massivbauweise;
Standardstufe 5: individuelle Garagen in Massivbauweise mit besonderen Ausführungen wie Ziegeldach, Gründach, Bodenbeläge, Fliesen o.Ä., Wasser, Abwasser und Heizung

Syst. Darst. Sachwertverfahren — Sonderfälle

15 Betriebs-/Werkstätten, Produktionsgebäude[22]

		Standardstufe		
		3	4	5
15.1	Betriebs-/Werkstätten, eingeschossig	970	1 165	1 430
15.2	Betriebs-/Werkstätten, mehrgeschossig, ohne Hallenanteil	910	1 090	1 340
15.3	Betriebs-/Werkstätten, mehrgeschossig, hoher Hallenanteil	620	860	1 070
15.4	Industrielle Produktionsgebäude, Massivbauweise	950	1 155	1 440
15.5	Industrielle Produktionsgebäude, überwiegend Skelettbauweise	700	965	1 260

[22] einschließlich Baunebenkosten in Höhe von Gebäudeart 15.1 – 15.4 19 %
                                                Gebäudeart 15.5   18 %

16 Lagergebäude[23]

		Standardstufe		
		3	4	5
16.1	Lagergebäude ohne Mischnutzung, Kaltlager	350	490	640
16.2	Lagergebäude mit bis zu 25 % Mischnutzung[24]	550	690	880
16.3	Lagergebäude mit mehr als 25 % Mischnutzung[24]	890	1 095	1 340

[23] einschließlich Baunebenkosten in Höhe von Gebäudeart 16.1 16 %
                                                Gebäudeart 16.2 17 %
                                                Gebäudeart 16.3 18 %

[24] Lagergebäude mit Mischnutzung sind Gebäude mit einem überwiegenden Anteil an Lagernutzung und einem geringeren Anteil an anderen Nutzungen wie Büro, Sozialräume, Ausstellungs- oder Verkaufsflächen etc.

17 Sonstige Gebäude[25]

		Standardstufe		
		3	4	5
17.1	Museen	1 880	2 295	2 670
17.2	Theater	2 070	2 625	3 680
17.3	Sakralbauten	1 510	2 060	2 335
17.4	Friedhofsgebäude	1 320	1 490	1 720

[25] einschließlich Baunebenkosten in Höhe von Gebäudeart 17.1 18 %
                                                Gebäudeart 17.2 22 %
                                                Gebäudeart 17.3 16 %
                                                Gebäudeart 17.4 19 %

18 Landwirtschaftliche Betriebsgebäude

18.1 Reithallen, Pferdeställe

18.1.1 Reithallen

	Standardstufe		
	3	4	5
300 Bauwerk – Baukonstruktion	215	235	280
400 Bauwerk – Technische Anlagen	20	25	30
Bauwerk	235	260	310
einschließlich Baunebenkosten in Höhe von	12 %		
Traufhöhe	5,00 m		
BGF/Nutzeinheit	–		
Korrekturfaktoren	Gebäudegröße BGF 500 m² 1,20 1 000 m² 1,00 1 500 m² 0,90		

Sonderfälle — Syst. Darst. Sachwertverfahren

18.1.2 Pferdeställe

	Standardstufe		
	3	4	5
300 Bauwerk – Baukonstruktion	310	450	535
400 Bauwerk – Technische Anlagen	55	70	90
Bauwerk	365	520	625
einschließlich Baunebenkosten in Höhe von	12 %		
Traufhöhe	3,50 m		
BGF/Nutzeinheit	15,00 – 20,00 m²/Tier		
Korrekturfaktoren	Gebäudegröße BGF 250 m² 1,20 500 m² 1,00 750 m² 0,90		

18.2 Rinderställe, Melkhäuser

18.2.1 Kälberställe

	Standardstufe		
	3	4	5
300 Bauwerk – Baukonstruktion	335	375	455
400 Bauwerk – Technische Anlagen	145	165	195
Bauwerk	480	540	650
einschließlich Baunebenkosten in Höhe von	12 %		
Traufhöhe	3,00 m		
BGF/Nutzeinheit	4,00 – 4,50 m²/Tier		
Korrekturfaktoren	Gebäudegröße BGF 100 m² 1,20 150 m² 1,00 250 m² 0,90	Unterbau Güllekanäle (Tiefe 1,00 m) 1,05 ohne Güllekanäle 1,00		

18.2.2 Jungvieh-/Mastbullen-/Milchviehställe ohne Melkstand und Warteraum

	Standardstufe		
	3	4	5
300 Bauwerk – Baukonstruktion	235	260	310
400 Bauwerk – Technische Anlagen	55	65	80
Bauwerk	290	325	390
einschließlich Baunebenkosten in Höhe von	12 %		
Traufhöhe	4,00 m		
BGF/Nutzeinheit	6,50 – 10,50 m²/Tier		
Korrekturfaktoren	Gebäudegröße BGF 500 m² 1,20 1 000 m² 1,00 1 500 m² 0,90	Unterbau Güllekanäle (Tiefe 1,00 m) 1,20 ohne Güllekanäle 1,00 Güllelagerraum (Tiefe 2,00 m) 1,40		

18.2.3 Milchviehställe mit Melkstand und Milchlager

	Standardstufe		
	3	4	5
300 Bauwerk – Baukonstruktion	225	255	310
400 Bauwerk – Technische Anlagen	100	110	130
Bauwerk	325	365	440
einschließlich Baunebenkosten in Höhe von	12 %		
Traufhöhe	4,00 m		
BGF/Nutzeinheit	10,00 – 15,00 m²/Tier		
Korrekturfaktoren	Gebäudegröße BGF 1 000 m² 1,20 1 500 m² 1,00 2 000 m² 0,90	Unterbau Güllekanäle (Tiefe 1,00 m) 1,20 ohne Güllekanäle 1,00 Güllelagerraum (Tiefe 2,00 m) 1,40		

Syst. Darst. Sachwertverfahren — Sonderfälle

18.2.4 Melkhäuser mit Milchlager und Nebenräumen als Einzelgebäude ohne Warteraum und Selektion

	Standardstufe		
	3	4	5
300 Bauwerk – Baukonstruktion	700	780	935
400 Bauwerk – Technische Anlagen	470	520	625
Bauwerk	1 170	1 300	1 560
einschließlich Baunebenkosten in Höhe von	12 %		
Traufhöhe	3,00 m		
BGF/Nutzeinheit	–		
Korrekturfaktoren	Gebäudegröße BGF 100 m² 1,20 150 m² 1,00 250 m² 0,90		

18.3 Schweineställe

18.3.1 Ferkelaufzuchtställe

	Standardstufe		
	3	4	5
300 Bauwerk – Baukonstruktion	300	330	395
400 Bauwerk – Technische Anlagen	155	175	215
Bauwerk	455	505	610
einschließlich Baunebenkosten in Höhe von	12 %		
Traufhöhe	3,00 m		
BGF/Nutzeinheit	0,45 – 0,65 m²/Tier		
Korrekturfaktoren	Gebäudegröße BGF Unterbau 400 m² 1,20 Güllekanäle (Tiefe 0,60 m) 1,10 600 m² 1,00 ohne Güllekanäle 1,00 800 m² 0,90 Güllelagerraum (Tiefe 1,50 m) 1,20		

18.3.2 Mastschweineställe

	Standardstufe		
	3	4	5
300 Bauwerk – Baukonstruktion	290	325	400
400 Bauwerk – Technische Anlagen	125	145	170
Bauwerk	415	470	570
einschließlich Baunebenkosten in Höhe von	12 %		
Traufhöhe	3,00 m		
BGF/Nutzeinheit	0,90 – 1,30 m²/Tier		
Korrekturfaktoren	Gebäudegröße BGF Unterbau 750 m² 1,20 Güllekanäle (Tiefe 0,60 m) 1,10 1 250 m² 1,00 ohne Güllekanäle 1,00 2 000 m² 0,90 Güllelagerraum (Tiefe 1,50 m) 1,20		

18.3.3 Zuchtschweineställe, Deck-/Warte-/Abferkelbereich

	Standardstufe		
	3	4	5
300 Bauwerk – Baukonstruktion	305	340	405
400 Bauwerk – Technische Anlagen	165	180	220
Bauwerk	470	520	625
einschließlich Baunebenkosten in Höhe von	12 %		
Traufhöhe	3,00 m		
BGF/Nutzeinheit	4,50 – 5,00 m²/Tier		
Korrekturfaktoren	Gebäudegröße BGF Unterbau 750 m² 1,20 Güllekanäle (Tiefe 0,60 m) 1,10 1 250 m² 1,00 ohne Güllekanäle 1,00 2 000 m² 0,90 Güllelagerraum (Tiefe 1,50 m) 1,20		

Sonderfälle — Syst. Darst. Sachwertverfahren

18.3.4 Abferkelstall als Einzelgebäude

	Standardstufe		
	3	4	5
300 Bauwerk – Baukonstruktion	320	350	420
400 Bauwerk – Technische Anlagen	205	235	280
Bauwerk	525	585	700
einschließlich Baunebenkosten in Höhe von	12 %		
Traufhöhe	3,00 m		
BGF/Nutzeinheit	6,30 – 6,50 m^2/Tier		
Korrekturfaktoren	Gebäudegröße BGF 200 m^2 1,20 400 m^2 1,00 600 m^2 0,90	Unterbau Güllekanäle (Tiefe 0,60 m) ohne Güllekanäle	1,10 1,00

18.4 Geflügelställe

18.4.1 Mastgeflügel, Bodenhaltung (Hähnchen, Puten, Gänse)

	Standardstufe		
	3	4	5
300 Bauwerk – Baukonstruktion	210	235	280
400 Bauwerk – Technische Anlagen	50	55	70
Bauwerk	260	290	350
einschließlich Baunebenkosten in Höhe von	12 %		
Traufhöhe	3,00 m		
BGF/Nutzeinheit	0,05 – 0,06 m^2/Tier		
Korrekturfaktoren	Gebäudegröße BGF 1 000 m^2 1,20 1 900 m^2 1,00 3 800 m^2 0,90		

18.4.2 Legehennen, Bodenhaltung

	Standardstufe		
	3	4	5
300 Bauwerk – Baukonstruktion	290	325	390
400 Bauwerk – Technische Anlagen	130	145	170
Bauwerk	420	470	560
einschließlich Baunebenkosten in Höhe von	12 %		
Traufhöhe	3,00 m		
BGF/Nutzeinheit	0,15 – 0,20 m^2/Tier		
Korrekturfaktoren	Gebäudegröße BGF 1 000 m^2 1,20 2 500 m^2 1,00 3 500 m^2 0,90	Unterbau Kotgrube (Tiefe 1,00 m)	1,10

18.4.3 Legehennen, Volierenhaltung

	Standardstufe		
	3	4	5
300 Bauwerk – Baukonstruktion	335	370	445
400 Bauwerk – Technische Anlagen	275	305	365
Bauwerk	610	675	810
einschließlich Baunebenkosten in Höhe von	12 %		
Traufhöhe	3,00 m		
BGF/Nutzeinheit	0,07 – 0,10 m^2/Tier		
Korrekturfaktoren	Gebäudegröße BGF 500 m^2 1,20 1 600 m^2 1,00 2 200 m^2 0,90		

Syst. Darst. Sachwertverfahren — Sonderfälle

18.4.4 Legehennen, Kleingruppenhaltung, ausgestalteter Käfig

	Standardstufe		
	3	4	5
300 Bauwerk – Baukonstruktion	340	370	450
400 Bauwerk – Technische Anlagen	335	370	445
Bauwerk	675	740	895
einschließlich Baunebenkosten in Höhe von	12 %		
Traufhöhe	3,00 m		
BGF/Nutzeinheit	0,05 – 0,07 m²/Tier		
Korrekturfaktoren	Gebäudegröße BGF 500 m² 1,20 1 200 m² 1,00 1 500 m² 0,90		

18.5 Landwirtschaftliche Mehrzweckhallen

	Standardstufe		
	3	4	5
300 Bauwerk – Baukonstruktion	230	255	330
400 Bauwerk – Technische Anlagen	15	15	20
Bauwerk	245	270	350
einschließlich Baunebenkosten in Höhe von	11 %		
Traufhöhe	5,00 m		
BGF/Nutzeinheit	–		
Korrekturfaktoren	Gebäudegröße BGF 250 m² 1,20 800 m² 1,00 1 500 m² 0,90	Unterbau Remise (ohne Betonboden) 0,80	

18.6 Außenanlagen zu allen landwirtschaftlichen Betriebsgebäuden

Raufutter-Fahrsilo	60 – 100 €/m³ Nutzraum
Kraftfutter-Hochsilo	170 – 350 €/m³ Nutzraum
Fertigfutter-Hochsilo	170 – 350 €/m³ Nutzraum
Mistlager	60 – 100 €/m³ Nutzraum
Beton-Güllebehälter	30 – 60 €/m³ Nutzraum
Waschplatz (4,00 x 5,00 m) mit Kontrollschacht und Ölabscheider	4 000 – 5 000 €/Stck.
Vordach am Hauptdach angeschleppt	80 – 100 €/m²
Hofbefestigung aus Beton-Verbundsteinen	40 – 50 €/m²
Laufhof für Rinder	70 – 100 €/m² Nutzraum
Auslauf mit Spaltenboden	150 – 220 €/m² Nutzraum
Auslauf, Wintergarten für Geflügel	100 – 120 €/m² Nutzraum
Schüttwände bis 3,00 m Höhe	100 – 125 €/m²

Sonderfälle Syst. Darst. Sachwertverfahren

6.2 Anlage 2
Beschreibung der Gebäudestandards

Inhaltsübersicht

Tabelle 1	Freistehende Ein- und Zweifamilienhäuser, Doppelhäuser und Reihenhäuser
	Anwendungsbeispiel für Tabelle 1
Tabelle 2	Mehrfamilienhäuser, Wohnhäuser mit Mischnutzung
Tabelle 3	Bürogebäude, Banken, Geschäftshäuser
Tabelle 4	Gemeindezentren, Saalbauten/Veranstaltungsgebäude, Kindergärten, Schulen
Tabelle 5	Wohnheime, Alten-/Pflegeheime, Krankenhäuser, Tageskliniken, Beherbergungsstätten, Verpflegungseinrichtungen
Tabelle 6	Sporthallen, Freizeitbäder/Heilbäder
Tabelle 7	Verbrauchermärkte, Kauf-/Warenhäuser, Autohäuser
Tabelle 8	Garagen
Tabelle 9	Betriebs-/Werkstätten, Produktionsgebäude, Lagergebäude
Tabelle 10	Reithallen
Tabelle 11	Pferdeställe
Tabelle 12	Rinderställe und Melkhäuser
Tabelle 13	Schweineställe
Tabelle 14	Geflügelställe
Tabelle 15	Landwirtschaftliche Mehrzweckhallen

Tabelle 1: Beschreibung der Gebäudestandards für freistehende Ein- und Zweifamilienhäuser, Doppelhäuser und Reihenhäuser

Die Beschreibung der Gebäudestandards ist beispielhaft und dient der Orientierung. Sie kann nicht alle in der Praxis auftretenden Standardmerkmale aufführen. Merkmale, die die Tabelle nicht beschreibt, sind zusätzlich sachverständig zu berücksichtigen. Es müssen nicht alle aufgeführten Merkmale zutreffen. Die in der Tabelle angegebenen Jahreszahlen beziehen sich auf die im jeweiligen Zeitraum gültigen Wärmeschutzanforderungen; in Bezug auf das konkrete Bewertungsobjekt ist zu prüfen, ob von diesen Wärmeschutzanforderungen abgewichen wird. Die Beschreibung der Gebäudestandards basiert auf dem Bezugsjahr der NHK (Jahr 2010).

	Standardstufe					Wägungsanteil
	1	2	3	4	5	
Außenwände	Holzfachwerk, Ziegelmauerwerk; Fugenglattstrich, Putz, Verkleidung mit Faserzementplatten, Bitumenschindeln oder einfachen Kunststoffplatten; kein oder deutlich nicht zeitgemäßer Wärmeschutz (vor ca. 1980)	ein-/zweischaliges Mauerwerk, z. B. Gitterziegel oder Hohlblocksteine; verputzt und gestrichen oder Holzverkleidung; nicht zeitgemäßer Wärmeschutz (vor ca. 1995)	ein-/zweischaliges Mauerwerk, z. B. aus Leichtziegeln, Kalksandsteinen, Gasbetonsteinen; Edelputz; Wärmedämmverbundsystem oder Wärmedämmputz (nach ca. 1995)	Verblendmauerwerk, zweischalig, hinterlüftet, Vorhangfassade (z. B. Naturschiefer); Wärmedämmung (nach ca. 2005)	aufwendig gestaltete Fassaden mit konstruktiver Gliederung (Säulenstellungen, Erker etc.), Sichtbeton-Fertigteile, Natursteinfassade, Elemente aus Kupfer-/Eloxalblech, mehrgeschossige Glasfassaden; Dämmung im Passivhausstandard	23

1627

Syst. Darst. Sachwertverfahren — Sonderfälle

	Standardstufe					Wägungs-anteil
	1	2	3	4	5	
Dach	Dachpappe, Faserzementplatten/Wellplatten; keine bis geringe Dachdämmung	einfache Betondachsteine oder Tondachziegel, Bitumenschindeln; nicht zeitgemäße Dachdämmung (vor ca. 1995)	Faserzement-Schindeln, beschichtete Betondachsteine und Tondachziegel, Folienabdichtung; Rinnen und Fallrohre aus Zinkblech; Dachdämmung (nach ca. 1995)	glasierte Tondachziegel, Flachdachausbildung tlw. als Dachterrassen; Konstruktion in Brettschichtholz, schweres Massivflachdach; besondere Dachformen, z. B. Mansarden-, Walmdach; Aufsparrendämmung, überdurchschnittliche Dämmung (nach ca. 2005)	hochwertige Eindeckung z. B. aus Schiefer oder Kupfer, Dachbegrünung, befahrbares Flachdach; aufwendig gegliederte Dachlandschaft, sichtbare Bogendachkonstruktionen; Rinnen und Fallrohre aus Kupfer; Dämmung im Passivhausstandard	15
Fenster und Außentüren	Einfachverglasung; einfache Holztüren	Zweifachverglasung (vor ca. 1995); Haustür mit nicht zeitgemäßem Wärmeschutz (vor ca. 1995)	Zweifachverglasung (nach ca. 1995), Rollläden (manuell); Haustür mit zeitgemäßem Wärmeschutz (nach ca. 1995)	Dreifachverglasung, Sonnenschutzglas, aufwendigere Rahmen, Rollläden (elektr.); höherwertige Türanlage z. B. mit Seitenteil, besonderer Einbruchschutz	große feststehende Fensterflächen, Spezialverglasung (Schall- und Sonnenschutz); Außentüren in hochwertigen Materialien	11
Innenwände und -türen	Fachwerkwände, einfache Putze/Lehmputze, einfache Kalkanstriche; Füllungstüren, gestrichen, mit einfachen Beschlägen ohne Dichtungen	massive tragende Innenwände, nicht tragende Wände in Leichtbauweise (z. B. Holzständerwände mit Gipskarton); Gipsdielen; leichte Türen, Stahlzargen	nicht tragende Innenwände in massiver Ausführung bzw. mit Dämmmaterial gefüllte Ständerkonstruktionen; schwere Türen, Holzzargen	Sichtmauerwerk, Wandvertäfelungen (Holzpaneele); Massivholztüren, Schiebetürelemente, Glastüren, strukturierte Türblätter	gestaltete Wandabläufe (z. B. Pfeilervorlagen, abgesetzte oder geschwungene Wandpartien); Vertäfelungen (Edelholz, Metall), Akustikputz, Brandschutzverkleidung; raumhohe aufwendige Türelemente	11
Deckenkonstruktion und Treppen	Holzbalkendecken ohne Füllung, Spalierputz; Weichholztreppen in einfacher Art und Ausführung; kein Trittschallschutz	Holzbalkendecken mit Füllung, Kappendecken; Stahl- oder Hartholztreppen in einfacher Art und Ausführung	Beton- und Holzbalkendecken mit Tritt- und Luftschallschutz (z. B. schwimmender Estrich); geradläufige Treppen aus Stahlbeton oder Stahl, Harfentreppe, Trittschallschutz	Decken mit größerer Spannweite, Deckenverkleidung (Holzpaneele/Kassetten); gewendelte Treppen aus Stahlbeton oder Stahl, Hartholztreppenanlage in besserer Art und Ausführung	Decken mit großen Spannweiten, gegliedert, Deckenvertäfelungen (Edelholz, Metall); breite Stahlbeton-, Metall- oder Hartholztreppenanlage mit hochwertigem Geländer	11

Sonderfälle — Syst. Darst. Sachwertverfahren

| | Standardstufe | | | | | Wägungs-anteil |
	1	2	3	4	5	
Fußböden	ohne Belag	Linoleum-, Teppich-, Laminat- und PVC-Böden einfacher Art und Ausführung	Linoleum-, Teppich-, Laminat- und PVC-Böden besserer Art und Ausführung, Fliesen, Kunststeinplatten	Natursteinplatten, Fertigparkett, hochwertige Fliesen, Terrazzobelag, hochwertige Massivholzböden auf gedämmter Unterkonstruktion	hochwertiges Parkett, hochwertige Natursteinplatten, hochwertige Edelholzböden auf gedämmter Unterkonstruktion	5
Sanitäreinrichtungen	einfaches Bad mit Stand-WC, Installation auf Putz, Ölfarbenanstrich, einfache PVC-Bodenbeläge	1 Bad mit WC, Dusche oder Badewanne; einfache Wand- und Bodenfliesen, teilweise gefliest	1 Bad mit WC, Dusche und Badewanne, Gäste-WC; Wand- und Bodenfliesen, raumhoch gefliest	1 - 2 Bäder mit tlw. zwei Waschbecken, tlw. Bidet/Urinal, Gäste-WC, bodengleiche Dusche; Wand- und Bodenfliesen; jeweils in gehobener Qualität	mehrere großzügige, hochwertige Bäder, Gäste-WC; hochwertige Wand- und Bodenplatten (oberflächenstrukturiert, Einzel- und Flächendekors)	9
Heizung	Einzelöfen, Schwerkraftheizung	Fern- oder Zentralheizung, einfache Warmluftheizung, einzelne Gasaußenwandthermen, Nachtstromspeicher-, Fußbodenheizung (vor ca. 1995)	elektronisch gesteuerte Fern- oder Zentralheizung, Niedertemperatur- oder Brennwertkessel	Fußbodenheizung, Solarkollektoren für Warmwassererzeugung, zusätzlicher Kaminanschluss	Solarkollektoren für Warmwassererzeugung und Heizung, Blockheizkraftwerk, Wärmepumpe, Hybrid-Systeme; aufwendige zusätzliche Kaminanlage	9
Sonstige technische Ausstattung	sehr wenige Steckdosen, Schalter und Sicherungen, kein Fehlerstromschutzschalter (FI-Schalter), Leitungen teilweise auf Putz	wenige Steckdosen, Schalter und Sicherungen	zeitgemäße Anzahl an Steckdosen und Lichtauslässen, Zählerschrank (ab ca. 1985) mit Unterverteilung und Kippsicherungen	zahlreiche Steckdosen und Lichtauslässe, hochwertige Abdeckungen, dezentrale Lüftung mit Wärmetauscher, mehrere LAN- und Fernsehanschlüsse	Video- und zentrale Alarmanlage, zentrale Lüftung mit Wärmetauscher, Klimaanlage, Bussystem	6

Syst. Darst. Sachwertverfahren — Sonderfälle

Anwendungsbeispiel für Tabelle 1

Einfamilienhaus freistehend;

Gebäudeart: 1.01

Keller-, Erdgeschoss, ausgebautes Dachgeschoss

Nach sachverständiger Würdigung werden den in Tabelle 1 angegebenen Standardmerkmalen die zutreffenden Standardstufen zugeordnet. Eine Mehrfachnennung ist möglich, wenn die verwendeten Bauteile Merkmale mehrerer Standardstufen aufweisen, z. B. im Bereich Fußboden 50 % Teppichbelag und 50 % Parkett.

	Standardstufe					Wägungs-anteil
	1	2	3	4	5	
Außenwände			1			23
Dächer			0,5	0,5		15
Außentüren und Fenster				1		11
Innenwände und -türen			0,5	0,5		11
Deckenkonstruktion und Treppen				1		11
Fußböden			0,5	0,5		5
Sanitäreinrichtungen	1					9
Heizung			0,6	0,4		9
Sonstige technische Ausstattung	0,5	0,5				6

Kostenkennwerte für Gebäudeart 1.01:	655 €/m² BGF	725 €/m² BGF	835 €/m² BGF	1 005 €/m² BGF	1 260 €/m² BGF

Außenwände	1 × 23 % × 835 €/m² BGF =	192 €/m² BGF
Dächer	0,5 × 15 % × 835 €/m² BGF + 0,5 × 15 % × 1 005 €/m² BGF =	138 €/m² BGF
Außentüren und Fenster	1 × 11 % × 1 005 €/m² BGF =	111 €/m² BGF
Innenwände	0,5 × 11 % × 835 €/m² BGF + 0,5 × 11 % × 1 005 €/m² BGF =	101 €/m² BGF
Deckenkonstruktion und Treppen	1 × 11 % × 1 005 €/m² BGF =	111 €/m² BGF
Fußböden	0,5 × 5 % × 835 €/m² BGF + 0,5 × 5 % × 1 005 €/m² BGF =	46 €/m² BGF
Sanitäreinrichtungen	1 × 9 % × 655 €/m² BGF =	59 €/m² BGF
Heizung	0,6 × 9 % × 835 €/m² BGF + 0,4 × 9 % × 1 005 €/m² BGF =	81 €/m² BGF
Sonstige technische Ausstattung	0,5 × 6 % × 655 €/m² BGF + 0,5 × 6 % × 725 €/m² BGF =	41 €/m² BGF
	Kostenkennwert (Summe)	880 €/m² BGF

Tabelle 2: Beschreibung der Gebäudestandards für Mehrfamilienhäuser, Wohnhäuser mit Mischnutzung

Die Beschreibung der Gebäudestandards ist beispielhaft und dient der Orientierung. Sie kann nicht alle in der Praxis auftretenden Standardmerkmale aufführen. Merkmale, die die Tabelle nicht beschreibt, sind zusätzlich sachverständig zu berücksichtigen. Es müssen nicht alle aufgeführten Merkmale zutreffen. Die in der Tabelle angegebenen Jahreszahlen beziehen sich auf die im jeweiligen Zeitraum gültigen Wärmeschutzanforderungen; in Bezug auf das konkrete Bewertungsobjekt ist zu prüfen, ob von diesen Wärmeschutzanforderungen abgewichen wird. Die Beschreibung der Gebäudestandards basiert auf dem Bezugsjahr der NHK (Jahr 2010). Bei nicht mehr zeitgemäßen Standardmerkmalen ist ein Abschlag sachverständig vorzunehmen.

	Standardstufe		
	3	4	5
Außenwände	ein-/zweischaliges Mauerwerk, z. B. aus Leichtziegeln, Kalksandsteinen, Gasbetonsteinen; Edelputz; Wärmedämmverbundsystem oder Wärmedämmputz (nach ca. 1995)	Verblendmauerwerk, zweischalig, hinterlüftet, Vorhangfassade (z. B. Naturschiefer); Wärmedämmung (nach ca. 2005)	aufwendig gestaltete Fassaden mit konstruktiver Gliederung (Säulenstellungen, Erker etc.), Sichtbeton-Fertigteile, Natursteinfassade, Elemente aus Kupfer-/Eloxalblech, mehrgeschossige Glasfassaden; hochwertigste Dämmung
Dach	Faserzement-Schindeln, beschichtete Betondachsteine und Tondachziegel, Folienabdichtung; Dachdämmung (nach ca. 1995)	glasierte Tondachziegel; Flachdachausbildung tlw. als Dachterrasse; Konstruktion in Brettschichtholz, schweres Massivflachdach; besondere Dachform, z. B. Mansarden-, Walmdach; Aufsparrendämmung, überdurchschnittliche Dämmung (nach ca. 2005)	hochwertige Eindeckung z. B. aus Schiefer oder Kupfer, Dachbegrünung, befahrbares Flachdach; stark überdurchschnittliche Dämmung
Fenster und Außentüren	Zweifachverglasung (nach ca. 1995), Rollläden (manuell); Haustür mit zeitgemäßem Wärmeschutz (nach ca. 1995)	Dreifachverglasung, Sonnenschutzglas, aufwendigere Rahmen, Rollläden (elektr.); höherwertige Türanlagen z. B. mit Seitenteil, besonderer Einbruchschutz	große feststehende Fensterflächen, Spezialverglasung (Schall- und Sonnenschutz); Außentüren in hochwertigen Materialien
Innenwände und -türen	nicht tragende Innenwände in massiver Ausführung bzw. mit Dämmmaterial gefüllte Ständerkonstruktionen; schwere Türen	Sichtmauerwerk; Massivholztüren, Schiebetürelemente, Glastüren, strukturierte Türblätter	gestaltete Wandabläufe (z. B. Pfeilervorlagen, abgesetzte oder geschwungene Wandpartien); Brandschutzverkleidung; raumhohe aufwendige Türelemente
Deckenkonstruktion	Betondecken mit Tritt- und Luftschallschutz (z. B. schwimmender Estrich); einfacher Putz	zusätzlich Deckenverkleidung	Deckenvertäfelungen (Edelholz, Metall)
Fußböden	Linoleum-, Teppich-, Laminat- und PVC-Böden besserer Art und Ausführung, Fliesen, Kunststeinplatten	Natursteinplatten, Fertigparkett, hochwertige Fliesen, Terrazzobelag, hochwertige Massivholzböden auf gedämmter Unterkonstruktion	hochwertiges Parkett, hochwertige Natursteinplatten, hochwertige Edelholzböden auf gedämmter Unterkonstruktion
Sanitäreinrichtungen	1 Bad mit WC je Wohneinheit; Dusche und Badewanne; Wand- und Bodenfliesen, raumhoch gefliest	1 bis 2 Bäder je Wohneinheit mit tlw. zwei Waschbecken, tlw. Bidet/Urinal, Gäste-WC, bodengleiche Dusche; Wand- und Bodenfliesen jeweils in gehobener Qualität	2 und mehr Bäder je Wohneinheit; hochwertige Wand- und Bodenplatten (oberflächenstrukturiert, Einzel- und Flächendekors)

Syst. Darst. Sachwertverfahren — Sonderfälle

	Standardstufe		
	3	4	5
Heizung	elektronisch gesteuerte Fern- oder Zentralheizung, Niedertemperatur- oder Brennwertkessel	Fußbodenheizung, Solarkollektoren für Warmwassererzeugung	Solarkollektoren für Warmwassererzeugung und Heizung, Blockheizkraftwerk, Wärmepumpe, Hybrid-Systeme
Sonstige technische Ausstattung	zeitgemäße Anzahl an Steckdosen und Lichtauslässen; Zählerschrank (ab ca. 1985) mit Unterverteilung und Kippsicherungen	zahlreiche Steckdosen und Lichtauslässe, hochwertige Abdeckungen, dezentrale Lüftung mit Wärmetauscher, mehrere LAN- und Fernsehanschlüsse, Personenaufzugsanlagen	Video- und zentrale Alarmanlage, zentrale Lüftung mit Wärmetauscher, Klimaanlage; Bussystem; aufwendige Personenaufzugsanlagen

Tabelle 3: Beschreibung der Gebäudestandards für Bürogebäude, Banken, Geschäftshäuser

Die Beschreibung der Gebäudestandards ist beispielhaft und dient der Orientierung. Sie kann nicht alle in der Praxis auftretenden Standardmerkmale aufführen. Merkmale, die die Tabelle nicht beschreibt, sind zusätzlich sachverständig zu berücksichtigen. Es müssen nicht alle aufgeführten Merkmale zutreffen. Die in der Tabelle angegebenen Jahreszahlen beziehen sich auf die im jeweiligen Zeitraum gültigen Wärmeschutzanforderungen; in Bezug auf das konkrete Bewertungsobjekt ist zu prüfen, ob von diesen Wärmeschutzanforderungen abgewichen wird. Die Beschreibung der Gebäudestandards basiert auf dem Bezugsjahr der NHK (Jahr 2010). Bei nicht mehr zeitgemäßen Standardmerkmalen ist ein Abschlag sachverständig vorzunehmen.

	Standardstufe		
	3	4	5
Außenwände	ein-/zweischalige Konstruktion; Wärmedämmverbundsystem oder Wärmedämmputz (nach ca. 1995)	Verblendmauerwerk, zweischalig, hinterlüftet, Vorhangfassade (z. B. Naturschiefer); Wärmedämmung (nach ca. 2005)	aufwendig gestaltete Fassaden mit konstruktiver Gliederung (Säulenstellungen, Erker etc.), Sichtbeton-Fertigteile, Natursteinfassade, Elemente aus Kupfer-/Eloxalblech, mehrgeschossige Glasfassaden; Vorhangfassade aus Glas; stark überdurchschnittliche Dämmung
Dach	Faserzement-Schindeln, beschichtete Betondachsteine und Tondachziegel, Folienabdichtung; Dachdämmung (nach ca. 1995)	glasierte Tondachziegel; schweres Massivflachdach; besondere Dachform; überdurchschnittliche Dämmung (nach ca. 2005)	hochwertige Eindeckung z. B. aus Schiefer oder Kupfer; Dachbegrünung; befahrbares Flachdach; aufwendig gegliederte Dachlandschaft; stark überdurchschnittliche Dämmung
Fenster und Außentüren	Zweifachverglasung (nach ca. 1995)	Dreifachverglasung, Sonnenschutzglas, aufwendigere Rahmen, höherwertige Türanlagen	große feststehende Fensterflächen, Spezialverglasung (Schall- und Sonnenschutz); Außentüren in hochwertigen Materialien; Automatiktüren
Innenwände und -türen	nicht tragende Innenwände in massiver Ausführung; schwere Türen	Sichtmauerwerk, Massivholztüren, Schiebetürelemente, Glastüren, Innenwände für flexible Raumkonzepte (größere statische Spannweiten der Decken)	gestaltete Wandabläufe (z. B. Pfeilervorlagen, abgesetzte oder geschwungene Wandpartien); Wände aus großformatigen Glaselementen, Akustikputz, tlw. Automatiktüren; rollstuhlgerechte Bedienung
Deckenkonstruktion	Betondecken mit Tritt- und Luftschallschutz; einfacher Putz; abgehängte Decken	höherwertige abgehängte Decken	Deckenvertäfelungen (Edelholz, Metall)

Sonderfälle   **Syst. Darst. Sachwertverfahren**

	Standardstufe		
	3	4	5
Fußböden	Linoleum- oder Teppich-Böden besserer Art und Ausführung; Fliesen, Kunststeinplatten	Natursteinplatten, Fertigparkett, hochwertige Fliesen, Terrazzobelag, hochwertige Massivholzböden auf gedämmter Unterkonstruktion	hochwertiges Parkett, hochwertige Natursteinplatten, hochwertige Edelholzböden auf gedämmter Unterkonstruktion
Sanitäreinrichtungen	ausreichende Anzahl von Toilettenräumen in Standard-Ausführung	Toilettenräume in gehobenem Standard	großzügige Toilettenanlagen jeweils mit Sanitäreinrichtung in gehobener Qualität
Heizung	elektronisch gesteuerte Fern- oder Zentralheizung, Niedertemperatur- oder Brennwertkessel	Fußbodenheizung; Solarkollektoren für Warmwassererzeugung	Solarkollektoren für Warmwassererzeugung und Heizung, Blockheizkraftwerk, Wärmepumpe, Hybrid-Systeme; Klimaanlage
Sonstige technische Ausstattung	zeitgemäße Anzahl an Steckdosen und Lichtauslässen; Zählerschrank (ab ca. 1985) mit Unterverteilung und Kippsicherungen; Kabelkanäle; Blitzschutz	zahlreiche Steckdosen und Lichtauslässe; hochwertige Abdeckungen, hochwertige Beleuchtung; Doppelboden mit Bodentanks zur Verkabelung; ausreichende Anzahl von LAN-Anschlüssen; dezentrale Lüftung mit Wärmetauscher, Messverfahren von Verbrauch, Regelung von Raumtemperatur und Raumfeuchte, Sonnenschutzsteuerung; elektronische Zugangskontrolle; Personenaufzugsanlagen	Video- und zentrale Alarmanlage; zentrale Lüftung mit Wärmetauscher, Klimaanlage, Bussystem; aufwendige Personenaufzugsanlagen

Tabelle 4: Beschreibung der Gebäudestandards für Gemeindezentren, Saalbauten/Veranstaltungsgebäude, Kindergärten, Schulen

Die Beschreibung der Gebäudestandards ist beispielhaft und dient der Orientierung. Sie kann nicht alle in der Praxis auftretenden Standardmerkmale aufführen. Merkmale, die die Tabelle nicht beschreibt, sind zusätzlich sachverständig zu berücksichtigen. Es müssen nicht alle aufgeführten Merkmale zutreffen. Die in der Tabelle angegebenen Jahreszahlen beziehen sich auf die im jeweiligen Zeitraum gültigen Wärmeschutzanforderungen; in Bezug auf das konkrete Bewertungsobjekt ist zu prüfen, ob von diesen Wärmeschutzanforderungen abgewichen wird. Die Beschreibung der Gebäudestandards basiert auf dem Bezugsjahr der NHK (Jahr 2010). Bei nicht mehr zeitgemäßen Standardmerkmalen ist ein Abschlag sachverständig vorzunehmen.

	Standardstufe		
	3	4	5
Außenwände	ein-/zweischalige Konstruktion; Wärmedämmverbundsystem oder Wärmedämmputz (nach ca. 1995)	Verblendmauerwerk, zweischalig, hinterlüftet; Vorhangfassade (z. B. Naturschiefer); Wärmedämmung (nach ca. 2005)	aufwendig gestaltete Fassaden mit konstruktiver Gliederung (Säulenstellungen, Erker etc.), Sichtbeton-Fertigteile, Natursteinfassade, Elemente aus Kupfer-/Eloxalblech, mehrgeschossige Glasfassaden; stark überdurchschnittliche Dämmung
Dach	Faserzement-Schindeln, beschichtete Betondachsteine und Tondachziegel, Folienabdichtung; Dachdämmung (nach ca. 1995)	glasierte Tondachziegel; besondere Dachform; Dämmung (nach ca. 2005)	hochwertige Eindeckung z. B. aus Schiefer oder Kupfer, Dachbegrünung, befahrbares Flachdach; aufwendig gegliederte Dachlandschaft, stark überdurchschnittliche Dämmung

Syst. Darst. Sachwertverfahren — Sonderfälle

	Standardstufe		
	3	4	5
Fenster und Außentüren	Zweifachverglasung (nach ca. 1995)	Dreifachverglasung, Sonnenschutzglas, aufwendigere Rahmen, höherwertige Türanlagen	große feststehende Fensterflächen, Spezialverglasung (Schall- und Sonnenschutz); Außentüren in hochwertigen Materialien
Innenwände und -türen	nicht tragende Innenwände in massiver Ausführung bzw. mit Dämmmaterial gefüllte Ständerkonstruktionen; schwere und große Türen	Sichtmauerwerk, Massivholztüren, Schiebetürelemente, Glastüren	gestaltete Wandabläufe (z. B. Pfeilervorlagen, abgesetzte oder geschwungene Wandpartien); Vertäfelungen (Edelholz, Metall), Akustikputz, raumhohe aufwendige Türelemente; tlw. Automatiktüren; rollstuhlgerechte Bedienung
Deckenkonstruktion	Betondecken mit Tritt- und Luftschallschutz; einfacher Putz; abgehängte Decken	Decken mit großen Spannweiten, Deckenverkleidung	Decken mit größeren Spannweiten
Fußböden	Linoleum- oder Teppich-Böden besserer Art und Ausführung; Fliesen, Kunststeinplatten	Natursteinplatten, hochwertige Fliesen, Terrazzobelag, hochwertige Massivholzböden auf gedämmter Unterkonstruktion	hochwertiges Parkett, hochwertige Natursteinplatten, hochwertige Edelholzböden auf gedämmter Unterkonstruktion
Sanitäreinrichtungen	ausreichende Anzahl von Toilettenräumen in Standard-Ausführung	Toilettenräume in gehobenem Standard	großzügige Toilettenanlagen mit Sanitäreinrichtung in gehobener Qualität
Heizung	elektronisch gesteuerte Fern- oder Zentralheizung, Niedertemperatur- oder Brennwertkessel	Solarkollektoren für Warmwassererzeugung; Fußbodenheizung	Solarkollektoren für Warmwassererzeugung und Heizung; Blockheizkraftwerk, Wärmepumpe, Hybrid-Systeme; Klimaanlage
Sonstige technische Ausstattung	zeitgemäße Anzahl an Steckdosen und Lichtauslässen; Zählerschrank (ab 1985) mit Unterverteilung und Kippsicherungen; Kabelkanäle; Blitzschutz	zahlreiche Steckdosen und Lichtauslässe; hochwertige Abdeckungen, hochwertige Beleuchtung; Doppelboden mit Bodentanks zur Verkabelung, ausreichende Anzahl von LAN-Anschlüssen; dezentrale Lüftung mit Wärmetauscher, Messverfahren von Raumtemperatur, Raumfeuchte, Verbrauch, Einzelraumregelung, Sonnenschutzsteuerung; elektronische Zugangskontrolle; Personenaufzugsanlagen	Video- und zentrale Alarmanlage; zentrale Lüftung mit Wärmetauscher, Klimaanlage, Bussystem

Tabelle 5: Beschreibung der Gebäudestandards für Wohnheime, Alten-/Pflegeheime, Krankenhäuser, Tageskliniken, Beherbergungsstätten, Verpflegungseinrichtungen

Die Beschreibung der Gebäudestandards ist beispielhaft und dient der Orientierung. Sie kann nicht alle in der Praxis auftretenden Standardmerkmale aufführen. Merkmale, die die Tabelle nicht beschreibt, sind zusätzlich sachverständig zu berücksichtigen. Es müssen nicht alle aufgeführten Merkmale zutreffen. Die in der Tabelle angegebenen Jahreszahlen beziehen sich auf die im jeweiligen Zeitraum gültigen Wärmeschutzanforderungen; in Bezug auf das konkrete Bewertungsobjekt ist zu prüfen, ob von diesen Wärmeschutzanforderungen abgewichen wird. Die Beschreibung der Gebäudestandards basiert auf dem Bezugsjahr der NHK (Jahr 2010). Bei nicht mehr zeitgemäßen Standardmerkmalen ist ein Abschlag sachverständig vorzunehmen.

	Standardstufe		
	3	4	5
Außenwände	ein-/zweischalige Konstruktion; Wärmedämmverbundsystem oder Wärmedämmputz (nach ca. 1995)	Verblendmauerwerk, zweischalig, hinterlüftet, Vorhangfassade (z. B. Naturschiefer); Wärmedämmung (nach ca. 2005)	aufwendig gestaltete Fassaden mit konstruktiver Gliederung (Säulenstellungen, Erker etc.), Sichtbeton-Fertigteile, Natursteinfassade, Elemente aus Kupfer-/Eloxalblech, mehrgeschossige Glasfassaden; hochwertigste Dämmung
Dach	Faserzement-Schindeln, beschichtete Betondachsteine und Tondachziegel, Folienabdichtung; Dachdämmung (nach ca. 1995)	glasierte Tondachziegel; besondere Dachformen; überdurchschnittliche Dämmung (nach ca. 2005)	hochwertige Eindeckung z. B. aus Schiefer oder Kupfer, Dachbegrünung, befahrbares Flachdach; aufwendig gegliederte Dachlandschaft, sichtbare; hochwertigste Dämmung
Fenster und Außentüren	Zweifachverglasung (nach ca. 1995); nur Wohnheime, Altenheime, Pflegeheime, Krankenhäuser und Tageskliniken: Automatik-Eingangstüren	Dreifachverglasung, Sonnenschutzglas, aufwendigere Rahmen; nur Beherbergungsstätten und Verpflegungseinrichtungen: Automatik-Eingangstüren	große feststehende Fensterflächen, Spezialverglasung (Schall- und Sonnenschutz)
Innenwände und -türen	nicht tragende Innenwände in massiver Ausführung bzw. mit Dämmmaterial gefüllte Ständerkonstruktionen; schwere Türen; nur Wohnheime, Altenheime, Pflegeheime, Krankenhäuser und Tageskliniken: Automatik-Flurzwischentüren; rollstuhlgerechte Bedienung	Sichtmauerwerk; nur Beherbergungsstätten und Verpflegungseinrichtungen: Automatik-Flurzwischentüren; rollstuhlgerechte Bedienung	gestaltete Wandabläufe (z. B. Pfeilervorlagen, abgesetzte oder geschwungene Wandpartien); Akustikputz, raumhohe aufwendige Türelemente
Deckenkonstruktion und Treppen	Betondecken mit Tritt- und Luftschallschutz; Deckenverkleidung, einfacher Putz	Decken mit großen Spannweiten	Decken mit größeren Spannweiten; hochwertige breite Stahlbeton-, Metalltreppenanlage mit hochwertigem Geländer
Fußböden	Linoleum- oder PVC-Böden besserer Art und Ausführung; Fliesen, Kunststeinplatten	Natursteinplatten, hochwertige Fliesen, Terrazzobelag, hochwertige Massivholzböden auf gedämmter Unterkonstruktion	hochwertiges Parkett, hochwertige Natursteinplatten, hochwertige Edelholzböden auf gedämmter Unterkonstruktion

Syst. Darst. Sachwertverfahren — Sonderfälle

	Standardstufe		
	3	4	5
Sanitäreinrichtungen	mehrere WCs und Duschbäder je Geschoss; Waschbecken im Raum	je Raum ein Duschbad mit WC; nur Wohnheime, Altenheime, Pflegeheime, Krankenhäuser und Tageskliniken: behindertengerecht	je Raum ein Duschbad mit WC in guter Ausstattung; nur Wohnheime, Altenheime, Pflegeheime, Krankenhäuser und Tageskliniken: behindertengerecht
Heizung	elektronisch gesteuerte Fern- oder Zentralheizung, Niedertemperatur- oder Brennwertkessel	Solarkollektoren für Warmwassererzeugung	Solarkollektoren für Warmwassererzeugung und Heizung; Blockheizkraftwerk, Wärmepumpe, Hybrid-Systeme; Klimaanlage
Sonstige technische Ausstattung	zeitgemäße Anzahl an Steckdosen und Lichtauslässen; Blitzschutz, Personenaufzugsanlagen	zahlreiche Steckdosen und Lichtauslässe; hochwertige Abdeckungen; dezentrale Lüftung mit Wärmetauscher; mehrere LAN- und Fernsehanschlüsse	Video- und zentrale Alarmanlage, zentrale Lüftung mit Wärmetauscher, Klimaanlage, Bussystem; aufwendige Aufzugsanlagen

Tabelle 6: Beschreibung der Gebäudestandards für Sporthallen, Freizeitbäder/Heilbäder

Die Beschreibung der Gebäudestandards ist beispielhaft und dient der Orientierung. Sie kann nicht alle in der Praxis auftretenden Standardmerkmale aufführen. Merkmale, die die Tabelle nicht beschreibt, sind zusätzlich sachverständig zu berücksichtigen. Es müssen nicht alle aufgeführten Merkmale zutreffen. Die in der Tabelle angegebenen Jahreszahlen beziehen sich auf die im jeweiligen Zeitraum gültigen Wärmeschutzanforderungen; in Bezug auf das konkrete Bewertungsobjekt ist zu prüfen, ob von diesen Wärmeschutzanforderungen abgewichen wird. Die Beschreibung der Gebäudestandards basiert auf dem Bezugsjahr der NHK (Jahr 2010). Bei nicht mehr zeitgemäßen Standardmerkmalen ist ein Abschlag sachverständig vorzunehmen.

	Standardstufe		
	3	4	5
Außenwände	ein-/zweischalige Konstruktion; Wärmedämmverbundsystem oder Wärmedämmputz (nach ca. 1995)	Verblendmauerwerk, zweischalig, hinterlüftet; Vorhangfassade (z. B. Naturschiefer); Wärmedämmung (nach ca. 2005)	aufwendig gestaltete Fassaden mit konstruktiver Gliederung (Säulenstellungen, Erker etc.), Sichtbeton-Fertigteile, Elemente aus Kupfer-/Eloxalblech, mehrgeschossige Glasfassaden; hochwertigste Dämmung
Dach	Faserzement-Schindeln, beschichtete Betondachsteine und Tondachziegel, Folienabdichtung; Dachdämmung (nach ca. 1995)	glasierte Tondachziegel; besondere Dachformen, überdurchschnittliche Dämmung (nach ca. 2005)	hochwertige Eindeckung z. B. aus Schiefer oder Kupfer, Dachbegrünung; aufwendig gegliederte Dachlandschaft, sichtbare Bogendachkonstruktionen; hochwertigste Dämmung
Fenster und Außentüren	Zweifachverglasung (nach ca. 1995)	Dreifachverglasung, Sonnenschutzglas, aufwendigere Rahmen, höherwertige Türanlagen	große feststehende Fensterflächen, Spezialverglasung (Schall- und Sonnenschutz); Automatik-Eingangstüren
Innenwände und -türen	nicht tragende Innenwände in massiver Ausführung bzw. mit Dämmmaterial gefüllte Ständerkonstruktionen; schwere Türen	Sichtmauerwerk; rollstuhlgerechte Bedienung	gestaltete Wandabläufe (z. B. Pfeilervorlagen, abgesetzte oder geschwungene Wandpartien); Akustikputz, raumhohe aufwendige Türelemente

Sonderfälle Syst. Darst. Sachwertverfahren

	Standardstufe		
	3	4	5
Deckenkonstruktion und Treppen	Betondecke	Decken mit großen Spannweiten	Decken mit größeren Spannweiten; hochwertige breite Stahlbeton-, Metalltreppenanlage mit hochwertigem Geländer
Fußböden	nur Sporthallen: Beton, Asphaltbeton, Estrich oder Gussasphalt auf Beton; Teppichbelag, PVC; nur Freizeitbäder/Heilbäder: Fliesenbelag	nur Sporthallen: hochwertigere flächenstatische Fußbodenkonstruktion, Spezialteppich mit Gummigranulatauflage; hochwertigerer Schwingboden	nur Sporthallen: hochwertigste flächenstatische Fußbodenkonstruktion, Spezialteppich mit Gummigranulatauflage; hochwertigster Schwingboden; nur Freizeitbäder/Heilbäder: hochwertiger Fliesenbelag und Natursteinboden
Sanitäreinrichtungen	wenige Toilettenräume und Duschräume bzw. Waschräume	ausreichende Anzahl von Toilettenräumen und Duschräumen in besserer Qualität	großzügige Toilettenanlagen und Duschräume mit Sanitäreinrichtung in gehobener Qualität
Heizung	elektronisch gesteuerte Fern- oder Zentralheizung, Niedertemperatur- oder Brennwertkessel	Fußbodenheizung; Solarkollektoren für Warmwassererzeugung	Solarkollektoren für Warmwassererzeugung und Heizung, Blockheizkraftwerk, Wärmepumpe, Hybrid-Systeme
Sonstige technische Ausstattung	zeitgemäße Anzahl an Steckdosen und Lichtauslässen; Blitzschutz	zahlreiche Steckdosen und Lichtauslässe, hochwertige Abdeckungen, Lüftung mit Wärmetauscher	Video- und zentrale Alarmanlage; Klimaanlage; Bussystem

Tabelle 7: Beschreibung der Gebäudestandards für Verbrauchermärkte, Kauf-/Warenhäuser, Autohäuser

Die Beschreibung der Gebäudestandards ist beispielhaft und dient der Orientierung. Sie kann nicht alle in der Praxis auftretenden Standardmerkmale aufführen. Merkmale, die die Tabelle nicht beschreibt, sind zusätzlich sachverständig zu berücksichtigen. Es müssen nicht alle aufgeführten Merkmale zutreffen. Die in der Tabelle angegebenen Jahreszahlen beziehen sich auf die im jeweiligen Zeitraum gültigen Wärmeschutzanforderungen; in Bezug auf das konkrete Bewertungsobjekt ist zu prüfen, ob von diesen Wärmeschutzanforderungen abgewichen wird. Die Beschreibung der Gebäudestandards basiert auf dem Bezugsjahr der NHK (Jahr 2010). Bei nicht mehr zeitgemäßen Standardmerkmalen ist ein Abschlag sachverständig vorzunehmen.

	Standardstufe		
	3	4	5
Außenwände	ein-/zweischalige Konstruktion, Wärmedämmverbundsystem oder Wärmedämmputz (nach ca. 1995)	Verblendmauerwerk, zweischalig, hinterlüftet; Vorhangfassade (z. B. Naturschiefer); Wärmedämmung (nach ca. 2005)	aufwendig gestaltete Fassaden mit konstruktiver Gliederung (Säulenstellungen, Erker etc.), Sichtbeton-Fertigteile, Natursteinfassade, Elemente aus Kupfer-/Eloxalblech, mehrgeschossige Glasfassaden; hochwertigste Dämmung
Dach	Faserzement-Schindeln, beschichtete Betondachsteine und Tondachziegel, Folienabdichtung; Rinnen und Fallrohre aus Zinkblech; Dachdämmung (nach ca. 1995)	glasierte Tondachziegel; besondere Dachform; überdurchschnittliche Dämmung (nach ca. 2005)	hochwertige Eindeckung z. B. aus Schiefer oder Kupfer, Dachbegrünung; aufwendig gegliederte Dachlandschaft; hochwertigste Dämmung

Syst. Darst. Sachwertverfahren — Sonderfälle

	Standardstufe		
	3	4	5
Fenster und Außentüren	Zweifachverglasung (nach ca. 1995)	Dreifachverglasung, Sonnenschutzglas, aufwendigere Rahmen, höherwertige Türanlagen	große feststehende Fensterflächen, Spezialverglasung (Schall- und Sonnenschutz); Außentüren in hochwertigen Materialien
Innenwände und -türen	nicht tragende Innenwände in massiver Ausführung bzw. mit Dämmmaterial gefüllte Ständerkonstruktionen; schwere Türen	Sichtmauerwerk	gestaltete Wandabläufe (z. B. Pfeilervorlagen, abgesetzte oder geschwungene Wandpartien); Akustikputz, raumhohe aufwendige Türelemente; rollstuhlgerechte Bedienung, Automatiktüren
Deckenkonstruktion	Betondecken mit Tritt- und Luftschallschutz, einfacher Putz, Deckenverkleidung	Decken mit großen Spannweiten	Decken mit größeren Spannweiten, Deckenvertäfelungen (Edelholz, Metall)
Fußböden	Linoleum- oder Teppichböden besserer Art und Ausführung; Fliesen, Kunststeinplatten	Natursteinplatten, Fertigparkett, hochwertige Fliesen, Terrazzobelag, hochwertige Massivholzböden auf gedämmter Unterkonstruktion	hochwertiges Parkett, hochwertige Natursteinplatten, hochwertige Edelholzböden auf gedämmter Unterkonstruktion
Sanitäreinrichtungen	Toilettenräume	ausreichende Anzahl von Toilettenräumen, jeweils in gehobenem Standard	großzügige Toilettenanlagen mit Sanitäreinrichtung in gehobener Qualität
Heizung	elektronisch gesteuerte Fern- oder Zentralheizung; Niedertemperatur- oder Brennwertkessel	Fußbodenheizung; Solarkollektoren für Warmwassererzeugung	Solarkollektoren für Warmwassererzeugung und Heizung; Blockheizkraftwerk, Wärmepumpe, Hybrid-Systeme; Klimaanlage
Sonstige technische Ausstattung	zeitgemäße Anzahl an Steckdosen und Lichtauslässen, Zählerschrank (ab 1985) mit Unterverteilung und Kippsicherungen; Kabelkanäle; Blitzschutz; Personenaufzugsanlagen	zahlreiche Steckdosen und Lichtauslässe; hochwertige Abdeckungen, hochwertige Beleuchtung; Doppelboden mit Bodentanks zur Verkabelung, ausreichende Anzahl von LAN-Anschlüssen; dezentrale Lüftung mit Wärmetauscher, Messverfahren von Raumtemperatur, Raumfeuchte, Verbrauch, Einzelraumregelung, Sonnenschutzsteuerung	Video- und zentrale Alarmanlage; zentrale Lüftung mit Wärmetauscher, Klimaanlage, Bussystem; Doppelboden mit Bodentanks zur Verkabelung; aufwendigere Aufzugsanlagen

Tabelle 8: Beschreibung der Gebäudestandards für Garagen

Die Beschreibung der Gebäudestandards ist beispielhaft und dient der Orientierung. Sie kann nicht alle in der Praxis auftretenden Standardmerkmale aufführen. Merkmale, die die Tabelle nicht beschreibt, sind zusätzlich sachverständig zu berücksichtigen. Es müssen nicht alle aufgeführten Merkmale zutreffen. Die Beschreibung der Gebäudestandards basiert auf dem Bezugsjahr der NHK (Jahr 2010). Bei nicht mehr zeitgemäßen Standardmerkmalen ist ein Abschlag sachverständig vorzunehmen.

	Standardstufe		
	3	4	5
Außenwände	offene Konstruktion	einschalige Konstruktion	aufwendig gestaltete Fassaden mit konstruktiver Gliederung (Säulenstellungen, Erker etc.)
Konstruktion	Stahl- und Betonfertigteile	überwiegend Betonfertigteile; große stützenfreie Spannweiten	größere stützenfreie Spannweiten

Sonderfälle   **Syst. Darst. Sachwertverfahren**

	Standardstufe		
	3	4	5
Dach	Flachdach, Folienabdichtung	Flachdachausbildung; Wärmedämmung	befahrbares Flachdach (Parkdeck)
Fenster und Außentüren	einfache Metallgitter	begrünte Metallgitter, Glasbausteine	Außentüren in hochwertigen Materialien
Fußböden	Beton	Estrich, Gussasphalt	beschichteter Beton oder Estrichboden
Sonstige technische Ausstattung	Strom- und Wasseranschluss; Löschwasseranlage; Treppenhaus; Brandmelder	Sprinkleranlage; Rufanlagen; Rauch- und Wärmeabzugsanlagen; mechanische Be- und Entlüftungsanlagen; Parksysteme für zwei PKW übereinander; Personenaufzugsanlagen	Video- und zentrale Alarmanlage; Beschallung; Parksysteme für drei oder mehr PKW übereinander; aufwendigere Aufzugsanlagen

Tabelle 9: Beschreibung der Gebäudestandards für Betriebs-/Werkstätten, Produktionsgebäude, Lagergebäude

Die Beschreibung der Gebäudestandards ist beispielhaft und dient der Orientierung. Sie kann nicht alle in der Praxis auftretenden Standardmerkmale aufführen. Merkmale, die die Tabelle nicht beschreibt, sind zusätzlich sachverständig zu berücksichtigen. Es müssen nicht alle aufgeführten Merkmale zutreffen. Die in der Tabelle angegebenen Jahreszahlen beziehen sich auf die im jeweiligen Zeitraum gültigen Wärmeschutzanforderungen; in Bezug auf das konkrete Bewertungsobjekt ist zu prüfen, ob von diesen Wärmeschutzanforderungen abgewichen wird. Die Beschreibung der Gebäudestandards basiert auf dem Bezugsjahr der NHK (Jahr 2010). Bei nicht mehr zeitgemäßen Standardmerkmalen ist ein Abschlag sachverständig vorzunehmen.

	Standardstufe		
	3	4	5
Außenwände	ein-/zweischaliges Mauerwerk, z. B. aus Leichtziegeln, Kalksandsteinen, Gasbetonsteinen; Edelputz; gedämmte Metall-Sandwichelemente; Wärmedämmverbundsystem oder Wärmedämmputz (nach ca. 1995)	Verblendmauerwerk, zweischalig, hinterlüftet; Vorhangfassade (z. B. Naturschiefer); Wärmedämmung (nach ca. 2005)	Sichtbeton-Fertigteile; Natursteinfassade, Elemente aus Kupfer-/Eloxalblech; mehrgeschossige Glasfassaden; hochwertigste Dämmung
Konstruktion	Stahl- und Betonfertigteile	überwiegend Betonfertigteile; große stützenfreie Spannweiten; hohe Deckenhöhen; hohe Belastbarkeit der Decken und Böden	größere stützenfreie Spannweiten; hohe Deckenhöhen; höhere Belastbarkeit der Decken und Böden
Dach	Faserzement-Schindeln, beschichtete Betondachsteine und Tondachziegel; Folienabdichtung; Dachdämmung (nach ca. 1995)	schweres Massivflachdach; besondere Dachformen; überdurchschnittliche Dämmung (nach ca. 2005)	hochwertige Eindeckung z. B. aus Schiefer oder Kupfer, hochwertigste Dämmung
Fenster und Außentüren	Zweifachverglasung (nach ca. 1995)	Dreifachverglasung, Sonnenschutzglas, aufwendigere Rahmen; höherwertige Türanlage	große feststehende Fensterflächen, Spezialverglasung (Schall- und Sonnenschutz); Außentüren in hochwertigen Materialien
Innenwände und -türen	Anstrich	tlw. gefliest, Sichtmauerwerk; Schiebetürelemente, Glastüren	überwiegend gefliest; Sichtmauerwerk; gestaltete Wandabläufe
Fußböden	Beton	Estrich, Gussasphalt	beschichteter Beton oder Estrichboden; Betonwerkstein, Verbundpflaster

Syst. Darst. Sachwertverfahren — Sonderfälle

	Standardstufe		
	3	4	5
Sanitäreinrichtungen	einfache und wenige Toilettenräume	ausreichende Anzahl von Toilettenräumen	großzügige Toilettenanlagen
Heizung	elektronisch gesteuerte Fern- oder Zentralheizung; Niedertemperatur- oder Brennwertkessel	Fußbodenheizung; Solarkollektoren für Warmwassererzeugung; zusätzlicher Kaminanschluss	Solarkollektoren für Warmwassererzeugung und Heizung; Blockheizkraftwerk; Wärmepumpe; Hybrid-Systeme; aufwendige zusätzliche Kaminanlage
Sonstige technische Ausstattung	zeitgemäße Anzahl an Steckdosen und Lichtauslässen; Blitzschutz; Teeküchen	zahlreiche Steckdosen und Lichtauslässe; hochwertige Abdeckungen; Kabelkanäle; dezentrale Lüftung mit Wärmetauscher; kleinere Einbauküchen mit Kochgelegenheit, Aufenthaltsräume; Aufzugsanlagen	Video- und zentrale Alarmanlage; zentrale Lüftung mit Wärmetauscher, Klimaanlage; Bussystem; Küchen, Kantinen; aufwendigere Aufzugsanlagen

Tabelle 10: Beschreibung der Gebäudestandards für Reithallen

Die Beschreibung der Gebäudestandards ist beispielhaft und dient der Orientierung. Sie kann nicht alle in der Praxis auftretenden Standardmerkmale aufführen. Merkmale, die die Tabelle nicht beschreibt, sind zusätzlich sachverständig zu berücksichtigen. Es müssen nicht alle aufgeführten Merkmale zutreffen. Die Beschreibung der Gebäudestandards basiert auf dem Bezugsjahr der NHK (Jahr 2010). Bei nicht mehr zeitgemäßen Standardmerkmalen ist ein Abschlag sachverständig vorzunehmen.

	Standardstufe		
	3	4	5
Außenwände	Holzfachwerkwand; Holzstützen, Vollholz; Brettschalung oder Profilblech auf Holz-Unterkonstruktion	Kalksandstein- oder Ziegel-Mauerwerk; Metallstützen, Profil; Holz-Blockbohlen zwischen Stützen, Wärmedämmverbundsystem, Putz	Betonwand, Fertigteile, mehrschichtig; Stahlbetonstützen, Fertigteil; Kalksandstein-Vormauerung oder Klinkerverblendung mit Dämmung
Dach	Holzkonstruktionen, Nagelbrettbinder; Bitumenwellplatten, Profilblech	Stahlrahmen mit Holzpfetten; Fasetzementwellplatten; Hartschaumplatten	Brettschichtholzbinder; Betondachsteine oder Dachziegel; Dämmung mit Profilholz oder Paneelen
Fenster und Außentüren bzw. -tore	Lichtplatten aus Kunststoff, Holz-Brettertüren	Kunststofffenster, Windnetze aus Kunststoff, Jalousien mit Motorantrieb	Türen und Tore mehrschichtig mit Wärmedämmung, Holzfenster, hoher Fensteranteil
Innenwände	keine	tragende bzw. nicht tragende Innenwände aus Holz; Anstrich	tragende bzw. nicht tragende Innenwände als Mauerwerk; Sperrholz, Gipskarton, Fliesen
Deckenkonstruktion	keine	Holzkonstruktionen über Nebenräumen; Hartschaumplatten	Stahlbetonplatte über Nebenräumen; Dämmung mit Profilholz oder Paneelen
Fußböden	Tragschicht: Schotter, Trennschicht: Vlies, Tretschicht: Sand	zusätzlich/alternativ: Tragschicht: Schotter, Trennschicht: Kunststoffgewebe, Tretschicht: Sand und Holzspäne	Estrich auf Dämmung, Fliesen oder Linoleum in Nebenräumen; zusätzlich/alternativ: Tragschicht: Schotter, Trennschicht: Kunststoffplatten, Tretschicht: Sand und Textilflocken, Betonplatte im Bereich der Nebenräume

Sonderfälle   Syst. Darst. Sachwertverfahren

	Standardstufe		
	3	4	5
baukonstruktive Einbauten	Reithallenbande aus Nadelholz zur Abgrenzung der Reitfläche	zusätzlich/alternativ: Vollholztafeln fest eingebaut	zusätzlich/alternativ: Vollholztafeln, Fertigteile zum Versetzen
Abwasser-, Wasser-, Gasanlagen	Regenwasserableitung	zusätzlich/alternativ: Abwasserleitungen, Sanitärobjekte (einfache Qualität)	zusätzlich/alternativ: Sanitärobjekte (gehobene Qualität), Gasanschluss
Wärmeversorgungsanlagen	keine	Raumheizflächen in Nebenräumen, Anschluss an Heizsystem	zusätzlich/alternativ: Heizkessel
lufttechnische Anlagen	keine	Firstentlüftung	Be- und Entlüftungsanlage
Starkstrom-Anlage	Leitungen, Schalter, Dosen, Langfeldleuchten	zusätzlich/alternativ: Sicherungen und Verteilerschrank	zusätzlich/alternativ: Metall-Dampfleuchten
nutzungsspezifische Anlagen	keine	Reitbodenbewässerung (einfache Ausführung)	Reitbodenbewässerung (komfortable Ausführung)

Tabelle 11: Beschreibung der Gebäudestandards für Pferdeställe

Die Beschreibung der Gebäudestandards ist beispielhaft und dient der Orientierung. Sie kann nicht alle in der Praxis auftretenden Standardmerkmale aufführen. Merkmale, die die Tabelle nicht beschreibt, sind zusätzlich sachverständig zu berücksichtigen. Es müssen nicht alle aufgeführten Merkmale zutreffen. Die Beschreibung der Gebäudestandards basiert auf dem Bezugsjahr der NHK (Jahr 2010). Bei nicht mehr zeitgemäßen Standardmerkmalen ist ein Abschlag sachverständig vorzunehmen.

	Standardstufe		
	3	4	5
Außenwände	Holzfachwerkwand; Holzstützen, Vollholz; Brettschalung oder Profilblech auf Holz-Unterkonstruktion	Kalksandstein- oder Ziegel-Mauerwerk; Metallstützen, Profil; Holz-Blockbohlen zwischen Stützen, Wärmedämmverbundsystem, Putz	Betonwand, Fertigteile, mehrschichtig; Stahlbetonstützen, Fertigteil; Kalksandstein-Vormauerung oder Klinkerverblendung mit Dämmung
Dach	Holzkonstruktionen, Vollholzbalken; Nagelbrettbinder; Bitumenwellplatten, Profilblech	Stahlrahmen mit Holzpfetten; Faserzementwellplatten; Hartschaumplatten	Brettschichtholzbinder; Betondachsteine oder Dachziegel; Dämmung mit Profilholz oder Paneelen
Fenster und Außentüren bzw. -tore	Lichtplatten aus Kunststoff, Holz-Brettertüren	Kunststofffenster, Windnetze aus Kunststoff, Jalousien mit Motorantrieb	Türen und Tore mehrschichtig mit Wärmedämmung, Holzfenster, hoher Fensteranteil
Innenwände	keine	tragende bzw. nicht tragende Innenwände aus Holz; Anstrich	tragende bzw. nicht tragende Innenwände als Mauerwerk; Sperrholz, Putz, Fliesen
Deckenkonstruktion	keine	Holzkonstruktionen über Nebenräumen; Hartschaumplatten	Stahlbetonplatten über Nebenräumen; Dämmung mit Profilholz oder Paneelen
Fußböden	Beton-Verbundpflaster in Stallgassen, Stahlbetonplatte im Tierbereich	zusätzlich/alternativ: Stahlbetonplatte; Anstrich, Gummimatten im Tierbereich	zusätzlich/alternativ: Stahlbetonplatte als Stallprofil mit versetzten Ebenen; Nutzestrich auf Dämmung, Anstrich oder Fliesen in Nebenräumen, Kautschuk im Tierbereich
baukonstruktive Einbauten	Fütterung: Futtertrog PVC	Fütterung: Krippenschalen aus Polyesterbeton	Fütterung: Krippenschalen aus Steinzeug
Abwasser-, Wasser-, Gasanlagen	Regenwasserableitung, Wasserleitung	zusätzlich/alternativ: Abwasserleitungen, Sanitärobjekte (einfache Qualität) in Nebenräumen	zusätzlich/alternativ: Sanitärobjekte (gehobene Qualität), Gasanschluss

Syst. Darst. Sachwertverfahren — Sonderfälle

	Standardstufe		
	3	4	5
Wärmeversorgungsanlagen	keine	Elektroheizung in Sattelkammer	zusätzlich/alternativ: Raumheizflächen, Heizkessel
lufttechnische Anlagen	keine	Firstentlüftung	Be- und Entlüftungsanlage
Starkstrom-Anlage	Leitungen, Schalter, Dosen, Langfeldleuchten	zusätzlich/alternativ: Sicherungen und Verteilerschrank	zusätzlich/alternativ: Metall-Dampfleuchten
nutzungsspezifische Anlagen	Aufstallung: Boxentrennwände aus Holz, Anbindevorrichtungen; Fütterung: Tränken, Futterraufen	Aufstallung: zusätzlich/alternativ: Boxentrennwände: Hartholz/Metall Fütterung: zusätzlich/alternativ: Fressgitter, Futterautomaten, Rollraufe mit elektr. Steuerung	Aufstallung: zusätzlich/alternativ: Komfort-Pferdeboxen, Pferde-Solarium Fütterung: zusätzlich/alternativ: Futter-Abrufstationen für Rau- und Kraftfutter mit elektr. Tiererkennung und Selektion, automatische Futterzuteilung für Boxenställe

Tabelle 12: Beschreibung der Gebäudestandards für Rinderställe und Melkhäuser

Die Beschreibung der Gebäudestandards ist beispielhaft und dient der Orientierung. Sie kann nicht alle in der Praxis auftretenden Standardmerkmale aufführen. Merkmale, die die Tabelle nicht beschreibt, sind zusätzlich sachverständig zu berücksichtigen. Es müssen nicht alle aufgeführten Merkmale zutreffen. Die Beschreibung der Gebäudestandards basiert auf dem Bezugsjahr der NHK (Jahr 2010). Bei nicht mehr zeitgemäßen Standardmerkmalen ist ein Abschlag sachverständig vorzunehmen.

	Standardstufe		
	3	4	5
Außenwände	Holzfachwerkwand; Holzstützen, Vollholz; Brettschalung oder Profilblech auf Holz-Unterkonstruktion	Kalksandstein- oder Ziegel-Mauerwerk; Metallstützen, Profil; Holz-Blockbohlen zwischen Stützen	Betonwand, Fertigteile, mehrschichtig; Stahlbetonstützen, Fertigteil; Klinkerverblendung
Dach	Holzkonstruktionen, Vollholzbalken, Nagelbrettbinder; Bitumenwellplatten, Profilblech	Stahlrahmen mit Holzpfetten; Faserzementwellplatten; Hartschaumplatten	Brettschichtholzbinder; Betondachsteine oder Dachziegel; Dämmung mit Profilholz oder Paneelen
Fenster und Außentüren bzw. -tore	Lichtplatten aus Kunststoff	Kunststofffenster, Windnetze aus Kunststoff, Jalousien mit Motorantrieb	Türen und Tore mehrschichtig mit Wärmedämmung, Holzfenster, hoher Fensteranteil
Innenwände	keine	tragende und nicht tragende Innenwand aus Holz; Anstrich	tragende und nicht tragende Innenwände aus Mauerwerk, Sperrholz, Putz, Fliesen
Deckenkonstruktion	keine	Holzkonstruktionen über Nebenräumen; Hartschaumplatten	Stahlbetonplatte über Nebenräumen; Dämmung mit Profilholz oder Paneelen
Fußböden	Stahlbetonplatte	zusätzlich/alternativ: Stahlbetonplatte mit Oberflächenprofil, Rautenmuster, Epoxidharzbeschichtung am Fressplatz, Liegematten im Tierbereich	zusätzlich/alternativ: Stahlbetonplatte als Stallprofil mit versetzten Ebenen; Estrich auf dem Futtertisch, Liegematrazen im Tierbereich, Gussasphalt oder Gummiauflage
baukonstruktive Einbauten	Aufstallung: Beton-Spaltenboden, Einzelbalken	Aufstallung: Beton-Spaltenboden, Flächenelemente; Krippenschalen aus Polyesterbeton; Güllerohre vom Stall zum Außenbehälter	Aufstallung: Spaltenboden mit Gummiauflage, Gussroste über Treibmistkanal; Krippenschalen aus Steinzeug; zusätzlich/alternativ: Spülleitungen für Einzelkanäle

Sonderfälle Syst. Darst. Sachwertverfahren

	Standardstufe		
	3	4	5
Abwasser-, Wasser-, Gasanlagen	Regenwasserableitung; Wasserleitung	zusätzlich/alternativ: Abwasserleitungen, Sanitärobjekte (einfache Qualität) in Nebenräumen	zusätzlich/alternativ: Sanitärobjekte (gehobene Qualität); Gasanschluss
Wärme-, Versorgungsanlagen	keine	Elektroheizung im Melkstand	zusätzlich/alternativ: Raumheizflächen, Heizkessel
lufttechnische Anlagen	keine	Firstentlüftung	Be- und Entlüftungsanlage
Starkstrom-Anlage	Leitungen, Schalter, Dosen, Langfeldleuchten	zusätzlich/alternativ: Sicherungen und Verteilerschrank	zusätzlich/alternativ: Metall-Dampfleuchten
nutzungsspezifische Anlagen	Aufstallung: Fressgitter, Liegeboxenbügel, Kälberboxen, Abtrennungen aus Holz, Kurzstandanbindung Fütterung: Selbsttränke, Balltränke Entmistung: keine Technik (Schlepper) Tierproduktentnahme: Fischgrätenmelkstand, Melkanlage, Maschinensatz, Milchkühltank, Kühlaggregat, Wärmerückgewinnung	Aufstallung: zusätzlich/alternativ: Einrichtungen aus verz. Stahlrohren Fütterung: Tränkewanne mit Schwimmer, Tränkeautomat für Kälber Entmistung: Faltschieber mit Seilzug und Antrieb, Tauchschneidpumpe, Rührmixer Tierproduktentnahme: zusätzlich/alternativ: Milchflussgesteuerte Anrüst- und Abschaltautomatik	Aufstallung: zusätzlich/alternativ: Komfortboxen Fütterung: Edelstahl-Kipptränke, computergesteuerte Kraftfutteranlage mit Tiererkennung Entmistung: Schubstangenentmistung Tierproduktentnahme: zusätzlich/alternativ: Melkstand-Schnellaustrieb, Tandem- oder Karussellmelkstand, Automatisches Melksystem (Roboter)

Tabelle 13: Beschreibung der Gebäudestandards für Schweineställe

Die Beschreibung der Gebäudestandards ist beispielhaft und dient der Orientierung. Sie kann nicht alle in der Praxis auftretenden Standardmerkmale aufführen. Merkmale, die die Tabelle nicht beschreibt, sind zusätzlich sachverständig zu berücksichtigen. Es müssen nicht alle aufgeführten Merkmale zutreffen. Die Beschreibung der Gebäudestandards basiert auf dem Bezugsjahr der NHK (Jahr 2010). Bei nicht mehr zeitgemäßen Standardmerkmalen ist ein Abschlag sachverständig vorzunehmen.

	Standardstufe		
	3	4	5
Außenwände	Holzfachwerkwand; Holzstützen, Vollholz; Brettschalung oder Profilblech auf Holz-Unterkonstruktion	Kalksandstein- oder Ziegel-Mauerwerk; Metallstützen, Profil; Holz-Blockbohlen zwischen Stützen, Beton-Schalungssteine mit Putz	Betonwand, Fertigteile, mehrschichtig; Stahlbetonstützen, Fertigteil; Kalksandstein-Vormauerung oder Klinkerverblendung mit Dämmung
Dach	Holzkonstruktionen, Vollholzbalken; Nagelbrettbinder; Bitumenwellplatten, Profilblech	Stahlrahmen mit Holzpfetten; Faserzementwellplatten; Hartschaumplatten	Brettschichtholzbinder; Betondachsteine oder Dachziegel; Dämmung, Kunststoffplatten, Paneele
Fenster und Außentüren bzw. -tore	Lichtplatten aus Kunststoff, Holz-Brettertüren	Kunststofffenster, Windnetze aus Kunststoff, Jalousien mit Motorantrieb, Metalltüren	Türen und Tore mehrschichtig mit Wärmedämmung, Holzfenster, hoher Fensteranteil
Innenwände	keine Innenwände	tragende Innenwände aus Mauerwerk, Putz und Anstrich; nichttragende Innenwände aus Kunststoff-Paneelen mit Anstrich	tragende Innenwände als Betonwand, Fertigteile, Anstrich; nichttragende Innenwände aus Mauerwerk, Putz und Anstrich; Sperrholz, Putz, Fliesen
Deckenkonstruktion	keine Decke	Holzkonstruktionen über Nebenräumen; Hartschaumplatten	Stahlbetonplatten über Nebenräumen; Dämmung, Kunststoffplatten, Paneele

Syst. Darst. Sachwertverfahren — Sonderfälle

	Standardstufe		
	3	4	5
Fußböden	Stahlbetonplatte	Stahlbetonplatte; Verbundestrich	zusätzlich/alternativ: Stahlbetonplatte als Stallprofil mit versetzten Ebenen; Stallbodenplatten mit Dämmung, Fliesen auf Estrich in Nebenräumen
baukonstruktive Einbauten	Fütterung: Tröge aus Polyesterbeton	Aufstallung: Beton-Spaltenboden, Flächenelemente Fütterung: Tröge aus Polyesterbeton Entmisung: Güllerohre vom Stall zum Außenbehälter, Absperrschieber in Güllekanälen	Aufstallung: Gussroste in Sauenställen, Kunststoffroste in Ferkelställen Fütterung: Tröge aus Steinzeug Entmisung: zusätzlich/alternativ: Spülleitungen für Einzelkanäle
Abwasser-, Wasser-, Gasanlagen	Regenwasserableitung, Wasserleitung	zusätzlich/alternativ: Abwasserleitungen, Sanitärobjekte (einfache Qualität) in Nebenräumen	zusätzlich/alternativ: Sanitärobjekte (gehobene Qualität), Gasanschluss
Wärmeversorgungsanlagen	Warmluftgebläse, Elt.-Anschluss	Raumheizflächen oder Twin- bzw. Delta-Heizungsrohre, Anschluss an vorh. Heizsystem	zusätzlich/alternativ: Warmwasser-Fußbodenheizung, Heizkessel mit Gasbefeuerung, Wärmerückgewinnung aus Stallluft
lufttechnische Anlagen	Zuluftklappen, Lüftungsfirst	Be- und Entlüftungsanlage im Unterdruckverfahren; Zuluftkanäle oder Rieseldecke; Einzelabsaugung, Abluftkanäle, Ventilatoren	zusätzlich/alternativ: Gleichdrucklüftung, Zentralabsaugung, Luftwäscher
Starkstrom-Anlage	Leitungen, Schalter, Dosen, Langfeldleuchten	zusätzlich/alternativ: Sicherungen und Verteilerschrank	zusätzlich/alternativ: Metall-Dampfleuchten
nutzungsspezifische Anlagen	Aufstallung: Buchtenabtrennungen aus Kunststoff-Paneelen, Pfosten und Beschläge aus verz. Stahl, Abferkelbuchten, Selbstfang-Kastenstände für Sauen Fütterung: Trockenfutterautomaten, Tränkenippel	Aufstallung: zusätzlich/alternativ: Pfosten und Beschläge aus V2A, Ruhekisten, Betteneinrichtungen Fütterung: zusätzlich/alternativ: Transportrohre, Drahtseilförderer, Rohrbreiautomaten mit Dosierung Entmisung: Tauchschneidpumpe, Rührmixer	Aufstallung: zusätzlich/alternativ: Sortierschleuse Fütterung: zusätzlich/alternativ: Flüssigfütterungsanlage mit Mixbehälter, Sensorsteuerung, Fütterungscomputer, Abrufstation, Tiererkennung, Selektion Entmisung: Schubstangenentmistung

Tabelle 14: Beschreibung der Gebäudestandards für Geflügelställe

Die Beschreibung der Gebäudestandards ist beispielhaft und dient der Orientierung. Sie kann nicht alle in der Praxis auftretenden Standardmerkmale aufführen. Merkmale, die die Tabelle nicht beschreibt, sind zusätzlich sachverständig zu berücksichtigen. Es müssen nicht alle aufgeführten Merkmale zutreffen. Die Beschreibung der Gebäudestandards basiert auf dem Bezugsjahr der NHK (Jahr 2010). Bei nicht mehr zeitgemäßen Standardmerkmalen ist ein Abschlag sachverständig vorzunehmen.

	Standardstufe		
	3	4	5
Außenwände	Holzfachwerkwand, Holzstützen, Vollholz, Brettschalung oder Profilblech auf Holz-Unterkonstruktion	Kalksandstein- oder Ziegel-Mauerwerk, Metallstützen, Profil, Metall-Sandwichelemente mit Hartschaumdämmung	Betonwand, Fertigteile, mehrschichtig, Stahlbetonstützen, Fertigteil, Klinkerverblendung
Dach	Holzkonstruktionen, Vollholzbalken, Nagelbrettbinder, Bitumenwellplatten, Profilblech	Stahlrahmen mit Holzpfetten, Faserzementwellplatten, Hartschaumplatten	Brettschichtholzbinder, Betondachsteine oder Dachziegel, Dämmung, Profilholz oder Paneele
Fenster und Außentüren bzw. -tore	Lichtplatten aus Kunststoff; Holz-Brettertüren	Kunststofffenster; Windnetze aus Kunststoff, Jalousien mit Motorantrieb	Türen und Tore mehrschichtig mit Wärmedämmung, Holzfenster, hoher Fensteranteil
Innenwände	keine	tragende bzw. nicht tragende Innenwände aus Holz; Anstrich	tragende bzw. nicht tragende Innenwände als Mauerwerk; Profilblech, Plantafeln, Putz
Deckenkonstruktion	keine	Holzkonstruktionen über Nebenräumen; Hartschaumplatten	Stahlbetonplatten über Nebenräumen; Dämmung, Profilblech oder Paneele
Fußböden	Stahlbetonplatte	zusätzlich/alternativ: Oberfläche maschinell geglättet; Estrich mit Anstrich (Eierverpackung)	zusätzlich/alternativ: Stallprofil mit versetzten Ebenen, Estrich mit Fliesen (Eierverpackung)
Abwasser-, Wasser-, Gasanlagen	Regenwasserableitung, Wasserleitung	zusätzlich/alternativ: Abwasserleitungen, Sanitärobjekte (einfache Qualität) in Nebenräumen	zusätzlich/alternativ: Sanitärobjekte (gehobene Qualität), Gasanschluss
Wärmeversorgungsanlagen	Warmluftgebläse, Elt.-Anschluss	zusätzlich/alternativ: Raumheizflächen oder Twin- bzw. Delta-Heizungsrohre, Heizkessel	zusätzlich: Wärmerückgewinnung aus der Stallluft
lufttechnische Anlagen	Firstentlüftung	Be- und Entlüftungsanlage im Unterdruckverfahren; Zuluftklappen, Abluftkamine, Ventilatoren	zusätzlich/alternativ: Gleichdrucklüftung, Zentralabsaugung, Luftwäscher
Starkstrom-Anlage	Leitungen, Schalter, Dosen, Langfeldleuchten	zusätzlich/alternativ: Sicherungen und Verteilerschrank	zusätzlich/alternativ: Metall-Dampfleuchten
nutzungsspezifische Anlagen	Aufstallung: Geflügelwaage	Aufstallung: zusätzlich/alternativ: Kotroste, Sitzstangen, Legenester Fütterung: Vollautomatische Kettenfütterung, Strang-Tränkanlage, Nippeltränken Entmistung: Kotbandentmistung Tierproduktentnahme: Eier-Sammelband	Aufstallung: zusätzlich/alternativ: Etagensystem (Voliere, Kleingruppe) Entmistung: zusätzlich/alternativ: Entmistungsbänder mit Belüftung Tierproduktentnahme: zusätzlich/alternativ: Sortieranlage, Verpackung

Syst. Darst. Sachwertverfahren — Sonderfälle

Tabelle 15: Beschreibung der Gebäudestandards für landwirtschaftliche Mehrzweckhallen

Die Beschreibung der Gebäudestandards ist beispielhaft und dient der Orientierung. Sie kann nicht alle in der Praxis auftretenden Standardmerkmale aufführen. Merkmale, die die Tabelle nicht beschreibt, sind zusätzlich sachverständig zu berücksichtigen. Es müssen nicht alle aufgeführten Merkmale zutreffen. Die Beschreibung der Gebäudestandards basiert auf dem Bezugsjahr der NHK (Jahr 2010). Bei nicht mehr zeitgemäßen Standardmerkmalen ist ein Abschlag sachverständig vorzunehmen.

	Standardstufe		
	3	4	5
Außenwände	Holzfachwerkwand; Holzstützen, Vollholz; Brettschalung oder Profilblech auf Holz-Unterkonstruktion	Kalksandstein- oder Ziegel-Mauerwerk; Metallstützen, Profil; Holz-Blockbohlen zwischen Stützen, Wärmedämmverbundsystem, Putz	Betonwand, Fertigteile, mehrschichtig; Stahlbetonstützen, Fertigteil; Kalksandstein-Vormauerung oder Klinkerverblendung mit Dämmung
Dach	Holzkonstruktionen, Nagelbrettbinder; Bitumenwellplatten, Profilblech	Stahlrahmen mit Holzpfetten; Faserzementwellplatten; Hartschaumplatten	Brettschichtholzbinder; Betondachsteine oder Dachziegel; Dämmung mit Profilholz oder Paneelen
Fenster und Außentüren bzw. -tore	Lichtplatten aus Kunststoff, Holztore	Kunststofffenster, Metall-Sektionaltore	Türen und Tore mehrschichtig mit Wärmedämmung, Holzfenster, hoher Fensteranteil
Innenwände	keine	tragende bzw. nicht tragende Innenwände aus Holz; Anstrich	tragende bzw. nicht tragende Innenwände als Mauerwerk; Sperrholz, Gipskarton, Fliesen
Deckenkonstruktion	keine	Holzkonstruktionen über Nebenräumen; Hartschaumplatten	Stahlbetonplatte über Nebenräumen; Dämmung mit Profilholz oder Paneelen
Fußböden	Beton-Verbundsteinpflaster	zusätzlich/alternativ: Stahlbetonplatte	zusätzlich/alternativ: Oberfläche maschinell geglättet; Anstrich
Abwasser-, Wasser-, Gasanlagen	Regenwasserableitung	zusätzlich/alternativ: Abwasserleitungen, Sanitärobjekte (einfache Qualität) in Nebenräumen	zusätzlich/alternativ: Sanitärobjekte (gehobene Qualität) in Nebenräumen, Gasanschluss
Wärmeversorgungsanlagen	keine	Raumheizflächen in Nebenräumen, Anschluss an Heizsystem	zusätzlich/alternativ: Heizkessel
lufttechnische Anlagen	keine	Firstentlüftung	Be- und Entlüftungsanlage
Starkstrom-Anlage	Leitungen, Schalter, Dosen, Langfeldleuchten	zusätzlich/alternativ: Sicherungen und Verteilerschrank	zusätzlich/alternativ: Metall-Dampfleuchten
nutzungsspezifische Anlagen	keine	Schüttwände aus Holz zwischen Stahlstützen, Trocknungsanlage für Getreide	Schüttwände aus Beton-Fertigteilen

310 Hinweis:

Vom Abdruck der Anlage 3 – Orientierungswerte für die übliche Gesamtnutzungsdauer bei ordnungsgemäßer Instandhaltung, Anlage 4 – Modell zur Ableitung der wirtschaftlichen Restnutzungsdauer für Wohngebäude unter Berücksichtigung von Modernisierungen und Anlage 5 – Modellparameter für die Ermittlung des Sachwertfaktors wird abgesehen, da die entsprechende Darstellung in der Kommentierung folgt.

Ermittlung des Sachwerts § 21 ImmoWertV

§ 21 ImmoWertV
Ermittlung des Sachwerts

(1) Im Sachwertverfahren wird der Sachwert des Grundstücks aus dem Sachwert der nutzbaren baulichen und sonstigen Anlagen sowie dem Bodenwert (§ 16) ermittelt; die allgemeinen Wertverhältnisse auf dem Grundstücksmarkt sind insbesondere durch die Anwendung von Sachwertfaktoren (§ 14 Absatz 2 Nummer 1) zu berücksichtigen.

(2) Der Sachwert der baulichen Anlagen (ohne Außenanlagen) ist ausgehend von den Herstellungskosten (§ 22) unter Berücksichtigung der Alterswertminderung (§ 23) zu ermitteln.

(3) Der Sachwert der baulichen Außenanlagen und der sonstigen Anlagen wird, soweit sie nicht vom Bodenwert miterfasst werden, nach Erfahrungssätzen oder nach den gewöhnlichen Herstellungskosten ermittelt. Die §§ 22 und 23 sind entsprechend anzuwenden.

Gliederungsübersicht Rn.

1 Übersicht (§ 21 Abs. 1 ImmoWertV)
   1.1 Zusammensetzung des Sachwerts 1
   1.2 Sachwertbezogene Begriffe
      1.2.1 Allgemeines 6
      1.2.2 Bauliche Anlage 7
      1.2.3 Bauliche Außenanlagen 9
      1.2.4 Sonstige Anlagen 11
2 Ermittlung des Bodenwerts 12
3 Ermittlung des Sachwerts baulicher Anlagen (Gebäudesachwert nach § 21 Abs. 2 ImmoWertV) 13
4 Ermittlung des Sachwerts baulicher Außenanlagen und sonstiger Anlagen (§ 21 Abs. 3 ImmoWertV) 16
5 Ermittlung des Wertanteils besonderer objektspezifischer Grundstücksmerkmale (§ 8 Abs. 3 ImmoWertV) 19

1 Übersicht (§ 21 Abs. 1 ImmoWertV)

▶ *Zur Verfahrenswahl vgl. § 8 ImmoWertV Rn. 70 ff. sowie Syst. Darst. des Sachwertverfahrens Rn. 1 ff.; zur Anwendung des Sachwertverfahrens vgl. die umfassende Darstellung in der Syst. Darst. des Sachwertverfahrens Rn. 16 ff.*

1.1 Zusammensetzung des Sachwerts

§ 21 ImmoWertV regelt in drei Absätzen die Ermittlung des Sachwerts des Grundstücks.   **1**

– Nach *§ 21 Abs. 1 Satz 1 ImmoWertV* setzt sich der **Grundstückssachwert** zusammen aus dem getrennt zu ermittelnden

    • vorläufigen Sachwert der baulichen Anlagen, die nach § 21 Abs. 2 ImmoWertV nicht die baulichen Außenanlagen umfassen,

    • vorläufigen Sachwert der sonstigen Anlagen, soweit sie nicht vom Bodenwert erfasst sind, und

    • vorläufigen Bodenwert.

§ 21 ImmoWertV — Ermittlung des Sachwerts

- Nach *§ 21 Abs. 2 ImmoWertV* ist **der Sachwert der baulichen Anlagen** nach den Herstellungskosten (§ 22 ImmoWertV) unter Berücksichtigung der Alterswertminderung (§ 23 ImmoWertV) zu ermitteln.

- Nach *§ 21 Abs. 3 ImmoWertV* ist der Sachwert **der baulichen Außenanlagen und sonstigen Anlagen** vornehmlich nach Erfahrungssätzen oder nach Herstellungskosten (§ 22 ImmoWertV) unter Berücksichtigung der Alterswertminderung (§ 23 ImmoWertV) zu ermitteln.

2   Es ist grundsätzlich nur der **Sachwert der „nutzbaren" Anlagen** zu berücksichtigen, wobei es auf die wirtschaftliche und nicht die technische Nutzbarkeit ankommt (vgl. Syst. Darst. des Sachwertverfahrens Rn. 9, 21).

3   Nach § 21 ImmoWertV sind bei Anwendung des Sachwertverfahrens der **Bodenwert, der Sachwert der baulichen Anlagen** (ohne Außenanlagen) sowie **der Sachwert der baulichen Außenanlagen und sonstigen Anlagen (Aufwuchs) getrennt zu ermitteln und zum Grundstückssachwert zusammenzufassen.** Soweit der übliche Anteil des Sachwerts der baulichen Außenanlagen und der sonstigen Anlagen (Aufwuchs) am Marktwert mit dem Sachwertfaktor nach § 14 Abs. 2 Nr. 1 ImmoWertV berücksichtigt wird, setzt sich der Sachwert nur aus dem Gebäudesachwert und dem Bodenwert zusammen. Bauliche Außenanlagen und sonstige Anlagen (Aufwuchs) sind im konkreten Einzelfall dann nur noch zu berücksichtigen, soweit sie vom üblichen mit dem Sachwertfaktor erfassten Umfang abweichen und auch nur dann, wenn sich dadurch tatsächlich der Marktwert des Grundstücks erhöht oder vermindert (vgl. Syst. Darst. des Sachwertverfahrens Rn. 200 ff.).

4   Mit § 21 ImmoWertV wird die Zusammensetzung des Sachwerts unvollständig beschrieben. Über die in § 21 Abs. 1 Satz 1 ImmoWertV genannten Bestandteile des Sachwerts hinaus sind auch die in § 8 Abs. 3 ImmoWertV aufgeführten „besonderen objektspezifischen Grundstücksmerkmale" integraler Bestandteil der Sachwertermittlung. Dies ergibt sich aus § 8 Abs. 2 ImmoWertV, nach dem „*in den Wertermittlungsverfahren*" neben den (auch in § 21 Abs. 1 2. Halbsatz ImmoWertV angesprochenen) allgemeinen Wertverhältnissen auf dem Grundstücksmarkt (Lage auf dem Grundstücksmarkt) die „besonderen objektspezifischen Grundstücksmerkmale" gesondert zu berücksichtigen sind. Diese auf Empfehlung des Bundesrates eingeführte Ergänzung ist sachgerecht, denn die Ermittlung eines Sachwerts ohne Berücksichtigung etwaig vorhandener Baumängel und Bauschäden ist schlichtweg unsinnig[1]. Bei dem nach Maßgabe der §§ 21 bis 23 ImmoWertV ermittelten Sachwert handelt es sich deshalb in aller Regel nur um einen „**vorläufigen Sachwert**".

5   Nach § 8 Abs. 2 und 3 ImmoWertV bestimmt sich der Sachwert des Grundstücks, indem

1. der nach den §§ 21 bis 23 ImmoWertV ermittelte vorläufige Sachwert durch **Anwendung des einschlägigen Sachwertfaktors** nach § 14 Abs. 2 Nr. 1 ImmoWertV an die allgemeinen Wertverhältnisse auf dem Grundstücksmarkt angepasst wird (Marktanpassung nach § 21 Abs. 1, 2. Halbsatz ImmoWertV) und

2. die „**besonderen objektspezifischen Grundstücksmerkmale**" (Anomalien) in marktkonformer Weise ergänzend berücksichtigt werden (vgl. § 8 ImmoWertV Rn. 178).

Aus dem so ermittelten Sachwert ist der Verkehrswert (Marktwert) unter Würdigung der Ergebnisse anderer herangezogener Wertermittlungsverfahren abzuleiten (§ 8 Abs. 1 Satz 3 ImmoWertV).

---

1 Dementsprechend schrieb auch die WertV 88/98 ausdrücklich vor, dass im Rahmen der Sachwertermittlung besondere objektspezifische Grundstücksmerkmale zu berücksichtigen sind (§ 21 Abs. 3 i. V. m. §§ 24 und 25 WertV 88/98).

Ermittlung des Sachwerts § 21 ImmoWertV

Abb. 1: Verkehrswertermittlung unter Anwendung des Sachwertverfahrens

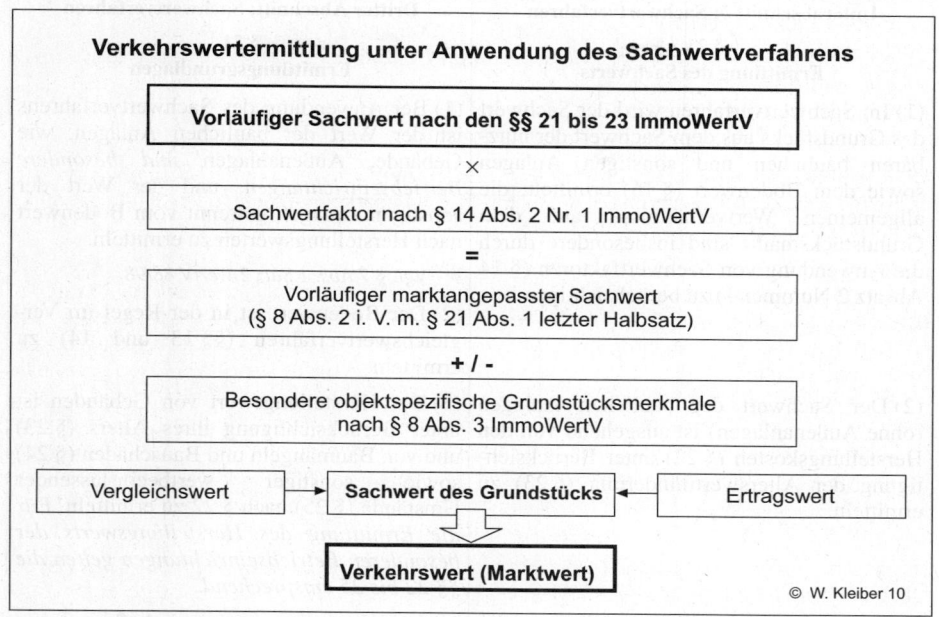

Der „Sachwert des Grundstücks" bestimmt sich nach der Gesamtsystematik der ImmoWertV (§§ 21 bis 23 i.V.m. § 8 Abs. 2 und 3 ImmoWertV) unter Einbeziehung der Marktlage bzw. „Lage auf dem Grundstücksmarkt"; es wird mithin ein **marktangepasster Sachwert** ermittelt. Dies ergibt sich daraus, dass § 21 Abs. 1 ImmoWertV ausdrücklich befiehlt, die allgemeinen Wertverhältnisse auf dem Grundstücksmarkt insbesondere durch Anwendung von Sachwertfaktoren (§ 14 Abs. 2 Nr. 1 ImmoWertV) zu berücksichtigen, und zwar noch vor der Berücksichtigung der besonderen objektspezifischen Grundstücksmerkmale (§ 8 Abs. 3 ImmoWertV).

Im Unterschied hierzu bestimmte sich der Sachwert des Grundstücks nach den §§ 21 bis 25 WertV 88/98, aus denen die §§ 21 ff. hervorgegangen sind, als ein kostenorientierter Sachwert des Grundstücks. §§ 21 bis 25 WertV 88/98 sahen keine Marktanpassung vor; der nach diesen Vorschriften ermittelte Sachwert war vielmehr erst nachträglich der Marktlage anzupassen. § 7 Abs. 1 Satz 1 WertV 88/98 bestimmte diesbezüglich, dass der Verkehrswert (Marktwert) „aus dem Ergebnis des herangezogenen" Sachwertverfahrens „unter Berücksichtigung der Lage auf dem Grundstücksmarkt (§ 3 Abs. 3 WertV 88/98 = § 3 Abs. 2 ImmoWertV) zu bemessen" ist. Hieraus folgt, dass **der unter Berücksichtigung der Marktlage ermittelte Sachwert (nach ImmoWertV) ein Aliud zu dem rein kostenorientierten Sachwert** (der WertV 88/98) ist.

§ 21 ImmoWertV — Ermittlung des Sachwerts

ImmoWertV 10	WertV 88/98
Unterabschnitt 3: Sachwertverfahren § 21 Ermittlung des Sachwerts	Dritter Abschnitt: Sachwertverfahren § 21 Ermittlungsgrundlagen
(1) Im Sachwertverfahren wird der Sachwert des Grundstücks aus dem Sachwert der nutzbaren baulichen und sonstigen Anlagen sowie dem Bodenwert (§ 16) ermittelt; die allgemeinen Wertverhältnisse auf dem Grundstücksmarkt sind insbesondere durch die Anwendung von Sachwertfaktoren (§ 14 Absatz 2 Nummer 1) zu berücksichtigen.	(1) Bei Anwendung des Sachwertverfahrens ist der Wert der baulichen Anlagen, wie Gebäude, Außenanlagen *und besondere Betriebseinrichtungen*, und der Wert der sonstigen Anlagen getrennt vom Bodenwert nach Herstellungswerten zu ermitteln. ▶ *Vgl. § 7 Abs. 1 Satz 2 WertV 88/98* (2) Der Bodenwert ist in der Regel im Vergleichswertverfahren (§§ 13 und 14) zu ermitteln.
(2) Der Sachwert der baulichen Anlagen (ohne Außenanlagen) ist ausgehend von den Herstellungskosten (§ 22) unter Berücksichtigung der Alterswertminderung (§ 23) zu ermitteln.	(3) Der Herstellungswert von Gebäuden ist unter Berücksichtigung ihres Alters (§ 23) und von Baumängeln und Bauschäden (§ 24) sowie sonstiger wertbeeinflussender Umstände (§ 25) nach § 22 zu ermitteln. *Für die Ermittlung des Herstellungswerts der besonderen Betriebseinrichtungen gelten die §§ 22 bis 25 entsprechend.*
(3) Der Sachwert der baulichen Außenanlagen und der sonstigen Anlagen wird, soweit sie nicht vom Bodenwert miterfasst werden, nach Erfahrungssätzen oder nach den gewöhnlichen Herstellungskosten ermittelt. Die §§ 22 und 23 sind entsprechend anzuwenden.	(4) Der *Herstellungswert* von Außenanlagen und sonstigen Anlagen wird, soweit sie nicht vom Bodenwert miterfasst werden, nach Erfahrungssätzen oder nach den gewöhnlichen Herstellungskosten ermittelt. Die §§ 22 bis 25 finden entsprechende Anwendung.
	(5) Bodenwert und Wert der baulichen Anlagen und der sonstigen Anlagen ergeben den Sachwert des Grundstücks.

1.2 Sachwertbezogene Begriffe

1.2.1 Allgemeines

6   Im Rahmen der Sachwertermittlung nach den Regelungen der ImmoWertV werden die Begriffe „bauliche Anlagen" und „Außenanlagen" mit einem vom allgemeinen Sprachgebrauch und von bundes- und landesrechtlichen Bestimmungen abweichenden Inhalt gebraucht.

1.2.2 Bauliche Anlage

▶ *Vgl. § 1 ImmoWertV Rn. 41 ff., 57, 60*

7   „**Baulichen Anlagen" sind** nach § 22 Abs. 2 ImmoWertV **nur die baulichen Anlagen, die keine Außenanlagen sind**. Dies sind in erster Linie Gebäude einschließlich ihrer besonderen Betriebseinrichtungen (DIN 276 vom Juni 1993).

8   Bei der Ermittlung von **Beleihungswerten** bleiben die besonderen Betriebseinrichtungen außer Betracht und sind einer besonderen Wertermittlung vorbehalten (vgl. § 23 BelWertV).

Ermittlung des Sachwerts § 21 ImmoWertV

1.2.3 Bauliche Außenanlagen

▶ *Vgl. § 1 ImmoWertV Rn. 44 ff., Syst. Darst. des Sachwertverfahrens Rn. 200 ff.*

„Bauliche Außenanlagen" sind nur die Außenanlagen, die nicht „sonstige Anlagen" sind. Zu den baulichen Außenanlagen gehören Wege- und Platzbefestigungen, Stützmauern, Einfriedungen, Grundleitungen usw., aber auch besondere Betriebseinrichtungen, die nicht Bestandteil der baulichen Anlagen im vorstehenden Sinne sind (z.B. Gleisanlagen). Zu den „sonstigen Anlagen" gehört insbesondere der auf einem Grundstück vorhandene Aufwuchs. 9

Bauliche Außenanlagen sind wie die sonstigen Anlagen **nur insoweit gesondert zu berücksichtigen, wie sie nicht bereits vom Bodenwert miterfasst sind oder mit dem Sachwertfaktor erfasst werden**. Wird z.B. der Bodenwert unter Heranziehung von Vergleichspreisen ebener Vergleichsgrundstücke ermittelt, ist eine auf dem zu bewertenden Grundstück vorhandene Stützmauer nicht als bauliche Außenanlage berücksichtigungsfähig, wenn dadurch eine ebene Grundstücksnutzung herbeigeführt wurde. 10

1.2.4 Sonstige Anlagen

▶ *Vgl. § 1 ImmoWertV Rn. 48 ff., § 8 ImmoWertV Rn. 51, 324, 384; Syst. Darst. des Sachwertverfahrens Rn. 200 ff.*

Mit dem aus der WertV 88/98 übernommenen Begriff der „sonstigen Anlagen" ist insbesondere der auf einem Grundstück vorhandene Aufwuchs (Gartenanlagen, Anpflanzungen und Parks) angesprochen (vgl. die Begründung zu § 21 WertV 88[2]), aber auch nur insoweit, wie die sonstigen Anlagen nicht bereits vom Bodenwert miterfasst sind. Des Weiteren soll der **verbleibende Anteil des Sachwerts von Aufwuchs am Marktwert** – wie der Anteil des Sachwerts baulicher Außenanlagen – nach dem Modell der Anl. 6 zur SachwertR **mit dem Sachwertfaktor erfasst** werden; eine ergänzende Berücksichtigung kommt dann nach Maßgabe des § 8 Abs. 3 ImmoWertV nur noch in Betracht, soweit der Aufwuchs vom üblichen mit dem Sachwertfaktor erfassten Umfang abweicht (vgl. unten Rn. 16). 11

2 Ermittlung des Bodenwerts

▶ *Vgl. Vorbem. zur ImmoWertV Rn. 37; Syst. Darst. des Vergleichswertverfahrens Rn. 149, Syst. Darst. des Sachwertverfahrens Rn. 45 ff.; § 16 ImmoWertV Rn. 1 ff., § 8 ImmoWertV Rn. 384 ff.*

Der Bodenwert ist nach § 21 Abs. 1 ImmoWertV gesondert zu ermitteln, wobei die Vorschrift lediglich auf § 16 ImmoWertV verweist. § 16 ImmoWertV enthält neben dem **Hinweis auf die vorrangig anzuwendenden Vorschriften über das Vergleichswertverfahren (§ 15 ImmoWertV)** keine eigenen verfahrensrechtlichen Regelungen der „Bodenwertermittlung", wenn man von den ergänzenden Hinweisen des § 16 Abs. 1 Satz 2 und 3 ImmoWertV über das Bodenrichtwertverfahren absieht. 12

Mit dem Hinweis auf § 16 ImmoWertV sollen aber die **materiellen Grundsätze der Bodenwertermittlung** herausgestellt werden:

a) Nach der Grundsatzregelung des § 16 Abs. 1 ImmoWertV ist der Bodenwert eines bebauten Grundstücks im Weg des Vergleichswertverfahrens nach § 15 ImmoWertV „ohne Berücksichtigung der vorhandenen baulichen Anlagen auf dem Grundstück" mit dem Wert zu ermitteln, der sich für ein vergleichbares unbebautes Grundstück ergeben würde.

b) Nach § 16 Abs. 3 ImmoWertV ist der nach § 16 Abs. 1 ImmoWertV maßgebliche Bodenwert eines unbebauten Grundstücks bei alsbald anstehender Freilegung des Grundstücks

---

2 BR-Drucks. 352/88.

um die üblichen Freilegungskosten zu mindern, soweit sie im gewöhnlichen Geschäftsverkehr berücksichtigt werden.

c) Soweit die auf dem Grundstück realisierte Bebauung von der nach § 6 Abs. 1 zulässigen bzw. lagetypischen Bebauung abweicht, ist dies nach Maßgabe des § 16 Abs. 4 ImmoWertV zu berücksichtigen.

Der „Klammerverweis" auf § 16 ImmoWertV ist trügerisch, denn das Sachwertverfahren steht unter dem Gebot der modellkonformen Anwendung und demzufolge ist zunächst nicht der Bodenwert anzusetzen, wie er sich nach den tatsächlichen Merkmalen des Grundstücks ergibt, sondern der **mit dem Sachwertfaktor kompatible Bodenwert** (Syst. Darst. des Sachwertverfahrens Rn. 51 ff.). I. d. R. kann erwartet werden, dass bei der Ableitung des Sachwertfaktors die Grundstücke der dazu herangezogenen Kaufpreise nicht die in § 16 Abs. 3 und 4 ImmoWertV genannten Besonderheiten aufweisen und deshalb sind bei Anwendung des Sachwertverfahrens solche Besonderheiten zunächst außer Betracht zu lassen, auch wenn diese Besonderheit für die zu bewertende Liegenschaft einschlägig ist. Dem muss dann nachträglich nach Maßgabe des § 8 Abs. 3 ImmoWertV Rechnung getragen werden.

3 Ermittlung des Sachwerts baulicher Anlagen (Gebäudesachwert nach § 21 Abs. 2 ImmoWertV)

▶ *Näheres in der Syst. Darst. des Sachwertverfahrens Rn. 50 ff.*

13 § 21 Abs. 2 ImmoWertV bestimmt lediglich, dass der Sachwert der baulichen Anlagen, insbesondere eines Gebäudes ausgehend von Herstellungskosten nach § 22 ImmoWertV unter Berücksichtigung der Alterswertminderung nach § 23 ImmoWertV zu ermitteln ist.

14 Die sich **nach Maßgabe des § 22 ImmoWertV bemessenden Herstellungskosten sind nur die Ausgangsgröße**, weil es sich dabei um die auf den Wertermittlungsstichtag bezogenen gewöhnlichen Herstellungskosten (Normalherstellungskosten eines Neubaus) handelt.

15 Ausgehend von diesen Herstellungskosten ergibt sich der Sachwert der baulichen Anlage (Gebäudesachwert) unter Berücksichtigung der bis zum Wertermittlungsstichtag eingetretenen Wertverluste durch Alterung (**Alterswertminderung**) nach Maßgabe des § 23 ImmoWertV.

4 Ermittlung des Sachwerts baulicher Außenanlagen und sonstiger Anlagen (§ 21 Abs. 3 ImmoWertV)

▶ *Vgl. § 1 ImmoWertV Rn. 48 ff., § 8 ImmoWertV Rn. 403; Syst. Darst. des Ertragswertverfahrens, Rn. 32, 84; Syst. Darst. des Sachwertverfahrens Rn. 35, 119, 200 ff.*

16 § 21 Abs. 3 ImmoWertV enthält eine zusammenfassende Regelung der Ermittlung des Sachwerts baulicher Außenanlagen und des Sachwerts sonstiger Anlagen (Aufwuchs). Dabei ist von folgenden **Grundsätzen** auszugehen:

1. Bauliche Außenanlagen und sonstige Anlagen (Aufwuchs) sind zur Vermeidung einer Doppelberücksichtigung nur insoweit zu erfassen, wie sie nicht bereits mit dem *Bodenwert* nach § 16 ImmoWertV berücksichtigt werden.

2. Nach den Empfehlungen der SachwertR soll der verbleibende Anteil des Sachwerts baulicher Außenanlagen und sonstiger Anlagen (Aufwuchs) mit dem *Sachwertfaktor* erfasst werden; eine ergänzende Berücksichtigung kommt dann nach Maßgabe des § 8 Abs. 3

Ermittlung des Sachwerts § 21 ImmoWertV

ImmoWertV nur noch in Betracht, soweit der Aufwuchs vom üblichen mit dem Sachwertfaktor erfassten Umfang abweicht (vgl. oben Rn. 11).

3. Soweit eine ergänzende Ermittlung des Sachwerts baulicher Außenanlagen und sonstiger Anlagen (Aufwuchs) erforderlich ist, wird an erster Stelle die Ermittlung auf der Grundlage von *„Erfahrungssätzen"* genannt.

4. An zweiter Stelle und damit nachrangig wird eine Ermittlung des Sachwerts baulicher Außenanlagen und sonstiger Anlagen (Aufwuchs) nach *gewöhnlichen Herstellungskosten* unter entsprechender Anwendung der §§ 22 und 23 ImmoWertV genannt.

Aufwuchs (Schutz- und Gestaltungsgrün wie z. B. übliche Anpflanzungen, übliche Nutz- oder Ziergärten) werden im Allgemeinen mit dem Bodenwert erfasst, wenn sie bei entsprechenden Vergleichspreisen nicht vorher herausgerechnet wurden. Im Ausnahmefall können aber parkartig gestaltete Gärten oder wertvolle Anpflanzungen den Wert eines Grundstücks erhöhen und sind als „sonstigen Anlagen" ergänzend zu berücksichtigen[3]. **17**

Entsprechend der vom Verordnungsgeber vorgegebenen Reihenfolge und entsprechend der herrschenden Praxis kann der Sachwert der sonstigen Anlagen nach **Erfahrungssätzen** ermittelt werden, und zwar direkt auf der Grundlage von Erfahrungssätzen, die den Wertverhältnissen des Wertermittlungsstichtags entsprechen (Zeitwerte); eine Alterswertminderung ist in diesem Fall nicht mehr vorzunehmen. In Betracht kommen vor allem Erfahrungssätze, die sich (als Vomhundertsatz) an dem auf den Wertermittlungsstichtag bezogenen alterswertgeminderten Gebäudesachwert orientieren (vgl. Syst. Darst. des Sachwertverfahrens Rn. 207 ff.). **18**

5 Ermittlung des Wertanteils besonderer objektspezifischer Grundstücksmerkmale (§ 8 Abs. 3 ImmoWertV)

▶ *Vgl. oben Rn. 4 sowie umfassend § 8 ImmoWertV Rn. 178 ff.; Syst. Darst. des Sachwertverfahrens Rn. 12 ff., 23*

Der Bodenwert ergibt zusammen mit dem Sachwert der baulichen Anlagen (Gebäudesachwert) sowie dem Sachwert der Außenanlagen in aller Regel nur den „vorläufigen" Sachwert. Daneben sind im Rahmen der Sachwertermittlung auch noch die besonderen objektspezifischen Grundstücksmerkmale i.S. des § 8 Abs. 3 ImmoWertV zu berücksichtigen, soweit sie mit dem vorläufigen Sachwert nicht erfasst worden sind. Die **Berücksichtigung der besonderen objektspezifischen Grundstücksmerkmale (Anomalien) ist neben der Marktanpassung** (§ 21 Abs. 1 letzter Halbsatz i.V.m. § 8 Abs. 2 und § 16 Abs. 2 Nr. 1 ImmoWertV) **integraler Bestandteil der Sachwertermittlung,** auch wenn in den §§ 21 bis 23 ImmoWertV hierauf nicht hingewiesen wird. **19**

Besondere objektspezifische Grundstücksmerkmale sind neben den in § 8 Abs. 3 ImmoWertV genannten Besonderheiten bei konsequenter Beachtung des Grundsatzes der Modellkonformität auch solche **20**

a) **Grundstücksmerkmale,** *die von den Grundstücksmerkmalen der Referenzgrundstücke abweichen, die dem herangezogenen Sachwertfaktor (§ 14 Abs. 2 ImmoWertV) zugrunde liegen und deshalb zunächst nicht berücksichtigt wurden,* sowie

b) **Grundstücksmerkmale,** *die auch nicht direkt mit dem (ggf. modifizierten) Sachwertfaktor berücksichtigt werden.*

Sie sind ergänzend nach Maßgabe des § 8 Abs. 3 ImmoWertV zu berücksichtigen. Auf die einschlägigen Erläuterungen wird verwiesen.

---

3 BR-Drucks. 352/88, S. 60 f.

§ 22 ImmoWertV
Herstellungskosten

(1) Zur Ermittlung der Herstellungskosten sind die gewöhnlichen Herstellungskosten je Flächen-, Raum- oder sonstiger Bezugseinheit (Normalherstellungskosten) mit der Anzahl der entsprechenden Bezugseinheiten der baulichen Anlagen zu vervielfachen.

(2) Normalherstellungskosten sind die Kosten, die marktüblich für die Neuerrichtung einer entsprechenden baulichen Anlage aufzuwenden wären. Mit diesen Kosten nicht erfasste einzelne Bauteile, Einrichtungen oder sonstige Vorrichtungen sind durch Zu- oder Abschläge zu berücksichtigen, soweit dies dem gewöhnlichen Geschäftsverkehr entspricht. Zu den Normalherstellungskosten gehören auch die üblicherweise entstehenden Baunebenkosten, insbesondere Kosten für Planung, Baudurchführung, behördliche Prüfungen und Genehmigungen. Ausnahmsweise können die Herstellungskosten der baulichen Anlagen nach den gewöhnlichen Herstellungskosten einzelner Bauleistungen (Einzelkosten) ermittelt werden.

(3) Normalherstellungskosten sind in der Regel mit Hilfe geeigneter Baupreisindexreihen an die Preisverhältnisse am Wertermittlungsstichtag anzupassen.

Gliederungsübersicht   Rn.

1 Herstellungskosten (§ 22 ImmoWertV)
   1.1   Übersicht... 1
   1.2   Ermittlung der Herstellungskosten 8
   1.3   Umsatz-, Mehrwertsteuer (MwSt.)... 11
2 Normalherstellungskosten (§ 22 Abs. 2 ImmoWertV)
   2.1   Allgemeines.. 14
   2.2   Baunebenkosten (§ 22 Abs. 2 Satz 3 ImmoWertV) 17
   2.3   Bezugseinheit
       2.3.1   Allgemeines.. 18
       2.3.2   Raummeterpreise 20
       2.3.3   Flächenpreise 24
3 Ermittlung der Herstellungskosten baulicher Anlagen
   3.1   Allgemeines.. 26
   3.2   Ermittlung der Herstellungskosten auf der Grundlage von Normalherstellungskosten.. 29
   3.3   Ermittlung der Herstellungskosten baulicher Anlagen nach Einzelkosten (§ 22 Abs. 2 Satz 4 ImmoWertV)
       3.3.1   Verkehrswertermittlung 35
       3.3.2   Steuerliche Bewertung 37
4 Umrechnung von Normalherstellungskosten auf die Preisverhältnisse am Wertermittlungsstichtag (§ 22 Abs. 3 ImmoWertV)............................. 39

§ 22 ImmoWertV

1 Herstellungskosten (§ 22 ImmoWertV)

1.1 Übersicht

▶ *Hierzu bereits Syst. Darst. des Sachwertverfahrens Rn. 35 ff., 54 ff.*

1 § 22 ImmoWertV regelt – ergänzend zu (§ 21 Abs. 2 ImmoWertV – die Ermittlung der **Herstellungskosten von Gebäuden** (Gebäudenormalherstellungswert).

- Nach § 22 Abs. 1 ImmoWertV ist der Sachwert baulicher Anlagen vorrangig auf der Grundlage „gewöhnlicher" Herstellungskosten zu ermitteln. Die gewöhnlichen Herstellungskosten werden mit dem Klammerzusatz als „**Normalherstellungskosten**" (NHK) bezeichnet. Der Verordnungsgeber gebraucht die Begriffe „gewöhnliche Herstellungskosten" und „Normalherstellungskosten" mit identischem Inhalt.
- Normalherstellungskosten sollen auf eine geeignete **Bezugseinheit** der baulichen Anlage bezogen sein. Die Verordnung lässt neben einer Flächen- und Raumeinheit auch sonstige Bezugseinheiten zu.
- Die Normalherstellungskosten werden mit § 22 Abs. 2 ImmoWertV als **marktübliche Kosten für die Neuerrichtung einer baulichen Anlage (Neubaukosten)** einschließlich der Baunebenkosten definiert. Des Weiteren enthält die Vorschrift ergänzende Regelungen zu § 22 Abs. 1 ImmoWertV.
- § 22 Abs. 3 ImmoWertV gibt schließlich vor, dass die herangezogenen **Normalherstellungskosten** mithilfe geeigneter Baupreisindexreihen **an die Preisverhältnisse am Wertermittlungsstichtag anzupassen** sind. Den zur Verfügung stehenden Normalherstellungskosten liegt nämlich i. d. R. ein zurückliegender Bezugsstichtag zugrunde (z. B. 2010). Die Normalherstellungskosten müssen in diesem Fall mittels geeigneter Baupreisindexreihen den Preisverhältnissen des Wertermittlungsstichtags (§ 3 Abs. 1 ImmoWertV) angepasst werden.

Nach § 21 Abs. 2 ImmoWertV ist der Sachwert baulicher Anlagen (ohne Außenanlagen) ausgehend von den Herstellungskosten der zu bewertenden baulichen Anlage unter Berücksichtigung der Alterswertminderung nach § 23 ImmoWertV zu ermitteln. Die entsprechend geminderten Herstellungskosten sind sodann mit Hilfe von Sachwertfaktoren nach § 14 Abs. 2 Nr. 1 ImmoWertV der Lage auf dem Grundstücksmarkt anzupassen (Marktanpassung). Die nach § 8 Abs. 2 und 3 ImmoWertV im Anschluss an die Marktanpassung ergänzend zu berücksichtigenden **besonderen objektspezifischen Grundstücksmerkmale**, wie z. B. Baumängel und Bauschäden, **sind** damit **nicht Bestandteil des „vorläufigen" Sachwerts** der baulichen Anlage nach § 21 Abs. 2 ImmoWertV; sie müssen gleichwohl der baulichen Anlage (Gebäude) zugeordnet werden.

Die **Herstellungskosten baulicher Außenanlagen** (vgl. zum Begriff § 1 Rn. 44 ff.) **und der sonstigen Anlagen** (Aufwuchs, vgl. § 1 ImmoWertV Rn. 48 f.) sollen gemäß § 21 Abs. 3 ImmoWertV nach Erfahrungssätzen *oder* gewöhnlichen Herstellungskosten ermittelt werden, soweit diese nicht bereits mit dem Bodenwert miterfasst sind bzw. mit dem Sachwertfaktor berücksichtigt werden (vgl. Anl. 7 der SachwertR). Auf die Ermittlung der Herstellungskosten baulicher und sonstiger Außenanlagen sind die Vorschriften des § 22 ImmoWertV demzufolge nur ausnahmsweise und ggf. entsprechend anzuwenden.

2 **Normalherstellungskosten** (gewöhnliche *Herstellungskosten*) **werden** mit § 22 Abs. 2 Satz 1 ImmoWertV **als** die marktüblich aufzubringenden Kosten definiert, die am Wertermittlungsstichtag für die Neuerrichtung der baulichen Anlage aufgebracht werden müssten. Es handelt sich also um **die** gewöhnlichen **Herstellungskosten eines Neubaus**.

Nach § 22 Abs. 2 Satz 2 ImmoWertV sind auch die **mit den Normalherstellungskosten nicht erfassten Kosten einzelner Bauteile, Einrichtungen oder sonstige Vorrichtungen** bei der Ermittlung der Herstellungskosten von Gebäuden zu berücksichtigen, jedoch sollen entsprechende Zu- oder Abschläge zu dem auf der Grundlage von Normalherstellungskosten

Herstellungskosten § 22 ImmoWertV

ermittelten vorläufigen Gebäudesachwert nur angesetzt werden, soweit dies dem gewöhnlichen Geschäftsverkehr entspricht. Die gewöhnlichen Herstellungskosten der mit den Normalherstellungskosten nicht erfassten Bauteile und dgl. sowie der sog. c-Flächen können im „üblichen Umfang" auch mit dem Sachwertfaktor erfasst werden (vgl. Anl. 7 der SachwertR). In diesem Fall müssen diesbezügliche Abweichungen des zu bewertenden Gebäudes vom „üblichen Umfang" nach Maßgabe des § 8 Abs. 3 ImmoWertV in marktkonformer Höhe berücksichtigt werden.

§ 22 Abs. 2 Satz 3 ImmoWertV stellt klar, dass **zu den Normalherstellungskosten auch die üblicherweise entstehenden Baunebenkosten gehören.** Tatsächlich enthalten die im Schrifttum angegebenen Erfahrungssätze zumeist nicht die Baunebenkosten, so dass in diesem Fall im strengen Sinne eigentlich nicht von Normalherstellungskosten gesprochen werden darf. Wendet man solche Erfahrungssätze an, so sind die Baunebenkosten zusätzlich zu berücksichtigen. Dies muss vor der Verwendung der im Schrifttum angegebenen Erfahrungssätze für Normalherstellungskosten geprüft werden. 3

Der mit § 22 Abs. 1 ImmoWertV geregelten **Ermittlung der Herstellungskosten baulicher Anlagen (Gebäude) auf der Grundlage gewöhnlicher Herstellungskosten (Normalherstellungskosten)** räumt die ImmoWertV Vorrang ein. Die **Ermittlung der Herstellungskosten nach** den gewöhnlichen Herstellungskosten einzelner Bauleistungen (**Einzelkosten**) wird mit § 22 Abs. 2 Satz 4 ImmoWertV nur „ausnahmsweise" zugelassen. 4

Zur Ermittlung der Herstellungskosten nach gewöhnlichen Herstellungskosten sind geeignete Normalherstellungskosten heranzuziehen, die sich auf bauliche Anlagen (Gebäude) beziehen, die dem zu bewertenden Gebäude vor allem bezüglich der Gebäudeart, der Bauweise sowie dem Gebäudestandard entsprechen und auf geeignete Bezugseinheiten, insbesondere eine Flächeneinheit bezogen sind. 5

Grundsätzlich muss bei Heranziehung von Normalherstellungskosten die Fläche oder der Rauminhalt der zu bewertenden baulichen Anlage (Gebäude) nach den Berechnungsregeln (Berechnungsnorm) ermittelt werden, die auch der Ableitung der Normalherstellungskosten als Bezugseinheit zugrunde liegen (korrespondierende Flächen- und Rauminhaltsermittlung). 6

- Bei Heranziehung der NHK 2010, deren gewöhnliche Herstellungskosten sich auf eine reduzierte Brutto-Grundfläche (BGF_{red}) beziehen, muss für die zu bewertende bauliche Anlage demzufolge eine reduzierte BGF ermittelt werden. Die **reduzierte BGF wird ausgehend von den Regeln der DIN 277 nach einer Reihe besonderer Vorgaben der SachwertR ermittelt** (vgl. Syst. Darst. des Sachwertverfahrens Rn. 93 ff.).

- Liegen für das zu bewertende Grundstück Flächen- bzw. Rauminhaltsberechnungen nach Berechnungsnormen (z. B. Wohn-, Nutz- oder Geschossflächen bzw. der umbaute Raum) vor, die von der Berechnungsnorm abweicht, die Bezugsgrundlage der herangezogenen Normalherstellungskosten ist (z. B. die reduzierte BGF), muss die dieser Bezugsgrundlage entsprechende Fläche bzw. der entsprechende Rauminhalt des zu bewertenden Grundstücks i. d. R. originär ermittelt werden. Es gibt nämlich keine allgemeingültigen und für die Belange der Verkehrswertermittlung hinreichend exakte Formel für die Umrechnung

    • der Wohn-, Nutz- oder Geschossflächen in die Brutto-Grundfläche (BGF) bzw.

    • des umbauten Raumes nach der DIN 277 (1950) in den Rauminhalt (BRI).

- Die Geschossfläche (GF) nach § 20 Abs. 2 BauNVO, die Wohn-/Nutzfläche nach DIN 283 (1983), die Wohnfläche nach der Verordnung zur Berechnung der Wohnfläche (WoFlV) und der umbaute Raum nach DIN 277 (November 1950) bzw. nach der II. Berechnungsverordnung (II. BV) haben in aller Regel keine Bedeutung für die Ermittlung von Herstellungskosten; der umbaute Raum war Bezugsgrundlage der lange Zeit herangezogenen, auf die Preisbasis 1913 und 1914 (= 100 %) bezogenen Normalherstellungskosten von Ross/Brachmann, deren Anwendung heute nicht mehr vertretbar ist.

§ 22 ImmoWertV — Herstellungskosten

7 § 22 ImmoWertV ist im Übrigen **ohne wesentliche materielle Änderungen aus § 22 WertV 88/98 hervorgegangen**, wobei der Begriff der „Herstellungskosten" den bisher in der WertV gebrauchten Begriff „Herstellungswert" ersetzen soll[1].

ImmoWertV 10	WertV 88/98
§ 22 **Herstellungskosten**	**§ 22** **Ermittlung des Herstellungs*werts***
(1) Zur Ermittlung der Herstellungskosten sind die gewöhnlichen Herstellungskosten je Flächen-, Raum- oder sonstiger Bezugseinheit (Normalherstellungskosten) mit der Anzahl der entsprechenden Bezugseinheiten der baulichen Anlagen zu vervielfachen.	(1) Zur Ermittlung des Herstellungs*werts* der Gebäude sind die gewöhnlichen Herstellungskosten je Raum- oder Flächeneinheit (Normalherstellungskosten) mit der Anzahl der entsprechenden Raum-, Flächen- oder sonstigen Bezugseinheiten der Gebäude zu vervielfachen.
(2) Normalherstellungskosten sind die Kosten, die marktüblich für die Neuerrichtung einer entsprechenden baulichen Anlage aufzuwenden wären. Mit diesen Kosten nicht erfasste einzelne Bauteile, Einrichtungen oder sonstige Vorrichtungen sind durch Zu- oder Abschläge zu berücksichtigen, soweit dies dem gewöhnlichen Geschäftsverkehr entspricht. Zu den Normalherstellungskosten gehören auch die üblicherweise entstehenden Baunebenkosten, insbesondere Kosten für Planung, Baudurchführung, behördliche Prüfungen und Genehmigungen.	*Einzelne Bauteile, Einrichtungen oder sonstige Vorrichtungen, die insoweit nicht erfasst werden, sind durch Zu- oder Abschläge zu berücksichtigen.* (2) Zu den Normalherstellungskosten gehören auch die üblicherweise entstehenden Baunebenkosten, insbesondere Kosten für Planung, Baudurchführung, behördliche Prüfungen und Genehmigungen sowie für die in unmittelbarem Zusammenhang mit der Herstellung erforderliche Finanzierung.
▶ Vgl. § 22 Abs. 3 ImmoWertV	(3) Die Normalherstellungskosten sind nach Erfahrungssätzen anzusetzen. Sie sind erforderlichenfalls mit Hilfe geeigneter Baupreisindexreihen auf die Preisverhältnisse am Wertermittlungsstichtag *umzurechnen*.
Ausnahmsweise können die Herstellungskosten der baulichen Anlagen nach den gewöhnlichen Herstellungskosten einzelner Bauleistungen (Einzelkosten) ermittelt werden.	(4) Ausnahmsweise kann der Herstellungs*wert* der Gebäude ganz oder teilweise nach den gewöhnlichen Herstellungskosten einzelner Bauleistungen (Einzelkosten) ermittelt werden.
entfallen	(5) Zur Ermittlung des Herstellungswerts der Gebäude kann von den tatsächlich entstandenen Herstellungskosten ausgegangen werden, wenn sie den gewöhnlichen Herstellungskosten entsprechen.
(3) Normalherstellungskosten sind in der Regel mithilfe geeigneter Baupreisindexreihen an die Preisverhältnisse am Wertermittlungsstichtag anzupassen.	▶ Vgl. § 22 Abs. 3 Satz 2 WertV 88/98

---

1 Von „Werten" statt von „Kosten" oder „Preisen" spricht man in der Wertermittlung jedoch immer nur dann, wenn nicht *Einzelkosten* oder *Einzelpreise*, sondern ein aus einer Vielzahl von Einzelkosten bzw. Preisen abgeleiteter Durchschnitts*wert* maßgeblich sein soll (so z. B. Bodenrichtwert und nicht Bodenrichtpreis). Die sprachliche Umstellung ist von daher missverständlich und abzulehnen, denn die aus gewöhnlichen Herstellungskosten abgeleiteten Normalherstellungskosten und der daraus abgeleitete Herstellungswert stellen insoweit bereits „Werte" dar.

Herstellungskosten § 22 ImmoWertV

1.2 Ermittlung der Herstellungskosten

Die für die zu bewertende bauliche Anlage (Gebäude) ermittelte **Fläche bzw. der ermittelte Rauminhalt des Bewertungsobjekts ist** nach § 22 Abs. 1 ImmoWertV **mit den dafür einschlägigen Normalherstellungskosten** (einschließlich Baunebenkosten nach § 22 Abs. 2 Satz 3 ImmoWertV) **zu vervielfachen**. Diese müssen, wenn sie sich nicht auf die Preisverhältnisse des Wertermittlungsstichtags beziehen, mithilfe geeigneter Baupreisindexreihen den Preisverhältnissen am Wertermittlungsstichtag angepasst werden (§ 22 Abs. 3 ImmoWertV). 8

Das Produkt aus den sich auf eine bestimmte Flächen- oder Raumeinheit beziehenden Normalherstellungskosten mit der Anzahl der entsprechend ermittelten Fläche oder dem Rauminhalt des zu bewertenden Gebäudes ergibt – vorbehaltlich des § 22 Abs. 2 Satz 2 ImmoWertV – die **Herstellungskosten der baulichen Anlage (des Gebäudes) bezogen auf die Preisverhältnisse des Wertermittlungsstichtags**, wenn die Normalherstellungskosten entsprechend vorstehender Ausführungen zuvor den Preisverhältnissen am Wertermittlungsstichtag angepasst worden sind. 9

Soweit mit den Normalherstellungskosten einzelne **Bauteile, Einrichtungen oder sonstige Vorrichtungen** nicht erfasst werden, sind diese nach Maßgabe des § 22 Abs. 2 Satz 2 ImmoWertV durch Zu- oder Abschläge ergänzend zu berücksichtigen. Einzelne mit den Normalherstellungskosten nicht berücksichtigte Bauteile, Einrichtungen oder sonstige Vorrichtungen können darüber hinaus auch mit den nach § 8 Abs. 2 i.V.m. § 14 Abs. 2 Nr. 1 ImmoWertV von den Gutachterausschüssen für Grundstückswerte abgeleiteten Sachwertfaktoren erfasst werden, wenn entsprechende Bauteile, Einrichtungen oder sonstige Vorrichtungen bei der Ableitung dieser Faktoren nicht berücksichtigt worden sind und direkt in den Sachwertfaktor eingegangen sind (vgl. § 14 ImmoWertV Rn. 44 ff.). 10

1.3 Umsatz-, Mehrwertsteuer (MwSt.)

▶ § 7 ImmoWertV Rn. 20, § 19 ImmoWertV Rn. 11; § 18 ImmoWertV Rn. 11

Über die Frage, ob bei der Wertermittlung im Sachwertverfahren die Umsatz-/Mehrwertsteuer berücksichtigt werden muss oder nicht, bestehen in der Fachwelt unterschiedliche Auffassungen. Auf der einen Seite wird die Meinung vertreten, dass es zwei Teilmärkte gibt, nämlich einerseits den **Teilmarkt der optierenden Personen**, für die die MwSt. nur ein Durchlaufposten darstellt und für die das „Wertniveau" nicht brutto (einschließlich MwSt.), sondern netto (ohne MwSt.) zu sehen ist, und andererseits den **Teilmarkt der Endverbraucher**, für die alle Preise Bruttopreise (einschließlich MwSt.) sind und für die das Wertniveau „brutto" besteht. Dies hätte zur Folge, dass es dann für ein und dasselbe Grundstück zwei unterschiedliche Marktwerte gäbe. Nach der herrschenden Auffassung wird die Preisbildung für jedes Marktsegment durch ein dafür allgemeines, dem gewöhnlichen Geschäftsverkehr zurechenbares Marktverhalten bestimmt, das der Marktwertermittlung zugrunde zu legen ist, wenn es um die Ermittlung des Verkehrswerts geht. Wird indessen auf Wunsch eines optierenden Auftraggebers der Grundstücks*preis* (ohne Umsatzsteuer) ermittelt, so sollte dies im Gutachten deutlich herausgestellt werden. 11

Allgemein ist davon auszugehen, dass Verkehrswerte gewissermaßen als „Endpreise" anzusehen sind und die **Umsatzsteuer keine besondere Berücksichtigung** findet. Die Berücksichtigung einer Vorsteuerabzugsberechtigung ist mit dem Verkehrswert nicht vereinbar, weil die zu den ungewöhnlichen oder persönlichen Verhältnissen gehört[2]. **Soweit die Umsatzsteuer allgemein den Verkehrswert beeinflusst, wird dies** bereits **mit den** Vergleichspreisen (Vergleichswertverfahren) und den aus „Endpreisen" abgeleiteten Liegenschaftszinssätzen (Ertragswertverfahren) bzw. **Sachwertfaktoren** (Sachwertverfahren) **berücksichtigt**. Im Einzelfall kann jedoch – entsprechend dem umsatzsteuerrechtlichen Sachverhalt – der *Preis* (und nicht der *Wert*) des Grundstücks beeinflusst werden. 12

---

2 Vgl. BGH, Urt. vom 10.07.1991 – XII ZR 109/90 –, EzGuG 20.134d; Gottschalk, Immobilienbewertung, 2. Aufl. München 2003; S. 35, 64, 366, 369, 371 ff., 492.

Kauft ein **Gewerbetreibender** z. B. eine schlüsselfertige Lagerhalle, dann erwirbt er sie eigentlich zum Nettopreis, da er die gezahlte MwSt. seiner geschäftlich eingenommenen Umsatzsteuer gegenrechnen kann. Die MwSt. ist für ihn also kostenneutral. Das Wertniveau bewegt sich für ihn demnach auf der Basis von Nettopreisen. Dieses Gedankenmodell scheitert jedoch bei Verkauf oder Kauf von optierenden und nicht optierenden Personen untereinander. Bezogen auf die Verkehrswertermittlung spielt das MwSt.-Problem keine besondere Rolle. Im Verkehrswert ist die Mehrwertsteuer rechnerisch nicht enthalten. Sie ist auch nicht aus dem Kaufpreis abzugsfähig. Geht man z. B. bei der Wertermittlung im Sachwertverfahren von Herstellungskosten zuzüglich MwSt. aus, erhält man einen höheren Grundstückssachwert als bei Nichtberücksichtigung der MwSt. Letztlich ist aber als Verkehrswert der „übliche" Kaufpreis zu ermitteln. Er lässt sich bekanntlich nur durch Preisvergleich am Markt ableiten. Mit dem objektspezifischen Sachwertfaktor wird auch in Bezug auf den Einfluss der Umsatzsteuer auf den Verkehrswert der maßgebliche gewöhnliche Geschäftsverkehr berücksichtigt.

13 Auch im Rahmen der **steuerlichen Bewertung** sind nach der Rechtsprechung des BFH[3] die Herstellungskosten einschließlich der Umsatzsteuer anzusetzen. Dem steht auch nicht die im Einzelfall gegebene Berechtigung zum Vorsteuerabzug (§ 15 UStG) entgegen, denn diese Berechtigung zählt zu den ungewöhnlichen und persönlichen Verhältnissen i.S. des § 9 Abs. 2 Satz 3 BewG, die, wie in der Verkehrswertermittlung (§ 7 ImmoWertV), nicht zu berücksichtigen sind (vgl. § 7 ImmoWertV Rn. 20). Der Wert eines Grundstücks ist objektiv zu bestimmen und kann daher nicht von den steuerlichen Verhältnissen des Eigentümers abhängen[4]. Ein Abzug der Umsatzsteuer ist auch nicht geboten, um einen Vergleich mit den Raummeterpreisen nach den BewRGr zu ermöglichen. Diese Raummeterpreise enthalten nämlich wie die in der Verkehrswertermittlung zur Anwendung kommenden NHK die Umsatzsteuer, da es im Jahr 1964 aufgrund der Ausgestaltung der Umsatzsteuer als Allphasen-Bruttoumsatzsteuer keine Berechtigung zum Vorsteuerabzug gab und deshalb die entstandene Umsatzsteuer in jedem Fall in die Herstellungskosten eingegangen ist[5].

2 Normalherstellungskosten (§ 22 Abs. 2 ImmoWertV)

2.1 Allgemeines

▶ *Syst. Darst. des Sachwertverfahrens Rn. 58 ff., 94 ff., 150 ff.*

Schrifttum: BKI 2000,1; Baukosten 2000, Teil 1 Kostenkennwerte für Gebäude; Verlag Rudolf Müller; BKI 2000,2; Baukosten 2000, Teil 2 Kostenkennwerte für Bauelemente; Verlag Rudolf Müller; BKI 2000,3; Baukosten 2000, Teil 3 Arbeitsunterlagen; Verlag Rudolf Müller; BKI 2000, A1; Objekte, Teil A1 Altbau – Kosten abgerechneter Bauwerke; Verlag Rudolf Müller; BKI 2002, 1; Baukosten 2002, Teil 1 Kostenkennwerte für Gebäude; Verlag Rudolf Müller; Blaich; Bauschäden – Analyse und Vermeidung, 1999; Fraunhofer IRB Verlag; *Böhning;* Altbaumodernisierung im Detail – Konstruktionsempfehlungen; 4. Aufl. 2002; Rudolf Müller Verlag (2005); *Eckermann/Preißler;* Altbaumodernisierung – Haustechnik; 2000; DVA Stuttgart; *Kröll, R.,* Nachbesserungsbedarf bei NHK 2005 und Restwertmodell, GuG 2010, 65; *Frick/Knöll;* Baukonstruktionslehre I; 33. Aufl. 2002; Teubner Verlag; *Frick/Knöll;* Baukonstruktionslehre II; 32. Aufl. 2003; Teubner Verlag; Neddermann; Kostenermittlung in der Altbauerneuerung – und technische Beurteilung von Altbauten; 2. Aufl. 2000; Werner Verlag (3. Auflage 2004); RWE Energie AG; Bauhandbuch – Technischer Ausbau; 10. Ausgabe 1991; Luchterhand Verlag (11. Ausgabe 1993); *Schmitz/Gerlach/Meisel;* Baukosten 2000 – Preiswerter Neubau von Ein- und Mehrfamilienhäusern; 15. Aufl.; Verlag für Wirtschaft und Verwaltung Hubert Wingen; *Schmitz/Krings/Dahlhaus/Meisel;* Baukosten 2000 – Instandsetzung/Sanierung/Modernisierung/Umnutzung; 15. Aufl.; Verlag für Wirtschaft und Verwaltung Hubert Wingen; *Stahr;* Bausanierung – Erkennen und Beheben von Bauschäden; 3. Aufl. 2000; Vieweg & Sohn Verlag; *Stecken;* Vorteilhaftigkeit von Investitionen im Mietwohnungsbau

---

3 BFH, Urt. vom 30.06.2010 – II R 60/08 –, GuG 2010, 377 = EzGuG 1.74.
4 BGH, Urt. vom 10.07.1991 – XII ZR 109/90 –, NJW 1991, 3036 = EzGuG 20.134a.
5 Vgl. Klenk in Sölch/Ringleb, Umsatzsteuer, vor § 1 Rn. 1, Simon in Simon/Cors/Halaczinsky/Teß, Handbuch der Grundstückswertermittlung, 5. Aufl. 2003, S. 17 Rn. 17.

Herstellungskosten § 22 ImmoWertV

und Mieterschutzgesetzgebung; 1989; Bonn; *Volger/Laasch;* Haustechnik; 10. Aufl. 1999; Teubner Verlag; *Zimmermann/Schumacher*; Bauschadensfälle Band 1–5; 2002–2004; Fraunhofer IRB Verlag.

Normalherstellungskosten sind standardisierte aus „gewöhnlichen" Herstellungskosten abgeleitete marktüblichen **Herstellungskosten,** die bei Gebäuden der jeweiligen Nutzung, Bauart und Ausstattung (Gebäudestandard) **unter Ausschluss ungewöhnlicher Mehr- oder Minderkosten,** z. B. aufgrund im Einzelfall in Kauf genommener Verteuerungen oder gewährter Verbilligungen oder sonstiger Kosteneinsparungen (Nachbarschaftshilfen), durchschnittlich anfallen. Sie setzen sich aus den reinen Baukosten einschließlich der üblichen **Bauteile, Einrichtungen und sonstigen Vorrichtungen** (jedoch ohne Kosten der Sonderbauteile nach DIN 277 [1950] Nr. 1.4) und den Baunebenkosten zusammen. 14

Einzelne Bauteile, Einrichtungen oder sonstige Vorrichtungen, die mit den Normalherstellungskosten *nicht* erfasst werden, sind nach § 22 Abs. 2 Satz 2 ImmoWertV ergänzend durch „Zu- *oder* Abschläge" zu berücksichtigen. Auch für die gewöhnlichen Herstellungskosten einzelner Bauteile werden im Schrifttum Erfahrungssätze angegeben (vgl. Syst. Darst. des Sachwertverfahrens Rn. 150 ff.). 15

Zu den Normalherstellungskosten gehören auch die üblicherweise entstehenden Baunebenkosten. Die Baunebenkosten werden mit § 22 Abs. 2 Satz 3 ImmoWertV nicht abschließend als „Kosten für Planung, Baudurchführung, behördliche Prüfungen und Genehmigungen" definiert. 16

Abb. 1: Begriff der Herstellungskosten (§ 22 ImmoWertV)

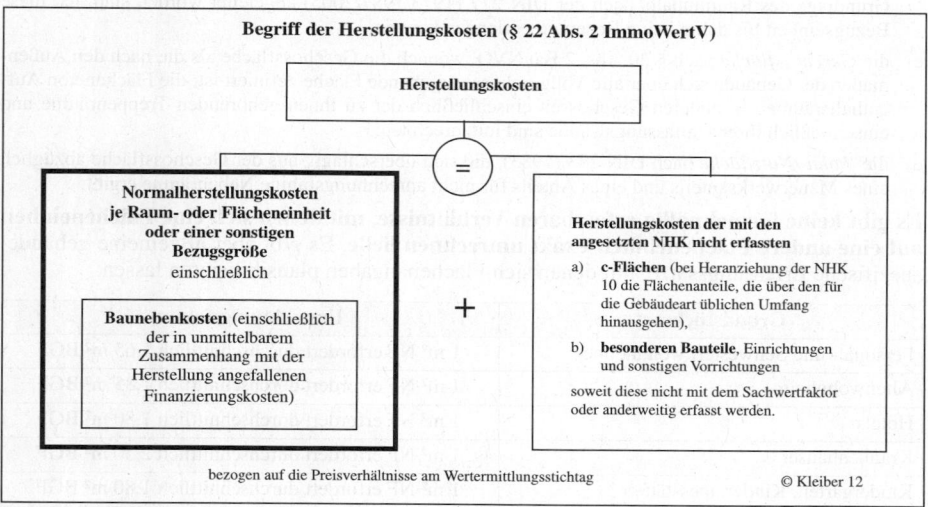

2.2 Baunebenkosten (§ 22 Abs. 2 Satz 3 ImmoWertV)

▶ *Vgl. Syst. Darst. des Sachwertverfahrens Rn. 79*

Zu den gewöhnlichen Herstellungskosten (Normalherstellungskosten)[6] **gehören begrifflich auch die Baunebenkosten** (vgl. § 22 Abs. 2 Satz 3 ImmoWertV, Kosten der Architekten-, Ingenieur-, Verwaltungs- und Behördenleistungen und sonstigen Nebenkosten nach DIN 276 Nr. 2.35). Die NHK 2010 enthalten dementsprechend – abweichend von den NHK 1995/2000 und abweichend von den sonstigen im Schrifttum angegebenen Normalherstellungskosten – die Baunebenkosten. 17

---

6 Brachmann, a. a. O., S. 151; Messenhöller, a. a. O., S. 116; Gütter, Bewertung landwirtschaftlicher Wirtschaftsgebäude und baulicher Anlagen. Diss. 1991 Göttingen, S. 72 ff.

2.3 Bezugseinheit

2.3.1 Allgemeines

▶ *Vgl. Syst. Darst. des Sachwertverfahrens Rn. 89 ff.*

18 Nach § 22 Abs. 1 ImmoWertV können sich die heranzuziehenden **Normalherstellungskosten grundsätzlich auf jede geeignete Bezugseinheit beziehen,** wobei die Vorschrift neben der Flächen- und Raumeinheit auch sonstige (geeignete) Bezugseinheiten, z. B. Bauteile, zulässt. Dem Sachverständigen ist es damit zwar grundsätzlich freigestellt, auf welche Weise er die Herstellungskosten des zu bewertenden Gebäudes ermittelt, jedoch wird ihm die Bezugseinheit mit den herangezogenen Normalherstellungskosten vorgegeben.

19 **Als Raum- oder Flächeneinheit kommen** insbesondere **in Betracht:**
 a) der *umbaute Raum* nach DIN 277 (November 1950); der umbaute Raum nach der DIN 277 (1950) ist auch nach der II. Berechnungsverordnung – BV – maßgebend und wird in Anl. 2 zu dieser Verordnung definiert; die WertV 98 enthält im Unterschied zur WertV 72 keine Definition des umbauten Raums[7];
 b) der *Rauminhalt* oder die *Brutto-Grundfläche* nach der DIN 277 (1973/1987/2005); aufgrund der Neufassung der DIN 277 können sich (rechnerisch) für ein und dasselbe Gebäude erhebliche Differenzen des Rauminhalts (nach DIN 277 von 1973/1987/2005) gegenüber dem umbauten Raum (nach DIN 277 von 1950) ergeben, wobei sich eine allgemein gültige Umrechnungsformel nicht angeben lässt. Da die Ermittlung des Rauminhalts einen erheblichen Rechenaufwand erfordert und bis zur Bekanntgabe der NHK 95 kaum Erfahrungssätze für Normalherstellungskosten vorliegen, die auf der Grundlage des Rauminhalts nach der DIN 277 (1973/1987/2005) abgeleitet worden sind, hat diese Bezugseinheit bis dahin keine Bedeutung erlangen können;
 c) die *Geschossfläche* nach § 20 Abs. 2 BauNVO, wonach die Geschossfläche als die nach den Außenmaßen der Gebäude sich über alle Vollgeschosse ergebende Fläche definiert ist; die Flächen von Aufenthaltsräumen in anderen Geschossen einschließlich der zu ihnen gehörenden Treppenräume und einschließlich ihrer Umfassungswände sind mitzurechnen;
 d) die *Wohn-/Nutzfläche* nach DIN 283 (1983), die sich überschlägig aus der Geschossfläche abzüglich eines Mauerwerksanteils und eines Anteils für nicht anrechnungsfähige Nebenräume ergibt.

Es gibt keine formelmäßig erfassbaren Verhältnisse, mit denen sich eine Flächeneinheit auf eine andere Flächeneinheit exakt umrechnen ließe. Es gibt aber allgemeine gebäudespezifische Erfahrungssätze, mit denen sich Flächenangaben plausibilisieren lassen:

Grundstücksart	Umrechnungsfaktor
Personal- und Schwesternwohnheime	1 m² NF erfordert durchschnittlich 1,65 m² BGF
Altenwohnheime	1 m² NF erfordert durchschnittlich 1,85 m² BGF
Hotels	1 m² NF erfordert durchschnittlich 1,80 m² BGF
Krankenhäuser	1 m² NF erfordert durchschnittlich 2,50 m² BGF
Kindergärten, Kindertagesstätten	1 m² NF erfordert durchschnittlich 1,80 m² BGF
Schulen, Berufsschulen	1 m² NF erfordert durchschnittlich 2,05 m² BGF
Hochschulen, Universitäten	1 m² NF erfordert durchschnittlich 1,55 m² BGF
Funktionsgebäude für Sportanlagen	1 m² NF erfordert durchschnittlich 1,40 m² BGF
Turnhallen, Sporthallenbäder	1 m² NF erfordert durchschnittlich 2,00 m² BGF
Kur- und Heilbäder	1 m² NF erfordert durchschnittlich 2,05 m² BGF
Tennishallen	1 m² NF erfordert durchschnittlich 1,20 m² BGF
Reitsporthallen und Stallungen	1 m² NF erfordert durchschnittlich 1,35 m² BGF
Kirchen	1 m² NF erfordert durchschnittlich 1,45 m² BGF

---

7 Vgl. Kleiber, Verkehrswertermittlung von Grundstücken, 6. Aufl. 2010, vgl. Teil III Rn. 502, 569.

Herstellungskosten § 22 ImmoWertV

Grundstücksart	Umrechnungsfaktor
Gemeindezentren, Bürgerhäuser	1 m² NF erfordert durchschnittlich 1,65 m² BGF
Saalbauten, Veranstaltungszentren	1 m² NF erfordert durchschnittlich 1,45 m² BGF
Vereinsheime, Jugendheime, Tagesstätten	1 m² NF erfordert durchschnittlich 1,40 m² BGF
Einkaufsmärkte	1 m² NF erfordert durchschnittlich 1,30 m² BGF
Kaufhäuser, Warenhäuser	1 m² NF erfordert durchschnittlich 1,40 m² BGF
Ausstellungsgebäude	1 m² NF erfordert durchschnittlich 1,40 m² BGF
Bankgebäude	1 m² NF erfordert durchschnittlich 1,70 m² BGF
Gerichtsgebäude	1 m² NF erfordert durchschnittlich 1,05 m² BGF

Für **freistehende Ein- und Zweifamilienhäuser, Reihen- und Doppelhäuser** sind folgende Umrechnungsfaktoren gebräuchlich:

Gebäudetyp nach NHK 2010	Umrechnungsfaktor
1.01, 2.01, 3.01	1 m² NF erfordert durchschnittlich 1,50 m² BGF
1.02, 2.02, 3.02	1 m² NF erfordert durchschnittlich 2,45 m² BGF
1.03, 2.03, 3.03	1 m² NF erfordert durchschnittlich 1,85 m² BGF
1.11, 2.11, 3.11	1 m² NF erfordert durchschnittlich 1,30 m² BGF
1.12, 2.12, 3.12	1 m² NF erfordert durchschnittlich 1,75 m² BGF
1.13, 2.13, 3.13	1 m² NF erfordert durchschnittlich 1,45 m² BGF
1.21, 2.21, 3.21	1 m² NF erfordert durchschnittlich 1,20 m² BGF
1.22, 2.22, 3.22	1 m² NF erfordert durchschnittlich 1,85 m² BGF
1.23, 2.23, 3.23	1 m² NF erfordert durchschnittlich 1,15 m² BGF
1.31, 2.31, 3.31	1 m² NF erfordert durchschnittlich 1,15 m² BGF
1.32, 2.32, 3.32	1 m² NF erfordert durchschnittlich 1,40 m² BGF
1.33, 2.33, 3.33	1 m² NF erfordert durchschnittlich 1,15 m² BGF

2.3.2 Raummeterpreise

Der **Raummeterpreis** im Kubikmeterverfahren **ergibt sich durch Division der gewöhnlichen Herstellungskosten** eines Objekts **durch den** Rauminhalt (bzw. umbauten Raum) des Objekts und anschließender Mittelwertberechnung. 20

Dazu müssen aber die zur Preisbildung herangezogenen Herstellungskosten den **gewöhnlichen Baukosten** entsprechen. Das ist z. B. nicht der Fall, wenn 21

– das Bauwerk teilweise in Eigenleistung erstellt wurde;

– zwischen Bauherrn und Unternehmer besondere Beziehungen bestehen;

– der Bauherr selbst Unternehmer ist;

– das Bauwerk aus betriebswirtschaftlichen Erwägungen in besonders kurzer Zeit erstellt wurde;

– Bauart und Bauausstattung des Bauwerks nicht dem nutzungstypischen Gebäude entsprechen;

– besondere Baumaßnahmen (z. B. Tiefgründung) erforderlich waren, deren Kosten nicht befriedigend abgespalten werden können.

§ 22 ImmoWertV — Herstellungskosten

22   Werden die vorstehend genannten Punkte berücksichtigt, gestaltet sich die Ermittlung durchschnittlicher Herstellungskosten zeitaufwendig und ist i. d. R. schon mangels geeigneter Vergleichsdaten nicht leistbar.

23   Die mitunter in der Praxis noch zur Anwendung kommenden **auf 1913 bezogenen Normalherstellungskosten pro m³ umbauten Raums sind überholt und fachlich nicht mehr vertretbar**[8].

Bei Verwendung von Kubikmeterpreisen für großvolumige Gebäudearten wird die Frage aufgeworfen, ob sich mit zunehmender **Geschosshöhe** der **Raummeterpreis** verringert, da vor allem im Niveau des Erdgeschosses sowie des Dachs kostenintensive Bauleistungen enthalten sind und ansonsten mit zunehmender Geschosshöhe der Luftraum erfasst wird. Dafür sprechen auch die von *Schieweg* veröffentlichten Untersuchungen[9]. Neuere Untersuchungen im Bereich der Bundesfinanzverwaltung haben indessen ergeben, dass sich mit zunehmender Geschosshöhe die Kubikmeterpreise keinesfalls signifikant vermindern, da mit höheren Geschosshöhen **Mehrkosten bei den Außenwänden insbesondere im Hinblick auf den nicht unerheblich zunehmenden Winddruck einhergehen**[10].

2.3.3   Flächenpreise

▶ *Zur Ermittlung der Brutto-Grundfläche (BGF) vgl. Syst. Darst. des Sachwertverfahrens Rn. 89 ff.*[11]

24   In der Bauindustrie und Immobilienwirtschaft haben sich heute flächenbezogene Erfahrungssätze über die gewöhnlichen Herstellungskosten von baulichen Anlagen weitgehend durchgesetzt. Eine Ausnahme machen dabei allenfalls noch gewerbliche und hier insbesondere **industrielle Gebäude mit überdurchschnittlichen Raumhöhen (Hallen usw.).** Die Praxis der Verkehrswertermittlung hat sich dementsprechend auf flächenbezogene Normalherstellungskosten umgestellt.

25   Als Flächeneinheit kommen die Wohn- und Nutzflächen (nach der DIN 283 bzw. der II. BV), die Geschossfläche nach § 20 Abs. 2 BauNVO oder die Brutto-Grundfläche (BGF) nach der DIN 277 in Betracht. Von allen genannten Flächenberechnungsmethoden ist die **Brutto-Grundfläche für die Ermittlung des Gebäudesachwerts besonders geeignet.** Der besondere Vorzug der Brutto-Grundfläche besteht darin, dass die kostenverursachenden Gebäudeebenen vollständiger erfasst werden als im Falle der Ermittlung von Wohn- bzw. Nutzflächen oder Geschossflächen.

– Da sich nach § 20 Abs. 3 BauNVO die Geschossfläche nur nach den Grundrissebenen der *Voll*geschosse bemisst, werden mit der Geschossfläche z. B. **Dach- und Kellergeschosse nicht erfasst,** auch wenn mit diesen Flächen ein entsprechender Sachwert „verkörpert" wird und die Geometrie dieser Ebene zum Zwecke einer höheren bauplanungsrechtlichen Ausnutzung darauf angelegt worden ist, dass die Fläche mit wenigen Zentimetern in ihrer Abmessung die Eigenschaft eines **Vollgeschosses verfehlt.**

– Auch mit der Wohn- und Nutzfläche werden die kostenverursachenden Grundrissebenen unvollständig erfasst. Es kommt hinzu, dass es diesbezüglich keine für alle Gebäudearten geltende Berechnungsnorm gibt. Umgekehrt könnte der Vorteil von wohn- bzw. nutzflächenbezogenen Normalherstellungskosten darin gesehen werden, dass nur die wirtschaft-

---

[8]   Die Verwendung 13er-Werte wird mitunter noch vertreten. Diese Praxis kann – im Prinzip – mit der Bodenwertermittlung unter Heranziehung von Vergleichspreisen aus dem Jahre 1913 und ihrer Hochindizierung auf aktuelle Verhältnisse verglichen werden und im Streitfall kaum Billigung erwarten, wenn erst einmal die Gerichte eine solche Praxis „durchschauen". Erstmals angesprochen wurde diese Problematik vom FG Düsseldorf, Urt. vom 10.09.1993 – 14 K 255/88 F –, GuG 1994, 253 = EzGuG 20.148.
[9]   Vgl. Schieweg, Bauwerkspreise, Verlag für Wirtschaft und Verwaltung Hubert Wingen, Essen 1993, abgedruckt in Kleiber, Verkehrswertermittlung von Grundstücken, 6. Aufl. 2010 S. 1932.
[10]   Vgl. Darstellung in Kleiber, Verkehrswertermittlung von Grundstücken, 6. Aufl. 2010 S. 1932.
[11]   Vgl. Kleiber, Verkehrswertermittlung von Grundstücken, 6. Aufl. 2010, Teil III Rn. 525 ff., BRI Teil III Rn. 579 ff.

lich nutzbaren Flächen a priori erfasst werden und insoweit eine wirtschaftlich ungünstige Baugestaltung bereits ihre Berücksichtigung findet. Bei näherer Betrachtung ist aber auch dieser Gesichtspunkt nicht unproblematisch.

Bei Heranziehung der NHK 2010 (Anl. 1 zur SachwertR) **ist die** in Anlehnung an die DIN 277 zu ermittelnde **reduzierte BGF (BGF$_{red}$)** die maßgebliche Bezugsgrundlage.

3 Ermittlung der Herstellungskosten baulicher Anlagen

3.1 Allgemeines

▶ *Vgl. Syst. Darst. des Sachwertverfahrens Rn. 50 ff.*

Schrifttum: *Deck/Böser* in AVN 1885, 145; *Klocke* in DAB 1983, 384; *Kleiber* in Dieterich/Kleiber, Ermittlung von Grundstückswerten; Schriftenreihe des VHW, 3. Aufl., Bonn 2001; *Kleiber* in ImmobilienManager 1993, 92; *Metzmacher/Krikler,* Gebäudeschätzung über die Bruttogeschossfläche, 1. Aufl. BundesanzeigerVerlag Köln 1996, S. 13 f. *Stiftung Warentest:* Finanztest 1996, 24, „Pi mal Daumen". *Hofer, G.,* Kennwertgestützte Sachwertermittlung auf der Grundlage der BKI Datenbank für die NHK 2005, GuG 2009, 203, *Pohnert, F.,* Konkurrierende Normen bei Hochbauten, GuG 1991, 150.

Nach der **Grundsatzregelung** des § 22 Abs. 1 ImmoWertV sind die **Herstellungskosten unter Heranziehung von Normalherstellungskosten zu ermitteln**. Die Heranziehung von gewöhnlichen Herstellungskosten einzelner Bauleistungen (Einzelkosten) soll nur in Ausnahmefällen in Betracht kommen. Die noch in § 22 Abs. 5 WertV 88/98 zugelassene Heranziehung „tatsächlich entstandener Herstellungskosten"[12] ist mit der ImmoWertV ersatzlos fortgefallen (vgl. unten Rn. 35). **26**

Mit den Sachwertrichtlinien (SW-RL) wurden die **Normalherstellungskosten 2010 (NHK 10) eingeführt; sie sollen die bis dahin zur Anwendung gekommenen Normalherstellungskosten 2000 (NHK 2000) ersetzen.** **27**

Den NHK 10 liegt als Bezugseinheit die reduzierte Brutto-Grundfläche (BGF) gemäß DIN 277 zugrunde, d.h., die angegebenen Tabellenwerte beziehen sich auf einen Quadratmeter BGF, der nach Maßgabe der DIN 277 jedoch ohne die sog. c-Flächen und ohne Balkone und den nutzbaren Grundrissebenen von Spitzböden ermittelt wird. **28**

Den bislang zur Anwendung gekommenen **Normalherstellungskosten 2000 (NHK 2000)** liegt als Bezugseinheit grundsätzlich als Flächeneinheit der Quadratmeter Brutto-Grundfläche gemäß DIN 277 zugrunde. Auch hierbei handelt es sich um eine reduzierte BGF, nämlich um die nach Maßgabe der DIN 277 jedoch nur unter Ausschluss der sog. c-Flächen ermittelte BGF. Lediglich für einige voluminöse Gebäudearten werden auf den Kubikmeter Rauminhalt (gemäß DIN 277) bezogene Normalherstellungskosten angegeben (Industriegebäude, Werkstätten, Lagergebäude sowie landwirtschaftliche Betriebsgebäude). Dies ist in der unterschiedlichen Geschosshöhe dieser Gebäude begründet.

---

12 In der Begründung zu § 16 Abs. 4 WertV 72 hieß es: „Die Ermittlung des Herstellungswerts nach den tatsächlich entstandenen Herstellungskosten soll zwar grundsätzlich nur zugelassen werden, wenn diese den gewöhnlichen Herstellungskosten entsprechen, jedoch wird die Bestimmung nicht eng auszulegen sein. Insbesondere kann diese in geeigneten Fällen sehr zweckmäßige Methode durchaus verwendet werden, wenn Abweichungen von den gewöhnlichen Herstellungskosten lediglich durch Ersparnisse oder Mehraufwendungen verursacht sind, deren Höhe festgestellt werden kann. Es erschien aber geboten, an dieser Stelle den früher in Abs. 3 enthaltenen Hinweis aufzunehmen, dass derartige Kosteneinsparungen oder auch Mehraufwendungen zu Abweichungen von den gewöhnlichen Herstellungskosten führen und deshalb bei der Ermittlung der Herstellungskosten nicht einzubeziehen bzw. abzusetzen sind" (BR-Drucks. 265/72, S. 20).

Abb. 2: Verfahren zur Ermittlung der Herstellungskosten

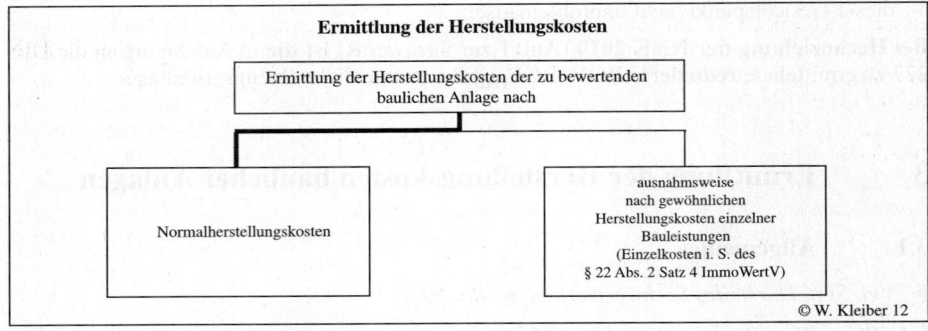

© W. Kleiber 12

3.2 Ermittlung der Herstellungskosten auf der Grundlage von Normalherstellungkosten

▶ *Vgl. Vorbem. zur ImmowertV Rn. 37, § 9 ImmoWertV Rn. 16, § 14 ImmoWertV Rn. 94, Syst. Darst. des Sachwertverfahrens Rn. 235*

Schrifttum: *Gartung, K./Gütter, H./Müller, K-U./Wiederhold, U./Bertz, U./Kleiber, W.*, Normalherstellungskosten 2000 (NHK 2000) für landwirtschaftliche Betriebsgebäude, GuG 2001, 326.

29 Der **Sachwert der baulichen Anlage ist** nach § 22 Abs. 1 ImmoWertV **vorrangig unter Heranziehung von Normalherstellungskosten zu ermitteln**; die Vorschrift lässt offen, auf welche Bezugseinheit sich die Normalherstellungskosten beziehen sollen.

30 Die Vorschrift bestimmt lediglich, dass sich die Herstellungskosten als **Produkt aus den** auf eine bestimmte Flächen- oder Raumeinheit sich beziehenden **Normalherstellungskosten mit** der entsprechend ermittelten **Fläche** oder dem Rauminhalt **des zu bewertenden Gebäudes** ergeben, wobei ergänzend
 – mit den Normalherstellungskosten nicht erfasste einzelne Bauteile, Einrichtungen und sonstige Vorrichtungen (§ 22 Abs. 2 Satz 2 ImmoWertV) sowie
 – Baunebenkosten (§ 22 Abs. 2 Satz 3 ImmoWertV)

zu berücksichtigen sind, soweit sie nicht mit den zugrunde gelegten Normalherstellungskosten bereits erfasst sind. Darüber hinaus sind die herangezogenen Normalherstellungskosten mithilfe geeigneter Baupreisindexreihen an die Preisverhältnisse des Wertermittlungsstichtags anzupassen, soweit sie den Preisverhältnissen des Wertermittlungsstichtags nicht entsprechen (§ 22 Abs. 3 ImmoWertV).

31 **Mit der ImmoWertV werden keine bestimmten Normalherstellungskosten vorgegeben.** Dies steht mithin im Ermessen des Anwenders, jedoch müssen die herangezogenen Normalherstellungskosten geeignet sein. Darüber hinaus wird das Ermessen durch die Regelung des 2. Halbsatzes des § 21 Abs. 1 ImmoWertV entscheidend eingegrenzt. Nach dieser Vorschrift „sind" nämlich die allgemeinen Wertverhältnisse insbesondere durch die Anwendung der von den Gutachterausschüssen für Grundstückswerte nach § 14 Abs. 2 Nr. 1 ImmoWertV abgeleiteten Sachwertfaktoren zu berücksichtigen; vgl. auch die „Soll-Vorschrift" des § 14 Abs. 1 ImmoWertV. Die vorgeschriebene Anwendung der von den Gutachterausschüssen für Grundstückswerte abgeleiteten Sachwertfaktoren bedeutet, dass **der Sachwertermittlung grundsätzlich die Normalherstellungskosten einschließlich der ihnen zugrunde liegenden Bezugseinheit und sonstiger Verfahrensweisen zugrunde gelegt werden müssen, die der Ableitung der Sachwertfaktoren zugrunde liegen**. Dies folgt aus dem allgemeinen *Grundsatz der Modellkonformität*, denn die Verquickung der von den Gutachterausschüssen für

Herstellungskosten § 22 ImmoWertV

Grundstückswerte abgeleiteten Sachwertfaktoren mit anderen Methoden der Ermittlung der Herstellungskosten würde das Ergebnis verfälschen.

In der Praxis der Gutachterausschüsse für Grundstückswerte und auch der Sachverständigen kamen zur Sachwertermittlung baulicher Anlagen nahezu ausnahmslos die vom Bundesministerium für Verkehr, Bau und Stadtentwicklung veröffentlichten Normalherstellungskosten zur Anwendung[13]. Diese wurden mit der Einführung des Euro auf die neue Währung und auf den Stand des Jahres 2000 umgerechnet; sie waren zuletzt in den WERTR 06 als Normalherstellungskosten 2000 – NHK 2000 – veröffentlicht. Die NHK 2000 wurden schließlich mit den in den Sachwertrichtlinien veröffentlichten **Normalherstellungskosten 2010 (NHK 2010)** abgelöst, die mit der Ableitung und Veröffentlichung entsprechender Sachwertfaktoren Anwendung finden können. Die als Anl. 1 zu den SachwertR veröffentlichten Normalherstellungskosten 2010 sind im Anhang zur Syst. Darst. des Sachwertverfahrens abgedruckt. 32

Die Heranziehung anderer als die der Ableitung der Sachwertfaktoren zugrunde gelegten Normalherstellungskosten ist im Hinblick auf die mit § 14 ImmoWertV vorgeschriebene Anwendung der von den Gutachterausschüssen für Grundstückswerte abgeleiteten Sachwertfaktoren abzulehnen; dies würde den Grundsatz der Modellkonformität verletzen. Abzulehnen ist vor allem auch die Verwendung der auf Aufzeichnungen von Ross (1838 bis 1901) zurückgehenden sog. **13er-Werte**, die sich auf die Wertverhältnisse von 1913 und auf den Kubikmeter umbauten Raums beziehen und sich **als untragbar erwiesen** haben. Ihre Anwendung ist mit den an eine fundierte Verkehrswertermittlung zu stellenden Ansprüchen fachlich nicht vereinbar; dies ist in der Vorauflage zu diesem Werk ausführlich dargelegt worden (vgl. Syst. Darst. des Sachwertverfahrens Rn. 68)[14]. 33

Bei alledem ist auf **andere veröffentlichte Normalherstellungskosten** nur hilfsweise zurückzugreifen, wenn die „amtlichen" Normalherstellungkosten unzureichend sind. In Betracht kommen folgende Veröffentlichungen: 34

- Arbeitsgemeinschaft für Rationalisierung, Landtechnik und Bauwesen in der Landwirtschaft Hessen e.V., Richtpreise für den Neu- und Umbau landwirtschaftlicher Gebäude und ländlicher Wohnhäuser 2003/2004, Kassel 2003
- BKI 2011, 1 Kostenkennwerte für Gebäude; BKI 2011, BKI Baukosteninformationszentrum Deutscher Architektenkammer GmbH Stuttgart
- BMVBW, Normalherstellungskosten der Wertermittlungsrichtlinien des Bundes – NHK 2000 –
- Metzmacher/Krikler, Gebäudeschätzung über die Brutto-Geschossfläche, 2. Aufl. Bundesanzeiger-Verlag Köln 2004
- Simon/Kleiber, Schätzung und Ermittlung von Grundstückswerten, 8. Aufl., Neuwied 2005, Rn. 5.86 ff.
- Kleiber/Simon/Weyers, Verkehrswertermittlung von Grundstücken, 2. Aufl., S. 131; Normalherstellungskosten auf Preisbasis 1985
- Baukostenberatungsdienst (BKB) Architektenkammer Baden-Württemberg
- Kosteninformationsdienst Architektenkammer Nordrhein-Westfalen
- Bauschätzpreise für Eigenheime/Bauschätzpreise für gewerbliche Bauten
- Marshall & Swift, Neuss LAG-Datei + Kostenflächenarten
- Zentrale Sammlung und Auswertung der Planungs- und Kostendaten von Hochbaumaßnahmen der Länder bei der IWBARGE BAU Hochbauausschuss (LAG), Freiburg im Breisgau BBD-Datei
- Zentrale Sammlung + Auswertung der Planungs- und Kostendaten von Hochbaumaßnahmen des Bundes bei der BBD Bundesbaudirektion Berlin
- Handbuch Baukostenplanung NRW

---

13 Sie entsprechen den erstmals als NHK 95 u.a. mit VV 5334 des Bundesministeriums der Finanzen von 17.07.1998 in dessen Geschäftsbereich eingeführten Normalherstellungskosten von 1995, vgl. vollständige Wiedergabe in Kleiber, WertR 02, 8. Aufl. BundesanzeigerVerlag Köln 2002. Ermittlung von zeitgemäßen Normalherstellungskosten für die Belange der Verkehrswertermittlung, BundesanzeigerVerlag Köln 1997, Schaar in GuG 1997, 230; Kleiber, WERTR, 8. Aufl. Köln 2003.
14 Vgl. auch Rechtsprechung des BGH: BGH, Urt. vom 30.11.2006 – V ZB 44/06 –, GuG 2008, 122. Kleiber/Simon, Verkehrswertermittlung von Grundstücken, 5. Aufl. 2007, S. 1982 f.; weitergehend Kleiber/Simon, Marktwertermittlung, 6. Aufl. § 22 WertV Rn. 39.

- Landesinstitut für Bauwesen und angewandte Bauschadensforschung, Aachen
- Planungs- und Kostendaten (Hessen)
- Hessisches Ministerium der Finanzen, Wiesbaden
- Planungs- und Kostendaten (Niedersachsen)
- Niedersächsisches Ministerium der Finanzen, Hannover
- Schulbaukosten (mehrere Veröffentlichungen) Schulbauinstitut der Länder, Berlin
- Schieweg: Bauwerkspreise; Verlag für Wirtschaft und Verwaltung, Hubert Wingen, Essen
- Schmitz/Gerlach/Meisel,Baukosten 2011 –, 21. Aufl. Verlag für Wirtschaft und Verwaltung, Hubert Wingen, Essen
- Baukosten-Daten, Kennwerte für Gebäudekosten CRB Schweizerische Zentralstelle für Baurationalisierung, Zürich
- BCIS (Hsg.) BCIS WESSEX, Estimating Price Book SMM7 12. Aufl. UK Dorset 2007 Standard Form of Cost Analyse: Principle, Instructions and Definitions, Reprinted 2003 London
- SPON'S Architects' and Builders' Price Book E & FN SPON, 2007 132. Aufl. Oxon: Taylor and Francis
- Gardiner&Theobald, International Construction Cost survey, Values in Euros, Januar 2008
- Lohrmann, G., Bewertung von **Kirchengebäuden** und ihren Einrichtungen, Hess. Brandversicherungsanstalt, Kassel
- Normalherstellungskosten für **Lauben und Wochenendhäuser** (hsg. Richtlinien des Landesverbandes Rheinland der Kleingärtner e.V.[15])
- Durchschnittspreise für Grundstücke und Behelfsbauten bezogen auf den Hauptfeststellungszeitpunkt 1.1.1964 (Anl. zu Abschn. 16 Abs. 9 BewGr) Erl. des brem. FM vom 26.09.1967 – S 3208 – A 1 St. 51[16]
- Normalherstellungskosten nach dem Entwurf der BReg für die steuerliche Grundbesitzbewertung[17]

3.3 Ermittlung der Herstellungskosten baulicher Anlagen nach Einzelkosten (§ 22 Abs. 2 Satz 4 ImmoWertV)

3.3.1 Verkehrswertermittlung

35 Nach der Ausnahmeregelung des § 22 Abs. 2 Satz 4 ImmoWertV können die Herstellungskosten baulicher Anlagen (Gebäude) nach den Herstellungskosten einzelner Bauleistungen ermittelt werden. Die Vorschrift fordert dabei ausdrücklich in Anlehnung an § 22 Abs. 1 ImmoWertV „gewöhnliche" Herstellungskosten einzelner Bauleistungen. Die Bestimmung geht im Übrigen auf § 22 Abs. 4 WertV 88/98 zurück; nach der Begründung[18] zu dieser Vorschrift sollen damit vor allem **besonderer Bauteile wie Spezialgründungen und Kranbahnen** (besondere Betriebseinrichtungen) ergänzend erfasst werden können.

36 Die Ermittlung der Herstellungskosten einer baulichen Anlage in ihrer Gesamtheit nach den „gewöhnlichen" Herstellungskosten aller „einzelner" angefallenen Bauleistungen ist in aller Regel abzulehnen und allenfalls bei sehr einfachen Anlagen noch tragfähig, weil dies regelmäßig zu erheblich übersetzten Gesamtkosten führen muss. Bauliche Anlagen werden nämlich i. d. R. nicht durch Vergabe einzelner Bauleistungen errichtet (Generalvertrag) und die Summe der gewöhnlichen Kosten einzelner Bauleistungen entspricht von daher nicht den gewöhnlichen Herstellungskosten einer baulichen Anlage. Darüber hinaus kommt eine Ermittlung nach Einzelkosten in aller Regel schon deshalb nicht in Betracht, weil ein unter Berücksichtigung dieser Methode empirisch ermittelter Sachwertfaktor nicht zur Verfügung steht.

---

15 Vgl. Kleiber/Simon, Verkehrswertermittlung von Grundstücken, 5. Aufl. § 22 WertV Anh. 4.3.
16 Abgedruckt bei Kleiber/Simon/Weyers, Verkehrswertermittlung von Grundstücken, 3. Aufl., S. 2112.
17 BT-Drucks. 13/5359 Preisbasis 01.06.1996, abgedruckt bei Kleiber/Simon/Weyers, 3. Aufl. zu diesem Werk, S. 2113.
18 Amtliche Begründung, BR-Drucks. 352/88, S. 63.

3.3.2 Steuerliche Bewertung

In der steuerlichen Bewertung ist der Rückgriff auf **tatsächliche Herstellungskosten einzelner Bauleistungen** schon im Hinblick darauf verworfen worden, dass das Gebäude zu besonders günstigen oder außergewöhnlich hohen Kosten errichtet worden sein kann und es bei der Ermittlung des Verkehrswerts im Übrigen entscheidend darauf ankomme, welcher Veräußerungspreis allgemein zu erzielen wäre[19]. Nach einer Entscheidung des RFH[20] können die **tatsächlich entstandenen Herstellungskosten allenfalls „hilfsweise als Anhaltspunkt"** zugelassen werden, wenn geeignete Schätzungsgrundlagen nicht zur Verfügung stehen. Stehen dem Sachverständigen aber Normalherstellungskosten zur Verfügung, so stellen diese eben eine „geeignetere Schätzungsgrundlage" dar, die die Heranziehung der tatsächlichen Herstellungskosten verbieten. **37**

Zur Ermittlung von sog. **Lärmschutzdämmen** und sonstigen Bauteilen, die dem Umweltschutz dienen, in der steuerlichen Bewertung nach Durchschnittspreisen aus den tatsächlichen Herstellungskosten vgl. OFD Frankfurt am Main[21]. **38**

4 Umrechnung von Normalherstellungskosten auf die Preisverhältnisse am Wertermittlungsstichtag (§ 22 Abs. 3 ImmoWertV)

▶ *Vgl. hierzu Syst. Darst. des Sachwertverfahrens Rn. 157 ff.*

Normalherstellungskosten und Einzelkosten i.S. des § 22 Abs. 2 ImmoWertV beziehen sich in aller Regel auf Preisverhältnisse, die von den am Wertermittlungsstichtag herrschenden Preisverhältnissen abweichen. Sie sind deshalb nach § 22 Abs. 3 ImmoWertV mithilfe geeigneter Baupreisindexreihen auf die Wertverhältnisse des Wertermittlungsstichtags umzurechnen. Nr. 4.1.2 der SachwertR empfiehlt die in der Wertermittlungspraxis übliche Heranziehung der Baupreisindexreihe des Statistischen Bundesamtes. **39**

---

19 BFH, Urt. vom 28.10.1998 – II R 37/97 –, EzGuG 20.156.
20 RFH, Urt. vom 22.11.1934 – III A 247/33 -, RStBl 1935, 107.
21 OFD Frankfurt am Main, Vfg. vom 13.11.1987 – S 3211 A – 1 – St III 40, in Planen und Bauen 1988, 8.

§ 23 ImmoWertV
Alterswertminderung

Die Alterswertminderung ist unter Berücksichtigung des Verhältnisses der Restnutzungsdauer (§ 6 Absatz 6 Satz 1) zur Gesamtnutzungsdauer der baulichen Anlagen zu ermitteln. Dabei ist in der Regel eine gleichmäßige Wertminderung zugrunde zu legen. Gesamtnutzungsdauer ist die bei ordnungsgemäßer Bewirtschaftung übliche wirtschaftliche Nutzungsdauer der baulichen Anlagen.

Gliederungsübersicht

		Rn.
1	Allgemeines	1
2	Alterswertminderung nach ImmoWertV	
	2.1 Relative Alterswertminderung	7
	2.2 Lineare Alterswertminderung	12
	2.3 Maßgebliche Gesamtnutzungsdauer zur Ermittlung der Alterswertminderung nach § 23 Satz 3 ImmoWertV	16
	2.4 Modellkonforme Alterswertminderung	17
3	Alterswertminderung nach BelWertV	18
4	Alterswertminderung in der steuerlichen Bewertung	20
5	Anlagen	
	5.1 Alterswertminderung bei linearer Abschreibung in v. H. der Herstellkosten	22
	5.2 Alterswertminderung (Einheitsbewertung)	23

1 Allgemeines

▶ *Näheres vgl. Syst. Darst. des Sachwertverfahrens Rn. 10, 73 ff., 149 ff., § 19 ImmoWertV Rn. 19, 122; § 6 ImmoWertV Rn. 378*

Der sich nach den §§ 21 f. ImmoWertV ergebende **Herstellungswert** der Gebäude – vielfach auch als Gebäudenormalherstellungswert bezeichnet – **ist ein auf den Wertermittlungsstichtag bezogener** (vgl. § 22 Abs. 3) **Sachwert eines neu errichteten Gebäudes (Gebäudesachwert).** Dieser Neubauwert muss entsprechend dem Alter einer zu bewertenden baulichen Anlage gemindert werden. Dabei ist, wie bei Anwendung des Vergleichs- und Ertragswertverfahrens, grundsätzlich davon auszugehen, dass die bauliche Anlage ordnungsgemäß bewirtschaftet worden ist (§ 536 BGB). Dazu gehört insbesondere ihre Instandhaltung. Im Rahmen der Instandhaltung werden die durch Abnutzung, Alterung, Witterungs- und Umwelteinflüsse entstehenden baulichen Schäden ordnungsgemäß beseitigt. Technisch lässt sich damit eine bauliche Anlage auf Dauer erhalten (vgl. § 19 ImmoWertV Rn. 19 ff., 105). 1

Der technische Substanzerhalt ist letztlich aber bedeutungslos, denn die wirtschaftliche Nutzungsfähigkeit einer baulichen Anlage – und auf die kommt es allein an – vermindert sich mit fortschreitender Zeit, weil **mit der ordnungsgemäßen Instandhaltung keine Anpassung der bauliche Anlage an die sich wandelnden Anforderungen an baulichen Anlagen einhergeht**, insbesondere im Hinblick auf Art, Grundriss, Konstruktion, neue Technologien, Ausstattung des Gebäudes. Je nach Gebäudeart können sich diese Anforderungen in relativ kurzer Zeit (Logistikimmobilien) oder erst langfristig (z. B. Kirchen) derart wandeln, dass die Gebäude entweder modernisiert werden müssen, um sie wirtschaftlich nutzen zu können, oder die wirtschaftliche Nutzbarkeit kommt zum Erliegen. Allein die Instandhaltung kann die wirtschaftliche Nutzbarkeit einer baulichen Anlage nicht auf Dauer erhalten. 2

Der Begriff der „**Alterswertminderung**" (altersbedingter Wertverzehr) **ist** damit **in erster Linie** als **wirtschaftlicher Wertverzehr** auszulegen. Damit eng verbunden ist der Begriff der „Gesamt- und Restnutzungsdauer" als die prognostizierte Anzahl von Jahren, in der sich der 3 wirtschaftliche Wertverzehr vollzieht. Das Sachwertverfahren ist insoweit keine „reine" Kostenermittlung, sondern auch durch wirtschaftliche Betrachtungsweisen geprägt.

4 Diese **Alterswertminderung ist** mithin auch **nicht von den Kosten der Instandhaltung oder der Lebensdauer einzelner Bauteile abhängig**. Der Wertverzehr wird vielmehr durch die sich wandelnden Anforderungen an bauliche Anlagen bestimmt, denn irgendwann ist die bauliche Anlage trotz Instandhaltung nicht mehr zeitgemäß und wirtschaftlich verbraucht.

5 Ein marktwertorientiertes Sachwertverfahren muss darauf angelegt sein, die Alterswertminderung in der Weise in die Sachwertermittlung einzustellen, wie sie im gewöhnlichen Geschäftsverkehr berücksichtigt wird. Welchem Wertverzehr eine bauliche Anlage unterworfen ist und wie sich dieser Wertverzehr mit fortschreitender Zeit auf dem Markt einstellt, konnte indessen bislang nicht empirisch überzeugend aus dem Marktgeschehen abgeleitet werden. Die angeblich empirisch abgeleiteten Alterswertminderungen (*Schindler, Gerardy* und *Vogels*[1]) haben sich als untauglich erwiesen. Wären sie richtig, dürfte es bei Heranziehung dieser Tabellen regelmäßig keine Marktanpassung geben. Tatsächlich sind aber auch bei Heranziehung dieser Tabellen bekanntlich erhebliche Marktanpassungszu- und -abschläge (Sachwertfaktoren i. S. des § 14 Abs. 2 Nr. 1 ImmoWertV) erforderlich. Erst mithilfe dieser Sachwertfaktoren wird der nach den §§ 21 bis 23 ImmoWertV ermittelte vorläufige Sachwert an den Marktwert herangeführt, sofern nicht noch besondere objektspezifische Grundstücksmerkmale zu berücksichtigen sind (§ 8 Abs. 2 und 3 ImmoWertV). **Sachwertfaktoren stellen mithin ein Korrektiv einer nicht am Marktgeschehen orientierten Alterswertminderung dar.**

6 Der **Alterswertminderung kommt** bei Anwendung des Sachwertverfahrens **eine andere Funktion zu als der Abschreibung bei Anwendung des Ertragswertverfahrens** (vgl. hierzu § 19 ImmoWertV Rn. 33 ff.). Dies ist in der Natur der grundsätzlich unterschiedlichen Verfahren begründet. Während nämlich das Ertragswertverfahren von der Bildung einer Erneuerungsrücklage ausgeht und dabei dahingestellt bleiben kann, ob und wie die Erneuerungsrücklage angelegt wird, geht es bei der Bemessung der Alterswertminderung um die Berücksichtigung des bis zum Wertermittlungsstichtag tatsächlich eingetretenen altersbedingten Wertverzehrs der baulichen Anlagen.

Die **Vorschrift ist im Übrigen aus § 23 WertV 88/98 hervorgegangen**; nach § 23 Abs. 1 Satz 2 WertV 88/98 war grundsätzlich jede Form der Alterswertminderung zulässig[2].

---

1 Kleiber/Simon, Verkehrswertermittlung von Grundstücken, 5. Aufl. 2007 S. 1854 ff., 1862, 1939 ff.
2 In der Begründung (BR-Drucks. 352/88, S. 63) wird darauf verwiesen, dass der Gesetzgeber wegen der in Wissenschaft und Praxis unterschiedlichen Methoden keinem Verfahren den Vorzug geben könne, sondern alle sachgerechten Abschreibungsverfahren gleichermaßen möglich sein müssen.

Alterswertminderung § 23 ImmoWertV

ImmoWertV 10	WertV 88/98
§ 23 **Alterswertminderung** Die Alterswertminderung ist unter Berücksichtigung des Verhältnisses der Restnutzungsdauer (§ 6 Absatz 6 Satz 1) zur Gesamtnutzungsdauer der baulichen Anlagen zu ermitteln. Dabei ist in der Regel eine gleichmäßige Wertminderung zugrunde zu legen. Gesamtnutzungsdauer ist die bei ordnungsgemäßer Bewirtschaftung übliche wirtschaftliche Nutzungsdauer der baulichen Anlagen. ▶ *Vgl. § 5 Abs. 6 ImmoWertV*	**§ 23** **Wertminderung wegen Alters** *(1) Die Wertminderung wegen Alters bestimmt sich nach dem Verhältnis der Restnutzungsdauer zur Gesamtnutzungsdauer der baulichen Anlagen; sie ist in einem Vomhundertsatz des Herstellungswerts auszudrücken. Bei der Bestimmung der Wertminderung kann je nach Art und Nutzung der baulichen Anlagen von einer gleichmäßigen oder von einer mit zunehmendem Alter sich verändernden Wertminderung ausgegangen werden.* *(2) Ist die bei ordnungsgemäßem Gebrauch übliche Gesamtnutzungsdauer der baulichen Anlagen durch Instandsetzungen oder Modernisierungen verlängert worden oder haben unterlassene Instandhaltung oder andere Gegebenheiten zu einer Verkürzung der Restnutzungsdauer geführt, soll der Bestimmung der Wertminderung wegen Alters die geänderte Restnutzungsdauer und die für die baulichen Anlagen übliche Gesamtnutzungsdauer zugrunde gelegt werden.*

2 Alterswertminderung nach ImmoWertV

Schrifttum: *Mann, W.,* Marktkonforme Gebäudewertabschreibung im Sachwertverfahren, GuG 2008, 129.

▶ *Zur Gesamt- und Restnutzungsdauer vgl. Syst. Darst. des Sachwertverfahren Rn. 75, 149 ff. und Syst. Darst. des Ertragswertverfahrens Rn. 121 f.; § 6 ImmoWertV Rn. 370 ff.*

2.1 Relative Alterswertminderung

Die **Alterswertminderung** bemisst sich gemäß § 23 ImmoWertV nach dem Verhältnis 7

– der geschätzten Restnutzungsdauer (RND) des Gebäudes
– zur „üblichen" Gesamtnutzungsdauer (GND) des Gebäudes.

§ 23 findet nach § 21 Abs. 3 Satz 2 entsprechende Anwendung auf die Ermittlung des Sachwerts der baulichen Außenanlagen und der sonstigen Anlagen (Aufwuchs), soweit sie nicht vom Bodenwert oder vom Sachwertfaktor miterfasst sind bzw. nach Erfahrungssätzen zum Ansatz kommen.

Der Quotient aus Restnutzungsdauer und üblicher Gesamtnutzungsdauer/Nutzungsdauer 8 ergibt den **Alterswertminderungsfaktor,** der angewandt auf die sich nach § 22 ergebenden Herstellungskosten direkt zu den alterswertgeminderten Herstellungskosten führt:

$$\text{Alterswertminderungsfaktor} = \frac{\text{Restnutzungsdauer}}{\text{Übliche Gesamtnutzungsdauer}}$$

Beispiel:

Herstellungskosten nach § 22 =	1 000 000 €
Übliche Gesamtnutzungsdauer (GND) =	80 Jahre
Restnutzungsdauer =	60 Jahre

§ 23 ImmoWertV Alterswertminderung

Alterswertminderungsfaktor = $\frac{60}{80}$ = 0,75

Alterswertgeminderte Herstellungskosten = 1 000 000 € × 0,75 = 750 000 €

9 Die „*Restnutzungsdauer*" bestimmt sich nach dem prognostizierten Zeitraum, über den erwartet werden kann, dass eine bauliche Anlage „bei ordnungsgemäßer Bewirtschaftung" (Instandhaltung) wirtschaftlich noch funktions- und verwendungsfähig und nach den Marktverhältnissen wirtschaftlich nutzungsfähig ist. Dies hängt zunächst davon ab, dass das Gebäude den jeweiligen **Anforderungen an seine wirtschaftliche Nutzungsfähigkeit** entspricht. Die Restnutzungsdauer wird darüber hinaus noch durch die allgemeinen Marktverhältnisse bestimmt, denn selbst ein modernisiertes Gebäude kann nur solange im Gebrauch stehen, wie es vom Eigentümer selbst oder durch andere genutzt wird. Eine auf Dauer zusammenbrechende Nachfrage stellt von daher eine „Gegebenheit" i. S. des § 6 Abs. 6 Satz 1 ImmoWertV dar, die die Restnutzungsdauer eines Gebäudes bis gegen „null" verkürzen kann. Das Gebäude ist dann nicht mehr „nutzbar" i. S. des § 21 Abs. 1 Satz 1 ImmoWertV (vgl. Syst. Darst. des Sachwertverfahrens Rn. 9, 23).

10 Die „übliche" *Gesamtnutzungsdauer* (Nutzungsdauer) definiert sich entsprechend als die prognostizierte Zahl der Jahre, in denen eine neuerrichtete bauliche Anlage bei ordnungsgemäßer Bewirtschaftung (Instandhaltung) voraussichtlich wirtschaftlich genutzt werden kann (vgl. § 6 ImmoWertV Rn. 371, 381). **Wurde die Gesamtnutzungsdauer durch eine** durchgreifende Instandsetzung **oder durch Modernisierungsmaßnahmen verlängert oder hat sie sich aufgrund einer unterlassenen Instandhaltung verkürzt, so soll es im Rahmen der Ermittlung der Alterswertminderung bei der „üblichen" Gesamtnutzungsdauer (GND) bleiben** (§ 23 Satz 3 ImmoWertV). In diesen Fällen verschiebt sich nur der Anteil des Alters und der Restnutzungsdauer an der Gesamtnutzungsdauer entsprechend.

11 Die **Alterswertminderung** wird im Allgemeinen **in einem Vomhundertsatz des Gebäudeherstellungswerts** ausgedrückt. Dabei kann je nach Art des Gebäudes grundsätzlich von

– einer gleichmäßigen oder
– einer mit zunehmendem Alter sich verändernden Wertminderung *(declining balance method)*

ausgegangen werden. Mit § 23 Satz 2 ImmoWertV wird jedoch für den Regelfall eine „gleichmäßige" Alterswertminderung vorgegeben. Darunter ist eine lineare Abschreibung zu verstehen[3].

2.2 Lineare Alterswertminderung

12 Mit Inkrafttreten der ImmoWertV ist für den Regelfall die **lineare Alterswertminderung verbindlich vorgeschrieben, und zwar für alle Grundstücksarten**.

13 Die lineare Alterswertminderung ist die **einfachste Form der Abschreibung** und die Vorgabe, sie „in der Regel" anzuwenden, ist allein schon deshalb ein Fortschritt, weil künftig alle dieselbe Methode anwenden. Damit werden nicht nur die von den Gutachterausschüssen abgeleiteten Marktanpassungsfaktoren vergleichbarer, sondern auch die Gutachten verschiedener Sachverständiger untereinander.

14 Mit der Vorgabe geht nicht nur eine **Vereinheitlichung der Wertermittlungspraxis,** sondern auch eine Vereinfachung einher. Bisher galt es nämlich, die Alterswertmethode anzuwenden, die der Gutachterausschuss bei der Ableitung der Sachwertfaktoren angewandt hat, wenn man seine Marktwertermittlung im Hinblick auf den Grundsatz der Modellkonformität auf diese stützen wollte. Künftig kann davon ausgegangen werden, dass die Sachwertfaktoren bundeseinheitlich auf der Grundlage der linearen Wertminderung abgeleitet werden (zur Überleitung vgl. § 24 ImmoWertV Rn. 3).

---

3 Vgl. Begründung zur ImmoWertV BR-Drucks. 296/09.

Alterswertminderung § 23 ImmoWertV

Die lineare Alterswertminderung vermag den wirtschaftlichen Wertverzehr einer baulichen 15
Anlage auch nicht in marktkonformer Weise zu beschreiben, jedoch werden die **Mängel mit den empirisch abgeleiteten Sachwertfaktoren kompensiert.** Diese stellen die eigentliche Marktanpassung dar, was auch keine der sonst bekannten Alterswertabschreibungen zu leisten vermögen. Von einer Darstellung der in der Vergangenheit zur Anwendung gekommenen Abschreibungsmethoden wird deshalb abgesehen[4].

2.3 Maßgebliche Gesamtnutzungsdauer zur Ermittlung der Alterswertminderung nach § 23 Satz 3 ImmoWertV

▶ *Vgl. § 6 ImmoWertV Rn. 378 ff., 381, § 8 ImmoWertV Rn. 246*

Nach § 6 Abs. 6 Satz 1 können 16

- durchgeführte Instandsetzungen
- oder Modernisierungen
- oder unterlassene Instandhaltungen
- oder andere Gegebenheiten

die bei der Ermittlung der Alterswertminderung anzusetzende Restnutzungsdauer verlängern oder verkürzen (vgl. § 6 ImmoWertV Rn. 370 ff.). In diesem Fall verlängert sich neben der Restnutzungsdauer zwangsläufig auch die Gesamtnutzungsdauer dieser Immobilie, jedoch ist auch in diesem Fall bei der Ermittlung der Alterswertminderung nach § 23 Satz 1 weiterhin von der „üblichen Gesamtnutzungsdauer" auszugehen. Dies ergibt sich aus § 23 Satz 3 ImmoWertV, nach dem die in Satz 1 genannte „Gesamtnutzungsdauer" die bei ordnungsgemäßer Bewirtschaftung „übliche wirtschaftliche Nutzungsdauer" der baulichen Anlage ist.

Die Ermittlung der Alterswertminderung im Falle einer Verkürzung oder Verlängerung der Restnutzungsdauer (RND) auf der Grundlage

a) der „üblichen" Gesamtnutzungsdauer (Nutzungsdauer) und

b) der geänderten Restnutzungsdauer

ist darin begründet, dass durchgeführte Instandsetzungen oder Modernisierungen oder unterlassene Instandhaltungen oder andere Gegebenheiten im Ergebnis lediglich zu einer **künstlichen Verjüngung bzw. künstlichen Alterung des Gebäudes** führen und es bei der sonst üblichen Alterswertminderung bleibt. Auch bei Anwendung des Ertragswertverfahrens kommt es allein auf die Restnutzungsdauer an und allein diese ist sowohl bei Anwendung des Sachwertverfahrens als auch des Ertragswertverfahrens in den vorstehenden Fällen zu verlängern oder zu verkürzen.

2.4 Modellkonforme Alterswertminderung

▶ *Vgl. Vorbem. zur ImmoWertV Rn. 36 ff., § 6 ImmoWertV Rn. 381, § 8 ImmoWertV Rn. 246*

Grundsätzlich bestimmt sich die Alterswertminderung, wie unter Rn. 8 erläutert, nach dem 17
Verhältnis der Restnutzungsdauer zur üblichen Gesamtnutzungsdauer (Nutzungsdauer) der baulichen Anlage. Bei Anwendung des Sachwertverfahrens unter Heranziehung der vom Gutachterausschuss für Grundstückswerte abgeleiteten Sachwertfaktoren kann es jedoch erforderlich sein, die Alterswertminderung nicht auf der Grundlage der im konkreten Einzelfall anzusetzenden üblichen Gesamtnutzungsdauer (Nutzungsdauer) zu ermitteln, sondern auf der Grundlage der vom Gutachterausschuss bei der Ableitung des Sachwertfaktors **als Modellgröße angesetzten üblichen Gesamtnutzungsdauer** (vgl. Nr. 4.2.1 i.V.m. Anl. 3 SachwertR), die von der tatsächlich anzusetzenden üblichen Gesamtnutzungsdauer (Nutzungsdauer) abweichen kann. In diesem Fall bestimmt sich also der nach den §§ 21 f. ImmoWertV

---

4 Abgedruckt bei Kleiber/Simon, Verkehrswertermittlung von Grundstücken, 5. Aufl. S. 1939 ff.

ermittelte (vorläufige) Gebäudesachwert nach der dementsprechenden „*modellkonformen*" Alterswertminderung.

Ist z. B. der Gutachterausschuss für Grundstückswerte bei der Ableitung von Sachwertfaktoren für eine **bestimmte Grundstücksart modellhaft von einer üblichen Gesamtnutzungsdauer von 100 Jahren** ausgegangen, so bestimmt sich nach dem **Grundsatz der Modellkonformität** der unter Heranziehung dieses Sachwertfaktors zu ermittelnde vorläufige Sachwert nach dieser „Modellgröße", auch wenn im Einzelfall eine davon abweichende Gesamtnutzungsdauer angezeigt ist. Der Alterswertminderungsfaktor ergibt sich dann mithin aus:

$$\text{Alterswertminderungsfaktor} = \frac{\text{Restnutzungsdauer}}{\text{Modellansatz der üblichen Gesamtnutzungsdauer}}$$

Ist im konkreten Einzelfall jedoch der Ansatz einer geringeren üblichen Gesamtnutzungsdauer sachgerecht, muss eine wirtschaftliche Überalterung nach Maßgabe des § 8 Abs. 3 ImmoWertV ergänzend berücksichtigt werden, denn eine geringere Gesamtnutzungsdauer führt bei gegebenem Baujahr zu einer entsprechend geringeren Restnutzungsdauer (vgl. § 8 ImmoWertV Rn. 246, § 23 ImmoWertV Rn. 16).

3 Alterswertminderung nach BelWertV

▶ *Das Sachwertverfahren der Beleihungswertermittlung ist in der Syst. Darst. des Sachwertverfahrens unter Rn. 28 ff. dargestellt.*

18 Die Alterswertminderung (in der BelWertV noch als „Wertminderung wegen Alters" bezeichnet) ist in der BelWertV in Anlehnung an § 23 WertV 88/98 wie folgt geregelt.

„**§ 17 BelWertV** Wertminderung wegen Alters

(1) Die Wertminderung wegen Alters bestimmt sich nach dem Verhältnis der Restnutzungsdauer zur Nutzungsdauer der baulichen Anlagen; sie ist in einem Prozentsatz des Herstellungswerts auszudrücken. Bei der Bestimmung der Wertminderung kann je nach Art und Nutzung der baulichen Anlagen von einer gleichmäßigen oder von einer mit zunehmendem Alter sich verändernden Wertminderung ausgegangen werden.

(2) Ist die bei ordnungsgemäßem Gebrauch übliche Nutzungsdauer der baulichen Anlagen durch Instandsetzungen oder Modernisierungen verlängert worden oder haben unterlassene Instandhaltung oder andere Gegebenheiten zu einer Verkürzung der Restnutzungsdauer geführt, soll der Bestimmung der Wertminderung wegen Alters die geänderte Restnutzungsdauer und die für die baulichen Anlagen übliche Nutzungsdauer zugrunde gelegt werden."

19 Die **BelWertV lässt damit noch jede Form der Alterswertminderung zu**. Im Falle einer unterlassenen Instandhaltung oder einer Modernisierung ist – wie bei der Verkehrswertermittlung – von einer entsprechend verminderten oder verlängerten Restnutzungsdauer auszugehen, wobei es jedoch bei der üblichen Gesamtnutzungsdauer (Nutzungsdauer) bleibt (vgl. hierzu die Erläuterungen in der Syst. Darst. des Sachwertverfahrens bei Rn. 149 ff. sowie § 6 ImmoWertV Rn. 413).

4 Alterswertminderung in der steuerlichen Bewertung

▶ *Das erbschaftsteuerliche Sachwertverfahren ist in der Syst. Darst. des Sachwertverfahrens unter Rn. 42 dargestellt.*

Die Alterswertminderung bestimmt sich im Rahmen der erbschaftsteuerlichen Bewertung wie in der Verkehrswertermittlung unter Berücksichtigung des Verjüngungs- bzw. Alterungsprinzips nach der linearen Alterswertminderung. Sind nach Bezugsfertigkeit des Gebäudes Veränderungen eingetreten, die die wirtschaftliche Gesamtnutzungsdauer des Gebäudes verlängern oder verkürzt haben, ist nach § 190 Abs. 2 Satz 3 BewG von einem entsprechenden früheren oder späteren Baujahr auszugehen (§ 6 ImmoWertV Rn. 413).

20

Zur Alterswertminderung in der Einheitsbewertung vgl. Anlage 2.

21

§ 23 ImmoWertV — Alterswertminderung

5 Anlagen

5.1 Alterswertminderung bei linearer Abschreibung in v. H. der Herstellungskosten

Restnutzungs-dauer Jahre	Alterswertminderungsfaktor bei linearer Abschreibung in v. H. der Herstellungskosten									
	Übliche Gesamtnutzungsdauer (Nutzungsdauer) in Jahren									
	10	20	30	40	50	60	70	80	90	100
1	0,10	0,05	0,03	0,02	0,02	0,02	0,01	0,01	0,01	0,01
2	0,20	0,10	0,07	0,05	0,04	0,03	0,03	0,02	0,02	0,02
3	0,30	0,15	0,10	0,07	0,06	0,05	0,04	0,04	0,03	0,03
4	0,40	0,20	0,13	0,10	0,08	0,07	0,06	0,05	0,04	0,04
5	0,50	0,25	0,17	0,12	0,10	0,08	0,07	0,06	0,06	0,05
6	0,60	0,30	0,20	0,15	0,12	0,10	0,09	0,07	0,07	0,06
7	0,70	0,35	0,23	0,17	0,14	0,12	0,10	0,09	0,08	0,07
8	0,80	0,40	0,27	0,20	0,16	0,13	0,11	0,10	0,09	0,08
9	0,90	0,45	0,30	0,22	0,18	0,15	0,13	0,11	0,10	0,09
10	1,00	0,50	0,33	0,25	0,20	0,17	0,14	0,12	0,11	0,10
11		0,55	0,37	0,27	0,22	0,18	0,16	0,14	0,12	0,11
12		0,60	0,40	0,30	0,24	0,20	0,17	0,15	0,13	0,12
13		0,65	0,43	0,32	0,26	0,22	0,19	0,16	0,14	0,13
14		0,70	0,47	0,35	0,28	0,23	0,20	0,17	0,16	0,14
15		0,75	0,50	0,37	0,30	0,25	0,21	0,19	0,17	0,15
16		0,80	0,53	0,40	0,32	0,27	0,23	0,20	0,18	0,16
17		0,85	0,57	0,42	0,34	0,28	0,24	0,21	0,19	0,17
18		0,90	0,60	0,45	0,36	0,30	0,26	0,22	0,20	0,18
19		0,95	0,63	0,47	0,38	0,32	0,27	0,24	0,21	0,19
20		1,00	0,67	0,50	0,40	0,33	0,29	0,25	0,22	0,20
21			0,70	0,52	0,42	0,35	0,30	0,26	0,23	0,21
22			0,73	0,55	0,44	0,37	0,31	0,27	0,24	0,22
23			0,77	0,57	0,46	0,38	0,33	0,29	0,26	0,23
24			0,80	0,60	0,48	0,40	0,34	0,30	0,27	0,24
25			0,83	0,62	0,50	0,42	0,36	0,31	0,28	0,25
26			0,87	0,65	0,52	0,43	0,37	0,32	0,29	0,26
27			0,90	0,67	0,54	0,45	0,39	0,34	0,30	0,27
28			0,93	0,70	0,56	0,47	0,40	0,35	0,31	0,28
29			0,97	0,72	0,58	0,48	0,41	0,36	0,32	0,29
30			1,00	0,75	0,60	0,50	0,43	0,37	0,33	0,30
31				0,77	0,62	0,52	0,44	0,39	0,34	0,31
32				0,80	0,64	0,53	0,46	0,40	0,36	0,32
33				0,82	0,66	0,55	0,47	0,41	0,37	0,33
34				0,85	0,68	0,57	0,49	0,42	0,38	0,34
35				0,87	0,70	0,58	0,50	0,44	0,39	0,35
36				0,90	0,72	0,60	0,51	0,45	0,40	0,36
37				0,92	0,74	0,62	0,53	0,46	0,41	0,37

Alterswertminderung § 23 ImmoWertV

Restnutzungs-dauer Jahre	Alterswertminderungsfaktor bei linearer Abschreibung in v. H. der Herstellungskosten									
	Übliche Gesamtnutzungsdauer (Nutzungsdauer) in Jahren									
	10	20	30	40	50	60	70	80	90	100
38				0,95	0,76	0,63	0,54	0,47	0,42	0,38
39				0,97	0,78	0,65	0,56	0,49	0,43	0,39
40				1,00	0,80	0,67	0,57	0,50	0,44	0,40
41					0,82	0,68	0,59	0,51	0,46	0,41
42					0,84	0,70	0,60	0,52	0,47	0,42
43					0,86	0,72	0,61	0,54	0,48	0,43
44					0,88	0,73	0,63	0,55	0,49	0,44
45					0,90	0,75	0,64	0,56	0,50	0,45
46					0,92	0,77	0,66	0,57	0,51	0,46
47					0,94	0,78	0,67	0,59	0,52	0,47
48					0,96	0,80	0,69	0,60	0,53	0,48
49					0,98	0,82	0,70	0,61	0,54	0,49
50					1,00	0,83	0,71	0,62	0,56	0,50
51						0,85	0,73	0,64	0,57	0,51
52						0,87	0,74	0,65	0,58	0,52
53						0,88	0,76	0,66	0,59	0,53
54						0,90	0,77	0,67	0,60	0,54
55						0,92	0,79	0,69	0,61	0,55
56						0,93	0,80	0,70	0,62	0,56
57						0,95	0,81	0,71	0,63	0,57
58						0,97	0,83	0,72	0,64	0,58
59						0,98	0,84	0,74	0,66	0,59
60						1,00	0,86	0,75	0,67	0,60
61							0,87	0,76	0,68	0,61
62							0,89	0,77	0,69	0,62
63							0,90	0,79	0,70	0,63
64							0,91	0,80	0,71	0,64
65							0,93	0,81	0,72	0,65
66							0,94	0,82	0,73	0,66
67							0,96	0,84	0,74	0,67
68							0,97	0,85	0,76	0,68
69							0,99	0,86	0,77	0,69
70							1,00	0,87	0,78	0,70
71								0,89	0,79	0,71
72								0,90	0,80	0,72
73								0,91	0,81	0,73
74								0,92	0,82	0,74
75								0,94	0,83	0,75
76								0,95	0,84	0,76
77								0,96	0,86	0,77
78								0,97	0,87	0,78
79								0,99	0,88	0,79

§ 23 ImmoWertV — Alterswertminderung

Restnutzungs-dauer Jahre	Alterswertminderungsfaktor bei linearer Abschreibung in v. H. der Herstellungskosten									
	Übliche Gesamtnutzungsdauer (Nutzungsdauer) in Jahren									
	10	20	30	40	50	60	70	80	90	100
80								1,00	0,89	0,80
81									0,90	0,81
82									0,91	0,82
83									0,92	0,83
84									0,93	0,84
85									0,94	0,85
86									0,96	0,86
87									0,97	0,87
88									0,98	0,88
89									0,99	0,89
90									1,00	0,90
91										0,91
92										0,92
93										0,93
94										0,94
95										0,95
96										0,96
97										0,97
98										0,98
99										0,99
100										1,00

23 5.2 Alterswertminderung (Einheitsbewertung)

1. **Lebensdauer* und jährliche Wertminderung von Außenanlagen** (gemäß Nr. 45 der BewR Gr)

Bauart	Lebensdauer in Jahren	jährliche Wertminderung in v. H.
1. Einfriedungen		
Holz- und Drahtzäune	10 bis 20	10 bis 5
Plattenwände und Einfriedungsmauern	20 bis 50	5 bis 2
2. Wege und Platzbefestigungen		
Leichte Decken und Plattenwege	10 bis 20	10 bis 5
Sonstige Bodenbefestigungen	20 bis 50	5 bis 2
3. Rampen und Stützmauern	20 bis 50	5 bis 2
4. Schwimmbecken	10 bis 20	10 bis 5
5. Entwässerungs- und Versorgungsleitungen	20 bis 50	5 bis 2

* Für die sachgerechte Verkehrswertermittlung kommt es entscheidend auf die wirtschaftliche *Restnutzungsdauer* an, die durch die technische Lebensdauer begrenzt wird.

Alterswertminderung § 23 ImmoWertV

2. Lebensdauer* und jährliche Wertminderung für Fabrikgebäude, Lagergebäude, Kühlhäuser, Trockenhäuser, Molkereigebäude, Tankstellengebäude, Transformatorenhäuser, Hallenbäder und Badehäuser (nach Nr. 41 der BewR Gr)

Bauart	Lebensdauer und jährliche Wertminderung für			
	Fabrikgebäude, Werkstattgebäude, Lagergebäude, Kühlhäuser, Trockenhäuser, Molkereigebäude, Tankstellengebäude, Transformatorenhäuser, Hallenbäder, Badehäuser		die übrigen Gebäude	
	in Jahren	in v. H.	in Jahren	in v. H.
1. Massivgebäude und Gebäude in Stahl oder Stahlbetonskelettkonstruktion	80	1,25	100	1,00
2. Holzfachwerkgebäude mit Ziegelsteinausmauerung	60	1,67	70	1,43
3. Holzgebäude und Holzfachwerkgebäude mit Lehmausfachung oder mit Verschalung, Massivgebäude aus großformatigen Betonplatten (Fertigteile)	50	2,00	60	1,67
4. Massivschuppen, Stahlfachwerkgebäude mit Plattenverkleidung, Gebäude in leichter Bauart, bei denen die Außenmauern – ohne Putz gemessen – weniger als 20 cm stark sind (ausgenommen Skelettbauten und Rahmenbauten), Fertigteilbauten aus Holz	40	2,50	40	2,50
5. Holzgebäude in Tafelbauart mit massiven Fundamenten	30	3,33	30	3,33
6. Wellblechschuppen, Holzschuppen, Holzgebäude in Tafelbauart ohne massive Fundamente	20	5	20	5

* Für eine sachgerechte Verkehrswertermittlung kommt es entscheidend auf die wirtschaftliche *Restnutzungsdauer* an, die durch die technische Lebensdauer begrenzt wird.

Abschnitt 4 ImmoWertV: Schlussvorschrift

§ 24 ImmoWertV
Inkrafttreten und Außerkrafttreten

Diese Verordnung tritt am 1. Juli 2010 in Kraft. Gleichzeitig tritt die Wertermittlungsverordnung vom 6. Dezember 1988 (BGBl. I S. 2209), die durch Artikel 3 des Gesetzes vom 18. August 1997 (BGBl. I S. 2081) geändert worden ist, außer Kraft.

Der Bundesrat hat zugestimmt.

Erläuterungen:

Die Vorschrift regelt das Inkrafttreten der ImmoWertV und das Außerkrafttreten der WertV 88/98. **1**

Soweit vor dem Inkrafttreten der ImmoWertV der Verkehrswert eines Grundstücks nach den Vorschriften der WertV 88/98 ermittelt worden ist, bleiben diese Wertermittlungen unberührt. **2**

Die **ImmoWertV enthält keine Überleitungsvorschriften**. Sie findet mit ihrem Inkrafttreten am 01.07.2010 grundsätzlich auch Anwendung auf Wertermittlungen, die auf einen vor Inkrafttreten der ImmoWertV bezogenen Stichtag bezogen sind, jedoch kann es auch in diesen Fällen aus den vorstehenden Gründen geboten sein, von den Vorgaben der ImmoWertV abzuweichen. **3**

Nach Inkrafttreten der ImmoWertV kann eine Wertermittlung auf der Grundlage der WertV allerdings geboten sein, wenn es um die **Überprüfung eines auf der Grundlage der WertV erstatteten Gutachtens** geht. **4**

Soweit nach Inkrafttreten der ImmoWertV die Ermittlung eines Verkehrswerts auf der Grundlage der von den Gutachterausschüssen für Grundstückswerte abgeleiteten erforderlichen (wesentlichen) Daten der Wertermittlung nach § 193 Abs. 5 BauGB (vgl. 2. Abschnitt) ermittelt werden, kann es geboten sein, **übergangsweise von den Regelungen der ImmoWertV abzuweichen**. Dies betrifft beispielsweise die Anwendung des Sachwertverfahrens: Sind z. B. auf der Grundlage der WertV 88/98 Sachwertfaktoren auf der Grundlage der Alterswertminderung (§ 23 ImmoWertV/WertV) nach „Ross" (vgl. Syst. Darst. des Sachwertverfahrens Rn. 160)[1] ermittelt worden, kann es angezeigt sein, den Sachwert ebenfalls abweichend von der (für den Regelfall) vorgeschriebenen linearen Alterswertminderung auf dieser Grundlage zu ermitteln und sich der Systematik zu bedienen, die der Ableitung der Sachwertfaktoren zugrunde lag. Abzulehnen ist indessen die Auffassung der Obersten Baubehörde im Bayerischen Staatsministerium des Innern[2], die lineare Alterswertminderung brauche solange nicht zur Anwendung zu kommen, wie zur Sachwertermittlung die NHK 2000 herangezogen werden (vgl. § 23 ImmoWertV Rn. 15). Andere Bundesländer haben die lineare Alterswertminderung auf der Grundlage der NHK 2000 eingeführt[3]. **5**

Der **Bundesrat hat der Verordnung** in seiner 869. Sitzung am 07.05.2010 gemäß Art. 80 Abs. 2 GG **zugestimmt**. **6**

---

1 Vgl. im Einzelnen Kleiber/Simon, Verkehrswertermittlung von Grundstücken, 5. Aufl. 2007 S. 1854.
2 GuG-aktuell 2011, 5.; ebenso unsinnig RdSchr. des Ministerium für Inneres und Kommunales des Landes Nordrhein-Westfalen vom 03.08.2010 (GeschZ 32 – 51.11.01 – 9210) an die Gutachterausschüsse für Grundstückswerte in Nordrhein-Westfalen sowie an den Oberen Gutachterausschuss für Grundstückswerte im Land Nordrhein-Westfalen betr. Übergangsregelung für die Anwendung des Sachwertverfahrens nach ImmoWertV, GuG 2012, 28.
3 Bekanntmachung der Senatsverwaltung für Stadtentwicklung vom 10.11.2010 – ABl. Berlin 2010, 1886.

Sachverzeichnis

Numerics
13er-Werte 1559, 1667
2-Sigma-Regel 524

A
Abbaugrundstoffe 342
Abbauland 193
Abbaumasse 331
Abbaumenge 329
Abbaustoff 323
Abbruch 680
Abbruchmassen
– recycelfähige 1192
Abfallentsorgungsanlagen
– stillgelegte 479
Abgrabungsgenehmigung 323
Abgrabungsgrundstück 313, 337
Abgrabungsplan 323
Ableitung
– der Umrechnungskoeffizienten 399
– des Bodenwerts von werdendem Bauland 1129
– des Verkehrswerts aus dem Vergleichswert 949
– von Bodenpreisindexreihen 758
– von Bodenrichtwertspannen 728
– von Gebäudefaktoren 785, 786
Ableitungsmethodik 865
Abriss 266
Abschätzung der Wartezeit 168, 1102
Abschätzung des Gefährdungspotenzials 471
Abschlag 337
Abschläge wegen Übergröße 1035
Abschöpfung umlegungsbedingter Bodenwerterhöhungen 1087
Abschreibung 1297, 1437, 1438, 1563
Abschreibung des Gebäudes 1477
Abschreibungsbetrag 1441
Abschreibungsdivisor 1441
Abschreibungssätze 1437
Abschreibungszinssatz 1441
Abstandsfläche 396
Abtriebswert 228, 231

Abtriebswert eines Waldbestands 228
Abwägungsgebot 462
Abweichung
– der realisierbaren GFZ 1006
– der wertbeeinflussenden Merkmale 981
– des Grundstückszuschnitts 1038
– des lageüblichen Maßes der baulichen Nutzung 994
– in den Zustandsmerkmalen 979
– seines Bodenwerts vom Bodenrichtwert 733
Achsmaß 631
Ackerland 208, 209, 328
Ackerpreise 298
Ackerzahl 215
Affektionswerte 107
Aggregation der Vergleichspreise 942
Akute Gefahrenstellen 480
Allgemeine Fehlerbetrachtung 1326
Allgemeine Wertverhältnisse 755
– auf dem Grundstücksmarkt 172
– des Wertermittlungsstichtags 763
Allgemeines Ertragswertverfahren 1336
Allmählichkeitsschäden 603
Altersklassenwald 227
Alterswertminderung 1355, 1438, 1440, 1507, 1563, 1576, 1671, 1672, 1673
Alterung 1454
Altlasten 460
Altlastensanierung 480
Altlastenverordnung 472
Amtliches Umlegungsverfahren 1101
Anbaubeschränkung 268, 280
Anbauten 1609
Anbauverbot 280
Änderung baulicher Anlagen 255
Anfangs-Bodenrichtwert 723
Anfangswert 1223
Angelsächsische Ertragswertmethode 1260
Angelsächsische Wertermittlungspraxis 783
Angemessene Zu- und Abschläge 979

1685

Sachverzeichnis

Angemessener Wert 143
Ankaufsrecht 163
Anlagen 161
 – singuläre 266
Anmietrecht 1368
Anmietung von Einfamilienhäusern 1388
Anomalien 1252
Anpassungsmaßnahmen 343
Anpflanzungen 161
Anspruch auf Genehmigung eines baulichen Vorhabens 260
Anspruch auf Zulassung einer baulichen Anlage 255
Anteil der unentgeltlich bereitzustellenden Flächen 1089
Anteil des Bodenwerts 1178
Antennenanlagen 673
Anwendung
 – des Ertragswertverfahrens 721
 – des Extraktionsverfahrens (Residualwertverfahrens) 1086, 1108
 – des Vervielfältigerquotientenverfahrens 1356
 – dieser Indexreihen 768
 – von Gebäudefaktoren 789
Anwendungsbereich der ImmoWertV 142
Anzeigeverfahren 256
Architektonische Gestaltung 634
Arithmetisches Mittel aus Ertrags- und Sachwert 594
Arkade 1074
Arrondierungsfläche 1039
Arztpraxen 587
Atypische Nutzungen 670
Auf- und Abschichtungsverfahren 641
Aufenthaltsräume 384
Auflagen 323
Aufschließungskosten 1081
Aufwuchs 154, 691, 1154, 1292, 1648
Ausbauanteil 504
Ausbaukomponente 1095
Ausbauverhältnis 630
Ausbeutung 323, 333
Ausfallwagnis 1447
Ausgekieste Areale 329
Ausgleichsfläche 280

Ausgleichsmaßnahme 280
Ausreichende Zahl
 – Vergleichspreise 1143
Ausreißer 947
Außenanlagen 691, 1652, 1656
Außenbereich gelegene bebaute Grundstücke 1181
Außenwohnbereich 420
Außerforstwirtschaftliche Nutzung 235
Außerlandwirtschaftliche Nutzung 232, 235
Aussichtslage 1067
Aussichtsrecht 160
Ausstattungsmerkmale 1395
Ausstattungsstandard 1578
Auswertung der Kaufpreise 786
Autobahn 1040

B

Badmintonhallen 1397
Balkonlagen 1390
Barwert 530
Barwertfaktor 1475
Barzahlung 527
Baubeschränkung 268, 280
Bauerwartungsland
 – Entwicklungszustand 248
Baugrenze 389
Bauhoffnungen 247
Bauland
 – Begriff 256
 – warteständiges 272
Baulandproduktionskosten 1084, 1093
Baulärm 449
Baulast 271, 1020
Bauliche Anlage 151
 – Änderung 255
 – Bestandsschutz 257
 – Errichtung 255
 – Nutzungsänderung 255
Bauliche Außenanlagen 1154, 1580
Bauliche Schutzauflagen 291
Baulichkeiten 161
Baulinie 389
Baulücke 258, 265
Baumangel 602
Baumängel und Bauschäden 1337

Sachverzeichnis

Baumartengruppe 230
Baumassenzahl (BMZ) 385
Baunebenkosten 1516, 1523, 1561
Baunebenkostenfaktor 1527
Baupreisindexreihe 1558
Baurechte
– Fortfall 258
Baurechtliche Genehmigung 354
Baurechtliche Vorgaben 365
Bauschaden 602
Bauschutzbereich 442
Bausperre 270
Baustufe 391
Bauteil 1659
Bauweise 388
BBergG 143, 315
Bebaute Innenstadtbereiche 1176
Bebautes Mietwohngrundstück 572
Bebauungsplan 261
– qualifizierter 262
– vorhabenbezogener 262
Bebauungsplangebiet 366
Bebauungszusammenhang 264
Beeinträchtigungen der Lageverhältnisse 408
Begrenzung der Darlehenshöhe 336
Begründungsmittel 1400
Beizulegender Zeitwert 89
Beleihungswert 1650
Beleihungswertermittlung 157, 1207, 1318, 1463, 1466, 1513, 1557, 1593
Beleihungswertermittlungsverordnung 140
Beleihungswertverordnung 1592
BelWertV 144
Bemessung der Entschädigung 427
Bemessung des Zugewinnausgleichs 203
Benutzbarkeit des Grundstücks 409
Benutzung der Gemeinschaftsanlagen 1384
Benutzungs- und Entgeltverordnung 1398
Berechnung der Wohnfläche 1390
Berechnungsnorm 1657
Bergbaubedingter merkantiler Minderwert 350
Bergbauschutzgebiet 319

Bergfreie Bodenschätze 315
BergG der DDR 316
Bergrecht 159
Bergrechtliche Pflichten 318
Bergschaden 340
Bergschadensersatzanspruch 344
Bergschadensgefahr 341
Bergschadenssicherung 347
Bergschadensverzicht 351
Berliner Mietspiegel 1065
Berliner Verfahren 594
Berücksichtigung einer Alterswertminderung 1356
Berücksichtigung unterschiedlicher Zustandsmerkmale 981
Beschaffenheit der technischen baulichen Anlage 655
Beschaffenheit der Wohnung 1388
Beschleunigtes Verfahren 370
Beschränkt dingliche Rechte 160
Beseitigung verursachter Landschaftsschäden 314
Besondere Bauteile 813
Besondere Betriebseinrichtungen 157, 682
Besonderheiten
– des Wertermittlungsobjekts 852
– Umlegungsgebiete 254
Besonnungslage 1067
Bestandsschutz 265, 275, 400
– baulicher Anlagen 257
Bestandteile des Grundstücks 150
Bestimmtheitsmaß R^2 985
Bestimmung der Zumutbarkeitsschwelle 442
Bestockungsfaktor 228
Betrachtungszeitraum 1352
Betriebseinrichtungen
– besondere 1668
Betriebskosten 1302, 1445, 1447
Bewertung
– der Hafengrundstücke 358
– von Gemeinbedarfsflächen 588
– von Kleingartenlauben 303
– von Praxen 587
Bewirtschaftungskosten 648, 1296, 1338, 1358, 1384, 1429, 1432, 1435, 1446

Sachverzeichnis

Bezugseinheit für die Ableitung der Gebäudefaktoren 786
Bezugsfertigungsjahr 1459
Bilanzbewertung 1175
Biomassenanlage 274
Biosphärenreservat 285
Biotope 193
BKleingG 296
Blaues Buch 550
Bodenarten 211
Bodenbeschaffenheit 210
Bodenbezogene
 – Altlasten 680
 – Förderungen 1098
 – Wasserschutzauflagen 291
Bodeneigenschaften 212
Bodenpreisindexreihe 730, 757
Bodenpreisindexzahl 762
Bodenrichtwertableitung 729
Bodenrichtwerte 567, 722, 1600
 – im Internet 742
Bodenrichtwertkarten 730, 732
Bodenrichtwertlisten 732, 733
Bodenrichtwertübersichten 740
Bodenrichtwertzone 730, 973
Bodenschätze 315, 1154
 – bergfreie 315
 – grundeigene 315
Bodenschätzungsgesetz 208
Bodensondierung 1252, 1277
 – bei übergroßen Grundstücken 1197
Bodenwert 155, 1153, 1282
 – des warteständigen Baulandes 1081
 – in Abhängigkeit von der Grundstückstiefe 1036
 – landwirtschaftlicher Hofstellen 239, 1032
 – unter Berücksichtigung der tatsächlichen und rechtlichen Neuordnung 724
Bodenwertbezogene Rechte 678
Bodenwertentwicklung
 – bebauter Grundstücke 1151, 1157
 – von baureifem Land, Rohbauland sowie Bauerwartungsland 757
Bodenwerterhöhung 1225
Bodenwertverzinsungsbetrag 1287

Bodenwertzuwachs 1228
Bodenzahl 209
Bodenzustandsstufen 214
Bonczek'sche Treppenkurve 197
Bonität 215
 – des Mieters 1466
Bootshafen 359
Breite der Straßenfront 1040
Bruttobaulandfläche 1094
Brutto-Grundfläche (BGF) 1515, 1523, 1528
 – reduzierte 1665
Bruttokaltmiete 1370
Brutto-Rauminhalt 827
Bruttorohbauland 252
Bruttowarmmiete 1370
Bürogebäude 376, 995
 – mit Wiegevorrichtungen 337
Büroimmobilien 1397

C

c-Flächen 681, 1553, 1561

D

Dachflächenverpachtung 688
Dachgärten 1390
Dachgeschoss 384
Dachgeschossausbaukosten 1616
Dämpfung des Bodenwerts 1159, 1162
 – bei Anwendung des Ertragswertverfahrens 1166
 – bei Anwendung des Sachwertverfahrens 1169
Dämpfungsmethoden 1165
Darlehenssicherung 162
Datschen 295
Dauerhafter Leerstand 1447
Dauerkleingärten 295
Dauerschallpegel 439
Dauerwohnrecht 160
Deduktives Verfahren 729
 – Begriff 1077
Denkmalgeschützte Bausubstanz 1184
Deponien 194
Deutsche Immobilienaktienindex (DIMAX) 769

Sachverzeichnis

Dienendes Grundstück 159
DIN 277 1662
Dingliches Nutzungsrecht 1050
Discounted Cashflow Verfahren 1238, 1240
Diskontierungszinssatz 842, 1103
Disparitäten zum Verkehrswert 806
Doppelberücksichtigung 1109
Drogisten 1385
Durchschneidung eines geschlossenen Landguts 1040
Durchschneidungsschäden 590

E

Eheliches Güterrecht 203
Eigennutzprinzip
 – missverstandenes 574
Eigennutzung 573
Eigentum an mineralischen Rohstoffen 320
Eigentumsmaßnahmen 990
Eigentumswohnungen 1444
Eignung als Baugrund 460
Eignungsgebiete 293
Einfamilienhäuser 1461
Einfluss der Restnutzungsdauer 822
Einflussfaktoren 814
Eingeschränkter Interessentenkreis 401
Eingeschränkter Käuferkreis 589
Eingleisiges Verfahren 1242
Eingriff in Natur und Landschaft 281
Einheitliches Bodenwertniveau 987
Einigungsvertrag 320
Einkünften aus Vermietung und Verpachtung, Werbungskosten 1439
Einrichtung 1659
Einzelhandelskonzept 371
Eisenbahnen 422
Elektrosmog 452
Ellwood-Verfahren 571
End-Bodenrichtwert 723
Endpreise 1659
Energieverbrauchswert 683
Enteignung 367, 525
Enteignungsentschädigung 181
Entprivilegierung landwirtschaftlicher Gebäude 275

Entschädigung für Eingriffe 408
Entschädigungs- und Ausgleichsleistungsgesetz (EALG) 202
Entschädigungsanspruch 426, 988
 – für Beeinträchtigungen eines Grundstücks 435
Entschädigungspflicht für Manöverlärm 449
Entschädigungspraxis 314
Entschädigungsrichtlinien Landwirtschaft 202
Entwicklung der Mieten 1289
Entwicklungskosten 1096
Entwicklungsmaßnahme 182
Entwicklungsunbeeinflusste Grundstückswerte 1080
Entwicklungsunbeeinflusster Bodenwert 1290
Entwicklungszeit 246
Entwicklungszustand 184
 – Bauerwartungsland 248
Entwicklungszustandsstufen 193, 987
Enumerationsprinzip 1370
Erbauseinandersetzungen 221
Erbbaugrundstücksfaktoren 833
Erbbaurecht 159
Erbbaurechtsfaktoren 833, 837
Erfahrungssätze 1442
erforderliche Daten 707
Erhaltung 1307
Erhaltungsmaßnahmen 423
Erhöhung der jährlichen Miete 1376
Erholungswald 226
Erholungszweck 299, 301
Erlebenswahrscheinlichkeit 535
Ermittlung
 – Bodenwertverzinsungsbetrag 1289
 – der Alterswertminderung 1572
 – der Instandhaltungskosten 1460
 – der nicht umgelegten Betriebskosten 1448
 – des Ausgleichsbetrags 1158
 – des Bodenwerts bebauter Grundstücke 1146
 – des Bodenwerts von Abbauland 333
 – des Endwerts 1227
 – des Gebäudewerts 1289

Sachverzeichnis

- des gemeinen Werts 915
- des Herstellungswerts 1506
- des Herstellungswerts der besonderen Betriebseinrichtungen 1554
- des merkantilen Minderwerts 696
- des Minderwerts 345
- des sanierungsunbeeinflussten Grundstückswerts 927
- des Unterschieds zwischen Rohbauland und baureifem Land 987
- des Verkehrswerts 143
- des Verkehrswerts eines unbeplanten Grundstücks 268
- nach Erfahrungssätzen 1582
- von Ankaufpreisen 1117
- von Bodenrichtwerten 730, 1116
- von Grundbesitzwerten 726

Erneuerungsrücklage 1438, 1440
Errichtung baulicher Anlagen 255
Ersatzbau 266
Ersatzbeschaffungskosten 97, 1485
- neuzeitliche 1487

Erschließungsbeitrag 1094, 1287
Erschließungsbeitragsfreier Bodenwert 1285
Erschließungskosten 1093
Ertragsfaktoren 778, 781
Ertragsmesszahl 215
Ertragswert der baulichen Anlage 1308
Ertragswertermittlung nach Runge 1355
Ertragswertverfahren 1164, 1229
- auf der Grundlage dynamischer Liegenschaftszinssätze 1440

Erwerbsrecht 163
Extraktionsverfahren 103, 1111

F

Fehlerhaftes Gutachten 470
Feldesabgabe 320
Festsetzung von Grünflächen 281
Fiktives Baujahr 1364
Finanzierungskosten 549
Flächen für Aufschüttungen 194
Flächeneinheit 1662
Flächenerwerbsverordnung 202
Flächennutzungsplan 246, 249, 366, 991
Flächenpreise 1664

Flexibilität der Nutzbarkeit 1397
Flora-Fauna-Habitat 251, 268, 279, 287
Flugplatzgelände 439
Folgekosten 1094
Folgenutzung 333
Förderabgabe 320
Fördermenge 330
Förderungsvolumen 331
Form des Grundstücks 1011
Formelle Planreife 264
Formularmietverträge 1371
Forstwirtschaftliche Nutzung 232
Fortfall von Baurechten 258
Frei- und Verkehrsflächen 976
Freie Sachverständige 1164
Freiheitsgrad 945
Freilegung 1094
Freilegungskosten 1189, 1190, 1254, 1283
Freisitze 1390
Freizeitimmobilien 1397
FStrG 269
Funktionsgleichungen 997
Funktionsschwäche 185
Funktionsverluste 187

G

Garagengeschoss 387
Gartenland in den innerstädtischen Bereich 304
Gebäude 152
- auf fremdem Grund und Boden 566
- Wiederaufbau zerstörter 275

Gebäudeanbau 1613
Gebäudebaujahrsklassen 1538
Gebäudeertragswert 1308
Gebäudefaktor 778, 785, 951
Gebäudemix 512
Gebäudesachwert 1577, 1671
Gebäudewertanteil 785
Gebietstypen 372
Gebrauchswert des Wohnraums 1453
Gedämpfte Bodenwerte 877
Geeignete Kaufpreise 809
Gefahrenschwelle
- polizeirechtliche 462

Gefahrenvorbeugung 463

Sachverzeichnis

Geförderter Wohnungsbau 1448
GE-Gebiete 375
Geltung der Wertermittlungsrichtlinien für Landesbehörden 134
Gemeinbedarfsfläche 1081, 1291
Gemeinbedarfsnutzung 1398
Gemeindeeigene Bauplätzen 525
Gemeindegrenzen 265
Gemischt genutzte Grundstücke 1466
Gemischt genutzte Immobilien 556
Genehmigung
- rechtliche 354
- von Abgrabung und Herrichtung 314
- wasserrechtliche 323, 354

Genehmigungspflicht 1378
Genehmigungsverfahren 256
Generalbebauungsplan 390
Gerätehallen 337
Geräuschvorbelastung 424
Geringstland 277
German Property Index 769
Geruchsimmission 450
Geruchsschwellenwert 451
Gesamtnutzungsdauer 490, 1319, 1565, 1674
Geschäftsgebäude 376
Geschlossenheit 258, 266, 1039
Geschossflächenpreis 1006
Geschossflächenzahl (GFZ) 379, 991
Geschützter Landschaftsbestandteil 268, 279, 286
Gespaltene Bodenwerte 1288
Gestehungskosten 578
Gesundheitsgefährdungen 464
Gewerbeflächen 1444
Gewerbegebiete 374
Gewerbegrundstücke 1029
Gewerbepark 1397
Gewerberaum 1361, 1436, 1444, 1461, 1468
Gewerberaummiete 1366, 1381
Gewerbetreibender 1660
Gewerbliche und industrielle Lärmquellen 437
Gewinnungsrechte des Staates 317

Gewöhnliche Herstellungskosten 1514, 1557
GI-Gebiete 375
Grenzpegel 413
Grenzwert des Jahresförderungsvolumens 330
Grund und Boden 149
Grunddienstbarkeit 159
Grundeigene Bodenschätze 315
Grunderwerbskosten 1108
Grunderwerbsnebenkosten 864
Grundflächenzahl (GRZ) 379, 1007
Grundpfandrecht 162
Grundrentenformel 1156
Grundsatz
- der Modellkonformität 829, 1163, 1165, 1459, 1519
- der Verkehrswertermittlung 143

Grundsätze für die Ableitung 708
Grundschuld 162
Grundsteuer 1447
Grundsteuererlass 664
Grundstück
- aus mehreren Nutzungsarten 216
- Situationsgebundenheit 250
- verbilligte Abgabe 1291

Grundstücke
- übergroße 1015

Grundstücksbegriff 146
Grundstücksfinanzierungskosten 1120
Grundstücksgestalt 1011
Grundstücksgleiche Rechte 158
Grundstücksgröße 1010
Grundstücksmarkt 171, 755
- für bebaute Objekte 761

Grundstücksmerkmale 977, 1598
Grundstückssachwert 1647
Grundstücksteil 146
Grundstückstiefe 1010
Grundstückstransaktionskosten 102, 549, 808
Grundstücksveräußerung 481
Grundstückszuschnitt 1010
Grundstückszustand 176
Gründungskosten 1046
Gründungsmaßnahmen 1047
Grünland 208, 209

Sachverzeichnis

Grünlandgrundzahl 209
Grünlandzahl 215
Gutachterausschuss für Grundstückswerte 142

H

Haftung für den Zustand des Mietobjekts 1384
Handwerksbetriebe 376
Hanglage (Geländeneigung) 1047
Harmonisierung der Wertermittlungsverfahren 552
Hedonische Modelle 981
Heilquellenschutzgebiet 271, 288
HeizkostenV 1446
Herabstufung des Bodenrichtwertverfahrens 971
Heranziehung der Baupreisindexreihe 1669
Herrschendes Grundstück 160
Herstellungskosten 1656
– gewöhnliche 1514, 1557
– von Gebäuden 1656
Herstellungswert
– Ermittlung 1506
Hinterland 1015, 1037
Hinterliegergrundstück 1018
Hobbyräume 384
Hochspannungsleitungen 453
Hofanschlussflächen 243
– Sonderwert 244
– Wegekostenvorteil 243
Hofflächen
– im Innenbereich 238
Hofnähezuschlag 243
Hofstelle 237
Höherlegung einer Straße 409
Holzbestand 227
Hotel 1397
Hypoport-Hauspreisindex (HPX) 769
Hypothek 162
Hypothekenzinsen 1105

I

Identifizierung von „Ausreißern" 1144
Immissionen 411

Immobilieninvestition 843
Immobilienleasing 1367
Immobilienpakete 579
Immobilienportfolio 580
Indexreihen 755
Indexvertrag 1377
Indikatoren 1472
Individualvertragliche Regelungen 1449
Industrie- und Handelskammer 1409
Industriegebiete 374
Industrielle Gebäude 1664
Inflationärer Entwicklungen 862
Infrastrukturelle Aufschließungskosten 1093
Infrastrukturkostenbeitrag 1099
Infrastrukturmaßnahme 525
Inklusivmiete 1403
Innengeräuschpegel nach VDI 414
Inspektion 1452
– der Abbaustätte 339
Instandhaltung 495, 1451, 1455
– kleine 1361
– unterlassene 1573, 1674
Instandhaltungskosten 1307, 1454
– im Wohnungsbau bezogen auf Herstellungskosten 1461
Instandhaltungskostenpauschale 1461
Instandhaltungsmaßnahme 1382
Instandhaltungsrückstau 604, 1453
Instandsetzung 1451
Instandsetzungskosten 604
Instandsetzungsrückstau 595, 601
Interpolation 1405
Interqualitativer Preisvergleich 772, 921
Interregionaler Preisvergleich 930
Intertemporärer Abgleich 939, 1146
Intertemporärer Preisvergleich 921
Investitionsentscheidung 1130
Investitionskosten 1081
Investitionsorientiertes Prognoseverfahren 553
Investitionsrechnungen 1106
IVD-Immobilienpreisspiegel 1403

J

Jagd- und Fischereirecht 159
Jedermanns-Preis 91

Sachverzeichnis

K

Kalkulatorische Bodenwertermittlung 546
Kapitalisierung 335, 1476
Kapitalisierungszinssatz 842, 1315
Kappungsgrenze 639, 1380
Kasernengelände 395
Kaufpreise 763
– von Investments 1262
Kaufwertestatistik der Statistischen Landesämter 941
Kennzeichnungspflicht 462
Kernsanierte Objekte 504
Kiesboden 337
Kippgebühren 333
Kirchengebäude 1668
Klärgrube 1154
Klassenabschnittsflächen 210
Klassenflächen 210
Klassifizierung
– des Entwicklungszustands 1038
– einer Fläche 196
KleingG 144
Kleinräumige Lagemerkmale 1069
Klimastufen 215
Konjunkturelle Lage 805
Konkurrenzschutzklausel 1385
Konkursverfahren 527
Konsistenz
– der Marktwertermittlung 120
– eines Mietwertgutachtens 1411
Kontamination 481
Konvergenzintervall 117
Korrekturfaktor 874, 1524
Korrespondierender Bodenwert 1398
Kosten
– der Architekten- und Ingenieurleistungen 1525
– des Entwicklungsträgers (Investors) 1108
– des Grunderwerbs 1094
– einer Rechtsverfolgung 1465
Kostenanlastungsprinzipien 465
Kostengruppen 1429
Kostenkennwert 622, 1522
– der NHK 2010 1515
Kostenmiete 1369

Kosten-Nutzen-Analyse 1118
Kostenorientierter Sachwert 1649
Kostenunterwälzungsmodell 1090
KostO 977
Kranbahnen 1668
Kreditsicherheit 339
Kriegsfolgelasten 480
Krisensichere Sachanlage 573
Kulturflächen 203
Kulturkosten 229
Kunstgegenstände 158

L

Ladennutzung 1007
Lage auf dem Grundstücksmarkt 172
Lageklassenverfahren 1165
Lagemerkmale 204, 406
Lager- und Logistikimmobilien 1397
Lagetypische Nutzung 397, 1283
Land- oder forstwirtschaftlich genutzte Grundstücke 1032
LandR 202
Landschaftsbestandteil
– geschützter 268
Landschaftsschutzgebiet 268, 279, 285
Landwirtschaftliche
– Gebäude 1400
– Gebäudearten 1548
– Wirtschaftsgebäude 616, 1444, 1450, 1462, 1472
Lärmquellen
– gewerbliche 437
– industrielle 437
Lärmschutz an Straßen 412
Lärmschutzbereich 279
Lärmschutzwall 421
Lästigkeitsfaktoren 418
Lastwagenhallen 337
Lauben und Wochenendhäuser 1668
Lebenserwartung 529
Leerstand 1304, 1307, 1450
Leerstandsbedingte Betriebskosten 664
Leerstandsquote 668
Leerstandsrate 658
Leibrenten 529
Leitungsdurchschneidungen 1040
Leitungsrecht 160

Sachverzeichnis

Liegenschaften 858
Liegenschaftszinssatz 1167, 1215, 1311, 1314, 1316, 1440
Lineare Alterswertminderung 821
Lineare Einfachregression 981
Liquidationsfalle 1184
Liquidationswert 548
Liquidationswertverfahren 469, 575
Liquidationszufuhr 584
Loggien 1390
Luftgeschoss 384

M

Maklermethode 1260
Makrolage 407
Mangelfolgeschaden 603
Marktangepasster Sachwert 1649
Marktanpassung 1491, 1563
Marktanpassungsabschlag 597, 810, 1115, 1584
Marktanpassungsfaktor
  – Oberbegriff 807
Marktanpassungszu- und -abschläge 1507
Marktanpassungszuschlag 597, 810
Marktausgleichsfunktion 94
Marktgepflogenheiten 1014
Marktmiete 1342, 1364, 1374
Marktorientierte Liegenschaftszinssätze 842
Marktüblich erzielbare Erträge 1363
Marktübliche Bewirtschaftungskosten 1434
Marktwert 142, 143
Marktwertdefinitionen 88
Marktwertgutachten 146
Marktwertspanne 110
Maß der baulichen Nutzung 772
Massenbewertungen 579
Massenbewertungsverfahren 580
Materielle Grundsätze der Bodenwertermittlung 1651
Materielle Planreife 264
Mehr- oder Minderkosten
  – ungewöhnliche 1661
Mehrperiodische Ertragswertverfahren 1246, 1336

Mehrwertsteuer 1429, 1659
Merkantiles Bauland 192
Methode Koch 1591
Miet- bzw. Pachtverträge 1446
Mietausfälle 1465
Mietausfallwagnis 651, 1307, 1433, 1464
Mietbegriff 1410
Mietdatenbank 1413
Miete für frei finanzierte Wohnungen 1375
Mietenmultiplikatoren 1262
Mieterbonität 1468
Mieterhöhung nach Durchführung von Modernisierungsmaßnahmen 1376
Mieterscoring 1472
Mietflächenfaktor 631
Mietfreie Überlassung 663
Mietgarantien 663
Mietkürzungen 1465
Mietminderung 1415
  – Orientierungshilfe 1415
Mietnebenkosten 1370
Mietpreisgestaltung 1369
Mietpreisüberhöhung 1368
Mietsäulenverfahren 1007
Mietsicherheiten 1383
Mietspiegel 1364
  – vergleichbarer Nachbargemeinden 1402
Mietvertrag
  – Vereinbarungen 1383
Mietwertgutachten 1410
Mietwertgutachten 1420
Mietwertminderungen 1314
Mietwohnungen 1443
Mietwohnungsbau 990
Mikrolage 407
Militärfläche 272
Minderung
  – des Endwerts 1225
  – des Verkehrswerts 348
Minderungsbetrag 875
Minderwert
  – bergbaubedingter merkantiler 350
Minderwertregelung 345
Mindest-Grundstücksfläche 1016
Mindestwert 1212

Sachverzeichnis

Mineralienvorkommen 342
Mischungsverhältnis 1412
Missverhältnis zwischen Boden und Gebäude 1244
Miteigentumsanteil am Grundstück 149
Mittelbarer Preisvergleich 567
Mobilfunksendeantenne 455
Möblierungszuschlag 1359
Modellkonforme Bewirtschaftungskosten 1300, 1431
Modellkonformität 131, 978
Modellkorrekturfaktor 808
Modellparameter 812
Modernisierung 496, 1453
 – kurzlebiger Gewerke 612
Modernisierungs- bzw. Revitalisierungsrisiko 1301, 1463
Modernisierungsbegriff 1454
Modernisierungsgrad 498
Modernisierungsmaßnahme 1674
Modernisierungsrisiko 1308, 1428, 1462, 1463
Moorböden 212
Mosaikmethode 1013
Mosaikverfahren 548
Multifaktorenanalyse 568
Multiple Regression 982

N

Nach- und vorschüssiger Vervielfältiger 1477
Nachbarschaftslage 1066
Nachschüssiger Barwertfaktor 1478
Naherholungsfunktionen 226
Nationalpark 268, 279, 284
Naturdenkmal 286
Naturpark 268, 279, 285
Naturschutzgebiet 268, 279, 284
Naturschutzrechtliche Eingriffs- und Ausgleichsregelung 1080
Naturschutzrechtlicher Ausgleichsflächenbedarf 1107
Nebenanlagen 381
Nebenkosten 1088, 1108, 1445
Nettokaltmiete 1294, 1371, 1446
Nettokaltmiete/Grundmiete 1429
Nettorohbauland 252

Neubaukosten 1656
Neuregelungen 124
NHK 2010 630, 817
Nicht selbstständig nutzbaren Teilflächen 1012
Nichtsteuerliche Abgaben 404
Niedrigenergiehaus 684
Nießbrauch 160
Normalherstellungskosten 1656
 – (NHK 2010) 1517, 1665
 – für Außenanlagen 1585
 – für Lauben und Wochenendhäuser 303
 – stichtagsbezogen, alterswertgemindert, verkehrswertorientiert 788
Nutzbarkeit 1529
 – eines bebauten Grundstücks 1214
 – eines Dachgeschosses 689
NutzEV 143, 302
Nutzflächenfaktor (NFF) 630, 1009
Nutzungsänderung 180
 – baulicher Anlagen 255
Nutzungsarten 203
Nutzungsdauer 489
Nutzungsentgeltverordnung 302
Nutzungsfähigkeit 184
Nutzungskonzeption 1111
Nutzungsrecht 160

O

Objektspezifischen Grundstücksmerkmale 1653
Obligatorische (schuldrechtliche) Nutzungsrechte 161
Obst- und Gemüseanbau 298
Öd- oder Unland 193
Ödland 277
Offenlegung der Befundtatsachen 1412
Öffentlich geförderten Wohnungsbaus 1369
Öffentlich-rechtliche Beiträge 404
Ordnungsgemäße Bewirtschaftung 1358
Orientierungswerte 490
Ortsbesichtigung 184
Ortsgebundener Betrieb 274
Ortsgrößenfaktoren 815

Sachverzeichnis

Ortsübliche Vergleichsmiete 1294, 1342, 1363, 1374
Ortsüblichkeit 297, 415

P

Pacht 144, 1368
Pachtadaptionsregelung 297
Pachtvertrag 295
Paketabschlag 583
Parkstreifen 1052
Parteigutachten 1402
Passage 1074
Passivhaus 684
Personengruppen mit besonderem Wohnbedarf 401
Persönliche Verhältnisse 519
Pfandrechte 403
Pfeifengrundstück 1018
Pflichtaufgabe der Gutachterausschüsse 709
Photovoltaikanlagen 685
Planreife 264
 – formelle 264
 – materielle 264
Planungsgewinne 469
Planungsschadensrecht 186
Preisbildungsmechanismen 1105
PreisklauselVO 1383
Preismechanismen 553
Preisrelationen zum jeweiligen Bodenrichtwert 1041
Private Bodenordnung 1101
Privatrechtliche Rechte und Lasten 1154
Privilegierte Vorhaben 273
Prognoseverfahren 103, 1236
Proportionalverfahren 590

Q

Qualifizierte Biet(er)verfahren 936
Qualifizierte Gebote 936
Qualifizierter Bebauungsplan 262
Qualifizierung
 – des Grundstücks 191
 – einer Fläche 196
 – von Gewerbeflächen 374
 – von Sonderbauflächen 377

Qualitativer Abgleich 939
Qualitätsstichtag 96

R

Raumaufteilung 628
Raumeinheit 1662
Raummeterpreise 1663
Raumordnungsplan 293, 312
Regelherstellungskosten (RHK) 1509, 1578
Regionale Wertansätze 202
Regionalgrößenfaktoren 815
Regionalisierungsfaktor 1502
Regressionsanalyse 984
Reihenfolge des Preisvergleichs 978
Reinertrag 330, 1292, 1352, 1358, 1371, 1428
Reinertragsfaktoren 781
Reinertragszahlen 210
Reithallen 1397
Rekultivierung 314
Rentenschuld 162
Rentierlicher Bodenwert 1156, 1279
Reparaturrücklagen 1455
Reparaturzuschlag 621
Repartitionsproblem 1160, 1166
Reproduktionskosten 1487
Residuum 1124
Rest-durch-Abzug-Verfahren 1115
Resthofflächen 238
Resthofstellen 831
Restnutzungsdauer (RND) 782, 869, 1134, 1163, 1261, 1319, 1563
Restwert 1285
 – des Grundstücks 1352
Restwertmethode 1172
Retrograde Ermittlung von Verkehrswerten 931
Richtlinien
 – zur ImmoWertV 139
Richtlinien der Finanzverwaltung für die Bewertung des Grundvermögens 1071
Risiko der gewerblichen Beleihung 337
Risikoabschlag 248
Rohbauanteil 504

Sachverzeichnis

Rohertrag 1428
– Begriff 1360
Rohertragsfaktoren 781
Rückbau 266
Rückbaugebot 1189
Rückbauverpflichtung 402
Rückrechnungsverfahren 1084
Rückstände von Mieten, Pachten, Vergütungen und Zuschlägen 1464
Rückwärtsrechnung 1117

S

Sach- und Arbeitsleistungen 1448
SachenRBerG 143
Sachgutanlage 1104
Sachverständiger 171, 1402
Sachwert
– der baulichen Anlage 1511, 1648
– kostenorientierten 1649
– marktangepasster 1649
– marktangepasster vorläufiger 1498
– vorläufiger 1495
Sachwertfaktor 1171, 1491, 1672
– regionalspezifischer 816
Sachwertmethodik 829
Sachwertmodell 1501
SachwertR 827, 1504, 1534
– Anl. 1 1618
– Anl. 2 1626
– Vorgaben 1657
Sachwertverfahren 1197
Sammelheizung 1384
Sanierung 1228
Sanierungsgebiete und Entwicklungsbereiche 366, 1289
Sanierungskosten 1463
Sanierungslast 476
Sanierungsmaßnahme 182, 476
Sanierungspflicht 465
Schadenersatz 156
Schadensersatzrecht 340
Schadensregulierungsindex (SRI) 1557
Schädliche Bodenveränderungen 1153
Schall 412
Schallschutzmaßnahmen 423
Schätzung 119, 1107
Schätzungskarten 215

Schätzungsrahmen 209, 210
Scheingenauigkeiten 982
Schichtwertmethode 1010
Schiedsgutachten 1412
Schienenwege 415
Schikanierzwickel 1039
Schönheitsreparaturen 1370, 1405, 1455, 1460
Schutzauflagevorschriften 421
Schwankungsbreiten 1079
Schwarzmarktpreise 527
Selbstständig nutzbare Teilflächen 1012, 1277
Shopping-Center 1468
Sicherheitsabschlag 977
– vom Herstellungswert 1507
Sicherungsmaßnahmen 336, 343
Sicherungsrecht 162
Siedlungsdruck 250
Siedlungsstruktur 264
Siedlungsstrukturelle Kreistypen 930
Situationsgebundenheit 415
– des Grundstücks 250
Soll- und Abschreibungszinssatz 1477
Soll-Vorschrift 806
Sonderfälle 1609
Sonderflächen 210
Sonderimmobilien 1397
Sondermüll 1190
Sonderwert für Hofanschlussflächen 244
Sorgfaltspflicht 1053
Sortenanteile 228
Soziale Wohnraumförderung 400, 639, 1460
Speicherrechte des Staates 317
Spekulationskäufe 527
Spezialgründungen 1668
Spezialimmobilien 557
Spiellärm 445
Spitzboden 1545
Spitzwinklige Eckgrundstücke 1073
Sportanlage 445
Sportlärm 445
Squashhallen 1397
Städtebauliche Grundsatzbeschlüsse 1097
Städtebauliche Missstände 185

1697

Sachverzeichnis

Städtebaulicher Entwicklungsbereich 366
Städtebaulicher Vertrag 1098
Städtebaurecht 143
Staffelmietvertrag 1377, 1382
Statistische
- Kenngrößen 866
- Landesämter 768
- Sicherheit 929

Statistischer Vertrauensbereich 948
Staubimmission 452
Sterbewahrscheinlichkeit 535
Steuerliche Bewertung 1171, 1183, 1212
Steuervorteile 1129
Stichtagsprinzip 101
Stockausschlag 232
Straßenbahnen 422
Straßenverbreiterungsmaßnahmen 589
Straßenverkehrsgeräusche 416
Streuung
- der Kaufpreise 922, 941
- der Vergleichspreise 117

Stromverbrauchskennwert 685
Stützmauer 1154
Substanzschwäche 185
Substanzwert 594
Subventionen 1129
Systemkorrekturfaktor 808

T

TA Luft 452
Tankstellen 376
Teileigentum 1444
Teilfläche 1277
Teilinklusivmiete 1371
Teilmarkt
- der Endverbraucher 1659
- der optierenden Personen 1659

Teilmarkttheorie 91, 106
Teilungsmodell des Sachenrechtsbereinigungsgesetzes (SachenRBerG) 1288
Teilunterkellerung 1609, 1610
Telekommunikationseinrichtungen 456
Temporäre Grundstücksmerkmale 879
Temporäre Mehr- oder Mindereinnahmen 1255

Temporäre Mehr- oder Mindererträge 1254
Tennishallen 1397
Terrassenlagen 1390
Tiefenzonen 1033
Tobins q 810
Toxikologische Bewertung 471
Trafostationen 453
Trennung von Flächen 149

U

Übergröße des zu bewertenden Grundstücks 1011
Übernahmeanspruch 988
Überschwemmungsgebiet 267, 279, 288
Übertiefen 1033
Übliche Restnutzungsdauer 493
Übliches Entgelt 1372
Ufergrundstück 1068
Umbauter Raum 1664
Umgebungsbebauung 394
Umgriffsfläche 1282
Umlage der Betriebskosten 1361
Umlageverminderter Rohertrag 1360
Umlegungsgebiete 254
Umlegungsmaßnahme 182
Umlegungsverfahren 1053
Umrechnungskoeffizient 385, 772, 1146
- für Ackerlandwerte 218
- für das Verhältnis von Wohnfläche zur Miethöhe 1392

Umsatzabhängige Miete 1369
Umsatzbeteiligungsklausel 1383
Umsatzsteuer 1191, 1659
Umtriebszeit 228
Unbenutzbarkeit 1155
Uneinbringliche Zahlungsrückstände 1465
Unentgeltliche Flächenbereitstellung 1088, 1094, 1107
- für naturschutzrechtliche Ausgleichsmaßnahmen 1091
- für soziale Zwecke 1091

Unerträglicher Eingriff 1066
Ungewöhnliche
- Bewirtschaftungskosten 1434, 1435
- Grunderwerbskosten 865

Sachverzeichnis

– Mehr- oder Minderkosten 1661
– Verhältnisse 519
Uniform Standards of Professional Practice 1239
Unland 277
Unmittelbarer Preisvergleich 918
Unterhaltungsmaßnahmen 423
Unterjährige Verzinsung 1479
Unternehmensfortführung 586
Unternehmergewinn 1109, 1117, 1127
Untersuchungsrechte des Staates 317
Unterwälzungsverfahren 1084, 1117
Unvermeidliche Betriebskosten 663
Unwerte 1193

V

Varianz 947
Veränderungssperre 270, 290
Verbindungsrente 537
Verbot der Nutzungsänderung 280
Verbraucherpreisindex 1443
Verdachtsflächen 463
Vereinfachtes Ertragswertverfahren 1336
Vereinigungswert 107, 108, 576
Verfügbarkeitsfaktoren 659
Vergleichsfaktoren 777
  – bebauter Grundstücke 710, 951
  – für Erbbaurechte 833
Vergleichsgrundstücke 191
Vergleichskriterien 1385
Vergleichspacht 297
Verkaufswert 143
Verkehrsauffassung 195, 1018
Verkehrslage 409
Verkehrsweg 590
Verkehrswert
  – eines Miteigentumsanteils 147
  – land- und forstwirtschaftlich genutzter Flächen 1156
  – landwirtschaftlicher Flächen 216
  – von Ein- und Zweifamilienhäusern 1156
  – von Kleingärten 295
  – von Mietwohnhäusern 1157
Verkehrswertermittlung
  – auf der Grundlage gedämpfter Bodenwerte 1160

– Aufwuchs und Baulichkeiten 300
– von Baudenkmälern 496
Verkehrswertmethode 1173
Verkürzung der Restnutzungsdauer 1572
Verlängerung der Restnutzungsdauer 1572, 1575
Vermarktungskosten 1084, 1120, 1127
Vermarktungszeit 1102
Verminderter Kaufpreis 811
Veröffentlichung
  – der Bodenrichtwerte 712
  – von Sachwertfaktoren 816, 828
Verrentung des Kaufpreises 529
Verschmelzungswert 576
Verteilungsmechanismus 94
Verunreinigungen 470
Verursacherprinzip 477
Vervielfältiger 1312
Vervielfältigerdifferenzenverfahren 644
Vervielfältigerformel 1479
Vervielfältigerverfahren 1260
Verwaltungsgebäude 376
Verwaltungskosten 1296, 1305, 1442, 1443
  – Gewerberaummietverträge 1382
Verwertung der abgehenden Bausubstanz 1116
Verwertungskonzeptionen 578
Verwertungskosten 549
Verwertungsrecht 162
Verzinsung 1477
Verzinsungsbetrag des Bodenwerts 1311
Vogelschutzgebiet 287
Vogelschutzrichtlinie 251
Volkseigentum 161
Voller Wert 143
Vorausleistungen auf den Erschließungsbeitrag 1051
Vorbehaltsgebiete 293
Vorderland 1015, 1037
Vorgeschobenes Hinterland 1017
Vorhaben
  – privilegierte 273
  – Zulässigkeit 261
Vorhabenbezogener Bebauungsplan 262
Vorhabenträger 281
Vorhaltekosten 528, 1093, 1101

1699

Sachverzeichnis

Vorhandene Aufbauten 469
Vorkaufsrecht 163
Vormietrecht 1368
Vorrangfläche für die Rohstoffgewinnung 312
Vorranggebiete 293
Vorrangverfahren 967
Vorsteuerabzug 528
Vorsteuerabzugsberechtigung 1360
Vorvertrag 1368

W

Wagnisabschlag 248, 1109
Wahl
 – des Extraktionsverfahrens 1130
 – des Wertermittlungsverfahrens 1013
Waldbodenverkehrswert 223
Waldgrundstück 156
Wärmeschutzanforderungen 1534
Wartung 1452
Wasserfläche 193, 353
Wassergrundstück 1068
Wasserrechtliche
 – Erlaubnis 342
 – Genehmigung 323, 354
Wasserschutzgebiet 267, 271, 279, 288
Wassersportnutzung 355
Wegekostenvorteil der Hofanschlussflächen 243
Weißes Buch 550
Werbebeschränkungen 1385
Werbeflächen 673
Wert
 – der baulichen Anlage (Gebäudesachwert) 1113
 – der vom Eigentümer persönlich geleisteten Verwaltungsarbeit 1442
 – des Reihengrundstücks 1072
Wertabschlag 336
Wertanteil
 – baulicher Außenanlagen 155
 – sonstiger Anlagen 155
Wertbeständigkeit des Grund und Bodens 1164
Wertermittlung 1683
 – eines Grundstücksteils 590

 – in Flurbereinigungsverfahren 200
 – nach dem Städtebaurecht 143
 – von Aufwuchs 156
 – von Eigentumswohnungen 588
 – von Industrieobjekten 587
Wertermittlungsantrag 145
Wertermittlungsstichtag 171, 178, 1400, 1461, 1465, 1540, 1671
Wertermittlungsstichtagsnahe Vergleichspreise 554
Wertminderung aufgrund von Baumängeln und Bauschäden 601, 1507
WertR 06
 – Anl. 11 993
Wertsicherungsklausel 1382
Wertunterschiede von Grundstücken 773
Wertverhältnisse 171
Wertzahl 209
Wertzuwachs 1129
 – eines Grundstücks 1103
Wesentliche Bestandteile 150
Wesentlichkeitsgrenze 1379
Wettbewerbsverbote
 – Vereinbarungen 1385
Wiederaufbau zerstörter Gebäude 275
Wiederinwertsetzungskosten 472
Wiederkaufsrecht 163
Wirtschaftliche Einheit 145
 – des Wohnungs-/Teileigentums 149
 – eines Gewerbegrundstücks 149
Wirtschaftliche Nutzungsfähigkeit 1674
Wirtschaftliche Überalterung 625
Wirtschaftlichkeitsberechnung 1369, 1448
Wochenendhäuser 274
Wohn- und Nießbrauchrechte 536
Wohnblockartige Siedlungsvorhaben 1066
Wohnraum 1360, 1435, 1443, 1447, 1459, 1467
 – preisfreier 1445
Wohnraummiete 1366
Wohnsiedlungsgenehmigung 268
Wohnungen in Hochhäusern 1388
Wohnungsbauförderungsmittel 1448
Wohnungseigentum 1461
Wohnungsmietverträge 1391

Sachverzeichnis

Wohnungsrecht 160
Wohnwertmerkmale 1386
Wuchergrenze 1379
Wurzeltheorie 99

Y
Yachthafen 359

Z
Zahlungsweise 530
Zeitpunkt
– der Entstehung der Beitragspflicht 1050
– der Wertermittlung 171
Zeitrenten 529
Zerlegungsmethode 1013, 1014
Zerlegungstaxe 575
Zerschlagungstaxe 548, 575
Zielbaummethode 615
Zielbaumverfahren 1135
Ziergehölzhinweise 1582, 1591
ZierH 2000 1582
Zinseszinsrechnung 169
Zinsfaktor 1479
Ziviler Nutzungsanspruch 395
Zu- oder Durchgang für die Feuerwehr 485
Zu- und Abschläge an die im Mietspiegel ausgewiesenen Werte 1404
Zubehör 158
Zubehörräume 149
Zugang zur Erschließungsanlage 1019
Zukunftserwartungen 862
Zulässigkeit
– einer baulichen Nutzung 251
– von Vorhaben 261
Zuschnitt der Wohnung 1388
Zustand des Grundstücks 165
Zustandsmerkmale 181
Zustandsqualifizierung 181
Zustandsstufen 212
Zustimmungsverfahren 256
Zwangsversteigerungsverfahren 470, 526
Zweckbindung 188
Zweckentfremdungsverbot 396
Zweigleisiges Verfahren 1243

Zwei-Sigma-Regel 947
Zweit- und Drittgebot 937
Zweiterschließung 1052
Zwischennutzungen 673